Bibliotheque de Mr.
le Comte de Seuil

LE NOUVEAU DICTIONNAIRE SUISSE,

FRANÇOIS-ALLEMAND
ET
ALLEMAND-FRANÇOIS,

CONTENANT

UN TRES-GRAND NOMBRE DE MOTS, PROVERBES
ET PHRASES ANCIENNES ET MODERNES DES DEUX LANGUES,

DE MEME QUE

TOUS LES TERMES DES DIFFERENS ARTS, METIERS ET
SCIENCES; LES NOMS DES PRINCIPALES PROVINCES, VILLES, FLEU-
VES, BETES, PLANTES ET HERBES ETRANGERES, &c.

LE TOUT
SELON LE STILE ET L'ORTOGRAPHE NOUVELLE

PAR

FRANÇOIS LOUIS POETEVIN,
Régent au Collège de LAUSANNE.

Avec privilège de Sa Majefté Impériale, & de Sa Majefté Polonoife
& Altefse Electorale de Saxe.

A BASLE,

Chés JEAN RODOLPHE IM HOF.
M DCC LIV.

PRÉFACE
DE L'AUTEUR.

LE Dictionnaire que je préfente ici au public, fe diftingue des autres ouvrages de cette nature par fon titre, que j'ai été en droit de lui donner en qualité d'Auteur.

Mon deffein n'eft point de produire frauduleufement fous un nouveau nom, de vieilles chofes pillées par-ci par-là, mais j'ai voulu fincèrement me rendre utile à ma chère patrie, qui renfermant des païs Allemands & François, met fes habitans dans la néceffité d'aprendre, dans une affés grande étenduë, l'une ou l'autre de ces deux langues, tant à caufe de leur Conféderation, qu'à caufe du Commerce intérieur & étranger. J'ai crû auffi que fi je n'augmentois pas la réputation que la Suiffe s'eft acquife dans les païs étrangers, par les foigneufes obfervations de fes Savans, & par leur diligence à pouffer les progrès de la beauté & de la pureté du langage, je n'obfcurcirois pas non plus cette réputation. Au moins je ne crains point qu'on me reproche, que mon ouvrage ne renferme qu'un langage François ou Allemand, accommodé à une vicieufe dialecte Suiffe.

Un examen exact de ce qui eft contenu dans ce livre, juftifiera ce que j'avance, en même tems qu'il fera voir que je n'ai pas perdu le tems confidérable que j'ai mis à cet ouvrage, ni les peines que je me fuis données. Le Lecteur intelligent remarquera d'abord qu'on a fait ufage de l'ortographe nouvelle, & qu'on a choifi les façons de parler les plus élegantes. Outre celà le Courtifan & le Bourgeois, le Soldat & l'Homme de mer, le Savant & l'Ignorant, le Jurifconfulte & le Médecin, le Marchand & l'Artifan, foit François ou Allemand, qui voudra aprendre l'une de ces deux langues, trouvera ici & dans fa langue maternelle, les mots qu'il chercheroit inutilement dans d'autres Dictionnaires.

J'efpère dès-là être à couvert de l'accufation que pourroient intenter quelques envieux, comme fi je n'avois fait que le métier de fimple copifte. Cependant je ne déclarerai pas la guerre à quiconque n'attachera pas une idée de perfection

PRÉFACE.

fection à cet ouvrage. J'avouë très volontiers qu'on y remarquera encore bien des fautes & des défauts, mais celà ne me charge pas d'avantage que tous ceux qui entreprennent de conduire un ouvrage à fa perfection. Je ferai très content, pourvû feulement qu'on ait l'équité de reconnoître que ce nouveau Dictionnaire eft un des plus parfaits qui ait paru jufqu'à préfent. Si ceux qui en feront ufage reconnoiffent fon utilité par leur propre expérience, ma fatisfaction en fera d'autant plus grande, que ce fera une preuve que je ferai parvenu à mon but.

Nous prions encore de faire attention à la forme & à l'exécution de cet ouvrage. On verra d'un prémier coup d'œil, qu'outre la beauté des caractères qu'on a emploïés, on s'eft auffi apliqué à diftinguer clairement les mots primitifs & leurs fignifications, de même que l'origine de chacun d'eux & leur ufage. En celà, & en d'autres chofes encore, on n'a épargné ni foins ni dépenfes.

L'éloignement où je fuis de la ville où mon ouvrage a été imprimé, a pû occafionner quelques fautes d'impreffion, que le Lecteur judicieux aura la bonté de corriger.

à Laufanne, ce 24 Juin 1754.

EXPLICATION DES MOTS ABRE'GE'S,
oder
Erklärung der abgekürzten Wörter.

f. oder *fubft.* bedeutet	*fubftantivum.*	
adj.	*adjectivum.*	
m.	*mafculinum.*	
f.	*fœmininum.*	
n.	*neutrum.*	
c.	*commune.*	
v. a.	*verbum activum.*	
v. n.	*verbum neutrum.*	
v. r.	*verbum reciprocum.*	
imp.	*imperfonale.*	
part.	*participium.*	
part. p.	*participium paffiv.*	
adv.	*adverbium.*	
præp.	*præpofitio.*	
conj.	*conjunctio.*	
interj.	*interjectio.*	
e, elle, eufe, &c.	*das fœmininum.*	
vulg.	*vulgo.*	
ol.	*olim,* (ein altes Wort anzudeuten)	
v. obertvoïés	fiehe.	
prov.	*proverbium* oder Sprichwort.	

LE NOUVEAU
DICTIONNAIRE SUISSE,
FRANÇOIS-ALLEMAND
&
ALLEMAND-FRANÇOIS.

A.

A, eſt la première lettre de l'Alphabet, & la plus facile à prononcer, d'où vient, que c'eſt par elle que les enfans commencent à former les ſons, das A iſt der erſte Buchſtabe im A B C, und der am leichteſten ausgeſprochen wird, daher es denn kommt, daß die Kinder den Wortlaut von demſelben zu machen anfangen.

A, wird zuweilen als ein *Subſtantivum* gebraucht. Il ne ſait ni *A* ni *B*, manière de parler proverbialement, pour deſigner un homme qui ne ſait rien, un parfait ignorant, iſt eine ſprichwörtliche Redensart, und heißt ſo viel als: er weiß weder gicks noch gacks, er iſt noch ganz roh, ungeſchickt, ein tummer Bengel.

Il eſt à l'*A B C*. C'eſt lorſqu'on parle d'un enfant, qui apprend à connoitre les lettres, der das A B C lernet, ein A B C-Schütz; wird geſagt von einem Kinde, welches die Buchſtaben kennen lernet.

Je ne ſuis encore qu'à l'*A B C* de cette affaire; manière de parler figurément pour dire, je ne commence encore qu'à l'entendre; ou, je ſuis encore neuf dans cette affaire, iſt eine verblümte Redensart, und bedeutet ſo viel: Ich fange erſt an, die Sache zu begreiffen, oder hinter dieſelbe zu kommen; ich bin noch ein Neuling, Lehrling, in dieſer Sache.

Il ne ſauroit faire une penſe d'*A*, er kan nicht einen Buchſtaben ſchreiben.

Il eſt marqué à l'*A*, *prov.* er iſt ein ehrlicher Mann von altem Schrot und Korn, ſagt man; weil man unter den franzöſiſchen Münzen die, ſo mit dem A bezeichnet ſind, und zu Paris geprägt werden, vor die beſten hält.

A, devant I ſe prononce ordinairement comme un E, das A vor dem I wird gemeiniglich wie das E oder Æ ausgeſprochen, als plaire, faire, liſe plêre, fêre.

A, devant O conſerve auſſi le ſon qui lui eſt propre, & l'O ne ſe prononce pas, das A vor dem O behalt ſeinen Laut, und das O wird gar nicht ausgeſprochen; als Paon, ſprich Pan, ausgenommen taon, ſprich ton; Août, ſprich Oût.

A, ſuivi d'U voïelle, ſe prononce toûjours comme O, das A vor einem lautenden U wird allezeit ausgeſprochen wie O, als Auteur, ſprich Oteur.

A, ſans accent, eſt la troiſième perſonne du verbe auxiliaire *avoir*, A ohne Accent iſt die dritte Perſon von dem Zeitworte avoir, haben.

Il *a* tout à ſouhait, er hat was er will; es gehet ihm nach Wunſche.

Il n'*a* ni père ni mère, er hat weder Vater noch Mutter, er iſt vater-und mutterlos.

A, avec un accent grave, eſt ou article ou prépoſition, A mit einem ſtumpfen Accente, iſt entweder der Artickel, oder ein Vorwörtchen.

A   C'eſt

C'est à Pierre à jouer, & non pas à moi, das Spiel ist an Petro, und nicht an mir.
à la Françoise, nach der Franzosen Weise, Art, Mode, Manier.
Il est à craindre qu'il n'arrive quelque malheur, es ist ein Unglück zu besorgen.
Il y a bien à dire, dagegen läßt sich viel einwenden.
Il y a du danger à croire légèrement, leichtlich glauben ist gefährlich.
Il y a du plaisir à aimer, man liebet mit Lust; lieben ist lieblich.

A, parmi une infinité d'expressions élégantes, où cette lettre A, prise à part, trouve lieu en nôtre langue; celles-ci me semblent les plus dignes d'être remarquées, unter so unzählich vielen zierlichen Redensarten, allwo dieser Buchstabe A, allein gebraucht, statt findet, bedünken mich diese am merkwürdigsten zu seyn.

Miroir à bordures dorées, ein Spiegel mit einer vergoldeten Rahme.
Chandelier à six bouchies de cire blanche, ein Leuchter von sechs weissen Wachskerzen.
Drap de soie à fleurs naturelles, ein seidener mit natürlichen Blumen gestickter Zeug.
Parterre à grands fleurons, ein nach Gärtnerkunst zugerichteter Garten.
Un monstre à visage de chien, eine Mißgeburt mit einem Hundsrüssel.
Hydre à têtes renaissantes, eine Wasserschlange, daran ein Kopf nach dem andern wieder hervor wächst.
à parler raisonnablement, à ne point mentir, j'estime &c. die Wahrheit zu sagen, daß ich nicht lüge, so halte ich dafür, 2c.
à dire ce que j'en pense, daß ich rund heraus sage, was meine Meynung sey.

A, marque encore bien des choses dans la langue françoise, dont voici les principales, A bezeichnet noch vielerley Dinge in der französischen Sprache, davon die vornehmsten diese sind:

1) *Le tems:* à l'aube du jour, bey anbrechender Morgenröthe. à quelques jours de là, einige Tage hernach.
2) *L'espace ou la distance des lieux:* à deux pas d'ici, ein paar Schritte hiervon. à trois journées de la ville, drey Tagereisen von der Stadt.
3) *La matière ou l'instrument:* Une maison bâtie à chaux & à sable, ein Haus von Sande und Kalke erbauet.
4) *La manière:* Marcher à petit pas, langsam fortschreiten. Courir à toutes brides, mit vollem Zügel rennen.
5) *La partie, l'endroit ou le côté:* à la tête, am Kopfe. à la porte, an der Thür. à droite & à gauche, zur rechten und zur lincken Seite.
6) *Le prix:* à bon marché, wohlfeil. à un prix raisonnable, um billigen Preis.
Il a acheté à deux sols de fruits, er hat für zwey Stüber Obst gekaufft.
Le Louïs neuf est maintenant à seize francs de Suisse, (faisant trente-six Cruizers d'Empire), die neue Duplone gilt jetzo sechzehen Schweizerfranken, (welcher sechs und dreyßig Reichskreuzer ausmacht).
7) *L'usage:* Plume à écrire, eine Schreibfeder. Tonneau à vin, ein Weinfaß. Cruche à l'eau, ein Wasserkrug.
8) *Le partage:* Trois à trois, drey und drey. Vous irés à deux, ihr werdet paarweise gehen.
9) *Selon:* à mon sens, wie mich dünkt.
10) *Si, lors, pour:* à compter dès ce jour, von selbiger Zeit an zu rechnen. à l'entendre, wenn man ihn höret. à le bien prendre, wenn man die Sache recht verstehet.
11) *Environ:* cinq à six cent, bey sechshundert.
12) *En:* passer le tems à jouer, die Zeit mit Spielen zubringen.

AA, *s.* rivière de Flandres, die Aa, ein Fluß in Flandern.
AABRER, *v. n.* ist so viel als *se cabrer*, voiés CABRER.
AAGE, voiés AGE.
AAR, ou AARE, *f.* fleuve de Suisse, Aar, ein Fluß in der Schweiz.
AARBOURG, ville de Suisse, Aarburg, eine Stadt in der Schweiz.
AARON, voiés ARON, ein Mannsname.
ABA, *s. m.* (Syr.) Vater.
ABACO, *s. m.* (Grec.) eine Rechentafel bey den Alten.
ABADA, *s. m.* ist der Name eines wilden Thiers in Morgenland, so am Kopf und Hals einem Pferd, an Füssen und Schwanz einem Rind gleicht, sonst aber ein Horn an der Stirn und eines im Genick hat.
ABADIR, *s. m.* so hieß der Stein, den Ops anstatt ihres neugebohrnen Kindes dem Saturno zu verschlingen gab.
ABAÏER, voiés ABBOÏER.
ABAJOUR, voiés ABAT-JOUR.
ABAISSE, *s. f.* der Boden einer Pastete, die untere Rinde.
ABAISSEMENT, *s. m.* das Abreissen oder Abtragen einer Höhe, einer Mauer 2c. das Niedrigermachen.

L'Abais-

ABA ABA

L'*abaissement* de ce mur a égaïé cette maison, & lui a donné plus de jour, die Erniedrigung dieser Mauer hat diesem Hause mehr Annehmlichkeit und Licht gegeben.

ABAISSEMENT de courage, das Sincken und Fallenlassen des Muths, das niedergeschlagene Gemüth, Kleinmüthigkeit.

ABAISSEMENT de la voix, Erniedrigung der Stimme im Singen oder Reden.

ABAISSEMENT, die Erniedrigung, Demüthigung.

Cet *abaissement* convient à ma fortune, diese Erniedrigung ist meinem Stande gemäß.

L'*abaissement* devant Dieu est une action digne d'un Chrétien, es stehet einem Christen wohl an, sich vor GOtt zu demüthigen.

ABAISSEMENT, MÉPRIS, Verkleinerung, Verachtung.

Comme si l'*abaissement* des autres contribuoit à nôtre gloire, als ob die Verkleinerung, so andern geschiehet, unsern Ruhm beförderte.

ABAISSER, *v. a.* niedriger halten oder tragen.

ABAISSER les antennes, les voiles, die Segel niederlassen.

ABAISSER une muraille de deux piés, eine Mauer um zwey Fuß niedriger machen.

ABAISSER la voix, prendre le ton plus bas, niedriger stimmen, ein musicalisches Instrument; sincken lassen, die Stimme.

ABAISSER, besser RABAISSER le prix, den Preis geringer setzen, vermindern, verringern.

ABAISSER les impôts, die Auflagen vermindern.

ABAISSER ce que les autres louent, was die andern loben, verkleinern, geringer machen; die Tugend, Majestät, oder das Ansehen verächtlich machen.

ABAISSER un pont-levis, eine Zugbrücke niederlassen.

ABAISSER, HUMILIER les orgueilleux, die Hofärtigen erniedrigen, demüthigen.

ABAISSER l'oiseau, bey den Falkenierern heißt es: einem Falken, der zu fett werden will, von seiner Speise etwas abbrechen, daß er desto behender werde.

S'ABAISSER, *v. r.* niedersincken, niedriger werden.

A l'endroit, où la montagne *s'abaisse*, an dem Ort, wo der Berg niedrig wird, (abhängt.)

La rivière *s'abaisse*, der Strom fällt.

Les vents *s'abaissent*, die Winde legen sich.

s'ABAISSER devant quelqu'un, sich vor einem demüthigen.

s'ABAISSER à des choses indignes, seiner Würde unanständige Dinge vornehmen; sich erniedrigen, mit geringen Leuten umgehen.

s'ABAISSER à la portée de quelqu'un, sich nach eines Begriff richten, bequemen.

ABAISSE', ée, *part. prét.* heißt in den Wappen ein Adler oder anderer Vogel, an dessen ausgebreiteten Flügeln die Schwingfedern nicht übersich stehen, sondern untersich hangen; it. ein Sparre, Pfal, Band, oder ander Stück, so entweder oben abgekürzt, oder weiter herunter gerückt ist, als es sonsten im Schilde stehen sollte.

ABAISSEUR, *s. m.* die andere Muscul in den Augen, wodurch sie sich untersich bewegen oder niederschlagen.

ABALOURDIR, *v. a.* übertäuben, durch vieles Reden und Schreyen; betäuben, durch einen Schlag.

ABANDON, *s. m.* gänzliche Verlassung, Hingebung.

Laisser ses biens à l'*abandon*, sein Gut hingeben, verlassen, verlaufen.

Il laisse ses enfans à l'*abandon*, er läßt seine Kinder so hingehen, nimmt sich ihrer nicht an.

à l'ABANDON, *adv.* in gemeinen Reden sagt man: Laisser à l'*abandon*, preis geben, plündern lassen, dem Willen eines jeden überlassen, in die Rappuse geben, sich einer Sache nicht annehmen.

ABANDONNEMENT, *s. m.* Ueberlassung, Abtretung, als der Güter; ein Zustand, darinn man von allen verlassen wird, Ruchlosigkeit, unordentliches Leben.

ABANDONNER, *v. a.* verlassen; aufgeben, etwas nicht mehr treiben, unterlassen, davon ablassen; fahren lassen, abtreten, überlassen; preis geben; dahin geben, versäumen, in Gefahr setzen; aus dem Sinn oder in die Schanze schlagen; nicht achten, nicht an etwas dencken; überliefern, der weltlichen Obrigkeit.

ABANDONNER au bras séculier, als eine geistliche Person, die den Tod verdient, oder die man nicht strafen darf; übergeben, als ein Geschäfte, damit nach Willen zu verfahren.

ABANDONNER quelqu'un à lui-même, einen nach seinem Willen gehen lassen, in seinem Sodgen dahin leben lassen.

ABANDONNER un oiseau, einen Falken mit Fleiß wegfliegen lassen.

N'*abandonnés* pas les étriers, *prov.* stehe zu, daß du fest im Sattel sitzest; gieb dich nicht aus dem Vortheil.

s'ABANDONNER, *v. r.* sich ergeben, sich über-

übergeben, sich überlassen, vertrauen; sich selbst vergessen, nachläßig seyn; in Unzucht leben, sich brauchen lassen, wenn von Weibsbildern die Rede ist; sich von einer Begierde einnehmen lassen, sie herrschen lassen, sich dieselbe übernehmen lassen.

s'ABANDONNER au danger, sich in Gefahr setzen.

ABANDONNÉ, ée, part. prét. verlassen, übergeben, aus der Acht gelassen.

Un enfant *abandonné*, exposé, ein Findling, Findelkind.

Une maison *abandonnée*, ein leeres, ödes Haus.

Une terre *abandonnée*, (en friche,) ein ungebautes, unbestelltes Feld.

Une ville *abandonnée* au pillage, eine zum Raube preis gegebene Stadt.

ABANDONNÉ des médecins, an dessen Genesung alle Aerzte verzagen.

ABANDONNÉ à son sens reprouvé, dahin gegeben in seinen verkehrten Sinn.

ABANDONNÉ, s. m. ein ruchloser, verzweifelt böser Mensch.

ABANDONNÉE, s. f. eine öffentliche unzüchtige Weibsperson, jedermanns Hure.

ABANLIEUE ou BANLIEUE, s. f. Ressort ou Jurisdiction d'une ville ou d'un château à l'entour de son terroir, dans lequel le Seigneur a droit de Ban, Jussion, & de contrainte, der Gerichtszwang einer Stadt oder Schlosses, wo ein Herr zu gebieten oder zu verbieten hat.

Il resserra ce Seigneur dans l'étenduë de son *abanlieuë*, er hat diesen Herrn in die Schranken seines Gerichtszwangs eingeschlossen.

ABAQUE, s. m. die Platte, der oberste Theil des Capitals an einer Säule; it. ein Tisch.

ABASSI, s. m. eine sogenannte Münze in Persien, die beynahe einen halben Kayserguden gilt.

ABASSIN, ine, s. & adj. Abeßiner, Abeßinisch.

ABATAGE, s. m. der Hauerlohn für das Holzfällen im Walde; das Holzfällen, Holzschlagen.

L'abatage se fait en hiver, das Holzschlagen geschiehet im Winter.

ABATANT, s. m. ein Fensterladen, den man nach Belieben wenig oder weit aufmachen kan, nachdem man wenig oder viel Licht von oben herein haben will, ein Ladenfenster; item ein Falltisch, der an der Wand fest ist, und den man aufstellen und wieder niederlassen kan; auch eine Fallthüre, oder sonst ein Fallbret.

ABATARDIR, v. a. verderben, schlimm machen das vorher gut gewesen ist; die Natur verändern, verkehren.

La servitude *abâtardit* le courage, die Dienstbarkeit verderbt (benimmt) den Muth.

s'ABATARDIR, v. r. aus der Art schlagen, nicht mehr so gut seyn, als vorher; umschlagen, ausarten.

Les plantes d'Orient, qu'on apporte en Europe, s'*abâtardissent*, die Pflanzen, so aus dem Morgenlande nach Europa verführt werden, arten sich aus, (werden wild.)

La valeur des soldats s'est *abâtardie* par la volupté, das wollüstige Leben hat die Tapferkeit der Soldaten geschwächet, gebrochen.

s'ABATARDIR par l'oisiveté, sich durch den Müßiggang verderben.

Les Romains se sont *abâtardis* par les mauvaises coûtumes, qui se sont glissées parmi eux, die Römer sind durch die unter ihnen eingeschlichene böse Sitten aus der Art geschlagen.

ABATARDISSEMENT, s. m. das Verschlimmern, der Verlust der vorigen guten Art, der Verfall, Ausartung, Verderbniß.

Les lieux agréables & pleins de délices ont fait tomber l'armée d'Annibal dans un honteux *abâtardissement*, des Hannibals Kriegsheer ist durch die angenehme und wollüstige Oerter in eine schändliche Unart gerathen.

ABATÉE, s. f. (terme de marine) die Wendung eines Schiffs, das eine Zeitlang auf die Seite gewandt gewesen ist, und nun mit halbem Wind weiter gehen soll.

ABATEMENT, s. m. Mattigkeit, Schwachheit, Mangel und Verlust der Kräfte; mehrentheils aber ein niedergeschlagenes Gemüth, Kleinmüthigkeit.

Je sens un grand *abâtement* dans tout le corps, ich befinde mich sehr marode; ich empfinde eine grosse Mattigkeit am ganzen Leibe.

Ce revers de fortune l'a mis dans un grand *abâtement*, dieser Unglücksfall hat ihm den Muth benommen.

ABATEUR, s. m. der niederschlägt, niederreißt, niederfället, niederhauet, als Holz.

ABATEUR de quilles, der viel Kegel im Spielen umschlagen kan.

ABATEUR de bois, einer der sich fälschlich grosser Stärke rühmet, ein Prahler.

ABAT-JOUR, s. m. ein Fenster oder Loch in der Mauer, dadurch man nur von oben ein gebrochenes und schief einfallendes Licht bekommt, wie durch ein Kellerloch.

ABATIS, s. m. das Uebereinanderliegen verfallener und hin und her geworfener Sachen;

Sachen; ein über einander liegender Haufe, Schutt, Abraum von eingefallenen oder abgetragenen Häusern; ein unordentlich durch einander geworfener Haufe von gebrochenen oder gewonnenen Steinen in der Steingrube; ein Haufe über einander gestürzter Bäume im Wald, die der Wind umgerissen hat, Windbrüche; auch Reißholz, u. d. gl. bey den Jägern, das Gras, so die jungen Wölfe niedertreten, woran man ihre Spur haben kan; der Schade, den die Wölfe an andern Thieren thun; item, Niederschieſſung oder Fällung des Wildes auf der Jagd; bey den Köchen, die kleinen Theile, so man in Potagen machen kan, von Lämmern, Hünern ꝛc. als Flügel; Spitzen, Lebern ꝛc. bey den Metzgern, das Niederschlagen und viele Schlachten des Viehes; item die Haut, das Inschlitt, Eingeweid und anders vom geschlachteten Vieh.

ABATRE, *v. a. & n.* renverser, démolir, jetter par terre, abbrechen, niederreiſſen, umwerfen, niederschlagen.

ABATRE une muraille, une maison, eine Mauer, ein Haus abbrechen, niederreiſſen.

ABATRE du gibier, Wildbrät niederschieſſen.

ABATRE des noix, Nüſſe schwingen, abschlagen, abwerfen, abschütteln.

L'orage a *abatu* le fruit des arbres, der Sturm hat das Obst abgeschüttelt.

ABATRE la tête à un criminel, einem armen Sünder den Kopf abhauen.

ABATRE un arbre, une forêt, einen Baum fällen, einen Wald umhauen.

ABATRE un vaiſſeau, ein Schiff von dem rechten Lauf abweichen laſſen.

ABATRE, dem Winde folgen.

Le navire *abat*, das Schif folgt dem Wind.

ABATRE, (in der Seefahrt) umlegen.

ABATRE un vaiſſeau, ein Schiff um oder auf die Seite legen, wann es soll ausgebeſſert werden.

ABATRE, schwächen, entkräften.

La vieilleſſe *abat* le corps, das Alter schwächet den Leib.

ABATRE, vertreiben, niederschlagen, dämpfen.

Petite pluïe *abat* grand vent, ein kleiner Regen vertreibt einen starken Wind; *prov.* mit Gelindigkeit kan man den gröſten Unwillen heben; ein gut Wort findet eine gute Statt.

Arroſer la terre pour *abatre* la pouſſiere, die Erde besprengen, damit der Staub gedämpft werde.

ABATRE, den Muth benehmen.

Mes malheurs m'ont *abatu*, meine Unfälle haben mir allen Muth benommen.

ABATRE le cuir d'un bœuf, einem Ochsen die Haut abziehen.

ABATRE le cataracte, den Stahr stechen.

La mort *abat* auſſi la jeuneſſe, der Tod würgt auch die jungen Leute.

ABATRE bien du bois, groſſe Thaten thun, viel verrichten, wird im Scherz gesagt.

ABATRE ſa robe, seinen Rock herunter laſſen.

ABATRE le caquet à quelqu'un, einem das Maul stopfen.

ABATRE les vapeurs, die Dämpfe legen, stillen.

s'ABATRE, *v. r.* aufhören, nachlaſſen, als Hitze, Wind, Staub ꝛc. stolpern, fallen, als Pferde; einfallen, einstürzen, als ein Haus; den Muth verlieren oder sinken laſſen, verzagen, als

Le vent s'*abat*, der Wind legt sich.

Son cheval s'eſt *abatu* ſous lui, sein Pferd ist unter ihm gestürzt.

La maison s'eſt *abatuë*, das Haus ist eingestürzt.

Il ne s'*abat* point dans le malheur, er läßt in seinem Unglück den Muth nicht sinken.

L'oiſeau s'*abat*, der Falke läßt sich im Flug gegen die Erde nieder.

Le vaiſſeau s'*abat*, das Schiff wird ankerlos.

ABATU, *part. prét. maſc.* ABATUë, *f.* umgehauen, abgeschlagen, niedergeriſſen.

Bois *abatu*, umgehauenes Holz.

Fortification *abatuë*, niedergeriſſene Befestigung.

ABATU, entkräftet, muthlos, niedergeschlagen.

Orgueil *abatu*, niedergeschlagener Hochmuth.

Ennemi *abatu*, entkräfteter, muthloſer Feind.

ABAT-VENT, *ſ. m.* ein Wetterdach oder Schirmdach in den Fenstern der Glockenthürne, den Wind abzuhalten, und den Schall herab zu prellen, daß er sich nicht in der Luft zerstreue; it. ein Gartenschirm vor die Gewächse, daß ihnen der rauhe Wind nicht schade.

ABATURES, *ſ. f. plur.* klein Geſträuch und Zweiglein, die der Hirsch im Lauf mit seinem Bauch niederdrückt und zerknickt.

ABAVENT, *voïés* ABAT-VENT.

ABBAISSER, (mit seinen *derivatis*) *voïés* ABAISSER.

ABBAïE, *ſ. f.* eine Abtey.

Pour un moine l'*Abbaïe* ne faut pas, *prov.* um eines Mönchs willen ist das Kloster nicht gebauet.

ABBAïER, *voïés* ABBOïER.

ABBATIAL, e, *adj.* eines oder des Abts, dem Abt oder zur Abtey gehörig.

Dignité *abbatiale*, die Würde eines Abts.

ABBAT-

ABBAT-JOUR, voiés ABAT-JOUR.
ABBATRE, ABBATTRE, (mit den derivativis) voiés ABATRE.
ABBE', s. m. ein Abt; an etlichen Orten auch der vornehmste Gesell von einer Profeßion, als Balbier ꝛc.
ABBE' de Cour, ein junger politischer Geistlicher, ein hofärtiges Pfäfflein.
ABBE' de sainte espèrance, nennet man einen, der Abt wird, und keine Abtey, auch wohl gar kein Einkommen hat, doch eines hofft.
Jouer à l'Abbé, den Herr Abt spielen, ist ein Kinderspiel, da was der erste thut, die andern ihm nachthun müssen.
On vous attendra comme les moines font l'Abbé, prov. man wird mit dem Essen nicht auf dich warten, sondern immer anfangen; man wird bey Tische mit der linken Hand auf dich warten.
Pour un moine on ne laisse pas de faire un Abbé, prov. der Bürgermeister wird doch gewählt, wenn gleich ein Rathsherr zu Hause bleibt; die Sache wird doch ihren Fortgang haben, wenn gleich eine Person sich entzeucht, oder darwider ist.
Le moine répond comme l'Abbé chante, prov. wie die Alten sungen, so zwitschern auch die Jungen.
ABBéCHER, v. a. einen jungen Vogel ätzen, ihm die Speise in den Schnabel stecken; it. dem Falken eine Lust zum Fangen machen, indem man ihm zuvor von seiner ordentlichen Speise etwas giebt.
ABBE'E, s. f. ist nur in etlichen Provinzen im Gebrauch, heißt die Oefnung, wodurch man das Wasser auf die Mühle laufen läßt, und die man mit dem Schutzbret zumachen kan; die Schleusse.
ABBE'QUER, v. ABBéCHER.
ABBESSE, s. f. eine Aebtißin.
ABBéTIR, v. ABéTIR.
ABBEUVRER, ol. v. ABBREUVER.
ABBOI, s. m. das Maul offen haben.
Tenir quelqu'un en abboi, einem vergebliche Hoffnung machen, ihm das Maul aufsperren.
ABBOI, s. m. ABBOÏEMENT, das Bellen eines Hundes; Lästerung böser Mäuler.
ABBOïER ou ABBAïER, v. n. & a. (vom Schall, den die Hunde machen) bellen, klaffen, belfern; anbellen.
ABBOïER quelqu'un, ou après quelqu'un, einen tadeln, schänden, lästern.
Il crie & abboïe tout le monde, er schilt und lästert jedermann.
ABBOïER à la lune, prov. einen Höhern lästern, der es nicht achtet, und dem man nicht schaden kan.
ABBOïER, v. n. & a. etwas heftig begehren, verlangen, begierig erwarten oder suchen, ihm nachstreben, das Maul darnach aufsperren.
ABBOïER après une succession, après une charge, nach einem Erbtheil, nach einem Dienst laufen.
ABBOïEUR, s. m. der anbillt; ein gewisser Hund, der die wilden Schweine von vornen nur anbillt, ein Stenber; it. Leute, die ungestüm fordern und anhalten.
ABBOIS, s. m. pl. das Fällen oder Fangen eines Wildes.
Le cerf est aux abbois, der Hirsch kan nimmer fort; wenn er sich nemlich die Hunde muß anbellen und anfallen lassen.
Il est réduit aux abbois, dieser Mensch oder dieses Thier wird bald sterben, er liegt in letzten Zügen oder Todesnöthen; so sagt man auch von allerley andern Sachen, mit denen es fast aus ist, die fast hin sind, als eine Vestung, ein Proceß, die Treue, Unschuld ꝛc.
La ville est aux abbois, die Stadt ist aufs äusserste gebracht, sie kan nicht länger Widerstand thun.
Sa fidélité est aux abbois, seine Treu will fehlschlagen; fängt an zu wanken.
Sa pudeur est aux abbois, ihre Keuschheit will untenliegen, stehet an der Kippe.
ABBREGE', ABBREGEMENT, ABBREGER, voiés ABREGE'.
ABBREVIATEUR, ABBREVIATION, voiés ABREV.
ABBREUVEMENT, s. m. Tränkung; Besprengung, Benetzung, Begießung, sonderlich des Kalks im Bauen.
ABBREUVER, v. a. tränken.
Nôtre Seigneur fut abbreuvé de vinaigre, unser Heyland ist mit Eßig getränket worden.
Ils sont abbreuvés de cette opinion, sie sind von dieser Meynung ganz eingenommen.
Tout le monde en est abbreuvé, jedermann weiß das; es ist jedermann bekannt.
ABBREUVER le bétail, das Vieh tränken.
ABBREUVER, (terme de peintre) gründen, den ersten Anstrich geben.
s'ABBREUVER, v. r. trinken; sich bezechen, wenn von Menschen geredet wird; saufen, getränket werden, wenn vom Vieh die Rede ist.
ABBREUVOIR, s. m. die Tränke, insonderheit ein abhängiger Weg zu einer Schwemme oder in einen Fluß, auch ein Tränktrog; bey den Maurern ist es der Raum zwischen den Steinen, wo der Kalk hinein kömmt, der sie zusammen halten muß, die Fuge.

Un

Un bon cheval va bien tout seul à l'*abbreuvoir*, ſagt man im Scherz, wenn einer vom Tiſch aufſteht, und ſich ſelbſt zu trinken holt.

Un *abbreuvoir* à mouches, eine Wunde da eine Kuh drauß ſauffen könnte.

ABC, ABE'CE', ſ. m. das Abc, oder Alphabet, it. das Abc=Buch; der Anfang, Grund einer Kunſt oder Wiſſenſchaft.

Cet enfant eſt encore à l'*Abc*, diß Kind iſt noch im Abc=Buch.

On ſe trouve encore à l'*Abc*, man hat kaum angefangen.

Renvoïer quelqu'un à l'*Abc*, mit einem als einem gar Unwiſſenden umgehen; ſagen, es ſoll einer vorher das Abc lernen; ihn in die Schule gehen heiſſen.

Remettre quelqu'un à l'*Abc*, einen nöthigen, daß er ſeine Erzählung oder ſonſt eine Rede wieder von vorn anfangen muß.

ABCE'S, *v.* ABSCE'S.

ABDICATION, ſ. f. das freywillige Niederlegen eines Amtes; das Aufgeben eines Dienſtes, das Abdanken.

L'*Abdication* d'un fils rebelle & déſobéïſſant, das Ausſchlieſſen, Ausſtoſſen eines böſen und ungehorſamen Sohnes aus ſeinem Haus und Geſchlecht.

Faire l'*abdication* de ſes biens, heißt in Rechtsſachen, ſeine Güter gänzlich übergeben und mit dem Rücken anſehen; ſich davon los ſagen.

ABDIQUER, *v. a. & n.* ein Amt aufgeben, eine Bedienung niederlegen; die Regierung niederlegen, wenn von einem groſſen Herrn die Rede iſt.

Abdiquer un fils, einen Sohn aus dem Haus jagen, nimmer für ſein Kind halten.

ABDOMEN, ſ. m. der Unterbauch, Schmärbauch; bisweilen auch die Glieder, ſo daran ſind.

ABDUCTEUR, ſ. m. die vierte Muſcul am Auge, wodurch das Auge auf die Seite kan gewandt werden; it. am Daumen, und ſonſt die Muſcul, wodurch man ein Glied auswärts bewegen kan.

Les muſcles *abducteurs*, die abführenden Muſculn.

ABDUCTION, ſ. f. die Bewegung eines Glieds, ſo nach der Seite oder auswärts, abwärts geſchiehet; die Bewegung der Muſcul, ſo Abducteur heißt.

ABE', *voïes* ABBE'.

ABE'CE'DAIRE, ſ. m. der noch im Abc iſt, ein Abc=Schüler, Abc=Schütz.

ABéCHER, ABE'E, *v.* ABB.

ABEILLE, ſ. f. eine Biene, Imme; item, eines von den zwölf mittäglichen Geſtirnen, ſo man in den letzten Schiffahrten entdeckt.

ABENEVIS, ſ. m. in der Gegend von Lion nennet man alſo die Vergünſtigung, die eine Obrigkeit jemand ertheilt, das Waſſer aus einem Teich oder Bach auf ſein Gut zu leiten, oder zu einer Mühle zu brauchen.

ABENEVISER, *v. a.* eine ſolche Vergünſtigung jemand ertheilen.

ABE'QUER, *v.* ABBéCHER.

ABERGEAGE, ſ. m. heißt in der Landſchaft Breſſe der Genuß eines herrſchaftlichen Rechts, gegen Erlegung eines jährlichen Erbzinſes.

ABéTIR, *v. a. & n.* einen zum tummen Thier machen; tumm werden.

Abétir ſon fils, ſeinen Sohn tumm ſchlagen.

Nabucodonoſor fut *abêti*, Nebucadnezar wurde als ein unvernünftig Thier.

S'Abétir, *v. r.* tumm werden.

Les yvrognes s'*abêtiſſent*, die Sauffer werden wie das Vieh, ſauffen ſich tumm.

Cet enfant s'*abêtit* tous les jours, diß Kind wird alle Tage tümmer.

AB HOC & AB HAC, *adv.* durch einander, ohne Unterſcheid, (iſt in gemeinen Reden bräuchlich.)

Diſcourir *ab hoc & ab hac*, alles unter einander ohne Ordnung reden, ohne Vernunft und Bedacht.

Baiſer *ab hoc & ab hac*, allen Weibsbildern ohne Unterſcheid nachlauffen.

ABHORRER, *v. a.* ſcheuen, verabſcheuen, fliehen; Abſcheu haben, ein Grauen vor etwas haben.

Abhorrer le mariage, gar nicht heyrathen wollen.

S'Abhorrer, *v. r.* vor ſich ſelbſt einen Abſcheu haben.

ABHORRE', *m.* ABHORRE'E, ſ. adj. von dem man Abſcheu hat.

ABJECT, e, *adj.* verachtet, wegen ſeiner Geburt oder wegen ſeines Berufs, gering, verächtlich, ſchlecht.

Naiſſance baſſe & *abjecte*, ein geringes und niedriges Herkommen.

Sentimens bas & *abjects*, verächtliche und niederträchtige Gedanken oder Meynungen.

Un eſprit *abject*, ein niederträchtiger Kerl. (In dieſer Bedeutung hat es meiſtens die Adject. *vil* oder *bas* noch bey ſich.)

ABJECTION, ſ. f. verächtlicher, niedriger, geringer Stand; Stand der Erniedrigung Chriſti.

Abjection d'eſprit, Erniedrigung des Herzens, Geringhaltung ſein ſelbſt, Niederträchtigkeit.

Jéſus Chriſt a vécu dans la dernière *abjection*, Jeſus Chriſtus hat in der äuſſerſten Niederträchtigkeit gelebt.

ABIGE'AT, *s. m.* Wegtreibung des Viehes, Viehraub, bey den Rechtsgelehrten.

ABIME, *s. m.* Abgrund, Tiefe, tiefe Grube, tief Loch oder Thal in Gebirgen und Wasser; it. figürlich alles, worinne man sich verliert, wo man nicht mehr heraus kan, was nicht zu erfüllen, nicht zu ergründen, nicht auszurechnen; die Hölle; in den Wappen ist es die Versenkung in der Mitte des Schildes oder eines Feldes, darinnen eine kleine Figur niedrig ist, da die andern erhaben stehen; bey den Lichtziehern ist es der Lichtzug, worein sie das Lichtgarn oder Dacht tunken.

Un *abime* sans fond, ein bodenloser Abgrund.

l'Abime du néant, der Abgrund der Nichtigkeit.

La raison humaine est un *abime*, die menschliche Vernunft ist eine unermeßliche Tiefe; ist nicht zu ergründen.

Abime, (in der Wappenkunst) das Herz oder die Mitte des Schildes, zwischen andern Figuren.

Il porte une rose en *abime*, er führet eine Rose im Herzen des Schildes.

Abime, die Hölle.

Un chrétien a pour ennemis toutes les puissances de l'*abime*, einem Christen ist das ganze Höllenheer feind.

ABIMER, *v. a. & n.* in einen Abgrund werfen, stürzen, versenken, in Unglück bringen, ins Verderben stürzen, verderben; gänzlich zu Grunde richten, als der Wind ein Schiff, die Interesse einen Kaufmann, ein Geiziger die Leute; untergehen, versinken; verderben, umkommen, ums Leben kommen.

Il a été *abimé* de son adversaire, sein Opponent hat ihn eingetrieben, wie er gewollt.

s'Abimer, *v. r.* untergehen, zu Grunde gehen, in Abgrund versinken; sich allzusehr vertiefen, als in Traurigkeit.

C'est un contemplatif qui s'*abime*, es ist ein tiefsinniger Mensch, der sich in seinen Gedanken versteigt, entzückt darüber wird.

ABIME', ée, *part. prét.* untergegangen, versunken. rc.

Abimé de dettes, mit Schulden überhäuft oder beladen, der bis über die Ohren in Schulden steckt.

Un joueur *abimé*, einer der sein Hab und Gut verspielet hat.

C'est un homme *abimé*, es ist ein treuund ehrloser Mensch.

ABINTESTAT, *adv.* ohne Testament, (im Rechtshandel) derjenige, so vermöge der Rechte einer Person Erbe wird, so kein Testament gemacht hat.

Je suis héritier de mon frère *abintestat*, ich bin meines Bruders nächster Erbe, wenn er kein Testament gemacht hat.

ABISSIN, ABISSINIE, *v.* ABYSS.

ABJURATION, *s. f.* Absagung, Abschwörung, öffentliche Wiederruffung eines Irrthums oder einer Ketzerey; auch das darüber erhaltene Zeugniß.

ABJURER, *v. a. & n.* eine falsche Lehre oder irrige Meynung öffentlich wiederruffen, abschwören, derselben entsagen; seine Religion verlassen; sonsten auch etwas verschwören, aufgeben, gänzlich fahren lassen und ablegen.

Elle a *abjuré* tout sentiment de vertu, sie hat aller Regung der Tugend auf einmal abgesagt.

ABLAB, *s. m.* sogenannter Strauch oder niedriger Baum in Egypten, der immer grünet und Bohnen trägt.

ABLAIS, *s. m.* gering Getreid, Hintergetreid; auch überhaupt Getreid, Feldfrüchte.

ABLATIF, *s. m.* der Ablativus in der Grammatic.

ABLATIVO, *adv.* in gemeinen Reden sagt man: *ablativo*, tout en un tas, alles zugleich unter einander.

ABLE, *s. m.* ein Weißfisch, Gryndling.

ABLERET, *s. m.* eine Taupel, ein Senkgarn oder Setzhame zum Weißfisch- und andern kleinen Fischfang.

ABLOC, *s. m.* ein Untersatz oder eine Stufe von Mauerwerk, worauf die untersten Balken zu einem Gebäude gelegt werden, die sonst, wenn sie auf platter Erde lägen, vom Regen verderben würden.

ABLOQUIE', ée, *adj.* (*voies* ABLOC) das mit solchen Untersätzen versehen ist, und darauf ruhet, als ein Haus.

ABLOT, *v.* ABLOC.

ABLUTION, *s. f.* das Händewaschen des Priesters mit dem überbliebenen Wasser und Wein nach der Communion, auch das Wasser und Wein selbst, womit er sich die Finger abgewaschen hat; bey den Mönchsorden aber, die weisse Kleider tragen, heißt es, das Waschen und Reinigen derselben; bey den Aerzten heißt es eine Reinigung, eine Arzney in einigen flüßigen Sachen, denselben ihre Unreinigkeit oder böse Eigenschaften zu benehmen, das Auswaschen.

ABNE'GATION, *s. f.* in geistlichen Dingen die Verläugnung des Eigennutzes, Eigenehre, Eigenliebe rc.

L'*abnégation* de soi-même, die Verläugnung sein selbst.

ABOI, (und dessen Derivativa) *v.* ABBOI.

ABOILAGE, *s. m. ol.* das Recht, so ein Herr über die Bienen in seinen Wäldern hat.

ABO-

ABOLIR, *v. n.* abschaffen, abstellen, vor ungültig erklären, als, Gebräuche, Gesetze, Duell, Aberglauben, Steuren; it. machen, daß etwas untergehet oder verlohren gehet, etwas vernichten, verderben, als die Zeit die alten Monumente, Schriften ꝛc.

ABOLIR un crime, eine böse That einem ungestraft hingehen lassen, vergeben und vergessen, solche gänzlich todt und abseyn lassen, ihn deswegen begnadigen.

ABOLIR la mémoire de quelque chose, das Gedächtniß eines Dinges ausrotten.

s'ABOLIR, *v. r.* zu Grunde gehen, als, gute Gebräuche; in Abgang kommen, als, Befehle der Obrigkeiten ꝛc.

ABOLISSEMENT, *s. m.* Abschaffung, Aufhebung eines Gesetzes, indem man ein neues giebt; das Aufhören der Giltigkeit eines Gebotts oder Ceremonien, als der Jüdischen ꝛc. eines Ordens, Aberglauben ꝛc.

ABOLITION, *s. f.* Abschaffung, Abstellung, Vernichtung; ein Vergessen alles dessen, was man ehemals einander zu Leyd gethan; Aufhebung eines Gesetzes, einer Auflage u. d. gl.

ABOLITION des impôts, Abstellung der Auflagen.

Des Lettres d'*abolition*, ein Brief, dadurch ein Herr ein gethanes Verbrechen erlässet, als wenn es nicht gethan wäre, Begnadigungsbrief.

l'ABOLITION de tous les péchés, die Austilgung oder Vergebung aller Sünden.

ABOMASUS, *s. m.* der Magen der wiederkäuenden Thiere.

ABOMINABLE, *adj. c.* abscheulich, greulich, grausam, häßlich.

ABOMINABLEMENT, *adv.* greulich, abscheulicher Weise.

ABOMINATION, *s. f.* ein Abscheu, ein Greuel, eine abscheuliche That.

Avoir en *abomination* quelque chose, Greuel an etwas haben.

Etre en *abomination* à quelqu'un, einem ein Greuel seyn.

Commettre des *abominations*, Greuel begehen.

ABOMINER, *v. a.* ol. als greulich verwerfen, verabscheuen, verfluchen.

ABONDAMMENT, *adv.* häufig, reichlich, überflüßig, im Ueberfluß, in Menge.

ABONDANCE, *s. f.* der Ueberfluß, die Menge; in der Academie zu Paris ein Trank von halb Wein und halb Wasser, den die Kostgänger bekommen, Tischwein.

Il a *abondance* de bien, ou des biens en *abondance*, er hat sehr viel Güter.

Une année d'*abondance*, ein reiches Jahr.

De l'*abondance* du cœur la bouche parle, *prov.* weß das Herz voll ist, deß gehet der Mund über.

ABONDANT, e, *adj.* der Ueberfluß hat, reich an etwas, reichlich mit etwas versehen, fruchtbar, voll von etwas ist; häufig, stark, als Regen; überflüßig.

d'ABONDANT, *adv.* (ist nur noch in Rechtssachen gebräuchlich) über das; zum Ueberfluß.

ABONDER, *v. n.* Ueberfluß haben.

ABONDER en quelque chose, an etwas, eines Dinges sehr viel haben, etwas reichlich haben, reichlich mit etwas versehen seyn, voll von etwas seyn; it. überflüßig da und vorhanden seyn.

ABONDER en malice, voll Bosheit stecken.

ABONDER en son sens, eigensinnig seyn, bey seiner Meynung bleiben, auf seinem Kopf oder Sinn beharren.

Où le péché a *abondé*, la grace a *abondé* par-dessus, wo die Sünde mächtig worden, ist die Gnade noch mächtiger.

ABONNAGE, *s. m.* der Anschlag, was ein Lehngut geben muß, oder was man für einen Genuß, den man nicht gewiß weiß, wie hoch er sich beläuft, gewisses liefern muß; Anschlag zum Pacht.

ABONNEMENT, *s. m.* Pacht ungewisser Gefälle um ein gewisses Geld.

ABONNEMENT, *s. m.* Gutmachung, Gutsprechung.

ABONNER, *v. a.* einer Sache Grenzen setzen; sie bestimmen, ausmachen; ungewisse Einkünften oder Nutzungen um einen gewissen Anschlag pachten; anschlagen, was man wegen des Genusses eines Gutes oder Freyheit überhaupt geben soll.

s'ABONNER, *v. r.* avec quelqu'un, einem ein Gut oder ein Recht von ungewissem Ertrag um eine gewisse Summe abpachten.

ABONNER, *v. a.* gutmachen, ersetzen; bessern, in bessern Stand setzen; düngen, als das Feld.

ABONNIR, *v. a. & n.* bessern, besser machen, oder werden lassen, als den Wein; bey den Töpfern heißt es einen viereckigten Stein zum Saalpflastern trocken werden lassen, damit man ihn hernach besser zurichten könne.

ABONNIR, *v. n. & s'*ABONNIR, *v. r.* besser werden, sich bessern, als ein Mensch durch guten Umgang, wie die Früchte, so mürber werden, wie der Wein ꝛc.

ABORD, *s. m.* der Eingang, Zugang eines Orts; die Anfurth eines Landes, Zunäherung, das Anländen, die Ankunft, Zutritt zu einer Person; die Zusprach oder Anspruch; die Gegenwart; die Audienz; die Zusammenkunft oder Zulauf vieler Leute an einem Ort; Angriff der Feinde.

Ce Prince a l'*abord* doux & gracieux, dieſer Fürſt iſt ſehr gnädig, wenn jemand zu ihm kommt.

Une ville de grand *abord*, eine Stadt, da immer viel Leute ankommen.

L'*abord* des marchands ſe fait en cette maiſon, die Kaufleute kommen in diß Haus zuſammen.

ABORD difficile, beſchwerlicher Zutritt.

Cette Iſle eſt d'un *abord* facile & commode pour débarquer les troupes, dieſe Inſul iſt von einer leichten und bequemen Anländung, die Völker auszuſchiffen.

Ruiſſeau de difficile *abord*, ein Bach, dem man ſchwerlich beykommen kan.

D'ABORD, *adv.* alsbald, ſofort, im erſten Anblick, gleich anfangs, von Stund an; it. evſt, vorher, zuvor, anfänglich.

Il accepta les préſens qu'il avoit refuſé d'*abord*, er nahm die Geſchenke an, die er anfänglich ausgeſchlagen hatte.

Tout d'*abord*, de prime *abord*, *adv.* alsbald, da man es kaum erblickt, gleich. (*vulg.* flugs, stracks, angeſichts ꝛc.)

ABORDABLE, *adj. c.* da man leichtlich anländen kan; für den man leichtlich kommen kan.

Cette côte n'eſt pas *abordable* à cauſe des écueils, an der Küſte kan man wegen der Klippen nicht anländen.

ABORDAGE, *ſ. m.* das Entern, Anlegen, Zuſammenſtoſſen zweyer Schiffe, die ſich an einander hängen mit einander zu ſchlagen; auch ſonſten das Zuſammenſtoſſen zweyer Schiffe aus Unvorſichtigkeit oder wegen des Windes, wenn ſie mit einander fahren, oder vor Anker bey einander liegen.

Aller à l'*abordage*, ſich an ein Schiff anhängen.

Faire l'*abordage* en belle, ou debout au corps, mit dem Vordertheil ſeines Schiffs an des andern Seite ſtoſſen, und es angreiffen.

Faire l'*abordage* de franc étable, von vornen an des andern Vordertheil ſtoſſen und ſich anhängen.

ABORDER, *v. a. & n.* anländen, ans Land kommen, ankommen zu Schiffe; hinkommen, hingelangen, auch zu Lande; an einander ſtoſſen oder fahren, als zwey Schiffe.

Les troupes *abordoient* de toutes parts, die Völker kamen von allen Seiten an.

Les préſens *abordent* chés lui de tous côtés, es kommen ihm von allen Orten Geſchenke zu.

ABORDER au port, ſur les rivières, en Eſpagne, im Haven, auf den Flüſſen, in Spanien anlangen; aber auf der See ſagt man nicht aborder, ſondern mouiller, toucher, prendre bord, anländen.

ABORDER la remiſe, ſich mit den Hunden an den Ort nahen, wo ſich das Rebhun vor dem Falken in den Buſch niedergelaſſen.

ABORDER quelqu'un, zu einem kommen, mit ihm zu reden; ihn angehen, anreden, anſprechen.

ABORDER un vaiſſeau, ein Schiff an Bord legen, entern.

ABORDER l'ennemi, den Feind angreiffen, es ſey zu Land oder zur See.

ABORNAGE, ABORNEMENT, *voiés* ABONN.

ABORNER, *v. a.* Grenze ſetzen, in der Geometrie; begrenzen, die Grenzen bezeichnen, (ausſtecken.)

ABORTIF, ive, *adj.* unzeitig, das vor der Zeit kömmt, als ein Kind; frühzeitig, unreif, als Obſt.

Fruit *abortif*, eine unzeitige Frucht.

Enfant *abortif*, ein Kind, ſo vor der Zeit gebohren wird, oder todt auf die Welt kommt.

ABOSMER, *v. a.* in der Landſchaft Nivernois einer Sache Grenzen ſetzen, die Grenzen abzeichnen; etwas feſtſetzen, ausmachen, beſtimmen.

ABOUCHEMENT, *ſ. m.* mündliche Unterredung; in der Anatomie heißt es das Mundloch einer Ader, ſo in eine Pulsader gehet, die Zuſammenfügung zweyer Adern.

ABOUCHER, *v. a.* quelqu'un, mit einem mündlich reden, ſprechen, ſich unterreden.

Je les ai *abouchés*, ich habe gemacht, daß ſie mündlich mit einander geſprochen haben; ich habe eine Unterredung zwiſchen ihnen zuwege gebracht oder vermittelt.

s'ABOUCHER, *v. r.* ſich mit einander bereden, ſich unterreden, eine Unterredung halten oder anſtellen.

Il donne ordre à un certain Publius Umbrenus de s'*aboucher* avec les deputés des Allobroges, pour les porter à s'aſſocier avec lui dans cette guerre, er giebt einem gewiſſen Publio Umbreno Befehl, die Havogiſchen Geſandten zu unterſuchen, um ſie dahin zu bewegen, daß ſie ſich zu ihnen in dieſen Krieg ſchlügen.

s'ABOUCHER, zuſammen treffen, in einander laufen, wird in der Anatomie von den Adern geſagt; bey andern Künſtlern, mit den Mundlöchern einander berühren oder in einander gefügt ſeyn, als zwey Röhren.

ABOUëMENT, *ſ. m. voiés* BOUëMENT.

ABOUGRI, e, *adj. v.* RABOUGRI.

ABOUNA, *ſ. m. v.* ABUNA.

ABOUQUEMENT, *ſ. m.* (vom teutſchen Buckel, Bug) bey dem Salzweſen, das Auf-

Aufschütten des neuen Salzes auf einen alten Haufen.

ABOUQUER, *v. a.* neu Salz auf das alte schütten.

ABOURNAGE, ABOURNEMENT, ABOURNER, *v.* ABONN.

ABOUT, *s. m.* bey den Zimmerleuten oder Schreinern und andern, die in Holz arbeiten, das Ende oder äusserste Theil an einem Stück Holz.

ABOUTE', ée, *adj.* wenn vier Hermelinen mit den Enden in den Wappen creutzweis an einander stossen.

ABOUTIR, *v. n.* sich an etwas enden, sich bis an etwas erstrecken, bis an etwas gehen, an etwas grenzen, reichen.

Cette ruë *aboutit* à la place, diese Strasse reichet an den Markt.

Cette colomne *aboutit* en pointe, diese Säule endet sich auf eine Spitze.

ABOUTIR, (in der Gärtnerey) ausschlagen.

Les arbres *aboutissent*, die Bäume kriegen Knospen.

ABOUTIR, (in der Wundarzney) zeitig werden, Eiter setzen.

Son abcès *aboutit*, sein Geschwür wird zeitig.

ABOUTIR, ausschlagen, ausgehen, einen Ausgang gewinnen.

Tout cela n'*aboutira* à rien, alles dieses wird auf nichts ausgehen.

ABOUTISSANT, e, *adj.* mit einem Ende sich an etwas anders erstreckend oder an dasselbe stossend, als eine Wiese an den Fluß.

ABOUTISSANT, *s. m.* das Ende, der Ort, wo zwey Dinge an einander reichen oder stossen; die Grenze, Mark, Markscheidung.

Savoir tous les tenans & *aboutissans* d'une affaire, alle Umstände von einer Sache ausführlich wissen; die Sache von innen und von aussen wissen; wohl wissen wo es hängt.

ABOUTISSEMENT, *s. m.* ein Stück oder Ende, an welches man was anders nähet, damit es so lang wird, als man will; it. das, so man daran setzt im Nähen, ein Fleck, Lappen, Anwurf, Zuwurf.

Cette pièce est trop courte, il y faut mettre un *aboutissement*, dieser Lappe oder Fleck ist zu klein, man muß einen Zuwurf annähen.

ABRACADABRA, *s. m.* (den einige bey den Alten vor den höchsten Gott hielten;) eine abergläubische Schrift, welcher unverständige Leute grosse Kraft zuschreiben.

ABRE'GE', *s. m.* ein kurzer Innhalt, Begriff, Auszug: Composer un *abrégé*, einen Auszug verfertigen; Paris est un *abrégé* des merveilles du monde, Paris ist ein Auszug der Wunderdinge der Welt; item in den Orgeln, sind es die an einander gefügten Hölzer inwendig, wodurch ein Clavis eine Pfeiffe, die weit von ihm ist, kan gehend machen, die Kuppel.

en ABRE'GE', als in einem kurzen Begriff.

Rapporter une chose *en abrégé*, eine Sache kürzlich, in Kürze, mit wenig Worten vortragen.

ABRE'GEMENT, *s. m.* die Abkürzung.

ABRE'GER, *v. a.* kürzer geben, abkürzen, verkürzen, kurz fassen, kurz zusammen ziehen, einziehen, als eine Rede, die Zeit des Exilii, die Lebenszeit; item, wenn man zuviel Rechenpfennige auf dem Tisch liegen hat, die man wegnehmen, und auf die grössern Zahlen einige davon legen kan.

Cette traverse *abrége* chemin, durch diesen Querweg kommt man viel näher.

pour ABRE'GER, kurz zu sagen, mit einem Wort.

ABRE'GE's! mach's kurz! wenn jemand verdrüßlich lang plaudert.

ABRENONCIO sagt das gemeine Volk von einem, der eine Schuld verläugnet.

Il est allé à *abrenoncio*, da es an das Zahlen kam, da hat er's geläugnet.

ABRE'VIATEUR, *s. m.* der ein Buch ins kurze bringt, einen Auszug oder kurzen Begriff daraus macht; in der Päbstlichen Canzley sind es Bediente, denen man die Suppliquen giebt, die sie durch ihre Substituten durchsehen lassen, und heissen Italiänisch de parco majori; die andern ABRE'VIATEURS, welche wegen Einrichtung der Heyraths- und Ehestandsunkosten Sorge tragen, heissen de parco minori.

ABRE'VIATION, *s. f.* abgekürzte Schrift, Verkürzung der Worte im Schreiben, da man viel ausläßt, und nur Zeichen macht.

ABREUVER, ABREUVOIR, *v.* ABBREUV.

ABRI, *s. m.* ein Ort, da man vor Sonne und anderm Ungemach des Wetters sicher ist; ein Schirm, Schauer, eine Bedeckung; it. Schutz, Sicherheit, Zuflucht.

Son amitié me doit servir d'*abri*, seine Freundschaft soll mir zum Schutz dienen.

Etre à l'*abri* du soleil, du vent, vor der Sonne, vor dem Wind beschützt seyn.

Mettre à l'*abri*, bedecken vor den Winden, als ein Schiff etc. item, einen an einen versicherten Ort gefangen setzen.

Un *abri* contre quelque chose, eine Zuflucht für etwas; ein Schutz wider etwas.

Etre à l'*abri* de la persécution, vor der Verfolgung sicher seyn.

ABRICONNER, *v. a.* ol. jemand schmeicheln, liebkosen, ihn mit glatten Worten zu betrügen suchen.

ABRICOT, *f. m.* Marillen, Abricosen.
ABRICOTIE', *f. m.* kleine Stücklein von Abricosenkern mit Zucker überzogen; candirte Abricosen.
ABRICOTIER, *f. m.* ein Marillenbaum, Abricosenbaum.
ABRIEMENT, *f. m.* Wohnung oder Aufenthalt an der Sonne.
ABRIER, *v. a.* bey den Gärtnern, etwas setzen oder anlegen, da es vor Wind und Wetter sicher ist; einen schützen, in Schutz nehmen.
ABRIVER, *v. n.* ol. (alt Wort) auf einem Strom ans Ufer kommen, anfahren, anlanden.
ABROGATION, *f. f.* die Abschaffung, Aufhebung, Wiederrufung eines Gesetzes, einer Gewohnheit.
ABROGER, *v. a.* aufheben, abschaffen; für ungiltig erklären, wiederrufen.
ABROTONE, *f. f.* Stabwurz, Gartenwurz, Gartheil, ein Kraut.
ABRUTIR, *v. a.* tumm, närrisch, sinnlos, unvernünftig machen, als:
Le vin *abrutit* une personne, das Weinsauffen machet einen Menschen tumm.
s'ABRUTIR, *v. r.* tumm werden.
La solitude *abrutit* l'esprit, die Einsamkeit machet das Gemüth tumm.
ABRUTISSEMENT, *f. m.* grosse Tummheit, unvernünftig viehisches Wesen, Verstockung.
ABSCES, *f. m.* ein Geschwür, eine Eiterbeule.
ABSENCE, *f. f.* Abwesenheit, Entfernung, das Abseyn.
ABSENCE d'esprit, Unachtsamkeit, wenn man andere Gedanken hat, Zerstreuung der Gedanken; Vergessenheit, ein Versehen.
ABSENT, te, *adj.* abwesend, entfernet, nicht zugegen.
ABSENT, *f. m.* te, *f. f.* ein Abwesender, eine abwesende Person.
ABSENTER, *v. n.* & s'ABSENTER, *v. r.* sich entfernen, sich wegmachen; vulgo sich auf die Seite machen, sich aus dem Staube machen, davon gehen, als:
Il s'est *absenté* de la ville, er hat sich aus der Stadt gemacht.
ABSES, *voiés* ABSCES.
ABSIDES, *f. m. pl.* die zwey Puncte des Kreises eines Planeten, da er am weitesten von der Erde, und da er der Erde am nächsten ist.
La ligne des *absides*, die Linie von der Erdferne zur Erdnähe, geht durch den Mittelpunct der Erdkugel.
ABSINTHE, *f. m. & f.* Wermuth, ein Kraut; it. bitterer Schmerz, Verdruß.

Il adoucit toutes nos *absinthes*, er versüsset unsere Bitterkeit; lindert all unsern Verdruß.
ABSOLU, ë, *adj.* der niemand über sich hat, selbstwaltend, der die höchste Gewalt hat, der mit ungemessener Gewalt herrschet; ungemessen, unumschränkt, frey, ungebunden; herrisch, streng, gebieterisch; eigenmächtig, eigenthätig.
Un Roi *absolu*, ein selbstwaltender König, der mit ungemessener Gewalt herrscht.
Commandement *absolu*, ungemessener Befehl; ungebundene Gewalt.
Parler d'un ton *absolu*, auf eine gebietende Weise sprechen; ihm nicht wollen einreden lassen.
Jeudi *absolu*, der grüne Donnerstag.
Ablatif *absolu*, ein Ablativus, der nichts regiert, und von nichts regiert wird, der mit keinem andern Wort verbunden ist.
ABSOLUMENT, *adv.* als der Oberste oder Höchste, aus allerhöchster Gewalt, mit unumschränkter Macht.
Commander *absolument*, die oberste Gewalt führen; ungemessen gebieten.
Parler *absolument*, also reden oder befehlen, daß man keinen Widerspruch leiden wolle.
ABSOLUMENT, ganz und gar; schlechthin; schlechterdinge.
Cela est *absolument* impossible, dieses ist ganz unmöglich.
Je le nie *absolument*, ich läugne dieses schlechterdinge.
ABSOLUMENT parlant, überhaupt zu reden.
ABSOLUTION, *f. f.* Loßsprechung, Freysprechung; Entbindung von der Klage vor Gericht; in der Kirche, Entbindung oder Loszählung von Sünden, Erlassung oder Vergebung der Sünden, Absolution; im Breviario ist es ein klein Gebet, so man vor dem Segen etc. lieset.
ABSOLUTIONS, *plur.* heißt das Räuchern und Besprengen mit Weihwasser der Leiber hoher Personen, die man begraben will.
ABSOLUTOIRE, *adj. c.* loßsprechend.
ABSORBANT, *f. m.* eine Arzney, welche die Schärfe und Säure verzehrt.
ABSORBANTER, *v. a.* (in der Arzneykunst) verzehren.
ABSORBER, *v. a.* in sich ziehen, oder nehmen und behalten, verschlucken, verschlingen; als abgefräßige Thiere etc. verzehren, auffressen, verthun.
Ses débauches *absorbent* tout son bien, seine Schwelgereyen verzehren alle sein Gut.
La voix est *absorbée* dans les voutes, die Stimme verfängt sich in den Gewölbern.

AB-

ABSOUDRE, *v. a.* losſprechen, die Sünde oder Schuld vergeben, ledig-und freyſprechen, loszählen, entbinden, abſolviren.

Absoudre un criminel, einen Beſchuldigten losſprechen.

Absoudre d'un ſerment, einen ſeines Eides entbinden.

Que Dieu *abſolve*, (in gemeinen Reden, wenn man von einem Verſtorbenen redet) GOtt laß ihn wohl ruhen!

ABSOUT, oute, *part. & adj.* frey- und losgeſprochen, der Vergebung empfangen hat.

ABSOUTE, *ſ. f.* die öffentliche Abſolution, oder Sündenvergebung, ſo ein Biſchoff am grünen Donnerſtage, oder vorher am Mittwoch Abends in der Domkirche mittheilet; die andern Prieſter in den Pfarren thun es am Oſtertage.

ABSTE'ME, *ſ. m.* der keinen Wein trinkt; dem ſonſt etwas zuwider iſt.

s'ABSTENIR, *v. r.* de quelque choſe, ſich eines Dinges enthalten, deſſelben müßiggehen, es meiden; etwas unterlaſſen.

s'Abstenir de pécher, die Sünde meiden, unterlaſſen.

s'Abstenir de vin pendant la fièvre, ſich des Weins enthalten, weil das Fieber währt.

ABSTERGER, *v. a.* reinigen, ſäubern, eine Wunde.

ABSTERSIF, ive, *adj.* das in der Arzneykunſt abführt, reiniget, purgirt.

ABSTINENCE, *ſ. f.* die Enthaltung; Mäßigung oder Abbruch in Eſſen und Trinken; auch wohl allein das Enthalten vom Fleiſcheſſen.

ABSTINENT, e, *adj.* der ſich enthält, mäßiget.

ABSTRACT, *ſ. m.* (in der Logic) etwas, das man in den Gedanken vom andern abſondert, davon es natürlich nicht geſondert iſt, als: die Schönheit iſt ein Abſtractum, wenn ich ſie ohne das betrachte, was dadurch ſchön iſt.

ABSTRACTION, *ſ. f.* eine in Gedanken vorgenommene Abſonderung deſſen, was ſonſt nicht allein und ums das andere iſt.

ABSTRAIRE, *v. a.* die Qualitäten, Eigenſchaften von etwas in Gedanken abſondern, und ſelbige ohne das Weſen oder das Weſen ohne dieſelben betrachten.

ABSTRAIT, e, *part. & adj.* mit den Gedanken abgezogen, abgeſondert; it. weit geſucht, tief ausgeſonnen, ſehr hoch und ſubtil, das ein anderer nicht wohl begreifen kan; fantaſtiſch, das nur in der Einbildung gemacht iſt; wenn von Menſchen die Rede iſt, heißt es tiefſinnig, der eines tiefen Nachſinnens gewohnt iſt; oder damit umgeht; auch der ſich in Gedanken vertieft.

Penſée *abſtraite*, tief ausgeſonnener Gedanke.

Un homme *abſtrait*, ein tiefſinniger Menſch.

ABSTRUS, e, *adj.* verborgen, dem gemeinen Mann unbekannt; das nicht leicht zu ergründen iſt, dunkel, unbegreiflich, ſchwer zu erforſchen oder auszuſinnen.

ABSURDE, *adj. c.* ungereimt, abgeſchmackt; tumm, unvernünftig, ungeſchickt, (wird von Sachen und Perſonen geſagt.)

ABSURDEMENT, *adv.* ungereimter Weiſe.

ABSURDITE', *ſ. f.* eine ungereimte Sache oder Rede.

ABSUS, *ſ. m.* ein Kraut in Egypten, mit Blättern wie der Klee, aber mit einem ſtachlichten Stengel.

ABSYNTHE, *voies* ABSINTHE.

ABUëMENT, *voies* BOUëMENT.

ABUNA, *ſ. m.* ein Ehrenname des Patriarchen in Abyſſinien.

ABUS, *ſ. m.* Mißbrauch; Irrthum; Verſehen, als in der Ketzerey, im Rechnen ꝛc. Betrug, Verfälſchung der Waaren; widerrechtliche Handlung in Gerichten, Nullität; vergebliche Arbeit.

Commettre des *abus* dans la marchandiſe, mit den Waaren Betrug begehen; betrüglich handeln.

C'eſt un *abus* de labourer une terre ſéche, es iſt vergeblich, ein dürres Feld bauen.

Appel comme d'*abus*, eine Appellation wegen einer vorgegangenen Nullität, als etwa von den Geiſtlichen, die ſich ins Weltliche mengen wollen.

ABUSER, *v. a. & n.* de quelque choſe, mißbrauchen, z. E. der Güte GOttes, der heiligen Sachen, Schrift ꝛc. etwas übel anwenden.

Abuser des paroles, die Worte übel auslegen.

Abuser d'une femme; ein Weibsbild ſchwächen, mißbrauchen, zur Unzucht brauchen; es heißt auch ſodomitiſche Schande mit jemand treiben.

Abuser quelqu'un, einen betrügen, verführen.

s'Abuser, *v. r.* ſich betrügen; ſich irren, fehlen, verſtoſſen.

s'Abuser en comptant, im Rechnen fehlen.

Si je ne m'*abuſe*, wenn ich nicht irre.

ABUSEUR, *ſ. m.* ein Betrüger, Verführer, der die Leute hintergehet, ihre Einfalt mißbrauchet.

ABUSIF, ive, *adj.* betrüglich; da Mißbrauch dabey iſt; in Rechtshändeln, widerrechtlich, das zu Recht nicht beſtehen kan.

Procedure *abusive*, widerrechtliches Verfahren, Nullität.

Un sens *abusif*, unrechter, uneigentlicher, übler Verstand eines Worts.

ABUSIVEMENT, *adv.* mit Mißbrauch; uneigentlich; aus Irrthum; ohne Bestand Rechtens.

Ce mot est pris *abusivement*, dieses Wort ist in einem uneigentlichen Verstande genommen.

ABUTER, *v. n.* beym Kegelspiel, um den Anschub werfen.

ABUTILON, *f. m.* Eibisch, ein Kraut.

ABYME, ABYSME, ABYSMER, *voies* ABîME.

ABYSSIN, ine, *f. & adj.* ein Abyßinier, Abyßinisch.

ABYSSINIE, *f. f.* Abyßinien, ein Königreich in Africa, oberhalb Egypten.

ACABIT, *f. m.* die gute oder böse Eigenschaft der Speisen, insonderheit der Feld- und Gartenfrüchte, und des Fleisches.

Poires d'un bon *acabit*, Birn von guter Art, gesund, und eines guten Geschmacks.

ACACIA, *f. m.* Schotendorn, ein Baum unterschiedlicher Arten in Egypten, wie auch in Ost- und Westindien; auch wird der Schlehendorn also genennt; it. bey den Apothekern ein Saft von Brunellen.

ACADÉMICIEN, *f. m.* einer der auf der Academie studirt; vor diesem einer von der Philosophischen Secte der Academicorum; sonst auch ein Mitglied einer Gesellschaft der Künste oder Wissenschaften.

ACADÉMICIENNE, *f. f.* ein Frauenzimmer so von einer Academie ein Mitglied ist.

ACADÉMIE, *f. f.* vor diesem eine Philosophische Secte bey den Alten; jetzt eine hohe Schule, eine Universität; eine Ritterschule; ein Ort, wo Gelehrte oder Künstler zusammen kommen, sich über ihre Wissenschaften und Künste zu unterreden; auch die Gesellschaft solcher Leute selbst; bey den Mahlern heißt es eine Zeichnung nach dem Modell, oder die Copie nach dieser Zeichnung.

ACADÉMIE Françoise, eine Gesellschaft von vierzig Gelehrten, welche die französische Sprache zu ihrer Vollkommenheit zu bringen suchen.

ACADÉMIE des sciences, eine Gesellschaft von zwanzig Gelehrten, welche die Mathesin, Naturlehre und Chymie immer höher zu treiben bemühet sind.

ACADÉMIE des medailles & des inscriptions, eine Gesellschaft gelehrter Leute, so mit Auslegung und Erfindung sinnreicher Schaumünzen und Aufschriften beschäftiget sind.

ACADÉMIE de peinture & de sculpture,
eine Versammlung von vierzig Mahlern und Bildhauern unter einander.

ACADÉMIE de danse, eine Versammlung von dreyzehn Tanzmeistern zu Paris.

ACADÉMIE de jeu, ein Spielhaus.

ACADÉMIQUE, *adj. c.* academisch.

ACADÉMIQUEMENT, *adv.* auf academische Weise.

ACADÉMISTE, *f. m.* zu Paris, einer so die Ritterexercitien oder das Tanzen lernet.

ACAJOU, *f. m.* Name eines Americanischen Baums, der ein Gummi von sich giebt, das dem Arabischen gleichet.

ACANTHE, *f. f.* Bärenklau, ein Kraut; it. (in der Baukunst) ein Zierath an dem Corinthischen Säulencapital, von Laubwerk, das wie Bärenklaublätter aussiehet.

ACAPATLI, *f. m.* Name eines Krauts in Neuspanien, so den langen Pfeffer trägt.

ACAPTES, *f. f. plur.* Herrengefälle in Guienne und Languedoc, so bey gewissen Fällen von Gütern gegeben werden, als Lehnwaare oder Erbzins.

ACARIASTRE, *voies* ACARIâTRE.

ACARIâTRE, *adj. c.* hartnäckig, störrisch, widerspenstig, wunderlich, eigensinnig; wilder Sitten.

ACATIQUE, *v.* AQUATIQUE.

ACCABLEMENT, *f. m.* eine Ueberfallung, Bedeckung von einer Last, als wenn in einem Erdbeben die Häuser über die Leute fallen; ein verwirrter Zustand, Unruhe, häufiges Unglück, vielfältiger Schmerzen, überhäufte Beschwerlichkeit; Ueberhäufung, Menge, Vielheit, als der Geschäfte und allerley Ungemachs; Unterdrückung, Vernichtung der Freyheit, Entkräftung, Mattigkeit, Schwachheit des Leibes, Niederschlagung des Gemüths, Unmuth.

ACCABLEMENT de poux, Unordnung, Unrichtigkeit, Ungleichheit des Pulses.

ACCABLER, *v. a.* unterdrücken, mit Auflegung vieler schweren Sachen; bedecken mit dem Ruin eines Dinges, beschütten.

Il fut *accablé* sous les ruines de la maison, er ward durch den Einfall des Hauses verschüttet.

ACCABLER, beladen, überhäufen.

Il est *accablé* de crimes, er ist mit Missethaten beladen.

s'ACCABLER de tristesse, de soins &c. sich mit Traurigkeit, mit Sorgen beladen.

Etre *accablé* de pauvreté, von Armuth gedruckt werden.

ACCABLER quelqu'un de loüanges, einen mit Lob überhäufen.

s'ACCAGNARDER, *v. r.* zum Tagdieb werden, anfangen zu faullenzen und lüderlich zu leben, ein Ofenbruder, ein fauler Hund zu werden; im Luder zu liegen.

ACCA-

ACCARER, *v. a.* ol. die Parteyen gegen einander verhören, confrontiren; einem Beschuldigten die Zeugen vorstellen, unter die Augen stellen, vor Gericht.

ACCARIATION, *s. f.* ol. die Verhör der Zeugen gegen einander, oder Vorstellung derselben gegen einen, der eines Verbrechens beschuldiget wird, Confrontirung.

ACCASER, *v.* ACCAZER.

ACCASTILLAGE, *s. m.* die Castell oder Gebäude hinten und vornen auf einem grossen Schiff.

ACCASTILLE´, ée, *adj.* das solche Castelle hat.

ACCAZER, *v. a.* heißt in Guienne einem Gut einen Grundzins auflegen.

ACCE´LERATION, *s. f.* Beschleunigung, Förderung; in der Physic, die Vermehrung der Geschwindigkeit im Fallen, da etwas anfänglich nicht so geschwind fällt, als zuletzt.

ACCE´LE´RER, *v. a.* beschleunigen, fördern, geschwinder fortgehen machen.

ACCENT, *s. m.* ein Ton der Stimme im Reden, oder eine Art der Aussprache, die einer von seinem Lande hat.

Avoir bon ou mauvais *accent*, eine gute oder böse Aussprache haben.

On connoit à son *accent* de quelle province il est, seine Mundart oder Aussprach zeiget an, woher er gebürtig ist.

ACCENT, (in der Sprachkunst) ein Zeichen des Tons, den man einer Sylbe geben soll, als, der Acutus (´), Gravis (`), Circumflexus (^).

ACCENS, im *plur.* heißt bey den Poeten, Stimme, Geschrey.

Pousser de funèbres *accens*, Trauergeschrey über einen Todten verführen.

ACCENTUER, *v. a.* mit Accenten oder Tonzeichen bemerken, Accente drauf schreiben.

Un é *accentué*, ein é mit dem Accent.

ACCEPTABLE, *adj. c.* das anzunehmen ist, das angenommen werden kan, annehmlich.

Des offres *acceptables*, annehmliche Vorschläge.

ACCEPTANT, *s. m. e. f.* der oder die ein Ding mit Dank annimmt; in gerichtlichen Händeln, wenn ihm etwas zugewandt wird.

ACCEPTATION, *s. f.* Einwilligung; Annehmung, eines Geschenks, Wechselbriefs ꝛc.

L'*acceptation* est nécessaire pour la validité d'une donation, die Annehmung ist nöthig zum Bestand einer Schenkung.

ACCEPTATION d'un duel, Annehmung einer Ausforderung zum Kampf.

ACCEPTER, *v. a.* annehmen, als, ein Geschenk, ein Amt, Ausforderung zum Schlagen, den Frieden und dessen Bedingungen, einen Wechselbrief, ein Anerbieten ꝛc. einwilligen, zufrieden seyn.

ACCEPTER une lettre de change, einen Wechselbrief annehmen, oder sich zu der Bezahlung desselben verbinden.

ACCEPTEUR, *s. m.* der einen Wechselbrief, ein Geschenk u. d. g. annimmt.

Il aime mieux être l'*accepteur* que le donneur, er mag lieber nehmen als geben.

ACCEPTILATION, *s. f.* in den Römischen Rechten, eine Quittung, die man einem giebt, als hätte man das Geld, so er geben sollte, von ihm empfangen, da man doch nichts von ihm genommen hat, Schein, Scheinzahlung.

ACCEPTION, *s. f.* Annehmung, Aufnehmung; Ansehung, Absicht auf jemand vor dem andern.

ACCEPTION de personne, das Ansehen der Person.

Ce mot a plusieurs *acceptions*, diß Wort wird auf vielerley Art angenommen, hat vielerley Verstand oder Bedeutung.

ACCE`S, *s. m.* Zutritt, Zugang bey einem; Zugang, zu einem Ort zu kommen, Anländung ꝛc. Anfall, Anstoß von einer Krankheit, als vom Fieber, von der Gicht ꝛc.

ACCESSIBLE, *adj. c.* zu dem man kommen kan, es sey ein Mensch, oder Ort.

Une roche qui n'est point *accessible*, ein Fels der nicht zu besteigen ist.

Une personne *accessible*, eine Person, an die man leicht kommen kan.

ACCESSION, *s. f.* in Gerichtshändeln, die Besehung oder das Hingehen an einen Ort; it. der Zuwachs, die Vermehrung durch eine Zugehör, so dem Hauptstück folget.

Droit d'*accession*, das Recht des Zuwachses.

ACCESSIT, *s. m.* in den Schulen, das Geschenk, das man demjenigen giebt, der etwas fast eben so gut gemacht hat, als der erste, so den Preis bekommen.

ACCESSOIRE, *adj. c.* das an einer Sache hängt, dazu gehöret, derselben folgt.

L'interêt est l'*accessoire* d'un prêt, die Zinse sind eine Folge des Darleihens.

ACCESSOIRE, *s. m.* der Zusatz, die Zugabe, der Anhang, die Folge, etwas das nicht zum Wesen einer Sache gehört; die Veränderung einer Arzney durch äusserliche Zufälle, dadurch sie stärker oder schwächer wird.

ACCIDENT, *s. m.* ein Accidens in der Logic, das nicht zum Wesen des Dings gehöret, doch ohne ein Wesen nicht seyn kan, zufällige Beschaffenheit eines Dinges.

Acci-

Accident, ein Zufall, eine ungefehre gäh=
  linge Begebenheit; ein Umstand, zufälli=
  ges Ding, das sich bey etwas zuzutragen
  pfleget.
Accident, ein schlimmer Zufall bey einer
  Krankheit, Vermehrung oder auch Ver=
  änderung der Krankheit; ein Unfall, Un=
  glück, Widerwärtigkeit.
par Accident, *adv.* wider Verhoffen, un=
  gefehr, zufälliger Weise; it. durch Unfall,
  unglücklicher Weise.
Accidentel, le, *adj.* zufällig, nicht
  zum Wesen gehörig; ungefehr, das un=
  gefehr geschiehet.
Accidentellement, *adv.* zufälliger
  Weise.
Accise, *s. f.* die Accis oder Steuer von
  Victualien; die Zise.
Acclamation, *s. f.* Zuruf, Freuden=
  geschrey bey einem Einzug rc. ein Glück=
  wunsch auf den alten Münzen.
Acclamper, *v. a.* ein Stück Holz mit
  eisernen oder hölzernen Nägeln an ein an=
  ders fest machen.
Acclamper un mat, einen Mast mit Klam=
  mern oder sonst wider den Wind befestigen.
Accointance, *s. f.* ol. Umgang, ge=
  naue Freundschaft, Gemeinschaft, Ver=
  traulichkeit; meistens mit bösen Leuten
  oder auf böse Art.
Accointer, *v. a.* und s'Accointer,
  v. r. ol. de quelqu'un, sich mit jemand
  bekannt machen; mit jemand umgehen,
  vertraulich seyn, Freundschaft halten, Ge=
  meinschaft haben, meistens im bösen Ver=
  stande.
Accoiser, *v. a.* ol. stillen, besänftigen,
  begütigen, beruhigen.
Accolade, *s. f.* Umarmung, Umhalsung;
  sonderlich auch bey dem Ritterschlagen.
Accolade, zwey in einander geschränkte
  Kaninchen, die gleichsam einander in der
  Schüssel umfassen.
Accoler, *v. a.* umhalsen, um den Hals
  fallen, umarmen; ist meistens nur im
  freundlichen Umgange gebräuchlich; es
  heißt auch fleischlich berühren, umarmen.
Accoler une fille, mit einem Weibs=
  bilde Unzucht treiben.
Accoler, (bey den Winzern oder Weingärt=
  nern) anbinden, anhäften.
Accoler les nouveaux jets de la vigne
  aux échalas, die neue Fechser oder Schos=
  se an die Weinpfäle binden, häften.
Accoler deux articles dans un compte,
  in einer Rechnung aus zweyen Artikeln
  nur einen machen.
Accoler la cuisse, la botte à quelqu'un,
  einen sehr demüthig grüssen.
Accolé', *adj.* in den Wappen, das ein

Halsband anhat; um etwas herum ge=
  wunden, als ein Weinstock um einen Pfal rc.
  zusammen geschoben, das an = und neben=
  einander steht, als zwey Wappenschilde;
  it. wenn zwey in ein Andreascreutz gesetzte
  Fahnen, Stäbe, Zepter u. d. g. hinter dem
  Schild an den vier Ecken hervorragen.
Il porte d'azur au chien d'argent *accolé* de gueules, er führet einen silber=
  nen Hund mit einem rothen Halsband
  im blauen Feld in seinem Wappen.
Accommodable, *adj. c.* das beyzule=
  gen ist, das verglichen oder in der Güte
  abgethan werden kan.
Accommodage, *s. m.* die Zurichtung
  der Speisen; das Flicken oder Zurecht=
  machen eines Dinges, auch der Lohn dafür.
Fournir la viande, & païer l'*accommodage*, das Fleisch anschaffen, und die
  Zurichtung bezahlen.
Accommodant, te, *adject.* der wohl
  mit sich handeln und umgehen läßt, der sich
  leicht zu etwas bequem oder in etwas schi=
  cket, willfährig, gutwillig; nützlich, zu=
  träglich.
Un esprit *accommodant*, ein Gemüth,
  das sich überall schickt und bequemt.
Accommodation, *s. f.* Vertrag, Bey=
  legung eines Streithandels, Vermitte=
  lung.
Connoitre par *accommodation*, etwas
  aus eines andern Concept oder Gedanken
  erkennen.
Accommodement, *s. m.* Einrichtung,
  Anrichtung, Zurichtung, Zuschickung;
  bequeme Besserung, Ausbesserung; Aus=
  fertigung; Beylegung, Vermittelung;
  Versöhnung, Vertrag, Vergleich; auch
  ein Mittel oder ein Weg dazu.
L'affaire est en termes d'*accommodement*, die Sache stehet auf einem Ver=
  gleich.
Il est homme d'*accommodement*, er ist
  ein Mann, der sich wohl verträgt; leicht
  versöhnet wird.
Trouver un *accommodement*, ein Mit=
  tel zum Vergleich finden.
Le meilleur procés ne vaut pas le plus
  mauvais *accommodement*, ein magerer
  Vergleich ist besser als ein fetter Proceß.
Accommoder, *v. a.* ankleiden, anschicken.
Accommodé à la françoise, auf fran=
  zösisch gekleidet.
Accommoder, dienen; zu statten kommen;
  bequem seyn; anstehen.
Ce valet ne m'*accommode* pas, dieser
  Diener stehet mir nicht an.
Cette maison m'*accommode*, dieses
  Haus ist mir gar bequem, kommt mir
  wohl zu statten.

Accom-

ACCOMMODER, einrichten; paſſen.
 Accommoder ſa voix au ſujet de ſon diſcours, die Stimme nach dem Inhalt ſeiner Rede richten.
ACCOMMODER, vergleichen, beylegen.
 Accommoder un différent, eine Streitigkeit beylegen.
ACCOMMODER, zurichten.
 Accommoder du poiſſon au beure, Fiſche aus der Butter zurichten.
ACCOMMODER, wieder aufhelfen.
 Cela ſervira à *accommoder* mes affaires, dieſes wird dienen mir wieder aufzuhelfen, meine Sache wieder in Stand zu bringen.
ACCOMMODER, mit Worten anfahren, ausmachen.
 Je m'en vai l'*accommoder* de toutes pièces, ich will ihn rechtſchaffen ausmachen.
ACCOMMODER quelqu'un de quelque choſe, einem was zukommen laſſen, ihn damit verſehen.
s'ACCOMMODER, *v. r.* ſich kleiden, ſich anlegen oder anthun, ſich putzen; ſich wohl befinden oder wohl ſeyn laſſen, ſein Auskommen finden; it. beygelegt oder verglichen werden, in Güte abgethan werden, zum Vergleich gedeyen.
 Il s'eſt *accommodé* de la belle manière, er hat ſich wohl bezecht.
s'ACCOMMODER à quelque choſe, ſich nach etwas richten, ſchicken oder bequemen.
s'ACCOMMODER de quelque choſe, ſich eines Dinges anmaſſen, es ſich zueignen, es zu ſich nehmen; ſich deſſen bedienen, ſich ſolches zu Nutz machen; ſich etwas gefallen laſſen, damit zufrieden ſeyn, ſich damit behelfen, damit aus- oder zurecht kommen; ſich nach etwas richten, ſich drein ſchicken.
s'ACCOMMODER avec quelqu'un, ſich mit einem vertragen, vergleichen, ſetzen, verſöhnen; mit einem aus- oder zurecht kommen, friedlich mit ihm leben.
 *Accommodés-*vous, le païs eſt large, wird zu einem geſagt, der ſich nach ſeiner guten Bequemlichkeit das Beſte zum Voraus nimmt.
 Un homme riche & *accommodé*, ein reicher Mann, der wohl ſitzt.
ACCOMPAGNEMENT, *ſ. m.* Begleitung; Gefolg; Zugehör.
 Accompagnement de Prince, fürſtliches Gefolg.
 L'harmonie eſt un *accompagnement* des pièces de théâtre, die Muſic iſt eine Begleitung der Schauſpiele.
 Les *accompagnemens* d'une maiſon, die Zubehörungen eines Hauſes, als Hof, Garten, u. d. gl.

ACCOMPAGNEMENT, *ſ. m.* (in der Wappenkunſt) der geſamte äuſſerliche Zierath an einem Wappen, als die Helm-Zierde, Schildhalter, u. d. gl.
ACCOMPAGNEMENT, *ſ. m.* (in der Muſic) der Generalbaß, der in einem Concert geſpielet wird; oder auch die Inſtrumental-muſic, welche eine Singſtimme begleitet.
ACCOMPAGNER, *v. a.* begleiten, Geſellſchaft leiſten, mitgehen; dabey ſeyn.
 Je vous *accompagnerai* à la promenade, ich will euch beym Spatzirgang Geſellſchaft leiſten.
 Les querelles *accompagnent* ordinairement le grand jeu, Zank und hohes Spiel ſind gern beyſammen.
ACCOMPAGNER bien, zieren, wohl daran ſtehen; wohl darzu klingen.
ACCOMPAGNE', wann in den Wappen beym Hauptſtück noch ein Schild, oder in einem Felde deſſelben andere nebenher in den Ecken ſind.
ACCOMPLIR, *v. a.* erfüllen, vollenden, vollbringen; einem Dinge recht nachkommen.
ACCOMPLI, ie, *part. & adj.* vollendet, erfüllet; völlig, voll; vollkommen, ausbündig, in gutem und böſem Verſtande.
 Il a cent ans *accomplis*, er hat hundert Jahr erfüllet.
 Un homme *accompli*, ein vollkommen geſchickter (tugendhafter) Menſch.
 Une impudicité *accomplie*, eine ausbündige Unzucht.
ACCOMPLISSEMENT, *ſ. m.* die Erfüllung; Vollbringung, Vollendung.
ACCON, *ſ. m.* (in Anjou) ein klein Schiff mit einem flachen Boden, worauf man zu den andern Schiffen fährt, wenn die Ebbe iſt.
ACCOQUINER, *v. a.* faul machen, unartig und lüderlich machen, an unanſtändige Dinge gewöhnen, verwöhnen, (iſt ein gemein und ſpöttiſch Wort).
 C'eſt nous qui nous *accoquinons* nos femmes, wir ſind es, die wir unſere Weiber verwöhnen.
s'ACCOQUINER, *v. r.* à quelque choſe oder à faire quelque choſe, durch etwas verwöhnt und lüderlich werden; in oder über oder zu etwas kommen, ſich dran gewöhnen, drein gerathen.
 Il s'*accoquine* à la maiſon, er verwöhnet ſich zu Hauſe.
 Il s'eſt *accoquiné* à faire des vers, er iſt in das Verſemachen hinein gerathen.
ACCORD, *ſ. m.* Stimmung, Zuſammenſtimmung zweyer Töne; ein Vergleich, Vertrag in nicht wichtigen Sachen, oder zwiſchen einzeln Leuten; die Einigkeit unter

ter Perſonen, ſo mit einander leben; die
Verſöhnung zwiſchen zweyen Streitenden;
Uebereinſtimmung, einerley Meynung,
die Beſtimmung, der Beyfall.
 Tout d'un *accord*, einhelliglich, einmüthiglich, von einerley Meynung.
être d'Accord, (in der Muſic) geſtimmt
ſeyn, zuſammen klingen.
tomber oder être oder demeurer d'Accord
de quelque choſe, zu etwas beyſtimmen, in etwas willigen, ſeinen Beyfall
zu etwas geben; im Diſputiren, zugeben,
geſtehen, gelten laſſen.
d'Accord, gut, ich willige drein, ich laſſe
es geſchehen; it. es iſt an dem, ja wohl.
Il eſt de tous bons *accords*, er läſſt
ſich alles gefallen; er thut, was man will.
Accords, im *plur.* die gröſten Hölzer, womit man ein Schiff ſtützet, wenn man noch
daran zimmert.
ACCORDABLE, *adject. c.* das da kan ver-
williget oder vergeben werden; das ſich
zu etwas ſchickt.
ACCORDAILLES, *ſ. f. plur.* ohne Singul.
die Eheverlöbniß, Eheſtiftung.
ACCORDANT, e, *adj.* übereinſtimmend,
als Stimm oder Ton, die wohl darzu
klingt oder gehet, nicht falſch klinget.
ACCORDE, *ſ. f.* (zur See) der Befehl an
die Bootsleute und Ruderknechte, daß ſie
zugleich ziehen ſollen.
ACCORDE', *ſ. m.* ein Bräutigam, Verlobter.
ACCORDE'E, *ſ. f.* eine Braut, eine Verlobte.
ACCORDEMENT, *ſ. m.* der Vertrag zwiſchen dem, der den Beſitz eines Guts an
ſich bringt und dem Lehnsherrn, wegen
der davon zu entrichtenden Gefälle und zu
leiſtender Dienſte.
ACCORDER, *v. a.* verleihen, zugeſtehen,
einräumen.
Accorder une grace, eine Gnade verleihen.
 Je vous *accorde* cela, ich geſtehe euch
dieſes.
Accorder, vergleichen, beylegen.
 Accorder deux ennemis, zween Fein-
de mit einander vergleichen.
 Accorder un différent, eine Streitig-
keit beylegen.
Accorder, zuſammen ſetzen, zuſammen
fügen.
 Il *accorde* deux choſes incompatibles,
er fügt zwey Dinge zuſammen, die mit
einander nicht ſtehen können.
Accorder, einwilligen, nachgeben, zulaſſen.
 J'*accorde* que cela ſe faſſe, ich willige,
(ich gebe zu) daß dieſes geſchehen möge.
Accorder, (in der Singkunſt) ſtimmen.
 Accorder un lut, eine Laute ſtimmen.
Accorder, (in der Sprachkunſt) regel-
richtig zuſammen ſetzen.

Accorder l'Adjectif avec le Subſtantif,
das Adjectivum mit ſeinem Subſtantivo
kunſtrichtig zuſammen ſetzen.
Accorder une fille en mariage à quelqu'un,
einem eine Tochter zur Ehe geben.
s'Accorder, *v. r.* eins werden, ſich mit
einander wohl verſtehen, zuſammen halten, ſich vertragen, einig ſeyn; beyſtimmen, beypflichten, einerley Meynung
ſeyn, von Perſonen; übereinſtimmen, ſich
zuſammen ſchicken oder reimen, von Sachen.
s'Accorder ſur oder touchant oder en oder
à oder à faire quelque choſe, in etwas
willigen, mit etwas zufrieden ſeyn, über
etwas einig werden.
s'Accorder à oder avec quelque choſe,
ſich zu etwas ſchicken, zu etwas paſſen oder
ſtehen.
s'Accorder comme chiens & chats, ſich
immer zanken, uneinig leben, wie Hund
und Katze leben.
ACCORDOIR, *ſ. m.* das Inſtrument etwas
zu ſtimmen, ſonderlich die Orgelpfeiffen,
ein Stimmhorn; und bey den Clavieren
mit Saiten, ein Stimmhammer.
ACCORER, *v. a.* iſt eine Schifferredensart;
etwas unterſtützen, ſteinmen.
ACCORNE', ée, *adj.* mit Hörnern von
anderer Farbe, als ein Thier, in den
Wappen.
 Il porte d'or au mouton de ſable, *ac-
corné* d'argent, er führet einen ſchwarzen
Widder mit ſilbernen Hörnern in einem
güldenen Felde.
ACCORT, e, *adj.* höflich, freundlich, gefällig; liſtig, verſchmitzt, hurtigen Verſtandes.
ACCORTISE, *ſ. f.* Höflichkeit, freundlicher Umgang.
ACCOSTABLE, *adj. c.* ol. freundlich, höflich, leutſelig, der jedermann freundlich
aufnimmt, der einem jeden wohl begegnet,
mit dem wohl umzugehen iſt.
ACCOSTER, *v. a.* vulg. quelqu'un, und
s'Accoſter, *v. r.* de quelqu'un, ſich zu
einem thun oder geſellen, zu einem treten;
ſich zu einem nahen oder verfügen, mit ihm
zu reden, oder ihm zuzuhören, auch mit
ihm umzugehen; einen angehen, anreden,
anſprechen; vertraut mit ihm ſeyn.
ACCOTAR, *ſ. m.* ein Stück Holz, das man
zwiſchen die Fugen der andern oben auf
dem Schiff hinein treibt, daß das Waſſer
nicht darzwiſchen hinein lauffe, ein Keil.
ACCOTE-POT, *ſ. m.* eine Hafenſtütze,
Topfſtolle.
ACCOTER, *v. a.* unter die Seite eines Dinges etwas ſetzen, es zu ſtützen, unterſtützen,
etwas dran lehnen, iſt auf den Schiffen,
wie

wie auch bey den Maurern und Zimmerleuten bräuchlich.

s'ACCÔTER, *v. r.* contre oder sur quelque chose, sich an oder auf etwas lehnen.

ACCÔTE', ée, *part. & adj.* in den Wappen, das etwas zu beyden Seiten neben sich hat, als wenn z.E. ein Pfal sechs Ringe, auf jeder Seite drey, nach der Länge neben sich hat.

Il porte d'azur, à l'épée haute d'argent, *accôtée* de deux fleurs de lis, er führet im blauen Feld ein blosses Schwerdt, nebst zwey güldenen Lilien auf beyden Seiten.

ACCÔTOIR, *s. m.* eine Stütze, Lehne, Armlehne an einem Stul, sonst ist es auch so viel als ACCÔTAR.

ACCOUCHE'E, *s. f.* eine Wöchnerin, Sechswöchnerin, Kindbetterin.

Faire l'*accouchée*, ohne Noth immer im Bett liegen und faullenzen.

ACCOUCHEMENT, *s. m.* die Niederkunft, Genesung, Entbindung einer schwangern Frau, das Kindbett, die Geburt, das Gebähren.

ACCOUCHER, *v. a. & n.* gebähren, ins Kindbett kommen, niederkommen.

ACCOUCHER d'un enfant, mit einem Kind niederkommen, ein Kind zur Welt bringen, eines Kindes genesen.

ACCOUCHER une femme, einer Frau in Kindesnöthen helfen, Wehmutter seyn.

ACCOUCHER d'un ouvrage d'esprit, eine Schrift verfertigen, herausgeben.

s'ACCOUCHER, *v. r.* des Kindes allein genesen.

ACCOUCHEUR, *s. m.* einer der den Weibern in der Geburt hilft.

ACCOUCHEUSE, *s. f.* eine Wehmutter, eine Hebamme.

ACCOUDER, *v. a.* auf den Ellenbogen lehnen, damit steuern, oder stützen, als Kopf.

s'ACCOUDER, *v. r.* sich auf den Ellenbogen legen oder steuern.

ACCOUDOIR, *s. m.* etwas, worauf man sich mit dem Ellenbogen lehnet, als ein Armküssen, Polster.

ACCOUDOIR, (in der Baukunst) eine Lehne, Brustwehr; item die Crone über dem Bord des Gebalks.

ACCOUPLAGE, *s. m.* ist so viel als ACCOUPLEMENT, aber dieses letztere ist besser im Gebrauch, v. ACCOUPLEM.

ACCOUPLE, *s. f.* ein Hundskoppel, oder der Strick, woran sie zusammen gehängt sind.

ACCOUPLEMENT, *s. m.* Paarung, Zusammenfügung zweyer Dinge, Zusammenjochung der Ochsen; Vermischung, Zusammengattung der Thiere, das Begehen oder Belauffen derselben, (wird ohne Zu-

satz, und ausser der Poesie, selten von Menschen in gutem Verstande gebraucht.)

ACCOUPLER, *v. a.* paaren, paarweis zusammen thun, legen, setzen, stellen, fügen; zusammen spannen, als zwey Ochsen; zusammen nähen, als kleines Leinenzeug, daß man es nicht in der Wäsche zerstreue oder verliere; um der Fortpflanzung oder Zucht willen paaren, gatten, als Dauben, u.d.g. auch zwey Leute zusammen kuppeln, mit einander verkuppeln, ihnen zusammen helfen, eine Heyrath zwischen ihnen stiften.

s'ACCOUPLER, *v. r.* sich zusammen fügen, zusammen gefügt werden, sich paaren, sich gatten, sich vermischen.

ACCOUPLE', ée, *adj.* was zwey und zwey neben einander steht, als ein Paar Säulen, die einander fast mit dem Capital berühren.

ACCOURCIR, *v. a. & n.* (voiés COURT) abkürzen, verkürzen, kürzer machen, als Kleider, Bücher, Steigbügel, Gespräch, das Leitseil der Spürhunde ꝛc.

ACCOURCIR le chemin, einen kürzern Weg nehmen.

Les jours *accourcissent*, die Tage werden kürzer.

ACCOURCISSEMENT, *s. m.* das Abkürzen, die Abkürzung, Verkürzung.

ACCOURCISSEMENT de chemin, ein kürzerer Weg.

ACCOURIR, *v. n.* zulauffen, herzulauffen, eilends herzukommen, zu etwas eilen, eiligst dazu schreiten, geschwind dazu thun.

ACCOURIR à la vengeance, zur Rache eilen.

ACCOURSIE, *s. f.* der Gang unten im Schiff, auf beyden Seiten vom Hintertheil zu kommen.

ACCOUSINER, *v. a.* quelqu'un, vulg. einen Vetter heissen (besser appeller cousin, traiter de cousin.)

s'ACCOUSINER, *v. r.* einander Vetter heissen.

ACCOUSTIQUE, was zum Ohr gehöret.

Le nerf *accoustique*, der Gehörnerve.

Cornet *accoustique*, ein Instrument dadurch das schwache Gehör gebessert wird.

ACCOÛTREMENT, *s. m.* Kleidung, Auszierung, Schmuck der Weiber.

ACCOÛTRER, *v. a.* ol. kleiden, ankleiden, auskleiden, ausstaffiren, ausputzen, schmücken, zieren; im Scherz heißt es auch noch ausputzen, mit Worten, zudecken mit Schlägen.

ACCOÛTUMANCE, *s. f.* das Angewöhnen, die Gewohnheit, angenommene Weise.

ACCOÛTUMER, *v. a. & n.* gewöhnen, angewöhnen, gewohnen, gewohnt werden, sich angewöhnen.

J'ai *accoûtumé* de faire; je suis *accoûtumé*

tumé à faire, ich bin gewohnt zu thun.

Avoir *accoûtumé*, pflegen, (kan auch von leblosen Dingen gesagt werden.)

s'Accoûtumer, *v. r.* à quelque chose, sich an etwas gewöhnen, etwas gewohnt werden, eine Gewohnheit annehmen.

ACCOÛTUMÉ, ée, *adj.* gewohnt, gewöhnlich, ordentlich, als Zeit, Art ec.

à l'Accoûtumée, *vulg.* nach der alten Gewohnheit, wie man immer pflegt.

ACCOUVE', ée, *adj. ol. vulg.* der immer zu Hause hinter dem Ofen steckt.

ACCRAVANTER, *v. a. ol.* erdrücken unter einer Last oder eingefallenen Gebäude.

ACCREDITER, *v. a.* in Ansehen oder Hochachtung bringen.

Les cures heureuses *accreditent* le médecin, glückliche Genesungen bringen den Arzt in Ansehen.

s'Accrediter, *v. r.* sich ein Ansehen machen, in Ansehen kommen.

Il s'*accredite* de plus en plus, er kommt immer mehr in Ansehen.

ACCROC, *s. m.* ein Riß in einem Kleide von einem Nagel oder Dorn, woran man hangen blieben, eine Hinderniß, Hinderung, Aufhaltung.

ACCROCHE, *s. f.* Verhinderung, Aufhaltung, Hinderniß.

ACCROCHEMENT, *s. m.* das Anhaken, das Anhangen an einem Haken; *it.* wenn man sich an etwas, als ein Hake oder Klette, hängt; die Anklammerung der Schiffe, das Entern.

ACCROCHER, *v. a.* an einen Haken, einen Nagel oder an eine Hafte hängen, mit einem Haken an ein Schiff oder sonst an etwas hangen, anhäften, fest machen, anhängig machen, als einen Rechtshandel; Hinderung in etwas machen, hindern, aufhalten, aufziehen, einen erwischen, berücken, betrügen, oder etwas erhaschen.

Je trouverai moïen d'*accrocher* cette affaire pour quelque tems, ich will ein Mittel finden, diese Sache eine Zeitlang aufzuhalten.

Ses soins tendent tous à *accrocher* quelqu'un, er wendet allen Fleiß an jemand zu berücken.

Accrocher un navire, ein Schiff entern.

s'Accrocher, *v. r.* à quelque chose, an etwas hangen bleiben, sich an etwas anhängen oder anhalten, etwas anfassen, durch etwas eine Hinderniß, einen Anstoß oder Anstand bekommen, ins Stecken gerathen, sich an etwas stossen.

Ils s'*accrochèrent* aux arbres, sie hiengen sich an die Bäume.

L'affaire s'est *accrochée* à cela, die Sache hat sich daran gestossen.

ACCROIRE, *v. n. & r. olim* glauben, vor wahr halten; *it.* leihen, creditiren, borgen; ist heut zu Tage nur im Infinitivo gebräuchlich mit faire.

Faire *accroire* quelque chose à quelqu'un, einem etwas weiß machen, ihn dessen bereden oder beschwatzen wollen, ihn durch ein falsches Vorgeben betrügen.

Il veut faire *accroire* qu'il est gentilhomme, er will die Leute fälschlich bereden, daß er ein Edelmann sey.

S'en faire *accroire*, sich was einbilden, aufgeblasen seyn.

C'est un fou, qui s'en fait beaucoup *accroire*, es ist ein Thor, der sich viel einbildet.

ACCROISSEMENT, *s. m.* Anwachs, Wachsthum, als des Leibes, der Gewächse, eines Flusses ec. Vermehrung, Aufnehmen, das Zunehmen einer Familie, der Begierden, der Ehre, Zuwachs an Gütern, Besoldung, das Zuwachsungsrecht in Erbschaften und Vermächtnissen, Verlängerung eines Worts, durch Hinzusetzung einer Sylben in der Sprachkunst.

ACCROÎTRE, *v. a.* vermehren, vergrössern, ins Aufnehmen bringen; bey einigen heißt es erhöhen, höher machen, aber unrecht.

Accroître son bien, sein Gut vermehren.

La fortune *accroît* l'envie, das Glück vermehrt den Neid.

Accroître, *v. n.* zuwachsen, in Rechtshandeln.

s'Accroître, *v. r.* sich vermehren, wachsen, anwachsen, zunehmen, grösser werden, en quelque chose, an etwas.

s'ACCROUPIR, *v. r.* niederhocken, niederkauern, von Menschen; *item* niedersitzen auf den Hintern, als theils Thiere thun.

Le lievre s'*accroupit*, der Haas macht ein Männgen, d. i. er sitzt aufrecht auf den Hinterfüssen.

ACCROUPI, ie, *adj.* auf den Hintern sitzen, wird in den Wappen von Thieren gebraucht.

Il porte d'azur à un lion *accroupi* d'or, er führet in einem blauen Felde einen gekrüpften vergoldeten Löwen.

ACCROUPISSEMENT, *s. m.* das Niederhocken oder Niedersitzen auf den Hintern.

ACCRU, ë, *adj.* vermehrt, vergrössert, zugewachsen, angewachsen.

Une rivière *accrûe* par des ruisseaux, ein Fluß der durch kleine Bäche anwachset.

Accrû, ë, *part. prét.* vermehrt, zugenommen ec.

ACCRUË, *s. f.* ein Stück Land bey einem Wald, so eben nicht mit Holz bewachsen

ACC · ACC · ACE

sen ist, aber doch dazu gerechnet wird; it. ein Stück Netz, so man an ein anders, das nicht lang genug ist, anflickt.

ACCUEIL, *s. m.* Aufnehmung, Bewillkommung, der Willkomm, das Empfangen eines Ankommenden, Bezeigung gegen denselben.

Son *accueil* gagne tous les cœurs, seine Begegnung gewinnet die Herzen.

ACCUEILLIR, *v. a.* empfangen, willkommen heißen, bewillkommen, einem bey seiner Ankunft auf gewisse Art begegnen, oder sich gegen ihn bezeigen: Il m'a *accueilli* fort favorablement, er hat mich sehr günstig empfangen; it. aufnehmen, in Schutz nehmen; auf das Schiff nehmen; aufdingen, in die Lehre nehmen, einen jungen Menschen beym Münzwesen.

Etre *accueilli* d'un malheur, von einem Unglück überfallen oder betroffen werden.

ACCUL, *s. m.* ein Winkel, wo man dem, der verfolgt, nicht mehr entweichen kan; die hintersten oder untersten Oerter in Fuchs= oder Dachs=Löchern; it. die äussersten Spitzen an einem Holz, worein man das Wild jagt, da es nimmer weiter kan; in den Americanischen Meeren der innerste Theil eines Meerbusens.

ACCULEMENT, *s. m.* in den Schiffen die Rundung, oder die runden Stücke an den beyden Enden, im Hinter= und Vordertheil, und unten auf dem Kiel.

ACCULER, *v. a.* einen eintreiben, an etwas antreiben, in einen Winkel oder in eine Enge treiben, da er nicht weiter kan: *acculer* son ennemi contre un mur, seinen Feind gegen die Mauer treiben; it. ein Wildpret gleichsam in einen Sack treiben; *acculer* un cheval, auf der Reitschule, das Pferd in den Volten zu sehr zusammen dringen, daß es das Creutz zu weit einwärts ziehen und aus der Positur kommen muß.

s'**ACCULER**, *v. r.* sich an einen Ort stellen, da man von hinten nicht kan angegriffen werden; auf der Reitbahn wird es vom Pferd gesagt, und heißt, das Creutz zu sehr einwärts führen und dadurch aus der Positur kommen.

s'**ACCULER**, *v. r.* sich mit dem Rücken gegen eine Wand oder andern Schirm setzen.

s'**ACCULER**, *v. r.* (auf der Reitbahn) ein Pferd, das in den Volten mit dem Creutz aus der Positur kommt, und dieses zu sehr einwärts führet.

ACCULÉ, ée, *part. prét.* in den Wappen, ein aufgebäumt Pferd, das sich ansteht; it. wann zwey Canonen einander das Hintertheil zukehren.

ACCUMULATION, *s. f.* Häuffung.

ACCUMULATION de droit, (in Rechtshändeln und Forderungen) ist, wann einer aus mehr als einem Grund etwas anspricht.

ACCUMULER, *v. a.* häuffen, sammeln.

ACCUSATEUR, *s. m.* trice, *s. f.* Ankläger, Verkläger, Verklägerin.

ACCUSATIF, *s. m.* in der Grammatic der Accusativus. Die vierte Endung der Nominum.

ACCUSATION, *s. f.* Anklage, Verklagung, Beschuldigung.

ACCUSATION des péchés, Bekenntniß der Sünden, Beichte.

ACCUSÉ, *s. m.* ée, *s. f.* der peinlich Beklagte, Verklagte, Beschuldigte.

Accusé, *m.* ACCUSÉE, *f. adj.* beschuldigt, angeschuldigt, angeklagt.

ACCUSER, *v. a.* verklagen, anklagen, beschuldigen.

Accuser quelqu'un du crime de lèze Majesté, einen wegen beleidigter Majestät anklagen.

Il est *accusé* de peculat, er ist wegen unterschlagenen gemeinen Geldes angeklagt.

On *accuse* les François de légèreté, man beschuldigt die Franzosen der Leichtsinnigkeit.

ACCUSER, anzeigen, vermelden.

J'*accuse* la réception de la vôtre, ich berichte, daß ich euer Schreiben empfangen.

ACCUSER, (im Spiel) angeben, ansagen.

Accuser trois as, une quinte &c. drey Eß, eine Quinte u. s. w. ansagen.

Accuser ses péchés, seine Sünden bekennen.

On m'a *accusé* juste, man hat mir recht angegeben.

s'**ACCUSER**, *v. r.* sich angeben, sich schuldig geben, bekennen, beichten.

A CE FAIRE, EN CE FAISANT, hiemit, solchergestalt, (werden allein im Rechtshandel noch beybehalten.)

A CELA PRÉS, nur dieses mangelt, nur daran fehlet es.

A CELLE FIN DE, *conj.* damit, auf daß.

ACENSE, *s. m.* ein Zinsgut.

ACENSEMENT, *s. m.* das Verpachten; das Machen zum Zinsgut; ein Zinspacht.

ACENSER, *v. a.* als ein Zinsgut überlassen; verpachten; um Pacht oder Zinse austhun.

ACÉPHALES, *s. m. plur.* vor diesem eine Art Geistliche, die in äusserster Armuth lebten, aber kein Haupt, weder geistliches noch weltliches, über sich erkennen wollten.

A CE QUE, *conj.* damit, auf daß.

ACERBE, *adj. c.* herb, als unzeitig Obst, Geschmack ꝛc. ist selten ausser der Medicin ge-

C 3

gebräuchlich.; sonst braucht man *âpre.*
ACE'RER, *v. a.* mit Stahl belegen, stählen, verstählen; it. schärfen, schleiffen.
ACE'RE', ée, *part.* gestählt, bisweilen auch scharf, spitzig, durchdringend ꝛc.
La pauvreté est un glaive bien *acéré*, die Armuth ist ein scharfes Schwerdt.
ACESMEMENT, *s. m. v.* ACHEMENT.
ACE'TABULE, *s. m.* in der Anatomie, die Pfanne oder Aushöhlung an den Beinen, worinnen der Knopf an dem andern Knochen sich beweget; eine von den Höhlen in dem Mutterkuchen der Thiere, die viel Junge tragen; eine von den Drüsen in der Mutter der Schaafe und Ziegen, die in die Höhe treten, wenn dieselben trächtig sind; bey den Alten ein Maaß, so den vierten Theil einer Hemina hielt; auch noch ein Maaß von dritthalb Unzen bey den Apothekern.
ACETABULUM, *s. m.* Nabelkraut, Frauennabel, ein Kraut.
ACE'TEUSE, *s. f.* Saurampfer, ein Kraut.
ACETUM, *s. m.* Eßig, in der Chymie.
ACHAÏE, *s. f.* Achaja, eine Griechische Landschaft.
ACHAISONNER, *v.* ACHOISONNER.
ACHALANDER, *v. a.* vulg. Kunden verschaffen oder zuweisen; Kunden herbey ziehen, in gute Kundschaft bringen, als gute Waaren einen Kram, oder gute Bequemlichkeit ein Haus ꝛc.
Cette fille est fort *achalandée*, diese Weibsperson ist unter den jungen Burschen sehr bekant, sie hat viel Kunden.
s'ACHALANDER, *v. r.* sich in Kundschaft setzen, Kunden bekommen oder an sich ziehen.
ACHARNEMENT, *s. m.* grimmige Begierde eines reissenden Thiers nach Fleisch; Anfall, den solches auf ein ander Thier thut; auch der Grimm eines Menschen, heftige Erbitterung und Begierde zu schaden, Todfeindschaft, Raserey, Wut, Hitze, womit einer den andern verfolgt; it. gewaltsame Neigung, heftige Begierde nach etwas.
Avoir un furieux *acharnement* pour quelque chose, heftig auf etwas erpicht seyn, närrisch darnach thun, gar zu sehr ergeben seyn.
ACHARNER, *v. a.* blutbegierig machen, Fleisch zu fressen geben, damit zur Jagd begierig zu machen, als Falken, Hunde ꝛc. insgemein anreizen wider einen, böse, erzürnt, hitzig machen auf den andern.
s'ACHARNER, *v. r.* à, sur, und contre quelqu'un oder quelque chose, wüten, grimmig anfallen, als ein reissendes Thier, etwas zu zerreissen und zu fressen; tödtlich haßen, heftig anfeinden, erbittert und erhitzt wider jemand seyn, ihm aufs äusserste verfolgen, ihm auf alle Weise zu schaden suchen; il *s'acharne* sur les Poëtes, er ist auf die Poeten erhitzt; begierig nach etwas streben oder trachten, auf etwas erhitzt seyn; il est *acharné* sur le vain honneur, er strebet unmäßig nach eiteln Ehren; hitzig über etwas her oder darauf erpicht seyn, einer Sache unmäßig nachhängen, sich gar zu sehr einem Ding ergeben, als dem Spielen, dem Sauffen, den Büchern ꝛc.
ACHAT, *s. m.* ein Kauf; der Einkauf; auch das Gekaufte.
ACHAT passe loüage, Kauf gehet vor Miethe.
ACHE, *s. f.* Eppich, ein Kraut.
ACHE'E, *s. f.* ein Faden, ein Regenwurm, Erdwurm.
ACHEMENT, *s. m.* die Helmdecke und Zierath um den Schild.
ACHEMINEMENT, *s. m.* vor diesem hieß es die Ausfahrt, der Aufbruch; auch die Reise, das Fortkommen auf derselben; jetzt braucht mans nur noch in verblümten Verstand, und da heisst es eine Gelegenheit, ein Mittel, eine Art und Weise zu etwas zu gelangen, ein Weg zu etwas; die Vorbereitung, ein guter Anfang; die Beförderung einer Sache.
Cela est un *acheminement* à une plus grande fortune, dieses ist ein Mittel (Gelegenheit) zu grösserm Glück.
ACHEMINER, *v. a.* einen zu etwas führen, auf den Weg bringen, etwas zu erlangen; etwas auf den Weg, in den Gang bringen.
L'avis de cet Avocat a fort bien *acheminé* l'affaire, mit Einrathen dieses Advocaten ist die Sache auf einen guten Weg gebracht.
Un cheval *acheminé*, heißt bey den Bereitern ein Pferd, das sich zur Reitschule ziemlich anläßt, das schon etwas zugeritten ist.
s'ACHEMINER, *v. r.* reisen, ziehen, seinen Weg richten, sich auf den Weg machen, sich auf die Reise begeben; fortgehen, Fortgang gewinnen.
Il *s'achemina* vers la Sirie, er richtete seinen Weg nach Sirien.
La paix *s'achemine*, die Friedenshandlung gehet fort.
ACHERON, *s. m.* einer von den erdichteten Höllenflüssen.
ACHET, *s. m.* voiés ACHAT.
ACHETER, *v. a.* kauffen; erlangen.
Acheter un bien de terre, ein Landgut kauffen.

Ache-

Acheter un petit plaisir par beaucoup de chagrins, eine kleine Lust mit vielem Verdruß erkauffen (erlangen).

ACHETEUR, *s. m.* der Käuffer.

ACHEVEMENT, *s. m.* Vollendung, Verfertigung, Vollziehung, Vollführung.

l'Achevement du terme, die Verfließung des Termins.

ACHEVER, *v. a. & n.* enden, zu Ende bringen, vollenden, fertig machen.

Achever un ouvrage, ein Werck zum Ende bringen.

Achever, ausmachen; ein Ende machen.

Ses déplaisirs *l'acheveront* bientôt, seine Verdrüßlichkeiten werden ihm bald den Garaus machen.

Achever de vivre, aufhören zu leben.

Voilà pour *l'achever* de perdre, das kan ihn gar zu Grunde richten; das kan ihn gar truncken und voll machen.

s'Achever, *v. r.* fertig werden, sich enden, zu Ende gehen, zu Ende oder zum Stande kommen; sich hinrichten, sich selbst um seine Wohlfart oder uns Leben bringen; sich gar voll sauffen.

ACHEVE', ée, *part.* geendet; vollkommen, vortrefflich, ausbündig.

Vôtre sœur est une beauté *achevée*, eure Schwester ist eine vollkommene Schönheit.

Un fou *achevé*, ein vollkommener Narr.

Un cheval *achevé*, ein Pferd, das die Schule wohl versteht, das abgerichtet, zugeritten ist.

ACHIER, *s. m. ol.* ein Bienenhaus.

ACHILLE, *s. m.* einer der tapfersten Helden in der Belagerung Troja; in der Anatomie, die grosse Senne an der Fußsohle; (weil Achilles von einer an diesem Theil des Leibes empfangenen Wunde gestorben ist); in Schulsachen das Hauptargument, das einer hat, etwas zu beweisen, das nicht leicht umzustossen ist; in Rechtssachen, der Hauptpunct des Processes, arx causæ.

ACHILLE'E, *s. f.* eine Art Schafgarbe, ein Kraut, so das Blut zu stillen gebrauchet wird.

ACHIOTL, ist der Name, mit welchem die Brasilianer eine gewisse Farb nennen.

ACHIOTTE, *s. f.* sogenannte Frucht, die aus Neuspanien kömmt, und von den Indianern sehr hoch gehalten wird.

ACHIT, *s. m.* Name eines Krauts auf der Insel Madagascar.

ACHOISON, *s. f. ol.* Gelegenheit; ein Fall

ACHOISONNER, *v. a.* le peuple, die Unterthanen unter dem Vorwand dringender Noth mit Auflagen beschweren.

ACHOPPEMENT, *s. m.* ist nur in diesen Redensarten gebräuchlich.

Pierre *d'achoppement*, ein Stein des Anstossens.

C'est *l'achoppement* de l'antiquité, daran haben sich die Alten gestossen.

Etre en *achoppement* à quelqu'un, einem in seinem Vorhaben hinderlich seyn, ihm allenthalben suchen verdrüßlich zu seyn.

Trouver de *l'achoppement*, Anstoß finden.

ACHORES, *s. m. pl.* Ausprung, dicker stinkender Grind auf den Köpfen der Kinder.

ACHRONIQUE, *adj. c.* (in der Astrologie) das gerad gegen der Sonne über ist, wenn sie auf- oder untergehet.

Le lever *achronique*, der Nacht Aufgang.

ACIDE, *adj. c.* sauer, wein-säuerlich, als der Saft der Citronen ec. it. das eine scharfe Säure hat.

ACIDE, *s. m.* (in der Chymie) ein scharfes aufflösendes Salz, im Gegensatz des Alkali.

ACIDITE', *s. f.* die Säure, von Eßig, und andern Dingen.

ACIDULE, *adj. c.* das mit Eßig säuerlich gemacht ist, in der Medicin.

ACIDULE, *s. f.* Sauerbrunn.

ACIER, *s. m.* Stahl; bey den Poeten das Eisen, die Klinge, der Degen, oder ander scharf Gewehr.

ACOLYTHAT, *s. m.* das Amt eines Acolythi.

ACOLYTHE, *s. m.* ein Geistlicher, der dem Bischoff oder Priester bey den Amtsverrichtungen in der Kirche dient und folgt.

ACON, (in der Seefahrt) ein klein plattes Schiff, damit man zur Ebbezeit auf dem Schlamm herum fähret.

ACONIT, *s. m.* Wolfswurz, ein Kraut.

ACORUS, *s. m.* Calmus, ein Kraut; it. die Wurzel der gelben Schwerdtlilien.

ACOUSTIQUE, *adj. c.* zu den Ohren gehörig, dem Gehör dienlich.

ACQUERIR, ACQUIESCER, ACQUIRER, mit ihren Derivatis, *v.* AQU.

ACRE, *adj. c.* scharf, beissend, herb am Geschmack; spitzig, anzüglich in Worten; eifrig, heftig, hitzig von Gemüth; brennend, als Hitze.

ACRE, *s. m.* ein Morgen Landes, ein Acker Landes, ein Tagwerck, ein Juchart.

ACRETE', *s. f.* die Säure, beissende Art, Schärfe.

ACRIMONIE, *s. f.* die Säure, Schärfe, Herbigkeit des Geschmacks.

ACROCE'RAUNIENS, *s. m. pl.* ein Vorgebirg in Epiro.

ACROMION, *s. m.* das obere Theil des

des Rückgrats an den Schulterblättern.

ACROPOLE, *s. f.* das Schloß zu Athen.

ACROSTICHE, *s. f.* Verse, deren Anfangs- oder Endbuchstaben gewisse Worte zusammen machen.

ACROTE'RES, *s. m. pl.* das äusserste so an etwas hervorraget, kleine Fußgestelle oben auf den Giebeln, worauf man Bilder stellt, auch der Giebel selbst, die Spitze der Forst von einem Hause; it. die Vorgebirge und Spitzen von einem Lande, die man von weitem in der See sieht.

ACROTE'RIE, *s. m.* ist nur von Müntzen gebräuchlich, und eine krumme Schifffzierath, die einen Sieg in einer Seeschlacht oder Seestadt bedeutet.

ACTE, *s. m.* That, Verrichtung. Un *acte* glorieux, eine rühmliche That. L'*acte* d'un scelerat, ein Schelmenstück.

ACTE, Werk, Übung. Un *acte* de reconnoissance, ein Werk der Dankbarkeit.

Faire un *acte* de contrition, in der That seine Reue sehen lassen.

ACTE, öffentliche Handlung, Schrift, worinn öffentliche Gerichts-und andere Handlungen aufgezeichnet, Acten. Les *actes* de l'assemblée des Etats, die Handlungen der Versammlung der Stände.

ACTE, gerichtliche Handlung, (Verrichtung.) *Acte* de justice, de grace, ein Rechts-ein Gnadenhandel.

ACTE, Handlung, (Verrichtung) so ein gewisses Absehen hat. Faire *acte* d'héritier, etwas thun, dadurch man sich als Erben aufführet.

ACTE de Souverain, oberherrliche Handlung, die niemand als dem Oberherrn zustehet.

ACTE, Handlung in einem Schauspiel, ein gewisses Stück und Absatz desselben.

ACTE, (auf hohen Schulen) eine öffentliche Handlung mit Reden, Disputiren, oder andern Aufführungen.

ACTE de foi, eine Execution der Religionsinquisition, da sie die, so der Ketzerey beschuldiget worden, entweder öffentlich losspricht, oder zum Feuer übergiebt.

ACTES, *s. m. plur.* die öffentliche Rathschlüsse, so zum Gedächtniß geschrieben worden. Les *actes* des Apôtres, die Apostelgeschichte.

ACTEUR, *s. m.* ACTRICE, *s. f.* der oder die in einem Schauspiel auftritt und agirt, oder eine Person vorstellt; eine Person, der oder die eine Sache treibt, mit deren Ausführung zu thun hat, dabey geschäftig ist, Antheil daran hat.

ACTIF, ive, *adj.* wirkend, wirksam, geschäftig, thätig, geschwind, munter, lebhaft, fleißig, arbeitsam, emsig; in Rechtssachen, das wirklich vorhanden ist; it. darüber man Klage erheben und einen belangen kan, in der Sprachkunst, das ein Thun anzeigt, als ein Verbum.

La vie *active*, ein wirkendes Leben, das im Thun besteht.

Voix *active*, eine Wahlstimme, die einer andern geben kan.

Il a des dettes *actives* & *passives*, er ist schuldig, und hat Schulden ausstehen.

ACTIF, *s. m.* in der Grammatic, ein Verbum, das ein Thun bedeutet.

ACTION, *s. f.* das Wirken, die Wirkung; natürliche Kraft, als eines Magnets; ein Thun, eine That, auch eine berühmte That, Heldenthat, Kriegsthat; eine Handlung, Verrichtung; die Bewegung einer Person oder Sache; Hurtigkeit, Lebhaftigkeit, Munterkeit; Geschwindigkeit, Hestigkeit; die Stellung und Geberden eines Redners, die der Rede einen Nachdruck und Zierde geben; it. die Rede selbst, die Predigt u. d. g. die Geberden eines gemahlten Bildes; das Stück einer Comödie, wo die Sachen am meisten in einander verwirret; auch das gantze Schauspiel, oder dessen Vorstellung; ein Recht jemand gerichtlich zu belangen, ein Anspruch; eine Klage, ein Proceß wider eine Person oder wegen einer Sache; it. das Recht etwas ferner gerichtlich von andern zu fordern; eine Actie oder Obligation von einer Handlungscompagnie.

Etre en *action*, immer was zu thun haben.

Se mettre en *action*, anfangen was zu thun.

ACTION de bouche, das Spielen eines Pferds mit seinem Gebiß.

ACTION de graces, Dancksagung, der Danck; it. das Gebett nach dem Essen.

Se saisir de toutes les *actions* de quelqu'un, einem alles, was er hat, wegnehmen, die Schuldner damit zu bezahlen.

ACTIONNER, *v. a.* einen gerichtlich belangen, einen einen Proceß an den Hals werfen, Klage wider ihn erheben oder anstellen, ihn vor Gericht fordern lassen.

ACTIONNISTE, *s. m.* einer der eine Actie hat.

ACTIVEMENT, *adv.* als ein Verbum activum, in wirkender Bedeutung.

ACTIVITE', *s. f.* Wirkung, Wirksamkeit, Thätlichkeit; Lebendigkeit, hurtiger Fleiß, Emsigkeit, Hurtigkeit; Lebhaftigkeit, Munterkeit.

ACTUEL, le, *adv.* wirklich, nicht in der Einbildung bestehend, oder noch nicht gegenwärtig, das in der That ist oder geschiehet; it. wirken, wirksam, thätig.

Un

Un péché *actuël*, eine wirkliche Sünde.
ACTUëLLEMENT, *adv.* wirklich in der That.
ACUT, *ſ. m.* in der Druckerey ein Accent (´) ein Acut.
ACUT, te, *adj.* mit einem Acut bezeichnet. E' *acut*, ein é mit einem Acut.
ACUTANGLE, *ſ. m.* ein zugeſpitzter Winkel in der Geometrie, der weniger als 90 Grad hat.
ADAGE, *ſ. m.* ein Spruch, Sprichwort. Man braucht es nur im Scherz, und in dieſen folgenden Redensarten: Les *adages* d'Eraſme, die Sprichwörter Eraſmi; C'eſt un vieux *adage*, das iſt ein alt Sprichwort.
ADAMITES, *ſ. m. pl.* Ketzer, welche Adams Blöſſe im Stand der Unſchuld nachzuahmen nackend in die Kirche giengen, und mit den Weibern öffentlich zu ſchaffen hatten.
ADAPTATION, *ſ. f.* der Gebrauch, die Anwendung, Anbringung, Zueignung eines Dinges oder Worts ꝛc. die Anführung eines Spruchs ꝛc.
L'*adaptation* de ce paſſage n'eſt pas juſte, dieſer Spruch iſt nicht wohl applicirt.
ADAPTER, *v. a.* anwenden, gebrauchen, anbringen, zueignen, zu etwas richten oder ſchicken, auf etwas deuten; in den Rechten heißt *adapter* les prémiers païemens ſur les arrerages, die erſte Bezahlung auf den Rückſtand vom vorigen ſchlagen, dafür rechnen; im Bauen heißt es anfügen, anbauen, daran machen.
ADARCE, *ſ. f.* ſalziger Schaum, der ſich bey heiſſem Wetter auf ſtehendem Waſſer findet.
ADARME, ein kleines Spaniſches Gewicht, deſſen man ſich auch in dem ganzen Spaniſchen America gebraucht, und der ſechzehende Theil einer Unze iſt.
ADATAIS, eine Gattung ſehr reine Mouſſeline, ſo aus Oſtindien kommt.
ADCENSEMENT, *v.* ACENSEMENT.
ADDITION, *ſ. f.* Vermehrung, Hinzuſetzung, das Hinzuthun; die Zugabe, das Beygefügte, ein Anhang, Zuſatz; im Rechnen das Addiren, das Zuſammenrechnen; in Gerichtshändeln die Schriften, ſo über die Repliquen eingegeben werden.
Informer par *addition*, zu der erſtern Information noch fernere aufnehmen.
ADDITIONNER, *v. a.* addiren im Rechnen, zuſammenrechnen.
ADDOMESTIQUER, *v. a. n. & r.* olim bey einem bekannt und vertraut werden, oft aus und eingehen; ſich bey einem einſchleichen; an etlichen Orten heißt es auch ein Thier zahm machen.

ADDONNER, ADDOSSER, ADDOUBER, ADDOUCIR, *v.* ADO.
ADDRESSER, *v.* ADRESSER.
ADDUCTEUR, *ſ. m.* eine Muſcul am Auge, wodurch es gegen die Naſe kan bewegt werden; it. am Daumen und anderswo, wodurch man ein Glied einwärts bewegt.
ADDUCTION, *ſ. f.* die Bewegung der Muſcul, ſo Adducteur heißt.
ADELAIDE, *ſ. f.* Adelheid, Weibername.
ADEMTION, *ſ. f.* Wiederruf, Entziehung eines Vermächtniſſes.
L'*ademtion* d'un legs, wann einem ein gegebenes Legat wieder genommen wird.
ADE'NE'RER, *v. a.* in Werth ſetzen, für Geld anſchlagen, ſchätzen; ins Geld ſetzen, zu Geld machen, verkaufen, iſt nicht mehr üblich.
ADENT, *ſ. m.* bey den Tiſchlern und Zimmerleuten der Zapfen oder Kamm an Holzarbeit, das was ſich in eine dazu bequeme Fuge ſchickt, und eingezapft wird.
Faire un aſſemblage en *adent*, einzapfen.
ADEPTE, *ſ. m.* ein Goldmacher, der da meynt, er könne es recht, und ohne Betrug, der den Stein der Weiſen beſitzet.
ADEXTRE', ée, *adj.* das in den Wappen etwas zur Rechten neben ſich hat.
Il porte de gueule à une croix d'argent, *adextrée* d'une étoile d'or, er führet in einem rothen Felde ein ſilbernes Creuz, an deſſen rechter Hand ein güldener Stern befindlich.
ADFILIATION, *v.* AFFILIATION.
ADGEANCER, *v.* AGENCER.
ADHE'RENCE, *ſ. f.* das Aneinanderhangen, das Anhangen.
ADHE'RENT, e, *adj.* das an etwas hängt, anklebt, oder angewachſen iſt; das ganz nahe an etwas iſt, nächſt an etwas; der eines Meynung beyfällt, es mit einem hält; der einer Appellation beytritt, abhäriret.
ADHE'RENT, *ſ. m.* ein Anhänger, Sectirer, Jünger, der ſich zu einer Rotte hält.
les ADHE'RENS, *plur.* der Anhang eines Ketzers oder andern böſen Menſchen, ſeine Rotte.
ADHE'RER, *v. n.* à quelqu'un oder à quelque choſe, anhangen, ankleben, angewachſen ſeyn; ganz nahe an etwas oder zunächſt dran ſeyn; einem beypflichten, beyſtimmen, beyfallen, ihm zugethan oder beygethan ſeyn, es mit ihm halten, ſeine Partey halten; einer Appellation beytreten, abhäriren.
ADHE'RITANCE, *ſ. f.* bey den Rechtsgelehrten, Ergreifung des Beſitzes.
ADHE'SION, *ſ. f.* das Anhangen, ſonderlich des Gemüths, an etwas, Beypflichtung, Beyfall.

D   ADJA-

ADJACENT, e, *adj.* daran liegend, oder daran stossend, angrenzend.
ADJANCER, *v.* AGENCER.
ADIANTUM, *s. m.* Frauenhaar, Venushaar, ein Kraut; man nennt auch die Mauerraute so; doch heißt sie zum Unterscheid *adiantum* album, jenes aber *adiantum* nigrum.
ADIAPHORE, *adj. c.* das weder bös noch gut ist, gleichgiltig.
Adiaphore, *s. m.* ein Mittelding.
ADIAPHORISTE; *s. m.* dem eine Sache gleich viel gilt, der sich nicht leicht ein Gewissen über etwas macht, sonderlich in Kirchenceremonien.
ADJECTIF, *s. m.* in der Grammatic ein beyständiges Nennwort, ein Adjectivum.
ADJECTION, *s. f.* die Zusetzung eines Dings an das andere, indem eines an das andere kommt; Zusatz, Beyfügung, ist nur bey den Philosophen gebräuchlich.
ADJECTIVEMENT, *adv.* als ein Adjectivum.
ADIEU, *adv.* lebe wohl! GOtt befohlen! GOtt behüte dich! gute Nacht! wird gebraucht, wenn man von jemand Abschied nimmt; einen Brief schließt, oder einen andern in einer verdrüßlichen Rede stören will; it. wenn man etwas einbüßt, oder anzeigen will, daß es mit einer Sache aus sey.
Adieu, *s. m.* der Abschied, das Scheiden, die gute Nacht. Dire *adieu*, faire les *adieux*, Abschied nehmen. Dire *adieu* à quelque chose, einer Sache entsagen oder absagen, dieselbe aufgeben oder fahren lassen.
ADIGE, *s. f.* die Etsch, ein Fluß, so in Tyrol entspringt, und in Italien fließt.
ADIMMAIN, *s. m.* Name eines Thiers, das nirgends als in den Libyschen Wüsteneyen gefunden wird, aber sehr zahm ist, und in allem einem Hammel gleichet, außer daß es so groß als ein Kalb ist, und das Weibgen allein Hörner hat.
ADINE'RER, *voiés* ADE'NE'RER.
ADJOINDRE, *voiés* AJOINDRE.
ADJONCTION, *s. f.* (in Gerichtssachen) eine Mitunterschreibung des Oberfiscals rc.
ADJOURNER, ADJOûTER, *v.* AJOûT.
ADIPEUX, euse, *adj.* (in der Medicin) fett.
ADIRE', ée, *adj.* verlegt, verworfen. Diß Wort ist nur in Rentcammern gebräuchlich. Un papier *adiré*, eine verlegte Briefschaft, so man nicht gleich finden kan.
ADITION, *s. f.* Annehmung, Antretung eines Erbtheils, bey den Rechtsgelehrten.
ADJUDICATAIRE, *s. m. & f.* dem etwas im Kaufen oder Pachten gerichtlich zugeschlagen, zugesprochen, zuerkannt, zugetheilet wird.

ADJUDICATIF, ive, *adj.* dadurch einem etwas zuerkannt wird.
ADJUDICATION, *s. f.* gerichtliche Zusprechung, Zuerkenntniß.
ADIVE, *s. f.* Name eines wilden Thiers in Asien und Africa, das einem Fuchs gleichet, aber etwas grösser ist.
ADJUGER, *voiés* AJUGER.
ADJURATION, *s. f.* Beschwörung eines bösen Geistes, oder eines Besessenen.
ADJURER, *v. a.* beschwören, als einen besessenen Menschen, oder bösen Geist.
ADMETTRE, *v. a.* zulassen zu etwas, als zu einem Amt, zur Audienz, annehmen, aufnehmen, einen Zutritt verstatten, als in eine Gesellschaft; zugeben, nachgeben, geschehen lassen, eine That; gutheissen, gelten lassen, eine Entschuldigung; giltig und gutsprechen, paßiren lassen, eine Rechnung.
Admettre quelqu'un à sa table, einen zu seinem Tisch lassen.
Admettre une excuse, eine Entschuldigung annehmen.
Admettre quelqu'un à faire preuve de ses faits, einen zum Beweis lassen, vor Gericht.
Admettre une résignation, die Abtretung einer Präbende zugeben, (geschehen lassen.)
Admettre la recepte d'un compte, die Einnahm einer Rechnung paßiren lassen.
ADMINICULE, *s. m.* bey den Rechtsgelehrten ein Hülfsmittel oder eine Beyhülfe zum Beweis, ein Behelf.
Au défaut de preuves formelles, il faut chercher des *adminicules*, in Ermanglung völligen Beweises, muß man Behelfe suchen.
ADMINISTRATEUR, *s. m.* trice, *s. f.* ein Versorger und Versorgerin, als der Kinder; ein Verwalter und Verwalterin des Spitals, des Siechenhauses, der Kirchengüter rc. ein Pfleger, Verweser derselben; ein Aufseher über geistliche und Gewissenssachen; ein Administrator eines geistlichen Stifts bey den Protestanten: ein Regent, der einem jeden Recht und Gerechtigkeit wiederfahren lassen soll.
Les anges sont des esprits *administrateurs*, die Engel sind dienstbare Geister.
ADMINISTRATION, *s. f.* Verwesung, Aufsicht, Pflege, Regierung der Staatssachen; Versorgung und Verwaltung der Güter eines Unmündigen rc. eines Spitals, eines Stifts im Geistlichen und Leiblichen; die Aus- und Mittheilung der Sacramente; Administration in Gerichtssachen; Anschaffung oder Stellung der Zeugen, Beybringung des Beweises rc.
Administration, so wird das von den Spa-

Spaniern zu Colas aufgerichtete Niederlagsmagasin genannt, allwo alle mit fremden Schiffen aus Europa kommende Waaren müssen abgeladen werden.

ADMINISTRER, v. a. verwalten, verwesen, bedienen, besorgen, unter seiner Aufsicht und Verwaltung haben, als Güter, oder ein Amt u. d. g. darüber gesetzt seyn; austheilen, ausspenden, als die Sacramente; handhaben, einem jeden wiederfahren lassen, als Recht und Gerechtigkeit; in Rechtshändeln, herbeybringen, herschaffen, herstellen, schaffen, als Zeugen, Beweis, Mittel und Wege.

ADMIRABLE, adj. c. wundersam, wunderwürdig, bewundernswerth, insgemein im Reden; aus der massen, sehr gut oder schön, wunderschön, ungemein, lobwürdig, ausbündig, vortreflich; im Spaß oder in hönischen Reden, artig, treflich, sehr fein, seltsam, fremd.

ADMIRABLEMENT, adv. wunderbarer Weise; ungemein schön oder wohl.

ADMIRAL, v. AMIRAL.

ADMIRATEUR, s. m. ADMIRATRICE, s. f. der oder die bewundert, Bewunderer, grosser Liebhaber, der oder die etwas hoch hält, viel aus etwas macht.

ADMIRATIF, ve, adj. Verwunderungsvoll, das ein Bewundern anzeigt, oder zu erkennen giebt, als eine Geberde, eine Stimme rc.

ADMIRATIF, s. m. das Punct oder Zeichen der Ausruffung oder Verwunderung, (!) in der Sprachkunst.

ADMIRATION, s. f. Bewunderung, Verwunderung; Hochachtung.

ADMIRER, v. a. bewundern, sich verwundern; hochhalten oder achten, viel aus etwas machen; sich befremden lassen, sich fremd und seltsam vorkommen lassen.

s'ADMIRER, v. r. sich selbst hoch halten; ein Wunder aus sich selbst machen.

ADMISSIBLE, adj. c. das man zulassen, gelten lassen, annehmen kan; giltig.

ADMISSION, s. f. Zulassung zu etwas.

ADMITTATUR, s. m. ein schriftlich Zeugniß von einem Obern, der einen examinirt hat, daß man tüchtig sey zu dem Dienst oder Ehrenstelle, die man verlangt.

ADMODIER, (und dessen Derivata,) voïés AMODIER.

ADMONETER, v. a. bey den Juristen, einen gerichtlichen, jedoch heimlichen Verweis geben, und sonst einen eines bessern ermahnen, erinnern, warnen.

ADMONITEUR, s. m. einer der vermahnet, warnet, erinnert.

ADMONITION, s. f. Vermahnung, Erinnerung, Warnung.

ADOLE'CENSE, ADOLESCENSE, s. f. die Jünglingsjahre, vont vierzehenden bis ins fünf und zwanzigste Jahr; die Jugend, Jünglingschaft.

ADOLE'CENT, ADOLESCENT, s. m. ein Jüngling vom vierzehenden bis ins fünf und zwanzigste Jahr; im Schertz, ein junger unerfahrner Mensch.

ADOLFE, ADOLPHE, s. m. Adolf, ein Mannsname.

ADONC, adv. ol. damals, zu der Zeit.

ADONIA, s. m. pl. ein Fest zu Ehren des Adonis in Griechenland.

ADONIEN, ne, adj. oder ADONIQUE, adj. c. (von dem Namen des Erfinders) in der Lateinischen Poesie ein Vers, so aus einem Dactylo und Spondeo besteht.

ADONNE', ée, adj. (voïés DONNER) ergeben; geneigt.

Il est adonné à l'étude, er ist dem Studiren ergeben, aufs Studiren erpicht.

s'ADONNER, v. r. à quelque chose, sich einem Dinge ergeben, sich darauf legen.

Quand vôtre chemin s'adonnera de ce côté là, vuïg. wenn dich dein Weg einmal hieher trägt.

Le vent s'adonne, auf den Schiffen, der Wind wird bequemer.

s'Adonner dans une maison, v. r. sich in ein Haus einschleichen, bekannt und vertraut darinnen zu werden, suchen.

ADOPTER, v. a. an Kindesstatt aufnehmen, annehmen, erwehlen; vor sein eigen ausgeben, sich zueignen, als eine Schrift oder einen Einfall eines andern, es geschehe mit dessen Bewilligung oder nicht; gänzlich annehmen, sich zu behaupten vornehmen, sich dadurch einnehmen lassen, als eine Meynung.

Adopter des loüanges, sich des Lobes werth halten, sich das Lob zueignen.

ADOPTIF, ve, adj. an Kindes statt angenommen; it. das einer sich zueignet, vor sein ausgiebt.

ADOPTION, s. f. die Aufnehmung an Kindesstatt.

ADORABLE, adj. c. anbetenswerth, das anzubeten ist; it. überaus vortreflich, Ehrens und Liebens werth, hoch zu schätzen.

ADORATEUR, s. m. trice, s. f. ein Anbeter, eine Anbeterin; it. ein Buhler, Liebhaber, Verehrer; der gar viel aus einem Dinge macht, viel darauf hält.

ADORATION, s. f. Anbetung, das Beten, oder Gebett; Verehrung, demüthige Bezeigung durch Geberden; Verehrung, so einem neuerwehlten Pabst von den anwesenden Cardinälen erwiesen wird; Hochachtung; brünstige und zugleich ehrerbietige Liebe.

Aller à l'*adoration* de la faveur, sich nach der Gunst richten, der Gunst nachstreben.

ADORER, *v. a.* anbeten, hoch verehren; heftig lieben, brünstig aber auch ehrerbietig lieben; sehr werth und in Ehren halten; hoch achten; it. den neuerwehlten Pabst auf den Altar setzen, und ihm von den anwesenden Cardinälen die Füsse küssen lassen.

ADORER le veau d'or, Geld und Gut für seinen Gott halten, einem ums Geld dienen.

ADOS, *s. m.* ist bey den Gärtnern ein abhängig angelegtes Gartenbeet.

ADOSSER, *v. a.* mit dem Rücken gegen oder an etwas stellen, lehnen, schieben, rücken ic. als ein Bett an die Wand; hinten an etwas anbauen, als ein Haus an ein anderes.

s'ADOSSER, *v. r.* sich mit dem Rücken an etwas stellen oder lehnen, den Rücken gegen etwas kehren.

ADOSSE', ée, *part.* rücklings gegen einander stehend; in den Wappen wirds von zwey Figuren gesagt, die einander den Rücken kehren.

Deux lions *adossés*, zween rücklings gestellte Löwen.

ADOUBER, *v. a.* fest in und an einander fügen, ordnen und richten, sonderlich an Brunnenröhren, daß kein Wasser dazwischen kan; bey den Schiffen braucht man *radouber*; im Schach- und Bretspiel sagt man, j'*adoube*, ich setze diesen Stein nur zurecht, ich will ihn deswegen nicht ziehen.

Adouber une fontaine, einen Rohrbrunnen verstopfen, wann er abläuft.

ADOUCIR, *v. a.* versüssen, süß machen, was sauer, bitter, herb oder salzigt schmeckt; lind, glatt, sanft anzufühlen machen, was hart, scharf oder rauh ist; mild machen, was in sich selbst hart und spröd ist, als Eisen; gelind machen, dämpfen, als den Laut eines musicalischen Instruments; leidlich und erträglich machen, als Hitze oder Kälte; it. einen Geruch oder Geschmack, der zu stark ist; angenehmer machen, vertreiben, als die Farben und Striche eines Gemähldes; schleiffen, was uneben ist, als das Spiegelglas, ehe es polirt wird; befriedigen, besänftigen, stillen, ein erzürntes Gemüth; gelinder geben oder auslegen, als harte Worte; mäßigen, mildern, mindern, die Strafe, den Ernst, den Schmerz, den Verdruß; bezähmen, als wilde Thiere zahm machen, einen wilden Sinn bändigen.

s'ADOUCIR, *v. r.* süß werden; gelinder werden, nachlassen, als der Winter, der Schmerz, Fieber ic. sich bessern, sich ausheitern, als das Wetter; den Zorn oder Verdruß fahren lassen oder ablegen, nachgeben, sich besänftigen lassen.

L'eau salée s'*adoucit* par le melange, das Salzwasser wird süß durch Vermischung.

Le tems s'*adoucit*, das Wetter lindert sich, wird heiter und schön.

Il s'*adoucit* & n'est plus si irrité, er läßt den Zorn fahren, und ist nicht mehr so unwillig.

Son chagrin ne sauroit s'*adoucir*, sein Verdruß will sich nicht lindern.

Sa fièvre s'*adoucit*, sein Fieber lindert sich.

ADOUCISSAGE, *s. m.* ist die Mischung gewisser Materien mit einer Farb, damit diese nicht so stark seye.

ADOUCISSEMENT, *s. m.* Versüssung; Besänftigung; Mäßigung, Linderung, Milderung; gelinde und glimpfliche Auslegung; die Zusammenfügung im Bauen, da man die Fugen nicht leichtlich sehen kan.

C'est un *adoucissement* de mon chagrin, dieses ist eine Linderung meines Verdrusses.

Apporter quelque *adoucissement* à une affaire, eine Sache mit Glimpf mäßigen.

Mettre des *adoucissemens* en une pièce, die harte Redensarten einer Schrift mäßigen.

ADOUCISSEMENT, (in der Mahlerey) Linderung, Vertreibung der starken Striche an einem Gemählde.

ADOUCISSEUR, *s. m.* in der Spiegelarbeit, ein Schleiffer.

ADOUE'ES, *s. f. plur.* bey den Falkenierern zwey Rebhüner, die sich gepaaret haben.

ADRAGAN, *s. m.* Tragant Gummi.

ADRESSANT, e, *adj.* an einen gerichtet, gestellt, der Ueberschrift nach.

Lettre *adressante* à Monsieur N. N. ein Brief, dessen Aufschrift an Hn. N. N. lautet.

ADRESSE, *s. f.* die Aufschrift eines Briefs.

Ecrire l'*adresse* d'une lettre, die Aufschrift eines Briefs machen.

ADRESSE, der Ort, wohin ein Brief gerichtet wird.

Son *adresse* est à la grande ruë, au lion d'or, er ist in der breiten Straßen im güldenen Löwen anzutreffen.

ADRESSE, Anweisung, einen Ort oder Person zu finden.

Il le trouvera, car je lui ai fort bien donné l'*adresse*, er wird es finden, denn ich hab ihm sehr gute Anweisung gegeben.

ADRESSE, Behendigkeit, Fertigkeit, Geschicklichkeit.

Il lui fit voir son *adresse* à tirer de l'arc, er zeigte ihm seine Behendigkeit mit dem Bogen zu schiessen.

Son *adresse* à parler éloquemment surprend,

prend, seine Fertigkeit zierlich zu reden ist wunderſam.

ADRESSE, Witz, Liſt, ſcharfer Verſtand, Geſchwindigkeit.

On admire l'*adreſſe*, dont Salomon ſe ſervit pour découvrir la vraïe mère, man bewundert den Witz, deſſen ſich Salomon bedienet, die rechte Mutter zu finden.

En amour il faut quelque fois jouer d'*adreſſe*, in der Liebe muß man zuweilen Liſt brauchen.

ADRESSE, ſo werden auch genannt die Memorialien und Bittſchriften, welche das Parlement dem König in Engelland übergiebt.

Bureau d'*adreſſe*, Berichthaus, ein Ort, wo man von allem Nachricht haben kan; ſo heißt man auch andere Häuſer, wo man neue Zeitungen und Nachrichten findet.

ADRESSER, *v. a.* beſtellen.

J'ai *adreſſé* vôtre lettre à vôtre ami, ich habe euern Brief an euern Freund beſtellet.

ADRESSER, wenden, richten.

Adreſſer ſes prières à Dieu, ſein Gebett zu GOtt richten.

Adreſſer un livre, ein Buch einem zuſchreiben.

ADRESSER, anweiſen.

Je ſuis *adreſſé* céans, ich bin hieher in dieſes Haus gewieſen.

ADRESSER, *v. n.* treffen, erreichen.

Adreſſer au but, das Ziel treffen; ins Ziel treffen.

Il l'a bien *adreſſé*, er hat es wohl getroffen.

s'ADRESSER, *v. r.* an jemand gerichtet ſeyn, als ein Brief.

Cette lettre s'*adreſſe* à vous, dieſer Brief iſt an euch gerichtet.

s'ADRESSER, ſich angeben, ſich zu einem wenden.

C'eſt à vous que je m'*adreſſe*, ich wende mich zu euch.

s'ADRESSER, einen angreiffen; Händel an ihn ſuchen.

Menage s'eſt par plaiſir *adreſſé* à Moliere, Menage hat zur Luſt den Moliere mit Schriften angegriffen.

Il faut s'*adreſſer* à Dieu plûtôt qu'à ſes ſaints, *prov.* man muß lieber vor die rechte Schmiedte gehen.

ADRIA, eine Stadt am Meer in dem Venetianiſchen Gebiet.

ADRIATIQUE, *adj. c.* la mer *Adriatique*, der Venetianiſche Meerbuſen, das Adriatiſche Meer.

ADRIEN, *ſ. m.* ein Mannsname, Adrian.

ADRIENNE, *ſ. f.* ein Weibsname, Adriane.

ADROGATION, *ſ. f.* Annehmung an Kindesſtatt einer Perſon, die unter keiner väterlichen Gewalt ſtehet.

ADROGER, *v. a.* eine freye Perſon, die unter keiner väterlichen Gewalt ſteht, an Kindesſtatt annehmen.

ADROIT, e, *adj.* hurtig, fertig, behend; geübt, wohl abgerichtet, künſtlich, geſchickt; von Leibe und Gemüth; liſtig, verſchlagen.

ADROITEMENT, *adv.* mit Verſtand und Klugheit, künſtlich, geſchicklich; hurtig, mit Behendigkeit; liſtig.

ADVENEMENT, ADVENIR, ADVENT, *voïes* AVE.

ADVENTIF, ive, *adj.* biens *adventifs*, Güter, die einer auſſer ſeinem väterlichen Erb- oder Heyrathsgut durch Nebenerbſchaften oder andere Fügung des Glücks bekommen hat.

ADVENTURE, (und deſſen Derivata) *voïes* AVANTURE.

ADVENUë, *voïes* AVENUë.

ADVERBE, *ſ. m.* ein Beywort des Verbi in der Grammatic, ein Adverbium.

ADVERBIAL, e, *adj.* adverbialiſch, das einem Adverbio gleich gehalten oder als eines gebraucht wird.

ADVERBIALEMENT, *adv.* als ein Adverbium, anſtatt eines Adverbii.

ADVERSAIRE, *ſ. m. & f.* Gegentheil; Feind, Widerſacher; Feindin, Widerſacherin.

ADVERSATIF, ive, *adj.* in der Grammatic, das einen Gegenſatz oder Unterſcheid macht, zwiſchen dem, das vorher geht und nachfolgt, als eine Conjunction.

ADVERSE, *adj. c.* in Gerichtshändeln, partie *adverſe*, die Gegenpartey, der Gegentheil.

l'ADVERSE fortune, das widrige Glück, (iſt auſſer dieſer Redensart nicht gebräuchlich).

ADVERSITE', *ſ. f.* Widerwärtigkeit, Unglück, Noth, Trübſal.

ADVERTANCE, *ſ. f.* ol. Acht, Achtung, Achtſamkeit, Aufmerkſamkeit.

ADVERTIR, (und deſſen Derivata) *voïes* AVERT.

ADVEST, *ſ. m.* (in den Rechten) Früchte die noch im Felde ſtehen, und mit der Wurzel an der Erde feſt ſind.

ADVEU, ADVIS, ADVISER, *v.* AV.

ADULATEUR, *ſ. m.* ein Schmeichler, Heuchler, Fuchsſchwänzer.

ADULATION, *ſ. f.* Schmeicheley, Heucheley, Fuchsſchwänzerey.

ADULTE, *adj. c.* erwachſen, der oder die zu mannbaren Jahren kommen iſt.

ADULTE, *ſ. m. & f.* eine erwachſene Perſon.

ADULTE'RE, *ſ. m.* der Ehebruch.

ADULTE'RE du ſoleil & de la lune, iſt bey den Aſtronomis eine Finſterniß, die einiger

ger maſſen wider die Regel der Sternſeher iſt: dergleichen die Horizontalmondfinſterniſſen ſind.

ADULTE'RE, ſ. m. & f. ein Ehebrecher; eine Ehebrecherin.

ADULTE'RE, adj. c. ehebrecheriſch, der oder die Ehebruch treibt.

ADULTE'RER, v. a. & n. ehebrechen, Ehebruch treiben, wird nur vor Gericht gebrauchet.

ADULTERIN, e, adj. im Ehebruch erzeugt, wird in Gerichten von Kindern geſagt.

ADUSTE, adj. c. verbrannt, angebrannt, entzündet, als das Geblüt bey Melancholiſchen.

ADUSTION, ſ. f. Verbrennung des Gebluts, oder der Feuchtigkeit im Leib.

ADVOCAT, (und deſſen Derivata,) v. AV.

ADVOLER, v. n. olim ſehr geſchwind kommen.

ADVOUËR, (mit ſeinen Derivatis) v. AV.

ÆGE'E, ÆGIDE, ÆGILOPS, ÆGYPTE, ÆOLE, ÆOLIE, und deren Derivata, voïés im Buchſtaben E.

AëRER, v. a. lüftig oder an die Luft hängen, ſtellen, legen, bauen ꝛc. Oefnungen zur freyen und friſchen Luft machen; die Luft durchſtreichen laſſen. Man ſagt beſſer mettre en bel air, donner de l'air.

AëRE', ée, adj. das an freyer Luft ſtehet oder liegt, lüftig.

AëRIEN, nne, adj. luftluftig, das zur Luft gehört, aus Luft beſteht, in der Luft iſt oder vorgeht, der Luft gleicht ꝛc.

AëRIER, v. a. lüften, auslüften, die Luft durchſtreichen laſſen, ausräuchern, die Luft reinigen. Man ſagt mehr bruler quelque choſe pour chaſſer le mauvais air.

AëROLE, ſ. f. kleines Waſserbläsgen auf der Haut, Waſſerliesgen.

AëROMANCIE, ſ. f. Weiſſagung aus der Luft.

AëROMETRIE, ſ. f. Luftkunde, Wiſſenſchaft die Luft und ihre Eigenſchaften abzumeſſen.

AëSMER, v. a. ol. vergleichen, in Vergleichung ſtellen oder ziehen.

ÆS uſtum, ſ. m. gebrannt Kupfer, ſonſt crocus Veneris genannt.

ÆTHIOPIS, voïés ETHIOPIENNE.

AëTITES, ſ. m. Adlerſtein.

AFFABILITE', ſ. f. ol. Freundlichkeit, Leutſeligkeit, Geſprächigkeit, höfliches Bezeigen im Reden, eines Höhern gegen einen Geringern.

AFFABLE, adj. ol. geſprächig, freundlich, leutſelig, höflich im Reden gegen Geringe.

AFFABLEMENT, adv. ol. freundlich, höflich, leutſelig, mit freundlichem Anreden; beſſer civilement, honnêtement.

AFFADIR, v. a. & n. abgeſchmackt machen, den Geſchmack benehmen; abgeſchmackt werden, den Geſchmack verlieren.
Le ſel eſt affadi, das Salz iſt tumm worden.
Cela m'affadit le cœur, das macht mir einen Eckel, es wird mir übel davon.

AFFADI, ie, adj. abgeſchmackt, ungeſchmackt.

AFFAIRE, ſ. f. ein Geſchäft, eine Verrichtung, ein Handel; ein Thun, ein Werk, eine Arbeit, etwas zu thun; eine Angelegenheit, Vorhaben, Vornehmen, etwas das man unter Händen hat; die Beſchaffenheit und Umſtände einer Sache; eine abgethane oder ausgemachte Sache; eine ſchwere Sache, etwas das Mühe koſtet; Schwierigkeit, Hinderniß, Aufenthalt; Verdruß, Unruhe, Händel, Noth, Beſchwerlichkeit; das was einem zu thun gebührt, obliegt oder zukommt, Pflicht, Schuldigkeit; Fleiß, Mühe, Beſchäftigung etwas auszurichten; Gewohnheit, Art, Weiſe, was einer ordentlich zu thun pflegt, oder deſſen man ſich zu ihm zu verſehen hat; das was einem dienlich und nutzlich iſt, oder ſich für ihn ſchicket; ein Vortheil; das was einen angeht, woran einem gelegen iſt, woran man Antheil nimmt; das was einem nöthig iſt, eine Bedürfniß; ein Vertrag, Vergleich; Handel; das wovon die Rede iſt, die bewuſte Sache; überhaupt eine Sache, ein Ding; it. die Schaam; auch der Beyſchlaf; im plurali heiſſen Affaires auch Staatsgeſchäfte, Regierungsgeſchäfte; Geſchichte, Begebenheiten; Einkünfte des Landes und des Landesherrn, Cammerſachen, Geldſachen; eines Menſchen beſondere Angelegenheiten, Hausgeſchäfte; das Hausweſen, die Haushaltung; das Vermögen, der Zuſtand oder die Nahrung, die natürliche Nothdurft, der Stulgang.
Il a des affaires par-deſſus la tête, er hat ſo viel zu thun, daß er nicht weiß, wo ihm der Kopf ſteht, er hat über Hals über Kopf zu arbeiten.
Pouſſer ſon affaire, ſein Vorhaben treiben.
C'eſt l'affaire d'un chrétien, ſolches iſt die Pflicht eines Chriſten.
Les affaires font les hommes, prov. Erfahrung macht kluge Leute.
Ne vous faites point d'affaire avec cet homme là, fanget keinen Streit mit dieſem Mann an.
Avoir affaire à quelqu'un, mit einem was

was zu thun haben; it. mit einer Person unzüchtig leben.

Avoir *affaire* de quelque chose, etwas vonnöthen haben, brauchen, bedürfen.

Un Philosophe n'a pas *affaire* de beaucoup de bien, ein Weiser hat nicht viel Güter nöthig.

Qu'avoit-il *affaire* d'y aller, wer hat ihn dahin gehen heissen?

Tirer un malade d'*affaire*, einen Kranken wieder aufbringen.

Ce seroit là son *affaire*, das wäre ein Werk vor ihn.

Faire *affaire* de quelque chose avec quelqu'un, mit einem wegen eines Handels eins werden, einen Handel treffen oder schliessen.

Gens d'*affaire*, königliche Einnehmer, Zollpachter rc.

Entrer dans le maniment des *affaires*, zu Staatsgeschäften den Zutritt gewinnen (gezogen werden.)

Aller à ses *affaires*, faire ses *affaires*, zu Stule gehen, seine Nothdurft verrichten.

AFFAIRE', ée, *adj.* der immer beschäftigt ist, der vorgiebt, er habe immer viel zu thun, spottweis; it. der in vielen Schulden steckt.

AFFAISSEMENT, *s. m.* das Niedersinken der Erde, das Sinken eines Dinges, das sich selbst zusammen drückt, oder niedergedrückt wird.

AFFAISSER, *v. a.* niederdrücken, fest auf einander drücken, als der Regen den Sand, als die Kaufmannswaaren im Packen.

s'AFFAISSER, *v. r.* sinken, sich senken, niedriger werden, als Gebäude, erhabene Erde rc.

AFFAITAGE, *s. m.* Abrichtung, Gewöhnung eines Falcken.

AFFAITEMENT, *voiés* ENFAITEMENT.

AFFAITER, *v.* ENFAITER.

AFFAITER, *v. a.* einen Falken abrichten, auf die Hand gewöhnen rc.

AFFAITER des peaux, Fell oder Leder zurichten, gerben.

AFFALER, *v. a.* niederlassen, herablassen, auf den Schiffen gebräuchlich.

AFFALE', ée, *part.* das nah am Lande bleiben muß, als ein Schiff, das wegen des Windes nicht in die Tiefe kan.

AFFAMER, *v. a.* aushungern, machen, daß man hungerig bleiben muß, in Hungersnoth bringen.

AFFAMÉ, ée, *adj.* hungerig, begierig, de quelque chose, nach etwas.

AFFAMÉ de gloire, des Ruhms begierig.

Un peu *affamé*, ein armer Kerl, der ein austräglich Amt bekommt, darinnen er geschwind reich werden will.

Un habit trop *affamé*, ein Kleid, das zu knapp zugeschnidten, zu kurz und zu eng ist rc.

Un caractère *affamé*, Buchstaben, die nicht fett genug, die zu mager, zu dünne von Strichen sind, bey den Buchdruckern und sonst.

AFFANURES, *plur. s. f.* das Korn, so man den Schnidtern oder Dreschern an statt des Lohns giebt.

AFFEAGEMENT, *s. m.* Verleihung eines Stücks vom Rittergut um Erbzins oder Frohndienste, das Machen zum Bauergut, Bauerlohn.

AFFEAGER, *v. a.* von einem adelichen Gut einem Unedeln etwas zu Lehen geben, mit Vorbehalt eines gewissen Zinses oder Frohndienste, zu Bauerlehn machen.

AFFECTATION, *s. f.* Bestrebung, Befleißigung, sonderbarer Dinge; Zwang den man sich anthut, gekünstelte Aufführung; Nachmachung solcher Dinge, dazu man kein Geschick, keine Art hat, gezwungene Nachahmung; besondere Liebe zu etwas; eine Forderung, die man an ein Gut hat; eine Beschwerung, die darauf liegt; das Ungemach, das andere Glieder von einem haben, das beschädigt ist.

Grande *affectation* de mots, grosse Beflissenheit sonderbarer Wörter.

Il a une grande *affectation* pour les livres, er hält viel auf Bücher.

AFFECTER, *v. a.* sich nach etwas bestreben, etwas suchen und wünschen zu haben, nach etwas streben oder trachten; sich zu etwas zwingen; sich etwas auf eine gezwungene Art angewöhnen, sich auf etwas, das man nicht von Natur hat, befleißigen, etwas an sich nehmen; seyn wollen; sich stellen; verbinden, anhängen, verknüpfen, beylegen, zueignen; zu etwas gewisses widmen, bestimmen; verpfänden, verhaften, beschweren, als ein Gut mit Schulden; auf etwas liegen oder haften, als Schulden auf den Gütern; um gewissen Zins hingeben, austhun; angreifen, weh thun, als der Schmerz oder eine Krankheit einem gewissen Glied.

Il *affecte* de paroitre ce qu'il n'est pas, er fleißiget sich das zu scheinen, so er doch nicht ist.

On a *affecté* ce droit à cette charge, man hat diesem Amt solches Recht beygelegt.

Cette rente est *affectée* pour nourir les pauvres, diese Zinse sind zum Unterhalt der Armen gewidmet.

Cette dette *affecte* tous ses biens, diese Schuld haftet auf seinem ganzen Vermögen.

AF-

AFF

AFFECTE', ée, adj. gezwungen, angenommen, gekünstelt, unnatürlich; verknüpft; eigen; verhaftet; mit Schmerzen belegt oder behaftet, schmerzhaft, als ein Glied von einer Krankheit.

Un air *affecté*, eine gezwungene Weise.

Le nom de César étoit *affecté* aux Empereurs Romains, der Name Cäsar war denen römischen Kaysern zugeeignet.

Son corps est *affecté* de grandes douleurs, sein Leib ist mit grossen Schmerzen behaftet.

AFFECTIF, ive, adj. ol. herzrührend, beweglich, nachdrücklich, durchdringend.

Son discours étoit *affectif*, seine Rede war beweglich.

AFFECTION, s. f. Liebe, Gunst, Neigung, Zuneigung, Gewogenheit, eines Höhern gegen Geringere, oder auch gegen seines gleichen; zarte Liebe zwischen Eltern und Kindern, wie auch zwischen Verliebten; Ergebenheit, Dienstgeflissenheit, Eifer, Treue, Geringerer gegen Höhere; Fleiß, Emsigkeit in Verrichtungen, die man sich angelegen seyn läßt; veränderliche Zufälle, zufällige Beschaffenheit, Zustand, z. E. der Luft, da sie kalt oder warm ist.

Les *affections* de l'air, die veränderliche Beschaffenheiten, (Zufälle) der Luft.

AFFECTIONNER, v. a. lieben, absonderlich ein Höherer den Niedrigen, gewogen, geneigt, günstig seyn; etwas fleißig treiben, gern thun oder üben, einer Sache ergeben seyn; sich eines Dinges eifrig annehmen, sich selbiges angelegen seyn lassen; Gewogenheit und Liebe oder Zuneigung bey jemand erwecken oder erwerben, ihn dazu bewegen, ihm das Herz rühren, in einer Comödie oder Historie gegen eine Person darinnen, à un personnage &c.

Il m'*affectionne*, er ist mir günstig.

Affectionner le jeu, dem Spiel ergeben seyn.

s'**AFFECTIONNER** à quelque chose, v. r. sich auf etwas legen, sich in ein Ding verlieben, selbiges lieb gewinnen, ihm nachhängen oder ergeben seyn, das Herz dran hängen, drauf erpicht seyn.

Il s'*affectionna* à la solitude, er hat die Einsamkeit lieb gewonnen.

AFFECTIONNE', ée, adject. & part. geneigt, gewogen, günstig, mit Liebe zugethan, wird nur allein von Hohern gegen Geringere gebraucht; wenn es von Geringern gegen Höhere gesagt wird, heißt es treu, eifrig zu dienen, ganz ergeben; doch darf man es nicht von sich selbst in Briefen oder sonst brauchen: es ist auch so viel als zugethan, einer Partey; erpicht auf etwas.

Affectionné à son parti, seiner Partey zugethan.

Mal *affectionné* envers quelqu'un, übel gesinnt gegen jemand.

AFFECTUEUSEMENT, adv. herzrührend, auf bewegliche Weise; liebreich, freundlich.

AFFECTUEUX, euse, adj. herzrührend; beweglich, einnehmend, durchdringend, nachdrücklich; freundlich, geneigt, liebreich, holdselig, leutselig.

AFFERENTE, adj. la part *afferente*, der jemand von einer Erbschaft zufallende, zukommende, zugehörige Antheil.

J'ai eu de cette succession ma part *afferente*, ich habe von dieser Erbschaft den Theil, so mir gehört, bekommen.

AFFERMER, v. a. verpachten, pachtweise oder um Pacht austhun, als Land-und Feldgüter.

AFFERME', m. **AFFERME'E**, f. adj. verpachtet.

AFFERMIR, v. a. fest machen, hart machen, als die Kälte die Erde; befestigen, machen daß etwas fest steht; stärken, bey Kräften erhalten, oder Kräfte geben; beständig machen, erhalten, die Freundschaft bekräftigen, bestätigen, eine Meynung.

Affermir les pieux dans la terre, die Zaunpfäle in der Erde fest machen.

La bonne nourriture *affermit* la santé, die gute Speisen stärken die Gesundheit.

Cela n'a servi qu'à *affermir* nôtre amitié, dieses hat allein gedienet unsere Freundschaft zu befestigen.

Affermir son esprit contre les dangers, alle Forcht der Gefahr vom Herzen schlagen.

s'**AFFERMIR**, v. r. sich fest setzen, sich stärken; befestiget oder gestärkt werden; fester, stärker, beständiger werden; fest und gewiß werden; beharren auf etwas.

AFFERMISSEMENT, s. m. Befestigung; Stärkung; Erhaltung; Standhaftigkeit, Dauer, Bestand; Bestätigung, Gewißheit; Schutz, Sicherheit.

AFFETTE', ée, adj. von gezwungener Art, gezwungen, angenommen, unnatürlich, gekünstelt; der sich zu etwas zwingt, der sich gezwungene Weisen annimt oder befleißiget, bey dem alles gezwungen heraus kommt, der in seinem Thun und Wesen zu sehr künsteln will, der angenommene Weisen an sich hat.

AFFETTERIE, s. f. gezwungene Worte oder Geberden, gekünstelte Aufführung, angenommene Weise.

AFFEUBLER, v. **AFFUBLER**.

AFFEURAGE, s. m. der Werth oder Tax,
den

den man auf die Waaren setzt; die Schätzung derselben; auch das Geld, so der Obrigkeit vor die Freyheit zu verkaufen gegeben wird, als Marktgeld, Städtegeld, Umgeld u. d. g.

Droit d'*affeurage*, das Schätzungsrecht.

AFFEURER, AFFORER, *v. a.* die Waaren schätzen, auf einen gewissen Preis setzen, taxiren.

AFFICHE, *s. f.* ein angeschlagen Placat, Befehl oder Zettel an öffentlichen Orten, als an Rathhäusern, Kirchen, Schulen, Thoren ꝛc. ein Aushang, Anschlag, Brief wodurch etwas bekannt gemacht wird; denkwürdiger Spruch mit Zierathen umgeben, so in einer Studierstube angeheftet wird; im plur. heißt *affiches* bey den Jesuiten die Zeit vor den Ferien, da nur über öffentlich angeschlagene Schul-Exercitia gelesen wird.

AFFICHER, *v. a.* einen Brief oder Zettel anschlagen, ankleben, aushängen; bey den Schustern heißt es abschärfen, beschneiden, ein Stück Arbeit.

Afficher une paire de semelles, ein paar Solen abschärfen.

AFFICHEUR, *s. m.* der da Theses oder Comödiantenzettel u. d. g. anschlägt, oder anzuschlagen bestellet ist.

AFFIDE', ée, *adj.* vertraut, dem zu trauen ist, dem man sich vertraut.

AFFIDE', *s. m.* ée, *s. f.* ein Vertrauter; eine Vertraute.

AFFIER, *v. a.* ol. vertrauen, (besser fier, oder confier) bey den Gärtnern heißt es Bäume durch gemachte Einleger oder Absenker fortpflanzen, absenken, ablegen, Absenker oder Ableger machen.

s'AFFIER, *v. r.* sich vertrauen, verlassen, (brauche se fier)

AFFILER, *v. a.* etwas schneidendes wetzen, schleiffen, abziehen, scharf machen: Drat ziehen, zu Drat machen; nach der Schnur setzen, als Bäume ꝛc. (besser aligner bey dieser letzten Bedeutung.)

Il a le bec bien *affilé*, *prov.* er hat ein Maul wie ein Scheermesser; it. das Maul steht ihm niemals stille. (Er hat eine fertige spitzige Zunge.)

AFFILIATION, *s. f.* bey den alten Galliern, die Annehmung an Kindesstatt; bey der römischen Geistlichkeit, die Aufnehmung in die Gemeinschaft der Verdienste und der Heiligkeit eines Ordens.

AFFILIER, *v. a.* ol. einen an Kindesstatt aufnehmen; in der römischen Kirche heißt es, einen in die Gemeinschaft der Verdienste und der Heiligkeit eines Ordens aufnehmen, ihn derselben theilhaftig machen.

AFFINAGE, *s. m.* Reinigung, Abtreibung der Metalle; die Scheidekunst; Läuterung des Zuckers; Feinmachung, Verbesserung auch anderer Dinge, als des Mörtels, wenn man ihn zu zartem Staub stößt ꝛc.

l'AFFINAGE du ciment qu'on appelle Roïal, die Verbesserung des Kalks, welchen man den königlichen nennet.

AFFINAGE, so heisset die dritte und letzte Schor, welche denen feinen Tüchern gegeben wird.

Tondre d'*affinage*, das dritte mal scheeren.

AFFINEMENT, *s. m.* Reinigung, Läuterung, absonderlich der Metalle.

AFFINER, *v. a. & n.* reinigen, fein machen, abtreiben, scheiden, als Gold und andere Metalle; den Zucker läutern; den Käs besser und beissender machen; den Mörtel zu einem zarten Staub stossen, und ihn also feiner machen; bey den Buchbindern, die Pappe pressen, damit sie vester und feiner werde; bey den Seilern, Hanf oder Werg durch den Kamm gehen lassen, hecheln; einen klüger machen.

Le tems *affine*, heißt auf den Schiffen, der Himmel wird heiter, klärt sich auf.

AFFINER, *v. a.* ol. enden, vollenden, zu Stande bringen; tödten, umbringen.

AFFINERIE, *s. f.* eine Dratzieherey, sonderlich von Eisendrat; ein Drateisen, wodurch der Drat gezogen wird; Dratrollen, Dratsaiten; dünn geschlagen und zusammen gerollt Eisenblech.

AFFINEUR, *s. m.* ein Schmelzer der Metalle, von dem sie gereiniget werden, der Abtreiber; einer der in Eisen subtile Arbeit macht, ein Dratzieher; ein Blechschläger; einer der den Zucker reiniget und läutert.

AFFINITE', *s. f.* Schwägerschaft, Befreundung durch Heyrath, it. durch Gevatterschaft; eine Verwandtschaft, Gleichheit, Gemeinschaft.

Ces choses n'ont aucune *affinité* entre elles, diese Dinge haben gar keine Gemeinschaft (Gleichheit) mit einander.

AFFINOIR, *s. m.* der Kamm oder die Hechel der Seiler.

AFFIQUETS, *s. m. plur.* aller kleiner Schmuck und Aufputz des Frauenzimmers, von Armbändern, Gehängen, Haubenzierath, Geschmeide ꝛc. wird nur spottweise gesagt.

Avec tous ses *affiquets* elle est fort laide, mit allem ihrem Schmuck ist sie doch häßlich.

AFFIRMANT, e, *adj.* in der Logic eine Propositio affirmans, ein bejahender Satz.

E   AFFIR-

AFFIRMATIF, ve, *adj.* bejahend.
Particule *affirmative*, Bejahungswörtlein.
D'un ton *affirmatif*, mit einer Stimme, wodurch man zu erkennen giebt, daß man der Sache gewiß sey, oder sie vor gewiß halte.
AFFIRMATION, *s. f.* Bejahung; in der Logic eine Rede oder ein Satz, wodurch etwas bejahet wird; in Rechten, eine gerichtliche Aussage, Erklärung, Geständniß; auch eidliche Aussage, ein Eid.
AFFIRMATIVE, *s. f.* die bejahende Meynung.
AFFIRMATIVEMENT, *adv.* Bejahungsweise; beständig, mit Gewißheit.
AFFIRMER, *v. a.* bejahen, versichern, bekräftigen; in Rechten, beschwören, eidlich aussagen, eidlich erhalten, mit einem Eide bestärken.
AFFISTOLE', ée, *adj.* ol. hochmüthig, hoffärtig, einbildisch.
AFFLEURER, *v. a.* (so fern es Superficiem bedeutet) im Bauen etwas nach der Bleywaage gleich machen, zu gleicher Vorstechung bringen, es sey in die Höhe oder in die Breite.
AFFLICTIF, ve, *adj.* (im Rechtshandel) peine *afflictive*, wirkliche Leibesstrafe.
AFFLICTION, *s. f.* Trübsal, Leid, Widerwärtigkeit; Betrübniß, Schmerz, Herzleid, Leidwesen.
AFFLIGEANT, e, *adj.* betrübt, schmerzlich, leidig, kläglich.
AFFLIGER, *v. a.* betrüben, bekümmern, in Leid bringen, kränken, Herzleid anthun oder verursachen; weh thun, Schmerzen machen, peinigen, casteyen, plagen, quälen, verderben, verwüsten, zu Grund richten, sehr mitnehmen.
La mort de son père l'*afflige* beaucoup, der Tod seines Vaters betrübt ihn sehr.
Etre *affligé* de maladie, mit Krankheit beladen seyn.
Affliger son corps par des austerités, seinen Leib durch strenges Leben casteyen.
La guerre *afflige* nôtre Province, der Krieg verderb unser Land.
s'AFFLIGER, *v. r.* sich betrüben, Leid tragen.
AFFLIGE', ée, *part. & adj.* betrübt, traurig, bekümmert, mit Schmerzen und Unglück beladen.
AFFLUENCE, *s. f.* Zufluß, Anlauf der Feuchtigkeiten im Leibe, der Bäche, und des Wassers. *Affluence* de peuples, häufiger Zulauf der Leute. *Affluence* de biens, de paroles, Menge, Überfluß der Güter, der Worte rc.
AFFLUENT, e, *adj.* hineinfließend.

AFFLUER, *v. n.* zufließen, hineinfließen; häufig zusammen oder herzukommen, zulauffen, als Leute; reichlich herzu gebracht werden, als Reichthum, Güter rc.
AFFOIBLIR, *v. a.* schwächen, entkräften; vermindern, verringern; kraftlos und untüchtig oder vergeblich machen; an seiner Wirkung hindern; geringer oder geringhaltiger machen, als die Münze.
La vieillesse *affoiblit* la mémoire, das Alter schwächet das Gedächtniß.
Rien n'*affoiblit* cette preuve, es ist nichts, so diesen Beweis entkräfte.
L'absence *affoiblit* l'amitié, die Abwesenheit vermindert die Freundschaft.
AFFOIBLIR, *v. n.* und
s'AFFOIBLIR, *v. r.* schwach werden; abnehmen; vergehen.
AFFOIBLISSANT, e, *adj.* schwächend.
AFFOIBLISSEMENT, *s. m.* Schwächung, Entkräftung; Abnehmen; Verminderung; Verringerung.
AFFOLER, *v. a.* bethören, närrisch, verliebt machen, zum Narren machen; verwunden, beschädigen.
Les visions de noblesse *affolent* nôtre voisin, die Einbildung, ein Edelmann zu seyn, macht unsern Nachbarn zum Narren.
AFFOLE', ée, *adj.* vulg. vernarret, närrisch, toll auf etwas, heftig verliebt, bethört, der den Narren an etwas gefressen hat.
Une boussole *affolée*, ein Schiffcompaß, der den Norden nicht recht zeigt, falsch geht.
AFFOLIR, *v. n.* vulg. närrisch werden.
AFFORAGE, AFFORER, *v.* AFFEUR.
AFFOUAGE, *s. m.* das Recht, Brennholz aus einem Walde vor sein Haus zu holen.
AFFOUAGEMENT, *s. m.* eine Aufzeichnung der Steuer nach den Feuerstellen oder Feuerherden eines jeden Orts.
AFFOURCHER, *v. a.* teyankern, noch einen Anker über den ersten auswerfen, wodurch, weil er vom ersten entfernet, eine Gestalt, einer Gabel wird.
AFFOURRAGEMENT, *s. m.* die Fütterung, Zufuhr des Futters.
AFFOURRAGER, *v. a.* oder AFFOURRER, *v. a.* füttern, Futter geben.
AFFRANCHI, *s. m.* ie, *s. f.* ein Freygelassener, freygelassener Knecht, eine freygelassene Magd.
AFFRANCHIR, *v. a.* befreyen, frey machen, los machen, ledig machen, erlösen, entledigen; frey lassen, frey geben, frey sprechen, in Freyheit setzen, der Leibeigenschaft erlassen; auch sonst von einer Dienstbarkeit oder Beschwerde frey machen.

AFFRAN-

AFFRANCHIR la-pompe, Waſſer aus dem Schiff ſchöpfen, bis nichts mehr aus der Pompe geht, oder die Pompe nicht mehr zieht.

s'AFFRANCHIR, v. r. ſich los machen, los werden.

s'*Affranchir* de la ſervitude, ſich von der Dienſtbarkeit frey machen.

s'*Affranchir* de ſa paſſion; de ſon chagrin, ſeiner Gemüthsregung (ſeines Verdruſſes) los werden.

AFFRANCHI, e, *adj.* befreyet, frey gelaſſen.

AFFRANCHISSEMENT, *ſ. m.* Befreyung, Losmachung, Freymachung, Erlöſung, Erledigung; Freyſprechung eines Leibeigenen.

AFFRES, *ſ. f. plur.* ol. Schrecken, Furcht, Grauen, Entſetzen.

AFFRETEMENT, *ſ. m.* die Miethung eines Schiffs.

AFFRETER, *v. a.* ein Schiff miethen, Waaren aufzuladen, es befrachten.

AFFRETEUR, *ſ. m.* der das Schiff miethet, der Befrachter.

AFFREUSEMENT, *adv.* entſetzlicher Weiſe; trotzig: vulg. heißt es auch überaus, aus dermaſſen, erſchrecklich.

AFFREUX, euſe, *adj.* erſchrecklich, entſetzlich, abſcheulich, greulich, grauſam; à quelqu'un, einem, à voir, zu ſehen ꝛc.

La mort eſt *affreuſe* à tout le monde, der Tod iſt allen Menſchen entſetzlich.

AFFRIANDER, *v. a.* vulg. vernaſcht, leckerhaft machen; anlocken, reizen, Luſt machen, Luſt erwecken, à quelque choſe, zu etwas.

Vous m'*affriandés* à vôtre vin, ihr verleckert, verwöhnet mich zu euerm Wein.

Affriander quelqu'un au jeu, einen zum Spiel locken.

Etre *affriandé* à quelque choſe, auf etwas erpicht ſeyn.

AFFRIOLER, *v. a.* röſten, backen, ſo viel als Affriander.

AFFRIOLER, anlocken.

On *affriole* aiſément les femmes par la vuë des ſpectacles, man lockt die Weibsleute gar leicht an, wenn man ſie in die Comödien und Opern führet.

AFFRODILLE, *ſ. f. voïés* ASPHODELLE.

AFFRONT, *ſ. m.* ein Schimpf, Beſchimpfung, Schmach, Beleidigung.

Un ſenſible *affront*, ein empfindlicher Schimpf.

AFFRONTAILLES, *ſ. f. plur.* die Grenzen einiger Stücke Ackers, die an die Seite eines andern ſtoſſen.

AFFRONTER, *v. a.* unter das Geſicht treten, die Stirne bieten, unerſchrocken begegnen, kühn und unverzagt angreiffen, von vorn angreiffen; vor Gericht einem Beſchuldigten oder wegen einer Übelthat verdächtigen Menſchen die Zeugen vorſtellen, damit man ſehe, ob ſie ihn kennen; mit den Geſichtern gegen einander kehren, als zwey Thiere in den Wappen; beſchimpfen, gröblich beleidigen, Schimpf und Schande oder Schmach anthun; trotzen, ſich beherzt wagen, friſch und beherzt dran gehen, als in Gefahr, in den Tod; frecher und unverſchämter Weiſe betrügen.

Les deux armées s'*affrontèrent* terriblement, beyde Armeen begegneten einander mit groſſer Unerſchrockenheit.

Affronter quelqu'un de cent piſtoles, einen um hundert Piſtolen ſchelmiſcher Weiſe bringen.

AFFRONTE', ée, *adj.* (in der Wappenkunſt) mit der Stirn vorwerts gegen einander geſtellt.

Deux léopards *affrontés*, zween vorwerts gegen einander gewandte Leoparden.

AFFRONTERIE, *ſ. f.* Betrug, (beſſer tromperie).

AFFRONTEUR, *ſ. m.* euſe, *f.* Betrüger, Betrügerin; it. der oder die jemand beſchimpft.

AFFUBLEMENT, *ſ. m.* allerley Kleidung um den Kopf und um den Leib; Einhüllung, Behängung, Einkleidung; Verhüllung, Verkleidung, Verkappung.

AFFUBLER, *v. a.* in Kleider einhüllen, damit behängen, einkleiden; verhüllen, verkleiden, verkappen.

On l'a *affublé* d'un froc, man hat ihn in eine Mönchskappe verkleidet.

s'AFFUBLER, *v. r.* de quelqu'un, einem ſehr anhangen; de quelque choſe, ſich durch etwas einnehmen laſſen.

AFFUBLE', ée, *adj.* eingenommen, erpicht, verliebt, vernarrt.

Il eſt *affublé* de ſa ſervante, er hat an ſeiner Magd den Narren gefreſſen.

AFFUST, AFFUSTAGE, AFFUSTER, *voïés* AFFÛT.

AFFÛT, *ſ. m.* die Lavette, das Gerüſt, an Stükken und Feuermörſern; der Schaft an Flinten und andern Handgeſchoß; *affût* de bord, die Lavette eines Stücks auf Schiffen; *affût* heißt auch, ein Hinterhalt, wo ſich der Jäger anſtellt, ein Buſch oder Winkel, wo man auf ein Wild lauren kan, es zu ſchieſſen.

Il eſt à l'*affût*, er lauret auf eine gute Gelegenheit, etwas zu thun.

AFFÛTAGE, *ſ. m.* das Richten der Stücke oder Canonen zum Schieſſen; item der ganze Werkzeug der Tiſchler, Drechsler u. d. g.

u. d. g. Handwerksleute, das Handwerkszeug, die Werkstatt.
AFFÛTER, *v. a.* ein Stück zum Schuß
richten; bey den Schreinern, Drehern ꝛc.
ein Stück Handwerkszeug wetzen, schärfen; bey den Mahlern, den Röthel oder
Bleystift spitzig schneiden.
Affûter une valorpe, einen Hobel schärfen.
AFFÛTÉ, ée, *adj.* der mit seinem Handwerkszeug wohl versehen ist; der zu etwas
gerüstet und bereit.
AFILIATION, AFILIER, *voiés* AFFIL.
AFIN, *conjunct.* afin que, mit dem Con-
junctivo, auf daß, damit; *afin* de, mit
dem Infinitivo, zu.
AFRICAIN, ne, *subst. & adj.* ein Africa-
ner, eine Africanerin; Africanisch.
AFRIQUE, *s. f.* Africa, das Theil der
Welt gegen Mittag.
AGA, *interjectio,* (ah) ey! potz! *aga* donc!
qu'est ce que cela? potz! was ist dieses?
AGA, *s. m.* bey den Türken, ein Befehls-
haber. Der Janitscharenaga ist ihr
Obrister. Steht es aber, daß es einen
Genitivum regieret, so sagt man Agassi.
Als: Spahilar Agassi, der Aga, oder der
General der Spahi oder Reuterey.
AGACE, *s. m.* eine Hetze, Atzel, Aelster, die
ganz schwarz ist, ein Schwarzspecht, Krä-
henspecht.
AGACEMENT, *s. m.* das Aufstehen,
Stumpfwerden, Taubheit der Zähne,
wenn man was saures gegessen hat.
AGACER, *v. a.* angreiffen, reizen, bös machen, herausfordern; schabernacken, zanken, foppen, vexiren, etwas zum Possen
thun, hetzen, anstechen; stumpf oder aufstehen machen, die Zähne durch was saures; it. etwas schneidendes, durch das
Schneiden in saures und ander Obst.
Il m'a *agacé* le prémier, er hat mich
der erste angegriffen.
Le citron *agace* les dents, die Citrone
macht stumpfe Zähne.
s'AGACER, *v. r.* einander schabernacken, mit
einander schockern.
AGACERIE, *s. f.* so heissen diejenige Scher-
tze in Worten, oder in Gebärden bestehend,
dadurch ein Weibsbild eine Mannsperson
an sich zu ziehen suchet.
AGACIN, *s. m.* ein Leichdorn, Hünerauge
an den Füssen.
AGALLOCHUM, *s. m.* Paradiesholz, Art
Aloesholz, so in Indien wächset.
AGANTER, *v. a.* zugreiffen, zulangen,
nehmen, (ist auf den Schiffen bräuchlich).
AGAPE, *s. f.* ein Liebesmahl, bey den ersten Christen.

AGAPETE, *s. f.* Weibsbilder in der ersten
Christenheit, die ohne Ablegung eines Ge-
lübdes in besonderer Andacht beysammen
lebten, und nur mit geistlichen Personen
umgiengen.
AGARIC, *s. m.* ein Schwamm, der aus
dem alten Holz wächst, Lerchenschwamm;
auch eine davon zubereitete Arzney in den
Apotheken.
AGASSI, *voiés* AGA.
AGATE, *s. f.* Achatstein.
AGATE, *s. m.* der Polirstein der Goldar-
beiter.
AGATE, *s. f.* Agathe, ein Weibername.
AGÂTIR, *v. a.* ol. verderben, verwüsten,
Schaden an etwas thun, bey den alten
Rechtsgelehrten bräuchlich.
AGÂTIS, *s. m.* ol. in Rechtshändeln, Scha-
de, Verderbung, Verwüstung.
AGE, *s. m.* Zeit, Zeitwährung.
l'AGE d'or, die güldene Zeit.
Il est l'un des ornemens de son *âge,* er
ist die Ehre seiner Zeit.
AGE, Alter des Menschen.
Etre à la fleur de son *âge*, in der Blü-
te seines Alters seyn.
Attendre la mort à un *âge* caduc, bey
hinfälligem Alter des Todes erwarten.
AGE, hohes Alter.
Il étoit d'*âge* quand il mourut, er war
bey Jahren, als er starb.
AGE, Alter; Währung.
L'*âge* des chevaux se connoit à leurs
dents, man siehets an den Zähnen der
Pferde, wie alt sie sind.
l'AGE du lait d'une nourrice, die Zeit, wie
lang eine Amme gesäuget hat.
l'AGE de la lune, das Alter des Monden-
scheins.
AGÉ, ée, *adj.* alt, der eine gewisse Anzahl
Jahre erreichet hat; wenn die Zahl der
Jahre nicht benennet wird, heißt es, der
ein hohes Alter auf sich hat, der bey Jah-
ren ist.
Agé de trente ans, dreyßig Jahr alt.
Un homme *âgé*, ein betagter Mann.
AGENCE, *s. f.* die Bedienung oder das
Amt eines Agenten, eine Agentenstelle,
vornehmer Herren Sachen an einem Ort
zu bestellen. (charge d'*Agent* ist besser).
AGENCEMENT, *s. m.* die Anordnung,
Einrichtung, Zusammenfügung; der Zu-
sammenhang, die Ordnung.
L'*agencement* des os est admirable, die
Zusammenfügung der Gebeine ist wundersam.
AGENCER, *v. a.* zurecht stellen, setzen oder
legen, einrichten, zierlich in die Ordnung
bringen; zurecht machen, zieren, putzen,
schmücken, zierlich ankleiden.

Agencer

Agencer les couleurs d'une harangue, die Zierlichkeiten einer Rede geschicklich versetzen.

S'AGENCER, *v. r.* sich zurecht schicken, sich so einrichten und aufführen als es seyn soll; sich zieren, schön machen, vulg.

Il s'*agence* de son mieux, er kleidet sich aufs zierlichste.

AGENDA, *f. m.* Denkbuch, Denkzettel, eine Schreibtafel, darein man aufzeichnet, was man den Tag über zu thun hat, oder was man sonst nicht vergessen will.

AGENOUILLER, *v. a.* niederknien lassen oder heissen. (besser faire mettre à genoux).

On fait mettre à *genoux* ceux qui ont à prêter le serment, man lässet die niederknien, so einen Eyd ablegen sollen.

S'AGENOUILLER, *v. r.* niederknien, auf die Knie fallen.

AGENT, e, *adj.* wirkend, thätig, dem Leidenden entgegen gesetzt in der Philosophie.

AGENT, *f. m.* ein Agent, Sachwalter, der einer Gemeine oder eines vornehmen Herrn Sachen an einem Ort besorgt.

AGENT de change & de banque, ein Unterhändler, der andern Wechsel verschafft.

AGERATUM, *f. m.* Leberbalsam, Malvasierkraut.

AGGLUER, *v. a.* mit Leim überstreichen.

Aggluer des buchettes, Leimruthen machen, zum Vogelfang.

AGGLUER, zusammen leimen, pappen.

S'AGGLUER, kleben bleiben, sich zusammen pappen.

AGGLUTINER, *v. a.* machen anwachsen, anheilen, (in der Wundarzneykunst).

AGGRANDIR, *v. a.* grösser machen, vergrössern, erweitern; erheben, ins Aufnehmen bringen, erhöhen, empor helfen.

Aggrandir sa maison, son jardin, sein Haus, seinen Garten erweitern, grösser machen.

Aggrandir une chose, etwas mit Worten grösser machen, grösser beschreiben als es in der That ist.

S'AGGRANDIR, *v. r.* grösser werden; zunehmen; steigen.

S'*Aggrandir* en honneurs, & en biens, an Ehren und Reichthum zunehmen.

AGGRANDISSEMENT, *f. m.* Vergrösserung; Erweiterung; Aufnehmen; Erhebung, Erhöhung.

AGGRAVANT, te, *adj.* das da schwerer macht, eine Schuld oder ein Laster.

Circonstances *aggravantes*, Umstände, die eine That viel strafbarer machen.

AGGRAVANTER, *v. a.* drücken, beschweren.

AGGRAVATION, *f. f.* oder

AGGRAVE, *f. f.* geschärfte Bedrohung des Kirchenbanns.

AGGRAVER, *v. a.* beschweren; schwerer, grösser machen, vergrössern, als eine Sünde, oder die Strafe.

S'AGGRAVER, *v. r.* schwerer machen.

AGGRAVE', ée, *adj.* beschwert; schwer; voll Schlafs, als die Augen.

Son crime est *aggravé*, seine Missethat wird vergrössert.

AGGRE'GATION, *f. f.* die Aufnehmung in eine Gesellschaft, Innung, Gemeinde oder Zahl gewisser Leute; das Häuffen oder Zusammentragen in einen Hauffen.

AGGRE'GE', *f. m.* ein Doctor bey der Juristischen und Medicinischen Facultät, der nicht Professor ist.

AGGREGER, *v. a.* in eine Gesellschaft oder unter sich aufnehmen, einnehmen; zusammen in einen Hauffen bringen.

AGGRESSER, *v. a.* im Rechtshandel, anfallen, angreiffen.

AGGRESSEUR, *f. m.* ein Friedensstörer, der Anfänger eines Zanks.

AGGRESSION, *f. f.* Erregung, Anfangung eines Zanks, Anfall, Angriff.

AGHAIS, AGHAISTER, ol. *v.* AGUET, AGUETER.

AGILE, *adj. c.* hurtig, geschwind, behend, fertig.

AGILEMENT, *adv.* mit Behendigkeit, behender Weise.

AGILITE', *f. f.* Behendigkeit, Hurtigkeit, Fertigkeit, Geschwindigkeit.

Agilité d'esprit, Fertigkeit des Geistes.

AGIO, *f. m.* die Erkenntlichkeit, so man einem bey Verwechselung schlechter Münzsorten gegen bessere, oder wegen zugestandener Zahlungsfrist giebt, der Aufwechsel, das Aufgeld.

AGIOLOGIQUE, *adj. c.* dictionnaire *agiologique*, Wörterbuch, darinnen die Namen der Heiligen verzeichnet sind.

AGIOS, *f. m.* scherzweise alles kleine Putzwerk, das die Weiber an sich hängen, von den Morgenländern und ihren abergläubischen Anhängern der Heiligthümer.

AGIOTAGE, *f. m.* (wird mehrentheils in bösem Verstand gebraucht) ein wucherlicher Wechselhandel.

AGIOTER, *v. n.* wucherlichen Aufwechsel treiben.

AGIOTEUR, *f. m.* euse, *f.* einer der Billetten erhandelt, die derjenige, von dem er sie nimmt, für verlohren geachtet, oder, dass er daran verlieren werde.

AGIR, *v. n.* thun, geschäftig seyn; handeln.

Agir par passion, nach den Regungen handeln.

Agir

Agir par raison, nach der Vernunft etwas thun.
AGIR, wirken.
 Le feu *agit* sans cesse, das Feuer wirket ohne Unterlaß.
 La grace *agit* en nous, die Gnade wirket in uns.
 Le remède *agit* puissamment, die Arzney wirket stark.
AGIR, sich verhalten; aufführen; bezeugen.
 Agir en ami, en homme d'honneur, sich verhalten als ein Freund, als ein ehrlicher Mann.
s'AGIR, *v. r. imperf.* il s'*agit* de quelque chose, es betrift etwas, es trift oder geht etwas an, es kommt auf etwas an, es ist um etwas zu thun, es ist die Frage von etwas.
 Il s'*agit* de la gloire du Roi, es ist um die Ehre des Königs zu thun; es gehet die Ehre des Königs an.
 Il ne s'*agit* pas de cela, hiervon ist die Frage nicht.
AGISSANT, e, *adj.* (*v.* AGIR) wirkend, geschäftig, der oder die etwas thut oder handelt.
AGITATION, *s. f.* die Bewegung, als des Meers, der Luft ꝛc. das hin und her Wiegen auf dem Schiff; das Rütteln und Schütteln auf einem Wagen; die Beschäftigung des Gemüths, Unruhe, Beschwerniß, Trübsal, Bekümmerniß, Verwirrung.
 L'*agitation* de la mer, das Wiegen des Meers.
 L'*agitation* du chemin, das Rütteln des Fahrens.
 Une vie exemte d'*agitation* & de trouble, ein Leben ohne Unruhe und Verdrüßlichkeit.
 Une *agitation* d'esprit agréable, eine angenehme Beschäftigung des Gemüths.
AGITER, *v. a.* hin und her bewegen, als der Wind die Blätter, die Wellen ꝛc. wiegen, als das Meer diejenigen, so auf den Schifen sind; schütteln, rütteln im Fahren oder sonst; aufrühren, durch einander rühren, etwas feuchtes; beunruhigen, bekümmern, das Gemüth; verwirren, in Verwirrung setzen, ein Land durch Krieg; auf die Bahn bringen im Disputiren; überlegen; treiben, abhandeln.
 La guerre *agite* tonte la Chrétienté, der Krieg verwirret die ganze Christenheit.
 La peur de la mort l'*agite*, die Forcht des Todes bekümmert ihn.
s'AGITER, *v. r.* beben; sich unruhig bezeigen, sich quälen, bekümmern.
 Il s'*agite* beaucoup de cela, er qüälet sich heftig hierüber.
AGNATION, *s. f.* Blutfreundschaft von väterlicher Seite, Schwertmagenschaft in Rechten.
AGNEAU, *s. m.* ein Lamm; figürlicher Weise, ein stiller frommer Mensch.
AGNEL, *s. m.* eine alte güldene Münze in Frankreich, mit einem Lamm bezeichnet.
AGNELER, *v. n.* lammern, ein Lamm bringen oder werfen.
AGNELET, *s. m.* ein Lämmlein.
AGNELINS, *s. m.* Lammsfell, welche die Weißgerber auf einer Seite bereiten, auf der andern aber die Wolle stehen lassen.
AGNELINS, so heisset man auch die erste Wolle so von einem Lamm geschoren wird.
AGNES, *s. f.* Agnes, ein Weibername.
AGNOITES, *s. m. pl.* Ketzer in der ersten Kirche, welche behaupten, Christus habe den Tag des jüngsten Gerichts nicht gewußt.
AGNUS, *s. m.* ein geweiht Stück Wax oder Teig, worauf das Lamm Gottes gedruckt ist, ein agnus Dei, das man aus Andacht an den Hals hänget.
AGNUS CASTUS, *s. m.* Schafmilbe, Klosterpfeffer, Keuschbaum, sogenannter Strauch.
AGNUS DEI, *s. m. voïés* AGNUS.
AGONALES, *s. f. pl.* ein Fest so die Römer Jano zu Ehren im Januario begiengen.
AGONIE, *s. f.* der Todeskampf, die Todesquaal, Todesnoth, lezte Noth, das Hinbrüten, die lezten Züge; it. Angst und Unruhe des Gemüths; Quaal, heftiges Leiden.
 Etre à l'*agonie*, mit dem Tode ringen.
 La vie des pauvres esclaves est une longue mort, ou une *agonie* continuelle, das Leben der armen Sclaven ist ein langsamer Tod oder eine stetige Todesquaal.
AGONISANT, e, *adj. & subst.* der in den lezten Zügen, im lezten Todeskampf lieget, ein Sterbender.
AGONISER, *v. a.* in den lezten Zügen liegen, mit dem Tode ringen.
AGRAFFE, *s. m.* ein kleiner Hake, ein Haft, eine Spange, womit man etwas zuhaket; eine eiserne Klammer, die Steine fest zu machen; der Reif oben an einem Korbe, der obere Rand.
AGRAFFER, *v. a.* mit einem Häklein oder Stecknadel oder sonst etwas, anheften, anhäkeln, zuhäkeln, fest machen.
s'AGRAFFER, *v. r.* sich an etwas anhalten, anhäkeln, anklammern.
AGRAIRE, *s. m.* les loix *agraires*, bey den Römern, Gesetze wegen Aus- oder Eintheilung der Aecker.
AGRANDIR, AGRAVER, (mit ihren Derivatis,) *v.* AGGR.

AGRE'A-

AGRE´ABLE, *adj. c.* angenehm, annehmlich, lieblich, anmuthig.
AGRE´ABLE, *f. m.* Anmuth, Annehmlichkeit, Lieblichkeit.
AGRE´ABLEMENT, *adv.* auf angenehme Weise, lieblich.
AGRE´ER, *v. n.* angenehm seyn, gefallen, wohlgefallen, wohl anstehen, anständig seyn.

Agréer à son maître, seinem Herrn wohl gefallen.

AGRE´ER, *v. a.* genehmhalten, günstig annehmen, sich gefallen lassen; ein Schiff mit allen nöthigen Dingen ausrüsten, takeln.

Le Roi agréa le mariage, der König hat die Heyrath genehm gehalten.

Agréés que je vous dife, lasset euch gefallen, daß ich euch sage.

S'AGRE´ER, *v. r.* sich zur Schifffahrt rüsten.

Ils se sont agréés en fort peu de tems, sie haben sich in kurzer Zeit ausgerüstet.

AGRE´EUR, *f. m.* der vor die ganze Schiffsrüstung sorgt.

AGRE´GER, (mit seinen Derivatis,) *v.* AGGR.

AGREILS, AGRE´S, *f. m. plur.* Segel, Tau und alle andere Schiffsrüstung, das Takel.

AGRE´MENT, *f. m.* Anmuth, Lieblichkeit, Annehmlichkeit, angenehme Weise, Beyfall, Wohlgefallen, Vergnügen; Gutheissen, Bewilligung, Einwilligung, Genehmhaltung; Zuneigung, Gewogenheit; Artigkeit, gute Einrichtung; eine Manier, als ein Triller, Läufer, oder sonst ein artiger Fall auf einem musicalischen Instrument; an den Paruken, die Locken so an die Schläfe zu sitzen kommen; bey dem Schneider, eine Zierat, Ausstaffirung, Auszierung, Stickwerk auf einem Kleid; bey dem Knopfmacher, ein erhabenes Köpfgen oben auf den Knöpfen; item bey dem Frauenzimmer, ein Clistier.

Elle a un agrément merveilleux, sie hat eine wundersame Anmuth.

Son discours a beaucoup d'agrément, seine Rede hat viel Lieblichkeit.

Avoir l'agrément du Roi pour une charge, des Königs Einwilligung über einen Dienst erlanget haben.

Sa conduite lui a donné l'agrément de son Prince, sein Wohlverhalten hat ihm die Gewogenheit seines Fürsten erworben.

AGRESSER, (und dessen Derivata,) *voies* AGGR.

AGRESTE, *adj. c.* herb, sauer, als wilde Früchte; bäurisch, unhöflich, ungeschickt, von groben Sitten; wild, wüst, rauh, öd, ungebaut, als ein Land, (doch ist es in der lezten Bedeutung nicht sehr gebräuchlich.)

AGRE´S, *f. m. pl.* (*voies* AGREILS.)

AGRICULTURE, *f. m.* der Ackerbau, Feldbau; das Landleben.

AGRIER, *f. m.* und
AGRIE´RE, *f. f.* eine Art Grundzins, der dem Grundherrn an einer gewissen Anzahl Frucht gegeben wird; an einigen Orten, ein Antheil Frucht, so der Gläubiger seinem Schuldmann von dem ihm verpfändeten Acker geben muß.

AGRIFFER, *v. n.* und s'AGRIFFER, *v. r.* à quelque chose, etwas mit den Klauen oder Händen fassen oder ergreifen, sich mit den Klauen oder Händen an etwas fest halten.

AGRIMOINE, *f. f.* Ackermennig, Odermennig, ein Kraut.

AGRIOPHAGE, *f. m.* so von wilden Thieren lebet.

AGRIOTTE, *f. f.* saure Kirschen, Weichselkirschen.

AGRIOTTIER, *f. m.* saurer Kirschbaum, Weichselkirschbaum.

AGRIPAUME, *f. f.* Herzgespannkraut.

AGRIPPER, *v. a. vulg.* mit den Klauen wegnehmen, wegstehlen, rauben.

Il agrippe tout ce qu'il voit, er nimmt alles mit, was er siehet.

AGROUPER, *v. a.* viel Bilder auf einen Haufen zusammen mahlen.

AGUERRIR, *v. a.* zum Krieg abrichten, gewöhnen, geschickt machen, in den Waffen üben, streitbar oder zu einem guten Soldaten machen; abrichten in etwas insgemein, sonderlich das mühsam ist.

S'AGUERRIR, *v. r.* ein guter, besserer Soldat werden; in was Mühsames geübt werden.

AGUET, *f. m.* Wacht; im *plur.* heißt *aguets* ein Hinterhalt; Aufpassung, Nachstellung.

Etre aux aguets, pour faire quelque chose, lauren, etwas zu thun.

AGUETER, *v. a.* heimlich auf einen lauren, ihm aufpassen, nachstellen; begierig auf etwas warten oder hoffen, Acht geben; etwas besehen, beschauen.

AGUILANEU, oder AGUILANEUF, *species interject.* ist einiger Orten in Frankreich ein Zuruf zum neuen Jahr, und soll so viel heissen als à qui l'an neuf, Mistel her, das neue Jahr tritt ein, oder, Mistel zum neuen Jahr, weil der Pöbel davor hält, daß wer am neuen Jahrstag Mistel einträgt und im Hause hat, das ganze Jahr durch glücklich seyn werde.

AH!

AH ! *interj.* Ach ! kan bey allerley Gemüthsbewegungen gebraucht werden.

AHAN, *ſ. m.* (vom Laut, den man im Holzhauen oder ſonſt in ſchweren Arbeiten von ſich giebt,) groſſe Bemühung, ſchwere und ſaure Arbeit; vor dieſem hieß es ein gepflügter Acker, Pflugland.

AHANABLE, *adj.* ol. das gepflügt und gebauet werden kan, urbar, als ein Stück Land.

AHANER, *v. a.* den Acker pflügen, beſtellen, ſich es über oder mit etwas ſauer werden laſſen.

AHANER, *v. n.* vulg. kreiſten, ſchwere Arbeit thun.

AHERDRE, *v. n. & r.* ol. anhangen, beyſtimmen.

AHEURTE', ée, *adj.* halsſtarrig, eigenſinnig; auf ſeinem Sinn und Meynung beſtehend.

Il eſt *aheurté* à ſon opinion, er beſtehet feſt auf ſeinem Sinn und Meynung.

AHEURTEMENT, *ſ. m.* Eigenſinn, Hartnäckigkeit, Halsſtarrigkeit.

AHEURTER, *v. n. p.* auf ſeinem Sinn bleiben, ſeinen Kopf aufſetzen, eigenſinnig ſeyn.

s'AHEURTER, *v. r.* à quelque choſe, eigenſinnig über etwas halten, feſt auf etwas beharren, auf etwas beſtehen.

AHI, *interj.* ey ! hoho ! o weg ! ach !

AHONTER, *v. a.* ol. beſchimpfen, beſchämen, verunehren.

AHOUAI, *ſ. m.* ein Baum in Braſilien, in der Gröſſe eines Birnbaums; die Wilden brauchen ſeine Frucht für Schellen.

AHURIR, *v. a.* ol. Hauer, wie man auch im Deutſchen ſagt, anzahnen, einen anlaufen laſſen, ihm das Maul ſtopfen; auch wohl einem etwas verſetzen, ihm wehe thun.

AI, *interj.* (v. AHI.)

AI, *j'ai,* ich habe, *v.* AVOIR.

AJAMBE'E, *ſ. f.* die Oefnung der Füſſe im Gehen; ein Schritt.

AJANCER, *v.* AGENCER.

AIDE, *ſ. f.* Hülfe, Beyſtand.

à l'*aide!* helft ! helft !

à l'*aide* de quelque choſe, vermittelſt, durch Hülfe und Beyſtand eines Dinges.

AIDE, *ſ. f. &* AIDES, *ſ. f. plur.* Steuer.

Aide de mariage, Fräuleinſteuer.

La Cour des *aides*, das Steueramt, Steuercollegium, die Steuerkammer, Steuerſtube.

AIDE, *ſ. m. & f.* ein Gehülfe, eine Gehülfin, ein Beyſtand; in Benennung einiger Bedienungen wird es mit Unter-oder Bey-ausgedrückt.

AIDE de cérémonies, ein Untercerimonienmeiſter.

AIDE de cuiſine, ein Beykoch.

AIDE à maçon, ein Handlanger ꝛc.

AIDE de camp, ein Generaladjutant.

AIDEMAJOR, ein Regimentsadjutant.

AIDE, *ſ. m.* (in der Baukunſt,) ein Nebenkämmerlein, Cabinetlein, Verſchlag, neben einem groſſen Gemach.

AIDER, *v. a.* helfen, dienen, behülflich ſeyn, beyſtehen, zu ſtatten kommen, quelqu'un einem, de quelque choſe, mit etwas, à quelque choſe, zu etwas; à faire quelque choſe, etwas ausführen oder ausrichten; auf der Reitſchule, dem Pferd die Hülfe geben.

Aider à la lettre, dem Verſtand einer Schrift helfen, die Fehler nicht anſehen in etwas.

Dieu *aidant*, geliebts GOtt, mit Gottes Hülfe.

s'AIDER, *v. r.* de quelque choſe, ſich eines Dinges bedienen, gebrauchen, ſich helfen.

AIDES, *ſ. f. pl.* auf der Reitbahn die Hülfe ſo man dem Pferd giebt, es zu regieren, es ſey mit der Stimme oder mit dem Zaum, mit der Ruthe, mit den Sporn ꝛc.

AIEUL, AIEULE, AIEUX, *v.* AY.

AIGAIL, *ſ. m. v.* AIGUAIL.

AIGLANTIER, *ſ. m. v.* EGLANTIER.

AIGLAT, *ſ. m.* ein junger Adler; (beſſer AIGLON.)

AIGLE, *ſ. m. & f.* ein Adler ; ein ſcharfſichtiger Menſch, eine Perſon von durchdringendem Verſtand ; ſonſt iſt es das Feldzeichen der alten Römer, und bedeutet auch eine römiſche Armee ; it. das alte oder heutige römiſche Reich, oder den Kayſer ; in den Domſtiften heißt es ein groſſes Pult.

L'*aigle* a épouvanté le Turc, die Kayſerliche haben dem Türken angſt gemacht.

AIGLETTE, *ſ. f.* ein kleiner Adler in den Wappen.

AIGLON, *ſ. m.* ein junger Adler.

AIGLURE, *ſ. m.* die röthliche Flecken auf des Falken Rücken und Flügeln.

AIGRE, *adj. c.* herb, ſauer; ſcharf, empfindlich ; bitter, verbittert; verdrüßlich, ſtörriſch, unleidlich, unfreundlich, auffahriſch, widerwärtig, unverträglich, als manche Gemüther; von Metallen heißt es, ſpröd, das leichtlich bricht, ſich nicht wohl arbeiten läßt.

AIGRE-doux, ſäuerlicht-ſüß, wie theils Früchte.

AIGRE, *ſ. m.* Säure, Schärfe, Herbigkeit, ſaurer Geſchmack.

AIGRE

AIGRE de cèdre, ein säuerlicher Tranck von Citronen und Zucker.

AIGREFIN, *s. m.* ein Rundfisch, eine Art Schellfische, so dicker als die andern sind; im Scherz, ein listiger Kautz, ein Mensch der nicht leicht zu betrügen ist; vor diesem eine gewisse französische Münze.

AIGREFIN, ein Windmacher, ein Betrüger.
Prenés garde à cet *aigrefin*, trauet diesem Windmacher nicht zu viel.

AIGRELET, ette, *adj.* vulg. säuerlich.

AIGREMENT, *adv.* herb, scharf, mit spitzigen schimpflichen Worten, empfindlich, bitterlich.

AIGREMOINE, *s. f.* wilde Garbe, Gänserich, ein Kraut.

AIGRET, ette, *adj.* säuerlich.

AIGRETTE, *s. f.* ein weisser Reiger.

AIGRETTE, Geschmeide in Gestalt eines Büschels, daran schwebende Edelgesteine hangen; Zitternadel.

AIGRETTE, die Spitze oder das Herz in einem Federbusch, so auf die Bettstellen gesetzt wird.

AIGRETTE, Borste auf einem Pferdezaum.

AIGRETTE, dasjenige Büschlein, welches zu oberst auf einigen Saamen oder Kräutern wachset.

AIGREUR, *s. f.* die Säure, herbe, rauhe Art der Früchte, Feuchtigkeiten, Metallen, Stimme rc.

AIGREUR, Bitterkeit, Schärfe; Verbitterung des Gemüths, Haß, Unwille; Unfreundlichkeit, anzügliche und empfindliche Worte.

AIGREUR, Verdruß, Kummer, Widerwärtigkeit.

AIGRIR, *v. a.* sauer machen, säuern, als den Teig.
Le tonnère *aigrit* le vin, das Donnerwetter macht, daß der Wein sauer wird.

AIGRIR, erbittern, erzörnen, zum Zorn bewegen oder reizen, als die Gemüther.
Il est fort *aigri* contre moi, er ist gegen mir heftig erbittert.

AIGRIR, erregen, noch schlimmer und heftiger machen, als eine Krankheit.
Ce remède n'a fait qu'*aigrir* le mal, diese Arzney thut anders nichts, als die Krankheit reizen.

S'AIGRIR, *v. r.* sauer werden, als der Wein, versauern; sich je mehr und mehr erzürnen, sehr unwillig und erbittert werden; heftiger werden.

AIGRUN, *s. m.* ol. allerley starke Kräuter und säuerliche Früchte.

AIGU, ë, oder ëgu, *adj.* (*v.* ACUTUS) scharf, spitzig; durchdringend, hellautend; schmerzlich; als Krankheiten; heftig als Kälte; scharfsinnig, sinnreich.

AIGU, (in der Meßkunst) ein Winkel der weniger als 90 Grad haltet.
Un accent *aigu*, ein erhabener Ton, den die Sylbe haben muß.

AIGUADE, E'GADE, *s. f.* das Holen des frischen und süssen Wassers auf die Schiffe; auch das frische Wasser selbst; it. der Ort, wo es geholet wird.

AIGUAIL, E'GUAIL, *s. m.* der Thau auf dem Laub und Gras (bey den Jägern.)
Les chiens d'*aiguail*, die Hunde, so früh im Thau wohl spüren.
L'*aiguail* ôte le sentiment aux chiens, der Thau benimmt den Hunden den Geruch.

AIGUE-MARINE, *s. f.* Tharsis, ein Edelgestein, auch Aquamarin genannt.

AIGUIE'RE, E'GUIE'RE, *s. f.* ein Wasserkrug, Wassergeschirr oder Kanne; eine Gießkanne zum Händewaschen.

AIGUIERE'E, E'GUIERE'E, *s. f.* eine Wasserkanne voll.

AIGUILLE, oder E'GUILLE, *s. f.* eine Nadel.
Aiguille à tricoter, eine Stricknadel.
Aiguille à emballer, eine Packnadel.
Aiguille de tête, eine Haarnadel.
Aiguille aimantée, oder marine, eine Magnet-oder Compaßnadel.

AIGUILLE de montre, Zeiger an einer Sack-Uhr.

AIGUILLE de cadran, Zeiger an einer Sonnenuhr.

AIGUILLE de fleau, das Zünglein an der Waag.

AIGUILLE, Hornfisch, ein Seefisch.

AIGUILLE, Kirchespitze, zugespitzter Thurn.

AIGUILLE, (in der Seefahrt) der Schnabel vorn am Schiff.

AIGUILLE, (in der Seefahrt) die Maststange.

AIGUILLE, (bey der Jägerey) eine Krankheit der Falken, die durch kleine Würmer verursacht wird, und gefährlich ist.

AIGUILLE à (de) berger, ein Kraut, wegen seines spitzigen Saamens so genannt. Nadelkraut, Nadelmöhren, Nadelkerbel.
Il est venu de fil en *aiguille*, er ist von einem Vorhaben gleich auf das andere gefallen.
Faire un procès oder disputer sur la pointe d'une *aiguille*, ohne Ursach oder um geringer Dinge willen einen Zank anheben, eine Ursach zu zanken vom Zaun brechen.
Il le faut fournir de fil & d'*aiguille*, man muß ihm allen kleinen Hausrath leihen; er entlehnt auch die geringsten Dinge.

F
Ai-

AIGUILLE'E, E'GUILLE'E, *s. f.* ein Stück Faden, so viel man auf einmal in die Nadel thut.
    Une *aiguillée* de soie, ein Faden Seide.
AIGUILLER, *v. a.* den Staar stechen, bey den Oculisten.
AIGUILLETTE, E'GUILLETTE, *s. f.* ein Nestel, Senkel; auf den Schiffen und Schiffbrücken ist es ein Stück Holz, woran ein Seil fest gemachet ist; auch ein kleines Seil auf Schiffen etwas fest zu binden, sonderlich die Canonen.
    Noüer l'*aiguillette*, Nestel knüpfen, einen wegen seiner Heyrath verzaubern; it. wann ein Springer auf der Reitschule die Füsse zu weit hinten ausbringt.
    Lâcher l'*aiguillette*, seine Nothdurft verrichten, sich erleichtern.
    Un maître qui serre ses vieilles *aiguillettes*, ein gar zu genauer Herr.
    Courir l'*aiguillette*, überall herum huren, eine Hure abgeben, den Kerlen nachlauffen.
AIGUILLETTER, E'GUILLETTER, *v. a.* einnesteln, sonderlich die Hosen, zunesteln, mit Nesteln zubinden; auch nur mit Nesteln versehen, besetzen; auf den Schiffen etwas fest anbinden.
AIGUILLETTIER, E'GUILLETTIER, *s. m.* ein Nestler, Senkler.
AIGUILLIER, E'GUILLIER, *s. m.* ein Nadler; item ein Nadelküssen, eine Nadelbüchse.
AIGUILLON, E'GUILLON, *s. m.* ein Stachel; ein Antrieb, eine Reizung, Erweckung.
    Aiguillon de mouche, d'abeille &c. ein Fliegenstachel, Bienenstachel.
    Cela sert d'*aiguillon* à l'esprit, das ist dem Gemüth ein Stachel, (Reizung, Antrieb).
AIGUILLONNER, E'GUILLONNER, *v. a.* antreiben. (besser exciter).
AIGUISEMENT, E'GUISEMENT, *s. m.* das Wetzen oder Schleiffen.
AIGUISER, E'GUISER, *v. a.* wetzen, schleiffen, schärfen; spitzen, spitzig machen; erwecken, reizen; stärken, bessern, geschickter machen.
    Aiguiser un couteau, ein Messer wetzen.
    Aiguiser ses couteaux, sich zum Schlagen gefaßt machen.
    Aiguiser ses dents, sich schicken tapfer zu fressen.
    Aiguiser l'esprit, den Verstand schärfen.
    Aiguiser l'appétit, die Lust zum Essen erwecken.
AIGUISE', ée, *adj.* gespitzt, in den Wappen.

AIL, *s. m. plur.* ails, *ol.* aulx, Knoblauch.
AILE, *s. f.* Flügel, Fittich eines Vogels, auch Flügel an einer Windmühle.
AILE, Flügel einer Schlachtordnung.
    Commander l'*aile* droite, den rechten Flügel führen.
    L'*aile* gauche plia, der linke Flügel ward zertrennt.
AILE, Flügel eines Bataillon, oder Geschwaders.
AILE, (in der Baukunst) Seiten eines Gebäues.
    Les *ailes* de ce théatre sont fort régulières, die Seiten dieses Schauplatzes sind in sehr guter Ordnung gestellet.
AILE, Seite eines Aussenwerks, so nach der Hauptveste ablauft.
AILE, Nebengang an einer Kirche oder Pallast.
AILE, Abseite; Nebengebäu eines Pallasts.
AILE, (in verblümtem Verstand) Behendigkeit, Geschwindigkeit.
    Les *ailes* du vent, die Schnelle des Windes.
    Bouts d'*aile*, Federkiele, Bosen.
    Voler à tire d'*aile*, geschwind fliegen.
    Il en a dans l'*aile*, er kan nimmer fort, er hat eins gekriegt; it. er ist verliebt.
    Ne battre que d'une *aile*, sehr geschwächt seyn, dem Credit, Vermögen, Verstand oder Ansehen nach; sehr herunter kommen seyn, nicht weit mehr fliegen können.
    Il veut voler sans *ailes*, er will fliegen, ehe ihm die Federn gewachsen sind.
    On en tirera pied ou *aile*, er wird Schaden leiden, doch nicht um alles kommen; wird Haare lassen müssen oder gerupft werden; es heißt auch: wir wollen schon sehen, daß wir mit einem blauen Auge davon kommen.
    On lui a rogné les *ailes*, die Flügel sind ihm beschnitten worden.
    Sous l'*aile* de sa mère, unter ihrer Mutter Aufficht.
    Donner les *ailes* à un cheval, einem Pferd den Zaum schiessen lassen.
AILE, *s. f.* ein Englisch Bier.
AILES de la lardoire, die Zacken an der Spicknadel.
AILE du pignon, (bey dem Uhrmacher) ein Zahn am Schneckenrad.
Les AILES, (bey dem Glaser) die Wände am gezogenen Bley.
AILE', ée, *adj.* geflügelt, (in den Wappen) mit Flügeln von anderer Farbe, als der Leib.
AILERON, *s. m.* ein kleiner Flügel, die Spitze vom Flügel; eine Floßfeder an den Fischen; ein Flügel an der Nase; ein Bret am Mühlrad, worauf das Wasser

fer fällt, eine Schauffel; it. eine Klappe, so oben an den Ermel angenäht wird, die Naht an der Achsel am Rock zu decken.

AILETTE, s. f. ein klein schmal Seitenleder, das die Schuster inwendig auf die Naht nach der Länge hinsetzen, eine Oberstemme bey ihnen genannt.

AILLEURS, adv. anderswo, anderswohin.

Il demeure *ailleurs*, er wohnet anderswo.

J'irai *ailleurs*, ich will anderswohin gehen.

d'AILLEURS, anderswoher; von was anders, von einer andern Sache; über das, ausser dem, dazu auch, sonsten, hierbey.

Il ne vient pas de l'Eglise, mais il vient d'*ailleurs*, er kommt nicht aus der Kirche, sondern anderswoher.

Cela ne vient pas de ma faute, il vient d'*ailleurs*, dieses kommt nicht aus meinem Versehen, sondern anderswoher.

Il est savant d'*ailleurs*, ausser dem (dazu) ist er gelehrt.

Par AILLEURS, durch einen andern Weg.

AIMABLE, adj. c. lieblich, liebenswerth, angenehm.

AIMANT, AIMAN, s. m. ein Magnet, Magnetstein.

AIMANTER, v. a. mit Magnet bestreichen.

AIMANTIN, e, adj. Magnetisch. (besser magnetique.)

AIMÉE, s. f. Amata, ein Weibername.

AIMER, v. a. lieben; verliebt seyn; gern haben.

Aimer qu'on fasse quelque chose, gern haben, gern sehen, gern leiden, gern geschehen lassen, sich wohl gefallen lassen, daß eine etwas thue.

Aimer à faire quelque chose, etwas gern thun.

Aimer mieux, lieber wollen; lieber haben; lieber sehen; lieber thun; vorziehen.

Bien *aimé*, geliebt, in der Schrifft.

S'AIMER à la cour, v. r. gern bey Hof seyn.

Les aunes s'*aiment* dans les lieux humides, die Erlen stehen gern an feuchten Orten.

AIMORAGIE, s. f. voiés HEMORAGIE.

AIN, s. m. ol. ein Angel.

AINE, s. f. der Unterleib, der Schmeerbauch, daran die Schaam-Glieder sind, der Schooß.

AINÉ, ée, adj. erstgebohren; item vor einem andern gebohren, älter.

AINESSE, s. f. die Erstgeburt, das Recht des Erstgebohrnen, Vorrecht des Alters.

AINS, conj. ol. allein, aber, sondern.

AINSI, adv. & conj. also, so, dergestalt, dermassen; folglich, derhalben.

Par AINSI, ol. folglich.

AINSI que, sowohl als.

AINSI soit-il! Amen.

AINSNE, voiés AINÉE.

AÏO, s. m. eine gelbe Blume, als eine kleine Tulpe, so in dem Jenner blühet.

AJOINDRE, v. a. einen jemanden beysetzen, zum Amtsgehülfen oder Collegen geben.

AJOINT, s. m. ein Zeuge oder Beysitzer vor Gericht; ein Amtsgehülfe, Beygesetzter, Zugegebener im Amt.

AJOINTS, s. m. plur. in der Rhetoric oder Grammatic, Sachen oder Wörter, die andern beygefügt werden um mehrern Nachdrucks willen, und die Umstände der Hauptsache erläutern.

AÏOU, s. m. ein Heiliger dieses Namens.

AJOURÉ, ée, adj. (von jour) in den Wappen, daß eine Oefnung oder ein Loch hat von anderer Farbe.

Un chef *ajouré*, ein Hauptstück mit Zinnen.

AJOURNEMENT, s. m. (von jour) ein gerichtlicher Termin, zu gewisser Zeit zu erscheinen; Vorbescheidung, Ladung vor Gericht, Citation; eine Erinnerung des Todes und des jüngsten Gerichts.

AJOURNER, v. a. Gerichtstermin setzen, zu gewisser Zeit zu erscheinen; vor Gericht laden, vorbescheiden, citiren, bieten.

AJOÛTAGE, s. m. voiés AJUSTAGE.

AJOÛTÉE, s. f. (v. AJOÛTER) der Zusatz zu einer Linie in der Geometrie, Verlängerung derselben.

AJOÛTER, hinzusetzen, dazu thun, beyfügen.

Vous *ajoûtés*, ihr machet etwas dazu; ihr sagt mehr als wahr ist.

Je n'*ajoûte* rien, ich sage es, wie es an sich selber ist.

AJOÛTER foi à quelqu'un, Glauben beymessen.

AIR, s. m. die Luft.

AIR doux, pur, mal-sain, sanfte, reine, ungesunde Luft.

Prendre l'*air*, frische Luft schöpfen.

Prendre l'*air* du feu, sich ein wenig wärmen.

Parler en l'*air*, in den Wind reden.

Donner l'*air* à une chambre, einem Zimmer Luft geben; die Luft durchstreichen lassen.

Etre à l'*air*, an der Luft seyn.

AIR, s. m. air de vent, auf der See, die Gegend, wo ein Wind herkommt, die Ruthe oder der Strich des Winds. (besser aire.)

AIR, s. m. die Melodey, die Weise, der Ton eines

eines Liedes; ein Lied, eine Arie, ein Gesang.
AIR nouveau, ein neues Lied.
Chanson fur un *air* nouveau, Lied nach einer neuen Melodey.
AIR, *s. m.* (Art) das äusserliche Ansehen, die Gestalt eines Menschen, die Geberden, das äusserliche Wesen; die Aufführung, Manier zu leben; die Art und Weise etwas zu thun; auf der Reitschule, die Stellung und Bewegung des Pferds, das Geschick; bey den Mahlern, die Gestalt oder Stellung eines Bildes; it. richtige Vorstellung der unterschiedlichen Entfernung durch unterschiedliche Stärke oder Schwäche der Farbe.

Il a l'*air* d'un pédant, er sieht als ein Schulfuchs aus.
Avoir l'*air* grand, vornehm aussehen.
Avoir le grand *air*, sich wie ein grosser Herr aufführen.
D'un *air* superbe, hochmüthig.
Je vis d'un *air* à n'incommoder personne, ich lebe auf eine solche Weise, daß ich niemand beschwerlich bin.
Se faire à l'*air* du monde, de la cour, sich in die Weise der Welt, des Hofes, schicken lernen.

AIRAIN, *s. m.* Erzt.
Le ciel est d'*airain*, der Himmel ist nicht günstig.
Avoir un front d'*airain*, aufs höchste unverschämt seyn, eine eherne Stirne haben.

AIRE, *s. f.* eine Tenne, Dreschtenne, Scheundiele, der Boden, der Platz oder Raum, die Fläche; die Grundlage eines Gebäudes; der Hof um die Sonne oder um den Mond; ein Vogelherd.
AIRE, *s. f.* das Nest eines Raubvogels.
AIRE, *s. m.* zur See, und auf dem Compaß, der Ort, wo der Wind herkommt.
Mesurer l'*aire* d'un triangle, den Raum eines Dreyeckes messen.
AIRE de vent, Strich auf dem Seecompaß.
AIRE de recoupes, Grundlage von Schutt.
AIRE de moilon, Grundlage von Bruchsteinen.
AIRELLE, *s. f.* Heidelbeere.
AIRER, *v. n.* nisten, sein Nest machen oder bauen; it. um das Nest herum fliegen, wird von Raubvögeln gesagt.
AIRES, *s. m. plur. voiés* ARS.
AIRI, *s. m.* ein Heiliger dieses Namens.
AIRIER, AIROMANCIE, *voiés* AëR.
AIRRHES, *v.* ARRES und ERRES.
AIS, *s. m.* ein Bret, eine Diele; ein Buchbinderbretgen.
AISANCE, *s. f.* Bequemlichkeit in einem Haus; Platz, sich zu bewegen; im plurali heißt es auch ein heimlich Gemach.
AISANCE, *s. f.* ol. Fertigkeit, ungezwungene Art etwas zu thun.
Vous avés dans vos vers une *aisance* admirable, ihr machet eure Verse mit einer wundersamen Fertigkeit.

AISCEAU, *s. m.* eine Hohlhaue der Böttcher, das Daugenholz zuzuhauen; auch das Bindmesser derselben.

AISE, *s. m.* Freude, Lust, Vergnügen; Wohlstand, gutes Leben, gute Sache, gutes Auskommen; Bequemlichkeit, Gemächlichkeit; gelegene und bequeme Zeit, Musse, Weile.
Il est ravi d'*aise* de vous voir, er ist voll Freude, euch zu sehen.
Il est bien à son *aise*, er hat ein gutes Leben; gute Sache.
Chercher ses *aises*, seine Bequemlichkeit suchen.
Vous ferés cela à vôtre *aise*, ihr werdet dieses bey gelegener Zeit thun, wenn es euch bequem ist.
à l'AISE, *adv.* leichtlich, ganz gemächlich.
Vivre en paix & à son *aise*, gut und geruhig leben.
Etre à son *aise*, sein Auskommen haben.
Prendre toutes ses *aises*, alle seine Bequemlichkeit brauchen.

AISE, *adj. c.* froh, freudig, zufrieden, vergnügt. (hat meistens ein Vorwort bey sich, als bien, fort, très, si u. d. g.)
Etre bien-*aise* de quelque chose, de voir quelque chose, qu'on fasse quelque chose, froh seyn über etwas, oder etwas zu sehen, oder daß man etwas thue.

AISE', ée, *adj.* leicht; bequem, geschicklich, gemächlich, gefällig, gutherzig, mit dem wohl auszukommen ist; ungezwungen, frey, aufgeweckt; der sein Auskommen hat, der bey guten Mitteln ist, der wohl steht, wohlhabend.
Cela est *aisé* à faire, das ist leicht zu thun, auszurichten.
Il y a des animaux *aisés* à apprivoiser, es sind Thiere, die leicht sind zu zähmen.
Il est *aisé* de voir d'où cela vient, es ist leicht zu sehen, wo dieses herkommt.
Un esprit *aisé*, ein Gemüth, das sich überall zu schicken weiß.
Avoir des manières *aisées*, bequeme Weisen an sich haben; von bequemem Umgang seyn.
On l'a taxé comme un homme *aisé*, man hat ihn geschätzet als einen wohlbemittelten Mann.

AISEMENT, *s. m.* ein heimlich Gemach.
AISE'MENT, *adv.* leichtlich, ohne Mühe, mit leichter Mühe.

AISNE

AISNE', AISNESSE, *voïés* AIN.
AISSADE, *s. f.* der Ort, wo das Hintertheil des Schiffs enger zusammen zu gehen anfängt.
AISSEAU, *s. m.* eine Dachschindel.
AISSELLE, *s. f.* die Achsel.
AISSETTE, *s. f.* ein Handbeil, als etwan die Böttcher haben, den Spund ein- und auszuschlagen.
AISSI, *s. m.* ein Bretgen; eine Schindel.
AISSIEU, *s. m.* die Axe und alles, worum oder worauf sich etwas herum bewegt oder drehet; it. zwey Hölzer, die man an den Anker macht, damit er desto eher in die Erde gehe.
AISSIL, *s. m. ol. voïés* AISSI.
AITIOLOGIE, *s. f.* ein Stück der Medicin, da man von den Ursachen der Krankheit lehret.
AIVIER, *voïés* EVIER.
AJUDANT, *s. m. voïés* AIDE, ein Adjutant.
AJUGER, *v. a.* gerichtlich zuerkennen, zusprechen, zuurtheilen, zuschlagen, im Kauffen und Pachten.
AJUSTAGE, AJÛTAGE, *s. m.* ein Aufsatz auf die Röhren der Wasserkünste und Springbrunnen, das Wasser auf vielerley Art spielen zu lassen.
AJUSTE, *s. f.* ein Knoten, da zwey Seile auf den Schiffen an einander geknüpft sind.
AJUSTEMENT, *s. m.* das Zurichten, Zurechtstellen; Zierath, Putz; Kleidung; Vertrag, Versöhnung.
AJUSTER, *v. a.* zurecht richten, einrichten, zurecht machen, zurecht rücken oder stellen; passen, anpassen; künstlich zusammen setzen, zusammen künsteln, in gehörige Ordnung bringen, mühsam ausarbeiten; aichen, ein Maaß; abziehen, Waage und Gewicht, deßgleichen die Münzen; stimmen, ein Instrument; aufputzen, auszieren; putzen, schmücken, zierlich ankleiden; nach etwas richten, bequemen, zusammen reimen; beylegen, vergleichen; vertragen, vereinigen; übel zurichten, übel mitspielen; ausrichten, ausschelten; durchziehen, zum besten haben; betrügen, in Schaden bringen.
Bien *ajuster* son coup, seinen Stoß im Fechten wohl anbringen.
Ajuster un cheval, ein Pferd abrichten, zureiten.
Je l'ai *ajusté* de toutes pièces, ich habe ihn rechtschaffen ausgerichtet.
Il m'a bien *ajusté*, er hat mich betrogen, in Schaden gebracht.

Ajuster une maison, un jardin, ein Haus, einen Garten auszieren.
Un cabinet bien *ajusté*, ein wohl aufgeputztes Prangzimmer.
Ajuster le plaisir & le devoir, seiner Lust und Pflicht zugleich warten.
Ajuster un différent, einen Streit beylegen.
S'AJUSTER, *v. r.* sich fertig machen, sich gefaßt machen; sich putzen; sich nach etwas richten; sich zu etwas schicken oder reimen, zu etwas stimmen; beysammen stehen können, sich zusammen schicken, sich vertragen, zusammen stimmen; eins werden über einen Handel.
Il s'*ajuste* pour plaire aux Dames, er legt sich zierlich an, dem Frauenzimmer zu gefallen.
Cela s'*ajuste* mal au dessein que vous avés, das stimmet nicht wohl mit euerm Vorhaben.
Ils s'*ajustent* ensemble, sie sind mit einander einig.
AJUSTOIR, *s. m.* eine Münzwaage, darauf man die Sorten wiegt, ehe man sie prägt.
AJÛTAGE, *voïés* AJUSTAGE.
AIX, *s. m.* Hauptstadt in Provence.
AIX-LA-CHAPELLE, *s. m.* Aachen, freye Reichsstadt in Teutschland.
ALAIGRE, *adj. c.* freudig, muthig, lustig; hurtig.
ALAIGREMENT, *adv.* mit Freuden, muthig, (besser avec joïe, avec ardeur.)
ALAIGRESSE, *s. f.* Hurtigkeit; Freudigkeit; allgemeine Freude an öffentlichen Freudentagen.
ALAIS, *s. m.* Name eines Orientalischen Raubvogels, der sich zum Rebhünerfang abrichten läßt.
ALAISE, *s. f.* ein Stück leinen Tuch, so man Kranken und Kindbetterinnen im Bette unterlegt, ein Stopflappe; item ein schmal Stück Bret, womit die Schreiner eine Zierath, oder sonst etwas, das nicht zureicht, gar ausfüllen.
ALAISE', ée, *adj. voïés* ALESE'.
ALAITER, *v. a.* säugen, stillen, zu trinken geben.
ALAMBIC, *s. m.* ein Helm, ein Distillir- oder Brennkolbe.
ALAMBIQUER, *v. a.* vulg. distilliren, über den Helm oder Brennkolben ziehen, abziehen; (in dieser Bedeutung braucht man lieber tirer par alambic, faire distiller) vor diesem hieß es auch, einen betrügen, berupfen, um das Seinige bringen; jetzt braucht mans nur im Scherz in folgenden Redensarten:
ALAMBIQUER l'esprit à quelqu'un, einem
den

den Verſtand verrücken, den Kopf verwirren.
s'ALAMBIQUER, v. r. la cervelle, l'eſprit, ſich den Kopf zerbrechen.
ALAN, ſ. m. ein groſſer Jagdhund; ein Metzgerhund.
ALANE, ſ. f. Art Rötelſtein, damit man zeichnet.
ALANGOURI, ie, adj. ol. abgemattet, (languiſſant oder foible iſt beſſer.)
ALANTIR, v. ALENTIR.
ALANTOÏDE, v. ALLANTOÏDE.
ALAQUE, ſ. f. (in der Baukunſt,) das Viereck, worauf eine Säule ruht, die Tafel.
s'ALARGUER, v. n. ſich mit dem Schiff in die Tiefe, weit ins Meer hinein begeben, in See ſtechen.
ALARME, ſ. f. Lärmen; Beſtürzung, Furcht, Schrecken, plur. Sorge, Furcht, Unruhe.
ALARMER, v. a. Lärmen machen; ſchrecken, in Furcht ſetzen, Schrecken einjagen, unruhig machen.
s'ALARMER, v. r. ſich fürchten, erſchrecken, beſtürzt werden, in Furcht gerathen.
ALATERNE, ſ. m. ein immer grünendes Geſträuche zu Gartenzäunen, Alatern.
ALBASTRE, v. ALBÂTRE.
ALBÂTRE, ſ. m. Alabaſterſtein; bey den Poeten, weiſſe Farbe.
ALBE, ſ. f. Weißfiſch.
ALBE, ſ. f. eine Stadt in Spanien.
ALBE Roïale, eine Stadt in Nieder-Ungarn, Stulweiſſenburg.
ALBE Grecque, Griechiſchweiſſenburg, oder Belgrad in Ungarn.
ALBERGE, ſ. f. eine Art kleiner Pfirſchen, Herzpfirſchen.
ALBERGEAGE, ſ. m. oder
ALBERGEMENT, ſ. m. heißt in Dauphiné und Breſſe die erbliche Verleihung eines Guts um einen jährlichen Zins, ein Erblehn oder Erbpacht.
ALBERGIER, ſ. m. ein Herzpfirſchenbaum.
ALBERT, ſ. m. Albrecht, ein Mannsname.
ALBETTE, ſ. f. v. ALBE.
ALBICORE, ſ. m. groſſe Makreelen, ein Seefiſch.
ALBIGEOIS, ſ. m. ein Ländgen in Languedoc.
ALBIGEOIS, ſe, adj. & ſubſt. Albigenſiſch; ein Albigenſer, Einwohner der Landſchaft Albigeois; auch werden die Waldenſer, die ſich im 12 Seculo allda niedergelaſſen, alſo genennt.
ALBIQUE, ſ. f. eine Art weiſſer Kreide oder Siegelerde bey Blois.
ALBORNOZ, ſ. f. ein Regenmantel, wie ihn die Mohren und Maltheſerritter tragen.

ALBOUR, ſ. m. Bohnenbaum, eine Art Bäume von hartem Holz.
ALBRAN, ſ. m. oder
ALBRANT, ſ. m. oder
ALBRENT, ſ. m. eine halbgewachſene wilde Ente, die noch nicht fliegen kan; eine junge wilde Ente, die ſo heißt bis in den October.
ALBRENER, v. n. dergleichen junge Enten mit Falken jagen.
ALBRENÉ, ée, adj. bey den Jägern, der gebrochene oder ſchadhafte Flügel hat; it. was ſonſt zu Schaden gekommen iſt.
ALBUGINEUX, euſe, adj. weißlicht, in der Anatomie.
ALCAKENGI, v. ALKEKENGI.
ALCALI, v. ALKALI.
ALCANA, ALCANNA, ſ. f. Hausblaſe, Fiſchleim, Mundleim; it. rothe Ochſenzungenwurzel; von einigen wird auch die Reinweide alſo genannt.
ALCANTARA, ſ. m. eine Stadt in Spanien; ein Ritterorden daſelbſt.
ALCHIMIE, ALCHYMIE, ſ. f. Goldmacherkunſt, (das ch wird als k geleſen.)
ALCHIMISTE, ALCHYMISTE, ſ. m. ein Goldmacher.
ALCIDE, ſ. m. iſt ein Name des Herculis.
ALCION, ſ. m. ein Eisvogel.
ALCIONIEN, ne, adj. les jours alcioniens, das ſtille Wetter in der See, zu der Zeit da der Eisvogel niſtet.
ALCOLISER, v. ALKOOLISER.
ALCORAN, ſ. m. der Türken Geſetzbuch, der Alcoran.
ALCOVE, ſ. f. ein abgeſonderter Ort in einer Stube oder Kammer, worein man ein Bette ſtellt, ein Alcove, eine Bettſtätte, ein Bettwinkel.
ALCYON, v. ALCION.
ALDEBARAN, ſ. m. ein Stern, den die Sternſeher ſonſt Oculum Tauri nennen.
ALDERMAN, ſ. m. die Aelteſten und Vorſteher in gewiſſen Oertern und Profeſſionen.
ALDOBRAND, ſ. m. ein Mannsname.
ALE, v. AiLE.
ALEAUME, ſ. m. ein Mannsname.
ALE'CHEMENT, ALE'CHER, voïés ALLE'CH.
ALECTON, ſ. f. der Name einer von den drey Furien.
ALECTORIENNE, ſ. f. ein Stein den man bisweilen in der Hähne und Hüner Magen oder Lebern findet, Hahnenſtein.
ALE'E, ALE'GATION, ALE'GER, ALE'GORIE, v. ALL.
ALE'GRE, ALE'GRESSE, v. ALAIGRE.
ALE'GUER, ALE'LUIA, ALEMAND, v. ALLE.

ALEM-

ALEMBIC, ALEMBIQUER, v. ALAMB.
ALENCONTRE, v. ENCONTRE.
ALÈNE, s. f. Ahl, Schuhahl und andere Ahl.
ALENIER, s. m. ein Ahlenschmid, oder Ahlenkrämer.
ALENOIS, adj. Cresson *alenois*, eine Art Kresse, Gartenkresse.
ALENTIR, v. a. langsamer machen, in der Bewegung hemmen, mindern, verringern, (man sagt besser ralentir.)
Le délai a *alenti* l'application des gens, die Sorgfalt der Leuten hat durch solchen Verzug nachgelassen.
s'ALENTIR, v. r. sich langsamer bewegen; nachlassen, abnehmen. (besser se ralentir.)
La chose s'est *alentie* par le retardement, durch Verzögern ist die Sache endlich ins Stecken gekommen, eingeschlafen, nicht weiter getrieben worden.
Le vent s'*alentit*, der Wind lässet nach.
ALENTISSEMENT, s. m. Stillung; Nachlassung.
ALENTOUR, v. ENTOUR.
ALER, v. ALLER.
ALERION, s. m. in den Wappen, ein kleiner Adler, der weder Schnabel noch Krallen hat.
ALERTE, adj. c. munter, rüstig, hurtig; wachsam, der auf seiner Hut ist.
Etre toujours *alerte*, allezeit wachsam seyn.
ALERTE! adv. gebt acht, haltet euch munter und frisch; der Feind ist in der Nähe.
ALESAN, s. m. ein Pferd, röthlich von Haaren, ein Fuchs.
ALESAN, ne, adj. fuchsroth, rothfüchsig, wird von Pferden gesagt.
Alesan brulé plutôt mort que lassé, Sprüchw. ein Schweißfuchs wird eher zu tod als müde getrieben.
ALÈSE, v. ALAISE.
ALESÉ, ée, adj. in den Wappen, abgekürzt, abgeledigt, schwebend, das nicht bis an den Rand des Schildes reicht, das nirgends anstößt.
Chevron *alesé*, ein abgekürzter Sparre.
ALESNE, ALESNIER, v. ALÈNE.
ALESTER, ALESER, v. a. den Rand der Münze ein wenig auf dem Amboß gleich schlagen.
ALETHE, s. m. ein Indianischer Rebhünerfalke von trefflicher Art.
ALETTE, s. f. in der Baukunst, ein Nebenpfeiler, eine Thürpfoste innerhalb der Säulen von unten bis an den Schwibbogen.
ALEU, v. ALLEU.

ALEVIN, s. m. die Brut, die kleinen Fische, einen Teich zu besetzen, der Satz.
ALEVINAGE, s. m. kleine Fische, die man im Fangen wieder in das Wasser wirfft.
ALEVINER, v. a. einen Teich mit Brut besetzen.
ALEXANDRE, s. m. ein Mannsname.
ALEXANDRE, s. f. ein Weibername.
ALEXANDRIN, e, adj. Alexandrinisch, so werden Verse genannt, deren einer um den andern 12 und 13 Sylben hat, und die in der sechsten Sylbe den Abschnitt haben.
ALEXIPHARMAQUE, ALEXITERE, s. m. eine Arzney wider den Gift.
ALEXIS, ein Mannsname.
ALEZAN, v. ALESAN.
ALFANDIGA, so heisset man das Kauffhaus in Lisabon in Portugall.
ALFANE, s. f. eine Stutte.
ALFIER, s. m. ein Mannsname.
ALFIER, s. m. ein Spanischer oder Niederländischer Fähndrich.
ALFONSE, s. m. ein Mannsname.
ALGALIE, s. f. ein hohles Röhrlein der Wundärzte, womit sie den Leuten helfen, die keinen Urin lassen können.
ALGANON, s. m. eine kleine Kette, die man den Galeesclaven, um sie zu kennen, anmacht.
ALGARADE, s. f. vulg. ein Haufen streifender Räuber; ein unversehener Anfall, Anlauf, feindlicher Streif; ein Schimpf, schimpflicher Streich oder Possen.
Il m'a fait une *algarade*, que je ne saurois oublier, er hat mir einen Possen gethan, den ich nicht vergessen kan.
ALGARIE, v. ALGALIE.
ALGAROT, s. m. ein Brech- und Purgierpulver, vom aufgelöseten regulo antimonii; Algeroth.
ALCATRANA, eine Art von Harz.
ALGEBRAIQUE, adj. c. algebrisch, zur Algebra gehörig.
ALGEBRE, s. f. eine sonderbare Wissenschafft zu rechnen mit Buchstaben an statt der Zahlen; die Algebra.
C'est de l'*algèbre* pour lui, das sind ihm Spanische Dörfer.
ALGEBRISTE, s. m. einer der die Algebra versteht.
ALGER, s. m. die Stadt Algier in Africa, wo viel Seeräuber sind.
ALGERIEN, ne, adj. ein Algierer.
ALGOL, s. m. ein Stern von der dritten Grösse im Perseo, das Caput Medusæ.
ALGORITHME, s. m. eine leichte Art zu rechnen, Algorithmus.
ALGOT, s. m. ein Mannsname.

ALGUA-

ALGUAZIL, *s. m.* ein Gerichtsdiener, ein Scherge.
ALGUE, *s. f.* Meergras.
ALHANDAL, *s. m.* Coloquinten, Zeltlein von Coloquinten und Tragant gemacht in der Apothek.
ALHIDADE, *s. f.* ein bewegliches Lineal mit Absehen, so man auf den mathematischen Instrumenten braucht, womit man die Längen misset.
ALIAGE, ALIAIRE, ALIANCE, *voïes* ALLI.
ALIBI, *s. m.* ein entfernter Ort, da einer gewesen ist, der unterdessen anderswo etwas gethan haben soll; Entschuldigung wegen Abwesenheit an entfernten Orten.
Il a prouvé la fausseté de son accusation par un *alibi*, er hat den Ungrund der Anklage dargethan, indem er erwiesen, daß er abwesend (anderswo,) und bey der streitigen Sache nicht zugegen gewesen.
ALIBIFORAIN, *s. m.* kahle Ausflucht, nichtiger Behelf, schlechte Entschuldigung, unnöthige Appellation.
ALIBORUM, *s. m.* ein listiger Gast, der allezeit eine Ausflucht weiß, ein listiger Fuchs, der sich nicht leicht fangen läßt, oder, der mehr als ein Loch hat, ein durchtriebener Vogel.
ALICANTE, *s. f.* eine Stadt in dem Königreich Valenzia; der Wein, so daher kommt, ist sehr bekannt.
ALICHON, *s. m.* eine Schaufel am Mühlrad, worauf das Wasser fällt, und das Rad dreht.
ALICONDE, ein Baum in Ethiopien, dessen Frucht der Cocosnuß ziemlich gleichet.
ALIDADE, *voïes* ALHIDADE.
ALIE'NABLE, *adj. c.* veräusserlich, das da kan entfremdet oder veräussert werden, in fremde Hände kommen.
ALIE'NATION, *s. f.* Entfremdung, wodurch etwas in fremde Hände kommt, Veräusserung, Verkauf an jemand fremdes, bey den Juristen; item Abwendung, Abneigung des Herzens von etwas.
Une *aliénation* légitime, ein rechtmäßiger Verkauf.
Leur *aliénation* a pris son origine de cela, ihre Trennung ist daher entstanden.
ALIE'NATION d'esprit, Verrückung des Verstandes, Wahnwitz.
ALIE'NER, *v. a.* entfremden, veräussern, in fremde Hände kommen lassen.
Il est mineur, il ne peut vendre ni *aliéner*; er ist minderjährig, er kan weder verkaufen noch veräussern.
ALIE'NER l'affection, le cœur de quelqu'un, sich einen zum Feinde machen, jemands Herz von sich abwenden, oder abwendig machen.
Ses caprices ont *aliéné* de lui tous ses amis, sein Eigensinn hat alle seine Freunde von ihm abgewandt.
ALIE'NER l'esprit, den Verstand verrücken.
S'ALIE'NER, *v. r.* sich abwenden, sich absondern, sich entziehen oder entschlagen.
Il s'est tout-à-fait *aliéné* de moi, er hat sich ganz von mir abgewandt; sich meiner ganz entschlagen.
ALIER, *voïes* ALLIER.
ALIEURS, *v.* AILLEURS.
ALIGNEMENT, *s. m.* das Bauen, Stecken, Setzen, oder Einrichten nach der Schnur; das Abschnüren der Gärtner; das Abmessen der Gassen, wie die Häuser sollen gebauet werden.
ALIGNER, *v. a.* nach der Schnur bauen, einrichten, setzen oder stecken; nach der Schnur messen, richten; Gartenbett machen; vom Wolf heißt es bey den Jägern, die Wölfin bespringen.
Le loup *aligne* la louve, der Wolf belegt die Wölfin.
ALIMENT, *s. m.* Nahrung, Kost, Speise, Unterhalt; wird verblümter Weise auch den Bäumen und Kräutern zugeschrieben.
ALIMENTAIRE, *adj. c.* was zum Unterhalt gehört.
Pension *alimentaire*, Kostgeld.
ALIMENTER, *v. a.* ernähren, Unterhalt verschaffen, erhalten, unterhalten, beköstigen.
ALIMENTEUX, euse, *adj.* nahrhafft, das nährt oder Nahrung giebt, als Arzneyen, Speisen ꝛc.
ALIMUS, *s. m. v.* HALIME.
ALIPON-MONTIS-CETI, eine Gattung von Wolfsmilch, welche sehr stark purgiret.
ALIQUANTE, *adj. f.* partie *aliquante*, eine Zahl, die in einer grössern nicht gerad aufgeht, sondern eine aliquote dazu haben muß, als 8 in 20, 2 mal, macht mit 4 erst 20 voll.
ALIQUOTE, *adj. f.* partie *aliquote*, eine Zahl, die etliche mal in einer andern ist, als 2 in 8, ist 4 mal.
ALIS, *s. m.* ein Mannsname.
ALISE, *s. f.* Elsbeer, Elzbeer, Arlsbeer, eine sauerliche Frucht.
ALISE', ée, *adj.* vents *alisés* ordentliche Winde, die an gewissen Orten zu gewisser Zeit im Jahr allzeit wehen, nach denen man sich leichtlich richten kan.
ALISIER, *s. m.* wilder Sperberbaum, Elsbeerbaum.

ALIS-

ALISMA, *s. m.* ein Name unterschiedener Kräuter.

ALISMA de Mathiole, oder de Dioscoride, Bergwegerich, Mutterwurz, Wohlverley.

ALISMA à grappe, unächte Nießwurz.

ALISMA double feuille, Zweyblatt.

ALISON, *s. f.* Elsgen, Ilsgen, ein Weibername, den man nur im Scherz braucht.

ALITER, *v. a.* bettlägerig machen.

s'ALITER, *v. r.* sich wegen Krankheit zu Bette legen, das Bette hüten, bettlägerig werden.

ALITE', ée, *adj.* bettlägerig.

ALIX, *s. f.* Else, Ilse, ein Weibername, im Scherz.

ALIX, ALIZE, ALIZIER, ALIZON, *v.* ALIS.

ALKAëST, *s. m.* des Paracelsi und Helmontii allgemeines Mittel, alle Dinge chymisch aufzulösen, Alkahest.

ALKALI, *s. m.* ein aus dem Kraut Kali gemachtes, oder sonst durch die Chymie aus andern Cörpern heraus gezogenes Salz, Sal alcali.

ALKALISER, *v. a.* Salz aus etwas ziehen.

ALKANA, ALKANNA, *v.* ALC.

ALKEKENGI, *s. m.* Judenkirschen, eine Frucht.

ALKERMES, *s. m.* eine herzstärkende Arzney von Kermesbeeren, eingemachter Kermesbeersaft, Alkermes.

ALKOOL, *s. m.* (in der Chymie) das allerzarteste Pulver, das man machen kan; auch der allersubtileste Geist, den man durch oft wiederholtes Herüberziehen aus dem Wein machen kan.

ALKOOLISER, *v. a.* zu einem sehr subtilen und zarten Pulver machen; den allerstärksten Brandwein machen.

ALLAITER, *v.* ALAITER.

ALLANS & venans, die da gehen und kommen.

ALLANT, e, *p. a.* (von aller) gehend.

ALLANT, *s. m.* ein Mensch der nichts versäumt, der immer rennt und läuft; it. ein Mensch, der sich in alles mengt; item eine Art Jagdhunde, womit man das Wildpret stellt oder hertreibt.

un ALLANT & venant, ein Müßiggänger, Pflastertreter; ein Landstreicher.

ALLANTOÏDE, *s. f.* das dritte Häutlein einer Frucht in Mutterleib, so sich aber bey Kindern weiblichen Geschlechts nicht findet.

ALLE'CHEMENT, *s. m.* ol. Lockung, Anlockung, Rezung.

ALLE'CHER, *v. a.* ol. locken, herlocken, anlocken, reizen; an sich ziehen.

ALLE'E, *s. f.* der Gang, das Gehen; ein Gang in einem Haus; ein Gang, Spaziergang, Lustgang, in einem Garten; auch anderswo ein mit Bäumen zu beyden Seiten besezter Gang.

Allée couverte, ein bedeckter Gang.

Allée découverte, ein unbedeckter Gang.

Bien des *allées* & des venuës, viel hin und herlaufens, viel laufens und rennens.

On lui a donné l'*allée* & le venir, voïés ALLER.

ALLE'GATEUR, *s. m.* einer der etwas anführt.

ALLE'GATION, *s. m.* Anführung eines Spruchs, Gesetzes oder Zeugnisses, eine angeführte Stelle.

ALLE'GE, *s. f.* ein leer Schiff, das man hinten an das andere hängt, sich dessen im Nothfall zu bedienen, das grosse zu erleichtern, ein Lichter; in der Baukunst der Umfang eines Fensters, wo die Mauer am dünnsten ist.

ALLE'GEANCE, *s. f.* oder

ALLE'GEMENT, *s. m.* Erleichterung, Entlastung, Linderung.

Ce remède m'a donné de l'*allègement*, diese Arzney hat mir Linderung gegeben.

Donner de l'*allègement* à un vaisseau, ein Schiff entlasten.

ALLE'GER, *v. a.* erleichtern, entlasten, als ein Schiff; es heißt auch sonst auf der See, etwas in die Höhe heben, ziehen, oder schieben, oder auf andere Art etwas zum Gebrauch zu recht machen; it. an ein Tau, das man ins Wasser lassen will, Hölzer oder Tonnen hier und da anbinden, und es also leichter machen, damit es schon schwimme; auf der Reitschule, ein Pferd leichter und freyer von born als von hinten machen; im verblümten Verstand, leichter und erträglicher machen, lindern, mildern, als Schmerzen, Verdruß oder Unglück, (doch sagt man in der lezten Bedeutung besser soulager.)

Allèger un vaisseau, ein Schiff entlasten.

Cela *allègera* vos chagrins, das wird euren Verdruß lindern.

ALLE GERIR, *v. a.* auf der Reitschule ein Pferd auf den vördern Füssen leichter machen.

ALLE'GORIE, *s. f.* verblümte Rede, Gleichniß, Allegorie.

ALLE'GORIQUE, *adj. c.* allegorisch, verblümt, Gleichnißweis vorgetragen.

Sens *allégorique* d'un texte, der verblümte Verstand eines Texts.

ALLE'GORIQUEMENT, *adv.* allegorischer Weise, Gleichnißweis.

ALLE'GORISER, *v. n.* allegorisch reden, verblümt oder durch Gleichnisse reden.
ALLE'GORISEUR, *f. m.* der überall einen allegorischen Verstand sucht.
ALLE'GORISTE, *f. m.* der eine Schrift allegorisch erklärt; der durch die Gleichnisse redet, der verblümte Reden braucht.
ALLE'GRE, *v.* ALAIGRE.
ALLE'GUER, *v. a.* etwas aus einem andern Buch anführen, anziehen; zum Beweis oder zur Erläuterung beybringen, sich auf etwas beruffen; vorwenden, als eine Entschuldigung; erwehnen, von etwas Meldung thun.
  Alléguer un passage de l'Ecriture Sainte, einen Spruch aus Heil. Schrift anziehen.
  Alléguer pour raison, pour excuse &c. zum Grund, zur Entschuldigung, u. s. w. anführen.
ALLE'LUJA, *interj.* in der Kirche, lobet den HErrn, Alleluja.
ALLE'LUJA, *f. m.* ein Lobgesang, ein Alleluja.
ALLE/LUJA, *f. m.* Buchampfer, Sauerklee, Herzklee, auch Guckguks-oder Hasenklee genannt, ein Kraut.
ALLEMAGNE, *f. f.* Deutschland.
ALLEMAND, *f. m.* ein Deutscher, ein aufrichtiger Biedermann; zu Zeiten, ein guter einfältiger Tropf; item ein grober Knoll, ein unhöflicher Kerl.
  Une querelle d'*allemand*, ein nichtiger Zank, ein ungegründeter Streit.
ALLEMAND, *f. m.* deutsche Sprache.
  C'est de l'*allemand* pour moi, das verstehe ich nicht, das ist mir unbekannt.
  Vous n'y entendés que le haut *allemand*, das sind dir Böhmische Dörfer, da verstehst du so viel als nichts davon.
ALLEMAND, e, *adj.* Deutsch.
ALLEMANDE, *f. f.* eine Deutsche, ein deutsches Weibsbild; item ein musicalisch Stück, eine Allemande.
ALLER, *v. n.* gehen.
ALLER à pié, zu Fuß gehen.
ALLER à cheval, reiten.
ALLER en chaise, oder en carosse, fahren.
ALLER en litiere, sich in der Sänfte tragen lassen.
ALLER son pas, son train, seinen Weg, seinen Gang gehen.
ALLER à quelqu'un, einen angehen, auf ihn zugehen.
ALLER à quelque chose, nach etwas gehen, etwas suchen oder haben wollen, darnach streben; wenn es von Sachen gesagt wird, so heißt es zu was gereichen, auf etwas hinaus laufen; item auf etwas abzielen, gerichtet seyn; etwas angehen, betreffen.
ALLER sur soi, wieder auf den vorigen Weg, oder auf die vorige Spur kommen, (wird bey den Jägern von Hunden gesagt.)
ALLER dansant, tanzen, (dergleichen Redensarten mit einem participio in ant sind nunmehro unbräuchlich.)
  Il va sortir, er will hinaus gehen; er ist im Begriff, und gleichsam schon auf dem Wege, es zu thun.
  L'affaire va se terminer, oder être terminée, die Sache wird bald abgethan seyn, (dergleichen Redensarten mit einem infinitivo haben die Bedeutung eines paulopostfuturi der Griechen.)
  Si elle *alloit* croire cela, wenn sie das glauben sollte.
y ALLER, sich verhalten, verfahren, eine Sache angreiffen, damit umgehen.
  Il sait *aller* & parler, er ist geschickt und verständig, man kan ihm etwas vertrauen.
ALLER par justice, seine Sachen gerichtlich suchen oder ausmachen.
ALLER contre quelque chose, wider etwas seyn, sich wider etwas legen oder setzen; item wider etwas handeln.
ALLER loin dans une science, in einer Wissenschaft weit kommen, es darinnen hoch bringen, dieselbe hoch treiben.
  Il ne va guère loin sans s'ennuïer, er wird gar bald verdrüßlich.
ALLER jusqu'à, so weit gehen; sich so weit oder so sehr vergehen; sich so weit erstrecken, (wenn von Sachen die Rede ist.)
ALLER bien ou mal, wohl oder übel von statten gehen; item im Schwang oder Gang seyn.
  Au pis *aller*, wenn es sehr arg werden sollte. (Siehe auch pis.)
  Cet habit vous va bien, diß Kleid steht oder läßt euch wohl.
  Ce couteau va bien, diß Messer schneidet gut, ist scharf.
  Cette marchandise ne va plus, diese Waare geht nicht mehr ab.
  Ce chemin va à la ville, das ist der Weg nach der Stadt.
  Cela va en pointe, das geht spitzig zu.
ALLER de quelque chose, im Spielen etwas dran setzen oder aufsetzen.
  J'y vais de tout mon reste, ich setze dran was ich noch habe.
  Il y va de quelque chose, es betrifft etwas, es kommt auf etwas an, es hängt oder liegt etwas dran.
  Cela va sans dire, *prov.* das bedarf keines sagens; das verstehet sich vorhin.

Au

Au long *aller*, petit fardeau peſe, *prov.* die Länge (Ferne) hat die Laſt.

Il a eu l'*aller* pour le venir, *prov.* er hat einen vergeblichen Weg gethan, den Hingang vor den Hergang gemacht.

ALLER par haut, ſich brechen.

ALLER par bas, oder laiſſer *aller* ſous ſoi, ſich unſauber halten.

Se laiſſer *aller*, alle Glieder hängen laſſen.

Se laiſſer *aller* à quelque choſe, ſich durch etwas einnehmen laſſen, einer Sache nachhängen, ſich derſelben ergeben.

Va, im Spiel, anſtatt, il va, es bleibt dabey, es ſoll gelten, ich halte was der andere ſetzt oder beut.

ALLER & venir, hin und her gehen, auf und abgehen; hin und herlauffen, viel lauffen und rennen.

Ce trafic *va* & *vient*, dieſe Waare ſteigt und fällt, es iſt ein ungewiſſer Handel damit.

On lui a donné l'*aller* & le venir, er hat auf beyde Backen eine Ohrfeige bekommen.

s'en ALLER, *v. r.* weggehen, davon gehen; verlohren gehen, ſich verlieren; abnehmen, weniger werden; vergehen, untergehen, zu nicht werden. (man kan weder s'aller ohne en, noch en aller ohne ſe brauchen, es ſey denn, daß ſich ſe oder en auf einen andern folgenden infinitivum beziehe.)

ALLEZ, mach dir keine Sorge, laß es nur gut ſeyn.

ALLONS, immerfort, wohlan, luſtig, friſch.

ALLONS-nous-en, laſſet uns weggehen.

Le tems s'en *va*, die Zeit gehet dahin.

Tout ſon bien eſt *allé* à rien, alles ſein Vermögen iſt dahin; er iſt um alle das Seine gekommen.

ALLE'RION, *voiés* ALERION.

ALLEURE, *voiés* ALLURE.

ALLEU, *ſ. m.* ein Erblehen, Erbgut, Eigenthum.

Franc-ALLEU, *v.* FRANC.

ALLEUTIER, *ſ. m.* ein Beſitzer oder Inhaber eines Erblehenguts.

ALLIAGE, *ſ. m.* Vermiſchung der Metallen, ſonderlich wann unter Gold und Silber etwas gemiſcht wird, das Legiren; das Zuſammenrechnen vieler Dinge von unterſchiedenem Preis, wie viel ſie zuſammen koſten; it. eine jegliche Vermengung oder Vereinigung.

Règle d'*alliage*, iſt die Regel, welche den Preis einer aus vielen zuſammen vermiſchten Waaren beſtehenden Waare zeiget.

ALLIAIRE, *ſ. f.* ein Kraut, das wie Knoblauch riecht, Knoblauchskraut, wilder Knoblauch.

ALLIANCE, *ſ. f.* Bündniß oder Vereinigung durch Heyrath, durch Gevatterſchaft, durch Vertrag, zum Kriege; eine Vermengung; bey den Goldſchmieden, ein von einem ſilbernen und güldenen Drat geflochtener Trauring.

Faire *alliance*, ſich ehelich verbinden.

Faire *alliance*, ein Bund machen.

Recevoir dans l'*alliance*, in den Bund aufnehmen.

Ils ont fait une *alliance* des maximes de l'Evangile, avec celles du monde, ſie haben die evangeliſche Hauptlehren mit den weltlichen vermenget.

ALLIE', *ſ. m.* ein Freund, Befreundter, Verwandter; Bundsgenoß, Bundsverwandter.

ALLIE', ée, *part.* vermiſcht; verbunden, der mit jemand im Bündniß ſteht; befreundet, verſchwägert, verwandt.

ALLIER, *v. a.* vermiſchen; das Metall legiren; den Schmelz mit Glas miſchen; verheyrathen; verbinden, vereinigen, vermengen.

Allier le ſavoir avec la piété, die Gelehrſamkeit und Gottesfurcht zuſammen ſetzen; zugleich beſitzen.

s'ALLIER, *v. r.* ſich vereinigen; durch Heyrath ſich befreundten; ſich in Bündniſſe mit andern einlaſſen.

S'*allier* dans une grande famille, in ein mächtiges Haus heyrathen.

C'eſt la politique d'un grand Monarque de s'*allier* avec des Princes moins puiſſans, es iſt eine Staatsklugheit eines groſſen Beherrſchers, Fürſten von geringerer Macht mit ihm in einen Bund zu ziehen.

Ils ſe ſont *alliés* contre l'ennemi commun, ſie haben ſich wider den gemeinen Feind verbunden.

L'orgueil s'*allie* facilement avec les richeſſes, Hochmuth und Reichthum ſind gerne beyſammen.

ALLIER, *ſ. m.* bey den Jägern, ein Steckgarn zum Rebhüner- und Wachtelfang.

ALLIOTH, *ſ. m.* ein Stern im Schwanz des groſſen Bären.

ALLOBROGE, *ſ. m.* heut zu Tage Savoyen, und Dauphiné.

ALLOBROGE, *ſ. m.* ol. ein Savoyard; jetzt im Scherz, ein grober Bauer, tummer Teufel.

Il parle François comme un *Allobroge*, er redet grob Franzöſiſch.

ALLOCATION, *ſ. f.* wenn man in der Rechnung etwas ſtehen läßt, und nicht

ausstreicht, Gutsprechung, Paßirung einer Post.
ALLOCUTION, s. f. auf den alten Münzen, die Vorstellung einer Rede eines Kaysers oder Generals an das Kriegsvolk.
ALLODE, s. m. ol. v. ALLEU.
ALLODIAL, e, adj. das nicht zu Lehn geht, eigen, erblich.
ALLOI, s. m. das Korn oder der Halt einer Münze, der innerliche Werth oder die Güte derselben, nach den vorgeschriebenen Münzordnungen; im verblümten Verstand, die Beschaffenheit einer Person oder andern Sache, in Ansehung deren man sagt, daß sie gut oder schlimm sey, oder, daß etwas guts oder nicht viel guts an ihr sey.
   Monnoie de bon *alloi*, Münze von gutem Schrot.
   Vaisselle de bas *alloi*, Silberwerk von geringer Probe.
ALLONGE, s. f. ein angesetztes Stück, womit man etwas verlängert, als ein Kleid, u. d. gl. it. die Stücke, so an das Schiff gesetzet werden, es höher, von unten auf zu machen; ein gedreheter Ochsenziemer, woran ein Haken fest gemacht ist, das Fleisch daran aufzuhängen.
   Allonge de perruque, ein Zopf an einer Perruque.
ALLONGEMENT, s. m. Erlängerung; Ausstreckung.
   Allongement d'un canal, d'un jardin &c. Erlängerung eines Grabens, Gartens ꝛc.
ALLONGEMENT, s. m. Verlängerung.
   Apporter de l'*allongement* à une affaire, eine Sache verzögern.
ALLONGER, v. a. verlängern, als ein Kleid, einen Gang, die Steigbügel, die Zeit, ein Gespräch; ausstossen im Fechten; längs am Lande hinschiffen, dehnen, durch Strecken länger machen.
   Allonger une jupe, einen Unterrock länger machen.
   Allonger le cuir avec les dents, das Leder mit den Zähnen recken.
   Allonger la couroie, *prov.* sparen; genau haushalten.
   Allonger un drap, ein Tuch durch die Rahmen länger ziehen.
   Allonger la guerre, den Krieg verzögern.
   Allonger le parchemin, den Proceß auf die lange Bank schieben (aufhalten.)
   Allonger une bote, einen Stoß beybringen.
S'ALLONGER, v. r. länger werden; sich strecken, dehnen; die Jäger sagen es vom Falken, wenn ihm die grossen Federn wieder wachsen.

Un chien *allongé*, ein Hund mit langen Klauen, welches durch eine Verwundung geschehen ist, so die Nerven berühret hat.
ALLOUABLE, adj. c. was man in der Rechnung gelten oder paßiren lassen kan.
   Les dépenses de son compte sont *alloüables*, die Unkosten in seiner Rechnung kan man paßiren lassen.
ALLOÜAGE, s. m. in der Landschaft Bresse, eine Art Kopfsteuer, so auf einen Scheffel Haber gesetzet ist.
ALLOÜÉ, s. m. ein Sachwalter, Verweser, verordneter Commissarius, der eines andern Stelle vertritt und etwas in seinem Namen thut; it. ein Handwerksjunge, der ausgelernt hat, und bey seinem ersten Meister als Gesell in Arbeit bleibt.
ALLOÜER, v. a. un compte, eine Post oder einen Punct in einer Rechnung stehen lassen, ihn nicht ausstreichen, billigen, gutheissen, paßiren lassen; beym Seehandel heißt es den Interessenten eines Schiffs, aus welchem wegen eines Sturms einige Güter über Bord geworffen worden, die überbliebenen Waaren auf Treue und Glauben ausliefern, ehe noch die Eintheilung des Verlusts unter ihnen geschehen ist.
ALLOUVI, ie, adject. der so hungerig ist als ein Wolf, sehr heißhungerig.
ALLOÏAU, *voids* ALOÏAU.
ALLOŸER, v. a. legiren, ein geringes Metall unter Silber oder Gold mischen im Münzwesen.
ALLUMELLE, s. f. eine Klinge eines Messers, (besser lame) sonst heißt es auch ein Priesterrock ohne Ermel.
ALLUMER, v. a. anzünden, anbrennen; in verblümten Verstand, anfeuren, anstiften, erregen, entzünden.
   Allumer du feu, de la chandèle, Feuer, Licht anzünden.
   Allumer les inimitiés, Feindschaft erwecken.
   Allumer le désir, die Begierde entzünden.
ALLUMÉ, adj. & part. in den Wappen, Augen von anderer Farb als der Leib.
   Un lion de sable *allumé* de gueules, ein schwarzer Löw mit rothen Augen.
ALLUMETTE, s. f. Schwefelhölzgen.
ALLURE, s. f. das Gehen, der Gang.
   Une *allure* effeminée, ein weibischer Gang.
ALLURE, Handel; Umgang; Weise.
   Je connois ses *allures*, ich weiß wie er handelt.
ALLURE, Gang eines Pferdes.

ALLU-

ALLURE, Gang (Überlauf) des Wildes; die Fährt.
ALLUSION, ſ. f. ein Wortſpiel; das Zielen oder Abſehen auf etwas.
  Faire *allusion* à quelque choſe, auf etwas zielen, ſtichſpielen.
ALLUVION, ſ. f. das Anſchwemmen des Sandes oder der Erde an das andere Land, daß es gröſſer wird, Anſtöſſung, Anfluß.
ALMADIE, ſ. f. ein Nachen der wilden Einwohner auf den Africaniſchen Küſten, meiſt von Baumrinden gemacht.
ALMADIE, eine Art von Spürhunden.
ALMAGESTE, ſ. m. ein Buch von der Aſtronomie und Geometrie.
ALMANAC, ALMANACH, ſ. f. ein Calender.
  Je ne prendrai pas de vos *almanacs*, ich werde eurem Rath und Weiſſagung nicht mehr glauben.
ALMANDINE, ſ. f. eine Art Rubin, weicher und leichter als die andern.
ALME'NE, ſ. f. ein Gewicht, welches zwey Pfund haltet, und in Oſtindien ſehr oft gebraucht wird, den Safran damit zu wägen.
ALMICANTARA, ſ. m. oder
ALMUCANTARA, ſ. m. ein dem Horizont parallel gezogener Cirkel, dergleichen man durch alle Grade des Waſſermanns macht, die Höhe der Sterne abzumeſſen, ein Höhencirkel.
ALMUDE, ALMONDE, ſ. f. ſo heißt das Maaß, bey welchem in Portugal das Oel verkauft wird.
ALOCATION, ALOCUTION, v. ALL.
ALOCHE, ſ. f. ein Werkzeug der Fiſcher.
ALODE, ALODIAL, voiés ALL.
ALOë, ſ. m. oder
ALOëS, ſ. m. Aloe, das Kraut oder Gewächs dieſes Namens, oder der Saft davon.
ALOGIENS, ſ. m. plur. (Gr.) Ketzer in der erſten Kirche, welche das Evangelium Johannis verwarfen, und leugneten, daß das Wort, λόγος, die andere Perſon in der Gottheit wäre.
ALOI, voiés ALLOI.
ALOÏAU, voiés ALOYAU.
ALOïDES, ſ. m. plur. (Gr.) Rieſen, ſo den Himmel geſtürmet haben ſollen, Aloëi Söhne.
ALOïER, voiés ALLOYER.
ALONGER, und deſſen Derivata, v. ALLON.
ALOPECIE, ſ. f. das Ausfallen, Ausgehen der Haare.
ALORS, adv. damals, da, alsdann.
  Alors comme *alors*, kommts dahin, wird es ſich ſchon finden.

ALOSE, ſ. f. Aloſe, Elſe, ein Fiſch.
ALOUëR, und ſeine Derivata, v. ALL.
ALOUëTTE, ſ. f. eine Lerche.
ALOUëTTE de mer, eine Seelerche, iſt etwas ſtärker und bräuner als die Landlerche.
ALOUVI, voiés ALL.
ALOURDIR, v. a. betäuben, tumm machen.
  Le bruit des cloches m'a tout *alourdi*, das Getön der Glocken hat mir den Kopf ganz tumm gemacht.
ALOURDI, part. durch ſtarken Laut ganz taub und tumm gemacht.
ALOYAU, ſ. m. ein Ribbſtück, vom Ochſen ein Ribbſtück.
ALPES, ſ. f. die Alpen, ein Gebirge, ſo Deutſchland und Frankreich von Italien ſcheidet.
  Avoir les *Alpes* ſur le dos, pucklicht ſeyn.
ALPHA, ſ. m. der erſte Buchſtabe im Griechiſchen Alphabet.
  Alpha & omega, der Anfang und das Ende.
ALPHABET, ſ. m. das Abc, das Alphabet; ein Abc-Buch; die Buchſtaben der Buchbinder, womit ſie die Titel auf die Rücken der Bücher machen.
ALPHABE'TIQUE, adj. c. nach dem Abc oder Alphabet eingerichtet.
ALPHÆNIX, ſ. m. weiſſer Gerſtenzucker.
ALPHANET, ſ. m. ein guter Falk von Tunis in der Barbarey.
ALPHETA, ſ. m. ein Stern, ſonſt Lucida Corona, von der zweyten Gröſſe in der Nördlichen Crone.
ALPHONSE, ſ. m. Alphonſius, ein Mannsname.
ALPION, ſ. m. im Baſſettenſpiel, ein Zeichen bey der Karte, die man bekommt, daß man ſpielen wolle.
ALPISTE, ſ. f. oder
ALPISTRE, ſ. f. eine Art Saamen, ovalförmig und iſabellfärbig, den die Canarienvögel gerne freſſen, Canarienſaame, Canarienfutter.
ALQUAQUENGE, v. ALKEKENGI.
ALQUI-FOUX, ſ. m. Engliſches mineraliſches ſchweres Bley, damit die Töpfer grüne glaſiren.
ALSACE, ſ. f. Elſaß, ein Land zwiſchen Frankreich und Schwaben.
ALSAN, voiés ALESAN.
ALSIDOMANT, der vermittelſt des Meels wahrſaget.
ALTE, voiés HALTE.
ALTERABLE, adj. c. das da kan verändert, verwandelt werden.

ALTE'RANT, e, *adj.* das Durſt erwecken kan.

ALTE'RATIF, ve, *adj.* das da ändern kan.

Remèdes *alteratifs*, (alterantia) ſind Arzneyen, welche nicht purgiren noch zum Erbrechen bewegen.

ALTE'RATION, *ſ. f.* Veränderung; Verfälſchung; Durſt; Beſtürzung.

ALTERCAS, *ſ. m.* ol. oder

ALTERCATION, *ſ. f.* ol. Zank, Streit, Hadder.

ALTE'RE, *ſ. f.* Beſtürzung, Gemüthsunruhe. (iſt alt).

ALTE'RER, *v. a.* ändern, verändern, anders machen; verfälſchen, verderben; beſtürzt machen; Durſt erwecken, durſtig machen; ſchaden, Schaden thun; beſchädigen.

S'ALTE'RER, *v. r.* anders werden, ſich ändern; abnehmen, ſich verringern; aus der Art ſchlagen, geringer oder ſchlechter werden; durſtig werden.

Etre *altéré* de ſang, d'honneurs, nach Blut, nach Ehren dürſten.

ALTE'RE', ée, *adj.* &c. durſtig; begierig.

ALTE'RES, *ſ. f. plur. voiés* ALTE'RE.

ALTERNATIF, ve, *adj.* das eins ums ander, wechſelsweis ſtatt hat oder geſchieht.

Ordre *alternatif*, abwechſelnde Ordnung.

ALTERNATIVE, *ſ. f.* die Freyheit eines von zweyen zu wählen oder zu thun; der Wechſel.

On lui a accordé l'*alternative*, man hat ihm die Wahl gelaſſen.

Ils gardent l'*alternative* entre eux, ſie halten den Umwechſel unter einander.

On lui a propoſé l'*alternative*, man hat ihm vorgeſchlagen, aus zweyen eins zu erwählen.

Les *alternatives* de la fortune, die Abwechſelungen des Glücks.

ALTERNATIVEMENT, *adv.* wechſelsweis, eins ums andere.

ALTERNE, *adj. c.* wechſelsweis ſtehend, als an einigen Kräutern die Blätter, wenn ſie nicht gerade gegen einander über ſtehen; it. das eins ums andere einander gleich iſt, als in der Geometrie die Winkel, ſo von einer zwey Parallellinien durchſchneidenden Linie gemacht werden.

ALTERNE', ée, *adj.* in den Wappen, das eins ums andere mit einander übereintrifft, als etwan das erſte und vierte Feld in einem Schild, ſo in vier Felder getheilet iſt; it. die Rauten ꝛc.

ALTESSE, *ſ. f.* der Titel Hoheit, Durchlauchtigkeit.

ALTHE'E, *ſ. f.* Eibiſchwurz, Ibiſch, ein Kraut.

ALTIER, e, *adj.* hochmüthig, ſtolz.

ALTIE'REMENT, *adv.* ſtolzer Weiſe.

ALTIMETRIE, *ſ. f.* das Meſſen der Höhe und Tiefe.

ALTIN, *ſ. f.* eine Schiedmünz in Moſcau.

ALUCHON, *ſ. m.* ein Zahn an einem Mühlrad, der in eine Spindel greift.

ALUCO, *ſ. m.* eine Gattung Eulen.

ALUDE, *ſ. f.* gefärbtes Schaafleder zum Büchereinbinden.

ALUDEL, *ſ. m.* ein chymniſch Gefäß, deren man etliche über einander ſetzt, etwas zu ſublimiren, ein Sublimirtopf.

ALVEOLE, *ſ. f.* eine Honigzelle, ein ſechseckigt Löchlein in den Bienenſtöcken; das Loch, worinnen ein Zahn ſteckt; das Hohle, worinnen gewiſſe Früchte oder Blumen ſtecken, als das Schüſſelgen von den Eicheln; it. die Höhle der Glockengeſtalt, ſo manche Blumen haben.

ALVIN, *voiés* ALEVIN.

ALUINE, *ſ. f.* Wermuth.

ALUMELLE, ALUMER, ALUMETTE, *voiés* ALL.

ALUMINEUX, euſe, *adj.* alauniſch.

ALUN, *ſ. m.* Alaun.

ALUNER, *v. a.* in Alaun tauchen; mit Alaun beſtreichen.

ALURE, *voiés* ALLURE.

ALYPUM, *ſ. m.* weiſſer Turbith, eine den Apothekern bekannte Wurzel.

ALYSSON, *ſ. m.* ein Name verſchiedener Kräuter.

ALYSSON de Dioſcoride, Beruffſchwand.

ALYSSON de Gallien, Alyſſen.

ALYSSON maritime, Meeralyſſen.

ALZAN, *voiés* ALESAN.

AMABILITE', *ſ. f.* ol. Lieblichkeit, Liebenswürdigkeit.

AMACOSTIC, *ſ. m.* ein Baum in Neuſpanien, deſſen Blätter dem Wintergrün ähnlich ſind.

AMADES, *voiés* HAMADES.

AMADIS, *ſ. f.* ein kleiner Auffſchlag an einem engen Ermel, den man inwendig anhängen und wieder losmachen kan.

AMADOTE, *ſ. f.* Amadotenbirn.

AMADOTE, *ſ. m.* ein Amadotenbirnbaum.

AMADOUeMENT, *ſ. m.* vulg. Schmeicheley, Liebkoſung.

AMADOUeR, *v. a.* ſtreicheln, als eine Katze; ſchmeicheln, liebkoſen, mit Worten beſänftigen.

AMADOUeUR, *ſ. m.* vulg. ein Schmeichler.

AMAIGRIR, *v. a.* mager machen, auszehren; austrocknen ein Feld; ſcharfeckig und ſpitzig zuſchneiden oder hauen, als die

die Zimmerleute ein Holz, oder die Maurer und Steinmetzen einen Stein.
La maladie *amaigrit*, die Krankheit macht mager; zehret aus.

AMAIGRIR, *v. n.* oder s'AMAIGRIR, *v. r.* mager werden, abnehmen, auszehren.

AMAIGRISSEMENT, *f. m.* das Magerwerden, das Abnehmen.

AMALGAMATION, *f. f.* oder

AMALGAME, *f. m.* (welches gebräuchlicher ist) bey den Chymicis die Calcinirung eines Metalls durch Queckſilber; it. ein Teig, der durch Vermengung des Queckſilbers mit einem Metall entſteht, ein Amalgama.

AMALGAMER, *v. a.* ein Metall mit Queckſilber vermiſchen; mit Queckſilber calciniren, amalgamiren.

s'AMALGAMER, *v. r.* mit Queckſilber vermiſcht oder aufgelöſt werden.

AMANCHER, *v. a.* das Heft oder den Stiel an etwas machen.

AMANDE, *voies* AMENDE.

AMENDE, *f. f.* ein jedweder Kern, der in einem Stein der Frucht steckt: inſonderheit ein Mandelkern; auch eine Mandel, die ganze Frucht; item ein mandelförmiges Stückgen Cryſtall an den Kronleuchtern.

AMANDE', *f. m.* ein Mandeltrank zur Arzney; Mandelmilch.

AMANDIER, *f. m.* ein Mandelbaum.

AMANT, *f. m.* e, *f. f.* ein Liebhaber, Liebhaberin, ein Buhler, ein Verliebter.

AMANTER, *v. a.* erzehlen, melden, berichten. (iſt alt).

AMARANTE, *f. f.* Amarant, Tauſendſchön, eine Blume; die Farbe, ſo dieſer Blume gleich; it. ein Name einer geliebten Perſon bey den Poeten, auch ein Gedicht der Poeten an ihre Liebſten.

AMARANTE tricolor, oder de trois couleurs, bunter oder dreyfarbiger Amarant, Papageyfedern, eine Blume.

AMARANTINE, *f. f.* eine Art Anemonen mit groſſen bleichrothen Blättern und amarantfarbigen Blumen.

AMARQUE, *f. f.* ein Zeichen, welches man den Seefahrenden macht, daß ſie nicht dahin fahren und ſtranden, oder zerſcheitern, iſt entweder eine Tonne, ſo ſchwimmet, oder ein Maſt oder ſonſt etwas, das man daſelbſt feſt macht, daß man es ſehen kan.

AMARRAGE, *f. m.* das Ankern der Schiffe; die Ankerſeile; der ganze Vorrath der Schiffſeile oder Tauen; Zuſammenbindung zwen groſſer Seile mit einem kleinern, oder auch eines einigen, das man doppelt nimmt, damit es kürzer werde.

AMARRE, *f. f.* auf den Schiffen, ein Seil, womit man etwas anbindet, auch womit das Schiff ſelbſt an etwas kan befeſtiget werden, als ein Segeltau u. d. g. it. ein Holz mit einer kleinen Tiefe, deren man zwey gegen einander über braucht, die Zapfen einer Winde oder Haſpel hinein zu ſtoſſen, daß ſie ſich darinnen umdrehen.

AMARRER, *v. a.* mit einem Seil feſt anhängen, feſt binden, (iſt auf der See gebräuchlich.)

AMAS, *f. m.* ein Haufen, eine Menge; Häufung, Zuſammenhäufung, Sammlung.

Amas de blé, ein Haufe Korns.

Faire un *amas* de pierreries, einen Vorrath von Edelſteinen ſammeln.

Les Orientaux ſurpaſſent les Européens dans l'*amas* des titres, die morgenländiſchen Völker übertreffen die Europäer in Zuſammenſetzung vieler Tituln.

AMASSEMENT, *f. m.* Zuſammenhäufung, Aufſchüttung.

AMASSER, *v. a.* häufen, zuſammen bringen, zuſammen leſen, aufheben, ſammeln; it. von der Erde aufheben. (doch ſagt man in der letzten Bedeutung beſſer ramaſſer.)

s'AMASSER, *v. r.* ſich häufen, ſich ſammeln, zuſammen kommen.

AMASSETTE, *f. f.* ein Geſchirr, darein die Mahlerjungen die klein geriebene Farbe thun.

AMASSEUR, *f. m.* der etwas ſammlet oder in Menge zuſammen bringt. (beſſer ramaſſeur.) Einſammler.

AMATELOTER, *v. a.* einem Bootsknecht einen Geſellen zugeben, der mit ihm umwechſeln, und Handreichung thun muß.

AMATEUR, *f. m.* ein Liebhaber.

AMATIR, *v. a.* matt laſſen oder machen, dem Gold oder Silber keinen Glanz geben, oder ihm den Glanz nehmen.

AMATISTE, *v.* AMETISTE.

AMATO, ein Fluß in Italien.

AMATHONTE, eine alte Stadt in der Inſul Cypern.

AMAUROSE, *f. f.* Verluſt des Geſichts, ohne daß man im Auge etwas ſehen kan, der ſchwarze Staar.

AMAZONE, *f. f.* eine Amazonin; eine Heldin, ein kriegeriſch Weib; eine beherzte Frau.

AMAZONES, plur. Amazonen; ſtreitbare Weiber der alten Zeit.

AMBACHT, ein Bezirk Landes, deſſen Beſitzer die hohe und niedere Gerichtsherrlichkeit hat.

AMBACTE, *f. m.* einer der immer um den Fürſten iſt, ein vornehmer Hofbedienter.

AM-

AMB   AMB

AMBAGES, *s. f. pl.* ol. Umschweife im Reden und Schreiben.
AMBAIBA, *s. m.* ein Baum in Brasilien, aus welchem ein Wundöl gezogen wird.
AMBAITINGA, *s. m.* ein Brasilischer Baum, dessen äusserste Schosse gleichfalls einen Wundbalsam in sich haben.
AMBASSADE, *s. f.* Absendung; Gesandtschafft; Amt oder Verrichtung eines Gesandten; eine Anzahl Personen so in Gesandtschaft verschickt werden; item vulg. Post, Nachricht, Botschaft.
  Envoïer un *ambassade*, Gesandtschaft absenden.
  S'acquiter de son *ambassade*, seine Gesandtschaft ausrichten.
  L'*ambassade* est arrivée, die Gesandtschaft ist angelangt.
  Il a reçu un *ambassade* de la part de sa maitresse, er hat eine Botschaft von seiner Liebsten bekommen.
AMBASSADEUR, *s. m.* ein Gesandter, Botschafter; it. vulg. ein Bote, Postträger, Abgeschickter.
  C'est un *ambassadeur* d'amour, er ist ein Liebesbote.
AMBASSADRICE, *s. f.* des Gesandten Frau, die Frau Gesandtin; auch vulg. eine Botin; Zeitungsträgerin.
  AMBASSADRICE d'amour, eine Kupplerin.
AMBÂTE, *s. f.* ein dem Nußbaum ähnlicher Ostindischer Baum, dessen Früchten sowohl zur Speis als auch zur Artzney dienen.
AMBESAS, *s. m.* im Würfelspiel, zwey As oder zwey Eins.
AMBIDEXTRE, *adj. c.* der links und rechts ist.
AMBIGU, ë, *adj.* zweifelhaft, zweydeutig, dunkel.
AMBIGU, *s. m.* eine Collation, oder ein Abendessen, da warme Speisen und Obst zugleich aufgetragen werden; ein Mischmasch, Gemeng.
AMBIGUITÉ, *s. f.* Dunkelheit, Zweifelhaftigkeit; zweydeutige Reden.
AMBIGÜMENT, AMBIGUëMENT, *adv.* zweydeutiger Weise, dunkel.
AMBITIEUSEMENT, *adv.* ehrgeitziger Weise; hochtrabend, prächtig; aufgeblasen.
AMBITIEUX, euse, *adj.* ehrgeitzig, ehrsüchtig.
  Une course *ambitieuse*, wenn man um einen geistlichen Dienst anhält, da der andere, der ihn hat, noch nicht gestorben ist.
AMBITION, *s. f.* Ehrgeiz, Ehrbegierde.
  Une noble *ambition*, eine löbliche Ehrbegier.
  Son *ambition* demesurée le perdra, sein unmäßiger Ehrgeiz wird ihn stürtzen.
AMBITIONNER, *v. a.* ehrgeizig begehren, aus Ehrgeiz suchen, sich eine Ehre aus etwas machen, mit ehrgeiziger Bemühung nach etwas trachten oder um etwas anhalten.
  La gloire de vous servir est une des choses que j'*ambitionne* le plus, die Ehre euch zu dienen ist eines von denen Dingen, darnach ich am meisten begierig bin; ich strebe nach der Ehre euch zu dienen.
AMBLE, *s. m.* der Paß oder Zelter, Gang eines Pferds; ein Pferd das diesen Gang geht, ein Zelter, Paßgänger, (doch ist es in der letzten Bedeutung nicht wohl zu brauchen.)
  Mettre aux *ambles* ou à l'*amble* un poulain, ein Füllen den Paß gehen lernen.
AMBLER, *v. n.* den Paß gehen. (besser aller l'amble.)
AMBLEUR, *s. m.* ein gewisser Unterbereuter im königlichen kleinen Marstall.
AMBLIGONE, *s. m.* ein angulus obtusus, stumpfer Winkel in der Geometrie.
AMPLIOPIE, *s. f.* eine Verfinsterung und Vergehen des Gesichts, ohne daß man etwas daran sieht; Dunkelheit der Augen, blöde Augen.
AMBONOCLASTE, *s. m.* einer der den Musicantenchor in der Kirche abbricht, der keine Music in der Kirchen leiden will.
AMBOUTIR, *v.* EMBOUTIR.
AMBOUTISSOIR, *s. m.* der Schlösser Nageleisen, worauf sie die grossen Platten oder breiten Köpfe an die Nägel machen.
AMBRE, *s. m.* Bern= und Brennstein, Agtstein; it. ein guter und angenehmer Geruch.
  Son haleine a perdu son *ambre*, sein Odem riecht nicht mehr gut.
AMBRE-gris, *s. m.* Ambra.
AMBRE, *s. m.* Keuschbaum, Abrahamsbaum, Schaafmilbe, ein Strauch.
AMBRE liquide, eine Art von durchsichtigem, röthlichtem und süßigem Harz, welches aber mit der Zeit sich dickert; wird unter die Balsam gezählet.
AMBRER, *v. a.* mit Ambra wohlriechend machen.
AMBRETTE, *s. f.* Bisamblume, eine Art wohlriechender Blumen; it. eine Art Birn, die als Ambra riecht, Ambrettenbirn.
AMBROISE, *s. m.* ein Mannsname.
AMBROSIE, *s. f.* ein Weibername; item die Götterspeise bey den alten Heyden; it. ein Kraut dieses Namens, Daubenkraut, auch heissen gelinde und gesinde Artzneyen so.

AM-

AMBROSIEN, enne, *adj.* Ambrosisch, vom Ambrosio herrührend.

AMBRUN, *f. m.* eine Erzbischöfliche Stadt im Delphinat, in Frankreich.

AMBULANT, *f. m.* ein Landläufer; ein Kerl, der heimlich auf die Pachter Achtung giebt, ob sie dem König nicht zu kurz thun; it. ein Comödiant, so durch das Land von Stadt zu Stadt ziehet; ein Mäkler, der nicht beeidet ist.

AMBULATOIRE, *adj. c.* das nicht an einem Ort bleibt, nicht an etwas allein gebunden ist; unbeständig, veränderlich.

AME, *f. f.* die Seele, das Leben.
L'ame suit le tempérament du corps, die Seele folgt der Beschaffenheit des Leibs.

AME, Mensch; Person.
Il périt plus de cent *ames* dans cet incendie, es sind in diesem Brand mehr dann hundert Menschen umgekommen.
O la bonne *ame*! ey des frommen Menschen!

AME, Gewissen.
Il a conservé son *ame* droite; er hat sein Gewissen rein bewahret.

AME, Trieb; Leben; Bewegung.
La charité est l'*ame* des vertus chrétiennes, die Liebe ist der Trieb (das Leben) der christlichen Tugenden.
La joie est l'*ame* des Festins, die Fröhlichkeit ist die Seele der Gastereyen.

AME, Herz; Sinn; Neigung.
Avoir l'*ame* basse, einen niederträchtigen Sinn haben.

AME, Muth, Gemüth.
Une grande *ame*, ein grosses Gemüth.
Une *ame* noire, ein schelmisches Gemüth.

AME, das Beywort an den Sinnbildern.
L'*ame* de cette devise est ingénieuse, das Beywort an diesem Sinnbild ist sinnreich.

AME, die Stimme in einer Geige.

AME, das Reißig in einem Holzgebund.

AME, das Mundloch; die Mündung eines Geschützes.

l'AME, *f. f.* die erste und nur grob überhauene Gestalt eines Bildes.

AME, ou NOÏAU, das Modell oder Figur, so abgeformet wird.

mon AME, (bey Verliebten,) meine Seele, mein Seelgen.

donner de l'AME à un ouvrage, ein Werk lebhaft vorstellen.

AMÉ, ée, *adj.* in den königl. französischen Canzleyen, amé & feal, lieber Getreuer.

AMEÇON, *v.* HAMEÇON.

AMEISTER, *f. m.* Ammeister; der erste in dem Stadtrath zu Straßburg.

AMELETTE, *v.* OMELETTE.

AMELIORATION, *f. f.* die Besserung, so in ein Gut gewandt worden, bey den Juristen.

AMELIOR, *v. a.* verbessern; düngen, als einen Acker.

A MêME, *adv.* sein eigen; sein selbst mächtig; vogtbar.
Vous êtes à *même*, faites ce qu'il vous plaira, ihr seyd euer eigen, (mündig) thut was ihr wollt.

AMEN, *interj.* Amen!

AMENAGE, *f. m.* das Zuführen, die Zufuhr; das Fuhrlohn, die Fracht.

AMENDABLE, *adj. c.* strafbar; it. das noch kan gebessert werden, sonderlich in Handwerkssachen.

AMENDAIE, ein mit Mandelbäumen besetzter Ort.

AMENDE, *f. f.* Geldstrafe, Geldbusse, Strafgeld.

AMENDE honorable, Kirchenbusse, da einer im Hemd, mit einer Fackel in der Hand, und mit dem Strick um den Hals, öffentlich um Vergebung bitten muß; it. wenn einer dem andern etwas abbitten muß.
Faire *amende* honorable au bon sens, gestehen, daß man Unrecht habe.

AMENDE, ist auch ein gewisses Instrument, damit man fischet, so aber zu brauchen verboten ist.

AMENDEMENT, *f. m.* Besserung des Leibes und der Seele; Besserung eines Kranken; it. die Düngung der Aecker; auch dem Mist, der Dünger.
Il fait paroitre un grand *amendement*, er lässet eine grosse Besserung spühren.
Il n'y a aucun *amendement* à son mal, es will noch keine Besserung (an seiner Gesundheit) erfolgen.

AMENDER, *v. a.* (im Gericht) strafen; Geldbusse auflegen.

AMENDER, verbessern. *Amender* sa vie, sein Leben bessern.

AMENDER, düngen, misten.

AMENDER, *v. n.* s'AMENDER, *v. r.* sich bessern, besser werden.

AMENDER, (im Rechtshandel) gebessert werden, Nutzen empfinden.
Il n'a rien *amendé* de cette succession, er ist dieser Erbschaft nicht gebessert; hat keinen Nutzen davon.

AMENDER, im Preis fallen; im Werth geringer werden.
Le blé est *amendé* du tiers, das Korn ist um den dritten Theil gefallen.

AMENDIER, *f. m.* der die Geldstrafen eintreibet; der Fiscal.

AME'NEMENT, _f. m._ die Herbeyführung, Zuführung.
AMENER, _v. a._ herführen, führen zu oder in etwas; zu einem bringen, herzubringen; zur See heißt es etwas niederlassen.
  Amener quelqu'un à quelque chose, einen zu etwas bereden, zu etwas bringen.
AMENER les voiles, die Segel streichen.
AMENER une terre, un vaisseau, sich dem Land oder einem Schiff nahen.
AME'NITE', _f. f._ Lieblichkeit; Anmuth.
AMENUISEMENT, _f. m._ das Dünnemachen.
AMENUISER, _v. a._ dünner machen.
AME'R, e, _adj._ bitter; bey den Poeten, gesalzen, salzig, als das Seewasser; widrig, widerlich; verdrüßlich, beschwerlich, trübselig; heftig, gewaltsam.
  Douleur _amère,_ bitterer Schmerz.
  L'eau _amère,_ das Seewasser.
AME'R, _f. m._ die Galle der Thiere und Fische.
AME'REMENT, _adv._ bitterlich.
AME'RICAIN, _f. m._ ne, _f. f._ ein Americaner, eine Americanerin.
AME'RIQUE, _f. f._ America.
AMERTUME, _f. f._ Bitterkeit; Schmerz, Leid, Leidwesen, Betrübniß; Beschwerlichkeit, Widerwärtigkeit, Verdruß; Verbitterung.
  Adoucir les _amertumes_ de la vie, die Verdrüßlichkeiten des Lebens mildern.
AMESSE', ée, _adj._ ol. der schon zur Messe gewesen ist, Messe gehört hat.
AME'TISTE, _f. f._ ein Amethist.
AMEUBLEMENT, _f. m._ Mobilien oder Geräth in einer Stube oder Kammer, als Bett, Sessel, Tapezereyen ꝛc.
AMEUBLER, _v. a._ ein Zimmer mit Hausrath versehen, auszieren, aufbutzen. (besser meubler.)
AMEUBLIR, _v. a._ in Gerichten, zu beweglichem Gut machen, vor Hausrath mit anrechnen; im Feld-und Gartenwerk heißt es ein Feld baulich machen, die harte Erde in den Beeten und Gefässen wieder aufrühren.
AMEUTLISSEMENT, _f. m._ das was ein Mann von seinen Gütern, eine Frau von ihrem mitgebrachten unter den Hausrath setzen läßt, daß es gemein sey.
AMEUTEMENT, _f. m._ Zusammenkopplung der Hunde; eine Koppel Hunde.
AMEUTER, _v. a._ Hunde zusammen koppeln; auch sonst die Hunde zusammen treiben oder bringen, dem Wild nachzujagen, machen, daß einer bey dem andern bleibt; it. Leute wider einen zusammen bringen, als Schuldner aufhetzen; machen, daß Leute zusammen laufen, einen Auflauf erregen, Rottierungen oder Aufruhr machen.
s'AMEUTER, _v. r._ sich zusammen rotten; sich heimlich verkoppeln; verbinden.
A MI, _adv._ auf der Helfte; in der Mitte.
A mi-chemin, auf halbem Weg.
AMI, e, _subst._ Freund, Freundin.
  Se faire des _amis,_ sich Freunde machen.
  Parler, agir en _ami,_ als ein Freund reden, handeln.
AMI, (in einem liebkosenden Sinn.)
  Dites-moi, mon _ami,_ ce que c'est, mein lieber Freund, sagt mir, was es sey.
AMI, (in einem höhnischen Sinn,) Allés, mon petit _ami,_ je m'en souviendrai, gehet nur hin, mein Freund, ich will es euch gedenken.
AMI, das einem wohl thut, wohl bekommt.
  Le vin est _ami_ du cœur, der Wein thut dem Herze wohl.
AMI, einer der in Briefwechsel stehet; ein Correspondent.
  Mon _ami_ de Paris me donne avis que &c. mein Correspondent von Paris meldet mir, daß ꝛc.
AMI, _m._ AMIE, _f. adj._ freundlich, geneigt.
  Ami Lecteur, geneigter Leser.
m'AMIE, meine Liebste, mein Schätzgen. (ist eine verliebte Benennung.)
AMIABLE, _adj._ der in Güte etwas thut; gutwillig, freundlich, leutselig.
à l'AMIABLE, in der Güte, ohne Zanken oder Proceß.
AMIABLEMENT, _adv._ in der Güte.
AMIANTE, _f. m._ ein Stein, der sich in Fasen zertheilen läßt, und im Feuer nicht verzehret noch beschädiget wird, daraus man die Asbestleinwand macht, Steinflachs, Amiantstein.
AMICT, _v._ AMIT.
AMIDON, _f. m._ Stärke, weiß Stärkmehl, Anmlung.
AMIDONNIER, _f. m._ der Stärke macht.
AMIENOIS, _f. m._ das Gebiet, so zu Amiens gehört.
AMIENS, _f. m._ eine Stadt dieses Namens in der Picardie, in Frankreich.
AMIERTIES, baumwollener Zeug aus Ostindien.
AMIGDALE, _f. f._ eine Mandel, hinten im Mund an der Kähle.
AMIGNARDER, vulg. _v. a._ liebkosen, freundlich thun.
AMIGNOTER, vulg. _v. a._ liebkosen; die Kinder verzärteln.
AMINCIR, dünner machen.
  Amincir un verre, das Glas dünner machen. (de Voltaire.)

AMI-

AMIRAL, *s. m.* der Admiral, oberste Befehlshaber zur See; it. das Schiff, worauf der Admiral ist.

Amiral, le, *adj.* vaisseau *Amiral*, Admiralschiff.

AMIRALE, *s. f.* des Admirals Gemahlin; die Admiralgalee.

AMIRAUTE', *s. f.* eine Admiralstelle, Admiralschaft; item die Gerichtbarkeit des Admirals.

AMISSIBLE, *adj. c.* bey den Gottsgelehrten, das man verlieren kan.

AMIT, *s. m.* eine leinene Kappe, so Kopf und Schultern bedeckt, welche die Priester anlegen, wenn sie Messe lesen wollen.

AMITIE', *s. f.* Freundschaft.
  Entretenir l'*amitié*, Freundschaft halten.
  Faire des *amitiés* nouvelles, neue Freunde machen.

Amitie', Zuneigung; Wohlgefallen.
  Prendre de l'*amitié* pour une chose, an einer Sache ein Wohlgefallen gewinnen.

Amitie', Liebe, Höflichkeit.
  Faites-moi une *amitié*, thut mir die Liebe.
  Il m'a fait mille *amitiés*, er hat mir tausend Höflichkeiten erwiesen.

Amitie' des couleurs, (bey der Mahlerey) die Uebereinstimmung der Farben.

Amitie's, Liebkosungen, freundliche Worte und Bezeigen.

AMMI, *s. m.* Ammeysaamen, eine Art Gewürzkörner.

AMMODITE, *s. m.* eine Schlange, sandfarbig mit schwarzen Puncten.

AMMON, *s. m.* Jupiter Ammon, voies CORNE.

AMMONIAC, *s. m.* Gummi Ammoniac, ein Salz dieses Namens, Salmiac.

AMMONIEN, *s. m.* einer der in Jupiter Ammons Wald wohnet.

AMMONITE, *s. m. & f.* ein Ammoniter, eine Ammoniterin.

AMMONITION, ist gebräuchlich in der gemeinen Soldaten Redensart: Pain d'*ammonition*, Commisbrod, soll aber heissen: Pain de munition.

AMNIOS, *s. m.* das zweyte und nächste subtile Häutlein, worinnen die Geburt liegt, das Schaafhäutlein.

AMNISTIE, *s. f.* Vergessung aller Beleidigungen, sonderlich der Hohen gegen die Geringern, oder zwey kriegender Partheyen gegen einander, wenn sie Friede machen.

AMOBILE, *v.* AMOVIBLE.

AMODIATEUR, *s. m.* ein Pachter, Pachtmann.

AMODIATION, *s. f.* das Verpachten, der Pacht.

AMODIER, *v. a.* verpachten.

AMOINDRIR, *v. a.* verringern, vermindern, geringer machen; geringer vorstellen.
  Amoindrir un bien, ein Gut verringern.
  Amoindrir les chagrins, den Verdruß mildern.

Amoindrir, *v. n.* und

s'Amoindrir, *v. r.* sich verringern, schlechter werden.

AMOINDRISSEMENT, *s. m.* Verringerung, Verminderung.

AMOISE, *s. f.* ein Zwerchsparren bey den Zimmerleuten.

AMOISSONNE', ée, *adj.* der dem Herrn zur Frone erndten muß, als ein Landmann.

AMOLETTES, *s. f. plur.* die Löcher, worein die Stangen des grossen Schiffhaspels gesteckt werden.

AMOLLIR, *v. a.* weich machen, erweichen; zärtlich machen, bewegen, brechen, schwächen, als den Muth.
  La volupté *amollit* le courage, die Wollust entkräftet die Tapferkeit.

s'Amollir, *v. r.* weich werden; weibisch werden; nachgeben.
  Le cœur s'*amollit* par la compassion, das Herz wird durch das Mitleiden zur Lindigkeit gebracht.
  Son courage s'*amollit*, seine Tapferkeit nimmt ab.

AMOLLISSEMENT, *s. m.* Erweichung.

AMOME, *s. m.* eine Art Gewürz aus Mesopotamien, dessen Körner in Traubenweis gewachsenen Beeren stecken, Amomum.

AMONCELEMENT, *s. m. ol.* Häufung.

AMONCELER, *v. a.* häufen, auf einen Haufen zusammen thun.

s'Amonceler, sich häufen.
  Ce cheval s'*amoncele*, diß Pferd stellt sich auf die hintern Füsse.

AMONT, *adv.* aufwärts, in die Höhe; gegen den Strom; oben im Lande.
  Le vent d'*amont*, der Ostwind.

Amont, (in der Jägerey.)
  L'oiseau tient *amont*, der Vogel hält sich in der Höhe, um seinen Raub zu entdecken.

AMORCE, *s. f.* Zündpulver, Zündkraut; item der Satz einer Raquete.

Amorce, Köder, Lockspeise, so auf den Angel gestecket wird.

Amorce, Reizung, Anlockung.
  Craignés d'un doux plaisir les *amorces* trompeuses, fürchtet die betrügliche Lockungen einer süssen Lust.

AMORCER, *v. a.* mit Köder versehen, den Köder an den Angel stecken.
AMORCER, Zündkraut aufschütten.
Amorcer un fusil, auf die Pfanne einer Flinte Zündkraut aufschütten.
AMORCER, mit Schmeicheleyen locken, an sich ziehen.
AMORCER, (bey dem Schlosser) den Ort zum Bohren erst überfeilen.
AMORÇOIR, *s. m.* ein kleiner Bohrer, womit man einem grössern vorbohrt, ein ein Vorbohrer.
AMORHEEN, *s. m.* nne, *s. f.* ein Amoriter, eine Amoriterin.
AMORTIR, *v. a.* ein Lehen frey machen; einen Zins von einem Gut abthun; einer Kirche, Gemeine oder andern Gesellschaft die nicht ausstirbt, ein Gut heimschlagen, zusprechen, übergeben oder einräumen; die Affecten stillen; den Klang eines Instruments dämpfen; eine Feuersbrunst löschen; einen Schuß aufhalten; sonsten etwas vermindern, schwächen, die Stärke, den Nachdruck benehmen.
Amortir une dette, eine Schuld tilgen.
s'AMORTIR, *v. r.* sich legen, nachlassen, als Affecten, Hitze 2c.
AMORTISSABLE, das man kan aufhören machen, tilgen, als gewisse Renten, das loskäuflich ist.
AMORTISSEMENT, *s. m.* das Abthun eines Zinses von einem Gut, das Abschaffen, Aufhebung, Tilgung; Uebergebung eines Guts an eine Kirche oder Gemeine; das was eine Kirche oder Gemeine dem Landsherrn wegen Erlangung des Eigenthums eines solchen Guts geben muß; das Ende von einer Mauer und andern Arbeit, der Rand an etwas, als ein Sims oder eine Leiste, die Zinnen einer Mauer.
AMORTISSEMENT, ein Tilgungsschein.
AMORTISSEMENT de la douleur, Stillung, Dämpfung, Linderung, als der Schmerzen, der Hitze.
La saignée est souvent l'*amortissement* de la fièvre, die Aderlässe bricht das Fieber öfters.
L'*amortissement* de balcon, der Rand an einem Austritt vor das Fenster.
AMOUDRES, *s. f. pl.* in der Landschaft Bresse, die Fische von einerley Brut, so zu einer Jahrszeit mit einander wachsen.
AMOVIBLE, *adj. c.* der wieder von seiner Bedienung kan abgesezt werden, wenn man will; das man nach Gefallen widerruffen und aufheben kan.
AMOUR, *s. m. & f.* wenn es der Cupido heißt, ist es *masc.* wenn es eine Liebste heißt, ein *foem.* sonst beydes *m.* und *foem.*

die Liebe; der Gott der Liebe bey den Poeten; Buhlschaft; eine Liebste; auch sonst das Geliebte; it. Liebesbezeigung; ein Liebeshandel.
AMOURS, die Lieblichkeiten, Annehmlichkeiten, als kleine Liebesgötter; item das, was man liebt; Liebestrieb; Liebeshändel.
mon AMOUR, oder m'AMOUR, unter Verliebten, mein Schatz, mein Herz.
pour l'AMOUR de vous, um euret willen, wegen eurer, euch zu Liebe.
l'AMOUR propre, oder l'AMOUR de soi-même, die Eigenliebe.
faire l'AMOUR, der Liebe pflegen, der Liebe nachhängen, in der Liebe liegen.
faire l'AMOUR à quelqu'une, um eine freyen.
entrer en AMOUR, in die Brunst gehen.
s'AMOURACHER, *v. r.* de quelqu'un, sich närrischer Weise in einen verlieben.
AMOURETTE, *s. f.* heimliche Liebe, Buhlschafft, eine Liebesverständniß, Liebeshändel; eine Liebste, die man zum Zeitvertreib hat, eine Person, mit der man eine Zeitlang ein Liebesverständniß unterhält.
AMOUREUSEMENT, *adv.* verliebter Weise.
AMOUREUX, euse, *adj.* der etwas liebt; der eine gewisse Person liebt; item überhaupt zur Liebe geneigt, verliebt; ein Verliebter.
AMPELITE, *s. f.* Erdharz, damit man die Haar und Augenbraunen schwärzen kan.
AMPELITE, *adj.* eine Erde mit welcher man die Weinstöcke schmiert, daß keine Raupe daran komme.
AMPHIARTHROSE, *s. f.* (in der Anatomie) Fügung eines Gelenkes, welches keine empfindliche Bewegung hat, und dennoch nicht ganz unbeweglich ist, wie solches in der Fügung der Ribben mit dem Ruckgrad sich findet.
AMPHIBIE, *adj. & s. m. & f.* das im Wasser und ausser dem Wasser leben kan, als einige Thiere.
AMPHIBOLOGIE, *s. f.* eine zweydeutige Rede.
AMPHIBOLOGIQUE, *adj. c.* zweydeutig.
AMPHIBOLOGIQUEMENT, *adv.* zweydeutiger Weise.
AMPHICIENS, ou AMPHISCIENS, *s. m. plur.* (in der Geographie) Leute, welche den Schatten einmal dahin gegen Norden, das andere mal dorthin gegen Süden werfen; sie wohnen in Zona torrida.
AMPHICTION, *s. m.* ein Beysitzer der allgemeinen Versammlung der Griechischen Städte.

AM-

AMPHICTIONS, *s. m. plur.* die Deputirte der Städte zu den allgemeinen Landtägen, so bey den alten Griechen gehalten wurden.

AMPHIDROMIE, *s. f.* ein Freudenfest so die Heyden am fünften Tage nach der Geburt eines Kindes anstelleten.

AMPHIPOLIS, *s. m.* vor Alters, eine obrigkeitliche Person zu Siracusa.

AMPHIPROSTILE, *s. m.* bey den Alten ein Tempel, der vorn vier Säulen und hinten wieder vier Säulen hatte.

AMPHISBE'NE, *s. f.* eine Schlange in Lybien, die hinten und vornen einen Kopf hat, hinter sich und vor sich zu kriechen.

AMPHISTE'RE, *s. f.* eine geflügelte Schlange, (ist in denen Wappenschilden üblich.)

AMPHITHE'ATRE, *s. m.* ein Schauplaz, da man vor diesem rund herum zusehen konnte; jetzund alle Sitze, die gegen das Theatrum über unter den zugemachten kleinen Zimmern sind; it. andere Bühnen, worauf man einigen Ceremonien zusehen kan.

AMPHORE, *s. f.* ein Maß bey den Römern von ohngefehr 24 Kannen; it. eine grosse Flasche.

AMPION, *s. m.* eine grosse Laterne.

AMPLE, *adj. c.* breit, weit, groß; weitläuftig, ausführlich.
   Robe *ample*, ein weiter Rock.
   Un discours *ample*, eine weitläuftige Rede.

AMPLEMENT, *adv.* weitläuftig, ausführlich.

AMPLIATIF, *adj.* indults *ampliatifs*, die vermehrten oder noch weiter erstreckten Indulgentien, so der Pabst über die vorigen mittheilt.

AMPLIATIF, ve, *adj.* (im Rechtshandel) erstreckend; erweiternd.
   Un decret *ampliatif*, eine Verordnung, so eine vorhergehende auf mehr andere Fälle erstrecket.

AMPLIATION, *s. f.* Erweiterung, Vergrösserung, Vermehrung, als eines Rechts, einer Freyheit, einer Einnahme etc. item Copey einer Quittung oder anderer Schrift, die man doppelt giebt, sie an unterschiedenen Orten aufzuweisen.

AMPLIER, *v. a.* ol. einen Termin weiter hinaus setzen.
   Amplier le terme d'un paiement, den Zahlungstag weiter hinaus setzen, (in Gerichten.)

AMPLIER un criminel, eines Gefangenen Verurtheilung aufschieben.
   Amplier un prisonnier, einen Gefangenen in einen geräumigern Ort thun; nicht mehr in genauer Verwahrung halten.

AMPLIFICATEUR, *s. m.* der etwas erweitert, weitläuftiger macht oder ausführt; item der etwas vergrössert, weiter erstreckt, vermehrt, grösser macht.

AMPLIFICATEUR des impôts, der im Eintreiben der Auflagen zu weit greift.

AMPLIFICATION, *s. f.* Vergrösserung; weitläuftige Erzählung, Ausführung einer Rede.

AMPLIFIER, *v. a.* weitläuftig machen, ausführen; vergrössern.

AMPLISSIME, *adj.* ein Ehrentitel in denen Schulen, Gymnasiis und Universitäten.

AMPLITUDE, *s. f.* die Weite zwischen dem Wassermann, und eines Gestirns Auf- oder Untergang.

AMPOULLE, *s. f.* eine Blase auf der Haut, Wasserblase.

la sainte AMPOULLE, die kleine Oelfläschlein zu Rheims, woraus man die Könige salbet.

AMPOULLE', ée, *adj.* aufgeschwollen, hochtrabend, als eine Rede, Vers ꝛc.
   Sa manière d'écrire est un peu *ampoullée*, seine Schreibart ist etwas hochtrabend.

AMPOULETTES, *s. f. pl.* die Sanduhr auf den Schiffen.

AMPUTATION, *s. f.* das Ablösen, Abnehmen eines Gliedes von den Wundärzten.

AMPUTER, *v. a.* ablösen, ein Glied.

AMULER, *v. a.* ist eben so viel als AMURER.

AMULETE, *s. m.* eine Arzney von verborgener Wirkung die man an den Hals hängt.

AMURCA, *s. f.* Baumölhefen; eine davon zubereitete Arzney.

AMURE, *s. f.* auf dem Schiff ein Loch im Bord, wodurch man die Segeltau zieht und anbindet; item ein solch Seil, ein Segeltau.

AMURER, *v. a.* die Segel an den Bord, und also aufspannen.

AMURE'ES, *s. f. pl.* eine Art Nonnen, in ihrem Kloster, die mit hohen Mauren eingeschlossen sind.

AMUSEMENT, *s. m.* Beschäftigung, etwas zu thun; Aufhaltung, Aufschub; Zeitvertreib, Zeitkürzung, Kurzweil.
   Cela servit d'*amusement* aux ennemis, dieses dienete den Feinden zu einer Verweilung; Versäumniß.

AMUSER, *v. a.* mit Kleinigkeiten aufhalten, aufziehen, mit List aufhalten; beschäftigen, etwas zu thun geben.
   La comédie est un agréable *amusement*,

ment, die Comödie ist ein augenehmer Zeitvertreib.

Amuſer quelqu'un, le tromper, einen bey der Naſe herum führen; hintergehen, betrügen; ihm etwas weiß machen.

Amuſer quelqu'un, le divertir, einem die Zeit verkürzen oder vertreiben.

Amuſer ſa douleur, ſon amour, ſeinen Schmerz, ſeine Liebe wenden; mäſſigen.

AMUSER le tapis, viel untaugliche Vorſchläge thun, ohne zum rechten Zweck zu kommen.

s'AMUSER, *v. r.* à quelque choſe, oder à faire quelque choſe, ſich mit etwas aufhalten, die Zeit mit etwas zubringen oder verderben; etwas zum Zeitvertreib thun.

s'AMUSER à la moûtarde, ſich mit vergeblichen Dingen aufhalten.

AMUSETTE, *ſ. f.* vulg. eine kleine Zeitvertreibung; oder eine kleine Kurzweil, Spaß, Poſſen.

Laiſſons ces *amuſettes*, weg mit den Fratzen.

AMUSEUR, *ſ. m.* der einem was vormacht, der einen aufhält, ein Betrüger.

AMUSOIR, *ſ. m.* vulg. oder

AMUSOIRE, *ſ. f.* vulg. ein Zeitvertreib, Kurzweil.

Ce ſont des *amuſoirs* de petits enfans, das iſt ein Zeitvertreib vor Kinder; ein kindiſcher Zeitvertreib.

AMY, AMYANTE, AMYDON, AMYGDALE, *voïés* AMI.

AN, *ſ. m.* ein Jahr.

L'*an* ſolaire ſe meſure par le cours du ſoleil, das Sonnenjahr wird von dem Sonnenlauf abgemeſſen.

L'*an* lunaire a douze lunaiſons, das Mondjahr hält zwölf Mondſcheine.

Il a vingt *ans* paſſés, er iſt über zwanzig Jahr alt.

Un poulain d'un *an*, ein Füllen eines Jahrs alt.

L'*an* du monde, im Jahr nach Erſchaffung der Welt.

L'*an* de grace, im Heyljahr, im Jahr nach Chriſti Geburt.

Bon *an*, mal *an*, ce pré rapporte tant, ein Jahr in das andere trägt dieſe Wieſe ſo viel ein.

AN, eine lange Zeit.

Il y a un *an* qu'on ne vous a pas vû, es iſt gar lange, daß man euch nicht geſehen hat.

Ne ſavés vous pas comme les femmes ſont: pendant qu'elles s'ajuſtent & qu'elles ſe parent un *an* ſe paſſe? weißt du nicht, wie die Weiber ſind: ehe ſie ſich mutzen und butzen, gehet viel Zeit weg?

ANA, *ſ. m. ind.* Bücher in Ana.

ANA, *adv.* heißt bey den Medicis: des einen ſo viel als des andern, wird in Recepten āā geſchrieben.

ANABAPTISTE, *ſ. m. & f.* ein Widertäuffer, eine Widertäufferin.

ANACALIFE, *ſ. m.* vergiftetes Ungeziefer in der Inſel Madagaſcar.

ANACALYPTERIE, *ſ. m.* ein Feſt, welches die Heyden an dem Tag hielten, da eine Neuverheyrathete die Freyheit hatte, ihren Schleyer abzulegen.

ANACANDEF, *ſ. m.* eine Schlange in Madagaſcar.

ANACARDES, *ſ. f.* eine Art Bohnen, welche aus Oſtindien gebracht werden, und ſehr ſtark purgiren.

ANACEPHALEOSE, *ſ. f.* eine kurze Wiederholung der vornehmſten Stücke oder Puncte einer Materie.

ANACHORETE, *ſ. m.* ein Einſiedler.

ANACHRONISME, *ſ. m.* ein Fehler in der Zeitrechnung.

ANACONTS, *ſ. m.* ein Baum in Madagaſcar, deſſen Laub dem Birnlaub gleichet.

ANACOSTE, oder ANASCOSTE, *ſ. f.* eine Gattung dreyſchäftigen wollenen Zeuges.

ANAGALLIS, *ſ. f.* ein Kraut, Gauchheil.

ANAGALLIS aquatique, Bachbungen.

ANAGIRIS, *ſ. f.* Bohnenbaum, ein Baum von ſehr zartem Holz, Faulbaum.

ANAGOGIE, *ſ. f.* der geiſtliche Verſtand eines Orts oder gewiſſer Worte der heiligen Schrift, den man aus dem buchſtäblichen ziehet.

ANAGOGIQUE, *adj. c.* figürlich, das zu höhern Sachen führt.

ANAGRAMMATISER, *v. n.* Buchſtaben verſetzen, und mühſam verwechſeln.

ANAGRAMMATISTE, *ſ. m.* einer der die Buchſtaben der Worte verſetzt, etwas anders daraus zuſammen zu ſetzen, nach ſeinem Vorhaben.

ANAGRAMME, *ſ. f.* ein Buchſtabwechſel, Verſetzung der Buchſtaben.

ANAGROS, ein Maaß, bey welchem in Spanien der Waitzen verkauft wird.

ANAGYRIS, *voïés* ANAGIRIS.

ANALEMME, *ſ. m.* Abzeichnung der Höhe und des Laufs der Sonne auf dem Coluro des Solſtitii, wenn man Sonnenuhren macht.

ANALEPTIQUE, *ſ. m.* eine ſtärkende Artzney, welche macht, daß ſich der geſchwächte Leib wieder erholen kan.

ANALISE, ANALITIQUE, *v.* ANALY.

ANALOGIE, *ſ. f.* Gleichheit, Gleichförmigteit, Aehnlichkeit, Uebereinſtimmung.

ANA-

ANALOGIQUE, *adj. c.* gleichförmig, übereinstimmend, das eine Gleichheit hat.

ANALOGIQUEMENT, *adv.* gleichförmiger Weise.

ANALOGUE, *adj. c.* gleichförmig.

ANALYSE, *s. f.* Auflösung, Zerlegung, Zergliederung; Erklärung einer Sache nach allen ihren Theilen, Umständen und Gründen, damit man den rechten Hauptgrund davon finde.

ANALYTIQUE, *adj. c.* auflösend; der etwas auflöst, zergliedert, und durch eine stückweis angestellte Untersuchung den ersten Ursprung und Hauptgrund zu finden trachtet.

ANALYTIQUEMENT, *adv.* auflösender Weise; mit Heraussuchung des Ursprungs aus den besonders betrachteten Theilen oder Umständen der Sache.

ANANA, *s. m.* Name einer Indianischen Frucht von süssem Geschmack, so auf einem niedrigen Strauch wächst, und an Grösse einer Melone, an Gestalt aber einem Fichtenapfel gleicht.

ANAPESTE, *s. m.* in der Lateinischen und Griechischen Verskunst ein Fuß, der zwey kurze und eine lange Sylbe hat, ◡◡−.

ANAPESTIQUE, *adj. c.* anapästisch, das aus Anapæstis bestehet, in der Lateinischen und Griechischen Poesie.

ANAPLEROTIQUE, *s. m.* ein Mittel, wodurch man das Fleisch wieder wachsen macht, wo etwan ein Geschwär gewesen ist.

ANARCHIE, *s. f.* der Zustand eines Landes oder gemeinen Wesens eines Regenten.

ANARCHIQUE, *adj.* das ohne Regenten ist.

ANASTASE, *s. m.* ein Mannsname; it. eine Lebensbeschreibung der Päbste, deren Verfasser Anastasius geheissen hat.

ANASTOMOSE, *s. f.* Zusammenfügung zweyer Adern, der Ort, wo der Mund einer Ader an einer andern Mund gefügt ist.

ANASTOMOTIQUE, *s. m.* eine Arzeney, welche den Mund der Adern öffnet, daß das Blut aus denselben fortgehet.

ANATHEMATISER, *v. a.* vermaledeyen, verfluchen; in den Kirchenbann thun.

ANATHÊME, *s. m.* ein Fluch, Verfluchung, Vermaledeyung; der Kirchenbann; auch ein Verfluchter, einer der im Bann ist; it. eine Opfergabe.

ANATOMIE, *s. f.* Zergliederung oder Zerlegungskunst der Cörper; it. eine genaue Abtheilung und Untersuchung eines Dinges.

ANATOMIQUE, *adj. c.* was zu der Anatomie gehöret, anatomisch.

ANATOMIQUEMENT, *adv.* auf anatomische Art, der Anatomie gemäß.

ANATOMISER, *v. a.* zergliedern, zerlegen, anatomiren, als einen Cörper: mit Fleiß durchsehen, genau untersuchen, als eine Schrift.

ANATOMISTE, *s. m.* einer der zergliedert, oder anatomirt; einer der in der Anatomie oder Zergliederungskunst erfahren ist.

ANATRON, *s. m.* ein Salz, so sich in den Glastiegeln in den Hütten ansetzt; it. das weisse Salz, das in Gewölbern an den Wänden heraus schlägt; auch ein ander Salz von Kalk, Alaun, Vitriol, gemeinem Salz und Salpeter gemacht.

ANAZE', *s. m.* ein pyramidenförmiger Baum in Madagascar.

ANBOUTOU, *s. m.* ein Kraut in Madagascar, welches unserm Leinkraut gleichet.

ANCE, *voiés* ANSE.

ANCÊTRES, *s. m. plur.* die Vorfahren, Voreltern, die Personen, von denen man herstammt; auch diejenigen, so vor uns gelebt haben.

ANCETTE, *voiés* ANSETTE.

ANCHE, *s. f.* das Röhrlein, das Mundstücke an Schalmeyen und dergleichen Pfeiffen; die Zunge in den schnarrenden Orgel- und Positivpfeiffen; die Röhre, wodurch das Mehl in den Mühlkasten fällt; die Röhre oder Rinne an einer Presse.

ANCHE', ée, *adj.* in den Wappen heißt es, gekrümmt.

ANCHOIS, *s. m.* Meergrundeln, Sardellen.

ANCHOIS, *adv.* ol. vorher, zuvor, erst.

ANCHOLIE, *v.* ANCOLIE.

ANCHOYE, *s. f. v.* ANCHOIS, *s. m.* welches besser ist.

ANCHUE, *s. f.* Eintrag, bey den Webern, Weberfaden.

ANCIEN, ne, *adject.* alt, das lang zuvor gewesen oder geschehen ist; das vor diesem gewesen ist; das schon lang gewähret hat; wenn ein pronomen possessivum vorher geht, so heißt es, älter als ein anderer.

Les *anciens* pères de l'Eglise, die Altväter der Kirche.

L'Histoire *ancienne* & moderne, die alte und neue Geschichte.

Ville *ancienne*, eine alte Stadt.

ANCIEN, alt, das in der Ordnung der Zeit vorgehet.

Il est plus *ansien* Capitaine que vous, er ist älterer Hauptmann denn ihr.

ANCIEN, wegen seinem Alterthum hoch zu achten.

Une

Une maison *ancienne*, ein uraltes Geschlecht.

ANCIEN, *s. m.* ein Aeltester, Vorsteher bey einer Gemeine, Kirche ꝛc. im plurali sind *anciens*, die Alten, die Vorfahren; item die alten Griechischen und Lateinischen Autoren.

ANCIENNE, *s. f.* eine Aelteste, Vorsteherin in einem Kloster.

ANCIENNEMENT, *adv.* vor Alters, vor diesem.

ANCIENNETÉ, *s. f.* das Alterthum, die Zeit, wie lang etwas gedauret hat; das Alter, die Zeit, nach welcher eine Sache eher als eine andere gewesen ist, die alte Zeit.

L'*ancienneté* des maisons est une marque de leur noblesse, das Alterthum der Geschlechter ist eine Anzeige ihres Adels.

Les Officiers du même rang marchent selon leur *ancienneté*, die Bedienten von einerley Ordnung gehen nach ihrem Alter.

ANCOLIE, *s. f.* Ackeley, Agley, ein Kraut.

ANCONEUS, (in der Anatomie) ein Muscul des Arms, der zu Ausstreckung desselbigen dienet.

ANCRAGE, *s. m.* ein bequemer Ort zum Ankern; it. die ganze Geräthschaft, so zum Ankern gehört; das Ankerwerfen.

Droit d'ANCRAGE, eine Gebühr, die man dem Fürsten oder Admiral wegen des Ankerns geben muß, das Ankergeld.

ANCRE, *s. f.* Dinte; item die Buch- und Kupferdruckerfarbe.

Ancre de la Chine, Chinesische Dinte; Tusch, eine schwarze Farbe, welche in kleinen Täfelgen in Europa gebracht, und, mit Wasser aufgeweichet, gebraucht wird.

ANCRE, vor diesem eine Farbe zum Glasmahlen, oder auf irdene Geschirr zu glasiren; darnach allerley Farbe zum mahlen oder schreiben.

Ecrire de bonne *ancre*, einen aufs beste herausstreichen und bey jemand recommandiren.

ANCRE, *s. f.* ein Anker; auf den alten Münzen, ein Zeichen einer gewonnenen Seeschlacht; it. ein starkes Eisen als ein S, die Gebäude zu befestigen.

Le vaisseau est à l'*ancre* das Schiff liegt vor Anker.

Jetter, lever l'*ancre*, den Anker auswerfen, aufheben.

ANCRE, Hoffnung, Zuflucht.

C'est ma derniére *ancre*, dieses ist meine letzte Zuflucht.

ANCRÉ, ée, *adj.* in den Wappen, beankert, mit einem Anker.

Croix *ancrée*, ein Ankercreuz in den Wappen.

ANCRER, *v. a.* etwas mit der Dinte oder Druckerfarbe schwärzen.

ANCRER, *v. a.* les lettres, (in der Druckerey) die Farbe auftragen; die Farbe auf einer Kupferplatte einreiben.

ANCRER, *v. n.* die Druckerfarbe wohl annehmen. (wird von den Buchstaben gesagt).

ANCRER, *v. n.* ankern, den Anker werfen.

s'ANCRER, sich fest setzen, wo einrichten.

être ANCRÉ'E, fest sitzen.

La vanité est si fort *ancrée* dans le cœur de l'homme, die Eitelkeit hält so fest in dem menschlichen Herzen.

Il est *ancré* dans la maison, er sitzt fest zu Hause.

ANCRIER, *s. m.* das Farbbret der Buchdrucker; item ein Dintenfaß, Schreibzeug.

ANCRURE, *s. f.* (bey dem Tuchscheerer) ist ein Falt in dem Tuch, das geschoren wird.

ANCYLOZE, *s. f.* (in der Wundarzneykunst) ist die Einschiebung des Kopfs eines Beins in die Höle eines andern.

ANDA, *s. m.* ein Baum in Brasilien, der eine purgirende Frucht tragt. Das Wasser, in welchem Rinde von diesem Baum eingelegt worden, hat die Kraft, alle Thier einzuschläfern.

ANDABATE, *s. m.* bey den Alten, ein Fechter, der mit verbundenen Augen fochte.

ANDAILLOTS, *s. m. plur.* gewisse Ringe auf den Schiffen, die man bey gutem Wetter an das grosse Tauwerk am Mast macht, das Segel darauf fest zu machen.

ANDAIN, *s. f.* ein Strich Heu oder Getreid, ein Schwaden, den der Mehder in einem Schritt macht; ein Strich oder eine Reihe.

En *andains*, Strich- oder Schwaden-weis.

ANDOUILLE, *s. f.* eine Blut- oder dicke Wurst.

ANDOUILLERS, *s. m. pl.* die Zinken oder Enden am Hirschgeweih.

ANDOUILLETTES, *s. f. pl.* gehacktes und rund zusammen gemachtes Kalbfleisch, Kalbfleischklösgen.

ANDRÉ, *s. m.* Andreas, ein Mannsname.

ANDRINOPLE, *s. f.* die Stadt Adrianopel in Romanien.

ANDRIOT, ote, *s. m.* aus der Insel Andros bürtig.

ANDROGINE, *s. m. & f.* ein Zwitter, ein Mensch, so männlichen und weiblichen Geschlechts zugleich ist; bey den Sternsehern, ein Planet, der bald trockner und bald feuchter Natur ist, als der Mercurius.

AN-

ANDROMEDE, *s. f.* ein mitternächtiges Gestirn am Himmel.

ANDROSACES, *s. m.* ein Kraut, sonst Umbilicus marinus genannt; einige geben auch diesen Namen dem Filzkraut.

ANDROSEMON, *s. m.* Mannsblut, eine Art Johanniskraut.

ANE, *s. m.* ein Esel.

ANE sauvage, Waldesel.

ANE, ein tummer (unwissender, ungeschickter) Mensch.

ANE, *s. m.* (bey dem Buchbinder) die Abschneidsellade, oder der Hobelkasten. Bey andern Handwerksleuten der Bock, worauf man etwas fest macht.

ANEANTIR, *v. a.* vernichten, zunicht machen; vertilgen; abschaffen.

On ne sauroit *anéantir* entièrement une substance, ein Wesen kan nicht gänzlich vernichtet werden.

S'ANEANTIR, *v. r.* zu nicht werden.

Son autorité s'*anéantit* peu-à-peu, sein Ansehen wird allgemach zu nichte.

S'ANEANTIR devant Dieu, sich für GOtt erniedrigen, sich aufs tiefste demüthigen, seine Nichtigkeit erkennen.

ANEANTISSEMENT, *s. m.* Vernichtung, Untergang; Abschaffung, Abgang.

La mort est un *anéantissement* du corps, der Tod ist eine Vernichtung des Leibes.

ANEANTISSEMENT, äusserste Demuth; Erkenntniß und Erwegung seiner Nichtigkeit.

ANEAU, *voiés* ANNEAU.

ANECDOTES, *s. f. pl.* Bücher, die noch nicht in den Druck und unter die Leute gekommen; geheime Geschichte, Begebenheiten oder Thaten, die wenig Leuten bekannt sind.

ANEE, (von âne) die Last oder Ladung eines Esels, so viel ein Esel auf einmal tragen kan, oder getragen hat.

ANEE, ANELER, ANELET, ANELURE, *voiés* ANN.

ANEMONE, *s. f.* Anemone, Windröschen, eine Blume.

ANEMOSCOPE, *s. m.* ein Windzeiger, ein Wetterglas, daran man die Veränderungen der Winde und des Wetters erkennen kan.

ANERIE, *s. f.* Eseley, ungeschicktes Wesen.

ANESSE, *s. f.* eine Eselin, Eselstute; ein tummes, ungeschicktes Weibsbild.

ANET, ANETH, *s. m.* Dille, ein Kraut.

ANEURISME, *s. m.* eine Geschwulst, so von Verletzung oder Zerspringung einer Pulsader entstehet, ein Pulsaderkropf.

ANFRACTUEUX, euse, *adj.* krummwegig, krummgängig, sonderlich in der Anatomie.

ANFRACTUOSITE', *s. f.* eine Krümme, ein krummer Gang, in der Anatomie.

ANGANE, *voiés* ANGEMME.

ANGAR, *s. f.* ein Schoppen, Schopf, ein an eine Mauer angebautes Dach, einen Wagen oder andere Sachen darunter zu stellen.

ANGE, *s. m.* ein Engel, ein guter Geist.

ANGE gardien, bon *Ange*, Schutzengel.

ANGE, ein ausbündig gelehrter oder sonst vortreflicher Mann; ein sehr frommer und heiliger Mann.

Saint Thomas est l'*ange* de l'école, St. Thomas ist ein Engel (Ausbund) der Schulgelehrten.

ANGE, ein ausbündig schönes Frauenzimmer.

ANGE, eine hochgeliebte Person.

Mon petit *ange*, mein liebster Engel.

ANGE de ténèbres, der Teufel.

eau d'ANGE, ein köstlich Wasser von Pommeranzenblüt, Bisam, Zimmet etc.

lit d'ANGE, ein Bette ohne Säulen, da die Fürhänge in der Luft hängen.

rire aux ANGES, ohne Ursach lachen.

boire aux ANGES, nicht mehr wissen, wem man es zutrincken soll.

ANGE, *s. f.* ein Seefisch, wie eine Roche; item eine kleine Wein- oder Essigmücke; auch ein Kettenkugel, welche sich im Schiessen an einer Kette theilet, und auf den Schiffen die Seile von einander reißt.

ANGEIOGRAPHIE, *s. f.* Beschreibung der Gefässe, der Gewichte, der Masse.

ANGEIOLOGIE, *s. f.* in der Anatomie, die Lehre von den Gefässen im Leibe.

ANGELET, *s. m.* ein kleiner Engel; it. eine Art Fische.

ANGELIQUE, *s. f.* ein Weibsname; it. Angelicke, Engelwurz, ein Kraut; desgleichen eine Art weisse Anemone, eine Blume; auch ein Saiteninstrument, wie eine Laute; it. ein süsses Tranck.

ANGELIQUE, *adj. c.* Englisch; vortreflich, ausbündig.

ANGELIQUEMENT, *adv.* auf englische Weise; vortreflich; sehr fromm und heilig.

ANGELOT, *s. m.* eine Art Käse in der Normandie; eine alte Geldmünze in Frankreich von An. 1240; it. ein kleiner Engel; auch eine Art Fische.

ANGELUS, *s. m.* ein kurz Gebett zu der H. Jungfrau Maria, das sich mit diesem Wort anfängt; it. das kleine dreymalige Geläut zu diesem Gebett.

Dire son *angelus*, sein Gebett sprechen.

L'*angelus* sonne, die Betglocke schlägt.

ANGEMME, ANGèNE, ou ANGENIN, *s. m.* in den Wappen, eine Blume mit sechs Blättern.

ANGER, *v. a.* vulg. ängstigen, beunruhigen,

I

AN-

ANGERS, *f. m.* die Hauptstadt von Anjou, in Frankreich.
ANGEVIN, ne, *adj. & subst.* einer oder eine von Angers.
ANGHIVE, *f. m.* ist der Name von einem Baum in Madagascar.
ANGISCOPE, *voiés* ENGYSCOPE.
ANGLE, *f. m.* (in der Meßkunst) Eck; Winkel.
Angle droit, aigu, ein rechter, ein scharfer Winkel.
Angle saillant, flanqué, (in der Kriegsbaukunst) vorspringender, bestrichener Winkel.
ANGLER, *v. a.* in die Enge treiben, oder in einen Winkel zwingen.
ANGLE', ée, *adj.* in den Wappen, wird es von einem Creuz gesagt, das an den vier Ecken eine andere Figur hat.
Croix *anglée de fleurs de lis*, Creuz, ein jeder Eck mit einer Lilie.
ANGLET, *f. m.* ein kleines Eck oder Winkel; ein Zwischenraum.
ANGLETERRE, *f. f.* Engelland.
ANGLEUX, euse, *adj. une noix angleuse*, eine Nuß, die man nur stückweise aus den Schalen bringen kan, eine Steinnuß.
ANGLICAN, e, *adj.* wird nur von der Religion und von der Kirche der Engelländer gebraucht. Les *Anglicans*, die Torris. L'Eglise *Anglicane*, die Englische Kirche.
ANGLICISME, *f. m.* Engelländische Art zu reden.
ANGLOIS, *m.* se, *f. adj. & subst.* Engelländisch, Englisch; ein Engelländer, eine Engelländerin; vor diesem, ein unhöflicher Gläubiger, ein ungestümer Mahner.
Anglois, *f. m.* die Englische Sprache.
Parler *anglois*, Englisch reden.
ANGLO-SAXON, *subst. & adj.* ein Angelsachs, Engelsächsisch.
ANGOISSE, *f. f.* Angst.
Avaler de poires d'*angoisse*, viel verdrüßliche Reden verschlucken müssen; viel ausstehen.
Poire d'Angoisse, eine strenge Birn, Worgbirn; it. ein Knebel, den die Räuber den Leuten in den Mund stecken, daß sie nicht schreyen können, eine Maulbirn.
ANGOULêME, *f. f.* eine Stadt an der Charente in Frankreich.
ANGOûMOIS, *f. m.* ein Herzogthum in Frankreich, darinnen Angoulême die Hauptstadt ist.
ANGOûMOISIN, e, *adj. & subst.* einer oder eine von Angoulême.
ANGUICHURE, *f. f.* der Riemen, woran die Jäger das Jagdhorn tragen.
ANGUILLADE, *f. f.* eine Peitsche von Aalshäuten; auch sonst eine Peitsche von Riemen, die sich wie die Aale um den Leib bieget; it. das Peitschen damit.
ANGUILLE, *f. f.* ein Aal, Fisch.
Ecorcher l'*anguille* par la queuë, eine Sache umgewandt, verkehrt anfangen.
Il y a *anguille* sous roche, es steckt etwas heimliches dahinter.
ANGUILLE'ES, *f. f. plur.* oder
ANGUILLERS, *f. m. plur.* kleine Rinnen oder Röhren, dadurch das Wasser vom Hinter- und Vordertheil des Schiffs bis zu der Pompen rinnen kan.
ANGUILLETTE, *f. f.* kleiner Aal.
ANGUILLIE'RE, *f. f.* Aalenteich; Aalenfang.
ANGULAIRE, *adj. c.* eckigt; it. was man an eine Ecke stellt, sonderlich der Eckstein.
Côté *angulaire*, die Seite, so den Winkel macht.
Pierre *angulaire*, ein Eckstein.
ANICHON, *f. m.* ein junger Esel.
ANICROCHE, *f. f.* vor diesem eine Art Schießgewehr, ein Hakenrohr; jetzt vulg. eine kahle Entschuldigung, Ausflucht; it. Hinderung, Beschwerlichkeit.
ANIER, *f. m. e, f. f.* ein Eseltreiber, eine Eseltreiberin; ein Eselwärter; auch einer, der Esel hält, es sey auf den Kauf oder zum Tragen.
ANIL, *f. m.* ein Staudgewächs, aus dessen Blättern der Indich gemacht wird.
ANIMADVERSION, *f. f.* Bestrafung, Strafe, Einsehen; it. Anmerkung über ein Buch; Ueberlegung. (doch ist es im letzten Verstande nicht zu brauchen).
ANIMAL, *f. m.* eine lebendige Creatur, ein Thier; ein tummer Mensch.
Animal, *v. a. adj.* viehisch, thierisch.
Une vie *animale*, ein viehisches Leben.
Les esprits *animaux*, die Lebensgeister.
ANIMATION, *f. f.* die Belebung oder das Lebendigwerden einer Frucht im Leibe, Beseelung.
ANIME, *f. f.* ein Harnisch mit Fugen und Blättern; it. im Giessen das Model, worüber der Thon geschlagen wird; item (bey dem Apotheker) ein wohlriechend Gummi aus Indien, Gummi *Anime*.
ANIMER, *v. a.* beleben, beseelen.
Il *anime* ses discours d'une belle action, er belebt seine Rede mit zierlichen Geberden.
Animer, (bey dem Mahler und Bildhauer) lebhaft vorstellen, ein Bild machen als wenn es lebte.
Animer, erwecken, ermuntern; reizen.
Animer une passion, eine Gemüthsregung erwecken.

Ani-

Animer ses pas, ſeine Tritte ermuntern; friſch einher treten.

Animer quelqu'un à la vangeance, einen zur Rache reizen.

s'Animer, *v. r.* munter, freudig, lebhaft werden; ſich erzürnen, erhitzt werden.

ANIME', ée, *adj.* lebendig; begierig; erzürnt, angereizt; in der Wappenkunſt, wenn ein Pferd in gewiſſer Stellung, dergleichen es im Leben macht, gemahlt iſt; it. was Augen von anderer Farbe als der Leib hat, in den Wappen.

ANIMOSITE', *ſ. f.* Feindſchaft, Häß, Widerwille, Erbitterung; Hitze, Zorn.

ANJOU, *ſ. m.* das Herzogthum dieſes Namens in Frankreich, an der Loire.

ANIS, *ſ. m.* Anis, Kraut und Saame.

ANKER, ein Maaß zu Amſterdam, dabey man Wein und andere flüſſige Dinge miſſet.

ANNA, *ſ. m.* ein kleines Thier aus Peru, welches ſehr ſtinket.

ANNABASSES, eine Gattung Decken, welche zu Rouen und in Holland fabriciret werden.

ANNAL, e, *adj.* das nur ein Jahr dauert und gilt; it. das ein Jahr gewährt hat, jährig. (ein Juriſtiſcher Terminus).

Une procuration *annale*, eine Vollmacht auf ein Jahr.

ANNALES, *ſ. f. plur.* Jahrbücher, Jahrgeſchichte.

ANNALISTE, *ſ. m.* Geſchichtſchreiber.

ANNATE, *ſ. f.* ein Einkommen des Pabſts, eine Summe Geldes, ſo derjenige, der ein vornehmes geiſtliches Amt erhält, in die Päbſtliche Kammer liefern muß, ſind meiſtens die Einkünfte des erſten Jahrs von dem Amt, das einem gegeben wird.

ANNE, *ſ. f.* Anna, Weibs- und zu Zeiten ein Mannsname.

ANNEAU, *ſ. m.* ein glatter güldener Ring, in welchen kein Edelgeſtein gefaſſet iſt; ein Ring von andern Metallen; ein Pitſchierring, der Ring am Schlüſſel; ein Ring in den Wappen; auch ſonſt was dergleichen Figur hat, als eine Haarlocke ꝛc.

Mettre à ſon doigt un *anneau* trop étroit, eine üble Heyrath treffen.

Anneau aſtronomique, oder Anneau univerſel, eine Univerſalſonnenuhr, welche die Stunden zeigt, man ſey in der Welt wo man wolle.

ANNE'E, *ſ. f.* ein Jahr.

L'*année* courante, das jetztlaufende Jahr.

ANNELER, *v. a.* in die Runde bringen, rollen, kräuſeln, als die Haare; it. einer Stute den Ring anlegen.

Beaux cheveux *annelés*, (beſſer bouclés) ſchönes ringelkrauſes Haar.

ANNELET, *ſ. m.* ein Ringlein; it. ein Rieme oder eine ſchmale Leiſte an den Säulen, in der Baukunſt.

ANNELURE, *ſ. f.* das Kräuſeln der Haare in Ringe.

ANNETTE, *ſ. f.* Aenngen, Annely, ein Weibername.

ANNEXE, *ſ. f.* der Anhang an einem Teſtament; it. eine Kirche, ſo keinen eigenen Pfarrer hat, ſondern zu einer andern Pfarre geſchlagen iſt, ein Filial; ein Gut, das zu einem andern gehört.

ANNEXER, *v. a.* anhängen, beyfügen; ein Amt oder Land zum andern fügen, dazu ſchlagen oder ziehen, damit vereinigen, verbinden oder verknüpfen.

ANNEXION, *ſ. f.* Beyfügung, Verknüpfung, Verbindung, Vereinigung.

ANNILLES, *ſ. f. plur.* ein Eiſen, welches man als einen halben Ring um die Achſe des Rads in der Mühle macht, dieſelbe zu befeſtigen; auch in den Wappen ein Mühleiſen.

ANNIVERSAIRE, *adj. c.* jährlich, das alle Jahr geſchieht.

Fête *anniverſaire*, Jahrsfeſt.

Anniversaire, *ſ. m.* Jahrbegängniß vor einen Verſtorbenen, Jahrgedächtniß.

ANNONCE, *ſ. f.* Verkündigung, das Ankündigen, Aufbieten der Verlobten auf der Canzel, das Aufgebot; it. Vermeldung zum Schluß eines Schauſpiels, was nächſtens für ein Stück auf dem Schauplatz aufgeführt werden ſoll, Anſagung der künftigen Comödie.

Publier les *annonces*, aufbieten auf der Canzel.

Faire l'*annonce*, die künftige Comödie anſagen.

ANNONCER, *v. a.* verkündigen, kund machen, bekannt machen, ausbreiten; anſagen, anzeigen, ankündigen, vermelden; andeuten, zu erkennen geben; zuvor ſagen, zuvor verkündigen, von etwas weiſſagen; anſagen, was nächſtens für eine Comödie geſpielt werden ſoll.

ANNONCIADE, *ſ. f.* ein Savoyiſcher Ritterorden, zu Ehren der Verkündigung Mariä angeordnet; auch das Feſt der Verkündigung Mariä, wenn von deſſen Begehung durch dieſe Ritter geredet wird.

les religieuſes de l'Annonciade, Nonnen mit blauen Kleidern.

ANNONCIATION, *ſ. f.* die Verkündigung des Engels; das Feſt der Verkündigung Mariä; ein Gemählde oder Kupferſtich davon; it. ein Kloſterorden.

ANNOTATEUR, *ſ. m.* der über eine Schrift Anmerkungen macht.

ANNOTATION, *ſ. f.* Anmerkung über ein Buch;

Buch; gerichtliche Aufzeichnung des Vermögens einer Person.

ANNOTER, *v. a.* anmerken, was einem bey Durchlesung eines Buchs beyfällt; aufzeichnen, die Güter, die dem Fisco verfallen sind.

ANNUëL, le, *adj.* jährlich, das alle Jahr geschieht oder geschehen soll, das alle Jahr gegeben wird 2c. item das ein Jahr währet.

Rente *annuelle*, jährlicher Zins, der alle Jahr zu bezahlen ist.

Le Consulat à Rome étoit *annuel*, das Burgermeisteramt zu Rom war jährig; währete nur ein Jahr.

ANNUëL, *s. m.* (in der Römischen Kirche) eine Seelmesse, die man alle Tage des Trauerjahrs für den Verstorbenen lieset; item jährliches Ungeld, so die Wirthe vor die Schenkgerechtigkeit bezahlen müssen.

ANNUëLLEMENT, *adv.* alle Jahr, jährlich.

ANNULAIRE, *adj. c.* ein Ring.

Doigt *annulaire*, der Goldfinger, an den man die Ringe zu stecken pflegt.

ANNULLER, *v. a.* vernichten, abschaffen, aufheben, ungültig machen, für null und nichtig erklären, bey den Rechtsgelehrten.

ANOBLIR, *v. a.* adeln, zum Edelmann machen.

ANOBLIR son stile, schönere Worte und Redensarten gebrauchen, schöner und lebhafter oder prächtiger zu schreiben anfangen.

ANOBLISSEMENT, *s. m.* das Adeln.

Lettre *d'anoblissement*, Adelsbrief.

ANODIN, e, *adj.* (in der Heilkunst) das die Schmerzen lindert und stillet.

ANOLIS, *s. m.* eine grosse Eidex auf der Americanischen Insel Guadaloupe.

ANOMAL, e, *adj.* das nicht nach der Regel ist, ungleich, in der Sprachkunst.

ANOMALIE, *s. m.* Ungleichheit, Unrichtigkeit, Anstoß wider die Regeln der Sprachkunst.

ANOMEëNS, *s. m. plur.* eine Art Arianer, Ketzer, welche behaupteten, daß in der Gottheit der Sohn dem Vater nicht gleich wäre.

ANON, *s. m.* ein junger Esel.

ANONA, *s. m.* ein Indianischer Baum, dessen Frucht sehr angenehm ist.

ANONIME, *adj. c.* unbekannt.

Un auteur *anonime*, ein unbekannter Verfasser, Urheber.

ANONNER, *v. n.* junge Esel kriegen; it. einem jungen Esel gleichen, tumm seyn oder sich anstellen; im lesen oder antworten stammeln, nicht fort können, stecken bleiben.

ANONYME, *voiés* ANONIME.

ANORDIE, *s. f.* ein Sturm von Norden bey Mexico, und an den Seeküsten von Neuspanien.

ANSE, *s. f.* eine Handhebe, ein Handgriff, ein Oehr, ein Henkel, wobey man etwas anfasset oder aufhänget; ein grosser Seebusen, eine Krümme, Bucht.

ANSE de panier, halb-ovale Krümme eines Schwibbogens in der Baukunst; it. an der Schlösserarbeit, zwey gegen einander über gemachte Schnecken-förmige Zierathen.

Faire le pot à deux *anses*, die beyden Hände in die Seite stellen.

l'ANSE du panier, der Gewinn, den die Mägde bey dem Einkaufen auf dem Marfte machen, vulg. die Schwenzelpfennige.

ANSE, ANSEATIQUE, *voiés* HANS.

ANSELME, *s. m.* Anshelm, ein Mannsname.

ANSETTE, *s. f.* eine kleine Handhebe, ein kleiner Henkel oder Griff an etwas; auf den Schiffen, eine Schläufe von einem Seil an dem Rand eines Segels, wodurch andere Seile durchgezogen werden.

ANSPECT, *s. m.* bey den Bootsknechten ein Hebbaum.

ANSPESSADE, *s. m.* ein Soldat, der etwas mehr Sold hat als ein anderer gemeiner, doch nur unter dem Corporal, ihn bisweilen zu vertreten; vor diesem ein Reuter, der nimmer zu Pferde dienen konnte, und daher unter die Fußgänger kam.

ANTAGONISTE, *s. m. & f.* der oder die das Gegentheil hält, Widerpart, Feind, Feindin.

ANTAGONISTES, (in der Anatomie) werden die Muskeln genennet, welche widerwärtige Verrichtungen haben.

ANTALE', ein kleiner Schneck, welcher wie ein Federkiel in der Dicke, und etwas mehr als ein Zoll lang ist.

ANTAMBA, ein wildes Thier in Madagascar, welches dem Leopard gleichet.

ANTAN, *s. m.* das vorige Jahr.

Des figues *d'antan*, Feigen vom vorigen Jahre.

ANTANAIRE, *adj. c.* der seine Federn noch vom Jahr her hat, der sich nicht gemauset hat, wird vom Falken gesagt.

ANTARCTIQUE, *adj. c.* was gegen den Süderpol gelegen ist.

ANTARES, *s. m.* (in der Astronomie) das Herz des Scorpions.

ANTARTIQUE, *v.* ANTARCTIQUE.

ANTE,

ANTE, *s. f.* ol. des Vaters oder der Mutter Schwester. *v.* TANTE.

ANTE, *s. f.* Pfropfreis; (*v.* ENTE,) item ein Stück Holz, das mit Eisen an die Flügel einer Windmühle fest gemacht ist, das Ende daran; im plurali bedeutet es Säulen, welche die Alten an den Ecken ihrer Tempel und anderer Gebäude stellten; auch heissen die Balken so, die etwas wenigs über die Mauer heraus gehen.

ANTE'CE'DENT, *s. m.* der vorhergehende Satz, der Vorsatz, das Antecedens, in der Logic.

ANTE'CESSEUR, *s. m.* ein Vorfahrer; ein Professor im Rechten.

ANTE'CHRIST, *s. m.* der Antichrist, Widerchrist.

ANTE'CIENS, *s. m. plur.* (in der Geographie) Leute, die zwar mit uns unter einem Meridiano, aber auf dem andern Hemisphærio in gleicher Weite wie wir von dem Æquatore entfernet wohnen, und daher den längsten Tag haben wenn wir den kürzesten Tag haben, und Winter wenn wir Sommer haben.

ANTENNE, *s. f.* Segelstange.

ANTENOIS, ein Jährling; ein jährig Lam.

ANTE'PE'NULTIE'ME, *adject. c.* der letzte ohne zwey, der dritte von hinten, als in der Sprachkunst die Sylbe vor den zwey letztern.

ANTER, *v.* ENTER.

ANTE'RIEUR, re, *adj.* der Vördere, der vorn dran oder voran ist; auch der vorhergehende, der eher ist.

La partie *antérieure* du corps, der vordere Theil des Leibs.

Les tems *antérieurs*, die vorige Zeiten.

ANTE'RIEUREMENT, *adv.* eher, zuvor, vorher.

Dette contractée *antérieurement*, eine vorher gemachte Schuld.

ANTE'RIORITE', *s. f.* der Vorzug; Vorgang, z. E. im Pfand; das Ehrseyn der Zeit nach.

ANTE'RIORITE' d'hipothéque, ältere Verschreibung.

ANTES, *s. f. pl.* vorstehende Pfeiler.

ANTE'STATURE, *s. f.* ein kleiner Abschnidt und Verschanzung, so man in der Eil macht, daß der Feind nicht so leicht weiter gehen kan.

ANTHELIX, der äusserste Rand des Ohres.

ANTHERA, *s. f.* das Gelbe mitten in den Rosen, die Flittern, auch an andern Blumen.

ANTHOLOGE. *s. m.* ein Buch bey den Griechen, darinnen ihre Kirchenceremonien wegen der Heiligen begriffen sind.

ANTHOLOGIE, *s. f.* ein Buch von griechischen Epigrammaten, eine Sammlung derselben.

ANTHORA, *s. f.* gelb Eisenhütlein, Giftheil, ein Kraut.

ANTHROPOLOGIE, *s. f.* eine Art auf menschliche Weise zu reden.

ANTHROPOMORPHIRES, *s. m. plur.* Ketzer, welche GOtt menschliche Gliedmassen zuschrieben.

ANTHROPOPHAGE, *s. m.* einer der Menschenfleisch frißt.

ANTHROPOPHAGIE, *s. f.* das Menschenfressen.

ANTHYLLIS, *s. m.* gelber Hasenklee, ein Kraut.

ANTIAPOPLECTIQUE, *s. m. & adj.* so werden die Arzneyen genennt, welche wider die Schlagflüsse gebraucht werden.

ANTICABINET, *s. m.* der Platz zwischen dem Saal und dem Cabinet.

ANTICHAMBRE, *s. f.* ein Vorgemach, Vorzimmer.

ANTICHRE'SE, *s. f.* (in Gerichten) eine Verpfändung eines Guts, den Genuß desselben an statt der Zinse zu haben.

ANTICHRE'TIEN, nne, *adj.* widerchristlich, antichristisch.

ANTICHRISTIANISME, *s. m.* das Widerchristenthum, Antichristenthum, das Reich oder die Lehre des Antichrists.

ANTICIPATION, *s. f.* das Zuvorwegnehmen oder Einnehmen; das Vorkommen.

Païer, prendre par *anticipation*, voraus bezahlen; empfangen.

ANTICIPER, *v. a.* einem Ding vorkommen; etwas zuvor, vor der Zeit thun; etwas vor der Zeit wegnehmen, sich dessen vor der Zeit anmassen.

Anticiper l'appellant, dem Appellanten zuvor kommen.

Anticiper les droits de son compagnon, seinem Gemeinschafter vorgreifen; eingreifen.

Anticiper ses gages, seine Besoldung voraus empfangen.

ANTICIPE', ée, *adj.* das vor der Zeit kommt.

ANTICOEUR, *s. m.* eine Krankheit der Pferde, eine Geschwulst an der Brust gegen dem Herzen über.

ANTICOUR, *s. f.* Vorhof.

ANTIDATE, *s. f.* ein Datum oder beygeschriebener Tag in einem Brief oder andern Schrift, der älter ist als er seyn soll.

ANTIDATER, *v. a.* das Datum zurück setzen.

ANTIDICOMARIANITES, *s. m. pl.* Ketzer,

ter, welche vorgaben, Maria hätte nach der Geburt JEsu mit Joseph mehr Kinder gezeuget.
ANTIDISSENTERIQUE, wider die rothe Ruhr dienend.
ANTIDOTAIRE, adj. c. was zum Gegengift gehöret.
Antidotaire, f. m. ein Buch, worinnen allerley Gegengift oder andere Arzneyen beschrieben sind.
ANTIDOTE, f. m. Gegengift.
ANTIENNE, f. f. das Vorsingen, Anstimmung eines Gesangs, da zwey Chöre in der Kirche gegen einander singen; it. die Stücke eines Psalms, die man anstimmt an einem Fest, oder sonst ein klein Gebett, das vor einem grössern vorher geht.
ANTIEPILEPTIQUE, wider die fallende Sucht dienendes Arzneymittel, Antigorium, Schmalten.
ANTIHECTIQUE, wider die Lungensucht dienliches Mittel.
ANTIHIDROPIQUE, der Wassersucht widerstehend.
ANTIHIPOCONDRIAQUE, ein Mittel wider die Schwermüthigkeit.
ANTILLES, f. f. pl. eine Stange oder Riegel von Holz, das Haus zu verriegeln von einer Pfoste zur andern; it. die Antillischen Inseln bey America.
ANTILLIS, v. ANTHYLLIS.
ANTILOGIE, f. f. widersinniger Verstand zweyer Oerter einer Schrift, Widerspruch, Gegensinn.
ANTIMELANCOLIQUE, die Melancholey vertreibend.
ANTIMOINE, f. m. Spießglas.
ANTINEPHRETIQUE, dem Stein und Grieß widerstehend.
ANTINOMIE, f. f. das wider das Gesetz ist; it. Widerspruch zweyer Gesetze.
ANTIOCHE, f. f. Antiochien, eine Stadt in Syrien.
ANTIPAPE, f. m. ein Gegenpabst, der über den andern gewählt ist.
ANTIPARALITIQUE, wider die Lähmung der Glieder dienend.
ANTIPATHIE, ANTIPATIE, f. f. natürliche Widerwärtigkeit zweyer Naturen, angebohrne Feindschaft.
J'ai de l'*antipatie* à cela, das ist mir natürlich zuwider.
J'ai de l'*antipatie* pour cet homme, ich habe eine angebohrne Widrigkeit gegen diesen Mann.
ANTIPATHIQUE, ANTIPATIQUE, adj. c. das von angebohrner Feindschaft herkommt, oder dieselbe mit sich bringt und verursacht, widerwärtig.
ANTIPERISTALTIQUE, adj. c. von einer unordentlichen Bewegung der Gedärme.
ANTIPERISTASE, f. f. Streit zwischen zwey widerwärtigen natürlichen Eigenschaften, da eine der andern Kraft vermehrt.
L'*antipéristase* entre le chaud & le froid, der Streit zwischen Wärme und Kälte.
ANTIPHONNAIRE, f. m. ein Buch darinnen die Antiphonæ zusammen geschrieben sind.
ANTIPHONNE, f. f. ol. v. ANTIENNE.
ANTIPHONNIER, f. m. voiés ANTIPHONNAIRE.
ANTIPHRASE, f. m. ein Wort, das das Gegentheil dessen bedeutet, was sein Verstand oder Herleitung mit sich bringt.
ANTIPLEURETIQUE, Arzney wider den Seitenstich.
ANTIPODES, f. m. plur. was die Füß gegen uns kehrt, und auf der andern Seite der Erdkugel wohnt, da unsere Fußsohlen gegen einander stehen; die Gegenfüßler.
C'est l'*antipode* de la raison, das läuft gerad wider die Vernunft.
ANTIPTOSE, f. f. in der Grammatic, Setzung eines Casus an statt des andern.
ANTIQUAILLES, f. f. pl. Antiquitäten, alte Sachen oder Gebäude, Alterthümer.
ANTIQUAIRE, f. m. ein Liebhaber alter Sachen; einer der damit umgehet, sie versteht, ein Kenner der Alterthümer.
ANTIQUE, adj. c. alt, das vor Zeiten gewesen ist, uralt, noch mehr als ancien; item altväterisch, das auf die alte Art heraus kommt.
à l'*antique*, adv. auf alte Manier.
Antique, f. m. die alte Art von Mahlereyen, Bildhauerarbeit ic. alte Kunstarbeit.
Il se connoît parfaitement en *antique*, er ist ein vollkommener Kenner der alten Kunstarbeit.
Antique, f. f. eine alte Münze oder sonst ein altes Stück von Mahlereyen u. d. gl. in den Wappen, eine Krone mit spitzigen Zacken oder Stralen.
Une belle *antique*, ein schönes altes Stück.
ANTIQUER, v. a. bey den Buchbindern, ein Buch auf dem Schnidt mit Figuren zieren.
ANTIQUITE', f. f. das Alter, die Zeit wie lang etwas gewähret hat; das Alterthum, die längst vergangene Zeit; die Leute aus der alten Zeit; ein altes Stück, eine alte Rarität, ein altes Ueberbleibsel.
ANTIRRHINUM, f. m. Orant oder Dorant,

rant, Kalbsnase, Hundskopf, Löwenmaul, ein Kraut.
ANTISALE, *s. f.* ein Vorsaal.
ANTISCIENS, *s. m. pl.* die Völker, so diß-und jenseits der Linie wohnen, deren Mittagsschatten sich unterschiedlich drehet, der eine gegen Mittag, der andere gegen Mitternacht.
ANTISCORBUTIQUE, ein Mittel wider den Scharbock.
ANTISPODE, eine Gattung Aschen, in der Arzney dienlich.
ANTISTROPHE, *s. f.* in der Sprachkunst, eine Umwendung zweyer dem Verstand nach zusammenhangender Worte, daß das vorstehet, was nachgestanden, als: freundliche Ernsthaftigkeit, ernsthafte Freundlichkeit.
ANTITHESE, ANTITESE, *s. f.* ein Gegensatz in der Redekunst.
ANTITRINITAIRES, *s. m. pl.* Ketzer; welche die Dreyfaltigkeit in GOtt leugnen.
ANTITYPE, *s. m.* Gegenbild, dasjenige so durch ein Vorbild bedeutet worden ist.
ANTIVENERIEN, *s. m.* Arzney wider die Venuskrankheit.
ANTOINE, *s. m.* Antony, ein Mannsname.
ANTOINETTE, *s. f.* Antonette, ein Weibername.
ANTOISER, *v. a.* Mist in einen Haufen schlagen, bey den Gärtnern.
ANTOIT, *s. m.* eine Klammer auf den Schiffen, eine Ziehschraube.
ANTOLFLE de Girofle, ist ein Würznägelein, welches ohngefehr auf dem Baum stehen bleibt und mit andern nicht abgebrochen wird. In diesem Fall wachset die Frucht fort und wird endlich Daumens dick, und haltet alsdann einen Gummi in sich, welcher sehr angenehm und in der Arzney sehr dienlich ist.
ANTOLOGIE, *v.* ANTHOLOGIE.
ANTONIN, *s. m.* oder
ANTONISTE, *s. m.* eine geistliche Ordensperson oder ein Canonicus S. Augustini von der Antoniusbrüderschaft.
ANTONOMASE, *s. f.* oder
ANTONOMASIA, *s. f.* wenn ein Name, der vielen gemein ist, vor einen Namen gesetzt wird, der einem eigen ist.
ANTOUSIASME, ANTOUSIASTE, ANTRACTE, *v.* ENT.
ANTRE, *s. m.* ein Loch oder Höhle.
ANTURA, *v.* ANTHORA.
ANVERS, *s. m.* Antwerpen, eine Stadt in Brabant an der Schelde.
s'ANUITER, *v. r.* sich bey der Nacht auf die Reise begeben; von der Nacht überfallen werden, sich verspäten.
ANUS, *s. m.* der Hintere, (bey den Aerz-

ten und Wundärzten.)
ANXIETE', *s. f.* Angst, Bangigkeit, Unruhe des Herzens.
AORE', *s. m.* der Charfreytag.
AORISTE, *s. m.* man liest nur Oriste. In der Griechischen Grammatic heißt es ein Tempus, das die vergangene Zeit nicht gewiß benennet, wie lange sie vergangen sey.
AORTE, *s. f.* die grosse Pulsader, so von der linken Herzkammer entsteht.
AOURNER, *v. a.* zieren, schmücken, (ist alt, und nicht mehr gebräuchlich.)
AOûT, *s. m.* der Augustmonat; die Erndte. Faire bien son *août*, gute Erndte bey etwas haben, seinen Schnidt machen.
AOûTE', ée, *adject.* reif, zeitig, genugsam gewachsen, das nicht mehr grösser wird dieses Jahr.
AOûTER, *v. n.* die Frucht zeitig machen.
AOûTERON, *s. m.* ein Schnidter, ein Arbeiter in der Erndte.
APARTE', *s. m. indecl.* das was eine Person in der Comödie vor sich zu den Zuhörern redt, daß es die Mitspielenden nicht hören sollen.
APARTEMENT, *s. m.* eine sonderliche Reihe Gemächer; ein Ort, worinnen man sich besonders aufhält; Zimmer; ein Stück das zum Haus gehört; eine Lustbarkeit, welche der König in Frankreich seinen Leuten an gewissen Tagen zu geben pflegt, ein Spieltag am französischen Hofe.
Il y a de beaux *apartemens* dans cette maison, es sind schöne Wohngemächer in diesem Hause.
APATHIE, APATIE, *s. f.* Freyheit von Affecten oder Gemüthsbewegungen, Unempfindlichkeit.
APATHIQUE, APATIQUE, *adj. c.* frey von Affecten, unempfindlich.
APATHISTE, APATISTE, *s. m.* ein Mensch, der keine Affecten hat.
APATURIES, *s. f. pl.* ein Fest der alten Heyden, so Baccho und andern Göttern zu Ehren begangen wurde.
APE'DEFTE, *adj. c.* unwissend, (ein altes Wort.)
APENS, *v.* PENS.
APE'RITIF, ive, *adj.* eine Arzney, welche den verstopften Leib öfnet.
APERT, *v.* APPERT.
APERTEMENT, *adv.* pour ouvertement, öffentlich, frey, klärlich, deutlich.
APHE'LIE, *s. f.* der Punct, wo ein Planet von der Sonne am weitesten entfernet ist.
APHE'RESE, *s. f.* Wegwerfung eines Buchstabens oder einer Sylbe zu Anfang des Worts.

APHO-

APHORISME, *s. m.* ein Spruch, Ausspruch, Lehrsatz.
APHRODILLE, *s. f.* oder
APHRONILLE, *s. f. v.* ASPHODELLE.
APHRONITRE, *s. m.* der subtileste und leichteste Salpeter, Salpeterblumen.
API, *s. m.* Eppich, ein Kraut; it. eine Art kleine und sehr rothe Aepfel, Herrenäpfel.
APIOS, *s. m.* ein Cretisches Kraut, das eine Blüte trägt wie die Raute.
APIQUER, *v. n.* wenn das Schiff seinem ausgeworfenen Anker so nahe kommt, daß das Seil perpendicular an demselben wird.
APLOMB, *s. m.* gerade Stellung nach der Bleywage oder nach der Schnur in die Höhe.
APOCALYPSE, *s. f.* Offenbarung, insonderheit die Offenbarung Johannis; im Scherz, Dunkelheit, dunkele und unverständliche Schrift oder Rede.
   C'est un homme bien *apocalypse*, der Mann redet lauter Räthsel, er führt dunkele Reden, die niemand verstehet.
APOCALYPTIQUE, *adj. c.* das Offenbarung in sich hält, prophetisch.
APOCIN, *s. m.* ein Kraut aus Egypten, welches zu der Arzney gebraucht wird.
APOCOPE, *s. f.* (in der Sprachkunst,) Wegwerfung eines Buchstabens oder einer Sylbe am Ende eines Worts.
APOCRISAIRE, *s. m.* oder
APOCRISIAIRE, *s. m.* ein Abgesandter; ein Agent; anfänglich eines weltlichen Herrn, darnach eines Geistlichen oder einer Kirchen.
APOCROUSTIQUE, *s. m.* eine Arzney, welche den zufliessenden Feuchtigkeiten steuret.
APOCRYPHE, *adj. c.* verborgen, geheim, unbekannt; von unbekanntem Ursprung.
   Nouvelle *apocryphe*, eine ungegründete Zeitung.
   Auteur *apocryphe*, ein unbekannter Schreiber.
   Sentiment *apocryphe*, eine ungiltige Meynung, die wenig Beyfall hat.
   Les livres *apocryphes* de l'Ecriture, die Bücher der H. Schrift, derer Verfasser unbekannt sind.
APOCYNUM, *s. m.* Hundstod, ein Kraut oder Strauch.
APODE, so heissen die Sternseher eines von denen achtzehen neuen australischen Gestirnen, welches aus zwölf Sternen von der fünften Grösse bestehet.
APODICTIQUE, *adj. c.* angenscheinlich, klärlich, überzeugend, in der Logic.
APOGE'E, *s. m.* der Punct in der Geographie oder Astronomie, in welchem die Sonne oder ein ander Gestirn am weitesten von der Erde entfernet ist, hernach auch das Höchste oder die Spitze an andern Dingen, als Ehre 2c.
   Sa gloire est dans son *apogée*, sein Ruhm ist auf das Höchste gekommen.
APOGRAPHE, *s. m.* Abschrift, Copey.
APOLLINARISTES, *s. m. pl.* Ketzer im vierten Seculo, welche behaupteten, Christus wäre durch keine menschliche Seele, sondern bloß durch das Wort belebet worden, und sein Fleisch wäre nicht von der Jungfrau Maria angenommen gewesen, sondern vom Himmel kommen.
APOLLON, *s. m.* der Gott der freyen Künste; item ein besonders berühmter Poet.
APOLOGE'TIQUE, *adj. c.* das zu einer Vertheidigung gehört; das eine Vertheidigung in sich hält.
APOLOGE'TIQUE, *s. m.* eine Schutzschrift Tertulliani, vor die Christen.
APOLOGIE, *s. f.* Schutzrede oder Schutzschrift, Vertheidigung.
APOLOGIQUE, *adj. c.* Schutz, Vertheidigungs-, das eine Vertheidigung in sich hält.
APOLOGISTE, *s. m.* ein Vertheidiger, einer der eine Schutzschrift abfaßt, der eine Vertheidigung macht.
APOLOGUE, *s. m.* eine lehrreiche Fabel.
   Les *apologues* d'Esope, die Lehrgedichte des Æsopus.
APONEUROSE, *s. f.* die Senne, das äusserste nervosische Theil an den Muskeln, in der Anatomie.
APOPHLE'GMATISME, *s. m.* eine Arzney, die man kauen muß, die Feuchtigkeiten vom Haupte zu ziehen.
APOPHORETE, *s. m.* bey den Alten, ein Geschenk, so einer dem andern an den Saturnalibus, oder bey andern solennen Gelegenheiten zu thun pflegte.
APOPHTHE'GME, *s. m.* eine kurze sinnreiche Rede einer vornehmen Person; it. eine Rede, die Lehrsprüchen und guten Regeln gleich siehet.
APOPHYGE, *s. f.* in der Baukunst, der Anlauf und Ablauf an den Säulen.
APOPHYSE, *s. f.* der Knorren, das erhabene an einem Bein, womit es sich an das andere schließt; auch sonst eine Erhöhung, etwas hervorragendes, in der Anatomie.
APOPLECTIQUE, APOPLE'TIQUE, *adj. c.* der vom Schlag gerühret ist; it. was zum Schlagfluß gehört oder denselben begleitet.
APOPLEXIE, *s. f.* der Schlag, die Hand GOttes, Schlagfluß.
APORE, *s. m.* (in der Mathematic) ein Problema,

Problema, das schwer zu resolviren, auch noch nicht resolvirt ist, als die Quadratur des Cirkels.
APOSE'ME, *f. m.* ein gesottener Saft, gekochter Trank.
APOSIOPE'SE, *f. f.* eine Abbrechung der Rede.
APOSTASIE, *f. f.* Abfall von der wahren Religion, oder auch vom Mönchenleben, in ein unordentliches.
APOSTASIER, *v. n.* abfallen, in Religionssachen.
APOSTAT, *f. m.* APOSTATE, *f. f.* ein Abgefallener vom Glauben, oder vom Orden, ein Mameluck.
APOSTE'ME, *f. m.* (v. APOSTUME) ein Geschwür.
APOSTER, *v. a.* etwas oder einen abrichten und stellen, sich dessen in einem schlimmen Handel zu bedienen.
Aposter de faux témoins, falsche Zeugen bestellen.
APOSTILLE, *f. f.* ein Anhang, etwas beygeschriebenes am Rande, oder unten in einem Buch, eine Anmerkung.
APOSTILLER, *v. a.* Anmerkungen machen bey einer Schrift, etwas zeichnen.
APOSTIS, *f. m.* auf den Galeen, ein Holz längs an der Seite hin, das die Ruder trägt, vermittelst eines dicken Taues.
APOSTOLAT, *f. m.* Apostelamt.
APOSTOLIQUE, *adj. c.* Apostolisch; Päbstlich, vom Pabst.
Nonce *Apostolique*, Päbstlicher Gesandter.
Chambre *Apostolique*, Päbstliche Kammer.
APOSTOLIQUEMENT, *adv.* Apostolischer Weise.
APOSTOLORUM, *f. m.* in der Apotheke, eine Salbe von zwölferley Specien.
APOSTRE, *v.* APÔTRE.
APOSTROPHE, *f. f.* (in der Sprachkunst) ein Zeichen eines weggeworfenen Lautbuchstabens, als: l'Eglise.
APOSTROPHE, (in der Redekunst) Richtung der Rede an jemand; Anrede, Anspruch).
APOSTROPHER, *v. a.* ein Strichlein wegen eines weggeworfenen Vocals machen.
APOSTROPHER, die Rede von den Zuhörern künstlich ab- und anderswohin wenden.
APOSTROPHER, im Scherz heißt es auch einen benamen; betiteln; Zunamen geben.
APOSTUME, *f. m.* ein Geschwür.
Il faut que l'*apostume* crève, *prov.* die Sache muß einen Ausbruch gewinnen.
APOSTUMER, *v. n.* (besser suppurer) eitern, Geschwür setzen und zeitigen.
Abscès prêt d'*apostumer*, ein Geschwür, das bald zeitigen will.
Qui fait *apostumer*, was ein Geschwür zeitiget.
APOTHE'OSE, APOTE'OSE, *f. f.* Vergötterung.
Faire l'*apothéose* de quelqu'un, einen unter die Zahl der Götter rechnen.
APOTICAIRE, *f. m.* ein Apotheker; ein Buch von der Apothekerkunst.
Un *apoticaire* sans sucre, einer der das nicht hat, was zu seiner Profession gehört.
Des parties d'*apoticaire*, Rechnungen, da man die Helfte abbrechen kan von dem, was gefodert wird.
APOTICAIRERIE, *f. f.* die Apotheke; it. die Apothekerkunst.
APOTICAIRESSE, *f. f.* des Apothekers Frau.
APOTICAIRESSE, *f. f.* die Nonne, welche in ihrem Kloster Sorge vor die Kranken trägt.
APOTOME, *f. f.* in der Algebra, der Unterscheid zwischen Zahlen, die zu keinem gleichen Maß mit einander zu bringen sind; in der Music, der Unterscheid zwischen einem ganzen und dem nächsten halben Ton.
APÔTRE, *f. m.* Apostel.
Un bon *apôtre*, im Scherz, ein feiner Herr, ein rechter Funke, ein loser Vogel; it. ein Gleißner.
APOZE'ME, *f. m. v.* APOSE'ME.
APPAISER, *v. a.* un homme qui est en colère, einen zornigen Menschen zufrieden sprechen oder stellen, besänftigen.
APPAISER un enfant, ein Kind schweigen.
APPAISER Dieu, GOtt versöhnen.
APPAISER une sédition, une querelle, un tumulte, einen Aufruhr, einen Streit, einen Tumult stillen.
APPAISER un différent, eine Streitigkeit beylegen, schlichten.
APPAISER une douleur, Schmerzen lindern.
APPAISER les flots de la mer, die Wellen des Meeres stillen.
s'APPAISER, *v. r.* sich befriedigen lassen, sich zufrieden geben, den Zorn fahren lassen, wieder gut werden; nachlassen, sich legen, leiblicher werden.
Appaisé-vous, lasset euch befriedigen, lasset den Zorn fahren.
Le vent s'est *appaisé*, der Wind hat nachgelassen.
La tempête s'est *appaisée*, der Sturm hat aufgehöret.
APPANAGE, *f. m.* eine Herrschaft oder ein Stück Land, das einem jungen Herrn, der noch nicht zur Regierung kommen kan, zu

K sei-

ſeinem Unterhalt gegeben wird, Leibgeding.
APPANAGE, Zehrung; täglicher Aufgang.
Il faudra rogner l'*appanage*, man wird die Zehrung einziehen müſſen.
APPANAGE., Eigenthum, erworbenes Gut.
C'eſt un joli *appanage* que cette maiſon, dieſes Haus iſt ein feines Eigenthum.
Les infirmités ſont les *appanages* de la nature humaine, die Schwachheiten kleben der menſchlichen Natur an.
APPANAGE¹, ſ. m. oder
APPANAGER, ſ. m. ein abgetheilter, abgeſondener Herr.
APPANAGER, v. a. einem jungen Herrn Unterhalt geben, ihn abtheilen, abfinden; einen mit etwas verſehen, begaben, beſchenken.
APPANTIS, v. APPENTIS.
APPARAT, ſ. m. Vorbereitung, Zubereitung, Zurüſtung.
Il fut reçu avec un magnifique *apparat*, er iſt ſehr prächtig empfangen worden.
APPARAUX, ſ. m. pl. das was zu einer Reiſe nöthig iſt auf einem Schiff, auch die Artillerie darunter begriffen, aber nicht die Equippage, noch die Lebensmittel.
APPAREIL, ſ. m. Zurüſtung, Zubereitung.
Appareil de guerre, Kriegszurüſtung.
APPAREIL, (in der Heilkunſt) Verbindung eines Schadens.
Mettre le prémier *appareil* ſur une bleſſure, das erſte Pflaſter auf eine Wunde legen.
APPAREIL, (in der Baukunſt) die Höhe oder Dicke eines Steins.
Pierres d'un même *appareil*, Steine von gleicher Höhe.
APPAREIL, (in der Seefahrt) das Eiſen, womit man inwendig in der Pompe das Waſſer hebt.
APPAREILLER, v. a. zurüſten, zubereiten.
APPAREILLER, v. n. (in der Seefahrt) ſich zum fortſegeln rüſten, ſich ſegelfertig machen.
APPAREILLER, v. a. gleich und gleich zuſammen thun, paaren.
s'APPAREILLER, v. r. ſich gatten, wie Tauben oder Vögel.
Quand la tourterelle a perdu ſa compagne, elle ne s'*appareille* jamais à un autre, wenn die Turteltaube ihren Gatten verlohren, ſo paaret ſie ſich mit keinem andern mehr.
APPAREILLEUR, ſ. m. einer der etwas zurichtet, zurecht macht, zurüſtet, ſonderlich der die Steine dem, der ſie gar aushauet, mit Strichen und Zügen zurüſtet.
APPAREILLEUSE, ſ. f. Kupplerin.
APPAREMMENT, adv. vermuthlich, dem Anſehen nach.
APPARENCE, ſ. f. Schein, Anſehen, Wahrſcheinlichkeit.
Cette action eſt honnête en *apparence*, dieſe That hat einen ehrbaren Schein.
Il ſe laiſſe aller aux *apparences* de la vérité, er läßt ſich durch den Schein der Wahrheit betrügen.
Sauver les *apparences*, machen, daß man äuſſerlich nichts an einem zu tadeln findet; den Schein behalten; retten; den Schalk verbergen.
Selon toutes les *apparences*, allem Anſehen nach.
l'APPARENCE ſimple & directe d'un objet, (in der Optic) was in gerader Linie gehet, da keine Reflexion noch Refraction darzwiſchen iſt.
l'APPARENCE, (in der Aſtronomie) bedeutet die alten und neuen Obſervationen wegen des Laufs des Geſtirns, welche man ſonſt Phœnomena nennet.
APPARENT, e, adj. augenſcheinlich; offenbar; anſehnlich, vornehm; wahrſcheinlich; das anders ſcheint als es iſt.
Une vertu *apparente*, eine ſcheinbare Tugend.
Un bonheur *apparent*, ein ſichtbares Glück.
APPARENT, ſ. m. ein vornehmer Mann.
Les plus *apparens* de la ville, die Vornehmſten der Stadt.
s'APPARENTER, v. r. ſich befreunden, verſchwägern; it. einander Schwager oder Vetter helſſen.
Il s'eſt bien *apparenté*, er hat ſich in eine anſehnliche Freundſchaft verheyrathet.
APPARENTÉ, ee, part. (wird nie ohne Beyſatz gefunden) bien *apparenté*, der eine vornehme Freundſchaft hat; mal *apparenté*, der geringe, ſchlechte Freunde hat.
APPARESSER, v. a. faul machen.
APPARIEMENT, ſ. m. das Zuſammengatten.
APPARIER, v. a. paaren, gleich und gleich zuſammen ſtellen; zuſammen gatten; vereinigen.
s'APPARIER, v. r. ſich zuſammen gatten.
APPARIETAIRE, ſ. f. ein Kraut, das gern an den Wänden wächſt, Mauerkraut, Tag und Nacht.
APPARITEUR, ſ. m. ein Pedell auf Univerſitäten, und in geiſtlichen Gerichten. (beſſer Bedeau).
APPARITEUR, ſ. m. Gerichtsdiener, Stadtknecht. (beſſer officier *ou* valet de ville).
AP-

APPARITION, *s. f.* Erscheinung, als eines Cometen, eines Geistes; Gesicht ꝛc.
APPARITOIRE, *s. f. v.* APPARIETAIRE.
APPAROIR, *v. n.* erscheinen. (ist nur bey den Rechtsgelehrten gebräuchlich).
   Faire *apparoir*, erweisen, klar machen, darthun, Beweis von etwas beybringen.
   Il *appert*, es erscheinet, es erhellet; it. es ist am Tage, es ist bekannt, es ist offenbar.
APPAROÎTRE, *v. n.* erscheinen, sich zeigen, sich sehen lassen, sichtbar werden; scheinen; in rechtlichen Redensarten heißt es nach geschehener Untersuchung wahr befunden werden, bewiesen seyn, erhellen.
   Faire *apparoître*, beweisen, darthun.
   Faire *apparoître* de son pouvoir, dem andern Nachricht geben, was einem vor Vollmacht mitgetheilet sey.
   Il m'*apparoît*, es deucht mich, es kömmt mir vor, es scheint mir.
s'APPAROÎTRE, *v. r.* erscheinen, sich sehen lassen.
   Dieu s'apparut à Moïse, GOtt ist Mose erschienen.
APPARTEMENT, *v.* APARTEMENT.
APPARTENANCE, *s. f.* Zugehör, das zu etwas gehört, als zu einem Haus, Gut, Land ꝛc. it. ein zugehöriges Recht, das mit etwas verknüpft ist oder auf etwas haftet.
   Ces terres sont des *appartenances* de ce fonds, diese Felder sind Zugehörungen dieses Guts; gehören zu diesem Gute.
   Une maison & ses *appartenances*, ein Haus mit aller seiner Zugehörung, (Gerechtigkeit).
APPARTENANT, e, *adj.* zugehörig, das zu etwas gehört; it. eigen, eigenthümlich, was einer besitzt oder zu fordern hat.
APPARTENIR, *v. n.* zugehören, eigenthümlich zustehen; sich gebühren, sich gehören, geziemen, zustehen, zukommen.
   Ce valet m'*appartient*, der Knecht ist mein.
   Cet argent vous *appartient*, das Geld kömmt euch zu.
   Il *appartient*, *imp.* es geziemet sich.
   Il *appartient* aux jeunes gens d'honorer les vieillards, es ziemet jungen Leuten, die Alten zu ehren.
   Il ne vous *appartient* pas de répondre, es gebühret euch nicht zu antworten.
APPAS, *s. m.* Reizung, Anmuth, Annehmlichkeit, Lieblichkeit, das was einem wohlgefällt.
   Etre attiré par les *appas* de la volupté, durch die Reizung der Wollust verleitet werden.
   La gloire a de grands *appas* pour nous porter à la vertu, der Ruhm ist ein starker Antrieb zur Tugend.
APPAST, (spr. *apâ*) Nudel oder Klösel, das Federvieh damit zu stopfen.
APPAST, Lockaas, Lockspeise; Köder.
APPÂTELER, *v. a.* ätzen, speisen.
APPÂTER, *v. a.* das Federvieh ätzen, stopfen, füttern; anätzen, anlocken, reizen.
   Appâter un oiseau, einen Vogel anätzen, ankörnen.
APPÂTICHER, *v. a.* ol. oder
APPÂTISSER, *v. a.* einen jährlichen Zins wegen der Viehweide auflegen; item eine Steuer auflegen.
APPAUME', ée, *adj.* im Wappen, mit einer flachen Hand.
APPAUVRIR, *v. a. & n.* arm machen; arm werden; in verblümten Verstand, erschöpfen, gering machen; geringer werden.
   La guerre *appauvrit* le peuple, der Krieg zehret das Volk aus.
s'APPAUVRIR, *v. r.* arm werden.
   Il s'*appauvrit* peu à peu, er wird nach und nach ärmer.
APPAUVRISSEMENT, *s. m.* Verarmung.
APPE, *s. m.* Eppich, ein Kraut.
APPEAU, *s. m.* ein Lockvogel.
APPEAU, eine Lockpfeiffe, eine Wachtelpfeiffe.
APPEAU, (bey den Uhrmachern) ein Glöcklein, so die Viertel schlägt.
APPEL, *s. m.* das Ausrufen oder Lesen der Namen, wer da oder nicht da ist.
APPEL, eine Berufung, Ausforderung zum Duell.
APPEL, Berufung auf einen höhern Richter.
   Relever, interjetter l'*appel*, Appellation einwenden, appelliren.
   Etre puni sans *appel*, seine Strafe erlegen, ohne weiteres Rechten.
APPEL, Zusammenforderung der Soldaten mit einem gewissen Trommelschlag, Vergatterung.
APPEL, eine Finte im Fechten, d. i. ein Stoß, welchen man thut, damit der Gegner solchen pariren, und also seine Wissenschaft zeige.
APPELLANT, *s. m.* e, *s.* der oder die appellirt an einen höhern Richter.
   Se porter pour *appellant*, auf einen höhern Richter sich berufen.
   Visage d'*appellant*, ein traurig Gesicht, wie einer, der seinen Proceß verlohren hat, und weiter vor höhere Richter gehen will.
APPELLANT, *s. m.* ein Lockvogel; eine Lockente.
APPELLANT, bedeutet in Frankreich einen Jansenisten.
APPELLATIF, ive, *adj.* in der Grammatic,

tie, ein Wort, das nicht nur einem Ding, sondern vielen gemein ist, als: Baum kan man sagen vom Apfel- Birn- Kirsch- baum ꝛc.
APPELLATION, *f. f.* Berufung, Beziehung auf einen höhern Richter.
APPELLER, *v. a.* nennen, einen Namen geben.
Appeller chaque chose par son véritable nom, ein jedes Ding bey seinem rechten Namen nennen.
APPELLER, rufen, erfordern, einladen.
Appeller quelqu'un à son secours, einen zu Hülfe rufen.
Appellés-le en justice, lasset ihn vor Gericht fordern.
Il m'*appelle* souvent à souper, er ladet mich oft zum Nachessen ein.
APPELLER, ausfordern.
APPELLER quelqu'un à une dignité, einen zu einer Würde, Ehrenstelle, berufen.
APPELLER une cause, die Partheyen mit Namen ruffen, zum Rechten zu erscheinen.
Dieu l'a *appellé*, GOtt hat ihn zu sich genommen, er ist gestorben.
On en *appelle*, es kan nicht seyn, es wird nichts daraus werden. (wird in gemeinen Reden gesagt).
Il en a *appellé*, er hat sich los gelogen. (wenn einer von einer grossen Krankheit wieder genesen ist, sagt man es Scherzweis).
APPELLER les lettres, buchstabiren. (besser épeller).
S'APPELLER, *v. r.* heissen.
Comment vous *appellés*-vous? wie heisset ihr: Je m'*appelle* Jean Rodolphe, ich heisse Johann Rudolph.
APPENDICE, *f. f.* ein Anhang; in der Medicin, das was einiger massen von dem andern abgesondert ist, und doch dran hängt, als das Ohrläpplein am Backen.
APPENDRE, *v. a.* aufhängen, Fahnen und Beute in die Tempel.
APPENS, *voïés* PENS.
APPENTIS, *f. m.* ein Schoppen, Schopf, Schirmdach, oder eine Hütte an einer Mauer.
APPERÇEVABLE, *adj. c.* was leicht zu merken ist, merklich.
APPERÇEVOIR, *v. a.* merken, vernehmen, wahrnehmen.
Nous *apperçumes* l'ennemi de loin, wir sahen den Feind von weitem.
S'APPERÇEVOIR, *v. r.* gewahr werden.
S'*appercevoir* du dessein d'une personne, einem hinter seine Anschläge kommen.
A peine m'en suis-je *apperçu*, stupide

que je suis, ich tummer Mensch bins kaum gewahr worden.
APERITIF, ive, *adj.* (in der Heilkunst) Harn- und schweißtreibend.
APPERT, *v. imp.* il *appert*, *voïés* APPAROIR.
APPERTEMENT, *voïés* APERTEMENT.
APPE'SANTIR, *v. a.* beschweren; schwer machen; schwer auffallen lassen; niederschlagen, kleinmüthig machen.
Les nécessités de la vie *appésantissent* l'esprit, die Armuth beschweret das Gemüth; macht es träg und unlustig.
Cette odeur *appésantit* toujours la téte, dieser Geruch macht den Kopf allzeit schwer; nimmt den Kopf ein.
S'APPE'SANTIR, *v. r.* schwer werden; zufallen, als die Augen vom Schlaf.
APPE'TER, *v. a.* bey den Aerzten, durch einen natürlichen Trieb oder Eigenschaft, ohne Zuthun der Vernunft, begehren, zu etwas gezogen werden.
APPETIS, *f. m.* Lauch, Zwiebeln.
APPE'TISSANT, e, *adj.* das Appetit macht, Lust erweckend, appetitlich.
APPETISSEMENT, *f. m.* Verkleinerung, Kleinermachung; Verringerung; Kleinerwerdung, Abnehmung, Abnahme.
APPETISSER, *v. a. & n.* klein machen, ins kleine bringen; verringern, verkleinern; kurz machen; klein werden; eingehen wie ein Zeug oder Tuch, das naß gemacht worden ist.
APPE'TISSE', ée, *part.* das klein worden ist.
APPE'TISSER, *v. a.* ol. Appetit, oder Lust zum Essen erwecken; it. Lust zu etwas haben oder kriegen.
Voïés, si vous pourrés vous *appétisser* sur cette perdrix, versuchet, ob dieses Rebhun euch die Eßlust erwecken könne.
APPE'TISSE', ée, *part.* vulg. der Lust oder Appetit hat.
APPE'TIT, *f. m.* bey den Philosophis, natürliche Lust, Trieb, Begierde; insgemein aber Lust oder Begierde zu essen und zu trinken.
Avoir l'*appétit* ouvert, einen guten Appetit haben.
En mangeant l'*appétit* vient, mit dem Essen bekommt man auch eine Lust.
APPE'TIT, Neigung; Regung, Reizung.
L'*appétit* concupiscible, heftige Begierde; Begierlust.
L'*appétit* irascible, Neigung zum Zorn.
APPE'TIT, Lust, Begier, Verlangen.
Un chicaneur a toûjours bon *appétit*, ein Zänker ist allezeit begierig zu gewinnen.
A l'*appétit*, aus Begierde, aus Geitz, de quelque chose, nach etwas.
Faire perdre l'*appétit* à quelqu'un, einem

nem die Kehle zuſchnüren, ihn ums Leben bringen.

Cadet de haut *appétit*, ein junger Menſch, dem alles wohl ſchmecket.

APPETITIF, ive, *adj*. verlangend, das da begehret.

APPIE'CEMENT, *ſ. m.* die Anſtückung an einem Kleide.

APPIE'CER *ou* APPIECETER, *v. a.* ein Kleid anſtücken, oder ein Stück daran ſetzen.

s'APPIE'TRIR, *v. r.* abnehmen an Werth und Güte, iſt von Kaufmannswaaren gebräuchlich.

Mes marchandiſes s'*appiétriſſent*, meine Waaren nehmen im Preis oder in der Güte ab.

APPIQUER, *voiés* ABIQUER.

APPLANER, *v. a.* bey denen, die Matratzen oder wöllene Decken machen, eine ſolche Decke kartätſchen, oder mit den Wollendiſteln aufkratzen, daß ſie rauch werde.

APPLANEUR, *ſ. m.* der, ſo eine Decke mit Wollendiſteln oder Kartätſchen aufkratzt.

APPLANIR, *v. a.* ebenen, eben machen.

Applanir un chemin, einen Weg ebenen.

APPLANIR, erleichtern; leicht (verſtändlich) machen.

Applanir les difficultés, die Schwierigkeiten leicht machen, wegnehmen, heben.

s'APPLANIR, *v. r.* eben, gleich oder leicht werden.

Le païs commence à s'*applanir*, wir fangen an in ebenes Land zu kommen.

s'APPLANIR, abgethan (gehoben) werden.

Les difficultés s'*applaniront*, die Schwierigkeiten werden gehoben werden.

APPLANISSEMENT, *ſ. m.* das Ebenen, Ebenmachen; Erleichterung, Wegnehmung der Hinderniſſe.

APPLANISSEUR, *ſ. m.* der das Tuch mangt oder preßt, nachdem es geſchoren worden.

APPLATIR, *v. a.* eben, gleich machen, platt ſchlagen, breit und dünne machen.

s'APPLATIR, *v. r.* platt werden.

APPLATISSEMENT, *ſ. m.* das Plattmachen.

APPLAUDIR, *v. n.* in die Hände klopfen.

APPLAUDIR, à quelque choſe, über etwas frolocken; Glück dazu wünſchen; Beyfall geben, loben.

s'APPLAUDIR, *v. r.* en *ou* de quelque choſe, wegen einer Sache ſich ſelbſt Glück wünſchen, ſich etwas deswegen einbilden.

APPLAUDISSEMENT, *ſ. m.* Händklopfen, Schlagen in die Hände.

APPLAUDISSEMENT, *ſ. m.* frolockender Beyfall oder Glückwunſch.

APPLE'GEMENT, *ſ. m.* die Bürgſchaftſtellung, ſchriftliche Caution.

APPLE'GER, *v. a.* verbürgen, Caution für etwas machen oder ſtellen.

APPLESTER, *v. a.* ol. die Segel auffſpannen.

APPLICABLE, *adj. c.* das man über oder auf etwas legen ſoll oder kan; das ſich fügen, deuten, anwenden ꝛc. läßt, das angewendet werden ſoll.

Amende *applicable* à l'hôpital, eine Geldbuſſe, ſo dem Hoſpital ſoll zugewendet werden.

APPLICATION, *ſ. f.* (in der Heilkunſt) das Uber- oder Auflegen eines Pflaſters ꝛc.

APPLICATION, Fleiß, Befliſſenheit; Aufmerkſamkeit.

La Poëſie demande une grande *application*, die Tichtkunſt erfordert einen groſſen Fleiß.

APPLICATION, Zueignung, Deutung.

L'*application* de cette fable eſt juſte, die Deutung dieſes Lehrgetichts iſt wohl getroffen.

APPLIQUE, *ſ. f.* eine Roſe oder andere dergleichen Zierath von Edelgeſteinen, die an etwas angeheftet wird; auch ſonſt etwas, das zum Aufflegen taugt.

Or d'*applique*, Gold, auf etwas zu legen, oder zum vergulden.

APPLIQUER, *v. a.* auflegen; aufdrücken.

Appliquer le ſeau, das Siegel aufdrücken.

Appliquer l'appareil, das Pflaſter auflegen.

APPLIQUER l'or ſur beſogne, das Gold zum Vergolden auftragen.

APPLIQUER un ſoufflet à quelqu'un, einem eine Maulſchelle geben.

APPLIQUER quelqu'un à la queſtion, einen auf die Folter legen.

APPLIQUER, zueignen, deuten.

Ce mot ſe peut *appliquer* à pluſieurs choſes, dieſes Wort kan auf viel Sachen gedeutet werden.

On lui a *appliqué* la fable du renard, man hat das Gleichniß von dem Fuchs ihm zugeeignet.

APPLIQUER, anwenden, zuwenden.

Appliquer une partie de ſes revenus à bâtir, einen Theil von ſeinem Einkommen zum Bauen anwenden.

s'APPLIQUER, *v. r.* ſich auflegen oder aufdrücken laſſen; ſich auf etwas legen, ſich befleißigen; ſich eine Sache angelegen ſeyn laſſen.

Les bandes étant trempées s'*appliquent* mieux, wenn die Umſchläge angefeuchtet werden, legen ſie ſich beſſer an.

S'*appliquer* à la Rhétorique, ſich auf die Redekunſt legen.

APPLIS, *ſ. m.* in der Landſchaft Breſſe, alle zum Feldbau nöthige Geräthſchaft, ſo auf einem Landgut vorhanden iſt.

APPOINTE', *ſ. m. & adj.* ein Soldat, der gröſſern Sold im Kriege bekommt, als die andern; Gefreyter.

APPOINTE', ée, *part.* (in der Wappenkunſt) das einander mit der Spitze berühret.

Il ſont toûjours *appointés* contraires, ſie ſind einander immer zuwider, ſie bieten einander immer die Spitze.

APPOINTEMENT, *ſ. m.* Gnadengeld, Unterhalt; Beſoldung, Beſtallung vornehmer Bedienter.

Combien avés-vous d'*appointemens*, wie viel bekommt ihr Beſoldung?

Il a été chargé d'*appointement*, er iſt wohl abgeprügelt worden.

APPOINTEMENT en droit, die Verweiſung an das Recht; gerichtliche Verordnung über einen verwirrten Handel, ehe man gründlich denſelben entſcheidet; eine Rahtserkanntniß.

APPOINTER, *v. a.* (in Gerichten) auferlegen; beſcheiden.

APPOINTER, (bey dem Riemer) gar machen.

Appointer un bœuf, eine Ochſenhaut gar machen.

APPOINTER une pièce d'étoffe, ein Stück Tuch mit etlichen Stichen verwahren, damit man ſolches nicht zerlegen und rinnpflicht machen könne.

APPOINTEUR, *ſ. m.* der Streitſachen vergleichen will; ein verdächtiger Richter, der einen Rechtshandel einer Parthey zum beſten vertragen will.

APPOLTRONNIR, *v. a.* bey den Falkenierern, einem Raubvogel die Krallen abſchneiden, damit er kein groſſes Wildpret fange.

APPORT, *ſ. m.* Einkommen; it. ein Ort, wo man allerley zu Kauffe zuſammen bringet, da eben kein rechter Markt iſt.

APPORTAGE, *ſ. m.* das Trägerlohn, das Geld vor das Herbringen.

APPORTER, *v. a.* bringen, herbringen, mitbringen.

Je vous *apporte* une bonne nouvelle, ich bringe euch gute Nachricht.

M'*apportés*-vous des lettres? bringet ihr mir Briefe?

Sa femme lui a *apporté* dix mille écus en mariage, ſeine Frau hat ihm zehen tauſend Thaler zugebracht.

APPORTER, anwenden, anführen, beytragen.

J'*apporterai* tous les ſoins poſſibles à cette affaire, ich will in dieſer Sache allen möglichen Fleiß und Sorge anwenden.

Il a *apporté* de bonnes raiſons, er hat gute Gründe angeführt.

APPORTER, verurſachen, nach ſich ziehen.

Sa mort vous *apportera* beaucoup de maux, ſein Tod wird euch groſſes Ungemach verurſachen.

La guerre *apporte* toûjours de grands malheurs, der Krieg ziehet immer groß Unheil nach ſich.

APPOSER, *v. a.* dran machen oder dran thun; aufdrücken, als ein Siegel; anſchlagen, ankleben; beyfügen, dazu thun.

Appoſer le ſeau ſur des marchandiſes, die Kaufwaaren verſiegeln; das Siegel auf die Waaren drücken.

APPOSITION, *ſ. f.* Hinzuthuung, Beyfügung; Anklebung, Aufſchlagung der Zettel; Aufdrückung des Siegels auf einen Befehl, des Stempels auf das Stempelpapier, das Zeichen der Goldſchmiede, auf ihre Arbeit, oder der Kaufleute auf ihre Waaren, u. d. g. in der Grammatic, Zuſammenſetzung zweyer Subſtantivorum in gleichem caſu; in der Mathematic, Zuſatz einer Gröſſe zur andern; ein Anwachſen oder Zuſammenwachſen eines Dinges von kleinern Theilen.

La plûpart des mineraux ſe font par *appoſition* de leurs parties, die meiſten Mineralien wachſen durch ihrer Theile Zuſammenſetzung.

APPRE'CIATEUR, *ſ. m.* der, ſo den Preis ſetzet.

APPRE'CIATION, *ſ. f.* die Schätzung des Preiſes.

APPRE'CIER, *v. a.* auf einen gewiſſen Preis ſetzen, ſchätzen, tariren.

APPRE'HENDER, *v. a.* in gerichtlichen Sachen, faſſen, greiffen, halten.

Ses créanciers l'ont fait *appréhender*, ſeine Gläubiger haben ihn gefänglich ſetzen laſſen.

APPRE'HENDER, *v. a.* fürchten; beſorgen; in Furcht, in Sorgen ſeyn.

Il *appréhende* pour ſa vie, er ſtehet ſeines Lebens halber in Sorgen.

J'*appréhende* que l'affaire ne réüſſiſſe pas, ich beſorge, die Sache werde nicht gelingen.

Appréhender trop la douleur, ſich vor dem Schmerzen gar zu ſehr entſetzen.

APPRE'HENSIF, ive, *adj.* furchtſam.

APPRE'HENSION, *ſ. f.* Furcht; Sorge; die erſte Wirkung des Verſtandes, da man ein Ding begreift, ohne darüber zu urtheilen; in gerichtlichen Sachen aber heißt es die Feſtſetzung, Verarreſtirung.

Les

Les archers ont fait l'*appréhenſion* de ſa perſonne, die Stadtknechte haben ihn bey dem Kopf genommen.

APPRENDRE, *v. a.* lernen; lehren; auswendig lernen.

Apprendre quelque choſe à quelqu'un; lui *apprendre* à faire quelque choſe, einen in etwas unterrichten, einen etwas lehren, ihn etwas thun lehren.

Apprendre quelque choſe; à faire quelque choſe, etwas lernen, begreifen, vernehmen; etwas thun lernen.

J'ai *appris* cela par expérience, ich habe dieſes aus der Erfahrung gelernet.

Apprendre ſa leçon par cœur, ſeine Lection auswendig lernen.

Apprendre de quelqu'un à jouër de la flute, von einem auf der Flöte blaſen lernen.

Il lui faut *apprendre* à parler latin, man muß ihn lateiniſch reden lernen.

APPRENDRE zeigen; anzeigen, zu erkennen geben.

Qu'eſt-ce que la gazette nous *apprend* de nouveau? was geben die Zeitungen neues?

Je vous *apprendrai* qu'il ne fait pas bien ſe jouër avec moi, ich will euch zeigen, daß es nicht gut iſt mit mir zu ſcherzen.

APPRENDRE, erfahren, vernehmen, hören.

On *apprend* bien des choſes qu'on n'oſeroit redire, man erfähret viel, das man nicht wieder ſagen darf.

Je l'ai *appris* par ouïr-dire, ich habe es von Hörenſagen vernommen.

J'ai *appris* des nouvelles bien fâcheuſes, ich habe eine böſe Zeitung gehört.

APPRIS, e, *part.* gelernt; gelehrt.

Un jeune homme bien *appris*, ein junger wohlunterrichteter Menſch.

APPRENTI, ſonſt APPRENTIF, ſ. m. ein Lehrjung; ein Anfänger etwas zu lernen.

Vous avés fait en cela une faute d'*apprentif*, ihr habt hierinnen einen Fehler, wie ein Lehrjung, begangen.

APPRENTISSAGE, ſ. m. die Lehrjahre, die Lehrzeit; auch ſonſt der Anfang, die Zeit da einer etwas lernt.

Mettre quelqu'un en *apprentiſſage*, einen bey einem Lehrmeiſter verdingen.

Annibal fit l'*apprentiſſage* de l'art de la guerre ſous ſon père Amilcar, Hannibal hat die Kriegskunſt unter ſeinem Vater Amilcar gelernet.

APPRENTISSE, ſ. f. ein Mägdlein, ſo in den Lehrjahren iſt; auch ſonſt ein Frauenzimmer, die im Begrif iſt etwas zu lernen.

APPRÊT, ſ. m. Zurüſtung, Zubereitung; die Steiffe, der Glanz, den die Hutmacher, Strümpfhändler, Tuchhändler und dergleichen Leute ihrer Waare mit Gummiwaſſer geben, die Aufpuzung der Waaren; in der Leinwand, eine ſchlimme Art zu bleichen, als mit Kalk; im Kochen, das Würzen; bey den Glasmahlern, die Farbe auf den Gläſern.

APPRETADOR, ſ. m. ein köſtlicher Hauptſchmuck, abſonderlich die Haare zuſammen zu halten.

APPRÊTE, ſ. f. ein ſchmales länglichtes Stücklein Brod, weichgeſottene Eyer auszutunken.

APPRÊTER, *v. a.* zurüſten, zurichten, zurecht machen; auf etwas zuſchicken; etwas einrichten, ihm eine Art oder ein Geſchick geben; einem Stück Waare, als Tuch, Hüten, Strümpfen, einen Glanz und Steiffe geben.

Apprêter le dîner, die Mahlzeit zurichten.

Apprêter les viandes, die Speiſen zubereiten.

Commandé qu'on *apprête* le ſouper, befehlet, daß man das Nachteſſen zubereite.

APPRÊTER à rire à quelqu'un, einem etwas zu lachen machen.

s'APPRÊTER, *v. r.* à faire quelque choſe, ſich bereiten, ſich gefaßt machen, bereit ſeyn, etwas zu thun.

Il s'*apprête* à fuïr, er macht ſich zur Flucht gefaßt.

Il s'*apprête* à tout évènement, er macht ſich gefaßt, es gehe, wie es wolle.

APPRÊTEUR, ſ. m. ein Glasmahler, der den Grund zu den Farben aufträgt.

APPRIS, e, *part.* voiés APPRENDRE.

APPRISE, ſ. f. v. APRISE.

APPRIVOISEMENT, ſ. m. die Zähmung, das Zähmen.

APPRIVOISER, *v. a.* heimlich oder zahm machen, zähmen, bändigen, als wilde Thiere oder Menſchen.

Apprivoiſer une bête feroce, ein wildes Thier bändigen.

Apprivoiſer un barbare, un homme d'une humeur ſauvage, einen groben, wilden Menſchen zahm und bändig machen.

s'APPRIVOISER, *v. r.* zahm werden; ſich bändigen laſſen; etwas gewohnt werden; mit jemand gemein werden, mit ihm umgehen lernen.

Il commence à s'*apprivoiſer*, er läſſet ſich allgemach gewinnen.

Le ſage s'*apprivoiſe* avec la mort, der Weiſe macht ſich mit dem Tod gemein.

APPRO-

APPROBATEUR, *f. m.* der etwas gut heißt, recht spricht, billigt.
APPROBATIF, ive, *adj.* im Scherz, gutheißend, das eine Gutheissung anzeigt oder in sich hält.
APPROBATION, *f. f.* Gutheissung, Genehmhaltung, Billigung; Achtung; Ansehen.
APPROBATRICE, *f. f.* die etwas gut heißt, lobt.
APPROCHANT, e, *part. & adject.* das da nah kommt, gleich sieht, gleicht.
 Les mensonges ont quelque chose d'*approchant* de la vérité, die Lügen kommen der Wahrheit etlichermassen bey.
 Cela est fort *approchant* de l'or, das kommt dem Gold gar gleich.
 Cette couleur est bien *approchante* de celle-là, diese Farbe ist jener sehr nahe; kommt ihr sehr bey.
 Dix mille ou *approchant*, bey zehntausend, oder fast so viel.
 Approchant de midi, nicht weit von zwölf Uhr.
APPROCHE, *f. f.* Näherung; die Laufgräben; Zugang, Zutritt, auch in verblümtem Verstand.
 L'*approche* du lieu est difficile, der Zugang zu dem Ort ist schwer.
Lunettes d'APPROCHE, ein Perspectif.
APPROCHER, *v. n.* nahen, nahe kommen; nahe liegen.
 Approcher de la muraille, der Mauer nahen.
 Approcher ses troupes du retranchement des ennemis, sein Kriegsheer ins feindliche Lager führen.
 L'Italie *approche* plus du midi (est plus méridionale) que l'Allemagne. Italien liegt näher gegen Mittag als Deutschland.
APPROCHER, herbey kommen.
 Le tems, la nuit, la mort s'*approche*, die Zeit, die Nacht, der Tod nahet herbey.
APPROCHER nahe kommen, gleichen, übereinkommen.
 Il n'a rien dit qui *approchat* de la vérité, er hat nicht das geringste geredet, das mit der Wahrheit überein käme.
 Sa manière de parler *approche* fort de la vôtre, seine Art zu reden, kommt der eurigen nahe.
 Ce sentiment *approche* de la vérite, diese Meynung ist der Wahrheit ähnlich.
APPROCHER, *v. a.* näher bringen; heran rücken.
 La lunette *approche* les objets, die Brille macht, daß man die Sachen sieht, als wenn sie ganz nahe wären.

 Approcher le canon, das Geschütz näher heran bringen.
 Approchés cette table, rücket den Tisch heran.
APPROCHER, einen Zutritt haben; in Gnaden seyn.
 J'ai l'honneur d'*approcher* le Roi, ich habe die Ehre, daß ich einen nahen Zutritt bey dem Könige habe.
APPROCHER à la pointe, à la double pointe & à la gradine, bey denen Bildhauern in Marmor heisset es, an einem Bild nach und nach mit drey verschiedenen Werkzeugen arbeiten.
APPROCHER carreaux, (in dem Münzmachen) heisset ein Stuck nach und nach schroten, bis es rund sey, und sein Gewicht habe.
APPROCHER deux personnes, zwey Personen wieder eins mit einander machen, vertragen.
APPROCHER du but, ein Ding errathen.
S'APPROCHER, *v. r.* sich nähern, hinzu gehen, hinzu treten.
 S'*approcher* des murailles d'une ville, sich den Mauern einer Stadt nähern.
 Approchés-vous de moi, kommet näher zu mir herbey.
APPROCHES, *f. f. plur.* Laufgräben.
 L'ennemi s'avança par quatre *approches*, der Feind hat sich durch vier Laufgräben genähert.
 La complaisance fait les *approches* du cœur, die Wohlgefälligkeit gewinnet die Herzen.
APPROFONDIR, *v. n.* tiefer machen.
 Approfondir un fossé, un puits, einen Graben, einen Brunnen tiefer machen.
APPROFONDIR une matière, une question, eine Frage aus dem Grunde erörtern.
APPROFONDIR une chose secrete, ein Geheimniß erforschen.
APPROFONDISSEMENT, *f. m.* Vertiefung; das Tiefmachen; Ergründung, Untersuchung.
APPROPRIANCE, *f. f.* das Besitznehmen, Zueignung, Behauptung des Eigenthums.
APPROPRIATION, *f. f.* Zueignung.
APPROPRIER, *v. a.* zueignen; sonst heißt es ausziren, in Ordnung stellen, aufputzen. (doch sagt man in der letzten Bedeutung besser ajuster.)
S'APPROPRIER, *v. r.* sich zueignen.
APPROVISIONNER, *v. a.* mit Vorrath versehen.
APPROUVER, *v. a.* gutheissen, genehm halten; loben, damit zufrieden seyn; vor tüchtig erkennen: bestätigen.
APPROXIMATION, *f. f.* Arbeit, wodurch man

man einer Zahl oder Wurzel immer näher kommt, in der Arithmetic.

APPUI, *s. m.* eine Stütze, Lehne.
Il étoit l'*appui* de sa patrie, er war die Stütze seines Vatterlandes.

APPUI, Hülfe, Schutz, Erhaltung.
Je suis monté sans aucun *appui*, ich bin ohne einige Beyhülfe hinauf gestiegen.
Geta est l'*appui* de nôtre famille, Geta ist der Erhalter unsers Hauses.

APPUI de carosse, der Kutschenbock.

APPUI, *s. m.* (in der Baukunst) eine Unterlage, so man unter den Hebel bringet, wenn etwas schweres beweget werden soll.
Item, *appui* de fenêtres, die Sohle an einer Fensterzarge.

APPUI, (in der Baukunst) die Lehne an einer Treppe.

APPUI, *s. m.* (in der Rechtsgelehrsamkeit) Servitude d'*appui*, eine Gerechtigkeit, da eine Säule oder Wand des Nachbarn die Last unsers Gebäudes tragen muß.

APPUI, (auf der Reitschul) die Leitung des Zaums mit der Hand.
à hauteur d'*appui*, so hoch, daß man sich mit den Ellenbogen darauf steuren kan.
Aller à l'*appui* de la boule, seine Kugel so schiessen, daß sie an des andern seine kommt; it. einem, der was angefangen hat, zu Hülfe kommen.
Un cheval qui a l'*appui* fin, ein Pferd, das ein weich Maul hat, sich leicht vom Zaum regieren läßt.
Qui a l'*appui* sourd, in dessen Maul das Gebiß nicht wohl steht, ob es gleich sonst wohl zu regieren ist.
Qui est sans *appui*, das das Gebiß nicht gerne im Maul liegen hat.
Qui a trop d'*appui*, das sich gar zu sehr auf das Gebiß legt.
Qui a l'*appui* à pleine main, das sich auf das Gebiß legt, aber doch leicht zu lenken ist.

APPUÏER, *v. a.* stützen, unterstützen, mit einer Stütze befestigen; an etwas lehnen; auf etwas legen; auf etwas drücken; auf etwas gründen; einen schützen, beschützen, ihm beystehen, helfen.
Il a la bonté de m'*appuïer* de ses conseils & de son bien, er ist so gütig mir mit Rath und That beyzustehen.
J'*appuïerai* vos prétensions, ich werde euch in eurem Recht beystehen.

APPUÏER, bestärken, befestigen, bestätigen.
Il *appuïa* son sentiment de l'autorité des savans, er bestärkte seine Meynung mit dem Zeugniß der Gelehrten.

Il *appuïe* son opinion sur de bons fondemens, er befestiget seine Meynung mit guten Gründen.
Il m'a communiqué son dessein & je l'ai *appuïé*, er hat mir seinen Anschlag offenbaret, und ich hab denselben bestätiget.

s'APPUÏER, *v. r.* sich lehnen, sich auf etwas verlassen oder steiffen.
S'*appuïer* sur un bâton, sich auf einen Stab lehnen.
Il s'*appuïe* contre la muraille, er lehnet sich wider die Mauer; contre un arbre, an einen Baum.
Je m'*appuïe* sur vôtre grand credit, ich verlasse mich auf euern guten Credit.
Il s'*appuïe* sur la puissance de ses amis, er verlässet sich auf die Macht seiner Freunde.

APPUÏ-main, *s. m.* der Mahlerstecken, darauf sie die Hand legen, wenn sie mahlen.

APPUÏ-pot, *s. m.* ein halber Ring, den man unter einen Topf setzt, damit er nicht umfalle.

APPUREMENT, *s. m.* (im Rechtshandel) Justificirung einer Rechnung mit Belegen.

APPURER, *v. a.* eine Rechnung mit Belegen justificiren, und sie also klar machen.

APPURER l'or moulu, das Gold waschen, reinigen.

APPUY, *v.* APPUI.

APRE, *adj. c.* scharf, hart, rauh.
Un fruit *apre* ein herbes Obst.
Cette laine est *apre* à manier, diese Wolle ist rauh anzufühlen.

APRE, hart, beschwerlich.
Mener une vie *apre* & austère, ein hartes und strenges Leben führen.

APRE, heftig, begierig, hitzig.
L'avare est toûjours *apre* au gain, der Geizhals ist allzeit auf den Gewinn begierig.

APRE, *s. m.* der spiritus asper im Griechischen.

APRêLE, APRELLE, *s. f.* ein Kraut, Roßschwanz, Schaffthen, Kannenkraut, Zinnkraut.

APREMENT, *adv.* rauh, gröblich, scharf, streng, hart, heftig, begierig.

APRÈS, *præp.* nach.
Après-demain, übermorgen.
Après-diné, nach dem Mittagessen.
Après-midi, nach Mittag.
Après-soupé, nach dem Abendessen.
Après-que, *conj.* nachdem, oder *après* avoir, nachdem er ꝛc. hatte.
Après-quoi, nach diesem, darnach.
Si je me mets *après* vous, wenn ich hinter oder über dich komme, (eine Drohung.)

L *Après*

Après tout, endlich; genug; wenn mans beym Licht besiehet.

APRE'S, *adv.* hernach, nachgehends, folgends; hinter drein, dahinten her, hinten nach.

Etre *après* à faire quelque chose, über etwas her und damit beschäftigt seyn.

l'APRE's-dinée, *s. f.* die Zeit nach dem Mittagessen.

l'APRE's-midi, *s. m.* der Nachmittag.

l'APRE's-soupée, *s. f.* die Zeit nach dem Abendessen.

APRÊT, *s. m.* ist so viel als aprête.

APRETE', *s. f.* Rauhigkeit, unebene Fläche; Herbe im Geschmack; Härte, Schärfe, Strenge; Wildigkeit, Unbändigkeit.

APRISE, *s. f.* eine Beschreibung des Zustandes und Einkommens eines Guts, woraus man schliessen kan, was es werth sey, der Anschlag.

APRON, *s. m.* ein klein Fischlein, ein Sticherling, Stichling.

APTE, *adj. c.* ol. tüchtig, geschickt, bequem zu etwas. (besser propre.)

APTITUDE, *s. f.* ol. angebohrne Geschicklichkeit, Tüchtigkeit, natürliche Gabe.

Il a de l'*aptitude* aux lettres (pour les lettres) er ist geschickt, (hat gute Gaben) zum Studieren.

Je n'ai point d'*aptitude* à cela, ich bin hierzu nicht tüchtig.

Vous avés une *aptitude* & une aisance à toutes les belles & bonnes choses qui ne se peut assés estimer, ihr seyd zu allen vortreflichen Dingen so tüchtig und geschickt, daß es nicht hoch genug zu schätzen ist.

AQUARIUS, *s. m.* der Wassermann, eines von den zwölf Zeichen des Thierkreises.

AQUATILE, *adj. c.* was im Wasser lebt und wächst.

AQUATIQUE, *adj. c.* wässericht, sumpfig; it. was im Wasser ist, wächst oder lebt.

AQUEDUC, *s. m.* Wasserröhre oder Gang.

AQUEDUC, (in der Anatomie) heisset eine kleine Leitung oder Gang von dem Ohr in den Rachen.

AQUEREUR, *s. m.* eure, und euse, *s. f.* der oder die so das Eigenthum eines Guts an sich bringt, der Erwerber, Käufer &c. unbeweglicher Güter.

AQUERIR, *v. a.* erwerben, erlangen, überkommen, gewinnen, an sich oder vor sich bringen, zuwege bringen, sich anschaffen; einnehmen, sich zum Freund machen, auf seine Seite bringen, als eine Person &c.

Aquerir du bien par des moïens légitimes, Geld und Gut durch rechtmäßige Mittel erwerben.

Conservés le bien que vôtre père vous a *aquis* par son travail, erhaltet das Gut, welches euer Vater durch seine grosse Mühe und Fleiß euch erworben hat.

Il seroit à souhaiter que vous *aquissiés* aussi de l'honneur & de la gloire, es wäre zu wünschen, daß ihr auch Ehr und Ruhm erwürbet.

Il *aquiert* tous les jours, er erwirbt alle Tage etwas, er gewinnt alle Tage.

s'AQUERIR, *v. r.* erworben oder erlangt werden; it. vor sich selbst erwerben.

Il s'est *aquis* cet ami pour jamais, er hat sich diesen zu einem immerwährenden Freunde gemacht.

Il s'est *aquis* la reputation d'homme éloquent, er hat sich den Ruhm eines wohlberedten Mannes erworben.

AQUÊT, *s. m.* Errungenschaft, angeschaffetes oder erworbenes Gut, das nicht geerbt ist; it. vulg. Vortheil, Gewinn, Erwerb, Verdienst, erlangtes Eigenthum; it. ein Kauf; ein gewisser Lehnzins von Rittergütern, die an eine Gemeine, oder sonst an eine Gesellschaft, so niemals ausstirbt, gekommen sind.

Faire de grands *aquêts*, grosse Reichthume zuwege bringen; gewaltige Mittel machen.

AQUÊTER, *v. a.* an sich bringen, erwerben.

AQUEUX, euse, *adj.* wässericht, in der Medecin.

AQUIESCEMENT, *s. m.* Einwilligung, Bewilligung, das Eingehen, Zufriedenheit, Beyfall.

AQUIESCER, *v. n.* etwas eingehen, bewilligen, gutheissen; nachgeben, sich etwas gefallen lassen; sich nach etwas richten, es dabey bewenden oder beruhen lassen, dabey beruhen; einer Sache Beyfall geben.

J'*aquiescerai* au conseil que vous me donnerés, ich will dem Rath, den ihr mir geben werdet, folgen.

Aquiescer à la sentence des juges, es bey des Richters Ausspruch bewenden lassen.

Acquiescer à sa partie, seinem Gegentheile gewonnen geben.

AQUILIN, e, *adj.* adlerisch, das vom Adler ist.

Nés *aquilin*, eine Habichtsnase.

AQUILON, *s. m.* Nordwind.

AQUILONNAIRE, *adj. c.* das von Norden kommt oder gegen Norden liegt.

Les vents *aquilonnaires*, die Nordwinde.

AQUIS, e, *part.* erworben; eigen.

Je vous suis tout *aquis*, ich bin euer Dienstergebenster.

AQUIS,

AQUIS, *s. m.* das Erlangte, Erworbene, als Wissenschaft, Geschicklichkeit; alles was durch Fleiß, Arbeit ꝛc. erlangt worden.

AQUISITION, *s. f.* Kauf, Erwerbung; gekauftes oder sonst erworbenes Gut; Eigenthum.

AQUIT, *s. m.* Zahlung, Abtragung, Tilgung einer Schuld; Erledigung, Befreyung, Beruhigung des Gewissens; item ein Schein wegen bezahlter Schuld, eine Quittung.

Faire l'*aquit* d'une partie de Marchand, einen Krämerauszug bezahlen.

AQUIT-à-caution, ein Accis-oder Zollzettel, den man einem giebt, der Bürge wird, daß er einen Ballen mit Waaren will visitiren lassen, darauf macht er den Ballen zu, und wenn solcher an den Ort kommt, läßt er die Acciseinnehmer diesen Zettel unterschreiben, daß er seinem Wort nachkommen, das heißt décharger l'*aquit-à-caution*, dadurch wird man der Bürgschaft los.

AQUIT-patent, eine Ordre des Königs, aus seinem Schatz etwas baar zu bezahlen, (das Bezahlte muß aussen darauf geschrieben werden.)

Faire quelque chose par manière d'*aquit*, etwas hinläßig und obenhin thun, weil man es nicht umgehen kan, nur daß man davon komme.

Pour l'*aquit*, oder à l'*aquit* de sa conscience, sein Gewissen zu befriedigen.

AQUITAIN, e, *s. & adj.* aquitanisch, oder einer aus Aquitanien.

AQUITAINE, *s. f.* vor Alters ein Stück Land in Frankreich, Aquitanien.

AQUITER, *v. a.* zahlen, abtragen, tilgen, als eine Schuld, oder Schuldverschreibung; bezahlen, etwas gekauftes; durch Bezahlung der Schuld frey machen, einlösen, als etwas versetztes; durch Bezahlung aus Schulden reissen, als eine Person, bey seinen Gläubigern, vor ihn zahlen; von Schulden frey sprechen, losszählen, quittiren; halten, leisten, als ein Versprechen, demselben genug thun.

J'ai *aquité* la marchandise que j'achetai le mois passé, ich habe die Waar, welche ich den vergangenen Monat gekauft, bezahlt.

Un honnête homme *aquite* sa promesse, ein ehrlicher Mann leistet sein Versprechen.

Mon frère m'a *aquité* envers mes créanciers, mein Bruder hat bey meinen Gläubigern vor mich bezahlt.

s'AQUITER, *v. r.* envers quelqu'un, seine Schuld bey einem abtragen, ihn bezahlen oder befriedigen, Zahlung leisten; it. sich gegen einen dankbar erweisen; auf dem Billard, sich legen, aussetzen.

s'AQUITER de son devoir, seine Pflicht abstatten, oder leisten, seine Schuldigkeit beobachten.

s'AQUITER, de sa charge, seinem Dienst wohl vorstehen, sein Amt wohl versehen.

s'AQUITER d'une commission, ein aufgetragenes Werk wohl verrichten.

ARABE, *s. & adj. c.* ein Araber; it. Arabisch; es heißt auch geizig, grausam, tyrannisch.

ARABE, *s. m.* die arabische Sprache.

ARABESQUE, ou ARABIQUE, *adj. c.* arabisch. Ecriture *Arabique*, arabische Schrift. Gomme *Arabique*, arabischer Gummi.

ARABESQUE, *s. f.* (in der Mahlerey und sonst) eine Art Auszierung von Laubwerk, wie es dem Künstler einfällt, doch ohne Menschenbilder.

Ornemens *arabesques*, arabische Zierathen.

ARABESSE, *s. f.* eine Araberin.

ARABIE, *s. f.* Arabien.

ARABISME, *s. f.* eine arabische Redensart oder andere Weise.

ARABLE, *adj.* was gepflügt werden kan.

ARACHNOÏDE, *s. f.* (in der Anatomie) ein zart Häutlein im Auge, so die crystallene Feuchtigkeit umgiebt.

ARACTE, *s. m.* eine Art von Schlangen.

ARAGON, *s. m.* das Königreich Aragonien in Spanien; it. der Fluß dieses Namens.

ARAIGNEE, *s. f.* eine Spinne; Spinnenwebe; item was derselben gleicht, als ein vielfältiger Gang in einer Mine; ein Werbel auf den Schiffen, wo viel Seile zusammen kommen, von der Seiten und rund umher; in der Astronomie, am Astrolabio, ein Instrument, worauf die Fixsterne gezeichnet sind, das man auf die andern legt.

Des doigts d'*araignée*, lange magere Finger.

Sa bourse est pleine d'*araignée*, er hat die Schwindsucht im Beutel, es ist nicht viel zum Besten bey ihm.

ARAIGNES, *s. f. plur.* Dratgitter vor den Fenstern.

ARAMBER, *v.* ARRAMBER.

ARANATA, *s. m.* Name eines Indianischen Thiers, das so groß ist als ein Hund, und gern auf die Bäume klettert.

ARANEA, eine Gattung Silbererz, welches einer Spinnwebe gleich und sehr wohl ausgiebt. Man findet diese Gattung nur in der Grube zu Catamito in Potosi.

ARANTE′LES, *s. f. plur.* die Spinnwebe oder das Gewebe, das in der Luft bisweilen fliegt, und sich auf die Gewächse legt, der Sommer; it. gewiſſe dünne Haarfäſerlein an den Hirſchläuften.

ARATICUPANA, *s. m.* ein Baum in Braſilien, ſo ſtark als ein Pomeranzenbaum, deſſen Früchte vom Geruch und Geſchmack ſehr köſtlich ſind.

ARBALÉTE, ARBALÉTRE, *s. f.* eine Armbruſt, Balleſter.

Bander une *arbalête*, eine Armbruſt ſpannen.

ARBALÉTE, ARBALÉTRILLE, BALÉTRILLE, *s. f.* der Jacobsſtab, ein aſtronomiſch Inſtrument der Schiffer, ſich der Höhe des Poli zu erkunden.

Arbalête, (in der Anatomie) ſo heiſſet man das erſte Bein an dem Vorderfuß.

Arbalétes, iſt auch der Name von gewiſſen Schnüren, welche ſich an dem Stul eines Gazewebers finden.

ARBALÉTRER, *v. a.* ein Gebäu mit einem Dachſtul verſehen; it. ein Haus mit Bogen oder Pfeilern unterſtützen.

ARBALÉTRIER, *s. m.* ein Armbruſtmacher; ein Armbruſtſchütz.

La compagnie des *arbalétriers*, die Armbruſtſchützenbrüderſchaft.

ARBALÉTRIE′RE, *s. f.* der Ort auf der Galee, wo die Soldaten ſtreiten und ſich wehren.

ARBALÉTRIERS, *s. m. pl.* der Dachſtul, die Balken, worauf die Dachſparren ruhen.

ARBAN, *s. m.* ol. Frondienſt, Herrndienſt, Hofdienſt.

ARBITRAGE, *s. m.* (im Rechtshandel) Ausſpruch der Schiedsleute; Schiedsrichteramt.

Mettre une affaire en *arbitrage*, eine Sache zu gütlichem Spruch ſtellen; auf Schiedsleute ankommen laſſen.

Arbitrage, (im Wechſelhandel) iſt eine Gegeneinanderhaltung und Beurtheilung des Wechſelcourſes von verſchiedenen Plätzen, durch welche man entdecket auf welchen, oder durch welchen derſelben, man mit mehrerm Vortheil ziehen, und ſein Geld circuliren machen könne.

ARBITRAIRE, *adj. c.* willkührlich, frey, eigenmächtig.

Pouvoir *arbitraire*, ein ungemeſſener Gewalt, der keine andere Regel als den Willen des Fürſten ſelbſten hat.

ARBITRAIREMENT, *adv.* willkührlich, frey.

ARBITRAL, e, *adj.* ſchiedsrichterlich.

Sentence *arbitrale*, ein ſchiedsrichterlicher Ausſpruch.

ARBITRALEMENT, *adv.* ſchiedsrichterlicher Weiſe, als ein Schiedsrichter; durch Schiedsrichter.

ARBITRATEUR, *s. m.* ein Schiedsmann.

ARBITRATION, *s. f.* Schätzung, Anrechnung, bey den Rechtsgelehrten.

ARBITRE, *s. m.* ein Schiedsrichter, Schiedsmann; ein abſoluter Herr, der mit ſo ungemeſſener Gewalt nach ſeinem freyen Willen über etwas zu gebieten hat.

Libre *arbitre*; franc *arbitre*, Willkühr; freyer Wille.

ARBITRER, *v. a.* nach ſeinem Belieben etwas ordnen, nach eigener Willkühr mit etwas ſchalten und walten; bey den Rechtsgelehrten, etwas überhaupt ſchätzen, anrechnen; als Schiedsrichter entſcheiden.

ARBOISE, ARBOISIER, *v.* ARBOUS.

ARBORER, *v. a.* in die Höhe richten, als einen Maſt; aufſtecken, pflanzen, als Fahnen, Wappen und Flaggen.

Arborer le pavillon, die Fahne ausſtecken.

Arborer la croix dans le païs des infidèles, das Creuz Chriſti unter den Ungläubigen aufrichten, (ſie zum Glauben bekehren.)

ARBORISER, ARBORISTE, *v.* HERBORIS.

ARBOUSE, *s. f.* Meerkirſche.

ARBOUSIER, *s. m.* Meerkirſchbaum, Erdbeerbaum.

ARBRE, *s. m.* ein Baum.

Arbre fruitier, Obſtbaum; fruchtbarer Baum.

Arbre ſauvage, ein wilder Baum.

Arbre nain, Zwergbaum.

Arbre de laïe, ou Arbre de repeuplée, (jeune plante qu'on laiſſe pour repeupler le taillis, lorſqu'on en fait la coupe,) ein Ausläufer; ein Baum, ſo man zur Fortpflanzung übrig läßt; ein Laßſtamm.

Arbre de haute futaïe, ein Baum ſo einen langen Schaft oder Stamm hat.

Arbre de brin, ein gerader und ſchön gewachſener Baum.

Arbre de plein vent, de haut vent, ein zu ſeiner natürlichen Höhe gekommener Baum.

Arbre de vie, ein Baum eines ſtarken Geruchs, welcher unter Franciſco I das erſtemal aus Canada gebracht worden; er bleibet Sommer und Winter grün. Er iſt von mittelmäßiger Höhe, hat faſt Cypreſſenlaub, und eine dunkelrothe Rinde.

Arbre à ennivrer, heiſſet in Peru der Baum, von welchem das berühmte Quinquina oder China China kommet.

Arbre

ARBRE triste, ein Ostindischer Baum zu Goa und in Malabar, dessen äusserliche Gestalt dem Pflaumenbaum, die Blüthe aber der Pomeranzenblüthe gleich ist. Er blühet nur zu Nacht, und sobald die Sonne sich zeiget, fällt seine Blüthe ab, und sein Laub wird welk.

ARBRE, Spindel in einer Uhr.

ARBRE, Wellbaum an der Mühle.

ARBRE de pressoir, Spindel an einer Presse.

ARBRE de généalogie, der Stammbaum, Sipschaftsbaum.

ARBRE fourchu, vor diesem eine Art französischer Lieder von drey oder vier Versen, aber nur mit zwey Reimen.

Se tenir au gros de l'arbre, prov. der rechten (guten) Partey anhangen; es mit der rechtmäßigen Herrschaft halten.

ARBRISSEAU, s. m. ein Bäumlein, eine Staude, ein Gesträud, ein Strauch.

ARBUSTE, s. m. ein Stock oder Pflanze, welche wie ein Bäumlein oder Staude wächst, als ein Rosmarinstock, und doch nur eine planta lignosa und kein Baum oder Strauch ist, wie andere.

ARC, s. m. ein Bogen zum Schiessen.

Tirer de l'arc, mit dem Bogen schiessen.

Avoir plusieurs cordes à son arc, prov. mehr als eine Gattung Mittel haben sich zu ernähren, oder aus einer Sach auszuziehen.

ARC, (in der Meßkunst) ist ein abgeschnittener Theil eines halben Rundes oder halben Circuls.

ARC, (in der Astronomie) ein Theil eines Kreises.

ARC diurne, arc nocturne du soleil, der Weg der Sonnen bey Tag, bey Nacht.

ARC, Bogen, so über die Thüren und Fenster in der Mauer geschlossen wird.

ARC de carosse, Brügge; Schwanhals einer Kutschen.

ARC-boutant, ein Pfeiler eines Gemäuers als ein halber Bogen, der an die Mauer aussen stützt; it. ein Anstiffter, Rädelsführer, eine Hauptperson bey einem Unternehmen.

ARC de triomphe, oder arc triomphal, eine Ehrenpforte, ein Triumphbogen.

ARC-en-ciel, der Regenbogen.

ARCADE, s. f. ein Schwibbogen, Gewölb; der Bogen an einer Brille; die ausgeschnidtene Krümme an einem hölzernen Absatz.

ARCADIE, s. f. das Königreich Arcadia, vor Alters im Peloponneso; it. ein Weibername, Arcadia.

rossignol d'ARCADIE, ein Esel.

ARCADIEN, nne, s. & adj. Arcadisch.

ARCADIQUE, adj. c. Arcadisch.

ARCANGE, s. m. ein Erzengel.

ARCANGELET, s. m. ein Ballester, eine Armbrust mit Kugeln zu schiessen.

ARCANNE, s. f. die rothe Farbe, womit die Zimmerleute ihre Schnur färben, womit sie das Holz bemerken, Röthel.

ARCANçON, eine Gattung Pech, welches aus Fichtenharz zubereitet wird.

ARCASSE, s. f. das Haus oder Castel im Hintertheil des Schiffs; das Holz, worinnen das Rad eines Werbels geht.

ARCEAU, s. m. ein Bogen an einer Thür oder einem Fenster; die Krümme an einem Gewölbe.

ARCELER, voiés HARCELER.

ARCH, oder ARCHI, ein Wörtlein, das vorn an einige Wörter gesetzt wird, und heißt im Deutschen Erz.

ARCHAL, s. m. fil d'archal, meßingener Drat, oder der von anderer Materie.

ARCHANGE, voiés ARCANGE.

ARCHE, s. f. eine Lade, ein Kasten, absonderlich der Kasten Noä, und die Lade des Bundes.

ARCHE, s. f. ein Gewölbe; ein Joch an einer Brücke; item der Deckel über der Schiffpompe.

ARCHE'AL, e, adj. Archäalisch, das zum Archæo gehöret.

ARCHE'E, s. m. der Chymisten Archæus, die innerliche Hauptkraft, welche in allen Dingen, in der Erde, in den Menschen ꝛc. alles in Ordnung erhält und regieret.

ARCHELET, s. m. ein kleiner Bogen.

ARCHER, s. m. Bogenschütz; Trabant; Häscher.

ARCHER des pauvres, ein Bettelvogt.

ARCHER du prévôt, ein Ausreuter, Straßenbereuter.

ARCHER du guet, ein Nachtwächter zu Pferd, einer von der reitenden Nachtwache.

Franc-ARCHER, voiés FRANC.

ARCHE'RE, s. f. eine Weibsperson, die einen Bogen führt.

ARCHEROT, s. m. ein kleiner Bogenschütz. So wird Cupido von den Poeten genennt.

ARCHET, s. m. ein Fiedelbogen; it. der Bogen über eine Wiege, die Decke über das Haupt empor zu halten; bey den Maurern und andern, die in Stein arbeiten, eine Steinsäge mit einem meßingenen Drat; bey den Schlössern und dergleichen Leuten die Rennspindel, so sie zum Bohren brauchen.

être sous l'archet, die Französischen Pocken schwitzen.

ARCHETYPE, s. m. (wird gelesen als arquetipe) Urschrift, das Original, das

Modell, wornach und worüber man etwas macht.
ARCHE'VéCHE', s. m. Erzbischöflicher Pallast; Erzbisthum, sowohl die Würde, als das Gebiet.
ARCHE'VêQUE, s. m. Erzbischoff.
ARCHI, voies ARCH.
ARCHICHAMBELLAN, s. m. Erzcämmerer.
ARCHICHANCELIER, s. m. Erzcanzler.
ARCHIDIACONAT, s. m. das Amt des Archidiaconi, oder obersten Helfers bey einer Kirche.
ARCHIDIACONE', s. m. die Würde eines Archidiaconi; eines Archidiaconats Kirchbezirk, die Pfarren, so darein gehören.
ARCHIDIACRE, s. m. ein Archidiaconus, Obristhelfer.
ARCHIDUC, s. m. ein Erzherzog.
ARCHIDUCHÉ, s. m. ein Erzherzogthum.
ARCHIDUCHESSE, s. f. eine Erzherzogin.
ARCHIE'CHANSON, s. m. Erzschenk.
ARCHIE'CUiERTRANCHANT, s. m. Erztruchses.
ARCHIE'PISCOPAL, e, adj. Erzbischöflich.
ARCHIE'PISCOPAT, s. m. ein Erzbisthum.
ARCHI-FOU, s. m. folle, s. f. ein Erznarr, eine Erznärrin.
ARCHI-FOU, folle, adj. erznärrisch.
ARCHIMANDRITE, s. m. ein Griechischer Abt.
ARCHIMARE'CHAL, s. m. Erzmarschall.
ARCHIPE'DANT, s. m. ein Erzschulfuchs.
ARCHIPEL, s. m. das Egeische oder Griechische Meer.
ARCHIPOMPE, s. f. im Schiff die Hauptpumpe, bey dem grossen Mast, wo das Schiff am tiefsten ist.
ARCHIPRESBITE'RAL, e, adj. Erzpriesterlich.
ARCHIPRESBITERAT, s. m. Erzpriesterschaft.
ARCHIPRêTRE, s. m. Erzpriester.
ARCHIPRêTRE', s. m. Erzpriesterschaft.
ARCHIPRE'VERE', s. m. ist eben so viel, (doch ist es nicht so bräuchlich als das vorige Wort).
ARCHIPRIEUR, s. m. Erzprior.
ARCHIPRIEURE', s. m. Erzpriorat.
ARCHITECTE, s. m. Baumeister.
ARCHITECTONOGRAPHIE, s. f. Beschreibung vortreflicher Gebäude.
ARCHITECTURE, s. f. Baukunst.
ARCHITRAVE, s. m. der Unterbalken am Hauptgesims eines Gebäudes gleich über den Säulen, die Oberschwelle, der Architrab.

ARCHITRE'SORIER, s. m. Erzschatzmeister.
ARCHIVEL, s. m. voies ARCHIVISTE, welches besser ist.
ARCHIVES, s. f. plur. ein Ort, worinnen wichtige Schriften verwahret werden, das Archiv.
ARCHIVIOLE, s. f. eine Art von Clavizimbeln mit einem Geigenregister.
ARCHIVISTE, s. m. der Archivarius.
ARCHIVOLTE, s. m. in der Baukunst, ausgeschnitzte Zierathen an einem Schwibbogen oder Architrab.
ARCHONTAT, s. m. die Stadtvogtey zu Athen; das Amt eines Stadtvogts daselbst.
ARCHONTE, s. m. der Stadtvogt zu Athen.
ARCHURE, s. f. die runde hölzerne Decke über den Mühlsteinen, die man herunter thun kan.
ARCIEUT, s. m. in Bearn, eine Auflage, so die Geistlichen von ihren Zehenden an den Bischoff bezahlen.
ARÇON, s. f. der Bogen am Sattel; auch wohl der Sattel selbst.
Faire perdre les arçons à quelqu'un, einen aus dem Sattel heben.
ARÇON, (bey dem Hutmacher) der Fachbogen, die Wolle zu schlagen.
ARÇONNER, v. a. die Wolle mit dem Bogen schlagen, fachen, bey den Hutmachern.
ARÇONNE', ée, part. gebogen; gewölbt; wohl in dem Sattel sitzend.
ARCONTAT, ARCONTE, voies ARCHONT.
ARCOT, ARCOU, s. m. Art von Messing, so sehr schlecht ist; der Abgang vom Kupfer, Kupferschlacken.
ARCTIQUE, adj. c. was gegen den Nordpol liegt, oder darzu gehört.
ARCTURE, s. m. ein Gestirn in der Astronomie, der Boot.
ARDASSES, s. f. ist die gröbste von aller Persischen Seide.
ARDASSINES, schöne Persische Seiden, welche denen, so Sourbassis genennet werden, fast nichts nachgeben.
ARDEMMENT, adv. hitziglich, brünstiglich.
ARDENNES, s. f. plur. Ardennerwald, zwischen Frankreich und den Niederlanden.
ARDENS, s. m. plur. das heilige Feuer, eine Krankheit.
ARDENT, e, adj. brennend; glüend, sonderlich auch in den Wappen, feuerroth, als das Haar des Pferdes; der oder die das heilige Feuer hat; im verblümten Verstand, feurig, heftig, hitzig; brünstig, begierig.

Char-

Charbons *ardens*, glühende Kohlen.
Buisson *ardent*, der brennende Busch.
L'honneur est le plus *ardent* défir des ames bien nées, die Ehre ist die brünstigste Begier wohlgearteter Seelen.
Ardent dans ses désirs, heftig in seinen Begierden.
Ardent à la prise, hitzig auf den Raub.
Ardent à vous servir, eifrig euch zu dienen.
Vaisseau *ardent*, ein Schiff, das auf dem Weg ist, sich nach dem Wind zu bequemen.
Miroir *ardent*, ein Brennspiegel.
Esprit *ardent*, in der Chymie, ein Spiritus, der sich entzündet, als der Spiritus Vini.
Chapelle *ardente*, ein mit Wachslichtern oder Fackeln beleuchtetes Todtengerüst, ein Castrum Doloris.
Chambre *ardente*, ein Gericht, das zum Feuer verdammt.
ARDENT, *s. m.* ein Irrwisch.
ARDER, *v. n.* brennen. (ist alt).
ARDEUR, *s. f.* Hitze; Brunst; Eifer.
L'*ardeur* du soleil, die Hitze der Sonnen.
Parler avec *ardeur*, mit Eifer reden.
ARDILLON, *s. m.* der Dorn in einer Schnalle.
ARDOISE, *s. f.* Schieferstein.
ARDOISE', ée, *adj.* columbinspielende Farbe an den Taubenfedern.
ARDOISIE'RE, *s. f.* Schieferbruch oder Grube.
ARDRE, *v. a. & n.* brennen. (ist alt).
Que le feu Saint Antoine les *arde*, daß sie das heilige Feuer kriegen.
ARDU, ë, *adj.* hoch; schwer.
Question *ardüe*, eine schwere Frage.
AREA, *s. f.* Krankheit, davon einem die Haare ausfallen.
ARECA, *s. m.* Name einer Indianischen Nuß, so auf einer gewissen Art Palmenbäume wächst.
ARE'CIUM, *s. m.* Habichtskraut.
ARE'NE, *s. f.* Sand; bey den Poeten.
ARE'NE, der Platz, worauf man bey den Römern mit Menschen oder mit wilden Thieren kämpfte.
ARE'NER, *v. n.* niedersinken, sich setzen, wird von Balken oder Bretern gesagt, die wegen der Last, so darauf liegt, sich nieder begeben.
ARE'NEUX, euse, *adj.* sandig.
ARE'OLE, *s. f.* so wird genennet der Kreis, welcher die Brustwärzlein umgiebt.
ARE'OMETRE, *s. m.* ein Instrument, zweyer flüßigen Dinge Gewicht gegen einander zu erforschen.

ARE'OPAGE, *s. m.* der Ort, wo das hohe Gericht zu Athen gehalten wurde; das Gericht selbst.
ARE'OPAGITE, *s. m.* ein Beysitzer in dem höchsten Gericht zu Athen.
ARE'OSTILE, *s. m.* ein Gebäude, an welchem die Säulen sehr weit aus einander stehen.
ARE'OTECTONIQUE, *s. m.* ein Stück der Ingenieurkunst, zu Schlachten und Belagerungen dienlich.
ARE'OTIQUE, *s. m.* eine Arzney, so die Schweißlöcher öfnet, und die Ausdünstung befördert.
ARER, *v. n.* (in der Seefahrt) wird gesagt, wenn das Schiff den Anker nachschleppet.
ARGANEAU, *s. m.* ein grosser eiserner Ring, wodurch auf den Schiffen die Seile gehen.
ARGEMON, *s. m.* Augengeschwür in dem Regenbogenhäutlein.
ARGEMONE, *s. f.* wilder Genserich; it. stachlichter Mohn, Odermennige, ein Kraut.
ARGENT, *s. m.* Silber; Geld, Reichthum, Vermögen; bey den Poeten, etwas das sehr lauter, hell und klar ist, als das Wasser eines Flusses; it. etwas das sehr weiß ist, als der Schnee; auch die weisse Farbe in den Wappen.
ARGENT bas, Geld, das nicht löthig ist.
ARGENT contant, baar Geld.
ARGENT mort, Geld, so im Kasten todt liegt.
ARGENT vif, Quecksilber.
Ses promesses ne sont pas de l'*argent*, seinem Versprechen ist nicht zu viel zu trauen.
Le terme vaut l'*argent*, ein guter Termin, aus dem lange nichts wird, der viel Geldes werth, das ist, angenehm.
Argent contant porte médecine, Gut macht Muth.
Point d'*argent*, point de Suisse, Geld ist die Losung; umsonst ist der Tod.
ARGENTER, *v. a.* versilbern, übersilbern.
ARGENTE', ée, *part. & adj.* versilbert; silberfärbig; sehr weiß; sehr hell und lauter.
ARGENTERIE, *s. f.* Silberwerk.
ARGENTEUX, euse, *adj. vulg.* der viel Geld hat.
ARGENTIER, *s. m.* ein Ausgeber, der Geld empfängt, und es vor geringe Ausgaben verrechnet; beym König, der solch Geld zu königlichen Kleidern und Kammerzierathen hat; Silberdiener, Silberverwahrer.

AR-

ARGENTIN, e, *adj.* ſilberhaft, ſilberfär=
 big.
 Une voix *argentine*, eine helle ſtimme.
ARGENTINE, *ſ. f.* Genſerich, ein Kraut,
 wegen der weiſſen Blätter auch Silber=
 kraut genannt.
ARGIE, *ſ. f.* vor Alters eine Landſchaft im
 Peloponneſo.
ARGIEN, *adj. & ſubſt.* ein Argiver; Ar=
 giviſch.
ARGILLE, *ſ. f.* Laim, Thon.
ARGILLEUX, euſe, *adj.* laimicht.
ARGO, *ſ. m.* Name eines berühmten Schiffs
 bey den alten Griechen, worauf Jaſon
 nach Colchis gefahren, das goldene Vließ
 abzuholen.
ARGONAUTES, *ſ. m. plur.* die Geſell=
 ſchaft der Helden, ſo auf dem Schiff Ar=
 go aus Griechenland nach Colchis gefah=
 ren.
ARGOT, *ſ. m.* Rothwelſch, die Diebsſpra=
 che, eine unverſtändliche Sprache, die
 nur die Spitzbuben unter einander ver=
 ſtehen.
Argot, *ſ. m.* bey den Gärtnern, ein Zweig,
 der vornenher verdorret iſt, ſiehe auch
 ERGOT.
ARGOTER, *v. a.* die vornen ausgedörrte
 Zweige abſchneiden.
ARGOULET, *ſ. m.* vor dieſem, ein Bogen=
 ſchütz zu Pferd.
ARGOUSIN, *ſ. m.* ein Aufſeher auf die
 Sclaven und andere auf der Galee.
ARGUë, *ſ. f.* der erſte Werkzeug, da die
 Gold= und Silberſtangen durch müſſen,
 wenn man Drat daraus machen will; it.
 der Ort, wo Gold= und Silberdrat ge=
 macht wird, eine Dratzieherey.
ARGUER, *v. a.* beſtrafen; mit Worten
 überzeugen; ſchelten, beſchuldigen.
 Arguer un contract de faux, einen Con=
 tract der Falſchheit beſchuldigen.
ARGUMENT, *ſ. m.* Grund, Beweis; Inn=
 halt, Begriff.
 Un fort, un foible *argument*, eine ſtar=
 ke, eine ſchwache Schlußrede.
 Argument de Théologie, de Droit, In=
 halt aus der Gotteslehre; aus der Rechts=
 lehre.
ARGUMENTANT, *ſ. m.* der in der Diſpu=
 tation Argumenta gegen den Diſputiren=
 den macht, der Opponent.
ARGUMENTATEUR, *ſ. m.* einer der argu=
 mentirt, oder zu argumentiren Luſt hat,
 meiſtens in ſchlimmer Bedeutung.
ARGUMENTATION, *ſ. f.* die Verfaſſung
 einer Schlußrede; das Beweiſen.
ARGUMENTER, *v. n.* beweiſen; ſchlieſ=
 ſen, Schlüſſe machen.
ARGUS, *ſ. m.* ein Mannsname; ein Mann,
von dem die Poeten vorgeben, er habe
 hundert Augen gehabt; vulg. ein ſcharf=
 ſinniger Menſch; item ein eiferſüchtiger
 Mann.
ARGUTIE, *ſ. f.* ſpitzfündige Reden oder
 Beweisthümer.
ARGYROPE'E, *ſ. f.* das Silbermachen.
ARIADNE, *ſ. f.* ein Geſtirn.
ARIANISME, *ſ. m.* die Arianiſche Ketze=
 rey, (von Ario, deren Urheber).
ARIDAS, eine Gattung von Oſtindiſchem
 Taffet, welcher aus einer Seiden, die an
 Kräutern wachſet, gemacht iſt.
ARIDE, *adj. c.* trocken, dürr, kraftlos.
 Une terre *aride*, ein dürres Land.
Aride, dürr, mager, unfruchtbar.
 C'eſt un ſujet *aride*, es iſt eine magere
 Sache, davon nicht viel zu ſagen iſt.
 Un eſprit *aride*, ein unfruchtbarer Geiſt,
 der keine Einfälle hat.
 Un diſcours *aride*, eine dürre Rede,
 die weder Anmuth noch Lehre enthält.
Aride, karg, filzig, lauſerhaft.
ARIDITE', *ſ. f.* Dürre, Trockenheit; Man=
 gel an Einfällen.
 L'*aridité* de ſon diſcours eſt déſagréa=
 ble, die Dürre ſeines Geſprächs iſt un=
 angenehm.
ARIE'GE ou AURIGE, fleuve du Langue=
 doc, ein Fluß in Languedoc.
ARIEN, ne, *ſubſt. & adj.* ein Arianer;
 Arianiſch.
ARIE'S, *ſ. m.* der Widder, ein himmliſches
 Zeichen.
ARIGOT, *voiés* LARIGOT.
ARILLE, *ſ. m.* Agricola, ein Mannsname.
ARINDRADO, *ſ. m.* Name eines Baums
 auf der Inſel Madagaſcar, davon man
 das faule Holz zum Räuchern braucht.
ARIOME'TRE, *voiés* ARE'OME'TRE.
ARISARUM, *ſ. m.* klein Aaron, ein Kraut.
ARISER, *voiés* ARRISER.
ARISTARQUE, *ſ. m.* ein ſcharfer Criticus,
 ein Tadler.
ARISTOCRATIE, *ſ. f.* eine Regierungs=
 art, da die Vornehmſten in einer Stadt
 das Regiment haben.
ARISTOCRATIQUE, *adj. c.* da die Vor=
 nehmſten regieren; ariſtocratiſch.
ARISTOCRATIQUEMENT, *adv.* ariſto=
 cratiſcher Weiſe, als eine Ariſtocratie.
ARISTO-DE'MOCRATIE, *ſ. f.* eine Regie=
 rungsart, da der Adel und das Volk gleich
 viel zu ſprechen hat.
ARISTOLOCHE, *ſ. f.* (herbe odoriféran=
 te) ein Kraut, Hohlwurz, Oſterlucey.
ARISTOTE, *ſ. m.* (Ariſtoteles) der be=
 rühmte alte Philoſophus.
ARITENOïDE, *voiés* ARYTENOïDE.

ARITH-

ARITHMANTIE, ARITHMOMANTIE, *f. f.* Weiſſagung durch Zahlen.
ARITHMETICIEN, *f. m.* Rechenmeiſter.
ARITHMETIQUE, *f. f. & adj. c.* Rechenkunſt; oder was zum Rechnen gehört.
    Progreſſion *arithmetique*, Steigerung nach der Rechenkunſt.
    Problême *arithmetique*, Aufgabe aus der Rechenkunſt.
ARITHMETIQUEMENT, *adv.* auf rechneriſche Art, nach der Rechenkunſt.
ARMADILLE, *f. f.* (in der Seefahrt) eine kleine Schiffsflotte; it. eine kleine Fregatte.
ARMAND, *f. m.* Armand, ein Mannsname.
ARMANT, *f. m.* ein Trank für ein krank Pferd.
ARMATEUR, *f. m.* ein Caper, Seeräuber; einer, ſo Schiffe ausrüſtet.
ARMATURE, *f. f.* alles dasjenige, was die Zimmerleute an Eiſenwerk, als Nägel, Bänder ꝛc. brauchen.
ARME, *f. f.* ARMES, *plur.* Waffen, Gewehr, auch womit ſich ein Thier wehret.
ARME à feu, Geſchoß, Feuergewehr.
    Prendre les *armes*, zum Gewehr greifen.
ARMES offenſives, Trutzwaffen.
ARMES défenſives, Schutzwaffen.
    Il y a des *armes* défenſives & il y en a d'offenſives, es ſind Waffen, damit man ſich beſchützet, und andere damit man einen angreifet.
    Etre ſous les *armes*, im Gewehr ſtehen.
    Paſſer un ſoldat par les *armes*, einen Soldaten arquebuſiren.
hautes ARMES, Piquen, Hellebarden.
hommes d'ARMES, von Fuß auf bewaffnete Leute.
ARMES, *f. f. plur.* der Krieg; die Kriegskunſt; Kriegsdienſte.
    Il eſt né pour les *armes*, er hat von Natur Luſt zum Krieg.
    S'adonner aux *armes*, ſich dem Kriegsweſen ergeben.
    Porter les *armes* contre ſes voiſins, ſeine Nachbarn mit Krieg überziehen.
    Les Allobroges ont été célèbres par les *armes*, die Savoyer (Gallier) ſind wegen ihren Kriegsverrichtungen berühmt geweſen.
    Quitter les *armes*, mettre bas les *armes*, die Waffen niederlegen.
    Crier aux *armes*, Lermen machen.
    Rendre les *armes*, das Gewehr übergeben.
    Faire ſes prémières *armes*, das erſte mal im Krieg dienen.
ARMES, Mittel ſich zu vertheidigen, oder andern zu ſchaden.

    Il ne faut pas fournir à ſon ennemi des *armes* pour ſe défendre, man muß ſeinem Feind nicht ſelbſt an die Hand geben, womit er ſich vertheidigen könne.
    J'ai des *armes* toutes prêtes contre lui, ich habe bey der Hand, womit ich ihm ſchaden kan.
ARMES, (poetiſch) Schönheit; Anmuth, Liebesreitzungen.
    Me dois-je rendre à de ſi douces *armes*? ſoll ich mich ſo ſüſſen Reizungen ergeben?
faire des ARMES, fechten.
maitre d'ARMES, Fechtmeiſter.
ARMES parlantes, Wappen, das ganz oder ſtückweis den Namen des Hauſes ausdrückt, das ſelbiges führt, als: das Königreich Caſtilien hat ein Caſtell oder Schloß.
champ d'ARMES, das Feld in dem Schilde.
ARME, *m.* ARMEE, *f. part. prét.* bewaffnet.
ARME', (ſe dit des ongles des animaux,) mit Nägeln verſehen, wird bey den Wappen gebraucht, und von den Nägeln der Thiere geſagt.
ARMEE, *f. f.* ein Kriegsheer.
    Une *armée* navale, eine Schiffsflotte, eine Armee zu Waſſer.
    Une *armée* de terre, eine Armee zu Lande.
    Lever une *armée*, eine Armee auf die Beine bringen.
    Ranger une *armée* en bataille, eine Armee in Schlachtordnung ſtellen.
    Défaire l'*armée* des ennemis, die feindliche Armee ſchlagen.
    Il marchoit déja à la tête de ſon *armée*, diviſée en deux ailes, er führete ſchon ſeine Armee, ſo in zween Flügel getheilet war, ſelber an.
ARMELINE, *f. f.* ein Hermelin.
ARMEMENT, *f. m.* Ausrüſtung, Ausſtaffirung, Muntirung eines Soldatens; Anſtalt zum Krieg, Werbung, Kriegsrüſtung; Rüſtung zur See; Ausrüſtung einer Flotte; das Kriegsvolk auf den Schiffen; die Schiffsarmee.
    Un *armement* conſidérable, eine anſehnliche Kriegsrüſtung.
    Il y a ordre pour un *armement*, es iſt gewiſſe Kriegsſchiffe auszurüſten anbefohlen.
    Le vaiſſeau ſe briſa & l'*armement* périt, das Schiff ſtieß entzwey, und das Volk kam um.
ARMENIE, *f. f.* Armenien, ein Königreich in Aſien.
ARMENIEN, ne, *ſubſt. & adj.* ein Armenier, Armenianerin; Armeniſch.

ARMÉNIENNE, *s. f.* Armenierstein, Bergblau, ein blauer mit grün gemischter Stein, so sonst aus Armenien kam, nun aber auch in Ungarn, Tyrol und Siebenbürgen gefunden wird.

ARMER, *v. a. & n.* bewaffnen, bewehrt machen; mit Gewehr versehen, mit Waffen ausrüsten.

Armer un vaisseau, ein Kriegsschiff ausrüsten.

Armer les habitans pour la défense du païs, die Einwohner in die Waffen bringen, zur Beschützung des Landes.

ARMER, entrüsten, verhetzen, aufwiegeln.

Vous avés *armé* tout le monde contre moi, ihr habt jedermann gegen mich verhetzt.

Ce séditieux *arma* la populace contre la noblesse, dieser unruhige Kopf hat den Pöbel wider den Adel aufgewiegelt.

ARMER, befestigen, verwahren.

Il *arma* cette tour de parapets, er befestigte diesen Thurm mit Brustwehren.

Armer une poutre de bandes de fer, einen Balken mit eisernen Ringen verwahren.

Armer un aimant, einen Magnet in Eisen einfassen, oder in Feilspäne legen.

ARMER, stärken; erhalten.

Vôtre grand courage vous *arme* contre tous les évènemens, euer grosser Muth stärkt euch gegen alle Zufälle.

ARMER, *v. n.* sich zum Krieg rüsten.

On *arme* de tous côtés, man rüstet sich auf allen Seiten.

S'ARMER, *v. r.* sich mit Gewehr versehen, das Gewehr ergreifen oder anlegen.

S'*armer* de toutes pièces, eine ganze Rüstung anlegen.

Tout le païs *s'arma* pour se défendre, das ganze Land ergreift das Gewehr, sich zu beschützen.

S'ARMER, sich entrüsten; widersetzen.

Il *s'arma* pour la moindre chose, er entrüstet sich über dem geringsten Dinge.

Les loix *s'arment* contre l'injustice, die Gesetze widersetzen sich der Ungerechtigkeit.

S'ARMER, sich stärken; sich verwahren.

S'*armer* de courage, sich mit einem guten Muth stärken.

S'*armer* de patience, sehr geduldig seyn.

S'*armer* d'une impudence & d'une hardiesse incroïable, überaus frech und unverschämt seyn.

S'ARMER, (auf der Reitschul) le cheval *s'arme*, das Pferd setzt die Stangen vor die Brust.

ARMET, *s. m.* eine Pickelhaube, Sturmhaube; im verblümten Verstande, der Kopf, das Gehirn, der Verstand.

Il en a un peu dans l'*armet*, er ist im Kopf nicht recht verwahrt.

ARMILLAIRE, *adj. c.* was ringweis ist, wird absonderlich von der Himmelskugel gesagt, die aus lauter Cirkeln bestehet, die Bewegung der Sternen und Beschaffenheit des Himmelslaufs zu zeigen.

Sphère *armillaire*, eine Himmelsbildung von Ringen.

ARMILLE, *s. f.* im Bauen, die Ringe um die Säulen, so zur Zierde herum gehen.

ARMINIANISME, *s. m.* die Lehre der Arminianer.

ARMINIEN, enne, *s. & adj.* Arminianer, Remonstranten; Arminianisch.

ARMISTICE, *s. m.* Stillstand der Waffen, (besser suspension d'armes).

ARMOGAN, *s. m.* gut Wetter zum abschiffen und fortsegeln, auf der See.

ARMOÏER, *v. a.* mit einem Wappen bemerken.

ARMOIRE, *s. m.* ein Schrank; ein Behälter, ein Schaft, Tresor, Bret, etwas darauf zu stellen.

ARMOIRIES, *s. f. plur.* ein ausgemahltes Wappen.

ARMOIRIES de Bourges, ein ungeschickter Lehrer, weil das Wappen von der Stadt Bourges ein Esel auf einem Stul seyn soll.

ARMOISE, *s. f.* Beyfuß, ein Kraut.

ARMOISIN, *s. m.* ein seidener Zeug zum füttern, eine Art Taffet.

ARMOISIN, *adj.* taffeten, von Taffet; im Scherz, auserlesen schön, vortrefflich.

ARMONIAC, voïés AMMONIAC.

ARMONS, *s. m. plur.* die Hölzer am Vorderwagen, woran die Deichsel entweder fest gemacht, oder beweglich ist.

ARMORIAL, *s. m.* ein Wappenbuch.

ARMORIAL, e, *adj.* das von Wappen handelt.

ARMORIER, *v. a.* mit Wappen bemahlen oder bezieren; it. anstatt des Wappen anmahlen oder brauchen.

Armorier un carosse, das Wappen auf eine Kutsche mahlen.

ARMORIQUE, *s. f.* vor Alters ein Stück von Frankreich, davon Bretagne ein Theil ist.

ARMORIQUE, *adj.* an dem Meer gelegen. (ist alt).

ARMORISTE, *s. m.* einer der die Wappenkunst versteht.

ARMURE, *s. f.* Harnisch, Küriß; Helm; Bewaffnung, sein selbst, Rüstung; das Eisen, worein ein Magnet gefaßt ist; in verblümtem Verstand, etwas damit man sich

ARM ARP   ARP ARR   91

sich gegen allerhand Widerwärtigkeit verwahrt und wehrt.

ARMURE à l'épreuve, eine schußfreye Rüstung.

La patience est une *armure* impénétrable, die Gedult ist ein unverletzlicher Schirm.

ARMURIER, *s. m.* ein Waffenschmied; ein Gewehrhändler.

ARNAUD, *s. m.* Arnold, ein Mannsname.

ARNOU, ARNOUD, ARNOUL, *s. m.* Arnolf, ein Mannsname.

AROBE ou ARATE, ein Gewicht in Portugal, welches auch zu Goa und in Brasilien bräuchlich. Die Portugiesische Arobe ist von 32 Pfund, die Spannische aber thut nur 25 Pfund.

AROMAT ou AROMATE, *s. m.* Gewürz.

AROMATES, alle Kräuter und Specereyen.

AROMATIQUE, *adj. c.* wohlriechend, als Gewürz, von Gewürz gemacht.

Cette racine a un gout *aromatique*, diese Wurzel hat einen Gewürzgeschmack, schmeckt nach Gewürz.

AROMATIQUES, *s. m. pl.* Gewürz. (besser aromates).

Les *aromatiques* sont communs en Italie, die Würze sind in Italien gar gemein.

AROMATISATION, *s. f.* die Mischung der Specereyen in die Arzeneyen.

AROMATISER, *v. a.* würzen.

ARON, *s. m.* Aaron, ein Mannsname.

ARONDE, *s. f.* ol. eine Schwalbe.

Queue d'*aronde*, eine Figur eines Hornwerks; it. ein Balkenband, das wie ein Schwalbenschwanz gemacht ist.

ARONDELAT, *s. m.* eine junge Schwalbe.

ARONDELIERE, *s. f.* Schwalbenkraut.

ARONDELLE, *voiés* HIRONDELLE.

ARONDELLE de roue, ein Nagel, so vor das Rad gesteckt wird; oder ein Vorstecker, Loue.

ARONISTE, *s. m.* ein Samaritanischer Priester vom Stamm Aaron.

AROUë, Gewicht, dessen man sich in Peru, Chily und andern Spanischen Provinzen bedienet, ist eines mit der Spanischen Arobe.

ARPAGE, *s. m.* im Land Gex und daherum, der Käszins, eine jährliche Schazung an Käs oder Geld, so einer der Obrigkeit davon giebt, daß er ein Häusgen vor sich bauen, sein Vieh auf die Weide gehen lassen, und Käs auf den Kauf machen darf.

ARPAILLEUR, *s. m.* einer der in den Flüssen Gold wäscht oder die kleinen Goldflitterlein zusammen sucht, Goldgänge dadurch zu finden.

ARPENT, *s. m.* ein Morgen oder Acker Landes, ein Juchart.

ARPENTAGE, *s. m.* das Feld- oder Ackermessen; die Feldmeßkunst.

ARPENTER, *v. a.* das Feld abmessen; Spottweis, weite Schritte thun, viel rennen und laufen.

Il ne fait qu'*arpenter* la ville, er thut nichts als in der Stadt umher laufen.

ARPENTEUR, *s. m.* Feldmesser.

ARPIN, *s. m.* ein Heiliger dieses Namens.

ARPIN, eine Stadt in Italien.

ARQUEBUSADE, *s. f.* ein Schuß mit einer Büchse. Eau d'*arquebusade*, (besser eau vulneraire,) Wundwasser.

Ils déchargèrent sur eux une grèle d'*arquebusades*, sie haben einen ganzen Hagel Kugeln auf sie losgeschossen.

Il a été blessé d'une *arquebusade*, er hat einen Schuß bekommen.

ARQUEBUSE, *s. f.* eine Musquete, Feuerrohr, oder ein Rohr zum Schiessen.

ARQUEBUSER, *v. a.* ol. niederschiessen.

ARQUEBUSERIE, *s. f.* Büchsenmacherkunst.

ARQUEBUSIER, *s. m.* einer der ein Rohr zum Schiessen trägt, ein Rohrschütz; auch ein Büchsenmacher, Büchsenschmied.

ARQUER, *v. n.* sich in einen Bogen krümmen, krumm werden, (il se dit des poutres, & sur tout de la quille d'un vaisseau).

ARQUE', ée, *adj.* krumm, gekrümmt, gebogen, als bey den Zimmerleuten ein Balken, auf den Schiffen der Kiel, auf der Reitbahn die Schenkel mancher Pferde.

Ce cheval a les jambes *arquées*, das Pferd hat krumme eingebogene Kniescheiben von harter Arbeit.

ARQUES, ville de Normandie, eine Stadt in der Normandie.

ARQUES, ville du Duché de Bar, païs de la pucelle d'Orléans, eine Stadt im Herzogthum Bar, der Jungfer von Orleans Vaterland.

ARRACHEMENT, *s. m.* Ausreissung; an Gebäuden, ein ausgerissener Stein, eine Lücke in der Mauer; it. die an Eck einer Mauer wechselsweis hervorragende Steine, vermittelst deren man etwan noch eine Mauer dran zu schliessen gedenkt; auch die untersten Steine eines Gewölbes, die von der geraden Wand abgehen, und die Krümme anfangen.

ARRACHE-PIE', ou d'ARRACHE-PIE', *adv. vulg.* in einem Stück weg, ohne Absatz, unablässig.

M 2   J'ai

J'ai écrit cinq heures d'*arrache-pié*, ich habe fünf Stunden an einem Stück geschrieben.
ARRACHER, *v. a.* ausreissen, heraus reissen.
Arracher un arbre, einen Baum aus der Wurzel reissen.
Arracher les yeux à quelqu'un, einem die Augen ausreissen.
Arracher les enfans d'entre les mains de leurs mères, die Kinder aus der Mütter Händen reissen.
Il faut *arracher* les méchantes herbes, man muß das Unkraut ausjäten.
ARRACHER sa vie, sich kümmerlich nähren.
Il vaut mieux laisser son enfant morveux, que de lui *arracher* le nés, *prov.* es ist besser ein kleines Uebel mit Geduld ertragen, als durch Ungeduld zu einem grössern Anlaß geben: besser scheel als blind.
ARRACHER, mit Mühe erlangen; abdrücken.
A grand peine lui ai-je *arraché* dix écus, mit genauer Noth hab ich zehen Thaler erlanget.
Personne ne m'*arrachera* ce secret, niemand wird mir dieses Geheimniß abdrücken.
ARRACHER, mit Mühe wegbringen; erzwingen; ausrupfen; benehmen; ausspringen; abziehen, abstreifen.
Je l'ai *arraché* à ses occupations, ich habe ihn von seinen Geschäften mit Mühe abgebracht.
Vous n'*arracherés* pas un mot de sa bouche, ihr werdet kein Wort aus seinem Munde bringen können.
Je n'ai pu lui *arracher* ce livre de la main, ich habe ihm dieses Buch nicht aus den Händen bringen können.
Arracher les plumes à un oiseau, einem Vogel die Federn ausrupfen.
On ne sauroit *arracher* de l'esprit des hommes une opinion qui y est profondement enracinée, man kan den Leuten einen falschen tief eingewurzelten Wahn nicht benehmen.
Ce spectacle m'*arrache* le cœur, wenn ich das sehe, so möchte mir das Herz aus dem Leibe springen.
Arracher la peau, die Haut abziehen (abstreifen).
S'ARRACHER, *v. r.* an sich selbst etwas ausreissen; sich zwingen von einem Ort hinweg zugehen.
Epaminondes s'*arracha* du corps la flèche, & dit: j'ai assés vecu; car je meurs sans être vaincu, Epaminondas riß sich den Pfeil selbst aus dem Leibe, und

sprach: Ich habe lang genug gelebt, denn ich sterbe unüberwunden.
Je m'*arracherai* à une passion si honteuse, ich werde eine so schändliche Begierde in mir dämpfen.
J'ai résolu de m'*arracher* de la ville, ich habe beschlossen, mich der Stadt zu entreissen.
ARRACHÉ, ée, *adj. & part.* wird in den Wappen von den Bäumen gesagt, oder von andern Gewächsen, deren Wurzel man sehen kan; it. von Gliedern der Thiere, die nicht glatt ab, da man Haare oder Lappen daran sieht.
Il porte d'or à trois têtes de Paon *arrachées* d'azur, er führet in einem güldenen Schilde drey blaue abgerissene Pfauenköpfe.
ARRACHEUR, *f. m.* Ausreisser eines Dinges.
ARRACHEUR de dents, Zahnbrecher, Zahnarzt.
ARRACHEUR de cors aux pieds, Hüneraugenarzt.
ARRACHIS, *f. m.* das Ausreissen der jungen wilden Bäume, so im Waldrecht verboten ist.
ARRAGEOIS, *f. m.* einer aus der Stadt Arras.
ARRAGON, *f. m.* Arragonien.
ARRAGONOIS, oise, *f. & adj.* Arragonier, Arragonisch.
ARRAÏEMENT, *f. m.* Ordnung.
ARRAÏER, *v. a.* ordnen, (ist alt).
ARRAISONNEMENT, *f. m.* das Anreden, das Ansprechen.
ARRAISONNER, *v. a.* quelqu'un, einen anreden.
S'ARRAISONNER, *v. r.* avec quelqu'un, einem Geringern sagen, was zu sagen ist, Worte wechseln.
ARRAMBER, *v. a.* (in der Seefahrt) ein Schiff mit Haken an das andere hängen, oder es mit Haken zu sich ziehen, sich dran hängen, entern.
ARRAMER, *v. a.* (bey den Tuchmachern) das Tuch oder Zeug in die Rahmen spannen oder dehnen, daß es länger und breiter wird.
ARRAMIR, *v. a.* ol. versprechen, bestimmen.
ARRANG, *f. m.* bey den Buchdruckern Spottsweise, ein Gesell, der wenig Arbeit liefert.
ARRANGEMENT, *f. m.* Anordnung, Stellung oder Setzung, wie es die Ordnung erfordert.
Arrangement de paroles, Ordnung der Worten.
Arrangement de vaisselle, Anstellung des Geschirrs.

AR-

ARRANGER, *v. a.* ordnen, anordnen, einrichten.
Arranger les plats, die Speisen ordentlich aufsetzen.
Arrangés ces tableaux, hänget diese Gemählde ordentlich auf.
s'ARRANGER chés soi, *v. r.* sein Haus sein zusammen ordnen.
Il est *arrangé*, er will alles ordentlich haben.
ARRAPER, *v. a.* zu sich raffen.
ARRAS, *s. m.* Arras, die Hauptstadt im Lande Artois, in den Niederlanden an der Scarpe.
ARRAS, eine Art Papageyen, so grösser als die andern sind.
ARRASEMENT, *s. m.* die oberste Ebene einer Mauer, auch sonst ein Absatz daran, da alles gleich muß werden.
ARRASER, *v. a.* im Bauen die Steine an einer Mauer nach der Bleywaag legen, in gleicher Höhe mauren, gleich bauen; auch sonst etwas gleich machen, daß nichts daran heraus ragt, als Schreinerarbeit, schnureben oder platt machen.
ARRASES, *s. f. pl.* an Gebäuden, die Steine zu einer Lage, die höher oder niedriger sind, als die in den andern Lagen der Mauer, damit das Gebäude seine bestimmte Höhe bekomme, als die man zu Simsen oder Leisten nimmt.
ARRE, *s. f.* ein Pfand, (ist nur in verblümtem Verstand, und dazu gar selten bräuchlich, im plurali aber kommt es mehr vor, *v.* ARRES.)
ARREMENT, *s. m.* das Kaufen des Getreydes vor der Erndte, wenn es noch auf dem Halm ist.
ARRENTEMENT, *s. m.* Verpachtung; ein Pacht; etwas verpachtetes.
ARRENTER, *v. a.* etwas austhun, eine gewisse Einnahme davon zu haben; verpachten, vermieten, ausleihen.
ARRER, *v. a.* quelqu'un, einem ein Pfand, oder etwas auf die Hand geben. (ist alt.)
Arrer des marchandises, etwas auf die Waaren geben.
ARRERAGE, *s. m.* rückständige Schuld oder Zinse und Steuer, Rückstand.
ARRERAGER, *v. n.* se laisser *arrérager*, seine Steuer oder Zinsen nicht abtragen, sie aufsummen lassen.
ARRES, *s. f. plur.* Pfandschilling, Handgabe; ein Pfand, ist fast nur in verblümtem Verstand bräuchlich, im eigentlichen Verstand aber spricht und schreibt man gemeiniglich erres, *v.* ERRES.
ARRESTOGRAPHE, *s. m.* ist so viel als Arrêtiste; *v.* unten ARRÊTISTE.
ARRÊT, *s. m.* Aufenthalt, Hinderniß.

Trouver l'*arrêt* d'une montre, finden was die Uhr aufgehalten; warum die Uhr stehen blieben.
ARRÊT, (im Gericht) Urtheil; Endurtheil.
C'est un *arrêt* irrevocable, es ist ein unwiderrufliches Decret.
ARRÊT, Beschlag.
Faire un *arrêt* sur les meubles d'un débiteur, den Hausrath eines Schuldners in Beschlag nehmen.
Il est mis en *arrêt*, er ist gefänglich genommen worden.
ARRÊT, (auf der Reitschul,).
Mettre de bonne grace la lance en *arrêt*, die Lanze zierlich beybringen, oder die Lanze in den Haken einlegen.
ARRÊT, Zusage; Verheissung. Seigneur! selon l'*arrêt* que tu as prononcé, il faut que tous les hommes meurent, Herr! nach dem Wort, das du geredet hast, müssen alle Menschen sterben.
ARRÊT, Beständigkeit; Standhaftigkeit.
Vous êtes sans *arrêt*, inconstante, légère, ihr seyd untreu, unbeständig, leichtsinnig.
ARRÊTE, *s. f.* Fischgräte.
ARRÊTE, Kante eines Zimmerstückes.
ARRÊTE, inwendige Kante des Randes an Schüsseln und Tellern.
ARRÊTE, der Rand an einem Amboß.
ARRÊTE, (bey dem Goldschmied) die Spitze so vom Löffelstiel in das Blat hinein geht.
ARRÊTE, die Schärfe so längst der Dicke einer Degenklinge vom Heft bis an die Spitze geht.
ARRÊTE, die Ecke am Hintertheil des Schiffs; an Festungen, der Punct, wo zwey Linien creutzweis durcheinander laufen; der Schwanz eines Pferdes ohne die Haare; im plurali heißt *arrêtes* auch die Stoppeln der abgeschnittenen Haare am Schwanz eines Pferdes; it. eine Nervengeschwulst an des Pferdes Hinterschenkel.
ARRÊTÉ, *s. m.* Schluß, Entschluß eines Collegii nach vorhergegangener Berathschlagung.
ARRÊTEBOEUF, *s. m.* Ochsenbrech, Hauhechel, Stallkraut, das wegen seiner vielen Wurzeln den Pflug aufhält.
ARRÊTER, *v. a.* anhalten, aufhalten, zurückhalten.
Arrêter un chariot, un vaisseau, einen Wagen, ein Schiff anhalten.
Arrêter un homme qui court, einen der da lauft, aufhalten.
Arrêter l'insolence, la témérité, & les efforts de quelqu'un, eines Hochmuth, Ver-

Vermeſſenheit und böſes Verfahren zurück halten.

Le vent *arrêta* long-tems nôtre vaiſſeau, der Wind hielte unſer Schiff lange Zeit zurück.

Les charmes de la campagne m'*arrêtent* ici, die Lieblichkeit des Landes hält mich hier auf.

ARRÊTER, gefänglich ſetzen; in Arreſt nehmen.

On a *arrêté* pluſieurs voleurs de grand chemin, man hat viel Straſſenräuber gefangen genommen.

ARRÊTER, ſtillen; ſtopfen.

Arrêter ſes créanciers, s'accommoder avec eux, ſeine Gläubiger ſtillen.

Arrêter le ſang, das Blut ſtillen.

Arrêter le cours de ventre, den Durchfall ſtopfen.

Arrêter le cours de la cruauté, die Grauſamkeit abwenden.

ARRÊTER, hemmen.

Arrêter l'eau, das Waſſer hemmen.

Arrêter le cours, les douleurs, den Lauf, die Schmerzen hemmen.

Arrêter ſon ambition, ſeinen Ehrgeiz hemmen.

ARRÊTER, in Dienſt aufnehmen.

Mon père a *arrêté* un valet, mein Vater hat einen Diener angenommen.

ARRÊTER, ſchlieſſen, beſchlieſſen.

Je n'ai pas encore *arrêté* le marché, ich bin noch nicht des Kaufs eins worden.

On *arrêta* que je partirois, es war beſchloſſen, daß ich abreiſen ſollte.

ARRÊTER, eine Rechnung ſchlieſſen, abthun.

Calculer & *arrêter* les parties, die Auszüge überrechnen, und ſchlieſſen.

ARRÊTER, feſt ſetzen, beſtimmen.

Arrêter le lieu & l'heure pour ſe voir, den Ort und Stund beſtimmen einander zu beſuchen.

ARRÊTER, (in der Gärtnerey) abblatten.

Il faut *arrêter* les melons & les concombres, die Melonen, (Gurken) oder Cucumern, müſſen abgeblattet werden.

S'ARRÊTER, *v. r.* ſich aufhalten.

Où vous êtes-vous *arrêté* ſi long-tems? wo habt ihr euch ſo lang aufgehalten?

Ne vous *arrêtés* pas, verweilet euch nicht.

S'ARRÊTER, ſtill ſtehen.

Ma montre s'*arrête* ſouvent, meine Sackuhr bleibt oft ſtehen.

S'*arrêter* dans ſon diſcours, im Reden ſtille halten.

S'ARRÊTER, einhalten, aufhören.

On lui commanda de s'*arrêter*, man hieſſe ihn einhalten.

S'*arrêter* en beau chemin, *prov.* mitten in dem Werck aufhören.

S'ARRÊTER, beharren, bleiben.

S'*arrêter* à l'opinion d'un autre, bey eines andern Meynung bleiben, beharren.

Une peut s'*arrêter* en une place, er kan niergendswo bleiben.

Il ne s'*arrête* jamais à ſes prémiers ſentimens, er bleibet niemals bey ſeiner erſten Meynung.

Je ne m'*arrête* point à cela, ich habe deſſen kein Bedenken.

Il s'*arrête* à la vertu, & non aux voluptés, er hält an der Tugend, und nicht an der Wolluſt.

Un homme d'honneur ne doit point s'*arrêter* à des choſes qui le dèshonorent, ein rechtſchaffener Mann muß ſeine Zeit mit Dingen, davon er keine Ehre hat, nicht zubringen.

ARRÊTÉ, ée, *part.* wenn es von Winden geſagt wird, heißt es, ordentlich, beſtändig, das ſeine gewiſſe Zeit hält; in den Wappen, aufgerichtet, als ein Thier, an dem kein Fuß zu dem andern geht.

Une vûë *arrêtée*, ein gut Geſicht.

Il n'a pas l'eſprit *arrêté*, er iſt flatterhaft oder leichtſinnig.

ARRÉTIER, *ſ. m.* der Eckſparren an einem Dach.

ARRÉTIERE, *ſ. f.* die gemauerte Ecke oder Kante an einem Ziegeldach vom Giebel an die Trauffe.

ARRÉTISTE, *ſ. m.* einer, der Decreta zuſammen geſammelt und geſchrieben hat.

ARÉTOGRAPHE, *ſ. m.* der Urtheil und Decrete zuſammen getragen.

ARRIÉRAGE, ARRIÉRAGER, *v.* ARRÉRAGE.

ARRIÉRE, *adv.* hinten nach, hinten drein, dahinter; it. zurück, bey den Fuhrleuten.

En *arrière*, zurück hinter ſich; rücklings, rückwerts; nach dem Rücken zu; dahinten.

Ses affaires ne vont ni en avant ni en *arrière*, es will mit ihm weder hinterſich noch vorſich.

Demeurer en *arrière*, ſchuldig bleiben.

Mettre une choſe en *arrière*, etwas vergeſſen, nicht achten.

La porte eſt tout *arrière*, die Thüre ſteht angelweit offen.

ARRIÉRE, *interj.* zurück, fort, weg, pack dich.

Arrière tous les conſeils, weg mit ſolchen Anſchlägen.

Arrière de moi, geh hinter mich, weg von mir.

ARRIÉRE, *ſ. m.* das Hintertheil des Schiffs; auch

auch der Raum im Schiff vom letzten Mast bis an das Hintertheil.

ARRIE'RE, adj. c. was hinten nach kömmt oder dahinten ist.

Vent *arrière*, Nachwind, guter Wind, der hinter dem Schiff drein wehet.

ARRIE'RE-BAN, *s. m.* Aufbot des Adels zur Zeit des Kriegs.

ARRIE'RE-BEC, *s. m.* eine scharfe Ecke an den Pfeilern einer Brücke unter dem Strom.

ARRIE'RE-BOUTIQUE, *s. m.* die Kammer hinter einer Werkstatt oder hinter einem Kramladen.

ARRIE'RE-CHANGE, *s. m.* Zins von Zinsen.

ARRIE'RE-CORPS, *s. m.* Hauptmauer, an welcher die Zierathen vorstehen; Hintergebäude.

ARRIE'RE-COUR, *s. f.* Hof zwischen den Hintergebäuden.

ARRIE'RE-FAIX, *s. m.* Afftergeburt, Nachgeburt.

ARRIE'RE-FERMIER, *s. m.* Unterpachter, Nachpachter.

ARRIE'RE-FIEF, *s. m.* Affterlehen.

ARRIE'RE-FILLE, *s. f.* Enkelin.

ARRIE'RE-FILS, *s. m.* Enkel.

ARRIE'RE-GARDE, *s. f.* die Nachtrouppen, der Nachzug einer Armee.

ARRIE'RE-MAIN, *s. f.* die umgewandte Hand, der äussere Theil der Hand.

ARRIE'RE-NEVEU, *s. m.* des Bruders oder der Schwester Enkel.

ARRIE'RE-NIE'CE, *s. f.* des Bruders oder der Schwester Enkelin.

ARRIE'RE-PANAGE, *s. m.* die Nachhut, da das Vieh über die gewöhnliche Zeit im Wald bleibt.

ARRIE'RE-PETITE-FILLE, *s. f.* Urenkelin.

ARRIE'RE-PETIT-FILS, *s. m.* Urenkel.

ARRIE'RE-POINT, *s. m.* im Nähen oder Sticken ein gewisser Stich, das Steppen.

ARRIE'RE-POINTEUSE, *s. f.* Näherin, die das Steppen versteht.

ARRIE'RER, *v. a. & n.* zurückhalten; hinterwärts abgehen.

ARRIE'RE-SAISON, *s. f.* die späte Jahrszeit, der Herbst, sonderlich der Ausgang des Herbsts; es heißt auch die späteste Zeit nach der geschehenen Erndte einer Frucht, kurz vor der neuen Erndte derselben. Als der Augustus ist die *arrière*-saison der Weinlese vor einem Jahr, und kurz vor der Weinlese dieses Jahrs; le blé se vend mieux sûr l'*arrière*-saison, das Getreyde gilt am besten im Junio und kurz vor der Erndte. Man sagt auch von einem Mann, il est sûr l'*arrière*-saison, er ist sehr alt, in den entferntesten Jahren von seiner Jugend.

ARRIE'RE-VASSAL, *s. m.* alter Lehensmann.

ARRIE'RE-VOUSSURE, *s. f.* Bogenrundung in der Mauer hinter einem Fenster oder einer Thüre.

ARRIMAGE, ARRIMER, ARRIMEUR, *v.* ARRUM.

ARRISER, ARRISSER, *v. a.* herablassen, als die Segelstange auf den Schiffen.

Arriser les huniers, die Segel niederlassen, fallen lassen.

ARRIVAGE, *s. m.* Anländung; it. die mit einem Schiff angekommene Waaren.

ARRIVE, *s. f.* die Seite des Schiffs, so gegen das Land steht, wenn man angeländet ist.

ARRIVE'E, *s. f.* die Ankunftszeit; die Ankunft.

d'ARRIVE'E, ol. alsbald, da es geschah, bey dem ersten Anblick; gleich vom Anfang.

Il faut de belle *arrivée* s'y accoûtumer, man muß von Anfang sich dazu gewöhnen.

ARRIVER, *v. n.* ankommen, anlangen.

Vous *arrivés* tout à propos, ihr kommt eben zu rechter Zeit an.

Ne savés-vous pas si nôtre vaisseau est *arrivé* au port? wisset ihr nicht ob unser Schiff in dem Haven angelanget sey?

ARRIVER, begegnen, widerfahren, zustossen, sich zutragen, geschehen.

Il lui est *arrivé* quelque petite disgrace, es ist ihm einige Ungelegenheit widerfahren.

Il est *arrivé* fort à propos, que &c. es hat sich eben recht zugetragen, daß ic.

Il m'est *arrivé* comme à vous, es ist mir eben wie euch begegnet, ergangen.

S'il *arrive* que vous aïes besoin de moi, wenn es sich zutragen sollte, daß ihr meiner vonnöthen habt.

Il ne me pouvoit rien *arriver* de plus agréable, es hat mir nichts erwünschters begegnen können.

ARRIVER, gelangen, erreichen, kommen.

Je suis *arrivé* au point d'honneur, ou j'aspirois, ich bin zu der Ehrenstelle, wornach ich getrachtet, gelanget.

Il est *arrivé* à une grande fortune, er hat es sehr hoch gebracht.

Il est *arrivé* à un tel point d'impudence, que &c. er ist mit seiner unverschämten Weise so hoch gekommen, daß ic.

ARRIVER, (in der Seefahrt) das Schiff unter Wind setzen, (das ist) wenden, wenn man still halten will.

ARROBE,

ARROBE, *s. f.* Gewicht in Spanien von 25 bis 36 Pfund, auf den Schiffen gewöhnlich.

ARROCHE, *s. f.* ein Kraut, Melte.

ARROGAMMENT, *adv.* übermüthig, trotziglich.

ARROGANCE, *s. f.* Hochmuth, Uebermuth, Stolz, Frechheit.

ARROGANT, e, *adj.* aufgeblasen, vermessen, stolz, hochmüthig, hofärtig.

s'ARROGER, *v. r.* quelque chose, sich etwas anmaßen, zumessen, zuschreiben, mit Unrecht.

ARROI, *s. m. ol.* eine Ordnung; eine Reihe Leute; das Gefolg eines großen Herrn; der Zug eines Falkeniers.

ARROïER, *v. a.* ordnen, reihenweise stellen, (ist alt.)

ARRONDIR, *v. a.* rund machen; rund schneiden, wie die Schneider einen Mantel.

Arrondir au tour, rund drehen.

ARRONDIR, (in der Mahler- und Bildhauerey) une figure, ein Bild erheben, ausnehmen.

ARRONDIR, (auf der Reitschul) ein Pferd im Kreis abrichten.

ARRONDIR, (in der Redekunst) une période, einen Satz künstlich fassen, daß er zierlich und wohllautend ablaufe.

s'ARRONDIR, *v. r.* rund werden.

ARRONDISSEMENT, *s. m.* das Rundmachen; das Gleichmachen; die künstliche Abmessung und Stellung der Worte eines Periodi im Reden.

ARRONDISSEUR, *s. m.* (im Scherz) der alles gedreht und artig haben will.

ARROSEMENT, *s. m.* Wässerung, Anfeuchtung, Begießung; Durchströmung eines Flusses durch einen Ort; bey den Mysticis, die Außgießung des Geistes, oder der Gnade Gottes in einer Seele.

ARROSER, *v. a.* besprengen, mit Wasser begießen.

Arroser un jardin, einen Garten begießen.

ARROSER, anwaschen, befeuchten, benetzen, (wird von Strömen gesagt.)

Le Rhin *arrose* les murailles de cette ville, der Rhein fließt vor den Mauren dieser Stadt vorbey.

Le Danube est de tous les fleuves de l'Europe celui, qui *arrose* le plus de païs, unter allen Strömen in Europa ist keiner, der so viel Länder durchfließet, als die Donau.

Arroser de larmes, mit Thränen benetzen, häufige Thränen vergießen.

ARROSER le rôti, (bey den Köchen) den Braten mit Butter, (Fette) beträufen.

ARROSER, (in gewissen Spielen,) mehr hinzusetzen.

ARROSOIR, *s. m.* Gießbecher, Sprengfaß, Spritzkanne, Gießkanne.

ARROUSSES, *s. f. plur.* ein Kraut, Krock, wilde Wicken.

ARROUTER, *v. a.* auf den Weg machen; fortschicken; versammeln.

ARROY, *v.* ARROI.

ARRUMAGE, *s. m.* die Stellung in die Ordnung im Schiff, absonderlich der Fässer, daß sie nicht über einander rollen.

ARRUMBER, *v.* ARRUMER.

ARRUMER, *v. n.* die Ladung in einem Schiff und desselben Raum in Ordnung stellen.

ARRUMER, *v. a.* une carte marine, die Hauptwinde auf eine Seekarte zeichnen.

ARRUMEUR, *s. m.* ein Aufseher, der im Laden die Fässer recht stellen läßt.

ARS, *s. m.* das Wappen an einem Pferde, so demselben eingebrannt wird, olim Brand, angelegtes Feuer.

ARS, *s. m.* die Glieder, an denen man den Pferden die Adern zu lassen pflegt.

ARSEÏROLE, *s. f.* eine Frucht von Weißdorn auf Quitten gepfropfet, ein spitzig rothes Aepfelein, wird als Capern gegessen.

ARSCIN, *s. m.* ein Maaß, dabey in China die Zeuge gemessen werden; ist eine Holländische Elle.

ARSEL, *v.* ARZEL.

ARSENAL, *s. m.* das Zeughaus.

ARSENIC, *s. m.* eine Art Gift, Mäusegift, Rattenpulver, Hüttenrauch.

ARSENICAL, e, *adj.* arsenicalisch, giftig, als Mäusegift.

ARSIN, *s. m.* Mordbrenner. (ist alt.)

Bois *arsins*, Wälder, welche durch einen Zufall angezündet worden.

ARSON, *s. f.* Brand, angelegtes Feuer. (ist alt.)

ART, *s. m.* Kunst, Wissenschaft.

ART libéral, eine freye Kunst.

ART mécanique, eine Werkkunst, Handwerk.

ART hermetique, Distillierkunst, Goldmacherkunst.

l'ART de monter à cheval, die Reitkunst.

l'ART de la guerre, die Kriegskunst.

l'ART de naviger, die Kunst der Seefahrt.

ART, Geschicklichkeit, Behändigkeit.

ARTS libéraux, die freyen Künste.

Maître és *arts*, der den gradum Magisterii erlanget, oder Magister worden ist.

ARTEIL, *v.* ORTEIL.

ARTEMON, *s. m.* die unterste Zugrolle oder Werbel am Hebezeug, eine Last mit Stricken in die Höhe zu ziehen.

ARTERE,

ARTERE, *f. f.* die Pulsader.
âpre *artère*, oder trachée *artère*, die Luftröhre.
ARTERIAL, e, oder
ARTERIEL, le, *adj.* was zu den Pulsadern gehört, als sang *artériel*, das Geblüt in den Pulsadern.
ARTERIEUX, euse, *adj.* pulsadericht.
Veine *artérieuse*, eine Ader die einer Pulsader gleichet.
ARTERIOTOMIE, *f. f.* die Eröfnung einer Pulsader.
ARTESIEN, nne, *adj. & subst.* einer aus der Provinz Artois.
ARTHRITIQUE, *f. f.* ein Kraut, das für das Podagra gut seyn soll, als Feldcypressen, Schlüsselblumen, u. a. m.
ARTHRITIQUES, *adj.* so werden die Arzneyen genannt, welche wider die Gliederschmerzen dienen.
ARTHRODIE, *f. f.* flache Gelenkung, wenn zwey Beine fast platt aufeinander liegen, und sich doch an einander bewegen, als die andern in einander.
ARTHRON, *f. m.* ein Gelenk, da sich ein Bein an andere schliefst.
ARTICHAUT, *f. m.* Artischocke, Strobeldorn, ein Gewächs.
ARTICLE, *f. m.* ein Glied, Gelenk am Leibe; in Büchern und ihren Capiteln, in herrschaftlichen Befehlen, Rechnungen, Contracten, u. d. g. ist es ein Stück, Theil, Punct; in der Grammatic ein klein Wörtlein, das man vornen an die Nomina sezt, als le, la, der, die, das; ein kleines oder weniges von etwas.
Mettre tout en un *article*, alles unter einander mengen.
ARTICLE de foi, ein Glaubensartikel.
ARTICLE de la mort, die Todesstunde.
ARTICULAIRE, *adj. c.* was die Glieder oder Gelenke angeht.
Maladie *articulaire*, Gliederkrankheit, das Podagra.
ARTICULATION, *f. f.* das Gelenk, die Zusammenfügung der Beine; eine Ausführung der Sache, die punctweis geschieht; von der Stimme heißt es die Deutlichkeit, deutliche Aussprache.
ARTICULER, *v. a.* deutlich, von Punct zu Punct aufschreiben, sein Vorbringen artikelsweise fassen; deutlich aussprechen, vernehmlich ausreden.
S'ARTICULER, *v. r.* sich im Gelenk fügen.
ARTICULE', ée, *part.* deutlich, wohl vertheilt, angefügt, als Glieder.
ARTIEN, *f. m.* ein Schüler, der aus den Humanioribus in die Philosophie kommt.
ARTIFICE, *f. m.* Kunst, künstliche Arbeit, Erfindung; Kunstgrif, List, Betrug.

Feu d'*artifice*, ein Feuerwerk.
ARTIFICIEL, le, *adj.* künstlich, durch Kunst gemacht; durch Kunst erfunden.
Une fontaine *artificielle*, ein künstlicher Springbrunn.
Un œil artificiel, ein gekünsteltes Auge.
Les preuves *artificielles*, Beweisgründe, so nach der Kunst ersonnen werden.
ARTIFICIELLEMENT, *adv.* künstlicher Weise, nach der Kunst.
ARTIFICIER, *f. m.* ein Feuerwerker, Constabel.
ARTIFICIEUSEMENT, *adv.* listiger, verschmizter Weise.
ARTIFICIEUX, euse, *adj.* künstlich, klug; erdichtet, ersonnen; listig, betrüglich. (wird von Personen und Sachen gesagt.)
ARTILLE', ée, *adj.* mit Stücken versehen, als ein Schiff.
ARTILLER, *f. m.* einer der mit Artillerie umgeht, als der Giesser, oder Canonier, oder Constabel.
ARTILLERIE, *f. f.* allerhand Geschoß; die Stücke; das Zeughaus mit dem darinnen befindlichen Geschütz; die zum Geschütz gehörigen Generalspersonen samt den Ober = und Unter = Officierern und Knechten.
ARTIMON, *f. m.* der Mast im Schiff, so der nächste am Hintertheil ist, Besanmast.
ARTIQUE, *v.* ARCTIQUE.
ARTISAN, *f. m.* Künstler, Handwerksmann; Stifter, Urheber, der Ursach eines Dinges ist.
Chacun est *artisan* de sa fortune, ein jeder ist seines Glückes Schmied.
Artisan de la volupté, ein Anstifter der Wollust.
ARTISANNE, *f. f.* eines Handwerkers Eheweib, eine Handwerksfrau; it. Anstifterin, Werkmeisterin, im verblümten Verstande.
La sagesse est l'*artisane* de toutes choses, die Weisheit ist die Werkmeisterin aller Dinge.
ARTISON, oder ARTUSON, *f. m.* Holzwurm.
ARTISONNE', ARTUSONNE', *adj.* von Würmern durchlöchert, durchgefressen.
ARTISTE, *f. m.* ein Künstler, ein Chymist, Laborant; it. einer der die freyen Künste erlernet hat.
ARTISTE, *adj. c.* künstlich, kunstreich.
Une main *artiste*, eine künstliche Hand.
ARTISTEMENT, *adv.* künstlicher Weise.
ARTOIS, *f. m.* eine Provinz in den Niederlanden, darinnen Arras die Hauptstadt ist.
ARTRITIQUE, ARTRODIE, ARTRON, *v.* ARTHR.

ARTUSON, v. ARTISON.
ARVALE, adj. c. les frères arvales, bey den alten Römern, zwölf Opferpriester, so Umgänge um die Aecker hielten, und zu Erlangung einer glücklichen Erndte Opfer thaten.
ARUM, s. m. ein Kraut, Aron, Pfaffenpint, deutscher Ingwer, Fieberwurz, Zehrwurz.
ARUSPICE, s. m. ein Wahrsager bey den Römern vorzeiten, der aus dem Eingeweide der geopferten Thiere wahrsagte.
ARUSPICINE, s. f. Wahrsagerkunst aus dem Eingeweide der Opferthiere.
ARYTENOïDE, adj. c. das dem Schnabel an einer Wasserkanne gleicht. So heißt bey den Wundärzten ein Knorpel an der Luftröhre, womit man die Stimme formiret.
ARYTENOïDIEN, nne, adj. das zu diesem Knorpel gehört, oder daran gefügt ist, als insonderheit zwey kleine Musculn hinten an demselben.
ARZEGAïE, s. f. ein an beyden Enden mit Eisen beschlagener Stock, den vor diesem die Estradiots im Felde zu führen pflegten; ein Jägerstock.
ARZEL, adj. m. cheval arzel, ein Pferd mit einem weissen Hinterfuß.
AS, s. m. das Eins oder Aeß im Kartenspiel oder auf den Würfeln; item eine Münz und Gewicht vorzeiten bey den Römern.
Etre entre deux As, ohne Entschliessung, oder Resolution seyn.
ASARE, s. m. Haselwurz, ein Kraut.
ASARINE, s. f. Steingundermann, ein Kraut.
ASAVOIR, ol. (à favoir) nemlich. (Besser sçavoir, savoir.)
ASBESTE, s. m. Leinwand, die im Feuer nicht verbrennet, und die aus dem Amiatstein zubereitet wird, Aßbest.
ASCARIDES, s. m. pl. kleine Würme im Hintern, sonderlich der Kinder; it. kleine Würme, die in den Töpfen auf gewisse Kräuter kommen.
ASCENDANT, e, adj. auffsteigend; aufgehend.
Ligne ascendante, auffsteigende Linie.
Aftre ascendant, aufgehendes Gestirn.
ASCENDANT, s. m. das Auffsteigen der Sterne über dem Horizont; die Nativität, oder Geburtssterne; Begierden, Neigung; item die Macht, Gewalt, die einer über des andern Gemüth aus unbekannten Ursachen hat, das Ansehen so er bey ihm hat; der Vorzug den einer von Natur an Verstand und Geschicklichkeit vor einem andern hat; Hochmuth, herrische Art; angemaßte Gewalt.

C'est une influence des astres, & une impression secrete de l'ascendant, sous lequel nous sommes nés, die Sterne haben einen Einfluß und heimliche Gewalt von dem Gestirne, unter welchem wir gebohren sind.

L'ascendant est plus fort que tout, die Neigung ist stark über alles.

Avoir un grand ascendant sur l'esprit de quelqu'un, bey einem viel vermögen oder gelten, viel bey ihm zu sprechen haben.

Il a un grand ascendant sur son Prince, er ist in grossem Ansehen bey seinem Fürsten; vermag viel bey ihm.

Il a un ascendant incommode & plein de fierté, er hat eine herrschende Weise, die sehr beschwerlich und voll Hochmuths ist.

Les ASCENDANS, die Freunde in auffsteigender Linie, von den Eltern.
ASCENSION, s. f. in der Astronomie, das Auffsteigen, der Aufgang eines Gestirns nach den Graden des Æquatoris; it. ein Grad des Æquatoris, der über den Horizont steigt, mit einem Grad vom Zodiaco.
l'Ascension, das Fest der Himmelfahrt Christi; ein Gemählde von der Himmelfahrt.
ASCENSIONEL, lle, adj. la différence ascensionelle, (in der Astronomie,) der Unterscheid zwischen der geraden und obliquen Ascension eines Sterns.
ASCETERE, s. m. ein Ort zu geistlichen Uebungen, ein Kloster.
ASCETIQUE, adj. c. wird nur von einigen Büchern gesagt, welche zur Uebung des geistlichen Lebens und der Tugend führen.
ASCIENS, s. m. pl. die Leute so auf der Erde in dem Lande wohnen, da ihnen die Sonne am Mittage just auf ihren Hauptpunct scheinet, daß ihre Leiber keinen Schatten neben hinaus geben.
ASCITE, s. m. Wassersucht im Unterleibe.
ASCLEPIADE, adj. c. vers asclépiades, (bey den Lateinern,) Verse, die aus einem Spondeo, zwey Choriambis, und einem Jambo bestehen.
ASCLEPIAS, s. m. Schwalbenwurz, Giftwurz, ein Kraut.
ASIARQUE, s. m. vor Alters der oberste Stadt-Regent in einigen Städten von Kleinasien.
ASIATIQUE, adj. c. asiatisch; von der Schreibart oder Stylo heißt es, überflüßig von Worten, weitläuftig, gekünstelt.
ASIE, s. f. Asia, das grosse Welttheil gegen Morgen.

ASIE

ASIE mineure, klein Aſien; Natolien.
ASILE, voiés ASYLE.
ASINE, adj. c. bête aſine, (in Gerichts-händeln) anſtatt âne, ein Eſel.
ASMATIQUE, ASME, v. ASTHM.
ASNE, und deſſen Derivata, v. ANE.
ASPALATE, ſ. m. Rhodiſerholz.
ASPALTE, voiés ASPHALTE.
ASPECT, ſ. m. Angeſicht, Anſehen, Anblick.
 Ce vieillard eſt d'un aſpect vénérable, dieſer Greis hat ein ehrwürdiges Anſehen.
 Cette maiſon eſt en bel aſpect, diß Haus hat eine ſehr ſchöne Ausſicht.
 L'aſpect de cette campagne eſt très beau, dieſe Ebene hat ein ſehr ſchönes Ausſehen.
 Du prémier aſpect, cela ſemble beau, dem erſten Anſehen nach ſcheinet dieſes ſchön zu ſeyn.
ASPECT, (in der Sternkunſt) die Gegend (Wendung) des Himmels; der Schein der Irrſterne gegen einander.
ASPECT trine, quarré, gedritter, gevierter Schein.
ASPECT, in den Seekarten wird die Vorſtellung der Küſten und der Gegend alſo genennet.
 Les aſpects ſont bien dépeints dans cette carte, dieſe Karte ſtellet die Küſten gar kennbar vor.
ASPERGE, ſ. f. Spargel, Sparges.
ASPERGER, v. a. beſprützen, beſprengen, (beſſer aſperſoir).
ASPERGERE, ſ. f. ein Spargelbette.
ASPERGES, ſ. m. (in Religionsſachen) Sprengwädel, Weihwädel. (man ſagt lieber aſperſoir oder goupillon).
ASPERGOUTE, ſ. f. Wegſtroh, Sternkraut, Bruchkraut.
ASPERSER, voiés ASPERGER.
ASPERSION, ſ. f. Beſprengung, in Religionsſachen; bey den Myſticis, heiliger Einfluß der Gnade Gottes ins Herz.
ASPHALATE, voiés ASPALATE.
ASPHALTE, ſ. m. Judenharz oder Pech, welches aus dem todten Meer in dem Jüdiſchen Land herkommt.
ASPHALTE, eine Art harzige Steine, welche in dem Thal Sydim in Aſien, in der Gegend des alten Babylons, gefunden wird. Es iſt auch in der Grafſchaft Neuenburg in der Schweiz ein Ort entdecket worden, da dieſes Steinharz, Erdpech oder Aſphalt gefunden wird.
Lac ASPHALTITE ou ASPHALTIQUE, das todte Meer.
ASPHODEL, ſ. m. ASPHODELLE, ASPHODILLE, ſ. f. ein Kraut dieſes Namens, Goldwurz, Affodillen, wilde Lilien.

ASPIC, ſ. m. Spick, Spicknarde, ein Kraut. Huile d'aſpic, Spicköl.
ASPIC, ſ. m. eine Natter, Schlange; it. ol. ein Stück Geſchütz, Feldſchlange.
ASPIC, ein böſer, boshaftiger, gefährlicher Menſch.
 C'eſt une langue d'aſpic, es iſt eine giftige Läſterzunge.
ASPIRANT, m. c, f. adj. (in der Sprachlehre) H aſpirante, ein lautendes H.
ASPIRANT, ſ. m. Handwerksgeſell, ſo ſich um das Meiſterrecht angemeldet.
ASPIRANTE, ſ. f. (in der Mechanic) pompe aſpirante, iſt eine Waſſerpompe, welche das Waſſer an ſich ziehet, und in die Höhe bringet.
ASPIRANTE, ſ. f. Nonne, die nach ausgeſtandenem Probjahr will eingekleidet werden.
ASPIRATION, ſ. f. Athemholung; das Anblaſen, Anhauchen.
ASPIRATION, (in der Sprachlehre) lautes H; ſtarker Hauchlaut.
 Le mot de Hongre ſe prononce avec une aſpiration, das Wort Hongre, Wallach, wird mit einem lautenden H ausgeſprochen.
ASPIRATION, (in der Gotteslehre) ein andächtiger Seufzer; brünſtige Erhebung der Seele zu GOtt.
ASPIRER, v. n. & a. anhauchen; Athem holen.
ASPIRER, das H laut ausſprechen.
 Le mot de Héros aſpire ſon H, das Wort Héros läſt ſein H lauten.
ASPIRER, nach etwas trachten, ſtreben.
 Il aſpire aux grandes choſes, er ſtrebt nach groſſen Dingen.
ASPIRER le mortier, den Mörtel annehmen im Mauren.
ASPIRE', ée, part. das einen ſpiritum aſperum hat.
ASPRE, und deſſen Derivata, v. APRE.
ASSABLER, v. a. voll Sand machen; auf den Sand bringen oder ſetzen, meiſtens von den Schiffen.
 Le débordement de la rivière a aſſablé ce pré, der Austritt des Fluſſes hat dieſe Wieſe mit Sand überſchüttet.
s'ASSABLER, v. r. mit dem Schiffe auf den Sand ſtoſſen, ſtranden, auf dem Sand ſitzen bleiben.
 Le bateau s'eſt aſſablé, das Schiff iſt auf dem Sand ſitzen blieben.
ASSABLE', ée, part. voll Sand, ſandicht; auf dem Sand ſitzend.
ASSA-doux, Benzoin.
ASSA-fétida, voiés ASSE.
ASSAGIR, v. a. vulg. klug machen.
ASSAILLANT, ſ. m. part. der ſo einen angreift,

greift, anfällt, (im Tourniren noch gebräuchlich); it. der eine Stadt belagert; der einen mit Worten angreift.

L'ardeur des *assaillans* redoubla par la résistance des *assaillis*, die, so den Angriff gethan, wurden durch den Widerstand der Angegriffenen erhitzt.

ASSAILLIR, *v. a.* berennen, ansprengen, anfallen, angreifen; Anlauf thun, stürmen.

Assaillir une place, einen Ort angreifen, (besser attaquer).

ASSAILLI, e, *part.* angegriffen; angelaufen.

ASSAISONNEMENT, *s. m.* das Würzen; Anmuth, dasjenige, so eine Sache angenehmer macht.

L'*assaisonnement* d'un discours, die Anmuth einer Rede; dasjenige, so die Rede angenehm macht.

ASSAISONNER, *v. a.* eine Speise zurichten, würzen.

Assaisonner, mäßigen; zusammenfügen.

Il faut que l'esprit *assaisonne* la bravoure, der Verstand muß die Tapferkeit mäßigen.

Assaisonner ses discours de mots agréables & divertissans, angenehme und lustige Gespräche führen.

ASSAISONNEUR, *s. m.* einer der da würzet.

Le cuisinier est un bon *assaisonneur*, der Koch würzet die Speisen, wie es sich gehört.

ASSAKI, *s. f.* des Türkischen Kaysers vornehmste und liebste Gemahlin.

ASSAPANIK, *s. m.* fliegendes Eichhörngen in Virginien.

ASSASSIN, *s. m.* ein Meuchelmörder, der einen umbringt, wenn er bestellt ist.

Assassin, e, *adj.* meuchelmörderisch, das einen ums Leben bringt; das einen bis auf den Tod verliebt macht, bey den Poeten.

Une main *assassine*, eine meuchelmörderische Hand.

Beaux yeux *assassins*, soiés plus doux! ihr schönen Augen, die mich auf den Tod verletzet, sehet mich freundlicher an!

ASSASSINANT, e, *adject.* tödtlich; beschwerlich; auf den Tod verdrüßlich.

Une civilité *assassinante*, eine höchst beschwerliche Höflichkeit.

ASSASSINAT, *s. m.* Meuchelmord; in verblümtem Verstand, Untergang.

ASSASSINATEUR, *s. m.* Meuchelmörder.

ASSASSINER, *v. a.* einen meuchelmörderisch umbringen, ermorden; verliebt machen; lästern, übel nachreden; einen sehr

quälen, ihm beschwerlich seyn; schiessen, als Vögel.

On *assassine* les absens à coup de langue, man schlägt die Abwesenden mit der Zunge todt.

Il m'*assassine* de ses complimens, er überhäufet mich mit Wortgepränge.

Ne m'*assassinés* point de vos soupçons, thut mir nicht so grossen Verdruß mit eurem Verdacht.

La jalousie l'*assassine*, die Eifersucht beschweret ihn bis auf den Tod.

Vôtre beauté m'*assassine*, eure Schönheit machet, daß ich in den Tod verliebt bin.

ASSATION, *s. f.* das Kochen eines Dinges zur Arzney in seinem eigenen Saft; das Rösten eines Dinges, als des Caffé, oder wo keine Brühe dran kommt.

ASSAUT, *s. m.* Anlauf, Anfall, Angriff; Sturm.

Donner l'*assaut* à une place, einen Ort bestürmen.

Monter à l'*assaut*, Sturm laufen.

Assaut, (auf der Fechtschul) das Contra-Fechten.

Assaut, Wettstreit; Kampf.

Faire *assaut* de zèle avec quelqu'un, über dem Eifer, einem zu dienen, mit ihm in die Wette streiten.

Un *assaut* de réputation, eine Ausforderung, wer von zweyen etwas besser mache.

ASSAZOë, *s. f.* ein Kraut in Abißinia, so gut vor Gift.

ASSE, *s. f.* eine Art Gummi, Teufelsdreck.

ASSE'CUTION, *s. f.* die Erlangung einer Pfründe.

ASSEMBLAGE, *s. m.* Vereinigung; Zusammensetzung, Zusammenbringung.

Faire un *assemblage* de plusieurs choses, viele Dinge zusammen fügen.

Un heureux *assemblage* de sciences & de vertus, eine glückliche Vereinigung der Wissenschaft mit der Tugend.

Le discours n'est qu'un *assemblage* de mots, eine Rede ist nichts anders, denn die Zusammensetzung vieler Worte.

Un *assemblage* de livres, eine zusammengebrachte Menge Bücher.

Assemblage de menuiserie, eingelegte Schreinerarbeit.

Porte d'*assemblage*, eine von Bretern zusammen geleimte Thüre.

Un plancher d'*assemblage*, ein eingelegter Boden.

ASSEMBLE'E, *s. f.* eine Versammlung.

l'Assemble'e des Etats, du peuple, Versammlung der Stände, des Volks; ein Landtag.

Indi-

ASS   ASS

Indiquer l'*assemblée*, eine Verſammlung ausſchreiben, anſagen.

Congédier l'*assemblée*, die Verſammlung ſcheiden, beurlauben.

L'*assemblée* a été nombreuſe, die Verſammlung iſt zahlreich geweſen.

ASSEMBLÉE de ſéditieux, Zuſammenrottung der Aufrührer.

Battre l'*assemblée*, einen gewiſſen Schlag auf der Trommel thun, die Soldaten zuſammen zu bringen, die Vergatterung ſchlagen.

ASSEMBLER, verſammlen, zuſammen bringen, zuſammen berufen.

Assembler des troupes, Kriegsvolk verſammeln.

Assembler le conſeil, den Rath berufen.

ASSEMBLER, zuſammen legen; tragen; ſtoſſen.

Assembler le cordage, das Tauwerk zuſammen legen.

Assembler des gerbes, Garben zuſammen tragen.

Assembler un habit, ein Kleid zuſammen nähen, (ſtoſſen).

ASSEMBLER les feuilles d'un livre, ein Buch zuſammen ſchlagen, ein Exemplar ganz machen, bey den Buchdruckern.

S'ASSEMBLER, v. r. ſich ſammlen; zuſammen kommen.

ASSENER, v. a. bien ſon coup, den Theil des Leibes, auf den man gezielt, richtig treffen; it. insgemein ſchlagen, verwunden, doch allezeit etwas, worauf man mit Fleiß gezielt hat.

On lui *aſſena* un grand coup de bâton ſur la tête, man traf ihn mit einem ſtarken Stockſtreich an den Kopf.

ASSENE, *ſ. f.* in den Franzöſiſchen Niederlanden, Anweiſung jährlicher Einkünfte auf ein Gut, als etwa in einem Erbe geſchiehet.

ASSENNER, v. a. in Auvergne heißt es ſo viel als übergeben, liefern, einräumen.

ASSENTATEUR, *ſ. m.* ein Schmeichler.

ASSEOIR, v. a. niederſetzen; feſt ſetzen.

Aſſeoir un enfant, ein Kind nieder ſetzen.

Aſſeoir un camp, ein Lager ſchlagen.

Aſſeoir des bornes, Grenzmahle ſetzen.

Aſſeoir les tailles, die Steuer oder Schatzung einrichten.

Aſſeoir ſon jugement ſur quelque choſe, ſein Urtheil über etwas fällen.

Aſſeoir ſa vûë ſur quelque choſe, ſeine Augen auf etwas werfen, etwas ſteif anſehen.

Aſſeoir une cuve, (bey denen Färberen) ein Keſſel mit Farb zubereiten.

S'ASSEOIR, v. r. ſich ſetzen; ſitzen.

ASSERTEUR, *ſ. m.* einer der etwas zum Stand bringt, darthut, beweiſt.

Aſſerteur de liberté, Beſchützer der Freyheit.

ASSERTION, *ſ. f.* Bejahung, ein Lehrſatz, den man beweiſt.

ASSERVIR, v. a. in die Dienſtbarkeit bringen; zwingen.

ASSIS, e, *part.* ſitzend; geſetzt; gelegen. Etre *aſſis*, ſitzen.

ASSERBE, wilde Muſcatnüſſe.

ASSERER, *voïes* ACERER.

ASSERMENTER, v. a. beeidigen.

Aſſervir ſa patrie à un Tiran, ſein Vaterland in eines Tyrannen Gewalt übergeben.

Aſſervir ſes paſſions, ſeine Leidenſchaften bemeiſtern.

L'amour, l'ambition, l'avarice *aſſerviſſent* les hommes, die Liebe, der Ehr- und Geldgeiz machen die Menſchen leibeigen.

ASSERVISSEMENT, *ſ. m.* Dienſtbarkeit, Unterwerfung.

ASSESSEUR, *ſ. m.* ein Beyſitzer.

ASSETTE, *voïes* AISSETTE.

ASSEURER, und deſſen Derivata, *voïes* ASSÛRER.

ASSEYEUR de tailles, *ſ. m.* Schatzungsmeiſter, ſo die Vermögenſteuer anlegt.

ASSEZ, ASSÉS, *adv.* genug, zur Gnüge; ziemlich.

Il fait *aſſés* bien ſes affaires, er verſteht ſeine Sache ziemlich wohl.

Qui eſt content, eſt *aſſés* riche, wer vergnügt iſt, der iſt reich genug.

ASSIDU, ë, *adj.* fleißig, emſig, ſtät.

Il eſt *aſſidu* au travail, er iſt unabläßig über der Arbeit.

Il eſt *aſſidu* auprès de moi, er iſt ſtetig bey mir.

ASSIDUITÉ, *ſ. f.* Fleiß, Unverdroſſenheit.

Avoir de l'*aſſiduité* à l'étude, mit ſtetigem Fleiß dem Studiren obliegen.

ASSIDÛMENT, *adv.* unverdroſſen, emſiger Weiſe.

ASSIÉGEANS, *ſ. m. plur.* Belagerer.

ASSIÉGEMENT, *ſ. m.* Belagerung.

ASSIÉGER, v. a. belagern.

Aſſiéger une ville, eine Stadt belagern.

ASSIÉGER, zur Liebe gewinnen.

Je prétens *aſſiéger* vôtre cœur, ich bemühe mich, euer Herz zu gewinnen.

ASSIÉGER, umgeben, beſchwerlich ſeyn.

Aſſiéger l'oreille du Roi, dem König in den Ohren liegen.

ASSIÉGER une perſonne, einem ſtets auf dem Halſe ſeyn.

Cent maux m'*aſſiègent* tout d'un coup, es umgiebt mich plötzlich ein Unglück über das andre.

ASSIE'GE'S, *ſ. m. plur.* die Belagerten.
ASSIENTISTE, einer der Actionen in der Aſtientocompagnie hat.
ASSIENTO, le contract de l'*aſſiento*, Contract des Königs von Spanien mit den Engelländern wegen Lieferung der Schwarzen.
ASSIETTE, Lager, Gelegenheit eines Orts.
Une place forte d'*aſſiette*, ein wohlgelegener feſter Platz.
Une place plus forte par ſon *aſſiette* que par le travail de main, ein Ort, der von Natur feſter iſt, als von Menſchen-Händen.
L'*aſſiette* de cette place eſt fort agréable, das Lager dieſes Orts iſt ſehr angenehm.
L'*aſſiette* d'un camp, die Gelegenheit eines Lagers.
ASSIETTE, Raum oder Weiſe, wo oder wie etwas geſtellet, geleget, geſetzet.
Poſer une pierré dans une telle *aſſiette*, einen Stein auf ſolche Weiſe legen.
Ce piedeſtal n'a pas aſſés d'*aſſiette*, dieſer Säulenſtul hat nicht genugſamen Fuß.
L'*aſſiette* d'un cavalier, das Sitzen im Sattel eines Reuters.
ASSIETTE, Beſchaffenheit des Gemüths.
L'*aſſiette* de l'eſprit de l'homme eſt ſujette au changement, die Beſchaffenheit des menſchlichen Gemüths iſt veränderlich.
En quelle *aſſiette* avoit-il l'eſprit? wie war ihm zu Muth?
ASSIETTE des tailles, das Zuſchreiben (repartition) der Steuer.
ASSIETTE, *ſ. f.* (bey den Buchbindern) der Grund zum Vergolden.
ASSIETTE, (bey dem Steinſetzer) eine Schicht oder Lage, wie ſie ſeyn ſoll.
ASSIETTE du pavé, die Lage des Geyſtaſters.
ASSIETTE, der Ort in dem Wald ſelbſten, da man denen Holzhändlern die ihnen verkaufte Gegenden anweiſet.
ASSIETTE, Teller.
Vendre du vin à l'*aſſiette*, Wein bey der Maaß ausſchenken, und das Recht haben, Gäſte zu ſetzen, und ſie mit eßigen Speiſen zu bedienen.
ASSIETTES volantes, kleine tiefe Teller, die man zwiſchen die Schüſſeln ſetzt, mit einer Leckerſpeiſe.
Aſſiettes blanches, reine Teller, die man ſtatt der gebrauchten wieder giebt.
ASSIETTE à mouchettes, eine Lichtputzenſchale.
ASSIETTE'E, *ſ. f.* ein Teller voll.
Une *aſſiettée* de confitures, ein Teller voll Conſect oder Zuckerwerk.
ASSIGNAT, *ſ. m.* Anweiſung einer jährlichen Einnahme auf ein Gut, welches davor als ein Unterpfand haften muß.
ASSIGNATION, *ſ. f.* Fürforderung vor Gericht; Anweiſung einer gewiſſen Einkunft, auf gewiſſe Güter; ein Befehl von der Obrigkeit, daß einer eine Schuld bezahlen ſoll; Beſtimmung der Zeit und des Orts zu einer Zuſammenkunft.
Donner *aſſignation* à quelqu'un, einen für Gericht laden.
Aſſignation d'un Douaire, Anweiſung eines Witthums.
Il a *aſſignation* ſur le tréſor Roïal, er hat Anweiſung an die königliche Rentkammer.
Se rendre à l'*aſſignation*, an dem beſtimmten Ort ſich befinden.
Se donner *aſſignation* à une telle heure, auf die Stunde einander beſtellen.
Manquer à l'*aſſignation*, à venir au lieu & tems aſſignés, am beſtimmten Orte und Zeit nicht erſcheinen.
ASSIGNER, *v. a.* vor Gericht fordern; zueignen; anweiſen; beſtimmen.
Aſſigner quelqu'un pour comparoitre devant le juge, einen vor Gericht auf einen beſtimmten Tag laden.
Aſſigner une contrée pour habiter, eine Gegend zu bewohnen anweiſen.
Le Roi lui a *aſſigné* une penſion, der König hat ihm ein Gnadengeld verordnet.
ASSIMILATION, *ſ. f.* das Gleichmachen oder Gleichwerden in der Phyſic, da die Theile der Nahrung den Theilen des genährten Leibes gleich werden.
ASSIS, e, *part. v.* ASSEOIR.
ASSISE, *ſ. f.* eine Reihe oder Lage Steine an einer Mauer.
ASSISES, *ſ. f. plur.* eine Verſammlung der Lehnsherren und Räthe; die Hegung oder Haltung eines Untergerichts in Gegenwart des Oberrichters, wenn ein Oberrichter auch einmal ins Untergericht kommt, und hört wie es zugeht; die beſondern Rechte und Gewohnheiten eines gewiſſen Orts.
Cet homme tient ſes *aſſiſes* dans cette maiſon, dans cette compagnie, dieſer Menſch iſt in dieſem Haus oder in dieſer Geſellſchaft ſo daran, daß ihn jederman anhört und ihm beyfällt, daß er alles gilt.
ASSISTANCE, *ſ. f.* Beyſtand, Hülfe; die Gegenwart, das Dabeyſeyn; die Anweſenheit, Beywohnung; die Anweſenden, eine Geſellſchaft, Verſammlung; bey den Jeſuiten iſt es das Amt eines Aſſiſtenten des Generals oder Provincials ihres Ordens; auch das Land oder die Provinz wo einer dieſes Amt verwaltet.

AS-

ASSISTANT, *s. m.* ein Helfer, Beystand; ein Anwesender, einer der mit gegenwärtig ist; ein Gefährte; ein Prälat, der bey der Weihung eines Bischoffs assistirt; ein Zugeordneter, Nachgesetzter, Assistent eines Generals oder Provincials bey den Jesuiten; ein Geistlicher, der in Seminariis des Superioris Stelle in dessen Abwesenheit vertritt; ein Gehülf bey den Comödianten, der nicht unter den ordentlichen Spielern ist.

ASSISTANTE, *s. f.* in Nonnenklöstern, eine Schwester, so der Aebtißin Stelle bisweilen vertritt; die Nonne, so einer andern zugegeben wird, die in den Gesprächsaal gefordert worden ist; oder die sonst auf die andern Achtung giebt.

ASSISTER, *v. a. & n.* beystehen, helfen, beyspringen; dabey seyn, beywohnen; begleiten; zusprechen, als einem Kranken.

Il m'a *assisté* de ses consolations, de ses conseils & de son bien, er ist mir mit Trost, Rath und That beygestanden (an die Hand gegangen).

ASSISTER à la messe, au sermon, bey der Messe, in der Predigt seyn.

Le Père Confesseur a *assisté* ce malade, der Beichtvater hat diesem Kranken zugesprochen.

ASSISTÉ, ée, *part.* dem geholfen wird; der begleitet wird.

ASSOCIATION, *s. f.* Gesellschaft; Zugesellung, als im Ehestand; in Kaufmannssachen, da man einen mit in die Handlung nimmt 2c.

ASSOCIÉ, *s. m.* ein Gemeinder, Mitgenoß in einer Handlung.

ASSOCIER, *v. a.* zugesellen; zum Gehülfen, zum Gemeinder annehmen; mit in die Handlung nehmen.

s'ASSOCIER, *v. r.* Mascopey machen; in Gesellschaft treten.

ASSOGUES, *s. m. pl.* Spanische Schiffe, so das Quecksilber jährlich von America nach Spanien bringen.

ASSOIR, *voiés* ASSÉOIR.

ASSOMMER, *v. a.* schlachten, schlagen, einen tödten, zu Boden schlagen, gewaltsam umbringen, niedermachen; todt quälen, hart drücken oder ängstigen; niederdrücken mit einer Last.

Assommer un bœuf, einen Ochsen schlachten.

Assommer quelqu'un, einen tödten, zu Boden schlagen.

Cette affliction l'*assomme*, diese Trübsal bekümmert ihn auf den Tod.

Il m'*assomme* par ses importunités, er thut mir mit seiner Ungestümmigkeit tödtlichen Verdruß an.

Cette charge *assommera* le cheval, diese Ladung wird das Pferd zu Boden drücken.

ASSOMPTION, *s. f.* was man einem gemachten Satz beyzählt, als etwas, das mit darunter begriffen ist, eine Redensart, so zur Logic gehöret; bisweilen heißt es der zweyte Satz oder Proposition in einem Syllogismo.

ASSOMPTION de nôtre Dame, Mariä Himmelfahrt; ein Gemählde, so dieselbe vorstellet.

ASSONANCE, *s. f.* die gleiche oder fast gleiche Endung unterschiedener Wörter in der Redekunst und Poesie.

ASSORTIMENT, *s. m.* Zierung, Ausrüstung; allerley Waaren von einer Gattung; Uebereinkunft; das was sich zusammen schickt.

ASSORTIR, *v. a. & n.* zieren, versehen, ausrüsten, mit allerley Sachen versehen; nach seiner Ordnung und Art setzen, zusammen suchen oder thun, was sich wohl zusammen schickt; vereinigen; gut in die Augen fallen, sich zusammen schicken, übereinkommen; wohl stehen.

Assortir un habit, ein Kleid mit seiner Zubehör zusammen bringen.

Il faut *assortir* ce drap de quelque jolie doublure, man muß zu diesem Tuch ein artiges Unterfutter suchen.

ASSORTIR sa boutique, seinen Laden mit allerley Gattung Waaren wohl versehen.

Une boutique bien *assortie*, ein wohlbestellter Laden.

ASSORTIR un chapeau, einen Hut über den Stock schlagen (aufformen).

L'amour a *assorti* leurs cœurs, die Liebe hat ihre Herzen vereiniget.

Un mariage bien *assorti*, eine wohlgefügte Heyrath.

ASSORTI, e, *part.* wohl versehen mit Waaren, wohl ausgesucht; wohl getroffen.

ASSORTISSANT, e, *adj.* wohl übereinkommend, sich wohl zusammen schickend.

ASSOTER, *v. a. vulg.* zum Narren machen; ganz einnehmen, entzücken.

s'ASSOTER de quelqu'une, *v. r.* sich in Eine thörichter Weise verlieben, den Narren daran fressen.

ASSOTÉ, ée, *part.* zum Narren gemacht oder worden, vernarrt.

Cet homme est *assoté* de sa femme, der Mann hat an seiner Frauen den Narren gefressen.

ASSOUPIR, *v. a.* schlummern machen, schlafen machen, einschläfern; niederschlagen, unterdrücken, untüchtig machen, verderben; stillen, dämpfen.

Le

Le pavot *assoupit*, der Mohn (Mag= samen) macht schläferig.

Assoupir une querelle, einen Streit beylegen.

Assoupir une sédition, einen Aufruhr stillen.

Ce feu n'est pas éteint, il n'est qu'as- soupi, das Feuer ist nicht gelöschet, son= dern nur unter der Asche verborgen.

s'ASSOUPIR, *v. r.* schläfrig werden; ein= schlummern.

ASSOUPISSANT, e, *part.* in den Schlaf bringend, einschläfernd.

ASSOUPISSEMENT, *s. m.* Schläfrigkeit, Schlummer; Sorglosigkeit, Dummheit; Stillung; Einschläferung.

ASSOUPLIR, *v. a.* biegsam, gelenk ma= chen; abrichten, gewöhnen.

Cheval *assoupli*, ein gelenkes Pferd.

ASSOURDIR, *v. a.* taub machen, oder be= täuben.

s'ASSOURDIR, *v. r.* taub werden.

ASSOUVIR, *v. a.* sättigen, satt machen; erfüllen, begnügen, ein Genügen thun.

Assouvir sa colère, sa vengeance, sei= nen Zorn, seine Rache erfüllen.

Assouvir sa faim, seinen Hunger stillen.

ASSOUVISSEMENT, *s. m.* Erfüllung, Ersättigung, als der Begierden.

Il ne songe qu'à l'*assouvissement* de ses plaisirs, er denkt an nichts anders, als wie er seine Lüste ersättigen möge.

ASSUJETTIR, *v. a.* unterwürffig machen, überwinden, bezwingen; einnehmen, ver= liebt machen; einen Mast oder sonst et= was auf dem Schiff so anmachen, daß es nimmer wackeln kan, fest machen, be= festigen.

Assujettir ses ennemis, seine Feinde unter seine Gewalt bringen.

Assujettir des peuples à son pouvoir, Völker unter sich bringen.

s'ASSUJETTIR, *v. r.* sich unterwerfen.

Il s'est *assujetti* à leurs caprices, er hat sich in ihre wunderliche Köpfe geschicket.

S'*assujettir* aux loix, sich den Gesetzen unterwerfen.

ASSUJETTI, e, *part.* unterthan, unter= worfen.

ASSUJETTISSEMENT, *s. m.* Unterwer= fung; Zwang etwas zu thun.

ASSÛRANCE, *s. f.* Versicherung, Sicher= heit; Pfand, Daraufgabe; Kühnheit, Muth, Herz; Vertrauen, Zuversicht; unter Kaufleuten, Versicherung eines aus= gelaufenen Kauffarteyschiffs, Assecura= tion; bey den Korbmachern, der Bügel oder das stärkste Holz im Henkel eines Korbes.

Je lui ai prêté de l'argent, & je n'ai que sa parole pour *assûrance*, ich habe ihm Geld vorgeschossen, und habe nur sein Wort zur Versicherung.

Mettre quelqu'un en *assûrance*, einen in Sicherheit bringen.

Prêtés moi cent écus, je vous donnerai des *assûrances*, leihet mir hundert Tha= ler, ich will euch ein Pfand geben, Bürg= schaft leisten.

J'ai une parfaite *assûrance* de tout ce- la, ich habe von diesem allem völlige Ge= wißheit.

Méchant homme! as-tu bien l'*assûran- ce* de le nier? du Bösewicht! hast du die Kühnheit es zu läugnen?

Vous m'avés donné de l'*assûrance*, ihr habt mir Muth gemacht.

Je ne mettrai mon *assûrance* qu'en Dieu seul, auf GOtt allein werde ich mein Vertrauen setzen.

Aller d'*assûrance*, seinen Schritt herz= haft fortgehen, (sagen die Jäger vom Wild).

ASSÛRÉ, ée, *adj.* versichert, gewiß, ver= gewissert; kühn, unerschrocken, herzhaft, muthig.

ASSÛR', *s. m.* unter Kaufleuten, derjenige, so sich sein Schiff verassecuriren läßt.

ASSÛREMENT, *s. m.* ol. das Friedensge= bott, so zu den Zeiten des Faustrechts ent= weder von dem Oberherrn denen in Fehde begriffenen Partheyen aufgelegt, oder durch Unterhändler zuwege gebracht wurde.

ASSÛRÉMENT, *adv.* gewißlich, sicherlich, unfehlbar, unstreitig.

ASSÛRER, *v. a.* versichern, fest machen, ge= wiß machen; bekräftigen, bestätigen; Si= cherheit wegen einer Sache geben, als durch ein Pfand, durch Handgeld ꝛc. vor gewiß sagen, behaupten; in Sicherheit setzen, befestigen; ein Herz einsprechen, einen Muth machen; gewöhnen, zahm machen, als die Jäger einen Falken; gut sprechen für etwas, sonderlich bey Kauf= leuten, die die aussen seyende Schiffe und Waaren versichern, verassecuriren.

Je vous l'*assûre* sur ma foi, ich versiche= re es euch auf meine Treue.

Il a *assûré* sa domination, er hat seine Herrschaft bestätiget.

Assûrer les chemins, die Straßen si= cher halten.

Assûrer les marchandises d'un vaisseau à un marchand, für die eingeschifften Waaren einem Kaufmann gut sprechen.

Assûrer la bouche à un cheval, (in der Reitschul) ein Pferd zum Zaume gewöh= nen.

Assûrer l'oiseau, einen Falken abrichten.

s'ASSÛ-

s'Assûrer, *v. r.* une chose, *ou* d'une chose, sich einer Sache versichern.

S'*assûrer* de quelqu'un, se saisir de lui, sich eines versichern; bemächtigen.

S'*assûrer* d'une place en y mettant garnison, eine Besatzung in einen Ort legen.

S'*assûrer* de quelqu'un pour l'avoir de son parti, sich jemanden zum Freunde machen.

S'*assûrer* d'une maison, ein Haus bestehen; die Miethe schliessen.

Par le long usage on s'*assûre* la main, durch die lange Übung gewinnet man eine gewisse Hand.

ASSÛREUR, *s. m.* ein Versicherer, Assecurator, einer der für etwas gut spricht, wegen der Kaufmannshändel ꝛc.

ASSYRIE, *s. f.* Assyrien.

ASSYRIEN, ne, *adj. & subst.* ein Assyrer, Assyrerin, Assyrisch.

ASTÉRIE, *s. f.* eine Art Opal, welcher aber weisser und härter ist als der Opal.

ASTÉRISME, *s. m.* eine gewisse Figur in der Astronomie, ein Gestirn, Sternbild.

ASTÉRISQUE, *s. m.* ein Sternlein, so man als ein Zeichen in ein Buch macht.

Astérisque, ein Kraut, welches wider die hitzigen Augen dienlich ist.

ASTÉSAN, *s. m.* das Land Asty, in Savoyen; it. einer aus diesem Lande.

ASTHMATIQUE, *adj. c.* engbrüstig, kurzäthmig.

ASTHME, *s. m.* Engbrüstigkeit; kurzer Athem. (einige lesen nur asme).

ASTHMÉ', vom Falken, der keichen muß, keichend.

ASTI, *s. m.* holer Knochen, darein die Schuster Fett oder Schlick thun, die Pfriemen zu schmieren.

ASTRAGALE, *s. m.* ein Ring oder Reif oben oder unten an den Säulen; it. der Ring oder Rand vornen an den Stücken; it. ein Knöchel oder Knorren an den Gebeinen der Thiere; it. ein Kraut, Wirbelkraut.

jeu d'Astragale, das Würfelspiel.

ASTRAL, e, *adj.* l'an *astral*, das Jahr, so die Sonne macht, bis sie wieder zu dem Gestirn kommt, wo man angefangen hat zu rechnen.

ASTRE, *s. m.* das Gestirn, ein Stern; Person von ungemeiner Schönheit, oder Verdienst.

ASTRE'E, *s. f.* die Göttin der Gerechtigkeit.

ASTREINDRE, *v. a.* zubinden, verbinden; den Leib verstopfen, wenn die Rede von Arzeneyen ist; nöthigen, zwingen, verpflichten.

s'Astreindre à quelque chose, *v. r.* sich an etwas binden.

ASTRINGENT, e, zusammenziehend, stopfend von Essen oder Medicin ꝛc.

ASTROC, *s. m.* ein grosses Seil auf dem Schiff.

ASTROÏTE, *s. m.* Sternstein, ein Stein, in welchem lauter Sterne zu sehen sind.

ASTROLABE, *s. m.* ein astronomisch Instrument, das vom Sternenlauf, den man darauf beobachtet, seinen Namen hat.

ASTROLOGIE, *s. f.* die Sternseherkunst.

Astrologie judiciaire, die Sterndeutung.

ASTROLOGIQUE, *adj. c.* astrologisch.

ASTROLOGUE, *s. m.* ein Sterndeuter.

ASTRONOME, *s. m.* Sternmesser.

ASTRONOMIE, *s. f.* die Sternmesserkunst.

ASTRONOMIQUE, *adj. c.* was zu dieser Kunst gehört, astronomisch.

ASTRONOMIQUEMENT, *adv.* auf astronomische Art.

ASTUCE, *s. f.* ol. List.

ASTURIES, *s. f. plur.* Asturien, eine Landschaft in Spanien, davon der jedesmalige Cronprinz den Namen führt.

ASTYNOME, *s. m.* vor diesem zu Athen, der Policeymeister.

ASTYNOMIE, *s. f.* das Policeywesen vor Alters zu Athen.

ASYLE, *s. m.* Freystadt, befreyter Ort, Zufluchtsort; Sicherheit, Schutz; ein Beschützer.

ASYMMETRIE, *s. f.* Unebenmaß, da man im Rechnen die Wurzel einer Zahl nicht finden kan, als die Quadratwurzel in 10.

ASYMPTOTE, *adj. c.* zwey gerade oder gekrümmte Linien, die sich immer näher kommen, und doch einander nimmer berühren.

ATABALE, ATTABALLE, *s. m.* Paucke, unter den Mohren gebräuchlich.

ATABULE, *s. m.* ein böser Wind, der in Apulien oft grossen Schaden an Bäumen und Weinstöcken thut.

ATAMADAULET, *s. m.* der vornehmste Staatsminister des Königs in Persien.

ATARAXIE, *s. f.* bey den alten Philosophis, Unbeweglichkeit des Gemüths, Freyheit von allen Gemüthsbewegungen.

ATEL, *s. m.* ein Kummethorn.

Atel, *s. m.* (bey dem Töpfer) die Schenne, oder Schinne.

ATELLANES, *s. f. pl.* eine Art satyrischer Schauspiele bey den Römern.

ATHANASE, *s. m.* ein Mannsname.

ATHANASIE, *s. f.* eine Arzeney, so vom Tod errettet, alle Krankheiten heilt, und den Menschen unsterblich macht.

ATHANASIE, *s. f.* ein Kraut, Reinfarn, Wurmkraut.

ATHANOR, *s. m.* eine Art chymischer Oefen, Athanor, oder der faule Heinz genannt.

O   A i HE'E

ATHE'E, *s. m.* der keinen GOtt glaubt, ein Atheist.

ATHE'E, *adj. c.* gottloß, ungöttlich, atheistisch.

ATHE'ISME, *s. m.* der Irrthum, wenn man glaubt, daß kein GOtt sey, oder lebt, als wenn keiner wäre, Atheisterey.

ATHE'ISTE, *s. m. voies* ATHE'E.

ATHE'NE', *s. m.* ein Ort, wo man Künste und Wissenschaften öffentlich lehrt.

ATHE'NE'ES, *s. f.* gewisse Feste, die zu Athen zu Ehren der Minerva gehalten wurden.

ATHE'NES, *s. m.* die Stadt Athen in Griechenland.

ATHE'NIEN, ne, *subst. & adj.* Athenieniſch oder ein Athenienser.

ATHE'ROME, eine Geschwulst von Materie, die innen als in einem Säcklein iſt.

ATHLE'TE, *s. m.* Kämpfer, Ringer, Fechter.

ATIBAT, so nennen die Einwohner des Königreichs Gago in Africa, das Goldsand.

ATLANTE, *s. m.* eine männliche Figur, die in der Baukunst eine Last trägt.

ATLANTIQUE, *adj. c.* was groß ist als ein Riese.

la mer ATLANTIQUE, das Atlantische Meer.

ATLAS, *s. m.* ein groß Buch, darinne viel Landkarten sind; item der oberste Rückgratsknochen, worauf der Kopf stehet; eigentlich ein Berg in Africa.

ATMOSPHE'RE, *s. f.* die Luft um die Erde, so hoch als die Dämpfe steigen, der Luftkreis.

ATOME, *s. m.* ein Luftstäublein, das nicht mehr kan kleiner gemacht werden.

ATOUR, *s. m.* ol. etwas das man um sich legt, umnimmt.

Atour de femme, Weiberschmuck.

ATOURNE', *s. m.* ein Procurator, (alt Wort).

ATOURNER, *v. a.* zieren, schmücken, (alt Wort).

ATOURNERESSE, *s. f.* eine die da die andern schmückt, (alt Wort).

ATOUT, *s. m.* ein Trumpf in der Karte.

ATRABILAIRE, *adj. c.* gallsüchtig, melancholisch.

ATRABILE, *s. f.* schwarze Gall; Melancholen.

ATRACTYLIS, *s. m.* ein Kraut, Cardebenedicten, gesegnete Distel.

ATRE, *s. m.* der Herd, oder das untere Theil in einem Ofen und im Camin, da das Feuer darauf brennen kan.

ATROCE, *adj. c.* grausam, schwer, hart, abscheulich.

Crime *atroce*, ein schweres Verbrechen.

Injure *atroce*, harte Beleidigung.

ATROCEMENT, *adv.* grausamlich.

ATROCITE', *s. f.* Grausamkeit, Abscheulichkeit, von Injurien und Lastern.

L'*atrocité* de ce crime ne se peut pardonner, die Abscheulichkeit dieses Verbrechens ist nicht zu vergeben.

ATROPHIE, *s. f.* da keine Speis mehr nährt, Schwindsucht, Auszehrung.

ATROPOS, eine von den drey Parcen.

ATTABALLE, *voies* ATABALE.

s'ATTABLER, *v. r.* sich zu Tisch setzen, (man braucht diß Wort selten).

ATTACHE, *s. f.* etwas womit man das andere anheftet, eine Hafte, Band, Rieme ꝛc.

ATTACHES de vitres, diejenigen bleyernen Bändlein, mit welchen die Glaser die eisernen Stänglein über die Fenster feſt machen.

ATTACHE de moulin à vent, Seitenflügel an der Windmühle.

ATTACHE, Neigung; Fleiß; Ergebenheit,

Il a de l'*attache* pour les Lettres, er hat eine grosse Neigung zum Studiren.

Attache à la vie, Begier zu leben.

Jouer avec *attache*, mit grosser Ergebenheit spielen.

Vivre sans *attache*, keinem Ding ergeben seyn; an niemand gebunden seyn.

ATTACHE, Bewilligung; Verstattung eines Obern.

Pour faire cela, il faut prendre l'*attache* du Juge, wenn man dieses thun will, muß man des Richters Einwilligung erhalten.

Je ne ferai rien sans vôtre *attache*, ich werde nichts thun ohne euren Willen.

Lettre d'ATTACHE, oder bloß *attache*, ein Brief oder Commißion, eine Ordre zu excquiren.

chien d'ATTACHE, ein Hund, den man anhängen muß, weil er die Leute beißt, Kettenhund.

bas d'ATTACHE, Strümpfe, die man an die Hosen anbinden muß, Reitstrümpfe.

le droit d'ATTACHE, das Stallgeld in einem Wirthshaus, nur einzustallen, ob man gleich nicht füttert.

ATTACHEMENT, *s. m.* das Anhängen, Ankleben, der Begierden an etwas; Eifer, jemand zu dienen, Liebe, Zuneigung, Ergebenheit; Dienst bey jemand.

Les *attachemens* de la terre, das Anhängen an der Erde.

Un fidèle sujet a bien de l'*attachement* pour son Prince, ein getreuer Unterthan trägt eine grosse Ergebenheit gegen seinen Fürsten.

Il a beaucoup d'*attachement* pour cette belle,

belle, er hat eine ſtarke Neigung gegen dieſe Schöne.

Il a de l'*attachement* aux richeſſes, er hat eine heftige Begierde nach dem Reichthum.

Attacher quelqu'un à un arbre, einen an einen Baum binden.

Attacher avec des cloux, mit Nägeln anſchlagen, anheften.

Attacher, verbindlich machen.

De cette manière vous l'*attacherés* à vos intérêts, auf dieſe Weiſe werdet ihr ihn auf eure Seite bringen.

Mon devoir m'*attache* auprès de lui, meine Pflicht macht mich ihm verbindlich, daß ich mich zu ihm halte.

s'Attacher, *v. r.* à quelque choſe, ſich anhalten; ankleben, an etwas hangen; einem ergeben ſeyn; feſt auf etwas beharren, drüber halten; etwas mit Fleiß treiben, ſich einer Sache ergeben, ſich auf etwas legen, immer mit etwas beſchäftiget ſeyn, einer Sache nachhängen.

s'Attacher à l'amitié de quelqu'un, einem ſehr anhängen.

La poudre s'*attache* aux habits, der Staub ſetzt ſich an die Kleider.

S'*attacher* au ſervice des grands, ſich zum Herrendienſt ergeben.

Je ne m'*attache* à aucun parti, ich ſchlage mich auf keine Seite.

S'*attacher* à l'étude, ſich auf die Studien legen.

S'*attacher* à ſa profeſſion, ſeinem Gewerb nachſetzen.

S'*attacher* à ſon opinion, auf ſeiner Meynung beſtehen.

ATTAQUANT, *ſ. m.* der ſo einen angreift, der Anfänger des Zanks oder der Händel.

ATTAQUE, *ſ. f.* Angriff, Anfall, Beleidigung; Stichelrede; Anfall einer Krankheit; Arbeit der Belagerer vor einer Feſtung, Angriff eines Orts; Anfechtung des Teufels.

Faire, ſoutenir, repouſſer une *attaque*, einen Angriff thun, aushalten, abſchlagen.

Former une *attaque*, einen Angriff angeben, anordnen.

Une fauſſe *attaque*, ein blinder Angriff.

Il me donne ſouvent des *attaques*, des coups de bec, er ſtichelt unterweilen auf mich.

Auſſitôt que nous aurons inveſti la place, nous en ferons l'*attaque*, ſo bald wir den Ort werden berennet haben, wollen wir ihn angreifen.

ATTAQUER, *v. a.* anfallen, angreifen; beleidigen, mit Worten oder mit der That; reizen.

Attaquer une ville, eine Stadt beſtürmen.

Attaquer une propoſition, einem Satz widerſprechen.

Attaquer la mémoire de quelqu'un, das Andenken eines Abgeſtorbenen beleidigen.

s'Attaquer à quelqu'un, *v. r.* ſich an einem vergreifen, Händel mit ihm anfangen.

S'il m'*attaque* je me défendrai, greift er mich an, ſo will ich ihm nichts ſchuldig bleiben.

ATTEDIER, *v. a.* verdrießen; Verdruß machen, quälen; einen Eckel machen, (iſt alt).

ATTEINDRE, *v. a. & n.* berühren, erreichen; hinlangen zu etwas; treffen, wornach man gezielet hat; einholen, einen Flüchtigen; es einem gleich thun, eben ſo weit bringen; eine Sache erlangen, zu etwas gelangen.

Un renard ne pouvant *atteindre* aux raiſins, als ein Fuchs die Trauben nicht erreichen konnte.

Atteindre la fin qu'on s'eſt propoſée, den vorgeſetzten Zweck erreichen.

Il a *atteint* l'age de cent ans, er hat das hundertſte Jahr erreichet.

Il a *atteint* le but auquel il viſoit, er hat das Ziel getroffen, wornach er gezielet.

Atteindre les fuïards, die Flüchtigen erjagen, einholen.

Atteindre ſes eſpérances, ſeine Hoffnung erreichen.

ATTEINT, e, *part. & adj.* berührt; getroffen; behaftet; eingenommen, dem Gemüth nach; überzeugt, überwieſen einer Uebelthat.

Atteint d'un coup de flèche, von einem Pfeil getroffen.

Une ame *atteinte* d'amour pour ſon Dieu, eine Seele, die von Liebe zu ihrem GOtt eingenommen.

Atteint d'une maladie, mit einer Krankheit gerühret.

Atteint & convaincu de vol, Diebſtals ſchuldig und überzeugt.

ATTEINTE, *ſ. f.* Anſtoß, Streich, Berührung; Streiffung, wenn ein Pferd das ander oder ein Pferd ſich ſelbſt mit dem Fuß ſtreift oder verletzt; Beleidigung, Verletzung, in verblümtem Verſtand; Verringerung, Schmälerung, als der Ehre; kleiner Anſtoß von einer Krankheit.

Ce cheval s'eſt donné une *atteinte*, das Pferd hat ſich getreten; geſtrichen.

Il a reçu une *atteinte*, es iſt von einem andern in die Eiſen gehauen worden.

ATT ATT

C'est une *atteinte* à mon honneur, das ist eine Verletzung meiner Ehre.
Donner *atteinte* aux Loix, die Gesetze übertreten, verletzen.
Il est hors des *atteintes* de la pauvreté, er hat keine Armuth zu fürchten.
La fortune me donne souvent des *atteintes*, das Glück setzet mir oft zu, mich zu beleidigen.
J'ai senti une *atteinte* de fièvre, ich hab einen Anfall vom Fieber empfunden.
Faire des belles *atteintes*, feine Progressen machen.
ATTEL, *s. m.* ein Horn an einem Kummet; das Holz womit die Töpfer das verfertigte Geschirr von der Scheibe ablösen.
ATTELAGE, *s. m.* das Geschirr zum Wagen; das Vieh, so man anspannt; ein Spann Pferde, so viel als vor einen Wagen gehören, absonderlich sechse, als ein vornehmes Kutschenspann; die Werkstatt eines Handwerksmanns.
ATTELE, *v.* ATTELLE.
ATTELER, *v. a.* anspannen, angeschirren.
ATTELE', ée, *part.* angespannt.
ATTELIER, *s. m.* Werkzeug oder Werkstatt eines Handwerksmanns oder Künstlers.
Attelier de peintre, de potier, eines Mahlers, Töpfers Werkstatt.
Attelier des vers à soie, das Gerüst worauf die Seidenwürmer gehalten werden.
Attelier de moulin, das Geschirr, daran das Mühlpferd oder der Esel in der Mühle geht.
ATTELLE, *s. f.* Schiene, Schindel oder kleines Bretlein, woran die Barbierer die gebrochenen Glieder binden, daß sie nicht krumm wachsen; it. ein Stücklein Holz, womit die Töpfer das Geschirr von der Scheibe lösen; it. ein Kummethorn.
Attelles, *plur.* das Holz so die Glaser an den Kolben machen, daß sie sich nicht brennen.
ATTELOIRE, *s. f.* der Deichselnagel.
ATTENANT, e, *part.* anstossend, angrenzend; *præp.* dicht an.
Une vigne *attenante* à la mienne, ein Weinberg, so an meinen stösset.
Ils logent *attenant* l'un de l'autre, sie wohnen dichte bey einander.
ATTENDRE, *v. a.* warten, erwarten; hoffen; vermuthen, sich versehen.
s'Attendre, *v. r.* erwarten, sich versehen eines Dings; hoffen; vermuthen.
Je m'*attendois* bien à cela, ich habe es wohl vermuthet.
en Attendant, mittlerweile, unterdessen.
en Attendant que, *conj.* bis daß, so lang bis.

Attendu, ë, *part.* erwartet.
Attendu, *præp.* in Ansehung.
Attendu que, *conj.* angesehen, daß, alldieweil.
ATTENDRIR, *v. a.* weich oder mürbe machen, weichen; bewegen zum Mitleiden.
La viande s'*attendrit* étant gardée, das Fleisch wird mürbe, wenn es gehalten wird.
s'Attendrir, *v. r.* erweicht werden.
C'est un cœur de rocher qui ne s'*attendrit* pas, es ist ein steinernes Herz, das nicht zu bewegen ist.
ATTENDRISSEMENT, *s. m.* Erweichung; Mitleiden, Erbarmung, Barmherzigkeit.
ATTENTAT, *s. m.* ein frevelhaft Beginnen; Uebelthat; ein Eingrif in eines andern Rechte.
Commettre un *attentat*, widerrechtlich handeln.
ATTENTE, *s. f.* Hoffnung; Vermuthung dessen, das geschehen soll; das Warten.
Etre en *attente* du succès, in Erwartung des Erfolgs stehen.
Il répond à l'*attente* qu'on avoit de lui, er erfüllet die Hoffnung, so man von ihm gefasset.
Contre l'*attente* de tout le monde, wider alles Vermuthen.
table d'Attente, eine leere Tafel oder Stein, darauf noch nichts geschrieben ist.
pierres d'Attente, die Steine, welche an einer Mauer hervor ragen, und zwar so, daß man noch eine Mauer daran bauen kan, daß sie sich mit selbiger schliessen.
ATTENTER, *v. a. & n.* trachten, nach etwas; vornehmen, etwas böses meistens, wider obrigkeitliches Verbot 2c.
Attenter sur la vie de quelqu'un, einem nach Leib und Leben trachten.
Attenter sur la pudicité d'une fille, eine Jungfer trachten zu Falle zu bringen.
Attenter sur la jurisdiction de quelqu'un, aufjemands Botmäßigkeit etwas unverantwortliches vornehmen; Eingrif thun.
ATTENTIF, ive *adj.* aufmerksam; fleißig.
Attentif à ouïr, aufmerksam zu hören.
Attentif à son travail, fleißig in seiner Arbeit.
Il est trop *attentif* à ses intérêts, er ist gar zu vortheilhaftig; eigennützig.
ATTENTION, *s. f.* Aufmerksamkeit.
ATTENTIVEMENT, *adv.* aufmerksamlich, andächtiglich.
ATTENTOIRE, *adj. c.* was wider gerichtet

richtliches Aussprechen oder Ansehen geschieht.

ATTE'NUATIF, ive, *adj.* von der Arzney gebräuchlich, wann sie zertheilt, zertreibt.

ATTE'NUATION, *s. f.* Verminderung; Schwächung, Schwachheit. Défences par *atténuation*, wenn man die That entschuldigt vor Gericht, indem man sie gering macht.

ATTE'NUeR, *v. a.* verringern, vermindern; dünn machen; schwächen, entkräften, als Krankheit den Leib.

Un corps *atténué* par les maladies, ein durch Krankheit ausgezehrter Leib.

Les veilles *attenuent* le corps, das viele Wachen erschöpfet den Leib.

ATTERMOÏEMENT, *s. m.* Bezahlungsfrist, oder Verlängerung derselben, Aufschub, weiter hinaus gesezter Termin.

ATTERMOÏER, *v. a.* einen Termin oder Zeit zur Bezahlung setzen, oder den gegebenen verlängern, auf einen andern Termin vertrösten, aufhalten.

ATTERRAGE, *s. m.* die Gegend auf der See, wo die Schiffleute in der Wiederkehr von einer Reise zuerst das Land erkennen.

ATTERRER, *v. a.* zu Boden schmeissen, niederwerfen; demüthigen; zu Grund richten, ins gröste Unglück bringen, in Grund verderben. (man sagt lieber terrasser.)

ATTERRÉ, ée, *part. & adj.* niedergeworfen, zu Boden gelegt; bestürzt, niedergeschlagen.

Il est *atterré* par son malheur, er ist durch sein Unglück machtlos worden.

ATTERRIR, *v. n.* bey den Schiffleuten, ans Land fahren, anländen.

ATTERRISSEMENT, *s. m.* die Erde, davon sich das Wasser zurück ziehet, und sie bloß läßt, nachdem es dieselbe angeschoben hat.

ATTESTATION, *s. f.* schriftlich Zeugniß, Schein.

ATTESTER, *v. a.* bezeugen; zum Zeugen anruffen.

ATTESTÉ, ée, *part.* bewiesen, bezeugt, klar.

ATTICISME, *s. m.* Athenienfische Art zu reden; kurzgefaßte Redensart, scharfsinniges und angenehmes Stichelwort, sinnreicher Scherz.

ATTICURGE, viereckigte Säule, nach Athenienfischer Art.

ATTIEDIR, *v. a.* lau machen; vermindern, schwächen, als den Eifer; die Andacht ꝛc. nachläßig oder verdrüßlich machen, machen daß einer nicht mehr so

eifrig, begierig, aufmerksam ist.

Attièdir l'auditeur, die Zuhörer unlustig (träg) machen.

s'ATTIE'DIR, *v. r.* laulicht werden; erkalten, nachlassen, sich vermindern, seine Hitze oder seinen Eifer nach und nach verlieren, kaltsinniger werden.

Leur amitié *s'attièdit*, ihre Freundschaft lässet nach.

ATTIE'DISSEMENT, *s. m.* das Laumachen; Laulichkeit; Nachlassung im Eifer, in der Andacht ꝛc.

ATTIFFER, *v. a.* ein Weibsbild schmücken, aufputzen, daß alles steif an ihr, nichts zerkrümpelt ist, daß sie von Gold und Perlen, das weisse Zeug vom Stärkmehl steif ist.

ATTIFFÉ, ée, *adj.* angethan, gekleidet; gepuzt, geschmückt.

Il est plaisamment *attiffé*, er ist gar werklich gekleidet.

ATTIFFETS, *s. m. pl.* Weiberschmuck des Haupts. (ist alt.)

ATTINTER, *v. a.* unmäßig putzen, schminken, oder auch mit bunten Kleidern schmücken.

s'ATTINTER, *v. r.* sich putzen, als wenn man gemahlt wäre, wie ein Kartenmännlein.

ATTIQUE, *s. f.* das athenienfische Land, das Gebiet um die Stadt Athen.

ATTIQUE, *adj. c.* Athenienfisch, Attisch.

Colonnes *attiques*, Attische Säulenart.

ATTIQUEMENT, *adv.* auf Attische oder Athenienfische Weise.

ATTIRAIL, *s. m.* Zurüstung, Geschlepp, das grossen Herren oder Armeen nachfolgt, oder das zur Artillerie gehört, nöthiges Zeug zu einer Maschine.

Le canon demande un grand *attirail*, das Geschütz erfordert einen grossen Zug.

Laisser l'*attirail* en arrière, den Troß hinter sich lassen.

ATTIRANT, e, *adj.* liebreizend.

ATTIRANTE, *s. f.* eine Schläufe, Band, so auf den Unterrock der Weiber pflegt geheftet zu werden.

ATTIRER, *v. n.* herzuziehen, an sich ziehen; herbey locken; gewinnen; anstellen, abrichten, zum Bösen verführen oder brauchen.

L'aimant *attire* le fer, der Magnet ziehet das Eisen an.

Attirer l'ennemi dans un embuscade, den Feind in einen Hinterhalt locken.

Attirer quelqu'un à son parti, einen auf seine Seite bringen.

s'ATTIRER, *v. r.* an sich locken oder ziehen; sich zuziehen oder über den Hals ziehen.

S'*attirer* l'estime de tout le monde, die Hochachtung aller Leute gewinnen.

S'*attirer* des ennemis, sich Feinde zuziehen.

C'est un malheur qu'il s'est *attiré* lui-même, dieses Unglück hat er sich selbst zugezogen.

ATTISE-QUERELLE, *s. m.* Zankmacher, Zänker.

ATTISER, *v. a.* le feu, das Feuer schüren; erregen, stiften, Zank und Unruhe.

ATTISER une sédition, einen Aufruhr anstiften.

ATTISEUR, *s. m.* der das Feuer schürt.

ATTISONNOIR, *s. m.* ein Feuerhaken, zum Feuerschüren bey den Schmelzern.

ATTITRER, *v. a.* des faux témoins, falsche Zeugen bestellen.

ATTITRER des chiens frais, frische Hunde an einen Ort stellen, wo der Hirsch im Jagen vorbey muß.

ATTITUDE, *s. f.* Geschicklichkeit, Ordnung; Stellung der Figuren oder des Leibes in Gemählden, Tänzen ꝛc.

ATTOLE, eine Gattung rother Farbe.

ATTOLON, *s. m.* eine Landesregierung oder Statthalterschaft in den Maldivischen Inseln.

ATTOMBISSEUR, *s. m.* (bey den Falkenierern) derjenige Falk, welcher den Reiger zuerst im Flug angreift.

ATTOUCHEMENT, *s. m.* das Anrühren; Betasten; ungefehre Berührung.

ATTOUCHER, *v. a.* ol. anrühren.

ATTRACTIF, ve, *adj.* an sich ziehend, herzuziehend.

ATTRACTILIS, *v.* ATRACTYLIS.

ATTRACTION, *s. f.* das Ansichziehen.

ATTRACTRICE, *s. f.* la vertu *attractrice*, die Anziehungskraft, als der Magnet hat, das Eisen an sich zu ziehen.

ATTRAIRE, *v. a.* herzuziehen; herzulocken.

ATTRAITS, *s. m. plur.* Anlockung; Anreizung; Reizung.

Cela m'a servi d'un puissant *attrait* dans mon dessein, dieses hat mir in meinem Vorhaben zu einem starken Antrieb gedienet.

Chacun rend hommage aux *attraits* des belles, jederman unterwirft sich den Liebesreizungen der Schönen.

ATTRAPÉ, *s. f.* bey den Schiffleuten ein Seil, womit das Schiff angehalten wird, daß es nicht tiefer zu liegen komme, als nöthig ist, wenn man es umlegt, unten etwas dran zu machen.

ATTRAPER, *v. a.* einen erwischen, ertappen, überrumpeln, überfallen; betrügen, hintergehen; treffen, wornach man geziellet hat; erlangen, erschnappen, bekommen, davon bringen, was man gewünscht hat; zuwege bringen, was man vorgehabt hat, es recht machen.

Me voila *attrapé*, also bin ich betrogen.

Je l'ai *attrapé* bien finement, ich habe ihn recht listiglich ertappt.

Attraper quelqu'un sur le fait, einen auf frischer That betreten; ergreifen.

La chose est difficile à *attraper*, die Sache ist sehr schwer zu erlangen.

Attraper quelqu'un à la course, einen erlaufen; mit Laufen erreichen.

Attraper d'un coup de pierre, mit einem Stein treffen.

ATTRAPOIRE, *s. f.* vulg. eine Falle, darinnen etwas ertappet wird, wenn es darein trappt; listiger Streich einen zu fangen.

ATTRAYANT, e, *adj.* an sich ziehend, anreizend, liebreizend.

ATTRAYERE, *s. f.* Güter so einem Herrn durch Absterbung leibeigener Unterthanen, oder durch gerichtliche Einziehung, oder auf andere Art heimfallen. (ist alt.)

ATTREMPANCE, *s. f.* ol. Mäßigung, daß keines Theils zu viel oder zu wenig ist; Mäßigung der Begierden; Behutsamkeit.

ATTREMPER, *v. a.* ol. mäßigen; mildern; mit Wasser mischen, den Wein; härten, das Eisen. (besser tremper.)

ATTREMPÉ, ée, *part.* mäßig; gemildert; behutsam.

Un oiseau *attrempé*, ein Falk, der weder zu fett noch zu mager ist.

ATTRIBUER, *v. a.* zueignen, zuschreiben.

Je ne m'*attribue* pas tant, ich messe mir so viel nicht bey.

Attribuer tout à Dieu, GOtt alles zuschreiben.

S'ATTRIBUER, *v. r.* sich zueignen.

ATTRIBUT, *s. m.* eine Eigenschaft, ist absonderlich von GOttes Eigenschaften gebräuchlich; it. ein Prædicatum in der Logic; it. ein Symbolum, als der Palmzweig, des Friedens.

ATTRIBUTIF, ive, *adj.* bey den Rechtsgelehrten, beylegend, beymessend, zueignend.

ATTRIBUTION, *s. f.* eine Gnade, Privilegium, das eine Person oder ein Amt hat; eine Zulage, als an einer Besoldung; Zueignung, Zuschreibung, daß man etwas gethan habe.

Attribution de jurisdiction, Verleihung der Gerichtbarkeit.

ATTRISTER, *v. a.* betrüben, traurig machen.

S'ATTRISTER, *v. r.* sich betrüben, traurig werden.

ATTRI-

ATTRITION, *s. f.* Zerknirschung des Herzens; das Aneinanderreiben, Berührung in der Natur.
ATTROUPEMENT, *s. m.* ein Zusammengelaufe der Leute, Auflauf.
ATTROUPER, *v. a.* sammeln; Zulauf verursachen.
  Le charlatan *attroupe* le peuple, der Marktschreyer macht, daß ihm das Volk zulauft.
s'ATTROUPER, *v. r.* sich häufen; sich versammeln.
  Le peuple s'*attroupe*, das Volk lauft zu.
AU, *Artic. masc. gen. Dat. cas. sing.* dem; zu Zeiten bedeutet er auch zugleich mit einer Präposition, als in dem, oder in, an dem, oder an, zu dem oder zum, mit, bey, um, gegen, nach ꝛc. nachdem das Wort, bey welchem er steht, eines von diesen oder andern Wörtlein erfordert.
  La bouteille *au* vinaigre, die Eßigflasche.
  Jouër *au* trictrac, im Brett spielen.
  Sa fidelité *au* Roi, seine Treu gegen den König.
  Toucher *au* doigt, mit dem Finger berühren.
  Au jugement de tout le monde, nach dem Urtheil aller Menschen.
s'AVACHIR, *v. r.* vulg. schlaff, schlapp, luck werden, weich werden, als Leder; welk werden, hinhängen, niederhängen, als manchmal die Zweige eines Baums; im verblümten Verstande, laß, faul, träg werden.
AVAGE, *s. m. v.* HAVAGE.
AVAL, *adv.* hinunter, Thal-ab, nach der Tiefe zu. (man spricht und schreibt avau, *v.* AVAU.)
  vent d'AVAL, Abendwind, im Gegensatz des Windes, der vom Gebirge kömmt, (d'AMONT.)
AVAL, *s. m.* Versicherung wegen eines Wechselbriefs, daß wenn derselbe verlohren gehen, oder der erste Ausgeber nicht zahlen sollte, man selbst davor haften und bezahlen wolle.
AVALAGE, *s. m.* das Nieder-und Hinablassen; das Hinabfahren auf einem Fluß dem Strom nach; das Fuhrlohn davor.
AVALAISON, *s. f.* das Abschiessen des Wassers nach grossem Regen, wodurch die Erde ausgeschwemmet wird.
AVALANCHE, ou AVALANGE, das Rollen des Schnees von einem Berge, Lauwine.
AVALANT, e, *adj. & subst.* der Fluß ab fährt zu Schiffe; das Schiff selbst.
AVALASSE, *v.* AVALAISON.

AVALER, *v. a. & n.* hinablassen, hinabthun; den Strom hinab führen oder gehen lassen; hinab steigen; hinab führen; hinab stürzen, verschlucken, verschlingen.
  Le loup *avala* un os trop goulument, ein Wolf verschluckte allzu begierig ein Bein.
  Le goulu *avale* les morceaux sans mâcher, ein Fresser schluckt die Bissen ohne Kauen ein.
  Avaler du vin dans une cave, Wein in einen Keller hinunter teuchten, einkellern.
AVALER le calice, ein verdrüßlich Ding thun müssen.
AVALER un affront, einen Schimpf einfressen.
AVALER des couleuvres, viel Verdruß und Ungemach haben.
AVALER un bras à quelqu'un, einem einen Arm abhauen, (ist nicht wohl geredt, besser abattre.)
AVALER, nieder, unter sich hängen.
  Le ventre de ce cheval s'*avale*, der Bauch dieses Pferds hänget nieder.
AVALER, *v. a.* einen Wechselbrief verbürgen, Versicherung geben, daß man ihn auf den Nothfall selbst bezahlen wolle.
s'AVALER, *v. r.* den Strom hinab gehen; zu weit hinunter hangen.
AVALEUR, *s. m.* der etwas hinab thut ꝛc. ein Verschwender, Fresser ꝛc.
AVALEUR de pois gris, Vielfraß.
AVALEUR de charrettes ferrées, Eisenfresser.
ANALIES, *s. f. pl.* Wolle von den geschlachteten Hammelfellen.
AVALOIRE, *s. f.* ein Werkzeug etwas hinab zu lassen, im Scherz, die Kähle; it. an den Pferden der Schwanzrieme; bey den Hutmachern, ein Instrument, womit sie das Hutband, wenn sie es umlegen wollen, über den Kopf des Huts hinunter schieben.
AVALON, *s. m.* eine Stadt im Herzogthum Burgund.
AVALURE, *s. f.* Mangelhaftigkeit des neuen weichen Horns an dem Huf der Pferde.
AVANCE, *s. f.* Vorbezahlung; Vorschuß an Geld; Voraus, was einer vor der Zeit thut oder hat; Vorstich, etwas hervorragendes an Gebäuden.
  J'ai une journée d'*avance* sur lui, ich habe gegen ihm eine Tagreise voraus.
  Faire les *avances* pour la réconciliation, den Anfang zur Wiederversöhnung machen.
  Avance de toit, Vorsprung eines Dachs.
  Je suis en de grandes *avances*, ich stehe in grossem Vorschuß.

Faire

Faire des *avances*, den Anfang zu etwas, als zu einem Bündniß oder Vertrag ꝛc. machen.

Par *avance*, d'*avance*, zum voraus.

AVANCEMENT, *s. m.* was einem zum voraus gegeben oder gethan wird; Vorschuß; Zunahm, Gedeyen; Beförderung; Fortgang.

Il doit son *avancement* à son propre mérite, er hat seine Beförderung seinem eigenen Verdienst zu danken.

AVANCER, *v. a. & n.* fortsetzen, weiter vor sich setzen; zunehmen; zuweit rücken; vorgehen, hervorragen.

Avancer un pas, einen Schritt fortgehen.

Avancer son départ, seine Abreise befördern.

Faire *avancer* l'ouvrage, die Arbeit treiben.

Avancer ses affaires, seine Geschäfte befördern.

Il *avance* les honnetes gens, er befördert rechtschaffene Leute.

AVANCER, fortrücken.

Avancer l'horloge, die Uhr fortrücken.

L'horloge *avance*, die Uhr gehet zu geschwinde.

AVANCER, vorbringen.

Je n'*avance* rien qui ne soit vrai, ich bringe nichts vor, das nicht wahr ist.

AVANCER, hervor reichen; vorspringen.

Rocher qui *avance* dans la mer, ein Fels der in das Meer reicht.

AVANCER un discours, ein Gespräch auf die Bahn bringen.

AVANCER le paiement, zum voraus bezahlen.

AVANCER la main, die Hand ausstrecken.

AVANCER sur la saison, vor der Zeit kommen.

S'AVANCER, *v. r.* hinrücken oder nahen; von statten gehen; hervorragen; wachsen; glücklich seyn; zu Ehren kommen.

AVANCÉ, ée, *part.* hervorragend, an Gebäuden; weit hinaus gestellt, als eine Schildwacht; das gut von statten geht.

Toit *avancé*, ein vorspringendes Dach.

AVANIE, *s. f.* die Anläufe der Türken auf die Reisenden, ihnen Geld abzunöthigen; it. allerley Händel und Zank, Schimpf den man einem anthut, Muthwille, Zunöthigung.

AVANT, *s. m.* das Vordertheil eines Schiffs.

Le vent se range de l'*avant*, der Wind lauft von vornen her; entgegen.

Etre à l'*avant*, der Vorderste seyn, voran segeln.

AVANT, *præp. & adv.* vor, der Zeit nach; voraus, vor sich, weit fort, weit hinein, tief hinein.

La fléche lui entra bien *avant* dans le corps, der Pfeil gieng ihm weit in den Leib hinein.

Pénétrer bien *avant* dans une affaire, ein tiefes Einsehen in der Sache haben.

Pénétrer bien *avant* dans la connoissance des choses, in der Erkäntniß der Dinge sehr weit gelangen.

Etre fort *avant* dans l'esprit de quelqu'un, bey einem überaus wohl angeschrieben seyn.

Mettre en *avant*, vorbringen, vortragen, vorschlagen.

D'ores en *avant*, vulg. *dorénavant*, von jetzt an, inskünftige.

AVANT que, mit dem Conjunctivo, oder *avant* que de, mit dem Infinitivo, ehe, bevor.

Avant que le jour finisse, bevor der Tag zu Ende gehet.

Il répond *avant* que d'être interrogé, er antwortet, ehe er gefraget wird.

Un AVANT que procéder, ein Aufschub des Urtheils oder Processes.

AVANTAGE, *s. m.* Vortheil, Nutz.

C'est mon *avantage*, das kommt mir zu Nutz.

On ne tire aucun *avantage* de cela, man hat dessen keinen Vortheil.

AVANTAGE, Ruhm, Ehr, Glück.

Cela tourne à mon honneur, & à mon *avantage*, dieses gereicht mir zur Ehre und zum Glück.

Il a parlé fort à vôtre *avantage*, er hat gar rühmlich von euch geredet.

AVANTAGE, vortheilhafte Gelegenheit.

Se servir de l'*avantage* du lieu, sich der Gelegenheit des Orts bedienen.

Charger les ennemis à son *avantage*, die Feinde mit Vortheil angreifen.

AVANTAGE, Vorzug; Vortreflichkeit.

Elle a tous les *avantages* de l'esprit & de la beauté, sie besitzt alle Vortreflichkeiten des Verstandes und der Schönheit.

Cet art a l'*avantage* sur beaucoup d'autres, diese Kunst hat den Vorzug vor vielen andern.

AVANTAGE, (in der Seefahrt) die Spitze vornen am Schiff.

AVANTAGE, (auf der Reitschul) être monté à l'*avantage*, wohl beritten seyn.

Prendre de l'*avantage* pour monter à cheval, sich einer kleinen Höhe bedienen um desto kommlicher zu Pferd zu steigen.

AVANTAGE, Erbtheil, so einer zum voraus empfangt.

Il a un *avantage* de 10000 écus, er ziehet 10000 Thaler mehr als seine Miterben.

AVAN-

AVANTAGE, (im Ballenspiel) wenn die Spieler 45 haben, und einer 15 nimmt.

d'AVANTAGE, (besser d'adventage.) über, diß, weiter, zudem, mehr, was noch dazu kommt.

AVANTAGER, *v. a.* Vortheil geben, etwas voraus geben; vorziehen; guts erweisen, begaben.

Il a *avantagé* son fils de mille écus, er hat seinem Sohn tausend Thaler voraus vermacht, ausgesezt.

AVANTAGEUSEMENT, *adv.* nützlich; vortreflich; reichlich.

Etre habillé *avantageusement*, vortheilhaftig gekleidet seyn.

AVANTAGEUX, euse, *adj.* vortheilhaft, nützlich; herrlich, vortreflich.

Avoir la taille *avantageuse*, vor andern eine ansehnliche Länge, (Gestalt des Leibes) haben.

AVANT-BEC, *f. m.* Gegenpfeiler an einem steinernen Brückenjoch.

AVANT-BRAS, *f. m.* Armschnüre an einem Harnisch; der Arm von der Faust bis an den Ellenbogen.

AVANT-CHAMBRE, *f. f. v.* ANTICHAMBRE.

AVANT-COEUR, *f. f. v.* ANTICOEUR.

AVANT-CORPS, *f. m.* das was an Gebäuden vor der Mauer vorsteht, als Pfeiler, Säulenbilder, u. d. gl. item ein Vordergebäude; das Vorderhaus.

AVANT-COUR, *f. m.* Vorhof.

AVANT-COUREUR, *f. m.* Vorläufer; Vorbote.

AVANT-COURIERE, *f. f.* Vorläuferin.

AVANT-FOSSE', *f. m.* der äusserste Graben.

AVANT-GARDE, *f. f.* Vortrouppen, Vorzug.

AVANT-GOÛT, *f. f.* Vorschmack.

AVANT-HIER, *adv.* vorgestern.

AVANTIN, *f. m.* ein Rebschoß am Weinstock, zum senken oder fortlegen.

AVANT-JOUR, *adv.* vor Tags, in aller Frühe.

AVANT-MAIN, *f. f.* die flache Hand; Vordertheil eines Pferdes; Schlag mit dem Vordertheil des Stackets, auf dem Ballhause.

AVANT-MIDI, *f. m. & adv.* der Vormittag; vormittags.

AVANT-MUR, *f. m.* Vormauer.

AVANT-PART, *f. f.* der Voraus, in Erbschaften und Vermächtnüssen.

AVANT-PÊCHE, *f. f.* frühzeitige Pfirschen.

AVANT-PIE', *f. m.* das Vordertheil des Fusses.

AVANT-PIEU, *f. m.* ein Stück Holz, das man neben einen Pfahl stellt, den man einrammeln will, damit er gerad stehen bleibe; item ein spizig Eisen, das man braucht, wenn man Weinpfähle u. d. g. stecken will.

AVANT-POIGNET, *f. m.* die flache Hand.

AVANT-PROPOS, *f. m.* Vorrede, Vorbericht.

AVANT-QUART, *f. m.* ein Glöcklein in Uhren, welches ein Zeichen giebt, wenn die Viertelstunden schlagen wollen; das Zeichen so damit gegeben wird.

AVANT-TOIT, *f. m.* Vordach; Schirmdach.

AVANT-TRAIN, *f. m.* die zwey Räder, die man über die zwey ordentlichen an die Lavette eines Stücks thut, es desto füglicher fortzuführen.

AVANTURE, *f. f.* Zufall, Begebenheit; Liebeshandel.

Cette fille est sa première *avanture*, diese Jungfer ist seine erste Buhlschaft.

Une femme à l'*avanture*, eine Frau, von der man nicht zum besten redt.

Dire la bonne *avanture*, wahrsagen.

Mettre de l'argent à la grosse *avanture*, Geld in die Seehandlung geben, da man leicht drum kommen kan.

Mal d'AVANTURE, Wehtagen am Finger, darein man sich gestochen hat.

à l'AVANTURE, ohne Bedacht, ins Gelag hinein.

d'AVANTURE, ohngefehr, etwa. (par hazard.)

par AVANTURE, vielleicht. (besser peut-être.)

à toute *avanture*, auf allen Fall, so es sich zutrüge.

AVANTURER, *v. a.* wagen, in Gefahr begeben.

Vôtre argent est bien *avanturé*, euer geld ist sehr gewagt; in Gefahr gesezt, verlohren zu gehen.

s'AVANTURER, *v. r.* sich gefährlich wagen.

AVANTUREUX, euse, *adj.* abentheurlich; kühn, verwegen; glückhaft.

Chevalier *avantureux*, ein verwegener Ritter.

AVANTURIER, *f. m.* Waghals, verwegener Mensch; Freywilliger im Krieg, Volontair; Freybeuter, Partengänger; Caper; junger Freyer, der sich an alle Weibsbilder macht, aber keiner getreu ist; ein Gelehrter, der sich durch seine erste Schrift bekannt machet.

Un vaisseau *avanturier*, ein Schiff das ohne Erlaubniß auf gewissen Küsten Handel treibet.

AVANTURIME, *f. f.* ein edler Stein mit Goldpuncten, der ohngefehr gefunden wird; eine Art eines künstlich gemachten Steins, der jenem gleich.

AVARE, *adj. & subst. c.* geizig.

Il est

Il est *avare* de ses loüanges, de son tems, de ses visites, er lobet nicht gern; er verschwendet seine Zeit nicht, und legt nicht gerne Besuchungen ab.

AVAREMENT, *adv.* geiziger Weise.

AVARICE, *s. f.* der Geiz.

AVARICIEUSEMENT, *adv.* geiziglich, kärglich.

AVARICIEUX, euse, *adj.* geizig, karg.

AVARIE, *s. f.* das Ankergeld, das jedes Schiff, so im Haven seyn will, zu zahlen gehalten ist; allerley Unkosten auf dem Schiff; Verlust an Gütern auf der See.

AVARIE simple, Schade den ein Kaufmann leidet, wenn ihm etwas auf dem Schiff verdirbt ohne iemands Schuld.

l'AVARIE ordinaire, Unkosten so auf das Einballiren, Einladen ɾc. gehen.

AVARIE commune, Schade der durch Sturm ɾc. verursacht wird, welchen alle, die am Schiff Theil haben, tragen helfen müssen.

grosse AVARIE, Verlust der Waaren, die man wegen Sturms in die See werfen muß, u. d. gl.

AVARIE', *adj.* das in einem Schiff Schaden gelidten hat.

Du Caffé *avarié*, beschädigtes Caffé.

AVASTE, *adv.* ein Wort auf den Schiffen gebräuchlich, heißt so viel, als: halt stille, es ist genug.

AVAU, *adv. & præp.* hinab, hinunter, bergab, nach der Tiefe.

Aller *avau* l'eau, den Strom hinab fahren; wegschwimmen; zerrinnen, wie unrecht Gut.

AUBADE, *s. f.* eine Music, die man des Morgens, einer Person zu Ehren, vor dem Haus macht; item der Lermen, den man einem zum Schimpf unversehens macht.

Vous aurés tantôt l'*aubade*, ihr sollt bald hören, wie man euch befeifen, (was vor ein Geschrey man wider euch anfangen) wird.

AUBAIN, *s. m.* ein Fremder, der sich im Lande niedergelassen hat, und nicht Bürger worden ist.

AUBAINAGE, *s. m.* das Recht von Fremdlingen und unächten Kindern zu erben.

AUBAINE, *s. f.* droit d'*aubaine*, der Heimfall des Guts eines Fremden an den König; item allerley Erbschaft oder Gewinste, deren man sich nicht versehen hat.

AUBAN, *v.* HAUBAN.

AUBE, *s. f.* ein weisses Chorhemd der Priester; die Morgenröthe, oder vielmehr die erste Morgendämmerung, welche man auch mit dem Zusatz l'*aube* du jour nennet; auf den Schiffen, die erste Nachtwache, die gleich von Anfang der Nacht angeht, da die Demmerung wie des Morgens ist.

AUBE, *s. f.* eine Schaufel am Mühlrad, worauf das Wasser stößt, das Rad zu treiben.

AUBENAGE, *s. m.* die Gebühr, so an einigen Orten in Frankreich der Gerichtsherr von den Erben eines Fremden, der in seinem Gebiet gestorben ist, zu fordern hat.

AUBE'PINE, *s. f.* ein kleiner dornichter Baum, Weißdorn.

AUBER, e, *adj.* oder

AUBE'RE, *adj. c.* cheval *aubère*, ein Pferd mit pfirschblüthfarbenen Haaren; it. ein Pferd von weissen Haaren und braun besprengt.

AUBERAU, *v.* HOBEREAU & AUBRIER.

AUBERGE, *s. f.* ein Haus, darinn man ein Zimmer und zu essen bekommen kan, eine Herberge, ein Gasthaus; item ein Haus, worinnen die Maltheserritter von ieder Sprache zusammen kommen.

AUBERGE, *s. f.* eine weisse Herzpfirsche.

AUBERGISTE, *s. m.* ein Gastgeber, ein Wirth.

AUBERON, *s. m.* der Haken an der Thürpfoste, worein oben die Schnalle oder Klinke des Schlosses, und unten das Schloß selbst einzufallen pflegt, wenn man es mit dem Schlüssel abschnallen läßt; item ein Haken zu einem Kistenschloß, da der Riegel oben drüber einschnappt.

AUBERONNIE'RE, *s. f.* das Hakenblat am Deckel einer Kiste, so in das Schloß einschlägt.

AUBIER, *s. m.* das zarte weisse Holz zwischen der Rinde und des Baumes festem Holz, Spint oder Splint genannt; item ein Baum der ein hart Holz hat, Hartriegel, Rainweide.

AUBIFOIN, *s. m.* das Kraut, worauf die blauen Kornblumen wachsen.

AUBIN, *s. m.* das Weisse im Ey; auf der Reitschule der Gang eines Pferds, der kein rechter Paß und kein rechter Galop ist.

AUBIN, *s. m.* Albin, ein Mannsname.

AUBINET, *v.* SAINT-AUBINET.

AUBOUR, *v.* AUBIER.

AUBRI, *s. m.* Albericus, ein Mannsname.

AUBRIER, *s. m.* ein Falke oder Stoßvogel, der sich sehr hoch in die Luft hebt.

AUCUN, e, *pron.* einer, jemand; mit der Negation *ne*, keiner, nicht einer, niemand.

AUCUNEFOIS, *adv.* einmal, bisweilen, zu Zeiten. (ist alt.)

AUCUNEMENT, *adv.* ein wenig, einiger maassen; mit ne, auf keinerley Weise.

Je

Je ne doute *aucunement* de cela, ich zweiffle gar nicht daran.

AUDACE, *f. f.* Kühnheit.

Il a eu l'*audace* de me dire cela, er hat die Kühnheit gehabt mir dieses zu sagen.

Une noble *audace*, eine löbliche Kühnheit.

AUDACE, das Aug zu dem Haken an einer Krempe.

AUDACIEUSEMENT, *adv.* verwegener Weise.

AUDACIEUX, euse, *adj.* kühn, verwegen.

AUDIENCE, *f. f.* das Gehör, das man dem giebt, der redet, sonderlich wenn es grosse Herren und richterliche Personen geben; die Verhör; item der Ort, wo solches geschieht, der Verhörsaal; die Gerichtsstube; die Zeit da die Verhör währt, oder da Gericht gehalten wird; die Richter selbst; auch eine ganze Versammlung, die einem zuhört.

Donner *audience*, Verhör geben, anhören.

Avoir *audience*, Gehör erhalten.

Venir dans l'*audience*, in die Gerichtsstube kommen.

L'*audience* est levée, der Rath, (die Gerichte) sind aufgestanden.

AUDIENCIER, *f. m.* ein Gerichtsbedienter, der bey der Audienz aufwartet, die Thüren auf und zumacht, die Parteyen aufruft, die Leute still seyn heißt; (huissier audiencier.)

grand AUDIENCIER, einer der vornehmsten Bedienten bey der französischen Canzley, der die Schreiben durchsiehet, darauf das grosse Siegel gedruckt werden soll, und sie dem Canzler bringt, bey der kleinen Canzley aber den Tax oben auf die Briefe sezt.

AUDITEUR, *f. m.* ein Zuhörer; Lehrling, Schüler; Regimentsrichter.

l'AUDITEUR des comptes, Bedienter, der die Rechnungen bey der Kammer durchgeht.

Juge AUDITEUR, der Unterrichter, der die Sachen entscheidet, die unter acht Thaler sind.

AUDITEUR de Rote, ein Bedienter, den der König benennt, zu Rom bey dem Gericht de la Rote zu seyn.

AUDITEUR de la chambre Apostolique, ein Richter am Römischen Hof, dessen Macht sich über Geistliche und Weltliche, Hohe und Niedrige ꝛc. erstreckt.

AUDITIF, ive, *adj. c.* das zum Gehör gehört oder dient.

AUDITION, *f. f.* in Gerichten, die Zeugenverhör; it. Abnehmung der Rechnungen.

AUDITOIRE, *f. m.* der Ort wo man einem zuhört; die Verhörstube bey Gerichten; it. die Versammlung, die Gemeine, die Zuhörer.

AVE', *f. m.* ein Ave Maria, der Englische Gruß (bleibt im plurali unverändert.)

l'AVE' MARIA, der erste Eingang einer Predigt in Frankreich.

AVEC, *præp. ol.* aveque, mit, nebst.

AVEINDRE, *v. a.* hervor langen.

AVEINE, *f. f.* Haber. (wenn er noch im Felde steht, sagt man im plurali Aveines.)

AVELAINE, AVELINE, *f. f.* Haselnuß.

AVE'-MARIA, *v.* AVE'.

AVENAGE, *f. m.* die Habergült, Haberzehende, Haberzins.

AVENANT, *adj.* was sich schickt; angenehm, das eine gute Art und Ansehen hat, hübsch; billich, gehörig; das sich zuträgt.

Le cas *avenant* que &c. gesezt den Fall, daß ꝛc.

à l'AVENANT, nachdem sichs schickt, nach Proportion.

AVE'NEMENT, *f. m.* das Ankommen, die Zukunft, als Christi zum Gericht, oder des Meßiä bey den Jüden; Gelangung zu einer hohen Ehrenstelle, Antritt der Regierung eines grossen Herrn.

Son *avènement* à l'empire fut heureux, seine Ankunft zum Reich war glücklich.

Droit du joïeux *avènement*, Recht der frölichen Ankunft, das ein grosser Herr nach angetretener Regierung geniesset.

AVE'NERON, *f. m.* wilder oder tauber Haber.

AVENIR, *v. a.* ohngefehr kommen, oder geschehen.

S'il *avient* que je meure, so es sich begiebt, daß ich sterbe.

AVENIR, *f. m.* die künftige Zeit; ein Termin vor Gericht; eine Vorladung vor Gericht, Vorbescheid, Citation.

Laisse à la providence tout le soin de l'*avenir*, überlasse der Vorsehung die Sorge des Zukünftigen.

Faire signifier *un avenir* à sa partie, seinem Gegentheil einen Termin notificiren lassen.

à l'AVENIR *adv.* inskünftige, hinfüro.

AVENT, *f. m.* Advent, Adventsonntag; Adventszeit.

ADVENTER, *v. a.* die Segel nach dem Winde richten.

AVENTICE, *adj. c.* biens *aventices*, Güter die einem anderswoher zukommen, als von Vater und Mutter.

AVENU, *e, part.* geschehen; gekommen.

AVENUë, *f. f.* der Eingang, Zugang zu einem Haus oder andern Ort, ein Paß ein Ort, wodurch man ankommen muß; ein mit Bäumen besezter Gang zu einem Gartenhaus.

Les *avenuës* du port, der Eingang des Havens.

Se saisir des *avenuës*, die Zugänge eines Orts einnehmen.

Une *avenuë* plantée d'ormes, ein Lustgang mit Ulmenbäumen besezt.

AVEQUE, *v.* AVEC.

AVE'RER, *v. a.* ein Ding wahr machen, die Wahrheit eines Dinges beweisen.

Avérer un crime, einem ein Laster beweisen.

AVERNE, *s. m.* die Hölle.

AVE'RON, *v.* AVE'NERON.

AVERSION, *s. f.* Abscheu, Eckel, Greuel; natürlicher, angebohrner Haß, Widerderwille.

Prendre quelqu'un en *aversion*, einen Haß wider jemand gewinnen.

Etre en *aversion* à tout le monde, aller Welt ein Abscheu, (Greuel) seyn.

Il m'est en *aversion*, er ist mir höchst zuwider.

AVERTIN, *s. m.* närrische tolle Weise, Eigensinn, Hartnäckigkeit; müdrisches Wesen.

AVERTIR, *v. a.* Nachricht geben, zu wissen machen; unterrichten; erinnern.

AVERTI, e, *adj.* unterrichtet, abgerichtet.

Il est bien *averti*, er hat von allem Nachricht, er weiß um den ganzen Handel.

Un pas *averti*, ein Schritt oder Gang, den ein Pferd auf der Reitschule gelernet hat.

Un *averti* en vaut deux, *prov.* einer der gewarnt auf seiner Hut ist, kan gegen zwey bestehen.

AVERTISSEMENT, *s. m.* Unterricht, guter Rath; Nachricht, Warnung, Erinnerung; Vorbot, Anzeigung einer Krankheit.

Donner de bons *avertissemens*, gute Lehren (Vermahnungen) ertheilen.

AVERTISSEUR, *s. m.* ein Bedienter, welcher andeutet, wenn der König zur Tafel geht.

AVETTE, *s. f.* ol. eine Biene.

AVEU, *s. m.* Bekenntniß, Geständniß; Bewilligung, Billigung, das Gutheissen; Erkenntlichkeit; Bekenntniß eines Lehnmanns über die empfangenen Lehnstücke.

Faire un *aveu* sincère, aufrichtige Bekenntniß thun.

Faire une chose de l'*aveu* de ses supérieurs, etwas mit Bewilligung seiner Obern thun.

Homme sans *aveu*, ein Mensch, von dem niemand weiß, wo er her, oder wer er ist, ein Landläufer.

AVEUER, *v. a.* das Rebhun wohl sehen und erkennen, wenn es auffliegt. (ist bey den Falkenierern im Brauch.)

AVEUGLE, *subst. & adj. c.* blind; ein Blinder.

Il en juge comme un *aveugle* des couleurs, *prov.* er urtheilet davon wie ein Blinder von Farben, d. i. ohne Verstand.

Au pais des *aveugles* les borgnes sont les Rois, *prov.* unter den Blinden ist der Scheele König, d. i. wo kein Gelehrter ist, da gelten die Halbgelehrten.

Amour, colère, passion *aveugle*, unbesonnene (blinde) Liebe, Zorn, Begier.

Un *aveugle* y mordroit, es ist leicht zu sehen, zu begreifen.

à l'AVEUGLE, *adv.* blindlings.

AVEUGLEMENT, *s. m.* Blindheit; Irrthum, Verblendung.

AVEUGLEMENT, *adv.* blinder Weise, blindlings.

AVEUGLER, *v. a.* blenden, blind machen, verblenden, des Nachsinnens berauben.

Le grand jour *aveugle*, das helle Tageslicht blendet.

Le vice *aveugle* les méchans, die Bosheit verblendet die Gottlosen.

Aveuglé de l'amour-propre, von der Eigenliebe verblendet.

s'AVEUGLER, *v. r.* blind und tumm seyn.

Il s'*aveugle* lui-même, er verblendet sich selbst, er will es nicht erkennen.

AVEUGLETTES, *adv.* vulg. blinder, tappender Weise.

AUFROY, *s. m.* ein Mannsname.

AUGE, *s. f.* ein Trog oder Krippe das Vieh zu füttern; der Trog, worinn die Maurer den Kalk oder Gips anmachen; der Teertrog im Schiff; der Zeugkasten, in der Papiermühle; ein Kasten, woraus man an den Mühlen das Wasser auf die Räder lauffen läßt, sie umzutreiben; im Ballhaus der Plaz oben hinter dem Garn, worein die Ballen springen.

AUGE'E, *s. f.* ein Trog voll, bey den Maurern, so viel als man auf einmal anrühret.

AUGELOT, *s. m.* eine Grube in den Weinbergen zum Senken oder Fechser einlegen.

AUGÉRON, *s. m.* einer von Auge, einer Stadt in der Normandie.

AUGET, *s. m.* ein Tröglein in den kleinen Vogelkäfichen; in der Mühle, die Rinne, woraus das Getreyd auf den Stein laust.

AUGIS, *s. m.* ein Mannsname.

AUGIVE, *v.* OGIVE.

AUGMENT, *s. m.* wird in Policeysachen nur gefunden bey dem Wort dot, *augment* de dot, Vermehrung des Heyrathguts;

rathguts; in der Griechischen Grammatic aber ist das Argumentum ein Zusatz, so in gewissen temporibus der verborum vornen daran gesetzt wird.

AUGMENTATEUR, *s. m.* ein Vermehrer, sonderlich der ein Buch vermehrt und verbessert.

AUGMENTATIF, ive, *adj.* das etwas vermehrt; in der Grammatic, was die Bedeutung des Worts vermehrt, als die Wörtlein très, plus &c.

AUGMENTATION, *s. f.* Vergrösserung, Vermehrung.

AUGMENTER, *v. a.* vermehren, vergrössern, erhöhen; erweitern.

AUGMENTER, *v. n.* und

s'AUGMENTER, *v. r.* zunehmen, grösser werden.

La maladie s'*augmente*, die Krankheit nimmt zu.

Le vent s'*augmente*, der Wind verstärkt sich.

AUGURAL, e, *adj.* was zu dem Wahrsagen aus dem Geschrey und Flug der Vögel gehöret.

AUGURE, *s. m.* ein Wahrsager aus dem Flug, Gesang und Essen der Vögel; it. die Wahrsagung aus diesen Umständen; in verblümtem Verstand, einer der etwas vorher siehet, ein Prophet oder Wahrsager; eine Anzeigung dessen, was geschehen soll, eine Vorbedeutung.

Prendre une chose à bonne *augure*, etwas vor ein gutes Zeichen annehmen.

Tirer un bon ou mauvais *augure* d'une chose, ein gutes oder böses Zeichen (Vorbedeutung) aus etwas nehmen.

C'est un oiseau de mauvais *augure*, das ist ein rechter Unglücksvogel.

AUGURER, *v. a. & r.* aus dem Flug und Geschrey der Vögel wahrsagen; zuvor sagen.

AUGUSTE, *adj. & s. m.* ansehnlich, ehrwürdig, herrlich, heilig, majestätisch; it. ein Mannsname; ein grosser Herr, der die Gelehrten hochschätzt, von dem Exempel des Römischen Kaysers dieses Namens.

toûjours AUGUSTE, in dem heutigen Titel des Römischen Kaysers heißt es, zu allen Zeiten Mehrer des Reichs.

AUGUSTEMENT, *adv.* herrlich, prächtig.

AUGUSTIN, *s. m.* Augustin, ein Mannsname.

S. AUGUSTIN, eine Schrift in der Druckerey, Mittel-Antiqua.

AUGUSTIN, *s. m.* AUGUSTINE, *s. f.* Augustinermönch; Augustinernonne.

AVICTUAILLEUR, *v.* AVITAILLEUR.

AVIDE, *adj. c.* begierig.

AVIDEMENT, *adv.* begierlich, mit grosser Begierde.

AVIDITÉ, *s. f.* grosse Begierde.

AVIGNON, *s. m.* eine Stadt in Frankreich.

AVILIR, *v. a. & n.* gering, verächtlich machen; im Preis abschlagen.

s'AVILIR, *v. r.* geringschätzig werden.

AVILISSEMENT, *s. m.* Geringachtung; ein verächtlicher Zustand; Abschlagung im Preis.

AVILLON, *s. m.* eine Hinterklaue am Falken; ein Griff, den derselbe damit in seine Beute thut.

AVILLONNER, *v. a.* Griffe oder Wunden mit der hintern Klaue geben.

AVINER, *v. a.* mit Wein einfeuchten, daß es den Geruch davon bekommt; ist fast nur im Particip. *aviné*, gebräuchlich, und wird von Geschirren gesagt, die den Weingeruch haben, darinnen Wein gewesen ist.

Un tonneau *aviné*, ein Faß, das nach Wein riecht.

Il est *aviné*, er kan wacker Wein saufen, er ist gewohnt viel zu trinken.

AUJOURD'HUI, *adv.* an den heutigen Tag, heut; heut zu Tag, jetziger Zeit.

d'AUJOURD'HUI, heutig.

AVIRON, *s. m.* ein Ruder; im plurali heissen *avirons* poëtice, die Flügel oder Flossfedern der Vögel und Fische.

AVIS, *s. m.* ein gewisser Ritterorden in Portugall. (von einem Schloß so genannt).

Avis, *s. m.* Nachricht, neue Zeitung; Unterricht; Erinnerung, guter Rath; Rathschlag; ein Anschlag Geld zu machen; Urtheil, Meinung, Gedanken über etwas.

Prendre *avis* de quelqu'un, eines Meynung (Gutachten) vernehmen.

Suivre l'*avis*, der Meinung folgen.

Changer d'*avis*, anderes Sinnes (anderer Meynung) werden.

Je passe à vôtre *avis*, ich trete eurer Meynung bey.

Il eut *avis* de l'ennemi, er erhielt Nachricht von dem Feind.

Donner de bons *avis*, guten Rath (gute Lehren) mittheilen.

Lettre d'*avis*, ein Brief, darinnen ein Kaufmann dem andern wegen eines auf ihn gegebenen Wechsels Nachricht giebt.

Prendre des lettres d'*avis*, berathschlagen, Zeit nehmen sich zu entschliessen.

Il y a jour d'*avis*, man hat Zeit sich zu bedenken.

Aller aux *avis*, Nachricht einholen; votiren.

Le droit d'*avis*, Belohnung dessen, der einen guten Rath giebt.

AVISER, *v. a.* ersehen, gewahr werden.

Aviſer un homme ſur une tour (mieux appercevoir un homme), eines Menſchen auf einem Thurn gewahr werden.

AVISER, nachdenken.

J'*aviſerai* à cela une autrefois, ein andermal will ich ihm nachdenken.

Aviſer enſemble, mit einander überlegen; zu Rath gehen.

s'AVISER de quelque choſe, *v. r.* etwas erſinnen, erdenken, erfinden; ſich auf etwas beſinnen, ſich etwas einfallen oder in den Sinn kommen laſſen; ſich etwas erinnern; etwas zuvor ſehen; etwas merken, ſpüren, erblicken.

Il s'*aviſa* d'un ſtratagème, er erdachte eine Kriegsliſt.

Vous vous en *aviſés* bien tard, ihr beſinnet euch etwas ſpäth darauf.

AVISE', ée, *adj.* klug, vorſichtig, bedächtlich, bedachtſam, verſtändig, behutſam.

On n'eſt jamais ſi *aviſé* en ſon propre fait, qu'en celui d'autrui, man iſt niemals ſo klug (ſo bedachtſam) in ſeinen eigenen, als in fremden Sachen.

AVITAILLEMENT, *ſ. m.* Speiſe und Trank, womit man einen Ort oder Schiff verſiehet; it. die Verſehung damit.

AVITAILLER, *v. a.* einen Ort, deſſen Belagerung man befürchtet, zuvor mit Proviant verſehen; ein Schiff verproviantiren.

AVITAILLEUR, AVICTUAILLEUR, *ſ. m.* einer der ein Schiff mit Victualien verſieht.

AVIVAGE, die erſte Zubereitung des Staniols, damit er das Queckſilber annehme, (in den Spiegelfabriquen).

AVIVER, *v. a.* (bey dem Bildhauer) glätten.

AVIVER, (bey dem Steinſchneider) poliren.

AVIVER l'étain, (in denen Spiegelfabriquen) den Staniol das erſtemal bereiten.

AVIVER, (bey den Färbern) eine Farb höher oder heller machen.

AVIVER une forge, die Hitz der Glut vermehren.

AVIVER l'or, heiſſet das amalgamierte Gold auf deme, das vergüldt ſolle werden, zerſtreichen und ausdehnen.

AVIVES, *ſ. f. plur.* Drüſen an der Kehle der Pferde, die, wenn ſie geſchwellen, den Athem benehmen; der Feifel, die Kehlſucht.

AVIVOIR, ein kupfernes Inſtrument, damit man das Gold ausdehnet zum Vergülden.

AULBOUR, *voiés* ALBOUR & AUBIER.

AULIQUE, *adj. c.* iſt nur in folgenden gebräuchlich:

Conſeil *Aulique* de l'Empereur, der Kayſerliche Reichshofrath.

Conſeiller *Aulique*, ein Reichshofrath.

AULIQUE, *ſ. f.* eine Theologiſche Inauguraldiſputation zu Paris, welche im groſſen Saal des Erzbiſchöflichen Pallaſts gehalten wird.

AULNAIE, AULNE, AULNE'E, *v.* AUN.

AUMAILLE, *ſ. f. & adj.* bêtes *aumailles*, Schaafe, Rinder, und allerhand Vieh, das man zur Nahrung hält.

AUMELETTE, *voiés* OMELETTE.

AUMOND, *ſ. m.* ein Mannsname.

AUMÔNE, *ſ. f.* Almoſen.

Terres d'*aumônes*, ein Acker oder Stück Land, das zur Kirche oder zur Pfarre vermacht oder geſchenkt worden iſt.

AUMÔNER, *v. n.* Almoſen geben.

AUMÔNER pour une fondation, zu einer Stiftung ſchenken, geben.

AUMÔNERIE, *ſ. f.* das Amt eines Almoſenpflegers, ſonderlich in theils Stiftern und Klöſtern.

AUMÔNIER, *ſ. m. & adj.* der viel Almoſen giebt; ein Wohlthäter.

AUMÔNIER, Almoſenpfleger. (iſt eigentlich eine geiſtliche Bedienung bey König- und Fürſtlichen Capellen).

AUMÔNIER de vaiſſeau, ein Geiſtlicher, der den Gottesdienſt auf einem Schiff verrichtet.

AUMÔNIER d'un Régiment, ein Feldpater, Feldprediger.

AUMÔNIER, (in den Klöſtern) der das Almoſen unter den Ordensperſonen austheilt.

AUMÔNIE'RE, *ſ. f.* ol. ein klein Säcklein, als ein Klingbeutel, das Almoſen zu ſammeln.

AUMUSSE, *ſ. f.* ein Pelzkleid der Chorherren, das ſie ehemals über dem Kopf trugen, jetzt aber über die Armen tragen; it. ſpottweiſe, ein Domherr.

AUNAGE, *ſ. m.* das Meſſen mit der Elle; das, was mit der Elle gemeſſen worden iſt.

Cette pièce a tant d'*aunage*, dieſes Stück hält ſo viel Ellen.

AUNAIE, *ſ. f.* ein Erlenbuſch, Erlenwald.

AUNE, *ſ. m.* eine Erle, ein Erlenbaum.

AUNE, *ſ. f.* eine Elle; das was einer Elle breit oder lang ꝛc. iſt.

Il méſure tout le monde à ſon *aune*, er urtheilt immer andere nach ſeinem Sinn.

Je ſais ce qu'en vaut l'*aune*, ich weiß, was damit zu thun iſt, was dahinter ſteckt.

Il ne faut pas méſurer les hommes à l'*aune*, kleine Leute ſind auch Leute.

Tout du long de l'*aune*, vulg. recht wichtig, ohne Aufhören, recht ſatt.

Babiller tout le long de l'*aune*, ohne End, die ganze lange Zeit hin ſchwätzen.

AUNE, AUNE'E, *ſ. f.* Alant, ein Kraut.

AU-

AUNER, *v. a.* mit der Elle meſſen.
Auner bois à bois; pince à pince, auf das genaueſte meſſen.
AUNETTE, *voiés* AUNAÏE.
AUNEUR, *ſ. m.* einer, der die Ellen beſichtigen muß, ob ſie richtig ſind, geſchworner Meſſer.
AVOCASSER, *v. n.* einen Advocaten abgeben.
AVOCASSERIE, *ſ. f.* Sachwaltung, Amt eines Advocaten, Advocatur.
AVOCAT, *ſ. m.* der die Rechtshändel vor Gericht führt, ein Advocat, Sachwalter.
Avocat conſulant, Conſulent.
Avocat général, Oberadvocat des Fiſci.
Avocat du Roi, Advocat des Königs.
Je ne vous prendrai pas pour mon *Avocat*, ich mag euch nicht zu meinem Beyſtand haben.
Chriſt eſt nôtre *Avocat*, Chriſtus iſt unſer Fürſprecher.
Avocat à tort & ſans cauſe, oder *Avocat* de cauſes perduës, oder *Avocat* de Pilate, (weil Pilatus geſagt hat: *non invenio cauſam*, ich finde keine Schuld an ihm,) ein Advocat, der nichts zu thun hat, ſachbedürftiger Advocat.
AVOCATE, *ſ. f.* Fürſprecherin, (wird allein von der heiligen Jungfrau gebraucht) ſonſt eine Beſchützerin, eine Frau, die ſich jemands annimmt; it. eine Advocatin, eines Advocaten Eheweib.
AVOCATOIRE, *ſ. m.* Abrufungsbrief.
AVOINE, *voiés* AVEINE.
AVOIR, *v. a. & aux.* haben.
Avoir du bien, Mittel haben.
Avoir le pouvoir en main, die Gewalt in Händen haben.
- *Avoir* à travailler, zu arbeiten haben.
Avoir pour agréable, angenehm halten.
Avoir ſoin de quelque choſe, für etwas Sorg tragen.
Avoir ſes voiles au vent, mit allen Segeln fahren.
Il y a, es iſt; es ſind.
Il y *avoit* un Roi, es war ein König.
Il y a des marchands très riches en Hollande, es ſind ſehr reiche Kaufleute in Holland.
Avoir, *ſ. m.* eines Hab und Gut.
C'eſt tout mon *avoir*, diß iſt all mein Reichthum, all mein Vermögen.
AVOISINER, *v. a.* un païs, einem Lande nahe, oder in der Nachbarſchaft liegen; bis dahin reichen. (ein poetiſch Wort).
Cette metairie *avoiſine* la montagne, dieſer Meyerhof liegt nahe am Berge.
Une tour qui *avoiſine* le ciel, ein Thurn, der bis an den Himmel reichet.
AVORTEMENT, *ſ. m.* das Verwerfen; unzeitige Geburt, bey den Thieren.
AVORTER, verwerfen, (wird allein von den Thieren geſagt).
Avorter, fehlſchlagen.
Faire *avorter* une entrepriſe, einen Anſchlag zu nichte machen.
AVORTON, *ſ. m.* was vor der rechten Zeit gebohren wird, und ſeine Vollkommenheit nicht erreicht, eine unzeitige Frucht oder Geburt, wird nur von Thieren gebraucht; wenn man einen Menſchen ſo nennet, iſt es ein Schimpfwort, und heißt eine Mißgeburt.
Si quelque *avorton* de l'envie oſe me contredire, ſo irgend eine Mißgeburt des Neides mir widerſprechen darf.
AVOÜER, *v. a.* bekennen, daß es wahr ſey, geſtehen; etwas vor das ſeinige erkennen, ſich dazu bekennen.
Avoüer ſa faute, ſeinen Fehler bekennen.
J'*avoüe* cette écriture, ich bekenne mich zu dieſer Schrift.
Il l'*avoüe* pour ſon fils, er erkennet ihn vor ſeinen Sohn.
Avoüer quelqu'un de quelque choſe, gut heißen, billigen, was er thut; es beſtätigen.
s'Avoüer de quelqu'un, *v. r.* ſich auf eines Autorität berufen.
s'Avoüer de quelque religion, ſich zu einer Religion bekennen.
AVOUTRE, *ſ. m.* ein Baſtart, unehrlich Kind, und
AVOUTRIE, Ehebruch. (werden nur in alten Schriften gefunden).
AUPARAVANT, *adv.* zuvor, vorher, eher.
AUPRES, *præp. & adv.* bedeutet dem Ort nach, bey; dabey, nah dabey; in Vergleichungen, gegen.
Etre aſſis *auprès* du feu, bey (an) dem Feuer ſitzen.
Mettés vous *auprès* de moi, ſetzet euch neben mich.
AURA, *ſ. m.* ein Vogel aus Mexico, der an der Farb ſchwarz iſt.
AURANCHES, *ſ. f.* Abrinca, Stadt in der Normandie in Frankreich.
AURANCHIN, *ſubſt. & adj.* einer aus Auranches; it. die Gegend um Auranches.
AUREA-ALEXANDRINA, *ſ. f.* ſogenanntes Opiat und Gegengift, worunter Gold genommen wird, von einem Namens Alexander erfunden.
AUREOLE, *ſ. f.* das güldene oder glänzende Kreislein, welches man um das Haupt der Heiligen zu mahlen pflegt, der Schein um ihr Haupt; it. die Stuffe, ſo die Heiligen im Reich der Herrlichkeit haben.
L'*auréole* des martyrs, vierges, die Herrlichkeit der Märtyrer, der Jungfrauen.

AU-

AURICULAIRE, adj. c. zum Ohr gehörig.
La Confession *auriculaire*, Ohrenbeichte.
Doigt *auriculaire*, Ohrenfinger, der kleineste.
Témoin *auriculaire*, ein Zeuge, der es gehört hat.
AURIFLAMME, s. f. die königliche Französische Hauptstandarte.
AVRIL, s. m. der Monat April; poetisch, die beste Zeit, die Blüte des Lebens, die Jugend.
En l'*avril* de mes jours, in der Blüte meiner Jahren.
AURILLAS, s. m. heißt auf der Reitschule ein Pferd, das lange Ohren hat, und sie oft beweget.
AVRON, s. m. tauber Haber.
AURONNE, s. f. Stabwurz, ein Kraut.
AURORE, s. f. Name einer Göttin bey den Poeten; die Morgenröthe.
Aurore boreale, Nordschein, Nordlicht.
Aurore, (poetisch) ein schönes angenehmes Weibsbild.
Aurore, adj. Aurorafärbig; hochgoldfärbig.
Ruban *aurore*, Hochgoldfarbenband.
Tafetas *aurore*, Taffet von dieser goldgelben Farbe.
AUSBOURG, Augspurg, eine Reichsstadt in Bayern.
AUSPICE, s. m. das Wahrsagen aus dem Flug der Vögel, (bey den alten Heyden).
Auspice, Wahrsager aus dem Flug und Geschrey der Vögel.
AUSPICES, s. m. plur. Regiment, Verwaltung; Anführung eines Königs oder Feldherrn.
Nous sommes heureux sous les *auspices* d'un si grand Roi, wir leben glücklich unter der Regierung eines so großen Königs.
Auspices, Schutz; Beschirmung.
Mon livre paroit en public sous vos *auspices*, mein Buch gehet aus unter eurer Beschirmung.
Auspices, Schicksal; Glück; Verhängniß.
Vénise prit naissance sous d'heureux *auspices*, Venedig hat unter einem glücklichen Schicksal seinen Anfang genommen.
AUSSI, conj. auch; ferner; desgleichen; so auch; auch so, eben so, also.
Il l'a *aussi* frappé, er hat ihn auch geschlagen.
S'il étoit *aussi* vaillant qu'il est hardi, wenn er auch so tapfer wäre, als er verwegen ist.
Aussi-bien, eben sowol, nicht weniger.
Vous en êtes marri *aussi-bien* que moi, es thut euch sowol als mir leid.
Aussi-bien que, sowol als, so gut als.

Je sai tout *aussi-bien* que toi, ich weiß es alles sowol als du.
Aussi que, warum.
Aussi que ne me laisse-t-il en repos? warum läßt er mich auch nicht zufrieden?
Aussi-tôt, alsobald.
J'aurai *aussi-tôt* fait, ich werde alsobald fertig seyn.
Aussi-tôt dit, *aussi-tôt* fait, sobald, sogleich gesagt, gethan.
Aussi-tôt que, so bald als.
*Aussi-tôt qu'*il fut venu, nous soupâmes, sobald als er gekommen war, so assen wir zu Nacht.
AUSSIÈRE, s. f. ein dick Seil auf den Schiffen, dreyfach gedreht.
AUSTÈRE, adj. c. herb, hart, rauh, streng, gegen sich selbst.
Un homme *austère*, ein scharfer Mann; ein murrischer Mensch.
Mener une vie fort *austère*, ein sehr strenges Leben führen.
AUSTÈREMENT, adv. strenger, harter Weise.
Jeuner *austèrement*, streng fasten.
AUSTÉRITÉ, s. f. die Strenge, Härte.
Les mortifications du corps sont les *austérités* de la vie religieuse, das Casteyen, die Tödtung, Betäubung des Leibes sind die Strenge des Klosterlebens.
AUSTRAL, e, adj. was gegen Süden ist, oder von dannen kommt.
AUSTRASIE, s. f. vor Alters ein besonders Königreich in Frankreich, Austrasien, Westerreich.
AUSTRÈGUE, s. m. Art besonderer rechtlichen Entscheidung in erster Instanz, bey den Ständen des Römischen Reichs.
AUSTRICHE, voiés AÛTRICHE.
AUSTRUCHE, voiés AÛTRUCHE.
AUTAN, s. m. (bey den Poeten gebräuchlich) der Wind von Mittag, Südostwind.
AUTANT, adv. so viel, eben so viel, so sehr, eben so; überaus, vor andern.
Autant que, sowol als, so sehr als, so viel als; so wie.
Je n'ai pas tant d'argent que vous, mais j'ai *autant* d'amis que vous, ich habe nicht so viel Geld als ihr, aber ich habe eben so viel Freunde als ihr.
d'Autant mieux, um so viel besser.
d'Autant pis, um so viel schlimmer.
d'Autant plus, um so viel mehr.
d'Autant moins, desto weniger.
Tant plus nous avons, nous mangeons aussi d'*autant* mieux, & nous buvons d'*autant* plus, je mehr wir haben, so essen wir auch um so viel besser, und wir trinken auch desto mehr.
Tant moins nous avons, nous mangeons

geons auſſi *d'autant* pis, & nous en búvons *d'autant* moins, wie weniger wir haben, ſo eſſen wir auch um ſo viel ſchlimmer, und trinken deſto weniger.

AUTEL, *ſ. m.* Altar; Gottesdienſt; Religion; ſonderbare Verehrung oder Ehrerbietung.

Qui ſert *l'autel*, doit vivre de *l'autel*, *prov.* der dem Altar dient, muß vom Altar leben.

Le maître *autel*, der groſſe hohe Altar.
Elever *autel* contre *autel*, eine Trennung in der Kirche anfangen.
Il en prendroit ſur *l'autel*, er ſcheut ſich nicht, die gröſte Ungerechtigkeit zu begehen.

AUTELET, *ſ. m.* Altärchen.
AUTENTICITE', *ſ. f.* Rechtsgiltigkeit.
AUTENTIQUE, *adj. c.* glaubwürdig, gewiß, geſetzmäßig, unverwerflich.
Autorité *autentique*, rechtmäßige Gewalt.
Acte *autentique*, rechtsbeſtändige Verſchreibung, Urkunde.

AUTENTIQUE, *ſ. f.* eine Art Geſetze im Römiſchen Recht.
AUTENTIQUEMENT, *adv.* glaubwürdiger Weiſe.
AUTENTIQUER, *v. a.* glaubwürdig, kräftig machen, durch Unterſchrift und Siegel.
AUTEUR, *ſ. m.* die erſte Urſach, der Urheber eines Dings.
Dieu n'eſt pas *l'auteur* du mal, mais de nôtre félicité, GOtt iſt kein Urheber des Böſen, ſondern unſerer Glückſeligkeit.
Cette nouvelle court, mais on n'en dit pas *l'auteur*, die Sage geht alſo, aber ohne Grund.
Vous êtes *l'auteur* de ces troubles, ihr ſeyd der Anfänger dieſer Unruhe.

AUTEUR, Verfaſſer eines Buchs.
Saint Luc eſt un *auteur* véritable & digne de foi, St. Lucas iſt ein guter und glaubwürdiger Scribent.
AUTEUR, *ſ. f.* die Verfaſſerin einer Schrift.
air d'AUTEUR, ſchulfüchſiſches Anſehen.
AUTOCRATEUR, trice, Selbſthalter, Titel des Rußiſchen Kayſers.
AUTOGRAPHE, *ſ. m.* das Original oder erſte Arbeit eines Buchs; in Rechten, das was einer ſelbſt geſchrieben hat, ein eigenhändiger Aufſatz.
AUTOMATE, *ſ. m.* ein Kunſtwerk, das ſich ſelbſt bewegt; einer der etwas von ſich ſelbſt ohne Anführung erlernet.
AUTOMNAL, e, *adj.* was im Herbſt wächſt; was zum Herbſt gehört.
Fleur *automnale*, eine Herbſtblume.
AUTOMNE, *ſ. m. & f.* Herbſt; poëtice, das Herannahen des Alters.

Le printems de nos jours eſt plus propre pour les amours que *l'automne*, die grüne Jugend unſers Lebens ſchickt ſich beſſer zum Lieben als das angehende Alter.
AUTORISATION, *ſ. f.* Gutheiſſung, Beſtätigung der Rechte und Landsbräuche, Contracte ꝛc. Einwilligung; Anſehen.
L'autoriſation d'un tuteur eſt néceſſaire à un mineur, ein Unmündiger bedarf des Vorworts ſeines Vormundes.
AUTORISER, *v. a.* gutheiſſen, beſtätigen, bevollmächtigen, billigen, bekräftigen; einführen, aufbringen, in Schwang bringen; recht oder giltig machen, machen, daß etwas gelten und recht ſeyn muß.
Autoriſer quelqu'un, einem Vollmacht und Gewalt geben.
Autoriſer une action, eine That gutheiſſen.
Vous ne devés pas refuſer *d'autoriſer* ce que vous avés fait, ihr ſollt euch nicht weigern das, was ihr gethan habt, zu bekräftigen.
La coûtume *autoriſe* ſouvent des abus, die Gewohnheit beſtätiget oft die Mißbräuche.
Etre *autoriſé*, gevollmächtiget ſeyn.
AUTORITE', *ſ. f.* Gewalt; Anſehen.
Le Roi de France a une *autorité* abſoluë, der König in Frankreich hat eine umumſchränkte Gewalt.
Il peut déclarer la guerre de ſon *autorité*, er kan aus eigener Gewalt (nach ſeinem Kopf) den Krieg ankündigen.
Flétrir, bleſſer *l'autorité* de quelqu'un, eines Anſehen mindern und ſchwächen.
Ses ennemis ont détruit ſon *autorité*, ſeine Feinde haben ſein Anſehen herunter gebracht.

AUTORITE', Macht; Zeugniß.
Vous n'avés aucune *autorité* ſur moi, ihr habt keine Gewalt über mich.
Alléguer des *autorités*, Zeugniſſe anführen.
AUTOUR, *præp. & adv.* um; herum.
Tourner tout *autour*, rund umher gehen.
Autour de la ville, um die Stadt.
Les ſoldats qu'il a *autour* de ſoi, die Soldaten, die er um ſich hat.
AUTOUR, *ſ. m.* ein Habicht von der gröſten Art.
AUTOUR fourcheret, ein Habicht von mittelmäßiger Gröſſe.
AUTOUR paſſager, den man im Strich mit einem Garn fängt.
AUTOUR niais, den man auf dem Baum fängt, eh er recht fliegen kan.
AUTOURSERIE, *ſ. f.* die Wiſſenſchaft, Habichte abzurichten.

Q AU-

AUTOURSIER, f. m. ein Falkenierer, der die Habichte abrichtet.
AU-TRAVERS, à TRAVERS, præp. durch, hindurch.
 Le cerf commença à fuïr à travers les champs, der Hirsch fienge an durch das Feld zu fliehen.
 Il brosse à travers les champs, & à travers les bois, sans savoir où il va, er durchstreichet Felder und Wälder, ohne zu wissen, wo er zukommet.
 Il lui passa l'épée à travers le corps, ou au travers du corps, er hat ihm den Degen mitten durch den Leib gestossen.
 à travers champs, quer Feld ein.
AUTRE, pron. der andere; ein anderer.
 Vous me prenés pour un autre, ihr sehet mich vor einen andern an.
 L'un vaut l'autre, eins ist so gut als das ander.
 Nous nous demandons l'un à l'autre ce que c'est, wir fragen einer den andern, was das sey.
 De part & d'autre, zu beyden Theilen.
 Il en fait bien d'autres, er begehet wohl andere Streiche.
 Ils sont nés l'un pour l'autre, sie schicken sich an Stand, Gaben, Gemüth ꝛc. wohl zusammen.
 Il est devenu tout autre, er ist gar ein anderer Mann worden.
 C'est bien un autre homme, das ist gar ein anderer Mann.
 Il dit d'un, & fait d'autre, er redet so, und thut anders.
 Aller de côté & d'autre, hie und da hin gehen; herum gehen.
 C'est un autre Alexandre, er ist ein anderer Alexander, d. i. ihm gleich.
 à d'AUTRES, prov. das muß man andern sagen; andere überreden.
 à d'autres je sai le contraire, das müßt ihr mir nicht weiß machen, ich weiß es besser.
 C'est une autre paire de manches, es ist ein anders, ein ander Wammes.
AUTREPART, adv. anderswo.
d'AUTREPART, adv. anderswoher.
AUTREFOIS, adv. vor diesem, ehemals, sonst, vorzeiten, vor Alters.
AUTREMENT, adv. anders; sonst, widrigenfalls.
 Faites cela, autrement vous vous en repentirés, thut das, sonst wird es euch gereuen.
 pas AUTREMENT, nicht gar zu sehr, so ein wenig.
AUTRICHE, f. f. Oesterreich.
l'AUTRICHE, Oesterreichischer Lattich, eine Art von Salat.

AUTRICHIEN, nne, subst. & adj. ein Oesterreicher; Oesterreichisch.
AUTRUCHE, f. f. ein grosser Vogel, ein Strauß.
AUTRUI, f. m. ein anderer, ein Fremder.
 Défirer le bien d'autrui, seines Nächsten Gut begehren.
 Le mal d'autrui ne nous touche guère, eines andern Noth trifft uns nicht sehr.
AUTUMNAL, voïes AUTOMNAL.
AUTUN, f. m. eine Stadt in Burgund.
AUVENT, f. m. ein Dächlein, so die Krämer über die Läden machen, daß der Wind den Regen nicht so an die Waaren schlagen kan, ein Wetterdach.
AUVERGNAT, ate, einer aus Auvergne.
AUVERGNE, f. f. ein Land oder Grafschaft in Frankreich.
AUVERNAT, f. m. ein Wein von Orleans, sehr roth und dunkel, wird so genannt, weil er zuerst aus Auvergne gekommen ist.
AUXERRE, f. f. eine Stadt in Burgund.
AUXERROIS, f. m. einer von Auxerre; it. das Land um Auxerre.
AUXE'SE, f. f. Rhetorische Figur, dadurch man etwas grösser macht.
AUXILIAIRE, adj. c. das zur Hülfe dient, das hilft.
 Troupes auxiliaires, Hülfsvölker.
 Verbes auxiliaires, in der Sprachkunst, Verba, welche zur Conjugation der andern allen helfen, als avoir, haben; être, seyn.
AUXOIS, f. m. ein Stück Land in Burgund.
AXE, f. m. die gerade Linie, die durch den Mittelpunct eines runden Dings oder Kugel geht, die Achse; in der Optic ist es der Gesichtsstrahl, der gerad mitten ins Auge fällt.
AXI, ist der Name, den die Mexicaner einer Gattung Pfeffer geben.
AXILLAIRE, adj. c. was zu den Achseln gehört, als eine Ader, die zu den Achseln geht.
AXIOME, f. m. ein gewisser angenommener Lehrsatz in einer Wissenschaft, ein Grundsatz.
AXONGE, AXUNGE, f. f. das weiche Fett der Thiere, Schmeer, Schmiere, Wagenschmier.
 Axonge humaine, Menschenschmalz.
 Axonge de verre, Glasgalle, ein Schaum auf der Glasmaterie, ehe sie zu Glas wird.
AY, interj. voïes AYE.
AY, j'ay oder j'ai, ich habe. (siehe AVOIR).
AYANT ou AÏANT, part. einer der da hat.
 Ayant dit cela, als er diß gesagt hatte.
 Ayant été blessé, als er verwundet worden war.

AYE,

AYE, *interj.* ach, o weh, ey ey! wenn einem was weh thut.

Aye, j'aye, *in conjunctivo*, ich habe, (*v.* AVOIR.)

AYEUL, *s. m.* Großvater.

Bis-AYEUL, *s. m.* Altvater; **Tris-AYEUL**, uralter Vater.

AYEULE, *s. f.* Großmutter.

AYEUX, *s. m. pl.* die Großeltern; die Voreltern, Vorfahren.

AYNET, *s. m.* eine kleine Stange, daran man die Heringe, die geräuchert werden sollen, reihet.

AYRI, *s. m.* stachlichter Palmbaum in Brasilien.

AZARINA, eine Gattung Haselwurz.

AZARUM, Haselwurz.

AZARIE, *s.* Asarias, ein Mannsname.

AZE, *s. m. ol.* Esel.

AZEBRO, *s. m.* ein wildes Pferd aus Niederethiopien.

AZEROLE, *s. f.* Azarolen, eine Art Mispeln.

AZEROLIER, *s. m.* Azarolenbaum, eine Art Mispelbäume.

AZI, eine Art geronnene Milch von Molken und Eßig bereitet, davon man die magern Käse machet.

AZIGOS, *v.* AZYGOS.

AZIME, **AZIMITES**, *v.* AZYM.

AZIMUT, **AZIMUTH**, *s. m.* in der Gnomonic, der Verticalcirkel.

AZIMUTAL, **AZIMUTHAL**, e, *adj.* das zu diesem Cirkel gehört.

AZONVALATA, *s. m.* ein Staudgewächs in Madagascar, dessen Frucht in der Größe der St. Johanntrauben ist, und einen angenehmen Geschmack hat.

AZOT, **AZOTH**, *s. m.* bey den Chymisten die erste Materie der Metallen; Queckfilber.

AZOUSA, *s. m.* Name eines Thiers in der Barbarey, das die todten Cörper aus den Gräbern holt und frißt.

AZUR, *s. m.* die blaue Farbe des Himmels; it. Lasurstein, ein blauer Stein, davon man Farbe macht; die aus diesem Stein bereitete Farbe, *Ultramarin*, vom Orientalischen, und Lasurblau vom Occidentalischen; die blaue Farbe in den Wappen.

AZURE', ée, *adj.* blau, blau gefärbt.

AZURER, *v. a.* blau färben.

AZURIN, Canonici von der Congregation St. Georgii in Alga, werden wegen des blauen Kleides, so sie tragen, also genannt.

AZYGES, (in der Anatomie,) das keilförmige Bein im Oberkinnbacken.

AZYGOS, *s. m.* die ungepaarte Blutader an der rechten Seite des Herzens.

AZYLE, *v.* ASYLE.

AZYME, *adj. c.* pain *azyme*, ungesäuert Brod, süßes Brod, davon in der Schrift Meldung geschieht.

AZYMITES, *s. m. pl.* so werden die von der Römischen Kirche bey den Griechen genennet, weil sie bey der Messe ungesäuert Brod brauchen.

B.

B, *s. m.* der zweyte Buchstabe im A b c. Il est marqué au *b*, heißt entweder so viel, als: er ist ein dummer Teufel, gleich als spräche man: il est *bon & bête*; oder es heißt: er hat einen von den vier Leibesgebrechen: *borgne, bossu, boiteux, bigle*.

B quarré & b mol, Redensarten in der Music, b dur, und b moll; jenes wird mit keinem Zeichen bemerkt, und ist der ordentliche Ton, dieses aber wird mit einem b bezeichnet, und gehet um einen halben Ton tiefer.

BAAILLER, *voiés* BÁILLER.

BABE'E, **BABET**, *s. f.* (diminut. von Elisabeth) Lißgen.

BABEURRE, *s. m.* Buttermilch.

BABICHE, **BABICHON**, *s. f.* ein kleines zottichtes Hündlein.

BABIL, *s. m.* Geschwätz, Geplauder.

BABILLARD, e, *subst. & adj.* ein Wäscher, Plauderer, Schwätzer; plauderhaft, geschwätzig; im Jagen, ein Hund, der auch außer der Spur öfters vor Begierde billt.

BABILLER, *v. n.* schwätzen, plaudern.

BABILLOIRE, *s. f.* ein kleiner niedriger Lehnstuhl, worauf man bequem sitzen und plaudern kan; das Querholz zwischen den Pflugsterzen, worauf sich die Bauern setzen, wenn sie plaudern wollen.

BABINE, *s. f.* die Lippe an den Affen, Katzen, Hunden, Kühen, Pferden; von Menschen lautet es spöttlich.

Il s'en est donné par les *babines*, vulg. er hat seinen Theil von dieser Speise wohl gefressen; it. er hat sein Gütlein verzehrt.

BABIOLES, *s. f. pl.* Kinderspiel, nichtswürdige Sachen, Possen.

BABORD, *v.* BASBORD.

BABOUCHE, *s. f.* ein spitziger Schuh ohne Quartier und Absätze, wie die Siamer tragen.

BABOUIN, *s. m.* ein Bavian, Fabian, großer Affe; item eine lächerliche Figur an der Mauer einer Hauptwache, welche die Soldaten küssen müssen, wenn sie etwas begangen haben.

Faire baiser le *babouin* à quelqu'un, einen zu etwas zwingen, daß er um der Schande willen nicht gern thut.

BABOÜIN, f. m. e, f. junger Affe, Maulaffe, wird von muthwilligen Kindern und jungen Leuten gesagt.

BABYLONE, f. f. Babylon.

BABYLONIEN, ne, adj. Babylonier; Babylonisch.

BAC, f. m. eine Fähre, ein breit flach Schiff, die Wägen über die Flüsse zu bringen, it. ein Tränktrog, Brunnkasten.

BACALAB, BACALAS, f. m. Leiste oder Stück Holz, fünfthalb Schuh lang, aussen am Hintertheil des Schiffes.

BACALIAU, f. m. dürrer Stockfisch.

BACCALAURE'AT, f. m. die Würde eines Baccalaurei.

BACCANALE, BACCHANALE, f. f. Gemählde vom Bacchusfest.

BACCANALES, oder BACCHANALES, f. f. plur. Fastnacht, Bacchusfest; item ein Tanz oder Schmaus der rasenden Bacchusweiber und Saturen.

BACCANTE, oder BACCHANTE, f. f. eine Bacchus-Priesterin; item ein Weib das am Bacchusfest wütend und rasend war; man heißt daher *Bacchante*, ein rasendes, zorniges oder vor Liebe närrisches Weib.

BACCARIS, BACCHARIS, f. m. Dürrwurz, ein Kraut.

BACCHAS, f. m. Hefen von Citronensaft.

BACCHIQUE, adj. c. das zum Bacchusfest, zum Wein oder zum Saufen gehört.

BACCHUS, f. m. der Weingott; der Wein.

BACHA, f. m. ein Bassa, oder vornehmer Landpfleger und Officier bey den Türken.

BACHA de la mer, der Türken-Admiral.

BACHARIS, v. BACCARIS.

BACHE, f. f. Leinwand, so die Fuhrleute über den Wagen decken.

BACHELAGE, f. m. die Lehrjahre.

BACHELARD, f. m. heißt im Dauphiné, ein junger verliebter Mensch, ein Freyer, Liebster.

BACCHELETTE, f. f. eine Jungfrau, um welche gebuhlet wird; Liebste, die um die Ehe angesprochen wird.

BACHELIER, f. m. der die erste Stufe zur Doctorwürde hat.

BACHELIER, f. m. ol. ein junger Edelmann, der sich nicht selbst als einen Ritter aufführen kan, sondern unter einem andern Kriegsdienste thut; it. einer der zuerst im Turnier gewonnen; it. der nächste an der Ritterwürde, Schöppenbarfrey; item junger Freyer, Liebster.

BACHELIE'RE, f. f. wird allein in den Innungsartikeln der Kranzwinderinnen zu Paris gefunden, und bedeutet eine Altmeisterin.

BACHER, v. a. den Wagen mit Leinwand bedecken oder überziehen.

BACHEVALEUREUX, euse, adj. ol. kriegerisch, tapfer.

BACHOI, f. m. Fahrkahn; plattes Schiff zum Uebersetzen.

BACHOT, f. m. eine Weinbeerbutte.

BACIOTER, v. a. betrügen. (ist alt.)

BACILLE, f. f. Bacillen, Meerfenchel, ein Kraut.

BACIN, BACINER, v. BASSIN.

BACLAGE, f. m. Stellung der Schiffe im Haven; item der Zoll, Gebühr, so dafür abzutragen.

BACLER, v. a. vulg. eine Thür inwendig mit einem hölzern Riegel vermachen; it. einen Haven zuschliessen, den Baum schliessen; Schiffe im Haven bequem stellen, zur Ladung und Abladung.

BACLE', ée, adj. ausgemacht.

C'est une affaire *baclée*, das ist eine abgethane Sache.

BACON, f. m. eine Speckseite, eingesalzen Schweinenfleisch. (ist alt.)

BACQUET, BACQUETER, BACQUETURES, v. BAQUET.

BACUL, f. m. (besser la croupière;) der Schwanzrieme an einem Mauleselsattel.

BACULE, v. BASCULE.

BACULOME'TRIE, f. f. eine Wissenschaft Linien zu ziehen, und die Höhen zu messen, wo man nicht hinkommen kan, und das mit unterschiedlichen Stecken.

BADAUD, oder BADAUT, f. m. BADAUDE, f. f. ein Maulaffe, der sich in alles vergafft; Tölpel; im Scherz, ein Pariser, Pariserin, ein Spottname des Pöbels.

BADAUDAGE, f. m. das Wesen oder das Thun solcher tummen Leute, Tummheit, Unbesonnenheit.

BADAUDER, v. n. sich an jedem Ding vergaffen, tummer Weise stehen bleiben.

BADAUDERIE, f. f. das Thun und Gespräch der tummen tölpischen Leute.

BADELAIRE, f. m. in der Wappenkunst, ein Säbel.

BADIGEON, f. m. ein Mörtel, den die Bildhauer, Steinmetzen und Maurer von den Abgängen der Werksteine machen, und damit die Lücken und Fugen ausfüllen, oder überstreichen, daß man es vor rechte Steine ansehen soll.

BADIGEONNER, v. a. mit solchem Mörtel überstreichen, oder den Kalk damit färben.

BADIN, e, adj. & subst. ein Possenmacher, der närrisch, muthwillig, scherzhaft ist;

ist; närrisch; muthwillig; scherzhaft, possierlich.

BADINAGE, *f. m.* Possen, Spielwerk, Muthwille; närrisches abgeschmacktes Wesen; Scherz, Spaß.

Etre fait au *badinage*, zu etwas abgerichtet seyn.

BADINANT, *f. m.* in den Parlamenten zu Paris und Rouen, der neunte Rath, der nicht eher zu grossen Commißionen gezogen wird, als wenn einer von den ersten abwesend ist.

BADINEMENT, *adv.* mit Scherzen und Possenmachen; auf eine lustige spaßhafte Art; im Spielen.

BADINER, *v. n.* Possentreiben; tahlen; kurzweilen; angenehm scherzen.

Badiner noblement, auf eine edle, wohlanständige Weise scherzen.

BADINER, flabbern; füttern wird von Hünden gesagt.

BADINERIE, *f. f.* das Possenmachen, närrisches Wesen, Springen; Scherz, Spaß, lustige Art, Muthwille; Thorheit; das Spielen.

Tomber dans la *badinerie*, auf läppische Dinge verfallen.

Il y a des *badineries* qui offensent l'esprit, & d'autres qui le divertissent, es giebet Possen, die dem Gemüth zuwider sind, und andere, die es belustigen.

BADOU, *f. m.* ein Mannsname.

BAFFELAS, *f. m.* eine Art weisse baumwollene Leinwand aus Ostindien.

BAFFOUëMENT, *f. m.* Scheltworte, Schmähung.

BAFFOUëR, *v. a.* einen auslachen; schimpfen, verachten.

BAGAGE, *f. m.* der Plunder, das Reisegeräth, Wanderzeug, absonderlich derer, so in den Krieg ziehen.

Plier *bagage*, trousser *bagage*, einpacken, sich davon machen.

BAGARRE, *f. m.* ein Zanken und Streiten mit grossem Geschrey; vieler Leute Zusammenlauf, Auflauf.

Exciter du *bagarre*, Aufruhr, Aufstand erregen.

Se sauver d'un horrible *bagarre*, sich aus einem Schwarm los machen.

BAGASSE, *f. f.* eine Hure, Commißnickel.

Elle s'abandonne comme une *bagasse*, sie machet sich gemein, wie eine öffentliche Hure.

BAGATELLE, *f. f.* eine nichtswerthe Sache, Kleinigkeit.

C'est une *bagatelle* dans le fond, es ist in der That nichts.

Prendre plaisir à des *bagatelles*, seine Lust an Narrenpossen haben.

Il ne s'occupe qu'à des *bagatelles*, er geht mit nichts anders als mit lauter Narrethey um.

Il avoit encore quelque petite *bagatelle* d'un reste de compte auprès de moi, er hatte von einer kleinen Rechnung noch etwas Geld bey mir stehen.

Une boutique remplie de *bagatelles*, ein mit Lumpenwaaren angefüllter Laden.

BAGATELLE, oder BAGATELLES, eine Art der Interjection, Possen, wenn man etwas gering achtet, nicht glaubt, nicht thun will &c.

Bagatelles! je ne le crois pas, Possen! ich glaub es nicht.

BAGATELIER, *f. m.* vulg. einer der nur mit nichtswürdigen Sachen umgeht, sie kauft &c.

BAGAUDE, *f. m.* ein Räuber, Landstreicher, verlaufener Kerl, dergleichen sich zu Diocletiani Zeiten ein Menge in Gallien zusammen rottete, das Land unsicher machte, und von Maximiano zerstreuet worden.

BAGDA, ou BAGDET, Stadt in Yerack-Arabi, oder dem alten Chaldäa, oder Babylonien, die auch aus den Ruderibus des alten Babylons erbauet ist.

BAGNE, *f. m.* der Ort, wo die Türken die Sclaven einsperren.

BAGNOLETTE, *f. f.* Weiberschleyer, so das Gesicht halb bedeckt.

BAGUE, *f. m.* ein Ring mit einem Edelstein, den man an einen Finger steckt; ein Ring, darnach man rennt oder zu Pferd sticht.

Une femme parée de *bagues* & de joïaux, eine mit Ringen und Kleinodien geschmückte Frau.

Je me suis retiré *bagues* sauves, ich habe mich mit meinen besten Sachen in Sicherheit gebracht.

Si je puis sortir *bagues* sauves de cette affaire, je ne crains plus rien à l'avenir, wenn ich aus diesem Handel mich loswickeln kan, so darf ich mich künftighin weiter nichts befahren.

BAGUE, (auf der Reitschul) Ring, wornach mit der Lanze gerennet wird.

Courir la *bague*, nach dem Ringel rennen.

Gagner la *bague*, den Preis im Ringelrennen erhalten.

C'est en cette place qu'on court la *bague*, auf diesem Platz wird nach dem Ringel gerennet.

BAGUE astronomique, v. ANNEAU astron.

BAGUENAUDE, *f. f.* die Frucht vom Linsenbaum, so in kleine Fächlein oder Bälglein eingeschlossen ist, welche die Kinder
zwischen

BAG BAI   **BAI**

zwischen die Hände legen, und von einander platzen machen; eine alte Art Verse, von lauter männlichen Reimen.

BAGUENAUDER, *v. n.* Kinderpossen treiben, (ist alt.)

BAGUENAUDIER, *s. m.* Linsenbaum, ein Baum, der solche Bälglein trägt; it. ol. einer der Kinderpossen treibt.

BAGUER, *v. a.* bey den Schneidern, die Falten an einem Kleid wohl heften, daß sie in der Runde bleiben.

BAGUETTE, *s. f.* ein dünner Stecken.
  Baguette d'un homme à cheval, eine Spießruthe.
  Baguette de fusil, de mousquet, de pistolet, Ladstecken.
  Baguette de tambour, Trommelschlägel.
  Baguette de fusée, Raquetenstecken.
  Commander à *baguette*, mit hohen Minen und Worten über einen herrschen, die Obergewalt haben.

BAGUETTE divinatoire, Wünschelruthe.

BAGUIER, *s. m.* ein Ringkasten, Ringfutter.

BAHAR, ein in Ostindien gebräuchliches Gewicht.

BAHUT, *s. m.* eine Kiste; Kuffer; Reisekasten. (man sagt jetzunder Coffre)

BAHUTIER, *s. m.* ein Kistenmacher, oder der Felleisen und solche Sachen macht. (besser malletier oder coffretier.)

BAI, **BAYE**, *adj.* (sprich bé, bée,) *Bai*-clair, lichtbraun; *bai*-châtain, schwarzbraun; *bai*-doré, goldbraun; wird von Pferden gesagt.

BAIE, *v.* BAYE.

BAÏER, ou **BAYER**, (voir & regarder niaisement en ouvrant la bouche comme font les niais,) nach etwas gaffen.
  Baïer aux corneilles, dummer Weise in die Luft sehen; Maulaffen feil haben.

BAIGNER, *v. a. & n.* baden.
  Baigner un enfant, ein Kind baden.
  Baigner un cheval, ein Pferd schwemmen.
  Il a le visage *baigné* de larmes, seine Backen sind naß von Thränen.
  Il est tout *baigné* de sueur, der Schweiß dringet aus seinem ganzen Leibe.
  La rivière *baigne* les murailles de cette ville, der Fluß fliesset an der Mauer dieser Stadt vorbey.
  Il faut *baigner* ces herbes dans du vin, man muß diese Kräuter in Wein weichen lassen.

se **BAIGNER**, *v. r.* sich baden; sich an etwas ergötzen, erlustigen.
  Quand nous nous serons *baignés*, tu te *baigneras* aussi si tu veux, wenn wir uns werden gebadet haben, magst du dich auch baden, wenn du willt.

Se *baigner* dans l'eau froide, sich im kalten Wasser baden.
Se *baigner* dans la joïe, in Freuden baden.
Les conquerans se *baignent* dans le sang de leurs ennemis, die Ueberwinder erlustigen sich das Blut ihrer Feinde zu vergiessen.

BAIGNEUR, *s. m.* **BAIGNEUSE**, *s. f.* ein Bader, Baderin; it. einer der sich badet.

BAIGNOIR, *s. m.* ein Bad, oder ein Ort, wo man sich badet.

BAIGNOIRE, *s. f.* eine Badwanne, Badzuber, Badkasten.

BAIGU, *v.* BE'GU.

BAIL, *s. m.* Vermiethung, Verpachtung; der Contract, wodurch man einem etwas übergiebt; Vormundschaft. Der pluralis heißt baux.

BAIL à ferme, Verpachtung eines Hauses oder Guts.

BAIL d'amour, Versprechung einer beständigen Liebe, Zusagung der Ehe.
  Cela n'est pas de mon *bail*, das bin ich nicht schuldig zu thun, oder Rechenschaft davon zu geben.

BAILE, *s. m.* der Venetianische Resident zu Constantinopel; in Languedoc und Roussillon, ein königlicher Landrichter, Oberamtmann, Oberlandshauptmann.

BAILLE, *s. f.* eine Kuffe, die Helfte von einem mitten entzwey gesägten Faß, darinnen man auf den Kriegsschiffen die Granaten, oder Wasser zum Getränk der Bootsleute hat.

BAILLEMENT, *s. m.* (mit einem langen à sie he bâiller) das Gähnen; in der Sprachkunst, der Uebellaut, welcher entstehet, wenn zwey Wörter zusammen gesezt werden, deren das erste sich mit einem Vocali endet, und das folgende mit einem anfängt, ein Hiatus.

BÂILLER, *v. n.* (mit dem langen â,) gähnen, das Maul aufsperren; verdrüßlich oder nicht recht aufgeräumt seyn; lange Weile haben; schläfrig seyn; von einander stehen, übel gefügt seyn. (in der lezten Bedeutung sagt man lieber entre-bâiller.)
  Bâiller après quelque chose, im Scherz, nach etwas trachten, stehen, schnappen, das Maul aufsperren.

BAILLER, *v. a.* (mit dem kurzen a,) einem etwas in die Hand geben, liefern. Es veraltet diß Wort in dieser gemeinen Bedeutung, und bleibt nur in einigen Redensarten; (man sagt sonst donner.)
  Bailler à ferme, verpachten.
  Vous me la *baillés* belle, ihr wolltet mich gern dessen überreden, mirs gern einschwätzen.

Je lui

Je lui en ai *baillé*, ich hab ihm etwas vorgelogen.

BAILLET, *adj. m.* rothgelb, rothfahl, bleichroth, sonderlich von Pferden.

BAILLEUL, BAILLEUR, *s. m.* ein Mann, der die verrenkten Glieder und die verbogenen Rippen wieder einrichtet.

BAILLEUR, *s. m.* euse, *s. f.* der oder die oft gähnt; ein langweiliger, verdrüßlicher Mensch.

BAILLEUR, *m.* BAILLERESSE, *f.* der oder die einem ein Gut oder Haus in Pacht giebt, Verpachter, Verpachterin.

BAILLEUR de cassades, de bourdes, der Possen und Mährlein vorbringt, andere vexirt, betreugt.

BAILLI ou BAILLIF, *s. m.* Landrichter, Landvogt.

BAILLI, bey dem Maltheserritterorden finden sich auch zweyerley hohe Würden, die den Namen Bailli tragen.

BAILLIAGE, *s. m.* eine Landvogtey, ein Bezirk eines Amts; ein Gebiet; it. der Ort, wo ein solcher Bailli Gericht hält.

BAILLIVAL, *adj.* landvögtlich.

Assesseur *baillival*, ein Beysitzer in dem Gericht, wo der Landvogt als das Haupt sitzt.

Sécrétaire *baillival*, der Landschreiber.

Officier *baillival*, des Landvogts Waibel.

BAILLIVE, *s. f.* das Eheweib eines solchen Bailli, (besser Madame la *Baillive*).

BAILLIVEAU, *voiés* BALIVEAU.

BAILLON, *s. m.* ein Knebel, den man einem Menschen oder Vieh ins Maul thut, daß es nicht beissen oder schreyen kan; bey einigen Klosterleuten, insonderheit bey den Bernhardinern, ein kleiner Stecken, den sie in dem Munde tragen müssen, zur Strafe, wenn sie das aufgelegte Stillschweigen gebrochen haben.

BAILLONNER, *v. a.* knebeln, einen Knebel ins Maul thun; in Bernhardinerklöstern, den Stecken zur Strafe wegen gebrochenen Stillschweigens ins Maul geben.

BAILLONNE', ée, *adj.* in den Wappen wird es von einem Hunde oder Löwen oder andern Thier gesagt, welches man mit einem Stecken im Maule mahlt.

BAILLOTTE, *s. f.* ein kleiner Wassereimer, Schöpfeimer, Zuber.

BAIN, *s. m.* ein Bad; der Ort, das Haus oder die Stube, darinnen man badet.

BAIN, (zu Paris) ein Badschiff vor die, so in dem Strom baden wollen.

BAIN, zugerichtetes Bad; Kräuterbad.

BAINS chauds, warme Bäder.

BAINS publics, öffentliche, gemeine Bäder.

Chauffer les *bains*, das Bad wärmen.
Aller au *bain*, zum Baden gehen.
Prendre les *bains*, das Bad brauchen.
Revenir des *bains*, aus dem Bad wieder zurück kommen.

BAIN, (bey dem Färber) der Farbkessel; item die Farb.

BAIN, (bey dem Maurer) *bain* de mortier, die Anmachung des Kalts oder Mörtels.

BAIN, ordre de chevalerie institué en Angleterre par Henry IV en 1339 pendant qu'il étoit au *bain*, in Engelland ist es ein gewisser Orden, der Ritterorden vom Bad, weil sich ehedessen die Ritter baden mußten, ehe sie die Sporen empfiengen.

BAIN de crapaud, ein Sumpf, ein Ort, wo viel Schlamm und Morast ist.

BAIN de cendres, ist bey den Chymisten, wenn das Geschirr oder Kolbe mit der Materie zum Distilliren auf Asche steht, und das Feuer darunter ist.

BAIN de sable, wenn der Kolbe auf Sand oder im Sand steht.

BAIN de séparation ou de limailles, wenn der Kolbe auf Feilstaub steht.

BAIN-Marie, wenn der Distillirkolbe im warmen Wasser steht.

L'argent est en *bain*, das Silber ist ganz verschmolzen. Wird in dem Münzwesen gebraucht.

BAJOIRE, *s. f.* eine Münze mit zwey Gesichtern hinter einander, da das eine nur ein wenig vorgeht.

BAJONNETTE, *voiés* BAY.

BAJOQUE, eine kleine Münze in Italien.

BAJOU, *s. m.* das oberste Bret eines Steuerruders an einem Flußschiff.

BAJOUë, *s. f.* ein Schweinsbacken, den man ißt; it. eine Person, spottsweise, welche hangende Kiefer hat.

BAISEMAIN, *s. m.* das Opfer, das man an hohen Festen dem Priester giebt.

BAISEMAINS, *s. m. plur.* ein Compliment; Ehrerbietung; Gruß.

Il vous fait mille *baisemains*, er läßt euch ganz freundlich grüssen.

Faites-lui mes *baisemains*, grüsset ihn von meinetwegen.

Faites mes *baisemains* à Monsieur vôtre pere, grüsset euern Herrn Vater in meinem Namen.

à belles BAISEMAINS, mit Freuden. Recevoir quelque chose à belles *baisemains*, etwas mit Freuden annehmen. (in dieser einigen Redensart ist es *gen. fem.*)

BAISEMENT, *s. m.* das Küssen.

BAISER, *v. a.* küssen.

Baiser à la bouche, auf den Mund küssen.

BAISER la main, wenn man seine Hand zum Mund thut, als wollte man sie küssen, ehe man von dem andern, den man ehren will, etwas annimmt, oder ihm was reichen will.

BAISER les mains à quelqu'un, einen seiner Ergebenheit versichern, ihm Ehrerbietung erzeigen.

Je vous *baise* les mains, ich bin ihr Diener. (ist bald ein Zeichen der Höflichkeit, bald einer abschlägigen Antwort, nachdem es ausgesprochen wird).

BAISER, der Liebe pflegen.

Baiser une femme, ein Weibsbild fleischlich erkennen, liebhaben.

Baiser le verrou, den Riegel an der Thüre küssen, von einem Ort betrübten Abschied nehmen; vor diesem war es eine Ceremonie. Die ein Lehnmann verrichten mußte, wenn er die Lehen bey dem Herrn holen wollte, und derselbe nicht zu Haus war.

se BAISER, *v. r.* heißt von leblosen Dingen, an einander rühren oder gefügt seyn.

Quand les ais se *baisent*, ils se gâtent, wenn die Dielen auf einander liegen, daß nichts darzwischen ist, so verderben sie.

BAISER, *s. m.* ein Kuß.

Baiser de paix des anciens Chrétiens, Friedenskuß.

Un *baiser* de Judas, ein verrätherisches Liebkosen; Judaskuß.

Donner un *baiser* à quelqu'un, einem einen Kuß geben.

BAISEUR, *s. m.* BAISEUSE, *s.* einer, oder eine, so gern küsset.

BAISOTER, *v. a.* oft küssen.

BAISSEMENT, *s. m.* de tête, das Kopfhängen.

BAISSER, *v. a.* herunter thun.

BAISSER un pont-levis, die Zugbrücke niederlassen.

BAISSER les piques, die Piken fällen.

BAISSER la tête, das Haupt hängen, sinken lassen.

Ce chapeau *baisse* les bords, dieser Hut lässet die Flügel hängen.

Baisser la voix, die Stimme sinken lassen, leiser reden.

Baisser les yeux, die Augen niederschlagen.

Baisser la lance ou le pavillon devant quelqu'un, einem weichen, nachgeben.

BAISSER, *v. n.* abnehmen, schwächer werden.

Son esprit *baisse*, seine Gemüthskräften nehmen ab.

Le prix des grains *baisse*, der Preis des Getraides fällt.

La rivière *baisse*, der Strom fällt.

Le jour *baisse*, der Tag neiget sich, es will Abend werden.

se BAISSER, *v. r.* sich bücken.

BAISSE', ée, *part.* geneigt, niedergebückt.

Y aller tête *baissée*, beherzt etwas angreifen, wie einer, der sich beherzt an den Feind wagt, und das Haupt neigend auf denselben los geht.

Il en revient les oreilles *baissées*, er hängt den Kopf, weil ihm sein Anschlag nicht gelungen ist.

BAISSER la main à un cheval, (auf der Reitschul) einem Pferd den Zaum lücker lassen.

BAISSIÈRE, *s. f.* was sich auf dem Boden des Fasses setzet, Hefen; die Neige.

Le vin, la bière est à la *baissière*, der Wein, das Bier ist neige; oder gehet auf die Neige.

BAISURE, *s. f.* der Ort am Brod, wo im Backofen ein anderes daran gestoßen hat.

BAL, *s. m.* ein Tanz; eine Tanzgesellschaft.

Donner le *bal*, einen Tanz anstellen.

Tenir le *bal*, Tanz halten.

Assister au *bal*, dem Tanz beywohnen.

Il court le *bal*, er geht auf alle Tänze.

On lui a donné le bouquet du *bal*, man hat ihn zum Tanzführer gemacht.

BALADE, BALADIN, BALADINE, BALADOIRE, *voiés* BALLADE &c.

BALAFRE, *s. f.* eine Wunde in die Länge, absonderlich im Gesicht, eine Schmarre.

On lui a fait une grande *balafre* à la tête, man hat ihm eine tiefe Wunde in den Kopf gehauen.

BALAFRE, longue decoupure sur un habit, ein weiter Schlitz, die Zerschneidung an einem Kleide.

BALAFRER, *v. a.* einem eine Schmarre anbringen, Schmarren hauen oder machen.

Il a de visage tout *balafré*, er hat das Gesicht voll Schmarren.

BALAI, *s. m.* ein Besen, das Haus zu kehren.

Rôtir le *balai*, lange in einem Dienst seyn, und nicht weiter befördert werden.

Il fait le *balai* neuf, ein Sprichwort auf neue Bediente: Neue Besen kehren wohl.

BALAI du ciel, Nordwestwind, der die Wolken wegkehrt als ein Besen.

BALAïER, BALAïEUR, *voiés* BALAY.

BALAIS, *adj. m.* rubis *balais*, bleichrother Rubin; it. Finnen im Gesicht, so vom Sauffen kommen, Kupfergesicht.

BALAïüRES, *voiés* BALAYüRES.

BALANCE, *s. f.* eine Waage zum Wägen.

Le poids emporte la *balance*, das Gewicht

wicht ist schwerer, als das, was man wägen will.

Balance à crochet, eine Schnellwaage.

Balance à deux bassins, eine Waage mit zwey Schaalen.

Ance de la *balance* par où on la tient en pésant, das Waaggericht; ein Waagekloben.

Traversin ou fleau de *balance*, où sont attachés les bassins, der Waagebalken.

Languette de *balance*, Waagezünglein.

Balances fines, Goldwaage.

Ajuster les *balances*, die Waagschalen zurecht machen.

BALANCE, Gleichheit.

Tenir la *balance* égale, sich allerseits gerecht und billig erzeigen.

BALANCE, Ungewißheit.

Tenir quelqu'un en *balance*, einen in der Ungewißheit stecken lassen.

Etre en *balance*, ungewiß seyn.

BALANCE, Ueberlegung.

Mettre une chose en *balance*, eine Sache überlegen; erwägen.

BALANCE, (in der Buchhaltung) die Vergleichung von Schulden, Waaren ꝛc. dadurch ein Kaufmann siehet, ob er in Gewinn oder in Verlust stehe.

BALANCES, die Waage, ein Sternbild am Himmel.

BALANCEMENT, *s. m.* das Wanken; das Wägen; Schweben.

BALANCER, *v. a.* schwingen; schauckeln.

Balancer, brandiller quelqu'un, jemand auf der Schauckel schwingen.

BALANCER, überlegen; bedenken.

L'affaire fut fort *balancée* dans le Senat, die Sache war in dem Rath reiflich überlegt.

BALANCER, in Zweifel schweben; sich bedenken, anstehen.

Je n'ai point *balancé* là-dessus, ich bin hierinnen ganz und gar nicht angestanden.

Dans cette pensée il *balança*, s'il y devoit aller, in solcheit Gedanken stunde er in Zweifel, ob er dahin gehen sollte.

Comme il *balançoit* entre l'espérance & le désespoir, als er zwischen Hoffnung und Verzweiflung lebte.

La victoire *balançoit* de côté & d'autre, der Sieg wankete von einer Seite zur andern, war zweifelhaft.

BALANCER, in einer Gleichheit halten.

Balancer la puissance des uns par celle des autres, die Macht des einen Theils durch die andere in Gleichheit halten.

Les vices d'Alcibiades *balançoient* ses vertus, Alcibiades hatte so viel Laster als Tugenden.

BALANCER, (bey der Jägerey) wechseln; hin und her, oder bald da, bald dort hin laufen; wird sowol von Wild als von Hunden gesagt.

BALANCER les figures, (in der Mahlerey) heisset in der Zeichnung die Bilder also vorstellen, daß sie allezeit der Natur gemäß seyen, oder daß niemalen wider das centrum gravitatis gefehlet seye, welches aber geschiehet, wenn ein Mensch, ohne zu fallen, diese Stellung nicht würde nachmachen können.

se BALANCER, *v. r.* sich schauckeln; schweben.

Les enfans se *balancent* (se branlent) sur une poutre, die Kinder schauckeln sich auf einem Balken.

L'aigle se *balance* dans l'air, der Adler schwebet in der Luft.

BALANCIER, *s. m.* die Unruhe an der Uhr.

BALANCIER de tourne-broche, die Unruhe an einem Bratenwender.

BALANCIER, der Riegel an einer Presse in der Münze, an dem an beyden Seiten Bley gemacht ist.

BALANCIER, *s. m.* ein Waagmacher.

Balancier de compas, der Ring, worinn der Seecompaß schwebet.

BALANCINES, *s. f. plur.* (bey der Seefahrt) zwey kleine Seile am Mastkorb angemacht, deren jedes ein Ende der Segelstange hält, sie im Gewicht zu halten, oder zu niedrigen und zu erhöhen.

BALANÇOIRE, *s. f.* Stück Holz, worauf sich die Kinder, zwey gegen einander, auf und ab bewegen, eine Schauckel.

BALANDRAN, *s. m.* (Scherzwort) ein Regenmantel.

BALANT, *s. m.* (in der Seefahrt) das schlaffe Stück an einem Tauwerk.

BALAOU, *s. m.* ein kleiner Fisch aus der Insel Martinique, welcher der Sardelle gleichet und sehr gut ist.

BALAST, *s. m.* (in der Seefahrt) ein Haufen Steine oder Kies und Sand, den man unten in das Schiff thut, dasselbe im Gewicht zu halten, Balast.

BALAUSTE, *s. f.* des Granatenbaums Blüte, da keine Frucht daraus wird.

BALAUSTIER, *s. m.* ein wilder Granatenbaum.

BALAY, (bey dem Falkenierer) der Schwanz an den Vögeln; (bey der Jägerey) die Spitze an dem Hundeschwanz.

BALAYER, *v. a.* (*voiés* BALAI) mit dem Besen reinigen, auskehren; auf der Erde schlaifen, als ein langer Rock.

Elle *balaye* l'Eglise, sie ist die Letzte aus der Kirche, die andächtigste Person.

BALAYEUR, *s. m.* euse, *s. f.* einer der, oder eine die auskehrt; Besenbinder.

BALAYûRES, *s. f. plur.* (sprich balieures) das Auskehrig; der Mist vom Auskehren.

BALAZE'ES, weiße baumwollene Leinwand, welche zu Surata gemacht wird.

BALBUTIER, *v. n.* stammeln im Reden. (spr. Balbucié).

BALCON, *s. m.* ein Erker an einem Gebäu, mit einem Geländer versehen, darauf man frische Luft schöpfet, oder etwas das unten geschieht, zusieht; auf einem Schiff, ein Gang, so an demselbigen angebauet ist, bedeckt und unbedeckt.

BALDACHIN, BALDAQUIN, *s. m.* ein Himmel, den man über der Monstranz oder über einem grossen Herrn trägt.

BALE, (mit dem kurzen a) *voïés* BALLE.

BÂLE, *ou* BASLE, *s. f.* Basel, Stadt und Canton in der Schweiz.

BALEINE, *s. f.* Wallfisch; *it.* Fischbein.

BALEINEAU, BALEINON, *s. m.* ein junger Wallfisch.

BALENAS, *s. m.* das Geburtsglied der Wallfische.

BÂLETRILLE, *s. f. (voïés* ARBALÉTE,) Jacobsstab.

BALÈVRE, *s. f.* die untere Lippe; *it.* was als eine Lippe unten an einem Stein vorgeht, wo sie an einander oder an einander gesetzt werden, und man hernach gleich machen muß; *it.* wenn zwey Dinge zu sehr auf einander gedruckt, daß das eine bey der Fuge sich heraus und von einander giebt, (in der Baukunst).

BALIER, BALIEUR, BALIORES, *voïés* BALAYER &c.

BALISE, *s. f.* ein Pfal oder grosser Zweig mit vielen Aesten; *it.* eine Tonne, oder aufgerichteter Mastbaum, womit die Untiefen oder gefährlichen Oerter bey den Seehäfen oder sonsten bemerket werden, damit die Fahrenden den rechten Weg treffen mögen.

BALISER, *v. n.* Zeichen vor die Schiffenden aufrichten.

BALISIER, *s. m.* Name einer Pflanze in den Antillischen Inseln, mit deren sehr breiten Blättern die Wilden ihre Hütten decken.

BALISTE, *s. f.* eine Art grosser Kriegsrüstung, als ein Armbrust, grosse Pfeile und Steine zu schiessen; Mauerbrecher.

BALISTIQUE, *s. f.* (in der Mechanic) die Wissenschaft, schwere Cörper zu schleudern.

BALIVAGE, *s. m.* das Zeichnen der Bäume, die beym Abhauen im Wald soll stehen lassen.

BALIVEAU, *s. m.* ein Baum, den man bey Abhauung eines Holzes muß stehen lassen, daß er auswachsen kan.

BALIVEAU, eine junge Eiche unter vierzig Jahren.

BALIVERNES, *s. f. pl.* Schwänke, Narrenpossen, Fabeln.

BALLADE, *s. f.* eine Art alt-Französischer Verse, etwan von 3 Strophen, jede von 8 oder 10 Versen, deren letzter Vers allezeit einerley ist, und bleiben immer einerley Reimsylben von 2, 3 oder 4 Reimen durch und durch.

Le refrain de la *ballade*, immer einerley Leyer.

BALLADIN, *s. m.* einer der gemeiniglich Ballets tantzt, ein Tänzer ums Geld in Comödien oder sonsten; *it.* ein Pickelhering, Arlequin; ein Narr.

BALLADINE, *s. f.* eine Tänzerin, ein Weibsbild, die Pickelheringspossen macht und vorbringt; eine Närrin.

BALLADOIRE, *adj. c.* fête *balladoire,* eine Lustbarkeit, wobey ein Tanz gehalten wird; Kirchmeß, Kirchweih, Bauerntanz.

BALLE, *s. f.* ein Ball zum Spielen.

à vous la *balle*, (sprichw.) es ist an euch, die Reihe trifft euch.

Enfans de la *balle*, des Ballenmeisters Kinder.

Enfans de la *balle*, Kinder, die ihres Vaters Profession lernen.

Au bon joueur la *balle*, sagt man, wenn einer ein Glück hat, der es sich wohl zu bedienen weiß.

La *balle* est en amour, sagt man, wenn der Ball so zurück geschlagen wird, daß er fast die Erde nicht berühret.

BALLE, Kugel zum Schiessen aus Gewehr.

Balle de pistolet, de mousquet, Pistolkugel, Musquetenkugel.

BALLE à feu, eine Leuchtkugel, Feuerkugel.

BALLE ramée, eine Drathkugel.

BALLE, Kramschachtel, Kramkasten, darinn die Lauffkrämer ihre Waare feil tragen.

BALLE, eine Sache, die nichts werth ist, als: Marchandises de *balle*, nichtswerthe Waaren.

BALLE, (in der Druckerey) Ball, die Farbe auf die Buchstaben auszutragen.

BALLE, Hülse an den Feldfrüchten.

Rimeur de *balle*, ein Poet, dessen Verse zum Pfeffereinwickeln gebraucht werden.

BALLER, *v. n.* tanzen, (ist alt).

BALLET, *s. m.* ein Ballet, Art von Täntzen, dabey vermummte Personen etwas vorstellen; *it.* die Verse, welche dieser Personen Geberden erklären.

Faire une entrée de *ballet*, ohne Compliment sich zu jemand begeben.

BALLOIRE, *s. f.* lange Stückgen Holz, welche dem Schiff, indem man es baut, die Form geben, die es haben soll.

BALLON, *s. m.* ein grosser Ball, darinnen eine Blase steckt, und den man mit der Faust schlägt, ein Ballon; *item* ein grosser

grosser Recipient in der Chymie mit kurzem Hals; item eine Art Ruderschiffe in Siam.

BALLONNIER, s. m. ein Ballonmacher.

BALLOT, s. m. kleiner Pack oder Balle Waaren.

Voilà vôtre *ballot*, da habt ihr das Eurige.

BALLOTADE, s. f. ein gewisser Sprung eines Pferdes, da es zwischen zweyen Pfälen angebunden mit vier Füssen in die Höhe springt, an den hintern aber nur die Eisen weiset.

BALLOTAGE, s. m. Erwehlung durch Kugelgreifen.

BALLOTE, s. f. ein kleiner Ball oder Kugel, wie in den Glückshäfen; eine Kugel oder Steingen, die Stimme zu geben; it. ein Kraut, schwarzer Andorn.

BALLOTEMENT, s. m. Gebung der Stimmen mit kleinen Kugeln; Berathschlagung.

BALLOTER, v. a. & n. seine Stimme mit Einwerfung einer kleinen Kugel geben; aus dem Glückshafen etwas heben.

BALLOTER, eine Sache überhaupt überlegen, ehe man recht davon handelt; über eine Sache rathschlagen, sie entscheiden.

La chose fut bien *ballotée* en Conseil, die Sache ist im Rath wohl überlegt worden.

BALLOTER, einen vexiren, von einem zum andern schicken.

Je m'apperçois qu'on ne fait que me *balloter*, ich merke, daß man mich nur aufzeucht, umführt.

BALLOTER, (im Ballhause) keine Partie spielen, nur sonst den Ballen einander zuschlagen.

BALLOTER, etwas hin und wieder bewegen.

Comme un cheval qui *ballote* le mors dans sa bouche, als ein Pferd, so das Gebiß im Maul beweget; mit dem Gebiß spielt.

BALLOTIN, s. m. Knabe, der bey der Wahl des Doge zu Venedig die Wahlkugeln ziehet.

BALOURDE, adj. & s. m. & f. Tölpel, tummer abgeschmackter Mensch.

BALSAMINE, s. f. ein Kraut, Balsamäpfel.

BALSAMIQUE, adj. c. balsamisch, in der Medicin.

Odeur *balsamique*, das nach Balsam riechet.

Plante *balsamique*, Kraut, das balsamische Eigenschaften oder Geruch hat.

BALSAN, voies BALZAN.

BALTASAR, s. m. ein Mannsname, Balthasar.

BALTIQUE, adj. mer *baltique*, der Belt, das Baltische Meer, die Ostsee.

BALUSTRADE, s. f. ein Geländer, ein Werk, woran viel Docken und Stollen beysammen sind; it. allerley Gegitter an Lehnen, und sonst.

BALUSTRE, s. m. eine Docke zum Geländer.

BALUSTRE, Geländer, womit die Bettstellen hoher Standespersonen pflegen umgeben zu seyn.

BALUSTRE, (bey dem Drechsler) die kleinen hölzerne Docken an der Lehne eines Drehstuls.

BALUSTRE, das äussere Horn an dem Jonischen Säulenknauf.

BALUSTRE, (bey Goldschmieden und Zinngiessern) die Röhre, oder aufrechte Stuck an einem Leuchter.

BALUSTRE, (bey dem Schlösser) Stolle am Schloß.

BALUSTRER, v. a. mit Schränken umgeben.

BALZAN, s. m. ein schwarz oder braun Pferd mit weissen Füssen, es sey mit einem, zwey, oder mehrern.

BALZANE, s. f. das weisse Zeichen, das die schwarzen oder braunen Pferde an den Füssen haben.

BAMBOCHE, s. f. eine Art Rohr mit Knoten, die man aus Indien bringt, Bambusrohr; it. eine Person von kurzer Gestalt, spottweise.

BAMBOCHES, s. f. plur. eine Art grosser Marionetten.

BAMBOUC, s. m. ein knöpfiges Rohr oder Holz, welches in Ostindien sehr gemein ist, und sehr hoch und dick wird.

BAN, s. m. (im Gericht) Aufruf, Ausruf, so von dem Gerichtsdiener geschiehet.

BAN & arrière-*ban*, Aufbott der Ritter- und Lehnpferde.

BAN, (in der Römischen Kirche) das Aufgebot; bey den Protestanten sagt man annonces.

BAN, Landsverweisung.

BAN, Gerichtbarkeit.

BAN, (im Kriegsrecht) Ausruf; Ladung bey Trommelschlag oder Trompetenschall.

BAN impérial, die Reichsacht.

Mettre au *ban*, in die Acht erklären.

four à BAN, ein Ofen, worinn alle backen müssen.

BAN de four, Backofenrecht.

BAN à vin, das Recht einiger Herren, 40 Tage Wein zu verkaufen, da kein Unterthan indessen was verkaufen darf.

BAN de moulin, Mühlenzwang.

BANAL, BANALITE', v. BANNAL.

BANANIER, s. m. ein Bananasbaum in Westindien.

BANC, s. m. eine Bank oder langer Sitz.

BANC, im Parlament zu Paris ist es der Ort,

wo sich die Advocaten ausser dem Verhör aufhalten, und den Clienten Rath ertheilen.

BANC du Roi, eines der höchsten Gerichten in Engelland, in welchem vorzeiten der König selbsten auf einer erhabenen Bank den Vorsitz führete.

BANC commun, ein hohes Gericht in Engelland, so aber nur über gemeine Sachen zwischen den Unterthanen spricht.

BANC, (in der Seefahrt) Untiefe; Sandbank im Meer.

BANC, Ruderbank auf den Galeen.

BANC du ciel, in Steingruben, die alleroberste Lage an der obern Fläche der Erden, da die Steine allezeit härter sind, als die darunter liegen.

BANCS, im *plur.* eine öffentliche Disputation.

Il a bien fait sur les *bancs*, er hat sich in seiner Disputation wohl gehalten.

BANCAGE, *s. m.* in Touraine, die Zwangsgerechtigkeit, *voies* BANNALITE'.

BANCELLE, *s. m.* ein Bänklein oder Schämel und niedriger Sitz, als bey der Hausthür, darauf zu sitzen.

BANCHE, *s. f.* ein ebener und harter Felsengrund in der See, als eine Sandbank sonst ist.

BANDAGE, *s. m.* (in der Heilkunst) Band, Verbindung eines Schadens.

BANDAGE, Bruchband.

BANDAGE, Verschienung eines Wagenrades.

BANDAGE, der Spanner, ein Feuerrohr zu spannen.

BANDAGISTE, *s. m.* einer der Bruchbänder macht.

BANDE, *s. f.* das womit man etwas bindet, ein Band; eine Binde der Balbierer.

BANDE, eine Radschiene.

BANDE, der Rand an Pasteten, Torten und dergleichen Gebackens.

BANDE, der Riem am Wehrgehäng.

BANDE, ein eisern Thürband, worinnen der Angel steht.

BANDE, (in der Druckerey), eine Schiene an der Presse.

BANDE, (im Bauwesen) eine Leiste oder ein Streif zwischen den andern Zierathen der Säulen.

BANDE, (in der Schiffahrt) eine Seite, Gegend, von der Linie an zu rechnen, nach Norden oder Süden.

BANDE, (in der Wappenkunst) Band, Schulterschnidt; rechter Schrägbalke.

BANDE, Rotte, zusammengeschlagene Gesellschaft.

Bande de violons, ein Chor Spielleute.

Bande de voleurs, ein Räuberhaufe; Diebsrotte.

BANDE joieuse, lustige Gesellschaft, die sich zusammen gethan, einer Lustbarkeit zu geniessen.

BANDE de bœufs, de moutons, (bey den Viehhändlern) eine Trift Ochsen, Schöpfe (Hämmel).

Une *bande* de saucisses, ein halb Dutzend Bratwürste aneinander, von einem Darm, oder zusammen gebunden.

BANDE, ein kleines Gewicht von zwey Unzen, bey welchem in Guinea das Goldsand gewogen wird.

BANDES, *s. f. plur.* Kriegsschaaren; ansehnliche Haufen Kriegsvolks.

BANDES de selle, bey den Sattelmachern, zwey Stück Eisen drey Finger breit, die man an die Sattelbögen nagelt, daß sie krumm und in der Form bleiben.

Mettre un arçon sur *bande*, die zwey Enden eines solchen Bandes, an jede Seite des Sattelbogens eines, annageln.

BANDE de garot, das Eisen, das an den vordern Sattelbogen genagelt wird, ausser dem vorigen.

BANDES de trémie, eiserne Stangen an den Caminen, darauf ein Stück Mauer ruht.

Mettre un vaisseau à la *bande*, ein Schiff auf die Seite legen, wenn etwas dran zu bessern ist.

Faire *bande* à part, sich einsam halten, nicht unter die Leute kommen.

BANDEAU, *s. m.* eine breite Binde um den Kopf zu binden.

BANDEAU, Binde mit Arzneyen, so man auf die Stirn legt, oder ein Ueberschlag um den Kopf von Kräutern und Arzneyen für die Schmerzen.

BANDEAU, Stirnband der Nonnen.

BANDEAU, (in der Baukunst) das Leistenwerk am Schwibbogen über einer Thüre oder am Bogen über einem Fenster.

le BANDEAU roïal, das königliche Diadema oder Binde, so man vor Zeiten um der Könige Haupt gewunden sahe.

Avoir un *bandeau* devant les yeux, ein Ding nicht sehen, weil man mit etwas zu sehr eingenommen ist, als wenn man von Vorurtheilen oder Affecten verblendet wird.

BANDE'E, *s. f.* Ansagung der Weinlese im Namen der Obrigkeit, damit sie überall zugleich geschehen möge.

BANDELETTE, *s. f.* ein klein Band oder Binde insgemein, als womit man eine Wunde verbindet, ein Kind einwickelt, u. d. gl.

BANDELETTE, (in der Baukunst) eine Leiste oder ein Streif am Architrab über den Dorischen Säulen; auch eine Platte oder ein Band bey den Bauleuten insgemein.

BAN-

BANDER, *v. a.* etwas spannen, als einen Bogen, eine Saite auf den musicalischen Instrumenten, eine Pistol, Armbrust ꝛc.
BANDER quelque chose, etwas binden, verbinden, als eine Wunde.
BANDER les yeux, die Augen zubinden.
BANDER, einwickeln.
Bander un enfant, ein Kind einwickeln.
BANDER son esprit, alle seine Gedanken auf etwas richten.
BANDER la caisse, bander ses voiles, (ein Sprichwort unter gemeinen Leuten) sich davon machen, sich fortpacken.
BANDER une voile, ein Stück Tuch von einem Ende des Segels, kreuzweis mitten durch, bis an das andere nähen, daß es desto länger halte.
BANDER une tourte, (bey dem Pastetenbecker) den Rand an eine Torte machen.
BANDER, *v. n.* gespannt seyn, als: cette corde *bande* trop, dieses Seil ist zu sehr gespannt.
L'oiseau *bande* au vent, (bey den Falkenierern) der Falke schwebt mit ausgebreiteten Flügeln in der Luft.
se BANDER, *v. r.* sich wider einen rotten, sich dem andern widersetzen.
BANDEREAU, *s. m.* das Band oder die Schnur, woran die Trompete über die Achsel gehänget wird.
BANDEROLE, *s. f.* eine Art Fähnlein, die man an die Mastbäume bindet, der Wimpel; ein Band mit Franzen, das zum Zierath an die Trompete gebunden wird; auch sonst ein ander Ding, das man Zierde halber anhängt.
BANDI, *s. m.* ein Strassenräuber.
BANDIE'RES, *s. f. pl.* die Flagge auf den Schiffen.
BANDINS, *s. m. pl.* Geländer auf den Schiffen im Hintertheil.
BANDOULIER, *s. m.* ein Landläufer, Landstreicher, Strolch.
BANDOULIERE, *s. f.* ein breiter lederner Riemen, als ein Wehrgehäng, der den Soldaten über die linke Achsel geht, woran sie die Patrontasche oder etwas anders tragen; das Bandolier.
BANGE de Bourgogne, ein Zeug, welcher in Burgund fabricirt wird.
BANIANS, *s. m. pl.* abergläubische Heyden in Indien, die nichts essen das Leben gehabt hat, weil sie die Metempsychosin glauben.
BANILLE, *s. f. voiés* VANILLE.
BANILLES, *s. f.* ein Gewächs von sehr gutem Geruch, welches zu der Schocolade gebraucht wird.
BANLIEUë, *s. m.* ein Gebiet, ohngefehr eine Meile um die Stadt herum, das Weichbild; der Burgfriede.

BANNAL, e, *adj.* was ein Herr eines Orts ordnet, daß man dasselbe gebrauchen muß, wozu man von der Obrigkeit gebannt und gezwungen wird, als eine Mühle, Ofen, Walke ꝛc. da man muß mahlen, backen und walken lassen.
Taureau BANNAL, der Brunnmochs, Farr oder Muny bey einer Küheerde.
BANNALITE', *s. f.* der Zwang, das Recht das ein Herr hat, seine Unterthanen zu etwas zu zwingen, als in einer gewissen Mühle zu mahlen u. d. gl. it. das Gebiet, in welchem er solches Recht ausübet.
BANNE, *s. f.* ein Wagenkorb.
BANNE, Segel über ein Schifflein, denen Reisenden einen Schirm zu machen.
BANNE, Tuch, so um die Schirmdächer vor die Kramläden gehänget wird.
BANNEAU, *s. m.* ein hölzern Gefäß, darinnen das Lastvieh auf beyden Seiten etwas tragen kan; daher auch ein gewisses Maaß; eine Butte oder Zuber voll.
BANNE'E, *s. f.* das Recht, das ein Herr hat, die Unterthanen an etwas zu binden, wovon er Profit hat, als an eine gewisse Mühle ꝛc.
BANNER, *v. a.* mit einem langen Tuch zudecken; einen Segel, Schirm über ein Schifflein spannen.
BANNERET, *s. m.* ein Herr der ein Bannier führen, seine Lehensleute versammlen, und eine Compagnie, bey Aufbot des Adels, auffuhren durfte. (ist alt)
BANNETON, *s. m.* ein Fischkasten, der im Wasser steht und durchbohrt ist.
BANNETTE, *s. f.* ein klein Körblein, von Kestenholz geflochten.
BANNETTE, ein Pack Ochsen= oder Kühhäute, wie sie in der Insul St. Domingue gepackt werden.
BANNIE, *s. f.* die Zeit, da es verboten ist, das Vieh auf die Wiesen zu treiben.
BANNIER, *s. m.* einer, der öffentlich etwas ausruft, it. der des Herrn Zwang, zu einer gewissen Mühle, Weinpresse oder Kelter, ꝛc. unterworfen ist.
BANNIE'RE, *s. f.* ein Panier, eine Fahne.
Bannière de France, die königliche Französische Hauptfahne.
Bannière, Schiffsflagge.
Bannière de partance, (in der Seefahrt) die Abzugs= oder Abreißflagge.
BANNIR, *v. a.* verbannen, aus dem Lande verweisen, ins Elend vertreiben; von einem Ort verjagen.
Bannir quelque chose de son esprit, an etwas nicht mehr gedenken.
se BANNIR, *v. r.* de la cour, sich vom Hofe entfernen, enthalten.
BANNI, e, *part.* ein Verbannter.

BANNISSEMENT, *s. m.* die Verweisung, Verbannung; das Elend.
BANQUE, *s. f.* der Ort, wo ein Wechsler seine Profeßion treibt; die Wechselbank; it. eines Wechslers Thun und Handel; item, eine Compagnie Kaufleute in einer Stadt; it. im Spielen, das zusammengelegte Geld. Welches alles man insgemein die Banco heißt.
BANQUE', *adj. m.* vaisseau *banqué*, ein Schiff das nach der grossen Bank bey Terreneuve auf den Stockfischfang fährt.
BANQUEROUTE, *s. f.* Bankerot, Fallment.
 Faire *banqueroute*, seine Schulden nicht zahlen können, bankerot werden.
 Faire *banqueroute* aux plaisirs, denen Wollüsten absagen.
 Faire *banqueroute* à l'honneur, à l'amour, die Ehre, die Liebe aufgeben.
BANQUEROUTIER, *s. m. e, f.* ein Kaufmann oder Handelsfrau, so nicht mehr zuhält, fallirt, bankerot wird, ein Fallit, ein Bankerotirer.
BANQUET, *s. m.* eine grosse Gasterey; (in biblischen Geschichten oder geistlichen Dingen, wenn von einem Gastmahl die Rede ist, sagt man *banquet*, besser als festin, sonst ist es nicht mehr gebräuchlich).
BANQUET, ein Riemen am Zaum der Pferde unter dem Auge; auch das Loch am Gebiß, worinn das Mundstück hängt.
BANQUETER, *v. n.* in gemeinen Reden heißt es, schlemmen, Gastereyen halten.
BANQUETTE, *s. f.* ein erhabener Fußweg, der etwas erhöhet ist, wie an den Seiten der Brücken zu seyn pflegt; in der Fortification ist es ein Austritt von Steinen, Erde, Rasen, (Wasen) ꝛc. darauf zu stehen und hinaus zu schiessen.
BANQUETTE, ein Stuhl, Sitz ohne Lehne.
BANQUIER, *s. m.* ein Wechsler, der durch Wechselbriefe macht, daß einer von einer Stadt zur andern kan Geld empfangen.
BANQUIER, Hauptspieler, der gegen alle Mitspielende setzt.
BANS, *s. m. pl.* das Aufbieten der Verlobten auf der Canzel, bey den Catholischen.
BANSE, *s. f.* ein grosser viereckigter Wagenkorb.
BANVIN, *s. m. voiés* BAN à vin.
BAPTêME, BAPTISER, BAPTISMAL, BAPTISTE, BAPTISTE'RE, *v.* BâT.
BAQUET, *s. m.* eine kleine Kuffe, oder abgesägtes Faß, halbe Tonne, Handzuber.
BAQUETER, *v. a.* mit einer hölzernen holen Schaufel oder Schüppe das Wasser wegschöpfen, wo es sich sammelt; ist sonderlich bey den Gärtnern gebräuchlich.
BAQUETURES, *s. f.* der Wein bey den Wirthen, der in das Geschirr fließt, wenn sie Bouteillen füllen, Tropfwein, Leckwein.
BAR, *s. m.* Tragbahre.
BAR, (in der Wappenkunst) eine Barbe, Fisch, so insgemein gekrümmet ist.
BARAGOUIN, *s. m.* vulg. eine Sprache, die nicht recht geredt wird; unverständlich ist.
BARAGOUINER, *v. n.* eine fremde, unverständliche Sprache reden.
BARAGOUINEUX, euse, *adj. & subst.* der eine undeutliche Sprache redet.
BARAQUE, *s. f.* ein kleines Soldatenhüttlein.
se BARAQUER, *v. r.* sich solche Hütten bauen.
 Les soldats se *baraquent* dans le camp, die Soldaten schlagen sich Hütten auf in dem Lager.
BARAT, *s. m.* Betrügerey, mit Verschweigung der Waaren zur See.
BARATER, *v. a. ol.* Waaren gegen einander tauschen, umsetzen, betrügen.
BARATERIE, *s. f.* Betrügerey, die der Schiffpatron mit den Kaufmannswaaren vornimmt; Partitenspiel
BARATTE, *s. f.* ein Butterfaß zum Ausbuttern.
BARBACANE, *s. f. ol.* Schiessloch in einer Mauer oder Brustwehr, woraus man auf den Feind schießt; it. ein Loch in einer Mauer, da das Wasser heraus laufen kan, sonderlich da die Mauer das Erdreich hält. Im letztern Verstande ist besser ventouse.
BARBACOA, ein hölzerner Rost, auf welchem Fleisch und Fische geräuchert werden.
BARBARE, *s. m. & adj. c.* ein wilder barbarischer Mensch, ohne Gesetz und Ordnung; ein grausamer, grober, unwissender Mensch; barbarisch; ein Ausländer.
BARBARES, fremde (ausländische) Völker, (also hiessen bey den Römern alle auswärtige Völker, ausser den Griechen;) item, wilde, ungezogene Völker.
 Langage *barbare*, eine grobe ungeschickte Sprache.
BARBAREMENT, *adv.* barbarischer Weise; grob; undeutlich; grausam.
BARBARIE, *s. f.* Grausamkeit.
BARBARIE, tiefe Unwissenheit; Ungelehrsamkeit; Ungezogenheit; Barbarey.
BARBARIE, die Barbarey; die Gegend in Africa längst der mittelländischen See.
BARBARISME, *s. m.* ein Fehler wider die Reinigkeit einer Sprache.
BARBAÿER, *v.* BARBEYER.
BARBE *s. f.* der Bart, es sey an Menschen er Thieren, als Hasen, Katzen, Ziegen ꝛc.
 Un jeune homme sans *barbe*, ein unbärtiger Jüngling.
 Il commence à avoir de la *barbe*, der Bart beginnet ihm hervor zu stechen.
On

On ne voit en ce lieu que de jeunes *barbes*, man sieht an diesem Orte nichts als junge Leute.

Laisser croitre sa *barbe*, den Bart wachsen lassen.

BARBE de cheval, das Kinn des Pferds.

BARBE, der Stral eines Cometen, wenn er kurz ist.

BARBE, die Spitzen an den Aehren.

BARBE, die Fasen an einem abgetragenen Kleid.

BARBE, an einem Schloß die Spitze, woran es der Schlüssel aufmacht, indem er sie hinter sich drückt.

BARBE, an den Münzen, eine Spitze oder Ecke die am Rand hervorragt, und abgestoßen werden muß.

BARBE, an einem Schiff der krumme Balken am Vordertheil, der unten vom Kiel in die Höhe geht.

BARBE, der Schimmel, oder die Haare, die auf etwas wachsen, das verfaulen will.

Jeune *barbe*, (verachtungsweise,) ein junger Mensch, der sich zu vieler Dinge anmaßt.

à la *barbe* de quelqu'un, einem ins Gesicht, in seiner Gegenwart.

Il rit dans sa *barbe*, er lacht heimlich darüber.

BARBE de baleine, der Bart am Wallfisch, davon das Fischbein kommt.

BARBES perduës, ein Schloß, welches auf eine verborgene Art aufgemacht wird, indem man nemlich den Schlüssel hinein drückt, oder an demselben anzieht.

Tirer en *barbe*, bey den Canonirern, über die Brustwehr wegschießen, und nicht durch die Schießscharte.

BARBE-BOUC, *s. f.* BARBE de bouc, Bocksbart, ein Kraut.

BARBE de chèvre, Geißbart, ein Kraut.

BARBE de Jupiter, Donnerbart, Hauswurz, ein Kraut; item eine Gattung des Linsenbaums.

BARBE, *s. f.* ein Weibername, Barbara.

sainte BARBE, ist auf einem Schiff die Kammer der Canonirer oder Stückbedienten, als deren Patron die H. Barbara ist.

BARBE, *s. m.* ein Pferd aus der Barbarey in Africa, ein Barbar.

BARBE´, ée, *adj.* mit einem Bart von anderer Farbe, ist gebräuchlich in Beschreibung der Wappen.

BARBEAU, *s. m.* ein Barbe, ein Flußfisch; it. die blaue Kornblume; das Kraut so dieselbe trägt.

BARBEGER, *v.* BARBEYER.

BARBELE´, ée, *adj.* zähnig, zackig.

Une flêche barbelée, ein Pfeil, dessen Spitze zähnig ist und gefährlich die Wunde zerreißt.

BARBE-RENARD, *s. f.* klein Bocksbart, ein Kraut.

BARBEROT, *s. m.* im Spott, ein schlimmer unwissender Barbier.

BARBES, ou BARBILLONS, ist der Auswachs des überflüßigen Fleisches, in dem Holen des Pferdmauls unter der Zunge, man nennet es sonsten die Kröte.

BARBES, der Absatz vorn um das Schiff bey den Vorstäben.

BARBET, *s. m.* ein Budelhund, ein krauszottigter Wasserhund.

BARBET, ein Schmähwort und Eckelnam, den man den Waldensern giebt.

BARBETTE, *s. f.* eine Binde, womit die Klosterfrauen die Brust decken.

BARBEYER, *v. n.* mit den Segeln spielen, bald auf dieser und bald auf jener Seite drein wehen, wird auf den Schiffen vom Wind gesagt.

BARBIER, *s. m.* ein Balbier, Barbierer; it. ein Seefisch.

Il est glorieux comme un *barbier*, prov. er ist bauerstolz.

BARBILLON, *s. m.* eine kleine Barbe; it. ein fleischern Gewächs in dem Maul oder Hals der Pferde; it. bey den Falken eine Entzündung oder Geschwulst der Zunge.

BARBON, *s. m.* ein alter Graubart, ein Wort das die jungen Leute oder Weibsvolk von alten Männern sagen, sie mögen lange Bärte haben oder nicht; item einer der ernsthaft ist, ohne daß er das Alter hat.

BARBOTE, *s. f.* ein Teich- oder Flußfisch mit spitzigem Maul und Schwanz, nebst einem Bart am Maul.

BARBOTER, *v. n.* murmeln; brummen; unter den Bart reden.

BARBOTER, *v. a. & n.* mit dem Schnabel im Koth suchen, wie die Enten und Gänse; schnadern.

BARBOTEUR, *s. m.* eine Hausente, die nur im Koth herum sucht.

BARBOTINE, *s. f.* ein Kraut, das die Würmer bey den Kindern vertreibt, Wurmkraut.

BARBOUILLAGE, *s. m.* das Uebertünchen der Wände; Sudeley, Kleckmahlerey.

BARBOUILLAGE, Geschmier, unnütze Schrift.

BARBOUILLER, *v. a. & n.* anstreichen.

BARBOUILLER, besudeln; beschmieren; beflecken.

BARBOUILLER, schleicht schreiben, schreiben das nicht taugt; überschmieren.

J'ai *barbouillé* une feüille de papier, ich habe ein Blat Papier ganz überschmiert.

Je lui ai *barbouillé* une lettre, ich habe in der Eil einen Brief an ihn weggesudelt.

BARBOUILLER un récit, eine Sache ganz confus erzählen.
BARBOUILLER une affaire, eine Sache unrichtig machen.
se BARBOUILLER, v. r. l'esprit de quelque chose, etwas mit grosser Mühe und doch nicht recht lernen.
Se barbouiller en prenant des mœurs étrangères, sich mit fremden Sitten besudeln, verderben.
Il se barbouille dans le monde par sa mauvaise conduite, er verlieret in der Welt mit seiner unanständigen Aufführung seinen guten Namen.
BARBOUILLÉ, ée, part. besudelt.
Se moquer de la barbouillée, was närrisches und lächerliches thun oder reden.
BARBOUILLEUR, s. m. Kleckmahler.
BARBOUILLEUR, unlüchtiger Schreiber; Schmiermärten.
BARBU, ë, adject. bärtig, der einen Bart hat, auch von Cometen.
BARBUë, s. f. ein flacher Seefisch, eine glatte Scholle; it. ein Pflänzlein, das samt der Wurzel ausgerissen wird, zum Versetzen.
BARBUQUET, s. m. kleine Blasen auf den Lippen, oder wenn die Haut davon abgeht, aufspringet, oder einen Grind setzet.
BARCALAO, eine Gattung Mollfisch.
BARCALON, s. m. des Königs in Siam oberster Staatsminister.
BARCES, s. f. eine Art von Stücken, die vor diesem auf den Schiffen sehr gebräuchlich waren, als Falkonetten, aber kürzer, dicker, und von grösserm calibre.
BARD, s. m. eine Trage, Tragbahre.
BARDACHE, s. m. ein Knabe mit dem man Unzucht treibt.
BARDANE, s. m. Klettenkraut.
BARDE, s. f. eine Dachschindel; ein Panzer oder Harnisch, den man den Pferden an der Brust und an der Seite anhängt.
BARDE, ein Stück dünn geschnittener Speck, das man um die fetten Capaunen, Wachteln und andere Vögel legt, die das Spicken nicht vonnöthen haben, weil sie fett genug sind.
BARDE, s. m. ein Poet oder Sänger bey den alten Deutschen und andern Celtischen Völkern.
BARDEAU, s. m. ein Bretlein oder Schindel.
BARDEAU, s. m. ein Taglöhner, der die Bahre trägt.
BARDELLE, s. f. ein Reitküssen von Stroh und Leinwand.
BARDER, v. a. ein Pferd mit einem Harnisch bewafnen.
BARDER, einen Vogel mit dünnem Speck belegen.

BARDEUR, s. m. ein Träger, der etwas auf der Trage oder Bahre trägt.
BARDIS, s. m. (in der Seefahrt) ein Stück Bord, das man vormacht, wenn man das Schiff etwas umbeugt oder auf die Seite legt, daß das Wasser alsdenn nicht kan herein lauffen.
BARDIS, der Unterschlag, welcher zu unterst in einem Schiff mit Bretern gemacht wird, um Korn zu laden.
BARDOT, s. m. ein kleiner Maulesel etwas zu tragen; die defecten Exemplar bey den Buchführern, andere Defecte zu ersetzen.
BARER, v. n. nicht wissen wo die Spur weiter geht, sagen die Jäger von Hunden.
BARET, s. m. Geschrey der Elephanten und des Rasenhorns.
BARETER, v. BARATER.
BARETTE, v. BARRETTE.
BARGE, s. f. ein Fisch mit spitzigem Maul.
BARGE, v. BERGE.
BARGUIGNER, v. n. sich lang bedenken, sich nicht entschliessen können, bey einem vorhabenden Kauf oder andern Handel.
On barguigne une demi heure avant que de m'offrir quelque chose, & encore est-ce si peu que je n'y gagne presque rien, man marktet eine halbe Stunde, ehe man mir etwas darauf bietet, und über das ist es so wenig, daß ich fast nichts darbey gewinne.
BARGUIGNEUR, s. m. euse, s. f. einer oder eine so zu lang feilschet und zaudert, ehe der Kauf geschlossen wird.
BARICADE, s. f. ol. ein tiefes Loch oder Graben unten an den Bergen.
BARIL, s. m. ein rundliches hölzernes Gefäß, ein Fäßlein, Tönnlein, von etwa 10 Kannen, dergleichen man zum Essig, Senf, Bricken ꝛc. braucht.
BARILLAGE, s. m. klein Gebind oder Gemäß, das in kleinen Fäßlein, oder andern kleinen Gefässen bestehet; Zufuhr in solchen kleinen Gefässen, als wenn man Wein in Flaschen, Krügen, Tönngen kommen läßt.
BARILLARD, s. m. der so auf den Schiffen Wein und Wasser zu verwalten hat.
BARILLET, s. m. ein klein Fäßlein; (ist alt.)
BARILLET, der Teuchel einer Pompe, in welchem die Stange, oder der Sauger stehet.
BARILLET, s. m. Federhaus, an einer Sackuhr.
BARIOLAGE, s. m. das Mahlen oder Gemählde mit unterschiedlichen Farben.
Je n'aime pas le bariolage dans mes habits, ich habe an meinen Kleidern viel bunte Farben nicht gerne.

BARIO-

BARIOLER, *v. a.* mit unterschiedlichen unordentlich unter einander gemengten Farben anstreichen.

BARIOLE', ée, *part. & adject.* bunt, von vielen Farben.

Fève *bariole*, bunte Bohne.

BARIQUE, *s. f. v.* BARRIQUE.

BARLETTA, ville d'Italie, eine Stadt in Italien.

BARLONG, ue, *adj. & subst.* zipflicht, von ungleicher Länge, wird von einem Kleid gesagt.

BARLONG, (in der Geometrie) viereckig in die Länge.

BARNABE', *s. m.* ein Mannsname.

BARNABITES, *s. m. pl.* Barnabiten, eine Art Ordenspersonen von der Congregation St. Pauli, die den Namen von St. Barnabä Kirche zu Mayland haben.

BARNACLE, *s. m.* eine Art Austern.

BARNAGE, *s. m.* (an statt baronnage) alter Adel, gutes adeliches Herkommen, der Adel, die Herren im Reich; das Gefolg, der Staat eines Freyherrn; ein hoher Geist, Adelmuth. (ist alt.)

BAROMETRE, *s. m.* Wetterglas die Schwere der Luft zu erkennen.

BARON. *s. m.* vor diesem ein grosser Herr des Königreichs; heut zu Tage der nächste am Grafen, ein Baron, ein Freyherr.

BARONNE, *s. f.* eine Freyfrau. (nicht Baronnesse.)

BARONNIE, *s. f.* das Land eines Barons.

BAROQUE, *adj. c.* wird von Perlen gesagt, wenn sie nicht recht rund sind.

Colier de perles *baroques*, eine Schnur schiefe Perlen.

BAROSCOPE, *s. m.* ist so viel als Baromètre.

BARQUE, *s. f.* eine Barke, ein klein Schiff, das einem grössern folgt; it. ein Schiff mit einer Brücke und höchstens drey Masten.

Conduire la *barque*, einen Handel oder Sache führen.

Savoir bien conduire sa *barque*, prov. seine Sachen wohl anzustellen wissen.

BARQUEROLE, *s. m.* ein Schiff ohne Mast, das bey schönem Wetter am Rande herfährt, und niemals in die Tiefe kommt.

BARQUETTE, *s. f.* eine Art Gebackenes bey den Pastenbeckern, wie eine Barke.

BARRA, oder BARRO, ein Maaß in Portugal, dabey man Tuch, Leinwand etc. misset.

BARRACAN, *v.* BOURACAN.

BARRAGE, *s. m.* Zollgerechtigkeit.

BARRAGE, eine Gattung gebildete oder gestreifte Leinwand, welche in der Normandie gemacht wird.

BARRAGER, *s. m.* der den Zoll einnimmt, Zollner.

BARRAGOIN, *v.* BARRAGOüIN.

BARRAQUE, *v.* BARAQUE.

BARRAS, *s. m.* ein Harz, welches aus denen Fiechtenbäumen fliesset, wenn man einen Schnidt daran machet.

BARRAT, *s. m.* ein wohl untersetztes Pferd, man sagt auch ramassé.

BARRE, *s. f.* Stange, Hebbaum; Riegelbaum.

BARRE, Gürtrieme.

BARRE, Standbaum im Stall.

BARRE, Sandbank im Meer, so vor dem Eingang eines Stroms liegt.

BARRE, Durchstrich; in Schreiben etwas auszulöschen.

BARRE, Unterstrich, eine Schrift zu merken.

BARRE de fer, eine Stange Eisen.

BARRE, (in der Wappenkunst) Strasse; Eckschnitt; linker Schrägbalken.

BARRE de palais, Bank; Stand, wo von den Gerichtsbedienten gepfändete Güter verkauft werden.

BARRE de muid, Quertauge, über den Boden eines Weinfasses.

BARRE, das lange Bretgen über den Claviren, eines Clavicordii.

BARRE, (in der Münz) der grosse eiserne Schwengel am Druckwerk.

BARRE d'arcasse, (bey dem Schiffbau) die Oberberghaut, ist gleichsam das Band, so alle Theil des Schiffs zusammen hält.

BARRE de panier, (bey dem Korbmacher) das Fußgen.

BARRE de lut, Lautenbalke.

BARRE, ein Maaß dabey man in Spanien Leinwand und dergleichen misset.

Armes de la *barre*, die Hauzähne an einem wilden Schwein.

BARRES, *s. f.* plur. die Laden in dem Maul eines Pferdes.

BARRES, ein Lauffspiel zwischen den Schranken.

Joüer aux *barres*, einander jagen, und von einander laufen; it. an unterschiedenen Orten suchen, ohne daß man einander antrift.

Il a *barres* sur lui, er hat einen Vortheil vor ihm.

BARREAU, *s. m.* ein Riegel.

BARREAU, eiserne Stangen vor den Fenstern.

BARREAU, Gitter vor etwas.

BARREAU, der Ort wo man richtet; die Gerichtsstube; das Richthaus.

BARREAU, die Schranken, wo die Advocaten stehen, wenn sie vor Gerichte versetzen.

Hanter le *barreau*, Sachen vor Gericht führen.

Quitter le *barreau*, die Praxin niederlegen.

BARREAU, die Advocaten selbst.
C'est le sentiment du *barreau*, dieses ist die einhellige Meynung der Advocaten. Stile du *barreau*, Schreibart der Advocaten; Gerichts-Stilus.
BARREAU, (in der Buchdruckerey) der Schließnagel.
BARRER, *v. a.* mit einem Riegel oder Schlagbaum versperren; verschliessen, einschliessen, zuschliessen.
BARRER, verbinden.
Barrer les veines d'un cheval, die Adern eines Pferds verbinden.
BARRER, (bey der Jägerey) stutzen, wird von den Hunden gesagt, wenn sie nicht wissen, wo die Spur weiter geht, und welchen Weg sie laufen sollen.
Os *barré*, das Bein, das sich bey den gebährenden Weibern von einander thun soll.
BARRETTE, *s. f.* eine Art von Hüten; eine Mütze, Kappe; alles womit man den Kopf bedeckt.
J'ai bien parlé à sa *barrette*, ich habe ihm einen harten Filz gegeben.
BARRETTE, eine rothe viereckigte Mütze der Cardinäle; item ein Doctorhut.
BARREZ, *s. m. plur.* Carmelitermönche, (also wurden sie vorzeiten genennet, wegen ihrer schwarz-und geviertheilten Mäntel, so sie damals getragen; heute sagt man Carmes.)
BARRI, *v.* BARET.
BARRICADE, *s. f.* umgehender Schlagbaum; Schutzgatter.
BARRICADE, Verbauung; Sperrung der Strassen oder Zugänge, durch Vorziehung der Ketten, Fässer, Wagen, ꝛc.
BARRICADER, *v. a.* den Weg verhauen, versperren; Thüren oder Fenster verschliessen, verriegeln, verrammeln, fest vermachen.
se BARRICADER, *v. r.* sich verrammeln, sich einschliessen; sich verschanzen.
BARRIER, *s. m.* Münzknecht, so das Druckwerk treibt.
BARRIERE, *s. f.* ein Riegel oder Schlagbaum, Schranken; was zu Grenzen oder Schutz dienet.
BARRIERE, Hinderniß, Schwürigkeit; Widerstand.
Je prévois de puissantes *barrieres*, qui s'opposeront à vôtre course, ich vermerke mächtige Hinderungen, so euren Lauf aufhalten werden. Rompre les *barrieres*, die Schranken durchbrechen.
BARRIERE, le lieu d'où partent les chevaux pour courir dans la lice, der Ort, wo die Pferde herkommen den Wettlauf zu thun. Combattre à la *barriere*, auf der Rennbahne rennen.
BARRIL, BARRIOLER, *v.* BARI.

BARRIQUE, *s. f.* ein Weinfaß von mittelmäßiger Grösse, ein Zulast; im Krieg ein Faß mit Sand oder Erde, so man in der Eil zur Bedeckung vor sich stellt.
BARRIQUE foudroïante, ein Faß mit allerley Feuerwerk und brennenden Materien, womit man den Feind von der Brèche abhält.
BARRIT, *v.* BARET.
BARROIR, *s. m.* ein Bohrer der Böttcher, womit sie Löcher machen, die *barre* zu befestigen.
BARROT, *s. m.* (bey dem Schiffbau) Querbalken im Schiff, worauf die Brücke oben liegt.
BARROTTÉ, *adj. m.* vaisseau *barroté*, ein Schiff das bis an die Querbalken, so die Brücke tragen, voll gepackt ist.
BARROTIN, *s. m.* schmaler Querbalken im Schiff, der aber doch durchaus reicht.
BARROYER, *v. n.* den Proceß aufschieben, die Sache verzögern oder aufhalten, wird nur von untüchtigen Advocaten gesagt, ol.
BARRURE, *s. f.* die Querhölzer in einer Laute.
BARSES, grosse zinnerne Kisten in welchen der Thee aus China gebracht wird.
BARTELEMI, BARTHELEMI, *s. m.* (Bartholomæus,) ein Mannsname.
BARUTH, *s. m.* ein Maaß in Indien, womit der Pfeffer gemessen wird, welches über 50 Pfund haltet.
BAS, *s. m.* Strumpf. Une paire de *bas* de soie, de laine, ein Paar seidene, wüllene Strümpfe. *Bas* à étrier, Reitstrümpfe.
Bas de soie, eiserne Stangen, woran auf den Schiffen die Verbrechere mit Händen und Füssen geschlossen werden.
BAS, BASSE, *adj.* niedrig gelegen; tief.
BAS, *adv.* nieder, ab, von sich. Mettre *bas* les armes, das Gewehr niederlegen.
mettre BAS, (von Thieren) Junge werfen.
mettre BAS, abschaffen.
Ce manufacturier a mis *bas* une partie de ses métiers, dieser Fabricant hat viele seiner Stühlen abgeschaffet.
Bas, niederwärts; unten.
Il a donné trop *bas* en tirant, er hat zu niedrig geschossen.
à Bas, *adv.* darnieder; zu Boden; herab.
Son cheval le jetta à *bas*, sein Pferd hat ihn abgeworfen.
à Bas, herunter! komm herab!
Il est à *bas*, er ist darnieder (von seinem Wohlstand ab) gekommen.
en Bas *adv.* niederwärts.
Il est en *bas*, er ist unten.
Il descend en *bas*, er steiget hernieder.
ici-BAS, *adv.* hie nieden; hie herunter; hernieder. Il est ici-*bas*, er ist hie nieden.
Venés ici-*bas*, kommet hernieder.

ici-

ici-Bas, in dieser Welt, auf dieser Erden.
   Les choses d'ici-*bas* sont périssables, die Dinge dieser Welt sind vergänglich.
là-Bas, *adv.* darnieden; da herunter.
   Demeurés là-*bas*, bleibet darnieden. Descendés là-*bas*, steiget da herunter.
par en Bas, *adv.* unten her.
d'en Bas, *adv.* von unten her.
BAS-BORD, (in der Schiffahrt) Backbort, die linke Seite des Schiffs.
Bas-Bord, (in der Seefahrt) ein Befehlswort an den Schiffknecht, so den Steuerruderstock regieret, daß er diesen nach linker Hand wenden soll.
Bas-Bord, ein flaches Schiff, nur mit einem Oberloff versehen, gehet mit Segeln und Rudern.
BASANE ou BAZANE, *s. f.* Schaafleder, wie es die Buchbinder, Täschner, u. d. gl. brauchen.
BASCULE, BACULE, *s. f.* Brunnschwengel.
Bascule, aufschlagender Schlagbaum.
Bascule de pont-levis, Schnellbalke (Schlagbalke) an einer Zugbrücken.
Bascule de moulin à vent, Baum an der Windmühle, deren Umlauf zu hemmen.
Bascule pour jetter des grenades, ein Handmörsel, Granaten draus zu werfen.
BAS-DESSUS, *s. m.* der andere Discant in der Music; der andere Discantist, der, so den andern Discant singt; das Instrument, darauf der andere Discant gespielet wird.
BASE, *s. f.* Fuß, Boden, worauf etwas stehet oder ruhet.
Base, (in der Meßkunst) die Seite oder Linie einer Figur, worauf sie gestellet ist.
Base, (in der Baukunst) das Fußgesims eines Baues; ein Säulenfuß.
Base, (in der Anatomie) das breite Theil des Herzens, wo die zwey Herzöhrgen sind.
Base, (in der Botanic) das unterste Theil eines Blates oder Stengels.
Base, Grund; Hauptstück einer Sache.
   La justice est la *base* du gouvernement, die Gerechtigkeit ist der Grund des Regiments.
   Cette vérité est la *base* de la Religion, diese Wahrheit ist das Hauptstück der Religion.
Base, das vornehmste Stück, woraus etwas bereitet wird.
   Le cacao est la *base* du chocolat, die Kakaunuß ist das Hauptstück von der Schokolate.
BAS-FOND, *s. m.* eine Untiefe im Meer, ein Ort, wo seicht Wasser ist, und man leicht stranden kan.
BAS-FORT, *s. m.* das unterste Bollwerk.
BASIGLOSSE, *s. m.* (in der Anatomie) eine Muskel, so die Zunge unter sich zieht.
BASILAIRE, *adj. c.* (in der Anatomie) os *basilaire*, heißt das Gaumenbein, weil es das unterste an der Hirnschale ist.
BASILE, *s. m.* Basilius, ein Mannsname.
BASILIC, *s. m.* Basilik, Basilien, ein wohlriechendes Kraut.
Basilic, *s. m.* ein Basilisk.
Basilic, vor Alters ein grosses Stück Geschütz, so 160 Pfund schoß.
BASILICON, BASILICUM, *s. m.* (in der Heilkunst) Name einer Wundsalbe.
BASILIQUE, *s. f.* ol. ein königlich oder an groß Gebäude; ein grosser Saal mit zwey Reihen Pfeiler; eine grosse Kirche.
Basilique, *adj. c.* veine *basilique*, die Haupt- oder Leberader.
BASILIQUES, *s. f. plur.* die Römischen Gesetze ins Griechische übersetzt.
BASIN, *s. m.* ein baumwöllener Zeug, als Barchet oder Kannevas; Bomsin.
BASLE, *voiés* BALE.
BASOCHE, *s. f.* lustige und scherzhafte Erzehlung; Mährlein.
Basoche, *s. f.* die Schreibergesellschaft im Parlament zu Paris; das Gericht, unter welchem die Parlamentschreiber stehen.
BASQUE, *s. m.* ein Biscayer in den Pyrenäischen Gebirgen; die Biscayische Sprache.
   Parler *basque*, Biscayisch reden.
Basque, ein Läufer.
   Courir comme un *basque*, geschwind laufen.
Basque, *s. f.* die Schoß an einem Wammes.
   Attacher les *basques* du pourpoint, die Schöße an das Wammes heften.
Basque, das Blech, das die Dachdecker an den Giebeln, Ecken und Winkeln unter die Ziegel legen.
BASQUINE, *s. f.* eine weite Schaube, die durch einen Reif von einander gehalten wurde, (ist alt).
BASQUINER, *v. a.* bezaubern, (ist alt).
BAS-RELIEF, *s. m.* halb erhobene Arbeit, Gipswerk oder Schnitzwerk, das ein wenig heraustehende oder erhabene Figuren hat; so auch im Mahlen, wenn es so gemahlt ist.
BASSA, *s. m.* hoher Befehlshaber bey den Türken.
BASSE, *s. f.* eine Untiefe im Meer, ein Ort, wo Klippen und Sandbänke mit dem Wasser in gleicher Höhe stehen.
Basse, (in der Music) der Baß im Singen und auf Instrumenten der niedrigste Ton.
Basse, der Mensch, so den Baß singt, oder spielt, ein Baßist.
Basse, ein Instrument zum Baß.
   une Basse de viole, eine Baßgeige.

une BASSE de haut-bois, ein Fagot, eine Baßpfeiffe.
BASSE-CONTRE, s. f. der Baß in der Music; der Bassist, Baßspieler oder Baßsänger; das Baßinstrument.
BASSE-COUR, s. f. der Hof an einem Landgut, da man allerley Vieh drinnen hält.
Nouvelles de basse-cour, lächerliche lügenhafte Zeitung.
BASSE-EAU, s. f. auf der See, die Ebbe.
BASSEMENT, adv. niedrig; schlecht; gemein, pöbelhaft; unanständig, lüderlich.
Agir bassement, schändlich handeln.
S'exprimer bassement, gemeine Redarten brauchen.
BASSE-NOTE, s. f. sachte oder leise Music.
Chanter à basse-note, leis oder piano singen.
BASSESSE, s. f. Niedrigkeit des Standes und Glücks.
La bassesse de la naissance, geringes Herkommen.
BASSESSE de corps, die kurze Gestalt des Leibes.
BASSESSE, elender und armseliger Zustand.
BASSESSE de cœur, verzagter Muth, Furchtsamkeit.
BASSESSE, service indigne, eine unanständige Willfährigkeit.
Comment vous laissés-vous aller à ces bassesses? wie lasset ihr euch zu so schlechten und geringen Dingen gebrauchen?
Il n'y a bassesse, à laquelle il ne se laisse aller pour contenter son ventre, es ist nichts so gering und unanständig, dazu er sich nicht sollte gebrauchen lassen, nur seinen Bauch zu füllen.
Faire une bassesse, sich einen Schandfleck machen.
Faire des bassesses, sich allzu sehr demüthigen, erniedrigen.
BASSES-VOILES, s. f. plur. die Segel des grossen Masts und Fockmasts zusammen, auf den Schiffen.
BASSET, s. m. ein Mensch von kurzer Gestalt; ein Hund mit niedrigen Füssen, Dachsschliefer.
BASSE-TAILLE, s. f. halb erhabene Arbeit; die Art und Wissenschaft dergleichen Arbeit zu machen; in der Music der Tenor; einer der den Tenor singt oder spielt, ein Tenorist; eine Tenorgeige oder Tenorflöte.
BASSETTE, s. f. das Basset, eine Art Spiels mit den Karten.
BASSICOT, ein von Zimmerarbeit gemachter obenher offener Kasten, in welchem man an einigen Orten die Steine aus denen Gruben herauf ziehet.
BASSIERE, s. f. voiés BAISSIERE.
BASSIN, s. m. Becken; Schale.

Bassin à barbe, Balbierbecken.
Bassin de fontaine, die Schale eines Springbrunnens.
Bassin de balance, eine Waagschale.
BASSIN, grosse Schüssel.
BASSIN, der Ort, wo die Maurer den Kalk oder Mörtel anmachen.
BASSIN, (in der Anatomie) eine Tiefe oder Höle im Leib.
BASSIN, (bey dem Hutmacher) das Blech zur Hutform.
BASSIN, (in der Seefahrt) beschlossener Raum; Umfang eines Seehafens.
BASSIN, (in der Kaufmannschaft) vendre les marchandises au bassin, Waaren verganten, und dem Meistbietenden durch den Schlag auf ein metallenes Becken überlassen; ist eine Holländische Art zu ganten, welche sehr gemein ist.
Bassin de chambre ou de chaise percée, das Geschirr im Nachtstul.
Bassin à queuë, Geschirr vor Kranke, die nicht aus dem Bett aufstehen können.
Aller au bassin, auf den Gemachstul gehn.
Cracher au bassin, ein Sprichwort des Pöbels: die Unkosten mit tragen helfen; vulg. in die Büchse blasen.
BASSINE, s. f. ein grosses weites Becken oder Kessel mit zwey Henkeln in der Apotheke.
BASSINER, v. a. eine Wunde auswaschen; etwas über eine Geschwulst schlagen.
BASSINER, ein Gartenbeet nur mit wenigem Wasser besprengen oder bespritzen.
BASSINER, ein Bett mit der Wärmpfanne wärmen.
BASSINET, s. m. die Zündpfanne an einem Schießgewehr.
BASSINET, s. m. gelber Hahnenfuß.
BASSINET double, gefüllter Hahnenfuß.
BASSINET des prés, Wiesenhahnenfuß.
BASSINET, eine Sturmhaube.
BASSINET, Tille; Pfifferling am Leuchter.
BASSINET, (in der Anatomie) die kleine Aushölung an den Nieren.
BASSINOIRE, s. f. ein Becken, das Bett zu wärmen, eine Wärmpfanne.
BASSON, s. m. eine Baßpfeife, Fagot.
BAST, BASTAGE, voiés BâT.
BASTANT, e, adj. tauglich, tüchtig; genugsam, hinlänglich.
BASTARD, u. dessen Derivata, v. BâTARD.
BASTE, interj. vulg. es mag so seyn, gnug davon.
BASTE, s. m. (im l'Hombrespiel) das As vom Treffle oder Klee, die Basta.
BASTELAGE, BASTELEUR, v. BâT.
BASTER, v. n. genug seyn; in gutem Stand seyn; wohl von statten gehen.
L'affaire baste mal, der Handel geht nicht gut.

BAS-

BASTER, voïés BÂTER.
BASTERNE, s. f. eine Sänfte, so man auf Reisen braucht.
BASTIDE, s. f. ein Landhaus, Lusthaus, (ist in Provence bräuchlich).
BASTIER, voïés BÂTIER.
BASTILLE, s. f. ein Schloß, auf alte Manier, mit vielen Thürmen befestiget; ein Schloß zu Paris noch auf solche Art gebaut, da man die Staatsgefangenen bewahrt.
Il ne branle non plus que la *bastille*, er ist ein unbeweglicher Mann.
BASTILLÉ, ée, adj. in den Wappen, mit Thürmen und Mauern versehen.
BASTIMENT, v. BÂTIMENT.
BASTINGUE, BASTINGURE, s. f. ein Stück Tuch oder Leinwand, das man längst am Bord hin, an aufgerichteten Stangen, auffspannet, damit der Feind währendem Treffen nicht sehen kan, was oben auf dem Schiff geschieht.
BASTION, s. m. eine Bastion an einer Festung, ein Bollwerk.
Bastion double, doppeltes Bollwerk.
Bastion coupé, abgeschnittenes Bollwerk.
Bastion plein ou solide, gefülltes Bollwerk.
BASTIR, v. a. (bey den Hutmachern) welche das *s* mit aussprechen, heißt es, den Hut mit Biber- oder andern feinen Haaren überziehen, feine Haare oder feine Wolle mit einwalken; das übrige siehe in, Bâtir.
BASTON, v. BÂTON.
BASTONNABLE, adj. c. im Scherz, das Schläge werth ist.
BASTONNADE, s. f. Stockschläge, Prügel.
BASTONNÉE, v. BÂTONNÉE.
BASTONNER, v. a. prügeln, Stockschläge geben; it. in gerichtlichen Sachen, einige Zeilen in den Acten unterstreichen, zu bemerken, daß sie sollen gelesen werden, weil sie was hauptsächliches in sich halten.
BASTONNIER, v. BÂTONNIER.
BASTUDE, s. f. eine Art Fischergarn, in den gesalzenen Seen zu fischen.
BAS-VENTRE, s. m. der Unterbauch.
BAT, s. m. der Schwanz eines Fisches, ist nur in der Königl. Küche zu Paris im Gebrauch, wenn man des Fisches Länge vom Kopf an beschreibt.
Bât, s. m. ein Saum- oder Bastsattel, für die Lastthiere, etwas zu tragen.
C'est un cheval de *bât*, es ist ein tummer Kerl.
Vous ne savés pas où le *bât* lui fait mal, ihr wißt nicht, wo ihn der Schuh drückt.
BÂTAGE, s. m. der Zoll von Saumrossen.
BATAIL, s. m. der Schwengel, Klöppel in der Glocke.

BATAILLE, s. f. eine Schlacht, ein Treffen.
Bataille rangée, ordentliche Feldschlacht.
Bataille navale, Seeschlacht.
Présenter la *bataille* à l'ennemi, dem Feinde eine Schlacht anbieten.
Livrer *bataille* à l'ennemi, dem Feinde eine Schlacht liefern.
Gagner la *bataille*, den Sieg erhalten.
Il mourut après avoir gagné la *bataille*, er hat nach erhaltenem Siege den Geist aufgegeben.
Perdre la *bataille*, geschlagen werden; den Sieg verlieren.
BATAILLE, Schlachtordnung.
Marcher en *bataille*, in Schlachtordnung ziehen.
Ranger l'armée en *bataille*, die Armee in Schlachtordnung stellen.
On rangea l'infanterie dans le corps de *bataille*, man stellete das Fußvolk in die Mitte.
Champ de *bataille*, Wahlstatt, Schlachtfeld. Cheval de *bataille*, Streithengst, Streitpferd.
BATAILLE, (in verblümtem Verstand) ein Anfall von einem Affect; Gemüthsstreit.
Ses charmes ont livré à mon cœur une horrible *bataille*, ihre Annehmlichkeiten haben mein Herz entsetzlich bestürmet.
BATAILLÉ, ée, adj. wird in den Wappen von Glocken gesagt, und heißt, mit einem Schwengel von anderer Farbe.
Il porte de gueules à une cloche d'argent, *bataillé* d'or, er führet in einem rothen Schilde eine silberne Glocke mit einem verguldeten Schwengel.
BATAILLER, v. n. fechten, sich schlagen; it. noch im Scherz, sich herum zanken.
Il m'a fait longtems *batailler*, avant que d'obtenir ce que je demandois, ich habe lange streiten müssen, ehe ich erhalten, was ich verlanget.
BATAILLEREUSEMENT, ol. adv. tapferer Weise.
BATAILLON, s. m. eine gewisse Zahl Soldaten zu Fuß, so als zum Schlagen gestellt, von 300 bis 800 Mann.
Bataillon quarré, da eine Zahl Fußknechte oder Reuter ins Gevierte gestellet werden, daß sie auf allen vier Seiten Feuer geben können.
BATANOMES, eine Art Leinwand, welche zu Alcair verkauft wird.
BATANT, e, partic. schlagend.
Nous les menâmes *batant* jusqu'à leur camp, wir verfolgten sie bis in ihr Lager.
Un habit tout *batant* neuf, ein neues Kleid, as. geschlagen neu, als neu gemünztes Geld.
BATANT, s. m. der Schwengel in einer Glocke.

BATANT, ein Ladenflügel, den man hoch und niedrig machen kan.
BATANT, der Flügel an einem Laden, Thür, oder Fenster.
BATANT, bey den Webern und Bortenwirkern der Kamm, womit sie die Fäden an einander schlagen.
BATANT, ein Flügel an den Schifffahnen, der sich immer in der Luft an den andern schlägt; auch die Länge der Flaggen und Wimpel auf den Schiffen.
BATANT de loquet, die Schnalle an einer Thüre, Klinke oder Falle.
BâTARD, e, *adj. & subst.* ein Bastard, ausser dem Ehebett erzeugtes Kind.
BâTARDE, *s. f.* ein klein Stück Geschütz.
BâTARDE, das gröste Segel auf einer Galee.
Un fruit *bâtard*, eine ausgeartete wilde Frucht.
Papier *bâtard*, Papier, so nicht die behörige Grösse hat.
Etoffe *bâtarde*, ein Zeug, so die Breite nicht hat.
Ecriture *bâtarde*, eine gewisse Gattung Buchstaben bey denen Schreibern.
Bâtarde racage, (in der Seefahrt) ist ein Strick, der die angefassten hölzerne Kugeln in dem Mastbaum zusammen hält.
BâTARDEAU, *s. m.* ein Damm oder Verschlag im Wasser von Pfälen mit Bretern und Erde, wenn man etwas bauen will, Wasserstube.
BâTARDEAU, eine Wand, welche auf einer Seiten des Schiffs angeschlagen wird, damit, wenn das Schiff auf die Seite geleget wird, das Wasser nicht hinein laufe.
BâTARDIE'RE, *s. f.* ein Ort voll gepfropfter Bäume, die man in der Baumschule aufwachsen läßt, und sie hernach weiter verpflanzet.
BâTARDISE, *s. f.* unehrliche Geburt.
BATAYOLES, *s. f. pl.* viereckigte Stücker Holz, 3 Schuh hoch, und ungefehr 4 Zoll dick, die man inwendig gerad über sich an die Leisten auf der Decke des Hintertheils des Schiffs annagelt.
BATE, *voiés* BATTE.
BATEAU, *s. m.* ein Schiff, auf den Flüssen gebräuchlich.
BATEAU, das Holzwerk, der Kasten von einer Kutsche.
Il est étourdi du *bateau*, er ist über dem zugestossenen Unglück ganz verdutzt, ganz ausser sich.
BATE'E, *voiés* BATTE'E.
BâTELAGE, *s. m.* Taschenspielerey, Gauckleley.
BATELE', ée, *adj.* mit einem Schwengel von anderer Farbe, als eine Glocke in den Wappen.
BATELE'E, *s. f. v.* BATEAU, ein Schiffsladung, so viel ein Schiff auf einmal führen kan.
BATELEMENT, *v.* BATTELEMENT.
BATELER, *v. a.* Fische auf ein kleines Schiff von einem grössern laden.
BATELET, *s. m.* ein kleines Schiff; ein Kahn.
BâTELEUR, *s. m.* BâTELEUSE, *s.* ein Taschenspieler, Pickelhering, Gauckler, Seiltänzer, Marktschreyer.
BATELIER, *s. m.* BATELIE'RE, *s.* ein Schiffer.
BATEMARE, *s. m.* eine Bachstelze, ein Vogel.
BâTêME, *s. m.* die Taufe, vornemlich der Menschen, bey den Catholischen auch der Glocken, bey den Bootsleuten, die Taufe derer, die zum ersten mal an gewisse Oerter kommen; es heißt auch das Geschenk, so die Gevattern der Hebamme geben; it. das Gebackens, so die Gevattern bekommen, die Gevatterkuchen, Gevatterstücken.
BATEMENT, *voiés* BATTEMENT.
BâTER, *v. a.* ein Lastthier satteln, ihm den Saumsattel auflegen.
Un âne *bâté*, ein tummer Esel, ungeschickter Kerl.
BATERIE, BATEUR, *voiés* BATT.
BâTIER, *s. m.* ein Sattler, der Saumsättel und ander Geschirr vor die Lastthiere macht; it. vulg. ein tummer Kerl.
BATIFOLER, *v. n.* sich freuen, scherzen, spielen wie die Kinder.
BâTILLE', ée, *adj.* in den Wappen mit umgekehrten und nach der Spitze des Schildes zu gehenden Maurenzinnen.
BâTIMENT, *s. m.* ein Gebäude; it. ein Schiffsgebäude, Schifffahrzeug.
BATIN, eine Gattung Gras oder Rohr, welches aus Spanien kommt, und zu Körben geflochten, theils auch zu Seilern gemacht wird.
BâTIR, *v. a.* bauen; zum Stande bringen.
Bâtir à chaux, & à ciment, beständig, fest bauen. *Bâtir* en l'air, ou des chateaux en Espagne, Luftschlösser bauen; d. i. vergebliche Anschläge machen.
BâTIR, vertrauen. Qui *bâtit* sur la fortune, *bâtit* sur le sable, wer dem Glück vertrauet, der bauet auf den Sand. Plût à Dieu que j'eusse *bâti* ma fortune sur de meilleurs fondemens, wollte GOtt, daß ich mein Glück auf bessere Gründe gebauet hätte.
BâTIR, (bey dem Schneider) anschlagen; mit weiten Stichen nähen. *Bâtir* la doublure, das Unterfutter anschlagen.
BâTI, e, *part.* gebauet.
Je me sens tout mal *bâti*, ich befinde mich übel auf, ich bin nicht recht aufgeräumt.

Un

Un homme bien ou mal *bâti*, ein wohl oder übel gestalter Mensch.

BÂTISER, *v. a.* taufen, vornemlich einen Menschen; it. (bey den Catholischen) eine Glocke.

BÂTISER, (zur See) einen der das erstemal an gewisse Oerter kömmt, mit Wasser begiessen, täuffen; vulg. hänseln.

BÂTISER, ein Schiff, wenn es auslaufen will, einsegnen.

BÂTISER, den Wein mit Wasser vermischen, verfälschen. Il faut *bâtiser* son vin en été, im Sommer muß man den Wein wässern; taufen.

BÂTISMAL, e, *adj.* zur Taufe gehörig. Les fonts *bâtismaux*, der Taufstein.

BÂTISSE, *s. f.* das Bauen.

BÂTISSEUR, *s. m.* (im Scherz) einer der da gerne bauet, oder bauen läßt.

BÂTISTE, *s. m.* einer der tauft, ein Täufer, auch ein Mannsname. Jean *Bâtiste*, Johannes der Täufer.

BÂTISTE, *s. f.* Leinwand, der sehr rein und durchsichtig ist.

BÂTISTERE, *s. m. & adj. c.* der Ort, wo man tauft; der Taufstein; das Taufbuch; der Taufschein, (in der letzten Bedeutung sagt man auch Extrait *bâtistère*).

BATITURE d'airain, *s. f.* der Zünder, die kleinen Schiefer, die vom glüenden Eisen abspringen, wenn man es schmiedet; Hammerschlag.

BATMAN ou BÂTEMENT, ist der Name eines Türkischen, und auch eines Persischen Gewichts. Das erstere haltet 22 Pfund, das andere aber 12.

BATOIR, *voiés* BATTOIR.

BÂTON, *s. m.* ein Stück Holz, das man in den Händen halten kan, zu unterschiedlichem Gebrauch; ein Stock, Stab, Stecken; ein Prügel.

BÂTON, eine Stange.

BÂTON ou CANNE, ein Spanisches oder anderes Rohr, daran man geht.

BÂTON, (in der Baukunst) ein Pful an den Füßen und Stülen der Säulen.

BÂTON, (auf den Schiffen) ein Stock, daran Flagge, Wimpel und dergleichen Sachen hängen.

BÂTON, der Stiel oder Handgriff am Teerwisch.

BÂTON de chaise, Stange an einer Sänfte, daran selbige getragen wird.

BÂTON à deux bouts, ein oben und unten beschlagener Stock, Springstock.

BÂTON à feu, ein Feuerrohr.

BÂTON à gands, die Form, darüber die Beutler die Handschuh ziehen, wenn sie fertig sind.

BÂTON de Jacob, der Jacobsstab, ein Instrument zum Messen; item ein Stock der Taschenspieler.

BÂTON de cire d'Espagne, eine Stange Siegellack.

BÂTON de commandement, der Regimentsstab.

BÂTON de Maréchal, der Marschallsstab; die Marschaltswürde.

BÂTON d'Exemt, ein Unterofficiersstock; eine Unterofficiersstelle.

Faire faire quelque chose à quelqu'un le *bâton* haut, oder le *bâton* à la main, einen mit Gewalt, mit Prügeln zu etwas treiben.

Tirer au court *bâton*, streiten, zanken.

Faire sauter le *bâton* à quelqu'un, einen wider seinen Willen zu etwas bringen.

Etre réduit au *bâton* blanc, an den Bettelstab gebracht seyn.

Un aveugle sans *bâton*, ein Mensch, dem es am besten fehlt.

Le tour du *bâton*, der Vortheil, den sich einer bey einem Amt oder bey einer übernommenen Verrichtung macht, sonderlich wenn es durch heimliche Griffe und über die Gebühr geschieht, die Nebenaccidentien.

Voilà le *bâton*, faites le tour, greif das Ding an, wie es andere machen; wird in Sachen gebraucht, so man vor schwer hält.

Parler à *bâtons* rompus, reden, da nichts an einander hanget. Dormir à *bâtons* rompus, unruhig schlafen. Etre assuré de son *bâton*, seiner Sache gewiß seyn.

BÂTON de vieillesse, ein Stab oder Trost im Alter.

BÂTONNABLE, BÂTONNADE, *v.* BAST.

BÂTONNE'E, *s. f.* ein Zug mit der Pompe; das Wasser, so die Pompe in einem Zug hebt.

BÂTONNER, *v.* BASTONNER.

BÂTONNET, *s. m.* Art eines Spiels der kleinen Kinder.

BATONNIER, *s. m.* ère, *s. f.* einer der den Stab trägt, oder der dem Stab folgt in einer Procession.

BATONNIER des Avocats, den die Advocaten eine Zeitlang zu ihrem Haupt erwählen.

BATRACHITE, *s. m.* Froschstein, Krötenstein.

BATRE, *v.* BATTRE.

BATS ou BATZ, *s. m.* ein Batzen, 4 Kreuzer ausmachend. (Die Schweizerbatzen sind um den zehenden Theil geringer als die guten Batzen.)

BATTE, *s. f.* eine Tennenpatsche, womit man die Scheuertennen gleich schlägt.

BATTE, eine Patsche oder ein Schlägel, etwas im Garten oder Bauen gleich zu patschen.

BATTE, die Stampfe der Mäurer, den alten Kalk damit klein zu schlagen.

BAT-

BATTE, der Stössel, womit sie die Abgänge von Ziegeln und Steinen klein stampfen, wenn sie Mörtel machen wollen.
BATTE, ein Schlägel der Töpfer.
BATTE, ein Korbhammer bey den Korbmachern.
BATTE, ein Stock der Tapetenmacher, die Wolle zu klopfen.
BATTE, ein kurzer dicker Stecken, womit die Metzger das geschlachtete Vieh klopfen.
BATTE, ein Waschbläu, oder auch nur das breite Theil eines Waschbläues, sein unteres glattes Theil; auch die Wäschbank, worauf man die Wäsche bläuet.
BATTE, ein Ram an einem Sattel vornen und hinten, damit der Reutende desto fester sitzen kan, eine Pausche.
BATTE, der breite Theil am Racket zum Ballen schlagen.
BATTE, der Stempel im Butterfaß zum Ausbuttern.
BATTE'E, *s. f.* so viel als ein Buchbinder Papier auf einmal schlägt.
BATTELE', *v.* BATELE'.
BATTELEMENT, *s. m.* das äusserste oder unterste Dach, das in die Dachrinne stößt.
BATTEMARE, *v.* BATEMARE.
BATTEMENT, *s. m.* das Schlagen; Klopfen, Stampfen.
 Battement de pouls, das Schlagen des Pulses.
 Battement de cœur, das Herzklopfen.
 Battement de main, das Klopfen mit den Händen.
 Battement de piés, das Stampfen mit den Füssen.
BATTEMENT, (bey den Fechtmeistern) ein Stoß, Ausfall.
BATTEMENT, (auf dem Tanzboden.) eine Bewegung des Fusses unter dem Tanzen, eine Battirung.
BATTERIE, *s. f.* ein Schlagen, ein Streit, da es zu Schlägen kommt; Leute die sich schlagen.
 Il y a toûjours quelque *batterie* ici, allezeit gibt es hier Schlägerey.
BATTERIE, ein Ort oder eine Höhe, worauf man die Stücke stellt, auch die Stücke auf der Batterie. La *batterie* joue depuis quatre jours, das aufgeführte Geschütz spielet seit vier Tagen.
BATTERIE, der Deckel auf der Zündpfanne eines Feuerrohrs, woran der Stein Feuer schlägt.
BATTERIE, das Schlagen der Trommelschläger, die Rührung der Trommel.
 Connoitre les différentes *batteries* de tambour, den unterschiedlichen Trommelschlag kennen.
BATTERIE, eine Art auf der Chitarre zu schlagen.
BATTERIE, eine Haye, grosses Holz, die Pfäle zu einer Brücke oder Fundament einzuschlagen, ein Rammelblock.
BATTERIE, die Werkstatt, wo die Hutmacher walken und färben.
BATTERIE de cuisine, geschlagen Kupfergeschirr zum Küchengebrauch.
BATTERIE des gobelets, das Spielen der Taschenspieler mit den Bechern.
 Préparer oder dresser une *batterie*, einen Anschlag erfinden.
 Radouber la *batterie*, sich neue Mühe über etwas geben.
 Changer de *batterie*, ein ander Mittel ergreifen.
 Il a une forte *batterie*, er hat gute Mittel dazu zu gelangen.
BATTEUR, *s. m.* euse, *s. f.* einer der schlägt, ein Schläger.
BATTEUR de blé, ou en grange, ein Dröscher.
BATTEUR de soute, Stampfer in einer Apotheke.
BATTEUR d'or, ein Goldschläger; it. ein Arbeiter der den Gold- und Silberdrat über das Rad zieht, daß er platt werde.
BATTEUR d'estrade, Reuter die zum recognosciren, zum Ausspüren ausgeschickt werden.
BATTEUR de chemin, BATTEUR de pavé, Pflastertreter, Faullenzer, Tagdiebe.
BATTOIR, *s. m.* Racket, womit man den Ballen schlägt.
BATTOIR, eine Tennenpatsche, womit man die Dreschtennen eben schlägt.
BATTOIR, ein Waschbläuel.
BATTOIR, eine Hanfbreche.
BATTOIR, ein Schlägel.
BATTOLOGIE, BATOLOGIE, eine unnütze Wiederholung in einer Rede, dessen was schon gesagt worden ist; unnützes Geplauder, leeres Geschwätz.
BATTRE, *v. a.* schlagen, schmeissen, prügeln. Il a *battu* son fils, er hat seinen Sohn geprügelt. *Battre* l'ennemi, den Feind schlagen, in die Flucht (aus dem Feld) schlagen. Le Relieur *bat* le livre pour le rendre plus mince, & le cuisinier la viande pour la rendre plus tendre, der Buchbinder schlägt das Buch, daß es dünner, und der Koch das Fleisch, daß es mürber werde.
 Mener *battant* les ennemis, den Feind in die Flucht schlagen.
 Mener quelqu'un-*battant*, einen im Streit überwinden; so eintreiben, daß er nicht mehr zu antworten weiß.
BATTRE le chien devant le lion, einem Geringern einen Verweis geben, daß es der Grössere merken soll; oder, auf den Sack schlagen und den Esel meynen.

à Battre faut l'amour, wo man einen übel tractiret, hört die Liebe auf.

se faire Battre, etwas thun, davor man Schläge kriegt, Schläge werth seyn oder verdienen.

se faire Battre, bey den Jägern, nicht aus einem gewissen Revier wollen, sich in einer gewissen Gegend lang herum jagen lassen, als das Wild zuweilen thut. Le cerf se fait *battre* long-tems, der Hirsch läßt sich lange jagen, verfolgen, ehe er sich geben will.

Battre le blé, dreschen.

Battre le beurre, Butter machen, buttern.

Battre des œufs, Eyer einschlagen; einrühren.

Battre le tambour, die Trummel rühren, auf die Trummel schlagen.

Battre en retraite, sich von der Welt absondern.

Battre en bréche, einen Bruch in den Wall schiessen.

Battre l'eau, *prov.* vergebliche Arbeit thun. *Battre* de la tête contre un mur, *prov.* unmögliche Dinge unternehmen.

Battre monnoïe, Geld schlagen, münzen.

Battre la mesure, den Tact geben.

Battre les cartes, die Karten mischen.

Battre une ville en ruïne, eine Stadt beschiessen.

Battre un homme en ruïne, einen auf das Aeusserste treiben, daß er sich nimmer wehren kan.

Battre le fer, schmieden; in verblümtem Verstand, immer auf dem Fechtboden seyn, immer über einer Arbeit seyn.

Battre la campagne, immer auf dem Lande herum ziehen, etwas vom Feind zu erforschen.

Battre la semelle, in gemeinen Reden, eine Profession haben, da man immer auf das Land laufen muß; item im Land herum ziehen.

Battre le pavé, ein müßiges Leben führen, einen Pflastertreter abgeben.

Battre la campagne, oder Battre bien du païs, weit herum reisen, manchen Weg gehen; it. von vielerley Dingen reden.

Battre le bois, la plaine, im Holz, auf der Ebene herum laufen.

Battre, *v. n.* schlagen, sich bewegen, als das Herz im Leibe, der Puls.

Battre des mains, mit den Händen oder in die Hände klatschen.

Nous avons *battu* les buissons & d'autres ont pris les oiseaux, *prov.* wir haben die Arbeit gethan, und andere haben den Genuß davon.

Battre des aîles, die Flügel schwingen.

Les oiseaux *battent* des aîles pour voler, die Vögel schlagen mit den Flügeln,

wenn sie fliegen wollen.

Il ne *bat* plus que d'une aîle, es will nicht mehr mit ihm fort.

Le cheval *bat* à la main, das Pferd wirft den Kopf auf und nieder.

Il *bat* froid, er nimmt sich der Sache nicht mit Ernst an.

Le soleil *battoit* à plomb sur la terre, die Sonne stund gerad über der Erde.

se Battre, *v. r.* sich schlagen; heftig zanken. Se *battre* en retraite, sich in allem Treffen zurück ziehen. Se *battre* en duel, duelliren. La cavallerie s'est *battuë* vaillamment, die Reuterey hat tapfer gefochten.

Se *battre* à la perche, wird von den Falken gesagt; darnach auch von einem, der sich viel vergebene Mühe macht.

Battu, ë, *part. & adj.* geschlagen.

Avoir les oreilles *battuës* de quelque affaire, ein Ding lange mit Verdruß angehöret haben.

Les blés ont été *battus* de la grêle, die Saat ist von dem Hagel niedergeschlagen worden. La ville est *battuë* d'un côté de la rivière, die Stadt wird auf der einen Seite von dem Strohm angespühlt.

Chemin *battu*, ein gebahnter Weg.

Les *battus* païeront l'amende, wer den Schaden hat, bekommt den Spott auch.

Battu des flots, da die Wellen anschlagen.

Elle a les yeux *battus*, sie sieht nicht mehr so munter aus.

Il est *battu* de l'oiseau, er ist wegen vielen Unglücks ganz niedergeschlagen.

Battu, *s. m.* platt gezogener Gold- oder Silberdrat, Lahn.

Battuë, *s. f.* bey den Fischern, das Lager das ein Fisch den Winter durch in dem Schlamme gemacht hat, und an welchem man seine Grösse erkennet.

Battuë, bey den Jägern, das Anschlagen an das Gebüsch oder das Klopfen mit Steinen, womit man das Wild auftreibt.

Battures, *s. f. pl.* eine gefährliche Gegend in der See, wo Klippen und Sandbänke sind.

Battures, eine Art zu vergulden, mit Gold und Leimwasser, und ein wenig Eßig den Grund zu bestreichen.

Battures, in der Landschaft Bresse, das Getrayd so die Drescher an statt des Lohns bekommen; Drescherlohn.

BAU, *s. m.* (Balk) ein Querbalken, der von einer Seite des Schiffs bis auf die andere reicht, und dasselbe zusammen hält als ein Balken im Hause.

Bau de lof, der vorderste Querbalken.

Bau de dalle, der hinterste im Hintertheil.

Maître *bau*, der längste unter den andern.

Faux *batux*, dergleichen Balken in den grösten Schiffen den Grund zu befestigen.

BAVARD, e, *adj. & subst.* ein Schwätzer, Plauderer, Praler.

BAVARDER, *v. n.* vulg. plaudern.

BAVARDERIE, ou BAVARDISE, *f. f.* vulg. unvernünftig Geschwätz, Pralerey.

BAVAROIS, e, *adj. & subst.* Bayrisch; ein Bayer, eine aus Bayerland.

BAUBIS, *f. m.* ein kleiner Jagdhund, der immer billt, wenn er die Spur gefunden.

BAUCAL, *voies* BOCAL.

BAUD, *f. m.* Balbus, ein Mannsname.

BAUD, *f. m.* e, *f. f.* eine Art Windhunde, aus der Barbarey.

BAUDEMENT, *adv.* hurtig, wacker, lustig, frisch. (ist sehr alt).

BAUDES, *f. f. pl.* die Steine unten an einem Fischgarn.

BAUDET, *f. m.* ein Esel.
Un franc *baudet*, ein dummer Mensch.

BAUDET, ein Gerüst oder Bock, worauf man das Holz leget, das man in die Länge sägen will.

BAUDET, das Lager eines wilden Schweins; Gurtbette.

BAUDILLE, *f. m.* ein Mannsname.

BAUDIR, *v. a.* die Falken oder Hunde zum Jagen aufrischen. *Baudir* un faucon après un héron, einen Falken nach einem Reiger fliegen machen.

BAUDOUIN, *f. m.* Balduin, ein Mannsname.

BAUDRI, *f. m.* ein Mannsname.

BAUDRIER, *f. m.* ein Wehrgehäng.
le BAUDRIER d'Orion, Orions Gürtel, ein Gestirn am Himmel.

BAUDROÏER, *v. a.* das Leder zum Färben bereiten. (ist alt).

BAUDROÏERIE, *f. f.* Lederbereiterey. (ist alt).

BAUDROÏEUR, *f. m.* Lederbereiter. (ist alt).

BAUDRUCHE, *f. f.* ein gewisser wohlgereinigter und zugerichteter Ochsendarm, den die Goldschläger brauchen.

BAUDUFFLE, *f. f.* ein Kreisel oder ein Driesel, ein Kinderspiel, da sie ein kegelförmiges Holz mit der Peitsche herum laufen machen.

BAVE, *f. f.* der Geifer, Speichel, Schleim, so den jungen Kindern aus dem Munde läuft.

BAVER, *v. n.* geifern, Speichel ausfliessen lassen; schäumen, vor Grimm.

BAVER, die Speichelcur gebrauchen, sich an der Franzosenkrankheit curiren lassen.

BAVER, wird auch von den Wasserröhren gebraucht, und heißt, nicht recht Wasser halten, ausrinnen. Ce tuïau *bave*, diese Röhre wirft das Wasser nicht gerade.

BAVETTE, *f. f.* Geifertüchlein, das man den Kindern vorsteckt.

BAVETTE, eine bleyerne Schiene, so man un die Ecken der Röhren und Rinnen legt, darein das Wasser von den Schieferdächern ablaufen soll.

tailler des BAVETTES, plaudern.
Ces femmes vont tailler des *bavettes*, diese Weiber versammeln sich zu plaudern.

BAVEUR, *f. m.* eufe, *f.* ein Geifermaul, Kind oder erwachsen Mensch, das geifert.

BAVEUSE, *f. f.* ein Seefisch, den man deßwegen Speichelfisch nennt, weil er sich vor den Fischern mit seinem Speichel verbergen kan.

BAVEUX, se, *adject.* geifernd; als ein Schleim fliessend; weich, rotzig.
Une omelette *baveuse*, ein Eyerkuchen der nicht ausgebacken ist.

BAUFRER, *v. n.* (scherzweise) begierig fressen.

BAUFREUR, *f. m.* (scherzweise) ein grosser Fresser.

BAUGE, *f. f.* Lager eines wilden Schweins.

BAUGE, Ort wo es sich wälzt.

BAUGE, ein mit geschnittenem Stroh gemengter Laim zum Bauen.

BAUGE, eine Gattung Droget.
Avoir tout à *bauge*, alles überflüßig haben.

BAVIE'RE, *f. f.* Bayerland, Bayern.

BAUME, *f. m.* Balsamkraut.
Le *baume* est simple ou panaché, das Balsamkraut ist einfach oder kraus.

BAUME, Balsambaum, woraus das Balsamöl träufelt.
Le *baume* ne vient que dans la Judée & dans l'Egypte, der Balsambaum wächset allein im Jüdischen Land und Egypten.

BAUME, Balsamöl.

BAUME naturel, natürlicher Balsam.

BAUME, heilsame Salbe.
Baume pour les brulures, Brandsalbe.

BAUME, wohlriechender Balsam.

BAUME apoplectique, stomachique, Schlagbalsam, Magenbalsam.

BAUME blanc, eine Schminke.
Cela fleure comme *baume*, es riecht gut.
un vendeur de BAUME, ein Marktschreyer.

BAUMER, *f. m.* ein Mannsname.

BAUMIER, *f. m.* ein Balsambaum.

BAVOCHE, *f. f.* Abriß, der nicht wohl aufgelegt ist, bey den Mahlern.

BAVOCHE', *adj. m.* (im Mahlen,) schief, ungeschickt, ungestalt, wird von dem Umfang einer Figur gesagt, der nicht wohl angelegt ist.

BAVOCHER, *v. a.* unsauber abziehen, (bey den Buchdruckern).

BAVOIS, ou BAVOUER, *f. m.* ein Register in der Münze, worinn der Werth und Abschlag aller Sorten bemerkt wird.

BAVOLER, *v. n.* niedrig fliegen, als Rebhüner.

BAVO-

BAVOLET, *s. m.* ein Schleyer der Bäurinnen.

BAVOLET, *s. m.* ou BAVOLETTE, *s. f.* eine Dorffrau oder ein Bauermädgen, die dergleichen Schleyer trägt.

BAY, *voiés* BAI.

BAYARD, e, *adj.* braunroth. (*v.* BAI.)

BAYE, *s. f.* ein kleiner Meerbusen, da die Schiffe vor gewissen Winden sicher liegen.

BAYE, eine Oefnung, die man in der Mauer läßt, eine Thür oder ein Fenster darein zu machen.

BAYE, im Schiff das Loch, wodurch der Mast gesteckt ist.

BAYE, Beer. *Bayes* de laurier, de genèvre, Lorbeeren, Wachholderbeeren.

BAYE, ein Betrug, einem das Maul aufzusperren. Un donneur de *bayes*, ein Schwätzer, der einem was vorleugt. Répaitre ou päier de *bayes*, einem viel versprechen oder vorschwätzen.

BAYER, *v. n.* Maulaffen feil haben, das Maul auffsperren.

BAYETTE, *s. f.* eine Art von Zeug, der aufgeworfen ist, wie Englisch Fries.

BAYEUX, *s. m.* eine Stadt in Frankreich in der Niedernormandie.

BAYONNETTE, *s. f.* eine Art kurzer Degen, so die Soldaten vorn an die Flinte stecken, ein Bajonnet.

BAYOQUE, *s. m.* eine Italiänische Münze, der zehende Theil eines Juliers.

BAZAR, *s. m.* Marktplatz oder Strasse in den Orientalischen Handelsplätzen.

BAZGENDGE, *s. m.* rothe Galläpfel, womit die Türken Scharlach färben.

BAZOCHE, *voiés* BASOCHE.

BDELLIUM, *s. f.* eine Art Harz aus Indien und Arabien.

Bê, *s. m.* das Blöken oder Geschrey der Schaafe.

BE'ANT, e, *adj.* der oder die das Maul auffsperrt; das von einander gafft. Avoir la gueule *béante*, das Maul offen stehen haben. à bouche *béante*, mit aufgesperrtem Rachen.

BE'AT, e, *adj. & s.* andächtig, fromm, heilig, (meistens schwerzweise). Mon Révérend, dit-elle au *béat* homme, Ehrwürdiger Herr, sprach sie zu dem heiligen Manne. C'est un *béat*, un hypocryte, es ist ein Heiligenfresser. Avec sa mine *béate*, indem er so andächtig aussieht.

BE'ATIFICATION, *s. f.* das Aufnehmen in die Zahl der Seligen, das vom Pabst geschieht.

BE'ATIFIER, *v. a.* in die Zahl der Seligen aufnehmen, wie der Pabst thut.

BE'ATIFIQUE, *adj. c.* ist nur in diesen Reden gebräuchlich: La vision *béatifique* de Dieu, das selige Anschauen GOttes in der Seligkeit; *it.* Visions *béatifiques*, fantastische Einbildung.

BE'ATILLES, *s. f. plur.* kleine Leckerbißlein, die man in die Pasteten thut, als Hahnenkämme, fette Leberlein *re.*

BE'ATITUDE, *s. f.* Glückseligkeit; die ewige Seligkeit. L'impureté nous rend indignes de la *béatitude*, die Unreinigkeit macht uns der Seligkeit unwürdig.

BEAU, BEL, *m.* BELLE, *f. adj.* (*beau* wird vor einem Consonant, und wenn es dem Substantivo nachgesetzt wird; *bel* vor einem Vocal gebraucht. Un *beau* garçon, ein schöner Knab. Un *beau* cheval, ein schönes Pferd. Un *beau* héros, ein braver Held. Un *bel* enfant, ein schönes Kind. Un *bel* homme, ein schöner Mensch. Un *bel* esprit, ein kluger Kopf. Un *bel* ouvrage, ein schönes Werk. Cet ouvrage est *beau*, dieses Werk ist schön. Un *beau* Roman, ein wohlgesetztes Heldengedicht. Vous avés fait là une *belle* action, ihr habt da eine vortrefliche That verrichtet. Il l'a trahi sous un *beau* semblant d'amitié, er hat ihn unter dem Schein der Freundschaft verrathen. Acheter à *beaux* deniers comptans, um gut baar Geld kaufen. Un *beau* commencement, ein glücklicher Anfang. Une *belle* entreprise, ein rühmlicher Anschlag. Une *belle* ame, ein tugendhaftes Gemüth.

Le *beau* monde, die verständigen Leute; Leute die zu leben wissen.

Le *beau* sexe, das Frauenzimmer.

Bel esprit, ein aufgeweckter Kopf; ein sinnreicher Mensch, der artige Einfälle hat.

Il joüe *beau* jeu, er spielt hoch.

C'est un *beau* mangeur, es ist ein grosser Fresser.

Beau joueur, der frey spielt und nicht bös wird.

Il a le commandement *beau*, er ist sehr freundlich in seinen Befehlen.

Avoir les armes *belles*, wohl fechten.

Cela est en *beau* debut, es ist leicht zu errathen.

Le cheval porte en *beau* lieu, das Pferd trägt den Kopf schön.

Un *beau* matin, einmal wenn mirs einfallen wird, einmal wenns mir wird gelegen seyn.

Il fait *beau*, es ist schön Wetter, es ist schön, angenehm.

Il vous fait *beau* voir faire cela, diß Ding steht euch nicht wohl an.

Vous avés *beau* pleurer, ihr weinet vergebens.

Vous avés *beau* faire, ihr werdet nichts ausrichten.

Donner *beau*, schöne Gelegenheit geben.

Vous l'avés *beau*, ihr habt eine schöne Gelegenheit.
Vous me l'avés baillé *belle*, ihr habt mich schön erwischt oder beschmäzt.
De plus *belle*, mehr als vorher, oder das erste mal.
Il l'a manqué *belle*, oder il l'a échappé *belle*, er ist in grosser Gefahr gewesen.
Tout *beau*, gemach, sachte, stille.

BEAU, *s. m.* Schönheit. Le *beau* de ce tableau, de ce discours, c'est &c. was an diesem Gemählde, an dieser Rede schönes ist. Cela est *bel* & bon, ihr erzehlet mir herrliche Dinge.

BEAUCE, *s. f.* ein Land zwischen Paris und Orleans.
Un Gentil-homme de *Beauce*, ein armer Edelmann, der nur ein paar Hosen hat.
Des plaines de *Beauce*, grosse Ebenen.

BEAUCOUP, *adv.* viel. Il y a *beaucoup* de miel, de vin & de bled, *beaucoup* d'or & d'argent, es ist viel Honig, Wein und Korn, wie auch sehr viel Gold und Silber da. Nous ne sommes pas *beaucoup* de gens en ce lieu, es sind unser nicht viel allhier.

BEAUCOUP, mehr, weit mehr. Il est *beaucoup* plus diligent que ses compagnons, er ist viel fleißiger als seine Mitgesellen.
Il n'est pas de *beaucoup* plus riche que lui, er ist nicht viel reicher als er. Il n'est pas à *beaucoup* près si beau que son frère, er ist bey weitem nicht so schön als sein Bruder.

BEAUCOUP, sehr; überaus; viel; heftig.
Il est *beaucoup* affligé, er ist sehr betrübt. Il doit *beaucoup*, er ist mit viel Schulden beladen.

BEAU-FILS, *s. m.* Stiefsohn; item Tochtermann, Eidam.
Il fait le *beau-fils*, er pußt sich und geht mit lauter Vornehmen um, will es ihnen gleich thun.

BEAU-FRERE, *s. m.* Stiefbruder; Schwager, Manns- oder Frauenbruder.

BEAUJOLOIS, *s. m.* ein Stück Land in Frankreich im Lionischen Gouvernement.

BEAU-PARTIR, (auf der Reitschul) ce cheval a un *beau-partir*, das Pferd geht frisch von der Faust.

BEAU-PERE, *s. m.* Stiefvater; item Schwiegervater.

BEAUPRE', *s. m.* (in der Seefahrt) der Mast, so vorn auf der Spitze des Vordertheils des Schiffs liegt, das Bugspriet.
Petit *beaupré*, der Mast oben auf dem Bugspriet.
Beaupré sur poupe, wenn ein Schiff dem andern ganz nahe folgt.

BEAUREVOIR, *s. m.* (bey den Jägern) die Verfolgung der rechten Spur, der Eifer des Spürhunds, wenn er auf der rechten Spur ist.

BEAUTE', *s. f.* Schönheit. C'est une *beauté*, es ist ein schönes Frauenzimmer.
BEAUTE' de femme, weibliche Schönheit.
BEAUTE' d'homme, männliche Anständigkeit. La *beauté* d'un corps bien proportionné ne touche pas plûtôt nos yeux, qu'elle leur donne du plaisir, par l'agréable rapport, qui est entre toutes ses parties, eine schöne wohl proportionirte Leibesgestalt rührt die Augen, und vergnügt dieselben, wenn alle Theile artig unter einander übereinstimmen. Je suis charmé de la *beauté* de cette campagne, ich bin von der Annehmlichkeit dieser Landesgegend ganz vergnügt.
la BEAUTE' de la ville, die Crone der Stadt.

BEAUVAIS, *s. m.* Stadt in Frankreich, in der Isle de France.

BEAUVAISIS, *s. m.* das Land um die Stadt Beauvais.

BEBI, eine Gattung baumwollener Leinwand, welcher zu Aleppo gemacht wird.

BEC, *s. m.* der Schnabel der Vögel.

BEC, das spitzige Maul einiger Fische. Le saumon a le *bec* plus pointu que la truite, der Lachs hat ein spitziger Maul als die Forelle.

BEC, der Mund an einem Menschen; die Rede; das Mundwerk. Elle a le *bec* bien affilé, sie kan wohl schwäzen. Prendre quelqu'un par le *bec*, einen bey seinen Worten anfassen. Donner un coup de *bec*, auf einen sticheln.

BEC, Schneuzchen, Mäulchen. Mon pauvre petit *bec*, mein liebes Schneuzchen.

BEC d'éguière, die Schnauze an einer Gießkanne oder an einem Wasserkrug.

BEC de plume, die Spitze oder der Spalt an einer Schreibfeder.

BEC de serpe, die umgebogene Krümme, der Widerhaken an einer Gartenhippe.

BEC, eine Spitze Landes an den beyden Seiten eines Flusses, wo er sich in einen andern ergeußt.

BEC de lampe, das Röhrgen an einer Lampe, darinnen der Dacht steckt.
Elle a *bec* & ongle, sie kan sich wohl wehren.
Passer à quelqu'un la plume par le *bec*, einem ein Hälmlein durchs Maul ziehen, einen vexiren.
Tenir à quelqu'un le *bec* en l'eau, einem das Maul aufsperren und nichts hinein geben, einen betrügen.
Faire le *bec* à quelqu'un, einem einblasen, was er sagen soll.
Aïés bon *bec*, sagt ihm was, das euch nicht schaden kan.

un

un Bec cornu, ein ungeschickter tummer Mensch.

Bec jaune, voiés Bec-Jaune.

Un tour de bec, ein Kuß.

Causer bec à bec, mit einem mündlich vertraut sprechen.

Bec d'âne, ein gewisses Handwerkszeug der Schreiner und der Schlösser, welche letztere noch croche dazu setzen.

Bec de canne, ein Instrument der Schreiner; it. eine Art von Schlössern an den Thüren; bey den Wundärzten ist es eine Zange, die vornen rundbreitlicht und gekerbt ist, die Kugeln aus den Wunden zu ziehen.

Bec de corbin, eine andere Zange der Wundärzte, vornen rund und gekrümmt, als ein Rabenschnabel, etwas aus den Wunden zu ziehen; it. ein hohes Eisen, das man an das Hufeisen eines hinkenden Pferdes unten anmacht, daß es nicht so hinken darf; it. eine Art Hellebarden einer besondern Königl. Französischen Garde; ein Soldat von der Garde, die dergleichen Hellebarden führt.

Bec de grue coudé, ein Werkzeug der Wundärzte, als eine Zange, die vorne krumm und eingekerbt, Knochen, Stücklein Bein und anders aus den Wunden zu ziehen.

Bec de cigne, ein Werkzeug der Wundärzte, welches man mit einer Schraube eröfnet, und damit die Wunde offen hält, wenn man mit einem andern Instrument etwas heraus ziehen will.

Bec de lezard, eine Art platter Zangen, die Kugeln aus den Wunden zu ziehen.

Bec de perroquet, eine Zange zu den Wunden der Hirnschale.

Bec de grue ou de cicogne, Storchschnabel, ein Kraut.

Bec de lièvre, eine Hasenscharte, wenn ein Mensch eine Hasenlippe hat.

Bec d'oïe, ein Fisch mit einem langen Kopf und spitzigen Maul.

BECCA-FIGUE, voiés BEC-FIGUE.

BECCARD, BE'CARD, s. m. das Weiblein oder der Rögner vom Lachs oder Salmen, wird so genannt, weil das Maul an ihm nicht so spitzig ist als an dem Milcher.

BECCASSE, BE'CASSE, s. f. eine Waldschnepfe.

Beccasse de mer, ein Meerschnepfe, mit einer Spitze vor dem Maul wie eine Nadel.

Beccasse, ein Eisen der Korbmacher, die Ruthen durchzuziehen.

Beccasse, eine Buhlschaft.

La bécasse est bridée, die Buhlschaft ist bestellt.

BECCASSEAU, BE'CASSEAU, s. m. eine junge Haarschnepfe.

BECCASSINE, BE'CASSINE, s. f. eine Haarschnepfe, eine Art kleiner Schnepfen.

BEC-FIGUE, s. m. & f. ein kleiner Vogel, der gern Feigen frißt, ein Feigendrossel, Feigenschnepfe.

BE'CHE, s. f. Grabeisen, Grabscheit, Spaten.

BE'CHE'E, s. f. ein Schnabel voll.

BE'CHER, v. a. das Land mit dem Grabscheit umarbeiten, umgraben.

BE'CHER, von Vögeln heißt es, mit dem Schnabel hacken oder bicken.

BE'CHET, s. m. ein Hecht.

BE'CHOTER, v. a. die Erde ein wenig umgraben, daß sie lucker werde.

BE'CHU, ë, adj. mit einem Schnabel versehen, geschnäbelt.

BEC-JAUNAGE, s. m. Unerfahrenheit, Unverstand; die Lehrjahre.

BEC-JAUNE, s. m. ein Gelbschnabel; eigentlich ein junger Vogel, der noch nie aus dem Nest gekommen ist.

Bec Jaune, (bey den Jägern) ein unabgerichteter Falk.

Bec-Jaune, ein junger unerfahrner Mensch, der noch nicht unter den Leuten gewesen ist.

Bec-Jaune, der Gesellenschmaus, den ein junger Mensch giebt, wenn er aus den Lehrjahren kommt.

Bec-Jaune, der Antrittsschmaus auch eines erwachsenen Menschen, der in eine Zunft oder Gesellschaft aufgenommen wird.

Faire voir à qu'elqu'un son bec-jaune, einem seinen Irrthum zeigen.

BE'CU, ë, adj. geschnäbelt, mit einem Schnabel versehen.

BECULO-IPECACUANHA, ein Kraut und Wurzel, in der Arzney dienlich.

BE'CUNE, s. f. ein Fisch, als ein Hecht in der See.

BEDAINE, s. f. eine Kugel, (ist alt).

Bedaine, dicker Wanst oder Bauch, annoch scherzweis im Brauch. Chanter la bedaine pleine, bey vollem Bauch lustig seyn und singen.

BEDEAU, s. m. ein Pedell, ein Diener der Universität.

BEDELLION ou BDELLION, eine Gattung Gummi.

BEDON, s. m. eine kleine Trommel oder Glocke; ein dicker Bauch.

BEDONDAINE, s. f. ein dicker Wanst.

BE'E, adj. f. gueule bée, das offene Maul.

Futaille à gueule bée, ein aufgeschlagenes Faß, deme ein Boden ausgeschlagen ist.

BEELEMENT, BEEDER, v. BÊLE.

BE'ER, v. n. das Maul auffsperren oder offen halten, sonderlich vor Verwunderung; etwas mit offenem Maul ansehen.

Be'er, begierig nach etwas verlangen, trachten, streben.

Béer aux corneilles, Maulaffen feil haben.

Béer après les richesses, nach Reichthum streben.

BEFFLER, *v. a.* verspotten, anblöken; betrügen. Il a vû ses espérances *befflées*, er wird mit seiner Hoffnung zu schanden.

BEFFROI, BE'FROI, *s. m.* ein Wachthurm, eine Warte.

BE'FROI, *s. m.* Glockenstul.

BE'FROI, Sturmglocke.

BE'FROI de vair, (in der Wappenkunst) drey Reihen Eisenhütlein, oder Grauwerke.

BE'FROI, ein Blockhaus.

BE'GAÏEMENT, *s. m.* das Stammeln, das Lallen.

BE'GAÏER, *v. n.* stammeln, stottern.

BE'GAÏER, (auf der Reitschul) cheval qui *bégaïe*, ein Pferd, das den Kopf immer schüttelt, und den Zaum hin und her wirft.

BEGLERBEY ou BEGLERBEG, *s. m.* bedeutet bey den Türken einen Gubernator einer Provinz.

BE'GU, ë, *adj.* auf der Reitschule sagt man es von einem Pferd, das die Zeichen seines Alters an den Vorderzähnen behält, wenn es schon über fünf Jahr alt ist.

BE'GUË, *adj. c.* der oder die eine üble Aussprache hat, stammelt oder lallet, gewisse Buchstaben nicht recht aussprechen kan.

BEGUELLA, ein Arzneykraut, dessen Wurzel trefflich wider die rothe Ruhr dienet.

BE'GUEULE, *s. f.* ein Maulaffe, ein schimpflich Wort des gemeinen Volks, von einem Weibe, das sich in alle Dinge vergafft.

BE'GUIN, *s. m.* eine leinene Kinderhaube, die unten am Kinn zusammen gebunden wird.

BE'GUINS, *s. m. plur.* eine Art alter und verworfener Bettelmönche.

BE'GUINE, *s. f.* eine Beghine, Art Bettelnonnen; ein scheinheiliges Weib, eine Betschwester.

BEHEN, *voiés* BEN.

BEHOURDS ou BEHOURS, *s. m.* ein Turnierspiel mit stumpfen Lanzen.

BEID, ein Egyptisches Gewächs, welches in der Arzney viel gebraucht wird. Die Bienen sammeln aus seinen Blumen fürtrefflichen Honig.

BE'JAUNAGE, BE'JAUNE, *v.* BEC-JAUN.

BEIGE, SERGE-BEIGE, eine Art Scharsche, welche nur die natürliche Farbe der Wollen hat, als grau, braun.

BEIGLIE'RE, *s. f.* das Hauptschiff eines Türkischen Bey.

BEL, *v.* BEAU.

BE'LANDRE ou BELANDE, *s. f.* eine Art Barken oder Schiffe, so unten ganz flach sind, die Kaufmannswaaren aus den grossen Schiffen zu führen.

BELEDIN, eine schlechte Gattung von gesponnener Baumwolle.

BêLEMENT, *s. m.* das Blöken der Schaafe.

BELEMNITE, *s. m.* Pfeilstein, Schoßstein, Albschoß, ein Stein, den man von seiner Figur also nennt, heißt sonst auch Luchsstein.

BêLER, *v. n.* blöken wie die Schaafe.

BELETTE, *s. f.* ein Wiesel.

BELGE, *s. m.* ein Niederländer, (vor Alters).

BE'LIER, *s. m.* Schaafbock; Widder.

BE'LIER, (in der Sternkunst) der Widder, das erste Zeichen des Thierkreises.

BE'LIER, ein Sturmbock, womit man vor diesem die Mauern in Belagerungen einzustossen pflegte.

BE'LIE'RE, *s. f.* der Ring, an dem der Glockenschwengel hängt.

BE'LIE'RE, der Ring, worinn die Lampen in einer Kirche hangen.

BELIF, *v.* BELIC.

BELITRAILLE, *s. f.* Bettlerpack, Lumpengesind, Bettelvolk.

BELITRE, *s. m.* ein Bettler, nichtswürdiger Mensch, Lumpenhund.

BELITRERIE, *s. f.* Betteley, Bettlerhandel.

BELLE, (das *Foemininum* von beau), *v.* BEAU.

BELLE, *s. f.* ein schönes Frauenzimmer, eine Schöne. Donner son cœur à une *belle*, sein Herz einer Schönen ergeben.

BELLE, der Oberlauf eines Schiffs zwischen dem mittlern und vordern Mast. C'est par la *belle* qu'on vient à l'abordage, an dem vordern Oberlauf pflegt man ein Schiff zu übersteigen. Il a échapé *belle*, *prov.* er hat sich mit Noth heraus gerissen; es ist ihm nahe gewesen. Vous me la donnés *belle*, ihr habt mich fein aufgesetzt, mir etwas aufgebunden.

de plus BELLE, *adv.* besser; stärker; mehr denn zuvor. Il recommence de plus *belle* à pleuvoir, es fängt aufs neue an stärker zu regnen.

BELLE de nuit, Kraut oder Pflanze, dessen Blume sich nur des Nachts aufthut.

BELLE-FILLE, *s. f.* Sohnsfrau, Schnur; Stieftochter.

BELLEMENT, *adv.* gemach, sacht; leis, in aller Stille. Marcher tout *bellement*, ganz leise gehen.

BELLE-MERE, *s. f.* Schwiegermutter; Stiefmutter.

BELLERIS, eine Gattung Pflaumen.

BELLE-SOEUR, *s. f.* Schwägerin, Brudersfrau; Stiefschwester.

BELLIGERANT, e, *adj.* Krieg führend. Les Puissances *belligerantes*, die im Krieg begriffene Machten.

BEL-

BELLIQUEUX, euse, *adj.* kriegerisch.
Peuple *belliqueux*, ein streitbares Volk.
Humeur *belliqueux*, Lust, Neigung zum Krieg.

BELLISSIME, *adj.* sehr schön.

BELLOT, tte, *adj.* schön, wenn man von Kindern und kleinen Sachen redet.

BELOUSE, *s. f.* ein Loch an den Enden und Seiten des Billiards oder der Trucktafel.

Belouse, im Ballhaus das Loch am Ende der Gallerie, das mit Gittern vermacht ist.

BELOUSER, *v. a.* eine Kugel in das Loch stoßen, machen.

se Belouser, *v. r.* auf dem Billiard, seine eigene Kugel ins Loch stoßen, sich verlaufen. Il m'a *belousé*, er hat mich ins Loch getrieben. Il s'est *belousé* soi-même, er hat sich selbst ins Loch gespielt.

se Belouser, (im verblümten Verstand) sich irren; betrügen. Il m'a *belousé*, er hat mich betrogen. Je me suis *belousé*, ich habe geirret.

BELVEDER, *s. m.* Wintergrün.

Belveder, ein Ort, der eine schöne lustige Aussicht hat.

BE'MUS, *s. m.* im Spott, ein tummer Mensch, ein einfältiger Tropf.

BEN, *s. m.* eine Art Arabischer Nüsse oder Mandeln, von denen man ein Oel machen kan.

BE'NARDE, *s. f.* eine Art von Schlössern, die sich von beyden Seiten aufthun.

BE'NE'DICITE', *s. m.* das Gebett vor dem Essen.

Be'ne'dicite', Danksagung.
Dites vôtre *bénédicité*, bete vor dem Essen; it. danke GOtt, daß du so davon kömmst.

Be'ne'dicite', in den Apotheken, eine Art einer gelinden Purgation.
Il est du quatorzième *bénédicité*, wenn man von einem redet, den man einem Thier vergleichen will: man zielt dabey auf den Vers des Psalms: *Benedicite omnes bestiæ & pecora Domino*.

BE'NE'DICTIN, *s. m.* BE'NE'DICTINE, *s.* ein Benedictinermönch; eine Benedictinernonne.

BE'NE'DICTION, *s. f.* Segen, Glück und Heil von GOtt. Dieu nous comble de *bénédictions*, GOtt überschüttet uns mit Segen und Gutthaten.

Be'ne'diction, Anwünschung alles Wohlergehens. Il fut reçu du peuple avec mille *bénédictions*, er ist von dem Volke mit glückwünschendem Zurufe empfangen worden.

Be'ne'diction, Kirchensegen. Le prêtre donne la *bénédiction* sur la fin de la messe à ceux qui l'entendent, der Priester giebt nach der Messe dem Volke den Segen.

Be'ne'diction nuptiale, priesterliche Trauung.

la Be'ne'diction du table, das Tischgebett.

Un païs de *bénédiction*, ein gesegnetes Land, da alles Gute überflüßig vorhanden ist.

BE'NE'FICE, *s. m.* eine Wohlthat; ein Begnadigungsbrief, ein Privilegium, eine Gnade von einem grossen Herrn; ein Nutzen, Vortheil; ein Kirchendienst.

Be'ne'fice d'âge, Mündigsprechung, wenn der Landsherr einem, der kaum mündig ist, die Freyheit giebt, sich und das Seinige selbst zu regieren, ohne Vormund.

Be'ne'fice d'inventaire, der Freyheitsbrief, den einer bekömmt, eine Erbschaft anzutreten, ohne daß er die Schulden zahlen darf, die beym Erbe sind, dafern er nur ein Inventarium darüber aufsetzt.

Be'ne'fice du tems, was man durch die Zeit gewinnen kan. Il faut attendre le *bénéfice* du tems, man muß, was die Zeit mitbringt, abwarten.

Be'ne'fice de nature, oder de ventre, ein natürlicher Stulgang, oder innerliche Reinigung des Leibes.

Be'ne'fice manuël, ein Dienst, den ein Mönch versiehet, der vom Abt immer kan abgefordert werden, daß ein anderer an seine Stelle komme.

Les chevaux courent les *bénéfices* & les ânes les attrapent, *prov.* geschickte Leute bewerben sich um einen Dienst, und die ungeschickten (Esel) kriegen ihn.

BE'NE'FICENCE, *s. f.* Gutthätigkeit.
C'est une *bénéficence* roïale, dieses ist eine königliche Wohlthätigkeit.

BE'NE'FICIAIRE, *adj. c.* ist nur in dieser Formul gebräuchlich: héritier ou héritière *bénéficiaire*, ein Erbe, der die Freyheit erhalten hat, die Erbschaft vermittelst eines Inventarii anzutreten, ohne daß er aus seinem Vermögen die Schulden, die bey dem Erbe sind, zahlen darf.

BE'NE'FICIALE, *adj. f.* was zu Kirchendiensten und ihrem Einkommen gehört. Ist nur gebräuchlich bey den Worten: matière *bénéficiale*, und pratique, *bénéficiale*. Il entend les matières *bénéficiales*, er versiehet die Rechte, so die Bestellung der Kirchenämter betreffen.

BE'NE'FICIER, *s. m.* der einen Kirchendienst hat mit seinem Einkommen.

Be'ne'ficier, *v. a.* in denen Bergwerken, das Metall aus dem gegrabenen Ertzklumpen auszziehen, scheiden.

BE'NE'FIQUE, *adj. c.* ist nur im Brauch bey dem Wort planète, als: une planète *béné-*

bénefique, ein glücklicher Stern, der was guts wirkt.

BENêT, *s. m.* ein einfältiger Tropf.

BE'NETIER, *v.* BE'NITIER.

BE'NIGNEMENT, *adv.* gütlich, freundlich.

BE'NIGNITE', *s. f.* Gütigkeit.

BE'NIN, *adj. m.* BE'NIGNE, *f.* gütig, gelind, freundlich, leutselig; vom Gestirn heißt es glücklich, günstig. Aſtre *bénin*, gütiges Gestirn. Remède *bénin*, gelinde Arzney.

BENSOIN, *s. m.* Benzoin, ein wohlriechend Gummi in den Apotheken.

BE'NIR, *v. a.* segnen, den Segen sprechen, weihen. *Bénir* une eglise, un autel, eine Kirche, einen Altar einweihen.

Be'nir, segnen. Dieu *bénira* mes desseins, GOtt wird mein Vorhaben segnen. *Bénissés* ceux qui vous maudissent, segnet die euch fluchen.

Be'nir, preisen, loben. Nous *bénissons* Dieu de vous avoir sauvé la vie, wir loben GOtt, daß er euch beym Leben erhalten hat.

Dieu vous *bénis*, wenn man nieset: GOtt helffe!

BE'NI, e, *part. & adj.* gesegnet, glücklich. Etat *béni* de Dieu, ein von GOtt gesegneter Stand.

BE'NIT, e, *adj.* geweihet, geheiliget, darüber der Segen gesprochen worden ist, heilig. Pain *bénit*, geweihet Brod; item ein Brod das man weihen lassen will. Eau *bénite*, Weihwasser. De l'eau *bénite* de cour, ein Hofcompliment.

BE'NITIER, *s. m.* Weihkeſſel.

BENNE, BENNEAU, BENNER, BENNETON, *v.* BANNE.

BE'NOIT, ein Mannsname, Benedict.

Be'noit, *m. & f. adj.* gesegnet.

BE'NOITE, *s. f.* der Stein der Weisen bey den Chymicis.

Be'noite, ein Kraut, Nelkenwurz, Benedictenwurz.

BEORI, ein indianisches Thier, so einem Kalb gleichet.

BEQUE', ée, *adj.* in den Wappen, mit einem Schnabel von anderer Farbe als der Leib. Un oiseau de sable *bequé* d'or, ein schwarzer Vogel mit goldenem Schnabel.

BE'QUEBO, *s. m.* ein Baumhäcker, Holzbicker, ein Vogel.

BE'QUE'E, *s. f.* ein Schnabel voll; die Aezung junger Vögel, das Futter so man ihnen in den Schnabel steckt.

BE'QUENO, *s. f.* ein spöttisches Wort des gemeinen Volks von einem Mägdlein, das nichts als plaudern kan.

BE'QUETTER, *v. a.* mit dem Schnabel bicken oder hacken, einen Schnabel voll nehmen. Promotée eſt *béqueté* d'un vautour, Prometæus wird von einem Geyer gehackt.

BE'QUILLARD, *s. m.* im Scherz, ein Mann der am Stecken oder an der Krücke gehen muß.

BE'QUILLE, *s. f.* eine Art Stecken, worauf sich alte unvermögliche Leute steuern, eine Krücke.

BE'QUILLER, *v. a. & n.* im Scherz, an der Krücke gehen.

BE'QUILLER, im Gartenwerk, die Erde ein wenig aufwühlen, daß das Wasser zu den Wurzeln kan.

BE'QUILLON, *s. m.* der Schnabel der jungen Falken.

Be'quillon, die Spitzen an den zarten Blättern der Kräuter.

BE'QUU, ë, *adject.* geschnäbelt, das einen Schnabel hat.

BER, *s. m.* ein Baron oder groſſer Herr im Lande. (iſt alt.)

BERAMS, grober baumwollener Leinwand, welcher von Surate kommt.

BERÇAIL, *s. m.* ein Schafſtall; eine Schäferey.

Berçail de l'Eglise, die Kirche Chriſti. Ramener une brebis égarée au *berçail* de l'Eglise, ein verirrtes Schäflein wieder bekehren; zur Kirche wieder bringen.

BERCE, *s. f.* ein Kraut, deutſche Bärenklau.

Berce, *s. m.* ein kleiner Waldvogel, Wüstling, oder Wittwaldlein, Wittwerlein genannt.

BERCEAU, *s. m.* eine Wiege. Dès le *berceau*, von der Wiege her, von der ersten Kindheit an.

Berceau, der Anfang einer Sache. Etouſer la rebellion dans son *berceau*, den Aufruhr bald im Anfang ſtillen.

Berceau, das Vaterland. La Suiſſe a été le *berceau* de la maison de Habsbourg, die Schweiz ist des Hapsburgiſchen Hauſes Vaterland geweſen.

Berceau, Sommerlaube im Garten.

Berceau, (in der Baukunst) ein Gewölbe.

Berceau, (bey denen Buchdruckern,) derjenige Theil an der Preſſe, worinnen die Form hin und her geschoben wird, der Karn.

BERCELLES, *s. f. pl.* Goldschmiedszange mit einem Schäuslein an dem einen Ende; wenn man mit Schmelzwerck, desgleichen mit Demant, oder anderer kleiner Arbeit umgeht.

BERCER, *v. a.* wiegen, ein Kind in den Schlaf zu bringen.

Bercer, einen mit etwas aufhalten, einnehmen, einſchläfern.

Il y a

Il y a long-tems que vous me *bercés* de cela, ihr habt mich schon lang damit aufgehalten, oder einschläfern wollen.

J'ai été *bercé* de cela, ich habe unzählige mal davon gehört, man hat mirs in der Wiege vorgesungen.

BERCHE, *s. f.* vor diesem ein Stück Geschütz in der Festung; darnach, da man bessere bekam, auf den Schiffen.

BERCHERIE, *s. f.* der Ort im Vordertheil des Schiffes, wo diese Stücke stehen.

BERCHEROCT, ein in ganz Rußland übliches Gewicht bey groben Waaren, haltet 400 Pfund Rußisches Gewichts.

BERGAME, *s. f.* eine geringe Art von Tapeten, so zuerst von Bergamo gekommen sind.

BERGAMOTTE, *s. f.* eine Art wohlgeschmackter rundlichter und grüner Birn, Herrnbirn.

Bergamotte, ein Saft von diesen Birnen; und ein Tabac damit angefeuchtet. Essence de *Bergamotte*, Bergamottenessenz.

BERGE, *s. f.* das erhöhete Ufer eines Flusses, daß er das Land nicht überschwemmen kan. Il faut abâtre la *berge*, man muß das Ufer ebnen.

BERGEAIL, *v.* BERCAIL.

BERGER; *s. m.* ein Hirt oder Schäfer.

Berge're, eine Hirtin oder Schäferin.

Berger, (poetisch) ein Verliebter.

Berge're, (poetisch) eine Verliebte.

L'heure du *berger*, eine gute Gelegenheit oder Stunde für einen Verliebten.

BERGERIE, *s. f.* Schaafstall. Enfermer le loup dans la *bergerie*, den Wolf zum Hirten machen; den Bock zum Gärtner setzen, d. i. etwas schädliches hegen; zulassen.

Aïés soin de vôtre *bergerie*, prov. warte deines Amts.

BERGERIES, *s. f. pl.* Hirtengedichte, Schäfergedichte, verliebte Schriften vom Hirtenleben.

BERGERONNETTE, *s. f.* eine Bachstelze.

BERIL, *s. m.* ein Beryll, ein edler Stein.

BERLAN, BERLANDER, BERLANTIER, *v.* BRELAN.

BERLE, *s. f.* ein Kraut, Bachbungen, Brunnenkressen.

BERLIN, *s. m.* Berlin, die Residenzstadt in der Mittelmark Brandenburg.

BERLINE, *s. f.* eine Art Kutschen, so von Berlin aus der Mark Brandenburg nach Paris gekommen, und da gebräuchlich worden sind.

BERLUCHE, BRELUCHE, eine Gattung halbleinener Droguet.

BERLÜE, *s. f.* Blendung des Gesichts, das Vergehen des Gesichts, wenn einer in ein allzuhelles Licht gesehen hat, daß ihm hernach davon alles grün und gelb vorkomt, was er ansicht.

Avoir la *berlue*, nicht wohl sehen können; in verblüntem Verstand, eine Sache nicht recht überlegen, unachtsam seyn.

Vous aviés la *berlue* quand vous avés fait cela, ihr müsset blind gewesen seyn, wenn ihr das gethan habet.

BERNABE', BERNABITES, *v.* BARNAB.

BERNABLE, *adj. c.* der die Prelle oder Britsche verdient.

BERNAGE, *s. m. v.* BARNAGE.

BERNARD, *s. m.* Bernhard, ein Mannsname.

BERNARDIN, *s. m.* ein Bernhardinermönch.

Bernardine, *f.* eine Bernhardinernonne.

BERNE, *s. m.* Bern, Stadt und Canton in der Schweiz.

Berne, *s. f.* eine Fuchsprelle.

Mettre le pavillon en *berne*, die Flagge wehen lassen.

BERNEMENT, *s. m.* das Prellen oder Schnellen in die Höhe.

BERNER, *v. a.* einen in einer Decke oder Viehhaut in die Höhe schnellen oder prellen.

Berner, einen spöttisch tractiren, verspotten, auslachen, vexiren.

BERNEUR, *s. m.* der da prellt.

Berneur, ein Spötter.

BERNIQUET, *s. m.* in folgenden Redensarten: Envoïer quelqu'un au *berniquet*, einen zu Grund richten.

Il est au *berniquet*, er ist verdorben, er hat seine Sachen übel bestellt.

BERRI, *s. m.* das Herzogthum Berri in Frankreich.

BERRIGNON, nne, *adj.* einer aus Berri.

BERRUÏER, e, *adj.* einer aus Berri.

BERTAUDER, *v.* BRETAUDER.

BERTE, *s. f.* ein Weibsname.

BERTRAND, *s. m.* Bertram, ein Mannsname.

BERUBLEAU, *s. m.* bergblau.

BESACE, *s. f.* ein Quersack, Reitsack; ein Bettelsack.

Il est réduit à la *besace*, er ist an den Bettelstab gebracht.

Il est jaloux comme un gueux de sa *besace*, sein Herz hängt gar zu sehr daran.

BESACIER, *s. m.* der einen Bettelsack trägt, ein Bettler.

BESAIGUE, *s. f.* eine Art der Zimmerleute, so auf beyden Seiten kan gebraucht werden, die Fuglöcher auszuhauen; eine Zwergart; it. ein Hämmerlein der Glaser.

BESANÇON, *s. m.* Bisanz, eine Stadt in Burgund.

BESANT, (in den Wappen) Pfennig.
Porter de gueules à trois *besans* d'argent, drey silberne Pfennige im rothen Feld führen.
BESANT, *s. m.* eine alte güldene Münze, ein Constantinopolitanischer Doppelducaten; in den Wappen, eine güldene oder silberne Münze ohne Gepräg, welche einige, so vor diesem im gelobten Lande gewesen waren, in die Wappen setzten.
BESANTE', ée, *adj.* ein Wappen, das solche Münzen führt.
BESICLES, *s. f. plur.* eine Art Brillen, die man an ein Band um das Haupt fest macht; auch eine Masque mit Gläsern vor den Augen.
Mettés vos *besicles*, thu die Augen auf; denke der Sache recht nach.
BESI-D'HERI, eine Art Birn, so zuerst in dem Wald von Heri in Bretagne gefunden worden sind.
BESOARD, *v.* BEZOARD.
BESOCHE, *s. f.* eine Art von Spaten oder Grabscheiten in steinichtem Lande.
BESOGNE, *s. f.* Arbeit, Werk, Verrichtung; eine Schrift oder ein Buch so einer verfertiget; ein Geschäft, etwas zu thun, Mühe, Verdruß, viel zu schaffen.
Vous avés fait de belle *besogne*, du hast nichts gutes gemacht.
Aimer *besogne* faite; nicht gern dicke Breter bohren.
Donner de la *besogne* à quelqu'un, lui tailler de la *besogne*, einem zu schaffen machen.
Faire plus de bruit que de *besogne*, viel Geschrey, wenig Wolle.
BESOIN, *s. m.* vonnöthen, Nothdurft, Noth.
Avoir *besoin* de quelque chose, etwas vonnöthen haben, es brauchen.
Etre dans le *besoin*, in Noth seyn.
Au *besoin*, in der Noth, wenn mans braucht.
Il est *besoin*, es ist vonnöthen.
Qu'est-il *besoin* de &c. was braucht es, was ists nöthig, daß ec.
BESSIERE, *v.* BAISSIERE.
BESSON, *s. m.* ein Zwilling. (ist alt.)
BESTAIL, *s. m.* (man braucht jetzt nur den pluralem *bestiaux*. La mortalité s'est mise dans les *bestiaux*, es ist ein Sterben unter das Vieh gerathen.
BESTE, *v.* BÊTE.
BESTIAL, e, *adj.* viehisch.
BESTIALEMENT, *adv.* auf viehische Weise.
BESTIALITE', *s. f.* das Zuhalten mit einem Vieh; (Greuel so mit einem Vieh begangen wird.)
BESTIAUX, *s. m. pl.* allerley Vieh.
BESTIOLE, *s. f.* ein klein Thier.

BESTION, *s. m.* die vorderste Spitze am Schiffschnabel, welche meistens mit einem geschnitzten Bild von einem Thier, und sonderlich vom Löwen, gezieret ist.
BE'TAIL, *s. m.* Vieh.
Gros *bétail*, Rindvieh, grosses Vieh.
Menu *bétail*, kleines Vieh, als Schaafe.
On a pris tout le *bétail* du village, man hat alles Vieh aus dem Dorf weggenommen.
BÊTE, *s. f.* ein unvernünftig Thier.
BÊTES fauves, roth Wild. BÊTES noires, schwarz Wild. BÊTES de charge, Saumthiere. BÊTES de voiture, Zugvieh.
BÊTE, tumm, unverständig.
La bonne *bête*, das gute As, es ist der rechten einer, sagt man von Leuten die sich verstellen.
Je ne sai quelle *bête* c'est là, ich weiß viel was das ist, sagt man im Scherz von leblosen Dingen.
Une *bête* épaulée, *prov.* Weibsmensch, so ein Kind ausser der Ehe gezeuget.
Faire la *bête*, etwas närrisches thun; in der Karte, sein Spiel verliehren, Labeet werden.
Remonter sur sa *bête*, im Kartenspiel, wieder gewinnen, nachdem man verspielt hatte; auch in andern Fällen sich seines Schadens wieder erholen.
Il faut prendre du poil de la *bête*, man muß die Hülfe in demjenigen suchen, das den Schaden gethan hat; im Saufen sagen einige, wenn man, den Rausch zu vertreiben, wieder saufen soll, man solle Hundshaare darauf legen, weil die Haare von dem rasenden Hunde seinen Biß heilen sollen.
Morte la *bête*, mort le venin, *prov.* wenn er todt ist, kan er nicht mehr schaden.
BÊTE, BETTE, *s. f.* Bete, Mangold, Römischer Kohl, ein Kraut.
BE'TEL, oder BE'TLE, *s. m.* ein Kraut welches die Indianer immer kauen, auch andern anbieten, die sie beehren wollen.
BE'TERAVE, *v.* BETTERAVE.
BETH, *s. m.* der andere Buchstabe im Hebräischen Alphabet.
BETILLE, *s. f.* eine Art von Leinwand; eine Art von Mousseline.
BÊTISE, *s. f.* Tummheit, Thorheit; thörichte That.
BÊTISE, Fehler aus Unverstand begangen.
BE'TOINE, *s. f.* Betonien, ein Kraut.
BETON, *s. m.* der Mörtel, den die Maurer in den Grund legen; das Grundpflaster.
BETTERAVE, *s. f.* rothe Rüben; it. eine Art Birn, nicht von den besten.
Un nés de *betterave*, eine rothe Nase; ein Säufer mit solcher Nase.

BE-

BEVEAU, *f. m.* ein mathematisch Instrument, einen halbkrummen Winkel an einen andern Ort zu bringen.
BEVEÜË, *v.* BE'VûË.
BEUF, *v.* BOEUF.
BEUGLEMENT, *f. m.* das Brüllen; das Blöken des Ochsens.
BEUGLER, *v. n.* blöken, muhen, brüllen.
BEURRE, *f. m.* Butter.
    Promettre plus de *beurre* que de pain, mehr versprechen, als verlanget wird, oder als man leisten kan.
    Avoir les yeux pochés au *beurre* noir, vulg. von Schlägen braun und blau um die Augen aussehen.
BEURRE'E, *f. f.* ein Stück Brod mit Butter bestrichen, Butterbämme, Butterschnidt, Butterbrod.
    Poire de *beurrée*, Butterbirn, Schmalzbirn.
BEURRER, *v. a.* mit Butter bestreichen; mit Butter anmachen, mengen, backen, kochen, oder sonst zurichten.
BEURRIER, *f. m.* BEURRIERE, *f.* Butterkrämer, Butterkrämerin.
BEURRIE'RE, *f. f.* ein Butterkübel, Butterfäßlein, Butterhose.
BE'VûË, *f. f.* ein Fehler, ein Versehen aus Unachtsamkeit. Faire une *bévûë*, einen Fehler begehen; etwas versehen.
BEUVETTE, BEUVEUR, BEUVEUSE, BEUVûTER, *v.* BûV.
BEY, *f. m.* ein türkischer Officier; (so heisset man in dem Königreich Algier die Gubernatoren der Provinzen.
BEZANT, *v.* BESANT.
BE'ZOARD, oder BE'ZOART, *f. m.* Bezoarstein, in der Arzney berühmt.
BE'ZOARD minéral, ein Schwitzpulver von distillirtem und ausgemachtem Spiritu Nitri.
BE'ZOARDIQUE, *adj.* bezoardisch.
BIAIS, *f. m.* die Seite; Quer; die Zwerchseite. Couper une étoffe de bon *biais*, einen Zeug recht nach der Quer schneiden, wie es die Sache erfordert. Mettre quelque chose de *biais*, ein Ding überzwerch stellen. Cette statuë n'est pas posée du *biais* qu'il faut, dieses Bild ist nicht gesezt, wie es seyn soll. Il donne tout un autre *biais* à la chose, er giebt der Sache eine ganz andere Gestalt.
BIAIS, Art und Weise etwas zu verrichten. Vous avés trouvé le *biais* pour toucher son cœur, ihr habt das Mittel erfunden, ihr Herz zu gewinnen. Je n'approuve pas le *biais* que vous avés pris pour faire cela, ich halte das Mittel, welches ihr in dieser Sache ergriffen, nicht für gut. Mais quelque *biais* que prennent les affaires, es mögen aber die Sachen hinaus laufen, wie sie wollen.
BIAISEMENT, *f. m.* das Neigen; (Bewegen) von der Seite. Le vent par son *biaisement* fait pancher le vaisseau, der Wind, wenn er von der Seite kommt, macht, daß sich das Schiff neiget.
BIAISER, *v. n.* krumm seyn, nach der Quer gehen. Il ne marchoit pas droit mais en *biaisant* il suivoit le fleuve, er gieng nicht gerade fort, sondern schweifte von einer Seiten zur andern; oder zur Seiten aus, nach dem Lauf des Stroms.
BIAISER, von der geraden Linie abweichen, als die Magnetnadel.
BIAISER, (in der Baukunst) schräg fallen; ungleiche Winkel machen, oder haben.
BIAISER, kluge Umschweife brauchen. Il y a des hommes qu'il ne faut prendre qu'en *biaisant*, es sind Leute mit welchen ohne durch kluge Umwege, nichts zugewinnen ist. J'ai paré le coup en *biaisant*, ich bin dem Streiche entgangen, indem ich mich ein wenig gebogen. Je *biaiserai* s'il m'interroge, ich will ihm eine zweifelhafte Antwort geben, wenn er mich fraget. C'est en *biaisant* que je suis venu à bout de mon dessein, durch Nebenwege bin ich zu meinem Zweck gelanget. Il voulut *biaiser* pour se tirer de ce mauvais pas, er hat sich mit einer verdrehten Antwort dieser Gefahr entziehen wollen.
BIAISER, betrüglich handeln, (Ausflüchte machen.) Vous êtes un homme qui *biaisés*, ihr seyd ein falscher (betrüglicher) Mann.
BIAMBONE'ES, *f. f.* Baumrinde; ein Indianischer Zeug.
BIANS, *f. m. plur.* die Frohnarbeit, Frohne, in einigen französischen Landrechten.
BIARIS, eine Gattung Wallfisch, aus dessen Hirne das Spermaceti oder Wallrath zubereitet wird.
BIBERON, *f. m.* ne, *f.* ein Säufer, Säuferin.
BIBERON, ein Aemlein, Zutschkanne, Ludel, woraus die Kinder trinken.
BIBERON, papier qui boit, Fließpapier; Löschpapier.
BIBLE, *f. f.* die Bibel.
    Les *Bibles* portatives Françoises, Allemandes & Hongroises, imprimées à Bâle chés l'Editeur du présent Dictionnaire, sont les plus estimées, & très commodes à porter, die Französische, Deutsche und Ungarische Hand- und Sackbibel, zu Basel bey dem Verleger dieses gegenwärtigen Wörterbuchs gedruckt, sind die beliebtesten, und sehr bequem bey sich zu tragen.

BIBLIO-

BIBLIOGRAPHE, BIBLIOGRAPHIE, *s.f.* die Wissenschaft, alte Schriften zu verstehen, auf Rinden, Papier und Pergament.

BIBLIOTHE'CAIRE, BIBLIOTHE'QUAIRE, *s. m.* ein Bibliothecarius, einer der die Aufsicht über eine Bibliothek hat; auch einer der Bücherregister geschrieben hat.

BIBLIOTHE'QUE, *s. f.* eine Bibliothek, Vorrath oder Sammlung von Büchern; das Gemach, wo die Bibliothek verwahret wird, ein Bücherverzeichniß, Nachricht von Büchern.

BIBLISTE, *s. m.* ein Name, den die, so an den Traditionen hangen, den andern geben, die nur biblische Beweise haben wollen.

BIBUS, *s. m.* eine nichtige Sache. Un homme de *bibus*, ein unnützer Mensch. Un Poëte de *bibus*, ein elender Poet.

BICEPS, *s. m.* eine Muscul am Ellenbogen, oder am Knie, welche diese Glieder biegt.

BICHE, *s. f.* eine Hirschkuh; Hinde.

BICHE, *s. f.* eine kleine Hündin, oder Betze.

BICHET, *s. m.* ein Kornmaaß von einem Scheffel, in einigen Provinzen. (zu Paris sagt man minot.)

BICHETAGE, BICHONNAGE, *s. m.* Auflage auf das Getreyd, so auf dem Markt verkauft wird, Steuer so davon gegeben werden muß.

BICHON, *s. f.* Liesgen, ein Kindername.

BICHON, BICHONNE, *s. f.* eine Art kleiner Hunde mit langen Haaren und kurzer Nase.

BICOQ, *s. m.* ein Fuß an einem Baugerüst, daran man die Steine oder Balken auf die Höhe ziehet.

BICOQUE, *s. f.* ein gering Schloß, oder Städtlein, das sich nicht lang wehren kan.

BICQUE, BICQUET, BICQUETER, *voiés* BIQUE.

BIDAUCT, der Caminruß, womit die Färber auch färben.

BIDEAUX, *s. m. pl.* Fußgänger. (ist alt.)

BIDELLE, *v.* BINDELLE.

BIDET, *s. m.* ein Klepper, ein kleines Pferd.

BIDON, *s. m.* ein hölzern Gefäß, daraus man das Trinken auf den Schiffen vor sieben Mann mißt.

BIEN, *s. m.* Gut, Vermögen. Dieu est le souverain *bien* de l'homme, GOtt ist des Menschen höchstes Gut.

BIENS de la nature, de la fortune, Güter der Natur; des Glücks. Cet homme a de grands *biens*, der Mann ist von gutem Vermögen. Tout son *bien* consiste en argent comptant, sein ganzes Vermögen besteht in Baarschaft.

BIEN, Wohlfahrt; Aufnehmen; Nutz; Vortheil; das Beste. Procurer le *bien* à ses amis, seiner Freunde Nutzen befördern. C'est le *bien* de la République, dieses gereicht dem gemeinen Wesen zum Besten. Préferer le *bien* public au sien propre, die Wohlfahrt des gemeinen Wesens seiner eigenen vorziehen.

BIEN, Glück, Heyl. Je lui souhaite toute sorte de *bien*, ich gönne (wünsche) ihm alles Glück.

BIEN, Lust, Vergnügen. Quand aurai-je le *bien* de l'embrasser? wenn werde ich das Vergnügen haben ihn zu umarmen? Nul *bien* sans peine, keine Lust ist ohne Unlust.

BIEN, Gnade, Wohlthat. Vous m'avés comblé de *bien*, ihr habt mich mit Wohlthaten überhäufet.

BIEN, Lob, gut Zeugniß. Il dit partout du *bien* de vous, er breitet euer Lob allenthalben aus.

BIEN, Tugend, Frömmigkeit. C'est un grand homme de *bien*, dieser ist ein überaus frommer Mann. Les gens de *bien*, ehrliche Leute. C'est une femme de *bien*, es ist ein tugendhaftes (keusches) Frauenzimmer.

BIENS, *s. m. pl.* Haab, Reichthum, Güter, Vermögen. Il s'oblige corps & *biens*, er verbindet sich bey Leib und Gut. *Biens* meubles & immeubles, bewegliche und unbewegliche Güter. Les *biens* de la terre, die Früchte der Erde.

Cela me fait grand *bien*, das thut mir sehr wohl, ist mir bequem oder nützlich, gefällt mir zc.

Mettre quelqu'un à *bien*, vulg. einen gewöhnen, wie man ihn haben will, es sey zum Guten oder zum Bösen.

BIEN, *adv.* wohl, gut; billig, mit Recht; klüglich; heilsamlich; bequemlich; it. sehr, viel, weit; it. zwar.

Il est *bien*, er befindet sich wohl, er steht wohl.

Il mange *bien*, er ißt viel.

Bien sçavant, sehr gelehrt.

Bien autrement, ganz anders.

Eh *bien*! ey nun dann!

Hé *bien*! ey!

BIENDIRE, *v. a. & n.* etwas wohl aussprechen, mit einer guten Art vorbringen. (besser in zwey abgesonderten Worten.)

BIENDIRE, *s. m.* Wohlredenheit.

BIENDISANT, e, *part. & adj.* wohl beredt.

BIENFAIRE, *v. n.* recht und wohl verrichten, recht ausrichten.

Faire du *bien*, wohlthun, Wohlthat erzeigen.

BIENFAISANT, e, *adj.* gutthätig.

BIEN-

BIENFAIT, e, adj. wohl gemacht; wohl gebildet; wohl beschaffen. Un ouvrage *bienfait*, wohl gemachte Arbeit. Un homme *bienfait*, ein wohlgestalter Mensch. Esprit *bienfait*, cœur *bienfait*, ein wohlgearteter vortrefflicher Geist, Gemüth.

BIENFAIT, s. m. eine Guttat, Wohlthat. Il a tout du *bienfait* de son maitre, er hat alles von der Gnade seines Herrn.

BIENFAITEUR, s. m. trice, s. ein Wohlthäter, eine Wohlthäterin.

BIENHEUREUX, BIENHéREUX, euse, adj. glückselig, selig; der der ewigen Seligkeit theilhaftig worden ist.

BIENHEUREUX, s. m. pl. die Seligen, die Auserwählten.

BIEN loin que, oder de , conj. weit gefehlt; an statt daß. *Bien loin de m'aimer* il me persécute, anstatt, daß er mich lieben sollte, verfolget er mich.

BIENQUE, conj. obwol, obschon, mit dem Conjunctivo.

BIENSÉANCE, s. f. das Wohlstehen, Anständigkeit.

Il est de la *bienséance*, de &c, der Wohlstand erfordert es, daß etc.

Il est de sa *bienséance*, es ist ihm anständig, bequem, gereicht zu seiner Bequemlichkeit.

BIENSÉANT, e, adj. wohlanständig, geziemend.

BIENTENANT, e, adj. der die Güter und das Erbe, so einem andern zugehört, besitzt.

BIENVEILLANCE, s. f. Wohlwollen, Wohlgewogenheit.

BIENVEILLANT, e, adj. günstig, gewogen.

BIENVENU, ë, adj. willkommen.

BIENVENUË, s. f. der Willkomm.
Paier sa *bienvenuë*, seinen Einstand geben, seinen Willkomm zahlen.

BIENVOULU, ë, adj. beliebt, angenehm, der bey jemand wohl steht, wohl angeschrieben, oder gelitten ist.

BIERE, s. f. eine Bahr, Todtenbahr.

BIERRE, s. f. Bier.

BIE'S, v. BIEZ.

BIEVRE, s. m. ein Biber, Castor.

BIEVRE, eine Art Wasservögel mit einem langen Schnabel; Fischaar.

BIEZ, s. m. ol. biés, ein Wassergang, der das Wasser in der Höhe auf eine Mühl, oder sonst wohin leitet.

BIFFER, v. a. das geschriebene oder sonsten was durchstreichen, daß man es nicht mehr erkennen kan, etwas ausstreichen, weg thun.

BIGAME, s. m. der in der zweyten Ehe lebt.

BIGAME de fait, der zwey Weiber zugleich hat.

BIGAMIE, s. f. Ehestand mit zwey Personen nacheinander.

BIGAMIE de fait, doppelte Ehe, da einer zwey Weiber zugleich hat.

BIGARRADE, s. f. saure Pomeranze.

BIGARREAU, s. m. eine marmelirte Kirsche, bunte Herzkirsche von schwärzlichtroth-und weisser Farbe vermengt.

BIGARREAUTIER, s. m. ein marmelirter Kirschbaum.

BIGARRER, v. a. mit unterschiedlichen Farben machen, bunt machen.

BIGARRE', ée, part. & adj. bunt, scheckigt. Joseph portoit une robe *bigarrée*, Joseph hatte ein mannigfarbiges Kleid an.
Une compagnie *bigarrée*, allerhand Leute, die sich nicht wohl zusammen schicken.

BIGARRURE, s. f. bunt Farbenwerk; it. allerhand Sachen, die sich nicht zusammen schicken. La *bigarrure* de cet habit me déplait, die Vielheit der Farben an diesem Kleid gefällt mir nicht.

BIGARRURE, Gemeng, Vermischung.
Cela fait une *bigarrure* fort agréable, dieses macht eine angenehme Vermischung.

BIGE, s. f. ein Wagen mit zwey Pferden.

BIGEARRE, und dessen Derivata, *voies* BIZARRE.

BIGERRIQUE, s. m. ein rauher und zottigter Rock oder Mantel, deren Gewebe in Bigorre gemacht wurde.

BIGLE, adj. c. schiel; scheel.

BIGLER, v. n. schielen.

BIGNE, s. f. eine Beule an der Stirn oder am Kopf, die man von einem Schlag oder Fall bekommt.

BIGNET, s. m. ein Pfannkuchen.

BIGORDAN, nne, adj. & subst. einer aus Bigorre; it. die Sprache dieser Einwohner.

BIGORNE, s. f. ein Schmidsamboß mit zwey runden Ecken oder Aermen; auch wohl ein Eck oder Arm am Amboß.

BIGORNEAU, s. m. ein kleiner Amboß mit zwey Enden, davon das eine rund, und das andere viereckig ist.

BIGORNER, v. a. etwas auf dem Hornamboß rund schmieden, als einen Ring.

BIGORRE, s. f. ein Land in Gascogne.

BIGOT, s. m. ein Heuchler; Scheinheiliger.

BIGOT, ein Maaß zu flüßigen Waaren, zu Venedig.

BIGOT, s. m. auf den Schiffen, ein Stück Holz mit Löchern, durch deren jedes ein Seil gehet.

BIGOTER, v. n. sich scheinheilig anstellen, einen Heuchler abgeben.

BIGOTERE, *s. f.* ein Stücklein Zeug oder Leder, das man vor diesem des Nachts an den Knebelbart machte, daß er steif und aufgesetzt blieb; it. ein Bartbürstlein.
BIGOTERIE, *s. f.* Heuchelen; Aberglaube.
BIGOTISME, *s. m.* Scheinheiligkeit, heuchlerische Andacht; abergläubische Frömmigkeit.
BIGUES, *s. f. plur.* (in der Seefahrt) starke Hölzer, die man durch die Stückgatten steckt, wenn das Schiff aufgehoben, oder niedergelegt werden soll.
BIGUER, *v. a.* tauschen, wechseln, als mit den Kartenblättern, mit Pferden rc.
 Biguer une carte, eine Karte wechseln.
BIHOUAC, *voïés* BIVOUAC.
BIJARRE, und dessen Derivata, *voïés* BIZARRE.
BIJON, *s. m.* ein Harz in den Apotheken, so anstatt des Terpentins gebraucht wird.
BIJOU, *s. m.* ein Edelgestein, Kleinod, Juwel, oder kleine Kostbarkeit, etwas auszuzieren.
 Bijou, etwas artiges. Son jardin est un *bijou*, sein Garten ist etwas artiges.
BIJOUTERIE, *s. f.* der Juwelenhandel, die Juwelierprofeßion.
BIJOUTIER, *s. m.* ein Juwelier, Juwelenhändler; auch ein Liebhaber der Juwelen und anderer solcher kleinen kostbaren Dinge.
BIL, *s. m.* in Engelland eine Schrift, die man überreicht, damit man ein Gesetz oder Ordnung daraus mache, Aufsatz eines Gesetzes.
BILAN, *s. m.* der Bilanz, ein Auszug aus dem Handelsbuch der Wechsler und Kaufleute, von dem, was sie andern, und andere ihnen schuldig sind, daraus sie ihren Gewinn und Verlust ersehen und erwägen können.
BILBOQUET, *s. m.* ein hölzern Lineal mit wollenem Tuch überzogen, wird zum vergolden gebraucht.
 Bilboquet, (bey dem Maurer) ein klein Stück Stein, welches von einem grössern abfällt.
 Bilboquet, eine hölzerne Figur, welche vermittelst zwey Stücken Bley an den Füssen niemalen fallen kan.
 Il se retrouve toûjours sur ses pieds comme un *bilboquet*, oder il se tient droit comme un *bilboquet*, er steht gleich wieder auf den Füssen; er stehet ganz gerad.
BILE, *s. f.* die Galle. Il sentit émouvoir sa *bile*, er fühlte, wie ihm die Galle aufstieg, wie ihn der Zorn überlief.
 Avoir la *bile* échauffée, erzürnet seyn.
BILIAIRE, *adj. c.* vaisseaux *biliaires*, die Gallengefässe in der Anatomie.

BILIEUX, euse, *adj.* gallreich; gähzornig.
BILLARD, *s. m.* Trucktafel.
Billard, Truckstock.
Billard, Trucktafelspiel; Ort, wo eine Trucktafel gehalten wird.
BILLARDER, *v. n.* die Kugel zwey mal stossen im spielen, welches nicht gilt.
BILLE, *s. f.* Ball; Kugel, zu der Trucktafel. Faire une *bille*, belouser une *bille*, einen Ball von der Tafel (in das Loch) spielen.
 Ils sont *billes* pareilles, *prov.* sie sind einer wie der ander.
Bille, Stange; Reis, so in die Erde geschlagen wird, Wurzeln zu treiben.
 Bille de saule, Satzweide.
Bille, Backstock.
BILLEBARRER, *v. a.* vielfärbig machen, bunt und schäckig machen, als ein Pickelhäringskleid.
BILLEBAUDE, *s. f.* Verwirrung, Unordnung. Tout va à la *billebaude*, es gehet alles ohne Ordnung.
BILLER, *v. a.* einen Pack zusammen ballen, rädeln, fest packen.
Biller, die Pferde, so ein Schiff ziehen, anspannen, nemlich an den Stecken, den sie hinten haben.
BILLET, *s. m.* ein kleiner Brief, ein Zettel.
 Billet galant, höfliches Grußbrieflein.
 Billet doux, Liebesbrief.
Billet, eigenhändige Verschreibung, die nicht gerichtlich ist.
Billet, Looszettel. *Billet* blanc, lediger Zettel. *Billet* noir, gewinnender Zettel.
Billet pour entrer à la comédie, Zeichen, worauf man in den Schauplatz gelassen wird.
Billets de l'épargne, de monnoïe, de l'état, de banque, waren in verschiedenen Zeiten gewisse Zettel, welche in Frankreich anstatt baar Geld in dem Commercio circulirten, und endlich supprimiret wurden.
Billets Lombards, (in Italien und Flandern) ein Schein, daß einer Antheil an Ausrüstung eines Schiffes habe; ein Schein, daß einer auf ein Pfand entlehnet habe.
Billet païable au porteur, ein Brief, welcher dem Träger zahlbar ist.
Billet d'Operateur, ein Schreyerszettel.
Billets pour loger les soldats, Quartierzettel der Soldaten; Quartierboleten.
 Faire tirer au *billet*, Soldaten loosen lassen, welcher hangen soll.
Billet de santé, ein Paß wegen der Pest, daß man von gesunden Orten komme.
Billet d'enterrement, ein Leichenzettel, worauf die Namen dererjenigen stehen, die zur Leiche gebeten werden sollen.

Fai-

Faire courir des *billets* chés les Notaires, gern Geld entlehnen wollen.

BILLETTE, *s. f.* ein Zeichen, als ein klein Faß, welches man an diejenigen Orte setzt, wo die Fuhrleute Zoll zahlen müssen.

BILLETTE, (in der Wappenkunst) porter d'azur à quatre *billettes* d'or, vier guldene Schindeln im blauen Felde führen.

BILLETTE', ée, *adj.* in den Wappen, mit Schindeln besetzt, als ein Schild oder Feld; bey den Kaufleuten gezeichnet, als ein Pack Waaren, den sie mit einer gewissen Zahl oder Schrift bezeichnen, die sich auf die, so sie in ihren Büchern haben, bezieht.

BILLETTER, *v. a.* von Kaufleuten, die Waaren bezeichnen, numeriren.

BILLEVESE'E, BILLEVEZE'E, *s. f.* ein aufgeblasener oder mit Wind angefüllter Ball; im plurali heissen *billevezées*, Possen, närrische Erzehlungen. Chacun sait, que c'est *billevesées*, jedermann weiß, daß dieses närrische Einfälle sind.

BILLON, *s. m.* ringhaltiges Metall, so nicht probmäßig ist.

BILLON, verrufene Münz.

BILLON, Scheidemünze.

BILLON, der Ort in der Münz, wo das verrufene Geld eingewechselt wird. Porter au *billon*, etwas in die Münz tragen zum auswechseln. Hors de cela je mets tout au *billon*, prov. dieses ausgenommen, achte ich alles andere vor nichts.

BILLON de garance, die geringste Gattung Färberröthe, Crap.

BILLONNAGE, *s. m.* das verbottene Profitmachen mit schlimmen Geldsorten; Kipperey.

BILLONNER, *v. a.* verrufen Geld einwechseln.

BILLONNER, das gute Geld einschmelzen, und geringes daraus machen.

BILLONNER, kippen und wippen; gut Geld ausschiessen, und leichtes ausgeben.

BILLONNEUR, *s. m.* einer der mit schlimmem Geld sich Nutzen zu machen sucht.

BILLOS, *s. m.* eine gewisse Schatzung auf den Wein in Bretagne.

BILLOT, *s. m.* ein Stock oder Klotz, ein dickes kurzes Holz, an welchem die Drechsler arbeiten.

BILLOT, der Amboßstock.

BILLOT, ein Klotz, den man unter einen Riegel oder Hebbaum legt, etwas aufzuheben.

BILLOT, ein Klotz, den man zwischen die Gabelhölzer auf den Schiffen legt, daß ihnen im bauen kein Schaden geschehe.

BILLOT, bey den Pferdhändlern ist es ein langes Holz, an den Seiten der neugekauften Pferde angemacht, an welchem man eines und das andere bindet, sie desto leichter zu führen.

BILLOT, eine Mausfalle mit unterschiedlichen Löchern.

BILLOT, ein Bloch, auf dem in Engelland der Kopf abgehauen wird.

J'en mettrois ma tête sur le *billot*, ich wollte mir den Kopf abhauen lassen, wenn es nicht wahr ist.

BIMAUVE, *s. f.* Eibisch oder Ibisch, ein Kraut.

BIMBELOT, *s. m.* allerley Spielzeug der Kinder.

BIMBELOTIER, BIMBLOQUIER, *s. m.* einer der allerley Kinderspielwerk macht.

BINAIRE, *adj. c.* nombre *binaire*, eine Zahl, so mit zwey aufgehoben oder dividirt werden kan.

Mesure *binaire*, ein Tact, der mit einem gleichen Auf- und Niederschlage geschieht.

BINARD, *s. m.* ein Wagen, von vier gleich hohen Rädern, auf welchen eine dicke Bohle liegt, Quadersteine und Säulen zum bauen darauf zu führen.

BINDELY, *s. m.* eine Gattung Galaunen von Seiden und Silber, welche in Italien gemacht wird.

BINEMENT, *s. m.* die zweyte Hacke im Weinberg.

BINER, *v. a.* die Weinberge zum andernmal behacken oder bearbeiten.

BINER, zweymal in einem Tage Messe lesen.

BINET, *s. m.* ein Lichtknecht.

BINI, *s. m.* ein Mönch, der einem andern, so aus dem Kloster gehen will, zugegeben wird.

BINOCLE, *s. m.* Fernglas, ein doppelt Perspectiv, etwas mit zwey Augen zugleich anzusehen.

BINOME, *s. m.* in der Algebra eine Zahl, welche aus der Addition zweyer Zahlen oder Grössen entsteht, die keine gemeine Proportion unter sich haben.

BIOUAC, *voïes* BIVOUAC.

BIQUE, *s. f.* eine Ziege, (ist nur in etlichen Landschaften gebräuchlich).

BIQUET, *s. m.* ein Junges von einer Ziege, ein Zicklein.

BIQUET, *s. m.* eine Schnellwaage, eine Art von Goldwaagen in den Münzen.

BIQUETER, *v. a.* auf der Schnellwaage wägen.

BIQUETER, *v. n.* werfen, ein Zicklein bringen oder kriegen, wenn von Ziegen die Rede ist.

BIRAMBROT, *s. m.* eine Biersuppe; Bier und Brod.

BIRETTE, *s. f.* ein Baret, eine Art von einem Hut, als die jungen Jesuiten tragen.

BIS, e, *adj.* braun oder schwarz, wird vom Brod gesagt. Pain *bis*, schwarz Brod. Pain

Pain *bis*-blanc, halbweisses Brod. Une femme *bise*, ein braunschwarzes Weib; wird im Scherz gesagt.

BISAGE, (in der Färberey) das Umfärben; anstatt der ersten Farb eine andere geben.

BISARRE, und dessen Derivata, *voies* BIZARRE.

BISAYEUL, *s. m.* le, *f.* des Vaters oder der Mutter Großvater, des Vaters oder der Mutter Großmutter.

BISCAHO, *s. m.* ein Thier aus Peru, dessen Fleisch dem Fleisch der Caninichen gleichet.

BISCAPIT, *s. m.* in den Rentkammern, das Verbrechen eines, der einen Articul zum zweyten mal in eine Rechnung bringet.

BISCORNU, *adj.* das keine Art (Gattung, Ansehen) hat. Un bâtiment *biscornu*, ein übel angelegtes Gebäu. Un esprit *biscornu*, ein wunderlicher Kopf. Un raisonnement *biscornu*, eine unvernünftige Rede.

BISCOTIN, *s. m.* kleiner Zweyback; item Zuckerplätzgen.

BISCUIT, *s. m.* Zweyback, den man zum Nachtisch oder sonst zum Wein aufträgt; auch grober Zwieback, Schiffbrod.

BISCUIT, Zuckerbrod.

BISCUIT, bey den Mahlern, falsch Schwarz, untüchtige Farbe.

BISCUIT pour faire diète, Fastenbrod.

S'embarquer sans *biscuit*, eine Sache anfangen ohne Bedacht und nöthige Zurüstungen.

BISE, *s. f.* vent de *bise*, der Nordwind.

BISE, *s. f.* ein klein Brötgen, als ein Dreyer- Vierer- oder Kreuzerbrod, das man den Kindern mit in die Schule giebt.

BISE, ein Seefisch, der fast dem Thunfisch gleichet.

BISEAU, *s. m.* Dreheisen.

BISEAU, abgeschliffener Rand an einem Spiegelglas.

BISEAU, abgeschliffener Rücken eines Messers.

BISEAU, (bey dem Goldschmied) der Kastenrand, so den Stein im Ringe fest hält.

BISEAU, Knauste an einem Brod.

BISEAU, Deckel an einer Orgelpfeife.

BISEAUX, (bey den Buchdruckern) Stege; sind diejenige Hölzer, welche die Schrift umgeben, und die Seiten von einander halten, daß man die gedruckten Bögen falzen kan.

BISER, *v. n.* (im Ackerbau) schwarz werden. Les bleds *bisent* toûjours, das Getreyde wird allzeit zu Mengkorn; man sammelt nie so rein Getreyde ein, als man säet.

BISER, neu färben, umfärben.

BISET, *s. m.* eine Art kleiner Holzdauben, die fast schwarz aussieht.

BISETTE, *s. f.* kleine geringe Spitzen, so sich die Bauerweiber wirken oder nähen, und damit ihre Kleider bebrämen.

BISEUR, *s. m.* ein Schwarzfärber.

BISMUTH, *s. m.* Wißmuth, eine Art schwefflichten, zinngleichen Minerals.

BISNAGUE, ein Gewächs aus Levante, so dem Fenchel ähnlich; man bedient sich der Stielen seiner Blumen als Zahnstocher, und werden denen Federn vorgezogen.

BISON, *s. m.* Auerochs; in den Wappen ein Büffel.

BISOUARD, *s. m.* in Dauphine und im Lionischen ein Kerl, der aus dem Gebirge her ist, und sich im platten Lande niedergelassen hat.

BISQUAINS, *s. m.* bereitete Schaaffelle samt der Wolle.

BISQUE, *s. f.* ein Schlag im Ballspiel, der 15 gilt, und den einer von einem andern, der besser spielt, voraus bekommt, daß er ihn zählen mag, zu welcher Zeit er es in der Partie vor gut befindet, jedoch nur einmal in einer Partie.

Prendre sa *bisque*, sich seine Ruhestunde nehmen.

Donner quinze & *bisque*, einem weit überlegen seyn.

BISQUE, *s. f.* (Bißgen) eine Art Suppen von Leckerbißlein zusammen gemacht, eine Kraftsuppe.

BISSAC, *s. m.* ein Quersack, Reitsack.

BISSAC, Bettelsack.

Réduire au *bissac*, zum Bettler machen.

BISSE, *s. m.* feine (köstliche) Leinwand bey den Alten.

BISSE, *s. f.* in den Wappen eine Schlange, vom Zischen oder Laut, den sie macht.

BISSETRE, *s. m.* ein Unglück, Hinderung, Verdrießlichkeit, welches eines andern Unverstand zuwege gebracht hat.

BISSEXTE, *s. m.* der Tag, den man alle vier Jahr zum Februario setzt, der Schalttag.

Une année de *bissexte*, ein Schaltjahr.

BISSEXTIL, e, *adj.* an *bissextil*, Schaltjahr.

BISSONATA, ein grobes Tuch, davon gewisse München sich kleiden.

BISTI, eine Persische Schiedmünz.

BISTORTE, *s. f.* Schlangenwurz, Natterwurz, ein Kraut.

BISTORTIER, *s. m.* in der Apotheke ein hölzerner Stößel, etwas in einem steinernen Mörsel unter einander zu rühren.

BISTOURI, *s. m.* ein klein Messer, das die Barbierer zu einem Fleischschnidt brauchen.

BISTOURNER, *v. a.* ein Pferd durch Verdrehung der Hoden wallachen.

BIS-

BISTRE, *s. f.* Rußschwarz, zum Tuschen im Mahlen.
BITORD, *s. m.* ein kleines Seil von zwey Faden, dessen man sich auf den Schiffen bedienet, ein ander Seil zu lenken.
BITTE, *s. f.* auf den Schiffen, ein langes und starkes Holz, deren allezeit zwey mit einem Querholz zusammen befestiget werden, und woran man das Ankerseil fest macht, wenn der Anker ausgeworfen ist, oder sonst das Schiff in dem Hafen anhängt.
BITTER, *v. a.* das Ankerseil an diese Hölzer schlingen.
BITTON, *s. m.* ein Holz, woran man die Galeeren am Lande fest macht oder anhängt; *it.* andere kleine Stangen oder Balken, woran man kleine Seile fest macht.
BITTONNIÈRES, *s. m. plur.* die Rinnen vom Vordertheil des Schiffs bis ins Hindertheil, dadurch das Wasser zur Pompe geleitet wird.
BITUME, *s. m.* ein gewisses Harz, Bergwachs, Erdpech.
BITUMINEUX, euse, *adj.* harzig, das Erdpech in sich hat. Terre *bitumineuse*, pechartige Erde, die Pech in sich hält.
BIVENTER, *s. m.* die sechste Muschel am Kinnbacken, weil ihre beyden Enden etwas bauchicht sind.
BIVIAIRE, *adj. c.* wo zwey Wege sich scheiden.
BIVOUAC, *s. m.* Verdoppelung der Nachtwache wegen Nähe des Feindes; Bereitschaft, da die Armee die Nacht durch im Gewehr stehen bleibt.
BIVOYE, *s. m.* eine Wegscheide, wo zwey Wege sich theilen.
BIZANTIN, *voiés* BESANT.
BIZARD, *s. m.* eine bunte Farbe an den Tulpen, weiß, roth und violet.
BIZARRE, *adj. c. & subst.* närrisch, eigensinnig, toll, seltsam, wunderlich; ein närrischer Kopf. Un esprit *bizarre*, ein wunderlicher Kopf. Une conduite *bizarre*, eine ungereimte Aufführung.
BIZARRE, (bey den Blumenverständigen) eine Blume, die drey oder mehr Farben an sich hat.
BIZARREMENT, *adv.* auf närrische, wunderliche, eigensinnige Weise.
BIZARRERIE, *s. f.* ein seltsames tolles Wesen.
BIZARRERIE, Abwechselung, Veränderung, da alles bunt unter einander ist. La satyre est comme une prairie, qui n'est belle qu'en sa *bizarrerie*, ein Strafgedicht ist wie eine Wiese, deren ganze Anmuth in ihrer vielfältigen Veränderung besteht.
BIZE, BIZEAU, BIZER, BIZET, BIZETTE, *v.* BISE.

BLAFARD, e, *adj.* bleich. *v.* BLÊME.
BLAIREAU, *s. m.* ein Dachs.
BLAIRIE, *s. f.* ein Weidezins, den die Obrigkeit einnimmt, wenn die Unterthanen auf ihre Wiesen, Aecker oder andere Plätze treiben dürfen.
BLAISCHE, *voiés* BLÊCHE.
BLAISE, *s. m.* ein Mannsname, Blasius.
BLAISOT, *s. m.* kleiner Blasius.
BLAITIER, *voiés* BLATIER.
BLÂMABLE, *adj. c.* was zu schelten und zu mißbilligen ist, tadelnswerth.
Je ne suis point *blâmable* pour cette chose, ich bin in dieser Sache keineswegs strafwürdig.
BLÂME, *s. m.* das Schelten oder Vorwerfen eines Dinges; das Lästern, Tadeln; das Schuldgeben; ein Verweis. Encourir le *blâme*, in Tadel fallen. Eviter le *blâme*, Nachreden meiden. Se mettre hors de *blâme*, sich vor aller Beschuldigung hüten. Tout le *blâme* retombe sur lui, es ist niemand daran schuldig als er.
BLÂMER, *v. n.* tadeln, strafen, nachreden. *Blâmer* quelqu'un de sa paresse, einen wegen seiner Nachläßigkeit strafen. On vous *blâme* d'avarice, man beschuldiget euch des Geizes. Vous me *blâmés* de ce qui est très loüable, ihr scheltet mich wegen dessen, das doch lobenswerth ist. Il le *blâme* de son éloquence, comme si c'étoit un vice que d'être éloquent, er wirft ihm seine Wohlredenheit vor, als wenn es etwas böses wäre, beredt seyn.
BLÂMER, (in Rechten) anfechten, streitig machen, vor unrichtig angeben.
Blâmer un compte, eine Rechnung als mangelhaft widerlegen.
BLANC, BLANCHE, *adj.* weiß, rein.
Argent-*blanc*, Silbergeld.
Bois *blanc*, Birken, Aspen, und ander weiß Holz.
Boudin *blanc*, eine Wurst mit Milch und Capaunenfleisch.
Pain *blanc*, weiß Brod, Semmel.
Papier *blanc*, rein oder unbeschrieben Papier.
Linge *blanc*, neugewaschene Wäsche, weiß Zeug, weiß Geräth.
Cheveux *blancs*, graue Haare.
Drapeau *blanc*, die Fahne der Leibcompagnie.
Du fer *blanc*, verzinnt Eisen, weiß Blech.
Pavillon *blanc*, die Flagge des Admiralschiffs.
Billet *blanc*, ein Zettel im Glückstopf, da nichts drauf steht; ein leeres Loos aus der Lotterie.
La garnison sortit le bâton *blanc* à la main, die Besatzung zog mit weissen Stäben

ben in den Händen ohne Gewehr aus der Festung.

Bierre *blanche*, gering Bier, Covent; it. weiß Bier.

La mer *blanche*, das weiße Meer; item das Eismeer.

Poudre *blanche*, Schießpulver, das nicht knallt.

Armes *blanches*, Waffen die man nicht blau hat anlaufen lassen.

E'charpe *blanche*, der Franzosen Feldzeichen; Französische Kriegsdienste.

Cornette *blanche*, des Obersten zu Pferd seine Standarte.

Notte *blanche*, halbe und ganze Schläge unter den Singnoten, im Gegensatz der Viertel und anderer, die ganz schwarz sind.

Eau *blanche*, Wasser mit Kleyen gemengt, die Pferde zu tränken.

Sausse *blanche*, eine Butterbrühe an einer Speise, als an einem Hecht u. d. gl.

Carte *blanche*, ein unterschriebenes Papier, worauf ein anderer schreiben kan, daß man dasjenige, wozu er Vollmacht hat, gutheissen wolle, ein Blanquet zur Vollmacht; figürlich heißt es auch, volle Gewalt, freye Macht, so man einem giebt, in einer Sache zu thun, was ihn gut deucht; im Kartenspiel, die Blätter, wo keine Männer oder gemahlte Bilder darunter sind.

Gelée *blanche*, der Reif, (Frost).

L'épée *blanche*, der blosse Degen, im Gegensatz des Rappiers.

Magie *blanche*, die Wissenschaft, durch natürliche Dinge etwas zuwege zu bringen, das gemeine Leute vor bezaubert halten, im Gegensatz der schwarzen Kunst.

Reine *blanche*, eine Königin in Frankreich, die ohne Kinder zur Wittwe wird.

Il est *blanc* au dehors & noir au dedans, er ist falsch, oder ein Heuchler.

Quand l'un dit *blanc*, l'autre dit noir, sie können sich nicht vertragen.

Se faire tout *blanc* de son épée, sich seines Credits über die Massen rühmen.

Il va du *blanc* au noir, *prov.* er ist unbeständig; er fällt von einer Sache gleich auf das Gegentheil.

BLANC, *s. m.* eine Schießscheibe. Tirer au *blanc*, nach der Scheiben schiessen.

BLANC, eine alte kleine Französische Münze.

BLANC, Meelthau, den Gewächsen schädlich.

BLANC, *s. m.* Weisse, weisse Farbe.

Blanc de l'œil, das Weisse im Auge.
Blanc d'œuf, Eyerweiß.
Blanc de baleine, Wallrad.
Blanc de craïe, ein weisser Grund mit Leimwasser gemacht, darauf zu mahlen.
Blanc d'Espagne, eine Schminke die Haut weiß zu machen, Spanisch Weiß.

Blanc de mesué, ein erweichendes Pflaster, so man Diachylon nennt.
Blanc de perle, Wißmuth.
Blanc de plomb, Schieferweiß.
Blanc de ceruse, Bleyweiß.
Blanc d'eau, weisse Seeblumen.
Blanc de chapon, de poulet, Capaunen- oder Hünerbrust.

Chapon en *blanc*, ein gerupft Huhn, das noch nicht ausgenommen noch gespickt ist.

De la viande en *blanc*, rohes Fleisch.

Ligne en *blanc*, eine leere Zeile, ein Platz den man im Schreiben läßt, daß man einen Namen oder sonst etwas hinein setzen könne.

Livre en *blanc*, ein noch unbeschriebenes oder auch rohes uneingebundenes Buch.

Chapeau en *blanc*, ein ungefärbter Hut.

Dire quelque chose de butte en *blanc*, etwas unbedachtsam heraus schwätzen.

Mettre un homme du *blanc*, einem all sein Geld abgewinnen.

BLANCARDS, gewisse Leinwand von halb gebleichtem Garn.

BLANCHAILLE, *s. f.* kleine Weißfische; auch andere Saamenfische in einem Weiher oder Teich. (hat keinen pluralem).

BLANCHARD, *s. m.* ein Mannsname.

BLANCHÂTRE ou BLANCHEÂTRE, *adj.* weißlich, das ins weisse fällt.

BLANCHE, *s. f.* eine Note in der Music, ein ganzer oder halber Schlag; item, ein Weibsname, Blanca; im plurali heissen *blanches*, Karten die keine Bilder sind.

BLANCHEMENT, *adv.* weiß; nett, sauber in weisser Wäsche.

BLANCHERIE, *s. f.* eine Bleiche, Bleichplatz; Wachsbleiche; it. eine Hütte, wo das Eisen verzinnt wird, ein Weißblechhammer.

BLANCHET, *s. m.* ein Stück weiß Tuch oder Filz, den die Buchdrucker im Drucken unterlegen.

BLANCHET, ein weisses Camisol; auch sonst ein wüllen Futterhemd, es sey von was Farbe es wolle.

BLANCHEUR, *s. m.* die Weisse, die weisse Farbe.

BLANCHIMENT, *s. m.* das Bleichen grosser Stücke; die Art zu bleichen; das Verzinnen.

BLANCHIMENT, ein Zuber der Goldschmiede, darinnen sie das Silbergeschirr weiß machen.

BLANCHIMENT, Weißsieden der Münzstücken, und der Ort, wo solches geschiehet.

BLANCHIR, *v. a. & n.* rein machen, putzen, weiß machen; weiß waschen, bleichen, als Wäsche, Wachs.

BLANCHIR, (bey den Goldschmieden) weiß sieden, als Münzen und Silbergeschirr.

BLAN-

BLANCHIR, (bey den Kupferschmieden) mit dem Schabeisen rein schaben.
BLANCHIR, (bey den Schlössern) weiß feilen, mit der Feile glatt und rein machen.
BLANCHIR, (bey den Blechnern oder Spenglern) verzinnen.
BLANCHIR, (bey den Schreinern) eben und glatt machen, was an einander gefüget werden soll, glatt hobeln.
BLANCHIR, (bey den Köchen) einen Vogel oder andern Braten zuvor ein wenig über das Feuer halten oder legen, ehe man ihn spickt und ansteckt.
BLANCHIR les dents, (bey den Zahnärzten) die Zähne weiß machen, nachdem sie geputzt sind.
BLANCHIR, mit Schnee bedecken.
La saison a *blanchi* la terre, der Winter hat das Land mit Schnee bedeckt.
BLANCHIR, vor Alter grau werden.
Il commence à *blanchir*, er beginnet grau zu werden. Il a *blanchi* sous l'harnois, er ist in Kriegsdiensten alt worden.
BLANCHIR, faire des efforts inutiles, sich etwas vergeblich unterfangen. Tout cela ne fait que *blanchir*, dieses alles ist vergeblich.
Faire *blanchir* du céleri, Sellerie zusammen binden, daß die Blätter davon weiß werden.
Ce coup de pistolet n'a fait que *blanchir*, der Pistolschuß ist nicht durchgangen.
BLANCHISSAGE, *s. m.* das Bleichen, Waschen; Wäscherlohn.
BLANCHISSERIE, *s. f.* eine Stelle zu bleichen oder zu waschen; eine Bleiche; ein Waschhaus.
BLANCHISSEUR, *s. m.* einer der das weiße Zeug wäscht; it. ein Bleicher.
BLANCHISSEUR, ein Gipser.
BLANCHISSEUSE, *s. f.* eine Wäscherin.
BLANC-MANGER, *s. m.* eine Speise mit Milch, Zucker und Mandelkern, die einem im Munde zergeht.
BLANC-MANTEAU, *s. m.* ein Ordensbruder, der einen weißen Mantel trägt, als Benedictiner, Wilhelmiten, unser Frauen Brüder 2c.
BLANC-RASSIS, BLANC-RHASIS, *s. m.* ein weiß Pomadesälblein. (der Pöbel sagt *blanc-raisin*).
BLANC-SCELLÉ, BLANC-SELLÉ, *s. m.* ein Papier, da nichts als eines grossen Herrn Siegel darauf steht; Stempelpapier.
BLANC-SIGNÉ, *s. m.* ein Blanquet, da man darauf schreiben kan, was man will, und das einer schon unterschrieben hat.
BLANDICES, *s. f. pl.* Schmeicheley, (ist alt).
BLANQUE, *s. f.* ein Stechbuch, dergleichen die Glückstöpfer führen.
Aux uns cela opère, aux autres *blan-*

que, prov. bey einem wirket es, bey dem andern thut es nichts.
Trouver *blanque*, nichts finden, da man etwas zu finden gemeynet hatte.
Hazard à la *blanque*, etwas das man wagt; etwas verwegenes.
BLANQUETTE, *s. f.* eine Art Birn, ganz weißlicht außen her.
BLANQUETTE, ein guter weißer Wein in Gascogne.
BLASON, *s. m.* die Wappenkunst.
BLASON, eine Art altfranzösischer Sinngedichte.
BLASONNEMENT, *s. m.* Erklärung der Wappen.
BLASONNER, *v. a.* die Wappen mit gehörigen Farben mahlen, oder mit gewissen Strichen machen, welche die Farben bedeuten.
BLASONNER, die Wappen auf gehörige Art auslegen.
BLASONNEUR, *s. m.* einer der die Wappen versteht.
BLASPHÉMATEUR, *s. m.* Gottslästerer.
BLASPHÉMATOIRE, *adj. c.* gottslästerlich.
BLASPHÉME, *s. m.* eine Gottslästerung.
BLASPHÉMER, *v. a. & n.* GOtt lästern.
BLATIER, *s. m.* Kornverkäufer, Kornhändler.
BLAUDE, *s. f.* in Burgund und im Lionischen ein Kittel von grober Leinwand, den die Bauren und Fuhrleute über ihre Kleider ziehen.
BLÉ, BLED, *s. m.* Getreyd, das noch im Felde steht; der Saame, die Körner, Saat oder Erndte von allerley Getreyd.
Couper les *blés*, das Korn schneiden, erndten.
Blé méteil, vermischter Weizen mit Roggen.
Petits *blés*, Gerste, Haber, Erbsen 2c.
Blé noir, *blé* sarrasin, Buchweizen, Heidekorn.
Blé barbu, *blé* d'Inde, *blé* de Turquie, Mais, Türkisch Korn, Türkischer Weizen.
C'est du *blé* en grenier, das ist gut zu bewahren.
Manger son *blé* en herbe, *prov.* seine Einkünfte vor der Zeit heben und verzehren.
Crier famine fur un tas de *blé*, prov. bey allem Ueberfluß über Mangel klagen.
BLÉCHE, *s. f.* ein falscher Mensch, dem nicht zu trauen ist.
BLEIME, *s. f.* Blaunäler, eine Krankheit der Pferde, eine Entzündung am innern Theil des Hufes zwischen dem Knorren und der Sohle.
BLÊME, *adj. c.* blaß, bleich. Il est plus *blême* que n'est un pénitent sur la fin du caré-

carême, er ist bleicher als ein Büssender zu Ausgang der Fasten.
BLéMIR, v. n. bleich werden, erblassen.
BLéMISSEMENT, s. m. das Erbleichen.
BLEREUX, BLEREAU, v. BLAIREAU.
BLESSE', s. m. ein Verwundeter.
  Blessé d'amour, vor Liebe verwundet.
BLESSER, v. a. beschädigen, verwunden.
  Blesser quelqu'un à mort, einen tödtlich verwunden. Aiant été légèrement blessé, nachdem er nur ein wenig beschädiget worden. Blesser un cheval avec les eperons, ein Pferd aufs Blut sporren.
Blesser, beleidigen, verletzen. Blesser sa conscience, sein Gewissen verletzen. Blesser l'honneur, la réputation d'une personne, einen an seinen Ehren angreifen. Ces discours blessent les oreilles chastes, diese Gespräche ärgern keusche Ohren; sind keuschen Ohren beschwerlich. Il n'y a rien qui blesse, es ist keine Aergerniß dabey.
BLESSER, (in der Seefahrt,) La réale rencontra une autre galère dont elle fut blessée, die Hauptgaleere stieß an eine andere, davon ward sie beschädiget.
Blesser, Unkommlichkeit, (Schmerz) verursachen. Ces souliers me blessent, diese Schuhe drucken mich. Je sai où le bât le blesse, prov. ich weiß wo ihn der Schuh drückt.
BLESSER, (poetisch) Liebe erwecken; verliebt machen. Elle m'a blessé le coeur, sie hat mein Herz verwundet, sie hat mich verliebt gemacht.
se BLESSER, v. r. sich verletzen; Schaden nehmen. En tombant il s'est blessé grièvement la tête, er hat im Fallen den Kopf häßlich zerstossen.
se BLESSER, (von den Weibern) vor der Zeit niederkommen.
BLESSURE, s. f. eine Wunde, Beule, Verletzung.
BLETTE, s. f. Meyer, Hanenkamm, ein Kraut.
BLEU, ë, adj. & subst. (vom Deutschen) blau, die blaue Farbe.
BLEU mourant, blümerant, bleichblau.
BLEU turquin, hochblau, dunkelblau.
BLEU céleste, himmelblau.
BLEU de forge, eine blaue Farbe zu den Grottenwerken, von Eisenschaum.
  Mettre un poisson au bleu, einen Fisch blau absieden. Voilà les contes bleus, qui vous plaisent, seht, an solchen Possen habt ihr eure Freude.
parti-BLEU, (in dem Krieg) Parteygänger.
BLEüâTRE, adj. c. bläulicht.
BLEUëT, v. BLUET.
BLEüIR, v. a. & n. blau machen, anlaufen lassen; blau werden.
  Faire bleuir le fer, Eisen blau anlaufen lassen.
BLIN, s. m. ein starker Block mit vielen Armen, daß zu beyden Seiten ihrer viel daran schieben können, mit welchem hölzerne Keile unter den Kiel eines Schiffs eingeschlagen werden, wenn dasselbe ins Wasser gelassen werden soll.
BLINDE, s. f. ein Schirm, eine Blendung von Holz oder geflochtenem Reißig, so man in Schanzen vorstellt oder überdeckt, daß man die Arbeiter nicht sehen kan.
BLINDER, v. a. mit Blendungen verdecken.
BLOC, s. m. ein Block, Klotz, kurzes und dickes Stück Holz oder andere Materie.
BLOC, ein Klump Metall.
BLOC, auf den Schiffen, ein Block oder festgemachtes starkes Holz mit umlaufenden Rädern versehen, durch deren Hülfe man sowohl Segel als Waaren auf-und ab, aus-und einziehet, es sey unten im Schiff, oder an den Masten und in der Höhe.
BLOC, bey den Falkenierern, die Stange darauf der Falke sitzt.
BLOC d'issas, ein starker vom untern Theil des Schiffs in die Höhe ragender Block mit einigen Rädern, woran man die grossen Segel aufziehet.
BLOC de plomb, das Gestell darauf die Pitschierstecher arbeiten.
BLOC de marbre, ein groß unzerschnittenes Stück Marmor, wie es aus dem Bruch kömmt.
  Marchander en bloc, mit ganzen Stücken oder Packen Waaren handeln, im Ganzen handeln.
  Acheter en bloc & en tache, überhaupt kaufen.
BLOCAGE, s. m. oder BLOCAILLE, s. f. die kleinen Bruchsteine, so die Maurer brauchen, Löcher oder Lücken auszustopfen, oder die man in den Grund schüttet.
BLOCHET, s. m. ein Querholz der Zimmerleute, die Sparren zusammen zu hängen.
BLOCUS, s. m. die Blockirung, das Einschliessen einer Stadt.
BLOND, e, adj. & subst. gelblicht, weißgelb, wird nur von den Haaren der Leute gesagt. Ses cheveux sont du plus beau blond du monde, er hat das schönste weisse Haar.
BLOND, qui est d'un blond ardent, glänzend gelb; der glänzend gelbes Haar hat.
  Une blonde fort jolie, ein sehr angenehmes Weißköpfgen.
BLOND doré, goldgelbe Farbe.
BLOND d'Egypte, ein schwarzer Kerl, wie ein Zigeuner.

BLON-

BLONDIN, e, *adj. & subst.* der, oder die gelb=oder weißlichte Haare hat; it. ein junger Kerl der auf die Freyte geht, ein Stutzer.

BLONDIR, *v. n.* gelblicht Haar bekommen; it. gelblicht werden, wenn es von den Haaren selbst gesagt wird.

BLOQUER, *v. a.* une ville, eine Stadt mit Besetzung aller Päße rings herum einschließen; blockiren.

BLOQUER, auf den Schiffen heißt es Scheer=Wolle unter das Teer thun, und zwischen die Breter stecken.

BLOQUER, im Mauern, eine Mauer von Kalk und kleinen Steinen oder andern Stücken ohne Schnur aufführen; it. die Löcher mit Kalk und kleinen Steinen ausschütten, als in den Mauern, so im Wasser gegründet werden, geschiehet.

BLOQUER une lettre, (in der Buchdruckerey) an statt eines mangelnden Buchstabens einen andern von gleicher Dicke umgewandt zwischen die Schrift stecken, im Setzen. Une lettre *bloquée*, ein umgekehrter Buchstabe (W).

L'oiseau a *bloqué* la perdrix, heißt bey den Falkenierern, der Falke hat das Rebhuhn so getrieben, daß er es leichtlich fangen kan, nemlich, wenn er die Höhe oder den nächsten Baum gewonnen hat.

L'oiseau se *bloque*, der Falke schwebt in der Höhe, ohne Regung der Flügel an einem Ort.

BLOT, *s. m.* das Querholz, wo der Falke drauf sitzt; item der Block oben auf den Mastbäumen.

BLOTIR, se BLOTIR, *v. n. & r.* sich bücken, klein machen, als die Rebhüner vor einem Hund oder Fallen; es wird auch von Menschen gesagt, als: On a trouvé ce criminel, qui s'etoit *bloti* dans le trou d'une fenêtre, man hat diesen Missethäter, der sich in dem Loch eines Fensters niedergebückt hatte, gefunden. Il se *blotit* dans le lit à cause du froid, er hat sich in das Bette, vor Kälte ganz verschrumpft, hinein gelegt.

BLOUSE, BLOUSER, *v.* BELOUSE.

BLUâTRE, *v.* BLEuâTRE.

BLUëT, *s. m.* blaue Kornblume.

BLUëTTE, *s. f.* ein Fünklein so in der Schmidte vom glüenden Eisen abspringt oder zur Esse hinaus fleugt.

BLUëTTE du Rhin, eine Gattung deutscher Wolle.

BLUTEAU, *s. m.* der Beutel in der Mühle, Mühlbeutel, Mehlsieb.

BLUTER, *v. a.* durch den Beutel laufen laßen.

BLUTERIE, *s. f.* ein Ort, wo der Becker sein Mehl siebt oder beutelt.

BLUTOIR, *v.* BLUTEAU.

BOAGE, *s. f.* Frohnfuhre mit einem Wagen mit zwey Ochsen, den herrschaftlichen Wein aus dem Weinberg heim zu führen.

BOAGE, *s. m.* ein Contract, da ein Herr seinen Unterthanen ein Paar Ochsen zu seiner Arbeit zu brauchen überläßt, davor ihm der Unterthan etwas gewisses an Getreyd geben, und die Ochsen nach drey Jahren entweder wieder liefern, oder bezahlen muß.

BOBAN, *s. m.* BOBANCE, *s. f. voïés* BOMBANCE.

BOBAQUE, *s. m.* eine Art Caninchen am Dnieper, die wie die Bienen oder Ameisen in guter Ordnung beysammen wohnen, jedoch leicht zahm zu machen sind.

BOBE'CHE, *s. f.* die Tille auf dem Leuchter, worein man das Licht steckt.

BOBELIN, *s. m.* eine Gattung Schuhe, die vormalen nur das gemeine Volk truge.

BOBINE, *s. f.* eine Spule, worauf man Faden, Seide und anders spulen kan.

BOBINER, *v. a.* spulen, auf Spulen winden.

BOBO, *s. m.* ein kleines Ungemach, ein kleiner Schmerz, wenn einem etwas weh thut. (wird bey Kindern gebraucht.)

On lui a fait *bobo*, man hat ihm weh gethan.

BOCAGE, *s. m.* ein Gebüsch, ein Busch.

BOCAGER, e, *adj.* was im Gebüsch ist, oder damit umgeht.

Nymphe *bocagère*, eine Waldnymphe.

BOCAL, *s. m.* ein Geschirr mit einem Bauch, oder das etwas weit ist, ein Bocal, Trinkgeschirr, Becher; eine Flasche.

BOCAL, *s. m.* das Mundstück an einem Instrument das geblasen wird.

Instrument à *bocal*, ein Instrument das man blasen muß, als Trompeten, Kühhorn, Posthorn &c.

BOCANE, *s. f.* eine Art von Tänzen, (von dem Tanzmeister Bocan, der sie aufgebracht hat.)

BODRUCHE, *s. f.* dünnes Pergament, welches die Goldschläger brauchen, von der ersten Haut der Gedärme eines Rindes.

BOëTE, BOëTIER, *v.* BOIT.

BOEUF, *s. m.* ein Ochs, ein Rind; Rindfleisch; ein tummer Kerl, ein Rindvieh.

BOEUF à la mode, Rindfleisch mit einer sauren und wohlgewürzten Brühe.

BOEUF viellé, ein gemästeter Ochs, den die Metzger zu Paris am Donnerstage vor Fastnacht mit einer Leyer herum führen.

BOEUF marin, ein Meerochs.

BOGUE, *s. f.* die erste stachlichte Haut über der Buchen=und Castanienfrucht.

BOGUE,

Bogue, ein Meerfisch, der grosse Augen hat.
Bogue, eine Art Gewürzes, oder ein Baum.
BOHÊME, *s. f.* das Königreich Böhmen.
 Les peuples de *Bohême*, die Böhmen.
Bohême, *s. m. & f.* ein Böhme, eine Böhmin.
BOHÉMIEN, *s. m.* nne, *f.* ein Zigeuner, eine Zigeunerin.
BOÏARD, BOÏAU, *v.* BOY.
BOIRE, *v. a.* trinken; saufen, wenn von Thieren die Rede ist; in sich schlingen, in sich ziehen.
BOIRE, *v. n.* saufen, ein Saufgelag halten, oder demselben beywohnen, schmausen; den Trunk lieben. Il *boit*, & c'est dommage, es ist schade, daß er dem Trunk nachhänget.
 BOIRE à la ronde, in der Reihe herum trinken.
 BOIRE à-tire-la-rigot, lustig herum trinken.
 Passer le tems à *boire*, die Zeit mit Trinken zubringen.
 BOIRE par procuration, in Wein geweicht Brod essen, da das Brod vor einen getrunken hat; it. nicht viel zu trinken haben, andere saufen lassen.
 BOIRE à quelqu'un, einem zutrinken.
 BOIRE sec, *boire* tout, rein austrinken.
  On les fera *boire* ensemble, man wird sie wieder mit einander versöhnen.
 pour BOIRE, Trinkgeld.
  On ne sçauroit *boire* si peu qu'on ne s'en sente, der Trunk schadet einem leichtlich; ist eine Entschuldigung, wenn man etwas über einer Tafel versieht.
  A petit manger, bien *boire*, wo wenig zu essen ist, muß man desto mehr trinken; wer sich nicht satt gegessen hat, mag sich am Truncke erholen.
  Qui fait la folie, la *boit*, wer närrisch thut, dem geht es närrisch.
  Quand le vin est tiré, il faut le *boire*, wer das Spiel mit anfängt, muß es mit fortsetzen.
  Il a toute honte buë, er hat aller Scham den Kopf abgebissen.
  Le papier *boit*, das Papier fließt.
  Boire un affront, einen Schimpf in sich fressen.
  Il faut *boire* la raillerie de peur de l'accroitre, man muß ein Stichelwort vertragen, (verschlucken,) wo man nicht will, daß es weiter gehe.
  Faire *boire* une étoffe, einen Zeug nicht anziehen, indem man ihn nähet, Falten lassen.
  Faire *boire* une peau dans la rivière, eine Haut auf eine gewisse Zeit in den Fluß legen; ist den Gerbern gebräuchlich.
  Ce fossé *boit* en rivière, dieser Graben bekömmt sein Wasser aus dem Flusse.
  La bride *boit*, das Gebiß am Maule ist zu hoch.

BOIRE, *s. m.* das Trinken, der Getrank.
 Il n'a pour son *boire* que de l'eau, er hat zu seinem Trank nichts denn Wasser.
BOIRIN, *s. m.* zur See, ein Holz das über dem Anker auf dem Wasser schwimmt, daß man sehen kan, wo er unten liegt.
BOIS, *s. m.* Une buche de *bois*, ein Scheit Holz. *Bois* sec, dürr Holz. *Bois* verd, grün Holz. *Bois* mort, abgestanden, gefällt Holz.
mort-Bois, gering Holz, als von Dornen, Ginster, Weiden, Weinstöcken rc.
Bois en état, Holz das noch auf dem Stamm stehet.
Bois d'entrée, Holz das halb dürr ist.
Bois chablis, Windbrüche.
Bois vif, Holz das noch Saft ziehet, und Früchte trägt; it. Buchen, Eichen, zum Unterscheid der Weiden, Erlen rc.
Bois de compte, ein Baum, der eine gewisse Zahl Holzscheiter giebt.
Bois tailles, Holz das man immer abhauen kan, und das nachwächst.
Bois de scie, Holz das schon gespalten ist, und nur noch gesägt werden soll.
Bois à bâtir, Bauholz, Zimmerholz.
 Abattre du *bois*, im Spiel, viel Damen wegschlagen; viel Kegel umschmeissen.
 Il est du *bois* dont on les fait, er taugt zu diesem Amt.
 Il ne sçait de quel *bois* faire flèche, er ist in grosser Noth, er weiß nicht, wo er hinaus soll.
 Trouver visage de *bois*, vulg. keinen Menschen zu Hauß, und die Thüre verschlossen finden.
 C'est la force du *bois*, es ist ein Stück seiner wilden Jugend.
 Porter bien son *bois*, hübsch gerad gehen.
haut le Bois! das Gewehr hoch!
 Faire long *bois*, grossen Raum zwischen den Gliedern der Fußgänger lassen.
Bois de couleuvre, Schlangenholz, so wider vielerley Fieber und giftiger Thiere Biß gut ist.
Bois püant, stinkender Bohnenbaum.
Bois tortu, wird oft vom Weinstock gesagt.
 Recevoir des coups en *bois*, sagt man vom Schiff, wenn es im Schiessen unten getroffen wird.
Bois de lit, das hölzerne Bettgestell, die Bettlade, das Spanbett.
Bois de l'arquebuse, der Schaft an einem Rohr.
Bois de raquette, Griff und Bügel an einem Raket.
Bois de tourne-broche, Spindel und Rollen am Bratenwender.
Bois de tête, die Stege oder Hölzer der Buchdrucker, die sie um die Columnen oder gesetzten Seiten aussen herum legen.

Bois de fond, die Hölzer, so sie zwischen die Columnen legen.
Bois, ein Wald, Forst. *Bois de haute futaïe*, hoher Wald.
Bois, (im Garten) neugetriebene Reiser. *Cet arbre pousse de jeunes bois*, dieser Baum treibt neue Reiser.
Bois, (bey der Jägerey.) *Ce cerf a un beau bois*, dieser Hirsch hat ein schönes Gehörne.
Bois, die Hörner eines Hahnreyen. *Il a un beau bois sur son front*, er ist gekrönt.
BOISAGE, *s. m.* Täfelwerk, Getäfel.
BOISER, *v. a.* mit Holzwerk belegen, austäfeln mit Schreinerarbeit.
BOISE', ée, *adj. & part.* mit Holz versehen, als ein Landgut, da viel Holz dabey ist; ausgetäfelt, als ein Zimmer.
BOISERIE, *s. f.* das Getäfel oder Täfelwerk, die Bekleidung eines Zimmers mit Breterwerk, zur Wärme oder zur Zierath.
BOISEUX, euse, *adj.* holzhaft, dem Holz gleich, hölzicht, wird sonderlich von Pflanzen gebraucht, deren Wurzel aus Holz bestehen.
BOIS-le-DUC, *v.* BOL. DUC.
BOISSEAU, *s. m.* ein Scheffel, Getreydmaaß. *Un boisseau de blés, d'avoine*, ein Scheffel Korn, Haber.
Boisseau, in den alten Münzen, ein Zeichen des Ueberflusses.
Boisseau, bey den Töpfern, ein Ring von Thon so groß als ein Scheffel ohne Boden, deren man viel auf einander setzt, die Röhre eines Secrets zu machen.
Boisseau, bey den Schnürmachern, ein grosses Küssen, worauf sie die Schnüre und Tressen machen.
BOISSELE'E, *s. f.* ein Scheffel voll.
Boissele'e, so viel Land, als man zu einem Scheffel Saamengetreyde braucht.
BOISSELIER, *s. m.* ein Scheffelmacher.
BOISSON, *s. f.* ein Getränk.
BOITE, *s. f.* eine Schachtel. *Dans les petites boites sont les bons onguens, prov.* des Guten giebt man nicht viel: oder kleine Leute haben oft grosse Tugenden.
Boite, (im Münzwesen) das stählerne Gehäus, darein man die Münzen legt, wenn man sie prägen will.
Boite, (in der Anatomie) eine Höhle in einem Bein, darein sich der Knopf oder die Kugel eines andern Knochen fügt.
Boite, (bey den Kupferdruckern) ein Stück Holz im Bogen gekrümmt und inwendig mit Blech beschlagen, womit sie die Rolle umdrehen.
Boite, (bey den Schlössern und Messerschmieden) der Bogen, darein sie den Bohrer stellen, wenn sie ein Loch bohren wollen.

Boite, (in der Baukunst) ein Dächlein von ein paar Bretern, womit man einen hervorragenden Balken wider das Wetter deckt.
Il semble qu'il sort d'une boite, er ist recht schön geputzt.
On y est comme dans une boite, man sitzt warm darinnen.
la Boite aux cailloux, *vulg.* das Gefängniß.
Boite de montre, das Gehäus oder Futteral zu einer Sackuhr.
Boite à poivre, eine Würzlade, Würzbüchse.
Boite de navette, die Höhlung im Weberschiff, darinnen die Spule geht.
Boite de roüe, die Büchse oder das Loch in der Nabe am Rand, da die Achse durchgesteckt wird.
Boite du gouvernail, das Loch im Steuerruder, durch welches die Deichsel oder der Stock geht, das Ruder zu regieren.
Boite à feu, eine Art Feuerwerk, eine Lustkugel.
Boite à pierrier, das Loch, das man in der Steingrube in die Steine macht, wo man sprengen will, und da man Pulver hinein thut.
Boite, *s. f.* ein Getränk für das Gesind, Läuer, wenn man Wasser über die gepreßten Trauben gießt, und sie noch einmal preßt; der Köder, den die Fischer an den Angel machen; die Zeit, da ein Wein kan getrunken werden.
Ce vin est dans sa boite, den Wein kan man schon trinken.
BOITEMENT, *s. m.* das Hinken.
BOITER, *v. n.* hinken.
BOITEUSER, *v. n.* hinken, (ist alt).
BOITEUX, euse, *adj. & subst.* hinkend, ein Hinkender.
Il ne faut pas clocher devant les boiteux, man muß sich mit nichts merken lassen vor Leuten, die es besser können.
Il faut attendre le boiteux, man muß der ersten Zeitung nicht glauben; es kömmt der hinkende Bote oft hinten nach.
BOITIER, *s. m.* ein Schachtelmacher; it. eine Büchse der Wundärzte, worinnen sie ihre Pflaster haben; ein Kästgen, worein man Ringe und Edelgesteine thut.
BOL-TOUT, *s. m.* ein Glas ohne Fuß, das man nicht hinstellen kan, sondern austrinken muß.
BOL, *s. m.* der Bissen, eine Medicin, die dicker oder härter ist als eine Latwerge, aber leicht im Munde zergeht, und auf einmal verschlungen werden kan.
Bol d'Armenie, Armenischer Bolus, eine rothgelbe Erde, die man zur Arzney, und auch beym Holzvergülden zum Grund gebraucht.

Bol-

BOL-BLANC, weisser Mergel.
BOL-DUC, ſ. m. Herzogenbusch, eine Stadt in Brabant.
BOLOGNE, ſ. f. eine Stadt in Italien im Päbſtlichen Gebiet, (liß Boulogne).
BOMBANCE, ſ. f. Wohlleben, Gaſterey, Pracht, Verſchwelgung.
BOMBARDE, ſ. f. ol. ein Stück Geſchütz.
BOMBARDEMENT, ſ. m. Bombardirung.
BOMBARDER, v. a. einen Ort bombardiren, Bomben einwerfen.
BOMBARDIER, ſ. m. einer der Bomben einzuwerfen weiß, ein Bombardirer.
BOMBASIN, ſ. f. Bomaſin, ein Zeug, der zu beyden Seiten rauh iſt; it. Canevas.
BOMBE, ſ. m. ein Schall, eine Bombe, eine eiſerne Kugel, welche inwendig voll Feuerwerk iſt, und in die belagerten Oerter geworfen wird.
BOMBE foudroïante, Granate; Sprengkugel.
BOMBE flamboïante, Brandkugel.
BOMBEMENT, ſ. m. (in der Baukunſt) eine Krümme, oder was bogenweis gemacht iſt.
BOMBER, v. a. (in der Baukunſt) krümmen, krumm machen, einen flachen Cirkelzug machen.
BOMBE', ée, adj. gebogen, krumm, als ein flacher Cirkelſtrich, wie man zwey ins Creuz zu machen pflegt, wenn man in der Geometrie an einem Dreyangel oder ſonſten einen Punct finden will; it. was im Bogen gewachſen oder gemacht iſt, als ein Stück Holz.
BOMERIE, ſ. f. (Bodmerey) das Intereſſe, das man von einem Schiff oder von den Waaren auf denſelben genießt. (heißt bey den Juriſten fœnus nauticum).
BON, nne, adj. gut, gütig.
Un bon ami, ein guter Freund. Un bon Capitaine, ein tapferer Hauptmann.
Un bon écolier, ein fleißiger Schüler.
Un bon emploi, ein ehrliches Amt.
Un très bon vin, ein vortreflicher Wein.
Une bonne invention, eine artige Erfindung. Une bonne épigramme, eine ſinnreiche Ueberſchrift. Dire de bons mots, luſtige Scherzreden führen. Une bonne preuve, tüchtiger Beweis. Un bon nigaud, ein rechter Tölpel. Un bon coup de poing, ein rechter Fauſtſtreich.
Un bon homme, ein guter einfältiger Tropf. O le bon homme que vous êtes! o du einfältiger Gecke! Les bonnes gens, (pour dire les païsans, les pauvres,) ſchlechte geringe Leute.
BON, (mit dem Wort mari) ein Hörnerträger.
BON, (in der Seefahrt) courir le bon bord, prov. Freybeute rauben.

BON, (von unzüchtigen Weibern) ſich auf das Hurenhandwerk legen.
Les bonnes fêtes de l'année, die hohe Jahrfeſte.
à quoi bon, was nutzt es?
N'être bon à rien, zu nichts taugen.
Cela est bon contre la fièvre, das hilft vors Fieber.
Etre bon à quelque choſe, ſich zu etwas ſchicken, zu etwas geſchickt ſeyn, taugen.
De bonne étoffe, Zeug, der ſich hübſch trägt.
Trouver bon, vor gut befinden; zufrieden ſeyn, geſchehen laſſen.
Si vous le trouvés bon, wenn es ihnen gefällig iſt; wenn ſie es erlauben wollen.
Allés où bon vous semble, geh hin wo du willt.
La donner bonne à quelqu'un, einem etwas weiß machen.
La garder bonne, ſich etwas hinter ein Ohr ſchreiben.
Faire bon pour quelqu'un, gut für einen ſeyn, caviren, gut ſagen.
BON, ſ. m. Güte; etwas guts; das Beſte; Nutzen, Vortheil, Gewinn. Il y a cent ecus de bon, es ſind hundert Thaler Gewinn dabey.
Couter bon, theuer zu ſtehen kommen.
Tout de bon, im Ernſt.
BON, adv. gut, wohl. Sentir bon, wohl riechen.
Tenir bon dans ſa réſolution, feſt auf ſeiner Meynung bleiben.
Tenir bon contre quelqu'un, einem beſtändig entgegen ſeyn.
BON, interj. gut! recht! ironicè, ey freylich!
BONACE, ſ. f. die Meerſtille; Ruhe und Friede im gemeinen Weſen.
BONASSE, adj. c. vulg. einfältig, ohne Tücke, redlich.
BONAVOGLIE, ſ. m. ein freywilliger Ruderknecht auf den Galeeren.
BON-BANC, ſ. m. ein ſehr weiſſer Stein, der bey Paris gegraben wird.
BON-BLANC, ſ. m. eine Art Mönche Auguſtinerordens in Engelland und Frankreich.
BON-BON, ſ. m. Naſchwerk, Zuckerwerk, ſo man den Kindern giebt.
BON-CHRÉTIEN, ſ. m. eine Art groſſer und wohlgeſchmackter Birn.
BOND, ſ. m. ein Widerſprung von einem Ballen oder was anders, das zurücke prallt, wenn es auf die Erde fällt; ein gählinger Sprung der Pferde, desgleichen der Ziegen, Schaafe, und anderer Thiere.
Prendre la balle au bond, oder entre bond & volée, im Ballſpiel, den Ball faſſen, eben wenn er auf den Boden fallen will; die rechte Zeit treffen.

Prendre

Prendre la balle au *bond*, den Ball faſ=
ſen, indem er auffſpringt; item ſprich=
wortsweiſe, ein Ding zu rechter Zeit thun.

Ce n'eſt que du ſecond *bond*, es iſt ver=
gebens gethan oder ungeſchicklich.

Faire une choſe tant de *bond* que de
volée, ein Ding bald ſo, bald ſo ma=
chen, wie man kan.

Faire faux *bond*, banterot machen,
ſein Wort nicht halten.

Il ne va que par ſauts & par *bonds*, er
führet Reden, die gar nicht an einander
hangen.

BONDE, ſ. f. eine Schleuſe, ein Zapfen
oder Schlegel in einem Teich, das Waſſer
abzulaſſen, ein Ablaß.

BONDE, ſ. m. ein erſtaunlich groſſer Baum,
welcher ſich über alle Bäume erhebet, und
in dem Königreich Quoia wachſet; ſeine
Rinde iſt voller Dörne, ſein Holz aber ſehr
nutzlich, indem die Aſche davon zur Sei=
fe gar dienlich iſt.

BONDIR, *v. n.* vom Boden aufprallen,
auffſpringen, wieder in die Höhe ſpringen,
als ein Ball, oder ſonſt etwas; einen gäh=
lingen Sprung thun, als ein Pferd; ſprin=
gen, hüpfen, als Lämmer, Ziegen ꝛc. auf=
ſtoſſen, als der Magen, wenn man ſich
übergeben will.

Le jeune taureau *bondit* ſur l'herbe, der
junge Ochſe ſpringt in dem Graſe herum.

Les boulets de canon *bondiſſoient* ſur
le pavé, die Stuckkugeln hüpfeten auf
dem Pflaſter. Cela me fait *bondir* le
cœur, dieſes macht mir einen Eckel.

Le cœur me *bondit* quand je mange de
cette viande, der Magen ſtößt mir auf,
wenn ich von dieſer Speiſe eſſe.

BONDISSEMENT d'eſtomac, ſ. m. das
Stoſſen am Magen, das Auffſtoſſen, wenn
man ſich brechen will; der Eckel.

BONDON, ſ. m. ein Faßſpund; das
Spundloch.

BONDONNER, *v. a.* verſpünden, zuſpün=
den.

BONDONNIE'RE, ein Bohrer, das
Spundloch zu bohren.

BONDRE'E, ſ. f. eine Art Raub= oder
Stoßvögel.

BONHEUR, ſ. m. Glück, glücklicher Zu=
ſtand. Par *bonheur*, zu gutem Glück.

BONIFACE, ſ. m. ein Mannsname; it.
frommer, ſtiller, redlicher Menſch, im
Scherz.

BONIFIER, *v. a.* beſſer machen.

BONIFIER une baleine, (auf dem Wallfiſch=
fang) einen groſſen Fiſch zu gute machen,
nemlich ihn zerlegen, das Fiſchbein heraus
hauen, den Thran davon kochen, und al=
les daran zu Nutze machen.

BONIFIER une terre, ein Feldgut, das Land

mit Miſt beſſern oder düngen.

BONITE, ſ. m. ein Seefiſch, der ſehr hoch
aus dem Waſſer ſpringt, und in der mit=
telländiſchen See häufig gefangen wird.

BONNAVENTURE, ſ. f. Wahrſagerey.

Les Egyptiennes diſent à tous la *bonne-
avanture*, die Zigeunerinnen wahrſagen
jedermann.

BONNEAU, ſ. m. das Holz, das da auf
dem Waſſer ſchwimmt, und zeigt, wo der
Anker unten lieget.

BONNE-FORTUNE, ſ. f. gut Glück;
glückliches Ergehen; vornemlich bey dem
Frauenzimmer. Il lui eſt arrivé une
bonne-fortune, es iſt ihm ein groſſes
Glück wiederfahren. Etre homme à *bonne-fortune*, bey den Weibern glücklich
ſeyn.

BONNE-GRACE, ſ. f. gut Gelaß; Wohl=
ſtand. Il a *bonne-grace* en tout ce qu'il
fait, alles was er thut, ſteht ihm wohl an.

BONNE-MAISON, vornehmes Geſchlecht.

Il eſt de *bonne-maiſon*, er iſt von gu=
tem Hauſe.

BONNEMENT, *adv.* redlich, auffrichtig;
es heißt auch bisweilen, wenn ne pas da=
zu kommt, nicht recht, nicht gar; item
nicht gewiß. Il y va tout *bonnement*,
er geht gleich zu. Je ne ſai *bonnement*
que dire, ich weiß in Wahrheit nicht,
was ich ſagen ſoll.

BONNES-DAMES, ſ. f. ein Kraut, Melte.

BONNET, ſ. m. eine Mütze. *Bonnet*
d'homme, de femme, de dragon, eine
Manns= Weiber= Dragonermütze.

BONNET, (bey den Gärtnern) ein hoher
Blumentopf zu den Tulipanen.

BONNET, an den wiederkauenden Thieren,
der zweyte Magen, darein das Wiederge=
kaute kommt.

Opiner du *bonnet*, eines andern Mey=
nung beyfallen, ohne ſeine eigene Mey=
nung zu ſagen. Cela a paſſé du *bonnet*,
das iſt die gemeine Meynung.

Quitter le *bonnet*, die Advocatenpro=
feßion aufgeben.

BONNET de nuit, eine Nachtmütze, Schlaf=
mütze, Schlafhaube.

Prendre de *bonnet* verd, Bankerot ſpie=
len.

BONNET quarré, ein Baret der Prieſter,
Advocaten und Profeſſoren in Frankreich.

le BONNET jaune, ein Judenhut.

Jetter ſon *bonnet* par deſſus les mou=
lins, an einer Erzehlung das Ende nicht
finden können.

Avoir la tête près du *bonnet*, bald zor=
nig werden, die Kappe rücken.

Mettre la main au *bonnet*, im Grüſſen
die Hand vorn an die Mütze thun, weil
man ſie nicht abziehen will.

Ils sont trois têtes dans un *bonnet*, diese drey Personen sind sehr einig.

BONNET blanc, blanc *bonnet*, es ist eben eins; oder, zwey Paar Hosen eines Tuchs.

J'y mettrois mon *bonnet*, ich wollte was darauf verwetten.

BONNET à Prêtre, an Festungen, ein Aussenwerk mit drey Spitzen vor sich, gleich einem doppelten Zangenwerk, ausser daß die Seiten daran einander nicht parallel sind, sondern gegen die Festung zu schmäler zusammen laufen; it. ein Strauch, Hanenhütlein, Pfaffenholz, Spindelbaum.

BONNETADE, *s. f.* das tiefe Abziehen des Huts oder der Mütze gegen jemand.

BONNETER, *v. a.* den Hut vor einem abziehen; sich vor einem demüthigen.

BONNETERIE, *s. f.* die Haubenmacherzunft zu Paris.

BONNETIER, *s. m.* ein Hauben= oder Mützenmacher; Baretkrämer; Hutstaffierer.

BONNETTE, *s. f.* (in der Kriegsbaukunst) ein Aussenwerk über die Contrescarpe hinaus, als ein klein Ravelin ohne Graben.

BONNETTE, (in der Seefahrt) ein klein Segel, das man auffspannt, oder an ein anderes anhängt, wenn wenig Wind gehet, ein Reff.

BONNETTES maillées, ein klein Segel, das man unten an den Maschen oder Löchern eines grossen Segels fest schnüret.

BONNETTE en étuy, ein Stück, so man neben an die Seiten der grossen Segel anmacht.

BONNETTE lardée, ein Stück Segeltuch mit Werg oder Hanf benäht, das man an einem Ort des Schiffs vorlegt, wo Wasser herein kommt, und man das Loch nicht finden kan.

BONS-HOMMES, *s. m. plur.* eine besondere Art Franciscanermönche, die Minimi genannt.

BONTE', *s. f.* Güte; Gütigkeit; Höflichkeit; Stärke. Avoir de la *bonté* pour tout le monde, allen Menschen Gütigkeit beweisen. Il se fioit en la *bonté* de la place, er verließ sich auf die Stärke des Orts. La *bonté* de ses armes retint le coup, die Festigkeit seiner Rüstung hielt den Schuß auf.

BONTE', (von gelehrter Arbeit) Vortreflichkeit.

BONZE, *s. m.* Priester in China und Japonien.

BORAX, *s. m.* Borax, Borras, die Löte, womit die Goldschmiede löten.

Borax gras, Borax, der viel Oel bey sich hat.

BORD, *s. m.* das Aeusserste, der Rand, Saum; das Ende, als eines Geschirres, eines Kleides, auch eines Gliedes, als der Lippen, der Zunge; das Band oder Borte eines Kleids oder Huts. Le *bord* d'habit, das Aeusserste am Kleide. *Bord* de chapeau, d'une assiette, der Rand eines Huts, Tellers. J'ai son nom sur le *bord* des lèvres, sein Name ist mir auf der Zunge. Il est sur le *bord* de sa fosse, er hat schon einen Fuß im Grabe.

BORD, Ufer; Strand. Il est venu à *bord* en nageant, er ist ans Ufer geschwommen. Mettre à *bord*, ans Land setzen.

BORD, (in der Seefahrt) das Schiff. J'allai me rendre à son *bord*, ich habe mich in sein Schiff begeben. On lui tua cent hommes sur son *bord*, man hat ihm hundert Mann auf seinem Schiff getödtet.

BORD, (in der Seefahrt) Lauf; Seite des Schiffes. à bas *bord*, an Backbort; zur Linken des Schiffs. Faire un *bord*, einen gewissen Lauf halten. Tenir même *bord* que l'ennemi, eben mit dem Wind, und so, wie der Feind, segeln. Mettre à l'autre *bord*, sich wenden.

Courir *bord* sur *bord*, sich mit dem Schiff nicht weit von dem andern entfernen, ob man gleich einen andern Weg fährt.

Bord à *bord*, gleich hoch, oder nah am Bord des Schiffs; nahe am Ende oder Saum eines Dings.

BORD de bassin, die Stein oder Wasen, welche eine Schale oder einen Weiher umgeben.

un rouge BORD, *prov.* ein Glas Wein.

BORDAGE, *s. m.* eichene Breter, womit ein Schiff beschlagen wird, der Ueberzug des Schiffs; auch andere Breter im Schiff, womit man etwas darinnen bedeckt.

BORDAGE, *s. m.* das Recht auf einem geringen Hause, daß der Einwohner dem Herrn allerley geringe Dienste thun muß.

BORDAYER, BORDEYER, *v. n.* zur See, laviren, bald auf diese, bald auf jene Seite mit dem Schiffe fahren, wenn man wegen des Windes nicht geradzu kan.

BORDE, *s. f.* ein schlechtes Haus, als von Bretern, das einzeln auf dem Feld oder in der Stadt steht; eine Scheuer.

BORDE', *s. m.* güldene, silberne oder seidene Borten am Rande eines Kleides, an Stülen c.

BORDEAU, *voiés* BORDEL.

BORDE'E, *s. f.* eine Reihe Stücke auf einem Schiff; das Losschlessen derselben, eine Salve oder eine Lage, so man damit giebt. Donner la *bordée* à un vaisseau, einem Schiff die Lage geben.

BORDE'E, der Lauf eines Schiffs, den es in einem Strich thut, ohne sich anders nach dem Wind zu richten, und sich zu drehen. Le vaisseau fit diverses *bordées* pour

pour monter au vent, das Schiff mache te verschiedene Schläge (Wendungen), den Wind zu gewinnen.

BORDEL, *s. m.* ein Hurenhaus. Courir les *bordels*, die Hurenhäuser durchkriechen.

BORDELAGE, *s. m.* das Hurenleben.

BORDELIER, *s. m.* ein Hurer, der in die Hurenhäuser läuft.

BORDELIE'RE, *s. f.* eine Weibsperson, die sich im Hurenhause ergötzet.

Messalina, femme de l'Empereur Claude, étoit grande *bordelière*, Messalina, Kaysers Claudii Gemahlin, lief stark ins Hurenhaus.

BORDEMENT, *s. m.* bey den Mahlern das Einfassen mit einer andern Farbe.

BORDER, *v. a.* einfassen, einsäumen, umgeben; einen Rand an etwas machen. *Border* un chapeau, einen Hut einfassen. *Border* une robe, einen Rock verbrämen. Une coupe d'argent *bordée* d'or, eine silberne Schaale mit einem vergüldeten Rande.

BORDER un navire, (beym Schiffbau) ein Schiff mit Bretern beschlagen oder überziehen; it. einem Schiff immer zur Seite folgen.

BORDER en cervelle, mit Bretern überziehen, daß die Breter genau an einander stossen.

BORDER à quin, überziehen, daß ein Bret mit seinem Ende auf des andern Ende geleget wird.

BORDER une voile, das Segel untenher ausspannen, daß es den Wind recht fassen kan.

BORDER l'écoute, das Seil unten am Segel so ziehen, als es der Wind erfordert.

BORDER les avirons, die Ruder auf einem kleinen Schiff in die Zwecke legen, worinnen sie gezogen werden.

BORDER la côte, mit dem Schiff an der Küste hinfahren.

BORDER un lit, die Decke des Bettes, wenn man es macht, an den Seiten in das Holz der Spunde hinein stecken.

BORDER la haïe, im Kriege, drey Glieder hinter einander Salve geben lassen, da das erste niederkniet, das andere sich bückt, das dritte stehet.

BORDER une planche, une allée, (bey den Gärtnern) ein Beet mit Buchsbaum oder andern Gewächsen einfassen, oder einen Spaziergang zu beyden Seiten mit Bäumen besetzen.

BORDER une poissonnière, (bey dem Kupferschmied) den Rand an einen Fischkessel machen.

BORDE', ée, *part.* (in den Wappen) das einen Rand oder eine Einfassung von anderer Farbe hat.

BORDE', (in der Wappenkunst) il porte d'argent *bordé* de gueules, er führt einen silbernen Schild mit einem rothen Saume eingefaßt.

BORDEREAU, *s. m.* ein Zettel, darauf die unterschiedenen Münzsorten verzeichnet sind, damit man einen bezahlt hat; auch ein Buch, darinnen allerley Preise und Münzsorten ausgerechnet sind.

BORDIER, *s. m.* ein Mayer, (ist sehr alt).

BORDIER, *s. m. & adj. m.* Vaisseau *bordier*, ein Schiff, dessen eine Seite stärker ist, als die andere.

BORDIGUE, *s. f.* ein Platz am Ufer mit Röhren eingemacht, daß die darein gegangene Fische nicht wieder zurück können.

BORDOÏER, *v. a.* (in der Mahlerey) etwas mit einer andern Farbe einfassen.

BORDURE, *s. f.* Rahm, Einfassung. *Bordure* d'un miroir, eine Spiegelrahme.

Bordures de jardin, die Einfassung; das Geländer eines Gartens. Faire une *bordure* de buis, eine Einfassung von Buchsbaum machen.

BORDURE, die obere und untere Einfassung einer Tapete.

BORDURE, (in der Wappenkunst) der Rand eines Schildes. Il porte de gueules à la *bordure* d'hermines, er führet ein rothes Feld mit einem Hermelinenrand.

BORDURE, (bey dem Buchbinder) Leiste, so mit Gold um den Rand eines Buchs gesetzet wird.

BORDURE, ein breiter Reif an einem Wassereimer.

BORE'AL, e, *adj.* was gegen Norden ist, oder von Mitternacht kommt. La partie *boréale*, die Nordseite, nordliche Gegend.

BORE'E, *s. m.* (bey den Poeten) der Nordwind.

BORGNE, *adj. c.* einäugig. Cabaret, collège *borgne*, Wirthshaus, Schule, so geringen Zulauf hat, schlecht besucht wird. Le boïau *borgne*, ein grosser Darm, der keinen Ausgang hat.

Une maison *borgne*, ein finster Haus; auch ein liederlich Haus, wo liederlich Volk aus- und eingeht.

Un conte *borgne*, eine alberne Erzehlung oder Mährlein.

BORGNE, *s. m.* ein einäugiger Kerl. Un méchant *borgne*, wird als ein Schmähwort gebraucht.

BORGNE, ein Fischerkorb, den sie vor die Löcher setzen.

BORGNESSE, *s. f.* eine einäugige Frau.

BORGNIBUS, *s. m.* im Scherz, ein Einäugiger.

BORISTHE'NE, *s. m.* Dnieper, ein Strom in Reußland.

BORNAGE, *s. m.* das Grenzsetzen, die Umgrenzung.

BORNAL, *s. m.* ein Bienen- oder Honiglöchlein im Wachs, da das Honig innen ist.

BORNE, *s. f.* ein Grenzzeichen, Markstein; die Grenzen. E'tendre les *bornes* de l'empire, die Reichsgrenzen erweitern.

BORNE, Eckstein an den Häusern.

BORNE, (bey den Glasern) ein Zwickel aussen herum in einem Fensterfach, ein Stück von einer Scheibe.

BORNE, Ziel, Maaß. Mettre des *bornes* à ses désirs, seinen Begierden Ziel setzen. Passer les *bornes* de la raison, die Schranken der Vernunft überschreiten. Se tenir dans les *bornes* de son devoir, sich in seinen gehörigen Schranken halten. Son ambition n'a point de *bornes*, seine Ehrsucht hat weder Maaß noch Ziel.

BORNER, *v. a.* mit Grenzen versehen, begrenzen, umgrenzen; umgeben, aussen daran stossen; verblümter Weise, einschränken, in Schranken halten, Maaß und Ziel setzen.

se BORNER, *v. r.* sich mäßigen, in Grenzen halten. Quand on fait se *borner*, on est aisément heureux, wenn man sich einzuschränken weiß, ist man gar leicht glücklich. Un esprit *borné*, ein Kopf, der nicht zu viel Sachen taugt, der nicht gar zu klug ist. Une fortune *bornée*, ein gering Glück, das nicht viel grösser werden kan.

BORNEYER, BORNOYER, *v. n.* mit einem zugethanen Auge sehen, wie wenn man zielt.

BORNEYEUR, BORNOYEUR, *s. m.* einer der mit einem zugethanen Auge siehet, ob etwas gerad und recht in der Linie steht, oder nicht.

BOSEL, *s. m.* (in der Baukunst) ein Pfühl, eine Zierath unten an den Säulen.

BOSPHORE, BOSPORE, *s. m.* eine Meerenge, da ein Ochs hinüber schwimmen kan. Le *Bosphore* de Thrace, die Meerenge bey Constantinopel. Le *Bosphore* Cimmerien, die Meerenge zwischen der Tartarey und Circaßien.

BOSQUET, *s. m.* ein klein Gehölze oder Busch, Buschwerk, das in einem Garten mit niedrigen Bäumen angelegt wird.

BOSSAGE, *s. m.* Steine, die über die Mauer heraus gehen, darein man noch etwas zur Zierath hauen kan; it. was sonst an den Steinen hervorragt; welches Erhabene man bisweilen ausgräbt und voll Löcher macht, so heißt es *bossage* rustique; wenn die Ecken noch daran sind, heißt es *bossage* à anglet; sind sie aber rund, heißt es *bossage* arrondi, oder *bossage* à chamfrain; bey den Zimmerleuten ist es die Runde des krummen Holzes, und anders mehr.

BOSSE, *s. f.* ein Buckel, Höker auf dem Rücken.

BOSSE, eine Beule, die von einem Fall, Schlag oder Stoß ausflust.

BOSSE, der erste Ansatz zum Hirschgeweih, so im Merz oder April hervor kommt, die ersten Enden, die Kolben.

BOSSE, bey der Artillerie, eine gläserne Flasche voll Pulver, die man mit einem Strick wirft, etwas anzuzünden.

BOSSE, auf den Schiffen, ein Stück Seil, oben und unten mit einem Knoten, ein anders, das zerrissen ist, damit zusammen zu sticken, oder sonst was anzuhängen, ein Stopper.

BOSSE de terre, ein Hügel.

BOSSE, ein Schwamm oder Gewächs an den Bäumen.

BOSSE, Taschenschloß.

BOSSE de chardon, Distelnkolben, mit welchen man die Strümpf und Zeuge aufkratzet.

BOSSE, (in den Glashütten) zwey Stück, welche sollen von einander geschnidten werden, aber noch an einander sind.

Ouvrage à *bosse*, erhabene Bildarbeit; it. getriebene Arbeit in Metallen.

Serrure à *bosse*, ein Schloß, das man aussen annagelt.

Les chirurgiens ne cherchent que plaïe & *bosse*, die Barbierer haben gern viel Patienten. Cet homme ne cherche que plaïes & *bosses*, dieser Mensch sucht immer Händel. Il fut élevé en *bosse* après sa mort, es ist ihm nach seinem Tode ein Bildniß aufgerichtet worden.

BOSSELAGE, *s. m.* getriebene Arbeit auf den Gefässen.

BOSSELER, *v. a.* bucklicht machen; Beulen in ein Geschirr machen; getriebene Arbeit auf etwas machen.

BOSSELURE, *s. f.* die Buckeln oder Beulen auf den Bättern einiger Gewächse. Les feuilles de choux sont *bosselées*, die Blätter an dem Kraut haben kleine Erhöhungen, welche auf der andern Seiten tief sind, gleichwie die getriebene Arbeit.

BOSSEMAN, *s. m.* (in der Seefahrt) der Bootsmann, welcher auf dem Schiff den Anker und was dazu gehöret, zu besorgen hat.

BOSSER, *v. a.* den Anker auf die herausgehenden Balken ziehen, damit er den Bord nicht etwan verderbe.

BOSSES, (in der Seefahrt) gewisses Tauwerk mit Knöpfen oder Knoten an den Enden.

BOSSES, grosse Bouteillen von dünnem Glas, so zu den Feuerwerken gebrauchet werden.

BOSSETIER, *s. m.* ein Giesser von allerley kleinen ehernen Sachen, Rothgiesser.

BOS-

BOS BOT   BOT BOU

BOSSETTE, *s. f.* ein Buckel neben am Gebiß eines Pferdes, deren auf jeder Seite einer ist; ein Buckel auf den Bücherbänden; it. über den Augen der Maulesel.

BOSSEURS, BOSSOIRS, *s. m. plur.* Balken, die vorn am Schiff hervorragen, und worauf der Anker liegt, wenn man ihn fallen lassen will, oder wenn man ihn gehoben hat.

BOSSU, ë, *adj. & subst.* bucklicht, höfericht.
   Faire les cimetières *bossus*, machen, daß viel Leute sterben, den Gottesacker füllen, (wird von den Aerzten gesagt).

BOSSUëL, *s. m.* eine Tulpe, so einen Geruch giebt.

BOSSUëR, *v. a.* beulicht, bucklicht machen, von einem Geschirr, daran man stößt, oder das durch getriebene Arbeit also zubereitet wird, als Teller, Becher von Zinn, Silber ꝛc. *Bossuer* un plat, une assiette, eine Schüssel, Teller schlagen; ausschlagen. Toute ma vaisselle est *bossuée*, je veux la faire refondre, alles mein Tischgeschirr ist voller Beule, ich will es wieder umgiessen lassen.

BOSTANGI, Gärtner des Türkischen Kaysers.

BOT, *adj. m.* pié *bot*, ein stumpfer Fuß, Stützfuß; it. ein Hinkender, der einen krummen Fuß hat.

BOT, *s. m.* ein Boot, klein Schiff.

BOTAL, *s. m.* le trou *botal*, die Oefnung, wodurch das Geblüt in der Frucht im Mutterleibe circulirt, ohne in die Lunge oder linke Herzkammer zu kommen, (vom Arzt Botal also genannt, der diese Oefnung zuerst beobachtet hat).

BOTANE, eine Gattung Zeug, der zu Lyon verkauft wird.

BOTANIQUE, *adj. c. & s. f.* was zur Erkenntniß der Kräuter gehört; die Kräuterwissenschaft selbst.

BOTANISTE, *s. m.* ein Kräuterverständiger.

BOTTE, *s. f.* Stiefel. Accoler la *botte* à quelqu'un, *prov.* einem schmeicheln. Graisser ses *bottes*, die Stiefel schmieren; sich zur Reise rüsten. Mettre bien du foin dans ses *bottes*, Geld machen bey einem Amt; fürsparen.

Botte, Bund, Gebind; Bündel. *Botte* de raves, d'asperges, ein Bündel Rüben, Spargeln. *Botte* de foin, de paille, ein Bund Heu, Stroh.

Botte, Aushang an den Kramläden.

Botte, Pack Seide, dreyßig Loth haltend.

Botte, (auf der Fechtschul) Stoß. Porter une *botte*, einen Stoß anbringen. Allonger une *botte*, einen Stoß thun; ausstossen.

Botte, (auf der Jagd) das Halsband eines Spürhundes.

Botte, ein Oxhooft, oder ein Stück Faß von gewisser Grösse.
   Prendre la *botte*, sich zur Reise schicken.
   Laisser ses *bottes*, sterben, absonderlich im Kriege.
   à propos de *bottes*, im Scherz, in einem Discours, der nicht wohl zusamen hängt.

BOTTELAGE, *s. m.* das Binden in Büschel.

BOTTELER, *v. a.* in Büschel binden.

BOTTELEUR, *s. m.* der etwas in Büschel bindet, als ein Heubinder u. d. gl.

BOTTER, *v. a.* Stiefel machen.
   Ce cordonnier *botte* bien, dieser Schuster macht gute Stiefel.

se Botter, *v. r.* Stiefel anziehen; it. Koth an die Schuhe bekommen.

BOTTINE, *s. f.* ein kleiner Stiefel ohne Sporn; Stiefeletten.

BOTTINEUR, *s. m.* (im Scherz) ein Mönch, der nicht barfuß geht.

BOÜARD, *s. m.* ein grosser schwerer Hammer bey dem Münzwesen.

BOUBIE, *s. f.* ein Americanischer Wasservogel, dessen schwarzes Fleisch nach Fischen stinket.

BOUC, *s. m.* ein Bock; it. ein Schlauch von Bocksfell, darein man Wein oder Oel thut.
   Bouc émissaire, der Sühnbock in der Bibel.
   barbe de Bouc, wenn man nur unten am Kinn einen Bart hat; it. Bocksbart, ein Kraut.

BOUCAGE, *s. m.* ein Kraut, wilde Bibinell, Bockspeterlein.

BOUCAN, *s. m.* ein Hurenhaus.

Boucan, eine Art Roost oder Stangen, Fleisch darauf zu dörren, wie in America gebräuchlich ist.

Boucan, der Ort, wo sie in America das Fleisch dörren.

BOUCANER *v. a.* Fleisch dörren, nach Art der Americaner.

Boucaner, *v. n.* die Hurenhäuser durchkriechen. Toute sa vie il n'a fait que *boucaner*, er hat sein Lebenlang in Unzucht gelebt.

BOUCANIER, *s. m.* ein Americanischer Jäger; ein Americaner, der das wilde Ochsenfleisch räuchert oder dörret.

Boucanier, Flüchtling, so von den Europäern ausgetreten, in den Wüsten von America sich aufhält, und blos von der Jagd ernähret.

BOUCASSIN, *s. m.* ein Zeug von Baumwolle mit Unterfüttern, Doppelbarchet.

BOUCASSINE', ée, *adj.* das wie Doppelbarchet gemacht ist. Toile *boucassinée*, geleimt und gemangtes Tuch.

BOUCAUT, *s. m. ol.* eine Art Fässer, worein man was packen kan.

Y 3   Bou-

BOUCAUT, *s. m.* der Mund eines Flusses, (wird nur von etlichen Flüssen in Gascogne gebraucht).

BOUCHARDE, *s. f.* ein Meisel der Bildhauer, unten wie Demant in Ecken geschnidten, den man braucht zum Marmorgraben, oder Ausarbeiten, und zum Löchermachen.

BOUCHE, *s. f.* der Mund. C'est un homme qui a la *bouche* fort fenduë, er ist ein Mensch, der einen weiten Mund hat.

Je lui fermerai la *bouche* avec de l'argent, ich will ihm das Maul mit Geld zustopfen. Il n'ouvre pas la *bouche*, er spricht kein Wort. Avoir bonne *bouche*, verschwiegen seyn. L'eau m'en vient à la *bouche*, der Mund wässert mir darnach, ich bekomme Lust darzu. Officier de la *bouche* du Roi, ein königlicher Küchenbedienter. Je prens sur ma *bouche* la dépense de mes habits, ich erspare an meinem Maul, was ich an meine Kleidung wende.

BOUCHE, Maul gewisser Thiere. La *bouche* de la carpe, du saumon, Maul eines Karpfens, Lachsens. Cheval qui a la *bouche* bonne, (auf der Reitschul) Pferd, das ein gutes Maul hat, sich wohl lenken läßt.

BOUCHE, Loch; Oefnung. *Bouche* d'estomac, der Magenmund. *Bouche* de four, Ofenloch. *Bouche* de canon, Mund eines Stücks.

BOUCHE, Ausgang eines Stroms. Le Danube se décharge par sept *bouches* dans la mer noire, die Donau fällt durch sieben Ausgänge in das schwarze Meer.

Un vassal qui doit la *bouche* & les mains à son Seigneur, ein Vasall, der seinem Herrn die Hände küssen und dienen muß.

Laisser les conviés sur la bonne *bouche*, oder garder le meilleur pour la bonne *bouche*, das Beste den Gästen zuletzt auftragen lassen; it. einen auf guter Hoffnung lassen.

Demeurer sur la bonne *bouche*, den guten Geschmack von einem Essen im Munde mit etwas anders nicht verderben wollen.

Faire la petite *bouche* de quelque chose, bey Tisch nicht essen wollen, sich nöthigen lassen; auch sonst sich stellen, als wollte man etwas nicht; item, sich wegen eines Dings nicht erklären wollen, mit der Sprache nicht heraus wollen.

Faire bonne *bouche*, einen wohlriechenden Athem machen.

Il n'en fait point la petite *bouche*, er redet nicht heimlich, sondern vor allen Leuten davon, er nimmt kein Blat vors Maul.

Etre sur sa *bouche*, sujet à sa *bouche*, âpre à sa *bouche*, vernascht seyn.

Avoir *bouche* en cour, bey Hof ernährt werden, freye Tafel haben.

Traiter quelqu'un à *bouche* que veux-tu? einem ein herrlich Gastmahl halten, da er nicht weiß, zu welchem Gerücht er zuerst greifen soll.

Tuïaux à *bouche*, das Flötenwerk in den Orgeln, im Gegensatz des Schnarrwerks.

Bouche cousuë, diese Heimlichkeit mußt du verschweigen, du mußt reinen Mund halten.

C'est saint Jean *bouche* d'or, er verschweigt nichts.

La déesse aux cent *bouches*, das gemeine Geschrey.

Il n'a ni *bouche* ni éperon, das Pferd oder der Mensch läßt sich nicht regieren; it. er hat weder Geschick noch Gelenk, er ist stumm und tumm bey den Leuten.

Dire de *bouche*, mündlich sagen.

BOUCHE'E, *s. f.* ein Mund voll, ein Bissen.

BOUCHEMENT, *s. m.* Verstopfung, das Stopfen.

BOUCHER, *v. a.* zustopfen, verstopfen, etwas zumachen.

Boucher une bouteille, eine Flasche vermachen. *Boucher* à quelqu'un toutes les avenuës, einem den Zugang zu einem Ort vermachen. Il a bouché ses oreilles à mes plaintes, er hat seine Ohren gegen meine Klage verstopfet.

se BOUCHER, *v. r.* les yeux, etwas nicht vernehmen, oder erkennen wollen.

BOUCHER, *s. m.* BOUCHE'RE, *s.* ein Metzger, Fleischer, der das Vieh schlachtet.

BOUCHERIE, *s. f.* die Fleischbank, Schlachtbank, das Schlachthaus, Metzig.

BOUCHERIE, das Niedermetzeln; Blutbad. Il a fait une étrange *boucherie* des ennemis, er hat sehr viele von den Feinden niedergemacht. Exposer les troupes à la *boucherie*, die Soldaten auf die Schlachtbank liefern. L'ennemi enfonça l'escadron & en fit une cruëlle *boucherie*, der Feind brach in das Geschwader ein, und richtete ein grausames Blutbad an.

BOUCHER, *s. m.* ein Getränk von Wasser mit ein wenig Zucker und Zimmet abgesotten.

BOUCHETURE, *s. f.* ein Gehäg, womit man etwas zumacht, daß das Vieh nicht heinein kan, als lebendige Zäune, Pfäle, Stangen, um Gärten, Aecker, Wiesen, ꝛc.

BOUCHIN, *s. m.* das breiteste Theil des Schiffes, meistens in der Mitte bey dem grossen Mast.

BOUCHOIR, *s. m.* ein eisern Ofenthürlein mit einem Handgrif, das die Brodbecker und Pastetenbecker vor den Ofen machen.

BOU-

BOUCHON, *s. m.* ein Stöpsel, Zapfen.
   Bouchon de bouteille, Stöpsel zu einer Flasche. *Bouchon* d'un tonneau, der Zapfen eines Fasses.
BOUCHON de vin à vendre, rameau servant d'enseigne sur une porte, der Kranz, der Strauß vor einem Weinhaus. Mettre le *bouchon*, den Kranz außstecken.
   Il prend plaisir de boire de *bouchon* en *bouchon*, er macht sich eine Lust, aus einem Sauffhaus in das andere zu gehen.
BOUCHON de paille, Strohwisch.
BOUCHON, eine Gattung englische Wolle.
   Mettre en un *bouchon*, zusammen krüppeln, in kleinen Klumpen zusammen drücken, als Leinwand.
   Mon petit *bouchon*, mein liebes Herzgen.
BOUCHONNER, *v. a.* in einen Klumpen zusammen drücken, als etwas mit zuzustopfen.
BOUCHONNER un cheval, ein Pferd mit Stroh abreiben.
BOUCHONNER, einem schmeicheln, liebkosen.
BOUCHONNER, einen abprügeln.
BOUCHOT, *s. m.* geflochtene Zäune an den Seeküsten, die man ins Meer macht zum Fischen.
BOUCLE, *s. f.* eine Schnalle. Porter de belles *boucles* à ses souliers, schöne Schuhschnallen tragen.
BOUCLE de cheveux, eine Haarlocke; it. die gedrehte Locke hinten an einer Baruque.
BOUCLE, auf den Schiffen, das Gefängniß.
   Tenir sous *boucle*, sous la clé, gefangen, eingeschlossen halten.
BOUCLE à boucler les cavales, Ring womit man die Stuten ringet.
BOUCLE de porte, ein Klopfer an einer Thür.
BOUCLE d'oreille, Ohrenring.
BOUCLÉ, ée, *part. & adj.* verschlossen, geschlossen. Un port *bouclé*, ein geschlossener oder gesperrter Haven.
BOUCLÉ, (in der Wappenkunst,) chien *bouclé*, eine Brake mit einem Halsband.
BOUCLER, *v. a.* zuschnallen.
BOUCLER, die Haare kräuseln.
BOUCLER une jument, einer Stute den Ring anlegen, daß der Hengst nicht zu ihr kan.
BOUCLIER, *s. m.* ein Schild; in der Baukunst, eine Zierath, die man an den Fries der Säulen macht; verblümter Weise, ein Schutz; ein Beschützer.
   L'Eternel est mon *bouclier*, der HErr GOtt ist mein Schild, mein Beschützer.
   Faire une levée de *bouclier*, grosse Anstalt zu etwas machen ohne Nachdruck, vulg. viel Aufhebens machen.
   Faire *bouclier* de quelque chose, sich mit etwas schützen.
BOUCON, *s. m.* ein vergifteter Bissen, damit man einem vergiebt.
   On lui a donné le *boucon*, man hat ihm Gift beygebracht.
BOUDELLE, *s. f.* Federkiel, Feder vornen aus den Gänßflügeln, die zum Schreiben gebraucht werden kan.
BOUDER, *v. n.* vulg. einen heimlichen Unwillen mit Murren bezeugen, brummen, schmählen.
BOUDERIE, *s. f.* zänkisches, trotziges Wesen.
BOUDEUR, euse, *adj. & subst.* der oder die gern murret und schmählt.
BOUDIN, *s. m.* Blutwurst.
BOUDIN, (in der Kriegskunst) Pulverwurst, wodurch die Mine angezündet wird.
BOUDIN blanc, eine Wurst mit weisser Fülle, von Milch und Hünerfleisch.
un souffleur de BOUDIN, ein pausbäckichter Kerl, der ein dick und breit Angesicht hat.
   La chose s'en ira en eau de *boudin*, vulg. die Sache wird nicht fortgehen.
ressort à BOUDIN, eine Feder in den Schlössern, von starkem Drat.
faire un BOUDIN, einen armen Edelmann mit einer reichen Bürgerin verheurathen.
BOUDINE, *s. f.* das Knöpfgen mitten in den runden Glasscheiben, auch der dicke Rand oder Reif aussen um dieselben; it. eine runde Scheibe selbst.
BOUDINIER, *s. m.* ein Wurstmacher oder Wursthändler.
BOUDINIE'RE, *s. f.* ein kleiner blecherner Trichter, wodurch man Würste füllt.
BOUDINURE, *s. f.* auf den Schiffen, die Umwickelung des Ringes, da das Ankerseil durchgeht, mit altem Tauwerk.
BOUDINURE, das was man um den Ankerring wickelt, damit das Ankerseil nicht Schaden nimmt.
BOUË, *s. f.* Koth; Eiter; Unflath.
   Etre dans la *bouë*, in schlechtem Glück leben.
   Tirer de la *bouë*, aus dem Staub erheben.
   Couvrir de *bouë*, beschimpfen, einen Schandfleck anhängen.
   Ame de *bouë*, ein Herz, das nur nichtige Dinge liebt; niederträchtiges Gemüth.
   Une maison faite de *bouë* & de crachat, ein Haus, das von schlechten Materien gebaut ist, die nicht halten.
BOUE'E, *s. f.* das Holz oder Zeichen, welches auf dem Wasser schwimmet, wo unten der Anker liegt.
BOUE'E, ein Zeichen an gefährlichen Orten in der See, damit die Schiffe nicht dahin nahen mögen, so entweder ein aufgerichteter

176 BOU BOU

teter Maſt oder eine ſchwimmende Tonne oder ander Stück Holz zu ſeyn pflegt.

BOUëMENT, *s. m.* aſſemblage à *bouëment*, oder *d'abouëment*, im Münzweſen, die Zuſammenſchlagung vieler Münzen von einer Gröſſe, daß ſie ſich beſſer auf einander legen und ſchicken, zur Bequemlichkeit im Zählen; bey den Schreinern, Zuſammenfügung, Zuſammenleimung oder Falzung.

BOUëR, *v. a.* mit einem groſſen Hammer die Münzen auf einander ſchlagen.

BOUëUR, *f. m.* ein Gaſſenkehrer oder Feger, der die Gaſſen der Stadt vom Koth reiniget; oder die Aufſicht deswegen hat.

Bouëur, der über die Reinigung und Reinhaltung eines Havens oder einer Anfuhr beſtellt iſt.

BOUëUX, euſe, *adj.* kothicht, laimicht.

BOUFFE'E, *f. f.* ein Stoß, abſonderlich des Windes.

Bouffe'e de vent, *f. f.* Windsbraut; ſchneller und bald vergehender Sturmwind.

Bouffe'e, *f. f.* ein Blaſen, das ſtoßweiſe als ein Puff kommt, vom übelriechenden Odem eines Menſchen.

Bouffe'e, ein Anſtoß als vom Fieber. Il n'étudie que par *bouffée*, er lernt nur etwas, wenn es ihn ankömmt.

BOUFFER, *v. n.* pauſen. Le vent fait *bouffer* les voiles, der Wind bläht die Segel auf. Vôtre chemiſe *bouffe*, euer Hemd pauſet.

Bouffer de colère, d'ambition, vor Zorn, vor Ehrſucht ſich blähen, und berſten wollen.

Bouffer, *v. a.* das Fleiſch aufblaſen, damit es ein beſſer Anſehen bekomme, wie die Metzger thun.

BOUFFETTE, *f. f.* eine Quaſte von Bändern, ſo auf die Kleider geſteckt wird.

Bouffette, Tolle; Quaſt, ſo den Pferden um den Kopf gehänget wird.

BOUFFI, *m. & f. adj.* geſchwollen; aufgelaufen. Il a les yeux *bouffis*, die Augen ſind ihm geſchwollen. *Bouffi* d'un orgueil inſupportable, von einem unerträglichen Hochmuth aufgeblaſen.

Des expreſſions trop *bouffies*, allzu hoch trabende Redensarten.

Bouffir, *v. a.* anſchwellen; auflaufen. L'hydropiſie *bouffit* le corps, die Waſſerſucht macht den Leib ſchwellen.

BOUFFISSURE, *f. f.* die Geſchwulſt, als des Geſichts. La *bouffiſſure* du viſage marque une maladie, ein aufgelaufenes Angeſicht zeiget eine Krankheit an. La *bouffiſſure* du ſtile, hochtrabende, ſchwülſtige Art zu reden und zu ſchreiben.

BOUFFOIR, *f. m.* ein Röhrlein, die Haut der Thiere, der Dauben oder Lämmer, aufzublaſen.

BOUFFON, *m. & f. adj.* kurzweilig; ſchertzhaft.

Bouffon, *ſubſt. m.* Stocknarr; Schalksnarr, Poſſenreiſſer.

Bouffonne, *ſ. f.* Stocknärrin.

BOUFFONNER, *v. n.* Poſſen treiben; zu lachen machen, als ein Narr.

BOUFFONNERIE, *ſ. f.* Poſſen, lächerliche Händel; das Poſſenreiſſen.

BOUFFONNESQUE, *adj.* ſpöttiſch. D'une manière *bouffonneſque*, auf eine leichtfertige Art.

BOUGE, *ſ. f.* Kammer, darinn weder Ofen, (Kamin) noch Schornſtein iſt.

Bouge, Rand eines Tellers.

Bouge, das Mittel, (der Bauch) eines Tonnengefäſſes.

Bouge, ein reiner wollener Zeug, davon die meiſten Mönchen (die keinen Leinwand tragen dörfen) Hemder machen.

Bouge, ein groſſer Sack, in welchem man vor Zeiten das Silbergeſchirr eines Generalen in das Feld führte.

Bouge, auf denen Küſten von Guinea werden die kleinen weiſſen Muſcheln, welche allda für Münz gehen, mit dieſem Namen bedeutet.

BOUGEOIR, *ſ. m.* ein niedriger Leuchter, mit einer Handhebe zum hin- und hertragen, ein Handleuchter.

BOUGER, *v. n.* ſich bewegen, ein wenig rucken oder zucken, als das Kind in Mutterleibe. (wird öfter mit der Negation, als ohne dieſelbe gefunden.)

ne Bouger du logis, ſtets daheim ſeyn, nicht von der Stube kommen. Il ne *bouge* d'auprès de moi, er iſt ſtets bey mir. Il ne *bouge* de ſa place, er geht nicht von der Stelle.

BOUGETTE, *ſ. f.* ein Felleiſen, ein Ranzen.

BOUGIE, *ſ. f.* Wachslicht; Wachsſtock, ſo ſich biegen oder zuſammen wickeln läßt.

BOUGIER, *v. a.* den Seidenzeug mit einem brennenden Wachslicht beſtreichen, daß er ſich nicht ausfaſelt, ihn wachſen.

Bougier fil ou étoffe, Faden oder Tuch wächſen; mit Wachs überziehen.

BOUGRAN, *ſ. m.* ſteiffe Leinwand, Schetter.

BOUGRANIE'RE, *ſ. f.* Krämerin, ſo mit ſteifer Leinwand handelt. (wird allein in ihren Innungsbriefen gebraucht.)

BOUGRE, *ſ. m.* ein nichtswürdiger Kerl, da weder Ehr noch Zucht innen iſt; item ein Sodomit.

BOUGRESSE, *ſ. f.* ein liederliches Weibsbild; eine Sodomitin.

BOUILLANT, e, *part.* ſiedend.

BOUILLANT, *m. & f. adj.* heiß; hitzig. Un naturel *bouillant*, ein hitziges Gemüth. L'eau *bouillante*, das ſiedende Waſſer.

BOUIL-

BOUILLE, *s. f.* eine Fischerstange, womit man das Wasser trübe macht, die Fische desto besser zu fangen.

BOUILLE, ein Zoll, der in Roussillon für das Zeichnen der wollenen Tücher und Zeugen bezahlet wird.

BOUILLE, das Zeichen damit die Stücker Tuch bemerket werden.

BOUILLE-COTONIS, eine Gattung indianischer Atlas.

BOUILLER une étoffe, einen Zeug zeichnen.

BOUILLER, *v. n.* (bey der Fischerey) das Wasser trüb machen, plempen.

BOUILLEUX, euse, *adj.* der oder die gern Brey ißt, ein Breymaul.

BOUILLI, *s. m.* gekocht Fleisch, gekochtes.

BOUILLI, *m. e, f. adj.* gesotten; gekocht; abgekocht; abgesotten.

BOUILLIE, *s. f.* Milchbrey, sonderlich vor die Kinder, oder was sonst so zugerichtet oder gekocht ist.

BOUILLIR, *v. n.* sieden, kochen.
 La viande *bout*, das Fleisch kocht.
 Le vin *bout*, der Wein arbeitet, giert.
 La tête me *bout*, der Kopf ist mir warm.
 Le sang *bout* dans les veines, das Geblüt wallt in den Adern.
 Faire *bouillir* la marmite, etwas in einem Topf kochen; figürlich, Geld zu Führung der Haushaltung hergeben, von Personen; das Kraut fett machen, etwas eintragen, von Sachen.

BOUILLITOIRE, *s. m.* das Weißsieden der Münzen. Donner le *bouillitoire*, weiß sieden.

BOUILLOIR, *s. m.* das Geschirr, worinn man das Geld weiß siedet.

BOUILLON, *s. m.* ein Wall, die Blasen, die im Kochen oben aufwallen. Bouillir à gros *bouillons*, stark übersieden. L'eau forte de la roche à gros *bouillons*, das Wasser wallet sehr stark aus dem Felsen heraus.

BOUILLON, Fleischbrühe; Suppe ohne Brod. Il ne vit que de *bouillons*, er erhält sich mit lauter Brühen.

BOUILLON de jeunesse, die Hitze der Jugend. *Bouillon* de colère, das Wallen des Zorns.

BOUILLON, Bandrose, womit die Kleider gezieret werden. Tablier embelli d'un joli *bouillon*, eine Schürze mit artigen Bandrosen besetzt.

BOUILLON, gewundener Drat, so im Goldsticken gebraucht wird.

BOUILLON blanc, Wullkrautweiblein, weiß Wullkraut.

BOUILLON de chair, Gewächs in dem Huf eines Pferds, davon es hinket.

BOUILLON, ein präparirtes Wasser, in welchem die Färber die Tücher erst sieden, damit sie hernach die Farb besser annehmen und schlucken.

BOUILLONNEMENT, *s. m.* das Aufwallen, Sieden.

BOUILLONNER, *v. r.* wallen, sieden.
 Cette fontaine *bouillonne* perpétuellement, dieser Brunn quillt ohne Unterlaß sehr stark. *Bouillonner* de colère, für Zorn blasen. Le sang *bouillonne*, das Blut wallet.

BOUILLONNER, *v. a.* mit Bänderrosen besetzen.

BOÜIS, *s. m.* Buchsbaum.

BOÜIS, bey den Schustern, ein Werkzeug von Buchsbaum, die Absätze an den Schuhen zu glätten.
 Donner le *boüis*, ein Ding artig und freundlich herum drehen; es aufs beste heraus streichen.
 Un menton de *boüis*, ein breites und heraus stehendes Kinn.

BOULANGER, *s. m.* BOULANGÈRE, *s. f.* ein Brodbecker; eine Brodbeckerin.

BOULANGÈRE, (in Nonnenklöstern) die Schwester die das Brod zu backen bestellt ist.

BOULANGER, *v. a.* Brod backen, das Beckerhandwerk treiben.

BOULANGERIE, *s. f.* das Beckerhandwerk; Backstube; das Backhaus.

BOULE, *s. f.* eine Kugel. Le fort de la *boule*, das Mittel der Kugel, wo sie am dicksten ist. Joüer à la *boule*, mit der Kugel spielen. Jetter la *boule*, die Kugel werfen.
 Tenir pied à *boule*, genau auf sein Werk sehen.
 Faire quelque chose à *boule* vûë, etwas unbedachtsam thun, ohne recht zu wissen was man thut.
 Joüer à *boule* vûë, im Kegelspiel heißt es das Gegentheil, nemlich, mit Bedacht und sicher spielen.

BOULE, Kugelfuß. *Boule* d'armoire, de table, Kugel unter einem Schrank, Tisch.

BOULE, ein Amboß, der oben rund ist, bey den Kupferschmieden.

BOULEAU, *s. m.* eine Birke, Birkenbaum.

BOULER, *v. n.* den Kopf aufblasen, wird von Dauben gesagt.

BOULET, *s. m.* der Koten eines Pferds.

BOULET, *s. m.* eine Stückkugel.
 Boulet rouge, oder *boulet* enflammé, eine glüende Stückkugel.
 Boulet long & creux, lange Stückkugel, die zugleich ein Zündloch hat, so im Losschiessen Feuer empfängt, aber die Kugel nicht eher zersprengt, als bis sie in die Erde oder in den Wall gefahren ist, da sie denn ein groß Loch macht.
 Boulet à deux têtes, eine Kugel, die

sich, wenn sie aus dem Stücke kommt, in zwey Theile zertheilt, die eine Kette oder eiserne Stange zusammen hält, jene heißt *boulet* à chaîne, eine Kettenkugel, und diese *boulet* à branche, eine Stangenkugel; man bedienet sich derselben, Seile, Mast und Segel auf den Schiffen entzwey zu schießen.

BOULETÉ, *adj. m.* cheval *bouleté*, ein Pferd, das den Fuß vertreten hat.

BOULETTE, *s. f.* eine kleine Kugel.

BOULEVARD, *s. m.* Bastey, Bollwerk. Cette forteresse est le *boulevard* du roïaume, diese Festung ist die Vormauer des Reichs.

BOULEVERSEMENT, *s. m.* Umkehrung; Verfall, da alles über einen Haufen fällt; Zerstörung.

BOULEVERSER, *v. a.* über den Haufen werfen.

BOULEUX, *s. m.* ein plumpes Pferd, das nur in den Zug gut ist.

BOULI, *s. m.* ein Theetopf.

BOULIE, *voies* BOUILLIE.

BOULIER, *s. m.* ein Fischgarn, an den mittelländischen Seeküsten gebräuchlich.

BOULIMIE, *s. f.* ein grosser Hunger; ein Ochsenhunger; Freßfieber.

BOULIN, *s. m.* ein Nestloch vor die Tauben, darinnen zu brüten.

BOULIN, Rüst-oder Gerüstloch in der Mauer.

BOULINE, *s. f.* auf den Schiffen, das Seitentau eines jeden Segels, ein langes einfaches Seil, daran zwey andere kurze, welche *pattes de bouline* heißen, und an diesen noch kürzere hängen, welche an die Segel angemacht sind, dieselbe nach dem Wind auf die Seite zu drehen; item, ein solch gedreht Segel.

Vent de *bouline*, Seitenwind.

Haler sur les *boulines*, die Boelinen anziehen.

Aller à la *bouline*, sich eines Seitenwindes bedienen, welcher der Reise, die man thun will, fast contrair scheinet.

Aller à grasse *bouline*, mit halbem Wind fahren, wenn kein rechter Seitenwind, doch auch kein rechter gerader Wind wehet.

Courir la *bouline*, eine Strafe, da einer durch das in der Reihe gestellte Bootsvolk lauft, und von jedem einen Schlag mit dem Tau bekommt.

BOULINER, *v. n.* sich des Seitenwindes bedienen, laviren; nicht aufrichtig handeln; (bey den Soldaten) in dem eigenen Lager mausen; stehlen.

BOULINEUR, *s. m.* Mausemerten.

BOULINGRIN, *s. m.* ein mit grünem Rasen (Wasen) belegter Platz in einem Garten von allerley Figuren; sonderlich der oft abgemähet oder abgegraset wird, daß das Gras desto dichter wächst, darauf zu kegeln.

BOULINGUE, BOURINGUE, *s. f.* das oberste und kleinste Segel am Mastbaum.

BOULINIER, *s. m.* ein Schiff, das mit einem Seitenwind segelt; bon ou méchant *boulinier*.

BOULINIS, kupferne Sols, welche zu Bologna üblich sind.

BOULOGNE, *s. f.* Stadt in Italien.

BOULON, *s. m.* ein grosser eiserner Nagel, mit einem dicken runden Kopf, und hinten anstatt der Spitze mit einem Loch, wodurch man einen eisernen Vorkeil stecken kan, einen Balken oder sonst was schweres damit zu halten.

BOULON, das runde Eisen, worüber man die bleyernen Röhren gießt.

BOULON, das Gewicht der Schnellwaage.

BOULON, (bey der Artillerie) eine eiserne Stange, welche die zwey Seitentheile an der Lavette zusammen hält.

BOULONNER, *v. a.* etwas mit einem solchen Nagel oder Stange fest machen.

BOULU, ë, *adj.* vulg. gekocht, gesotten, (ein Wort des Pöbels, *bouilli* ist besser).

BOUQUER, *v. n.* mit Zwang dasjenige küssen, was man einem darbietet, als den Daumen oder das unterste Theil eines Stabs; der Gewalt nachgeben; zu etwas unanständiges gezwungen werden.

Faire *bouquer* quelqu'un, einem Gewalt und Verdruß anthun; einen zwingen, daß er nachgeben muß, ihn demüthigen; it. den Popanz (Butzenmummel) küssen, oder damit zu fürchten machen.

BOUQUET, *s. m.* ein Blumenstrauß.

BOUQUET, vergoldte Zierathen auf dem Rücken der Bücher.

BOUQUET, die Form oder Stempfel, womit solche Zierath aufgedruckt wird.

BOUQUET, zusammen getragene Sprüche.

BOUQUET de plumes, Federbusch.

BOUQUET de paille, Strohwisch, so Pferden, Wagen u. d. g. die zu verkauffen sind, angesteckt wird.

BOUQUET de bois, ein Wäldlein mit Bäumen.

Elle a le *bouquet*, sie ist die vornehmste Person auf dem Ball oder Tanz, sie muß den Ball halten.

Mettre le *bouquet* sur l'oreille à quelque animal, ein Thier feil bieten.

Une barbe par *bouquets*, ein Bart der ungleich wächst.

BOUQUETIER, *s. m.* (in der Gärtnerey) eine Art Pomeranzenbäume, welche strausweise blühen.

BOUQUETIER, ein Geschirr, worinnen man Blumen hält; Blumenkrug, Blumentopf.

BOUQUETIERE, *s. f.* Sträusermädgen, Sträuser-

Sträuserfrau, (Mayenmacherin) die Blumensträuße bindet und verkauft; zu Paris, wo diese Weiber ihre eigene Innung haben, heißt es eine Meisterin in derselben.

BOUQUETIN, *s. m.* ein Steinbock, wilder Bock auf dem Gebirge.

BOUQUIN, *s. m.* ein Bock.
Un vieux *bouquin*, ein alter Hurenbock.
Sentir le *bouquin*, nach dem Bock riechen, wie ein Bock stinken.

Bouquin, *s. m.* cornet à *bouquin*, ein Zinke.

Bouquin, *s. m.* ein alt verbrauchtes Buch.

BOUQUINER, *v. n.* alte unnütze Bücher lesen; alte Bücher aufkaufen.

Bouquiner, *v. n.* sich belaufen, rammeln, (wird von Hasen gesagt).

BOURACAN, *s. m.* ein Zeug von Cameel- oder Ziegenhaaren, Barkan oder Berkan.

BOURBE, *s. f.* Morast, Koth, Schlamm, Schleim. Enfoncer dans la *bourbe*, im Moder stecken bleiben.

BOURBELIER, *s. m.* der Bug eines wilden Schweins.

BOURBEUX, euse, *adj.* kothig, morastig, schlammig.

BOURBIER, *s. m.* eine Kothlache, ein Morast, ein Loch voll Schlamm, eine Mistpfütze; verblümter Weise, ein garstiger, schlimmer Handel.
Il est bien avant dans le *bourbier*, er ist mit einem bösen Handel beladen.

BOURBILLON, *s. m.* das in einem Geschwür oder Riß an den Pferden verhärtete Eiter, das hernach auf einmal heraus fällt, wenn das Geschwür aufbricht.

BOURCER, *v. a.* (in der Seefahrt) den Wind nur in ein Stück vom Segel gehen lassen, das Segel nicht ganz aufspannen.

BOURCET, *s. m.* (auf den Schiffen) der Fockmast; das Focksegel.

BOURDALOU, *s. f.* ein nicht gar kostbarer Zeug, worein sich einige Weiber kleideten, nachdem der Pater *Bourdaloue* wider die Hofart geprediget hatte.

Bourdalou, eine schmale Tresse mit einer Schnalle zur Hutschnur.

BOURDE, *s. f.* Lügen, einen etwas zu überreden. Dire des *bourdes*, Lügen erzehlen, aufschneiden.

Bourde, *s. f.* (in der Seefahrt) Beysegel, den man bey stillem Wetter braucht.

Bourde, *s. f.* eine schlechte Gattung Glasschmelz.

BOURDEAUX, *s. m.* die Hauptstadt in Guienne in Frankreich.

BOURDELAGE, *s. m.* Zinsrecht; Zins.

BOURDELAIS, *s. m.* eine Art grosser weisser oder rother Trauben.

BOURDELIER, *s. m.* Grundherr, Zinsherr. Fonds *bourdeliers*, zinsbare Güter.

BOURDER, *v. n.* einem etwas vorlügen, vorschneiden, (einen Bären anbinden).

BOURDEUR, *s. m.* euse, *s. f.* Lügner, Auffschneider; Lügnerin, Auffschneiderin.

BOURDILLON, *s. m.* eichen Holz, das zu Daugen geschlagen ist.

BOURDON, *s. m.* eine Hummel oder Wespe, die ein groß Gesäuse macht.

Bourdon, Regalzug in der Orgel.

Bourdon, die grosse Baßpfeiffe an einem Dudelsack oder Polnischen Bock, die immer in einem Tone fortbrummet; item, der Baß einiger andern Instrumenten.

Bourdon, (in der Buchdruckerey) Auslaßung etlicher Wörter, (vulg. Leiche).

Bourdon, Pilger, Wallbruder.

Bourdon, Pilgerstab. Einige nennen Sterne des Orions les trois *bourdons*, denn die Bauren nennen sie die heiligen 3 Könige, die als Pilgrim mit Stäben kommen.
Planter le *bourdon* en quelque lieu, sich an einem Ort häuslich niederlassen.

BOURDONNE', ée, *adj.* (in der Wappenkunst) croix *bourdonnée*, ein Creutz, dessen Enden rund und kolbicht sind als Pilgrimsstäbe; ein Kugelstabcreutz.

BOURDONNEMENT, *s. m.* das Gebrumm oder Sausen der grossen Fliegen, als Bienen, Käfer etc.

Bourdonnement d'oreille, das Sausen der Ohren.

BOURDONNER, *v. n.* brummen und sausen wie Hummeln oder grosse Fliegen.

Bourdonner, wenn viel Leute unter einander brummelnd reden; zwischen den Zähnen murmeln.

BOURG, *s. m.* ein Flecken, Marktflecken.

BOURGADE, *s. f.* ein grosser Marktflecken.

BOURGAGE, *s. m.* was in dem Gebiet der Stadt liegt; item, ein zinsfreyes Erbgut, das nicht wie andere Güter mit Auflagen beschweret werden kan.

BOURGEOIS, *s. m.* Bürger. Un gros *bourgeois*, ein ansehnlicher wohlhabender Bürger. Petit *bourgeois*, geringer (gemeiner) Bürger.
Cela est du dernier *bourgeois*, das ist gar gemein; kleinstädtisch.
Il est *bourgeois* de la même ville que vous & moi, er ist euer und mein Mitbürger.

BOURGEOISE, *s. f.* Bürgerin.

Bourgeois, *m.* oise, *f. adj.* bürgerlich. Habit *bourgeois*, bürgerliche Tracht.
Vôtre habit sent trop le *bourgeois*, euer Kleid komt gar zu bürgerlich heraus.
Caution *bourgeoise*, bürgerliche, zulängliche Versicherung.

BOURGEOISEMENT, *adv.* bürgerlicher Weise. Vivre *bourgeoisement*, bürgerlich leben.

BOURGEOISIE, *s. f.* das Bürgerrecht; die Bürgerschaft. Donner droit de *bourgeoisie* à quelqu'un, einem das Bürgerrecht geben. Perdre le droit de *bourgeoisie*, das Bürgerrecht verlieren.

BOURGEON, *s. m.* Auge; Schoßreis am Baum.

Bourgeon, Hitzblatter im Gesicht.

BOURGEONNER, *v. n.* herfürsprossen; Knospen bringen; Augen gewinnen.

BOURGEONNÉ, ée, *part.* blatterigt; finnig. Il boit jusqu'à avoir le nés rouge & le visage *bourgeonné*, er trinket biß er eine rothe Nase und das Gesicht voller Finnen bekommt.

BOURGES, *s. f.* die Hauptstadt im Herzogthum Berri in Frankreich.

BOURGOGNE, *s. f.* Burgund.

BOURGUE'PINE, *s. f.* Kreuzbeer; Wegdorn.

BOURGUEMAÎTRE, BOURGUEMESTRE, *s. m.* der Bürgermeister; ein ansehnlicher vornehmer Bürger.

BOURGUIGNON, *s. m.* BOURGUIGNONNE, *s.* ein Burgunder, eine Burgunderin.

BOURGUIGNOTTE, *s. f.* eine Art Sturmhauben.

BOURIQUE, *s. f.* eine Eselin, überhaupt ein Esel; auch ein liederliches Pferd, eine elende Mähre.

Bourique, ein Gerüst der Schieferdecker, worauf sie den Schiefer neben sich liegen haben.

Bourique, ein Kasten, darinnen die Maurer Kalk und Steine in die Höhe ziehen.

BOURIQUET, *s. m.* bey den Mäurern, so viel als bourique.

BOURLET, *voies* BOURRELET.

BOURNAL, *s. m.* der Honig, so noch im Wachs steckt und noch nicht geläutert ist, (ist alt); jetzt sagt man: un raion de miel.

BOURRACHE, *s. f.* Burrátsch, Borragen, ein Kraut.

BOURRADE, *s. f.* das Haarausjupfen des Windhundes, das er dem Hasen im Nachlaufen thut.

Bourrade, ein Streich, Schlag oder Stoß, den man einem giebt.

BOURRAS, *s. m.* grob Tuch.

BOURRASQUE, *s. m.* ein Sturm, ein Stoß von einem Sturmwind.

Bourrasque, ein gewaltsamer Anlauf, ein Aufruhr; der Zorn und Eifer eines Grössern über den Kleinern.

Bourrasque, Verfolgung, die einer auszustehen hat.

Bourrasque, Unordnung oder Rumpeln, so eine Medicin oder andere Ursache im Leibe verursachet.

BOURKE, *s. f.* grobe Wolle, Flocken oder Haar von Rehen, etwas auszustopfen.

Bourre, der Pfropf, den man in ein Schießgewehr auf das Pulver thut, es sey von Haaren, Papier, oder sonst etwas.

Bourre, eine rauhe Knospe an etlichen Bäumen, die mit Wolle überzogen ist.

Bourre, das rauhe Häutgen über den hervorbrechenden Augen der Weinstöcke.

Bourre, der Saame gewisser Kräuter und Blumen, der, wenn er reif ist, aussieht, als wenn er mit Wolle überzogen wäre.

Bourre, (bey den Färbern) eine Art Schattirung, als carmesinroth.

Bourre, unnützes Zeug in Büchern und Schriften, als: Il y a de bons endroits dans ce livre, mais il y a aussi bien de la *bourre*, es ist viel gutes in diesem Buch, aber auch viel unnützes Zeug.

Bourre lanice, Wolle, die man vom Tuch mit der Distelkartätsche abkämmet, Flockoder Kratzwolle.

Bourre tondisse, Scheerwolle.

Bourre de soie, verwirrte schlechte Seide.

BOURREAU, *s. m.* der Henker, Scharfrichter, Nachrichter.

Bourreau, ein Peiniger, der jemand Quaal, Angst und Herzeleid macht.

Il se fait paier en *bourreau*, er läßt sich zum Voraus bezahlen.

Etre son propre *bourreau*, sich selbst quälen.

Les envieux sont eux-mêmes leurs *bourreaux*, die Neidischen quälen sich selbst.

BOURRÉ'E, *s. f.* ein Reißgebund, eine Welle oder ein Büschel Holz von Reißig.

Bourrée, ein lustiger Tanz oder Stück in der Music.

BOURRELER, *v. a.* peinigen, quälen, martern.

Bourreler quelqu'un, einem sehr übel mitspielen, ihm alles Herzeleid anthun; man sagt es auch vom Gewissen, das einen peiniget und ihm Angst macht. Le remors de son crime le *bourrèle*, sein Gewissen plagt ihn wegen seines Verbrechens.

BOURRELE', ée, *part.* der in seinem Herzen unruhig ist, der Gewissensangst empfindet. Les méchans ont l'ame *bourrelée*, die Gottlosen haben ein geplagtes Gewissen.

BOURRELERIE, *s. f.* die Peinigung; Marter.

BOURRELET ou BOURLET, *s. m.* ein Wulst mit Scheer- oder anderer Wolle ausgefüllt, in den Weiberhauben.

Bourrelet, ein Ring, den man auf den Kopf legt, etwas darauf zu tragen.

Bourrelet d'enfant, ein Fallhut oder Bolly der Kinder.

Bourrelet de chaises percées, ein ausgestopfter Sitz auf den Gemachstülen.

BOUR-

BOURRELET, (in der Wappenkunst) eine Art Zierathen auf dem Helm, ein Wulſt-kranz.

BOURRELET, auf den Schiffen, ein dickes Seil, womit man die Segelſtange an den Maſt feſt macht, wenn man in der Schlacht fürchtet, die Segelſeite möchten abgeſchoſ-ſen werden.

BOURRELET, ein Pferdekummet; item an den Stücken, das vörderſte dicke Theil, das als ein Ring oder Wulſt um das Mund-loch herum gehet.

BOURRELET, (bey den Gärtnern) der Wulſt, den ein Pfropfreiß macht, wenn es über den Stamm wächſt.

BOURRELIER, ſ. m. ein Kummetmacher; ein Täſchner.

BOURRELLE, ſ. f. eine, ſo jemand quälet; vulg. auch des Henkers Weib.

BOURRER, v. a. einen Pfropf auf das Pulver machen oder ſtopfen, wenn man eine Büchſe ládt.

BOURRER, etwas mit Flocken- oder Scheer-wolle ausfüllen.

BOURRER, einen auf dem Fechtboden mit dem Rappier, oder auch ſonſt mit etwas anderswo wacker abprügeln, ſchlagen, wie man die Scheerwolle zu ſchlagen pflegt, daß ſie lucker werde.

BOURRER, einen mit Worten eintreiben, übertäuben, überſchreyen; ausſchelten, ausmachen, herunter machen.

BOURRER un lièvre, ſagt man von den Hunden, wenn ſie dem Haſen im Nach-laufen die Haare ausraufen.

BOURRIERS, ſ. m. plur. die Spreu und der Staub, der Kaff, ſo noch unter dem Korn iſt.

BOURRIQUE, BOURRIQUET, voiés BOURIQ.

BOURRIR, v. n. wird von dem Schall der Rebhünern geſagt, den ſie im Auf-ſteigen machen.

BOURRU, ë, adj. rauch, wollicht, als der Saame einiger Kräuter.

Plante bourruë, Kraut, ſo anſtatt des Saamens Flocken trägt.

BOURRU, närriſch, eigenſinnig. Un eſprit bourru, ein ſeltſamer, wunderlicher Kopf.

Moine bourru, ein Geſpenſt oder erdich-teter Mann, womit man die Kinder furchtſam macht, als um Weihnachten der Knecht Ruprecht.

Vin bourru, ein weiſſer neuer Wein, der noch nicht gegohren (gejäſen) hat, und ſüß in den Fäſſern bleibt.

BOURSAUT, (beſſer BOURSEAU) ſ. m. eine Art Weiden, welche kleine wollichte Knoſpen im Frühling bekommt.

BOURSE, ſ. f. ein Beutel; ein Geldbeutel, Säckel; daher heißt es auch eine gewiſſe Summe Geldes; vornemlich in Orient, 500 Thaler in einem Beutel.

Mal mener la bourſe, in den Tag hin-ein zehren; Geld verſchwenden.

BOURSE, die zufällige Einnahme oder Acci-dentien bey einer Bedienung.

BOURSE de Collège, zu Paris, die Stipen-diencaſſe vor arme Studenten und Schü-ler.

BOURSE de cheveux, ein Haarbeutel, den man hinten am Kopf trägt.

BOURSE, (in der Anatomie.) La bourſe du fiel, eine kleine Blaſe, damit etwas umgeben iſt, als das Gallenbläsgen.

BOURSE, (bey den Gärtnern,) eine Knoſpe am Baum, darinne die Blüte noch ver-ſchloſſen ſteckt, ein zartes Häutgen ſo die-ſelbe umgiebt.

BOURSE, an einer Aehre, die Hülſe, darin-ne ein Saamenkorn ſteckt.

BOURSE, beym Jagen und Fiſchen, ein Sack im Netz oder Garn; inſonderheit ein Garn, womit man die Kaninchen fängt.

BOURSE, in der Kirche, ein Futteral zu den Altartüchern.

BOURSE, in den Handelsſtädten, die Börſe, der Ort wo die Wechsler und Kaufleute zuſammen kommen, welche Benennung zu Brügge entſtanden iſt, allwo die Kauf-leute in einem Haus zuſammen kamen, das einer Familie zugehörete, die drey Beutel im Wappen führte.

Vivre ſur la bourſe d'autrui, auf an-derer Leute Beutel loszehren.

Au plus larron la bourſe, den Bock zum Gärtner ſetzen.

Avoir, tenir la bourſe, Säckelmeiſter ſeyn.

Offrir ſa bourſe à quelqu'un, einem ſein Vermögen zum Dienſt anbieten.

Avoir la bourſe platte, kein Geld im Beutel haben.

C'eſt une bonne bourſe, er iſt reich.

BOURSE de paſteur ou de berger, ein Kraut, Täſchelkraut, Säckelkraut.

BOURSES, ſ. f. pl. Hodenſack.

BOURSIER, ſ. m. BOURSIE'RE, ſ. ein Säckler, Beutler, der Beutel macht und verkauft.

BOURSIER, ein Ausgeber, der den Geldbeu-tel hat; Säckelmeiſter (Schatzmeiſter) bey den Schweizercantons.

BOURSIER, ein armer Student, der ein Stipendium hat.

BOURSILLER, v. n. eine kleine Beyſteuer zu etwas geben, als einen Nachſchuß über das, was eine Sache ſchon gekoſtet hat, auch ſonſt Geld zuſammen legen. Bour-ſillons pour envoïer au vin, laſſet uns zu-ſammen ſchieſſen, Wein zu holen.

BOURSIN, voiés BOUSIN.

BOUR-

BOURSON, *s. m.* eine kleine Ficke oder Säcklein, neben dem grössern Hosensack.
BOURSOUFLEMENT, *s. m.* das Aufblasen; Geschwulst.
BOURSOUFLER, *v. a.* aufblasen, als einen Säckel geschwollen machen.
BOURSOUFLE', ée, *part.* aufgeblasen; geschwollen, von Krankheit; der ein breites und dickes Gesicht oder dicke Bausbacken hat; schwülstig.
BOUSE, *s. f.* eine Spreng- oder Giestkanne in Engelland, welche einige in den Wappen führen.
Bouse, *s. f.* Kuhmist.
BOUSILLAGE, *s. m.* ein mit Koth und Laimen gemauertes Gebäu.
BOUSILLER, *v. a.* mit Koth oder Erde mauren; liederlich schmieren oder bauen; auch sonst eine Arbeit liederlich machen.
Bousiller, *v. n.* pfuschen; untüchtige Arbeit machen.
BOUSILLEUR, *s. m.* ein Pfuscher.
BOUSIN, *s. m.* an den Quaderstücken ein unreifer Stein, (ein Stück, das nicht recht zu Stein worden ist) und von den Steinmetzen abgehauen wird.
BOUSSOLE, *s. f.* Seecompaß.
BOUT, *s. m.* das Aeusserste eines Dings, die Spitze, das Ende. Goûter du *bout* des lèvres, mit den äussersten Lippen kosten. Toucher du *bout* du doigt, mit der Spitze des Fingers anrühren. J'irois avec lui au *bout* du monde, ich wollte mit ihm bis ans Ende der Welt gehen.
un BOUT, ein Bißgen. Donnés moi un *bout* de saucisse, gebet mir ein Bißgen Wurst.
un BOUT de chandelle, ein Stümpgen Licht. Bruler la chandelle par les deux *bouts*, sein Vermögen unnützlicher Weise verzehren, (unnütze Ausgaben machen).
BOUT, (bey dem Gürtler) ein Schild oder Zierath an der Schnalle eines Degengehenks.
BOUT, (bey dem Schwerdtfeger) das Ortband an der Degenscheide.
BOUT, (bey den Dratziehern) eine Stange Gold oder Silber.
D'un *bout* à l'autre, durchaus, vom Anfang bis zu Ende.
De *bout* en *bout*, ganz und gar.
Mettre *bout* à *bout*, mit den Spitzen gegen einander stellen.
Coudre *bout* à *bout*, an beyden Enden zusammen nähen.
Venir à *bout*, den Zweck erreichen, de quelqu'un, de quelque chose, mit etwas; etwas zu Ende bringen.
Pousser ou mettre quelqu'un à *bout*, einen auf das Aeusserste bringen oder treiben, ihn in die Enge treiben; einen überwinden, zu allem bereden oder bringen, was man von ihm verlangt; einen ungedultig machen; versuchen, wie weit sich einer vergehen kan.
Il est à *bout*, er kan nicht weiter, es ist mit ihm aufs Aeusserste kommen.
Etre au *bout* de son rôle, nicht mehr wissen, was man sagen oder thun soll.
à chaque *bout* de champ, alle Augenblick.
Le haut *bout*, der vornehmste Ort, als am Tisch ꝛc.
Le *bout* du monde, ein abgelegener Ort; it. das alleräusserste, höchste oder meiste von etwas.
Se mettre sur le bon *bout*, sich putzen.
Sçavoir une chose sur le *bout* du doigt, ein Ding an den Fingern hersagen können.
BOUT d'ailes, Flügelspitze, Federkiel.
BOUT de lof, Bout-lof, auf den Schiffen ein Stück Holz, etwas daran fest zu machen.
BOUT de l'an, eine Messe, die man einem Verstorbenen zu Ende des Traueriahrs halten läßt, da man die Trauer ablegt.
BOUT de mamelle, die Warzen, an welchen ein Iunges saugt.
BOUT d'homme, ein klein Kerlgen; Männlein; ein kleiner Knopf, Knirps.
des BOUTS de manches, kleine Handkläpplein, so man vornen an die Ermel heftet, in Trauren oder bey geistlichen Personen.
BOUT de quèvre, oder de quiévre, ein grosser Fischham an einem Gabelholz.
à BOUT portant, ein Schuß, da das Gewehr gleichsam an die Brust gesetzt wird, der nicht fehlen kan.
BOUTS rimés, Reimsylben, die man einem giebt, nebst einer Materie, sie nach denselben einzurichten.
BOUT saigneux, das blutige Theil vom Halsstück eines geschlachteten Viehes.
Avoir le vent de *bout*, contrairen Wind haben.
BOUTADE, *s. m.* ein gäher Schuß oder Hitze, die einen anstößt; ein geschwinder Eifer zu etwas, der nicht lang anhält.
BOUTADE, ein zufälliger Gedanke, ein Einfall im Reden und Schreiben.
BOUTADE, eine Art künstlicher Tänze.
BOUTADEUX, euse, *adj.* jähzornig; hastig.
BOUTAGE, *s. m.* Umgeld, Spundgeld, das man der Obrigkeit giebt, wenn man Wein oder ander Getränk auszapfen will.
BOUTANES, *s. f.* Cyprischer Leinwand, aus Baumwollen.
BOUTANT, *s. m.* das was am Ende oder an der Eck eines Gebäudes, dasselbe hält oder stützt.
BOUTARGUE, *s. f.* eingesalzener Fischrogen vom Harder.
BOUT-DEHORS, ou BOUTE-HORS, *s. m.*
auf

BOU   BOU

auf einem Schiff ein hinausragender Balken, oder auch eine Stange, die man braucht hinaus zu stoſſen, oder etwas hinweg zu ſtoſſen, und vom Schiff zu entfernen, als wenn man den Anker aufzieht, daß er das Schiff nicht verletze, oder einen Brander vom Schiff abzuhalten ꝛc. item ein kleiner Maſt.

BOUTE, *ſ. f.* (in der Seefahrt) Gefäß, worinn das friſche Waſſer geführt wird.

Boute, ledernes Gefäß, in deme man den Wein kömmlich auf Maulthier laden und über Berge verſchicken kan.

BOUTE', ée, *adj.* un cheval *bouté*, ein Pferd, deſſen Beine vom Knie bis an den Huf gerad ſind.

BOUTEFEU, *ſ. m.* (bey der Büchſenmeiſterey) eine Zündruthe.

Boutefeu, ein Mordbrenner.

Boutefeu, der Anfänger eines Zanks, ein Zänker, Störenfried.

Boutefeu, ein Rädelsführer bey einem Aufruhr, Aufwiegler; oder der ſonſten Unruh anfängt.

BOUTE-HORS, *ſ. m.* auch Bout-dehors, Fertigkeit im Reden. Homme qui a le *boute-hors*, einer der gut Mundwerk hat.

Joüer au *boute-hors*, vulg. einander am Glück oder ſonſt zu ſchaden ſuchen.

Il n'a point de *boute-hors*, er kan nichts vorbringen, ob er es gleich wohl verſteht.

BOUTEILLE, *ſ. f.* eine Flaſche. *Bouteille* de vin, d'eau, Flaſche Weins, Waſſers.

Bouteille, der Wein, das Saufen. Compagnon de *bouteille*, ein Saufbruder. Il aime la *bouteille*, er trinket gern; er liebet den Wein.

Bouteille d'eau, wenn es ſtark regnet, eine Waſſerblaſe.

Bouteille, (in der Seefahrt) ein hervorragender Balken zu beyden Seiten der Cajüte am Hintertheil des Schiffs.

Bouteilles de calebaſſe, Flaſchenkürbſe, ſo diejenigen, die ſchwimmen lernen, unter die Arme nehmen.

BOUTEILLIER, BOUTELIER, *ſ. m.* ein Flaſchenmacher.

Bouteillier, einer der einſchenkt, ein Mundſchenk.

BOUT-EN-TRAIN, *ſ. m.* ein kleiner Vogel, welcher die andern zum Singen aufmuntert; verblümter Weiſe, ein Menſch, der andere zur Luſtbarkeit anreizet.

BOUTER, *v. a.* ſetzen, niederſetzen, (iſt alt); man ſagt mettre. *Boutés* vous là, beſſer mettés vous là, ſetzt euch dorthin.

Bouter de lof, zur See, den Vortheil des Windes in Acht nehmen.

Bouter la bête, das Wild aufjagen.

Bouter un cuir de veau, eine Kalbshaut rein ſchaben, daß kein Fleiſch daran bleibe.

BOUTEROLLE, *ſ. f.* Scharte an dem Kamm eines Schlüſſels, da inwendig das Eingericht am Schloß durch muß, wenn man aufſchlieſſen will.

Bouterolle, ein Werkzeug der Steinſchneider mit einem Knopf.

Bouterolle, das Ohrband am Degen.

BOUTE-SELLE, *ſ. m.* ein Zeichen im Krieg mit der Trompete, da die Soldaten den Sattel aufwerfen, und zu Pferd ſitzen müſſen.

BOUTE-TOUT-CUIRE, *ſ. m.* ein Freßwanſt, Verſchwender.

BOUTEUX, *ſ. m.* ein Fiſchhame oder klein Garn an einer hölzernen Gabel.

BOUTIQUE, *ſ. f.* ein Kramladen oder Gewölbe eines Kaufmanns.

Boutique, eines Handwerksmanns Werkſtatt; ein Handwerksladen.

Boutique, ein Fiſcherſchiff, darinne er Fiſche zu verkauffen hat.

garde Boutique, ſchlimme lang gelegene Waaren, die man nicht wohl verkauffen kan.

garçon de Boutique, ein Kramdiener; Kaufmannsjunge; man nennt ſie verächtlicher Weiſe courtand de *boutique*.

ouvrir Boutique, anfangen zu handeln.

Cela vient de ſa *boutique*, das hat er erdacht.

Faire de ſon corps une *boutique* d'Apoticaire, *prov.* ſich mit übermäßigem Arzneybrauchen beladen. Faire de ſa tête une *boutique* de grec, den Kopf mit Griechiſchem anfüllen. Alexandre alloit à la *boutique* d'Appelles, Alexander pflegete des Apelles Werkſtatt zu beſuchen.

BOUTIS, *ſ. m.* das aufgewühlte Erdreich, wo die wilden Schweine geweſen ſind.

BOUTISSE, *ſ. f.* pierre miſe en *boutiſſe*, ein Stein, der länglicht gehauen iſt, daß er tiefer in die Mauer geht als ein anderer Quaderſtück, vornen aber eben ſo, als die andern ausſieht.

BOUTOIR, *ſ. m.* das Wirkeiſen, womit die Schmiede den Huf ausputzen, und unten wegſchneiden, ehe ſie das Eiſen auflegen.

Boutoir, das vörderſte des Rüſſels an einem wilden Schwein.

BOUTON, *ſ. m.* ein Knopf an den Bäumen, die ausſchlagen wollen, oder an den Kräutern.

Bouton de fleur, ein Knopf an den Blumen, der noch nicht aufgeblühet iſt; auch der Kelch, darinnen die Blätter der Blumen ſtehen.

Bouton, eine kleine Finne im Geſicht.

Son pourpoint n'a plus qu'un *bouton* & ſon nés en a plus de trente, alſo ſpricht man von einem lüderlichen Säufer.

Bouton, ein Knopf an den Kleidern. *Bouton*

...ton d'argent, de ſoie &c. ſilberner, ſeidener Knopf. Serrer le *bouton* à quelqu'un, *prov.* einem hart anliegen, zuſetzen.

Bouton, die Mücke oder das Korn vornen auf einem Rohr, worauf man ſieht, deſto gerader zu ſchieſſen.

Bouton, Knopf an dem Zügel. Mettre le cheval ſous le *bouton*, den Zügel durch Fortſchiebung des Knopfs kurz machen.

Bouton, der Knopf am Geigenhals.

Bouton, der Knopf an der Handhebe einer Thür, ſie auf- oder zuzumachen; und was ſonſt an vielen andern Sachen einem Knopf gleich ſieht.

Bouton, bey dem Münzweſen, ein von einer Münze eingeſchnidtenes Stück, das der Münzwaradein probirt, damit er wiſſe, von was für Halt die Münze ſey.

Bouton, bey den Canonen iſt es ein Stückwiſcher.

Bouton de feu, ein gebranntes Zeichen, Brandmahl; item ein Inſtrument der Wundärzte und Schmiede, etwas zu brennen.

Bouton de verole, ein Kindsblatter oder Pocke.

Bouton de farcin, ein Geſchwür an den Pferden, ſo von verdorbenem Geblüt entſteht.

Cela ne tient qu'à un *bouton*, das hält nicht gar feſt.

BOUTONNER, *v. n.* Augen gewinnen, Knöpfe kriegen, Knoſpen treiben.

Boutonner, *v. a.* un habit, ein Kleid zuknöpfen.

BOUTONNÉ, *m.* BOUTONNÉE, *f. adj.* zugeknöpft. Pourpoint *boutonné*, zugeknöpft Wamms.

Boutonné, ée, *adj.* voll Blattern oder Finnen; mit Knöpfen beſetzt. Un viſage *boutonné*, finniges Geſicht.

Boutonné, (in der Wappenkunſt) wird es von einer Blume geſagt, die inwendig einen Punct von anderer Farbe als ſie hat; it. von einem Roſenſtock oder Lilienſtock, der Knöpfe hat.

BOUTONNERIE, *ſ. f.* die Kaufmannswaaren eines Knopfhändlers; ein Laden, wo Knöpfe verkauft werden; der Handel mit Knöpfen; das Knopfmacherhandwerk.

BOUTONNET, *ſ. m.* ein Kraut, Bruchkraut, Harnkraut, Tauſendkörner.

BOUTONNIER, *ſ. m.* ein Knopfmacher.

BOUTONNIERE, *ſ. f.* ein Knopfloch.

BOUTURE, *ſ. f.* Ausſtößling; Ableger. Planter des *boutures*, Ableger ziehen.

Bouture, *ſ. f.* (bey den Goldſchmieden) das Waſſer, womit das Silber weiß geſotten wird; Kratzbüttwaſſer. Mettre la beſogne dans la *bouture*, die Arbeit in das Kratzbüttwaſſer legen.

BOUVART, *ſ. m.* ein halbgewachſener Ochs.

Bouvart, *ſ. m.* junge Stierhaut.

BOUVEMENT, *ſ. m.* ein Handwerkszeug der Schreiner, Rinnleiſtenhobel.

BOUVERIE, *ſ. f.* ein Ochſenſtall.

BOUVET, *ſ. m.* ein Hobel der Schreiner, Fugen auszuhobeln, Kehl- oder Leiſtenhobel.

BOUVIER, *adj. m.* les vers *bouviers*, ein Engerling, ein Wurm in der Haut des Viehes und der Hirſche.

Bouvier, *ſ. m.* ein Ochſentreiber; Ochſenhüter der Metzger; Ochſenhirt; ein grober Lümmel, Bauerſlegel.

Quel *bouvier* eſt cela? wer iſt der Ochs, der grobe Lümmel?

Bouvier, ein Geſtirn am Himmel, der Hirt oder Bot.

BOUVIERE, *ſ. f.* ein plumpes ungeſchicktes Weibsbild.

BOUILLON, BOUVEAU, *ſ. m.* ein junger Ochs.

BOYARD, *ſ. m.* Tragbahre, ſo bey dem Stockfiſchfang gebraucht wird.

BOYAU, *ſ. m.* ein Darm. *Boïau* culier, der Maſtdarm.

Boïau, ein Ort, der ſich weit in die Länge erſtreckt, aber ſchmal dabey iſt.

Le *boïau* d'une tranchée, das Hohle von einem Laufgraben, das Aufgeworfene nicht mit gerechnet; it. ein Laufgraben, der ſchlangenweiſe gemacht, und ohne Ecken iſt.

Je vous aime comme mes petits *boïaux*, ich liebe dich von Herzen.

BOYAUDIER, *ſ. m.* einer der Saiten aus Därmern macht, es ſey zur Muſic oder zu Raqueten.

BOYER, *ſ. m.* ein Schiff in Flandern, das einen Gabelmaſt und doppelten Boden hat, ein Boyer.

BOYE'S, *ſ. m.* gewiſſe Americaniſche Prieſter.

BRABANÇON, *ſ. m.* ne, *ſ. f.* ein Brabanter.

BRABANÇONS, waren vor dieſem Freybeuter, Räuber von einer groſſen Rotte.

BRABANTES, gewiſſe Flanderiſche Leinwand.

BRACELET, *ſ. m.* Armband.

BRACHET, *ſ. m.* Jagdhund; Spürhund.

BRACHIAL, *adj. m. & f.* (in der Anatomie) zwey Muskeln am Ellenbogenbein.

BRACMANE, *ſ. m.* indianiſcher Prieſter in den alten Zeiten, ein Brachman.

BRACON, *ſ. m.* eine Krücke, ein Stab darauf man ſich lehnt. (iſt alt.)

BRACONNER, *v. n.* in eines andern Gehäge ohne Erlaubniß jagen.

BRACONNIER, *ſ. m.* der heimlich auf verbottene Jagd gehet.

BRA-

BRAGUE, *s. f.* ein Bretlein, unten an der Laute, die Enden der langen Bauchstücke zu bedecken.

BRAGUE, (auf der Seefahrt) ist es ein Seil, das die Canonen zurück hält, wenn sie abgeschossen werden, daß sie nicht auf die andere Seite des Schiffs laufen.

BRAI, *s. m.* auf den Schiffen, Pech, Harz, Teer.

BRAïE, BRAïER, BRAïETTE, *v.* BRAYE.

BRAILLARD, *s. m.* ein Schreyhals.

BRAILLER, *v. n.* laut reden, und was sich nicht wohl schickt, plärren, schreyen; mit einer starken und unangenehmen Stimme singen.

BRAILLER, *v. a.* an dem Heringsfang, wenn man die Heringe mit dem Salz bestreuet hat, sie mit einer Schaufel unter einander werfen und umwenden. *Brailler le harang*, den Hering einsalzen.

BRAILLEUR, *s. m.* euse, *s. f.* eine Person, die viel Geschrey macht, ein Schreyhals.

BRAïON, *v.* BRAYON.

BRAIRE, *v. n.* schreyen wie ein Esel.

BRAIRE, ein unangenehm Geschrey machen im Reden oder Singen.

BRAISE, *s. f.* eine glühende Kohle; bey den Poeten, heftige Liebe, Liebesglut.

Il est tombé de la poile dans la braise, er ist aus einem kleinen Uebel in ein grösseres gefallen, aus dem Regen in den Bach.

BRAISIERE, *s. f.* bey den Beckern, ein Kessel, darein sie die Kohlen aus dem Ofen schütten, daß sie darinnen ausgehen; der Glutkessel.

BRAME, *v.* BRéME.

BRAMER, *v. n.* schreyen, wie ein Hirsch.

BRAMIN, *s. m.* ein Priester der heutigen Indianer, ein Bramin.

BRAN, *s. m.* Menschenkoth, Dreck, Unflath. (ist alt.)

BRAN de Judas, rothe Flecken im Gesicht, Sommersprossen.

BRAN de son, die gröbste Kleye, (Krüsch.)

BRAN, *interj.* pfuy.

BRANCARD, BRANCAR, *s. m.* eine Sänfte; Tragbett; ein Tragsessel.

BRANCARD, der Schwangbaum an einem Wagen.

BRANCARD, ein Steinkarren.

BRANCHAGE, *s. m.* die Aeste eines Baums, das Astwerk.

BRANCHAGE, Reißholz.

BRANCHE, *s. f.* ein Ast, ein Zweig von einem Baum.

BRANCHE, ein Ast von einer Ader.

BRANCHE, (in dem Geschlechtregister) Abkunft; Sprosse. *Cette maison est divisée en plusieurs branches*, dieses Haus hat sich in verschiedene Sprossen getheilet.

BRANCHE de crochet, ein Neststock.

BRANCHE de bride, Stange am Pferdezaum.

BRANCHE de garde d'épée, das Creuz am Degengefäß.

BRANCHE de trompette, eine von den Röhren an den Trompeten.

BRANCHE, Stange am Hirschgeweih, daran die Enden sitzen.

BRANCHE de tenailles, de ciseaux, ein Arm an einer Zange, Scheere, und andern Instrumenten, so aus zwey Haupttheilen bestehen.

BRANCHE de lustre, Arm eines Hangleuchters.

BRANCHE, Arm an den Laufgräben, so neben aus geführet wird.

BRANCHE, ein Creuzbogen an einem Gewölb.

BRANCHE, der Balken an einer Schnellwaage.

BRANCHE, der Schaft an einem Leuchter, vom Fuß bis an die Dille.

BRANCHE, die kürzeste Zeile im Vers eines Lieds bey den alten Poeten.

Sauter de branche en branche, im Reden immer von einer Sache auf die andere fallen.

Etre comme l'oiseau sur la branche, nicht gar zu fest sitzen, sich in schlechtem Zustande befinden.

BRANCHER, *v. a.* à quelque arbre, y pendre un criminel, einen Uebelthäter an einen Baum henken.

se BRANCHER, *v. r.* sich setzen. *Se brancher sur un arbre*, sich auf einen Ast setzen.

BRANCHE-URSINE, *v.* BRANQUE-URSINE.

BRANCHIER, *s. m.* ein junger Falke, der noch von einem Ast auf den andern fliegt; auch überhaupt ein Waldvogel.

BRANCHIERES, *s. f. pl.* ein Ort, wo eine Zolltafel angeschlagen ist, ein Zollstock oder Zollhaus.

BRANCHIES, *s. f. pl.* (terme de physique,) die Fischohren, *les ouïes du poisson*.

BRANCHU, ë, *adj.* voll Aeste, ästig.

BRANDEBOURG, *s. m.* Brandenburg, Land; eine Art grober Feldröcke, die bis an die Waden reichen und lange Ermel haben, die in Frankreich aufkommen sind, nachdem man sie an den Brandenburgischen Soldaten gesehen hatte.

BRANDEBOURGEOIS, *s. m.* oise, *s. & adj.* Brandenburger, von oder aus Brandenburg.

BRANDEVIN, *s. m.* Brandwein.

BRANDEVINIER, *s. m.* der Brandweinhändler.

BRANDILLEMENT, *s. m.* das Schwingen, Schaukeln.
BRANDILLER, *v. a.* an einem Seil oder auf einem Bret schaukeln, hin und her bewegen, oder schwingen.
  Brandiller les jambes, mit den Füssen klengeln, die Beine schwingen wie die Kinder.
se BRANDILLER, *v. r.* sich sitzend an einem Seil schwingen.
BRANDILLOIRE, *s. f.* eine Schwinge, Schaukel.
BRANDIR, *v. a.* werfen, schiessen, (ist alt.) Il *brandit* un long bâton, er schoß einen langen Prügel hin.
BRANDI, e, *part.* enlever quelque chose tout *brandi*, etwas schweres in einem Schwung aufheben. Enlever un homme tout *brandi*, einen, so wie man ihn antrift, wegnehmen.
BRANDON, *s. m.* eine Fackel von Holz und Stroh.
BRANDON, ein Irrwisch.
BRANDON, eine Strohfackel.
BRANDON, ein feuriges Luftzeichen.
BRANDON, Freudenfeuer. Faire les *brandons*, Freudenfeuer anzünden.
  Le *brandon* de Cupidon, im Scherz, des Cupido Fackel.
  Le dimanche des *brandons*, der erste Sonntag in der Fasten.
BRANLE, *s. m.* Schwang. Mettre une cloche en *branle*, eine Glocke in Schwang bringen.
BRANLE, Trieb; Antrieb. Donner le *branle* à une affaire, eine Sache treiben; regen.
BRANLE, ein gewisser Tanz im Kreis. On lui a fait danser un *branle*, man hat ihn heissen weggehen; ihm den Abschied gegeben.
BRANLE, (in der Seefahrt) Schwangbett, worinn die Schiffknechte schlafen.
BRANLE matelassé, eine Matraze, in welcher man hängend schläft.
BRANLE bas! ist ein Befehl auf den Schiffen, wenn man sich zum Schlagen bereitet, und die hangende Bette herab oder hinaus thun heißt.
  Au prémier *branle*, im ersten Anlauf.
BRANLEMENT, *s. m.* das Wackeln, das Bewegen, Schütteln rc.
BRANLE-QUEUË, *s. m.* Bachstelze.
BRANLER, *v. a.* schwingen, schütteln.
BRANLER la tête, den Kopf schütteln.
BRANLER, *v. n.* wackeln. Dent qui *branle*, wackelnder Zahn. La table *branle*, der Tisch wackelt.
BRANLER, wanken, weichen. Le bataillon fut attaqué, mais il ne *branla* pas, die Schaar ward angefallen, aber sie wankte nicht. Sa fidélité ne *branla* jamais, seine Treue hat niemals gewankt.
château-BRANLANT, etwas das nicht fest steht.
BRANLER au manche, ou être en *branle*, zweifelhaft seyn. Ce scelerat ne *branla* point par ces menaces, mais il se posséda tout entier, il demeura froid, dieser Bösewicht hat sich dieser Drohworte nichts bewegen lassen, sondern ist beständig bey einerley geblieben, und hat sich ganz kaltsinnig erwiesen. Ce fourbe ne *branla* point dans ses reponses, dieser Betrüger ist stets bey seinen Worten geblieben.
BRANLOIRE, *s. f.* die Kette am Blasbalg der Schmiede, denselben zu ziehen.
BRANQUE, *s. m. v.* BRAQUE.
BRANQUE, *s. f. v.* BRANCHE.
BRANQUETTER, *v. a. & n.* brandschatzen, Contribution einfordern, damit man einen Ort mit dem Brand verschone. (ist alt.)
BRANQUE-URSINE, *s. f.* Bärenklau, ein Kraut.
BRANS, *s. m.* ol. *v.* BRANC.
BRAQUE, BRAQUET, *s. m.* ein Jagdhund zur Spur, Spürhund, Steuber.
BRAQUEMARD, BRAQUEMAR, *s. m.* ein kurzer Degen, oder breites krummes Messer.
BRAQUEMENT, *s. m.* die Richtung des Geschützes, nach einem gewissen Ort.
BRAQUER, *v. a.* lenken, wenden. *Braquer* un carosse, un canon, eine Kutsche, ein Stück wenden.
BRAQUES, *s. m. pl.* Krebsscheeren.
BRAS, *s. m.* ein Arm. Un *bras* fort, bien fait, ein starker, schöner Arm. Avoir les *bras* retroussés, die Ermel zurück geschoben haben. Avoir des affaires sur les *bras*, mit Geschäften beladen seyn.
BRAS de cheval, der vordere Oberschenkel eines Pferdes.
BRAS de mer, Fahrt des Meers zwischen zweyen Landen.
BRAS de fleuve, der Arm eines Flusses.
les BRAS d'un fauteuil, die Handlehnen an einem Sessel.
BRAS, ein Arm an einer Trage oder an einem Schiebkarren.
BRAS, ein Stück Seil an der Segelstange angemacht, womit man die Segel richtet und wendet.
BRAS, ein Ranke von Kürbsen, Melonen und Cucumern.
BRAS, die Flossfedern an einem Wallfisch.
BRAS, das Nebengebäude an einem Hause.
BRAS, im verblümten Verstand, Macht; Schutz, ein Beschützer; Hülfe, hülfliche Hand; ein Helfer; ein treuer Diener.
le BRAS

le BRAS de Dieu, die Hand (die Macht) GOttes.

Tendre les *bras* aux affligés, denen Elenden beyspringen. Prêter son *bras* à quelqu'un, einem beystehen; helfen etwas ausführen. Il est le *bras* droit de son maître, er ist seines Herrn rechte Hand; sein nützlichster und nöthigster Diener.

à BRAS, mit Armen, wenn etwas damit versehen ist; mit den Armen, oder mit der Hand, wenn man eine Arbeit damit verrichten muß.

à tour de BRAS, mit aller Macht, aus allen Leibeskräften.

à plein BRAS, einen ganzen Arm voll, oder beyde Armen voll.

BRAS dessus, BRAS dessous, mit grosser Höflichkeit, mit vielen Complimenten.

Recevoir à *bras* ouverts, mit Freuden empfangen, willig aufnehmen.

Demeurer les *bras* croisés, die Hände in den Schoos legen, müßig seyn, nichts vornehmen.

Couper *bras* & jambes à quelqu'un, einem mit dem man sich verträgt viel von seinem vermeynten Recht abschneiden.

Avoir sur les *bras*, über dem Halse haben.

le BRAS seculier, die weltliche Obrigkeit.

BRASER, *v. a.* bey glühenden Kohlen zusammen löten.

BRASIER, *s. m.* ein Haufe glüender Kohlen.

BRASIER, eine Kohlpfanne; ein Kasten oder ander Behältniß der Becker, darein sie die ausgegangenen Kohlen schütten.

BRASIER, (bey den Poeten) Liebeshitze, Liebesglut.

BRASILLER, *v. n.* auf glüenden Kohlen ein wenig rösten.

BRASSAGE, *s. m.* (bey dem Münzwesen,) eine Quantität Gold, Silber oder Kupfer, die der Münzmeister vor seine Arbeit von der Masse für sich behalten darf, Schlagschatz.

BRASSARD, *s. m.* die Armschienen am Harnisch.

BRASSARD, was man im Ballonspiel an den Arm legt.

BRASSE, *s. f.* eine Klafter, ein Maaß zwey Arm lang.

BRASSE, ein Stab oder Maaß von zwey Ellen, bey Ausmessung der Tuche und seidenen Zeuge gebräuchlich.

BRASSE, Oelmaaß in Italien.

Pain de *brasse*, ein grosses Brod von etlichen zwanzig Pfunden.

Il est cent *brasses* au-dessus de lui, vulg. er ist weit über ihn.

BRASSE'E, *s. f.* ein Arm voll.

BRASSELET, *s. m. v.* BRACELET.

BRASSER, *v. a.* die Segelstange richten.

BRASSER, *v. a.* umrühren; brauen, als Bier.

BRASSER, (in der Münze,) die Metalle unter einander schmelzen und umrühren.

BRASSER, (in verblümtem Verstand) auf etwas umgehen, etwas heimlich vorhaben. C'est lui qui a *brassé* toute cette affaire, er hat den ganzen Handel angerichtet.

BRASSERIE, *s. f.* das Brauhaus.

BRASSEUR, *s. m.* euse, *s.* ein Bierbrauer.

BRASSICOURT, BRACHICOURT, *s. m.* ein Pferd, dessen vordere Füsse von Natur gebogen und krumm sind.

BRASSIE'RE, *s. f. pl.* eine Art von Hemden der Weiber, die Arm und Brust zu decken; ein Halshemd; ein Nachthemd; Brüstgen, Köllergen.

Il est en *brassières*, er ist gezwungen, er darf nicht thun, was er will.

BRASSIN, *s. m.* eine Braukuffe oder Kessel; ein Gebräude.

BRASSOIR, *s. m.* ein Rohr von gebranntem Thon, womit man in Münzen das Gold umrühret; beym Silber hat man ein eisernes.

BRAVACHE, *s. f.* ein Großsprecher, Aufschneider, Prahler, der sich vor tapfer ausgiebt, und es nicht ist.

BRAVADE, *s. f.* ein Trotz, eine verächtliche oder zur Verachtung dienende That.

BRAVE, *adj. c. & subst.* tapfer, beherzt, herzhaft, mannhaft.

BRAVE comme son épée, heldenmüthig.

un BRAVE à trois poils, ein Waghals.

BRAVE, wohl gekleidet, geziert, geputzt, geschmückt, von Personen und Sachen.

BRAVE, ehrlich, rechtschaffen; ein ehrlicher Biedermann.

BRAVEMENT, *adv.* rechtschaffen; sehr wohl. Il s'est *bravement* acquité de son devoir, er hat seine Sache sehr wohl ausgericht.

BRAVER, *v. a.* mit Verachtung ansehen, gering halten; Trotz bieten; verachten, verspotten. Cet insolent *brave* tout le monde, dieser unverschämte Kerl bietet jederman Trotz.

BRAVERIE, *s. f.* Pracht in Kleidern, Staat.

BRAVOURE, *s. f.* Tapferkeit; tapfere That.

BRAYE de cocu, ein Kraut, Schlüsselblumen, Himmelschlüssel.

BRAYEMENT, *s. m.* das Geschrey der Esel und der Hirsche.

BRAYER, *v. a.* mit Pech beschmieren oder bestreichen, verpichen, teeren.

BRAYER, *s. m.* Bruchband.

BRAYER, *s. m.* Schuh, worinn die Cornetstange geführt wird.

BRAYER du lin, Flachs brechen.

BRAYER, *s. m.* das Seilwerk, womit man

an einem Kran oder Creutz den Mörtel auf hohe Gebäude ziehet.

Brayer, bey den Falkenierern, der Hintere eines Falken.

Brayer, der Nagel oder Drat der durch den Waagbalken geht, die Achse daran.

BRAYE'RE, *s. f.* eine Flachsbrecherin.

BRAYES, *s. f. pl.* Hosen.

Sortir d'une affaire *brayes* nettes, unbeschissen, (ohne Schaden) davon kommen.

BRAYETTE, *s. f.* der Schlitz an den Hosen.

Il est chaud de *brayette*, er ist hitzig auf die Weibsbilder.

BRAYON, *s. m.* die hölzerne Keule, womit die Buchdrucker die Farbe untereinander reiben.

BRE'ANT, *s. m.* ein Kernbeisser; kleiner Vogel.

BREBIS, *s. f.* ein Schaaf.

Brebis, ein frommer Christ, ein geistliches Schäflein. Comme une humble *brebis*, je vais où mon pasteur m'apelle, ich folge meinem Hirten, (Lehrer) als ein demüthiges Schaaf.

Qui se fait *brebis*, le loup le mange, je mehr man nachgiebt, je mehr wird einem zugemuthet.

Brebis comptées, le loup les mange, der Wolf frißt die gezählten Schaafe auch.

Brebis galeuse, ein räudig Schaaf; ein Mensch von gefährlichem Umgang.

Répas de *brebis*, trockene Mahlzeit, da man nicht dabey trinket.

à *brebis* tonduë le ciel mesure le vent, GOtt legt niemanden ein grösser Creutz auf, als er ertragen kan.

BRÉCHE, *s. f.* eine gewaltsame Oefnung in einer Mauer, Wall, Zaun.

Bréche, eine Scharte an einem Messer.

Bréche, ein Loch in einer Pasteten.

Bréche, ein leerer Platz in einem Wald durch Abhauung der Bäume.

Bréche, der Verlust, Abgang, Abbruch, Schade eines Dinges, das unverletzt bleiben soll, als Ehre, Freyheit, Privilegien.

Il a fait une grande *bréche* à son credit, er hat seinem Ansehen gewaltigen Abbruch gethan.

Bréche-dent, *s. m. & f.* eine Person die vornen Zahnlücken hat. Elle seroit belle, si elle n'étoit pas *bréche-dent*, sie wäre schön, wenn sie alle Zähne hätte.

BRÉCHET, *s. m.* das Brustbein, wo die Ribben auf der Brust zusammen gehen, die Herzgrube.

BRE'CIN, *s. m.* auf den Schiffen ein eiserner Haken.

BREDINDIN, *s. m.* ein Seil auf den Schiffen, womit man eine mittelmäßige Last ins Schiff heben kan.

Bredindin, eine kleine schlechte Miethkutsche.

BREDOUILLE, *s. f.* im Tricktrack, ein doppelt gewonnen Spiel.

Bredouille, die elfenbeinernen Zahlpfenpfennige, womit man solchen Gewinn bemerket.

Partie *bredouille*, ein doppelt Spiel.

Gagner, perdre *bredouille*, doppelt Spiel gewinnen; verlieren.

Tour *bredouille*, zwey gedoppelte Spiele nach einander.

Grande *bredouille*, zwölf Spiele hinter einander.

Etre en *bredouille*, bestürzt seyn, daß man nicht weiß, wie oder was man redet oder thut.

Elle est sortie *bredouille* du bal, es hat sie keiner auf dem Ball zum Tanzen angesprochen.

BREDOUILLEMENT, *s. m.* das Anstossen mit der Zunge, das Stammeln.

BREDOUILLER, *v. a. & n.* stammeln, die Worte untereinander unordentlich herausreden, mit der Zunge anstossen.

BREDOUILLEUR, euse, *adj. & subst.* ein Stammelnder, eine Person so mit der Zunge anstößt.

BRE'ER, *v.* BRAYER.

BREF, *m.* BRE'VE, *s. adj.* kurz. Discours *bref*, kurze Rede. Sillabe *bréve*, kurze Silbe. en Bref, ol. in kurzem, nächstens.

Bref, *adv. & conj.* kurz, mit einem Wort; endlich, schließlich.

Bref, *s. m.* ein Brief, den der Pabst an einen grossen Herrn schreibt, wegen Sachen, die das gemeine Wesen angehen.

Bref, ein Kirchenkalender, ein Buch welches anzeiget, in welcher Ordnung das Brevier gebetet werden soll.

Bref, heißt auch in Frankreich ein Paßbrief, den man nimmt, wenn man zu Schiffe gehet.

Le *bref* de sauveté, ein Paßbrief der vom Strandrecht befreyt.

Le *bref* de conduite, ein Paß dadurch man einen Lotsmann erlangt, der einen durch die gefährlichen Oerter an den Küsten sicher durchbringet.

Le *bref* de victuailles, ein Paß, dadurch man Freyheit bekommt, allerley Eßwaaren einzukaufen.

BREGIN, *s. m.* eine Art Fischergarn mit engen Maschen, im mittelländischen Meer gebräuchlich, das man an einen Stock auf dem Sande herzieht.

BREHAIGNE, BREHEIGNE, BREHENNE, *adj. & s. f.* ein Mutterpferd, das keine Fohlen bekommt; eine Hirschkuh die nicht trägt.

BREHAIGNE, (Schmähwort) unfruchtbar Weib.

BREHIS, *s. f.* ein wildes Thier in Madagascar

gascar, in der Gröſſe einer Geiß mit einem einigen Horn an der Stirn.
BRELAN, BRELAND, ſ. m. ein Spielhaus, ein Ort da man öffentlich ſpielt.
BRELAN, der Berlan oder Krimpenſpiel mit Karten; Triſchacken.
BRELANDER, v. n. dem Spielen ergeben ſeyn; immerfort ſpielen.
BRELANDIER, ſ. m. ein Spieler, der ein Handwerk davon macht, Erzſpieler.
BRELIQUE, BRELOQUE, adv. vulg. unbedachtſam, unachtſam, über Hals und Kopf.
BRELOQUE, ſ. f. ein kleines Ding, das nicht viel werth iſt, und man doch nicht gern wegwirft. Monſieur N. a un cabinet qui n'eſt rempli que de *breloques*, der Herr N. hat ein Cabinet, darinnen lauter geringſchätzige Curioſitäten ſind.
BRÊME, BREMME, ſ. f. Braſſen, ein Fiſch, in ſüſſen Waſſern.
BRENEUX, euſe, adj. dreckig.
BRENNE, eine leichte Gattung Zeug.
BRENTE, ein Maaß flüßiger Dingen; iſt in Italien üblich.
BREQUIN, ſ. m. eine Gattung Bohrer bey denen Schreinern.
BRESICATE, ſ. f. eine Gattung Boi.
BRESIL, ſ. m. Braſilien, Land in America; Braſilienholz; it. geräuchert Rindfleiſch.
BRESILLER, v. a. zu kleinen Stücken machen, wie Braſilienſpäne; it. mit Braſilienholz färben.
BRESILLET, ſ. m. die geringſte Gattung Braſilienholz.
BRESSERON, ſ. m. eine Art Diſtel.
BRESSIN, ſ. m. ein Seil, eine Segelſtange herab zu laſſen; item ein eiſerner Hafe auf den Schiffen.
BRETAGNE, ſ. f. Bretannien, eine Landſchaft in Frankreich.
la Grande - BRETAGNE, Groß-Britannien, Engelland und Schottland zuſammen.
BRETAUDER, v. a. vulg. ungleich beſcheeren; it. einem Pferd die Ohren abſchneiden; auch caſtriren, wallachen.
BRÉTE, ſ. f. ein breiter oder langer Degen.
BRETELLE, ſ. f. eine Art von Reffen etwas zu tragen; im plurali heiſſen *bretelles*, Hoſenträger.
Il en a par-deſſus les *bretelles*, oder jusqu'aux *bretelles*, vulg. er hat mehr davon bekommen, als er vertragen kan, ſonderlich, wenn einer zu ſtark getrunken hat.
BRETER, v. n. fechten.
BRETESSE, ſ. f. eine Feſtung nach der alten Art mit Mauern und Zinnen; in den Wappen, eine doppelte Reihe Zinnen; auch ein erhabener Ort, wo etwas abgekündiget oder ausgeruffen wird.

BRETESSÉ, ée, adj. mit doppelten Zinnen verſehen.
BRETEUR, ſ. m. ein Spitzbub; Pflaſtertreter; die gemeiniglich groſſe Degen tragen; ein Raufer, Zänker.
BRETON, nne, adj. & ſubſt. Bretanniſch; ein Bretannier, aus Bretagne in Frankreich; it. die Bretanniſche Sprache.
C'eſt du bas-*Breton* pour moi, das iſt mir eine unverſtändliche Sprache.
BRETON, ſ. m. eine weiſſe ungleiche Muſchel, die Felſen im Grottenwerk zu bekleiden.
BRETONNER, v. n. ſtammelnd reden, ſterausſtottern.
BRETURE, ſ. f. die Zacken oder Zähne, die an allerley Handwerkszeug vornen dran ſind; it. die Striche, welche die Bildhauer an einem Werk laſſen, daß ſie mit einem ſolchen zackigten Werkzeug abkratzen oder abſchaben.
BRÉVE, ſ. f. eine kurze Sylbe der Ausſprache nach; in der Muſic, eine Note, die zwey Schläge gilt.
Savoir les longues & les *brèves*, verſtändig und vorſichtig ſeyn.
BREVEMENT, adv. kürzlich.
BREVET, ſ. m. ein Gnadenbrief auf Pergament; ein Lehrbrief.
BREVET, ein Frachtzettel auf den Schiffen; ein Zettel mit abergläubiſchen Worten und Zeichen.
BREVETAIRE, ſ. m. einer der ein Brevet vom König erhalten, e. g. die erſte Charge zu haben, ſo ledig wird.
BREVETÉ, ſ. f. die Kürze. (beſſer brieveté.)
BREVIAIRE, ſ. m. ein Auszug aus der Bibel und aus den Schriften der Kirchenlehrer; das Brevier, worinnen die Ordensperſonen alle Tage leſen müſſen.
Dire ſon *bréviaire*, in ſeinem Brevier leſen; ſeine tägliche Gebete leſen.
Un héros de *bréviaire*, ein Geiſtlicher, ironicè.
BREUIL, ſ. m. ein Stück Holz oder Buſch, ſo mit einem Gehäge eingeſchloſſen iſt, und darinnen ſich wilde Thiere aufhalten, ein Thiergarten.
BREUIL, ſ. m. ein Seil auf den Schiffen, die Segel zuſammen zu ziehen.
BREUILLER, v. a. die Segel zuſammen ziehen.
BREUILLES, ſ. f. das Ingeweid der Fiſche, ſo man heraus nimmt und wegwirft.
BREUVAGE, ſ. m. Getränk.
BRIANÇON, ſ. m. eine Stadt in Dauphine, in Frankreich.
BRIANÇONNOIS, e, adj. & ſubſt. einer von Briançon; das Land um dieſe Stadt.
BRIBE, ſ. f. ein groß Stück Brod; Stück Bettelbrod; ein Stück Eſſen, das nach der Mahlzeit übrig bleibt; im plurali

aber

aber heißt *bribes* ein Gericht, das zu essen fertig ist; it. ein Theil oder Stück von einer Erbschaft oder sonst von etwas.
Bribes de Latin, Lateinische Brocken.
Mêlons nos *bribes* ensemble, laßt uns unsere Schüsseln zusammen bringen, eine zusammengebrachte Mahlzeit halten.

BRIC, *s. m.* ein Sprung.
Prendre sa partie au *bric*, die Sache zu rechter Zeit angreifen.

BRICE, *s. m.* ein Mannsname.

BRICHET, *voies* BRECHET.

BRICIEN, *adj. m.* einer von S. Brigittæ Ordensrittern in Schweden.

BRICOLE, *s. f.* eine grosse lederne Schleuder, womit man vor diesem die Mauern einwarf; ein Mauerbrecher.

BRICOLE, im Ballspiel, der Wiedersprung des Ballens an der Mauer auf der Seite.

BRICOLE, im Billard, der Rücklauf einer Kugel von der Bande.

BRICOLES, die Riemen, so man über die Achseln nimmt, etwas desto leichter zu tragen, als eine Sänfte, eine Trage, ein paar Wassereimer u. d. gl. oder einen Schubkarren desto besser zu führen.

BRICOLE, ein Zeug der Kutschenpferde.

BRICOLE, ein Jägergarn, grosses Wild darinnen zu fangen.

BRICOLE, eine Ausflucht, nichtige Entschuldigung. Donner des *bricoles*, sich auswinden; losdrehen; lahme Entschuldigung einwenden.

De *bricole* par *bricole*, von der Seite; durch Nebenwege; durch Nebenmittel; durch Vorstellung.

BRICOLER, *v. n.* (im Ballhause) an die Wand schlagen, prallen.

BRICOLER, Ausflüchte machen; sich losdrehen.

BRICOLER, gierig fressen, oder einen heissen Bissen im Munde von einer Seite zur andern werfen.

BRICOTEAUX, *s. m.* gewisse lange und schmale Stücker Holz an einem Webstul.

BRIDE, *s. f.* der Zaum, Zügel, Pferd zu regieren. Tenir la *bride*, den Zaum anhalten. Lacher la *bride*, den Zaum schiessen lassen.

BRIDE de beguin, ein Band, etwas anzubinden oder fest anzumachen, daß es halte, als das Band an einer Haube.

BRIDE, eine Quernaht, die man vormacht, daß etwas nicht reisse, als der Riegel an beyden Enden der Knopflöcher, an genähten Spitzen u. d. gl.

BRIDE, Vorsicht, Aufsicht, Einhalt.
Main de la *bride*, die linke Hand eines Reuters.
Il boit la *bride*, wird von einem Pferd gesagt, wenn ihm das Gebiß zu hoch ist,

daß es ihm die Lippen übersich zieht.
à toute *bride*, mit verhängtem Zaum, in vollem Lauf.
à *bride* abattuë, ungezäumt; ohne sich durch etwas aufhalten zu lassen.
Aller *bride* en main, bedachtsam verfahren.
Tourner *bride*, das Pferd wenden; anders Sinnes werden; es anders anfangen.
Tenir quelqu'un en *bride*, einen im Zaum halten, ihn zu seiner Schuldigkeit anhalten.
Mettre à quelqu'un la *bride* sur le cou, einem seinen Willen lassen, ihn in seinem Södgen dahin leben lassen.

BRIDE à veaux, närrische Urtheile über etwas; Mährgen, damit man einfältige Leute aufhält.

BRIDER, *v. a.* aufzäumen, den Zaum anlegen.

BRIDER quelqu'un, einen zähmen, ihn einschränken, daß er seinen Willen nicht haben darf. *Brider* ses passions, seine Begierde zähmen.

BRIDER le nés à quelqu'un, einem eins über die Nase geben.

BRIDER la bécasse, einen mit etwas kriegen, erwischen, daß er sich dessen nicht mehr entziehen kan.

BRIDER l'ancre, Breter unten an den Unterbinden, damit er nicht in dem bösen Ankergrunde eingreifen kan.

BRIDER les serres d'un oiseau, dem Falken an jedem Fuß eine Klaue binden, daß er seine Beute nicht davon tragen kan.

BRIDER la potence, im Ringelrennen, den Stock, daran der Ring hängt, mit der Lanze berühren, und des Ringes verfehlen.

oison BRIDÉ, ein junger närrischer Mensch.

BRIDOIR, *s. m.* Band, womit die Weiber vor diesem an dem Haubenwerk das Kinn aufbanden, so man jetzo als schmale Stücke Leinwand herab hängen läßt.

BRIDON, *s. m.* Trense, ein leichter Zaum für die junge Pferde.

BRIDON, ein Stücklein Leinwand, so an den Nonneschleyer genähet ist.

BRIE, ein Instrument, mit welchem die Stengel des Hanfs klein gehackt, und von dem Werk geschieden werden; Flachsbrechen.

BRIEF, *m.* BRIE'VE, *s. adj.* (wird allein in dem Gerichtsstylo gebraucht). Bonne & *brieve* justice, kurz und gutes oder baldiges Recht.

BRIEVEMENT, kürzlich.

BRIEVETÉ, *s. f.* die Kürze.

BRIFABLE, BRIFFABLE, *adj. c.* vulg. das sich essen läßt, eßbar.

BRIFER, BRIFFER, *v. a.* begierig oder geitzig fressen.

BRI-

BRIFEUR, BRIFFEUR, *f. m.* ein Freſſer.
BRIGADE, *f. f.* der dritte Theil von einer Compagnie zu Pferd; bey einer ganzen Armee aber iſt es eine Anzahl von zehen bis zwölf Schwadronen Reuter, oder fünf bis ſechs Bataillonen Fußvolk.
BRIGADE, im Scherz heißt es eine gute Geſellſchaft.
BRIGADIER, *f. m.* der Officier über den dritten Theil einer Compagnie Reuter, oder auch über zehen bis zwölf Schwadronen, oder 5 bis 6 Bataillonen.
BRIGAND, *f. m.* ein Straſſenräuber.
BRIGANDAGE, *f. m.* Straſſenräuberey.
BRIGANDER, *v. n.* Straſſenräuberey treiben.
BRIGANDINE, *f. f.* eine alte Rüſtung von eiſernen Blechen, ein Küriß oder Harniſch, den dergleichen Räuber trugen, (iſt alt).
BRIGANTIN, *f. m.* ein leichtes Kriegsſchiff mit Segeln und zwölf oder fünfzehn Rudern, ſo von den Seeräubern ſtark gebraucht wird, eine Brigantine.
BRIGIDE, *f. f.* Brigitta, ein Weibername.
BRIGITIN, *f. m.* Münch vom Sanct Brigittenorden.
BRIGNOLE, *f. f.* Brignolerpflaumen; auch geſchälte Pflaumen, Brunellen, weil zu Brignole dieſe Art die Pflaumen zu trengen am erſten ſoll erfunden worden ſeyn.
BRIGNON, *voiés* BRUGNON.
BRIGUE, *f. f.* ein begierig Anhalten, das man durch verſchiedene Perſonen thun läßt. Il a obtenu cette charge par *brigue*, er hat durch eifriges Anhalten den Dienſt erlangt.
BRIGUE, Verſtändniß etlicher, die zuſammen halten, etwas durchzutreiben. La *brigue* eſt forte, die Parthey iſt ſtark, es halten viel beyſammen vor eine Sache. Il a une forte *brigue* dans le Senat, er hat einen groſſen Anhang im Rathe.
BRIGUER, *v. a.* durch eine ſolche zuſammengeſchlagene Parthey um etwas anhalten, ſich bewerben.
BRIGUEUR, *f. m.* einer der durch ſeine Parthey oder Faction um etwas anhalten läßt.
BRILLANT, e, *adj.* glänzend, funkelnd, lebhaft. Diamant *brillant*, ein heller (klarer) Demant.
BRILLANT, der an Lebhaftigkeit und Scharfſinnigkeit andere übertrift. Eſprit *brillant*, ein lebhafter Geiſt. Ce discours est fort *brillant*, es iſt eine ſehr ſinnreiche Rede. Distinguer les faux *brillans* d'avec les véritables pierreries, die falſchen Steine von den rechten unterſcheiden.
Cheval *brillant* qui a une belle encolure & les mouvemens vifs, wohlgeſtaltes fertiges Pferd.
BRILLER, *v. n.* einen Glanz von ſich geben, glänzen, funkeln, ſchimmern, wie die Sonne, Sterne, Edelgeſteine; wie Blumen, wie die Tugend, und ſchöne Qualitäten eines Menſchen.
BRILLER, hervor leuchten, in die Augen fallen, ſich ſehen laſſen, ſehr ſchön ſeyn.
BRILLER, lebhaft und aufgeweckt ſeyn; Lerchen des Nachts bey Lichtern fangen.
 Les chiens *brillent*, die Hunde durchſtreichen die Ebene.
BRIMBALE, *f. f.* der Schwengel, womit man das Waſſer in den Pompen herauf hebt, woran meiſtens ein ſchwerer Balle iſt, damit er den Schwung gebe.
BRIMBALER, *v. a. & n.* mit den Glocken klingeln oder ein Geſchelle machen, nicht recht läuten.
BRIMBALER, klingen, klimpern. Les clefs lui *brimbalent* au côté, die Schlüſſel klimpern ihm an der Seite.
BRIMBORIONS, *f. m. plur.* Betteley, nichtswerthe Dinge, geringe Sachen.
BRIN, *f. m.* Halm, Stengel, Reis. *Brin* d'herbe, Halm Graſes.
BRIN de ſoie de ſanglier, eine wilde Schweinsborſte.
arbre d'un beau BRIN, (in der Gärtnerey) ein junger Baum, der gerad und glatt von Stamm iſt.
bois d'un beau BRIN, (von Zimmerholz) gerad (wohlgewachſen) Holz.
BRIN de plume, die kleinen Spitzen vornen an den Federn.
BRIN de ſel, ein Salzkörngen.
BRIN de paille, ein Strohhälmgen, ein Bißgen Spreu.
BRIN de cheveux, ein Bißgen Haar, ein Härgen; bey den Parukenmachern, kurzes Haar.
BRIN à BRIN, *adv.* ein Stückgen nach dem andern.
BRINDE, *f. f.* ein Zutrunk, im plurali meiſtens gebräuchlich.
BRINDESTOC, *f. m.* ein Springſtock, an beyden Enden mit Eiſen beſchlagen, damit über einen Graben zu ſpringen.
BRIOCHE, *f. f.* eine Art Kuchen von Eyern, Käs, Milch, Butter, und ſeinem Meel.
BRION, *f. m.* ol. Eichenmoos; im Schiffe der äuſſerſte Theil des Kiels, der bis an des Vordertheils Spitze herauf geht.
BRIONIE, *f. f.* ein Kraut, Zaunrübe, Stickwurz.
BRIQUE, *f. f.* ein Mauerziegel, Ziegelſtein.
BRIQUET, *f. m.* eine Art Bande von Metall, daran man keine Fuge ſieht, wo ſie ſich an einander fügen.
BRIQUETAGE, *f. m.* gemahlte Ziegelſteine an einer Wand ꝛc.
BRIQUETER, *v. a.* von Ziegeln machen, aufführen, bauen, mauern; mit Ziegeln bele-

belegen, als den Boden; it. die Mauren aussen mit rother Farbe bestreichen, als wenn es Ziegel wären.

BRIQUETERIE, *s. f.* Ziegelscheune, Ziegelhütte; das Ziegelstreichen.

BRIQUETIER, *s. m.* ein Ziegler.

BRIS, *s. m.* ein gewaltsamer Bruch, das Brechen, absonderlich Schiffbruch; die Stücke von Schiffen, die das Wasser auswirft; in den Wappen, Thürangeln und Bande an gebrochenen Thüren.

BRIS de porte, Einbruch durch eine Thür.

BRIS de prison, das Durch- oder Ausbrechen aus dem Gefängniß.

droit de BRIS, Strandrecht, kraft dessen ein Herr die am Ufer seines Landes gestrandeten Güter sich zueignet.

BRISANS, *s. m.* ein Stück Felsen im Wasser, woran die Schiffe zerscheitern.

BRISANS, eine an die Felsen anspringende Welle, die sich selbsten bricht.

BRISE, *s. f.* ein Wind, der vom Abend kömmt, Westwind.

BRISE, ein Balken, eine Schleuse oder Schutzbret auf- und zuzumachen.

BRISE-COU, *s. m.* ein übler Tritt an einer Treppe, von welchem man fallen, oder den Hals brechen kan; it. eine enge üble Treppe.

BRISE'ES, *s. f. plur.* abgebrochene Zweige, so die Jäger auf den Weg streuen, die Spur zu behalten, wo sie hingegangen sind.

Jetter des *brisées*, die Spur mit Zweigen zeichnen, mahlen. Retourner sur ses *brisées*, auf seiner Spur wieder umkehren. Marcher sur les *brisées* de quelqu'un, einem auf die Spur kommen; hinter eines Anschläg kommen, einem ins Gehäge gehen. Retournons à nos *brisées*, lasset uns zu unserer vorigen Rede wieder kommen.

BRISE-GLACE, *s. m.* die hölzernen Pfäle vorne an dem hölzernen Joche der Brücken, daran sich die Eisschollen stossen.

BRISE-IMAGES, *s. m. pl.* Bilderstürmer.

BRISEMENT, *s. m.* das Brechen oder Biegen; das Zerknirschen des Herzens durch Reue. Un *brisement* de cœur sincére, eine herzliche, aufrichtige Reue.

BRISER, *v. a. & n.* brechen, zu Stücken brechen, zermalmen, zerknirschen, zerstossen. *Briser* une porte, eine Thür zerstossen, zerbrechen. *Briser* le sel, le chanvre, Salz, Hanf brechen.

BRISER l'amitié, die Freundschaft aufheben.

BRISER l'entretien, die Rede, das Gespräch abbrechen. Je *briserai* avec lui, ich werde mit ihm brechen.

BRISER ses chaînes, sich von einer tyrannischen Herrschaft befreyen. *Brisons* nos chaînes, lasset uns die Buhlschaft aufgeben.

BRISER, (in der Wappenkunst) Beyzeichen in einen Schild setzen.

armes BRISE'ES, ein in verschiedene Zeichen zertheilter Wappenschild. Il porte un écu de france, *brisé* d'un lambeau d'argent de trois pendans, er führet einen französischen Schild mit einem dreyfachen silbernen Balken.

BRISER, (bey dem Jäger) den Weg ins Holz mit abgebrochenen Zweigen auszeichnen.

se BRISER, *v. r.* sich stossen, sich brechen. Les flots se *brisent* contre les rochers, die Wellen stossen sich an die Felsen. Les navires se *brisent* contre les écueils, die Schiffe scheitern an den Klippen. La mer *brise*, das Meer brauset, wütet und tobet.

Brisons là-dessus, genug hiervon, laßt uns nicht weiter reden.

BRISE', ée, *part. & adj.* wird von Thüren und Läden gesagt, die sich in die Mitte nach der Länge wieder zusammen legen lassen, daß sie nicht so viel Platz einnehmen; auch von allem, was sich zusammen legen läßt und doch an einander hängen bleibt.

BRISE-VENT, *s. m.* eine Schutzwand in den Gärten, so die rauhe Luft von den Gewächsen abhält, ein Schirm.

BRISEUR, *s. m.* ein Zerbrecher; Zerstörer; ein Bilderstürmer; ein gewaltiger Fresser, Vielfraß.

BRISEUR de sel, ein Knecht oder Bedienter bey einem Salzspeicher oder in einem Hafen, der das Salz auf dem Boden oder im Schiff mit einer Pickelhaue aus einander macht, wenn es weggemessen werden soll.

BRISIS, *s. m.* das obere Theil an einem Holländischen Giebel, das bis auf des Daches Spitze geht, der flache Giebel, den man von der Spitze des Dachs herunter macht.

BRISOIR, *s. m.* eine Breche zum Flachs oder Hanf.

BRISURE, *s. f.* ein gewiß Kennzeichen, welches die jüngern Brüder der Edelleute in ihren Wappen haben, zum Unterschied der ältern.

BRISURE, in der Fortification eine Linie an der Courtine und am Orillon, einen runden Thurm zu machen, oder die Flanque zu bedecken.

BRITANNIQUE, *adj. c.* ein Britannier, oder Britannisch; Engelländisch.

BRITANNIQUE, *s. f.* Mengelwurz.

BRIVE, *s. f.* eine Brücke, (ist alt).

BROC, *s. m.* Weinkrug.

BROC, *s. m. ol.* ein Spieß, oder was spitzig. Man-

Manger une viande de *broc* en bouche, gebratenes Fleisch von dem Spieß gleich essen.

BROCANTER, mit alten Gemählden handeln.

BROCANTEUR, *s. m.* einer der allerley schöne Gemählde und andere rare Sachen einkaufe, und wieder verhandelt.

BROCARD, *s. m.* ein Zeug, der von Seide, Gold und Silber gemacht, und mit Blumen durchwirkt ist, Brocat.

BROCARD, *s. m.* ein Stichelwort, Schimpfrede.

BROCARD, ein Spießhirsch.

BROCARDER, *v. a.* einem Stichelworte geben.

BROCATELLE, *s. f.* ein leinener oder wüllener Zeug, der wie Brocat gemacht ist.

BROCATELLE, eine Art Marmel aus Spanien.

BROCCOLI, *s. m.* oder BROCELLE, *s. f.* Sprossen an den abgeschnittenen Kohlstöcken.

BROCHANT, e, *adj.* in den Wappen, das über den ganzen Schild oder über ein Stück im Schild durchaus reicht und drüber hin gezogen ist.

BROCHE, *s. f.* ein Bratspieß.

BROCHE, Nagel in der Schießscheibe.

BROCHE, ein hölzerner Hahn, ein Zapfen an einem Fasse.

BROCHE, der Rahm, darein ein Stück Tuch gespannet wird, das gestickt werden soll.

BROCHE, die Spindel, daran die Spule an den Spinnrädern steckt.

BROCHE, eine Stricknadel.

BROCHE, das Eisen im Schlüsselloch, das in die Röhre des Schlüssels geht, der Dorn im Schloß.

BROCHE, eine Zwecke, womit die Schuster die Absätze annagen.

BROCHE, ein eiserner Zapfen, womit der Ring an der Schnellwaage fest gehalten wird.

BROCHES, *plur.* sind die langen Hauzähne der wilden Schweine.

Couper *broches* à une affaire, eine Sache in ihrem Lauf verhindern, ihr ein Ende machen.

BROCHÉE, *s. f.* ein Spieß voll Braten. *Brochée d'alouëttes*, ein Spieß voll Lerchen.

BROCHÉE, Dacht oder gezogene Lichter, bey den Lichtziehern.

BROCHER, *v. a.* mit etwas durchstechen, als mit Silber und Gold durchnähen.

BROCHER, einen Nagel durch ein Rad stecken, das in der Arbeit umgehen soll.

BROCHER un clou, einen Hufnagel durchs Hufeisen in den Huf schlagen.

BROCHER, (bey dem Schuster) anzwecken.

BROCHER, Strümpfe stricken.

BROCHER des tuiles, Ziegel aufhängen.

BROCHER, ein Stück Arbeit entwerfen, einen Entwurf davon machen.

BROCHER, obenhin, überhin machen.
Il *broche* tout ce qu'il fait, er thut alles obenhin, überhin.

BROCHER un livre, ein Buch nur einhäften, ohne daß es einen Band bekomme.

BROCHER, *v. n.* (im Gartenbau) Wurzeln schlagen, treiben. Cet arbre commence à *crocher*, dieser Baum beginnt Wurzeln zu schlagen.

BROCHER ou BROCHANT sur le tout, (in der Wappenkunst) darüber gehend; darüber gezogen; darüber laufend.
Il porte d'azur au lion d'or, à la face de gueule, *brochant* sur le tout, er führet in einem blauen Schilde einen göldenen Löwen, mit einem rothen darüber gezogenen Bande.

BROCHET, *s. m.* ein Hecht.

BROCHET carreau, ein grosser Hecht.

BROCHET de terre, eine Art Eidexen.

BROCHETER, *v. a.* einen Braten mit Spreisseln am Bratspieß fest machen; aufspeilen.

BROCHETON, *s. m.* ein Hechtlein.

BROCHETTE, *s. f.* ein Spreisel, womit man einen Braten am Bratspieß befestigt.

BROCHETTE, ein hölzernes Schäuflein, womit man die jungen Vögel äzet.

BROCHETTE, das Maaß der Glockengießer, woran sie sehen, wie groß, dick und schwer eine Glocke ist.

BROCHEUR, *s. m.* euse, *s.* ein Strumpfstricker, Strickerin.

BROCHOIR, *s. m.* ein Hammer der Hufschmiede, zum Pferdbeschlagen.

BROCHURE, *s. f.* ein eingestochenes Büchlein oder Schrift, ein klein Tractätlein.

BRODE, *adj.* (wird von der Haut der Weiber gesagt) elle est *brode*, sie ist schwarz von Haut.

BRODEQUIN, *s. m.* kurze Stiefel bey den Alten.

BRODEQUINS, falsche Waden, in die Stiefel zu ziehen.

BRODEQUINS, Spanische Stiefeln.

BRODER, *v. a.* sticken, ein Stück wüllen oder leinen Tuch mit Blumen und Figuren von Gold, Silber oder Seide durchnähen.

BRODER, Blumen und Figuren in die Spitzen nähen; auch Stiche mit Knötgen in die Nähearbeit machen.

BRODER, (bey den Hutmachern) einen Hut am Rand mit einer seidenen Schnur einfassen.

BRODER, *v. n.* lügen.

BRODERIE, *s. f.* die Stickerkunst oder Arbeit.

BRODERIE, das Blumenwerk in den genähten Spitzen.

BRODERIE, Näherey mit geknötelten Stichen.

BRODERIE, was man in einer Erzehlung darzu setzt. Il y a bien de la *broderie* dans vôtre conte, ihr bringet die Sache sehr vermehrt und verbessert vor.

BRODERIE, Gärtnerzierath, das als gestickte Arbeit steht, von kleinem Buchsbaum ausgesetzt.

BRODERIE, *s. f.* Lügen.

BRODEUR, *s. m.* Seidensticker.

BRODEUSE, *s. f.* Spitzennähterin.

BRODEUSE de gaze, *s. f.* Nätherin, die auf Beuteltuch ausnähet.

Autant pour le *brodeur*, prov. es ist gar artig ausgesonnen, sagt man, wenn man ein Ding nicht glaubt.

BRODOIR, *s. m.* (bey dem Hutmacher) die Spule, worauf die Hutmacher die Seide haben, womit sie die Hüte einfassen.

BROïER, und dessen Derivata, v. BROYER.

BRONCHADE, *s. f.* ein Stolpern, ein strauchelnder Tritt, Fehltritt. Faire une *bronchade*, etwas versehen; einen Fehler begehen.

BRONCHEMENT, *s. m.* das Stolpern.

BRONCHER, *v. n.* sich an etwas ungleiches stossen, stolpern, fehlen. Il *bronchoit* à chaque parole, er stieß bey einem jeden Wort an, blieb oft stecken.

Il n'y a si bon cheval qui ne *bronche*, prov. kein Mensch ist ohne Fehler.

BRONCHEUR, *s. m.* ein Stolperer.

BRONCHIAL, e, *adj.* artère & veine *bronchiale*, die Puls= und Blutader, so zur Lunge geht.

BRONCHIES, die Nebengänge von der Luftröhre, die durch die ganze Lunge ausgebreitet sind.

BRONCHIQUE, *adj. c.* das an der Kähle ist, als die Muskeln, welche dieselben bewegen.

BRONCOCELE, *s. m.* ein Kropf oder Gewächs am Hals.

BRONCOTOMIE, *s. f.* eine Oefnung der Luftröhre, wenn sie so entzündet ist, daß man nimmer Athem holen kan.

BRONZE, *s. m.* vormals Erzt. Jetter une statuë en *bronze*, ein Bild von Erzt giessen.

BRONZE de fonte, Giesserzt.

BRONZE, (metaph.) Unempfindlichkeit, Unbarmherzigkeit. Il a un cœur de *bronze*, er hat ein hartes (unempfindliches) Herz.

BRONZE, le grand; le moïen & le petit *bronze*, Metallen, alte Medaillen von der ersten, mittlern und kleinsten Grösse.

BRONZES, allerhand metallene alte Bilder, welche in denen Kunstkammern aufbehalten werden.

BRONZE', *adj.* Maroquin *bronzé*, rauher Corduan.

BRONZER, *v. a.* mit Metallfarbe mahlen, daß es als Metall aussieht.

BRONZER, mit Metallblättlein überlegen.

BRONZER, Handschuh oder Schuh zu einer Trauer schwarz färben.

BROQUETTE, *s. f.* ein kleiner Nagel, oder eine Zwecke, womit man Stüle u. d. g. beschlagen läßt.

BROSSAILLES, *s. f. plur.* kleine Büsche, Hecken, Sträuche; klein Reißig, so im Wald oder Holzstall überbleiben.

BROSSE, *s. f.* Kleiderbesen; Kleiderbürste.

BROSSE, Streichpinsel, von Schweinborsten.

BROSSER, *v. a. & n.* bürsten, mit einer Bürste reiben, auskehren oder abkehren, als ein Kleid, einen Kamm, den Kopf rc. auch ein Pferd bürsten.

Brosser les lettres, (in der Druckerey) die Buchstaben abwaschen, die Farbe wieder heraus waschen.

Brosser à travers les buissons, durch die dicke Büsche laufen. Il travaille sans cesse à *brosser* les forêts, er thut nichts als im Wald herum laufen.

BROSSIER, *s. m.* Bürstenbinder.

BROSSURER, *s. f.* die Weis, das Leder nur mit einer Bürsten zu überstreichen, und zu färben.

BROTTES, hölzerne Löffel.

BROU, *s. m.* ein junger Schößling an den Bäumen, eine Knospe; die äusserste grüne Schaale an den Nüssen.

BROUAILLES, *s. f. pl.* das Eingeweide der Fische und Vögel, das die Köche heraus thun.

BROUE'E, *s. f.* ein Nebel, da es trüb unter einander aussieht; Uebergang vom Regen.

BROUëT, *s. m.* eine Art Brühe von Zucker, Eyern und Milch. *Brouët* de l'epousée, Brautsuppe.

Tout s'en va en *brouët* d'andouilles, es läuft auf nichts hinaus.

BROUëTTE, *s. f. pl.* ein Schubkarren.

BROUëTTE, spottweis, eine elende Kutsche oder Sänfte.

BROUëTTER, *v. a.* mit dem Schubkarren fahren. *Brouëtter* de la terre, Erde im Schubkarren führen.

BROUëTTER, im Scherz, in einer liederlichen Kutsche fahren, in einer elenden Sänfte tragen.

Il se fait *brouëtter* par la ville, er farret in der Stadt herum; er fährt mit einem schlechten Fuhrwerk.

BROUëTTIER, *s. m.* ein Schubkärner.

BROUHAHA, *s. f.* das Geschrey einer Versammlung beym Hetzen wilder Thiere, oder

oder bey andern Schauſpielen, die den Zuſchauern gefallen.

BROUI, ſ. m. ein hohles Röhrgen bey der Schmelzarbeit, da man durchbläſt.

BROUILLAGE, ſ. m. das Recht einen Teich mit ſeinem Vieh zu betreiben.

BROUILLAMINI, ſ. m. Wirrwar; dunkele und verworrene Sache. Il y a là-dedans trop de *brouillamini*, die Sache ſiehet gar zu verworren aus; das iſt ein groß Wirrwar.

BROUILLARD, ſ. m. ein Nebel. Il y a du *brouillard* dans l'air, es nebelt; es iſt ein Nebel drauſſen.

BROUILLARD, adj. papier *brouillard*, Löſchpapier; auch ein Schmaderbuch, darinne allerley geſchrieben und wieder ausgeſtrichen wird, in welcher Bedeutung man jedoch beſſer brouillon braucht.

BROUILLEMENT, ſ. m. ein Miſchmaſch, Verwirrung.

BROUILLER, v. n. unter einander mengen, miſchen, rühren. *Brouiller* des œufs, Eyer rühren. *Brouiller* les plumes, Federn von verſchiedenen Farben zierlich mengen.

BROUILLER, in einander hetzen; veruneinigen. Ils ſont *brouillés* pour une bagatelle, ſie ſind um einer ganz liederlichen Sache halber uneins. Il a *brouillé* toute cette famille, er hat die Unruhe in dieſem ganzen Hauſe erwecket. Nous ne voulons pas nous *brouiller* pour peu de choſe, wir wollen nicht um eine geringe Sache mit einander verfallen.

BROUILLER, verwirren, in Unordnung bringen. *Brouiller* l'état, Verwirrung im Lande anrichten. Il ſe *brouille* en parlant, er kommt aus ſeiner Rede; er verwirret ſich im Reden. *Brouiller* la cervelle à quelqu'un, einem den Kopf verwirren. Cheval qui ſe *brouille*, (auf der Reitſchul) ein Pferd, das irre wird, aus ſeinem Gang kommt. L'air ſe *brouille*, das Wetter wird dunkel, der Himmel wird trübe.

Les cartes ſont bien *brouillées*, es ſieht verwirrt aus; die Uneinigkeit nimmt überhand, und es iſt noch ſo bald kein Vergleich zu hoffen.

BROUILLER, v. a. die Segel zuſammen ziehen.

BROUILLERIE, ſ. f. Unruhe und Verwirrung im Lande.

On a point vû de *brouillerie* dans ce roïaume, tant qu'il a vécu, man hat, ſo lang er gelebt, keine Unruhe in dieſem Königreiche geſehen.

BROUILLERIE, Zank, Uneinigkeit. Je ne puis ſouffrir aucune *brouillerie* entre des amis, ich kan keine Uneinigkeit zwiſchen (unter) Freunden leiden.

BROUILLERIE, Streit, Schulgezänke. Il eſt honteux qu'il y ait des *brouilleries* parmi les ſavans, es iſt eine Schande, daß es Schulgezänke unter den Gelehrten giebt.

BROUILLERIE, Hader, Lumpen; allerhand Flecke von Band, Leinen und dergleichen untereinander.

BROUILLON, ſ. m. einer der gewohnt iſt, Verwirrung und Unordnung anzurichten, ein Anhetzer, Verwirrer, der Uneinigkeit unter Freunden ſtiftet; auch ein Aufwiegler, der Unruhe im Lande anfängt, und die Unterthanen unter einander oder gegen die Obrigkeit in Harniſch bringet.

BROUILLON, ein junger unruhiger Menſch, der ſich immer mauſig und unnütze macht.

BROUILLON, ein Schmaderbuch, darein man allerhand ſchreibt, das man nicht vergeſſen will, und wieder ausſtreicht, was man nicht mehr nöthig hat.

BROUILLON, bey den Kaufleuten heißt es das Manual, Handbuch, Strazzabuch; it. ein Papier, darauf man etwas unordentlich entwirft, und viel wieder auslöſcht, ehe man es ſauber abſchreibt.

BROUILLONNE, ſ. f. Zänckerin; Ständkerin.

BROUIR, v. a. & n. verderben, welk machen, welk werden, verwelken; wird geſagt, wenn der Reif oder ander bös Wetter die zarten Knoſpen oder Zweige und das Getreyde verwelken macht.

BROUISSEMENT, v. BRUISSEMENT.

BROUISSURE, ſ. f. das Verderben, Verwelken der Bäume und des Getreydes, durch böſes Wetter, Wind oder Kälte, Meelthau.

BROUSSAILLES, v. BROSSAILLES.

BROUSSIN, ſ. m. ein Gewächs vom Ahornbaum, mit ſonderbaren flammichten Strichen.

BROUT, ſ. m. junge Sprößlinge und Knoſpen an den Bäumen, ſo das Vieh gern abfrißt.

BROUT de noix, die grüne Schaale an den Nüſſen.

BROUTANT, e, adj. bêtes *broutantes*, im Jagen ſind es Hirſche, Rehböcke, Gemſen ꝛc.

BROUTE', ée, adj. bois *brouté*, krummäſtig, übel gewachſen Holz.

BROUTER, v. a. & n. das Gras oder die Sproſſen und Blätter an den Bäumen abfreſſen; graſen; weiden.

Là, où la chèvre eſt attachée, il faut qu'elle *broute*, prov. man muß ſich in die Zeit ſchicken.

L'herbe ſera bien courte, s'il ne trouve de quoi *brouter*, prov. es iſt mir nicht leyd vor ihn, er wird sein Auskommen schon finden.

BROUTER, (im Gartenbau) die Zweige der Bäume stutzen.

BROUTILLES, *s. f. pl.* kleine Sprossen und Aeste; Reißholz so vom Klafterholz liegen bleibt.

BROYEMENT, *s. m.* das Reiben der Farben und Mischen derselben.

BROYER, *v. a.* zerreiben. *Broyer* les couleurs, die Farben zerbrocken, zerstossen, zermalmen, klein mahlen.

BROYEUR, *s. m.* ein Farbenreiber. Un *broyeur* d'ocre, ein schlechter Mahler.

BROYEUR, ein Drescher.

BROYON, *s. m.* der Läufer mit welchem die Druckerfarb angerieben wird. Man nennet ihn auch la molette.

BRU, *s. f.* die Schnur, Sohnsfrau, Schwiegertochter.

BRUANT, *s. m.* ein Vogel von der Grösse eines Sperlings, ein Kernbeisser; ein Grünling, Emmerling.

BRUGES, *s. f.* die Stadt Brügge in Flandern.

BRUGNOLE, *v.* BRIGNOLE.

BRUGNON, *s. m.* eine Blutpfirsche.

BRUILLET, BRUILOT, *v.* BROILOT.

BRUINE, *s. f.* Reif; ein kleiner kalter Regen.

BRUINER, *v. n. & imperf.* klein und kalt regnen; reifen.

BRUINE', ée, *part. & adj.* vom Reif verdorben.

BRUIRE, *v. n.* einen undeutlichen Ton und Gebrüll von sich geben, als die Wellen, der Wind, der Donner.
On entend *bruire* son nom de toutes parts, man hört ihn allenthalben sehr rühmen.

BRUISSANT, e, *adj.* sausend, brausend, rauschend. La mer *bruissante*, das brausende Meer. Une voix *bruissante*, eine rauschende Stimme.

BRUISSEMENT, *s. m.* das Brausen der Wellen, des Ungewitters rc. J'entends un *bruissement* dans mes oreilles, es sauset mir in den Ohren.

BRUIT, *s. m.* Ton, Getön.

BRUIT d'une chose résonante, *s. m.* ein Schall.

BRUIT d'armes & de coups de fuet, das Rasseln der Waffen. D'abord que l'on entend le *bruit* des armes, so bald man das Rasseln der Waffen höret.

BRUIT de scie, de lime, das Kirren einer Säge oder Feile.

BRUIT de choses qui tombent, der Knall, wenn etwas fällt.

BRUIT de ruisseau, das Geräusche eines Bächleins.

BRUIT de plusieurs personnes qui grommelent ensemble, das Brummeln, wenn viele mit einander gemach reden.

BRUIT de piés ou de mains, das Gerdusche, so man mit den Füssen oder Händen macht.

BRUIT sourd & confus, das Murmeln.

faire du BRUIT comme un ruisseau, rieseln, rauschen.

faire du BRUIT des doigts, knarren, kratzen, (*comme les choses qui se fracassent.*) Cette porte fait du *bruit* quand on l'ouvre, diese Thür knarret, wenn man sie aufmacht. Je vous y menerai sans faire *bruit*, ich will euch ohne grosses Getöse dahin führen. Faire de grands *bruits* dans une ville, grosse Unruhe in einer Stadt anrichten.

BRUIT, nouvelle, das Gerüchte; die gemeine Sage. Le *bruit* court qu'il est mort, die Rede geht, daß er gestorben sey. Ce *bruit* s'est répandu par toute la ville, dieses Geschrey ist in der ganzen Stadt erschollen.

BRUIT, estime, reputation, ein gutes Gerüchte, ehrlicher Name, grosses Ansehen. Cette femme a mauvais *bruit*, dieses Weib hat einen bösen Namen. Il fait plus de *bruit* que d'effet, es ist bey ihm viel Geschrey und wenig Wolle.
Son nom fait beaucoup de *bruit* dans le monde, sein Name ist in der Welt sehr berühmt.

BRûLANT, e, *adj.* heiß, brennend.
Les *brûlans* déserts de l'Afrique, die heisse Wüsten in Africa.

BRULE', *s. m.* Brand, brandiger Geschmack oder Geruch. L'omelette sent le *brûlé*, der Eyerkuche schmeckt nach dem Brand; ist angebrannt.

BRULE', ausgebrennt Silber.

BRULE', versengt. Il sent ici le *brûlé*, es riecht nach Versengtem, als ob etwas versengt wäre; es brändselt.

BRULEMENT, *s. m.* das Brennen, Brandstiften, das Feuer anlegen.

BRULER, *v. a.* brennen; verbrennen.
Bruler de l'encens, du papier, du bois, Weyhrauch, Papier, Holz anzünden. J'ai *brulé* beaucoup de bois cet hiver pour échauffer nos fourneaux, ich habe diesen Winter viel Holz, unsere Oefen einzuheizen, verbrennt. Le perruquier m'a *brulé* les cheveux, der Perrukenmacher hat mir die Haare versenget. La soupe est chaude, elle vous *brulera*, die Suppe ist heiß, sie wird euch brennen. Le soleil *brule* le teint, die Sonne macht einen schwarz. Il *brule* les fruits de la terre, sie dorret die Früchte aus.

BRULER, *v. n.* brennen. La chandèle *brule*, das Licht brennet.

BRULER,

BRULER d'amour, vor Liebe (Begierde) brennen. Je *brule* de savoir cette nouvelle, ich verlange sehr nach dieser Zeitung.

se BRULER, *v. r.* sich brennen, sich verbrennen; verzehret werden. Sa maison s'est *brulée*, sein Haus ist ganz abgebrannt. Tous mes livres se font *brulés*, es sind alle meine Bücher im Rauche aufgegangen.

BRULEUR, *s. m.* ein Mordbrenner, (man sagt besser un incendiaire).

BRULOT, *s. m.* ein Brander; ein Schiff, das die andern anzünden muß.

BRULOT, *s. m.* (bey den Alten) ein Feuerpfeil.

BRULOT, *s. m.* ein Bissen mit Salz und Pfeffer übermäßig angemacht, den man einem zum Possen beybringt.

BRULURE, *s. f.* eine gebrannte Wunde. cuisante BRULURE, schmerzlicher Brandschaden. L'huile de myrte guérit les *brulures*, das Myrtenöl heilet den Brand.

BRULURE causée par la grèle, der Brand vom Hagel.

BRULURE de plantes, causée par les brouillards, Versengung der Gewächse durch den Reif, Meeltau.

BRUMAL, *m.* BRUMALE, *f. adj.* winterlich; was in den Winter gehört. Jacinte *brumale*, Winterhiacinte.

BRUME, *s. f.* (in der Seefahrt) Nebel. Dans la *brume* tout le monde est pilote, *prov.* im Nebel weiß ein jeder zu fahren, d. i. einer so viel wie der ander.

BRUN, *m.* BRUNE, *f. adj.* braun, dunkel.

BRUN, traurig, störrig. Humeur *brune*, ein störriger Sinn.

BRUN, *s. m.* der braun Haar hat.

BRUNE, *s. f.* die braun Haar hat. Sur la *brune*, auf den Abend in der Abenddemmerung. Man sagt auch entre chien & loup.

BRUNELLE, *s. f.* ein Kraut, Brunellen.

BRUNES, eine Gattung Leinwand, welche um Rouen herum gemacht wird.

BRUNET, tte, *adj.* bräunlich.

BRUNETTE, *s. f.* eine bräunliche Weibsperson; ein schwarzbraun Mädgen.

BRUNETTE, (poetisch) ein angenehmes Weibsbild mit braunem Haar.

BRUNETTE, ein feiner Zeug, darein sich vormals vornehme Leute gekleidet. Aussi bien sont amourettes, sous bureau, que sous *brunette*, *prov.* die Liebe herrschet unter Armen und Reichen.

BRUNIR, *v. a.* braun machen, braun werden.

BRUNIR, hell und glänzend machen, polieren, glätten. L'orfèvre *brunit* la vaisselle d'argent, der Goldschmied glättet das Silbergeschirr. Le coutelier *brunit* les lames, der Messerschmied polirt die Klingen. Le relieur *brunit* un livre sur la tranche, der Buchbinder glättet den Schnidt eines Buchs. Les cerfs se *brunissent* la tête, die Hirsche reiben den Kopf an etwas, daß er glatt wird.

BRUNISSAGE, *s. m.* Polirung, das Glätten.

BRUNISSEUR, *s. m.* euse, *f.* der das Silber und Gold polirt.

BRUNISSOIR, *s. m.* der Zahn, oder das Eisen, womit man glatt macht.

BRUNISSURE, *s. f.* das Glattmachen des Haupts, das der Hirsch thut; Glanz der polirten Arbeit.

BRUSC, *s. m.* Mäusedorn, ein niedriger Strauch.

BRUSQUE, *adj. c.* hurtig, gäh; trotzig, hitzig. Un homme *brusque*, ein hitziger (hastiger) Mann. Une action *brusque*, ein unaestümes Verfahren.

BRUSQUEMENT, *adv.* hurtig, frisch, trotzig.

BRUSQUER, *v. a.* quelqu'un, einen trotzig, unhöflich anreden, ehe man sichs versieht; ungestüm, hitzig begegnen.

BRUSQUER l'ennemi, (in dem Kriegswesen) den Feind hitzig angreifen, daß er nicht Zeit hat sich zu erholen.

BRUSQUER une place, einen Platz geschwind und ohne formliche Belagerung wegnehmen.

BRUSQUERIE, *s. f.* ein trotziges, hitziges, freches Anreden, Anfahren.

BRUT, *m.* BRUTE, *f. adj.* viehisch; tumm. Une bête *brute*, ein tummes Vieh.

BRUT, roh; rauh; unrein; ungearbeitet. Diamant *brut*, roher Demant. Pierre *brute*, rauher Stein, wie er aus dem Bruch kommt. Maçonnerie de pierres *brutes*, ein Werk von groben, ungehauenen Steinen. Emeraude *brute*, opaque, qui n'est pas éclatante, ein Smaragd, der keinen Glanz hat. Sucre *brut* non affiné, ungeläuterter Zucker. Cet ouvrage est encore tout *brut* (von gelehrten Schriften) diese Schrift ist noch nicht ausgearbeitet.

BRUTAL, *m.* BRUTALE, *f. adj.* viehisch. Plaisir *brutal*, viehische Lust.

BRUTAL, *s. m.* viehisch gesinneter (grober) Mensch.

BRUTALE, *s. f.* unvernünftiges (grobes, ungeschicktes) Weib.

BRUTALEMENT, *adv.* unvernünftiger Weise.

BRUTALISER, *v. n.* viehisch mit einer Person leben; nur immer fleischliche Lust treiben wollen.

BRUTALISER quelqu'un, *v. a.* einem grob, unhöflich begegnen.

BRUTALITÉ, s. f. Unvernunft, unvernünftige That, Worte oder Begierden.
BRUTES, s. f. plur. die unvernünftigen Thiere.
BRUTIER, s. m. Maaßweibe; Rötelweib.
BRÚVAGE, v. BREUVAGE.
BRUXELLES, s. f. Brüssel, Hauptstadt in Brabant.
BRUYANT, e, adj. brausend, sausend, tönend, donnernd.
Voix bruyante, starke und laute Stimme.
BRUYÈRE, s. f. eine Heide, Heidekraut.
Bruyère, s. f. Trunkelbeer; Arenbeer.
BSI-DE-HÉRI, eine gute und geachte Birn.
Bú, BÚë, part. prét. getrunken. Von dem Verbo boire, trinken.
BUANDERIE, s. f. Waschhaus.
BUANDIERE, s. f. Wäscherin.
BUBE, s. f. eine kleine Blase oder Blatter am Leibe.
BUBERON, BUBRON, s. m. v. BIBERON, ein Kindertrinkgeschirr.
Buberon, die Röhre oder Schnippe an einem Eßigkrug.
BUBON, s. m. Pestbeule.
BUBONÉCÉLE, s. m. eine Beule am Gemächte, eine Art von Brüchen.
BUCCINATEUR, s. m. (in der Anatomie) das runde Backenmäusgen.
BUCENTAURE, s. m. das grosse Schiff, welches gebraucht wird, wenn die Stadt Venedig durch ihren Herzog sich jährlich mit dem Meer vermählt.
BUCHE, s. f. ein Kloß, ein starkes Scheit Holz.
Buche, ein dummer Kerl; ein Fauler, der sich nicht beweget.
Buche, eine Art Flibot, oder Fischerschiff in Holland.
BUCHER, s. m. Holzkammer.
Bucher, ein Holzhaufe, ein Scheiterhaufe.
BUCHERON, s. m. ein Holzhauer.
BUCHETTE, s. f. kleines Holz und Aeste, das die Armen im Holz zusammen lesen.
BUCIOCHE, eine Gattung Tuch in Provence und Languedoc.
BUCOLIQUE, adj. c. das sich vor Viehhirten schickt; it. was zu Hirtengedichten gehört.
BUCOLIQUES, s. f. pl. Hirtengedichte.
BUDE, s. f. die Stadt Ofen in Ungarn.
BUÉE, s. f. eine Lauge; eine Wäsche, das Waschen.
BUëR, v. n. & a. waschen. (ist alt.)
BUFFET, s. m. ein Schrank zum Silbergeschirr; Behälter; Credenztisch.
Buffet, das ausgestellte Silbergeschirr selbst, der Aufsaz; sonderlich grosse Trinkgeschirr.
Buffet, an der Orgel ist es der Plaz, worinne ein iedes Register oder Reihe von Orgelpfeifen steht.
BUFFETER, v. a. aus einem Weinfaß trinken, wie die Fuhrleute, das Maul am Faß unterhalten und den Wein hinein laufen lassen.
BUFFETEUR, s. m. ein Fuhrmann der aus einem Faß trinkt, das er angebohrt hat.
BUFFETIN, s. m. ein Wammes, ein Koller von Büffelsleder.
BUFFLE, s. m. Büffel, Büffelochs.
Buffle, ein Büffelsfell; ein Kleid oder Koller von Büffelsleder; ein dummer Kerl.
Il cache un buffle sous son pourpoint, prov. er ist ein Ochs, ein grober Kerl.
BUGLE, s. f. ein Kraut, Güldengünsel.
BUGLEMENT, s. m. ein Gebrülle; Ochsengeschrey.
BUGLER, v. n. brüllen wie ein Ochs.
BUGLOSSE, s. f. ein Kraut, Ochsenzunge.
BUGRANE, BUGRATE, BUGRONDE, s. f. ein Kraut, Ochsenkraut, Stallkraut, Ochsenbrech, Haubechel.
BUHORS, s. m. pl. gemahlte Federn, die die Federschmücker heraus hängen, daß man sehen soll, was sie zu verkaufen haben.
BUiE, (besser lessive) eine Wäsch.
BUIRE, s. f. Schenkkanne; Schenkkrug.
BUIS, v. BOuIs.
BUISART, s. m. v. BUSE.
BUISSON, s. m. Hecke; Gartenhecke.
Il a battu les buissons, & un autre a pris les oiseaux, er hat die Mühe gehabt, und ein anderer den Nutzen.
arbres de Buissons, Zwergbäume. Planter des arbres en buisson, Gartenbeete, oder Gänge mit beschnidtenen Bäumen umsetzen.
Buisson ardent, Weißdorn, ein Strauch.
Buisson ardent, der brennende Busch, darinnen GOtt Mosi erschien.
prendre le Buisson, wenn ein Wild sich vom andern absöndert, mit dem es sonst gelaufen war, als ein Hirsch, wenn er sein Geweih abgeworfen hat, oder ein Junges im dritten Jahr; man sagt es auch von einem Thier, das sich versteckt, so lang es säugende Jungen hat.
Trouver buisson-creux, das Thier nicht mehr in dem Bezirk antreffen. Man braucht auch diese Redensart, wenn man die nicht findet, welche man gesucht hat.
BUISSONNIER, s. m. ein Bedienter der Stadt, der auf die Schiffahrt Achtung giebt, und dem Rath von aller Unordnung Nachricht geben muß.
BUISSONNIER, e, adj. der hinter dem Busch liegt, faul ist.
Faire l'école buissonnière, nicht in die Schule gehen, neben die Schule gehen.
Lapin buissonnier, Caninchen, die man

an einem verschloſſenen Ort im Walde erzogen hat.
BULBE, ſ. f. eine Zwiebel, ſo theils Blumen und Kräuter ſtatt der Wurzeln haben; auch ein Kraut, ſo ſolche Wurzeln hat, ein Zwiebelgewächs.
BULBEUX, euſe, adj. zwieblicht.
BULBONAC, ſ. m. ein Kraut, Silberblat, groß Mondkraut.
BULLAIRE, ſ. m. ein Buch, da lauter Päbſtliche Bullen drinnen ſtehen.
BULLE, ſ. f. ein Brief des Pabſts auf Pergament und mit einem bleyernen Siegel, eine allgemeine Anordnung, oder andere Gnaden und Beſtätigungen betreffend.
BULLE in Cœna Domini, iſt eine Bulle, welche alle Jahr in Gegenwart des Pabſtes am grünen Donnerſtag verleſen wird, kraft welcher alle diejenigen, ſo mit der Römiſchen Kirche nicht einerley Meynung in der Lehre hegen, excomanunicirt werden.
la BULLE d'or, die güldene Bull, Satzungen Kayſers Carls des Vierten, die Wahl des Römiſchen Kayſers betreffend.
BULLE, ſ. f. eine Waſſerblaſe.
BULLE', ée, adj. mit Siegeln bekräftiget.
BULLETIN, ſ. m. ein kleiner Zettel, den man von den Obern bekommt, daß man von geſunden Orten komme.
BULLETIN, Schein, den man den Soldaten giebt, wo ſie Quartier nehmen ſollen, Bollet.
BUPRESTE, ſ. f. eine vergiftete Fliege oder Käfer, ſo einer Spaniſchen Fliege gleicht.
BURAIL, ſ. m. eine Art Sarſche oder Rattin.
BURAT, ſ. m. ein grauer grober Zeug, Capucinertuch.
BURATIN, ſ. m. ine, ſ. f. ein Zeug, da der Grund Seide, aber mit grober Wolle durchwirkt iſt.
BURE, ſ. f. ou BUREAU, ſ. m. eine Art grob Tuch oder Zeug; auch ein Kleid davon.
BUREAU, ſ. m. ein Ort oder Tafel mit grobem Tuch bedeckt.
BUREAU, die Tafel in der Gerichtſtube, darauf die Richter die Acten liegen haben, darüber ſie ſprechen wollen.
BUREAU, ein Schreibtiſch mit vielen Schubladen, ein Schreibpult.
BUREAU, ein Ort, wo man Geld zahlt.
BUREAU, ein Ort, wo ſich gewiſſe Leute verſammlen, ihrer Arbeit vorzuſtehen, als Zolleinnehmer, Armenpfleger, und andere Commiſſarii.
BUREAU, eine Kammer, Einnahmſtube, Expeditionsſtube, Schreibſtube, Gerichtsſtube.
BUREAU, die Leute, ſo an ſolchen Orten zum Dienſt des gemeinen Weſens zuſammen kommen, die Beamten, Bedienten.
BUREAU, eine Bude, ein Tiſch oder anderer Ort, da etwas feil iſt.
BUREAU, eine Niederlage von Waaren.
BUREAU, ein Ort wo etwas in Menge zu finden iſt, ein Aufenthalt, Behältniß.
BUREAU de poſte, Poſthaus, wo die ankommende und abgehende Briefe und Paquetgen beſtellet werden.
BUREAU d'adreſſe, Berichthaus, wo man allerley Nachrichten zum gemeinen Beſten haben und vernehmen kan.
BUREAU d'adreſſe, (ſcherzweis) eine Perſon, die alles weiß, was an einem Orte vorgehet, (Stadtbeſen).
Le grand bureau des pauvres, die groſſe Armenpflege, Armenherberg.
Etre ſur le bureau, wird von einem Proceß geſagt, an dem man anfängt zu arbeiten in der Gerichtskammer.
Avoir le bureau, wird von dem geſagt, der den Proceß fürträgt.
Le vent du bureau eſt bon, der Proceß gehet gut.
Donner le bureau à quelqu'un, mettre ſon affaire ſur le bureau, jemands Sache gerichtlich vornehmen.
Prendre, connoitre l'air du bureau, erforſchen, wiſſen, wohin die Stimmen fallen werden.
BURELE', ée, adj. in den Wappen, geſtreift, mit Streifen von zweyerley Farben, die immer mit einander abwechſeln.
BURELE', ſ. m. eine lang ausgenähte Decke mit Scheerwolle. (iſt alt)
BURELLE, ſ. f. (in den Wappen) ein Balkenſtreif.
BURET, ſ. m. Purpurſchnecke.
BURETIER, ſ. m. ein Aufwärter des Prieſters in unſer Frauen Kirche zu Paris, welcher demſelben die Känngen mit dem Wein und Waſſer bey der Meſſe bringen und wieder hintragen muß.
BURETTE, ſ. f. ein Krüglein, Kännlein zum Wein und zum Waſſer bey der Meſſe; it. ein Oelkrug.
BURGANDINE, ſ. f. die beſte Perlemutter.
BURGAU, ſ. m. eine Art Meermuſcheln, wovon man ſchöne Perlemutter bekommt.
BURGRAVE, BURGGRAVE, ſ. m. ein Burggraf.
BURIN, ſ. m. ein Grabeiſen, oder Grabſtichel.
BURIN, ſ. m. Zahnmeiſſel, womit der Kalk von den Zähnen abgenommen wird.
C'eſt un bon burin, er iſt ein guter Eiſenſchneider, Kupferſtecher, Pitſchierſtecher ꝛc.
BURINER, v. a. mit Grabeiſen ausgräben, ausſtechen; die Zähne vom Kalk reinigen.
BURLESQUE, adj. c. kurzweilig. Mot burlesque, Scherzwort. Action burlesque, kurzweiliger Handel.

BUR.

BURLESQUE, *f. m.* Scherzschrift; kurzweilige Schreibart.
BURLESQUEMENT, *adv.* kurzweilig.
BURSAL, e, *adj.* was zum Beutel oder Geld gehöret.
BUS, *f. m.* (*v.* BUST.) ein Menschenkopf mit dem Hals und einem Theil der Brust, ein Brustbild in den Wappen. (ausser den Wappen heißt es bust oder buste.)
BUSART, *f. m.* oder
BUSE, *f. f.* eine Art Raubvögel, die man nicht zum Beizen abrichten kan.
BUSE, ein tummer Kopf, der zu nichts taugt.
BUSE, (*terme de mineur*) tuïaux de bois ou de plomb, eine hölzerne oder bleyerne Röhre, die in den Minen von einer Kammer zur andern geht.
Vouloir faire d'une *buse* un épervier, einen tummen Menschen abrichten wollen.
BUSQUE, *f. m.* Fischbein das die Weiber in die Kleider stecken, damit sie steif bleiben; auch das Fischbein so die Mannspersonen vor diesem an der Brust in den Kleidern trugen.
BUSQUER, *v. a.* ein Kleid mit dem Planschet oder mit Fischbein steif machen, aufsteiffen.
BUSQUER, *v. a.* etwas begierig suchen, einer Sache nachtrachten, nachstreben.
Busquer fortune, sein Glück suchen zu machen.
BUSQUIE'RE, *f. f.* die Scheide zum Planschet an den Weiberkleidern.
BUSQUIE'RE, das unterste runde Theil an der Schnürbrust; auch der Latz oder Vorstecker, der oben über den Schnürleib geleget wird, daß er zwischen dem Manteau heraus stehe.
BUSQUIE'RE, ein kleiner Haken, der an einem Ende eine Rose von Edelsteinen hat, oder sonsten fein gezieret ist, und den das Frauenzimmer am Gürtel trägt.
BUSSARD, *f. m.* ein Weinfaß von gewisser Größe.
BUST, BUSTE, *f. m.* ein Bruststück, Brustbild, ein Bild bis an die Brust.
BUSTES, tannerne Schachteln, darinnen die Meertrauben von Damascus kommen.
BUT, *f. m.* das Mittlere und Erhabene an vielen Dingen; absonderlich an einer Schießscheibe.
BUT, der Ort, worauf man zielt.
BUT, der Zweck, den man sich vorsetzt.
BUT, der Hauptpunct, der Knoten worüber die Schwierigkeit. Donner dans le *but*, das Ziel treffen. J'ai attrapé mon *but*, ich habe meinen Zweck erhalten.
Troquer *but à but*, tauschen, daß keiner was zugiebt.

De *but* en blanc, gerad aus; gerad zu; gewiß; offentlich; unbedachtsam.
Jouër *but à but*, gleich spielen, im Spiel gleich seyn, da keiner dem andern nachgiebt, da es einer so gut als der andere kan.
BUTAGE, *f. m.* Frohndienste, so die Unterthanen mit Butten und Tragkörben verrichten müssen.
BUTE, *f. f.* ein aufgeworfener Erdhaufe.
BUTE, eine kleine Höhe oder Hügel.
BUTE, der lezte Bogen an einer steinernen Brücke, das äusserste Gemäuer an beyden Enden nach dem Lande zu.
BUTE, eine Zielscheibe darnach zu schiessen.
BUTE, das Schießhaus.
BUTE, der Stand der Scheibenschützen.
BUTE, der Zweck, worauf etwas gerichtet wird.
Etre en bute, als ein Ziel da stehen, wornach man schießt, von jedermann oder von vielen beneidet, gehaßt, verfolget werden.
BUTE, *f. f.* (in den Wappen) ein Wirkeisen der Schmiede, womit sie das Hufausschneiden.
BUTE'E, *f. f.* der lezte Bogen oder das äusserste Gemäuer an beyden Enden einer steinernen Brücke, wo solche an das Land anstößt.
BUTER, *v. n.* zielen im Schiessen oder Werfen.
BUTER, abzielen, sein Absehen richten. Les gens de negoce ne *butent* qu'à gagner, der Handelsleuten Absehen gehet allein dahin, daß sie etwas gewinnen.
BUTER, (auf der Trucktafel) die Pinne treffen.
BUTER, *v. a.* un arbre, (in dem Gartenbau) einen Baum umschütten; etwas Erde um den Stamm häufen.
BUTE', ée, *part. & adj.* un chien *buté*, ein Hund, dem die Gelenke oben an den Füssen oder Pfoten dick worden sind.
Etre *buté* à quelque chose, oder à faire quelque chose, fest auf etwas beharren, hartnäckig auf etwas bestehen; etwas zu thun, fest entschlossen seyn. Je suis *buté* à ne donner que cela, ich habe fest beschlossen, daß ich nicht mehr geben werde.
BUTIE'RE, *f. f.* eine Scheibenbüchse oder Rohr.
BUTIN, *f. m.* Beute.
BUTINER, *v. a.* Beute machen.
BUTIREUX, euse, *adj.* butterhaft, buttericht, sahnig; raumig. La partie *butireuse*, das fette Theil, daraus die Butter wird; Sahne, Raum.
BUTOR, *f. m.* de *f.* eine Rohrdommel, ein wilder Vogel.

BUTOR,

BUTOR, eine tumme Person. C'est un pauvre *butor*, er ist ein Stümper; ein tummer, ungeschickter Mensch.
BUTTE, und dessen Derivata, *v.* BUTE.
BUTURE, *s. f.* aufgelaufene Beulen an den Gelenken oberhalb der Füsse eines Hundes, ein Knoten oder eine Geschwulst davon.
BûVANT, *part. prét.* trinkend, von dem verbo *boire*, trinken.
BUVEAU, *s. m.* ein mathematisches Instrument, allerley Winkel zu machen, ein Winkelmaaß mit beweglichen Schenkeln.
BûVETIER, *s. m.* ein Wirth, oder Schenk, der Wein oder Bier und anderes Getränk auszapft.

BûVETTE, *s. f.* ein Ort, da man trinken und frühstücken kan.
BûVETTE, ein Schmaus, eine Gasterey, eine Mahlzeit.
BûVEUR, *s. m.* BûVEUSE, *s.* ein Säufer, eine Säuferin; auch in gutem Verstand, eine Person, die ihrer Gesundheit wegen oft und viel trinkt.
BûVEUR, (in der Anatomie) heißt eine Muskel am Auge, die selbiges einwerts nach der Nase zu bewegt.
BûVEUR d'eau, ein Wassertrinker, schwacher Mensch.
BûVOTER, *v. n.* nippen, wenig auf einmal und desto öfter trinken.
BY, *s. m.* ein Graben, der mitten durch einen Teich nach dem Ablaß zu geht.

C.

C, *s. m.* C, der dritte Buchstabe des Alphabets, (wird zuweilen mit einem Häkgen ç geschrieben, sprich cé).
C, dieser Buchstab bedeutet hundert in der Römischen Zahl.
C', ç', *pronom. demonstr. m.* apostrophatum, *voiés* CE.
çà, *adv. & interj.* hieher; it. wohlan; lustig; mein, ey lieber.
çà & là, hier und da, da und dort.
  Depuis deux mois en *çà*, seither zwey Monat.
  Or *çà*, wohlan, lustig.
CAABLE', *adj.* bois *caablé*, Holz, das der Wind gefället hat.
CABACET, *voiés* CABASSET.
CABAL, *s. m.* in einigen Provinzen, ein Capital, eine Hauptsumme, das ganze Vermögen, das einer hat, oder das er zu etwas anlegt.
CABAL, was einer an Geld oder Waaren von einem andern um einen bestimmten Antheil des Gewinns unterzubringen übernimmt.
CABALE, *s. f.* der Juden geheime Lehre und Auslegung des Alten Testaments.
CABALE, eine heimliche tückische Zusammenkunft, ein heimliches Verständniß; ein Anhang, eine Rotte. Tout marche par *cabale*, alles gehet durch heimliche Verständniß zu.
CABALE, Zusammenhaltung, Vertraulichkeit, eine Gesellschaft vertrauter Freunde.
  Nous nous divertissons agréablement dans nôtre petite *cabale*, wir sind recht lustig in unserer kleinen Gesellschaft.
CABALER, *v. n.* heimliche Händel und Partheyen anstellen, sich zusammen verbinden oder verschwören, sich rotten.
CABALER, in gutem Verstande, sich oder einem andern Freunde machen, Leute gewinnen und auf seine Seite bringen.
CABALER pour une charge, durch krumme Wege nach einem Dienst trachten. Il a *cabalé* beaucoup de gens, er hat durch geheime Ränke viele Leute auf seine Seite gebracht. Doutés-vous qu'on ait *cabalé*? meynet ihr nicht, daß es abgedroschen sey, daß man sich beredet habe?
CABALE', ée, *part. & adj.* das durch solche Verbindungen oder durch Hülfe guter Freunde erlangt und zuwege gebracht worden ist. Un mérite *cabalé*, une réputation *cabalée*, Verdienste, grosser Name, so man durch listige Kunstgriffe erlanget.
CABALEUR, *s. m.* einer der immer Rotten zusammen zu bringen sucht, ein Rottirer, einer der sich oder einem andern einen Anhang zu machen bemühet ist.
CABALEUR, ein Unterhändler, eine Mittelsperson; einer der sich viel Freunde zu machen weiß, durch deren Beystand er etwas ausführen kan.
CABALISTE, *s. m.* der der Juden Cabale versteht.
CABALISTE, ein Gemeinder einer Handlung, dessen Name in der Signatur nicht genennet wird.
CABALISTIQUE, *adj. c.* cabalistisch.
CABAN, *s. m.* eine Art von Reitröcken, ein Regenkleid.
CABANE, *s. f.* eine kleine Hütte, ein mit Stroh gedecktes Bauerhaus; eine Schäferhütte, Pferchhütte der Schäfer; Vogelfanghütte.
CABANE, ein Schlag oder Verschlag, darinnen man Vögel nisten läßt; auch ein grosser Vogelbauer oder Kefig, eine Vogelhecke.
CABANE, (auf den Schiffen) eine Kammer oder Lagerstelle vor Bootsleute.

CABANE, ein Verdeck oder Ueberzug von Leinwand über einen Nachen, der auf etlichen im Bogen aufgesteckten Reifen liegt.

CABANE, eine Art flacher Schiffe auf dem Fluß Loire in Frankreich.

CABANER, *v. n.* kleine Hütten aufschlagen, eine Zeitlang darunter zu wohnen.

CABANES, (in der Seefahrt) Betten in den Kammern an den Seiten, wie geschlossene Bänke.

CABARET, *f. m.* ein Ort, da man zu essen und zu trinken haben kan, ein Wirthshaus, Gasthaus, eine Schenke; ein Trinkgemach, eine Trinkstube. Un *cabaret* borgne, ein liederlich Wirthshaus.

CABARET, ein Caffee-oder Theebret.

CABARET, ein Kraut, Haselwurz.

CABARETIER, *f. m.* ein Wirth, Gastwirth.

CABARETIERE, *f. f.* Gastwirthin.

CABAS, *f. m.* ein Feigenkorb von Binsen.

CABASSE, *f. f.* vulg. eine alte ausgepeitschte oder ausgetrummelte Hure, weil an einigen Orten die Huren, wenn sie verwiesen werden, einen Binsenkorb mit Federn auf den Rücken nehmen müssen.

CABASSER, *v. a.* etwas aus dem Kasten heimlich und betrüglich nehmen; betrügen, stehlen, Geld zusammen scharren, (ist alt).

CABASSET, *f. m.* ein Helm, eine Sturmhaube, (ist alt).

CABESAS, eine Gattung Spanische Wolle, welche aus der Provinz Estramadure kommt.

CABESTAN, *f. m.* eine Spille, Winde auf dem Schiff, das Ankerseil darum zu drehen, wenn man den Anker lichten will.

Envoier les pages au *cabestan*, die Jungen im Schiff peitschen lassen.

CABILLOTS, *f. m. plur.* (in der Seefahrt) kleine Stücklein Holz, als Pflöcker oder Zwecke auf den Schiffen, ein und ander Seil darauf fest zu machen.

CABINET, *f. m.* lieu retiré, Cabinet, ein geheim Zimmer, ein Nebenzimmer, Nebengemach, Nebenstube.

CABINET d'étude, Studierstube; Schreibstube.

CABINET, Putzstube; Spielzimmer.

CABINET de curiosités, Raritätenzimmer, Kunstkammer.

CABINET, Bildersaal, Stube mit Mahlereyen, Spiegelstube.

CABINET, Münzcabinet.

CABINET de verdure, Lusthaus im Garten, Laube, Sommerlaube.

CABINET, der Kasten an einer Orgel; eine kleine Orgel, die man tragen kan.

CABINET d'rmes, ein Waffenschrank.

CABINET d'audience, ein Audienzzimmer.

CABINET, ein Secret, heimliches Gemach.

CABINET, der geheime Rath; die geheime Staatsgeschäfte. La science du *cabinet*, die Wissenschaft der Staatsstreiche. Une pièce de *cabinet*, ein geheim Staatsbuch.

Il n'est bon que pour le *cabinet*, er taugt nur in seine Studierstuben.

Il est plus propre pour le *cabinet* que pour l'épée, er ist ein besserer Staatsals Kriegsmann.

C'est un homme de *cabinet*, er ist ein Mann zu geheimen Anschlägen tauglich.

Tenir *cabinet*, gelehrter Leute Zusammenkunft bey sich halten.

CABIRES, *f. m. pl.* die vornehmsten Götter der alten Heyden, die grossen Götter; auch die zum Dienst derselben gewiedmete Priester.

CABISCOL, Chormeister, (in den Domkirchen).

CABLE, *f. m.* das Ankerseil, oder ein anderes dickes Seil auf den Schiffen; auch ein Seil, mit welchem die Fahrzeuge auf Flüssen gegen den Strom gezogen werden.

CABLE, ein Seil, womit man grosse Lasten in die Höhe bringt.

Le maître *cable*, das längste Ankerseil auf dem Schiff von 26 Klaftern.

CABLE', ée, *adj.* croix *cablée*, in den Wappen, ein Creuz, das von Seilen gedrehet ist; ein Seilcreuz, gewundenes Creuz.

CABLEAU, *f. m.* ein kleines Seil, das mit der Hand regiert wird; auch ein Seil auf Flüssen, die Schiffe den Strom hinan zu ziehen.

CABLER, *v. a.* viel Faden drehen, und zusammen laufen lassen zu einem Seil.

Cabler de la ficelle, Bindfade drehen.

CABOCHARD, e, *adj. & f. m.* großköpfig, Großkopf.

CABOCHE, *f. f.* (scherzweise und in gemeinen Reden) ein Kopf. Sa *caboche* est dure, il ne sauroit rien comprendre, er hat einen harten Kopf, er kan nichts begreifen. Une bonne *caboche*, ein guter Kopf. Mettre une chose dans sa *caboche*, etwas in den Kopf bringen, lernen.

CABOCHE, die Koppe oder Platte an einem Nagel.

CABOCHE, ein Schuhnagel, dergleichen die Sänftenträger u. d. gl. Leute in den Solen und Absätzen haben.

CABOCHE, vieux clou que le marechal tire du pié du cheval, alter Nagel, den der Schmied aus dem Hufe des Pferdes ziehet.

CABOCHIENS, *f. m. pl.* vor diesem eine aufrührische Rotte in Frankreich, von ihrem Anführer Caboche also genannt.

CABOCHON, *adj. m.* wird von Rubinen und

und Granaten gesagt, und heißt, der noch rauh, unrein oder ungeschliffen ist.

CABOCHON, *s. m.* ein kleiner Schuhnagel, eine Schuhzwecke.

CABOTAGE, *s. m.* auf der See, die Fahrt an den Küsten hin von einem Vorgebirge oder von einem Hafen zum andern.

CABOTER, *v. a.* von einem Hafen zum andern, oder von einer Landspitze zur andern an den Seeküsten hin schiffen, immer nah am Land bleiben.

CABOTIER, *s. m.* ein kleines Fahrzeug auf der See, womit man vom Vorgebirge zu Vorgebirg, oder von Hafen zu Hafen an der Küste weg fährt.

CABRE, *s. f.* ein Bock oder Kran auf den Schiffen, Lasten damit in die Höhe zu heben.

CABRER, *v. a.* machen, daß sich ein Pferd aufbäumt; einen erzürnen, bös oder wild machen; (man sagt auch faire *cabrer*).

Ne faites pas *cabrer* vôtre cheval, machet nicht daß sich euer Pferd bäume.

Au lieu de domter ce cheval vous le *cabrerés*, anstatt dieses Pferd zu bändigen, werdet ihr es noch wilder machen. Ce cheval se *cabre* d'abord qu'on le monte, das Pferd bäumet sich auf, lehnet sich auf, so bald man sich aufgesetzt hat.

se CABRER, *v. r.* sich aufbäumen, als ein Pferd; bös werden, sich erzürnen. Ce valet s'est *cabré* contre son maître, dieser Knecht hat sich wider seinen Herrn aufgelehnt.

Il n'est pas d'un homme sage de se *cabrer*, es steht einem weisen Mann nicht an, sich zu erzürnen.

CABRIL, CABRI, *s. m.* ein Ziegenböcklein, Zicklein. Il saute comme un *cabri*, er springet wie ein Zicklein.

CABRIOLE, *s. f.* ein Luftsprung eines Tänzers; zierlicher Sprung im Tanz; Capriole.

CABRIOLE, (auf der Reitschule) Luftsprung eines Pferds.

CABRIOLER, *v. n.* Capriolen machen, Luftsprünge thun.

CABRIOLEUR, *s. m.* ein Luftspringer.

CABRIONS, *s. m. plur.* (in der Seefahrt) Blöcke oder Stücker Holz, die man auf den Schiffen hinter die Canonen legt, daß sie, wenn das Meer das Schiff stark bewegt, nichts zerreissen oder zerbrechen.

CABRON, *s. m.* ein jung Ziegenfell zu Handschuhen.

CABUiA, eine Gattung Hanf in America, in der Provinz Panama; die Indianer machen Schnur davon, welche so hart sind, daß man Eisen damit absägen kan.

CABUS, *s. m.* ein Kraut, das Köpfe hat, Kappiskraut, oder Kopfkohl. Laituë *cabusse*, Kopf- oder Hauptsalat.

CACA, *s. m.* das Kacken.

Faire *caca*, sagt man von den Kindern, seine Nothdurft verrichten.

CACADE, *s. f.* das Kacken, Entledigung des Leibes.

Il a fait une vilaine *cacade*, er ist häßlich angelaufen, es ist ihm nicht angegangen.

CACAO, *s. m.* eine Westindianische Frucht, daraus man Chocolate macht.

CACAOiER, *s. m.* ein Baum in Westindien, darauf die Frucht wächst, welche Cacao genennet wird.

CACHE, *s. f.* ein Ort, etwas zu verbergen; der heimliche Aufenthalt; die Verbergung; Schlupfwinkel.

CACHE, CACHE, mitoulas, ein Spiel junger Leute, da man einem andern etwas heimlich in die Hand giebt, oder in die Kleider etwas versteckt, das der andere errathen muß.

CACHELOT, *s. m.* ein Potfisch, das ist eine Art der größten Wallfische, aus dessen Hirn man das Sperma cete oder Wallrad macht.

CACHEMENT, *s. m.* das Verstecken; Verbergen.

CACHEMENT, *adv.* heimlich, (ist nicht gebräuchlich). Vôtre *cachement* est inutile, es ist umsonst, daß ihr euch verberget.

CACHE-NE'S, *s. m.* eine Masque, deren sich die Weiber gebrauchen. Man sagt besser un masque.

CACHER, *v. a.* verbergen; bedecken; verhehlen, heimlich halten; verstellen; verschweigen. Esope *cachoit* ses sentimens sous des fables ingénieuses, der Aesopus verbarge seine Meynung unter sinnreichen Geticheten.

Ou avés-vous *caché* cet argent? wo habt ihr das Geld versteckt?

CACHER quelque chose, la tenir secrete, etwas geheim, verschwiegen halten.

Pourquoi me *cachés* vous cela? warum verhaltet ihr mir dieses? *Cacher* ses vices sous de belles apparences de vertus, unter dem Scheine der Tugend seine Laster verbergen. *Cachés*-vous le nés de vôtre manchon, stecket die Nase in den Muff.

CACHER son jeu, heimlich seyn; sich nichts merken lassen.

se CACHER, *v. r.* sich verstecken; sich verbergen; sich nicht sehen lassen; weggehen; sich bedecken; sich verstellen; sich nicht zu erkennen geben. Il se *cache* de ses créanciers, er läßt sich vor seinen Gläubigern nicht sehen. Il se *cache* de sa femme, er verbirgt viel vor seiner Frau. Il ne s'en *cache* pas, er hält dieses gar nicht geheim.

CACHE,

CACHE', ée, *part. & adj.* verſteckt; geheim; verſchwiegen; unbekannt. Un eſprit *caché*, ein heimliches Gemüth.

Pénétrer dans la connoiſſance des choſes les plus *cachées*, zu der Wiſſenſchaft der verborgenſten Dinge gelangen; hinter die geheimeſten Dinge kommen. Il avoit un couteau *caché* ſous ſa robe, er hatte ein Meſſer unter ſeinem Rocke verborgen.

CACHERAU, *ſ. m.* ein Beamter bey den Engelländern, ein Dorfſchulz oder Verwalter.

CACHET, *ſ. m.* ein Petſchaft, Siegel.
Cachet, der Abdruck eines Petſchafts.
Cachet volant, *ſ. m.* offenes Siegel, alſo aufgedruckt, daß der Brief dennoch offen bleibe.
Lettre de *cachet*, ein königlicher Befehlsbrief, welcher gemeiniglich eine Strafe zum Zweck hat.

CACHETER, *v. a.* verſiegeln, zupitſchieren.

CACHETTE, *ſ. f.* ein kleiner Ort zum verſtecken, ein Winkel, Schlupfwinkel.
en Cachette, im Verborgenen, in geheim; verſtohlner Weiſe. Tuer un homme en *cachette*, einen heimlich ermorden.

CACHEXIE, *ſ. f.* verdorbene Natur und böſer Zuſtand des Leibes, als Vorbot der Waſſerſucht, oder anderer ſchwerer Krankheiten, da das Geſicht bleich und etwas geſchwollen iſt.

CACHOS, *ſ. m.* Peruvianiſche Liebesäpfel, ein Gewächs, deſſen Frucht wider den Stein gebraucht wird, beſtehet aus länglichten und aſchenfärbigen Körnern, wie eine Bohne, und wie eine Niere anzuſehen.

CACHOT, *ſ. m.* ein tiefes finſteres Gefängniß vor die Ubelthäter.
Cachot, eine Kammer im Tollhaus, Narrenkaſten, wo Wahnſinnige eingeſperret werden.

CACHOU, *ſ. m.* ein Oſtindianiſches Gummi, von welchem man mit Biſam kleine Küglein macht, Biſamkugeln; Japaniſche Erde.

CACIQUE, *ſ. m.* iſt der Titel derer Häuptern der Tartariſchen Horden; in America wird er auch denen Fürſten und kleinen Königen gegeben.

CACOCHYME, *adj.* (in der Arzneykunſt) ungeſund, von böſen Feuchtigkeiten eingenommen. Un corps *cacochyme*, ein ungeſunder Leib.
Un eſprit *cacochyme*, ein wunderlicher Kopf, ein Grillenfänger.

CACOCHYMIE, *ſ. f.* böſe Feuchtigkeiten.

CACOëTHE, *ſ. m.* ein böſes, unheilbares Geſchwür.

CACOPHONIE, *ſ. f.* (in der Sprachkunſt) der Uebellaut.

CACOZE'LE, *ſ. m. ol.* ein unzeitiger Eifer.

CADAMOMY, Papageyenſaamen.

CADASTRE, *ſ. m.* das Hauptbuch, ein öffentlich Regiſter, worein man ſchreibt, was ein jedweder Unterthan geben muß; Lagerbuch.

CADAVEREUX, euſe, *adj.* todtenhaft, leichenfarb. Avoir le teint *cadavereux*, eine Todtenfarbe haben.

CADAVRE, *ſ. m.* ein Cörper eines verſtorbenen Menſchen, ein Todtencörper; figürlicher Weiſe, eine geringe Ueberbleibung, ein Schatten von etwas.

CADEAU, *ſ. m.* ein Zug, den man mit der Feder auf ſchreiberiſche Art durch einander macht zur Zierath, oben über die Buchſtaben oder zu Ende einer Schrift, oder auch am Rand und ringsherum.
Cadeau, ein überflüſſiger Zierath an andern Dingen; überflüſſige und unnöthige Unkoſten.
Cadeau, eine Mahlzeit oder Gaſterey, ein Gelag. Donner un *cadeau*, ein Gaſtgebot ausrichten.

CADE'E, *ſ. f.* der Gotteshausbund, bey den Graubündern in der Schweiz.

CADENAS, CADENAT, *ſ. m.* ein Mahl- oder Vorlegſchloß, weil man vor dieſem Ketten darzu gebrauchte.
Cadenas, ein klein ſilbern Käſtlein, darinne große Herren Löffel, Meſſer, Gabel, auch wohl Gewürz bey der Tafel haben.

CADENASSER, CADENACER, *v. a.* mit einem Mahlſchloß verwahren. *Cadenaſſer* une porte, ein Hangſchloß vor die Thüre legen.

CADENCE, *ſ. f.* das Maaß des Tons, der Tact in der Muſic.
Cadence, die regelmäßige Bewegung des Leibes und der Füſſe im Tanzen, die ſich nach dem Tact richtet.
Cadence, die Gleichheit der Schritte und ſchulrechte Bewegung eines Pferds auf der Reitbahn.
Cadence, die wohlklingende Abmeſſung der Sylben in einer Rede, und in der Poeſie.

CADE'NE, *ſ. f.* de hauts bans, auf den Schiffen, eine Kette, womit die Maſtwände am Bord befeſtiget werden.
Cade'ne, die Kette, woran die Galeeſclaven liegen.
Etre à la *cadène*, in einer unerträglichen Dienſtbarkeit ſeyn.

CADENETTE, *ſ. f.* geknüpfte Locke an einer Parüke.

CADET, *ſ. m.* jüngerer Bruder.
Cadet, jüngerer Amtsgenoß. Les *cadets* doivent céder aux anciens, die Jüngern ſollen den Aeltern weichen.
Cadet, ein junger Edelmann, der ſich im Krieg verſucht. Etre aux *cadets*, unter den

den Cadeten seyn. Entrer dans les ca-
dets, zu den Cadeten treten.
CADET, ein junger unerfahrner Mensch.
CADET de marine, f. m. (zur See) der zum
Krieg zur See erzogen wird.
CADET aux gardes, ein junger Edelmann
unter der Leibwache.
CADET de haut appetit, ein junger, hungri-
ger, vernaschter Kerl.
CADETTE, f. f. die jüngere Tochter; die
jüngere Schwester. Branche cadette
d'une maison, ein Ast einer Familie, wel-
cher von einem jüngern Bruder abstamet.
CADETTE, f. f. ein vierecktiger Pflasterstein.
CADETTER, v. a. den Boden mit Qua-
dersteinen belegen oder pflastern.
CADI, f. m. ein Richter bey den Türken.
CADIS, f. m. Kadis, ein bekannter Zeug.
CADIX, CADIS, f. m. Cadix, eine Stadt
in Spanien.
CADMIE, f. f. Gallmey; Kobolt.
CADOLE, f. f. eine Schnalle oder Klinke
an einer Thür.
CADRAN, CADRE, CADRER, CADRIL-
LE, CADRUPLE, voies QUADR.
CADUC, m. uque, f. adj. alt; kraftlos;
das da fallen will. L'âge caduc, das
hinfällige Alter.
CADUC, baufällig; hinfällig. Ce bâti-
ment est bien caduc, diß Gebäu ist sehr
baufällig.
CADUC, eitel; vergänglich. Tout est ca-
duc sur la terre, alles auf Erden ist ver-
gänglich.
CADUC, (in Rechten) ledig, offen, ohne
Besitzer, ohne Herrn. Biens caducs &
vaquans, heimgefallene, heimgestorbene
Güter.
Le mal caduc, die hinfallende Sucht.
CADUCE'E, f. m. des Mercurii Schlan-
genstab; auf den alten Münzen, ein Sinnbild der Macht, der Klugheit, der Geschwindigkeit, des Friedens, und der Glückseligkeit.
CADUCITE', f. f. die Hinfälligkeit.
CAECUM, (in der Anatomie) der Blind-
darm.
CAEN, f. m. die Stadt Caen, (denn so lieset man das Wort) in der Niedernormandie in Frankreich.
CAENOIS, f. m. weil aber dieser Name wegen einiger gehässigen Wörter, als Canis,
Canaille &c. auch gehässig wurde, nennen
die Scribenten die Leute von der Stadt
Caen lieber les habitans de Caen, hommes
de Caen, bourgeois de Caen u. d. gl.
CAFARD, f. m. e, f. ein Heuchler Scheinheiliger, verstellter Mensch in Religionssachen.
damas CAFARD, eine Art Damast, oder
Satin, nur halb Seiden.

CAFARDERIE, f. f. Scheinheiligkeit, Heu-
cheley.
CAFFA, f. m. Gattung Indianischer baum-
wollener gemachter Leinwand.
CAFFE', CAFE', f. m. Caffee, ein Ge-
wächs in den Morgenländern, fast wie
unsere Bohnen.
CAFFE', das Caffeehaus.
CAFFE', couleur, Caffeebraunfarb.
CAFFETIER, CAFETIER, f. m. ein Caf-
feeschenk.
CAFFETIE'RE, CAFETIE'RE, f. f. eine
Caffeekanne oder Topf.
CAFFIER, f. m. Caffeebaum.
CAFFILA, ist in Indien und in Africa, was
eine Caravane in der Türkey und in Per-
sien ist.
CAFFRERIE, f. f. der Südertheil von
Africa.
CAFFRES, f. m. pl. Schwarzen; Einwoh-
ner des Südertheils von Africa.
CAGE, f. f. ein Kefig für die Vögel, Vogel-
bauer. Mettre en cage, prov. einen ge-
fangen setzen.
CAGE, ein Aufsatz einer Windmühle.
CAGE, Schränklein mit Glas oder Drat
verwahrt, so die Goldschmiede vor den
Laden setzen.
CAGE, hölzern Gitter vor einem Fenster.
CAGE, ein klein und enges Häusgen.
CAGE, (in der Seefahrt) ein Mastkorb.
CAGE de bâtiment, der Umfang eines Hau-
ses.
CAGE d'escalier, Umfang einer Treppe.
CAGE'E, f. f. eine Parthey Vögel und Fal-
ken in einem Kefig, die zu verkaufen sind.
CAGEUX, besser radeau, eine Flösse.
CAGIER, f. m. (von cage) einer der Fal-
ken und andere Stoßvögel zu Kaufe trägt.
CAGNARD, f. m. ein fauler unnützer
Mensch.
CAGNARDER, v. n. faullenzen; it. einen
faulen Bettler abgeben.
CAGNARDERIE, CAGNARDISE, f. f.
Faullenzerey; Betteley.
CAGNARDIER, f. m. ein fauler Bettler.
CAGNEUX, euse, adj. der einwerts ge-
bogene Knie oder Füsse hat; it. krumm,
einwerts gebogen, als die Beine.
CAGOT, tte, adject. & subst. ein Schein-
heiliger, ein Heuchler.
Ame cagotte, heuchlerisch Herz.
CAGOTERIE, f. f. Heucheley, Scheinhei-
ligkeit.
CAGOTISME, f. m. ein heuchlerisch Leben.
CAGOU, f. m. ein Geizhals, karger Filz.
CAGOUILLE, f. f. eine Zierath vornen
am Schiffe.
CAGUE', f. m. eine Art Holländischer
Schiffe.

Cc 3   CAHAI,

CAHAI, *f. m.* ein Regenkleid, ein Mantel mit Ermeln, (ist alt).
CAHIER, *voiés* CAYEUR.
CAHIEU, *v.* CAYEU.
CAHINCAHA, *adv.* wird von dem gesagt, das man mit Verdruß und nach vielem Zwang thut; so hin.
Gagner sa vie *cahincaha*, sein Leben kümmerlich hinbringen.
CAHORS, *f. m.* die Hauptstadt in Quercy in Frankreich.
CAHOS, *v.* CHAOS.
CAHOT, *f. m.* ein Stoß, Sprung oder Schlag, den ein Wagen oder Kutsche an unebenen Orten thut.
CAHOTAGE, *f. m.* das Schlagen und Stoßen eines Wagens.
CAHOTER, *v. a. &n.* solche Schläge thun oder bekommen; einen stoßen, tauchen.
CAHUETTE, CAHUTE, *f. f.* eine Hütte, Bauerhäuslein.
CAÏC, *f. m. v.* CAÏQUE.
CAÏE, CAÏER, CAÏEU, *v.* CAYE.
CAILLE, *f. f.* Wachtel.
CAILLE', *f. m.* geronnene Milch.
CAILLEBOT, *f. m.* ein Klump oder Stück geronnen Blut.
CAILLEBOTTE, *f. m.* ein Stück geronnene Milch.
CAILLEBOTTIS, *f. m.* ein Gitter, wodurch auf den Schiffen Luft von oben hinein, und der Dampf von dem Pulver der Canonen hinaus geht.
CAILLELAIT, *f. m.* ein Kraut, das die Milch gerinnen macht, Labkraut, sonst auch Megerkraut, Wallkraut, Wallstroh, Wegstroh, genannt.
CAILLEMENT, *f. m.* das Gerinnen der Milch in den Brüsten der Weiber.
CAILLER, *v. a.* gerinnen machen, dick machen, verdicken; man sagt auch faire *cailler*. Une goute de baume fait *cailler* le lait, ein Tropfen Balsam macht die Milch gerinnen. On *caille* le lait pour en faire des fromages, man läbet die Milch, (läffet sie gerinnen) daß man Käse daraus mache.
se CAILLER, *v. r.* zusammen laufen, sich backen, gerinnen, gestehen, dick werden.
CAILLE', ée, *part.* lait *caillé*, geronnene Milch.
CAILLER, *f. m.* Wachtelgarn.
CAILLETEAU, *f. m.* eine junge Wachtel.
CAILLETTE, *f. f.* Lab, der Magen von einem Lamm, Kalb und Böcklein zum Käsemachen, oder die Milch gerinnen zu machen.
CAILLETTE, das männliche Glied.
CAILLOT, *f. m.* geronnen Blut, ein Klump oder Stück desselben.
CAILLOT-ROSAT, *f. m.* eine Art süsser Birn,

Rosenbirn.
CAILLOTIS, *f. m.* eine Gattung Glasschmelz, welche Kieselsteinen gleich siehet.
CAILLOU, *f. m.* ein Kieselstein, Wackelstein.
CAILLOUTAGE, *f. m.* ein Haufen Kieselsteine; Mauer- und Grottenarbeit von Kieselsteinen. Une grotte de *caillouta-ge*, eine Wasserkunst mit Kieselsteinen ausgesezt.
CAIMAND, *f. m.* CAIMANDE, *f.* Landstreicher, fauler Bettler.
CAIMANDER, *v. a.* betteln.
CAJOLER, *v. a.* einem gute und schmeichelhafte Worte geben, schmeicheln, liebkosen.
Cajoler son vin, ein Glas Wein in Händen behalten, und dabey immer schwatzen und singen.
Cajoler un vaisseau, gegen den Wind fahren, mit Hülfe des Stroms in der See, oder durch Wendung des Schiffs.
CAJOLERIE, *f. f.* schmeichelhaftes Lob, Schmeicheley, Liebkosung.
CAJOLEUR, *f. m.* euse, *f.* Schmeichler, Schmeichlerin; ein verliebter Mensch.
CAÏQUE, *f. f.* ein Beyschiff bey einer Galeere.
CAISSE, *f. f.* Kramkasten.
CAISSE, Geldkasten. Sa *caisse* est de cent mille écus, seine Baarschaft beträgt hundert tausend Thaler.
CAISSE, die Trummel. Battre la *caisse*, die Trommel rühren.
CAISSE, Gewächskasten, bey den Gärtnern.
CAISSE de mort, ein Sarg.
CAISSE de poulie, auf den Schiffen, das Holz um die Werbel.
Bander la *caisse*, davon gehen.
CAISSETAINS, kleine tannerne Kisten, in welchen die gedörrte Trauben verschickt werden.
CAISSIER, *f. m.* Cassier, der die Geldcasse unter Händen hat.
CAISSON, *f. m.* ein grosser Kasten zu Proviant für die Soldaten oder Munition.
Caisson de bombe, vergrabene Bomben, sie springen zu lassen.
CAJUTE, *f. f.* eine Schlafstelle, ein Bette in den Schiffen oben an dem Bord herum.
CAL, *f. m.* die harte Haut an Händen und Füßen von starker Arbeit oder andern Ursachen, eine Schwiele, oder eine Blase, siehe auch Calus.
CALADARIS, *f. m.* baumwollener Ostindischer Zeug, welcher schwarz oder roth gestreift ist.
CALADE, *f. f.* ein abhangender Ort auf der Reitschule, darauf man die Pferde im Galoppiren übt.

CALAIS.

CALAIS, *s. m.* eine Seestadt in der Picardie in Frankreich.

CALAMANDE, CALAMANDRE ou CALMANDRE, ein wollener Atlas, welcher in Engelland und an andern Orten gemacht wird.

CALAMAR, *s. m.* Federbüchse.

CALAMBUC, *s. m.* eine Gattung Holz aus China.

CALAMBOURG, *s. m.* ein wohlriechendes Indianisches Holz.

CALAMENT, *s. m.* CALAMENTE, *s. f.* ein Kraut, Katzenminze.

CALAMINE, *s. f. v.* CADMIE.

CALAMITE, *s. f.* Magnetstein; Magnetnadel.

CALAMITE, *s. f.* ein Laubfrosch.

CALAMITE', *s. f.* Unglück, Trübsal, Elend.
Tomber dans une grande *calamité*, in grosse Noth gerathen.

CALAMITEUX, euse, *adv.* trübselig, unglücklich.

CALAMUS aromaticus, Calmus.

CALANDES, CALANDRE, CALANDRER, CALANDREUR, CALANDRIER, CALANDRINE, *voïés* CALEND.

CALATRAVA, *s. m.* ein Ritterorden in Spanien.

CALBACE, CALBAS, CALBASSE, *v.* CALEBA.

CALCANEUM, *s. m.* in der Anatomie, der zweyte und stärkste Knochen am Fußbret, das Fersenbein.

CALCEDOINE, *v.* CHALCEDOINE.

CALCINATION, *s. f.* in der Chymie, die Auflösung eines Metalls zu Kalk, Asche oder Pulver, das Pulverisiren.

CALCINER, *v. a.* durch Feuer zu Kalk oder Pulver machen; item in Scheidwasser oder sonst mit einem scharfen Wasser klein machen, auflösen.

CALCITE, eine Gattung Vitriol, der von Natur calciniret ist.

CALCUL, *s. m.* Stein in den Nieren oder Blase des Menschen.

CALCUL, *s. m.* eine Rechnung, Zusammenzählung oder Summirung. Faire le *calcul*, rechnen.
Il se trompe en son *calcul*, prov. er macht vergebliche Anschläge.

CALCULATEUR, *s. m.* der zusammen rechnet, absonderlich in der Astronomie.

CALCULER, *v. a.* zusammen rechnen, ausrechnen.

CALE, *s. f.* das unterste Theil inwendig im Schiff, wo hinab man die Kaufmannswaaren und Munition läßt.

CALE, ein abhängiger hoher Ort an der Seeküste, wohin sich die Schiffe von der Höhe des Meers begeben können.

CALE, ein gäher Ort, da man doch ohne Stufen auf- und abkommen kan.

CALE, ein Bley, das man im Fischen an die Angel hängt, sonderlich im Stockfischfang.

CALE, auf den Schiffen ists eine Strafe der Uebelthäter, wenn man sie von der grossen Segelstange hinab ins Wasser schnellt, da denn *cale* ordinaire heißt, wenn der Verbrecher ganz unter das Wasser muß, und *cale* sèche, wenn man ihn so wirft, daß er nicht ganz unter das Wasser kommt.

CALE, *s. f.* ein Keil, den man zwischen oder unter etwas thut, damit es fest stehe oder halte.

CALE, *s. f.* eine Art Mützen oder Hauben vor Männer und Weiber.

CALE, die Weiber selbst, die solche Mützen tragen.

CALE, eine Mütze der Handwerksgesellen.

CALE, vor diesem ein mit Taffet überzogener Hut, dergleichen die Frauenzimmerlaquayen trugen.

CALE, ein Frauenzimmerlaquay, der dergleichen Hut aufhatte.

CALEBACÉ, *v.* CALEBASSE.

CALEBACIER, *s. m.* ein Baum in America, welcher dem Aepfelbaum gleichet.

CALEBAS, *s. m.* Seilwerk, eine Segelstange damit herab zu lassen.

CALEBASSE, *s. f.* eine Flasche von einem hohlen Kürbis, worauf man schwimmen lernt, wenn man sie unter die Achseln legt.

CALEBASSE, eine Flasche, woraus die Soldaten trinken, oder die Pilgrim, die dergleichen Flaschen mit sich tragen.

CALEBASSE, die Frucht selbst, ein Kürbis, Flaschenkürbis.

CALEBASSE, (im Gartenbau) eine Pflaume, die abfällt, ehe sie zeitig wird.

CALEBOTIN, *s. m.* ein hölzern Gefäß oder das Obertheil von einem Hut, darein die Schuster den Drat oder die Ahlen legen.

CALE'CHE, *s. f.* eine offene Kutsche, eine Kalesche.

CALEÇON, *s. m.* Hosen vom Gürtel bis auf die Knie oder weiter, Schlafhosen.

CALEÇONNIER, *s. m.* einer der Unterhosen machet.

CALEFACTION, *s. f.* das Warmmachen in Arzneysachen, die Wärmung.

CALEMARE, ein Blackfisch, Dintenfisch.

CALEMART, Schreibzeug.

CALEMBAC, Chinesisches Aloeholz.

CALENDER, eine Gattung türkischer Mönchen.

CALENDES, *s. f. pl.* der erste Tag eines jeden Monats.
Renvoïer aux *calendes* Grècques, von Tag zu Tag aufschieben; auf den Nimmerstag verschieben.

CALENDRE, *s. f.* eine Heidelerche; auch eine

eine Lerche ohne Haube; ein Krammets-vogel zu Paris; eine Art grosser Lerchen.
CALENDRE, *s. f.* ein Kornwurm.
CALENDRE, *s. f.* eine Walze, eine Mange, die das Tuch, auf Walzen gewickelt, glatt macht.
CALENDRER, *v. a.* das Tuch oder Leinwand-mangen, rollen.
CALENDREUR, *s. m.* einer der da manget, rollet.
CALENDRIER, *s. m.* (voïés CALENDES) ein Calender.
CALENDRINE, *s. f.* ein Mang- oder Glättstein.
CALENDULE, *s. f.* ein Kraut, Ringelblume; jetzt wird es souci genannt.
CALENGER, *v. a. & n.* lang und genau besehen, untersuchen; scharf dingen und handeln; eine Person oder Sache weitläuftig beschreiben, ein langes und ein breites davon erzehlen, es sey gleich zu loben oder zu schelten, viel Worte machen, auch ins Gesicht einen loben, oder ihm widersprechen; item anklagen; auch gefangen nehmen, (ist alt).
CALEPIN, *s. m.* des Calepini Lexicon; im Scherz, ein Lexicon überhaupt.
CALER, *v. a. & n.* la voile, oder allein caler, die Segel herab lassen, die Segel streichen.
CALER, im verblümten Verstande, nachgeben; vor diesem auch schweigen.
CALER, *v. a.* einen Keil zwischen oder unter etwas stecken, verkeilen.
CALEVILE, *s. f.* eine Art süsser und rother Aepfel in Frankreich.
CALFAS, CALFAT, *s. m.* der am Schiff die Spalten verstopft.
CALFAT, eiserner Meisel, nemlich das Instrument, womit man sie verstopft.
CALFAT, das Werg, so man dazwischen stopft.
CALFAT, die Zustopfung und Vermachung der Spalten.
CALFATAGE, *s. m.* das Verstopfen und Zustreichen der Ritze oder Spalten.
CALFATAGE, das Werg oder Flachs, den man in die Ritze stopft.
CALFATER, *v. a.* die Löcher und Spalten in einem Schiff zustopfen, und mit Teer verstreichen.
CALFATER, die Ritze an einem Fenster oder an einer Thüre zustopfen.
CALFATEUR, *s. m.* der die Ritze verstopft, und deswegen das Schiff oft besehen muß.
CALFATIN, *s. m.* der dem, so auf dem Schiffe wegen des Verstopfens Achtung giebt, dient.
CALFEUTRAGE, *s. m.* das Verkleisteren, Verschmieren.
CALFEUTRER, *v. a.* die Ritzen verkleistern,

verschmieren. *Calfeutrer* les fenêtres, die Fenster verkleistern, verstopfen.
CALIBRE, *s. m.* Mündung eines Geschützes; Weite des Laufs. Pièce de gros *calibre*, Stück von weiter Mündung. Pièce de petit *calibre*, Stück von enger Mündung. Bale de *calibre*, Kugel, die in den Lauf passet.
CALIBRE, (in der Baukunst) Grösse; Stärke. Deux colonnes de même *calibre*, zwo Säulen von einerley Stärke.
CALIBRE, (bey dem Zimmermann) ein Richtscheit.
CALIBRE ou gabarit, (in der Seefahrt) ein klein Modell eines Schiffs nach seiner Form.
CALIBRE, (bey den Schlössern) ein Instrument, durch dessen Hülfe sie sehen, ob der Bohrer gerade geht.
CALIBRE, (bey den Uhrmachern) der Raum, den eine Sackuhr mit ihren Rädern einnimmt.
CALIBRE, (im figürlichen Verstande) der Stand, Tüchtigkeit oder Werth einer Person. Ils sont de même *calibre*, sie sind einer wie der ander. Il ne faut pas se jouer à un homme de ce *calibre*, man muß mit einem Manne von solchem Ansehen nicht scherzen.
CALIBRER, *v. a.* nach gebührender Grösse oder Weite einrichten, formiren.
CALICE, *s. m.* ein Kelch. *Calice* sacré, ein Kelch bey dem Abendmahl.
CALICE, Kelch, der Tulipan und etlicher anderer Blumen.
CALICE, (im verblümten Verstande) Creuz, Trübsal, Elend, Unglück, Noth, Unfall. Boire oder avaler le *calice*, etwas widriges aus der Noth oder Zwang thun, oder leiden.
CALIFE, *s. m.* der vornehmste Geistliche bey den Saracenen; heißt auch ein Fürst.
CALIFOURCHONS, à CALIFOURCHONS, *adv.* rittlings, als auf einem Pferde, mit einem Bein auf dieser und mit dem andern auf jener Seite. Se mettre à *califourchon* sur un timon, auf einer Deichsel reiten.
CALIGINEUX, euse, *adj.* dunkel, (ist alt).
CALIN, *s. m.* eine Art von Metall, besser als das Bley, und doch geringer als das Zinn, womit die Indianer ihre Häuser bedecken.
CALIORNE, *s. f.* ein grosses Seil auf den Schiffen, die Lasten aufzuwinden.
CALISTE, *s. f.* ein Weibsname.
CALIXTE, *s. m.* ein Mannsname.
CALLE'E, cuirs de *callée*, eine Art Leder aus der Barbarey.
CALLEUX, euse, *adj.* dickhäutig; knorigt; schwielicht.

CAL-

CAL   CAL CAM   209

CALLIGRAPHE, *f. m.* Schreiber, Copist, (ist alt).
CALLOSITE', *f. f.* harte Haut an Händen oder anderswo; die Härtigkeit der Haut.
CALLOTS, *f. m.* die Klumpen Schiefer, wie sie aus denen Gruben kommen, und noch nicht in Blätter gespalten sind.
CALME, *subst. m.* Windstille. Etre pris de *calme*, von einer Windstille befallen werden.
CALME, Ruhe, Friede. Joüir d'un *calme* agréable, in angenehmer Ruhe leben.
CALME, *adj.* still vom Wind und Ungewitter. Mer *calme*, stilles Meer.
CALME, still und ruhig am Gemüth. Mon ame est *calme*, mein Gemüth ist ruhig.
CALME, friedlich, ruhig. Tout est *calme* ici, alles ist hier friedlich.
CALMER, *v. a.* stillen; sich legen nach dem Ungewitter. Jésus-Christ *calma* les flots de la mer par sa parole, JEsus Christus stillete die Wellen des Meers mit seinem Wort.
CALMER, *v. a.* beruhigen, besänftigen. *Calmer* les esprits, die Gemüther besänftigen. *Calmer* une personne qui est irritée, einen erzürnten Menschen begütigen.
se CALMER, *v. r.* sich legen. La tempête étant passée la mer se *calme*, wenn der Sturm vorbey ist, so wird das Meer stille. Les troubles se *calment*, die Unruhe legt sich.
CALOÏER, *voïés* CALOYER.
CALOMNIATEUR, *f. m.* trice, *f. f.* Verleumder, Verleumderin.
CALOMNIE, *f. f.* Verleumdung, ehrenrührige Beschuldigung.
CALOMNIER, *v. a.* verleumden.
CALOMNIEUSEMENT, *adv.* verleumderischer Weise, fälschlich.
CALOMNIEUX, euse, *adj.* verleumderisch.
CALOTTE, *f. f.* ein Mützlein oder Käpplein, Platmütze.
CALOTTE de pistolet, das eiserne Käpplein am Pistolenschaft.
CALOTTIER, *f. m.* einer der solche Mützlein oder Käpplein macht.
CALOYER, *f. m.* ein Griechischer Mönch, S. Basiliiordens.
CALQUER, *v. a.* etwas abzeichnen, indem man ein Kupferstück oder Bild hinten mit etwas bestreicht, hernach auf ein Papier legt, und auf allen Strichen des Bildes mit etwas spitziges herum fährt, daß sie sich abdrücken.
CALQUIERS, so heißen gewisse Gattungen von Chinesischem Atlas.
CALVAIRE, *f. m.* die Schedelstätt, worauf Christus gecreuziget worden ist.
CALVILLE, *f. f.* ein Schlotterapfel, dessen Kerne inwendig schlottern, wenn man ihn schüttelt.
CALVINIEN, enne, *subst. & adj.* des Calvini Lehre zugethan, ein Calvinist.
CALVINISME, *f. m.* die Calvinische Religion.
CALVINISTE, *f. m.* der des Calvini Meynung folgt, ein Calvinist.
CALVITIE, *f. f.* das Ausfallen der Haare.
CALUS, *f. m.* harte und dicke Haut an den Händen oder andern Gliedmaßen, Schwiele.
CALUS, in verblümtem Verstande, eine Erhartung des Gemüths, eine Unempfindlichkeit; wird sowol in gutem als bösem Verstande gebraucht. Les méchans se font un *calus* contre les remords de leur conscience, die Gottlosen sind so erhartet im Bösen, daß sie dem Gewissen kein Gehör mehr geben. Se faire un *calus* contre les railleries des libertins, derer Spottreden der Weltkindern nicht achten.
CAMAGNES, (in der Seefahrt) Schiffbetten; (das Wort ist nicht gebräuchlich in Occident).
CAMAÏEU, *voïés* CAMAYEU.
CAMAIL, *f. m.* in den Wappen eine Helmdecke der alten Ritter.
CAMAIL, ein gewisser Mantel der Bischöfe und einiger anderer Geistlichen, den sie im Winter in der Kirche umhaben, und der zugleich den Kopf und die Schultern bedeckt.
CAMALDOLI, CAMALDOLITES, *f. m. plur.* (von einem Ort in Italien, wo dieser Orden gestiftet worden ist) Camaldulensermönche.
CAMARADE, *f. m.* ein Stubengesell, einer der in eben der Stube oder Kammer mit wohnt.
CAMARADE de voïage, ein Reisegefährte.
CAMARADE de débauche, Saufbruder.
CAMARD, *f. m.* der eine stumpfe Nase hat.
CAMARDE, *f. f.* die stumpfnäsig ist.
CAMAYEU, *f. m.* ein Edelstein oder sonst ein Stein, in oder auf welchem eine von Natur gebildete Figur zu sehen ist.
CAMAYEU, Bildarbeit, so durch Kunst verfertiget ist, sie sey gleich eingegraben oder etwas erhaben.
CAMAYEU, ein Gemählde von einerley Farbe, als gelb auf gelb, blau auf blau rc.
CAMBAGE, *f. m.* Auflage auf das Bier.
CAMBISTE, *f. m.* ein Wechsler.
CAMBOUIS, *f. m.* das Dicke, das sich von der Wagenschmiere durch das Umlaufen der Räder heraus giebt.
CAMBRAI, *f. m.* Camerich, eine Stadt und Bischthum in den Niederlanden.
Toile de *Cambrai*, Cammertuch.
CAMBRASINES, reine Egyptische Leinwand,

D d

wand, welche mit deme von Camerich/ kan verglichen werden.

CAMBRER, *v. a.* wölben.

CAMBRER, (von Schuhen und Laisten) ausschweifen, die Beuge geben.

CAMBRESINE, reine flächserne Leinwand, welche zu Camerich und Peronne gemachet wird.

CAMBRESIS, *s. m.* das Land um Cambrai, das Camericher Gebiet.

CAMBRIDGE, *s. f.* eine Stadt und Universität in Engelland.

CAMBRURE, *s. f.* Wölbung; gewölbter Bogen.

CAMBRURE, Beuge (Ausschweifung) eines Schuhes oder Laistes.

CAMEADE, eine Gattung wilden Pfeffers.

CAMELEE, *s. f.* eine Staude, die sehr ästig ist.

CAMELEON, *s. m.* ein klein Thierlein, gleich einer Eider, welche die Farbe von demjenigen Dinge annimmt, an welchem es sich befindet. Un homme plus changeant qu'un *caméleon*, ein tückischer unbeständiger Mensch.

CAMELEOPARD, *s. m.* ein Abyßinisch Thier mit einem Kopf und Hals als ein Cameel, und fleckicht als ein Leopard, frißt Grünes, und ist ganz zahm, wird in Ethiovien gefunden.

CAMELINE, *s. f.* Leindotter, Flachsdotter, ein Kraut.

CAMELOT, *s. m.* ein Zeug von Cameelhaaren, oder von Ziegenhaaren und Wolle. Il ressemble au *camelot*, il a pris son pli, *prov.* er bleibet bey seiner Weise.

CAMELOTE, ée, *adj.* wie Camelot gewirkt.

CAMELOTIER, *s. m.* eine Gattung sehr gemeines Papier.

CAMELOTIER, *s. m.* einer der verbottene Waaren führet.

CAMELOTINE, *s. f.* ein Zeug, wie Camelot gemacht.

CAMERIER, *s. m.* ein Oberkämmerer oder Kammermeister.

CAMERIER, Kammerjunker eines Pabsts oder Cardinals.

CAMERLINGAT, *s. m.* die Schatzmeisterwürde am Bäbstlichen Hof.

CAMERLINGUE, *s. m.* des Pabsts Schatzmeister.

CAMION, *s. m.* eine gar kleine Stecknadel.

CAMION, ein Karren, die Kaufmannswaaren hin und wieder zu schieben, mit zwey Rädern und zwey Personen, zu Paris sagt man Haquet.

CAMISADE, *s. f.* ein Einfall bey Nacht, da der Feind im Hemde heraus muß; ein nächtlicher Sturm auf eine Stadt. Donner une *camisade* à l'ennemi, den Feind bey Nacht überfallen.

CAMISOLE, *s. f.* ein Camisol, Unterkleid, Futterhemd.

CAMOMILLE, *s. f.* ein Kraut und Blume, Camillen.

CAMOTARD, *s. m.* eine Art Zeug von Ziegenhaaren.

CAMOUFLET, *s. m.* ein zusammen gerolltes Papier, das man an einem Ende anzündet, und durch das andere einem Schlafenden den Rauch in die Nase bläst.

CAMP, *s. m.* das Feldlager einer Armee. Asseoir son *camp*, das Lager schlagen.

CAMP volant, eine fliegende Armee, eine kleine Armee von Reuterey, die den Feind zum öftern bald da bald dort anfallen muß.

Maréchal de *camp*, Feldmarschall.

Mestre de *camp*, Obrist eines Regiments Reuter.

Aide de *camp*, ein Officier, der die Befehle des Generalen überbringt.

Ministre de *Camp*, Feldprediger.

CAMP, Kampfplatz, ein Ort, wo zwey duelliren.

Juge de *Camp*, ein Kampfrichter, der bey einem Duell den Ausspruch thut.

CAMPAGNARD, *s. m.* Landsaß, der auf dem Lande wohnet.

CAMPAGNARDE, *s. f.* die auf dem Lande wohnt.

CAMPAGNE, *s. f.* das Feld. Rase *campagne*, das freye Feld, wo weder Berg noch Wald ist.

CAMPAGNE, das Land (wie es von der Stadt unterschieden). Demeurer à la *campagne*, auf dem Lande wohnen; sich aufhalten.

CAMPAGNE, Feldzug. A l'âge de 25 ans il avoit déja fait dix *campagnes*, er hatte bereits in seinem fünf und zwanzigsten Jahre zehen Feldzüge gethan.

Le Roi se mettra en *campagne* sur le commencement du printems, der König wird mit angehendem Frühlinge zu Felge gehen.

D'abord il se met en *campagne*, er fährt flugs auf, wird bald böse.

Pièces de *campagne*, Feldstücke.

Battre la *campagne*, bey den Jägern heißt es, dem Vogelwildpret nachgehen; im Felde heißt es, herum reuten, und auf den Feind Acht geben; von Scribenten und Rednern heißt es, viel Dinge vorbringen, die nicht zur Sache dienen.

Gentilhomme de *campagne*, Landjunker.

Une maison de *campagne*, ein Landgut, Lusthaus.

CAMPANE, *s. f.* zierliches Behängsel von Knopfmacherarbeit.

CAMPANE, *s. f.* Zierathen an der Bildhauer-

hauerarbeit, die wie Glocken herab hangen.
CAMPANE, (in der Baukunst) der Säulenknauf bey der Corinthischen Ordnung.
CAMPANE E'NULE, CAMPANE AUNE'E, *s. f.* ein Kraut, Alantwurz.
CAMPANELLE, CAMPANETTE, *s. f.* ein Kraut und Blume, Glockenblume; it. ein kleines Glöcklein.
CAMPANINI, *s. m.* ein harter Marmor, der einen scharfen Klang, als eine Glocke giebt, wenn man ihn arbeitet.
CANPANULE, ist der Name von unterschiedenen Kräutern, welche glockenförmige Blumen tragen.
CAMPEMENT, *s. m.* das Schlagen des Lagers; Campiren.
CAMPER, *v. a.* das Lager schlagen.
se CAMPER, *v. r.* sich lagern; gelagert seyn.
se CAMPER, (auf dem Fechtboden) sich ins Lager stellen; sich in Positur setzen.
CAMPESCHE, *s. m.* Campeschenholz; wird zum Färben gebraucht.
CAMPHRE, *s. m.* Campher, ein Morgenländischer Gummi von starkem Geruch.
CAMPHRER, *v. a.* mit Campher anmachen oder zurichten.
eau CAMPHRE'E, Campherwasser.
CAMPO, ou petit *campo*, eine Gattung Spanischer Wollen, welche von Sevilien und Malaga kommt.
CAMPOS, *s. m.* der Schüler Feyertage; it. der Schreiber.
Avoir *campos*, Ferien haben.
CAMUS, *s. m.* der eine stumpfe Nase hat.
Il est bien *camus*, on l'a rendu *camus*, man hat ihm eine Nase gemacht, oder ihn betrogen.
CAMUSE, *s. f.* die eine stumpfe Nase hat.
CANADA, *s. m.* Canada oder Neufrankreich in America.
CANADE, *s. f.* eine Kanne Getränks, die man alle Tage auf den Schiffen austheilt.
CANADIEN, *s. m.* CANADIENNE, *s.* ein Franzos, der sich in Canada gesetzt hat.
CANADOIS, *s. m.* CANADOISE, *s.* einer aus Canada, ein heidnischer Einwohner daselbst.
CANAILLE, *s. f.* allerley Lumpengesind, Lumpenvolk.
CANAILLE, der Pöbel; das gemeine Volk.
CANAL, *s. m.* CANAUX, *plur.* Wassergraben; Wasserleitung.
CANAL, der Gang (das Bett) eines Stroms.
CANAL, enge Fahrt im Meer, zwischen zweyen Ufern.
CANAL, Wasserröhre.
CANAL, (in der Seefahrt) der Lauf eines Schiffs. Faire *canal* à un tel lieu, den Lauf nach dem Ort richten; nehmen.
CANAL, (in der Anatomie) Röhre; Hölung im Leibe. Le *canal* de l'épine du dos, die Hölung des Ruckgrads.
CANAL, (in der Baukunst) Aushölung an einer Säule, oder an einem Jonischen Knauf.
CANAL, (in der Baukunst) bleyerne Röhre, wodurch das Regenwasser von dem Dach abläuft.
CANAL, (am Pferd) die Höle des Mauls, wo die Zunge liegt.
CANAL, Hölung an einem Rohrschaft, wo der Ladestock eingesteckt wird.
CANAL, Vermittelung; Vorsprache; Mittel, Weg, wodurch man etwas erlanget oder ausrichtet. Il est le *canal* de toutes les graces du Roi, man erhält nichts vom Könige, als durch seine Vermittelung.
Il est entré par le bon *canal* à la cour, er hat das rechte Mittel zu seiner Beförderung bey Hof getroffen.
Monsieur N. est aujourd'hui le *canal* des graces, der Herr N. theilt jetzt die Gnade aus; wer etwas zu erhalten gedenkt, muß es jetzt durch Herrn N. suchen.
faire CANAL, heißt zur See, gerad über das tiefe Meer hin, nicht an den Küsten herfahren.
CANAPE', *s. m.* (Sopha) eine Art von Ruhbetten oder Ruhsesseln.
CANAPSA, *s. m.* ein Knapsack, ein Wanderbündel.
CANARD, *s. m.* ein Entvogel, Andrach, das Männlein von einer Ente.
CANARD, ein Budelhund, Wasserhund.
Donner des *canards* à quelqu'un; einem etwas weiß machen, ihn betrügen.
CANARDER, *v. a.* von ferne auf einen wie auf eine Ente, oder verrätherischer Weise aus einem verborgenen Orte schiessen.
CANARDIE'RE, *s. f.* ein Entenfang.
CANARDIE'RE, Schießloch in einer Mauer.
CANARIE, *s. f.* eine Art alter Tänze, da man nahe an einander, und wieder von einander tanzt.
CANARIE, *s. m.* ein Canarienvogel.
CANARIES, *s. f. pl.* die Canarischen Inseln im Atlantischen Meer.
CANARIN, *s. m.* ein Canarienvogel.
CANASTRE, *s. m.* eine Art lederne Kisten.
CANASTRE, eine Art gesponnenen Rauchtabacks, so aus Holland kommt, und welcher heut zu Tag vor den besten gehalten wird.
CANAUX, *s. m. plur.* (in der Baukunst) Aushölungen an den Binden und Kranzleisten.
CANCAN, Geräusch, Getös.
CANCEL, *s. m.* der Ort, da man die Siegel bewahret, ein gewisser Ort in dem Chor einer Kirchen, welcher mit einem Geländer umgeben ist.

CANCELLATION, *s. f.* gerichtliche Ausstreichung, Vernichtung, Ungiltigmachung einer Schrift.

CANCELLER, *v. a.* (im Rechtshandel) ausstreichen; durchstreichen.

CANCER, *s. m.* der Krebs, als ein Himmelszeichen.

CANCER, der Krebs, ein fressendes Geschwür.

CANCRE, *s. m.* Krabbe, Taschenkrebs; auf den alten Münzen, ein Zeichen einer Seestadt; it. der Klugheit.

CANCRE, (Schmähwort) Hundsbub. C'est un pauvre *cancre*, es ist ein elender Tropf, ein armer Kerl.

CANDE'LABRE, *s. m.* ein grosser Leuchter, viel Lichter darauf zu stecken.

CANDE'LETTE, *s. f.* (in der Seefahrt) ein Seil mit einem Haken, den man in den Ring des Ankers thut, wenn er aus dem Wasser heraus kommt, ihn an seinen Ort zu heben.

CANDEUR, *s. m.* Aufrichtigkeit, Redlichkeit. Agir avec *candeur*, aufrichtig handeln.

CANDI, ie, *adj.* candirt. Sucre-*candi*, klar gesottener Zucker; Zuckerkant.

CANDIDAT, *s. m.* bisweilen scherzweise, einer der sich um eine Ehrenstelle bewirbt. Il n'est pas reçu dans cette charge, il n'en est que *candidat*, er hat sich um den Dienst beworben, ihn aber nicht erhalten.

CANDIDE, *adj. c.* aufrichtig, offenherzig.

CANDIDEMENT, *adv.* redlicher Weise.

CANDIE, *s. f.* die Insel Candia.

CANDIOT, *s. m.* einer aus der Insel Candia.

se CANDIR, *v. r.* weiß als Eis oder Cristall werden. Les confitures se *candissent*, die eingemachte Früchte candiren sich, (wenn der Zucker übersotten.)

CANDIS, candirtes Confect.

CANDOU, *s. m.* Name eines Baums, auf den Maldivischen Inseln, dessen Holz Feuer giebt, wenn man zwey Stücken davon an einander reibt.

CANE, *s. f.* eine Ente, oder Aente, das Weiblein davon. Faire la *cane*, etwas begehren, das ein verzagtes Herz zeigt, das ist, sich als eine Ente untertauchen, sich abschrecken lassen.

CANE, *s. f.* eine Art Schiffe.

CANE, *v.* CANNE.

CANELADE, *s. f.* eine Speise vor die Falken, von Zimmet, Zucker und Mark vom Reiger, damit sie auf die Reigerbeize begierig werden.

CANELAT, CANELAS, *s. m.* eingemachter Zimmet, überzuckerter Zimmet.

CANELE', *m.* CANELE'E, *f. adj.* (in der Baukunst) ausgehöhlt; ausgezogen.

CANELER, *v. a.* eine Säule aushölen; ausziehen.

CANELLE, *s. f.* Zimmet; Zimmetrinde.

CANELLE, hölzerner Bierhan.

CANELURE, *s. f.* (in der Baukunst) ausgehöhlte Streifen oder Kehlen an den Säulen oder sonsten.

CANEPETIERE, *s. f.* ein Vogel etwas kleiner als ein Trapphun.

CANEPIN, *s. m.* ein sehr dünnes Schaafleder zu Fechern und Weiberhandschuhen.

CANETILLE, CANETILLER, *v.* CANNETILLE.

CANETTE, *s. f.* (*v.* CANE, Ente) eine junge Ente.

CANETTER, *v. n.* wie eine Ente gehen.

CANETTON, *s. m.* ein junges Entlein.

CANEVAS, *s. m.* Kanfaß, eine Art dichter Leinwand, zum unterfüttern; eine starke Leinwand zu Tapeten; ein dichter baumwollener Zeug.

CANEVAS de chanson, die ersten Worte, die man zu einem Liede macht, nach welchen man die andern einrichten muß; die Noten, nach welchen einer Verse machen muß, daß sie darnach gesungen werden können.

CANEVAS, der erste Entwurf einer Schrift, die man will ausgehen lassen, ein Plan zu einer Historie, Gedicht, u. d. g.

CANGRE'NE, *s. f.* der kalte Brand.

CANGRE'NE, ein überhandnehmendes Uebel; Unordnung.

CANGRENE', *m.* CANGRENE'E, *f. adj.* vom kalten Brand ergriffen.

se CANGRENER, *v. r.* vom kalten Brand ergriffen werden. La partie commence à se *cangrener*, der kalte Brand beginnet dazu zu schlagen.

CANICA, wilder Zimet aus der Insul Cuba.

CANICULAIRE, *adj. c.* jours *caniculaires*, die Hundstage.

CANICULE, *s. f.* der Hundsstern.

CANIDE, *s. m.* eine Art Papageyen auf den Antillischen Inseln, von ungemeinen Farben.

CANIF, *s. m.* ein Federmesser.

CANIN, e, *adj.* was zu den Hunden gehört; hündisch. Dent *canine*, der Hundszahn. Faim *canine*, Hundshunger.

CANIVEAUX, *s. m. pl.* die Reihe der grössern Pflastersteine mitten auf den Strassen, wo die Wagen fahren.

CANIVET, *s. m.* ein klein Federmesser.

CANNAYE, *s. f.* Rohrsumpf.

CANNE, *s. f.* Schilfrohr, Meerrohr. Porter une *canne*, ein spanisches Rohr, einen Stab oder Stock tragen.

CANNE, ein römisch Maaß, so zu Toulouse 5 Schuh, 5 Zoll, 0 Linien; zu Rom 6 Schuh, 11 Zoll, 7 Linien hält.

CAN-

CANNE odorante, Kalmus.
CANNE de sucre, Zuckerrohr.
CANNE d'Inde, sogenanntes indianisches Gewächs mit weissen Blumen, die aber im andern Jahr nach der Pflanzung bunte Streife bekommen.
CANNE de mer, ein fahlbrauner Vogel mit einem weissen Streif um den Hals, hat einen schwarzen Schnabel, und Füsse von eben der Farbe.
CANNE, (in denen Münzen) ein langer eiserner Stab mit welchem man die flüssigen Metalle rühret.
CANNE de feu oder d'acier, Musqueten- oder Flintenlauf.
CANNE, Ente, CANNE, Schiff, CANNELADE, CANNELAS, CANNELAT, CANNELLE, CANNELER, CANNELURE, CANNEPETIERE, CANNEPIN, *v*. CANE.
CANNEQUINS, weisser baumwollener Zeug, der aus Indien kommt.
CANNETILLE, *s. f.* klein breit gedruckter göldener und silberner Drat, der zusammen gerollt ist, als Röhrlein, Flittergen, Rasch.
CANNETILLER, *v. a.* etwas mit solchem Drat oder Rasch binden, umwinden.
CANNETTE, CANNETTER, CANNEVAS, *v.* CANE.
CANULE, *s. f.* eine kleine Röhre, so man in die offenen Schäden thut; eine Fistel.
CANON, *s. m.* eine Röhre, als an der Clystierspritze.
CANON, die Röhre an den Schlössern, wodurch ein Schlüssel geht, der nicht gebohrt ist.
CANON, die Röhre an einem Sprengfaß zum Gartenbegiessen.
CANON, eine länglichte Weberspule zum Aufhaspeln.
CANON, die Röhre am Pferdbein, vom Knie bis an den Bug über dem Huf.
CANON, die Röhre an einem Guß oder einer Dachrinne.
CANON, ein hohles Mundstück am Gebiß eines Pferdes.
CANON, eine porcellanene Apothekerbüchse.
CANON, (an den Hosen oder Strümpfen) eine Rose oder Pausch unter dem Knie. (vor alters.)
CANON, ein Stück Geschütz, eine Canone.
CANON, ein Lauf an Geschossen, als an Musqueten, Pistolen, ꝛc.
CANON, eine Kirchenordnung; ein Schluß so der Gemeine zur Regel gemacht ist.
CANON, bey der Messe die Gebette, die gleich nach dem Eingang folgen; auch die Tafel, so der Priester vor sich hat, worauf dieser Canon geschrieben steht.

CANON, in der Druckerey, eine grosse Schrift, womit dieser Canon zuerst gedruckt worden ist. Missal oder Roman-Antiqua-Schrift.
CANON, das Register der rechten angenommenen Heiligen.
CANON, in der Music, eine Art Fugen.
CANON emphitéotique, ein Grundzins von einem Acker oder Feldgut, Erbzins.
CANON des écritures, die Canonischen Bücher der H. Schrift.
CANON, *adj. m.* le droit *canon*, das Canonische Recht, die Kirchensatzungen.
CANONIAL, e, *adj.* heures *canoniales*, die horæ canonicæ, oder gewisse Gebette, die aus dem Brevier alle Tage müssen gesprochen werden.
CANONICAT, *s. m.* eine Domherrnstelle.
CANONIQUE, *adj. c.* was nach dem Canonischen Recht ist.
Livres *canoniques*, die Canonischen Bücher.
Droit *canonique*, das Canonische oder Kirchenrecht.
CANONIQUEMENT, *adv.* Canonischer Weise, den Canonischen Rechten gemäß.
CANONISATION, CANONIZATION, *s. f.* das Aufnehmen eines Verstorbenen in die Zahl der Heiligen; it. die Ceremonie, so dabey vorgeht.
CANONISER, CANONIZER, *v. a.* in die Zahl der Heiligen setzen.
CANONISTE, *s. m.* ein Lehrer des Canonischen Rechts.
CANONNADE, *s. f.* ein Stückschuß.
CANONNER, *v. a.* mit Stücken beschiessen oder schiessen.
CANONNIER, *s. m.* einer der das Stück richtet, Constabel.
CANONNIE'RE, *s. f.* ein Zelt mit 2 Stangen vor die Canonier.
CANONNIE'RE, ein Loch in einer Mauer, da das Wasser durchlaufen kan.
CANONNIE'RE, ein Schußloch in der Mauer.
CANONNIE'RE, Zelt für die Büchsenmeister.
CANONNIE'RE, eine Platzbüchse von Holder, womit die Knaben spielen.
CANOT, *s. m.* ein Nachen der Wilden in America, ein Schiff meistens aus Baumrinde gemacht, oder ganz aus einem Baum gehauen.
CANTAL, *s. m.* eine Art guten Käses.
CANTALABRE, *s. m.* heißt bey den Handwerksleuten die einfache Einfassung oder Zierath um eine Thür oder Fenster.
CANTANETTES, *s. f. pl.* sind auf dem Schiff zwey runde Löcher, zwischen welchen das Steuerruder ist, wodurch das Licht in ein klein Zimmer fällt, so Gavon heißt.
CANTATE, *s. f.* eine Music mit einer singenden

genden Stimme, die mit Recitativen, Arien und andern Arten abwechselt.

CANTHARIDE, *s. f.* eine giftige Fliege, spanische Fliege.

CANTHUS, *s. m.* der Winkel im Auge.

Le grand *canthus*, der Winkel bey der Nase.

Le petit *canthus*, der Winkel bey den Schläfen.

CANTIBAL, *s. m.* bey den Schreinern und Zimmerleuten, ein Stück Holz, das viel Risse hat, und zu nichts taugt.

CANTIMARONS, ou CATIMARONS, *s. m.* kleine Flösse, deren sich die Einwohner der Küsten von Coromandel zum Fischen bedienen.

CANTINE, *s. f.* ein Flaschenkeller, oder Kasten zu Trinkflaschen; Flaschenfutter.

CANTIQUE, *s. m.* ein geistlicher Gesang, Lobgesang GOtt zu ehren.

Le *Cantique* des *cantiques*, das hohe Lied Salomonis.

CANTON, *s. m.* Landschaft; Kreis.

Un petit *canton* de l'Allemagne, ein kleiner Winkel in Deutschland; in den Wappen, ein viereckigter Theil des Schildes; it. ein Winkel an einem Creutz.

Les XIII *Cantons*, die XIII Ort Lobl. Eidgnoßschaft; oder les *Cantons* Suisses, die Schweizerischen Stände.

CANTON, quartier, Gegend, in einer Stadt, der Ort oder die Gasse wo jemand wohnt.

Je l'ai cherché dans tous les *cantons* de la ville; ich habe ihn an allen Orten der Stadt gesucht. Dans quel *canton* demeure-t-il? in welcher Gasse wohnet er?

CANTON, (in der Wappenkunst) Winkel. *Canton* dextre, der rechte Winkel. *Canton* senestre, der linke Winkel.

CANTONNE', ée, *adj.* (in der Wappenkunst) geeckt. Une croix *cantonnée* de quatre quartiers, ein an vier Enden geecktes Creutz. Une croix d'or *cantonnée* de quatre aiglettes de sable, ein guldenes Creutz, an den vier Enden mit schwarzen kleinen Adlern.

CANTONNER, *v. n.* (vom Kriegsvolk, wenn sie sich in die Dörfer lagern,) la cavalerie est allée *cantonner*, die Reuteren hat sich in die Dörfer gezogen.

se CANTONNER, *v. r.* sich in einen Winkel Landes begeben, oder in einer Enge sich verschanzen.

CANTONNIE'RE, *s. f.* ein kleiner Fürhang, den man unten zun Füssen des Bettes vorziehet.

CANTORBERI, *s. m.* Cantelberg, eine Stadt und Erzbißthum in Engelland.

CANULE, *v.* CANNULE.

CAP, *s. m.* eine Spitze oder Ecke Landes, die man im Meer sehen kan, ein Vorge-birg; das Vordertheil oder die Spitze am Schiff. Mettre le *cap* au vent, sich gegen den Wind legen.

Doubler le *cap*, parer le *cap*, das Vorgebirg vorbey segeln.

Le *cap* de bonne Esperance, das Vorgebirg der guten Hofnung in Africa.

Armé de pied en *cap*, ganz gewafnet, vom Fuß bis auf das Haupt.

Parler *cap* à *cap*, mündlich reden.

CAP de mouton, auf den Schiffen, ein rundes Stück Holz mit einem eisernen Ring eingefaßt, damit es nicht springe.

CAP de more, ein viereckigt Holz unten im Schiff, worinne der Mastbaum steht; auch ein Stück Holz, in welchem die unterschiedenen Theile des Masts sich zusammen fügen; it. ein Pferd mit einem schwarzen Kopf.

CAP ET QUEUË: Cette pièce d'étoffe a *cap & queuë*, dieses Stück Zeug ist noch unangebrochen.

CAPABLE, *adj. c.* dahinein etwas geht, das etwas in sich fassen kan. Port *capable* de cent vaisseaux, ein Haven der hundert Schiffe fassen kan.

CAPABLE, gelehrt; erfahren. Un homme *capable* de gouverner un roïaume, ein Mann der tüchtig ist ein ganzes Königreich zu verwalten.

Faire le *capable*, sich vor tüchtig ausgeben.

CAPABLE, vermögend, fähig, geschickt.

† Tous les trésors de ce roïaume ne sont pas *capables* d'assouvir sa convoitise, alle Schätze dieses Königreichs vermögen nicht seinen Geldgeiz zu stillen. Il n'est pas *capable* de cette charge, er ist diesem Amte nicht gewachsen. Un enfant n'est pas *capable* d'un si grand crime, ein Kind ist nicht fähig ein so grosses Bubenstück zu begehen.

CAPABLEMENT, *adv.* geschickter Weise.

CAPACITE', *s. f.* der Raum und Weite eines Gebäudes oder Platzes. u. d. g. Cette sale a assés de *capacité* pour contenir ce monde, der Raum dieses Saals ist weit genug dieses Volk zu fassen.

CAPACITE' d'un vaisseau marchand, der Halt eines Kauffardeyschiffes.

CAPACITE', (in der Meßkunst) der Halt einer Figur. Mesurer la *capacité* d'un triangle, den Halt eines Dreyecks messen.

CAPACITE', Geschicklichkeit; Vermögen; Tüchtigkeit. Cela surpasse ma *capacité*, dieses ist über mein Vermögen. Ma *capacité* ne va pas si loin, meine Geschicklichkeit reicht nicht so weit.

CAPACITE', Gelehrsamkeit; Uebung. Il y a des hommes dans cette ville d'une grande

grande *capacité*, es sind in dieser Stadt Männer von grosser Gelehrsamkeit.
Les titres & *capacités* d'un Ecclésiastique, die Schriften und Zeugnisse, die einer hat, zu beweisen, daß er eine Präbende geniessen kan, als daß er die Weihe ꝛc. habe.

CAPADE, *s. f.* bey den Hutmachern die Ueberziehung des Filzes mit Biberhaaren.

CAPARAÇON, *s. m.* eine Pferddecke, die man im Stall über die Pferde deckt; it. die Bekleidung der Handpferde; vor diesem eine Rüstung der Pferde von Eisenblech, ein Pferdharnisch.

CAPARAÇONNER, *v. a.* einem Pferd die Decke auflegen; vor diesem, dem Pferd den Harnisch anthun.

CAPDEUIL, *s. m.* an einigen Orten, das Stammgut, Stammhaus bey einem adelichen Geschlecht, das vornehmste Gut das allezeit der Aelteste eines Geschlechts im Besitz hat.

CAPE, *s. f.* ein Mantel mit einer Kappe, die man über den Kopf ziehen kan.

CAPE, eine seidene oder flohrne Kappe der Weiber, die sie über den Kopf ziehen.

CAPE, auf den Schiffen, das grosse Segel am grossen Mast.

CAPE de Béarn, eine Kutte ohne Ermel, und mit einer Kappe den Kopf zu bedecken.

Rire sous *cape*, heimlich lachen.

N'avoir que la *cape* & l'épée, *prov.* nichts im Vermögen haben, als wie man geht und steht.

Mettre à la *cape*, zur See, mit dem grossen Segel allein fahren, und die andern Segel einziehen.

CAPE'ER, *v. n.* (in der Seefahrt) das grosse Segel allein aufspannen, mit demselben fahren.

CAPELER, *v. a.* die Wand oder das Haupt-Seil am Mast oben über den Mast herüber thun.

CAPELET, *s. m.* eine Geschwulst wie ein Ballen an den Kniekehlen der Pferde.

CAPELINE, *s. f.* ein breiter Regenhut.

CAPELINE, *s. f.* ein Hauptschmuck oder eine Mütze mit einem Federbusch.

CAPELINE, der geflügelte Hut Mercurii.

CAPELINE de fer, eine Sturmhaube, ein Helm.

Homme de *capeline*, ein verwegener, beherzter Mensch zum Schlagen.

CAPELLAN, *s. m.* ein armer Pfaff, der vor einen andern in einer Capelle Messe liest.

CAPELLE, *s. f.* eine Capelle.

CAPENDU, *s. m.* eine Art Aepfel mit kurzen Stielen.

CAPET, *s. m.* ein Zuname des 35sten Königs in Frankreich Hugonis.

CAPETIEN, *s. m.* ein Prinz von Hugonis Capeti Geschlecht.

CAPEYER, *v.* CAPE'ER.

CAPHARD, ein Zoll, welchen die Christlichen Kaufleute denen Türken zahlen müssen, wenn sie Waaren von Aleppo nach Jerusalem und andere Ort in Syrien schicken.

CAPHARD, ein plumper Kerl, der unangenehme Manieren an sich hat, und läppische Reden führet.

CAPIER, *s. m.* ein Kapernstrauch.

CAPIER, *v. a. v.* CAPE'ER.

CAPILLAIRE, *s. m.* Frauenhaar, ein Kraut; auch andere Kräuter, so gar schmale Blätter haben.

CAPILLAIRE, *adj.* (in der Chirurgie) haarklein; haarfein.

Veines *capillaires*, die kleinesten Adern.

Fracture *capillaire*, ein Bruch, der so kleine Spaltungen als Haare macht.

CAPILOTADE, *s. f.* klein gehackt Fleisch.

Mettre quelqu'un en *capilotade*, einen durchziehen, durchhecheln.

CAPION, *s. m.* der Hauptbalken vorn oder hinten im Schiff; die Vorstäbe am vordern Theil des Schiffs.

CAPISCOL, *s. m.* der Dechant in einigen Stiftern.

CAPITAINE, *s. m.* ein Hauptmann, über Kriegsvolk.

CAPITAINE d'infanterie, Hauptmann zu Fuß.

CAPITAINE de cavalerie, Rittmeister.

CAPITAINE, Kriegsheld. Le Prince Eugène étoit un grand *capitaine*, der Prinz Eugenius war ein grosser Kriegsheld.

CAPITAINE aux Gardes, Hauptmann unter dem Leibregiment.

CAPITAINE des Gardes, Hauptmann über die Leibwache. (ein besonderes Amt bey dem König in Frankreich.)

CAPITAINE du château, Schloßhauptmann.

CAPITAINE des chasses, Oberforstmeister.

CAPITAINE, ein Americanischer Fisch, welcher roth an der Farb ist, und auf dem Rucken eine Gattung Federbusch hat.

CAPITAINERIE, *s. f.* die Hauptmannswürde; wird meistens von einigen Schloßhauptmannsstellen gesagt.

CAPITAINERIE, *s. f.* an einigen Orten, die Gerichtsbarkeit über die Soldaten und Neugeworbenen.

CAPITAINERIE des chasses, Jagdcapitain- oder Oberforstmeisterstelle.

CAPITAINESSE, *v.* CAPITANE.

CAPITAL, e, *adj.* vornehmst, hauptsächlichst, wichtigst.

Lettres *capitales*, die grossen Anfangsbuchstaben.

Crime

Crime *capital*, eine henkermäßige That, eine That die halsbrüchig ist, die den Tod verdient.

Peine *capitale*, Todesstrafe; auch ewige Landsverweisung.

Ennemi *capital*, Todfeind, unversöhnlicher Feind.

Le point *capital* de l'affaire, der Hauptpunct bey einer Sache.

CAPITAL, *f. m.* die Hauptsumme, im Gegensatz der Zinse davon, der Hauptstuhl, das Capital.

Faire son *capital* de quelque chose, sich sehr auf ein Ding verlassen, hoch achten.

CAPITALE, *f. f.* die Hauptstadt eines Landes.

CAPITALE de bastion, in der Befestigung ist es die Linie von der Spitze der Bastion bis an den Winkel an der Flanke.

CAPITALISTE, *f. m.* der baar Geld und Vermögen hat, und von Renten leben kan.

CAPITAN, *f. m.* ein Prahlhans, Großsprecher; Aufschneider.

CAPITANE, CAPITANESSE, die Hauptgallee.

CAPITATION, *f. f.* Kopfgeld, Kopfsteuer.

CAPITE, *v.* CAJUTE.

CAPITOLE, *f. m.* das Capitolium, oder berühmte Schloß, vor Alters zu Rom.

CAPITOLE, *f. m.* die grossen Tempel der Römer an andern Orten ihrer Länder.

CAPITOLIN, *adj. m.* Jupiter *capitolin*, der Jupiter, so einen Tempel im Capitolio hatte.

CAPITON, *f. m.* die grobe Seide, welche überbleibt, wenn man ein Seidenwurmsey abgehaspelt hat, und die noch gekartätscht und zu groben Zeugen verarbeitet wird.

CAPITOUL, *f. m.* ein Schöpf oder Beysitzer des Stadtgerichts zu Toulouse, ein Consul.

CAPITULAIRE, *adj. c.* was zum Stift oder Capitel gehöret. Acte *capitulaire*, Capitulsschluß.

CAPITULAIRES, *f. m. pl.* Capitulsschlüsse; Ordnungen; das Kirchenregiment betreffend.

CAPITULAIRES de Charles Magne, Carls des Grossen geistliche Gesetze.

CAPITULAIREMENT, *adv.* (in Stiftssachen, oder wegen Stiftshändel,) s'assembler *capitulairement*, im Capitul zusammen kommen; Capitul halten.

CAPITULANT, *f. m.* der eine Stimme in einem Stift oder Capitul hat.

CAPITULATION, *f. f.* der Verglich wegen der Uebergabe einer Vestung.

CAPITULER, *v. a.* wegen der Uebergabe eines Ortes, Puncts oder Capitel auffsetzen, oder vorschlagen.

CAPOC, *f. m.* eine Art Baumwolle in Indien, welche so kurz ist, daß man sie nicht spinnen kan, sondern sie nur zu Ausstopfung der Betten und Matratzen braucht.

CAPON, *f. m.* in den Schulen ein böser Bube, der die andern betrügt und verritt, aber nichts lernt; listiger Spieler.

CAPON, ein Seil und eine grosse Werbel mit einem grossen Haken, den gelichteten Anker an seinen Ort zu heben.

CAPONNER, *v. a.* den Anker an seinen Ort heben.

CAPONNER, die andern Kinder in der Schule betrügen.

CAPONNIERE, *f. f.* ein bedeckter Ort in einem trockenen Graben, fünfzehen oder zwanzig Musquetier dahin zu stellen, daß man sie nicht sehen kan.

CAPOQUIER, *f. m.* ein Indianischer Baum, auf welchem kurze Baumwolle wächst.

CAPORAL, *f. m.* ein Unterofficier, unter dem Wachtmeister, ein Corporal.

CAPOSER, *v. n.* das Steuerruder vest machen, und den Wind treiben lassen, nachdem das grosse Segel aufgespannt ist.

CAPOT, *f. m.* ein Caputrock; ein Rock mit einer Kappe.

CAPOT, im Kartenspiel der Matsch, da einer allein alle Stiche thut.

CAPOT, derjenige der matsch wird, der keinen Stich bekömt.

faire CAPOT, im Spiel, Matsch machen.

faire CAPOT, eintreiben, überwinden, beschämen; abstechen, aus dem Sattel heben.

Il est *capot*, er verlieret alle Stiche; er ist in seiner Hoffnung betrogen; er ist beschämt worden; er ist erstaunt oder bestürzt.

CÂPRE, *f. f.* Kapern.

CAPRE, *f. m.* ein Raubschiff, Seeräuber, Kaper.

CAPRICE, *f. m.* ein Kopf oder Sinn, der immer oben hinaus will; Eigensinn, Hartnäckigkeit; Leichtsinnigkeit, Unbestand.

CAPRICE, poetischer Einfall.

CAPRICIEUSEMENT, *adv.* eigensinnischer Weise.

CAPRICIEUX, euse, *adj.* närrisch, eigensinnig.

CAPRICORNE, *f. m.* der Steinbock unter den zwölf Himmelszeichen.

CAPRICORNE, auf den alten Münzen, ein Zeichen des Ueberflusses und der Glückseligkeit.

CAPRIER, *f. m. v.* CÂPIER.

CAPRIOLE, CAPRIOLER, *v.* CABRIOLE.

CAPRISANT, *adj.* pouls *caprisant*, ungleicher Puls.

CAPRON,

CAPRON, *s. m.* ein Stück Tuch, das die Capuciner tragen, so lange ihr Novitiat währet, und welches etwa einen Fuß lang auf den Rücken, und vorn über den Bauch herunter hängt.

CAPSE, *s. f.* eine blecherne Büchse, darein die Doctores ihre Stimme thun, wenn sie einen, der examinirt worden ist, zur Doctorwürde zulassen, oder zurück weisen wollen.

CAPSULAIRE, *adj. c.* veine *capsulaire*, eine Blutader, die durch den Herzbändel geht.

CAPSULE, *s. f.* ein irden Geschirr in der Chymie.

CAPSULE, ein Häutlein im Leib, welches eine Ader oder anderes Gefäß umgiebt.

CAPSULE, das Kernhaus im Obst, als in Aepfeln oder Birnen, worinnen die Kerne stecken.

CAPTATEUR, *s. m.* einer der sich einschleicht, damit er ins Testament gesetzet wird.

CAPTER, *v. a.* (ist alt.) *Capter* la bienveillance, sich die Zuhörer geneigt zu machen suchen, gewinnen zu gewinnen trachten; man sagt jetzt: Tâcher de gagner la bienveillance de ses auditeurs.

CAPTIEUSEMENT, *adv.* betrüglicher Weise, listiglich.

CAPTIEUX, euse, *adj.* betrüglich, verfänglich, das einen durch äusserlichen Schein bethören und verblenden kan, absonderlich Reden und Gespräche von solcher Art. Proposition *captieuse*, listiger Vortrag.

CAPTIF, ive, *subst.* der im Krieg gefangen weggeführet ist.

CAPTIF, ein Gefangener, einer der sehr eingeschränkt ist, dem nicht viel Freyheit gelassen wird.

CAPTIF, ein Christensclav bey den Türken. Racheter les *captifs*, die Gefangenen loßkauffen.

CAPTIF, einer der etwas mit Zwang thut, dem etwas saner zu thun ankömmt.

CAPTIVER, *v. a.* gefangen wegführen, gefangen nehmen, sich unterwürfig machen, überwältigen, bezwingen.

CAPTIVER son esprit, die Vernunft gefangen nehmen. Un libertin ne sauroit se *captiver*, ein Ruchloser kan sich nicht zwingen. L'éloquence *captive* les esprits, die Wohlredenheit macht sich die Gemüther gefangen; unterthänig. J'ai *captivé* mon esprit aux lumières de la foi, ich habe mich unter den Gehorsam des Glaubens gefangen gegeben.

CAPTIVER, Liebe, Gewogenheit, bey jemand gewinnen. *Captiver* la bienveillance de quelqu'un, sich eines Gunst zuwege bringen.

CAPTIVER, verliebt machen; zur Liebe bewegen, als Schönheit. Cette belle a *captivé* mon cœur, diese Schöne hat mich in sie verliebt gemacht.

CAPTIVER, einen sehr einschräncken; ihm scharf seyn. Je le *captiverai* si bien qu'il n'osera souffler, ich will ihn dergestalt einschräncken, daß er nicht wird muffen (mucken) dörfen.

se CAPTIVER, *v. r.* sich selbst innen halten; sich zwingen. Je ne saurois me *captiver* à lire cela, à demeurer ici tout seul, ich könnte mich nicht überwinden, dieses zu lesen, hier allein zu bleiben.

CAPTIVITÉ, *s. f.* Gefangenschaft; Dienstbarkeit. Tirer quelqu'un de *captivité*, einen aus der Gefangenschaft erlösen.

CAPTIVITÉ, Zwang; Unterwerfung; genaue Einschränkung. Je me délivrerai bientôt de cette *captivité*, ich werde mich bald von dieser Unterwerfung befreyen.

CAPTURE, *s. f.* das Gefangensetzen eines Menschen, um Schulden oder Missethat willen. Le magistrat a ordonné la *capture* de cet homme là, der Magistrat hat diesen Mann gefänglich einziehen lassen.

CAPTURE, Raub, Beute, vom Feind geraubtes Gut. Nous avons fait une bonne *capture*, wir haben eine gute Beute gemacht.

CAPUCE, CAPUCHON, *s. m.* eine Mönchskappe, Regenkappe von Wachstuch.

CAPUCIN, *s. m.* ein Capuciner.

CAPUCINE, *s. f.* Capucinernonne.

CAPUCINE, ein irdener Tiegel.

CAPUCINE, indianischer Kreßich; grosse Ritterspornen, ein Kraut.

CAQUE, *s. m.* ein Faß, oder eine Tonne. La *caque* sent le hareng, wer aus geringem Geschlecht entsprossen ist, behält immer etwas niederträchtiges an sich.

CAQUER, *v. a.* einem Heringe das Eingeweide ausreissen, und ihn in die Tonne einsalzen.

CAQUEROLE, oder CAQUEROLIÈRE, *s. f.* ein kupferner Topf mit dreyen Füssen und mit einem Stiel, eine Fricassée darinnen zu machen, kupferner Fischtiegel.

CAQUE-SANGUE, *s. f.* die rothe Ruhr.

CAQUER, *s. m.* das Geschrey der Hüner, wenn sie legen wollen; item allerley Geschwätz oder Geplauder.

Le *caquet* de l'accouchée, das Geschwätz, das bey einem Kindbette vorgeht.

Rabattre oder rabaisser le *caquet* de quelqu'un, einem seine Hofart oder Prahlerey niederlegen, ihm das Maul stopfen.

Avoir le *caquet* bien afilé, gut Leder zum Maul haben, ein schnelles Mundwerk haben.

CAQUETER, *v. n.* kakern, gaken, wie die Hüner; item belfern, wie einige Jagdhunde, zur Unzeit; it. plaudern, viel Redens machen.

CAQUETEUR, *s. m.* ein Plauderer, Schwätzer, Wäscher.

CAQUETEUSE, *s. f.* Schwätzerin; Plaudertasche.

CAQUETOIRE, *s. f.* ein kleiner niedriger Lehnsessel, darauf man sitzen und plaudern kan; das Querholz zwischen den beyden Pflugsterzhölzern, worauf sich die Ackerleute setzen, wenn sie mit einander plaudern wollen.

CAQUETTE, *s. f.* eine kleine Tonne oder Wanne, darinnen die Fischerweiber die Karpfen feil haben.

CAQUEUR, *s. m.* ein Bootsknecht, der die Heringe einsalzt und in die Tonne packet.

CAQUEUX, *s. m. plur.* gewisse Leute in Kleinbretannien, in Frankreich, so meistens Seiler sind, vor denen andere Leute einen Eckel haben, weil man sie beschuldigt, sie haben einen erblichen Aussatz.

CAR, *conjunct.* denn.

CARABE', *s. m.* pulverisirte gelbe Ambra.

CARABIN, *s. m.* ein Reuter, der einen Carabiner führt.

CARABIN de S. Côme, ein Balbiergesell.

CARABINADE, *s. f.* das Herumwenden eines Reuters, die Schwenkung des Pferdes.

Faire une *carabinade*, (est entrer dans une compagnie & s'en aller d'abord, après avoir tenu quelque petit discours) in eine Gesellschaft kommen, und nach wenigem Wortwechsel sich wieder davon machen.

CARABINE, *s. f.* eine Art Geschoß der Reuter, ein Carabiner.

CARABINER, *v. n.* mit Carabinern gegen einander schiessen.

CARABINER, ein wenig spielen, oder sich sehen lassen, und bald wieder davon gehen.

CARABINER, ruckweis wehen, als der Wind.

CARABINIER, *s. m.* ein Carabinier.

CARACHE, *s. m.* der Tribut, den die Christen den Türken geben müssen.

CARACOL, *s. m.* (auf der Reitschul) ein halber Cirkel oder Schwung, den man mit dem Pferd bald auf diese bald auf jene Seite macht; (im Kriege) das Schwenken der Glieder, bey der Reuterey.

CARACOL, (in der Baukunst) un escalier en *caracol*, pour dire en limaçon, eine Wendeltreppe oder Schneckenstiege.

CARACOLER, *v. n.* einen Schwung nehmen, sich mit dem Pferd schwenken.

CARACON, *s. m.* ein mittelmäßiges rund gebautes Lastschiff bey den Portugiesen.

CARACORE, *s. m.* eine Art Schiffe der Einwohner der Insel Borneo in Ostindien.

CARACTERE, *s. m.* Schrift, Buchstaben. Gros *caractère*, grosse Schrift. Les caractères de l'alphabet, die Buchstaben im A b c. *Caractère* hieroglifique des Egyptiens, Bilderschrift der Egyptier. Je ne connois pas ce *caractère*, ich kenne diese Hand nicht.

CARACTE'RE, Zauberzeichen. Porter un *caractère*, ein Zauberzeichen tragen.

CARACTE'RE, Schreibart; Eigenschaft der Rede. *Caractère* élevé, familier, hohe, vertrauliche Schreibart.

CARACTE'RE, Eigenschaft; Merkmal; eigene Beschaffenheit. Le *caractère* d'un chrétien est la charité, das Merkmal eines Christen ist die christliche Liebe. Donner le véritable *caractère* des gens, einen nach seinen wahren Eigenschaften beschreiben. Le plus beau *caractère* de la vertu, c'est l'humilité, das vortreflichste Merkmal der Tugend ist die Demuth.

CARACTE'RE, Ehrenstand, ein Titul, eine Würde. Il est Ambassadeur, il faut lui rendre les honneurs dûs à son *caractère*, er ist ein Abgesandter, derowegen muß man ihm die Ehre, so seinem Stande gebührt, erweisen. Un homme de ce *caractère* doit être considéré, einen Mann, in solchem Ansehen, muß man in Ehren haben. Ne faites point d'action qui vous fasse sortir de vôtre *caractère*, begeht nichts, das eurer Ehre und Ansehen zuwider seyn mag.

CARACTE'RE, geistliche Kraft; Eindruck der Sacramenten. Le *caractère* du baptême est indélébile, die Kraft der Taufe ist unauslöschlich.

CARACTE'RISER, *v. a.* etwas nach seiner Art und Eigenschaft beschreiben, oder bemerken, bezeichnen.

CARACTE'RISTIQUE, *adj.* eigentlich; kenntlich. Une qualité *caractéristique*, eine kenntliche Eigenschaft, die dieses von andern unterscheidet.

Lettre *caractéristique*, (in der Sprachlehre) die Stammletter eines Worts.

CARAFFE, *s. f.* eine kleine Flasche von Glas oder Cristall, deren man sich zum Einschenken bedient.

CARAFFON, *s. m.* eine grosse gläserne Flasche mit einem langen Hals.

CARAFFON, eine Flasche, samt dem Eimer, worinnen man sie in kühlem Wasser stehen hat.

CARAGI, *s. m.* der Ein- und Ausgangzoll, den die Waaren in der Türkey zahlen.

CARAGI-BACHI, der Oberaufseher über die Kaufhauszölle bey denen Türken.

CARAGNATA, eine Gattung Disteln in Bra-

Brasilien, dessen Blätter eine Art Hanf oder Werg haben, aus denen man Stricke ꝛc. machen kan.

CARAGNE, *s. f.* ein fettes und ölichtes Harz aus Westindien, Caranna.

Caragne, ein Brasilianisches Thier, welches einem Fuchs gleichet.

CARAÏTES, *s. m. pl.* eine Jüdische Secte, welche keine Auslegung des biblischen Textes von den Rabbinen annehmen, sondern bey dem Text selbst bleiben.

CARAMEL, *s. m.* eine Arzeney für den Schnuppen, ein stark gekochter Zucker.

CARAMOUSSAIL, CARAMOUSSAL, CARAMOUSSAT, *s. m.* eine Art Türkischer Kauffardeyschiffe mit sehr hohem Hintertheil.

CARANGUE, *s. f.* ein weisser platter Fisch, zwey bis drey Schuh lang, und zehn bis zwanzig Zoll dick.

CARANGUER, *v. n.* (bey den Schiffern im Land Aunis) arbeiten, geschäftig seyn.

CARAPACE, die Schale der Schildkrot.

CARAQUE, *s. f.* ein grosses rundes Portugiesisches Lastschiff, sowol zum Krieg als zur Kaufmannschaft.

Caraque, die beste Gattung Cacau.

Caraque, die beste Gattung Porcellingeschirr.

CARARA, *s. m.* ein Gewicht, bey welchem man zu Livorno die Wollen und die Mollsisch verkauft, es hält 160 Pfund.

CARAT, *s. m.* Karat, (ein Goldgewicht, deren 24 auf die Mark gehen). Or à 23 *carats*, Gold, so 23 Karat fein in der Mark hält.

Il est fou à 24 *carats*, prov. er ist ein vollkommener Narr.

Carat de fin, der vier und zwanzigste Theil der Feine des Goldes.

Carat de prix, der vier und zwanzigste Theil des Werths des Goldes.

Carat de poids, ein klein Gewicht, womit die Edelsteine gewogen werden.

CARAVANE, *s. f.* eine grosse Reisegesellschaft in den Morgenländern.

Caravane, der erste Zug eines Maltheserritters wider die Türken.

Caravane, eine lustige Gesellschaft, die auf dem Lande spazieren fährt.

CARAVANSERA, *s. m.* eine grosse Herberge für die Reisegesellschaften in Morgenländern.

CARAVANSERASKIER, *s. m.* der Aufseher über einen solchen Gasthof.

CARAVELLE, *s. f.* ein rundes Schiff mit dreyeckigten Segeln.

CARBATINE, *s. f.* ein frisch abgezogenes Thierfell.

CARBET, *s. m.* eine grosse Hütte.

CARBONNADE, *s. f.* ein Roostbraten, ein Stück Fleisch auf dem Roost gebraten.

CARBONNELLE, *s. f.* eine Pestilenzbeule.

CARBOUILLON, *s. m.* eine Auflage auf die Salzpfannen in der Normandie, nemlich der vierte Theil vom Werth des allda gesottenen weissen Salzes.

CARCAN, *s. m.* der Pranger, das Halseisen.

Carcan, Halskette.

CARCAS, *voïés* CARQUOIS.

CARCASSE, *s. f.* ein Gerip von einem Cörper, wo kein Fleisch mehr daran ist, und welches doch noch zusammen hält.

La *carcasse* d'un poulet, das Gerippe (der Rumpf) vom Huhn, wenn die Flügel und Keulen davon geschnidten. La *carcasse* d'un vaisseau, das Gestell eines Schiffs, oder sein Gerippe, ehe es mit Bretern verschlagen ist.

Carcasse, ein magerer dürrer Mensch.

Carcasse, eine gewisse Art Feuerkugeln.

CARCINOME, *s. m.* ein Krebsschaden.

CARCOIS, *voïés* CARQUOIS, Köcher.

CARDAMINE, *s. f.* ein Kraut, Brunnkresse.

CARDAMOME, *s. m.* ein Gewürz aus Indien, Kardamumen.

CARDASSE, *s. f.* eine Art Kartätschen, die überbliebenen Häuslein von den Seidenwürmern, die man nicht gar abhaspeln kan, von einander zu reissen.

CARDE, *s. f.* Kartendistel, wovon die Wollenkämmer eine Kartätsche machen.

Carde, Stengel von rothen Rüben.

Carde, *s. f.* Wollkratze; Kartätsche.

CARDE'E, *s. f.* die Wolle, so auf einmal kartätscht oder gekämmt wird, so viel als allezeit zwischen die zwey Kartätschen gelegt wird.

CARDER, *v. a.* Wolle kämmen, oder Tuch, Seide, Baumwolle ꝛc.

CARDES, *s. f.* das Mittelste in einigen Pflanzen, das gut zu essen ist, als die Stengel von den Blättern des Mangolts und an den Artischocken.

CARDEUR, *s. m.* euse, *s.* ein Wollenkämmer, Wollenkratzer; Wollenkratzerin.

CARDIALGIE, *s. f.* Herzweh, Herzgespann, das Drücken am Magenschlund.

CARDIAQUE, *adj. & s. m.* herzstärkend. Le vin est un grand *cardiaque*, der Wein ist eine stärkende Arzeney. Portion *cardiaque*, ein herzstärkender Trank.

Cardiaque, Herzgespann.

Cardiaque, wenn einem angst und bange um das Herz wird.

CARDIER, *s. m.* ein Kartätschenmacher; Wollkratzenmacher.

CARDINAL, e, *adj.* fürnehmst, Haupt, hauptsächlich.

Vents *cardinaux*, Hauptwinde.

Vertus *cardinales*, Haupttugenden.
Nombres *cardinaux*, (in der Grammatic) Hauptzahlen, von denen die andern herkommen.

CARDINAL, *s. m.* ein Cardinal, oder einer von den 70 Beyständen und Räthen des Pabsts.

CARDINAL, ein Indianischer rother Vogel mit einem rothen Schnabel.

CARDINALAT, *s. m.* Cardinalsstelle oder Würde. Parvenir au *cardinalat*, zur Cardinalswürde gelangen.

CARDINALISER, *v. a.* zum Cardinal machen.

CARDINALISME, *s. m.* der Cardinalsstand.

CARDON, *s. m.* eine Art Artischocken, die unten oder innen keinen Kern haben, deren Stengel man aber essen kan.

CARE, *s. f.* die Breite zwischen den zweyen Schultern, am Leibe und an den Kleidern.

CARE, (in der Medicin) ein Anfang oder eine Art des Schlagflusses.

CARÊME, *s. m.* die vierzigtägige Fasten; die Fastenzeit.

CARÊME-PRENANT, *s. m.* die Fastnacht, die letzten Tage vor der Fasten, der Beschluß des Carnevals.

CARÊME-PRENANT, eine Masque, eine masquirte Person beym Carneval; ein Fastnachtsnarr, der in verstellter lächerlicher Kleidung aufzieht.

CARE'NAGE, *s. m.* ein Ort am Ufer, wo man das Schiff etwas auf die Seite legen kan; Werf, wo die Schiffe ausgebessert werden.

CARE'NE, *s. f.* der Boden unten im Schiff unter dem Wasser.

Donner *carène* à un vaisseau, ou mettre un vaisseau en *carène*, ein Schiff auf die Seite legen, es unten zu verstopfen, oder auszubessern.

CARE'NER, *v. a.* ein Schiff auf die Seite legen, es unten auszubessern.

CARESSANT, e, *adj.* liebkosend, liebreich; der sich einzulieben weiß, schmeichelhaft.

CARESSE, *s. f.* Liebsbezeugung, Liebkosung, Schmeicheley.

CARESSER, *v. a.* liebkosen, schmeicheln.

CARESSER, (von den Thieren) sich vermischen.

CARET, CARRET, *s. m.* eine Art Schildkröten.

CARGAISON, *s. f.* die ganze Schiffsladung von Kaufmannswaaren.

CARGAMON, *s. m.* eine Gattung sehr kostbare Specerey, welche nur in dem Königreich Bisapur wächset.

CARGUE, *s. m.* allerley Seil oder Tauwerk, womit man ein Segel an seine Stange zusammen ziehen kan.

les CARGUES du vent, Segelseile, so an der Seite, wo der Wind hergeht, herab gehen.

les CARGUES dessous le vent, Seile, die auf der andern Seite herab gehen.

Mettre une voile sur les *cargues*, ein Segel ein wenig unten aufziehen.

CARGUE à vûë, ein klein Seil auf etlichen Schiffen, womit man ein Segel ein wenig auf die Höhe zieht, daß man darunter hinkönne.

CARGUE-BAS, *s. m.* ein Seil, eine Segelstange auf- und abzuziehen.

CARGUE-BOULINE', *s. m.* ein Seil, die Seiten des Segels einzuziehen.

CARGUE-FOND, *s. m.* ein Seil mitten am Untertheil des Segels, es damit ein wenig auf die Höhe zu ziehen.

CARGUE-POINT, *s. m.* ein Seil unten an den Ecken des Segels, es damit hinauf zu ziehen.

CARGUER, *v. a.* (in der Seefahrt) ein Segel über sich zusammen ziehen.

CARGUERAS, *s. m.* ein Seil, womit man die grossen Segel aufzieht.

CARGUEUR, *s. m.* (in der Seefahrt) ein Werbel, woran man ein Segel über sich zusammen zieht.

CARIAGE, *s. m.* ein Fuder, ein Wagen oder Karren voll, was man auflädt.

CARIATIDES, *s. f.* (in der Baukunst)Ластträgerinnen.

CARIE, *s. f.* Vermoderung, Verfaulung der Gebeine, der Zähne.

CARIER, *v. a.* verderben und vermodern machen, (ist meistens nur von Gebeinen im Gebrauch). Cet ulcère *carie* l'os, dieses Geschwür frißt den Knochen an.

se CARIER, *v. r.* vermodern; verfaulen; wurmstichig werden. Ce bois se *carie*, diß Holz wird wurmstichig, verfault, vermodert.

CARIE', ée, *adj.* wurmstichig, verfault, vermodert.

CARINTHIE, *s. f.* Kärnthen, ein Herzogthum in dem Oesterreichischen Kreis von Deutschland.

CARIOLE, *s. f.* eine kleine Carosse mit zwey Rädern.

CARISEL, *s. m.* Herisey, Kirschey, ein Zeug, wie Canefas, dessen man sich bey dem Teppichnähen bedient.

CARISTADE, *s. f.* im Scherz, Allmosen.

CARLA, ein Indianischer Leinwand.

CARLET, *voies* CARRELET, Plattfisch.

CARLET, eine Art Ledernadel; auch eine Packnadel. (v. CARRELET).

CARLET, eine Art Wollenzeug.

CARLINE, *s. f.* ein Kraut, Eberwurz.

CARLINGUE, *s. f.* der längst dem Schiff inwendig ganz durchstreichende unterste Balken, über dem Kiel, an welchem die

Sei-

Seitenbalken haften, und worauf der Mast befestiget ist, der Kielschwinn; sonst auch ein jedes Holz, worauf ein Mast stehet.

CARME, *s. m.* ein Carmelitermönch.

CARME, *s. m.* im Scherz, ein Gedicht.

CARME, *s. m.* acier de *carme*, Stahl in dünnen viereckigten Stangen.

CARMEL, *s. m.* der Berg Carmel in Palästina; it. der Ritterorden der H. Mariä vom Berge Carmel.

CARMELINE, laine *carmeline*, eine Gattung Figonienwollen.

CARMELITE, *s. f.* eine Carmeliternonne.

CARMES, *s. m. plur.* im Tricktrack, zwey 4 auf den Würfeln, so in einem Wurf fallen.

CARMIN, *s. m.* hellrothe Farbe zum Miniaturmahlen, Carmin.

CARMINATIF, ive, *adj.* das die Blähungen im Leibe zertreibt und stillt.

CARNAGE, *s. m.* das Niedermetzeln, Todtschlagen, Umbringen; ein Blutbad, in Feldschlachten. Faire un grand *carnage* des ennemis, ein groß Blutvergiessen unter den Feinden anrichten; viel derselben niedermachen.

CARNAGE, die Fällung des Wildes, bey den Jägern.

CARNAGE, das Aas, womit man wilde Thiere anlocket.

Faire *carnage* aux chiens, den Hunden Fleisch geben.

CARNALER, *v. a.* pfänden, als ein Pfand wegnehmen, wird vom Vieh gesagt, das auf fremdem Grund und Boden geweidet oder sonst Schaden gethan hat.

CARNASSIER, e, *adj.* fleischfreßig, wird von Thieren gesagt, als Raben, Wölfen; auch bisweilen von Menschen, die lieber und mehr Fleisch essen, wie andere.

CARNATION, *s. f.* die Fleischfarbe aller nackenden Theile vom Menschen in einem Gemählde zusammen und überhaupt, denn von einem einigen Theil insonderheit wird es nicht gesagt. Les *carnations* de ce tableau sont belles, die blosse Leibstheile in diesem Gemählde sind schön gemahlt.

CARNAVAL, *s. m.* die Fastnachtszeit, (sind 15 Tage vor der Fasten, während welchen an einigen Orten allerley Kurzweile getrieben werden). Faire le *carnaval* avec ses amis, mit seinen Freunden Fastnacht halten.

CARNE, *s. f.* der äussere Winkel oder Eck an einem Stein, Tisch ꝛc.

CARNE, *s. f.* Fleischfarbe, absonderlich wenn man von Blumen redet.

CARNE', ée, *adj.* fleischfarbig, bey den Gärtnern. Anemone *carnée*, leibfarbige Anemone.

CARNELE', ée, *adj.* (in den Wappen) das Zinnen hat; gespitzt.

CARNELER, *v. a.* einen gekerbten Rand aus Geld machen.

CARNELLE, *s. f.* der gekerbte Rand an den Münzen.

CARNET, *s. m.* ein klein Buch, darinne ein Kaufmann aufzeichnet, was er schuldig ist, und die Zeit bemerket, wenn er zahlen muß, damit er Geld dazu gefaßt halte.

CARNIOLE, *s. f.* das Herzogthum Krain, oder Crain, im Oesterreichischen Kreis in Deutschland.

CARNOSITE', *s. f.* eine fleischigte Geschwulst, oder das Auswachsen des Fleisches; wild Fleisch in einer Wunde.

CAROBE, *s. f.* ein Theil von der Unze einer Mark; it. ein Johannisbrodbaum.

CAROGNE, *s. f.* eine lüderliche, fleischlichgesinnte Weibsperson, eine gemeine Hure, Metze.

CAROLINE, eine Englische Provinz und Stadt in America.

CAROLINE, eine Schwedische Silbermünze, welche bey 19 französischer Sols ausmacht.

CAROLUS, *s. m.* eine alte Münze in Frankreich von 10 Deniers, unter Carolo IIX geschlagen.

CAROLUS, eine Englische güldene Münze von fünftehalb Rthlr.

Il a des *Carolus*, er hat Mittel, Pfennige.

CARON, *s. m.* ein Stück Speck, von dem man das Magere abgeschnidten hat, eine Speckseite.

CARON, *s. m.* der höllische Schiffer, der die abgeschiedenen Seelen über den Fluß Styx führet, bey den Poeten.

CARONCULE, *s. f.* (in der Anatomie) kleine drüsichte Stücklein Fleisch, als im Augwinkel und anderswo.

CAROTIDE, *s. f.* eine Pulsader am Hals, die Hauptader.

CAROTTE, *s. f.* rothe oder gelbe Rübe.

CAROTTE de tabac, Tabackstangen zum reiben.

CAROUGE, *s. f.* Johannisbrodbaum.

CAROUGE, *s. f.* Johannisbrod.

CARPE, *s. f.* ein Karpfen.

le saut de la CARPE, bey den Springern, ein gewisser Sprung, der Karpfensprung.

CARPE, *s. m.* (in der Anatomie) die Beine an der Faust, achte, in zwey Reihen, wie auch an den Füssen.

CARPEAU, CARPILLON, *s. m.* ein Kärpflein.

CARPETTES, *s. f. plur.* ein grob gestreiftes Tuch zum Einpacken.

CARPIN, *s. m.* ein Baum, eine Hainbuche oder Steinbuche.

Ee 3

CARPOT, *s. m.* ein Recht eines Herren, über des Unterthanen Weinberg; Auflage auf den Wein.
CARQUOIS, *s. m.* Köcher, worinnen man die Pfeile hat.
CARQUOIS, *s. m.* der Mastkorb.
CARRAQUE, *s. f.* Portugiesisch Kriegsschiff.
CARRAQUON, *s. m.* Schifflein.
CARRE', *voiés* QUARRE'.
CARREAU, *s. m.* Pfuhlküssen.
CARREAU, Näheküssen.
CARREAU, viereckige Glasscheibe.
CARREAU, Gartenbeet.
CARREAU, des Schneiders Bügeleisen.
CARREAU, die Rautenfarb, im Kartenspiel. Roi de *carreau*, der Rautenkönig.
CARREAU, Donnerstein, Donnerkeile.
CARREAU, Flurstein. *Carreau* de pierre, Werkstück.
CARREAU de brique, Backstein, gebrannter viereckigter Stein.
 Coucher sur le *carreau*, auf der Gasse schlafen.
 Jetter oder coucher quelqu'un sur le *carreau*, einen auf der Strasse oder auf dem Plaz umbringen.
 Un valet de *carreau*, ein schlechter Kerl.
CARREAU, (in der Münze) Münzplatte.
CARREAU, ein grosser Hecht.
CARREAUX, das Drucken über den Magen und die Brust, darbey der Bauch gespannet und hart wird.
CARREFOUR, *s. m.* Quergasse, Creuzweg.
CARRELAGE, *s. m.* das Pflastern oder Belegen des Bodens mit viereckigten Steinen; it. die Steine selbst; und die Unkosten des Belegens.
CARRELER, *v. a.* mit viereckigten Steinen pflastern; die Schuhe besohlen.
CARRELET, *s. m.* eine Art platter Meerfische, ein Plattfisch, eine Scholle, Platteis.
CARRELET, ein viereckigtes Fischgarn; ein Seihtrichter, Seihrahm.
CARRELET, eine grosse Nadel mit vier Ecken, der Schuster oder Sattler.
CARRELETTE, *s. f.* eine Feile zum poliren.
CARRELEUR, *s. m.* einer der viereckigte Steine legt, und damit pflastert; das Pflastern mit viereckigten Steinen; item ein Schuhflicker.
CARRELURE, *s. f.* neue Sohlen an Schuhen oder Stiefeln; das Schuhflicken.
CARRELURE, die Pflasterung oder Belegung des Bodens mit viereckigten Steinen.
 Il s'est fait une bonne *carrelure* de ventre, er hat sich so dick gefressen, daß ihm der Bauch davon so hart ist, als wenn er gepflastert wäre.
CARRER, *voiés* QUARRER.
CARRET, *s. m.* der Schild von einer Schildkröte.

CARRET, ein grosses Fischernetz.
fil de CARRET, auf den Schiffen ein Faden, den man aus einem in Stücken zerhackten grossen Seil zieht, die andern Taue damit zu bessern.
CARRIER, *s. m.* ein Steinmetz.
CARRIER, ein Steinhändler, der mit gehauenen Steinen handelt.
CARRIE'RE, *s. f.* eine Steingrube, wo eigentlich Quadersteine zum Bauen gegraben werden; auch eine andere Steingrube.
CARRIE'RE, die steinigten Buzen in einigen Birnen.
CARRIE'RE, (bey den Medicis) die Zeugung oder das Wachsen der Steine im menschlichen Leibe.
CARRIE'RE, ein viereckigt langer eingefaßter Platz, zum Ringelrennen rc.
CARRIE'RE, bestimmter Lauf eines Pferdes. Cheval qui fournit bien sa *carrière*, Pferd, das seinen Lauf wohl aushält.
CARRIE'RE, Weg; Gang; Lauf; Lebenslauf. S'arrêter au milieu de sa *carrière*, mitten im Laufe stille stehen. Achever sa *carrière*, sein Leben beschliessen.
 La *carrière* du soleil, der Lauf der Sonnen.
CARRIE'RE, (bey den Falkenierern) das ordinaire Steigen eines Falken ohngefehr 60 Klafter: steigt er höher, so sagen sie, double *carrière*, steigt er nicht so hoch, so heißt es, demi-*carrière*.
 Passer *carrière*, etwas wider seinen Willen thun.
 Se donner *carrière*, seine Lust büssen.
 Ouvrir une belle *carrière*, eine schöne Materie aufgeben.
CARRILLON, *s. m.* ein Glockenspiel; der Glockenklang.
CARRILLON de verres, der Klang der Gläser, die man zusammen stößt.
CARRILLON, ein Lermen und Geschrey einer Person, die zankt.
CARRILLON, ein klein viereckigtes Eisen.
 Etre battu, foüetté, frotté à double *carrillon*, wohl abgeprügelt, gepeitschet werden.
CARRILLONNER, *v. n.* mit Schlägen die Glocken klingend machen, anschlagen.
CARRILLONNEUR, *s. m.* der die Glocken also läutet, oder den Schwengel anschlagen macht.
CARROSSE, *s. m.* eine Kutsche. *Carrosse* de loüage, Lehnkutsche. *Carrosse* vitré, verfensterte Kutsche. *Carrosse* coupé, Halbkutsche, die nur ein Sitz hat. C'est un cheval de *carrosse*, ein grober Hafe; Tölpel.
CARROSSIER, *s. m.* ein Kutschenmacher.
sellier CARROSSIER, ein Kutschensattler.

CAR-

CARROUSEL, *s. m.* ein Lustspiel grosser Herren, in Wettfahrten, Roßballetten, Ringelrennen ꝛc. von gewissen in Haufen abgetheilten und mit ihrer Livreÿ und unterschiedenen Kleidern angethanen Personen.

CARROUSSE, *s. f.* eine Saufferey, ein Schmaus, wo viel gesoffen wird.
  Faire *carrousse*, gar austrinken, tapfer saufen.

CARRURE, *voiés* QUARRURE.

CARTAHU, *s. m.* ein Seil, das man oben am Mast durch einen Werbel zieht, etwas damit auf die Höhe zu ziehen.

CARTAME, *s. m.* ein Kraut, wilder Saffran, Safflor; bey einigen Botaniciis, Cardobenedicten.

CARTAUX, *s. m. pl.* ein Seekartenbuch.

CARTE, *s. f.* Spielkarte. Jeu de *cartes*, Kartenspiel. Battre les *cartes*, die Karte mischen.

CARTE, *s. f.* Kartenpapier; Pappendeckel; ein Kartenblat.
  Donner la *carte* blanche à quelqu'un, einem die Freyheit lassen zu thun, was er will.
  Broüiller les *cartes*, Lermen und Uneinigkeit machen.

CARTE géographique, eine Landkarte.

CARTE marine, oder hydrographique, eine Seekarte.

CARTE réduite, *carte au point réduit*, eine Seekarte, darauf die gradus longitudinis gegen die Polos zu eng zusammen laufen, gegen den Æquatorem aber immer weiter sind.

CARTE platte, *carte au point commun*, eine Karte, auf der ein Grad so groß als der andere gezeichnet ist.

CARTE à grand point, eine Seekarte, die grössere Abtheilungen oder Grade hat, als andere.

CARTE par route & distance, eine Seekarte, da keine longitudo noch latitudo darauf ist, sondern nur ein Maaß der Meilen mit den Rhombis der Winde.
  Savoir la *carte*, um alle Heimlichkeiten wissen.

CARTEL, *s. m.* ein Ausforderungsbrief, den einer dem andern zum Kampf schickt, in Schimpf oder Ernst.

CARTEL, eine Ordnung, welche zwey feindliche Partheyen machen, die Lösung der Gefangenen betreffend, Auslösungsvertrag, auch der Deserteurs.

CARTELET, ein schlechter wollener Zeug.

CARTELETTE, *s. f.* ein kleiner Schieferstein, der nur als ein Kartenblat ist.

CARTELLE, *s. f.* ein dickes Bret unter die Mühlsteine in den Mühlen, und zu andern Dingen.

CARTELLE, ein klein Bret von rarem Holz zum Einlegen, in der Schreinerarbeit.

CARTENIER, CARTERON, *voiés* QUARTENIER, QUARTERON.

CARTESIANISME, *s. m.* die Lehre Cartesii.

CARTESIEN, *s. m.* Cartesianer, der den Lehrsätzen Cartesii folget.

CARTIER, *s. m.* ein Kartenmacher.

CARTILAGE, *s. m.* ein Knorpel.

CARTILAGINEUX, euse, *adj.* knorpelig.

CARTISANE, *s. m.* gesponnen Gold, Silber oder Seide, auf Kartenpapier gewickelt zum Spitzenwirken oder Sticken.

CARTISANE, der Faden, womit man stickt; ein Stück Kartenblat oder Pergament, so damit überzogen ist.

CARTON, *s. m.* dickes Kartenpapier; Pappendeckel.

CARTON, ein umgedrucktes Blat, der Umdruck von einem falschgedruckten Blat.

CARTON, der Entwurf eines Gemähldes auf starck Papier, es auf einer Wand, die man mahlen will, nachzumachen.

CARTON, der Atlas von Seekarten auf dem Schiff.

CARTONNIER, *s. m.* einer der Pappendeckel oder starck Papier macht oder verkauft.

CARTOUCHE, *s. m.* Schnitzwerk, als eine lange Rolle, darauf man ehemals die Inscriptionen machte.

CARTOUCHE, im Krieg, eine Rolle oder Büchse von starkem Papier.

CARTOUCHE, eine runde blecherne Büchse voll Kugeln und kleiner Stücklein Eisen, die sich in eine Canone schickt, unter die Stürmenden zu schiessen; Cartätschen.

CARTOUCHE, die kleinen Stücklein Eisen, so hinein geladen werden.

CARTOUCHE, eine Art Granaten oder hohler Kugeln, die mit Musquetenkugeln gefüllt werden und sich hernach von einander thun.

CARTOUCHE, eine Patrone, worinnen die ganze Ladung zu einem Schießgewehr beysammen ist.

CARTULAIRE, *s. m.* ein Buch, darinnen die vornehmsten Schriften und Briefe wegen der zeitlichen Güter eines Closters aufbehalten werden.

CARTULAIRE, ein Dorfschulz oder Verwalter, (in Engelland).

CARVI, *s. m.* Wiesen- oder Feldkümmel.

CARUS, *s. m.* die grosse Schlafsucht, da man im tiefen Schlaf liegt, und nicht zu erwecken ist.

CARYBDE, *s. f.* ein tiefer Schlund in dem Meer bey Messina in Sicilien gegen der Klippe über, so Scylla heißt.

CARYOPHILLATA, *s. f.* Benedicten- oder Nagelwurz, ein Kraut.

CAS.

CAS, *s. m.* (in der Grammatic) der Nominativus, Genitivus, Dativus &c.
CAS, Sache, Handel, Frage.
   Cas civil, criminel, eine gemeine, peinliche Sache, Handel.
CAS *reservé,* (in der Römischen Kirche) vorbehaltener Fall, davon allein der Pabst oder Bischoff entbinden kan.
CAS, eine That, Verbrechen. *Un vilain cas,* eine schändliche That. *Un cas pendable,* ein Verbrechen, das Henkens werth ist.
CAS, Fall, Vorfall, Zufall, Begebenheit.
   Cas étrange, seltsame Begebenheit. *Un triste cas,* ein trauriger Fall. *C'est un cas que je n'ai pas prevû,* diesen Zufall habe ich nicht vorher gesehen.
CAS, Achtung, Hochachtung. *Faire cas d'une personne,* jemand hochhalten.
CAS, die Geburtsglieder.
CAS, Koth. *Faire son cas,* sich besudeln, sich verwüsten, sich unrein machen, als Kinder. *Cet enfant a fait son cas,* dieses Kind hat seine Nothdurft verrichtet.
   En cas de, was anlangt.
   En ce cas, wenn dieses geschähe, in diesem Fall.
   Au cas que, en cas que, auf den Fall daß, im Fall daß, falls.
   Posés, oder *prenés le cas que,* gesetzt daß. *En tout cas,* auf allen Fall; allenfalls; wenigstens.
   Faire grand cas de quelque chose, etwas hoch achten, hoch schätzen.
Cas de conscience, Gewissensfrage.
CASAL, *s. m.* ein Dorf (ist alt).
CASAL, *s. m.* eine Stadt in Italien im Montferrat.
CASALASQUE, *s. m.* das Land um Casal.
CASANIER, *s. m.* ein Ofenbruder, der immer im Hause bleibt.
CASANIER, e, *adj. vie casanière,* ein sitzendes Leben, da man immer im Hause bleibt.
CASAQUE, *s. f.* ein Rock; ein weiter Oberrock mit Ermeln, ein Reitrock.
   Tourner casaque, die Parthey verlassen, von einer Religion zur andern übertreten.
CASAQUIN, *s. m.* ein Röckgen.
   On lui a donné sur son casaquin, vulg. das Wammes ist ihm ausgeklopft worden; man hat ihn wacker geprügelt.
CASCADE, *s. f.* ein Wasserfall.
CASCADE, Uebereilung, Unbesonnenheit, ein Fehler.
CASCANE, *s. f.* (in der Kriegskunst) ein Gang unter der Erde, des Feindes Minen zu entdecken und auszunehmen; Wallkeller.
CASE, *s. f.* ein klein Hüttgen.
CASE, ein Band oder zwey Steine an einander auf einer Linie inwendig im Bretspiel.

CASE, ein viereckigtes Feld im Dam- oder Schachspiel.
CASEMATTE, *s. f.* ein ausgehöhlter Ort in der Fortification, entweder die Minen zu stören, so man daran arbeiten hört, oder Stücke darein zu stellen, die Cortinen oder Seiten damit zu schützen; Canonenkeller, Mordkeller.
CASER, *v. n.* inwendig im Bretspiel zwey Steine zusammen auf eine Linie setzen, einen Band machen, damen.
CASERNE, *s. f.* ein Haus in einer Festung vor die Soldaten gebaut.
CASEUX, euse, *adj.* käsig.
CASILLEUX, euse, *adj.* zerbrechlich; sonderlich brauchen es die Glaser vom Glas.
CASINE, *s. f.* in Italien, ein Vorwerk, Meyerhof; sonst aber ein Gartenhaus, Lusthaus; it. ein Feldhaus oder Hüttgen.
CASQUE, *s. m.* (in der Wappenkunst) der Helm über dem Schild.
CASQUE, das Haupt.
   Il en a dans le casque, er ist berauscht.
CASSADE, *s. f.* ein Possen; List, Betrug; Prahlerey. *Donneur de cassades,* ein Betrüger.
   Donner une cassade, einem etwas weiß machen, vorschwatzen, das nicht so ist.
CASSAILLE, *s. f.* (in dem Ackerbau) das Brachen und Ackern eines Brachfeldes.
CASSANDRE, *s. f.* eine Art alter Tänze.
CASSANT, e, *adj.* gebrechlich, das gern und leichtlich bricht. *L'acier est plus cassant que le fer,* der Stahl ist brüchiger (bricht leichter) als das Eisen.
CASSATION, *s. f.* das Aufheben, Ungiltigmachen einer Procedur.
CASSE, *s. f.* das Theil an einem Schreibzeug, worein man die Federn thut.
CASSE, (in der Buchdruckerey) ein Schriftkasten, worinn die Buchstaben in ihren Fächern liegen.
CASSE, eine Capelle, worauf die Goldschmiede Silber und Gold scheiden.
CASSE, ein Stück des Steuerruders, an einem grossen Flußschiffe, durch welches alle Breter dran gehalten werden.
CASSE, (in der Baukunst) ein Platz oder Feld am Säulenknauf mit Rosen.
CASSE, *s. f.* Caßien, ein Baum und Schote in Ost- und Westindien, wie auch in Egypten.
Casse aromatique, ou odorante, Mutterzimmet.
   Donner de la casse à quelqu'un, scherzweise, einem seinen Dienst nehmen, ihn cassiren.
CASSE, *adj. f. voix casse,* eine gebrochene Stimme eines sterbenden oder heischern Menschen.

CAS-

CASSE-COU, ein gefährlicher Ort, da man leicht fallen kan.
CASSE-MUSEAU, *s. m.* Schneeballe, eine Art Gebackens.
Casse-museau, ein Schlag auf die Nase.
CASSE-NOIX, oder CASSE-NOISETTE, *s. m.* ein Nußkracher, Nußbrecher, oder ein Instrument von Holz, zum Nußaufmachen.
Casse-noix, Casse-noisette, (oiseau, sorte de geai ou bréant) Nußbeisser, Nußpicker.
CASSENOLLE, *s. f.* Gallapfel zum färben.
CASSER, *v. a.* zerbrechen, in Stücken brechen oder schlagen. *Casser un verre,* ein Glas brechen. *Casser du sucre,* Zucker zerstoßen. *Casser une corde de luth,* eine Lautensaite sprengen. *Casser la téte à quelqu'un,* einem den Hals brechen; ihn umbringen.
Casser, vernichten, aufgeben, widerrufen. *Casser une loi,* ein Gesetz abschaffen, abthun. *Casser un testament,* ein Testament ungültig machen, umstoßen. *Casser une sentence,* einen Spruch aufheben; ein Urtheil vernichten. *Casser un édit,* ein Gebott widerrufen.
Casser, abdanken. *Casser une compagnie de soldats,* eine Compagnie Soldaten abdanken. *Casser un valet, un officier,* einen Diener, einen Kriegsbedienten abdanken; erlaßen.
Casser quelqu'un aux gages, einen seiner Dienste entlaßen.
se Casser, *v. r.* zerbrechen, zerbrochen werden; schwach, alt, kraftlos werden.
CASSE', ée, *part. & adj.* zerbrochen, entzwey, in Stücken; vor ungültig erklärt; schwach; gebrechlich; gebrochen, als die Stimme.
Cassé de vieillesse, schwach wegen Alters.
CASSEROLE, *s. f.* eine kupferne und verzinnte Schüßel, mit schmalem Rand, aber etwas tiefer als andere; bey den Glasmachern ist es ein eiserner Löffel, das Glas abzuschäumen.
CASSERON, *s. m.* eine Art fliegender Fische.
CASSE-TÊTE, *s. m.* im Scherz, ein Kopfreißer, ein Wein, der in den Kopf steigt.
Cette science, ce vin est un casse-tête, bey der Wissenschaft zerbricht man sich den Kopf; der Wein macht einen voll.
CASSETIN, *s. m.* ein Fächlein im Schriftkasten der Buchdrucker.
CASSETTE, *s. f.* ein klein Kästlein.
CASSEUR, *s. m.* ein Prahler.
un Casseur de raquettes, der sich solcher Sachen rühmt, die er nie hat thun können.
CASSIDOINE, *voiés* CHALCÉDOINE.
CASSIE, *s. f.* oder CASSIER, *s. m.* ein Cassienbaum.

CASSIN, eine Rahme über einen Webstuhl, an welcher viele Flaschenzüge sind, um die Schnüre zu tragen, mit welchen die Blumen, Bilder ꝛc. in dem Zeug gewebet werden.
CASSINE, *s. f.* Landhaus; einzeles Haus im Felde.
CASSIOPE'E, *s. f.* ein Gestirn am Himmel.
CASSOLETTE, *s. f.* ein Gefäß, worinnen man wohlriechende Waßer durchs Feuer ausdämpfen läßt; auch der Geruch, so daraus geht. *Voilà une étrange cassolette,* prov. das ist ein häßlicher Geruch.
CASSONNADE, *s. f.* Zucker, wie er in den Kisten ankommt, ehe er gereinigt wird, Farinzucker; ungeläuterter Zucker; Speisezucker.
CASSURE, *s. f.* Bruch; Zerbrechung; Zerstoßung.
CASTAGNETTES, *s. f.* ein Instrument, womit man zum Tanzen klappen kan.
CASTAGNEUX, *s. m.* eine Art kleiner Taucher.
CASTELOGNE, *s. f.* eine Art zarter Betttücher; zu Lion werden sie Catalognes genannt, weil sie dahin aus Catalonien gekommen sind, feine wollene Bettdecken.
CASTILLAN, *s. m.* einer aus dem Königreich Castilien in Spanien, Castilianer.
CASTILLANE, *s. f.* Castilianerin.
CASTILLE, *s. f.* Castilien, ein grosses Königreich in Spanien.
Castille, *s. f.* Streit, Zank, (ist alt).
CASTINE, *s. f.* ein Mineral, so Eisen hält, und zum Eisenschmelzen gebraucht wird.
CASTOR, *s. m.* ein Biber.
Castor, feiner Hut von Biberhaar.
Un *castor* fin, ein guter Castorhut. Un demi-*castor,* ein halber Castorhut.
Castor, *s. m.* ein Mannsname.
Castor & Pollux, ein feuriger Dunst, so nach dem Sturm oben am Mast gesehen wird; it. eine Gestirnfigur in der Astronomie, die Zwillinge.
CASTORE'E, *s. m.* Bibergeil.
CASTRAME'TATION, *s. f.* die Wißenschaft, ein Feldlager vortheilhaft zu nehmen, oder eine Armee zu stellen, (ist nur gebräuchlich, wenn man von den alten Römern redet).
CASUALITE', *s. f.* Zufall, ohngefehre Begebenheit.
CASUeL, *s. m.* Accidenz, zufälliges Einkommen. *Le casuel de sa charge monte à tant,* seine Accidentien belaufen sich so hoch.
Casuël, *m.* Casuëlle, *f. adj.* Les parties *casuelles* du Roi, zufällige Einkünfte des Königs.
Casuël, *s. m.* ein grosser Vogel, so nach dem Strauß der größte ist, ein Casuarius.

CASUëLLEMENT, *adv.* zufälliger Weise.
CASUiSTE, *ſ. m.* einer, der ſich auf die Gewiſſensfälle verſteht. La plûpart des *caſuiſtes* ſont Eſpagnols, die meiſten, ſo über Gewiſſensfragen geſchrieben, ſind Spanier.
CATACHRE'SE, *ſ. f.* (in der Sprach-und Redekunſt,) Gebrauch eines ſonſt bekannten Worts in einer neuen oder fremden Bedeutung; Benennung einer Sache, die keinen eigenen Namen hat, oder deren Name nicht bekannt iſt, mit einem andern ſchon bekannten Wort, als ein ſilbern Huf-eiſen, harte, gezwungene Redart.
CATACOMBES, *ſ. m. & f. pl.* Begräbniſſe unter der Erden, in Italien, da ſich die Chriſten in der Verfolgungszeit hin begraben lieſſen.
CATADOUPES, ou CATADUPES, *ſ. m. plur.* ein Waſſerfall. *v.* CATARACTES.
CATAFALQUE, *ſ. m.* ein erhabenes Gerüſt in einer Kirche; ein caſtrum doloris, Leichengerüſt mit einem Sarg; Leergrab; Ehrenmahl.
CATAGMATIQUE, *ſ. m.* ein Arzneymittel, die zerbrochenen Beine wieder zuſammen zu heilen.
CATALAN, *ſ. m.* e, *f.* ein Catalonier.
CATALECTE, *adj. m.* in der Dichtkunſt, ein Vers der eine Sylbe oder etliche weniger hat, als er ſonſt haben ſollte.
CATALEPSIE, *ſ. f.* eine Art eines Schlagfluſſes.
CATALEPTIQUE, *ſ. m. & f.* ein Patient den dergleichen Schlagfluß betroffen hat.
CATALOGNE, *ſ. f.* Catalonien in Spanien; it. eine Art Bettücher, *v.* CASTELOGNE.
CATALOGUE, *ſ. m.* ein Verzeichniß. *Catalogue* de livres, ein Bücherverzeichniß, Bücher-Catalogus.
CATALOTIQUE, *ſ. m.* ein Mittel, die Narben und Lücken der Haut gleich und glatt zu machen.
CATANANCE, *ſ. f.* blauer Krähenfuß, ein Kraut.
CATAPASME, *ſ. m.* eine Vermiſchung von allerhand Pulvern, welche auf das Haupt oder über das Herz gelegt wird, um dieſe Theile zu ſtärken.
CATAPELTE, *ſ. f.* zwey Breter, zwiſchen welche man vor Alters einen Uebelthäter gepreßt, und alſo an den Füſſen aufgehängt und verbrennt hat.
CATAPHRYGIENS, *ſ. m. pl.* Ketzer im andern Seculo der Chriſtenheit, welche Montano anhiengen.
CATAPLAME, CATAPLASME, *ſ. m.* ein erweichendes Pflaſter oder Ueberſchlag.
CATAPUCE, *ſ. f.* ein Kraut von zweyerley Gattung, davon die gröſſere Wunder-baum, und die kleinere Purgier-oder Springkörner genennet wird.
CATAPULTE, *ſ. f.* eine groſſe Art Geſchoſſes, Wurfſpieſſe zu ſchieſſen, ſtatt der Pfeile. (iſt alt.)
CATARACTE, *ſ. f.* ein Fell über dem Augapfel, der Staar. ôter une *cataracte*, abattre la *cataracte*, den Staar ſtechen.
CATARACTES, *ſ. m. & f. pl.* ein Waſſerfall. Le Rhin a des *cataractes* près de Schaffhouſe, der Rhein hat einen Fall bey Schaafhauſen.
CATARTIQUE, CATHARTIQUE, *adj. c. & ſ. m.* purgirende (abführende) Arzney.
CATARRE, CATARREUX, *v.* CATERRE.
CATASTROPHE, *ſ. f.* daß lezte und die Hauptgeſchicht, der Ausgang einer Tragödie; das Ende oder der Ausgang einer Geſchicht überhaupt.
CATASTROPHE, eine gählinge und unvermuthete Veränderung; ein unverhoſter Unglücksfall. Une triſte *cataſtrophe*, ein trauriger Ausgang.
CATAUT, CATEAU, *ſ. f.* Kätchen, Trinchen, Catrinchen.
CATE'CHE'SE, *ſ. f.* die Catechismuslehre.
CATE'CHISER, *v. a.* Kinderlehre halten.
CATE'CHISME, *ſ. m.* der Catechiſmus; die Unterweiſung im Chriſtenthum.
CATE'CHISTE, *ſ. m.* einer der den Catechiſmum lehrt.
CATE'CHUME'NE, CATE'CUME'NE, *ſ. m.* einer der im Catechiſmo unterrichtet wird.
CATE'GORIE, *ſ. f.* in der Logic eine Gattung und Ordnung gewiſſer Dinge von einerley Natur, ein Prædicamentum.
CATE'GORIE, eine Art oder Beſchaffenheit, in deren Anſehung eine Sache der andern gleich oder mit ihr verwandt iſt.
Ces gens-là ſont de même *catégorie*, dieſe Leute haben einerley Meynung. Ces deux choſes ne ſont pas de même *catégorie*, dieſe zwey Dinge ſind einander nicht gleich; gelten nicht gleich viel.
CATE'GORIQUE, *adj. c.* was der Ordnung der Vernunft gemäß iſt, und ſich zur Sache reimt; richtig, das ſo beſchaffen iſt wie es ſeyn ſoll; rechtſchaffen, dem Wohlſtand gemäß. Cela n'eſt pas *catégorique*, das iſt nicht recht, nicht wie ſich's gebührt.
CATE'GORIQUEMENT, *adv.* vernünftiger Weiſe; gerade zu, gerade heraus.
Voilà parler *catégoriquement*, das war recht geredet.
CATEL, *adj. m.* im plur. *cateux*. Biens *cateux*, Güter die bald beweglich, bald unbeweglich ſind, als Feldfrüchte, die vor der Erndte unbeweglich, nach der Erndte aber beweglich ſind. (iſt alt.)

CATE-

CATEROLE, *s. f.* ein Loch der Caninchen, da sie Junge haben.
CATERRE, *s. m.* ein Fluß, der einem an einem Ort des Leibs fällt.
CATERREUX, euse, *adj.* flüßiger Natur, der immer Flüsse am Leibe hat.
CATEUX, *v.* CASEL.
CATHARTIQUE, *voies* CATARTIQUE.
CATHE'DRAL, e, *adj. & s. f.* stiftlich, was zum Bischthum oder Stift gehört.
l'Eglise CATHE'DRALE, oder la CATHE'-DRALE, die Haupt- oder Stiftskirche, der Dom in einem Bischthum.
CATHE'DRANT, *s. m.* einer der in einem theologischen oder philosophischen Actu öffentlich auf dem Catheder präsidiret.
CATHE'DRATIQUE, *adj. c.* was ein Bischoff aus seinem Stift an Einkommen zu heben hat.
CATHE RETIQUE, *s. m.* Arzney das wilde Fleisch in den Wunden wegzufressen; wegbeizende Sachen.
CATHERINE, *s. f.* Catharina, ein Weibername.
CATHE'TE, *s. f.* (in der Meßkunst,) die Perpendicularlinie, so mit der Basi einen angulum rectum oder winkelrechtes Dreyeck macht.
CATHE'TE, (in der Baukunst,) eine Linie, die man sich in einer Säule oder in einem andern länglicht-runden Cörper mitten hindurch der Länge nach einbildet, die Are.
CATHE'TE, (in der Spiegelwissenschaft,) die gerade Linie vom Punct der Reflexion, perpendicular auf einem runden Spiegel.
la CATHE'TE d'incidence, eine Linie gerade vom Punct des objecti perpendicularis, auf eben diese zurückprallende Linie.
la CATHE'TE de l'œil, ou de reflexion, eine gerade Linie vom Aug perpendicular, auf eben diese zurückschlagende Linie gezogen.
CATHE'TER, *s. m.* ein gekrümmtes hohles Instrument der Wundärzte, den Urin aus der Blase zu ziehen, oder andere Beschwernisse dieses Orts zu erkundigen.
CATHE'TERISME, *s. f.* das Herausziehen des Urins durch ein Instrument.
CATHOLICISME, *s. m.* die allgemeine Christliche Lehre.
CATHOLICITE', *s. f.* die Catholische Kirche oder Lehre, Glaube 2c. Sa *catholicité* est suspecte, sein Glaube ist verdächtig; er ist nicht richtig in der Lehre.
CATHOLICON, *s. m.* (allgemein) eine Latwerge, die gar gelinde purgirt, wird deswegen so genannt, weil sie wider allerley Krankheiten gut ist, und in keiner schadet.
CATHOLICON, ein satyrisches Buch, den französischen Staat zur Zeit der Ligue betreffend.
CATHOLIQUE, *adj. c. & s. m. & f.* allgemein, Catholisch.
fourneau CATHOLIQUE, ein chymischer Ofen, in welchem man allerley Arbeit bey allen Graden des Feuers zugleich verrichten kan.
quadran CATHOLIQUE, eine Sonnenuhr, welche in allen Ländern die Stunden richtig zeigt.
CATHOLIQUEMENT, *adv.* Catholischer Weise, auf gut Catholisch.
CATI, *s. m.* Zubereitung des wollenen Zeugs, wodurch es einen Glanz bekömt, die Preß.
CATICHE, *s. f.* das Loch der Fischotter, wo sie ihre Jungen hat.
CATIMINI, *adv.* heimlich, im Verborgenen. Il m'a pris en *catimini*, er hat mich unverschens ertappet.
CATIN, *s. f. v.* CATAUT.
CATIR, *v. a.* einen Zeug pressen, ihm einen Glanz geben; dicht machen.
CATISSEUR, *s. m.* der Arbeiter, so die Zeuge presset.
CATOPTRIQUE, *s. f. & adj. c.* die Wissschaft Spiegel zu machen.
quadran CATOPTRIQUE, ein Compaß, der die Stunden zeigt, durch einen zurückschlagenden Strahl.
CATOPTROMANTIE, *s. f.* das Weissagen oder Wahrsagen, wobey man in den Spiegel sehen muß.
CATTEROLE, *v.* CATEROLE.
CAVAIN, *s. m.* ein hohler Ort.
CAVALCADE, *s. f.* prächtiger Aufzug zu Pferd, ein Spazierritt.
CAVALCADOUR, *s. m.* écuïer *cavalcadour*, der über des Königs oder anderer königl. Personen Leibpferde bestellet ist.
CAVALE, *s. f.* eine Stute, ein Mutterpferd.
CAVALERIE, *s. f.* die Reuterey.
Cavalerie légère, leichte Reuterey, als Hussaren, Dragoner, Parteygänger, und dergleichen.
CAVALET, *s. m.* (auf den Glashütten,) die Decke des Schmelzofens, daran die Flamme zurück auf den Herd schlägt.
CAVALIER, *s. m.* ein Reuter. Il est bon *cavalier*, er reitet wohl, sitzt wohl zu Pferd.
CAVALIER, Reuter, der im Kriege zu Pferd dient.
CAVALIER, gebohrner von Adel.
CAVALIER, ein Italiänischer Ritter.
CAVALIER de St. Marc, Ritter des St. Marcusordens.
CAVALIER, (in der Kriegsbaukunst,) eine Katz.
CAVALIER, *m.* CAVALIE'RE, *s. adj.* adeliche Sitten. Eloquence *cavalière*, Wohlredenheit die einem Edelmann anstehet.

CAVALIER, *adj.* leichtsinnig; unbesonnen. Ce procedé est un peu *cavalier*, das ist ein leichtsinniges Verfahren.
CAVALIER, e, *adj.* reuterisch, wild, unbedachtsam, hochmüthig, frey, ungezwungen; artig, manierlich.
à la CAVALIÈRE, adelich, wohl anständig.
CAVALIEREMENT, *adv.* hochmüthig, unbedachtsam, leichtsinniger Weise.
CAVALOT, *s. m.* eine unter Ludwig XII geprägte französische Münze von sechs Deniers.
CAVALQUET, *s. m.* ein Zeichen mit der Trompete im Krieg, wenn eine Armee zu einer Stadt nahet, oder man sie hat hinein marschiren lassen; Trompetermarsch aus Normandie.
CAUCHEMAR, *s. m.* der Alp, eine Krankheit, da man des Nachts meynt, es drücke einen etwas, daß man nicht zu Athem kommen kan; der gemeine Mann meynt, es sey ein Geist, (Schrättelein.)
CAUCHOIS, eine grosse Daube.
CAUDATAIRE, *s. m.* der den Schweif des Pabsts oder eines Cardinals trägt.
CAUDÉ, ée, *adj.* (in der Wappenkunst,) geschwänzt.
CAUDEBEC, *s. m.* eine Art Hüte, von einer Stadt in der Normandie dieses Namens.
CAVE, *adj. c.* hohl.
La veine *cave*, die grösste Ader unter allen, die aus der Leber gehet, die Hohlader.
CAVE, *s. f.* ein Keller.
CAVE, Flaschenfutter, Flaschenkeller.
CAVE, silbernes Fläschlein zu wohlriechenden Wassern.
CAVEAU, *s. m.* ein kleiner Weinkeller.
CAVEAU, eine Todtengruft in einer Kirche.
CAVEÇON, Nasenband für ein Pferd, Kappenzaum. v. CAVESSON.
CAVEE, *s. f.* Hohlweg.
CAVEHANE, *s. f.* bey den Türken, ein Caffeehaus.
CAVELIN, *s. m.* in Holland eine gewisse Quantität Wein, nemlich zwey Barquen, oder 8 Tonnen, oder 4 Pipen.
CAVER, *v. a.* aushöhlen, ausgraben; Geld aus dem Beutel nehmen, ins Spiel zu setzen.
CAVER, (auf dem Fechtboden) den Leib beugen, dem Stoß durch Beugung ausweichen.
CAVÉ, ée, *part. & adj.* hohl, ausgehöhlt.
CAVERAGE, *s. m.* in den Niederlanden, ein Zoll der zu Unterhaltung der Dämme im Land gegeben wird. (ist alt.)
CAVERNE, *s. f.* eine Höhle.
CAVERNEUX, euse, *adj.* voll Höhlen.
CAVESSE de More, *s. m.* ein Pferd das einen schwarzen Kopf hat.

CAVESSON, *s. m.* ein Kappenzaum, die Pferde desto besser zu bändigen; ein Kragen.
CAVESSON à figuette, ou CAVESSON mordant, ein halber Cirkel über die Nase hohl und an beyden Schärfen mit Zähnen.
CAVESSON camare, o? der kleine Spitzen hatte.
CAVET, *s. m.* ausgehöhlte Schnitzarbeit oben an den Säulen, oder an andern Dingen.
CAVIAL ou CAVIAR & CAVIAT, *s. m.* eine Speise von Störrogen oder Störeyern.
CAVILLATION, *s. f.* ein falsches Argument, betrüglicher Syllogismus.
CAVIN, *s. m.* eine Höhle oder Hohlweg, da man verborgener Weise zu einem Ort nahen kan.
CAVITÉ, *s. f.* (in der Anatomie) Höhlung; etwas so hohl ist. *Cavité* des os, du cœur, Höle der Beine, des Herzens.
CAULICOLES, *s. m.* (in der Baukunst) an den Capitälen der Corinthischen Säulen ein kleiner Zweig der von einem der vier Hauptäste entsteht.
CAUSATIVE, *adj. f.* (in der Sprachlehre) ein Wort, das eine Ursache zeigt, als car, parceque, vû-que.
CAUSE, *s. f.* Ursach; der Ursprung; Rechtshandel; Bartey im Rechten. *Cause* physique, natürliche Ursach. *Cause* morale, willkührliche Ursach. Le soleil est la *cause* de la lumière, die Sonne ist der Ursprung des Lichts.
CAUSE, Grund; Bewegniß; Rede. Il ne sait alléguer aucune *cause*, er weiß keinen Grund anzuführen.
CAUSE, Sache; Recht. Etre pour la bonne *cause*, es mit der guten Sache halten.
CAUSE, eine Rechtssache. *Causes* majeures, Sachen, die der Pabst selbst im Consistorio entscheiden muß.
Aïans-*cause*, denen man sein Recht übergeben hat.
Et pour *cause*, und zwar aus gewissen Ursachen, (wenn man die Ursache nicht dazu setzen will, warum man etwas thut.)
à CAUSE, *præp.* wegen, um willen.
à *cause* de moi, um meinet willen.
Je ne sortirai pas à *cause* de la pluïe, ich will nicht ausgehen, weil es regnet.
à CAUSE que, *conj.* weil, dieweil.
CAUSER, *v. a.* verursachen. La séchéresse *cause* la stérilité, die grosse Dürre verursachet Unfruchtbarkeit. Vous avés *causé* sa ruine, ihr habt sein Verderben verursachet.
CAUSER, *v. n.* plaudern, mit einem schwätzen. Vous ne faites que *causer*, ihr thut nichts als plaudern.

CAUSERIE, *s. f.* ein Geschwätz; die Schwatzhaftigkeit.
CAUSEUR, *s. m.* ein Schwätzer, der einem etwas einplaudern will.
CAUSEUSE, *s. f.* eine Schwätzerin.
CAUSTIQUE, *adj. c. & s. m.* wegfreſſende beiſſende Arzney; ſatyriſch, der alles tadelt, critiſirt.
CAUTE'LE, *s. f.* Liſt; Sorgfalt; Vorſehung, Vorſicht, Behutſamkeit. (iſt alt.) lettre d'abſolution à CAUTE'LE, ein Brief, kraft deſſen ein excommunicirter Prieſter, ehe er ſeine Sache ausführen kan, doch Meſſe leſen darf, weil er appellirt hat.
CAUTELEUSEMENT, *adv.* vulg. verſchmitzter Weiſe.
CAUTELEUX, euſe, *adj. & ſubſt.* vulg. vorſichtig, verſchmizt, meiſtens in böſer Bedeutung.
CAUTE'RE, *s. m.* ein Brenneiſen, als ein Loch zu einem Fontanel zu brennen.
CAUTE'RE, ein Fontanel.
CAUTE'RE potenciel, ein corroſiviſches auffreſſendes Salz.
CAUTE'RISATION, *s. f.* das Auffreſſen der Haut, durch corroſiviſche Mittel.
CAUTE'RISER, *v. a.* zerfreſſen, wie beiſſende Materien pflegen. Le poiſon *cautériſe* les inteſtins, das Gift verbrennet die Gedärme.
CAUTE'RISE', ée, *part.* beſteckt. Une conſcience *cautériſée*, ein gebrandmarktes Gewiſſen, ein Brandmaal im Gewiſſen.
CAUTION, *s. f.* eine Bürgſchaft; ein Bürge; Verſicherung. Donner *caution*, Bürgſchaft leiſten. Recevoir *caution*, Bürgſchaft annehmen. Caution ſolidaire, Bürge, der die ganze Forderung zu bezahlen auf ſich nimmt. Etre *caution*, ſe rendre *caution*, Bürge ſeyn. Bürge werden. Il eſt ſujet à *caution*, man darf ihm nicht trauen. Une nouvelle ſujette à *caution*, eine Zeitung, der nicht viel zu trauen iſt.
CAUTIONNEMENT, *s. m.* Bürgſchaft.
CAUTIONNER, *v. a.* Bürge werden. Je le *cautionne*, ich werde Bürge für ihn. Je le *cautionne* de celà, ich verſichere ihn.
CAUX, *s. m.* ein Land in Frankreich, in der Normandie.
CAYE, *s. f.* verborgener Fels oder Sandbank, mit Gras und andern oben ſo dick bedeckt, daß die kleinen Schiffe da auffahren, aber ſich wohl wieder los machen können; in Weſtindien heißt es, eine gar kleine Inſel.
CAYER, *s. m.* ein Haft, vier oder drey in einander geſteckte Bogen; it. ein zuſammengelegter Bogen in Folio in einem Buch.
CAYER, in den Sachen der Landſtände in Frankreich heiſſen *Cayers* auch die Acta. L'aſſemblée préſenta ſes *cayers*, die Verſammlung der Stände übergab ihre Bittſchriften.
CAYETTE, *s. f.* ein Seehaven, da man die Schiffe in ſolchem Ort halten kan.
CAYEU, *s. m.* eine kleine Zwiebel, die an den alten Blumenzwiebeln wächſet, die man abnehmen und verſetzen kan.
CAZE, CAZERNE, *v.* CASE, CASERNE.
CE, (vor einem Nomine, das von einem Conſonante anfängt) C', oder ç', (vor einem Verbo, das mit einem Vocali anfängt) Cet, (wenn ein mit einem Vocali oder ſtummen h anfangendes Nomen folgt) *pron. m.* Cette, Cete, *f.* im plurali Ces, *m. & f.* dieſer, dieſe, dieſes; der, die, das.
Cet homme ci, hier dieſer Mann.
Cette fille là, die Jungfer dort, jene Jungfer.
Ce qui, *ce* que, was, das was.
C'eſt, es iſt.
Qu'eſt-*ce* que *c*'eſt? was iſts? was giebts?
Qu'eſt *ce* que *c*'eſt que celà? was iſt das?
à *ce* faire, oder en *ce* faiſant, hiermit, ſolchergeſtalt. (in ſtylo curiæ.)
à CE que, *adv.* wie.
à CE que, *conj.* damit, daß, auf daß.
CE'ANS, *adv.* (ci-en) hierinnen, hieran. Le maitre de *céans*, der Hausherr. Il ſort de *céans*, er geht von hier hinaus.
CE'CALE, *adj. f.* veine *cécale*, eine Ader am blinden Darm (in der Anatomie.)
CECHIN, *s. m.* (*v.* SEQUIN) ein Venetianiſcher Zechin oder Ducaten.
CECI, *pron. m.* diß da, hier dieſes.
CE'CILLE, *s. f.* Cecilia, ein Weibername.
CE'CITE', *s. f.* Blindheit, (aveuglement iſt aber gebräuchlicher und beſſer.)
CE'CUM, *s. m.* der blinde Darm (in der Anatomie.)
CE'DER, *v. a. & n.* laſſen, überlaſſen; abtreten; weichen; nachgeben; unterliegen. C'eſt un homme qui ne veut rien *céder* de ſon droit, er iſt ein Mann der von ſeinem Rechten nicht das geringſte nachlaſſen will. Je vous *céde* cette loüange, ich überlaſſe euch dieſes Lob. Je lui *céde* cet héritage, ich trete ihm dieſe Erbſchaft ab. Un homme ſage doit *céder* à la raiſon, ein weiſer Mann ſoll der Vernunft Raum geben. Il faut *céder* au tems, man muß ſich in die Zeit ſchicken.

CE'DILLE,

CE'DILLE, *s. f.* ein klein umgewandtes ɔ das unten an das c gemacht wird (ç) wenn es vor (a) (o) (u) als s soll gelesen werden, als garçon, venés ça. u. d. g.

CE'DON, *s. m.* ein kleines Kraut, kleine Hauswurz, Mauerpfeffer.

CE'DON arborescent, Baum-Sedum, Baumhauswurz, stäudige Hauswurz.

CE'DRAC, *s. m.* eine Art von Citronenbäumen, die süsse Frucht haben.

CE'DRE, *s. m.* eine Ceder, Cederbaum; eine Art Citronen.

CE'DRIE, *s. f.* Cedernharz.

CE'DULE, *s. f.* ein Zettel; eine Obligation wegen einer Schuld, oder sonst etwas zu thun, eine Handschrift, die man von sich gegeben hat.

CE'DULE évocatoire, rechtliche Nachricht einer Partey an die andere, daß ein Proceß für einen andern Richter abgefordert werde.

CEINDRE, *v. a.* gürten, umgürten; umgeben, umfassen. *Ceindre* une ville de murailles, eine Stadt mit Ringmauern umgeben. *Ceindre* l'épée à un chevalier, einem Ritter den Degen anlegen. *Ceindre* le front de quelque chose, etwas um das Haupt legen. *Ceindre* la tête de lauriers, einen Lorbeerkranz aufsetzen.

CEINT, e, *part. & adj.* umgürtet; umgeben.

CEINTES, *s. f. pl.* die Reifen oder Absätze, welche aussen um ein Schiff rings herum gehen.

CEINTRAGE, *s. m.* alles Seil- oder Tauwerk auf den Schiffen, das um etwas herum gewunden wird.

CEINTURE, *s. f.* ein Gürtel, ein Gurt; was etwas umgiebt.

CEINTURE, das Maaß des Leibes, wo man den Gürtel anlegt. Il y a de l'eau jusqu'à la *ceinture*, das Wasser gehet bis an den Gürtel.

CEINTURE, (in der Baukunst,) Obersaum. Bonne renommée vaut plus que *ceinture* dorée, *prov.* guter Name gehet über alles.

CEINTURE à l'angloise, Leibgehäng.

CEINTURE de muraille, Gürtwerk; Mauerband.

CEINTURE de la Reine, zu Paris, eine Auflage auf gewisse Waaren alle drey Jahr, zum Unterhalt des königl. Hauses.

CEINTURE de Venus, in der Chiromantie, eine Linie, die zwischen dem andern und dritten Finger anfängt, durch die Berge dieser Finger, gegen den kleinen Finger als ein halber Cirkel gehet. Cingulum Veneris.

CEINTURE funèbre, eine schwarze Binde, so die Stifter einer Kirche dürfen in und ausser der Kirchen mit ihren Wappen mahlen lassen.

CEINTURETTE, *s. f.* Riemel, so um das Jägerhorn gewickelt ist.

CEINTURIER, *s. m.* ein Gürtler.

CEINTURON, *s. m.* ein Wehrgehäng; ein kleiner Gürtel um die Lenden.

CELA', *pron.* dieses, das da.

CE'LADON, *s. m.* grüne Farbe mit vielem weiß vermischt, Meergrün.

CE'LE'BRANT, *s. m.* der eine feyerliche Kirchenhandlung verrichtet. Recevoir la bénédiction du *célébrant*, den Segen von dem, der das Amt verricht, empfangen.

CE'LE'BRATION, *s. f.* feyerliche Verrichtung, Begehung. *Célébration* de mariage, Begehung einer Hochzeit.

CE'LE'BRE, *adj. c.* berühmt; feyerlich. Une fête *célèbre*, ein feyerliches Fest. Un *célèbre* médecin, ein berühmter Arzt. Une femme *célèbre*, ein berufenes Weib.

CE'LE'BRER, *v. a.* mit Loben kund machen, rühmen; öffentlich begehen, als ein Fest rc. *Célébrer* la Messe, Messe lesen, halten. *Célébrer* les merveilles de Dieu, die Wunderwerke GOttes mit Loben kund machen.

CE'LE'BRITE', *s. f.* öffentliche Ceremonien; Feyerung, feyerliche Begehung; Ruf, Ruhm. *Célébrité* de noces, Hochzeitfeyer. *Célébrité* de funerailles, Leichbegängniß. La *célébrité* de ce lieu est grande, der Ort ist in einem grossen Ruf; sehr berühmt.

CELEP, *s. m.* ein Getränk mit Zucker und Ambra angemacht, welches die Morgenländer hoch halten.

CE'LER, *v. a.* verbergen, verschweigen. Il se fait *céler*, er läßt sich verläugnen, ob er gleich zu Hause ist.

CE'LERI, *s. m.* ein Kraut, Zellerie, Selserie.

CE'LERIER ou CELLERIER, *s. m.* Schafner eines Klosters.

CE'LERIE'RE ou CELLERIE'RE, *s. f.* Schafnerin eines Klosters.

CE'LERIN, *s. m.* eine Art kleiner Fische in der See, wie Sardellen.

CE'LERITE', *s. f.* Geschwindigkeit. C'est une affaire qui demande beaucoup de *célérité*, diese Sache will mit viel Geschwindigkeit gethan seyn. Nôtre Général usa d'une grande *célérité*, unser General bediente sich einer grossen Geschwindigkeit.

CE'LESTE, *adj. c.* himmlisch; vortreflich; wundersam. Globe *céleste*, die Himmelskugel. Les esprits *célestes*, die himmlischen Geister.

Une beauté *céleste*, vortrefliche Schönheit.

Bleu-

Bleu-*céleste*, himmel-blaue Farbe.

Les sœurs *célestes*, Nonnen von dem Orden der Verkündigung Mariä, in blauen Kleidern.

CE'LESTIN, *s. m.* e, *s.* ein Cölestinermönch, eine Cölestinernonne.

Voilà un plaisant *célestin*, prov. er ist nicht recht klug; er hat einen Sparren zu viel.

à la *célestine*, auf die Weise der Cölestiner.

CE'LIAQUE, *s. f.* ein Durchlauf, da die Speisen halb verdaut von einem gehen und der chylus mit fortgehet.

CE'LIAQUE, *adj.* artère *céliaque*, eine gewisse Ader des untern Leibs, welche von der Aorta kommet, und sich in zwey Aeste theilet, davon einer nach der Leber, der ander aber nach dem Milze gehet.

CE'LIBAT, *s. m.* der ledige Stand, da man unverheyrathet ist.

CELLE, *s. f.* eine Celle.

CELUI, *m.* CELLE, *f. pron.* plur. *ceux, celles*, der, derselbe; derjenige. Heureux *celui* qui craint le Seigneur, der ist selig, der den HErrn fürchtet. Par le temple de la vertu on passoit à *celui* de l'honneur, durch den Tempel der Tugend mußte man eingehen, zu demjenigen, so der Ehre gewiedmet war.

CELUI-CI, *m.* CELLE-CI, *f.* (*pl. ceux-ci, celles-ci*,) pron. dieser; diese.

CELUI-LA', *m.* CELLE-LA', *f.* pron. (*pl. ceux-là, celles-là*,) jener; jene. Il ne faut pas faire cas ni de *celui-ci*, ni de *celui-là*, ni de *celle-ci*, ni de *celle-là*, man muß kein Wesen machen, weder von diesem, noch von jenem, weder von dieser, noch von jener. *Ceux-ci* sont fort malitieux qui parlent mal de ceux qui leur ont fait du bien, diese sind sehr boshaftig, welche übel von denjenigen reden, die ihnen guts gethan haben. *Celles-là* ne méritent pas d'être regardées, qui n'estiment pas celles qui les ont aimées, jene verdienen nicht angesehen zu werden, welche die verachten, welche sie geliebt haben.

à CELLE-FIN, *conj.* auf daß; damit.

CELLERAGE, *s. f.* Auflage auf den Wein, der im Keller liegt.

CELLE'RERIE, *s. f.* das Amt eines Klosterkellermeisters.

CELLE'RIER, *s. m.* der Kellner, Kellermeister eines Klosters; auch wohl einer der im Kloster die Verwaltung über alle zeitliche Güter hat.

CELLE'RIE'RE, *s. f.* die Kellermeisterin bey den Nonnen.

CELLIER, *s. m.* ein Keller, Gewölb das etliche Stufen tief in der Erde ist.

CELLITE, *s. m.* ein Cellenbruder, ein Mönch.

CELLULE, *s. f.* eine Celle, besonderes Schlafgemach der Mönche oder Nonnen.

Cellule, ein Fach an einem Kasten oder Schrank.

Cellule, ein Loch von Wachs in Bienenstock.

Cellule, ein Fächlein im Schriftkasten der Buchdrucker.

Cellule, eine kleine Höhle im Gehirn.

Cellule, so werden auch die kleine Losamenter der Cardinälen in dem Conclave genennet.

CELTES, *s. m. pl.* die Celten, ein altes Volk, so fast gantz Europa mit Einwohnern besetzt hat.

CE'MENT, *s. m.* eine Materie das Gold zu reinigen, in der Chymie.

CE'MENTATION, *s. m.* die Reinigung des Goldes, das Cementiren.

CE'MENTER, *v. a.* cementiren, reinigen, läutern, ein Metall, in der Chymie.

CE'METIE'RE, *v.* CIMETIE'RE.

CE'NACLE, *s. m.* ein Eßsaal, Speisegemach; meistens der Saal, wo Christus das Abendmahl gehalten hat.

CENAGE, *s. m.* Geld, so man bezahlt für die Erlaubniß in einem Fluß zu fischen.

CENDAL, *s. m.* Sendel, ein zarter und dünner seidener Zeug.

CENDRE, *s. f.* die Asche. Faire des *cendres*, Asche brennen. Réduire en *cendres*, zu Asche verbrennen.

Cendre gravelée, Weinsteinasche.

Cendre d'azur, klar gestoßener Lasurstein.

Cendre verte, eine blaue Farbe aus Flandern, deren sich die Mahler in den Landschaften bedienen, weil sie leichtlich grün wird.

Cendre de plomb, gar kleiner Schrot; Vogeldunst.

Prendre la *cendre* & le cilice, im Sack und in der Asche Buße thun.

Moi qui ne suis que *cendre* & poussière, ich, der ich nur Staub und Asche bin.

CENDRES, in *plur.* (in der Römischen Kirchen) die geweyhete Asche, so am Aschermittwoch ausgetheilet wird. Le Prêtre donne les *cendres*, le peuple les prend, der Priester giebt die Asche aus, das Volk empfanget sie. Révérer les *cendres* des morts, das Andenken der Verstorbenen in Ehren halten.

CENDRE', ée, *adj.* aschenfarbig.

Cendre'e, *s. f.* Bleyschaum.

Cendre'e, kleiner Vogelschrot.

Cendre'e, ein Kraut, Wohlgemuth.

CENDREUX, euse, *adj.* mit Asche beschüttet, oder voll Asche.

fer Cendreux, Eisen, das nach dem Poliren noch kleine Flecken behält, als wäre Asche drauf.

CENDRIER, *s. m.* ein Aschengefäß; der Ort im Ofen oder in einer Kohlenpfanne, wo die Asche hinfällt.

Cendrier, einer der mit Asche handelt oder umgehet.

CE'NE, *s. f.* das Abendmahl, das Christus mit seinen Jüngern vor seinem Leiden hielt, und hernach dasselbe einsetzte; das Sacrament des Abendmahls.

la Ce'ne du Jendi saint, die Ceremonie, da grosse Herren am grünen Donnerstag Arme speisen, und ihnen die Füsse waschen.

CE'NELLE, *s. f.* die Beere oder Frucht vom Mausdorn.

CENGLE, *v.* SANGLE.

CE'NOBITE, *s. m.* Mönch.

CE'NOBITIQUE, *adj. c.* was solcher Lebensart ist. La vie *cénobitique*, das Mönchsleben; Klosterleben.

CE'NOTAPHE, *s. m.* ein leeres Grab oder Sarg; Ehrengedächtniß.

CENS, *s. m.* der Zins, den man wegen eines Lehens dem Herrn geben muß, Grundzins.

CENSABLE, *adj.* zinsbar. (ist alt.)

CENSAL, *s. m.* ein Mackler.

CENSE, *s. f.* eine kleine Meyerey; ein Gut, das von einem Dorf abgesondert liegt.
Prendre à *cense* une terre, etwas um Zins mieten.

CENSE', ée, *part.* davor geachtet, gehalten, geschätzet, gerechnet. Cela est *censé* bien-fait, man hält dieses vor wohl gethan.

CENSEUR, *s. m.* ein Zuchtherr; Zunftmeister bey den alten Römern.

Censeur, Richter, Bestrafer über anderer Leute Thun und Schriften. Un *censeur* sévère, ein strenger Richter.

Censeur des livres, ein Censor der die Bücher prüfen muß, ehe man sie druckt.

CENSIER, *s. m. & adj.* der Herr, dem man Zins geben muß, Seigneur *censier*.

Censier, der eines Lehenherrn Einkünften verpachtet hat.

CENSITAIRE, *s. m.* einer der dem Lehenherrn Zins zu zahlen schuldig ist.

CENSIVE, *s. f.* Zinsbarkeit, Lehenbotmäßigkeit. Etre dans la *censive* d'un tel, unter der Zinsbarkeit dieses Herrn stehen.

CENSIVEMENT, *adv.* auf Zins (nemlich ein Gut oder Acker) haben.

CENSUël, lle, *adj.* zinsbar, das den Zins giebt.

CENSURABLE, *adj. c.* scheltenswerth, verwerflich; bannmäßig.

CENSURE, *s. f.* das Zunftmeisteramt in dem alten Rom.

Censure, Beurtheilung; Bestrafung, Scheltung. Il a exposé ses ouvrages à la *censure*, er hat seine Schriften zur Beurtheilung übergeben. Je ne vois rien en celà qui mérite la *censure*, ich sehe in diesem nichts, das die Bestrafung verdiene; das des Scheltens werth sey.

Censure, Kirchenbann. Fulminer une *censure*, den Bann ergehen lassen. Se soumettre aux *censures* ecclésiastiques, sich der Kirchenstrafe unterwerfen.

CENSURER, *v. a.* bestrafen. Censurer quelqu'un de sa faute, einen um seines Fehlers willen bestrafen. Les Savans ont *censuré* cette proposition, die Gelehrten haben diesen Lehrsatz als verwerflich beurtheilt.

Censurer, punir, strafen. Il a été *censuré*, er ist mit Strafe belegt worden.

Censurer un livre, ein Buch durchlesen, und seine Meynung sagen, ob es gut oder böse sey.

CENT, *adj.* hundert. *Cent* hommes, hundert Mann. *Cent* écus, hundert Thaler. Il y en a eu *cent* de tués & deux *cent* de blessés, es sind hundert getödtet und zweyhundert verwundet worden. Je vous l'ai dit plus que *cent* fois, ich hab es euch mehr denn hundertmal gesagt.

Cent, *s. m.* ein Hundert, eine Zahl von Hunderten. Cela se vend au *cent*, dieses wird beym Hundert verkauft.

CENT-SUISSES, *s. m. sing. & plur.* un *Cent-Suisse*, einer von der königlichen Schweizergarde in Frankreich.
Les *Cent-Suisses*, die Schweizergarde.

CENTAINE, *s. f.* eine Zahl von Hunderten, ein Hundert. Il a reçu une *centaine* de Louisd'or, er hat hundert Duplonen empfangen.

Centaine, das Drumm oder Ende einer Strenne (Strange) Garn, Zwirn oder Seide, wobey man selbige abzuwinden anfängt. (Gängler.)

CENTAURE, *s. m. & f.* ein erdichtetes Thier, halb Mensch, halb Pferd; ein Centaurenweib.

CENTAURE'E, *s. f.* Tausendgüldenkraut.

CENTENAIRE, *adj. c.* nombre *centenaire*, die Zahl hundert. Homme *centenaire*, ein Mann hundert Jahr alt. Une possession *centenaire*, hundertjähriger Besitz.

CENTENIER, *s. m.* ein Hauptmann über hundert Mann bey den Römern.

CENTIE'ME, *adj. & subst.* der Hundertste; der hundertste Theil. Le *centième* denier, der hundertste Pfenning.

CENTINODE, *s. f.* ein Kraut, Wegtritt, Weggras, Tenngras, Blutkraut.

CENTON, *s. m.* ein Gedicht aus Versen,

so von einem oder mehr Poeten entlehnt sind, zu seinem Zweck zusammen gesetzt.

CENTRAL, e, *adj.* das im Mittelpunct ist.
Le feu *central*, das Feuer, nach einiger Meynung, im Mittelpunct der Erden.

CENTRE, *s. m.* der Mittelpunct; verblümter Weise, ein Sammelplatz, Aufenthalt, ein Ort, wo etwas in Menge anzutreffen ist.
CENTRE de la parabole, Brennpunct.
CENTRE du bataillon, die Mitte eines Bataillons, dahin die Fahnen und Geräthschaft gestellet werden.
Il est dans son *centre*, er ist in seinem Element, an dem Ort, da er am meisten Vergnügen findet. Batavia est le *centre* du commerce des Hollandois dans les Indes, Batavia ist der Mittelpunct der Handlung der Holländer in Indien, d. i. der Hauptort, da alles einlauft, und wieder ausgehet.
CENTRE, die Mitte, der mittelste Ort. Le *centre* du Roïaume, die Mitte des Reichs. Le *centre* de la bataille, die Mitte der Schlachtordnung.

CENTRIFUGE, *adj.* (in der Naturwissenschaft) force *centrifuge*, ist diejenige Gewalt, mit welcher ein in die Runde bewegter Cörper sich von dem Mittelpunct entfernet.

CENTRIPETE, *adj.* force *centripete*, eine Gewalt, mit welcher ein in die Runde bewegter Cörper gegen dem Mittelpunct trachtet.

CENTUMVIR, *s. m.* vor diesem, ein Beysitzer eines besondern Gerichts zu Rom, einer von den Hundertmännern.

CENTUMVIRAL, e, *adj.* das zum Gericht der Hundertmänner gehört.

CENTUPLE, *s. m.* hundertfach. Il en recevra le *centuple*, er wird hundertfältig wieder bekommen.

CENTURIATEUR, *s. m. centuriateurs* de Magdebourg, die Centuriatores Magdeburgenses, die ihre Historien in Secula eintheilen.

CENTURIE, *s. f.* eine Zahl von hundert.
CENTURIE, eine Zeit von hundert Jahren, in der Kirchenhistorie der Centuriatorum Magdeburgensium.

CENTURION, *s. m.* ein Hauptmann bey den alten Römern, über eine Compagnie von hundert Mann.

CENVE, *voïés* SENVE.

CEP, *s. m.* der Fuß oder Stamm am Weinstock.

CEPENDANT, *adv. & conjunct.* unterdessen, inzwischen, mittlerweile; doch, dennoch, gleichwol.

CEPHALALGIE, *s. f.* Kopfschmerzen.
CEPHALIQUE, *adj. c.* was zum Haupt gehört. Veine *céphalique*, Hauptader.

CEPHALIQUE, *s. m.* Hauptarzney, die gut zum Haupt ist. Poudre *céphalique*, Hauptpulver.

CEPHALOPHARINGIEN, nne, *adj.* in der Anatomie, das am Eingange des Schlundes zu finden ist, als eine Muskel.

CEPS, *s. m. pl.* Fessel. Mettre les ceps à un criminel, einem Verbrecher die Fessel anlegen.

CERAT, *s. m.* ein Ueberschlag von Wachs; ein gelind Zugpflaster, Wachssalbe.

CERATION, *s. f.* (in der Chymie) Zubereitung einer Materie zum Schmelzen.

CERATOGLOSSE, *s. m.* eine Muskel an der Zunge, so dieselbe rückwerts und auf die Seite zu ziehen dient.

CERBERE, *s. m.* der Höllenhund, in den Heydnischen Gedichten.

CERCE, *voïés* CERCHE.

CERCEAU, *s. m.* ein Reif oder Band an einem Faß; ein Reif zum Wassertragen, der die Wassereimer in gleicher Weite vom Leib abhält.
CERCEAU, ein Vogelgarn in einem Reif.

CERCELLE ou CERCERELLE, *s. f.* ein Kriechentlein.

CERCHE, *s. f.* ein Gerüst, darüber man ein Gewölbe baut.
CERCHE, ein Abriß zu einem Bogen, in der Baukunst.
CERCHE ou SERCHE, Schiene, woran der Wundarzt ein gebrochen Bein befestiget; man sagt besser in diesem Verstand *éclisse*.

CERCIFI, Morgenstern; Bocksbart; Artifi.
CERCIFI d'Espagne, Scorzoneren.

CERCLE, *s. m.* ein Zirkel, eine Kreislinie.
CERCLE, ein Reif um ein Faß.
CERCLE, (in den Wappen) ein Reif von anderer Farbe.
CERCLE autour de la brunelle de l'œil, ein Kreis oder Ring, der etwas umgiebt, als den Augapfel.
CERCLE autour du soleil & de la lune, ein Hof um Sonne und Mond.
les dix CERCLES de l'Empire, die zehen Kreise des Deutschen Reichs.
CERCLE de Dames de qualité, ein Staatsbesuch; da das Frauenzimmer von hohem Stand zur Rechten und Linken der Königin auf Sesseln ohne Lehne in einem Kreis sitzen darf, die von geringerm Adel aber stehen müssen; (im Scherz) eine starke Gesellschaft, die bey jemand zum Staat beysammen ist.
CERCLE, ein Circulus in der Logic, wenn man nach vielen Schlüssen wieder auf die erste Proposition kommt.
CERCLE de pompe, (in der Seefahrt) der eiserne Reif, so um die Pompe liegt.
CERCLE, (in der Mathesi) Kreis; Rundung; Zirkel.

Gg

Zirkel. Le *cercle* est la plus parfaite de toutes les figures, die Rundung ist die vollkommenste unter allen Figuren. Décrire un *cercle*, einen Kreis aufreissen.

Chercher la quadrature du *cercle*, etwas suchen, das man nicht finden kan.

en CERCLE, in die Runde.

CERCLER, *v. a.* Reife anlegen. *Cercler un tonneau*, ein Faß binden.

CERCLES à feu, zwey oder drey hölzerne Reife mit Drat zusammen geheftet, wie eine Carcasse mit Granaten, Läuften von Pistolen, Werg und Feuerwerk versehen, diß zündet man an, und läßt es zur Arbeit der Belägerer laufen, sie anzuzünden.

CERCLIER, *f. m.* einer der Tonnenreife macht; Bandhauer.

CERCUEIL, *f. m.* ein Sarg.

CERDEAU, *voiés* SERDEAU.

CÉRÉMONIAL, e, *adj.* was zu den Ceremonien oder zu dem äusserlichen Gepräng gehört, oder davon handelt. Les *loix-cérémoniales*, die ceremonialische Gesetze der Juden.

CÉRÉMONIAL, *f. m.* ein Buch, worinnen die Umstände enthalten sind, wie man in öffentlichen Ceremonien oder Gepränge sich verhalten soll; item der gewöhnliche Gebrauch der öffentlichen Ceremonien.

CÉRÉMONIE, *f. f.* äusserliche Handlung bey dem öffentlichen Gottesdienst, bey Hofe, oder andern Fürnehmen; Ceremonie, ein Gepränge; besondere Höflichkeit.

Recevoir, mener en *cérémonie*, mit Gepräng empfangen; aufführen. Les Consuls y furent en habits de *cérémonies*, die Bürgermeister waren im Staatshabit da. LeGrand-Maitre des *cérémonies* introduit les Ambassadeurs, der Oberceremonienmeister führet die Gesandten ein. Cela, vaut-il bien la peine de faire tant de *cérémonies*? Mein, ist es wohl der Mühe werth, daß man hierum so viel Gepränge mache? Je traite mes amis sans *cérémonie*, ich bin mit meinen guten Freunden frey, und ohne Gepränge. Il fut reçu en *cérémonie*, er ist mit öffentlichem Gepränge empfangen worden.

CÉRÉMONIEUX, euse, *adj.* der gar zu viel Gepränge macht. Vous n'êtes qu'un *cérémonieux*, ihr könnet nichts als Complimenten machen.

CÉRÈS, *f. f.* die Ceres, die Göttin des Getreydes bey den Heyden.

CERF, *f. m.* ein Hirsch; in den alten Münzen, ein Zeichen der Stadt Ephesus, oder sonst einer Stadt, wo die Göttin Diana sonderlich verehret wurde.

CERF à sa première tête, ein Spiesser, Spiesshirsch, ein zweyjähriger Hirsch; à la seconde ou troisième tête, ein Hirsch im vierten oder fünften Jahr.

CERF de dix cors jeunement, Hirsch von sechs Jahren; de dix cors, von sieben Jahren; grand *cerf*, von acht Jahren; grand vieux *cerf*, von neun Jahren.

mal de CERF, ein Fluß, der einem Pferd auf die Kiefer und Vordertheile des Leibes, bisweilen auf die Hinterfüsse fällt, daß es nicht gehen kan, welches den Hirschen auch geschiehet.

CERF somné, in den Wappen, ein Hirsch mit einem Geweih oder Hörnern, von neun bis eilf Zinken, auch darüber.

CERFEUIL, *f. m.* Körbel, ein Kraut.

CERF-VOLANT, *f. m.* ein Käfer mit Hörnern; Hirschkäfer; Schröter.

CERF-VOLANT, ein Drach von Papier, den die Kinder in den Wind an einem Faden in die Höhe fliegen lassen.

CERIACA, *f. m.* Name eines fremden Baums mit weissen Blüten, die dem Sternkraut gleich sehen.

CÉRISAIE, *f. f.* ein Ort mit Kirschbäumen bepflanzet, ein Kirschgarten.

CÉRISE, *f. f.* Kirsche. Aux *cérises*, um die Kirschenzeit.

CÉRISE, kirschroth.

CÉRISETTE, *f. f.* eine Art kirschrother Pflaumen.

CÉRISIER, *f. m.* ein Kirschbaum.

CERNE, *f. m.* ein runder Kreis, der etwas umgiebt.

CERNE, ein Zauberkreis, auch sonst ein Kreis, den man um sich herum macht.

CERNE, ein blauer Kreis um eine Wunde, um zerschlagene Augen ɛc.

CERNEAU, *f. m.* der ausgemachte oder ausgenommene Kern einer Nuß, oder anderer Gewächse.

vin de CERNEAUX, ein rother Wein von Kirschen, da man die Kern darinne schmeckt.

CERNER, *v. a.* einen Kreis um etwas herum machen, in der Runde herum schneiden.

Cerner l'écorce d'un arbre, einen Kreis um die Baumrinde machen.

Cerner des noix, Nüsse auskernen, den Kern heraus thun.

CERNÉ, ée, *part.* blau vom Schlagen. Cet homme a les yeux *cernés*, dieser Mann hat die Augen blau vom Schlagen.

CERQUEMANEUR, *f. m.* ein erfahrner und berichtigter Mann, den man gebraucht in Erbstücken, die Marksteine und Grenzmahle zu setzen, auch die Irrungen dabey zu entscheiden.

CERRE, *f. m.* eine Art von Eichen, mit langen und schmalen Blättern versehen, ein Zirnenbaum.

CERTAIN, *m.* CERTAINE, *f. adj.* gewiß,

wiß, wahr, verſichert; Im fœminino ſagt man *certaine* von den Weibern, die gewiß wiſſen, daß ſie ſchwanger ſind.

L'un dit que la choſe eſt *certaine*, l'autre qu'elle eſt *incertaine*, der eine ſagt, daß die Sache gewiß ſeye, der ander ſagt, daß ſie ungewiß ſey.

Certain, e, *pron.* einer, eine, ein; ein gewiſſer.

Certain, (wenn es dem Subſtantivo vorgeſetzt wird) irgend einer; ein gewiſſer.

On m'a dit une *certaine* nouvelle que je ne crois pas, man hat mir eine gewiſſe Zeitung geſagt, die ich nicht glaube.

CERTAINEMENT, *adv.* gewißlich, gewiß.

CERTES, *adv.* fürwahr, gewiß.

CERTIFICAT, *ſ. m.* eine Verſicherungsſchrift; Zeugniß, wie ſich einer verhalten hat.

CERTIFICATEUR, *ſ. m.* der über etwas Verſicherung giebt; (in Rechts- und Rechnungshändeln) der einen Schein ausſtellt.

CERTIFICATION, *ſ. f.* ſchriftliche Verſicherung, oder Verſicherungszeichen mit Unterſchrift; Beſcheinigung; (diß Wort wird nur in Rechts- und Rechnungshändeln gebraucht).

CERTIFIER, *v. a.* vergewiſſern, bezeugen, daß eine Sache gewiß ſey; beſcheinigen.

CERTITUDE, *ſ. f.* Gewißheit; gewiſſe Wahrheit. Il n'y a point de *certitude* au bruit qui court, das lauffende Gerücht iſt keine gewiſſe Wahrheit.

CERTITUDE, gewiſſe Verſicherung; Uberzeugung. Nous croions cela avec *certitude*, wir ſind deſſen überzeuget.

Certitude, Beſtändigkeit. Il n'y a point de *certitude* aux choſes qui dépendent de la fortune, was dem Glück unterworfen, hat keinen Beſtand.

CERVAISON, *ſ. f.* die Zeit, da der Hirſch fett und gut zu jagen iſt; die Hirſchfeiſte.

CERVEAU, *ſ. m.* das Gehirn.

Cerveau, Geiſt; Verſtand. C'eſt un homme de grand *cerveau*, dieſer iſt ein ſehr kluger und verſtändiger Mann.

Il a le *cerveau* creux, er iſt im Haupt nicht recht verwahrt; er iſt von ſchlechtem Verſtand; geſchoſſen.

Cerveau, das obere krumme Theil an den Glocken.

CERVELAS, *ſ. m.* eine Wurſt mit Hirn gefüllt; eine Hirnwurſt; auch eine andere groſſe Wurſt, als eine Knackwurſt.

Cervelas, eine Art Hautbois, oder kleine Schalmeye, etwan acht Daumen lang, die aber wegen der ſonderbar gebohrten Löcher eben ſo tief, als ein anders von viertehalb Schuh, geht.

CERVELET, *ſ. m.* (in der Anatomie) das Hintertheil des Hirns.

CERVELIERE, *ſ. f.* eine Art Pickelhauben, vor dieſem das Haupt zu verwahren, (iſt alt).

CERVELLE, *ſ. f.* das Hirn; der Verſtand.

Cet homme n'a point de *cervelle*, c'eſt un étourdi, dieſer Mann hat kein Gehirn im Kopfe, er iſt unterm Hütgen nicht wohl verwahrt. C'eſt une *cervelle* de lièvre, qui perd la mémoire en courant, ein Haſengedächtniß, welches im Laufen vergeht.

Mettre, tenir quelqu'un en *cervelle*, einen in Ungewißheit und in Zweifel, oder Sorgen ſtecken laſſen.

Etre en *cervelle*, in Sorg und Unruhe ſeyn.

Cervelle de palmier, das ſüſſe Mark oben an den Palmenbäumen.

CERVICALE, *adj. c.* veine *cervicale*, eine Ader, die durch den Hals in das Hirn geht.

CERVIER, *adj. m.* Loup *cervier*, ein Luchs.

CERVOISE, *ſ. f.* Bier, (iſt alt).

CE'RUSE, *ſ. f.* Bleyweiß, weiſſe Schminke; Falſchheit, Heucheley; falſcher Anſtrich, falſcher Schein. ébloüir le lecteur avec la *cérufe* & le plâtre, den Leſer mit einem falſchen Schein (Anſtrich) verblenden.

CE'SAR, *ſ. m.* ein Mannsname.

Ce'sar, Cäſar, der erſte Kayſer zu Rom. Rendés à *Céſar* ce qui eſt à *Céſar*, gebet dem Kayſer was des Kayſers iſt.

Ce'sar, ein Prinz vom Kayſerlichen Haus.

CE'SARIEN, ne, *adj.* in der Wundarztkunſt ſagt man faire l'opération *céſarienne*, ein Kind aus Mutterleibe ſchneiden.

CESSATION, *ſ. f.* das Aufhören, Stillhalten.

Cessation d'armes, ein Waffenſtillſtand.

CESSE, *ſ. f.* das Aufhören. Sans *ceſſe*, ohnaufhörlich.

N'avoir point de *ceſſe*, nicht aufhören.

CESSER, *v. a. & n.* aufhören, innen halten. La guerre *ceſſe* en hyver, der Krieg höret im Winter auf. *Ceſſer* l'attaque d'une place, von der Belagerung eines Orts ablaſſen.

On *ceſſe* de ſavoir à même tems qu'on *ceſſe* d'apprendre, wir hören zugleich auf zu wiſſen, wenn wir aufhören zu lernen.

On a *ceſſé* d'être gens de bien à même tems, qu'on a *ceſſé* de bien-faire, die Güte der Seele hat nachgelaſſen, ſo bald man aufgehöret Gutes zu thun.

Ceſſer de parler, aufhören zu reden.

Ceſſés vos cris, hört auf zu ſchreyen.

CESSION, *ſ. f.* das Abtreten, das Ueberlaſſen. Faire *ceſſion* de ſon bien, ſein Gut abtreten, übergeben.

CESSIONNAIRE, *ſ. m. & f.* einer, dem

ein anderer sein Recht, oder seine Güter abgetreten hat.

C'EST FAIT; C'EN EST FAIT, es ist aus; es ist geschehen. *C'est fait de moi*, es ist um mich geschehen, es ist aus mit mir.

C'EST POURQUOI, *conj.* derohalben; darum; derowegen.

CESTE, *s. m.* der Gürtel der Venus oder Juno.

CESURE, *s. f.* in französischen Versen ist es ein Still- oder Inhalten, nach der sechsten Sylbe, in den langen Versen, die zwölf Sylben haben, oder in denen, die nur zehen haben, nach der vierten; in denen, die nur acht Sylben haben, ist keine nöthig; in den lateinischen Versen ist es die Sylbe, die nach dem andern oder dritten Fuß überbleibt.

CET, *voiés* CE.

CETACE'E, *adj. c.* was von Creaturen in der See der Grösse der Wallfische nahe kömmt.

CETE, CETTE, *voiés* CE.

CE'TERA, *voiés* ETCE'TERA.

CE'TE'RAC, *s. m.* ein Kraut, Milzkraut.

CETTUI-CI, CETTE-CI, dieser; jener.

CEUX, *voiés* CELUI.

CHA, Chinesischer Taffet, der keine Presse empfangen.

CHABLAGE, *s. m.* die Arbeit desjenigen, der eine Last an ein Seil macht.

CHABLAGE, *s. m.* die Arbeit des Seildrehens.

CHABLAIS, *s. m.* eine Provinz in Savoyen.

CHABLE, CHABLEAU, *voiés* CABLE.

CHABLER, *v. a.* eine Last an ein Seil fest machen.

CHABLER, *v. a. les noïers*, Nüsse abschlagen.

CHABLEUR, *s. m.* ein Lotsmann auf den Flüssen, der die tiefen und schlimmen Oerter derselben weiß, sonderlich unter den Brücken, wo die Schiffe durch können, wodurch er die Schiffenden führen muß.

CHABLEUR, Vorgesetzter; Bedienter bey den Häfen zu Paris.

CHABLIS, *s. m.* das Holz und die Aeste, die der grosse Wind in den Wäldern abschlägt.

CHABLOT, *s. m.* ein klein Seil, womit die Maurer die Gerüsthölzer zusammen binden.

CHABOT, *s. m.* ein Kolb, Kaulbatz, ein kleiner Fisch mit einem grossen Kopf; Stinz.

CHABOTS, *s. m. plur.* kleine Seiler, mit welchen die Maurer ihre Gerüstbäume fest machen.

CHACART, *s. m.* Ostindischer von verschiedenen Farben gesteinter baumwollener Leinwand.

CHACELAS, *s. m.* eine Art weisser Weintrauben, die süsser als andere sind.

CHACONNE, *s. f.* ein Tanz oder musicalisches Stück von etwa vier Schlägen, die mit allerhand Veränderungen immer wiederholt werden.

CHACONNE, ein Band, womit man das Hemd am Hals zubindet, und es über die Brust herab hangen läßt.

CHACUN, e, ein jeder.

CHAFFE, *s. f.* dasjenige, so von dem Weizen überbleibet, nachdem man das Kraftmehl ausgedrucket hat.

CHAFOüIN, e, *adj. & subst.* von kleiner Gestalt, mager, Meerkatzengesicht.

C'est un petit chafoüin, es ist ein Maulaffgen.

CHAGRIN, *s. m.* das Leder von einer Seekatze mit erhabenen Körnern, welche so scharf oder rauh sind, daß man Holz damit poliren oder schaben kan.

CHAGRIN, eine Art leichten Zeugs zu Kleidern.

CHAGRIN, Sorge, Verdruß, Unlust, Unwille. *Celà me donne du chagrin*, dieses macht mir Sorge; Bekümmerniß. *Je veux vous délivrer de tous vos chagrins*, ich will euch alle eure Sorge und Bekümmerniß vertreiben.

CHAGRIN, e, *adj.* verdrießlich, unwillig, unlustig. *Je suis devenu tout chagrin, rien ne me plait*, ich bin ganz unlustig; verdrießlich worden, es gefällt mir nichts. *Adoucir l'humeur chagrine d'une personne*, einen wieder freundlich machen.

CHAGRINANT, e, *adj.* verdrießlich, Unlust erweckend.

CHAGRINER, *v. a.* verdrießlich, unlustig machen. *Pourquoi le chagrinés vous?* warum machet ihr ihn verdrießlich, unwillig?

se CHAGRINER, *v. r.* unwillig, bös werden. *Il se chagrine de ses disgraces*, sein Unglück geht ihm sehr zu Herzen.

CHAHüANT, *voiés* CHATHüANT.

CHAÏAR, *s. m.* eine Gattung Egyptischer Melonen.

CHAÏE, *s. f.* eine Gattung Fahrzeug auf denen Canälen in Flandern.

CHAÏNE, *s. f.* eine Kette vor Gefangene und Sclaven.

CHAÏNE, eine Kette, die Gassen oder Häfen zu sperren. *Tendre les chaines*, die Gassenketten vorziehen.

CHAÏNE, eine Kette, die Pferde anzuspannen, die Räder eines Wagens zu hemmen.

CHAÏNE, eine Kette, die man zum Staat an sich trägt. *Une chaîne d'or*, eine goldene Kette.

CHAÏNE, Gefangenschaft, Sclaverey, Knechtschaft.

CHAÏNE, (poetisch) Liebesbande.

CHAÎNE,

CHAINE, eine Anzahl Ruderknechte an eine Kette geschlossen. Une *chaine* de quarante forcats, ein zusammen geschlossener Haufe von 40 Ruderknechten.

CHAINE, (bey den Webern) der neben einander ausgespannte Faden, ehe der Querfaden durch kommt; der Zettel, die Kette. une CHAINE de montagnes, eine Strecke vieler Berge an einander.

CHAINE, wird auch von Sachen gesagt, da eine aus der andern entstehet. Ce procès est une grande *chaine* d'affaires, aus diesem Proceß werden viele andere entspringen.

CHAINE, ein Stück Geld oder Geschenk, das derjenige, so ein Amt oder Feld einem Manne abkauft, dem Weibe des Verkäufers giebt.

CHAINE, was zum Reukauf im Fall eines Näherkaufs bedungen wird.

CHAINE, ein Maaß, bey welchem das Brennholz verkaufet wird.

CHAINE, ein Maaß, mit deme man die Höhe der Pferden misset.

Huissier à la CHAINE, ein königlicher Gerichtsdiener, der eine goldene Kette trägt.

CHAINE d'avaloire, *s. f.* Kette an der Sperrwage.

CHAINEAU, *s. m.* (chesneau) eine bleyerne Röhre vom Dach herab in die Kufen, da sich das Regenwasser sammelt; item die in den Steinen, von oben bis hinunter, eingehauene Wasserröhre.

CHAINETIER, *s. m.* ein Kettler, oder der kleine Kettlein zu Schlüsseln und andern macht.

CHAINETTE, *s. f.* ein Kettlein; die Kette in einer Uhr.

CHAINETTE, Querkette an einem Zaum.

CHAINETTE, Kette oder Rieme an den Halskoppeln der Pferde, womit ein Wagen zurück gezogen wird.

CHAINETTE, Kette an den Fransen.

CHAINON, *s. m.* ein Glied oder Ring an einer Kette.

CHAIR, *s. f.* Fleisch der Thiere. *Chair* de mouton, de veau, Hammelfleisch, Kalbfleisch.

CHAIR, Fleisch der Fische. La truite de lac a la *chair* molle, die Seeforelle hat ein weiches Fleisch.

CHAIR, Fleisch am Obst. La *chair* de cette poire est farineuse, pateuse, fine, das Fleisch dieser Birn ist mehlig, teigig, zart.

CHAIR, Haut und Farbe einer Person. Elle a la *chair* douce, sie hat eine weiche Haut. Elle a la *chair* blanche, sie hat eine weisse Haut.

CHAIR, die Fleischfarbe an den Gemählden. Ce bras est bien de *chair*, dieser Arm hat eine gute Fleischfarbe.

CHAIR, menschliche Schwachheit; Verderbniß. Nous portons un cœur de *chair*, wir haben ein schwaches blödes Herz.

CHAIR, (in der Gottesgelehrtheit) die menschliche Natur; die Menschheit. La parole a été faite *chair*, das Wort ist Fleisch worden; hat die menschliche Natur angenommen.

Plaisir de la *chair*, Fleischeslust; die sündliche Begierde.

Il n'est ni *chair* ni poisson, er ist keiner von beyden Religionen recht zugethan.

CHAIRCUTER, CHAIRCUTERIE, CHAIRCUTIER, CHAIRCUTIS, *voiés* CHARCUT.

CHAIRE, *s. f.* eine Canzel; Lehrstuhl; Sitz. Le prédicateur est en *chaire*, der Prediger ist auf der Canzel. Disputer de la *chaire*, auf dem Lehrstuhl disputiren. la CHAIRE de Saint Pierre, Petri Stulfeyer; der Päbstliche Stul.

CHAISE, *s. f.* ein Stul oder Sitz. *Chaise* à dos, ein Lehnstul. *Chaise* à bras, Armstul. *Chaise* percée, Nachtstul.

CHAISE roulante, eine Calesche mit zwey Rädern und einem Pferd.

CHAISE de moulin à vent, das Gestell einer Windmühle über dem Fuß.

CHAISE de roue, der Schleifstock bey dem Messerschmiede.

CHALAND, *s. m.* CHALANDE, *s. f.* Kunde. Ce marchand a de bons *chalans*, dieser Kaufmann hat gute Kunden. Se faire, ou aquerir des *chalans*, sich gute Kunden machen. Perdre ses *chalans*, seine Kunden verlieren.

pain CHALAND, ein grosses Brod von festem Teig, hausbacken Brod.

CHALAND, *s. m.* eine Art Schiffe, platt und leicht, die Waaren auf den Flüssen fortzubringen.

CHALANDISE, *s. f.* die Kundsame, Kundschaft. Avoir de la *chalandise*, Kundschaft (viel Käufer) haben.

CHALANGE, CHALONGE, *s. m.* markten um etwas, das man kaufen will, (ist alt).

CHALASTIQUE, *s. m.* erweichende, lindernde Arzney.

CHALCE'DOINE, *s. f.* ein Edelgestein, Chalcedonier.

CHALCE'DOINEUX, euse, *adj.* weiß gefleckt, wie ein Chalcedonier, wird von andern Edelsteinen mehr gesagt.

CHALCITIS, *s. m.* ein Mineral, wie Kupfer, so sich aber zerreiben läßt, eine Gattung rother Vitriol.

CHALDE EN, *s. m.* nne, *s.* ein Chaldäer. le CHALDE'EN, die Chaldäische Sprache.

CHALE'MIE, *s. f.* Schalmey, Schäferpfeife.

CHALE'MER, *v. a.* nach der Schallmey tanzen machen, (ist alt).
CHALET, eine Käshütte in der Schweiz.
CHALEUR, *s. f.* Wärme; Hitze. La *chaleur* naturelle, die natürliche Wärme. Il fait une *chaleur* excessive, es ist eine übermäßige Hitze. *Chaleur* de fièvre, Fieberhitze.
CHALEUR, Brünstigkeit; Eifer; Hitze; Lebhaftigkeit. Dans la *chaleur* du combat, in der Hitze des Gefechts. Prendre avec *chaleur* les intérêts de son ami, der Angelegenheit seines Freundes sich eiferig annehmen.
CHALEUR, die Brunst der Thiere. Les cavales sont en *chaleur* au mois de Mai, die Stuten sind im May rossig.
CHALEUR de foie, ein geschwinder, aber bald wieder vergehender Zorn.
CHALEUREUX, euse, *adj.* der viel natürliche Hitze hat.
CHALINGUE, *s. f.* ein kleines niedriges Schifflein bey den Indianern.
CHALIT, *s. m.* das Spannbett, die Spunde.
CHALOIR, *v. n.* ol. zu Herzen nehmen, sorgen.
Il ne m'en *chaut*, es liegt mir nichts dran.
CHALONNOIS, *s. m.* ein Land in Champagne in Frankreich, die Gegend um Châlons; einer aus der Stadt Châlons.
CHALONNOIS, *s. m.* ein Stück Land in Burgund, davon die Stadt Chalons die vornehmste ist; einer von der Stadt Chalons.
CHÂLONS, *s. m.* die Stadt Châlons in Champagne.
CHALONS, *s. m.* die Stadt Chalons in Burgund.
CHALONS, *s. m.* ein Fischernetz; dessen zwey Ende an zwey Kahne gebunden, und also gezogen werden.
CHALOUPE, *s. f.* ein Schiff, das an ein grössers angehängt ist, ein Boot.
CHALUMEAU, *s. m.* ein Halm; ein Rohr; eine von verschiedenen Halmen oder Röhren zusammen gesetzte Pfeife; eine Schallmey.
CHALUMEAU, die Pfeife am Dudelsack, oder Polnischen Bock, darauf gespielet wird.
CHALUMEAU, ein hohles Röhrgen, bey der Schmelzarbeit dadurch zu blasen.
CHALUMEAU, ein Rohr von Messing der Goldschmiede zum Schmelzen.
CHAM, der Tartarn König.
CHAMADE, *s. f.* ein Zeichen mit der Trompete oder Trummel, dem Feind anzudeuten, daß man ihm einige Vorschläge wegen der Uebergabe eines belagerten Orts thun wolle.
CHAMAILLER, *v. n. & se* CHAMAILLER, *v. r.* mit dem Degen oder andern Waffen auf den Harnisch schlagen; sich schlagen; it. sich mit Fäusten schlagen.
CHAMAILLIS, *s. m.* eine Schlägerey; ein Streit, Zank.
CHAMARRER, *v. a.* verbrämen, bezieren mit Spitzen, Borten, Galonen, Flohr.
CHAMARRURE, *s. f.* die Verbrämung oder Einfassung mit Galonen oder Spitzen; item die Materien, womit man verbrämt.
CHAMBELLAGE, CHAMBRELAGE, *s. m.* ein gewiß Geld, das ein Lehnsmann bey vorfallender Veränderung dem Kammerbedienten des Lehnsherrn geben muß.
CHAMBELLAN, *s. m.* ein Kammerbedienter eines grossen Herrn, ein Kammerherr.
le Grand-CHAMBELLAN, der Oberkammerherr, zu Rom aber der Oberrentmeister oder Schatzmeister.
CHAMBELLAN du sacré collège, einer der ältesten Cardinäle, der des Collegii Einkünfte beobachtet und jedem das Seinige giebt.
CHAMBERI, *s. m.* eine Stadt in Savoyen.
CHAMBRANLE, *s. m.* Zierath von Steinen oder Schreinerarbeit, womit eine Thüre eingefaßt wird.
CHAMBRANLE à crû, eine solche Zierath, die auf einem Fuß ruht, der ohne Ecken und mit einem Creuz gemacht ist.
CHAMBRANLE à crossettes, eine Einfassung, die Ohren oben an den Ecken hat.
CHAMBRE, *s. f.* Kammer; Stube; Zimmer, Gemach.
CHAMBRE, des Königs Zimmer. Gentilhomme de la *chambre*, königlicher Kammerherr. Musique de la *chambre*, königliche Kammermusic.
CHAMBRE de mortier, die Pulverkammer in einem Feuermörsel.
CHAMBRE, (auf den Schiffen) ein Ort, wo die Oberofficier schlafen.
CHAMBRE, (in einem Hafen) der Ort, wo das Wasser am tiefsten ist.
CHAMBRE, (bey den Glockengiessern) an Canonen und Glocken eine Höhle oder Lücke, so von dem Metall nicht ausgefüllt worden ist, weil es nicht recht geflossen.
CHAMBRE d'écluse, an einer Schleusse, der Raum des Canals zwischen den Pforten.
CHAMBRE, (bey den Glasern) das Hohle im Bley, da der Rand einer Scheibe hinein kommt.
CHAMBRE, (bey den Webern) ein Spalt im Kamm, da zwey Fäden durchgezogen werden.
CHAMBRE, (bey den Sattlern,) die Kammer

CHA   CHA   239

mer oder das hohle Theil eines Sattels, wo er nicht ausgestopft ist.

la CHAMBRE des comptes, Rentkammer.

la CHAMBRE apostolique, Päbstliche Schatzkammer.

la CHAMBRE de justice, Gerichtskammer.

la CHAMBRE impériale, Kayserlich Kammergericht.

la CHAMBRE du grand Conseil, die grosse Rathsstube.

la CHAMBRE du Conseil privé, geheime Rathsstube.

la grande CHAMBRE, die grosse Parlamentskammer, wo die öffentlichen Seßiones gehalten werden.

la CHAMBRE des requêtes, eine Kammer so zwischen privilegirten Personen richtet.

la CHAMBRE du trésor, der königliche Domainenrath.

la CHAMBRE mi-partie, CHAMBRE de l'édit, getheiltes Obergericht in Frankreich, von beyden Religionen ehedessen.

la CHAMBRE des grands jours, die Richter an den grossen Landtägen.

CHAMBRE haute, balle, das Oberhaus, Unterhaus, im Engelländischen Parlament.

CHAMBRE noire, ein Ort in den Klöstern, darein man sich aus Andacht begiebt; item worein man einen Mönch oder eine Nonne sperrt, wenn sie was strafwürdiges begangen haben.

CHAMBRE close, (in der Optic,) ein Gefäß oder Gemach, da man die Sonnenstrahlen nur durch ein eng Loch eingehen läßt, wodurch man alles, was aussen vorbey geht, an einer Wand oder Papier, so gegen über ist, sehen kan, eine camera obscura.

CHAMBRE aisée oder coïe, ein heimliches Gemach, Abtritt.

en CHAMBRE zu Hause, daheim.

Avoir des *chambres* à loüer, Stuben zu vermiethen haben. Avoir des *chambres* à loüer, metaph. einen Sparren zu viel haben.

CHAMBRE'E, *s. f.* die Leute, die in einer Kammer beysammen wohnen.

CHAMBRE'E, (bey den Comödianten) das Geld, das man in den Comödien einnimmt.

CHAMBRE'E, das Zimmer voll Leute, die auf einmal einem Spiel zusehen können.

CHAMBRELAGE, *s. m. v.* CHAMBELLAGE.

CHAMBRELAN, *s. m.* ein Pfuscher, der nicht öffentlich arbeiten darf, nur in den Häusern bleiben muß.

CHAMBRER, *v. a. & n.* unter einem Zelt, unter einer Baracque mit andern seyn.

CHAMBRER une selle, an dem Reutsattel die Haare heraus thun, wo etwan das Pferd gedruckt ist, daß er daselbst hohl wird.

CHAMBRE', ée, *part.* das Höhlen und Lücken hat, als eine Glocke oder Canone, die nicht recht gegossen ist.

CHAMBRERIE, *s. f.* die Kämmerey in den Klöstern, eines der vornehmsten Aemter in den grossen Abteyen.

CHAMBRETTE, *s. f.* ein Kämmerlein.

CHAMBRIER, *s. m.* ein Kämmerer in den Klöstern; ein Kammerherr bey grossen Herren.

Grand-CHAMBRIER, in Frankreich eines von den fünf grössten Aemtern am Hof, Oberkammerherr. (ist alt.)

CHAMBRIERE, *s. f.* eine Kammermagd.

CHAMBRIERE, ein Band, damit die Spinnerinnen den Rocken fest binden, und es oben am Busen anknüpfen.

CHAMBRIERE, (auf der Reutschule) eine lederne Peitsche mit Riemen.

CHAMBRILLON, *s. f.* kleines Dienstmägdlein.

CHAME, *s. f.* eine Art Muscheln, die man am Meerufer findet.

CHAMEAU, *s. m.* Kameel; auf den alten Münzen, ein Zeichen von Arabien.

CHAMEAU, Kameelhaar.

CHAMELEON, *s. m.* Eberwurz.

CHAMELIER, *s. m.* ein Kameelwärter, Kameeltreiber.

CHAMFRAIN, *s. m.* das Vordertheil am Pferdekopf, unter den Ohren an bis an die Nase, zwischen den zweyen Augen hinab.

CHAMFRAIN, *s. m.* das Stück Harnisch, welches in den alten Ritterspielen den Pferden über diesen Ort gelegt wurde.

CHAMFRAIN, der Busch, den man den Pferden zwischen die Ohren setzet.

CHAMFRAIN, im Bauen, eine stumpfe Ecke an einem Steine oder Balken.

CHAMFRAINER, *v. a.* die Ecke oder Schärfe von einem Holz abstossen, bis an die andere Schärfe flach hin.

CHAMOIS, *s. m.* eine Gemse.

CHAMOIS, Gemsfell.

CHAMOIS, eine Farbe, die der Isabellfarbe nahe kommt.

CHAMOISEUR, *s. m.* Weißgerber.

CHAMP, *s. m.* Feld oder Acker.

CHAMP de bataille, das Schlachtfeld.

CHAMP de bataille, ein Feld oder Platz zu einem Zweykampf.

CHAMP, matière sujet, eine Gelegenheit sich sehen zu lassen in etwas, als in der Beredtsamkeit, ꝛc.

CHAMP, fonds, bey den Mahlern, Kupferstechern, Goldschmieden, Stickern, Tapetenmachern u. d. g. Leuten, das Feld, darinn eine

eine Figur geſetzt wird, der Grund und die Farbe deſſelben.

CHAMP de l'écu (in der Wappenkunſt,) das Feld in einem Schilde, oder Wappen.

CHAMP, (bey dem Kammmacher,) [le milieu d'un peigne qui a des dents des deux côtés,] das flache Theil, das Feld daran die Zähne hervor ragen.

CHAMP, (in der Mechanic) eine accurate Stellung nach der Waſſerwage.

CHAMPS im *plur.* das freye Feld; das Land, an Wieſen, Aeckern, Hölzern und Heiden, das man der Stadt entgegen ſetzt.

Les *champs* Eliſées, *champs* Eliſiens, die Eliſiſchen Felder, Aufenthalt der ſeligen Seelen, bey den alten Heyden. Mener les troupeaux aux *champs*, das Vieh auf die Weide treiben. Donner la clé des *champs*, einen frey gehen laſſen; einem ſeinen Willen laſſen. Il a un œil aux *champs*, & l'autre à la ville, *prov*. er gehet vorſichtig; hat Acht auf alles.

CHAMP beſalle, ein freyes Feld, das vielen gemein iſt; Allment.

Mettre des ſolives de *champ*, die Balken auf die ſchmale Seite legen, daß die Breite mehr hinaus ſieht, damit ſie ſtärker halten, und ſich nicht ſo leicht biegen.

roüe de CHAMP, ein Rad in einer Uhr, das horizontal liegt.

Il eſt fou à courir les *champs*, er iſt ein groſſer Narr, gar närriſch.

Il eſt aux *champs* & à la ville, er wohnt zu äuſſerſt an der Vorſtadt.

battre aux CHAMPS, den Marſch auf der Trummel ſchlagen.

ſe mettre aux CHAMPS, zornig oder böſe werden.

ſur le CHAMP, auf der Stelle, alsbald.

à chaque bout de CHAMP, alle Augenblick; immerzu; bey aller Gelegenheit.

à travers CHAMPS, quer Feld ein, hin und her.

ſémer à CHAMP, (bey den Gärtnern) auf den freyen Boden ſäen.

Dans le *champ* de Mars, im Kriege.

CHAMPAGNE, *ſ. f.* eine Provinz in Frankreich.

CHAMPORT, *ſ. m.* (im Rechtshandel,) ein Recht des Lehnherrn, eine gewiſſe Zahl Garben von den im Felde ſeiner Vaſallen zu nehmen, ehe das Getreyde eingeführet wird.

CHAMPARTER, *v. a.* gewiſſe Zahl von Garben nehmen, auf einem Felde, das mit ſolchem Beding den Unterthanen eingegeben worden iſt.

CHAMPARTERESSE, *ſ. f.* eine Zehendſcheure, wo man ſolche Garbenzinſe hinſammelt.

CHAMPARTEUR, *ſ. m.* der, ſo ſolche Grundzinsgarben ſammelt im Namen des Grundherrn des Felds.

CHAMPE', ée, *adj.* (in der Wappenkunſt) das in einem Feld von ſolcher und ſolcher Farbe ſteht.

CHAMPEAU, *ſ. m.* ein Feld, eine Wieſe.

CHAMPENOIS, *ſ. m.* e, *f.* einer aus Champagne.

CHAMPêTRE, *adj. c.* das zum Feld oder Land gehört; grob, bäuriſch; einfältig, ungekünſtelt. Les beautés *champêtres*, die ſchöne Landesgegend. Maiſon *champêtre*, ein Landhaus.

CHAMPI, eine Gattung Papier, daraus man Fenſter macht.

CHAMPIGNON, *ſ. m.* Erdſchwamm, Pfifferling. Il eſt venu en une nuit comme un *champignon*, *prov*. er iſt geſchwind in die Höhe gekommen.

CHAMPIGNON, der Knopf, welcher nach und nach auf dem Dacht eines Lichts ſich ſammelt.

CHAMPIGNON, (in der Heilkunſt,) eine Art Geſchwulſt, oder anwachſendes Fleiſch.

CHAMPIGNONNIERE, *ſ. f.* ein Miſtlager oder Haufe, den man legt, damit Schwämme zum Eſſen darauf wachſen.

CHAMPION, *ſ. m.* ein Streiter, Kämpfer, Fechter; ein tapferer beherzter Mann; item, einer der mit jemand Händel oder Schlägerey hat.

C'eſt un vaillant *champion*, (im Scherz,) er iſt ein trefflicher Held.

les CHAMPIONS de la foi, die Märtyrer.

CHAMPY, ein Hurenkind, das ſeine Mutter irgendwo im Feld aufgeleſen hat.

CHAN, *ſ. m. v.* CHAM, der Tartarkan.

CHANCE, *ſ. f.* ein Spiel mit etlichen Würfeln.

CHANCE, *ſ. f.* ein Wurf mit den Würfeln.

CHANCE, ein gutes und unverhoftes Glück.

CHANCE, ein Anſchlag, Vorhaben. Cet homme eſt en *chance*, der Menſch iſt glücklich; das Glück will ihm wohl. Cela n'eſt pas nôtre *chance*, das macht unſern Anſchlag zu nichte.

La *chance* a tourné, das Blat hat ſich gewendet.

C'eſt une petite *chance*, es iſt nicht viel an ihm gelegen.

CHANCEAU, *v.* CHANCEL.

CHANCEL, *ſ. m.* ein mit Gittern vermachter Ort im Chor einer Kirche.

CHANCELADE, *ſ. f.* ein geiſtlicher Orden in Frankreich.

CHANCELANT, e, *adj.* wankend; wankelmüthig; hinfällig.

CHANCELEMENT, *ſ. m.* das Wackeln; Wankelmuth; Unbeſtand.

CHANCELER, *v. n.* wanken, als wenn man

man fallen wollte; ungewiß, unſtät, unbeſtändig, wankelmüthig ſeyn; veränderlich, hinfällig ſeyn, nicht gar zu feſt ſtehen.

Il *chancèle* en récitant ſa leçon, er ſtößt im Aufſagen ſeiner Lection an. Le criminel *chancèle* en ſes réponſes, der Uebelthäter bleibt nicht beſtändig bey ſeiner Ausſage. Il *chancèloit* comme un ivrogne, er wankte wie ein Trunkener. Sa fortune *chancèle*, ſein Glück wankt.

CHANCE'LERIE, *ſ. f.* die Canzley; Canzlerſtelle oder Amt.

CHANCELIER, *ſ. m.* ein Canzler.

CHANCELIER, (bey den Stiftern) Siegelbewahrer; Stifts-Syndicus.

CHANCELIER de l'Univerſité, der oberſte Vorſteher einer Univerſität, der die Macht hat Gradus auszutheilen.

CHANCELIER de l'Académie françoiſe, der Vicedirector der Academie zu Paris.

CHANCELIE'RE, *ſ. f.* des Canzlers Ehefrau; Canzlerin.

CHANCEUX, euſe, *adj.* à quelque choſe, à faire quelque choſe, glücklich in oder zu etwas, zu etwas verſehen, dem etwas oft widerfährt, es ſey an ſich ſelbſt glücklich oder nicht, auch glücklich überhaupt, dem alles gelingt.

ſe CHANCIR, *v. r.* kanicht werden; ſchimlicht werden, ſchimmeln.

CHANCI, e, *adj.* verſchimmelt.

CHANCISSURE, *ſ. f.* der Schimmel.

CHANCRE, *ſ. m.* der Krebs, ein um ſich freſſender Schaden.

Il mange comme un *chancre*, er frißt wie nichts guts, das iſt, überaus viel.

CHANCRE, wenn die Zunge oder der Mund inwendig nach einer Krankheit ganz verſehrt und voll Blattern iſt.

CHANCRE, eine Krankheit der Bäume.

CHANCREUX, euſe, *adj.* mit dem Krebs behaftet; item das dem Krebs gleicht.

CHANDELEUR, *ſ. f.* Mariä Lichtmeß, das Feſt der Reinigung Mariä.

CHANDELIER, *ſ. m.* ein Lichtzieher; Lichtkrämer.

CHANDELIER, *ſ. m.* ein Leuchter. Mettre quelqu'un ſur le *chandelier*, einen befördern; ihm aufhelfen.

CHANDELIERS, *ſ. m. pl.* (in der Kriegsbaukunſt,) Blendleuchter.

CHANDELIER, alſo nennen einige auch den Kopf eines alten Hirſchen, wenn er oben her breit und hohl iſt.

CHANDELIERS de perriers, oder pierriers, Hölzer oder Eiſen, ſo auf Schiffen an ſtatt der Lavetten ſind; it. gewiſſe Stützen oder Gabeln auf den Schiffen, worauf etwas ruhet.

CHANDELIERS d'échelles, Eiſen mit Knöpfen zu den Schiffstreppen, ein- und auszuſteigen.

CHANDELIER d'eau, ein Springbrunn, da das ſteigende Waſſer ein klein Becken hat, aus dem es in das groſſe fällt, in welchem es ſteckt, und welches dem Spaziergang gleich, in die Erde gegraben iſt.

Faire le *chandelier*, die kleinen Aeſte alle von einem gröſſern abſchneiden.

CHANDELIE'RE, *ſ. f.* eine Lichterfrau, die Lichter zieht, oder damit handelt; eines Lichtziehers oder Lichtkrämers Ehefrau.

CHANDE'LE, *ſ. f.* ein Licht.

CHANDE'LE de ſuif, Talklicht. *Chandèle* de cire, Wachslicht. *Chandèle* de veille, Nachtlicht. Le jeu ne vaut pas la *chandèle*, *prov.* die Sache koſtet mehr, als ſie Nutzen bringet.

Il vint ſe brûler à la *chandèle*, er hat erſt die Finger verbrannt.

à chaque Saint ſa *chandèle*, *prov.* man muß den beſchenken, der hierinnen was thun kan.

La *chandèle* qui va devant vaut mieux que celle qui va derrière, *prov.* beſſer im Leben guts thun, als nach dem Tode es erſt anſtellen.

Il a vû des *chandèles*, ou mille *chandèles*, es iſt ihm das Feuer aus den Augen geſprungen, (wenn ſich einer ſtößt, oder in ein Auge geſchlagen wird).

Il brule ſa *chandèle* par les deux bouts, er bringt ſeine Güter auf einmal durch, läßt wacker aufgehen; item was er nicht verthut, das verthut ſeine Frau.

La *chandèle* ſe brûle, fort, es iſt nicht zu warten.

Elle eſt belle à la *chandèle*, mais le jour gâte tout, ſie iſt nur beym Lichte ſchön, ſie iſt nicht von den Schönſten.

CHANDE'LE de glace, ein Eiszapfel.

CHANEL, *ſ. m.* öl. der Raum worinnen ein Fluß fließt.

CHANFRAIN, v. CHAMFRAIN.

CHANGE, *ſ. m.* Tauſch, Wechſel. Faire *change* d'une choſe avec une autre, ein Ding mit einem andern vertauſchen. Je n'ai pas perdu au *change*, ich habe bey dieſem Tauſche nichts eingebüßt. On me doit ici de l'argent par voïe de *change*, man iſt mir hier, vermöge eines Wechſels, Geld ſchuldig. Donner argent à *change*, à profit, ſein Geld auf Wechſel ausleihen. Prendre argent à *change*, Geld auf Wechſel aufnehmen.

CHANGE, (gain du banquier, faiſant tenir de l'argent pour quelqu'un dans un autre lieu,) der Aufwechſel, das Geld, oder der Gewinn, ſo der Wechſler für ſeine Mühe bekommt, Geld einem andern zu übermachen.

CHANGE, Ort, wo das ausländiſche Geld verwechſelt wird.

H h   CHANGE,

CHANGE, ou la Bourſe, die Börſe.
CHANGE, (auf der Jagd) Wechſel; Abſprung des Wildes. Le lièvre a donné le *change*, der Haſe hat einen Abſprung gethan. Les chiens ont pris le *change*, die Hunde haben die Spur verſchlagen, oder die Hunde haben vom erſten Hirſche abgelaſſen, und den andern verfolgt. Il prend le *change* en diſputant, er läßt ſich im Diſputiren von der Sache leicht abbringen.
Prendre le *change*, ſich hinters Licht führen laſſen.
Donner le *change* à quelqu'un, einen betrügen.
Il lui a bien rendu ſon *change*, er hat ihm wohl geantwortet, er iſt ihm nichts ſchuldig geblieben.
CHANGEANT, e, *adj.* veränderlich, wankelmüthig, unbeſtändig, leichtſinnig.
C'eſt un eſprit *changeant*, er iſt wankelmüthiges Sinnes.
Couleur *changeante*, das von unterſchiedenen Farben zu ſeyn ſcheint, nachdem man es wendet.
CHANGEMENT, *ſ. m.* Veränderung; Neuerung; Verwechſelung, Verwandelung. Le *changement* deſennuïe, die Veränderung iſt angenehm. Le *changement* de cuivre en de l'or, Verwandlung des Kupfers in Gold. Le *changement* d'une choſe avec une autre, Vertauſchung eines Dings gegen ein anders.
CHANGEMENT, viciſſitude, Abwechſelung, Veränderung.
CHANGEMENT, Unbeſtändigkeit; Leichtſinnigkeit. Les Etats auſſi-bien que les ſaiſons ont leur *changement*, es haben die Länder ihre Abwechſelungen ſowol als die Zeiten. L'ambition cauſe de grands *changemens* dans les Républiques, der Ehrgeiz verurſacht bey den Republiken die allergrößten Veränderungen. L'étoile de Jupiter cauſe beaucoup de *changement*, der Planet Jupiter verurſachet viele Aenderungen.
CHANGEOTTER, *v. a.* vulg. oft verändern.
CHANGER, *v. a. & n.* wechſeln; tauſchen; ändern; unbeſtändig, leichtſinnig, wankelmüthig ſeyn. *Changés*-moi cette piſtole ſi vous avés de la monnoïe, wechſelt mir dieſe Duplone, wenn ihr kleine Münze habt. *Changer* de l'étain pour du cuivre, Zinn gegen Kupfer vertauſchen. Je ne ſaurois *changer* de voix en parlant, wenn ich rede, kan ich die Stimme nicht ändern. Le prix des monnoïes *change* ſi ſouvent, que perſonne ne ſait ce qu'il a vaillant, der Werth des Geldes ändert ſich ſo oft, daß niemand weiß, was er im Vermögen hat. La mode des habits *change* tous les jours, die Kleidertracht ändert ſich alle Tage. Il *change* à tout moment, er iſt unbeſtändig, leichtſinnig, wankelmüthig.
CHANGER quelque choſe, etwas ändern, einer Sache eine andere Geſtalt geben; anders machen, bekehren oder verkehren, als eines Menſchen Gemüth; verändern, anders einrichten, eine Neuerung in etwas anfangen, im guten und böſen Verſtande. Il te va *changer* depuis la tête juſqu'aux piés & de paîtrir tout de nouveau, er will dich völlig wieder ausbutzen und ſtriegeln, daß du eine ganz neue Haut bekommen wirſt. Quand les olives *changent* de couleur, wenn die Oliven die Farbe ändern. Dieu *changera* l'état de mes affaires, Gott wird den Zuſtand meiner Sache ändern. Il a entièrement *changé* ſon bâtiment, er hat ſeinem Gebäu eine ganz andere Geſtalt gegeben. Il faut *changer* de mœurs, man muß die Sitten ändern. La fortune *change* l'eſprit, das Glück ändert den Sinn.
CHANGER de quelque choſe, eine Veränderung mit etwas vornehmen, eine Sache vor die andere nehmen oder wählen, als, de religion, ſich zu einer andern Religion bekennen; de logis, ausziehen, in ein ander Haus ziehen; d'habit, ſich anders anziehen; de linge, ſich weiß anziehen; de conduite, eine Sache anders angreifen, oder ein ander Leben anfangen. On ne *change* point d'inclination pour *changer* de païs, man ändert mit dem Orte das Gemüthe nicht; wenn man ſchon in der Fremde iſt, ſo läßt man doch von ſeiner Art nicht.
ſe CHANGER, *v. r.* ſich ändern, anders werden. Le vent ſe *change*, der Wind ändert ſich. Il faut prendre garde que les amitiés ne ſe *changent* en de grandes inimitiés, man muß ſich hüten, daß ſich die Freundſchaft nicht in Feindſchaft verwandele.
CHANGEUR, *ſ. m.* ein Wechsler.
Etre riche comme un *changeur*, ſehr reich ſeyn.
Païer comme un *changeur*, baar bezahlen.
CHANLATE, *ſ. f.* ein Stück Holz, das man unten auf die Dachſparren nagelt, ein Wetterdach darauf zu legen, daß das Waſſer nicht an der Mauer herunter laufe.
CHANOINE, *ſ. m.* ein Domherr.
CHANOINE Régulier, Stiftsherr, ſo an eine gewiſſe Regel gebunden.
CHANOINE Régulier de St. Auguſtin, Auguſtiner Stiftsherr.

CHANOINE Séculier, weltlicher Stiftsherr.
CHANOINESSE, *ſ. f.* eine Stiftsfrau, Canonißin.
CHANOINESSE de St. Augustin, Nonne des Augustinerordens.
CHANOINIE, *ſ.f.* eine Domherrnpfründe; eine Stiftsherrnstelle; Canonicat.
CHANSON, *ſ. f.* ein Gesang; item ein eitel Geschwäz.
 Chanſon que tout celà, alles dieses sind nur Possen.
 Redire la même *chanſon*, einerley Ding wiederholen, auf einer Leyer bleiben.
 Je ne me païe point de *chanſons*, ich lasse mich nicht mit Worten abspeisen.
CHANSONNETTE, *ſ. f.* ein Liedlein.
CHANSONNIER, *ſ. m.* ein Liederdichter.
CHANT, *ſ. m.* ein Gesang, ein Lied. Le *chant* de l'Eglise doit être grave, das Gesang in der Kirche soll ernsthaft seyn. Le *chant* du rossignol est agréable, das Singen der Nachtigall ist angenehm.
CHANT, die Weise eines Lieds.
CHANT, (in der Poesie) ein Absatz oder Abtheilung eines Heldengedichts.
le CHANT du coq, das Hahnenkrähen, bey früher Tageszeit.
CHANT-ROYAL, eine Art Verse, da eine Strophe aus zwölf Versen, und das Lied in sechs Strophen besteht, durchaus nur mit drey bis fünf Reimen.
CHANTEAU, *ſ. m.* ein Ranft oder Stück Brod, so von einem grossen Brod abgeschnidten ist, sonderlich ein Stück Brod so man weichen läßt.
CHANTEAU, (bey dem Schneider,) ein Stücklein Tuch, oder Zeug, von einem grössern Stück abgeschnidten.
CHANTEAU, (bey dem Faßbinder,) das lezte Stück an einem Faßboden.
CHANTEAU, (in der Meßkunst,) ein Abschnidt von einem Zirkel.
CHANTEL, *ſ. m.* das unterste Stück vom königlichen Siegel, worauf des Königs Füsse geprägt stunden, nachdem das Siegel nach des Königs Tod zerbrochen worden war. (ist alt.)
CHANTELAGE, *ſ. m.* CHANTELLE, *ſ.* ein gewisses Geld, welches man der Obrigkeit geben muß, wenn man den Wein auf dem Lager im Keller verkauft.
CHANTEPLEURE, *ſ. f.* eine Spreng= oder Spritzkanne, die Gewächse zu begiessen.
CHANTEPLEURE, ein Trichter mit einer langen Röhre, die unten an statt des grossen Loches lauter kleine Löchlein hat, damit das Unreine oder Dicke, so etwa in der Feuchtigkeit ist, zuruck bleibe.
CHANTEPLEURE, Rinne oder ein Loch an einer Mauer, daß das Wasser ablaufe.
CHANTER, *v. n.* singen. Il *chante* en travaillant pour se divertir, er singt unter der Arbeit, die Zeit zu vertreiben. J'ai un rossignol qui *chante* agréablement, ich habe eine Nachtigal, die zierlich singet. Ce prédicateur *chante*, dieser Prediger hat eine unangenehme Aussprach.
CHANTER, (poetisch) loben. Pour *chanter* un Auguste il faut être un Virgile, wer einen Augustum loben will, muß ein Virgilius seyn.
 Chanter les victoires des anciens héros, die Thaten der alten Helden besingen.
CHANTER, (in peinlichen Fällen) la question le fera bien *chanter*, die Folter wird ihn schon machen bekennen.
CHANTER injures, pouilles, goguettes à quelqu'un, einen schimpfen.
 Quand on est une-fois marié, il faut *chanter*, wenn man einmal ein Weib am Halse hat, so muß man dran.
CHANTERELLE, *ſ. f.* die kleinste Saite auf der Laute, Cithar, Geige, die Quinte.
CHANTERELLE, ein Lockvogel, als das Weiblein von Rebhünern, Wachteln ꝛc.
CHANTEUR, *ſ. m.* CHANTEUSE, *ſ.* ein Sänger, eine Sängerin; it. ein Vogel der immer singet.
CHANTIER, *ſ. m.* die Balken oder das Lager im Keller, worauf die Fässer liegen.
CHANTIER, ein Platz, worauf man Holz legen oder schichten kan, (Holzschopf).
CHANTIER, der Holzmarkt.
CHANTIER, eines Wagners oder Zimmermanns Werkstatt oder Platz wo er arbeitet, der Zimmerhof, Zimmerplatz.
CHANTIER, ein Platz, wo Kutschen und andere Wagen stehen, die zu vermiethen sind.
CHANTIER, (bey einer Anfuhrt an Flüssen) ein hölzern Gerüst, darauf man die Säcke mit dem Getreid und anders zum Verkauf ausstellt.
CHANTIER, ein Weimpfal, Rebstecken.
CHANTIGNOLE, *ſ. f.* (in der Baukunst) ein Stück Holz, worauf die Querbalken am Dachstuhl ruhen.
CHANTIGNOLE, ein Probziegel oder gebrannter Stein, den man zur Probe macht.
CHANTOURNER, *v. a.* (in der Baukunst) ein Stück Eisen, Bley oder Holz inwendig aushöhlen, wann oder es äusserlich nach etwas zurichten, in Abschneidung der Ecken ꝛc.
CHANTRE, *ſ. m.* ein Cantor, Vorsinger.
CHANTRE, einer von den Closter= und Stiftspersonen, der im Chor das Singen dirigirt.
CHANTRE, ein Poet. Le *chantre* de la Thrace, Orpheus.
CHANTRE, *ſ. f.* eine Cantorin, Vorsingerin, Directorin der Music bey den Nonnen.
CHANTRERIE, *ſ. f.* die Cantorstelle oder der Vorsingerdienst.
CHANVRE, *ſ. m.* Hanf, der zum Spinnen

nen zugerichtet ist; item hänfenes Garn.
Chanvre sauvage, wilder Hanf.
CHANVRIER, *s. m.* Hanfbereiter, Hechler.
CHAOS, *s. m.* (das ch wird wie c gelesen) der vermischte Klump von allen Elementen unter einander, ehe sie GOtt in die Ordnung brachte; it. allerley Vermischung; Mischmasch, verwirrtes Wesen.
CHAPE, *s. f.* ein langer weiter Mantel und Rock, sonderlich der Geistlichen.
CHAPE, Chorrock; Chorhemd.

Disputer de se debattre de la *chape* à l'évêque, sich um ein Ding zanken, das keinem werden kan.

CHAPE, das Blech oder breite und platte Stück unten an einer Schnalle, wodurch sie an etwas angemacht wird.
CHAPE, die Riemen, so vom Gürtel des Degengehängs hinunter nach den Latschen gehen.
CHAPE, der obere Theil oder Hut auf einem Distillirofen.
CHAPE, ein Bret, worinn die Orgelpfeiffen stehen, über dem Windfang.

Chercher ou trouver *chape*-chûte, eine unvermuthliche Gelegenheit suchen oder bekommen, etwas mit eines andern Schaden zu gewinnen, oder sonst Uebels zu stiften.

CHAPE', ée, *adj.* (in den Wappen) mit einem erhöheten Sparren, wird von einem Schild gesagt.
CHAPEAU, *s. m.* ein Hut. *Chapeau* en blanc, ein roher ungefärbter Hut.
CHAPEAU, der Cardinalshut. Prétendre au *chapeau*, nach der Cardinalswürde streben. Il y a un *chapeau* de vacant, es ist ein Cardinal abgegangen.
CHAPEAU, die flache Decke über eine hölzerne Wand oder ander Gebäu, solches wider den Regen zu verwahren.
CHAPEAU, eine Mannsperson. Il y avoit plufieurs femmes, mais il n'y avoit point de *chapeau*, es waren viel Weiber da, aber kein Mann.
CHAPEAU à l'épreuve du mousquet, schußfreyer Sturmhut, im Nothfall unter dem Hut zu tragen.

Un coup de *chapeau*, ein Gruß mit Hutabziehen.

CHAPEAU de fleurs, ein Blumenkranz.
CHAPEAU d'escalier, das Geländer oben um eine Treppe (Stiege) herum.
CHAPELAIN, *s. m.* ein Capellan; ein Geistlicher der vor einem grossen Herrn Messe lesen muß; item ein Geistlicher der sich von dem Einkommen einer Capelle erhält.
CHAPELER, *v. a.* das Obere von der Rinde des Brods abschaben.
CHAPELERIE, *s. f.* das Hutmachen;

it. der Huthandel.
CHAPELET, *s. m.* Rosenkranz, Pater noster, woran man betet.
CHAPELET, (auf der Reitschul) die Bügel, Steigbügel, so über den Sattel gehänget werden.
CHAPELET de marons, angefädmete Castanien zum braten.
CHAPELET, (in der Baukunst) Schöpfrad; der Schöpfeimer an einem Wasserwerk.

Le *chapelet* se défile, *prov.* wenn Leute, so zusammen gehalten, sich entzweyen; oder, wenn aus einer mächtigen Freundschaft etliche nach einander sterben.

CHAPELETS, (in der Baukunst) Pater noster von Schellen, Oliven, Corallen und dergleichen.
CHAPELIER, *s. m.* e, *f.* ein Hutmacher; Hutslaffirer; Hutverkäufer.
CHAPELLE, *s. f.* eine Capelle, ein abgesonderter Ort in einer Kirche mit einem Altar und mit heiligen Bildern.
CHAPELLE, ein kleines Kirchlein oder Ort, den man zum Gottesdienst gewidmet hat.

Le Pape tient *chapelle*, der Pabst hält selber Gottesdienst.

CHAPELLE, eine Stiftung zu einem solchen Capellendienst eines Priesters.
CHAPELLE, die Musicanten, die in der Capelle eines grossen Herrn musiciren; auch alles Geräthe, das darein gehöret.
CHAPELLE, das Greifbret an einer Geige.
CHAPELLE, der Deckel über einem Seecompaß.
CHAPELLE, der Helm oder Deckel über einem Distillirkolben.
CHAPELLE, der inwendige Raum und Umfang eines Backofens.
CHAPELLE ardente, ein Gerüste, Fackeln und Lampen, die man bey einem Sarge anzündet.

Faire *chapelle*, ein Schiff auf der See umkehren, wegen üblen Steurens, oder bey gar stillem Wetter, da man nicht erkennen kan, wo der Wind hergeht.

CHAPELLENIE, *s. f.* eine Capelle in einer Kirche unter keinem besondern Dach; ein Capellansdienst.
CHAPELURE, *s. f.* das Abgeschabte, oder Abgeschälte vom Brod.
CHAPERON, *s. m.* ein Doctorhut.
CHAPERON, (bey grossen Trauer- oder Leichbegängnissen) das Vordertheil von einem Trauerhabit, der das Gesichte bedeckt, und bis auf die Knie herab geht.
CHAPERON, (bey einigen Ordenspersonen) ein Kleid, so das Haupt, die Achseln und den Bauch bedeckt, spitzig zugeht, und hinten sehr weit hinunter hänget.
CHAPERON, eine Sammetkappe der betagten Weiber.

CHA-

Chaperon, eine betagte Frau, die ein junges Frauenzimmer, wenn sie ausgehet, mit sich nimmt.

Chaperon, an einigen Vögeln, die emporstehenden Federn auf dem Kopf.

Chaperon, (bey den Falkenierern) eine Haube, die man dem Falken aufsetzt, daß er nicht sehen könne.

Chaperon, (an den Pistolenhulftern) eine Kappe, die man über die Pistolen ziehen kan, daß es oben nicht darauf regne.

Chaperon, (bey den Sporern) eine Art eines Gebisses oder Mundstücks.

Chaperon, (bey den Seidenstickern) das Gestickte hinten an den Chorröck n.

Chaperon, (im Bauen) das Dach über eine Mauer, daran das Wasser vom Regen ablaufen kan.

Chaperon de potence, das Obertheil an einer Krücke.

Chaperon, das obere Theil an einer Druckerpresse.

CHAPERONNER un mur, *v. a.* ein Dächlein auf eine Mauer machen.

Chaperonner un faucon, dem Falken seine Kappe aufsetzen.

Chaperonner, viele Reverenze machen; einem zu Ehren oft den Hut abziehen.

CHAPERONNIER, *adj. m.* un faucon chaperonnier, ein Falke, der eine Kappe trägt.

CHAPERONNIE'RE, *s. f.* Pestilenzwurz.

CHAPIER, *s. m.* ein Kirchenbedienter, der bey den hohen Amte in einem Chorhemde aufwartet.

CHAPITEAU, *s. m.* das Capital oder der Knauf oben an einer Säule.

Chapiteau, der Sims eines Schranks.

CHAPITRE, *s. m.* ein Capitel oder eine Abtheilung einer Schrift.

Chapitre, Capitel, besonderer Titul (Absatz) in der Rechnung.

Chapitre, Stifts- oder Ordensversammlung.

Chapitre, Capitul. Tenir *chapitre*, Capitul halten.

Chapitre, Capitulhaus; Ort, wo Capitul gehalten wird. Se rendre au *chapitre*, sich nach dem Capitulhaus begeben. Avoir voix en *chapitre*, prov. in einer Sache zu sprechen haben.

Chapitre, Punct (Sache) wovon gehandelt wird. Il est souvent sur le *chapitre* de la guerre, er redet oft von Kriegssachen. Je ne vous dis rien sur ce *chapitre*, ich will euch hiervon nichts sagen. Il est adroitement tombé sur ce *chapitre*, er hat diese Sache mit guter Manier berühret; ist gar artig darauf gekommen. La conversation tomba sur le *chapitre* d'un tel, das Gespräch fiel auf den.

Chapitre, Verweis. On lui a donné le *chapitre*, er hat einen Verweis bekommen.

CHAPITRER, *v. a.* einem Mönch vor der Versammlung einen Verweis geben; auch sonst einen ausschelten, ihm einen Filz geben, ihm ein Capitel lesen.

CHAPON, *s. m.* Kapaun, Kaphahn.

Chapon, ein groß Stück Brod, das man in einem Topf kocht.

Deux *chapons* de rente, zwey Personen, deren eine fett, die andere mager ist.

Il a les mains faites en *chapon* rôti, er stielt gern, oder hat sonst krumme finger.

Qui *chapon* mange, *chapon* lui vient, prov. wo Dauben sind, da fliegen Dauben zu; wer etwas hat, der bekommt eher noch etwas dazu, als ein anderer, der nichts hat.

vol de Chapon, ein gewisser Raum um das Haus herum, welcher in gewissen Satzungen dem ältesten Sohn zugehört.

Chapon de vigne, abgeschnittenes Rebschoß zum versetzen.

CHAPONNEAU, *s. m.* ein junger Kapaun.

CHAPONNER, *v. a.* die Hahnen kapaunen, zu Kapaunen machen, kappen.

CHAPONNIE'RE, *s. f.* Pfanne, darinnen man Kapaunen stopft.

CHAPPELLE, gehlinge Umwendung, oder auch unverhoffte Wiederkunft eines Schiffs.

CHAPUIS, *s. m.* ol. ein Zimmermann.

CHAPUISER, *v. a.* Kriegsrüstungen oder Werke zimmern, (ist alt).

CHAQUE, *pron. m. & f.* ein jeder. Es muß allezeit ein *subst.* bey chaque stehen.

CHAR, *s. m.* Wagen, wird nur von dem Triumphwagen der Alten oder im verblümten Sinn gebraucht.

CHARAG, *s. m.* der Zoll, den die Christen und Juden dem Türkischen Kayser zahlen.

CHARANSON, *s. m.* ein Kornwurm.

CHARBON, *s. m.* eine Kohle.

Charbon de feu, eine glüende Kohle.

Charbon de terre, Steinkohle.

Charbon de saule, Reißkohle.

Charbon, Karbunkel, Pestbeule.

Charbon, beym Distilliren, das Caput mortuum, das unten im Kolben übrig bleibt, wenn das andere von einem Cörper übergangen ist.

CHARBONNE'E, *s. f.* ein Roostbraten.

CHARBONNER, *v. a.* etwas mit Kohlen schwärzen; abzeichnen.

Charbonner, verleumden; anschwärzen.

CHARBONNIER, *s. m.* ein Kohlenbrenner; Kohlenhändler.

Le *charbonnier* est maitre chés lui, ein jedweder ist Herr in seinem Hause.

La foi du *charbonnier*, ein Köhlerglaube, das ist, ein einfältiger, ungelehrter Glaube.

Hh 3   CHAR-

CHARBONNIE'RE, *s. f.* ein Kohlenbrennerplatz, ein Meiler, ein Kohlhaufe; Kohlenkammer.

CHARBONNIE'RE, eine Weibsperson, die Fürkauf mit Kohlen treibt.

CHARCANUS, Ostindischer Zeug, halb Seiden und halb Wollen.

CHARCUTER, *v. a.* Fleisch klein hacken, oder einhauen zum kochen.

CHARCUTIER, *s. m.* ein Schweinmetzger, der allerhand Würste und anders von Schweinenfleisch macht; einer der das Fleisch von den Schweinschlächtern und andern Schlächtern kauft, und wieder verkauft; ein Garkoch, (Bräter).

CHARCUTIE'RE, *s. f.* Speckkrämerin.

CHARCUTIS, *s. m.* ol. eine grosse Niederlage.

CHARDON, *s. m.* eine Distel.

CHARDON à carder, Kartendistel.

CHARDON-bénit, Cardobenedicten.

CHARDON, eiserne Haken oder Spitzen, womit Planken und Geländer verwahret werden, daß niemand darüber steige.

CHARDONNER, *v. a.* ein Tuch mit Wollendisteln wieder aufkratzen.

CHARDONNERET, *s. m.* Stieglitz; Distelfinke.

CHARDONNERETTE, *s. f.* eine Artischockenbrühe.

CHARDONNERETTE, schwarze Eberwurtz.

CHARDONNET, *s. m.* eine kleine Distel.

CHARDONNETTE, *s. f.* Spanische Distel, Spanische Carde, davon man die Stengel, wie die an den Artischocken, essen kan; nach einiger Meynung ist sie einerley mit der schwarzen Eberwurtz.

CHARDONNIE'RE, *s. f.* ein Ort voll Disteln.

CHARDOUSE, *s. f.* weisse Eberwurtz.

CHARENSON, voies CHARANSON.

CHARGE, *s. f.* Last, Bürde, Ladung. La *charge* d'un mulet, d'un âne, die Last eines Maulesels, eines Esels. La *charge* d'un vaisseau, die Ladung eines Schiffs. Un vaisseau de *charge*, ein Lastschiff. La *charge* d'un chariot, die Ladung eines Wagens.

CHARGE, Last, Beschwerung. Cette colonne supporte toute la *charge*, auf dieser Säule ruhet die ganze Last.

CHARGE, Auflage. Etre exemt de *charges*, von den Auflagen befreyet seyn. Mettre de nouvelles *charges*, neue Auflagen machen. Un revenu de mille écus *charges* decontées, ein Einkommen von tausend Thalern nach Abzug aller Auflagen, Abgaben.

CHARGE, Ungemach; Beschwerlichkeit. Il est à charge à tout le monde, er ist jedermann beschwerlich, überlästig. J'ai six enfans à ma *charge*, ich habe sechs Kinder auf dem Halse.

CHARGE, Befehl; Vollmacht. Je m'acquitterai soigneusement de la *charge* que vous m'avés donnée, ich will euern Befehl fleißig ausrichten. Si vous avés envie que quelque chose soit bien faite, vous n'avés qu'à en donner *charge* à cet homme, wenn ihr etwas wohl ausgerichtet haben wollt, so müßt ihrs diesem Manne auftragen. J'ai donné *charge* à mon procureur de poulser cette affaire, ich habe meinem Sachwalter diese Sache zu treiben Vollmacht gegeben.

CHARGE, Bedienung, Amt. Entrer en *charge*, in Bedienung treten. Faire bien sa *charge*, sein Amt wohl versehen.

CHARGE, Zins; Gülte; Abgabe von einem Gut. Un fonds oblige à de grandes *charges*, ein Gut, so mit vielen Abgaben beschweret.

CHARGES foncières, klebende Renten, Gülten.

CHARGE, Ladung eines Schießgewehrs.

CHARGE, Lademaaß, darinn die Musquetier das Pulver tragen.

CHARGE, Treffen; Angriff. Commencer la *charge*, das Treffen anfangen. Revenir à la *charge*, zum andern mal auf den Feind losgehen; noch einmal ansetzen; it. in seinem Gesuch anhalten, sein Begehren wiederholen.

CHARGE, Zeichen; Losung zum Treffen. Sonner, battre la *charge*, zum Treffen blasen, schlagen.

CHARGE, der Stoß eines Falken oder Habichts; begieriger Flug nach dem Raub.

CHARGE, (im Rechtshandel) Rüge; Beschuldigung; Anzeigen einer Uebelthat. Il y a beaucoup de *charges* contre cet homme, dieser Mensch wird stark beschuldigt; hat viel indicia wider sich. Entendre les témoins tant à *charge* qu'à décharge, die Zeugen abhören, sowol die wider als die vor den Beschuldigten aussagen.

CHARGE, (beym Schmied) Umschlag zu Heilung eines Pferdeschadens.

à la CHARGE d'autant, *adv.* auf gleichen Wiedervergelt.

à la CHARGE, que, mit dem Beding, daß.

CHARGEANT, e, *adj.* hart, schwer zu verdauen; verdrießlich, beschwerlich.

CHARGEMENT, *s. m.* die Ladung eines Schiffs; Verzeichniß solcher Ladung.

CHARGEOIR, *s. m.* der Ladstecken zu einem Stück, oder die Pulverschaufel, womit man das Pulver in ein Stück thut.

CHARGER, *v. a.* laden, austauen; beladen. Charger un chariot, einen Wagen beladen. Charger un mulet, ein Maulthier

thier beladen. *Charger* un vaisseau, ein Schiff beladen. *Charger* des pierres sur un chariot, Steine auf den Wagen laden.

CHARGER un canon, un pistolet, une mine, ein Stück, ein Pistol, einen Pulverkeller laden.

CHARGER, den Feind angreifen; treffen. *Charger* de front, dem Feind unter Augen gehen; von forne auf ihn treffen. *Charger* en queüe, von hinten anfallen.

CHARGER, auftragen, anbefehlen, verpflichten. On m'a *chargé* de cette commission, man hat mir diese Ausrichtung anbefohlen, aufgetragen. Je ne vous *charge* point de cela, ich mag euch dazu nicht verbinden, verpflichten.

CHARGER, anklagen; beschuldigen. Il est *chargé* de larcin, er wird des Diebstahls angeklagt. Tous les témoins *chargent* l'accusé, alle Zeugen beschuldigen den Beklagten.

CHARGER, vergrössern; der Wahrheit einen Zusatz geben. Il a *chargé* l'histoire, er hat der Historie etwas aus seinem Kopfe mit beygefüget.

CHARGER la mémoire, auswendig lernen. Il a *chargé* sa mémoire de plusieurs histoires intéressantes, er hat viele schöne nützliche Historien im Gedächtniß behalten.

CHARGER, beschweren; Beschwerung auflegen. *Charger* l'héritier de païer des legs, dem Erben viel Vermächtnisse zu bezahlen auflegen. *Charger* les marchandises de doüanes, die Waaren mit Zöllen beschweren. *Charger* sa conscience, sein Gewissen beschweren.

CHARGER, (in der Kellerey) füllen. Pot à *charger*, eine Füllkanne.

CHARGER le balancier, die Unruhe beschweren, damit die Uhr langsamer gehe.

CHARGER, (in der Mahlerey) ein Gemähl mit Farben oder Bildern beladen, überhäufen.

CHARGER, (in der Buchdruckerey) allzuviel Linien auf ein Blat bringen.

CHARGER la quenouille, den Rocken anlegen.

CHARGER le gibier, (bey den Falkenierern) auf den Raub fallen.

CHARGER l'estomac de viande, den Magen mit Speise überladen. Elle a *chargé* sa valise pour neuf mois, sie ist schwanger. Les arbres ont bien *chargé* cette année, die Bäume haben diß Jahr wohl getragen.

CHARGER un regitre de telle ou telle chochose, etwas in ein Register aufzeichnen.

se CHARGER, *v. r.* eine Last auf sich nehmen, auffassen, auffacken; etwas zu thun auf sich nehmen, sich verbinden oder verbindlich machen. Je me suis *chargé* de ses dêtes, ich habe seine Schulden über mich genommen. Je me *charge* de vous & de vos affaires, ich nehme auf mich, vor euch und eure Sachen zu sorgen.

CHARGE' de coups, derb abgeschlagen. On la *chargé* de bois, man hat ihn mit Stockschlägen empfangen.

CHARGE', *m.* CHARGE'E, *f. adj.* beladen. Un mulet *chargé*, ein beladen Maulthier. Un vaisseau *chargé*, ein beladen Schiff. Je suis *chargé* d'affaires, ich bin mit Geschäften überladen. Cheval *chargé* de tête, Pferd, das einen allzu grossen Kopf hat. Le ciel est fort *chargé*, es ist gar trübes, schweres Wetter.

CHARGE', (in der Mahlerey) v. CHARGER.

CHARGE', (in der Wappenkunst) bedeckt. Une croix de gueules, *chargée* de cinq coquilles d'argent, ein rothes Creuz mit fünf weissen Muscheln bedeckt. Il porte d'azur à une croix d'argent, *chargées* de cinq roses d'or, disposées en échiquier, er führet in einem blauen Schilde ein silbernes Creuz mit fünf schichtweise in Ordnung gestellten guldenen Rosen.

CHARGE' du cuisine, ein fetter Mensch.

CHARGE' d'années, sehr alt.

couleur CHARGE'E, gar zu starke Farbe.

un portrait CHARGE'E, ein Contrefait, das einem zwar gleich siehet, aber dessen Lineamenten alle zu stark ausgedrückt sind.

pistole CHARGE'E, ein Goldstück, das zu leicht ist, und zu welchem man an Münze zulegt, was ihm am Gewicht fehlt.

CHARGEUR, *s. m.* ein Auflader; Handlanger beym Geschütz.

CHARGEUR de bois, ein Holtzsetzer, Holzleger.

CHARGEURE, *s. f.* (in den Wappen) zweyerley Stücken über einander.

CHARIAGE, *s. m.* das Fahren auf einem Wagen. Le *chariage* est très difficile en certaines saisons, das Fuhrwerk gehet sehr schwer in gewissen Fahrszeiten.

CHARIAGE, das Fuhrlohn; Fracht.

CHARIER, *v. a. & n.* etwas auf einem Wagen führen, als Steine, Garben etc. bey den Falkenierern wird es vom Falken gesagt, und heißt ein Rebhun verfolgen; it. mit seiner Beute durchgehen, und nicht kommen, wenn der Falkenierer ruft.

CHARIER droit, Acht geben auf sein Thun; aufrichtig verfahren. La rivière *charie* de la glace, der Fluß führt Eis. La rivière *charie* du sable, der Fluß führt Sand. Les urines *charient* du gravier, die Urine führen Grieß mit sich.

CHARIOT, *s. m.* Wagen.

CHA-

CHARIOT, (beym Seiler) der Seilschlitten.
CHARIOT d'enfant, Kinderwagen.
le grand, le petit CHARIOT, der grosse, der kleine Wagen; zwey Sternbilder am Himmel.
CHARIOT, ein Maaß, bey welchem man zu Paris die Quadersteine verkaufet.
CHARIOT, ein Gewicht zu Antwerpen.
CHARITABLE, adj. c. liebreich, gutthätig gegen die Armen.
CHARITABLEMENT, adv. aus Liebe, gutthätiger Weise, mildiglich.
CHARITATIF, s. m. eine kleine Beysteuer, so die Bischöffe bey dringender Noth Zeit Lebens einmal in ihrer Diöces einfordern dürfen.
CHARITE', s. f. Liebe zu GOtt und dem Nächsten.
CHARITE', Allmosen. Règler ses *charités*, ein Gewisses zum Allmosen ordnen. Faire la *charité*, Allmosen geben.
CHARITE', Bruderschaft, so aus Andacht und Milde vor die kranken Armen eines Kirchspiels Sorge trägt; die Mittel zu solcher Armenpflege.
CHARITE', ein Armenhaus; auch die sämtlichen Armen und Kranken eines Orts. Il est de la *charité*, er ist einer aus dem Armenhaus. Recevoir la *charité*, die Gaben zu der Armenpflege einnehmen. Il est reçu dans la *charité*, er ist in die Armenpflege aufgenommen worden.
CHARITE', Kloster der barmherzigen Brüder oder Schwestern.
la CHARITE' des pauvres honteux, eine Allmosenpflege, davon die Hausarmen unterhalten werden.
CHARITE', die Busse, Strafe, so die Mönche einander anthun. Donner la *charité*, einem Mönch die Streiche geben.
Prêter une *charité* à quelqu'un, einen verläumden, fälschlich nachreden; einem etwas schuld geben.
CHARIVARI, s. m. ein Getön und Lermen, den man mit den alten Pfannen und Keßeln zu Nacht vor den Häusern der Wittwen und alten Leuten macht, die sich verheyrathen.
CHARIVARI, allerley Geräusch, Geschrey und Lermen unter den gemeinen Leuten.
CHARIVARI, im Scherz, eine schlechte Music.
CHARLATAN, s. m. Marktschreyer, Theriackrämer, ein prahlender Arzt.
CHARLATAN, Schwätzer, Maulmacher, Betrüger; Schmeichler, der andere zu beschwätzen weiß.
CHARLATAN, Heuchler, Scheinheiliger.
CHARLATANE, s. f. Schwatzerin, die zu ihrem Nutzen andere zu überreden weiß.
CHARLATANER, v. n. mit schönen Worten beschwätzen.
CHARLATANERIE, s. f. Schmeicheley, Beschwätzung; Auffschneiderey.
CHARLES, s. m. Carl, ein Mannsname.
CHARLOT, s. m. Carlchen.
CHARLOTTE, s. f. ein Weibername.
CHARMANT, e, adj. liebreizend, angenehm.
CHARME, s. m. eine Hagbuche, Hainbuche, ein Baum.
CHARME, s. m. Zauberey, Bezauberung.
CHARME, auch im *plur.* CHARMES, Kunst oder Geschicklichkeit einem das Herz zu rühren, zu gewinnen; Liebreizung, Anmuth; die Rührung des Herzens; ein ungemeines Ansichziehen; was einen sonderbar einnimmt, bewegt, verliebt macht.
Elle a le véritable *charme* de tous les cœurs, sie zwinget alle Herzen zu ihrer Liebe. Gagner quelqu'un par ses *charmes*, einen durch seine Reizungen gewinnen. C'est un grand *charme* que les loüanges, durch Loben kan man sich trefflich beliebt machen.
CHARMER, v. a. bezaubern. Il avoit *charmé* l'épée de son ennemi, er hatte seines Gegners Gewehr bezaubert.
CHARMER, verliebt machen; bewegen, rühren, einnehmen. Etre *charmé* de la beauté d'une personne, von der Schönheit einer Person ganz eingenommen seyn. Le chant *charme* l'oreille, & la beauté la vûe, der Gesang belustiget das Ohr, und die Schönheit vergnügt das Gesicht und die Augen. Si la vertu se rendoit visible, ses attraits-*charmeroient* tout le monde, wenn man die Tugend mit Augen sehen könnte, so würde sich jedermann in sie verlieben.
CHARMER, stillen, lindern, vertreiben. Le vin *charme* les chagrins, der Wein stillet die Traurigkeit. *Charmer* les ennuis de la solitude par la lecture des poëtes, die von der Einsamkeit erweckte Unlust durch das Lesen der Poeten vertreiben. Je ne vois rien qui soit plus capable de *charmer* mes ennuis & mes maux que vôtre conversation & vôtre amitié, ich finde nichts, das meine Verdrießlichkeit und Widerwärtigkeit besser lindern könne, als euer freundlicher Umgang und Wohlgewogenheit.
CHARMEUR, s. m. ein Zauberer.
CHARMEUSE, s. f. ein buhlerisch Weib.
CHARMILLE, s. f. eine Ruthe oder ein Schößling von einer Hainbuche. Il faut acheter un millier de *charmilles*, man muß ein tausend Hagbüchenstäme kaufen.
CHARMOüE, s. f. Hagbüchenhecke.
CHARNAGE, s. m. die Zeit, um welche man Fleisch essen darf, in der Römischen Kirche.

CHARNAIGRE, *s. m.* ein kleiner Jagdhund, ein Stöber.
CHARNEL, le, *adj.* fleischlich, der der Fleischeslust ergeben ist.
   Copulation *charnelle*, fleischliche Begehung, Vermischung.
CHARNELLEMENT, *adv.* fleischlicher Weise, nach dem Fleisch.
CHARNEUX, euse, *adj.* (in der Anatomie) fleischig.
CHARNIER, *s. m.* eine Kammer zum geräucherten und gesalzenen Fleisch.
Charnier, (in der Römischen Kirche) der Ort, wo das Abendmahl und insonderheit der Leib Christi ausgetheilet wird.
Charnier, auf einem Gottesacker, ein bedeckter Ort, wo man die Todtenbeine zusammen hinlegt.
Charnier, ein Bund Rebstecken oder Weinpfäle.
CHARNIÈRE, *s. f.* der Ort, wo der Falkenier das Fleisch für seinen Vogel aufhebt.
Charnière, ein Gewerb oder Gewind mit wechselsweis ausgefeilten Gängen, die sich in einander schliessen und bewegen.
Charnière, ein Werkzeug der Steinmetzen, wie ein Hohlmeissel.
CHARNU, ë, *adj.* fleischig, oder das aus lauter Fleisch besteht.
   Une racine *charnuë*, eine grosse, starke und dabey zarte Wurzel.
Charnu, der viel Fleisch am Leibe hat, der wohl bey Leib ist.
CHARNURE, *s. f.* die Mäuse oder das Fleisch an den Gliedern.
CHAROGNE, *s. f.* Aas; stinkend Fleisch.
CHAROI, *s. m.* eine Art grosser Schaluppen, Stockfisch in die neue Welt zu führen.
CHARON, *voiés* CARON.
CHARPENTE, *s. f.* Zimmerholz.
CHARPENTER, *v. a.* zimmern; mit der Axt behauen.
Charpenter, zerköstern, (wird von allerhand Dingen gesagt, die ungeschickt gemacht werden).
CHARPENTERIE, *s. f.* Holzwerk, Zimmerwerk; Zimmerholz, Bauholz; das Zimmerhandwerk.
CHARPENTIER, *s. m.* ein Zimmermann.
Charpentier, auf der Insel St. Domingo eine Art Baumhäcker, ein Vogel in der Grösse einer Lerche, der einen so starken Schnabel hat, daß er einen Palmenbaum durchlöchert bis auf das Mark, welches er alsdann heraus frisset. Das Palmenholz ist so hart, daß es sonst auch den besten Werkzeug stumpf machet.
CHARPI, *s. m.* CHARPIE, *s. f.* eine Wieke, ein Meisel, wie die Wundärzte in die Wunden oder Geschwüre thun.
   La viande est en *charpie*, das Fleisch ist zu kleinen Fasen gekocht.
CHARRATON, *s. m.* ein Wagenknecht, der einen Wagen führt, (ist alt).
CHARREE, *s. f.* die Asche, wovon man Lauge gemacht hat, die man wegschüttet.
CHARRETÉE, *s. f.* ein Karn voll; Fuder.
CHARRETIER, *s. m.* e, *f.* ein Kärner, ein Fuhrmann.
CHARRETTE, *s. f.* ein Karn.
CHARRIAGE, CHARRIER, *v.* CHARI.
CHARRIER, *s. m.* ein Laugen- oder Aeschertuch.
CHARROI, *s. m. voiés* CHARIAGE.
CHARRON, *s. m.* ein Wagner, Stellmacher zu Wagen und Kutschen, Krumholz.
CHARRONAGE, *s. m.* Wagenzimmerey, Wagnerarbeit.
CHARRUAU, *adj. m.* chemin *charruau*, ein Fahrweg, (ist alt).
CHARRUë, *s. f.* Pflug.
   Mettre la *charrue* devant les bœufs, *prov.* ein Ding verkehrt anfangen; das hinterste voran stellen.
CHARTE, *s. f.* Papier; im *plurali*, alte Briefschaften, Urkunden.
CHARTE-PARTIE, *s. f.* (in der Seefahrt) Contract über Befrachtung eines Schiffs; it. Frachtbrief zur See.
CHARTI, *s. m.* ein langer Heuwagen.
Charti, das Gestell eines Karrens.
CHARTIL, ein Wagenschopf oder Schuppe.
CHARTRAIN, *s. m.* e, *f.* einer von Chartres.
CHARTRE, *s. f.* ein Gefängniß.
Chartre, die Schwindsucht, da der Leib gleichsam gefangen ist, daß er nicht zunehmen kan.
   Tomber en *chartre*, die Mitesser bekommen.
CHARTRE, *s. f.* ein alter Brief, alte Schrift, so etwas zu beweisen dient, eine Urkunde.
   Consulter les anciennes *chartres*, in den alten Urkunden nachsuchen.
Chartre Normande, der Freyheitsbrief, den König Philippus in Frankreich der Provinz Normandie gegeben.
CHARTRES, *s. f.* die Hauptstadt in Beauce, einer Provinz in Frankreich.
CHARTREUSE, *s. f.* eine Cartheusernonne.
Chartreuse, *s. f.* ein Cartheusernonnenkloster.
CHARTREUX, *s. m.* ein Cartheusermönch; item, ein Cartheuserkloster.
Chartreux, die graue Farbe an den Katzen.
CHARTRIER, *s. f.* ein Archiv, oder Ort, wo man die alten Urkunden verwahret.
CHAS, *s. m.* das Bleygewicht bey den Mäurern und Zimmerleuten.
Chas, *s. m.* das Nadelöhr.

CHAS, *s. m.* Weberschlichte; ein Brey, mit deme sie den Zettel schmieren, wenn er aufgezogen ist.

CHASERET, *s. m.* Käseform.

CHASSE, *s. f.* Jagd; das Jagen.

CHASSE, das Verjagen.

CHASSE, Jägerey; gesammte Jagdbedienten. La *chasse* est partie, die Jägerey ist abgegangen.

CHASSE, der Fang von der Jagd. On a fait une bonne *chasse*, man hat eine gute Jagd gethan; viel Wild gefangen.

CHASSE, (im Ballspiel) der Ort, wo der Ball am ersten niederfällt.

Faire une *chasse* à quelqu'un, *prov.* einem einen Possen spielen, Verdruß anthun.

pièces de CHASSE, die Stücke, so in der Back stehen, als womit auf die Weichenden geschossen wird.

Donner la *chasse* à quelqu'un, einen verjagen.

CHASSE, (in der Seefahrt) donner la *chasse* à un vaisseau, ein Schiff verfolgen.

Prendre *chasse*, (auf den Schiffen sonderlich) die Flucht nehmen.

Soûtenir *chasse*, sich im Zurückbegeben immer wehren.

CHASSE de proüe, oder pièces de *chasse*, die Canonen, die vorne im Schiffe stehen, womit man auf die fliehenden Schiffe feuert, oder die das Vordertheil zukehren.

CHASSE-là! marqués bien cette *chasse*, gedenkt was ihr thut, es wird euch reuen.

CHASSE morte, ein Anschlag, den man liegen läßt, ein vergeblicher Versuch.

CHASSE quarrée, ein viereckigter Hammer der Schlosser, viereckigte Löcher in etwas zu schlagen.

CHASSE ronde & demi-ronde, ein Hammer, runde und halbrunde Löcher in das Schloßblech oder ander Eisen zu schlagen.

CHASSE, *s. f.* das etwas in sich hält.

CHASSE, an einer Brille das, worinne das Glas eingefaßt ist.

CHASSE, die Schale oder der Griff an einem Barbiermesser.

CHASSE, das Theil der Schnalle, daran sie fest ist, so an das Leder gesteckt, und mit einem Knopf oder Hake angehenkt wird.

CHASSE, an einer Waage ist es der Kloben, oder das Waaggericht, worinnen oben das Zünglein geht, und wobey man die Waage anfaßt.

CHASSE, an einer Säge, das Theil, worinnen die Handhabe zu beyden Seiten fest ist.

CHASSE de reliques, ein Reliquien- oder Heiligthumskasten, den man in den Processionen trägt.

CHASSE marée, ein Fischkasten zu Seefischen.

huîtres de CHASSE, Austern mit Schalen aus dem Fischkasten.

CHASSE-avant, *s. m.* ein Antreiber der Arbeiter.

CHASSE-chien, *s. m.* der Hundepeitscher, der die Hunde aus der Kirche jagt.

CHASSE-coquin, *s. m.* ein Bettelvogt.

CHASSE-cousin, *s. m.* auf dem Fechtboden ein starkes Rappier, das sich nicht biegt; it. ein schlechter Wein.

CHASSE-ennui, *s. m.* ein gut Mittel wider die Sorgen, als guter Wein; ein Zeitvertreiber, als ein gut Buch, oder was anders.

CHASSE-marée, *s. m.* ein Fischführer, der Seefische in die Stadt führt; item ein Trog oder Ort, worinnen man die Seefische hält.

CHASSE-mare, *s. f.* eine Hexe, oder Teufelsbannerin, (ist alt).

CHASSE-mulet, *s. m.* Eseltreiber in einer Mühle.

CHASSE-rage, wilde Kressen; Wegkreß.

CHASSER, *v. a.* jagen, als Wild; vertreiben, als böse Lust, oder eine Krankheit; antreiben, als Reise. *Chasser* un lièvre, un sanglier, einen Hasen, ein wild Schwein jagen. *Chasser* aux oiseaux, Vögel schiessen; fangen.

CHASSER, vertreiben; in die Flucht bringen. *Chasser* l'ennemi, den Feind verjagen. *Chasser* quelqu'un de la maison, einen aus dem Hause vertreiben; ihm das Haus verbieten.

CHASSER un cheval, (auf der Reitbahn) einem Pferde mit den Schenkeln und Sporen helfen.

CHASSER, (bey den Handwerkern) mit einem Hammer oder Schlägel treiben. *Chasser* un clou à coups de marteau, einen Nagel mit dem Hammer einschlagen. La poudre *chasse* la bale, das Pulver treibt die Kugel.

CHASSER bien au plat, sich beym Essen hurtig halten, brav essen.

Il *chasse* de race, er tritt in seiner Väter Fußstapfen.

CHASSER sur les terres de quelqu'un, einem in seinen Rechten Eingriff thun.

CHASSER, *v. n.* (in der Druckerey) austragen; mehr Raum einnehmen.

Cette sorte de lettre, de caractère *chasse* bien plus qu'une autre, es geht nicht so viel Materie auf eine Columne von dieser Schrift, als wenn man eine kleinere nimt.

CHASSER sur ses ancres, (auf der See) von dem Wind oder Strom immer fortgerissen werden, ohngeachtet der Anker ausgeworfen ist, weil derselbe unten nicht hält, sondern mit fortankert.

CHASSERESSE, *s. f.* ein Weib, so Belieben zu der Jagd hat.

CHAS-

CHASSEUR, *f. m.* ein Jäger.
Un repas de *chasseur*, eine eilfertige Mahlzeit aus der Hand.
Une Messe de *chasseur*, eine kurze Messe.
CHASSIE, *f. f.* das Augentriefen.
CHASSIEUX, euse, *adj.* einer der böse rinnende Augen hat, triefäugig.
CHASSIS, *f. m.* Rahm; Einfassung.
CHASSIS de fenêtre, Fensterrahm. *Chassis*, Papierfenster. *Chassis* dormant, bevestigte Rahm.
CHASSIS, Blindrahmen zu Gemählden.
CHASSIS de fondeur, die eiserne Rahmen in welcher die Rothgiesser das Sand oder Erden zum Modell einsetzen.
CHASSIS de Tapissier, die Rahmen auf welcher die Tapezierer die Matratzen machen.
CHASSIS, Tischfuß. *Chassis* pliant, zusammenschlagender Tischfuß.
CHASSIS, (in der Druckerey) die Formrahm.
CHASSIS, (im Gartenbau) Fenster auf die Mistbeeten.
CHASSIS d'osier, Fensterkorb, oder Gitter.
CHASSIS de léton, Dratgitter.
CHASSOIR, *f. m.* das Holz, auf welches man schlägt, einen Reif an einem Gefässe anzutreiben, der Triebhammer, Triebel.
CHASSOIRE, *f. f.* eine Ruthe oder Stecken der Falkenierer.
CHASTAIGNE, *v.* CHÂTAIGNE.
CHASTE, *adj. c.* keusch, der Keuschheit ergeben. C'est un jeune homme fort *chaste*, dieses ist ein sehr keuscher und züchtiger Jüngling.
CHASTE, (von Schriften) rein. Son stile est beau & *chaste*, seine Schreibart ist schön und rein.
CHASTEAU, *v.* CHÂTEAU.
CHASTEMENT, *adv.* keusch, züchtig.
CHASTETE', *f. f.* die Keuschheit.
CHASTIER, CHASTON, CHASTRER, und deren Derivata, *v.* CHÂT.
CHASUBLE, *f. f.* ein Meßgewand der Priester.
CHASUBLIER, *f. m.* einer der allerley Kirchenschmuck macht.
CHAT, *f. m.* ein Kater. CHATE, *f. f.* eine Katze. Vendre le *chat* en poche, *prov.* die Katz im Sack verkaufen. Eveiller le *chat* qui dort, *prov.* einen gestillten Hader aufs neue erregen. Emporter le *chat* de la maison, ohne Abscheid weggehen, sich davon schleichen. Appeller un *chat* un *chat*, *prov.* jedem Ding seinen Namen geben; unverholen die Wahrheit reden. Un *chat* échaudé craint l'eau froide, *prov.* mit Schaden wird man witzig. Se servir de la pate du *chat* pour tirer les marrons du feu, *prov.* mit eines andern Gefahr oder Schaden seinen Nutzen schaffen.
à bon *chat* bon rat, gut angegriffen, gut gewehrt; es hat ein Fuchs den andern gefunden.
Paier en *chats* & en rats, mit geringen kleinen Summen bezahlen.
Entendre bien *chat* sans qu'on dise minon, ein Ding gleich merken; sehr verschlagen seyn.
Jetter le *chat* aux jambes à quelqu'un, die Schuld auf einen legen.
Elle a laissé aller le *chat* au fromage, sie hat sich bethören lassen; unzüchtig verhalten.
pied de CHAT, ein Kraut, Katzenfuß.
l'herbe au CHAT, Katzenkraut.
Couper les branches d'un arbre en dos de *chat*, die Bäume so eine Mauer bekleiden, gebogen schneiden, als einen Katzenpuckel.
CHAT, *f. m.* eine Art Schiffe aus Norden, hinten rund, und nur mit einem Boden, welche viele Waaren fassen können.
CHÂTAIGNE, *f. f.* eine Kastanie, eine Keste.
CHÂTAIGNE d'eau, Wassernuß.
CHÂTAIGNERIE, *f. f.* ein Kestenwald.
CHÂTAIGNER, *f. m.* ein Kastanienbaum.
CHÂTAIN, *adj. m.* kestenbraun, ist meistens von den Haaren im Gebrauch.
CHATE, *f. f.* grosse Nachen, mit zwey Mastbäumen, deren man sich bedienet um grosses Geschütz und andern Vorrath zu führen.
CHÂTEAU, *f. m.* ein Schloß, Burg.
CHÂTEAU de carte, ein klein artig, aber nicht dauerhaft gebautes Häuslein auf dem Lande.
CHÂTEAU de poupe, oder d'arrière, oder de l'arrière, das Castell, das Gebäude auf dem Hintertheil eines grossen Schiffes.
CHÂTEAU de proue, oder d'avant, oder de l'avant, das Gebäude auf dem Vordertheil eines Schiffes.
CHÂTEAU d'eau, ein Gebäude, das nur aus Fischbehältnissen besteht, mit gemahlten Fenstern.
CHÂTEAU fondu, in den Wappen, die obere Helfte eines Schlosses, aufs wenigste mit zwey Thürnen und einem Losament in der Mitte, das da scheinet, als wäre das Untertheil abgeschnidten.
CHATE'E, *f. f.* ein Wurf oder Nest junger Katzen.
CHÂTELAIN, *f. m.* ein Castellan, Burggraf oder Burgvogt, der in einem Schloß das Commando oder die Herrschaft hat, ein Herr, der über eines Herrschaft zu gebieten, und ein Schloß darinne hat.
Juge CHÂTELAIN, ein Burgvogt oder Amtmann eines solchen Herrn.
CHÂTELE', ée, *adj.* in den Wappen wird

es von einer Einfassung des Schildes gesagt, daran acht oder neun Schlösser gemacht sind.

CHâTELENIE, *s. f.* eine Castellaney, Burgvogtey oder Amt um ein Schloß rc. item eine Herrschaft mit einem Schloß.

CHâTELET, *s. m.* vor diesem ein klein Schloß oder Vestung; jetzt ein Gefängniß zu Paris, zu Orleans und Montpellier, und der Ort wo das Gericht gehalten wird.

CHATELET, das Hintergestell am Webestuhl der Bortenwirker.

CHâTEMITE, *s. f.* ein Scheinheiliger, Heiligenfresser, Heuchler; ein scheinheiliges Weib, eine Betschwester.

Faire la *châtemite*, sich scheinheilig stellen.

CHâTEPELEUSE, *s. f.* ein Assel = Mauer= oder Kellerwurm; it. Kornwurm.

CHATER, CHATENNER, *v. n.* (von Katzen) werfen, Junge haben.

CHATHUANE!, *adj. m.* sagt man vom Falken, der Käuzleinsfedern und Farbe hat.

CHATHUANT, *s. m.* ein Käuzlein, Nachteule.

CHâTIABLE, *adj. c.* strafbar, sträflich; scheltwürdig.

CHâTIER, *v. a.* züchtigen, strafen; mit Fleiß ausarbeiten. *Châtier* un enfant, ein Kind strafen; züchtigen.

Châtier une piece de prose ou de vers, eine Schrift bessern, wegthun was übel lautet.

CHâTIERE, *s. f.* ein Loch, das man den Katzen läßt, daß sie hin und wieder kriechen können.

CHâTIMENT, *s. m.* Züchtigung, Strafe.

CHATIMENS, *s. m. plur.* (auf der Reitschul) Strafe, Hülfe, so dem Pferd mit der Spitzruthe, Sporen, u. d. g. gegeben wird.

CHATON, *s. m.* eine kleine Katze.

CHATON, *s. m.* der Kasten an einem Ringe, worein man einen edlen Stein setzt oder faßt.

CHATON, die grüne Schale über den Haselnüssen.

CHATON, der Saamenknoten innen in den Tulpen.

CHATOüILLEMENT, *s. m.* das Kitzeln.

CHATOüILLER, *v. a.* leis anrühren; gefallen oder belustigen. *Chatoüiller* les oreilles de quelqu'un par ses discours, einem die Ohren kitzeln, einem zu Gefallen reden. La loüange *chatoüille* bien un auteur, das Lob ist einem, der sich auf das Bücherschreiben legt, ein grosses Vergnügen.

CHATOüILLER le remède, in dem Münzwesen, wenn der Münzmeister sein Recht, das er an dem Mark Silber oder Gold hat, gar genau hält, daß er es nicht überschreitet, auch nicht zu wenig hat.

CHATOüILLEUX, euse, *adj.* kitzlich, der bald lacht, wenn er gekitzelt wird.

CHATOüILLEUX, kitzlich, das die Sporen nicht leiden will, als ein Pferd.

CHATOüILLEUX, der sich bald erzörnt, der behutsam zu tractiren ist.

CHATOüILLEUX, sehr ehrlich und gewissenhaft.

CHATOüILLEUX, kitzlich, gefährlich, anstössig. Le maniment des deniers publics est un emploi fort *chatoüilleux*, Geldeinnahme ist ein kitzlich gefährlich Amt.

CHAT-PARD, ein wildes Thier, welches eine halbe Katz und ein halber Leopard ist.

CHâTRE!, *s. m.* ein Verschnidtener.

CHâTRER, *v. a.* entmannen, verschneiden; item ein Gartengewächs beschneiden; den Bienen den überflüßigen Honig ausschneiden; von einem Buch etwas weglassen, etwas darinne ausstreichen; auch sonst einem Dinge etwas wegnehmen.

CHâTRER un agneau, ein Lamm verschneiden.

CHâTRER les melons, den Melonen die übrigen Sprossen abnehmen.

CHâTRER les abres fruitiers, die Bäume beschneiden.

CHâTRER un cep de vignes, die Weinreben beschneiden.

CHâTRER les ruches des abeilles, die Bienstöcke schneiden; denen Bienen den Honig nehmen.

CHâTRER un livre, ein Buch stümmeln.

CHâTREUR, *s. m.* Schweinschneider.

CHâTRüRE, *s. f.* Verschneidung.

CHAUD, e, *adj.* warm; hitzig; heiß; brennend; brünstig; eiferig; unbesonnen; heftig; geschwind. Il fait un grand *chaud*, es ist sehr warm.

Le vin est *chaud*, der Wein hitzt. Un habit est *chaud*, ein Kleid wärmt; hält warm.

fiévre CHAUDE, hitzig Fieber. Tomber de fiévre en chaud mal, *prov.* aus einem geringen Unglück in ein grosses fallen. Soufler le froid & le *chaud*, *prov.* falsch; doppelzüngig seyn; widerwärtige Reden führen. Il est mort de *chaud* mal, er ist verbrannt worden.

Pleurer à *chaudes* larmes, heisse Zähren weinen.

Avoir le sang *chaud*, avoir la tête chaude, erhitzt, erboßt, erzürnt seyn; zum Zorn geneigt, hitzig seyn.

Elle est *chaude*, sagt man von dem Weiblein einiger Thiere, als chienne *chaude*, eine läufige Hündin; cavale *chaude*,

chaude , eine Stute, die rosset, oder zum Hengst will.

à la CHAUDE, in der ersten Hitze, alsbald.

Un enfant tout *chaud* de sa mère, ein ganz neugebohrnes Kind.

Donner une alarme bien *chaude*, einen Lermen groß machen.

C'est une *chaude* pratique, es ist ein nichtsnützlicher, schlechter Gebrauch.

Il ne trouve rien de trop froid, ni de trop *chaud*, es ist ihm alles recht, er kan sich in alles schicken.

Il a la main *chaude*, er gewinnt oft hinter einander in einem Spiel.

CHAUD, *adv.* warm, heiß, hitzig.

Boire *chaud*, warm trinken.

Il y faisoit fort *chaud*, es war sehr warm da; it. es gieng sehr hitzig da zu, es setze brav Schläge.

CHAUD, *s. m.* Wärme, Hitze.

CHAUDE, *s. f.* bey den Eisen = und Gold= schmieden, die Arbeit an einem Metall, das allererst aus dem Feuer kommt; auf den Glashütten, die Materie, so man auf einmal schmelzen läßt.

Donner une *chaude* à la besogne, ein Stück Metall schmieden, weil es heiß aus dem Feuer gezogen ist.

Donner une *chaude* suente à un morceau de fer, ein Stück Eisen so glüend machen, daß es tropfet, wenn es aus dem Feuer gezogen wird.

CHAUDEAU, *s. m.* ein warmes Süpplein, so man den neuen Eheleuten früh ins Brautbette bringt. (ist alt.)

CHAUDE-COLE, *s. f.* ein jäher Zorn, eine jählinge Schlägerey, ein jählinger Tumult oder Auflauf. (ist alt.)

CHAUDEMENT, *adv.* warm. Se tenir *chaudement*, sich warm halten.

CHAUDEMENT, hitzig; brünstig; eiferig.

Prendre les choses *chaudement*, sich der Sachen eiferig annehmen. Poursuivre l'ennemi *chaudement*, den Feind hitzig verfolgen.

CHAUDE-PISSE, *s. f.* der Saamenfluß; die kalte Pisse.

CHAUDE-PISSE, *s. f.* Tripper, eine unreine Krankheit.

CHAUDERON, *s. m.* ein kleiner oder mittelmäßiger Küchenkessel.

CHAUDERONNERIE, *s. f.* Kupfergeschirr.

CHAUDERONNIER, *s. m.* Kupferschmied; Kesselflicker.

CHAUDIER, *v. n.* läufig werden, als eine Hündin, ꝛc.

CHAUDIÈRE, *s. f.* ein grosser Kessel.

Chaudière à brasser, Braupfanne. *Chaudière* à teindre, Färbkessel.

faire CHAUDIÈRE, (auf den Schiffen) das Essen für die Bootsleute rüsten.

CHAUF, CHAUFETTES, ou CHOUF, eine Art persische Seiden.

CHAUFFAGE, *s. m.* Brennholz; Feurung.

Il me faut tant pour mon *chauffage*, ich muß so viel zur Feurung haben.

droit de CHAUFFAGE, freye Holzung in einem Walde.

CHAUFFE, *s. f.* der Ort unter dem Gieß= oder Schmelzofen, wo man das Holz hinein und unterschürt.

CHAUFFE-CHEMISE, *s. m.* Korb, worüber die Kleider gewärmet werden.

CHAUFFE-CIRE, *s. m.* der Siegelverwahrer in der Canzeley; Bedienter in der Canzeley in Frankreich, so bey dem Siegeln hilft.

CHAUFFE-LIT, *s. m.* ein Bettwärmer, etwas damit man das Bette wärmet, es sey eine Flasche, Pfanne, Bret ꝛc.

CHAUFFE-PANCE, *s. m.* ein niedriges Camin.

CHAUFFE-PIED, *s. m.* CHAUFFERETTE, *s. f.* eine Kohl=oder Feuerpfanne, die Füsse zu wärmen.

CHAUFFER ou CHAUFER, *v. a.* wärmen, warm machen, heitzen.

CHAUFFER un bordage, Holzwerk bähen, oder mit Spänen warm machen, daß man es biegen, und zum Bau formiren könne.

CHAUFFER un vaisseau, ein Schiff ausser dem Wasser besehen und ausbessern.

Ce n'est pas pour vous que le four *chauffe*, ihr habt nichts dabey zu suchen.

se CHAUFFER, *v. r.* sich wärmen, warm werden. Se *chauffer* à l'espagnole, sich in der Sonne erwärmen.

Allés lui dire celà & vous *chauffés* au coin de son feu, sagt ihm das, wo er Herr ist, so werdet ihr übel ankommen.

Je sçais de quel bois vous vous *chauffés*, ich weiß was hinter euch steckt, ich kenne eure Weise wohl.

CHAUFFEUR, *s. m.* der Blasbalgzieher, der Unterschürer im Metallschmelzen.

CHAUFFOIR, *s. m.* eine Stube in einem Kloster oder Spital, worinne man sich wärmt.

CHAUFFOIR, (im Armenhaus zu Paris) ein Zimmer zur Niederkunft der armen Weiber.

CHAUFFOIR, Doppeltücher, deren sich die Kindbetterinnen bedienen.

CHAUFOUR, *s. m.* Kalkofen.

CHAUFOUR, ein Ort wo der Kalkstein bis zum Brennen verwahret wird.

CHAUFOUR, eine Holzkammer.

CHAUFOURNIER, *s. m.* Kalkbrenner.

CHAVIRER, *v. a.* ein Seil umwenden, was oben ist unten hin thun.

CHAUMAGE, *s. m.* das Stoppeln, Sammlung der Halme.

CHAUME, *s. m.* ein Halm; it. die Stoppeln.

CHAUMER, *v. a.* die Stoppeln aushacken, oder auf dem Felde zusammen bringen.

CHAUMIE'RE, CHAUMINE, *s. f.* eine Strohhütte.

CHAUSSAGE, *s. m.* das was an die Füsse gehört, das Geschühe.

CHAUSSANT, te, *adj.* un bas bien chaussant, ein Strumpf, der sich wohl ziehen läßt.

CHAUSSANT, (verblümter Weise) cet homme a l'esprit chaussant, l'humeur chaussante, dieser Mann schicket sich zu allem; kan sich in alles schicken.

CHAUSSE, *s. f.* Strumpf.

CHAUSSE d'hipocras, Seigesack, Seigetuch.

CHAUSSE d'aisance, die Röhre an einem heimlichen Gemach.

CHAUSSES, oder haut de chausse, Hosen, (*v.* CULOTTE, welches besser).

Tirer ses chausses, die Hosen ausziehen; item davon laufen; it. sterben.

Il a la clé de ses chausses, er ist nicht mehr unter der Ruthe.

Elle porte le haut de chausse, sie ist mehr Herr als der Mann, sie hat die Hosen an.

On le tient au cul & aux chausses, man geht ihm auf die Haut, man kommt über etwas, das sein Leib, Ehre oder Gut betrifft.

CHAUSSE'E, *s. f.* der Damm, Wasserdamm, Fahrdamm, erhabener Weg.

CHAUSSE'R de pavé, abschüßige Seite eines Pflasters.

Rés de chaussée, der Boden und die Fläche der Erde.

CHAUSSE-PIED, *s. m.* ein Anziehinstrument der Schuhmacher, wenn sie einem Schuhe anziehen.

CHAUSSER, *v. a. & n.* Hosen, Strümpfe oder Schuhe anziehen, oder machen.

CHAUSSER le coturne, Tragödien schreiben, auch spielen.

CHAUSSER les éperons à quelqu'un, einen in der Flucht verfolgen.

CHAUSSER des arbres, unten an die Bäume Erde oder Mist schütten.

CHAUSSER la grande ferre de l'oiseau, um die grosse Zehe oder Klaue des Falken ein Stück Leder machen.

Chaussés vos lunettes, besehet es genauer.

Ce bas, ce soulier chausse bien, dieser Strumpf oder Schuh liegt glatt an.

Le cordonnier qui vous chausse, der Schuster, der euch Schuhe macht.

Il chausse à tant de points, seine Schuhe müssen so lang seyn.

Ils chaussent, oder ils sont chaussés à même point, sie sind einerley Gemüths.

Se chausser une opinion dans la téte, sich eine Grille gar zu sehr in den Kopf setzen.

CHAUSSE', ée, *part.* der Hosen, Schuhe und Strümpfe an hat.

Avoir la téte chaussée, seinen Kopf aufgesetzt haben, eigensinnig seyn.

Un cheval chaussé trop haut, wenn die weissen Flecken gar zu hoch hinauf an die Beine der Pferde gehen.

CHAUSSE', heißt in den Wappen, wenn ein Balken oder ein Pfal von seiner Farbe in der Farbe des Feldes steht, welche letztere ihn umgiebt als ein Kleid.

CHAUSSETIER, *s. m.* Strumpfweber oder Strumpfkrämer.

CHAUSSE-TRAPE, *s. f.* ein Fußangel, Fußeisen, so man den Feinden im Krieg in den Weg streut; eine Falle, wilde Thiere zu fangen.

CHAUSSETTE, *s. f.* leinene Unterhosen oder Strümpfe.

CHAUSSON, *s. m.* eine Socke; item ein Fecht- oder Tanzschuh, Seiltänzerschuh, ohne Absatz.

CHAUSSURE, *s. f.* was man an die Füsse zieht, als Stiefel, Strümpfe rc. Ma chaussure me coute tant par an, ich brauche jährlich so viel zu Schuh und Strümpfen.

Il a trouvé chaussure à son pied, er hat gefunden, was vor ihn taugt; seines gleichen.

CHAUT, *v.* CHALOIR. Il ne m'en chaut, es ist mir nichts daran gelegen.

CHAUVE, *adj. c.* kahl.

CHAUVE-SOURIS, *s. f.* eine Fledermaus.

CHAUVETE', *s. f.* eine Glatze.

CHAUVIR les oreilles, *v. a.* die Ohren spitzen, wird von Pferden, Eseln und andern Thieren gesagt. Andere aber wollen, daß es bedeute seine Ohren hängen lassen, wie ein überladener Esel. (ist alt.)

CHAUX, *s. f.* Kalk; in der Chymie, eine Art Asche oder Pulver, so von den Metallen im Feuer überbleibt.

De la chaux vive, ungelöschter Kalk.

De la chaux éteinte oder fusée, gelöschter Kalk.

De la chaux d'étain, Zinnasche.

Cette affaire est faite à chaux & à ciment, die Sache ist wohl und richtig angestellt.

CHAY, eine Pflanze, die nirgend als in dem Königreich Golconda wächst, und aus welcher man diejenige rothe Farbe ziehet, um welcher willen die gedruckten Zeuge von Masulipatan so hoch gehalten werden.

CHAY, CHAYE, ou SCHAI, die kleinste Silbermünz in Persien.

CHA-

CHAZERET, *v.* CHASERET.
CHEAU, *f. m.* ein junger Wolf, Fuchs oder Hund.
CHECHILLON, *f. m.* Acker. (ist alt.)
CHEF, *f. m.* das Haupt, Anführer; oberste Befehlshaber, der Erste, Vornehmste.
Le Chancelier est le *chef* de la justice, der Cantzler ist das Haupt des Gerichts über alle Gerichte.
le CHEF de l'Eglise, das Haupt der Kirche.
Abbaïe *chef* de l'ordre, die vornehmste Abtey eines Ordens.
les CHEFS de l'armée, die Kriegshäupter oder Generals. Commander une armée en *chef*, der vornehmste General bey einer Armee seyn.
CHEF d'escadre, ein Befehlshaber zur See, der eine Escadre oder einen Haufen Schiffe führt.
CHEF de famille, ein Hausvater.
CHEF de file, der vorderste Fußgänger an einem Gliede in der Schlachtordnung.
greffier en CHEF, der vornehmste Schreiber beym Parlament.
CHEF de péage, die Hauptzolleinnahme.
CHEF, (in gewissen Redensarten) das Haupt, der Kopf. Le *chef* de St. Jean, de St. Pierre &c. das Haupt des H. Johannis, Petri u. s. w. L'affront qui tombe sur mon *chef*, der Schimpf, so auf mich (meinen Kopf) fällt.
de son CHEF, was auf seinen Theil kommt, sagt man von Erbschaften und andern Gütern; it. wenn jemand etwas vor sich aus eigenem Trieb und Autorität thut, pflegt man zu sagen: Il a fait celà de son *chef*.
les CHEFS d'une accusation, die Hauptpuncte einer Anklage.
Crime de lèse-Majesté du prémier *chef*, wenn man wider die Person eines Königs etwas unternommen hat.
Crime de lèse-Majesté du second *chef*, wenn man wider das Ansehen und Staat eines Herrn etwas thut, als da ist Rebellion, falsche Münze &c.
Tant de *chefs* de bétail, so viel Stück Viehes.
CHEF, (in der Wappenkunst) das Hauptstück; das oberste Theil des Schildes. D'azur au *chef* d'or, ein gülden Hauptstück im blauen Schild.
CHEF abaissé, wenn die Farbe des Feldes über dieses obere Stück hinauf geht, daß es nicht oben ansteht.
CHEF surmonté, wenn eine andere Farbe, als die das Feld hat, dieses Stück vom Rande oben absondert.
CHEF chevronné, palé, bandé, wenn ein Balke, Pfal oder Binde von gleicher Farbe, dieses obere Stück berührt.

CHEF retrait, oder *chef* rompu, wenn dieses obere Stück kleiner ist, als der dritte Theil des Schildes.
CHEF cousu, wenn dieses obere Stück sowohl als das Feld gefärbt obgleich die Farbe unterschieden ist.
CHEF de gobelet, der erste Schenk; Mundschenk.
CHEF de panneterie, der erste Bäcker; Mundbäcker.
CHEF-CENS, *f. m.* der Hauptgrundzins, der wegen eines Guts gegeben wird.
CHEF-D'OEUVRE, *f. m.* ein Meisterstück.
CHEF-D'OEUVRE, etwas so in seiner Art vollkommen ist. Un *chef-d'œuvre* de la nature, ein Meisterstück der Natur.
CHEFECIER, CHEVECIER, ein Kirchenbedienter, so das Meßgewand und Wachslichter in Verwahrung hat.
CHEF-LIEU, *f. m.* der Hauptort, wo sich ein Herr aufzuhalten pflegt.
CHEF-SEIGNEUR, *f. m.* ein Herr, der viel Vasallen unter sich hat.
CHEGOS, *f. m.* ein Gewicht, welches die Portugiesen in Indien gebrauchen, die Perlen zu wägen; vier Chegos machen ein Karat.
CHEGROS, *f. m.* Schuhmacherdrat. (man sagt besser: filgros.) ist alt.
CHELES, eine Gattung baumwollene Leinwand, so aus Ostindien kommt.
CHELIDOINE, *f. f.* ein Kraut, Schwalbenwurtz, Schellkraut.
CHELONITE, *f. m.* Schwalbenstein.
CHEMAGE, *f. m.* Wegegeld.
CHEMER, *v. n.* stets betrübt seyn, und nicht essen wollen. (wird von den Kindern gesagt) ist alt.
CHEMIER, *f. m.* der Erstgebohrne in einer vornehmen Familie. (ist alt.)
CHEMIN, *f. m.* Weg, Strasse; figürlich, eine Art zu verfahren; ein Mittel etwas auszuführen; auf den Flüssen ist es eine Schrotleiter; darauf man den Wein aus einem Schiff ans Land schafft.
grand CHEMIN, oder CHEMIN roïal, die Landstrasse, Heerstrasse. Une journée de *chemin*, eine Tagreise. Une heure de *chemin*, eine Stunde Weges.
CHEMIN de velours, ein Weg über ein ungebaut Feld oder Land; ein leichter angenehmer Weg, Mittel.
CHEMIN tournoïant, ein krummer Weg.
CHEMIN fourchu, ein Scheideweg, da zween Wege zusammen stossen.
CHEMIN défendu, verbotener Weg.
C'est le *chemin* du Paradis, wird von einem engen Wege gesagt, da nur einer hinter dem andern gehen kan.
Il va son *chemin*, er geht seine Wege, versteht sich nicht auf kluge Händel. Aller

ler à la gloire par le *chemin* de la vertu, durch Tugend nach Ehren streben. S'écarter du *chemin*, vom Wege abkommen; abwegs gehen. Remettre en *chemin* celui qui s'en étoit égaré, einen, der sich verirret hatte, wieder auf den rechten Weg weisen.

Aller le droit *chemin*, oder son grand *chemin*, gerade zugehen, aufrichtig seyn.
le grand CHEMIN des vaches, ein Weg zu Land; it. der gemeine Gebrauch.
le CHEMIN de l'école, der längste Weg. *Chemin* racourci, der nächste Weg.

Il demeure en beau *chemin*, er führt die Sache wohl fort.

Il demeure en mi-*chemin*, er führt die Sache nicht fort, er läßt sie hängen.

Tous *chemins* vont à Rome, vielerley Weisen und einerley Zweck.

Couper *chemin* à quelque chose, eine Sache hindern. Couper *chemin* à une maladie, einer Krankheit steuren.

Il n'en faut pas aller par quatre *chemins*, man muß der Sache Beyfall geben.

Je lui ferai voir bien du *chemin*, oder je le menerai par un *chemin* où il n'y aura point des pierres, ich will ihm genug zu schaffen machen.

Cet homme fera son *chemin*, dieser Mensch wird nicht zurücke bleiben.

Chemin faisant, oder en *chemin* faisant, bey Gelegenheit; ungefähr; im Vorbeygehen.

CHEMIN des rondes, der Platz zwischen der Stadtmauer und dem Wall, der Zwinger.
CHEMIN couvert, der bedeckte Weg um eine Festung an der Contrescarpe.
CHEMIN des carrières, das Loch in der Steingrube, woraus man die Steine zieht.
Ouvrir les *chemins*, ein solch Loch machen.
le CHEMIN de S. Jaques, *vulg.* die Milchstraße am Himmel.

CHEMINE'E, *s. f.* ein Camin, Rauchfang, Schorstein.

Ce mariage a été fait sous la *cheminée*, die Heyrath ist heimlich gemacht worden.

CHEMINE'E isolée, ein Camin, so ganz frey steht, nicht an die Wand gebaut ist, mitten im Zimmer.

CHEMINE'E adossée, ein Camin, so an die Mauer gebauet ist.
tuïaux à CHEMINE'E, Rohrflöten, eine Art Orgelpfeifen.
manteau de CHEMINE'E, Rauchfang; Caminschooß; Mantel an dem Schorstein.

Faire la croix à la *cheminée*, das ist etwas neues.

CHEMINER, *v. n.* gehen, reisen.
Cheminer droit, keinen Fehler begehen, unsträflich wandeln.

Ce vers, oder ce discours *chemine* bien, diß Gedicht oder diese Rede geht gut, ist wohl gemacht.
CHEMISE, *s. f.* ein Hemd.
CHEMISE ardente, *chemise* de soufre, ein Hemd, das man denen anlegt, die verbrannt werden sollen.

Mettre quelqu'un en *chemise*, einen in die äusserste Armuth bringen.

J'y mettrai ma *chemise*, ich will den letzten Heller daran setzen.

CHEMISE de pierre, die Mauer, die man unten an ein Bollwerk macht.
CHEMISE de maille, ein Panzerhemd.
CHEMISE, das innerste Tuch, welches einen Ballen umgiebt.
CHEMISE de Chartres, eine kleine Mütze, so diejenigen, so zu Chartres wallfahrten gewesen sind, mitbringen, hat zwey Flügel, und ist wie ein Hemd gestaltet.
CHEMISES à feu, oder CHEMISES soufrées, ein Stück altes Segel, das in etwas getaucht ist, so leichtlich Feuer fängt, welches man an das feindliche Schiff nagelt und anzündet.

CHEMISETTE, *s. f.* ein Halbhemd, das man oben über das andere anzieht; it. eine Gattung Futterhemd; Camisol.
CHENAL, CHENAIL, *s. m.* ein Canal zur Schiffahrt dienlich; Bett eines Flußes; der Graben, darinnen er lauft.
CHENALER, CHENAILLER, *v. n.* einen Weg im Meer suchen, da nicht viel Wasser ist, wo man eine Tiefe vor das Schiff finden möge.
CHENAYE, *s. f.* ein Eichenwald.
CHÊNE, *s. m.* eine Eiche, ein Eichbaum.
CHÊNE verd, eine Steineiche, die fast immer grüne Blätter hat.
CHÊNE de mer, ein Gewächs, so in dem Meer wächset, und Blätter hat, wie der Eichbaum.
CHÊNEAU, *s. m.* eine junge Eiche.
CHENEAU, *s. m.* die Röhre, wodurch das Wasser von einem Dache herunter fließt.

Chenaux à bord, Röhren, die man aussen an einem Gebäu sehen kan. *Chenaux* à bavette, die man aussen nicht sehen kan.

CHÊNEAU, (in der Seefahrt) ein Canal; Meerarm, Meerenge.
CHENET, *s. m.* ein Feuerbock, Feuerhund, Brandbock, im Ofen oder Camin.
CHENEVI, CHENEVIS, *s. m.* Hanffsaamen, Hanf.
CHENEVIE'RE, *s. f.* ein Hanfacker, worauf gesäeter Hanf mit Stengeln steht.

Epouvantail de *chenevière*, ein Popelmann; Vogelscheu im Getrayde, dieselben abzuschrecken.

CHENEVOTE, *s. f.* ein Hanfstengel.

CHE-

CHE'NEVOTE, ein Splitter.
J'en fais autant de cas comme de *chénevotes*, es liegt mir wenig dran, ich frage nichts darnach.

CHE'NEVOTER, *v. n.* Zweiglein oder Reiser treiben, die so dünn als Hanfstengel sind.

CHENIL, *s. m.* ein Hundsstall.

CHENILLE, *s. f.* eine Raupe. Trochet de *chenilles*, ein Raupennest.

CHENILLE, Raute, ein Gartengewächs.

CHENILLE, eine Art Borten auf die Weiberröcke.

CHENU, ë, *adj.* grau; schneeweiß. Une tête *chenuë*, ein eißgrauer Kopf.

Les cimes *chenuës* des montagnes, (bey den Poeten) die mit Schnee bedeckten Spitzen der Berge.

Les vagues *chenuës* de l'océan, (bey den Poeten) die schaumende Meereswellen.

CHENURE, *s. f.* grau Haar.

CHEPTEIL, CHEPTEL, *s. m.* ein Contract mit einem Pachtmanne, dadurch er eben so viel Stück Vieh, als er empfangen hat, wieder liefern, und dem Herrn die halbe Nutzung davon geben muß.

CHER, *m.* CHE'RE, *s. f. & adj.* lieb, geliebt. Mon *cher*, ma *chère*, mein Lieber, meine Geliebte.

CHER, *adj.* theuer.

CHER, *adv.* theuer. Vous achetés trop *cher*, ihr kauft allzu theuer. Cela me coute *cher*, das kostet mich viel.

CHERAFIS, eine goldene Persische Schaumünze.

CHERAFS, Geldwechsler in Persien, die sehr schlau sind.

CHERAI, ein Persisches Gewicht.

CHERCHE ou CERCE surbaissée, (in der Baukunst) ein gedruckter Bogen.

CHERCHE surhaussée, Gothische Gewölbe mit einem gespitzten Bogen, oder Eselsrücken.

CHERCHE ralongée, Spindelzug.

CHERCHER, *v. a.* suchen. Chercher noise, Händel suchen. Chercher son pain, betteln.

CHERCHEUR, *s. m.* einer der da sucht.

CHE'RE, *s. f.* das Tafeltractament, Gastung; das Essen und Trinken; Bewirthung, Gastirung eines guten Freundes.

Faire bonne *chère*, eine gute Mahlzeit halten; wohl leben.

Faire maigre *chère*, kärglich auftragen lassen.

Aimer la bonne *chère*, viel vom guten Essen halten.

Il n'est *chère* que d'avaricieux, *prov.* wenn ein Geiziger einmal tractirt, thut ers recht.

bonne CHE'RE, Tischzeug, so man im Wirthshause braucht, wenn man sein eigen Essen mitbringt. Il faut tant pour la bonne *chère*, so viel vor das Tischzeug.

CHE'RE de commissaire, eine Mahlzeit, da Fleisch und Fisch aufgetragen werden.

CHEREMENT, *adv.* mit Liebe, innig; theuer. Aimer *chèrement* ses enfans, seine Kinder inbrünstig lieben. Acheter *chèrement*, theuer kaufen.

CHE'RIF, *s. m.* bey den Arabern der nächste nach dem Calipha; ein Descendent von Mahomet.

CHE'RIF, eine Arabische Münze von Gold, gilt zu Marseille 6 Livres, 5 Sols, oder ein Rthlr. 16 Gr.

CHE'RIR, *v. a.* herzlich lieben.

CHE'RISSABLE, *adj. c.* liebreich; liebenswerth.

CHERSONNE'SE, *s. f.* eine Halbinsel in der alten Geographie.

CHERTE', *s. f.* Theurung.

CHE'RUBIN, *s. m.* Cherubin, eine Ordnung der Engel.

CHE'RUBIN, bey den Bildhauern, ein Engelkopf mit Flügeln.

CHE'RUBIN, in Schweden war ein Orden, der Cherubin oder Seraphin hieß, der mit der Catholischen Religion abgeschaft, aber A. 1748 wieder erneuert worden ist.

CHERVIS, CHERVI, *s. m.* Zuckerwurzel, Morrüben.

CHE'TIF, ive, *adj.* elend, verachtet, schlecht.

CHE'TIVEMENT, *adv.* elendiglich, armselig.

CHE'TRON, *s. m.* eine kleine Schublade oder Nebenkästlein, in einem Kasten, da man etwas von dem andern Zeug absondern kan.

CHEVAGE, *s. m.* das Hauptrecht über eine Familie; Zoll von Personen; Kopfgeld, Kopfsteuer.

CHEVAL, *s. m. pl.* CHEVAUX, ein Pferd; auf den alten Münzen, ein Zeichen der Stadt Carthago; im plurali heißt Chevaux auch die Reuterey, die Mannschaft zu Pferd im Kriege. On commanda cent *chevaux*, es wurden hundert Pferde, d. i. Reuter, beordert.

Un *cheval* de carosse, ein Kutschenpferd. *Cheval* de main, ein Handpferd. *Cheval* de bât, ein Packpferd. *Cheval* de pas, ein Paßgänger. *Cheval* sauvage, wildes Pferd. *Cheval* de louage, ein Mieth- oder Lehnpferd.

Aller à *cheval*, reiten, nicht allein auf einem Pferd, sondern auch auf einem Esel, Hund, Stecken ꝛc.

à CHEVAL, zu Pferd! wenn die Reuter aufzusitzen commandirt werden. Un bonhomme de *cheval*, ein guter Reuter.

à jeune *cheval* vieux cavalier, ein unberitten Pferd braucht einen erfahrnen Reuter.

Changer ſon *cheval* borgne pour un aveugle, *prov.* einen ſchlimmen Tauſch thun; am Wechſel verliehren.

A *cheval* donné il ne faut pas regarder à la bouche, *prov.* geſchenktem Gaul ſieh nicht ins Maul.

L'œil du maître engraiſſe le *cheval*, *prov.* wo man ſelbſt zuſiehet, da gehet es am beſten zu.

On lui fera voir que ſon *cheval* n'eſt qu'une bête, man wird ihm zeigen, daß er unverſtändig handelt.

Il fait bon de tenir ſon *cheval* par la bride, *prov.* man thut wohl, daß man behält, was man hat; ſeines Gutes Herr bleibt.

Il eſt bon *cheval* de trompette, *prov.* er läßt ſich nicht leicht ſchrecken.

Fermer l'étable quand les *chevaux* n'y ſont plus, *prov.* den Stall zumachen, wenn das Kalb entlaufen.

Après bon vin, bon *cheval*, *prov.* wenn der Fuhrmann, Kutſcher oder Reuter geſoffen, ſo lauffen die Pferde am beſten.

Brider ſon *cheval* par la queuë, *prov.* eine Sache verkehrt angreifen; *vulg.* das Pferd beym Schwanz aufzäumen.

Monter ſur ſes grands *chevaux*, zornig werden, hart anfangen zu reden.

Parler à *cheval*, herriſche Worte führen.

C'eſt ſon *cheval* de bataille, das iſt ſein Werk, davon redet er immer.

C'eſt un *cheval*, un gros *cheval*, un *cheval* de caroſſe, es iſt ein tummer Menſch, ein grober Kerl.

Il eſt mal à *cheval*, ſeine Sache gehet nicht wohl von ſtatten.

C'eſt un *cheval* échappé, er läßt ſich nicht ziehen noch weiſen.

Tirer à quatre *chevaux*, einen mit vier Pferden zerreiſſen, viertheilen.

Joüer au *cheval* fondu, ein Spiel der Knaben, da einer auf den andern ſpringt, und mit Händen klatſchet.

les CHEVAUX-LE'GERS, die leichte Reuterey.

CHEVAL de bronze, die Statue des Königs in Frankreich Henrici IV zu Pferd, auf der ſogenañten neuen Brücke zu Paris, daher die Spitzbuben, ſo auf dieſer Brücke aufpaſſen, courtiſans du *cheval* de bronze genennet werden.

CHEVAL marin, ein Meerpferd.

CHEV'AL ailé, der Pegaſus bey den Poeten.

CHEVAL de bois, ein Pferd von Holz, darauf man voltigiren lernt.

CHEVAL de bois, ein hölzerner Eſel oder Soldatenroß, darauf ſie zur Strafe ſitzen müſſen.

CHEVAL de Friſe, Spaniſche Reuter, ein langer Balken mit vielen Spitzen, den man nach der Quer in einen Weg legt, die hereinbrechenden Feinde abzuhalten.

CHEVAL de terre, ein groſſer Platz mit Erde angefüllt, welchen diejenigen, ſo Marmor aus den Steingruben ziehen, antreffen.

CHEVAL gai, in den Wappen, ein Pferd ohne Zaum und Halfter.

CHEVAL effraïé oder cabré, ein Pferd, das ſich auflehnt, in den Wappen.

CHEVAL animé, ein Pferd, deſſen Auge eine andere Farbe, als der Leib hat.

CHEVAL armé, ein Pferd, deſſen Fuß, womit es ſich zu wehren ſcheint, von beſonderer Farbe iſt.

queuë de CHEVAL, Roßſchwanz; Kannenkraut.

fer à CHEVAL, (in der Kriegsbaukunſt) ein rundes oder auch ovales Werk mit einer Bruſtwehre.

Etre à *cheval* ſur un banc, mit überſchränkten Beinen auf einer Bank ſitzen.

Etre bien à *cheval*, zierlich reuten.

Mettre les *chevaux* au caroſſe, die Pferde auſpannen.

CHEVALEMENT, *ſ. m.* (in der Baukunſt) eine Stütze oder Pfeiler, ein Gebäu zu unterſtützen.

CHEVALER, *v. n. vulg.* oft wegen eines Dinges laufen und rennen müſſen; auf der Reitſchule ſagt man von einem Pferde, il *chevale*, wenn im Schritt oder Trab der eine Vörderfuß den andern überſchreitet, im Herumtummeln allezeit im andern Schritt.

CHEVALER, ſtützen; Pfeiler unterſetzen.

CHEVALERIE, *ſ. m.* Ritterwürde.

CHEVALET, *ſ. m.* der hölzerne Eſel zur Soldatenſtrafe, das Rößlein.

CHEVALET, eine Folterbank.

CHEVALET, der Steg (Sattel) auf einer Geige oder andern Inſtrument.

CHEVALET, das Staffelet eines Mahlers, worauf die Tafel ſteht, wenn er arbeitet.

CHEVALET, (bey den Buchdruckern) ein hölzerner Steg; it. der Kalgen, worauf der Deckel ruht.

CHEVALET, (bey den Zimmerleuten und Maurern) ein Geſtell von etlichen Bretern auf Böcken, oder auf Querbalken.

CHEVALET, (bey den Schlöſſern) ein Eiſen, worauf der Bohrer liegt, wenn ſie Eiſen bohren.

CHEVALET, (bey den Gerbern) ein rundes hohles Stück Holz, vier oder fünf Fuß lang, worauf ſie das Leder bereiten.

CHEVALET, (bey den Müllern) ein Stück Holz, worauf das Seil iſt, ſo den Mühltrichter hält.

CHEVALET, (bey den Seilern) ein hoher Stuhl

Stuhl von fünf Fuß hoch, den sie brauchen, Seile darauf zu legen, wenn sie solche machen.

CHEVALET, voiés CHEVALEMENT.

CHEVALET, (bey den Künstlern und Handwerksleuten) alles was dient, etwas zu stützen, oder in der Höhe zu halten.

CHEVALET, (auf den Schiffen) eine Rolle, um die man ein Seil laufen läßt.

CHEVALET, (bey den Mathematicis) der Nagel, um den sich das bewegliche Linial mit dem Absehen dreht.

CHEVALET, (in der Astronomie) ein mitternächtiges Gestirn, der Pegasus.

CHEVALIER, s. m. ein Ritter, wegen eines Ordens.

CHEVALIER de naissance, ein Ritter von Geburt, ein Edelmann.

CHEVALIER, ein Hofedelmann.

CHEVALIER Romain, (bey den alten Römern) einer vom Ritterstand, der gleich nach dem Rathsherrenstand folgte.

CHEVALIER, ein Fuhrmann, ein gewisser Wasservogel.

CHEVALIER, ein Springer, Stein im Schachspiel.

CHEVALIER d'honneur, vor diesem, einer der durch die Waffen zu den höchsten Ehrenstellen gelanget war.

CHEVALIER d'honneur, einer der ein vornehmes Frauenzimmer führt, und ihr zur rechten Hand geht.

CHEVALIER d'honneur, (im Scherz) einer der immer bey einem gewissen Frauenzimmer ist, und ihr fast nicht von der Seite kömmt.

CHEVALIER errant, vor diesem, ein umschweifender Ritter; im Scherz, einer der immer hier und da herum reist.

CHEVALIER du guet, ein Hauptmann über die reutende Nachtwache zu Paris.

CHEVALIER de l'arquebuse, ein Schützenbruder, ordentlicher Scheibenschütz.

CHEVALIER de la coupe, ein guter Saufbruder.

CHEVALIER d'industrie, einer der vom Spielen und andern betrüglichen Künsten lebt; it. ein Spitzbub.

CHEVALIE'RE, s. f. Chevalières de S. Jaques de l'épée, (in Spanien und in Portugall) Nonnen vom Jacobsschwerdt.

CHEVALIN, m. CHEVALINE, f. adj. das zum Pferde gehöret oder vom Pferd herkommet, (ist nicht mehr üblich).

CHEVALINE, s. f. (ein altes Wort) das Futer der Pferden; der Pferdhandel.

CHEVANCE, s. f. das Gut einer Person, was auf sein Haupt oder Theil kommt 2c. (ist alt).

CHEVAUCHE'E, s. f. ein Ritt oder Reise zu Pferd, die gewisse Beamte Amtswegen thun müssen.

CHEVAUCHE'E, Verschaffung der Frohnpferde vor dergleichen Beamte durch die Unterthanen.

CHEVAUCHER, v. a. reiten, (ist alt).

CHEVAUCHER une femme, mit einem Weibe zu thun haben.

CHEVAUCHER court ou long, die Steigbügel kurz oder lang anschnallen lassen.

CHEVAUCHER, heißt bey den Handwerksleuten, wenn etwas auf dem andern liegt oder ruht, als ein Balke in einer Mauer, ein Ziegel auf dem andern.

CHEVAUCHEUR, s. m. der eine Frau bedient.

à CHEVAUCHONS, adv. rittlings.

CHEVECAILLE, s. f. (ist alt) eine Haarlocke, Haarzopf. Tresse de cheveux.

CHE'VêCHE, s. f. ein Käuzlein; Nachtvogel, der in hohlen Löchern sitzt; Wickerlein.

CHE'VECIER, s. m. voiés CHE'FECIER.

CHE'VELE', ée, adj. tête chévelée d'or, (in den Wappen) ein Haupt mit güldenen Haaren.

CHE'VELU, ë, adj. der starke Haare hat.

Une racine chévelue, eine Wurzel mit vielen kleinen Fäserlein.

Comète chévelue, ein Comet, der die Strahlen rund um sich wirft.

CHE'VELURE, s. f. das Haupthaar. Absalon avoit une belle chévelure, der Absalon hatte ein schönes Haar.

CHE'VELURE, die Fäserlein einer Wurzel.

CHE'VELURE, die Strahlen eines haarigen Cometen.

CHE'VELURE, (poetisch) das Laub eines Baums.

CHEVER, v. a. einen edlen Stein unten aushöhlen, ihm die allzu starke Farbe benehmen.

CHEVET, s. m. der Kopfpfühl im Bette; ein Kopfküssen. Jacob n'avoit qu'une pierre pour chevet, Jacob hatte nur einen Stein unter dem Haupt.

CHEVET, das Hauptbret; die Hauptwand des Bettgestells.

CHEVET, der Umgang hinter dem Chor einer Kirche.

CHEVET de canon, ein groß Stück Holz hinten an der Lavette eines Stücks, worauf das Hintertheil der Büchse ruhet.

droit de CHEVET, Ehrenmahl, so ein Neugeehlichter seinen Amts- oder Zunftgenossen giebt.

CHE'VETAIN, s. m. Hauptmann, (ist alt); jetzo sagt man Capitaine.

CHÉVÊTRE, s. m. ein Pferdehalfter.

CHEVÊTRE, (in der Baukunst) ein Balken, den man unter die andern macht, an den

Enden, wo ſelbige abgeſchnidten werden, weil etwa ein Camin an denſelben Ort des Gebäudes kommen ſoll.

CHEVEU, *ſ. m.* ein Haar, Haupthaar. Il a les *cheveux* bien peignés, er hat wohlgekämmte Haare.

Cheveux naturellement friſés, Haare, ſo von Natur krauß ſind.

Cheveux friſés avec le fer chaud, mit einem warmen Eiſen gekräuſelte Haare.

Cette femme ſe coëffe en *cheveux*, Dieſes Frauenzimmer putzt ſich ihr Haupt mit den bloſſen Haaren.

Couper un *cheveu* en quatre, gar zu ſpitzfindig ſeyn.

Se prendre aux *cheveux*, einander in die Haare gerathen.

faux CHEVEUX, falſch Haar, Parücke.

Tirer par les *cheveux*, bey den Haaren anfaſſen; mit Haaren herbey ziehen, zwingen. Tirer une confeſſion par les *cheveux*, eine Bekänntniß erzwingen.

Prendre l'occaſion aux *cheveux*, prov. der Gelegenheit wahrnehmen, ſich bedienen.

Celà fait dreſſer les *cheveux*, das macht, daß einem die Haare zu Berge ſtehen.

CHEVILLE, *ſ. f.* ein Nagel oder Zapfen, zwey Balken oder andere Dinge zuſammen zu heften. Autant de trous, autant de *chevilles*, er weiß auf einen jeden Einwurf eine Ausrede zu finden.

CHEVILLE, ein hölzerner Nagel an der Wand, etwas daran aufzuhängen.

CHEVILLE du pied, der Knorren, oder Knöchel an den Füſſen.

CHEVILLE, der Zweck oder Wirbel an einem muſicaliſchen Inſtrument, die Saiten aufzuziehen.

CHEVILLE, *voiés* CHEVILLURE.

CHEVILLE, (in den Verſen) ein eingeſtickt Wort um der Bindung oder des Reimens willen, ein Flickwort.

Faire compter les *chevilles*, einen vor der Thür ſtehen laſſen.

CHEVILLES à charger le canon, lange Stücker Eiſen, welche man in die Stücke ladet, um damit das Tauwerk der feindlichen Schiffen zu zerſchneiden.

CHEVILLE à tête de diamant, *ou* à tête ronde, ein eiſerner Nagel mit einem runden Kopf.

CHEVILLE à tête perduë, ein Nagel, deſſen Kopf in das Holz hinein gehet.

CHEVILLER, *v. a.* mit Nägeln zuſammen heften.

CHEVILLE', ée, *adj.* mit Nägeln befeſtiget.

CHEVILLE', (in der Wappenkunſt) gezinft.

CHEVILLETTE, *ſ. f.* ein klein Stück Kupfer oder Eiſen, das die Buchbinder unten an die Heftlade thun, den Faden oder Riemen, daran man die Bogen anheftet, feſt zu machen.

CHEVILLON, *ſ. m.* ein kleiner gedrechſelter Stock oder Docke an den Lehnen der Strohſtühle.

CHEVILLON, ein Stab an den Seidenweberſtühlen, die Seide vom Zettelbaum darauf zu winden.

CHEVILLOT, *ſ. m.* ein klein Stück gedreht Holz, die Seile auf den Schiffen längſt an den Seiten des Schiffs hinzuheben.

CHEVILLURE, *ſ. f.* eine Zinke am Hirſchgeweih.

CHEVIR, *v. n.* zum Zweck kommen.

CHEVIR, (in Gerichten) ſich vergleichen.

Chevir de quelqu'un, mit einem zurecht kommen.

CHEVISSANCE, *ſ. f.* Vertrag, Vergleich über ſtreitige Dinge, (iſt nicht mehr gebräuchlich).

CHE'VRE, *ſ. f.* eine Ziege, Geiß. *Chèvre* ſauvage, eine wilde Ziege in Africa.

Ce diſcours s'entretient comme crotes de *chèvre*, dieſe Rede hängt gar nicht an einander.

Prendre la *chèvre*, ſich ohne ſonderbare Urſache erzürnen.

Sauver la *chèvre* & les choux, zwey widerwärtige Fälle zugleich verhüten wollen.

Donner les choux à garder à la *chèvre*, prov. den Bock zum Gärtner machen.

CHE'VRE, (bey dem Bauen) ein Bock, damit man Stein und Balken aufzieht, ein Hebzeug; Kran.

CHE'VREAU, *ſ. m.* ein junges Böcklein oder Zieglein.

CHE'VRE-FEUILLE, *ſ. m.* Ziegen- oder Grißblat, ein Strauch, der ſich wie Hopfen an die Bäume windet.

CHE'VRE-PIEDS, *ſ. m.* einer der Ziegenfüſſe hat, als die Fauni und Satyri gemahlt werden.

CHE'VRETER *ou* CHE'VROTER, *v. n.* junge Ziegen werfen oder bekommen.

CHE'VRETTE, *ſ. f.* ein Reh, oder das Weiblein des Rehbocks.

CHE'VRETTE, ein Bock oder Geſtell mit drey Füſſen, das man hoch und niedrig machen kan.

CHE'VRETTE, ein Topf mit einem engen Hals, darein die Apotheker den Syrup thun.

CHE'VRETTE, ein kleiner Seekrebs, der faſt wie ein paar Ziegenhörner vornen an der Naſe hat.

CHE'VRETTES, *ſ. f. pl.* eine Art von Feuerböcken, die vornen nichts in die Höhe haben.

CHE'VREUIL, *ſ. m.* ein Rehbock.

CHE'VRIE, *ſ. f.* eine Sackpfeife, Bockpfeife,

pfeife, (ift alt); jetzt sagt man cornemuſe.

CHE'VRIER, ſ. m. ein Ziegenhirt.

CHE'VRON, ſ. m. ein Sparren auf dem Dach.

CHE'VRON de croupe, ou empanons, ungleiche Sparrenſtücke vom Dach an den Walben.

CHE'VRON, (in der Wappenkunſt) Sparren.
 Chévron rompu, ein gebrochener Sparren. Chévron ondé, ein geſlammter Sparren. Chévron parti, ein getheilter Sparren, von zweyerley Farbe. Chévron renverſé, ein geſtürzter Sparren. Chévron ploïée, ein gekrümmter Sparren. Chévron alaiſé, ein Sparren, der den Rand des Schildes nicht berührt. Chévrons appointés, ein Sparrencreutz.

CHE'VRONNE', ée, adj. mit Sparren, das Sparren führt oder hat, in den Wappen. Porter de sable chévronné d'or, einen güldenen Sparren im ſchwarzen Feld führen.

CHE'VROTAGE, ſ. m. Ziegengeld, Auflage, ſo diejenigen abtragen müſſen, welche Ziegen halten; Ziegenzins.

CHE'VROTER, v. n. die Gedult verlieren, unwillig werden.

CHE'VROTER, in dem Singen, zittern und anſtoſſen, wie die Geiſſen in ihrem Geplär.

CHE'VROTIN, ſ. m. Ziegen- oder Bocksfell, Fell von jungen Böcklein.

CHE'VROTIN, Geißkäslein.

CHE'VROTINE, ſ. f. eine kleine Bleykugel zum Geſchütz, deren 166 aufs Pfund gehen.

CHEZ, CHE'S, præp. im Haus bey einem; it. bey, unter; it. in.
 Chez nous, in unſerm Haus.
 De chez vous, aus eurem Haus.
 Par chez vous, durch euer Haus.
 Chez les Grecs, bey den Griechen.
 Chez Platon, in Platone.

CHEZE, ſ. f. CHEZEOLAGE, ſ. m. zwey Morgen Landes rings um ein adelich Schloß herum, ſo allezeit bey dem Gebäude bleiben, und dem Aelteſten des Geſchlechts im Voraus zukommen.

CHEZ-MOI, ſ. m. ein eigen Haus.
 Quand j'aurai un chez-moi, wenn ich ein eigen Haus haben werde.

CHIAOUX, ſ. m. ein Hofjunker bey den Türken, ſo in Verſchickungen gebraucht wird.

CHIARVATAR, ſ. m. ein Hausbedienter in Perſien.

CHIASSE, voïés CHIEURE.

CHIASSE, Schaum der Metalle.

CHIASSE, ein verächtlicher Kerl. Il eſt la chiaſſe du genre humain, er iſt der Verächtlichſte unter allen Menſchen.

CHIC, ſ. m. etwas geringes, eine Kleinigkeit, (iſt alt).

CHICABAUT, CHICAMBAUT, ſ. m. (in der Seefahrt) der an einem kleinen Schiff vorn weit hinaus ragende Balken.

CHICANE, ſ. f. der Rechtsgang. La chicane a ſes mots, dont il ſe faut ſervir, der Rechtshandel hat gewiſſe Worte, die man behalten muß.

CHICANE, Zungendreſcherey; Verdrehung des Rechts.

CHICANE, leerer Wortſtreit. De la chicane philoſophique, gelehrter Wortſtreit.
gens de CHICANE, Zungendreſcher, oder andere geringe Rechtsverſtändige.

CHICANER, v. a. & n. betrügliche Griffe gebrauchen; einen mit unnützen Proceſſen quälen und betrügen.

CHICANER, ungegründeten Zweck (Widerſpruch) erheben.

CHICANER, Verdruß machen. Celà me chicane, das machet mir Verdruß, (wird von geringen Dingen geſagt, die doch viele Mühe machen).

CHICANER le terrain, ſich wohl und tapfer wehren gegen den Feind. Il chicane bien ſa vie, er wird ſein Leben theuer verkaufen. Es bedeutet auch: er verantwortet ſich wohl vor Gericht.

CHICANER le vent, (in der Seefahrt) ſich durch vieles Umdrehen des Schiffes im Fahren nach dem Winde richten, immer etwas weniges davon zu gebrauchen.

CHICANERIE, ſ. f. Zänkerey, Zungendreſcherey, Trölerey.

CHICANEUR, ſ. m. einer der gern rechtet; it. einer der ſich loſer Griffe im Rechten bedient; ein Zungendreſcher.

CHICANEUSE, ſ. f. Zänkerin, boshafte Hadderin.

CHICHE, adj. c. karg, filzig; allzu ſparſam. Humeur chiche, zur Kargheit geneigt. Il eſt chiche de ſon argent, es kommt ihn ſauer an Geld heraus zu geben. Il eſt chiche de ſes loüanges, er lobet nicht gern; er lobet ſelten. Je ſuis chiche à faire des largeſſes du bien d'autrui, ich verſchenke von eines andern Gute nicht gern viel. Je ne ſuis pas chiche de ma peine, ich ſpare keine Mühe; ich laſſe mich nicht langſam finden.

CHICHE, adj. m. pois chiches, Kichererbſen.

CHICHE-FACE, ſ. f. vulg. einer der ein mager Geſicht hat.

CHICHEMENT, adv. kärglich.

CHICHERON, ſ. m. Warze an den Brüſten.

CHICHETE', ſ. f. Kargheit, Filzigkeit.

CHICORACE'ES, ſ. f. pl. allerhand Kräuter wie Wegwarten, als Chondrillen, Endivie, wilder Lactuc.

CHICORE'E, *s. f.* Wegwart, Cichorien, ein Kraut.
CHICOT, *s. m.* abgestoßene Baumwurzel.
CHICOT, Stumpf eines abgebrochenen Zahns.
CHICOT, Nebenschößling an einem Ast.
CHICOT, (in der Wappenkunst) Sprößling mit Knorren.
CHICOTER, *v. n.* wegen geringer Sachen zanken; sich um einen Quark beissen.
CHICOTIN, *s. m.* ein Kraut, Katzenträublein, Wendenkraut.
CHICOTIN, ein bitterer Saft, den man an die Warzen der Brüste schmiert, wenn man die Kinder entwöhnen will, Coloquinten.
CHIEN, *s. m.* ein Hund.
CHIEN COURANT, ein Windhund.
CHIEN COUCHANT, ein Hühnerhund.
Faire le *chien couchant*, schmeicheln, sich vor einem bücken und schmiegen.
Jamais bon *chien* n'aboïe à faute, *prov.* ein verständiger Mann thut nichts ohne Ursach.
à un bon *chien* n'arrive jamais un bon os, *prov.* ein aufrichtiger Mann wird selten nach Gebühr belohnet.
Qui veut neïer son *chien* dit qu'il est enragé, *prov.* wenn man an den Hund will, so hat er Leder gefressen.
Un *chien* regarde bien un Evêque, *prov.* welches sagen will, daß ein Mensch, so hoch er immer seye, niemalen die Geringen verachten müsse, sondern gern zugeben, daß sie ihne besprechen mögen.
Les bons *chiens* chassent de race, die Kinder gerathen meistens nach den Eltern.
C'est le *chien* au grand collier, der gilt am meisten in diesem Hause.
Il mourroit bien plûtôt quelque bon *chien* à berger, (wenn ein unnützer Mensch wieder von einer Krankheit aufkommt) Unkraut verdirbt nicht; es sollte wohl sonst etwas gutes drauf gehen.
Pendant que le *chien* pisse, le loup s'en va, der geringste Verzug macht, daß eine Gelegenheit entgeht.
Rompre les *chiens*, einen gefährlichen Discurs abbrechen.
Leurs *chiens* ne chassent pas bien ensemble, sie stallen nicht gut mit einander.
Il n'est chasse que de vieux *chiens*, mit alten abgerichteten Leuten kan man was ausrichten.
Il vient là comme un *chien* dans un jeu de quilles, er kommt zu unrechter Zeit in diese Compagnie, welche er nur stört.
Mener une vie de *chien*, armselig leben.
Vivre comme un *chien*, ungezogen leben.
Entre *chien* & loup, in der Demmerung, da man nicht erkennen kan, was Hund oder Wolf ist.

CHIEN de mer, oder *chien* marin, ein Seehund; it. eine Art Fische.
CHIEN céleste, der Hundsstern.
CHIEN, auf den alten Müntzen ein Zeichen der Treue: und wenn er eine Muschel bey sich hat, ein Zeichen der Stadt Tyrus.
CHIEN, (im Zorn) ein nichtswürdiger Kerl.
CHIEN, (bey den Handwerksleuten) ein Eisen mit einem Haken an einem Ende, und noch einem beweglichen Haken, den man daran auf und abschieben kan.
CHIEN, der Hahn auf einem Büchsenschloß, worein der Feuerstein geschraubt wird.
CHIEN, *adj.* celà n'est pas tant *chien*, das ist eben so schlimm nicht.
CHIEN-DENT, *s. m.* Hundsgras, ein Kraut.
CHIENNE, *s. f.* Hündin.
CHIENNE de friponne, lose Betrügerin.
CHIENNE-E, *s. f.* ein Kraut, Hundebiß, Wiesenzeitlosen.
CHIENNER, *v. n.* junge Hunde werfen.
CHIER, *v. a.* scheissen; (bey dem Pöbel) über etwas spotten, etwas verachten.
Laissons là ce fat d'Apollon, *chions* dans son violon, man lasse den Narren Apollo gehen, und thue ihm in seine Leyer.
CHIEUR, *s. m.* ein Scheisser.
CHIEUSE, *s. f.* eine Scheisserin.
CHIEURE, CHIURE, *s. f.* Mückenscheisse; it. was die Schmeißfliegen aus Fleisch setzen, da Maden draus werden.
CHIFFLEMENT, *s. m.* das Zischen; Fispern.
CHIFFLER, *v. a. & n.* pfeifen; auspfeifen.
CHIFFLER, schlurfen, fürsten. Je veux *chiffler* à longs traits, ich will langsam, (schlurfend) trinken.
CHIFFLET, *s. m.* Pfeife.
CHIFFON, *s. m.* schlecht leinen Zeug; alt zerkrüppelt Tuch.
CHIFFON, nne, *adject.* (im Gartenbau) krumm gewachsen. Une branche *chiffonne*, krumm gewachsenes Reiß, Ast.
CHIFFONNER, *v. a.* zerkrüppeln, zerdrücken, mit den Händen zerknittern.
Chiffonner du linge, Wäsche, weiß Zeug zerkrüppeln.
CHIFFONNER, knautschen, knüllen. C'est un badin qui la *chiffonne*, der Hanstapp zerknautschet sie.
CHIFFONNIER, *s. m. e, f.* der alt gebrauchtes Zeug zusammen kauft; Haderlump.
CHIFFRE, *s. m.* eine Ziffer, ein Zeichen, die Zahl auszudrucken.
CHIFFRE, ein verborgen Zeichen, etwas zu schreiben, das andere nicht verstehen sollen. Ecrire en *chiffre*, verborgene Schrift brauchen.
CHIFFRE, die in einander gezogenen Anfangs-

fangsbuchstaben eines Namens; ein verzogener Name.

CHIFFRE d'amour, verschränkter Zug, der eine verliebte Deutung hat. Nom en *chiffre*, verschrenkter Namenszug.

CHIFFRES, im *plurali*, der Schlüssel oder das Alphabet zu einer verborgenen Schrift.

CHIFFRER, *v. a.* mit Ziffern rechnen; mit Ziffern zeichnen oder bemerken, numeriren; mit Ziffern oder Characteren schreiben.

CHIFFREUR, *s. m.* der mit der Feder wohl zu rechnen weiß; Rechenmeister.

CHIGNON, *s. m.* du cou, das Genick.

CHILCHOTES, CHILES, CHILPELAGUA, und CHILTERPIN, Namen, welche verschiedenen Gattungen Pfeffer aus Guinea gegeben werden.

CHILE, *v.* CHYLE.

CHIMAGRE'E, *s. f.* ein saures, murrisches Gesicht. Faire des *chimagrées*, sauer Gesicht machen, oder wie ein Sauertopf aussehen.

CHIME'RE, *s. f.* ein Berg in Lycien.

CHIME'RE, ein erdichtetes Wunderthier.

CHIME'RE, eitele ungegründete Gedanken. La tête d'un philosophe est en proïe aux *chimères*, ein Weltweiser fängt oft viel Grillen.

CHIME'RIQUE, *adj. c.* voll lächerlicher und eitler Gedanken und Einfälle; erdichtet, eingebildet, ersonnen. Un dessein *chimérique*, eingebildetes Vornehmen, das nicht kan ausgeführet werden.

CHIME'RIQUEMENT, *adv.* eingebildeter Weise.

CHIMIE, *v.* CHYMIE.

CHINCILLA, *s. m.* ein Thier, in der Grösse eines Eichhorns; sein Fell wird sehr geachtet, wegen denen reinen Haaren.

CHINE, China, eine Wurzel in der Arzney dienlich; sie kommt aus Ostindien.

CHINE, eine Art Tapezerey von Bergamo.

CHINFRENEAU *s. m.* ist so viel als Chamfrain; item eine Beule, ein Zeichen am Kopf, von ohngefährem Anstossen, oder von einer Schlägerey, ein Kopfstoß. Il a reçu dans ce combat un vilain *chinfreneau*, er hat in diesem Gefecht ein wichtiges vor den Kopf bekommen.

CHINQUER, *v. n.* lustig herum sauffen.

CHIORME, CHIOURME, *s. f.* der ganze Hausen Galeersclaven; it. die Ruderbänke.

CHIPOT, *s. m.* eine Kleinigkeit, etwas kleines und geringes. (ist nicht gebräuchlich.)

CHIPOTER, *v. n.* ein klein wenig essen, pappeln, knäupeln.

CHIPOTER, um geringer Dinge willen zanken.

CHIPOTIER, *s. m.* ein Zänker, der um aller Kleinigkeiten willen einen Zank anfängt, der alles verfechten will.

CHIPRE, *s. f.* die Insel Cypern nach der neuen Geographie. Poudre de *Chipre*, Haarpuder.

CHIQUENAUDE, *s. f.* ein Nasenstüber.

CHIQUET, *s. m.* Il m'a païé ce qu'il me devoit, *chiquet* à *chiquet*, er hat mir das, was er mir schuldig war, nach und nach bezahlt.

CHIRAGRE, *s. f.* das Zipperlein an den Händen.

CHIRAGRE, *s. m.* einer der das Zipperlein an den Händen hat.

CHIROGRAPHAIRE, *s. m. & f.* ein Gläubiger, der von seinem Schuldner nichts als die Handschrift hat.

CHIROMANCE, CHIROMANCIE, CHIROMANTIE, *s. f.* (das ch wird als k gelesen,) das Weissagen aus den Händen.

CHIROMANCIEN, CHIROMANTIEN, *s. m.* einer der aus den Händen weissaget.

CHIRONIEN, *adj.* wird gesagt von alten und fast unheilsamen Geschwüren.

CHIROTONIE, *s. f.* Auflegung der Hände, bey dem Ordiniren der Priester.

CHIRURGICAL, e, *adj.* was zur Chirurgie gehört.

CHIRURGIE, *s. f.* die Wundarzney.

CHIRURGIEN, *s. m.* ein Wundarzt.

CHIRURGIEN bandagiste oder bernier, ein Bruchschneider.

CHIRURGIQUE, *adj. c. v.* CHIRURGICAL.

CHITES, eine Gattung gedruckte Ostindische Zeug, welche sehr schön sind und von Masulipatan auf der Küste von Coromandel kommen.

CHITOME, der Vorsteher der Religion in Nigritien.

CHLORIS, *s. m.* ein kleiner Vogel in der Grösse einer Lerche, welcher bald grün bald gelb ist.

CHOC, *s. m.* ein Stoß; Anstoß. Un rude *choc*, ein harter Stoß.

CHOC, Angriff; Anfall. Soutenir un *choc*, einen Anfall bestehen; aushalten.

CHOC, *s. m.* (bey dem Hutmacher) der Stamper.

CHOCAILLE, *s. f.* CHOCAILLON, *s. m.* Schimpfwort des Pöbels) ein versoffen Weib.

CHOCAILLER, *v. n.* vulg. sich voll sauffen; lange trinken, mit den Gläsern immer an einander stossen.

CHOCAILLON, *s. m.* ein Rausch.

CHOCAS, *s. m.* eine Dohle; ein Häher.

CHOCOLAT, CHOCOLATE, *s. m.* Schokolate, eine Art Getränks.

CHOCOLATIER, *s. m.* eine Schokolatschenke.

CHO.

CHOCOLATIE'RE, *ſ. f.* eine Schokolat=
kanne.
CHŒUR, *ſ. m.* ein Chor oder Reihe von
Sängern.
Chœur, in den Comödien und Tragödien,
eine Anzahl Personen, die darzwischen sin=
get und spielet.
Chœur, *ſ. m.* das Theil einer Kirche, dar=
innen die Geistlichen singen, so von der
übrigen Kirche abgesondert ist.
Chœur, die Geistlichen, so im Chor singen.
  Les *chœurs* des anges, die Engelchöre.
  Enfans de *chœurs*, Knaben die im Chor
singen.
  Religieuses, Dames de *chœur*, Non=
nen, die im Chor singen, Chornonnen.
CHOÏER, *v.* CHOYER.
CHOIR, CHEOIR, *v. n.* fallen. (ist alt.)
Chû, ë, *part.* gefallen. (besser tombé, ée.)
CHOISIR, *v. a.* erwählen; vorziehen.
CHOISI, ie, *part. & adj.* auserlesen, aus=
erkohren.
CHOIX, *ſ. m.* die Wahl. Faire un bon
choix, eine gute Wahl thun. Avoir le
choix, das Auslesen haben. Je vous
donne le *choix* de ce que vous voudrés,
ich lasse euch die Wahl, was euch beliebt.
CHOLAGOGUE, *ſ. m.* Arzney, welche die
Galle unter sich abführt.
CHOLIDOQUE, *adj. c.* (in der Anato=
mie) ein Canal oder Gang der Galle von
der Leber zum Duodeno.
CHOMET, *ſ. m.* eine Art kleiner Vögel
(in der Normandie) eine Wiesenlerche.
CHOMMABLE, *adj. c.* das gefeyert wer=
den soll, ein absonderlicher Feyertag.
CHOMMAGE, *ſ. m.* das Feyern eines
Handwerksmanns, da er nicht arbeiten
kan. Quand les ouvriers ne viennent pas
aux ateliers, on leur déduit leur *chom-
mage*, wenn die Arbeitsleute nicht arbei=
ten, so ziehet man ihnen ihre gemachte
Feyertäge am Lohn ab.
CHOMMER, *v. a. & n.* ruhen vom Ar=
beiten, feyern.
  Laisser *chommer*, einem nichts zu ar=
beiten geben, ihn feyern lassen. *Chom-
mer* de quelque chose, an etwas Man=
gel haben.
CHONDRILLE, *ſ. f.* Spanisch Wegwart.
CHOPEMENT, CHOPER; *v.* CHOPPE.
CHOPINE, *ſ. f.* ein Schoppe, oder vierte
Theil der Maaß; it. so viel Getränks, als
diß Maaß hält.
  Boire *chopine*, oder mettre pinte sur la
chopine, stark zechen.
CHOPINER, *v. n.* viel oder stark trinken.
CHOPINETTE, *ſ. f.* boire *chopinette*,
vulg. ein Gläsgen Wein mit einander
trinken.
Chopinette de pompe, das Ventil in ei=
ner Pompe.
CHOPPEMENT, *ſ. m.* das Stolpern;
Anstossen.
CHOPPER, *v. n.* stolpern, anstossen, strau=
cheln; fehlen, Fehler begehen. Faire
chopper quelqu'un, einen in Irrthum ver=
leiten.
CHOQUANT, e, *adj.* hart; empfindlich;
verletzlich; widerlich.
CHOQUER, *v. a.* an etwas stossen; anfal=
len. Une de nos galères *choqua* celle
des ennemis, eine unserer Galeeren stieß
auf eine feindliche. Les armées se *cho-
quent*, die Armeen treffen auf einander.
Choquer, beleidigen; verletzen; schmä=
hen, zuwider seyn. Vous *choquès* son autorité, ihr tretet seinem Ansehen zu nahe.
Je ne *choquerai* point vos oreilles, ich
will eure Ohren nicht beleidigen. Cela
choque la raison, dieses streitet wider die
Vernunft, ist der Vernunft zuwider.
CHOREOGRAPHIE, *ſ. f.* Tanzzeichnung;
die Kunst alle Tänze sowohl in Ansehung
der Figur als der Schritten durch gewisse
Zeichen auf dem Papier zu reissen und zu
beschreiben.
CHORE'VêQUE, *ſ. m.* Weihbischoff, geist=
licher Vicarius eines Bischoffs; Chor=
bischoff.
CHORIAMBE, *ſ. m.* (in der griechischen
und lateinischen Poesie) ein Fuß von vier
Sylben, deren die erste und vierte lang,
und die beyden mittelsten kurz sind.
CHORIAMBIQUE, *adj. c.* das aus Cho=
riambis besteht, als Verse.
CHORIBANTES, *v.* CORYBANTES.
CHORION, *ſ. m.* das Häutlein, darinne
die Frucht in Mutterleibe liegt; ein Ort
oder Wohnplaz.
CHORISTE, *ſ. m.* ein Chorsänger.
CHOROBATE, *ſ. m.* ein Werkzeug zur
Abzeichnung eines Landes, und dessen Si=
tuation; it. eine Bley= oder Wasserwage.
CHOROGRAPHIE, *ſ. f.* Landsbeschrei=
bung, oder der Oerter desselben.
CHOROÏDE, *adj.* (in der Anatomie) die
Haut, welche das Hirn umgiebt.
Choroïde, das zweyte Augenhäutlein, sonst
Uvea genannt.
CHORUS, *ſ. m.* (in der Music) die Zusam=
menstimmung des ganzen Chors. Faire
chorus, zusammen singen.
CHOSE, *ſ. f.* eine Sache, ein Ding. Les
belles *choses* sont agréables, schöne Din=
ge sind angenehm. Ce n'est pas *chose*
nouvelle, es ist nichts neues. *Chose*
étrange, incroïable, eine fremde, ungläub=
liche Sache. Sur toutes *choses*, vor al=
len Dingen. Entre autres *choses*, un=
ter andern. Je ne le ferois pas pour
chose au monde, ich wollte es nicht thun
um

um alles in der Welt. Voilà l'état des choses, also stehet es um die Sachen.

CHOSE, *m.* etwas, so man nicht zu nennen weiß. J'ai été à *chose*, ich bin an dem Ort gewesen. J'ai parlé à *chose*, ich habe mit dem oder dem geredet. Quelque *chose*, etwas. La pauvreté est quelque *chose* de bien dur, die Armuth ist etwas hartes; ein schwer Ding.

Choses de flot, alles was die See ans Ufer wirft.

CHOSE, *f. m.* die Scham.

CHOU, *f. m.* Kohl.

Choux blancs, weisser Kohl.

Choux frisés, krauser oder welscher Kohl.

Choux rouges, brauner Kohl.

Choux raves, Rübenkohl.

Choux cabus, Kappiskraut, oder Kohl.

Choux fleurs, Blumenkohl, Käsekohl.

Choux pommé, Kopfkohl, Krauthäupter.

Choux salés, Sauerkraut oder Kohl.

On l'a envoïé planter des *choux*, er ist vom Hofe auf sein Landgut verbannt worden.

C'est *chou* pour *chou*, es ist einerley, es gilt gleich viel.

Faire de quelque chose ses *choux* gras, sich mit etwas ergötzen, oder auch bereichern.

Aller tout au travers des *choux*, ganz tumm handeln.

Il en fait comme des *choux* de son jardin, er geht nach seinem Belieben damit um.

Il a été trouvé sous un *chou*, man weiß nichts von seinem Herkommen.

Soufler les *choux* en dormant, schnarchen.

petit CHOU, *f. m.* Art Gebackenes.

CHOÜAN, *f. m.* ein kleiner Saame aus Asien, womit man Carmin macht.

CHOUCAS, *f. m.* eine zahme Krähe.

CHOU-DE-CHIEN, Hundstod, ein Kraut, oder Strauch, Bingelkraut.

CHOÜETTE, *f. f.* v. CHEVÊCHE.

CHOUQUET, *f. m.* (in der Seefahrt) ein viereckigtes Stück Holz auf dem Schiffe, worinnen der Mastbaum steht; auch ein Stück Holz vermittelst dessen die unterschiedenen Theile des Masts aneinander gefügt werden.

CHOURME, v. CHIORME.

CHOYER, *v. a.* mit Sorge bewahren, zärteln, gütlich thun. (ist alt.)

Choyer quelqu'un, behutsam mit einem umgehen, daß man einem nicht oft kommt. (ist alt.) Man sagt jetzt, menager quelqu'un.

se CHOYER, *v. r.* seiner selbst pflegen; besser se menager.

CHRÊME, *f. m.* in der römischen Kirche der Chrisam, geweihetes Oel.

Faire renier *chrême* & baptême à quelqu'un, einen zur grossen Desperation bringen.

CHRÊMEAU, *f. m.* eine Binde, oder Art Hauben, die man nach der Salbung, bey der Taufe, den Kindern aufsetzt.

CHRÉTIEN, *f. m. & adj.* CHRÉTIENNE, *f.* ein Christ; it. Christlich.

C'est un bon *chrêtien*, er ist ein guter Mann.

Une belle *chrêtienne*, ein hübsches Weibsbild.

Le Roi Très-*Chrêtien*, der Allerchristlichste König, der König in Frankreich.

CHRÉTIEN, CHRISTIAN, *f. m.* Christian, ein Mannsname.

poires de bon CHRÉTIEN, Christenbirn.

CHRÉTIEN, *adv.* parler *chrêtien*, deutlich reden, mit der Sprache heraus gehen. Il faut parler *chrêtien*, si vous voulés qu'on vous entende, ihr müsset keine unbekannte Sprache reden, wenn man euch verstehen soll.

CHRÉTIENNEMENT, *adv.* Christlicher Weise, Christlich.

CHRÉTIENTE', *f. f.* die Christenheit.

CHRISOCOLE, CHRISOLITHE, voïés CHRYSO.

CHRIST, *f. m.* der Herr Christus; wenn man von Gemählden redet, heißt es das Bild unsers Heylandes. (Man höret das S im Außsprechen, wenn es allein ist; mit dem Namen JEsus aber, spricht man Jésus Chrit, ohne S.

CHRISTIANISME, *f. m.* das Christenthum, christliche Lehre, der christliche Glaube.

CHRISTIERNE, *f. m.* Taufname in Dännemark.

CHRISTINE, *f. f.* ein Weibername.

CHRISTOFFLE, CHRISTOPHE, CHRISTOPHLE, CHRÉTOPHLE, *f. m.* ein Männername, Christoph.

CHROMATIQUE, *adj. c.* genre *chromatique*, (in der Music) das Spielen aus dem B moll.

CHRONIQUE, *adj. c.* maladie *chronique*, (in der Medicin,) eine langwierige Krankheit.

CHRONIQUE, *f. f.* eine Chronik; eine Historie, nach der Zeit, oder nach den Jahren eingerichtet.

CHRONIQUE scandaleuse, das böse Geschrey, die schlimmen Nachreden.

CHRONIQUER, *v. a.* beschreiben; in eine Geschicht zusammen tragen. (ist alt.)

CHRONIQUEUR, *f. m.* ein Chronikschreiber. (ist alt und wird nur im Scherz gebraucht.)

CHRONOGRAPHIE, *s. f.* Zeitregister, Zeitbeschreibung.
CHRONOLOGIE, *s. f.* Wissenschaft der Zeiten; Zeitrechnung.
CHRONOLOGIQUE, *adj. c.* was zur Zeitrechnung gehört; und was sie in sich hält.
CHRONOLOGISTE, CHRONOLOGUE, *s. m.* einer der die Zeitrechnung versteht, oder beschreibt.
CHRONOMETRE, *s. m.* Zeitmesser.
CHRYSALIDE, *s. f.* die Puppengestalt oder Verwandlungshülse einer Raupe, und andern Ungeziefers.
CHRYSANTHEMUM, *s. m.* ein Kraut, Goldblumen.
CHRYSOCOLLE, *s. f.* ein Edelgestein, goldfarb, und viereckigt; item Berggrün.
CHRYSOCOME, *s. f.* Goldknöpflein, Reinblume, Mottenkraut.
CHRYSOGONUM, *s. m.* Rothgünzel, ein Kraut.
CHRYSOLITHE, *s. f.* ein Edelgestein, Chrysolith, Goldfarbe mit grün vermischt.
CHRYSOPE'E, *s. f.* (bey den Chymisten) das Goldmachen.
CHû, ë, *part. v.* CHOIR.
CHUCAS, *v.* CHOUCAS.
CHUCHETER, *v. a. & n.* einem etwas leis in die Ohren sagen.
CHUCHETEUR, *s. m.* euse, *f.* einer der, oder eine die etwas in die Ohren süstert, Ohrenbläser.
CHUT, *adv.* still. *Chut!* le voici qui vient, still! da kommt er eben her.
CHUT, e, *part. v.* CHOIR. La rosée est *chûte*, der Thau ist gefallen.
CHûTE, *s. f.* Fall; Sündenfall; Unfall, Unglück; Ausgang eines Periodi. Il a fait une rude *chûte*, er hat einen schweren Fall gethan. Adam après sa *chûte*, Adam nach seinem Fall. Une belle *chûte* de période, schöner Ausgang eines Satzes.
Chûte d'eau, Wasserfall.
Chûte de toit, Abschoß eines Dachs, Abhang.
CHYLE, *s. m.* der Dauungssaft, so aus den Speisen im Magen bereitet wird.
CHYLIFICATION, CHYLOSE, *s. f.* die Verwandlung der Speisen in den Lebenssaft.
CHYMIE, *s. f.* die Schmelz- und Distillirkunst, Chymie.
CHYMIQUE, *adj. c.* was zur Chymie gehört.
CHYMISTE, *s. m.* einer der die Chymie treibt.
CHYPRE, *v.* CHIPRE.
CI, *adv.* (abgekürzt von ici) hier; it. jetzt; stehet nie allein, ausser in Grabschriften, *ci git*, hier liegt; und in dieser Redensart: entre *ci* & demain, zwischen hier und morgen; sonst wird es an andere Worte bald vorn bald hinten angehängt, als:
Ci-devant, vor diesem, ehedessen.
Ci-après, nach diesem, hernach.
Ci-dessus, hier oben; weiter vorn; vorher.
Ci-dessous, hier unten; weiter unten; hernach.
Celui-*ci*, celle-*ci*, dieser, diese.
Dans ce tems-*ci*, bey dieser Zeit.
CIBOIRE, *s. m.* (in der Röm. Kirche) die Monstranz; Gefäß zu den geweihten Hostien.
CIBOIRE, Altarhimmel auf vier Säulen.
CIBOULE, *s. f.* Lauch.
CIBOULETTE, *s. f.* kleine Zwiebeln.
CICATRIATIF, *s. m.* ein Arzneymittel, welches die Wunden austrocknet, und macht, daß sie heilen, und sich zu einer Narbe setzen.
CICATRICE, *s. f.* eine Narbe.
CICATRISER, *v. a.* voll Narben machen.
se CICATRISER, *v. r.* sich zusammen begeben, anfangen eine Narbe zu werden, zuzuheilen, als eine Wunde; im Scherz, reissen, Risse kriegen, als Kleider. Habit *cicatrisé*, ein geflickt Kleid.
CICATRISE', ée, *part. & adj.* einer der viel Narben hat; gebrandmahlt.
CICERO, *s. m.* (bey den Buchdruckern) eine gewisse Schrift, Cicero, weil *Ciceronis* Opera am ersten damit gedruckt worden sind.
CICEROLLE, *s. f.* eine Art Kichern.
CICLAMEN, CICLAMOR, CICLE, CLCLOÏDE, CICLOPE, *v.* CYCL.
CICOGNE, *v.* CIGOGNE.
CICOMORE, *v.* SYCOMORE.
CICUTAIRE, *s. f.* Rübenkörbel, ein Kraut.
CIDRE, *s. m.* Aepfel- oder Birnmost.
CIEL, *s. m.* der Himmel; die Wohnung der Auserwählten. Il est reçu au *ciel*, er ist zu der Seligkeit aufgenommen.
CIEL, GOtt; die Engel. Nos péchés irritent le *ciel* contre nous, unsere Sünden reizen GOtt wider uns. Le *ciel* se réjouit lorsqu'un pécheur se convertit, die Engel erfreuen sich, wenn ein Sünder sich bekehret.
CIEL, die sämtlichen Götter der alten Heiden.
CIEL, der Sternhimmel; Stand der Gestirne. Le haut, le bas du *ciel*, das Obere, Untertheil des Himmels. Le *ciel* lui a été favorable à sa naissance, der Stand des Gestirns bey seiner Geburt, ist ihm geneigt gewesen; er ist in einer glücklichen Stunde gebohren. Remuer *ciel* & terre, *prov.* Himmel und Erde bewegen. Elever une personne jusqu'au *ciel*, einen

einen bis in den Himmel erheben; übermäßig loben. Si le *ciel* tomboit, il y auroit bien des alouëttes prises, *prov.* wenn der Himmel einfiele, wären die Lerchen alle gefangen.

Ciel, Himmel über einem Thron, oder der über den höchsten Standespersonen im Gepräng getragen wird.

Ciel, die Luft in den Gemählden.

Ciel, das Obertheil in den Steinbrüchen.

Ciel de lit, ein Betthimmel. (ist alt.) (in den drey lezten Bedeutungen heißt der Pluralis *ciels*, in den übrigen allen aber *cieux*).

O *Ciel!* o Himmel! (wenn man sich verwundert, erfreut oder betrübt.)

Sous un *ciel* étranger, in einem fremden Land.

Ciel embrumé, (auf der See) trübes Wetter.

Ciel fin, heiter Wetter.

gros Ciel, grosses Gewölk am Himmel.

Le *ciel* se hausse, der Himmel wird heiter.

CIERGE, *s. m.* Wachslicht, Wachskerze.

CIERGIER, *s. m.* Wachslichtermacher.

CIGALE, *s. f.* Heuschreck.

Cigale de mer, *s. f.* Taschenkrebs.

CIGARROS, eine Gattung Tabac aus der Insul Cuba, welchen man gemeiniglich ohne Pfeiffen rauchet, indeme man die Blätter davon wie Pfefferduttgen (Brieflein) zusammen rollet, und sie also anzündet.

CIGNE, *s. m.* ein Schwan.

Cigne, (poetisch) ein vortreflicher Poet.

CIGOGNE, *s. f.* ein Storch.

Contes à la *cicogne*, fabelhafte Erzehlungen.

CICOGNEAU, *s. m.* ein junger Storch.

CIGUË, *s. f.* ein giftiges Kraut, Schierling.

CIL, *s. m.* (ist mehr im *plur.* gebräuchlich, les *cils*,) die Augenbraunen an den Augenliedern. (ist alt.)

CILIAIRE, *adj. c.* interstice oder ligament *ciliaire*, ein Theil des Augs, welches den Crystallensaft darinnen zu halten dient.

CILICE, *s. m.* ein hären Kleid.

CILINDRE, CILINDRIQUE, *v.* CYL.

CILLEMENT, *s. m.* ein stetiges Blinken, (Blinzen) der Augen, das als eine Krankheit anzusehen ist.

CILLER, *v. n.* ou *ciller* les yeux, *v. a.* mit den Augen blinzlen oder blinken, die Augen ein wenig zu- und geschwind wieder aufmachen.

Il n'a pas *cillé*, er hat kein Auge deswegen zugemacht, er hat nicht genuchset.

Ciller les yeux de l'oiseau, einem Falken die Augen zunehen, damit er still sitzen lerne.

Commencer à *ciller*, sagt man von Pferden, wenn sie anfangen graue Haare an den Augen zu bekommen.

CILLE', ée, *part.* cheval *cillé*, ein Pferd mit weissen Augenbraunen.

CIMAISE, *v.* CYMAISE.

CIMARRE, *v.* SIMARRE.

CIMBALARIA, CIMBALE, *v.* CYMBAL.

CIMBRES, *s. m. plur.* vor diesem ein Volk in Dännemark.

CIME, *s. f.* der Gipfel eines Bergs, Baums, Felsen.

Cime, die gröste Vollkommenheit, der höchste Stand, als des Glücks. Il se voit à la *cime* du bonheur. Er befindet sich auf der höchsten Stufe der Glückseligkeit.

CIMENT, *s. m.* Kütte, Cement, eine Art Mörtel, der sehr vest hält.

Ciment, (in der Chymie) *v.* CEMENT.

Ciment, (figürlich) ein Mittel der Vereinigung und Verbindung.

Celà est fait à chaux & à *ciment*, das ist alles wohl an einander gefügt, es ist fest und dauerhaft.

CIMENTATION, *s. f. v.* CEMENTATION.

CIMENTER, *v. a.* etwas verkütten; befestigen.

Cimenter l'amitié, die Freundschaft befestigen.

CIMENTIER, *s. m.* ein Cementirer, einer der Kütte zurichtet und verkaufft.

CIMETERRE, *s. m.* ein Säbel.

CIMETIERE, *s. m.* Gottesacker, Kirchhof; (figürlich) ein Ort wo viel Leute sterben oder umkommen.

L'Italie étoit autrefois le *cimetière* des François, Italien war vor diesem ein Ort wo viel Franzosen starben, oder umkamen.

Les jeunes médecins font les *cimetières* bossus, *prov.* ein junger Arzt braucht einen neuen Kirchhof.

CIMETTE, *s. f.* eine junge Sprosse am Kohlstengel, so im Frühling dran hervorkommt.

CIMIER, *s. m.* (in den Wappen) der Helmschmuck, die Helmkleinodien, die Zeichen oben auf dem Helm.

Cimier, (an den Hirschen) der Zemer.

Cimier, (am Ochsen) ein gewisses Stück an den Lenden oder Hüften.

CIMOLIE, *s. f.* (bey den Alten) eine Art Siegelerde.

Cimolie, Schlich, ein Gemenge von Eisen und Stein so unter dem Schleifen des Eisenwerks vom Schleifstein fällt.

CINCENELLE, *s. f.* ein mittelmäßig Schiff- oder Ankerseil.

Cincenelle, ein Seil bey der Artillerie.

CINEFACTION, *s. f.* (in der Chymie)

Ver-

Verbrennung, Auflösung eines vermischten Cörpers zu Asche.
CINE'FIER, *v. a.* vermengte Materie zu Asche machen, (in der Chymie).
CINE'RATION, *s. f.* (in der Chymie) Verbrennung, Auflösung eines Cörpers durchs Feuer.
CINGLAGE, *s. m.* (in der Seefahrt) der Weg, den ein Schiff in 24 Stunden zurück legt.
CINGLEAU, *s. m.* (in der Baukunst) eine Art Seil, womit man die Minderung der Säulen finden und bemerken kan.
CINGLER, *v. n.* mit vollen Segeln schiffen, stark segeln.
CINGLER, *v. a.* peitschen, hauen, mit einem Gürtel, Riemen, Peitsche oder Ruthe.
CINGLER, stark wehen. Le vent, la pluïe *cingle* le visage, der Wind, der Regen streichet an das Angesicht.
CINIQUE, *voïés* CYNIQUE.
CINNABRE, *s. m.* Zinnober.
CINNAMOME, *s. m.* Zimmetbaum.
CINOCRAMPE, CINOGLOSSE, CINOSURE, *voïés* CYN.
CINQ, *adj. num card.* fünf.
CINQUANTAINE, *s. f.* eine Zahl von fünfzig.
Il a la *cinquantaine*, er ist fünfzig Jahr alt.
CINQUANTE, *num. card.* fünfzig.
CINQUANTENIER, *s. m.* einer der über fünfzig Mann gesetzt ist.
CINQUANTIE'ME, *num. ord.* der fünfzigste.
CINQUIE'ME, *num. ordin.* der fünfte.
CINQUIE'ME, *s. f.* die fünfte Classe in einer Schule, die Quinte; die fünfte Stube in Rathscollegien.
CINQUIE'ME, *s. m.* ein Quintanerschüler in der fünften Classe; ein fünfter Theil.
CINQUIE'MEMENT, *adv. num. ord.* zum fünften.
CINQUILLE ou QUINQUILLE, das Lombrespiel zu fünf Personen.
CINTRAGE, *s. m.* (in der Seefahrt) die Seile, so um etwas herum gewunden sind.
CINTRE, *s. m.* ein Bogen oder halber Cirkel, Gewölb; das hölzerne Gerüst, worüber man einen Bau wölbt.
Cintre surmonté, ein Bogen, der höher als der Diameter des Centri, der das Centrum in sich begreift.
Cintre surbaissé, ein Bogen, der nicht so breit als der Diameter, oder als der halbe Cirkel.
Cintre de charpente, das Gerüst, so man unter ein Gewölb macht, ehe man den Schlußstein einsetzt.
CINTRE', (in der Wappenkunst) mit Cirkeln umgeben.

CINTRER, *v. a.* wölben; die Rüstungen zu Gewölbern machen; bogenrund machen.
CINTRE', ée, *adj.* gewölbt, mit einem Bogen umgeben, als eine Figur in den Wappen.
CION, *voïés* SION.
CIPOLLINE, *s. m.* eine Art Italiänischer Marmor, lauchgrün mit grossen Adern.
CIPPE, *s. m.* (in der Baukunst) eine kleine Wegsäule oder Gedächtnißstein.
CIPRE, CIPRES, CIPRIEN, CIPRIOT, *voïés* CYPR.
CIRAGE, *s.* ein Gemähldte von einer Farbe, als wenn es in gelb Wachs boßiret wäre.
CIRAGE, Schuhwachs; das Wichsen der Stiefel und Schuhe bey den Schuhmachern.
CIRAGE, wachsgelb.
CIRCE'E, *s. f.* Alraun, ein Kraut.
CIRCONCIRE, *v. a.* beschneiden.
CIRCONCIS, e, *adj. & subst.* beschnidten.
CIRCONCIS, ein Jude oder Türke, ein Beschnidtener.
CIRCONCISEUR, *s. m.* der die Beschneidung verrichtet.
CIRCONCISION, *s. f.* die Beschneidung.
La *circoncision* du cœur, des lèvres, das Abthun böser Gedanken, ungeziemlicher Reden.
CIRCONFE'RENCE, *s. f.* der Umkreis, Umfang.
CIRCONFLEXE, *s. m.* ein Accent bey den Griechen von dieser Figur (~), die Grammatici heissen aber auch diese Figur (^) einen Circumflex, als âge, vor aage.
CIRCONLOCUTION, *s. f.* eine Umschreibung.
CIRCONSCRIPTION, *s. f.* die Umgrenzung, der Raum, worinnen alle Cörper sind, den man sich nothwendig einbilden muß, daß er um sie herum sey, sie seyn wo oder wie sie wollen.
CIRCONSCRIRE, *v. a.* umschreiben; umgrenzen; mit einem Cirkel umgeben.
CIRCONSCRIT, *s. m.* CIRCONSCRITE, *s. f.* die Umschrift um etwas im Kreis herum.
CIRCONSPECT, e, *adj.* bedachtsam, vorsichtig.
CIRCONSPECTION, *s. f.* Bedachtsamkeit, Vorsicht, Behutsamkeit.
CIRCONSTANCE, *s. f.* ein Umstand.
CIRCONSTANCIER, *v. a.* umständlich beschreiben.
CIRCONVALLATION, *s. f.* eine Circumvallationslinie, oder der Graben, den man aussen um einen belagerten Ort herum macht, mit Schanzen hie und da versehen, damit keine Zufuhr mehr dahinein kommen könne.

CIR-

CIRCONVENIR, *v. a.* (terme de palais) listig hintergehen, betrügen.
CIRCONVENU, ë, *part. & adj.* hintergangen.
CIRCONVENTION, *s. f.* listiger Betrug.
CIRCONVOISIN, e, *adj.* umliegend, angrenzend, benachbart. Campagnes *circonvoisines*, umliegende Felder. Lieu *circonvoisin*, benachbarter Ort.
CIRCONVOLUTION, *s. f.* das Gedrehte, an den gedrehten oder gekrümmten Säulen; der Umlauf eines Gestirns.
CIRCUIT, *s. m.* ein Bezirk, Umkreis, Umschweif; Weitläuftigkeit, Umschweif in Worten. La place a tant de *circuit*, der Ort hat so viel Umfang. Un long *circuit* de paroles, ein langer Umschweif in Worten.
CIRCULAIRE, *adj. c.* zirkelrund, rundlicht.
Ligne *circulaire*, Zirkelriß.
lettre **CIRCULAIRE**, ein Kreisschreiben, ein Brief, der in einem Gebiete, von einem zum andern, wegen einer Materie herum geschickt wird, Umlauf, Circularschreiben.
CIRCULAIREMENT, *adv.* im Kreis herum.
CIRCULATION, *s. f.* die Bewegung eines Dinges, das im Kreis herum geht; (in der Chymie) ein oftmaliges Auf- und Absteigen in einem vermachten Gefäß bey der Hitze; (in der Medicin) der Umlauf des Geblüts.
CIRCULATOIRE, *adj. c.* das zur Circulation dient.
Vaisseaux *circulatoires*, Gefäß zur Circulation in der Chymie.
CIRCULER, *v. n.* (vom Blut) in den Adern umlaufen. L'argent *circule* par le commerce, das Geld lauft durch die Handlung aus einer Hand in die andere.
CIRCULER, (in der Chymie) zu mehrmalen übergehen; abgezogen werden.
CIRCUMINCESSION, *s. f.* (bey den Gottesgelehrten) die Vereinigung der drey Personen der Gottheit in einem Wesen, oder die Weise, wie man sich die göttlichen Personen eine in der andern vorstellen kan.
CIRCUS, *s. m.* ein Raubvogel in der Grösse eines Geyers: hält sich mehrentheils an dem Ufer des Meers auf.
CIRE, *s. f.* Wachs.
Il sont égaux comme de *cire*, sie sind einander ganz gleich.
Cet habit lui est fait comme de *cire*, das Kleid liegt ihm an, als wenn es angegossen wäre.
la CIRE, heissen auch bisweilen die Wachskerzen.
Droit de *cire*, gewisse Einkünfte im königlichen Französischen Hause in der Canzley, bey einigen Bischöflichen Höfen, und anderswo, wovon Lichte angeschaft werden.

CIRE, wird auch oft vor das Siegel an grossen Briefen genommen; it. vulg. vor das Dicke an triefenden Augen.
CIRE d'Espagne, Spanisch Wachs, Siegellack.
CIRE vierge, Jungferwachs, vornen in den Stöcken.
CIRER, *v. a.* wichsen, mit Wachs überstreichen, als : le cordonnier *cire* son cuir, le tailleur son fil ou la coupe à l'étoffe de soïe, der Schuster wichset das Leder, der Schneider den Zwirn oder den Schnidt an seidenen Zeugen 2c.
CIRE', ée, *adj.* toile *cirée*, gewichste Leinwand.
CIRIER, *s. m.* einer der in Wachs arbeitet; ein Wachsbossirer.
CIROëNE, CIROINE, *s. m.* ein weich Pflaster auf Schäden, die gequetscht oder gestossen, und nicht offen sind.
CIRON, *s. m.* eine Milbe, eine Reitliese, ein kleiner Wurm in der Haut auf den Händen und anderswo.
CIRON, ein Bläsgen auf der Haut. Percer un *ciron*, ein Bläsgen aufstechen.
CIRQUE, *s. m.* ein grosser langer Platz bey den Römern, an einem Ende rund gebaut, mit bedeckten Gängen und Sitzen, die stufenweis über einander waren, worinnen man mit Römischen Wagen um die Wette fuhr, und allerley Hetzen hielt.
CIRSAKAS, gewisse Indianische Zeuge von Baumwollen.
CIRSIUM, *s. m.* Ochsenzung, ein Kraut.
CIRSOCELE, *s. m.* ein Krampfaderkropf, eine Geschwulst oder Bruch an den Krampfadern, von dickem und grobem Geblüt.
CIRURE, *s. f.* die Wichse oder das Wachs, so die Schuhmacher auf die Schuh schmieren.
CISAILLEMENT, *s. m.* der Schnidt, das Schneiden.
CISAILLER, *v. a.* in Stücken zerschneiden; Blech zerschneiden. *Cisailler* une pièce alterée, eine falsche Münz zerschneiden.
CISAILLES, *s. f. pl.* eine grosse Blech- oder Eisenscheere, die Blatten zu schneiden.
CISAILLES, das Abgeschnidtene von Münzen, damit sie recht rund werden; Späne, Abschnidtsel.
CISALPIN, das hieher den Alpen liegt.
CISEAU, *s. m.* ein Meissel; ein Schrooteisen.
CISEAUX, *s. m. plur.* eine Scheere.
CISELER, *v. a.* mit dem Meissel arbeiten, graben, stechen.
CISELER, geblümt ausschneiden, mit Blumen zieren, als den Sammet.

CISELE', ée, *part. & adj.* ausgestochen, ausgehauen oder ausgegraben.
  Velours *ciselé*, geblümter Sammet.
CISELET, *f. m.* kleiner Meissel der Goldschmiede.
CISELEUR, *f. m.* Stecher in Silber, Kupfer und dergleichen; Schnitzer in Holz und Stein.
CISELEUR, der den Sammet ausschneidet.
CISELURE, *f. f.* das Ausgraben, Ausstechen in Silber, Gold.
CISELURE, die Behauung der Steine, wenn die Steinmetzen von einem Stein das Gröbste abhauen, ehe sie ihn recht eben machen.
  Relever les *ciselures*, einen glatten Rand machen um das Rauhe, das noch in der Mitte des Steins ist.
CISOIR, *f. m.* die Follschere eines Goldschmiedes, Silber und Gold zu schneiden.
CISTE, *f. m.* ein kleiner Strauch in Italien, Cistenröslein, bey den Bauern um Padua wilde Salbey genannt; eine Gattung davon ist der Ladanumbaum, von dem das Gummi Ladanum gesammlet wird.
CISTEAUX, *voiés* CITEAUX.
CISTERCIEN, *f. m.* ein Cisterzienfermönch.
CISTERNE, *voiés* CITERNE.
CISTIQUE, *voiés* CYSTIQUE.
CISTRE, *f. m.* eine Italiänische Citarre oder Zitter.
CITADELLE, *f. f.* eine Festung, die eine Stadt an sich und unter sich hat.
CITADIN, *f. m.* e, *f.* ein Bürger, vornemlich, wenn man von einer Italiänischen Stadt redet.
CITATION, *f. f.* eine Forderung vor geistliche Obrigkeit.
CITATION, eine Aufführung eines Orts aus einem andern Buch.
CITE', *f. f.* eine Stadt, absonderlich wo ein Bischoff ist; it. das Stück der Stadt, wo der Bischoff Hof hält.
  La sainte *cité*, (in der Theologie) die Stadt Jerusalem.
CITEAUX, *f. m.* eine Stadt im Herzogthum Burgund, wo die vornehmste Abtey der Cisterzienser ist; das vornehmste Cisterzienserkloster daselbst, die Cisterz.
  L'ordre de *Citeaux*, der Cisterzienserorden.
  Religieux de *Citeaux*; ein Cisterzienfermönch; auch ein Bernhardinermönch.
CITER, *v. a.* einen Tag bestimmen, einen fürfordern vor die Obrigkeit oder zu einer Versammlung.
CITER, etwas aus einem Buch, oder einen Autoren anziehen, aufführen; einen erwähnen, von ihm reden.
  Citer son auteur, sagen von wem man eine Zeitung her hat.
CITERIEUR, e, *adj.* disseits gelegen, disseitig.
CITERNE, *f. f.* eine Cisterne, ein unterirdischer Wasserfang zum Regenwasser.
CITISE, *voiés* CYTISE, Geißklee.
CITOÏEN, *f. m.* CITOÏENNE, *f.* ein Bürger, Bürgerin.
CITRE, *f. m.* ein Africanischer Baum.
CITRIN, *f. m. & adj.* Citronenfarbe; it. der Chymisten Goldfarbe, die sie den Metallen geben.
CITRON, *f. m.* eine Citrone.
CITRON, Citronenfarbe.
CITRON, ein Holz aus America, welches die Farb und den Geruch von Citronen hat, und zu schöner Arbeit gebraucht wird.
CITRONAT, *f. m.* Citronenschalen mit Zucker eingemacht; it. kleine Stücklein Citronenschalen mit Zucker überzogen.
CITRONNE', ée, *adj.* mit Citronen angemacht.
CITRONNIER, *f. m.* ein Citronenbaum.
CITROÜILLE, *f. f.* ein Kürbis.
  C'est une grosse *citroüille*, es ist ein dickes Weib.
CIVADE, *f. f.* ein kleiner Krebs mit sprenglichten Schalen und ohne Scheeren, eine Garneele.
CIVADIERE, *f. f.* (in der Seefahrt) ein Segel auf dem liegenden Mast auf dem Vordertheil der Schiffspitze, welches den Wind, der unter den andern Segeln hingeht, noch auffängt, das Bugspritsegel.
CIVE', *f. m.* Hasenpfeffer, Hasenfleisch in schwarzer Brühe, Hasenschwarz.
CIVETTE, *f. f.* eine Zibetkatze.
CIVETTE, der Zibet, die wohlriechende Materie, so von der Zibetkatze herkommt; it. ein jeder angenehmer Geruch.
CIVETTE, *f. f.* ein Kraut, Schnidtlauch.
CIVIERE, *f. f.* ein Schubkarren; eine Tragbahre zu Steinen, Mist 2c.
  Cent ans *civière* & cent ans bannière, es wechselt immer Freud und Leid in einem Hause.
CIVIL, e, *adj.* bürgerlich.
CIVIL, (im Rechtshandel) gemeine Klage; Sache, die nicht peinlich ist.
CIVIL, höflich; von anständigem Umgang.
  Requête *civile*, das Anhalten oder Einkommen bey Gericht um neue Durchsehung eines entschiedenen Processes.
  Mort *civile*, ewige Landsverweisung oder Absonderung von ehrlicher Leute Gemeinschaft; it. das Klosterleben.
CIVILEMENT, *adv.* auf bürgerliche Weise, bürgerlich; it. höflicher Weise, höflich.
  Il est mort *civilement*, er ist aller Welt abgestorben, als ein Mönch 2c.
CIVILISER, *v. a.* einen höflich machen, in der

der Höflichkeit unterrichten, zur Höflichkeit gewöhnen.
CIVILISER, (in Rechten) eine peinliche Sache bürgerlich machen.
CIVILITE', *s. f.* Höflichkeit; ein Buch, so zur Höflichkeit anweist; im plur. Complimenten, Grüsse und andere Höflichkeiten.
Faites lui mes *civilités*, grüßt ihn meinetwegen.
CIVIQUE, *adj. c.* couronne *civique*, eine Bürgerkrone von Eichenlaub bey den Römern, die ein Bürger empfieng, der dem andern das Leben gerettet hatte.
CIZAILLER, CIZEAU, CIZELER, und deren Derivata, *voiés* CIS.
CLABAUD, *s. m.* ein Stauber oder Jagdhund mit sehr langen hangenden Ohren, der auf der Spur immer klafft und billt.
CLABAUD, ein tummer, ungeschickter Mensch; Tölpel. Quel *clabaud* est celà? was vor ein Tölpel ist das?
CLABAUD, alter Hut, daran der Rand herunter hängt. Vôtre chapeau fait le *clabaud*, euer Hut läßt den Rand hängen.
CLABAUDER, *v. n.* stark und oft ohne Ursache bellen; oft und laut schreyen.
CLABAUDER quelqu'un, *v. a.* jemands Namen ausruffen, einen überlaut nennen.
CLABAUDERIE, *s. f.* ein ungestüm, unnütz Geschrey.
CLABAUDEUR, *s. m.* ein schreyender verdrießlicher Mensch, Geiferer.
CLAÏE, *voiés* CLAYE.
CLAIN, *s. m.* eine Klage, Beschwerde vor Gericht; an einigen Orten, die Strafe, so der Herr eines Viehes, das auf fremdem Grund und Boden Schaden gethan, geben muß.
CLAÏON, CLAÏONNAGE, *v.* CLAYON.
CLAIR, *m.* CLAIRE, *f. adj.* hell, licht. Etoile *claire*, ein heller Stern. Feu *clair*, lichtes Feuer.
CLAIR, hell, erleuchtet. Cet appartement est bien *clair*, diese Stube ist recht hell. Venés ici, il ne fait pas *clair* à ce coin, kommet her, man kan in diesem Winkel nichts sehen.
CLAIR, glatt, hell polirt, blank; durchsichtig. Vaisselle bien *claire*, blankes Geschirr. Ces verres sont *clairs* comme du crystal, diese Gläser sind wie klarer Crystall.
CLAIR, klar; dünn; rein. Une étoffe *claire*, transparente, ein dünner, durchsichtiger Zeug. Blé *clair*, *clair* femé, ein lauteres, dünn gesäetes Korn. Les gens de bien font *clairs* semés dans le monde, fromme Leute sind dünne gesäet. Des cheveux *clairs*, dünne Haar. Le teint *clair*, eine glatte Haut. Eau claire & transparente, ein helles durchsichtiges Wasser. Vin *clair*, klarer Wein.
CLAIR, resonnant, helltönend. Une voix *claire*, belle, resonnante, eine helle, schallende Stimme. Vuë *claire*, reines Gesicht. Oeil *clair*-voïant, ein scharfsichtiges Auge. Il ne voit pas assés *clair*, er sieht nicht gar wohl. Voir *clair*, scharf sehen.
CLAIR, rein, deutlich, verständlich, klar, offenbar, lauter. Un jugement *clair*, reines Urtheil, Verstand. Celà est *clair*, dieses ist sonnenklar. Quoi de plus *clair* que cette raison? was ist klarer als dieser Grund? Quoi de plus *clair* que son discours? was ist deutlicher, als seine Rede? Le fait est *clair*, die That ist offenbar. Stile *clair*, deutliche Schreibart.
CLAIR, gewiß. Le plus *clair* de mon bien, revenu, mein gewissestes (lauterstes) Vermögen, Einkommen.
le CLAIR de la lune, der Mondenschein.
Il fait *clair*, es ist Tag oder Mondenschein.
CLAIR brun, glänzend braun, wird von den Haaren meistens gesagt.
CLAIR obscur, bey den Mahlern, gute Austheilung des Lichts und Schattens in einem Stück nur von einer Farbe; denn *clair* heißt bey den Mahlern das Licht oder die Erhöhung, wie auch bey den Teppichwirkern.
Il ne fera que de l'eau toute *claire*, er wird nichts ausrichten.
CLAIRS deniers, argent *clair*, Geld, das man angreiffen und nehmen kan, wenn man will.
à CLAIR, *adv.* tirer du vin à *clair*, Wein klar abziehen; porter à *clair*, abklären.
Vin tiré à *clair*, Wein, der in Bouteillen oder gläserne Flaschen gezogen ist.
CLAIR, *adv.* klärlich, deutlich, scharf, laut, hell.
CLAIRE, *s. f.* ein Weibername, Clara.
CLAIREMENT, *adv.* deutlicher Weise, deutlich.
CLAIRET, *s. m. & adj* röthlicher Wein. Eau *clairette*, rother Aquavit, Brantwein.
CLAIREVOYE, *s. f.* allzu weiter Raum zwischen den Balken oder Sparren in einem Gebäude.
à *clairevoye*, was dünn und durchsichtig gemacht ist.
Une porte à *clairevoye*, eine Gitterthür.
CLAIRIERE, *s. f.* ein Platz im Walde, der wenig oder keine Bäume hat.
CLAIRON, *s. m.* eine Trompete, worauf man klar bläßt; it. das Trompetenregister in einer Orgel.
CLAIRVOYANCE, *s. f.* Scharfsichtigkeit, durchdringender Verstand, Einsicht.

CLAIR-

CLAIRVOYANT, e, adj. ſcharfſichtig, von groſſer Einſicht. *Clairvoyant* dans les deſſeins de ſes ennemis, der die Anſchläge der Feinde genau vorher ſiehet.

CLAME, ſ. f. Pilgrimsmantel.

CLAMER, v. a. & n. appelliren; öffentlich ausruffen; angeben, namhaft machen; gerichtlich fordern, in Anſpruch nehmen, (iſt nicht mehr gebräuchlich.)

CLAMESI, ſ. m. eine Art Stahl von dem wohlfeilſten.

CLAMEUR, ſ. m. Geſchrey; it. Geldbuſſe. Clameur de Haro, in der Normandie die Anrufung bey dem Landsherrn um Hülfe wider jemand.

CLAMP, ſ. m. (in der Seefahrt) ein Stück Holz, ſo man an etwas feſte bindet, damit ſolches deſto ſtärker ſey; it. ein Eiſen, ſo man um etwas macht, daß es nicht ſpalten ſoll.

CLAMPONNIER, CLAPONNIER, adj. m. bœuf *claponnier*, ein Ochs, der ſchwache Füſſe hat.

CLAN, ſ. m. ein Nagel oder Pflock an einem groſſen Flußſchiff auſſen herum unter dem Bord, womit der Ueberzug des Schiffs an das Gebäude befeſtiget iſt.

CLANCULAIRE, ſ. m. eine Secte von Wiedertäufern, die da ſagen, man ſey nicht verbunden ſeine Religion öffentlich zu bekennen.

CLANDESTIN, e, adj. was heimlich, verbotener Weiſe geſchieht.
Mariage *clandeſtin*, eine Winkelehe.

CLANDESTINEMENT, adv. heimlicher, verbotener Weiſe.

CLANDESTINITÉ, ſ. f. das heimliche Verkoppeln bey den Winkelehen.

CLAPET, ſ. m. (Klappe) ein Ventil oder Platte von Kupfer oder Leder, die in einer Waſſerpumpe vorfällt, daß das Waſſer nicht gleich wieder hinab fallen kan.

CLAPIER, ſ. m. ein Stall oder Verſchlag, Caninchen zu halten.
Lapin de *clapier*, oder auch *clapier* allein, Hauscaninchen.

CLAPIR, v. n. ſchreyen wie die Caninchen. ſe Clapir, v. r. ſich verkriechen; verſchlieſſen, (wird von den Caninchen geſagt).

CLAQUE, ſ. f. ein Klapp; Klatſchen mit der Hand.

CLAQUEBOIS, ſ. m. ein muſicaliſch Inſtrument von Hölzern, worauf man ſchlägt, eine Strohfiedel.

CLAQUEDENT, ſ. m. v. CLAQUEMENT. Claquedent, ein Menſch, der immer redt, und nicht weiß, was er ſagt.

CLAQUEMENT, ſ. m. das Klappen.
Claquement des dents, Zähnklappen.
Claquement des mains, Händeklopfen.
Claquement du fouët, Klatſchen mit der Peitſche.

CLAQUEMURER, v. a. verſchlieſſen.
Se *claquemurer* aux choſes du ménage, ſich in ſeine vier Pfäle einſchlieſſen, zu Hauſe ſitzen.

CLAQUER, v. n. & a. klappen, klatſchen als mit Händen, mit Peitſchen, mit Zähnen; ſchlagen daß es klatſcht; klatſchen als ein Schlag.
Faire *claquer* ſon fouët, *vulg.* ſehen laſſen, daß man auch etwas kan; etwas thun, davon die Leute zu reden haben; man ſagt vom Frauenzimmer, elle a bien fait *claquer* ſon fouët, ſie hat auch wacker mitgemacht.
Faire *claquer* la roſe, mit einem Roſenblat auf hohler Hand klatſchen.

CLAQUET, ſ. m. die Klapper in der Mühle.

CLARIFICATION, ſ. f. die Läuterung, das Klarmachen, Abklärung eines Safts, (in der Apothek)

CLARIFIER, v. a. klar, lauter machen, abklären; als eine dicke und trübe Feuchtigkeit.

CLARINE, ſ. f. eine Kuhſchelle.

CLARINÉ, ée, adj. in den Wappen, das ein Glöcklein an hat, als ein Thier.

CLARTÉ, ſ. f. Klarheit, Licht, Schein.
La *clarté* de la lumière, die Helle des Lichts. *Clarté* du ſoleil, Sonnenſchein.
Clarté, Zartheit (Reinigkeit) der Haut.
La *clarté* de ſon teint eſt incomparable, ſie hat eine unvergleichlich reine Haut.
Clarté de l'eau, die Lauterkeit des Waſſers.
Clarté du verre, de l'air, die Helle, Reinigkeit eines Glaſes; der Luft.
Clarté d'un diſcours, du ſtile, die Deutlichkeit der Rede; deutliche Schreibart.
Clarté des yeux, die Klarheit der Augen, ein ſcharfes Geſicht.
Clarté de la voix, eine helle Stimme.
Clarté de l'or, des pierreries, der Glanz des Golds; der Edelgeſteine.

CLASSE, ſ. f. Ordnung; Reihe. On range les corps naturels en diverſes *claſſes*, des minéraux, des végétaux, des animaux, man ſetzt die natürliche Cörper in gewiſſe Ordnungen, der Erdſäfte, Gewächſe und Thiere. Servius Tullius diſtribua le peuple Romain en cinq *claſſes*, & ceux de la cinquième étoient le menu peuple, Servius Tullius theilete das Römiſche Volk in fünf Reihen, und die fünfte Reihe war der gemeine Mann.
Un auteur de la prémière *claſſe*, ein Scribent, der in der oberſten Reihe ſtehet.
Classe, rang, troupe d'écoliers, eine Claſſe; Abtheilung der Schule, ein Haufen Schüler.
Classe, der Ort, wo die Träger auf Arbeit warten.

CLAS-

CLASSES, (in der Seefahrt) die Register, welche in Frankreich über alle Matrosen und Seeleute gehalten werden.

CLASSIQUE, adj. c. auteur *classique*, ein Autor, oder ein Buch, das in den Schulen erkläret wird, oder auch, das man allenthalben gelten läßt in seinem Inhalt, als Plato, Livius, &c.

CLAUDE, ſ. m. & f. Claudius und Claudia, ein Manns- und Weibername.

CLAUDINE, ſ. f. Claudina, ein Weibername.

CLAVEAU, ſ. m. Drüsen; Krankheit der Schaafe.

CLAVEAU, (in der Baukunst) ein Schlußstein über eine Thür oder Fenster.

CLAVECIN, voiés CLAVESSIN.

CLAVELE', ée, adj. mit Blattern angesteckt; aussätzig; figürlich, mit einer Ketzerey angesteckt.

CLAVESSIN, ſ. m. ein Clavezimbel, eine Art Spinet, ein Instrument.

CLAVETTE, ſ. f. ein Vorkeil, Schliesse, so durch einen grossen eisernen Nagel unten durchgeht, ihn damit fest zu machen, daß er nicht heraus kan; oder sonst ein Nagel, den man einsteckt, etwas zu befestigen.

CLAVICULE, ſ. f. (in der Anatomie) das Brustbein.

CLAVIER, ſ. m. ein Schlüsselring oder Riemen, woran man die Schlüssel trägt.

CLAVIER, das Clavier an einer Orgel, oder anderm musicalischen Instrument.

Arroſer le *clavier* de la nature, trinken.

CLAUSE, ſ. f. ein Satz, eine Clausel, ein Beding, so man in einem Contract, Testament ꝛc. setzt; ein Umstand bey einer Sache.

CLAUSOIR, ſ. m. (in der Baukunst) der Schlußstein in einer gleichen Mauer.

CLAUSTRAL, e, adj. was zum Kloster gehört. Offices *claustraux*, Klosterämter. Discipline *claustrale*, Klosterzucht.

CLAYE, ſ. f. geflochtene Hürde, Flechte; in einander geflochtene Aeste. Passer à la *claye*, (im Gartenbau) Erde durchreutern, durchsieben.

Trainer ſur la *claye*, einen Uebelthäter nach dem Richtplatz schlaifen.

CLAYON, ſ. m. ein Käsekorb, oder anderer geflochtener Korb.

CLAYONNAGE, ſ. m. ein geflochten Werk oder dünne Stangen, auf welche man den Rasen (Wasen) bey einer Abdachung legt, daß die Erde nicht hinunter falle.

CLECHE', ée, adj. (in der Wappenkunst) croix *clechée*, tolosanisch Creutz; Schlüsselringcreutz.

CLEF, sprich CLE', ſ. f. ein Schlüssel.

Cette place est la *clé* du païs, diese Festung ist der Schlüssel des Landes.

Gentilhomme à la *clé* d'or, ein Cammerherr.

CLE' en bossage, Schlußstein bey ausgesetzten Steinen.

CLE', (in der Music) ein Clavis, als g, c, b, aus welchem ein Lied geht.

CLE', das Alphabet zu einer verborgenen Schreibart mit Zeichen.

Fausse *clé*, ein Nachschlüssel, Dietrich.

Clé faussée, oder forcée, ein verdrehter Schlüssel.

Jetter les *clés* ſur la fosse, die Schlüssel aufs Grab legen, sich der Erbschaft begeben.

Puissance des *clés*, in der Theologie, das Amt der Schlüsseln.

Avoir la *clé* des champs, die Freyheit haben hinzugehen, wo man will.

CLE' de voute, der Schluß- oder Mittelstein, ein Gewölbe zu schliessen.

CLE' de pistolet, d'arquebuse, ein Büchsenspanner.

CLE' de lit, ein Werkzeug, die Schrauben ein- und auszuschrauben an einem Bett.

CLE' d'épinette, de clavessin, ein Stimmhammer.

la CLE' d'un pressoir, eine Schraube, die Presse enger und weiter zu machen.

CLE' d'étau, das Eisen, womit man einen Schraubstock auf- und zuschraubt.

CLE' à vis, ein Schraubenschlüssel.

la CLE' d'une montre, der Uhrschlüssel.

CLE' de meute, ein guter Hund, der die andern wieder zurecht bringt, wenn sie sich verlaufen.

CLE' de poutre, ein Eisen, das durch den Balken geht, ihn in der Mauer zu befestigen.

CLE' au bande de fer, eine eiserne Klammer um etwas hölzernes.

CLE', (auf den Schiffen) was allerley Stücke desselben fest hält, es sey von Eisen oder Holz, als eine grosse Schraube; ein Zapfen, wodurch die Stücke eines Mastbaums an einander befestiget werden; ein Seil, das ein Schiff auf der Seite hält, wenn man es ins Wasser lassen will.

demi-CLE', ein Knoten von einem Seil an einem andern, oder auf was anders.

CLE' de forme, ein Stück Holz in einem gespaltenen Laiste bey den Schustern; item ein solch Holz, die Stiefeln zu erweitern, wird *clé* d'embouchoir genannt.

la CLE' d'une fontaine, der Zapfen, Hahn oder Schraube an einer Brunnenröhre.

Quelqu'un a perdu la *clé* de ſon derriére, es hat einer einen Wind gelassen.

CLE'MATIS, ſ. f. Sinngrün, ein Kraut.

CLE'MATITE, ſ. f. ein Kraut, Waldrebe.

CLE'MENCE, ſ. f. Gütigkeit, Gnade, so die Beleidigungen verzeihet und die Stra-

Mm

se lindert, wird nur von denen gesagt, so Macht über Leben und Tod haben, bey andern Menschen.

CLE'MENCE, Clementia, ein Weibername.

CLE'MENT, e, adj. gnädig, gütig.

CLE'MENT, ein Mannsname.

CLE'MENTINES, s. f. plur. ein Stück vom Jure Canonico, so aus den Constitutionen Pabst Clemens des V besteht.

CLENCHE, s. f. eine Schnalle oder Klinke an einer Thür.

CLEPSYDRE, s. f. eine Uhr oder Seiger, der vor diesem an statt des Sandes Wasser durchtropfte, eine Wasseruhr.

CLE'RAGRE, s. f. eine Krankheit der Falken an den Flügeln und Federwerk.

CLERC, s. m. eine geistliche Person.

Conseiller CLERC, ein Rath im Parlament, dessen Dienst auch sonst geistliche Personen gehabt hatten.

CLERC à simple tonsure, ein Mönch, der die Weih nicht hat; ein Layenbruder, der nur bloß beschoren ist.

CLERC de chapelle, ein Bedienter bey königlichen Französischen Personen unter den Aumoniers und Capellanen &c. der zur Messe dient.

CLERC, ein Gelehrter; Studirter.

Ton frère n'est pas grand *clerc*, dein Bruder hat nicht viel studiret. Il n'est pas grand *clerc* en ceci, er ist hierinnen noch ganz unerfahren.

CLERC d'office, Küchenschreiber.

CLERC d'armes, ein junger angehender Soldat.

CLERC de greffe, ein Gerichtsschreiber.

CLERC d'Avocat, eines Advocaten Schreiber.

CLERC de Notaire, ein Schreiber.

maître CLERC, der vornehmste Schreiber.

un pas de CLERC, vice de CLERC, ein Fehler, der aus Unwissenheit oder weniger Erfahrung begangen wird, und zwar das Letztere absonderlich im Schreiben.

CLERC du guet, ein Unterofficier, der in den Seehäfen und auf den Küsten die Wachen zusammen ruffen, und der Admiralität von allem Bericht erstatten muß.

Compter de *clerc* à Maitre, nur Ausgabe und Einnahme verrechnen, aber nicht dafür stehen.

CLERGE', s. m. die Geistlichen insgesamt, der geistliche Stand, die Clerisey. Assemblée du *clergé*, Versammlung der Geistlichkeit.

CLE'RICAL, e, adj. geistlich oder priesterlich. Habit *clérical*, geistliche Kleidung.

CLE'RICALEMENT, adv. geistlich, nach der Weise der Geistlichen, dem geistlichen Stand gemäß.

CLE'RICATURE, s. f. der Stand der Geistlichen. Alléguer sa *cléricature* pour être renvoié à son juge ecclésiastique, seinen geistlichen Stand anziehen (vorschützen) und an seinen geistlichen Richter appelliren.

CLEVES, s. f. Cleve, Stadt und Herzogthum.

CLEVOIS, e, subst. & adj. Clevisch, oder einer aus Cleve.

CLIENT, s. m. der seine Rechtssache einem Sachwalter vertrauet. -Il désire être vôtre *client*, er begehret sich unter euren Schutz zu begeben.

CLIENTE, s. f. Clientin.

CLIENTELE, s. f. vor diesem bey den Römern der Schutz vornehmer Bürger, jetzt Schutz und Schirm.

CLIGNEMENT, s. m. das Blinzeln, oftmalige Zuthun der Augen.

CLIGNE-MUSETTE, s. m. jouër à *clignemusette*, blinde Maus oder blinde Kuh spielen.

CLIGNER, v. a. winken, blicken mit den Augen. Je n'ai pas *cligné* l'œil de toute la nuit, ich habe die Nacht kein Auge zugethan.

CLIGNOTER, v. a. blinzeln, die Augen oft auf und zumachen.

CLIGNOTEMENT, s. m. das Bewegen der Augliedern, das Blinzeln.

CLIMAT, s. m. ein geographisch Wort, ein Stück von der Erdkugel, ein Strich zwischen zwey Parallelcirkeln vom Æquatore gegen die Polos zu, deren Mittelpunct der Polus ist.

CLIMAT, die Linie, welche den Unterscheid der Climaten macht; bisweilen heißt es auch ein gewiß Land, eine Gegend, ein Strich Landes. *Climat* chaud, froid, doux, eine warme, kalte, gelinde Landesgegend.

CLIMATE'RIQUE, adj. c. an oder année *climatérique*, ein Stuffenjahr, ist allezeit das siebende oder neunte von der Geburt an zu rechnen.

CLIN, s. m. wird nur zu œil gesezt; un *clin* d'œil, ein Augenblick. En un *clin* d'œil, im Augenblick, augenblicklich. Faire signe d'un *clin* d'œil, mit einem Augenwink ein Zeichen geben.

CLINART, s. m. gewisse ebene Schiffe in Schweden und Dännemark.

CLINCAILLE, s. f. allerhand eiserner, kupferner und meßingener Hausrath und Rüstung, als Degenklingen, Messer, Scheren, Kessel, Leuchter u. d. g. kleine Waaren; item spottsweise die kupfernen Münzen. Vous ne me donnés que de la *clincaille*, ihr gebet mir lauter Lumpengeld (Heller; Pfennige; Dreyer, u. d. g.)

CLINCAILLERIE, s. f. der Handel mit kleiner Waare.

CLIN-

CLINCAILLER, *f. m. e, f.* ein Kauffmann der mit kleiner Waare handelt.
CLINIQUE, *adj.* (in der Gottesgelehrtheit) wird von einem gesagt, der auf seinem Todesbette getauft; item ein bettlägeriger Mensch. La medecine *clinique*, die Wissenschaft die Kranken zu besuchen.
CLINOÏDES, Fortseßer des Keilbeins an der Hirnschale.
CLINOPODIUM, *f. m.* Wirbeldost, ein Kraut.
CLINQUAILLE, CLINQUAILLERIE, CLINQUAILLER, *v.* CLINCAILL.
CLINQUANT, *f. m.* Lahn. *Clinquant* d'argent, d'or, silbern, gülden Lahn.
CLINQUANT, falscher Schein.
CLINQUANTER, *v. a.* mit Rauschgold besetzen.
CLIO, *f. f.* eine von den neun Musen.
CLIQUART, *f. m.* eine Art Steine um Paris.
CLIQUE, *f. f.* de sa *clique*, seines gleichen. Nous sommes de la même *clique*, wir sind von einer Bande.
CLIQUET, *f. m.* die Klapper in der Mühle; ein Plaudermaul.
CLIQUET, der Schneller am Feuerschloß.
CLIQUETIS, *f. m.* das Geräusch oder Getös der Waffen, wenn sie an einander gestoßen werden.
CLIQUETTE, *f. f.* eine Klapper von zwey Beinen oder Hölzern zwischen den Fingern; it. eine Siechenklapper.
CLIQUETTES, *f. f. plur.* Stein, welche in der Mitten ein Loch haben, und von den Fischern an ihre Neße gebunden werden, damit sie sich in das Wasser senken.
CLITORIS, *f. m.* (in dem Geburtsglied der Weiber) das Schamzünglein, die weibliche Ruthe, der Kißler.
CLIVER un diamant, ein Diamant spalten.
CLOAQUE, *f. m. & f.* ein Gang oder Canal in der Erde, die Unreinigkeit in der Stadt abzuführen.
CLOAQUE, eine stinkende Person; Stinkbock.
CLOCHE, *f. f.* eine Glocke, es sey zum Läuten, oder dem Vieh anzuhängen, oder zu anderm Gebrauch.
Fondre la *cloche*, den endlichen und leßten Schluß machen.
Il est étonné comme un fondeur de *cloche*, er ist bestürzt; daß die Sache wider alles Vermuthen mißrathen ist.
Gentils-hommes de la *cloche*, Edelleute die es durch das Amt werden, (denn es sind Aemter, wozu man die Beamten beym Glockenklang wählet.
Faire sonner la grosse *cloche*, von einem reden, der das meiste Ansehen in einer Sache hat.

CLOCHE, bedeutet ein gewisses Küchengeschirr, Obst darunter zuzurichten, so als eine Glocke gestaltet ist, und oben glüend gemacht wird.
CLOCHE, ein Glas das man über Melonen und Gurken stellt, daß ihnen die Kälte nicht schadet.
CLOCHE, ein glockenförmiges hölzernes Instrument, in welchem man sich in den Grund des Meers lassen kan.
CLOCHE, der Kelch oder Boden an einigen Blumen.
CLOCHE, eine Blase auf der Haut, von Arbeit oder Brand.
CLOCHÉ, ée, *adj.* mit einer Glocke zugedeckt, wird von den Gartengewächsen gesagt.
CLOCHE-FERME, *f. f.* eine Viehglocke oder Schelle, die zugestopft ist, daß sie nicht klinge.
CLOCHE-PIÉ, *adv.* auf einem Fuß stehend oder hüpfend.
CLOCHE-PIE, eine Gattung Organsinsreiden, welche drey Fachen hat.
CLOCHER, *f. m.* ein Glockenthurn, Kirchthurn.
CLOCHER, Kirchspiel; Pfarr. Cette province a tant de *clochers*, in dieser Landschaft sind so viel Kirchspiele.
Il se bat des pierres de son *clocher*, er hat Streit wegen seinem geistlichen Einkommen oder Pfründe.
CLOCHER, *v. n.* hinken, knappen.
Il ne faut pas *clocher* devant les boiteux, *prov.* vor klügern Leuten muß man sein Vorhaben nicht merken lassen; item man muß sich nicht groß machen, daß man etwas verstehe, vor Leuten die es besser verstehen; item man soll niemand wegen eines natürlichen Fehlers spotten.
CLOCHER, nicht redlich handeln.
CLOCHETTE, *f. f.* ein Glöcklein; eine Schelle.
CLOCHETTES, *f. f. plur.* Glockenblumen.
CLOISON, *f. f.* ein Verschlag, oder eine Riegelwand, von Mauerwerk oder Bretern.
CLOISON à jour, ein Verschlag von gewisser Höhe, mit Stollen oder anderm Holz, da man durchsehen kan.
CLOISON de serrure, die Platte worinnen die Feder eines Schlosses ist.
CLOISONNAGE, *f. m.* eine Zäunung, Vermachung, Einfassung, Verschlagung.
CLOÎTRE, *f. m.* ein Kloster; ein verschlossener Ort.
CLOÎTRE, Kreußgang eines Klosters.
CLOÎTRER, *v. a.* ins Kloster thun.
CLOÎTRIER, *adj. m.* moine *cloîtrier*, der Thorwärter oder Schliesser im Kloster.

Prieur Cloîtrier, der Vater Prior im Kloster.
CLOPER, CLOPINER, v. n. hinken, klappen.
CLOPORTE, s. m. & f. eine Schabe oder Motte.
Cloporte, Mauerassel, Asselwurm, Kellerwurm. (Müllereselⱽ.)
CLORRE, v. a. (im Rechtshandel) schliessen; vollenden.
Clorre un compte, un inventaire, eine Rechnung, Verzeichniß schliessen.
Clorre, beschliessen, umgeben, vorhägen. Clorre une ville de murailles, eine Stadt mit Mauern umgeben.
Clorre, schliessen, zuthun. Clorre les yeux pour dormir, die Augen zuthun, wenn man schlafen will.
Clorre, (bey dem Korbmacher) das Reis einstecken, flechten.
Clorre la bouche à quelqu'un, einem das Maul stopfen, machen, daß er nicht weiter reden kan.
Clorre le pas dans les joûtes & tournois, einen Turnier enden.
CLOS, e, part. & adj. geschlossen.
à huis clos, bey verschlossener Thüre. Cause qu'on plaide à huis clos, eine Rechtssache so bey verschlossenen Thüren verhandelt wird. Ville close, eine verschlossene Stadt. Jardin clos, verzaunter Garten. Si-tôt qu'il eut les yeux clos, on l'oublia, so bald er gestorben war, vergaffe man seiner.
Clos, s. m. Ringmauer; Umfang; Zaun. Un clos de couvent, eine Klostermauer. Clos de vigne, Zaun eines Weinberges. Pâques closes, der Sonntag Quasimodogeniti, der auf Ostern folget. Champ clos, Schranken, worinnen man kämpft.
Lettres closes, undeutliche Sachen, die einer nicht versteht; it. heimliche Sachen. Bouche close, ihr müßt verschwiegenen Mund haben.
à yeux clos, blindlings, tummer Weise.
Tenir le locataire clos & couvert, eines Zinnsmanns Wohnung wohl in Schloß und Dach halten.
Se tenir clos & couvert, sich innen halten, zu Hauß bleiben; item sich vorsehen, auf seine Sicherheit bedacht seyn.
CLOSSEMENT, s. m. das Glucken.
CLOSSER, v. n. glucken wie eine Henne.
CLOSTRAL, v. CLAUSTRAL.
CLOTOIR, s. m. ein Werkzeug der Korb- oder Siebmacher, ein Korbhammer oder Stecher.
CLÔTURE, s. f. eine Einfassung mit einem Zaun, Gelander, Gitter, oder sonst etwas; ein einsames und eingezogenes Leben; das Klosterleben. Mur de clôture, Scheidewand zwischen zweyen Höfen. La rivière sert de clôture à ce jardin de ce côté-là, dieser Garten wird von einer Seite von dem Fluß beschlossen. La clôture d'un couvent, der Umfang eines Klosters; alles was in der Klostermauer beschlossen ist.
Clôture, Schluß; Vollendung. Clôture d'un compte, Rechnungsschluß. Clôture d'une assemblée, Beschluß einer Versammlung.
CLÔTURIER, s. m. Korbmacher, so allein dichte Arbeit verfertiget.
CLOU, s. m. ein Nagel. Clou à la tête, Lattnagel. Clou à roue, Radnagel. Un clou chasse l'autre, prov. eine Noth, oder eine Regung vertreibt die andere. River le clou à quelqu'un, einem die Meynung sagen. Je n'en donnerois pas un clou, ich wollte nicht einen Pfifferling davor geben. Cela ne tient ni à fer, ni à clou, das Ding ist nicht recht fest gemacht.
Clou, ein Blutgeschwür.
Clou de girofle, Würznelken.
CLOUCLOUDE, s. f. kleine Windrosen.
CLOUCOURDE, s. f. Kornblume.
CLOUER, v. a. nageln, annageln. Etre cloué à quelque chose, en quelque lieu, an einer Sache, an einem Ort vest seyn; nicht davon abkommen können. Une gravité clouée, eine beständige (unbewegliche) Ernsthaftigkeit.
CLOVIS, s m. ein Mannsname, Ludwig. (jetzt sagt man Louis.)
CLOUSIAUX, s. m. pl. der Umfang oder die Grenzen einer Pfarre, so weit sich die geistliche Aufsicht eines Pfarrherrn erstreckt.
CLOUTER, v. a. mit Nägeln versehen.
CLOUTERIE, s. f. Nagelschmiedsarbeit, Nagelhandel.
CLOUTIER, s. m. ein Nagelschmied, Nagler; Nagelhändler.
CLOUTIERE, s. f. Amboß des Nagelschmieds; item das Nageleisen am Amboß insonderheit.
CLOUVERE, CLOUVIERE, s. f. das Nageleisen, worinnen die Nagelschmiede die Nägel machen, und worauf sie die Platten formen.
CLUSE, s. f. das Schreyen des Falkeniers, wenn er den Hund in den Busch ruft, wohin der Falke das Rebhuhn gejagt hat.
CLUSER, v. a. la perdrix, das Rebhuhn durch Herbeyruffung des Hundes aufjagen.
CLYMENUM, s. m. wilde Ziefererbsen.
CLYSSUS, s. m. in der Chymie eine Vermischung des Salzes, der Spirituum, und der

der Oele von Antimonio, Nitro, mit halb Schwefel distilirt.

CLYSSUS d'Antimoine, ein saurer Spiritus von der rohen Minera des Antimonii gezogen.

CLYSTERE, *s. m.* ein Clystier.

CO, ou COS, ein Kraut in China, welches in der Provinz Fokien wachset, und daraus man Tuch machet.

COACTIF, ive, *adj.* der das Recht hat zu zwingen.

COADJUTEUR, *s. m.* der einem Bischof, oder einer vornehmen geistlichen Person, zur Hülfe gegeben ist, und ihr dereinst im Amt folgt.

COADJUTEUR, (bey den Jesuiten) ein Ordensgenoß, der das vierte Gelübd noch nicht gethan.

COADJUTRICE, *s. f.* eine Person, so der Aebtißin bey ihrem Amt zugeordnet ist, und ihr nach ihrem Tod folgt.

COADJUTORERIE, *s. f.* das Amt oder die Würde eines Coadjutoris.

COAGIS, *s. m.* der die Geschäfte eines andern verrichtet; so werden in Levante die Commißionaires genannt.

COAGULATION, *s. f.* die Gerinnung, das Gestehen; das Dickwerden, die Verdickung.

COAGULER, *v. a.* dickmachen, verdicken; stehend oder gerinnend machen.

se COAGULER, *v. r.* zusammen laufen, dick werden, gerinnen, gestehen.

COAILLE, *s. f.* grobe Wolle, als von den Schwänzen der Schaafe.

COAILLER, *v. n.* mit dem Schwanz wackeln, wadeln.

COASSEMENT, *s. m.* das Quacken der Frösche.

COASSER, *v. n.* quacken, als Frösche.

COATI, *s. m.* ein Thier mit einem langen Rüssel, das gewohnt ist seinen Schwanz zu beugen.

COBALT, ou COBOLT, *s. m.* (in denen Bergwerken) Kobolt, ein Mineral, daraus Wißmut, Arsenicum, Schmalten ꝛc. gezogen werden.

COBIT, *s. m.* eine gewisse Elle in Indien.

COBRE, *s. f.* eine Chinesische Gattung Ellen.

COBRE verte, ou Bojobi, eine Schlang in Braßilien.

COBRISCO, in Chyli und Peru heisset man das Silbererz also, wenn es gräulicht aussiehet.

COCA, ein Peruanisches Gewächs, dessen Frucht für Schiedmünz gebraucht wird.

COCAGNE, COCAIGNE, *s. f.* (in Languedoc) ein ganzes Stück von zubereitetem Weidekraut, ehe es klein gemacht, und den Färbern verkauft wird; und weil dieses Kraut nur an fruchtbaren Orten wächst, auch 5 bis 6 mal kan genossen werden, nennet man ein fruchtbar Land, wie Oberlanguedoc, país de *cocagne*, Schlaraffenland.

COCATRIX, oder COCATRIS, *s. m.* eine Art Basilisken.

COCCUS, *s. m.* der Baum, der Scharlachbeeren trägt.

COCCYX, *s. m.* das Schloßbein, das den Mastdarm, Blase und Mutterhals fest hält.

COCHE, *s. m.* eine Kutsche; Landkutsche.

COCHE, ein Fahrschiff auf Flüssen, so zur Bequemlichkeit der Reisenden gehalten wird, ein Marktschiff.

COCHE, *s. f.* eine Kerbe, als am Armbrust, wo die Senne hinein gespannt wird; it. auf einem Kerbholz.

COCHE, *s. f.* eine Sau oder Schweinsmutter.

COCHE, ein dickes schmutziges Weib. Fi, la vilaine *coche!* pfuy, du unflätige Sau!

COCHEMAR, *s. f. v.* CAUCHEMAR.

COCHENILLAGE, *s. m.* das Färben mit Kutzenellen.

COCHENILLE, *s. f.* Scharlachbeer; item ein Wurm in dergleichen Beeren, der auch zum Färben dient.

COCHENILLER, *v. a.* in Cochenille färben.

COCHENILLER, *s. m.* der Baum auf welchem die Cochenilleserlein sich aufhalten und ernähren.

COCHER, *s. m.* der Kutscher.

Cocher du corps, Leibkutscher.

COCHER, *v. a.* (von Vögeln) treten. Le coq *coche* la poule, der Hahn tritt die Henne.

COCHET, *s. m.* ein kleiner Hahn.

COCHEVIS, *s. m.* eine Heidelerche, Haubelerche.

COCHIVES, so nennet man in Peru die kleinen Gefässe, welche man an die abgeschnidtene Aeste des Baums hänget, aus welchen der peruanische Balsam triefet.

COCHLEARIA, *s. m.* Löffelkraut.

COCHON, *s. m.* ein Schwein, Sau; im Scherz, ein dicker Mensch. *Cochon* de lait, Spanferkel. *Cochon* d'engrais, Mastschwein. *Cochon* gras, ein fett Schwein. Gros *cochon*, grobe Sau.

COCHON d'eau, Wasserschwein, ein Thier, welches im Wasser und auf dem Land lebt; es hat die Gestalt eines Schweins, einen Hasenkopf und keinen Schwanz; sitzet aufrecht wie ein Aff. Die Portugiesen heissen es Capivard.

COCHON de mer, Meerschwein; ein Meerfisch, der sonsten Marsouin genennet wird.

COCHON d'Inde, ein Meerschweinlein.

Des yeux de *cochon*, kleine Aeuglein.

Il faut mourir petit *cochon*, il n'y a plus

plus d'orge, vulg. es ist aus mit uns, es ist auf das Aeusserste kommen.

COCHONNE'E, s. f. eine Zucht Ferkel, ein Wurf, so viel als ein Schwein auf einmal bekomt.

COCHONNER, v. a. junge Ferkel bringen oder werfen.

COCHONNET, s. m. ein klein Ferkel.

Cochonnet, s. m. Würfel von zwölf Flächen.

COCO, s. m. eine Art Palmbaum, der die Cocosnüsse trägt; item eine Cocosnuß.

COCOLE, s. f. Nickelchen, ein Weibsname.

COCON, v. COUCON.

COCOTIER, s. m. ein Cocosnußbaum.

COCS, die gefärbte Kreiden, ehe man sie zu Pulver reibet.

COCTION, s. f. die Dauung; (in der Chymie) die Zubereitung durchs Feuer.

COCU, s. m. ein Kukuk; ein Gauch.

Cocu, ein Hahnrey.

COCüAGE, s. m. der Hahnreystand.

COCUFIER, v. a. einen zum Hahnrey machen.

COCYTE, s. m. einer von den vier Höllenflüssen bey den Poeten.

CODE, s. m. der Codex, ein Stück des römischen Rechts.

Code, Recht; Verfassung gemeiner Gesetze. *Code* Grégorien, *Code* Théodosien, das Buch der Rechte des Gregorii, des Theodosti. Le *Code* Henri, le *Code* Louis, Buch der Satzungen des Heinrichs, des Ludwigs. *Code* de droit Saxon, das Sächsische Recht.

Code, (ein altes Wort) Wetzstein.

CODICILLAIRE, adj. c. Legs *codicillaires*, ein Legat durch ein Codicill vermacht. Clause *codicillaire*, wird an ein Testament gehänget, daß, wenn dieses nicht als ein förmlicher lezter Wille geachtet werden möchte, es doch als ein Codicill gelten sollte.

CODICILLE, s. m. eine Schrift, dadurch einer, der ein Testament gemacht hat, etwas zusezt oder verändert.

CODILLE, s. m. im Lomberspiel derjenige, so ein Spiel gewinnt, ob er schon nicht der Hauptspieler gewesen ist.

Codille, s. f. der Satz, den einer im Lomberspiel gewinnt, der nicht selbst gespielt hat.

Gagner *codille*, oder de *codille*, wenn man mehr Stiche oder Lesten macht, als der so spielt.

CODONATAIRE, s. & adj. c. der auch an einer Schenkung Theil hat.

COëFFE, s. f. eine Weiberhaube. *Coëffe* de nuit, Schlafhaube; Schlafmützenfutter.

Coëffe de chapeau, das Hutfutter.

Coëffe, (in der Anatomie) das Netz, welches die Gedärme umgiebt.

Coëffe, ein Häutlein, das theils Kinder auf dem Kopf mit auf die Welt bringen, (vulg. Glückhäublein.)

COëFFER, v. a. das Haupt schmücken, die Haare aufsetzen und zurecht machen.

Coëffer, den Kopf mit etwas decken, oder decken lassen.

Coëffer, solche Arbeit verfertigen, womit man den Kopf bedecken kan.

Cette perruque ou ce chapeau vous *coëffe* bien, die Varuque oder der Hut steht euch wohl auf dem Kopf, schickt sich wohl zu eurem Gesicht &c.

Coëffer une bouteille, etwas oben auf den Kork oder Zapfen machen, daß der Wein nicht auslaufen kan.

Les chiens ont *coëffé* ce sanglier, die Hunde haben das wilde Schwein bey den Ohren gefaßt.

Coëffer quelqu'un, einem einen Rausch zubringen. Il est aisé à *coëffer*, man kan ihm leicht einen Rausch anhängen. Il a *coëffé* sa femme comme il faut, er hat sein Weib rechtschaffen zugedeckt (mit Schlägen.)

se Coëffer, v. r. sich selbst die Haare aufsetzen, sich den Kopf putzen oder zurecht machen.

se Coëffer, sich etwas auf den Kopf setzen.

se Coëffer, sich etwas in den Kopf setzen.

se Coëffer, sich verlieben.

se Coëffer, sich voll trinken.

COëFFE', ée, part. am Kopf geschmückt, aufgepuzt.

Une femme *coëffée* en païsanne, eine Frau die eine Baurnhaube aufhat.

Il aimeroit une chèvre *coëffée*, er verliebt sich in alle Weiber.

Il est bien *coëffé*, die Veruque oder der Hut steht ihm wohl.

Il est né *coëffé*, er ist sehr glücklich.

Un chien bien *coëffé*, ein Hund mit sehr langen hangenden Ohren.

Etre *coëffé* d'une opinion, d'une affection, mit einer Meynung oder Liebe eingenommen seyn.

Il est *coëffé* de cette fille, er ist in diese Jungfer verliebt.

Bouteille bien *coëffée*, eine wohl vermachte Flasche.

COëFFEUR, s. m. euse, f. einer oder eine, welche andern das Haupt schmückt.

COëFFURE, s. f. Hauptschmuck.

COëGAL, e, adj. gleich, als an Würde &c. wird von den Personen in der Gottheit gesagt.

COëNNE, v. COINE.

COëRCITIF, ve, adj. das da zwingt, oder zwingen kan.

COëR-

COËRCITION, *s. f.* der Zwang einer Obrigkeit. (in Gerichten) Bestrafung; Züchtigung.
COËTERNEL, lle, *adj.* gleich ewig.
COËVÊQUE, *s. m.* ein Weihbischoff. (ist alt.)
COEUR, *s. m.* das Herz. Je l'aime de tout mon cœur, ich liebe ihn von ganzem Herzen. Ses yeux démentent son cœur, seine Augen und sein Herz stimmen nicht überein.
COEUR, der Magen. Celà me fait soulever le cœur, das macht mir den Magen aufstoßen.
COEUR, Muth, Herzhaftigkeit, Großmuth. Contre mauvaise fortune, bon cœur, zum Unglück gehört ein guter Muth.
COEUR, Liebe, Freundschaft. Trouver le chemin du cœur de quelque belle, die Liebe einer Schönen gewinnen. Jetter son cœur à la tête des gens, jedermann seine Freundschaft antragen. Avoir le cœur droit & sincére, redlich und aufrichtig gesinnet seyn. Se donner au cœur joie, seine Begierde sättigen.
Il a tiré au cœur, er hat sich gebrochen, übergeben, gespyen.
à cœur jeun, nüchtern.
Celà touche au cœur, das schmeckt trefflich.
Il a bon cœur, il ne rend rien, er giebt das nicht leicht wieder, was er unrechtmäßig in sich geschluckt hat.
Il a quelque chose sur le cœur, es liegt ihm etwas auf dem Herzen.
Il s'en est déchargé le cœur, er hat sein Herz ausgeschüttet.
Il en a le cœur net, es ist ihm weg vom Herzen.
Mettre le cœur au ventre à quelqu'un, einen wieder gutes Muths machen.
Ce cheval est en cœur, diß Pferd ist munter, muthig.
Cheval de deux cœurs, ein unbeständig Pferd.
L'ami du cœur, Herzensfreund.
Apprendre par cœur, auswendig lernen.
Parler par cœur de quelque chose, verwegen, ohne rechten Verstand von etwas reden.
Faire dîner quelqu'un par cœur, mit dem Essen nicht auf einen warten, ihm nichts überlassen.
Avoir le cœur haut & la fortune basse, sich ungeachtet seiner Armuth viel einbilden.
De bon cœur, gern, mit Freuden.
Mon cœur, mein Herz, mein Schatz.
COEUR, die Herzfarbe in der Karte.
COEUR, die Mitte oder das Innerste eines Dinges. Le cœur de la ville, du païs, die Mitte der Stadt, das Innerste des Lands.

Au cœur de l'hyver, mitten im Winter.
Cœur de noïer, das Mittelste, der Kern vom Nußbaum.
Cœur de l'écu, eine Versenkung in der Mitte eines Wappenschilds.
Cœur d'une verge de plomb, der Kern im Fensterbley, das Mittelste das zwischen die Scheiben kömmt.
Cœur de cheminée, das Innerste im Camin.
COFFIN, *s. m.* ein runder hohler Korb von Weiden mit einem Deckel und Handhebe.
se COFFINER, *v. r.* sich schließen, wird von den Nelkenblumen gesagt, wenn ihre Blätter welken und anlaufen.
COFFRE, COFRE, *s. m.* eine Kiste, Kuffer, oder ein Kasten; (in einigen Ländern) die Kleider und anders, so eine Braut von ihren Eltern bey der Ausstattung mit bekommt.
Coffre fort, ein Geldkasten.
Raisonner, parler comme un coffre, ohne Verstand reden.
Une fille belle au coffre, eine Jungfer die nicht von Gestalt, sondern wegen Reichthums zu lieben ist.
Piquer le coffre, (bey Hof) lang in der Antichambre eines grossen Herrn warten müssen.
les COFFRES du Roi, des Königs Schatz.
les COFFRES, die Unkosten, als va sur les coffres d'un tel, das geht auf seine Unkosten. Il est ici sur mes coffres, er liegt auf meine Unkosten hier.
des COFFRES à avoine, Pferde, so viel fressen.
Il s'entend à celà comme à faire un coffre, er versteht sich nicht darauf.
Rire comme un coffre, mit vollem Halse lachen.
COFFRE, (in gemeinen Reden) der Todtensarg.
COFFRE, (bey den Buchdruckern) der Karren an der Presse.
COFFRE, (bey Belagerungen) ein ausgehöhlter Ort in trockenen Gräben, die Belagerten abzuhalten.
COFFRE, (bey den Instrumentmachern) der Bauch an einer Laute oder an einem Clavier.
COFFRE, (in der Anatomie) der hohle Leib unter den Rippen.
COFFRE, (auf der Reitbahn) der Leib oder Bauch einer Stute.
COFFRE, (bey den Jägern) der Leib eines Hirschen oder Rehbocks, wenn das Wild, oder Jägerrecht davon weg ist. Le coffre d'un cerf, d'un chevreuil, ein ausgehauener Hirsch, Rehe.
COFFRER, *v. a.* ins Gefängniß setzen, als in einen Kuffer einschließen.
COFFRET, *s. m.* ein kleines Kistgen.

COFERE-

COFFRETIER, *f. m.* ein Kistenmacher.
COFFRETIER maletier, der Soldatenkisten, Felleisen, Pistohlhulstern macht.
COFFRETIER bahutier, der Kisten in die Haushaltung macht.
COGNASSE, COGNASSIER, *v.* COIGNASS.
COGNATION, *f. f.* (in der Rechtsgelehrsamkeit) Verwandtschaft.
COGNATIQUE, *adj. c.* succession *cognatique*, die Erbfolge da die Weiber in Ermanglung männlicher Erben zum Erbe kommen.
COGNE'E, *f. f.* eine Holzart, die einem Keil gleicht.
 Jetter le manche après la *cognée*, wenn das Pferd dahin, auch den Sattel und Zaum wegwerfen, alles verlohren geben.
 Aller au bois sans *cognée*, mit leeren Händen etwas anfangen.
COGNE-FETU, *f. m.* ein Mensch, der an geringe Sachen viele Mühe wendet; oder der sichs sauer werden läßt und doch nichts ausrichtet.
COGNER, *v. n.* einschlagen. *Cogner* un clou, einen Nagel einschlagen.
COGNER, *v. n.* stossen; anstossen; anklopfen. Il lui a *cogné* la tête contre ce poteau, er hat ihn mit dem Kopf an die Säule gestossen. *Cogner* à la porte, an der Thür klopfen. *Cogner* les ennemis, den Feind schlagen; in die Enge treiben. *Cogner* quelqu'un, einen abprügeln. Il a été *cogné*, er ist abgeprügelt worden.
se COGNER, *v. r.* contre quelque chose, sich an etwas stossen. Se *cogner* la tête contre un mur, *prov.* etwas Unmögliches unternehmen; vergeblich, umsonst sich bemühen.
COHABITATION, *f. f.* fleischliche Beywohnung.
COHABITER, *v. n.* fleischlich beywohnen.
COHE'RENCE, *f. f.* der Verfolg einer Rede, das Zusammenhängen derselben, oder einer Sache mit einer andern.
COHE'RITIER, *f. m. e, f.* Miterbe.
COHI, *f. m.* ein grosses Kornmaaß im Königreich Siam, ein Cohi hält im Gewicht 50 Centner.
COHOBATION, *f. f.* eine wiederhohlte Distillirung mit der Sache, woraus man etwas extrahirt hat, die volatilischen Sachen fix und das noch fixe volatil zu machen.
COHOBER, *v. a.* (in der Chymie) zwey Liquores bey einem gelinden Feuer mit einander digeriren lassen, oder das Ausgezogene mit der Materie, woraus es gezogen worden ist, nochmals abziehen.
COHORTE, *f. f.* ein Haufen Kriegsvolck bey den Römern von 500 Mann; in der der Poesie, allerley Kriegsvolck.
COHORTE, im Scherz, ein Haufen Leute.
COHUË, *f. f.* ein Lermen; ein Haufen Volks.
COHUË, eine Gerichtstube, wo viel Geschrey unter einander vorgeht.
COHYNE, *f. m.* ein Baum in America, welcher unten an denen Canibalischen Gebirgen wächset; er hat Blätter wie der Lorbeerbaum.
COI, COIE, *adj.* ruhig, still, friedlich.
 Se tenir *coi*, sich still halten.
COIFE, COIFFE, *v.* COeFFE.
COIGNAC, COGNAC. *v.* COIN, Winkel.
COIGNASSE, *f. f.* eine wilde Quitte.
COIGNASSIER, *f. m.* ein wilder Quittenbaum.
COIGNE'E, COIGNER, *v.* COGN.
COIGNIER, *f. m.* Quittenbaum.
COIMENT, *adv.* still, ruhig, friedlich. (ist alt.)
COIN, *f. m.* Quitte.
COIN, *f. m.* ein Keil, womit man Holz spaltet.
COIN, ein Winkel; eine Ecke.
 Coin de l'œil, der Augwinkel. *Coin* de rue, Gassecke. *Coin* de la cheminée, Raum vor dem Schornstein.
 Coin de beurre, ein Butterweck.
 Les quatre *coins* de la terre, die vier Enden der Welt.
 Il est mort au *coin* d'un blé, er ist hinter dem Zaun gestorben.
 Il ne bouge du *coin* de son feu, er kömmt nicht hinter dem Ofen hervür.
 Allés lui dire celà au *coin* de son feu, sagt ihm das in seinen vier Pfälen, wenn er auf seinem Mist ist.
 Ce gueux a la mine de demander l'aumône au *coin* d'un bois, dieser Bettler scheint ein Strassenräuber zu seyn.
 Tenir *coin*, (im Ballspiel) die Helfte des Spiels halten, ohne daß man seinem Nachbar zu nahe kommt, wenn nemlich zwey Personen auf einer Seite spielen. Il tient bien son *coin*, er führt sich wohl auf.
COIN de mire, (bey der Artillerie) der Richt- oder Stellkeil, der Schußkeil.
 Faire *coin* de même bois, einen Theil von der Materie, die man unter Händen hat, anwenden, dieselbe gar zu verfertigen.
COIN, (bey den Buchbindern) eine kleine Zierath, die auf den Rücken gemacht wird; auch der Stempel, womit solche Zierathen auf den Band gedruckt wird.
COIN, (bey den Schustern) der Keil der zwischen den Laist geschlagen wird, damit der Schuh weiter werde.
COIN de bas, (bey den Strumpfstrickern, Strumpfwebern) ein Zwickel unten am Strumpfe.

COIN,

COIN, (bey den Paruquenmachern) eine Haarlocke.
COIN, (bey den Goldschmieden) der Stempel, womit sie ihre Arbeit zeichnen.
COIN, (im Münzwesen) der Stempel, womit man prägt.
　Il est marqué au bon *coin*, er ist von gutem Schlag; ein ehrlicher Mann.
　Il est frappé à ce *coin*-là, er ist von wiederwärtiger Meynung.
　Les bons vers se marquent à ce *coin*-là, so müssen gute Verse beschaffen seyn.
COIN, (in der Kriegskunst) ein Dreyeck von Mannschaft.
COINS, die vier Eckzähne der Pferde, die sie bekommen, wenn sie fünfthalb Jahr alt sind.
COINS de la volte, die Enden an den vier Linien der Volte auf der Reitbahn, wenn man mit dem Pferd ins Gevierte arbeitet.
COINE, *s. f.* Schweinsleder, Speckschwarte.
COINT, e, *adj.* schön, geputzt, (ist alt).
COINTANCE, *s. f.* Bekanntschaft; Nachricht; it, Höflichkeit, (ist sehr alt).
COINTE', ée, *adj.* ist so viel als COINT.
COINTEMENT, *adv.* hübsch, artig, zierlich, (ist alt).
COÏON, *voiés* COYON.
COIRE, *s. f.* Chur, eine Stadt in Graubünden in der Schweiz.
COÏT, *s. m.* (bey den Naturkündigern) das Gatten oder Belaufen, da Männlein und Weiblein sich zusammen fügt, das Geschlecht zu mehren.
COÏTE, *s. f.* eine Kotze, Matratze; ein Federbett; (im Schiffbau) zwey Hölzer oder Balken, darauf das Schiff liegt, wenn man es will ins Wasser stossen; it. worauf ein Haspel liegt, und darauf umgedrehet wird, (ist alt).
COL, *s. m.* vor diesem der Hals; ist jetzt nur noch in der Anatomie gebräuchlich, und heißt, der Schlund an der Gebährmutter oder an der Blase; sonst spricht und schreibt man cou, v. COU.
COLACHON, *s. m.* ein musicalisch Instrument, als eine Laute, aber mit einem längern Hals, und nur mit zwey oder drey Saiten.
COLARIN, *s. m.* (in der Baukunst) das Frieß am Capital der Toscanischen und der Dorischen Säulen; it. das schmählste Theil zunächst am Capital.
COLAS, COLIN, *s. m.* Nickel, ein verkürzter Mannsname von Nicolaus.
COLATURE, *voiés* COLLATURE.
COLCHIQUE, *s. f.* ein Kraut und Blume, Wiesenzeitlosen, nackende Jungfern.
COLCOTAR, *s. m.* die grüne Vitriol, wenn er in der Erde durch ein unterirdisch Feuer calcinirt, oder durch die Kunst in einem starken Feuer roth gemacht worden ist.

COLERA-MORBUS, *s. m.* die Ergiessung der Galle übersich und untersich, da man durch ein stetig Erbrechen in weniger Zeit sterben muß; Gallsucht.
COLE'RE, *subst. f.* Zorn, Galle. Se mettre en *colère*, sich erzürnen. Moderer sa *colère*, seinen Zorn mässigen. Il a déchargé sur lui sa *colère*, er hat seinen Zorn über ihn ausgelassen.
　Il est en *colère*, er ist zornig.
　la COLE'RE des flots, das Wüten der Wellen.
　La mer est en *colère*, das Meer tobet.
COLE'RE, COLE'RIQUE, *adj.* jähzornig; leicht zu erzürnen. Il est fort *colère*, er ist sehr hitzig, jähzornig.
COLE'RET, *s. m.* eine Art Fischgarn, welches zwey Männer im Meer, sonderlich an der Normandie, daher ziehen.
COLIBRY, *s. m.* ein kleiner aber ungemein schöner Americanischer Vogel.
COLIFICHET, *s. m.* ausgeschnidtenes Papier; Muster.
COLIFICHET, nichtswerthes Ding; Kleinigkeit; Lumperey.
COLIN-MAILLARD, *voiés* CLIGNE-MUSETTE.
COLINETTE, *s. f.* diminut. von Nicole, Nickelgen, ein Weibsname.
COLINTAMPON, *s. m.* der Schweizer Trommelschlag.
COLIQUE, *s. f.* Darmgicht; Bauchgrimen.
COLIQUE, eine kleine Schnecke, so gut wider das Bauchgrimmen seyn soll.
COLIRE, *voiés* COLLYRE.
COLISE'E, *s. m.* des Vespasiani grosses Amphitheatrum zu Rom; item Kaysers Severi Amphitheatrum.
COLIS ou COLLIS, ein Ballen (Kisten) Waaren.
COLISSE, *s. m.* Hetzgarten; Kampfplatz bey den alten Römern.
COLLATAIRE, *s. m.* deme eine Pfründ ist gegeben worden.
COLLATE'RAL, e, *adject. & subst.* ein Blutsfreund, der nicht von uns und von dem wir nicht herkommen.
　Ligne *collatérale*, Nebenlinie am Stammbaum.
COLLATERAUX, *s. m. plur.* Stammvettern; Anverwandten.
COLLATEUR, *s. m.* der Patron, der das Recht hat, einem eine Pfarre, oder anders geistliches Einkommen zu geben.
COLLATIF, ive, *adj.* bénéfice *collatif*, eine Pfründe oder ein Dienst, der nicht durch die Wahl sondern durch Ertheilung eines Patrons erhalten wird.
COLLATION, *s. f.* das Recht, einem eine geistliche Stelle oder Einkommen zu geben.

COLLATION, die Stelle selbst mit ihrem Einkommen.
COLLATION, das Einkommen dessen, der die Stelle vergiebt.
COLLATION, Gegeneinanderhaltung zweyer Schriften, ob nichts ausgelassen sey.
COLLATION, ein geringes Abendessen, das einer an einem Fasttag zu sich nimmt.
COLLATION, eine kleine Mahlzeit zwischen dem Mittag- und Nachtessen, oder nach dem Nachtessen.
  Collation lardée, eine Collation, wobey man Fleisch aufsetzt.
COLLATIONNER, *v. a. & n.* einem eine Pfründe oder geistliches Einkommen ertheilen.
COLLATIONNER, die Copey gegen das Original, oder zwey Schriften gegen einander halten und durchgehen.
COLLATIONNER, (bey den Buchhändlern und Buchbindern) zusehen, ob ein Buch ganz sey, ob nichts darinn fehle.
COLLATIONNER, eine Collation oder geringe Mahlzeit halten.
COLLATURE, (in der Apotheke) Filtrirung; Durchseigung.
COLLE, *f. f.* Leim, klebende Materie.
COLLE, Zustand, oder Disposition.
  Il étoit en bonne colle, er war eben aufgeräumt, gutes Humors.
  Donner de la colle à quelqu'un, sich mit Lügen aus einem Handel wickeln.
  Colle de farine, d'amidon, Pappe, Kleister.
  Colle forte, Leim von Leder.
  Colle de poisson, Mundleim.
  Colle à miel oder à bature, Leim zum vergülden.
  Colle à pierre, Kitte.
COLLECTAIRE, *f. m.* das Collectenbuch der Priester in der Kirche.
COLLECTE, *f. f.* Almosensammlung; auch sonst eine Sammlung eines Geldes oder einer Steuer.
COLLECTE, das Gebett, das der Priester bey der Messe vor der Epistel thut.
COLLECTEUR, *f. m.* der eine Steuer oder sonst etwas einsammelt.
COLLECTIF, ive, adj. nom *collectif*, (in der Sprachkunst) ein Nennwort, das im sing. eine Zahl von vielen bedeutet, als: peuple, armée.
COLLECTION, *f. f.* eine Sammlung vielerley Materien aus allerley Scribenten.
COLLECTION, das Zusammenbringen vieler Stücke, die eine Gleichheit mit einander haben.
COLLECTIONS, *f. f. plur.* Anmerkungen, so man in dem Lesen in Obacht nimmt; zusammen getragene Sachen.
COLLECTIVEMENT, adv. (in der Logic)

wenn ein Wort vor die ganze Art oder Geschlechte eines Dinges genommen wird. Als der Mensch, der Löwe, vor alle Menschen, vor alle Löwen, *l'homme est menteur*.
COLLE'E, *f. f.* ein Hieb in den Hals.
COLLE'GATAIRE, *f. m. & f.* eine Person, die mit andern zugleich in einem Testament ein Vermächtniß erhalten hat.
COLLE'GE, *f. m.* eine Versammlung, oder eine gewisse Zahl Personen von gleichem Stande. *Collège des Cardinaux*, das Cardinals-Collegium. *Collège des Electeurs, des Princes*, das Churfürstliche, Fürstliche Collegium auf dem Reichstag.
COLLE'GE, *f. m.* Schul, Gymnasium, Collegium.
COLLE'GIAL, e, adj. église *collégiale*, Stiftskirche, Thumkirche.
  Manière collégiale, schulfüchsische Aufführung.
COLLE'GUE, *f. m.* ein Amtsgehülfe, Amtsgenoß.
COLLER, *v. a.* leimen, kleistern, kleben, mit Leim oder klebender Materie bestreichen.
COLLE', ée, part. geleimt. Papier *collé*, geleimt Papier, zum Schreiben.
  Cet habit semble collé sur vôtre corps, diß Kleid stehet, als wenn es euch an den Leib gegossen wäre.
  Il est collé sur son cheval, er sitzt wohl zu Pferd.
  Avoir les yeux collés sur quelque chose, etwas steif ansehen.
se COLLER, *v. r.* contre un mur, sich gerad an eine Mauer lehnen, als wäre man angeleimt.
COLLET, *f. m.* ein Halskragen an einem Mannsmantel, Rock, Hemde.
COLLET, ein Kragen oder Umschlag.
  petits COLLETS, geistliche und andere Personen, die nicht so grosse Kragen tragen, wie andere Leute, welche sich nach der Mode kleiden; Leute, die äusserlich ehrbarer als die andern seyn wollen; Heuchler.
COLLET monté, ein Kragen, der vor diesem mit Kartenpapier oder Drgt aufgemacht war.
  C'étoit du tems des collets montés, vor alten Zeiten.
  Prendre, saisir quelqu'un au collet, einen in Arrest nehmen, gefangen setzen lassen; it. einen erwischen, antreffen.
  Une couple d'écus lui sauteront au collet, er wird ein paar Thaler davon kriegen.
  Prêter le collet à quelqu'un, mit einem um den Vorzug streiten. *Je vous prêterai le collet en toute sorte de sciences*, ich wills euch in allen Wissenschaften zuvor thun.

COLLET de mouton, de veau, der Hals, wo der Stich ist an einem Hammel oder Kalb.

COLLET de bufle, ein Koller mit grossen Schössen und ohne Ermel.

COLLET de senteur, ein ledernes wohlriechendes Wams mit kleinen Schössen und ohne Ermel.

COLLET, eine Hasenschlinge, oder eine Schlinge zum Rebhünerfangen.

COLLET, an einer Canone, der dünneste Theil vor dem dicken Rand um das Mundloch.

COLLET de penture, (bey den Schlössern) das Theil an einem Thürband, zunächst an dem gebogenen, darein die Thürangel gesteckt wird.

COLLET de chandelier, (bey den Goldschmieden) das Theil am Leuchter, so vom Fuß an in die Höhe geht.

COLLET de marche, das schmalste Theil von einer Staffel, an einer Schneckenstiege.

COLLET d'étay, ein Ring von Eisen oder Holz, daran man das gröste Seil bindet, so den Mastbaum von vornen her hält.

COLLET de violon, das Oberste am Hals oder Kragen einer Geige.

COLLET de hotte, das Oberste an einem Tragkorb, der Reif.

COLLET de forme de soulier, das Oberste am Schuhlaiste bey den Knorren.

COLLET d'une plante, die erhabenen Theile an Gartengewächsen.

COLLET d'un arbre, der Theil des Stammes, so unter der Erde steht, bis an die Wurzeln.

COLLETER, v. a. beym Hals anfassen; Halsschlingen stellen, die Hasen zu fangen.

se COLLETER, v. r. einander bey den Hälsen oder Köpfen fassen. Ils se sont colletés assés longtems, sie haben lange mit einander gerungen.

COLLETÉ, ée, part. (in den Wappen) mit einem Halsband von anderer Farbe. Il porte d'or à un sanglier de sable, colleté par un lèvrier d'argent, er führt in einem güldenen Schilde ein wildes Schwein, welches einen silbernen Jagdhund beym Halse hat.

COLLETIN, s. m. eine Art eines ledernen Wams, mit kleinen Schössen und ohne Ermel.

COLLETIN, Leder (Kragen) für die Pilger.

COLLETIQUES, s. m. plur. (in der Heilkunst) Arzneyen, die das verwundete Fleisch zusammen heilen.

COLLEUR, s. m. der in denen Tuchfabriquen den Zettel leimet.

COLLEUR de feüilles, ein Kartendeckelmacher.

COLLIER, s. m. ein Halsband. Collier d'ambre, eine Schnur von Bernstein. Collier de perles, eine Schnur von Perlen. Collier de l'Ordre, ritterliche Ordenskette; Ordensband.

COLLIER de chien, armé de clous aigus, ein stachlichtes Halsband, so man den Hunden anlegt.

COLLIER, blechener Halskragen der Sclaven. Un chien à grand collier, ein Leithund. C'est le chien au grand collier, er hat groß Ansehen, er gilt viel.

COLLIER, der Ring oder Streif, den einige Vögel und Thiere um den Hals haben, als Turteltauben rc.

COLLIER de misère, die Verbindung an etwas verdrießliches, der Stand, darinne man zu Müh und Arbeit verbunden ist.

COLLIER de cheval, ein Kummet. Cheval de collier, ein Zugpferd. Il est franc du collier, es zieht von sich selbst, von Pferden; er dient gern und ohngebeten, von Menschen.

COLLIER, (bey den Fischern) der Strick, welcher das End eines Netzes fest machet.

COLLIER de défense, viele zusammen gewundene Stricke, welche an das Vordertheil eines Boots gehänget werden.

COLLIGER, v. a. & n. allerhand Sachen aus Büchern zusammen sammeln; it. einen Schluß machen.

COLLINE, s. f. ein Hügel. Gagner la colline, sich davon machen, entfliehen. Une vigne plantée sur une colline, ein auf einem Hügel gepflanzter Weinberg.

COLLIQUATION, s. f. (in der Chymie) eine Zusammenschmelzung zweyer dichter Materien.

COLLIQUATION, (in der Heilkunst) eine Art der Schwindsucht, eine Krankheit, da das Fett im Leibe schmelzt, und der Leib nach und nach vergeht.

COLLISION, s. f. das Zusammenstossen zweyer Dinge.

COLLITIGANT, e, adj. & subst. einer der Proceß mit andern führt, einer von der streitenden Parthey.

COLLOCATION, s. f. die Einrichtung der Gläubiger, wie einer nach dem andern von des Schuldmanns Gütern soll bezahlt werden.

COLLOCATION, Prioritäturthel, (in den Gerichten).

COLLOQUE, s. m. ein Gespräch; it. eine Conferenz zwischen unterschiedlichen Religionsverwandten.

COLLOQUER, v. a. stellen, setzen, etwas an einen Ort; rechnen, einen unter eine gewisse Art Leute. Le Pape le colloqua entre les Dieux, der Pabst setzte ihn unter die Götter.

COLLOQUER, (im Rechtshandel) setzen, stellen. *Colloquer les créanciers selon leur hypothèque*, die Gläubiger nach ihren Verschreibungen ansetzen. *Il a été colloqué utilement*, er ist so angesetzt, daß er zu seiner Zahlung noch wird gelangen können. *Colloquer la dot d'une fille sur une terre*, seiner Tochter Mitgabe auf ein Landgut legen.

COLLUDER, *v. a.* (in Gerichten) heimlichen Verstand mit einem haben, zum Nachtheil des dritten; unter einer Decke mit einander liegen.

COLLUSION, *s. f.* (im Rechtshandel) geheimes Verständniß mit einem zu eines andern Nachtheil; heimliche Verständniß unter zweyen streitenden zum Nachtheil eines dritten.

COLLUSOIRE, *adj. c.* verrätherisch, dabey man ein heimliches Verständniß mit andern hat.

COLLUSOIREMENT, *adv.* durch ein verbottenes heimliches Verständniß.

COLLYRE, *s. m.* Augensalbe.

COLOFANE, *s. f.* Geigenharz.

COLOGNE, *s. f.* Cölln, die Stadt und Erzbisthum.

COLOMBAGE, *s. m.* eine Reihe gerade aufgerichteter Balken an einem Gebäude.

COLOMBE, *s. f.* (in H. Schrift) eine Daube. *La colombe recoule, & caracoule*, die Daube ruchzet; kollt.

COLOMBE, (beym Faßbinder) die Dauben.

COLOMBE, (beym Zimmermann) ein Stiel im Riegelwerk; *it.* eine Säule oder Balken, der gerade aufgerichtet steht, an einem Hause oder andern Gebäude.

COLOMBEAU, *s. m.* elle, *s. f.* eine junge Daube. *Etoffe à colombeaux*, vor diesem ein seidener Zeug mit Daubenfiguren.

COLOMBIER, *s. m.* Daubenhaus, Daubenschlag. *Attirer les pigeons au colombier*, die Kunden herbey locken. *Chasser les pigeons du colombier*, die Kunden vertreiben.

COLOMBIER, (bey dem Buchdrucker) der allzu grosse Raum, den die Setzer zwischen die Worte machen.

COLOMBIERS, (bey dem Schiffbau) zwey mit Zähnen gemachte Hölzer, die man gebraucht, wenn man ein Schiff in die See laufen läßt.

COLOMBIN, *s. m.* das Mineral, aus welchem pures Bley gezogen wird.

COLOMBIN, e, *adj.* bleiche Purpurfarbe.

COLOMBINE, *s. f.* Ackeley, eine Blume; *it.* eine Art Anemonien; *it.* Eisenkraut.

COLOMBINE, *s. f.* Daubenmist.

COLOMNADE, COLOMNE, *v.* COLONN.

COLON, *s. m.* der andere grosse Darm, der zwey Krümmen im Leibe macht, als ein S, der Grimmdarm.

COLON, (in einigen Landrechten) ein Bauer, Innhaber eines Bauerguts.

COLONEL, *s. m.* ein Officier, der eine Linie marschirendes Volk commandiret; ein Oberster über ein Regiment, es sey zu Pferd oder zu Fuß.

Lieutenant-COLONEL, Obristlieutenant, der ein Regiment anstatt des Obersten commandirt, wenn dieser es nicht selbst führet.

COLONEL Général de l'Infanterie des Suisses & Grisons, der General über die Schweizer in Frankreich.

COLONEL Général des Dragons, General über die Dragoner.

COLONEL Général des Chevaux-légers, General über die leichte Reuterey.

COLONEL, *m.* Colonelle, *f. adj.* dem Obersten gehörig. *Compagnie colonelle*, die Leibcompagnie.

COLONIE, *s. f.* ein Theil Volks, das sich in einem andern Ort niedergelassen hat, oder dahin geführet wird, neue Einwohner; Pflanzstädte. *Il y a des colonies de toutes les nations en Amérique*, es haben sich allerley Völker in America niedergelassen. *Conduire une colonie*, Leute abführen, damit man eine Pflanzstadt anrichten will.

COLONNADE, *s. f.* eine Reihe Säulen.

COLONNE, *s. f.* (in der Baukunst) eine Säule zur Zierd, oder etwas zu tragen. *Colonne de marbre*, eine marmorsteinerne Säule.

COLONNE, eine Stütze; ein Beschützer. *C'est une colonne de l'Eglise*, er ist eine Säule der Kirche; ein Mann, daran der Kirche viel gelegen.

COLONNE, (im Zimmerwerk) Säule in der Wand.

COLONNE de table, ein Tischstollen oder Fuß.

COLONNE de lit, eine Säule an einem Bette, eine Bettstolle.

COLONNE de livre, (in der Buchdruckerey) eine Seite, Columne.

COLONNE d'eau, das Wasser, das aus einem Springbrunn in gleicher Dicke hoch heraus springt.

COLONNE d'eau, das Wasser, das in der Röhre einer Pumpe auf einmal in die Höhe steigt.

COLONNE d'eau, (zur See) eine Wasserhose, eine Menge Wasser, so durch einen Sturmwind in die Höhe getrieben wird.

Marcher en colomne, (im Kriege) in einer Linie, hinter einander truppenweise marschiren; (auf dem Wasser) wenn ein Schiff hinter dem andern geht.

COLONNE de nuë, etliche über einander stehende Wolken.
COLONNE de feu & de nüées, die Feuer- und Wolkensäule im alten Testament.
les COLONNES d'Hercule, die Säulen Herculis, zwey Berge, deren einer in Spanien, und der andere in Africa liegt.
COLOPHONE, voïés COLOFANE.
COLOQUINTE, *s. f.* Coloquinten, ein Kraut.
COLORANT, e, *adj.* (bey den Färbern) das färbt; non *colorant,* das nicht färbt, und doch zur Farbe kömmt, als Alaun ꝛc.
COLORER, *v. a.* färben, eine Farbe geben; beschönen, einen Schein geben, vermänteln. Que peut-on dire pour *colorer* tant de violences? was kan man vorbringen, so viele Gewaltthaten zu beschönen? Neron *coloroit* sa cruauté du nom de justice, Nero beschönte seine Grausamkeit mit dem Namen der Gerechtigkeit.
COLORÉ, ée, *part. & adj.* gefärbt, färbig. Fruit bien *coloré,* Frucht von schöner Farbe.
COLORÉ, licht, beleuchtet. Objet *coloré,* etwas das wohl beleuchtet ist.
Vous nous païés d'excuses *colorées,* ihr speiset uns mit scheinbaren (falschen) Entschuldigungen ab.
COLORIER, *v. a.* die Farben auf einem Gemählde anlegen, und vorher mischen; die Farben geschicklich aufitragen.
COLORIS, *s. m.* die eigentliche (gehörige) Farbe eines Dings. Entendre bien le *coloris,* einem jeden Ding die gehörige Farbe zu geben wissen.
COLORIS, die lebhafte Farbe der Haut. Elle a un *coloris* aimable, sie hat eine angenehme Haut.
COLORIS, (im Gartenbau) die lebhafte Farbe einer Blume. Plus le *coloris* des tulipes est lustré & satiné, plus il est estimé, je mehr Glanz die Tulipanen in der Farbe haben, je höher werden sie geschätzet.
COLORISATION, *s. f.* das Färben, wenn etwas andere Farbe bekömmt, sich färbt, oder durch Arbeit in der Chymie die Farbe ändert.
COLORISTE, *s. m.* ein Farbverständiger.
COLOSSAL, e, *adj.* von ungemeiner Grösse; was Riesengestalt hat.
COLOSSE, *s. m.* ein sehr grosses Bild; Riesenbild.
COLOSSE, ein ungemein grosser Mensch oder Pferd.
COLOSSE, *s. f.* die Stadt Colossus in Asia.
COLOSSIEN, ne, *adj. & subst.* Colossisch; ein Colosser.
COLOSTRE, *s. m.* die geronnene Milch in den Brüsten; it. die Krankheit, so von derselben kommt.
COLOUVRÉE, *s. f.* Natterwurtz, Schlangenkraut.
COLPORTAGE, *s. m.* das Hausiren.
COLPORTER, *v. a.* am Halse tragen, hausiren.
COLPORTEUR, *s. m.* ein Krämer, der seine kleine Waaren am Halse trägt; Hudelkrämer; Hausirer.
COLSAT, *s. m.* Kohlsaat, Rübesaat, eine Gattung rothes Kraut, woraus man Oel macht.
COLTIE, *s. f.* (bey dem Schiffbau) ein Verschlag auf dem Oberloff des Schiffs, zwischen dem Vordercastell und den Stücken.
COLUBRIS, *s. m.* ein in der Insel Martinique sich findendes Vögelein, dessen Farben fürtreflich schön sind.
COLURES, *s. m.* (in der Sternkunst) ein Name zweyer Kreise am Himmel, deren der eine der Aequinoctialkreis, und der andere der Sonnenwendungskreis genennet wird.
COMBAT, *s. m.* Treffen; Gefechte; Kampf. Présenter le *combat* à l'ennemi, dem Feind ein Treffen anbieten. Mener au *combat,* zum Fechten anführen. Un rude *combat,* ein hartes Gefecht. *Combat* de gladiateurs, Kampf zweyer Fechter. *Combat* de taureaux, Stiergefecht.
COMBAT, Streit, Wettstreit. *Combat* de vers, Streit, da man in die Wette reimet. *Combat* d'esprit, gelehrter Schriftstreit.
COMBAT, Kampf; Widerstand der Regungen bey sich selbst.
COMBAT, natürliche Widerwärtigkeit. Il y a un *combat* perpétuel du froid contre le chaud &c. die Kälte und Wärme sind einander immerdar entgegen.
COMBATTANT, *s. m.* einer der in dem Stand ist sich zu schlagen; ein gerüsteter bewehrter Mann; ein Kriegsmann, Soldat. Une armée de cent mille *combattans,* eine Armee von hundert tausend streitbarer Männern.
COMBATTANT, Balger; Schläger.
COMBATTRE, *v. a.* schlagen, kämpfen, fechten, angreifen.
COMBATTRE à pié ferme, im Fechten Stand halten.
COMBATTRE l'armée ennemie, die feindliche Armee angreifen.
COMBATTRE pour le prix, um den Preis streiten.
COMBATTRE tête à tête, main à main, homme à homme, Kopf für Kopf, Mann für Mann fechten.
COMBATTRE sa mauvaise fortune, mit seinem widerwärtigen Glück kämpfen.

COMBATTRE un sentiment, sich wider eine Meynung setzen.
COMBATTRE contre les intentions de quelqu'un, einem in seinem Vorhaben zuwider seyn.
COMBATTRE les difficultés, die Schwierigkeiten zu heben suchen.
COMBATTRE les tentations, wider die Versuchungen kämpfen.
COMBATTRE les raisons d'autrui, eines andern Gründe widerlegen.
Le remède *combat* le mal, die Arzeney streitet mit der Krankheit.
COMBATTRE en soi-même, bey sich selbst anstehen.

COMBIEN, *adv.* wie sehr; wie groß. Vous ne sauriés croire *combien* je vous chéris, ihr könnet nicht glauben, wie sehr ich euch liebe. *Combien* est grand le déplaisir que j'en ai! wie groß ist das Mißfallen, so ich daran habe!

COMBIEN, wie viel, wie theuer? *Combien* as tu vaillant? wie viel hast du im Besitze? *Combien* estimes-tu ton cheval? *combien* le veux-tu vendre? wie theuer hältst du dein Pferd? wie hoch willst du es verkaufen? *Combien* serés-vous à souper? wie viel werden euer zum Nachtessen seyn? *Combien* d'argent lui avés-vous donné? wie viel Geld habt ihr ihm gegeben? *Combien* de tems vous faut-il pour faire cet ouvrage? wie viel Zeit brauchet ihr, ein solches Werk zu verfertigen? *Combien* de fois est-il venu? wie oft ist er gekommen? *Combien* que je me porte bien, ob ich mich schon wohl befinde. *Combien* difficilement obtiendrés-vous celà, wie schwerlich werdet ihr das erhalten. Etre sur le *combien*, einander sagen, wie viel man geben soll.

COMBINAISON, *s. f.* Zusammengattung, Zusammenfügung zweyer Dinge, als der Buchstaben, der Sinne, der Zahlen, der natürlichen Eigenschaften, als warm, feucht.

COMBINATOIRE, *s. f.* die Kunst der Zusammengattung nach der Natur der Dinge.

COMBINER, *v. a.* zusammenfügen, zwey und zwey zusammen thun, ist nur in Zahlen und natürlichen Eigenschaften gebräuchlich; it. la flotte *combinée* d'Angleterre & de Hollande, die vereinigte Flotte aus Engelland und Holland.

COMBLAN, *s. m.* ein Stück Seil, die Canonen zu ziehen.

COMBLE, *s. m.* die Spitze, der Gipfel, das Dachwerk. Un *comble* plat, ein flaches Dach. *Comble* brisé, gebrochenes Dach. *Comble* pointu, ein Dach, so als ein Dreyangel vornen aussieht.

COMBLE, das Höchste, wohin eine Sache gelangen kan. Il est arrivé au *comble* de ses désirs, er hat seinen Wunsch erreichet. Il a été elevé au *comble* des honneurs, er ist zu den höchsten Ehren erhaben worden. Vôtre retour sera le *comble* de ma joie, eure Wiederkunst wird mir die größte Freude seyn. Ceci est survenu, pour *comble* de malheur, dieses ist noch zu allem Unglück darzu gekommen. Cette libéralité est arrivée au *comble* de sa perfection, diese Freygebigkeit ist zur höchsten Vollkommenheit gestiegen.

COMBLE, Surcroit (ce qu'on ajoute par-dessus la juste mesure) eine Zugabe, Uebermaaß, Haufen. C'est le *comble* de la folie, das ist die höchste Thorheit.

COMBLE, *adj. c.* voll, gehäuft über den Rand, so viel als darauf bleiben kan, wird von trockenen Dingen gesagt, als Korn, Mehl rc.

COMBLE, zusammen gelegter Haufe. *Comble* de foin, de bois, ein Haufe Heu, Holz. de fond en COMBLE, *adv.* von oben biß unten. Détruire une maison de fond en *comble*, ein Haus von unten biß oben abbrechen. Je le veux ruiner de fond en *comble*, ich will ihn von Grunde aus verderben.

COMBLE, (auf der Reitbahn) voll Huf.

COMBLE', *adj.* (in der Wappenkunst) gespitzt, gegipfelt.

COMBLEAU, *s. m.* ein Zugseil an den Canonen; Strickwerk zu dem Geschütze.

COMBLEMENT, *s. m.* Aufhäufung.

COMBLER, *v. a.* füllen, häufen, was in ein Maaß gehen kan.

COMBLER, (remplir au-dessus du bord un boisseau de blé) einen Scheffel mit Frucht aufhausen.

COMBLER un fossé, einen Graben ausfüllen.

COMBLER quelqu'un de biens & de présens, einen mit Gutthaten und Geschenken überschütten.

COMBLETTE, *s. f.* (in der Jägerey) der Spalt im Laufe eines Hirsches, wodurch in der Spur eine kleine Höhe wird.

COMBOURGEOIS, *s. m.* Mitbürger. Droit de *combourgeoisie*, ein Vertrag zwischen Städten, da die Bürger der einten auch in der andern das Bürgerrecht geniessen.

COMBOURGEOIS, Gemeinder in Ausrüstung eines Schiffs.

COMBRIE'RE, *s. f.* eine Art Fischergarn, die Thune und andere grosse Fische zu fangen.

COMBUGER, *v. a.* (in der Seefahrt) ein Faß mit Wasser anfüllen, es damit anzufeuchten.

COMBUSTIBLE, *adj. c.* leicht zu verbrennen, verbrennlich, feuerfangend.

COMBUSTION, *s. f.* das Verbrennen.

COM-

COMBUSTION, Zwiespalt, Uneinigkeit, Lermen, Aufruhr, Verwirrung; einheimischer Krieg.
COME, *s. m.* Cosmus, ein Mannsname.
COMÉDIE, *s. f.* eine Comödie, Lustschauspiel.
COMÉDIE, allerley Stücke, so auf dem Theatro vorgestellet werden; oder auch sonst vorgestellte und lustige Händel.
Faire la *comédie*, einen Comödianten abgeben.
Il entend bien la *comédie*, er kan gute Comödien machen.
Par-tout où il va, il donne la *comédie*, er ist immer lustig und treibt lächerliche Possen.
COMÉDIEN, *s. m.* ein Comödiant.
COMÉDIEN, ein arglistiger (verstellter) Mensch, ein Betrüger.
Il est bon *comédien*, er kan sich stellen, als gienge ihm was zu Herzen, das doch nicht geschieht.
COMÉDIENNE, *s. f.* Schauspielerin; Comödiantin.
COMÉDIENNE, arglistige Betrügerin.
COMESTIBLE, *adj. c.* das zu essen ist.
COMETE, *s. f.* ein Comet, ein Schwanzstern.
COMÈTE barbuë, ein Comet, dessen Strahlen vor ihm hergehen.
COMÈTE à longue queuë, *comète* caudée, ein Comet, dessen Strahlen ihm im Lauf folgen.
COMÈTE chevelue, ein Comet, dessen Strahlen rund um ihn herum stehen.
COMÈTE, (in den Wappen) ein Stern mit einem Schwanz und acht bis sechzehn gestammten Strahlen; wenn kleine Strahlen zwischen den grossen sind, so heißt er *comète* hérissée.
COMETÉ, ée, *adj.* face *comètée*, ein Gesicht in den Wappen, das Strahlen von sich wirft, als ein Comet.
COMICES, *s. m. plur.* (bey den Römern) eine Versammlung des Volks; Landtäge.
COMIQUE, *adj. c.* comödiantisch; lustig.
COMIQUE, *s. m.* die lustige Person; der Possenreisser; in einem Schauspiel.
COMIQUE, die kurzweilige Rolle im Schauspiel; die lustige Schreibart.
COMIQUEMENT, *adv.* auf Comödiantenart, auf eine lustige Art.
COMITE, *s. m.* der Rudervogt, der den Galeesclaven Befehl giebt, wie und wenn sie rudern sollen.
COMITÉ, *s. m.* deputirte Herren vom Parlament in Engelland, eine Sache zu untersuchen.
COMITIAL, e, *adj.* jours *comitiaux*, (bey den Römern) die Tage, woran sich das Volk versammelte.

COMITIVE, *adj. f.* la noblesse *comitive*, die Personen und Gelehrten, so man Comites Palatinos heißt.
COMMA, *s. m.* ein schöner Africanischer Vogel.
COMMA, ein Comma, so man im Schreiben als ein Abtheilungszeichen macht.
COMMAND, *s. m.* ein Befehl; die Macht etwas zu thun; etwas das einem anbefohlen wird, anvertraut Gut, (ist alt).
COMMANDANT, *s. m.* ein Commandant, der einiges Kriegsvolk unter sich hat; ein Befehlshaber.
COMMANDATAIRE, COMMENDATAIRE, *s. m.* der eine geistliche Pfründe nicht nach der Ordnung ihrer Stiftung besitzt; it. *adj. c.* was auf solche Art verwaltet wird.
Abbé *commendataire*, ein weltlicher Abt, der keinen Klosterorden hat.
COMMANDE, ou COMMENDE, *s. f.* eine Vergünstigung des Pabsts, daß ein Geistlicher ausser Klosterorden eine Pfründe geniessen darf, welche vor Ordenspersonen in Klöstern gestiftet ist. Donner, mettre une Abbaïe en *commande*, eine Abtey in weltliche Hand übergeben.
Tenir un bénéfice en *commande*, ein geistlich Gut als ein Kumter besitzen.
COMMANDE, Kirchengebot. Une fête, un jeûne de *commande*, ein gebotener Feyertag; Fasttag.
COMMANDE, (bey Handwerkern) bestellte Arbeit. C'est de la besogne de *commande*, das ist bestellte Arbeit.
Marchandises de *commande*, bestellte Waaren; it. feil gebotene Waaren.
COMMANDES, kleine Stricklein, welche die Schiffleute und Jungen immer am Gürtel tragen, damit sie geschwind etwas an- oder zusammen binden können.
COMMANDEMENT, *s. m.* Gebot, Befehl. Les X *commandemens* de Dieu, die zehen Gebote Gottes. Je vous prie de m'honorer de vos *commandemens*, ich bitte euch, mich mit euren Befehlen zu beehren.
COMMANDEMENT, Herrschaft; das Amt eines Heerführers oder Feldherrn.
Prendre le *commandement* de l'armée, das Obercommando bey einer Armee antreten. Avoir *commandement* sur quelqu'un, über einen gesetzt seyn, einem zu befehlen haben.
Il a le *commandement* beau, ou rude, er ist ein gütiger, oder hochmüthiger Befehlshaber.
COMMANDEMENT, (im Kriege) eine Höhe, worauf man etwas wohl beschiessen kan, als: *commandement* de front, etwas von vornen zu beschiessen. *Commandement de*

de revers, von hinten zu beschießen. Commandement de courtine, ou d'enfilade, eine Höhe, von da die ganze Fläche eines Platzes bestrichen werden kan.

Avoir une chose à son commandement, eine Sache zu seinem Willen, oder in seiner Gewalt haben; in etwas fertig und geübt seyn; z. E. une langue, eine Sprache so fertig reden, als seine Muttersprache.

Bâton de commandement, Regimentsstab.

Les Secrétaires de commandemens, die vier Staatssecretarien in Frankreich; it, die vornehmsten Secretarien eines Prinzen. Lettres signées en commandement, Schriften von einem Staatssecretario besiegelt.

COMMANDEMENT, (im Rechtshandel) Verordnung; Auflage.

COMMANDER, v. a. anordnen, befehlen, gebieten.

COMMANDER une armée, eine Armee führen.

COMMANDER une province, die Oberherrschaft über eine Provinz haben.

COMMANDER à l'armée de partir, einer Armee Befehl ertheilen, aufzubrechen.

COMMANDER une besogne, einem Handwerksmann zu arbeiten geben, Arbeit bestellen.

Ce château, cette montagne commande la ville, man kan von diesem Schloß oder Berg die Stadt beschießen. Les hauteurs voisines commandent la plaine, die umliegende Höhen beherrschen die Ebene.

COMMANDER à ses passions, über seine Begierden herrschen.

Ne sçauriés-vous vous commander? könnt ihr euch nicht zwingen?

COMMANDERIE, s. f. eine Kunterey; ein Gut der Ordensritter.

COMMANDEUR, s. m. ein Ordensritter, der ein geistlich Gut genießt; ein Kunter, Commenthur.

COMMANDEURS des ordres du Roi, die Prälaten, die zum Orden des H. Geistes in Frankreich gehören.

COMMANDITE, s. f. Société en commandite, eine Art der Kaufmannsgesellschaft, da einer nur sein Geld zur Handlung herleiht, ohne deswegen eine Verrichtung dabey zu haben.

COMME, adv. & conj. wie, gleichwie; als. Il court comme un cerf, er lauft so geschwind als ein Hirsch. Je le louë comme il mérite, ich lobe ihn, wie er es verdient. Il fut arrêté comme il pensoit partir, man nahm ihn bey dem Kopf, als er zu verreisen gedachte.

COMME SI, gleich als wenn, eben als wenn. Nous perdons ici le tems à causer comme si nous n'avions rien à faire, wir bringen hier die Zeit mit Plaudern zu, als wenn wir sonst nichts zu thun hätten. Nous ne reçevons point de nouvelles de l'Afrique, comme si les passages en étoient fermés, wir vernehmen nichts neues aus Africa, eben, als wenn alle Pässe dahin gesperret wären.

COMME AUSSI, wie auch. La prudence & la force, comme aussi la libéralité, die Klugheit und Tapferkeit, wie auch die Freygebigkeit.

COMME QUOI, COMMENT? wie, warum? Comme quoi? que dites-vous, & comment l'entendés-vous? wie so, was saget ihr, und wie verstehet ihr es denn?

COMMEMORATION, s. f. Erzehlung, Meldung, Ermahnung, Erinnerung, Gedächtniß, Andenken, (wird im Gebeit und nur von geistlichen Handlungen gebraucht).

COMMENCEMENT, s. m. der Anfang. Le commencement du monde, d'un ouvrage, der Anfang der Welt, eines Werks. Les COMMENCEMENS, die ersten Regeln oder Lectiones, die einem ein Lehrmeister giebt. Les commencemens vous sont favorables, der Anfang gelinget euch; der Anfang geht gut für euch.

COMMENCER, v. a. anfangen, anheben, einen Anfang machen, quelque chose, oder à faire oder de faire quelque chose, etwas zu thun; einen Anfang nehmen, angehen.

J'ai coutume de finir mon discours de la même manière que je l'ai commencé, ich pflege meine Rede zu endigen, wie ich sie angefangen habe.

COMMENCER ses disciples, den Schülern die ersten Lectiones geben.

COMMENCER un cheval, (auf der Reitschul) einem Pferde die erste Lectiones geben.

COMMENCER le souper par boire, mit einem Trunke den Anfang zum Nachtessen machen. L'année commence au mois de Janvier, das Jahr nimmt den Anfang mit dem Jenner.

La comédie est commencée, oder a commencé, die Comödie ist angegangen.

COMMENSAL, e, s. m. & adj. ein Tischgenoß, Tischgänger, Tischbursch.

COMMENSAUX, s. m. pl. königliche Bediente, so die Tafel bey Hofe haben.

COMMENSURABLE, adj. c. (in der Feldmeßkunst) ermeßlich, das mit gleichem Maaß kan gemessen werden.

COMMENT, adv. wie? auf was Art und Weise? was? warum?

COMMENTAIRE, s. m. ein Commentarius, eine Erklärungsschrift über ein Buch, eine Auslegung.

COMMENTAIRES, s. m. pl. Historische Nach-

Nachrichten von einem berühmten Manne, die er gethan, oder gesehen hat, oder wo er dabey gewesen ist; Tageregister, (wird vornehmlich von des Cäsaris Schriften gebraucht).

COMMENTATEUR, *s. m.* ein Commentator, der einen Commentarium über ein Buch macht; Ausleger.

COMMENTER, *v. a.* un auteur, oder fur un auteur, einen Auctorem oder Scribenten erklären, einen Commentarium über ein Buch schreiben.

COMMENTER quelque chose, oder sur quelque chose, etwas übel deuten.

COMMENTER, (wenn nichts darauf folgt) eine Sache vergrössern, etwas zu der Wahrheit eines Dinges setzen; die Wahrheit verturschen.

COMMER, *v. n.* vergleichen, Vergleichungen anstellen.

COMMERÇANT, *s. m.* Kaufmann der im Ganzen (en gros) handelt; Handelsmann.

COMMERCE, *s. m.* Handlung, Kaufhandel, Gewerb.

COMMERCE de lettres, Briefwechsel.

COMMERCE, Gemeinschaft, Umgang. La vertu n'a aucun *commerce* avec la volupté, die Tugend hat keine Gemeinschaft mit der Wollust. Je n'ai aucun *commerce* pour quoi que ce soit avec lui, ich habe nicht die geringste Kundschaft mit ihm.

COMMERCER, *v. n.* handeln, Kaufmannschaft treiben.

COMMÈRE, *s. f.* eine Gevatterin. J'ai été prié d'être sa *commère*, ich bin von ihm zu seiner Gevatterin erbetten worden. C'est une bonne *commère*, es ist eine gute Schwester; ein lustig Frauenzimmer.

COMMETTANT, *s. m.* der einem andern seine Geschäfte übergiebt.

COMMETTRE, *v. a.* begehen, nemlich ein Laster, Fehler, böse That, Sünde ꝛc. allezeit was Böses; item über etwas setzen, einem Dinge vorsetzen; überlassen, vertrauen; in Gefahr oder Verdruß setzen. *Commettre* un crime, eine Uebelthat begehen; ein Laster verüben. *Commettre* une faute digne d'amande, etwas strafbares begehen.

COMMETTRE quelqu'un à une charge, einem ein Amt geben, ihn dazu benennen. *Commettre* des juges, Richter verordnen.

COMMETTRE quelqu'un pour avoir soin, einen bestellen, Sorge zu tragen. On l'a *commis* pour celà, er ist dazu bestellet.

COMMETTRE le nom de quelqu'un, zur Unzeit eines Befehl oder Namen vorschützen.

COMMETTRE son fief, sein Lehen verwirken.

COMMETTRE deux personnes l'une avec l'autre, zwey Personen an einander hetzen, in Uneinigkeit und Zank bringen. Je ne vous *commettrai* jamais avec lui, ich werde euch niemalen in Gefahr setzen in Streit mit ihm zu gerathen.

se COMMETTRE, *v. r.* sich in Gefahr des Schimpfs setzen, mit geringern Leuten zu thun haben, sich einlassen. Je ne veux pas me *commettre* avec lui, ich will mit ihm nichts zu thun haben.

COMMINATOIRE, *adj.* (im Rechtshandel.) drohend, bedrohlich. Mandement avec clause *comminatoire*, Verordnung bey angehängter Strafe; Strafbefehl.

COMMIS, e, *part. & adj.* hat die Bedeutung seines Verbi. Juge *commis* pour décider le différent, verordneter Richter zu Entscheidung der Sache. Une faute *commise*, begangener Fehler. Il a ses causes *commises* aux Requêtes du Palais &c. er ist befugt, seine Sache in prima instantia im Parlament zu führen.

COMMIS, *s. m.* einer der über etwas gesetzt, entweder bey den Staatssecretarien in Frankreich, oder bey Cammer- und Schreibereysachen; Verwalter; Factor.

COMMIS de l'épargne, Schatzmeister.

COMMIS de gabelles, Zolleinnehmer.

COMMISE, *s. f.* (im Lehenrecht) Fief tombé en *commise*, ein Lehengut, das der Herr Macht hat einzuziehen, weil der Vasall nicht gethan hat, was er gesollt.

COMMISÉRATION, *s. f.* Erbarmung, Mitleiden.

COMMISSAIRE, *s. m.* ein Commissarius, der von der Obrigkeit zu einer gewissen Verrichtung verordnet wird, womit er sonst nichts zu thun hatte; ein Verordneter.

COMMISSAIRE de la cour, Verordneter vom Oberhofgerichte, vom Parlement ꝛc. Travailler de *commissaires*, wenn gewisse Räthe ausser ihrer ordentlichen Versammlung einen Proceß untersuchen. Le travailler des grands *commissaires*, wenn es im Parlament selbst geschieht. Des petits *commissaires*, wenn es beym Präsidenten geschieht. Chère de *commissaire*, eine Mahlzeit da Fleisch und Fisch aufgetragen wird.

COMMISSAIRE au châtelet, der Ritter der bürgerlichen Ordnungen zu Paris.

COMMISSAIRE des guerres, Kriegscommissarius, der das Volk mustern und zahlen läßt.

COMMISSAIRE des vivres, Proviantcommissarius, der vor die Lebensmittel in und ausser den Vestungen sorgt.

COMMISSAIRE des pauvres, Armenpfleger in einem Kirchspiel.

COMMISSAIRE du grand bureau des pauvres, Beysitzer der grossen Almosenpflege.

Le père *Commissaire*, ein Vater im Kloster, der ausserordentlich zu was bestimmet ist.

COMMISSION, *s. f.* das Begehen, ist nur noch in dieser Redensart im Brauch: Péché de *commission*, eine Sünde, da das Böse begangen wird, im Gegensatz des péché d'omission, da das Gute unterlassen wird.

COMMISSION, aufgetragene Gewalt, Befehl. *Commission* pour informer, Befehl zu Untersuchung einer Sache.

COMMISSION, Bestallung. Obtenir une *commission*, eine Bestallung erhalten.

COMMISSION, anbefohlene Verrichtung. Je me suis chargé de plusieurs *commissions*, ich habe verschiedene Verrichtungen über mich genommen. J'ai exécuté ma *commission*, ich habe den mir aufgetragenen Befehl vollzogen.

COMMISSIONNAIRE, *s. m.* einer der die Verrichtung hat, vor einen andern zu kaufen, und zu verkaufen, ein Factor.

COMMISSOIRE, *adj. m. & f.* une clause *commissoire*, eine Clausel, welche, wenn sie nicht erfüllt wird, den Contract aufhebt.

COMMISSURE, *s. f.* die Fugen, wo Steine oder Holz zusammen gefügt sind, in den Gebäuden.

COMMITTIMUS, *s. m.* lettres de *committimus*, eine Schrift, wodurch ein Proceß an das oberste Gericht gezogen wird; item das Recht vor dem obersten Gericht allein zu stehen; Commissorial.

COMMITTIMUS du grand sceau, Briefe, die man erlangt wegen eines Processes ausser der Jurisdiction des Parlaments zu Paris.

COMMITTIMUS du petit sceau, Briefe, die nur in dem Parisischen Gebiet gelten.

COMMITTITUR, *s. m.* requête de *committitur*, eine Bittschrift um Bestellung eines Anbringers oder Procurators des Rechtshandels.

COMMODAT, *s. m.* Darlehnung einer Sache zum Gebrauch; das Geliehene.

COMMODATAIRE, *s. m. & f.* der etwas geliehen hat.

COMMODE, *adj. c.* leicht, bequem, füglich. Un homme *commode*, aisé, ein reicher, vermöglicher Mann. Un homme *commode*, ein Mann mit dem wohl umzugehen ist. Un mari *commode*, ein Mann der seiner Frauen unzüchtiges Leben leidet. Une mère *commode*, eine Mutter die ihrer Töchter ausgelassenes Leben nicht achtet. Voilà un tems *commode* pour le moisson, sehet, das ist eine gute Erndtezeit. Cette maison est tout à fait *commode*, dieses Haus ist über alle massen bequem. Une vertu *commode*, eine Tugend, die nicht allzu streng beobachtet wird.

COMMODE, *s. f.* eine Art von Hauben des heutigen Frauenzimmers.

COMMODE, ein Schrank mit Schubfächern nach heutiger Mode.

COMMODE-MENT, *adv.* bequemlich; füglich. Je suis logé très *commodément*, ich wohne sehr bequemlich.

COMMODITÉ, *s. f.* Bequemlichkeit; bequeme Zeit; etwas bequemes. Je prens ma *commodité* où je la trouve, ich bediene mich der Gelegenheit, wo ich zukomme. Je profite de cette *commodité* pour faire mon voïage, ich bediene mich dieser Gelegenheit zu reisen. Cette maison n'a pas beaucoup de *commodités*, dieses Haus hat nicht viele Bequemlichkeiten. Il cherche partout ses *commodités*, er suchet überall seinen Nutzen, seinen Vortheil. Chaise de *commodité*, ein bequemer Sessel zum faullenzen. La *commodité* de l'eau, wenn man das Wasser in der Nähe hat.

les COMMODITE's, das heimliche Gemach.
les COMMODITE's, das Glück, die Güter, ein grosses Vermögen, Reichthum.

à sa *commodité*, nach seinem Gefallen, wenns einem gelegen ist.

COMMOTION, *s. f.* eine heftige Bewegung eines innerlichen Theils des Leibes durch einen Fall oder Schlag.

COMMUER, *v. a.* (im Rechtshandel) ist nur bey peine gewöhnlich: *Commuër* la peine, die Strafe in eine andere verwandeln.

COMMUN, e, *adj.* gemein. Le soleil est *commun* à tout le monde, die Sonne erleuchtet die ganze Welt. Le nom d'animal est *commun* à l'homme & à la bête, das Wort Thier gehört vor die Menschen, und vor das Vieh; ist dem Menschen und dem Vieh gemein. C'est un esprit *commun*, es ist ein gemeiner Kopf. Je me servirai d'une raison qui est fort *commune*, ich will einen Grund, der ganz gemein ist, beybringen.

Lieux *communs*, (loci communes) da alles das steht oder vorkommt, was insgemein von einer Sache zu melden ist.

Lieu *commun* de loüanges, da alles vorkommt, was zum Lobe gehört.

Sens *commun*, die Kraft der Seele, wodurch auch der gemeinste Mann vernünftig von etwas urtheilt.

Expédier un homme en forme *commune*, im Spielen einem alles abgewinnen.

Cette terre vaut tant de revenu, année *commune*, ou *communes* années, diß Gut bringt böse und gute Jahre in einander gerechnet, so viel ein.

COM-

Commun, *s. m.* die Gemeine; Gemeinschaft.

Vivre sur le *commun*, auf gemeine Unkosten leben.

le Commun, das gemeine Volk in der Stadt oder in einem Hause.

Celà est du *commun*, das ist nichts sonderliches.

le Commun des Apôtres, des Martyrs &c. (in Kirchenceremonien) wenn man nur nach den ordentlichen Gebräuchen verfährt, wenn die Kirche nichts sonderliches davon verordnet.

le grand Commun, le petit *commun*, die Bedienung bey dem König in unterschiedlichen Officierern bestehend, jene vor des Königs Mund, diese vor die andern vom königlichen Hause.

En *commun*, gemeinschaftlich.

Le paturage *commun*, gemeine Weide.

COMMUNAUTE', *s. f.* Gemeine eines Orts, gesamte Einwohner.

Communauté, Innung; Zunft, Bruderschaft.

Communauté, geistlicher Orden; Stiftung so gemeinschaftlich beysammen leben.

Communauté, die sämtlichen Ordensbrüder oder Schwestern eines Klosters; Klostergemeine.

Communauté de draps, die Kleiderkammer der Capuziner.

Commumauté de mariage, Gemeinschaft der Güter zwischen Mann und Weib.

COMMUNAUTIER, *s. m.* der die Anschaffung der Kleider für ein Mönchskloster über sich hat.

COMMUNAUX, *s. m. plur.* gemein, öffentlich; die Oerter und Plätze, so der Gemeine eines Orts zuständig.

COMMUNE, *s. f.* die Gemeine, das gemeine Volk an einem Orte.

les Communes, die Gemeinen, die Eingepfarrten auf dem Lande; it. das einer Gemeine zugehörige Land zur Weide, Holz rc.

la chambre des Communes, das Unterhaus im Englischen Parlament.

à la Commune, auf gemeine Art; so hin, daß nicht viel dran ist.

COMMUNE'MENT, *adv.* gemeiniglich, insgemein; überhaupt, nach gemeiner Art.

COMMUNIANT, *s. m.* einer der sich bey dem heiligen Abendmahl einfindet.

Prêtre Communiant, der Geistliche der das Abendmahl austheilt.

COMMUNICABLE, *adj. c.* das man mittheilen kan, ansteckend, als eine Krankheit.

Communicable, mit dem man leicht bekannt werden kan, als ein Mensch.

COMMUNICANS, *s. m. pl.* eine Art Wiedertäufer im XVI Seculo, welche Weiber und Kinder gemein hatten.

COMMUNICATIF, ive, *adj.* das sich leicht mittheilt, ist in dieser Redensart fast noch allein gebräuchlich: Le bien de soi est *communicatif*, das Gute theilt sich gern zum Genuß mit. Von Leuten heißt es, der einen etwas gern mit wissen läßt, als seine Gedanken, seine Künste, Wissenschaften rc. Un homme fort *communicatif*, ein gar gemeinsamer Mensch.

COMMUNICATION, *s. f.* Mittheilung.

La *comunication* de la peste se fait aisément, die Pest wird leicht mitgetheilt.

Avoir une *communication* étroite avec des personnes savantes, mit gelehrten Leuten vertraulich umgehen.

Je n'ai point de *communication* avec lui, ich habe ganz keine Gemeinschaft mit ihm. Cette galerie fait la *communication* des deux appartemens, dieser Gang macht einen gemeinsamen Zugang zu beyden Gemächern.

La *communication* avec la ville par un pont, das Schloß wird mit der Stadt durch eine Brücke zusammen gefügt; hängt dadurch mit ihr zusammen.

Communication au parquet, die Darlegung der Gründe eines Advocaten vor des Königs Bedienten oder Räthen.

la Communication des pièces, (in Rechtshandel) Mittheilung der Klagschriften einer Parthey an die andere.

lignes de Communication, (in dem Vestungsbau) gewisse Laufgräben, zwischen zweyen Schanzen.

COMMUNIE', *s. m.* ée, *f.* einer der das heilige Abendmahl empfangen hat.

COMMUNIER, *v. a.* einem das heilige Abendmahl geben, reichen, austheilen.

Communier un mourant, einen Sterbenden berichten.

Communier, *v. n.* das heilige Abendmahl empfangen.

COMMUNION, *s. f.* Kirchengemein. La *communion* Romaine, Gréque, die Römische, Griechische Kirche.

Communion, die Handlung des heiligen Abendmahls.

COMMUNIQUER, *v. a.* theilhaftig machen, mittheilen; einem was entdecken.

Je vous prie de me *communiquer* un peu de vôtre douceur, ich bitte sie, mir etwas von ihrer Freundlichkeit mitzutheilen. Le feu *communique* sa chaleur, das Feuer theilet seine Wärme ganz mit. Le soleil *communique* sa lumière à tous, die Sonne theilet ihr Licht allen mit. Je lui ai *communiqué* mes desseins, ich habe ihm meine Anschläge geoffenbaret.

Communiquer, sich unterreden. Ils *communiquent* souvent ensemble ce qu'ils ont ouï, ſie laſſen oft einander wiſſen, was ſie gehöret haben.

COMMUNIQUER, (im Rechtshandel) eine Abſchrift ertheilen. On m'a *communiqué* les pièces que j'ai demandées, man hat mir die verlangten Sätze communiciret.

ſe COMMUNIQUER, *v. r.* gemein werden, ſich ausbreiten. Une maladie contagieuſe ſe *communique* facilement, eine anſteckende Krankheit breitet ſich leicht aus.

ſe COMMUNIQUER, ſich vertrauen; vertraulich auslaſſen. Il ſe *communique* à tout le monde, er iſt ganz offenherzig gegen jedermann.

COMMUTATION, *ſ. f.* (im Rechtshandel) iſt nur in dieſer Phraſi gebräuchlich: *Commutation* de peine, eine Verwandelung der Strafe aus der gröſſern in eine geringere, oder eine geringe in eine gröſſere.

COMMUTATIVE, *adj. f.* in dieſer Redensart: Juſtice *commutative*, Gerechtigkeit im Geben und Wiedergeben.

COMPACTE, *adj. c.* (in der Naturlehre) dicht, geſchloſſen; was wenig Löcher hat. L'or eſt le plus *compacte* de tous les métaux, das Gold iſt unter allen Metallen das dichteſte und ſchwereſte.

COMPAGNE, *ſ. f.* eine Geſellin, Gefährtin, Geſpielin; der König in Frankreich nennt in öffentlichen Briefen ſeine Gemahlin Nôtre très-chère Epouſe & *Compagne*.

COMPAGNE, von den Turteltauben heiſt es, ein Gatte.

COMPAGNE, eine Gehülfin bey der Arbeit, Mitarbeiterin.

COMPAGNE, (von lebloſen Sachen) etwas, das mit dabey iſt. Ces choſes ſont les *compagnes* de la vertu, dieſe Dinge ſind der Tugend Begleiter; ſolches führet die Tugend mit ſich.

COMPAGNE, (auf den Galeen) die Kammer des Proviantmeiſters.

COMPAGNIE, *ſ. f.* Geſellſchaft. Il eſt en *compagnie*, er iſt in Geſellſchaft. Faire *compagnie* à quelqu'un, einem Geſellſchaft leiſten.

COMPAGNIE, Verſammlung; Collegium. Les *compagnies* ſouveraines du Roïaume, die höchſten Collegia des Königreichs. Haranguer la *compagnie*, die Verſammlung mit einer Rede begrüſſen.

COMPAGNIE, Handelsgeſellſchaft. La *compagnie* des Indes, du Levant &c. die Oſtindiſche, Levantiſche u. ſ. w. Handelsgeſellſchaft.

règle de COMPAGNIE, (in der Rechenkunſt) Geſellſchaftsregul.

COMPAGNIE de ſoldats, eine Compagnie (Fähnlein) Kriegsknechte. *Compagnie* de cavalerie, ein Cornet Reuter. *Compagnie* d'infanterie, eine Fahne Fußknechte.

COMPAGNIES-franches, Freycompagnien.

la COMPAGNIE de Jéſus, die Geſellſchaft Jeſu, der Jeſuiterorden.

Jouër à la fauſſe *compagnie*, diejenigen, mit denen man in Geſellſchaft ſteht, betrügen.

Etre de bonne *compagnie*, keine Geſellſchaft verderben.

COMPAGNIE de perdrix, ein Flug Rebhüner.

COMPAGNIE de ſangliers, ein Troupp wilde Schweine.

bête de COMPAGNIE, (bey den Jägern) ein wild Schwein, das noch mit den andern geht, von zwey Jahren ohngefehr; hernach ein Menſch, der gern bey andern iſt.

COMPAGNON, *ſ. m.* ein Geſell, Gefährt. *Compagnon* d'école, Schulgeſell. *Compagnon* de voïage, Reiſegefährt.

COMPAGNON d'armes, Camerad. *Compagnon* apoticaire, tailleur, Apotheker-Schneidergeſell.

COMPAGNON, (bey den Gärtnern) eine ſehr groſſe Nelke, ganz roth oder ganz weiß.

Travailler à dépêche-*compagnon*, eine Arbeit eiligſt ausmachen, ohne ſich zu bekümmern, ob ſie wohl gemacht ſey.

Se battre à dépêche-*compagnon*, ſich ſchlagen, mit dem Beding, wenn einer ſeinen Gegentheil erlegt hat, daß er ſeinem Freund zu Hülfe kommen möge.

Faire le *compagnon*, ſich vor geſchickt ausgeben, klug ſeyn wollen, wenn ein Junge vor der Zeit Geſelle ſeyn will; it. thun als wenn man bey ſeines gleichen wäre.

petit COMPAGNON, ein ſchlechter geringer Menſch.

bon COMPAGNON, ein guter luſtiger Bruder, der gern in luſtiger Geſellſchaft iſt.

de COMPAGNON à COMPAGNON, als unter guten Geſellen.

COMPAIN, heißt eben ſo viel als compagnon.

COMPAN, *ſ. m.* eine Oſtindiſche Münze.

COMPARABLE, *adj. c.* das kan verglichen werden. Perſonne ne lui eſt *comparable*, niemand iſt ihm zu vergleichen.

COMPARAISON, *ſ. f.* Vergleichung, Gegeneinanderhaltung; Gleichniß; Gleichheit. Faire *comparaiſon* d'une choſe avec une autre, ein Ding mit dem andern vergleichen.

ſans COMPARAISON, ohne eine Vergleichung zu machen. Il eſt ſans *comparaiſon* le plus diligent de ſes compagnons, er iſt auſſer allem Zweifel der fleißigſte unter ſeinen Mitgeſellen. Celà eſt ſans *comparaiſon*, hors de *comparaiſon*, das iſt unvergleichlich.

pièces

piéces de COMPARAISON, befannte Stücke, gegen welche man diejenigen hält, die streitig sind.

en COMPARAISON, in Ansehung. L'absinthe est doux en comparaison du fiel, der Wermuth ist gegen die Galle zu rechnen noch süße.

à COMPARAISON, wenn man dagegen hält.

par COMPARAISON, wenn man dagegen rechnet oder ansieht.

COMPARANT, e, adj. (im Rechtshandel) einer der vor Gericht erscheint. Partie comparante ou non-comparante, der erscheinende oder nicht erscheinende Theil.

COMPARATIF, ive, adj. (in der Grammatic) das in Absehen auf was anders Vergleichungsweise gesetzt ist.

COMPARATIF, s. m. Vergrösserungsweise der Adjectivorum, der Comparativus.

COMPARATIVEMENT, adv. in Gegenhaltung eines andern, Vergleichungsweise, wird nur in Lehrsätzen gebrauchet.

COMPARER, v. a. vergleichen, gegen einander halten, dargegen halten.

se COMPARER à quelqu'un, v. r. einem gleich seyn wollen.

COMPARITION, (im Rechtshandel) Stellung, Erscheinung vor Gericht. Faire acte de comparition, erscheinen, sich stellen.

COMPAROIR, v. n. (im Rechtshandel) vor Gericht erscheinen, sich vor Gericht stellen.

COMPAROITRE, v. n. erscheinen, als vor dem Richter oder vor Gericht. Comparoitre en personne ou par procureur, persönlich oder durch einen Anwald erscheinen.

COMPARU, ë, part. der sich vor Gerichte gestellt hat.

COMPARSE, s. f. der Auftritt eines Viertels auf die Rennbahn. (Dans les carrousels c'est l'entrée des quadrilles dans la carrière, dont elles font le tour pour se faire voir aux spectateurs, in Thurnieren der Eingang der Ritter auf die Rennbahn, da sie herum reiten, um sich den Zuschauern zu zeigen.) Lorsque les quadrilles font leur comparse, elles saluënt les Princes & les Princesses en passant près de leurs balcons & de leurs loges, wenn die Ritter in der Rennbahne erscheinen, so grüßen sie die Prinzen und Prinzessinnen im Vorbeyreiten vor ihren Bühnen und Fenstern.

COMPARTIMENT, s. m. Abtheilung, Eintheilung. Faire les compartimens des vitres, zierliche Eintheilung der Fensterrauten machen. Faire le compartiment d'un jardin en divers carreaux, einen Garten in verschiedene Felder abtheilen.

COMPARTIR, v. a. abtheilen.

COMPARTITEUR, s. m. (in dem Parlament zu Paris) einer der das Gegentheil hält, oder einer andern Meynung ist als der Referent oder Anbringer, und dadurch verursachet, daß die Stimmen der Richter getheilet sind.

COMPARUTION, s. f. das Erscheinen oder Stellen vor Gerichte.

COMPAS, s. m. ein Zirkel.

COMPAS à pointes changeantes, ein Zirkel, dessen eine Spitze man aus= und was anders hinein schrauben kan.

COMPAS de reduction, ein Zirkel, der oben wieder zwey kleinere Spitzen hat, welche einen gewissen Theil der untern Weite, als die Helfte oder ein Viertel ꝛc. beschreiben.

COMPAS de proportion, ein Proportional= Zirkel, ein Schrägmaaß.

COMPAS de tourneur, ein Zirkel mit krummen Beinen zu Ausmessung runder Cörper.

COMPAS de tonnelier, ein Faßbinderzirkel.

COMPAS, (bey den Jubelierern oder Steinschneidern) ein Stück Holz, wie das Holz eines Hobels, bis auf die Helfte der Länge nach gespalten, womit sie die Steine messen, wenn sie dieselben schneiden.

COMPAS de cordonnier, die Maaßlade des Schusters.

COMPAS, (bey denen Fabricanten) das Muster (Breite) eines Zeuges. Faire une étoffe sur le compas d'une autre, einen Zeug in der Breite und aller Gleichheit eines andern machen.

COMPAS de mer ou de route, ein Blat, worauf die Winde gezeichnet sind; ein Seecompaß.

COMPAS de carte, ein Compaß der Steuerleute, auf der Seecharte den Ort zu finden, wo das Schiff um selbige Zeit ist.

COMPAS, angenommene oder gezwungene Ordnung in seinen Handlungen. Il pèse toutes ses paroles, & crache même avec compas, er mißt alle seine Worte ab, und speyet so gar nach dem Zirkelmaaß aus.

COMPASSEMENT, s. m. des feux, das rechte Anlegen der Minen, in gehöriger Weite von einander; it. das Maaß dazu.

COMPASSER, v. a. abzirkeln; abmessen; wohl einrichten; fleißig überlegen; ordentlich eintheilen. Compasser son tems, seine Zeit eintheilen.

Compasser la carte, mit der Spitze eines Zirkels auf der Charte abmessen, wo das Schiff ungefehr lauffen mag.

Compasser un livre, ein Buch mit dem Zirkel wohl messen, damit man es recht beschneide.

Compasser la mêche, die Lunte auf den Hahn stecken, daß er just die Zündpfanne treffe.

Compasser une marche, den Marsch wohl

wohl einrichten, daß man just auf die bestimmte Stund eintreffe.

COMPASSE', ée, *part.* wohl eingerichtet; ordentlich; gekünstelt.

COMPASSION, *s. f.* das Mitleiden.
Je vous supplie d'avoir *compassion* de lui, ich bitte euch mit ihm Mitleiden zu haben. Il excite la *compassion*, er erwecket das Mitleiden. Ce mauvais Poëte fait des vers à faire *compassion*, dieser elende Poet macht gar erbärmliche Verse.

COMPATERNITE', *s. f.* v. COMPE'RAGE.

COMPATIBILITE', *s. f.* die Art oder Natur eines Amts.

COMPATIBILITE' de charges, Aemter, die beysammen stehen, und zugleich von einem versehen werden können.

COMPATIBILITE' d'humeurs, Gemüther, die einander vertragen können.
Leurs humeurs ont de la *compatibilité*, ihre Gemüther stallen mit einander; schicken sich zusammen. Le chaud & le feu ont de la *compatibilité*, die Wärme und Tröckne können bey einander bleiben; zugleich statt haben.

COMPATIBLE, *adj. c.* der sich mit andern vertragen kan.

COMPATIBLE, das bey einem andern stehen und beysammen seyn kan. Le chaud est *compatible* avec l'humide, die Wärme und Feuchte schicken sich wohl zusammen, können einander leiden.

COMPATIR, *v. n.* à oder avec quelqu'un oder quelque chose, Mitleiden haben mit etwas; it. etwas erdulten, ertragen. *Compatir* aux douleurs de quelqu'un, mit eines Schmerzen Mitleiden tragen. Nous devons *compatir* aux foiblesses de nos frères, wir sollen mit unserer Brüder Schwachheiten und Fehlern Gedult tragen; sie ertragen.

COMPATIR, sich mit einem stallen, vertragen; sich zusammen schicken. Les foux ne peuvent *compatir* ensemble, ein Narr kan den andern nicht leiden.

COMPATIR, gnädiglich verfahren; einen nicht leichter Weise urtheilen.

COMPATRIOTE, *s. m. & f.* ein Landsmann.

COMPENSATION, *s. f.* Ersetzung; Vergeltung. *Compensation* de dépens, Aufhebung der Gerichtskösten gegen einander.

COMPENSER, *v. a.* ersetzen, wieder einbringen; vergelten; gegen einander aufheben. Les bonnes qualités d'une personne doivent *compenser* ses défauts, die Tugenden einer Person müssen ihren Fehlern zu statten kommen. Ce service n'est pas capable de *compenser* leur crime, dieser Dienst ist nicht genug ihr Verbrechen zu ersetzen; wieder gut zu machen.

COMPE'RAGE, *s. m.* Gevatterschaft.

COMPE'RE, *s. m.* ein Gevatter.
C'est un *compère*, ein rüstiger, munterer Mensch, seinen Vortheil zu suchen; it. ein lustiger Bruder.
Ce sont de bons *compères*, es sind gute Brüder, sie stecken immer beysammen.
Tout se fait ici par *compères* & par *commères*, es gehet allhier alles nach Gunst.

COMPERSONNIER, *s. m.* einer der mit im gemeinschaftlichen Gute sitzt.

COMPE'TAMMENT, *adv.* (im Rechtshandel) rechtmäßiger Weise, gehöriger Weise. Il a été jugé *compétamment*, es ist den Rechten gemäß abgethan.

COMPE'TAMMENT, genugsam; zulänglich.
Il y a *compétamment* dequoi, es ist genug da; zulänglich vorhanden.

COMPE'TANCE, *s. f.* das Recht, das einen zum rechtmäßigen Richter über etwas macht. On a fait juger la *compétance*, man hat über die Gerichtbarkeit erkennen lassen.

COMPE'TANCE, Geschicklichkeit; Fähigkeit von einer Sache zu reden. Celà n'est pas de ma *compétance*, es gehöret mir nicht (ich bin zu wenig) von diesen Sachen zu urtheilen.
Il n'y a point de *compétance* entre le Prince & son sujet, ein Unterthan kan mit seinem Fürsten nicht vor Gericht erscheinen, es ist keine Gleichheit da.

COMPE'TANT, e, *adj.* (vor Gericht gebräuchlich) rechtmäßig.
Portion *compétante*, der gehörige Theil.
âge *compétant*, das gehörige Alter.
Juge *compétant*, der gehörige Richter, unter den eine Sache gehört; item ein Mensch, der eine Sache versteht.
Partie *compétante*, Leute, die vor Gericht zeugen können.

COMPE'TER, *v. n.* (in Rechtshändeln) zukommen, zustehen. Il a reçu tout ce qui lui pouvoit *compéter*, er hat alles empfangen, was ihm rechtmäßig gehöret; zukommen sollen.

COMPE'TITEUR, *s. m.* Mitwerber; Mitbuhler; um ein Amt oder Würde.

COMPILATEUR, *s. m.* der etwas zusammen trägt, ein Buch aus vielen andern zusammen schreibt.

COMPILATION, *s. f.* das Zusammentragen zu einer Schrift.

COMPILER, *v. a.* zusammen bringen, zusammen tragen, ein ganzes Werk zu machen.

COMPISSER, *v. a.* beseichen, bepissen.

COMPITALES, *s. f. pl.* ein Spiel oder Fest, so bey den Alten den Hausgöttern zu Ehren angestellet wurde.

COMPITALICE, *adj. m. & f.* jour *compita-*

pitalice, der Feſttag, ſo den Hausgöttern zu Ehren angeſtellet wurde.

COMPLAIGNANT, *ſ. m.* (im Rechtshandel) der Kläger, ſo ſich vor Gericht über ein Unrecht beſchweret, ſo man ihm angethan hat.

ſe COMPLAINDRE, *v. r.* ſich beſchweren, beklagen. (wird ſelten gebraucht.)

COMPLAINTE, *ſ. f.* eine Klage wegen erlittener Störung in dem Beſitz ſeines Lehnguts oder geiſtlichen Einkommens.

COMPLAINTE, *ſ. f.* Klage; Klaglied.

COMPLAIRE, *v. n.* ſich nach etwas richten, bequemen; willfahren, zu Willen ſeyn, Gefallen erweiſen. *Complaire* à quelqu'un, einem zu Gefallen leben. Perſonne ne peut *complaire* à tous, es iſt niemand der allen gefallen könne.

ſe COMPLAIRE, *v. r.* an ſich ſelbſt Gefallen haben.

COMPLAISANCE, *ſ. f.* Gefälligkeit, Willfährigkeit, Dienſtwilligkeit. Avoir une *complaiſance* honnête pour tout le monde, ſich befleißigen, jedermann auf eine anſtändige Weiſe zu gefallen. En ce tems la *complaiſance* ſe fait des amis & la vérité des ennemis, bey dieſer Zeit macht man ſich durch Gefälligkeit Freunde, durch die Wahrheit aber Feinde.

COMPLAISANT, *m. e. f. adj.* gefällig; zu gefallen, gefliſſen. Il eſt *complaiſant* envers ſes amis, er iſt dienſtwillig gegen ſeine gute Freunde. Il eſt d'une humeur *complaiſante*, ſein Gemüth iſt zu gefallen befliſſen.

COMPLANT, *ſ. m.* eine Pflanzung oder Pflanzort zu Bäumen, oder Weinbergen.

COMPLANT, die jährliche Gefälle, Zinſe, Zehenden ꝛc. ſo man der Obrigkeit von Baum- oder Weingärten entrichtet.

Donner une terre à *complant*, einem eine Pflanzſtätte geben.

COMPLEMENT, *ſ. m.* (in der Meßkunſt) Erfüllung; Ergänzung eines Bogens, oder Winkels.

COMPLET, *m. e. f. adj.* ganz vollkommen; voll. Un régiment *complet*, ein vollſtändiges Regiment. Une victoire *complette*, ein vollkommener Sieg.

COMPLEXE, *adj. m. & f.* (in der Logic) un terme *complexe*, ein Subſtantivum oder prædicatum, das mehr als ein Ding in ſich ſchließt. Une idée *complexe*, ein zuſammen geſezter Begriff, welcher aus vielen einfachen beſtehet.

COMPLEXION, *ſ. f.* Leibesbeſchaffenheit; Geſundheit; Natur. Il eſt d'une forte *complexion*, er iſt von geſunder Natur. Il eſt d'une foible *complexion*, er hat einen ſchwachen blöden Leib.

COMPLEXION, Art und Sinn. Il eſt d'une joïeuſe *complexion*, er hat ein fröliches Gemüthe, Il eſt d'une triſte *complexion*, er hat eine ſtille, traurige Natur. Il eſt d'une *complexion* bizarre, er hat einen närriſchen wunderlichen Sinn.

COMPLEXION, figure de Rhétorique, Figur in der Redekunſt, wenn man viel zuſammen faßt.

COMPLEXIONNE', *m.* ée, *f. adj.* wohl oder übel beſchaffen. Un corps bien *complexionné*, mal *complexionné*, ein wohl beſchaffener geſunder, ein ſchwacher ungeſunder Leib.

COMPLICATION, *ſ. f.* Vermiſchung, Verwirrung. *Complication* de maladies dans un même corps, Vermiſchung verſchiedener Krankheiten in einem Leibe. *Complication* d'affaire, Verwirrung verſchiedener Sachen, in einem Geſchäft. *Complication* de crimes, eine Menge Laſter, welche einer zugleich begangen hat.

COMPLICE, *adj.* mitſchuldig, Mithafter. Les *complices* d'un traitre, die in einer Verrätherey mitgehalten haben. *Complice* de la mort de quelqu'un, mitſchuldig an eines Tode.

COMPLICITE', *ſ. f.* Mitſchuld. Il eſt accuſé de *complicité*, er wird als mitſchuldig angeklagt.

COMPLIES, *ſ. f. plur.* (in der römiſchen Kirche,) das man nach der Veſper ſingt, die Complet.

COMPLIMENT, *ſ. m.* Gruß; Höflichkeit in Worten, durch Zureden, Botſchaft oder Schreiben; Compliment; Wortgepräng. *Compliment* de félicitation, Glückwunſch. *Compliment* de condoléance, Klage, Leidklage.

COMPLIMENT, zierliche Anrede eines groſſen Herrn, oder anſehnlicher Verſammlung.

COMPLIMENTAIRE, iſt derjenige, unter deſſen einigem Namen eine ganze Handelsgeſellſchaft geführet wird.

COMPLIMENTER, *v. a.* grüſſen; ſeine Höflichkeit (ſeinen Gruß) ablegen. *Complimenter* un ami ſur ſon heureux retour, einen Freund über ſeiner glücklichen Wiederkunft bewillkommen. Il *complimenta* ce jeune Prince ſur ſon mariage, er hat dem jungen Prinz zu ſeiner getroffenen Vermählung Glück gewünſchet.

COMPLIMENTEUR, *ſ. m.* der viel Wortgepräng macht.

COMPLIMENTEUSE, *ſ. f.* die viel Wortgepräng macht.

COMPLIQUE', *m.* ée, *f.* (in der Heilkunſt) maladie *compliquée*, vermiſchte Krankheit, die aus mancherley Zufällen vermiſcht erwachſen.

COMPLIQUER, *v. a.* zuſammen faſſen; zuſammen fügen.

COM-

COMPLOT, *s. m.* sträfliches Verständniß; böse Anschläge zu eines andern Verderben.
COMPLOTER, *v. a.* sich verstehen; Anschläge machen wider jemand. *Comploter la ruine de son ennemi,* Anschläge machen seinen Feind zu verderben.
COMPLUTE, Alcala de Hénarez, eine Stadt in Neucastilien in Spanien. *La Bible de Complute,* die Bibel, so allda in vielen Sprachen gedruckt worden.
COMPON, *s. m.* ein Stück in den Wappen, das etwas Zusammengesetztes macht; ist allezeit eines von Farbe, das andere von Metall.
COMPONCTION, *s. f.* Schmerzen, Reu, Verdruß, daß man GOtt beleidiget, Nagen des Gewissens.
COMPONE', ée, *adj.* (in den Wappen) zusammen gesetzt.
COMPONENDE, *s. f.* (in der Römischen Dataria) die Sporteln, die man in Sachen, welche keine ordentliche Taxe haben, erlegen muß.
COMPORTEMENT, *s. m.* das Verhalten, das Aufführen, die Lebensart, (ist nicht sehr bräuchlich).
COMPORTER, *v. a.* mit sich bringen, zulassen, leiden, (ist nur in diesen und dergleichen Redensarten im Brauche): *Si le tems le comporte,* (besser le permet) so es die Zeit leidet. *Si sa qualité, dignité, son caractère, son revenu, le lieu &c. le comporte,* (viel besser le permet) wenn es sein Stand, Amt, Ansehen, Einkommen, der Ort 2c. zuläßt. Doch sagt man noch: *Ce sont des plaisirs que comporte la jeunesse,* (c. à. d. que la jeunesse permet) die Jugend bringt solche Ergötzlichkeiten mit.
se COMPORTER, *v. r.* sich aufführen, sich verhalten, sich betragen, (ist bräuchlicher). *Il s'est bien comporté* à mon égard, er hat sich gegen mich wohl verhalten. *Vendre une maison ainsi qu'elle se comporte,* ein Haus in dem Stand verkaufen, wie es sich befindet, (wird in Gerichten gesagt).
COMPOSE', *s. m.* etwas zusammen gebrachtes (gesetzliches). *Son visage est un composé de roses & de lis,* er siehet wie Milch und Blut aus.
COMPOSE', *m.* ée, *f. part.* zusammen gesetzt. *Un corps composé de plusieurs parties,* ein Cörper, so aus vielen Stücken besteht. *Nôtre armée est composée de cent mille hommes,* unsere Armee besteht aus hundert tausend Mann.
COMPOSE', sittsam, anständig. *C'est un jeune homme bien composé, dont l'extérieur est fort modeste,* es ist ein bescheidener eingezogener junger Mensch. Il

est tout *composé* de malice, er ist von Bosheit zusammen gesetzt; es ist kein gutes Haar an ihm. *Un valet composé* à l'humeur de son maître, ein Knecht, der sich in seines Herrn Kopf zu schicken weiß. *Tout est composé dans lui,* il a un extérieur tout *composé,* er kan den Schalk meisterlich verbergen, er sieht sehr ehrbar aus.
COMPOSER, *v. a.* zubereiten; verfertigen. *Composer des remèdes ou des parfums,* Arzneyen oder Salben zubereiten.
COMPOSER, schreiben, eine Schrift verfassen. *Composer en grec & en latin,* Griechisch und Lateinisch schreiben. *Composer des vers,* Verse schreiben. *Composer un livre, un discours,* ein Buch, eine Rede verfassen.
COMPOSER, ausmachen. *Le nombre des fidèles composé l'église,* die Zahl der Gläubigen machet die Kirche aus.
COMPOSER, (in der Sittenlehr) seine Sitten auf eine anständige Weise einrichten. *Le dévot composé son extérieur,* der Fromme stellet sich auch äusserlich wohl an.
COMPOSER, (in der Buchdruckerey) setzen. *Composer un ouvrage à l'imprimerie,* ein Werk in der Druckerey setzen.
COMPOSER, sich vergleichen; Handlung pflegen. *Composer de sa rançon avec l'ennemi,* sich mit dem Feinde wegen seines Lösegelds vergleichen. *Composer avec ses créanciers,* mit seinen Gläubigern handeln.
Composer sa mine, son geste, sa contenance, son visage, ses actions, seine Geberden einrichten, sich verstellen, nach dem Ort und nach den Personen, wo man erscheinen will.
Composer un différent, einen Streit schlichten, beylegen.
se COMPOSER, *v. r.* eine gewisse Stellung oder gewisse Geberden annehmen. *Un homme, un corps bien composé,* ein Mensch oder Leib von gesunder Art. *Un homme composé,* ein Mensch, der immer ernsthaft oder sittsam zu seyn sucht.
COMPOSEUR, *s. m.* der nichts tüchtiges schreibet. *Composeur de chansons,* ein Reimenschmied, Liedermacher. (ist verächtlich). *Composeur d'almanacs,* ein Calendermacher.
COMPOSITE, *adj. c.* (in der Baukunst) von andern Seulen-oder Bauarten zusammen gesetzt; von der Römischen Ordnung.
COMPOSITE, *s. m.* die zusammen gesetzte Art oder Seulenordnung in der Baukunst. *Ordre composite,* die Römische Ordnung.
COMPOSITEUR, *s. m.* ein Componist, Verfertiger, Meister eines musicalischen Stücks.

COMPOSITEUR (in der Druckerey) ein Setzer.
COMPOSITEUR amiable, ein Streitschlichter, Schiedsrichter.
COMPOSITION, *s. f.* Zusammensetzung, Zusammenfügung.
COMPOSITION, Verfertigung einer Schrift; it. die Schrift selbst.
COMPOSITION, das Exercitium, so einer in der Schule macht.
COMPOSITION, die Arbeit in Verfertigung eines Liedes; der Aufsatz selbsten.
COMPOSITION, die Zusammensetzung der Buchstaben in der Druckerey, das Schriftsetzen.
COMPOSITION, die Stellung und Ausfertigung eines Gemähldes.
COMPOSITION, die Vermischungen einiger Arzneyen; it. eine solche zusammen gemachte Arzney selbst.
COMPOSITION, ein Vergleich, Bewilligung, Vertrag; die Accordspuncte wegen Uebergabe einer Stadt.
COMPOSITION, die Loskauffung der von Seeräubern und Capern weggenommenen Schiffen und Waaren.
  C'est un homme de *composition*, es ist ein Mensch, mit dem man wohl zu recht kommen kan.
COMPOSOIR, *s. m.* das Setzbret.
COMPOST, *s. m.* der gute Stand eines Ackerfeldes.
COMPOST, (in der Schiffahrt) die Wissenschaft die Mondstage und folglich die Zeiten von Fluth und Ebbe auszurechnen.
COMPOSTELLE, *s. f.* die Hauptstadt in Gallicien, in Spanien.
COMPOSTER, *v. a.* einen Acker in guten Stand bringen.
COMPOSTEUR, *s. m.* der Winkelhaken der Schriftsetzer in der Druckerey.
COMPOT, *s. m.* Compot ecclesiastique, die Ausrechnung der Feste und Feyertage.
COMPÔTE, *s. f.* das Einmachen des Obsts mit Zucker; eingemachte Birn oder Aepfel; it. eine gewisse Art, die jungen Dauben zuzurichten.
  Mettre la tête de quelqu'un à la *compôte*, einem den Kopf weich schlagen.
  Avoir des yeux à la *compôte*, sehr zerschlagene blaue Augen haben.
COMPREHENSIBLE, *adj. c.* begreiflich.
COMPREHENSION, *s. f.* die Kraft etwas zu begreifen.
COMPRENDRE, *v. a. & n.* in sich begreifen, in sich schliessen, in sich halten; item mit einbringen, mit einfliessen lassen, Meldung thun eines Dinges in einer Schrift. La justice *comprend* toutes les vertus: toutes les vertus sont *comprises* sous le nom de justice, die Gerechtigkeit hält alle andere Tugenden in sich. Le vaisseau a été brulé, & je crains que mon frère n'ait été *compris* dans cette perte, das Schiff ist verbrannt, und ich besorge, es möchte mein Bruder auch mit drauf gegangen seyn.
COMPRENDRE, fassen, verstehen, begreifen. *Comprenés*-vous ce que je vous dis? verstehet ihr, was ich euch sage? Ce sont des choses que je ne puis pas assés-bien *comprendre*, es sind Dinge die ich nicht gar wohl fassen kan. Je vous les ferai *comprendre*, ich will euch dieses in den Kopf bringen.
  Y *compris*, mit darunter begriffen, verstanden; non *compris*, ausgenommen, ausgeschlossen.
COMPRESSE, *s. f.* ein leinenes Tüchlein oder Bäuschlein über eine Ader oder Wunde rc.
COMPRESSIBILITÉ, *s. f.* die Eigenschaft eines Dinges, daß es kan zusammen gedruckt werden.
COMPRESSIBLE, *adj. c.* das da kan enger zusammen gepresset werden.
COMPRESSION, *s. f.* das Zusammendrucken, als der Luft.
COMPRIMER, *v. a.* zusammendrucken.
COMPROMETTRE, *v. a.* einwilligen, daß man sich dem Ausspruch eines Schiedsrichters unterwerfen wolle.
COMPROMETTRE quelqu'un, einen in Verdruß oder Händel mit einziehen; machen, daß einer beschimpft wird. Man sagt auch: mettre quelqu'un en compromis.
  Compromettre sa dignité, etwas seiner Würde nachtheiliges thun.
se COMPROMETTRE, *v. r.* seine Ehre wagen.
COMPROMIS, *s. m.* die Einwilligung zweyer Parteyen, ihren Streit von einem Schiedsrichter entscheiden zu lassen.
  Mettre une chose en *compromis*, eine streitige Sache vor einen Schiedsrichter kommen lassen; etwas in Zweifel ziehen, einem streitig machen.
COMPROMISSAIRE, *s. m.* der Schiedsrichter, den beyde Theile erwehlt haben.
COMPROTECTEUR, *s. m.* Mitbeschützer, Mitschutzherr.
COMPTABLE, *adj. c.* der Rechnung thun muß.
  Quittance *comptable*, eine Quittung, womit man eine Rechnung belegen muß.
COMPTABLE, *s. m.* ein Rechnungsbeamter, ein Bedienter, der auf Rechnung sitzt.
COMPTANT, *adj. indecl.* baar.
  Acheter *comptant*, um baar Geld kaufen. Païer *comptant*, baar auszahlen.
COMPTANT, *s. m.* (im Scherz) baar Geld.
COMPTE, *s. m.* Rechnung. Le *compte* se trouve, die Rechnung trifft zu. Un *compte* rond, eine Zahl die keinen Bruch hat; da Einnahme und Ausgabe gleich aufge-

aufgehen. Un *compte* rompu, da eins das ander überschießt. Mettre en ligne de *compte*, in Rechnung bringen; auf Rechnung stellen. Je mettrai celà en ligne de *compte*, ich will mir solches merken, bis ich Gelegenheit bekomme es wieder gleich zu machen. Recevoir à *compte*, auf Rechnung, auf Abschlag empfangen. Un homme de fort bon *compte*, einer der seine Rechnung richtig hält; mit dem in Berechnung wohl auszukommen ist. Les bons *comptes* font les bons amis, richtige Rechnung erhält die Freundschaft. Présenter son *compte*, seine Rechnung übergeben. Examiner un *compte*, eine Rechnung durchgehen. Travailler à bon *compte*, um einen billigen Preis arbeiten. Je ne trouve pas mon *compte* à celà, ich gewinne nichts daran. On ne trouve pas son *compte* avec lui, man kan mit ihm nicht auskommen. Mettés celà sur mon *compte*, thut das auf meine Rechnung, ich will es bezahlen. Je le prens sur mon *compte*, ich will davor stehen; ich nehme es auf meine Verantwortung. Je vous en rendrai *compte*, ich werde euch deßwegen Rechenschaft geben. Vous entendés bien vôtre *compte*, ihr verstehet den Handel wohl; ihr seyd nicht leicht zu betrügen. Je me trouve loin de mon *compte*, ich bin betrogen in meiner Hoffnung. Je trouve mon *compte* dans la retraite, ich bin in meiner Einsamkeit wohl zufrieden. Tenir *compte* de sa reputation, sein Ansehen hoch schätzen; in acht haben. Faites vôtre *compte* que, glaubet gewiß, daß ꝛc. Avés-vous vôtre *compte*? habet ihr was ihr verlanget? Vous avés eu bon *compte* de celà, ihr habt das wohlfeil gehabt. A'vôtre *compte*, euerer Rechnung, Verstand, Begriff nach. Au bout du *compte*, zuletzt; endlich; nach diesem allen. Manger à bon *compte*, ohne Sorge seyn; in den Tag hinein leben. Il en a pour son *compte*, er ist übel angelaufen; es ist mit ihm geschehen.

chambre des COMPTES, Rechnungskammer.

maitre des COMPTES, Rentmeister.

COMPTE, Erzehlung. *v.* CONTE.

à ce COMPTE, auf diese Weise.

COMPTE-PAS, *f. m.* ein Wegmesser, ein Instrument zu Zählung der Schritte, die man auf einem Wege zurücklegt.

COMPTER, *v. n.* zählen; rechnen; Rechnung ablegen.

Compter les morceaux, einem die Bissen zuzählen, wie geizige Leute thun.

Quand on *compte* sans son hôte, on *compte* deux fois, *prov.* man muß die Rechnung nicht ohne den Wirth machen.

COMPTER, zahlen; bezahlen; auszahlen.

COMPTER par bref état, summaweis rechnen; nur die Summ von denen Artikeln ansetzen.

COMPTER en forme, in bester Ordnung und Form Rechnung ablegen. Je vous *compterai* ce champ assés chairement, ich will euch diesen Acker theuer genug anrechnen. Comptés-vous celà pour quelque chose? rechnet ihr dieses so hoch? Vous pouvés *compter* sur moi, ihr könnet euch auf mich verlassen. On *compte* pour rien ce qui ne peut faire ni bien ni mal, man achtet vor nichts, was weder nutzen noch schaden kan. On le *comptoit* pour mort, man hielte ihn für todt. Il faut toujours *compter* sur sa vertu, & jamais sur sa noblesse, man thut wohl, wenn man seiner Tugend und nicht bloß seinem Adel vertrauet.

COMPTER, erzehlen, *v.* CONTER.

COMPTEUR, *f. m.* euse, *f.* einer der wohl rechnen kan, der die Rechenkunst verstehet. (es ist nicht sehr im Brauch).

COMPTEUR, Schwätzer, *v.* CONTEUR.

COMPTOIR, *f. m.* ein Zahl- oder Rechentisch mit einer verschlossenen Schublade; it. ein ganzes Gemach oder Factorey, da die Kaufleute ihre Bediente halten; eine Rechenkammer, Schreibstube.

COMPTOIR, Niederlage; Kaufhaus einer besondern Handlung in einem Handelsplatz. Le comptoir des Anglois à Suratte, das Englische Kaufhaus zu Suratta.

COMPTORISTE, *f. m.* der unaufhörlich auf Rechnungen arbeitet; ein Buchhalter, der in den Rechnungen wohl erfahren ist.

COMPULSER, *v. a.* einen Notarium zu etwas zwingen.

Compulser un contract, um die Vorlegung eines Contracts anhalten.

COMPULSOIRE, *f. m.* Briefe aus der Cantzley, einen Notarium zu zwingen, die Acten zu liefern, deren man vonnöthen hat.

COMPUT, *v.* COMPOT.

COMPUTISTE, *f. m.* ein Ausrechner im Calendermachen.

COMTE, *f. m.* sse, *f.* Graf, Gräfin.

COMTE', *f. m.* Grafschaft.

COMTOIS, *f. m.* e, *f.* einer aus der Franche-Comté.

CONARIUM, *f. m.* das Zirbeldrüslein im Gehirn, die Glandula pinealis.

CONCASSER, *v. a.* (in Apotheken) etwas zerstossen, zerreiben, klein machen.

CONCATE'NATION, *f. f.* (in der Philosophie) Zusammenhang, Verbindung.

CONCAVE, *adj. c.* rund ausgehöhlt, als eine Kugelform.

CON-

CONCAVITÉ, *s. f.* der innere Umfang eines rund ausgehöhlten Cörpers oder Dinges. La *concavité* d'une voute, die Rundung eines Gewölbes.

CONCEDER, *v. a. & n.* wird von grossen Herren gesagt, wenn sie den Geringern etwas erlauben, geben, gestatten; (im Disputiren) einem einen Beweis gelten lassen, einen Satz gutheissen.

CONCENTRATION, *s. f.* die innerste Vermischung, die höchste und innerste Vermengung und Vereinigung.

CONCENTRER, *v. a.* einsperren; in sich selbst zusammen zwingen. Le froid *concentre* la chaleur, die Kälte treibt die Hitze zusammen.

se CONCENTRER, *v. r.* sich auf einen Haufen oder an einen Ort zusammen begeben oder ziehen.

CONCENTRIQUE, *adj. c.* wird von zweyen oder mehr Cirkeln gesagt, welche aus einem Centro gemacht werden. Cercle *concentrique*, Kreis der mit einem andern aus einem Mittelpunct gerissen.

CONCEPT, *s. m.* (in der Vernunftlehre) Begriff, Vorbildung in dem Verstand.

CONCEPT, (bey denen Kaufleuten) ein Vorhaben; Project.

CONCEPTION, *s. f.* Empfängniß in Mutterleibe des Menschen und der Thiere.

CONCEPTION, das Fest der Empfängniß der Heil. Jungfrau Mariä.

CONCEPTION, Kupferstücke, so die Empfängniß Mariä vorstellen.

CONCEPTION, ein Ritterorden, dene Ferdinandus Herzog zu Mantua gestiftet.

CONCEPTION, Begriff, Kraft des Verstandes, etwas zu fassen. Avoir la *conception* un peu dure, hartlernig seyn; ein Ding schwerlich fassen können. Cette chose n'est pas de facile *conception*, diß ist nicht leicht zu begreifen.

CONCEPTION, Gedanke; Einfall. Il a de belles *conceptions*, er hat artige Einfälle.

CONCERNANT, *adv. & præp.* betreffend, belangend, angehend.

CONCERNANT, *m. e, f. adj.* on a fait des règlemens *concernans* la police, man hat Verordnungen gemacht, welche die Policey betreffen.

CONCERNER, *v. a.* angehen, betreffen, anlangen. La piété *concerne* tout le monde, die Gottseligkeit gehet alle Menschen an.

CONCERT, *s. m.* Gesang von vielen Stimmen. Un *concert* de luths, de violons, eine Zusammenstimmung von Lauten, Geigen 2c.

CONCERT, ein Musicsaal. L'agréable *concert* des oiseaux, der liebliche Gesang der Vögel.

CONCERT, Beredung, Abrede, ein einmüthiger Schluß, Einverständniß mit jemand. Agir de *concert*, einmüthiglich, abgeredter Weise handeln.

CONCERTANT, e, *adj.* parties *concertantes*, (in der Music) die streitende Partien.

CONCERTER, *v. n.* eine Music mit andern machen, Collegium Musicum halten.

CONCERTER, *v. a.* mit einander eins werden, etwas zu thun; abreden. Ils ont *concerté* cela ensemble, sie haben dieses mit einander abgeredt.

se CONCERTER, *v. r.* sich zwingen; angemaßte Weisen brauchen.

CONCERTÉ, ée, *part. & adj.* abgeredet, abgedroschen; gekünstelt. Un dessein *concerté*, ein wohl abgedroschener Anschlag.

Cet homme-là est fort *concerté* en ses discours, dieser Mensch führt lauter gekünstelte Reden, er wills gar zu nett machen.

CONCESSION, *s. f.* eine Gnade, Erlaubung, verliehenes Recht, Freyheit, Bewilligung eines grossen Herrn.

CONCESSION, (in der Redekunst) das Nachgeben, die Einräumung eines Satzes oder einer Sache; auch im Disputiren.

CONCEVABLE, *adj. c.* das man fassen, begreifen kan. La chose n'est pas *concevable*, die Sache ist nicht zu begreifen.

CONCEVOIR, *v. a.* empfangen in Mutterleibe. La fémelle du lièvre, quoique pleine, ne laisse pas de *concevoir*, wenn die Häsin schon die Frucht im Leibe hat, so empfängt sie doch noch weiter.

CONCEVOIR, fassen, begreifen, verstehen. Concevés-vous ce que je vous dis? verstehet ihr, was ich euch sage? Je ne le *conçois* pas bien, ich begreife es nicht recht. Je ne saurois *concevoir* les difficultés de l'algèbre, ich kan die Schwürigkeiten in der Algebra nicht begreifen. Concevoir un soupçon, einen Verdacht fassen.

CONCEVOIR, abfassen; verfassen. Une lettre mal *conçue*, ein übel abgefaßter Brief. Sa lettre étoit *conçue* en ces termes, sein Brief lautete so; war so abgefasset.

CONCHE, *s. f.* die Beschaffenheit der Kleider einer Person. Cet officier est en mauvaise *conche*, dieser Officier ist übel gekleidet. Etre en bonne *conche*, wohl stafirt seyn.

CONCHI, eine Gattung Zimmet, welche zu Alcair verkauft wird, dahin sie über das rothe Meer gebracht wird.

CONCHIER, *v. a.* bescheissen, etwas mit seinem Kothe besudeln.

CONCHILE, *adj. c.* ligne *conchile*, (in

der Geometrie) eine krumme Linie, die sich immer einer geraden Linie nahet, aber sie niemal durchschneidet.

CONCHOÏDE, *adj. c.* (in der Geometrie) eine Art krummer Linien; eine Linie um die Seulen wie Schrauben gedreht, als an Muscheln oder Schnecken.

CONCHYLE, *f. m.* Purpurschnecke, Purpurmuschel.

CONCIERGE, *f. m.* einer der ein Schloß, Residenz, Pallast ꝛc. bewahrt.

Concierge d'un château, d'un palais, Thürhüter eines Schlosses, Pallasts, Comödienhauses ꝛc.

Concierge, Kerkermeister.

CONCIERGERIE, *f. f.* das Amt und die Wohnung eines Hausverwalters.

Conciergerie, das Gefängniß des Parlaments zu Paris.

CONCILE, *f. m.* eine Versammlung vieler Bischöffe wegen gewisser Glaubensartikel.

Concile, der Ort wo sie ihre Versammlung halten.

Concile, der Schluß, der in dergleichen Versammlung gemacht worden ist.

CONCILIABULE, *f. m.* eine Versammlung ketzerischer Geistlicher, oder eine unrechtmäßige Versammlung.

CONCILIATEUR, *f. m.* einer der andere vereiniget; der etwas übereinstimmend machet; der streitende Sprüche einstimmig auslegt.

CONCILIATRICE, *f. f.* eine Friedmacherin, Aussöhnerin.

CONCILIATION, *f. f.* Vereinigung.

CONCILIER, *v. a.* vereinigen. *Concilier les esprits,* die Gemüther versöhnen, vereinigen.

Concilier, zusammen reimen, als zwey wider einander laufende Dinge. *Concilier les articles débattus,* die streitige Sätze vergleichen.

Concilier, erwerben, zuwege bringen. *Il a un agrément qui lui concilie l'affection de tout le monde,* er hat etwas angenehmes, wodurch er eine allgemeine Liebe gewinnet.

se Concilier, *v. r.* gewinnen, sich zuwege bringen, auf seine Seite ziehen. *Se concilier l'attention & la bienveillance de quelqu'un,* sich jemands Aufmerksamkeit und Gewogenheit zuwege bringen, erwerben.

CONCIS, e, *adj.* kurz, abgekürzt. *Un genre de discours concis,* eine kurze Schreibart. *Un stile net & concis,* eine reine und kurzgefaßte Schreibart. *Il est concis dans ses harangues,* er fasset seine Rede kurz.

CONCITOYEN, *f. m.* Mitbürger.

CONCITOYENNE, *f. f.* Mitbürgerin.

CONCLAVE, *f. m.* der Ort zu Rom, wo sich die Cardinäle versammlen, einen neuen Pabst zu wählen.

Conclave, die zur Pabstwahl versammlete Cardinäle.

CONCLAVISTE, *f. m.* ein Bedienter, der sich mit einem Cardinal ins Conclave schliessen läßt.

CONCLUANT, e, *adj.* bündig, unwidertreiblich, woraus man einen bündigen Schluß machen kan. *Argument concluant,* bündige Schlußrede. *Preuve concluante,* unwidertreiblicher Beweis.

CONCLURRE, *v. a. & n.* beschliessen, endigen. *Conclurre un discours,* ein Gespräch beschliessen.

Conclurre, résoudre, setzen, ordnen, Schluß fassen. *Je n'ai rien encore conclu,* ich habe mich noch zu nichts entschlossen. *Conclurre une affaire,* der Sache einen Ausschlag geben. *Quand vous aurés conclu quelque chose touchant cette affaire,* wenn ihr dieser Sache halber etwas werdet beschlossen haben. *Cela est conclu,* dieses ist beschlossen, festgesetzt.

CONCLURRE, tirer conséquence, schliessen. *Je conclus de-là que vous mentés,* hieraus schliesse ich, daß ihr lüget.

Conclurre, (im Gericht) stimmen; seine Meynung eröffnen. *Les juges ont conclu criminellement contre l'accusé,* die Richter haben wider den Beklagten ein peinlich Urtheil gefällt. *Tout conclud à sa mort,* es geht alles einmüthig dahin, daß er sterben soll. *Je conclus à vôtre départ,* ich halte es für das beste, daß ihr euch auf die Seite macht, daß ihr abreiset.

CONCLUSION, *f. f.* der Beschluß, das Ende an einer Sache oder Rede.

Conclusion, Endschaft; Ausgang eines Geschäfts. *La conclusion de l'affaire a été malheureuse,* die Sache hat eine unglückliche Endschaft erreichet.

Conclusion, (in der Vernunftlehre) der Schlußsatz einer Beweisrede.

Conclusion, Lehrsatz. *Faire ses conclusions,* seine Lehrsätze aufsetzen.

Conclusion de demandeur, der Schluß; endliches Begehren der Partey. *On lui a ajugé ses conclusions,* man hat gesprochen, wie er gebeten.

Conclusion, die Stimme, Meynung im Gericht. *Les conclusions d'un tel ont été suivies,* man ist seiner Meynung beygefallen. *Prendre conclusion contre l'accusé,* die Beschuldigungsbeweise wider den Beklagten einbringen. *Il est ennemi de la conclusion,* man kan mit ihm zu keinem Ende kommen.

CONCLU-

CONCLUSION! furz, mit einem Worte! was brauchts viel!

CONCOCTION, *f. f.* die Verdauung der Speisen in dem Magen.

CONCOMBRE, *f. m.* eine Gurke, Kukumer, Kümmerling.

CONCOMBRE, ein Ungeziefer im Meer.

CONCOMITANCE, *f. f.* Begleitung; (ist nur im Lehren der Wissenschaften und Künsten gebräuchlich) par *concomitance*, als Gefährten, begleitungsweise.

CONCOMITANTE, *adj. f. & f.* la grace *concomitante*, die mitwürkende Gnade.

CONCORDANCE, *f. f.* Uebereinstimmung der Bücher der H. Schrift.

CONCORDANCE, ein Buch, das die Uebereinstimmung der H. Schrift, in den Gesetzen und andern Gebräuchen weiset.

CONCORDANCE, eine Concordanz, worinnen alle Wörter der Bibel, und die Oerter, wo sie stehen, angezeigt werden.

CONCORDANCE, (in der Grammatic) die Einrichtung der Construction eines Worts nach der Eigenschaft des andern, oder die ersten Regeln im Syntax, die da lehren, wie man ein Wort zu dem andern fügen soll; it. ein Buch, worinnen diese Regeln stehen.

CONCORDANT, e, *adj.* übereinstimmend.
Vers *concordans*, Verse die in Schauspielen von etlichen Personen gesungen werden.

CONCORDANT, *f. m.* eine Tenorstimme.

CONCORDANTIEL, lle, *adj.* als eine Concordanz gemacht.

CONCORDAT, *f. m.* ein Vergleich oder Vertrag, sonderlich in Kirchensachen.

CONCORDE, *f. f.* Einigkeit der Herzen, Einträchtigkeit, Einhelligkeit. La *concorde* évangelique, die Uebereinstimmung der Evangelisten.

CONCORDE, deesse, die Göttin der Einigkeit bey den alten Heyden.

CONCOURIR, *v. n.* zusammen laufen.
Concourir avec quelqu'un, gleiches Recht, gleiche Forderung mit einem haben.

CONCOURIR, mitwirken, dazu helfen; miteinwilligen, Tous les citoïens *concourrent* à défendre la majesté du peuple Romain, alle Bürger waren einstimmig, die Majestät des Römischen Volks zu vertheidigen. Mille choses *concourent* à tourmenter mon esprit, viele Sachen stimmen überein meine Seele zu ängstigen.

CONCOURME, eine Materie, damit man gelb färbet.

CONCOURS, *f. m.* de peuple, das Zusammenlaufen der Leute an einem Orte. On ne vit jamais en ce lieu un si grand *concours*, man hat niemals einen solchen Zulauf an diesem Orte gesehen.

CONCOURS, Mithülf; Beytritt.

CONCOURS, Streit.
Mettre un bénéfice au *concours*, ein geistlich Amt leer erklären, damit sich ihrer viel darum anmelden mögen.

CONCRET, *f. m.* (in der Logic) etwas das eine Qualität nebst ihrem Subjecto zugleich in sich schliesst.

CONCRETION, *f. f.* Verhärtung oder Hartwerdung eines Dinges, das dünn und weich war; Dickmachung.

CONCUBINAGE, *f. m.* Beywohnung einer Manns- und Weibsperson, die nicht verehlicht sind.

CONCUBINAIRE, *f. m.* einer, der eine Concubine hält.

CONCUBINE, *f. f.* ein Kebsweib.

CONCUPISCENCE, *f. f.* böse Lust.

CONCUPISCIBLE, *adj. c.* appetit *concupiscible*, die Lust oder die Begierde in der Seele nach dem, was der Verstand vor gut erkennt.

CONCURREMMENT, *adv.* mitbewerbungsweise, als die, so zugleich um etwas anhalten; it. zugleich, mit einander.
Ils joüiront *concurremment* de ce revenu, sie sollen dieses Einkommen gemeinsamlich geniessen.
Venir en ordre *concurremment*, in gleichem Range stehen, wenn man Schulden will bezahlet haben.

CONCURRENCE, *f. f.* Wettstreit; Eifer um den Vorzug. Il n'y a nulle *concurrence* entre eux, sie haben um nichts zu streiten. Deux belles qui sont en *concurrence* de beauté, zwo Schönen, die einander den Vorzug streitig machen.

CONCURRENCE de prétendans, Mitwerbung vieler Personen um eine Stelle.
Dans une si grande *concurrence* de prétendans a eu la préférence, bey einer so grossen Menge der Werber hat er den Vorzug gehabt.

CONCURRENCE, Belauf; Summ. Il lui païa jusqu'à la *concurrence* de mille écus, er hat ihm bey die tausend Thaler bezahlt.

CONCURRENT, *f. m.* einer der zu gleicher Zeit mit andern sich um etwas bewirbt, ein Mitwerber. C'est un *concurrent* qui est à craindre, für einem solchen Mitwerber hat man sich zu fürchten. *Concurrent* à la poursuite d'un mariage, Mitbuhler, Nebenbuhler.

CONCUSSION, *f. f.* Plackerey, Bedrängniß, Schinderey, wenn eine Obrigkeit oder sonst jemand etwas den Leuten abpresset, dazu sie nicht verbunden sind, oder sie zu etwas zwinget, und sie aussauget.

CONCUSSIONNAIRE, *f. m.* einer der die Unterthanen drückt und preßt.

CONCUSSIONNER, *v. a.* das Volk un=
billig ausſaugen, ſchinden.
CONDAMNABLE, *adj.* ſchuldig; ſtraf=
fällig, ſträflich. Le prévenu a été trouvé *condamnable*, der Angeklagte iſt ſchul=
dig befunden worden. Procédé *condamnable*, ſträfliches Verfahren.
CONDAMNATION, *ſ. f.* Verurtheilung.
Sa *condamnation* eſt prononcée, ſein
Urtheil iſt geſprochen; er iſt ſchon verur=
theilet.
CONDAMNATION, ſtraffällige That. Celà
ſeul a fait ſa *condamnation*, dieſes allein
hat ihn ſtraffällig gemacht.
Paſſer *condamnation*, einwilligen, daß
die Gegenparthey den richterlichen Aus=
ſpruch zu ihrem Vortheil bekomme; ge=
ſtehen, daß man Unrecht habe.
Subir *condamnation*, zu einem richter=
lichen Ausſpruch ſtillſchweigen, da man
es doch weiter ſuchen könnte.
CONDAMNATOIRE, *adj. c.* das zur Ver=
urtheilung gehört.
CONDAMNER, *v. a.* verurtheilen, ver=
dammen; verwerfen, tadeln; mißbilli=
gen, nicht gutheiſſen. Ma partie a été
condamnée aux dépens du procès, mein
Widerpart iſt in die Gerichtskoſten verur=
theilet worden. *Condamner* quelqu'un
au foüet, aux galères, einen zum Staup=
beſen, auf die Galeeren verurtheilen. *Condamner* quelqu'un à la mort, à une priſon perpetuelle, einen zum Tode, zu ewi=
ger Gefangenſchaft verurtheilen.
Condamner un mot, ein Wort nicht
vor gut gelten laſſen wollen.
Condamner une porte, une fenêtre, ei=
ne Thüre oder Fenſter zunageln oder ver=
mauern, daß man es nimmer gebrauchen
kan.
ſe CONDAMNER, *v. r.* ſeine Schuld bekennen.
CONDENSATION, *ſ. f.* das Dickmachen,
die Verdickung.
CONDENSER, *v. a.* dicker, dichter ma=
chen. Le froid *condenſe* l'air, die Kälte
macht die Luft dick.
ſe CONDENSER, *v. r.* dick werden, wie die
Luft ꝛc.
CONDESCENDANCE, *ſ. f.* Willfährigkeit,
das Nachgeben.
CONDESCENDANT, -e, *adj.* willfährig,
nachgebend.
CONDESCENDRE, *v. n.* ſich nach dem
Willen oder Meynung eines andern rich=
ten; nachgeben, willfahren.
CONDESCENTE, *ſ. f.* die Losmachung
vom Vormundamt, in Gerichtsſachen.
CONDICTION, *ſ. f.* (in den Römiſchen
Rechten) die Zurückforderung einer Sa=
che, die einem mit Unrecht vorenthalten
wird.

CONDICTION furtive, die Wiederbeziehung
einer geſtohlenen Sache.
CONDILE, CONDILOME, *v.* CONDYL.
CONDITION, *ſ. f.* der Zuſtand oder die
Eigenſchaft eines Dinges. Vivons dans
la *condition* où nôtre naiſſance nous a
mis, laſſet uns nach dem Stande leben,
darein uns unſere Geburt geſetzet hat.
Qu'elle eſt vôtre *condition?* von was
für Stande ſeyd ihr?
CONDITION, Bedingung, Vorſchlag. Offrir des *conditions* honorables, anſtändi=
ge Bedingungen anbieten. Accepter les
conditions propoſées, die vorgeſchlagenen
Bedingungen annehmen. Vous vous
obligés à une *condition* bien fâcheuſe, ihr
verbindet euch zu etwas hartem.
CONDITION, Stand, Würde, Anſehen.
C'eſt un homme de grande *condition*, die=
ſes iſt ein vornehmer angeſehener Mann.
C'eſt un homme de baſſe *condition*, es
iſt ein Mann von ſchlechtem Herkommen.
Je ne ſuis pas de moindre *condition* que
les autres, ich bin nicht geringern Herkom=
mens als andere.
CONDITION, Dienſt, Bedienung. Chercher *condition*, Dienſt ſuchen. Sortir
d'une *condition* pour rentrer dans une
autre, aus einem Dienſt in den andern
treten. A' *condition* que vous vous tai-
ſiés, wenn ihr das Maul halten könnet.
A' *condition* qu'il me ſoit permis, mit dem
Beding, daß mir erlaubt ſey.
CONDITIONEL, *m.* lle, *ſ. f. adj.* beding=
lich. Propoſition *conditionelle*, beding=
licher Vortrag.
CONDITIONELLEMENT, *adv.* mit Be=
ding.
CONDITIONNER, *v. a.* in den behörigen
(erforderlichen) Stand ſtellen.
CONDITIONNER, Bedingniſſe hinzuſetzen.
Les actes que l'on *conditionne* le plus,
engendrent le plus de procès, je mehr
Bedinge eine Schrift, ein Aufſatz hat, je
mehr Gezänke entſteht daraus.
CONDITIONNÉ, *m.* ée, *ſ. f. adj.* bedingt;
mit gewiſſem Beding verwahrt; einge=
ſchränkt. Permiſſion *conditionnée*, eine
bedingte Vergünſtigung.
CONDITIONNÉ, bewandt, beſchaffen. Livre bien *conditionné*, fein eingebundenes
Buch. Marchandiſe bien *conditionnée*,
gute, taugliche Waare. Pourvû que la
bière ſoit bien *conditionnée*, wenn nur
das Bier gut und wohl gebrauet iſt.
CONDOLEANCE, *ſ. f.* Mitleiden, Klage.
Faire des compliments de *condoléance*,
einem das Leid klagen.
CONDORIN, *ſ. m.* ein kleines Chineſiſches
Geldgewicht.

ſe

se CONDOULOIR, Mitleiden bezeugen, (ist nur im infinitivo gebräuchlich).

CONDUCTEUR, *s. m.* Führer, Aufseher, Regierer. *Conducteur de la barque,* der das ganze Werk führt und regiert.

CONDUCTRICE, *s. f.* die, so ein Vorhaben oder Werk führt, regiert.

CONDUIRE, *v. a.* einen führen, leiten. *Conduire un aveugle,* einen Blinden leiten. *Conduire la main de quelqu'un pour écrire,* einem die Hand führen zum Schreiben.

CONDUIRE, ableiten; fortführen. *Conduire un ruisseau d'un lieu à un autre,* das Wasser von einem Ort an einen andern leiten. *Conduire une muraille,* eine Mauer fortführen. *Il a conduit l'affaire à ce point, que &c.* er hat die Sache so weit gebracht, daß ꝛc.

CONDUIRE, accompagner par honneur, einen ehrenwegen begleiten.

CONDUIRE des enfans, les élever, Kinder auferziehen.

CONDUIRE l'état, das gemeine Wesen regieren.

CONDUIRE une armée, eine Armee anführen.

CONDUIRE du bétail, das Vieh treiben.

CONDUIRE un criminel au supplice, den Uebelthäter zum Richtplaße, Gerichte, führen.

Dieu vous *conduise,* GOtt behüte dich, lebe wohl; it. fahr hin, GOtt behüte mich vor dir.

se CONDUIRE, *v. r.* vor sich selbst gehen. J'ai assés de force pour me *conduire* moi-même, ich bin stark genug allein zu gehen.

se CONDUIRE, sich verhalten, aufführen. Se *conduire* sagement, sich klug aufführen.

CONDUIT, *s. m.* eine Röhre oder Rinne, wodurch etwas geführet wird, es sey Waßer, Luft oder anders.

CONDUITE, *s. f.* Aufsicht; Anordnung. Avoir la *conduite* d'un enfant, die Aufsicht über ein Kind haben. Il a heureusement terminé l'affaire par sa *conduite,* er hat die Sache durch seine Anordnung glücklich zu Ende gebracht. Donner la *conduite* de quelque chose à quelqu'un, einem die Verwaltung eines Dings auftragen. Avoir la *conduite* d'une armée, ein Kriegsheer anführen. C'est un homme d'une sage *conduite,* er ist ein kluger verständiger Mensch. Vous avés une étrange *conduite,* ihr habet ein seltsames Aufführen.

CONDYLE, *s. m.* ein Knoten oder eine Fuge der Gelenke an den Fingern.

CONDYLOME, *s. m.* eine Runzel an den Mäusen des Gesäßes oder an dem Muttermund.

CONE, *s. m.* eine runde Pyramide; it. ein Kegel in der Meßkunst.

CONFARREATION, *s. f.* bey den Römern eine Ceremonie, da man die Eheleute, die ihre Kinder zum Priesterthum widmeten, von einem Brod essen ließ.

CONFECTEUR, *s. m.* ein Fechter, der sich vor diesem wagte, mit wilden Thieren zu kämpfen; ein verwegener Streiter.

CONFECTION, *s. f.* eine annehmliche Arzney oder Latwerge.

CONFECTION du chile, die Verfertigung oder Ausarbeitung des Nahrungssafts im Leib.

CONFECTION d'un inventaire, (in Gerichten) die Verfertigung eines Inventarii.

CONFEDERATION, *s. f.* Bund, Bündniß, Allianz.

CONFEDERE', ée, *adj. & subst.* Bundsgenoß, Bundsverwandter.

se CONFEDERER, *v. r.* sich vereinigen, sich verbinden, Bund oder Allianz machen, (besser s'allier).

CONFERENCE, *s. f.* Gegeneinanderhaltung, Vergleichung; Unterredung. Entrer en *conférence,* in Unterredung treten. Etre en *conférence,* sich unterreden.

CONFERER, *v. a.* zwey Dinge gegen einander halten, vergleichen, als Gesetze, Ordnungen. *Conférer la version avec l'original,* die Uebersetzung gegen die Urschrift halten.

CONFERER, eine geistliche Würde auftragen, verleihen. *Conférer les Ordres,* die Ordination verleihen. *Conférer une Abbaïe,* eine Abtey verleihen.

CONFERER, sich unterreden. *Conférer avec quelqu'un,* sich mit einem unterreden. Après avoir *conféré* ensemble, nachdem sie sich mit einander unterredet.

CONFES, esse, *adj.* contrit & *confés,* (in der Röm. Kirche) der seine Sünde bereuet und gebeichtet hat.

CONFESSE, die Beichte. Aller à *confesse,* zur Beichte gehen.

CONFESSER, *v. a.* bekennen, gestehen. Vous me forcés à *confesser* que &c. ihr nöthiget mich zu bekennen, daß ꝛc.

CONFESSER ses péchés, seine Sünden beichten.

CONFESSER, Beicht sitzen, hören. Il a *confessé* tant de personnes, er hat so viel Personen Beicht gehöret. Il *confesse* tous les jours, er sitzt täglich Beicht.

se CONFESSER, *v. r.* seine Sünde bekennen, dem Priester beichten. Je me *confesse* à vous de tous mes péchés, ich beichte euch alle meine Sünden.

Se *confesser* au renard, sich einem Schalk vertrauen.

CONFESSEUR, *s. m.* (in der Kirche der ersten

-erſten Chriſten) ein Bekenner JEſu Chriſti, bis zur Verfolgung.

CONFESSEUR, CONFESSIONNAIRE, ein Beichtvater, der Beicht hört.

CONFESSION, ſ. f. Bekänntniß, Geſtändniß; öffentliche Ausſage. On tira de lui cette *confeſſion*, man hat dieſe Bekänntniß von ihm heraus gebracht.

CONFESSION, Beicht. Faire ſa *confeſſion*, ſeine Beicht thun. Entendre quelqu'un en *confeſſion*, einen Beichte hören.

CONFESSION de foi, Glaubensbekänntniß. La *confeſſion* d'Ausbourg, die Augſpurgiſche Confeſſion.

CONFESSIONNAL ou CONFESSOIR, der Beichtſtuhl.

CONFESSIONNISTES, ſ. m. pl. (ſpottsweiſe) die Augſpurgiſchen Confeßionsverwandten.

CONFIANCE, ſ. f. das Vertrauen auf etwas, Zuverſicht.
En *confiance*, vertraulich, vertraut.

CONFIANCE, Unverſchämtheit; frecher Muth.

CONFIDEMMENT, adv. vertraulich, im Vertrauen.

CONFIDENCE, ſ. f. das Vertrauen, Vertraulichkeit. Faire *confidence* d'une choſe à quelqu'un, einem etwas vertrauen.
Etre dans la *confidence* de quelqu'un, bey einem in groſſer Vertraulichkeit ſtehen.

CONFIDENCE, Verwaltung einer Pfründ vor einen andern.

CONFIDENT, ſ. m. ein Vertrauter, dem man die geheimſten Sachen vertraut.

CONFIDENTE, ſ. f. vertraute Freundin.

CONFIDENTIAIRE, ſ. m. der ein geiſtlich Gut ſo beſitzt, daß er einem andern, laut heimlichen Vertrags, die Einkünfte giebt.

CONFIER, v. a. vertrauen, anvertrauen.
Confier ſon bien, ſon ſecret à un ami, ſeine Güter, ſein Geheimniß, einem Freund anvertrauen.

ſe CONFIER, v. r. ſich verlaſſen; ſich vertrauen. Se *confier* à quelqu'un, ſich einem vertrauen.

CONFIGURATION, ſ. f. die äuſſerliche Geſtalt eines Dinges; der Aſpect der Planeten in dem Planetenſtellen.

CONFINER, v. n. & a. grenzen, angrenzen, anſtoſſen, avec mit, oder à an etwas. La France *confine* à l'Italie, Frankreich ſtößt an Italien. La vigne *confine* ce pré, der Weingarten ſtößt an dieſe Wieſe.

CONFINER, verweiſen; an einen gewiſſen Ort verbannen. *Confiner* quelqu'un dans une Isle, dans un couvent, dans un déſert, einen auf eine Inſel, in ein Kloſter, Einöde ꝛc. verbannen, verweiſen.

ſe CONFINER, v. r. ſich einſchlieſſen, ſich heimlich aufhalten, ſich verbergen. Il s'eſt *confiné* dans ſon étude, er hat ſich in ſein Studierſtüblein eingeſchloſſen.

CONFINS, ſ. m. plur. die Grenzen.

CONFIRE, v. a. einmachen, als in Zucker, Honig, Salz ꝛc. *Confire* des cériſes, des prunes &c. Kirſchen, Pflaumen ꝛc. einmachen.

CONFIRE, (bey dem Kürſchner) Felle bereiten; gar machen.

CONFIT, e, part. & adj. eingemacht.
Fruits *confits* ſur l'arbre, Früchte, die auf den Bäumen wohl zeitig und ſüß worden ſind.
Elle eſt *confite* en dévotion, en malice, ſie iſt ganz voller Andacht, Bosheit ꝛc.

CONFIRMATIF, ive, adj. das da beſtätiget, bekräftiget. Arrêt *confirmatif*, beyfälliges Urtheil, wodurch das vorige bekräftiget wird.

CONFIRMATION, ſ. f. Befeſtigung, Beſtätigung, Bekräftigung, neue Verſicherung. *Confirmation* d'un traité, d'une nouvelle, Bekräftigung einer Handlung, einer Zeitung.

CONFIRMATION, (in der Röm. Kirche) die Firmung.

CONFIRMATION, (in der Redekunſt) das Stück einer Rede, wo der Hauptſatz bewieſen wird.

CONFIRMER, v. a. befeſtigen, bekräftigen, feſter machen, beſtätigen; genehmhalten, gutheiſſen. *Confirmer* quelqu'un dans ſes ſentimens, einen in ſeiner Meynung ſtärcken.
Confirmer en grace, im Guten beſtätigen, daß man nimmer fallen kan.

CONFIRMER, firmen, die Firmung geben.

ſe CONFIRMER, v. r. beſtätiget werden.
La nouvelle ſe *confirme* de toutes parts, die Zeitung wird von allen Orten beſtätiget. Se *confirmer* dans la foi, im Glauben geſtärket werden.

CONFISCABLE, adj. c. das confiſcirt werden kan. Bien *confiſcable*, verfallenes Gut, das rechtmäßig mag eingezogen werden.

CONFISCATION, ſ. f. die Einziehung der Güter in den Fiſcum; it. die confiſcirten Güter. J'ai eu la *confiſcation* de ſes biens, ſeine eingezogenen Güter ſind mir zu Theile worden.

CONFISEUR, ſ. m. ein Zuckerbecker; einer der allerhand Früchte einmacht.

CONFISQUER, v. a. dem Fiſco zuerkennen, confiſciren, wegnehmen, in den Fiſcum einziehen; item verwirken, als ein Lehn. *Confiſquer* les biens de quelqu'un, eines Güter einziehen, für verfallen erklären.

CONFISQUÉ, ée, part. & adj. confiſcirt, weggenommen, eingezogen.

Un homme *confisqué*, ein unglücklicher, ungesunder Mensch.

Une santé *confisquée*, verlohrne Gesundheit.

CONFIT, e, *part. & adj. v.* CONFIRE.

CONFIT, *s. m.* ein Faß der Kürschner, darinnen sie die Häute gar machen.

CONFITEOR, *s. m.* einige Beichtgebete in dem Röm. Gottesdienst die sich mit diesem Wort anfangen; it. die Beichte; als, man sagt zu einem Sterbenden: Dites vôtre *Confiteor*, bekennet GOtt eure Sünde, legt noch vorher eure Beicht ab.

CONFITURE, *s. f.* eingemachte Sachen, meistens im plurali, *confitures*.

CONFITURIER, *s. m. v.* CONFISEUR.

CONFLAGRATION, *s. f.* die Verbrennung der ganzen Welt, am Ende derselben.

CONFLANT, *voiés* CONFLUENT.

CONFLICT, CONFLIT, *s. m.* Streit um die Gerichtbarkeit.

CONFLIT, Gefecht bewehrter Leuthe; it. das Disputiren.

CONFLUENT, *s. m.* der Lauf eines Flusses in den andern, der Zusammenfluß.

CONFLUER, zusammen fließen.

CONFONDRE, *v. a.* vermischen; vermengen; verwirren; bestürzt machen.

L'âge *confond* les titres & les noms, die lange Zeit verwirrt die Würde und Namen. Cette nouvelle me *confond*, diese Nachricht macht mich bestürzt. Ma raison est *confonduë*, mein Verstand ist verwirrt.

CONFONDRE quelqu'un dans la foule, einen von dem Haufen nicht unterscheiden.

La guerre *confond* le criminel & l'innocent, in Kriegszeiten werden Schuldige und Unschuldige gleichgehalten.

CONFONDRE quelqu'un, lui jetter la confusion sur le visage, einen schamroth machen; beschämen.

Il m'a *confondu*, je n'ai sçu que lui répondre, er hat mich dergestalt eingetrieben, daß ich nicht gewußt, was ich ihm antworten sollen.

CONFORMATION, *s. f.* die Bildung, Gestalt. La *conformation* des parties du corps, die Bildung der Leibestheile.

CONFORME, *adj. c.* gleichförmig, ähnlich, gemäß.

CONFORMEMENT, *adv.* gemäß, gleichförmig. Agir *conformément* aux ordres de son maitre, nach seines Herrn Befehl handeln.

CONFORMER, *v. a.* gleichförmig machen, einrichten. *Conformer* ses interêts aux volontés d'un autre, sein Vorhaben nach einem andern einrichten.

se CONFORMER à quelque chose, *v. r.* sich nach etwas bequemen.

CONFORMISTE, *v.* NON-CONFORM.

CONFORMITE', *s. f.* Aehnlichkeit, Gleichheit, Gleichförmigkeit. *Conformité* de doctrine, Gleichförmigkeit der Lehre. *Conformité* d'humeurs, Gleichheit der Gemüther. *Conformité* à la volonté de Dieu, die Unterwerfung in den Willen GOttes.

CONFORT, *s. m.* Verstärkung, Succurs, Hülfe, Beystand, Trost.

CONFORTATIF, ive, *adj.* stärkend, kräftig. Remède *confortatif*, stärkende Arzney.

CONFORTATION, *s. f.* Stärkung.

CONFORTE-MAIN, *s. m.* ein königlicher Befehl, den vor diesem ein Lehnsherr haben mußte, wenn er in seinem Gebiet ein Gut einziehen wollte.

CONFORTER, *v. a.* stärken, Kraft geben, trösten.

CONFRAIRIE, CONFRATERNITE' *s. f.* Brüderschaft, Ordensgesellschaft. *Confrairie* de rosaire, de la passion, die Brüderschaft des Rosenkranzes, des Leidens Christi.

Être de la grande *confrairie*, ein Hahnrey seyn.

CONFRE'RE, *s. m.* Mitbruder, in einem Kloster oder Gesellschaft; it. ein Handwerkster bey einem Handwerk; ein Mitgenoß, Zunftgenoß.

CONFRE'RE, bey den Patribus Oratorii, einer der noch nicht Priester ist.

CONFRERIE, *v.* CONFRAIRIE.

CONFRONTATION, *s. f.* Abhörung der Zeugen in Gegenwart des Beklagten.

CONFRONTATION, Gegeneinanderhaltung und Durchgebung zweyer Schriften.

CONFRONTER, *v. a.* dem Beklagten die Zeugen unter Augen stellen.

CONFRONTER, ein Ding gegen das andere halten.

CONFUS, e, *adj.* vermischt.

CONFUS, verwirrt, unordentlich.

CONFUS, ungewiß; dunkel.

CONFUS, beschämt, bestürzt.

CONFUSE'MENT, *adv.* unordentlich.

CONFUSIBLE, *adj. c.* (bey Klosterleuten) straffällig.

CONFUSION, *s. f.* Verwirrung, Unordnung. Les procès mettent de la *confusion* dans les familles, Rechtshändel bringen Verwirrung in eine Verwandtschaft.

CONFUSION, Schande. Tomber dans la *confusion*, in Schande gerathen.

CONFUSION, (bey Klosterleuten) offentlicher Fehler.

CONFUSION, unordige verwirrte Menge. Une *confusion* de rubans, eine Menge allerley Bänder untereinander. *Confusion* de peuple, Menge allerley Volks durch einander.

en CONFUSION, unordentlich.

CONFUTATION, *s. f.* eine Widerlegung.
CONFUTER, *v. a.* widerlegen.
CONGE', *s. m.* ein Maaß bey den Römern zu nasser Waare, von 10 Pfund Wasser.
Conge', *s. m.* Urlaub, Erlassung; Abschied. Donner congé à un soldat, à un domestique, einem Soldaten, einem Bedienten den Abschied geben.
Conge', Geleitsbrief, so denen abfahrenden Schiffen ertheilet wird.
Conge', Abweisung eines, mit dem man nicht mehr umgehen will. On a beau donner congé à cet écornifleur, il revient toûjours, man mag den Schmarozer abweisen wie man will, er kommt doch wieder.
Conge', Abschied eines Verreisenden. Prendre congé de la compagnie, von der Gesellschaft Abschied nehmen.
Conge', (in Schulen) Erlaubniß. Les jours de congé, die Urlaubstage, Ferien.
Conge', (im Rechtshandel) Lossprechung eines Beklagten, wenn der Kläger nicht erschienen.
Conge' d'encavement, Verstattung den Wein einzukellern, nachdem der Zoll, Steuer, u. d. g. davon entrichtet.
Conge', (in der Baukunst) Anlauf des Säulenstamms.
CONGE'ABLE, *adj. c.* un domaine congéable, ein Lehen, welches kan zurück genommen werden, wenn der Lehenherr die daran gemachte Verbesserungen ersetzet.
CONGE'DIER, *v. a.* Abschied geben, beurlauben. Congédier des troupes, Völker abdanken. Congédier un domestique, einen Diener erlassen.
CONGE'LATION, *s. f.* Gerinnung, Verdickung, Gefrierung.
CONGE'LER, *v. a.* gerinnen lassen.
se CONGE'LER, *v. r.* dick werden, gerinnen, gestehen, geliefern; hart werden, gefrieren.
CONGE'MINATION, *s. f.* Verdoppelung.
CONGE'NE'RE, *adj. c.* gleicher Art. Les muscles *congénères*, Muskeln die eben solche oder gleiche Bewegung haben.
CONGESTION, *s. f.* eine Geschwulst.
CONGIAIRES, *s. m. pl.* waren bey denen Römern zewisse Geschenke, welche der Kayser dem Volk thate, und in Geld, Korn, Wein, Oel rc. bestunden.
CONGLOBATION, *s. f.* eine Figur in der Rhetoric, da man viel Beweisthümer zusammen häufet.
CONGLOBE', ée, *adj.* beysammen liegend, als Glandeln oder Drüsen in der Anatomie.
CONGLOMERE', ée, *adj.* glandes *conglomerées*, kleine Drüsen unter einer Haut beysammen.
CONGLUTINATION, *s. f.* das Zähmachen eines Safts; Zusammenleimen.
CONGLUTINER, *v. a.* als einen Leim zäh machen. Ce poisson *conglutine* le sang, wenn man diesen Fisch isset wird das Geblüt zäh.
se CONGLUTINER, *v. r.* zäh werden.
CONGRATULATION, *s. f.* ein Glückwunsch, eine Glückwünschung.
CONGRATULER, *v. a.* einem Glück wünschen, sich über sein Glück erfreuen. (ist alt.)
CONGRE, *s. m.* ein Meeraal.
CONGRE'GANDINE, *s. f.* eine Nonne von der Congregation Unserer L. Frauen.
CONGRE'GANISTE, *s. m.* ein Schüler oder Bürger, so sich bey den Jesuiten zu der Versammlung einstellt, die der Jungfrau Maria zu Ehren angestellt ist.
CONGRE'GATION, *s. f.* eine Versammlung, Brüderschaft eines Ordens.
CONGRE'GATION, (an dem römischen Hofe) Deputation oder Collegium gewisser Geistlichen, zu besondern Verrichtungen. *Congrégations* des rites, des immunités, &c. Rath über die Kirchengebräuche, Kirchenfreyheiten, u. s. w. *Congrégation extraordinaire*, eine ausserordentliche Deputation oder Rathsversammlung.
CONGRE'GATION, (bey den Jesuiten) andächtige Brüderschaft.
CONGRE'GATION, der Ort der Versammlung einer Congregation.
CONGRE'GER, *v. a.* versammlen. (ist alt.)
CONGRES, *s. m.* die Probe, ob einer zum Ehestand tauge oder nicht, ist lange in Frankreich üblich gewesen, und An. 1677 abgeschaft worden.
CONGRES, Versammlung; Zusammenkunft. *Congrès de paix*, Friedensschluß.
CONGRU, ë, *adj.* das sich zu etwas schickt, gehörig; wohl oder recht eingerichtet, richtig.
Une oraison *congruë*, eine Rede nach den Regeln der Grammatic.
Un écolier *congru*, ein Schüler, der nicht mehr wider die Grammatic fehlt.
CONGRÜISTE, *s. m.* einer der das Systema von der Congruitate in der Materie von der Gnade in der Theologie hat und glaubt.
CONGRÜITE', *s. f.* wenn man in der Materie von der Gnade in der Theologie sagt: daß der Mensch nach dem Maaß der Gnade und dem Zustand seines Willens in einer Sache, etwas infailliblement, ganz gewiß thue, aber nicht nécessairement, gezwungener Weise, sondern frey.
CONGRÜMENT, CONGRUEMENT, *adv.* ohne Fehler, geschicklich, gehöriger Weise. Parler *congrûment*, geschicklich reden.
CONJECTURAL, e, *adj.* was auf Muthmassungen beruhet.

CON-

CONJECTURALEMENT, *adv.* muthmaß-
lich, vermuthlich.
CONJECTURE, *s. f.* Muthmaßung, Meynung.
CONJECTURER, *v. n.* muthmaßen, wäh-
nen. Je *conjecture* quelque chose de bon
de celà, ich muthmaße etwas gutes hieraus. Autant que je puis *conjecturer*,
so viel als ich abnehmen kan.
CONIFE'RE, *adj. c.* das Zapfen trägt,
als Tannen, Fichten ꝛc.
CONILLE, *s. f.* ein Raum auf einer Galee unter einer Decke, die an der Seite
der Galee angemacht ist.
CONILLER, *v.* CONNILLER.
CONJOINDRE, *v. a.* zusammenfügen, verbinden, vereinigen.
CONJOINT, e, *part. & adj.* vereinigt,
verbunden.
CONJOINTEMENT, *adv.* zugleich, mit
einander.
CONJOINTS, *s. m. plur.* (bey den Rechtsgelehrten) die Eheleute.
CONJONCTIF, ive, *adj. & s. m.* der
Modus Conjunctivus in der Grammatic;
das die Rede zusammen binden kan; oder
das an Conjunctiones gebunden ist. Par-
ticules *conjonctives*, Bindwörtlein.
CONJONCTION, *s. f.* Vereinigung eines
Mannes und Weibes.
CONJONCTION, (in der Astrologie) Zusam-
menkunft zweyer Planeten unsern Augen
nach in einerley Grad des Thierkreises.
CONJONCTION, (in der Grammatic) ein
Bindwörtlein der Rede oder des Verstan-
des derselben.
CONJONCTIVE, *s. f.* (in der Optic) das
Häutlein über dem Auge, so es vornen
bedeckt, welches man sonst das Weisse im
Auge heißt.
CONJONCTIVE, (in der Sprachkunst) ein
Bindwort, eine Conjunction.
CONJONCTURE, *s. f.* Umstand, Gele-
genheit, Zustand, Beschaffenheit der
Dinge. *Conjoncture* heureuse, fatale,
favorable, glücklicher, unglücklicher, vor-
theilhafter Umstand.
CONJOUÏR, *v. n.* oder se CONJOUÏR, *v. r.*
avec quelqu'un sich mit einem erfreuen;
einem Glück wünschen, seine Mitfreude
bezeugen.
CONJOUÏSSANCE, *s. f.* Mitfreude; das
Glückwünschen. Faire des complimens
de *conjouïssance*, einem seine Freude be-
zeugen, Glück wünschen.
CONIQUE, *adj. c.* kegelförmig. Section
conique, Kegelschnitt.
CONISE, *s. f.* ein Kraut, Dürrwurz.
CONJUGAISON, *s. f.* (in der Grammatic)
eine Conjugation, das Verbum nach der
Zeit, Zahl und Person zu ändern.

CONJUGAISON de nerfs, (in der Anatomie) gewisse Nerven, die paarweise bey
einander sind, Paarung der Nerven.
CONJUGAL, e, *adj.* ehelich. Amour
conjugal, eheliche Liebe. Foi *conjugale*,
eheliche Treue.
CONJUGALEMENT, *adv.* ehelicher Weise. Vivre *conjugalement*, wie Mann und
Weib (wohl) mit einander leben.
CONJUGUER, *v. a.* (in der Grammatic)
conjugiren, ein Verbum nach der Zeit,
Person und Zahl einrichten.
CONJURATEUR, *s. m.* einer der sich mit
andern verschworen hat. (Besser conjuré.)
CONJURATEUR, ein Beschwörer, als der
bösen Geister, der Gewitter ꝛc.
CONJURATION, *s. f.* eine Zusammenver-
schwörung wider einen Staat. Découvrir une *conjuration*, eine Verrätherey
entdecken.
CONJURATION, Teufelsbannung; Zaubersegen.
CONJURATION, inständige Bitte. Je lui
ai fait mille *conjurations*, ich habe ihn
aufs inständigste gebeten, oder gleichsam
bey etwas beschworen.
CONJURER, *v. a. & n.* sehr inständig bitten, oder gleichsam bey etwas beschwören.
CONJURER, beschwören, bannen, als böse Geister, oder andere böse Dinge. *Conjurer* le diable de sortir d'un possédé, den
Teufel aus einem Besessenen bannen.
CONJURER un malheur, ein gedrohtes Unglück durch seine Klugheit abwenden, verhüten.
CONJURER contre quelqu'un, wider jemand sich zusammen verschwören; Verrätherey anstiften. Ils ont *conjuré* ma
perte, sie haben mir das Verderben ge-
schworen.
CONJURER, sich vereinigen, etwas mit zusammen gesetzten Kräften auszuführen.
Etre *conjurés*, im Bund stehen, sich zusammen verbunden haben.
CONJURE'S, *s. m. plur.* die Zusammenver-
schwornen.
CONNE'TABLE, *s. m.* der vornehmste Befehlshaber in Frankreich über Kriegshändel.
la CONNE'TABLE, des Connetable Gemahlin.
CONNE'TABLE, ein Connstabel, ein Artille-
riebedienter, der den Canonierern auf
den Batterien Pulver, Kugeln, und anders austheilen läßt.
CONNE'TABLIE, CONNE'TABLERIE,
s. f. das Gericht der Connétables in Frankreich, wie auch der Marschälle.
CONNEXE, *adj. c.* verknüpft, verwandt
mit andern, verbunden.

CONNEXION, CONNEXITE' *ſ. f.* Verwandtſchaft, Verknüpfung.
CONNIL, CONNIN, *ſ. m.* ein Caninchen. Peau de *connin*, poil de *connin*, eine Caninchenhaut, Caninchenhaar.
CONNILLER, *v. n.* Ausflüchte, Schlupfwinkel im Diſputiren oder Rechtshandeln ſuchen.
CONNIN, *ſ. m.* v. CONNIL.
Connin, ein Mädgen.
Connin, eine längliche Trinkſchale.
CONNINE, *ſ. f.* das Weiblein unter den Caninchen.
CONNIVENCE, *ſ. f.* das Ueberſehen, das Dulden einer Sache.
CONNIVER, *v. n.* überſehen, durch die Finger ſehen.
CONNOISSABLE, *adj. c*, das leicht zu erkennen iſt. Il a une marque qui le rend très *connoiſſable*, er hat ein Zeichen daran er wohl zu erkennen iſt.
CONNOISSANCE, *ſ. f.* Erkenntniß, Wiſſenſchaft. Il a de belles *connoiſſances*, er hat eine Erkenntniß vieler ſchöner Dingen. Je n'ai aucune *connoiſſance* de cette affaire, ich weiß gar nichts um dieſe Sache. Les juges prendront *connoiſſance* de celà, die Richter werden das unterſuchen.
Connoissance, Bekanntſchaft. Je fis *connoiſſance* avec lui à Paris, ich habe mich mit ihm zu Paris bekannt gemacht. C'eſt une de mes anciennes *connoiſſances*, er iſt mir vor langer Zeit bekannt. Avoir la *connoiſſance* d'une femme, ein Weibsbild in Unzucht kennen.
Connoissance, die Fährten des Hirſchen. Païs de *connoiſſance*, ein Land das einem bekannt iſt.
CONNOISSEMENT, *ſ. m.* Frachtbrief, über die Waaren eines Schiffs.
CONNOISSEUR, *ſ. m.* euſe, *f.* der ſich auf etwas verſteht, ein Kenner, Kennerin.
CONNOÎTRE, *v. a.* erkennen; kennen; Bekanntſchaft haben. Je *connois* bien cet homme, ich kenne dieſen Mann wohl. Je ne le *connois* pas même de vuë, ich kenne ihn nicht einmal von Geſichte. Je me ferai *connoître*, ich werde mich bekannt machen.
Connoître, verſtehen, Verſtand eines Dinges haben. *Connoître* les herbes, les joïaux, die Kräuter, Edelſteine kennen; ſich darauf verſtehen.
Connoître, (im Rechtshandel) richten; ſprechen; erkennen.
Connoître, fleiſchlich erkennen.
ſe Connoître, *v. r.* ſich auf etwas verſtehen. Se *connoître* en peinture, en chevaux, ſich auf die Mahlerey, auf Pferde wohl verſtehen. Il ne ſe *connoit* pas à faire plaiſir, er weiß nicht was das ſey, einem einen Gefallen erweiſen. Il ne ſe *connoit* pas, er kennet ſich ſelbſt nicht.
Faire *connoître*, zu erkennen geben; wiſſen laſſen; bekannt, berühmt machen.
CONNU, ë, *adj. & part.* bekannt.
CONODIS, *ſ. m.* eine zu Goa und in dem Königreich Cochin übliche kleine Münz.
CONOÏDAL, e, *adj.* v. CONIQUE.
CONOÏDE, *ſ. m.* v. CONE.
CONQUE, *ſ. f.* eine Schneckenmuſchel, Seemuſchel.
Conque, eine Trompete, womit man die Tritones und Seemenſchen abzumahlen pflegt.
Conque, das Hohle im Ohr, ſowol auſſen als innen.
Conque, ein Getraidemaaß zu Baïonne.
CONQUE'RANT, *ſ. m.* einer der viel Land durch Krieg gewinnt.
Conque'rant, (poetiſch) der viel verliebt macht.
CONQUE'RANTE, *ſ. f.* eine die viel zu ihrer Liebe reizet.
CONQUE'RIR, *v. a.* mit dem Schwerdt gewinnen, erobern, bezwingen.
Conque'rir les cœurs, die Herzen gewinnen.
CONQUIS, e, *part. & adj.* erworben, gewonnen.
CONQUÊTE, *ſ. m.* (zwiſchen Eheleuten) Errungenſchaft.
Conquête, *ſ. f.* Eroberung, Einnehmung, Gewinnung durch Gewalt der Waffen. E'tendre ſes *conquêtes*, immer mehr erobern.
Conquête, das eroberte Land. Conſerver ſes *conquêtes*, das Eroberte behalten.
Faire une *conquête*, jemandes Liebe oder Freundſchaft gewinnen.
Vivre comme dans un païs de *conquête*, nach ſeinem Willen an einem Ort hauſen, auf Diſcretion leben.
CONQUÉTER, *v. a.* v. CONQUE'RIR.
CONQUIS, e, *part.* v. CONQUE'RIR.
CONROI, *ſ. m.* Begleitung, Gefolg eines groſſen Herrn. (iſt ſehr alt.)
CONROYER, *v.* CORROYER.
CONSACRANT, *ſ. m.* der einen Biſchof einweiht.
CONSACRER, *v. a.* bey den Heiden, einen unter die Zahl der Götter ſetzen.
Consacrer, weihen. *Conſacrer* un autel, une égliſe, einen Altar, eine Kirche weihen.
Consacrer, aufopfern; widmen; ganz übergeben. *Conſacrer* ſon tems aux études, ſeine Zeit dem Studiren widmen.

Nous

Nous *consacrerons* vôtre nom à la postérité, wir wollen euren Namen mit Ruhm auf die Nachkommen bringen.

CONSACRER, (in der Röm. Kirche) die Worte der Einsetzung in dem Sacrament des Altars sprechen.

L'église, l'usage a *consacré* ce mot, diß Wort ist in der Kirche, im Gebrauch, angenommen.

se CONSACRER, *v. r.* sich zu etwas widmen oder begeben, sich sonderlich auf etwas legen. Se *consacrer* au service de Dieu, sich zum Dienst GOttes aufopfern, widmen.

CONSACRÉ, ée, *part. & adj.* geweihet; gewidmet; geheiliget.

CONSANGUIN, e, *adj. & subst.* Blutsverwandter. Frères *consanguins*, leibliche Brüder.

CONSANGUINITÉ, *s. f.* Blutsfreundschaft.

CONSCIENCE, *s. f.* das Gewissen; ein Gewissensscrupel.

Avoir la *conscience* nette, ein reines Gewissen haben. Troubler les *consciences*, die Gewissen verwirren. Faire *conscience* d'une chose, sich ein Gewissen über etwas machen.

en CONSCIENCE, bey meinem Gewissen, fürwahr, in Wahrheit.

CONSCIENTIEUSEMENT, *adv.* gewissenhafter Weise. Agir *consciencieusement*, nach seinem guten Gewissen handeln.

CONSCIENTIEUX, euse, *adj.* gewissenhaft.

CONSCRIT, *adj. m.* Pères *conscrits*, die Rathsherren zu Rom.

CONSÉCRATEUR, *s. m.* der da weihet, die Weihe giebt.

CONSÉCRATION, *s. f.* die Einweihung, das Sprechen der Worte der Einsetzung über Brod und Wein; Vergötterung der alten heidnischen Kayser.

CONSÉCUTIF, ive, *adj.* der Zeit nach hinter einander folgend. Durant trois jours *consécutifs*, drey auf einander folgende Tage. Il me prie par trois lettres *consécutives*, er bittet mich in dreyen Briefe nach einander.

CONSÉCUTIVEMENT, *adv.* hinter einander, der Ordnung, der Zeit nach, darauf.

CONSEIGNEUR, der an einer Herrschaft Theil hat; Mitherr, (in Rechten).

CONSEIL, *s. m.* ein Rath, Rathschlag, Anschlag. Demander *conseil* à ses amis, seine Freunde zu Rathe ziehen. Donner un bon *conseil* à quelqu'un, einem einen guten Rath geben, mittheilen. Je ne sai quel *conseil* prendre, ich weiß nicht, was für einen Rath ich ergreifen soll.

CONSEIL, déliberation, Berathschlagung. Tenir *conseil* pour perdre quelqu'un, sich berathschlagen einen umzubringen.

CONSEIL, eine Rathsversammlung; der Rath; Rathstube. Le *conseil* s'assemble, der Rath kommt zusammen.

le CONSEIL d'enhaut, der geheime Staatsrath in Frankreich.

le CONSEIL d'Etat, ou des Finances, die Oberhoffkammer: sie hat unter sich le *conseil* de la petite direction, & de la grande direction.

le CONSEIL des députés, geheimer Rath über die ausländischen Sachen.

CONSEIL des parties, geheimer Justizienrath.

CONSEIL de conscience, der Gewissensrath; bestehet aus dem König, seinem Beichtvater, und wen der König sonst noch darzu berufen will.

le grand CONSEIL, der hohe Rath über die Vergebung geistlicher Aemter und Pfründen.

CONSEIL de guerre, Kriegsrath.

Le *conseil* en est pris, *prov.* die Sache ist beschlossen. A nouvelle affaire, nouveau *conseil*, prov. kommt Zeit, kommt Rath. Il a bien-tôt assemblé son *conseil*, er hat sich bald entschlossen. La nuit porte *conseil*, man muß sich darüber schlafen legen.

CONSEILLER, *s. m.* ein Rather; Rathgeber. Un sage *conseiller*, ein kluger Rathgeber.

CONSEILLER au Parlement, Parlementsrath.
CONSEILLER d'Etat, Staatsrath.
CONSEILLER Lai, Rath weltlichen Standes.
CONSEILLER Clerc, Rath geistlichen Standes.
CONSEILLER Aulique, Hofrath.
CONSEILLER intime, geheimer Rath.
CONSEILLER d'honneur, der das Recht hat unter den Räthen zu erscheinen, und seine Meynung gleich nach dem Präsidenten zu sagen.

CONSEILLER honoraire, ein Rath, der nach 20 Jahren seines Amts dasselbe verkaufen und sich in Ruhe setzen darf.

le CONSEILLER müet, oder le *conseiller* des graces, (bey den Poeten) der Spiegel.

CONSEILLER, *v. a. & n.* quelqu'un ou à quelqu'un, einem rathen.

Il est mal *conseillé*, es ist ihm übel gerathen.

se CONSEILLER, *v. r.* sich Raths erholen.

CONSEILLÈRE, *s. f.* Räthin, eines Raths Ehefrau. (Besser, femme de Conseiller, ou Madame la Conseillère.)

CONSENS, *s. m.* (in der Päbstlichen Cantzley) Bewilligung.

CONSENTANT, e, *adj.* der da einwilligt.

CONSENTEMENT, *s. m.* Einwilligung, Beypflichtung, Beyfall.

CONSENTIR, *v. n.* einwilligen, bewilligen. *Consentir* au mariage, in die Heyrath willigen. *Consentir* à l'élargissement d'un prisonnier, in die Freylassung eines Gefangenen einwilligen. *Consentir* à une société, eine Gemeinschaft eingehen.
CONSE'QUEMMENT, *adv.* folglich, wie es natürlich folgt.
CONSE'QUENCE, *s. f.* ein Schluß; eine Folge. C'est une chose de dangereuse *conséquence*, die Sache hat eine gefährliche Folge. Celà ne tire point à *conséquence*, man darf keine Folge daraus machen.
CONSE'QUENCE, Wichtigkeit; Nachdenken. Celà est d'une extrême *conséquence*, das ist sehr bedenklich.
Un homme sans *conséquence*, ein Mann, bey dem man nicht alles so genau nehmen darf, wegen seiner unbedachtsamen Worte, oder wegen seines vornehmen Standes.
Une grace sans *conséquence*, eine Gnade die nicht allen widerfährt.
CONSE'QUENT, *s. m.* Folge, in der Redekunst.
par CONSE'QUENT, *adv.* folglich, dahero.
CONSE'QUENTE, *s. f.* der andere Theil einer Fuge in der Music.
CONSERVATEUR, *s. m.* trice, *f.* ein Erhalter, Erhalterin.
CONSERVATEUR des privilèges, ein Freyheitsrichter, ein Beamter, der zu Handhabung der vom König ertheilten Privilegien bestellt ist.
CONSERVATION, *s. f.* die Erhaltung; das Amt eines Freyheitsrichters.
CONSERVE, *s. f.* eine Art eingemachter Sachen von Früchten, Kräutern, Blumen.
CONSERVE, ein Wasserbehälter.
CONSERVE, (in der Kriegsbaukunst) eine Bollwerkswehre, ein Aussenwerk, das zu Bedeckung der Gesichtslinien eines Vollwerks angelegt wird.
Ces navires vont de *conserve*, diese Schiffe gehen in Compagnie einander beyzustehen.
CONSERVES, *pl.* eine Art Brillen, das Gesicht zu erhalten.
CONSERVER, *v. a.* erhalten, beschirmen. *Conserver* un régiment, ein Regiment nicht abdanken, sondern beybehalten. *Conserver* les terres, ein Landgut in gutem Stand erhalten.
se CONSERVER, *v. r.* sich in Acht nehmen; sich warten und pflegen. Il ne se *conserve* point, il se hazarde trop, er schont sich nicht, er wagt sich zu sehr. La crainte de la mort vous oblige à vous *conserver*, die Furcht vor dem Tode macht, daß ihr euch schonet.

se CONSERVER, sich aufheben lassen, sich halten. Ce fruit se *conserve* longtems, diß Obst läßt sich lang aufheben. La viande ne se *conserve* pas durant le chaud, das Fleisch hält sich nicht in der Hitze.
CONSIDENCE, *s. f.* das Setzen, Niedersetzen der Dinge, die auf einander sind. La *considence* de la lie au fond du vase, das Setzen der Hefen in einem Gefäß.
CONSIDE'RABLE, *adj. c.* bedächtlich, das zu betrachten, zu merken ist; ansehnlich. C'est une chose qui est fort *considérable*, es ist eine sehr nachdenkliche Sache. Je vous raconterai une avanture fort *considérable*, ich will euch eine sehr merkwürdige Begebenheit erzehlen. C'est un homme *considérable*, es ist ein ansehnlicher Mann. Rien ne le rendoit *considérable* que sa noblesse, es macht ihm anders nichts ein Ansehen als sein Adel. Cette perte n'est pas *considérable*, dieser Verlurst ist nicht sonderlich groß.
CONSIDE'RABLEMENT, *adv.* ansehnlich; merklich.
CONSIDE'RANT, *adj.* vorsichtig.
CONSIDE'RATION, *s. f.* Betrachtung; Absicht, Ansehen; Wichtigkeit; Nachdenken; Hochachtung; Ehrerbietung. Celà mérite quelque *considération*, das ist einiger massen Betrachtens werth. Une autorité de grande *considération*, ein Zeugniß von grossem Ansehen.
Avoir de la *considération* pour quelque chose, etwas in Betrachtung ziehen, überlegen; pour quelqu'un, einen hoch schätzen, viel auf ihn halten.
en CONSIDE'RATION, in Ansehen, wegen.
CONSIDE'RE'MENT, *adv.* bedachtsamer Weise.
CONSIDE'RER, *v. a. & n.* betrachten; überlegen; untersuchen. Quand on *considère* qu'il faut mourir, wenn man bedenkt, daß man sterben muß.
CONSIDE'RER, hoch achten, hoch schätzen. On *considère* beaucoup aujourd'hui les richesses & les honneurs, Reichthum und Ehrenstellen werden heut zu Tage hoch geachtet. On ne *considère* guère la vertu dans ce siècle, die Tugend wird heut zu Tag wenig geachtet.
CONSIGE ou CONSIVE, ein Kaufmannsregister, worinn er seine versendende Waaren aufschreibt.
CONSIGNATAIRE, *s. m.* der etwas in Gewahrsam oder zu verwahren überkommt.
CONSIGNATION, *s. f.* die Erlegung, Niederlegung eines Geldes in die Hand eines dritten Mannes; die Uebergabe, Einhändigung; it. das Eingehändigte.
CONSIGNATURE, *s. f.* die Uebergebung; Hinterlegung.

CON-

CONSIGNER, *v. a.* eine Summe Geldes vor Gericht hinterlegen.
 Consigner en papier, geschriebene Versicherung geben, das Geld also zu erlegen.
CONSIGNER, (bey den Kaufleuten) einem etwas übergeben; an ihne schicken. *Consigner* un vaisseau à un marchand, die Besorgung eines Schiffs einem Handelsmann übergeben.
CONSISTENCE, *s. f.* (bey den Apothekern) die Verdickung einer Feuchtigkeit. Donner la *consistence* au sirop, den Sirop zu gehöriger Dicke bringen.
CONSISTENCE, Satte; Veste. Terrain qui n'a de *consistence*, lockere, sandige, morastige Erde.
CONSISTENCE, *s. f.* Bestand; Verfassung. L'affaire a pris sa *consistence*, die Sache hat ihren Bestand gewonnen; ist zu ihrer Verfassung gediehen.
bonne ou mauvaise CONSISTENCE, gute oder böse Leibesgesundheit; das Wohl- oder Uebelaufbefinden.
 L'âge, l'état de *consistence*, das Alter, der Zustand, darinne ein Ding nicht mehr wächst, das gestandene Alter.
CONSISTER, *v. n.* bestehen. La félicité *consiste* à être libre, die Glückseligkeit bestehet darinn, daß man seiner Freyheit genieße.
CONSISTOIRE, *s. m.* das Consistorium, der Kirchenrath; der Rath, worinne der Pabst und Cardinäle etwas wegen der geistlichen Aemter beschließen; it. andere Gerichte, darinnen die Kirchensachen gerichtet und beurtheilet werden.
CONSISTORIAL, e, *adj.* was zum Consistorio gehört, oder darinne geschieht.
 Bénéfices *consistoriaux*, Aemter, deren Bullen im Consistorio zu Rom ausgefertiget werden.
CONSISTORIALEMENT, *adv.* im Consistorio, auf die im Consistorio gebräuchliche Weise. Affaire jugée *consistorialement*, Sache, die im Consistorio abgethan.
CONSOLABLE, *adj. c.* der zu trösten ist. Il n'est pas *consolable* de la mort de sa femme, er will sich über den Tod seines Weibs nicht trösten lassen.
CONSOLATEUR, *s. m.* trice, *f.* Tröster, Trösterin.
CONSOLATION, *s. f.* Trost.
CONSOLATOIRE, *adj. c.* tröstlich.
CONSOLE, *s. f.* (im Bauen) ein Kragstein, Dielenkopf oder Sparrenkopf; item auf den Schiffen, ein Stück Holz, das spitzig zugehauen ist.
CONSOLER, *v. a.* trösten.
se CONSOLER, *v. r.* sich trösten, sich zufrieden geben.
CONSOLIDANT, *s. m.* heilendes Mittel.

CONSOLIDATION, *s. f.* die Zusammenheilung einer Wunde.
CONSOLIDATION, die Erwerbung des Genusses einer eigenen Sache.
CONSOLIDATION, die Befestigung, als einer Freundschaft rc.
CONSOLIDE, *s. f.* ein Kraut, dessen es verschiedene Gattungen giebt. La grande *consolide*, Wallwurz, Schwarzwurz.
 La petite *consolide*, Braunellen.
 La *consolide* roiale, Rittersporn.
CONSOLIDER, *v. a.* eine Wunde zuheilen.
CONSOLIDER l'usufruit à la propriété, zuwegbringen, daß eine Sache, die eigen ist, auch beständig genossen wird.
CONSOLIDER une amitié, eine Freundschaft befestigen, bekräftigen.
CONSOMMATEUR, *s. m.* Vollender, Vollbringer.
CONSOMMATION, *s. f.* Vollendung; Vollziehung, Erfüllung; Aufgang, als der Victualien rc. *Consommation* des denrées, Verzehrung der Lebensmittel. La *consommation* des poudres a été peu considérable, es ist nicht viel Pulver aufgegangen.
 La *consommation* des siècles, das Ende der Welt.
CONSOMMÉ, *s. m.* eine Kraftbrühe, Kraftsuppe.
CONSOMMER, *v. a.* vollenden; vollziehen; verzehren.
 Consommer de la viande, eine Speise zerkochen lassen.
 Consommer son droit, sein Recht zum Stande bringen, üben.
CONSOMMÉ, ée, *part. & adj.* vollkommen. Vertu *consommée*, vollkommene Tugend. Mariage *consommé*, vollzogene Heyrath.
CONSOMPTION, CONSOMTION, *s. f.* abzehrende Krankheit, Schwindsucht; Aufgang, Verzehrung.
 Il se fait une grande *consomtion* de bois dans les verreries, Glashütten kosten viel Holz, nehmen viel Holz weg.
CONSONANCE, *s. f.* der Zusammenlaut oder Klang zweyer Töne in der Music; it. die Gleichheit, Uebereinstimmung der Reimsylben.
CONSONANT, *m. adj.* gleichlautend; zusammen klingend, in der Music; mitlautend, in der Sprachkunst. Ton *consonant*, einstimmender Ton.
CONSONANTE, *s. f.* ein Consonans; it. ein Harfenet. Lettre *consonante*, mitlautender Buchstab.
CONSONNE, *adj.* (in der Grammatic) ein mitlautender Buchstab, wird nur zum Wort lettre gesetzt.
CONSORT, *s. m.* ein Mitgesell, Mitgenoß.

Consors, *f. m. plur.* (im Rechtshandel) Mitgenossen; Consorten.
CONSOUDE, *voïés* CONSOLIDE.
CONSPIRATEUR, *f. m.* ein heimlich Verbundener, einer von den Zusammengeschwornen.
CONSPIRATION, *s. f.* verrätherische Bündniß; Zusammenschwörung; it. eine Vereinigung der Gemüther zu etwas Guts.
CONSPIRÉ, *f. m.* Verräther; Mitverschworner.
CONSPIRER, *v. a. & n.* sich heimlich verbinden; zum Bösen oder auch zum Guten. *Conspirer* la mort de quelqu'un, eines Tod heimlich beschliessen.
Conspirer contre sa patrie, sein Vaterland verrathen wollen.
Tout *conspire* à son avancement, alles ist zu seiner Beförderung behülflich.
CONSTAMMENT, *adv.* gewißlich, ohne Zweifel; beständiglich.
CONSTANCE, *s. f.* Beständigkeit; Standhaftigkeit; it. ein Weibername.
CONSTANT, e, *adj.* gewiß, ausser Zweifel. Une vérité *constante*, eine ungezweifelte Wahrheit. Rien n'est si *constant* que la mort, nichts ist gewisser als der Tod.
Constant, beständig; standhaft. Un ami fort *constant*, ein beständiger Freund.
CONSTATER, *v. a.* (in Rechten) bestimmen, festsetzen; klar an Tag legen.
CONSTELLATION, *s. f.* ein Gestirn, oder eine Zahl Sterne, welche eine Figur am Himmel machen. Les douze *constellations* du Zodiaque, die zwölf Sternbilder des Thierkreises.
Constellation, ein Fluß des Gestirns. Il est né sous une heureuse *constellation*, er ist unter einem glücklichen Zeichen gebohren.
CONSTELLÉ, ée, *adj.* in gewissen Zeichen gemacht. Anneau *constellé*, Sonnenring.
CONSTER, *v. n.* (in Rechtshändeln) il *conste* de cela, es ist bekannt, davon weiß man; il *conste* que &c. man weiß, daß ıc.
CONSTERNATION, *s. f.* Bestürzung, Schrecken.
CONSTERNER, *v. a.* bestürzen, erschrecken.
CONSTIPATION, *s. f.* Verstopfung des Leibes.
CONSTIPER, *v. a.* den Bauch verstopfen, machen daß man nicht wohl zu Stuhl gehen kan.
CONSTIPÉ, ée, *part. & adj.* verstopftes Leibes, hartleibig
Il a un visage de *constipé*, er sieht verdrüßlich aus.
CONSTITUANT, *m.* CONSTITUANTE, *f. adj.* einer der einen zu etwas macht oder setzt; Gewaltgeber.
CONSTITUER, *v. a.* machen, bestellen, setzen, einsetzen. *Constituer* un procureur, einen Sachwalter bestellen. Se *constituer* juge de l'affaire, sich selbst zum Richter machen; aufwerfen.
Constituer, (im Rechtshandel) *constituer* quelqu'un prisonnier, einen gefangen setzen.
CONSTITUÉ, ée, *adj. & part.* eingesetzt; bestellet. Un homme *constitué* en dignité, ein in Ehren sitzender Mann. Une rente *constituée*, ein gesetzter Zins. Un homme bien *constitué*, ein gesunder Mensch.
CONSTITUT, *f. m.* de précaire, (in Rechten) wenn einer sein Vermögen wegschenkt, und sich den Nießbrauch davon vorbehält.
CONSTITUTION, *s. f.* Zustand, Beschaffenheit. La *constitution* du corps, du ciel &c. Zustand des Leibs, des Himmels u. s. w.
Constitution, Satzung, Ordnung. Les *constitutions* des anciens Empereurs, die Satzungen der alten Kayser.
Constitution Unigenitus, eine gewisse vom Pabst Clemente XI herausgegebene Bulle, welche aber sonderlich in Frankreich nicht von jedermann angenommen ist.
Constitution, Regel der geistlichen Orden; Klostergesetz.
Constitution, unablöslicher Zins. Mettre de l'argent en *constitution*, Geld auf stehende (klebende) Zinse legen.
Constitution, Art, Weise, Bewandtniß. La *constitution* de nos opera est fort défectueuse, die Weise unserer Singspiele ist sehr mangelhaft.
CONSTRICTION, *s. f.* das Zusammenziehen in die Enge.
CONSTRUCTION, *s. f.* das Aufbauen, die Erbauung. Une belle *construction*, ein schöner Bau. Avoir soin de la *construction* des vaisseaux, die Erbauung der Schiffe besorgen.
Construction, (in der Sprachkunst) Wortfügung.
CONSTRUIRE, *v. a.* bauen, erbauen, aufbauen. *Construire* une maison, un fort, un pont, ein Haus, eine Schanze, eine Brücke bauen.
Construire, (in der Sprachkunst) die Worte fügen.
Construire, (in der Meßkunst) verzeichnen; aufsetzen. *Construire* une figure, un problème, eine Figur, eine Aufgabe aufsetzen.
CONSUBSTANTIALITÉ, *s. f.* die Einigkeit des Wesens.
CONSUBSTANTIATEUR, *f. m.* einer der da

da gläubt, daß der Sohn GOttes eines Wesens mit dem Vater sey.

CONSUBSTANTIEL, lle, *adj.* eines Wesens, (wird von den Personen der Heil. Dreyeinigkeit gesagt).

CONSUBSTANTIELLEMENT, *adv.* wesentlich, in Einigkeit des Wesens.

CONSUL, *s. m.* ein Römischer Bürgermeister vor diesem.

Consul, Rathsverwandter in einer Stadt.

Consul, (zu Paris) Beysitzer des Handelsgerichts.

Consul, ein Agent oder Gevollmächtigter eines Staats in entlegenen Handelsstädten.

Consuls, die Gerichte, so mit dergleichen Consuls oder Richtern bestellt sind.

CONSULAIRE, *adj. c.* zur Bürgermeisterwürde gehörig. Medaille *consulaire*, bürgermeisterliche Münze. Famille *consulaire*, Geschlecht so das Bürgermeisteramt verwaltet. Robe *consulaire*, Bürgermeisterrock.

Consulaire, *s. m.* (in dem alten Rom) Altbürgermeister, der an der Verwaltung des Bürgermeisteramts gewesen.

CONSULAIREMENT, *adv.* in der Bürgermeister Gericht; nach Art der Handelsgerichte.

CONSULAT, *s. m.* Bürgermeisterwürde, Amt zu Rom.

Consulat, Amt eines Beysitzers im Handelsgericht, Rathsverwandten, Agentens in Handelssachen an entlegenen Orten.

CONSULTANT, *adj.* der zu Rechtshändeln räth. Avocat *consultant*, ein Consulent.

Consultant, der sich in Rechts- oder Arzneysachen Raths erholet. Son antichambre est toute pleine de *consultans*, sein Vorgemach ist allzeit voll Leute, die seines Raths begehren.

CONSULTATION, *s. f.* Berathschlagung; der schriftliche oder mündliche Rath, den ein Advocat giebt.

Consultation de medecin, arzneyverständiges Bedenken, Rathschlagen.

Consultation, der Ort im Parlement zu Paris, wo die Advocaten sich mit ihren Clienten unterreden. Etre aux *consultations*, in die Nebenstuben abgetreten seyn.

CONSULTE, *s. f.* Bedenken; Berathschlagung über eine Rechts- und Gesundheitssache.

CONSULTER, *v. a.* um Rath fragen; rathschlagen; sich Raths erholen. *Consulter* avec quelqu'un sur quelque chose, mit einem über etwas rathschlagen. *Consulter* une affaire, eine Sache überlegen, berathschlagen. *Consulter* quelqu'un, einen um Rath fragen. *Consulter* le miroir, sich bespiegeln. *Consulter* les livres, in den Büchern nachschlagen. *Consulter* ses forces, son bien, sich prüfen, wie weit man mit seinen Kräften, mit seinem Vermögen, reichen könne.

CONSULTEUR, *s. m.* der Ordensrath des Generals der Capuciner.

CONSUMER, *v. a.* verzehren; durchbringen; zubringen. *Consumer* son bien, sein Vermögen verthun. Le feu *consume* le bois, das Feuer verzehret das Holz.

se Consumer, *v. r.* sich verzehren; verzehrt werden; vergehen. Se *consumer* d'ennui, sich selbst durch Verdruß verzehren.

CONTACT, *s. m.* der Anrührungspunct zweyer runder Cörper an einander.

CONTAGIEUX, euse, *adj.* Maladie *contagieuse*, ansteckende Krankheit.

Contagieux, schädlich, verderblich, als böse Exempel, dadurch andere verführt werden. L'exemple est *contagieux*, ein böses Exempel kommt leicht weiter, breitet sich aus.

CONTAGION, *s. f.* die Ansteckung; ansteckende Seuche, die Pest.

Contagion, böse Sitten; falsche Lehr u. d. gl. wodurch andere verderbt werden. Cette *contagion* se répendra bien-tôt, diese Verderbniß wird sich bald ausbreiten.

CONTAILLES, *s. f.* die geringste Gattung von Seiden.

CONTAMINATION, *s. f.* Verunreinigung, Besleckung.

CONTAMINER, *v. a.* besudeln, beflecken, verunreinigen, (nach Mosis Gesetz).

CONTANT, *v.* COMPTANT.

CONTAUT, *s. m.* die Leiste auf dem obern Rand eines Schiffs, die oben drüber rings um das Schiff herum geht.

CONTE, *s. m.* eine Erzehlung.

Conte au vieux loup, eine Fabel.

Conte de vieille, Mährlein.

Conte de ma mère l'oïe, eine abgeschmackte Fabel.

Conte jaune, bleu, borgne, eine leere Einbildung; abgeschmackte, unvernünftige Rede.

Conte à dormir de bout, ein närrisches, fabelhaftes Geschwäz.

Conte en l'air, ein Geschwäz ohne Grund.

Conte gras, ein allzufreyes Geplauder, Zoten.

Conte, Meynung; Hoffnung. Il fait son *conte*, er macht sich Hoffnung.

CONTEMPLATEUR, *s. m.* ein Betrachter.

CONTEMPLATIF, ive, *adj.* nachdenklich, voll Betrachtung, tiefsinnig.

Nouveaux *contemplatifs*, Quietisten.

R r

CONTEMPLATION, *f. f.* Betrachtung.
CONTEMPLER, *v. a.* betrachten.
CONTEMPORAIN, *adj.* der zu gleicher Zeit mit einem lebt oder gelebt hat. Virgile & Horace étoient *contemporains*, Virgilius und Horatius haben zu einer Zeit gelebt.
CONTEMPTEUR, CONTEMTEUR, *f. m.* ein Verächter.
CONTEMPTIBLE, CONTEMTIBLE, *adj. c.* verächtlich.
CONTENANCE, *f. f.* die Grösse oder Halt eines Gefässes; die Grösse oder Umfang eines Feldes oder Gartens. La *contenance* d'un tonneau, der Halt eines Fasses. *Contenance* d'un champ, d'un jardin, der Umfang eines Feldes oder Gartens.
CONTENANCE, Geberde; Stellung; Bewegung. Prendre une *contenance* gaïe, triste, eine lustige, traurige Geberde annehmen. N'avoir point de *contenance*, sich nicht aufzuführen wissen; nicht an sich halten können. Perdre *contenance*, sich nicht mehr verstellen können, daß man seine Gemüthsbestürzung nicht merken lassen sollte; nicht mehr an sich halten können, die Geduld verlieren. Porter quelque chose par *contenance*, etwas um bessern Wohlstands willen tragen, oder in Händen haben. Reconnoitre la *contenance* des ennemis, auf der Feinde Stellung, Bewegung, merken.
par CONTENANCE, des Wohlstandes wegen.
CONTENANT, e, *adj.* das etwas in sich hält.
CONTENDANT, *f. m.* der mit einem andern um etwas streitet.
CONTENDANS, *f. m.* plur. die streitenden Parteyen.
CONTENIR, *v. a.* begreifen, in sich halten. Il y eut tant de monde que la chambre ne pouvoit les *contenir* tous, es kam so viel Volks dahin, daß sie nicht alle in das Zimmer giengen. Une toise *contient* six piés, ein Klafter hält sechs Fuß.
CONTENIR, einhalten; im Zaum halten. *Contenir* le peuple dans le devoir, das Volk im Gehorsam behalten. *Contenir* sa joïe, seine Freude zurückhalten; sich nicht merken lassen.
se CONTENIR, *v. r.* sich enthalten, sich mäßigen.
CONTENU, ë, *part. & adj.* enthalten; begriffen; verfasset.
CONTENT, e, *adj.* vergnügt, zufrieden. Etre *content* de son sort, mit seinem Zustand zufrieden seyn.
Etre *content* de sa personne, oder de soi-même, mit sich selbst vergnügt seyn;

Gefallen an ihm selbst haben; sich was einbilden.
CONTENTEMENT, *f. m.* Vergnügung, Vergnüglichkeit. *Contentement* passe richesse, *prov.* Vergnügen gehet über Reichthum.
CONTENTER, *v. a.* vergnügen; durch Bezahlen vergnügen. *Contenter* une personne, einem Genüge thun. *Contenter* nature, seinem natürlichen Trieb vergnügen.
se CONTENTER, *v. r.* sich genügen lassen. La vertu se *contente* de peu, die Tugend lässet ihr an wenigem genügen.
CONTENTIEUSEMENT, *adv.* mit Streit; Zank.
CONTENTIEUX, euse, *adj.* zänkisch; streitig. Jurisdiction *contentieuse*, Gerichtbarkeit, so in streitigen Sachen erkennet.
CONTENTION, *f. f.* Zank, Streit, Eifer, Bemühung; figürlich, starkes Nachsinnen. *Contention* d'esprit, starkes Nachsinnen. Parler avec *contention*, mit Heftigkeit reden.
CONTENU, *f. m.* der Inhalt. Le *contenu* d'un livre, d'une lettre, der Inhalt eines Buchs, Briefs.
CONTER, *v. a.* erzehlen. *Conter* agréablement une avanture, einen lustigen Streich artig erzehlen.
Il nous en a bien *conté*, er hat uns wacker vorgelogen.
Il *conte* bien, il en *conte* de belles, er macht ein toll Geschwäz unter einander.
Conter des vagots, des fornettes, *vulg.* geringe Possen erzehlen.
En *conter* à une femme, einem Weibsbild was vorschwazen; sie zu bereden suchen.
Elle s'en fait *conter*, sie löffelt gern.
CONTER, rechnen. *v.* COMPTER.
CONTERIE, *f. f.* gläserne Korallen von allerhand Farben und Grösse, welche in denen Venetianischen Glashütten gemacht werden: sie dienen an statt Münz bey dem Sclavenhandel in Guinea.
CONTESTABLE, *adj.* das streitig seyn kan.
CONTESTANT, e, *adj.* einer der streitet.
CONTESTATION, *f. f.* ein Streit.
CONTESTE, *f. f.* Streit, in diesen Redensarten: Ils sont en *conteste* sur ce point, sie sind streitig über diesen Punct. Cela est en *conteste*, diß ist streitig.
CONTESTER, *v. a. & n.* zanken, streitig machen. *Contester* les pas à quelqu'un, einem den Vorgang streitig machen.
CONTESTÉ, ée, *part. & adj.* streitig.
CONTEUR, *f. m.* euse, *f.* ein Schwäzer, Plauderer; eine Schwäzerin.
CONTEXTURE, *f. f.* das Geflechte, die Zusam-

Zusammenfügung der Mäuse oder Fäserlein in der Anatomie. *La contexture du cerveau est admirable,* das Gehirn ist wunderſam zuſammengefügt.

CONTIGU, ë, *adj.* anſtoſſend, anrührend, an einander, angrenzend. *Deux maisons contiguës,* zwey an einander ſtoſſende Häuſer. *L'air est contigu à la mer,* die Luft ſtoßt auf das Meer auf.

CONTIGUiTE', *ſ. f.* das Anſtoſſen an etwas anders, als der Länder, Häuſer.

CONTINENCE, *ſ. f.* Enthaltung, Keuſchheit.

CONTINENT, e, *adj.* mäßig, züchtig.

CONTINENT, *ſ. m.* feſt Land im Gegenſatz einer Inſel; ein Land, das nicht ganz mit Waſſer umgeben iſt.

CONTINGENCE, *ſ. f.* Ungewißheit, wie es noch gehen möchte; Zufälligkeit.

CONTINGENT, e, *adj.* zufällig; mißlich; das ſich zutragen und nicht zutragen kan. *Proposition contingente,* ein Satz, der etwas ſagt, das geſchehen und nicht geſchehen kan.

CONTINGENT, *ſ. m.* ein jemanden zukommender Theil.
La portion contingente, das was in einer Theilung auf eine Perſon kömmt.
Dans l'Empire chaque Prince & chaque République fournit son contingent; im Reiche müſſen alle Fürſten und Republiken ihr Contingent beytragen.

CONTINU, ë, *adj.* an einander hangend, unzertheilt; immer daurend, ohne Abſatz fortwährend. *Quantité continuë,* an einander hangende Gröſſe, Menge. *Trois jours continus de pluie,* drey Regentage nach einander. *Fièvre continuë,* ein anhaltend Fieber.
Basse continuë, der Generalbaß.

CONTINU, *ſ. m.* das Ganze.

CONTINUATEUR, *ſ. m.* der eines andern Werk oder Schrift weiter fortſetzt. *Bzovius a été le continuateur de Baronius,* Bzovius hat des Baronii Zeitbücher fortgeſchrieben.

CONTINUATION, *ſ. f.* das Fortſetzen; das Beharren; item das Fortgeſetzte; das Fortwähren. *Continuation dans une charge,* die Verlängerung eines Amts. *Je vous demande la continuation de vôtre amitié,* ich bitte euch um die Fortſetzung, Beybehaltung eurer Freundſchaft.

CONTINUë, *ſ. f.* das beſtändige Anhalten, Fortarbeiten.
La continuë l'emporte, beſtändiges Anhalten überwindet alles.
A' la continuë, mit der Zeit.

CONTINUëL, lle, *adj.* unaufhörlich.

CONTINUëLLEMENT, *adv.* immer, ohne Aufhören.

CONTINUER, *v. a. & n.* fortfahren in oder mit etwas, etwas fortſetzen. *Continués toûjours à bien-faire, comme vous avés commencé,* fahret immer fort Gutes zu thun, wie ihr angefangen habt.

CONTINUER, länger währen laſſen, fortwähren; aufführen. *Continuer quelqu'un dans son office,* einem ſein Amt verlängern. *Les maladies continuent,* die Krankheiten währen immerfort. *Continuer une muraille à la hauteur de vingt piés,* eine Mauer zwanzig Schuh hoch aufführen.

CONTINUiTE', *ſ. f.* Zuſammenhang; beſtändige Fortwährung; Dauer.
Solution de continuité, (in der Wundarzney) Bruch; Wunde, Zertheilung des Ganzen.

CONTINûMENT, CONTINUëMENT, *adv.* ohne Abſatz, unaufhörlich, hinter einander.

CONTOIR, *v.* COMPTOIR.

CONTONDANT, e, *adj.* (in der Wundarzney) das nur quetſcht, und nicht hauet oder ſticht, als Hammer, Keule ꝛc. *Un instrument contondant,* ein zerquetſchendes Werkzeug.

CONTORSION, *ſ. f.* ein Verdrehen, Krümmen; Krümmung, Verdrehung. *Contorsion de membres,* Verdrehen der Glieder. *Contorsions d'un discours,* gezwungene (weit geſuchte) Umſchweife in der Rede.

CONTOUR, *ſ. m.* Umfang. *Contour d'une fortification,* der Umfang einer Veſtung. *L'oreille a plusieurs contours,* das Ohr hat viel Krümmen.

CONTOUR, (in der Mahlerey und Bildhauerey) Umzug (Umziehung, Unriß) eines Bildes.

CONTOURNER, *v. a.* etwas wenden, biegen, kehren; ein Bild zeichnen, entwerfen.

CONTOURNE', ée, *adj.* (in den Wappen) wenn der Thiere Köpfe gegen die linke Seite des Schildes gedrehet ſind.

CONTOURNIATE, *ſ. m.* eine alte Münze mit einem runderhabenen Rande und ſehr flachen Figuren.

CONTRACT, e, *adj.* (in der Sprachkunſt) zuſammengezogen; abgekürzt.

CONTRACT, *ſ. m.* Handlung, Handelsverſchreibung. *Contract de vente,* Kaufbrief. *Contract de mariage,* Eheſtiftung, Ehebered ung. *Passer, faire, dresser un contract,* einen Contract aufrichten, errichten, ſchlieſſen. *Se tenir à son contract,* ſich an ſeinen Vergleich halten.

CONTRACTANT, e, *adj. & subst.* einer, der einen Vertrag macht mit andern.

CONTRACTATION, chambre de con-traëlation, iſt zu Seville in Spanien eine Gerichtskammer, welche Regiſter über alle nacher Indien gehend und von dar zurück kommenden Waaren führet.
CONTRACTER, v. a. & n. einen Vertrag oder Vergleich machen, eins werden.
  Contraëler amitié avec quelqu'un, Freundſchaft mit einem machen, aufrichten.
CONTRACTER une maladie, ſich eine Krankheit über den Hals ziehen, zuziehen.
CONTRACTER de mauvaiſes habitudes, böſe Dinge gewöhnen, an ſich nehmen. Contraëler des dettes, Schulden machen.
ſe CONTRACTER, v. r. ſich zuſammen ziehen, als Nerven.
CONTRACTION, ſ. f. Contraëlion de nerfs, Zuſammenziehung, Verkürzung der Nerven, der Mäuſe, der Krampf.
CONTRACTION, (in der Grammatic) die Zuſammenziehung zweyer Sylben in eine.
CONTRACTUEL, lle, adj. contractmäſſig, im Contract enthalten.
CONTRACTURE, ſ.f. das Dünnermachen einer Säule.
CONTRADICTEUR, ſ. m. (im Rechtshandel) der Gegner, Gegentheil, Widerpart.
CONTRADICTION, ſ. f. das Widerſprechen, der Widerſpruch. Cela implique contradiëlion, das ſtreitet mit einander, da hebt eins das ander auf.
  Un eſprit de contradiëlion, ein widerwärtiger Menſch, der gern widerſpricht.
CONTRADICTOIRE, adj. c. (in der Logic) das ſich widerſpricht, mit einander ſtreitet.
  Sentence contradiëloire, das gefällte Urtheil, wenn beyde Partheyen gehört worden ſind.
CONTRADICTOIREMENT, adv. mit einander ſtreitend, mit völligem Widerſpruch.
  Propoſitions contradiëloirement oppoſées, Sätze, die einander ſchnurſtracks widerſprechen.
  Cet arrêt a été contradiëloirement rendu, diß Urtheil iſt nach der Verhör beyder Partheyen ausgeſprochen worden.
CONTRAIGNABLE, adj. c. (im Rechtshandel) dem Gerichtszwang unterworfen.
  Contraignable par corps, den man durch Gefängniß zwingen kan.
CONTRAINDRE, v. a. zwingen, nöthigen; anhalten; drücken; in die Enge bringen, im Zaume halten; einem hart fallen, beſchwerlich ſeyn. La pauvreté le contraint à mendier, die Armuth zwinget ihn zu betteln. Contraindre ſon humeur, ſich ſelbſt Gewalt anthun.
CONTRAINDRE par corps, gefänglich anhalten; in gerichtliche Verhaft nehmen.

ſe CONTRAINDRE, v. r. ſich zwingen, ſich Gewalt anthun.
  Ne vous contraignés pas pour l'amour de moi, thun ſie ſich meinetwegen keinen Zwang.
CONTRAINT, e, part. & adj. gezwungen; in die Enge gebracht; der ſich zwingen oder ſich Gewalt anthun muß; der etwas mit Verdruß thut; das mit Widerwillen geſchieht; das nicht natürlich heraus kommt. Il eſt toûjours contraint & jamais naturel, er iſt allezeit gezwungen und niemals frey heraus und natürlich. Un ſtile, un geſte contraint, eine gezwungene Schreibart, Geberde.
CONTRAINTE, ſ. f. Zwang, Gewalt; Gerichtszwang; gezwungene Aufführung oder Lebensart. Obtenir une contrainte contre ſon débiteur, die Einziehung ſeines Schuldners auswirken.
CONTRAINTE par corps, gerichtlich zuerkannte Haft, Gefängniß.
par CONTRAINTE, aus Zwang. Ne faites rien par contrainte, thut nichts aus Zwang.
CONTRAIRE, adj. c. zuwider, hinderlich. Il m'a toûjours été contraire, er iſt mir allzeit hinderlich geweſen. Je ne ferai rien qui ſoit contraire à mon honneur & à la raiſon, ich will nichts thun, das meiner Ehre und der Vernunft zuwider ſeyn kan.
CONTRAIRE, ſ. m. das Widerſpiel, Gegentheil. Je prouverai le contraire de ce qu'il a dit, ich will das Widerſpiel von dem erweiſen, was er geſagt hat. Quand je demande une choſe, on me donne le contraire, wenn ich um etwas bitte, ſo giebt man mir das Gegentheil.
les CONTRAIRES, die wider einander laufenden Dinge, als kalt, warm ꝛc. (in der Logic). Le vent du midi & celui du ſeptentrion ſont contraires, der Süd- und Nordwind ſind einander entgegen geſetzt. Le froid eſt contraire au chaud, die Kälte iſt der Wärme zuwider. Les vices ſont contraires aux vertus, die Laſter ſind den Tugenden zuwider. Avoir le vent contraire, widrigen Wind haben.
au CONTRAIRE, adv. im Gegentheil, im Widerſpiel; dem zuwider, dagegen.
  Aller au contraire d'une choſe, einer Sache zuwider ſeyn, ſich widerſetzen.
CONTRARIANT, e, adj. widerwärtig, widerſtrebend. Une humeur contrariante, widerwärtiger Sinn.
CONTRARIER, v. a. widerſprechen; im Wege ſtehen, hindern. Il ſe plait à contrarier tout le monde, es iſt ihm eine Luſt, jedermann zu widerſprechen.
CONTRARIETE', ſ. f. Widerwärtigkeit, Streit,

Streit, Uneinigkeit; Schwierigkeit, Hinderniß.

CONTRASTE, s. m. widerwärtige Sachen oder Meynungen. Il arrive des *contrastes* entre les meilleurs amis, unter den besten Freunden kan eine Mißhelligkeit entstehen.

CONTRASTE, (im Mahlen und Bildhauen) die unterschiedliche Stellung der Figuren oder der Glieder des Leibes.

CONTRASTER, v. a. (in der Bildhauerkunst) die Figuren oder Theile einander zierlich entgegen stellen. Une figure bien *contrastée*, eine wohlgestellte Abbildung.

CONTRASTER, (im Mahlen) Figuren von unterschiedener Stellung durch einander mahlen; auch den Gliedern einer einigen Figur verschiedene Stellungen geben.

CONTRAVENTION, s. f. Uebertretung, Zuwiderhandlung der Gesetzen.

CONTRA-YERVA, s. m. eine Wurzel, die ein sicheres Gegengift ist, kommt aus Neuspanien.

CONTRE, *prép.* gegen, wider; gegenüber; nicht weit davon, nahe dabey.

Il s'est battu *contre* un tel, er hat sich mit einem geschlagen.

Agir *contre* les loix, wider die Gesetze handeln. Naviger *contre* le courant de l'eau, wider den Strom schiffen.

Le pour & le *contre*, das pro und contra, das Vertheidigen und Widersprechen.

CONTRE-ADMIRAL, s. m. ein Befehlshaber zur See, der die dritte Stelle auf einer Flotte hat; das Schiff, worauf er sich befindet.

CONTRE-APPEL, s. m. (im Fechten) eine Gegensinte, die man seiner Gegenpart macht.

CONTRE-APPROCHES, s. f. plur. die Gegengraben, die man dem Feind macht, ihn zu verhindern, daß er nicht weiter komme.

CONTRE-BALANCER, v. a. gegen einander abwägen; das Gegengewicht halten; wieder gut machen, ersetzen. Il faut que le profit *contre-balance* les pertes dans le négoce, der Gewinn muß den Verlust im Handel gleich machen.

CONTREBANDE, s. f. marchandises de *contrebande*, Waaren, die wider das Verbot der Obrigkeit eingeführet oder verkauft werden.

CONTREBANDE, eine verdächtige und beschwerliche Person.

Visage de *contrebande*, ein verdrüßlicher Mensch.

CONTREBANDE', ée, adj. (in den Wappen) wenn die Binden einander entgegen gesetzt sind.

CONTRE-BARRE', ée, adj. wenn in den Wappen die Balken einander entgegen gesetzt sind.

CONTRE-BAS, adv. herunterwärts.

CONTRE-BAS, s. m. ein Bau, den man von oben herunter bauet.

CONTRE-BATTERIE, s. f. eine Gegenbatterie.

CONTRE-BATTERIE, eine Gegenanstalt, die Anschläge derer, die uns zuwider sind, zu zernichten.

CONTRE-BILLET, s. m. Gegenschein, einen andern zu zernichten.

CONTRE-BONDIR, v. n. zurück prallen oder springen.

CONTRE-BOUTANT, s. f. Gegenstütze.

CONTRE-BOUTER, v. a. an ein Gewölb aussen einen Pfeiler setzen, daß es die Mauer nicht hinaus drücke.

CONTRE-BRETESSE', ée, adj. wenn in den Wappen die Zinnen gegen einander gesetzt sind.

CONTRE-CARENE, s. f. ein Stück Holz, das oben auf dem Schiffgrund oder Boden dem Kiel entgegen gelegt wird.

CONTRE-CARRER, v. a. einem zuwider seyn, sich einem widersetzen.

CONTRE'CART, s. m. (in den Wappen) ein Theil eines geviertheilten Schildes, der wieder in vier Theile getheilt ist.

CONTRE-CARTELER, v. a. eines von den vier Theilen eines Schildes wieder in vier Theile theilen.

CONTRE-CHANGE, CONTR'E'CHANGE, s. m. Gegentausch, Gegenwechsel.

CONTRE-CHARGE, s. f. Gegendienst.

CONTRE-CHARME, s. m. Gegenbezauberung.

CONTRE-CHASSIS, s. m. Winterfenster, Vorfenster.

CONTRE-CHEVRONNE', ée, adj. wenn in den Wappen die Sparren einander entgegen gesetzt sind, und die Farben und Metallen beyde abwechseln.

CONTRE'CHIQUETE', ée, adj. (in den Wappen) würfelweis, oder als ein Bret- oder Schachspiel gegen etwas anders gemacht.

CONTRE-COEUR, s. m. die hintere Wand an einem Camin; it. die eiserne Platte, die man daran setzt, die Mauer zu schonen tc.

à CONTRE-COEUR, adv. mit Verdruß.

Faire une chose à *contre-cœur*, etwas wider Willen thun. J'ai cela à *contre-cœur*, ich kan das nicht leiden, es ist mir zuwider.

CONTRE-COMPONE', ée, adj. (in den Wappen) gegen einander über gesetzt; mit des Schildes gewechselten Farben gestückt.

CONTRECOTE', ée, adj. knöpficht dagegen gemacht.

CONTRE-COUP, s. m. ein Gegenstoß; figürlich, die Empfindung eines fremden

Unglücks; ein starkes Mitleiden. J'ai senti *contre-coup* de vôtre douleur, ich habe eure Betrübniß mit empfunden.

CONTRE-DANSE, *s. f.* Tanz, wo viele zusammen tanzen, als im Englischen.

CONTRE-DE'GAGER, *v. a.* gegen abweichen, von der Klinge im Fechten.

CONTREDIRE, *v. a.* quelqu'un, einem widersprechen; einen oder etwas widerlegen. *Contredire* une vérité, einer Wahrheit widersprechen.

CONTREDIRE, (im Rechtshandel) gegentheils einbringen; widerlegen.

se CONTREDIRE, *v. r.* sich widersprechen; nicht auf einer Rede bleiben; einander widersprechen.

CONTREDISANT, e, *adj. & subst.* widersprechend; ein Widersprecher.

CONTREDIT, *s. m.* Widerspruch, Widerrede; Zank, Streit; Einwurf; Widerlegung. Plur. Widerlegungsschrift. Sans *contredit*, ohne Widerrede, unstreitig.

CONTRE-E'CRIT, *s. m.* Gegenschrift.

CONTRE'E, *s. f.* eine Gegend, ein Stück Landes, eine Landschaft.

De *contrée* en *contrée*, von Land zu Land; von einer Gegend zu der andern.

CONTRE-E'CHANGE, voïés CONTRE-CHANGE, *s. m.* Umtauschung.

CONTREFAÇON, CONTREFACTION, *s. f.* betrüglicher Nachdruck eines Buchs.

CONTREFAIRE, *v. a.* vorstellen, einem was nachahmen; nachmachen.

Contrefaire un livre, einem ein Buch zum Schaden nachdrucken lassen.

Il *contrefait* le sage, er will weise seyn.

se CONTREFAIRE, *v. r.* sich verstellen.

CONTREFAISEUR, *s. m.* ein Nachäffer, ein Gleißner, Heuchler.

CONTREFAIT, e, *adj.* nachgemacht, nachgethan. Une édition *contrefaite*, ein Nachdruck.

CONTREFAIT, erdichtet, verstellt; ungestalt. Un visage laid & *contrefait*, ein häßliches und ungestaltes Gesicht. Un seing *contrefait*, nachgemachte Unterschrift; Signatur.

CONTREFANONS, *s. m. plur.* (auf den Schiffen) Stricke, die Seiten des Segels zusammen zu ziehen und kürzer zu machen.

CONTREFASCE', ée, *adj.* wenn in den Wappen gegen einander gesetzte Binden vorkommen.

CONTRE-FENÊTRE, *s. f.* Fensterladen.

CONTRE-FICHE, *s. f.* ein Stück Holz, so gegen das andere gelehnt wird, es zu stützen.

CONTRE-FINESSE, *s. f.* eine Gegenlist.

CONTREFLAMBANT, e, *adj.* (in den Wappen) gegen einander brennend.

CONTREFLEURE', ée, *adj.* (in den Wappen) geblättert; mit abgewechselten Farben.

CONTRE-FORT, *s. m.* Gegenpfeiler.

CONTRE-FRUIT, *s. m.* im Bauen, heißt fruit, wenn die Mauer innen nach der Bleywage gerade aufgeht, oder aussen gegen die Höhe etwas dünner wird: wenn sie nun innen auch abnimmt in die Höhe, so heißt es *contre-fruit*.

CONTRE-FUGUE, *s. f.* (in der Music) eine Fuge, da die Stimmen an statt hinter einander her zu laufen, von einander gehen.

CONTRE-GARDE, *s. m.* (in der Münz) der Gegenschreiber.

CONTRE-GARDES, *s. f. plur.* (v. CONSERVE, eine Bollwerkswehre).

CONTRE-HACHER, *v. a.* (im Zeichnen) ins Creutz einen Schatten über den andern machen, daß er dicker und dunkler werde.

CONTRE-HATIER, *s. m.* ein eiserner Bock, auf welchem man viel Bratspiesse zugleich umdrehen kan.

CONTRE-HAUT, *adv.* (im Bauen) von unten bis oben.

CONTRE-HERMINE, *s. f.* (in Wappen) schwarzes Feld mit weissen Hermelintupfen.

CONTRE-JAUGER, *v. a.* etwas auf dem andern, worein es soll gefügt werden, messen, damit es just werde, den Zapfen auf das Loch abmessen.

CONTRE-JOUR, *s. m.* Gegenlicht, falsches, unbequemes Licht.

CONTRE-ISSANT, e, *adj.* (in den Wappen) zwey Thiere mit den Rücken gegen einander, hervorschauend.

CONTRE-JUMELLES, *s. f. pl.* das Steinpflaster, da sich zwey und zwey Steine in der Mitte der Strasse zusammen fügen, und sich mit der mittlern Reihe binden.

CONTRE-LAMES, *s. f.* (an gewissen Webstühlen) drey hölzerne Stänglein, welche dienen, den Aufzug zu ziehen.

CONTRE-LATTE, *s. f.* eine Latte, die man oben hinunter zwischen die Sparren legt; Querlatte.

CONTRE-LATTER, *v. a.* Gegenlatten annageln, an einer Wand, welche man mit Gips oder Mörtel beschlagen will.

CONTRE-LATTOIR, *s. m.* ein Hammer, dessen sich die Zimmerleute oder Dachdecker bedienen, unter an die Latten zu halten, wenn sie oben was drauf nageln.

CONTRE-LETTRE, *s. f.* ein Revers, ein Brief, wodurch ein anderer aufgehoben und ungültig gemacht wird; Mortificationsschein; im plur. ist es eine Schrift, wodurch eine Eheabred geändert wird.

CONTRE-LIGNE, *s. f.* Gegenverschanzung der Belagerer.

CONTRE-MAITRE, *s. m.* ein Schiffsbedienter,

dienter, der über die Tau- und Ankerwerke Aufsicht hat.

CONTRE-MAÎTRE, (in denen Fabriquen) der Aufseher über die Arbeiter.

CONTREMANCHE', ée, adj. (in den Wappen) das in Stücke als in Ermel zertheilt ist, ein Stück gegen das andere über.

CONTREMANDEMENT, ſ. m. eine Zurückforderung, ein Gegenbefehl.

CONTREMANDER, v. a. zurückrufen, einen Gegenbefehl ertheilen. *Contremander la marche des troupes*, den Marsch der Armee einstellen.

CONTRE-MARCHE, ſ. f. Gegensatz, Zurückreise des Kriegsvolks.

CONTRE-MARCHE, (auf dem Meer) die Wiederkehr der Schiffe; it. ein gewisses Kriegs-Exercitium.

CONTRE-MARE'E, ſ. f. (in der Seefahrt) eine Gegenflut.

CONTREMARQUE, ſ. f. ein falsches Zeichen, Beyzeichen, Gegenzeichen.

CONTREMARQUER, v. a. ein falsches Zeichen an etwas machen.

CONTREMARQUE', ée, adj. ein Pferd, dem man ein falsches Kennzeichen in die Zahnlücke gemacht, damit es jünger scheine.

CONTRE-MINE, ſ. f. Gegenhöhle, Gegenmine, die feindlichen Minen zu verderben; Gegenlist.

CONTREMINER, v. a. gegenminiren, Gegenminen machen. *Contreminer les secretes menées de quelqu'un*, jemands heimliche Gänge entdecken.

CONTREMINEUR, ſ. m. ein Gegenminirer.

CONTRE-MONT, ſ. m. Gegenstrohm. *Aller à contre-mont*, wider oder gegen dem Strohm fahren.

CONTRE-MONT, adv. bergauf, aufwerts, übersich, obſich. *Tomber à la renverse les piés contre-mont*, zurück fallen und die Füſſe obſich (in die Höhe) strecken. *Ces soldats gravissent contre-mont*, diese Soldaten marschiren bergauf.

CONTRE-MUR, ſ. m. eine Gegenmauer.

CONTREMURER, v. a. Gegenmauren.

CONTRE-ONGLE, ſ. m. wenn man auf der Jagd die Fährt oder Spur eines Hirschen nicht recht kennt, und die Spitze von der Klaue vor das Hintertheil nimmt.

CONTRE-ORDRE, ſ. m. Gegenbefehl.

CONTREPALE', ée, adj. (in den Wappen) wenn ein Pfal gegen den andern eins ums ander mit der Farbe und dem Felde ändert.

CONTREPARTIE, ſ. f. (in der Music) die Baßstimme; item, der andere Discant.

CONTREPARTIE, des Gegenschreibers Buch; Register.

CONTREPASSANT, e, adj. wird in den Wappen von einem Thier gesagt, das auf diese Seite geht, indem das andere auf jene geht.

CONTREPENTE, ſ. f. (in einer Waſſerleitung) die Unebene, welche den Ablauf des Waſſers hindert.

CONTREPERCER, v. a. gegenbohren.

CONTREPESER, v. a. eben so viel wägen; gleich viel gelten.

CONTREPIED, ſ. m. eine ganz widrige Weise. *Prendre le contrepied d'une affaire*, eine Sache verkehrt angreifen. *Prendre le contrepied de la bête*, einem Wild nach der Gegenspur nachsetzen.

CONTREPLE'GE, ſ. m. der durch Caution Versicherung giebt.

CONTREPLE'GER, v. a. durch Caution Versicherung geben.

CONTRE-POIDS, ſ. m. Gegengewicht.

CONTREPOIDS, der Stein oder Gewicht an einem Bratenwender.

CONTREPOIDS, die Gewichtstange eines Seiltänzers.

CONTREPOIDS, Einhalt; Hinderung; Abbruch. *Ce défaut fait un grand contrepoids aux belles qualités qu'il a*, dieser Fehler thut seinen Tugenden merklichen Abbruch.

à CONTRE-POIL, adv. gegen das Haar; verkehrt, widersinns. *Raser à contrepoil*, wider den Bart scheeren.

CONTRE-POINÇON, ſ. m. ein Werkzeug der Schlösser, die Löcher entgegen zu bohren.

CONTREPOINT, ſ. m. wenn in der Music eine Note im Baß just eintrifft, mit einer Note im Alt, so heißt es *contrepoint simple*, wann aber unterschiedene Noten einer Stimme nur mit einer von der andern correspondiren, so heißt es *contrepoint figuré* oder *diminué*.

CONTRE-POINTE, ſ. f. eine genähete Bettdecke.

CONTREPOINTER, v. a. steppen, abnähen, als eine Decke, ꝛc.

CONTREPOINTER du canon, eine Batterie gegen die andere machen.

CONTREPOINTER, einem widersprechen, widerstreben.

CONTRE-POINTE', ée, adj. & part. Spitze gegen Spitze, (in Wappen.)

CONTREPOINTIER, ſ. m. CONTREPOINTIERE, ſ. f. einer der Decken abnäht; Stepper; Stepperin.

CONTREPOISON, ſ. m. Gegengift; Mittel einem Uebel abzuhelfen.

CONTRE-PORTE, ſ. f. Gegenthor an einer Festung oder Kammer.

CON-

CONTREPORTER, CONTREPORTEUR, v. COLPORTER.
CONTREPOSE', ée, adj. (in den Wappen) entgegen gesetzt.
CONTREPOSER, v. a. unrecht eintragen, beym Buchhalten.
CONTREPOSEUR, s. m. ein Steinmetz, oder Maurer, der dem, so die Steine auf einander fügt, helfen muß.
CONTREPOSITION, s. f. der Fehler welchen ein Buchhalter begehet, so er einen Articul an das unrechte Ort einträgt.
CONTRE-POTENCE', ée, adj. ein Wappenschild mit zwey Krückenkreuzen, das eine überfich, das andere untersich gestellt.
CONTRE'PREUVE, s. f. (bey den Kupferstechern) ein Wiederabdruck einer Probe.
CONTREPREUVER, CONTRE'PROUVER, v. a. einen Wiederdruck machen.
CONTREPROMESSE, s. f. eine Gegenverschreibung.
CONTREQUARRER, v. CONTRECARRER.
CONTREQUEUë d'aronde, s. f. ein Ravelin in der Fortification, das gegen seine Kählinie breiter als gegen das Feld hinaus ist.
CONTRE-QUILLE, s. f. der Kielschwinn an einem Schiff.
CONTRE-RAMPANT, e, adj. wenn in den Wappen ein Thier gegen das andere kriecht.
CONTRE-RÔLE, v. CONTRÔLE.
CONTRE-RONDE, s. f. Gegenrunde, die zwente Nachtrunde.
CONTRE-RUSE, s. f. Gegenlist.
CONTRESABORD, s. m. Fenster auf den Schiffen, die Schießscharten zuzumachen.
CONTRE-SALUT, s. m. Gegengruß mit den Stücken, zur See.
CONTRE-SANGLOT, CONTRE-SANGLON, s. m. ein kleiner Riemen von Leder, den man an den Sattelbogen nagelt, den Bauchgurt fest daran zu machen.
CONTRESCARPE, s. f. die Linie am Ende des Grabens gegen das Feld, welche die Erde des bedeckten Weges hält, auch der bedeckte Weg selbst, samt der angemachten Abdachung.
CONTRESCARPER, v. a. den äussersten Rand des Grabens befestigen, den Graben mit einer Contrescarpe versehen.
CONTRE-SCEL, CONTRE-SEL, s. m. Gegensiegel an der linken Seite.
CONTRE-SCELLER, CONTRE-SELLER, v. a. gegensiegeln.
CONTRE-SEING, CONTRE-SEIN, s. m. die Handschrift eines Secretarii unten an den Befehlen seines Herrn.
CONTRE-SENS, s. m. widriger Verstand.

Vous prenés le *contre-sens* de ce que je vous dis, ihr nehmet das, so ich euch sage, in einem ganz widrigen Sinn; ihr verstehet das Widerspiel dessen, so ich euch sage.
à CONTRE-SENS, adv. widersinns, in widrigem Verstande. Agir à *contre-sens*, das Widerspiel dessen thun, so gethan werden sollte. Loüer à *contre-sens*, einen wider den Sinn loben, d. i. also loben, daß man es zu seiner Verachtung meyne.
CONTRESIGNER, v. a. unten als ein Secretarius unterschreiben, unterhalb des grossen Herrn Namen. Le papier est signe du Roi & *contre-signe* par un Secretaire d'E'tat, die Schrift hat des Königs Unterschrift, und des Staatssecretarii Gegenzeichen.
CONTRESPALIER, s. m. ein Gegenspalier, Gegengeländer, im Garten.
CONTRE-TABLE, s. f. die Zierde an einem Altar, da der Grund wie getäfelt ist, worauf man eine Tafel, oder etwas von erhabener Arbeit thut, und an dasselbe das Kästlein mit seinen kleinen Stuffen stellt, worinnen die Monstranz ist.
CONTRE-TAMBORD, s. m. ein krumm gehauenes dreyeckiges Holz, welches halb auf den Kiel des Schiffs, halb an den grossen Balken angenagelt ist, worauf das ganze Hintertheil fest gemacht wird.
CONTRE-TEMS, s. m. Unzeit, ungelegene Zeit; eine Uebereilung; ein widriger Handel, Verdruß, Hinderniß. Faire un étrange *contre-tems*, ein unzeitiges, (schädliches) Werk begehen. Il est survenu un fâcheux *contre-tems*, es ist ein verdrüßlicher Zufall darzwischen gekommen.
CONTRE-TEMS, (im Tanzen) eine Bewegung des Fusses, wodurch der ordentliche Tact einigermassen unterbrochen wird; (auf der Reitbahn) wenn man des Pferdes ordentliche gute Schritte oder Trab &c. mit dem Zügel oder sonsten verhindert; (auf dem Fechtboden) wenn zwey Personen zugleich ausstossen; oder wenn man den andern sich verführen läßt, und ausstößt, aber dadurch eine Blöße giebt.
à CONTRE-TEMS, adv. zur Unzeit.
CONTRETENANT, s. m. ein Widersacher, der das Gegentheil hält.
CONTRE-TERRASSE, s. f. eine aufgeworfene Erde über der andern, die Fläche zu erhöhen, oder das Land zu bessern.
CONTRETIRER, v. a. ein Gemählde oder Kupfer durch ein Papier abzeichnen.
CONTRETIRER, v. CONTREPREUVER.
CONTRE-TRANCHE'E, s. f. Laufgräben der Belagerten wider die Belagerer.

CON-

CONTREVAIRE', ée, *adj.* (in den Wappen) wenn das Grauwerk mit dem breiten Theil glockenweis gegen einander gesetzt ist, Farbe gegen Farbe.

CONTREVALLATION, *s. f.* ein Graben, sich vor den Ausfällen zu bedecken.

CONTREVENANT, *s. m.* Uebertreter eines Gebots, Vergleichs, u. d. gl.

CONTREVENIR, *v. n.* zuwider handeln. *Contrevenir* aux ordres du Prince, des Fürsten Befehl übertreten.

CONTREVENT, *s. m.* ein Holz, welches einem Dachsparren entgegen gesetzt wird, daß ihn die starken Winde nicht bewegen können.

CONTREVENT, ein Fensterladen.

CONTREVENTION, v. CONTRAVENTION.

CONTRE-VE'RITE', *s. f.* eine offenbare falsche Beschreibung eines Dinges, daß selbe dadurch desto besser zu erkennen zu geben.

CONTRE-VISITE, *s. f.* eine nochmalige Untersuchung einer Sache, die da scheinet falsch berichtet zu seyn.

CONTRIBUABLE, *adj. c.* der die Steuern bezahlen muß, steuerbar.

CONTRIBUER, *v. a. & n.* mithelfen, beytragen. *Contribuer* à la fortune de quelqu'un, jemand zu seiner Beförderung helfen. *Contribuer* à l'ennemi, dem Feinde Brandschatzung geben.

CONTRIBUTION, *s. f.* Schatzung; Anlage, so vom Feind ausgeschrieben wird.

CONTRIBUTION, (in Gerichten) Einbuße der Gläubiger, die sie nach Proportion ihrer Forderungen leiden müssen, wenn des Schuldners Effecten nicht zureichen, alle ganz zu vergnügen.

CONTRIBUTION, (in der Seefahrt) Haverey oder Avarie.

CONTRISTER, *v. a.* betrüben, Verdruß machen.

CONTRIT, e, *adj.* reuend, betrübt über die Sünde vor GOtt; im Scherz auch, betrübt über einen widrigen Zufall.

CONTRITION, *s. f.* Reu, Leid über die Sünde.

CONTROLE, *s. m.* ein Gegenregister; eine Gegenrechnung.

CONTROLE, das Gegenschreiberamt.

CONTROLE, (in Processen) eine Registratur wegen geschehener Vorladung vor Gericht.

CONTROLER, *v. a.* eine Rechnung als richtig bescheinen.

CONTROLER, die Uebergebung einer Gerichtsverordnung bescheinigen.

CONTROLER, tadeln, versprechen. Ce n'est pas à vous à *contrôler* les gens, es gebührt euch nicht, andere zu tadeln.

CONTROLE', ée, *part. & adj.* was im Gegenregister steht, oder aufgezeichnet ist.

CONTROLEUR, *s. m.* Gegenschreiber.

CONTROLEUR, Rechnungsabnehmer; Raitrath.

CONTROLEUR général, Director der Oberhofkammer in Frankreich.

CONTROLEUR de l'artillerie, Oberzeugmeister.

CONTROLEUR des vivres, Proviantgegenschreiber.

CONTROLEUR de portes, (bey den Comödianten) der den Leuten die Zettel austheilt, wo sie sitzen sollen.

CONTROLEUR, Tadler; Splitterrichter.

CONTROLEUSE, *s. f.* eines Gegenschreibers Weib.

CONTROLEUSE, eine Tadlerin.

CONTR'ORDRE, v. CONTRE-ORDRE.

CONTROVERSE, *s. f.* Streit, Streitsache in der Religion und Philosophie.

CONTROVERSE', ée, *adj.* das lang streitig gewesen ist, oder noch streitig ist. Article, passage *controversé*, ein streitiger Satz, Spruch.

CONTROVERSISTE, *s. m.* einer der die streitigen Puncte, Streitsachen, in der Religion wohl versteht, beschreibt rc.

CONTROUVER, *v. n.* erfinden, erdichten, erstinnen. *Controuver* des mensonges, Lügen erdenchen.

CONTUMACE, *s. f.* das Aussenbleiben vor Gericht, der Ungehorsam, Unterlassung des Erscheinens. Condamner, juger par *contumace*, contumaciren; in contumaciam erkennen, verfällen.

CONTUMACER, *v. a.* (vor Gericht) Ungehorsams beschuldigen; it. wegen ungehorsamen Aussenbleibens in die Unkosten verurtheilen.

CONTUMACE', ée, *part.* der wegen Ungehorsams angeklagt oder verurtheilet wird.

CONTUMAX, *s. m.* einer, der nach geschehener Citation nicht vor Gericht erscheinet; ein Widerspenstiger, Ungehorsamer.

CONTUME'LIE, *s. f.* Schmach, Schandflecken. (ist veraltet.)

CONTUS, e, *adj.* gequetscht, gestossen, bey den Wundärzten.

CONTUSION, *s. f.* eine Quetschung.

CONVAINCRE, *v. a.* einen überzeugen, überweisen.

CONVAINQUANT, CONVAINCANT, e, *adj.* überzeugend, überweisend, kräftig, stark, als ein Beweisthum. Une preuve *convaincante*, ein unwidertreiblicher Beweis.

CONVALESCENCE, CONVALE'CENCE, *s. f.* das Genesen, das Gesundwerden.

CONVALESCENT, e, CONVALE'CENT, e, *adj.* mit dem es sich bessert.

CONVENABLE, adj. c. das nöthig, das sich schickt, das einem ansteht; das übereinkommt. Tems *convenable* à l'ouvrage, die zu dem Werk nöthige Zeit. Celà est plus *convenable*, dieses schickt sich besser. Le commerce est *convenable* au bien de l'Etat, die Handlung dienet zu dem gemeinen Besten.

CONVENABLEMENT, adv. geschicklicher Weise.

CONVENANCE, s. f. Uebereinkunft, Gleichheit; Wohlanständigkeit; olim Vertrag, Bund. Ces choses n'ont point de *convenance*, diese Dinge sind einander gar nicht gleich; kommen nicht mit einander überein.

Raisons de *convenance*, wahrscheinliche Gründe oder Ursachen.

CONVENANT, s. m. Schottländischer Vertrag von An. 1638 wegen Kirchenceremonien.

CONVENANT, e, adj. das da ansteht, wohlsteht, wohlanständig.

CONVENIR, v. n. sich schicken, anstehen. Toutes choses ne *conviennent* pas à tout le monde, es schicket sich nicht alles für alle. Ce qui *convient* aux jeunes gens, ne *convient* pas à la vieillesse, was der Jugend wohl ansteht, schicket sich nicht für das Alter.

CONVENIR, sich vergleichen; einig seyn; willigen. Ils *conviennent* entre eux, sie vergleichen sich unter einander, sind einerley Meynung. On *convient* du fait, über die Sache ist man einig.

CONVENIR, nützlich seyn. Il n'est plus tems d'examiner, s'il *convient* de se battre, lorsqu'on est en présence de l'ennemi, wenn der Feind nahe ist, so ist's nicht mehr Zeit zu berathschlagen, ob es fürträglich seye eine Schlacht zu wagen.

CONVENU, ë, part. & adj. bewilliget, ausgemacht.

CONVENT, s. m. v. COUVENT.

CONVENTICULE, s. m. heimliche, verbotene Versammlung.

CONVENTION, s. f. ein Vertrag, Vergleich. Faire une *convention*, einen Vergleich treffen. Les *conventions* du contract de mariage, die Bedinge der Ehestiftung.

CONVENTIONEL, lle, adj. das auf einem Vertrag beruht; darüber man eins worden ist.

CONVENTIONELLEMENT, adv. vertragsweise, durch einen Vertrag.

CONVENTUALITÉ, s. f. die Stiftspersonen; die Brüderschaft oder Ordenspersonen.

CONVENTUEL, lle, adj. da die ganze Klostergesellschaft dabey ist; it. das das ganze Kloster angeht, klösterlich. Prieur *conventuel*, ein Klosterprior.

CONVENTUELS, s. m. pl. das Capitel; die Brüderschaft im Kloster.

CONVENTUëLLEMENT, adv. nach Art der Stifts- oder Ordenspersonen.

CONVENU, ë, adj. v. CONVENIR.

CONVERGENT, e, adj. raïons *convergens*, (in der Optic) zusammenlaufende Strahlen.

CONVERS, e, adj. ist nur in dieser Redensart im Brauch: Frère *convers*, sœur *converse*, ein Ordensbruder oder eine Ordensschwester, die man nur zur Arbeit gebraucht, Layenbruder, Layenschwester.

CONVERSABLE, adj. c. mit dem wohl umzugehen ist.

CONVERSATION, s. f. der Umgang; ein Gespräch; die Gemeinschaft mit etwas. Lier *conversation* avec quelqu'un, sich mit einem ins Gespräch einlassen. Rompre la *conversation*, das Gespräch abbrechen. Se méler dans la *conversation*, mit darzu reden.

CONVERSE, adj. & s. f. (in der Meßkunst) ein Satz, in welchem der Schluß des erstern Satzes zum Grunde genommen wird.

CONVERSER, v. n. freundlich umgehen; sich unterreden.

CONVERSION, s. f. die Veränderung, Verwandlung; als la *conversion* des élémens, des métaux, die Verwandlung der Elementen, der Metallen, eins ins andere.

CONVERSION, die Bekehrung, Besserung. Prier Dieu pour la *conversion* des pécheurs, GOtt um die Bekehrung der Sünder bitten.

CONVERSION, das Kehren der Soldaten in ihrer Stellung. *Conversion* par quart à droit, rechtsum; à gauche, linksum.

CONVERSION, (in der Vernunftlehre) Versetzung der Worte eines Spruchs.

CONVERTI, s. m. der von einer falschen zur wahren Religion untritt; Bekehrter.

CONVERTIE, s. f. eine Bekehrte; Umgetretene.

CONVERTIR, v. a. verändern, verwandeln. CONVERTIR les espèces, (in der Münz) Geld umschmelzen, umprägen.

CONVERTIR, bekehren, zur Bekehrung bringen. *Convertir* un pécheur, einen Sünder bekehren.

CONVERTIR, auf andere Gedanken bringen; von der vorigen Meynung abbringen; umstimmen.

se CONVERTIR, v. r. sich verändern, verwandelt werden.

se CONVERTIR, sich bekehren.

CONVERTISSEMENT, s. m. Verwandlung

lung, in Contracten; (im Münzwesen) das Umschmelzen einiger Münzsorten.

CONVERTISSEUR, *ſ. m.* ein Bekehrer der Ungläubigen oder Ketzer.

CONVEXE, *adj.* rund ausgebogen als eine Kugel von auſſen.

CONVEXITÉ, *ſ. f.* die Krümmung oder Gestalt der äuſſern Fläche einer Kugel.

CONVICTION, *ſ. f.* Ueberzeugung, Ueberweisung.

CONVIÉ, *ſ. m.* ée, *f.* ein Eingeladener, ein Gast. Je suis des *conviés*, ich bin mit eingeladen.

CONVIER, *v. a.* einladen. Etre *convié* à diner, à souper, zur Mittags- zur Abendmahlzeit gebeten seyn. Le beau-tems nous *convie* à la promenade, das schöne Wetter ladet uns zum Spazieren ein.

CONVIVE, *ſ. m.* ein Gast nebst andern.

CONVOCATION, *ſ. f.* Zusammenberufung. La *convocation* des Etats, die Zusammenberufung der Stände. *Convocation* des paroiſſiens, Berufung des Kirchspiels, der Gemeine.

CONVOI, *ſ. m.* Zufuhr einer Armee; Fuhrwerk. Escorter, enlever un *convoi*, ein Fuhrwerk geleiten, aufheben.

Convoi, (in der Römischen Kirche) das Geleit der Geistlichkeit bey einer Beerdigung. *Convoi* général, Begleitung der gesamten Geistlichkeit einer Pfarr. *Convoi* de chœur, Begleitung des Chors.

Convoi, eine Zahl Kriegsschiffe, welche Kaufmannsschiffe begleiten.

CONVOIER, *v. a.* begleiten. (man sagt jetzt accompagner oder escorter). *Convoïer* une flotte marchande, eine Anzahl Kaufmannsschiffe begleiten und für denen Freybeutern beschützen.

CONVOITABLE, *adj.* (besser désirable) begierlich, Lust erweckend.

CONVOITER, *v. a.* (besser désirer) eine böse Begierde nach etwas haben, in der Christlichen Sittenlehre gebräuchlich.

CONVOITEUX, euse, *adj.* einer der verbotene Begierden hat.

CONVOITISE, *ſ. f.* eine böse Lust oder Begierde. Allumer une *convoitise*, eine Begierde erwecken; entzünden. Reprimer ses *convoitises*, seine Begierden im Zaum halten, unterdrucken. Se laisser emporter à sa *convoitise*, seinen Begierden nachhängen, nachgeben, folgen.

CONVOLER, *v. n. Convoler* à de secondes nôces, (bey den Juristen) zur zweyten Ehe schreiten.

CONVOQUER, *v. a.* zusammenrufen.

CONVULSIF, ive, *adj.* was in Gliedern Zucken hat oder macht; zuckend. Mouvement *convulsif*, Zuckung.

CONVULSION, *ſ. f.* das Zucken und Rühren der Glieder; Zucken der Spannadern.

Convulsion, Ohnmacht. Il est dans des *convulsions* de civilité, er zwingt sich zu unmäßigen Höflichkeiten; er will sich zu Tode complimentiren.

COOBLIGÉ, ée, *adj.* (im Rechtshandel) mitschuldig.

COOPERATEUR, *ſ. m.* Mitwirker, Mitarbeiter.

COOPERATION, *ſ. f.* die Mitwirkung.

COOPERER, *v. n.* mitwirken, mithelfen.

COPAL, *ſ. m.* Art Gummi aus Indien.

COPARTAGEANT, e, *adj.* der mit an etwas Theil hat.

COPAYBA, *ſ. m.* ein Kraut in America, welches einen herrlichen Balsam mit sich führet.

COPEAU, *ſ. m.* ein Span. *Copeau* de buis, ein buchsbäumerner Span, woraus ein Kamm gemacht werden kan.

COPEC, *ſ. m.* goldene und silberne Münze in Rußland.

COPERMUTANT, *ſ. m.* der ein Lehngut oder geistliche Pfründe mit dem andern vertauscht.

COPHIN, *ſ. m.* Brodkorb.

COPHTES, Christen in Egypten, welche von der Secte der Jacobiten sind.

COPIE, *ſ. f.* eine Abschrift; eine Copey von einer Schrift. Collationner une *copie* sur l'original, die Abschrift gegen die Urschrift halten.

Copie, Gemählde oder Bild. Ce tableau n'est qu'une *copie*, dieses Gemähld ist nur ein Nachbild. Cet enfant est une parfaite *copie* de son père, dieser Knabe ist ein rechtes Ebenbild seines Vaters.

Copie, (in der Druckerey) Exemplar woraus gesetzt wird.

COPIER, *v. a.* abschreiben; abmahlen; eine Copey von etwas machen. *Copier* une lettre, einen Brief abschreiben; eine Abschrift davon nehmen. *Copier* une image, un tableau, ein Gemählde nachmahlen. *Copier* quelqu'un, einen nachahmen, ausschreiben.

Copier, ein Buch oder einen Autorem ausschreiben.

Copier, einen ausspotten in Geberden. Il *copie* toutes ses façons de faire, er thut ihm alles nach; er ist sein rechter Aff.

COPIEUSEMENT, *adv.* im Ueberfluß, häufig.

COPIEUX, euse, *adj.* weitläuftig, häufig, reichlich, sehr groß oder viel.

COPISTE, *ſ. m.* einer der da abschreibt, oder nach dem Original macht.

Copiste, (bey den Comödianten) einer der den Spielern ihre Person abschreibt und austheilt, und ihnen beym Spielen einhilft.

COPRE-

COPRENEUR, *f. m.* der mit einem andern in eine Verpachtung einstehet.
COPROPRIE'TAIRE, *f. m. & f.* ein Miteigenherr eines Guts.
COPTE, *f. f.* vor Alters eine Stadt in Egypten dieses Namens.
COPTE, *f. m.* die Coptische oder Egyptische Sprache, so man in der Uebersetzung der Bibel hat.
COPTER, *v. a.* mit dem Glockenschwengel nur auf einer Seiten anschlagen.
COPULATIF, ive, *adj. & f. f.* das zusammen bindet; (in der Grammatic) ein Bindwort.
COPULATION, *f. f.* fleischliche Vereinigung oder Vermischung.
COQ, *f. m.* ein Koch auf den Schiffen.
Coq, *f. m.* Göckelhahn, ein Hahn. Le chant du *coq*, das Hahnengeschrey; Tagsanbruch.
Coq de bois, Birkhahn.
Coq de bruière, Auerhahn.
Coq faisan, ein Fasanhahn.
Coq d'Inde, ein Calecutischer Hahn, ein Puderhahn, welscher Hahn.
Coq, der Vornehmste an einem Ort oder in einer Versammlung. C'est le *coq* du village, de la paroisse, *prov.* er ist der Ansehnlichste (Vornehmste) in der Gemeine; Hahn im Korbe.
Il est là comme un *coq* en pâte, er hat seine Bequemlichkeit oder gute Tage.
Coq de clocher, der Wetterhahn auf den Thürmen und Dächern.
Coq, der Kloben an einer Uhr.
Coq, Rostenkraut.
Coq-à-l'âne, *f. m.* eine Rede oder Schrift, die keinen Verstand hat.
Coq-à-l'âne, eine Art eines Scherzgedichts.
COQUARDE, *f. m.* Federbüschel, dergleichen man auf der Kinder Mützen setzet.
COQUARDE, (faite de rubans qu'on met sur les trouffis des chapeaux) eine Masche. Il a pris la *coquarde*, er ist Soldat worden.
COQUART, *f. m.* ein Schwätzer, Löffelknecht.
COQUâTRE, *f. m.* ein nicht recht gekappter Capaun.
COQUâTRIS, *f. m.* eine Art Basilisken, von denen man sagt, daß sie aus einem Hahney werden.
COQUE, *f. f.* eine Eyerschale. Manger des œufs à la *coque*, Eyer aus der Schale (weich gesottene Eyer) essen.
COQUE, eine Nußschale.
COQUE de vers à soie, ein Bälglein, worinnen ein Seidenwurm steckt.
COQUE, der Knopf an einem Seil, wenn es zu stark gedreht ist.
COQUE du Levant, die Körner des Egyptischen Nachtschattens, sie dienen um die Fische tumm und schlafend zu machen.
COQUELICOQ, *f. m.* das Hahnengeschrey oder Locken, kükeriki.
COQUELICOT, *f. m.* Klapperrosen.
COQUELLE, *f. f.* ein Kochtopf.
COQUELOURDE, *f. f.* ein Kraut, Küchenschelle.
COQUELUCHE, *f. f.* ein schwerer Husten. Il est la *coqueluche* de la cour &c. er ist sehr nach der Mode.
COQUELUCHER, *v. n.* mit dieser Krankheit angefochten seyn.
COQUELUCHON, *f. m.* (im Scherz) eine Art Mönchskappen.
COQUELUCHONNE', *adj.* mit einer Münchskappe versehen.
COQUEMAR, *f. m.* ein Topf von allerley Materie, zum Kochen oder zum Wasserwärmen.
COQUERELLES, *f. m. pl.* (in den Wappen) drey Haselnüsse mit ihren grünen Schalen.
COQUERELLES, *f. f.* Schlutten, ein Kraut.
COQUERET, *f. m.* Judenkirsche.
COQUERON, *f. m.* (in kleinen Schiffen) die Küche vornen im Schiff.
COQUES, *f. f. plur.* (bey den Schlössern) kleine Stücke Eisen, in welche das Eisen geht, worein das Schloß inwendig fällt.
COQUES, Rogen von Meerfischen, mit deme man die Sardelle in die Netzen locket.
COQUESIGRUë ou COQUECIGRUë, *f. f.* allerley Seemuscheln, die in Cabineten aufgehoben werden.
COQUESIGRUë, wunderliche Fantasey. Il nous vient conter des *coquefigrues*, er schwätzet uns lauter Fabeln vor.
Cela arrivera à la venue des *coquefigrues*, das wird nimmermehr geschehen, (dann ein Hahn und sechs Kraniche fliegen oder ziehen nicht mit einander).
COQUESIGRUë ou COCCIGRUë, *f. f.* ein Kraut oder die Frucht desselben.
COQUET, *m.* COQUETTE, *f. adj.* buhlerisch, verliebt, verloffelt.
COQUET, *f. m.* Galan, Spaßigalan.
COQUET, eine gewisse Art von Kähnen oder Beyschifflein.
COQUETIER, *f. m.* ein Eyerkrämer.
COQUETIER, eine Eyerschüssel, worein man die weich gesottenen Eyer legen und bequemer essen kan.
COQUETTE, *f. f.* ein buhlerisch Weibsbild, Löffelkatze.
COQUETTER, *v. n.* löffeln. Jason *coqueta* Medée, Jason hat mit der Medea gelöffelt, gebuhlt.
COQUETTERIE, *f. f.* Löffeley.
COQUILLAGE, *f. m.* allerhand Muschelwerk. Une grotte embellie de *coquillage*, eine Wasserkunst mit Schnecken ausgezieret.
CO-

COQUILLART, *s. m.* der vierte Banк in denen Steinbrüchen; wird so genannt, weilen gemeiniglich vieles Muschelwerk sich da findet.
COQUILLE, *s. f.* Schneckenhaus.
COQUILLE, Eyer- oder Nußschale.
COQUILLE de poisson, Muschel.
COQUILLE de loquet, Drücker an einer Thür.
COQUILLE, *s. f.* Lumpenwaare, Kleinigkeiten.
COQUILLE, das Blat von Metall, damit eine hölzerne Knopfform überzogen wird.
COQUILLE, (in der Anatomie) die innerste Schneckenförmige Höle des Ohrs.
COQUILLE, so werden auch in der Baukunst sehr viel Stück genennet, deren Figur etwa der Muschel beykommt.
Il vend bien ses *coquilles*, er weiß seine Waaren wohl zu schätzen.
A' qui vendés-vous vos *coquilles*? prov. wen meynet ihr, daß ihr vor euch habt? mit dem ihr zu thun habt?
La *coquille* lui demange, prov. sie hat die Mannsucht; der Liebeskitzel sticht sie.
Rentrer dans sa *coquille*, sich zurück begeben in Sicherheit.
Ne faire que sortir de la *coquille*, erst ausgekrochen seyn, noch gar jung seyn.
Qui a de l'argent, a des *coquilles*, vor Geld ist alles zu bekommen.
COQUILLES, leer Geschwätz, Salbaderey.
COQUILLON, *s. m.* (in der Münze) Rührhake.
COQUIN, *s. m.* Lumpenhund, Bärenhäuter.
COQUINE, *s. f.* ein nichtsnütziges, unteusches Weibsbild.
COQUIN, *m.* COQUINE, *f. adj.* lüderlich, schändlich. Il n'y a point de métier plus *coquin* que celui de l'amour, kein lüderlicher Handwerk ist als die Löffeley.
COQUINAILLE, *s. f.* ein Haufen fauler Schelmen, Lumpengesinde.
COQUINBERT, *s. m.* die verkehrte Dame im Bretspiel, Schlagdame.
Jeu de *coquinbert*, qui gagne, perd, ein verkehrter Handel.
COQUINER, *v. n.* betteln; faullenzen, lüderliches Leben führen.
COQUINERIE, *s. f.* Schelmerey, Schalkheit, lüderliche Händel oder Thaten.
COQUIOLE, *s. f.* Lulch, tauber Haber.
COR, *s. m.* ein Horn; ein Jägerhorn; ein Hirtenhorn; ein Posthorn.
Sonner du *cor*, in das Horn blasen.
un COR de mer, eine Muschel, wie die Tritones damit blasend gemahlt werden.
à COR & à cri, inständig, dringenlich, ungestüm. Suivre la bête à cor & à cri, einem Wilde mit Horne und Jägergeschrey nacheilen; ein Wild ungestüm, dringend verfolgen. Poursuivre sa partie à *cor* & à cri, seinen Widersacher aufs äusserste verfolgen.
CORADOUX ou COURADOUX, *s. m.* der Raum zwischen zweyen Brücken auf den Schiffen.
CORAIL, CORAL, *s. m.* Coralle, (poetisch) die Lippen.
CORAIL, Corallenholz aus America.
CORAILLEUR, *s. m.* Corallenfischer.
CORALLIN, e, *adj.* von Corallen, Corallenfarb.
CORALLINE, *s. f.* Meermoos an den Corallen, an den Muscheln und Felsen.
CORALLINE, ein Nachen oder Kahn zum Corallenfischen.
CORALOÏDES, der Saamen des weissen Coralls, wenn er erst anfängt zu schiessen.
CORBEAU, *s. m.* ein Rabe, v. CORBIN.
CORBEAU, ein Mensch, der schwarz Haar hat.
CORBEAU, (im Bauen) ein Stein, der hervor ragt, einen Balken darauf zu legen.
CORBEAU, ein Sparrenkopf oder Dielenkopf.
CORBEAU, ein mittägiges Gestirn, der Rabe.
CORBEAU de mer, ein Seerabe, ein Fisch.
CORBEAU, ein Schiffhake, die Schiffe damit anzuflammen.
CORBEAUX, im plur. die Männer, so in Pestzeiten die Leute begraben.
CORBEIL, CORBIE, *s. m.* ein kleiner Ort oder Stadt an der Seine in Frankreich, sieben Meilen von Paris. Vous prenés *Corbeil* pour Paris, ihr betrügt euch, ihr seht es für das unrechte an.
CORBEILLE, *s. f.* Handköblein, Handkorb.
CORBEILLE'E, *s. f.* ein Korb voll.
CORBILLARD, *s. m.* bedecktes Marktschiff, so nach Corbeil geht; it. eine kleine Kutsche, so gesteckt voll Leute ist, (im Scherz).
CORBILLAT, *s. m.* junger Rabe.
CORBILLON, *s. m.* ein Korb, Tragekorb.
CORBILLON, ein Körblein, worinnen man die Ballen im Ballhause überreicht.
CORBILLON, eine gewisse Art Kinderspiel. Joüer le *corbillon* & les oublies, prov. alles aufsetzen.
CORBIN, *s. m.* ein Rabe.
bec de CORBIN, *s. m.* Zänglein bey dem Balbier, etwas aus der Wunde zu ziehen.
bec de CORBIN, eine Gattung Halbarden der Alten.
bec de CORBIN, eine Art von Steckenknöpfen, heutiges Tags üblich.
CORBINER, *v. a. & n.* stehlen wie ein Rabe.
CORBINEUR, *s. m.* ein Betrüger, ein Dieb.
CORCHORUS, *s. m.* ein Kraut, dessen Blätter denen Blättern der Bingelwurz gleich sind; sie wird in Egypten und im Indi-

Indischen Land gepflanzet, und ist zur Speise dienlich.

CORDA, *s. m.* eine Gattung grober wollener Scharsche.

CORDAGE, *s. m.* allerhand Stricke oder Seile, in Schiffen, Bauen ꝛc.

CORDAGER, *v. a. & n.* Stricke oder Seile machen, zusammen drehen.

CORDE, *s. f.* ein Strick oder Seil. Une *corde* de danser, ein Seil zum Tanzen; Tänzerseil. Il danse sur la *corde*, er ist in einem gefährlichen Handel.

Celà a passé à fleur de *corde*, (im Ballspiel) der Ball ist kaum ein wenig über das Seil gekommen; (figürlich) es hat wenig gefehlt, daß diß nicht mißlungen wäre.

Il a frisé la *corde*, (im Ballspiel) der Ball hat an das Seil angestrichen; (im verblümten Verstande) er hat gemeynt, er müsse hangen; oder, es hat nicht viel gefehlt, es wäre ihm übel ausgegangen.

CORDE d'estrapade, trait de *corde*, das Wippen, da man einen in die Höhe ziehet, und wieder biß einen Schuh von der Erde herab fallen läßt.

la CORDE au col, Kirchenbusse.

Se rendre la *corde* au col, sich auf Gnade und Ungnade ergeben.

Gens de sac & de *corde*, Bettler und Spitzbuben.

Il a de la *corde* de pendu, er ist glücklich im Spielen.

Mettre la *corde* au col de quelqu'un, einen in Gefahr des Galgens setzen, zum Strick verhelfen, oder zum Verderben.

Il file oder il traine sa *corde*, er stürzt sich in sein Verderben; er bringt sich noch an den Galgen; er geht los auf den Galgen.

Se racheter de la *corde*, die Richter bestechen, sich vom Galgen los kaufen.

Il ne faut pas parler de *corde* dans la maison d'un pendu, man muß nicht von Lastern reden bey Leuten, die damit behaftet sind.

Ne touchés pas cette *corde*, sagt hiervon nichts, berührt dieses nicht.

Toucher la grosse *corde*, den vornehmsten Punct berühren; gerade heraus sagen, wie mans meynt; it. die Sauglocke läuten.

CORDE de montre, eine Saite in einer Sackuhr. Cette montre là est au bout de sa *corde*, diß Uhrlein ist bald abgelaufen.

CORDE d'un arc, Bogensenne. Il a deux *cordes* à son arc, er hat mehr Mittel, sich zu helfen.

CORDE d'un arc, (in der Meßkunst) eine gerade Linie, so von einem Punct des Umkreises eines Cirkels zum andern gezogen wird.

CORDE, (bey den Wundärzten) das Spannen der Muskeln oder Nerven.

CORDE de drap, der Faden im Tuch, woraus es gewirkt ist. Ce drap montre la *corde*, diß Tuch läßt den Faden sehen; diß Stückgen kan man leicht merken.

CORDE de farcin, (an den Pferden) eine Geschwulst zwischen Fell und Fleisch, in einem langen Strich an einander, oder von vielen Knoten hinter einander.

Cheval qui fait la *corde*, ein Pferd das im Athemholen den Bauch gar zu stark einzieht.

CORDE de plante, de racine, ein Knorz oder Knoll, an Erdgewächsen.

CORDE de bois, ein zusammengebündenes Büschel Holz zum verbrennen; (zu Paris) eine Klafter Holz.

CORDE, Begierde, Neigung, Liebe. (Attachement oder Chaine ist aber weit besser).

CORDEAU, *s. m.* ein Seil oder Leine, womit ein Kahn den Fluß hinauf gezogen wird.

CORDEAU, die Leine, womit die Fuhrmannspferde geleitet werden.

CORDEAU, Leine, Schnur. *Cordeau* d'ingénieur, eine Meßschnur. *Cordeau* de jardinier, eine Gartenschnur.

CORDELER, *v. a.* flechten, als Haare, Stricke.

CORDELETTE, *s. f.* kleines Stricklein.

CORDELIER, *s. m.* ein Franciscanermönch.

Il parle latin devant les *Cordeliers*, er thut etwas vor den Leuten, die es besser, als er, verstehen. Aller sur la haquenée des *Cordeliers*, zu Fuß gehen mit einem Stock in Händen.

CORDELIE'RE, *s. f.* eine Franciscanernonne.

CORDELIE'RE, ein Strick mit vielen Knoten, womit diese Mönche und Nonnen ihre Kappen oder Kutten binden.

CORDELIE'RE, ein kleines schwarzes Band mit vielen Knoten, welches theils Frauen um den Hals tragen.

CORDELIE'RE, (in der Wappenkunst) eine Schnur mit Knoten, damit die Frauenzimmerwappen umgeben werden.

CORDELIE'RE, (in der Baukunst) ein schmaler Streif, der über einen Reif mitten her gezogen wird; auch ein schmaler Riemen, den man um eine Kugel legt.

CORDELLE, *s. f.* ein Strick, (ist alt) jetzt eine Parthey, Gesellschaft, Verbündniß.

Attirer à sa *cordelle*, prov. auf seine Seite ziehen.

CORDER, *v. a.* Seil spinnen. *Corder* du chanvre, Hanf zu Seilen spinnen.

CORDER, Holz klaftern; in Haufen setzen. Le bois tortu ne se *corde* pas bien, krummes Holz ist nicht gut aufzusetzen.

CORDER, einbinden, zubinden. *Corder des balots*, die Ballen mit Stricken zubinden.
CORDER du tabac, Tabac spinnen.
CORDER, *v. n.* (im Gartenbau) faficht werden.
se CORDER, *v. r.* sich gut spinnen lassen. Ce chanvre se *corde* mieux que l'autre, dieser Hanf läßt sich besser spinnen als der andere. Les raves se *cordent* au printems aussi-bien que les raiforts, die Rüben werden im Frühling hohl, eben sowohl als die Rettig. La racine de persil se *corde*, die Petersilienwurzel wird holzicht. On dit aussi que la chair salée & les lamproïes se *cordent*, man sagt auch, daß eingesalzen Fleisch und die Lamprete hart werden.
CORDE', *m.* CORDE'E, *f. adj.* bois *cordé*, aufgesezt (abgeklaftert) Holz. Balot *cordé*, eingebundener Pack. Raifort *cordé*, fasichter Rettig.
Cheval *cordé*, ein Pferd das eine harte Geschwulst am Leib hat.
Cette chose est *cordée*, vulg. es ist zu spat mit dieser Sache, es ist nicht mehr Zeit dazu.
CORDERIE, *s. f.* der Ort oder Platz, wo man Stricke macht; leinen Bau; Reifschlägerey.
CORDIAL, e, *adj.* heimlich; vertraut, aufrichtig; it. herzstärkend. Ami *cordial*, Herzensfreund. Vin *cordial*, herzstärkender Wein. Potion *cordiale*, Herzstärkung. Poudre *cordiale*, edles Herzpulver.
CORDIALEMENT, *adv.* herzlicher Weise. Aimer *cordialement*, aufrichtig, von Herzen lieben.
CORDIALITE', *s. f.* Aufrichtigkeit. Avoir de la *cordialité* pour ses amis, mit seinen Freunden es herzlich meynen.
Avec *cordialité*, herzlich.
CORDIER, *s. m.* ein Seiler; Reifschläger. Les *cordiers* gagnent leur vie à reculons, ein Sprichwort: wenn man sich auf widersinnige Art nährt, oder Vortheil hat.
CORDILIAS, *s. m.* eine Art grobwöllenen Zeugs aus Spanien.
CORDON, *s. m.* (bey dem Seiler) ein Theil, wovon der ganze Strick zusammen gedrehet ist; Seilgarn.
CORDON du chapeau, eine Hutschnur.
CORDON de soïe ou de fil, (à lacer,) eine Schnur von Seide oder Zwirn; (Schnürsenkel.)
CORDON de muraille, Mauerband an einer Vestungsmauer.
CORDON de vaisseau, (auf den Galeeren) das oberste an dem Rand um das Schiff herum.

CORDON, (*filet qui règne sur la circonfrence d'une monnoïe*) der kleine Rand an den Münzen.
CORDON de soulié, Schuhriemen. Je ne suis pas digne de délier le *cordon* de ses souliés, ich bin nicht genugsam, daß ich den Riemen seiner Schuhe auflöse.
un CORDON-ROUGE, ein Commenthur des St. Ludwigsordens in Frankreich.
CORDON St. François, der Franciscanergürtel.
CORDON, die Nabelschnur eines neugebohrnen Kindes.
CORDON, (in dem Gartenbau) Hülse der Anemone.
CORDON, Ring um die Nabe eines Wagenrades.
CORDON de martres, eine Anzahl Zobelschwänze, welche zusammen gebunden sind.
CORDON, wird insgemein alles dasjenige genennet, welches schmal und lang ist.
le CORDON bleu, der Ritterorden vom H. Geist. Un *cordon* bleu, ein Ritter dieses Ordens.
Il est du *cordon*, er ist von der Brüderschaft.
CORDONNER, *v. a.* als eine Schnur zusammen drehen, mit einer Schnur einflechten.
CORDONNERIE, *s. f.* Schuhmacherhandwerk; der Schuhmarkt; Schuhladen.
CORDONNET, *s. m.* ein kleines geflochtenes Band oder Schnur.
CORDONNET, *s. m.* Kordonnet; Kameelhaar, womit der Schneider die Knopflöcher eines Kleids machet.
CORDONNIER, *s. m.* ein Schuhmacher, ein Schuster. Les *cordonniers* sont toujours les plus mal chaussés, *prov.* mancher Künstler hilft sich selbst wenig mit seiner Kunst.
CORDOüAN, *s. m.* Korduan, Korduanisch Leder.
CORE'E, *s. f.* an einigen Orten das Herz und übrige Eingeweid von einem Lamm.
CORE'VêQUE, *v.* CHORE'VêQUE.
CORIACE, *adj.* hart, zäh wie Leder. Chapon *coriace*, ein zäher Capaun. Chair de fruit *coriace*, zähes Obst.
Il est *coriace*, er ist hart und geizig.
CORIAMBE, CORIAMBIQUE, *v.* CHORIAMB.
CORIANDRE, CORIANDE, *s. f.* Coriander, Kraut und Saame.
CORIBANTES, *v.* CORYBANTES.
CORINTHIEN, nne, *adj. & subst.* Corinthisch, ein Corinther; Corinthische Ordnung.
CORIPHE'E, *v.* CORYPHE'E.
CORIS, *s. m.* Spanisch Heidekraut.

CORIS,

Coris, ou Cauris, kleine weiße Muscheln, so aus denen Maldivischen Inseln kommen und in Guinea für Münz dienen.

CORLIEU, CORLIS, COURLIS, *s. m.* ein von seinem Geschrey also genannter Wasservogel.

CORME, *s. f.* Speyrling, Speyrapfel, Speyrbeer, Elzbeer.

CORMIER, *s. m.* Speyrlingbaum, Speyrapfelbaum, Elzbeerbaum.

CORMIE'RE, *s. f.* das oberste Stück Holz, so das Hintertheil des Schiffs formiren hilft.

CORMORAN, CORMORANT, *s. m.* ein Meer- oder Wasserrabe.

CORNAGE, *s. m.* Zoll oder andere Gefälle vom Hornvieh.

CORNAILLER, *v. n.* (bey den Zimmerleuten) wenn ein Zapfe sich nicht just in das Loch schickt, oder nicht recht viereckig gehauen ist.

CORNALINE, *s. f.* ein Carniol, ein Edelstein.

CORNARD, *s. m.* einer der Hörner trägt, Hahnrey.

CORNARDISE, *s. m.* der Hahnreyorden, Hahnreyschimpf.

CORNAU, *s. m.* ein Dorf. (ist alt.)

CORNE, *s. f.* ein Horn. Corne de cerf, de chevreüil, verarbeitet Hirschhorn, Rehhorn; das unverarbeitete heißt, Bois de cerf, Hirschgeweih.

Corne, das Huf der Pferde; Muth, Herzhaftigkeit; der Hahnreystand.

Donner un coup de *corne* à un cheval, ein Pferd mit einem Horn am Gaumen blutig ritzen, daß es Appetit zum Essen bekomme.

Il n'a pas besoin qu'on lui donne un coup de *corne*, er hat einen guten Appetit.

Faire porter des *cornes* oder planter des *cornes* à quelqu'un, mit eines andern Weibe zuhalten, einem Hörner aufsetzen.

Faire les *cornes* à quelqu'un, einem den Esel mit Fingern stechen, (Eselsohren mit zwey Fingern machend) auslachen.

Montrer les *cornes*, lever les *cornes*, anfangen sich zu wehren, beherzt werden.

bonnet à Corne, eine viereckigte Pfaffen- oder Doctormütze.

Corne d'abondance, das Horn des Ueberflußes bey den Poeten.

les Cornes de la matrice, die Mutterhörner, die äussersten Theile des Grunds der Gebährmutter zu beyden Seiten.

Corne d'Ammon, ein Stein auf welchem ein krummes Widderhorn abgebildet ist, wie der Jupiter Ammon soll gehabt haben, und womit Alexander M. vorgestellt gefunden wird.

Corne d'Ammon métallique, ein Widderhornstein, worinn Metall steckt.

Corne d'Ammon pierreuse, ein Widderhorn von blossem Stein.

Corne Ducale, die Mütze des Doge zu Venedig.

Corne, Krähenfuß, ein Kraut.

les Cornes du croissant, die Spitzen des zunehmenden Monds.

les Cornes de l'autel, die Ecken oder Hörner des Altars.

ouvrage à Cornes, Hornwerk an einer Festung von einer Courtine und zwey halben Bastionen.

CORNE'E, *s. f.* das andere Fell über den Augen, die Hornhaut des Auges.

CORNEILLE, *s. m.* ein Mannsname.

Corneille, *s. f.* eine Krähe.

Corneille emmantelée, eine Nebelkrähe, halb grau, halb schwarz; Aelster.

La *corneille* d'Esope, oder d'Horace, einer der sich mit fremden Federn schmückt.

Corneille, Weiderich, ein Kraut.

CORNEMENT d'oreille, das Klingen der Ohren.

CORNEMUSE, *s. f.* eine Sackpfeiffe, Dudelsack, ein Polnischer Bock.

CORNEOLE, *s. f.* Weyd; Farbpfriemen, ein Kraut.

CORNER, *v. n.* mit einem Horn blasen; it. ausbreiten, unter die Leute bringen. On le lui avoit dit en secret, & il le va *corner* par-tout, man halte es ihm in geheim vertraut, und er ruffet es allenthalben aus.

Corner aux oreilles, in die Ohren etwas sagen oder blasen.

Les oreilles lui *cornent*, es sauset ihm in den Ohren, die Ohren gellen ihm.

Cette viande *corne*, das Fleisch will riechend werden; fängt an zu stinken.

CORNET, *s. m.* Horn. Cornet de postillon, Posthorn. Cornet de chasse, Jägerhorn; Hifthorn. Cornet de berger, Schäferhorn. Cornet ou portevoix, ein Sprachrohr, womit man einem, der ein schwer Gehör hat, ins Ohr redet.

Cornet à bouquin, eine Zinke.

Cornet, ein Schreibzeug, Dintenfaß.

Cornet, ein Orgelregister, dessen es zweyerley Arten giebt, das grosse und das kleine. Le *cornet* séparé, ein Register dieser Art mit einem dritten Clavier. Cornet d'Echo, ein Register zum Echo mit einem vierten Clavier.

Cornet, ein Becher, worinne man die Würfel schüttelt, ehe man sie wirft; item eine Hippen, oder gebackenes rundes Küchlein.

Cornet à ventouser, Schröpfhorn, Schröpfkopf.

Cornet de porcelaine, oder de faïence, ein Becher von Porcellan.
Cornet de papier, eine Düte, zusammen gewundenes Krämerpapier, etwas darein zu thun.
CORNETIER, s. m. ein Hornbereiter.
CORNETTE, s. f. das vordere Theil einer Kappe, welches auf den Kopf in einander gewickelt wurde, daß die Enden wie Hörner sahen. (ist alt.)
Cornette, eine Schlafkappe oder Haube der Weiber.
Cornette, eine Kappe der Bürgermeister in einigen Städten in Frankreich.
Cornette, eine Binde von Seidenzeug, welche die Doctores der Rechten vor diesem um den Hals trugen, und einige Professores vom königlichen Collegio noch tragen.
Cornette, (auf den Schiffen) die Fahne des Befehlhabers über eine Escadre.
Cornette, (bey der Reuterey) eine Reuterfahne, Standarte.
Cornette, eine Cornetsstelle, bey einer Reuterkompagnie.
Cornette, das ganze Corpo der leichten Reuterey, in Frankreich.
Cornette, eine Compagnie Reuter, sonderlich von fremdem Volck; auch wohl die gesammte Reuterey bey einer Armee.
Cornette blanche, eine weisse Fahne oder Standarte der leichten Reuterey.
Cornette blanche, die erste Compagnie bey diesem Corpo, so diese Fahne führt.
Cornette blanche, die Cornetsstelle bey eben der Compagnie.
Cornette blanche, der Cornet selbst, der das Recht hat, diese Fahne zu tragen, heißt annoch *cornette* blanche de France.
Cornette, ein Eisen von acht oder neun Fuß in die Länge und drey Daumen in die Breite.
Cornette, (bey den Falkenirern) das Büschlein auf der Kappe der Falken.
Cornette, eine Art wilder Violen unter dem Getreyde.
Cornette, s. m. der Cornet, Standartenträger.
CORNICHE, s. f. (in der Baukunst) der Kranz oben an einem Gesimms.
Corniche, Triebel, womit die Knaben spielen.
CORNICHON, s. m. ein klein Horn.
Cornichon, kleine unzeitige Gurke, (Cucumern) zum Einmachen.
CORNIER, e, adj. was an einer Ecke stehet. Pilastre *cornier*, ein Eckpfeiler. Pieds *corniers*, dicke Bäume, welche bemerken, wie weit man das Holz im Walde abhauen darf, stehen meistens an den Ecken.

CORNIER, s. m. v. CORNOüILLER.
Cornier, eine von den vier Säulen, worauf der Himmel an einer Kutsche ruht.
CORNIÈRE, s. f. die Rinne oder Röhre zwischen zwey Dächern; (in den Wappen) die Handhabe an einem Topf.
CORNIOLE, v. CORNALINE.
CORNOILLE, CORNOüILLE, s. f. Kornelbeer, Kornelkirschen, welsche Kirschen.
CORNOüILLER, s. m. ein Kornelkirschenbaum.
CORNU, m. CORNUë, f. adj. gehörnt; das Hörner hat.
Cornu, wird alles genennet, was viele Ecken und Winkel hat.
Cornu, schlecht; übelgegründet. Un raisonnement *cornu*, eine unvernünftige Schlußrede.
Cornu Ammonis, ein Stein der die Figur eines Widderhorns von Natur hat.
CORNUë, s. f. (in der Chymie) eine Retorte, ein Glas mit einem krummen Hals.
COROLITIQUE, adj. c. (in der Baukunst) Colonne *corolitique*, eine Säule, die von unten bis oben mit Blättern und Blumenwerk umwunden ist.
COROLLAIRE, s. m. Zugabe, Zusatz, was aus vorigem Satze folget.
CORONAIRE, adj. c. (in der Anatomie) Artères *coronaires*, Kranzpulsadern.
CORONAL, e, adj. (in der Anatomie) Os *coronal*, das Stirnbein. Veine *coronale*, die Ader, die als eine Krone um das Herz herum geht. Suture *coronale*, Fuge, die von den Schläfen angeht gegen den Hauptwirbel.
CORPORAL, s. m. (in der Röm. Kirche) ein weiß Altartuch, bey der Messe den Kelch und Hostie darauf zu stellen.
Corporal, v. CAPORAL.
CORPORALIER, s. m. ein Futteral, worein man das Altartuch legt.
CORPOREITÉ, s. f. Eigenschaft dessen, was cörperlich ist; ein materialischer Leib. Tenir la *corporéité* des anges, glauben die Engel seyen materialisch, oder haben ein leibliches Wesen.
CORPOREL, lle, adj. das einen Leib hat; leiblich, cörperlich. Punition *corporelle*, Leibesstrafe. Plaisir *corporel*, leibliche Ergötzlichkeit; Fleischeslust.
CORPORELLEMENT, adv. leiblicher Weise, am Leibe.
CORPORIFICATION, oder CORPORISATION, s. f. (in der Chymie) Beleibung eines Spiritus in sein voriges Wesen.
CORPORIFIER, oder CORPORISER, v. a. (in der Chymie) beleiben; zu einem Leibe wieder bringen.
se CORPORIFIER, oder se CORPORISER, v. r.

sich zu Leib ansetzen, sich mit etwas vermischen, daß ein Leib daraus wird. L'esprit se *corporifie* avec les sels, der Geist wird zu einem Leib, (einverleibet sich) mit den Salzen.

CORPS, *s. m.* der Leib; der Cörper; item die Stärke, die Fähigkeit zu widerstehen, die Steife, die Dicke. Un *corps* vivant, ein lebendiger Leib. Un *corps* mort, ein todter Cörper; eine Leiche. Avoir un abscès dans le *corps*, ein Geschwür in dem Leib, (inwendig) haben. Avoir des ulcères au *corps*, Schwären am Leibe (auswendig) haben. Faire *corps* neuf, *prov.* den Leib reinigen, entladen. Faire folie de son *corps*, *prov.* seinen eigenen Leib mißhandeln; (wird von unzüchtigen Weibern gesagt.) Des vins qui n'ont point de *corps*, Weine die keine Stärke haben, also auch Pergament, Papier, eine Degenklinge, die nicht steif oder stark ist. Couleur qui a du *corps*, starke, satte Farbe. Etoffe qui a du *corps*, starker Zeug.

Un syrop, onguent, qui n'a pas assés de *corps*, ein Syrup oder Salbe, so nicht dick genug ist.

à CORPS perdu, ohne Scheu der Gefahr. Se jetter sur les ennemis à *corps* perdu, blindlings (auf Leib und Leben) auf den Feind los gehen.

à son CORPS défendant, mit Widerwillen, ungern. Tuer quelqu'un à son *corps* défendant, einen aus Nothwehr umbringen.

Elle est sage à son *corps* défendant, sie ist keusch, weil sie nicht schön ist.

CORPS à CORPS, nahe auf dem Leib oder auf der Haut. Se battre *corps* à *corps*, Mann gegen Mann fechten.

un CORPS sans ame, ein einfältiger Tropf; oder ein träger Mensch; oder einer der kein Herz im Leibe hat.

Répondre *corps* pour *corps*, sich vor einen verpfänden.

C'est un pauvre *corps*, er hat nicht viel Verstand und Kraft.

CORPS, ist auch das Gröste und Vornehmste an andern Dingen, als: Le *corps* d'un luth, der Bauch an einer Laute; d'un carosse, der Kasten einer Kutsche. Le *corps* d'une place, die Veste ohne die Aussenwerke.

CORPS-mort, ein Stück Oberholz an der Erde, an welches man die Schiffe hängt, oder anwindet.

Enlever quelqu'un comme un *corps* saint, einen unversehens in die Höhe heben, daß er sich nicht wehren kan, als man die Reliquien eines Heiligen aufhebt.

CORPS, eine Gesellschaft, Versammlung, Gemeinschaft, Zunft. Etre d'un tel *corps*, in einer gewissen Zunft (Collegio) seyn. Le *corps* de la noblesse, de la bourgeoisie, der gesammte Adel; die gesammte Burgerschaft.

CORPS, des Königs Leib oder Person. Les gardes du *corps*, die königliche Leibwache. Les Officiers du *corps*, die Bedienten so am nächsten um des Königs Person aufwarten. Carosse du *corps*, Leibkutsche. le CORPS de l'Etat, der ganze Staat. le CORPS d'armée, die Hauptarmee. un grand CORPS d'armée, ein grosses Kriegsheer.

en CORPS, mit einander, alle zugleich. Le parlement s'est trouvé en *corps* à la cérémonie, das völlige Parlement hat sich bey dem Gepräng eingefunden.

L'armée en *corps*, die beysammenstehende Armee.

Divisée en trois *corps*, in drey Haufen getheilet.

CORPS de bataille, der mittlere Zug (Haufe) einer Schlachtordnung. *Corps* de reserve, Hinterhalt. Former, assembler un *corps* d'armée, eine Armee anstellen; versamlen.

CORPS d'étrangers, die fremde Mannschaft; bisweilen auch nur ein Regiment. Un vieux *corps*, ein alt Regiment.

CORPS de garde, die Wache von vielen Soldaten beysammen; item der Ort, wo diese Wache ist, die Hauptwache. Railleries de *corps* de garde, grober Scherz.

CORPS de logis, CORPS d'hôtel, das Haupt-Gebäude.

CORPS, das Theil an Kleidern, das die Brust oder den Leib bedeckt; wenn die Rede von Büchern ist, so heißt es viel Bücher in einem Band. *Corps* de droit civil, das Werk der weltlichen Rechte, Corpus-Juris. Les *corps* des Poëtes Grecs, die griechischen Poeten in einem Werk oder Band beysammen.

Corps étrange, oder étranger, (bey den Medicis und Wundärzten) alles was an dem menschlichen Cörper ist, das von Natur nicht dazu gehört, als eine Kugel, der Stein, Würme etc.

Corps de fer, Schnürbrust mit kleinen eisernen Blechen, für übel gewachsenes Frauenzimmer.

CORPULENCE, *s. f.* die Dicke, oder Fettigkeit des Leibes. Etre de grosse, de petite *corpulence*, stark (dick) oder klein (mager) von Leib seyn.

CORPULENT, e, *adj.* dick, fett von Leibe.

CORPUS, *s. m.* vulg. die Hostie, so bey der Messe consecrirt werden soll.

CORPUSCULAIRE, *adj. c.* Physique *corpusculaire*, die Meynung, daß alle Cörper aus kleinen Theilgen bestehen.

COR-

CORPUSCULE, *s. m.* ein kleines Theilgen oder Ding, in der Physic.

CORRADOUX, *s. m.* das obere Theil an dem Schiff zwischen den zwey Decken; it. der Raum auf einer Galee, wo die Soldaten schlafen.

CORRECT, e, *adj.* ohne Fehler, gut, rein. Ouvrage *correct*, ein Werk ohne Fehler, ohne Mangel. Auteur *correct*, ein Schreiber an dem nichts zu verbessern. E'criture *correcte*, richtige Schrift.

CORRECTEMENT, *adv.* ohne Fehler, rein.

CORRECTEUR, *s. m.* einer der was bessert.

CORRECTEUR d'imprimerie, ein Corrector, der die Druckfehler bemerket.

CORRECTEUR des Comptes, (in den Rechnungskammern) der so die Rechnungen durchgehet und bessert.

CORRECTEUR des Minimes, der Vorsteher eines Klosters bey einem gewissen Orden der Franciscaner.

CORRECTEUR de classe, (bey den Jesuiten) ein Schüler der die andern auf Befehl des Präfects peitschen muß.

CORRECTIF, *s. m.* Verbesserung; Milderung.

CORRECTION, *s. f.* Besserung; Aenderung zum besten. *Correction* des mœurs, Besserung der Sitten. *Correction* d'un livre, Verbesserung der Druckfehler eines Buchs.

Corrections de quartier, die Weise oder Art, die Regeln der Schiffahrt zu bessern.

CORRECTION, Richtigkeit, da kein Fehl zu finden. Ouvrage dans la dernière *correction*, ein Werk in der höchsten Richtigkeit; daran kein Fehl ist.

CORRECTION, Strafe, Züchtigung. Faute qui mérite *correction*, Fehler so Bestrafung verdienet. *Correction* fraternelle, freundliche Vermahnung; Bestrafung mit Worten.

CORRECTION, (in der Redekunst) eine zierliche Redart, da man etwas widerruft oder verbessert, so vorher gesagt worden.

Maison de *correction*, Zuchthaus.

Sauf, oder sous *correction*, mit Erlaubniß.

CORRECTRICE, *s. f.* Besserin; Bestraferin.

CORRELATIF, ive, *adj.* das sich auf was anders beziehet.

CORRESPONDANCE, *s. f.* Einigkeit; Uebereinkunft; Gemeinschaft im Handel; Umgang; Briefwechsel. Avoir des *correspondances* dans les païs étrangers, in auswärtigen Landen gute Kundschaft haben.

CORRESPONDANCE, Zusammenstimmung der Gedanken, Meynungen.

CORRESPONDANCE, (in der Kriegskunst) ligne de *correspondance*, Communicationslinie.

CORRESPONDANT, e, *adj. & subst.* einer der mit einem handelt, oder Briefe wechselt.

Des humeurs *correspondantes*, Köpfe die sich zusammen schicken.

CORRESPONDRE, *v. n.* sich gebührlich verhalten; übereinkommen. *Correspondre* à l'affection qu'on a pour nous, sich eines Freundschaft würdig machen; sich derselben gemäß bezeigen. Il ne *correspond* pas aux soins qu'on prend de son éducation, die sorgfältige Auferziehung ist an ihm verloren; er geräth nicht, wie es seine Auferziehung mit sich bringen sollte.

se CORRESPONDRE, *v. r.* an einander stossen, rühren, treffen, als zwey Gebäude, Zimmer, Gärten ꝛc. Ces deux maisons se *correspondent* par une voute souterraine, diese zwey Häuser langen an einander durch einen unterirdischen Gang. Deux portes qui se *correspondent*, zwo Thüren, so gleich gegen einander stehen.

CORRIDOR, *s. m.* der Gang zwischen zwey Reihen Kammern.

CORRIDOR, (beym Vestungsbau) die Contrescarpe, oder der bedeckte Weg.

CORRIGER, *v. a.* bessern, verbessern, ändern; strafen, warnen, ermahnen. *Corriger* quelqu'un de ses défauts, einem von seinen Fehlern helfen.

CORRIGER, lindern, mildern, mäßigen. *Corriger* le tempérament par une habitude contraire, die angebohrne Art durch entgegengesetzte Gewohnheit mäßigen.

Corriger son plaidoïer, anders reden.

Corriger le magnificat à matines, etwas mit Unverstand tadeln.

se CORRIGER, *v. a.* sich bessern, seine Worte zurücknehmen. Il ne se *corrigera* jamais, er wird sich nimmermehr bessern.

CORRIGIBLE, *adj. c.* das da kan verbessert werden, verbesserlich.

Il n'est pas *corrigible*, man kan ihn nicht besser machen.

CORRIGIOLE, *s. f.* v. CHICORE'E.

CORRIVAL, (ist alt) v. RIVAL.

CORROBORATIF, ive, *adj.* (in der Heilkunst) stärkend. Remède *corroboratif*, stärkende Arzney.

CORROBORER, *v. a.* stärken.

CORRODER, *v. a.* (in der Chymie) einen vermischten Cörper mit corrosivischen Dingen calciniren; zerfressen; zernagen.

CORROI, *s. m.* die letzte Zurichtung des Leders bey den Gerbern.

CORROI, wohlgeschlagener und zubereiteter Thon, der Wasser hält, und den man zu

den

den Dämmen der Teiche, zu den Brunnen ꝛc. braucht.

CORROMPRE, *v. a.* verderben, schlimmer machen. *Corrompre une fille,* ein Mägdlein schänden.

CORROMPRE un juge, einen Richter bestechen, mit Geld auf die Seite bringen.

CORROMPRE, durch Schönheit, Liebkosungen ꝛc. einnehmen und verführen.

CORROMPRE un texte, einen Text verfälschen. *La crainte & la flaterie corrompent la vérité de l'histoire,* die Furcht und die Schmeicheley verfälschen die Wahrheit der Geschichte.

CORROMPRE la crudité de l'eau, dem Wasser das Rauhe benehmen, so darin ist.

CORROMPRE une peau, (bey den Gerbern) einer Haut den Kern geben, machen, daß sie kernicht wird.

se CORROMPRE, *v. r.* verderben, schlimmer werden. *La jeunesse se corrompt par les mauvais exemples,* die Jugend verderbt sich, wird schlimmer, durch die bösen Exempel.

se CORROMPRE, sich nicht halten; nicht dauern. *La viande se corrompt en été,* das Fleisch hält sich nicht frisch, verderbt sich, im Sommer.

CORROMPU, ë, *part. & adj.* verdorben. *Les mœurs du siècle sont fort corrompuës,* die Sitten unserer Zeit sind sehr verderbt.

CORROSIF, *s. m.* ive, *f. adj.* beissend; fressend. *Ulcère corrosif,* fressendes Geschwür. *Esprit corrosif,* beissender Geist.

CORROSIF, ein etzendes Pflaster oder Ueberschlag.

CORROSION, *s. f.* beissende Kraft.

CORROSION, angefressener Ort.

CORROYER, *v. a.* Leder zubereiten, zurichten.

CORROYER, Stahl oder Eisen zusammenschweissen.

CORROYER, behobeln.

CORROYER, Kalk schlagen und mit Sand mengen.

CORROYEUR, *s. m.* euse, *f.* ein Lederbereiter.

CORRUDA, *s. f.* ein Kraut, wilder Spargel.

CORRUPTEUR, *s. m.* trice, *f.* Verführer; Verfälscher. *Corrupteur de la jeunesse,* Verführer der Jugend. *Corrupteur de l'écriture,* Verfälscher der Schrift.

CORRUPTIBLE, *adj. c.* verderblich, vergänglich.

CORRUPTIBILITÉ, *s. f.* Vergänglichkeit.

CORRUPTION, *s. f.* das Verderben, Verderbniß. *Corruption des humeurs,* Verderbniß der Leibessäfte.

CORRUPTION, Verschlimmerung.

CORRUPTION, Fäulniß, Gestank. *Les insectes s'engendrent de corruption,* das Ungeziefer wird aus der Fäulniß gezeuget.

CORRUPTION, Verführung; Reizung zum Bösen; das Anstecken. *Corruption des mœurs,* verderbte Sitten. *Corruption du langage,* verderbte Sprache. *Corruption de la justice,* Verkehrung des Rechts.

CORRUPTION, die Bestechung oder Beschenckung etwas Böses zu thun.

CORRUPTION, die Verfälschung der Bücher.

CORS, *s. m.* die Spitzen oder Zacken an den Hirschgeweihen. *Téte de cerf chevillée de plusieurs cors,* ein Hirschgeweih mit vielen Enden.

CORS au pied, Leichdorn, Hüneraüge.

CORSAGE, *s. m.* die Leibesgestalt von den Achseln bis auf die Hüften.

CORSAIRE, *s. m.* ein Seeräuber, Freybeuter.

CORSAIRE, ein Schinder; Wucherer; der mit Unrecht um sich greift; it. ein Spottvogel.

CORSAIRE, das Schiff eines Seeräubers.

CORSE, *s. f.* die Insel Corsica.

CORSE, *adj. & subst. m. & f.* Corsisch; einer aus der Insel Corsica.

CORSELET, *s. m.* ein Vordertheil vom Harnisch, ein Brustsück.

CORSET, ein Leib, Wämsgen der Weiber, ohne Ermel.

CORTEGE, *s. m.* die Begleitung hoher Personen in öffentlichem Gepränge, von Leuten die nicht ihre Bediente sind.

CORTES, *s. m. plur.* Spanische Landstände, so wichtiger Geschäffte wegen versammlet werden.

CORTICAL, e, *adj.* das wie eine Rinde ist; das Harte um etwas (in der Anatomie).

CORTOSA, *s. f.* ein Kraut, breitblätteriger Bergsanickel.

CORU, *s. m.* ein Ostindischer Baum, welcher dem Pomeranzenbaum gleichet und gelbe Blüte hat.

CORVÉE, COURVÉE, *s. f.* Herrendienste, Frohnarbeit.

CORVÉE, Arbeit ohne Nutzen, die man umsonst, mit Verdruß thut.

CORVÉABLE, *adj. c.* das Frohndienste thun muß.

CORVETTE, COURVETTE, *s. f.* ein kleines, leichtes Schiff.

CORYBANTES, *s. m. pl.* Priester der Cybele bey den Phrygiern.

CORYDALIS, *s. m.* Daubenkropf, ein Kraut.

CORYPHÉE, *s. m.* der Vornehmste unter einer Secte, der Berühmteste, der Anfänger; (in bösem Verstand) der Anstifter, Rädelsführer.

COS, COSSE, *s. m.* eine halbe Meil Weges in Indien.

COSA-

COSAQUE, *v.* COSSAQUES.
COSCINOMANCE, *f. f.* das Wahrsagen aus dem Sieblaufen.
COSEIGNEUR, *v.* CONSEIGNEUR.
COSME, *f. m.* Hauptschmuck, die Haare. (ist alt).
COSMETIQUE, *adj. c.* was zum Schmücken gehört.
COSMIQUE, *adj.* (in der Astronomie) le lever *cosmique* d'un astre, wenn ein Gestirn zu gleicher Zeit mit der Sonne aufgehet.
COSMOGRAPHE, *f. m.* ein Weltbeschreiber.
COSMOGRAPHIE, *f. f.* Weltbeschreibung.
COSMOGRAPHIQUE, *adj. c.* was zur Weltbeschreibung gehört.
COSMOLABE, *f. m.* ein mathematisches Instrument, das Maaß des Himmels und der Erde zu nehmen.
COSMOPOLITAIN, *f. m.* (im Scherz) einer der in der Welt zu Haus ist, das ist, dessen Herkunft oder Land man nicht weiß.
COSSAQUES, *f. m.* Cosaken, eine Nation und Gattung Miliz in Polen und Rußland.
COSSE, *f. m. voiés* COS.
COSSE, *f. f.* Hülse; Schelfe. *Cosse de fèves, de pois, de lentilles* &c. Hülse von Bohnen, Erbsen, Linsen, und dergleichen. *Cosse de genet,* Hülse von Genster.
pois sans COSSE, Zuckererbsen.
COSSER, *v. a. & n.* (von Widdern) mit Hörnern gegen einander stossen.
se COSSER, *v. r.* einander stossen.
COSSIN, *voiés* COUSSIN.
COSSON, *f. m.* ein Kornwurm.
COSSU, e, *adj.* hülsig, das starke Hülsen hat; dickhülsig.
COSTE, COSTE', *voiés* CôTE &c.
COSTIER, e, *adj.* das nicht gerad zum Zweck geht, sondern auf die Seite, als eine Büchse.
COSTIER, ein Schütze, der immer neben das Ziel schießt.
Pilote *costier*, ein Steuermann, der die Seeküsten wohl versteht.
COSTIE'RE, *f. f.* ein Gartenbeet längst an einer Mauer.
COTANGENTE, *f. f.* Bogenlinie, so eine andere berührt, (in der Meßkunst).
CôTE, *f. f.* eine Rippe oder Rippe.
On lui conteroit les *côtes*, prov. man könnte ihm die Rippen zehlen, so mager ist er.
Il s'imagine être de la *côte* de saint Louis, er bildet sich eine hohe Herkunft ein.
Sangler, mesurer les *côtes* à quelqu'un, einem den Buckel abprügeln.
CôTE de vaisseau, Rippe eines Schiffs.
CôTE, Rippe an den Blättern der Bäumen.
CôTE à CôTE, neben einander.
CôTE, die hangende Seite an den Bergen.

CôTE, die Seeküsten, das Ufer.
Raser la *côte*, an dem Ufer her fahren.
La *côte* est saine, es sind keine Sandbänke oder Felsen an diesen Küsten, es ist gut schiffen.
CôTE en écore, hohe und gähe Küsten.
La *côte* court, die Küste erstreckt sich &c.
un Garde-CôTE, eine Strandwacht; Ausslieger.
les CôTES, die Stücke auf den Schiffen, welche die beyden Seiten machen, unten vom Kiel an.
CôTE de luth, eine Rippe an einer Laute.
CôTE de melon, ein länglicht geschnittenes Stück von einer Melone.
CôTE, Stengel an Kohl- und andern Blättern.
CôTE, ein erhabener Stab zwischen zwey Aushölungen an einem gestreiften Säulenschaft, ein Zwischenstab.
CôTE de soie, die gröbste Seide, Floretseide.
les CôTES de dome, die Absätze auffen an einem Haus an der platten Mauer, die man hernach bedecken muß.
CôTE, *v.* CôTE-PART, Schatzung, Steuer.
La plus haute *côte* est tant, das höchste Antheil ist so viel.
CôTE, (in Rechtshändeln) eine Numer, ein Buchstabe, oder sonst ein Zeichen, womit man die dargelegten Urkunden bemerkt.
CôTE mal taillée, ein mit Schaden gemachter Vertrag.
CôTE de femme, Weiberrock; (man sagt besser jupe).
Donner la *côte* verte, ein Frauenzimmer auf dem Gras geniessen.
CôTE de maille, Panzer, Panzerhemd.
CôTE d'armes, Waffenrock.
CôTE', *f. m.* die Seite, als die rechte oder linke am Leib, auch an andern Dingen.
CôTE', ein Ort, eine Gegend, ein Strich Landes.
CôTE', Abkunft, Herkunft, Sippschaft. Du *côté* de sa mère, von mütterlicher Seite oder Linie. Il est au *côté* gauche, er ist unehrlicher Geburt, ein natürlicher Sohn.
Lui de son *côté*, er seiner Seits, seines Orts. On la décrie du *côté* de la tendresse, sie muß sich wegen ihrer verliebten Gemüthsart bereden lassen, man giebt ihr schuld, sie sey verliebt.
Avoir des gens de son *côté*, oder à son *côté*, Leute auf oder an seiner Seite haben.
Il est allé de ce *côté*-là, er ist diese Seite hinaus gegangen. Du *côté* du Midi, von dem Mittag her; gegen den Mittag.
Les deux *côtés* d'un étoffe, die zwo Seiten eines Zeugs.
Mettre quelqu'un sur le *côté*, prov. einen niederfaufen; ihm einen Rausch zubringen.

Cet homme est sur le *côté*, dieses Mannes Sachen stehen übel; er fängt an den Credit zu verlieren. Jetter quelqu'un sur le *côté*, einen darniederschlagen, daß er stirbet oder stark verwundet wird. Mettre quelque chose du *côté* de l'épée, etwas abseits machen, in Sicherheit bringen. Mettre une bouteille sur le *côté*, eine Flasche austrinken.

mal de CÔTE, Seitenwehe.

CÔTE à CÔTE, *voiés* CÔTE à CÔTE.

à CÔTÉ de &c. neben, bey, dicht an ꝛc. it. in gleicher Würde, in gleichem Ansehen mit jemand.

de CÔTÉ, die quer, überzwerch. Regarder quelqu'un de *côté*, einem ein verdrüßlich Gesicht geben. On regarde une chose tantôt de ce *côté*, tantôt de l'autre, man sieht eine Sache bald so bald anders an, man nimmt sie einmal so und denn anders auf.

Porter un cheval de *côté*, ein Pferd so reiten, daß es nur zwey Hufschläge macht, einen mit dem vordern, und den andern mit dem hintern Fuß.

CÔTEAU, CÔTAU, *s. m.* Hügel, hangende Seite am Gebirge; Weingebirge, Weinland. L'ordre des *côteaux*, die guten Weinkoster, die gleich schmecken, wo ein Wein gewachsen ist, oder die nur immer von einerley Bergen trinken wollen.

CÔTELETTE, *s. f.* Rippe von einem Schwein, Hammel ꝛc. zum Essen. *Côtelettes* grillées, geröstete Rippen.

CÔTE-PART, *s. f.* der Antheil, den einer zu etwas giebt. Païer sa *côte-part*, seinen Antheil an etwas bezahlen.

CÔTE-ROUGE, *s. f.* Käs mit rothen Schalen (Rinden).

CÔTER, *v. a.* anziehen, anführen, allegiren; bezeichnen, bemerken; den Inhalt eines Briefs oder sonst einer Schrift mit ein paar Worten aussen drauf schreiben.

CÔTERET, *s. m.* Gebund klein gehauenen Brennholzes.

CÔTERIE, *s. f.* lustige Gesellschaft; Zeche. Aimer les agréables *côteries*, gern zechen, lustige Zechen besuchen.

COTERON, COTILLON, *s. m.* der unterste Rock der Weiber, über dem Hemde.

COTHURNE, *s. m.* eine Art Römischer Stiefeln. Chausser le *cothurne*, sich prächtiger Worte befleißigen.

COTI, e, *adj.* (vom Obst) gedrückt, zerstossen oder zerfallen. Le fruit *coti* ne se garde pas longtems, gedruckt (abgefallen, ausgeschossen) Obst hält sich nicht lang.

COTICE, *s. f.* ein Bandstreif in den Wappen, eine Binde.

COTICE', ée, *adj.* mit Bandstreifen besetzt, als ein Wappenschild.

COTIGNAC, *s. m.* eingemachter Quittensaft, Quittenbrod.

COTIGNAC de Bachus, Käs, im Scherz.

COTISATION, *s. f.* allgemeine Auflage, Steuer.

COTISER, *v. a.* schätzen, was einer geben soll. Il *cotisa* les principaux de la ville, er legte die Vornehmsten der Stadt an.

se COTISER, *v. r.* seinen Antheil beytragen. Chacun se *cotisa* suivant son bien, ein jeder nahm so viel auf sich (trug so viel bey) als sein Vermögen sich belief.

COTISSURE, *s. f.* das Zerstossen eines Apfels, Birne, u. d. gl.

COTITE', *s. f.* das gehörige Antheil. Païes sa *cotité*, seinen Beytrag entrichten.

COTON, *s. m.* Baumwolle. Il jette un vilain *coton*, er stehet übel in seinen Sachen, seine Ehre hat stark gelitten.

COTON, Wolle an etlichen Früchten.

COTON, Milch- oder Gauchhaare.

COTON, die Wolle auf gekrausetem Tuch.

COTONNER, *v. a.* mit Baumwolle ausfüttern.

se COTONNER, *v. r.* rauch (wollig) werden. Drap qui se *cotonne*, Tuch, so im Tragen rauch wird.

COTONNE', ée, *adj.* mit Baumwolle ausgefüttert; it. wollicht.

COTONNEUX, euse, *adj.* wollicht, rauch, wie gewisse Früchte.

Une pèche *cotonneuse*, raucher Pfersich.

Une rave *cotonneuse*, eine fasige Rübe.

COTONNIER, *s. m.* ein Baum, der Baumwolle trägt, Kattunbaum.

COTONNINE, *s. f.* grob Segeltuch.

CÔTOYER, *v. a.* immer an dem Ufer fahren, sich an das Land halten. Cotoyer le rivage, an dem Ufer hinsegeln. Cotoyer les montagnes, bey den Bergen hingehen; ziehen.

CÔTOYER, *v. a.* einem an der Seite gehen. Cotoyer l'armée ennemie, der feindlichen Armee zur Seite gehen.

COTRET, *s. m.* Büschelreißig; Holzbürdel.

COTRON, *s. m.* ein kleines ausgenähtes Röcklein, so man im Winter über andere Kleider anlegt.

COTTIMO, *s. m.* (in den Levantischen Handelsstädten üblich) eine Auflag, welche der Vorsteher einer Nation auf die Schiffe derselbigen leget, um gewisse Unkösten zu bestreiten.

COTURNE, *voiés* COTHURNE.

COTYLE, *s. f.* (in der Anatomie) die Pfanne an den Gelenken.

COTYLEDON, *s. m.* Adern in der Nabelschnur.

COTYLEDON, Frauennabel, ein Kraut.

COU, *s. m.* der Hals. Cou de grüe, ein

dünner langer Hals. *Cou* de chemise, der Kragen am Hemd.

Il en a chargé son *cou*, er hat genug daran zu tragen.

Sauter au *cou*, se jetter au *cou*, se pendre au *cou* de quelqu'un, einem um den Hals fallen.

Prendre les jambes à son *cou*, vulg. sich geschwind fortmachen.

Il a le *cou* rompu, er ist sehr übel dran; es ist aus mit ihm.

Rompre le *cou* à une affaire, eine Sache hindern, daß sie nicht fortgeht.

Le *cou* de la vessie, de la matrice, der Schlund an der Blase, an der Mutter.

Le *cou* du pié, der Riester, der Obertheil am Fuß bey dem Knöchel her; der obere Theil des Schusterlaistes; das Oberleder am Schuh, über dem Riester des Fusses.

Cou, ein enger Weg im Gebirg (in solcher Bedeutung schreibt und spricht man col).

Le *col* de Pertus donne l'entrée en Catalogne, die Enge von Pertus öffnet den Eingang in Catalonien.

COüARD, e, *adj.* blöd, feig, verzagt, zaghaft.

COüARDISE, *s. f.* Zaghaftigkeit, Blödigkeit.

COUCHANT, *v.* CHIEN COUCHANT.
Le soleil *couchant*, niedergehende Sonne.

COUCHANT, *s. m.* Niedergang. Le *couchant* du soleil, Niedergang der Sonne.

COUCHE, *s. f.* eine Bettstatt. *Couche* nuptiale, ein Brautbett. Souiller la *couche* de quelqu'un, eines Ehebett beflecken. *Couche* de capucin, de valet, Bettlager eines Capuciners, eines Dieners; geringe Schlafstelle.

COUCHE, eine Kinderwindel.

COUCHE, Kindbette. Faire ses *couches*, die Wochen halten; ins Kindbett kommen. Elle est en *couche*, sie ist darnieder kommen, sie liegt in Wochen, in der Kindbett. Elle est relevée de *couche*, sie liegt nicht mehr in Wochen. Faire une fausse *couche*, unzeitige Geburt zur Welt bringen, zu unrechter Zeit, zu früh gebähren.

COUCHE, (bey den Mahlern) der Grund zum Gemählde.

COUCHE, (beym Maurer) ein Ueberzug von Mörtel oder Gips.

COUCHE, (beym Buchbinder) der Grund zum Vergulden.

COUCHE, ein Blatt Gold oder Silber, womit etwas überzogen werden soll.

COUCHE, (bey den Gerbern) eine Anzahl Leder, so mit einander eingeweicht wird.

COUCHE, (bey andern Handwerkern) Sachen, die über einander geschichtet werden, als bey den Beckern eine Schicht Brod; it. ein Tuch, darauf sie das Brod legen.

COUCHE, Schicht über einander gelegter Dinge. *Couche* de pain & une *couche* de fromage, eine Schnitte Brod, und darauf eine Schnitte Käs.

COUCHE, der Kolben oder Anschlag an einer Flinte.

COUCHE, (in der Baukunst) Unterlage unter etwas, das ein Stück des Gebäudes tragen muß.

COUCHE, (bey den Gärtnern) ein Gartenbeet.

COUCHE, der Einsatz im Spielen. La plus haute *couche* étoit d'un écu, der höchste Satz (das höchste Gebot) war ein Thaler.

COUCHE'E, *s. f.* das Lager, wo man übernachtet, Nachtlager. Nôtre *couchée* est à deux lieues d'ici, unser Nachtlager ist zwo Meilen von hier.

COUCHER, *v. a.* niederlegen. *Coucher* à terre, auf die Erde legen. *Coucher* un malade, einen Kranken zu Bette bringen. *Coucher* un enfant dans son berceau, ein Kind in die Wiege legen. *Coucher* quelqu'un par terre, einen zu Boden werfen.

COUCHER, niederschlagen. La grêle a *couché* les blés, der Hagel hat das Getreide niedergeschlagen.

COUCHER sur l'état, in die Rechnung eintragen.

COUCHER par écrit, aufschreiben.

COUCHER au jeu, ins Spiel setzen. Vous *couchés* trop gros, ihr setzt zu viel auf, ihr bietet zu hoch.

COUCHER la vigne, den Weinstock absenken.

COUCHER les couleurs, l'or, die Farben, das Gold auftragen.

COUCHER un chapeau, einen Hut auf das Abreibtuch legen.

COUCHER le pain, das Brod auf ein Tuch legen.

COUCHER quelque chose en joue, nach etwas zielen, mit einem Schießgewehr.

COUCHER en joue, nach etwas trachten, sein Absehen auf etwas haben. Il vous couche en joue, er hat ein Auge auf euch.

COUCHER, *v. n.* liegen; übernachten; beyliegen, beyschlafen. *Coucher* sur la dure, auf der harten Bank liegen. Le valet & la servante *couchent* ensemble, der Knecht und die Magd schlafen beysammen.

se COUCHER, *v. r.* sich niederlegen; zu Bette gehen.

se COUCHER, untergehen. Le soleil se va *coucher*, die Sonne wird indem untergehen. Se *coucher* bien, wohl anliegen, (wird von Kleidern gesagt).

COUCHER, *s.* die Zeit, da man zu Bette geht; das Schlafengehen.

le COUCHER, der Untergang. Le *coucher* du soleil, der Untergang der Sonne.

COU-

COUCHETTE, s. f. ein Betlein, Faulbett.
COUCHEUR, s. m. euse, f. Beyschläfer, Beyschläferin.
COUCHEUR, (in Papiermühlen) der Gutscher, der das Papier aus der Form auf den Filz legt.
COUCHIS, s. m. der Sand, der unter dem Steinpflaster angelegt wird.
COUCHOIR, s. m. ein Hölzlein, bey dem Vergulden die Goldblättlein aufzutragen.
COUCI-COUCI, adv. vulg. so, so, sohin.
COUCON, s. m. das Seidenhäuslein, darinn sich der Seidenwurm verspinnt.
COUCOU, s. m. ein Kukuk.
Coucou, Schlüsselblumen.
COUDE, s. m. der Ellenbogen. Etre appuié sur le coude, sich auf den Ellenbogen legen; den Arm unterstützen. Donner un coup de coude, mit dem Ellenbogen anstossen.
Mettre les coudes sur la table, eine Mahlzeit halten, da man sehr frey seyn darf.
Hausser le coude, starck trincken.
Coude, Ellenbogen am Kleide. Son habit a les coudes percés, sein Kleid ist an dem Ellenbogen durchgestossen.
Coude, Krümme; Beuge an einer Mauer, Weg, Fluß. Cette muraille fait un coude, die Mauer hat eine Beuge.
COUDE', ée, adj. gebogen.
COUDE'E, s. f. ein Maaß, von des mittelsten Fingers Spitze, biß an den Ellenbogen.
Avoir ses coudées franches, seine Arme am Tische frey haben, nicht enge sitzen; it. seine Freyheit haben.
COUDELATTE, s. f. an einer Galeere, ein Stück Holz, so an beyden Enden dick, und in der Mitte schmal ist.
COUDER, v. a. den Ellenbogen an einem Ermel schneiden oder machen.
COUDOiER, v. a. einen mit dem Ellenbogen stossen.
COUDRAN, voies GOUDRON.
COUDRAYE, s. f. ein Haselnußgesträuche.
COUDRE, v. a. nehen, heften; einnehen; annehen; ansticken, dran setzen oder fügen.
Coudre des mots, Worte zusamen sticken.
Coudre la peau de renard avec celle de lion, prov. List und Macht brauchen, zugleich anwenden.
Il s'est laissé coudre, er ist gestorben.
On ne sçait quelle pièce y coudre, man weiß nicht, wie der Sache zu helfen sey.
COUSU, ë, adj. & part. genehet; (in den Wappen) wenn das Bild von eben der Farbe wie das Feld ist.
Des finesses cousues de fil blanc, grobe Händel, die man leicht mercken kan.
Il a le visage cousu, les joües cousues, er ist mager im Gesichte.

Il est tout cousu d'écus, er hat viel Geld.
COUDREMENT, s. m. eine gewisse Bereitung des Leders.
COUDRER, v. a. Leder in der Grube zubereiten. Coudrer les cuirs, das Leder rühren, um es in die Farb zu bringen.
COUDRIER, COUDRE, s. m. eine Haselstaude; Haselstock.
COUDROIR, s. m. eine Gerbergrube.
COUETS, (in der Seefahrt) vier Bressen oder grosse Tau, zwey an dem grossen Mastsegel, und zwey am Fokesegel.
COUëTTE, s. f. Federbett.
Couëtte, s. f. ein holes Eisen oder Stück Kupfer, worinne etwas, so man umdrehen kan, herum gehet.
Couëtte, Coite, s. f. die Empfindung der Sporen bey den Pferden; figürlich, ein dringender Zwang von nothwendigen Geschäften. Avoir couëtte oder coite, nothwendig zu thun haben, (ist sehr alt).
COUFLES, die Säcke, in welchen die Senneblätter aus Levante gebracht werden.
COUILLARD, s. m. ol. ein Seil, das die Segelstangen hält.
COUILLAUT, s. m. ein Aufwärter der Stiftsherren zu Angers; vor diesem, ein Mönch.
Couillaut, einer der mit dem, das ihn zum Manne macht, übermäßig versehen ist.
COUILLE, s. f. das männliche Glied.
COUILLON, s. m. Hoden.
COULAGE, s. m. das Auslaufen, Ausrinnen, flüßiger Materien.
COULAMMENT, adv. wohl fliessend, läufig. Parler, écrire coulamment, wohlfliessend reden; schreiben.
COULANT, e, adj. fliessend, flüßig; item ungezwungen, fliessend, als eine Rede oder Schrift. Discours coulant, wohlfliessende Rede.
Coulant, Edelsteine an einer Schnur um den Hals.
nœud Coulant, ein Knoten, der auf- und zugeht; Schlaufe, Schlinge.
COULE, s. f. eine Kutte oder Mönchshabit, der Bernhardiner und anderer Orden.
COULE'E, s. f. (in der Seefahrt) der gantze hohle Bauch an einem Schiffe, weil er unten schmäler als oben ist.
COULEMENT, s. m. das Fliessen; (bey den Fechtmeistern) beyender Stoß.
COULER, v. n. rinnen, fliessen, laufen. Fleuve qui coule lentement, ein Strom, der langsam fließt. Le sang coule dans les veines, das Blut lauft in den Adern. Les larmes coulent des yeux, die Thränen fliessen aus den Augen. Chandèle qui coule, Licht das ablauft. Vers qui coulent agréablement, läufige liebliche Verse.
Ce

Ce vaisseau *coule*, das Schiff ist leck, rinnt.

Les jours *coulent*, die Tage verstreichen, verfließen, vergehen.

Celà *coule* de source, das fließt leicht, ist ungezwungen geschrieben.

Couler des jours tranquilles, seine Tage ruhig zubringen.

Couler la lessive, Lauge auf die Wäsche gießen, bauchen.

COULER, durchsiegen; schleichen; rutschen, glitschen, schlüpfen. *Couler* du lait, Milch durchseigen. *Couler* derrière les haïes, hinter den Zäunen herschleichen. L'échelle a *coulé*, & il s'est tué, die Laiter schlüpfte, (rutschte) und er fiel zu todt.

COULER à fond, zu Grund bohren oder schießen. Il *coule* à fond, es sinkt zu Boden, zu Grund.

COULER, welken, abfallen, vom Frost, ꝛc. La vigne *coule*, die Weinbeeren fallen ab. Les fruits ont *coulé* cette année, das Obst ist heuer abgefallen.

COULER, geschwind einstecken, einschieben. Il *coula* ses doigts dans ma poche, er fuhr mit seinen Fingern geschwind in meinen Sack.

COULER, (bey den Tanzmeistern) mit geschwinden Tritten fortgehen.

COULER, Metall zerschmelzen zum Gießen. *Couler* de l'étain, du plomb, Zinn, Bley schmelzen.

Couler en plomb, Steine mit Bley befestigen; item eiserne Klammern mit Bley einkitten.

se COULER, *v. r.* sich einschleichen.

COULÉ, ée, *part. & adj.* heißt über obige Bedeutungen, in der Music, geschleift.

COULETAGE, COULETIER *v.* COURTAGE, COURTIER.

COULEUR, *s. f.* die Farbe. Perdre sa *couleur*, seine Farbe verliehren. Avoir mauvaise *couleur*, eine böse Farbe im Gesicht haben; übel aussehen. Broïer les *couleurs*, die Farben reiben. La *couleur* de ce fruit, de ce vin, est agréable, dieses Obst, dieser Wein, hat eine angenehme Farbe. Ruban *couleur* de feu, de rose, feuerfarbe, rosenfarbe Band. Porter un habit de *couleur*, ein färbig Kleid tragen, das andere Farbe als schwarz ist.

Les pâles COULEURS, eine Krankheit der Weibspersonen, dadurch sie bleich werden.

les COULEURS, die Liberey. Il a porté les *couleurs*, er ist Laquay gewesen. Prendre *couleur* chés quelqu'un, bey einem Laquay werden.

COULEUR, Vorwand, Scheingrund. Il trouve des *couleurs* pour appuïer sa cause, er findet Scheingründe, seine Sache zu beschönen. Donner une *couleur* spécieuse à un mensonge, einer Lügen ein Färblein anstreichen. Tromper quelqu'un sous *couleur* d'amitié, einen unter dem Schein der Freundschaft betrügen. Sous *couleur* de recouvrer le sien, ravir le bien d'autrui, unter dem Vorwande das Seinige wieder zu bekommen, einem andern sein Gut rauben. L'éloquence n'a pas des *couleurs* assés vives pour représenter celà, die Beredtsamkeit hat nicht Kunst und Zierde genug dieses vorzustellen. Tu changes de *couleur*, du wirst bald bleich, bald roth im Gesichte.

COULEURS, die vier Farben im Kartenspiel.

COULEUVRE, *s. f.* eine Schlange.

On lui a bien fait avaler des *couleuvres*, man hat ihm viel Verdruß angethan.

COULEUVREAU, *s. m.* ein Schlänglein.

COULEUVREE, *s. f.* ein Kraut, Stickwurz, Zaunrübe, Waldrebe.

COULEUVRINE, *s. f.* eine Feldschlange, ein Stück Geschütz.

Ces terres sont sous la *couleuvrine* de la place, das Feld liegt nahe an der Stadt, unter den Stücken.

Avoir un puissant voisin, être sous sa *couleuvrine*, einen mächtigen Nachbar haben, vor dem man sich fürchten muß.

COULIS, *s. m.* ein ganz zerkochtes, durchgeschlagenes oder durchgedrucktes Essen.

COULIS, ein dünner Mörtel bey den Maurern, der in die Fugen fließen kan.

COULIS, sse, *adj.* vent *coulis*, ein Wind, der durch enge Spalten eindringt.

Chassis *coulis*, porte *coulisse*, Fensterrahmen und Thüren, die man hin und wieder schieben kan.

COULISSE, *s. f.* (in den Wappen) das Fallgatter an den Thoren.

COULISSE, die Fugen an einer Fensterrahm.

COULISSE, die Gemählde auf einem Theatro, welche man hin und wegschieben kan.

COULISSE de galée, (bey den Buchdruckern) die Setzlinie.

COULOIR, *s. m.* ein Gang zu den Gemächern in den Schiffen.

COULOIR, Seigtuch, Seigfaß, Seigtrichter.

COULOIRE, Seigkorb bey der Weinkelter; it. ein Trauffaß, Leckfaß, unter die Weinfässer zu setzen, wenn man zapft.

COULOIRE, ein Durchschlag, Trichter, in der Küche.

COULOMBIER, *v.* COLOMBIER.

COULPE, *s. f.* (in geistlichen Dingen) die Schuld.

COULT, eine Art Holz aus Neuspanien, so in der Arzney und zu eingelegter Arbeit dienlich ist.

COULûRE, *s. f.* das Fliessen, als der geschmolzenen Metalle.
COULûRE, das Abfallen der Blüte und Beeren an den Weintrauben.
COUP, *s. m.* ein Schlag, Streich, Stoß, Schuß. Donner un *coup* de poing à quelqu'un, einem einen Faustſtreich geben. Il m'a porté un grand *coup* d'épée sur la tête, er hat mir einen schändlichen Hieb mit dem Degen auf den Kopf versetzt. Recevés le *coup* que je vous porte, nehmt mit dem Schlage, den ich euch gebe, vorlieb. Il a été moulu à *coups* de piés & de poings, er hat mit Händen und Füssen Stösse bekommen. Il tua cet oiseau du premier *coup* de fusil qu'il tira, er hat diesen Vogel im erſten Schuſſe getroffen. Il a été tué d'un *coup* de canon, er iſt von einem Stückſchusse umgekommen.

Coup de grace, der Stoß, den der Henker mit dem Rad aufs Herz giebt, daß der Geräderte nicht lang leiden darf.

Coup fourré, Widerstoß im Fechten; item verleumderische, heimliche Nachrede.

Détourner le *coup*, rompre un *coup*, eine nachtheilige Sache verhindern.

à Coups de main, mit blossen Händen, ohne Stück und Geschoß (einen Ort einnehmen.)

Coup de partence, der Abschiedsschuß, wenn ein Schiff fortgeht.

Coup de filet, ein Wurf oder Schuß des Fischernetzes.

Coup d'état, ein Staatsſtreich, eine kluge That; ein glücklicher Fall.

Coup de langue oder de bec, Verleumdung; Stich der nicht blutet.

Faire un mauvais *coup*, eine schlimme That begehen.

Faire un *coup* de sa main, stehlen.

Porter *coup*, seine Wirkung thun; etwas nach sich ziehen, wichtig seyn.

Le *coup* vaut la bale, es iſt wohl der Mühe werth.

Il a un *coup* de hâche, er hat einen Schuß, iſt nicht wohl bey Verſtand.

Faire d'une pierre deux *coups*, zwey Dinge mit einem verrichten.

Ce mur prend *coup*, sagen die Maurer, wenn die Mauer krumm gebauet ist, oder sich senkt, daß sie fallen will.

Prendre *coup*, einen Stoß thun, sagt man vom Falken.

un Coup, einmal.

Pour le *coup*, pour ce *coup-là*, dißmal.

Boire un *coup*, einmal trinken.

Un *coup* de vin, ein Trunk Wein.

tout à Coup, tout d'un *coup*, auf einmal, geschwind.

Coup sur Coup, einmal aufs ander, hinter einander.

après Coup, zu spat, nach geschehener Sache.

à tous Coups, allemal, zum öftern.

à Coup sûr, unfehlbar, ganz gewiß.

COUPS, *s. m. plur.* Schläge; Schlacht; Treffen. Se fourrer aux *coups*, sich zu Schlägen bringen. Aller aux *coups* tête baissée, unerschrocken an das Treffen gehen.

COUPABLE, *adj. & subst. m. & f.* schuldig; ein Verbrecher. Je ne suis *coupable* de rien, ich bin hieran nicht schuld. Se rendre *coupable* d'un crime, sich eines Verbrechens schuldig machen. C'étoit à moi d'arrêter les *coupables*, & au Sénat de les punir, mir lag ob, die Schuldigen beym Kopfe zu nehmen, dem Rath aber, dieselben zu strafen. L'innocent patit souvent pour le *coupable*, der Unschuldige muß oft für den Schuldigen leiden.

COUPANT, *s. m.* ein ovales Stück Gold oder Silber, welches in Japan für Münz beym Gewicht ausgegeben wird.

COUPANT, ein kleines Gewicht, welches in der Insel Borneo gebraucht wird um Demanten damit zu wägen.

COUPANTS, scharfe Seite an den Klauen der wilden Schweine.

COUPARA, eine Gattung Lack.

COUPE, *s. f.* ein Kelch.

la COUPE, der Kelch im H. Abendmahl.

COUPE, Trinkschale, so auf dem Fuß steht.

COUPE, das Holzfällen. La *coupe* du bois est faite, das Holz iſt gefället. J'ai droit de *coupe* dans cette forêt, ich habe das Recht in diesem Walde Holz zu fällen.

COUPE, das Beschneiden einer Münze, zu sehen ob sie gut sey.

COUPE de tailleur, Schnidt; Durchschnidt; ein Schnidt. Ce tailleur a la *coupe* bonne, dieser Schneider hat einen guten Schnidt. La *coupe* des pierres est difficile, das Steinschneiden iſt schwer. Faire la *coupe* du gâteau, den Kuchen zerschneiden.

la COUPE des cartes, das Abnehmen (Abheben) der Karte.

COUPE, die Haube eines Kirchendachs.

COUPÉ, *s. m.* ein Schritt im Tanzen, wenn man sich nur auf einem Fuß vor- oder hinterſich fort ſtreicht.

COUPEAU, *s. m.* die Spitze oder runde Höhe eines Berges.

COUPEAU, *s. m.* ein Span.

COUPE-BOURGEON, *s. m.* ein Ungeziefer, so die Augen an den Weinſtöcken und Bäumen verderbt, Knospenkäfer.

COUPE-CERCLE, *s. m.* ein Stück, so man

in den Cirkel ſchrauben kan, etwas rund herum heraus zu ſchneiden.

COUPE-CERCLE, eine Art Bohrer damit die hölzernen Formen zu denen Knöpfen gemacht werden.

COUPE-CÛ, COUPÉ-CUL, ſ. m. (im Kartenſpiel) wenn man ſeine Karte zuerſt weglegt.

Joüer à coupe-cû, nur eine Partie ſpielen, und hernach aufhören, ohne Revanche zu geben.

COUPE-GORGE, ſ. m. das untere Theil eines Schiffs gegen das Waſſer zu.

COUPE-GORGE, eine Mördergrube, Räuberloch, Ort da man des Lebens nicht ſicher iſt.

COUPE-GORGE, ein Spielhaus, da man betrügt.

COUPE-GORGE, ein jeder Ort, da man ungerecht mit einem verfährt.

COUPE-JARRET, ſ. m. ein Räuber, Balger, der den Degen nur trägt, mit andern Händel anzufangen.

COUPELLE, ſ. f. eine Schmelz-oder Probiercapelle.

Mettre à la coupelle, ſcharf prüfen oder examiniren.

or de COUPELLE, das feinſte Gold.

COUPELLE, ein blechernes Pulvergefäß der Canonirer.

COUPELLER, v. a. auf der Capelle läutern, probiren.

COUPE-PÂTE, ſ. m. ein Rädlein mit einer Handhebe, den Taig zu durchſchneiden, (bey den Beckern.)

COUPER, v. a. ſchneiden, zerſchneiden, zuſchneiden, zerhauen, zerhacken, abhauen.

Couper du pain, Brod ſchneiden. Couper les blés, das Getrayde abſchneiden; abmähen. Couper du bois, Holz hauen. Le tailleur coupe les habits & le cordonnier les ſouliers, der Schneider ſchneidet die Kleider zu, und der Schuhmacher die Schuh. Le jardinier coupe les branches trop épaiſſes des arbres qui font trop d'ombre, der Gärtner hauet die dicken Aeſte, ſo zu viel Schatten machen, ab. Le vigneron coupe (taille) la vigne, der Weingärtner ſchneidet den Weinſtock.

COUPER les mâts, (in der Seefahrt) die Maſten abhauen.

COUPER, (im Tanzen) einen durchſchneidenden Tritt thun. v. COULER.

COUPER la gorge, umbringen, verderben.

COUPER court, kurz abſchneiden, abbrechen in einer Rede.

COUPER la parole à quelqu'un, einem in die Rede fallen.

COUPER un coup, einen Schlag mit dem Ballen thun, daß er keinen Sprung thut.

COUPER, abheben. Couper la carte; die Karte abheben, im Spielen.

COUPER-cû, nicht weiter ſpielen wollen, wenn man gewonnen hat.

COUPER, (im Meſſen) heißt abſtreichen, was zu viel iſt wegnehmen; it. bey den Zimmerleuten und Maurern, das Ueberflüßige weghauen oder wegnehmen.

COUPER un cheval, ein Pferd wallachen, ausſchneiden, auswerfen.

COUPER le rond, couper la volte, mit dem Pferde auf der Schule umwenden, wenn ein Pferd Volten macht.

COUPER la bête, (bey der Jägerey) dem Wild vorlaufen, wie die Hunde bisweilen thun.

COUPER chemin à l'ennemi, dem Feind den Weg abſchneiden, verhauen.

Il faut couper chemin à ce mal, man muß dieſem Uebel vorbeugen; vorkommen.

COUPER les vivres aux ennemis, dem Feinde die Zufuhr abſchneiden.

ſe COUPER, v. r. ſich ſchneiden. Il s'eſt coupé le doigt, er hat ſich in den Finger geſchnidten. Cette étoffe de ſoie ſe coupe, dieſer ſeidene Zeug bricht ſich.

ſe COUPER, (in der Meßkunſt) deux cercles, deux lignes, qui ſe coupent, zween Kreiſe, zween Striche, die einander durchſchneiden.

ſe COUPER, ſich verſprechen, wider ſich ſelbſt reden. Un menteur, qui n'a pas bonne memoire, ſe coupe à tout moment, ein Lügner, der kein gutes Gedächtniß hat, widerſpricht ſich ſelbſt alle Augenblick.

Ce cheval ſe coupe, das Pferd ſtößt die Füſſe an einander, und verletzt ſich, wenn es beſchlagen iſt; it. das Pferd fängt eine neue Volte an.

COUPÉ', ée, part. a. hat die Bedeutungen ſeines Verbi. Païs coupé, ein Land voll Gräben und Canäle. Style coupé, eine abgekürzte Schreibart.

COUPÉ, (in den Wappen) nach der Quer durchſchnitten, oder getheilt. Il porte de gueule coupé d'or, er führt einen Schild, der in der Mitte mit einem rothen und goldenen Strich zertheilt iſt.

COUPERET, ſ. m. ein Hackmeſſer.

COUPEROSE, ſ. f. Vitriol; Kupferwaſſer.

COUPEROSÉ, ée, adj Un viſage couperoſé, ein rothes finniges Geſicht.

COUPEUR, ſ. m. euſe, f. ein Weinleſer, der die Trauben abſchneidet, Herbſter.

COUPEUR de bois, Holzhacker.

COUPEUR de bourſe, Beutelſchneider.

COUPLE, ſ. f. zwey Dinge beyſammen, ein Paar. Une couple des œufs, ein paar Eyer.

COUPLE, (bey den Jägern) Hundekoppel.

COUPLE de bœuf, (an einigen Orten) ein Morgen Land, Tagwerk.
COUPLES, (auf den Schiffen) zwey Stücke von gleicher Grösse, die gegeneinander über im Bauen fest gemacht werden.
COUPLE, *s. m.* zwey in Liebe vereinigte Personen; ein Paar Leute. Heureux *couple* d'amans, ein glückseliges Liebespaar.
COUPLER, *v. a.* zusammen binden, zusammen koppeln. *Coupler* les chiens, die Hunde koppeln.
COUPLER, ie zwey und zwey zusammen logiren, aus Mangel des Platzes.
COUPLE', ée, *part. & adj.* zusammen gekoppelt als Hunde; it. gepaaret, als ein Paar Oliven zc. sonderlich in den Wappen.
COUPLET, *s. f.* eine Strophe, ein Vers oder Absatz von einem Liede.
COUPLET, Beschläg, daran Thüren und Fenster gehänget werden.
COUPOIR, *s. m.* eine Münzenscheere.
COUPOLE, *s. f.* das Dach einer runden Kirche; Haube eines Thurns.
COUPON d'étoffe, *s. m.* ein überblieben Stück von Tuch oder Leinwand, ein Rest.
COUPURE, *s. f.* Schnitt. Il y a une *coupure* à cette étoffe, der Zeug hat einen Schnitt.
COUPURES, in *plur*. Abschnidte, die man hinter einer Bresche macht.
COUR, *s. f.* ein Hof an einem Hause. *Cour* du château, der Schloßhof.
COUR, Hoflager; Wohnsitz eines Königs oder Fürsten. Il est allé à la *cour*, er ist nach Hofe gegangen.
COUR, der Fürst mit seinen Hofbedienten. Gens de *cour*, Hofleute. La *cour* est allée à une maison de campagne, der Hof hat sich auf ein Lusthaus begeben.
COUR, eine königliche oder fürstliche Regierung. La *cour* de France, d'Espagne, de Portugal, der französische, spanische, portugiesische Hof. Les ordres de la *cour*, die Verordnungen des Hofes; der Regierung.
COUR plénière, eine grosse Versammlung der Grossen im Lande rc.
COUR, das Hofleben; die Hofart. Homme de *cour*, ein Hofmann. Ami de *cour*, Freund, auf den sich nicht zu verlassen ist. Entendre bien sa *cour*, wohl wissen, wie man höflich leben soll.
Eau bénite de *cour*, falsches Versprechen und betrügliche Höflichkeiten der Hofleute.
C'est la *cour* du roi Petau, ein Ort, wo alles unordentlich zugeht.
la COUR, das Gericht.
Cour de Parlement, das Parlement.
la COUR des aides, die Steuerkammer.

Sa femme va à la *cour* des aides, (im Scherz) seine Frau macht ihn zum Hahnrey.
la COUR des monnoies, das Münzcollegium.
COUR d'église, das geistliche Gericht.
Mettre hors de *cour* & de procès, eine Partey vor Gericht abweisen, als die kein Recht zum Proceß hat.
Un hors de *cour*, Sentenz, wodurch die Parteyen abgewiesen werden.
la COUR des comptes, die Rechenkammer.
la COUR céleste, das Paradis.
Avan-COUR, *s. f.* der Vorhof.
Basse-COUR, *s. f.* der Hühnerhof. Nouvelles de la basse-*cour*, prov. ungegründete, ungereimte Zeitungen.
COURABLE, *adj. c.* Wild, das man mit Nachjagen erreichen kan, jagdbar.
COURAGE, *s. m.* Muth, Herzhaftigkeit, Herz, Begierde. Donner *courage*, einen Muth machen, erwecken. Perdre *courage*, den Muth verlieren, sinken lassen. Avoir bon *courage*, gutes Muths seyn, das Beste hoffen.
COURAGE, Zorn, Rachgier. Si j'en croïois mon *courage*, je le tuerois, wenn ich meinem zornigen Muth folgete, so würde ich ihn ermorden.
COURAGE ! *interj.* habt ein gut Herz, seyd getrost !
Il n'y a plus que *courage*, es ist bald zum Ende, nur getrost daran. De bon *courage*, willig und getrost.
COURAGEUSEMENT, *adv.* herzhaft.
COURAGEUX, euse, *adj.* muthig, herzhaft, getrost.
COURAMMENT, *adv.* geläufig, fertig, ohne Anstoß, hurtig, eilig. (*v.* COULAMMENT.
COURANT, e, *adj. c. & s. m.* fliessend, von Wassern.
COURANT, laufend; gangbar. Interêt *courant*, und *courant* allein, Zinse so jezt gangbar sind. L'année *courante*, dieses laufende Jahr. Le mois *courant*, oder le *courant* allein : le quatrième, le cinquième du *courant*, den vierten oder fünften dieses (laufenden Monats.) La monnoie *courante*, gangbare Münze.
Toise *courante*, das Maß in die Länge.
noeud COURANT, *v.* COULANT.
un COURANT d'eau, ein Canal oder Mühlbach.
le COURANT du marché, der Marktpreis.
le COURANT du monde, der Welt Lauf.
COURANT de comble, die Länge eines Dachs, das viel länger als breit ist.
tout COURANT, hurtig, ohn Anstoß, fertig.
COURANTE, *s. f.* ein musicalisch Stück oder

oder Tanz, ist ein Trippel, der im Anschlag anfängt. Ma franchise a dansé la *courante*, ich habe meine Freyheit verloren.
COURANTE, *vulg.* der Bauchfluß, Durchlauf.
COURANTIN, *s. m.* COURANTINE, *s. f.* eine Figur in den Feuerwerken, die an einem Seil hinläuft.
COURBATON, *s. m.* (beym Schiffsbau) ein krummes Holz, Gabelholz, Knie im Schiff.
COURBATU, ë, *adj.* (auf der Reitschul) hartschlächtig, käuchend. Cheval *courbatu*, ein steifes abgerittenes Pferd.
COURBATURE, *s. f.* Engbrüstigkeit, Steife der Pferde.
COURBE, *adj.* krumm gebogen, gekrümmt.
COURBE, *s. f.* gekrümmtes Stück Holz.
COURBE, *v.* COURBÂTON.
COURBE, eine Geschwulst in den Kniekählen der Pferde.
COURBE, ein paar Pferde zum Schiffziehen. Il faut deux *courbes* de chevaux pour remonter ce bateau, man braucht zwey paar Pferde, dieses Schiff hinauf zu ziehen.
COURBEMENT, *s. m.* das Krümmen.
COURBER, *v. a.* krümmen, biegen.
se COURBER, *v. r.* sich biegen, bücken.
COURBES, die Ribben eines Schiffes.
COURBET, *s. m.* Bogen am Saumsattel.
COURBETTE, *s. f.* ein Sprung des Pferdes, das die vördern Füsse ein wenig über sich hebt, und mit den hintern gleich nachsetzt. Ce cheval bat la poudre à *courbettes*, das Pferd macht die Courbetten gar zu niedrig und geschwind.
Faire des *courbettes*, sich auf eine unanständige Weise vor einem demüthigen.
COURBETTER, *v. n.* Courbetten machen, krumme Sprünge machen.
COURBURE, *s. f.* Krümme, Bug.
COURCAILLER, *v. n.* als eine Wachtel schlagen.
COURCAILLET, *s. m.* das Geschrey der Wachtel, ein Wort vom Ton gemacht; eine Wachtelpfeife.
COURCIER, *s. m.* der vordere Platz in einer Galee, ein Stück Geschütz dahin zu pflanzen.
COURCIVE, *s. f.* ein schmaler Gang in einem kleinen Schiffe von vornen bis hinten an der Seite.
COURCIVE, eine Cajüte oder Verdeck in einem Schiff.
COURÇON, *s. m.* eine Art Eisenstäbe, die Gießform der Canonen damit fest zusammen zu halten.
COUREAU, *s. m.* ein klein Schiff auf der Garonne, zum Ein- und Ausladen der Kaufwaaren auf die grössern Schiffe.

COURÉE; *s. f.* Teer, eine Materie oder Pappe von Harz, Schwefel, Unschlit, Oel, gestossen Glas, womit man die Schiffe unten bestreicht, daß sie desto länger dauern können.
COURET, *s. m.* donner le *couret*, oder la *courée*, ein Schiff also bestreichen.
COUREUR, *s. m.* ein Läufer, der bey einem vornehmen Herrn in Diensten ist.
COUREUR, ein Mensch der nicht lang still sitzen kan, der immer herum läuft.
COUREUR, ein Knabe der immer auf die Gasse laufen will, ein Gassenjunge.
COUREUR de bois, werden in Canada genennet diejenige, welche die wilde Americaner in denen Wäldern suchen, und ihnen ihr Pelzwerk abtauschen.
COUREUR de bague, Ringelrennen.
COUREUR de vin, ein Bedienter, der überall Wein hinführen läßt, wo der König hingeht.
COUREURS d'armée, Reuter im Kriege, etwas auszuspüren, oder zum Streifen ausgeschickt.
COUREUR, ein leichtes schnelles Pferd.
COUREUSE, *s. f.* ein Weibsbild, das selten zu Hause ist, und immer herum läuft.
COUREUSE, ein unzüchtig Weibsbild, das den Männern nachläuft.
COURGE, *s. f.* Kürbis.
COURIER, *s. m.* ein Postreuter, Postillon. Le *courier* ordinaire vient un tel jour, die gewöhnliche Post kommt an auf diesen Tag.
COURIER, ein jeder der auf der Post reitet. Les *couriers* vont & viennent plus que jamais, die geschwinde Botschaften laufen ab und zu mehr denn jemals.
COURIER de Cabinet, ein Staatsbote.
COURIERE, *s. f.* (in der Poesie) Läuferin.
COUR-JOINTE, *v.* COURT-JOINTE.
COURIR, oder COURRE, *v. a. & n.* laufen, rennen; mit dem *Accusat.* heißt es nachlaufen. *Courir* après quelqu'un, einem nachlaufen. *Courir* après les plaisirs, den Wollüsten nachjagen.
COURIR sur les brisées d'un autre, einen abstechen wollen.
COURIR aux armes, zum Gewehr laufen, sich zur Wehr rüsten.
COURIR d'un bout du monde à l'autre, die Welt von einem End zum andern durchreisen.
COURIR, streifen, auf Beute ausgehen. Il a *couru* un mois sans avoir rien rencontré, er hat einen Monat lang umher gestreift und nichts angetroffen.
COURIR, eilen. Il *court* à sa ruine, er eilet zu seinem Verderben.
COURIR un lièvre, einen Hasen jagen.

Laisser

Laisser *courre*, die Hunde loslassen nach dem Wilde zu laufen.

Faire *courre* un cheval contre un autre, ein Pferd spornstreichs laufen lassen mit einem andern um die Wette.

COURIR fortune, COURIR risque, sich in Gefahr begeben, in Gefahr seyn.

COURIR le bon bord, Seeräuberey treiben.

COURIR la mer, auf dem Meer herum fahren als Seeräuber.

COURIR le païs, durch das Land reisen; herum schweiffen, einen Landstreicher abgeben.

COURIR la poste, auf der Post reisen.

Il a bien *couru*, er ist wohl gereist.

COURIR le bal, von einem Tanz zum andern gehen.

COURIR les ruës, auf der Gasse herum schwärmen.

COURIR les ruës, närrisch seyn, der Vernunft beraubt seyn.

COURIR, COURRE sus à quelqu'un, einen überlaufen, überfallen, anfallen.

COURIR sur le marché de quelqu'un, einem in den Kauf treten, der schon mit dem andern handelt.

COURIR en lice, dans la carrière, in den Schranken rennen.

COURIR la bague, nach dem Ringe rennen.

C'est à lui à *courir*, nun mag er ja laufen, sich davon machen.

COURIR les remparts, von unzüchtigen Weibern, eine öffentliche Soldatenhure seyn.

COURIR les tables, schmarutzen.

COURIR après quelque chose, stark nach etwas trachten, sich sehr um etwas bemühen. *Courir* après une charge, nach einem Dienst streben. (Man sagt auch nur: Courir une charge.)

La rente *court* de tel jour, das Interesse oder der Zins geht an diesem Tage an.

L'avis qui *court*, die Meynung, so die meisten Stimmen hat, aber noch nicht beschlossen worden ist.

Il *court* un bruit, es geht ein Geschrey.

Il *court* bien des maladies, es gehen viel Krankheiten herum.

Faire *courir* une lettre, einen Brief ihrer viel sehen lassen.

Faire *courir* une santé, eine Gesundheit herum gehen lassen.

Faire *courir* la voix, die Stimmen sameln.

Son billet *court* chés les notaires, er sucht Geld zu entlehnen.

Faire *courir* le billet, einen Zettel herum schicken einige Personen zusammen zu fordern.

COURU, ë, *part. & adj.* verfolgt; dem man nachläuft; durch das man läuft; das man sucht.

COURLIS, *v.* CORLIEN.

COURONNE, *s. f.* eine Krone.

COURONNE, ein Königreich; königliche Würde. Parvenir à la *couronne*, zu dem Königreich gelangen. Les *couronnes* du Nord, die Nordische Reiche. Il a rendu de grands services à la *couronne*, er hat dem Reich grosse Dienste gethan.

COURONNE, (in der Naturlehre) Hof oder Ring um die Sonne oder den Mond.

COURONNE, der Ring oder Glanz, welchen die Mahler um das Haupt eines Heiligen mahlen.

COURONNE, kurze Federlein am Falkenschnabel.

COURONNE, die Zierathen in denen Ecken der wollenen Bettdecken.

COURONNE fermée, eine Krone, die oben zu ist, als des Kaysers, Königs in Frankreich und Spanien.

COURONNE de vierge, ein Paternoster, Rosenkranz, von zehen runden Kügelein.

COURONNE de tête, der Theil des Kopfes zwischen dem Hinter- und Vorderhaupt, worüber man die Kronen trägt.

COURONNE de Prêtre, die rund geschorne Platte auf dem Kopf eines Catholischen Priesters.

COURONNE de Martir, die Märtyrerkrone, der Märtyrertod.

COURONNE, das oberste Theil an einer Säule, das am weitesten hervorgeht.

COURONNE, der Ring von Eisen um einen Pfal.

COURONNE, an einer grossen Lampe der Ring oder die Krone, worauf das Glas liegt.

Ouvrage à *couronne*, ein Kronenwerk vor einer Vestung.

COURONNE, an den Pferdfüssen, das obere Theil am Huf.

COURONNE foudroïante, ein Pechkranz.

COURONNE impériale, eine Blume, Kayserkrone genannt.

COURONNEMENT, *s. m.* die Krönung.

COURONNEMENT, ein Gemählde oder Kupferstich, worauf eine Krönung vorgebildet ist.

COURONNEMENT, die Vollendung, Vollkommenheit.

COURONNEMENT, das Oberste an einem Gewölbe, womit es geschlossen ist.

COURONNEMENT, die Zierathen aussen an einem Schloß.

COURONNEMENT, die Zierath zu oberst am Hintertheil eines Schiffs.

COURONNEMENT, das oberste Stück an allerhand Theilen eines Gebäudes.

COURONNEMENT, (bey den Balbierern und Hebammen) der äusserste Rand der Gebährmutter.

COURONNER, *v. a.* krönen, die Krone aufſetzen.
COURONNER, belohnen. *Couronner la valeur*, die Tapferkeit belohnen.
COURONNER, ein rühmlich Ende machen. La fin *couronne* l'œuvre, das Ende lobt das Werk. Cette action *couronne* ſa vie, mit dieſer That hat er ſein Leben rühmlich beſchloſſen.
COURONNER, umgeben, umfangen. La ville eſt *couronnée* de petits côteaux, die Stadt iſt mit kleinen Hügeln umgeben.
COURONNÉ, ée, *part. & adj.* gekrönt. Les têtes *couronnées*, gekrönte Häupter. Une plaine *couronnée* de montagnes, eine Ebene mit Bergen umgeben.
Niche *couronnée*, ein Bilderblind oben-her mit einem Simß oder Kranz gezieret.
Ouvrage *couronné*, ein gekrönt Auſſenwerk an einer Veſtung.
COURONNURE, *ſ. f.* (bey der Jägerey) die Krone oder die kleinen Sproſſen zu oberſt an dem Hirſchgeweih.
COURPENDU, *v.* COURT-PENDU.
COURRE, COURRIER, *v.* COURIER.
COURRETAGE, COURRETIER, *voies* COURTAGE, COURTIER.
COURROI, *v.* CORROI.
COURROUCER, *v. a.* erzürnen.
ſe COURROUCER, *v. r.* ſich erzürnen. (beſſer ſe fâcher.)
La mer eſt *courroucée*, das Meer wütet.
COURROUX, *ſ. m.* Zorn, wird nur in höhern Redensarten und in der Poeſie gebraucht, von GOtt und groſſen Herren; it. von einigen groſſen Thieren; und vom Meer. S'attirer le *courroux* du Prince, des Fürſten Zorn auf ſich laden.
COURROYE, *ſ. f.* ein lederner Riemen oder Neſtel zum Binden. *Courroye* de guindage, ein Riemen an der Kutſche. Etendre, allonger la *courroye*, ſein Recht zu weit erſtrecken. Du cuir d'autrui large *corroye*, prov. auß fremdem Leder iſt gut Riemen ſchneiden.
COURROYER &c. *v.* CORROYER &c.
COURS, *ſ. m.* das Laufen, der Lauf, der Fortgang. Le *cours* du ſoleil, der Sonnenlauf. Le *cours* d'une rivière, der Lauf eines Stroms. Le *cours* de la vie, der Lebenslauf. Le *cours* des aſtres, der Lauf des Geſtirns. Arrêter le *cours* d'une maladie, den Fortgang einer Krankheit hindern; die Krankheit hemmen. Voïage de long *cours*, weite Reiſe auf der See. Il a fait ſon *cours* de philoſophie, er hat die Philoſophie ſtudiret. Pendant le *cours* de mes études, ſo lang ich ſtudiert habe. Cette marchandiſe n'a plus *cours*, dieſe Waare geht nicht mehr ab. Cette monnoie a *cours* dans ce païs, dieſe Münz iſt in dieſem Land gangbar. Quand j'aurai achevé le *cours* de mes études, wenn ich werde meine Studia abſolviret haben. Donner *cours* à un ouvrage, ein Werk berühmt machen.
COURS, le lieu où les perſonnes de diſtinction ſe promènent en caroſſe, der Ort dahin groſſe Herren ſpazieren fahren.
COURS de ventre, der Durchlauf, Bauchfluß.
COURSE, *ſ. f.* das Laufen, der Lauf. La *courſe* de nôtre vie eſt très courte; mais celle de la gloire eſt immenſe, die Zeit unſers Lebens iſt ſehr kurz; der Ehre und des Ruhms aber unermeßlich. Il eſt léger à la *courſe*, er iſt hurtig im Laufe.
COURSE de lice, ein Rennen auf der Rennbahn.
COURSE, das Kreuzen (auf der See); it. zu Lande, Streiferey. Aller en *courſe* ſur mer, auf der See herumkreuzen. Les fréquens *courſes* de nôtre armée ſur l'ennemi ont ruiné le plat-païs, das vielfältige Streifen unſerer Armee auf den Feind hat das platte Land ganz verwüſtet. Il s'eſt ſauvé à *courſe* de cheval, er iſt ſpornſtreichs davon gelaufen und der Gefahr entrunnen.
COURSE (bey dem Schloſſer) donner *courſe* au pêne d'une ſerrure, den Riegel eines Schloſſes ablaſſen.
COURSIE, *ſ. f.* der mittlere Gang auf einer Galee.
COURSIER, *ſ. m.* das Stück Geſchütz im Vordertheil der Galee.
COURSIER, ein groſſes wohlgeſtaltes Pferd, zum Tournieren, und zur Schlacht.
COURSIE'RE, *ſ. f.* (in der Seefahrt) bedeckter Gang oben auf den groſſen Schiffen.
COURSON, *ſ. m.* verſchnidtener Weinranke.
COURSON, Schößling an einem jungen Baume.
COURT, e, *adj.* kurz. Un chemin *court*, ein kurzer Weg. Les nuits ſont *courtes*, die Nächte ſind kurz. Des ſentences *courtes*, kurzgefaßte Sprüche. Une piéce de monnoie *courte*, eine Münze, welche nicht wichtig iſt, oder die ihr ordentlich Gewichte nicht hat. Il eſt *court* d'argent, oder l'argent eſt *court* chés lui, er hat kein Geld, das Geld iſt dünn bey ihm geſäet. Il a l'intelligence *courte*, er hat nicht viel Verſtand. Son épée eſt trop *courte*, er kan es nicht zuwege bringen. Sçavoir le *court* & le long d'une affaire, wiſſen, wie es mit dem ganzen Handel ſteht, oder ablaufen wird. Le plus *court* fut, de ſe retirer, das beſte Mittel war, daß er weggieng.
COURT, *adv.* kurz; ſchlecht weg. Il s'en eſt

est retourné tout *court*, er ist alsbald wieder kommen, plötzlich. Il a été pendu haut & *court*, er ist gehenkt worden. Il demeure *court*, tout *court*, er bleibt stecken, behangen in der Rede, oder kan nicht antworten. Il se trouve *court*, er kan nicht fortkommen. Couper *court*, kurz abbrechen, nicht viel Worte machen. On l'appelle Monsieur tout *court*, man nennt ihn schlecht weg Monsieur, oder ohne weitern Zusatz. Tenir quelqu'un de *court*, einem nicht viel Freyheit geben. Prendre quelqu'un de *court*, einem nicht gar zu viel Zeit lassen; gar zu kurzen Termin setzen.

COURTAGE, *f. m.* Mäcklerey; des Mäcklers Verrichtung.

COURTAGE, Mäckelgeld.

COURTAUD, e, *adj. & subst.* ein kurzer, dicker Mensch.

COURTAUD, ein Pferd oder Hund mit abgeschnittenen Ohren oder Schwanze. Etriller, frotter quelqu'un en chien *courtaud*, einen wohl abprügeln.

COURTAUD de boutique, ein Kaufmanns- oder Krämerbursch, ist ein verächtlich Wort.

COURTAUD, die Baßpfeife an einer Sackpfeife.

COURTAUDER, *v. a.* den Schwanz (einem Pferd oder Hund) abstumpfen, stutzen.

COURT-BÂTON, *voiés* COUR-BÂTON.

COURT-BÂTON, *f. m.* tirer au *court-bâton*, heftig mit einem disputiren.

COURT-BOUILLON, *f. m.* eine kurze aber gute Brühe.

COURTE-BOTTE, *f. f.* (im Scherz) ein kurzer, niederständiger Mensch.

CORTE-BOULE, *f. f.* im Kegelspiel, das Kurzbofeln.

COURTE-PAILLE, *f. f.* ein Spiel, das Strohhalmziehen.

COURTE-PAUME, *f. f.* ein enges Ballhaus, da man den Ballen nicht weit werfen kan.

COURTE-POINTE, COURTE-POINTIER, *voiés* CONTRE-POINTE &c.

COURTIBAUT, *f. m.* Art eines Meßgewands.

COURTIER, *f. m.* ein Mäckler. *Courtier* de vin, Weinkoster. *Courtier* de sel, Salzfactor. *Courtier* de change, Wechselmäckler. *Courtier* de chevaux, ein Roßtäuscher, Pferdhändler. *Courtier* de mariage, scherzweise, einer der eine Heyrath gestiftet. *Courtier* d'amour, Kuppler.

COURTIERE de chair humaine, eine Kupplerin.

COURTIL, *f. m.* ein Hof, der mit einem Zaun oder Graben vermacht (ist alt).

COURTILLERE, *f. f.* ein Reitwurm, Werre.

COURTINE, *f. f.* Mittelwall an der Vestung.

COURTINE, Vorhang um ein Bette und vor Fenster.

COURTINE, eine Gattung Fischergarn.

COURT-JOINTE, *adj. m.* cheval *court-jointe*, ein kurz gefesselt Pferd, dessen Untertheil des Fusses vom Fuß bis zum ersten Bug kurz ist.

COURTISAN, *f. m.* ein Hofmann; Hofdiener.

COURTISAN, ein Buhler, der das Frauenzimmer bedient.

COURTISANNE, *f. f.* öffentliche Hure.

COURTISER, *v. a.* einem aufwarten, in Hoffnung, etwas von ihm zu erlangen.

COURTISER, dem Frauenzimmer liebkosen.

COURTISER les Muses, das Studieren lieben.

COURTOIS, e, *adj.* höflich, freundlich, sittlich.

COURTOISEMENT, *adv.* höflich, sittiglich.

COURTOISIE, *f. f.* Höflichkeit.

COURTON, Ausschuß von Flachs oder Hanf.

COURT-PENDU, *f. m.* eine Art Aepfel mit gar kurzen Stielen.

COURU, e, *part. v.* COURIR.

COURVE'E, *voiés* CORVE'E.

COUSIN, *f. m.* eine Mucke, Schnecke.

COUSIN, *f. m.* COUSINE, *f.* Vetter; Verwandter; ist ein gar guter Freund; eine Base, Muhme, Befreundtin. *Cousins germains*, die leibliche Geschwisterkinder. *Cousins* issus, oder remués de germain, andere Geschwisterkinder. *Cousins* au troisième & quatrième dégré, Vettern, deren Voreltern Geschwister gewesen sind, über den Großvater.

COUSIN, nennt der König in Frankreich die Prinzen vom königlichen Geblüte, auch fremde Fürsten, Cardinäle, Pairs und Marschälle des Königreichs.

COUSIN, eine Art Kuchen.

COUSINAGE, *f. m.* Vetterschaft, Vetterfreundschaft; alle Vettern, die man hat.

COUSINER, *v. a.* einen Vetter nennen. se COUSINER, *v. r.* sich Vetter nennen unter einander.

se COUSINER, wenn arme Edelleute zu den reichen kommen, und da eine Zeitlang Lebensunterhaltung suchen.

COUSOIR, *f. m.* (bey dem Buchbinder) Heftlade.

COUSSIN, *f. m.* Sitzküssen, Polster.

COUSSIN, (bey dem Buchbinder und Vergulder) das Goldküssen.

COUSSIN de canon, ein hölzerner Keil, welcher dem Stuck hintenher unterschoben wird.

COUSSINET, *f. m.* Küßlein, Pölsterlein.
COUSSINET de senteur, ein wohlriechendes Küssen.
COUSSINET, (bey allen die Holz vergolden) ein Goldküssen.
COUSSINET, ausgestopftes Küssen am Sattel.
COUSSINET, (in der Baukunst) an den Jonischen Säulen eine Wulst.
COUSSINET, der Stein, worauf die Bögen eines Gewölbes an der Wand ruhen.
  Jetter son *coussinet* sur quelque chose, wenn man reiset, sein Küssen auf seine Stelle legen, daß niemand anders dieselbe auf dem Wagen einnehme; it. ein Auge auf etwas haben, etwas suchen zu bekommen.
COUSSINET, (bey den Kupferstechern) ein kleines ledernes Polster, auf welches sie die Kupferplatten legen und bequemlich drehen können.
COUSU, *voiés* COUDRE.
COÛT, *f. m.* Kosten, Preis.
COÛTAGE, *f. m.* Unkosten, (ist alt).
COÛTANT, *adj. m.* nur in dieser Phrasi gebräuchlich: le prix *coûtant*, das was es gekostet hat, der kostende Preis.
COÛTEAU, *f. m.* ein Messer. Un *couteau* pendant, ein Messer, das man immer bey sich hat.
COUTEAU, eine Person, die immer um einen ist. Mettre *couteau* sur table, sich gefaßt machen, mit seinen Freunden lustig zu seyn.
COUTEAU, ein kurzer Seitendegen. Aiguiser les *couteaux*, sich zum disputiren oder schlagen fertig machen. Ces gens sont à *couteaux* tirés, oder ils sont aux épées & aux *couteaux*, die Leute leben in grossem Streit und Feindschaft. Joüer des *couteaux*, sich schlagen.
COUTEAU de chasse, Weidmesser, Hirschfänger.
COUTEAU de tripière, ein zweyschneidig Messer.
COUTEAU de-tripière, ein Kerl, der bös und gut von einer Person redet.
COUTEAU de pied, ein runder Kneif zum Lederschneiden.
COUTEAU de chaleur, ein Stück von einer alten Sense oder Sichel, den Pferden den Schweiß abzustreichen.
COUTEAU de feu, ein messerförmiges Brenneisen, bey den Hufschmieden.
COUTELAS, *f. m.* ein kurzer, breiter Degen, ein Säbel.
COUTELAS, *f. m.* (in der Seefahrt) kleine Segel, die man bey gutem Wetter an die grossen macht.
COÛTELERIE, *f. f.* das Messerschmiedhandwerk, oder eine Gasse, worinnen viel Messerschmiede wohnen.
COÛTELIER, *f. m.* ein Messerschmied.
COÛTELIERE, *f. f.* ein Messerbesteck, oder Futteral von vielen Messern.
COÛTER, *v. a.* kosten, um einen gewissen Preis gekauft seyn; Unkosten verursachen; um etwas bringen. Celà me *coûte* vingt Louïsd'or, das kostet mich zwanzig Duplonen. Ses plaisirs lui *coûtent* la santé, seine Wollüste haben ihn um die Gesundheit gebracht. Celà lui a *coûté* de grands soins, das hat ihn viel Sorge gekostet, gemacht, verursacht. Sa faute lui a *coûté* bien des larmes, sein Fehler hat ihm viel Thränen ausgepreßt. Tout *coûte* en ce monde, es erfordert alles Unkosten, es kostet alles Geld. Quoi qu'il en *coûte*, es mag kosten was es will. Rien ne lui *coûte*, es ist ihm nichts zu theuer oder zu kostbar, ihn kostet alles nichts. Il lui *coûtera* de faire celà, es wird ihn schwer ankommen, das zu thun.
COÛTIER, *f. m.* ein Zwillichhändler, Zwillichweber.
COÛTIERES, *f. f. plur.* (in der Seefahrt) die Seile, die den Mastbaum auf einer Galee an beyden Seiten halten.
COUTIL, COUTIS, *f. m.* Zwillich.
COÛTRE, *f. m.* Pflugmesser, Pflugsäge.
COÛTUME, *f. f.* Gewohnheit, Gebrauch. Avoir de *coûtume*, oder avoir *coûtume*, gewohnt seyn. Une fois n'est pas *coûtume*, einmal ist nicht oft. C'est la *coûtume* de nôtre païs, das ist Herkommens in unserm Lande.
que de COÛTUME, als sonst, als gewöhnlich. Il est venu plûtôt que de *coûtume*, er ist bälder gekommen als sonst.
COÛTUME, Zoll, Auflage. Païer la *coûtume*, den Zoll bezahlen. Lever la *coûtume* sur le vin, das Weingeld einziehen.
COÛTUMIER, e, *adj.* gewohnt, gewöhnlich; eingeführet. Droit *coûtumier*, das eingeführte gewöhnliche Recht. Païs *coûtumier*, ein Land, das nach seinen eigenen Gewohnheiten regiert wird.
COÛTUMIER, *f. m.* das Buch, worinne die Land- oder Stadtgewohnheiten enthalten sind.
COÛTUMIEREMENT, *adv.* gewöhnlicher massen; gemeiniglich.
COÛTURE, *f. f.* eine Naht; die Art zu nähen, Näherey.
COÛTURE, eine Narbe von einer Wunde.
COÛTURE, grosse Blattermäler, Pockengruben. La petite verole lui a laissé des *coûtures* sur le visage, die Blattern haben ihm Narben im Gesicht hinterlassen.
COÛTURE, die Schneiderey in einem Kloster.
Il lui faut rabbattre les *coûtures*, (im Scherz) wenn einer ein neu Kleid bekömt, sagt

sagt man: man muß ihm die Naht oder den Schneider ausklopfen.
    Cette armée a été défaite à platte-*couture*, diese Armee ist ganz und gar geschlagen.
Couture, die Fügung bleyerner Platten, ohne solche zu löthen, auf denen Dächern.
Couture, (in der Schiffahrt) der Raum zwischen zweyen äussern Bretern an einem Schiff, welcher mit Werg und Schiffpech ausgefüllet wird.
COUTURERIE, *s. f.* eine Nähstube.
COUTURIER, *s. m.* einer der näht und sich damit nährt; ein schlechter Baurenschneider.
COUTURIE'RE, *s. f.* eine Näherin.
COUVE'E, *s. f.* eine ganze Brut von Eyern oder Jungen.
Couve'e, Geschlecht; Freundschaft.
    Toute la *couvée* n'en vaut rien, die ganze Art oder das ganze Geschlecht ist nichts nütz.
COUVEMENT, *s. m.* das Brüten.
COUVENT, *s. m.* ein Kloster. Se jetter dans un *couvent*, sich ins Kloster begeben.
Couvent, Klostergemeine. Le *couvent* s'assembla pour élire un Supérieur, die Klostergemeine kam zusammen, einen Vorsteher zu wählen.
COUVER, *v. a. & n.* brüten, über den Eyern sitzen.
Couver, liegen, als Feuer unter der Asche.
Couver, eine böse Feuchtigkeit im Leibe ausbrüten.
Couver, über einer Feuerpfanne sitzen, sich zu wärmen, wie die Weiber.
Couver quelqu'un des yeux, vor grosser Liebe immer auf einen sehen.
Couver les cendres, immer hinter dem Ofen sitzen.
Couver de mauvais desseins, etwas böses vorhaben.
Couver une maladie, eine Krankheit an sich haben, die noch nicht ausgebrochen ist.
COUVERCLE, *s. m.* ein Deckel; it. ein Ofenthürlein.
COUVERT, *s. m.* das Tischtuch. Mettre le *couvert*, den Tisch decken.
Couvert, Teller mit der Zubehör. Table à 24 *couverts*, Tisch mit 24 Teller, auf 24 Personen gedeckt.
Couvert, Obdach, Herberge. Donner le *couvert* à un voïageur, einem Reisenden die Herberge (das Nachtlager) geben.
Couvert, Dach. Le *couvert* d'une hale, das Dach einer Laube.
Couvert, Schatten; Beschattung. Il n'y a point de *couvert* dans ce jardin, dieser Garten hat keine Beschattung.
Couvert, Umschlag eines Briefes.
Couvert, *m.* Couverte, *f. adj.* bedeckt.
Maison *couverte* de chaume, ein Haus mit Stroh gedeckt.
Couvert, bekleidet. Il est toûjours bien *couvert*, er ist allezeit wohl bekleidet. Un drap trop *couvert*, ein Tuch, so nicht kurz genug geschoren ist.
Couvert, (im Vestungsbau) bedeckt; beschirmt. Bastion *couvert* d'un ouvrage à cornes, Bastey, so von einem Hornwerk beschirmt wird. L'aile droite de l'armée étoit *couverte* d'un marais, der rechte Flügel der Armee war von einem Morast bedeckt.
Couvert, voll; überhäuft; beladen. Couvert de sueur, de sang, voll Schweiß; mit Blut bespritzt. Couvert de gloire, de honte, mit Ruhm, mit Schande überhäuft.
Couvert, heimlich; verborgen; verdeckt. Un homme *couvert*, ein heimlicher Mann, der seine Dinge gern verborgen hält.
COUVERTE, *s. f.* die Decke oder Boden, womit ein Schiff oben zugemacht ist.
COUVERTEMENT, *adv.* heimlich, verborgener Weise; verblümt, dunkel.
COUVERTURE, *s. f.* eine Decke; Dach; Bettdecke; Deckbett; Viehdecke; Band eines Buchs; Vorwand. Faire la *couverture*, die Decke und das Lacken (Leintuch) zurück schlagen, nachdem das Bette gemacht ist. La fausse *couverture* d'un livre, Ueberzug über ein Buch, den Band zu schonen.
COUVERTURIER, *s. m.* Bettdeckenmacher oder Verkäufer.
COUVET, *s. m.* Kohlengefäß, Feuerstübchen, im Winter unter die Füsse zu setzen.
COUVEUSE, *s. f.* Bruthenne, Brüterin.
COUVI, *adj. m.* œuf *couvi*, ein halbgebrütetes stinkendes Ey.
COUVINE, *s. f.* der Schwanz an einem Weiberkleid.
COUVRE-CHEF, *s. m.* Weiberschleyer.
COUVRE-FEU, *s. m.* ein Blech, das man vor das Feuer stellt, wenn man etwas brätet.
COUVREUR, *s. m.* ein Dachdecker.
COUVREUSE, *s. f.* eines Schieferdeckers Weib.
Couvreuse de chaises, Stuhlflechterin, die von Binsen oder Stroh Stühle flicht.
COUVRIR, *v. a.* decken; bedecken; zudecken; überziehen; bekleiden; anfallen; verbergen, verwahren; beschützen. Couvrir de honte, sehr beschämen. Couvrir le visage à quelqu'un, einem ins Gesichte schlagen, Ohrfeigen geben. Couvrir sa marche, seinen Marsch verborgen halten.

Cou-

COUVRIR, (von Thieren) ſich gatten, beſpringen, belaufen.
COUVRIR le fief, dem Lehnsherrn Eid und Pflicht leiſten, und dadurch ſein Gut in Sicherheit ſtellen.
COUVRIR, v. n. oder COUVRIR la table, den Tiſch decken.
COUVRIR les pauvres, die Armen kleiden.
COUVRIR une carte, eine Karte belegen, Geld darauf ſetzen.
ſe COUVRIR, v. r. ſich bedecken, den Hut aufſetzen.
ſe COUVRIR de gloire, groſſe Ehre einlegen, groſſen Ruhm erjagen.
ſe COUVRIR d'un ſac moüillé, ſich mit etwas entſchuldigen, das den Fehler noch gröſſer macht.
Le ciel, le tems ſe *couvre*, es wird trübes Wetter.
COUVERT, e, *part. & adj.* bedeckt; verſteckt; verborgen; bekleidet; der den Hut auf hat ꝛc. *Couvert* de plaïes, voll Wunden. Tenir ſon locataire clos & *couvert*, ſeinen Zinsmann im Dach und Fach erhalten. Mots *couverts*, verblümte, zweydeutige Worte; it. ehrbare Worte von garſtigen Sachen. Vin *couvert*, Wein, der dunkel und trüb iſt. Un bleu *couvert*, dunkelblau. Païs *couvert*, ein Land voll Wald oder Bäume. Tems *couvert*, trübes Wetter. Servir quelqu'un à plats *couverts*, einem ein Geheimniß vertrauen, das entweder gar falſch iſt, oder das man ihm nur halb ſagt; it. einem heimlich zu ſchaden ſuchen.
à COUVERT, *adv.* être à *couvert*, bedeckt, ſicher vor etwas ſeyn. Etre à *couvert* d'un bois, von einem Walde bedeckt ſeyn. Il a mis ſon bien à *couvert*, er hat ſeinen Karn ins Trockene geſchoben. Il eſt à *couvert*, (ironicè) er ſitzt im Gefängniß.
COY, e, *adj.* v. COI.
COYAU, *ſ. m.* ein klein Stück Holz an einem Mühlrad, worauf die Schaufeln liegen.
COYAU, (bey den Zimmerleuten) ein klein Stück Balken, ſo ſie unten an die Dachſparren machen, worauf das Ende des Dachs gelegt wird, damit es ein wenig über die Wand hinaus gehe.
COYON, *ſ. m.* ein verzagter, feiger Kerl, eine Memme, Bärnhäuter, der ſich Naſenſtüber geben läßt; einer der immer auf der Bärenhaut liegt, ein Ofenbruder.
COYONNER, *v. a.* einen ſchimpflich tractiren.
COYONNERIE, *ſ. f.* Bärenhäuterey; Zaghaftigkeit; verächtlich Tractament; Narrenpoſſen.
CRABE, *ſ. f.* Krabbe, eine Art Krebſe in Indien.
CRABIER, *ſ. m.* eine Art Reiher, die von dieſen Krabben ſich nähren.
CRAC, *ſ. m.* der Schall, das Krachen, wenn man harte Dinge gegen einander ſtößt oder zerbricht, die Geſchwindigkeit eines Dinges anzuzeigen. Il fit *crac* & ſe rompit, er gab einen Krach, und brach entzwey. *Crac* le voilà dans le tombeau, auf einmal liegt er da im Sarg.
CRAC, eine Krankheit der Falken.
CRACHABLE, *adj.* was ſich ausſpeyen läßt.
CRACHAT, *ſ. m.* Speichel. Il ſe noïeroit dans ſon *crachat*, er iſt ein unglücklicher, ungeſchickter Menſch.
CRACHEMENT, *ſ. m.* das Auswerfen, das Ausſpeyen. Il lui a pris un *crachement* très fâcheux, er iſt mit einem ſtarken Auswerfen beladen. *Crachement* de ſang, Blutſpeyen, Blutauswerfen.
CRACHER, *v. a. & n.* ausſpeyen, auswerfen. *Cracher* contre le ciel, *prov.* GOtt oder die hohe Obrigkeit ſchmähen, läſtern. *Cracher* au nés de quelqu'un, einen verachten, ins Geſicht ſpeyen. *Cracher* ſur la beſogne, eines Dinges genug haben, überdrüßig ſeyn. *Cracher* des injures, Schimpfworte ausſtoſſen. *Cracher* du latin, zur Unzeit Latein reden.
CRACHER au baſſin, *voiès* BASSIN.
C'eſt le père tout craché, (verächtlich) diß Kind ſieht dem Vater ganz gleich, oder es ſchlägt dem Vater nach.
CRACHEUR, *ſ. m.* einer der immer ausſpeyet, auswirft.
CRACHEUSE, *ſ. f.* die immer auswirft.
CRACHOIR, *ſ. m.* ein Speynapf, Speybecken.
CRACHOTTEMENT, *ſ. m.* ein ſtetiges Auswerfen oder Auswurf.
CRACHOTTER, *v. a.* immer und nur ein wenig ausſpeyen, ſpeizen.
CRAIGNANT, e, *adj.* homme *craignant* Dieu, gottsfürchtiger Menſch.
CRAINDRE, *v. a. & n.* fürchten; verehren; ſcheuen. *Craindre* Dieu, GOtt fürchten. *Craindre* la mort, den Tod ſcheuen. Les vignes *craignent* la gelée, der Weinſtock ſcheuet den Reif. Se faire *craindre*, ſich in Anſehen ſetzen, daß man geehret und geſcheuet wird.
CRAINT, e, *part.* wird nur in dieſer Redensart gebrauchet: Plus *craint* qu'aimé, mehr gefürchtet als geliebet; ſonſt ſagt man appréhendé.
CRAINTE, *ſ. f.* die Furcht. Etre ſans *crainte*, ohne Furcht ſeyn. Donner, ôter la *crainte*, Furcht erwecken, benehmen.
de CRAINTE, *conj.* aus Furcht; damit nicht. De *crainte* de pécher, aus Furcht für der Sünde; damit man nicht ſündige.
CRAINTIF, m. ive, *f. adj.* furchtſam. Enfant *craintif*, ein furchtſames Kind.

CRAIN-

CRAINTIVEMENT, *adv.* mit Furcht, furchtsam.
CRAMOISI, *s. m. & adj.* Karmosin. Soie *cramoisi*, Karmosinseide.
 Il est sot en *cramoisi*, er ist ein Erznarr. Méchant en *cramoisi*, ein Erzbösewicht.
CRAMPE, *s. f.* der Krampf. Etre sujet à la *crampe*, dem Krampf unterworfen seyn.
Crampe, (an den Pferden) der Spalt.
CRAMPON, *s. m.* eiserne Krampe; Klammer.
Crampon, Zacken oder Stollen am Hufeisen.
Crampon, Heft oder Band am Fensterrahm.
Crampon, am Sattel, eine Schläufe, da die Pistolenhulftern durchgesteckt werden.
CRAMPONNER, *v. a.* anklammern; mit Klammern befestigen.
Cramponner, ein Pferd scharf beschlagen.
CRAMPONNE', ée, *part. & adj.* geschärft, gespitzt; mit Hufeisen auf das Eis versehen.
Cramponne', ée, *adj.* (in der Wappenkunst) mit halben Krücken. Croix *cramponnée*, Creuz mit einer halben Krücke.
 Un homme qui a l'ame *cramponnée* dans le corps, ein Mensch, der ein dauerhaft Leben hat.
se Cramponner, *v. r.* sich anklammern, fest anhalten.
CRAMPONNET, *s. m.* kleine Krampe oder Klammer.
CRAN, *s. m.* eine Kerbe in etwas.
Cran, die Kerben oben am Gaumen eines Pferdes.
Cran, (in der Seefahrt) mettre un vaisseau en *cran*, ein Schiff umlegen, es unten auszubessern; kalfatern.
Cran, (bey den Buchdruckern) die Kerbe oder Einschnidt an den gegossenen Buchstaben.
Cran d'Arles, eine Gegend um Arles in Frankreich, voll Kieselsteine, von sieben Französischen Meilen.
CRANCELIN, CANCERLIN, *s. m.* (in den Wappen) ein Stück von einer Krone, das als eine Binde quer über den Schild gespannt ist.
CRANE, *s. f.* die Hirnschale.
CRANEQUIN, *s. m.* eine Armbrust, Spanner.
CRANEQUINIER, *s. m.* einer der eine solche Armbrust trägt; vor diesem auch ein Bedienter, so die Execution verrichten konnte, (ist alt).
CRAPAUD, *s. m.* eine Kröte.
 Il saute comme un *crapaud*, er stellt sich, als wenn er frisch und gesund wäre, und ist es doch nicht.
 Il est chargé d'argent comme un *crapaud* de plumes, *prov.* er hat gar kein Geld.

CRAPAUDINE, *s. f.* ein Krötenstein.
Crapaudine, das Eisen, worinne der Thorbalken sich unten herum dreht.
Crapaudine, ein Ritz, den sich ein Pferd am hintern Fuß mit dem Hufeisen macht.
CRAPULE, *s. f.* ein Rausch, Füllerey, Trunkenheit.
CRAPULER, *v. n.* saufen, sich volltrinken.
CRAQUELIN, *s. m.* ein Kuchen, der im Essen kracht, Brezel, Krengel.
CRAQUEMENT, CRAQUETEMENT, *s. m.* krachen, Zähnklappern. *v.* CLAQUEM.
CRAQUER, *v. n.* krachen.
CRAQUETER, *v. n.* immer krachen. Le genévre *craquète*, quand on le brûle, der Wachholderstrauch prasselt, wenn er angezündet wird. *Craqueter* des dens, mit den Zähnen knirschen.
CRAQUEUR, *s. m.* ein Lügner, Aufschneider, Windmacher.
CRAQUEUSE, *s. f.* eine Lügnerin, Aufschneiderin.
CRAQUIGNOLE, *v.* CROQUIGNOLE.
CRASSE, *s. f.* das Dicke, die Schuppen, so sich auf die Haut legen, auf dem Kopf und anderswo; Koth, Unflat. Oter la *crasse* de la tête, de visage, den Schmutz vom Haupt und dem Gesicht wegnehmen.
la Crasse des metaux, das Dicke, der Schaum auf den geschmelzten Metallen.
la Crasse du collège, de l'école, der Schulstaub.
Crasse, *adj. c.* grob, dick. Humeur *crasse*, dicke Feuchtigkeit. *Crasse* ignorance, grobe Unwissenheit.
CRASSEUX, euse, *adj.* kothig, unflätig. Tête *crasseuse*, schmutziges Haupt. Mains *crasseuses*, schmierige Hände.
CRASSEUX, *s. m.* Schmutzbartel; der sich unsauber trägt.
CRASSEUSE, *s. f.* unsauberes Mensch; Schmutznickel.
CRATERE, *s. m.* Trinkschale, ein weiter Becher wie eine Schüssel, (ist alt).
CRAVANS, *s. m. plur.* kleine garstige Muscheln, die unten an den Schiffen hangen, wenn sie lange auf dem Meer gewesen.
CRAVANT, eine Art wilder Gänse.
CRAVATE, *s. m.* ein Crabat.
Cravates, eine Art Kriegsvölker, Croaten.
Cravate, ein Ungarisch Pferd.
Cravate, *s. f.* ein Halstuch, Halsbinde. *Cravate* simple, ein schlecht Halstuch. *Cravate* à dentelles, ein Spitzenhalstuch.
CRAYE, *s. f.* ein Schwedisches oder Dänisches Schiff mit drey Masten.
Craye, *s. f.* Kreide.
Craye de Briançon, eine Art Stein, welche bey Briançon gefunden, und für Kreiden auf denen Schiefertafeln gebraucht wird.
Craye rouge, eine Gattung rother Bolus.
CRAYON,

CRAYON, *s. m.* Kreide, Kreiderde. *Crayon rouge*, Röthel, Rothstein. *Crayon noir*, Wasserbley.

CRAYON, Abbildung, Beschreibung. *Vous donnés là un crayon au naturel de la personne*, ihr habt die Person gar eigentlich beschrieben.

CRAYON, ein erster Entwurf. *Un léger crayon*, ein schwacher Entwurf.

CRAYONNER, *v. a.* mit Kreide, Röthel, u. d. g. entwerfen, zeichnen.

CRAYONNER, die gröbsten Züge anfänglich machen.

CRAYONNER, eine Person übel beschreiben.

CRÉANCE, *s. f.* Glaube, Religion. *Ma créance est qu'il y a un Dieu*, ich glaube daß ein GOtt sey. *La créance des chrétiens*, der christliche Glaube; die christliche Religion.

CRÉANCE, Glaube; Meynung; Beyfall. *Etre de légère créance*, leicht glauben. *Ce n'est pas ma créance*, das ist nicht meine Meynung. *Ajouter créance à quelqu'un*, einem Beyfall geben.

CRÉANCE, Vertrauen; Glaubhaftigkeit. *Prenés créance en moi*, vertrauet mir.

CRÉANCE, (in Rechtshandel) Schuldforderung. *La créance est bonne*, die Schuld ist gut, zahlbar.

CRÉANCE, (bey dem Falkenirer) lange Gefäß, und Wurfriemen. *Oiseau, chien de bonne créance*, wohl abgerichteter (gehorsamer) Vogel, Hund.

Lettre de *créance*, Creditiv- oder Beglaubigungsschreiben, Vollmachtsbrief.

CRÉANCIER, *s. m.* ein Gläubiger, dem man schuldig ist. *Créancier chirographaire*, Gläubiger der bloß eine Handschrift hat. *Créancier hypothécaire*, der ein verschriebenes Unterpfand hat. *Créancier engagiste*, der ein eingesetztes Pfand in Händen hat.

CRÉANCIERE, *s. f.* Gläubigerin; Schuldheischerin.

CRÉANT, *s. m.* (in Lehnrechten) ein Muthzettel, Muthschein.

CRÉANTER, *v. a.* eidlich versprechen, im Lehnrecht.

CRÉAT, *s. m.* ein Unterbereuter, Vorreuter auf der Reitschule.

CRÉATEUR, *s. m.* der Schöpfer. *Dieu est le créateur de toutes choses*, GOtt ist der Schöpfer aller Dingen.

CRÉATION, *s. f.* die Schöpfung. *La création du monde*, die Erschaffung der Welt.

CRÉATION, Einsetzung, Aufrichtung, Erneuerung. *Création de nouvelles charges*, Aufrichtung neuer Aemter.

CRÉATURE, *s. f.* ein Geschöpf. *Toutes les créatures dépendent de leur créateur*, alle Geschöpfe sind in der Hand ihres Schöpfers. *Une jolie, vilaine, étrange créature*, ein artig, garstig, seltsamer Mensch. *Faire des créatures*, Leute befördern, (gewinnen) die uns in allem zu Dienst und Willen oder ergeben seyn. *Se faire sous main des créatures*, les engager dans ses intérêts, sich unter der Hand einen Anhang machen, Leute bekommen, die es mit einem halten. *J'étois la créature du Roi*, ich war vom Könige zu grossen Ehren erhaben. *Ce Cardinal est une créature de ce Pape*, dieser Cardinal ist einer von des Pabsts Creaturen; ist vom Pabste zum Cardinal erhoben worden.

CRÉCERELLE, *s. f.* ein Wannenweyher, eine Art Raubvögel.

CRÉCERELLE, eine Klapper, an statt der Glocken in der Charwochen; oder wie theils Nachtwächter tragen, Schnurre.

CRÈCHE, *s. f.* eine Krippe vor das Rindvieh, Schaafe, Ziegen, Esel; (von Pferden sagt man mangeoire.)

la CRÈCHE *de l'enfant Jésus*, das Kripplein Christi.

CRÈCHE, (in der Baukunst) eine mit Steinen ausgemauerte Spitze an den steinernen Pfeilern im Wasser.

CRÈCHE *d'aval*, die Spitze den Strohm ab.

CRÈCHE *d'amont*, die Spitze gegen den Strohm.

CRÈCHE *de pourtour*, eine solche Einfassung um einen Pfeiler herum.

CRÉDENCE, *s. f.* Schränklein zur Seiten des Altars, wo die Wein und Wassergefässe, bey der Messe zu gebrauchen, hingesezt werden.

CRÉDENCE, Speisekammer, Brodkeller.

CRÉDENCE, buffet, Credenztisch bey grosser Herren Tafel.

CRÉDENCIER, *s. m.* Speisemeister.

CRÉDIBILITÉ, *s. f. motifs de crédibilité*, Ursachen die ein Ding glaubwürdig machen.

CRÉDIT, *s. m.* Glaube, Richtigkeit, Borg. *Faire crédit*, Waaren auf Borg hingeben. *Conserver son crédit*, seinen Glauben erhalten. *Crédit est mort*, man will nicht mehr trauen. *Prendre à crédit*, auf Borg nehmen. *Travailler à crédit*, vergeblich, unnützlich arbeiten. *Dire, avancer une chose à crédit*, ohne Beweis, ohne Grund etwas sagen. *Faire un enfant à crédit*, ein Mensch schwängern.

CRÉDIT, Ehre, Ruhm, Ansehen, Gunst. *Il est en crédit à la cour*, er ist in Ansehen bey Hofe. *Mettre quelqu'un en crédit*, einen in Ansehen bringen. *Emploier son crédit pour un ami*, sein Vermögen

mögen seinem Freund zu gut anwenden. Perdre son *crédit*, sein Ansehen (seine Gunst) verlieren.

Cre′dit, das Blat zur rechten Hand in einem Kaufmannsbuch, auf welches die Einnahm gebracht wird.

Lettres de Cre′dit, Briefe, auf welche hin ein Reisender Geld entheben mag, bey denen, an welche sie gerichtet sind; offener Wechsel.

CRE′DITER un article, einen Artickel auf das Blat des Buchs schreiben, da die Einnahm stehet.

CRE′DITEUR, *s. m.* Gläubiger.

CRE′DO, *s. m.* der Apostolische Glaube oder die Artickel und das Beten oder Singen desselben.

CRE′DULE, *adj. c.* leichtgläubig.

CRE′DULITE′, *s. f.* Leichtgläubigkeit.

CRE′ER, *v. a.* erschaffen; neue Dinge oder Aemter aufrichten, aufbringen, stiften. Dieu a *créé* le ciel & la terre, GOtt hat Himmel und Erde erschaffen. *Créer* une rente, eine Gülte (Zins) stiften. *Créer* des dettes, neue Schulden machen. *Créer* un magistrat, eine Obrigkeit wählen.

CRE′MAILLE′RE, CRE′MILLE′RE, *s. f.* Kesselhaken im Camin.

On ira pendre la *crémaillère* chés lui, man wird ihn beschmausen, sich lustig bey ihm machen. Il leur faut faire baiser la *crémaillère*, sagt man von Männern, die da kommen Kindbetterinnen zu besuchen.

CRE′MAILLE′RE, Haken mit Kerben, die Lehne an Sesseln, auch Thüren und ander Sachen hoch oder niedrig zu machen.

CRE′MAILLON, CRE′MILLON, *s. m.* ein kleiner Kesselhake im Camin.

CRE′MASTE′RE, *adj. c.* zwey Mäuse oder Musclen, welche die testiculos an sich hängend halten.

CRÈME, *s. f.* Milchrahm, Sahne, Niedel; item das Beste von einem Dinge.

CRÈME foüettée, Rahm den man mit einer Ruthe schlägt, bis er zu lauter Schaum wird, (Rahmmilch.)

CRÈME foüettée, ein Discours von leeren Worten und nichts kluges darhinter.

CRÈME de tartre, Weinstein durchs Feuer gereiniget.

CRÈME de tisane, oder d'orge, dick gekocht Gerstenwasser.

CRÈME, CRÈMEAU, *v.* CHRÈME.

CRÈMER, *v. a.* Rahm oder Fett oben bekommen, wird von der Milch gesagt.

CRE′MILLE′E, *s. f.* eine Art Gewirre an einem Schlosse.

CRE′MILLE′RE, CRE′MILLON, *voies* CRE′MAILL.

CRE′NEAU, *s. m.* die Zinnen oder Absätze oben auf den Mauern der Alten.

CRENELAGE, *s. m.* das Versehen mit Zierathen, am Rande der Münzen.

CRE′NELET, *v. a.* Zinnen machen; mit Zinnen versehen; die Münze mit einem gekerbten Rand versehen.

CRE′NELE′, ée, *part. & adj.* mit Zinnen versehen, wie Mauerspitzen.

CRE′NELE′, (in der Wappenkunst) Il porte en ses armes un champ d'azur à trois fasces *crénelées* d'argent, er führet in seinem Wappen ein blaues Feld mit drey silbernen zugespitzten Decken.

CRE′NELURE, *s. f.* Zacken, oder Franzen an Schnupftüchern oder Halsbinden.

CRE′NELURE, Zackenwerk. Quelques feuilles ont des *crénelures*, einige Blätter sind gezäckt.

CRE′NELURE, Auskerbung am Rand der Münzen.

CRÉPAGE, *s. m.* Zubereitung des Krepons.

CRÉPE, *s. m.* krauser Flohr. *Crêpe* glissé, glatter Flohr.

CRÈPE de farine, Art Gebackens.

CRE′PELU, ë, *adj.* dick gekräuselt als Haar.

CRÉPER, *v. a.* kraus machen, kräuseln. se CRÉPER, *v. r.* kraus werden. Les cheveux se *crêpent*, das Haar kräuset sich.

CRE′PI, *s. m.* das krause Kalkwerk aussen an den Mauern.

CRE′PIN, *s. m.* Crispin, ein Mannsname.

CRÉPIN, alles was zum Schusterhandwerk dienet.

CRÉPINE, *s. f.* gewürkte krause Franzen.

CRÉPINE, Netze von Kalb oder Lamm.

CRÉPINIEN, *s. m.* Crispinian, ein Mannsname.

CRÉPIR, *v. a.* eine Mauer mit Kalk bewerfen.

CRÉPIR, Leder kraus machen; bereiten.

CRÉPISSEMENT, *s. m.* CRÉPISSÛRE, *s. f.* das Tünchen, Bewerfen einer Mauer.

CRE′PODAILLE, *s. f.* allerhand Haubenflohr.

CRÉPON, *s. m.* ein wöllener krauser Zeug.

CRE′PU, ë, *adj.* kraus.

CRE′PUSCULE, *s. m.* die Morgen = oder Abenddämmerung.

CRE′QUE, *s. f.* eine Art Pflaumen, Kricke, Kriecke, Kriechen.

CRE′QUIER, *s. m.* ein Krieckenbaum.

CRE′S, gewisse flächsene Leinwand.

CRE′SEAU, wollener auf Zwillich gewebter Zeug.

CRESSELLE, *v.* CRE′CERELLE, Klapper in der Charwoche.

CRESSON, *s. m.* Kreß, ein Kraut, als Gartenkreß, Brunnkreß, deutsche Kreß, Indianische Kreß, und wilde Kreß.

CRESSON, Violen, blaulichte Blume.

CRE-

CRESSONNIE'RE, *s. f.* ein Ort, wo Kresse wächst.
CRET, *s. m.* der Gipfel eines hohen Bergs.
CRÊTE, *s. f.* ein Hahnenkamm.
CRÊTE, Kobel oder Busch der Vögel.
CRÊTE, (im Scherz) Kopf auch der Menschen.
CRÊTE de morüe, ein Stück vom Rückgrat des Stockfisches gegen den Kopf zu.
CRÊTE de coq, (in der Anatomie) der Hahnenkamm, spitziger Fortsatz des siebförmigen Beins an der Hirnschale.
CRÊTE de coq, Hahnenkamm, ein Kraut, verschiedener Gattung.
la CRÊTE d'un fossé, die aufgeworfene Erde an den Gräben.
la CRÊTE d'un casque, der Federbusch auf einer Sturmhaube.
    Lever la *crête*, stolz werden.
    Laisser la *crête*, die Hoffart fahren lassen.
    Mettre le blé en *crête*, das Getreyd in spitzige Haufen schütten.
CRÊTE marine, Meerfenchel, Meerbarillen.
CRÊTE', ée, *adj.* mit einem Kamm von anderer Farbe, in den Wappen.
CREU, ë, *part. & adj. v.* CROITRE und CROIRE.
CREVAILLE, *s. f.* Fresserey.
    Les fréquentes *crevailles* ruinent la santé, die öftern Fressereyen sind der Gesundheit schädlich.
CREVASSE, *s. f.* Spalt, Riß, Schrunde.
CREVASSE, bey den Pferden eine Oefnung am Fessel, woraus eine stinkende Materie geht.
CREVASSER, *v. a.* voll Spalten machen.
    Le froid m'a *crevassé* les mains, die Hände sind mir von der Kälte geborsten, aufgesprungen.
se CREVASSER, *v. r.* sich zerspalten, Ritze oder Spalten bekommen. La terre s'est *crevassée*, die Erde ist aufgeborsten.
CREVÉ, *s. m.* ein Fresser, ein Schlucker; ein dicker Mann, der stark isset.
CREVE', m. CREVE'E, *f. adj.* geborsten, zersprungen.
CREVE-COEUR, *s. m.* Verdruß, Unwille, Herzeleyd.
CREVER, *v. n.* reissen, stechen. Crever les yeux, die Augen ausreissen. Cela lui *crève* les yeux, es liegt ihm vor der Nase, und er sieht es nicht.
CREVER d'orgueil, voller Hoffart seyn.
CREVER, sterben, crepiren auf eine elende Art. Il creva à l'armée, er ist bey der Armee elendiglich umgekommen.
CREVER, *v. a.* zerspringen machen, zersprengen, aufsprengen; zu viel zu essen oder zu fressen geben. Vous *creverés* cet enfant en lui donnant tant à manger, ihr werdet das Kind durch übermäßige Speise ums Leben bringen. Ce canon a *crevé*, dieses Stück ist zersprungen. Les beaux œillets *crèvent* facilement, die schönen Nelkenblumen bersten leichte. Pâté qui s'est *crevé* au four, Pastete, so in dem Ofen geborsten.
CREVER un cheval, ein Pferd zu Tode reiten.
CREVER quelqu'un de civilité, einem gar zu viel Höflichkeit erweisen.
CREVER le cœur à quelqu'un, einem allen Verdruß anthun.
se CREVER, *v. r.* bersten; zu viel fressen. Il s'est *crevé* à force de travailler, er hat sich zu Tode gearbeitet. La vague se *crève*, die Welle bricht sich.
se CREVER de rire, lachen, daß einem der Leib weh thut, aus aller Macht lachen.
CREUSER, *v. a. & n.* aushöhlen, hohl machen, ausgraben. Creuser un puits, einen Brunn graben. Creuser en terre, in die Erde graben. Il *creuse* son tombeau, sa fosse, er bringt sich noch ums Leben.
CREUSER une science, oder CREUSER bien avant dans une science, eine Wissenschaft mit Fleiß untersuchen, sie hoch treiben oder bringen.
CREUSET, *s. m.* ein Schmeltztiegel.
CREUX, euse, *adj.* hohl; tief; leer. Fossé fort *creux*, ein tiefer Graben. Il a les yeux *creux*, die Augen liegen ihm tief im Kopfe. Avoir le ventre *creux*, einen leeren Bauch (Hunger) haben. Il n'y en avoit pas pour sa dent *creuse*, es war nicht so viel Essen da, als ihm in einem hohlen Zahn behangen blieben wäre. Trouver buisson *creux*, die Thiere zur Jagd nicht antreffen. Esprit, cerveau *creux*, ein verwirrter närrischer Kerl. Discours *creux*, eine abgeschmackte Rede. Songe *creux*, ein eiteler Traum. Viande *creuse*, eine Speise, die schlechte Nahrung giebt; im Scherz, eine Music.
CREUX, *s. m.* die Höhle, Grube; item ein Model, etwas darinne zu formen; item das innerste von etwas. Il a un bon *creux*, er singt tief, er hat einen guten Baß. Tomber dans un *creux*, in eine Grube fallen.
le CREUX de la main, die hohle flache Hand.
le CREUX de l'estomac, die Herzgrube.
CREUX d'un vaisseau, der Raum in einem Schiff von dem Oberdeck an bis zu unterst.
CREUX d'une voile, der Bauch eines Segels darin der Wind sich fasset.
CREUTZER d'Allemagne, ein Kreuzer, eine in Deutschland übliche Münze, deren 60 einen Reichsgulden machen.
CREUTZER de Suisse, ein Schweizerkreuzer

zer, deren 96 einen Bernercronen oder einen Reichsthaler ausmachen.

CRI, *ſ. m.* Geſchrey. *Cris d'allégreſſe*, Freudengeſchrey.

CRI *public*, offentlicher Ausruf.

CRI *de chaſſeur*, Jägergeſchrey.

le CRI *des animaux*, das Geſchrey der Thiere.

CRI, (in der Wappenkunſt) gewiſſe Worte, ſo als ein Denkſpruch in ein Wappen geſezt ſind.

CRI *de guerre*, Feldgeſchrey einiger Völker.

CRI, Klage. *Jetter des cris*, ein Klaggeſchrey verführen.

CRI, Gaſſenruffen, Ausrufen auf der Straſſe, wenn man etwas feil trägt.

CRIAILLER, *v. a.* immerzu ſchreyen und rufen, ſchmälen.

CRIAILLERIE, *ſ. f.* verdrüßliches Geſchrey.

CRIAILLEUR, *ſ. m.* euſe, *f.* ein Schreyer.

CRIARD, *ſ. m.* ein Schreyhals; Plaudermaul.

Oiſeau criard, ein ſchreyender Vogel, der immer ſchreyt und ſingt.

CRIARDE, *ſ. f.* Schreyerin. *Dettes criardes*, kleine Schulden, Klitterſchulden, die fleißig gemahnet werden.

CRIARDES, gewiſſe ſehr gummirte leinene Tücher, daraus das Frauenzimmer Unterröcke zu machen pflegt, welche deswegen auch *Criardes* genennet werden.

CRIBLE, *ſ. m.* ein Sieb, Beutel, Reuter. *Crible à pied*, ein Scheurenſieb.

CRIBLER, *v. a.* ſieben, ſichten, reutern. *Cribler du blé*, Korn ſieben.

CRIBLER *ſes raiſons*, ſeine Gründe prüfen.

CRIBLER, *v. n.* vortheilhaft ſeyn. *Cribler la meilleure partie d'un négoce*, ſeinen Vortheil bey einem Handel ſuchen.

CRIBLER, durchgraben; durchlöchern. *Vaiſſeau criblé par les fonds*, wurmſtichiges, oder auch mit Stücken durchlöchertes Schiff.

CRIBLEUR, *ſ. m.* Sieber, Sichter.

CRIBLEUX, (in der Anatomie) ſiebförmiges Bein über der Naſen.

CRIBLÛRE, *ſ. f.* das weggeſiebte, untüchtige Getreid oder Unrath.

CRIBRATION, *ſ. f.* das Durchſieben, bey den Apothekern.

CRIC, *ſ. m.* Hebzeug, Winde, Krahn.

CRIC & CROC, (erdichtete Worte das Klinkern (Anduꝑfen) der Weingläſer zu bedeuten) maſſe, tope *cric & croc*, ein Sprüchwort, ſo die Schwelger brauchen, wenn ſie bey einer Geſundheit die Gläſer zuſammenſtoſſen.

CRIE'E, *ſ. f.* gerichtliches Ausrufen. *Mettre une maiſon en criée*, ein Haus gerichtlich ausrufen, ſubhaſtiren.

CRIER, *v. a. & n.* laut rufen; ſchreyen; ausrufen. *Crier à pleine téte*, mit vollem Halſe rufen. *Crier au feu, au meurtre*, Feuer, Mord rufen. *Crier quelque choſe qu'on a perdu*, das Verlohrne ausrufen. *Crier après quelqu'un*, einem nachrufen. *Crier merci*, um Gnade bitten. *Cela crie vangeance*, das ſchreyet um Rache. *Les chiens crient*, die Hunde ſchlagen an, wenn ſie auf die Spur eines Wildes kommen.

CRIER, knarren; knirren wie neue Räder.

Plumer la poule ſans la faire crier, einem etwas, das er nicht ſchuldig iſt, abfordern, abzwingen, daß nicht viel Lermen daraus wird.

Les boïaux lui crient, es geht ihm im Leibe herum, es rumpelt ihm im Bauch.

On a tant crié noël qu'il eſt venu, *prov.* man redt ſo lang von einer Sache, bis ſie wahr wird.

CRIERIE, *ſ. f.* das Geſchrey; Geplär.

CRIEUR, *ſ. m.* ein Schreyer; Ausrufer. *Crieur public (juré)*, geſchworner Ausrufer.

CRIEUSE, *ſ. f.* Schreyerin.

CRIEUSE, Ausruferin. *Crieuſe de vieux chapeaux*, Altkrämerin; Trödelweib; Grümpelweib.

CRIME, *ſ. m.* ein Laſter, Miſſethat, Verbrechen, Uebelthat. *Commettre un crime*, eine Miſſethat begehen. *Un crime capital*, *crime de lèze majeſté*, Verbrechen ſo den Tod verdient; Verbrechen der beleidigten Majeſtät.

Il eſt dans le crime, er wird einer böſen That beſchuldiget.

CRIME'E, *ſ. f.* die Crimiſche Tartarey.

CRIMINALISER, *v. a.* eine halsbrechende Sache aus etwas machen.

CRIMINALISTE, *ſ. m.* einer der von Criminalſachen geſchrieben hat, oder ſie verſteht.

CRIMINEL, *ſ. m.* ein Uebelthäter, der das Leben verwirkt hat.

CRIMINEL, *m.* CRIMINELLE, *f. adj.* ſtrafbar; ſchuldig; peinlich. *Action criminelle*, peinlicher Handel. *Conduite criminelle*, ſtrafbares Verhalten. *Juge criminel*, peinlicher Richter. *Criminel de vol, de meurtre*, des Raubs, des Todtſchlags ſchuldig. *Prendre une choſe au criminel*, eine Sache aufs ärgſte deuten; ſich hoch beleidigt achten.

Il va d'abord au criminel, er macht gleich einen Handel draus, der den Hals koſtet; er liegt flugs alles übel aus.

CRIMINELLEMENT, *adv.* höchſtſträflicher Weiſe, peinlich, auf Leib und Leben.

Expliquer une choſe, ou en juger criminellement, eine Sache aufs ärgſte ausdeuten.

Aimer

Aimer *criminellement*, verbotener Weise lieben.

CRIM-TARTARE, *s. m. & f.* ein Crimischer Tarter.

CRIN, *s. m.* die Mähne und der Schweif, auch das Haar auf dem Hals der Pferde oder Löwen; (im Scherz) das Haar eines Menschen, oder eine Perücke.

Faire le *crin*, die Mähne kämmen. Tresser le *crin*, den Schweif aufbinden. Un matelas de *crin*, ein Polster mit Pferdehaar gestopft.

Se prendre au *crin*, einander bey den Haaren kriegen und herumziehen.

CRIN d'archet, Fiedelbogenhaar.

CRINIER, *s. m.* Haarbereiter.

CRINIE'RE, *s. f.* v. CRIN.

CRINIE'RE, die Decke, so man den Pferden über den Hals und Kopf deckt.

CRINON, *s. m.* Dürrmaden, Mitesser bey Kindern.

CRIOLE, *s. m.* so nennen die Spanier ihre Kinder, die in Indien gebohren sind.

CRIQUE, *s. f.* ein kleiner Seehaven ohne Kunst von Natur längst an den Seeküsten hin; oder ein klein Gebäude, darein man sich vor dem Ungewitter begeben kan.

CRIQUER, krachen. Les herbes sèches *criquent*, die trockenen oder dürren Kräuter krachen; rauschen.

CRIQUET, *s. m.* ein kleines geringes Pferd.

CRIQUETER, zitschern, von Heuschrecken.

CRISALIDE, CRISANTEMUM, *voies* CHRYSA.

CRISE, *s. f.* (in der Medicin) Brechen einer Krankheit; Zufall so ihr den Ausschlag giebt. *Crise* bonne, mauvaise, ein guter, böser Zufall. La maladie est dans un état de *crise*, die Krankheit bricht sich.

Cette affaire est dans sa *crise*, der Handel steht auf dem Punct entschieden zu werden.

CRISOC. &c. v. CHRYSOC.

CRISSEMENT, *s. m.* das Knirschen.

CRISSER, *v. n.* knirschen mit den Zähnen.

CRISTAL, *s. m.* Crystall.

CRISTAL, sehr helles Glas. *Cristal* de montre, das Glas über eine Sackuhr.

CRISTAL de roche, gar reiner Crystall ohne Makeln.

CRISTAL de tartre, Weinsteincrystallen.

CRISTAL d'alun, präparirter Alaun für das Fieber.

CRISTAL, (poët.) klares Wasser.

CRISTAL mineral, eine Chymische Arzney von Salpeter und flore sulphuris.

CRISTAUX laxatifs de Jupiter, Crystall aus aufgelöstem Zinn gemacht, in der Arzney.

CRISTAUX purgatifs de lune, aufgelöst Silber zu Crystall gemacht.

CRISTALLIN, e, *adj.* klar und durchsichtig.

Ciel *cristallin*, der helle Himmel; der oberste Himmel.

CRISTALLIN, *s. m.* die crystallene Feuchtigkeit im Auge.

CRISTALLINE, *s. f.* eine Krankheit oder Fluß einiger Männer an heimlichen Orten.

CRISTALLISATION, *s. f.* das Ansetzen der gereinigten Salze in der Chymie.

CRISTALLISER, *v. a.* durchsichtig machen, als Crystall anschiessen lassen.

CRITIQUE, *adj. c.* jour *critique*, ein Tag eines Kranken, da es sich zu ändern pflegt.

Esprit *critique*, ein Tadler; Splitterrichter; Tadelgern.

Un discours *critique*, eine Rede, darinnen man etwas untersucht und beurtheilt.

CRITIQUE, *s. m.* ein Criticus; der ein Ding wohl untersuchen und beurtheilen kan.

Il est extrèmement *critique*, er will alle Dinge beurtheilen, tadlen, besser wissen.

CRITIQUE, *s. f.* die Wissenschaft über ein Werk der Studien zu urtheilen.

CRITIQUE, die Kraft der Seelen, diese Wissenschaft zu üben.

CRITIQUE, ein Urtheil oder urtheilender Discours über eine Sache.

CRITIQUER, *v. a.* censiren, tadeln. *Critiquer* les mœurs du siècle, die Weise der Zeit tadeln; strafen. Il *critique* tout, er beurtheilet alles.

CRITIQUEUR, *s. m.* einer der alles untersucht und beurtheilt, ein Tadler.

CROACEMENT, CROASSEMENT, *s. m.* das Rabengeschrey, Krachzen.

CROACER, CROASSER, *v. a.* schreyen wie die Raben.

CROASSER, ein groß Geschrey oder Lermen machen.

CROATE, *v.* CRAVATE.

CROATIE, *s. f.* Croatien.

CROC, *s. m.* ein Haken; Fleischhaken.

CROC, Wandhake, Schraube an der Wand.

CROC, Schifferhake; Bootshake.

CROC, ein Harpun; eiserne Hand.

CROC, (in der Apotheke) ein Haken daran die Recepte aufgehängt werden.

CROC, Hakenzähne eines Pferds.

CROC emmanché, Hake mit einem Heft oder Stiel.

Les *crocs* de la ville, die Feuerhaken bey Feuersbrünsten.

Arquebouse à *croc*, ein Doppelhaken.

Mettre les armes au *croc*, pendre son épée au *croc*, das Kriegsleben verlassen; an einen Nagel hängen.

Ce procès est au *croc*, man treibt diesen Rechtshandel nicht mehr.

Donner le *croc-en-jambe*, einen Fuß vorsetzen im Ringen zum Fallen; it. einem mit List in Schaden bringen.

CROC, Kracken, Krachen; der Schall, den harte Dinge machen, wenn sie gebrochen oder gebogen werden.

Cela fait *croc* sous la dent, das kracht unter den Zähnen.

CROCE, v. GROSSE, Bischoffsstab.

CROCHE, eine zu Basel geprägte gangbare kleine Scheidmünz, mit einem Bischoffsstab, oder sogenannter Rappe, deren 5 zwey gute Kreuzer ausmachen.

CROCHE, s. f. v. CROCHUE.

CROCHET, s. m. ein Haken.

CROCHET, (in der Buchdruckerey) Haken an den Linien, etwas einzuklammern.

CROCHET, (bey den Gärtnern) ein junger Baumschößling.

CROCHET, ein verschnidtener Weinranke.

CROCHET, ein Hakenschlüssel; Dietrich.

CROCHET, Misthaken; Karst.

CROCHET de retraite, die eiserne Haken an denen Laveten der Stücken, welche dienen dieselben zu ziehen.

CROCHET à peser, eine Schnellwaage.

CROCHETS, *plur.* gewisse Zähne der Pferde.

CROCHETS, Reff zum Tragen. Etre sur les *crochets* de quelqu'un, auf eines Unkosten da liegen.

CROCHETER, v. a. ein Schloß mit einem Hakenschlüssel aufmachen.

CROCHETERAL, e, adj. das einem Träger zukommt, geziemet. Façons de parler *crochetérales*, reffträgermäßige Redarten.

CROCHETEUR, s. m. euse, f. ein Träger, der ein Reff trägt.

CROCHETEUR de serrures, ein Dieb, der die Schlösser auffsperrt mit Diebshafen.

CROCHETONS, s. m. *plur.* die Arme an einem Traggerüste.

CROCHU, ë, adj. krumm, gebogen. Un bec *crochu*, ein krummer Schnabel. Un nés *crochu*, eine gebogene Nase, Hakenoder Habichtnase.

Cheval *crochu*, ein Pferd, das die Kniekehlen eng beysammen hat.

Il a les mains *crochuës*, er stiehlt gern.

CROCHUË, s. f. eine geschwänzte Note. Double *crochuë*, doppelt geschwänzte Note.

CROCHURE, s. f. die Krümme.

CROCODILE, s. m. ein Crocodil.

CROCODILE, ein Heuchler, Verräther, boshafter und falscher Mensch.

Larmes de *crocodile*, falsche Thränen, einen zu betrügen.

CROCODILIUM, s. m. ein Kraut, eine Gattung der Spanischen Distel.

CROCOMAGMA, s. m. kleine Plätzlein in der Apotheke von Saffran, Murrhen, rothen Rosen, Stärkmehl und Arabischem Gummi.

CROCUS, s. m. (in der Chymie) Saffran, der Crocus.

CROIABLE, CROIANCE, CROIANS, *voies* CROY.

CROILER, *voies* CROLLER.

CROIRE, v. a. glauben, dafürhalten, achten. Excusés-moi, si je ne vous *crois* pas en celà, verzeihet mir, so ich euch hierinnen nicht glaube. Je l'ai toûjours *crû* honnête homme, ich habe ihn allzeit vor einen ehrlichen Mann gehalten. Je vous ai toûjours *crû* sur vôtre parole, ich habe euch allezeit auf euer Wort geglaubt. Il ne la *croit* pas où il la voit, er liebt sie heftig. *Croire* à ses propres yeux, seinen eigenen Augen glauben. *Croire* conseil, gutem Rath folgen.

CRÛ, ë, *part.* geglaubt, rc.

CROISADE, s. f. eine Creuzfahrt, Kriegszug wider die Ungläubigen.

CROISADE, ein Gestirn am Himmel, das Creuz genannt, so aus vier Sternen besteht, und zugleich den Süderpol bezeichnet.

CROISAT, s. m. eine Genuesische Krusat; ist eine silberne Münze mit einem Creuze, von etwa anderthalb Rthlr.

CROISÉE, s. f. Creuzrahm eines Fensters.

CROISÉE, hölzern Creuz im Bienenstock, damit die Bienen ihre Gewirke desto besser ansetzen können.

CROISÉE, (bey den Webern) der Eintrag.

CROISÉE, (bey den Seiltänzern) ein Bock, darüber das Seil gespannet wird.

CROISELLE ou CROISETTE, eine Gattung Papier von Marseille.

CROISEMENT, s. m. das Creuzweishalten des Degens oder Rappiers an des andern seine Klinge im Fechten. Faire un *croisement*, anbinden.

CROISEMENT, die Art, auf welche die Seide von denen Seideneylein gehaspelt wird.

CROISER, v. a. & n. etwas creuzweis legen, setzen oder thun.

CROISER, (bey den Webern) den Eintrag durch den Zettel quer durchschießen.

CROISER, (bey den Korbmachern) die Ruthen durch einander schlingen oder flechten.

CROISER, (auf der See) kreuzen.

CROISER, creuzweis durchstreichen, als eine Schrift mit der Feder auslöschen.

CROISER, einander hindern, schaden. Ces deux rivaux se *croisent* par-tout, diese beyden Mitwerber schaden und hindern einander allenthalben. Branches qui *croi-*

croisent, Zweige an einem Bindwerk, die über einander liegen.

CROISER le chemin, nach der Quer über den Weg gehen.

se CROISER, *v. r.* creuzweis liegen; creuzweis durch einander gehen.

se CROISER, (bey den Schneidern) auf dem Werktisch die Beine creuzweis über einander schlagen.

se CROISER, das Creuzzeichen annehmen, mit in einen Krieg wider die Ungläubigen zu ziehen.

CROISE', ée, *part.* creuzweis liegend. Demeurer les bras *croisés*, die Hände in den Schooß legen, müßiggehen.

CROISE', (in den Wappen) mit einem Creuz bezeichnet oder versehen.

CROISE', zu der Creuzfahrt gezeichnet.

CROISETTE, *s. f.* Creuzwurz.

CROISETTE', ée, *adj.* (in den Wappen) croix *croisettée*, ein Creuz, das mit kleinen Creuzlein an den Enden versehen ist, ein Widercreuz.

CROISEUR, *s. m.* ein Kreuzer, ein Schiff oder Officier, der auf dem Meere auf die Feinde oder auf die Räuber kreuzet.

CROISIER, *s. m.* (ein Mönchsorden) Creuzträger, Creuzbrüder, Creuzherren.

CROISIE'RE, *s. f.* der grosse Raum des Meers, worauf die Schiffe auf andere kreuzen können. Etre en *croisière*, an einem guten Ort seyn, auf andere Schiffe zu lauren.

CROISILLON, *s. m.* das Querholz an einem Creuz.

CROISILLON, halbes Fenstercreuz.

CROISSANCE, *s. f.* das Wachsthum, die Aufnahme. L'estime que j'ai pour vous a pris toute sa *croissance*, die Hochachtung, so ich zu euch trage, hat ihren völligen Anwachs erlanget.

CROISSANCES, im plur. gewisse Kräuter, welche man auf den Felsen und in dem Meer findet, deren man sich bedienet, die Grottenwerke auszuzieren; einige sind wie die Nase von einem Indianischen Hahn, die man auch *croissances* d'Inde nennet.

CROISSANT, *s. m.* die Gestalt des neuen Monds, bis zum ersten Viertel.

CROISSANT, der halbe Mond im Türkischen Wappen; it. das Türkische Reich.

CROISSANT, ein eisern Instrument der Gärtner, die Pallisaden abzustutzen.

CROISSANT, das Ausgeschnidtene an den Seiten der Geigen.

CROISSANT, (in den Caminen) ein krummes Eisen, die Feuerschaufel und Feuerzange zu halten.

CROISSANT, (in den Wappen) halber Mond. *Croissant* montant, ein halber Mond, der die Spitzen in die Höhe dreht. *Croissans* adossés, zwey Monden, deren Spitzen nach der Seite des Schildes sehen, u. das gebogene gegen einander. *Croissant* renversé, oder *couché*, der die Spitzen unter sich kehrt. *Croissans* tournés, etliche halbe Monden hinter einander, die alle die Spitzen gegen die rechte Seite, als in einer Binde, kehren. *Croissans* contournés, welche ihre Spitzen gegen die linke Seite hinter einander kehren. *Croissans* affrontés, welche ihre Spitzen gegen einander kehren.

CROISURE, *s. f.* die Creuzwebung in den Sarschen.

CROISURE, das Creuzgewirk, der Faden, das Gewebe.

CROIT, *s. m.* Vermehrung, Zuwachs, Zucht des Viehes.

CROÎTRE, *v. n.* wachsen, vermehrt werden. Les plantes *croissent* après la pluie, die Pflanzen wachsen nach dem Regen. La rivière croit, der Strom wächset an. Les jours *croissent*, die Tage nehmen zu. La lune *croit*, der Mond wächst. Le bruit *croit*, das Gerücht vermehret sich.

CROÎTRE, *v. a.* wachsen machen; zum Wachsthum befördern; vermehren. Cette action *croitra* les obligations que je vous ai, diese That wird die Pflicht, womit ich euch zugethan bin, noch mehr vermehren. Elles veulent qu'on leur *croisse* les yeux, & qu'on leur apétisse la bouche, sie wollen, daß man ihnen die Augen größer und das Maul enger mache.

CRÛ, ë, *part.* gewachsen.

CROIX, *s. f.* ein Creuz.

CROIX, das creuzförmige Holz, darauf der Scharfrichter die Uebelthäter legt, die gerädert werden sollen.

CROIX, das Zeichen des Creuzes. Faire le signe de la *croix*, sich becreuzen; sich segnen.

CROIX, alles, was die Gestalt eines Creuzes hat. Mettre une *croix* à côté du ligne de compte, eine Post in der Rechnung mit einem Creuz zeichnen, weil man etwas dabey zu erinnern hat.

CROIX, Pein, Qual, Marter. Dans ce monde chacun a sa *croix*, in dieser Welt ist niemand ohne Trübsal. Porter la *croix* de Jésus-Christ, das Creuz Christi tragen; um Christi willen leiden.

CROIX Saint André, *ou* CROIX de Bourgogne, ein Andreascreuz, oder wie auf dem Burgundischen Gelde, als ein Lateinisch X.

CROIX Saint Antoine, ein Creuz, als ein Lateinisch T.

Avoir les jambes en *croix*, die Beine creuzweis über einander geschlagen haben.

Prendre la *croix*, sich in den Krieg wider die Ungläubigen begeben.

CROIX, eine Münze mit dem Creutze auf der rechten Seite; it. mit des Münzherren Bild.
N'avoir ni *croix* ni pile, kein Geld haben.
Joüer à *croix* ou à pile, (*croix*, die rechte, pile, die unrechte Seite). Marck oder Unmarck spielen.
Je le jetterois volontiers à *croix* & à pile, ich bekümmere mich nicht viel drum; ich würde es auf Gerath wohl thun.
CROIX de cens, Geld, in welchem die Lehngebühr entrichtet werden muß.
CROIX de par Dieu, ein A b c, ein Alphabet, lesen zu lernen; it. der Anfang eines Dinges.
CROIX de Toulouse, ein ausgehöltes Creutz, das an den Enden vier kleine Viereck, und an jedem drey Aepfel hat.
CROIX géométrique, ein Instrument der Schiffleute, als ein Creutz, die Höhe zu messen, heißt sonst der Jacobsstab.
CROIX à dégrés, ein Creutz auf einem Fuß von Mauren, als Stufen.
CROIX de Malte, ou de Lorraine, gewisse Stücke Glas, die diß Creutz mit zwey Querbalken vorstellt, wovon der untere länger als der obere ist, wie der Patriarchen ihres.
CROIX gnomonique, ein Creutz, dessen jedes Ende durch seinen Schatten die Stunden zeigt.
Faire la *croix* à courbettes, à balotades, (auf der Reitbahn) wenn ein Pferd die Sprünge vor- oder hintersich, oder auf die Seiten thut.
CROIX de Jérusalem, eine im Julio blühende rothe Blume, mit grossen Blättern.
Invention sainte *croix*; Exaltation sainte *croix*, (zwey Feste der Römischen Kirchen) Creutz Erfindung; Creutz Erhöhung.
CROIX pectorale, das goldene Creutz, welches Bischöffe und Prälaten auf der Brust tragen.
CROIX, (in der Wappenkunst) die Bildung eines Creutzes. *Croix* ancrée, ein Ankercreutz. *Croix* potencée, ein Krückencreutz.
GRAND-CROIX, (in dem Maltheserorden) die nächste Würde nach dem Ordensmeister, Chevalier *Grand-Croix*.
Frères de la *Rose-croix*, Rosencreutzer.
CROISETTE, Kreutzlein.
CROMATIQUE, *f. f.* rechte Farbe eines Gemähldes.
CROMATIQUE, *adj. & f. f.* diejenige Gattung musicalischer Composition, welche nicht nur ganze, sondern auch halbe Töne gebrauchet.
CROMORNE, *f. m.* Register, das zum Trompetenregister geht, auf der Orgel.
CRONE, *f. m.* ein Krahn.
CRON. *voies* CHRON.
CROQUANT, *f. m.* vulg. ein nichtsnütziger, armseliger Mensch; Bettler.
CROQUANS, plur. einige Bauern, so in Guienne unter Henrico IV und Ludov. XIII rebellirten.
CROQUE-LARDON, *f. m.* ein Schmarotzer.
CROQUE-AU-SEL, manger quelque chose à la *croque-au-sel*, etwas mit Saltz essen.
CROQUER, *v. n.* krachen unter den Zähnen, wenn man isset. Le biscuit *croque* entre les dens, der Zweyback knirschet unter den Zähnen.
CROQUER, *v. a.* begierig fressen. Le renard *croque* la poule, der Fuchs frißt die Henne geschwind hinunter.
CROQUER, mit List entwenden.
CROQUER, (bey den Mahlern) in der Eil grob hin entwerfen.
CROQUER, andere Werke verfertigen, die nicht vollkommen sind.
CROQUER le marmot, lange vor der Thüre stehen und warten.
CROQUET, *f. m.* Pfeffer- oder Leckkuchen, die unter den Zähnen krachen.
CROQUEUR, *f. m.* ein schlauer Dieb; ein Thier, so etwas listig erschnappet.
CROQUIGNOLE, *f. f.* eine Fingerschnelle, Sternickel, Schneller.
CROSSE, *f. f.* ein Bischoffsstab.
CROSSE, Krücke eines Lahmen.
CROSSE, Handhebe an einem Giessgefäß.
CROSSE, Anschlag an einem Feuerrohr.
CROSSE, Stecken oder Kolben zum Kugelspiel.
CROSSE', *adj. m.* un Abbé *crossé* & mitré, ein Abt, der das Recht hat, einen Bischoffsstab und Mütze zu tragen.
CROSSER, *v. n.* mit den Kolben spielen.
CROSSETTE, *f. f.* de vigne, ein Rebschößlein, Weinrancke, zum Einlegen.
CROSSETTE, ein Zweig vom Feigenbaum, zum Einlegen.
CROSSETTES, plur. die Ecken oder Spitzen oben an der Einfassung oder Zierath der Thüren und Fenster.
CROSSETTES de couverture, der Gyps oder Kalk neben den Dachlöchern.
CROSSEUR, *f. m.* einer der mit dem Kolben spielt.
CROTALE, *f. m.* Art von Castanietten, damit man klappern konnte, wie ein Storch.
CROTAPHITE, *adj. c.* muscle *crotaphite*, eine Maus an den Schläfen, welche macht, daß man den untern Kiefer bewegen kan.
CROTE, CROTTE, *f. f.* Gassenmist oder Koth.
CROTE, der Mist von Schaafen, Ziegen, Mäusen.
CROTER, CROTTER, *v. a.* besudeln, kothig machen.

CRO   CRO

se Crotter, v. r. kothig werden; sich garstig machen.

CROTTÉ, ée, adj. kothig, mit Koth besudelt.

Un Baron crotté, ein nichtswerther Baron.

Crotté comme un barbet, kothig, wie ein Pudelhund.

Un poëte crotté, ein Lumpenpoet; ein schlechter Versmacher.

Il fait bien crotté dans les rües, es ist kothig draussen.

Une nouvelle crottée, eine faule Gassemeitung.

CROTOLE, f. m. Art von Mohrischen Handtrommeln, auf den alten Münzen, so der Cybele Priester in Händen haben.

CROTTON, f. m. tiefes Gefängniß.

CROUCHAUT, f. m. ein Stück Holz, so auf dem Schiffe dient, die Runde zu machen, und daß das Schiff immer spitziger und enger zusammen geht von vornen her.

CROULANT, e, adj. baufällig; brüchig. Maison croulante, baufällig (brüchig) Haus.

CROULARD, f. m. ein Vogel dieses Namens, so sonst Traquet heißt.

CROULEMENT, f. m. Erschütterung, Rüttelung.

CROULER, v. n. baufällig (bruchfällig) werden. Muraille qui croule, eine Mauer, die Brüche bekommt; einfallen will.

Crouler un bâtiment, ein Schiff von dem Zimmerplatz ins Meer laufen lassen.

CROULIE'RES, f. f. plur. Erde, die nicht fest unter den Füssen ist, als Sand; item eine Tiefe, die vom Rinnen des Wassers entstanden ist; item ein tiefes Gleiß oder Weg.

CROUPADE, f. f. (auf der Reitschul) Luftsprung, hoher Sprung eines Pferds.

CROUPE, f. f. Creuz oder Rücken eines Pferds, oder anderer Lastthiere.

Croupe, die Höhe, Spitze eines Gebirges. Ils se saisirent de la croupe du mont, sie hatten die Höhe des Berges eingenommen.

Mouiller en croupe, den Anker vom Hintertheil des Schiffs auswerfen.

La volupté porte le repentir en croupe, die Wollust führt Unlust hintersich her.

A' CROUPETONS, adv. auf dem Hintertheil sitzend. Chien qui est à croupetons, ein Hund, der auf dem Hintertheil sitzt.

CROUPIAT, f. m. Knoten an einem grossen Schyff-seil.

CROUPIER, f. m. ein Spielgesell, der eines Parthey mit spielet, und ihm im Spiel hilft.

Croupier, ein heimlicher Beystand; einer der mit einem andern in Gesellschaft tritt, ihm etwas ausführen zu helfen.

CROUPIE'RE, f. f. der Schwanzrieme. Une vieille croupière, ein altes garstiges Weib, Hure.

CROUPIE'RE, (im Scherz) der Hintere eines Menschen.

CROUPIE'RE, (auf der See) ein Seil, das ein Schiff von hinten fest angebunden hält.

Tailler des croupières à quelqu'un, einen stark verfolgen, ihm immer auf dem Nacken seyn. Mouiller en croupière, vom Hintertheil des Schiffs einen Anker auswerfen.

CROUPION, f. m. das äusserste des Creutzbeins am Menschen; der Bürzel. Sangler le croupion, einem den Hintern voll hauen, peitschen.

CROUPION, Steiß oder Bürzel an dem Geflügel. Croupion de chapon, d'oison, ein Capaunen- Gänsesteiß.

Garnir le croupion, (bey dem Gahrkoch) den Steiß mit einer Schnitte Speck füttern.

CROUPIR, v. n. stillstehen, wie Wasser in Seen oder Lachen. L'eau croupit dans les fossés, das Wasser in den Gräben stehet still.

CROUPIR, comme un enfant dans son ordure, liegen, wie ein Kind in seiner Unreinigkeit; un malade dans son lit, ein Kranker in seinem Bett; un pécheur dans les crimes & dans les péchés, ein Sünder in den Lastern und Sünden beharren; un paresseux dans l'oisiveté & dans la misère, ein Faullenzer, der im Müßiggang und im Elend stecken bleibt.

CROUPISSANT, e, adj. stillstehend, nicht fliessend. Eau croupissante, stehend Wasser.

CROUPON, f. m. zubereitetes Ochsen- oder Kühleder ohne Kopf und Bauch.

CROUSTE, voiès CROÛTE.

CROUSTILLE, f. f. ein Rindlein Brod.

CROUSTILLER, v. n. kleine Stücklein Brod zum Trunk essen.

CROUSTILLEUSEMENT, adv. vulg. lustiger Weise.

CROUSTILLEUX, euse, adj. & f. vulg. ein kurzweiliger Mensch, Possenreisser.

CROÛTE, f. f. die Kruste (Rinde) am Brod, oder an einer Pastete. Croûte de dessus, die Oberkruste. Croûte de dessous, die Unterkruste.

CROÛTE, alles, das sich um etwas befindet und hart wird, als croûte de plaie, der Grind auf einer Wunde oder Geschwür.

Croûte de sel, die harte Kruste auf dem Salz.

Croûte de confitures, die harte Kruste auf dem Confect, das man lang aufhebt.

Croûte, die harte Erde zur Zeit der Dürre. La sécheresse fait une croûte sur la terre,

terre, von groſſer Dürre gewinnet das Erdreich eine Kruſte.

Ne manger que des *croûtes*, ſchlechte Mahlzeit halten, harte Rindlein Brod eſſen.

Son corps n'eſt qu'une *croûte*, er iſt über den ganzen Leib kräßig.

CROÛTELETTE, *v.* CROUSTILLE.

CROÛTON, CROUSTON, *ſ. m.* ein Stück von der Kruſte des Brods.

CROYABLE, *adj. c.* glaublich. La choſe eſt *croyable*, die Sache iſt glaublich. Un homme *croyable*, ein glaubwürdiger Mann.

CROYANCE, *ſ. f.* v. CRE'ANCE.

CROYANS, *ſ. m. plur.* die Gläubigen. Abraham, le père des *croyans*, Abraham, der Vater aller Gläubigen.

CRÛ, CRUD, CRUË, *adj.* roh, ungekocht, unverdaulich. Chair *cruë*, rohes Fleiſch. Pomme *cruë*, roher Apfel.

Crû à demi, halb gekocht.

Cuir *crû*, roh Leder, ungegerbt Leder.

Chanvre *crud*, roher Hanf. Soïe *cruë*, rohe Seide. Mettre une penſée toute *cruë* ſur le papier, einen Einfall ohne einige Auszierung zu Papier bringen.

Botté à *crû*, der die Stiefeln über die bloſſen Beine an hat.

Monter un cheval à *crû*, ohne Sattel reiten.

Humeurs *cruës*, Feuchtigkeiten, die durch natürliche Wärme nicht gnug gekocht ſind.

Des manières *cruës*, eine unhöfliche, grobe Aufführung. Celà eſt un peu *crud*, das iſt unhöflich (ungeſchickt) geredet oder gethan. Un homme *crû*, ein roher (ungeübter) Menſch.

Crû, ë, *part. & adject.* v. CROIRE und CROÎTRE.

Crû, *ſ. m.* (von *croitre*) Gewächs, Zuwachs. Du vin de mon *crû*, de vôtre *crû*, Wein von meinem, von eurem Gewächs. Celà eſt de vôtre *crû*, das iſt von eurer Erfindung, das iſt eure Arbeit.

CRÜAUTE', *ſ. f.* Grauſamkeit, Unmenſchlichkeit; Unerbittlichkeit, Unempfindlichkeit; Unbändigkeit, Grimm, Wut, der Thiere; grauſame That; verdrüßlich, unerträglich Ding. Exercer ſa *crüauté* ſur quelqu'un, ſeine Grauſamkeit gegen einen verüben. Traiter quelqu'un avec *crüauté*, mit einem grauſam umgehen. Si vous l'abandonnés vous ferés une *crüauté*, & vous violerés les loix de la nature, wenn ihr ihn verlaſſet, ſo werdet ihr eine Grauſamkeit begehen, und wider das Geſetz der Natur handeln.

CRUCHE, *ſ. f.* ein Krug.

Il eſt *cruche*, il devient *cruche*, er iſt ein Hypochondriacus, oder ein tummer, träumeriſcher Menſch.

Tant va la *cruche* à l'eau qu'à la fin elle ſe caſſe, *prov.* der Krug geht ſo lange nach Waſſer, biß er bricht.

CRUCHE'E, *ſ. f.* ein Krug voll.

CRUCHERIE, *ſ. f.* Tummheit, Thorheit.

CRUCHON, *ſ. m.* ein Krüglein.

CRUCIAL, e, *adj.* une inciſion *cruciale*, (in der Wundarzney) Creuzſchnidt.

CRUCIFE'RE, *adj. c.* colonne *crucifère*, eine Marterſäule am Wege.

CRUCIFE'RES, *ſ. m. pl.* (vor dieſem) ein Orden, die immer ein Creuz in Händen trugen.

CRUCIFIEMENT, *ſ. m.* Creuzigung.

CRUCIFIEMENT, ein Gemählde oder Kupferſtich von der Creuzigung Chriſti.

CRUCIFIER, *v. a.* creuzigen. *Crucifier* ſon corps & ſa chair, die böſe Luſt dämpfen. Je me ferois *crucifier* pour celà, ich wollte weiß nicht was dafür leiden.

CRUCIFIX, *ſ. m.* Chriſti Bildniß am Creuz, es ſey gemahlt, geſtochen, oder gegoſſen.

Un mangeur de *crucifix*, ein Heuchler, Heiligenfreſſer.

Mettre toutes les injures qu'on a reçuës au pié du *crucifix*, um Chriſti willen ſeinem Feind vergeben.

CRUD, *voïes* CRÛ.

CRUDELITE', *v.* CRÜAUTE'.

CRUDITE', *ſ. f.* das Rohe an den Früchten.

CRUDITE' d'eſtomac, die Unverdaulichkeit im Magen. Avoir des *crudités* d'eſtomac, Magenbeſchwer (Undauung) haben.

CRUDITE', unhöfliche, ungeſchickte Rede.

La *crudité* des humeurs, die groben Feuchtigkeiten.

CRUË, *ſ. f.* das Wachſen, Erhöhung, Steigerung der Zölle. Cet arbre a pris toute ſa *cruë*, dieſer Baum hat ſein völliges Wachsthum erreichet.

la Cruë des eaux, das Anwachſen der Gewäſſer.

Cruë de cerf, neugewachſene Zinke am Hirſchgeweih.

CRUEL, *ſ. m.* Unmenſch; Wüterich.

CRUëLLE, *ſ. f.* unerbittlich in Liebeshändeln.

CRUëL, *m.* CRUëLLE, *f. adj.* grauſam, unbarmherzig, unmenſchlich. Un *cruel* tiran, ein grauſamer Wüterich. Une *cruëlle* maratre, eine unmenſchliche Stiefmutter.

CRUëL, wild, unbändig, grimmig. Le lion & le tigre ſont des animaux très *cruëls*, der Löwe und der Tiger ſind ſehr grimmige Thiere.

CRUëL, unerbittlich, unempfindlich, unbeweglich;

weglich, streng. Maitresse *cruelle*, unempfindliche Geliebte. Une loi *cruelle*, ein strenges Gesetz.

CRUËL, schmerzlich, verdrüßlich. Une *cruelle* douleur, schmerzliche Traurigkeit, heftiger Schmerz.

CRUËLLEMENT, adv. grausamer Weise, unbarmherziglich.

CRUëMENT, CRûMENT, adv. rauh, grob.

CRURAL, e, adj. das an dem Schienbein ist. Veine *crurale*, eine Ader, die am Beine herab gehet. Muscle *crural*, eine Maus, welche das Bein bewegen macht.

CRUZADE, *s. f.* eine güldene portugiesische Münze, so etwa einen Ducaten gilt, dergleichen es auch doppelte, fünffache und zehnfache giebt.

CRYPTE, *s. f.* eine Höhle unter der Erde.

CRYSTAL, v. CRISTAL.

Cû, CUL, *s. m.* das Hintertheil, der Poder, der Arsch. *Cû* par-dessus tête, über Kopf und Hindern, den Hindern in die Höhe gekehrt. Etre à *cû*, nicht wissen, wo hinaus. Donner du pié au *cû* à un valet, einen Knecht fortjagen, einen Tritt für den Ars geben. On le tient au *cû*, man hält ihn bey dem Flügel, er ist fest (in Gewarsam) gesezt. Tirer le *cû* en arrière, sein Wort nicht halten. Hausser le *cû*, aussaufen. Il sont comme *cû* & chemise, sie sind zwey gute Freunde. Grater son *cû*, Geduld tragen. Se grater le *cû* au soleil, der Faulheit ergeben seyn. Il veut peter plus haut que le *cû*, er will mehr thun als sein Vermögen ist. A' écorche *cû*, mit Unwillen, Widerwillen. Baiser le *cû* à quelqu'un, sich einem auf eine knechtische Weise unterwerfen. Il y va de *cû* & de tête comme une corneille qui abbat des noix, *prov.* er wendet alles an, und quält sich seinen Zweck zu erlangen. Il s'est levé le *cû* devant, oder le *cû* prémier, er ist heute unrecht aufgestanden, er zanket mehr, als sonsten. On lui voit le *cû*, er ist elend gekleidet. Montrer le *cû*, davon laufen. Joüer à coupe-*cû*, ohne Revanche spielen. Joüer à *cû* levé, spielen, daß derjenige, der noch nicht gespielet hat, den Ort dessen einnimmt, der verspielet. Arréter quelqu'un sur *cû*, einen nicht weiter gehen lassen, auf den Arsch setzen. Faire le *cû* de poule, das Maul spitzen. Il en a dans le *cû*, er hat grossen Schaden damit gelitten.

Cû de plomb, ein Mensch der immer sitzt.

Cû, das Untertheil eines Glases, einer Flasche, Lampe, Topfes, Fasses, Korbes, Kessels, Trummel, Butte *etc.* Mettre un tonneau sur *cû*, ein Faß ausleeren, auf den Boden stellen.

le Cû d'un chapeau, das Hohle am Hut, wo der Kopf hinein geht.

le Cû de la charrette, das Hintertheil eines Wagens.

Cû de sac, eine Gasse die keinen Ausgang hat.

Cû d'artichaud, das Weiche an den Artischocken.

Cû de lampe, Zierath, die oben an der Decke oder am Gewölbe herab hänget; item (bey den Buchdruckern) ein Finalstock oder Zierath am Ende eines Buchs.

Cû de jette, einer der die Füsse und Schenkel eingebüsset hat, Beinab.

Cû de basse fosse, eine Höhle im Graben. Mettre *cû* en vent, das Hintertheil eines Schiffes gegen den Wind kehren.

Cû de port, ein Knoten unten an den Stricken, einfach oder doppelt.

Cû-blanc, eine Gattung kleiner Feldschnepfen.

Cû d'âne, eine Art Seefische, See- oder Meernessel genannt.

CUBE, *s. m.* eine viereckige würfeliche Figur; (in der Rechenkunst) eine Zahl, die heraus kommt, wenn man das Product einer mit sich selbst multiplicirten Zahl nochmals mit derselben multiplicirt, als von 5 ist der Cubus 105.

CUBE, CUBIQUE, adj. c. würflig, viereckig; das durch nochmalige Multiplication des Products einer mit sich selbst multiplicirten Zahl mit seiner Wurzel entsteht.

CUBEBE, *s. f.* Cubeben, ein Indianisch Gewürz.

CUBITAL, e, adj. c. Ellen lang; oder zum Ellbogen gehörig. Muscle *cubital*, (in der Anatomie) die Ellenbogenmaus.

CUBITUS, *s. m.* (in der Anatomie) der vordere Theil des Arms.

CUBOCUBIQUE, adj. c. in der Algebra, eine Zahl die achtmal mit sich selbst multiplicirt ist, als 512 mit dessen Radix 2, 8mal multiplicirt.

CUBOIDE, adj. c. (in der Anatomie) würfelförmig; ein viereckiger Knochen am Fuß.

CUCA, *s. f.* ein Americanisches Gewächs, dessen Blätter gekauet werden.

CUCULE, *s. m.* Mönchskappe.

CUCURBITACÉ, ée, adj. was als Kürbiskraut im Wachsen auf der Erde hinläuft.

CUCURBITE, *s. f.* Distillirkolbe.

CUCURMA, v. CURCUMA.

CUEIL-

CUEILLE, *s. f.* eine Breite vom Segeltuch.

CUEILLER, &c. *v.* CUILIER &c.

CUEILLETTE, *s. f.* die Erndte, Früchtesammlung.

CUEILLETTE pour les pauvres, eine Collecte, Sammlung, für Arme oder andere gute Dinge.

CUEILLETTE, Schiffladung. Charger un vaisseau à *cueillette*, die Ladung eines Schiffes von vielen Kaufleuten sammlen.

CUEILLEUR, *s. m.* de pommes, der Aepfel einsammlet.

CUEILLIR, *v. a.* einsammlen, erndten, ablesen, abbrechen, abschneiden. *Cueillir* du grain, du blé, Frucht, Korn einsammlen. *Cueillir* des noix, Nüsse auflesen. *Cueillir* des fleurs, Blumen abbrechen. *Cueillir* des raisins, Trauben abschneiden. *Cueillir* du fruit des arbres, Obst von den Bäumen ablesen.

CUEILLIR des palmes, siegen, den Sieg davon tragen.

CUEILLOIR, *s. m.* ein Korb worein man etwas zusammen lesen kan; ein Gärtnerkörblein, Obstkörblein.

CUIDER, *s. m.* ein Korb darinn man Pflaumen, Kirschen ꝛc. zu Markt bringt.

CUIDER, *v. n.* gedenken. (ist alt.)

CUILIER, CUILIÈRE, *s. f.* ein Löffel. *Cuilier* d'argent, ein silberner Löffel. *Cuilière* à pot, ein Kochlöffel.

CUILIER, *s. f.* eine länglichte Meerschnecke.

CUILIER, Löffelgans.

CUILIER couverte, ein grosser Suppen- oder Arzneylöffel.

CUILIER de pompe, ein Eisen oder Bohrer die Pompen auszubohren.

CUILLERÉE, *s. f.* ein Löffel voll; Löffelkraut.

CUILLERON, *s. m.* Schale vom Löffel.

CUIR, *s. m.* Fell, Leder, Haut vom Vieh. Entre *cuir* & chair, zwischen Fell und Fleisch; item heimlich.

CUIR boüilli, gummirt Leder. Un visage de *cuir* boüilli, ein grobes häßliches Gesicht.

CUIRS verds, unbereitetes Leder, über etwas zu decken.

CUIR doré, vergoldete lederne Tapeten.

CUIRASSE, *s. f.* Küriß. Endosser la *cuirasse*, das Soldatenleben wählen.

Défaut de la *cuirasse*, wo der Panzer aufhöret, oben an der Hüfte.

CUIRASSIER, *s. m.* ein Kürißirer.

CUIRE, *v. a. & n.* kochen; backen; sieden; brennen; schmerzen, wehthun, quälen, Herzeleid machen; verdauen, wenn es vom Magen gesagt wird; im Feuer oder sonst durch die Wärme härten; item braten; verbrennen. Mettés le soupé à la broche & le faites bien *cuire*, steckt den Braten zum Abendessen an den Spieß, und laßt ihn wohl gahr werden. *Cuire* les viandes à propos, das Fleisch eben recht gahr kochen. L'estomac *cuit* les viandes, der Magen verdauet die Speisen.

CUIRE la brique, Ziegel brennen.

CUIRE du pain, Brod backen. Vous viendrés *cuire* à nôtre four, ihr werdet uns einmal wieder kommen.

Le soleil *cuit* les fruits, die Sonne zeitigt die Früchte, als Trauben, Melonen ꝛc.

Cette viande est toute défaite de trop *cuire*, diß Fleisch ist ganz zerkocht.

Ces pois *cuisent* bien, diese Erbsen kochen sich wohl.

Le froid *cuira* les vignes, die Kälte wird den Trauben schaden, sie erfrieren.

Ma blessure me *cuit*, meine Wunde schmerzt mich. L'eau de vie *cuit* sur la blessure, der Brandwein brennt, (beißt) wenn er auf die Wunde gelegt wird. Les yeux *cuisent*, die Augen schmerzen von Hitze oder Schärfe.

Il vous en *cuira*, es wird euch gereuen.

CUIT, e, *part. & adj.* gekocht; gebacken. Son rhume n'est pas *cuit*, sein Schnuppen fließt oder fällt noch nicht, steckt noch im Kopf.

Terre *cuite*, gebrannte Erde. Il a du pain *cuit*, er hat zu leben. La tête n'est pas bien *cuite*, vulg. er ist mit Hasenschrot geschossen.

CUISANT, e, *adj.* schmerzlich, empfindlich. Douleur *cuisante*, empfindlicher Schmerz. Regret *cuisant*, schmerzliche Reue.

CUISINE, *s. f.* die Küche; das Zurichten der Speisen, das Kochen; die Wissenschaft zu kochen. Fonder la *cuisine*, vor die Küche sorgen; zu täglicher Speisung ein gewisses aussetzen. Faire la *cuisine*, das Essen zurichten. Faire aller, faire rouler la *cuisine*, zusehen, daß die Tafel wohl bestellt sey. Fonder, bâtir la *cuisine*, wegen der Nahrung und wegen des Tisches Rath schaffen. Il est chargé de *cuisine*, er hat einen dicken Bauch, ist dick und fett.

Latin de *cuisine*, Küchenlatein.

CUISINE-BOUCHE, *s. f.* Mundküche eines grossen Herrn.

CUISINER, *v. n.* Essen zurichten.

CUISINIER, *s. m.* ein Koch. le CUISINIER françois, ein Kochbuch.

CUISINIÈRE, *s. f.* Köchin.

CUISSART, *s. m.* ein Beinharnisch über den Schenkel.

CUISSE, *s. f.* das dicke Bein, Schenkel. Embrasser la *cuisse*, ancoller la *cuisse* à quel-

quelqu'un, einen auf eine demüthige Art grüssen.

Il est blessé à la *cuisse*, er ist am Schenkel verwundet.

Cuisse, die Keule von einem Geflügel. *Cuisse* de poulet, Keule von einem jungen Huhn.

Cuisse de noix, ein Viertel einer welschen Nuß.

CUISSE-MADAME, *s. f.* eine Art Birn.

CUISSON, *s. f.* das Kochen, Backen, Braten.

Pain de *cuisson*, hausbacken Brodt. Avoir soin de la *cuisson*, auf das Braten Acht haben. Le rôti doit être servi dans une certaine fleur de *cuisson*, das Gebratens muß aufgetragen werden, wenn es die rechte Bräune erlanget.

Cuisson, Schmerz, Wehe. Sentir une grande *cuisson* dans l'œil, dans les reins, &c. grosser Schmerz in dem Aug, in den Lenden empfinden.

Cuisson de vigne, par le froid, der Brenner, da die Reben vor Kälte erfrieren.

Cuisson de vigne, par la chaleur, der Brand, da die Reben vor Hitze verbrennen.

CUISSOT, *s. m.* ein Wildpret, Schlegel.

CUISTRE, *s. m.* ein Pfaffenkoch; ein Knecht bey den Schulen.

Cuistre, Schulfuchs, Kahlmäuser.

CUIT, *m.* CUITE, *f. adj.* gahr gekocht, gebraten. Pain *cuit*, gahr gebacken Brod. Viande *cuite*, gesotten oder gebraten Fleisch. Trouver son pain *cuit* partout, *prov.* seine Nahrung überall zu finden wissen.

CUITE, *s. f.* das Kochen, Bereiten, Gahrmachen. La *cuite* des brigues, de la chaux, das Brennen der Ziegel, des Kalks. Le succès des opérations des chimistes dépend de la *cuite*, & de la manière de donner le feu pendant la *cuite*, der glückliche Ausschlag der Chymischen Werke liegt an der Bereitung und Mäßigung des Feuers bey derselben.

CUIVRE. *s. m.* Kupfer.

Cuivre rouge, roth Kupfer.

Cuivre jaune, Meßing.

Cuivre de Corinthe, Corinthisch Ertzt, ein gemengt Metall von Gold, Silber und Kupfer.

Cuivre tenant or, Gold das unter 17 Karat hältig ist.

Cuivre de tambac, eine Vermischung von Gold und Kupfer, welche in Siam hoch gehalten wird.

Cuivre de Tintenaque, ein Metall in China, welches dem Kupfer ziemlich beykommt.

Cuivre, eine Art gelblichte Stein, welche zu nichts als zum Beyflaster eines Hofes &c. gut sind.

CUIVRE', *adj.* kupferfärbig. Un né *cuivré*, eine rothe Kupfernase.

CUIVRETTE, *s. f.* das Es, an einem Stort, Hautbois-oder Bassonklappe.

CUL, v. Cú.

CULASSE, *s. f.* Schwanzschraube an einem Feuerrohr.

Renforcé sur la *culasse*, der einen breiten Hintern hat.

CULBUTE, CULEBUTE, *s. f.* Fall, da man die Beine in die Höhe kehrt. Il a fait une *culbute*, er ist über und über gefallen.

Culbute, Bandschlaufe, so die Weiber hinten an dem Nachtkopfzeug tragen.

Culbute, der Verfall aus einem guten Stand in die Armuth.

CULBUTER, CULEBUTER, *v. a.* über den Haufen werfen, stossen, kurzeln.

CULE'E, *s. f.* der äusserste Bogen oder Gemäur an einer Brücke, so ans Land stößt.

Cule'e, ein Stoß eines Schiffs im Wasser unten auf den Grund.

CULER, *v. n.* mit einem Schiff hintersich zurück fahren.

CULE, hintersich, zurück, oder rückwerts, ist ein Befehlswort auf den Schiffen.

CULERON, *s. m. & adj.* das runde Theil am Riemen unter dem Schwanz eines Pferdes.

CULETAGE, *s. f.* Hurerey. Les frais du *culetage*, der Hurenlohn.

CULIER, *s. m. & adj.* boïau *culier*, der Mastdarm.

Culier, Culie're, v. CUILIER.

CULIE'RE, *s. f.* die Rinne, so in einen flachen Stein gehauen ist, daß das Wasser ablaufe.

CULOT, *s. m.* das runde und unterste Theil eines Gefässes.

Culot de lampe, der Boden einer Lampe.

Culot, ein flach erhabenes Schnitzwerk, aus welchem Aeste mit Blättern heraus gehen, und worein man in den Cabineten bisweilen ein Kleinod fassen läßt.

Culot, der Grundsatz im Schmelztiegel.

Culot, der Jüngste in einer Zunft oder Gesellschafft, der am letzten darinne aufgenommen worden ist.

CULOTTE, *s. f.* Hosen. Ma *culotte* est percée, meine Hosen sind zerrissen.

Culotte de pistolet, de fusil, Pistol-oder Flintenkappe.

Culotte, (im Gartenbau) das untere Theil der Blätter an einer Anemone.

CULOTTIN, *s. m.* enge Hosen, die man zuknöpft.

CULTE, *s. m.* der Gottesdienst. Rendre son *culte* à Dieu, GOtt den schuldigen Dienst

Dienst erweisen. Etablir le *culte* de Dieu, den Gottesdienst einführen.

CULTE de latrie, Verehrung, welche GOtt allein gebührt.

CULTE de dulie, Verehrung, so den Heiligen erwiesen wird.

CULTE d'hiperdulie, Verehrung, so allein der heiligen Jungfrau erwiesen wird.

CULTE, sonderbare Ergebenheit, und Zuneigung zu jemand. Cette femme est l'objet de son *culte*, er betet diese Frau gleichsam an.

CULTELLATION, *s. f.* das schlechte und gemeine Messen in der Feldmeßkunst.

CULTIVER, *v. a.* bauen. *Cultiver* la terre, das Feld bauen. *Cultiver* les arbres, les fleurs, die Bäume, die Blumen pflanzen. *Cultiver* les arts, Künste in Aufnahm bringen.

CULTIVER l'esprit, den Verstand üben.

CULTIVER la connoissance, die gute Bekanntschaft unterhalten, hegen.

C'est un homme qu'il faut *cultiver*, es ist ein Mann, den man in Ehren halten muß.

CULTURE, *s. f.* das Bauen und Warten des Feldes oder der Erdgewächse.

CULTURE, Verbesserung der Wissenschaften oder des Verstandes.

CUMIN, *s. m.* Kümmel, Kümmig, ein Kraut und Saame.

CUMUL, *s. m.* (in Rechten) die Conferirung seines Vermögens zu einer Erbschaft, bey welcher man sich durch das Testament verkürzt zu seyn erachtet.

CUMULATIF, ive, *adj.* das noch zu etwas dazu gegeben wird, das man noch dabey hat.

CUMULATIVEMENT, *adv.* noch dazu, daneben, zugleich.

CUMULER, *v. a.* (in Rechtssachen) vielerley Rechtsgründe beybringen etwas zu beweisen.

CUNEGONDE, *s. f.* der Weibername Kunigunda.

CUNEÏFORME, *s. & adj. c.* (in der Anatomie) keilförmig, als das Keilbein.

CUNETTE, *s. f.* ein kleiner Graben voll Wasser, mitten in einem grossen und trockenen Graben um eine Festung.

CUNTUR, ou CONDOR, *s. m.* ein sehr grosser Vogel in Peru, welcher Kühe solle aufheben können.

CUPIDE, *adj. c.* begierig.

CUPIDITE', *s. f.* grosse Begierde, Lust. La *cupidité* des richesses est la source de plusieurs maux, die Begierde reich zu werden ist eine Quelle vieles Uebels.

CUPIDON, *s. m.* der Cupido, oder Liebesgott der Heyden.

CURABLE, *adj. c.* das curirt oder geheilt werden kan. Maladie *curable*, plaie *curable*, eine heilbare Krankheit, Wunde.

CURAGE, *s. f.* ein Kraut, Wasserpfeffer.

CURATELE, *s. f.* das Amt und Ansehen eines Curators, Vormunds. Avoir une *curatèle*, eine Vormundschaft führen. On l'a mis en *curatèle*, man hat ihn unter Vormundschaft gesezt.

CURATEUR, *s. m.* Pfleger, Vogt, Vormund, Curator. Il est *curateur* de ses neveux, er ist seiner Nefen (Vettern) Vormund. Les *curateurs* de l'Académie, die Vorsteher der hohen Schul. *Curateur* de biens vacans, Pfleger (Verwalter) erledigter Güter.

CURATRICE, *s. f.* die so die Auffsicht über einige Personen hat.

CURCUMA, *s. m.* Kurkumee, eine gelbe Wurzel zur Medicin und gelb zu färben.

CURE, *s. f.* die Krankeneur, die Heilung der Wunden. Il a entrepris une *cure* difficile, er hat eine schwere Heilung unternommen.

CURE, Sorge, ist noch in dieser Redensart gebräuchlich: On a beau prêcher à qui n'a *cure* de bien-faire, wo einer nicht darnach thun will, da hilft kein Sagen. (ist alt.)

CURE, Reinigung (wird allein von dem Falken gesagt.) Donner la *cure* à l'oiseau, dem Vogel eine Reinigung eingeben.

CURE, eine Pfarre; auch das Pfarrhaus; Seelsorgeramt.

CURE', *s. m.* ein Pfarrherr, Priester.

CURE-DENT, *s. m.* ein Zahnstocher.

CURE'E, *s. f.* das Theil, das man den Hunden oder Stoßvögeln giebt von dem Wildpret, das sie gejagt haben.

Faire *curée*, ohne den Jäger zu erwarten, das Wildpret selbst anaimo auffressen.

Mettre les chiens en *curée*, den Hunden durch Austheilung eines Wildprets einen Muth machen.

la CURE'E chaude, das Wildpret, das man ihnen auf der Stelle giebt, wo sie etwas erjagt haben.

la CURE'E froide, wenn man den Hunden nach der Jagd das Brod in das Blut des Thiers getunkt giebt.

CURE-OREILLE, *s. m.* ein Ohrlöffel.

CURE-PIE', *s. m.* ein Eisen, den Huf der Pferde zu reinigen.

CURER, *v. a.* reinigen; säubern. *Curer* un canal, un puits, einen Graben, einen Brunnen reinigen, auswerfen. *Curer* une bergerie, einen Schaafstall ausmisten. *Curer* les vaches, les chevaux, den Mist hinter den Kühen, Pferden, wegnehmen. Se *curer* les oreilles, les dents, sich selbst die Ohren räumen, die Zähne stochern.

CUR   CUR CUV   363

stochern. *Curer* la charuë, den Pflug säubern.

CURETTE, *s. f.* ein silbern Instrument der Wundärzte, einen Stein ꝛc. aus der Blase zu ziehen, oder eine Wunde zu reinigen.

CURETTE, Eisen mit einem Heft, die Schiffpompe auszuputzen.

CURETTE, ein eisernes Instrument, womit man die gebohrten Bomben rein macht.

CURETTE, eine Kartätsche, die Disteln auszuputzen.

CUREUR, *s. m.* de puits, de lieux, ein Brunnenfeger, Kloakenräumer.

CURIAL, e, *adj.* was zur Pfarr gehört.
Fonction *curiale*, Pfarramt.
Droit *curial*, Pfarrrecht.

CURIE, *s. f.* (bey den alten Römern) eine Abtheilung des römischen Volks, welches durchaus in Curien vertheilet war.

CURIEUX, euse, *adj. & subst.* neugierig, sinnlich, begierig, wunderfitzig, fürwitzig. Je suis *curieux* d'apprendre cela, ich bin begierig dieses zu lernen, zu erfahren. Il est *curieux* en ses habits, er ist sehr sinnlich (sorgfältig) in seiner Kleidung.

CURIEUX, *s. m.* ein fleißiger Mensch, der gern forscht, lernt.

CURIEUX, Vorwitziger, der mehr forscht, als ihm zu wissen geziemet.

CURIEUX, der aller Gattung Seltenheiten der Kunst und der Natur sammlet.

CURIEUSEMENT, *adv.* fleißiglich, begierlich, sorgfältiglich. J'ai lû *curieusement* ce livre, ich hab das Buch mit Fleiß durchgelesen. Observer *curieusement* toutes choses, alle Dinge sorgfältig in Acht nehmen.

CURION, ein Priester, bey den alten Römern.

CURIOSITE', *s. f.* Fleiß, Begier zu lernen, zu wissen. Il n'y a point de *curiosité* plus digne que celle de voïager, es ist keine Begier so löblich, als die Lust zu reisen.

CURIOSITE', Vorwitz. Il est puni de sa *curiosité*, sein Vorwitz ist gestraft worden.

CURIOSITE', Seltenheit, das verdienet betrachtet zu werden. Un cabinet rempli de *curiosités*, eine Kunstkammer voller sehenswürdiger Dingen.

CURIOSITE's, *s. f. pl.* Raritätenkasten oder Spielwerk, so die Savoyer in einem Kasten herum tragen.

CURMI, *s. m.* eine Art Getränke vor Zeiten, wie das Bier.

CUROIR, *s. m.* das Holz, womit die Ackerleute den Pflug reinigen im ackern.

CURSEUR, päbstlicher Beamter, welcher die Bullen zu Rom anschlägt, und auch den Cardinälen des Pabsts Befehle überbringt.

CURUCUCU, *s. m.* eine giftige Schlange in Brasilien.

CURVILIGNE, *adj. c.* das krumme Linien hat, als gewisse Winkel und Figuren in der Geometrie.

CURULE, *adj. c.* chaise *curule*, ein elffenbeinerner Stuhl, worauf einige Obrigkeitliche Personen der Römer sitzen durften.

CURUPICAIBA, *s. m.* ein Baum in Brasilien, dessen Blätter einen Wundbalsam von sich geben.

CURURES, *s. f. plur.* Schlamm, Moder, Gassenkoth; alles ausgefegte, als Dauben- und Hünermist.

CURURYVA, *s. m.* eine gefährliche Schlange in Brasilien, welche bis dreyßig Schuhe lang ist.

CUSCUTE, *s. f.* ein Unkraut, das sich um andere Kräuter windet, und dieselben zur Erde drückt, Filzkraut, Flachsseide.

CUSTODE, *s. f.* Holfterkappe.

CUSTODE, Ohrküssen in der Kutsche.

CUSTODE, das Gefäß worin die gesegnete Hostien verwahret werden. Donner le fouet à un criminel sous la *custode*, einem Uebelthäter einen Stockschilling heimlich (im Gefängniß) geben.

CUSTODE, Bettbehängsel.

CUSTODE, *s. m.* (im Franciscanerorden) der Verweser des Provincials.

CUSTODE, ein Fürhang neben dem grossen Altar.

CUSTODE, eine Würde bey denen Grafen von Lion.

CUSTODIE, *s. f.* ein Stück einer Provinz der Capuciner, worüber ein Guardian gesetzt ist.

CUSTODINOS, *s. m.* einer der eine Pfründe inne hat, und verwahret, sie einem andern zu gewisser Zeit einzuräumen; der nur den Titel davon hat, und einem andern den Nutzen läßt.

CUTANE', ée, *adj.* les vers *cutanés*, die Würmer, so zwischen Fell und Fleisch wachsen: als les crinons, les cirons, les bouviers, les foies, les tons.

CUTICULE, *s. f.* ein dünnes Häutlein über der Haut.

CUVE, *s. f.* eine Kufe (Bütte) zum Weinkeltern, zum Bier, zum Baden ꝛc.
Fosse à fond de *cuve*, tiefe und volle Gräben.
Déjeûner à fond de *cuve*, herrlich frühstücken.

CUVEAU, *s. m.* eine kleine Kufe, klein Bottig.

CUVE'E, *s. f.* eine Kufe voll. *Cuvée* de grapes, eine Kufe voll Trauben. Une *cuvée* de linge, eine Kufe voll Wäsche.

Zz 2   En

En voici d'une autre *cuvée*, wenn man bey einer tollen Erzehlung eben dergleichen hinauthut, und auch was närrisches erzehlt.

CUVER, *v. a.* in den Kufen stehen lassen, als der Wein einige Tage auf den Trestern. Plus on laisse *cuver* le vin & plus il est couvert, je länger der Wein im Bottig stehet, je stärker wird er an Farbe.

Cuver, *v. a.* son vin, den Rausch ausschlafen.

CUVETTE, *s. f.* v. CUVEAU.

Cuvette, ein Schwenkzuber oder Kessel zum Trinkgeschirr und Gläsern.

Cuvette, ein Gefäß von Bley, das Wasser aus den Rinnen um das Dach aufzufangen, und in die Röhren hinab zu lassen.

Cuvette, ein Gräblein mit Wasser in einem trocknen Graben um eine Festung.

CUVIER, *s. m.* eine Laugenkufe oder Faß, ein Waschzuber. *Cuvier* de harangère, Fischfaß; Fischwanne.

CY, *adv.* voiés CI.

CYANE'ES, *s. f. plur.* ein Name zweyer Felsen vor dem Bosphoro Thracico.

CYBE'LE, *s. f.* eine Göttin der alten Heyden.

CYCLADES, *s. f. plur.* die Cycladischen Inseln im Archipelago.

CYCLAMEN, *s. m.* ein purgirend Kraut, Säubrod.

CYCLAMOR, *s. m.* eine Bordirung, Einfassung der Wappenschilde.

CYCLE, *s. m.* ein Kreis in der Zeitrechnung.

Cycle solaire, der Sonnenzirkel, da in 28 Jahren die Sonntagsbuchstaben im Calender wieder von vornen anfangen.

Cycle lunaire, der Mondszirkel, die güldene Zahl, eine Zeit von 19 Jahren, da der Mond wieder anfängt.

CYCLOÏDE, *adj.* eine krumme Linie, in der Geometrie so genannt.

CYCLOPE, *s. m.* einer von des Vulcani Schmiedegesellen, bey den Poeten.

CYGNE, *voiés* CIGNE.

CYLINDRE, *s. m.* eine Walze, Cylinder.

CYLINDRIQUE, *adj. c.* was zur Walzenfigur gehört, oder so gemacht ist.

CYMAISE, *s. f.* Zierath oben an den Säulen wie Wolle gemacht oder gehauen.

CYMBALARIA, *s. f.* ein Kraut, Zimbelkraut.

CYMBALE, *s. f.* ein dreyeckigt Instrument von dünnem Stahldrat mit fünf Ringen, welches man mit einer eisern Ruthen schlägt; it. das Zimbelregister an den Orgeln; eine Zimbel.

CYNIQUE, *s. m. & adj. c.* einer von der Cynischen Secte der Philosophen, die alles verachteten, was andere groß achteten, die alles öffentlich thaten, was die Schamhaftigkeit sonst nicht zuläßt; daher heißt cynique auch unverschämt, unzüchtig.

CYNOCRAMBE, *s. f.* Hundstod, ein Kraut oder Staude.

CYNOGLOSSE, *s. m.* ein Kraut, Hundszunge.

CYNOSURE, *s. f.* das nächste Gestirn am Polstern, der Heerwagen.

CYPRE, *s. f.* die Insel Cypern, in der alten Geographie und Historie.

CYPRE'S, *s. m.* ein Cypressenbaum; ein Symbolum des Todes.

CYPRIEN, *s. m.* ein Mannsname.

CYPRIOT, *s. m.* einer aus der Insel Cypern.

CYROPÉDIE, *s. f.* ein Buch Xenophontis, von dem Leben des Persischen Königs Cyri.

CYSTHEOLITHRE, eine Art von Stein, welche in denen grossen Schwämmen gefunden wird.

CYSTIQUE, *adj. c.* artère oder veine *cystique*, (in der Anatomie) eine Puls- oder Blutader am Gallenbläslein.

CYTISE, *s. m.* Geißklee, ein Strauch.

CZAR, *s. m.* ein König oder Kayser; der Rußische Czaar führt diesen Titel absonderlich.

D.

D, *s. m.* der vierte Buchstabe im Alphabet, D.

D, in den Römischen Zahlen bedeutet fünfhundert.

D' anstatt de, wenn ein Vocalis folgt, als: D'abord que, so bald als. D'abord que je le vis, so bald als ich ihn sehe; *v.* DE.

DA, *adv.* vulg. gewiß, freylich, doch; (wird hinten an die Bejahungs- oder Vereinigungswörter gesetzet).

Oui *da*, ja doch, freylich ja.

Nenni *da*, gewißlich nein.

DABUH, *s.* ein wildes Thier in Africa, das einem Wolf gleicht, ausser daß es Menschenhände und Füsse hat.

DACE, *s. f.* Steuer, Auflage, Schoß.

Dace, Dacia, ein Land in Ungarn vor Alters, jetzt die Wallachey.

DACROÏDE, *adj. c.* wird von Geschwüren und Schäden am Leibe gesagt, die immer als Thränen triefen.

DACTYLE, *s. m.* ein pes in der Prosodie, der aus einer langen und zwey kurzen Sylben besteht.

DACTYLIQUE, *adj. c.* Dactylisch, in der Prosodie.

DACTYLONOMIE, *s. f.* das Rechnen an den Fingern.

DADA, *s. m.* ein Kinderpferd, Steckenpferd.

DA-

DAGORNE, *s. f.* eine Kuh, die ein Horn abgestossen hat.

DAGORNE, (schimpfsweise) ein alt lächerlich Weib.

DAGUE, *s. f.* ein kurzer Degen, oder ein Dolch.
Il est fin comme une *dague* de plomb, er will klug seyn, und ist doch ungeschickt.

DAGUE, das erste Geweih eines Hirschen.

DAGUES, die Zähne eines wilden Schweins, im plur.

DAGUE, das Ende vom Seil, womit man die schlimmen Bootsknechte auf den Hintern schlägt.

DAGUER, *v. a.* (ist alt) mit einem Dolch oder andern kurzen Gewehr stechen.

DAGUER, bey einem Falken heisset es, geschwinde fliegen.

DAGUES, *s. f. pl.* Spitzen (Sprossen) eines jungen Hirschen.

DAGUET, *s. m.* ein Spiesshirsch, ein Spiesser, ein junger Hirsch von zwey Jahren, der sein erstes Geweih hat.

DAGUET, *adv.* heimlich, verstohlner Weise.

DAIGNER, *v. n.* würdigen.
Il n'a pas *daigné* faire celà, er hat sich zu gut geachtet, er wollte sich nicht würdigen das zu thun. Il n'a pas *daigné* lui parler, er hat ihn nicht gewürdiget, mit ihm zu reden.

DAILLOTS, *s. m. pl.* Ringe, woran man das Segel hängt, das man bey gutem Wetter gebraucht.

DAIM, *s. m.* ein Gemsenbock; Dammhirsch.

DAINE, *s. f.* das Weiblein davon; Dammhirschkuh.

DAINTIERS, *s. f. plur.* Jagdterminus, die Geilen oder Hoden eines Hirsches.

DAIS, *s. m.* der Himmel, den man über einer hohen Person, oder in einer Procession über dem Sacrament trägt, oder den man an die Wand fest machet, als über einem Altar, über einem Thron 2c.
Le haut *dais*, der erhabene Ort, darauf ein König sitzt, wenn er Audienz giebt.

DALE, *s. f.* kleiner Trog, Tröglein.

DALLE, *s. f.* dünne Steinschalen, womit man auf grossen Gebäuden die Orte belegt, wo das Wasser abläuft.

DALLE, ein Wasserstein in der Küche, darauf man das Geschirr abwäscht.

DALLE, ein Wetzstein zu Sensen.

DALLE, eine kleine Rinne in einem Brander, worein man das Pulver legt, dasselbe anzuzünden.

DALLE, DARNE, Schnitte von einem Fisch. Manger une *dalle* de saumon, ein Stück (Schnitte) von einem Lachs essen.

DALLE, *s. f.* ein Canal; eine Röhre; auf den Schiffen eine Rinne, dadurch das Wasser von der Pumpe abläuft.

DALLON, *v.* DALOT.

DALMATE, *s. m. & f.* ein Dalmatier.

DALMATIE, *s. f.* das Land Dalmatien.

DALMATIQUE, *adj. c.* Dalmatisch, aus Dalmatien.

DALMATIQUE, *s. f.* das Kleid, das Messgewand, das die Capelläne tragen unter dem weissen, wenn sie dem Priester zur Messe dienen; die Tracht davon soll aus Dalmatien gekommen seyn.

DALOT, *s. m.* eine Rinne auf den Schiffen am Bord, daß das Wasser ablaufen kan.

DAM, *s. m.* la peine du *dam*, (in der Theologie) Verlust, Beraubung, Schade.

DAMARAS, *s. m.* Indianischer Taffet.

DAMAS, *s. m.* die Stadt Damasco in Syrien.

DAMAS, ein seidener Zeug mit grossen Blumen, weil die erste Arbeit davon aus Damasco zu uns gekommen ist, Damast.

DAMAS caffart, ein Damast von Seiden und Floret.

DAMAS, eine Art Pflaumen, die von Damasco in Europa kommen sind.

DAMASCENE, *adj. c.* ist im Gebrauch ein Name des alten Kirchenlehrers, Johannes Damascenus.

DAMASCENE, *s. f.* das Reich oder Land um Damasco, sonst Coelesyria genannt.

DAMASQUINE, *s. f.* eingelegte Eisenarbeit.

DAMASQUINER, *v. a.* kleine güldene und silberne Striche in Eisen oder Stahl arbeiten, damasciren; item blau anlaufen lassen.

DAMASQUINE', *part. & adj.* damascirt, als ein damascirter Degen.

DAMASQUINERIE, *s. f.* die Kunst, eingelegte Eisenarbeit zu machen.

DAMASQUINEUR, *s. m.* Damastweber; Damascirer, der damascirte Arbeit macht.

DAMASQUINURE, *s. f.* die Damascirung an einer Degenklinge.

DAMASSER, *v. a.* leinen Tafelzeug mit Blumen, wie Damast, wirken. Serviettes *damassées*, damastene Tellertücher.

DAMASSIN, *s. m.* eine Art Damast mit goldenen oder silbernen Blumen.

DAMASSURE, *s. f.* das Damastgewirk im leinen Zeug.

DAME, *s. f.* eine Frau, gebietende oder vornehme Frau; gnädige Frau. C'est la *Dame* du logis, diese ist die Frau im Hause. La *Dame* du village, die Frau, der das Dorf gehört. Une assemblée de *Dames*, eine Gesellschaft vornehmer Frauen.

DAME, Stiftsfrau in einem adelichen Stift oder Kloster.

DAME, Gebieterin; Herzensbeherrscherin.

Elle est *Dame* de tous ceux qui la voient, sie ist die Gebieterin aller, die sie sehen.

DAME, Weibsbild. Aimer les *Dames*, die Weiber lieben; dem Weibsvolk nachgehen. La *Dame* se mit à rire, die Frau (von welcher vorhin geredet worden) fieng an zu lachen.

DAME Jeanne, DAME Barbe, Frau Johanna; Frau Barbara, (also werden geringe Weiber angeredet).

DAME, (im Bretspiel) Stein; Bretstein. *Dame* touchée, *dame* jouée, welchen Stein man rühret, den muß man ziehen. Couvrir une *dame*, eine Dame auffsetzen. Aller à *dame*, zur Dame ziehen.

DAME, (im Kartenspiel) das Weib; die Königin. *Dame* de cœur, de pic, die Hertzkönigin, Spatenkönigin.

DAME, (im Schachspiel) die Königin.

DAME, (im Kegelspiel) der König.

DAME d'atour, der Königin vornehme Bediente, so ihre Geschmeide in Verwahrung hat.

DAME d'honneur, Standesfrau, so der Königin zu Ehren aufwartet; Staatsdame. Première *Dame* d'honneur, Hofmeisterin.

DAME, *interj.* ey! wahrlich! *Dame*, je n'en sai rien, wahrlich, ich weiß es nicht.

DAME-DAME, Art Käse.

DAME'E, *adj.* Dame *damée*, Standesfrau, die einen höhern als gemeinen adelichen Namen führt.

DAME-jeanne, grosse Saufbulle der Bootsleute.

DAME-lopre, Art Fahrzeuge in Holland auf den Canälen.

DAMER, *v. a.* (im Bretspiel) damen; eine Dame auffsetzen.
Damer le pion à quelqu'un, *prov.* einem heimlich schaden, hindern.

DAMER, (in der Baukunst) einen halben Fuß breit abschüßig machen.

DAMERET, *f. m.* Junggesell; junger Herr; Jungferknechtgen.

DAMES, Damm eines Canals, oder Streife Landes mit Rasen bewachsen.

DAMIEN, *f. m.* ein Mannsname.

DAMIER, *f. m.* ein Bretspiel, Damenbret.

DAMITES, baumwollener Zwillich, so aus Cypern kommt.

DAMNABLE, *adj. c.* verdammlich. Un dessein *damnable*, ein verdammter Anschlag.

DAMNABLEMENT, *adv.* verdammlicher Weise.

DAMNATION, *f. f.* die Verdammung.

DAMNE', *f. m.* ée, *f.* ein Verdammter.

DAMNER, *v. a.* verdammen, zur Hölle verstossen, von GOtt; der Hölle würdig achten oder erklären, von Menschen. Dieu *damnera* les méchans, GOtt wird die Gottlosen verdammen.

se DAMNER, *v. r.* ein gottloses Leben führen, sich in Höllengefahr stürzen.

DAMNE', ée, *part.* verdammt.
Une ame *damnée*, ein gottloser Mensch; it. ein Mensch, der sich gantz und gar dem Willen eines Mächtigen ergeben hat.
Souffrir comme une ame *damnée*, unerträgliche Schmertzen leiden. C'est l'ame *damnée* de Monsieur, er ist dem Herrn gantz und gar ergeben; thut alles, was er von ihm verlanget.

DAMOISEL ou DAMOISEAU, *f. m.* vor diesem ein junger Edelmann, auch noch in einigen Herrschaften; sonst heißt es heutiges Tages meistens einer der sich gar zu weibisch putzet und schmücket, ein Jungferknecht.

DAMOISELLE, *f. f.* ein Titel der Fräulein in öffentlichen Actis, oder der Weibsbilder vom edeln Geschlecht: sonst schreibt man ausser diesem Gebrauch allezeit *Demoiselle*.

DAMOISELLE, *f. f.* Damm der gepflastert wird, ein Stampfschlegel der Pflasterer, die Steine fest hinein zu stossen.

DANCER, und dessen Deriv. *v.* DANSER.

DANCHE', ée, *adj.* (in den Wappen) als eine Säge, oder mit Zacken und Spitzen gekerbt gemacht.

DANDIN, *f. m.* vulg. ein Täudler, läppischer Kerl, der sich närrisch aufführt.

DANDINER, *v. n.* vulg. läppische, abgeschmackte Geberden machen.

se DANDINER, *v. r.* sich lächerlich geberden; auf einem Stuhl wiegen.

DANGER, *f. m.* Gefahr. S'exposer au *danger*, sich in Gefahr stellen.

DANGERS, heissen die Seeleute die Sandbänke, Klippen &c. so denen Schiffen Gefahr bringen, welche man *dangers* naturels nennet; zum Unterscheid der *dangers* civils, *dangers* de la seigneurie ou de terre, der Verbote, Packhöfe und Auflagen, welche die Herren eines Orts auf die Güter der Kaufleute schlagen, oder auf die, so Schiffbruch gelitten haben; it. alles, was ein genaues Recht hat, und immer in Gefahr stehen muß, confiscirt zu werden, heißt *danger*.

Fief de *danger*, ein Lehen, das vielen Bedingungen unterworfen ist, worüber es leicht verlohren werden kan.

Tiers & *danger*, in der Normandie das Recht, so der König hat, den dritten Theil und zugleich den zehenden Theil von dem Kauffschilling der Gehöltze zu nehmen, welche allda verkauft werden, als 13 von 30, daß also der Verkäufer von 30 nur 17 behält.

DAN-

DANGEREUSEMENT, *adv.* gefährlicher Weise.
DANGEREUX, euse, *adj.* gefährlich.
DANIEL, *f. m.* Daniel, ein Mannsname.
DANION, *f. m.* Danielgen, kleiner Daniel.
DANK, *f. m.* eine kleine Persische Münze; ein kleines Gewicht bey denen Arabern, damit sie die Edelgesteine wägen.
DANNER, und dessen Deriv. *v.* DAMNER.
DANOIS, *f. m.* e, *f.* ein Dännemärker, ein Däne.
DANS, *præp.* in; bedeutet einen Ort, Zeit, Zustand rc. Il est *dans* la maison, er ist im Hause. *Dans* la poche, im Sack. *Dans* trois jours, innerhalb drey Tagen. J'ai lû cela *dans* Virgile, ich hab das im Virgil gelesen. Il est *dans* la misère & *dans* la pauvreté, er stecket in dem Elend und Armuth.
DANSE, *f. f.* Tanz. Commencer la *danse*, zuerst an den Tanz müssen, der erste seyn, etwas zu leiden. Après la panse vient la *danse*, vor Essen geschiehet kein Tanz.
DANSER, *v. a. & n.* tanzen. Il *danse* sur la corde, er ist in schlechtem Zustand. Toûjours va qui *danse*, langsam kommt man auch weit. Il en *dansera*, er wird deßwegen gestraft werden.
Faire *danser* quelqu'un, machen, daß einer was lächerliches sich zum Schimpf sagt, und nicht merkt, daß ihn die andern auslachen; item einem rechtschaffen zu thun geben, Mühe machen, rennen und laufen machen.
Il ne sait sur quel pié *danser*, er weiß nicht was er thun soll.
DANSEUR, *f. m.* euse *f.* ein Tänzer, Tänzerin. *Danseur* de corde, ein Seiltänzer.
DANTE, *f. m.* ein Thier in Africa, von dicker Haut, als ein Hirsch gestalt, mit einem einigen krummen Horn und kurzen Füßen.
DANTZIC, *f. m.* Danzig.
DANUBE, *f. m.* die Donau.
DAPIFER, *f. m.* Truchseß.
DAPIFERAT, *f. m.* Truchseßenamt, Würde.
DARAISE, *f. f.* ein Rechen bey dem Ablaß eines Teichs.
DARD, *f. m.* ein Wurfspieß. Il décoche ses *dards* contre moi, er läßt seine Pfeile wider mich ausfliegen.
DARD, Stengel an den Blumen.
DARDS, giftige Stichelreden, Verläumdungen.
DARDANAIRE, *f. m.* ein Wucherer; ein Kornjud.
DARDER, *v. a.* mit Gewalt aus der Hand werfen, als einen Wurfspieß, Stock, Dolch. *Darder* un couteau, ein Messer werfen, so daß es stecken bleibe. Le soleil *darde* ses raïons, die Sonne schießt ihre Strahlen.
DARDEUR, *f. m.* ein Schütz oder Soldat, der einen Wurfspieß führt.
DARDILLER, *v. a.* heißt in den Blumen, das mittlere gleich einem Pfeil gestalte Fäßlein hervor treiben, als die Nelken und andere thun.
DARIOLE, *f. f.* eine Art Gebackens, klein und rund von Milchrahm und Teig.
DARIOLETTE, *f. f.* ein Kammermägdlein, so die geheimste bey ihrer Frau ist.
DARIQUE, *f. m.* eine alte Persische Münze von dem Namen derer, so Darius geheißen haben.
DARNAMAS, die beste Gattung Baumwolle, so von Smyrnen kommt.
DARSE, DARSINE, *f. f.* das Theil eines Seehavens, das am weitesten in eine Stadt hinein gehet, worein man Galeen und andere Schiffe mit einer Kette schliessen kan; (im Mittelländischen Meer sagt man darisme), im Ocean heißt es Paradies, Baßin, chambre, wo die Schiffe am sichersten liegen.
DARTRE, *f. f.* ein Zittermaal, eine Flechte.
DARTRE, an den Pferden, ein juckendes Geschwür am Hals oder Creuz.
DATAIRE, *f. m.* ein Officier am Päbstlichen Hof, der vor diesem das Datum auf die Suppliquen setzte, durch dessen Hand alle ledige Pfründe giengen.
DATE, *f. f.* die Zeit, da ein Brief geschrieben ist.
DATE, zu Rom in der Datarïa, die Zeit, da eine Supplic um eine Pfründe ins Register geschrieben worden ist.
DATER, *v. a.* das Datum oder den Tag in einen Brief schreiben, da er geschrieben worden ist. *Dater* de loin, von alten Geschichten reden und dadurch sein Alter verrathen.
DATERIE, *f. f.* das Amt des Datarii; der Ort, wo er diß Amt führet, die Dataria.
DATIF, *f. m.* (in der Grammatic) der Dativus.
DATIVE, *adj. f.* tutéle *dative*, (in Rechten) Vormundschaft, so einem von der Obrigkeit aufgetragen wird.
DATTE, *f. f.* Datteln, die Frucht von Palmbäumen; item eine Art Pflaumen.
DATTIER, *f. m.* ein Dattelbaum.
DATTURA, *f. f.* ein Indianisches Kraut, Dornäpfel, Schlafäpfel.
DAVANTAGE, *adv.* mehr. Je vous en estime *davantage*, ich achte euch darum so viel mehr.
DAUBE, *f. f.* eine stark gewürzte Brühe, die man an gewisse Speisen macht.
Des pigeons à la *daube*, gedämpfte Tauben.

DAU-

DAUBER, *v. a.* mit Fäusten einen abklopfen; einen durchziehen in einer Gesellschaft.

DAUBEUR, *s. m.* der einen durchziehet.

DAUGREBOT, *s. m.* eine Art Fischerschiffe, welche auf gewissen Seeküsten im Deutschen Meer gebraucht werden, auf dem Doggersant, so eine Bank von weissem Sand ist.

DAVID, *s. m.* ein Mannsname.

DAVID, (bey den Schreinern) ein viereckigt Eisen, unten mit einem Haken, und noch mit einem andern, den man auf= und abschieben kan.

DAVIER, *s. m.* ein Werkzeug der Wundärzte, als eine Zange mit gablichten Spitzen, die Zähne auszureissen.

DAVIER, der Böttcher oder Faßbinder Werkzeug, die Reiffe auszudehnen, daß sie sich antreiben lassen.

DAUPHIN, *s. m.* ein Delphin, ein Seefisch.

DAUPHIN, der erstgebohrne Prinz der Königen in Frankreich.

DAUPHIN, ein Gestirn des Himmels.

DAUPHIN vif, (in den Wappen) ein Delphin mit geschlossenem Rachen, mit einem Auge, Bart und Ohren, von anderer Farbe als der Leib.

un DAUPHIN pâmé, ein Delphin mit einem offenen Maul, als wenn er sterben wollte, alles von einer Farbe.

DAUPHINS couchés, Delphine, so mit Kopf und Schwanz gegen die Spitze des Schildes gewandt sind.

DAUPHINE, *s. f.* die Gemahlin des Dauphins in Frankreich.

DAUPHINE, *s. f.* eine Art Droguet, so zu Amiens und Rheims fabricirt wird.

DAUPHINÉ, *s. m.* das Delphinat, eine Landschaft in Frankreich.

DAURADE, *voiés* DORADE.

DAUTANT, *v.* AUTANT.

DAY, *s. m.* der oberste Regent oder König zu Tunis in Africa.

DE, *Articulus indefinitus*, so den Genitivum und Ablativum bedeutet, als: un fils de Roi, ein Königssohn. Un Général d'armée, ein Kriegsgeneral. Un maître de danse, ein Tanzmeister. Un couvent de capucins, ein Capucinerkloster. Accablé de dettes, mit Schulden beladen. Changer d'habit, ein ander Kleid anlegen. Servir de prétexte, zum Vorwand dienen.

DE, als *genitivus articuli indefiniti* wird gebraucht nach allen Nominibus und Adverbiis quantitatis, als: Une livre de beure, ein Pfund Butter. Un verre de vin, ein Glas Wein. Beaucoup d'argent, viel Geld. Peu de sagesse, wenig Witz.

Es bedeutet auch die Materie, woraus ein Ding gemacht ist, als: Une chaine d'or, eine goldene Kette. Une cuilier d'argent, ein silberner Löffel. Un habit de drap, ein tüchenes Kleid. Un pâté de cerf, eine Hirschpastete. Une chandéle de cire, eine Wachskerze. Une colomne de marbre, eine marmorsteinerne Säule.

DE, (vor einem Zunamen) von. Monsieur de Vandôme, der Herr von Wandôme. Monsieur de Créqui, der Herr von Crequi. Le Prince de Galles, der Prinz von Wallis. Le Duc de Montespan, der Herzog von Montespan. La ville de Paris, die Stadt Paris. La ville de Rome, die Stadt Rom.

DE, vor einem *Adjectivo in Nom. Dat.* und *Accusat.* wenn es indefinité gebraucht wird: C'est de bon vin, de bonne bière, de méchante eau, es ist guter Wein, gutes Bier, böses Wasser. Ce ont de savans hommes, de belles femmes, es sind gelehrte Männer, schöne Weiber. J'ai parlé à de braves officiers, ich habe mit tapfern Officieren geredet. Nous avons mangé de très bonnes confitures, wir haben vortreffliches Confect gegessen.

DE, *præp.* von. Je viens de Rome, ich komme von Rom. Les discours de hier ne ressemblent pas toûjours aux actions d'aujourd'hui, die gestrigen Discourse sind denen heutigen Thaten nicht allezeit gleich. Nous sommes aimés de nôtre pére, wir werden von unserm Vater geliebt.

DE, bey; zu; mit. Il ne se passe point de jour que quelqu'un ne parte d'ici, tantôt de jour, tantôt de nuit, es geht kein Tag vorbey, daß nicht jemand von hier abreiset, bald bey Tag, bald bey Nacht. Je suis bien-aise de vous voir, ich bin froh, euch zu sehen. J'appréhende de vous incommoder, ich besorge, euch beschwerlich zu seyn. Repousser quelqu'un de la main, jemand mit der Hand von sich stossen.

DÉ, *s. m.* ein Würfel.

Le dé en est jetté, *prov.* es ist gewagt.

Sans flatter le dé, *prov.* frey, rund, heraus, ungeheuchelt.

Il veut toûjours tenir le dé dans la conversation, er will das grosse Wort allein haben. Faire quitter le dé à quelqu'un, einen schweigen machen, ihm das Maul stopfen. A' vous le dé, es ist an euch zu reden; zu antworten. Rompre le dé à quelqu'un, einem ins Wort fallen. Je jetterois celà à trois dés, sie gelten mir gleich, ich weiß nicht, welches daraus zu wählen. Un coup de dé, ein Wurf mit den Würfeln.

DÉ, *s. m.* ein Fingerhut.

DÉ, Stück

DE', Stück Eisen, damit man die Cartät-schen füllet.

DE', (in der Baukunst) der Würfel an einem Säulenstuhl.

DE'ALBATION, *s. f.* (in der Chymie) Veränderung der schwarzen Farbe in die weisse.

DE'BACLAGE, *s. m.* das Aufbrechen des Eises, so auf einmal geschieht.

DE'BACLAGE, der Raum der Seehäven von den leeren Schiffen, damit die beladenen Platz haben.

DE'BACLE, *s. f.* das Aufthauen oder Brechen des Eises auf einem Fluß.

DE'BACLE, das Wegräumen der Schiffe, so leer sind, damit die beladenen anländen können.

DE'BACLEMENT, *s. m.* idem.

DE'BACLER, *v. a.* aufmachen, als eine Thür, so verriegelt gewesen ist, oder ein Fenster.

DE'BACLER, räumen als einen Haven, durch Hinwegschaffung der leeren Schiffe, damit die beladenen anfahren können.

DE'BACLER, *v. n.* ausziehen von einem Haus ins andere, ausräumen.

DE'BACLER, einpacken, als Kaufleute ihre Krämerwaaren.

La rivière a *débaclé* cette nuit, *vulg.* das Eiß ist diese Nacht aufgegangen, aufgethauet.

Les marchans *débaclent*, die Kaufleute legen ihre Waaren ein.

DE'BACLEUR, *s. m.* ein Mann, der wegen des Wegräumens, oder wegen der leeren Schiffe in einem Haven Befehl giebt.

DE'BAGOULER, *v. a. vulg.* alles heraus schwatzen, was einem ins Maul kömmt.

Débagouler des sotises, Zoten reissen; unter einander her reden.

DE'BAGOULEUR, *s. m.* ein Plauderer.

DE'BALLER, *v. a.* einen Ballen Waaren auspacken; it. *vulg.* sich davon machen.

DE'BANDADE, *s. f.* Unordnung; Verwirrung; Bestürzung. Les troupes s'en vont à la *débandade*, das Volk läuft haufenweise davon, retiriret sich unordentlich. Tout est à la *débandade*, es gehet alles drunter und drüber.

DE'BANDEMENT, *s. m.* Abspannung eines Bogens; it. das Losdrücken desselben.

DE'BANDEMENT, Ergötzlichkeit; Erquickung des Gemüths.

DE'BANDEMENT des soldats, das Ausreissen der Soldaten.

DE'BANDER, *v. a.* etwas gespanntes loslassen, losspannen, losbinden; die Binde von etwas hinweg machen, als vom Arm, von einer Wunde ꝛc.

Débander un fusil, eine Flinte abspannen.

Débander un criminel, einem armen Sünder die Augen losbinden.

se DE'BANDER, *v. r.* l'armée se *débande*, die Soldaten laufen trouppenweise davon, reissen aus.

Les cordes se *débandent*, die Saiten werden los oder locker, geben nach, werden schlaff.

Le tems se *débande*, das Wetter wird gelinde, die Kälte läßt nach.

se DE'BANDER l'esprit, sich zur Ruhe begeben, von seinen Geschäften ausruhen.

DE'BAPTISER, *voiés* DE'BâTISER.

DE'BARASSER, *voiés* DE'BARRASSER.

DE'BARBOUILLER, *v. a.* den Koth des Gesichts abwischen.

DE'BARCADOUR, *s. m.* ein Ort, die Waaren auszuladen aus dem Schiff.

DE'BARDAGE, *s. m.* das Ausladen des Holzes aus den Schiffen.

DE'BARDER, *v. a.* einen Pack Sachen, den man auf sich gehabt und getragen hat, von sich legen, niedersetzen, hinstellen.

DE'BARDER, Holz und andere Waaren aus den Schiffen laden.

DE'BARDEUR, *s. m.* ein Holzauslader aus den Schiffen.

DE'BARETER, *v.* DE'BARRETER.

DE'BARQUADOUR, *v.* DE'BARCADOUR.

DE'BARQUEMENT, *s. m.* das Aussteigen aus dem Schiff, oder das Ausladen.

DE'BARQUER, *v. n.* aus dem Schiff gehen oder steigen, ans Land treten. Un nouveau *débarqué*, ein Neuling; frisch Angekommener.

DE'BARQUER, *v. a.* lösen; aus dem Schiff bringen.

DE'BARRASSER, *v. a.* von etwas los machen, los reissen, los wickeln, entledigen, entschlagen, das einem beschwerlich war, oder daran man das Herz gehängt hatte.

se DE'BARRASSER, *v. r.* sich entschlagen, loswickeln.

DE'BARRER, *v. a.* den Balken oder das Querholz vor etwas wegthun.

DE'BARRER, die Hinderungen wegthun, befreyen, losmachen.

Un luth *débarré*, eine Laute, davon die Querhölzer los oder weg sind.

DE'BAT, *s. m.* Streit, Streitigkeit. A' eux le *débat*, entre eux le *débat*, man wird sich ihres Streits wegen keine Mühe machen, sie mögen es mit einander ausmachen.

DE'BâTER, *v. a.* den Saumsattel abthun, absatteln. *Débâter* un âne, einen Esel absatteln.

Un âne *débâté*, ein Kerl, der auf die Weibsbilder erhitzt ist, ein Hurenhengst.

DE'BâTISER, *v. a.* einen umtaufen, ihm einen andern Namen geben.

se DE'BâTISER, *v. r.* einen andern Namen anneh-

annehmen, sich anders nennen; den Tauf-
bund aufsagen, ein Türk oder Jud werden.
DE'BATTRE, *v. a. & n.* erwegen, vor etwas streiten; über etwas streiten, zanken.
  Débattre un compte, eine Rechnung
abnehmen. Point *débattu* entre les
parties, ein abgethaner (ausgemachter)
Punct.
se DE'BATTRE, *v. r.* sich zerarbeiten, sich
quälen, plagen, bemühen.
se DE'BATTRE, wenn Vögel mit den Flügeln schlagen; Thiere mit den Füssen
zappeln, wenn sie hangen.
  Dequoi vous *débattés*-vous, weswegen
seyd ihr bekümmert?
  Se *débattre* de la chape à l'Evêque, sich
wegen eines Dinges zanken, das einen
nicht angeht, und in eines andern Gewalt ist. Se *débattre* des piés & des
mains, mit Händen und Füssen arbeiten;
sich bewegen; zappeln.
DE'BAUCHE, *f. f.* Unordnung; Uber-
maß im Essen und Trinken. Aimer l'honnête *débauche*, gerne schmausen.
  Agréable *débauche*, eine ehrliche Ergötzung auf einer Mahlzeit.
DE'BAUCHE, Üppigkeit; unordiges Leben.
  Un homme plongé dans la *débauche*, der
in der Wollust (Uppigkeit) ersoffen ist.
  Un lieu de *débauche*, ein Hurenhaus.
DE'BAUCHE', *m.* DE'BAUCHE'E, *f. adj.*
wollüstig; üppig.
DE'BAUCHE', *f. m.* ein Schlemmer; Wol-
lüstiger.
DE'BAUCHE', Schmauser; lustiger Bruder.
  Un honnête *débauché*, ein Mensch, der
sich gern bey ehrlichen Lustbarkeiten fin-
den läßt.
DE'BAUCHE'E, *f. f.* üppiges (unzüchtiges)
Weib.
DE'BAUCHER, *v. a.* verführen, verleiten
zu Sünden und Lastern.
DE'BAUCHER un jeune homme, einen jun-
gen Menschen zur Uppigkeit verführen.
  Débaucher une fille, ein Mägdlein zur
Unzucht verleiten.
DE'BAUCHER, abspannen; abspännig (ab-
trünnig) machen. *Débaucher* un valet,
einen Diener seinem Herrn abspannen.
  Débaucher quelqu'un de son travail, ei-
nen von seiner Arbeit abwenden, ableiten.
  Cette viande *débauche* l'estomac, diese
Speise verderbet den Magen.
se DE'BAUCHER, *v. r.* seinen Geschäften
sich entziehen; it. lüderlich werden.
DE'BAUCHEUR, *f. m.* cuse, *f.* Kuppler,
Kupplerin.
DE'BENTUR, *f. m.* eine Quittung, die ge-
wisse Bediente dem Könige geben, wenn
sie ihre Besoldung empfangen.

DE'BET, *f. m.* Schuld, was einer, der Rechnung ablegt, nicht belegen kan, und schuldig bleibt; der Rückstand.
DE'BIFFER, *v. a.* verderben; in Unordnung bringen. Vous avés l'estomac *dé-
biffé*, ihr habt euern Magen verderbt.
  Une armée *débiffée*, eine zertrennte Armee.
DE'BILE, *adj.* schwach. Estomac *débile*,
schwacher Magen. Esprit *débile*, schwacher einfältiger Kopf. Arbrisseau *débile*,
schwaches Bäumlein.
DE'BILEMENT, *adv.* schwächlich.
DE'BILITATION, *f. f.* Schwächung; Abnehmung der Kräften.
DE'BILITE', *f. f.* Schwachheit.
DE'BILITER, *v. a.* schwächen. La débauche *débilite* les nerfs, das unordige
Leben schwächt die Spannadern. La
pauvreté *débilite* le courage, die Armuth
benimmt den Muth.
DE'BILLER, *v. a.* die Pferde von einem
Schiffe abspannen wegen einer Brücke,
oder um anderer Ursache willen.
DE'BIT, *f. m.* das Verkaufen; der Handel; das Ausgeben; Erzehlung einer Zeitung. Marchandise de bon *débit*, Waaren, die wohl abgehen.
  Il a un beau *débit*, il a le débit agréable, er erzehlt eine Sache sehr wohl, er
führet eine Sache recht wohl aus, er hat
ein gut Mundwerk, man hört ihm mit
Lust zu.
DE'BITER, *v. a.* verkaufen, als Kaufmannswaaren oder zu Markt geführte
Sachen. *Débiter* du drap, du vin, Tuch,
Wein verkaufen. Il *débite* bien sa marchandise, er verkauft seine Waare bald;
er bringt sie leichtlich an Mann. Il *débite*
bien, er kan wohl schwatzen.
  Débiter en détail & à crédit, stückweise,
einzeln und auf Borg verkaufen.
DE'BITER, fertig reden. Il *débite* agréablement un conte, er weiß einen
Schwank auf eine angenehme Weise an-
zubringen.
DE'BITER des nouvelles, neue Zeitungen
ausbringen.
DE'BITER quelqu'un, einen als Schuldner
in das Buch einschreiben.
DE'BITER, einen Stein von einander
sägen, Schalen oder Platten daraus zu
machen, die viereckig sind.
DE'BITER, (bey den Schreinern) ein Holz
in kleine länglichte Streife zertheilen; it.
mit dem Zirkel abmessen und zeichnen.
DE'BITER, (in der Seefahrt) das Ankerseil los machen, den Ring, den das
grosse Schiffseil an dem Holz machet,
worüber es geschlungen ist, wieder herab lassen.

DE'BI-

DE'BITEUR de nouvelles, *s. m.* der neue Zeitung ausbreitet, Zeitungskrämer.
DE'BITEUR, *s. m.* ein Schuldner. Un *débiteur* solvable, insolvable, ein zahlbarer, unzahlbarer Schuldner.
DE'BITIS, *s. m.* ein Canzleyterminus, ein Befehl oder Vollmacht, sich an seinem Schuldner bezahlt zu machen, es geschehe, wie es will.
DE'BITRICE, *s. f.* Schuldnerin.
DE'BLAI, *s. m.* Endschaft einer Verdrüßlichkeit.
DE'BLAYER, *v. a.* verdrüßliche Dinge wegschaffen.
DE'BLEüRE, *s. f.* das Getreyd so noch im Feld steht. (ist alt.)
DE'BOëTTEMENT, DE'BOITEMENT, *s. m.* Verrenkung.
DE'BOëTTER, DE'BOITER, *v. a.* ein Glied verrenken.
DE'BOëTTE', DE'BOITE', ée, *adj.* verrenkt. Un os *déboité*, ein verrenktes Bein.
DE'BOIRE, *s. m.* der schlimme Geschmak, so im Munde bleibet, wenn man was widriges getrunken hat, der Nachgeschmak.
DE'BOIRE, Unlust, Verdruß. C'est un grand *déboire* pour lui, das quält ihn über alle massen, ist ihm sehr zuwider.
DE'BOITER, *v.* DE'BOëTTER.
DE'BONDER, *v. a. & n.* den Zapfen oder Schlegel eines Fischteiches ausziehen, das Wasser abzulassen, einen Teich ziehen; mit Gewalt heraus brechen, als wenn man den Zapfen oder Spund aus einem Faß ziehet; das Schutzbret wegthun, daß das Wasser losbrechen kan.
Débonder l'écluse, die Schleuse aufziehen.
se DE'BONDER, *v. r.* ausbrechen, austreten, losbrechen, sich ergießen, sich ausbreiten, als ein Fluß oder Teich, das Meer, oder andere feuchte Dinge.
Se *débonder* contre quelqu'un, auf einen losbrechen, seinen Zorn gegen einen auslassen.
Se *débonder* en larmes, viel Thränen vergießen.
Le fiel s'est *débondé* dans son corps, die Gall hat sich bey ihm ergossen.
DE'BONDONNER, *v. a.* den Spund von einem Faß weg thun.
DE'BONNAIRE, *adj. c.* gütig, mild, sanftmüthig, leutselig, freundlich.
DE'BONNAIREMENT, *adv.* gütiglich, sanftmüthiglich.
DE'BONNAIRETE', *s. f.* Sanftmuth, Gütigkeit.
DE'BORD, *s. m.* Ergießung der Feuchtigkeiten des Leibes.
DE'BORD, Rand an einer Münze, ausser-

halb der Schrift.
DE'BORDE', *s. m.* ée, *f.* ein ausgelassener, unordentlicher, lüderlicher Mensch. Mener une vie *débordée*, ein unordentliches Leben führen.
DE'BORDEMENT, *s. m.* Ergießung; Austreten eines Stroms.
DE'BORDEMENT, Ergießung einer Feuchtigkeit in dem Leibe. *Débordement* d'humeur, Ergießung böser Feuchtigkeiten.
DE'BORDEMENT, feindlicher Einfall. Il s'opposa au *débordement* des infidéles, er that dem gewaltigen Einfall der Ungläubigen Widerstand.
DE'BORDEMENT, unordentliches Leben; Verderbniß der Sitten. Le *débordement* des mœurs est grand dans nôtre siécle, die Sitten unserer Zeit sind sehr verderbt.
DE'BORDER, *v. a.* die Borten abtrennen. *Déborder* une jupe, einem Rock die Borten abnehmen.
DE'BORDER, *v. n.* vorstechen, überragen. Cette poutre *déborde*, dieser Balke sticht vor.
DE'BORDER, überlaufen, aus dem Ufer treten. Les riviéres *débordent* par les grandes pluïes, von starkem Regen laufen die Ströme über.
DE'BORDER, (in der Seefahrt) abweichen, (wird von Fahrzeugen gesagt, so von den grössern Schiffen abweichen.)
DE'BORDER, den Rand abschneiden.
DE'BORDER, (in dem Kriegswesen) länger, breiter seyn. L'ennemi nous *débordoit* à la droite, die Linie des Feinds war zur rechten länger als die unserige.
se DE'BORDER, *v. r.* überlaufen. Quand le Nil se *déborde*, wenn der Nilus überlauft, austritt.
se DE'BORDER, sich auslassen, ausbrechen. Sa crüauté se *déborda* sur tous, er ließ seine Grausamkeit über alle aus. Se *déborder* en paroles impures, in unflätige Worte ausbrechen. La bile se *déborde*, die Galle laust über. Se *déborder* en injures, ausgelassen seyn mit Schimpfen. Il se *déborde* en toute sorte de vices, er wälzet sich in allerley Lastern herum.
DE'BORDOIR, *s. m.* ein Schnitzmesser der Böttcher, Werkzeug der Kiefer.
DE'BOSSER, *v. a.* (in der Seefahrt) das Seil von den angeknüpften Stricken losmachen.
DE'BOTTER, *v. a.* die Stiefel ausziehen. *Débottés*-moi, ziehet mir die Stiefel ab.
se DE'BOTTER, *v. r.* sich selbst die Stiefel ausziehen.
DE'BOUCHER, *v. a.* das, was vor einem Loch steckt, wegnehmen; den Deckel von einem Gefäß; die Verstopfung im Leibe.

Déboucher une bouteille, eine Flasche öfnen durch Ausziehung des Stöpfels. Cette médecine vous *débouchera*, diese Arzney wird euch Oefnung machen.

DÉBOUCHER, durchmarschiren. *Déboucher* les chemins, les passages, den Paß öfnen.

DÉBOUCLER, v. a. den Ring wegnehmen, sonderlich von den Stuten; los machen. *Déboucler* une cavale, einer Stute die angelegten Ringe abnehmen. *Déboucler* une perruque, die eingeschlagene Locken einer Perruque auskämmen.

DÉBOUILLIR, v. a. ein Stücklein oder Läpplein gefärbtes Tuch oder Zeug in Alaun und Weinstein, oder in Seife oder Citronensaft, kochen, zu sehen, ob sich in einer halben Stunde die Farbe ändert, oder nicht.

DÉBOUQUEMENT, f. m. das Herausschiffen aus den Meerengen.

DÉBOUQUER, v. a. aus dem Canal zwischen einer Insel und festem Lande heraus fahren.

DÉBOURBER, v. a. den Schlamm oder Koth wegthun, vom Koth reinigen. *Débourber* un étang, einen Teich ausschlämmen, ausführen.

se DÉBOURGEOISER, v. r. sich aus dem bürgerlichen Stand in den adelichen begeben.

DÉBOURRER, v. a. die gröbste Wolle wegnehmen.

DÉBOURRER, einen abhobeln, geschickt machen.

se DÉBOURRER, v. r. anfangen verständig zu werden, seine grobe Sitten ablegen.

DÉBOURSÉ, f. m. ausgelegt Geld, Vorschuß.

DÉBOURSEMENT, f. m. das Auszahlen, das Ausgeben; das Vorschießen. Faire un *déboursement* considérable, eine ansehnliche Ausgabe thun.

DÉBOURSER, v. a. aus dem Beutel bezahlen; ausgeben, als Geld; zum Voraus bezahlen, auslegen, vorschießen. Il a *déboursé* 100 écus en ce voiage, er hat auf dieser Reise hundert Thaler ausgegeben.

DEBOUT, adv. aufgerichtet, auf den Füssen, auf. *Debout*, auf! auf! steht auf. Mettre *debout*, aufgericht stellen. Ces marchandises passent *debout* dans cette ville, diese Waaren passiren frey durch die Stadt. Etre *debout*, se tenir *debout*, stehen, auf seyn. Il ne sauroit tomber que *debout*, er kan sich aus allerley Unglück wieder her aus helfen.

DEBOUT, heißt auf der See, gerad vor sich. Donner *debout* à terre, gerad auf das Land zu fahren. Avoir vent *debout*, aller oder être *debout* au vent, den Wind gerad entgegen haben, gegen den Wind fahren.

DÉBOUTÉ, DÉBOUTEMENT, f. m. abschlägige Antwort, Abweisung im Gericht.

DÉBOUTER, v. a. durch richterlichen Ausspruch erklären, daß einer seines Ansuchens nicht gewähret werde, abschlägige Antwort geben, vor Gericht abweisen, seine Prätensionen absprechen. On l'a *débouté* de sa demande, man hat ihm sein Suchen abgeschlagen.

DÉBOUTONNER, v. a. aufknöpfen, die Knöpfe an einem Kleide aufmachen. Rire à ventre *déboutonné*, heftig lachen, daß einem der Bauch zerspringen möchte.

se DÉBOUTONNER, v. r. sich aufknöpfen.

se DÉBRAILLER, v. r. sich vornen aufknöpfen; den Hals und die Brust unhöflicher Weise entblössen.

DÉBREDOUILLE, f. f. die Brücke im Ticktack, da man zwölf Reihen nacheinander setzet.

DÉBREDOUILLER, v. n. die Brücke im Spiel aufheben; it. seinen Gegner im Spiel hindern, daß er nicht doppelt gewinnen kan. Cette femme est revenüe du bal sans *débredouiller*, diese Frau ist vom Tanz wieder kommen, und ist von niemand aufgefordert worden.

DÉBRIDEMENT, f. m. das Abzäumen.

DÉBRIDER, v. a. abzäumen; aufhören, nachlassen. Sans *débrider*, in einem Ritt, item in einem Stück, hintereinander. Faire quatre lieuës sans *débrider*, vier Meilen zurück legen, ohne abzuzäumen, zu füttern.

DÉBRIS, f. m. Les *débris* d'un naufrage, die Trümmer und das übrige von einem Schiff, welches Schiffbruch gelidten hat. les DÉBRIS d'une armée, das übrige von einer geschlagenen Armee. les DÉBRIS d'une muraille, die Stücke von einer eingefallenen Mauer. les DÉBRIS du saccagement d'une ville, Steinhaufen und andere Ueberbleibsel von einer verwüsteten Stadt. On cherche Rome dans ses *débris*, man sucht Rom in seinem Steinhaufen. les DÉBRIS d'un livre, der Ueberrest, die überliebenen Stücke von einem verlohrnen Buch rc. Il lui reste peu de chose du *débris* de de sa fortune, er hat von seinem Vermögen wenig übrig behalten. Il recueillit les *débris* de l'armée, er zog die Ueberbliebenen von seiner Armée zusammen.

DE'BROÜILLEMENT, *s. m.* das Auswickeln, Losmachen, das Abhelfen der Unordnung.

DE'BROÜILLER, *v. a.* in Ordnung bringen; aus der Verwirrung bringen, der Unordnung abhelfen; heimliche Händel entdecken. *Debroüiller* une intrigue, hinter einen heimlichen Handel kommen. *Débroüiller* des papiers, untereinander geworfene Schriften in Ordnung bringen.

DE'BRUTALISER, *v. a.* die wilden und unartigen Sitten abgewöhnen.

DE'BRUTIR, *v. a.* une glace de miroir, ein Spiegelglas abputzen, hell machen; schleifen, poliren.

DE'BUCHEMENT, *s. m.* das Weichen des Wilds aus seinem Lager.

DE'BUCHER, *v. a. & n.* das Wild aus seinen Löchern treiben, aus seinem Lager jagen; gehen.
La bête *débuche*, das Wild weicht aus seinem Lager. Le cerf a *débuché*, der Hirsch ist aufgestanden.

DE'BUSQUER, *v. a. & n.* heißt so viel als *débucher*; figürlich, einen von einem vortheilhaften Ort vertreiben; item einen um sein Glück, Amt, Nahrung 2c. bringen. Il a *débusqué* son rival, er hat seinen Mitbuhler aus dem Sattel gehoben.

DE'BUT, *s. m.* der erste Wurf oder Schlag in gewissen Spielen, als in der Maille, und im Kegelin.

DE'BUT, der Anfang einer Sache, eines Vorhabens, eines Gesprächs. Un beau *début*, ein schöner Eingang. Cet oiseau est en beau *début*, dieser Vogel sitzet eben nahe genug, daß er kan geschossen werden.
Voilà un beau *début*, das ist wohl gegeben.

DE'BUTER, *v. a. & n.* den ersten Streich oder Schlag thun vom Ziel, auf der Maille und im Kegelspiel; it. anfangen, als ein Gespräch oder andere Dinge. *Debuter* avec esprit, eine Rede sinnreich (scharfsinnig) anfangen.
C'est bien *débuté*, (ironice) das war wohl gegeben.

DEÇA', *adv. & præp.* disseits, dißeit; hieher.
Il va *deçà* & *delà*, er geht hieher und daher, hin und wieder.
Il est *deçà* la rivière, er ist disseit des Flusses.
Au *deçà* de la ville, disseit der Stadt.
Venés *en deçà*, kommt auf diese Seite.

Par *deçà*, hierdurch.
De *deçà* les monts, von disseit des Gebirges.

DE'CACHETER, *v. n.* entsiegeln, das Siegel aufbrechen, eines Briefs u. d. gl.

DE'CADE, *s. f.* ein Buch oder Schrift, so in zehen Bücher abgetheilt ist. L'histoire de Tite Live est divisée par *décades*, die Geschichte des Titi Livii sind je in zehen Bücher abgetheilet.

DE'CADENCE, *s. f.* Neigung zum Fall, Anfang zum Verderben; Abgang, Abnahme. La *décadence* de l'Empire, der Verfall des Reichs. La *décadence* du négoce, Abfall der Handlung. Aller en *décadence*, sich zum Untergang neigen. Tomber en *décadence*, in Abnehmen gerathen.

DE'CAGONE, *s. m.* zehneckige Figur.
DE'CAGONE, (im Vestungsbau) Platz mit zehen Basteyen.

DE'CAISSER, *v. a.* heißt bey den Gärtnern, aus den Kästen thun, als Blumen und andere Gewächse.
Decaisser des marchandises, Waaren auspacken.

DE'CALOGUE, *s. m.* die zehen Gebotte Gottes.

DE'CALQUER, *v. a.* ein frisch gedrucktes Kupfer weiter auf ein ander Papier drucken; einen Wiederdruck machen.

DE'CAMETON, *s. m.* eine Zeit von zehen Tagen; ein Werk, das ein Gespräch, so in zehen Tagen gehalten worden ist, in sich hält.

DE'CAMPEMENT, *s. m.* der Aufbruch des Lagers.

DE'CAMPER, *v. n. & a.* das Lager aufheben, mit dem Lager aufbrechen; geschwind von einem Ort weggehen, sich davon machen.
Je l'ai fait *décamper*, ich habe ihm Füsse gemacht.

DE'CANAT, *s. m.* Dechaney, Dechantsstelle, oder Gebiet.

DE'CANISER, *v. n.* eines Decani Stelle vertreten; sonderlich in einem Parlament in Frankreich, in Abwesenheit des Präsidenten dessen Stelle vertreten.

DE'CANTATION, *s. f.* (in der Chymie) das langsame Abseihen oder Ausgiessen aus einem Glas.

DE'CANTER, *v. a.* etwas langsam und gemächlich abgiessen, in der Chymie.

DE'CAPITER, *v. a.* köpfen, den Kopf abhauen, enthaupten.

DE'CARRELER, *v. a.* die viereckigen Steine, womit etwas belegt ist, wegthun, das Pflaster von solchen Steinen aufheben.
Decarreler une chambre, den Fußboden eines Gemachs aufheben.

DE'CATONISER, *v. a.* aus einem Sauer-topf einen freundlichen Menschen machen.
DE'CASTYLE, *f. m.* ein Gebäude das vornen zehen Säulen hat.
DE'CEDER, *v. n.* sterben, natürlichen Todes sterben, abscheiden aus diesem Leben.
DE'CEDE', ée, *adj.* todt, gestorben.
DE'CEINDRE, *v. a.* entgürten, den Gürtel auflösen.
DE'CEINT, e, *adj. & part.* entgürtet.
DE'CE'LEMENT, *f. m.* das Entdecken, Verrathen.
DE'CELER, *v. a.* entdecken was verborgen war. *Déceler* un criminel, einen Uebelthäter angeben, (offenbaren.) *Déceler* son crime, sein Verbrechen entdecken, anzeigen. Il m'a *décelé*, er hat mich verrathen, daß ich da versteckt war.
DE'CEMBRE, *f. m.* der Monat December, der Christmonat.
DE'CEMMENT, *adv.* gebührlich, wohlanständig.
DE'CEMVIRAL, e, *adj.* als: Le Collége *décemviral*, die Rathsversammlung der Zehner oder zehen Herren zu Rom.
DE'CEMVIRAT, *f. m.* das obrigkeitliche Amt der Decemvirorum.
DE'CEMVIRS, *f. m. plur.* die Decemviri, bey den Römern, welche über die Gesetze der 12 Tafeln hielten, die Zehner.
DE'CENCE, *f. f.* der Wohlstand, äusserliche Ehrbarkeit.
DE'CENDRE, *v.* DESCENDRE.
DE'CENNALES, *f. f. plur.* ein Fest so die römischen Kayser alle zehen Jahr in ihrem Reiche hielten.
DE'CENT, e, *adj.* wohlanständig, geziemend, gebührend.
Etre *décent* à quelqu'un, einem wohl anstehen.
DE'CENTE, *v.* DESCENTE.
DE'CEPTIF, m. ive, *f. adj.* betrüglich.
DE'CEPTION, *f. f.* List, Betrug.
DE'CERNER, *v. a.* ordnen, beschliessen, erkennen, gerichtlich aus obrigkeitlicher Macht. Le triomphe fut *décerné* à Germanicus, es war ein Triumph für Germanicum bestimmet.
DE'CES, *f. m.* der Tod, Hintritt, Abschied aus diesem Leben.
DE'CEU, ë, *adj. & part. v.* DE'CEVOIR.
DE'CEVABLE, *adj. c.* leicht zu betrügen.
DE'CEVANT, e, *adj.* betrüglich.
DE'CEVOIR, *v. a.* betrügen, hintergehen. Il ne tend qu'à vous *décevoir*, er trachtet nur euch zu betrügen.
DE'çû, ë, *part. & adj.* betrogen. Ma crainte a été heureusement *déçûë*, meine Furcht ist glücklich betrogen.
DE CEZ, *v.* DE'CES.
DE'CHAINEMENT, *f. m.* eine Losbrechung gegen einen, mit Schänden und Schmähen; ein heftiges Schelten.
DE'CHAINER, *v. a.* von Ketten und Banden losmachen. *Déchainer* les galériens, die Ruderknechte losschliessen.
DE'CHAINER, reizen, verhetzen. Il a *déchainé* son ami contre moi, er hat seinen Freund wider mich gereizt.
se DE'CHAINER, *v. r.* sich seiner Bande entledigen, sich losmachen, oder losbrechen.
se DE'CHAINER contre quelqu'un, auf einen öffentlich mit Gewalt losgehen; sich den Zorn übereilen lassen. Se *déchainer* en invectives, mit Schmähworten loszichen.
DE'CHAINE', ée, *part. & adj.* von Ketten losgemacht, entfesselt; frey, ledig, los. Les vents font *déchainés*, die Winde stürmen, toben. Un vent *déchainé*, ein heftiger Sturmwind.
C'est un vrai diable *déchainé*, es ist ein rechter ausgelassener Teufel.
DE'CHALANDER, *v. a.* die Kunden abspannen.
DE'CHANTER, *v. n.* (ist nur im figürlichen Verstande gebräuchlich) abbrechen vom Werth, verringern, nachlassen; it. einen Wiederruf thun.
Il y a bien à *déchanter*, es ist noch lang nicht an dem, es fehlt noch viel daran; hier ist viel abzudingen.
DE'CHAPERONNER, *v. a.* einem Falken das Häublein abziehen.
DE'CHARGE, *f. f.* das Ab- oder Ausladen.
DE'CHARGE, (in der Waffenübung) das Losschiessen eines Geschützes; eine Salve, Losschiessung vieler Gewehre zugleich. Faire une *décharge* de l'artillerie, das grobe Geschütz nacheinander losbrennen.
DE'CHARGE, (in der Heilkunst) die Entledigung des Leibes, der Stuhlgang; auch Ausführung anderer Dinge aus dem Leib, es sey von Natur oder durch Arzneyen.
DE'CHARGE de conscience, Erquickung; Befriedigung; Beruhigung; Befreyung, Erledigung.
DE'CHARGE, (im Rechtshandel) Acte de *décharge*, Quittung; Entbindungsschrift, Freysprechung von etwas.
DE'CHARGE, das gute Zeugniß, das einem Beklagten zum Besten gegeben wird.
DE'CHARGE, das Loch, die Gegend, die Oeffnung, wo ein Wasser aus einem Ort in einen andern fliesset.
DE'CHARGE, (in der Baukunst) ein Querholz oder Quaderstein an Gebäuden über Thüren, Fenstern, worauf die meiste Last ruhet.
DE'CHARGE, (bey den Schlossern) ein eiserner Stab über eine eiserne Thüre.

DE'CHAR-

DE'CHARGE, Geräthekammer, Nebenkammer, ein Cabinet oder sonst ein verborgener heimlicher Ort, wohin man im Hause allerley Sachen legen und verschliessen kan.

une DE'CHARGE de coups de bâton, eine Prügelsuppe.

DE'CHARGEMERT, *s. m.* das Ausladen der Schiffe.

DE'CHARGEOIR, *s. m.* bey den Webern ein Spulen, auf welchem man das Garn von den andern wickelt; it. eine Haspel.

DE'CHARGER, *v. a.* entladen, entlasten, die Last abnehmen; von etwas beschwerliches entledigen, befreyen; erleichtern, leichter machen; reinigen, wenn die Rede von Leibsgliedern ist, als den Magen, das Hirn, die Nieren.

DE'CHARGER la tête de cheveux, das Haar ein wenig verschneiden, damit der Kopf leichter werde.

DE'CHARGER la marchandise, die Waaren vom Schiff ausladen, oder vom Wagen abladen.

DE'CHARGER son ventre, den Bauch leeren, seine Nothdurft verrichten.

DE'CHARGER la masse du sang, dem Geblüt durch Aderlassen Platz machen.

La veine cave *décharge* le sang dans la cavité droite du cœur, die Hohlader führet das Blut in die rechte Herzkammer; das Blut läuft aus derselben darein.

DE'CHARGER la conscience, das Gewissen beruhigen.

DE'CHARGER son cœur, sein Herz ausschütten.

DE'CHARGER un arbre, die schwersten Aeste abhauen.

DE'CHARGER une arme à feu, ein Geschütz losschiessen, oder die Ladung herausziehen.

DE'CHARGER un coup de poing, einen Streich geben.

DE'CHARGER sa colère, den Zorn auslassen.

DE'CHARGER un régître, un contract, unter eine Rechnung oder einen Contract schreiben, was davon bezahlet worden ist, das Bezahlte abschreiben.

DE'CHARGER un accusé, einem zu gut vor Gericht zeugen, sagen, daß er unschuldig sey.

DE'CHARGER les voiles, den Wind in das Segel bringen.

DE'CHARGER une poutre, einen Balken, der zu viel trägt, unterstützen.

se DE'CHARGER, *v. r.* eine Last oder Bürde von sich laden; seine Nothdurft thun; it. seine Unschuld darthun.

se DE'CHARGER sur quelqu'un de quelque chose, einem ein Geschäft auftragen, das man selbst hätte verrichten sollen; item erweisen, daß ein anderer das gethan, dessen man beschuldiget ward.

Cette rivière se *décharge* dans la mer, dieser Fluß fließt ins Meer.

Cette couleur se *décharge*, diese Farbe schiesst ab.

DE'CHARGE', ée, *adj. & part.* leicht, schmal, gering von Leibe.

DE'CHARGEUR, *s. m.* ein Ablader.

DE'CHARMER, *v. a.* die Verzauberung benehmen.

DE'CHARNER, *v. a.* das Fleisch von den Beinen thun; mager machen. Cette maladie l'a fort *décharné*, diese Krankheit hat ihn sehr mager gemacht, ausgezehrt.

DE'CHARNE', ée, *adj.* mager; (figürlich) schlecht, matt, mager von Einfällen. Un style *décharné*, eine magere (dürre) Schreibart.

DE'CHARPIR, *v. a.* zwey kämpfende (raufende) Personen entscheiden, von einander reissen.

DE'CHASSER, *v. a.* wegjagen, vertreiben; machen, daß etwas heraus gehet.

DE'CHAUSSEMENT, *s. m.* Ausziehung der Schuhe und Strümpfe.

DE'CHAUSSEMENT, das Umgraben oder Aufdecken der Wurzeln der Bäume, des Weinstocks.

DE'CHAUSSER, *v. a.* Strümpfe und Schuhe ausziehen.

DE'CHAUSSER les dents, das Zahnfleisch von den Zähnen losmachen; les arbres, die Erde unten an den Bäumen wegthun; la volaille, die gröbste Haut von den Füssen des Geflügels abziehen.

DE'CHAUSSE', ée, *adj.* der barfuß gehet; ein Barfüssermönch. Augustin *déchaussé*, Augustinerbarfüsser.

Ce bâtiment est *déchaussé*, dieses Gebäu hat Schaden am Fundament gelitten.

DE'CHAUSSOIR, *s. m.* ein Instrument, das Zahnfleisch von den Zähnen zu lösen, sie desto leichter auszuziehen.

DE'CHAUSSURES, *s. f. pl.* ein Ort, wo der Wolf gekratzt, und sich dahin gelegt hat.

DE'CHE'ANCE, *s. f.* (im Rechtshandel) Verlust; Verfall. A peine de *déchéance* de son droit, bey Verlust seines Rechts.

DE'CHEOIR, *v.* DE'CHOIR.

DE'CHET, *s. m.* Abschlag der Waaren im Preis; Verringerung an der Güte derselben. Le *déchet* de cette marchandise est grand, diese Waare schlägt sehr ab; es wird viel daran verlohren. Vous porterés le *déchet*, ihr werdet den Verlust tragen müssen. Etre dans un grand *déchet,*

chet, in grossem Abfall (Verringerung) seines Zustandes seyn.

DE'CHET, Abgang von den Metallen im Schmelzen.

DE'CHET, das Abweichen eines Schiffs von dem rechten Lauf.

DE'CHEU, ë, *part*. v. DE'CHOIR.

DE'CHEVELER, *v. a.* die aufgebundenen Haare herab reissen, daß sie um den Kopf hängen; die Hauben vom Kopf reissen. Ces femmes se font toutes *déchevelées*, diese Weiber haben einander die Haare wohl zerzauset.

DE'CHEVELE'E, *part.* eine höchstbetrübte Weibsperson.

DE'CHEVéTRER, *v. a.* einem Pferde die Halfter abthun.

DE'CHIFRABLE, *adj. c.* das herausgebracht, erkläret werden kan. Cette lettre n'est pas *déchifrable*, dieser Brief ist nicht zu entziffern.

DE'CHIFREMENT, *s. m.* Erklärung der Ziffern eines heimlichen Briefs.

DE'CHIFRER, *v. a.* erklären was mit unbekannten Ziffern oder Characteren geschrieben ist.

DE'CHIFRER, eine üble Schrift lesen.

DE'CHIFRER, eine verborgene Sache erläutern, oder errathen.

DE'CHIFRER, eines Fehler abmahlen, einen durchziehen.

DE'CHIFREUR, *s. m.* einer der verborgene Zeichen der Briefe lesen kan.

DE'CHIQUETER, *v. a.* zerschneiden; zerkerben. *Déchiqueter* la peau, die Haut zerkerben. On *déchiquetoit* autrefois les habits, vormals trug man ausgehackte (zerstückte) Kleider.

DE'CHIQUETÜRE, *s. f.* das Zerschneiden, z. E. eines Kleides.

DE'CHIREMENT, *s. m.* das Zerreissen.

DE'CHIREMENT de conscience, Gewissensangst.

DE'CHIRE', *m.* DE'CHIRE'E, *f. adj.* zerrissen. Habit *déchiré*, zerrissen Kleid. Cette fille n'est pas trop *déchirée*, dieses Mägdlein ist eben so garstig nicht.

DE'CHIRER, *v. a.* zerreissen. *Déchirer* ses habits, seine Kleider zerreissen. *Déchirer* un papier, ein Papier zerreissen. Il ne s'en fait pas *déchirer* le manteau, er läßt sich den Ermel nicht zerreissen, läßt sich nicht lange bitten.

DE'CHIRER, zergliedern. Les nations Barbares *déchirèrent* l'Empire & le mirent en pièces, die wilde Völker haben das Reich zergliedert und zerrüttet. L'état est *déchiré* par des factions, das Reich wird durch innerliche Trennung verwüstet. Celà *déchire* le cœur, das schneidet ins Herz. *Déchirer* la reputation de son prochain, seinem Nächsten übel nachreden; an seinem Gute einen Abbruch thun. *Déchirer* ses amis sous main, seine Freunde hinter dem Rücken durch die Hechel ziehen, verlästern.

DE'CHIRURE, *s. f.* ein Riß.

DE'CHOIR, *v. a.* von etwas guts zu was geringers kommen. Il commence à *déchoir*, sein Credit wird schlecht.

DE'CHOIR, um etwas kommen. *Déchoir* de son rang, seines Standes beraubet werden. Il est *déchû* des bonnes graces du Prince, er ist aus des Fürsten Gunst gefallen.

DE'CHOIR, abnehmen. En fondant l'or, il en *déchoit* quelque chose, wenn man Gold schmelzet, geht allezeit etwas ab. Toute liqueur *déchoit* en cuisant, alle Säfte gehen ein, wenn man sie siedet.

DE'CHOIR, (in der Seefahrt) aus dem Lauf oder rechten Weg kommen.

DE'CHU, *m.* DE'CHUë, *f. adj.* beraubt, um etwas gekommen.

DE'CIDER, *v. a.* erörtern, schlichten, beylegen, entscheiden. *Décider* une question, eine Frage entscheiden. *Décider* un différent, in einer Streitsache den Ausspruch thun. Elle peut *décider* de ma bonne ou de ma mauvaise fortune, sie kan mich glücklich oder unglücklich machen. Il aime à *décider*, er will gern allzeit recht haben.

DE'CILLER, *v. a.* les yeux à quelqu'un, einem die Augen öfnen, daß er einen Betrug erkenne ic.

DE'CIMABLE, *adj. c.* was Zehenden bezahlt.

DE'CIMAL, e, *adj.* zum Zehenden gehörig. Une matière *décimale*, eine Sache, die den Zehenden betrift.

DE'CIMATEUR, *s. m.* der Zehendherr, der den Zehenden heben darf.

DE'CIMATION, *s. f.* das Herausnehmen des zehenden Soldaten zum hängen ic.

DE'CIMER, *v. a.* durch das Loos aus zehen Soldaten einen heraus nehmen, der hängen soll.

DE'CIMES, *s. f. plur.* der Zehende. Païer les *décimes*, den Zehenden entrichten.

DE'CINTRER, *v. a.* (in der Baukunst) das Gerüst, worüber ein Gewölbe gemacht worden ist, wegthun.

DE'CINTROIR, *s. m.* ein Mauerhammer mit 2 Schärfen.

DE'CISIF, ive, *adj.* das da entscheidet, das Endurtheil giebt ic. Raison *décisive*, ein Grund, darauf der Ausschlag der Sache beruhet. Sentence *décisive*, endlicher Spruch, Endurtheil.

DE'CISION, *s. f.* Ausspruch, Entscheidung, Urtheil. Les *décisions* des Conciles, die Aussprüche der Kirchenversammlungen

lungen. Du succès de cette bataille dépendoit la *décision* de la guerre, an dem Erfolg dieser Schlacht war der Ausschlag des Kriegs gelegen.

DE'CISIVEMENT, *adv*. il parle *décisivement*, er bejahet es gar zu frey, als wenn er darüber zu sprechen hätte.

DE'CISOIRE, *adj. c*. serment *décisoire*, der Haupteyd, worauf der Endspruch erfolget.

DE'CLAMATEUR, *s. m*. der sich in der Redekunst übt, ein Redner.

DE'CLAMATEUR, Großsprecher, der viel Worte macht. Ce n'est qu'un *déclamateur*, er siehet mehr auf schöne Worte, als auf die Wichtigkeit der Sachen.

DE'CLAMATION, *s. f*. Rede, die man öffentlich herlißt, redt, oder geredt hat.

DE'CLAMATION, Strafrede, Ausscheltung.

DE'CLAMATOIRE, *adj. c*. zur Redübung gehörig. Stile *déclamatoire*, schulfüchsische Schreibart.

DE'CLAMER, *v. a. & n*. als ein Redner reden, sich in der Redekunst üben.

DE'CLAMER contre quelque chose, wider etwas scharf reden, heftig loszihen; auf der Canzel über etwas schmälen.

DE'CLARATIF, ive, *adj*. das eines grossen Herrn Willen an den Tag legt.

DE'CLARATION, *s. f*. eine Erklärung, Kundmachung, Offenbarung; Erkundigung; Aussage; Bezeugung; Befehl, Verordnung. J'ai fait *déclaration* de mes fautes, ich habe meine Fehler angezeigt. Faire une *déclaration* d'amour, von seiner Liebe Eröfnung thun. Le Roi a fait publier une *déclaration*, der König hat eine Verordnung ergehen lassen.

DE'CLARATION, Inventaire, Beschreibung; Verzeichniß. Donner une *déclaration* de son bien, ein Verzeichniß seines Vermögens eingeben.

DE'CLARATOIRE, *adj. c*. (in Rechtssachen) was zur Erklärung dienet. Acte *déclaratoire*, Bezeugungsschrift; Erläuterungsschrift.

DE'CLARER, *v. a*. offenbaren, zu wissen machen, zu erkennen geben. *Déclarer* sa pensée, seine Gedanken eröfnen, zu erkennen geben. *Déclarer* la guerre, den Krieg ankündigen. *Déclarer* quelqu'un Roi, einen zum König erklären.

se DE'CLARER, *v. r*. sich deutlich erklären. Se *déclarer* pour quelqu'un, sich zu eines Parthey schlagen, für einen erklären. La maladie se *déclare*, die Krankheit zeigt sich, bricht aus.

DE'CLIC, *s. m*. (in der Baukunst) eine Hoye, Rammler, so man aufziehet und wieder fallen läßt, Pfäle einzuschlagen.

DE'CLIN, *s. m*. das Abnehmen. Tomber dans le *déclin*, in Abnehmen gerathen. Le *déclin* de la maladie, Abnehmen der Krankheit, wenn es sich bessert. L'hiver est sur son *déclin*, der Winter ist bald zu Ende.

le DE'CLIN de la lune, der abnehmende Mond.

le DE'CLIN d'un fusil, d'un pistolet, die Zunge an einer Flinte oder Pistole.

DE'CLINABLE, *adj. c*. (in der Grammatic) was declinirt werden kan.

DE'CLINAISON, *s. f*. (in der Grammatic) das Durchgehen eines Worts durch seine Casus, die Endwandlung eines Worts.

DE'CLINAISON, (in der Sternkunst) das Abweichen; die Entfernung. La *déclinaison* du soleil de l'équateur, das Abweichen der Sonnen vom Gleichmesser. La *déclinaison* de l'aimant, das Abweichen der Magnetnadel vom Nordstern.

DE'CLINAISON, das Abweichen einer Mauerfläche von den vier Hauptgegenden der Welt; oder einer Bleywaage, da eine Mauer nicht gerad aufgebauet ist.

DE'CLINANT, e, *adj*. das abweicht, abnimt.

DE'CLINATOIRE, *adj. c*. exceptions *déclinatoires*, Ausnahmen oder Einwendungen, sich einem Gericht zu entziehen.

DE CLINER, *v. a. & n*. sich neigen, zu seinem Ende gehen, abnehmen. Le jour *décline*, der Tag neiget sich, geht zum Ende. Il commence fort à *décliner*, er beginnet sehr an Kräften abzunehmen.

DE'CLINER, (in der Grammatic) ein Wort durch seine Casus durchgehen.

Il ne sait pas *décliner* son nom, er ist gar unwissend im Latein.

DE'CLINER son nom, seinen Namen an einem Ort sagen, wo man nicht bekannt ist.

Faire *décliner* le nom à quelqu'un, einen zwingen, sich zu etwas zu erklären, das man von ihm verlangt.

DE'CLINER, (im Rechtshandel) sich der Bottmäßigkeit eines Richters entziehen. *Décliner* la jurisdiction, ein Gericht nicht vor gnugsam erkennen wollen, von seiner Sache zu urtheilen.

DE'CLINER, (in der Sternkunst) abweichen.

DE'CLINER, sagt man von der Magnetnadel, wenn sie nicht just auf den Nordpunct geht, sondern zur rechten oder linken abgehet; it. wenn die Sonne oder ein ander Gestirn von dem Æquatore disseits oder jenseits abgeht.

DE'CLORRE, *v. a*. einen Zaun umreissen.

DE'CLOS, e, *part. & adj*. (in der Poesie) das nicht wohl verschlossen ist. Lèvres *décloses*, aufgeschlossene Lippen.

DE'CLOüER, *v. a*. etwas angenageltes abbrechen, abreissen, die Nägel ausziehen.

DE'COCHEMENT, *s. m*. das Losschiessen, Werfen eines Pfeils.

DE'COCHER, *v. a.* une flèche, einen Pfeil loßschiessen.
DE'COCHER les traits de sa colère, seinen Zorn außlassen.
DE'COCTION, *s. f.* ein abgesottener Arzneytrank.
DE'COCTION, das Dicksieden eines dünnen Safts.
DE'COIFFER, *v. a.* einer Frauen die Haube vom Kopfe nehmen.
DE'COIFFER, machen, daß die Haare unordentlich um den Kopf fliegen.
DE'COIFFER une bouteille, eine Flasche aufmachen.
DE'COLLATION, *s. f.* de S. Jean, Johannis Enthauptung; ein Gemählde oder Kupferstich davon; das Fest derselben.
DE'COLLEMENT, *s. m.* das Abhauen am Zimmerholz, wo es zu breit ist, daß man die Fugen nicht zu sehr siehet.
DE'COLLEMENT, das Abthun, Aufgehn des Leims der geleimten Sachen.
DE'COLLER, *v. a.* den Hals abhauen, den Kopf abschlagen.
DE'COLLER, das Geleimte wieder loßmachen.
DE'COLLEUR, *s. m.* (beym Stockfischfang) ein Matrose, der denen gefangenen Fischen alßbald den Kopf abschneidet.
DE'COLORER, *v. a.* die Farbe benehmen, entfärben.
DE'COLORE', ée, *part. & adj.* bleich, entfärbt, farbloß.
DE'COMBRE, *s. f.* der Schutt Mauerwerk und Mist von einem eingefallenen oder eingerissenen Gebäude.
DE'COMBRES, im plur. das, was oben aufliegt auf einer Steingrube, ehe man zum rechten Stein kommt.
DE'COMBRER, *v. a.* die Werkstatt eines Steinmetzen räumen &c. eine Baustätte von Schutt reinigen.
DE'COMBRER un égout, un tuïau, eine verstopfte Röhre reinigen.
DE'COMPOSER, *v. a.* einen vermischten Cörper in seine Principia auflösen, durch die Chymie.
DE'COMPOSER quelqu'un, *v.* DE'CONCERTER quelqu'un.
DE'COMPOSITION, *s. f.* Auflösung eines vermischten Cörpers in seine Principia.
DE'COMPTE, *s. m.* Abrechnung, Abzug dessen, was schon gezahlet ist.
DE'COMPTER, *v. a. & n.* abrechnen, abbrechen von einer Summe.
DE'CONCERTE', *m.* ée, *s. f. adj.* bestürzt; erschrocken; entstellt; verstört.
DE'CONCERTER, *v. a.* (in der Singkunst) irre machen, auß dem Ton bringen. Une voix discordante *déconcerte* toutes les autres, eine Fehlstimme bringt alle die andere auß dem Ton.
DE'CONCERTER, bestürzen; erschröcken; entstellen; verwirren; verstöhren; unterbrechen. *Déconcerter* quelqu'un, einen entstellen, bestürzt machen. *Déconcerter* les desseins de l'ennemi, die feindlichen Anschläge unterbrechen, verstöhren.
se DE'CONCERTER, *v. r.* sich bestürzen; auffer sich selbst kommen. Il se *déconcerte* pour peu de chose, um ein geringes wird er irre.
DE'CONFIRE, *v. a.* gänzlich schlagen in einer Schlacht; einen in völlige Verwirrung bringen. *Déconfire* l'ennemi, den Feind niedermachen.
DE'CONFIT, e, *adj.* geschlagen, zerstreuet.
DE'CONFITURE, *s. f.* gänzliche Niederlage und Zerstreuung des Feindes; völliger Untergang und Ruin der Kaufleute.
DE'CONFORT, *s. m.* das Verzagtmachen.
DE'CONFORTER, *v. a.* den Muth benehmen, verzagt machen.
se DE'CONFORTER, *v. r.* kleinmüthig werden.
DE'CONNOIR, *s. m.* (bey den Buchdruckern) der Schließnagel.
DE'CONSEILLER, *v. a.* abrathen.
DE'CONTENANCER, *v. a.* machen, daß einer Muth und Farbe verliert.
se DE'CONTENANCER, *v. r.* sich nicht halten können, sich ungebärdig erzeigen.
DE'CONTENANCE', ée, *part. & adj.* der sich nicht halten kan, der losbricht, frey hinlebt, ungeschliffen, ungebärdig.
DE'CONVENUë, *s. f.* Unglück, übeler Ausschlag oder Fortgang, (ist alt).
DE'CORATEUR, *s. m.* (bey den Comödianten) der zu Außzierung des Schauplatzes bestellt ist.
DE'CORATION, *s. f.* Außzierung, Zierath.
DE'CORDER, *v. a.* ein Seil aufdrehen.
se DE'CORDER, *v. r.* aufgehen, von einander gehen; wird von Stricken gesagt.
DE'CORER, *v. a.* zieren; schmücken. *Décorer* une chambre, ein Gemach außzieren.
DE'CORER, einem hohe Titul beylegen, um ihne zu ehren.
DE'CORUM, *s. m.* garder le *décorum*, die äußerliche Wohlanständigkeit oder Höflichkeit in Acht nehmen.
DE'COUCHER, *v. a.* einen auß seinem Bette vertreiben.
DE'COUCHER, *v. n.* se DE'COUCHER, *v. r.* auffer seinem gewöhnlichen Bette schlafen; sich anderswohin betten. *Découcher* d'avec sa femme, nicht bey seiner Frau schlafen; sich von seiner Frau wegbetten.
DE'COUDRE, *v. a.* auftrennen, eine Nath. *Découdre* un habit, ein Kleid zertrennen. *Découdre* un parement de manche, einen Auffschlag abtrennen.

DE'COUDRE, sich zum Streit fertig machen. Il en faut *découdre*, man muß über den Handel zu Schlägen kommen.

DE'COUDRE, (auf den Schiffen) ein Bret abbrechen, zu sehen, was dahinter etwan mangelhaft ist.

DE'COUDRE, aufreissen, aufritzen. Ce sanglier a *décousu* le ventre à deux de nos chiens, dieses Schwein hat zweyen Hunden den Bauch aufgerissen.

se DE'COUDRE, *v. r.* sich abtrennen. Les affaires se *décousent*, die Sachen haben ein schlimm Ansehen, fangen an schlecht zu stehen.

DE'COUSU, ë, *adj. & part.* aufgetrennt, aufgerissen, nicht an einander hangend. Les affaires sont fort *décousuës*, es sieht schlecht aus.

DE'COULANT, e, *adj.* la terre *découlante* de lait & de miel, ein Land, da Milch und Honig fließt.

DE'COULEMENT, *s. m.* das Abfliessen, absonderlich der bösen Feuchtigkeiten. Le *découlement* de l'eau, das Abfliessen; Ablaufen des Wassers.

DE'COULER, *v. n.* abfliessen, herabrinnen. La sueur lui *découle* du visage, der Schweiß laufft ihm vom Gesicht herab. Les fleuves *découloient* de lait & de miel, die Ströme flossen mit Milch und Honig.

DE'COULER, herrühren. C'est par son canal que les graces *découlent*, durch ihn erhält man alles.

DE'COUPE', *s. m.* Krautstück, Blumenstück.

DE'COUPE', ée, *adj.* was in den Wappen als Bärenklaublätter ausgeschnitten ist.

DE'COUPEMENT, *s. m.* Zerschneidung.

DE'COUPER, *v. a.* zerschneiden, zerstücken, zerhacken. *Découper* la viande, das Fleisch zerlegen. *Découper* un habit, kleine Schnidte in die Kleider machen, wie vor diesem. *Découper* des figures, Figuren in einen Pastetendeckel schneiden.

DE'COUPER, Kupferstücke ausschneiden, um sie hernach auf allerley Geräth zu leimen.

DE'COUPEUR, *s. m.* der das Tuch oder Zeug zu Kleidern wohl ausschneiden kan.

DE'COUPLE, *s. f.* das Loßlassen der Hunde von der Koppel.
Un jeune homme bien *découplé*, ein wohlgewachsener junger Mensch.

DE'COUPLEMENT, *s. m.* das Auflösen der zusammen gebundenen Ochsen oder Hunde.

DE'COUPLER, *v. a.* die Hunde von der Koppel loßlassen; item einen auf den andern loßhetzen; Ochsen von einander loßspannen.

DE'COUPURE, *s. f.* Zerschneidung, Zerhauung in den Kleidern zur Zierath; it. in Papier.

DE'COUPURES, im plur. Mackeln oder Fehler im Eisen, Unganzheit.

DE'COURAGEMENT, *s. m.* Verlierung des Muths, Kleinmüthigkeit.

DE'COURAGER, *v. a.* Lust und Muth benehmen, kleinmüthig, verzagt machen.
se DE'COURAGER, *v. r.* kleinmüthig werden.

DE'COURS, *s. m.* Abnehmen des Mondes oder einer Krankheit. *voiés* DE'CLIN.

DE'COUSU, ë, *part. v.* DE'COUDRE.

DE'COUSURE, *s. f.* Auftrennung, Aufgehen einer Naht.

DE'COUSURE, die Wunde, so ein wild Schwein dem Hund macht, wenn es ihm den Bauch aufreißt.

DE'COUVERT, e, *part. & adj. v.* DE'COUVRIR.

DE'COUVERTE, *s. f.* die Entdeckung, Erfindung; Ausforschung, Untersuchung. La *découverte* du nouveau monde, die Entdeckung der neuen Welt. L'expérience fait tous les jours de nouvelles *découvertes*, die Erfahrung entdecket täglich etwas neues. Aller à la *découverte* du païs, ausgehen, das Land zu erkundigen. Etre à la *découverte*, oben auf dem Mast die Wache haben, die Schiffe von ferne zu entdecken. Faire la *découverte* de quelque chose, etwas entdecken.
Attirer son ennemi par une *découverte*, (auf dem Fechtboden) seinen Gegner durch eine gegebene Blöße verführen.

DE'COUVRIR, *v. a.* aufdecken. *Découvrir* un lit, ein Bett aufdecken. *Découvrir* un toi, ein Dach abdecken.

DE'COUVRIR, erfahren; erfinden. Colombe *découvrit* l'Amérique, Columbus hat America erfunden. *Découvrir* une conjuration, eine Verrätherey ausforschen. J'ai *découvert* mon voleur, ich bin dahinter gekommen, wer mein Dieb sey. *Découvrir* les desseins des ennemis, der Feinde Anschläge entdecken. Son visage, & son discours *découvrent* ce qu'il a dans le cœur, sein Gesicht und seine Worte verrathen, was er innerlich im Schilde führet.

Découvrir le pot aux roses, *prov.* eine Heimlichkeit entdecken.

se DE'COUVRIR, *v. r.* sich entblößen.
se DE'COUVRIR, den Hut abziehen.
se DE'COUVRIR, sich offenbaren; sich bloß geben; zu erkennen geben.
se DE'COUVRIR, (auf dem Fechtboden) eine Blöße geben.

Le tems se *découvre*, das Gewölk zertheilt sich, es wird schön Wetter.

DE'COUVERT, e, *part. & adj.* entdeckt.
En déniers à *découvert*, à déniers des couverts, (in Rechtshändeln) baar Geld.
Une allée *découverte*, ein offener Gang im

im Garten, der noch nicht mit Bäumen bedeckt ist.
Un païs *découvert*, ein Land, da nicht viel Bäume stehen, das kahl von Bäumen ist.
A' DE'COUVERT, ohne Decke, dachlos, bloß; it. unter freyem Himmel; it. offenbarlich, ohnverholen. Parler à *découvert*, offenherzig (unverholen) reden.
DE'CRASSER, *v. a.* säubern. *Décrasser le visage*, das Gesicht reinigen.
Dé'CRASSER un jeune homme, einen jungen Menschen klug und höflich machen.
On se *décrasse* en voïage, auf Reisen wird einer manierlich.
DE'CRE'DITEMENT, *s. m.* Abfall der Gunst, des Ansehens, des Credits.
DE'CRE'DITER, *v. a.* den Credit nehmen, oder schwächen, um sein Ansehen oder Gunst bey jemand bringen.
se DE'CRE'DITER, *v. r.* Gunst, Ansehen oder Credit verlieren, in Verachtung gerathen.
DE'CRE'DITE', ée, *adj.* der in Verachtung geräth.
DE'CRE'PIT, e, *adj.* sehr alt. Age *décrépit*, hohes Alter.
DE'CRE'PITATION, *s. f.* das Trocknen des Salzes im Feuer, bis es nicht mehr spritzt oder springt; Verpuffung.
DE'CRE'PITER, *v. a.* das Salz so lange auf dem Feuer dörren, als es spritzt oder knistert.
Vous le feriés *décrépiter*, ihr würdet ihm viel Verdruß machen.
DE'CRE'PITUDE, *s. f.* das hohe Alter.
DE'CRET, *s. m.* Verordnung, Satzung. *Décret* de Dieu, der Rathschluß Gottes. *Décret* de juge, richterliche Verordnung. *Décret* de Pape, Päbstliche Satzung. *Décret* de Chapitre, Capitulsschluß. Le *décret* de Gratien, ein Stück vom geistlichen Recht.
DE'CRE'TALE, *s. f.* ein Schreiben des Pabstes, etwas anzuordnen, oder eine Frage zu entscheiden.
les DE'CRE'TALES, ein Buch voll solcher Verordnungen der Päbste.
DE'CRE'TER, *v. a.* quelqu'un, Befehl ertheilen, eines Person oder Güter sich zu bemächtigen. *Décréter* une maison, ein Haus gerichtlich verkaufen lassen, die Schulden zu bezahlen.
DE'CREUSER, *v. a.* les soïes, die Seide mit Seife kochen, daß sie die Farbe annehme.
DE'CRI, *s. m.* ein öffentlich Verbot und Ausruffen. Le *décri* des espèces étrangères, Verruf der ausländischen Münzen. Le *décri* des dentelles, Verbot der Spitzen. Il est dans le *décri*, er ist verschreyt, in bösem Geschrey.
DE'CRIER, *v. a.* etwas durch öffentliches Ausrufen verbieten; Geld absetzen oder verrufen.
DE'CRIER quelqu'un, einen ins Geschrey bringen, verschreyt machen.
DE'CRIRE, *v. a.* abschreiben; aufschreiben.
DE'CRIRE une ligne, un cercle, einen Strich, einen Kreis beschreiben.
DE'CRIRE les malheurs du tems, die unglücklichen Zeiten vorstellen.
DE'CROCHER, *v. a.* vom Haken herab thun, abnehmen; aufhäkeln. *Décrocher* une tapisserie, ein Beschläg oder Tapeten abnehmen.
DE'CROCHETER, *v. a.* etwas das mit Haften beschlossen ist, auflösen.
DE'CROIRE, *v. a.* je ne le crois, ni le *décrois*, ich glaub es nicht, widersprech es auch nicht; (das verbum ist nicht mehr üblich).
DE'CROISSEMENT, *s. m.* die Abnahme, das Abnehmen eines Flusses.
DE'CROITRE, *v. n.* abnehmen.
DE'CROTER, *v. a.* den Koth aus einem Kleide reiben, abkratzen, abbürsten.
DE'CROTER, (im Scherz) ein Weibsbild beschlafen. Elle est jolie, & mérite bien la peine d'être *décrotée*, sie ist artig und wohl werth, daß sie gebürstet werde.
DE'CROTEUR, *s. m.* Schuhputzer.
DE'CROTOIRE, *s. f.* Kratzbürste, Schuhbürste.
DE'CROUTER, *v. a.* abreiben, als die Hirsche ihr Geweih an den Bäumen.
DE'CRUER, *v. a.* die Seide mit Lauge waschen, damit man sie färben kan.
DE'çû, ë, *part.* v. DE'CEVOIR.
DE'CUIRE, *v. a.* Syrop oder Confituren dünner machen.
se DE'CUIRE, *v. r.* dünner werden.
DE'CUPELER, *v. a.* etwas allgemach abgiessen, (in der Chymie).
DE'CURIE, *s. f.* eine Rotte von 10 Personen den alten Römern.
DE'CURION, *s. m.* (bey den alten Römern) ein Corporal, oder Rottmeister über zehen; it. ein Rathsherr der alten Röm. Colonien; (in den Jesuiterschulen) ein Schüler, der zehen andere unter sich hat, die er aufsagen läßt.
DE'CUSSATION, *s. f.* (in der Geometrie und Optic) der Punct, wo Linien oder Gesichtsstrahlen einander durchschneiden.
DE'DAIGNER, *v. a.* nicht würdig achten; verachten; einen Eckel haben.
DE'DAIGNEUSEMENT, *adv.* verächtlicher Weise.
DE'DAIGNEUX, euse, *adj.* verachtend, verächtlich.
DE'DAIN, *s. m.* Verachtung, Eckel.
DE'DALE, *s. m.* Irrgarten; (figürlich) grosse Verwirrung.

DE'DA-

DE'DAMER, *v. n.* (im Damspiel) die Damen aufmachen; it. sein Amt aufgeben.

DEDANS, *f. m.* das Innere, der inwendige Theil eines Dinges. Le *dedans* d'une maison, das Innere eines Hauses.

DEDANS, (auf der Reitbahn) der inwendige Platz, der der Mauer entgegen gesetzt wird.

DEDANS, in theils Ballhäusern, ein kleiner bedeckter Gang an dem einen Ende.
Venir du *dedans*, heraus kommen.
Avoir deux *dedans*, (im Ringelrennen) den Ring zweymal getroffen haben.

DEDANS, *adv.* bisweilen auch *præp.* darinnen; hinein; in.
Mettre l'oiseau *dedans*, den Falken auf den Raub fliegen lassen.
Mettre les voiles *dedans*, die Segel zusammen legen und binden.
Mettre un cheval *dedans*, ein Pferd abrichten.
par DEDANS, von innen, inwendig; innen durch. Passer par *dedans* la ville, durch die Stadt gehen; ziehen.
au DEDANS, inwendig. Le mal est au *dedans*, die Krankheit steckt inwendig.
de DEDANS, von innen heraus.

DE'DICACE, *f. f.* Einweihung einer Kirche, eines Altars.

DE'DICACE, das jährliche Gedächtniß der Einweihung, die Kirchweihe.

DE'DICACE, die Zuschrift oder Dedication vorn in einem Buch.

DE'DICATEUR, *f. m.* der ein Buch dediciret, der Verfasser oder auch der Verleger.

DE'DICATOIRE, *adj. c.* Epitre *dédicatoire*, die Anrede oder Brief, wodurch einem eine Schrift zugeschrieben wird, die Zuschrift.

DE'DIER, *v. a.* heiligen, einweihen; zuschreiben, als ein Buch; zu etwas widmen, bestimmen. *Dédier* une chapelle à la sainte Vierge, eine Capelle der Mutter Gottes heiligen, weihen, widmen. *Dédier* un livre à quelqu'un, einem ein Buch zueignen; zuschreiben. Il a *dédié* ce jardin à son divertissement, er hat diesen Lustgarten zu seiner Ergötzung bestimmet.

se DE'DIER, *v. r.* sich widmen. Se *dédier* à l'étude, sich dem Studiren ergeben; sich darauf legen. Une personne qui se *dédie* à Dieu, eine Person, so sich GOtt gewidmet.

DE'DIRE, *v. a.* son ami, nicht gelten lassen, was sein Freund in seinem Namen gethan oder versprochen hat. Vous ne devies pas me *dédire* pour si peu de chose, ihr hättet mich in einer so geringen Sache mit meinem Worte nicht sollen stecken lassen. Je ne veux pas l'en *dédire*, ich will nicht wiederrufen, was er gethan hat.

se DE'DIRE, *v. r.* einen Wiederruf thun, läugnen, was man gesagt hat; sein Wort nicht halten. Il ne peut s'en *dédire*, er kan nicht anders, er muß daran, er hat es zu weit kommen lassen. Se *dédire* d'un achat, einen Kauf umstossen.

DE'DIT, *f. m.* ein Wiederruf; Umstossen eines Kaufs; Reukauf.
Il a son dit & son *dédit*, bald sagt er ja, bald wieder nein.

DE'DOMMAGEMENT, *f. m.* Ersetzung des Schadens, in Gerichtshändeln.

DE'DOMMAGER, *v. a.* schadlos halten.

DE'DORER, *v. a.* das Gold von etwas abkratzen. Cela est *dédoré*, das ist ganz abgeschabt, hat sein Gold alles verlohren.
Commencer à se *dédorer*, anfangen abgeschabt auszusehen, das Gold zu verlieren.

DE'DORMIR, *v. n. pass.* wird nur vom Wasser gesagt, das allzu kalt oder gefroren gewesen ist, und beym Feuer gelinder wird.

DE'DOUBLER, *v. a.* das Unterfutter heraus schneiden.

DE'DUCTION, *f. f.* Abzug von einer Summe; Ausführung der Ursachen. On a fait une *déduction* considérable, man hat ein Ansehnliches abgezogen.

DE'DUIRE, *v. a.* abziehen von einer Summe.

DE'DUIRE, etwas weitläuftig ausführen; herleiten. *Déduire* ses défenses, seine Verantwortung ausführen. *Déduire* des conclusions, des principes qu'on a établis, von denen vorher befestigten Gründen gewisse Folge herleiten.

DE'DUIT, *f. m.* Belustigung, Freude.

DE'DUIT, (bey der Jägerey) das sämtliche Jagdgeräthe oder Zugehör.

DE'ESSE, *f. f.* eine Göttin; (poetisch) eine Liebste.

se DE'FÂCHER, *v. r.* wieder gut werden; ist nicht mehr im Gebrauch, als in folgenden Redensarten: S'il est fâche, il se *défâche*; it. s'il se fâche, il se *défâchera*; it. il aura deux peines de se fâcher & de se *défâcher*, ist er bös, er mag wieder gut werden.

DE'FAILLANCE, *f. f.* Schwachheit, Ohnmacht. Il lui prit une *défaillance*, es überfiel ihn eine Ohnmacht. Tomber en *défaillance*, in Ohnmacht fallen.

DE'FAILLANCE, (in der Chymie) eine Extraction von Kalk oder Salz an einen feuchten und kalten Ort gelegt, daß es sich auflöse und zerschmelze.

DE'FAILLANT, e, *adj.* der am bestimmten Tage vor Gerichte nicht erscheinet.

DE'FAILLIR, *v. n.* abgehen, mangeln, gebrechen;

brechen; abnehmen; matt werden. Il ne me *défaut* rien, es fehlet mir nichts.
Se sentir *défaillir* les forces, das Abnehmen der Kräfte empfinden. Si la vûe vient à me *défaillir*, so mir das Gesicht vergehet.

DE'FAIRE, v. a. aufbinden, aufknüpfen, auflösen, un nœud, einen Knoten.

DE'FAIRE, aufheben; brechen; trennen. *Défaire* un mariage, eine Eheverlöbniß trennen; Ehe scheiden. *Défaire* un traité, einen Vergleich wieder aufheben.

DE'FAIRE, befreyen; erledigen. *Défaites-moi de cet incommode*, befreyet mich (helfet mir) von diesem verdrüßlichen Menschen.

DE'FAIRE, schlagen; in die Flucht schlagen. *Défaire* une armée, eine Armee schlagen.

DE'FAIRE, vernichten, zunichte machen. Ce qui est fait, peut être aussi *défait*, was gemacht ist, kan auch wieder vernichtet werden.

DE'FAIRE une chambre, ein Zimmer ausräumen; ändern.

DE'FAIRE quelqu'un, einen umbringen; um das Leben bringen. Se *défaire* soi-même, sich selbst ums Leben bringen. Elle a *défait* son enfant, sie hat ihr Kind umgebracht.

DE'FAIRE, austhun; beschämen. Le soleil *défait* les étoiles, die Sonne verdunkelt die Sternen. Ce garçon *défait* tous ses compagnons d'école, dieser Knab übertrift (beschämt) alle seine Mitschüler.

se DE'FAIRE, v. r. frey; los; ledig werden. Se *défaire* de sa marchandise, seine Waar fortschaffen; sie losschlagen. Se *défaire* d'un domestique, einen Diener abschaffen; ihm den Abschied geben. Se *défaire* d'une charge, ein Amt aufgeben.

se DE'FAIRE, erschrecken; irre werden. Lui, sans se *défaire*, répondit, er antwortete unerschrocken, ohne Verwirrung.

DE'FAIT, m. e, f. adj. geschlagen; in die Flucht gebracht. Les ennemis sont *défaits*, die Feinde sind geschlagen. Il est triste & *défait*, er ist traurig und siehet übel aus.

DE'FAIT, vernichtet, zunichte gemacht.

DE'FAITE, s. f. Unordnung, Zerstreuung eines geschlagenen Kriegsvolks; item das Weggeben oder Loßschlagen dessen, was man besitzt.

Il trouve toûjours des *défaites*, er findet immer Ausflüchte, Aufschub, Entschuldigungen.

Ces marchandises sont de *défaite*, diese Waaren sind feil, man wird damit losschlagen.

Ce cheval est de belle *défaite*, diß Pferd ist schön, es wird schon seinen Käufer finden.

C'est une fille d'une belle *défaite*, dieses Mägdlein ist wohl an Mann zu bringen.

DE'FALQUEMENT, s. m. v. DE'COMPTE.
DE'FALQUER, v. a. v. DE'COMPTER.
DE'FAROUCHEMENT, s. m. Zähmung, Bändigung.

DE'FAROUCHER, v. a. ein wildes Thier zähmen.

DE'FAVEUR, s. f. Abgunst, Ungnade; (Disgrace ist besser).

DE'FAVORISER, v. a. verstossen; Gunst versagen.

DE'FAUT, s. m. Fehler, Mangel, Gebrechen. Il n'y a personne sans *défaut*, niemand ist ohne Gebrechen. Connoitre ses *défauts*, seine Fehler erkennen.

Faire *défaut*, encourir *défaut*, auf den Termin nicht erscheinen.

les DE'FAUTS des côtes, der Ort des Leibes, wo die Rippen aufhören.

le DE'FAUT de la cuirasse, (v. CUIRASSE); die Schwäche eines Menschen, wo man ihm am leichtesten beykommen kan.

Les chiens sont en *défaut*, die Hunde haben die Spur des Wildes verlohren.

Ils ont relevé le *défaut*, sie haben die Spur oder Fährte wieder gefunden.

Mettre quelqu'un en *défaut*, einen irre machen.

au DE'FAUT de, an statt, weil man nicht hat.
à son DE'FAUT, wenn er nicht da ist, an seiner Stelle.

le DE'FAUT de la lune, v. DE'CLIN de la lune.

DE'FECTIF, ive, adj. (in der Grammatic) ein Verbum Defectivum, dem einige Tempora oder was anders mangelt.

DE'FECTION, s. f. der Abfall.

DE'FECTUEUX, m. euse, f. adj. mangelhaft; (in der Grammatic) so viel als *défectiv*. Acte *défectueux*, mangelhafte Verschreibung. Livre *défectueux*, ein Buch, das nicht alle Blätter hat.

DE'FECTUOSITE', s. f. Gebrechlichkeit, Mangel, Nullität. La *défectuosité* de la naissance, Mangel des Herkommens.

DE'FENDEUR, s. m. deresse, f. ein Beklagter vor Gericht, der sich vertheidiget; it. Beschützer, Beschützerin.

DE'FENDRE, v. a. vertheidigen, beschützen, behaupten. *Défendre* sa vie, sein Leben beschützen. *Défendre* une place, eine Vestung vertheidigen. *Défendre* une cause, eine Sache behaupten.

DE'FENDRE, verwehren, verbieten. *Défendre* le duel, den Zweykampf verbieten. *Défendre* les passemens d'or, goldene Borten zu tragen verbieten. *Défendre* de trafiquer dans les païs ennemis, die

die Handlung in des Feindes Land verbieten. *Défendre* un passage, einen Zugang wehren.

se Dé'vendre, *v. r.* sich vertheidigen, wehren; etwas von sich ablehnen, läugnen; sich entschuldigen, weigern, entziehen, bitten, man wolle einen verschonen; sich von etwas enthalten. Se *défendre* d'une surprise, sich gegen einen Ueberfall wehren. Elles portent un parasol pour se *défendre* du soleil, sie tragen einen Sonnenschirm sich vor der Sonne zu beschirmen. Elle se *défend* bien de cela, sie weiß dieses wohl von sich abzulehnen. Il est rare qu'on se *défende* de sa bonne fortune, selten kan man sich in seinem grossen Glücke mäßigen. On ne peut se *défendre* de vous aimer, man kan sich nicht enthalten euch zu lieben.

Se *défendre* du prix de quelque chose, etwas vom Preis abdingen, abmarkten.

DE'FENDU, ë, *part. & adj.* heißt ausser der Bedeutung des Verbi auch in den Wappen ein Schwein, dessen Zähne von anderer Farbe als der Leib.

DE'FENS, *s. m.* Verbot im Wasser zu fischen, oder im Holz Vieh zu hüten. Ce bois est en *défens*, diß Holz wird geheegt, es ist verboten, Vieh darein zu treiben.

DEFENSABLE, *adj. c.* (im Krieg) das gut zu vertheidigen ist, das gute Gegenwehr thun kan.

De'fensable, (in Rechten) das geheegt wird. Terre *défensable*, Land darauf man kein Vieh treiben darf.

DE'FENSE, *s. f.* Vertheidigung; Schutz, Beschirmung; Gegenwehr; Rechtfertigung; Verbot.

Ligne de *défense*, der Weg, Strich, den die Kugeln aus dem Winkel der Seite bis an die Spitze der Bastion gehen.

La ligne de *défense* fichante, und rasante, eine Linie vom Winkel der Courtine bis an die Spitze der Bastion, und eine vom Winkel an der andern Bastion hin.

les De'fences d'une place, die Fortificationswerke. Cette redoute est en *défense*, diese Redoute ist schon im Stande sich zu wehren. Ce hérisson est en *défense*, dieser Igel ist zusammen gerollt, daß man ihn nicht anfassen kan.

De'fense, (bey den Dachdeckern) eine Latte, oder ein Creutz von Latten, so sie vom Dach herunter hängen, damit sich niemand herzu nahe, und von den herabfallenden Steinen getroffen werde.

De'fense, (auf den Schiffen) die Hölzer oder andere Dinge, so man neben herab hängen läßt, welche hindern, daß die Schiffe nicht so sehr an einander stossen.

De'fense, was man sonsten braucht, daß die Boot, wenn man sie ins Meer läßt, an den eisernen Nägeln an der Seite des Schiffes nicht Schaden nehmen.

De'fense, eine Stange mit einem Haken, damit man den Anker vom Schiffe hält, wenn man ihn aufzieht.

DE'FENSES, in *plur.* die Hauzähne eines wilden Schweins.

De'fenses, die grossen Zähne eines Meerpferdes oder eines Elephanten.

De'fenses, (vor Gerichte) die Antwort auf die Beschuldigung, die Beantwortung der Klage, Ablehnung derselben.

De'fenses, Schutzbrief, den man vom Landsherrn selbst oder von einem Obergericht wider die Execution eines Untergerichts erhält.

DE'FENSEUR, *s. m.* Beschützer, Beschirmer.

DE'FENSIV, *s. m.* Schirmmittel, bey den Aerzten.

DE'FENSIF, ive, *adj.* das zur Beschützung gehört oder abzielt. Armes *défensives*, Schutzwehre.

DE'FENSIVE, *s. f.* Beschützung sein selbst, Gegenwehr. Etre sur la *défensive*, sich wider den andern beschirmen, ihn nicht selbst angreifen.

DE'FE'QUER, *v. a.* (in der Chymie) etwas reinigen, das Unreine davon absondern.

DE'FE'RENCE, *s. f.* Ehrerbietigkeit, Nachgeben, Folge, Gehorsam, Ehrfurcht. J'ai une grande *déférence* pour lui, ich halte ihn sehr hoch und werth.

DE'FE'RENT, e, *adj.* nachgebend, ehrerbietig.

DE'FE'RENT, *s. m.* (in der Astronomie) ein Kreis, in welchem sich ein Gestirn um die Erde bewegt, und bald derselben nahe kommt, bald sich von ihr entfernet.

De'fe'rent, (in der Anatomie) Vaisseaux *déférens*, Gefässe, welche eine Feuchtigkeit von einem Ort des Leibs in einen andern leiten, führen.

DE'FE'RER, *v. a. & n.* weichen, nachgeben, den Vorzug lassen; folgen, nachleben; geben, als eine Ehre oder Ehrenstelle; item heimlich verklagen oder angeben. *Déférer* le serment à quelqu'un, einem den Eid zumuthen oder abfordern. *Déférer* à l'appel, die Appellation annehmen. *Déférer* aux gens de mérite, wohlverdienten Leuten nachgeben. Le titre de père de la patrie lui fut *déféré*, es war ihm der Name eines Vaters des Vaterlandes beygelegt. *Déférer* au jugement d'un ami, es bey dem Urtheil eines Freundes bewenden lassen. On l'a *déféré* aux juges, er ist bey dem Richter angegeben worden.

DE'-

DE'FERLER, *v. a.* (in der Seefahrt) die Segel auffpannen und auseinander thun.

DE'FERMER, *v. a.* von einem verschlossenen Orte heraus thun, heraus lassen. *Défermer* un chien, einen eingeschlossenen Hund heraus lassen.

DE'FERRER, *v. a.* das Eisen abbrechen von etwas. *Déferrer* un cheval, einem Pferde die Eisen abbrechen.

DE'FERRER quelqu'un, einen verwirren, irr machen, daß er nicht antworten kan. Il fut tellement *déferré* qu'il ne sçut plus que dire, er war dermassen irre gemacht, daß er nichts mehr zu sagen wußte.

se DE'FERRER, *v. r.* verstummen.

se DE'FERRER, die Hufeisen verlieren.

se DE'FERRER, eine Nestel, wenn sie den Stift verliert.

DE'FEUILLEMENT, (bey den Weingärtnern) das Abblaten.

DE'FEUILLER, *v. a.* das Laub abbrechen.

DE'FEUILLEUR, *s. m.* der die Weinstöcke abblatet.

DE'FEUILLEURE, *s. f.* Abfallen der Blätter.

DE'FFEIS, Herrnwasser; Hegwasser.

DE'FI, *s. m.* Ausforderung zum Kampf.

DE'FIANCE, *s. f.* Argwohn, Mißtrauen, Furcht, Zweifel. Etre dans la *défiance,* Mißtrauen hegen. Il a une juste *défiance* de ses forces, er stehet billig an, ob er Kräfte genug habe.

DE'FIANT, e, *adj.* argwöhnisch, mißtrauisch.

DE'FICIT, *s. m.* (in den Inventarien) wenn etwas nicht da ist.

DE'FIER, *v. a.* ausfordern, sich mit einem zu schlagen, einem Trotz bieten, ob er es thun könne. Je vous *défie* de faire cela, Trotz sey euch gebotten, dieses zu thun.

se DE'FIER, *v. r.* nicht trauen, kein Vertrauen haben. Je commence à me *défier* du contraire, ich beginne zu argwohnen, es werde nicht so seyn. Il ne se *défie* de rien, er besorgt sich nichts.

DE'FIGURER, *v. a.* verstellen, ungestalt machen. Visage *défiguré,* ein verstelt (geschändetes) Angesicht. *Défigurer* les mots, die Worte verstellen, verderben.

DE'FILE', *s. m.* ein enger Weg. Passer par un *défilé,* durch einen engen Weg ziehen.

DE'FILER, *v. n.* in einer langen Reihe ziehen. Faire *défiler* les troupes, das Volk in schmalen Gliedern hinziehen lassen.

DE'FILER, *v. a.* des perles, Perlen abreissen, von der Schnur abziehen.

se DE'FILER, *v. r.* wird von Perlen oder Halsgehängen gesagt, wenn der Faden heraus geht, daß sie von einander fallen.

DE'FINER, *v. n.* zum Ende eilen, näher zum Ende kommen. Ce vieillard *défine* tous les jours, dieser alte Mann nimmt täglich an Kräften ab. Ce malade *défine* de plus en plus, dieser Kranke wird immer schwächer.

DE'FINI, *s. m.* eine beschränkte Sache.

DE'FINIR, *v. a.* bestimmen, bemerken; beschreiben, beschliessen, ordnen. On *défine* l'ame une substance qui pense, man beschreibt die Seele, daß sie sey ein denkendes Wesen. Cet homme n'est pas à *définir,* in diesen Mann kan man sich nicht schicken.

DE'FINI, e, *adj.* beschränkt; umschrieben, genau beschrieben.

DE'FINITEUR, *s. m.* einer der dem General über einen Mönchsorden zum Beystande gegeben ist, des Ordens Bestes zu beobachten. *Définiteur* Général, Rathgeber des Generals. *Définiteur* Provincial, Rathgeber des Provincials.

DE'FINITIF, ive, *adj.* das da entscheidet, Endurtheil spricht. Arrêt *définitif,* Haupturtheil.

DE'FINITIVE, *s. f.* das Endurtheil.

en DE'FINITIVE, endurtheilsweise.

DE'FINITION, *s. f.* eine Beschreibung; it. Verordnung, Schluß eines Concilii. La *définition* doit être claire & courte, eine Umschreibung soll deutlich und kurz seyn.

DE'FINITION, der Ort, wo die Definitores der Capuciner zusammen kommen.

DE'FINITIVEMENT, *adv.* durch ein Endurtheil. Juger *définitivement,* das Endurtheil aussprechen.

DE'FINITOIRE, *s. m.* das Register einiger Orden, zur Richtigkeit der Sachen dieses Ordens; der Ort, wo sich die Definitores der Augustiner versammlen.

DE'FLAGRATION, *s. f.* das Entzünden, Ab- oder Wegbrennen eines schweflichten Theils in der Chymie, den Beysatz desselben zu reinigen.

DE'FLEGMER, *v. a.* die Feuchtigkeit durch chymische Arbeit absöndern.

DE'FLEURIR, *v. a. & n.* verblühen, ausblühen, die Blüthe abfallen machen, verderben.

DE'FLORATION, *s. f.* die Schändung oder Schwächung einer Jungfrau.

DE'FLORER, *v. a.* (in Rechtshändeln) eine Jungfrau schänden, schwächen.

DE'FLUXION, *s. f.* ein Fluß, als im Haupt, in den Augen, auf der Brust ec.

DE'FONCEMENT, *s. m.* das Einschlagen eines Faßbodens.

DE'FONCER, *v. a.* un tonneau, den Boden an einem Faß entzwey schlagen.

DE'FONCER une peau, (bey den Gerbern) eine Haut treten.

DE'FONCER dans ses chausses, in die Hosen machen.

se DE'-

se DE'FONCER, v. r. le tonneau se *défonce*, das Faß verliert den Boden.

DE'FORMITE', s. f. die Ungestalt. La *déformité* d'une action, das so denen Geboten zuwider ist, in einer That.

DE'FORS, adv. aussen; hinaus (ist alt.)

DE'FOÜETTER, v. a. (bey dem Buchbinder) den Bindfaden um ein Buch auflösen.

DE'FRAI, s. m. die Freyhaltung, Verköstigung.

DE'FRAUDEMENT, s. m. Betrug, Hinterlist.

DE'FRAUDER, v. a. betrügen.

DE'FRAYER, v. a. verköstigen, die Unkosten bezahlen, einen frey halten, nichts zahlen lassen.

DE'FRAYER la compagnie de bons mots, eine Gesellschaft mit lustigen Schwänken unterhalten.

DE'FRICHEMENT, s. m. das Reinigen und Abputzen eines Feldes; Umreissen einer Erde.

DE'FRICHER, v. a. das Feld oder Land von Gebüsche, Hecken, Unkraut und Dornen säubern, roden, umbrechen, und anbauen.

DE'FRICHER, anfangen zu bauen, auszuarbeiten, etwas reinigen, klar und deutlich machen.

DE'FRICHEUR, s. m. einer der ein ungebautes Feld brauchbar macht.

DE'FRISER, v. a. das Gekräuselte aus einander machen.

DE'FRONCER, v. a. die Falten von etwas aus einander thun.

DE'FROQUE, s. f. die Verlassenschaft eines Ordensbruders oder geistlichen Ordensritters. Il a eu une bonne *défroque*, er hat eine gute Erbschaft bekommen.

DE'FROQUER, v. a. (scherzweis meistens) eine Ordensperson bewegen, daß sie ihren Orden verlasse; it. ihr den Habit ausziehen. Un moine *défroqué*, ein verlaufener Mönch. Il s'est *défroqué* par pur libertinage, er hat das Kloster verlassen aus Liebe zu dem lüderlichen Leben.

DE'FROQUER, v. a. dem Kaufmann alle seine Waaren abnehmen, einem alles Geld abgewinnen.

On l'a vilainement *défroqué*, er ist schändlich um das Seine gebracht worden.

se DE'FROQUER, v. r. den geistlichen Habit ausziehen, das Klosterleben aufgeben; meistens aus dem Kloster entspringen.

DE'FRUCTU, s. m. das was der hergiebt, bey dem etliche ihre Speise zu einem Mahl zusammen tragen, nemlich Tuch, Teller, Servietten.

se DE'FULER, v. r. seinen Hut abnehmen.

DE'FUNER, v. a. die Seile vom Mast abnehmen.

DE'FUNT, e, adj. gestorben, der Gestorbene. *Défunt* mon père, mein seliger Vater. Le Roi *défunt*, der verstorbene König.

DEFUNTER, v. n. sterben.

DE'FUNTER, v. a. auffressen, (wird nur scherzweis gesagt.)

DE'GAGEMENT, s. m. Gang, Vorgemach, so die Wohnzimmer absondert.

DE'GAGEMENT, Entbindung, Entschlagung, Befreyung, Freyheit. Etre dans un entier *dégagement*, von aller Verbindlichkeit enschlagen seyn.

DE'GAGEMENT, Behendigkeit, Geschicklichkeit, Fertigkeit des Verstandes oder des Leibs. Faire ses exercices avec un grand *dégagement*, seine Uebungen mit einer grossen Behendigkeit verrichten.

DE'GAGEMENT, Einlösung eines versetzten Pfandes.

DE'GAGER, v. a. auslösen, lösen, losmachen, befreyen, entledigen. *Dégager* sa parole, sein Versprechen erfüllen. *Dégager* son épée, im Fechten, seine Klinge von des Gegners Stringiren entledigen. *Dégager* un régiment, im Krieg, einem Regiment, das von den Feinden umgeben ist, Luft machen, loshelfen.

DE'GAGER un apartement, (im Bauen) einen bequemen Gang oder eine bequeme heimliche Treppe an ein Stockwerk oder Zimmer machen. Cette galerie sert à *dégager* toutes les chambres de ce côté-là, dieser Gang dienet allen den Zimmern auf dieser Seite einen freyen Zugang zu machen.

DE'GAGER, v. a. (in der Heilkunst) erleichtern. Ce remède *dégage* la poitrine, dieses Mittel macht die Brust freyer.

DE'GAGER la taille, eine gute Gestalt geben.

se DE'GAGER, v. r. sich losmachen; sich in Freyheit setzen; sich durchschlagen.

DE'GAGE', ée, adj. frey, ledig, ungebunden. Air *dégagé*, eine ungezwungene Art. Un esprit est *dégagé* de la matière, ein Geist hat nichts materialistisches an sich. Degré oder escalier *dégagé*, eine heimliche Treppe. Chambre *dégagée*, ein Zimmer mit einem bequemen Gang oder mit einer heimlichen Treppe. Taille *dégagée*, eine bequeme Leibesgestalt, ein schlanker (rahner) Leib.

DE'GAINE, s. f. belle *dégaine*, lächerliche Weise oder Aufführung.

DE'GAINER, v. a. aus der Scheide ziehen, als ein Messer, Degen ꝛc. vom Leder ziehen, ausziehen. Il n'est pas homme à *dégainer*, er ziehet nicht gleich den Degen, fängt keine Händel an.

DE'GAINER, il n'aime point à *dégainer*, er ziehet den Beutel nicht gern.

DE'GANTER, *v. a.* Handschuhe ab- oder ausziehen.

se DE'GANTER, *v. r.* seine Handschuhe abziehen.

DE'GARNIR, *v. a.* abnehmen; schwächen, entblössen, als: *Dégarnir* une chambre, den Hausrath aus den Zimmern thun. *Dégarnir* une place de soldats & de munition, die Soldaten und Munition aus einer Festung schaffen, ausleeren ꝛc.

se DE'GARNIR, *v. r.* sich leicht, gering, anlegen.

se DE'GARNIR, sich entblössen, abthun. Je ne veux pas me *dégarnir*, ich will nicht gar alles weggeben.

DE'GARROTER, *v. a.* von Banden loslassen.

DE'GASCONNER, *v. a.* einem die Gasconischen Redensarten abgewöhnen; die Prahlerey ablegen machen.

DE'GâT, *s. m.* Verheerung, Verwüstung, als durch Wetter, Krieg, wilde Thiere ꝛc. Faire le *dégât* dans le pais ennemis, das feindliche Land verwüsten. Les bêtes sauvages font un grand *dégât* dans les blés, das Wild verderbt das Getreyde sehr. Il se fait ici un grand *dégât* de vivres, man treibt hie eine grosse Verschwendung; man läßt viel aufgehen.

DE'GAUCHIR, *v. a.* gleich machen, behauen. *Dégauchir* une pierre, einem Stein die behörige Form geben, (daß er sich dahin schickt, wo man ihn brauchen will.)

DE'GEL, *s. m.* das Aufthauen, Thauwetter. Le tems est au *dégel*, das Wetter gehet auf, es beginnet zu thauen.

DE'GE'LER, *v. n. & imp.* aufthauen. Il *dégèle* tout-à-fait, es thauet gar auf.

se DE'GE'LER, *v. r.* aufthauen, schmelzen, als das Eis oder der Schnee. La glace se *dégèle*, das Eis schmelzet, thauet auf. Il se *dégèle*, das Maul thauet ihm auf; nach langem Stillschweigen fängt er an zu reden.

DE'GE'NERER, *v. n.* de quelque chose, aus der Art schlagen, sich in was schlimmes verwandeln.

Dégénérer de la pitié de ses ancêtres, von der Gottesfurcht seiner Vorfahren abweichen. La puissance despotique *dégénère* en tirannie, die unbeschränkte Macht schlägt zur Tyranney aus. Cette fleur *dégénère*, diese Blume ist ausgeartet.

DE GINGANDE', *adj.* groß und ungeschickt, beschmutzt und übel angezogen.

DE'GLUëR, *v. a.* vom Vogelleim los machen. *Dégluër* un oiseau, einen Vogel aus dem Vogelleime ziehen. Il est embarrassé dans une affaire, d'où il aura bien de la peine à se *dégluër*, er hat sich mit einer Sache verwirret, von welcher er sich gar kümmerlich loswickeln wird.

DE'GLUëR les yeux, die zugebackenen Augen aufweichen.

DE'GLUëMENT, *s. m.* das Aufleimen, Aufweichen, u. d. g.

DE'GLUTITION, *s. f.* das Hinunterschlingen.

DE'GOBILLER, *v. a.* sich übergeben; sich brechen, ein Kalb machen.

DE'GOBILLIS, *s. m.* das Erbrechen.

DE'GOISER, *v. n.* singen, wie die Vögel thun; im Scherz sagt man es auch von Menschen; item mehr schwätzen oder reden, als man soll.

DE'GORGEMENT, *s. m.* das Ausputzen einer Röhre, Dachrinne, Wassergrabens.

DE'GORGEMENT, das Losbrechen aufgehaltener Wasser und Unreinigkeiten.

DE'GORGEMENT, das Ergiessen der Galle und anderer Feuchtigkeiten im menschlichen Leibe.

DE'GORGEMENT, das Ueberlaufen eines Teichs oder Flusses.

DE'GORGEOIR, *s. m.* die Raumnadel, ein dicker eiserner Drat, damit die Canonirer das Zündloch öfnen.

DE'GORGER, *v. a. & n.* etwas verstopftes öfnen, räumen; item losgehen, los werden, losbrechen, wenn etwas verstopftes selbst losgehet.

Faire *dégorger* le poisson, einen Fisch in frisch Wasser setzen, damit er den See- oder Morastgeschmack verliere.

DE'GORGER un cheval, machen, daß einem Pferde eine Geschwulst vergehe, indem man es herum führt.

DE'GORGER la laine, la soïe, l'étoffe, Wolle, Seide oder Zeug nach dem Sod im kalten Wasser waschen, ehe man es in die Farbe bringt.

se DE'GORGER, *v. r.* sich ergiessen, als ein Fluß in ein ander Wasser, oder als die Galle und andere Feuchtigkeiten im Leibe. La bile se *dégorge* dans le corps, die Galle ergießt sich in den Leib. Le Rhin se *dégorge* dans la mer, der Rhein ergießt sich (fällt) in das Meer.

DE'GOURDIR, *v. r.* das Starren (Ersterben) der Glieder vertreiben. Mes mains commencent à se *dégourdir*, meine erstorbene (eingeschlafene) Hände beginnen wieder zurecht zu kommen.

se DE'GOURDIR, *v. r.* wieder warm werden; (figürlich) sich ermuntern, lebhaft werden.

DE'GOURDISSEMENT, *s. m.* Erwärmung der erstorbenen Glieder.

DE'GOûT, *s. m.* Ekel vor Speisen, Abscheu.

schen. Celà me donne du *dégoût*, das erwecket mir einen Ekel. Avoir du *dégoût* pour quelqu'un, für einem ekeln, ihn nicht leiden mögen, eines überdrüßig werden. Concevoir du *dégoût* pour la vie, des Lebens überdrüßig werden.

DE'GOûT, das Triefen; Abtriefen.

DE'GOûTANT, *m. e. f. adj.* was Ekel bringt; unangenehm, überdrüßig; davor einem grauet, übel wird. Viande fort *dégoûtante*, eine ekelhafte Speise. Un homme fort *dégoûtant*, ein überlästiger, verdrüßlicher Mensch. Des manières fort *dégoûtantes*, unangenehme Weisen.

DE'GOûTANT, triefend. Il est tout *dégoûtant* de sueur, er trieft von Schweiß.

DE'GOûTE', *f. m.* ée, *f.* ein verdrüßlicher, unlustiger Mensch; im Scherz bedeutet es das Gegentheil.

DE'GOûTER, *v. a.* die Lust zum Essen benehmen, Ekel machen; einem ein Ding ekelhaft machen; verdrüßlich machen. Il est *dégoûté*, er hat keinen Appetit zum Essen.

se DE'GOûTER, *v. r.* überdrüßig werden. Se *dégoûter* du service, der Kriegsdienste überdrüßig werden.

DE'GOûTE', ée, *part. & adj.* verdrüßlich, ekelhaft. Faire le *dégoûté*, sich stellen, als wenn man etwas nicht gern thäte; vulg. wird es oft im widrigen Verstand genommen.

DE'GOUTTER, *v. n.* abtropfen, tropfenweis herabfallen. S'il n'y pleut, il y *dégoutte*, kommt das Glück schon nicht gescheffelt, ey! so kommt es doch gelöffelt; regnets nicht, so tröpfelts doch. S'il pleut sur moi, il *dégouttera* sur vous, wenn ich ein Glück habe, sollt ihrs mit geniessen.

DE'GRADATION, *f. f.* die Absetzung von einem Amt; it. gänzliche Entsetzung seiner Ehren und Standes.

DE'GRADATION, Verheerung, Verwüstung eines Landgutes.

DE'GRADATION, die Verschiessung; das Absetzen der Farben in einem Gemählde.

DE'GRADER, *v. a.* des Standes und Ehren entsetzen. *Dégrader* un gentilhomme, einen Edelmann seines Adels entsetzen. *Dégrader* un Prêtre, einen Priester seiner Würde entsetzen. Le Sénat a *dégradé* un Sénateur de sa charge, der Senat hat einen Rathsherrn abgesetzt.

DE'GRADER, verachten, verkleinern. En cent lieux il me *dégrade*, er verkleinert mich überall. C'est *dégrader* cet homme que de le confondre avec des gens qui ne le méritent pas, das heißt diesen Menschen vor gering halten, ihn mit Leuten zu vergleichen, die ihm nicht gleich kommen.

DE'GRADER une maison, ein Haus auf den Grund niederreissen.

DE'GRADER un vaisseau, ein altes Schiff nimmer brauchen.

DE'GRADER un bois, einen Wald verhauen.

DE'GRADER un mur, eine Mauer abbrechen. Mur *dégradé*, eine Mauer die nicht mehr zusammen hält.

DE'GRADER, (im Mahlen) das Licht vermindern, die Farbe abschiessend machen; den Schatten bald dicker, bald dünner machen.

DE'GRAFFER, *v. a.* die Haken an einem Kleide aufmachen, aufhaken.

DE'GRAISSER, *v. a.* vom Schmutz reinigen; die Fettflecken ausmachen. *Dégraisser* un chapeau, un habit, die Fettflecken aus einem Hut, Kleid bringen. *Dégraisser* les cheveux, das Fett von den Haaren mit dem Haarpuder wegnehmen.

DE'GRAISSER un bouillon, das überflüßige Fett von einer Suppe abnehmen; abschöpfen.

DE'GRAISSER une personne, einen Menschen um sein Geld bringen. Ce procès m'a bien *dégraissé*, dieser Proceß hat mich um einen guten Theil meiner Güter gebracht. Les torrens ont *dégraissé* les terres, die Waldwasser, (Wassergüsse) haben die Felder ausgewaschen, den besten Grund weggeschwemmet.

DE'GRAISSEUR, *f. m.* einer der die Fettflecken aus den Kleidern bringen kan.

DE'GRAVANCE, DE'GRAVENCE, *f. f.* Schaden, Verdruß, Beschwerniß. (ist alt.)

DE'GRAVOYEMENT, *f. m.* das Ausspülen des Sandes von dem untersten Theil der Pfeiler im Wasser.

DE'GRAVOYER, *v. a.* das Erdreich unten von den Pfeilern im Wasser wegspülen, daß sie bloß da stehen.

DE'GRE', *f. m.* Stufe, Tritt.

DE'GRE', Treppe, Stiege. Monter le *dégré*, die Treppe steigen, hinauf gehen.

DE'GRE', Maaß, Höhe, Erhebung. Un haut *dégré* de sainteté, d'honneur, de faveur, ein hohes Maaß der Heiligkeit, Ehre, Gunst. Un tel *dégré* de chaleur, de force, ein solch Maaß der Hitze, der Stärke. Sec, humide, au troisième *dégré*, trocken, feucht, im dritten Grad.

DE'GRE' de parenté, Grad der Verwandtschaft. Il m'est plus proche d'un *dégré* que l'autre, er ist mir um ein Glied näher verwandt als der andere.

DE'GRE', Unterscheid der Ehren, Gewalt und Ansehen. Passer par tous les *dégrés* des charges civiles, durch alle bürgerliche Bedienungen von den niedrigen zu den höchsten aufsteigen. Il y a divers *dégrés* de juridiction, es sind verschiedene Gerichtsbarkeiten, eine über die andere.

DE'GRE', Gradus, Ehre so auf hohen Schulen erlanget wird. Prendre ses *dégrés*, den Gradum annehmen, promoviren.

DE'GRE', (in der Meßkunst) ein Grad.

DE'GRE', Karat, ein Gewicht.

DE'GRE'S conjoints, (in der Music) wenn die Noten steigen oder fallen mit Secunden; wenn sie es aber ungleich thun, heißt es *dégrés* disjoints.

DE'GRE'ER, *v. a.* Un vaisseau qui a été *dégreé*, ein Schiff, das seine Taue verlohren hat.

DE'GRINGOLER, *v. a.* geschwind hernieder kommen. *Dégringoler* les montées, die Treppen herunter rumpeln.

DEGRINGOLER, *v. n.* seinen guten Namen verlieren. Cet homme *dégringole* tous les jours par sa mauvaise conduite, dieser Mensch bringt sich durch sein übles Verhalten um seinen ehrlichen Namen.

DE'GROSSER, *v. a.* den güldenen und silbernen Drat subtiler machen.

DE'GROSSI, *s. m.* ein Werkzeug in der Münze, da zwischen zwey Rollen das Silberblech durchgeht, worauf man prägt, damit es gleicher und breiter werde.

DE'GROSSIR, *v. a.* das Gröbste wegnehmen, zuhauen, in Bildhauer- und Schreinerarbeit gebräuchlich.

DE'GROSIR quelqu'un, einem das gemeinste in einer Profeßion weisen, einen ein wenig zustutzen, anführen.

DE'GUERPIR, *v. a.* (in Rechtshändeln) die Besitzung eines unbeweglichen Guts verlassen. *Déguerpir* une maison, ein Haus stehen lassen, aufgeben. Nous lui ferons tant qu'il faudra qu'il *déguerpisse*, wir wollen ihm dermassen zusetzen, daß er alles liegen lassen, und davon gehen muß.

DE'GUERPIR, *v. n.* d'un lieu, *vulg.* von einem Orte weggehen müssen.

DE'GUERPISSEMENT, *s. m.* das Verlassen eines unbeweglichen Guts; eines Erbes.

DE'GUEULER, *v. a. & n.* speyen, von sich brechen; (wenn es vom überflüßigen Sauffen herrühret) das Kalb anbinden.

DE'GUEULER la voix, aus vollem Halse, ohne Anmuth singen.

DE'GUISEMENT, *s. m.* Verstellung, Heucheley. Un plaisant *déguisement*, eine lächerliche, artige Verkleidung. Parler sans *déguisement*, unverholen reden.

DE'GUISER, *v. a.* verstellen, unkenntlich machen, als Stimme, Schrift; item verheelen; ändern. *Déguiser* son nom, seinen Namen verändern, sich unter einem falschen Namen verbergen. *Déguiser* la vérité, etwas anders vorstellen, als es ist. *Déguiser* son ambition, seinen Ehrgeiz verheelen; sich einen andern Schein geben.

se DE'GUISER, *v. r.* sich verstellen. Se *déguiser* en paisan, ein Bauerkleid anlegen (anthun.) Se *déguiser* en ami, sich als ein Freund stellen.

DE'GUISER une viande, des œufs, eine Speise, Eyer anders zurichten, eine andere Brühe darüber machen.

DE'GUISE', ée, *adj.* vermummt, verkleidet; verstellt. Un esprit *déguisé*, ein falscher Sinn, Mensch.

DE HAIT, *s. m.* Krankheit; Verdruß; Traurigkeit. (ist alt.)

DE'HE'RENCE, *s. f.* (in den Rechten) Erbrecht, so der Obrigkeit heimfällt.

DEHORS, *s. m.* das Auswendige, Aeusserliche. Le *dehors* d'une maison, das Auswendige eines Hauses. Cela vient de *dehors*, das kommt von aussen.

DEHORS, (in der Kriegsbaukunst) Aussenwerk. Prendre les *dehors*, die Aussenwerke erobern.

DEHORS, äusserlicher Schein. Juger d'une action par le *dehors*, von einer Sache nach dem äusserlichen Ansehen urtheilen. Sauver les *dehors*, den äusserlichen Schein erhalten.

DEHORS, *adv.* draussen; hinaus. Il est *dehors*, er ist draussen. Mettre *dehors*, hinausstossen, werfen.

au DEHORS, *adv.* von aussen, auswendig, auswärts. Beau au *dehors*, schön von aussen. Tourner au *dehors*, auswärts wenden.

par DEHORS, *adv.* von aussen, auswendig. La maison est belle par *dehors*, von aussen scheinet das Haus schön zu seyn.

DE'HOUSER, *v. a. & n.* die Hosen oder Stiefel ausziehen; it. sterben. (ist alt.)

DE'JA', *adv.* schon, allbereit.

DEI'CIDE, *s. m.* die Sünde, so durch die unschuldige Creutzigung JEsu begangen worden.

DE'JECTION, *s. f.* der Stuhlgang oder Koth, der vom Menschen geht.

DE'JETTER, *v. n.* se DE'JETTER, *v. r.* sich werfen, krümmen. Le bois de ce cabinet se *déjette*, das Holz an diesem Schränkgen wirst sich.

DE'JETTER sa partie de sa portion, (in Rechtshändeln) seinen Gegentheil des Besitzes entsetzen.

DE'JEÛNE', *s. m.* Frühstück.

DE'JEÛNER, *v. a.* frühstücken.

Il n'a

Il n'a jamais été *déjeûné* de celà, er hat nie davon reden hören.

DE'JEÛNER, *s. m.* das Frühſtück.

Il n'en a pas pour un bon *déjeûner*, es iſt ein armer Schlucker, er hat nicht viel zum Beſten.

Il n'y a pas pour un *déjeûner*, es iſt etwas geringes oder etwas leichtes; es iſt nichts dabey zu gewinnen.

DE'JEÛNER-DÎNER, ein groſſes Frühſtück, das die Mittagsmahlzeit zugleich mit iſt.

DEÏFICATION, *s. f.* Vergötterung.

DEÏFIER, *v. a.* vergöttern.

DE'JOINDRE, *v. a.* ſcheiden, abſondern, von einander ſchlagen.

ſe DE'JOINDRE, *v. n.* ſich trennen, losgehen.

DE'JOINT, e, *adj.* abgeſpalten; losgewichen; geſchwunden.

DEÏSME, *s. m.* der bloſſe Glaube, daß ein GOtt ſey.

DEÏSTE, *s. m.* einer der einen GOtt erkennt, aber ſich an keine Religion bindet.

DEÏTE', *s. f.* Gottheit, Gott oder Göttin.

DE'JUC, *s. m.* die Zeit, da die Vögel von der Stange hüpfen, des Morgens, wenn ſie erwachen.

DE'JUCHER, *v. a.* un oiseau, einen Vogel von ſeiner Stange jagen, worauf er ſchläft.

DE'JUCHER, einen von einem vortheilhaften Ort vertreiben.

DELA', *adv.* von dar an, von dar ab; von der Zeit an. A' quatre pas *delà*, vier Schritt davon; von dannen. *Delà à quelques années*, von der Zeit an über etliche Jahr; etliche Jahr hernach.

DELA', daher, daraus. Il vient *delà*, es kommt daher.

DELA', *præpos.* jenſeit. Passer *delà* le fleuve, jenſeit des Fluſſes überſetzen. *Delà* la mer, von jenſeit des Meers.

AU-DELA', *adv.* weiter hinaus; darüber hinaus. Passer *au-delà*, weiter hinaus gehen.

AU-DELA', *præp.* über; jenſeit. *Au-delà* des monts, über dem Gebürg; jenſeits des Gebürgs. S'emporter *au-delà* des bornes, ſich über alle Maaß erzürnen.

PAR-DELA', *adv.* weiter; drüber. Passer *par-delà*, weiter gehen. Faire ce qu'on peut, & *par-delà*, thun was man kan, und noch darüber.

PAR-DELA', *præp.* über, mehr als. Il promet *par-delà* son pouvoir, er verſpricht über ſein Vermögen; mehr als er vermag.

EN-DELA', *adv.* von dannen weg; auf die Seite. Tirés-vous *en-delà*, machet euch da weg; auf die Seite.

DE'LABREMENT, *s. m.* der zerriſſene Zuſtand. Un habit dans un misérable *dé-labrement*, ein ſehr zerriſſenes lumpichtes Kleid.

DE'LABRER, *v. a.* zerreiſſen, als zerriſſene Lumpen machen, zerſtümmeln; beſchädigen.

DE'LABRER, zerſtören; zu Grund richten. Cette perte a *délabré* mes affaires, dieſer Verluſt hat mich ganz zurück geſetzt.

DE'LABRE', ée, *adj.* abgeriſſen, zerfallen. Un vaisseau *délabré*, ein zerfallenes (ſchadhaftes) Schiff. Il revient tout *délabré*, er kommt ganz abgeriſſen wieder. Une réputation *délabrée*, ein böſer Ruf, ſchlechtes Anſehen. Mes affaires sont fort *délabrées*, meine Sachen ſtehen ſehr ſchlim.

DE'LACER, *v. a.* aufſchnüren, als ein Kleid, Schnürbruſt u. d. gl.

DE'LAI, *s. m.* Aufſchub, Verzug; (in Rechten) eine Friſt oder Zeit, die einem geſetzt iſt. Sans *délai*, ohne Aufſchub; unverweilt.

DE'LAIER, *voiés* DE'LAYER.

DE'LAISSEMENT, *s. m.* Verlaſſung; hülfloſer Zuſtand.

DE'LAISSEMENT, gänzliche Uebergabe einer Sache; Ueberlaſſung. *voiés* ABANDONNEMENT.

DE'LAISSER, *v. a.* verlaſſen; überlaſſen, abtreten, als ein Gut den Schuldleuten.

DE'LARDER, *v. a.* (bey den Zimmerleuten) die ſcharfe Ecke an einem Holz nach der Länge abhauen.

DE'LARDER, (bey den Maurern) einen Stein behauen; it. das Untereck an einer Stufe der Treppe weghauen.

DE'LASSEMENT, *s. m.* Erholung, Erquickung, Ausruhung; eine Ergötzung, Luſtbarkeit.

DE'LASSER, *v. a.* erfriſchen, die Müdigkeit benehmen; die Kräfte erholen. Le feu *délasse*, ein Caminfeuer erquickt. Se *délasser* l'esprit, ſein Gemüth erholen. Se *délasser* après le travail, nach der Arbeit ausruhen.

DE'LASSER, *v. a. v.* DE'LACER.

DE'LATEUR, *s. m.* Angeber, Ankläger.

DE'LATION, *s. f.* Angebung.

DE'LATTER, *v. a.* die Latten von einem Dache abbrechen, ablatten.

DE'LAVER, *v. a.* (meiſtens im Participio gebräuchlich) couleur *délavée*, blaſſe verſchoſſene Farbe. Visage *délavé*, bleiches Angeſicht.

DE'LAYER, *v. a.* zergehen laſſen, durchmengen, einrühren, etwas Trockenes in einer Feuchtigkeit.

DE'LECTABLE, *adj. c.* angenehm, ergötzend. Un goût *délectable*, ein lieblicher Geſchmack. Préférer le bien *délectable* à l'utile, das Ergötzliche dem Nutzbaren vorziehen.

DE'LECTATION, *s. f.* Ergötzung, Belustigung, Lust.
DE'LECTER, *v. a.* ergötzen, erfreuen, belustigen.
se DE'LECTER à quelque chose, *v. r.* an etwas seine Freude haben.
DE'LE'GATION, *s. f.* Befehl etwas zu untersuchen, oder zu entscheiden; Anweisung eine gewisse Schuld zu bezahlen.
DE'LE'GATOIRE, *adj. c.* un réscrit *délégatoire*, Schreiben des Pabsts, darinn er gewisse Richter über eine Sache setzt.
DE'LE'GUE', *s. m.* Abgeordneter.
DE'LE'GUER, *v. a.* absenden, abordnen, Befehl geben, etwas zu verrichten, zu untersuchen.
DE'LE'GUER, eine Summ zu Bezahlung einer Schuld anweisen.
DE'LESTAGE, *s. m.* das Auswerfen des Ballasts (Sands) aus dem Schiffe.
DE'LESTER, *v. a.* den Ballast eines Schiffes heraus werfen.
DE'LESTEUR, *s. m.* der Aufseher auf das Auswerfen des Ballasts.
DE'LIABLE, *adj.* auf- oder ablöslich.
DE'LIAISON, *s. f.* der Mangel einer Schrift, die nicht in der Ordnung zusammen hängt.
DE'LIBE'RANT, e, *adj.* unentschlüßig, wetterwendisch.
DE'LIBE'RATIF, ive, *adj.* (in der Rhetoric) worüber man sich berathschlagt. Pouvoir *délibératif*, Macht zu rathschlagen. Avoir voix *délibérative*, das Recht haben, seine Stimme in einer Versammlung zu geben.
DE'LIBE'RATION, *s. f.* Berathschlagung, Entschliessung.
DE'LIBE'REMENT, *adv.* beherzt, unverzagt.
DE'LIBE'RER, *v. a. & n.* überlegen, bedenken, untersuchen, berathschlagen. *Délibérer* sur le bien public, über das gemeine Beste sich berathschlagen.
DE'LIBE'RER un cheval, ein Pferd abrichten, zureiten, durch Traben oder Galopiren leicht und gelenkig an Schenkeln und ganzem Leibe machen.
DE'LIBE'RE', ée, *part. & adj.* ausgemacht, beschlossen; *it.* beherzt.
de propos DE'LIBE'RE', *adv.* mit Vorsatz, mit Fleiß.
DE'LICAT, e, *adj.* köstlich, niedlich, dem Geschmack angenehm. Viande *délicate*, niedliche Speise.
DE'LICAT, zärtlich; leckerhaft. Une bouche *délicate*, ein Leckermaul.
DE'LICAT, fein; zart; dünn; subtil. Peau *délicate*, eine zarte (dünne) Haut. Ouvrage *délicat*, Feder- (subtile) Arbeit.

DE'LICAT, schwach; weichlich; gebrechlich, das nicht viel vertragen kan. Un enfant *délicat*, ein schwaches Kind. Il est d'une complexion fort *délicate*, sein Leibszustand kan nicht viel vertragen, ist sehr schwach. Le verre & la porcelaine sont des matières *délicates*, Glas und Porcellan sind zerbrechliche Waaren.
DE'LICAT, scharfsinnig; genau im Beurtheilen und Erkennen. Esprit *délicat*, ein scharfsinniger Geist. Une pensée *délicate*, ein schöner sinnreicher Einfall oder Gedanke. Raillerie *délicate*, ein kluger Scherz. Oreille *délicate*, ein leises, scharfes Gehör. Tenir une conduite *délicate*, einen vorsichtigen Wandel führen.
DE'LICAT, empfindlich; dabey leicht anzustossen ist. Une affaire *délicate*, eine anstößige Sache, die grosser Behutsamkeit nöthig hat. Etre *délicat* sur le point d'honneur, in Dingen, die Ehre betreffend, empfindlich seyn. Avoir la main *délicate*, eine leichte Hand zur künstlichen Arbeit haben. Il est *délicat* & blond, er kan sich leicht über etwas beschweren.
DE'LICATEMENT, *adv.* zärtlich, niedlich; sanft; behend; säuberlich; sinnreich; zierlich, artig. Manier *délicatement*, behend (sanft) angreifen. Travailler *délicatement*, säuberlich arbeiten. Ecrire *délicatement*, sauber schreiben.
DE'LICATER, *v. a.* zärtlich halten; wohl pflegen. C'est gâter les enfans, que de les trop *délicater*, man verwöhnt die Kinder, wenn man sie verzärtelt.
se DE'LICATER, *v. r.* sich gütlich thun, sein selbst pflegen; sich zärtlich halten.
DE'LICATESSE, *s. f.* Zärtlichkeit; Niedlichkeit; Zierlichkeit; Kunst, Geschicklichkeit, Fleiß; künstliche Arbeit; künstliche und sinnreiche Einfälle; Eigensinn; Behutsamkeit. Avoir de la *délicatesse* pour ses ajustemens, in seinen Kleidern sinnlich seyn. C'est une *délicatesse* insupportable, qui prend tout en mauvaise part, es ist eine beschwerliche Empfindlichkeit, die alles übel aufnimmt. Vivre avec *délicatesse*, in Wollust (Schleckerey), weichlich, zärtlich) leben. Une grande *délicatesse* d'esprit, eine grosse Scharfsinnigkeit; scharfsinniger Verstand; Artigkeit der Gedanken. Savoir toutes les *délicatesses* d'une langue, die feineste Zierlichkeiten einer Sprache wissen.
DE'LICE, *s. m.* Lust, Freude, Vergnügen.
DE'LICES, *s. f. plur.* Lust, Wollust.
Mettre ses *délices* à quelque chose, oder faire ses *délices* de quelque chose, seine Lust, Vergnügen, an etwas haben. Goûter les *délices* d'un païs, der Annehmlichkeiten eines Landes geniessen.

DE'-

DE'LICIEUSEMENT, *adv.* zärtlich, wollüstig. Vivre *délicieusement*, zärtlich leben. Manger *délicieusement*, sich niedlich speisen.

DE'LICIEUX, euse, *adj.* köstlich, angenehm, niedlich, wollüstig. Païs *délicieux*, ein angenehmes Land. Vin *délicieux*, ein wohlschmeckender Wein.

DE'LICOTER, *v. a. & n.* die Halfter einem Pferde abthun; die Halfter abstreifen, als das Pferd selbst thut. Ce cheval se *délicote*, das Pferd streift gern die Halfter ab, oder reißt sich los.

DE'LIEMENT, *s. m.* Auflösung, Entbindung.

DE'LIER, *v. a.* ledig machen, auflösen, aufbinden; (in geistlichen Sachen) den Löseschlüssel gebrauchen, die Sünde erlassen. *Délier* une botte de foin, ein Heubund auflösen. *Délier* la langue, die Zunge lösen, zum Reden bringen oder bewegen. Voici le jour qui *délie* ma langue, der heutige Tag löset meine Zunge; heute mag ich reden.

DE'LIER, die Excommunication aufheben.

DE'LIÉ, ée, *part. & adj.* ausser der Bedeutung des Participii, heißt es auch dünn, fein, subtil; geschickt, artig. Un paquet *délié*, ein losgemachter Pack. Un fil très *délié*, ein sehr feiner (dünner) Faden. Un esprit *délié*, ein scharfsinnig = subtil durchdringender Verstand.

DE'LINEATION, *s. f.* Entwurf, Abzeichnung, Abriß.

DE'LINQUANT, *s. m.* ein Verbrecher.

DE'LINQUER, *v. n.* (in Rechtshändeln) etwas begehen, verbrechen.

DE'LIQUE, *s. m.* (in der Chymie) Zerschmelzung, Auflösung gewisser Salze u. d. gl. durch eine feuchte und kalte Luft.

DE'LIRE, *s. m.* Aberwitz, aberwitzige Reden in Krankheiten oder hohem Alter.

DE'LIT, *s. m.* ein Verbrechen, Missethat, strafbare That. Il a été surpris en flagrant *délit*, er ist auf frischer That ergriffen worden.

Arbres de *délit*, Bäume, die verbotener Weise im Holze abgehauen sind.

DE'LIT, *s. m.* mettre une pierre en *délit*, einen Stein nicht platt legen, wie er in der Grube lag, sondern auf die Seite, da er sich in Blätter spalten kan.

DE'LITER, *v. a.* einen Stein im Bauen nicht so legen, wie er in der Steingrube gelegen hat, und wie er gewachsen ist.

Cette pierre se *délite*, der Stein spaltet sich in Schalen, welches geschieht, wenn man ihn nicht auf die flache Seite legt, wie er in der Grube Blatt auf Blatt gelegen hat.

DE'LIVRANCE, *s. f.* Befreyung, Errettung, Erlösung; die Ueberlieferung, Einhändigung; Kindbette, Niederkunft; Erlaubung eine neue Münze auszugeben. Demander la *délivrance* de ses maux, um die Errettung aus seinen Nöthen bitten. Païer la marchandise trois jours après la *délivrance*, die Waar bezahlen drey Tage nach der Lieferung.

DE'LIVRE, *s. m.* die Nachgeburt, Aftergeburt der Weiber; ist auch von Kühen gebräuchlich; bey den Falken heißt être en *délivre*, mager seyn.

DE'LIVRER, *v. a.* liefern, in die Hände geben; übergeben, wieder liefern; it. befreyen, erlösen. *Délivrer* un captif, einen Gefangenen lösen.

DE'LIVRER une marchandise, eine Waar liefern.

DE'LIVRER l'ouvrage aux entrepreneurs, eine Arbeit denen Unternehmern übergeben. Les ouvriers ont *délivré* ce qu'ils avoient promis, die Arbeiter haben gehalten, was sie versprochen hatten.

DE'LIVRER une femme, einem Weibe vom Kinde helfen.

se DE'LIVRER d'un enfant, niederkommen, eines Kindes genesen.

DE'LIVREUR, *s. m.* Erlöser, Helfer, Retter.

DE'LOGEMENT, *s. m.* das Ausziehen, Aufbrechen.

DE'LOGER, *v. a. & n.* aus einem Hause ausziehen; von einem Ort sich entfernen; das Lager verlassen, aufbrechen; ausjagen, wegtreiben. *Déloger* les ennemis d'un poste, die Feinde von einem Ort vertreiben. Les ennemis ont *délogé*, die Feinde haben das Lager verlassen. L'armée *délogera* demain, die Armee wird morgen aufbrechen. *Déloger* sans trompete, oder à la sourdine, sich heimlich davon machen.

DE'LOT, *s. m.* (in der Seefahrt) ein runder hohler Ring von Eisen, an eine Strickschläufe zu machen.

DE'LOYAL, e, *adj.* ungetreu, treulos.

DE'LOYALEMENT, *adv.* treuloser Weise.

DE'LOYAUTÉ, *s. f.* Untreu, Treulosigkeit.

DELTOÏTE, *s. m.* (in der Anatomie) eine Maus, welches als ein Griechisch Δ gestaltet ist.

DE'LUGE, *s. m.* die Sündflut; eine grosse Wasserflut; eine Menge Feinde, Soldaten 2c. Un *déluge* d'ennemis se répandit par tout le païs, eine grosse Menge der Feinde breitete sich in dem ganzen Lande aus. Le monde doit périr par un *déluge* de feu, die Welt soll durch eine Feuersündflut zergehen. Un *déluge* de larmes, de maux, heftige Thränen, überhäuftes Unglück.

DE'LUTER, *v. a.* einen Chymischen Kolben

ben öfnen, den Laim abthun von einem Geschirr.

DE'MAÇONNER, *v. a.* das Mauerwerk abreissen, wegbrechen.

DE'MAIGRIR, *v. a.* (bey Steinhauern und Zimmerleuten) einen Stein oder Holz behauen, schärfen, spitzig zuhauen.

DE'MAIGRISSEMENT, *f. m.* die Gegend, wo ein Stein eben, oder ein Holz dünner und schärfer behauen wird.

DE'MAILLOTTER, *v. a.* ein Kind aufwickeln.

DEMAIN, *adv.* morgen, den morgenden Tag.

après DEMAIN, *adv.* übermorgen.

DE'MANCHER, *v. a.* das Heft von etwas wegthun.

se DE'MANCHER, *v. r.* vom Heft oder vom Stiele abgehen, als eine Axt 2c. Ce parti se *démanche*, diese Leute fangen an uneinig zu werden.

DEMANDE, *f. f.* Frage; Begehren, Bitte 2c. On consent à vôtre *demande*, man williget in eure Bitte. A' sotte *demande* point de réponse, auf eine thörichte Frage gehört keine Antwort.

DEMANDER, *v. a.* bitten, begehren, fordern; fragen; verlangen; vonnöthen haben; bisweilen heißt es betteln. Qui *demandés*-vous? nach wem fraget ihr? *Demander* pardon, um Vergebung bitten. *Demander* sa vie, son pain, das Brod betteln. *Demander* une fille en mariage, eine Jungfer zur Ehe begehren. Celà *demande* trop d'attention, dieses erfordert allzu grossen Fleiß.

DEMANDEUR, *f. m.* deresse, *f. f.* der bittet und bettelt; ein Kläger, Klägerin vor Gericht.

DE'MANGEAISON, *f. f.* das Jucken; it. die unmäßige Begierde, etwas Böses zu thun. Avoir une furieuse *démangeaison* d'écrire, eine unsinnige Begier zu schreiben haben.

DE'MANGER, *v. n.* jucken. Le bras me *démange*, der Arm jucket mir; es juckt mich am Arm. Les mains lui *démangent*, er hat Lust sich zu schlagen, oder wieder einen zu schreiben. Grater un homme où il lui *démange*, einem reden, was er gern höret.

DE'MANTE'LEMENT, *f. m.* das Niederreissen einer Vestung.

DE'MANTELER, *v. a.* niederreissen. *Démanteler* une ville, einer Stadt ihre Mauren niederreissen, gleichsam ihren Mantel nehmen. Une place *démantelée*, ein Ort, der seiner Ringmauer beraubet ist.

DE'MANTIBULER, *v. a.* ol. den Kiefer zerbrechen; jetzt, vulg. verrucken, aus der Fuge bringen.

DE'MANTIBULE', ée, *adj.* verrenkt; verstaucht.

DE'MARAGE, *f. m.* das Losreissen eines Schiffs von seinen Seilen.

DE'MARCHE, *f. f.* Schritt, Tritt, Gang, Thun, Verhalten eines Menschen. Avoir la *démarche* grave, einen ehrbaren Gang haben. Observer les *démarches* d'une personne, auf eines Wandel (Aufführung) merken; Acht haben. Faire les prémiéres *démarches*, den ersten Tritt zu einem Handel thun, den Anfang machen. Il a fait une fausse *démarche*, er hat den Handel unrecht angegriffen; er hat sich vergangen.

DE'MARER, *v. n.* ein Schiff losmachen, vom Anker und andern Seilen.

DE'MARER, fortsegeln. Von Canonen im Schiff und andern schweren Dingen wird es auch gebraucht, als von einem überladenen Wagen u. d. gl. On ne sçauroit le faire *démarer*, man kan ihn nicht von der Stelle bringen.

DE'MARIAGE, *f. m.* Ehescheidung, Trennung.

DE'MARIER, *v. a.* quelqu'un, eines Heyrath trennen, aufheben; ihn scheiden.

DE'MARQUER, *v. a.* ein Merkzeichen auslöschen, wegthun. Ce cheval a *démarqué*, das Pferd zeichnet nicht mehr.

DE'MASQUER, *v. a.* die Larve vom Gesichte wegnehmen; entdecken, offenbaren. *Démasquer* un hypocrite, einen Heuchler entdecken.

se DE'MASQUER, *v. r.* die Masque ablegen; sich zu erkennen geben. On les obligea à se *démasquer*, man nöthigte sie, die Mumgesichter abzunehmen.

DE'MATER, *v. a.* den Mast des Schiffs abschlagen, mastlos machen.

DE'MELE', *f. m.* Zank, Streit, Händel.

DE'MELEMENT, *f. m.* ol. die Auswickelung; der Ausgang eines verwirrten Handels.

DE'MELER, *v. a.* von einander sondern, auswickeln, auflösen, aufknüpfen; von andern unterscheiden; entscheiden, schlichten, beylegen; entdecken, erkennen; klar machen, zurecht bringen. *Démêler* une fusée, eine Garnspule auswirren. *Démêler* une personne des autres, einen unter vielen andern erkennen; hervor suchen. *Démêler* une intrigue, sich aus einem heimlichen Handel finden. *Démêler* une affaire l'épée à la main, eine Sache vor der Klinge entscheiden. *Démêler* les sentimens de quelqu'un, eines Gedanken (Neigungen) entdecken; dahinter kommen. Avoir quelque chose à *démêler* avec quelqu'un, mit einem was auszumachen, oder zu zanken haben.

se DE'-

se Dé'mêler, v. r. ſich auswickeln, entwiſchen, durchkommen; einen Streit ſchlichten, vergleichen. Il faut voir comment vous vous *démêlerés* de cette affaire, man muß ſehen, wie ihr euch aus dieſem Handel wickeln werdet.

DE'MÊLE', ée, adj. aus einander geſetzt, geſchieden, geſchlichtet; in Ordnung gebracht.

DE'MEMBREMENT, ſ. m. das Zergliedern eines Thiers; Zertrennung, Theilung eines Reichs. *Démembrement* d'un chapon, Zergliederung eines Kapauns. Le *démembrement* de l'Empire, die Zertheilung (Zerreiſſung) des Reichs.

DE'MEMBRER, v. a. zergliedern, zerreiſſen, zerſtücken, zertheilen, zertrennen. *Démembrer* un chapon, einen Kapaun zergliedern. *Démembrer* un roïaume, un fief, ein Königreich, ein Lehen zertheilen, zertrennen.

DE'MEMBRE', ée, part. & adj. (in Wappen) ein Thier, das ſeine Glieder nicht alle, oder ſie von einander geſondert hat.

DE'ME'NAGEMENT, ſ. m. das Wegführen des Hausraths; das Ausziehen aus einem Hauſe. Le *déménagement* coûte, das Ausziehen erfordert Koſten.

DE'ME'NAGER, v. a. & n. Hausrath wegführen, ausziehen; it. einen zwingen, ſich fortzupacken. *Déménagés*, packet euch fort von hier!

DE'MENCE, ſ. f. Narrheit, Thorheit. Il est tombé en *démence*, er iſt närriſch worden.

se DE'MENER, v. r. ſich hin und her bewegen, ſich gewaltig bemühen.

DE'MENTI, ſ. m. Beſtrafung wegen gethaner Lügen; der Schimpf, den man hat, wenn man ſeinen Zweck nicht erreichen kan. Donner un *démenti*, einen lügen heiſſen. Un *démenti* mérite un ſoufflet, auf Lügenſtrafen gehört eine Maulſchelle. Il en aura le *démenti*, er wird daran zum Lügner werden; es wird ihm fehl ſchlagen.

DE'MENTIR, v. a. einen Lügen ſtrafen; das Gegentheil zeigen; etwas für falſch ausgeben; läugnen; zu nicht machen, als die Hoffnung; it. ganz anders thun als man thun ſollte. *Démentir* ſon ſeing, ſon écriture, ſeine Hand und Siegel läugnen. *Démentir* un acte, ein Urkund als falſch verwerfen. Il n'a point *démenti* l'eſpérance qu'on avoit conçuë de lui, es hat die von ihm geſchöpfte Hofnung nicht betrogen. *Démentir* ſa naiſſance, ſon caractère, ſon ſexe, etwas thun, das ſeinem Herkommen, Stande und Geſchlechte unanſtändig iſt.

se DE'MENTIR, v. r. von ſeiner Güte oder Vollkommenheit abweichen, davon verlieren, ſchlimmer werden; ſich ſelbſten widerſprechen. Se *démentir* de ſes belles actions, von ſeinem löblichen Thun nachlaſſen. Un homme qui ne ſe *dément* point, einer der nicht weicht; der beharret, wie er angefangen hat. La muraille ſe *dément*, die Mauer bekommt Riſſe.

DE'ME'RITE, ſ. m. Verſchuldung, ſtrafwürdige That.

DE'ME'RITER, v. n. eine ſtrafwürdige That begehen.

DE'ME'SU'RE', ée, adj. übergroß, aus der Maſſen groß. Groſſeur *démésurée*, unmäßige Dicke. Ambition *démésurée*, übermäßige Ehrſucht.

DE'ME'SURE'MENT, adv. aus der Maſſen, ungemein.

DE'METTRE, v. a. von ſeinem Orte ſetzen; abſetzen vom Dienſt. *Démettre* un officier, einen Bedienten abſetzen. On l'a *démis* de ſa charge, er iſt ſeines Amts entſetzet worden.

DE'METTRE, verrenken. Il s'eſt *démis* un bras, er hat ſich einen Arm verrenkt.

se DE'METTRE, v. r. aufgeben, niederlegen, abdanken. Se *démettre* de ſa charge, ſein Amt aufgeben.

se DE'METTRE, ſich verrenken; ſich verrücken.

DE'MEU, part. abgewieſen; abgetrieben. *Démeu* de ſes prétentions, (im Rechtshandel) in ſeinen Forderungen abgewieſen; (man ſagt beſſer débouté).

DE'MEUBLEMENT, ſ. m. das Entblöſſen vom Hausrath.

DE'MEUBLER, v. a. vom Hausrath entblöſſen, ihn heraus thun aus einem Orte.

DEMEURANCE, ſ. f. Wohnung; Aufenthalt. (iſt alt.)

DEMEURANT, e, adj. & ſ. m. der ſich aufhält, oder der da wohnt; das Uebrige, der Reſt.

au DEMEURANT, adv. im übrigen. (iſt alt.)

DEMEURE, ſ. f. das Aufhalten, das Verbleiben; die Wohnung. La priſon eſt une triſte *demeure*, das Gefängniß iſt eine betrübte Wohnung.

DEMEURE, (in der Jägerey) der Stand des Wildes.

DEMEURE, (im Rechtshandel) être en *demeure*, unterlaſſen; ſich verſaumen. Il eſt en *demeure* de produire, er hat ſich an ſeinem Beweis verſäumt.

DEMEURER, v. n. wohnen; ſich aufhalten. *Demeurer* au prémier étage, in dem erſten Stock wohnen. *Demeurer* en ville, ſich in der Stadt aufhalten.

DEMEURER, bleiben. *Demeurés* avec nous, bleibet bey uns. Reprenés la lecture à l'enl'endroit où vous en *demeurâtes* la dernière fois, fanget wieder an zu lesen da wo ihr das lezte mal geblieben; aufgehöret. *Demeurer* ferme dans son opinion, vest auf seinem Sinn bleiben. La victoire lui est *demeurée*, der Sieg ist auf seiner Seite geblieben. Il *demeure* bien au-dessous de son maitre, er bleibt weit zurück; weit unter seinem Lehrmeister. Il *demeura* immobile, er blieb unbeweglich.

DEMEURER, verweilen; versaumen. Vous *demeurés* trop long-tems à faire celà, ihr verweilet euch zu lang bey dieser Arbeit.

DEMEURER, stehnbleiben. *Demeure!* halt still!

DEMEURER, todt bleiben; auf dem Platz bleiben. Il *demeura* bien du monde dans cette attaque, bey diesem Angriff ist viel Volk geblieben.

DEMEURER, überbleiben; im Rest bleiben. Il ne *demeura* rien de ce grand repas, von dem grossen Mahl ist nichts überblieben. Le vent a abattu tous les fruits; il en est *demeuré* fort peu sur les arbres, der Wind hat alles Obst abgeschlagen; es ist gar wenig an den Bäumen überblieben. Il m'est *demeuré* tant de reste, er ist mir so viel übrig. (im Rückstand) geblieben. Il *demeure* beaucoup en arrière, er bleibt viel schuldig.

DEMEURER, beharren; fortfahren. *Demeurer* dans le péché in der Sünde beharren.

DEMEURER, (im Kugelspiel) zurückbleiben; das Ziel nicht erreichen.

DEMEURER d'accord, zugeben; eins werden. Ils sont *demeurés* d'accord entre eux, sie sind mit einander eins worden.

Semer une plante à *demeurer*, ein Gartengewächs säen, daß es in der Erde stehe bis man es verbraucht hat.

DEMEURER sur la bonne bouche, bey dem lezten Gericht (Tracht, Essen) bleiben.

DEMEURER sur son appetit, wenn es am besten schmeckt aufhören.

DEMEURER dans une harangue, in einer Rede stecken bleiben.

En *demeurer* là, es dabey bewenden lassen, von Personen; dabey bleiben, von Sachen.

DEMI, e, adj. halb; als: Une aune & demie, eine und eine halbe Elle, anderthalbe Elle; wenn es aber vornen an die Substantiva gehänget wird, ist es indeclinable.

DEMIE, (absolut gesezt) bedeutet bisweilen die halbe Stunde, auch im Plurali.

à DEMI, die Helfte, halb, zur Helfte.

DEMI-AN, *s. m.* ein halb Jahr.
DEMI-AUNE, *s. f.* eine halbe Elle.
DEMI-BAIN, *s. m.* Badwanne, worinne man mit dem halben Leib sitzen kan.
DEMI-BARROT, *s. m.* v. BARROTIN.
DEMI-BASTION, *s. m.* ein halbes Bollwerk.
DEMI-BATTOIR, *s. m.* ein klein Raket zum Ballenschlagen.
DEMI-BOISSEAU, *s. m.* ein halber Scheffel. *Voiés* DEMI-MUID.
DEMI-BOSSE, *s. f.* ouvrage de *demi-bosse*, halb erhabene Arbeit.
DEMI-BOTTE, *s. f.* im Fechten, ein Stoß auf den Arm.
DEMI-CARRIE'RE, *s. f.* v. CARRIE'RE.
DEMI-CEINT, *s. m.* silberne Gürtelkette.
DEMI-CERCLE, *s. m.* ein halber Zirkel.
DEMI-CLEF, *s. f.* ein Knoten, den man auf den Schiffen mit einem Seil über einander macht.
DEMI-CÔTE, *s. f.* eine Anhöhe, abhängende Seite eines Bergs.
DEMI-COUDE'E, *s. f.* die Helfte von der Länge eines Ellenbogens.
DEMI-DE'GRE', *s. m.* (in der Feldmeßkunst) ein halber Grad, oder 30 Minuten.
DEMI-DE'NIER, *s. m.* ein halber Pfennig, eine alte Französische Münz.
DEMI-DIAMETRE, *s. m.* der halbe durchmesser eines Zirkels, vom Mittelpunct bis zum Umfang.
DEMI-DIEU, *s. m.* ein Halbgott, bey den alten Heiden; it. ein grosser Held.
DEMI-DOUZAINE, *s. f.* ein halb Dutzend, eine Zahl von sechsen.
DEMI-E'CU, *s. m.* ein halber Thaler.
DEMI-FAIT, m. e, *f. adj.* halbgethan.
DEMI-FANE', m. ée, *f. adj.* halbverwelkt.
DEMI-FILE, *s. f.* halbe Reihe Soldaten in der Schlachtordnung; it. eine Reihe in der Schlachtordnung, welche die lezte Helfte des Bataillons anfängt.
DEMI-GORGE, *s. f.* eine Linie von der Seite, oder dem Winkel der Cortine bis an das Centrum der Bastion.
DEMI-HEURE, *s. f.* eine halbe Stunde.
DEMI-LIEUë, *s. f.* eine halbe Französische Meile.
DEMI-LIVRE, *s. f.* ein halb Pfund.
DEMI-LUNE, *s. f.* halber Mond in der Fortification oder Bevestigungskunst.
DEMI-MANGE', m. ée, *f. adj.* halbgegessen.
DEMI-MORT, m. e, *f. adj.* halb todt.
DEMI-MUID, ein halber Scheffel.
DEMI-NUD, m. nuë *f. adj.* halb nacket.
DEMI-ONCE, *s. f.* eine halbe Unze.
DEMI-PE'LAGIENS, *s. m. pl.* v. SE'MI-PE'LAGIENS.
DEMI-PIE', *s. m.* halber Schuh oder Fuß.
DEMI-PIQUE, *s. f.* eine halbe Pique.
DEMI-QUARTERON, *s. m.* ein halb Viertel;

tel; halb Viertelpfund; it. ein Achtels-centner.

DEMI-QUEüE, *s. f.* eine Art Weinfäſſer in Frankreich.

DE'MI, e, *part.* v. DE'METTRE.

DEMI-SAVANT, *s. m.* ein Halbgelehrter.

DE'MISE *s. f.* eine Verrenkung.

DEMI-SÈTIER, *s. f.* ein halber Sètier, halb Nöſſel. (v. Sètier.)

DEMI-SOU, oder DEMI-SOL, *s. m.* eine alte Franzöſiſche Münze von Silber und auch von Gold; it. neue dergl. nur von Kupfer.

DE'MISSION, *s. f.* Abdankung von einem Amt, Aufgebung einer Würde.

DE'MISSOIRE, *s. m.* Erlaubniß vom Biſchoff in geiſtlichen Dingen.

DEMI-TON, *s. m.* ein halber Ton in der Muſic.

DEMI-TOUR, *s. m.* eine Wendung mit dem halben Leib.

DEMI-VOL, *s. m.* ein einzeler und bloſſer Flügel in den Wappen.

DE'MOCRATIE, *s. f.* eine Art der Regierung, da die höchſte Gewalt bey der ganzen Gemeine des Volks ſteht.

DE'MOCRATIQUE, *adj. c.* das zu ſolcher Regierungsart gehört.

DEMOISELLE, *s. f.* eine adeliche (Standes-) Jungfrau; eine Fräulein.

DEMOISELLE, eine Jungfer, die einer Frau aufwartet.

DEMOISELLE, eine jede ehrbare Jungfrau, die nicht von gar geringen Eltern iſt.

DEMOISELLE, (bey den Gaſſenbeſetzern oder Pflaſterern,) der Stempfel, die Steine feſt zu ſtoſſen.

DEMOISELLE, ein Bettwärmer, die Füſſe zu wärmen.

DEMOISELLE, Waſſerjungfer, Schillebold, ein Ungeziefer.

DEMOISELLE de Numidie, eine Afrikaniſche Jungfer, ein rarer Vogel, der Geberden und einen Gang wie ein Frauenzimmer an ſich hat.

DE'MOLIR, *v. a.* abbrechen, einreiſſen, einwerfen, zerſtören, als ein Gemäuer oder Gebäude. *Démolir* une maiſon, ein Haus abbrechen. *Démolir* une fortification, eine Beveſtigung ſchleifen.

DE'MOLITION, *s. f.* die Niederreiſſung, Abbrechung.

DE'MOLITION, Materialien von abgebrochenen Gebäuden.

DE'MON, *s. m.* (bey den Alten) ein Geiſt insgemein, er ſey gut oder bös. Son *démon* commence à l'agiter, (poetiſch) ſein Geiſt fängt an ihn zu treiben.

DE'MON, ein böſer Geiſt, ein Teufel.

DE'MON, ein boshafter Menſch, ein Böswicht.

DE'MON, Wut, Raſerey; oder ſonſt eine ſchwere Krankheit.

DE'MONIAQUE, *s. m. & f. & adj. c.* Beſeſſener; ein Raſender vor Zorn; beſeſſen.

DE'MONOMANIE, *s. f.* unvernünftige Verehrung der Geiſter; Wiſſenſchaft oder Erkenntniß von Geiſtern; Beſchwörung der Geiſter, Zauberey; ein Buch von den Geiſtern.

DEMONSTRABLE, *adj. c.* das da klar dargethan werden kan.

DEMONSTRATIF, ive, *adj. c.* das da klar beweiſet; it. (in der Redekunſt) eine Art etwas zu loben, oder zu ſchelten; (in der Grammatic) ein Pronomen; das da dient etwas zu zeigen, und gleichſam darauf zu deuten.

DEMONSTRATION, *s. f.* ein klarer oder zeigender Beweis; ein Zeichen, Bezeigung; ein Merkmaal; Zeugniß; Anzeigung. *Demonstration* d'amitié, Zeichen der Freundſchaft. Grandes *demonstrations* de joie, groſſe Freudenbezeugungen.

DEMONSTRATION affirmative, da man durch lauter bejahende Beweiſe zeigt, wie eins an dem andern hängt.

DEMONSTRATION négative, oder à l'impoſſible, da man die Abſurdität zeigt, wenn man ein Ding läugnen wollte.

DEMONSTRATIVEMENT, *adv.* klar und deutlicher Weiſe.

DE'MONTER, *v. a.* vom Pferde abſetzen, herunter ſteigen machen. *Démonter* un cavalier, einem Reuter das Pferd nehmen. Un cavalier *démonté*, ein abgeſetzter Reuter.

DE'MONTER, zerlegen; zerſchlagen; auseinander legen. *Démonter* une armoire, einen Schrank zerſchlagen. *Démonter* un luth, die Saiten von einer Laute abnehmen.

DE'MONTER, verrücken; verſtören. Co coup *démonte* toutes vos eſpérances, dieſer Zufall verſtöret alle eure Hoffnung.

DE'MONTER un canon, ein Stück von der Lavette abnehmen.

ſe DE'MONTER, *v. r.* ſich verſtellen wie einer will. Un viſage qui ſe *démonte*, ein Geſicht, das ſich verſtellen kan in Bergung ſeiner Affecten.

DE'MONTRER, *v. a.* klar beweiſen, deutlich darthun; it. zeigen, erzeigen, zu erkennen geben. Ces ſignes ne *démontrent* autre choſe, dieſe Zeichen geben anders nichts zu erkennen. *Démontrer* une propoſition, einen Satz beweiſen.

DE'MORDRE, *v. n.* das, was man mit dem Gebiß gefangen hat, wieder losläſſen. Chien qui ne *démord* pas, ein Hund der nichts los läſſet.

DE'MORDRE, von einer Meynung ab=
lassen, abstehen, abgehen, abweichen.
Il n'en veut pas *démordre*, er will nicht
davon abstehen. C'est un homme à n'en
point *démordre*, er wird im geringsten
nicht nachgeben; nicht davon ablassen.
DE'MOUVOIR, *v. a.* (in den Rechten) ab=
stehen, abwendig machen, abbringen.
Démouvoir quelqu'un de sa prétention,
einen von seiner Anforderung abstehen
machen.
se DE'MOUVOIR, *v. r.* ablassen, abstehen,
u. d. gl.
DE'MUNIR, *v. a.* den Kriegsvorrath, die
Bevestigung eines Orts wegthun.
DE'MURER, *v. a.* une porte, une fenêtre,
eine zugemaurte Thür oder Fenster wieder
einbrechen.
DE'NATTER, *v. a.* Matten, oder gefloch=
tene Decken, und Haare aufflechten.
DE'NATURE', ée, *adj. & subst.* unmensch=
lich, ein Unmensch gegen seine Bluts=
freunde.
DE'NATURER, *v. a.* son bien, sein Gut
verändern, damit man nach seinem Wil=
len damit schalten könne.
DENCHE', ée, *adj.* (in den Wappen)
das kleine Zähne hat, zackig.
DENDRITE, *s. m.* Stein, auf dem man
Bäume oder Buschwerk figurirt findet.
DE'NE'GATION, *s. f.* (vor Gericht) die
Läugnung, das Verneinen.
DE'NERAL, *s. m.* Gewicht in der Münze.
DE'NI, *s. m.* Weigerung, Abschlagung;
Läugnung. *Déni* de justice, Versagung
des Rechts.
DE'NIAISEMENT, *s. m.* das Abrichten,
das Klügermachen.
DE'NIAISER, *v. a.* abrichten, klüger ma=
chen, mit Schaden klug machen. On
l'a plaisamment *déniaisé*, er ist ar=
tig betrogen worden. Il s'est laissé *dé-
niaiser*, er hat sich betrügen lassen, als
ein einfältiger Tropf.
se DE'NIAISER, *v. r.* klüger werden, nicht
mehr so tumm und einfältig seyn.
DE'NIAISE', ée *adj.* klug, listig,
verschlagen. C'est un *déniasé*, er ist ein
durchtriebener Gast.
DE'NIAISEUR, *s. m.* ein kluger Mann, der
andere abrichten kan; arglistiger Kopf.
DE'NICHER, *v. a. & n.* les oiseaux, jun=
ge Vögel aus dem Neste nehmen, oder
verjagen; einen von seinem Platz vertrei=
ben; sich wegmachen, entweichen. *Dé-
nicher* les ennemis du poste qu'ils ont
occupé, die Feinde von dem Ort, den
sie eingenommen, vertreiben. Il est *dé-
niché* ce matin, er ist diesen Morgen
durchgegangen.
DE'NICHEUR, *s. m.* der junge Vögel aus=
nimmt; oder einen von seinem Ort ver=
jagt.
un DE'NICHEUR de fauvettes, ein verschla=
gener listiger Kerl, der sich durch Frauen=
liebe forthilft.
DE'NIER, *v. a.* verläugnen, läugnen; wei=
gern, abschlagen, nicht gewähren. *Dé-
-nier* le crime dont on est accusé, das
Verbrechen, dessen man beschuldigt wird,
läugnen. *Dénier* une faveur, eine Gna=
de versagen.
DE'NIER, *s. m.* Pfennig; gewisse kleine
Münz der alten Zeit.
DE'NIER tournois; *dénier* de prix; *dénier*
de cours, kleine Münz, davon 12 einen
Französischen Stüber machen.
DE'NIER, ein Münzgewicht, 24 Gran
schwer.
DE'NIER de fin, *s. m.* Gehalt der Feine des
Silbers; Gewicht, wornach die Feine
des Silbers ermessen wird. Cet argent
a tant de *déniers* de fin, dieses Silber
hält so viel Pfennige fein; ist so viel löthig.
DE'NIER de monnoüge, ein Stück Münz;
gemünztes (geprägtes) Stück Geld. In-
terét au *dénier* quinze, seize, vingt &c.
Zins auf den funfzehenden, sechszehenden,
zwanzigsten rc. Pfennig gerechnet. Lever
le deux-centième *dénier*, den zweyhun=
derten Pfennig erheben; d. i. eins von
zweyhundert. Celà vaut mieux *dénier*
qu'il ne valoit maille, dieses ist in viel
besserm Zustande.
le DE'NIER du Roi, oder de l'ordonnance,
der gesezte Zins, den man vom Hundert
nehmen darf. Cet homme n'a qu'un *dénier* dans cette affaire, dans cette ferme,
dieser hat nicht mehr Antheil an dieser
Sache oder Pacht in der Proportion als
ein Sol, (halber Kaisergroschen) gegen
einen Livre, (gegen zehen Kaisergro=
schen.)
DE'NIER-à-DIEU, *s. m.* Leykauf, Angeld;
Mietgeld; Gottspfennig.
DE'NIERS, *s. m. pl.* Geld. Faire une levée de *déniers*, Geld aufbringen.
DE'NIERS de boite, Probmünzen, die
andern ausgegebenen darnach zu probi=
ren.
DE'NIGREMENT, Verläumdung; böse
Nachrede; böser Name.
DE'NIGRER, *v. a.* einen schwarz machen,
verläumden, übel beschreiben.
DENIS, *s. m.* ein Mannsname.
DENISE, *s. f.* ein Weibsname.
DE'NOMBREMENT, *s. m.* die Zählung,
das Zählen, Abzählen; Verzeichniß, Be=
nennung. Il fait un *dénombrement* de
tous les cas, er hat alle die Fälle herge=
zählet.
DE'NOMBREMENT, (in der Redekunst) die
Er=

Erzehlung aller Eigenschaften einer Sache.

DE'NOMBREMENT, (im Rechtshandel) donner son aveu & *dénombrement*, seine Muthung und Verzeichniß der Lehnstücke eingeben.

DE'NOMBRER, *v. a.* zählen; abzählen.

DE'NOMINATEUR, *s. m.* (im Rechnen der Brüche) der Nenner, Zähler.

DE'NOMINATEUR de la raison, in der Geometrie, $\frac{2}{3}$ ist der denominateur de la raison, von 2 zu 3, und $\frac{3}{2}$ von 3 zu 2.

DE'NOMINATIF, ive, *adj.* (in der Grammatic,) ein Denominativum; ein Wort, so von einem andern hergeleitet wird.

DE'NOMINATION, *s. f.* die Benennung, der Name; der Ursprung des Namens.

DE'NOMMER, *v.a.* bekennen; (im Rechtshandel) mit Namen nennen.

DE'NONCER, *v.a.* öffentlich ansagen, ausrufen; einem etwas andeuten, ankündigen; vor Gericht angeben, anklagen. *Dénoncer* ses complices, seine Mitschuldigen angeben.

DE'NONCIATEUR, *s. m.* ein Angeber vor Gericht.

DE'NONCIATION, *s. f.* das öffentliche Ausrufen; Ankündigung; das Angeben vor Gericht. Il fut arrêté sur la *dénonciation* de son valet, auf die Anzeige seines Dieners ward er eingezogen. La *dénonciation* de la paix, Verkündigung des Friedens.

DE'NONCIATION de nouvelle œuvre (im Rechtshandel) Einhalt, so ein Nachbar dem andern thut, wenn ihm zum Nachtheil gebauet wird.

DE'NONCIATION, (in Kirchenrechten) Abkündigung des Bannes gegen eine Person.

DE'NOTATION, *s. f.* Bemerkung.

DE'NOTER, *v. a.* (in Rechtshändeln) beschreiben, andeuten, bemerken.

DE'NOÜEMENT, *s. m.* das Auflösen, Losknüpfen.

DE'NOÜEMENT, Erläuterung; Entscheidung eines Zweifels.

DE'NOÜEMENT, der Ausgang eines verwirrten Handels in einer Comödie oder sonsten.

DE'NOÜER, *v. a.* losknüpfen. *Dénoüer* un nœud, einen Knoten auflösen.

DE'NOÜER la langue, die Zunge lösen. Les exercices *dénoüent* le corps, die Uebung machet den Leib geleichsamer und fertiger.

DE'NOÜER une difficulté, einen Zweifel auflösen.

DE'NOÜER une comédie, einem Lustspiel den Ausschlag geben, (es auf ein artiges Ende hinaus führen.)

DE'NOÜER, eine Frage auflösen.

se DE'NOÜER, *v. r.* aufgehen, als ein Knoten oder gebunden Band; sich selbst auflösen.

se DE'NOÜER, aufschiessen, zunehmen; sich äussern. Il se *dénoüe*; sa taille se *dénoüe*, er schiesset auf, beginnt zu wachsen. Son esprit se *dénoüe*, sein Verstand äussert sich.

DENRE'E, *s. f.* allerley Lebensmittel. Cette denrée est fort chère, diese Waare ist sehr theuer. Mettre le prix aux *denrées*, die Lebensmittel schätzen, ihnen einen Preis setzen.

DENS, *adj. c.* dicht, fest aufeinander.

DENSITE', *s. f.* die dichte Art, Dicke, Festigkeit.

DENT, *s. f.* ein Zahn. Dent de lait, Milchzahn. *Dens* canines, die Hundzähne. Dent œillère, ein Augzahn. Grosses *dens*, *dens* machelières, die Backenzähne. Avoir les *dens* belles & blanches, schöne, schneeweisse Zähne haben. Agacer les *dens*, die Zähne stumpf machen. Déchausser une *dent*, einen Zahn von dem Gaumen los machen. Les *dens* branlent, tombent, se pourrissent, die Zähne wackeln, fallen aus, verfaulen. Rincer les *dens*, den Mund ausspülen. Mourir des *dens*, an Zahnschmerzen sterben.

Prendre le frein aux *dens*, le mord aux *dens*, ausreissen, durchgehen wie ein Pferd, oder ein junger wilder Mensch; it. das Gebiß einnehmen, sich wieder ziehen lassen nach dem wilden Leben.

Parler des grosses *dens* à quelqu'un, einem trotzig und mit Bedrohen zureden.

Etre sur les *dens*, müde seyn vor Arbeit. Mettre sur les *dens*, müd machen, daß einer auf das Maul oder auf die Zähne niederfallen möchte.

Rire du bout de *dens*, sich zum Lachen zwingen.

Donner un coup de *dent* à quelqu'un, einem eine empfindliche Rede geben, ihn mit Stichelworten angreiffen.

Ne pas desserrer les *dens*, das Maul nicht aufthun, da man reden sollte.

Avoir les *dens* bien longues, sehr hungerig seyn.

Avoir une *dent* de lait contre quelqu'un, einen alten Groll auf einen haben.

Il n'en tâtera que d'une *dent*, er soll einen Quark davon haben.

Il n'en croquera que d'une *dent*, er ist nicht gar hungerig darnach, er wird nicht viel davon essen.

Il est sçavant jusqu'aux *dens*, er ist superklug; it. er hat studirt bis an den Hals, in den Kopf aber ist nichts gekommen.

Il est armé jusqu'aux *dens*, er hat sich gewaffnet vom Kopf bis auf die Füsse.

Vou-

Vouloir prendre la lune avec les *dens*, *prov.* unmögliche Sachen unternehmen.

Mentir comme un arracheur de *dens*, lügen wie ein Zahnbrecher.

Il n'en perdroit pas un coup de *dent*, er wird nichts destoweniger essen.

Malgré ses *dens*, es mag ihm lieb oder leid seyn.

à belles DENS, mit guten Zähnen oder Gebiß. Déchirer quelqu'un à belles *dens*, einen zur Bank hauen; schänden; verlästern.

les DENS d'une scie, die Zähne an einer Säge.

les DENS d'un peigne, die Zähne an einem Kamme.

les DENS d'une herse, die Zinken an einer Egde.

les DENS d'un rateau, die Zacken an einem Rechen.

les DENS d'un couteau, Bruch, Scharte an einem Messer.

DENT de chien, Hundszahn, ein Kraut; it. ein Werkzeug der Bildhauer; it. ein Zahn der Mahler, das Gold zu glätten.

DENT de loup, eine Art grosser Nägel, die Pfosten an einem Verschlag vest zu machen.

DENTAIRE, *s. f.* Zahnwurzel, ein Kraut.

DENTALE, *adj. f.* (in der Sprachkunst) lettre *dentale*, ein Buchstabe, der an den Zähnen ausgesprochen wird.

DENTALIUM, eine Gattung lange Meermuscheln.

DENTE', ée, *adj.* der Zähne hat. Elle est bien *dentée*, sie hat ein gut Gebiß. Une roüe *dentée*, ein Rad mit Zähnen.

DENTE'E, *s. f.* ein Hieb mit dem Zahn, wird von wilden Schweinen gesagt.

DENTELER, *v. a.* als Zähne machen, kerben. *Denteler* une scie, eine Säge schärfen; die Zähne ausfeilen.

DENTELE', ée, *adj.* als Zähne gekerbt, wie ein Rad in Uhren; schartig, zackig.

DENTELLE, *s. f.* Spitze, Kante zur Zierde der Kleider.

DENTELURE, *s. f.* Zierath, die als Zähne gemacht ist, Zahnschnitte oder andere Zahnarbeit.

DENTICULE, *s. f.* (in der Baukunst) ein Zahnschnitt.

DENTIER, *s. m.* DENTURE, *s. f.* die Reihe der Zähne im Maul, das Gebiß.

DENTIFRICE, *s. m.* Zahnwasser oder Zahnpulver.

DENTISTE, *s. m.* Zahnarzt.

DE'NUëMENT, *s. m.* (in geistlichen Dingen) Entblössung, Entsagung aller Dinge.

DE'NUëR, *v. a.* berauben, entblössen.

DE'NUE', ée, *part.* entblösset, beraubt.

DE'PAÏSER, *v. a.* in die Fremde schicken, etwas zu lernen; abgewöhnen, was einem von seinem Lande in Sprache und Sitten anhänget. Il le faut *dépaïser* & le tirer ailleurs, man muß ihn von Hause schaffen, und anderswohin bringen.

DEPAÏSER quelqu'un, mit einem über etwas reden, darinn er nicht beschlagen ist.

se DE'PAÏSER, *v. r.* sich wegbegeben, wegziehen; in der Fremde ganz anders werden. C'est à la cour qu'on se *dépaïse*, am Hof legt man die bäurischen Sitten ab.

DE'PAQUETEMENT, *s. m.* das Auspacken.

DE'PAQUETER, *v. a.* auspacken.

DE-PAR, *præp.* von wegen, im Namen, auf Befehl. On a défendu *de-par* le Roi, es ist von dem König ein Verbott ergangen.

DE'PARAGER, *v. a.* ungleich verheyrathen.

DE'PAREILLER, *v. a.* ein Paar zergänzen, eines von zweyen, so zusammen gehören, von einander thun. *Dépareiller* des gans, des bas, Handschuh, Strümpfe entpaaren; verwerfen.

DE'PAREILLER un livre, ein Theil eines Buchs verlieren. Un livre *dépareillé*, ein Buch dazu ein Theil fehlet.

DE'PARER, *v. a.* des Schmucks berauben. *Déparer* une église, une chambre, die Zierathen aus einer Kirche, aus einem Gemach abnehmen.

DE'PARER, verstellen. (besser défigurer.)

DEPARIER, *v. a.* entpaaren, wird nur von Thieren gesagt. L'un de mes chevaux étant mort, l'autre est *déparié*, weil eins von meinen Pferden gefallen, so ist das andere entpaart; ich habe kein anderes mit diesem einzuspannen.

DE'PARLER, *v. n.* aufhören zu reden, ist nur mit der Negation gebräuchlich. Il ne *déparle* point, er hört nicht auf zu schwatzen, das Maul steht ihm nicht still. Il auroit été un mois sans *déparler*, er hätte in einem Monat nicht ausgeredt.

DE'PART, *s. m.* Abschied, Aufbruch, Abreise. Etre sur son *départ*, reisefertig seyn.

DE'PART, (bey dem Goldschmied) das Scheiden der Metalle. Faire le *départ* de l'or & de l'argent, das Gold von dem Silber scheiden.

Eau de *départ*, ein Scheidwasser, so das Gold auflöst.

DE'PARTAGER, *v. a.* (in Gerichtssachen) die Gleichheit der Stimmen, die auf beyden Seiten gleich gefallen, aufheben.

DE'PARTEMENT, *s. m.* der Theil der einem zu verwalten anvertrauet ist, in Austheilung der Aemter. *Département* d'un commissaire, zugetheilter Bezirk der Aufsicht eines Commissarii. *Département* d'un Secrétaire d'Etat, zugetheilte Verte Verrichtungen (Ausfertigungen) eines Staatssecretarii. Celà n'est pas de son *département*, das gehört nicht vor ihn; zu seiner Ausfertigung.

Il a le *département* de la guerre, er hat die Kriegshändel zu verwalten.

DE'PARTEMENT, *s. m.* ein Zimmer in einem Haus. Le plus haut étage est le *département* des domestiques, im obersten Stockwerk wohnet das Gesinde.

DE'PARTEMENT, das Quartier der Soldaten, Austheilung der Quartiere. Ils tirèrent au sort les quartiers, & chacun alla à son *département*, sie loseten um die Quartiere und ein jeder bezog das, so ihm zugefallen war.

DE'PARTEMENT des tailles, Eintheilung der Auflagen.

DE'PARTIR, *v. a.* austheilen. *Départir* les armes, Gewehr austheilen. *Départir* des graces, Gnaden beweisen, zuwenden.

DE'PARTIR, (in Rechtshandel) einem aus denen Beysitzern eine Rechtssache zur Ueberlegung und Vortrag übergeben.

DE'PARTIR, die Gleichheit der Stimmen entscheiden.

DE'PARTIR, (bey der Jägerey) die Oerter anweisen.

DE'PARTIR, (in der Chymie) scheiden.

se DE'PARTIR, *v. r.* abstehen, abweichen. Ce n'est pas une règle dont on ne puisse jamais se *départir*, das ist kein Gesetz, davon man niemals abweichen könne. Se *départir* d'une alliance, von einem Bündniß abtreten. Se *départir* de son devoir, seine Pflicht nicht beobachten. Se *départir* de son droit, sich seines Rechts begeben.

DE'PASSER, *v. a.* eine Schnur oder Band wieder herausziehen. *Dépassés* ce lacet, vous avés fauté un œillet, ziehet den Schnürsenkel (Nestel) wieder aus, ihr habt ein Loch überhüpft. *Dépasser* le bras dedans la manche, den Arm wieder aus dem Ermel ziehen.

DE'PASSER (in der Seefahrt) übersegeln; it. vor einem Ort vorbey fahren.

DEPAVER, *v. a.* die Pflastersteine losbrechen, aufheben, losreissen.

DE'PECEMENT, *s. m.* die Zerstückung.

DE'PE'CER, *v. a.* zerstücken, zerhauen, zerreissen, u. d. gl.

DE'PÊCHE, *s. f.* Verrichtung; Vollziehung; Abfertigung. Nous songeons à vôtre *dépêche*, wir sind auf eure Abfertigung bedacht.

DE'PÊCHE, Fleiß; Bemühung. Un homme de *dépêche*, ein fleißiger Mann, der die ihm aufgetragene Geschäfte mit Fleiß ausrichtet.

DE'PÊCHES, *s. f. pl.* wichtige Briefschaften. Porter, recevoir des *dépêches*, wichtige Briefe überbringen, empfangen.

C'est une belle *dépêche*, das ist ein glücklicher Todesfall.

DE'PÊCHEMENT, *s. m.* Beschleunigung, Beförderung, Abfertigung.

DE'PÊCHER, *v. a. & n.* ausfertigen; zu End bringen. *Dépêcher* une affaire, eine Sache abthun, zur Endschaft bringen. *Dépêcher* un courier, einen reutenden Boten abfertigen.

DE'PÊCHER, (von ungeschickten Aerzten) in die andere Welt schicken. Ce médecin en *dépêchera* bien d'autres, dieser Arzt wird noch einem manchen andern fortheilfen.

DE'PÊCHER un criminel, einen, der den Tod verdient hat, hinrichten.

Il faut *dépêcher*, man muß nicht zaudern.

se DE'PÊCHER, *v. a.* eilen, geschwind fortmachen; etwas zu geschwind thun.

DE'PE'DANTISER, *v. r.* die schulfüchsische Weise abgewöhnen.

DE'PEINDRE, *v. a.* abmahlen, beschreiben. *Dépeindre* la magnificence d'une fête, die Pracht eines Gastmahls beschreiben. *Dépeindre* les gens, die Leute abbilden, nach ihren Eigenschaften genau beschreiben.

DE'PENDAMMENT, *adv.* nach der Ordnung der Unterwürfigkeit.

DE'PENDANCE, *s. f.* Unterwürfigkeit; Verknüpfung; Zugehör. Etre dans la *dépendance* de quelqu'un, einen zum Oberherrn erkennen, unter einem stehen. Cette terre est de la *dépendance* de la mienne, diß Stück Land gehört zu meinem.

DE'PENDANT, e, *adj.* der unter einem stehet, oder von einem zu Lehen geht, in eines Gewalt ist.

Ce vaisseau tombe en *dépendant*, das Schiff naht sich mit kleinen Segeln.

Il vient en *dépendant*, es naht sich mit eben dem Winde, den das andere Schiff hat, damit es allgemach dasselbe erkenne, und doch immer den Wind behalte.

DE'PENDRE, *v. a.* etwas, das anhängt, abnehmen. *Dépendre* le linge, das weisse Zeug abnehmen.

DE'PENDRE, *v. n.* unter eines Herrschaft oder Gewalt stehen; it. von etwas herrühren, abhängen. La fortune des gens *dépend* de leur mérite, das Glück der Menschen hängt von ihrem Wohlverhalten ab. La fertilité de la terre *dépend* du soleil, die Sonne machet die Erde fruchtbar. La conséquence *dépend* des propositions dont elle est tirée, der

Schluß

Schluß gründet sich auf die Sätze, aus welchen er gezogen wird.

DE'PENS, *f. m. plur.* Kosten. Faire une chose à ses *dépens*, etwas auf seine eigene Kosten thun.

De'pens, Gerichtskosten. Condamner aux *dépens*, in die Gerichtskosten verurtheilen.

De'pens, Schaden; Nachtheil. Se justifier aux *dépens* d'autrui, mit eines andern Nachtheil sich selbst rechtfertigen.

DE'PENSE, *f. f.* Aufwand, Ausgabe; Zehrung. Faire une grosse (belle) *dépense*, ein Grosses (Ansehnliches) aufwenden; sich grosse Unkosten machen; viel aufgehen lassen. Faire *dépense* d'esprit, (im Scherz) sich angreiffen.

De'pense, Speisekammer; Brodschrank.
De'pense, die Ausgab in einer Rechnung.
Dépenses sourdes, heimliche Ausgaben.

DE'PENSER, *v. a.* ausgeben, aufwenden, verzehren.

DE'PENSIER, *f. m.* ein Verschwender.
De'pensier, Speisemeister (in einem Kloster).

DE'PENSIE'RE, *f. f.* eine Verschwenderin.
De'pensie'rE, Speisemeisterin (in einem Kloster).

DE'PERDITION, *f. f.* de substance, der Untergang des Wesens, der Substanz eines Dinges.

Il y a *déperdition*, pflegen die Wundärzte zu sagen, wenn man das Fleisch verletzet oder ausgeschnitten ist.

De'perdition, (bey dem Schmelzen der Metallen) Abgang, Verringerung des Gewichts.

DE'PE'RIR, *v. n.* zu Grunde gehen, eingehen. Prenés-garde que vôtre bien ne *dépérisse*, gebt Acht, daß euer Vermögen nicht abnehme, zergehe. L'armée *dépérit* par les maladies, die Armee nimmt ab durch Krankheiten. Les dettes *dépérissent*, die Schulden werden schlimmer, ungiebiger.

DE'PE'RISSEMENT, *f. m.* das Abnehmen, der Abgang; das Eingehen, Verderben. Pour éviter ce *dépérissement*, solchem Verfall vorzukommen.

DE'PE'TRER, *v. a.* die Füsse aus dem Koth ziehen. *Dépêtrer* un cheval, ein Pferd losschleifen, loswirren, wenn es sich in den Strangen verwirret.

se De'pêtrer, *v. r.* sich heraus wickeln, sich losmachen. La pauvreté est si gluante, qu'on ne s'en sauroit *dépêtrer*, die Armuth klebt so stark an, daß man sich von ihr nicht wieder loshelfen kan. Se *dépêtrer* de quelqu'un, sich von einem losmachen, losreissen.

DE'PEUPLEMENT, *f. m.* die Entblössung von Volk. Le *dépeuplement* de l'Asie vient de la violence du gouvernement, daß Asien so wenig bewohnt wird, kommt von der strengen Regierung her.

De'peuplement d'une forêt, Verödung eines Waldes durch Tilgung des Wildes und allzu starke Aushölzung.

DE'PEUPLER, *v. a.* von Volk entblössen, leermachen.

De'peupler un étang, einen Teich von Fischen entblössen.

De'peupler un colombier de pigeons, die Tauben in einem Taubenhaus dünn machen.

De'peupler une forêt, einen Wald von Bäumen leer machen, entblössen, veröden.

De'peupler une boutique de bijoux, einen Goldschmieds- oder Juwelierladen leer machen, auskaufen.

DE'PIE'CER, *v. a.* ein Lehn zerstücken.
DE'PILATION, *f. f.* Ausfallen der Haare.
DE'PILATIF, ive, *adj.* die Haare wegnehmend, dünner, ausfallen machend.
DE'PILATOIRE, *f. m.* eine Salbe, wovon das Haar ausfällt.
DE'PILER, *v. a.* die Haare wegnehmen, ausreissen, wegätzen, ausfallen machen.
DE'PIQUER, *v. a.* besänftigen, trösten, den Verdruß mindern. Cela me *dépique* de toutes mes pertes, dieses lindert allen meinen Schaden.

DE'PIT, *f. m.* Widerwille, Unwille, Zorn, Verdruß. Faire *dépit*, donner du *dépit* à quelqu'un, einem Verdruß anthun. Avoir du *dépit* contre soi-même, über sich selbst unwillig seyn. Se couper le nez pour faire *dépit* à son voisin, sich selbsten grössern Schaden zufügen, um dem Nachbar Verdruß zu machen.

en De'pit de lui, er mag es gern sehen, oder nicht; item, ihm zum Verdruß, oder zum Possen. Je le ferai en *dépit* de vous, ich will es euch zum Verdruß, zum Possen thun.

Cette plante croit par *dépit*, diß Gewächs kommt fort, ob es schon nicht gepflanzt wird.

se De'piter, *v. r.* de quelque chose, verdrüßlich, ungeduldig werden über etwas. La vieillesse est chagrine & se *dépite* toujours, das Alter ist verdrüßlich und ärgert sich über alles.

se De'piter contre son ventre, eine gute Mahlzeit versäumen.

DE'PITEUX, euse, *adj.* murrisch, ungeduldig, wie die kleine Kinder.
DE'PLACEMENT, *f. m.* eine Vertreibung, Verstossung von seinem Ort.
DE'PLACER, *v. a.* von seinem Ort entsetzen, verrücken, vertreiben. Cheval qui ne *déplace* point sa tête, ein Pferd, das den Kopf nicht verrucket.

DE'-

DE'PLACER, (im Gerichtshandel) eine Sache mit Erlaubniß des Richters von einem Ort an den andern bringen. On a déplacé ses meubles, man hat sein Geräth ausgetragen.

se DE'PLACER, v. r. von seiner Stelle weggehen.

DE'PLAIRE, v. n. mißfallen, verdrüßlich fallen. Tout me déplait, es ist mir alles zuwider. Ce qui plait aux uns, déplait aux autres, was dem einen gefällt, mißfällt dem andern.

Ne vous déplaise, ne vous en déplaise, der Herr verzeihe mir, es ist nicht so.

se DE'PLAIRE, v. r. mit Unwillen an einem Orte seyn; vom Viehe und Gewächsen heißt es, an einem Ort nicht gedeihen oder wachsen. Se déplaire dans la servitude, in seiner Dienstbarkeit unzufrieden seyn.

DE'PLAISANT, e, adj. verdrüßlich, unangenehm. Celà est déplaisant, das ist unangenehm. Un homme déplaisant, ein widerlicher Mensch. Je suis déplaisant de celà, das ist mir zuwider, steht mir nicht an.

DE'PLAISIR, s. m. Mißfallen, Verdruß, Betrübniß, Unlust, Mißvergnügen; Unbilligkeit.

DE'PLANTER, v. a. ein Gewächs verpflanzen, versetzen.

DE'PLANTOIR, s. m. ein Werkzeug der Gärtner, die Gewächse auszuheben und zu versetzen.

DE'PLIEMENT, s. m. das Auslegen, Ausbreiten gefaltener Dinge.

DE'PLIER, v. a. ausbreiten; aufschlagen, auswickeln, etwas zusammen gelegtes. Déplier une serviette, ein Tellertuch ausbreiten. Déplier une lettre, einen Brief aufmachen.

Il a déplié toute son éloquence, er hat alle seine Beredtsamkeit hören lassen.

DE'PLIER le trait, den Leithund vom Seil losmachen, oder auch das Leitseil länger machen.

DE'PLISSER, v. a. die Falten aus einem Zeug oder Kleide bringen.

se DE'PLISSER, die Falten verlieren. Cet habit se déplisse, die Falten gehen wieder aus diesem Kleide.

DE'PLORABLE, adj. c. kläglich, jämmerlich, bejammernswürdig.

DE'PLORABLEMENT, adv. auf eine betrübte und bejammernswürdige Art.

DE'PLORER, v. a. beklagen, beweinen. Une maladie déplorée, eine unheilbare Krankheit.

DE'PLOYER, voiés DE'PLIER. Enseignes déployées, mit fliegenden Fahnen. Rire à gorge déployée, mit vollem Halse lachen.

DE'PLUMER, v. a. rupfen; (besser plumer). On l'a déplumé, man hat ihn berupft, um das Seinige gebracht.

DE'POLIR, v. a. den Glanz benehmen. Dépolir de l'acier, dem Stahl den Glanz benehmen.

DE'POLIR, v. a. die Höflichkeit verlieren machen.

DE'PONENT, adj. m. un verbe déponent, ein Deponens in der Grammatic.

DE'PORT, s. m. das Recht, das ein Lehnherr hat, das heimgefallene Lehngut ein Jahr lang nach des gewesenen Besitzers Tod zu geniessen.

DE'PORT, das Recht der Bischöffe u. d. gl. die erledigten Pfründen ein Jahr lang zu geniessen.

Paier sans déport, ohne Verzug oder ohne Aufschub zahlen.

DE'PORTATION, s. f. (bey den alten Römern) eine Art der Verbannung in eine Insel.

DE'PORTEMENT, s. m. das Aufführen, die Sitten, das Leben, Thun, Lassen, Verhalten und Wandel eines Menschen. Ses déportemens me sont connus, ich kenne sein Verhalten (seine Weise) wohl. Les mauvais déportemens des jeunes gens, die böse Aufführung der Jugend.

se DE'PORTER, v. r. de quelque chose, von etwas abstehen.

DE'PORTüAIRE, s. m. der Geistliche, so dem Bischoff das erste Jahr seine Pfarrgefälle lassen muß.

DE'POSANT, s. m. e, s. ein Zeuge, der vor Gericht etwas aussaget.

DE'POSER, v. a. ablegen, niederlegen, aufgeben. Sylla déposa la Dictature, Sylla legte die Dictatur nieder.

DE'POSER, absetzen. Déposer un ecclésiastique, einen Geistlichen absetzen.

DE'POSER, hinterlegen; in Verwahrung niederlegen. Déposer un testament au greffe, ein Testament in gerichtliche Verwahrung legen.

DE'POSER, (im Rechtshandel) zeugen; Zeugniß ablegen.

DE'POSER un corps mort, einen Todten nur für so lang in eine Kirche legen, bis daß er in seine eigene Begräbniß gebracht werde.

DE'POSER un secret, eine Heimlichkeit anvertrauen.

DE'POSITAIRE, s. m. & f. Verwahrer einer hinterlegten Sache.

DE'POSITAIRE, ein vertrauter Freund. Il est le dépositaire de mes plus secretes pensées, er ist o, dem ich alle meine verborgenste Gedanken vertraue.

DE'POSITAIRE, Achthaber über das Geld, Archiv und die Urkunden, in den Klöstern.

le DE'POSITAIRE de la puissance, der alles allein regieret im Namen des Fürsten.
DE'POSITEUR, s. m. der einem etwas zu verwahren oder aufzuheben giebt.
DE'POSITION, s. f. Absetzung vom Dienst oder Amt.
DE'POSITION, (im Rechtshandel) Zeugenaussage.
DE'POSSE'DER, v. a. vom Besitz stossen, austreiben; entsetzen, berauben.
DE'POSSESSION, s. f. die Vertreibung von der Besitzung eines Dinges.
DE'POSTER, v. a. einen von seinem Posten treiben, im Kriege.
DE'PÔT, s. m. hinterlegte Sache. Mettre de l'argent en dépôt, Geld in treue Hand hinterlegen; zu behalten anvertrauen.
DE'PÔT, der Vertrag zwischen dem, der etwas zu verwahren giebt, und der es verwahren soll.
DE'PÔT, der Geldkasten in den Klöstern; it. der Kasten zu Verwahrung der Urkunden.
DE'PÔT, (in der Arzneykunst) eine Sammlung von schädlichen Feuchtigkeiten an einem Ort des Leibes. Il faut ouvrir ce dépôt, man muß dieses Geschwür öffnen (dieser Feuchtigkeit Luft machen).
DE'PÔT, das Dicke, das sich unten im Urin setzt.
DE'PÔTER, v. a. (bey den Gärtnern) Blumen aus den Töpfen thun.
DE'POÜILLE, s. f. das Fell von einem Thiere. Dépoüille de serpent, abgestreifte Schlangenhaut. Dépoüille de lion, Löwenhaut.
DE'POÜILLE, abgelegtes (abgetragenes) Kleid. Le valet a la dépoüille de son maitre, der Diener bekommt die abgelegte Kleider seines Herrn. Il a quitté sa dépoüille mortelle, (poetisch) er hat den sterblichen Leib abgelegt, ist gestorben.
DE'POÜILLE de la vigne, der eingesammelte Wein.
DE'POÜILLE, Raub, Beute. Il s'en revient chargé de dépoüilles, er kommt mit reicher Beute zurück.
DE'POÜILLE, Nachlaß; Verlassenschaft. Il profite de la dépoüille de son ami, er eignet sich die Verlassenschaft seines Freundes zu. Il a eu sa dépoüille, er ist ihm nachgefolgt, succedirt.
Cela est taillé en dépoüille, diß ist dicker gemacht gegen die Füsse, oder gegen die Ferse, gegen das Heft zu; eine Redensart der Handwerksleute und Bildhauer.
Se parer des dépoüilles des anciens, die Schriften der Alten auszuschreiben, und sich damit breit machen.
DE'POÜILLEMENT, s. m. freywillige Entziehung, Beraubung.
DE'POÜILLER, v. a. ausziehen, als Kleider; einen eines Dinges berauben; etwas ablegen, sich abgewöhnen. Les voleurs l'ont dépoüillé, die Räuber haben ihn ausgezogen. Dépoüiller quelqu'un de ses Etats, einen seines Landes, seiner Staaten berauben. Dépoüillés cette rigueur! leget den strengen Sinn ab!
DE'POÜILLER un lievre, un agneau, einem Hasen oder Lamm das Fell abstreifen, abziehen.
DE'POÜILLER un arbre, einem Baum die Blätter abstreifen, oder das Obst davon abnehmen.
DE'POÜILLER l'humanité, die Menschheit ausziehen.
DE'POÜILLER le vieil homme, den alten Menschen ablegen, oder ausziehen.
DE'POÜILLER une figure moulée, (bey dem Giesser) den Model von einem geformten Bild abthun.
se DE'POÜILLER, v. r. sich ausziehen; etwas ablegen; sich etwas abgewöhnen. Dépoüillés-vous de cette humeur farouche! leget eure wilde Art ab! Se dépoüiller de ses armes, seine Waffen ablegen.
DE'POURVOIR, v. a. berauben, entblössen. Dépourvoir une place de sa garnison, einen Ort von seiner Besatzung entblössen.
DE'POURVÛ, m. DEPOURVÛE, s. adj. entblößt, beraubt. Dépourvû de tous sens, aller Sinnen beraubt; ohne Verstand.
au DE'POURVÛ, adv. ohnversehens.
DE'PRAVATION, s. f. die Verderbung, Verderbniß, Unordnung. Dépravation de mœurs, Verderbniß der Sitten; verderbte Sitten. Dépravation de tems, böse Zeit. Dépravation de l'appetit, verderbte Lust zum Essen.
DE'PRAVER, v. a. verderben, als die Sitten, den Geschmack &c.
DE'PRAVE', ée, adj. verderbt; unordig; bös. Appetit dépravé, verderbte Essenslust. Mœurs dépravées, unordige (böse) Sitten. Raison dépravée, verderbte Vernunft.
DE'PRE'CATIF, ive, adj. formule dépré-cative, (bey den Griechischen Gottesgelehrten) eine gewisse Redensart: als, GOtt vergebe euch die Sünde. Andere aber sagen: Ich absolvire euch; (welches man formule declarative nennet).
DE'PRE'CATION, s. f. eine Abbitte.
DE'PRE'DATION, s. f. Beraubung, Bestehlung; untreue Verwaltung der Einkünfte oder eines Erbtheils.
DE'PRE'DER, v. a. ein Schiff, das Schiffbruch gelidten hat, berauben.
DE'PRE'DE', ée, adj. geraubt, gestohlen, als Waaren von dem Schiff.

DE'-

DE'PRENDRE, *v. a.* von einander thun; losmachen. Je l'ai *dépris* de sa mauvaise compagnie, ich habe ihn von der bösen Gesellschaft abgezogen.

se De'prendre, *v. r.* von einander gehen, losgehen; sich losmachen. Ce galon commence à se *déprendre*, die Borte beginnet los zu werden. Je ne puis me *déprendre* de cette belle, ich kan die Liebe zu dieser Schönen nicht fahren lassen.

DE-PRES, *adv.* von der Nähe; nahe bey. Voir une chose *de-près*, etwas in der Nähe ansehen. Considèrer *de-près*, genau betrachten.

DE'PRESSER, *v. a.* aus der Presse heben; it. dem Tuch den Glanz benehmen. *Dépresser* des livres, du drap, Bücher, Tuch u. d. gl. aus der Presse nehmen.

DE'PRESSION, *s. f.* Unterdrückung; Niedrigkeit; das Niederdrücken; Erniedrigung, geringer Stand.

DE'PRI, *s. m.* Angebung und Verzollung des Weins.

De'pri, (in dem Lehenrecht) die Ankündung, so bey dem Lehenherrn geschiehet, daß einem ein von ihme abhangendes Lehen erblich zugefallen seye.

DE'PRIER, *v. a.* Wein im Zollhaus angeben; einem Lehenherrn das angestorbene Lehen ansagen.

De'prier, absagen. Il m'avoit prié à diner, mais pour des affaires il m'a envoié *déprier*, er hatte mich zum Mittagessen eingeladen, weil er aber Geschäfte überkommen, hat er mir wieder absagen lassen.

DE'PRIMER, *v. a.* einen unterdrucken, nicht in die Höhe kommen lassen.

DE'PRIS, *s. m.* Abschlag oder Verminderung des Werthes.

DE'PRISER, *v. a.* eine Kaufmannswaare verachten.

DE'PROPRIEMENT, *s. m.* das Testament eines Maltheßischen Ritters, oder Ordensmeisters.

DE'PUCE'LER, *v. a.* une fille, einem Mädgen die Jungferschaft nehmen, schänden.

DEPUIS, *adv. & præp.* nach, seither, seit, von an; seitdem, seither, nachher, nachmals.
Depuis le prémier, vom ersten an.
Depuis quand? seit wenn?
Depuis peu, seit kurzer Zeit.

Depuis que, seit daß; nachdem; seit dem. Je ne l'ai pas vû *depuis que*, ich habe ihn nicht mehr gesehen, seit daß ꝛc.

DEPURATION, *s. f.* Reinigung, in der Chymie.

DEPURER, *v. a.* reinigen.

DE'PUTATION, *s. f.* Abordnung, Abschickung. Faire une *députation* solemnelle, eine ansehnliche Abordnung thun. On demanda le sujet de leur *députation*, man fragte um die Ursach ihrer Absendung.

DE'PUTATION, die gesammten Abgeordneten. Il est chef de la *députation*, er ist der vornehmste unter den Abgeordneten.

DE'PUTE', *s. m.* Deputirter, Abgeordneter.

DE'PUTER, *v. a.* abordnen, abschicken.

DEQUOI, *pron.* wovon, von was. *Dequoi* parlés-vous? wovon redet ihr?
Il n'y a pas *dequoi* manger, es ist nichts zu essen da. Il n'y a pas *dequoi* le condamner, es ist keine Ursache, ihn zu verurtheilen. Il n'y a pas *dequoi* fouetter un chat, es ist keine Ursache da, ihn zu strafen. Il n'y a pas *dequoi*, der Herr darf sich nicht bedanken; es ist ihm wenig Ehre wiederfahren. Il a bien *dequoi*, er hat wohl zu leben, er hat Mittel genug. Voilà bien *dequoi*, diß ist eben nicht so obenhin anzusehen. Ce *dequoi* j'ai besoin, das was ich brauche oder bedarf; (besser ce dont).

DE'RACINEMENT, *s. m.* das Ausreuten.

DE'RACINER, *v. a.* auswurzeln, ausreuten. *Déraciner* un arbre, einen Baum ausreuten.

DE'RACINER le vice, die Laster vertilgen, ausrotten.

DE'RADER, *v. n.* von der Rhede durch Sturm weggetrieben werden.

DE'RAISONNABLE, *adj. c.* unbillig, unrechtmäßig.

DE'RAISONNABLEMENT, *adv.* unvernünftiger, ungerechter Weise.

DE'RANGEMENT, *s. m.* Unordnung, Verrückung, Zerstörung, Verwirrung.

DE'RANGER, *v. a.* in Unordnung bringen, verwirren. *Déranger* les chaises, die Stühle verrücken. *Déranger* une chambre, alles in einer Kammer unter einander werfen oder verrücken. *Déranger* les desseins, das Concept verrücken.

DE'RANGE', ée, *part. & adj.* unordentlich. Ses affaires sont *dérangées*, es stehet übel um ihne, wegen dem zeitlichen Gut.

DE'RAPE', ée, *adj.* sagt man vom Anker, wenn er zwar unten im Wasser, aber aus der Erde los ist.

DE'RATE', arg, listig, durchtrieben. C'est un fin *dératé*, es ist ein schlauer Bursch.

DE'RATER, *v. a.* die Milz ausschneiden. *Dérater* un chien, einem Hund die Milz nehmen.

DE'RAYÛRE, *s. f.* (im Ackerbau) die letzte Furche, die Beete von einander zu theilen; Saatfurhe.

DE'RECHEF, *adv.* wiederum, vom neuen.

DE'RE'GLEMENT, *f. m.* Unordnung, Verwirrung; Unmäßigkeit, unordentliches Leben. Le *dérèglement* des saisons, die ungestüme Witterung. Le *dérèglement* des humeurs, Verderbniß der Feuchtigkeiten des Leibes. Le *dérèglement* de la doctrine, Verderbniß der Lehre. Publier le *dérèglement* d'une personne, die Lüderlichkeit eines Menschen ausbreiten.

DE'RE'GLEMENT, *adv.* unordentlich, ohne Ordnung; unmäßig, lüderlich.

DE'RE'GLER, *v. a.* aus der Ordnung bringen, verwirrt machen, verderben.

se DE'RE'GLER, *v. r.* unordentlich werden; unbeständig werden.

DE'RE'GLE', ée, *part. & adj.* unordentlich. Vie *déréglée*, unordentliches Leben. Ambition *déréglée*, unmäßige Ehrsucht. Prétention *déréglée*, unziemliche Forderung.

DE'RIDEMENT, *f. m.* das Wegthun oder die Benehmung der Runzeln.

DE'RIDER, *v. a.* die Runzeln benehmen, glatt machen; ausheitern, das Gesicht frölich aussehen. *Dérider* le front, das saure Gesicht in ein frölicheres verändern.

DE'RISION, *f. f.* das spöttische Gelächter, Verspottung.
Tourner en *dérision*, ein Gelächter oder Gespötte aus etwas machen.

DE'RIVATIF, ive, *adj.* (in der Grammatic) ein Wort, von andern hergeleitet.

DE'RIVATION, *f. f.* (zur See) das Abweichen von seiner Fahrt oder Bahn.

DE'RIVATION, (in der Medicin) wenn man eine Ader nahe bey einem entzündeten Schaden öfnet, daß das stehende Geblüt heraus kan.

DE'RIVATION, die Ableitung von etwas; it. der Ursprung eines Worts vom andern.

DE'RIVE, *f. f.* (zur See) das Abweichen eines Schiffs von seiner Fahrt. La *dérive* vaut la route, man muß abweichen, doch kommt man auf den rechten Weg.

DE'RIVE, die Zahl der Klaftern am Senkbley zwischen dem Ort, wo man es eingesenket hat, und dem Ort, wo das Schiff ist.

DE'RIVE, das Schwerdt oder Bret, das man neben dem kleinen Schiffe ins Wasser läßt, daß die Schiffe nicht so sehr auf die Seite weichen.

DE'RIVER, *v. a. & n.* sich vom Bord oder Ufer entfernen; von seiner Fahrt in der See abkommen.

DE'RIVER, von etwas herkommen, hergeleitet seyn, herrühren, entstehen; entspringen, herleiten. Ce mot *dérive* du latin, dieses Wort kommt vom Lateinischen her. Toutes les graces *dérivent* du ciel, alle Gnadengaben kommen vom Himmel. Il faut aller à la source d'où le mal *dérive*, man muß sich zu der Ursach wenden, von welcher das Uebel entspringt. *Dériver* une source, eine Quelle von dem gewöhnlichen Lauf ableiten.

DE'RIVER un clou, einen Nagel, der umgeschlagen war, wieder aufmachen, wenn man ihn ausziehen will.

DE'RIVE', ée, *part. & adj.* (in der Grammatic) ein Derivatum.

DERME, *f. m.* (in der Anatomie) die Haut oder das Fell an einem Menschen.

DERNIER, e, *adj.* der Lezte; Aeusserste; Größte; Höchste; Geringste. C'est du *dernier* bourgeois, das ist zum höchsten unanständig; unmanierlich. Avoir la *dernière* obligation à quelqu'un, einem zum höchsten verbunden seyn.
Mettre la *dernière* main à quelque chose, ein Werk völlig endigen.
Vouloir toûjours avoir le *dernier*, immer das letzte Wort haben wollen.
au DERNIER mot, mit einem Wort, wenn man um etwas handelt.
en DERNIER lieu, zulezt, am Ende, zum lezten.
C'est le *dernier* des hommes, es ist ein rechter unwürdiger Mensch, der nicht werth ist, daß er ein Mensch heißt.

DERNIE'REMENT, *adv.* neulich, vor kurzem, unlängst.

DE'ROBEMENT, *f. m.* das Zuhauen der Steine zum Bogenbau.

DE'ROBER, *v. a.* stehlen, heimlich wegnehmen. Il *dérobe* tout ce qu'il trouve, er stiehlt alles, was er antrift.

DE'ROBER quelqu'un, einen bestehlen.

DE'ROBER un homme à la sévérité des loix, einen für der Schärfe der Gesetzen schützen.

DE'ROBER la marche, heimlich marschiren, daß es dem Feind nicht kund wird.

DE'ROBER sa marche, seine wahre Absichten geheim halten. Un broüillard lui *déroba* la vüe des ennemis, ein Nebel entzog ihm das Gesicht des Feindes.

DE'ROBER quelque chose à quelqu'un, einem etwas entziehen.
Elle *dérobe* aux autres tous leurs agrémens, sie verdunkelt die Schönheit der andern.

DE'ROBER quelque chose à la connoissance de quelqu'un, einem etwas verheelen, es heimlich vor ihm halten.

DE'ROBER des pois, des fèves, die Hülsen von Erbsen oder Bohnen abthun.

se DE'ROBER d'une compagnie, *v. r.* sich von einer Compagnie heimlich wegstehlen.

se DE'ROBER aux coups, den Schlägen entgehen.

se DE'-

se Dᴇ'ʀᴏʙᴇʀ (von Pferden) unter dem Reuter durchgehen.
se Dᴇ'ʀᴏʙᴇʀ un repas, sich einer Mahlzeit entziehen.
DE'ROBE', ée, part. & adj. gestohlen, geraubt.
　Escalier dérobé, eine heimliche Treppe.
　Des heures dérobées, Nebenstunden.
　Pié dérobé, ein hufloser Pferdfuß.
à la Dᴇ'ʀᴏʙᴇ'ᴇ, heimlich, verstohlner Weise.
DE'ROCHER, v. a. von einem Felsen stürzen.
Dᴇ'ʀᴏᴄʜᴇʀ de l'or, Gold läutern.
se Dᴇ'ʀᴏᴄʜᴇʀ, v. r. wird von Thieren gesagt, welche wegen des Nachjagens sich von einem Felsen stürzen.
DE'ROGATION, s. f. Abbruch, Nachtheil.
DE'ROGATOIRE, adj. c. (in Rechten) abbrüchig, nachtheilig.
DE'ROGEANCE, s. f. etwas nachtheiliges, etwas das einer Sache Abbruch thut.
DE'ROGEANT, e, adj. nachtheilig.
DE'ROGER, v. n. etwas widriges behaupten.
　Déroger à une loi, einem Gesetz Abbruch thun; au droit de quelqu'un, eines Rechten Eingrif thun, nachtheilig seyn; à la noblesse, etwas thun, das einem Edeln unanständig ist.
DE'ROIDIR, v. a. etwas weich oder schlaff machen.
se Dᴇ'ʀᴏɪᴅɪʀ, v. r. begütigt, besänftigt werden.
DE'RÔLER, v. a. v. DE'ROULER.
DE'ROMPRE, v. a. zerstossen, als ein Stoßvogel einen andern Vogel.
DE'ROUGIR, v. n. die Schamröthe verlieren.
DE'ROüILLEMENT, s. m. das Abreiben des Rosts.
DE'ROüILLER, v. a. den Rost abfegen, abreiben. Dérouiller une épée, un fusil, einen Degen, eine Flinte ausputzen.
DE'ʀᴏüɪʟʟᴇʀ, sittig, manierlich machen. Dérouiller un jeune homme, einem jungen Menschen die grobe Späne abhobeln; einen höflich machen.
se Dᴇ'ʀᴏüɪʟʟᴇʀ, v. r. verständig, manierlich werden. L'esprit se dérouille à la cour, der Verstand wird bey Hofe klüger, geübter.
DE'ROULER, v. a. aufwickeln, eine Rolle abrollen.
DE'ROUTE, s. f. Niederlage, Flucht, Zerstreuung der Trouppen. Mettre en déroute, in Unordnung bringen. Ses affaires sont en déroute, seine Sachen gehen zu Grunde.
　L'addresse des François met en déroute la politique des Espagnols, die Behändigkeit der Franzosen verwirret die Staatsklugheit der Spanier.

Dᴇ'ʀᴏᴜᴛᴇʀ, v. a. vom rechten Wege abbringen. Cet accident m'a dérouté, durch diesen Zufall bin ich von meinem Zweck entfernet worden.
Dᴇ'ʀᴏᴜᴛᴇʀ, verwirren. La moinerie est capable de le dérouter, die geringste Scherz kan ihn ganz verwirrt machen.
DERRIE'RE, præp. hinter. Derrière lui, hinter ihm. Derrière la maison, hinter dem Hause.
DᴇʀʀɪᴇʀRE, adv. hinten; item zurück, (ein Befehlswort der Jäger an die Hunde.)
　Loin derrière, weit dahinten.
　Marchés derrière! geht zurück!
　Par derrière, von hinten, hinterwärts.
Dᴇʀʀɪᴇ'ʀᴇ, s. m. das Hintertheil eines Hauses, Wagens, Kleids, Mantels, Harnisches ɛc. an Menschen und Thieren, der Hintere, Podex. Montrer le derrière, prov. sein Versprechen nicht halten. Il a toujours quelque porte de derrière, er hat stets seine Ausflucht.
DERVIS, ou DERVICE, s. m. eine Art türkischer Mönche.
DES, Artic. defin. plur. Gen. & Abl. wie auch Artic. partit. plur. Nom. & Accus. als: La diversité des fleurs, die Verschiedenheit der Blumen; Parler des gens de lettres, von den Gelehrten reden; Ce sont des femmes, es sind Weiber; J'ai des livres, ich habe Bücher.
Dᴇ's, præp. Dès le berceau, von der Wiege an. Dès aujourd'hui, von heut an. Dès sa source, von seiner Quelle an. Dès la première page, von der ersten Seite an. Dès que je l'ai vû, von der Stund an, als ich ihn gesehen habe. Dès-là, alsobald, eben dadurch, eben daher. Dès-là que, sobald als. (zeigt eine Ursach an.)
Dᴇ's ou Dᴇᴢ, Fingerhut; Würfel. v. Dᴇ'.
DESABUSEMENT, s. m. Zurechtweisung, Benehmung des Irrthums.
DESABUSER, v. a. falsche Meynungen benehmen. Il les a desabusés de leurs fausses opinions, er hat ihnen ihre falsche Meynungen benommen.
se Dᴇsᴀʙᴜsᴇʀ, v. r. seinen Irrthum fahren lassen.
DESACCORDER, v. a. verstimmen.
DESACCOUPLER, v. DE'COUPLER.
DESACCOûTUMANCE, s. f. Abgewöhnung, Ablegung einer Gewohnheit, Entwöhnung.
DESACCOûTUMER, v. a. abgewöhnen, entwöhnen. Desaccoûtumer quelqu'un du jeu, einem das Spielen abgewöhnen.
se Dᴇsᴀᴄᴄᴏûᴛᴜᴍᴇʀ, v. r. de joüer, sich das Spielen abgewöhnen.
　Se desaccoûtumer le vin, sich den Wein abge-

abgewöhnen, den Wein entwöhnen oder verlernen.

DESACHALANDER, *v. a.* v. DE'CHALANDER.

DESAFFOURCHER, *v. a.* den Anker aufziehen, lichten.

DESAGENCER, *v. a.* in Unordnung bringen.

DESAGRAFFER, *v.* DE'GRAFFER.

DESAGRE'ABLE, *adj. c.* unangenehm, mißfällig. Un air *desagréable*, eine unangenehme (mißfällige) Weise. Un goût *desagréable*, widerlicher Geschmack.

DESAGRE'ABLEMENT; *adv.* unangenehmer Weise, verdrüßlich. Parler *desagréablement*, eine unangenehme Sprache haben.

DESAGRE'ER, *v. a. & n.* mißfallen; mißfallen lassen; mißbilligen. Cela me *desagrée*, das mißfällt mir.

DESAGRE'ER, *v. a.* v. DE'GRE'ER.

DESAGRE'MENT, *f. m.* widriges, ekelhaftes, verdrüßliches Wesen, Unannehmlichkeit. C'est un grand *desagrément* pour moi, das ist mir sehr unangenehm; verdrüßlich.

DESAIGRI, e, *adj.* das seine Schärfe verlohren hat, als eingemachte Sachen.

DESAJUSTER, *v. a.* machen, daß eine Uhr, Gerichtshändel, ein Pferd u. d. gl. so gut gienge, unrichtig geht; it. den Kleiderputz ablegen, abziehen.

DESALTERATION, *f. f.* Stillung, Löschung des Dursts.

DESALTERER, *v. a. & n.* den Durst stillen; vor dem Durst helfen oder gut seyn; figürlich, die Begierde nach etwas stillen.

DESANCHER, *v. a.* das Zünglein, Mundstück oder Röhrlein von einer Schallmey u. d. gl. wegnehmen.

DESANCRER, *v. n.* v. DESAFFOURCHER.

DESANGLER, *v. a.* ein Pferd abgürten.

DESAPPAREILLER, *v.* DE'PAREILLER.

DESAPPE'TISSER, *v. a. & n.* den Appetit oder Lust benehmen, Ekel erwecken.

DESAPPLIQUER, *v. a.* von Fleiß oder Aufmerksamkeit abziehen. Le tems me *desappliquera* de ces objets, die Zeit wird mich schon von diesen Sachen abziehen.

DESAPPOINTER, *v. a.* den Sold zurück halten; abdanken, als einen Soldaten oder Officier.

DESAPPRENDRE, *v. a.* verlehren; von dem, so einer vorhin gelernet, wieder abbringen.

DESAPPRENDRE, *v. n.* vergessen, verlernen.

DESAPPROPRIATION, *f. f.* Aufgebung, Absage, Begebung, Entäusserung des Eigenthums.

se DESAPPROPRIER, *v. r.* de tous ses biens, (bey den Ordensleuten) sich aller eigenen Güter begeben, absagen.

DESAPPROUVER, *v. a.* verwerfen; mißbilligen, nicht gutheissen.

DESARBORER, *v. a.* (in der Seefahrt) die Flagge auf dem Schiff einziehen, oder gar abnehmen.

DESARBORER, umreissen.

DESARÇONNEMENT, *f. m.* Vertreibung, von seiner Stelle.

DESARÇONNER, *v. a.* aus dem Sattel heben, vom Pferd werfen.

DESARÇONNER, einen von seinem Dienst bringen.

DESARÇONNER, irre oder confus machen, verwirren, stöhren.

DESARGENTER, *v. a.* das Silber von etwas abschaben, abkratzen.

DESARMEMENT, *f. m.* Abdankung, Entwaffnung; das Abnehmen der Stücke, Seile u. d. gl. von einem Schiff.

DESARMER, *v. a.* entwaffnen, wehrlos machen. *Desarmer* sa partie, seinem Gegentheil das Gewehr abnehmen. *Desarmer* un vaisseau, ein Schiff entwaffnen, abtakeln. *Desarmer* un canon, die Kugel und Pulver von einem Stück wegnehmen.

DESARMER une accusation, eine Klage widerlegen, ablehnen.

DESARMER les lèvres d'un cheval, die grossen Lippen eines Pferdes ausser den Laden des Mundes halten, damit selbige nicht hindern, daß es das Gebiß fühle.

DESARMER quelqu'un, begütigen, besänftigen. La pénitence *desarme* la colère de Dieu, die Busse stillet den Zorn GOttes.

DESARMER, *v. n.* die Waffen niederlegen; das Kriegsvolk abdanken; On *desarme* après la paix faite, wenn der Friede gemacht, so dankt man die Soldaten ab.

se DESARMER, *v. r.* die Waffen ablegen, sich entwaffnen.

DESARME', ée, *part. & adj.* (in Wappen) ein Adler ohne Klauen, wie ein Adler haben soll.

DESARRANGER, *v. a.* aus der Ordnung bringen; verwerfen.

DESARROI, *f. m.* Unordnung, Abgang, verwirrtes Wesen in einer Haushaltung; it. bey einer Armee. Il est en *desarroi*, er ist ganz zurück gekommen; es stehet schlecht um ihn. L'armée est en *desarroi*, die Armee ist von ihrem Fuhrwerk abkommen; das Fuhrwerk bey der Armee ist sehr eingegangen.

DESASSEMBLER, *v. a.* zertrennen, zerlegen, zusammengefügte Arbeit.

DESASSOCIER, *v. a.* die Gesellschaft zertrennen oder aufheben.

se Des-

DES   DES   407

se Desassocier, *v. r.* ſich ſcheiden, trennen.
DESASSORTI, e, *adj.* aus der Ordnung gebracht.
DESASSûRER, *v. a.* aus dem Irrthum oder falſchen Wahn bringen, zweifelhaft und ungewiß machen. Je croiois cela, mais on m'en a *deſaſſuré,* ich habe es geglaubt, aber man hat mich zweifelhaft gemacht.
DESASTRE, *ſ. m.* Unglück, Unſtern.
DESASTREUX, *adj.* unglücklich.
DÉSATTELER, *v. a.* abſchirren, abſpannen, ausſpannen, als Vieh.
DESAVANTAGE, *ſ. m.* Nachtheil, Schade, Verluſt. L'affaire tourne à mon *deſavantage,* die Sache ſchlägt zu meinem Nachtheil aus. L'ennemi eut de *deſavantage,* der Feind hat den Kürzern gezogen.
Desavantage du tems & du lieu, unbequeme Zeit und Ort.
DESAVANTAGER, *v. a.* zu eines andern Schaden etwas im Teſtament verordnen. Pour avantáger ſon fils, il a *deſavantagé* ſes filles, ſeinen Sohn reich zu machen, hat er den Töchtern deſtoweniger gelaſſen.
DESAVANTAGEUSEMENT, *adv.* ſchädlicher Weiſe, übel.
DESAVANTAGEUX, euſe, *adj.* ſchädlich, nachtheilig.
DES-AVANT-QUE, *conj.* noch eher als. (beſſer avant-que.)
DESAVEU, *ſ. m.* Verläugnung, Mißbilligung, Verwerfung, Wiederrufung.
Il a fait un *déſaveu* de tout ce qu'il avoit dit, er läugnete alles was er geſagt hatte.
DESAVEUGLER, *v. a.* die Blindheit wegnehmen; zur Erkenntniß bringen.
DESAVOüER, *v. a.* läugnen, etwas nicht vor die Seine erkennen. Il a *déſavoüé* ſon Ambaſſadeur, er hat nicht gutgeheiſſen, was ſein Geſandter gethan hat. Un mari peut *déſavoüer* ſa femme, der Mann iſt befugt ſeines Weibes Handlung zu widerrufen. *Déſavoüer* quelqu'un pour ſon fils, einen nicht für ſeinen Sohn erkennen. *Déſavoüer* un crime, das Verbrechen läugnen. *Déſavoüer* un ouvrage, ſich zu einem Werk nicht bekennen.
DESCALANGE', ohnangeklagt.
Meubles *deſcalangés,* Geräth über die man wiederum offene Hand hat.
DESCENDANCE, *ſ. f.* Herkunft, Abſtammung, Geſchlecht.
DESCENDANT, e, *adj.* abſteigend, hinabgehend. Ligne *deſcendante,* die abſteigende Linie in der Genealogie.
Descendant, *ſ. m.* das abſteigen; abfallen. Le *deſcendant* de la marée, das Abfallen der Fluth.
les Descendans, *ſ. m. pl.* die Nachkommen.

en Descendant, *adv.* niederwärts. Aller en *deſcendant* la montagne, vom Berge hernieder gehen.
DESCENDRE, *v. a.* niederlaſſen, herunterlaſſen; ablaſſen. *Deſcendre* une ſtatuë de-deſſus une colomne, ein Bild von einer Säule herab laſſen. *Deſcendre* du bois d'une montagne, Holz von einem Berge herab rollen, wälzen. *Deſcendre* les denrées par la rivière, Proviant das Waſſer herab führen.
Descendre la garde, die Wache ablöſen.
Descendre un vaiſſeau, ein Schiff aus dem Fluß oder Seehaven gehen laſſen.
Descendre, *v. n.* herab gehen, niederfahren, abſteigen. *Deſcendre* les dégrés, une montagne, die Treppe, einen Berg hernieder gehen. *Deſcendre* d'un navire en terre, aus dem Schiff ſteigen, ans Land treten. *Deſcendre* de cheval, vom Pferde abſteigen.
Les Turcs ſont *deſcendus* en Hongrie, die Türken ſind in Ungarn eingerückt.
Une robe qui *deſcend* jusqu'aux talons, ein Rock der bis auf die Ferſen herunter geht.
Sa barbe *deſcendoit* juſqu'à la ceinture, ſein Bart gieng ihm bis auf den Gürtel.
Il eſt *deſcendu* d'Alexandre de père en fils, er ſtammet in gerader Linie von dem Alexander her.
Le mal *deſcend* dans la poitrine, der Fluß fällt (ſenkt ſich) auf die Bruſt.
Descendre d'un ton, um einen Ton niedriger ſingen, muſiciren, oder ſtimmen.
Descendre dans le particulier, dans le détail, eine Sache ſehr ausführlich erzählen.
Descendre ſur les lieux, ſich an einen Ort begeben, einen Augenſchein zu nehmen.
DESCENSION, *ſ. f.* (in der Aſtronomie) der Untergang eines Zeichens des Himmels unter den Horizont.
DESCENTE, *ſ. f.* das Hinabfahren, Hinabſteigen. Faire une *deſcente* dans le foſſé, in den Graben herab ſteigen. La *deſcente* de l'aliment dans l'eſtomac, das Hinuntergehen der Speiſe in den Magen. Il fut reçu à la *deſcente* du caroſſe, er ward bey dem Abſteigen aus der Kutſche empfangen.
Descente, feindlicher Einfall über Meer; Landung. Faire une *deſcente* en pais ennemi, in des Feindes Land eine Landung thun, anländen.
Descente, (bey dem Falkenier) Falkenſchlag von oben herab. Les oiſeaux font de merveilleuſes pointes & *deſcentes,* die Habichte haben einen wunderſchnellen Flug in die Höhe, und wieder herab.
Descente, Pentecôte, Pfingſten.
Descente, Traufröhre, Dachröhre.

Descente,

DESCENTE, Bruch am Leibe.
une DESCENTE de croix, ein Gemählde oder Kupferstich, darauf das Herabthun des Leibes Christi vom Creuz vorgestellet ist.
à la DESCENTE, im Absteigen.
DESCRIPTION, *s. f.* Beschreibung. Faire la *description* d'une chose, d'une personne, eine Sache, eine Person beschreiben.
DESCRIPTION, Verzeichniß. Faire la *descripton* des habitans d'une ville, die Einwohner einer Stadt aufzeichnen; in ein Verzeichniß bringen.
DESCRIPTION, Abschrift. Faire la *description* d'une lettre, eine Abschrift eines Briefs machen.
DESEMBALLER, *v. a.* auspacken.
DESEMBARQUEMENT, *s. m.* das Wiederausladen der Waaren.
DESEMBARQUER, *v. a.* aus dem Schiff laden, nicht an dem Ort, wo man hingewollt hat, denn das heißt débarquer, sondern an dem Ort, wo man geladen hat.
DESEMBARRASSER, *v. a. v.* DE'BARRASSER.
DESEMBOURBER, *v. a.* aus dem Koth, (aus der Lache) helfen.
DESEMPAREMENT, *s. m.* Entweichung; Abtritt von etwas, Begebung eines Dinges.
DESEMPARER, *v. a.* wegweichen, abziehen; sich einer Sache begeben, davon abstehen, sie abtreten. Ils ont *desemparé*, sie sind entwichen. *Désemparer* la ville, die Stadt verlassen. *Désemparer* un vaisseau, ein Schiff mastlos schiessen, und es zum fernern Gebrauch untüchtig machen.
DESEMPENNE', ée, *adj.* il va comme un trait *desempenné*, er gehet wie ein Pfeil, der keine Federn hat; it. er fängt etwas an, und hat doch nicht, was dazu gehört.
DESEMPE'SER, *v. a.* die Stärke wieder aus dem leinen Zeug waschen.
DESEMPLIR, *v. a. & n.* ausleeren, als ein Gefäß, daß es nicht mehr so voll ist; als ein Neutrum ist es nur in der Negation gebräuchlich, sa maison ne *desemplit* point de monde, sein Haus wird nicht leer von Leuten.
se DESEMPLIR, *v. r.* leer werden.
DESEMPRISONNEMENT, *s. m.* Befreyung, Erlassung der Gefängniß.
DESEMPRISONNER, *v. a.* aus dem Gefängniß wieder loslassen.
DESENCHANTEMENT, *s. m.* das Auslösen, Befreyung von Zauberey.
DESENCHANTER, *v. a.* von der Bezauberung helfen; den Zaubersegen auflösen.

DESENCLOUER, *v. a.* einem vernagelten Pferde die Nägel wieder heraus ziehen; it. einer vernagelten Canone wieder helfen.
DESENDORMIR, *v. a.* aufwecken, aus dem Schlaf bringen.
se DESENDORMIR, *v. r.* sich ermuntern aus dem Schlaf.
DESENFLER, *v. a.* die Geschwulst vertreiben. Onguent pour *desenfler*, Salbe, die Geschwulst zu vertreiben.
se DESENFLER, *v. r.* die Geschwulst verlieren. La tumeur se *desenfle*, die Geschwulst schwindet; nimmt ab.
DESENFLURE, *s. f.* Abnehmung der Geschwulst.
DESENGAGER, *v. a.* lösen; einlösen.
DESENGER, *v. a.* säubern, rein machen von Ungeziefer. Il faut *desenger* ce lit de punaises, man muß die Wanzen mit Stumpf und Stiel aus diesem Bett schaffen.
DESENIVRER, *v.* DESENYVRER.
DESENLACER, *v. a.* von den Schlingen losmachen, als einen Vogel.
DESENNUYER, *v. a.* lustig, aufgeräumt machen, die Unlust vertreiben.
DESENRHUMER, *v. a.* den Schnuppen vertreiben.
DESENRÔLER, *v. a.* aus der Rolle austhun, als Soldaten.
DESENROÜER, *v. a.* die Heischerkeit vertreiben.
se DESENROÜER, *v. r.* die Heischerkeit verlieren.
DESENSEIGNER, *v. a.* vergessen machen; einen das Gegentheil von dem lehren, was man ihn zuvor gelehrt hatte.
DESENSE'VELIR, *v. n.* einen Leichnam wieder ausgraben.
DESENSORCE'LEMENT, *s. m.* Gegenzauberey.
DESENSORCELER, *v. a.* von der Bezauberung (heftiger Liebe) losmachen, die Zauberung aufthun.
DESENTÊTER, *v. a.* quelqu'un de quelque chose, einem etwas aus dem Sinn reden, das er sich vest vorgenommen hatte.
DESENTRAVER, *v. a.* einem Pferde die Spannstricke von den Füssen nehmen.
DESENVE'NIMER, *v. a.* den Gift benehmen.
DESENYVRER, *v. a.* den Rausch vergehen machen, ausnüchtern lassen, die Trunkenheit vertreiben. Il ne *desenyvre* pas depuis huit jours, seit acht Tagen ist er immer voll.
se DE'SENYVRER, *v. r.* ausnüchtern, den Rausch ausschlafen.

DES.

DESE'QUIPPER, *v. a.* Schiffe abtackeln.
DESERGOTER, *v. a.* einem Pferd unten an den Füssen eine Blase ausschneiden.
DE'SERT, *s. m.* eine Wüste, Einöde, ein unbewohnter Ort.
DE'SERT, e, *adj.* wüst, unbewohnt, öde. Païs *désert*, unbewohntes Land. Champ *désert*, ungebautes Feld.
DE'SERT, (im Gerichtshandel) appel *désert*, verloschene Apellation, die nicht verfolgt worden.
DE'SERTER, *v. a.* un lieu, einen Ort wüst machen. Le Seigneur *désertera* toute la terre, der HErr wird das Land verwüsten.
DE'SERTER le logis, oder DE'SERTER allein, ein Zimmer verlassen; aus einem Hause weichen, ausziehen; davon gehen.
DE'SERTER l'armée, oder nur DE'SERTER, (im Kriege) davon laufen, ausreissen.
DESERTE', ée, *adj.* vom Krieg verwüstet.
DE'SERTEUR, *s. m.* ein ausgerissener Soldat; ein Ueberläufer.
DE'SERTEUR, einer der einen Orden, eine Gesellschaft, eine Profeßion, *ic.* verläßt.
DE'SERTION, *s. f.* das Ausreissen im Kriege.
DE'SERTION d'appel, das Abstehen von der Apellation an ein höher Gericht, Versäumung der Apellation.
DESESPE'RADE, *s. f. v.* DESESPOIR.
à la DESESPE'RADE, *adv.* als ein verzweifelter Mensch.
DESESPERE'MENT, *adv.* verzweifelter Weise.
DESESPE'RER, *v. a. & n.* Hoffnung verlieren, verzagen, verzweifeln. *Desespérer* quelqu'un, einen zur Verzweifelung bringen, auf den Tod quälen, alle Hofnung benehmen.
se DESESPE'RER, *v. r.* verzweifeln; sich umbringen; sich sehr grämen.
DESESPERE', ée, *part. & adj.* verzweifelt, hoffnungslos, verzweifelt boshaft; in verzweifeltem Zustand, dem nicht zu helfen ist. C'est une affaire *desesperée*, es ist eine verzweifelt böse Sache.
DESESPERE', der sein Leben verachtet, wild wie ein Pferd das beißt und schlägt, und mit dem Reuter durchgeht. Se battre en *desesperé*, wie taube Menschen fechten. en DESESPERE', verzweifelt.
DESESPOIR, *s. m.* Kleinmuth, Verzweifelung. Tomber dans le *desespoir*, in Verzweifelung fallen.
DESESPOIR, äusserster Verdruß, Betrübniß, Unwillen. Je suis au *desespoir* de ne pouvoir vous servir, ich bin zum höchsten unwillig, daß ich euch nicht dienen kan.

DESESPOIR, die Ursache des Verdrusses, der Verzweifelung. Le bonheur du prochain est le *desespoir* de l'envieux, der Neidhard verzweifelt wegen dem Glück des Nebenmenschen. Ce tableau est le *desespoir* des peintres, die Mahler möchten zerbersten, daß sie nicht so wohl mahlen können, als diese Tafel gemahlet ist.
DESE'TOURDIR, *v. a.* einem von seinem Erstaunen oder Tummheit helfen.
DESHABILLE', *s. m.* die Nachtkleider eines Weibes. Elle étoit en son *deshabillé*, sie war in ihrem Nachtmantel oder Bettkleidern. Elle a fait faire un *deshabillé* magnifique, sie hat sich eine prächtige Sommerkleidung machen lassen.
DESHABILLER, *v. a.* quelqu'un, einem die Kleider ausziehen, ihn entkleiden.
se DESHABILLER, *v. r.* sich auskleiden. Je me *deshabille* moi-même, ich kleide mich selbst aus.
Il a été trois mois sans se *deshabiller*, er ist in drey Monaten nicht aus den Kleidern kommen.
DESHABITER, *v. a.* unbewohnt, öde machen. Terre *deshabitée*, unbewohnt Land, das von den Einwohnern verlassen worden ist.
DESHABITER, wegziehen, andere Wohnstätte suchen. La guerre fait *deshabiter* beaucoup de gens, der Krieg macht, daß sehr viel Einwohner wegziehen.
DESHABITUëR, *voïés* DESACCOûTUMER.
se DESHABITUëR, *voïés* se DESACCOûTUMER.
DESHâLER, *v. a.* die von der Sonne geschwärzte Haut wieder weiß machen.
se DESHâLER, *v. r.* wieder weiß werden, die Sonnenschwärze verlieren.
DESHANCHE', ée, *adj.* hüftlos, dem die Hüfte verrenkt ist.
DESHARNACHEMENT, *s. m.* das Abschirren eines Pferdes.
DESHARNACHER, *v. a.* un cheval, ein Pferd abschirren.
DESHE'RENCE, *s. f.* Heimfall eines erblosen Lehenguts an den Lehnsherrn, oder der Verlassenschaft einer Person, so ohne Erben und Testament stirbt, an den Landsherrn. Biens tombés en *deshérence*, heimgefallene Güter.
DESHE'RITANCE, *s. f.* Verlust oder auch freywillige Aufgebung des Besitzes. (ist alt.)
DESHE'RITER, *v. a.* enterben.
DESHONNêTE, *adj. c.* unzüchtig, unkeusch, unehrbar, unehrlich.
DESHONNêTEMENT, *adv.* unkeuscher, unzüchtiger Weise, schändlich, unehrlich.

DESHONNETETE', *s. f.* Unzucht, Unkeuschheit; Unehrbarkeit; Zoten.

DESHONNEUR, *s. m.* Schande, Schimpf. Prier une femme de son *deshonneur*, einer Frau unehrliche Dinge zumuthen. Le *deshonneur* de son sang, der Schandfleck seines Geschlechts.

DESHONORABLE, *adj. c.* schimpflich.

DESHONORER, *v. a.* schänden, beschimpfen, verunehren. *Deshonorer* une fille, eine Jungfrau schänden. *Deshonorer* les arbres, die Bäume verunzieren, ihnen den Gipfel abhauen; kölben.

DESHUMANISER, *v. a.* die Menschheit ablegen machen.

DE'SIGNATION, *s. f.* Bezeichnung, Bemerkung, Beschreibung. *Désignation* d'une terre, Bemerkung (Bemahlung) eines Landguts. *Désignation* d'une personne, Beschreibung, Bezeichnung einer Person.

DE'SIGNATION, Bestimmung zu einem Amt.

DE'SIGNER, *v. a.* abbilden, beschreiben, vorstellen, bemerken; benennen, bestimmen. C'est lui que l'oracle *désigne*, dieser ist es, den der göttliche Ausspruch anzeiget, auf den er zielet

DE'SIGNER, zu einem Amt bestimmen; ernennen. *Désigner* un consul pour l'année suivante, einen Burgermeister auf das nächst künftige Jahr ernennen.

DESINCAMERER, *v. a.* von der Päbstlichen Cammer absondern.

DESINCORPORER, *v. a.* abtrennen, abreissen, absondern, was zusammen gehört.

DE'SINENCE, *s. f.* das Ausgehen, das Enden in der Grammatic auf einen Buchstaben oder Sylbe.

DESINFATUER, *v. a.* von einer närrischen Einbildung oder Liebe abbringen.

DE'SINFECTER, *v. a.* etwas Ansteckendes hemmen oder davon reinigen. Il est *desinfecté* de cette opinion, er hat diese gefährliche Meynung fahren lassen.

DESINFECTION, *s. f.* Vertreibung einer Seuche.

DESINTERESSEMENT, *s. m.* Unparteylichkeit, Uneigennützigkeit.

DESINTERESSER, *v. a.* quelqu'un, einen schadlos halten, ihn behörig ausweisen, sich mit ihm abfinden.

DESINTERESSE', ée, *part. & adj.* uneigennützig, unparteyisch.

DE'SIR, *s. m.* Verlangen, Begierde. Au *désir* de l'ordonnance, de la coûtume, der Ordnung, dem Gebrauch zu Folge.

DE'SIRABLE, *adj. c.* anmuthig, wünschenswerth, begierlich.

DE'SIRER, *v. a.* verlangen, streben, gelüsten, wünschen. *Désirer* quelque chose à quelqu'un, einem etwas wünschen. Il seroit à *désirer* que &c. es wäre zu wünschen, daß ꝛc. Il y a quelque chose à *désirer* dans cette personne, es fehlt dieser Person etwas.

DE'SIREUX, euse, *adj.* begierig.

DE'SISTEMENT, *s. m.* das Nachlassen, das Aufhören. Donner son *désistement*, Verzicht thun.

DE'SISTER, *v. n.* (besser) se DE'SISTER, *v. r.* abstehen, ablassen; nachlassen, aufhören.

DE'LONGER, *v. a.* (bey den Falkenierern) den Falken von der Schnur losmachen, damit er fliegen könne.

DES-LORS, *adv.* von der Zeit an, von da an.

DESOBE'IR, *v. n.* ungehorsam seyn.

DESOBE'ISSANCE, *s. f.* der Ungehorsam. les DESOBE'ISSANCES, Werke des Ungehorsams.

DESOBE'ISSANT, e, *adj.* ungehorsam.

DESOBLIGEAMMENT, *adv.* verdrüßlicher, widerwärtiger Weise.

DESOBLIGEANT, e, *adj.* verdrüßlich, undienstbar, widrig, unhöflich; ungütig.

DESOBLIGER, *v. a.* quelqu'un, einem keinen Dienst mit etwas thun, verdrüßlich seyn.

DESOCCUPATION, *s. f.* Beyseitlegung, Entschlagung der Geschäfte.

DESOCCUPER, *v. a.* von Mühe und Arbeit befreyen.

se DESOCCUPER, *v. r.* de tous soins, sich von allen Sorgen frey machen.

DESOEUVRE', *adj.* der keine Arbeit, nichts zu thun hat, feyrig.

DE'SOLATEUR, *s. m.* Verwüster, Verheerer.

DE'SOLATION, *s. f.* Verstörung, Verwüstung; Trübsal, Bekümmerniß. Etre dans la *désolation*, in höchster Betrübniß seyn.

DE'SOLER, *v. a.* ausplündern, verwüsten, verderben; betrüben, bekümmern. *Désoler* la campagne, das platte Land verwüsten.

DE'SOLE', ée, *part. & adj.* betrübt, bekümmert, trostlos.

DESOPILATIF, ive, *adj.* (in der Arzneykunst) eröfnend.

DESOPILATION, *s. f.* Befreyung von innerlicher Verstopfung.

DESOPILER, *v. a.* ösnen, den Verstopfungen im Leibe steuren.

DESORDONNE', *s. m.* (in den Hospitälern zu Paris) die weibliche Scham.

DESORDONNE', ée, *adj.* unordentlich, unmäßig. Une faim *désordonnée*, ein ungemeiner Hunger. Un amour *désordonné*, eine unmäßige Liebe.

DESOR-

DESORDONNEMENT, *adv.* unordentlich.
DESORDONNER, *v. a.* in Unordnung bringen.
DESORDRE, *s. m.* Unordnung, Verwirrung; Verwüstung, Beschädigung, Schade. Mettre en *desordre*, verwirrt machen. Vos cheveux sont en *desordre*, euer Haar ist verworren. Mes livres sont en *desordre*, meine Bücher sind aus der Ordnung.
Desordre, Muthwille, Leichtfertigkeit; Bosheit, Frevelthat. Les soldats ont commis de grands *desordres*, die Soldaten haben grossen Muthwillen verübt.
Desordre, Verwirrung des Gemüths; Bestürzung; Zank, Händel, Schlägerey. Cacher son *desordre*, seine Bestürzung verbergen. Tomber dans le *desordre*, in lüderliches Leben gerathen.
en Desordre, unordentlich.
DESORIENTER, *v. a.* einen Sonnenzeiger von seinem Ost und Süd verrücken.
Desorienter, aus der Ordnung bringen, das Concept verrücken, verwirren.
Desorienter, einen aus seinem Vaterlande oder Heymath wegschaffen.
DESORMAIS, *adv.* von jetzt an, inskünftige, hinfüro.
DESORNER, *v. a.* der Zierde berauben.
DESOSSER, *v. a.* die Beine heraus thun; die Gräte von Fischen heraus thun. Lievre *desossé*, ein gekochter Haas ohne Beine. Poisson *desossé*, ein ausgegräteter Fisch.
DE SOURDIR, *v. a.* une toile, ein Geweb wieder aufweben, das Gewirkte wieder auflösen.
DESPONSATION, *s. f.* Eheverlöbniß.
DESPOTAT, *s. m.* die Würde oder das Land eines Despoten.
DESPOTE, *s. m.* ein Hospodar, Fürst in der Wallachey oder Moldau, rc.
DESPOTIQUE, *adj. c.* pouvoir *despotique*, völlige Obergewalt, höchste Herrschaft.
DESPOTIQUEMENT, *adv.* oberherrischer Weise, herrisch.
DESPOTISME, *s. m.* ungebundene freye Oberherrschaft.
DESPUMATION, *s. f.* die Abschäumung.
DESPUMER, *v. a.* (in der Medicin) abschäumen, abfeimen.
DESSACRER, *v. a.* entweihen, entheiligen.
DESSAISIR, *v. a.* oder se Dessaiser, *v. r.* d'un gage, ein Pfand zurück geben.
DESSAISISSEMENT, *s. m.* das Wegnehmen aus eines Gewalt; Abtretung, Begebung einer Sache.
DESSAISONNER, *v. a.* (beym Ackerbau) das Feld zur Unzeit bauen und besäen.
DESSALE', *s. m.* ée, *f.* ein listiger verschmitzter Mensch. C'est un *dessalé*, er ist ein durchtriebener Gast.
DESSALER, *v. a.* etwas auswässern, daß das Salz heraus komme.
DESSALE', ée, *part. & adj.* ausgewässert. Du saumon *dessalé*, gewässerter Lachs.
DESSANGLER, *v. a.* ein Pferd aufgürten.
DESSAOULER, *v. a. & n.* v. DESENYVRER.
DESSCELLER, *v. a.* das Siegel herabreißen, auftiegeln.
DESSE'CHEMENT, *s. m.* Austrocknung.
DESSE'CHER, *v. a.* trocknen, dürr machen; auszehren, mager machen.
DESSEIN, *s. m.* Vorsatz, Vorhaben; Anschlag. Mon *dessein* est d'écrire, ich habe mir zu schreiben vorgenommen. Ne formés qu'un *dessein*, nehmet euch mehr nicht, denn eines vor. Exécuter un *dessein*, einen Anschlag ausführen.
Dessein, (in der Mahlerey) Zeichnung eines Gemähldes.
Dessein, die Zeichenkunst. Il entend parfaitement bien le *dessein*, er kan überaus wohl zeichnen.
Dessein, Erfindung eines Gemähldes. Un *dessein* bien imaginé, eine wohl ausgesonnene Erfindung; Vorstellung.
Dessein, Riß, Zeichnung eines Baues. à quel Dessein, zu was Zweck.
à Dessein, mit Vorsatz, mit Fleiß. A' *dessein* d'apprendre, in der Absicht etwas zu lernen.
Je viens à *dessein* de vous tenir compagnie, ich komme zu dem Ende, damit ich euch Gesellschaft leiste. Cela peut avoir été fait à bon *dessein*, das mag wol in guter Meinung geschehen seyn.
de Dessein formé, mit gutem Vorbedacht; vorsetzlich.
DESSELLER, *v. a.* absatteln. (ist alt.)
DESSERPILLER, *v. a.* zerreißen. (ist alt.)
DESSERPILLE', ée, *part. & adj.* zerrissen, zerlumpt. (ist alt.)
DESSERPILLEUR, *s. m.* ein Räuber. (ist alt.)
DESSERRE, *s. f.* das Losmachen; Nachlassung, Verminderung.
Il est dur à la *desserre*, prov. er giebt nicht gern, er zahlt ungern.
DESSERRER, *v. a.* lösen, aufschließen, los oder weiter machen. *Desserrer* un corps, une jupe, eine Schnürbrust, einen Rock auflösen, aufmachen. *Desserrer* une vis, un pressoir, eine Schraube, eine Presse aufschrauben, loslassen.
Desserrer les dens, die Zähne von einander thun zu reden. Il n'a pas *desserré* les dens,

dens, er hat das Maul nicht aufgethan; nicht ein Wort gesprochen.

Desserrer un coup de poing, de bâton, einen Schlag mit der Faust oder Stock geben.

Desserrer un soufflet, *prov.* einen Backenstreich versetzen. Jupiter *desserra* ses foudres, Jupiter hat seine Donnerstrahlen ausgelassen.

DESSERT, *s. m.* der Nachtisch; die Zeit nach dem Essen, wenn man die Speise abgetragen hat. Servir le *dessert*, den Nachtisch aufsetzen. Etre au *dessert*, am Nachtisch seyn.

DESSERTE, *s. f.* die abgetragene Speise vom Tisch.

Desserte, Verwaltung eines Kirchendiensts.

DESSERVICE, *s. m.* Beleidigung; böser Dienst.

DESSERVIR, *v. a.* die Speisen abtragen.

Desservir, einem schaden, Possen beweisen.

Desservir, einem Amt, absonderlich Kirchendienst, vorstehen. *Desservir* une chapelle, einer Capelle vorstehen.

DESSICCATIF, ive, *adj.* eine austrocknende Arzney.

DESSICCATION, *s. f.* das Austrocknen, Verlierung der Feuchtigkeit.

DESSILLER, *voiés* DECILLER.

DESSINATEUR, *s. m.* ein Zeichner.

DESSINER, *v. a.* zeichnen, entwerfen, reissen; it. bilden, eine Gestalt geben. *Dessiner* un portrait, ein Ebenbild zeichnen. Vous verrés de quel air la nature a *dessiné* la personne, ihr werdet sehen, auf was Weise die Natur diesen Menschen gestaltet (gebildet) hat.

DESSOLER, *v. a.* un cheval, einem Pferde die Solen ausreissen.

Dessoler une terre, *v.* DESSAISONNER.

DESSOUDER, *v. a.* das Gelötete aufschmelzen.

se Dessouder, *v. r.* von einander gehen, wird von gelöteten Sachen gesagt.

DESSOULER, *voiés* DESENYVRER.

DESSOUS, *adv. & præp.* unten; unter, unterhalb. Tomber *dessous* la table, unter den Tisch fallen. Tirer de *dessous* la table, unter dem Tisch vorziehen.

Dessous, *s. m.* das Untertheil, der untere Ort ɾc. Il a eu du *dessous* en cette affaire, er hat Schaden, Verlust dabey gehabt. Donner du *dessous*, machen, daß einer unten liegen oder den Kürzern ziehen muß.

Au-Dessous, unterhalb, unter dem Ort, der Zeit, der Qualität, den Gütern ɾc. nach. Tenir une chose *au-dessous* de soi, sich zu einer Sache zu gut achten. A l'âge de deux ans & *au-dessous*, von zwey Jahren und drunter.

DESSUS, *adv. & præp.* auf; droben; über; darüber.

par-Dessus, über; drüber hin. Il a de l'eau *par-dessus* la tête, das Wasser gehet ihm über den Kopf.

Par-dessus tout celà, über das alles. Il a des dettes *par-dessus* la tête, er ist mit Schulden überhäuft; er stecket in Schulden bis über die Ohren. Je lui ai donné le *par-dessus*, ich hab ihm noch drüber gegeben, mehr als ich sollte.

au-Dessus, über; oben. *Au-dessus* de la nature, über die Natur.

Il est *au-dessus* du vent, es kan ihm nicht leicht ein Unglück begegnen. Il s'est mis *au-dessus* de tout celà, er kümmert sich um alles dieses nicht. Ils logent *au-dessus*, sie wohnen oben.

la-Dessus, hierüber; hierauf.

Dessus, *s. m.* der Oberort, das obere Theil, die Höhe, das Aeussere. Gagner le *dessus* de la montagne, die Höhe (Spitze) des Berges ersteigen. Le *dessus* dans un combat, die Oberhand in der Schlacht, der Sieg. Le *dessus* du vent, der Vortheil des Windes über ein Schiff. Le *dessus* d'une lettre, die Ueberschrift eines Briefs. Avoir le *dessus*, obenan sitzen; Vortheil haben; den Vorzug haben.

le Dessus, der Discant in der Music, im Singen und auf Instrumenten; it. der Discantist; it. das Instrument zum Discant. Second *dessus*, der andere Discant.

DESTIN, *s. m.* das göttliche Geschick, Verhängniß, Schicksal, Unglück, dem jeder unterworfen ist, (meistens poetisch). Il est difficile d'échaper à son *destin*, es ist schwer, seinem Verhängniß zu entgehen. Il a eu un cruël *destin*, es hat ihn ein schweres Unglück getroffen.

DESTINATION, *s. f.* Bestimmung; Verordnung, die man im Herzen macht.

DESTINE'E, *s. f. v.* DESTIN; (ist mehr ausser der Poesie gebräuchlich). On ne sauroit vaincre sa *destinée*, man kan sein Verhängniß nicht übermeistern; zwingen.

DESTINER, *v. a.* beschliessen, sich vornehmen. J'ai *destiné* de faire celà, ich habe solches zu thun beschlossen.

Destiner, bestimmen, bescheiden. Il est *destiné* à l'église, er ist zum geistlichen Stand bestimmet. Etre *destiné* à être malheureux, zum Unglück beschieden seyn.

DESTINE', ée, *part.* bestimmt, gewidmet. Vaisseau *destiné* aux Indes, Schiff, so nach Indien zu fahren bestimmet.

DESTITUABLE, *adj. c.* der abgesetzet werden kan.

DESTITUER, *v. a.* entblössen, vom Dienst absetzen; it. einen verlassen.

DES-

DESTITUÉ, ée, part. & adj. abgeſetzt; beraubt. Etre *deſtitué* de tout ſecours, aller Hülfe entblöſſet ſeyn. *Deſtitué* de bon ſens, der keine Vernunft hat.

DESTITUTION, ſ. f. die Abſetzung vom Amt; Verlaſſung.

DESTRIER, ſ. m. ein abgerichtetes Handpferd zum Turnieren; (iſt alt).

DE'STRUCTEUR, ſ. m. & adj. ein Zerſtörer, Verwüſter, Verderber.

DESTRUCTION, ſ. f. Zerſtörung, Verderbung, Verwüſtung, Verheerung. Tendre à ſa *deſtruction*, ſich zu ſeinem Verderben neigen.

DESTRUCTIVEMENT, adv. zerſtörungsweiſe.

DESUNION, ſ. f. Trennung, Abſonderung, Uneinigkeit.

DESUNIR, v. a. von einander theilen oder reiſſen, trennen, ſcheiden; uneins machen.

ſe DESUNIR, v. r. losgehen; aus einander gehen; von Pferden heißt es, aus dem Geſchick kommen, falſch galopiren. Cheval qui ſe *deſunit*, Pferd, das aus dem Galop fällt; falſch galopirt.

DETACHEMENT, ſ. m. eine Abſonderung; Enthaltung, Vermeidung; Losmachung. Etre dans un entier *detachement* des ſoins de la terre, von allen irdiſchen Sorgen gänzlich geſondert ſeyn.

DE'TACHEMENT, (im Krieg) ein beſonders ausgezogener Troupp Soldaten. Faire un *détachement*, einen ausgezogenen Haufen abgehen laſſen.

DE'TACHER, v. a. abſondern, ablöſen, abnehmen, abreiſſen, abbinden. *Détacher* un tableau, ein Gemähld von der Wand abnehmen.

DE'TACHER, theilen, abtheilen, als Güter, die beyſammen geweſen ſind; abſonderlich betrachten, als eine Streitfrage; das Gemüth von etwas abziehen, befreyen, losmachen. On veut le *détacher* de l'amour de ſa maitreſſe, man will ihn von der Liebe zu ſeiner Buhlſchaft abziehen (abwenden).

DE'TACHER, (im Krieg) von jedem Regiment eine gewiſſe Zahl Soldaten nehmen, und ſie etwas zu verrichten ausſchicken.

ſe DE'TACHER, v. r. ſich aufſchnüren, aufknöpfen; aufmachen; aufgehen, losgehen. Votre jupe s'eſt *détachée*, euer Wams iſt aufgegangen.

ſe DE'TACHER de quelque choſe, ſich von etwas abziehen oder losmachen, etwas aufgeben oder fahren laſſen.

Pieces *détachées*, (in der Fortification) die Werke, die entweder vom Wall ganz abgeſondert ſind, oder nur daran hängen und hervor gehen, als Ravelin, Hornwerk, Baſtionen, u. d. gl.

Figures bien *détachées*, in einem Gemählde, Bilder, die fein erhaben und hervorragend ſcheinen, ob ſie gleich etwas hinter einander ſtehen.

DE'TACHER, v. a. die Flecken oder Makeln aus etwas heraus bringen.

DE'TACHEUR, voiés DE'GRAISSEUR.

DETAIL, ſ. m. einzelne Auswägung oder Ausmeſſung der Waaren, der Handel im Kleinen (Handkauf). Vendre en *détail*, im Kleinen oder einzeln verkaufen.

DE'TAIL, Umſtände, Weitläuftigkeit bey einer Erzehlung. Débiter en *détail*, faire un *détail*, umſtändlich erzehlen. Il eſt homme de *détail*, er erzehlet eine Sache gern mit allen Kleinigkeiten. Savoir le *détail*, eine Sache genau wiſſen. Deſcendre dans le *détail*, den eigentlichen umſtändlichen Verlauf, Zuſtand, Beſchaffenheit vorſtellen oder erforſchen. Entrer dans un *détail* fâcheux, eine verdrüßliche genaue Unterſuchung anſtellen.

DE'TAILLER, v. a. zerſchneiden, in kleine Theile vertheilen. *Détailler* ſes marchandiſes, ſeine Waare nicht mit einander in Stücken, ſondern einzeln verkaufen.

DE'TAILLER une affaire, eine Sache mit allen Umſtänden erzehlen.

DE'TAILLEUR, ſ. m. ein Kaufmann, der die Waaren ſtückweiſe oder einzeln, nicht im Ganzen, verkauft.

DE'TALER, v. a. & n. les marchandiſes, oder abſolute DE'TALER, einlegen; vulg. ſich davon machen, den Kram einlegen, empacken.

DE'TALINGUER, v. a. les cables, die Tau vom Anker abnehmen.

DE'TEINDRE, v. a. dem Gefärbten die Farbe wieder nehmen; wie ſolches Eſſig und Sonnenſchein den gefärbten Kleidern thut. Le grand air *déteint* les couleurs, die Luft ziehet die Farben aus.

ſe DE'TEINDRE, v. r. die Farbe verlieren. Une couleur qui ſe *déteint*, eine Farbe, die abſchießt.

DE'TEINT, e, part. & adj. abgeſchoſſen.

DE'TELER, v. a. les chevaux, les bœufs, die Pferde oder Ochſen ausſpannen.

DE'TENDRE, v. a. losſpannen, als Strick, Bogen ꝛc. it. etwas ausgebreitetes zuſammen wickeln, oder etwas aufgehängtes abnehmen, als Segel, Teppich, Bett, Zelte ꝛc. *Détendre* une tapiſſerie, eine Beſchläge abnehmen. *Détendre* une corde, eine Saite ablaſſen.

DE'TENIR, v. a. zurück halten, vorenthalten, behalten was nicht ſein iſt; einen aufhalten, verſäumen. *Détenir* quelqu'un priſonnier, einen gefänglich anhalten. *Détenir* un héritage, ein Erbe vorenthalten.

DE'TENU, ë, *part. & adj.* im Gefängniß oder durch Krankheit im Bette gehalten.

DE'TENTE, *s. f.* die Zunge oder Drücker, womit man eine Büchse losschiesset.

DE'TENTEUR, *s. m.* trice, *f.* der oder die etwas zurück hält, hinterhält; ein Besitzer. Tiers *détenteur*, der in der Possession der Güter ist, um welche zwey andere rechten.

DE'TENTION, *s. f.* Zurückhaltung, Vorenthaltung.

DE'TENTION, Gefangenschaft.

DE'TERGER, *v. a.* (in der Medicin) die bösen Feuchtigkeiten ausführen.

DE'TE'RIORATION, *s. f.* die Verderbung, Verschlimmerung.

DE'TE'RIORER, *v. a.* etwas verderben, in schlimmern Zustand setzen. *Détériorer* une maison, ein Haus verderben. Laisser *détériorer* quelque chose, etwas verderben, ärger werden lassen.

DE'TERMINATION, *s. f.* Richtung zu einem gewissen Ziel. *Détermination* du mouvement, die Richtung der Bewegung.

DE'TERMINATION, Schluß, Entscheidung. *Détermination* d'un concile, der Schluß einer Kirchenversammlung.

DE'TERMINE', *s. m.* ein gottloser Mensch, dem nichts zu viel ist.

DE'TERMINE', *adj.* wohl bedacht; beständig. Agir par des jugemens *déterminés*, mit wohlbedachtem Rath handeln.

DE'TERMINE'MENT, *adv.* kühner Weise, ohne davon abzustehen; durchaus, ausdrücklich; genau, deutlich.

DE'TERMINER, *v. a.* setzen, verordnen; aussprechen, entscheiden; Grenzen setzen; bestimmen; einen zu etwas bewegen, veranlassen, verursachen; etwas beschliessen, vornehmen. *Déterminer* le tems de son départ, die Zeit seiner Abreise ansetzen. *Déterminer* un mot à un sens, einem Wort einen gewissen Verstand geben.

se DE'TERMINER, *v. r.* sich entschliessen, etwas beschliessen, vornehmen. Je ne me *détermine* à rien, ich entschliesse mich zu nichts. Se *déterminer* sur le choix qu'on a à faire, in der vorhabenden Wahl einen Schluß fassen.

DE'TERRER, *v. a.* ausgraben, aus dem Grab scharren; etwas entdecken, erfahren, eröfnen. Je *déterrerai* celà, ich will es entdecken; in Erfahrung bringen. Il a le visage d'un *déterré*, er sieht so bleich aus, als hätte er im Grabe gelegen.

DE'TERREUR, *s. m.* der etwas aus der Erde hervor sucht, entdeckt, von Antiquitäten, Reliquien, Inscriptionen u. d. gl.

DE'TERSIF, ve, *adj.* was die böse Feuchtigkeit wohl abführt, als eine Salbe, Elixir, u. d. gl.

DE'TESTABLE, *adj. c.* abscheulich, greulich, Verfluchens werth. Une action *détestable*, eine abscheuliche That.

DE'TESTABLE, sehr häßlich, garstig. Une vieille *détestable*, eine sehr garstige (überaus häßliche) Alte.

DE'TESTABLE, sehr schlecht, ungeschmackt. Un ragoût *détestable*, eine widerliche Speise. Un vin *détestable*, ein sehr schlechter ungeschmackter Wein.

DE'TESTABLEMENT, *adv.* abscheulich, garstig.

DE'TESTATION, *s. f.* Abscheu, Greuel.

DE'TESTER, *v. a. & n.* verwerfen, verabscheuen, verfluchen. Il ne fait que jurer & *détester*, er thut nichts als fluchen und schwören.

DE'THRÔNER, *voiés* DE'TRÔNER.

DE'TIRER, *v. a.* aus einander strecken, ausspannen, ausbreiten, ausdehnen. *Détirer* du linge, des rubans, leinen Zeug, Band, ausdehnen, strecken.

DE'TISER, *v. a.* die Brände aus dem Feuer ziehen, daß es auslösche.

DE'TONNATION, *s. f.* (in der Chymie) das Krachen der Metalle in den Tiegeln, Verpuffung.

DE'TONER, *v. n.* aus der Melodie oder Weise kommen, falsch singen.

DE'TONNER, *v. n.* (in der Chymie) krachen, verpuffen.

DE'TORCE, *voiés* DE'TORSE.

DE'TORDRE, *v. n.* aufdrehen, aufwinden, was gedreht ist. Tordre & *détordre* du linge, die Wäsche winden und aufwinden.

DE'TORQUER, *v. a.* verdrehen, als, eine Meynung, Gesetz oder Beweis.

DE'TORSE, *s. f.* Verdrehung, Verrenkung eines Muskel oder Nerve. Il s'est donné une *détorse* au pied, er hat sich den Fuß verdreht, verrenkt.

DE'TORTILLER, *v. a.* auffiechten, aufdrehen, aufschlingen.

DE'TOUPER, *v. a.* ein verstopftes Geschirr wieder aufmachen.

DE'TOUPILLONNER, *v. a.* (in der Gärtnerey) die kleinen unnützen Zweige von den Pomeranzenbäumen abschneiden.

DE'TOUR, *s. m.* Krümme eines Flusses oder Weges, ein Abweg, Umweg. Les *détours* des montagnes, die krumme Wege in dem Gebürge. Prendre un *détour*, einen Umweg nehmen.

DE'TOUR, ein Umschweif im Reden. Un grand *détour* de paroles, ein grosser Umschweif der Worte.

DE'TOUR, Ausflucht; listige Umführung. Le *détour* est plaisant, die Ausflucht ist lächerlich.

DE'TOURNEMENT, *s. m.* das Abwenden des Kopfs auf die Seite; Kopfhängen.

DE'TOURNER, *v. a.* vom Weg abbringen;

gen; abwenden, abkehren, abziehen; abzuwenden suchen, abrathen; item wegschaffen, wegnehmen, entwenden, stehlen. *Détourner les yeux*, die Augen wegwenden. *Détourner un coup*, einen Streich (Schlag) abwenden. *Détourner une rivière*, einen Fluß ableiten. *Détourner quelqu'un de son intention*, einen von seinem Vorsatz abwendig machen.

DE'TOURNER le sens d'un passage, einem Spruch einen andern Verstand geben, denselben verdrehen.

DE'TOURNER un cerf, die Gegend merken, wo der Hirsch lieget.

se DE'TOURNER, *v. r.* vom Weg abkommen, einen Umweg nehmen, sich verirren; sich von etwas abziehen. *Détourner de son travail*, seine Arbeit liegen oder stehen lassen.

Un chemin *détourné*, ein abgelegener Weg, der nicht oft gebraucht wird.

DE'TRACTER, *v. a. de quelqu'un, voïés* DE'CRIRE quelqu'un.

DE'TRACTEUR, *f. m.* Verläumder, Lästerer.

DE'TRACTION, *f. f.* Nachrede, Verläumdung.

DE'TRAQUER, *v. a.* verführen; zum Bösen verleiten. *Détraquer quelqu'un de ses études*, einen von seinem Studiren abwenden, stören.

DE'TRAQUER un horloge, eine Uhr zurück ziehen, oder sonst verderben.

DE'TRAQUER un cheval, ein Pferd verderben, falsch gewöhnen.

se DE'TRAQUER, *v. r.* falsch, unrichtig gehen; it. sich seiner Pflicht entziehen. Ma montre s'est *détraquée*, meine Sackuhr ist ungangbar; ist stehen blieben. Ce cheval se *détraque*, diß Pferd geht unrichtig. Mon estomac s'est *detraqué*, mein Magen ist entstellt. Ce jeune homme se *détraque* de la vertu, dieser junge Mensch wird unartig.

DE'TREMPE, *f. m.* Wasserfarbe. Peindre en *détrempe*, mit Wasserfarben mahlen. Un mariage fait à la *détrempe*, eine unrecht angefangene und in der Eil vollzogene Heyrath.

DE'TREMPER, *v. a.* anfeuchten, einweichen, wässern. *Détremper* de la chaux, Kalk einrühren. *Détremper* de la farine avec des œufs, Mehl in Eyer einrühren.

DE'TREMPER l'acier, dem Stahl seine Härte nehmen.

L'affliction *détrempe* la joie, die Freude wird durch die Noth gemäßiget; item Freud und Leid wechseln mit einander.

DE'TRESSE, *f. f.* Bangigkeit, Angst des Herzens, Kummer.

DE'TRER, *f. m.* Zange; Schraubstock.

DE'TRIMENT, *f. m.* Schade, Nachtheil.
DE'TRIPLER, *v. a.* die dritte Reihe abnehmen, in der Waffenübung.
DE'TROIT, *f. m.* eine Meerenge zwischen zwey grossen Ländern. Le *détroit* de Gibraltar, die Meerenge (Straße) von Gibraltar.

DE'TROIT, Erdenge; enger Paß zu Land. Le *détroit* de Corinthe, die Corinthische Erdenge. Se saisir des *détroits*, die engen Wege einnehmen.

DE'TROIT, (im Rechtshandel) ein District, gewisses Stück Land, Gebiet. Un juge ne peut agir hors de son *détroit*, ein Richter kan ausserhalb seiner Gerichte, (ausser der Erstreckung seiner Gerichtbarkeit) nichts thun.

DE'TROMPER, *v. a.* eines bessern berichten; vom Irrthum helfen.

se DE'TROMPER, *v. r.* seinen Irrthum erkennen.

DE'TRÔNER, *v. a.* vom Thron stossen; absetzen.

DE'TROUSSER, *v. a.* abstecken; abschürzen; fallen lassen. *Détrousser* une jupe, den Unterrock fallen lassen. Les femmes se *détroussent*, die Weiber lassen ihre aufgehobene Röcke hinabfallen.

DE'TROUSSER, plündern, berauben. Il a été *détroussé* par des voleurs, er ist von Räubern geplündert worden. J'ai *détroussé* nos vieillards, ich habe denen alten Herren den Beutel geschwungen, geschneutzt. Si l'oiseau *détrousse* & mange la perdrix, wenn der Habicht ein Feldhuhn rupft und frißt.

DE'TROUSSEUR, *f. m.* Straßenräuber.
DE'TRUIRE, *v. a.* abbrechen, einreissen, umwerfen, verwüsten; it. verderben, zerstören; vernichten. *Détruire* une ville, eine Stadt zerstören.

DE'TRUIRE un homme dans l'esprit de quelqu'un, einen bey dem andern in Ungunst bringen, verläumden, schwärzen.

se DE'TRUIRE, *v. r.* eingehen, baufällig werden.

DETTE, *f. f.* die Schuld; Schuldigkeit, Pflicht. Dette active, was man mir schuldig ist. Dette passive, was ich andern schuldig bin. Confesser la *dette*, (figürlich) bekennen, daß man Unrecht habe.

DEU, ë, *part. v.* DEVOIR.
DEÜEMENT, *adv. v.* DÜMENT.
DE'VALER, *v. a.* den Strom hinunter fahren. *Dévaler* les dégrés, die Treppe herunter gehen.

DE'VALER un tonneau, ein Faß in den Keller herab lassen.

DE'VALISER, *v. n.* berauben; plündern.
DE'VALISEUR, *v.* DE'TROUSSEUR.

DE VAN-

DE'VANCER, *v. a.* vorkommen; vorhergehen; vorthun; überlegen seyn. *Dévancer* l'aurore, der Morgenröthe zuvorkommen. *Dévancer* quelqu'un à la course, einem im Laufen überlegen seyn. Il *dévance* ses compagnons, er übertrifft seine Mitgesellen in allem. Ceux qui nous ont *dévancés*, die Vorfahren, die vor uns gelebet haben.

DE'VANCIER, *s. m.* e, *s. f.* Vorgänger, Vorfahrer, Vorfahrerin, an einem Amt u. d. gl.

DE'VANCIERS, im *pl.* die Vorfahren, die Alten.

DEVANT, *adv. & præp.* vorn; vor; gerad gegenüber. Il marche *devant* moi, er gehet vor mir her. *Devant* le Roi, vor dem König, in des Königs Beyseyn oder Gegenwart. Il est *devant* Dieu, er ist gestorben.

AU-DEVANT, entgegen. Aller *au-devant* de quelqu'un, einem aus Höflichkeit entgegen gehen. Aller *au-devant* de quelque chose, einer Sache zuvorkommen, sie verhindern.

CI-DEVANT, hievornen, zuvor.

PAR-DEVANT, von vornen.

DEVANT que, olim. ehe, zuvor. (besser avant que.)

DEVANT & derrière, vornen und hinten.

DEVANT, *s. m.* das Vordertheil, das Vorderste; das Vordergebäude; it. die weibliche Schaam.

Bâtir sur le *devant*, prov. stark von Leib werden, sich einen Bauch zulegen. Prendre le *devant*, den Vorzug nehmen, einem vorgehen. Gagner le *devant*, einem vorkommen. Prendre les *devans*, zuvor abreisen, es zuvor thun.

DEVANTEAU, DEVANTIER, *s. m.* v. TABLIER.

DEVANTHIER, *adv.* vorgestern. (besser avanthier.)

DEVANTIERE, *s. f.* Schürze, dessen die Weibsbilder sich zu Pferd bedienen.

DEVANTURE, *s. f.* das Theil eines heimlichen Gemachs das vorn herab geht; it. das vordere Theil der Krippe im Stall.

les DEVANTURES im plur. was oben an den Thürnen hervor geht, oder an den Caminröhren, die Schiefersteine oder Ziegel daran zu fügen.

DE'VASTATION, *s. f.* Verwüstung.

DE'VASTER, *v. a.* ein Land verwüsten.

DE'VELOPEMENT, *s. m.* das Vorstellen aller Seiten und Theile eines Gebäudes, wie es im Profil aussieht.

DE'VELOPER, *v. a.* aufwickeln, etwas verhülltes.

DE'VELOPER, alle Seiten eines Steines oder Gewölbes auf was plattes bringen oder vorstellen.

DE'VELOPER, einen Stein oder ein Holz behauen, um ihm die Gestalt zu geben, die es haben soll.

DE'VELOPER, (im verblümten Verstand) etwas entdecken, an den Tag bringen. *Développer* des difficultés, zweifelhafte (dunkele) Dinge erläutern, deutlich erklären. *Développer* ses pensées, seine verborgene Gedanken offenbaren.

se DE'VELOPER, *v. r.* sich losmachen, sich heraus reissen, sich loswickeln; an Tag kommen. Se *développer* d'un danger, sich aus der Gefahr reissen.

DEUEMENT, *adv.* rechtmäßig.

DEVENIR, *v. n.* werden, anfangen etwas zu seyn. *Devenir* grand, groß werden. Que *deviendrai*-je? wie wird es mit mir werden? wie wird mirs gehen? Que sont *devenus* vos sermens? was ist aus euren Schwüren worden? Celà *devient* à rien, da wird nichts daraus. Qu'est *devenu* cette grande armée? wo ist diese grosse Armee hingekommen?

DE'VENTER, *v. a.* die Segel aus dem Winde thun.

DE'VER, *v. n.* närrisch, irr im Kopf werden.

se DE-VERGONDER, *v. r.* schamlos werden, Zucht und Schaam verlieren.

DE'VERGONDE', ée, *adj.* unverschämt, schamlos.

DE'VERROÜILLER, *v. a.* aufriegeln, den Riegel wegschieben.

DEVERS, *præp.* gegen; bey. Il est *devers* Lion, es liegt gegen Lion zu. Il vient de *devers* ces païs-là, er kommt von dieser Gegend her. Garder par-*devers* soi-même, im Besitz bey sich behalten. Se retirer par-*devers* un juge, in Rechtssachen, sich bey dem Richter vorsehen.

DEVERS, *s. m.* die linke Seite eines Dinges.

DE'VERSER, *v. a.* ein Stück Holz umneigen, auf die andere oder linke Seite.

DE'VÊTIR, *v. a.* v. DESHABILLER.

DE'VÊTIR quelqu'un d'une charge, einem seinen Dienst nehmen.

se DE'VÊTIR, *v. r.* sich ausskleiden; v. se DESHABILLER.

se DE'VÊTIR, sich eines Diensts, Guts, und dergleichen, entschlagen, begeben.

DE'VÊTISSEMENT, *s. m.* Uebergabe seiner Güter, Ueberlassung.

DE'VIATION, *s. f.* (in der Astronomie) das Abweichen der Venus oder des Mercurii von der Ecliptica.

DE'VIDER, *v. a.* abhaspeln, abwinden. Ce cheval *dévide*, diß Pferd haspelt mit den vordern Füssen geschwinder als mit den hintern.

DE'VIDEUR, *s. m.* euse, *s.* ein Haspeler; ein Haspelmacher.

DE-VI-

DE'VIDOIR, *s. m.* eine Haspel.

DEÜIL, *s. m.* Betrübniß, Leid, Traurigkeit; Trauer; Trauerkleid; Trauer= oder Leichbegängniß. Son *deüil* n'est qu'au dehors, seine Betrübniß ist nur äusserlich, er trauret nicht von Herzen. Grand *deüil*, grosse Trauer. Petit *deüil*, halbe Trauer. Il porte le *deüil* de son père, er trauret, oder geht in der Trauer, um seinen Vater. Convoi de *deüil*, die Leichproceßion.

DEVIN, DEVINEUR, *s. m.* ein Wahrsager.

DEVINE, DEVINERESSE, *f. f.* eine Wahrsagerin.

DE'VINER, *v. a.* wahrsagen, weissagen; errathen, rathen. On aime à *déviner* les autres, man trachtet hinter anderer Leute Heimlichkeiten zu kommen. *Déviner* les malheurs du tems, die bösen Zeiten vorher sagen. *Déviner* une énigme, ein Räthsel errathen.

DEVIS, *s. m.* vor diesem ein Gespräch, oder Besuch; jetzt ein Entwurf oder Verzeichnung eines Werks oder Baues nebst den Unkosten dazu; die Eintheilung.

DE'VISAGER, *v. a.* das Gesicht zerkratzen.

DEVISE, *s. f.* Sinnbild; Denkbild; Wahl= oder Denkspruch. Fasce en *divise*, (in den Wappen) ein Balkenstreif, der nur den dritten Theil so breit als sonst ein Balken ist.

DEVISER, *v. n.* vulg. sich mit einem besprechen. Ils sont *devisé* assés long-tems de celà, sie haben sich hievon lange genug unterredet.

DEÜMENT, *v.* DÜMENT.

DE VOILEMENT, *s. m.* Abnehmung des Schleyers; Entdeckung verborgener Dinge.

DE'VOILER, *v. a.* einer Klosterjungfrau den Schleyer abnehmen, sie aus dem Kloster nehmen. DE'VOILER un mystère, ein Geheimniß entdecken.

se DE'VOILER, *v. r.* den Nonnenstand fahren lassen.

DEVOIMENT, *s. m.* Durchfall, Bauchfluß.

DEVOIR, *v. a.* schuldig, verpflichtet seyn; sollen; müssen; den Vorzug lassen. *Devoir* par-tout, au tiers, & au quart, allen Leuten schuldig seyn. Les enfans *doivent* honneur & obéissance à leur père, die Kinder sind ihrem Vater Ehre und Gehorsam schuldig.

Dû, ë, oder Deü, ë, *part.* gesollt; schuldig, gebührend, zukommend. Pour la fûreté de mon *dû*, zur Versicherung meiner Schuld.

DEVOIR, *s. m.* die Pflicht, Schuldigkeit, Gebühr. Derniers *devoirs*, die letzte Ehre bey einem Leichenbegängniß. Ranger quelqu'un à son *devoir*, einen zu seiner Pflicht anhalten. Ils sont égaux, l'un ne *doit* rien à l'autre, sie sind einander gleich; es bleibt keiner dem andern etwas schuldig, giebt nichts nach. Se mettre en *devoir* de faire quelque chose, anfangen etwas zu thun, sich dazu rüsten.

DEVOIR de l'oiseau, der Theil von einem Vogelwildpret, so dem Falken gehört, der es gefangen hat, das Vogelrecht.

DE'VOLE, *s. f.* den Matsch im Kartenspiel, da man nicht einen Stich thut.

DE'VOLU, *s. m.* ein geistlich Amt oder Kirchenlehn, so an den Oberherrn verfallen ist; it. ein geistlich Amt, so vor erledigt erkannt worden ist, in der Röm. Kirche. Bénéfice *dévolu*, verfallenes Kirchenlehn. Jetter un *dévolu* sur un bénéfice, ein geistlich Einkommen als verfallen ansprechen.

DE'VOLU, ë, *adj.* verfallen, heimgefallen, als ein Gut oder Einkommen. *Dévolu* à la couronne, der Kron heimgefallen. Un droit *dévolu*, ein heimgefallenes Recht.

DE'VOLUT, *s. m.* Päbstliche Verordnung und Vergebung eines verfallenen geistlichen Einkommens oder Pfründe.

DE'VOLUTAIRE, *s. m.* einer der ein dem Pabst heimgefallenes Amt bekommt.

DE'VOLUTION, *s. f.* das Heimfallen einer Pfründe oder Kirchenlehns.

DE'VORANT, e, *part. & adj.* fressend; reissend; verzehrend. Un appetit *dévorant*, eine starke Eßlust. Un feu *dévorant*, verzehrende Flamme.

DE'VORATEUR, *s. m.* Fresser, Verzehrer.

DE'VORER, *v. a.* fressen, verzehren, verschlucken; mit den Zähnen zerreissen, zerfleischen; verzehren; vernichten; zum Untergang befördern; it. nach etwas trachten, begierig seyn. Le loup *dévore* les brebis, der Wolf frißt die Schaafe. Le tems *dévore* tout, die Zeit reibt alles auf, verzehrt alles.

Il *dévore* les livres, er liest die Bücher ungemein geschwind durch.

Il la *dévore* des yeux, er will sie durch und durch sehen, so steif sieht er sie an.

DE'VOREUR, *s. m.* de livres, einer der viel Bücher und geschwind durchliest.

DE'VOT, e, *adj. & subst.* andächtig, fromm; item ergeben, gefliffen. Mon cœur vous est *dévot*, mein Herz ist euch ganz ergeben. Un vrai *dévot*, ein aufrichtiger Andächtiger. Un faux *dévot*, ein Scheinheiliger, ein Heuchler.

DE'VOTEMENT, *adv.* andächtig.

DE'VOTIEUSEMENT, *adv.* andächtiglich. (ist alt.)

DE'VOTIEUX, euse, *adj.* ol. andächtig.

DE'VO-

DE'VOTION, *s. f.* Andacht, Frömmigkeit, Gottesfurcht; item Ergebenheit, Eifer, Gefliſſenheit. Etre dans la haute *dévotion*, in tiefer Andacht begriffen ſeyn. J'ai pour vous une parfaite *dévotion*, ich bin euch vollkommen ergeben. Avoir tout à ſa *dévotion*, alles zu ſeinem Willen oder Dienſt haben.
fête de DE'VOTION, ein Feſt, das man aus eigener Andacht hält. Il n'eſt *dévotion* que de jeune prêtre, aller Anfang iſt hitzig bey den Leuten. Faire ſes *dévotions*, zum Abendmahl gehen. Il eſt à ma *dévotion*, er ſteht mir zu Dienſt. Attendre quelqu'un en *dévotion*, einen mit Verlangen und Zubereitung erwarten. L'offrande eſt à la *dévotion*, es mag ein jeder opfern, ſo viel ihm beliebt.
DE'VOüEMENT, *s. m.* Aufopferung des Lebens, für einen andern; item eine gänzliche Ergebenheit zum Dienſt eines andern.
DE'VOüER, *v. a.* widmen; weihen; aufopfern.
ſe DE'VOüER, *v. r.* ſich ergeben; ſich aufopfern; (bey den alten Römern) ſein Leben dahin geben, eines andern Leben und Heyl zu erhalten. Se *dévouer* au service de ſa patrie, ſich zum Dienſt des Vaterlandes aufopfern. Je vous ſuis entierement *dévoué*, ich bin euch ganz ergeben.
DE'VOULOIR, *v. a.* aufhören etwas zu wollen. (iſt nicht bräuchlich.)
DE'VOYE', *s. m.* Irrgläubiger.
DE'VOYEMENT, *v.* DE'VOIMENT.
DE'VOYER, *v. a.* einen Durchfall verurſachen. Etre *dévoyé*, den Durchfall haben.
DEUTERONOME, *s. m.* das fünfte Buch Moſis.
DE'VUIDE, *s. f.* (im Billardſpiel) faire *dévuide*, ſeine Kugel, auch ſeine eigene nicht auf dem Spiel laſſen, die Tafel ableeren; abräumen.
DEUX, *adj. num.* zwey. Ils ſont *deux*, ihrer ſind zween. Ils ſont pris tous *deux*, ſie ſind alle beyde gefangen. Etre à *deux* de jeu, gleich im Spiel ſeyn, Spiel gegen Spiel haben.
DEUX à DEUX, *adv.* je zween; paarweiſe; ſelbander.
à DEUX-FOIS, *adv.* in zweymalen, auf zweymal.
DEUX, *s. m.* eine Zwey (2).
DEUXIE'ME, *adj. c.* der Zweyte, der Andere.
DEUXPONTS, *s. m.* Zweybrücken, ein Herzogthum und Stadt in der Pfalz.
DEX, *s. m.* (in der Mundart derer von Toulouse) ein Grenzzeichen, Markſtein; it. der Umfang des Gebiets einer Stadt, das Weichbild, der Bann.

DEXTE'RITE', *s. f.* Geſchicklichkeit, Fertigkeit.
DEXTRE, *s. f.* die rechte Hand, iſt meiſtens von der rechten Hand GOttes, oder in Wappen gebräuchlich.
DEXTREMENT, *adv.* geſchicklich.
DEXTRIBORD, *s. m.* die rechte Seite des Schiffs.
DEXTROCHE'RE, *s. m.* (in Wappen) ein rechter Arm mit der Hand; vor dieſem ein Armband am rechten Arm.
DIA, *adv.* (bey Fuhrleuten) zur Linken; (ſchwude, tule, oder hüſt.)
Il n'entend ni à *dia*, ni à hurhaut, es iſt ein tummer (wilder) Menſch, der nichts begreifen kan; der ſich nicht bändigen läßt.
DIABE'TES, *s. m.* eine Sprize, deren Theile in einander geſteckt werden; item eine Krankheit, da das Getränke ohne Veränderung durch den Leib geht.
DIABLE, *s. m.* der Teufel; item ein böſer Menſch. Un méchant *diable*, ein ſchädlicher (gefährlicher) Menſch. Un bon *diable*, ein luſtiger Bruder. Un pauvre *diable*, ein armer Teufel, ein elender Menſch.
C'eſt un *diable*, un *diable* en procès, er iſt ein durchtriebener Zungendreſcher; ein teufeliſcher Zänker.
C'eſt-là le *diable*, das iſt der Teufel; das iſt die groſſe Schwürigkeit, Hinderniß.
Le *diable* n'eſt pas toûjours à la porte d'un pauvre homme, man iſt nicht ſtets unglücklich.
Il n'eſt pas ſi *diable* qu'il eſt noir, er iſt nicht ſo bös als er zu ſeyn ſcheinet.
Il fait le *diable*, er iſt als wenn er raſete.
Il fait le *diable* à quatre, er macht einen entſetzlichen Lermen.
Quand il dort, le *diable* le berçe, wird von einem Zungendreſcher oder Tröler geſagt, der alle Leute in Proceß verwickelt.
Le *diable* eſt aux vaches, ſagt man von einem ungefähren jähen Lermen.
Les *diables* ſont déchainés, der Teufel iſt ganz los.
Il dit le *diable* de vous, er ſchwäzt ſchlimme Dinge von euch.
Il ne faut pas ſe donner au *diable* pour le faire, es iſt eben ſo ſchwer nicht zu thun.
Tirer le *diable* par la queüe, kaum das Leben haben können.
Celà ſe fera, ſi le *diable* s'en mêle, das wird ſo leicht nicht geſchehen; das kan nicht leicht ſeyn.
en DIABLE, teufeliſcher Weiſe, als ein Teufel.
Il eſt vaillant en *diable*, ſavant en *diable* eſt demi, er iſt vortrefflich tapfer; gelehrt;

DIA   DIA

lehrt. Il a été battu en *diable*, er ist rechtschaffen abgeschmieret worden.

DIABLE de mer, eine Gattung schwarze Wasserhühnlein.

DIABLEMENT, *adv.* verteufelt, grausam.

DIABLERIE, *s.f.* Teufeley; Hexerey; heimliche Tücke; Zank, Händel; Lermen, Geschrey; unverhofftes Unglück. Avec toute sa *diablerie* il l'aime toûjours, mit aller ihrer Bosheit liebe ich sie doch.

DIABLESSE, *s.f.* ein böses Weib, ein verteufeltes Weib. C'est une franche *diablesse*, das ist ein teufelisch bös Weib.

DIABLETEAU, DIABLOTIN, *s.m.* ein kleiner Teufel; ein böser Jung, Bube.

DIABOLIQUE, *adj. c.* teuflisch.

DIABOLIQUEMENT, *adv.* teuflischer Weise.

DIACARTAM, *s.m.* ein Extract von Saflor, in der Apotheke.

DIACHYLON, *s.m.* ein aus allerhand Säften zubereitetes erweichendes Pflaster.

DIACO, *s.m.* ein Diaconus bey den Maltheserrittern.

DIACODIUM, oder DIACODE, *s.m.* ein Brustsyrup von Mohrköpfen.

DIACONAT, *s.m.* der Stand und die Würde eines Diaconi oder Kirchendieners. Arriver au *Diaconat*, zum Amt eines Diaconi gelangen; Diaconus (Helfer) werden.

DIACONESSE, oder DIACONISSE, *s.f.* eine Kirchendienerin, Allmosenpflegerin.

DIACONIE, *s.f.* Armenhaus, Armenpflege.

DIACONIQUE, *s.m.* die Sacristey vor Alters, da man alle Gefässe des Altars verwahrte.

DIACOUSTIQUE, *s.f.* die Betrachtung des Wiederschalls durch unterschiedene dicke oder dünne Luft, in eine andere.

DIACRE, *s.m.* ein Diaconus, Helfer, Capellan.

    Cardinaux *diacres*, die vornehmsten Diaconi, als Cardinäle zu Rom, welche in 7. Gegenden der Stadt vertheilet sind.

DIACRESSE, *s.f.* v. DIACONESSE.

DIADEME, *s.m.* eine königliche Hauptbinde, vor diesem; jezt eine königliche Krone und Würde; (in den Wappen) ein Cirkel um den Kopf eines ausgebreiteten Adlers; die Binde um einen Mohrenkopf; item die güldenen Reife oben über den Kronen. Mettre le *diadème* sur la tête, die Kron (den königlichen Hut) aufsetzen. Offrir le *diadème*, einem die Kron antragen, die Herrschaft auftragen.

DIAFANE, DIAPHANE, *adj. c.* durchsichtig.

DIAFANETE', DIAPHANETE', *s.f.* Durchsichtigkeit.

DIAGNOSTIC, *adj. m.* signe *diagnostic*, ein Zufall, der Anzeigung von der Krankheit giebt, in der Medicin.

DIAGONALE, *s.f. & adj.* le *diagonale* oder ligne *diagonale*, ein Strich in einer rechtlinischen Figur in der Mathesi, von einem Winkel zum andern durch den Mittelpunkt.

DIAGONALEMENT, *adv.* eckstrichsweise, übereck.

DIAGREDE, *s.m.* präparirter Scammonienfaft.

DIALECTE, *s.m. & f.* die Mund- oder Redart eines Landes oder Stadt in ihrer Mutter- oder Hauptsprache.

DIALECTICIER, *s.m.* ein Dialecticus, der die Logic (Vernunftlehre) verstehet oder lehrt.

DIALECTIQUE, *s.f.* die Logic.

DIALECTIQUEMENT, *adv.* als ein Logicus.

DIALOGISER, *v.a.* Gespräche machen, als die Colloquia in den Schulen.

DIALOGISME, *s.m.* ein solch Gespräch.

DIALOGUE, *s.m.* ein Gespräch zwischen einigen Personen, meistens geschrieben, sonst nur in gemeinen Reden.

DIAMANT, *s.m.* ein Demant, edler Stein; ein Sinnbild der Härte; item der Beständigkeit und Dauer. Un *diamant* fin, ein rechter Demant. *Diamant* brut, roher (ungeschliffener) Demant.

    Sa fidélité sera *diamant*, ihre Treue wird beständig seyn.

un DIAMANT d'Alcçon, ein falscher Demant, nicht weit von Paris zu finden.

DIAMANT du Temple, gemachter Demant.

DIAMANT, Demant, womit der Glaser das Glas zerschneidet.

DIAMANTAIRE, *s.m.* ein Demantschneider, Demanthändler.

DIAMARGARITON, *s.m.* eine Arzney, worunter Perlen kommen; Perlenwasser.

DIAMETRAL, e, *adj.* ligne *diamétrale*, die Durchschnidtlinie an einem Cirkel, durch den Mittelpunct.

DIAMETRALEMENT, *adv.* opposé, gerade gegen einander, durchaus wider einander.

DIAMETRE, *s.m.* der Durchmesser, Durchschnitt eines Zirkelkreises durch den Mittelpunct; item die Breite eines Dinges.

DIAMORUM, *s.m.* gesodtener Maulbeersaft.

DIANE, *s.f.* die Göttin der Jagd, die Diana; item der Mond, sonderlich in Versen.

    L'arbre de *Diane*, Silberbaum, ein Gewächs, so durch chymische Kunst von Silber in einem Glase zubereitet wird, und wie ein Baum aussieht.

DIANE, *s.f.* battre la *Diane*, des Morgens

gens die Soldaten mit einem gewissen Trommelschlag aufwecken, die Rebelle oder Reveille schlagen.

DIANTRE, *s. m.* (ein verdrehtes Wort von diable,) der Teufel. Au *diantre* soit le fou, zum Teufel mit dem Narren.

DIANUCUM, *s. m.* eingemachter Nußsaft.

DIAPALME, *s. m.* ein Gichtpflaster, Zugpflaster.

DIAPASME, *s. m.* ein wohlriechendes Pulver, so man auf den Leib, in die Haare, Kleider, Wunden, oder auch ins Getränk streuet.

DIAPASON, *s. m.* die Octav in der Music; (bey den Instrumentmachern) ein Instrument, die Orgelpfeifen darnach zu schneiden; die Löcher in die Flöten u. d. gl. zu machen; item das Maaß der Stückgießer und anderer Künstler, so Röhren machen, wornach sie die Grösse, Dicke und Gewicht derselben messen.

DIAPE'DE'SIS, *s. f.* (in der Medicin) eine Ausbrechung des Geblüts durch die Blutgefässe.

DIAPENTE, *s. m.* ein Griff oder Zusammenklang in der Music, so die Quint genennet wird.

DIAPHANE, DIAPHANE'TE', v. DIAFANE.

DIAPHE'NIC, DIAPHŒNIC, *s. m.* eine Dattellatwerge.

DIAPHORE'TIQUE, *adj. c.* austreibend, zertheilende schweißtreibende Arzney. Antimoine *diaphorétique*, schweißtreibendes Antimonium.

DIAPHRAGMATIQUE, *adj. c.* was am Zwerchfell ist, als: Veine *diaphragmatique* &c. die grosse Ader, so durch das Zwerchfell geht.

DIAPHRAGME, *s. m.* das Zwerchfell im Leibe; der Knorpel, so die Nasenlöcher abtheilet; (in den grossen Perspectiven) ein in der Mitte vorgemachtes durchbohrtes Holz oder Blech.

DIAPRE', ée, *adj.* bunt, von verschiedenen Farben.
Prunes *diaprées*, violblaue Pflaumen.

DIAPRUNUM, oder DIAPRUN, *s. m.* eine Pflaumenlatwerge.

DIARRHE'E, *s. f.* der Durchlauf, Durchfall, Bauchfluß.

DIARRHODON, *s. m.* eine aus Rosen zubereitete Arzney, Rosenküchlein.

DIARTHROSE, *s. f.* (in der Anatomie) Fügung eines Beins an das andere.

DIASCORDIUM, *s. m.* eine rothe Gistlatwerge, Scordienlatwerge.

DIASEBESTEN, *s. m.* Brustbeerlatwerge.

DIASENNA, *s. m.* eine Laxierlatwerge, von Senetblättern und andern Dingen.

DIASTOLE, *s. f.* (in der Anatomie) eine Ausdehnung der Herzkammern, das Geblüt einzunehmen.

DIASTYLE, *s. m.* ein weitsäulig Gebäu, da die Säulen dreymal so weit, als eine Dick ist, oder sechs Modulos, von einander stehen.

DIASYRME, *s. m.* (in der Redekunst) eine Figur; eine geringe Sache, die man lächerlicher Weise erhebt und groß macht.

DIATESSERON, *s. m.* die Quart in der Music; item eine Arzney von 4 Specien.

DIATONIQUE, *adj. c.* das von einem Ton zum andern steigt und fällt, als eine Music, oder ein musicalisch Stück, das nicht sehr künstlich noch schwer ist.

DIATONIQUEMENT, *adv.* (in der Music) durch natürliche Abwechslung der Töne.

DIATRAGACANTH, *s. m.* eine Arzney von Traganth.

DICASTE'RE, *s. m.* Gerichtscollegium.

DICTAM ou DICTAMNE, *s. m.* Diptam, ein Kraut, ist zweyerley, Cretischer, und gemeiner, Eschwurz, Spechtwurz.

DICTAMEN, *s. m.* das Eingeben, Sagen, Lehren. Suivre le *dictamen* de sa conscience, dem Trieb seines Gewissens folgen.

DICTATEUR, *s. m.* (bey den alten Römern) eine in ganz gefährlichen Zeiten gewählte höchste obrigkeitliche Person.

DICTATURE, *s. f.* die Würde und Amt eines Dictators.

DICTE'E, *s. f.* Lection, so ein Lehrmeister den Schülern zum Nachschreiben vorsagt.

DICTER, *v. a.* dictiren, vorsagen, daß man nachschreiben kan; it. einem eingeben, was er sagen und thun soll, dazu antreiben. *Dicter* une lettre, einen Brief nachschreiben lassen; dictiren. La raison nous *dicte* celà, die Vernunft giebt es.

DICTION, *s. f.* ein Wort, eine Redensart. *Diction* noble, significative, ein edles, nachdrückliches Wort. La *diction* doit-être proportionnée au sujet, die Weise zu reden soll der Sache, wovon gehandelt wird, gemäß seyn.

DICTIONNAIRE, *s. m.* ein Wörterbuch, Aufschlagbuch.

DICTON, *s. m.* ein Sprichwort; ein Scherz; eine Ueberschrift über ein Emblema; it. so viel als *dictum*. Il y a dans ce livre des *dictons* assés jolis, in diesem Buch sind artige Sprüche enthalten.

DICTUM, *s. m.* le *dictum* d'une sentence, des Richters Ausspruch in einer Urtheilsschrift.

DIDACTIQUE, *adj. c.* der einen deutlichen Lehrmeister abgiebt; it. das zur Kunst deutlich zu lehren gehört.

DIDEAU, *s. m.* ein Fischernetz vor einen ganzen Fluß zu spannen.

DIDIER,

DIDIER, *s. m.* ein Mannsname.
DIDIE´RE, *s. f.* ein Weibername.
DIDRAGME, *s. m.* (bey den Juden) ein halber Seckel von Kupfer.
DIERE´SE, *s. f.* Theilung eines Diphthongi in zwey Sylben, in der Grammatic.
DIERRI, DIERRY, *s. m.* Dietrich, ein Mannsname.
DIE´SE, *s. f.* ein Semitonium in der Music; it. das Creutz, welches diesen halben Ton bedeutet.
DIE´TE, *s. f.* gleiche Maaß und Ordnung im Essen und Trinken. Faire *diète*, mässig leben.
Die´te, *s. f.* ein Reichstag, Zusammenkunft der Stände des Deutschen auch des Pohlnischen Reichs; it. eine Tagsatzung der Schweizerischen Stände. Tenir la *diète*, Reichstag, Landtag oder Tagsatzung halten.
Die´te, eine Tagreise von 10 Stunden Weges.
DIE´TINE, *s. f.* Vorlandtag in einer Woywodschaft oder Starostey in Pohlen.
Die´tine de relation, Nachlandtag, da die Landboten ihren Bericht abstatten.
DIEU, *s. m.* GOtt; (bey den Heyden) ein erdichteter Gott; ein grosser Herr und Regent. *Dieu* vous soit en aide, oder *Dieu* vous assiste, GOtt helfe euch.
  Au nom de *Dieu*, ne vous hâtés pas, um Gottes willen, eilet doch nicht so.
les Dieux, die Götter, Götzen.
le Dieu de la guerre, der Kriegsgott.
A` Dieu, *voies* ADIEU.
  Si vous touchés cette table, *adieu ma bouteille*, wenn ihr an diesen Tisch stoßt, so ist es mit meiner Flasche geschehen.
mon Dieu! mein GOtt! eine Ausrufung, so vielerley Gemüthsbewegungen anzeigt.
Dieu merci! GOtt Lob!
la fête Dieu, das Fronleichnamsfest.
à Dieu ne plaise! da sey GOtt vor!
plût à Dieu! wollte GOtt!
Dieu le veüille! das gebe GOtt!
DIEU-CONDUIT, *s. m.* der Spiegel am Schiff, woran dessen Zeichen gemacht ist, davon es den Namen führt.
DIEU-DONNE´, *s. m.* ée, *f.* von GOtt gegeben, ein Beyname königlicher und fürstlicher Kinder, die man glaubt von GOtt erbeten zu seyn.
DIFFAMANT, e, *adj.* verläumderisch.
DIFFAMATEUR, *s. m.* ein Verläumder.
DIFFAMATION, *s. f.* eine Verläumdung, üble Nachrede, Schmachrede.
DIFFAMATOIRE, *adj. c.* verläumderisch.
  Libelle *diffamatoire*, ein Pasquill, eine Schmähschrift.
DIFFAMER, *v. a.* schimpfen, lästern, verläumden; im Scherz, verderben, besudeln, garstig machen, als ein Kleid.
DIFFAME´, ée, *adj.* berufen, beschryen; (in Wappen) Thiere ohne Schwanz.
DIFFE´REMMENT, *adv.* unterschiedlich, auf unterschiedliche Weise.
DIFFE´RENCE, *s. f.* der Unterschied; (in der Philosophie) eine wesentliche Eigenschaft, wodurch eine Sache von der andern unterschieden wird. Faire *différence*, Unterschied machen; unterscheiden. La *différence* des humeurs rompt l'amitié, die Ungleichheit der Gemüther stört die Freundschaft.
DIFFE´RENCIER, *v. a.* unterscheiden.
DIFFE´RENT, DIFFE´REND, *s. m.* ein Streit, Streithandel; ein Zeichen eines Münzmeisters. Avoir *différent* avec quelqu'un, mit einem im Streit leben.
Diffe´rent, e, *adj.* unterschieden, unterschiedlich. Ce sont des choses *différentes*, das sind unterschiedene Dinge. J'ai *différentes* choses à vous dire, ich habe euch verschiedene Dinge zu sagen.
DIFFE´RENTIEL, lle, *adj.* le calcul *différentiel*, oder la méthode *différentielle*, (in der Algebra) die Wissenschaft, den unendlich kleinen Unterschied zweyer veränderlicher Grössen zu finden, die Differentialrechnung.
DIFFE´RER, *v. a. & n.* aufschieben. Ce qui est *différé* n'est pas perdu, aufgeschoben ist nicht aufgehoben.
Diffe´rer, von etwas unterschieden seyn. Ces choses *différent* de beaucoup, diese Dinge sind weit unterschieden.
DIFFICILE, *adj. c.* schwer, mühsam. Ouvrage *difficile*, schwere Arbeit. Faire le *difficile*, sich schwerlich bereden lassen. Tems *difficiles*, schwere, elende Zeiten. Un homme *difficile*, ein Mensch, mit dem übel auszukommen ist.
DIFFICILEMENT, *adv.* schwerlich.
DIFFICULTE´, *s. f.* Schwierigkeit; schweres Stück oder Punct; schwere Frage; Zweifel; Einwurf; Streit. Proposer une *difficulté*, einen Einwurf machen; vorlegen. Ils ont quelque *difficulté* entr'eux, sie sind mit einander schwürig, unwillig. Voilà ma *difficulté*, das ists, was mich aufhält, vor den Kopf stößt.
  Faire *difficulté* de quelque chose, Bedenken bey etwas haben, Schwürigkeit machen, sich wegern, nicht dran wollen.
sans Difficulte´, ohne Zweifel, gar leicht.
DIFFICULTUEUX, euse, *adj.* der immer Schwürigkeiten macht.
DIFFORME, *adj. c.* garstig, ungestalt, häßlich.
DIFFORMEMENT, *adv.* unformlicher, häßlicher Weise.

Ggg 3   DIF-

DIFFORMER, *v. a.* verstellen, ungestalt oder unkenntlich machen.
DIFFORMITE', *s. f.* Ungestalt, Häßlichkeit.
DIFFUS, e, *adj.* weitläuftig.
DIFFUSE'MENT, *adv.* weitläuftig.
DIFFUSION, *s. f.* Ausbreitung.
DIGAME, *s. m.* der zwey Weiber hat.
DIGAMIE, *s. f.* zwiefache Ehe.
DIGAMME, *s. m.* (in der Griechischen Sprache) ein Buchstabe wie das Lateinische F, und der auch also ausgesprochen wurde.
DIGASTRIQUE, *adj. c.* eine Maus oder Muskel, die gleich dick und fleischig, hernach dünn und narbicht, denn wieder dick und bauchicht ist.
DIGE'RER, *v. a.* dauen, verdauen, vertragen. Si ce légume n'étoit pas bien cuit, mon estomac auroit bien de la peine à le *digérer*, wenn dieses Hülsengemüß nicht wohl gekocht wäre, so würde mein Magen es kaum verdauen können. Il a bien de la peine à *digérer* cet affront, es kommt ihn sauer an, diesen Schimpf zu vertragen.
DIGE'RER, bedachtsamlich (ordentlich) eintheilen; einrichten. *Digérer* une matiére, eine Sache, wovon man handeln will, ordentlich abtheilen. Il ne *digère* pas assés ce qu'il dit, er bedenkt nicht genugsam, was er redet.
DIGE'RER, (in der Schmelzkunst) bey gelinder Wärme weichen, zergehen lassen.
DIGESTE, *s. m.* (bey den Rechtsgelehrten) die Zusammenfassung der Gesetze in einem Buch, Pandecten.
DIGESTIF, ive, *adj. & s. m.* (bey den Medicis) das zur Ausführung und Verdauung dienlich.
DIGESTIF, (bey den Wundärzten) das die Geschwüre oder Wunden zeitigen macht.
DIGESTION, *s. f.* Verdauung; (in der Chymie) das Zurichten eines Dinges bey einem gelinden Feuer. Cela est de dure *digestion*, das ist schwer zu verdauen, zu ertragen.
DIGITALE, *s. f.* Fingerhutkraut, Fünffingerkraut.
DIGITUS, *s. m.* eine Art Meerschnecken an dem Mittelländischen Meer.
DIGLYPHE, *s. m.* (in der Baukunst) ein Stück, das zwey Kerben oder Einschnitte hat, das zweymal geschlitzt ist.
DIGNE, *adj. c.* werth, würdig. Un *digne* homme, ein ehrlicher Mann. Un *digne* magistrat, eine ehrbare obrigkeitliche Person. *Digne* de loüange, Lobens werth. Une action *digne* de lui, eine ihm anständige That. Fruits *dignes* de pénitence, rechtschaffene Früchte der Busse.
DIGNEMENT, *adv.* würdiglich, wie sichs

gebührt, und einem ansteht.
DIGNITE', *s. f.* Würdigkeit, Wichtigkeit; Ansehen, Hoheit; Würde, Ehrenamt. Monter aux *dignités*, zu Ehrenämtern aufsteigen. La *dignité* des paroles egale celle du sujet, die Zierlichkeit (Vortrefflichkeit) der Worte gleichet der Vortrefflichkeit der Sache. Parler avec *dignité*, auf eine anständige Weise reden.
DIGRESSION, *s. f.* das Ausschweifen, Abweichen von einer Materie. Faire des *digressions* ennuieuses, verdrüßliche Ausschweife brauchen.
DIGUE, *s. f.* Damm, Wehre; (figürlich) Schwürigkeit, Hinderniß, Verhinderung. Il faut une forte *digue* pour arrêter le torrent des vices, man muß dem strengen Lauf der Laster mit Macht begegnen.
DIGUER, *v. a.* einem Pferde die Sporen geben.
DIGUON ou DIGON, *s. m.* ein Stock, daran etwas hängt, oder an dem ein Fähnlein steckt auf den Schiffen.
DILACERATION, *s. f.* (in der Anatomie) eine Zerreissung der Fibren.
DILATATEUR, *s. m.* eine Muskel in der Nase, womit man sie breit machen kan.
DILATATION, *s. f.* Erweiterung, Ausdehnung.
DILATATOIRE, *s. m.* ein Instrument, eine Wunde zu erweitern.
DILATER, *v. n.* weit machen, breiter machen.
se DILATER, *v. r.* sich ausbreiten, sich erweitern, weiter werden.
DILATOIRE, *adj. c.* das Aufschub betrift oder giebt, aufzüglich, verzüglich.
DILAYEMENT, *s. m.* Aufschub, Ausflucht, (ist alt).
DILAYER, *v. a.* aufschieben. *Dilayer* un paiement, die Zahlung verzögern. *Dilayer* un jugement, den Ausspruch eines Urtheils weiter hinaus setzen.
DILECTION, *s. f.* die Liebe.
DILEMME, *s. m.* eine Schlußrede von zweyen Sätzen, deren jeder den Gegentheil überzeugt.
DILIGEMMENT, *adv.* fleißiglich; hurtiglich.
DILIGENCE, *s. f.* der Fleiß; Hurtigkeit, Eilfertigkeit, Geschwindigkeit. Faire *diligence*, Fleiß anwenden, hurtig seyn, eilen. Faire ses *diligences* contre quelqu'un, einen ausklagen, als Parthey; gerichtlich gegen einen verfahren, als Richter.
la DILIGENCE, Landkutsche, Geschwindkutsche, Postwagen, Marktschiff, die geschwinder als andere gehen.
DILIGENT, e, *adj.* fleißig, hurtig.
DILIGENTER, *v. a. & n.* beschleunigen, eilen; Fleiß anwenden. *Diligenter* un ou-

ouvrage, ein Werk treiben, beschleunigen.
se DILIGENTER, *v. r.* sich befleißigen.
DIMANCHE, *s. m.* der Sonntag, der Tag des HErrn.
DIMANCHE gras, der Sositag vor Faßnacht.
DIME, *s. f.* der Zehende.
DIMENSION, *s. f.* Aus- oder Abmessung, Abtheilung; (in der Meßkunst) die Grösse, Erstreckung oder Ausdehnung, nach der Länge und Breite, Höhe und Tiefe. Prendre les *dimensions* de quelque chose, etwas abmessen. Considérer un corps dans toutes ses *dimensions*, einen Cörper nach allen seinen Ausmessungen betrachten. La *dimension* d'un bâtiment, das Maaß eines Baues.
DIMER, *v. a.* den Zehenden an einem Ort haben und beziehen, zehndnen.
DIMERIE, *s. f.* die Gegend, wo man den Zehenden nehmen darf.
DIMEUR, *s. m.* der Zehender, der den Zehenden sammelt.
DIMINUëR, *v. a. & n.* vermindern, verringern, kleiner machen; it. geringer werden, abnehmen. *Diminuër* la puissance de quelqu'un, eines Macht vermindern. Verre qui *diminuë* les objets, ein Glas, so die vorliegende Dinge kleiner vorstellt, als sie an sich selbst sind. *Diminuër* le crédit, Gunst verlieren. *Diminuër* le prix, im Preis abschlagen.
DIMINUTIF, ive, *adj. & subst.* (in der Grammatic) ein Diminutivum, ein Wort, das was kleiners bedeutet, als sein Stammwort, als ein Weiblein, ein Knäbgen ꝛc.
DIMINUTION, *s. f.* Verminderung, Verringerung. Cela va à la *diminution* de son plaisir, dieses thut seinem Vergnügen Abbruch.
DIMINUTION, (in der Baukunst) die Verdünnung einer Säule gegen das Capital zu.
DIMINUTION, (in Rechtssachen) das Abbrechen oder Verringern der Unkosten, die der andere aufgesetzet hat.
DIMINUTION, (in der Music) wenn eine Sylbe durch viel geschwäntzte Noten geschleift wird.
DIMINUTION, (in der Redekunst) eine Figur, da man weniger sagt, als man zu sagen im Sinn hat.
DIMISSION, *s. m.* Abdankung, Aufgebung eines Amts.
DIMISSOIRE, *s. m.* ein Brief, durch welchen ein Bischoff einwilligt, daß einer von seinem Bischoffthum durch einen andern Bischoff in den geistlichen Stand oder in einen Orden aufgenommen werde.
DIMISSORIAL, e, *adj.* als, lettres *dimissoriales*, ist so viel als dimissoire.

DINANDERIE, *s. f.* Meßingwaare, als Pfannen, Kessel u. d. gl.
DINANDIER, *s. m.* ein Meßingschläger.
DINASTIE, *voiés* DYNASTIE.
DINDE, *s. m. & f.* v. Coq d'Inde.
DINDON, *s. m.* ein junges Indianisches welsches oder kalekutisches Huhn.
DINDONNEAU, *s. m.* ein klein Indianisches oder welsches Hühnlein.
DINDONNIER, *s. m.* ein Wächter oder Händler der Indianischen Hühner.
DINDONNIERE, *s. f.* eine Hüterin der Indianischen Hühner; it. im Scherz, ein Dorfmädgen, Baurennymphe, die Indianische Hühner hütet oder ziehet.
DINE', DINER, *s. m.* das Mittagessen.
DINE'E, *s. f.* die Zeche vor die Mittagsmahlzeit; it. der Ort, wo man auf der Reise zu Mittage speiset.
DINER, *v. n.* zu Mittag essen.
DINEUR, *s. m.* der eine gute Mittagsmahlzeit thun und wohl fressen kan.
DINTIERS, *voiés* DAINTIERS.
DIOCE'SAIN, e, *adj. & subst.* einer der unter ein Bischthum gehört.
DIOCE'SAIN, oder Evêque *Diocésain*, der regierende (verordnete) Bischoff.
DIOCE'SE, *s. m.* das Kirchengebiet eines Bischoffs.
DIOPTRE, *s. m.* Absehen, Gesicht auf einem Meßbret.
DIOPTRIQUE, *s. f.* die Verspectivkunst, ein Stück der Optic oder Sehekunst von Brechung der Augenstrahlen.
DIOSANTHOS, *s. m.* einfache wilde Nelken oder Negelein.
DIOSPYROS, *s. m.* Zurgelbaum.
DIPHRYGES, *s. m.* Unterosenbruch, Unreinigkeit so von geschmolzenem Kupfer auf dem Boden des Schmelzofens übrig bleibt.
DIPHTHONGUE, *s. f.* (in der Grammatic) ein doppellautender Vocal, als æ, œ, u. d. gl.
DIPLOë, *s. f.* (in der Anatomie) was zwischen der äussern und innern Fläche der Hirnschale ist.
DIPLOMATIQUE, *s. f. & adj. c.* die Nachricht und Wissenschaft von Diplomatibus; diplomatisch.
DIPLOME, *s. m.* ein offener Brief, ein Gnadenbrief, oder andere Schrift im Archiv.
DIPSAS, *s. m.* ein roth und schwarz gefleckte Natter, deren Biß einen unleidigen Durst verursacht.
DIPTE'RE, *s. m.* eine Art Tempel, welche mit zwey Reihen Säulen umgeben, so zwey Gänge machen.
DIPTIQUES, *s. m. pl.* (in der Griechischen Kirche) Verzeichniß frommer und heiliger

Leu-

Leute, so in der Kirche aufgestellt, und auch beym Gottesdienst verlesen wird.

DIQUON, voïés DIGUON.

DIRE, *v. a. & n.* sagen, reden, sprechen; hersagen, als eine Lection. *Dire sa pensée,* seine Meynung sagen. *Dire le sermon; dire la messe,* eine Predigt; Messe halten. *Son silence dit beaucoup,* sein Stillschweigen giebt viel zu verstehen. *Ne dire mot,* stillschweigen, nicht ein Wort sagen. *Pour ne rien dire du reste,* des übrigen zu schweigen. *Cela ne dit rien,* das ist so viel als nichts gesagt. *Témoin qui dépose par ouï-dire,* ein Zeuge von hören sagen, d. i. der nur zeuget von dem, so er andere erzehlen hören.

On dit, man sagt; es geht die Rede.

C'est à dire, das ist.

Cela veut dire, das bedeutet.

Trouver à dire à oder en, Mangel finden an ꝛc. als am gezahlten Gelde, an einer Person ꝛc.

Trouver à dire à quelque chose, etwas tadeln.

Trouver à dire quelqu'un, einen vermissen.

Il trouve à dire son manteau, er findet seinen Mantel nicht.

Il y a bien à dire que, es ist noch dabey zu erinnern; es ist ein grosser Unterscheid, *entre,* oder du.

S'il en vient à bout, je l'irai dire à Rome, er wird seinen Zweck nimmer erreichen.

C'est tout dire, es braucht keines weitern Fragens.

Mon petit doigt me l'a dit, mein kleiner Finger hat mirs gesagt; es ist genug daß ich solches weiß.

Le cœur vous en dit-il? haben sie Lust dazu?

se Dire, v. r. sich ausgeben.

Il se dit Astrologue, er giebt sich vor einen Sternseher aus.

Soi disant héritier, der sich vor den Erben ausgiebt.

Dire que non, verneinen, sagen daß es nicht so sey.

Dire bon jour, einen grüssen, einen guten Morgen bieten.

Dire adieu, Abschied nehmen; GOtt behüte dich, oder lebe wohl! sagen.

DIT, e, part. & adj. gesagt; genannt; it. besagt, gedacht, erwehnt, gemeldet.

Dire, s. m. eine Rede, ein Vorgeben, Vorbringen; das Aussagen, als der Zeugen.

Au dire de tout le monde, wie alle Leute davon reden. *Il est en oder sur son biendire,* jetzt hat er ein Stück seiner Rede, welches das beste ist.

DIRECT, e, *adj.* gerad, als eine Linie. *La ligne directe,* (in der Genealogie) die gerade oder steigende Linie.

Seigneur direct, der Lehnsherr, von dem man die Lehn empfangen muß.

Harangue directe, eine Rede, die eben so erzehlt wird, wie sie gehalten worden ist.

Planète directe, (in der Astronomie) ein Planet, welcher sich nach der Ordnung der Himmelszeichen scheinet zu bewegen.

Vûë directe, (in der Optic) wenn man ein Ding gerade, nicht von der Seite, ansieht.

La règle directe de trois, (in der Rechenkunst) die gemeine Regel de Tri.

DIRECTE, *s. f.* (in Lehnssachen) Lehnsherrlichkeit, Oberherrschaft.

DIRECTEMENT, *adv.* in gerader Linie. *Cette maison regarde directement sur la place,* dieses Haus gehet gleich (gerade) auf den Markt.

Directement opposé, gerad gegen einander über, als die zwey Poli, &c. it. einander schnurstracks entgegen; it. ganz anderer Meynung.

S'adresser directement à quelqu'un, gerade vor einen zu kommen trachten, ohne eines andern Recommendation.

DIRECTEUR, *s. m.* trice, *f.* der etwas führt und regiert, Vorsteher, Oberaufseher; Curator, den die Gläubiger über das Vermögen des Schuldners setzen; ordentlicher Beichtvater.

DIRECTION, *s. f.* die Oberaufsicht, die Einrichtung, Regierung.

DIRECTION, (in Frankreich) die Oberaufsicht der Finanzen.

DIRECTION, (in Schuldsachen) die Verrichtung des von den Gläubigern gesetzten Curatoris oder Curatorum über das Vermögen des Schuldners.

DIRECTION, (im Planetenstellen) die Einrichtung der vornehmsten Puncten am Firmament, wornach die Nativitätsteller ihre Rechnung einrichten, wenn sie etwas zuvor weissagen wollen.

DIRECTION, (in der Mechanic) ligne de *direction,* die Linie, welche vom Mittelpunct der Erde, durch die Schwere eines Cörpers und durch das, worauf er ruht, gerad hindurch geht.

DIRECTOIRE, *s. m.* ein Buch oder Schrift, darinne alle Ordnungen aufgezeichnet sind, die man halten muß.

DIRECTRICE, *s. f.* Vorsteherin; Aelteste eines Ordenshauses.

DIRIGER, *v. a.* einem Dinge vorstehen, etwas in Aufsicht haben, regieren, einrichten und fortführen, richten, leiten.

Diriger son intention, seine Meynung dahin richten. *C'est lui qui dirige toute l'affaire,* er ist es, der die ganze Sache führt; er führt die ganze Sache.

DIRI-

DIRIMANT, e, adj. (in geistlichen Rechten) das die Ehe scheidet, aufhebt, ungiltig macht. Empéchement dirimant, Ursache warum eine Heyrath nicht bestehen kan.

DISANT, part. voiés DIRE.

DISCEPTATION, s. f. ein Wortwechsel oder Streitgespräch über eine gewisse Frage, die man behaupten will.

DISCERNEMENT, s. m. der Unterschied, das Unterscheiden, das Erkennen von einander, als unter Farben ꝛc. it. der Verstand von einem Dinge, das Erkänntniß einer Sache, und die Gaben davon zu urtheilen. Avoir le discernement bon, ein reifes Unterscheidungsurtheil haben.

DISCERNER, v. a. unterscheiden; urtheilen; erkennen. Discerner le vrai du faux, das Wahre von dem Falschen unterscheiden. Discerner le bien d'avec le mal, das Gute vom Bösen unterscheiden. On ne discerne pas bien la véritable amitié de la fausse, s'il n'arrive quelque occasion, qui fasse connoître la fidélité d'un ami, comme le feu fait connoître l'or, man kan nicht wohl die wahre Freundschaft von der falschen unterscheiden, wenn sich nicht einige Gelegenheit zeigt, die die Treue eines Freundes zu erkennen giebt, wie das Feuer das Gold bewähret. Je ne l'ai pû discerner de si loin, ich habe ihn, weil er so weit von mir war, nicht erkennen können.

DISCIPLE, s. m. ein Schüler, Jünger, Lehrling. Les disciples de Jésus Christ, die Jünger Christi.

DISCIPLINABLE, adj. c. gelehrig, oder wohl abzurichten. Il y a des enfans qui ne sont point disciplinables, es sind Kinder die keine Unterweisung annehmen, die zur Unterweisung untüchtig oder unwillig sind.

DISCIPLINE, s. f. Lehre, Unterweisung; Zucht. Etre sous la discipline, unter der Zucht stehen. Il est capable de discipline, er ist fähig, daß man ihn in allerhand Künsten und Wissenschaften unterweise.

DISCIPLINE militaire, die Kriegskunst; Kriegszucht. Mes soldats se comportent avec beaucoup de discipline, meine Soldaten nehmen die Kriegszucht sehr wohl in acht. Ce capitaine a bien discipliné ses soldats, dieser Hauptmann hat seine Soldaten in der Kriegszucht wohl abgerichtet.

DISCIPLINE, Geissel der Ordensleute in den Klöstern. Donner la discipline, einen geisseln; züchtigen. Faire (prendre) la discipline, sich selbst züchtigen.

DISCIPLINÉ, m. ée, s. adj. gezogen; unterwiesen. Enfant bien ou mal discipliné, ein wohl- oder übelgezogenes Kind. Troupes bien disciplinées, wohl abgerichtete Kriegsvölker. Un garçon bien discipliné, ein wohl abgerichteter Junge (Knab.)

DISCIPLINER, v. a. unterrichten, in der Zucht halten; (bey den Catholischen) geisseln.

DISCONTINUATION, s. f. das Aufhören.

DISCONTINUER, v. a. & n. aufhören, ablassen, nachlassen. Discontinuer un travail, eine Arbeit abbrechen; nicht weiter fortsetzen. Je n'ai pas discontinué un jour de travailler, ich habe nicht einen einzigen Tag mit der Arbeit gefeyert. Il étudie sans discontinuer, er fährt im Studieren ununterbrochen fort. Il discontinue de pleuvoir, der Regen höret auf.

DISCONVENANCE, s. f. Unterschied, Ungleichheit, Unähnlichkeit.

DISCONVENIR, v. n. d'une chose, nicht einwilligen, nicht Beyfall geben. Vous disconvenés entre vous, ihr seyd nicht einig. Il n'est pas homme à disconvenir de celà, er wird sich das nicht zuwider seyn lassen.

DISCORD, s. m. Uneinigkeit. (ist alt.)

DISCORDANT, e, adj. mißfällig, nicht einstimmig, falsch lautend, verstimmt; ungleich, widerwärtig. Humeur discordante, ein zankhaftes Gemüth.

DISCORDE, s. f. Uneinigkeit, Zwietracht, Mißverständniß. Semer la discorde, Zwietracht stiften.
Pomme de discorde, eine Materie zur Uneinigkeit, Gelegenheit zu zanken, Zankapfel. Jetter la pomme de discorde, Uneinigkeit anrichten.

DISCORDER, v. n. nicht zusammen klingen; sich nicht vertragen, uneinig seyn. (ist alt.)

DISCOUREUR, s. m. euse, s. ein Schwätzer, Prahler, Plauderer.

DISCOURIR, v. n. reden, Gespräch halten, vernünftig urtheilen. Il ne fait que discourir, er redet in die Luft, vergebens, unnützes Zeug.

DISCOURS, s. m. eine Rede, Gespräch, vernünftiger Schluß. C'est un autre discours, davon ist die Rede nicht.

DISCOURTOIS, e, adject. unhöflich. (ist alt.)

DISCOURTOISEMENT, adv. unhöflicher Weise.

DISCOURTOISIE, s. f. Unhöflichkeit. (ist alt.)

DISCRET, e, adj. verständig, vernünftig, bescheiden, gescheidt.
Quantité discrete, (in der Philosophie) eine Grösse oder Zahl, deren Theile von einander abgesondert sind.

DISCRET, s. m. (unter Ordensleuten) Vorsprecher,

sprecher, Sachwalter, der die Angelegenheiten eines Klosters bey dem Provincialcapitel führet.

DISCRETE, *s. f.* (unter den Ordensleuten) die Rathgeberin der Aebtißin.

DISCRETEMENT, *adv.* vernünftiglich, bescheiden, vorsichtig.

DISCRE'TION, *s. f.* Verstand, Bescheidenheit, Vorsichtigkeit, vernünftige Enthaltung. L'âge de *discrétion*, das vernünftige, verständige Alter.
 Les soldats y vivent à *discrétion*, die Soldaten hausen da nach ihrem Willen.
 Se rendre à *discrétion*, sich auf Gnade und Ungnade ergeben.
 Joüer, gager une *discrétion*, um eine Discretion spielen oder wetten, das ist, wer dem andern etwas nach seinem Belieben geben soll.
 On laisse celà à vôtre *discrétion*, man stellet dieses eurem Belieben heim.

DISCULPER, *v. a.* entschuldigen, los- oder freysprechen.

se DISCULPER, *v. r.* sich entschuldigen, sich verantworten, die Schuld von sich ablehnen. Il s'est bien *disculpé*, er hat sich wohl verantwortet; die Schuld gut von sich abgelehnt.

DISCURSIF, ive, *adj.* der vernünftige Schlüsse zu machen geschickt ist; it. das sich durch Schlußreden erklären oder zu verstehen geben läßt.

DISCUSSIF, ive, *adj. & s. m.* eine zertheilende, vertreibende Arzney.

DISCUSSION, *s. f.* Untersuchung; Schätzung, Ausrechnung der Güter eines Schuldners; Ausklagung eines Hauptschuldners, ehe man den Bürgen zur Zahlung anhalten kan.

DISCUTER, *v. a.* untersuchen. *Discuter* une question, einen Streithandel oder Streitfrage untersuchen.
 DISCUTER les biens d'un débiteur, die Güter eines Schuldners anschlagen und ausrechnen.

DISERT, e, *adj.* wohl beredt, ein guter Redner.

DISERTEMENT, *adv.* geschicklich, mit geschickten Worten, wohlberedter Weise ꝛc.

DISETTE, *s. f.* Mangel, Gebrechen, Dürftigkeit. Je suis dans une extrême *disette*, ich stecke in äusserster Dürftigkeit.

DISETTEUX, euse, *adj.* dürftig, arm.

DISEUR, *s. m.* euse, *s.* der da redet oder saget, ein Erzehler.
 DISEUR de bons mots, ein spaßhafter Mann, der artig zu scherzen weiß.
 DISEUR de grands mots, Großsprecher.
 DISEUR de nouvelles, Zeitungsträger.
 DISEUR de rien, unnützer Schwätzer.
 L'entente est au *diseur*, der es geredet hat, verstehet es am besten.

DISGRACE, *s. f.* Ungunst, Ungnade; it. Unglück. Tomber en *disgrace*, in Ungnade verfallen. Tomber dans la *disgrace* de Dieu, in GOttes Ungnade fallen. C'est une *disgrace* qu'il n'a pas méritée, dieses Unglück hat er nicht verschuldet.

DISGRACIER, *v. a.* quelqu'un, Ungnade auf einen werfen, die Gnade entziehen, ungnädig werden. Son imprudence le fit *disgracier*, sein Unverstand brachte ihn in Unglück.

DISGRACIE', ée, *part. & adj.* der in Ungnaden ist. *Disgracié* de la nature, der ungestalt, häßlich von Leibe ist; unansehnlich.

DISGRE'GATION, *s. f.* in der Optic sagt man: Le blanc cause la *disgrégation* de la vûe, die weisse Farbe blendet das Gesicht, verderbet die Augen.

DISGRE'GER, *v. a.* le blanc *disgrège* la vûe, das Weisse blendet das Gesicht.

DISJOINDRE, *voiés* DE'JOINDRE & DESINCORPORER.

DISJONCTIF, ive, *adj. & s. f.* (in der Grammatic) conjonction *disjonctive*, ein Wort, das zwey Worte von einander sondert, und doch die Theile der Rede zusammen hängt, als: weder dieser noch jener; entweder, oder u. d. gl.

DISJONCTIF, ive, scheidend, von einander sondernd.

DISJONCTION, *s. f.* Sonderung, Trennung, Zerreissung, Zertheilung.

DISLOCATION, *s. f.* voiés DE'TORSE.

DISLOQUER, *v. a.* verrenken, verstauchen. *Disloquer* la cervelle, den Verstand verrücken.

se DISLOQUER, *v. r.* sich etwas verrenken, verstauchen. Il s'est *disloqué* un bras, er hat sich einen Arm verrenkt.

DISLOQUE', ée, *adj.* verrenkt, verstaucht.

DISNER, *voiés* DINER.

DISPARATE, *s. f.* unanständige Dinge in Sitten und Leben; Fehler, Irrthum. Avoir, faire, dire des *disparates*, Dinge an sich haben, thun, schwätzen, die nicht wohl stehen. Cette femme fait mille *disparates* contre la bien-séance de son sexe, dieses Weib begeht wohl tausenderley Unhöflichkeiten, so wider die Ehrbarkeit laufen.

DISPARITE', *s. f.* Ungleichheit, Unterscheid.

DISPAROITRE, *v. n.* verschwinden, vergehen, wegkommen, unsichtbar werden. J'avois mis un livre sur la table, mais il a *disparu*, ich hatte ein Buch auf den Tisch gelegt, aber es ist nicht mehr da.
 Le voleur a *disparu*, der Dieb hat sich aus dem Staube gemacht.

DISPATE, *s. f.* (in der Mechanic) ein Hebzeug mit zwey Wirbeln.

DISPENSAIRE, *s. m.* ein Autor, der die Zubereitung der Medicamente beschreibt, auch ein Apothekerbuch.

DISPENSATEUR, *s. m.* trice, *f.* der oder die da austheilet, als Wohlthaten, Gaben ꝛc.

DISPENSATION, *s. f.* Austheilung, Ausgebung, Vergebung; it. Bereitung, Eintheilung und Abtheilung der Arzneyen.

DISPENSE, *s. f.* Freyheit, Lossprechung, Erlaubniß. Obtenir une *dispense* du Pape, eine Nachlassung von dem Pabst erlangen.

DISPENSER, *v. a.* austheilen, ausspenden, von gewöhnlichem Recht befreyen. *Dispenser* des faveurs, Gnaden, (Gunsten) austheilen.

DISPENSER son tems, seine Zeit eintheilen, seine Geschäfte ordentlich zu gewissen Zeiten verrichten.

DISPENSER quelqu'un de quelque chose, einem Freyheit geben, nicht nach der Regel zu leben; ihn dessen überheben, was er sonst thun müßte. *Dispensés-*moi de faire celà, erlaubet mir, daß ich diß nicht thun darf.

se DISPENSER, *v. r.* des règles, sich von den Regeln ausnehmen, an die Regeln nicht wollen gebunden seyn.

DISPERSER, *v. a.* ausstreuen; zerstreuen; vertheilen, verlegen.

DISPERSION, *s. f.* Zerstreuung.

DISPONDE'E, *s. m.* ein Pes in der griechischen und lateinischen Prosodie, so aus zwey Spondæis, oder vier langen Sylben besteht.

DISPOS, *adj. m.* (von Menschen) hurtig, munter, behend, leicht auf den Füssen.

DISPOSER, *v. a.* ordnen, zu recht stellen; eintheilen; einrichten, zurichten, veranstalten. *Disposer* toutes choses pour son voïage, zu seiner Abreise alles zubereiten.

DISPOSER quelqu'un à quelque chose, einen zu etwas bringen, zubereiten, bewegen, vorbereiten.

DISPOSER de quelque chose, wegen einer Sache Verordnung thun; damit machen, was man will. *Disposer* de son bien, mit seinem Gut walten.

Dieu a *disposé* de lui, GOtt hat ihn sterben lassen.

L'homme propose & Dieu *dispose*, der Mensch denkt's, GOtt lenkt's.

DISPOSE', ée, *adj.* geschickt, bereit; beschaffen; geneigt; gesinnet; gestellet, geordnet. Etre bien ou mal *disposé*, wohl oder übel auffseyn.

se DISPOSER, *v. r.* sich schicken, anschicken, bereiten. *Disposés-*vous à bien étu-

dier, bereitet euch wohl zum Studiren. *Disposés-*vous à une longue patience, schicket euch zu einer langen Gedult. Il s'est *disposé* à faire voïage, er hat sich zur Reise gefaßt gemacht.

DISPOSITIF, ive, *adj.* das davorbereitet. Remède *dispositif*, ein Vorbereitungsmittel.

DISPOSITION, *s. f.* Vorbereitung; Ordnung, Einrichtung, Stellung.
Une agréable *disposition*, eine angenehme Stellung.

DISPOSITION, Vermachung der Güter im Testament. Avoir de très-bonnes *dispositions* pour quelqu'un, einem sehr geneigt seyn.

DISPOSITION, Verordnung, Ausspruch. Celà est de la *disposition* du droit, dieses ist also in den Rechten entschieden, versehen.

DISPOSITION, Macht und Wille etwas zu thun, Willigkeit. Etre en la (ou à la) *disposition* de quelqu'un, in eines Macht seyn.

DISPOSITION, Freyheit mit etwas zu schalten und zu walten. Tout est à vôtre *disposition*, der Herr hat zu befehlen. Tout est à sa *disposition*, er waltet über alles.

DISPOSITION, Neigung, Lust, Belieben zu etwas. Avoir de la *disposition* à quelque chose, zu etwas Lust haben, geneigt seyn. Etre en *disposition* de faire quelque chose, willens seyn, etwas zu thun.

Il n'a nulle *disposition* à l'étude, er hat keine Tüchtigkeit zum Studiren.

DISPOSITION, Zustand, Beschaffenheit. Etre en bonne ou mauvaise *disposition*, wohl oder übel auf seyn.

DISPROPORTION, *s. f.* Ungleichheit.

DISPROPORTIONNER, *v. a.* aus der Gleichheit setzen.

DISPROPORTIONNE', ée, *adj.* ungleich, ohne Gleichheit oder Uebereinstimmung.

DISPUTABLE, *adj. c.* darüber man noch disputiren kan, streitig, zweifelhaft.

DISPUTE, *s. f.* Streit, Wortgezänke; eine Disputation auf Universitäten ꝛc.

DISPUTER, *v. a. & n.* disputiren, mit Worten streiten, zanken.

DISPUTER contre un savant, einem gelehrten Mann in seiner Meynung widersprechen. *Disputer* contre une opinion, eine Meynung bestreiten.

DISPUTER quelque chose à quelqu'un, einem etwas streitig machen, nicht zugeben; etwas zu erhalten suchen. *Disputer* le droit de quelqu'un, einem sein Recht streitig machen. *Disputer* le pas, le terrain, le passage, den Vortritt, das Feld, den Durchgang streitig machen, wehren.

DISPUTER de beauté, de générosité, de courage, de méchanceté, an Schönheit, Großmüthigkeit, Herzhaftigkeit, Bosheit nichts nachgeben.

Ne *disputer* ni pour ni contre, weder ja noch nein darzu sagen.

DISPUTER sur quelque chose, (auf Academien) über etwas disputiren, öffentlich verfechten. *Disputer* sur une matière, über eine Sache streiten.

se DISPUTER, *v. r.* mit einander zanken; einander etwas streitig machen; streitig oder unausgemacht seyn.

DISPUTEUR, *s. m.* einer der disputirt, der gern streitet.

DISQUE, *s. m.* die Scheibe oder platte runde Figur der Sonne oder des Monds, wie sie in unsern Augen scheint.

DISQUE, (in der Optic) die runde platte Form der Ferngläser.

DISQUE, (bey den Alten) ein runder Teller von Metall oder Stein, ein Wurfstein.

DISQUISITION, *s. f.* genaue Untersuchung, Erforschung; ein Buch oder eine Schrift, darinnen etwas untersucht wird.

DISSECTEUR, *s. m.* der einen Cörper anatomirt, ein Zerschneider.

DISSECTION, *s. f.* Zergliederung eines Cörpers, in der Medicin oder Chirurgie; it. Zerlegung der Speisen.

DISSEMBLABLE, *adj. c.* ungleich, unähnlich.

DISSEMBLANCE, *s. f.* Ungleichheit, Mangel der Gleichheit.

DISSENSION, *s. f.* Uneinigkeit, Zwietracht.

DISSENTERIE, *v.* DYSSENTERIE.

DISSENTIMENT, *s. m.* ungleiche Meynung.

DISSÉ'QUER, *v. a.* un corps, einen Cörper anatomiren, zergliedern.

DISSE'QUER les viandes, die Speisen auf der Tafel nach der Kunst zerlegen.

DISSERTATION, *s. f.* ein Gespräch, Schrift, Rede, gelehrte Ueberlegung oder Abhandlung.

DISSILLABE, *adj. c.* zweysylbig.

DISSIMILAIRE, *adj. c.* das von ungleicher Art oder Natur ist, in der Anatomie.

DISSIMULATEUR, *s. m.* trice, *s.* einer der sich nichts merken läßt, der sich verstellt.

DISSIMULATION, *s. f.* Verstellung, Verbergung, Verhelung. Uſer de *diſſimulation*, Verstellung brauchen; sich verstellen.

DISSIMULÉ, *s. m.* ein listiger, verschmitzter, heimtückischer Mensch, ein falscher Tuckmäuser.

DISSIMULÉE, *s. f.* falsche Schwester; Tuckmäuserin.

DISSIMULER, *v. a. & n.* verstellen, verbergen, nicht merken lassen; sich verstellen, sich nichts merken lassen.

Diſſimuler une injure, sich stellen, als wenn man den Schimpf nicht merkte.

DISSIMULÉ', ée, *adj. & part.* verborgen, verholen; verstellt, falsch.

DISSIPATEUR, *s. m.* trice, *s.* Verschwender.

DISSIPATION, *s. f.* Zerstreuung; Verschwendung; Verrauchung; Unachtsamkeit. Il a fait une grande *diſſipation* d'esprits, er hat viel Lebensgeister verlohren. La *diſſipation* de son esprit est cause qu'il ne sait rien, die Zerstreuung seines Gemüths macht, daß er nichts ausrichtet.

DISSIPER, *v. a.* zerstreuen, zertheilen, zertrennen, vertreiben, verjagen. Un verre de bon vin *diſſipe* le chagrin, ein gutes Gläsgen Wein, zerstreut der Sorgen Pein.

DISSIPER, verthun, durchbringen. Il a *diſſipé* tout son patrimoine, er hat sein väterliches Erbe ganz durchgebracht, verschwendet.

se DISSIPER, *v. r.* sich zerstreuen; verrauchen, als ein flüchtiger Spiritus. Les esprits se *diſſipent* dans les exercices violens, die Lebensgeister verlieren sich durch allzu starke Bewegungen.

Un esprit *diſſipé*, ein Gemüth, das sich an nichts beständiges hält.

DISSOLU, ë, *adj.* ungezogen, lüderlich, unordentlich; unmäßig, unzüchtig, unehrbar: wird von Leuten, Sitten, Worten, Liedern und Geberden gesagt. Mener une vie dissolue, ein lüderlich Leben führen. Chanter des chansons *diſſoluës*, schandbare Lieder singen.

DISSOLU, los, aufgelöset; entbunden. Le mariage est *diſſolu*, die Ehe ist geschieden.

DISSOLVANT, e, *adj. & subst. m.* (in der Chymie) auflösend; ein auflösendes Mittel.

DISSOLUBLE, *adj. c.* auflöslich, das kan geschieden werden. Gomme *diſſoluble*, zergänglicher Baumsaft, der zergehet. Mariage *diſſoluble*, Ehe die getrennet werden kan.

DISSOLUMENT, *adj. c.* unordentlich, unzüchtig.

DISSOLUTIF, ive, *adj.* das da auflösen oder scheiden kan.

DISSOLUTION, *s. f.* (in der Chymie) Auflösung, Scheidung; ein durch chymische Kunst aufgelöster Cörper. La *diſſolution* de l'or, die Auflösung des Goldes.

DISSOLUTION du composé, die Scheidung eines zusammen gesezten Dinges. La *diſſolution* du corps & de l'ame, die Scheidung des Leibs und der Seele.

DIS-

DISSOLUTION du mariage, Scheidung; Trennung der Ehe.

DISSOLUTION, lüderliches (schändliches) Leben. Vivre dans la *dissolution*, sich der Lüderlichkeit ergeben.

DISSONANCE, *s. f.* Uebellaut, Mißlaut, falscher Klang verstimmter Saiten.

DISSONANT, e, *adj.* übel- oder falschlautend.

DISSOUDRE, *v. a.* auflösen, durchdringen, zertheilen, zerschmelzen, zergehen machen; scheiden als eine Ehe ꝛc. aufheben, zerstören, trennen. *Dissoudre* du sel, de la gomme &c. Salz, Gummi ꝛc. zerlassen. *Dissoudre* un mariage, eine Ehe aufheben, trennen. *Dissoudre* une communauté, eine Gemeinschaft aufheben.

se DISSOUDRE, *v. r.* zergehen, zerschmelzen, als Salz; zertrennt werden, aufhören, als eine Gesellschaft. Les métaux se fondent & se *dissoudent*, die Metalle schmelzen und zergehen.

DISSOUS, DISSOUTE, *part.* aufgelöst, zergangen; geschieden ꝛc.

DISSUADER, *v. a.* abrathen, abbringen, abwenden, abziehen. *Dissuader* la guerre, den Krieg widerrathen.

DISSUASION, *s. f.* das Abrathen, Abwenden, Abreden, Widerrathen.

DISSYLLABE, *v.* DISSILLABE.

DISTANCE, *s. f.* Zwischenraum, Weite; die Länge der Zeit, so zwischen etwas verflossen ist; it. der Unterschied zwischen etwas.

DISTANT, e, *adj.* abgesondert, abgelegen; entfernt, dem Ort oder der Zeit nach.

DISTENSION, *s. f.* (in der Chirurgie) die Verdehnung der Nerven.

DISTILLATEUR, *s. m.* ein Wasserbrenner.

DISTILLATION, *s. f.* das Abtröpfeln; das Herausziehen der subtilen Feuchtigkeit durch die Hitze; it. etwas distillirtes. Eau *distillée*, gebranntes Wasser.

Distillation droite, wenn die aufsteigende Feuchtigkeit in den Recipienten herabfällt.

DISTILLATION oblique, wenn sie durch Röhren in ein ander Geschirr heraus fließt.

DISTILLER, *v. a. & n.* distilliren, abziehen. *Distiller* des herbes, Kräuter distilliren, Wasser daraus brennen.

DISTILLER, abtröpfen, tropfenweise herabfallen.

DISTILLER son vénin sur quelque chose, seinen Grimm an etwas auslassen.

DISTILLER son esprit sur quelque chose, sich über etwas bemühen, quälen.

se DISTILLER en larmes, *v. r.* in Thränen zerfließen.

DISTINCT, e, *adj.* unterschieden, eingetheilt, abgetheilt; unterschiedlich, absonderlich; it. deutlich, verständlich. Ces deux choses sont fort *distinctes*, diese beyde Dinge sind sehr unterschieden.

DISTINCTEMENT, *adv.* klar und deutlich.

DISTINCTION, *s. f.* Unterschied. Faire la *distinction* des gens, die Menschen unterscheiden. Traiter quelqu'un avec *distinction*, einen mit merklichem Unterschied begegnen.

DISTINCTION, hoher Verdienst; hohe Würde; Auslegung, Erklärung. Un homme de *distinction*, ein vornehmer, berühmter Mann. Un emploi de *distinction*, ein hohes Amt; Ehrenstelle. Une petite *distinction* levera la difficulté, eine kleine Erklärung wird den Zweifel aufheben.

DISTINGUER, *v. a.* unterscheiden, von einander erkennen, den Unterschied wissen, abtheilen; (bey den Gelehrten) den Unterschied der mannigfaltigen Bedeutungen der Wörter und Redensarten beobachten, bemerken, erklären.

Une charge *distingue* un homme, ein Amt erhebt einen über andere Personen, macht einen bekannt, geehrt, hochgeachtet. Il sait fort bien *distinguer* les gens, er weiß sehr gut einen Unterschied zwischen den Leuten zu machen.

se DISTINGUER, *v. r.* sich berühmt, bekannt machen. Ce capitaine se *distingua* parmi les autres dans la bataille, dieser Hauptmann hat in der Schlacht seine Tapferkeit vor andern sehen lassen; sich hervor gethan.

DISTINGUÉ, ée, *adj.* vornehm, ansehnlich.

DISTINGUO, *s. m.* ich mache einen Unterschied, (ist im Schuldisputiren gebräuchlich). J'appréhende furieusement le *distinguo*, ich entsetze mich, wenn ich von einer Erklärung höre.

DISTIQUE, *s. m.* ein Gedicht oder Verse von zwey Zeilen.

DISTORSION, *s. f.* Verdrehung; als in der Medicin, wenn durch Krankheit der Mund verdreht wird ꝛc.

DISTRACTION, *s. f.* Zerstreuung der Gedanken; Abhaltung von Geschäften.

DISTRACTION, (im Rechtshandel) Zertheilung; zertheilte Verhandlung einer Sache.

DISTRACTION de jurisdiction, wird gesagt, wenn eine Sache an einen Richter, dahin sie nicht gehöret, gebracht wird.

DISTRACTION, Absonderung derjenigen Güter, welche unversehener Weise in einem Arrest mit begriffen worden, aber deme, dessen Güter mit Arrest belegt worden sind, nicht zugehören.

DISTRAIRE, *v.a.* davon wegnehmen, wegthun, absondern; einen Theil eines Guts besonders verkaufen. *Distraire* d'une obligation ce que le débiteur en a païé, von einer Schuldverschreibung abziehen was der Schuldner bezahlt.

DISTRAIRE, stören, hindern, abwenden. *Distraire* quelqu'un de son travail, einen in seiner Arbeit stören.

se DISTRAIRE, *v.r.* ausschweifen; ablassen; sich abmäßigen. Je ne veux pas me *distraire* de mon dessein, ich will mich an meinem Vorhaben nicht hindern lassen.

DISTRAIT, e, *part. & adj.* abgehalten, abgezogen, verhindert; unachtsam, von zerstreuten Sinnen.

DISTRIBUëR, *v. a.* austheilen, ausgeben; eintheilen; vertheilen. *Distribuer* ses faveurs, seine Gunsten austheilen. *Distribuer* les troupes dans leurs quartiers, die Völker in ihre Quartiere vertheilen.

DISTRIBUëR un procés, den Proceß einem Rathe geben, der ihn vorträgt.

DISTRIBUTEUR, *f. m.* trice, *f.* ein Austheiler, Austheilerin; it. der oder die etwas verkauft, ausgiebt, unter die Leute bringt.

DISTRIBUTIF, ive, *adj.* als: justice *distributive*, die Gerechtigkeit, so jedem das giebt, was ihm gehört, zur Strafe oder zum Lohn.

Dans un sens *distributif*, in einem Verstande, da man auf unterschiedene Dinge besonders sieht, nicht auf viele oder alle zugleich.

Particule *distributive*, ein Wort, so eine Eintheilung macht.

DISTRIBUTION, *f. f.* Austheilung, Eintheilung; (in der Redekunst) eine kurze Durchgehung und Erwegung der unterschiedenen Eigenschaften einer Person oder Sache; (bey den Canonicis) das Geld, so sie bekommen, wenn sie wirklich bey dem Gottesdienst sind.

DISTRIBUTION de procés, die Uebergebung der gerichtlichen Streitsachen an einen Rath, der sie hernach bey der Session referiren oder vortragen soll, welche Uebergebung durch den Präsidenten des Collegii geschieht.

Ordre de *distribution*, die gerichtliche Eintheilung eines Guts unter die Creditores.

Faire la *distribution*, (bey den Buchdruckern) die Schriften von einer abgedruckten Form wieder in den Kasten thun, ablegen.

DISTRICT, *f. m.* das Gebiet, der Gerichtszwang eines Orts oder eines Beamten. Cela est arrivé dans son *district*, dieses ist in seinen Gerichten vorgegangen.

DIT, *f. m.* eine Rede, Wort, Spruch. Un *dit* notable, eine merkwürdige Rede, ein trefflich Wort.

Les *dits* & les faits des anciens, Worte und Werke der Alten.

DIT, e, *adj.* le sermon est *dit*, la Messe est *dite*, die Predigt, die Meß, ist aus, geendiget.

DIT, genannt, beygenannt. Philippe, *dit* le hardi, Philipp, beygenannt der Kühne.

DIT, besagt, obbesagt, ietztgedacht. Le *dit* demandeur conclud, besagter Kläger bittet. Les clauses du *dit* contract, die Sätze des vorbesagten Contracts. Le défendeur sus-*dit*, obbesagter Beklagter. Confirmé par mon *dit* Seigneur, bestätiget von obgedachtem meinem Herrn.

DITIRAMBE, DITHYRAMBE, *f. m.* Lobgesang des Bacchus; Sauflied, (bey den alten Griechen).

DITIRAMBIQUE, DITHYRAMBIQUE, *adj. c.* der Sauflieder dichtet.

DITON, *f. m.* (in der Music) ein Intervallum, so zwey Töne begreift.

DITRIGLYPHE, *f. m.* Raum von zwey Triglyphen auf einer Dorischen Zwischensäule.

DIVAN, *f. m.* (bey den Türken und andern morgenländischen Völkern) der grosse Rath; it. das Zimmer, worinn er gehalten wird.

DIVERGENT, e, *adj.* raïons *divergens*, (in der Optic) aus einander gebreitete Strahlen.

DIVERS, e, *adj.* ungleich, unterschiedlich, unterschieden, verschieden; unbeständig.

DIVERSEMENT, *adv.* auf unterschiedene Weise, Art; unterschiedlich, ungleich.

DIVERSIFIER, *v. a.* verändern; auf vielerley Art etwas thun oder vorstellen; Aenderung vornehmen.

DIVERSION, *f. f.* Abwendung; Veränderung.

Faire *diversion*, (im Kriege) den Feind nöthigen, daß er seine Völker vertheilen, und an etlichen Orten zugleich wehren muß.

Faire *diversion* d'humeurs, (in der Medicin) die Flüsse oder Feuchtigkeiten zertheilen.

Faire *diversion* à sa douleur, seine Traurigkeit durch Wendung des Gemüths auf andere Dinge mindern, lindern.

Faire *diversion* des deniers publics, die gemeine Gelder angreifen und zu etwas anders verwenden.

par DIVERSION, durch Abwendung auf was anders.

DIVERSITE', *f. f.* Unterschied, mancherley Art, Ungleichheit, Verschiedenheit.

DIVERTIR, *v. a.* anderswohin wenden, richten oder ziehen; abhalten, aufhalten, abwenden. Il m'a *diverti* de faire le voïage,

voïage, er hat mich von der vorgehabten Reiſe abgewandt. *Divertir* les forces de l'ennemi, die feindliche Macht aufhalten.

Divertir, (in Geldſachen) etwas zu was anders anwenden, als wozu es beſtimmt iſt; daher heißt es auch ſo viel als entwenden, ſich zueignen.

Il a *diverti* les deniers de ſa recette, er hat die eingenommene Gelder verbracht. Ce débiteur a *diverti* ſes meilleurs effets, dieſer Schuldner hat ſeine beſte Habe unterſchlagen.

Divertir, (in der Medicin) zertheilen.

Divertir, ergötzen, beluſtigen. *Divertir* quelqu'un, einem eine Luſt machen, die Zeit vertreiben, verkürzen.

ſe Divertir, *v. r.* ſich luſtig machen; ſcherzen, ſpotten. Cette femme ſe *divertit*, dieſe Frau lebt unzüchtig.

DIVERTI, e, *part. & adj.* zu was anders angewendet; entwendet.

DIVERTISSANT, e, *part. & adj.* luſtig, ergötzlich. Jeu *divertiſſant*, ein kurzweiliges Spiel. Humeur *divertiſſante*, ein luſtiges Gemüth.

Divertissant, *ſ. m.* Pickelhering in dem Poſſenſpiel.

DIVERTISSEMENT, *ſ. m.* Luſt, Ergötzung, Zeitvertreib, Freude. Les *divertiſſemens* honnêtes ſont permis, ehrbare Ergötzlichkeit iſt zugelaſſen.

Divertissement, Veruntreuung, Unterſchlagung. Le *divertiſſement* des deniers publics, untreue Verwendung der gemeinen Gelder.

DIVIDENDE, *ſ. m.* (im Rechnen) die Zahl, ſo zu theilen iſt.

DIVIN, e, *adj.* göttlich. Le ſervice *divin*, der Gottesdienſt.

Divin, vortreflich, wunderſam, edel. Un homme *divin*, ein vortreflicher Mann. Une penſée *divine*, ein überaus edler Einfall.

DIVINATION, *ſ. f.* die Weiſſagungskunſt; Weiſſagung.

DIVINEMENT, *adv.* göttlich, von GOtt; vortreflich, unvergleichlich.

DIVINITE', *ſ. f.* Gottheit, göttliche Natur; item eine heydniſche Gottheit; ein Gott.

Nier la *divinité*, läugnen, daß ein GOtt ſey.

Divinite', (in der Poeſie) eine vortrefliche ſchöne Weibsperſon.

DIVIS, *adv.* (in Rechtsſachen) poſſeder par *divis*, etwas zertheilt beſitzen, in vertheilten Gütern ſitzen.

DIVISE, *ſ. f.* (in Wappen) eine Binde oder andere Figur, die nur halb ſo breit als ſonſten iſt.

DIVISER, *v. a.* ſcheiden, abtheilen. *Diviſer* un héritage, ein Erbe theilen. *Diviſer* en deux, in zwey Theile abſondern.

Diviser, (in der Rechenkunſt) eine Zahl durch die andere theilen, dividiren.

Diviser, trennen; uneins machen; Zwiſt erwecken.

ſe Diviser, *v. r.* ſich theilen; getheilt werden; uneins ſeyn. La rivière ſe *diviſe* en deux branches, der Strom theilet ſich in zween Arme. Le Roïaume eſt *diviſé* en dix provinces, das Königreich iſt in zehen Landſchaften getheilet.

DIVISEUR, *ſ. m.* (im Rechnen) der Theiler; it. ein Zirkelkreis, auf deſſen Punct man kleinere mit ihren Mittelpuncten legen und theilen kan.

DIVISIBILITE', *ſ. f.* die Theilbarkeit, daß etwas kan getheilt werden.

DIVISIBLE, *adj. c.* das da zertheilt werden kan.

DIVISION, *ſ. f.* Theilung; Eintheilung; Austheilung.

Division, die Abtheilung der Puncten einer Rede oder Predigt.

Division, (in der Kriegsübung) Schaar, Rotte; Zug, wornach das Kriegsvolk abgetheilet wird. Faire marcher les *diviſions*, die Rotten nach einander ziehen laſſen. Détacher une *diviſion* de vaiſſeaux, eine abgetheilte Zahl Schiffe wegſenden.

Division, (in der Buchdruckerey) Theilzeichen, Mittelſtrichlein, wodurch ein getheiltes Wort zuſammen gehänget wird, ein Divis (=) (-).

Division, (im Rechtshandel) renoncer au bénéfice de *diviſion*, &c. ſich der Wohlthat der Theilung begeben, d. i. ungeachtet ſeiner Mitſchuldner für die ganze Schuld haften.

Division, (in den Landkarten) die Scheidung der Gränzen.

Division, Zwiſt, Uneinigkeit, Trennung. Etre en *diviſion*, uneins ſeyn.

DIVORCE, *ſ. m.* Eheſcheidung. Faire *divorce* avec ſa femme, ſich von ſeinem Weibe ſcheiden.

Divorce, Trennung, Uneinigkeit. Faire *divorce* avec l'Egliſe, ſich von der Kirche trennen, abfallen. Etre en *divorce* avec quelqu'un, mit einem uneins ſeyn. Faire *divorce* avec quelque choſe, ſich von etwas freywillig trennen, ſcheiden. Il a fait *divorce* avec le bon ſens, er hat keinen Verſtand, kein Nachſinnen. Faire *divorce* avec l'argent, kein Geld haben, behalten.

DIURETIQUE, *adj. c. & ſ. m.* eine Urintreibende Arzney.

DIURNAL, *ſ. m.* ein Gebetbuch auf alle Tage,

Tage, darinn die gewöhnliche Kirchengebete enthalten.

DIURNE, *adj. c.* (in der Astronomie) täglich, von 24 Stunden. Mouvement *diurne*, der tägliche Lauf. Planètes *diurnes*, sind Saturnus und Jupiter.

DIVULGUER, *v. a.* ausbreiten, unter die Leute bringen, aussagen, ruchtbar machen, kund machen.

DIVULGUE', ée, *part. & adj.* ruchtbar, ausgebreitet.

DIX, *adj. num.* zehen. Soixante-*dix*, siebenzig. Quatre-vingt-*dix*, neunzig. Mettre son argent au denier *dix*, auf zehen pro Cento sein Geld auf Zinse austhun. De *dix* en *dix*, allezeit der Zehende.

Dix, *s. m.* die Ziffer Zehn (10) (X).

Dix-huit, *adj. num.* achtzehen.

Dix-huitième, *adj. c.* der achtzehende.

DIXIE'ME, *adj. c. & s. m.* der Zehende; der zehende Theil; der Zehende, den man den Obern giebt.

DIXIE'MEMENT, *adv.* zum zehenden.

DIXME, *s. f.* v. DIME.

Dix-neuf, *adj. num.* neunzehen.

Dix-neuvième, *adj. c.* der neunzehende.

Dix-sept, *adj. num.* siebenzehen.

Dix-septième, *adj. c.* der siebenzehende.

DIZAIN ou DIXAIN, *s. m.* ein Gedicht von zehen Versen; it. eine Reihe von 10 Corallen am Paternoster.

DIZAINE, *s. f.* eine Zahl von Zehen; ein Zehner, oder eine Zehen im Rechnen; (in manchen Städten) ein Theil eines Stadtviertels, so mehrentheils 10 Häuser begreift. Une *dizaine* d'écus, 10 Thaler. par DIZAINE, allezeit zehen mit einander.

DIZAINIER, *s. m.* ein Officier in den Städten, der zehen Häuser unter sich hat.

DIZEAU, *s. m.* zehen Garben auf dem Felde, allezeit zusammen gelegt, wegen des Zehenden, den man davon geben muß.

DIZENIER, *voïes* DIZAINIER.

DIZIE'ME, *voïes* DIXIE'ME.

DOBER, ol. *voïes* DAUBER.

DOCILE, *adj. c.* lehrsam, gelehrig.

DOCILEMENT, *adv.* lehrsamlich.

DOCILITE', *s. f.* Lehrsamkeit, Geschicklichkeit etwas zu lernen.

DOCTE, *adj. c. & subst.* gelehrt; it. ein Gelehrter. Homme *docte*, ein gelehrter Mann. Dissertation *docte*, eine gelehrte Schrift.

DOCTEMENT, *adv.* gelehrt, auf gelehrte Art, geschicklich.

DOCTEUR, *s. m.* ein Lehrer, Doctor. Il y est *docteur*, er verstehet diß aus dem Grunde; er kans sehr wohl. Faire le *docteur*, moralisiren.

DOCTEUR régent, ein Rector in Schulen.

DOCTORAL, e, *adj.* robe *doctorale*, ein Doctorrock. Bonnet de *docteur*, ein Doctorhut.

DOCTORAT, *s. m.* die Doctorwürde. Prendre le *doctorat*, Doctor werden.

DOCTORERIE, *s. f.* öffentliche Doctorpromotion; der Doctorschmaus.

DOCTRINE, *s. f.* Wissenschaft; it. Lehre, Lehrsätze, Meynungen, oder Lehrpuncte, Grundsätze. La *doctrine* chrétienne, die christliche Lehre. Un livre plein de *doctrine*, ein gelehrtes Buch. Avoir beaucoup de *doctrine*, sehr gelehrt seyn.

DOCUMENT, *s. m.* Urkunde, Nachricht.

DOD-AERS ou DRONTE', *s. m.* ein seltsamer Vogel in der Insul St. Mauritii in Ostindien; er ist grösser als ein Kalkun (welscher Hahn), und kleiner als ein Strauß.

DODECAëDRE, DODECAGONE, *s. m.* (in der Geometrie) eine Figur, die zwölf Seiten hat, Zwölfeck.

DODE'CAGONE, (in der Kriegsbaukunst) eine Vestung von zwölf Bollwerken.

DODE'CATEMORIE, *s. f.* (in der Astronomie) ein Spatium oder zwölfter Theil vom Thierkreis, das jedem von den zwölf Zeichen gegeben ist.

DODINE, *s. f.* Art von Brühe, welche man an gebratene Enten macht.

DODINER, *v. a.* v. DE'LICATER; it. die Kinder einsingen und schlafen machen.

se DODINER, *v. r.* v. se DE'LICATER.

DODO, *s. f.* ein Wort, daß die Kinder schlafen sollen. L'enfant fait *dodo*, das Kind schläft. Après avoir bû, *dodo*, wenn man getrunken, so schläft man wohl; so ist gut schlafen gehen.

DODU, ë, *adj.* der einen fetten Leib hat, beleibt, dick und fett. Ces pigeons sont *dodus*, diese Tauben sind fleischig. Elle est *dodue*, sie ist fleischig.

DOGAT, *s. m.* die Würde eines Herzogs zu Venedig und Genua; oder die Zeit, da er Herzog gewesen ist.

DOGE, *s. m.* ein Herzog zu Venedig oder zu Genua.

DOGMATIQUE, *adj. c.* was zum Lehren gehört; it. schulsüchtisch. Stile *dogmatique*, eine lehrsame Schreibart. Philosophe *dogmatique*, ein Philosophus, der gewisse Lehrsätze macht, im Gegensatz der Scepticorum. Un ton *dogmatique*, die Art zu reden im Lehren.

DOGMATIQUEMENT, *adv.* wie man lehrt, nach gewissen Lehrsätzen, als einer der Schlüsse aus seinen Lehrsätzen macht, und alles darnach beurtheilet; item auf schulsüchtische Art.

DOGMATISER, *v. n.* eine falsche Lehre andern beybringen; neue Lehre aufbringen.

DOGMATISEUR, *s. m.* DOGMATISTE, *s. m.* der eine neue Lehre aufbringt.
DOGME, *s. m.* ein Lehrſatz, Artikel, Lehre.
DOGUE, *s. m.* ein Engliſcher Hund, Engliſche Dogge; ein groſſer Hund, wilde Thiere zu hetzen.
DOGUES, im *plur.* Löcher am Schiffbord auf beyden Seiten des groſſen Maſts, die Segelſeile dadurch zu ziehen, und feſt zu machen.
ſe DOGUER, *v. r.* ſich ſtoſſen, wird von Hammeln und Widdern geſagt.
DOGUIN, *s. m.* e, *f.* eine Art kleiner Engliſcher Doggen.
DOÏEN, *voies* DOYEN.
DOIGT, DOIT, *s. m.* ein Finger.
Le *doigt* de Dieu, die Allmacht oder die Gerechtigkeit GOttes.
Mordre ſes *doigts*, allen Fleiß anwenden.
Il s'en mordra les *doigts*, es ſoll ihn gereuen. Les *doigts* lui démangent, er hat Luſt zu loſen Händeln.
On s'en lèche les *doigts*, da leckt man die Finger nach.
On n'en donne qu'à lèche *doigt*, man giebt ſehr ſparſam davon, nichts mehr als was an der Fingerſpitze kleben bleibt.
Il a été à deux *doigts* de la mort, er iſt dem Tode ſehr nahe (im Rachen) geweſen.
Toucher au *doigt*, mit Händen greifen können, deutlich ſehen.
On le montre au *doigt*, man weiſet mit Fingern auf ihn.
Montrer quelqu'un à deux *doigts*, einem mit zwey Fingern Hörner aufſetzen oder machen, zum Zeichen, daß er ein Hahnrey ſey.
Donner ſur les *doigts*, einem auf die Finger klopfen, über etwas ſtrafen.
Avoir l'eſprit au bout des *doigts*, ſchöne Handarbeit machen.
Avoir de l'eſprit juſqu'au bout des *doigts*, auch in den kleinſten Dingen Verſtand zeigen.
Vous avés mis le *doigt* deſſus, ihr habts getroffen, errathen.
Ils ſont comme les deux *doigts* de la main, ſie ſind ſehr vertraute Freunde.
Les cinq *doigts* de la main ne ſe reſſemblent pas, man muß eben nicht eine gar ſo genaue Gleichheit zwiſchen Leuten oder Sachen haben wollen.
Mettre les *doigts* entre le bois & l'écorce, ſich in naher Freunde oder Eheleute Streit legen.
Il ne fait œuvre de ſes dix *doigts*, er arbeitet gar nichts.
Il le ſçait ſur le bout du *doigt*, er kans an den Fingern herſagen.
Etre ſervi au *doigt* & à l'œil, Diener haben die auf einen Wink gehen.

J'en mettrois le *doigt* au feu, ich wollte einen Eid darauf ſchwören.
Je n'en mettrois pas le *doigt* au feu, ich wollte nicht dafür ſchwören.
DOIGT, eine Zehe.
DOIGT, Kralle oder Klaue an einem Thier.
DOIGT, (im Meſſen) eines Fingers breit, ein Daumen oder Zoll breit. De la largeur de quatre *doigts*, vier quer Finger breit.
DOIGT, (von feuchten Sachen) ein Fingerhut voll. Un *doigt* de vin, ein wenig Wein.
DOIGT, (in der Aſtronomie) einer von den zwölf Theilen, worein die Gröſſe der Sonne oder des Mondes getheilt wird.
DOIGTIER, oder DOITIER, *s. m.* ein lederner oder ſeiderner Fingerhut, über einen böſen Finger.
DOISIL, DOUSIL, *s. m.* ein Zapfen oder Hahn in einem Faß.
DOL, *s. m.* (im Rechtshandel) Betrug, Liſt. Sans *dol* ni fraude, ohne Argliſt und Betrug.
DOLÉANCE, *s. f.* Klage, Beſchwerung.
DOLEMMENT, *adv.* ſchmerzlich. Gémir *dolemment*, kläglich ſeufzen.
DOLENT, e, *adj.* traurig, kläglich, betrübt. (wird meiſtens im Scherz gebraucht.)
DOLER, *v. a.* hobeln.
DOLOIRE, *s. f.* ein Hobel oder Hobeleiſen.
DOLOIRE, (in den Wappen) eine Art ohne Handhabe oder Stiel.
DOLOIRE, (bey den Wundärzten) eine Art von ſchlechten ungleichen Bruchbanden.
DOM, *s. m.* ein Herr, (wird nur von Spaniſchen Herren und einigen Geiſtlichen gebraucht.)
DOMAINE, *s. m.* Kammergüter; Landeseinkünfte groſſer Herren.
DOMAINE, das ganze Eigenthum eines groſſen Herrn.
DOMAINE direct, das Eigenthum über Grund und Boden, ſo ſich ein Landesherr vorbehält, wenn er jemand mit einem Gut belehnt.
DOMAINE utile, das Eigenthum der Nutzungen, ſo demjenigen zuſteht, der ein Gut in Lehn erhalten hat.
DOMAINE, Haabe; Eigenthum. Celà eſt de mon *domaine*, das iſt mein; das gehört mir zu.
DOMANIAL, e, *adj.* biens *domaniaux*, eigenthumsherrliche Güter. Droit *domanial*, Herrlichkeit; Recht des Landesherrn. Terre *domaniale*, ein Kamergut.
DOMANIER, *s. m.* Eigenthumsherr.
DOMANIER, e, *adj.* droits *domaniers*, eigenthumsherrliche Rechte.
DOME, *s. m.* ein rundes erhabenes Dach.

Dome surbaissé, wenn dieses Dach niedriger als ein halber Circkel ist. *Dome* surmonté, wenn es höher ist als ein halber Circkel. *Dome* à pans, ein solch Dach das achteckig ist. *Dome* de treillage, ein solch Dach auf einer Sommerlaube 2c. Voûté en *dome*, wenn ein Saal oder Gang inwendig als ein solch Dach gewölbt ist.

Dome, (bey den Goldschmieden) ein runder Deckel über ein Rauchfaß oder ander Geschirr.

Dome, (bey den Chymicis) der runde Deckel über dem Reverberationsofen.

DOMESTICITE′, *s. f.* die Hausgenossenschaft.

DOMESTIQUE, *adj. c. & s. m. & f.* häuslich; Hausgenoß; Bedienter, Bediente; auch wol die sämmtlichen Hausleute, das ganze Haus; Hauswesen. Les affaires *domestiques*, die Hausgeschäfte. Il est dans son *domestique*, er ist in seinem Hause, in dem Seinen. Une bête *domestique*, ein zahm Thier.

DOMESTIQUEMENT, *adv.* als ein Hausgenoß, als einer der ins Haus gehört; vertraulich. Vivre *domestiquement*, in seinem Hause ruhig leben.

DOMICE, *s. m.* ein Römischer Mannsname.

DOMICILE. *s. m.* (in Rechtssachen) Wohnplatz, Wohnung, Wohnstätte, Behausung. Faire élection de *domicile*, sich an einem Ort wohnhaft niederlassen; seine Behausung anstellen.

Domicile, (in der Sternkunst) ein Zeichen des Thierkreises; das Haus eines Planeten.

se DOMICILIER, *v. r.* Il s'est *domicilié*, er hat sich häuslich niedergelassen.

DOMICILIE′, ée, *adj.* wohnhaft, säßhaft.

DOMIFIER, *v. n.* (in der Astrologie) den Himmel in zwölf Häuser abtheilen.

DOMINANT, e, *adj.* herrschend, übertreffend, die Oberhand habend. La passion *dominante* c'est l'amour, die Liebe ist eine herrschende Regung. Un fief *dominant*, ein Hauptlehen, das Afterlehen unter sich hat.

Une montagne *dominante*, ein Berg, so andere an Höhe übertrift.

DOMINATEUR, *s. m.* ein Regent, Beherrscher.

Dominateur, (in der Astrologie) das Gestirn, welchem die meiste Wirkung in einer gestellten Nativität zugeschrieben wird.

DOMINATION, *s. f.* Gewalt, Herrschaft, Regierung, Botmäßigkeit. Usurper la *domination*, sich der Herrschaft anmassen.

Dominations, *plur.* (in der Gotteslehre) die Herrschaften, eine Ordnung unter den himmlischen Heerscharen.

DOMINER, *v. a. & n.* herrschen, regieren, zu befehlen haben, Herr seyn; den Vorzug (die Obermacht; Oberhand) haben. Rome *dominoit* autrefois sur tout l'univers, Rom beherrschte vor Alters die ganze Welt. *Dominer* sur plusieurs nations, über viel Völker herrschen. Il faut que la raison *domine* sur toutes nos actions, die Vernunft soll billig in allem unserm Thun die Oberhand behalten. Nous devons *dominer* sur nos passions, wir sollen unsere Affecten bezwingen. La bile *domine* dans son tempérament, die Galle hat den Vorzug in seiner Leibesbeschaffenheit. Un ambitieux veut *dominer* par-tout, ein ehrsüchtiger Mann will überall die Oberhand haben.

Dominer, höher liegen. Cette colline *domine* le passage, oder sur le passage, dieser Hügel liegt höher als der Weg, der Zugang. La citadelle *domine* la ville, die Vestung bestreicht, commandiert, beschießt die Stadt. Le gingembre *domine*, der Ingwer schmeckt vor. Cette couleur *domine* sur toutes les autres, diese Farbe sticht über alle andere hervor.

Dominer, (in der Sternkunst) würken; Einfluß haben; herrschen.

DOMINICAIN, *s. m.* ein Dominicaner- oder Predigermönch.

Dominicaine, *s. f.* eine Dominicanernonne.

DOMINICAL, e, *adj.* was Christo dem HErrn oder dem Sonntage angehört. L'oraison *dominicale*, das Vater Unser, das Gebet des HErrn. Lettre *dominicale*, der Sonntagsbuchstabe im Calender.

Dominical, *s. m.* (in der ersten Kirche) ein Tuch, in welchem die Weibspersonen das Brod beym Heil. Abendmal empfiengen, weil sie es nicht mit blossen Händen berühren durften.

Dominical, ein Schleyer den die Weibsbilder bey dem Gottesdienst auf dem Kopf trugen.

DOMINICALES, *s. f. pl.* die Sonntagsevangelia. Prêcher les *dominicales*, über die Sonntagsevangelia predigen.

DOMINICALIER, *s. m.* vulg. der Sonntagsprediger in einer Pfarre.

DOMINIQUE, *s. f.* ein Mannsname; it. vor diesem ein Kriegsorden wider die Ketzer.

DOMINO, *s. m.* Tuchkappe der Catholischen Priester, die sie zur Winterszeit tragen, und die bis unter die Achsel geht.

Domino, eine Art Spanischer Kleidung, deren man sich auch in den Carnevals bedient.

Figures

Figures de *domino*, vulg. allerley Figuren von Gold, Silber und Farben, die aufs Papier gedruckt werden.

DOMINOTERIE, *s. f.* die Verfertigung des Türkischen und andern bunten Papiers; it. der Handel damit.

DOMINOTIER, *s. m.* einer der Türkisch oder ander gefärbt Papier macht, auch allerley Figuren aufs Papier druckt.

DOMMAGE, *s. m.* Schade, Verlust, Nachtheil; Beschädigung; it. etwas das man bedauert, oder das man an einer Sache zu tadeln oder auszusetzen findet. Causer du *dommage*, Schaden thun, in Schaden bringen. Condamner aux dépens, *dommages* & intérêts, in die Unkosten und Schaden verurtheilen. Ces vaches ont été trouvées en *dommage*, diese Kühe sind über einem Feldschaden angetroffen worden; haben zum Schaden geweydet. C'est un honnête homme, mais c'est *dommage* qu'il ne soit riche, er ist ein ehrlicher Mann, nur schade, daß er nicht reich ist.

DOMMAGEABLE, *adj.* schädlich.

DOMMERIE, *s. f.* eine Art geistlicher Pfründen.

DOMTABLE, DOMPTABLE, *adj. c.* das zu bezwingen, zu zähmen ist.

DOMTER, DOMPTER, *v. a.* bezähmen, zahm machen; bezwingen, unter sich bringen, überwinden. On *domte* les lions & les tigres, man kan Löwen und Tiger zähmen. *Domter* les rebelles, die Aufrührer zum Gehorsam bringen. *Domter* ses passions, seine Regungen bezwingen.

DOMTEUR, *s. m.* ein Bezwinger, Ueberwinder.

DON, *s. m.* Herr. *voies* DOM.

DON, *s. m.* ein Geschenk, eine Gabe.

DON de nôces, die Geschenke der Verlobten.

DON mutuèl, die Gegenvermächtnisse der Eheleute, daß wer das andere überlebt, dessen Güter haben soll.

DON du Roi, etwas Ausgebetenes, eine Gnade vom Könige.

DON du Roi, DON gratuit, was die Geistlichkeit und andere Reichsstände dem Könige geben; ein freywilliges Geschenk.

les DONS de la nature, natürliche Gaben. Monsieur N. a le *don* de beaucoup parler & de ne rien dire, der Herr N. hat die Gabe viel, aber nichts gescheidtes, zu reden. Elle a le *don* des larmes, sie kan weinen wenn sie will. Il n'a pas le *don* de se taire, er kan das Maul unmöglich halten, es ist ihm nicht gegeben, daß er schweigen kan.

le DON de prophétie, de chasteté, die Gabe der Weissagung, der Keuschheit.

le DON des langues, die Gabe der Sprachen.

DONATAIRE, *s. m. & f.* der oder die einer Donation theilhaftig wird.

DONATEUR, *s. m.* trice, *f.* der oder die, so eine Donation ausfertigen läßt, oder einem zuwendet.

DONATIF, *s. m.* ein Geschenk, Gnadengeschenk eines grossen Herrn.

DONATION, *s. f.* eine Beschenkung, die durch Brief und Siegel oder mit Zeugen geschieht. *Donation* entre vifs, Schenkung unter Lebenden. *Donation* à cause de mort, Schenkung von Todes wegen.

DONATISTES, *s. m. plur.* Ketzer im 5ten Seculo, mit denen Augustinus viel zu streiten hatte.

DONC, *conj.* also, derohalben, folglich; it. nun.

DONDAINE, *s. f.* eine alte Kriegsmaschine, dicke runde Steine damit zu werfen.

DONDON, *s. f.* eine dicke kurze Weibsperson.

DONGAH, *s. m.* ein Baum auf der Küsten von Quoia in Africa, welcher Früchte trägt gleich denen Nüssen.

DONJON, DONGEON, *s. m.* der höchste und vesteste Ort in einer Vestung, davon man den übrigen Theil sammt der Fläche übersehen und beschiessen kan; it. ein oben aufs Dach gebautes Zimmer auf dem Hause, da man weit hinaus sehen kan.

DONJONNE', ée, *adj.* (in den Wappen) gethürmt; mit Thürmen.

DONILLAGE, *s. m.* ungleicher Einschlag in wollenem Zeug.

DONILLEUX, *adj.* (bey denen Wollenzeugwebern) ungleich und gefaltet; mangelhaft.

DONNE, *s. f.* das Geben der Karten.

DONNE', m. ée, *f. adj.* geschenkt; gegeben. Cheval *donné*, ein geschenkt Pferd.

DONNE' à Paris, à Vienne, un tel jour, gegeben zu Paris, zu Wien, an dem Tag, (wird in Briefen und Schriften gebraucht.)

DONNER, *v. a.* geben; schenken; zukommen lassen, verwilligen, ertheilen; zustellen, übergeben; dahin geben; überlassen; leihen; bezahlen; davor geben; it. bringen; machen; verursachen; zuwege bringen, schaffen, erhalten; item, zuschreiben, beymessen, schuld geben &c.

Donner un festin, ein Gastmahl halten, ausrichten.

Donner la comédie, Comödie anstellen.

Donner une sérénade, eine Nachtmusic bringen.

Il *donneroit* jusqu'à sa chemise, er sollte das Hemde vom Leibe verschenken.

A' *donner, donner*; à vendre, vendre, im Verkaufen muß man nichts schenken, und wenn man schenkt, nicht dabey markten.

Qui peu *donne*, veut qu'on vive, wer wenig giebt, kan oft geben.

Donnés-lui celà en main propre, gebet ihm das in seine eigene Hände.

Donner un passe-port, un congé, einen Geleitsbrief, Abschied, ertheilen.

Il a *donné* des verges pour le foüetter, er hat sich selbst eine Ruthe gebunden.

Donner un livre au public, ein Buch ausgehen lassen, heraus geben.

Donner du jour à une chambre, ein Zimmer so anlegen, daß es hell darinnen sey.

A' qui est-ce à *donner*? wer muß die Karte geben?

Donner une ville au pillage, eine Stadt preiß geben, plündern lassen.

Donner la vie, (von Eltern) ein Kind zeugen; (von einem Medico) einem Kranken das Leben fristen, ihn gesund machen; (von einem der seinen Feind im Gefecht überwunden) jenem das Leben lassen oder schenken; (in der letzten Bedeutung sagt man auch *donner* quartier, Quartier geben.)

Donner du chagrin, Verdruß machen.

Donner de l'admiration, Verwunderung verursachen ꝛc.

Donner tout aux apparences, sich gleich durch den Schein einnehmen lassen.

Il *donne* quelque chose à la faveur, er thut etwas aus Gunst.

Donnés celà à mes prières, williget dieses meiner Bitte.

On leur *donna* trois jours pour accepter les conditions, man willigte ihnen drey Tage, die Bedinge anzunehmen.

Donner jour, heure, Tag bestimmen, bestellen.

Donner le bon jour, guten Tag wünschen.

Je lui *donne* vingt ans, ich sehe ihn vor 20 Jahr alt an.

Je ne lui *donnerois* pas trois mois à vivre, ich dächte nicht, daß er noch ein Vierteljahr leben könnte.

Elle *donne* son enfant à Mr. N. sie giebt den Herrn N. zum Vater ihres Kindes an.

Donner la main, die Hand reichen, aufhelfen; in Noth und Unglück beyspringen; die Oberhand geben; jemanden die Ehe versprechen; einem Pferd den Zügel schiessen lassen. (im letzten Verstand sagt man auch, *donner* la bride).

Donner les mains à quelque chose, in etwas willigen.

Donner un méchant jour à une chose, eine Sache aufs ärgste deuten.

La *donner* beau, ein gut Spiel machen, in Ballen oder sonst.

Le *donner* belle, la *donner* bonne, en *donner* d'une, en *donner* de belles, en *donner* à garder, vulg. einem was weiß machen, etwas bereden, das nicht so ist.

Donner les chiens, die Hunde los lassen.

Donner le cerf aux chiens, den Hirsch jagen.

Donner le feu trop chaud, gar zu groß Feuer bey dem Essen machen.

Donner du feu, (in der Chimie) feuren.

Donner un combat, eine Schlacht liefern.

Donner sur l'ennemi, auf den Feind stossen oder treffen; it. den Feind angreiffen.

Donner jusqu'au camp, bis ans Lager dringen.

Donner la chasse aux ennemis, die Feinde verjagen und verfolgen.

Donner sur l'aile gauche, den linken Flügel angreiffen.

Toute l'arme *donna*, die ganze Armee kam zum Treffen.

Donner contre quelque chose, an etwas anstossen.

Ne sçavoir où *donner* de la téte, nicht wissen wo man hinaus soll.

Donner du nez en terre, in Unglück gerathen.

Donner sur les oreilles, hinter die Ohren schlagen.

Donner de l'epée dans le ventre, mit dem Degen in den Leib stechen.

Donner des éperons, die Sporn geben.

Donner des deux, mit zwey Füssen anspornen.

Donner à tout, sich an alles wagen.

Donner dans quelque chose, Unkosten auf etwas wenden, als auf Bauen ꝛc.

Donner au but, zum Ziel schiessen; die Sache treffen, errathen.

Le soleil *donne* à plomb, die Sonnenstrahlen fallen gerad perpendicular unter sich, als eine Bleywage.

Cet appartement *donne* sur la ruë, diß Zimmer geht auf die Gasse heraus.

Ce vin *donne* à la tête, dieser Wein steigt in den Kopf, macht bald voll.

Le vent, la pluïe *donne* comme il faut, es wehet, es regnet stark.

Le vent *donne* dans les voiles, der Wind bläset in die Segel.

Donner à la côte, stranden.

Donner dans un embuscade, von einem Hinterhalt überfallen werden, in den Hinterhalt gerathen.

Donner dans les ennemis, unter die Feinde gerathen.

Donner dans le piège, dans le panneau, dans les toiles, sich erwischen lassen, ertappet werden.

Donner

Donner dans le sens de quelqu'un, einerley Meynung mit einem seyn.

Les vins n'ont pas *donné*, der Wein hat nicht viel gegeben, ist nicht wohl gerathen.

se DONNER, *v. r.* sich geben, sich machen, sich schaffen, u. d. gl.

Se *donner* à quelqu'un, sich einem ergeben.

Se *donner* la peine, sich die Mühe nehmen.

Se *donner* un habit, sich ein Kleid machen lassen.

Se *donner* de la patience, Geduld haben.

Se *donner* des arts, groß thun, sich breit machen.

Se *donner* du bon tems, wohl leben.

S'en *donner* à cœur joïe, s'en *donner* tout son saoul, seine Lust mit etwas recht büssen, es lang genug damit treiben.

Se *donner* de la tête contre quelque chose, sich mit dem Kopf an etwas stossen.

DONNE'S, *f. m. pl.* Personen, so sich samt ihren Gütern den Klöstern schencken; item aufgegebene geometrische Problemata.

DONNEUR, *f. m.* ein Geber, der da schenkt.

Il n'est pas grand *donneur*, er verschenkt nicht viel.

DONNEUR d'avis, ungebettener Rathgeber.

DONNEUR d'avis, Angeber; der Vorschläge von neuen Auflagen thut.

un DONNEUR de bon jour, ein Ledigganger, der jederman grüßt, anredet.

DONNEUSE, *f. f.* Geberin; die etwas schenkt, giebt. Une grande *donneuse* de belles paroles, eine grosse Schwätzerin, die viel gute Worte giebt.

DONT, *pron.* (wird gesezt an statt des Genit. und Ablat. des Relativi qui oder lequel in omni genere & numero,) dessen, deren, davon, von welchen, womit.

DONTE, *f. f.* das Runde oder der Bauch an einer Laute oder andern Instrument.

DONTER, *v.* DOMTER.

DONZELLE, *f. f.* (im Schimpf und Scherz) das Frauenzimmer, eine Frau oder Jungfer.

DORA, eine Gattung Indianischer Hirs.

DORADE, *f. f.* eine Goldforelle, ein Seefisch.

DORADE, ein Sternbild gegen den Süderpol.

DORAGE, *f. m.* (bey den Hutmachern) wenn über groben Filz ein feiner gezogen wird.

DOREAS, Bengalische Mousseline.

DORE'E, *f. f.* (in der Jägersprach) der Hirschkoth, wenn er gelb ist.

DORE'E, Butterbrod oder Confect, aufs Brod geschmiert.

DORE'NAVANT, *adv.* inskünftig, hinfüro; von nun an.

DORER, *v. a.* vergülden.

DORER la pillule, einer schlimmen Sache einen guten Schein geben.

DORER un pâté, eine Pastete mit Eyerdottern bestreichen, damit sie gelb werde.

Le soleil commence à *dorer* les maisons, die Häuser werden von der aufgehenden Sonne beschienen.

DORER un vaisseau, einem Schiffe Unschlitt geben.

se DORER, *v. r.* les blés commencent à se *dorer*, das Getreyde im Felde wird gelb.

DORE', ée, *adj.* vergüldet; gelb; kostbar, unschätzbar, vortreflich. Cuivre *doré*, vergoldet Kupfer. Vermeil *doré*, vergüldet Silbergeschirr.

Il est *doré* comme un calice, vulg. er ist ganz mit Golde behängt.

Jaune *doré*, goldgelb.

Blond *doré*, goldgelb von Haaren.

Un chapon *doré*, ein schön gelb gebratener Kapaun.

DORE', das mit Gold nicht zu bezahlen, sehr hoch zu schätzen ist.

Le livre *doré* d' à Kempis, das güldene Buch des von Kempis, so er von der Nachfolge Christi geschrieben.

DOREUR, *f. m.* euse, *f.* ein Vergülder.

DORIEN, ne, *adj. & subst.* Dorisch; ein Dorienser in Griechenland.

DORIQUE, *adj. c.* le dialecte *Dorique*, der Dorische Dialect in der griechischen Grammatic.

L'ordre *Dorique*, die Dorische Art von Säulen in der Architectur.

DORLOTER, *v. a.* zärtlich halten, liebkosen. Cet homme *dorlote* bien sa femme, dieser Mann zärtelt seine Frau überaus.

se DORLOTER, *v. r.* seiner Gemächlichkeit pflegen.

DORMANT, e, *adj.* schlafend; stillstehend.

Eau *dormante*, stehend Wasser.

Verre *dormant*, ein Glas, daraus nicht herum getrunken wird.

Pont *dormant*, eine Brücke die nicht aufgezogen wird.

Fenêtre à verre *dormant*, ein Fenster, das man nicht aufmachen kan.

Serrure à pêne *dormant*, ein Schloß das man nicht zuschliessen kan, es sey denn, daß man den Schlüssel dazu nehme.

DORMANT, *f. m.* ein Schläfer, Langschläfer. Les sept *dormans*, die sieben Schläfer.

DORMANT, (in Gebäuden) eine Leiste oder ein Sims oben an einer Thüre; (auf den Schiffen) ein Seil, das immer an einem Ort bleibt, das vest gebunden ist.

DORMEUR, *f. m.* euse, *f.* ein Schläfer, Langschläfer.

DORMIR, *v. n.* schlafen; unachtsam seyn.
Dormir un bon somne, an einem Stück wegschlafen. *Dormir* sur jour, la grasse matinée, lang in den Tag hinein schlafen. Ce sont des contes à *dormir* debout, das ist ein Geschwätz, dabey man einschlafen möchte. *Dormir* en lièvre, mit offenen Augen schlafen. Laisser *dormir* une affaire, eine Sache vergessen oder aufschieben. Laisser *dormir* ses ressentimens, seinen Unwillen zurück halten; die Rache ausstellen.

DORMIR, ruhen, still seyn. C'est une eau qui *dort*, dieses Wasser stehet still, fließt nicht.

DORMIR, *s. m.* das Schlafen, der Schlaf.

DORMITIF, ive, *adj. & s. m.* das schlafen macht; eine Arzney, die Schlaf verursacht.

DOROIR, *s. m.* ein Instrument das Gold aufzutragen; (bey den Pastetenbeckern) ein Pinsel, die Pasteten mit Eyerdottern zu bestreichen.

DORONIC-ROMAIN, Gemsenwurz.

DORONIC, Wolfswurz.

DORONIC à feuilles de Plantin, groß Lucienkraut, oder Mutterkraut.

DORTOIR, *s. m.* Schlafstelle; Platz oder Zimmer in den Klöstern, wo die Schlafstellen sind.

DORURE, *s. f.* die Vergüldung, das Gold. La *dorure* coutera tant, das Vergolden wird so viel kosten.

DOS, *s. m.* Rücken eines Menschen. Avoir le *dos* courbe, einen krummen Rücken haben. Avoir les armes sur le *dos*, die Waffen anhaben.
Tourner le *dos*, einem aus Verachtung oder Unwillen den Rücken kehren.
Tourner le *dos*, einen im Stich lassen, zurück lassen, dahinten lassen.
Tourner le *dos*, jemands Partey verlassen, sich von ihm abziehen.
Tourner le *dos* à l'ennemi, (im Krieg) sich nach der Flucht umsehen, ausreissen.
Faire le gros *dos*, sich aufblähen, hoffärtig seyn.
Cela est sur son *dos*, das liegt ihm auf dem Halse, da muß er dafür sorgen.
Donner à *dos* une personne, einen gar zu Grunde richten, oder in Schimpf bringen helfen.
Il a toûjours cet homme à *dos*, dieser Mensch ist immer hinter ihm her, verfolgt ihn.
Se mettre quelqu'un à *dos*, jemand sich zum Feinde machen.
Mettre des gens *dos* à *dos*, Leute so versöhnen oder vertragen, daß keiner einen Vortheil über den andern erhält.
Il se laisseroit tondre la laine sur le *dos*, man mag ihm sagen was man will, er wird nicht bös.
Il a bon *dos*, er hat einen breiten Rücken, kan das wohl vertragen.
Battre quelqu'un *dos* & ventre, *prov.* einen derb abprügeln.
Dos de poisson, de cheval, der Rücken eines Fisches, eines Pferds.
Dos de peigne, de couteau, d'un livre, der Rücken eines Kammes, Messers, Buchs, u. d. gl.
Dos de montagne, die Spitze, (Höhe, Obertheil) eines Berges.
Monter un cheval à *dos*, ohne Sattel reiten.

DOS-D'ANE, *s. m.* etwas, dessen beyde Seiten oben als ein Dach oder Soldatenrößlein oder Esel zusammen gehet.

DOS-D'ANE, ein Instrument der Metzger, so diese Figur hat.

DOS-D'ANE, (bey den Gärtnern) die Anlegung der Gartenbeete auf diese Art, damit das Wasser davon ablaufen könne.

DOS-D'ANE, die Ecke am Glacis der Vestungswerke, so eben die Gestalt hat.

DOS-D'ANE, (auf einigen Schiffen) eine halbrunde Oefnung, da der Regierstock des Steuerruders durchgeht.

DOSE, *s. f.* Arzneymaaß, Zahl oder Gewicht, so einem soll gegeben werden; (im Scherz) die Grösse anderer Sachen.
Je sai la *dose* du remède, ich weiß, wie viel man von dieser Arzney nehmen muß.
Nous boirons une bouteille de vin, & peut-être doublerons-nous la *dose*, wir wollen eine Flasche Wein trinken, und vielleicht nehmen wir noch einmal so viel zu uns.

DOSER, *v. a.* un médicament, ein Arzneymittel überschreiben, wie viel davon auf einmal genommen werden soll.

DOSSE, *s. f.* ein Bret, mit welchem die Maurer die Erde und andere Materie aufhalten, daß es nicht so sehr hinabfalle im Mauren.

DOSSERER, *s. m.* (in der Baukunst) ein kleiner Pfeiler, der an der Wand etwas heraus geht, das Gewölbe zu tragen.

DOSSES, die Schwarten an einem Dielenbaum.

DOSSIER, *s. m.* die Lehne eines Stuhls.
Dossier de hote, der Rücken eines Tragkorbs. *Dossier* de lit, das Hauptbret eines Bettes.

DOSSIER de carosse, (beym Sattler) die Rückwand in einer Kutsche.

DOSSIER, Rubric, Ueberschrift gerichtlicher Handlungen.

DOSSIER, (in der Anatomie) eine Maus, welche den Arm hinabwärts bewegt.

DOSSIERE, *s. f.* ein breiter starker Riemen am Geschirr der Kutschenpferde, die vorn die Deichsel hält.

DOT, oder DOTE, *s. f.* Heyrathgut, Mitgabe, Mitgift, Morgengabe, so die Braut dem Bräutigam zubringt, Aussteuer.

DOT, oder DOTE, *s. f.* was man einer Tochter mitgiebt, wenn sie eine Nonne wird.

DOTAL, e, *adj.* eine Tochter aussteuern, ihr das Heyrathgut geben. Il a *doté* richement sa fille, er hat seine Tochter reichlich ausgestattet.

DOTER une Eglise, eine Kirche begaben, beschenken.

DOÜAIRE, *s. m.* die Morgengabe, so ein Bräutigam der Braut schenket; Wiederlage, Gegenvermächtniß, Leibgut, Leibgeding, Leibzucht, Wittum; dasjenige was ein Mann seiner Frau zum Voraus vermacht, das sie nach seinem Tode haben soll.

DOÜAIRIER, *s. m.* ein Kind, das sich an sein Mütterliches hält, und das Väterliche fahren läßt.

DOÜAIRIERE, *s. f.* eine Wittwe, welche eines Leibgedings oder Wittums geniesset. Duchesse *douairière*, verwittwete Herzogin.

DOÜANE, *s. f.* Kaufhaus, Zollhaus, Waage, Packhof, Niederlage, Stapel.

Doüane, der Zoll oder Accise, so man von den Gütern geben muß.

Doüane de Lyon, ein Eingangszoll, welchen die goldene, silberne und seidene Brokarden, Galonen, Silberdrat u. d. gl. die aus Spanien und Italien kommen, zu Lyon zahlen müssen.

DOÜANIER, *s. m.* der Zolleinnehmer, Zöllner.

DOUBLAGE, *s. m.* doppelter Ueberzug eines Schiffs von Bretern.

Doublage, (in Lehnssachen) die Lehnsgebühren, so ein Vasall in gewissen Fällen doppelt erlegen muß.

DOUBLE, *adj. c.* doppelt, zweyfach; zweyfach zusammen gelegt. Un *double* ducat, ein doppelter Ducat. Un *double* Louïsd'or, eine doppelte französische Duplone, Louïsd'or.

Une fièvre *double*, tierce, ein doppelt, dreytägiges Fieber.

Paroles à *double* sens, zweydeutige Worte. Linge *double*, zweyfach gefaltenes Leinen.

Une fête *double*, ein Feyertag, da zwey Feste zusammen kommen.

Double Carte, (im Spielen) zwey Karten von einerley Augen, oder ein einfaches Gleich, als zwey Könige u. d. gl.

Double Bidet, ein Klepper, der etwas höher ist, als sie sonsten sind.

Une serrure à *double* tour, ein Schloß, da man den Schlüssel zweymal umdrehen muß.

Cœur *double*, ein falsches Herz.

Mettre en *double*, doppelt zusammen legen.

Joüer à quitte ou à *double*, alles daran wagen, aus etwas heraus zu kommen.

Double Pointe, ein Zweyspitz, ein Instrument der Bildhauer.

Double, *s. m.* eine kleine Münze, ein Zweypfenniger, Zweyer; in Frankreich der sechste Theil eines Sou.

Cela ne vaut pas un *double*, das ist nicht zwey Pfennige (Double) werth.

le Double d'un air, der andere Absatz an einem Stück in der Music.

le Double d'un écrit, die Abschrift von etwas.

le Double, noch einmal so viel.

au Double, doppelt, zweyfach.

Double, *s. f.* der erste Magen der wiederkäuenden Thiere.

DOUBLEAU, *s. m.* (in der Baukunst) ein Bogen eines Gewölbes, der aussenher gerade von einem Pfeiler des Gewölbs zum andern gehet, und die Creuzbögen absondert.

DOUBLEAUX, *s. m. pl.* (bey dem Zimmermann) Querbalken; Querbänder.

DOUBLE-FEUILLE, *s. f.* Zweyblatt, ein Kraut.

DOUBLEMENT, *s. m.* (im Bieten auf Waaren) Verdoppelung oder doppelte Steigerung des Preises.

Doublement par rangs, (im Kriege) die Verdoppelung der Glieder.

Doublement, *adv.* doppelt; auf doppelte Weise. Il a été *doublement* recompensé, er ist zweyfach belohnet worden.

DOUBLE-PAÏE, *s. f.* ein Bedienter, Beamter, Officier, der doppelte Besoldung empfängt.

DOUBLER, *v. a.* verdoppeln. Doubler la païe des soldats, den Soldaten noch eins so viel zum Sold reichen. Doubler la dose, zwey Maaß der Arzney statt einer nehmen.

Doubler le pas, geschwinder gehen.

Doubler un manteau, einen Mantel füttern.

Doubler une comédie, eine Comödie spielen, die andere auch spielen, oder die man vor kurzem gespielt hat.

Doubler une bille, im Billard eine Kugel an den Rand stossen, da sie von da zurück laufen muß.

La balle a *doublé*, im Ballspiel, der Ball hat zweymal die Erde berührt.

Doubler un vaisseau, ein Schiff mit Bretern beschlagen, über die, so daran sind.

Dou-

DOUBLER un cap, une pointe, (bey den Seefahrenden) über ein Vorgebirge oder eine Landspitze hinaus fahren.

DOUBLER les rangs, die Glieder der Soldaten verdoppeln.

DOUBLER les laquais, noch einmal so viel oder immer mehr Bediente annehmen, seinen Staat vermehren.

Ce cheval *double* les reins, diß Pferd thut geschwinde Sprünge auf einander, einen herab zu schmeissen.

DOUBLET, *s. m.* falscher Edelgestein von gefärbtem Crystall; unterlegter Stein.

DOUBLET, (im Würfelspiel) ein Pasch, ein Dublet, oder auf zwey Würfeln einerley Zahl.

DOUBLETTE, *s. f.* ein Register in den Orgeln, so offen zwey Fuß lang ist.

DOUBLON, *s. m.* eine Französische oder Spanische Pistole, ein Fünfthalerstück; sonst ein Spanischer Doppelducaten.

DOUBLON, (in der Druckerey) ein Fehler des Setzers, da er etwas zweymal setzt.

DOUBLÛRE, *s. f.* das Unterfutter.

Fin contre fin ne vaut rien pour *doublûre*, prov. ein Schalk betreugt nicht leicht den andern.

DOUÇAIN, *voies* DOUCIN.

DOUÇÂTRE, DOUCEÂTRE, *adj. c.* süßlich.

DOUCEMENT, *adv.* gemächlich, nicht stark; leis, still; gelind, sanft, freundlich, sanftmüthig; wohl.

DOUCEMENT! *interj.* sachte! gemach! halt!

DOUCERET, tte, *adj. & subst. c.* (im Scherz) der oder die sich artig oder manierlich stellet, und dadurch vor geschickt gehalten seyn will.

DOUCEREUX, euse, *adj.* unangenehm, widerlich süß; gar zu freundlich, gar zu verliebt bey einer Frauen.

Faire le *doucereux* auprès d'une femme, sich gar zu verliebt anstellen.

Vin fade & *doucereux*, ein abgeschmackter Wein. Des vers *doucereux*, abgeschmackte Verse, darinn kein Sinn oder Verstand ist.

DOUCET, tte, *adj. & subst.* faire le *doucet*, sich verliebt geberden. (v. Douceret). Mine *doucette*, verliebte Geberden.

DOUCETTE, *s. f.* ein Weibsbild, das sich fromm und heilig stellt.

DOUCETTE, wilde Ochsenzunge, ein Kraut zu Salat.

DOUCEUR, *s. f.* Annehmlichkeit, Lieblichkeit, Lust in allen Sinnen. La *douceur* de l'esprit est l'agrément de la conversation, die Sanftmüthigkeit ist das, was ein Gespräch vor andern angenehm macht. La *douceur* du gouvernement, die Lindigkeit der Regierung.

DOUCEUR, Lust; Bequemlichkeit; Vergnügen. Chercher les *douceurs* de la vie, nach den Bequemlichkeiten des Lebens trachten.

DOUCEUR, Naschwerk, Leckerbißgen, Süßigkeit. Donner des *douceurs* aux enfans, den Kindern etwas zu naschen geben.

DOUCEUR, Gewinn, Vortheil. Il y aura quelque petite *douceur* pour vous, es wird einiger Gewinn vor euch dabey seyn. Tirer quelque *douceur* d'une chose, einigen Nutzen oder Vortheil von etwas geniessen.

DOUCEUR, Schmeichelworte eines Verliebten; verliebte Reden. Dire des *douceurs* aux belles, die Schönen mit Liebesgesprächen unterhalten. Les François aiment à dire des *douceurs* aux dames, die Franzosen schwatzen gern dem Frauenzimmer verliebte Worte vor.

DOUCHE, *voies* DOUGE.

DOUCIN, *s. m.* ein Süßapfelbaum; süßes Wasser mit Meerwasser vermischt.

DOUCINE, *s. f.* (in der Baukunst) die Rinnenleiste am Karnies oder Kranz.

DOUCINE, *s. f.* Holhobel.

DOUËLLE ou DOëLE, *s. f.* (bey den Maurern) das gekrümmte Gemäuer über einem Gewölbe: das innere wird *douëlle* intérieure, das äussere extérieure genannt.

DOUER, *v. a.* einer Ehefrau ein Leibgeding oder Wittum ausmachen.

DOUER, begaben, versehen, ausrüsten.

DOUÉ, ée, *adj.* begabet. Il est doué de belles qualités, er hat schöne Gaben.

DOUGE, *s. f.* (in Gesundbädern) donner la *douge*, das Wasser auf das kranke Theil des Leibes laufen lassen.

DOUÏLLE, *s. f.* der Hahn, der Zapfen an einem Faß.

DOUÏLLE, das hohle Theil an Gärtnerinstrumenten, darein ein hölzerner Stiel oder Handgriff gesteckt wird.

DOUÏLLE, das hohle Eisen an einer Pique oder Hellebarde, worein man die hölzerne Stange steckt.

DOUÏLLE, das Beschläge am Ende eines Ladesteckens.

DOUÏLLE, die Dille in einem Leuchter, worein das Licht gesteckt wird.

DOUÏLLET, tte, *adject. & subst.* gelind, weich, zart, zärtlich. C'est un *douillet*, er ist ein Zärtling.

Un père *douillet*, ein Mensch, der alles bequem haben will, der seiner wohl pfleget.

DOUÏLLETTEMENT, *adv.* zärtlicher Weise.

DOULEBSAIS, eine Gattung Bengalische Musseline, sonsten auch Mallemolles genannt.

DOULEUR, *s. f.* Schmerz, Wehtagen; Traurigkeit, Betrübniß. *Douleur* de tête, Kopfweh; Hauptschmerz. Se laisser aller

aller à la *douleur*, sich der Traurigkeit ergeben; den Schmerzen sich einnehmen lassen.

A' la chandeleur, la grande *douleur*, prov. um Lichtmeß wird es erst recht kalt.

Pain de *douleur*, Thränenbrod.

DOULOIR, *v. n.* beklagen, betrauren.

se DOULOIR, *v. r.* sich beklagen.

DOULOUREUSEMENT, *adv.* schmerzlich, jämmerlich, z. E. sich beklagen.

DOULOUREUX, euse, *adj.* schmerzlich, kläglich, als Stimme. Une plaïe *douloureuse*, eine schmerzhafte Wunde. Une *douloureuse* séparation, eine betrübte Scheidung.

DOUTE, *f. m.* Zweifel, Ungewißheit; Furcht. Sans *doute*, ohne Zweifel, unfehlbar, ganz gewiß.

DOUTER, *v. n.* zweifeln. Je ne *doute* point de vôtre fidèlité, ich zweifle ganz und gar nicht an eurer Treue.

se DOUTER de quelque chose, *v. r.* sich etwas ahnen lassen, etwas verspüren, denken, muthmassen. Je me *doute* bien de son dessein, sein Anschlag ist mir verdächtig. Il est venu sans qu'on s'en *doutât*, er ist gekommen, ohne daß man sich seiner versehen.

DOUTEUSEMENT, *adv.* zweifelhaft, voll Zweifel.

DOUTEUX, euse, *adj.* zweifelhaft, ungewiß; (in der Sprachkunst) das sowol masculini als feminini generis ist. L'évènement de cette affaire est *douteux*, der Erfolg dieses Dings ist ungewiß. Vôtre réponse est *douteuse*, euere Antwort ist zweifelhaft.

DOUTIS, weiß baumwollenes Zeug von Surata.

DOUVAIN, *f. m.* Faßdaubenholz.

DOUVE, *f. f.* eine Faßdaube (Dauge).

DOUVE, *f. f.* der Schlegel in einem Graben, das Wasser abzulassen; it. der Graben selbst, zumal um ein Schloß; it. die Mauer um einen Springbrunn, daraus das Wasser ablaufen kan.

DOUVE, eine Gattung Wasserhahnenfuß, Spehrkraut, wovon die Schaafe sterben.

DOUX, DOUCE, *adj.* süß; gelinde; angenehm; lieblich; lind anzugreifen; sanft; still; sanftmüthig, gütig, freundlich; gemach; leis; gemäßigt, weder zu warm noch zu kalt etc. Vin *doux*, süsser Wein. Eau *douce*, süß Wasser. Odeur *douce*, lieblicher Geruch. Une voix *douce*, eine liebliche Stimme. Le *doux* murmure des eaux, das angenehme Rauschen des Wassers. Une couleur *douce*, eine linde (angenehme) Farbe. Des jeux *doux*, freundliche Augen. Une peau *douce*, eine zarte linde Haut.

Cheval qui a les allures *douces*, Pferd, das einen sanften Gang hat.

Il est *doux* de vivre en paix, es ist angenehm im Frieden zu leben.

Un tems *doux*, ein gelind lieblich Wetter.

Il est *doux* comme un agneau, er ist fromm wie ein Lamm.

Chemin *doux*, ein ebener Weg, der einem nicht sauer zu gehen wird.

Pente *douce*, ein abhängiger Ort, der allmählig nach der Tiefe geht.

Fer *doux*, Eisen das nicht spröde ist, das sich gut verarbeiten läßt.

Médecine *douce*, eine Arzney, die kein Bauchgrimmen verursacht.

Médecin d'eau *douce*, ein Medicus, dessen Mittel nicht viel helfen.

Taille *douce*, ein Kupferstich, oder ein radirtes Stück.

Faire des yeux *doux* à une femme, eine Frau mit verliebten Augen ansehen.

Il est *doux* par-devant & traitre par derrière, er küßt vornen und kratzt hinten; it. vom Wein, er schmeckt gut, aber bekommt übel.

Un stile *doux*, eine ungezwungene leichtfliessende Schreibart.

Billet *doux*, ein Liebesbrieflein.

Doux, *adv.* aller un peu plus *doux*, etwas leiser gehen.

Tout *doux*, vulg. gemach, sachte, nicht so geschwind.

Avaler quelque chose *doux* comme lait, einen Schimpf hinein fressen; etwas leichtlich glauben.

Filer *doux*, gute Worte geben; still sitzen, nicht prahlen, nicht mutsen.

DOUZAIN, *f. m.* eine alte Französische Münze von 12 Deniers, gleichwie hernach ein Sol; it. ein Gedicht von zwölf Versen, bey den Poeten. Demi *douzain*, sechs Deniers.

DOUZAINE, *f. f.* ein Dutzend.

A' *douzaines*, dutzendweise.

A' la *douzaine*, heißt eben so viel; it. schlecht, gering, dessen man genug haben kan.

Un poëte à la *douzaine*, ein schlechter Poet.

Il ne s'en trouve pas à la *douzaine*, man findet es nicht überall, es ist nichts gemeines.

DOUZE, *adj. num.* zwölf, (12) (XII).

Le *douze* du mois, der zwölfte des Monats.

Louïs *douze*, Ludewig der zwölfte.

Un livre en *douze*, ein Buch in Duodez.

DOUZIE'ME, *adj. c. & subst.* der Zwölfte.

DOUZIE'MEMENT, *adv.* zum zwölften.

DOXOLOGIE, *f. f.* (in der Kirchenhistorie) der

der Gesang: Gloria Patri & Filio & Spiritui Sancto.

DOYEN, *s. m.* der Aelteste in einem Collegio; it. ein Dechant oder Decanus.

DOYEN, (auf Universitäten) der Decanus einer Facultät.

DOYEN, Erzpriester oder Oberpfarrer über einen gewissen District.

DOYEN, (in gemeinen Reden) der älter als der andere ist.

DOYENNE, *s. f.* eine Dechantin, Decanißin in geistlichen Weibsstiftern.

DOYENNE, *s. m.* das Decanat, die Dechantstelle, Dechaney; (unter den Landpfarren) der District, über welchen ein Oberpfarrer die Aufsicht hat.

DRAGAN, *s. m.* (bey der Seefahrt) das Oberste am Hintertheil einer Galeere, wo ihr Bild oder Namenszeichen ist.

DRAGÉE, *s. f.* überzuckerte Körner, z. E. Aniß, Fenchel u. d. gl.

DRAGÉE, Schrot zum Schiessen.

E'carter la *dragée*, im Reden den Speichel von sich spritzen.

DRAGÉE, Mengsel für die Pferde.

DRAGEOIR, *s. m.* eine Confectschaale.

DRAGEON, *s. m.* (bey den Gärtnern) ein zarter Schößling (Knopf) woraus etwas sprossen will.

DRAGEONNER, *v. n.* Schößlinge treiben.

DRAGME, *s. f.* (in den Apotheken) ein Quintlein.

DRAGME, eine Münz bey den alten Griechen und Juden.

DRAGON, *s. m.* ein Drach.

DRAGON de mer, ein Meerdrach oder Schlange mit Flossen, als mit Flügeln.

DRAGON, ein Gestirn gegen den Nordpol, der Drach.

La tête & la queuë du *dragon*, (in der Sternkunst) das Drachenhaupt und der Drachenschwanz.

Le ventre du *dragon*, ist, wo die gröste Breite und Entfernung dieses Laufs oder dieses Kreises zusammen kommt, weil dieser Lauf in der Mitte weiter scheinet als aussen an beyden Seiten.

DRAGON volant, der fliegende Drach, ein gewöhnlich feurig Luftzeichen.

DRAGON volant, eine alte Art Feldschlangen; (bey den Feuerwerkern) gewisse Schwermer, die an einem Seil hinfliegen und äusserlich mit einem Drachenbild bedeckt sind.

DRAGON ardent, ein brennend Luftfeuer, so sich bisweilen sehen läßt, und geschwind vergeht.

DRAGON renversé, ein Ritterorden des Kaysers Sigismundi nach dem Concilio zu Costanz.

DRAGON, ein Dragoner, ein Soldat, so zu Fuß und zu Pferde dient; (figürlich) ein böser wilder Kerl, mit dem kein Mensch auskommen kan.

DRAGON d'eau, (auf der See) eine Wasserhose, ein kochender Wasserstrudel, der sich von der Fläche des Wassers bis in die Wolken erhebt, und sehr gefährlich ist.

DRAGON mitigé, ein Arzneymittel vom Mercurio vivo, sublimato, und dulci.

DRAGON de vent, (auf der See) ein ungestümmer Wirbelwind.

DRAGON, eine Krankheit am Auge eines Pferds.

Sang de *dragon*, Drachenblut, ein Kraut, sonst rothe Mengelwurz genannt; it. ein also genanntes Gummi aus Madagascar.

DRAGONNADE, *s. f.* Bekehrung, oder vielmehr gewaltthätiger Zwang zum Abfall vom Glauben mit Feuer und Schwert, Einquartierung der Dragoner u. d. gl.

La *dragonnade* a fait horreur à tous les gens de bien, & a été fatale à la couronne, der gewaltthätige Zwang, (Dragonermißion) zum Abfall vom Glauben, ist allen ehrlichen Gemüthern erschröcklich vorgekommen, und dem Königreich sehr nachtheilig und schädlich gewesen.

DRAGONNEAU, *s. m.* ein Wurm, der in warmen Ländern zwischen Fell und Fleisch an den Armen und Beinen der Einwohner wächst.

DRAGONNER, *v. a.* durch gewaltthätigen Zwang, oder gleichsam mit Feuer und Schwert, durch Einquartierung der Dragoner u. d. gl. die Leute zum Abfall von ihrer Religion zwingen und nöthigen.

DRAGONNÉ, ée, *adj.* (in Wappen) wenn ein Thier einen Drachenschwanz hat.

DRAGUE, *s. f.* ein Glaserpinsel, womit sie die Glastafeln bezeichnen.

DRAGUE, eine Schaufel, Sand oder Unflat aus den Flüssen und Brunnen zu ziehen.

DRAGUE, ein Seil, womit man die Canonen auf den Schiffen anhält, daß sie nach dem Schuß nicht zu weit zurücke laufen.

DRAGUE, ein Seil, einen Anker im Wasser zu suchen; (in Provence) ein Wassermann, Wassernix, ein Gespenst.

DRAGUE d'avirons, ein Zug oder Bund Ruder.

DRAGUES, *s. f.* Treber.

DRAGUER, *v. a.* den Grund eines Canals oder Flusses mit Sandschaufeln ausfegen; it. einen Anker oder sonst etwas in der See mit Seilen auf dem Grund suchen.

DRAÏER, *v. a.* (bey den Gerbern) das hie und da klebende Fleisch von der Haut abschaben.

DRAÏEURES, *s. f.* das was der Gerber von der Haut abgeschaben hat.

DRAÏOI-

DRAÏOIRE, *s.s.* das Schabmesser der Gerber.

DRAMATIQUE, *adj.* zu den Schauspielen gehörig. Poëme *dramatique*, Gedicht, so nach Art eines Schauspiels eingerichtet.

Poëte *dramatique*, Dichter, so Schauspiele schreibt.

DRAME, *s. m.* ein Schauspielgedicht, ein Stück als eine Comödie vorzustellen.

DRANET, *s. m.* ein Fischergarn, das ihrer zwey in der See ziehen.

DRAP, *s. m.* Tuch, Wüllenzeug.

DRAP, Bettlacken, Leinlach, Betttuch.

Se mettre entre deux *draps*, sich zu Bette legen.

DRAP d'or, mit Gold durchwirktes Tuch.

DRAP de soie, seiden Tuch.

Il peut tailler en plein *drap*, er hat alle Gelegenheit und Bequemlichkeit es zu thun.

La lisière est pire que le *drap*, die Leute an den Grenzen sind schlimmer, als die mitten im Lande.

Au bout de l'aune faut le *drap*, prov. es hat alles Ding ein Ende.

Il veut avoir le *drap* & l'argent, er will kaufen und nichts dafür geben.

Mettre quelqu'un en beaux *drap* blancs, einem seine Fehler entdecken, einen durchziehen.

DRAP de pié, ein Tuch, so man bey vornehmen Leuten auf die Erde breitet.

DRAP mortüaire, das Leichentuch auf der Bahre.

DRAPEAU, *s. m.* ein Lumpe oder Stücklein Tuch oder Leinwand.

DRAPEAU, (beym Fußvolck) eine Fahne oder Fähnlein. Donner le *drapeau* à quelqu'un, einen zum Fähnrich machen.

DRAPEAUX, *plur.* Kindswindeln.

DRAPELET, *s. m.* wollener Lumpe; Hader.

DRAPER, *v. n.* Tuch weben.

DRAPER, *v. a.* mit Trauertuch beschlagen. *Draper* une chambre, un carosse, ein Zimmer, eine Kutsche schwarz behängen, beziehen.

DRAPER, (bey der Mahlerey) dem Bild die Kleidung geben.

DRAPER, die Tangenten eines Claviers mit Tuch bekleiden.

DRAPER, einen durchziehen, hernehmen. On l'a *drapé* dans une certaine satire, er ist in einer gewissen Strafschrift weidlich hergenommen worden.

DRAPERIE, *s. f.* Tuchmacherhandwerk; Tuchhandel.

DRAPERIE, (bey der Mahlerey) die Bekleidung der Bilder. Jetter bien une *draperie*, eine Kleidung zierlich (künstlich) mahlen.

DRAPIER, *s. m.* e, *s.* ein Tuchmacher. marchand DRAPIER, Tuchhändler.

DRAVE, *s. m.* Baurensenf, ein Kraut.

DRAVE, ein Kraut, eine Art Indianischer Kresse, oder gelbe Rittersporn.

DRAVE, die Drau, ein Fluß in Kärndten.

DREGE, *s. m.* ein Fischgarn in der See, Schollen, Barben u. d. gl. zu fangen.

DRELIN, *interj.* ein Wort, den Laut eines Glöckleins oder Schelle auszudrücken.

DRESSE, *s. f.* ein Fleck Leder, so die Schuster zwischen zwey Sohlen legen, daß der Schuh gerad wird.

DRESSER, *v. a.* aufheben, gerad halten; gerad machen; aufrichten; aufsetzen; auf etwas zurichten. *Dresser* un bâton, einen Stab richten. *Dresser* les quilles, die Kegel aufsetzen. *Dresser* une statuë, eine Ehrensäule aufrichten. *Dresser* un procès-verbal, eine Registratur aufsetzen. *Dresser* un cheval, un chien, ein Pferd, einen Hund abrichten. Un soldat bien *dressé*, ein wohlgeübter Soldat.

DRESSER une batterie, Stücke pflanzen.

DRESSER une pièce de bois, ein Stück Holz behauen.

DRESSER d'alignement, eine Mauer nach der Schnur aufführen.

DRESSER une forme, (bey denen Buchdruckern) eine Forme in Ordnung setzen, zurichten.

DRESSER le drap, ein Tuch rahmen; an die Rahmen spannen.

DRESSER un feutre, einen Huth formen, auf die Form schlagen.

DRESSER un memoire, un compte, eine Verzeichniß, eine Rechnung, aufsetzen.

DRESSER une couche, (bey denen Gärtnern) ein Gartenbeet zurüsten, bereiten.

DRESSER son intention, seinen Sinn auf etwas richten.

DRESSER un piège, des embûches, Netze, Hinterhalt stellen.

DRESSER un lit, ein Bett aufschlagen.

DRESSER du linge, leinen Zeug steiffen.

DRESSER un livre, (beym Buchbinder) ein Buch schlagen.

DRESSER un potage, eine Suppe anrichten, übers Brod giessen.

DRESSER le pavé, das Pflaster gerad stossen.

DRESSER un pâté, den Rand um eine Pastete machen. Les cheveux lui *dressèrent* à la tête, die Haare stunden ihm zu Berge.

DRESSER la table, den Tisch decken.

DRESSER les oreilles, die Ohren spitzen.

DRESSER une pierre, einen Stein viereckig zuhauen. Ce chien *dresse* & va le droit, dieser Hund geht der geraden Spur nach.

se DRESse DRESSER, *v. r.* sich aufrichten; den Leib gerad aufrecht halten.

DRESSOIR, *s. m.* ein Credenztisch, Gläserschrank, Dresor.

DREUGESIN, *s. m.* e, *s.* das Land um Dreux; it. einer oder eine von Dreux.

DREUX, *s. m.* eine Stadt in Frankreich, in Isle de France.

DREUX, *s. m.* ein Mannsname, vor Alters.

DRIADES, *v.* DRYADES.

DRILLE, *s. m.* ein lustiger Rumpe; Bruder Lüderlich; ein loser Schelm, leichtfertiger Vogel.

DRILLER, *v. n.* geschwind laufen; traben; trippeln.

DRILLES, *s. m. pl.* alte Fetzen, zerrissene leinene Lumpen, wie sie zu dem Papier gebraucht werden.

DRILLEUX, euse, *adj.* zerlumpt, zerrissen, übel gekleidet.

DRILLIER, *s. m.* ein Lumpen- oder Fetzensammler, Händler.

DRISSE, *s. f.* Seil, eine Segelstange damit zu richten, oder eine Flagge auf- und abzuthun.

DROGMAN, *s. m.* ein Dollmetsch der Christen bey den Türken.

DROGUE, *s. f.* Specerey, zur Medicin gehörig; Apotheker- und Materialistenwaaren. Il débite bien ses *drogues*, er kan seine Waare wohl an den Mann bringen.

DROGUE, (im Scherz) eine geringe unnütze Sache.

DROGUER, *v. a.* Arzney gebrauchen lassen oder eingeben, purgiren.

se DROGUER, *v. r.* arzneyen, etwas einnehmen, gebrauchen. Il se *drogue* continuellement, er brauchet ohne Unterlaß.

DROGUERIE, *s. f.* das Fischen, Einsalzen, oder Dörren der Heringe.

DROGUET, *s. m.* eine Art Zeug von Wolle und Faden, halb leinerner Zeug; Droget.

DROGUIER, *s. m.* ein Kasten oder Schrank worinn man fremde Specerey zur Curiosität oder sonsten verwahret.

DROGUISTE, *s. m.* ein Materialist, Specereyhändler.

DROIT, e, *adj.* gerad; recht; im Gegensatz des linken; recht, billig.

à DROIT, rechter Hand, rechts.

Angle *droit*, ein gerader oder rechter Winkel, der just 90 Grad hält.

Sphère *droite*, (in der Astronomie) ein solcher Stand des Himmels, da der Wassermann mit dem Horizont rechte Winkel macht.

Avoir le cœur *droit*, ein aufrichtig und ehrliches Gemüth haben.

Avoir le sens *droit*, einen klugen Kopf haben, eine Sache bald begreifen oder einsehen.

Garantir un cheval *droit*, gut dafür seyn, daß ein Pferd nicht hinket.

Promener un cheval par le *droit*, ein Pferd gerad gehen lassen.

DROIT, *s. m.* das Recht, Gesetz; die Rechtsgelehrsamkeit; Befugniß, Schatzung, Tribut, Auflage; Gebühr. *Droit* divin, humain, civil, canon, das göttliche, menschliche, bürgerliche oder weltliche; päbstliche Recht.

Droit coûtumier, Landrecht, Herkommen, *v.* COÛTUMIER.

DROIT naturel, das natürliche Recht.

le DROIT des gens, das Völkerrecht.

DROIT de la guerre, das Kriegsrecht.

DROIT public, die Grundsätze des H. Römischen Reichs.

Avoir *droit* de faire une chose, befugt seyn etwas zu thun. Conserver son *droit*, sein Recht verwahren, erhalten.

Païer le *droit*, die Schatzung (Auflage) bezahlen.

les DROITS de chancèlerie, die Canzleygebühr.

DROIT, (bey den Jägern) diejenigen Theile des Gewildes, welche denen Weydleuten oder denen Hunden zugehören. Le *droit* des chiens, was die Hunde davon bekommen. Le *droit* de l'oiseau, was der Falke von seinem Fang bekommt, als das Herz, die Leber &c. vom Rebhun.

Les chiens courent bien le *droit*, die Hunde folgen auf guten Fehrten.

Appointer en *droit*, gerichtlich vorbescheiden.

Etre à *droit*, vor Gericht erscheinen.

Prendre *droit* par les charges, sich auf Zeugen beziehen, ohne Schaden der Gegenpartey.

Faire *droit*, ein Urtheil sprechen, Recht wiederfahren lassen.

A bon *droit*, billig, mit gutem Fug.

DROIT, *adv.* gerad; geradzu; aufrichtig, ehrlich.

DROITE, *s. f.* die rechte Hand; die Oberstelle; der rechte Flügel bey einer Armee.

Marcher à la *droite* de quelqu'un, einem zur Rechten gehen. Commander la *droite*, den rechten Flügel anführen.

à DROITE, zur Rechten. Prendre à *droite*, sich zur Rechten wenden, den Weg zur rechten Hand nehmen.

DROITEMENT, *adv.* billig, gerechter Weise, richtig, mit Verstand. Aller *droitement* en besogne, aufrichtig handeln; gleich zugehen.

Il n'est pas *droitement* si grand que l'autre, vulg. er ist nicht gar so groß als der andere.

DROITIER, e, *adj.* der rechts ist, nicht links.

DROI-

DROITURE, *s. f.* Billigkeit, Gerechtigkeit; it. das was die neuen Lehensfolger dem Lehnsherrn geben müssen. Relever *droiture*, die Lehensgebühr abtragen.

Droiture d'esprit, ein guter Verstand, geschwinde Einsicht, kluger Kopf. Servir Dieu en *sprit* de *droiture*, mit aufrichtigem Geist GOtt dienen.

à Droiture, en Droiture, geraden Wegs, geradezu, ohne Umwege. Ce vaisseau va en *droiture*, dis Schiff fährt gerad seinen Weg, ländet nirgends an.

DROITURER, *v. n.* (in Lehenrechten) bey Muthung oder Erlangung des Lehns die Lehengebühr abtragen.

DROITURIER, e, *adj. & subst.* ein Liebhaber der Gerechtigkeit. (ist alt.)

DRÔLE oder DROLLE, *adj. c.* kurzweilig, lustig, artig, lächerlich, närrisch.

Drôle, *s. m.* lustiger Bruder.
C'est un homme *drôle*, c'est un *drôle*, und vulg. c'est un *drôle* de corps, es ist ein artiger, lustiger, scherzhafter Mensch.

DRÔLEMENT, *adv.* kurzweilig, possirlich.

DRÔLERIE, *s. f.* Possen, lustige Händel, Scherz u. d. gl.

DRÔLESSE, *s. f.* ein unzüchtig Weibsbild.

DROMADAIRE, *s. m.* eine Art Cameel, kleiner und geschwinder als die andern.

DROSSE, *s. m.* ein Seil, so die Canonen im Schiff hält, auch sie hin und her zu schieben dienet; it. Holländisch, ein Seil, woran ein klein Schifflein ein grösseres zieht.

DROÜINE, *s. f.* ein Sack, (Ranze) eines Pfannenflickers.

DROÜINEUR, *s. m.* Kesselflicker, Pfannenflicker.

DROUSSER la laine, Wollen schlumpen.

DROUSSEUR de laine, Wollenschlumper.

DRU, ë, *adj.* flick, zeitig, als Vögel; it. frisch, munter, lustig.
L'herbe étoit haute & *druë*, das Gras stund hoch und dick. Un enfant *dru*, ein frisches munteres Kind. La fille étoit *druë*, das Mägdlein war derb und wohl bey Leib.

Dru, ë, *adj.* dick, wohl bey Leibe, untersetzt.

Dru, *adv.* das dick an einander steht, als Gras, Getreyd, Bäume.

Dru & menu, *adv.* in Menge, häufig, reichlich. La neige tombe *dru* & menu, der Schnee fällt sehr dick und klein. Persemé *dru* & menu, häufig, überschüttet. Ils tombent *dru* comme mouches, sie fallen dick wie die Fliegen.

DRUïDE, DRUYDE, *s. m.* ein Priester der alten Gallier.

DRYADE, *s. f.* eine Prophetin der Gallier; bey den Heyden, eine Waldnymphe; item ein Baum der Waldnymphen.

DRYLLE, *s. m.* eine Eiche weibliches Geschlechts, oder die Frucht davon.

DU, *Gen. & Abl. Sing. art. defin. masc.* des; von dem; von; aus u. d. gl. vor den Worten, die mit einem Consonant anfangen, als: du Roi, des Königs, oder von dem König; it. *nom. & accus. sing. masc. art. partit.* als: du vin, Wein; bisweilen bedeutet es eine præpositio, als: Je viens du marché, ich komme von dem Markt. Sorti du sang de Charle-Magne, aus Caroli Magni Geblüt entsprossen. Voïage du Nord, Reise nach Norden. Ravi du bonheur de quelqu'un, über jemands Glück erfreut. Remercier quelqu'un du plaisir qu'il nous a fait, einem vor den Gefallen, den er uns erzeigt hat, Dank sagen. Etre content du sort, mit dem Glück zufrieden seyn. Parler du nés, durch die Nase reden.

C'est dommage du garçon, es ist Schade um den Knaben.

Point du tout, ganz und gar nicht, durchaus nicht.

Du commencement, von Anfang; von Anbegin.

Du tems de nos pères, zu unserer Väter Zeit.

Dû, ë; *part.* v. DEVOIR.

DUBITATION, *s. f.* (Figur in der Redkunst) verstellter Zweifel an dem, was man bekräftigen will, den Einwürfen damit vorzukommen.

DUC, *s. m.* eine Art Nachteulen.

Duc, *s. m.* Herzog.

Duc & Pair de France, Herzog der von einem Herzogthum den Namen führt, und ein Stand des Königreichs ist.

Duc de brevet, Herzog der ohne Land den Titul aus Gunst des Königs nur auf Lebenszeit führt.

DUCAL, e, *adj.* was einem Herzog gehört, herzoglich.

DUCALE, *s. f.* ein offener Brief des Venetianischen Senats.

DUCAT, *s. m.* ein Ducaten.
Double *ducat*, ein Doppelducaten.

Ducat, *adj. m.* in dieser Redensart: Or *ducat*, Ducatengold.

DUCATON, *s. m.* ein halber Ducaten, eine Silbermünze, als ein Speciesthaler.

DUCHE', *s. m. & f.* ein Herzogthum.

DUCHE'-PAIRIE, *s. f.* Herrschaft, so die Würde und den Titul eines Herzogthums führt. Eriger une terre en *Duché-pairie*, eine Herrschaft zum Herzogthum erheben.

DUCHESSE, *s. f.* Herzogin.

Duchesse, besondere Schläufe Band, so vornehme Weiber über der Stirn tragen.

DU-DEPUIS, nach der Zeit.
DUCTILE, *adj.* (wird von Metallen gesagt) schmeidig; das sich schlagen und ziehen läßt.
DUCTILITE', *s. f.* Schmeidigkeit des Metalls.
DUEL, *s. m.* Zweykampf; Balgen; da Mann gegen Mann ficht. Offrir, refuser le *duel*, einen Kampf anbieten, ausschlagen. Se battre en *duel*, balgen, duelliren. Appeller en *duel*, zum Kampf ausfordern.
DUEL, (in der griechischen und hebräischen Sprachkunst) Numerus dualis, eine Abwandelung, so zwey bedeutet.
DUELLISTE, *s. m.* ein Duellant.
DUëMENT, *voies* DüMENT.
DUIRE, *v. n.* (ist alt und mangelhaft) wohl anstehen; nützlich und zuträglich seyn. Prenés ce qui vous *duit* le plus, nehmet was euch am besten anstehet. Celà ne me *duit* pas, das nutzt mir nichts.
DULCIFIER, *v. a.* (in der Chymie) das Salz von etwas wegnehmen, daß es süß wird.
DULIE, *s. f.* (in der Röm. Kirche) der Dienst, so den Engeln und Heiligen erwiesen wird.
DüMENT, *adv.* wie sichs gebührt, geziemender Weise.
DUNES, *s. f. phur.* Sandhügel am Meergestad.
DUNETTE, *s. f.* der höchste Ort auf dem Hintertheil eines grossen Schiffs.
DUNG, *s. m.* (in Persien) ein Gewicht von vier Gran; it. eine goldene Münz zwölf Gran schwer.
DUO, *s. m.* ein Lied zu zwey Stimmen.
DUODE'NUM, *s. m.* (in der Anatomie) der erste Darm der dünnen Gedärmen.
DUPE, *s. f.* ein einfältiger Tropf, der sich vor einen Narren halten läßt. Il est la *dupe* de tout le monde, er ist jedermanns Narr, wird überall betrogen. Il a été pris pour *dupe*, er ist beschnellt (betrogen) worden. L'esprit est souvent la *dupe* du cœur, der Verstand läßt sich oft von dem bösen Willen bethören.
DUPER, *v. a.* betrügen, beschwatzen, äffen, bethören.
DUPERIE, *s. f.* Betrügerey, Schelmerey, listige Beschwatzung.
DUPLICATA, *s. m.* doppelte Abschrift, wiederholte Ordre u. d. gl.
DUPLICATION, *s. f.* (in der Arithmetic und Geometrie) Verdoppelung, wenn man eine Zahl mit zwey multipliciret, oder eine Figur, absonderlich einen Cubum, verdoppelt.
DUPLICATURE, *s. f.* (in der Anatomie) wo sich etwas verdoppelt.
DUPLICITE', *s. f.* Falschheit, Verstellung.

DUPLICITE', wenn zwey Ding zugleich sich an einem Ort befinden. La *duplicité* de péril, d'action dans une pièce de théatre, wenn in einer Tragödie oder Comödie zweyerley Gefahr oder zweyerley Handlungen aufgeführet werden.
DUPLIQUER, *v. a.* (bey Juristen) eine Gegenschrift auf die Replique eingeben.
DUPLIQUES, *s. f. pl.* (in Rechten) die Antwort auf eine Replique.
DUPPE, und dessen Derivata, *v.* DUPE.
DUQUEL, der *Gen.* oder *Abl. Singul. Masc.* des Pronom. lequel, *v.* LEQUEL.
DUR, e, *adj.* hart; zähe. Les métaux sont *durs*, die Metalle sind hart. Des œufs *durs*, hart gesottene Eyer. Un chapon *dur*, ein zäher Capaun.
DUR, hart, beschwerlich, schmerzlich. Dans cette *dure* extrêmité, in dieser harten Noth.
DUR, hart, unempfindlich, streng; ohne Mitleiden; unbarmherzig. Un homme *dur*, ein harter (strenger) Mann. Avoir l'ame *dure*, einen harten Sinn haben, unbeweglich (unerbittlich) seyn; kein Erbarmen haben. Avoir l'oreille *dure*, harthörig seyn. Etre *dur* aux coups, hart (unempfindlich) gegen die Schläge seyn. Stile *dur*, eine harte (unangenehme) Schreibart. Livre *dur* à la vente, ein Buch, das nicht wohl abgehet.
DUR; cheval *dur*, Pferd, das weder Sporen noch Peitsche achtet.
DURABLE, *adj. c.* dauerhaft, langwierig.
DURACINE, *s. f.* eine Herzpfirsche.
DURAL, e, *adj. & s. m.* (in der Music) was aus dem b *dur* geht.
DURANT, e, *adj.* während, langwierig.
DURANT, *præp.* die Zeit über, während, lang, durch, über, unter. *Durant* que, so lang als, dieweil, indem. *Durant* l'été, den Sommer über. *Durant* toute sa vie, oder sa vie *durant*, so lang er lebt, Lebenslang. Six ans *durant*, sechs Jahr lang.
DURCIR, *v. a.* härten, hart machen; (figürlicher Weise) abhärten, als das Gemüth. *Durcir* le fer, das Eisen härten. *Durcir* l'esprit, das Gemüth bestärken, bevestigen.
se DURCIR, *v. r.* hart werden. Un œuf trop cuit se *durcit*, ein allzu lang gesottenes Ey wird hart.
DURE, *s. f.* die harte Erde, der blosse Erdboden. Coucher sur la *dure*, auf der blossen Erde liegen.
la DURE d'un corps de garde, die Schlafbank (Britsche) in einer Wachstube.
DUREAU, eine Art Pfersich.
DURE'E, *s. f.* das Dauern, die Währung; die Dauerhaftigkeit. Il n'est rien dans
le

le monde d'éternelle *durée*, nichts in der Welt hat eine beständige Währung; währet ewig. Etre de longue *durée*, lang dauren.

DUREMENT, *adv.* härtiglich, hart; unsanft.

DUREMENT, unfreundlich; ernstlich; grausam. Etre couché *durement*, hart liegen. Traiter quelqu'un *durement*, mit einem hart (streng) verfahren.

DURE-ME'RE, *s. f.* die Haut, so das Gehirn umgiebt.

DURER, *v. n.* dauren, währen; bleiben. Nôtre amitié doit *durer*, unsere Freundschaft soll beständig währen.

Une étoffe à *durer*, ein Zeug auf die Dauer.

Ne pouvoir *durer* en place, nicht lang an einem Orte bleiben können, unruhig seyn.

Ne pouvoir *durer* de chaud, vor Hitze nicht bleiben können.

Le tems lui *dure*, die Zeit wird ihm lang. On ne sçauroit *durer* avec lui, es kan kein Mensch bey ihm bleiben.

Il faut faire vie qui *dure*, prov. man muß es so machen, daß man es aushalten (ausführen) kan.

Le tems *dure* à celui qui attend, wer da wartet, dem wird die Zeit lang.

DURET, *m.* DURETTE, *f. adj.* härtlich.

DURETÉ, *s. f.* die Härte, Härtigkeit. La *dureté* du marbre, die Härte des Marmors. La *dureté* des mains, Schwiele, harte Haut an den Händen. La *dureté* du ventre, Verstopfung des Leibs. La *dureté* de l'ouïe, das harte Gehör. La *dureté* du cœur, Härtigkeit des Herzens; Halsstarrigkeit; Unbarmherzigkeit.

DURILLON, *s. m.* harte Haut, Horn, Schwielen in Händen oder an Fußsohlen.

DURILLONNER, *v. n.* hart werden, als die Haut an Händen und Füßen.

DURIO, ein grosser Indianischer Baum.

DURIUSCULE, *adj. c.* (im Scherz) härtlich.

DUVET, *s. m.* Pflaumfedern.

DUVET, die ersten Haare am Bart, Flachsbart; it. der bey jungen Leuten gewöhnliche Unverstand.

DUVETEUX, euse, *adj.* (bey den Falkenierern) Vogel, der viel Pflaumfedern hat.

DUUMVIR, *s. m.* ein Herr, der nebst noch einem das Regiment vor andern hat.

DYNASTIE, *s. m.* eine Herrschaft.

DYNASTIE, eine gewisse Linie Könige, so regieret haben.

DISPEPSIE, *s. f.* Unverdaulichkeit.

DYSPNE'E, *s. f.* Engbrüstigkeit, kurzer Athem.

DYSSENTERIE, *s. f.* die rothe Ruhr.

DYSSENTE'RIQUE, *adj. & s. m. & f.* der die rothe Ruhr hat.

DYSURIE, *s. f.* Harnwinde, kalte Pisse.

E.

E EAU
s. m. der Buchstaben E.
E masculin (é). Aimé, geliebet.
E féminin (e).

E fermé, (é) das man ausspricht, als das e im Deutschen ewig, da man dem i im Aussprechen näher kommt.

E ouvert, (è, ê) da man dem a näher kommt, und das als ai oder ä lautet, als: tête, fête; accès, près.

E trema, (bey den Buchdruckern) ein e mit zwey Puncten, (ë).

E acut, (bey den Buchdruckern) ein solch (é).

EAU, *s. f.* Wasser, eines von den vier Elementen. Eau pour boire, Trinkwasser. *Eau* vive, lebendiges Wasser. *Eau* morte, dormante, croupissante, faul, stehendes Wasser. *Eau* claire, trouble, klares, trübes Wasser. *Eau* de puits, de rivière, de fontaine, Brunn- Fluß- Springwasser. *Eau* de pluie, Regenwasser. *Eau* de neige, Schneewasser. *Eau* minerale, Sauerwasser.

Je suis tout en *eau*, ich bin ganz voller Schweiß.

Ces poires ont une bonne *eau*, diese Birnen sind sehr saftig.

Perle qui est de belle *eau*, Perle die einen reinen Glanz hat.

A fleur d'*eau*, dem Wasser gleich.

Vif de l'*eau*, haute *eau*, die Fluth. *Eau* morte, basse *eau*, die Ebbe.

Mettre un navire à l'*eau*, ein Schiff ins Wasser bringen.

Le courant de l'*eau*, der Strom, wo der Lauf des Flusses am stärksten ist.

Les courants d'*eau*, der Strom in der See.

Il est médecin d'*eau* douce, er ist ein schlechter Arzt.

Tout s'en est allé à vau l'*eau*, prov. es ist alles dahin, vergangen, verschwunden.

Il n'est pire *eau* que celle qui dort, *prov.* stille Wasser haben tiefe Gründe, sind sehr tief.

L'eau lui vient à la bouche, er bekommt Lust zum Handel.

Pêcher en *eau* trouble, prov. im Trüben fischen.

Il n'y fera que de l'*eau* toute pure, es wird ihm nicht gelingen.

Laisser courir l'*eau*, sich der Sorge entschlagen.

Aller

Aller par *eau*, zu Waſſer reiſen.
Eau bénite, Weihwaſſer.
Eau bénite de cave, Wein.
Eau bénite de cour, Complimenten.
Eau alumineuſe, Alaunwaſſer zu den Wunden.
Eau d'ange, ein wohlriechend Waſſer.
Eau d'arquebuſade, ein Wundwaſſer, wenn man geſchoſſen worden iſt.
Eaux arthritiques, Gliederwaſſer, ſich damit zu ſchmieren.
Eau battuë, ein Waſſer, das man ſchon in unterſchiedene Gefäſſe gegoſſen hat, ihm ſeine Unreinigkeit und Crudität zu nehmen.
Eau de départ, ou de ſéparation, oder *eau forte*, ardente, cauſtique, Scheidwaſſer.
Eau divine, Arzney, ſo das Herz ſtärket.
Eau de la Reine de Hongrie, Ungariſch Waſſer.
Eau de roſe, Roſenwaſſer; item eine Art Birn, Roſenbirn.
Eau de vie, Brantewein.
Eau de ceriſes, Kirſchwaſſer, Kirſchengeiſt.
   Lâcher ſon *eau*, faire de l'*eau*, ſein Waſſer oder den Urin laſſen.
   Fondre en *eau*, ſehr weinen, in Thränen ſchwimmen.
   Faire de l'*eau*, (auf den Schiffen) friſch Trinkwaſſer holen.
   Faire *eau*, ſagt man vom Schiffe, wenn es Waſſer ſchöpft, oder leck iſt.
   Battre l'*eau*, ſagt man auf der Jagd von den Thieren, ſo ins Waſſer lauffen; ſonſt heißt es, vergeblich arbeiten.
   Nager entre deux *eaux*, unter dem Waſſer hin ſchwimmen; (figürlich) zwiſchen zwey Parteyen neutral ſeyn, ſich vor keine Partey erklären, oder auch, es bald mit dieſer bald mit jener Partey halten.
   Prendre les *eaux*, die Brunnencur gebrauchen.
   Allée d'*eau*, ein Spaziergang, zu deſſen beyden Seiten Waſſerkünſte ſpringen.
   Berceau d'*eaux*, ein Spaziergang, über welchem das zu beyden Seiten ſpringende Waſſer einen Bogen macht.
   Le Roi a donné les *eaux* à un Prince, der König hat einem Fürſten zu Ehren alle Waſſerkünſte ſpringen laſſen.
   Donner l'*eau* à un drap, einem Tuch den Glanz geben.
   Donner trois *eaux* au veau, das Kalbleder dreymal einweichen, wenn es gegerbt wird.
   Donner une couleur d'*eau* à un morceau de fer, ein Eiſen blau anlauffen laſſen.
   Le Grand-Maître des *eaux*, der Miniſter in Frankreich, ſo über alle Waſſerflüſſe, Flöſſe, Fiſcherey, Brücken, Inſeln ꝛc. geſetzt iſt.

   Mauvaiſes *eaux*, wäſſerige Feuchtigkeiten an den Hinterfüſſen der Pferde.
   Cet homme a mis de l'*eau* dans ſon vin, dieſer Menſch iſt nicht mehr ſo hitzig, ſo erzürnet.
   Faire voir de ſon *eau*, ſeine Künſte ſehen laſſen.
   Des gens de-là l'*eau*, grobe, unerfahrne, unwiſſende Leute.
   Les *eaux* ſont baſſes, es iſt nicht viel Geld da.
   Un bûveur d'*eau*, ein Menſch, der zu keinen groſſen Verrichtungen zu gebrauchen iſt.
   Nager en grande *eau*, in groſſem Glück und Ehren ſeyn.
   Revenir ſur l'*eau*, wieder in die Höhe, auf einen grünen Zweig kommen.
Eaux, *ſ. f. plur.* Sauerbrunn; Heilbrunnen. Il eſt allé aux *eaux*, er iſt nach dem Sauerbrunnen gegangen.
Eaux & forêts, das Oberforſtamt.
s'E'BAHIR, *v. r.* erſchrecken, erſtaunen, (iſt alt).
E'BAHI, e, *part. & adj.* erſchrocken, (iſt alt).
E'BAHISSEMENT, *ſ. m.* der Schrecken, das Erſtaunen, (iſt alt).
E'BANDISSE, *ſ. f.* Herzhaftigkeit, (iſt alt).
E'BARBER, *v. a.* den Bart abnehmen, balbiren; it. glatt und gleich machen.
   E'barber une plume, eine Feder zurichten, daß ſie wieder recht ſchreibt. E'barber un plat, die Beulen und Krummen aus einer Schüſſel ausklopfen, ſie gleich machen, gleich ſchlagen. E'barber un boulet de canon, eine Stückkugel glatt machen, daß ſie nicht ſo rauh iſt. E'barber un livre, ein Buch ein wenig beſchneiden.
E'BAROÜI, *adj. m.* vaiſſeau ébaroüi, ein leckes Schiff, das Spalten oder Ritzen bekommt.
E'BAT, *ſ. m.* Spiel, Luſt, Freude; Vergnügung junger Leute, die mit dem Ballen ſpielen, tanzen u. d. gl. (iſt alt).
   Prendre ſes ébats à quelque choſe, ſeine Luſt in etwas ſuchen oder haben.(iſt alt).
E'BATEMENT, *ſ. m.* Zeitvertreib. (iſt alt).
s'E'BATRE, *v. r.* ſich ergötzen, die Zeit vertreiben. (iſt alt).
E'BAUBI, e, *adj.* erſchrocken. (iſt alt).
E'BAUCHE, *ſ. f.* der erſte Entwurf eines Werks. Faire l'*ébauche* d'un tableau, Zeichnung eines Gemähldes machen.
E'BAUCHE d'une paſſion, der erſte Anfang einer Liebesregung.
E'BAUCHER, *v. a.* aus dem gröbſten heraus arbeiten.
   E'baucher un bois, ein Holz behauen.
   E'baucher une ſtatuë, ein Bild aushauen.

E'BAU-

E'BAUCHER, (bey den Mahlern) etwas mit den vornehmsten Strichen entwerfen.
 E'baucher un tableau, ein Gemähld entwerfen.
E'BAUCHER, mit einem Grundriß einen Entwurf von etwas machen, als die Baumeister.
E'BAUCHER, den ersten Auffatz machen, als zu einer Predigt; zu einem Contract rc.
 E'baucher un discours den Entwurf von einer Rede auffetzen.
E'BAUCHER, (bey den Seilern) den Hanf durch die gröbste Hechel ziehen.
 E'baucher le chanvre, den Hanf hecheln.
E'BAUCHOIR, f. m. ein Werkzeug, das Gröbste abzuarbeiten, bey Zimmerleuten, Schreinern, Bildhauern rc.
E'BAUCHOIR, (bey den Seilern) die grosse Hechel, Hanfkamm.
E'BAUDIR, v. a. vulg. ergötzen, ermuntern, erfreuen.
s'E'BAUDIR, v. r. sich ergötzen; sich erholen.
E'BAUDISSEMENT, f. m. Erlustigung, Ergötzung.
E'BE, f. f. die Ebbe, das Abfliessen des Meers.
 Ce qui vient à ébe, s'en retourne au flot, prov. was mit der Ebbe kommt, geht mit der Fluth wieder fort: wie gewonnen, so zerronnen; das Sprichwort ist nur in der Normandie gebräuchlich, denn anderswo pflegt man zu sagen: Ce qui vient par la flute, s'en retourne par le tambour.
E'BENE, f. f. Ebenholz.
E'BE'NER, v. a. als Ebenholz zurichten oder anstreichen.
E'BENIER, f. m. der Baum, von dem das Ebenholz kommt.
E'BE'NISTE, f. m. ein Schreiner der Ebenholz verarbeitet; it. der andere eingelegte Holzarbeit macht.
E'BERTAUDER, v. a. ein Tuch das erstemal scheeren.
E'BIE, f. f. Rinne oder Graben, dadurch das Wasser von einem Teich ablaufen kan.
E'BLOÜIR, v. a. verblenden, blenden. Le soleil éblouit les yeux, die Sonne blendet die Augen.
E'BLOÜIR, bestürzt, verdutzt machen; auffer sich bringen.
E'BLOÜIR, (figürlicher Weise) verblenden, einnehmen, verleiten, verführen, betrügen. Il éblouit tout le monde par une fausse piété, er verblendet alle Leute durch verstellte Frömmigkeit. La fortune éblouit les ambitieux, das Glück verblendet die Ehrsüchtigen. L'éloquence d'un avocat éblouit les juges, die Wohlredenheit eines Sachwalters nimmt die Richter ein.

E'BLOÜISSANT, e, adj. blendend, allzuhell, sehr glänzend. Une beauté éblouïssante, eine verblendende entzückende Schönheit.
E'BLOÜISSEMENT, f. m. Blendung, Verblendung der Augen.
E'BLOÜISSEMENT, Verleitung, Ueberredung; Blendung des Verstandes.
E'BOËLER, v. a. das Eingeweid ausnehmen oder ausreissen. (ist alt).
E'BORGNER, v. a. ein Aug ausschlagen.
E'BORGNER une maison, einem Hause das Licht benehmen, verbauen.
E'BORGNE', ée, adj. & part. ein Einäugiger.
s'E'BOUFFER, v. r. de dire, unbändig lachen, vor Lachen bersten wollen. Ces discours me font ébouffer de rire, ich möchte bersten vor Lachen über dieses Geschwätze.
E'BOÜILLIR, v. a. einkochen, dick kochen.
s'E'BOÜILLIR, v. r. einkochen, durch langes Kochen weniger werden.
E'BOULEMENT, f. m. das Einfallen der Erde und des Gemäuers, wenn man gräbet. L'éboulement d'une muraille, das Einstürzen einer Mauer.
E'BOULER, v. a. einfallen machen, als Erde und Gemäuer.
s'E'BOULER, v. r. hinabrollen, einfallen, sich senken. Le rempart commence à s'ébouler, der Wall beginnt zu verfallen.
E'BOULIS, f m. was herab gerollt ist, als Erde, Sand, Steine, Schutt.
E'BOURQUEUSES, f. f. pl. Weiber, welche in den Tuchfabriken die Knöpfe aus dem Tuch nehmen.
E'BOURGEONNEMENT, f. m. Abbrechung der überflüßigen Augen und Knospen von Weinstöcken und Bäumen.
E'BOURGEONNER, v. a. die überflüßigen Knospen und Augen von den Bäumen und Weinstöcken abbrechen.
E'BOUSINER, v. a. einem Stein die äusserste Schiefer wegschneiden.
E'BRANCHEMENT, f. m. Abhauung der unnützen Aeste von den Bäumen.
E'BRANCHER, v. a. die Aeste abhauen.
E'BRANDI, e, adj. das um sich gegriffen hat, als eine Feuersbrunst u. d. gl.
E'BRANLEMENT, f. m. Erschütterung.
E'BRANLEMENT, Wankelmuth, Ungewißheit, Aenderung des Vorsatzes.
E'BRANLER, v. a. erschüttern. E'branler la muraille avec le canon, die Mauer einschiessen; zerschiessen. E'branler une cloche, eine Glocke in den Schwung bringen.
E'BRANLER, widerlegen. E'branler quelqu'un dans sa résolution, einen in seiner Entschliessung wankend machen.

L l l   E'BRAN-

E'BRANLER, verletzen, schwächen, Abbruch thun. E'branler les loix, die Gesetze brechen, schwächen. E'branler le courage des soldats, den Soldaten den Muth brechen. Sa fidélité ne fut point ébranlée, seine Treu blieb unbeweglich.

s'E'BRANLER, v. r. wankend, zweifelhaft werden, den Muth verlieren; it. eine Bewegung machen, sich zu etwas gefaßt machen, sonderlich im Kriege. Il répondit sans s'ébranler, er antwortete ohne Erschrecken. L'infanterie de l'ennemi commença à s'ébranler, das feindliche Fußvolk fieng an zu wanken. L'armée commença à s'ébranler pour donner, die Armee fieng an, sich zu bewegen, auf den Feind zu treffen, den Angriff zu thun.

E'BRéCHER, v. a. eine Scharte in ein Messer, Hobel u. d. gl. machen; it. ein Stück heraus brechen, als aus einem irdenen Geschirr; abbrechen, einen Zahn.

E BRéCHE', ée, part. & adj. schartig, zerbrochen. Un couteau ébréché, ein schartig Messer.

E'BRENER, v. a. ein Kind säubern, das sich unrein gemacht (beschissen) hat.

E'BRIETE', s. f. die Trunkenheit.

E'BRILLADE, s. f. ein Schlag, den der Bereuter dem Pferd mit einer Seite des Zügels an den Hals giebt.

s'E'BROüER, v. r. (auf der Reitschul) schnauben, brausen. (einige sprechen s'ébroüir, aber unrecht).

s'E'BRUITER, v. n. ausschwatzen, unter die Leute bringen. L'affaire s'est ébruitée, die Sache ist ausgebrochen; ruchtbar (lautbar) geworden. Il faut prendre garde que l'affaire ne vienne à s'ébruiter, man muß sich in acht nehmen, sonst möchte diese Sache jedermann bekannt werden.

E'BULLITION, s. f. das Aufkochen, Aufwallen; das Auffahren kleiner Blattern am Leibe; it. kleine Beulen, so den Pferden auffahren. E'bullition de sang, Aufwallung [Entzündung] des Gebluts. L'ébullition d'une liqueur, Aufgährung eines Getränks, Saffts.

E'BULLITION du cerveau, Thorheit, närrischer Einfall.

E'CACHE, s. f. eine Art von Gebiß an den Pferdezäumen.

E'CACHEMENT, s. m. Zerquetschung.

E'CACHER, v. a. drücken, zerdrücken, breit drücken, quetschen, platt schlagen. Un visage écaché, ein breit Gesicht. Un nez écaché, eine eingedrückte Nase.

E'CACHEUR d'or, s. m. ein Goldschlager.

E'CAFER, v. a. [bey den Korbmachern] das Riet [die Weiden] spalten.

E'CAILLE, s. f. Schaale an Austern, Schildkroten u. d. gl. it. die Austern selbst.

E'CAILLE, Schuppen an Fischen; it. was einer Schaale oder Schuppe gleicht.

E'CAILLE, ein Stück Rinde vom Tannzapfen.

E'CAILLE, ein Blatt von Artischocken.

E'CAILLE, ein Grind an der Haut; Schiefern an den Steinen.

E'CAILLE, der Zünder, so vom Eisen fällt, wenn man es schmiedet.

E'CAILLE, was schuppenweis gearbeitet ist, als ein Blech am Harnisch rc.

E'CAILLE de mer, ein harter Stein zum Farbreiben der Mahler.

E'CAILLER, v. a. schuppen, die Schuppen herab thun.

s'E'CAILLER, v. r. sich schiefern, schieferweis abfallen.

E'CAILLE', ée, adj. geschuppt, abgeschuppt; (in Wappen) mit Schuppen versehen, schuppicht, als Schuppen gemacht.

La troupe écaillée, (bey den Poeten) die Fische.

E'CAILLEUR, s. m. ein Austernkrämer.

E'CAILLEUX, euse, adj. das sich schuppen - oder schieferweis spaltet, als Schieferstein rc. schuppicht.

E'CAILLIER, s. m. v. E'CAILLEUR.

E'CAILLON, s. m. die Hakenzähne der Pferde.

E'CALE, s. f. die Schaale der Eyer; die Haut oder Hülse der Bohnen und Erbsen; die Schoten der grünen Erbsen; die grünen Nußschaalen.

E'CALE, das Anländen mit dem Schiffe, unter Weges, ehe man an den rechten Ort kommt; it. ein Ort, wo man anländen kan.

E'CALER, v. a. schälen, aus den grünen Schaalen thun, als Nüsse; aus den Schoten thun, als Erbsen, Bohnen u. d. gl.

E'CARBOüILLER, v. a. einem die Hirnschaale oder den Kopf einschlagen.

E'CARLATE, s. f. Scharlachkörner; Scharlachtuch.

E'CARQUILLER, v. a. weit aus einander sperren, als die Beine; weit aufthun, auffperren, groß machen, als die Augen rc.

E'CARRE, s. f. Riß, Zertrennung, Niederlage, die eine Bombe oder Stückkugel unter den Soldaten macht.

E'CARRE, (in Wappen) Winkelmaaß.

E'CARRIR, v. E'QUARRIR.

E'CART, s. m. Zertheilung, Zertrennung.

E'CART d'os, [in der Wundarzney] Verruckung [Verstauchung] eines Beins.

E'CART, [im Kartenspiel] die Wegwerfkarten.

E'CART, [im Tanzen] ein Schritt, da man einen

E'CA ECH ECH 451

einen Fuß vor sich setzt, bald aber wieder zum andern thut, mit Aufhebung der Ferse.

E'CART, das Abgehen von der Materie in einer Rede.

E'CART, (in Wappen) das vierte Theil eines gevierttheilten Schildes.

à l'E'CART, adv. beyseit, besonders, abgesondert, absonderlich, allein.

E'CART, s. m. (auf den Schiffen) das Zusammenfügen der Breter mit ihrem äussersten Theile. E'cart simple, wenn sie nur neben einander liegen. E'cart double, wenn sie mit Fugen und Zähnen in einander gefügt werden.

E'CARTABLE, adj. c. (vom Falken) der hoch steigt, wenn ihm zu warm wird.

E'CARTELER, v. a. viertheilen, einen Missethäter; (in Wappen) einen Schild in vier Theile theilen.

E'CARTELÜRE, s. f. die Theilung des Schildes in vier Theile.

E'CARTER, v. a. zerstreuen; vertreiben. E'carter les ennemis, die Feinde vertreiben. E'carter la foule, das Gedränge des Volks zurücke treiben. Fusil qui écarte la dragée, eine Flinte, so den Schrot zerstreuet, weit umher wirft.

E'CARTER, (im Kartenspiel) verwerfen; die unnütze Karte weglegen.

s'E'CARTER, v. r. sich theilen, trennen, aus einander gehen, sich entfernen, wegbegeben. S'écarter du chemin, von dem Weg abweichen. S'écarter des sentimens des autres, von der Meynung der andern abweichen. Ils s'étoient écartés pour piller, sie waren ausgetreten Beute zu machen.

E'CARTE', ée, part. & adj. entfernt, abgelegen als ein Ort, heimlich, verborgen.

E'CAUT, s. m. die Schelde, ein Fluß in den Niederlanden.

ECCE HOMO, s. m. ein Gemählde, das Christum vorstellet, da Pilatus sagte: sehet, welch ein Mensch.

ECCHYMOSE, v. E'CHYMOSE.

ECCLE'SIASTE, s. m. der Prediger Salomo.

ECCLE'SIASTIQUE, adj. c. geistlich, oder das zur Kirche gehört. Discipline ecclésiastique, die Kirchenzucht. Etat ecclésiastique, der geistliche Stand.

ECCLE'SIASTIQUE, s. m. ein Geistlicher; it. der Jesus Sirach.

ECCLE'SIASTIQUEMENT, adv. auf geistliche Weise und Art.

ECCOPE, s. f. (in der Wundarzney) ein Schnidt bey einem Schaden am Leibe.

ECCOPROTIQUE, s. m. purgirende Arznen.

ECERVELE', ée, adj. & subst. hirnlos,

unvernünftig, tummkühn; ein toller, närrischer Kopf.

E'CHAFAUDAGE, s. m. das Gerüst zu einem Gebäu.

E'CHAFAUDER, v. a. & n. das Gerüst zu einem Gebäu aufrichten; (vor diesem) einen in einem lächerlichen Kleid auf den Pranger stellen.

E'CHAFAUT, s. m. eine Bühne, darauf man einer öffentlichen Ceremonie zuschauen kan. A' l'entrée du Roi les ruës étoient pleines d'échafauts, bey dem königlichen Einzug waren die Strassen voll Bühnen.

E'CHAFAUT, eine Bühne, einen Missethäter hinzurichten.

E'CHAFAUT, (beym Bauen) ein Gerüst.

E'CHALADER, v. a. v. E'CHALASSER.

E'CHALAS, s. m. ein Rebpfal, Rebstecken, oder Weinpfal.

E'CHALASSEMENT, s. m. das Einstecken der Weinpfäle.

E'CHALASSER, v. a. Weinpfäle einstecken; den Wein an die Pfäle binden.

E'CHALIER, s. m. ein Zaun von Pfälen; item ein kleiner Steig über dergleichen Zaun.

E'CHALOTTE, s. f. Schalotten, eine Art Zwiebel.

E'CHALOTTE, das Röhrlein an dem Schnarrwerk in den Orgeln; item das Mundstück.

E'CHAMPIR, v. a. (bey den Mahlern) einer Figur oder Laubwerk die Gestalt geben.

E'CHANCRER, v. a. einen Zeug in die halbe Runde ausschneiden, einwärts ausschneiden in einen Bogen, wie der Hals an einem Kleide, ausschweifen. E'chancrer une manche, une coiffe &c. einen Ermel, eine Haube ꝛc. zuschneiden, ausschweifen.

E'CHANCRURE, s. f. der hohle Ausschnidt an einem Kleid.

E'CHANDOLE, s. f. eine Dachschindel.

E'CHANGE, s. m. ein Tausch, ein Wechsel, Verwechselung, Auswechselung. Faire une échange, einen Wechsel, Tausch treffen. Faire l'échange des prisonniers, die Gefangenen auswechseln.

en E'CHANGE, gegen etwas, nemlich im Tauschen; hingegen, dagegen, hinwiederum. Il a ce vice, mais en échange il a plusieurs vertus, er hat diesen Fehler, aber hingegen hat er verschiedene Tugenden.

E'CHANGER, v. a. vertauschen, verwechseln, auswechseln. E'changer but à but, Zug um Zug (gleich auf) verwechseln. E'changer avec retour, tauschen mit einer Zugabe, daß man etwas zu bekomme.

Lll 2 E'CHA-

E'CHANGER, das Leinen bauchen.
E'CHANSON, *f. m.* der Mundschenk.
le grand E'CHANSON, der Oberschenk.
E'CHANSONNERIE, *f. f.* die Schenke, der Ort wo man einschenkt, die Kellerey.
E'CHANSONNERIE de bouche & du commun, die Mundschenke und gemeine Schenke.
E'CHANTILLON, *f. m.* Probe von Tuch oder Zeug. Couper un *échantillon*, eine Probe abschneiden.
E'CHANTILLON d'un stile, eine Probe, (ein Muster) einer Schreibart.
E'CHANTILLON, Zeichen, so die Schützen empfangen, wenn sie ein Gewinnschuß gethan.
E'CHANTILLON, ein Muster, nach welchem andere müssen geschnidten werden.
E'CHANTILLON, (bey dem Zimmermann) ein Stück Holz von gleicher Grösse.
E'CHANTILLONNER, *v. a.* proben, zeichnen, als Gewicht; aichen, visiren; etwas gegen das Original halten, ob es ihm gleich sey.
E'CHAPPATOIRE, *f. f.* Ausflucht, Einwenden, Entschuldigung.
E'CHAPPE', *f. m.* ein Pferd, so ein Zwitter von zweyerley Art Pferden aus unterschiedenen Ländern ist. Un *échappé* de Barbe, ein Zwitter von einem Barbar.
un E'CHAPPE' d'Esope, ein ungestalter, bucklichter, ausgewachsener Mensch.
E'CHAPPE'E, *f. f.* ein thörichtes Beginnen, Uebereilen eines tummen jungen Menschen. Une *échappée* impardonnable, eine Uebereilung, die man nicht vergeben kan.
E'CHAPPE'E, (in der Mählerey) Vorstellung eines Gesichts, so sich in die Ferne verlieret.
par E'CHAPPE'ES, manchmal, wenns einen ankommt, bisweilen, ruckweis. Il dit de bonnes choses par *échappées*, dann und wann redet er etwas artiges.
E'CHAPPER, *v. a. & n.* entwischen, davon kommen, entgehen. *E'chapper* aux ennemis, den Feinden entkommen.
Faire ou laisser *échapper* un cheval, ein Pferd mit vollem Zügel laufen lassen.
Il a *échappé* belle, er ist mit genauer Noth der Gefahr entwischt.
Il lui est *échappé* de dire celà, oder celà lui est *échappé*, es ist ihm heraus gefahren; er hats aus Uebereilung geredt.
Rien n'*échappe* à sa prévoïance, er übersieht nichts, er gedenkt an alle Fälle die sich ereignen können.
Tout ce qui *échappe* de ses mains, alles was er schreibt.
Celà est si subtil qu'il *échappe* à la vüe, das ist so zart, daß man es kaum sieht.

E'CHAPPER, (beym Schneider) sich auftrennen, aufgehen, als eine Naht.
s'E'CHAPPER, *v. r.* seiner selbst vergessen, sich vergehen, übereilen.
S'*échapper* en des paroles deshonnêtes, in Schmähworte (schandbare Worte) ausbrechen.
s'E'CHAPER, (bey den Gärtnern) gar viel und grosse unfruchtbare Aeste treiben.
E'CHAPPE', ée, *part.* Il fait le cheval *échappé*, er ist wie ein unbändig Pferd, es ist ein ungezogener Mensch.
E'CHARBOT, *f. m.* Wassernuß.
E'CHARCETE', *v.* ECHARSETE'.
E'CHARDE, *f. f.* Dorn, Span, spitzig Ding, Splitter, (Spriesse).
E'CHARDONNER, *v. a.* von Disteln reinigen, Disteln aushauen.
E'CHARDONNOIRE, *f. f.* eine Distelhacke, die Disteln damit auszureuten.
E'CHARNER, *v. a.* heißt bey den Gerbern, das Fleisch von den Häuten mit dem Messer abkratzen.
E'CHARNÜRE, *f. f.* das Abkratzen des Fleisches von der Haut, bey den Gerbern.
E'CHARPE, *f. f.* (bey Kriegsleuten) eine Scherpe um den Leib oder über die Achsel.
E'CHARPE, eine Schlinge oder Binde, worinne man einen verletzten Arm trägt.
Avoir l'esprit en *écharpe*, schwachen Verstandes seyn.
E'CHARPE, eine Weiberscherpe von Taffet oder gesticktem seidenen Zeug, womit sie die Brust zudecken, und die bis auf den Gürtel herunter hängt.
E'CHARPE, eine Taffetkappe, so das Frauenzimmer im Regen aufsetzt.
l'E'CHARPE céleste, heißt oft bey den Astronomis der Zodiacus oder Thierkreis.
Une batterie en *écharpe*, eine Stückbatterie, welche einen Ort nach der Seite flach beschießt.
Un coup en *écharpe*, (bey den Balbierern) eine Wunde, die flach hinein geht.
E'CHARPE de poulie, das Holz oder das Eisen, woran das Rad einer Werbel geht.
E'CHARPE, die Seile, so um eine Last gebunden werden, sie übersich zu ziehen.
E'CHARPER, *v. a.* einen Hieb mit dem Degen nach der Quer hinein geben.
E'CHARPER, etwas schweres, das man in die Höhe ziehen will, mit Seilen umwinden.
E'CHARS, e, *adj.* sparsam, filzig.
Un vent *échars*, (zur See) ein ungewisser Wind, der sich bald wendet.
E'CHARSEMENT, *adv. ol.* filzig, geiziger Weise.
E'CHARSER, *v. n.* Le vent *écharse*, der Wind ist unbeständig.

E'CHAR-

E'CHARSETE', *s. f.* (bey Münzen) geringer Halt, Mangel des nöthigen Gewichts; it. Filzigkeit, Geiz.

E'CHASSES, *s. f. pl.* Stelzen. Monter sur des *échasses*, auf hohen Schuhen gehen; oder eine hohe Art zu schreiben haben.
Il est toûjours monté sur des *échasses*, er will immer so hoch reden.

E'CHASSES, die Gerüststangen der Maurer.

E'CHASSES, ein kleiner hölzerner Meßstab der Maurer.

E'CHAUBOULE', ée, *adj.* der viel kleine Finnen oder Hitzblattern hat.

E'CHAUBOULURE, *s. f.* kleine Hitzblattern oder Finnen im Gesicht oder am Leibe.

E'CHAUDE', *s. m.* ein dreyeckiger oder herzförmiger Kuchen, der mit warmem Wasser angerühret worden; it. Mehlklöse (Knötel, Knöpflein.)

E'CHAUDE', drey Gassen, die als ein Triangel an einander sind.

E'CHAUDER, *v. a.* mit warmem Wasser ausbrühen; verbrühen. E'*chauder* la vaisselle, das Geschirr ausbrühen. E'*chauder* un cochon, ein Schwein abbrühen. Il s'est *échaudé* la main, er hat sich die Hand verbrühet.
Chat échaudé craint l'eau froide, *prov.* gebrühte Katzen fürchten auch das kalte Wasser.
Chien échaudé ne revient plus en cuisine, *prov.* gebrannte Kinder fürchten das Feuer.

s'E'CHAUDER, *v. r.* (figürlich) einen schlimmen Kauf thun, sich verbrühen.

E'CHAUDOIR, *s. m.* Schlachthaus.

E'CHAUDOIR, ein Ort oder Geschirr, worinne die Färber und andere ihre Wolle waschen.

E'CHAUFFAISON, *s. f.* eine Erhitzung, eine Krankheit, wenn man sich zu sehr erhitzet hat.

E'CHAUFFEMENT, *s. m.* Erwärmung.

E'CHAUFFEMENT, altération, Bewegung, Erhitzung des Gebluts.

E'CHAUFFER, *v. a.* erhitzen; erwärmen; erwecken, ermuntern; anhetzen, antreiben, hitzig, zornig, ungedultig machen. E'*chauffer* la bile ou les oreilles à quelqu'un, einem den Kopf warm machen. E'*chauffer* un discours, im Reden hitziger werden, oder machen, daß einer im Reden hitziger wird.

E'CHAUFFER une maison, ein Haus zuerst beziehen, das erst gebauet, und noch nicht trocken ist.

s'E'CHAUFFER, *v. r.* sich warm machen; sich erhitzen; hitzig werden; zornig werden; anfangen stark zu werden, oder hitzig getrieben zu werden. S'échauffer dans son harnois, zornig werden. S'échauffer à etu-dier, fleißig studiren.

E'CHAUFFE', ée, *part. & adj.* erhitzt.
Bois échauffé, zerstocktes zum Verarbeiten untaugliches Holz, das halb faul, fleckig und roth ist.

E'CHAUGUETTE, *s. f.* eine Warte, Wachtthurm, Hochwacht.

E'CHAULER, *v. r.* den Getreydesaamen mit Kalkwasser besprengen oder in dasselbe einweichen.

E'CHE, *s. f.* Köder, so auf die Angel gesteckt wird.

E'CHE'ANCE, *s. f.* Termin, Tag, auf welchen ein Zins, Pacht u. d. gl. verfallen ist.

E'CHEC, *s. m.* (im Schachspiel) Schach, wenn man dem König mit einem Steine drohen kan. E'*chec* & mat, schach-matt, wenn der König eingesperrt ist. E'*chec* du berger, wenn man einem in dem dritten oder vierten Zuge Schach bietet. E'*chec* au Roi, & à la Dame, wenn man dem König und der Königin zugleich Schach bietet.

E'CHEC, Schade, Verlust am Glück, Gütern, Ehre 2c. Einbusse am Volk; it. so viel als E'CHE. L'armée a reçu un grand échec, die Armee hat eine grosse Niederlage erlidten. Cette accusation donne un grand échec à sa reputation, diese Anklage giebt seinem Ansehen einen grossen Stoß. Tenir des troupes en échec, Trouppen so eingesperret halten, daß sie sich nicht regen können, oder daß man sie angreifen kan, wenn man will. Donner échec & mat à tous les plats, alles auffressen, alle Schüsseln ausleeren.

E'CHECS, *s. m. pl.* das Schachspiel. Aux échecs les fous sont près des Rois, *prov.* an dem Hof wird nicht allezeit auf Klugheit gesehen.

E'CHELLE, *s. f.* eine Leiter. Planter les échelles, die Leitern zum Sturm anwerfen. E'*chelle* double, doppelte Leiter; it. Gartenleiter mit einem Widerhalt.

ECHELLE des cartes marines, (in der Seefahrt) eine in gewisse gleiche Theile eingetheilte Linie, daraus man die Meilen und Distanzen eines und andern Orts abnehmen kan.

E'CHELLE, verjüngter Maaßstab.

E'CHELLE de gibet, Galgenleiter; item der Pranger oder das Halseisen unter dem Galgen.

E'CHELLE de cordes, Strickleiter.

E'CHELLE campanaire, ein Maaß der Glockengiesser zu Einrichtung der Höhe, Weite und Dicke einer Glocke und ihres Schwengels, nach dem Gewicht und damit ein gewisser Ton heraus komme.

E'CHELLE de couleurs, (bey den Färbern) alle

alle Gattungen einer Farbe, von der hellsten bis zur dunkelsten.

E'CHELLE de rubans, eine Schnur oder Band, so das Frauenzimmer vor den Schnürleib macht, und einer Leiter gleicht.
  Tirer l'échelle après soi, ein Ding völlig lernen, daß man keine weitere Anweisung braucht.
  Après lui il faut tirer l'échelle, er hat alles gethan, was bey der Sache zu thun ist.
  On punit comme voleurs ceux qui tiennent le pié de l'échelle, der Hehler ist wie der Stehler.

E'CHELLES, die Handelsstädte in Asien an dem mittelländischen Meer, wohin die Europäer handeln. Partir pour les échelles, nach denen Asiatischen Handelsstädten absegeln.

E'CHELLER, v. n. mit Leitern besteigen. (besser Escalader.)

E'CHELLETTE, s. f. eine kleine Leiter; it. die Sprossen am Saumsattel, etwas daran zu tragen.

E'CHELLIER, s. m. die hölzern Nägel oder Sprössen, auf einen Kran u. d. g. zu steigen.

E'CHELON, s. m. eine Sprosse in der Leiter; (figürlich) eine Stuffe, ein Mittel, sich empor zu bringen und höher zu steigen. Il est monté d'un échelon, er ist eine Stufe höher gekommen; weiter befördert worden. Cette qualité est un échelon pour monter à de plus hautes charges, diese Bedienung ist eine Stufe (ein Mittel) zu höhern Aemtern zu gelangen.

E'CHEMER, v. n. schwärmen wie die Bienen.

E'CHENILLER, v. a. von Raupen reinigen.

E'CHENO, s. m. der Trichter oder das Mundloch, welches die Giesser oben auf den Model ihrer Figuren machen, worauf man das Metall giesset, das in den Model laufen soll.

E'CHER, v. a. mit Köder versehen, den Köder an den Fischangel stecken.

E'CHETS, v. ECHECS.

E'CHEU, ë, v. E'CHOIR.

E'CHIE, (bey der Jägerey) wird von heißhungerigen Hunden gesagt.

E'CHEVEAU, s. m. ein Gebinde, Strenne (Strange) Garn oder Seide.

E'CHEVELE', ée, adj. der offene, ungeflochtene, verwirrte Haare hat; (wird nur von Weibern gesagt.) Les mères échevelées pleuroient la mort de leurs enfans, die Mütter weineten und rauften sich bey den Haaren, über den Tod ihrer Kinder.

E'CHEVIN, s. m. ein Schöpf, Schöppe, Gerichtsbensitzer, Rathsverwandter.

E'CHEVINAGE, s. m. die Würde oder Ehrenstelle eines Schöppen; die Zeit da das Schöppenamt währt.

E'CHEUT, e, part. v. E'CHOIR.

E CHEUTE, v. ECHÛTE.

E'CHIFFRE, s. m. eine Mauer oder Holzwerk, worauf eine Treppe gebauet ist; item eine Treppe, Stuffe (Tritt) derselben.

E'CHILLON, s. m. Wasserhose, eine schwarze Wolke, aus welcher ein langer Streif oder Schwanz geht, der immer spitziger zu wird, und bis ins Meer reicht. (Die Bootsleute sagen, daß sie so stark Wasser zieht, daß man das Meer rund herum davon kochen sehe.)

E'CHIMOSE, v. E'CHYMOSE.

E'CHINE, s. f. der Rückgrad.

E'CHINE, s. f. (in der Baukunst) ein Wulst, Zierath an den Säulen; it. eine andere Zierath von vielen oval-runden Figuren an den Säulen.

E'CHINE'E, s. f. ein Rückstück vom Schweine.

E'CHINER, v. a. den Rückgrad entzwey schlagen, prügeln. E'chiner à coup de bâton, mit einem Prügel den Buckel ausklopfen, abschmieren.

E'CHINOMELOCACTOS, Melonendisteln.

E'CHINOPUS, s. m. Bärenklau.

E'CHIQUETE', ée, adj. (in Wappen) als ein Schach- oder Spielbret mit viereckigen Theilen gemacht; muß aufs wenigste zwanzig solche haben, sonst heißt es nur points equipollés.

E'CHIQUIER, s. m. ein Schach- oder Bretspiel; ein Schachbret in den Wappen.
  Des arbres plantés en échiquier, Bäume, so als ein Bretspiel gepflanzet sind.

E'CHIQUIER, s. m. la cour de l'échiquier, ein gewisses Gericht in Engelland, so wegen der Einkünfte des Königs gehalten wird; desgleichen vor diesem das höchste Gericht in der Normandie, daraus hernach ein Parlament worden ist.

E'CHIQUIER, die Gerichtsbarkeit des Erzbischoffs von York, kraft deren alle Testamenter, welche in diesem Erzbisthum gemacht werden, bey ihme müssen eingeschrieben werden.

E'CHO, s. m. das Echo, der Wiederhall.

E'CHO, ein Gedicht, in welchem ein Wiederhall vorgestellet wird.

E'CHO, s. f. (bey den Poeten) eine Nymphe dieses Namens, welche in den Wiederschall soll verwandelt worden seyn.

E'CHO, ein Mensch, der nur nach anderer Meynung sich richtet. Il est l'écho de son maitre, er sagt was sein Meister (will) ihm fürschreibet.

E'CHO, ein Orgelzug, welcher einen Wiederhall fürstellet.

E'CHOIR, v. n. einem durch Erbschaft, Geschenk

ECH ECL   ECL   455

ſchenk, auch andere Zufälle, als Looß, Theilung u. d. gl. zufallen; it. geſchehen, ſich zutragen, als ein Termin, Feſt, auf einen gewiſſen Tag. Lettre de change *échûe*, verfallener Wechſelbrief.

Mal *échoir*, es übel treffen, übel ankommen, (iſt alt)

E'CHOIR ſur un beau paſſage dans un livre, über einen ſchönen Ort in einem Buch gerathen, (iſt alt).

Il y *échoit* une bonne récompenſe, es ſetzt eine gute Verehrung dabey.

Suivant que le cas y *échoit*, nachdem es ſich fügt, nachdem ſich der Fall begiebt.

Le terme *écherra* bientôt, die Zeit wird bald kommen.

E'CHÛ, ë, *part.* gefallen; zugefallen; verfallen.

E'CHOME, *ſ. m.* hölzerne oder eiſerne Pflöcke, wo das Ruder dazwiſchen lieget.

E'CHOMETRE, *ſ. m.* ein Tonmaaß, Linial, den Ton (Klang) zu meſſen.

E'CHOMETRIE, *ſ. f.* die Wiſſenſchaft, etwas zu bauen, daß es Echo giebt, als Gewölbe und anders.

E'CHOPPE, *ſ. f.* ein kleiner Kram oder Bude an den Häuſern.

E'CHOPPE, ein Grabeiſen, in Metall zu graben oder zu ſtechen.

E'CHOPPER ou E'CHOPLER, *v. a.* mit dem ſchneidenden Grabſtichel arbeiten.

E'CHOÜER, *v. n.* (zur See) ſtranden, zerſcheitern, (figürlich) fehlſchlagen, mißlingen, als ein Anſchlag.

E'CHOÜER, *v. a.* ſon navire, mit Fleiß ſtranden, einer gröſſern Gefahr zu entgehen. Le Capitaine *échoüa* ſon vaiſſeau pour ſe ſauver des Corſaires, der Schiffscapitain ſetzte ſein Schiff an den Strand, den Seeräubern zu entgehen. Le navire *échoua*, das Schiff iſt geſtrandet.

Son deſſein a *échoüé*, oder il a *échoüé* dans ſon deſſein, es iſt ihm fehl geſchlagen, mißlungen.

E'CHÛ, ë, *part. v.* E CHOIR.

E'CHÛTE, *ſ. f.* der Heimfall eines Guts an den Lehnsherrn.

E'CHYMOSE, *ſ. f.* eine Strieme am Leibe, ſo mit Blut unterläuft, von einem Schlag, oder von einer Quetſchung.

E'CIMER, *v. a.* abköppen, einem Baum den Gipfel abhauen.

E-CLABOÜSSER, *v. a.* einen mit Koth beſpritzen.

E-CLABOUSSURE, *ſ. f.* der Koth, ſo einem an den Leib oder an die Kleider geſpritzt wird.

E'CLAIR, *ſ. m.* der Blitz vom Himmel, eines Degens, Spiegels ꝛc.

E'CLAIRCIE, *ſ. f.* (in der Seefahrt) ein heller Ort des Himmels bey dunklem Reſchwetter.

E'CLAIRCIR, *v. a.* aufklären, klar machen; läutern, hell machen. *Eclaircir* du vin, Wein aufklären, klar machen. Remède pour *éclaircir* la vûe, Arzney, das Geſicht hell zu machen.

E'CLAIRCIR, dünn machen; weniger machen. Le canon *éclaircit* les rangs, das Geſchütz machte die Glieder dünn.

Un bien *éclairci*, ein Gut, das abgenommen hat, dünn worden iſt.

E'CLAIRCIR une couche, die Pflanzen auf einem Gartenbeet, wo ſie zu dick ſtehen, ausziehen.

E'CLAIRCIR, erklären, auslegen, erläutern. *Eclaircir* une difficulté, eine Schwürigkeit (einen Einwurf) erläutern. *Eclaircir* une queſtion, eine Frage auslegen, erklären.

S'E'CLAIRCIR, *v. r.* klar werden; dünn werden; it. hell und deutlich werden. Le tems *s'éclaircit*, das Wetter klärt ſich auf.

La troupe *s'éclairciſſoit* peu à peu, der Haufe verlohr ſich allgemach.

S'E'CLAIRCIR, ſich eines beſſern erkundigen; aus dem Zweifel kommen. Il faut que je m'*éclairciſſe* là-deſſus, ich muß das erforſchen, darhinter kommen.

E-CLAIRCISSEMENT, *ſ. m.* Aufklärung; Erklärung, Erläuterung. Demander l'*éclairciſſement* d'un doute, die Auslegung (Erläuterung) eines Zweifels verlangen. Donner de grands *éclairciſſemens* pour une affaire, in einer Sache groſſes Licht (gute Nachrichten) ertheilen.

E'CLAIRCISSEMENT, Erklärung, (über ehrenrührige Reden). Je veux avoir un *éclairciſſement* avec lui, ich will, daß er ſich darüber erklären ſoll; er ſoll mir eine Erklärung thun, wie es gemeynt ſey.

C'eſt un homme à *éclairciſſement*, prov. es iſt ein Zänker, der allezeit etwas zu grübeln findet.

E'CLAIRE, *ſ. f.* Schwalbenwurz, weil ſie gut für die Augen iſt, ſie hell zu machen.

E'CLAIRE', m. ée, *ſ. adj.* licht, hell, heiter. Une maiſon bien *éclairée*, ein helles Haus, das viel Licht hat.

E'CLAIRE', gelehrt; von groſſer Wiſſenſchaft, Erkänntniß. Un homme fort *éclairé*, ein erleuchteter Mann, der groſſe Erkänntniß hat.

E'CLAIRER, *v. n.* blitzen; wetterleuchten.

E'CLAIRER, *v. a.* leuchten; beleuchten; erleuchten. Le ſoleil *éclaire* le monde, die Sonne beleuchtet die Welt. E'*clairés-moi*! leuchtet mir!

E'CLAIRER, Verſtand, Erkänntniß, Licht geben. *Eclairer* l'eſprit, den Verſtand erleuchten.

E'CLAIRER, genaue Acht auf einen haben. Il n'a qu'à prendre garde à lui, car on l'*éclaire*, l'*éclaire* fort, er nehme seiner wahr, denn man hat Acht auf ihn.

E′CLANCHE, *s. f.* das hinter Viertheil von einem Hammel; ein Hammelsschlägel.

E′CLAT, *s. m.* Splitter, Span; abgebrochen (abgespaltenes) Stück. Un *éclat* de bois, ein Splitterholz. Un *éclat* de marbre, ein abgeschlagen Stück Marmor. Un *éclat* de grenade, ein abgesprungen Stück einer Granate.

E′CLAT, ein Donnerschlag.

E′CLAT, Glanz; Schimmer. *E′clat* de diamant, der Schimmer eines Demants. *E′clat* de teint, die Klarheit der Haut. L'*éclat* des yeux, der Glanz der Augen. L'*éclat* des honneurs du monde éblouït, der Glanz der weltlichen Ehren verblendet.

E′CLAT, Ruhm, Ansehen, Herrlichkeit, Pracht. L'*éclat* de Salomon, die Herrlichkeit Salomonis. L'*éclat* de la Cour de France, der Pracht, die Herrlichkeit des französischen Hofes. Donner de l'*éclat* à une chose, einer Sache ein Ansehen machen.

E′CLAT, das Krachen (Geräusch) eines Dinges, so zerbrochen wird.

E′CLAT, Rumor; Aufsehen; Ausbruch. Cela fait un grand *éclat* dans le monde, das macht ein groß Aufsehen in der Welt. Faire *éclat*, etwas ruchtbar werden lassen. Un *éclat* de rire, ein laut erhobenes Gelächter.

E′CLATANT, e, *adj.* laut; hell; glänzend; prächtig, herrlich, ausgebreitet. Mérite *éclatant*, vortrefflicher Verdienst. Bruit *éclatant*, grosses Geschrey; starkes Gerüchte.

E′CLATER, *v. n.* oder s'E′CLATER, *v. r.* zerspringen, sich zerspalten; ein Geprassel machen; ausbrechen. Bois qui s'*éclate*, Holz, das sich leicht splittert, spaltet. Pierre qui s'*éclate*, Stein, der leicht bricht.

E′CLATER, ruchtbar werden; losbrechen; herausfahren, sich erzürnen. Faire *éclater* ses ressentimens, seinen Unwillen auslassen.

E′CLATER, glänzen, scheinen, hell leuchten; sich öffentlich sehen und merken lassen rc. L'affaire *éclata* enfin, die Sache brach endlich aus, ward offenbar. E′clater de rire, überlaut lachen.

E′CLATE′, ée, *part. & adj.* gespalten, gebrochen.

E′CLATE′, (in der Wappenkunst) zerbrochen.

E′CLECTIQUE, *adj. c. & s. m. & f.* ein Philosophus, der sich an keine Partey oder Secte der andern bindet.

E′CLE′ME, *s. m.* (in der Apotheke) ein dicker Saft, wie eine Latwerge.

E′CLE′S. *voies* ECCLE′S.

E′CLICHEMENT, *s. m.* Theilung, Zerglie-derung eines Guts.

E′CLICHER, *v. a.* ein Lehn- oder Erbgut zertheilen, zergliedern.

E′CLICHIE, *s. f.* Theilung eines Guts; ein Stück von einem zertheilten Gut. Tenir par *éclichie*, ou par éclichement, ein Lehnstück, mit eben den Diensten, welche das Hauptlehen leistet, besitzen.

E′CLICHIER, *s. m.* der älteste eines Geschlechts bey einem zertheilten Gut, der die Lehnspflichten vor sich und vor die Mitbelehnten zugleich besorgen muß.

E′CLIPSE, *s. f.* Finsterniß oder Verfinsterung der Sonne oder des Monds. Faire une *éclipse*, *prov.* sich aus dem Staub machen; unsichtbar werden.

E′CLIPSE, Verdunkelung, Verringerung, Verschlimmerung; auch gar der Untergang. Sa gloire ne souffre point d'*éclipse*, sein Ruhm leidet keine Verdunkelung, Anstoß.

E′CLIPSEMENT, *s. m.* (in einigen Lehnrechten) Veräusserung eines Lehnguts; it. Schwächung desselben durch vielfältige Theilung.

E′CLIPSER, *v. a.* verdunkeln, verfinstern, den Glanz benehmen; (im Lehnrecht) ein Lehngut veräussern, oder dasselbe durch öftere Theilung schwächen. Sa beauté *éclipse* la vôtre, ihre Schönheit verdunkelt die eurige.

E′CLIPSER, *v. n.* verfinstert seyn.

s'E′CLIPSER, *v. r.* verfinstert werden; item verschwinden; sich den Leuten aus dem Gesicht machen, wegkommen.

E′CLIPTIQUE, *adj. c.* was zu den Finsternissen gehöret.

E′CLIPTIQUE, *s. f.* (in der Astronomie) der Thierkreis, Zodiacus.

E′CLISSE, *s. f.* Käseform; Käsekorb.

E′CLISSE, der Kasten einer kleinen Trommel.

E′CLISSE, eine Ribbe an der Laute.

E′CLISSE, (in der Wundarzney) Schiene, woran ein gebrochen Bein bevestiget wird.

E′CLOPE′, *adj.* lahm, hinkend, knappend.

E′CLOPE′, *adj.* cet homme est toûjours *éclopé*, dieser Mann wird von seiner Unpäßlichkeit stets abgehalten, das Seine zu verrichten.

E′CLOPE′, (in der Wappenkunst) von der linken Oberecke hinab zur rechten Unterstelle getheilt.

E′CLORRE, *v. n.* aufgehen, als Blumen; auskriechen oder ausschliefen, als junge Hüner, Vögel u. d. gl. ausbrechen, kund werden, an Licht kommen. Poulets qui *éclosent*, Hühnlein, die auskriechen. La terre au printems fait *éclorre* mille fleurs, die Erde bringt im Frühjahr mancherley Blumen hervor. Le jour commence d'*éclorre*, der Tag beginnt anzubrechen.

brechen. Ma vie à peine a commencé d'*éclorre*, ich bin kaum auf die Welt gekommen. Faire *éclorre* des dissensions, Mißverständnisse ausbrüten, anstiften.

E'CLOS, e, *adj.* aufgegangen als eine Blume; ausgekrochen.

E'CLOS, *s. m.* Holzschuhe, die nicht fest am Fusse sind.

E'CLUSE, *s. f.* eine Schleuse auf einem Fluß.

E'CLUSE, das Schutzbret an einer Mühle; item das Wasser vor dem Schutzbret der Mühle.

E'CLUSE'E, *s. f.* das Wasser, so in die Schleuse läuft, so lange sie offen ist; item so viel Holz, als auf einmal durch die Schleuse kan.

E'CO, *voies* E'CHO.

E'COBANS, *s. m. plur.* die Löcher vornen im Schiff, wodurch das Ankerseil gehet, wenn es ausgeworfen ist.

E'COFRAI, *s. m.* (bey allerley Handwerksleuten) ein Werktisch.

E'COINSON, *s. m.* das Theil inwendig an einem Fenstergemäuer, das weiter gemacht, oder woran die Ecke abgearbeitet ist.

E'COLÂTRE, *s. m.* ein Canonicus, der die Philosophie oder anders umsonst lehren muß.

E'COLE, *s. f.* eine Schule. Tenir *l'école*, Schule halten. Aller à *l'école*, in die Schule gehen. Envoïer quelqu'un à *l'école*, einen für gar unwissend ansehen, oder wegen seiner Unwissenheit verächtlich halten. Prendre le chemin de *l'école*, den weitesten oder längsten Weg gehen. Faire *l'école* buissonnière, hinter die Schule gehen. Dire les nouvelles de *l'école*, aus der Schule schwatzen.

La cour est une *école* de sagesse, der Hof ist eine Schule der Weisheit.

petites E'COLES, oder bloß E'COLE, die unterste Classe in der Schule.

E'COLIER, *s. m.* ein Schüler.

E'COLIE'RE, *s. f.* Schülerin; Schulgängerin.

E'CONDUIRE, *v. a.* abweisen, als einen, dem man nichts geben will.

E'CONOM. *voïes* OECONOM.

E'COPE, *s. f.* eine Schaufel, das Wasser aus den Schiffen zu schöpfen.

E'COPE, [in der Wundarzney] Zertheilung oder Oefnung eines fleischigen Theils, faules Fleisch oder etwas angefressenes herab zu schneiden; es heißt auch so viel als échoppe.

E'COPERCHE, *s. f.* eine Stange [Hebel] Lasten aufzuheben.

E'COPERCHES, *s. f.* Bäume zu einem Gerüste.

E'CORCE, *s. f.* die Rinde der Bäume; die Schaale der Früchte; das äusserliche Ansehen eines Dinges. E'corce d'arbre, Baumrinde. *E'corce* de citron, de melon, die Rinde oder Schaale von einer Citrone, von einer Melone.

E'CORCE, das äusserliche Ansehen; der auswendige Schein. S'arrêter à *l'écorce*, an der Schaale [an dem äusserlichen Schein] kleben bleiben.

E'CORCER, *v. a.* die Rinde abschälen.

E'CORCHER, *v. a.* schinden, die Haut abziehen oder abstreifen.

E'CORCHER, die Haut verletzen, abreiben, aufreiben. Vous écriés avant qu'on vous *écorche*, ihr schreyet, ehe man euch wehe thut.

E'CORCHER, etwas beschädigen, abgehen machen. Les aissieux *écorchent* les murailles en passant, die Axen bestossen die Mauren im Vorbeyfahren.

E'CORCHER, die Rinde an Bäumen wegreiben, abstossen.

E'CORCHER, den Band an einem Buch verletzen, zerreiben.

E'CORCHER, [von Pferden] drücken, wie der Sattel oder ander Geschirr thut.

E'CORCHER, den Leuten zu viel abfordern, die Haut über die Ohren ziehen. Ce cabaretier *écorche* les gens, dieser Gastwirth übersetzt die Leute.

E'CORCHER un enfant, einem Kind die Ruthe geben, daß Schwielen davon auflaufen.

Ce fruit *écorche* la langue & le gosier, dieses Obst ist so herb, daß es den Mund zusammen zieht.

Cette voix m'*écorche* les oreilles, diese Stimme thut mir in den Ohren weh.

E'CORCHER le François, übel Französisch reden.

E'CORCHER un auteur, ein Buch sehr schlecht übersetzen.

E'CORCHER le renard, speyen, sich übergeben.

Autant celui qui tient que celui qui *écorche*, der Hehler ist wie der Stehler.

Trainer à *écorche* cul, einen gewaltsam herzu schleppen.

E'CORCHER l'anguille par la queuë, *voïes* ANGUILLE.

s'ECORCHER, *v. r.* sich beschinden; Schaden leiden. S'*écorcher* la peau, sich die Haut bestossen, beschinden, schrammen.

E'CORCHE', ée, *part. & adj.* [in Wappen] ein rother Wolf, der als geschunden aussieht.

E'CORCHERIE, *s. f.* Schindanger, Schinderkuhle [Grube]; it. ein Wirthshaus oder sonst ein Ort wo die Leute über die Gebühr bezahlen müssen. C'est une *écor-*

M m m *cherie*

cherie que ce cabaret, in dieſem Wirths=haus wird man geſchräpſt, geſchunden, unbillig überſetzt.

E'CORCHEUR, ſ. m. der ſo einem geſchlachteten Vieh die Haut abzieht.

E'corcheur, der Schinder, der dem verreckten Vieh die Haut abzieht.

E'CORCHEUR, ein Mann, der die Leute übernimmt, ein Leutſchinder, als ein Wirth, Kaufmann u. d. gl.

E'CORCHûRE, ſ. f. Schrammen; abgeſtoſſene Haut; Schwielen; it. Wolf am Podex vom Reuten oder Gehen.

E'CORCIER, ſ. m. Lohſchopf, Lohhaus bey den Lohmühlen, wo man die eichene Rinde für der Näſſe verwahrt.

E'CORE, ſ. m. jäher Ort am Meerufer.

E'CORES, die Stützen, welche zu beyden Seiten einem Schiff auf dem Zimmerplatz, um ſolches aufrecht zu halten, unterſetzt werden.

E'CORNE, ſ. f. Verluſt, Schimpf.

E'CORNER, v. a. ein Horn abbrechen, die Hörner abſtoſſen, ausbrechen; ein Eck oder Spitze an etwas abſtoſſen; verringern, ſchwächen. *E'corner* la corniche d'un buffet, den Sims eines Schranks beſtoſſen. *E'corner* les privilèges, die Freyheiten ſchwächen. *E'corner* les gages, die Beſoldung bezwicken. *E'corner* une armée, eine Armee kleiner machen, ſchwächen.

E'CORNE', m. ée, f. adj. abgeſtoſſen. Bœuf *écorné*, ein Ochs, dem die Hörner abgeſtoſſen. Des dez *écornés*, Würfel mit abgeſchliffenen Ecken.

E'CORNIFLER, v. a. & n. ſchmarotzen; verſchmarotzen; durch Schmarotzen erwiſchen.

E'CORNIFLERIE, ſ. f. Schmarotzerey.

E'CORNIFLEUR, ſ. m. Schmarotzer.

E'corniflеuse, ſ. f. Schmarotzerin.

E COSSE, ſ. f. Schottland.

E'cosse, ſ. f. die Hülſen oder Schoten an Erbſen, Bohnen u. d. gl.

E'COSSER, v. a. die Erbſen oder Bohnen aus den Hülſen thun.

E'COSSOIS, ſ. m. ein Schottländer.

E'cossoise, ſ. f. eine Schottländerin.

E'cossois, m. e, f. adj. ſchottiſch, ſchottländiſch.

E'COT, ſ. m. Zeche, Wrte, die man dem Wirth bezahlen muß; it. eine Zeche, Geſellſchaft, Gelag. Païer ſon *écot*, ſeine Zeche bezahlen. Faire l'*écot*, die Zeche machen. Parlés à vôtre *écot*, bleibt bey eurer Geſellſchaft; zankt, wo ihr geſoffen habt. Il paie bien ſon *écot*, er verderbet keine Geſellſchaft.

E'cor, ſ. m. ein Klotz oder groſſer Aſt, woran noch die Stümmel von abgehauenen Aeſten oder Zweigen ſind.

E'cot, (in der Wappenkunſt) ein Aſt mit ſeinen Knoten.

E'COTARD, ſ. m. (in der Seefahrt) ein dicker Balke längſt an dem Schiffbord, woran man die Seile bindet, ſo den Maſt halten.

E'COTE', adj. m. (in Wappen) halbäſtig, mit halb abgeſtutzten Aeſten.

E'COÜER, v. a. den Schwanz abſchneiden, abhauen, ſtutzen. *Ecoüer* un chien, einen Hund ſtutzen.

E'COÜE', ée, part. & adj. der gar keinen (oder einen abgeſtutzten) Schwanz hat.

E'COÜET, ſ. m. ein dickes Seil das groſſe Segel veſt zu machen.

E'COUFLE, ſ. m. Weihe, Hünerdieb.

E'COULEMENT, ſ. m. Abfluß; Ablauf; Verlauf.

E'COULER, v. n. verflieſſen, ausflieſſen, ablaufen als Waſſer; als Sand in der Uhr auslaufen; vergehen als die Zeit; entwiſchen, ſich davon machen. Nôtre vie s'*écoule*, unſer Leben verlauft, geht unvermerkt dahin.

s'Ecouler, v. r. ſich verlaufen; ſich verſchleichen; vergehen. Voïant cela, je m'*écoule*, als ich ſolches geſehen, hab ich mich davon geſchlichen.

s'E'couler de la mémoire, aus dem Gedächtniß kommen.

E'COURGE'E, ſ. f. eine Peitſche von vielen Stricken oder Riemen.

E'COURGEON, v. ESCOURGEON.

E'COURTER, v. a. abkürzen, kurz machen; it. einem Hund den Schwanz oder einem Pferd die Ohren abſchneiden.

E'COUTANT, e, adj. einer der zuhört. Un avocat *écoutant*, ein Advocat, der in die Gerichte geht, zuzuhören, aber keinen Proceß hat.

E'COUTE, ſ. f. ein Horchwinkel, Ort, auf die Scheltwörter zu lauren. Etre aux *écoutes*, allenthalben horchen und lauren.

E'cute oder E'coutes, (in Klöſtern) Sprachgitter. La ſœur *écoute*, eine Beyſtänderin, eine Nonne, die heimlich zuhören muß, was andere reden.

E'COUTER, v. a. zuhören; zuhorchen, gehorchen, Gehör geben. E'*couter* quelqu'un, einem zuhören. E'*couter* la raiſon plû-tôt que les ſens, der Vernunft mehr denn den Sinnen Gehör geben, folgen. Il s'*écoute* parler, er redet kaltſinnig; it. er höret ſich ſelbſt gern reden. Pas *écouté*, (auf der Reutbahn) ein Schulſchritt.

E'COUTES, ſ. f. plur. (in der Seefahrt) Segel=

Segelſeile, die Segel damit an beyden Enden veſt zu machen unten am Bord.
Aller entre deux *écoutes*, mit gutem Winde ſchiffen, den man gerad hinter ſich hat.

E'COUTEUX, *adj. m.* ein ſtöttiges Pferd, das nicht vorſich gehen will.

E'COUTILLES, *ſ. f. plur.* die groſſen Löcher auf dem Schiff, dadurch man hinab in das Schiff ſteigt.

E'COUTILLON, *ſ. m.* ein viereckig Loch als ein Fenſter in den Thüren der Eingangslöcher des Schiffs, wodurch man etwas hinab thun kan.

E'COUVETTE, *ſ. f.* ein Beſen. (iſt alt).

E'COUVILLON, *ſ. m.* ein Stückwiſcher, Wiſchkolbe.

E'COUVILLON, ein Ofenwiſch, womit die Becker den Ofen reinigen.

E'COUVILLONNER, *v. a.* auswiſchen, ein Stück oder den Ofen.

ECPHRACTIQUE, *ſ. m.* eröfnende Arzney.

E'CRAN, *ſ. m.* ein Feuerſchirm bey den Caminen, den man vor ſich ſtellen oder in die Hand nehmen kan.

E'CRASER, *v. a.* zerknirſchen, zermalmen, zerdrücken, zertreten, zerſchmettern; breit drücken, eindrücken; zerſtören, verderben. E'*craſer* un ver, einen Wurm zertreten. C'eſt un homme *écraſé*, der Mann iſt auf einmal verdorben. Un nez *écraſé*, eine platte Naſe.

E'CRéMER, *v. a.* den Ram oder das Fett von der Milch abnehmen; das Beſte von einem Dinge wegnehmen.
Ecrêmer une affaire, *prov.* das Beſte von dem Handel ziehen; den beſten Gewinn davon ziehen.

E'CRENAGE, *ſ. m.* (bey dem Schriftgieſſer) das Beſchneiden eines gegoſſenen Buchſtabens.

E'CRéNER, *v. a.* une lettre, einen Buchſtaben (Litter) beſchneiden.

E'CRENOIR, *ſ. m.* das Schneidmeſſer eines Schriftgieſſers.

E'CREVISSE, *ſ. f.* ein Krebs. E'*creviſſe* de mer, ein Meerkrebs. Il fait comme l'*écreviſſe*, er thut wie der Krebs, d. i. er geht hinterſich.

E'CREVISSE, der Krebs, ein Sternbild am Himmel.

s'E'CRIER, *v. r.* rufen; aufrufen; ausrufen, ſchreyen. S'*écrier* de joïe, vor Freuden rufen, jauchzen. S'*écrier* de douleur, vor Schmerzen ſchreyen.

E'CRIN, *ſ. m.* ein kleines Käſtlein, Ringe oder Kleinodien darein zu thun.

E'CRIRE, *v. a.* ſchreiben; aufſchreiben; einſchreiben; zuſammenſchreiben; ſchriftlich verfaſſen, zu Papier bringen, aufſetzen, verfertigen. E'*crire* une lettre, einen Brief ſchreiben. Il *écrit* bien, mal, er ſchreibt eine ſchöne Hand, er ſchreibt unleſerlich. E'*crire*, compoſer un livre, ein Buch ſchreiben. Il a *écrit* celà de ſa propre main, er hat dieſes mit eigener Hand geſchrieben.

E'CRIT, e, *part.* geſchrieben ꝛc.

E'CRIT, *ſ. m.* eine Schrift; ein Zettel.

E'CRIT, eine Handſchrift, Verſchreibung, Schein.

E'CRIT, ein gedruckter Zettel; ein Buch.

E'CRITS, Schriften, Bücher, Werke eines Verfaſſers; ein geſchrieben Collegium, ſonderlich die Dictata in einem Collegio.
Il a laiſſé pluſieurs *écrits* dont quelques-uns ne ſont pas encore imprimés, er hat verſchiedene Werke verlaſſen, darunter einige noch nicht zum Druck gekommen.

par E'CRIT, *adv.* ſchriftlich.

E'CRITEAU, *ſ. m.* ein Zettel auf den Apothekerbüchſen.

E'CRITEAU de maiſon à loüer, ein Zettel an den Häuſern, die zu verkaufen oder zu vermiethen ſind; eine Tafel der Schreibmeiſter, die ſie aushängen.

E'CRITOIRE, *ſ. m.* Schreibzeug, Dintenfaß.
Les gens d'*écritoire*, Blackſcheiſſer.
Greffier de l'*écritoire*, ein Schreiber der Baubeſichtiger zu Paris.

E'CRITURE, *ſ. f.* eine Schrift, etwas geſchriebenes.

E'CRITURE, die Hand ſo einer ſchreibt.

E'CRITURE, die heilige Schrift.

E'CRITURE, eine gerichtlich eingegebene Schrift, Beylage, Inſtrument, ſo zum Beweis dienet.

E'CRIVAIN, *ſ. m.* ein Schreiber.

E'CRIVAIN oder Maître E'CRIVAIN, ein Schreibmeiſter.

E'CRIVAIN, ein Schüler der ſchreiben lernt.

E'CRIVAIN, der Verfaſſer eines Buchs.

E'CROU, *ſ. m.* oder E'CROUë, *ſ. f.* das Loch, wo eine Schraube hinein gedreht wird; Schraubemutter.

E'CROUë, *ſ. m.* Schreibpergament.

E'CROUë, eine Rolle, worauf die königl. Ausgaben u. d. gl. geſchrieben werden.

E'CROUë, ein Verzeichniß der Gefangenen, nebſt Anzeigung der Urſache ihrer Gefangenſchaft.

E'CROUë, ein Bekenntniß nebſt einem Verzeichniß der Erbſtücken, ſo ein Unterthan dem Herrn bey der Belehnung geben muß.

E'CROüELLES, *ſ. f. plur.* ein Kropf.

E'CROüER, *v. a.* einen Gefangenen dem Kerkermeiſter überliefern; item, ſeinen Namen und Verbrechen ins Regiſter der Gefangenen verzeichnen.

E′CROüIR, *v. a.* härten, durch Schlagen; Metalle dicht schlagen, wenn sie kalt sind.

E′CROüI, e, *part. & adj.* gehärtet, dicht gepreßt, als Münzen, wenn sie aus der Presse kommen.

E′CROüISSEMENT, *f. m.* das Pressen und Härten der Münzen; das Härten der Metalle durch Hämmern.

E′CROULEMENT, *f. m.* das Erschüttern, Schütterung, Bewegung.

E′CROULER, *v. a.* erschüttern, fallen machen.

s′E′CROULER, *v. r.* über den Haufen fallen.

E′CROÛTER, *v. a.* die Rinde unordentlich vom Brode abschneiden, abschälen.

E′CRû, ë, *adj.* rauh, roh. Fil *écrû*, rohes Garn. Toile *écrüe*, ungebleichte Leinwand. Soïe *écrüe*, ungewundene Seide.

E′CRUë, *f. f.* voïés ACCRUë.

ECTHE′SE, ECTE′SE, *f. f.* Auslegung, Erklärung, Glaubensbekänntniß.

ECTIQUE, *voïés* E′TIQUE.

ECTLIPSE, *f. f.* Auslassung eines Buchstabens aus einem Wort; item Auslassung des Buchstabens *m* zu Ende eines Worts wegen des folgenden Vocalis, im Scandiren Lateinischer Verse.

ECTYLOTIQUE, *f. m.* Arzney vor die harten Schwielen oder harte Haut an den Gliedern.

ECTYPE, *f. m.* der Abdruck von einem Petschaft oder Medaille.

E′CU, *f. m.* Schild.

E′cu, (in der Wappenkunst) Schild, Wappenschild.

E′cu blanc, oder nur E′cu, ein Silberthaler, Speciesthaler.

E′cu d'or, vor diesem E′cu-soleil, E′cu-sol, oder E′cu-couronné, ein güldener Thaler oder Sonnenthaler, deren es unterschiedene Gattungen giebt, von unterschiedlichem Werth.

Le poids d'un *écu*, (bey den Medicis) das Gewicht des *écu* d'or, ein Drachma oder Quintlein.

Il n'a pas vaillant un quart d'*écu*, er ist arm, vermag nichts.

C'est le père aux *écus*, er ist sehr reich, er hat alte Thaler.

Voici le reste de nos *écus*, wird gesagt, wenn eine Person in eine Gesellschaft kommt, deren man sich nicht versehen hat.

E′CUAGE, *f. m.* Ritterpferd, oder Dienst zu Pferd, den ein Lehnsmann thun muß.

E′CUAGE, das Geld, so er anstatt wirklicher Dienste dem Herrn giebt, oder womit er einen andern Mann an seiner Statt bestellt.

E′CUBIERS, *f. m. pl.* die Löcher auf den Schiffen, wo man die Seile an dem Bord durchzieht.

E′CUEIL, *f. m.* eine Klippe, ein Fels im Meer; (figürlich) etwas gefährliches, ein gefährlicher Handel oder Umstand. La haine & la flaterie sont les *écueils*, où la vérité fait naufrage, der Haß und die Schmeicheley sind die Klippen (Anstösse), daran die Wahrheit Schiffbruch leidet.

E′CUëLLE, *f. f.* eine kleine Schüssel.

Il est réduit à l'*écuelle*, er ist an den Bettelstab gerathen.

On y met tout par *écuelles*, man frißt und sauft immer in diesem Hause.

On a rogné son *écuelle*, man hat ihm den Brodkorb höher gehänget.

Archer de l'*écuelle*, Bettelvogt.

E′CUëLLE d'eau, *f. f.* ein Kraut, Wasserfrauennabel.

E′CUëLLE′E, *f. f.* eine Schüssel voll.

E′CUïER, *voïés* E′CUYER.

E′CUISSER, *v. n.* einem Baum unten auf der Seite des Stams Späne aushauen, daß er doch noch stehen bleibt, ihn gleichsam der Lenden berauben.

E′CULE′E, *voïés* E′CUëLLE′E.

E′CULER, *v. a.* die Schuh übertreten, das Hintertheil über den Absatz hinab treten.

s′E′CULER, *v. r.* sich übertreten, als ein Schuh.

E′CUME, *f. f.* Schaum.

E′CUME d'argent, Silberglätte.

E′CUME′NIQUE, *v.* OECUME′NIQUE.

E′CUMER, *v. a. & n.* schäumen, Schaum geben; abschäumen, abfäumen.

E′CUMER, wenn der Falke über dem Rebhun fliegt, daß er in den Busch gejagt hat.

E′CUMER les mers, les côtes, Seeräuberey treiben.

E′CUMER, das beste von etwas nehmen; das vornehmste heraus ziehen. *Ecumer* un héritage, eine Erbschaft berauben, etwas davon unterschlagen.

E′CUMEUR, *f. m.* ein Abschäumer; ein Schmarotzer.

E′CUMEUR de mer, ein Seeräuber.

E′CUMEUX, euse, *adj.* schäumend, voll Schaum, schaumicht.

E′CUMOIRE, *f. f.* der Säumlöffel, Schaumlöffel, Schaumkelle.

E′CURER, *v. a.* scheuern, reinigen, fegen, auswaschen, aufspühlen; it. ausfegen, rein machen, als Schöpfbrunnen. *Ecurer* la vaisselle, das Küchengeschirr spühlen, scheuren, auswaschen. *Ecurer* un puits, einen Brunnen reinigen.

E′CUREüIL, *f. m.* ein Eichhorn.

E′CUREUR, *f. m.* ein Brunnenfeger; Secretfeger; (*voïés* CUREUR).

E′CUREUSE, *f. f.* eine Geschirrauswascherin.

E′CURIE, *f. f.* ein Pferdestall, Marstall; item die Leute und Knechte, so mit dem Könige ausreiten und fahren.

E′CU-

E'CURIEU, *voies* E'CUREüIL.
E'CU-SOL, E'CU-SOLEIL, *v.* E'CU.
E'CUSSON, *f. m.* (in der Wappenkunst) Wappenschild.
E'cusson, (bey dem Schlosser) der Schild, so das Schlüsselloch verkleidet.
E'cusson, (in dem Gartenbau) Aeuglein; Schildlein zum äugeln.
E'cusson, der Schild, in dem der Name des Schiffs geschrieben stehet.
E'cusson, (in der Medicin) ein Ueberschlag über den Magen, ein Magenpflaster.
E'CUSSONNER, *v. a.* (im Gartenbau) in die Rinde pfropfen, impfen, oculiren oder äugeln.
E'CUSSONNOIR, *f. m.* (bey den Gärtnern) Oculirmesser, Pfropfmesser.
E'CUYER, *f. m.* ein Edelmann, der unter dem Ritter ist; ein Schildträger, Waffenträger eines Ritters.
E'cuyer, einer der vor diesem den König bedient, und gleichsam sein Schild- und Wappenträger war.
E'cuyer tranchant, der Vorschneider.
grand E'cuyer tranchant, der Vorschneider bey grossen Ceremonien.
E'cuyer de bouche, der die Speisen auf den Anricht stellet, wie sie auf des Königs Tafel stehen sollen.
E'cuyer de cuisine, der Küchenmeister oder Oberkoch.
le grand E'cuyer, der Großstallmeister.
le prémier E'cuyer, der Oberstallmeister.
E'cuyer cavalcadour, der Stallmeister bey dem Könige und den Prinzen.
E'cuyer de main, der Stallmeister bey Fürstinnen und hohem Frauenzimmer, der sie auch bey der Hand führt, wenn sie gehen.
E'cuyer, ein jeder der ein Frauenzimmer führet.
E'cuyer, ein Bereuter, der Schule hält.
E'cuyer, ein Stallmeister, Marstaller, der über einen herrschaftlichen Marstall die Aufsicht hat.
E'cuyer, ein junger Hirsch, der mit einem ältern läuft.
E'cuyer, ein Reiß, das neben aus eines Weinstocks oder andern Baums Wurzeln aufschiesset.
E'DENTER, *v. a.* die Zähne ausbrechen, ausreissen, ausschlagen, aus dem Mund eines Menschen oder Thiers, auch der Sägen, Räder u. d. gl.
E'DENTE', ee, *adj.* zahnlos, von Menschen und andern rc. als Rädern, Kämmen u. d. gl.
E'DIFIANT, e, *adj.* erbaulich.
E'DIFICATEUR, *f. m.* (im Scherz) einer der gern bauet, der sich in das Bauen verliebt.

E'DIFICATION, *f. f.* die Erbauung in geistlichen Dingen.
E'DIFICE, *f. m.* ein Gebäude.
E'DIFIER, *v. a.* bauen, aufbauen, aufführen, (in diesem Verstand braucht man nur im Scherz, sonst aber sagt man bâtir oder construire); (figürlich) erbauen, als durch gute Gespräche oder durch gute Exempel.
E'DILE, *f. m.* ein Bauherr, bey den Römern.
E'DILITE', *f. f.* eines Römischen Bauherrn Amt.
E'DIPE, E'DIPODIQUE, *v.* OEDIP.
E'DIT, *f. m.* ein öffentlicher Befehl eines grossen Herrn.
E'DITEUR, *f. m.* der den Druck eines Buches besorgt, ein Verleger.
E'DITION, *f. f.* Auflage eines Buchs, das Befördern zum Druck.
E'DOüARD, *f. m.* ein Mannsname.
E'DUCATION, *f. f.* die Auferziehung.
E'DULCORATION, *f. f.* Versüssung mit Zucker oder Syrup; it. das Reinigen von Schärfe und Salz, in der Chymie.
E'DULCORER, *v. a.* süß machen, die Schärfe benehmen.
EFFAÇABLE, *adj. c.* das man auslöschen kan, (ist selten gebräuchlich).
EFFACER, *v. a.* auslöschen, durchstreichen, was geschrieben ist. Il *efface* tous ceux qui l'ont précédé, er übertrift alle, die vor ihm gewesen; thut es allen zuvor. Le tems *efface* tout, die Zeit vernichtet alles.
Effacer la mémoire du passé, die Gedächtniß des Vergangenen vertilgen; des Vergangenen vergessen.
Effacer, (auf dem Fechtboden) bedecken.
EFFACEUR, *f. m.* der etwas ausgelöscht.
EFFACEUSE, *f. f.* die etwas ausgelöscht.
EFFAçüRE, *f. f.* das Durchstreichen; das Ausgelöschte in einer Schrift.
EFFANER, *v. a.* (bey den Gärtnern) *voies* EFFEüILLER.
EFFARER, *v. a.* entstellen; machen, daß man erstaunet.
EFFARE', *m.* EFFARE'E, *f. adj.* entstellt; erstaunt; ausser sich selbst.
Effare', (in der Wappenkunst) wild, grimmig, als ein Pferd, das sich auf die Hinterfüsse stellt.
s'EFFARER, *v. r.* erstaunen; wild (grimmig) werden.
EFFAROUCHER, *v. a.* erschrocken, furchtsam und wild machen. *Effaroucher* une bête, ein Thier schrecken. Il ne faut *effaroucher* personne, man muß niemand schüchtern (blöd) machen.
Effaroucher les pigeons, *prov.* diejenigen

gen aus dem Hause treiben, welche uns die nützlichsten ſind.

EFFAROUCHE', ée, *part. & adj.* (in Wappen) eine Katze, die als kriechend gebildet iſt.

EFFAUFILER, *v. a.* Fäden aus einem Band ziehen, ein Band entfaſern.

EFFAUTAGE, *ſ. m.* (im Holzhandel) der Ausſchuß von eichenen Bretern.

EFFECTIF, ive, *adj.* recht, wahrhaftig, wirklich, das in der That iſt. Un homme *effectif*, ein Mann der in der That leiſtet, was er verſpricht. Une vertu *effective*, wirkende Kraft. Il a cinq cens écus *effectifs*, er hat wirklich 500 Thaler. Ce monſtre eſt ſi parfaitement repréſenté, qu'on diroit qu'il eſt *effectif*, dieſes Ungeheuer iſt auf dieſem Bilde ſo wohl getroffen, daß man meynen ſollte, es wäre in der That ſelbſt da.

EFFECTION, *ſ. f.* (in der Meßkunſt) die Ausführung der Gleichungen.

EFFECTIVEMENT, *adv.* wirklich, in der That, recht.

EFFECTUëR, *v. a.* bewerkſtelligen, ins Werk ſetzen, was man hat thun wollen.

EFFE'MINER, *v. a.* weibiſch, zärtlich, weichlich machen.

s'EFFE'MINER, *v. r.* zärtlich, weibiſch werden.

EFFE'MINE', ée, *part. adj. & ſubſt.* zärtlich, weibiſch, wolluſtig.

EFFERVESCENCE, *ſ. f.* das Aufwallen, Aufkochen, Erhitzung.

EFFET, *ſ. m.* die Wirkung; Bewerkſtelligung; That; im Reiten, das Lenken mit dem Zaum. La lumière eſt l'*effet* du ſoleil, das Licht iſt eine Wirkung der Sonne. C'eſt un *effet* de vôtre politeſſe envers moi, dieſes iſt eine Wirkung eurer Höflichkeit gegen mich. Je ne vous croirai qu'aux *effets*, ich will in der That erfahren was an euch ſey. J'attens l'*effet* de vos promeſſes, ich erwarte des Erfolgs eures Verſprechens. Ces paroles eurent un puiſſant *effet*, dieſe Worte hatten einen groſſen Nachdruck.

les EFFETS, die Waaren und Sachen eines Kaufmanns, das Vermögen, ſo einer an Gütern hat. Il a deux fois plus de bons *effets* que de dettes, er hat zweymal mehr im Vermögen, als er ſchuldig iſt.

Mettre en *effet*, bewerkſtelligen.

en EFFET, in der That, wirklich; gewiß, fürwahr; denn. Il eſt bon en *effet*, & non pas ſeulement en apparence, er iſt in der That gut, und nicht nur dem Anſehen nach.

Pour cet *effet* il faut prendre garde, zu dem Ende muß man ſich vorſehen.

EFFEüILLER, *v. a.* die Blätter abſtreifen, abzupfen, ablauben, abblaten.

s'EFFEüILLER, *v. r.* ſagt man von den Spielkarten, wenn die Blätter ſich von einander thun, weil der Leim aufgegangen iſt.

EFFICACE, *adj. c.* wirkend, nachdrücklich, kräftig, als ein Arzneymittel, als die Gnade GOttes ꝛc. La grace *efficace*, die wirkende Gnade. Remède *efficace*, eine kräftige (wirkende) Arzney.

EFFICACE, *ſ. f.* Kraft, Wirkung, Nachdruck, Vermögen.

EFFICACEMENT, *adv.* kräftig, nachdrücklicher Weiſe, mit Ernſt.

EFFICIENT, e, *adj.* was wirklich hervor bringet, thätig, wirkend.

EFFIGIE, *ſ. f.* ein Bild, Abbildung, Contrefait, Bildniß.

Exécuter quelqu'un en *effigie*, an eines abweſenden Verbrechers Bildniß das Urtheil vollziehen laſſen. Pendre quelqu'un en *effigie*, einen im Bild aufhenken.

Faire une *effigie* en bronze ou autre métal, ein Bildniß von Erz oder von andern Metalle machen.

EFFIGIE en peinture, ein gemahltes Bild.

EFFIGIER, *v. a.* abbilden; meiſtens, einem feinen Proceß durch den Henker an ſeinem Bildniß machen laſſen.

EFFILER, *v. a.* die Fäden aus etwas, das gewirkt iſt, heraus ziehen; (bey den Gärtnern) die Knoſpen von einer Pflanze abbrechen. *Effiler* une toile, den Zeug faſen, zerfaſeln. *Effiler* les artichauts, die Sprößlinge von den Artiſchocken wegnehmen.

s'EFFILER, *v. r.* ſich ausfaſeln, ausfadmen, dünner werden; ſich beſtoſſen; ſich abtragen. Manteau *effilé*, ein abgetragener Mantel. Chemiſe *effilée*, dünn gewordenes Hemd. Cette toile s'*effile*, dieſer Zeug faſet ſich. Les ailes de l'armée ennemie ſont *effilées*, die Flügel der feindlichen Armee ſind dünn und zertrennt. Il a un grand cou *effilé*, er hat einen langen dünnen Hals. Cheval *effilé*, ein rahnes Pferd.

EFFILE', *ſ. m.* ſchmale Franſen von Faden, welche an dem weiſſen Zeug in der Trauer getragen werden.

Chien *effilé*, (bey der Jägerey) Hund der ſich verfangen. De peur que les jeunes chiens ne ſe rompent & ne s'*effilent* en courant après les lapins, aus Beyſorge es möchten die jungen Hunde, wenn ſie den Kaninchen ſo ſtark nachlaufen, zerberſten, und das Eingeweide gar zerreiſſen.

EFFIOLER, *v. a.* die junge Saat, wenn ſie zu ſtark wächſt, ſchröpfen, abſchneiden oder abreiſen.

EFFLANQUE', ée, *adj.* der dünn und mager von Leib und Lenden wird, eingefallenen

fallenen Leibes. Cheval *efflanqué*, ein abgetriebenes Pferd.

EFFLANQUER, *v. a.* un-cheval, ein Pferd abtreiben, abarbeiten.

EFFLEURER, *v. a.* von dem äussersten eines Dinges etwas wegnehmen.

EFFLEURER, ritzen, ein wenig berühren, streifen. Le coup n'a fait qu'*effleurer* la peau, der Schuß hat ihme nur die Haut gestreift.

EFFLEURER une matière, eine Materie im Reden oder Schreiben nur berühren oder obenhin tractiren.

EFFLEURER le lait, l'écrêmer, die Milch abnehmen, das Fette davon herab thun.

EFFLEURER, cueillir les fleurs, (bey den Blumgärtnern) die Blumen abbrechen.

EFFLEURER un poste avantageux, (in der Kriegswissenschaft) nahe bey einer Vorwacht vorbey marschieren.

EFFLEURER une peau, das oberste Häutlein ab einem Fell abschaben.

EFFLEURE', ée, *part.* der Blumen beraubt.

EFFLUXION, *s. f.* Abgang der Leibesfrucht einer schwangern Frauen, ehe sie drey Monat alt: hernach aber sagt man fausse couche.

EFFOëL, *s. m.* v. EFFOüEIL.

EFFONDREMENT, *s. m.* (in der Gärtnerey) das Umgraben.

EFFONDRE', *adj.* (in denen Tuchfabriquen) an die Rahmen gespannet; gekratzet. Un drap trop *effondré*, ein allzu stark gerahmtes oder zu scharf gekratztes Tuch.

EFFONDRER, *v. a.* an die Rahmen spannen; kratzen.

EFFONDRER, ausnehmen; rein machen, (wird in der Küche vom Geflügel und Fischen gesagt) man sagt besser vuider.

EFFONDRER, (im Gartenbau) die Erde umgraben, durcharbeiten, umhacken.

EFFONDRER, aufbrechen, durchbrechen. *Effondrer* une porte, eine Thür aufbrechen.

EFFONDRILLES, *s. f.* das unreine Wasser unten im Schiffe, oder in andern Geschirren.

s'EFFORCER, *v. r.* sich bemühen, bestreben. S'*efforcer* de faire son devoir, sich seine Schuldigkeit angelegen seyn lassen. Il s'*efforça* de la séduire, er hat ihrer Keuschheit gewaltig nachgestellt.

EFFORT, *s. m.* Bemühung, Kraft, Vermögen, Stärke, Bestrebung; Gewalt, Macht.

Faire effort, sich bemühen. Faire les derniers *efforts*, den äussersten Fleiß (die äusserste Mühe) anwenden. Tout l'*effort* de la guerre tombera sur cette place, die ganze Gewalt des Kriegs wird auf diesen Ort fallen. Un grand *effort* d'esprit, d'imagination, eine gewaltige Bemühung (Dransetzung) des Verstandes, der Einbildungskraft.

EFFORT, Verrenkung, (Verruckung) einer Spannader an einem Pferd, von übermäßiger Arbeit.

EFFOüEIL, *s. m.* (in einigen Provinzen) die jährliche Nutzung einer Viehheerde durch das gefallene junge Vieh, der Zuwachs an Viehstücken.

EFFOüIL, *s. m.* Nutzen von der Heerde, durch Milch, Wolle u. d. gl.

EFFRAïANT, e, *adj.* erschrecklich; greulich. Faire un songe *effraïant*, einen schreckhaften Traum haben. La mort honteuse est la plus *effraïante*, ein schmählicher Tod ist der allererschrecklichste.

EFFRAïE, *s. f.* ein Käutzlein, das als ein bös Omen die Leute erschreckt.

EFFRAïER, *v. a.* quelqu'un, einen erschrecken, machen, daß einen ein Schauer ankommt.

s'EFFRAïER, *v. r.* sich entsetzen, sich fürchten. S'*effraïer* de peu de chose, über einer geringen Sache erschrecken. Elle ne s'*effraia* point à la manière des femmes voïant quelques épées nües, es ist ihr keine weibliche Furcht angekommen, da sie die blossen Degen gesehen.

EFFRAïE', ée, *part. & adj.* (in Wappen) ein Pferd, das gleichsam auf der Erde kriecht.

EFFRENE', ée, *adj.* ungezähmt, unbändig; unordentlich, ausgelassen. Une licence *effrenée* broüilla toute la ville, ein ungezäumter Uebermuth machte die ganze Stadt unruhig. Une avarice *effrenée*, ein unmäßiger Geiz.

EFFROI, *s. m.* ein Schrecken, das Erschrecken über etwas. Porter l'*effroi* par-tout, alles in Schrecken setzen. Jetter l'*effroi* dans l'esprit de quelqu'un, einem einen Schrecken einjagen.

EFFROïABLE, *adj. c.* erschrecklich, abscheulich, grausam; it. unbeschreiblich, unglaublich, gewaltig. Une chose *effroiable*, eine erschreckliche Sache. Il fait une dépense *effroiable*, er wendet unmäßig viel auf, verthut erschrecklich viel. Il a une *effroiable* mémoire, er hat ein ungemein Gedächtnuß.

EFFROïABLEMENT, *adv.* erschrecklicher Weise, über die Masse, unsäglich, unerhört.

EFFRONTE', *m.* EFFRONTE'E, *f. adj.* unverschämt, trotzig.

EFFRONTE', *s. m.* unverschämter Gast; muthwilliger Bub.

EFFRON.

EFFRONTE'E, *f. f.* ein unverſchämt (tro̊tzig) Weibsbild.

EFFRONTEMENT, *adv.* unverſchämter Weiſe; trotziglich.

EFFRONTERIE, *f. f.* Unverſchämtheit, Schamloſigkeit, Kühnheit.

EFFUSION, *f. f.* das Vergieſſen, oder Ausgieſſen ꝛc. auch bey den Opfern der Alten. *Effuſion* de ſang, Blutvergieſſen. *Effuſion* de bile, das Ergieſſen der Galle.

l'EFFUSION de la lumière, das Ausſtrahlen des Lichts.

l'EFFUSION des eſprits, das Ausbreiten, oder Einnehmen des Leibes, oder des Hertzens, das die Seele thut in Freude, oder in andern Affecten.

l'EFFUSION de cœur, das Ausſchütten des Hertzens, Eröfnung der Gedanken.

E'GAL, e, *adj.* gleich; eben; gleich geſinnet, immer von einerley Sinn. Tout lui eſt *égal*, es gilt ihm alles gleich.

E'GAL, *f. m.* der einem gleich iſt. Traiter d'*égal* à *égal*, als ſeines gleichen einen tractiren. Pompée étoit *égal* à Céſar, der Pompejus war dem Caͤſar gleich. Aller d'*égal* avec quelqu'un, ſich einem andern gleich halten. Se rendre *égal* aux inférieurs, ſich denen Geringern gleich machen. Il eſt toûjours *égal* à lui-même, il eſt modéré & retenu, er iſt ſich allzeit ſelbſt gleich, er iſt allzeit beſcheiden, und eingezogen. La mort rend toutes choſes *égales*, der Tod macht alles gleich. Partage *égal* du butin, gleiche Theilung der Beute.

E'GALE', *adj.* (bey dem Falkenmeiſter) Oiſeau *égalé*, Falke ſo weißſprenglicht auf dem Rücken iſt.

à l'E'GAL de &c. in Gegenhaltung, in Vergleichung mit ꝛc.

E'GALEMENT, *adv.* gleich, eines wie das andere, eben ſo.

E'GALER, *v. a.* gleich, eben machen, gleich werden. Le bonheur a *égalé* la vertu de ce capitaine, das Glück hat dieſem Kriegshelden beygeſtanden, wie es ſeine Tapferkeit verdient hat. *E'galer* la gloire d'Alexandre, dem Ruhm Alexanders gleichen, gleich kommen. Il n'eſt perſonne qui vous *égale* en bonté, es iſt kein Menſch, der es euch an Gütigkeit gleich thut.

s'E'GALER, *v. r.* ſich gleich machen, gleich ſeyn wollen

E'GALISATION, *f. f.* Gleichmachung.

E'GALISER, *v. a.* (in Rechtsſachen) gleich machen. *Egaliſer* les partages, gleiche Theile machen.

E'GALITE', *f. f.* Gleichheit, Gleichförmigkeit.

E'GALURES, *f. f. plur.* die weiſſen Flecklein oder Tuppen auf dem Rücken eines Falken.

E'GARD, *f. m.* Abſicht; Ehrerbietung, Hochachtung. J'ai des *égards* pour lui que je n'ai pas pour d'autres, er gilt bey mir mehr als alle andere. Il n'a *égard* qu'à ſon profit, er ſiehet auf nichts anders als ſeinen Nutzen.

A' l'*égard* du ciel, gegen oder in Anſehung, in Betrachtung des Himmels.

A' mon *égard*, in Anſehung meiner.

Chacun à ſon *égard*, ein jeder vor ſich, was ihn inſonderheit anlangt.

Avoir *égard* à quelque choſe, auf etwas ſehen.

E'GARE'E, *f. f.* [in einigen Ländern] der Damm an den Teichen, oder auch der Rechen, vor welchem die Fiſche nicht weiter können, und alſo ſtehen bleiben müſſen.

E'GAREMENT, *f. m.* Verirrung, Irrthum, das Abgehen vom rechten Wege; [figürlich] Abweichung von der Tugend, Verblendung der Seele.

E'GARER, *v. a.* irr machen, verführen; verlieren oder verlegen, als etwas, das man nicht ſo bald wieder finden kan. J'ai *égaré* mon livre, ich hab mein Buch verlegt, verlohren. Le guide nous a *égaré* & s'eſt *égaré* lui-même, der Wegweiſer hat uns und ſich ſelbſt in die Irre gebracht; auf einen Irrweg geführet.

s'E'GARER, *v. r.* du chemin, ſich verirren, des Weges verfehlen, irr werden, irr gehen; in Irrthum gerathen, in Sünden fallen; nárriſch, im Kopf verrückt, werden. S'*égarer* en parlant, aus der Rede kommen. S'*égarer* de ſon ſujet, von der vorgenommenen Sache abweichen; auf etwas anders verfallen.

E'GARE', ée, *part. & adj.* verirrt, zerſtreuet.

Un air *égaré*, des yeux *égarés*, eine verwirrte Geſtalt, wenn einer gantz zerſtreuet im Geſicht ausſiehet. Un eſprit *égaré*, ein verwirrter Sinn, der nicht wohl bey ſich ſelbſt iſt.

Brebis *égarée*, verlohrnes Schaaf; verirrter Sünder; irrgläubiger Menſch.

E'GAROTE', *adj. m.* Cheval *égaroté*, ein Pferd, das oben, wo der Hals anfängt, zwiſchen der Schulterblätterfüge verwundet oder gedruckt iſt.

E'GAYER, *v. a.* fröͤlich machen, beluſtigen, ergötzen. *E'gayer* l'eſprit, das Gemüth beluſtigen. *E'gayer* le diſcours, das Geſpräch mit luſtigen Einfällen vermiſchen.

E'GAYER un arbre, [im Gartenbau] einen Baum lüften; ausſchneiteln, ihm die Wirweiſer benehmen.

s'E'GAYER, *v. r.* ſich erfreuen, luſtig ſeyn.

E'GAYE',

E'GAYE', ée, *part. & adj.* luſtig, angenehm, lieblich.

E'GE'E, *adj. c.* La mer E'gée, das Aegäiſche Meer, jetzt der Archipelagus genannt.

E'GIDE, *ſ. f.* des Jupiters oder der Pallas Schild.

E'GILOPS, *ſ. m.* ein Augengeſchwür am innern Augwinkel bey der Naſe.

E'GIPT. *v.* EGYPT.

E'GLANTIER, *ſ. m.* Heckroſendorn, Hambuttendorn, wilder Roſenſtock, Hagedorn, Kranzdorn, Hieſendorn.

E'GLANTINE, *ſ. f.* Heckroſen, Hagbutten.

E'GLANTINE, eine von den dreyen Blumen, welche man zu Toulouſe am erſten May, dem Poeten giebt, der die beſten Verſe gemacht hat.

E'GLISE, *ſ. f.* die Kirche, ſowohl das Gebäude als die Gemeine.
  Homme d'*Egliſe*, ein Geiſtlicher.
  L'*égliſe* primitive, die erſte Kirche.
  L'*égliſe* Grècque, Romaine, die Griechiſche, Römiſche Kirche. E'*gliſe* Cathédrale, eine Domkirche. E'*gliſe* Collégiale, eine Stiftskirche. E'*gliſe* paroiſſiale, Pfarrkirche.
  Un pilier d'*égliſe*, ein fleißiger Kirchengänger.

E'GLOGUE, *ſ. f.* ein Hirtengedicht.

EGOGER, *v. a.* (bey den Gerbern) die überflüßigen Spitzen am Kalbfell abſchneiden, als die Ohren, Schwanzſpitze u. dgl.

EGOHINE, *ſ. f.* eine Handſäge.

E'GORGER, *v. a.* die Kähle abſchneiden, tödten, erwürgen, umbringen. E'*gorger* quelqu'un, einem die Gurgel abſtechen. On vous alloit *égorger*, es war an dem, daß man euch erwürgen wollte.

E'GORGER, ſchinden und übernehmen, als Wirte, Zöllner. Ce cabaretier nous a *égorgés*, dieſer Wirth hat uns übernommen, geſchunden, geſchnürt.

*E'GOSILLER, *v. r.* ſich halb todt ſchreyen, aus allen Kräften ſchreyen. Je m'*égoſille* à force de vous appeller, ich ruffe euch ſo ſtark, daß ich darüber heiſer werde.

E'GOUSSER, *v. a.* aushülſen, aus den Schoten thun, als Erbſen.

E'GOUT, *ſ. m.* das Abfließen des Waſſers, ſo von oben herkommt; ein Ablauf, Gang, (Dole) da alle Unreinigkeit aus der Stadt fließen kan.

E'GOUT, die Dachtraufe, Dachrinne.

E'GOUT, (bey den Juriſten) das Traufrecht, nebſt andern Gerechtigkeiten, ſein überflüßiges Waſſer durch des Nachbars Grund und Boden abzuleiten.

E'GOUTER, *v. a.* abtropfen laſſen, tropfenweis abrinnen laſſen, das Naſſe von etwas ablaufen laſſen.

E'GOUTOIR, *ſ. m.* (in der Papiermühle) Säulgen mit etlichen Einſchnitten, woran man die Forme mit dem geſchöpften Bogen lehnt, daß ſie abtropfe.

E'GOUTOIR, eine Latte mit hölzernen laggen Nägeln, woran man das Geſchirr hänget, und es abtropfen läſt, wenn man es aufgewaſchen hat.

E'GRATIGNER, *v. a.* ritzen, zerkratzen; die Kleider zur Zierde aushaken, ausſchneiden. Le chat lui a *égratigné* le viſage, die Katze hat ihm das Geſicht zerkratzet.

E'GRATIGNER les cœurs, (in Comödien) die Herzen anfangen verliebt zu machen.

E'GRATIGNEUR, *ſ. m.* einer der Zeug zierlich aushaket.

E'GRATIGNÜRE, *ſ. f.* ein Aufſchärfen, Ritzen und Streifen der Haut, geringe Verwundung.

E'GRAVILLONNER, *v. a.* (bey den Gärtnern) unter die Bäume graben, und die alte ausgenutzte Erde unter den Wurzeln wegnehmen, dagegen aber friſche darunter thun.

E'GRE'NER, *v. a. & n.* die Körner oder den Saamen aus einem Kraut oder Gewächſe nehmen.

E'GRE'NER des épies, Aehren auskörnen.

E'GRE'NER, zerdrucken, zermalmen, zerreiben.

E'GRE'NER, ſchartig werden, Scharten machen, bekommen.
  La taillant de ce raſoir *égrene* bien, diß Scheermeſſer ſchneidet wohl.

E'GRILLARD, e, *adj.* liſtig und luſtig, lebhaft.

E'GRILLOIR, *ſ. m.* Rechen in einem Teich.

E'GRISER, *v. a.* einen Demant mit einem Pulver reiben, daß er ſchön und eben wird.

E'GRISOIR, *ſ. f.* die Schachtel oder das Käſtlein, worüber man einen Demant reibt und ſchleift.

E'GRUGEOIR, *ſ. m.* E'GRUGEOIRE, *ſ. f.* ein Reibeiſen; it. ein Stampffaß.

E'GRUGER, *v. a.* zu Pulver machen, zerſtoſſen, zerreiben, zerſchneiden, klein machen.

E'GRUGEURES, *ſ. f. plur.* das Zerriebene, Kleingemachte, Zerſtoſſene u. d. gl.

E'GU oder E'GUADE, ſüß Waſſer. Faire *éguade*, ſüß Waſſer holen, ſich mit Waſſer verſorgen.

E'GUE'ER, *v. a.* die Lauge und Seife aus der Wäſche im kalten Waſſer auswäſchen, ſpühlen.

E'GUEULER, *v. a.* das Oberſte an einer Flaſche oder andern Geſchirr, abbrechen.

s'EGUEULER, *v. r.* ſich heiſer ſchreyen.

E'GUI, *v.* AIGUI.

E'GYPTE, *ſ. f.* Egypten, ein Reich in Africa.

E'GYPTIAC, ſ. m. Egyptiſche Salbe, zu Wegbeitzung des faulen Fleiſches.

E'GYPTIEN, nne, adj. Egyptiſch. Année E'gyptienne, ein Jahr, das keinen Schalttag hat, nemlich allezeit juſt 365 niemal 366 Tage, wie das Julianiſche bisweilen hat.

E'GYPTIEN, ſ. m. enne, f. Egypter, Egypterin; Zigeuner, Zigeunerin.

EH, interj. ey.

E'HANCHE', ée, adj. hüftlos, hinkend, lendenlahm.

E'HERBER, v. a. gäten (beſſer ſarcler).

E'HONTE', ée, adj. & ſubſt. unverſchämt, der alle Scham verlohren hat; [iſt alt] [beſſer effronté].

E'HOUPER, v. a. den Gipfel von einem Baum abhacken.

E'JACULATEUR, ſ. m. Muskel die zu Ausſpritzung des Saamens dient.

E'JACULATION, ſ. f. (in der Medicin) das wirkliche Entgehen, Ausſpritzen des männlichen Saamens.

E'JACULATOIRE, adj. c. das zu ſolcher Ausſpritzung dient.

EICOSAëDRE, v. ICOSAëDRE.

E'JOUIR, v. a. ol. erfreuen.

E'LABORATION, ſ. f. Ausarbeitung.

E'LABOURER, v. a. ausarbeiten; wohl zurichten. Sang bien élabouré, wohl gekochtes Geblüt, geſundes Blut.

E'LAGUER, v. a. die überflüßigen Aeſte von einem Baum abhauen.

E'LAISER, v. a. eine Münze, die etwas krumm gelaufen, wieder mit dem Hammer gleich ſchlagen.

E'LAN, ſ. m. das Entſpringen, Entlaufen, der Schuß den man im Entlaufen thut.

E'LAN, ein durchdringender Seufzer, Stoßgebet.

E'LAN, voiés E'LANT.

E'LANCEMENT, ſ. m. ein Sprung und Schuß mit dem Leibe.

E'LANCEMENT, ein Stich, den einem ein Schmerz inwendig giebt.

E'LANCEMENT, ein inbrünſtig Gebet, Erhebung der Seele.

E'LANCEMENT, (in der Schiffahrt) die Ausladung, ſo viel ein Schiff am Vordertheil oben länger iſt als auf dem Kiel.

E'LANCER, v. a. & n. ſchieſſen, mit Gewalt werfen, treiben. La mort ſait élancer ſes dards, der Tod weißt ſeine Pfeile zu ſchieſſen.

E'LANCER des cris, ſchreyen, ein Geſchrey von ſich geben. Le doigt m'élance, der Finger ſticht mich.

S'E'LANCER, v. r. anſprengen; anfallen; auf etwas losgehen. Un lion s'élança ſur lui, ein Löwe fiel ihn an, ſchoß auf ihn zu. Il s'élança ſur ſon cheval, er fiel auf ſein Pferd.

S'E'LANCER, hinein dringen oder brechen; ſich mit Gewalt hinein begeben; ſich bemühen, nach etwas ſtreben; aufwachen, ſich ermuntern.

E'LANCE', ée, part. & adj. geſchoſſen; von ſich geworfen; im Jagen ſagt man's von einem Hirſch, der auf einen losgehet; it. ein gar magerer Menſch; bey den Gärtnern heißt es lang und ſchmal. Un cheval élancé, ein mageres ausgehungertes Pferd. Un cerf élancé, ein Hirſch den man aufgeſucht.

E'LANCE', (im Gartenbau) branche élancée, ein Waſſerreiß.

E'LANT, ſ. m. ein Elendthier.

E'LAPS oder E'LOPS, ſ. m. eine Gattung Schlangen bey drey Schuhen lang.

E'LARGIR, v. a. erweitern, weiter oder breiter machen, was zu eng iſt. E'largir un chemin, einen Weg erweitern, breiter machen. E'largir un habit, ein Kleid auslaſſen. E'largir les rangs, die Glieder einer Schlachtordnung öfnen. E'largir les quartiers, die Quartiere weiter erſtrecken.

E'LARGIR, mildiglich geben; reichlich mittheilen. Dieu nous élargit ſes graces, GOtt theilet ſeine Gaben reichlich aus.

E'LARGIR, (auf der Reitbahn) die Volten gröſſer machen, weiter hinauswärts reiten.

E'LARGIR, aus dem Gefängniß loslaſſen.

S'E'LARGIR, v. r. weiter werden; breiter werden; ſich ausbreiten. Au ſortir des montagnes le païs s'élargit, wenn man aus dem Gebirge kommt, wird das Land breiter.

S'E'LARGIR, (in der Seefahrt) das Weite ſuchen; weichen, die Flucht geben; dem Flüchtigen nachjagen.

E'LARGIR, die Grenzen erweitern; ſeine Herrſchaft vergröſſern.

E'LARGISSEMENT, ſ. m. Erweiterung, Ausbreitung.

E'LARGISSEMENT, Loslaſſung, Befreyung.

E'LARGISSURE, ſ. f. die Erweiterung eines Kleids.

E'LASTICITE', ſ. f. ſpannende, ausdehnende, ſtreckende oder ſchnellende Kraft.

E'LASTIQUE, adj. c. das da treibt und losſchieſſet.

E'LATERIUM, ſ. m. (in der Apothek) Eſelkürbis-oder wilder Cucumernſaft.

E'LATINE, ſ. f. rauh Leinkraut.

E'LE'ATERIUM, ſ. m. eine Indianiſche Baumrinde, welche dem Kinkina gleichet, aber deſſen Kraft nicht hat.

E'LEBORE, voiés ELLEBORE.

E'LECTEUR, ſ. m. ein Wähler; it. ein Churfürſt. Il y a trois E'lecteurs ecclèſiaſtiques,

ELE   ELE   467

tiques, es sind drey geistliche Churfürsten.

E'LECTIF, ive, *adj.* da man einen wählt. Roïaume *électif*, ein Wahlkönigreich.

E'LECTION, *s. f.* die Wahl, das Wählen, Erwählen; it. das Amt eines Steuercommissarii; seine Wohnung, Landesgegend, in der er zu sprechen. Faire une bonne *élection*, eine gute Wahl thun. Un vaisseau d'*élection*, (in der Gottesgelehrtheit) ein Auserwählter; ein auserwählter Rüstzeug.

E'LECTION, (in Frankreich) ein Kreis nach welchem die Einnahme der Vermögensteuer eingetheilet ist.

E'LECTION, das Steueramt, wo über die Vermögensteuer erkennet wird.

E'LECTORAL, e, *adj.* Churfürstlich. Le Prince *électoral*, der Churprinz.

E'LECTORAT, *s. m.* Churfürstenthum, die Würde, das Gebiet und Land eines Churfürsten.

E'LECTRICE, *s. f.* die Churfürstin.

E'LECTRIQUE, *adj. c.* das an sich ziehende Kraft hat, wie der Bernstein oder Agtstein, Spannisch Wachs oder Siegellack, welches, wenn man es reibet, kleine Fäserlein an sich ziehet.

E'LECTUAIRE, *s. m.* eine Latwerge.

E'LE'FANT, *v.* ELEPHANT.

E'LE'GAMMENT, *adv.* schön, zierlich, sonderlich in Reden und Schreiben rc.

E'LE'GANCE, *s. f.* die Schönheit, Zierlichkeit im Reden und Schreiben; it. in Geberden und Sitten.

E'LE'GANT, e, *adj.* (im Reden und Gemählden) schön. Un discours *élégant*, eine zierliche Rede. Des contours *élégans*, schöne Zeichnungen.

E'LE'GIAQUE, *adj. c.* (in der Poësie) was zur Elegie gehöret. Poëtique *élégiaque*, ein Klagdichter.

E'LE'GIE, *s. f.* ein Trauergedicht; verliebtes Gedicht.

E'LE'GIR, *v. a.* (bey den Schreinern) hobeln, glatt machen.

E'LE'MENT, *s. m.* Element; Urstufe; Uranfang der Dinge.

E'LE'MENT, der Ort, wo man sich gern befindet; die Sache, daran man sein Vergnügen hat. Quand il est au cabaret, il est dans son *élément*, wenn er in dem Wirthshaus ist, so ist ihm recht.

E'LE'MENS, im plur. die ersten Lehrsätze einer Wissenschaft, gleichsam das A b c eines Dinges.

l'E'LE'MENT liquide, (bey den Poeten) das Meer.

E'LE'MENTAIRE, *adj. c.* elementisch.

E'LE'MI, *s. m.* ein Gummi in den Apotheken.

E'LE'ONORE, *s. f.* ein Weibername.

E'LEPHANT, *s. m.* ein Elephant. La nature a donné aux *éléphans* une espèce de main, parce qu'autrement il eut été malaisé qu'ils eussent pû prendre leur nourriture à cause de la grandeur énorme de leurs corps, die Natur hat dem Elephanten gleichsam eine Hand gegeben, weil sie sonst wegen ihrer übermäßigen Größe ihre Nahrung nicht wohl würden zu sich nehmen können.

L'ordre de l'*Elephant*, der Elephantenorden in Dännemark.

E'LEPHANTIASIS, *s. m.* eine Art Aussatzes.

d'E'LE'PHANT, *adj. c.* elephantisch.

E'LE'SE, *s. f.* ein Tuch, das man den Kranken unterbreitet zur Bequemlichkeit.

E'LEU, ë, *adj. & s. m.* voïes E'LIRE und ELû.

E'LEVATION, *s. f.* Erhöhung, Höhe, Erhebung. Faire l'*élévation* d'un mur, eine Mauer erhöhen. Cette voute n'a pas assés d'*élévation*, dieses Gewölbe hat nicht genugsame Höhe, ist nicht hoch genug.

E'LEVATION de cœur & d'esprit, hoher Muth und Verstand.

E'LEVATION de pensée & de stile, erhabene (geistreiche) Gedanken (Ausdruckungen) und Schreibart.

E'LEVATION, [bey der Messe] Erhebung der Hostie und des Kelchs.

E'LEVATION, [in der Baukunst] der Aufzug eines Gebäudes.

E'LEVATION, ein Hügel, erhabenes Erdreich.

E'LEVATION du pouls, [in der Heilkunst] erhabener [starker] Puls.

E'LEVATION, die Erhöhung der Mündung eines groben Geschützes [Canonen] über die Horizontallinie.

E'LEVATION, Hoheit des Standes; Beförderung. Concourir à l'*élévation* de quelqu'un, einem zu seiner Beförderung mit helfen.

l'E'LEVATION du Pole, die Höhe des Pols oder Nordsterns.

l'E'LEVATION de la voix, die Erhebung der Stimme.

Faire des *élévations* de son cœur à Dieu, sein Herz zu GOtt erheben, sich zu einem andächtigen Gebet schicken.

E'LEVATOIRE, *s. m.* ein Werkzeug der Wundärzte, ein eingeschlagen Knöchlein von der Hirnschaale oder sonst, wieder in die Höhe zu heben; ein Hebzänglein.

E'LEVE, *s. m.* ein Pflegsohn; ein Schüler; einer der aus eigenem Triebe von jemand zu lernen sucht; ein Nachfolger in der Kunst.

Nnn 2   E'LE-

E'LEVEMENT, *f. m.* Erhebung, Erhöhung.
E'LEVER, *v. a.* erheben, erhöhen, in die Höhe heben oder bringen. *E'lever* un fardeau, eine Last in die Höhe heben, bringen. *E'lever* une statuë, eine Bildsäule aufrichten. *E'lever* un bâtiment, ein Gebäude aufführen. *E'lever* une tour, einen Thurm hoch aufbauen. Le soleil *élève* les vapeurs de la terre, die Sonne ziehet die Dünste der Erden in die Höhe. *E'lever* l'eau par des machines, das Wasser durch Kunstwerke in die Höhe treiben. *E'lever* les yeux, die Augen in die Höhe richten. *E'lever* la voix, die Stimme laut erheben oder erschallen lassen. *E'lever* son cœur à Dieu par la prière & par de saintes méditations, das Herz durch Gebet und heilige Betrachtungen zu GOtt richten.
E'LEVER un enfant, ein Kind erziehen, auferziehen.
E'LEVER un cheval, ein Pferd abrichten.
Il se plait à *élever* des fleurs, seine Lust ist, daß er Blumen ziehet.
E'LEVER quelqu'un aux honneurs, einen zu Ehren bringen.
E'LEVER quelqu'un jusqu'au ciel, einen gar bis an den Himmel erheben, d. i. sehr rühmen, loben und preisen.
s'E'LEVER, *v. r.* sich erheben, in die Höhe steigen oder fahren. Un aigle s'*élève* en l'air, ein Adler steigt in die Luft empor.
Il s'*élève* une tempête, es steigt ein Wetter auf. Les vapeurs s'*élèvent*, die Dämpfe steigen auf.
s'E'LEVER par son propre mérite, durch sein eigen Verdienst sich zu Ehren bringen.
s'E'LEVER contre son maître, sich wider seinen Herrn erheben, empören.
Il s'*élève* dans la prospérité, er wird durch sein Glück übermüthig, hochmüthig.
Ce bâtiment s'*élève* peu à peu, das Gebäude wird nach und nach höher.
s'E'LEVER, *v. n. pass.* ausfahren. Vôtre peau s'*élève*, ihr fahret aus an eurer Haut.
s'E'LEVER, (in der Schifffahrt) auf die Höhe (das hohe Meer) von dem Ufer ausfahren. S'élever en latitude, gegen Norden oder gegen Mittag segeln. S'*élever* en longitude, gegen Osten oder Westen fahren.
E'LEVR', *m.* E'LEVE'E, *f. adj.* hoch, erhaben. Un lieu *élevé*, eine Höhe, hocherhabener Ort. Les murailles sont fort *élevées*, die Mauren sind sehr hoch.
E'LEVE' en dignité, zu hohen Ehren erhaben.
E'LEVE', erzogen, aufgebracht. Un enfant bien *élevé*, ein wohlgezogenes Kind.
E'LEVEURE, E LEVÜRE, *f. f.* eine kleine Beule auf der Haut, ein kleiner Grind oder Blase, als am Munde ꝛc.

E'LIDER, *v. a.* einen Buchstaben von einem Worte wegwerfen, auslassen, im Aussprechen.
E'LIDER, (in Gerichten) ablehnen, z. E. einen Einwurf, Ausflucht u. d. gl.
E'LIE, *f. m.* ein Mannsname, Elias.
E'LIGIBILITE', *f. f.* une bulle d'*éligibilité*, eine Päbstliche Bulle, daß man kan zu einer geistlichen Würde erwählet werden.
E'LIMER, *v. a.* einen Falken reinigen und zurecht machen, ihn zum Fang los zu machen.
Linge *élimé*, vulg. abgenutzte, blöde Leinwand.
s'E'LIMER, *v. r.* sich abnutzen; abtragen; abschleiffen.
E'LINGUE, *f. f.* eine Schlinge; Schleider; (auf den Schiffen) ein Seil mit Schlingen an beyden Enden, die Waaren damit in das Schiff und aus demselben zu heben.
E'LINGUE à patte, ein solches Seil mit zweyen eisernen Haken, die Fässer damit aus und einzuheben.
E'LINGUET, *f. m.* ein Holz auf den Schiffen, das man in den Ankerhaspel steckt, daß er nicht herum gehen kan.
E'LIRE, *v. a.* erwählen; auslesen. *E'lire* un Roi, einen König erwählen.
E'LÛ, ë, *part. & adj.* erwählt; auserwählt zum ewigen Leben.
E'LISABET, *f. f.* ein Weibername.
E'LISE'E, *adj. m.* les champs *élisées*, die Elisäischen Felder, das Paradies der Verstorbenen bey den alten Heyden.
E'LISER une pièce de drap, ein Stück Tuch bey denen Enden ziehen, damit es durchgehends gleich breit werde.
E'LISIEN, *adj. m.* champs E'*lisiens*, die Elisäischen Felder.
E'LISION, *f. f.* das Wegwerfen eines Buchstabens an einem Worte, oder das Auslassen desselben im Reden.
E'LITE, *f. f.* die Wahl, das Auslesen. L'*élite* d'une marchandise, der Ausbund einer Waar. Tous gens d'*élite*, alles auserlesene Leute. L'*élite* des troupes, der Kern, auserlesene Mannschaft.
E'LIXATION, *f. f.* das Kochen einer Arzney in Wasser oder Milch ꝛc.
E'LIXIR, *f. m.* ein Elexir oder Arzney.
E'LIXIR de propriété, das Elixir proprietatis Paracelsi.
E'LIZABET, *v.* ELISABET.
ELLE, *pron. f. v.* IL.
ELLEBORE, *f. m.* Nießwurz, ein Kraut.
ELLEBORE blanc, weisse Nießwurz.
ELLEBORE noir, schwarze Nießwurz.
ELLEBORINE, *f. f.* ein Kraut, unächte Nießwurz.

— ELLEND,

ELLEND, voïés E'LANT.

ELLIPSE, s. f. [in der Geometrie] ein ungleicher Kegelschnidt; it. die Linie, welche die Fläche des ungleichen Kegelschnidtes umgiebt, der Umkreis desselben.

ELLIPSE, [in der Grammatic und Redekunst] eine Figur, dadurch man etwas, das sich ohnedem unter der Rede verstehet, auslaßt.

ELLIPTIQUE, adj. c. das eine Figur als die Ellipsis hat.

ELME, s. m. feu S. Elme, ein feuriger Dampf, der sich meistens nach einem Sturm oben an den Mast oder an die Segelstange hängt.

E'LOCHER, v. a. etwas das fest ist so bewegen, daß es wackelnd wird.

E'LOCUTION, s. f. Schreibart, Setzung der Redensarten, geschickliche Fügung der Worte. Avoir l'elocution nette, eine reine Außsprach haben.

E'LOGE, s. m. ein Lobspruch, ein Lob; [in Rechtssachen] Meldung einer Person. Faire l'éloge de quelqu'un, einem eine Lobrede halten.

E'LOGISTE, s. m. einer, der andern zu Ehren Lobreden und Lobsprüche macht.

E'LOI, s. m. Eligius, ein Mannsname.

E'LOIGNEMENT, s. m. Entfernung, Ferne, Entlegenheit, Weite eines Orts vom andern.

E'LOIGNEMENT, Entweichung; Absonderung; Verbannung; Abwesenheit, sie sey freywillig oder gezwungen. E'loignement nécessaire, nothwendige Abwesenheit.

E'LOIGNEMENT, [in Gemählden] der weiteste Prospect, der darauf abgebildet ist. Représenter en éloignement un palais, [in der Mahlerey] einen Pallast in der Ferne vorstellen.

E'LOIGNEMENT, [in Landesgegenden] das Ende des Gesichts, so weit man sehen kan.

E'LOIGNEMENT, Abneigung, Widerwillen. Bien des gens nourrissent un éloignement secret de la vérité, viele haben einen heimlichen Ekel vor der Wahrheit.

E'LOIGNER, v. a. entfernen, wegthun; fortschaffen, verbannen. E'loigner quelqu'un de la cour, einen vom Hof wegschaffen.

E'LOIGNER, abziehen, abwendig machen.

E'LOIGNER, ablegen, sich von etwas losmachen.

E'LOIGNER, aufschieben, verzögern. Les pluïes éloigneront la moisson, der stätige Regen wird die Erndte aufhalten.

s'E'LOIGNER, v. r. sich entfernen; sich entziehen. La flote s'éloigna du port, die Flotte entfernte sich vom Haven. S'éloigner de la ville, sich aus der Stadt begeben. S'éloigner du respect qu'on doit à quelqu'un, von der Ehrerbietigkeit abweichen, die man jemand schuldig ist.

Vous êtes fort éloigné de vôtre compte, ihr seyd ferne von eurer Rechnung.

Je suis fort éloigné de croire celà, ich bin weit davon, solches zu glauben.

E'LOIGNE', ée, part. & adj. entfernt, abgelegen, fern.

E'LONGATION, s. f. [in der Sternkunst] Entfernung eines Planeten von dem andern.

E'LOQUEMMENT, adv. wohl beredter Weise, mit grosser Beredtsamkeit.

E'LOQUENCE, s. f. die Wohlredenheit, Beredtsamkeit.

E'LOQUENT, e, adj. der wohl beredt ist, wohlredend, beredtsam; wohl gesetzt, das Wohlredende hat.

E'Lû, s. m. (v. E'LIRE.) ein Auserwählter zum oder in ewigen Leben.

E'Lû, (in Frankreich) Steuerrath, so die Vermögensteuer anlegt, und darüber erkennet.

E'Lûe, s. f. Steuerräthin.

E'LUDER, v. a. zunicht, kraftlos machen; ablehnen von sich, entgehen. E'luder les intentions de quelqu'un, das Vorhaben eines andern vernichten; fruchtlos machen. E'luder un arrêt, ein Urtheil verdrehen, durch falsche Deutung abwenden.

E'LUSION, s. f. Aeffung, Betrug, Verspottung, listige Entgehung.

E'MAIL, s. m. E'MAUX, plur. Schmelzwerk, Farben durch Schmelzarbeit auf etwas gemacht. Travailler en émail, in Schmelz arbeiten.

E'MAIL, Schmelz, eine Art Venedischen weissen Glases.

E'MAIL, blaue Stärke.

E'MAIL, (in der Wappenkunst) Farben. Le blason a sept émaux, in den Wappen werden sieben Farben geführt.

E'MAIL, (poetisch) die bunte Farbe der Blumen.

E'MAILLER, v. a. schmelzen; mit Schmelz belegen.

E'MAILLER, (poetisch) zieren, schmücken.

s'E'MAILLER, v. r. (poetisch) bunt werden.

E'MAILLE', ée, part. & adj. mit Schmelzwerk bemahlt; (poetisch) bunt ausgezieret, als der Himmel mit Sternen, die Wiesen mit Blumen.

E'MAILLEUR, s. m. ein Schmelzarbeiter, einer der mit Schmelzarbeit mahlen kan.

E'MAILLûRE, s. f. das Mahlen mit Schmelzwerk.

E'MAILLûRE, die rothen Schildlein oder Puncte auf den Falkenfedern.

E'MANATION, s. f. das aus etwas fleußt

und entsteht, oder herkommt, als von dem was höher und über dasselbe ist.

E'MANCIPATION, *s. f.* Freyheit mit dem Seinen umzugehen ohne Vormund.

E'MANCIPATION, die Losprechung eines Kindes oder mündigen Sohns von der väterlichen Gewalt.

E'MANCIPE', *m. ée, f. adj.* freygelassen, der väterlichen Gewalt erlassen.

E'MANCIPER, *v. a.* ein Kind der väterlichen Gewalt erlassen.

E'MANCIPER, einen Pupillen oder zu mündigen Jahren gelangtes Kind von den Vormündern frey sprechen, ihm seine Güter selbst anvertrauen, mündig erklären.

s'E'MANCIPER, *v. r.* sich zu viele Freyheit in etwas gebrauchen, sich zu viel einbilden, zu verwegen seyn, sich zu viel unterfangen. Il s'*émancipe* jusques-là que de desobeïr à ses supérieurs, er wird so vermessen, daß er sich gar seinen Vorgesetzten widersetzen darf.

E'MANE', *m. ée, f. adj.* ergangen; erlassen; ausgelassen; hergekommen. Déclaration *émanée* du conseil, eine von dem Rath ergangene Verordnung.

E'MANER, *v. n.* herkommen, herrühren, ausgehen, seinen Ursprung haben, als der Sohn Gottes vom Vater rc. als das Licht der Planeten von der Sonne; it. als ein Befehl von königlicher Macht und Ansehen.

E'MANUëL, *s. m.* ein Mannsname.

E'MARGEMENT, *s. m.* wenn man etwas in Rechnungen an den Rand schreibt.

E'MARGER, *v. a.* an den Rand zeichnen.

E'MARINER, *voiés* EMMARINER.

E'MASCULER, *v. a.* entmannen; *voiés* CHâTRER.

E'MAUX, *voiés* E'MAIL.

(NB. Folgende Worte bis zu EMI sprechen das E wie ein A aus).

EMBABOüINER, *v. a.* vulg. einen äffen, ihm vergebliche Hoffnung machen, ihn mit Schwatzen einnehmen.

EMBALAGE, *s. m.* das Einpacken in Ballen, Einballiren; das Packerlohn. Toile d'*embalage*, Packtuch.

EMBALER, *v. a.* in Ballen packen.

EMBALER, einem etwas vorlügen.

EMBALEUR, *s. m.* ein Ballenbinder, Packer.

EMBALEUR, ein Schwätzer, der andern was vorplaudert.

EMBANQUE', *adj. m.* wenn ein Schiff auf einer grossen Sandbank sitzt, heißt es un vaisseau *embanqué*.

EMBARDER, *v. n.* sich mit dem Schiff von einer Seite zur andern werfen; item ein Schiff, das vor Anker liegt, mit dem Steuerruder von einer Seite zur andern wanken machen.

EMBARGO, *s. m.* Arrest auf Schiffe.

EMBARQUEMENT, *s. m.* das zu Schiffe Gehen oder Einsteigen in dasselbe, das Einschiffen, Einladen; das Einlassen in einen Handel.

EMBARQUER, *v. a.* einschiffen, die Sachen ins Schiff laden; it. auf einen Haufen zusammen schütten. *Embarquer* en grenier, das Gut in das Schiff schütten; uneingepackt einladen.

EMBARQUER, verwickeln, einflechten, einmengen, einen in einen Handel ziehen. On m'a *embarqué* dans une méchante affaire, man hat mich in einen losen Handel mit eingeflochten, verwickelt.

s'EMBARQUER, *v. r.* sich zu Schiffe setzen, zu Schiffe gehen.

s'EMBARQUER, sich in etwas einlassen, comme dans un mariage, un discours, un jeu &c. als in Heyrath, Gespräch, Spielen rc. sich in etwas mit einmengen, einmischen.

s'EMBARQUER sans biscuit, unvorsichtiger Weise, oder ohne gnugsame Mittel, sich in eine Sache einlassen.

EMBARRAS, *s. m.* Hinderung, Hinderniß; Schwürigkeit; Lermen, Verwirrung, Sorge, Kummer, Unruhe; verworrener Handel; Bestürzung. Le chemin est plein d'*embarras*, der Weg ist voll Hinderungen, Beschwerlichkeiten. Etre dans l'*embarras*, mit mühsamen Geschäften beladen seyn. Se retirer de l'*embarras* du monde, sich der Beschwerlichkeit des Weltlebens entziehen. L'*embarras* avec lequel je lui parlai, die Verwirrung, in welcher ich mit ihm redete.

l'EMBARRAS des ruës, das was einem auf den Gassen in den Weg kommt, und einen aufhält.

EMBARRASSANT, e, *adj.* beschwerlich. Procés *embarrassant*, eine beschwerliche Rechtssache. Objection *embarrassante*, Einwurf, der einem Mühe macht.

EMBARRASSER, *v. a.* verhindern, Beschwerlichkeit machen, verwickeln, verwirren, zu schaffen machen.

s'EMBARRASSER, *v. r.* sich Unruhe machen, sich verwickeln. Il s'*embarrasse* de tout, er bekümmert sich um alles. Il s'est allé *embarrasser* de ce mariage, er hat sich mit dieser Heyrath verworren.

EMBARRASSE', ée, *part. & adj.* bestürzt, verwirrt. Je me trouve fort *embarrassé*, ich bin sehr verwirrt, verstört. Il est fort *embarrassé* de sa personne, er weißt sich gar nicht zu finden, zu schicken. Un passage fort *embarrassé*, ein dunkeler Spruch, der schwer zu verstehen.

Etre *embarrassé*, nicht wissen, was man thun

thun soll, im Zweifel, ungewiß, bestürzt seyn.

s'EMBARRER, *v. r.* cheval qui s'est *embarré*, Pferd das über den Standbaum getreten.

EMBARRURE, *s. f.* ein Bruch an einem Bein, sonderlich an der Hirnschale, da selbige nicht bloß gespalten, sondern recht eingebrochen ist.

EMBASEMENT, *s. m.* eine Art eines Fusses oder Fundaments, unten längs an einem Gebäude hin.

EMBASS. *voiés* AMBASS.

EMBâTER, *v. a.* einem Esel den Saumsattel auflegen.

EMBâTONNER, *v. a.* einen mit einem Stock bewaffnen; oder mit einem Stock schlagen, (ist alt).

EMBâTONNE', ée, *adj.* une colonne *embâtonnée*, (in der Baukunst) eine Säule, deren Aushölungen gestäbt sind.

EMBATTAGE, *s. m.* (bey den Schmieden) das Aufschmieden der Radschienen auf die Räder.

EMBATTES, *s. m. plur.* zur See, gewisse Winde, die zu gesetzter Jahrszeit ordentlich zu wehen pflegen.

EMBATTRE, *v. a.* (bey dem Schmied) ringen; Ringe aufschlagen.

EMBAUCHER, *v. a.* [bey einigen Handwerkern] einen Gesellen zu einem in Arbeit bringen.

Embaucher, hinterlistiger Weise werben; Kriegsdienste zu nehmen bereden.

EMBAUCHEUR, *s. m.* der den Meistern Gesellen zubringt.

Embaucheur, ein Werber.

EMBAUMEMENT, *s. m.* das Balsamiren eines todten Leichnams.

EMBAUMER, *v. a.* einen Todten balsamiren.

Embaumer, durchräuchern; mit gutem Geruch erfüllen.

EMBE'GUINER, *v. a.* den Kopf verbinden. Il a la tête *embéguinée* à cause du mal de dents, er hat vor Zahnschmerzen den Kopf verbunden.

Se laisser *embéguiner* de quelque chose, sich durch etwas einnehmen lassen, als durch falsche Lehre, thörichte Liebe.

Il s'est *embéguiné* de sa servante, er hat an seiner Magd einen Narren gefressen.

Il s'est *embéguiné* de cette opinion, er hat diese Meynung in den Kopf gefaßt.

EMBELLE, *s. m.* das Theil eines Schiffes zwischen dem grossen und vordern Mast.

EMBELLIR, *v. a.* auszieren, schön und angenehm machen, ausschmücken. *Embellir* une maison, ein Haus auszieren.

Embellir, *v. n.* schöner werden. Elle *embellit* tous les jours, sie nimmt täglich an Schönheit zu.

EMBELLISSEMENT, *s. m.* Zierde, Schmuck.

s'EMBERLUCOQUER, *v. r.* vulg. sich von einem Dinge sehr einnehmen lassen, sich in etwas vergaffen.

EMBESOGNER, *v. a.* quelqu'un, einem zu thun geben, (ist alt).

EMBESOGNE', ée, *adj.* der immer viel zu thun hat, geschäftig.

EMBLAïER, *v. a.* ist so viel als emblaver; item, einem zu schaffen machen, zu thun machen.

EMBLAïE', ée, *part. & adj.* besäet; item geschäftig.

EMBLAüRE, EMBLAVüRE, *s. f.* besäetes Feld.

EMBLAVER, *v. a.* das Feld besäen, (ist alt, besser ensemencer).

EMBLE; cheval qui va l'*emble*, ein Paßgänger; (v. Amble.)

EMBLE'E, *s. f. d'emblée*, ehe man sichs versieht; im ersten Anlaufe. Prendre une ville *d'emblée*, eine Stadt im ersten Anfall (mit stürmender Hand) erobern.

Elle prend les cœurs *d'emblée*, sie macht die Leute mit einem Blick verliebt.

EMBLE'ER, *voiés* EMBLAïER.

EMBLE'MATIQUE, *adj. c.* sinnbilderisch; als ein Sinnbild.

EMBLE'ME, *s. m. & f.* ein Sinnbild.

EMBLER, *v. n.* so grosse Schritte thun, daß der hintern Füsse Spur weit über der vordern ihre hinaus geht, sagen die Jäger vom Hirsch; siehe auch AMBLER.

Embler, *v. a.* heimlich, unversehens wegnehmen, mit Gewalt rauben.

EMBLEüRE, *voiés* EMBLAüRE.

EMBLIER, *v. n.* (zur See) viel Platz einnehmen.

EMBODINURE, *s. f.* das Umwickeln eines Seils auf den Schiffen, sonderlich am Anker, daß der eiserne Ring das Seil nicht so abreibe.

EMBOëST. *voiés* EMBOIT.

EMBOIRE, *v. a. & n.* (bey der Mahlerey) Les toiles nouvellement imprimées font *emboire* les couleurs, die frischgegründete Leinwand macht die Farben verschiessen.

EMBû, ë, *part.* das angezogen hat.

EMBOISER, *v. a.* vulg. bereden, mit guten Worten zu etwas beschwatzen.

EMBOISEUR, *s. m.* euse, *f.* vulg. ein Schwätzer, der einen zu etwas bereden kan.

EMBOITEMENT, *s. m.* das Ineinanderfügen eines Beins in das andere, und dergleichen.

EMBOITER, *v. a.* in eine Schachtel oder Büchse thun; in ein dazu gemachtes hohles Theil etwas einfügen, einzapfen.

s'EMBOITER, *v. r.* sich in etwas hohles fügen. Cette charpente *s'emboite* bien, dieses

dieſes Zimmerwerk iſt wohl verzapft. L'os de la cuiſſe *s'emboite* dans l'os iſchion, das Schenkelbein fügt ſich in den Hüftknochen.

EMBOITURE, *ſ. f.* das runde Theil eines Dinges, ſo in ein anders, das hohl iſt, ſich fügen kan.

EMBOITURE, die Zuſammenfügung zweyer Dinge, deren eines hohl und das andere rund iſt, und die alſo in einander paſſen.

EMBOITURE, (bey den Schreinern) ein Querholz oben und unten an einer Thür, dieſelbe feſt beyſammen zu halten.

EMBOLISME, *ſ. m.* (bey den Griechen) das Einſchieben eines Monats in ihrem Calender, da ſie ſich noch nach dem Mondenjahre richteten.

EMBOLISMIQUE, *adj.* wird meiſtens von dem Monat geſagt, welcher bey den Griechen allzeit im dritten Jahr als der dreyzehnde eingeſchaltet wurde.

EMBONPOINT, *ſ. m.* gute Geſundheit des Leibes, da man ein wenig zu dick dabey wird. Avoir de l'*embonpoint*, völliges Leibes ſeyn; wohl bey Leibe ſeyn; geſund und ſtark ſeyn.

EMBORDURER, *v. a.* ol. ein Gemählde in Rahmen faſſen.

EMBOUCHEMENT, *ſ. m.* das Blaſen mit dem Munde in ein muſicaliſch Inſtrument; die Anſetzung deſſelben an den Mund.

EMBOUCHER, *v. a.* (auf der Reitſchul) ein Pferd zäumen, ihm das Gebiß anlegen.

EMBOUCHER, ein blaſendes Inſtrument anſetzen.

EMBOUCHER quelqu'un, einem die Worte vorſagen (in den Mund legen), die er überbringen ſoll.

s'EMBOUCHER, *v. r.* ſich in einen andern Fluß oder ins Meer ergießen, wird von Flüſſen geſagt, (beſſer ſe jetter). L'Elbe *s'embouche* (ſe jette) dans l'Océan, die Elbe fällt in das groſſe Meer.

EMBOUCHE', ée, *part. & adj.* (in Wappen) mit einem Mundſtück von anderer Farbe, als eine Trompete ꝛc.

EMBOUCHOIR, *ſ. m.* ein Stiefelholz, dieſelben weiter zu machen.

EMBOUCHURE, *ſ. f.* de fleuve, der Ausfluß eines Fluſſes in die See oder in einen andern Fluß.

EMBOUCHURE d'un port, der Eingang eines Seehavens.

EMBOUCHURE de trompette ou de quelqu'autre ſemblable inſtrument, das Mundſtück an einer Trompete oder anderm Inſtrument, ſo geblaſen wird.

EMBOUCHURE, das Gebiß am Zaum eines Pferds.

EMBOUCHURE de canon, das Mundloch vornen an einer Canon oder anderm Geſchoß.

EMBOUCHURE d'un pot, (bey den Kupferſchmieden und Töpfern) das Loch an einem Topf obenher, wo man etwas hinein thut.

EMBOUCHURE d'un four, das Ofenloch.

EMBOUCHURE d'une bouteille, die Mündung einer Flaſche.

EMBOUCHURE du pertuis d'une filière, die weitere Oefnung des Lochs, dadurch der Golddrat gezogen wird.

EMBOUCLER, *v. a.* (beſſer boucler) anſchnallen, einſchnallen, härten.

EMBOUCLE', ée, *part. & adj.* (in Wappen) wenn ein Stück, als ein Halsband ꝛc. eine Schnalle hat; mit Spangen beſetzt.

EMBOUDINURE, v. EMBODINURE.

EMBOüER, *v. a.* vulg. mit Koth beſtreichen oder bewerfen.

EMBOUQUER, *v. n.* (zur See) in die Antilliſchen Inſeln hinein fahren; in eine Meerenge zwiſchen zweyen Inſeln einlaufen.

EMBOURBER, *v. a.* einen verführen, daß er ſich in eine Sache zu ſehr vertiefet.

s'EMBOURBER, *v. r.* ſich beſudeln, ſich garſtig machen; in den Koth fallen; im Koth ſtecken bleiben; ſich im Koth wälzen. Il jure comme un charettier *embourbé*, er flucht als ein Fuhrmann, der im Koth ſteckt.

s'EMBOURBER avec de la canaille, ſich mit einer ſchlimmen Perſon einlaſſen.

s'EMBOURBER dans le vice, ſich in den Laſtern wälzen; [wird mit dans conſtruirt].

EMBOURRER, *v. a.* mit Scheerwolle ausfüttern, ausſtopfen. *Embourrer* une chaiſe, einen Stuhl ausſtopfen.

EMBOURRER, [bey den Hafnern] den Mangel [Fehler] einer Arbeit verkleiben.

EMBOURRURE, *ſ. f.* die Leinwand, die man oben auf die Scheerwolle eines Stuhls macht.

EMBOURSEMENT, *ſ. m.* das Stecken in den Beutel, wenn man Geld in den Beutel thut, es aufzuheben.

EMBOURSER, *v. a.* in den Beutel ſtecken, als Geld ꝛc. es zu verwahren.

EMBOUSSURE, *ſ. f.* der Knoten oder die Schlinge an einem Schifftau.

EMBOUTE', ée, *adj.* [in Wappen] wenn ein Stab oder Ermel an Kleidern vornen mit einer andern Farbe eingefaßt, oder rund gekrümmt iſt.

EMBOUTI, *m.* EMBOUTIE, *ſ. adj.* erhabene Arbeit. Broderie *emboutie*, erhabene geſtepte Arbeit.

EMBOUTI, *ſ. m.* EMBOUTIE, *ſ. f.* getriebene oder geſchlagene Arbeit der Goldſchmiede.

EMBOUTIR, *v. a.* etwas rund klopfen; [bey den Goldſchmieden] ein Stück Arbeit

beit auf einer Seite hohl, auf der andern erhaben schlagen, treiben, getriebene Arbeit machen.

EMBRANCHEMENT, *s. m.* [bey den Zimmerleuten] ein Balke, der die Dachsparren mit den obern Querbalken des Gebäudes zusammen bindet.

EMBRAQUER, *v. a.* ein Seil auf den Schiffen mit den Händen streng ausspannen.

EMBRASEMENT, *s. m.* das Anzünden der Häuser, die Feuersbrunst.

EMBRASEMENT, das Entstehen eines Aufruhrs, Kriegs, Lermens oder einer heftigen Gemüthsbewegung, als Liebesbrunst ꝛc. Il arrêta cet *embrasement*, er dämpfte dieses aufgehende Feuer [die anhebende Unruhe.]

EMBRASEMENT, das Abbrechen der inwendigen Ecke an den Seiten und unten an den Fenstern.

EMBRASER, *v. a.* anzünden, mit Feuer verbrennen; Brunst verursachen, entzünden von Gemüthsbewegungen, als Liebe, Zorn ꝛc. Le feu a *embrasé* toute la maison, das Feuer hat das ganze Haus ergriffen. Vos beaux yeux m'embrasent, eure schönen Augen entzünden mich; machen mich verliebt.

s'EMBRASER, *v. r.* Feuer fangen, anbrennen, sich entzünden.

EMBRASÉ, ée, *part.* brennend.

EMBRASER, *v. a.* ein Fenster oder Thüre, so in eine dicke Mauer gemacht ist, inwendig schief abmachen, die Ecke abbrechen, damit das Licht desto besser hineinfalle, und die Thüren besser aufgehen können.

EMBRASSADE, *s. f.* die Umarmung, Umhalsung.

EMBRASSEMENT, *s. m.* das Umarmen, Umhalsen.

EMBRASSER, *v. a.* umarmen, umfangen, umhalsen; umklaftern.

EMBRASSER, umfassen, umfangen. L'océan *embrasse* la terre, das weite Meer umfasset die Erde.

EMBRASSER, ergreifen, vornehmen, einnehmen. *Embrasser* la vertu, sich der Tugend ergeben. *Embrasser* une affaire, eine Sache vor die Hand nehmen. *Embrasser* le parti de quelqu'un, sich auf eines Seite schlagen. *Embrasser* une religion, einen Glauben annehmen.

EMBRASSER bien du terrain, sagt man von Pferden, wenn sie voltiren, und einen grossen Umschweif nehmen, zugleich aber grosse Schritte dabey thun.

EMBRASSÉ, ée, *adj.* (in Wappen) auf beyden Seiten mit den Farben des Schilds umgeben.

EMBRASSEUR, *s. m.* (bey den Giessern) ein Eisen, die Canonen damit in die Höhe zu heben.

EMBRASSURE, *s. f.* (bey den Zimmerleuten) gewisse in einander gefügte Querhölzer oder Eisen an einem Camin, so denselben zusammen halten.

EMBRASURE, *s. f.* eine Schießscharte.

EMBRASURE, (in der Baukunst) die Ausbrechung der Mauern an den Thüren und Fenstern, daß sie innen im Zimmer weiter als aussen seyn.

EMBRASURE, (bey den Chymicis) eine Oefnung am Ofen, wo der Hals einer Retorte durchgehet.

EMBRENEMENT, *s. m.* das Bescheissen, Beschmierung mit Menschenkoth.

EMBRENER, *v. a.* bescheissen, besudeln, als die Kinder die Hemder. Il s'est *embrené*, er hat sich in einen stinkenden Handel gemenget.

EMBREVEMENT, *s. m.* das Hineinfügen in eine dazu gemachte Fuge oder Kerbe; Verzapfung.

EMBREVER, *v. a.* in eine Fuge oder Kerbe fügen, verzapfen, einzapfen.

EMBRICONER, *v. a.* zerbröckeln; betrügen. (ist alt.)

EMBRION, *s. m.* ein Kind im Mutterleibe.

EMBRION, (im Spott) ein kleiner unansehnlicher Mensch.

EMBROCATION, *s. f.* Anfeuchtung der kranken Theile des Leibes mit medicinischen Wassern, auch die Feuchtigkeit so dazu gebraucht wird.

EMBROCHEMENT, *s. m.* das Anstecken einer Speise an den Bratspieß.

EMBROCHEMENT, das Durchstechen, die Durchstossung.

EMBROCHER, *v. a.* an den Bratspieß stecken. Il l'a *embroché*, vulg. er hat ihn mit einem Gewehr durchstochen.

EMBROÜILLEMENT, *s. m.* Verwirrung.

EMBROÜILLER, *v. a.* verwirren, in Unordnung bringen. Un esprit *embroüillé*, ein Mensch, der seine Sache nicht recht vorbringt, der alles verwirrt vorbringt.

EMBROÜILLER les voiles, die Segel zusammen thun.

s'EMBROÜILLER, *v. r.* sich in verwirrte Händel stecken.

EMBRUINER, *v. a.* bereifen, mit Reifen verderben. Les vignes sont *embruinées*, die Weinstöcke haben den Brand bekommen.

EMBRUMÉ, ée, *adj.* mit Nebel und düsterm Wetter verdeckt und verhindert. Tens *embrumé*, nebelicht Wetter.

EMBRUNIR, *v. a.* braun und dunkel mahlen. Visage *embruné*, braun gemahltes Gesicht.

EMBU, e, *part.* v. EMBOIRE.

Ooo EMBU-

EMBUCHE, *s. f.* Hinterhalt; it. Lager eines Wilds.

s'EMBUCHER, *v. r.* einen Hinterhalt machen, sich verstecken; (auf Jagden) sich in den Busch verkriechen, wird von gejagten Thieren gesagt.

EMBUNCHER, (bey dem Zimmermann) verbinden.

EMBUSCADE, *s. f.* v. EMBUCHE.

EME., *s. m.* Edmund, ein Mannsname.

E'MERAUDE, *s. f.* ein Smaragd.

E'MERGENT, e, *adj.* l'an *émergent*, das Jahr, wovon man eine Zeit- und Jahrrechnung anfängt.

E'MERIL, oder E'MERI, *s. m.* Schmirgel.

E'MERILLON, *s. m.* Lerchenfalk, Steinfalk.

E'MERILLON, mittelmäßiges Geschütz, so noch nicht gar ein Pfund Bley schießet.

E'MERILLON, (bey dem Seiler) Nachhänger.

E'MERILLONNE', ée, *adj.* vulg. munter, frisch, von Gesicht.

E'MEROCALE, *s. f.* Meerlilie.

E'MERSION, *s. f.* (in der Astronomie) wenn sich ein Stern oder der Mond wiederum sehen läßt, nachdem er ganz verfinstert gewesen.

E'MERVEILLABLE, *adj.* wundersam, verwunderlich.

s'E'MERVEILLER, *v. r.* sich verwundern. [beßer s'étonner.]

E'MERVEILLE', ée, *part. & adj.* voller Verwunderung. [beßer étonné.]

E'MERUS, [ein Staudgewächs] Schaaflinsen.

E'METIQUE, *adj. c. & s. m.* Brechmittel, davon man sich erbrechen muß.

E'MEU, ë, *part.* v. E'MOUVOIR.

E'MEUDRE, *v.* E'MOUDRE.

E'MEUTE, *s. f.* Aufstand, Lermen.

E'MEUTIR, *v. n.* wenn ein Falke seinen Mist von sich gehen läßt; im Scherz ist es auch von Leuten gebräuchlich.

E'MIER, *v. a.* zerbröckeln als Brod, und was so klein kan gemachet werden.

E'MIETTER, *v. a.* ausbröckeln; als das Brod, zerbröckeln.

E'MINEMMENT, *adv.* mit einem grossen Vorzug, indem man etwas übertrift, vortreflicher Weise.

E'MINENCE, *s. f.* Eminenz, der Cardinäle Titel. Son *Eminence* se porte bien, Seine Eminenz befindet sich wohl.

E'MINENCE, Höhe, Hügel.

E'MINENT, e, *adj.* hoch, erhaben; vortreflich, sonderbar. Lieu *éminent*, ein erhabener Ort. Un rang *éminent*, ein hoher Stand. Vertu *éminente*, eine vortrefliche Tugend. Péril *éminent*, augenscheinliche Gefahr.

E'MINENTISSIME, *adj. m.* ein Titel, den man den Cardinälen giebt.

E'MIONITE, *s. f.* Hirschzung, ein Kraut.

EMIR, *s. m.* Ehrenname, so die Türken den Nachkommen des Mahomets geben.

E'MISSAIRE, *s. m.* ein Kundschafter, der Nachricht einholen muß, ein Spion u.d.d.

E'MISSAIRE de Satan, ein Verfolger der Gläubigen, Werkzeug und Apostel des Teufels.

Le bouc *émissaire*, der Bock, welcher in die Wüste geführet ward, im Alten Testament.

E'MISSION, *s. f.* das Vonsichgeben, die Auslassung, z. E. der Strahlen.

l'E'MISSION des vœux, die wirkliche Ablegung des Klostergelübdes, wenn einer sich in den Orden einkleiden läßt.

EMMAIGRIR, *v. n.* mager werden.

EMMAILLOTER, *v. a.* in Windeln einwickeln. *Emmailloter* un enfant, ein Kind windeln, [büscheln.]

EMMANCHEMENT, *s. m.* das Anmachen oder Anstecken eines Heftes an etwas.

EMMANCHER, *v. a.* ein Heft, Stiel, an etwas machen. *Emmancher* un couteau, einem Messer das Heft ansetzen. *Emmancher* une hâche, einen Stiel in eine Art stossen.

Cette affaire ne *s'emmanche* pas ainsi, das wird so nicht angehen.

EMMANCHE', ée, *part. & adj.* [in Wapen] mit Spitzen getheilt; item das ein Hefft von besonderer Farbe hat.

EMMANCHE', [in der Seefahrt] der in einer Meerenge sich befindet.

EMMANCHES, [in der Wappenkunst] die Spitzen mit welchen der Schild getheilet ist.

EMMANCHEUR, *s. m.* ein Hefftmacher.

EMMANEQUINER, *v. a.* [bey den Gärtnern] kleine Bäumlein in Küsten (Kübel) oder Tröge setzen, bis sie etwas erwachsen sind.

EMMANTELER, *v. a.* in einen Mantel einwickeln.

EMMARINER, *v. a.* ein Schiff mit Volk, sonderlich mit Bootsleuten versehen; ein Fischernetz untenher mit Bley behängen, Bley daran fest machen.

EMMARINE', ée, *adj.* einer der gewohnt ist, immer auf der See zu seyn, der keine Seekrankheit mehr kriegt 2c.

EMME'NAGEMENT, *s. m.* das Anschaffen und Einkaufen allerley Hausraths. J'ai fait mon *emménagement*, ich habe mich eingerichtet; mein Hauswesen ist eingerichtet.

EMME'NAGER, *v. a.* einen mit Hausrath versorgen; ein Haus mit gehörigem Hausrath ausrüsten.

s'EMs'EMMÉNAGER, *v. r.* sich Hausrath anschaffen, sich eine Haushaltung anrichten; item sich mit seinem Hausrathe an einem Orte einrichten.

EMMENER, *v. a.* wegführen; mit sich wegnehmen; mitnehmen. Il m'*emmenoit diner avec lui*, er nahm mich mit sich auf eine Mahlzeit. *Les ennemis ont emmené nos troupeaux*, die Feinde haben unser Vieh weggetrieben.

EMMENOTTER, *v. a.* Fessel an die Hände eines Gefangenen legen, fesseln.

EMMESSÉ, ée, *adj.* der der Messe beygewohnt, Messe gehört hat.

EMMEUBLEMENT, *s. m.* v. AMEUBLEMENT, welches besser.

EMMEUBLER, *v. a.* einen mit Hausrath versehen, den Hausrath in Ordnung stellen, einrichten. [besser meubler.]

EMMEUBLÉ, ée, *part. & adj.* mit Hausrath versehen. (besser meublé.)

EMMIÉLER, *v. a.* mit Honig bestreichen oder zurichten.

EMMIÉLÉ, m. ée, *f. adj.* mit Honig angemacht. *Paroles emmiélées*, honigsüsse Worte, Zuckerworte.

EMMIÉLÜRE, *s. f.* [bey dem Hufschmid] eine Salbe für die Pferde, wenn sie verwundet oder gedrückt sind; Umschlag auf einen Pferdschaden.

EMMITOUFLER, *v. a.* sich in Kleider oder mit Kleider einhüllen. *S'emmitoufler d'un manteau*, sich in einen Mantel hüllen.

EMMITOUFLÉ, ée, *part.* eingehüllt; bekleidet.

EMMITRER, *v. a.* einem Bischoff den Bischoffshut aufsetzen.

EMMONCELER, *v. a.* häufen.

EMMORTOISER, *v. a.* [bey den Zimmerleuten] das unterste von einem Sparren oder Stück Holz in eine Fuge oder gemachte Höhle fügen.

EMMOTÉ, ée, *adj.* wird von einem Baum gesagt, dessen Wurzel noch voll Erde ist, und der also versetzt wird.

EMMURER, *v. a.* einmauern; mit einer Mauer umgeben. [ist alt.]

EMMUSELER, *v. a.* einen Maulkorb anlegen, das Maul verbinden.

EMMUSELER, sich mit dem Gesicht in den Mantel verhüllen oder verstecken.

EMMUSELÉ, ée, *part. & adj.* [in Wappen] wenn ein Thier einen Maulkorb an hat; gezäumt.

E'MOëLLER, *v. a.* ausmärgeln, das Mark heraus nehmen.

E'MOI, *s. m.* Bewegung, Unruhe; Kummer; Sorge; Traurigkeit. [ist sehr alt.]

E'MOLLIENT, e, *adj.* erweichend, wird von Arzneyen gesagt.

E'MOLOGATION, *s. f.* [besser Homologation] Billigung; Gutheissung.

E'MOLOGUER, *v. a.* etwas bekräftigen, gutheissen. [besser homologuer.]

E'MOLUMENT, *s. m.* der Nutzen, das Einkommen eines Amts.

E'MONCTOIRE, *s. m.* das den Schleim oder andere Unreinigkeit von dem Geblüte absondert.

E'MOND, *s. m.* Edmund, ein Mannsname.

E'MONDE, *s. f.* der Koth oder Reinigung eines Falken.

E'MONDES, im plur. die abgehauenen Aeste von Bäumen, wenn die Stämme abgeputzt werden.

E'MONDER, *v. a.* [im Gartenbau] die kleinen Aeste von den Bäumen hauen, sie dadurch zu putzen.

E'MORAGIE, v. HEMORAGIE.

E'MORCELER, *v. a.* in Stücke zerbrechen; in Stücke abtheilen.

s'E'MORCELER, *v. r.* sich zerstückeln.

E'MOTER, *v. a.* die Erdschollen im Felde zerschlagen oder klein machen.

E'MOTION, *s. f.* Furcht; Schrecken.

E'MOTION, starcke Bewegung; Veränderung; Eifer.

E'MOTION, Anfang zu einem Aufstand.

E'MOTION, [bey den Medicis] ein Wallen des Gebluts; item eine Anzeigung zum Fieber; auch ein kleiner Schauer, als ein Ueberrest vom Fieber.

E'MOUCHER, *v. a.* den Fliegen wehren, dieselbe wegtreiben.

E'MOUCHETTE, *s. f.* ein Mückengarn über die Pferde.

E'MOUCHETTE, eine Art Stoßvögel.

E'MOUCHETTE, der Straus am Kümmel, Fenchel und andern Kräutern, woran die Körner hangen.

E'MOUCHOIR, *s. m.* ein Fliegenwedel.

E'MOUCHOIR, Fliegennetz [Garn] auf die Pferde.

E'MOUDRE, *v. a.* wetzen, schleiffen. *E'moudre un couteau*, ein Messer schleifen.

E'MOULU, ë, *part. & adj.* gewetzt, geschliffen, spitzig, scharf.

Il en est tout frais *émoulu*, prov. er ist darauf abgerichtet; er hat sich darauf bereitet.

E'MOULEUR, *s. m.* Scheerschleiffer, Schleiffer.

E'MOUSSER, *v. a.* stumpf machen, die Schneide oder Spitze verderben.

E'MOUSSER l'esprit, den Verstand schwächen, tumm machen.

E'MOUSSER, [im Gartenbau] das Moos von den Bäumen thun.

E'MOUVOIR, *v. a.* erregen, bewegen, losmachen. *Les vents émouvent la mer*, die Winde erregen das Meer. *E'mouvoir* un pieu, einen Pfal losmachen. *E'mouvoir* les paſſions, die Begierden erregen. *E'mouvoir* le peuple, das Volck aufrühriſch machen.

E'MOUVOIR, (in der Heilkunſt) den Leib rege machen; der Geſundheit einen Anſtoß geben. Un rien eſt capable de vous *émouvoir*, das geringſte Ding kan eurer Geſundheit ſchaden.

s'E'MOUVOIR, *v. r.* bewegt, erregt, gerührt werden; ſich regen; unruhig werden; einen Aufſtand erregen ꝛc. Il s'eſt laiſſé *émouvoir* aux larmes, er hat ſich die Thränen bewegen laſſen. Le peuple s'*émeut*, das Volck wird aufrühriſch.

E'MÛ, ë, *part. & adj.* erregt; bewegt.

E'MOY, *v.* E'MOI.

NB. In allen nachgeſezten Worten bis zu E'Mû wird das E vor dem M wie ein A ausgeſprochen.

EMPAILLER, *v. a.* einen Stuhl mit Stroh oder Binſen ausflechten.

EMPAILLER, (im Gartenbau) die Glasglocken mit Stroh füttern, wenn man ſie wegſetzen und verwahren will.

EMPAILLEUR, *ſ. m.* euſe, *f.* der den Hausrath mit Stroh einmacht.

EMPALEMENT, *ſ. m.* das Spieſſen eines Miſſethäters.

EMPALER, *v. a.* einen ſpieſſen.

EMPAN, *ſ. m.* eine Spanne.

EMPANACHER, *v. a.* mit Federn zieren, einen Federbuſch aufſetzen; (im Scherz) mit Federn verſehen, zum Hahnrey machen.

EMPANACHE', ée, *adj.* mit Federbüſchen verſehen.

EMPANON, *ſ. m.* ein kleiner Sparren, einen andern zu befeſtigen; Strebeband.

EMPANONS, im plur. Sattelhölzer bey dem Wagner.

EMPAQUETEMENT, *ſ. m.* das Einpacken.

EMPAQUETER, *v. a.* einpacken.

s'EMPAQUETER, *v. r.* ſich verhüllen.

EMPARAGE', ée, *adj.* mit ſeines gleichen gepaart; an ſeines gleichen verheyrathet.

EMPARCHER, *v. a.* ein fremd Stück Vieh, das man auf ſeinem Grund und Boden antrift, pfänden oder wegnehmen und einſperren. (iſt alt.)

s'EMPARER, *v. r.* ſich bemächtigen, einnehmen, erobern. S'emparer d'une maiſon, ſich eines Hauſes bemächtigen; ein Haus einnehmen. S'emparer de l'eſprit de quelqu'un, einen einnehmen. L'amour s'eſt *emparé* de ſon cœur, die Liebe hat ihn eingenommen.

EMPASME, *ſ. m.* ein Pulver auf den Leib zu ſtreuen, wegen des übeln Geruchs, unnützen Schweiſſes, und die Haut zu reinigen.

EMPASTELER, EMPâTELER, *v. a.* (bey den Färbern) mit Waidt blau färben.

EMPâTEMENT, *ſ. m.* (in der Baukunſt) der dicke Fuß unten an einer Mauer auf dem Fundament.

EMPâTEMENT, das Geſtell, worauf ein Kran ſteht.

EMPâTEMENT, der ſteinerne Fuß an einem Wall.

EMPâTER, *v. a.* mit Teig oder anderer klebenden Materie einſchmieren, als die Hände ꝛc.

EMPâTER, die Zunge oder den Mund bleprricht machen, mit etwas einſchmieren.

EMPâTER, (bey den Mahlern) ein Gemählde reichlich mit Farben beſtreichen.

EMPâTER, *v. a.* (bey den Wagnern) die Speichen in das Rad machen.

EMPâTURE, *ſ. f.* (auf den Schiffen) die Fuge zweyer an einander gefügter Hölzer.

EMPAUMER, *v. a.* einen Ballen ſtark mit der flachen Hand auffangen und ſchlagen; etwas mit der Hand feſt halten; vulg. in die Klauen bekommen, erwiſchen. *Empaumer* la joue à quelqu'un, einem eine Ohrfeige geben. *Empaumer* une affaire, einen Handel wohl angreifen. *Empaumer* la voie, (auf der Jagd) der Spur beſtändig und recht nachgehen. *Empaumer* l'eſprit de quelqu'un, einen ganz einnehmen.

EMPAUMURE, *ſ. f.* die breiten Ende an einem Hirſchgeweihe, da viel Zacken daran ſind; bey den Handſchuhmachern iſt es der Theil, ſo die flache Hand bedeckt.

EMPEAU, *ſ. m.* das Beltzen in die Rinde; item ein Pfropfreiß.

EMPêCHEMENT, *ſ. m.* Verhinderung; Geſchäfte, Verrichtung. Mettre *empêchement* à un mariage, Einſpruch thun, Hinderniß bey einer Heyrath machen.

EMPêCHER, *v. a.* verhindern, abhalten. Il m'*empêche* de faire celà, er verhindert mich dieſes zu thun.

Les rivières les *empêchoient* de paſſer, ſie konnten wegen der Flüſſe nicht fortkommen.

Il n'a pu être *empêché* de faire celà, man hat ihn davon nicht abhalten können. Vous voilà bien *empêchés*, da habt ihr genug zu thun.

s'EMPêCHER, *v. r.* ſich enthalten. Il ne peut s'*empêcher* de dérober, er kan ſich des Stehlens nicht enthalten, kan das Stehlen nicht laſſen.

Je ne puis m'*empêcher* de rire & de pleurer, ich kan mich weder des Lachens noch des Weinens enthalten.

Nous avions peine de nous *empêcher* de dormir, wir konnten uns kaum des Schlafs enthalten.

EM-

EMPéCHE', ée, adj. & part. geschäftig, der viel zu thun hat.

EMPEIGNE, s.f. das Oberleder am Schuh.

EMPELOTE', adj. m. wenn ein Falke einen Bissen gefressen hat, den er nicht hinunter bringen oder nicht verdauen kan.

EMPENELLE, s. f. ein kleiner Anker, den man vor einem grössern auswirft, damit er nicht zerbreche, und besser halte.

EMPENELLER, v. a. einen kleinen Anker dem grossen zu Hülfe vor demselben auswerfen.

EMPENNE', ée, adj. gefiedert, als ein Pfeil. (ist alt.)

EMPEREUR, s. m. (bey den Römern) ein Feldherr; jetzt ein Kayser.

EMPEREUR d'orient & d'occident, die Schüler in den Classen, welche die oberste Stelle haben.

EMPEREUR, ein Schwerdtfisch.

EMPE'SAGE, s. m. das Stärken der Wäsche mit Stärke.

EMPESCH. v. EMPéCH.

EMPE'SEMENT, s.m. das Steifseyn vom Stärken.

EMPE'SER, v. a. leinen Zeug stärken mit Stärke.

EMPE'SE', ée, part. & adj. gestärkt. Un homme empésé, ein lächerlich beflissener Mensch. Un stile empésé, eine affectirte Schreibart.

EMPE'SEUR, s. m. euse, s. der oder die das leinen Zeug stärkt.

EMPESTER, v. a. mit der Pest anstecken.

EMPESTER, mit einem häßlichen Gestank erfüllen oder anstecken.

EMPESTER, mit Ketzereyen anstecken. (besser infecter.)

EMPESTE', ée, adj. von der Pest angesteckt. Une ville empestée, eine mit der Pest angesteckte Stadt.

EMPESTE', übelriechend, stinkend. Haleine empestée, stinkender Athem.

EMPESTRER, EMPéTRER, v. a. den Pferden die Füsse zusammen binden, daß sie von der Waide nicht weg können; it. einem die Füsse in etwas verwickeln; allerley Verwirrung stiften.

s'EMPéTRER, v. r. sich bestricken, sich verwirren, hängen bleiben. S'empêtrer d'une femme, vulg. sich mit einer Frauen zu weit einlassen.

EMPETRUM, s. m. ein Kraut, Harnkraut, Tausendkörner.

EMPHASE, s. m. der Nachdruck, in einem Wort oder Redensart. Il y a de l'emphase dans ce discours, diese Rede hat Nachdruck.

EMPHATIQUE, adj. c. emphatisch, nachdrücklich.

EMPHATIQUEMENT, adv. nachdrücklicher Weise.

EMPHRACTIQUE, adj. c. verstopfend, ist von Arzneyen gebräuchlich.

EMPHYSE'ME, s. m. Aufblehung in der Medicin.

EMPHYTE'OSE, s.f. (im Rechtshandel) Erblehn, Erbpacht, Erbzinsgut.

EMPHYTE'OTE, oder EMPHYTEUTAIRE, s. m. der Besitzer eines solchen Guts.

EMPHYTE'OTIQUE, oder EMPHYTEUTIQUE, adj. c. das zu dergleichen Gut gehört, erbpachtlich.

EMPIEGE', ée, adj. im Netz oder in der Falle verstrickt.

EMPIERRER, v. a. zu Stein machen.

EMPIETANT, e, adj. (in Wappen) wenn der Raubvogel auf seinem Raub sitzt.

EMPIETER, v. a. & n. abstehlen, sich zueignen. Empieter sur la jurisdiction d'un autre, in eines andern Gerichtbarkeit eingreiffen.

EMPIETER, (in der Jägersprache) in den Klauen wegtragen, als ein Raubvogel; einen Fuß an eine Säule machen.

EMPIETE', ée, adj. der gute Füsse hat, ist von Jagdhunden gebräuchlich.

EMPIFFRER, v. a. sich dick und satt fressen und sauffen.

EMPILEMENT, s. m. das Schichten und ordentliche Legen der Stückkugeln, Bomben etc. auf einander.

EMPILER, v. a. auf einander schichten und häufen. Empiler du bois, Holz aufsetzen. Empiler des étoffes, Zeuge in einen Stoß setzen. Empiler des livres, Bücher aufstapeln. Empiler du fumier, (im Gartenbau) den Mist in Haufen schlagen.

EMPIRANCE, s. f. Verschlimmerung, Verringerung der Geldsorten, Kaufmannswaaren u. d. gl.

EMPIRE, s. m. Monarchie, Reich. Un vaste empire, ein weit erstrecktes Reich. L'empire d'Allemagne, des Turcs, das deutsche, türkische Reich.

EMPIRE, Herrschaft, Regierung. Sous l'empire d'Auguste, unter der Regierung Augusti. Prendre un empire sur quelqu'un, sich über jemand einer Macht annehmen, einen beherrschen.

EMPIRE, Macht, Ansehen, an einem Ort oder bey einer Person.

EMPIRE, das Römische Reich. Porter l'empire, (in Wappen) den Reichsadler führen.

l'EMPIRE des lettres, die Gelehrten.

EMPIRE'E, v. EMPYRE'E.

EMPIRéME, v. EMPYREUME.

EMPIREMENT, s. m. Verschlimmerung.

EMPIRER, v. n. schlimmer werden, in schlimmerm Stand seyn.

Une marchandife *empirée*, eine ſchadhafte Waare.

EMPIRER, *v. a.* ſchlimmer machen; verſchlimmern. *Empirer un mal*, ein Uebel noch gröſſer machen.

EMPIREUME, *v.* EMPYREUME.

EMPIRIQUE, *ſ. m.* ein Arzt, der ſich auf die Erfahrung beruft.

EMPIRIQUE, ein Marktſchreyer, ein Schwätzer.

EMPLACEMENT, *ſ. m.* das Ausſchütten, als des Salzes; der Platz, worauf man bauen will.

EMPLACER du ſel, *v. a.* ausſchütten, Salz ins Magazin bringen.

EMPLASTIQUE, *adj. c.* (in der Arzney) verſtopfend, ſonderlich der Schweißlöcher.

EMPLASTRATION, *ſ. f.* (bey den Gärtnern) das Aeugeln, Pfropfen, Oculiren, Impfen.

EMPLâTRE, *ſ. f.* ſelten *m.* ein Pflaſter oder Salbe; it. das Stück Leinwand oder Leder, worauf man ein Pflaſter ſtreicht.

EMPLâTRE d'ente, das Wachs, damit man ein Pfropfreiß verwahrt, Baumwachs.

Mettre une *emplâtre* à une affaire, einen Fehler vertuſchen, verbergen wollen.

C'eſt une vraïe *emplâtre*, es iſt ein untüchtiger, tummer Menſch.

Elle a une *emplâtre* de mari, ſie hat einen tummen Lümmel zum Manne.

EMPLâTRIER, *ſ. m.* (in der Apothek) der Ort, wo man die Pflaſter hat.

EMPLETTE, *ſ. f.* Anlegung des Gelds, Anwendung, Einkauf, das Einkaufen.

Faire *emplette*, etwas einkaufen.

EMPLIR, *v. a.* anfüllen. *Emplir un verre*, ein Glaß füllen. *Emplir une éponge*, einen Schwamm füllen. Il *a empli le ventre à cette fille*, er hat dieſes Mädgen geſchwängert.

s'EMPLIR, *v. r.* voll werden. *Sa gorge s'emplit*, ihr Hals wird dicker und völliger. *La barque s'emplit d'eau*, das Schiff wird voll Waſſers.

EMPLI, e, *part. & adj.* voll, angefüllt.

EMPLOI, *ſ. m.* der Gebrauch, das Anwenden; Unterbringung des Geldes auf Zinſe; eine in Rechnungen doppelt angebrachte Poſt, die nur einmal hätte ſtehen ſollen. *Faire l'emploi d'une ſomme d'argent*, eine Summe Geldes anlegen.

EMPLOI, *ſ. m.* Dienſt, Beſtallung. *Avoir de l'emploi*, Beſtallung haben; in Dienſten ſtehen. *Il eſt dans l'emploi*, er dient im Kriege. *Il eſt dans le grand emploi*, er iſt ein berühmter Advocat.

EMPLOïER, *v. a.* gebrauchen, anwenden.

Emploïer de l'argent à de la marchandiſe, Geld an Waare anlegen, anbringen, unterbringen. *Emploïer adroitement ſon artifice*, ſeine Kunſt behend anbringen.

Il a bien emploïé ſon argent, er hat ſein Geld wohl angeleget. *Celà eſt bien emploié*, es iſt ihm gar recht geſchehen, er hats nicht beſſer haben wollen. *Emploïer quelqu'un à écrire*, einen zum Schreiben brauchen. *Emploïer ſon eſprit*, ſeinen Verſtand anwenden.

EMPLOïER le verd & le ſec, *prov.* allen möglichen Fleiß und Mühe anwenden.

EMPLOïER, (vor Gericht) ſeine Urſachen einwenden, ſeinen Beweis anbringen ꝛc. (in Rechnungsſachen) etwas in Rechnung bringen.

s'EMPLOïER, *v. r.* ſich auf etwas legen, mit etwas zu ſchaffen machen. *S'emploïer à l'étude*, ſich auf das Studiren legen. *S'emploïer à peindre*, ſich auf das Mahlen legen. *S'emploïer pour quelqu'un*, einem dienen; ihm zu helfen ſuchen.

EMPLUMER, *v. a.* mit Federn verſehen, als die Hüte. *Il s'eſt bien emplumé dans cette maiſon*, er hat ſich beſpickt in dieſem Hauſe.

EMPOCHER, *v. a. v.* EMBOURSER.

EMPOIGNER, EMPOGNER, *v. a.* in die Hand oder Fauſt faſſen, ergreiffen. *Empoigner quelqu'un par les cheveux*, einen bey den Haaren ergreiffen.

EMPOIGNE', EMPOGNE', ée, *part. & adj.* (in Wappen) als die Pfeile, die der Löwe im Holländiſchen Wappen hält.

EMPOINTER, *v. a.* einem Stück Tuch mit etlichen Stichen Hafte geben, daß es nicht aus der Form falle, oder Falten bekomme.

EMPOIS, *ſ. m.* Stärke, Stärkmähl.

EMPOISONNEMENT, *ſ. m.* Vergiftung, das Vergeben mit Gift.

EMPOISONNER, *v. a.* mit Gift vergeben.

EMPOISONNER, mit etwas verdrießliches und beſchwärliches quälen, ſonderlich dem Geruch nach.

EMPOISONNER, vergiften, anſtecken, mit Bosheit, Ketzerey ꝛc.

EMPOISONNER, etwas aufs ärgſte deuten; it. ſo einrichten, daß es aufs ärgſte gedeutet werden kan.

Les médiſans empoiſonnent tout, die Läſterer verdrehen alles.

EMPOISONNE', ée, *part. & adj.* durch Gift hingerichtet; it. vergiftet, giftig, voll Gift. *Il mourut empoiſonné*, er iſt von Gift geſtorben. *Une raillerie empoiſonnée*, ein giftiger (boshafter) Scherz.

EMPOISONNEUR, *ſ. m.* euſe, *ſ.* der oder die mit Gift vergiebt, Giftmiſcher.

EMPOISONNEUR, ein liederlicher Koch, Sudelkoch.

EMPOISONNEUR, ein Verführer; ein boshafter Menſch.

EMPOIS-

EMP EMP 479

EMPOISSER, *v. a.* mit Theer bestreichen, verpichen, (besser poisser).
EMPOISSONNEMENT, *s. m.* Besetzung der Teiche mit jungen Fischen oder Brut und Setzlingen.
EMPOISSONNER, *v. a.* die Teiche mit Fischen besetzen.
EMPORTEMENT, *s. m.* Uebereilung, das Einnehmen von einer unordentlichen Gemüthsbewegung; das Vertiefen im Zorn; Eifer, Hitze; it. ein närrischer Einfall. Un furieux *emportement*, ein rasender Zorn. Un noble *emportement*, ein löblicher Eifer.
EMPORTE-PIE'CE, *s. m.* (bey den Schustern) ein Kneif.
EMPORTER, *v. a.* wegtragen; wegnehmen, davon bringen. *Emportés* cette table, nehmet diesen Tisch hinweg.
Emporter, abnehmen. Un coup de canon lui *emporta* le bras, eine Stückkugel nahm ihm den Arm weg.
Emporter, hinreissen; davon führen; wegnehmen; mitführen. Le torrent *emporta* le pont, der starke Strom hat die Brücke weggerissen. Une saignée *emportera* cette fièvre, eine Aderlässe wird dieses Fieber wegnehmen. La peste *emporte* beaucoup de monde, die Pest rafft viel Menschen weg. Le tems a *emporté* mon chagrin, die Zeit hat mir den Verdruß benommen. Etre *emporté* de désir, von dem Verlangen getrieben werden. Sa perte *emporte* la vôtre, sein Untergang führt den eurigen mit sich.
Se laisser *emporter*, sich einnehmen lassen.
Emporter, davon bringen; gewinnen; erobern; die Oberhand behalten; Ehre davon bringen, erwerben. *Emporter* une place, einen Ort erobern. Vous *emporterés* cette affaire, ihr werdet mit dieser Sache durchdringen, ihr werdet sie erhalten.
l'Emporter sur quelqu'un, einem überlegen seyn, grösser und stärker seyn, den Vortheil oder Vorzug über ihn haben.
Autant en *emporte* le vent, diesem Versprechen ist nicht zu trauen.
Il *emporte* la piéce, der schimpfet und schmähet am allerheftigsten.
EMPORTE', ée, *part. & adj.* weggenommen; eingenommen; überwunden; hitzig, unordentlich, der nich an sich halten kan; toll, unsinnig, ausgelassen.
Emporté, *m.* ée, *f. adj.* weggebracht; weggetragen. Les meubles sont *emportés*, der Hausrath ist weggebracht. Vaisseau *emporté* par la tempête contre les rochers, Schiff das durch einen Sturm wider die Klippen fortgerissen worden; zerscheitert ist.

Emporter, mit sich bringen, verursachen, mit sich führen.
Ce mot *emporte* cette signification, das Wort führt diese Bedeutung mit sich.
Le mot de volupté *emporte* deux choses, das Wort Wollust will zwey Dinge andeuten.
s'Emporter, *v. r.* sich erzürnen, bös werden; hitzig, eifrig, übereilend seyn.
Cet arbre s'*emporte*, dieser Baum treibt grosse Zweige, die aber keine Früchte tragen.
EMPOTER, *v. a.* (im Gartenbau) Blumenstöcke in irdene Gefässe oder Töpfe stellen.
EMPOULE', ée, *adj.* une phrase *empoulée*, eine prächtige Redensart.
EMPOULETTE, *s. f.* eine Sanduhr, sonderlich auf den Schiffen.
EMPOUPPER, *v. a.* recht hinter dem Schiff drein oder auf das Hintertheil des Schiffs wehen, als der Wind.
EMPOURPRER, *v. a.* (in der Poesie) mit purpurrother Farbe färben.
EMPOURPRE', ée, *adj.* (bey den Poeten) braunroth, purpurfärbig.
EMPREINDRE, *v. a.* prägen, aufdrücken, einprägen, ins Gedächtniß prägen. D'un grand soufflet il lui a *empreint* les doigts sur la joue, er hat ihm mit einer derben Maulschelle die Finger auf den Backen gedruckt. Cette chose est bien-avant *empreinté* dans mon esprit, diese Sache ist in mein Gemüth sehr tief eingedruckt. Il porte la joie *empreinte* sur son visage, seine Freude leuchtet ihm aus den Augen heraus.
EMPREINT, e, *part. & adj.* darauf gedruckt.
EMPREINTE, *s. f.* das Gepräge, das Bild, Figur, so auf etwas gedruckt wird, als durch Pitschaft, Münzstempel u. d. gl. item, die Stücke selbst, womit etwas geprägt wird. L'*empreinte* de saint Pierre sur un cierge, St. Peters Bildniß auf eine Wachskerze gedruckt.
EMPRESSEMENT, *s. m.* Sorge, Eifer, Fleiß, Begierde; Dienstgeflissenheit. Travailler avec *empressement*, mit Fleiß arbeiten; die Arbeit mit Eilfertigkeit fördern. Demander avec *empressement*, dringendlich (inständig) bitten.
s'EMPRESSER, *v. r.* Sorge, Eifer, Fleiß und Begierde sehen lassen, sich bemühen, sich bestreben. Il s'*empresse* de travailler, er läßt sich die Arbeit angelegen seyn. S'*empresser* pour une affaire, sich in einer Sache bemühen.
EMPRESSE', ée, *part. & adj.* eiferig, bemüht, sorgfältig. Faire l'*empressé*, geschäftig seyn, in alle Händel sich einmengen.

EMPRI-

EMPRIMERIE, *s. f.* (bey den Gerbern) die Lohgrube.

EMPRISONNEMENT, *s. m.* das Gefangensetzen, in Verhaftnehmen, Verhaftung.

EMPRISONNER, *v. a.* gefangen setzen, in Verhaft nehmen, in das Gefängniß legen; (bey den Poeten) verliebt machen.

EMPROSTHOTONOS, *s. m.* eine Art von Convulsionen oder schweren Noth, da sich Kopf und alle Glieder vorwerts krümmen.

EMPRUNT, *s. m.* ein Darleihen; etwas Entlehntes; ein Darleihe, das ein Herr von den Städten aufnimmt, da er sie auf gewisse Einkünfte wieder anweiset. Faire un *emprunt*, ein Anlehen aufnehmen; Geld borgen. Une chose d'*emprunt*, eine entlehnte Sache.

EMPRUNTER, *v. a.* entlehnen. *Emprunter* du secours de l'étranger, von einem Fremden Hülfe holen. La Philosophie *emprunte* ses ornemens de l'éloquence, die Weltweisheit entlehnt ihren Zierath von der Beredtsamkeit. Nous *empruntons* ces cérémonies des anciens, wir entlehnen diese Gebräuche von den Alten.

Emprunter, sich etwas fremdes zueignen.

Emprunter, etwas von einem andern herhaben, empfangen. La lune *emprunte* sa lumière du soleil, der Mond hat sein Licht von der Sonne.

Emprunter, (im Rechten) von der andern Zahl etwas entlehnen.

Ce tuiau *emprunte*, der Wind geht in die Pfeife mit, da er nicht soll.

EMPRUNTE, ée, *part. & adj.* entlehnt, fremd.

EMPRUNTEUR, *s. m.* euse, *s.* der oder die entlehnt.

EMPüANTIR, *v. a.* durchstinken, stinkend machen.

s'EMPüANTIR, *v. r.* stinkend werden, verderben, als Speisen ꝛc.

EMPüANTISSEMENT, *s. m.* das Durchstänkern, (ist alt).

EMPYéME, *s. m.* ein Haufen Eiter und Materie, die sich auf der Brust sammlet.

EMPYRE'E, *adj. & s. m.* le ciel *empyrée* oder l'*empyrée* allein, der oberste oder höchste Himmel.

EMPYREUME, *s. m.* der Brand, brandige Geruch oder Geschmack, der den Materien bleibt, die durch Feuer zugerichtet werden.

E'Mû, ë, *part.* je ne l'ai jamais vû si *émû*, ich habe ihn niemals so entrüstet gesehen. Une populace *émûe*, ein erhitzter (aufgebrachter) Pöbel.

E'MULATEUR, *s. m.* der es einem andern in etwas gleich thun, oder ihm gleich seyn will.

E'MULATION, *s. f.* Nacheifer, einem in Tugenden und andern guten Gaben gleich zu seyn.

E'MULE, *s. m.* v. E'MULATEUR, (ist vornemlich in Schulen gebräuchlich).

E'MULGENT, e, *adj.* (in der Anatomie) aussaugend, an sich ziehend, wie gewisse Adern das Geblüt.

E'MULSION, *s. f.* ein Kühltränklein, eine Milch oder milchfarbiger Trank.

E'MULSIONNE', ée, *adj.* eau *émulsionnée*, ein Kühlwasser, Kranke zu erfrischen.

(NB. Bey folgenden Worten bis zu E'OLE wird das E vor dem N wie A ausgesprochen).

EN, *præp.* in, an, nach, bey, (mit Worten die eine Zeit, eine Bewegung oder Ruhe bedeuten) *en* paix comme *en* guerre, sowohl in Friedens- als Kriegszeiten; zu Friedens- und Kriegszeiten. Etre *en* repos, in Ruhe seyn. On se plait *en* un si beau lieu, man ist gerne an einem so schönen Ort. Aller *en* France, nach Frankreich reisen. Il m'a obligé *en* mille occasions, er hat mir bey tausend Gelegenheiten Gefallen erwiesen. J'ai lû cela *en* un livre, ich habe das in einem Buch gelesen. *En* deux ou trois jours de promenade, im zweyten oder dritten Spatziergange.

En, als. *En* Prince, als ein Fürst; *en* brave homme, als ein wackerer Mann.

En, in, indem. *En* riant, im Lachen, oder indem er lachte.

En, davon, daraus, dafür, deswegen, deren, dessen, darum, darüber: als: je m'*en* étonne, ich verwundere mich darüber; allons-nous-*en*, laßt uns von hinnen gehen; il *en* a quatre, er hat deren vier ꝛc.

ENALLAGE, *s. f.* eine Figur in der Grammatic, wenn man in der Rede etwas ändert wider die Regeln der Grammatic.

ENAMOURE', m. ée, *s. adj.* verliebt; vergaft.

ENARRHEMENT, *s. m.* das Zahlen des Geldes auf den Kauf, das Draufgeben.

ENARRHER, *v. a.* Geld zur Versicherung auf den Kauf geben.

ENASER, *v. a.* die Nase abschneiden, (ist alt).

ENCABANNEMENT, *s. m.* der Theil des Schiffs, da es enger zugeht an den Seiten.

ENCAGER, *v. a.* in einen Vogelkefich thun.

Encager un jeune arbre, einen jungen Baum einzäumen.

Encager, *v. a.* gefangen setzen.

ENCAGE', ée, *part. & adj.* eingeschlossen, als Schüler in ein Collegium.

ENCAISSEMENT, *s. m.* das Einpacken oder Einschlagen in Kisten.

ENCAIS-

ENCAISSER, *v. a.* in Kisten packen. *Encaisser* de l'argent, Geld in den Kasten thun, es aufzuheben. *Encaisser* de jeunes arbres, junge Bäume in Kasten stellen, als Oranienbäume.

ENCAN, *f. m.* Verauctionirung, das öffentliche Verkaufen, Vergantung der Güter an den Meistbietenden. Mettre à l'*encan*, feil bieten. Acheter un livre à l'*encan*, ein Buch bey der Ganth (Auction) kaufen. Vendre à l'*encan*, im Ausruf verkaufen.

s'ENCANAILLER, *v. r.* mit lüderlichen Leuten umgehen, lüderlich werden, aus der Art schlagen.

ENCANTHIS, *f. m.* eine Geschwulst an dem innern Augwinkel.

ENCAPPÉ, *adj. m.* vaisseau *encappé*, ein Schiff das zur See zwischen zwey Vorgebirgen ist.

ENCAQUER, *v. a.* in eine Tonne etwas einmachen, als Heringe ꝛc. *Encaquer* la poudre, Pulver in Tonnen schlagen.

s'ENCASTELLER, *v. r.* zwanghufig werden. Ce cheval commence à s'*encasteler*, das Pferd fängt an zwanghüfig zu werden.

ENCASTELLÉ, ée, *adj.* zwanghufig.

ENCASTELURE, *f. f.* eine Krankheit an den Füssen der Pferde, wenn ihnen der Huf schwindet, davon sie hinken.

ENCASTILLAGE, *f. m.* das Theil des Schiffs vom Wasser bis oben an.

ENCASTILLEMENT, *f. m.* das Einfassen, Einfügen.

ENCASTILLER, *v. a.* einfügen, zusammen fügen.

ENCASTILLÉ, ée, *part. & adj.* wenn ein Schiff oben hübsche Gebäude hat.

ENCASTREMENT, *f. m.* das Zusammen- oder Anfügen, das Einfügen, Einfassen.

ENCASTRER, *v. a.* einfassen, einfügen.

ENCAVEMENT, *f. m.* das Einlegen in den Keller.

ENCAVER, *v. a.* in den Keller thun, einkellern.

ENCAVEUR, *f. m.* der etwas in die Keller thut oder hinab läßt, Schröter.

ENCEINDRE, *v. a.* einfassen, umgeben, einfangen, (man sagt lieber environner).

ENCEINT, e, *part. & adj.* umgeben.

ENCEINTE, schwanger. Une femme *enceinte*, ein schwanger Weib.

ENCEINTE, *f. f.* der Umkreis, Umfang, Bezirk; die Fortification um einen Ort. Une vaste *enceinte*, ein weiter Umfang.

ENCEINTE, (auf der Jagd) die Umstellung mit Garnen, das Gestell, Gehäge.

ENCENS, *f. m.* Weyrauch; Räuchwerk.

ENCENS, Lob, Schmeicheley. Donner de l'*encens* à quelqu'un, oder brûler de l'*encens* devant quelqu'un, einen sehr loben, ins Gesicht loben, ihm schmeicheln.

ENCENSEMENT, *f. m.* das Räuchern.

ENCENSER, *v. a.* (in Kirchenceremonien) räuchern; it. rühmen, loben, schmeicheln. Pour plaire aux hommes, il faut *encenser* leurs défauts, wenn man den Leuten gefallen will, muß man auch ihre Fehler loben.

ENCENSEUR, *f. m.* einer der räuchert; it. ein Schmeichler.

ENCENSIERE, *f. f.* ein Kraut, eine Gattung Dürrwurz, wilder Wohlgemuth.

ENCENSOIR, *f. m.* ein Rauchfaß, eine Rauchpfanne. Donner de l'*encensoir* par le nez, einen tumm loben. Mettre la main à l'*encensoir*, sich in Kirchensachen oder Geschäfte mengen.

ENCEPHALIQUE, *adj. c.* des vers *encéphaliques*, Würmer im Kopf.

ENCHAÎNEMENT, *f. m.* Verknüpfung, genaue Verwandtschaft. Les sciences ont entre elles un certain *enchaînement*, die Wissenschaften haben eine gewisse Verbindung unter einander. Un *enchaînement* de malheurs, eine an einander hangende Folge des Unglücks. Un *enchaînement* de travaux, stete, beständige Arbeit. Il y a un admirable *enchaînement* dans les choses, es ist ein wunderbarer Zusammenhang und Ordnung der Dinge.

ENCHAÎNER, *v. a.* mit einer Kette binden; gefangen nehmen; zwingen; verliebt machen. *Enchaîner* quelqu'un, einen an Ketten schmieden. Elle a *enchaîné* mon cœur, sie hat mein Herz gefangen; mich verliebt gemacht.

ENCHAÎNÉ, ée, *part. & adj.* gebunden; mit etwas verknüpft; in einander verbunden. Des anneaux qui sont *enchaînés* les uns dans les autres, Ringe, so an (in) einander hängen. Son discours n'est point *enchaîné*, seine Rede hängt nicht an einander.

ENCHAÎNURE, *f. f.* Band, Verknüpfung, Zusammenhang.

ENCHANTELER, *v. a.* du bois, Holz schichten.

ENCHANTELER les tonneaux, die Fässer im Keller auf Lagerbäume legen.

ENCHANTEMENT, *f. m.* Zauberey, Bezauberung; Liebreiz, Anmuth, etwas angenehmes. Défaire un *enchantement*, eine Zauberey auflösen. L'*enchantement* des plaisirs, die Bezauberung der Wollüste. C'est un *enchantement* que de voir ce palais, man wird entzückt, wenn man diesen Pallast besiehet.

ENCHANTER, *v. a.* bezaubern; einnehmen; entzücken, Cette musique nous *enchante*,

Ppp

enchante, diese Music entzuckt (bezaubert) uns.

ENCHANTE', ée, *adj.* überaus anmuthig, unvergleichlich. Des manières *enchantées*, wunderangenehme Weisen. Un palais *enchanté*, ein wunderprächtiger Pallast.

ENCHANTERESSE, *s. f.* eine Zauberin; it. ein Frauenzimmer von grosser Schönheit und Anmuth.

ENCHANTERIE, *s. f.* Zauberey; Gaukeley.

ENCHANTEUR, *s. m.* euse, *f.* ein Zauberer.

ENCHANTEUR, ein Marktschreyer, Betrüger, Schmeichler.

ENCHAPERONNER, *v. a.* v. CHAPERONNER un faucon.

ENCHARGER, *v. a.* einem etwas fleißig anbefehlen, sehr einbinden.

ENCHASSER, *v. a.* des reliques, Heiligthümer und Reliquien in einen Kasten thun und verwahren.

ENCHASSER un Agnus Dei dans le crystal, ein Agnus Dei in Crystall einfassen.

ENCHASSER une pierre précieuse, un Diamant, dans une bague, einen Stein, einen Demant, in einen Ring einfassen.

ENCHASSER un tableau, ein Gemählde in seinen Rahm einfassen.

J'ai *enchassé* cette pensée dans mon discours, ich habe diesen Einfall in meinen Discours eingemenget.

s'ENCHASSER, *v. r.* (im Scherz) s'*enchasser* dans un fauteüil, sich in einen Lehnsessel setzen.

ENCHASSURE, *s. f.* das Einfassen in etwas.

ENCHAUSSÉ, ée, *adj.* (in der Wappenkunst) ein Schild, der von der Mitte einer seiner Seiten, nach der Spitze der andern Seite zu, schräg getheilt oder durchschnitten ist.

ENCHÈRE, *s. f.* das Bieten (Steigern) auf gerichtlich eingezogene Sachen; Vertheurung, Steigerung des Preises. Faire une *enchère*, im Ausruf (an den Meistbietenden) verkaufen.

folle-ENCHÈRE, wenn man mehr bietet, als eine Sache werth ist, oder als man zahlen kan; Reukauf. Paier la folle-*enchère*, das Gelag bezahlen.

ENCHERIR, *v. a. & n.* auf etwas bieten; höher bieten; steigern. J'ai enchéri sur les autres, ich habe die andern überboten, das Meiste geboten.

ENCHERIR, vertheuren, theuer halten. Le vin est *enchéri*, der Wein ist theurer geworden; aufgeschlagen.

ENCHERIR, übertreffen, zuvor thun. Les Philosophes modernes ont *enchéri* sur les anciens, die heutigen Gelehrten haben es den Alten zuvor gethan. Enchérir

sur la vérité, über die Wahrheit reden; mehr sagen als die Wahrheit ist.

ENCHERISSEUR, *s. m.* einer der mehr auf etwas bietet. Vendre au plus haut & dernier *enchérisseur*, an den Meistbietenden verkaufen.

ENCHEVAUCHÉRE, *s. f.* (in der Baukunst) Zusammenfügung eines Theils mit dem andern, als durch Leisten, Falzen und dergleichen.

ENCHEVÉTRER, ENCHEVESTRER, *v. a.* die Halfter anlegen.

ENCHEVÉTRER, Hinderniß machen, verhindern.

s'ENCHEVÉTRER, *v. r.* (vom Pferde) mit dem Hinterfuß sich in den Halfterriemen verwickeln.

s'ENCHEVÉTRER, sich in einen Handel einlassen, daraus man so leicht nicht kommen kan.

ENCHEVÉTRURE, *s. f.* Verwundung eines Pferds an den Knien durch die Halfterleine, wenn es sich mit einem Hinterfuß am Halse kratzen will.

ENCHEVÉTRURE, (bey den Zimmerleuten) ein viereckig Loch, da ein Camin durchgehen, oder sonst etwas Platz haben soll.

ENCHIFRENÉ, ée, *adj.* verstopft, mit dem Schnuppen behaftet.

ENCHIFRENEMENT, *s. m.* die Verstopfung in der Nase, der Schnuppen.

ENCHIFRENER, *v. a.* den Schnuppen verursachen.

ENCHISTER, *v. a.* (man kan auch schreiben enkilter, oder ch als k lesen) in eine Haut einfassen, wie im Leib geschieht, wo etwas fremdes darinne sich verwächst. Pierre *enchistée*, ein Stein, der neben in der Blase in einer dicken Haut steckt.

ENCHOIS, &c. *voiés* ANCHOIS.

ENCICLOPEDIE, allgemeine Wissenschaft; Begrif aller Wissenschaften.

ENCIRER, *v. a.* wachsen, mit Wachs überstreichen. *Encirer* une toile, eine Leinwand wächsen.

ENCIREMENT, *s. m.* das Wächsen.

ENCIS, *s. m.* ein Mörder, der schwangere Frauen umbringt, oder ihnen die Geburt abgehen macht.

ENCISER, *v. a.* beschneiden, als Bäume.

ENCLAVE, *s. m.* Marksteine, Grenzen; Umfang (Bezirk) einer Stadt, Dorfs, Guts u. d. gl. it. ein Stück Gut, das nur zum Theil in eines andern Gebiet liegt.

ENCLAVE, (im Bauen) etwas das in ein ander Gemach hinein geht, so demselben etwas vom Raum wegnimmt, als ein Camin, Cabinet u. d. gl.

ENCLAVEMENT, *s. m.* das Einfügen in was anders; das Liegen eines Orts in eines andern Land; Einlassung; Einsenkung.

ENCLA

ENCLAVEMENT d'une terre dans celle d'autrui, Anstossung; Grenzung eines Guts an eines andern seines.

ENCLAVER, *v. a.* in einander fügen oder schliessen, daß eines im andern fest eingefaßt sey. *Enclaver* des poutres dans le mur, die Balken in die Mauer einlassen.

ENCLAVER l'ennemi entre deux rivières, den Feind zwischen zween Flüssen einschliessen.

ENCLAVÉ, ée, *part. & adj.* in etwas eingeschlossen, oder eingefügt; it. das in einem andern Lande mitten inne liegt. Une terre *enclavée*, ein Land, das von andern überall umgeben und eingeschlossen ist.

La Comté d'Avignon est *enclavé* dans la France, die Grafschaft Avignon ist in Frankreich ganz eingeschlossen.

ENCLIN, e, *adj.* geneigt. *Enclin* aux études, zum Studiren geneigt.

ENCLINER, *v. n.* geneigt seyn, (besser incliner).

ENCLITIQUE, *s. f.* (in der Grammatic) ein Wörtlein, das man an ein ander Wort hängt.

ENCLOÎTRER, ENCLOISTRER, *v. a.* in ein Kloster sperren.

ENCLORRE, *v. a.* einschliessen.

ENCLOS, e, *part. & adj.* eingeschlossen.

ENCLOS, *s. m.* ein eingeschlossener Bezirk, als eines Hofs, Guts, Klosters, Vorstadt ꝛc. Umfang, Umkreis eines Landes.

s'ENCLOTIR, *v. r.* sich verkriechen, wie ein Caninchen, Fuchs, Dachs u. d. gl.

ENCLOTURE, *s. f.* (bey den Stickern) Einfassung des Randes am Saum eines Dinges.

ENCLOUER, *v. a.* vernageln. *Enclouer* un canon, ein Stück vernageln. *Enclouer* un cheval, ein Pferd vernageln.

ENCLOUER, unrecht einrichten, oder unrecht anbringen. *Enclouer* un raisonnement, einen Discours unrecht einrichten; unrecht anbringen.

ENCLOUER une preuve, une conclusion, einen Beweis, einen Schluß widerlegen; kraftlos machen; umstossen.

s'ENCLOUER, *v. r.* sich vernageln, wenn das Pferd selbst in einen Nagel getreten.

ENCLOUÛRE, *s. f.* das Vernageln; item eine Verhinderung. Voilà l'*encloûûre*, daran liegts. J'ai découvert où est l'*encloûûre*, ich bin dahinter kommen, wo es steckt; woran es liegt.

ENCLUME, *s. f.* ein Werkzeug der Dachdecker, die Schiefersteine zu spalten.

ENCLUME, ein Amboß.

ENCLUME, (in der Anatomie) das Amboßgleiche Bein im Ohr, worauf ein anders schlägt, das der Hammer heißt. Etre entre l'*enclume* & le marteau, von allen Seiten in Noth und Gefahr stecken.

ENCOCHEMENT, *s. m.* das Legen in die Kerbe, als eines Pfeils in die Kerbe des Bogens; die Einkerbung.

ENCOCHER, *v. a.* in die Kerbe legen, als den Pfeil auf den Armbrüsten; anschlagen.

ENCOCHER, einen Stecken oder sonst etwas einkerben.

ENCOCHÉ, ée, *part. & adj.* mit einer Kerbe zu Einlegung des Pfeils, als ein Bogen in den Wappen.

ENCOCHÛRE, *s. f.* (zur See) das Ende von jeder Segelstange auf dem Schiff, wo man die Segel daran macht.

ENCOFFRER, *v. a.* in den Kasten schliessen; (im Spott) einen gefangen setzen.

ENCOGNURE, *s. f.* ein Winkel, den die Gebäude machen, oder der sonsten an etwas ist; eine Ecke.

ENCOLLER, *v. a.* mit Leimwasser bestreichen, ehe man verguldet.

ENCOLURE, *voiés* ENCOULURE.

ENCOMBRE, *s. m.* Kalch, Steine, Schutt von alten Gemäuern, die eingefallen sind; item allerley Hinderniß. (ist alt)

ENCOMBREMENT, *s. m.* (in der Seefahrt) Ladung, so in dem Schiff bey einem Gefecht ꝛc. hinderlich ist.

ENCOMBRER, *v. a.* eine Gasse oder Platz mit Schutt anfüllen, daß man nicht wohl darauf fortkommen kan.

Mariage *encombré*, Veräusserung oder Verpfändung des Heyrathguts durch den Mann.

ENCONTRE, *s. f.* vulg. zufällige Begebenheit, Glück.

à l'ENCONTRE, *præp. & adv.* (bey den Juristen) gegen, wider; dargegen, dagegen.

ENCOQUER, *v. a.* (in der Seefahrt) einen eisernen Ring in der Segelstange hinlauffen lassen, ein Seil darein zu thun.

ENCORBELLEMENT, *s. m.* (in der Baukunst) wenn im Mauern die Steine etwas über einander heraus gelegt werden.

ENCORDER, *v. a.* einen Bogen mit einer Senne versehen.

ENCORE, ENCOR, *adv.* noch, bis jetzt.

ENCORE QUE, *conj.* obgleich, wiewohl, obschon.

ENCORNAIL, *s. m.* ein Loch oben an dem Mast mit einem Werbel, die Segelstange daran auf und abzuziehen.

s'ENCORNAILLER, *v. r.* (scherzweise) mit einer nicht gar zu züchtigen Frauen besalbet werden; in die grosse Brüderschaft (Hahnreyſtand) treten.

ENCORNER, *v. a.* neue Enden an einen Bogen machen, die Senne daran zu befestigen.

ENCORNE′, ée, adj. was im Huf ist, sonderlich ein Geschwür oder Krankheit der Pferde im Huf.

ENCORNETER, v. a. in eine Düte oder zusammen gerolltes Papier thun.

ENCOULURE, s. f. der Hals eines Pferdes. L'encoulure d'un cigne, ein Schwanenhals.

ENCOULURE, eine Erdenge zwischen zweyen Meeren.

ENCOULURE, Ansehen, Gestalt. Il a l'encoulure d'un sot, man siehet es ihm an, daß er ein Geck ist.

ENCOURAGER, v. a. Muth machen, Herz zusprechen, aufmuntern.

ENCOURAGEMENT, s. m. Ermunterung, Ermahnung; Antrieb, Anreizung.

ENCOURIR, v. a. quelque chose, sich etwas zuziehen, in etwas gerathen, fallen, kommen. Encourir l'excommunication, in den Kirchenbann fallen. Encourir la disgrace de quelqu'un, bey jemand in Ungnade fallen.

s'ENCOURNAILLER, v. s'ENCORNAIL.

ENCOURTINER, v. a. mit Vorhängen versehen.
Je suis bien encourtiné dans ma chambre, ich bin in meinem Zimmer wohl verwahrt; vor Wind und Regen bedeckt.
J'ai encourtiné mon lit, ich habe mein Bette mit Vorhängen umgeben.

s'ENCOURTINER, v. r. die Vorhänge zuziehen.

ENCOUTURE′, adj. (im Schiffbau) bordages encouturés, Breter, welche so angeschlagen sind, daß eines auf das andere überschiesset.

ENCRASSER, v. a. & n. fett, schmutzig machen; schmutzig werden.

s'ENCRASSER, v. r. schmutzig werden; (figürlich) verderbt, tumm werden, als der Verstand. L'esprit s'encrasse dans la province, das Gemüth wird unlustig (verliehrt seine Lebhaftigkeit) bey dem Landleben.

ENCRE, ENCRIER, voiés ANCR.

ENCROUE′, ée, adj. arbre encroué, wenn im Holzhauen ein Baum auf den andern gefallen ist, und sich in dessen Aeste gehänget hat.

ENCROÛTER, v. a. eine Mauer außen mit Kalk bewerfen.

s'ENCUIRASSER, v. r. garstig, fett, schmutzig werden, daß man es nicht wohl abwaschen kan; böse Gewohnheit an sich nehmen, sich zu sehr mit etwas Böses einnehmen lassen.

ENCUIRASSE′, ée, part. & adj. der einen Panzer auf bloßer Haut trägt, das Fleisch zu creuzigen.
Vôtre linge est trop encuirassé, euer Weißzeug ist allzu sehr eingesüdelt. Une conscience encuirassée, ein mit Sünden besudeltes oder beflecktes Gewissen.

ENCULASSER, v. a. die Schwanzschraube oder das Hintertheil an ein Geschoß machen.

ENCUVEMENT, s. m. (bey den Gerbern) das Einmachen der Felle, das Beizen.

ENCUVER, v. a. die Häute in die Kufe einmachen, sie zu beizen und zuzurichten.

ENCYCLOPE′DIE, v. ENCICLOPE′DIE.

ENDANTE, voiés ENDENTE.

ENDE′CAGONE, s. m. (in der Geometrie) eine Figur von eilf Seiten.

ENDE′CASYLLABE, s. m. ein Vers von eilf Sylben.

ENDEMENTIERS, adv. unterdessen, inzwischen; dagegen, wieder, (ist alt).

ENDENCHE′, ée, adj. (in Wappen) zahnweis in einander mit Farben gemacht.

ENDENTE, s. m. die Zusammenfügung zweyer Breter durch eingesägte Zähne.

ENDENTER, v. a. Zähne in ein Kamm oder Mühlrad u. d. gl. machen. Endenter une herse, Zinken in eine Egge einschlagen.

ENDENTE′, ée part. & adj. mit Zähnen versehen; it. so viel als endenché.

EN DE′PIT, voiés DE′PIT.

ENDETTER, v. a. sich in Schulden stecken, Schulden machen.

s'ENDETTER, v. r. in Schulden gerathen.

ENDETTE′, part. & adj. der schuldig ist.

ENDE′VER, v. n. vulg. rasen, toben, närrisch seyn, von Sinnen kommen.

ENDIABLE′, ée, adj. rasend, als besessen, verteufelt.

s'ENDIMANCHER, v. r. vulg. die besten Kleider anziehen, sich sonntäglich anziehen.

ENDIVE, s. f. Endivien, ein Kraut.

ENDOCTRINER, v. a. lehren, (ist alt).

ENDOMMAGER, v. a. in Schaden setzen, schaden, beschädigen.

ENDORMEUR, s. m. das da einschläfert.
un ENDORMEUR de mulots ou de couleuvres, vulg. ein Windbeutel, ein Schwätzer, der einem was vorplaudert, schmeichelt und betrüget.

ENDORMIE, s. f. ein Kraut, das schlafen macht, Schlafkraut, Bilsenkraut. Il a mangé de l'endormie, er schläft zu lang, kan sich nicht satt schlafen.

ENDORMIR, v. a. einschläfern, schlafen machen; sicher machen, betrügen; unempfindlich machen, als wenn die Füsse einschlafen.

s'ENDORMIR, v. r. einschlafen; sicher, nachläßig, unachtsam werden, nicht acht geben.

ENDORMI, e, part. eingeschlafen. Avoir le pied endormi, einen erstarrten Fuß haben.

ENDOR-

END   END ENF

ENDORMI, träg, faul, langsam. Un esprit *endormi*, ein schläferig (träges) Gemüth. La rage *endormie*, eine Krankheit der Hunde, da sie immer schlafen wollen.

ENDORMI, (in der Seefahrt) un vaisseau *endormi*, ein Schiff, so den Lauf verlohren.

ENDORMISSON, *f. f.* das Einschlafen eines Gliedes, (ist alt).

ENDOSSE, *f. f.* vulg. das Amt, die Verrichtung eines Dinges.

ENDOSSEMENT, *f. m.* die Schrift aussen auf den Acten, Wechselbriefen, Quittungen ꝛc. Indoßirung.

ENDOSSER le harnois, *v. a.* anlegen, auf den Rücken nehmen, als den Harnisch.

ENDOSSER, Briefschaften überschreiben. *Endosser* un contract, einen Contract überschreiben. *Endosser* un livre, die Rückschrift auf ein Buch setzen. *Endosser* une lettre de change, einen Wechselbrief überweisen.

ENDOSSEUR, *f. m.* der aussen auf einen Wechselbrief etwas schreibet, ihn einem zu übertragen; ihn überweiset.

ENDOSSURE, *f. f.* Rückschrift, Aufschrift.

ENDOÜILLE, *voiés* ANDOÜILLE.

ENDROIT, *f. m.* Ort, Stelle, Gegend. En cet *endroit*, an diesem Ort. *Endroit* propre à bâtir, eine bequeme Gegend zu bauen. Marquer les bons *endroits* d'un livre, die guten Stellen eines Buchs zeichnen.

ENDROIT, Theil, Stück. Le meilleur *endroit* d'un chapon, das beste Stück an einem Capaun. Montrer une chose par le bel *endroit*, die schöne Seite eines Dinges sehen lassen, d. i. die Eigenschaften eines Dinges, die es löblich und angenehm machen, vorstellen.

en mon ENDROIT, meines Orts.

ENDUIRE, *v. a.* überstreichen als mit Kalk, Gips, Butter, Oel, Leim, ꝛc. bey den Falken heißt es wohl verdauen.

ENDUIT, e, *part.* überstrichen.

ENDUISSON, *f. f.* das Ueberstreichen.

ENDUIT, *f. m.* das man darüber streicht, was über etwas gestrichen worden ist.

ENDURANT, e, *adj.* geduldig, der viel vertragen kan.

ENDURCIR, *v. a.* hart machen, abhärten; gewöhnen; it. verhärten, verstocken. Ma mauvaise fortune m'a *endurci* en toutes sortes de déplaisirs, mein widriges Glück hat mich gewöhnt, allerley Verdrüßlichkeiten zu ertragen; mich gegen allerley Verdrüßlichkeiten gehärtet.

s'ENDURCIR, *v. r.* hart werden; etwas gewohnen.

ENDURCI, e, *part. & adj.* verhärtet, verstockt, unbarmherzig. Un pêcheur *endurci*, ein verstockter Sünder.

ENDURCISSEMENT, *f. m.* Verhärtung, Verstockung.

ENDURER, *v. a.* vertragen, erdulden, ausstehen; zugeben, gestatten; übersehen, hingehen lassen.

(NB. In nachfolgenden Worten wird das E in seinem natürlichen Laut ausgesprochen).

ENÉÏDE, *f. f.* des Virgilii Beschreibung von Aenea.

ENEMI, e, *voiés* ENNEMI, e.

ENERGIE, *f. f.* der Nachdruck, die Kraft einer Rede, eines Spruchs.

ENERGIQUE, *adj. c.* das grossen Nachdruck hat.

ENERGIQUEMENT, *adv.* auf nachdrückliche Art.

ENERGUMENE, *f. m.* ein Besessener.

ENERVER, *v. a.* schwächen, entkräften, zärtlich machen.

ENERVER, (auf der Reitschul) einem Pferde die zwey Nerven, die es am Kopf unter den Augen hat, und bey der Nase zusammen gehen, entzwey schneiden, damit es einen leichtern Kopf kriege.

ENERVER un discours, einer Rede den Nachdruck benehmen, sie lahm und kraftlos machen.

ENERVÉ, *part. & adj.* schwach, lahm, unkräftig.

(NB. Die ersten Sylben aller hier folgenden Worte werden abermal wie AN ausgesprochen).

ENFAÎTEAU, *f. m.* ein Forstziegel.

ENFAÎTEMENT, *f. m.* das Bley, so oben auf den Forst oder die oberste Schärfe eines Schieferdachs gelegt wird.

ENFAÎTER, *v. a.* den Forst eines Dachs mit Bley oder Hohlziegeln bedecken.

ENFANCE, *f. f.* die Kindheit; it. der Anfang eines Dinges. Tomber en *enfance*, kindisch werden.

l'ENFANCE du monde, das erste Alter der Welt.

ENFANT, *f. m. & f.* ein Kind.

ENFANS de France, die Kinder eines regierenden Königs in Frankreich, seine Prinzen und Prinzeßinnen.

ENFANS bleus, ENFANS rouges, Waisenkinder zu Paris, die in einem Waisenhaus blau, im andern roth gekleidet gehen.

ENFANS trouvés, Findlinge.

ENFANS de chœur, Knaben, die in der Kirche aufwarten.

ENFANS d'honneur, Pagen.

ENFANS de cuisine, Küchenjungen.

bons ENFANS, verschwenderische lüderliche Pursche.

ENFANS perdus, die vördersten Soldaten, verlohrne Schildwache, die an der Spitze stehet.

mal d'ENFANT, travail d'ENFANT, die Kindesnöthen.

Je le traiterai en *enfant* de bonne maison, ich will ihn wohl züchtigen.

Il n'est plus *enfant*, er ist kein Kind mehr.

ENFANT gaté, ein verzogen Kind; ein Kind, dem aus blinder Liebe aller Muthwillen gestattet wird. C'est l'*enfant* de sa mère, ein Muttersöhnlein, ein verzogen Kind.

ENFANTEMENT, *s. m.* die Geburt, das Gebähren, die Niederkunft.

ENFANTER, *v. a.* gebähren, auf die Welt bringen. *Enfanter* un procès, einen Rechtshandel zuwege bringen, (verursachen). *Enfanter* une bonne pensée, einen guten Gedanken vorbringen. *Enfanter* un livre, ein Buch schreiben oder heraus geben.

ENFANTILLAGE, *s. f.* kindische Reden und Aufführung. (ist alt.)

ENFANTIN, e, *adj.* kindisch.

ENFANTISE, *s. f.* kindisches Wesen. (ist alt.)

ENFARINER, *v. a.* mit Mehl oder mit Puder bestreuen, pudern.

s'ENFARINER, *v. r.* sich mit Mehl bestreuen; sich pudern; sich voll Mehl oder Puder machen.

s'ENFARINER, eine sonderbare falsche Meynung ergreifen.

Il est venu la gueule *enfarinée*, er ist mit gutem Appetit zum Essen gekommen; it. mit grosser Begierde an etwas einen Vortheil zu haben.

ENFER, *s. m.* oder ENFERS, *s. m. pl.* die Hölle; die Teufel aus der Hölle. Je pense que tout l'*enfer* est chés moi, ich glaube die Hölle sey bey mir los geworden.

ENFER, ein Ort wo einem alles zuwider ist. Je suis ici dans l'*enfer*, ich bin hier in der Hölle, in lauter Quaal und Unruhe. Porter son *enfer* avec soi, seine Plage mit sich tragen.

ENFER, ein verteufelter Lermen.

ENFER, (in der Chymie) ein Glas als ein Trichter.

ENFERMER, *v. a.* einschliessen; einklemmen, begreifen, enthalten. *Enfermer* l'ennemi de toutes parts, den Feind von allen Seiten einschliessen. Celà sent l'*enfermé*, das riecht als verstockt, das keine Luft gehabt hat, muttig. Ce discours *enferme* un grand sens, diese Rede begreift einen grossen Verstand in sich.

Il ne faut pas *enfermer* le loup dans la bergerie, man muß keine Wunde zufallen lassen, ehe sie recht heil ist.

s'ENFERMER, *v. r.* au logis, sich zu Hause einsperren.

s'ENFERMER dans une place, sich in einen vesten Ort einschliessen.

ENFERRER, *v. a.* quelqu'un, einen mit einem Gewehr durchstechen.

s'ENFERRER, *v. r.* sich den Degen oder an der Gewehr selbst in den Leib rennen, in den Degen laufen. Il s'est *enferré* lui-même dans l'épée de son ennemi, er ist seinem Feind in den Degen gelaufen.

s'ENFERRER, etwas zu seinem eigenen Schaden thun oder reden. Il ne sait ce qu'il dit, il s'*enferre* lui-même, er weiß nicht, was er sagt; er redet wieder sich selbst.

ENFICELLER, *v. a.* eine Schnur um den Hut thun, als die Hutmacher pflegen.

ENFILADE, *s. f.* eine Reihe, Ordnung, z. E. von Gemächern, Historien, Worten, und dergleichen.

ENFILADE, (im Bretspiel) eine Brücke, womit man dem andern den Paß besezt, daß er mit seinen Steinen nicht fort kan.

Etre à l'*enfilade*, sagt man im Kriege von Laufgräben, in welche man in rechter Linie schiessen kan, daher muß man sie schlangenweis machen.

Batterie d'*enfilade*, eine Batterie, worauf alle Canonen in gerader Linie schiessen.

ENFILER, *v. a.* einfädeln, einfädmen; it. an Faden fassen, anreihen. *Enfiler* de la soïe, einen Seidenfaden einfädmen. *Enfiler* un chapelet, einen Rosenkranz aufreihen.

Je ne suis pas venu ici pour *enfiler* des perles, ich bin nicht vor die lange Weile hergekommen.

ENFILER, in einer geraden Linie in einen Laufgraben oder Gasse hinein schiessen. Le canon de l'ennemi *enfile* la tranchée, das feindliche Geschütz streichet durch diesen Laufgraben.

ENFILER, einen Weg antreten, gerade darauf fortgehen; in eine Gasse hinein gehen. *Enfiler* un chemin, einen Weg einschlagen. Le vent *enfile* cette chambre, der Wind streicht durch dieses Gemach.

ENFILER, einen durch und durch stechen. En second coup il l'*enfila*, mit dem zweyten Stoß durchstach er ihn. Ils se sont *enfilés* l'un l'autre, sie sind einander in die Degen gelaufen.

ENFILER, (bey den Lichtziehern) die Lichter an den Lichtspieß hängen.

ENFILER un discours, einen Discours anfangen, auf die Bahn bringen.

ENFILER la venelle, *vulg.* davon laufen.

s'ENFILER, *v. r.* sich in einen schlimmen Handel einlassen.

ENFILÉ, ée, *part. & adj.* (in Wappen) wenn runde und andere Sachen mit Löchern, etwas anders durch sich gehend haben, an ihm stecken oder hangen.

Etre *enfilé*, im Bret nicht fortspielen können, weil der andere den Paß besezt hat.

ENFIN,

ENFIN, *adv. & conj.* mit einem Wort, kurz zu sagen; letztlich, endlich.

ENFLAMMER, *v. a.* anzünden, entzünden, erhitzen; aufmuntern, anreitzen; aufbringen, erregen. La maison est toute *enflammée*, das Haus stehet in vollen Flammen. *Enflammer* le courage des soldats, den Muth der Soldaten erwecken.

ENFLAMMER, verliebt machen. Laissés-vous *enflammer*! (poetisch) lasset euch die Liebe entzünden! werdet verliebt!

s'ENFLAMMER, *v. r.* angehen, anbrennen, entbrennen; sich erzürnen; sich verlieben. Sa colère s'*enflamma*, sein Zorn entbrannte.

ENFLÉCHURES, *s. f. plur.* Leiter von Stricken im Schiff, auf den Mast zu steigen.

ENFLEMENT, *s. m.* das Aufblasen.

ENFLER, *v. a.* hinein blasen als der Wind in die Segel; aufblasen geschwollen machen. *Enfler* un balon, einen Balon aufblasen. Le vent *enfle* les voiles, der Wind bläset die Segel auf. Elle s'est fait *enfler* le ventre, *prov.* sie hat sich schwängern lassen.

ENFLER, aufblähen, erheben, vergrössern, vermehren. La science *enfle*, das Wissen blähet auf. Le fleuve *enfle* son cours, der Strom wird grösser. La victoire *enfla* son courage, der Sieg machte ihm einen grossen Muth.

ENFLER un mémoire, die Waaren in der Rechnung theurer ansetzen, als sie werth sind.

s'ENFLER, *v. r.* geschwellen; sich erheben; zunehmen. La rivière s'*enfle*, der Strom lauft an. La mer s'*enfle*, das Meer erhebt sich.

ENFLÉ, ée, *part.* aufgeblasen; hochmüthig; hochtrabend. Un stile *enflé*, eine unziemlich erhabene (hochtrabende) Schreibart.

ENFLEURE, ENFLÛRE, *s. f.* Geschwulst. *Enflûre* du stile, hochtrabende Redensart.

ENFONCEMENT, *s. m.* ein winkelhohler Ort eines Dinges, das in perspectivischen Gemählden das Hinterste ist; die Tiefe des Fundaments eines Gebäudes, eines Thals, eines Brunnens; das Einbrechen einer Thür; das Einbrechen in die Schlachtordnung. Un ruisseau tombe dans l'*enfoncement* de la valée, ein Bach fällt in die Tiefe des Thals hernieder.

l'ENFONCEMENT d'une barique, das Einstossen einer Tonne.

ENFONCER, *v. a.* einstossen, einschlagen, eintreiben. *Enfoncer* des pilotis, Wasserpfäle einschlagen. *Enfoncer* l'épée jusqu'à la garde, den Degen bis an das Gefäß einstossen. *Enfoncer* son chapeau jusqu'aux yeux, seinen Hut tief in die Augen drücken.

ENFONCER, einbrechen, aufstossen. *Enfoncer* une maison, in ein Haus brechen. *Enfoncer* la porte, die Thür aufrennen. *Enfoncer* un bataillon, in ein Bataillon einbrechen.

ENFONCER, (bey dem Zinngiesser) vertiefen, ausdrehen. *Enfoncer* un plat, eine Schüssel ausdrehen.

ENFONCER, (bey dem Faßbinder) den Boden einsetzen.

ENFONCER, *v. n.* sinken; zu Grunde gehen. *Enfoncer* dans le sable, in den Sand sinken, tief eintreten. Le vaisseau *enfonça*, das Schiff gieng zu Grund.

s'ENFONCER, *v. r.* sich vertiefen, eindringen. S'*enfoncer* dans un bois, sich in ein Holz vertiefen, weit hinein gehen. S'*enfoncer* dans les voluptés, dans les études, sich den Wollüsten, dem Studiren ergeben. Un esprit *enfoncé* dans la matière, ein träges tummes Gemüth, das keinen Verstand oder Nachsinnen hat.

ENFONCEUR, *s. m.* de portes ouvertes, der nichts arbeitet, und sich doch viel rühmet.

ENFONÇURE, *s. f.* (bey dem Faßbinder) die Bodenstücke.

ENFONÇURE de lit, Unterlage in einer Bettstelle.

ENFONÇURE, Grube, Tiefe. Il y a des *enfonçures* dans le pavé, das Pflaster hat Gruben bekommen.

ENFONDRER, *v. a.* einbrechen; durchbrechen. *Enfondrer* une porte, eine Thür einbrechen.

Une grosse *enfondrée*, ein dickes Weib.

ENFORCIR, *v. n.* s'ENFORCIR, *v. r.* stark werden, an Kräften zunehmen.

ENFORMER, *v. a.* über die Form schlagen.

ENFOUÏR, *v. a.* vergraben, verscharren. *Enfouïr* un trésor, einen Schatz vergraben. *Enfouïr* son talent, seine Gaben vergraben, nicht zu Nutz wenden.

ENFOUÏSSEMENT, *s. m.* Vergrabung in die Erde.

ENFOURCHEMENS, *s. m. plur.* (in der Baukunst) erste Widerlage des Bogens an einem Kreuzgewölbe.

ENFOURCHURE, *s. f.* die obersten Enden an einem Hirschgeweih.

ENFOURNER, *v. a.* in den Ofen schiessen, einschiessen, als das Brod zum Backen; it. etwas anfangen, beginnen. Il n'y a qu'à bien *enfourner* d'abord, *prov.* wohl angefangen, ist bald gethan.

ENFRAINDRE, oder ENFREINDRE, *v. a.* brechen, umstossen, übertreten. *Enfreindre*

dre les ordonnances, die Gebote übertreten.

ENFROQUER, *v. a.* vulg. zum Mönche machen, ins Kloster stecken.

S'ENFROQUER, *v. r.* ein Mönch werden, ins Kloster laufen.

S'ENFUÏR, *v. r.* davon fliehen, geschwind weglaufen.

S'ENFUÏR, (in der Küche) überlaufen. Prenés garde que le pot ne s'*enfuïe*, habt Acht, daß der Topf nicht überlaufe.

ENFUMER, *v. a.* räuchern, in den Rauch hängen; schmauchen; mit Rauch verjagen.

ENFUMER, (beym Ackerbau) düngen, ein Feld mit Mist fett machen.

ENFUMER, (bey den Jägern) *Enfumer* des renards, die Füchse mit Rauch aus ihren Löchern treiben.

ENGAGEANT, e, *adj.* liebreizend, an sich ziehend; verführisch. Une humeur *engageante*, eine angenehme Weise. Des paroles *engageantes*, verbindliche Reden. Un plaisir *engageant*, eine anziehende (reizende) Lust.

ENGAGEANT, *s. m.* ein gefärbtes Band, so das Frauenzimmer auf der Brust trägt, als eine Schläufe.

ENGAGEANTE, *s. f.* eine Art Ermel von Leinwand oder Spitzen, die vorne an den Armen herunter hängen.

ENGAGEMENT, *s. m.* Verpfändung, das Verpfänden. Posseder un bien par *engagement*, ein Gut zum Unterpfand inne haben.

ENGAGEMENT, accord, ein Contract, Vertrag.

ENGAGEMENT, (im Fechten) das Lager, mit der halben Stärke oder Schwäche des Feindes.

ENGAGEMENT, das Anhängen des Herzens. Avoir des *engagemens* avec une personne, einer Person anhangen, ergeben seyn.

ENGAGEMENT, Bürgschaft.

ENGAGEMENT, das Einlassen in eine Schlacht. Les armées sont venuës en un *engagement*, die Armeen sind zum Treffen gekommen.

ENGAGEMENT des chambres d'une maison, an einem Gebäude, die Aneinanderfügung oder Zusammensetzung der Gemächer.

ENGAGEMENT, qui doit durer toute la vie, eine Bindung, so die ganze Lebenszeit währen soll. Les *engagemens* du monde sont puissans, die Welt ist mächtig, uns an sich zu ziehen.

ENGAGER, *v. a.* verpfänden, versetzen; verkaufen zum Wiederkauf; hinein stecken, da man nicht wieder zurück kan; nöthigen, verbinden. Je suis *engagé* à ce-là, ich werde dazu veranlasset. Nous donnons du secours aux-autres, pour les *engager* à nous en donner, wir helfen andern, damit wir sie verbinden uns wieder zu helfen. *Engager* sa parole, sein Wort von sich geben.

S'ENGAGER, *v. r.* sich einlassen; sich in Schulden setzen; sich verbinden, sich verpflichten; Bürge werden; sich hinein begeben. Je me suis *engagé* à celà, ich habe mich dazu verbunden. S'*engager* dans un lieu étroit, sich in einen engen Ort stecken. Je me suis *engagé* pour deux ans, ich habe mich auf zwey Jahr zu dienen verbunden.

ENGAGÉ, *part. & adj.* der sich auf drey Jahre verspricht, auf der Indianischen Flotte zu dienen.

Etre *engagé*, versprochen seyn etwas zu thun.

ENGAGISTE, *s. m.* der Pfandinnhaber.

ENGAINER, *v. a.* in die Scheide stecken.

ENGALLER, *v. a.* mit Galläpfeln färben.

ENGANIMEDER, *v. a.* unzüchtig mißbrauchen.

ENGARANT, *s. m.* (in der Seefahrt) wenn man ein Seil auf dem Schiffe um ein Holz herum schlinget, daß man die Last, so daran ist, desto besser erhalten könne.

S'ENGARDER, *v. r.* sich hüten, sich in acht nehmen. (besser se garder.)

ENGEANCE, oder ENGENCE, *s. f.* eine Art, ein Geschlecht, sonderlich vom Bösen, als Ottergezüchte; der Anfang, Saame, Ursprung, vornemlich böser Dinge. C'est l'*engeance* de tous maux, das ist die Quelle alles Uebels.

ENGEIN, *v.* ENGIN.

S'ENGELER, sich erfrieren, an Händen oder Füssen Frostbeulen bekommen.

ENGELÜRE, *s. f.* Geschwulst und Schmerz von Erfrierung der Hände oder Füsse, Frostbeule.

ENGENDRÉ, ée, *adj.* (im Scherz) der einen Eidam oder Schwiegersohn hat. Il est bien *engendré*, er hat einen vortreflichen Schwiegersohn.

ENGENDRER, *v. a.* zeugen; bringen, hervorbringen, erregen, erwecken, stiften, verursachen. Il a *engendré* plusieurs enfans, er hat viele Kinder erzeuget. La trop grande familiarité *engendre* le mépris, eine allzugrosse Gemeinschaft bringet Verachtung.

Ne point *engendrer* de mélancolie, immer lustig seyn.

S'ENGENDRER, *v. r.* entstehen; item seine Tochter verheyrathen. Les métaux s'*engendrent* dans la terre, die Metalle werden in der Erde gezeuget.

ENGEO-

ENGEOLLER, ENJOLER, *v. a.* betrügen, verführen.
ENGEOLLEUR, ENJOLEUR, *f. m.* euse, ein Schwätzer, Betrüger.
ENGER, *v. a.* anstecken, behängen, beschmeissen mit Ungeziefer.
ENGER, mit unnützen Dingen anfüllen.
ENGER, einen mit bösem Gesinde, bösen Ehegatten, unnützen Hausrath ꝛc. behängen.
ENGERBER, *v. a.* Korn oder Getraid in Garben binden; die Garben auf einander schichten.
ENGERBER, Fässer über einander legen. Trois rangs de muids, *engerbés* les uns sur les autres, drey Reihen Weinfässer über einander gelegt.
ENGIN, *f. m.* eine Winde, ein künstlich erfunden Gerüst und Instrument, etwas schweres zu heben und zu regieren.
ENGIN, (in der Windmühle) Winde zum Aufwinden.
ENGINS, (in der Windmühle) Schwengel, Rückwelle.
ENGIN, das männliche Glied.
ENGLANTÉ, ée, *adj.* wird in den Wappen von dem Schilde gesagt, in dem eine Eiche steht.
ENGLOUTIR, *v. a.* verschlingen, hinabschlucken; (figürlich) etwas durch die Gurgel jagen, verschwenden. A' force de boire, il a *englouti* tout son bien, er hat all sein Vermögen versoffen. Etre *englouti* des eaux, vom Wasser verschlungen werden.
ENGLUER, *v. a.* mit Vogelleim bestreichen.
se laisser ENGLUER, und s'ENGLUER, *v. r.* sich auf den Leimruthen fangen; sich mit etwas einlassen, davon man nicht so leicht wieder loskommen kan. S'*engluer* d'une amourette, an einer Buhlschaft kleben.
ENGONCER, *v. a.* wird von Kleidern gesaget, wenn sie einen ungestalt machen, daß man scheinet keinen Hals zu haben. Cet habit vous *engonce* trop, das Kleid gehet allzu hoch hinan, und macht euch keinen guten Leib.
ENGORGEMENT, *f. m.* Verstopfung, Verschleimung einer Röhre.
ENGORGER, *v. a.* verstopfen.
s'ENGORGER, *v. r.* sich verstopfen, als eine Röhre, Seehaven, Adern u. dergleichen. Tuiau *engorgé*, eine verstopfte Röhre. Port *engorgé* de sable, versandeter Haven. S'*engorger* de viande, sich mit Fleisch bestopfen, überfressen. La fumée s'*engorge*, der Rauch schlagt nieder, will nicht zum Schornstein hinaus ziehen.
ENGOÜEMENT, *f. m.* das Drücken in der Kehle von Speisen.
ENGOÜER, *v. a.* würgen, in der Kehle stecken bleiben.

s'ENGOÜER, *v. r.* den Schlund verstopfen, essen, daß es einem im Halse stecken bleibt.
s'ENGOÜER, den Narren an etwas gefressen haben, etwas eigensinnig hoch halten. Etre *engoué* de son mérite, sich seiner Gaben überheben; sich mit seinen Gaben viel wissen.
s'ENGOUFFRER, *v. r.* (von Wasser und Winden) der Wirbel auf einem Flusse, die Winde in Gebirgen. Le vent s'*engouffre* entre les montagnes, der Wind stößt (fängt) sich zwischen den Bergen.
s'ENGOUFFRER dans un golfe, sich weit in einen Meerbusen hinein lassen.
ENGOUFFRÉ, ée, *part. & adj.* verschlungen vom Wirbel.
ENGOULER, *v. a.* hinab schlucken.
ENGOULÉ, ée, *part. & adj.* in den Wappen ist es etwas, so von andern gefressen wird; verschluckt.
ENGOURDIR, *v. a.* erstarren, ersterben, einschlafen; it. einen faul, träg und hinlässig machen.
Le froid *engourdit* les mains, die Kälte machet die Hände starren. J'ai le pié *engourdi*, mein Fuß ist eingeschlafen. La paresse *engourdit* l'esprit, die Faulheit machet das Gemüth träg, unlustig.
s'ENGOURDIR, *v. r.* taub und todt werden, ersterben; einschlafen.
ENGOURDISSEMENT, *f. m.* das Ersterben, Einschlafen der Glieder; das Tummwerden des Verstandes.
ENGRAIS, *f. m.* die Mast, Mästung; it. das Düngen der Felder.
ENGRAISSEMENT, *f. m.* das Düngen der Erde; das feste Ineinanderfügen der Balken, sonderlich der Zapfen unten an den Sparren in ihre Löcher. Joindre du bois par *engraissement*, Holz so genau mit Gewalt zusammen fügen, daß der Zapfen das Loch gänzlich ausfüllet.
ENGRAISSER, *v. a. & n.* mästen, fett machen; die Felder düngen; besudeln, beschmutzen; it. dick werden; bereichern, reich machen; reich werden. *Engraisser* un cochon, ein Schwein mästen. *Engraisser* ses habits, seine Kleider beschmutzen.
s'ENGRAISSER, *v. r.* sich mästen; sich bereichern. S'*engraisser* du sang des peuples, von des Volks Schweiß und Blut sich bereichern.
ENGRAISSÉ, ée, *part. & adj.* (in der Baukunst) das einen stumpfen Winkel macht.
ENGRANGER, *v. a.* in die Scheune (Scheuer) sammeln.
ENGRAVER, *v. a.* auf den Sand treiben oder fahren. Bateau *engravé*, ein auf den Sand gelaufenes Schiff.

Qq q   ENGRA-

ENGRAVER, eingraben ins Gedächtniß, sonderlich die Gebote GOttes.
s'ENGRE'GER, v. r. ärger werden, sich verschlimmern.
ENGRéLER, v. a. Spitzen u. d. gl. mit kleinen Puncten ausfüllen, als ein Stickwerk, mit Perlen.
ENGRéLE', ée, part. & adj. (in Wappen) mit runden Spitzen, die voller Puncten sind, auszieren.
ENGRéLURE, s. f. die runden Zacken an theils Spitzen oder Kleidern; it. in den Wappen ein Saum, der nur das vierte Theil so breit als ein rechter Saum oder Rand ist.
ENGRENER, v. a. & n. das Korn in der Mühle aufschütten zum Mahlen.
ENGRENER, anfangen. Il a mal engrené ses affaires, er hat seine Sachen schlecht angefangen. Cet homme est bien engrené, dieser Mensch befindet sich wohl bey diesem Handel.
ENGRENER, ein mager Pferd wacker füttern.
ENGRENER, (bey dem Uhrmacher) rouë qui engrène bien, Rad, dessen Zähne ihr Getrieb wohl fassen.
ENGRENER la pompe, (in der Seefahrt) die Pompe anziehen und das übrige Wasser vollends auspompen.
s'ENGROMELER, v. r. gerinnen, (wird von der Milch in der Weiberbrust gesagt).
ENGROSSER, v. a. schwängern.
ENGROSSIR, v. a. & n. dick machen, dick werden.
s'ENGRUMELER, v. r. gerinnen, wie Milch.
ENGUICHE', ée, adj. heißt in den Wappen, wenn ein Horn zum Blasen ein Mundstück von unterschiedener Farbe hat.
ENGUICHURE, v. ANGUICHURE.
ENGYSCOPE, s. m. ein Vergrößerungsglas.
ENHARDIR, v. a. beherzt, muthig machen.
s'ENHARDIR, v. r. beherzt werden, sich unterstehen.
ENHARMONIQUE, adj. c. eine Art zu musiciren, in welcher schwere Griffe und Resolutiones harter Töne vorkommen.
ENHARNACHER, v. a. einem Pferde Sattel und Zeug auflegen.
ENHARNACHER, einen Menschen mit sonderbarem Habit bekleiden.
ENHASE' ou ENHAZE', ée, adj. der viel zu thun hat.
ENHAUT, adv. droben, in der Höhe.
d'ENHAUT, adv. von oben herab, von oben her. Graces qui nous viennent d'enhaut, Gaben, welche uns von oben herab zukommen.
ENHENDE', ée, adj. (in Wappen) croix enhendée, ein Creutz, welches an den vier Enden gespalten ist, so, daß das Gespaltene sich krümmt als ein Ankercreutz, und zwischen den beyden Krümmen eine Lanzenspitze heraus geht.
ENHERBER, v. a. ol. mit Gift vergeben, giftige Kräuter kochen.
ENHUILE', ée, adj. der die letzte Oelung empfangen hat.
ENJABLER, v. a. (bey den Böttgern und Faßbindern) den Boden einfügen, einfalzen.
ENJALER, voïés ENJAULER.
ENJAMBE'E, s. f. ein Schritt, oder der Platz, den die Beine abmessen, wenn sie von einander gethan sind.
ENJAMBEMENT, s. m. wenn ein Vers in der Poesie in den folgenden noch etwas hinein fügt, das zu seinem Verstande gehört, welches getadelt wird.
ENJAMBER, v. a. & n. einen grossen Schritt thun; darüber heraus gehen, über das andere vorgehen.
ENJAMBER, eines Verses Verstand erst in des folgenden Verses Anfang oder Helfte voll machen.
ENJAMBER, mit Unrecht besitzen. Il a enjambé sur le terrain de son voisin, er hat sich einen Theil von des Nachbarn Grund unrechtmäßiger Weise zugeeignet.
ENJAVELER, v. a. das abgeschnittene Getreyd in kleine Häuflein legen, welche hernach in die Garben zusammen gebunden werden.
ENJAULER, v. a. zwey Hölzer an den Anker binden, daß er desto eher im Grunde angreife.
ENJERBER, voïés ENGERBER.
ENJEU, s. m. (im Spiel) der Satz.
E'NIGMATIQUE, adj. c. räthselhaftig, dunkel.
E'NIGMATIQUEMENT, adv. nach Art der Räthsel, dunkel.
E'NIGME, s. m. & f. ein Räthsel; eine dunkele Sache, etwas das schwer zu verstehen ist. Un énigme fort ingénieux, ein sehr sinnreiches Räthsel. Il parle en énigmes, er redet mit dunkeln (unvernehmlichen) Worten.
ENJOINDRE, v. a. befehlen, sehr einbinden, etwas zu thun.
ENJOLER, ENJOLEUR, v. ENGEOL.
ENJOLIVEMENT, s. m. das Ausputzen, Schmücken, Zurichten einer Person, eines Hauses.
ENJOLIVER, v. a. schmücken, putzen, artig machen. Enjolivé d'argent, mit Silber besetzt; eingelegt.
ENJOLIVEUR, s. m. der da etwas ausschmücket, schön machet.
ENJOLIVEURE, ENJOLIVüRE, s. f. das Auszieren eines Dinges mit kleinen Sachen, als ein Buch mit silbernen Gespergen.
EN-

ENJOLLER, *voiés* ENGEOLLER.
ENJOUêMENT, *s. m.* ein luſtiger Sinn, Freudigkeit, frölicheſ Weſen.
ENJOUëR, *v. a.* frölich machen, erluſtigen.
ENJOüE', ée, *part. & adj.* frölich und immer lachend, luſtig.
ENIVREMENT, ENIVRER, *v.* ENYVR.
ENKISTER, *voiés* ENCHISTER.
ENLACEMENT, *s. m.* daſ Ineinander winden und wickeln, durch einander flechten und ſtecken, alſ Seile, Bande, Aeſte; *it.* Einflechten in Streithändel.
ENLACER, *v. a.* verſtricken.
ENLAçüRE, ENLACEURE, *s. f.* (bey den Zimmerleuten) die Zuſammenbindung zweyer Balken.
ENLAIDIR, *v. a. & n.* ungeſtalt, garſtig machen oder werden.
ENLAIDISSEMENT, *s. m.* daſ Verſtellen der Geſtalt, daſ garſtig und ungeſtalt werden.
ENLARME, *s. f.* (bey den Fiſchern und Vogelſtellern) groſſe weite Maſchen, welche die Fiſcher von Baumreiſern, die Vogelſteller aber von Bindfaden, zu oberſt an ihre Garne machen.
ENLARMER un filet, *v. a.* weite Maſchen von Bindfaden um ein Netz herum machen.
ENLASS. *voiés* ENLAC.
ENLE'VEMENT, *s. m.* daſ Wegnehmen, alſ deſ Eliä ꝛc.
ENLE'VEMENT, daſ Rauben, Entführen, alſ einer Jungfer.
ENLE'VEMENT, daſ Aufheben einer Zahl Soldaten, die man überrumpelt und zu Kriegſgefangenen macht.
ENLE'VEMENT, daſ Sprengen einer Baſtion durch eine Mine.
ENLE'VEMENT, daſ gerichtliche Wegnehmen deſ Hauſrathſ deſſen, der die Schulden nicht zahlen kan.
ENLEVER, *v. a.* in die Höhe heben, vom Boden aufheben.
ENLEVER, wegnehmen mit Gewalt, alſ im Kriege Leut und Gut, alſ einen Miſſethäter zum Gefängniß; wie der Wind, Pulver, Waſſerflut, etwaſ ab- oder wegreißt. *Enlevés* cette vaiſſelle, nehmt die Gefäſſe hinweg. Le vent a *enlevé* les toits, der Wind hat die Dächer weggeführt.
ENLEVER, wegnehmen inſgemein, alſ Waſſer den Koth ꝛc. aufheben, alſ eine Zahl Soldaten ohnverſehenſ gefangen nehmen. *Enlever* un quartier, einen Lagerſtand einnehmen.
ENLEVER, abgehen machen, alſ die Haut durch Schläge oder andere Zufälle. Une ſavonette *enlève* les tâches, eine Seifkugel benimmt die Flecken. *Enlever* la peau, ſchinden, die Haut abziehen.

ENLEVER, einem etwaſ rauben, nehmen, entziehen. *Enlever* une fille, eine Jungfer rauben, entführen.
ENLEVER, entzückt machen, in Verwunderung ſetzen, ſehr bewegen, alſ eine Rede die Zuhörer. Ses diſcours *enlèvent* les auditeurs, ſeine Reden entzücken die Zuhörer.
ENLEVER, auſ ſich ſelber bringen, alſ der Zorn.
ENLEVEUR, *s. m.* der etwaſ raubet, entführet.
ENLEVEURS de quartiers, Soldaten, die andere in den Quartieren aufheben.
ENLEVEURE, ENLEVüRE, *s. f.* eine kleine Geſchwulſt oder Blatter, die einem am Mund oder ſonſt auffähret; *it.* daſ Erhabene im Schnitzwerk.
ENLIER, *v. a.* die Steine im Mauern recht in einander fügen, daß ſie binden.
ENLIGNER, *v. a.* nach der Linie zimmern oder mauern, nach der Schnur machen.
ENLIGNER, (bey den Buchdruckern) im Setzen Zeile auf Zeile bringen.
ENLUMINER, *v. a.* ein gezeichneteſ Stück oder Gemählde mit Farben auſſtreichen.
ENLUMINER une eſtampe, ein Kupfer mit Farben erhöhen.
Nez de boutons *enluminés*, eine mit Blattern verbreinte Naſe.
ENLUMINEUR, *s. m.* einer der da Kupferſtücke illuminiret.
un ENLUMINEUR de jeu de paume, ein ſchlechter elender Mahler.
ENLUMINEURE, ENLUMINüRE, *s. f.* ein illuminirteſ Kupferſtück.
ENLUMINüRE, daſ Bemahlen und Anſtreichen der Kupfer mit allerley Farben.
ENLUMINüRE, eine ſatyriſche Erläuterung.
ENMANE'QUINER, *v. a.* (im Gartenbau) *voiés* EMMANE'QUINER.
ENMARINER un vaiſſeau, ein Schiff mit Seevolk verſehen. Gens *enmarinés*, Leute, die der See gewohnt ſind, *voiés* EMMARINER.
ENMORTOISER, *v. a.* (bey dem Zimmermann) Zapfen in die Fugen ſtoſſen.
ENNEAGONE, *s. m.* [NB. Daſ erſte E behält ſeinen natürlichen Laut in dieſem und beyden nachfolgenden Worten] (in der Meßkunſt) ein Neuneck.
ENNEMI, e, *ſubſt. & adject.* ein Feind, Feindin; feindlich, feindſelig. Une ville *ennemie*, eine feindliche Stadt. Le feu & l'eau ſont *ennemis*, Feuer und Waſſer ſind einander zuwider. Etre *ennemi* des roſes, die Roſen nicht leiden können, ſie haſſen.
l'ENNEMI, der Feind, nemlich die feindliche Armee; *it.* der böſe Feind, der Teufel.
ENNOBLIR, *v. a.* (ſprich ANOBLIR) adeln,

in den Adelstand erheben; berühmt machen, ein Ansehen geben.
ENNOBLI, e, *part. & adj.* geadelt; berühmt.
ENNOBLISSEMENT, *f. m.* das Adeln; das Berühmtmachen.
ENNUI, *f. m.* Ekel, Verdruß.
ENNUiANT, e, *adj.* das Verdruß macht, verdrüßlich, beschwerlich.
ENNUiER, *v. a.* Verdruß machen, verdrüßlich fallen; machen daß einem die Zeit lang wird.
s'ENNUiER, *v. r.* Verdruß haben, Ekel bekommen; lange Weile haben.
ENNUiEUSEMENT, *adv.* verdrüßlicher Weise.
ENNUiEUX, euse, *adj.* verdrüßlich, ekelhaft, beschwerlich.
ENOISELER, *v. a.* einen jungen Falken zur Jagd gewöhnen.
ENOMBRER, *v. a.* überschatten.
E'NONCE', *f. m.* ein ausdrücklicher Punct in einem schriftlichen Aufsatz, da eines Dinges gedacht wird. Un faux *énoncé*, eine falsche Vorstellung.
E'NONCER, *v. a.* erklären, deutlich darlegen, vorbringen.
s'E'NONCER, *v. r.* sich erklären, wie mans mit der Rede meynet rc. it. reden. Apprenés à vous mieux *énoncer*, lernet eure Worte besser geben.
E'NONCIATIF, ive, *adj.* welches eines Dinges Meldung thut.
E'NONCIATION, *f. f.* eine Rede, Vorbringen, Meldung; die Art etwas vorzubringen; (in der Logic) ein Satz oder Punct, der etwas verneinet oder bejahet.
ENORGUEILLIR, *v. a.* hoffärtig machen.
s'ENORGUEILLIR, *v. r.* hoffärtig werden.
E'NORME, *adj. c.* ungemein, gar zu groß, abscheulich groß. Crime *énorme*, abscheuliches Verbrechen. Un poids *énorme*, ein entsetzliches Gewicht. Une masse *énorme*, ein ungeheuer grosses Stück. Lesion *énorme*, wenn etwas mehr als doppelt so theuer verkauft wird, als es werth ist.
E'NORME'MENT, *adv.* gar zu sehr, unverantwortlicher Weise, über die Gebühr.
E'NORMITE', *f. f.* Abscheulichkeit.
ENOSSE', ée, *adj.* der einen Knochen im Essen in den Hals bekommen hat.
ENQUERANT, e, *adj.* vorwitzig, neugierig, der alle Dinge wissen will.
s'ENQUERIR, *v. r.* nachforschen, sich erkundigen, fragen. S'*enquerir* d'une personne, nach einem fragen.
ENQUIS, e, *part. & adj.* der befragt worden ist.
ENQUERRE, *v. n.* armes à *enquerre*, (in Wappen) fragen, warum etwas also wider die Regel in einem Wappen stehet. Des armes à *enquerre*, Wappen, wo Farb auf Farbe, oder Metall auf Metall ist, das sonst nicht geschieht, und also eine Ursache haben muß.
Mots à *enquerre*, Wörter, von denen man zweifelt, ob sie gut oder nicht gut sind.
ENQUêTE, *f. f.* Nachfrage, Nachforschung; Untersuchung in gerichtlichen Sachen.
Chambre des *enquêtes*, ein Gericht, da man den Proceß schriftlich vornimmt und untersuchet, nachdem er von dem ersten Gericht ordentlich vorgenommen worden ist.
s'ENQUêTER, *v. r.* nachforschen, sich erkundigen.
ne s'ENQUêTER de rien, sich um nichts bekümmern. Je ne m'*enquête*, je ne m'*enquête* point de cela, ich frage nichts darnach; ich bekümmere mich nicht darum.
ENQUêTEUR, *f. m.* ein Commissarius, der einen Handel untersuchen muß.
ENQUIS, e, *part. v.* ENQUERIR.
s'ENRACINER, *v. r.* einwurzeln, als Gewächse, mehr aber, als böse Gewohnheiten, böse Meynungen rc. überhand nehmen. Il ne faut pas laisser *enraciner* les maux, man muß das Uebel nicht einwurzeln lassen.
ENRACINE', ée, *part. & adj.* eingewurzelt, alt. Une maladie *enracinée*, eine eingewurzelte Krankheit.
ENRAGE', *f. m.* ée, *f.* ein Rasender, eine Rasende.
ENRAGEANT, e, *adj.* das einen rasend machen möchte, das den äussersten Verdruß erwecket.
ENRAGER, *v. n.* rasend, wütend werden, als Hunde rc. toll seyn vor Zorn.
Il n'*enrage* pas pour mentir, das Lügen kommt ihn nicht sauer (schwer) an.
Il *enrage* de ne se pouvoir venger, er möchte rasend werden, daß er sich nicht rächen kan.
Faire *enrager* quelqu'un, einen aufs höchste quälen.
ENRAGER de faim, de soif, überaus hungrig oder durstig seyn.
Il a mangé de la vache *enragée*, er hat grossen Mangel und Mühe ausgestanden.
Prendre patience en *enrageant*, wider Willen Geduld haben.
Une musique *enragée*, eine närrische Music.
Un travail *enragé*, eine sehr verdrüßliche Arbeit.
ENRAïER, *v. a.* un chariot, die Räder eines Wagens hemmen, spannen.
ENRAïER, die Speichen in ein Rad machen.
ENRAïER,

ENRAÏER, (im Ackern) die erste Furche machen.
ENRAÏEURE, *s. f.* (bey den Zimmerleuten) Zulage oder Werksatz, und Aufzug des Gesperres, das einem Rad gleicht.
ENRAÏEURE, (beym Ackern) die erste Furche.
ENRAÏOIR, *s. m.* Radsperre; Runge, so vorne an die Achse gesteckt wird, und über das Rad an Leiterbaum gehet.
ENREGiTREMENT und ENREGISTREMENT, *s. m.* das Protocolliren oder Einschreiben in die Acten.
ENREGiTRER, ENREGISTRER, *v. a.* in ein Register abschreiben, damit es nicht verlohren gehe.
ENRHUMER, *v. a.* den Schnuppen verursachen.
s'ENRHUMER, *v. r.* den Schnuppen kriegen, einen rauhen Hals bekommen, heiser werden. Un ton *enrhumé*, ein heiserer Ton.
ENRICHIR, *v. a.* bereichern, reich machen; mit etwas reichlich ausziehren, anfüllen mit was Gutes. *Enrichir* un livre de figures, ein Buch mit Bildern zieren. Un portrait *enrichi* de diamans, ein mit Demanten besetztes Bild.
ENRICHIR la langue, die Sprache vermehren, verbessern.
ENRICHIR un conte, un recit, erdichtete Umstand in eine Erzehlung einmischen, um sie dadurch zu zieren und angenehm zu machen.
s'ENRICHIR, *v. r.* sich bereichern, reich werden.
ENRICHISSEMENT, *s. m.* das Auszieren, reichliche Ausschmücken mit etwas, die Auszierung, Zierath.
ENROLEMENT, *s. m.* das Einschreiben in eine Rolle oder Register.
ENROLER, *v. a.* auf die Rolle oder ins Register schreiben.
ENROLER, werben, in Kriegsdienste nehmen; it. in eine Gesellschaft einschreiben und aufnehmen.
s'ENROLER, *v. r.* sich werben lassen.
ENROUEMENT, *s. m.* die Heiserkeit, ein rauher Hals.
ENROUER, *v. a.* einen rauhen Hals, heiser, machen.
s'ENROUER, *v. r.* heiser werden.
ENROUÉ, ée, *adj.* heiser.
ENROUïLLER, *v. a.* rostig machen.
s'ENROUïLLER, *v. r.* verrosten, rostig werden. Le fer s'*enrouille*, das Eisen rostet.
s'ENROUïLLER, untüchtig, träg, unlustig werden. L'esprit s'*enrouille* dans la province, das Gemüth wird unlustig, verliehrt die Lebhaftigkeit auf dem Lande.
L'esprit s'*enrouille* par la paresse & la faineantise, durch Trägheit und Müßiggang wird das Gemüth untüchtig und unbrauchbar.

ENROULEMENT, *s. m.* das schneckenweiß gemacht ist im Bauen oder in Gartenbeeten.
ENROULER, *v. a.* etwas in eine Rolle machen, in einander hinein rollen, wickeln.
ENRUMER, *voïes* ENRHUMER.
ENSABLER, *v. a.* das Schiff auf den Sand stossen oder setzen.
s'ENSABLER, *v. r.* auf den Sand auffahren.
ENSABLÉ, ée, *adj.* versandet.
ENSACHER, *v. a.* du blé, de l'argent, einsacken, in Säcke thun, als Getraid, Geld u. d. gl.
ENSAISINEMENT, *s. m.* die Nachricht, die man dem Lehnsherrn giebt, daß man sein Lehengut an sich gebracht, und einen Contract deswegen gemacht habe.
ENSAISINER, *v. a.* die Anzeigung eines solchen Contracts annehmen, und die Besitzung eines solchen Guts als Lehnsherr gutheissen. *Ensaisiner* quelqu'un d'une terre, einen in ein Gut einweisen.
ENSANGLANTER, *v. a.* blutig machen, mit Blut besudeln; morden.
ENSANGLANTER la scène, (in Trauerspielen) den Schauplatz durch blutige Vorstellungen verunzieren.
ENSANGLANTÉ, ée, *part. & adj.* (in Wappen) mit Blut besprützet; blutig, als der Pelican.
ENSEIGNE, *s. f.* Zeichen oder Schild, so Kaufleute, Wirthe, Zünfte und theils Professionen rc. anshängen. *Enseigne* de cabaret, Schild eines Wirthshäuses.
Loger à l'*enseigne* de la lune, unter freyem Himmel schlafen oder bleiben müssen.
ENSEIGNE, eine Fahne, oder sonst ein Kriegszeichen der Soldaten.
ENSEIGNE, (in der Seefahrt) die Flagge, so man im Hintertheil des Schiffes aufstecket, die Nation anzuzeigen.
ENSEIGNES, *plur.* Proben und Beweis seines Wohlverhaltens. Un homme qui est à bonnes *enseignes*, ein Mann der wohl bekannt und berühmt ist.
ENSEIGNES, ein Kennzeichen, woran man ein Ding erkennen kan; it. die Wappen eines Volks.
ENSEIGNE, *s. m.* ein Fähndrich; die Fähndrichstelle.
ENSEIGNE, (in denen Tuchfabriken) ein Maas von drey Pariserstäben.
ENSEIGNEMENT, *s. m.* das Unterweisen, Unterrichten, Lehren; it. der Beweis, Kennzeichen, Merkzeichen, etwas zu kennen.
ENSEIGNER, *v. a.* lehren, unterrichten. On *enseigne* la Grammaire aux enfans, man lehret die Kinder die Grammatic. Il *enseigne*

enseigne la philosophie à trois écus par mois, er lehret die Philosophie monatlich um drey Thaler. Il m'a *enseigné* le chemin, er hat mir den Weg gewiesen.

ENSELLE', ée, *adj.* (auf der Reitschule) ein Pferd, das übel zu satteln ist, das nemlich einen gebogenen Leib oder Rücken, und einen hohen Hals hat.

ENSELLE', (in der Seefahrt) Vaisseau *ensellé*, Schiff, daran das mittlere Theil sehr tief, das Vorder= und Hintertheil dagegen hoch ist.

ENSEMBLE, *adv.* eines mit dem andern, mit einander; zugleich, zu gleicher Zeit.

ENSEMBLE, (auf der Reitschule) Mettre un cheval bien *ensemble*, machen, daß ein Pferd die hintern und vordern Füsse nahe zusammen setzet.

ENSEMBLE, *f. m.* das ganze Werk im Bauen oder in Gemählde. Le tout *ensemble*, id.

ENSEMENCER, *v. a.* besäen. *Ensemencer* un champ, einen Acker besäen.

ENSERRER, *v. a.* einschliessen, in sich begreifen.

ENSE'VELIR, *v. a.* un mort, einen Todten begraben. *Ensévelir* dans l'oubli, in Vergessenheit stellen. *Ensévelir* sa douleur, sein Leid vergessen.

s'ENSE'VELIR, *v. r.* dans la solitude, ein sehr einsames oder eingezogenes Leben führen. S'*ensévelir* dans les belles lettres, Studirens halber gar nicht unter die Leute kommen, sich in seine Bücher verkriechen. S'*ensévelir* dans le vin, sich dem Wein ganz ergeben. S'*ensévelir* sous les ruines d'une ville, sich bey der Beschützung eines Orts tödten lassen.

ENSE'VELISSEMENT, *f. m.* Beerdigung.

ENSE'VILLEMENT, *f. m.* (in der Baukunst) die Höhe eines Fenstersimses über drey Fuß.

ENSIMAGE, *f. m.* die Bestreichung mit Fett, welche die Tuchscheerer dem Tuch auf der Seite geben, wo es geschoren wird.

ENSIMER, *v. a.* une étoffe, einen wollenen Zeug (Tuch) mit Fett bestreichen.

ENSOÏER, *v. a.* bey dem Schuster, die Borste an den Pechdrat machen.

ENSORCE'LEMENT, *f. m.* Bezauberung.

ENSORCE'LER, *v. a.* bezaubern.

ENSORCELEUR, *f. m.* ein Zauberer, Schwarzkünstler.

ENSOUFFRER, *v. a.* les tonneaux à vin, schwefeln, die Weinfässer; mit Schwefel bestreichen, als die Schwefelhölzer.

ENSOUFFROIR, *f. m.* ein wohlbeschlossener Ort, da man seidene und wollene Zeuge mit Schwefeldampf weiß machet.

ENSOUPLE, *f. f.* der Weberbaum, worauf die Fäden sind, die da sollen abgewirket werden; it. das Gestell oder der Rahmen eines Seidenstickers.

ENSOUPLEAU, *f. m.* der Weberbaum, worauf das Gewirkte gerollet wird.

ENSUBLE, *f. f.* der Weberbaum der Seidenweber.

ENSUITE, ENSUIVANT, *v.* SUITE, SUIVANT.

s'ENSUIVRE, *v. r.* aus etwas folgen, daraus entstehen, darauf folgen; aus etwas geschlossen werden.

ENTABLEMENT, *f. m.* (in der Baukunst) das oberste an einem Gemäuer, worauf die Balken geleget werden; it. das Gebälke, das über den Säulen liegt, von einer Säule zur andern.

s'ENTABLER, *v. r.* wird von einem Pferde gesagt, das auf der Reitschule keine rechte Volten macht, sondern mit dem Hintertheile dem vordern vorkömmt.

ENTÂCHER, *v. a.* vulg. beflecken, schänden, durch einen Fehler verstellen.

ENTÂCHÉ, besudelt, befleckt. *Entâché* d'un vice, mit einem Laster befleckt.

ENTAILLE, *f. f.* (bey dem Schreiner) Fuge, Einschnidt oder Kerbe.

ENTAILLER, *v. a.* eine Oefnung, Fuge, oder Kerbe in etwas machen.

ENTAILLURE, *f. f.* das Ausschneiden zu einer Fuge, das Kerbenmachen.

ENTALINGUER, *v. a.* (auf den Schiffen) das Ankerseil in den Ankerring stecken.

ENTAMER, *v. a.* anschneiden. *Entâmer* un pain, ein Brod anschneiden.

ENTÂMER un discours, eine Rede anfangen.

ENTÂMER un sujet, von einer Sache zu reden anfangen.

ENTÂMER la reputation de quelqu'un einen an seinen Ehren angreifen.

Le coup n'a fait qu'*entâmer* l'armet, der Streich hat bloß den Helm verletzt.

ENTÂMER un corps de troupes, den Feind anfangen zu trennen, in Unordnung zu bringen.

Se laisser *entâmer*, sich die Geheimnisse abfragen lassen.

ENTAMEURE, ENTAMURE, *f. f.* der Abschnidt, als vom Brod, so man von etwas herabschneidet; Brodkante, Anschnidt; das erste Stück.

ENTANT-QUE, *conj.* so fern, in so weit.

ENTASSEMENT, *f. m.* das Schichten auf einen Haufen, als der Garben in der Scheuer rc. das Häufen.

ENTASSER, *v. a.* aufeinander schichten, häufen. *Entasser* du blé, Korn in Haufen legen. *Entasser* des trésors, Schätze häufen. *Entasser* crime sur crime, eine Bosheit über die andere begehen.

ENTASSÉ, ée, *part. & adj.* ein ungestalter dicker Mensch.

ENTE,

ENTE, *s. f.* Pfropfreiß.

ENTE, junger gepfropfter Baum; it. das Pfropfen; auch der Ort, wo das Pfropfreiß mit dem Stamm zusammen geht.

ENTE, (im Bauen) was um besserer Stärke willen ein wenig ausser der Mauer als ein Pfeiler heraus gehet.

ENTE, das angestoßene Stück an die Ruthe eines Windmühlflügels.

ENTE', *m.* ENTE'E, *f. adj.* (in der Wappenkunst) mit einfachen Wolken.

ENTEMENT, *s. m.* das Impfen, das Pfropfen, Belzen, Zweigen.

ENTENAI, *s. m.* ein junger Absenker vom Weinstock, den man versetzen will.

ENTENDEMENT, *s. m.* der Verstand. Il a de l'*entendement*, er hat Verstand.

ENTENDEUR, *s. m.* vulg. à bon *entendeur* salut, wer getroffen ist, wird's wohl fühlen; (wird gesagt, wenn man einem heimlich etwas vorrückt.)

A' un bon *entendeur*, il ne lui faut qu'une charretée de paroles, wer klug ist, merkt die Sache an einem Worte; Gelehrten ist gut predigen.

ENTENDRE, *v. a.* hören; verstehen, begreifen; acht geben; haben wollen, verlangen, begehren; der Meynung oder des Sinnes seyn. *Entendre* de latin, latein verstehen. Vous n'y *entendés* rien, ihr versteht euch nicht darauf. Il ne veut *entendre* à aucun accommodement, er will sich zu keinem Vergleich verstehen.

s'ENTENDRE, *v. r.* en & à quelque chose, sich auf etwas verstehen.

s'ENTENDRE avec l'ennemi, Verständniß mit dem Feind haben.

Celà s'*entend*, das verstehet sich.

ENTENDU, ë, *part. & adj.* verständig, klug auf etwas.

Ce logis est bien *entendu*, diß Haus ist wohl gebaut, angelegt, angegeben.

Faire l'*entendu*, klug thun, sich groß machen.

ENTENNE, *v.* ANTENNE.

ENTENTE, *s. f.* der Sinn, die Meynung, die Auslegung, der Verstand; die Ordnung, als in einem Gemählde, Gebäude; die Einrichtung, so mit Verstand geschieht; die Anmuth so man einem Dinge giebt.

Un mot à double *entente*, ein Wort, das zweyfachen Sinn (Bedeutung) hat, zweydeutige Rede.

L'*entente* de ce tableau est admirable, die Einrichtung dieses Gemähldes ist sehr schön. L'*entente* est au diseur, *prov.* der etwas redet, weiß am besten, wie er es gemeynet; ein jeder ist der beste Ausleger seiner Worte.

ENTER, *v. a.* impfen, pfropfen, beizen.

Enter en fente, in den Spalt pfropfen.

Enter en couronne, in die Rinde beizen.

Enter en bouton, äugeln, oculiren.

ENTER une maison dans une autre, Gut, Namen und Wappen in eine andere Familie bringen.

ENTER, (bey den Zimmerleuten) einzapfen, in einander fügen.

ENTE', ée, *adj.* gebelzt, gepfropft, geäugelt oder oculirt; (in Wappen) wenn zwey Theile des Schildes in einander gehen.

ENTERINEMENT, *s. m.* gerichtliches Gutheissen und Billigen.

ENTERINER, *v. a.* gerichtlich gutheissen, billigen.

ENTEROCELE, *s. f.* eine Art von Brüchen, da das Gedärme in das Gemächte oder in den Beutel schießt.

ENTEROEPIPLOCELE, *s. f.* ein Bruch, da das Gedärme nebst dem Netze in den Beutel schießt.

ENTERREMENT, *s. m.* die Beerdigung.

ENTERRER, *v. a.* beerdigen; begraben; vergraben, verscharren.

ENTERRER, (im Gartenbau) setzen, stecken.

ENTERRER son secret, sein Geheimniß bey sich behalten, nicht offenbaren wollen.

ENTERRER, einsperren, nicht unter die Leute kommen lassen. Vous voulés m'*enterrer* toute vive, ihr wollt mich mit niemand sprechen (niemand sehen, zu niemand kommen) lassen.

ENTERRER les futailles, die Fässer halber in den Schiffballast eingraben.

ENTERRER la synagogue avec honneur, eine Sache mit Ehre endigen.

Une batterie *enterrée*, eine Batterie, so nur oben den Wall wegschießen kan, und die nicht hoch genug ist, unten anzuschießen.

ENTÊTEMENT, *s. m.* Eigensinn, Einbildung; närrische Hochachtung gegen etwas; item Dummheit, Einnehmung des Kopfs von schädlichen Dünsten. Il est revenu de ses *entêtemens*, er hat seine Einbildungen fahren lassen.

ENTÊTER, *v. a.* den Kopf einnehmen. Le vin *entête*, der Wein steigt in den Kopf.

ENTÊTER, das Gemüth einnehmen, als eine Meynung von etwas; eine närrische Hochachtung.

s'ENTÊTER, *v. r.* eingenommen seyn; viel auf etwas halten; sich viel auf etwas einbilden; sich etwas in den Kopf setzen. S'*entêter* de sa noblesse, viel auf seinen Adel halten.

ENTÊTE', ée, *adj.* eingenommen, erpicht, eigensinnig. Il est entêté du jeu, er ist auf das Spiel erpicht. Elle est *entêtée* de sa beauté, sie ist von ihrer eigenen Schönheit eingenommen.

ENTHOUSIASME, *s. m.* prophetische, it. poetische

poetische Entzückung oder Trieb und Eingeben.

ENTHOUSIASMER, *v. n.* prophetische und poetische Eingebung oder Triebe verursachen; entzücken.

ENTHOUSIASMÉ, ée, *adj.* entzückt.

ENTHOUSIASTE, *s. m.* ein Mensch, der ein außerordentliches Eingeben des Geistes vorgiebt.

ENTHYMÉME, *s. m.* ein Beweis von zwey Sätzen, da ein ordentlicher Schluß sonst drey hat, da man nemlich einen um Kürze willen im Sinn behält.

ENTICHÉ, ée, *adj.* angesteckt, als mit Ketzerey, Aussatz ꝛc. *Entiché* de mauvaises opinions, der irrige Meynungen hegt. Ces fruits sont un peu *entichés*, diese Früchte sind gesteckt; fangen an zu verderben.

ENTIER, e, *adj.* ganz, völlig; gänzlich, vollkommen; it. eigensinnig. Une victoire *entière*, ein völliger Sieg. Une *entière* félicité, eine vollkommene Glückseligkeit. Un contentement *entier*, ein vollkommenes Vergnügen.

Un homme *entier*, ein aufrichtiger Mann.

Un cheval *entier*, ein Hengst, der nicht gewallacht ist.

Ce cheval est *entier*, das Pferd ist stütig.

Les choses ne sont plus *entières*, die Sache ist ganz verändert, ist nicht mehr in unverrücktem Zustande.

ENTIER, *s. m.* (in der Arithmetic) das Ganze im Gegensatz der Brüche; it. der unverrückte Zustand eines Dinges.

Ce mords tient de l'*entier*, das Gebiß am Zaum ist in der Mitte auf der Zunge nicht gebrochen.

ENTIERCER, *v. a.* eine Sache einem dritten Mann zu verwahren geben oder zu Handen stellen, bis die, so darum streiten, unter sich ausmachen, wer das beste Recht dazu hat.

ENTIÈREMENT, *adv.* gänzlich, völlig, ganz.

ENTIMÉME, *v.* ENTHYMÉME.

ENTITÉ, *s. f.* (in der Metaphysic) das Seyn, daß ein Ding etwas ist.

ENTOILER, *v. a.* an Tuch annähen. *Entoiler* des cartes de Géographie, Landkarten auf Tuch aufziehen.

ENTOIR, *s. m.* Belzmesser, Pfropfmesser, (besser greffoir).

ENTOISER, *v. a.* klafterweis messen.

ENTOISER un arc au-dedans d'un arc, einen Bogen in den andern fügen, (ist alt).

ENTONNEMENT, *s. m.* das Giessen, Eintrichtern, Einlassen in die Fässer.

ENTONNEMENT, *s. m.* das Anstimmen.

ENTONNER, *v. a.* anstimmen, mit einem gewissen Ton anheben zu singen.

ENTONNER la trompette, prächtige Reden führen.

ENTONNER, Wein oder andere Getränke in ihre Geschirre giessen; vom Wind sagt man es vulg. wenn er sich in einem engen Orte fängt, stößt.

ENTONNER des marchandises, Waaren in Fässer einpacken.

ENTONNOIR, *s. m.* ein Trichter; it. ein Gang im Gehirn, die Feuchtigkeiten abzuführen.

ENTORSE, ENTORCE, (*v.* DETORSE. Donner une *entorse* à quelqu'un, einen an etwas hindern; ihm das Ziel verrücken.

ENTORTILLEMENT, *s. m.* das Eindrehen, Einwickeln, Wickeln, Winden; das Krümmen ꝛc. L'*entortillement* du houblon autour de la perche, das Winden des Hopfens um die Stange.

ENTORTILLER, *v. a.* wickeln, eindrehen, in etwas; umgeben, einhüllen ꝛc. unverständlich herum drehen, als seine Meynung in einer Schrift. Le lierre *entortille* les arbres, das Winderkraut umschlingt die Bäume.

ENTORTILLER son stile, eine verwirrte Schreibart führen.

ENTORTILLÉ, ée, *adj.* umwunden; geschlungen. Cheveux *entortillés*, lockiges, krauses Haar.

Un homme *entortillé*, ein tückischer falscher Mann.

ENTOÜILLERS, *v.* ANDOÜILLERS.

ENTOUR, *præp. & adv.* um etwas herum, rings herum; daherum, umher. (besser autour oder alentour.

Les lieux d'à l'*entour*, die umliegenden Oerter.

ENTOURER, *v. a.* umgeben.

ENTOURNURE, *s. f.* (bey den Schneidern) das runde Ausschweifen oder Ausschneiden der Ermel.

ENTOUS, *voiés* ENTHOUS.

s'ENTR'ACCOLLER, *v. r.* einander umarmen.

s'ENTR'ACCOMPAGNER, *v. r.* einander Gesellschaft leisten.

s'ENTR'ACCUSER, *v. r.* einander beschuldigen, anklagen.

ENTR'ACTE, *s. m.* (in der Comödie) das Zwischenspiel von Music oder anderer Kurzweile.

ENTRAGE, *s. m.* der Vorstand, den der Pachter eines Landguts geben muß, ehe er den Pacht antreten darf.

s'ENTR'AIDER, *v. r.* einander helfen.

ENTRAILLES, *s. f. plur.* das Eingeweide, das Inwendige im Leibe. Vuider les *entrailles*, das Eingeweide heraus nehmen.

Le fruit des *entrailles*, Leibesfrucht; Kinder.

der. Il s'arme contre ses propres *entrailles*, er wütet wider seine leibliche Kinder. La terre ouvre ses *entrailles*, die Erde thut ihr Eingeweide auf, d. i. erzeuget, und giebt allerley Vorrath. Sentir ses *entrailles* émuës, sich im Herzen (in der Seele) bewegt empfinden. Les *entrailles* paternelles, die väterliche Neigung, Erbarmung. Faire cela, c'est lui arracher les *entrailles*, wenn man ihm das thut, so reisset man ihm das Herz aus dem Leib, d. i. man thut ihm das höchste Leyd an.

s'ENTR'AIMER, *v. r.* sich unter einander lieben.

ENTRAINER, *v. a.* schlaifen, schleppen, mit Gewalt wegnehmen; nach sich ziehen. *Entrainer* un criminel au supplice, einen Missethäter zum Gerichte hinführen. Par ses raisons il m'a *entrainé* de son côté, durch seine Reden hat er mich auf seine Seite gebracht.

ENTRAIT, *f. m.* (bey den Zimmerleuten) der Hauptbalke, der die andern oben her alle bindet und hält.

ENTRANT, e, *adj.* was in etwas hinein gehet; it. ein Mensch, der sich ohne Scheu und ohne viele Umstände mit einem bekannt macht.

s'ENTR'APPELLER, *v. r.* einander rufen.

ENTRAPPETÉ, ée, *adj.* pignon *entrappeté*, eine zinnenweis gemachte und abgerückte Vorstechung der Brandmauer zu beyden Seiten des Giebels an theils Gebäuden.

s'ENTR'APPROCHER, *v. r.* sich einander nahen.

s'ENTR'APPUIER, *v. r.* sich auf einander lehnen.

s'ENTR'ARRACHER, *v. r.* einer dem andern etwas ausreissen.

s'ENTR'ASSURER, *v. r.* einander versichern.

s'ENTR'ATTENDRE, *v. r.* auf einander warten.

ENTRAVAILLÉ, ée, *adj.* (in Wappen) ein Vogel mit ausgebreiteten Flügeln, dem aber ein Stock durch die Flügel oder durch die Füsse gehet, so ihn gleichsam verhindert.

ENTRAVER, *v. a.* einen Falken hindern, daß er sich die Haube nicht abkratzen kan; it. ein Pferd spannen auf der Wäide; einen verhindern.

s'ENTR'AVERTIR, *v. r.* einander wissen lassen.

ENTRAVES, *f. f. pl.* Spannkette; Fessel oder Strick, die Pferde auf der Wäide zu spannen.

ENTRAVES, allerhand Verdrüßlichkeit und Hinderniß, die man einem in Weg legt.

ENTRAVON, *f. m.* die Maschen oder Schlingen von Ketten oder von Leder ic. welche an den Spannstricken sind, und um die Füsse der Pferde gehen.

ENTRE, *præp.* zwischen, unter.

s'ENTRE, (in der Composition) sich unter einander ic. *v.* S'ENTRE-AIMER.

ENTRE-BÂILLER, *v. a.* halb austhun.

ENTRE-BÂILLÉ, ée, *part. & adj.* das ein wenig offen steht, als eine Thüre u. d. gl.

s'ENTRE-BAISER, *v. r.* einander küssen.

s'ENTRE-BAISSER, *v. r.* sich gegen einander neigen.

s'ENTRE-BATTRE, *v. r.* sich mit einander schlagen.

ENTREBATTES, ou ENTREBANDES, den Kopf und End an einem Stücke wollenen Zeug oder Tuch.

s'ENTRE-BLESSER, *v. r.* einander verwunden.

s'ENTRE-BROUILLER, *v. r.* sich verunreinigen.

s'ENTRE-CARESSER, *v. r.* einander liebkosen.

s'ENTRE-CHAMAILLER, *v. r.* sich herumfuchteln.

ENTRECHAT, *f. m.* (im Tanz) eine Capriole, da man im Sprung die Füsse creuzweis schwingt.

s'ENTRE-CHERCHER, *v. r.* einander suchen.

s'ENTRE-CHERIR, *v.* s'ENTR'AIMER.

s'ENTRE-CHOQUER, *v. r.* sich an einander stossen; sich zanksüchtig an einander reiben.

ENTRE-COLONNE, *f. f.* ENTRECOLONNEMENT, *f. m.* (in der Baukunst) der Raum zwischen zwey Säulen.

s'ENTRE-COMBATTRE, *v. r.* mit einander streiten.

s'ENTRE-COMMUNIQUER, *v. r.* einander theilhaftig machen; einander mittheilen.

s'ENTRE-CONNOITRE, *v. r.* einander erkennen.

ENTRE-COUPE, *f. f.* die Ausschweifung der Mauer unten her an Gebäuden in einer engen Gasse, sonderlich an den Ecken der Creutzwege, damit die Wägen Platz umzuwenden haben.

ENTRE-COUPE de voute, (in der Baukunst) der leere Raum zwischen zwey runden Gewölbbogen, die über einander gebauet werden.

ENTRE-COUPER, *v. a.* son discours de sanglots, seine Rede mit Seufzen unterbrechen.

s'ENTRE-COUPER, *v. r.* einander durchschneiden, als zwey Linien; einander etwas abschneiden, als die Kehle. À quoi bon s'*entre-couper* la gorge? warum wollen wir einander die Hälse brechen?

s'ENTRE-COUPER dans le discours, einander in die Rede fallen. Il s'*entre-coupe*, er bleibt in der Rede stecken.

ENTRE-COUPÉ, ée, *part. & adj.* durchschnitten, abgebrochen. Visage *entrecoupé* de rides, ein runzliges Angesicht. Païs *entre-coupé* de rivières, de broussailles &c.

R r r

les &c. ein Land, so mit Bächen, Gebüschen u. d. gl. unterbrochen ist.

s'Entr'e'crire, *v. r.* Briefe wechseln.

s'Entre-croisser, *v. r.* creutzweis über oder durch einander gehen, als Linien und anders.

s'Entre-de'chausser, *v. r.* einander Schuhe und Strümpfe ausziehen.

Les deux pieds *s'entre-déchauffent*, man kan die Schuhe mit dem einen Fuß von dem andern abstreifen.

s'Entre-de'chirer, *v. r.* einander zerreissen; einander lästern. Ils *s'entre-déchirent* les habits, sie reissen einander die Kleider ab. *S'entre-déchirer* par des medisances, einander verlästern; einander das Aergste nachreden.

s'Entre-de'faire, *v. r.* einander schlagen; einander niedermachen.

s'Entre-demander, *v. r.* einander fragen.

s'Entre-de'pécher, *v. r.* einer dem andern zuschicken.

s'Entre-de'truire, *v. r.* einander verderben.

Entre-deux, *s. m.* der Zwischenraum, der leere Platz zwischen zwey Dingen. *L'entre-deux* des colonnes, die Weite zwischen zwo Säulen. *L'entre-deux* des rangs, Oefnung zwischen den Reihen.

Entre-deux, *adv.* darzwischen; zwischen innen. Il y a une riviere *entre-deux*, es ist ein Fluß darzwischen. Se mettre *entre-deux*, sich zwischen ein stellen.

Entre-deux fers, das Innstehen der Waage.

s'Entre-diffamer, *v. r.* einander verleumden.

s'Entre-dire, *v. r.* einander sagen. *S'entre-dire* adieu, von einander Abschied nehmen. *S'entre-dire* des injures, einander schmähen. *S'entre-dire* du bien l'un de l'autre, einer dem andern gutes nachsagen.

s'Entre-donner, *v. r.* einander geben.

Entre'e, *s. f.* Eingang; Zugang; Oefnung. *L'entrée* d'une maison, der Eingang eines Hauses. *L'entrée* d'un manchon, die Oefnung eines Muffs (Schlupfers). *L'entrée* d'un chapeau, die Weite eines Huts. *L'entrée* d'une bouteille, das Loch einer Flasche.

Entre'e, Zutritt. Avoir *entrée* au conseil, mit in den Rath gehen. Avoir *entrée* chés un tel, bey diesem einen Zutritt haben.

Entre'e, (bey denen Buchhaltern) der Uebertrag aus dem alten Buch in das neue von Soll und Haben.

Entre'e, Eintritt; Anfang. A' son *entrée* dans le monde, als er anfänglich unter die Leute gekommen. A' l'*entrée* du jeu,

bey dem Anfang des Spiels.

Entre'e, Einzug; prächtige Einholung.

Entre'e, Gang; Auffatz der Speisen auf eine Gasttafel. On a servi deux bonnes *entrées*, man hat zween Gänge (zwey Trachten) aufgetragen.

Entre'e, (bey der Seefahrt) Mund eines Flusses; Eintritt ins Meer.

Entre'e, (in der Sternkunst) Eintritt der Sonn ein eines von den zwölf himmlischen Zeichen.

Entre'e, Auflage, so von denen einkommenden Gütern bezahlt wird, Eingangszoll. Païer l'*entrée* oder les droits d'*entrée*, die Schatzung von der Einfuhr bezahlen.

Entre'es, die Freyheit in des Königs Zimmer einzugehen, zu solchen Stunden, da es andern Hofleuten nicht erlaubet ist: diese Freyheit ist mit gewissen hohen Bedienungen verknüpft.

Entre'e de chœur, (im Bauen) alles, was an dem Theil des Chors der Kirche gemacht wird, wo er anfängt.

Entre'e de serrure, das Schlüsselloch und das eiserne Blech, da der Schlüssel durchgeht.

Entre'e de ballet, der Auftritt der Tänzer in einem Ball, davon das Ballet eine Continuation ist; it. der Tanz selbst.

Cet homme a fait une *entrée* de ballet dans nôtre compagnie, dieser Mensch hat sich ohne Complimenten in unsere Compagnie gedrungen.

s'Entrefacher, *v. r.* sich unter einander erzürnen.

Entrefaites, *s. f. plur.* sur ces *entrefaites*, unterdessen, indem man damit umgieng, indem dieses vorgieng, mitlerweile.

s'Entre-flatter. *v.* s'Entre-caresser.

s'Entre-fouëtter, *v. r.* einander peitschen.

s'Entre-frapper, *v. r.* einander schlagen.

s'Entre-froisser, *v. r.* sich unter einander aufreiben.

Entregent, *s. m.* ol. die gute Aufführung unter den Leuten.

s'Entre'gorger, *v. r.* einander die Hälse brechen.

s'Entre-gronder, *v. r.* auf einander schmälen.

s'Entre-haïr, *v. r.* einander hassen.

s'Entre-heurter, *v. r.* sich mit einander stossen.

Entrelac. *voïés* Entrelass.

Entrelarder, *v. a.* spicken.

Entrelarder une histoire agréable à un discours sérieux, in eine ernsthafte Rede eine lustige Geschicht untermengen.

Entrelarde', ée, *adj.* gespickt.

ENTRE-

ENTRELAS, *f. m.* die Schlingen, so in einander gehen, einen Knoten zu machen.

ENTRELAS, (in der Baukunst, auch bey den Schlossern und Glasern) eineZierath, die in einander geschlungen ist.

ENTRE-LASSEMENT, *f. m.* das Flechten.

ENTRE-LASSER, *v. a.* in einander flechten; etwas mit einbringen, einmengen in einen Discours.

ENTRE-LASSE', ée, *part. & adj.* (in Wappen) in einander geflochten, geschränkt.

ENTRE-LIGNE, *f. f.* etwas das man zwischen die Linien schreibt.

s'ENTRE-LOUËR, *v. r.* einander loben.

ENTRE-LUIRE, *v. n.* ein wenig zwischen etwas durchscheinen.

s'ENTRE-MANDER, *v. r.* einander zusenden.

s'ENTRE-MANGER, *v. r.* einander fressen.

s'ENTRE-EMBARRASSER, *v. r.* einander beschwerlich seyn.

s'ENTR'EMBRASSER, *v. r.* einander umarmen, herzen.

ENTREMÊLER, *v. n.* untermengen, einmischen.

s'ENTREMÊLER, *v. a.* sich einmengen.

ENTREMETS, *f. m.* Beygerichte, Speise, so man zwischen die andern setzt.

ENTREMETTEUR, *f. m.* Mittelsperson.

ENTREMETTEUSE, *f. f.* eine Kupplerin.

s'ENTREMETTRE, *v. r.* sich darzwischen legen, vermitteln, sich darein legen oder mengen.

ENTREMISE, *f. f.* Vermittelung. J'espère de réüssir par vôtre *entremise*, ich hoffe mit eurer Hülfe fortzukommen.

ENTREMISES, *plur.* Hölzer, so im Schiffe zwischen andern fest gemacht sind, etwas zu halten.

ENTRE-MODILLON, *f. m.* (in der Baukunst) der Raum zwischen den Zierathen an den Jonischen und Corinthischen Säulen.

s'ENTRE-MOQUER, *v. r.* einander höhnen.

s'ENTRE-MORDRE, *v. r.* einander beissen.

ENTRE-NAGER, *v. a. & n.* zwischen inne schwimmen.

s'ENTR'ENTENDRE, *v. r.* sich mit einander verstehen.

s'ENTRE-NUIRE, *v. r.* einander schaden.

s'ENTR'ENVOYER, *v. r.* einander zusenden.

s'ENTR'OBLIGER, einander einen Gefallen erweisen.

ENTR'OUÏR, *v. n.* ein wenig hören. *Entr'ouïr les paroles de quelqu'un*, jemands Worte halb und halb hören; ein wenig hören.

ENTR'OUVRIR, *v. a.* ein wenig aufmachen; halb aufmachen. *Entr'ouvrir une porte*, eine Thür halb aufthun. *Entr'ouvrir les yeux*, die Augen halb aufthun.

s'ENTR'OUVRIR, zerbersten, zerspringen; reissen. *Le vaisseau s'entr'ouvrit & coula à fond*, das Schiff bekam einen Riß und gieng zu Grund.

ENTR'OUVERT, m. te, *f. adj.* wird von einem Pferd gesagt, das sich zerkraitschet, die Füsse zu weit aus einander gebracht, oder auch die Schulter verrückt hat.

s'ENTREPARLER, *v. r.* mit einander reden.

ENTREPARLEUR, *f. m.* eine Person, die mit der andern in Comödien im Gespräch vorgestellt wird, es sey in Versen oder sonst.

ENTREPAS, *f. m.* ein Mittelschritt, oder Gang eines Pferds, der kein Schritt und kein Trab ist.

s'ENTREPERCER, *v. r.* einander widerstehen; einander zertrennen. *Les escadrons s'entrepercèrent*, die Geschwader schlugen sich die einen durch die andern.

s'ENTREPILLER, *v. r.* einander berauben.

s'ENTREPIQUER, *v. r.* einander anstechen, oder mit Worten angreifen.

s'ENTREPLAIDER, *v. r.* mit einander rechten.

s'ENTREPLAIRE, *v. r.* einander wohl gefallen.

ENTRE-POS, *f. m.* Ruhestunde.

ENTRE-POS, Nebenmagazin.

ENTRE-POS, Mittelsmann, dritter Mann. *Parler par entre-pos*, durch einen Mittelsmann mit einem reden. *Ville d'entrepos*, Stadt, so zwischen zweyen andern gelegen.

s'ENTREPOUSSER, *v. r.* einander stossen.

ENTREPRENANT, e, *adj.* verwegen, der sich grosser gefährlicher Dinge untersteht.

ENTREPRENDRE, *v. a. & n.* unternehmen, über sich nehmen; sich etwas unterstehen, unterwinden. *Entreprendre une guerre*, einen Krieg unternehmen. *J'entreprens d'écrire l'histoire*, ich nehme mir vor die Geschichte zu beschreiben.

ENTREPRENDRE sur quelque chose, (in Rechtshändeln) sich solcher Sachen anmassen, die nicht unter eines Gericht laufen; sich in fremde Händel mischen, einen Eingriff thun.

ENTREPRENDRE quelqu'un, einen angreifen, feindlich anfallen. *Entreprendre sur la vie de quelqu'un*, einem nach dem Leben stehen.

ENTREPRIS, e, *adj.* unternommen, beschlossen; angefangen. *L'ouvrage est entrepris*, das Werk ist angefangen.

ENTREPRIS, der angegriffen oder angefallen worden ist.

ENTREPRIS de tous ses membres, lahm an den Gliedern des Leibes, gichtbrüchig.

ENTREPRIS, bestürzt, der noch nichts erfahren hat, der nicht weiß, was er thun oder sagen soll.

ENTREPRENEUR, *f. m.* euse, *f.* der sich eines wichtigen Werks unternimmt, als ein Gebäu oder sonst etwas zu verfertigen, eine Armee mit etwas zu versehen.

s'Entrepresser, *v. r.* einander dringen.
s'Entreprêter, *v. r.* einander leihen.
Entrepris, e, *part.* v. Entreprendre.
Entreprise, *s. f.* ein Unternehmen, Beginnen. Faire des *entreprises* sur la vie de quelqu'un, einem nach dem Leben trachten.
Entreprise, ein Eingriff in eines andern Gerichte oder Arbeit.
Entreprise militaire, ein gewiß Vorhaben im Kriege, etwas auszuführen.
Un chien de grande *entreprise*, (bey den Jägern) ein beherzter Hund.
s'Entrequereller, *v. r.* mit einander zanken.
Entrer, *v. n.* eingehen, einziehen. *Entrer* dans la ville, in die Stadt einziehen. *Entrer* dans la chambre, in die Kammer gehen, hinein treten.
Entrer dans le port, in den Haven einlaufen.
Entrer en discours, ins Gespräch kommen; ein Gespräch anfangen.
Entrer en charge, ein Amt antreten.
Entrer en sa vingtième année, in sein zwanzigstes Jahr treten.
Entrer dans une affaire, sich in eine Sache einmengen.
Entrer dans les chagrins de quelqu'un, an eines Verdruß Theil nehmen.
Entrer dans le monde, unter die Leute kommen; in die Welt treten.
Entrer, (im Spiel) spielen; das Spiel aufnehmen.
Entrer en Religion, sich in einen Mönchsorden begeben.
On n'*entrera* point aujourd'hui au conseil, der Rath wird heute nicht sitzen.
Entrer en colère, zornig werden.
Entrer en défiance, ein Mißtrauen fassen.
Entrer en parallèle avec quelqu'un, es einem gleich thun, einem wohl zu vergleichen seyn. Ce comédien *entre* bien dans le caractère de la personne qu'il représente, dieser Comödiant nimmt die Person sehr wohl an, die er vorzustellen hat.
Il *entre* dix aunes d'étoffe dans ce manteau, es gehören wohl zehen Ellen Zeug zu diesem Mantel; also auch Stein zu einem Gebäude, Stücke zu einer Arzney und dergleichen.
J'*entre* bien dans vôtre sens, ich bin sehr eurer Meynung.
Vous n'*entrés* pas dans ma pensée, ihr begreift meine Meynung nicht.
Entrer, *v. a.* un vaisseau, ein Schiff einfahren lassen oder machen.
s'Entre-regarder, *v. r.* einander ansehen.
s'Entre-rencontrer, *v. r.* einander begegnen.
s'Entre-répondre, *v. r.* einander antworten.

s'Entre-ressembler, *v. r.* einander gleichen.
s'Entre-saluer, *v. r.* einander grüssen.
s'Entre-secourir, *v. r.* einander beystehen.
Entresol, *s. m.* Entresole, *s. f.* ein Zwischenstockwerk, oder niedrig Gemach zwischen den höhern.
s'Entre-souffrir, *v. r.* einander leiden; dulden.
s'Entre-supporter, *v. r.* einander vertragen.
s'Entre-suivre, *v. r.* einander, auf einander folgen.
Entretaille, *s. f.* wenn ein Tänzer einen Fuß an des andern Stelle setzt, indem er den andern in der Luft vor sich hält; wenn es hinter sich geschieht, heißt es rüade, auf der Seite, ru de vache.
s'Entretailler, *v. r.* im Gehen mit einem Fuß an den andern stossen, als die Pferde thun; im Scherz wird es auch von Menschen gesagt. Cheval qui s'*entretaille*, Pferd, so sich streicht (streift).
Entretaillûre, *s. f.* eine Verletzung oder Aufschärfung der Haut, so sich die Pferde machen, wenn ein Fuß den andern durch das Anstossen im Gehen verwundet.
Entretems, *s. m.* die Zwischenzeit zwischen zweyen Verrichtungen. Un *entretems* favorable, eine günstig eingefallene Zeit. Dans cet *entretems* vous êtes venu, unterdessen seyd ihr gekommen.
Entretenement, *s. m.* die Unterhaltung, die Kosten, die man auf etwas wenden muß; it. das Halten dessen, was man gesagt oder versprochen hat.
Entretenir, *v. a.* zusammenhalten, daß es nicht von einander gehen kan.
Entretenir un bâtiment, ein Gebäude in gutem Stande erhalten.
Entretenir les pauvres, arme Leute ernähren; unterhalten.
Entretenir une armée, eine Armee auf den Beinen halten.
s'Entretenir une maitresse, un carosse, des valets &c. ein Frauenzimmer, Kutsche, Diener etc. auf seinen Leib halten.
Entretenir une correspondance, amitié, sa beauté, Correspondenz, Freundschaft, Schönheit im Stand erhalten.
s'Entretenir familièrement avec quelqu'un, sich mit einem vertraulich unterreden.
Entretenir quelqu'un de bonnes paroles, einen mit guten Worten aufziehen.
Entretenu, ë, *part. & adj.* das Unterhalten, im Stande erhalten, oder ernehrt wird; im Wappenbeschreiben heißt es etwas, das zusammen hält, und in einander hängt, als Schlüssel mit ihren Riemen etc.
Entretien, *s. m.* die Erhaltung eines Din-

Dinges in seinem Stande, die Unterhaltung; die Erhaltung des Credits ꝛc. item ein Gespräch. L'*entretien* de cet édifice coute beaucoup, die Unterhaltung dieses Gebäudes kostet viel. Il a mille écus pour son *entretien*, er hat tausend Thaler zu seinem Unterhalt. Les mauvais *entretiens* corrompent les bonnes mœurs, böse Gespräche verderben gute Sitten.

ENTRETISSU, ë, *adj.* untergewebt, mit eingewebt.

ENTRETOILE, *s. m.* eine Zierath, die man zwischen zweyStücke Leinwand macht, anstatt der Naht, die man machen müßte.

ENTRETOISE, *s. f.* ein Querholz, Querbalken, im Bauen etwas zusamen zu halten; der Querriegel zwischen den beyden hintern Säulen einer Kutsche.

l'Entretoise de couche, der Achselriegel, der die Stücklavete in der Mitte, wo das Stück darauf liegt, vorwärts zusammen hält.

l'Entretoise de mire, der Stoßriegel, der die Lavetenwände unter dem Stück von hinten zusammen hält. Diese beyden heissen auch die Ruherriegel, Mittelriegel, Küssenriegel, oder Stellriegel.

l'Entretoise de lunette, der Schwanzriegel.

l'Entretoise de volée, der Stirnriegel, oder Hauptriegel.

s'Entretoucher, *v. r.* einander berühren.

s'Entretraiter, *v. r.* einander zu Gaste laden.

s'Entretuër, *v. r.* einander todtschlagen.

ENTREVAL, *s. m.* der Raum zwischen zwey Häusern.

s'Entrevécher, *v. r.* sich verwickeln, in Kleider, daß man nicht fortkommen kan.

ENTREVOIR, *v. a.* ein wenig erblicken, nicht recht sehen, gleichsam als durch einen Spalt sehen; sich bedünken lassen, denken, muthmassen, sich vorkommen lassen.

s'Entrevoir, *v. r.* zusammen kommen, einander besuchen.

ENTREVOUX, *s. m.* der Raum zwischen zwey Balken auf einem Boden.

ENTREVûë, *s. f.* eine Besuchung, das Zusprechen einiger Personen, sich mit einander zu bereden.

s'Entr'-excuser, *v. r.* einander entschuldigen.

ENTURE, *s. f.* das Impfen oder Pfropfen.

Enture, der Ort wo das Pfropfreis und der Stamm einander berühren, oder wo sie zusammen gewachsen sind.

ENVAHIR, *v. a.* mit Gewalt anfallen, zu sich reissen. Envahir une ville, eine Stadt anfallen, einnehmen. Envahir les biens d'autrui, fremdes Gut an sich reissen.

ENVALER, ein gewisses Fischergarn offen behalten.

ENVE-LIOTER, *v. a.* das Heu in kleine Haufen machen, (schöcheln).

ENVELOPPE, ENVELOPE, *s. f.* Umschlag, Hülle, Decke um etwas. Mettre dans une *enveloppe*, in eine Decke (oder Umschlag) legen. *Enveloppe* de lettre, Umschlag eines Briefes.

Enveloppe, eine verblümte Redensart, ein Umschweif, etwas grobes oder garstiges höflicher zu geben.

Enveloppe, (in der Fortification) ein erhaben Werk mit Brustwehren, bey nahe den Sägzähnen gleich.

ENVELOPPEMENT, ENVELOPEMENT, *s. m.* das Einballiren, Einwickeln, Einpacken.

ENVELOPPER, ENVELOPER, *v. a.* einwickeln, einschlagen, einwinden, einhüllen. *Envelopper* un mort dans un linceul, einen Todten in das Grabtuch wickeln. *S'envelopper* de son manteau, sich in seinen Mantel hüllen.

Envelopper, verdecken, verbergen, verheelen, vermänteln, verblümt geben, nicht gerad heraus sagen, in einen Handel mit einmengen, verwickeln. Vous m'*enveloppés* dans un grand danger, ihr bringet, (verwickelt) mich in grosse Gefahr. *Envelopper* sa pensée, seine Gedanken auf eine verdeckte Weise ausdrücken. Discours *enveloppé*, eine dunkele Rede.

Envelopper, (im Krieg) den Feind einschliessen, umgeben, ihm den Paß verrennen. *Envelopper* l'ennemi de toute part, den Feind von allen Seiten umringen.

ENVELOPPEUR, ENVELOPEUR, *s. m.* der etwas verstecken und verbergen will, unter was anders.

ENVENIMER, *v. a.* vergiften; it. etwas verhaßt vortragen. *Envenimer* les paroles de quelqu'un, eines Worte verdrehen. Les faux rapports *enveniment* les esprits, die falsche Angebungen verhetzen die Gemüther, richten Verbitterung an.

Envenimer, einen zum Zorn reitzen, aufhetzen, aufbringen.

s'Envenimer, *v. r.* schlimmer werden.

ENVENIMÉ, ée, *part.* vergiftet, giftig, feindselig, gehäßig; tückisch. Un esprit *envenimé*, ein bitterböses Gemüth. Un discours *envenimé*, eine tückische (boshafte) Rede, einem andern zu schaden.

ENVERGER, *v. a. & n.* (bey den Korbmachern) Ruthen einziehen, die Seiten der Körbe zu flechten.

ENVERGUER, *v. a.* die Segel an die Stangen machen.

ENVERGURE, *s. f.* Segelwerk mit seinen Stangen.

Rrr 3   EN-

ENVERS, *præp.* gegen.

Envers, *s. m.* die umgewandte Seite eines Dinges. Aller à l'*envers*, übel von statten gehen; verkehrt gehen. Avoir l'esprit à l'*envers*, unrichtige Urtheile fällen, verkehrte Schlüsse machen; einen verkehrten Sinn haben.

ENVERSER, *v. a.* einen wollenen Zeug auf der unrechten Seite arbeiten.

ENVERSIN, ein schlechter wollener Zeug der zu Chalons an der Marne gemacht wird.

ENVI, *s. m.* was man im Spiel bietet, den andern zum Zusetzen aufzufordern.

à l'ENVI, *adv.* wers am besten machen könne, um die Wette. Ils étudient à l'*envi*, sie studiren um die Wette.

ENVIE, *s. f.* Neid; Mißgunst. Porter *envie* à quelqu'un, einen beneiden. S'attirer l'*envie*, Mißgunst auf sich laden.

Envie, Begierde, Verlangen. Une *envie* de femme grosse, Gelust einer schwangern Frauen. Il lui a pris *envie* de vous aller voir, es ist ihm eine Lust angekommen euch zu besuchen. Satisfaire son *envie*, seine Begierde stillen.

Envies, im plur. Nagelwurzeln, Neidnägel. (wird auch im singulari gebraucht). Arracher une *envie*, einen Neidnagel abreißen.

ENVIEILLIR, *v. a.* alt machen; machen daß einer alt aussieht; schwächen, entkräften. Le chagrin *envieillit*, der Verdruß macht alt vor der Zeit.

s'ENVIEILLIR, *v. r.* alt werden; alt aussehen.

ENVIEILLI, e, *part. & adj.* veraltet. Un pécheur *envieilli*, ein veralteter Sünder.

ENVIER, *v. a.* beneiden. Je n'*envie* point son bonheur, ich beneide sein Glück nicht.

Envier, (im Hoc-Spiel) bieten. *Envier* le point, auf die meisten Augen bieten.

ENVIÉ, ée, *part. & adj.* gesucht; verlangt.

ENVIEUX, euse, *adj.* neidisch, mißgünstig.

Envieux, *s. m.* ein Neider.

ENVILASSE, eine Art Ebenholz aus Madagascar.

ENVINÉ, ée, *adj.* mit gutem Wein versehen. Un hôte bien *enviné*, ein Wirth der mit gutem Wein wohl versehen ist.

Enviné, nach Wein riechend; weingrün. Un tonneau *enviné* oder *aviné*, ein weingrünes Faß.

ENVIRON, *adj. & præp.* ohngefehr, beynahe; um. Il a vécu *environ* cent ans, er hat ohngefehr hundert Jahr gelebt. *Environ* l'hiver, gegen den Winter.

ENVIRONNEMENT, *s. m.* Umgebung.

ENVIRONNER, *v. a.* umringen, umgeben. Tous les malheurs nous *environnent*, es kommt uns alles Unglück auf einmal über den Hals. La ville est *environnée* d'une rivière, es fließt ein Fluß um die Stadt herum.

ENVIRONS, *s. m. plur.* die Oerter, die um etwas herum liegen. Les *environs* de ce lieu sont beaux, die Gegend um diesen Ort ist schön.

ENVISAGER, *v. a.* einem ins Gesicht sehen; genau betrachten, ansehen. Il *envisagea* l'affaire d'une autre manière que moi, er griff den Handel anders an, als ich. *Envisager* la mort & ses bourreaux d'un œil sec, seinem Tode und den Peinigern unerschrocken unter Augen gehen.

ENVITAILLEMENT, *s. m.* v. AVITAIL.

ENVITAILLER, *v. a.* v. AVITAILLER.

E'NULE, *s. f.* Alantwurzel.

E'NUMERATION, *s. f.* Zählung von Stück zu Stück.

ENVOI, *s. m.* die Schickung, Aussendung; it. der Nachsatz gewisser Gedichte, worinne eine Application an die Person, welcher man es gemacht hat, oder eine Erklärung dessen, so vorher geht, begriffen ist.

s'ENVOILER, *v. r.* krum werden, sich biegen.

ENVOISINÉ, ée, *adj.* der Nachbarn hat.

s'ENVOLER, *v. r.* davon fliegen, ausfliegen; davon scheiden; wegkommen, sich verlieren, verlohren gehen.

ENVOUTEMENT, *s. m.* das Bezaubern mit einem Wachsbildlein.

ENVOUTER, *v. a.* mit einem Wachsbildlein bezaubern.

ENVOYÉ, *s. m.* ein Abgesandter, der nicht so viel als ein Ambassadeur ist; bisweilen auch nur so viel als ein Resident. Homme *envoyé* exprès, ein eigener Bote.

ENVOYER, *v. a.* senden, schicken, fortschicken; fortjagen. *Envoyer* des nouvelles, neue Zeitungen übersenden. Je l'*envoyerai* querir, ich werde ihn holen lassen. On l'a *envoyé* en l'autre monde, man hat ihn aus dem Wege geräumet. On l'a *envoyé* en exil, man hat ihn des Landes verwiesen. J'*envoyerai* mon valet, ich werde meinen Diener laufen lassen; ihm den Abschied geben.

ENYVREMENT, *s. m.* das Vollsaufen, die Völlerey; figürlich, Blindheit, Dummheit, thörichte Liebe.

ENYVRER, *v. a.* vollmachen, betrunken machen.

Enyvrer, toll und tumm machen, als der starke Glockenschall thun kan.

Enyvrer, einen zum Narren machen, einnehmen, bethören, verblenden.

s'Enyvrer, *v. r.* sich voll saufen, bezechen.

ENYVRÉ, ée, *part. & adj.* bezecht, betrunken

trunken, besoffen, berauscht; it. von etwas eingenommen, vernarrt, thöricht, närrisch.
Il est *enyvré* de sa noblesse, er bildet sich grausam viel ein wegen seines Adels.

E'OLE, *s. m.* der Gott der Winde.

E'OLIE, *s. f.* eine Griechische Landschaft in Kleinasien.

E'OLIEN, nne, *adj.* Aeolisch, von Aeolien, einer Provinz in Kleinasien.
Le dialecte *Eolien*, in der Griechischen Sprache, die Aeolische Mundart.

E'OLIPILE, *s. f.* eine Windblase, Windkugel, Luftkugel.

E'OLIQUE, *adj. c.* Aeolisch.

E'PACTE, *s. f.* der Unterschied eines Mondenjahrs mit dem Sonnenjahr.

E'PAGNEUL, *s. f.* ein Hühner- oder Wachtelhund.

E'PAIS, sse, *adj.* dick.
Planche *épaisse*, ein dickes Bret. Une forêt *épaisse*, ein dicker Wald. L'air de Lyon est *épais*, die Luft um Lyon ist dick und schwer. Drap *épais*, ein dichtes Tuch. Une foule de gens *épaisse*, ein dickes Gedränge des Volks. Un boisson *épaisse*, ein dickes (trübes) Getränk. Des ténèbres *épaisses*, dicke Finsterniß. Meurtres *épais*, öftere Mordthaten. Un esprit *épais*, ein tummer Mensch.

E'PAISSEUR, *s. f.* die Dicke.

E'PAISSIR, *v. a. & n.* dick machen; dick werden.

s'E'PAISSER, *v. r.* dick werden; verdunkelt werden, am Verstande.

E'PAISSISSEMENT, *s. m.* das Dickwerden.
E'paississement des nuës, die Dicke der Wolken.

E PALE, *s. f.* die hinterste Ruderbank.

E'PALMER, *v. a.* ein Schiff, von unten auf, so weit es im Wasser geht, mit Tran und Fett beschmieren.

E'PAMPRER, *v. a.* das Laub vom Weinstock nehmen, ihn ablauben.

E'PAN, *v.* EMPAN.

E'PANCHEMENT, *s. m.* das Ausschütten, Ausgießen. *E'panchement* de la bile dans le corps, de l'ame dans les sens, das Ergießen der Galle in den Leib, der Seele in die Sinnen.

E'PANCHER, *v. a.* ausgießen, vergießen; (figürlich) seines Herzens Gedanken offenbaren.

E PANDRE, *v. a.* ausbreiten, ausstreuen. *E'pandre* de fumier, de la semence sur un champ, den Mist, den Saamen auf den Acker ausstreuen. Le soleil *épand* ses raions, die Sonne breitet ihre Strahlen aus. (besser répandre).

s'E'PANDRE, *v. r.* sich ausbreiten. Le Nil s'*épand* dans les campagnes de l'Egypte, der Nilfluß breitet sich in die Ebene des Egyptenlandes aus. Le bruit s'*épandit*, der Ruf breitete sich aus.

E PANDU, ë, *part. & adj.* ausgestreuet; vergossen als Thränen, u. d. gl.

E'PANORTHOSE, *s. f.* eine rhetorische Weise im Reden, da man das Vorhergesagte, als noch zu wenig, im nachfolgenden verbessert und kräftiger darthut.

E'PANOüIR, *v. r.* sich völlig aufthun, aufblühen. Bouton de rose qui s'*épanoüit*, ein Rosenknopf so aufgehet.

s'E'PANOüIR le cœur, ou la ratte, sich recht lustig machen, seine Freude auslassen.

E'PANOüISSEMENT, *s. m.* das Aufblühen, völlige Ausbreiten einer Blume.

E'PANOüISSEMENT du cœur, ou de la ratte, die Erweckung einer kindischen und ausgelassenen Freude.

s'E'PARER, *v. r.* wird vom Pferde gesagt, welches zu sehr im Springen hinten ausschlägt, sich zu weit auseinander sperrt.

E'PARGNANT, e, *adj.* sparsam, karg.

E'PARGNE, *s. f.* Sparsamkeit, Ersparung.
Vivre avec *épargne*, sparsam leben, gut haushalten.
Tailler en *épargne*, getriebene Arbeit machen, wie die Goldschmiede; item in Holz schneiden, wie die Formenschneider.

E'PARGNE, der königliche Schatz.

E PARGNER, *v. a.* sparen, zu Rath halten; item ersparen, schonen, verschonen, einen eines Dinges überheben. *E'pargnés* la dépense, erspahret die Unkosten. Si vous trouvés le vin bon, ne l'*épargnés* pas, wenn euch der Wein schmeckt, so trinkt getrost.
Dans la guerre on n'*épargne* ni âge ni sexe, im Krieg schonet man weder des Alters, noch des Geschlechts. Quand on raille il faut *épargner* ses amis, wenn man scherzet, muß man seiner Freunde schonen.

s'E'PARGNER, *v. r.* seiner selbst schonen, sich nicht in Gefahr begeben.

E'PARPILLER, *v. a.* (v. E'PANDRE) ausstreuen, zerstreuen, als Perlen von einer zerrissenen Schnur, ꝛc.

s'E'PARPILLER, *v. r.* la ratte, frölich seyn. Au milieu de ce ballin de marbre s'*éparpille* une aigrette d'eau, mitten in diesem marmornen Kessel springt (spreitet sich) das Wasser in Form eines Reigerbusches.

E'PARS, e, *adj.* zerstreuet, als Soldaten, Güter ꝛc. Avoir les cheveux *épars*, mit zerstreuten Haaren einhergehen. Gens *épars* dans la campagne, zerstreute Leute auf dem Felde.

E'PARS, *s. m.* (bey dem Wagner) Leiste.

E'PARS, (bey der Seefahrt) Flaggenstock.

E'PARS,

E'PARS, ein Thür=oder Fenstersparre.

E'PARSELLE, *s. f.* ein kleiner Flaggenstock oder Fenstersparre.

E'PARVIN, *s. m.* eine Krankheit der Pferde an den Kniekehlen und Gelenken der Füsse, wodurch sie hinkend werden; item der Ort, wo diese Krankheit entstehet.

E'PATER, *v. a.* un verre, den Fuß von einem Glas oder andern Geschirr abbrechen; it. den Fuß eines Geschirres breit machen.

Un nez *épaté*, (im Scherz) eine breite Nase, die unten gar zu dick ist.

E'PATIQUE, *voiés* HE'PATIQUE.

E'PAVE, *adj.* (im Rechtshandel) verlaufen, verlohren. Une bête *épave* appartient au Seigneur du fond, ein verlaufenes Stück Vieh gehöret dem Herrn des Orts.

E'PAVES, Leute, die so weit her sind, daß man ihren Geburtsort nicht entdecken kan.

E'PAUFURE, *s. f.* ein abgesprungen Stück von einem bearbeiteten Stein.

E'PAULE, *s. f.* die Schulter; Achsel.

Porter sur les *épaules*, auf den Schultern tragen. On l'a mis dehors par les *épaules*, man hat ihn aus dem Hause verstossen. Regarder quelqu'un par-dessus l'*épaule*, einen über die Achsel ansehen, gering achten.

Celà fait hausser les *épaules*, *prov.* es erwecket Erbarmen und Verachtung; man muß nur dazu lachen.

L'*épaule* lui pousse, er wird bucklicht.

Il a l'*épaule* ronde, er ist bucklicht.

E'PAULE de mouton, ein Hammelsbug.

Il sent l'*épaule* de mouton, er stinkt als ein Bock. Prêter l'*épaule* à quelqu'un, einem beystehen, einen unterstützen.

Pousser le tems à l'*épaule*, Zeit gewinnen, eine Sache aufschieben; in die Harre ziehen.

Angle de l'*épaule*, (an Vestungswerken) der Schulterwinkel, den die Gesichtslinie mit der Flanke macht.

E'PAULE d'étang, ein Teichdamm.

E'PAULE de mouton, (bey dem Zimmermann) ein Breitbeil.

E'PAULE'E, *s. f.* faire une chose par *épaulées*, ein Ding immer liegen lassen und wieder anfangen daran zu arbeiten; (in der Fleischbank) das Vordertheil von einem Hamel, davon die Schulter herab ist.

E'PAULEMENT, *s. m.* (in der Kriegsbaukunst) die Verschanzung, Bedeckung, welche die Seite beschützt.

E'PAULER, *v. a.* die Schulter verrenken.

E'PAULER, eine Seite mit Werken bevestigen, oder andere Dinge, als Hügel, Wald, Flüsse zur Seite eines Lagers zu haben suchen. L'armée étoit *épaulée* d'un marais, die Armee war auf der Seite mit einem Morast bedeckt.

E'PAULER, in dem Rücken an etwas befestigen; als die Weinstöcke und Spalier an die Wände oder Mauren. Espalier *épaulée* d'un mur, Geländer, so von einer Mauer gehalten wird.

E'PAULE', ée, *adj.* (von Pferden) dem eine Schulter verrenkt ist, buglahm.

Une bête *épaulée*, ein Weibsbild, so ein Hurkind gehabt hat.

E'PAULETTE, *s. f.* die Achsel oder das Achselband an einem Hemde, daran man die Ermel näht.

E'PAULETTE, die Achselnaht an einem Kleide; das Achselband am Scapulier der Nonnen.

E'PAULIERE, *s. f.* das Hinterstück von einem Harnisch, das den Rücken deckt.

E'PAURES, *s. f.* (bey dem Zimmermann) Balken, etwas in die Höhe zu heben, sonderlich ein Schiff.

E'PAUTRE, E'PEAUTRE, *s. m.* Spelz.

E'PE'E, *s. f.* ein Degen. Un homme d'*épée*, ein Kriegsmann. Se battre de l'*épée* blanche, sich auf Leib und Leben schlagen. Passer tout au fil de l'*épée*, alles niederhauen. Mettre l'*épée* à la main, den Degen ziehen. Mettre la main à l'*épée*, den Degen ziehen wollen. Il se fait tout blanc de son *épée*, er verläßt sich auf seine Macht und Ansehen. Il poursuit l'*épée* dans les reins, er will es mit ganzer Gewalt haben. Tenir l'*épée* sur la gorge à quelqu'un, einem scharf zu Leibe gehen, hart in ihn dringen. Mettre quelque chose du côté de l'*épée*, sich eines Dinges bemächtigen. Il joue de l'*épée* à deux talons, er lauft mit dem Degen an der Seite davon. Il s'est passé son *épée* au travers du corps, er hat seinen Degen versoffen. C'est son *épée* de chevet, er stehet ihm in allen Stücken bey. Son *épée* est vierge, *prov.* er hat noch niemand Leyds gethan. Son *épée* est trop courte, er hat die Macht nicht. Son *épée* ne tient pas au fourreau, er ist kurz angebunden; er ziehet leicht vom Leder. Etre toûjours aux *épées*, aux couteaux, sich stets zanken.

E'PE'E, das Soldatenleben. C'est une bonne *épée*, es ist ein guter Kriegsmann.

E'PE'E, (bey den Seilern) das Schlagholz.

E'PELLER, *v. a.* buchstabieren.

E'PENDRE, *voiés* E'PANDRE.

E'PENTHE'SE, *s. f.* eine Figur in der Grammatic, wenn man in der Mitte des Worts einen oder mehr Buchstaben einschiebt.

E'PERDU, ë, *adj.* ausser sich selbst, erschrocken, verirrt. Demeurer *éperdu*, erstaunen, erstaunt stehen bleiben.

E'PER-

E'PERDûMENT, adv. heftig, inbrünstig, im höchsten Grad. Etre éperdûment amoureux, aufs äusserste verliebt seyn.

E'PERLAN, ſ. m. ein Fisch, Seeaalraupe.

E'PERON, ſ. m. Sporn. Mettre les éperons, die Sporen anlegen. Donner un coup d'éperon au cheval, dem Pferd die Sporen geben. Il n'a pas besoin d'éperons, er hat keines Antreibens nöthig; er ist ohnedem willig genug. Ce cheval n'a point d'éperon, diß Pferd achtet keinen Sporn. Chauſſer les éperons à quelqu'un, einem Füſſe machen, ihn fortjagen. Il n'a ni bouche ni éperon, er taugt zu gar nichts.

E'PERON arboutant, ou appui qu'on met contre un mur, ein Strebepfeiler, den man an eine hohe Mauer macht, dieselbe zu halten.

E'PERON de galére, de navire, die Spitze an einem Schiffe; der Schnabel.

E'PERON de coqs, ou les ergots, der Sporn an dem Hahn, und etlichen andern Vögeln, auch an den Hunden ꝛc.

E'PERONNER, v. a. Sporn anlegen.

E'PERONNER, vulg. anspornen, die Sporn geben; einen aufmuntern, antreiben.

E'PERONNÉ, ée, part. & adj. gespornt, mit Sporn versehen.
 Des yeux éperonnés, runzlige Augen.

E'PERONNIER, ſ. m. ein Sporer, Spornmacher.

E'PERVIER, ſ. m. ein Sperber.

E'PERVIER, (an einigen Orten) ein Buchdruckerjunge.

E'PERVIER, ein Wurfgarn der Fischer.

EPHE'MERE, adj. c. & ſ. m. das nur einen Tag währet, als ein gewiß Fieber; das Fieber selbſt.

E'PHE'MERE, ein Ungeziefer, das nur einige Stunden lebt, ein Tagthierlein.

E'PHE'MERIDES, ſ. m. pl. ein Tagbuch, Tagregiſter.

E'PHE'MERIDES, zuſammen gerechnete Tabellen durch die Sternseher, woraus man den Stand aller Sterne und Planeten auf alle Tage erkennen kan.

E'PHE'MERON, ſ. m. eine Art von Mucken.

E'PHIALTES, ſ. m. voiés INCUBE.

E'PHOD, ſ. m. der Leibrock der Priester im alten Teſtament.

E'PHORE, ſ. m. (zu Sparta) ein Oberaufseher in Staatsſachen.

E'PI, ſ. m. eine Aehr, Kornähr.

E'PI, krauses Haar an der Stirne der Pferde, der Schopf.

E'PI d'eau, Saamkraut.

E'PICARPE, ſ. m. (in der Medicin) ein Pulspflaſter, so beym Fieber bisweilen über den Puls geschlagen wird.

E'PICE, ſ. f. Specerey, Gewürz.

E'PICE'NE, ſ. m. (in der Sprachkunst) die Worte, welche ohne den Ausgang oder Endung zu verändern beyde Geschlecht bedeuten, als aigles, ſouris.

E'PICES, allerhand Materialien aus Orient, so zur Medicin gehören.

pain d'E'PICE, Leckkuchen, Honigkuchen.

E'PICES, gewiſſe Verehrungen, so man den Richtern giebt, wenn man den Proceß gewinnet.
 C'est une fine épice, er ist ein verschlagener liſtiger Kerl.

E'PICER, v. a. würzen.

E'PICE'RASTIQUE, ſ. m. eine erweichende, zertreibende Arzney.

E'PICERIE, ſ. f. die Gewürzkrämerzunft.

E'PICERIES, ſ. f. pl. allerhand Specereyen.

E'PICHE'REME, ſ. m. (in der Logic) eine Art Schlüſſe, worinnen der Beweis des erſten oder des andern Satzes oder beyder zugleich eingerückt wird.

E'PICICLE, voiés E'PICYCLE.

E'PICIER, ſ. m. e, ſ. ein Gewürzkrämer, Specereyhändler.

E'PICURIEN, nne, adj. & ſ. m. von des Epicuri Secte unter den heydnischen Weiſen, ein Epicurer.

E'PICURIEN, ein wolluſtiger, ruchloser Menſch.

E'PICURISME, ſ. m. des Epicuri Lehre, Secte.

E'PICYCLE, ſ. m. (in der Astronomie) ein Cirkel wegen des Standes der Planeten erſunden, der bald höher bald niedriger ist.

E'PIDE'MIE, ſ. f. eine ansteckende Seuche.

E'PIDE'MIQUE, adj. c. anſteckend, als eine Krankheit, Laſter ꝛc.

E'PIDERME, ſ. m. das äuſſerſte dünne Häutlein auf der Haut.

E'PIDIDYME, ſ. m. ein kleines rundes Gefäßlein an jedem Teſticulo mit vielen Falten, eine Ueberhode, Nebenhode.

E'PIDIM. voiés E'PIDE'M.

E'PIEMENT, ſ. m. das Lauren.

E'PIER, v. a. ausspähen, auskundschaften.
 Epier l'occasion, auf die Gelegenheit lauren. Epier les actions de quelqu'un, auf eines Thun Acht haben; genau darnach forschen.

E'PIER, Aehren kriegen, schoſſen.
 Une queuë épiée, ein spitziger Hundsſchwanz.

E'PIERRER, v. n. (im Garten- und Feldbau) von Steinen reinigen, säubern.

E'PIEU, ſ. m. ein Spieß, Fangeiſen.

E'PIGASTRE, ſ. m. der Unterleib, der obere Schmerbauch.

E'PIGASTRIQUE, adj. c. was oberhalb des Schmerbauchs faſt bis an den Nabel am Bauch iſt.

E'PIGEONNER, v. a. etwas mit bloſſem Gips

Gips und Mörtel machen, als die Zwischenwand in den Caminen, die unten nur auf einem Eisen ruht.

E'PIGLOTTE, *s. f.* das Zäpflein im Hals, Kehldecklein.

E'PIGRAMMATIQUE, *adj. c.* epigrammatisch.

E'PIGRAMMATISTE, *s. m.* der viel Epigrammata macht.

E'PIGRAMME, *s. f.* ein Epigramma, eine poetische Ueberschrift oder kurzes Gedicht über etwas.

E'PIGRAPHE, *s. f.* eine Ueberschrift.

E'PIKIE, *s. f.* Billigkeit, Gelindigkeit, die nicht nach der Schärfe der Gesetze verfähret, doch auch wider dieselben nicht ungerecht handelt.

E'PILEPSIE, *s. f.* die schwere Krankheit, fallende Sucht, schwere Noth.

E'PILEPTIQUE, *adj. c.* der die fallende Sucht hat.

E'PILOGUE, *s. m.* die Schlußrede, der letzte Theil einer Rede, oder eines Buchs.

E'PILOGUER, *v. n.* vulg. gern widersprechen, immer etwas auszusetzen finden; etwas insonderheit tadeln, durchziehen. Il *épilogue* sur toutes choses, er tadelt alles.

E'PILOGUEUR, *s. m.* vulg. ein Tadler, ein Mensch der alles verspottet.

E'PINARD, *s. m.* im plur. E'PINARS, Binetsch, Spinat, ein Kraut.

EPINÇOIR, *s. m.* ein Hammer der Pflasterer.

E'PINE, *s. f.* ein Dorn; (figürlich) Schmerz, Verdruß, Widerwärtigkeit, Unruhe. On croit qu'il marche sur des *épines*, er gehet, als ob er auf Dornen trete, d. i. mit ungewissen Tritten. La vie est pleine d'*épines*, unser Leben ist voll Beschwerlichkeit. Porter une *épine* au pié, einen Dorn im Fuß haben, mit einem heimlichen Verdruß (Beschwerlichkeit) behaftet seyn.

E'PINE blanche, Weißdorn, ein Strauch; item ein Kraut, weiße Bergdistel.

E'PINE noire, Schwarzdorn.

E'PINE de bouc, ein Kraut, Bocksdorn.

E'PINE jaune, ein Kraut, Golddistel.

E'PINE vinette, ein Strauch, Sauerdorn, Berbisbeer.

L'E'PINE du dos, der Rückgrat.

E'PINEE *s. f.* ein Rückstück vom Schwein. (besser échinée).

E'PINETTE, *s. f.* ein Spinet oder Instrument mit Claviren.

E'PINEUX, euse, *adj.* dornicht; spitzig, stachlig, scharf; voll Schwierigkeit, schwer; kitzlich, gefährlich, mißlich; eigensinnig. Une affaire *épineuse*, eine verdrüßliche Sache. Questions *épineuses*, schwere (kitzlige) Fragen.

E'PINEUX, (in der Schifffahrt) ein Ort da viele Felsen sich finden; felsicht.

E'PINGLE, *s. f.* eine Stecknadel (Gufe); it. Schlüsselgeld, Handgeld. Donner les *épingles* aux servantes, den Mägden ein Trinkgeld geben. Tirer son *épingle* du jeu, sich aus einem Handel wieder heraus ziehen, darein man sich eingelassen hatte.

E'PINGLIER, *s. m.* e, *s. f.* ein Nadler.

E'PINGLIER, die zwey Flügel an Spuhlen eines Spinnrads, woran die vielen Häklein sind.

E'PINIER, e, *adj.* (in der Anatomie) das zum Rückgrat gehört. Moëlle *épinière*, das Mark im Rükgrat.

E'PINIERS, *s. m. pl.* das Lager eines wilden Schweins.

E'PINIERS, eine Hecke, worunter sich die Kaninchen vor den Raubvögeln verbergen können.

E'PINOCHE, *s. f.* ein kleiner Fisch, der spitzige Flossen auf dem Rücken hat, ein Sticherling.

E'PINOCHER, *v. n.* klauben, kleine Bißlein von einer Speise nehmen, die man nicht gerne ißt.

E'PIPHANE, *s. m.* ein Mannsname.

E'PIPHANIE, *s. f.* das Fest der Erscheinung Christi, das Fest der drey Königen.

E'PIPHONEME, *s. m.* der Anhang in einer Erzehlung, darinnen man den Nutzen und die Lehre zeigt.

E'PIPHORE, *s. f.* das Augenrinnen, so mit einer Entzündung und Röthe der Augen begleitet ist.

E'PIPHYSE, *s. f.* ein Bein, das an dem andern mit einem dünnen Knorpel angewachsen ist.

E'PIPLOIQUE, *adj. c.* was zum Netze gehört, oder am Netze im Leibe ist.

E'PIPLOON, *s. m.* das Netz im Leibe, so auf dem Gedärme liegt.

E'PIQUE, *adj. c.* ein poetisches Lehrgedicht, das diesen Namen führt. Poëte *épique*, Dichter, so ein Heldengedicht verfasset. Poëme *épique*, ein Heldengedicht.

E'PISCOPAL, e, *adj.* bischöflich.

E'PISCOPAT, *s. m.* das Bischthum, Bischofthum; auch des Bischoffs Gebiet, Land, oder Würde.

E'PISCOPAUX, *s. m. pl.* die Bischöflichen, die Engländische bischöfliche Partey, die den Presbyterianern entgegen ist.

E'PISCOPISANT, *s. m.* der gern Bischoff wäre.

E'PISCOPISER, *v. n.* nach einem Bischthum streben.

E'PISODE, *s. m.* ein Nebenstück oder Gedicht, das zwischen das Hauptwerk zur Belustigung eingefügt wird.

E'PI-

EPI EPI EPO

E'PISODIQUE, *adj. c.* das zwischen ein Gedicht als ein Nebenwerk eingeschoben ist.

E'PISPASTIQUE, *s. m.* Arzneyen die ziehen, die aufziehen, zusammenziehen &c.

E'PISSER, *v. a.* (in der Seefahrt) zwey Ende von Seilen zusammen heften, mit kleinen Stricklein an einander nähen, vermittelst eines spitzigen Eisens oder Holzes; ein Tau an das andere binden.

E'PISSOIR, *s. m.* das Eisen oder hölzerne Spießlein, womit man zwey Ende von Seilen zusammen nähet.

E'PISSURE, *s. f.* das Zusammenhäften zweyer Seile mit den Enden, Verknüpfung der Taue.

E'PISTOLAIRE, *adj. c.* stile *épistolaire*, Brief.Stylus.

E'PISTOLIER, *s. m.* im Scherz, einer der viel Briefe geschrieben hat.

E'PISTRE, *v.* E'PITRE.

E'PISTYLE, *s. f.* (in der Baukunst) das was oben auf den Säulen von einer zur andern liegt, sonderlich der Unterbalken.

E'PITALAME, *v.* E'PITHALAME.

E'PITAPHE, *s. f.* eine Grabschrift.

E'PITASE, *s. f.* das andere Stück einer Comödie, darinnen die größten Verwirrungen sind.

E'PITASE, das Zunehmen und der Anstoß einer Krankheit, absonderlich eines Fiebers.

E'PITE, *s. f.* (beym Schiffbau) ein kleiner Keil, den man in einen grössern schlägt, denselben dicker zu machen.

E'PITHALAME, *s. m. & f.* ein Hochzeitgedicht, Verse, Carmen.

E'PITHEME, *s. m.* ein Magenpflaster, Ueberschlag aussen über das Herz oder über die Leber.

E'PITHETE, *s. f. & m.* ein Adjectivum in der Grammatic, ein Beywort; item ein Zuname, den man einem giebt.

E'PITHYME, *s. m.* ein Kraut, Thymseide, Stolzkraut.

E'PITIE', *s. m.* ein kleiner Verschlag mit Bretern längs dem Schiff oder in einem andern Ort.

E'PITOGE, *s. f.* eine Art Mäntel bey den Römern; und noch eine Art Kleider, die auch die Priester über die andern anziehen.

E'PITOIR, *s. m.* Stemmeisen; Meissel.

E'PITOME, *s. f.* ein kurzer Begriff oder Inhalt eines Dinges; ein Auszug aus etwas weitläuftigers.

E'PITOMER, *v. a.* oder E'PITOMISER, *v. a.* ins kurze bringen, zusammenziehen, einen Auszug machen.

E'PITRE, *s. f.* ein Brief; eine Epistel oder Sendschreiben. Les *épitres* de St. Paul, die Sendschreiben des H. Pauli. E'*pître* dédicatoire, Zueignungsschrift.

E'PITROPE, *s. f.* eine Figur in der Rhetoric, da man etwas zugiebt, das man läugnen könnte, damit man nur das, was man begehrt, erhalten möge.

E'PLAIGNER, *v. a.* ein Tuch aufreiben, aufkratzen mit Kartätschen.

E'PLAIGNEUR, *s. m.* ein Tuchbereiter, der das Tuch aufreibt.

E'PLEURE', ée, oder E'PLORE', ée, *adj.* sehr weinend, in Thränen badend. Etre *éploré*, sehr weinen, viel Thränen vergiessen, weinende Augen haben.

E'PLOïER, *v. a.* ausbreiten, die Flügel.

E'PLOïE', ée, *adj.* (in den Wappen) mit ausgebreiteten Flügeln.

E'PLUCHEMENT, *s. m.* das Abpflücken der kleinen Früchte eines Baums, so die grössern hindern, weil sie zu dicke stehen; das Abzupfen oder Abschneiden der Ende des Fadens oder der Seide an einem Band.

E'PLUCHER, *v. a.* abklauben, reinigen, abputzen, das was man essen will, als Salat, Kräuter &c.

E'PLUCHER, (im Gartenbau) einen Baum ausputzen, die dürren Reiser oder das übrige Obst abbrechen.

E'PLUCHER, (bey dem Bortenwirker) die Fasern abschneiden.

E'LPUCHER, (bey dem Korbmacher) die vorstechende Reiser beschneiden.

E'PLUCHER, genau durchgehen; überlegen; untersuchen; grübeln. E'*plucher* un écrit, eine Schrift durchgehen. E'*plucher* une affaire, eine Sache überlegen, untersuchen.

E'PLUCHEUR, *s. m.* ein Untersucher, Nachforscher.

un E'PLUCHEUR de phrases, der schöne Redensarten sammlet, der zu viel künsteln will.

E'PLUCHEUSE, *s. f.* (bey den Hutmachern) eine Frau, welche die gar zu langen Haare von den Hüten abnimmt.

E'PLUCHOIR, *s. m.* (bey den Korbmachern) ein Messer womit sie die Enden vom Geflechte abschneiden, daß man sie nicht sieht.

E'PLUCHURES, *s. f. pl.* das Abgeschnidtene, Abgeputzte, der Unrath von einem Dinge.

E'PODE, *s. f.* der lezte Theil von einer Ode; item eine Ode, wo ein kleiner Vers den Periodum schliesst.

E'POINçONNER, *v. a.* aufmuntern, aufwecken. (ist alt.)

E'POINDRE, *v. a.* stechen. (ist alt.)

E'POINTER, *v. a.* die Spitze stumpf machen oder abbrechen. E'*pointer* un clou, einen Nagel abspitzen.

E'POINTE', ée, *part. & adj.* ein Jagdhund,

hund, der sich in etwas spitziges gestochen hat, und hinkend worden ist.

E'POINTE', (von Pferden) hinkend, oder verrenkt

E'POINTILLES, v. E'PONTILLES.

E'POINTURE, s. f. das Verrenken eines Fusses der Jagdhunde.

E'POIS, s. m. die obersten Spitzen an den Hirschgeweihen.

E'POMIS, s. m. der oberste Theil am Schulterblat; breiter Theil vom Schlüsselbein.

E'PONGE, s. f. ein Schwamm.

Passer l'éponge sur quelque chose, etwas auslöschen. Aïes la bonté de passer l'éponge sur ma faute, seyd so gut, und denket nicht mehr an den Fehler, den ich begangen habe.

Il boit comme une éponge, er säuft als eine Kuh.

Presser l'éponge, machen, daß einer speyen muß, was er mit Unrecht an sich gebracht hat.

E'PONGES pyrotechniques, Feuerschwämme.

E'PONGE, (bey dem Schmied) das Ende des Hufeisens, da die Stollen angemacht werden.

E'PONTILLES, s. f. plur. Hölzer auf der Seite eines Schiffs, drey Schuh lang, da man die kleinen Taue durchziehen kan, wenn man eine Wand aufspannen will.

E'POPE'E, s. f. die Historie oder Fabel, die man in Epischen Gedichten vornimmt durchzugehen.

E'POQUE, s. f. eine gewisse Zahl, wovon man eine Jahrrechnung anfängt, als wie von Christi Geburt an.

E'POUDRER, v. a. ausstäuben, abstäuben, den Staub abwischen oder auslöpfen.

s'E'POUFFER, v. r. sich heimlich davon stehlen, sich verstohlen davon machen.

E'POUILLER, v. a. auslausen, Läuse absuchen, lausen.

E'POUSAILLES, s. f. plur. Verlöbniß, Vermählung, Trauung, Hochzeit, Beylager.

E'POUSE, s. f. die Hochzeiterin, die Braut, die Gemahlin, die Frau.

E'POUSE', s. m. der Bräutigam, der Hochzeiter.

E'POUSE'E, s. f. die Braut, die Hochzeiterin.

E'POUSER, v. a. zur Ehe nehmen; heyrathen.

E'POUSER, trauen; die Trauung verrichten, einsegnen. Le prêtre les épousera demain, der Priester wird sie morgen zusammen geben, trauen.

E'POUSER une affaire, en prendre le soin, sich einer Sache mit Ernste annehmen.

J'épouserai vos interêts, ich will eure Angelegenheiten fleißig beobachten; ich will euch dienen so gut ich kan und mag.

Il ne faut épouser personne, man muß sich niemals an einen Menschen hängen.

E'POUSER une opinion, einer Meynung beyfallen. E'pouser la querelle de son ami, seinem Freund in seinem Streithandel beytreten.

Tel fiance qui n'épouse pas, es geht oft eine Sache zurück, die schon weit gekommen ist.

s'E'POUSER, v. r. einander heyrathen, einander zur Ehe nehmen.

E'POUSEUR, s. m. (im Scherz) ein Freyer.

E'POUSSETER, v. a. ausstäuben, den Staub auskehren, ausfegen; it. vulg. einem den Staub ausklopfen, ihn dicht abschmieren, abprügeln.

E'POUSSETTE, s. f. eine Kleiderbürste, Kehrbürste.

E'POUVANTABLE, adj. c. erschröcklich, abscheulich, greulich, entsetzlich.

E'POUVANTABLEMENT, adv. entsetzlicher Weise, grausamlich rc.

E'POUVANTAIL, s. m. eine Vogel- oder Wildscheuche auf dem Felde; (figürlich) etwas das einem nicht schaden kan, wenn es gleich fürchterlich aussieht. C'est un épouvantail de chenevière, prov. das Ding kan wohl schrecken, aber nicht schaden.

E'POUVANTE, s. f. Schrecken, Furcht, Entsetzen, Grauen rc. Donner l'épouvante, Schrecken einjagen. Prendre l'épouvante, in Furcht gerathen.

E'POUVANTEMENT, s. m. das Entsetzen, Erschrecken, (ist alt).

E'POUVANTER, v. a. erschrecken, Furcht machen, in Furcht setzen.

s'E'POUVANTER, v. r. erschrecken, in Furcht gerathen.

E'POUX, s. m. der Hochzeiter, der Bräutigam; der Gemahl, der Mann.

les E'POUX, in plur. das neue Ehepaar, Braut und Bräutigam; auch Mann und Weib.

E'PREINDRE, v. a. den Saft aus etwas drücken oder pressen, ausdrücken, als Citronen rc. E'preindre le jus d'une herbe, den Saft aus einem Kraut drücken.

E'PREINTE, s. f. der Zwang zum Stuhlgang, meistens im plur. it. die Wehe eines gebährenden Weibes, das Drücken.

E'PREINTE, (bey den Jägern) der Koth der Fischotter und anderer Thiere.

E'PREUVE, s. f. die Probe, der Versuch. Faire l'épreuve d'un remède, eine Arzney probiren. Etre à l'épreuve, auf der Probe seyn; die Probe aushalten. Cuirasse

rasse à l'*épreuve* du mousquet, Harnisch, so musketenschußfrey; so einen Musketenschuß aushält. Etre à l'*épreuve* de la medisance, die Verleumdung nichts achten. Ma fidélité est à l'*épreuve* de tout, meine Treue hält die Probe; bestehet unverletzt.

E'PREUVE, (bey dem Buchdrucker) Probebogen (Abzug).

E'PREUVE, (bey dem Kupferstecher) der erste Abdruck von einer Kupferplatte.

E'PRIS, e, *adj.* eingenommen, entbrannt, entflammt.

E'PROUVER, *v. a.* versuchen, probiren, prüfen, erkennen, spüren, empfinden, erfahren. E'*prouver* l'or, das Gold probiren. E'*prouver* un ami, einen Freund auf die Probe setzen.

E'PROUVETTE, *s. f.* ein Eisen der Balbierer, die Tiefe eines Schadens oder anders zu erforschen ꝛc. it. ein Werkzeug das Pulver zu probiren; (bey den Zinngiessern) ein Probirlöffel ꝛc.

EPTAGONE, *s. m.* ein Siebeneck in der Geometrie; eine Vestung von sieben Bastionen.

E'PUCER, *v. a.* ausflöhen, die Flöhe abfangen oder ausschütteln. E'*pucer* un chien, einem Hund die Flöhe abnehmen.

s'E'PUCER, *v. r.* sich flöhen.

E'PUISABLE, *adj. c.* erschöpflich.

E'PUISEMENT, *s. m.* das Ausschöpfen, das Erschöpfen. E'*puisement* d'une fontaine, d'un trésor, des forces, d'une matière, das Erschöpfen eines Brunns, Schatzes, der Kräfte, einer Materie, u. d. gl.

E'PUISER, *v. a.* ausschöpfen, erschöpfen, ausleeren, aufhören machen. E'*puiser* un puits, einen Brunnen ausschöpfen. E'*puiser* un trésor, einen Schatz erschöpfen, verthun. E'*puiser* la patience de quelqu'un, machen, daß einem die Geduld entgehet. E'*puiser* une matière, eine Sache von Grund aus verhandeln. E'*puiser* un pais d'habitans, ein Land von Einwohnern entblössen.

s'E'PUISER, *v. r.* sich ausschöpfen.

E'PULOTIQUE, *s. m.* eine Arzney, so zusammen ziehet, und trocknet.

E'PURER, *v. a.* reinigen, läutern. E'*purer* de l'or, Gold läutern. L'ame des fidèles s'*épure* par les afflictions, die Seelen der Gläubigen werden durch die Trübsalen geläutert.

E'PURE', ée, *part. & adj.* rein. Un stile *épuré*, eine reine Schreibart. Une doctrine *épurée*, eine lautere Lehre.

E'PURGE, *s. f.* ein Kraut, Purgierkörner, Springkörner.

E'QUANT, *s. m.* (in der Astronomie) ein Cirkel, wegen gewissen Bewegungen der Planeten erfunden.

E'QUARRER, E'QUARRIR, *v. a.* einen Stein oder Balken viereckig schneiden oder hauen.

E'QUARRISSAGE, *s. m.* das Viereckigmachen.

Six pouces d'*équarrissage*, sechs Daumen oder Zoll ins Viereck.

E'QUARRISSEMENT, *s. m.* das Viereckigmachen, die Viereckung.

E'QUARRISSOIR, *s. m.* ein viereckig spitzig Eisen, ein Loch zu machen.

E'QUATEUR, *s. m.* (in der Geographie) der grosse Kreis, der die Welt in zwey gleiche Theile abtheilt, die Linie.

E'QUATION, *s. f.* die Gleichmachung des ungleichen Sonnenlaufs und anderer Planeten; (im Rechnen) das Gleichmachen zweyer ungleicher Quantitäten in eine Gleiche.

E'QUERRE, *s. f.* ein eisern Band, zwey Ecken an den Balken und Treppen zusammen zu heften; it. ein Winkelmaaß.

E'QUESTRE, *adj. c.* statuë *équestre*, eine Statue oder Ehrenbild zu Pferd.

E'QUIANGLE, *adj. c.* gleichwinklig.

E'QUIDISTANT, e, *adj.* gleich weit von einander stehend.

E'QUILATE'RAL, e, *adj.* gleichseitig.

E'QUILATE'RE, *adj. c.* idem.

E'QUILIBRE, *s. m.* das Gleichgewicht; Gleichheit an Würde, Macht ꝛc. La balance est dans l'*équilibre*, die Waage stehet gleich inne; hält auf beyden Seiten gleich schwer. Ces deux puissances sont en *équilibre*, diese beyde Machten halten einander die Waage; sind gleich stark gegen einander. Entretenir l'*équilibre* des humeurs dans le corps, die Flüßigkeiten des Leibes in gleichem Ebenmaaß halten.

E'QUILLE, *s. f.* ein kleiner Fisch, ein Sticherling.

E'QUIMULTIPLES, Zahlen, welche eben so vielmal die Zahlen, daraus sie bestehen, in sich halten; als 12 und 6, da 12 dreymal 4 in sich hält, wie 6 dreymal 2 in sich hält.

E'QUINOCTIAL, e, *adj. & s. m.* gleichtägig.

l'E'QUINOCTIAL, oder le cercle *équinoctial*, oder la ligne *équinoctiale*, die Linie, der Æquator, der Kreis in der Geographie, so die Erde in zwey gleiche Theile theilt, welcher, wo ihn der Thierkreis oder Zodiacus durchschneidet, bemerket, daß Tag und Nacht an der Länge gleich ist.

E'QUINOXE, *s. m.* die Zeit, da Tag und Nacht gleiche Stunden haben.

E'QUINOXIAL, e, *v.* E'QUINOCTIAL.

E'QUIPAGE, *s. m.* das ganze Reisegeräth, Ausrü-

Ausrüstung, Bagage, Zugehör, das Gefolg von Leuten und Pferden.

E'QUIPAGE, die völlige Montirung eines Soldaten.

E'QUIPAGE, alles Geräth das einer an Kleidern und anderm Hausrath besitzet.

Il est en pauvre *équipage*, er hat nichts zum besten.

E'QUIPAGE, die standesmäßige Außstaffirung und Aufführung einer Person, und was dazu gehöret, der ganze Staat. Un *équipage* magnifique, ein prächtiger Aufzug.

Cet homme a *équipage*, dieser Mann hat Kutschen und Pferde.

E'QUIPAGE d'attelier, Werkzeug zum Bauen, und Zufuhr der Materialien.

E'QUIPAGE de pompe, alles was zu einer Wasserpompe gehöret.

l'E'QUIPAGE, (auf den Schiffen) die Leute, so darauf zu thun haben; (die Sachen, so darauf sind, heissen équipement). Le vaisseau fit naufrage, mais l'équipage se sauva, das Schiff hatte Schiffbruch erlidten, aber das Volk ist gerettet worden.

E'QUIPE'E, *s. f.* eine verwegene, unvernünftige That, eine Thorheit.

E'QUIPEMENT, *s. m.* (auf den Schiffen) die Sachen, so darauf sind.

E'QUIPER, *v. a.* ausrüsten, mit aller Zugehör versehen. E'quiper un soldat, einen Kriegsknecht ausrüsten. E'quiper un vaisseau, ein Schiff ausrüsten.

Il a été mal *équipé*, er ist übel heimgeschickt worden.

E'QUIPOLLENCE, *s. f.* Gleichgiltigkeit, Gleichheit.

E'QUIPOLLENT, e, *adj.* gleichgiltig, gleich.

à l'E'QUIPOLLENT, ein gleiches, gleichermassen, eben so viel, nach seinem Maaß. Donner à l'équipollent, eine gleichförmige Erstattung geben.

E'QUIPOLLER, *v. n.* gleichgiltig, von gleichem Nachdruck seyn, gleich gelten, gleich seyn.

E'QUIPOLLE', ée, *adj.* (in Wappen) eins um das andere, gleich so viel oder gleich dem, das darauf folgt, als Schach-oder Bretspiel. *v.* auch E'chiqueté.

E'QUIPPAGE, *v.* E'QUIPAGE &c.

E'QUIPROQUO, *v.* QUIPROQUO.

E'QUITABLE, *adj. c.* gerecht, billig, gelinden Gemüths, gütig; vernünftig, der Billigkeit gemäß. Juge *équitable*, ein billiger Richter. Action *équitable*, eine ziemende That.

E'QUITABLEMENT, *adv.* gerechter, billiger Weise, mit Billigkeit.

E'QUITE', *s. f.* Billigkeit, Gütigkeit, Recht, Gerechtigkeit.

E'QUIVALENCE, *s. f.* Gleichgiltigkeit.

E'QUIVALENT, e, *adj.* gleichgiltig.

E'QUIVALENT, *s. m.* etwas von gleichem Werth. Rendre l'*équivalent*, gleich viel (gleichen Werth) wieder geben; den Werth erstatten.

E'QUIVOQUE, *s. f.* zweydeutige Rede.

E'QUIVOQUE, Mißverstand.

E'QUIVOQUE, *adj.* zweydeutig; doppelsinnig.

E'QUIVOQUER, *v. n.* zweydeutige Worte gebrauchen.

s'E'QUIVOQUER, *v. r.* sich betrügen, einen Irrthum begehen.

E'QUIVOQUE', ée, *adj.* doppelsinnig, zweydeutig.

E'RABLE, *s. m.* Ahornbaum.

E'RAFLER, *v. a.* die Haut abschärfen, abstossen, zerkratzen, aufritzen.

E'RAFLURE, *s. f.* eine Zerkratzung, aufgekratzte Haut.

E'RAGE, *s. m.* Geschlecht, (ist alt).

E'RAILLER, *v. a.* die Fäden an einem Zeug zerschaben, abstossen; it. so ziehen, daß die Fäden aus einander gehen; zerritzen, zerschleisen, zerreissen.

Un œil éraillé, ein rothes und durch Flüsse verstelltes Auge.

E'RAILLURE, *s. f.* ein abgeschabter, abgetragener, entzwey gerichener Ort eines Tuchs oder Zeugs, ein Schlitz oder Ritz in demselben.

E'RAIN, *v.* AIRAIN.

E'RATER, *v. a.* die Milz ausschneiden; it. vulg. einen aufmuntern, witzig, klug machen, abführen, abhobeln, abschleifen.

E'RATE', ée, *adj. & part.* dem die Milz ausgeschnidten ist; lustig, munter, aufgeräumt.

E'RATOSTENES, *s. m.* ein alter Philosophus, dessen Namen auch einem von den Flecken des Monds gegeben wird, so der 1ste in der Zahl ist.

E'RAWAI, *s. m.* der kleine Wunderbaum, ein Kraut.

E'RE, *s. f.* die Zeit, von welcher man die Jahrzahl bey einem Volke zu rechnen anfängt.

E'RECTEUR, *s. m.* (in der Anatomie) zwey Muskeln in den Schamgliedern, welche zu deren Aufrichtung dienen.

E'RECTION, *s. f.* die Aufrichtung in gerade Höhe, als einer Linie, so perpendicular zu stehen kommt.

E'RECTION d'une Baronie en Comté, die Erhebung einer Herrschaft zu einer Grafschaft.

E'RECTION d'une dignité à une plus haute, Erhebung eines Amts zu grösserer Würde.

E'RECTION, (in der Medicin) Steigung (Aufrichtung) des männlichen Gliedes.

E'RE-

E'RE'MITIQUE, adj. einsiedlerisch. Vie érémitique, das Leben der Einsiedler.

E'REINER oder E'RENER, v. a. die Lenden, den Rücken, entzwey brechen; überladen, zu viel Last auflegen. (in der letzten Bedeutung schreiben einige errener).
E'rener une plume, eine Feder im Schreiben gar zu sehr aufs Papier drücken.

E'RENE', part. & adj. lendenlos, stumpf.

E'RE'SIPELE, s. f. der Rothlauf, die Rose.

ERFORD, ville de Thuringue en Allemagne, Erfurt, eine Stadt in Thüringen, in Deutschland.

ERGO, s. m. Dahero, so folgt also ꝛc. ein Vernunftschluß. Ergo glu, da folgt nichts daraus aus allen diesen prächtigen Sätzen.

ERGOT, s. m. Sporn an den Füßen der Hahnen, Hünern, Hunden, Schweinen ꝛc. item, an Pferdsfüßen das weiche Horn hinten über dem Hufe.
Monter sur ses ergots, sich erzürnen, trotzig thun.

ERGOT, (bey den Gärtnern) v. ARGOT.

ERGOTE', ée, adj. mit Spornen oder Nebenklauen versehen.

ERGOTER, v. n. (bey den Gärtnern) v. ARGOTER.

ERGOTER, v. n. zanken, disputiren.

ERGOTERIE, s. f. das Zanken, Disputiren.

ERGOTEUR, s. m. (im Spott) ein zänkischer Kerl, (Haberecht).

E'RICHTHON, s. m. (in der Astronomie) der Fuhrmann, ein Gestirn.

E'RIDAN, s. m. eines von den Gestirnen gegen Mittag, der Nilfluß; it. (bey den Poeten) der Pofluß, und andere Flüsse.

E'RIGER, v. a. aufrichten, als eine Perpendicularlinie, als Ehrensäulen; zu etwas machen, erklären; erheben, mit grössern Titeln und Würden begaben. E'riger une terre en Duché, eine Herrschaft zum Herzogthum erheben. E'riger une statuë, ein Bild aufrichten.

S'E'RIGER, v. r. sich anmassen, etwas zu seyn, sich vor etwas ausgeben; sich angeben, sich aufwerfen zu etwas. S'ériger en censeur, sich vor einen Richter (Meister) aufwerfen.

E'RINACEA, Scorpionkraut.

E'RISSON, s. m. (in der Seefahrt) ein Anker mit vier Haken.

E'RITHROÏDE, s. f. das erste Häutlein über den Hoden von röthlicher Farbe.

ERMES, wüster ungebauter Ort.

ERMINETTE, s. f. (bey den Schreinern) ein krummes Hohlbeit.

ERMITAGE, ERMITE, v. HERMIT.

E'ROSION, s. f. das Durchfressen der Gedärme; das Auf- oder Wegfressen des Fleisches, durch scharfe Materien verursachet.

E'ROTIQUE, adj. c. délire érotique, Liebeskrankheit, Liebesraserey.

ERRAME, s. f. ol. eine gesetzte Geldbusse.

ERRANT, e, adj. irrend, herumschweifend, der in der Irre herumgeht, und sich bald da bald dort hin begiebt.
E'toiles errantes, Irrsterne, Planeten.
Juif errant, der ewige Jude; item, ein Mensch, den man nicht zu Hause antrift.
Les peuples errans, Völker, die keine gewisse Stätte oder Wohnungen haben.
Les frères errans, die Ketzer, Irrgläubige.

ERRATA, s. m. die Druckfehler, so man auf einem besondern Blatt dem Buche beyfügt.

ERRATIQUE, adj. c. irrend, als ein Planet; ungleich wechselnd, als ein Fieber.

ERRE, s. f. v. ERRES.
l'Erre d'un vaisseau, die Fahrt eines Schiffes, der Gang desselben im Meer.
Aller grande oder belle erre, einen geschwinden Gang oder Schritt haben.

ERREMENT, s. m. das letzte Durchgehen eines Processes, das Letzte von einem Rechtshandel. Reprendre les derniers erremens d'un procés, die Rechtssache nochmals übersehen; den Proceß reassumiren.

ERREMENT, (im Kaufen) das Geben eines Miethpfennigs, das Draufgeben

ERRENER, v. EREINER.

ERRER, v. n. irren, bald da bald dorthin gehen; nicht an einem Orte bleiben, herumschweifen; zweifelhaft und ungewiß seyn; fehlen. Errer dans le bois, in dem Wald irre gehen. L'homme est sujet à errer, der Mensch ist dem Fehlen unterworfen; irret leicht.

ERRES, s. f. plur. die Fährde oder Spur des Wildprets; it. die zwey Vorderläufe eines Stück Wildes. Ce cerf est de hautes erres, dieser Hirsch bleibt nicht in seinem Bezirk, wo er zu Felde geht, er schweift weit herum. Redresser les erres, frische Spur machen. Rompre les erres, die Spur vertreten, daß man sie nimmer sehen kan.
Il marche sur les erres de ses ancêtres, er tritt in seiner Voreltern Fußtapfen.

ERRES, das, was man einem darauf giebt im Kaufen, Miethen, Bestellen ꝛc. Miethgeld, die Aufgabe, Haftgeld. Il a donné des erres au cocher, er hat dem Kutscher etwas darauf gegeben.

ERREUR, s. f. Fehler, Irrthum; unrechte Meynung. Etre dans l'erreur, irrig seyn; in Irrthum stecken; unrecht seyn. Erreur de calcul, Verstoß in der Rechnung.

ERREUR,

ERREUR, Fehlgang, da man an einen unrechten Ort kommt.
    Les *erreurs* d'Ulysse, die weiten und langwierigen Reisen Ulysses.
ERRHINES, *s. m. pl.* Arzney für Verstopfung der Nase, als Schnupftaback, Majoranwasser; Schnuf- oder Rießpulver.
ERRONE', ée, *adj.* irrig.
ERRONE'MENT, *adv.* irriger Weise.
ERS, *s. m.* eine Hülsenfrucht, Wicken; Platterbsen.
ERTE; étre à l'*erte*, *v.* ALERTE.
E'RUCAGO, Spanischer Raucken, ein Kraut.
E'RUDITION, *s. f.* Gelehrsamkeit, Wissenschaft.
E'RUGINEUX, euse, *adj.* grünrostig, als Kupfer.
E'RYNGIUM, *s. m.* Mannstreu, Brackendistel, ein Kraut.
E'RYSIMUM, *s. m.* Hederich, wilder Senf, ein Kraut.
E'S, *præp. ol.* (von en les) in. (vor einem *Subst. plur.* jetzt sagt man aux).
ESB. *voies* E'B.
ESCABEAU, *s. m.* ESCABELLE, *s. f.* ein Schemel, Fußschemel.
    Un piqueur d'*escabelle*, ein Schmarotzer.
ESCABELLON, *s. m.* ein Fuß, worauf die Brustbilder stehen.
ESCACHE, (auf der Reitschul) ein Kappenmundstück.
ESCADRE, *s. f.* eine Zahl Kriegsschiffe, ein Theil der Flotte, der unter einem besondern Haupte stehet. Chef d'*escadre*, Befehlshaber, so etliche Kriegsschiffe unter sich hat.
ESCADRE bleuë, ESCADRE rouge, die blaue Flagge, die rothe Flagge.
ESCADRON, *s. m.* ein Geschwader (Schwadron) Reuter; item eine Partey Leute, die es mit einander hält; (bey den Poeten) ein Haufen Thiere. Rompre un *escadron*, eine Schwadron brechen, trennen.
l'ESCADRON volant, die Cardinäle, so es bey der Wahl eines Pabstes mit keinem halten, sondern ihre Stimmen unparteyisch geben.
ESCADRONNER, *v. n.* ein Schwadron zusammen machen.
Escadronner, sich zusammen rotten; es mit einander halten; ein gut Verständniß mit einem haben.
ESCAFE, *s. f.* (in den Parisischen Gymnasiis) ein Stoß mit dem Fuße, den ein Schüler dem andern vor den Hintern giebt; oder womit er den Ballen in die Höhe schlägt.
ESCAFER, *v. a.* einen Stoß mit dem Fuße geben.

ESCAFER le balon, den Ballen mit dem Fuß schlagen.
ESCAFER, (bey dem Korbmacher) *v.* E'CAF.
ESCAFIGNON, *s. m.* eine Art Socken; jetzo der Gestank der schwitzenden Füsse, der Boten Strümpfe oder Füsse.
ESCALADE, *s. f.* ein Sturm, die Besteigung einer Mauer mit Leitern. Prendre une ville par *escalade*, eine Stadt durch Uebersteigung der Mauer erobern. La fête de l'*escalade*, ein besonderes Dankfest zu Genf, welches allda alle Jahr feyerlich begangen wird.
ESCALADER, *v. a.* mit Leitern besteigen, bestürmen.
ESCALE; Faire *escale* dans un port, in einen Hafen einlaufen und den Anker werfen.
ESCALIER, *s. m.* eine Treppe, Stiege.
ESCALIER à vis, eine Wendeltreppe, Schneckenstiege.
ESCALIER à repos, eine Stiege mit Lehnen.
ESCALIN, *s. m.* eine Luxemburgische und Lothringische Münze, so zwey und einen halben Schweizerbatzen, oder neun Kreuzer Reichsgeld, und sieben und einen halben Sols nach französ. Gelde ausmacht.
ESCAMOTE, *s. m.* ein kleines Kügelein von leichtem Holz, das die Taschenspieler gebrauchen.
ESCAMOTER, *v. a.* künstlich wegstehlen, spitzbübisch rauben; vornemlich aber mit kleinen Kugeln spielen, als Taschenspieler thun; *it.* im Spiel betrügen.
ESCAMOTEUR, *s. m.* ein Spitzbube, ein heimlicher Dieb.
ESCAMPATINOS, *adv. vulg.* faire *escampatinos*, sich aus dem Staube machen, als ein verdorbener Kaufmann.
ESCAMPER, *v. n.* sich auf die Seite machen, sich aus dem Staube machen.
ESCAMPETTE, *s. f.* die heimliche Wegbegebung.
    Prendre l'*escampette*, oder de la poudre d'*escampette*, sich heimlich wegbegeben.
ESCAPADE, *s. f.* (auf der Reitschul) falscher Satz (Sprung) eines Pferdes.
Escapade, Muthwill, Ungehorsam, Uebertretung. Faire des *escapades*, übertreten, aus dem Geschirr schlagen.
ESCAPE, *s. f.* (in der Baukunst) der Säulenschaft, oder das was eigentlich die Säule heißt; oder der unterste Anfang und oberste Ausgang des Schafts, der Anlauf und Ablauf.
ESCARBILLAT, e, *adj.* ein lustiger munterer Gast, dem dabey nicht wohl zu trauen ist.
ESCARBIT, *s. m.* ein klein Gefäß von Holz ausgehöhlt, das Werg und die Instrumente, womit man ein Schiff verstopft, darinnen anzufeuchten.

ESCAR-

ESCARBOT, *s. m.* ein Käfer.
ESCARBOUCLE, *s. f.* Karfunkelstein; (in Wappen) ein Stück von acht Stäben, als Scepter.
ESCARCELLE, *s. f.* ein Beutel auf die alte Mode mit einem Schlosse.
ESCARGOT, *s. m.* eine Schnecke.
ESCARLINGUE, *voiés* CARLINGUE.
ESCARMOUCHE, *s. f.* ein Scharmützel.
ESCARMOUCHER, *v. n.* scharmützieren.
ESCARMOUCHEUR, *s. m.* Scharmützierer.
ESCARPE, *s. f.* der Fuß der Mauer und des Walls; it. was abhängig hinab gebaut ist innerhalb des Grabens an einer Vestung, da es hingegen ausserhalb des Grabens die Contrescarpe heißt.
ESCARPEMENT, *s. m.* (im Vestungsbau) das Abstechen des Grabens; das abhängige Theil an einem Wall oder Mauer.
ESCARPER, *v. a.* abhängig bauen, auf einem Fuß von Steinen oder steinernen Grund. *Escarper une montagne*, einen Berg steil abstechen (abgraben), daß er nicht mehr so gäh ist.
ESCARPÉ, ée, *part. & adj.* gäh hinauf, steil, abhängig.
ESCARPIN, *s. m.* Schuhe mit einfachen Sohlen, Tanzschuhe.
ESCARPIN, eine Art Tortur, dadurch die Füsse in die Enge getrieben werden.
ESCARPINER, *v. a.* geschwind laufen.
ESCARPOLETTE, ESCARPOULETTE, *s. f.* Schwinge, Schaukel, darauf zu reiten.
ESCARRE, *s. f.* (in der Heilkunst) Grind, Schorf oder Rüfe auf einer Wunde.
ESCARRE, Bruch, Riß. *Un coup de canon fait une grande escarre dans un bataillon*, ein Stückschuß macht einen grossen Bruch in ein Bataillon.
ESCARROTIQUE, *s. m.* eine Arzney, welche auf der Haut Grind (Rüfen) verursachet.
ESCAVESSADE, *s. f.* ein Zucken oder Zug mit dem Kappzaum, das Pferd damit zu regieren.
ESCEAU, *voiés* AISCEAU.
ESCERVELÉ, *voiés* E'CERVELÉ.
ESCIENT, *s. m.* à bon *escient*, mit Vorsatz, mit Fleiß, wissentlich, im Ernst, ohne Scherz, ernstlich.
ESCLAMENE, *voiés* ESCLAVINE.
ESCLANDRE, *s. m.* ein verdrüßlicher Handel und Zufall, (ist alt).
ESCLAT, ESCLATANT, ESCLATER, *v.* E'CLAT.
ESCLAVAGE, *s. m.* Sclaverey, Knechtschaft, Dienstbarkeit; item ein gewisser Schiffszoll in England, den nur die Franzosen zahlen müssen.
ESCLAVE, *s. m. & f.* ein Sclav oder Sclavin; it. einer der jemand unterworfen, oder auch an eine Sache gebunden ist. *Un malheureux esclave*, ein unglückseliger Leibeigener. *Une belle esclave*, eine schöne Leibeigene. *Un esclave de ses passions*, ein Knecht seiner Begierden; der sich seine Begierden beherrschen läßt. *Il n'est pas esclave de sa parole*, er will an sein Wort nicht gebunden seyn.
ESCLAVON, ne, *adj. & s. m. & f.* ein Sclavonier, Sclavonierin, Sclavonisch.
ESCLAVONIE, *s. f.* das Land oder Königreich Sclavonien in Ungarn.
ESCOFION, *s. m.* eine schlechte Haube der gemeinen und Bauersleute.
ESCOFRAI, *v.* E'COFRAI.
ESCOGRIFE, *s. m.* Räuber, Raubvogel, der zugreift und wegnimmt, was er findet und bekommen kan.
ESCOMPTE, *s. m.* Abzug, Abschlag einer Rechnung.
ESCOMPTER, *v. a.* abziehen, abkürzen, abrechnen.
ESCONDUIRE, ESCOPE, ESCOPERCHE, *voiés* E'CO.
ESCOPETTE, *s. f.* ol. eine Art Geschoß, als Carabiner.
Une barbe faite à l'escopette, ol. ein steif aufgesetzter Bart.
ESCOPETTERIE, *s. f.* das Schiessen aus vielen Büchsen oder Musqueten, eine Salve.
ESCORE, *s. f.* (in der Seefahrt) ein gäher, steiler Fels am Ufer.
Escores, *plur.* die Stützen, da das Schiff liegt, wenn mann es bauet.
ESCORN. *voiés* E'CORN.
ESCORTE, *s. f.* Geleit, Bedeckung, Begleitung, Convoy, zu Wasser oder zu Lande.
ESCORTER, *v. a.* sicher hinführen, um Sicherheit willen begleiten; mit einer Wache versehen auf dem Wege.
ESCOÜADE, *s. f.* (in der Kriegsübung) eine Corporalschaft oder Rotte Soldaten.
ESCOÜENE, *s. f.* eine Holz- oder Elfenbeinraspel.
ESCOUFLE, *s. f.* ein Hünergeyer.
ESCOUP, *s. m.* (auf den Schiffen) eine hölzerne Schaufel, das Schiff von aussen mit Seewasser abzuspülen.
ESCOURGEON, *s. m.* eine Art Gerste, welche man den Pferden grün zu fressen giebt.
ESCOURRE, *v. a. & n.* wegjagen, wegtreiben, mit Gewalt wegnehmen; it. weglaufen, (ist nicht mehr üblich).
Scie escourre, so ruft man auf den Galeen den Ruderknechten zu, wenn sie rückwerts fahren sollen.
ESCRIME, *s. f.* das Fechten, die Fechtkunst.
Maitre d'escrime, Fechtmeister, (besser *Maitre d'armes*).
ESCRIME *d'amour*, das Liebesspiel.

s'ESCRIMER, *v. r.* fechten; (man sagt mehr faire des armes), sich schlagen, (besser se battre).

s'Escrimer de quelque chose, *vulg.* mit einem Dinge ein wenig umzugehen wissen.

s'Escrimer de la machoire, mit dem Kinnbacken fechten; tapfer drauf los fressen.

ESCRIMEUR, *s. m.* ein Fechtmeister oder Fechter, (ist alt).

ESCROC, *s. m.* ein Betrüger, der andere mit List und Betrug um das Ihre bringt.

ESCROQUER, *v. a.* einem das Seinige abbetrügen, abschwatzen, mit List erwischen.

ESCROQUERIE, *s. f.* Betrügerey, List, einem andern das Seinige zu nehmen.

ESCROQUER, *s. m.* ein listiger Betrüger.

ESCUBIERS, *s. m. plur.* (in der Seefahrt) Klußgatt; (*voiés* E'CUBIERS).

ESCÜE'NE, *voiés* ESCOÜE'NE.

E'SERTER, *voiés* ESSARTER.

ESGADE, ESGAIL, *voiés* AIGUA.

ESGU. *voiés* AIGU.

ESGUI. *voiés* AIGUI.

ESHOUPER, *v. a.* den Gipfel der Bäume abhacken.

ESPACE, *s. m.* Raum, Platz, Ort, Frist. L'*espace* d'un siècle, hundert Jahr über. Dans tout cet *espace* de tems, diese ganze Zeit über.

Espace, (in der Buchdruckerey) ein Spatium von Buchstabenzeug, so die Worte von einander sondert.

ESPACEMENT, *s. m.* (im Bauen) der Raum zwischen zweyen Dingen. *Espacement* de colonnes, Raum zwischen den Säulen.

Espacement, (bey den Carthäusern) das Spazierengehen.

ESPACER, *v. a.* rechten Raum zwischen einem Dinge lassen, (einige schreiben und sagen espacier). *Espacer* des arbres, Bäume in gehöriger Weite versetzen.

ESPADASSIN, *s. m.* ein Stutzer, der einen grossen Degen an der Seite hat.

ESPADON, *s. m.* ein Schlachtschwerdt, grosses Schwerdt.

ESPAGNE, *s. f.* Spanien.

ESPAGNOL, *s. m.* ein Spanier.

Espagnole, *s. f.* Spanierin.

Espagnol, *m. e. adj.* Spanisch. Parler *Espagnol*, Spanisch reden.

ESPAGNOLETTE, *s. f.* eine Art wollener Droget.

ESPALE, *s. f.* (in der Seefahrt) das hinterste Ruderbank auf den Galeen.

ESPALEMENT, *s. m.* das Probieren eines Masses nach dem ordentlichen Hauptmaaß.

ESPALIER, *s. m.* Bäume, die an einer Wand oder Mauer breit gezogen werden an Stangen und Geländern.

contre-Espalier, ein klein Geländer, etwa 6 Schuh weit gegen das rechte Spalier.

Espalier, (in der Seefahrt) Ruderknecht, so auf der hintersten Bank arbeitet.

ESPALMER, *v. a.* (in der Seefahrt) ein Schiff kalfatern.

ESPARGOUTTE, *s. f.* Mutterkraut.

ESPATULE, *s. f.* eine Spatel, die Pflaster zu streichen, oder etwas mit herum zu rühren.

Espatule, Wandläusekraut.

ESPE'CE, *s. f.* eine Gattung, eine Art, Gestalt, Geschlecht, ein Bild. Le corps & l'esprit sont des *espèces* de la substance, Leib und Geist sind Gattungen des Wesens. La propagation de l'*espèce*, die Fortpflanzung des Geschlechts. Cela est d'une autre *espèce*, dieses ist von einer andern Gattung; eines andern Schlags.

Espe'ce de monnoie, gewisser Schlag (Gepräge) von Geld.

Espèces décriées, verrufene Münzsorten.

Espe'ce, (bey den Rechtsgelehrten) Frage; Casus; Sache von einerley Beschaffenheit. L'*espèce* d'un procès, die That, daß es geschehen.

Espe'ces, *s. f. plur.* (in der Vernunftlehre) Vorstellung der sinnlichen Empfindungen in der Einbildung.

Espe'ces, (in der Gotteslehre) die zweyerley Gestalten im Abendmahl, nemlich Brod und Wein. Communier sous les deux *espèces*, unter beyderley Gestalt das Abendmahl halten oder geniessen.

ESPERANCE, *s. f.* die Hoffnung. Avoir *espérance*, hoffen, Hoffnung haben. Concevoir de grandes *espérances*, grosse Hoffnung schöpfen. Contre toute *espérance*, wider alles Hoffen. Perdre *espérance*, die Hoffnung verliehren.

ESPERER, *v. a.* hoffen. J'*espère* qu'on nous pardonnera, ich hoffe, daß man uns verzeihen werde. Je commence à *espérer* la liberté, ich beginne die Freyheit zu hoffen. Quel sujet avés-vous d'*espérer* cette grace? was für Ursache habet ihr, diese Gütigkeit zu hoffen? *Espérons* en Dieu! lasset uns auf GOtt hoffen!

ESPIEGLE, *adj. c.* ein muthwilliger kleiner Junge; Eulenspiegel.

ESPIEGLERIES, *s. f. plur.* Eulenspiegelspossen.

ESPION, *s. m.* ein Kundschafter, Ausspäher, Verräther. *Espion* double, ein betrüglicher Kundschafter; Spion, der die Kundschaft von dem einen Theil zu dem andern trägt.

Il ne dépense guerre en *espions*, prov. seine Kundschaft hat ihn betrogen; er weiß nicht viel von dem was vorgehet.

Espionne, *s. f.* Kundschafterin.

ESPIONNER, *v. a.* auskundschaften, ausspä-

spähen, verrathen; auf jemands Thun Acht haben.
ESPLANADE, *s. f.* ein abhängig aufgeführtes Erdreich, das allgemach so hoch wird, daß man dahinter verborgen seyn kan, in dem bedeckten Wege einer Vestung; item der Platz zwischen der Contrescarpe und den Häusern, der eben gemacht; eine jede gemachte Ebene, ein Platz von Bretern, worauf die Stücke stehen.
ESPLANADE, das Fliegen eines Falken in der Luft herum, ohne daß er steigt.
ESPOIR, *s. m.* (in der Poesie) Hoffnung.
ESPOIR, (auf den Schiffen) ein Falkonet.
ESPONTON, *s. m.* ein Springstock, Schweinsfeder, halbe Pike.
ESPRELLE, *s. f.* ein Kraut mit einem rauhen Stiel.
ESPRIT, *s. m.* Geist; Verstand; Sinn, Herz. Le saint *esprit*, der heilige Geist, die dritte Person der Gottheit. Un *esprit* saint, ein heiliger Geist. Il a l'*esprit* fin, er hat einen scharfen (durchdringenden) Verstand. Lenteur d'*esprit*, Trägheit des Gemüths. Un *esprit* bouché, ein stumpfer Sinn, der nichts fassen kan. Celà est dit avec *esprit*, das ist scharfsinnig geredet; sinnreich gegeben. Avoir l'*esprit* troublé, verruckt im Verstande seyn. Celà me vient dans l'*esprit*, das fällt mir ein; kommt mir in die Gedanken. Un *esprit* doux, malicieux &c. ein sanftes, boshaftes Gemüth. Malin *esprit*, der böse Geist, der Teufel. *Esprit* malin, ein böses (boshaftes) Gemüth.
ESPRIT, Geist, Gespenst. Il a peur des *esprits*, er fürchtet sich vor Gespenstern. Un *esprit* folet, ein Kobolt, Poltergeist.
ESPRIT, Neigung, Art, Eigenschaft. Tel est mon *esprit*, so bin ich geartet (gesinnt). On voit là l'*esprit* de libertin, da sieht man die Eigenschaft eines Ungezogenen.
ESPRIT, Meynung, Absehen, Vorsatz. Faire quelque chose dans un *esprit* de vangeance, etwas aus Rache thun. Voilà quel est l'*esprit* de nôtre contract, dieses ist die Meynung (der Sinn) unsers Handels.
ESPRIT, eine Person; Mensch. L'oisiveté perd les jeunes *esprits*, der Müßigggang verderbt junge Leute.
les ESPRITS audacieux, die frechen, verwegenen Leute.
bel ESPRIT, ein verständiger Mensch, kluger Kopf.
ESPRIT fort, einer der meynt, er darf gar nichts glauben; der mehr will wissen als andere die eine Religion haben.
ESPRIT, (in der Arzney und Chymie) ein Spiritus. *Esprits* vitaux, die Lebensgeister oder die im Geblüt. *Esprit* de vin,

Brantewein, der mehrmal übergezogen.
ESQUIAVINE, *s. f.* ein Sclaven- oder Baurenkleid.
ESQUIAVINE, (auf der Reitschul) langes Peitschen eines Pferds, es bändig und gediegen zu machen.
ESQUIF, *s. m.* ein Kahn, Nache, (Weidling).
ESQUILLE, *s. f.* ein Splitter, (Schiefer) von einem zerbrochenen Bein.
ESQUIMAN, *s. m.* der Schiemann, des Bootsmanns Gehülf.
ESQUINANCIE, *s. f.* Kehlsucht.
ESQUINE, *v.* E'CHINE, (auf der Reitschule) der Rückgrat eines Pferds, die Lenden.
ESQUIPOT, *s. m.* Sparbüchse einiger Professionen, sonderlich der Balbiergesellen, darein sie das Geld thun, so sie mit einander theilen.
ESQUISSE, *s. f.* ein Entwurf, die gröbsten Streife eines Gemäldes, die man vorher macht, ehe man es recht ausarbeitet, die Stellung.
ESQUISSER, *v. a.* einen Entwurf mit groben Strichen von etwas machen.
ESQUIVER, *v. a.* vulg. sich auf die Seite machen, entweichen, entspringen, vermeiden, umgehen, entgehen. *Esquiver* la rencontre de quelqu'un, jemands Begegnung meiden. *Esquiver* le danger, der Gefahr entgehen, von der Gefahr abkommen. S'*esquiver* doucement, sachte davon schleichen.
ESRAFLER, *voiés* E'RAFLER.
ESSAIM, oder ESSAIN, *s. m.* ein Bienschwarm; ein Schwarm oder grosser unordentlicher Haufe.
ESSAIMER, *v. a.* schwärmen, als Bienen.
ESSANGER, *v. a.* die Wäsche einweichen und bauchen, daß die Blut- und andere Flecken desto besser daraus gehen.
ESSARTER, *v. a.* einen Platz oder Feld von Büschen und Stöcken reinigen, Bäume ausreuten, ausstocken.
ESSAI oder ESSAY, *s. m.* das Versuchen oder Credenzen der Speisen.
ESSAI, das Brod, welches der Tafeldecker, oder der die Speisen auf der Tafel ordnet, dem königlichen Hofmeister giebt, daß er damit alle Speisen, ehe sie dem König vorgesetzt werden, versuche und credenze.
ESSAI, der Deckel auf der Schale, daraus man den königlichen Wein credenzet.
ESSAI, eine jede Probe, Versuch, Muster. Faire un *essai*, eine Probe machen. Fourneau d'*essai*, der Probierofen. Faire l'*essai* de l'argent, das Silber auf die Probe setzen. C'est un coup d'*essai*, das ist der erste Versuch.
ESSAI, ein Geschirr oder Flasche den Wein zur Probe zu nehmen.

ESSAÏER, *v. a.* probiren, verſuchen, koſten, Verſuch thun. *Eſſaïer* un canon, ein Stück probiren. *Eſſaïer* du vin, Wein proben. *Eſſaïer* un habit, ein Kleid anprobiren. Il faut *eſſaïer* de gagner ſon amitié, man muß verſuchen, ob man ſeine Freundſchaft gewinnen kan.

s'ESSAÏER, *v. r.* ſich ſelbſten probiren, verſuchen, prüfen.

ESSAÏEUR, *ſ. m.* der Münzwardein, Münzprobirer.

ESSE, *ſ. f.* der Nagel, ſo vornen in die Achſe am Wagen geſteckt wird, daß das Rad nicht abgehe. (Loone, Linß.)

ESSE de fléau, ein Eiſen wie ein S gekrümt, am Wagbalken. Qui a trop bû, fait des *eſſes*, truñkene Leute haben einen krummen Gang.

ESSES, die wie ein S formirte Eiſen in den Mauren, ſie beſſer halten zu machen.

ESSEAU, *ſ. m.* eine Dachſchindel.

ESSEAU, ein kleines gekrümtes Beil, Bindmeſſer.

ESSELIER, *ſ. m.* (bey den Zimmerleuten) gewiſſe Balken, welche das Gerüſt formiren, worüber ein ſteinern Gewölb gebaut wird, Bandſtück.

ESSEMER, *v. a.* (bey dem Fiſcher) das Fiſchergarn ausleeren.

ESSENCE, *ſ. f.* das Weſen, die Natur, Art. Il eſt difficile de connoitre l'*eſſence* des choſes, es iſt ſchwer das Weſen der Dinge zu erkennen.

N'être plus en *eſſence*, nicht mehr da oder vorhanden ſeyn.

ESSENCE, wohlriechend Oel. *Eſſence* de jasmin, Jasminöl.

La quint-*eſſence*, das Beſte ſo aus etwas kan gezogen werden, worinn alle Kraft in Wenigem beyſammen.

ESSENCIER, *v. a.* mit kräftigen, wohlriechenden Waſſern beſprengen oder anmachen.

ESSENCIFIER, zur Eſſenz machen.

ESSENTIEL, le, *adj.* weſentlich. Il eſt *eſſentiel* à Dieu, es gehöret zum göttlichen Weſen. La pièce *eſſentielle* du procès, das Hauptſtück im Rechtshandel. Le point le plus *eſſentiel*, der wichtigſte Punct. Avoir des obligations *eſſentielles* à quelqu'un, einem ſonderbar verbunden ſeyn.

ESSENTIELLEMENT, *adv.* weſentlich, wirklich, nothwendig.

ESSETTE, *ſ. f.* v. AÏSSETTE.

ESSIEU, *ſ. m.* v. AÏSSIEU, in der Geographie die Achſe, ſo durch die Weltkugel an beyde Pole geht.

ESSIMER, *v. a.* einem Falken das überflüſſige Fett benehmen, ausmagern; item alle Kraft einem Acker oder der Erde entziehen.

ESSIMER l'oiſeau, den Falken fliegen laſſen.

ESSIMILER, *v. a.* (bey den Steinhauern) grob behauen.

ESSOMER, *ſ. m.* eine doppelte Einfaſſung, Saum an einem Wappenſchild.

ESSOR, *ſ. m.* die friſche freye Luft. Prendre l'*eſſor*, ſich in die Höhe ſchwingen, in die Luft erheben, in die Freyheit gehen, von der Materie abgehen. Donner l'*eſſor*, freyen Lauf laſſen. Donner l'*eſſor* à ſon eſprit, ſeine Gedanken fliegen laſſen.

ESSORER, *v. n.* zu hoch und zu weit wegfliegen, als ein Falke.

Un oiſeau *eſſorant*, ein Vogel, der in den Wappen die Flügel aufhebt, als wollte er ſich in die Höhe ſchwingen.

ESSORER, trocknen, auslüften. *Eſſorer* du linge, leinen Zeug aufhängen.

ESSORE', ée, *part. & adj.* (in den Wappen) wenn ein Dach eines Gebäudes von anderer Farbe als das Gebäude.

ESSORILLER, *v. a.* die Ohren abſchneiden.

ESSORILLER, das Haar allzukurz abſchneiden.

ESSOUFLER, *v. a.* aus dem Athem bringen.

ESSOUFLE', *m.* ée, *ſ. adj.* athemlos; aus dem Athem gekommen.

ESSOURDER, *v. a.* taub machen.

ESSOURISSER, *v. a.* (auf der Reitbahn) einem Pferde die Maus aus der Naſe ſchneiden.

ESSUI, *ſ. m.* trocken Wetter; Trockene; der Ort, wo man etwas trocknet; ſonderlich bey den Gerbern.

ESSUÏ-MAIN, ein Handtuch, Handquel.

ESSUÏER, *v. a.* abtrocknen, auftrocknen, abwiſchen.

ESSUÏER, ausſtehen, überſtehen, erdulden, vertragen. *Eſſuïer* la mauvaiſe humeur de quelqu'un, jemands wunderlichen Sinn ertragen. *Eſſuïer* le prémier feu de l'ennemi, das erſte Feuer des Feinds ausſtehen. *Eſſuïer* une rude tempête, ein ſchweres Ungewitter ausſtehen.

EST, *ſ. m.* Oſt, die Gegend von Morgen. Vent d'*Eſt*, der Morgenwind.

ESTABL. v. E'TABL.

ESTACADE, *ſ. f.* Stakete, Verpfälung im Waſſer.

ESTAFETTE, *ſ. f.* ein reitender Bote; ein Poſtreuter, Courier, Stafete.

ESTAFFIER, *ſ. m.* einer der den Steigbügel halten muß.

ESTAFFIER, ein Bedienter der bey Turnierſpielen die Handpferde führt oder andere Aufwartung thut.

ESTAFFIER, ein Laquay der im Staat hinter einem hergeht oder bey der Kutſche läuft, ein Nachtreter oder Beyläufer.

ESTAFFIER, (in böſem Verſtande) ein Gaſſenlaquay, der den Leuten ums Geld mit ſchlimmen Händeln bedient iſt.

ESTA-

ESTAFILADE, *s. f.* Schnidte im Gesicht vom Balbiren; it. Risse in einem Kleide.

ESTAFILADER, *v. a.* das Gesicht voll Schnidte (Schmarren) machen, zerhauen.

ESTAL, *s. m.* Pied d'*estal*, ein Fuß worauf eine Statue oder Säule steht; (sonst heißt es étau.)

ESTALINGUER, *v.* TALINGUER.

ESTAMBORD, ESTAMBOT, *s. m.* (bey dem Schiffsbau) das Gebäude oder Balken am Hintertheil des Kiels, worauf man das Castel bauet.

contre-ESTAMBOT, ein krumm Holz, das den Estambot inwendig an den Kiel vest macht.

ESTAMBRAYES, *v.* E'TAMBRAYES.

ESTAME, *s. f.* Strickwerk, das gestrickt ist. Bas d'*estame*, gestrickte Strümpfe.

ESTAMPE, *s. f.* das Gepräg oder ausgegrabene Theil eines Petschafts.

ESTAMPE, ein Kupferstück, Holzschnitt, gedruckte Figur.

ESTAMPE, (bey den Schlossern) ein Werkzeug, einen runden Kopf oder Platte zu formiren.

ESTAMPER, *v. a.* prägen, aufdrücken, drücken, ausdrücken.

ESTAMPER, (bey den Goldschmieden) gegossene Zierathen machen, so etwas erhaben sind.

ESTAMPER, (bey den Schmieden) *voiés* E'TAMPER.

ESTATEUR, *s. m.* (im Rechtshandel) der seine Güter den Schuldnern überläßt.

ESTE'LAIRE, *s. f.* ein zahmgemachter Hirsch, den man in das Holz laufen läßt, die wilden anzulocken.

ESTELIN, *s. f.* ein Goldschmiedsgewicht, das zehnte Theil vom Loth.

ESTE MENAIRE, ESTE'MINAIRE, *s. f.* ein Stück Holz, das man zu Ende an eine dicke Schiffsbohle oder Diele anfügt.

ESTER, *v. n.* en jugement, en droit, vor Gericht persönlich erscheinen.

ESTHER, *s. f.* Esther, ein Weibername.

ESTIENNE, *v.* E'TIENNE.

ESTIMABLE, *adj. c.* achtbar, hochzuachten. Une qualité fort *estimable*, eine sehr schätzbare Eigenschaft.

ESTIMATEUR, *s. m.* ein Schätzer, der den Werth eines Dinges sagen kan.

ESTIMATION, *v. a.* die Schätzung, Anschlag.

ESTIMATIVE, *s. f.* das Urtheil von einem Dinge, der Verstand von etwas. Avoir l'*estimative* juste, ein genaues Augenmaaß haben.

ESTIME, *s. f.* Hochachtung, das Achten, der Werth; bisweilen auch die Leute, so etwas hochachten. Avoir de l'*estime* pour quelqu'un, oder faire *estime* de quelqu'un, einen werth halten, hochachten.

ESTIME, (bey den Bootsleuten) der Verstand oder das Urtheil, das sie haben, zu wissen, um welche Gegend der Welt ihr Schiff läuft.

ESTIMER, *v. a.* schätzen, tariren; item hochschätzen, hochhalten, hochachten; achten, halten, meynen. *Estimer* un diamant, einen Demant schätzen. Je vous *estime* plus que tous les autres, ich halte euch werther als die andern. On *estime* la place imprenable, man achtet den Ort für unüberwindlich.

ESTIOME'NE, *adj. c.* (in der Heilkunst) um sich fressend, als ein Schaden oder Geschwür im Fleisch.

ESTIRE, ESTIRER, *v.* E'TIRE.

ESTIVAL, *s. m.* eine Art alte Stiefel.

ESTIVE *s. f.* Gleichwichtigkeit eines Schiffs, daß nicht eine Seite schwerer als die andere ist.

ESTOC, *s. m.* ein Stock, unten meistens beschlagen; der Stock oder Stanum eines Baums;
Dites-vous cela de vôtre *estoc*, sagt ihr das von euch selbst?
Brin d'*estoc*, (*v.* BRINDESTOC).

ESTOC, (in Rechten) der Stammbaum.

ESTOC, die Spitze eines Gewehrs; ein Stoß mit dem Degen. Frapper d'*estoc* & de taille, auf Hieb und Stoß gehen.

ESTOC, (bey den Handwerksleuten); *v.* ETAU, Schraubstock.

ESTOCADE, *s. f.* ein Stoßdegen, ein Stoß oder Wunde vom Stoß, ein Stich; (im Scherz) ein Bettelbrief, Bettelcarmen. Présenteur d'*estocade*, ein Bettler, der Bettelbriefe umträgt.

ESTOCADER, *v. a.* fechten; auf den Stoß fechten; auch disputiren, zanken.

ESTOMAC, *s. m.* der Magen; it. die Brust an Menschen, an Geflügel. L'orifice de l'*estomac*, der Magenmund. Le pylore, ou le bas orifice de l'*estomac*, der rechte oder untere Magenmund, untere Oefnung des Magens.

ESTOMAC d'autruche, ein Straussenmagen, der alle harte Speisen verdauen kan.

s'ESTOMAQUER, *v. r.* sich erzürnen. S'*estomaquer* de quelque chose, über etwas ungehalten, bös werden.

ESTOQUIAU, *s. m.* der Nagel oder Stock am Schloß, an dem die Feder angemacht ist; item andere eiserne Stefte am Schloß.

ESTOR, ESTOUR, *s. m.* Sturm, Anlauf, (besser Assaut.)

ESTOUBLE, *v.* CHAUME.

ESTOUDEAU, *s. m.* ein junger Hahn.

ESTOURGEON, *v.* E'TOURG.

ESTRADE, *s. f.* Strasse; it. der etwas höhere

here Boden in einem Alkofen oder sonst in einem Zimmer.

Battre l'*estrade*, auf allen Strassen Reuter ausschicken, Kundschaft vom Feind einzuholen.

ESTRAGALE, *v.* ASTRAGALE.

ESTRAGON, *f. m.* ein Kraut, Dragun, Kayserfalat.

ESTRAMAÇON, *f. m.* Schramme, Hieb, den man von einem Haudegen bekommt.

Décharger un coup d'*estramaçon* à quelqu'un fur la tête, einen über den Kopf hauen.

ESTRAMAÇON, das End an einem Jägerstock.

ESTRAMAÇONNER, *v. n.* sich mit Säbeln rc. herum hauen, auf den Hieb fechten.

ESTRANG, *v.* E'TRANG.

ESTRAPADE, *f. f.* das Wippen.

Donner l'*estrapade* à quelqu'un, einen sehr quälen.

Donner l'*estrapade* à son esprit, sich martern, sich den Kopf zerbrechen.

ESTRAPADE, ein gewisser Schwung des Seiltänzers auf dem Schwungseil.

ESTRAPADE, die Wippe. Donner l'*estrapade* à un déserteur, einem ausgerissenen Soldaten die Wippe geben.

ESTRAPADER, *v. a.* wippen.

ESTRAPASSER, *v. a.* (auf der Reitschule) ein Pferd gar zu lang herum tummeln.

ESTRAPER, *v. a.* die Stoppeln ausreissen, wenn das Getreyd abgeerndtet ist.

ESTRAPOIR, *f. m.* eine Stoppelsichel, die Stoppeln gar abzuhauen.

ESTRAPONTAIN, ESTRAPONTIN, *f. m.* ein kleiner Sitz vornen in einer Kalesche oder mitten in einer Kutsche; it. ein Bett, das in der Luft hängt, wie die Indianer haben.

ESTRAVE, *f. f.* der Balken, so vornen in den Kiel gesteckt wird, das Vordertheil des Schiffs mit seiner Krümme zu machen.

contre-ESTRAVE, das Holz, womit dieser Balken inwendig an den Kiel vest gemacht wird.

ESTRIBORD, *f. m.* die rechte Seite des Schiffbords, wenn man nemlich auf dem Hintertheil steht.

ESTROP oder ESTROPE, *f. m.* ein Seil, woran eine Werbel hängt, oder das derselben Holz aussen zusammen hält.

ESTROPES, zwey zusammen genähete oder geheftete Seile.

ESTROPIAT oder ESTROPIE', *f. m.* ein Krüppel Donnés l'aumône à cet *estropiat*! gebt dem armen Krüppel etwas!

ESTROPIER, *v. a.* ein Glied lähmen, unbrauchbar machen. Il est revenu *estropié* de l'armée, er ist als ein Krüppel von der Armee wiedergekommen. Eſtropié de la cervelle, der nicht wohl bey Verstand ist. Une expression *estropiée*, eine lahme, ungeschickte Rede.

Il n'est pas *estropié* de la langue, er kan wohl schwätzen, die Zunge ist ihm wohl gelöst.

ESTROPIER un auteur, ein Buch schlecht übersetzen, zerstümmeln. Un sens *estropié*, ein zerstümmelter Verstand.

ESTROPIER un nom, einen Namen nicht recht aussprechen können.

E'SULE, *f. f.* Wolfsmilch, ein Kraut.

ET, *conj.* (&) und; wenn es zweymal bald nacheinander kommt, heißt es, wie im Lateinischen, sowohl-als, beedes-und; *&* vous *&* moi, so wohl ihr als ich.

ET CAETERA, (&c.) und so weiter, und dergleichen mehr, u. s. w. u. d. g. m.

E'TABLAGE, *f. m.* das Miethen eines Stalles oder Platzes zu etwas; it. das Standgeld der Krämer und Marktleute.

Celà ne vaut pas d'*établage*, das ist die Stelle nicht werth, wo es steht.

E'TABLE, *f. m.* ein Stall. E'*table* à bœufs, Ochsenstall. E'*table* à cochons, Schweinstall.

E'TABLE, (in der Seefahrt) Vorderstäbe, so vorn am Schiff, vom Kiel bis zur Spitze hinan reichen. S'aborder de franc-*étable*, (in der Seefahrt) wenn zwey Schiffe gerade mit dem Vordertheil auf einander gehen.

E'TABLER, *v. a.* in den Stall thun, Pferde einstallen.

E'TABLERIES, *f. f. pl.* Stallungen vor allerhand Vieh, an einander.

E'TABLI, *f. m.* der Werktisch, die Werkstatt, worauf die Handwerksleute arbeiten.

E'TABLIE, *f. f.* heißt eben so viel, wird aber nicht leicht gebraucht.

E'TABLI, (in der Seefahrt) gelegen; sich streckend. Un rocher *établi* Est & Oüest, ein Fels der von Osten gegen Westen liegt.

E'TABLIR, *v. a.* setzen, bevestigen, anlegen; einführen, in Gebrauch bringen; einsetzen, als in ein Amt; vest setzen, in rechten Stand bringen; anrichten, aufrichten. E'*tablir* des loix, Gesetze einführen. E'*tablir* des magistrats, Obrigkeit bestellen. E'*tablir* quelqu'un dans un emploi, einem in einen Dienst helfen, zum Dienst befördern. E'*tablir* bien ses affaires, seine Sachen wohl einrichten; auf einen guten Fuß setzen. Il est mal *établi* dans l'esprit du prince, er stehet nicht wohl bey seinem Fürsten; ist nicht in Gnaden bey ihm.

E'TABLIR les voiles, die Segel aufspannen. Vaisseau *établi* sur ses amarres, ein Schiff das seine Anker geworfen hat.

E'TA-

E'TABLIR un mot, ein Wort in den Gang bringen.

s'ETABLIR, *v. r.* sich in den Ehestand begeben; sich einrichten, eine Haushaltung anfangen; sich an einem Ort häuslich niederlassen; aufkommen, in Gang oder in Brauch kommen, eingeführt werden. C'est un jeune homme qui commence à s'*établir*, er ist ein junger Mann, der anfängt sich einzurichten. C'est depuis peu que je me suis *établi* ici, ich habe mich unlängst hie gesetzet. Une famille bien *établie*, ein Haus das wohl stehet.

E'TABLISSEMENT, *f. m.* die Aufrichtung, das Aufrichten oder An- und Einrichten. L'*établissement* d'une academie, Einsetzung (Bestallung) einer hohen Schule. L'*établissement* d'un valet en service, Annehmung eines Dieners zur Aufwartung. C'est un *établissement* pour le reste de mes jours, es ist eine Versorgung auf meine übrige Lebenszeit. Il n'a point encore d'*établissement*, er hat noch keinen beständigen Aufenthalt, (eigene Haushaltung.)

E'TABLISSEMENT, Verheyrathung; das Anbringen eines Kindes an einen Ehegatten &c.

E'TABLURE, *f. f.* (auf den Schiffen) der Theil des Schiffs am Steuerruder.

E'TAGE, *f. m.* Stockwerk, Gaden, Absatz von Zimmern oder Gemächern über die andern. Loger au troisième *étage*, in dem dritten Stock wohnen. Il faut laisser monter les arbres par *étages*, man muß die Bäume nach gewissen Absätzen in die Höhe wachsen lassen.

E'TAGE, eine Gattung, Stand, oder Beschaffenheit der Leute und Sachen. Ce sont des gens du plus bas *étage*, diese Leute sind von den Geringsten; aus dem niedrigsten Stande. Il y a des esprits de tous les *étages*, es giebt mancherley Gattungen der Menschen. Un esprit du plus bas *étage*, ein Mensch von sehr geringem Verstand. Du plus haut *étage*, von hohem Verstand. Il est sot à triple *étage*, vulg. er ist ein Narr in Folio.

E'TAGE, eine Reihe Aeste oder Wurzeln am Baum herum.

E'TAGE, eine Reihe gestochener Ruthen an einem Korb.

E'TAGE lige, ein Gut, dessen Besitzer dem Lehnherrn Zug und Wacht zu thun schuldig ist.

E'TAGE du rez de chaussée, der Grund und Boden eines Guts. (ist alt.)

E'TAGERE, *f. f.* ein Bücherbret.

E'TAI, *f. m.* das stärkste Seil am Mast, das ihn aufrecht hält, und macht daß er sicher bleibet, das Stag.

E'TAÏE, *f. f.* (sprich E'tée) Stütze; Gegenpfeiler.

E'TAÏEMENT, *f. m.* das Stützen.

E'TAÏER, *v. a.* (sprich E'tëïé) stützen.

E'TAIM, *f. m.* der Zettel eines Webers.

E'TAIM, (besser E'tain) *f. m.* Zinn. la céruse d'E'TAIN, weisse Farbe, das irden Geschirr zu glasiren, daß es wie Porcellan stehet. la chaux d'E'TAIN, Zinnasche; (bey den Chymicis) distillirter und verrauchter Spiritus Nitri. l'E'TAIN fin, l'E'TAIN sonnant, Englisch Zinn. l'E'TAIN commun, schlecht Zinn. l'E'TAIN d'antimoine, weiß und hartes Zinn. l'E'TAIN de glace, Bißmuth.

E'TAINIER, *f. m.* oder potier d'E'TAIN, Zinngiesser, Kannengiesser.

E'TAINS, *f. m. plur.* zwey Balken auf dem Schiff, welche die Runde des Hintertheils des Schiffs machen helfen.

E'TAL, *f. m.* eine Fleischbank, worauf die Metzger das Fleisch verkaufen; auch sonst ein Gestell, worauf man etwas feil hat.

E'TALAGE, *f. m.* das Auslegen der Waaren, das Auskramen. Mettre de la marchandise en *étalage*, seine Waare auslegen. Mettre sa science en *étalage*, seine Wissenschaft sehen lassen; sich mit seiner Gelehrsamkeit hervorthun.

E'TALAGE, das Standgeld, so man wegen seines Krams zahlen muß.

E'TALAGE, das Aufputzen einer Weibsperson.

E'TALAGE, alles was man will sehen lassen, womit man prangen will.

E'TALAGE, Gepränge, Pracht, Pralerey, Kram, oder Auskramung, als der Wissenschaft &c.

E'TALER, *v. a.* auskramen, auslegen, zu Markt bringen; sehen lassen, prangen, pralen. E'*taler* son zèle, seinen Eifer sehen lassen.

E'TALER les marées, (in der Seefahrt) wegen widerwärtigem Winde den Anker werfen, und auf bessern Wind warten.

E'TALE', ée, *part. & adj.* ausgelegt zum Verkaufen oder Anschauen.

E'TALEUR, *f. m.* ein Bücherkrämer, der alte Bücher feil hat.

E'TALIER, *f. m.* ein Fleischhacker oder Metzger, der Fleisch pfundweise verkauft.

E'TALON, *f. m.* ein Hengst, den man zur Zucht braucht, ein Bescheler, Zuchthengst.

E'TALON, das Aichmaaß, um das Gewicht, Elle, Scheffel u. d. gl. darnach zu probiren.

E'TALON, (bey den Zimmerleuten) Breter, den Dachstuhl darauf abzuzeichnen.

E'TALON,

E'TALON, ein hölzerner Nagel die Balken zusammen zu halten.

E'TALON, (in den Wäldern) ein Baum, der vom letzten Abhauen oder Fällen des Holzes stehen geblieben ist.

E'TALONNAGE, *s. m.* oder E'TALONNEMENT, *s. m.* das Probiren eines Maasses oder Gewichts nach dem Rathsmaaß; die Stadtaiche ꝛc.

E'TALONNER, *v. a.* ein Gewicht, Maaß oder Elle zeichnen oder aichen lassen, zum Beweis, daß es richtig sey.

E'TALONNEUR, *s. m.* der das Maaß und Gewicht gerichtlich probirt und zeichnet, daß es richtig sey.

E'TAMBRAYES, *s. m.* (in der Seefahrt) die Dielen und Hölzer, die den Mast oben auf dem Boden vest schliessen.

E'TAMBRAYE, ein mit Teer bestrichenes Tuch, das man um den Mast schlägt, ihn vor der Fäulung länger zu verwahren.

E'TAMER, *v. a.* verzinnen, mit Zinn überziehen.

E'TAMINE, *s. f.* ein dünner Zeug von Wolle, Etamin.

E'TAMINE, Haarsieb oder Haartuch, etwas zu filtriren, oder die Kleider damit trocken abzuwischen.

Il a passé par l'*étamine*, vulg. er hat was versucht, er ist in der Presse gewesen.

E'TAMPER, *v. a.* (bey dem Hufschmied) die Nagellöcher in ein Hufeisen schlagen.

E'TAMURE, *s. f.* das Verzinnen.

E'TANC, *adj. m.* (in der Seefahrt) wohlvermacht. Vaisseau *étanc*, wohlverwahrtes Schiff, da kein Wasser eindringt.

E'TANCES, *s. f.* plur. (in der Seefahrt) eine Stange oder Stütze, worauf etwas am Schiffboden ruht.

E'TANCHE, *s. f.* mettre à *étanche*, ein Schiff aufs Trockene bringen, daß man es unten verstopfen kan.

E'TANCHEMENT, *s. m.* das Stillen des Durstes, des Gebluts.

E'TANCHER, *v. a.* stillen, stellen, verquellen lassen, verstopfen, die Ritze vermachen, dem Rinnen eines Schiffs steuern. E'tancher le sang, das Blut stillen. E'tancher la soif, den Durst löschen. Des souflets bien *étanchés*, Blasbälge, die wohl vermacht sind, daß kein Wind heraus kan.

E'TANÇON, *s. m.* Stütze, eine Mauer oder etwas zu stützen, worunter man zu arbeiten hat.

E'TANÇONNEMENT, *s. m.* Unterstützung.

E'TANÇONNER, *v. a.* Weinpfäle einstecken; mit einer Stütze unterbauen, daß eine Mauer nicht einfalle.

E'TANFICHE, *s. f.* die Dicke der Steinadern oder Gänge im Steinbruch.

E'TANG, *s. m.* ein Fischteich, Weiher, See; eine Pfütze oder Lache.

E'TANGUES, *s. f. pl.* (in der Münze) eine Zange; die Münzplatten damit zu halten.

E'TANT, (*partic.* von être) in dem man ist.

E'TANT, stehend. Arbre en *étant*, Holz, das noch auf dem Stamm steht.

E'TAPE, *s. f.* die Stapel oder Niederlage gewisser Kaufmannswaaren an einem Orte, welcher das Stapelrecht hat.

E'TAPE, eine Niederlage von allerley Waaren.

E'TAPE, der Weinmarkt.

E'TAPE, die Verpflegung der Soldaten; Portion.

E'TAPE, ein Ort, wo man ein Magazin zu Versorgung der durchmarschirenden Soldaten aufrichtet.

E'TAPE, das Magazin, ein Proviantshaus für durchziehende Soldaten. E'tablir les *étapes*, die Ablager bestellen. Brûler l'*étape*, faire cuire l'*étape*, wird gesagt, wenn der Befehlshaber Geld für das Ablager nimmt, und die Soldaten weiter gehen läßt.

E'TAPIER, *s. m.* ein Proviantmeister, der die Soldaten in einem Lande mit Lebensmitteln zu versehen über sich genommen hat.

E'TAT, *s. m.* Stand, Zustand, Beschaffenheit der Gesundheit einer Person. Etre en *état* de faire quelque chose, im Stande seyn etwas zu thun, das Vermögen oder eine Gelegenheit dazu haben.

E'TAT, ein Staat, Land, Reich; die Regierung; die Regierungsgeschäfte.

E'TAT, ein Stand, Rang, Ordnung, wornach die Einwohner eines Lands eingetheilt werden.

E'TAT, ein Verzeichniß der Ausgaben, was man einem jeden geben soll und wird.

E'TAT, ein Register der vornehmen Minister.

E'TAT, eine Rechnung, Verzeichniß, als der Schulden und anderer Ausgaben.

E'TAT final, die Summasummarum, der Schluß einer Rechnung.

les E'TATS, die Landstände.

lettre d'E'TAT, Versicherungsbriefe, die man einem Officier oder Abgesandten giebt, daß ihn indessen niemand wegen seiner Person und Güter belangen könne.

le tiers E'TAT oder les E'TATS, in Frankreich ist es der dritte, nemlich nach den Geistlichen und denen vom Adel, der bürgerliche Stand und ihre Deputirten.

E'TATS-Généraux, die Generalstaaten, die Deputirten von allen vereinigten Provinzen.

E'TATS de Hollande, die Deputirten von den

den Ständen der Provinz Holland auf ihren eigenen Versammlungen.

question d'E'TAT, (in den Rechten) eine Frage vom Zustande einer Person, ob sie frey oder leibeigen, verheyrathet oder in einem Orden, edel oder gemeinen Standes sey.

E'TAT-Major de l'armée, der Generalstab einer Armee, von Generalen.

E'TAT-Major d'un regiment, der Regimentsstab, von Officiers und Personen, die über den Gemeinen den Rang haben.

Un capitaine du grand *état*, ein Schiffshauptmann auf einem grossen Kriegsschiffe.

Un capitaine du petit *état*, ein Hauptmann auf einer Fregatte, Galiotte, Brander &c.

Faire *état* de quelque chose, ein Ding achten.

Faire *état* que, meynen, gedenken, daß &c.

Faire *état* de faire, meynen, man werde etwas thun, willens seyn etwas zu thun.

E'TAU, *s. m.* ein Kram.

E'TAU, der Schraubstock der Handwerksleute.

E'TAY, *v.* E'TAI.

E'TAYE, *s. f.* eine Stütze, etwas baufälliges zu stützen; in den Wappen eine Sparrenstütze.

E'TAYEMENT, *s. m.* das Stützen, Unterstützen.

E'TAYER, *v. a.* unterstützen, was fallen will.

Il veut *étayer* le ciel, er meynt, der Himmel fällt ein.

s'E'TAYER, *v. r.* l'un l'autre, eins das andere halten.

E'TE', *s. m.* der Sommer. Passer l'*été* à la campagne, den Sommer auf dem Lande zubringen.

l'E'TE' saint Martin, die Zeit um Martini, der alte Weibersommer.

E'TEIGNOIR, *s. m.* Löschhütlein, die Lichter damit auszulöschen.

E'TEINDRE, *v. a.* auslöschen; stillen, dämpfen; abschaffen; ausrotten, vertilgen. E'*teindre* une chandele, ein Licht auslöschen. E'*teindre* un fer chaud, ein glühend Eisen ablöschen. E'*teindre* de la chaux, Kalk ablöschen. E'*teindre* ses passions, seine Begierden dämpfen. E'*teindre* une guerre, einen Krieg dämpfen. E'*teindre* une famille, ein Geschlecht vertilgen. E'*teindre* une pension, ein Gnadengehalt aufheben, einziehen.

s'E'TEINDRE, *v. r.* ausgehen, verlöschen; untergehen; sich endigen.

à E'TEINTE de chandele, bis ein angebrannt Licht ausgebrannt.

E'TEINS, *v.* E'TAINS.

E'TELON, *v.* E'TALON.

E'TENDART, E'TENDARD, *s. m.* eine Standarte, Reuterfahne; eine Fahne, die man aufsteckt an einem Ort. Suivre les *étendarts* de quelqu'un, eines Parthey annehmen. Lever l'*étendart*, sich zum Haupt einer Rotte aufwerfen. Arborer l'*étendart*, die Fahne aufstecken, ausstecken.

E'TENDART, die Fahne auf einer Galee.

E'TENDART, an den Schwerdtlilien sind es die drey obern Blätter, die über die andern empor gehen.

E'TENDEUR, *s. m.* (in der Anatomie) eine Muskel oder Maus im Fleische, welche ein Glied ausstrecken macht.

E'TENDOIR, *s. m.* (bey den Buchdruckern und Papiermachern) das Aufhängekreuz.

E'TENDRE, *v. a.* ausdehnen, ausstrecken; erweitern; vermehren. E'*tendre* les bras, die Arme ausstrecken.

E'TENDRE du beure sur le pain, Butter auf das Brod schmieren, aufstreichen.

E'TENDRE ses conquêtes, mehr Landes erobern; sein Reich durch Eroberung erweitern.

E'TENDRE le parchemin, weitläufige Schriften aufsetzen, um die Kosten zu vermehren.

E'TENDRE la courroie, sein Recht zu weit gehen machen; zu viel Gewinn begehren.

E'TENDRE une signification, die Bedeutung auf viele Dinge ziehen.

E'TENDRE les loix, die Gesetze im weitläufigen Verstande nehmen oder erklären.

E'TENDRE son pouvoir, mehr thun als man Befehl hat; die Ordre überschreiten.

s'E'TENDRE, *v. r.* sich erstrecken, ausgebreitet seyn, als die Grenzen; sich ausstrecken, dauren. S'*étendre* sur un lit, sich auf einem Bette strecken.

s'E'TENDRE sur les loüanges de quelqu'un, sich bey jemandes Lob aufhalten; weitläufig seyn jemand zu loben.

s'E'TENDRE fort sur quelque matière, sehr weitläufig in einer Materie seyn.

Sa voix s'*étend* bien loin, man kan ihn sehr weit hören.

E'TENDU, ë, *part. & adj.* ausgestreckt, ausgebreitet; weit, weitläufig, groß.

E'TENDUë, *s. f.* die Weite, Grösse, als des Himmels, der Erde, eines Landes, der Stärke oder Macht, der Pflicht. L'*étenduë* est l'objet de la Géometrie, die Erstreckung ist dasjenige, wovon die Meßkunst handelt. Païs d'une grande *étenduë*, ein weit umfangenes Land.

E'TENDUë, (in der Philosophie und Mathesi) die Ausstreckung der Cörper und Grössen nach ihrer Länge, Breite und Höhe.

E'TENDUë, die Länge, als des Lebens.

ETE ETH ETI ETO

Une grande *étenduë* de tems, eine lange Strecke der Zeit.
Un esprit d'une grande *étenduë*, ein sehr kluger Mann.
l'E'TENDUË de la voix, die laute Stimme.
E'TERNEL, lle, *adj.* ewig; stetswährend.
E'TERNEL, *s. m.* der ewige GOtt, GOtt der HErr.
E'TERNELLE, *s. f.* (ein Kraut) Mauerpfeffer.
E'TERNELLEMENT, *adv.* ewiglich; immer, stets.
E'TERNISER, *v. a.* verewigen, unsterblich machen. *E'terniser* la mémoire des grands hommes, das Andenken grosser Leute verewigen; immer im Angedenken erhalten.
E'TERNITE', *s. f.* die Ewigkeit; die Unsterblichkeit.
E'TERNUëMENT, E'TERNUMENT, *s. m.* das Niesen.
E'TERNUëR, *v. n.* niesen.
E'TERODOXE, *adj. c.* irrgläubig.
E'TE'SIEN, *adj. m.* les vents, oder les aquilons *étésiens*, auch nur
E'TE'SIES, *s. m. pl.* die Winde, die alle Jahr in den Hundstagen wehen.
E'TÊTER, *v. a.* den Gipfel vom Baume, oder das Oberste von Dingen herab thun, so durch Kunst gemacht sind, als von Nadeln, Nägeln rc. nicht von Menschen rc. (in den Wappen) Thiere, so keine Köpfe haben.
E'TEUF, *s. m.* (sprich E'TEU) ein Ball zum Spielen, klein und hart.
Repousser ou renvoïer l'*éteuf*, einem gleich wieder eines versetzen.
Il ne faut pas courir après son *éteuf*, das gewisse muß man nicht aus den Händen lassen, sich mit was ungewissem bezahlt zu machen.
E'TEULE, *s. f.* voïés CHAUME.
E'THER, *s. m.* die Luft, die obere subtile Luft; der Himmel, (ist nicht üblich).
E'THERE'E, *adj.* himmlisch, nemlich der Materie oder dem Ort des äussern Himmels nach.
E'THIOPIE, *s. m.* Aethiopien, das Abißinerland in Africa, unterhalb Egypten.
E'THIOPIEN, *s. m.* Aethiopier, Mohr.
E'THIOPIENNE, *s. f.* Mohrin.
E'THIOPIQUE, *adj. m. & f.* Aethiopisch, Mohrisch.
E'THIQUE, *s. f.* die Sittenlehre.
ETHMOïDALE, *adj. f.* (in der Anatomie) eine Naht unten an der Hirnschale, die um das Stück geht, so Ethmoïde heißt.
ETHMOïDE, (in der Anatomie) das Siebbein über der Nase.
E'THOLOGIE, oder E'THOPE'E, *s. f.* (in der Redekunst) die Nachahmung oder auch die Beschreibung der Sitten und Begierden einer Person.

E'TIENNE, *s. m.* Stephan, ein Mannsname.
E'TIER, *s. m.* ein Canal oder Leitung des Seewassers in die Salzlachen in Frankreich.
E'TIER, eine jede durch Kunst oder von Natur mit dem Meer durch einen Auslauf Gemeinschaft habende Grube oder Graben.
E'TIMOLOG. voïés E'TYMOLOG.
E'TINCELLANT, e, *adj.* funkelnd; glänzend; feurig. Des yeux *étincellans*, funkelnde Augen.
E'TINCELLE, *s. f.* ein Funke. Souvent une seule *étincelle* peut produire un grand incendie, ein einiger Funke kan oft eine grosse Feuersbrunst verursachen. Une *étincelle* d'esperance, ein Funke der Hoffnung; ein wenig Hoffnung. Une *étincelle* de sédition, ein Anfang (Anlaß, Gelegenheit) zum Aufruhr.
E'TINCELLEMENT, *s. m.* das Funkeln.
E'TINCELLER, *v. n.* funkeln, schimmern, glänzen; feurig und lebhaft aussehen.
Ses ouvrages *étincellent* de beauté, seine Schriften schimmern von Schönheit.
La Reine avoit un habit qui *étincelloit* en pierreries, die Königin hatte ein von Edelgesteinen schimmerndes Kleid an.
E'TINCELLE', ee, *adj.* (in Wappen) voll Funken.
s'E'TIOLER, *v. r.* (im Gartenbau) aufschiessen, in die Höhe schiessen als eine Pflanze, die höher wächst als sie soll; it. als Aeste, die dick in einander wachsen.
E'TIOLOGIE, voïés AITIOLOGIE.
E'TIQUE, *adj. c.* schwindsüchtig, dürr, ausgezehrt.
E'TIQUETTE, *s. f.* ein Zettel, den man an etwas macht oder klebt, daß man wisse, was es ist.
Juger une affaire sur l'*étiquette* du sac, von einer Sache obenhin urtheilen.
E'TIQUETTE du palais, (an einigen Höfen) die Verzeichniß dessen, was alle Tag bey Hofe soll beobachtet werden.
E'TIQUETTER, *v. a.* Zettel und Zeichen auf etwas machen, als in den Buchläden, Apotheken rc. *Etiquetter* un sac, einen Umschlag von Acten rubriciren. *Etiquetter* une fiole, eine Flasche überschreiben.
E'TIRE, *s. f.* ein Eisen der Gerber, das Wasser aus den Häuten zu gerben.
E'TIRER, *v. a.* ausstrecken, strecken, wie die Schmiede das Eisen.
ETMOïDE, voïés ETHMOïDE.
ETNA, *s. m.* der feuerspeyende Berg Aetna in Sicilien.
E'TOEUF, voïés E'TEUF.

E'TOF-

E'TOFFE, f. f. Zeug, Materie, woraus etwas gemacht wird. Ces bottes sont faites de bonne *étoffe*, diese Stiefel sind von gutem Zeug gemacht. Il entre diverses sortes d'*étoffes* dans les chapeaux, zu Hütern kommt mancherley Stoff.

E'TOFFE de fil, de soïe, de laine, ein Zeug oder Gewirk von Zwirn, Seide, Wolle ꝛc.

E'TOFFE, Art, Gattung. Un homme de basse *étoffe*, ein Mann von schlechtem Herkommen. Des gens de même *étoffe*, Leute von allerley Stand oder sonst einerley Schlags, einerley Gattung, eines Gelichters.

E'TOFFES, plur. (bey den Seidenstickern) die gezwirnte Seide, so sie an den Nährahm hängen oder schlingen, woran sie arbeiten.

tuïau d'E'TOFFE, eine bleyerne Orgelpfeife, so mit etwas Zinn vermischt ist.

E'TOFFER, v. a. mit allem wohl versehen; ausstaffiren, gut Zeug und Materie dazu nehmen. E'toffer des chaises, Stühle überziehen.

E'TOFFE', ée, part. & adj. Fer *étoffé*, gehärtet Eisen, das nicht so hart als Stahl und nicht so weich als Eisen ist.

E'TOILE, f. f. ein Stern am Himmel.

E'TOILE fixe, ein Firstern.

E'TOILE errante, ein Irrstern, Planet.

E'TOILE volante, eine Sternschneuze, Sternschnuppe, Sternpuze, sogenanntes Luftzeichen.

l'E'TOILE du bergier, der Morgen- und Abendstern.

Il voit les *étoiles*, er ist entzückt, er weiß nicht was er redt.

Coucher, loger à la belle *étoile*, unter freyem Himmel übernachten.

E'TOILE, der Stern, darunter einer gebohren ist.

E'TOILE, das gute oder böse Geschick, Schicksal.

E'TOILE, ein berühmter Mann.

E'TOILE, (in der Buchdruckerey) ein Sternlein [*].

E'TOILE, eine Meerspinne.

E'TOILE, (in der Kriegsbaukunst) eine Sternschanze.

E'TOILE, Stern, weisses Zeichen an der Stirn eines Pferdes.

E'TOILE, Sternblume.

E'TOILE', ée, adj. gestirnt, voll Sterne.

s'E'TOILER, v. r. (in den Münzen) sich von einander begeben im Schlagen, Rize kriegen, ein wenig aufbersten.

E'TOLE, f. f. (in der Röm. Kirche) ein Meßgewand der Layenpriester bey dem Meßlesen.

E'TONNANT, e, adj. wunderbar, wundersam, das zu bewundern ist; erstaunend, erstaunlich. Chose *étonnante*, eine erschreckliche Sache.

E'TONNEMENT, f. m. Verwunderung, Bewunderung; Erstaunung; Erschütterung.

E'TONNER, v. a. in Verwundern setzen; erstaunen machen.

s'E'TONNER, v. r. de quelque chose, sich über etwas verwundern; erstaunen.

E'TOUBLE, voiés CHAUME.

E'TOUFFANT, e, adj. das den Athem verschlägt oder verhindert, erstecckend. Il fait une chaleur *étouffante*, man möchte vor Hitze ersticken.

E'TOUFFEMENT, f. m. das Ersticken, Enge des Athems, Benehmung der Luft.

E'TOUFFER, v. a. erwürgen, erstecken, ersticken machen; den Athem, die Luft benehmen; dämpfen, unterdrücken; zurück halten; hemmen. Il fut *étouffé* dans la foule, er ward im Gedränge erdrückt. La fumée *étouffe*, der Rauch erstickt; benimmt den Athem. E'touffer la guerre, la haine, les passions, &c. den Krieg, den Haß, die Begierde unterdrücken. On peut bien assoupir ce mal pour quelque tems, mais non pas l'*étouffer* pour toujours, man kan dieses Uebel auf eine Zeitlang wohl stillen, aber nicht ganz und gar tilgen.

La crainte leur *étouffe* la voix, sie können vor Furcht nicht reden.

E'TOUFFER, v. n. oder s'E'TOUFFER, v. r. ersticken; nicht zu Athem kommen können. S'étouffer de rire, sich aus dem Athem lachen.

E'TOUFFOIR, f. m. ein hohler Deckel oder eiserne Stürze, die Kohlen damit auszulöschen, wenn man sie darüber stürzt.

E'TOUPPE, f. f. Werg, das gröbste von Hanf oder Flachs. Mettre le feu aux *étouppes*, prov. das Feuer anschüren; Zank anrichten; Leute zusammen hezen.

E'TOUPPER, E'TOUPER, v. a. mit Werg verstopfen. S'*étoupper* les oreilles, die Ohren verstopfen.

E'TOUPPILLON, f. m. Zapfe am Faß.

E'TOUPPIN, f. m. ein Zapfe oder Stöpsel vor das Mundloch der Schiffcanonen zu stopfen.

E'TOURDERIE, f. f. eine tumme That, Unbedachtsamkeit.

E'TOURDI, f. m. e, f. ein tummer unvernünftiger Mensch.

E'TOURDIMENT, adv. tumm, unbesonnen; bestürzter Weise.

E'TOURDIR, v. a. bestürzt, voll, tumm machen, betäuben, einen Dunst vor die Augen machen. Le son des cloches *étourdit*, das Getöne der Glocken betäubet. Vous m'*étourdissés* de vos sotises, ihr über-

übertäubet mich (machet mir den Kopf voll) mit euren Possen.

s'ETOURDIR, *v. r.* sich aller Empfindung, der Sinne berauben; sich die Gedanken vertreiben von etwas. Il cherche à s'étourdir sur la crainte de la mort, er sucht die Todesfurcht bey sich zu dämpfen.

ETOURDI, e, *part. & adj.* erstaunt, bestürzt, ausser sich; unbedachtsam, tumm.

à l'ETOURDIR, *adv.* unbesonnener Weise, tumm, blinder Weise.

ETOURDISSANT, e, *adj.* das einen ganz taub macht, daß man nicht weiß, wo einem der Kopf steht. Les carosses font un bruit *étourdissant*, die Kutschen machen einen Lärmen, daß man nicht hören kan.

ETOURDISSEMENT, *s. m.* Sinnlosigkeit, Betäubung, Uebertäubung, Benehmung der Sinnen. Il est frappé d'un esprit d'*étourdissement,* er ist seiner Sinnen beraubt.

Il lui a pris un *étourdissement,* es hat ihn eine Ohnmacht überfallen, es ist ihm Gesicht und Gehör vergangen.

ETOURGEON, *s. m.* Stör, ein Fisch.

ETOURNEAU, *s. m.* Stahr, ein Vogel.

ETOURNEAU, ein tummer Kerl.

ETRANGE, *adj. c.* fremd, ausländisch. Je trouve *étrange* que &c. es befremdet mich, daß etc.

ETRANGE, seltsam, ungewöhnlich, wunderlich. C'est une humeur *étrange*, er ist ein seltsamer Kopf. Un *étrange* accident, ein ungewöhnlicher Zufall.

ETRANGEMENT, *adv.* ungemein, sehr. Il est *étrangement* en colère, er ist über die massen zornig.

ETRANGER, *m.* ETRANGERE, *s. adj.* fremd; ausländisch. Une plante *étrangere*, ein ausländisches Gewächs. Aller dans les païs *étrangers*, in fremde Lande reisen. Troupes *étrangeres*, fremdes Kriegsvolk, das in eines Fürsten Sold stehet.

ETRANGER, fremd, der nicht in das Haus gehört. Avoir des *étrangers*, Fremde bey sich haben.

ETRANGER, fremd, uneigen, zu einer Sache nicht gehörig. Un corps *étranger*, ein fremder Cörper.

ETRANGER, unwissend, unerfahren. Il est *étranger* dans cette science, er ist unerfahren in dieser Wissenschaft.

ETRANGER, *s. m.* ein Ausländer, Fremdling.

ETRANGER, *v. a.* vulg. fortschaffen, verjagen, wegtreiben, vertreiben. *Etranger* un valet, einen Diener abdanken.

s'ETRANGER, *v. r.* vulg. sich entziehen.

ETRANGLE-LIEPARD, oder ETRANGLE-LOUP, *s. m.* ein Kraut, Wolfswurz.

ETRANGLER, *v. a. & n.* stranguliren, erwürgen, ersticken, als etwas das in den Hals kommt oder sonst die Luft benimmt; gar zu eng seyn um den Hals, oder sonst um den Leib; etwas vest zuschnüren, zubinden ꝛc. Un Empereur s'*étrangla* d'un pepin, ein Kayser ist an einem Obstkern erstickt. Je l'*étranglerois* de mes mains, ich wollte ihn mit meinen Händen um das Leben bringen.

Cet habit m'*étrangle*, das Kleid ist mir so enge, daß ich nicht schnauben kan.

Ce mot l'*étraugle*, er meynt, er müsse an dem Wort ersticken, wenn er es nicht heraus sagt. Les juges *étranglent* les affaires, die Richter übereilen sich im Urtheil über eine Sache, die sie kaum halb untersucht haben; sie wischen gar zu geschwind darüber hin. Ce bâtiment est trop *étranglé,* diß Haus ist gar zu schmal gegen die Strasse oder von vornen.

ETRANGLER une personne, einen überschreyen, nicht zu Worten kommen lassen, ausmachen, daß er sich nicht verantworten kan.

s'ETRANGLER, *v. r.* sich aus dem Athem bringen von Schreyen; sich erwürgen; ersticken.

ETRAQUE, *s. f.* die ganze Breite des Bords im Schiffe.

ETRAVE, *voiés* ESTRAVE.

ETRE, *verb. auxil.* seyn ꝛc. Etre à quelqu'un, eines seyn, einem zugehören. Etre pour quelqu'un, auf eines Seite seyn, es mit einem halten; einem wohl wollen; einen vertheidigen; für einen stehen. Etre en quelque chose, in etwas bestehen. Etre à faire quelque chose, über etwas seyn, mit etwas beschäftiget seyn oder zu thun habē; die Zeit mit etwas zubringen. Etre bien ou mal avec quelqu'un, wohl oder übel mit einem stehen, in Freundschaft oder Feindschaft mit ihm stehen. Il est à craindre, es ist zu besorgen, man hat zu fürchten. C'est à moi, es kömmt mir zu, ich muß es thun.

en ETRE, daraus entstehen, darauf erfolgen, dabey oder mit seyn. Voulés-vous en *être*, wollt ihr auch mit? Qu'en seroit-il, was würde darauf erfolgen? Vous n'y *êtes* pas, ihr habts nicht getroffen. Je fus, im præterito, heißt zuweilen, ich gieng.

ETRE, *s. m.* ein Wesen, ein Ding, etwas das wirklich ist. Un *être* de raison, eine von der Vernunft erdichtete Sache.

ETRES, im plur. die Gelegenheit, die Zimmer und Schliche eines Hauses.

ETRECIR, *v. a.* enger machen, als ein Kleid. *Etrécir* un habit, ein Kleid einziehen. La ruë en cet endroit va en *étrécissant*, die Gasse wird hier enger.

s'ETRE-

ETR   ETR   525

s'E'TRE'CIR, *v. r.* (auf der Reitschule) Pferde, so die Füsse allzu eng zusammen setzen, die hintern zu den vordern, im Voltiren.

La toile s'*étrécit*, die Leinwand wird schmäler, geht ein.

E'TRE'CISSEMENT, oder E'TRECIS-SURE, *s. f.* das Engermachen, das Einschlagen eines Kleides, der kleine Raum eines Landes; die Enge eines Herzens.

E'TREIGNOIR, *s. m.* ein Werkzeug der Böttcher und Schreiner. *v.* SERGENT.

E'TREIN, *s. m.* die Streu, so man den Pferden macht.

E'TREINDRE, *v. a.* zusammen drücken, vest zusammen ziehen, vest machen oder schliessen. Qui trop embrasse mal *étreint*, prov. wer zu viel fasset, kan es nicht wohl halten.

    E *treindre* son enfant, sein Kind vest in die Arme schliessen und drücken.

E'TREINTE, *s. f.* das Zusammenbinden oder Ziehen; das Umarmen; Verbindung, Verknüpfung mit einem. Donner à quelqu'un des *étreintes* de corde, einen mit einem Strick peitschen, abwamsen.

E'TREINTE de ceinture, die Schnalle einen Gürtel enger zu machen.

E'TRENNE, E'TRENE, *s. f.* ein Neujahrsgeschenk.

E'TRENNE, das erste Geld, so ein Kaufmann an einem Tage löst, Handgeld.

E'TRENNE, das erste Allmosen, so ein Bettler kriegt.

E'TRENNE, der erste Gebrauch eines Dinges, als Hausraths, Gemachs, Kleides.

E'TRENNER, *v. a. & n.* Neujahrsgeschenk geben oder empfangen. Il m'a *étrenné* d'une paire de gans, er hat mir ein paar Handschuh zum neuen Jahre gegeben.

E'TRENNER, das erste mal ein Kleid anziehen oder sonst etwas gebrauchen. E'*trenner* un habit, ein Kleid zum ersten mal anlegen.

E'TRENNER, einem Krämer das erste Geld zu lösen geben, Handgeld geben. Je vous *étrenne*, ich kaufe zum ersten mal bey euch.

E'TRENNER, das erste Geld für Waaren einnehmen. C'est pour m'*étrenner*, das ist mein Handgeld; ich thu es um der Handgift willen.

E'TRESILLONNER, *v. a.* stützen, sprissseln, daß etwas nicht einfalle, sonderlich Erde, wenn man in die Tiefe gräbt.

E'TRESILLONS, *s. m. plur.* die Sprissel, die man vormacht, daß die Erde im Graben nicht einfalle, von einer Seite zur andern, als im Fundamentgraben ꝛc.

E'TRIER, *s. m.* ein Steigbügel, Stegreif. Tenir l'*étrier*, den Bügel halten.

Perdre les *étriers*, die Bügel verlieren. Je lui ferai perdre les *étriers*, prov. ich will an ihm zum Meister werden.

E'TRIER, (in der Baukunst) eisern Band.

E'TRIER, (in der Anatomie) ein klein Bein inwendig im Ohr.

E'TRIER, (in der Seefahrt) klein zusammengeflochtene Stricke, die man brauchet, um eine Segelstange zu oberst an den Mast zu ziehen, oder in einem Nachen den Ruder vest zu machen.

E'TRIE'RE, *s. f.* ein kleiner Rieme, die Steigbügel an den Sattel zu binden, wenn man sie nicht will hängen lassen.

E'TRILLE, *s. f.* Pferdstriegel. Etre logé à l'*étrille*, bey einem schlimmen Wirth eingekehrt seyn, der den Leuten den Geldbeutel striegelt.

E'TRILLER, *v. a.* striegeln; item vulg. sehr schlagen oder abprügeln, übel tractiren; auch einen betrügen, ums Geld schneuzen oder striegeln.

E'TRIPPER, *v. a.* das Eingeweid heraus nehmen. Je l'*étripperai* si je l'attrape, wo ich ihn kriege, will ich ihm das Herz aus dem Leibe reissen.

E'TRIPPER les fleurs, (bey dem Gärtner) die Blätter einer Blume aneinander ziehen, ausbreiten.

E'TRIPPER un cheval, spornstreichs reiten, als wollte man dem Pferd den Leib mit Spornen einstossen.

E'TRIQUETS, *s. m. pl.* eine Art Fischergarn.

E'TRISTE', ée, *adj.* (bey den Jägern) Lévrier *étristé*, ein Windhund mit hübschen schlanken Beinen.

E'TRIVIE'RE, *s. f.* der Steigbügelrieme. Donner les *etrivières*, peitschen. Se laisser donner les *étrivières*, sich übel mitfahren, schimpfen lassen. Allonger l'*étrivière* d'un point, eine Ausflucht suchen.

E'TROIT, e, *adj.* eng, schmal. Chemin *étroit*, ein enger Weg. Drap *étroit*, schmal Tuch. Amitie *étroite*, genaue Freundschaft. Union *étroite*, genaue Vereinigung. Une vie *étroite*, ein eingezogenes Leben.

Cheval *étroit*, mager, dünnbäuchig Pferd. Conduire un cheval *étroit*, ein Pferd im engen Kreise reiten.

Esprit *étroit*, ein Mensch dessen Wissenschaft sich nicht gar weit erstreckt, der nicht viel vergessen hat.

Droit *étroit*, das strenge Recht, das man den andern entgegen setzt, das man nicht so genau nimmt.

Discipline *étroite*, genau, wie man lebt, wenn man arm ist.

à l'E'TROIT, *adv.* in die Enge; in geringem Raum; (figürlich) genau, armselig.

Vvv 3   Etre

Etre logé a l'*étroit*, in einem engen Zimmer wohnen. Etre réduit à l'*étroit*, verarmt seyn durch einen Verlust.

E'TROITEMENT, *adv.* eng, beysammen; genau. Serrer *étroitement*, eng einschliessen, einspannen, zusammen drucken. Etre *étroitement* obligé à quelqu'un, einem genau (höchlich) verbunden seyn.

E'TRON, *s. m.* Menschenkoth, Scheisse, Dreck.

E'TRONÇONNER, *v. a.* einen Baum abhauen, daß nur der Stumpf stehen bleibt.

E'TROP, E'TROPE, *v.* ESTROPE.

E'TROUSSE'E, *s. f.* das gerichtliche Ueberlassen einiger Güter oder des jährlichen Genusses derselben.

E'TROUSSER, *v. a.* gerichtlich zuerkennen, daß einer ein Gut in Bestand oder Pacht haben und geniessen soll.

E'TUDE, *s. f.* (oder E'TUDES im plur.) das Studiren, das Lesen, Lernen, die Wissenschaft, das Wissen.
Il a fait ses *études*, er hat seine Studia absolvirt. Il est allé faire ses *études*, er ist auf die Universität gezogen. Un homme d'*étude*, ein Gelehrter, der sich des Studirens befleisset.

E'TUDE, die Studierstube.

E'TUDE, Kunst, Fleiß. Mettre toute son *étude* à quelque chose, allen Fleiß an etwas anwenden.

E'TUDE, ein Ort, wo ein Notarius oder Procurator über seinen Sachen ist, item seine Praxis und Bekanntschaft.

l'E'TUDE des actions, das Angewöhnen allerhand Geberden.

E'TUDIANT, *adj. & s. m.* ein Studierender, ein Student.

E'TUDIER, *v. a. & n.* lesen, lernen; untersuchen; betrachten; erkennen lernen; studiren. E'*tudier* les humanités, die Humaniora studiren. E'*tudier* en droit, die Rechte oder die Rechtsgelehrtheit lernen, studiren. Il *étudie* sept heures tous les jours, er studiert täglich sieben Stunden. E'*tudier* une personne, einer Person Sinn und Neigungen merken; erkennen lernen. E'*tudier* le monde, die Welt kennen lernen.

s'E'TUDIER, *v. r.* sich befleißigen. S'*étudier* à la vertu, sich der Tugend befleissen. S'*étudier* à bien parler, Fleiß anwenden, daß man geschicklich rede.

E'TUDIE', *m.* ée, *f. adj.* Geste trop *étudié*, gar zu gezwungene Geberden. Des larmes *étudiées*, verstellte Thränen. Un conte *étudié*, ein erdichtetes Mährlein.

E'TUDIOLE, *s. f.* ein Studier- oder Schreibtisch.

E'TUI, *s. m.* ein Besteck oder Gesteck, Futteral, Futter, über allerhand Sachen.
E'*tui* pour mettre des épingles, ein Nadelbüchslein.
Visage à *étui*, ein garstig Gesicht.

E'TURGEON, *v.* E'TOURG.

E'TUVE, *s. f.* eine Badstube; ein Ort, da man Zucker oder Hüte trocknet.

E'TUVE seche, ein Schwitzkasten.

E'TUVE humide, ein Schweißbad.

E'TUVE de corderie, der Ort in einem Schiff, Zeughaus, wo man die Taue teert.

E'TUVE'E, *s. f.* gedämpft Fleisch, Fische u. d. gl. Une carpe à l'*étuvée*, ein gedämpfter Karpfe.

E'TUVEMENT, *s. m.* das Dämpfen und Schwitzenmachen in einem Bad.

E'TUVER, *v. a.* eine Wunde oder Schaden bähen, waschen, mit etwas reinigen.

E'TUVISTE, *s. m.* ein Bader, der eine Badstube hält.

E'TUY, *v.* E'TUI.

E'TYMOLOGIE, *s. f.* der Ursprung, Herleitung eines Worts.

E'TYMOLOGIQUE, *adj. c.* das zur Herleitung der Wörter gehört.

E'TYMOLOGISTE, *s. m.* der den Ursprung und die Herleitung der Wörter versteht.

EU, ë, *part.* (von avoir) gehabt, *voids* AVOIR.

E'VACUATIF, *s. m.* ausführende Arzney durch Stulgang, Schweiß, Urin &c.

E'VACUATION, *s. f.* Ausführung durch Arzneyen, übersich oder untersich.

E'VACUATION d'une place, (im Kriege) Ausräumung, Verlassung einer Vestung.

E'VACUER, *v. a.* (in der Medicin) ausführen, abführen.

E'VACUER une place, einen Ort durch Herausziehung der Besatzung &c. räumen. L'ennemi a *évacué* le païs, die Feinde haben das Land verlassen (geräumet).

E'VADER, *v. n.* entwischen, entgehen. On l'a fait *évader*, man hat ihm heimlich davon geholfen.

s'E'VADER, *v. r.* durchgehen, sich davon machen.

E'VAGATION, *s. f.* (im theologischen Verstand) das Ausschweifen, das Herumflattern der Gedanken. (sonst ist es nicht üblich.)

E'VALUATION, *s. f.* (im Rechtshandel) die Schätzung, die Setzung des Preises, das Anschlagen.

E'VALUATION, (im Rechnen) das Ausrechnen der Brüche, wie viel sie ganze machen.

E'VALUER, *v. a.* schätzen, im Preis anschlagen.

E'VANGE'LIQUE, *adj. c.* Evangelisch.

E'VAN-

E'VANGE'LIQUEMENT, *adv.* Evangelischer Weise.

E'VANGE'LIQUES, *s. m. plur.* Irrgeister, die nichts als die Evangelisten annehmen wollten, und alle andere biblische Bücher verwarfen.

E'VANGE'LIQUES, die Evangelischen oder Protestanten, die Lutheraner und Reformirten.

E'VANGE'LISER, *v. a. & n.* (besser annoncer l'E'vangile) das Evangelium predigen.

E'VANGE'LISER un sac, beweisen, daß ein Sack laut des Inventarii voll ist.

E'VANGE'LISTE, *s. m.* ein Evangelist.

E'VANGE'LISTES, (in den Rechten) die, so Acht geben, ob einer etwas recht vor Gericht anbringt, hersagt oder list.

E'VANGILE, *s. m.* das Evangelium. Jurer sur les saintes *évangiles*, mit Auflegung der Hand auf das Evangelienbuch schwören.

E'VANGILE, etwas das gewiß wahr (ein Evangelium) ist.

Tout ce qu'il dit, n'est pas *évangile*, es ist nicht allemal wahr, was er redet.

E'VANOÜIR, *v. a.* machen, daß man ohnmächtig wird.

s'E'VANOÜIR, *v. r.* ohnmächtig werden, in eine Ohnmacht fallen; it. verschwinden, vergehen. Sa gloire s'*évanoüit*, sein Ruhm verschwindet, vergeht.

E'VANOÜISSEMENT, *s. m.* eine Ohnmacht. Il lui a pris un *évanoüissement*, es hat ihn eine Ohnmacht überfallen.

E'VAPORATION, *s. f.* die Ausdämpfung, Austrocknung.

E'VAPORATION d'esprit, Unverstand, Unbedachtsamkeit, Leichtsinnigkeit.

E'VAPORER, *v. n.* ausdämpfen.

E'VAPORER son chagrin, seinen Verdruß durch Klagen erleichtern.

E'VAPORER sa bile, seinen Zorn auslassen.

s'E'VAPORER, *v. r.* ausdämpfen, verrauchen; sich den Zorn einnehmen lassen, die Galle auslassen oder ausschütten.

s'E'VAPORER en imaginations, en vaines idées, sich den Kopf mit Luftschlössern anfüllen.

E'VAPORE', ée, *part. & adj.* eitel, fantastisch, leichtsinnig.

E'VASEMENT, *s. m.* Oefnung, Erweiterung.

E'VASER, *v. a.* die Oefnung eines Dinges erweitern, weiter aufmachen, auseinander thun.

E'VASER un arbre, (im Gartenbau) machen, daß ein Baum sich recht ausbreite.

s'E'VASER, *v. r.* sich ausbreiten, wird von Bäumen gesagt.

E'VASE', ée, *part. & adj.* sehr weit, als ein Ermel, Raseloch u. d. gl. Nez *évasé*, eine weite Nase.

E'VASION, *s. f.* das heimliche Entwischen.

E'VASION, (im Disputiren) eine schlechte Ausflucht.

E'VASURE, *s. f.* (in der Seefahrt) Oefnung eines Schiffs, so zu weit gemacht ist.

E'VATE', *s. m.* eine Art Indianisch schwarz Holz, Ebenholz.

EUCHAIRE, *s. m.* Eucharius ein Mannsname.

EUCHARISTIE, *s. f.* (sprich Eucaristie) das heilige Abendmahl.

EUCHARISTIQUE, *adj.* les espèces *Eucharistiques*, die Zeichen in dem heiligen Abendmahl.

EUCHOLOGUE, *s. m.* (sprich Eukologue) der Griechen Agendbuch.

EUDISTES, *s. m. pl.* ein gewisser Orden Layenpriester, welche wieder andere abzurichten haben.

EUDOXE, *s. m.* ein alter Mathematicus.

E'VêCHE', *s. m.* ein Bischoffthum, Bischthum, die Bischöfliche Würde.

E'VêCHE', Bischöfliche Wohnung, Schloß, Residenz.

E'VêCHE', des Bischoffs Land oder Gebiet.

E'VEILLER, *v. a.* aufwecken, aufmuntern. Le vin *éveille* l'esprit, der Wein ermuntert das Gemüth. E'*veiller* un mort, einen Todten auferwecken.

s'E'VEILLER, *v. r.* aufwachen.

E'VEILLE', ée, *part. & adj.* munter, lustig, frisch; hitzig, begierig.

E'VE'NEMENT, *s. m.* der Ausgang, ein sonderbarer Fall, oder eine denkwürdige Begebenheit.

à tous E'VE'NEMENS, auf allen Fall, allenfalls.

en tous E'VE'NEMENS, in allem Fall, wenn es ja nicht angehen sollte.

E'VENT, *s. m.* Ausluftung. Mettre un habit à l'*évent*, ein Kleid auslusten. Ce vin sent l'*évent*, dieser Wein ist verrochen. Pour tirer du vin, il faut donner de l'*évent* au tonneau, um Wein zu zapfen, muß man dem Faß oben Luft machen.

E'VENT, (bey der Artillerie) Hülfe, die man der Stückkugel giebt, desto leichter in Lauf zu kommen.

Un tête à l'*évent*, ein leichtsinniger, unbesonnener Mensch.

E'VENTAIL, *s. m. & f.* besser aber masculini generis, ein Windweher, Fecher.

E'VENTAILLISTE, *s. m.* ein Mahler, der nur Windfecher mahlt.

E'VENTAIRE, *s. m.* ein langer Korb, ein Obstkorb.

E'VENTALIER, *s. m.* ein Krämer der Windfecher zu verkaufen hat.

E'VENTE,

E'VENTE, *s. f.* ein Lichtkästlein von einigen Fächern.

E'VENTEMENT, *s. m.* das Ausriechen, Verriechen, als des Weins.

E'VENTER, *v. a.* Luft machen, Luft zuwehen, an die Luft legen.

Laisser *éventer* le vin, den Wein verrauchen, verriechen lassen.

E'VENTER une mine, eine Mine ausgraben, entdecken, ihr Luft machen, daß sie ihre Wirkung nicht thun kan; (figürlich) einen geheimen Anschlag entdecken.

E'VENTER un dessein, ein Vorhaben entdecken, ausbreiten, bekannt machen.

E'VENTER les voiles, die Segel aufspannen.

E'VENTER une pièce de bois ou une pierre qu'on monte, ein Stück Holz oder einen Stein, den man in die Höhe zieht, mit einem Strick abhalten, daß er nicht anstoße.

s'E'VENTER, *v. r.* sich durch Wehen (mit dem Fecher) abkühlen; ausdämpfen.

s'E'VENTER, schal werden, verrauchen.

E'VENTE', ée, *part. & adj.* verraucht, verrochen; it. leichtsinnig, übereilend, tummkühn, unbesonnen.

Vin *éventé*, verschalter Wein.

E'VENTILLER, *v. n.* wenn ein Falke sich in der Luft schüttelt, und gleichsam eine Capriole macht.

E'VENTOIR, *s. m.* ein Feuerweher oder Fecher, Kohlen anzublasen.

E'VENTRER, *v. a.* das Eingeweide heraus thun, ausweiden, ausnehmen.

s'E'VENTRER, *v. r.* sich den Leib entzwey schreyen.

E'VENTüEL, lle, *adj.* so auf künftige ungewisse Fälle eingerichtet. Traité *éventuel*, ein Vertrag auf einen Fall hin.

E'VêQUE, *s. m.* ein Bischoff.

E'vêque des champs, ein Gehenkter, der den Segen mit den Füssen giebt.

E'VERDUMER, *v. a.* einen grünen Saft aus den Kräutern pressen.

E'VERRER, *v. a.* einem Hund eine Nerve unter der Zunge lähmen, daß er nimmer beissen kan; ihm den Wurm schneiden.

E'VERSION, *s. f.* Zerstörung, Verwüstung einer Stadt, eines Staats.

s'E'VERTUER, *v. r.* sich ermannen, einen Muth fassen.

EUFRAISE, *s. f.* ein Kraut, Augentrost.

EUGÈNE, *s. m.* ein Mannsname.

E'VICE, *s. f.* die Insel Yvica, an Spanien.

E'VICTION, *s. f.* die Wiedererlangung eines Guts rc. das ein anderer eine Zeitlang im Besitz gehabt.

E'VIDEMMENT, *adv.* augenscheinlich, öffentlich.

E'VIDENCE, *s. f.* Deutlichkeit, klare Wahrheit, der Augenschein. Mettre en *évidence*, klar machen. Venir en *évidence*, offenbar, bekannt werden. Des biens en *évidence*, Güter, die den Leuten ins Gesicht fallen.

E'VIDENT, e, *adj.* klar, deutlich, offenbar, augenscheinlich.

E'VIDER, *v. a.* etwas aussen wegarbeiten gegen ein Loch zu, daß man dadurch weit um sich sehen kan.

E'VIDER, (bey den Schneidern) in die Runde schneiden, als einen Ermel rc.

E'VIDER, eine Degenklinge hohl machen.

E'VIDER, die überflüßige Stärke aus dem leinen Zeug auswaschen.

E'VIER, *s. m.* Gußstein, Schüttstein, Waßerstein, in der Küche.

E'VINCER, *v. a.* (im Rechtshandel) einen aus dem Besitz eines Erbguts setzen, oder eines Rechts berauben, dessen er sich anmasset. Il a été *évincé* de cette terre, er hat diesen Acker den rechten Erben wieder einräumen oder abtreten müssen.

E'VIRE', ée, *adj.* (in Wappen) ein Thier, da kein Kennzeichen seines Geschlechts beygemahlt ist.

E'VITABLE, *adj. c.* vermeidlich, das man vermeiden kan.

E'VITE'E, *s. f.* die Weite und der Raum, den ein Fluß haben muß, wenn er schiffreich seyn soll.

E'VITE'E, die Wendung eines Schiffs ohne den Anker aufzuheben, aufzuziehen.

E'VITER, *v. a.* vermeiden, meiden, fliehen. E'*viter* le danger, die Gefahr meiden. Personne ne peut *éviter* la mort, niemand kan dem Tod entgehen. Das Verbum hat allezeit den Accusativum, ausgenommen:

E'VITER aux frais, (in Rechtshändeln) die Unkosten ersparen.

E'VITER au vent, das Vordertheil des Schiffs gegen den Wind kehren.

E'VITER à marée, das Vordertheil des Schiffs gegen die Fluth kehren am Anker.

E'VITERNITE', *s. f.* Zeit, so einen Anfang, aber kein Ende hat.

EULOGIE, *s. f.* das heilige Abendmahl; it. geweiht (gesegnetes) Brod.

EUMENIDES, *s. f. plur.* die Furien.

EUNUQUE, *s. m.* ein Castrat, ein Verschnitener; ein Kämmerling.

E'VOCABLE, *adj. c.* das vor ein ander Gericht gezogen werden kan.

E'VOCATION, *s. f.* die Ziehung eines Processes vor ein höher Gericht.

E'VOCATION, das Bannen der Geister oder Gespenster, das die Zauberer vorgeben.

E'VOCATOIRE, *adj. c.* (in Gerichten) cedule *évocatoire*, Notification, daß eine Sache

Sache aus dem Gericht abgefordert worden.
E'VOLUTION, *s. f.* Aufwickelung.
les E'VOLUTIONS, *s. f. plur.* die Drillkunst, Waffenübung des Fußvolks; Exerciren.
E'VOLUTIONS navales, die Bewegung einer Kriegsflotte, wenn sie in Schlachtordnung gestellet wird.
E'VOQUER, *v. a.* les esprits, die Geister bannen, daß sie erscheinen müssen.
E'VOQUER, (im Rechtshandel) eine Sache aus dem untern Gericht abfordern.
EUPATOIRE, *s. f.* ein Name unterschiedener Kräuter.
EUPATOIRE d'Avicenne, Wasserdost, Albkraut.
EUPATOIRE de Dioscoride, Leberbalsam.
EUPATOIRE des Grecs, Odermennig, Leberklette.
EUPHONIE, *s. f.* der Wohllaut.
EUPHORBE, *s. f.* (in der Apotheke) ein Saft oder Gummi von einem Gewächs dieses Namens, Güldenklee.
EUPHRAGE oder EUPHRAISE, *s. f.* Augentrost, ein Kraut.
EUPHRAISE, *s. m.* ein Mannsname.
EUPHRASIE, *s. f.* ein Weibername.
EURE, *s. f.* ein Fluß in Frankreich in der Landschaft Perche; it. ein anderer Fluß gleiches Namens in der Landschaft Berry.
EURIPE, *s. m.* eine ungestüme Meerenge zwischen dem vesten Lande Griechenlandes und der Insel Negropont.
EURIPE, eine enge Wasserleitung oder Graben der Alten; bisweilen auch poetisch, eine heftige Bewegung des Herzens.
EUROPE, *s. f.* Europa.
EUROPE'EN, ne, *adj. & subst.* Europäer; Europäisch.
EURYTHMIE, *s. f.* das wohlgestalte Wesen eines Bildes, Gemähldes, Gebäudes; eine Gleichheit und Uebereinstimmung aller Theile eines Dinges.
EUSE'BE, *s. m.* ein Mannsname.
EUSE'BIE, *s. f.* ein Weibername.
EUSTACHE, *s. m.* (sprich Ustache) ein Mannsname.
EUSTYLE, *s. m.* die rechte Säulenordnung eines Gebäudes.
EUX, *pron. pers. m. plur.* sie, dieselben.
EXACT, e, *adj.* achtsam, fleißig, anhaltend, sorgfältig; richtig, genau, scharf, recht, vollkommen. Une *exacte* recherche, eine genaue Untersuchung. Il est *exact* à répondre, er ist fleißig (richtig) mit antworten.
EXACTEMENT, *adv.* mit Sorgfalt; fleißig, recht.
EXACTEUR, *s. m.* ein Steuereinnehmer; it. einer der die Leute übernimmt, ein Leutschinder.

EXACTEUR des tailles, Einnehmer der Vermögensteuer.
EXACTION, *s. f.* das Eintreiben der Auflagen.
EXACTION, das Erpressen dessen, das man einem nicht schuldig ist.
EXACTITUDE, *s. f.* Fleiß, Sorgfalt, Achtsamkeit, anhaltendes Achtgeben. E'crire avec *exactitude*, sich der Richtigkeit im Schreiben befleißigen.
EXAëDRE, *voies* HEXAëDRE.
EXAGGE'RATEUR, *s. f.* ein Aufschneider, Windbeutel.
EXAGGE'RATIF, ive, *adj.* das ein Ding unnöthig groß macht, weitläuftiger giebt.
EXAGGE'RATION, *s. f.* das Vermehren und Großmachen eines Dinges im Reden. Parler avec *exaggération*, etwas mit Worten grösser machen, als es an sich selbst ist.
EXAGGE'RER, EXAGE'RER, *v. a.* grösser vorstellen, groß machen mit Worten, vergrössern.
EXAGONE, *voies* HEXAGONE.
EXAL. *voies* EXHAL.
EXALTATION, *s. f.* das Erheben, Aufheben in die Höhe; it. Erhebung, Beförderung zu hohen Ehren. *Exaltation* d'un Pape, Erhebung zu der päbstlichen Würde.
EXALTATION de la sainte croix, das Fest Creuzerhebung, Erhöhung, den 14ten Septembr.
EXALTATION, (in der Astrologie) wenn ein Planet in seiner Erhöhung oder in einem Zeichen stehet, da er die meisten Wirkungen haben soll.
EXALTATION, (in der Chymie) eine gewisse Reinigung der Metalle; das Rectificiren des Branteweins; das Volatilisiren eines Dinges 2c.
EXALTER, *v. a.* erheben, erhöhen, gewaltig rühmen, trefflich herausstreichen.
EXALTER, (in der Chymie) etwas sehr rein machen, zu grosser Vollkommenheit durchs Feuer erheben.
EXAMEN, *s. m.* das Nachfragen, die Erkundigung; das Befragen, Vernehmung, Abhörung; das Untersuchen, Prüfen; Bewähren; das Examen in den Schulen. Subir un *examen* rigoureux, sich einer strengen Erforschung unterwerfen. *Examen* de conscience, Prüfung des Gewissens.
EXAMEN à futur, (im Rechtshandel) Abhörung der Zeugen im Vorrath, vor erhobener Klage.
EXAMINATEUR, *s. m.* der da anderer Tüchtigkeit prüfet; it. der Zeugen verhört, Rechnungen abhört 2c.
EXAMINATION, *s. f.* das Untersuchen, als eines Processes. (besser examen).

EXAMINER, *v. a.* verhören, als Zeugen; prüfen, als das Gewissen, oder einen Menschen, ob er zu etwas tüchtig sey; genau betrachten, untersuchen, überlegen. *Examiner* un criminel, einen Verbrecher abhören. *Examiner* une question, eine Frage erwegen.
 Cet habit est bien *examiné*, dieses Kleid ist schon sehr abgetragen.
 Mon argent est bien *examiné*, mein Geld ist dünne worden.

EXAPLES, *voiés* HEXAPLES.

EXARCAT oder EXARQUAT, *s. m.* Oberbischthum; Aufsicht in der Kirche; it. die Statthalterschaft von Italien; die Zeit, da einer diese Würde bekleidet hat; das Gebiet, darüber er zu befehlen hatte.

EXARQUE, *s. m.* (vor Alters) ein Statthalter des Orientalischen Kaysers in Italien; auch ein Aufseher über verschiedene Bischthümer; (in Orient) ein Aufseher über unterschiedliche Klöster; it. ein Abgeordneter eines Griechischen Patriarchen, die Kirchen und Klöster zu besuchen.

EXASTYLE, *v.* HEXASTYLE.

EXAUCEMENT, *s. m.* die Erhörung.

EXAUÇER, *v. a.* erhören. J'espère que Dieu *exauçera* mes prières, ich hoffe, daß GOtt mein Gebet erhören werde.

EXCALCE'ATION, *s. f.* das Schuhausziehen, so demjenigen bey den Hebräern gethan wurde, der seines Bruders Wittwe nicht heyrathen wollte.

EXCAVATION, *s. f.* das Aushöhlen der Erde, wenn man ein Fundament legen will; it. in den Bergwerken rc.

EXCE'DANT, e, *adj. & s. m.* (im Rechnen) das da überbleibt, wenn man etwas abzieht von einer grössern Summe; der Rest von einer Summe oder Quantität.

EXCE DER, *v. a.* grösser seyn, über etwas seyn, an Grösse übertreffen; überschreiten, zu viel thun; die Maaß nicht halten.
 Il *excède* le prix ordinaire, er übergeht den gewöhnlichen Preis.

Excɛ'dɛʀ, (im Rechtshandel) jemand unmäßig schlagen. *Excéder* son pouvoir, über seine Gewalt schreiten, mehr thun, als man zu thun befugt ist.

EXCELLEMENT, *adv.* vortreflicher Weise, ungemein schön.

EXCELLENCE, *s. f.* Vortreflichkeit; Vorzug; das Beste an einem Dinge.
 par Excɛʟʟɛɴcɛ, vor andern, mit grossem Vorzug.
 son Excɛʟʟɛɴcɛ, S. E. Ihro (Se.) Excellenz.
 vôtre Excɛʟʟɛɴcɛ, V. E. Euer Excellenz.

EXCELLENT, e, *adj.* vortreflich, ungemein, herrlich; der, die, das Beste.

EXCELLENTISSIME, *adj. c.* (im Scherz) vortreflich gut, herrlich; bisweilen auch ein Titel gar vornehmer Herren, der Venetianischen Rathsherren.

EXCELLER, *v. n.* vortreflich seyn, übertreffen. Il *excelle* dans son art, er ist vortreflich in seiner Kunst, übertrift andere.

EXCENTRICITE', *s. f.* Abweichung vom rechten Umkreise, da nicht einerley Mittelpunct bleibt.

EXCENTRIQUE, *adj. c.* Figuren oder Cirkel, die nicht einerley Mittelpunct haben. Cercle *excentrique*, ein Kreis, der vor andern einen besondern Mittelpunct hat.

EXCEPTE', *præp.* ausgenommen, ohne, ausser. Ils étoient tous souls, *excepté* Mr. N. sie waren alle betrunken, ausgenommen, der Hr. N. nicht.

EXCEPTER, *v. a.* ausnehmen; sich vorbehalten, ausdingen. Je vous donne tout sans rien *excepter*, ich schenke euch alles, ohne etwas auszunehmen.

EXCEPTION, *s. f.* die Ausnahm; Entschuldigung; Einwendung. Il n'y a point de règle sans *exception*, kein Satz ist ohne Ausnahme.

EXCE'S, *s. m.* Ueberfluß, was zu viel ist; das unordentliche Leben, Unmäßigkeit, da man einer Sache zu viel thut; Uebermaß, das allzu groß ist; in den Rechten heißt es, Schimpf, Verwundung. Faire des *excès*, ein übriges thun. *Excès* de rigueur, übermäßige Strenge. *Excès* de bontés, überflüßige Gütigkeit.
 Commettre des *excès*, durch Uebertretung oder Muthwillen sich vergehen.
 à l'Excè's; jusqu'à l'Excè's, übermäßig.

EXCESSIF, ive, *adj.* unmäßig; allzu groß; ausserordentlich.

EXCESSIVEMENT, *adv.* gar zu viel, gar zu sehr, unmäßiglich.

EXCIPER, *v. n.* (in Rechtshändeln) etwas einwenden.

EXCITATIF, ive, *adj.* das da etwas verursacht, erweckt, macht.

EXCITATION, *s. f.* Verursachung, Erweckung; Aufmunterung, Anfrischung.

EXCITER, *v. a.* verursachen, erwecken; aufwiegeln, aufmuntern, antreiben, bewegen. *Exciter* une sédition, einen Aufstand erregen. *Exciter* quelqu'un à la vertu, einen zur Tugend antreiben. *Exciter* la soif, Durst erwecken. *Exciter* la jalousie, eyfersüchtig machen.

EXCITE', ée, *part. & adj.* aufgemuntert; hitzig; bewegt.

EXCLAMATION, *s. f.* das Ausrufen; die Erhebung der Stimme aus Schmerzen oder Verwunderung rc. das Geschrey, so man über etwas macht.

EXCLURRE, *v. a.* ausschliessen, zurücksetzen.

tzen. *Exclurre* quelqu'un de sa charge, einen von seinem Dienst ausschliessen, absetzen.

EXCLUSIF, ive, *adj.* ausschliessend.

EXCLUSION, *s. f.* das Ausschliessen. Donner l'*exclusion* à quelqu'un, einen ausschliessen.

à l'EXCLUSION de, mit Ausschliessung, ausgenommen.

EXCLUSIVEMENT, *adv.* ausschliessender Weise; etwas nicht mit gerechnet.

EXCOMMUNICATION, *s. f.* der Kirchenbann, das Ausschliessen vom Gottesdienst.

EXCOMMUNIE', *s. m.* ée, *f.* ein Verbannter, der von der Gemeinschaft der Kirche ausgeschlossen ist; it. einer der den Bann verdienet hat, ein Erzbösewicht.

Un visage d'*excommunié*, ein bleiches Gesicht.

EXCOMMUNIEMENT, *s. m.* vulg. Bedrohung des Bannes.

EXCOMMUNIER, *v. a.* in den Kirchenbann thun, in den Bann thun, aus der Gemeine schliessen.

Un fagot *excommunié*, ein Holz das nicht brennen will.

EXCOMPTE, *s. m.* das Geld, so derjenige sich abziehen lassen muss, dem eine Summe auf seinen Wechselbrief vor der Verfallzeit bezahlt wird. (*v.* ESCOMPTE.)

EXCOMPTER, *v. a. & n.* bey Bezahlung eines Wechsels vor der rechten Zeit etwas von jedem Hundert zurück behalten oder abziehen.

EXCORIATION, *s. f.* Abstreifung, leichte Verwundung der Haut.

EXCORIER, *v. a.* die Haut wegfressen, als scharfe Materien thun, (ist alt).

EXCRE'MENT, *s. m.* der Koth, und alle Unreinigkeit, so aus dem Leibe gehet.

EXCRE'MENT, was sich innen vom Geblüt sondert, als Speichel, Galle, Schweiss ꝛc.

EXCRE'MENS de la terre, Schwämme, und Würme, so aus der Erde wachsen.

EXCRE'MENTEUX, euse, *adj.* das als Unreinigkeit ausgeworfen wird.

EXCRE'MENTICIEL ou EXCRE'MENTIEL, lle, *adj.* ist so viel als excrémenteux.

EXCRESCENSE, *s. f.* ein Gewächs an einem Gliede, eine ausserordentliche Erhöhung oder Beule.

EXCRE'TION, *s. f.* eine Reinigung und Auswurf der Natur.

EXCRO. *voiès* ESCRO.

EXCURSION, *s. f.* ein Ausfall; ein Einfall ins feindliche Land.

EXCUSABLE, *adj. c.* verantwortlich; der zu entschuldigen ist. Il est *excusable*, er mag entschuldiget werden. Sa faute n'est pas *excusable*, sein Fehler ist nicht zu entschuldigen.

EXCUSATION, *s. f.* ein Einwand, den man vor Gerichte macht, eine Vormundschaft oder sonst etwas nicht anzunehmen.

EXCUSE, *s. f.* eine Entschuldigung. Une *excuse* frivole, eine kahle Entschuldigung.

EXCUSER, *v. a.* entschuldigen. *Excusés-moi*, verzeiht mir, dass ich das Gegenspiel sage; im Scherz, ein Eyerkuchen.

s'EXCUSER, *v. r.* bitten, man soll einen mit etwas verschonen; sich entschuldigen. S'*excuser* sur quelqu'un, die Schuld auf einen legen. S'*excuser* sur quelque chose, sich mit etwas entschuldigen.

EXCUSEUR, *s. m.* (im Scherz) der einen entschuldigt.

EXE'AT, *s. m.* die Erlaubniss, die ein Bischof einem Geistlichen seiner Diöces giebt, in eine andere Diöces zu ziehen; it. die Erlaubniss, die ein Lehrmeister einem Schüler giebt, hinaus zu gehen.

EXE'CRABLE, *adj. c.* abscheulich, greulich, verflucht.

EXE'CRABLEMENT, *adv.* abscheulicher Weise.

EXE'CRATION, *s. f.* Abscheu, Greuel; it. ein abscheulicher Fluch, Schwur, den man einem zur Versicherung thut.

EXE'CUTER, *v. a.* ins Werk setzen, bewerkstelligen, vollziehen; it. pfänden, gerichtlich bezahlt machen; mit Gewalt einfordern. *Exécuter* un traité, einen Vergleich vollstrecken, vollziehen. *Exécuter* un dessein, einen Anschlag ausrichten, ausführen. *Exécuter* un testament, einen letzten Willen vollziehen.

EXE'CUTER, (im Rechtshandel) einem die bewegliche Habe wegnehmen, kraft eines richterlichen Spruchs; Pfänder austragen.

EXE'CUTER quelqu'un, einem das Leben nehmen auf gerichtlichen Befehl, als der Henker thut, hinrichten, richten.

EXE'CUTER un canon, ein Stück Geschütz völlig zurecht machen, wenn man daraus schiessen will.

Il s'*exécute* lui-même, er verkauft theils Güter, die Schulden zu bezahlen.

EXE'CUTEUR, *s. m.* trice, *s. f.* der da vollziehet, was der Obere befiehlt, der Verordnete zur Vollziehung eines Befehls.

EXE'CUTEUR, ein Gerichtsdiener.

EXE'CUTEUR de la haute justice, der Henker, Scharfrichter, Nachrichter.

EXE'CUTEUR testamentaire, Vollzieher eines Testaments.

EXE'CUTION, *s. f.* die Vollziehung eines Befehls.

EXE'CUTION, gerichtliche Hülfe, die gewaltsame Pfändung und Verkaufung der Güter derer, so ihre Schulden nicht zahlen.

EXE'CUTION, die Vollstreckung des Urtheils an einem Missethäter, das Richten.
EXE'CUTION, eine blutige Feldschlacht, dabey viel Leute bleiben.
EXE'CUTION, die Bewerkstelligung eines Anschlags. Mettre son dessein en exécution, sein Vorhaben zu Werke richten. C'est un homme d'exécution, er ist ein aufrichtiger Mensch, er richtet seine Sache wohl.
EXE'CUTION, (im Singen) die Singart eines Stücks, die schöne Art und Manier, die man ihm giebt.
EXE'CUTOIRE, adj. c. & s. m. das da kan bewerkstelliget werden.
EXE'CUTOIRE, eine kräftige, nachdrückliche, giltige Sache.
EXE'CUTOIRE, ein Gewaltsbrief, einen zur Zahlung zu treiben.
EXE'CUTRICE, s. f. die einen letzten Willen vollziehet.
EXE'DRE, s. f. (bey den alten Griechen) ein Saal, wo die Gelehrten zusammen kamen, mit einander zu disputiren, oder sonst sich über gelehrte Sachen zu besprechen.
EXE'GE'SE, s. f. Erklärung.
EXE'GE'TE, s. m. Ausleger, der da erkläret.
EXE'GE'TIQUE, adj. c. das zur Erklärung dienet.
EXE'GUE, s. f. die Ueberlassung einer Anzahl Viehes eines Lehenherrn an einen Unterthan auf eine gewisse Zeit, um halben Gewinst und halben Verlust.
EXE'GUER, v. a. & n. einem Unterthan einige Stücke Viehes auf eine bestimmte Zeit um halben Gewinst und halben Verlust austhun.
EXEMPLAIRE, adj. c. exemplarisch. Une vie exemplaire, ein löbliches Leben, das der Nachfolge werth ist.
EXEMPLAIRE, s. m. ein Muster, ein Modell. Cette personne est un exemplaire de vertu, diese Person ist ein Muster der Tugend.
EXEMPLAIRE, Exemplar eines Buchs.
EXEMPLAIREMENT, adv. exemplarischer Weise. Punir exemplairement, andern zum Beyspiel abstrafen. Vivre exemplairement, ein erbauliches Leben führen.
EXEMPLE, s. m. ein Exempel, ein Muster, ein Beyspiel.
Donner bon exemple, gut Exempel geben. Faire un exemple sur des gens de néant, einige Geringe andern zum Exempel strafen.
Monsieur N. est un exemple de sobrieté, Herr N. ist ein Exempel der Mäßigkeit, Nüchterkeit.
EXEMPLE, (in der Redekunst) der Beweis einer Geschicht durch Beybringung einer andern, die dieser gleich ist.
par EXEMPLE, zum Exempel, als.
EXEMPLE, s. f. eine Vorschrift; it. das Geschriebene nach der Vorschrift.
EXEMT, e, adj. befreyt, ausgenommen, frey, ledig von etwas. Il est exemt de tailles, er ist frey von der Vermögensteuer. Elle est exemte de jeûner, sie ist des Fastens befreyet. Exemt de passions, frey von (Paßionen) Leidenschaften.
EXEMT, s. m. ein Gefreyter unter Soldaten.
EXEMTER, v. a. Freyheit geben, befreyen von etwas. Exemter un village de soldats, ein Dorf von Einnehmung der Soldaten befreyen. S'exemter de blâme, sich von der übeln Nachrede frey machen.
EXEMTION, s. f. Freyheit, Befreyung, Ausnahme.
EXEMTIONS, freye Oerter, die in andern Landen mitten inne liegen, oder die gewisse Freyheit haben.
EXERCER, v. a. üben, treiben, sich nähren; ausüben, ins Werk setzen; handhaben, darüber halten. Exercer son esprit, seinen Verstand üben. Exercer un art, eine Kunst treiben. Exercer la justice, das Recht handhaben, üben.
EXERCER une charge, ein Amt versehen.
EXERCER un empire tyrannique, seine Unterthanen tyrannisch halten.
EXERCER le nom de quelqu'un, an eines Statt, in eines Namen etwas thun.
s'EXERCER, v. r. sich üben. S'exercer à la chasse, sich des Jagens befleissen. S'exercer à la Philosophie, sich auf die Weltweisheit legen.
EXERCICE, s. m. Verrichtung, Uebung; Arbeit, Bewegung des Leibes; Mühe, Verdruß. Faire les exercices de piété, die Gottseligkeit üben; sich in geistlichen Betrachtungen üben. Faire faire l'exercice aux soldats, die Kriegsknechte ihre exercitia (Waffenübung) machen lassen. Je te donnerai aujourd'hui de l'exercice comme il faut, ich will dich heute herum tummeln, wie sichs gehört.
L'exercice fait le maître, prov. fleißige Uebung macht den Meister.
EXERCICES, im plur. die ritterlichen Uebungen in der Jugend; die geistlichen Uebungen, einige gewisse Tage sein Leben zu prüfen, so von den Jesuiten eingeführt worden.
EXERCITATION, s. f. Anmerkung, gelehrte Betrachtung über ein Ding.
EXERCITEUR, s. m. der Befrachter, der ein Schiff miethet.
EXE'RESE, s. f. das Wegnehmen aus dem menschlichen Leibe dessen, was schädlich darinnen entstanden oder von aussen hinein gekommen ist.

EXER-

EXERGUE, *s. f.* ein kleiner Raum auf einer Medaille, unter der Figur, eine Schrift darauf zu machen.

EXFOLIATIF, ive, *adj.* das schieferweis etwas von einem Bein abnimmt, als: Trepan *exsoliatif*, ein Schiefertrepan.

EXFOLIATION, *s. f.* das schieferweise Abnehmen von den Knochen.

EXFOLIER, *v. n.* (in der Wundarzney) sich schieferweis theilen, sich schiefern, splittern, spalten, wie theils Gebeine.

EXFUMER, ESFUMER, *v. a.* im Mahlen etwas, das zu stark von Farbe ist, oder sonst zu hell heraus kommt, überstreichen. *Exsumer* une partie d'un tableau, ein Theil eines Gemähldes auswischen.

EXHALAISON, *s. f.* Dampf, Ausdämpfung; Dunst; Geruch.

EXHALATION, *s. f.* eine Austreibung der flüchtigen Theile eines Dinges in der Chymie.

EXHALER, *v. a.* ausdämpfen, von sich geben; auslassen, als einen Affect; ausblasen, als die Seele. *Exhaler* les vapeurs de la bile, seine Gall (seinen Unmuth) auslassen. Ces fleurs *exhalent* une douce odeur, diese Blumen geben einen lieblichen Geruch von sich.

s'EXHALER, *v. r.* verrauchen, verdämpfen, vergehen, als ein flüchtiger Geist; ausrauchen, von der Feuchtigkeit gereiniget oder ausgetrocknet werden; als ein Cörper; ausgelassen werden, als der Zorn mit drohen, schreyen ꝛc. L'esprit de vin *s'exhale* facilement, der Weingeist verraucht leicht. La douleur *s'exhale* par les soupirs, der Schmerz vergehet durch Seufzer.

EXHAUSSEMENT, *s. m.* die Erhöhung eines Bodens in einem Gemach.

EXHAUSSEMENT d'une voute, die Höhe eines Gewölbes.

EXHAUSSEMENT d'un mur, d'une maison, pour rendre les chambres plus commodes, Erhöhung einer Mauer, eines Hauses, wegen besserer Bequemlichkeit der Zimmer.

EXHAUSSER, *v. a.* erhöhen, sonderlich im Bauen.

EXHEREDATION, *s. f.* Enterbung.

EXHEREDER, *v. a.* enterben.

EXHIBER, *v. a.* aufzeigen, darlegen, sonderlich vor Gerichte seinen Beweis. *Exhiber* ses titres, seine Urkunden aufweisen.

EXHIBITION, *s. f.* das Aufzeigen, das Darlegen seiner Register, vor Gericht.

EXHORTATION, *s. f.* Ermahnung.

EXHORTER, *v. a.* ermahnen, antreiben.

EXHUMATION, *s. f.* das Ausgraben einer Leiche.

EXHUMER, *v. a.* eine Leiche wieder ausgraben.

EX-JESUITE, *s. m.* einer der den Jesuiterorden verlassen hat; oder, der aus dem Orden verstossen worden ist.

EXIGENCE, *s. f.* die Nothdurft der Sache, (ist in gerichtlichtlichen Sachen gebräuchlich). Suivant l'*exigence* des cas, weil es die Fälle so erfordern.

EXIGER, *v. a.* fordern, als seine Bezahlung; etwas billiges haben wollen. Vôtre naissance *exige* celà de vous, eure Herkunft verbindet euch dazu.

EXIGIBLE, *adj. c.* das man einfordern kan zur Bezahlung.

EXIGU, ë, *adj.* gering. (ist selten gebräuchlich).

EXIGUER, *v. a.* den halben Theil des verpachteten Viehes zu seiner Zeit aus dem Stalle nehmen.

EXIL, *s. m.* die Landsverweisung, das Elend; (im Scherz) eine blosse Abwesenheit. Envoier quelqu'un en *exil*, einen ins Elend verweisen.

EXILE', *s. m.* ein Vertriebener; (ironicè) ein Abwesender, Entfernter.

EXILER, *v. a.* ins Elend verweisen, vertreiben.

s'EXILER, *v. r.* sich selbst verbannen, sich freywillig entfernen.

EXILE', ée, *part. & adj.* vertrieben, verwiesen.

EXISTANT, e, *adj.* das vorhanden ist, das noch da ist, sonderlich Hausrath.

EXISTENCE, *s. f.* das wirkliche Daseyn, das Bestehen.

EXISTER, *v. n.* wirklich da seyn, bestehen.

EXISTIMATEUR, *s. m.* ein Kenner, der etwas beurtheilen und schätzen kan.

EX-LAQUAIS, *s. m.* einer der ein Laquay gewesen ist.

EXODE, *s. m.* das andere Buch Mosis.

EXODE, der Ausgang einer Comödie oder Tragödie. (ist alt.)

EXOINE, *s. f.* (vor Gerichte) eine giltige Entschuldigung, daß man auf geschehene Vorforderung nicht habe selbst erscheinen können.

EXOINER, oder EXONIER, *v. a.* entschuldigen, daß man wegen Ehehaften (tüchtigen Ursachen) nicht erscheinen könne.

EXOMOLOGESE, *s. f.* (in der ersten Kirche) Glaubensbekänntniß; Beichte; Kirchenbusse.

EXONIATEUR, *s. m.* der, so sein Aussenbleiben wegen habender Ehehaften, bey den Gerichten oder bey dem Lehnsherrn entschuldiget.

EXORABLE, *adj. c.* der sich erbitten läßt.

EX-ORATORIEN, *s. m.* einer der aus der Congregatione Oratorii geschieden ist.

EXORBITAMMENT, *adv.* gar zu viel, gar zu sehr.
EXORBITANT, e, *adj.* gar zu groß, das Ziel und Maaß überschreitet. Faire une dépense *exorbitante*, übermäßige Kosten aufwenden; entsetzlich viel aufgehen lassen.
EXORCISER, *v. a.* beschwören, als ein Priester den bösen Geist; it. gar sehr bitten und vermahnen.
EXORCISME, *s. f.* das Beschwören des bösen Geistes, daß er weiche.
EXORCISME, das Vertreiben oder Verbannen schädlicher Sachen durch gewisse Ceremonien und Gebete.
EXORCISTE, *s. m.* einer von den untern Priestern, der die bösen Geister aus den Besessenen treiben kan, ein Exorcist; item einer der wirklich beschwört.
EXORDE, *s. m.* der Eingang einer Rede.
EXORT. *v.* EXHORT.
EXOTIQUE, *adj. c.* ausländisch, fremd, als Worte, Redensarten und Pflanzen.
EXPANSIF, ive, *adj.* (in der Chymie) das, was eine ausdehnende Kraft hat.
EXPANSION, *s. f.* Ausdehnung, Verlängerung.
EXPATRIE', *adj.* aus dem Vaterlande vertrieben, verjagt.
EXPECTANT, *s. m.* der auf die wirkliche Erlangung und Vollziehung einer Gnade wartet, wozu er Hoffnung hat.
EXPECTATIF, ive, *adject.* Grace *expectative*, die Anwartung auf eine Ehrenstelle und Beförderung zu derselben.
EXPECTATION, *s. f.* die Hoffnung, das worauf man hoffet und wartet.
EXPECTATIVE, *s. f.* (bey der Sorbonne) der Anfang der Disputation eines Candidati Theologiä, ehe die Doctores kommen, die ihm in der sogenannten Vesperie opponiren sollen.
EXPECTORATION, *s. f.* das Auswerfen zäher Feuchtigkeiten von der Brust.
s'EXPECTORER, *v. r.* dem Herzen raumen; reden, wie einem um das Herze ist.
EXPE'DIENT, *s. m.* ein Mittel, Ausweg, aus einem verdrüßlichen Handel zu kommen. Donner des *expédiens*, Mittel angeben. Prendre un *expédient*, ein Mittel ergreifen. Trouver un *expédient*, einen Ausweg finden.
EXPE'DIENT, e, *adj.* nützlich, zuträglich.
EXPE'DIER, *v. a.* verrichten, ausrichten, ausführen, zu Ende bringen; in kurzer Zeit, oder bald mit etwas fertig werden. *Expédier* une affaire, eine Sache abthun.
EXPE'DIER un courier, einen Boten abfertigen.
EXPE'DIER un malfaiteur, einen Uebelthäter hinrichten, vom Leben zum Tode bringen.
EXPE'DIER des lettres, des actes, ausfertigen, abschreiben, als Briefschaften, Acten.
EXPE'DIER un homme en forme commune, einem all sein Geld abgewinnen.
EXPE'DITIF, ive, *adj.* fleißig, der eine Sache bald fertig zu machen, sich angelegen seyn läßt; der etwas bald verrichten kan, der geschwind mit etwas fertig ist. Un homme *expéditif*, ein ausrichtsamer (hurtiger) Mann. Un medecin *expéditif*, ein Arzt der seinen Kranken bald davon hilft.
EXPE'DITION, *s. f.* ein Zug, ein Feldzug; eine Fahrt zu Schiffe.
EXPE'DITION, die geschwinde Verfertigung eines Dinges, behende Verrichtung, die Hurtigkeit, bald fertig zu werden mit etwas.
EXPE'DITION, Ausfertigung, Auslieferung, der gerichtlichen Acten oder Schriften.
EXPE'DITION, die Acten und Schriften über eine Sache.
EXPE'DITIONNAIRE, *s. m.* der die Schreiben und Briefe ausfertigen läßt, sonderlich am Päbstlichen Hofe.
EXPE'RIENCE, *s. f.* die Erfahrung; die Erfahrenheit. Connoitre par *expérience*, aus der Erfahrung wissen. Faire une *expérience*, einen Versuch thun.
EXPE'RIENCE, (bey den Handwerkern) ein Probstück, das ein Meisterssohn machen muß, da die andern ein Meisterstück machen müssen.
EXPE'RIMENTAL, e, *adj.* das sich auf die Erfahrung gründet.
EXPE'RIMENTER, *v. a.* versuchen, erfahren, probiren.
EXPE'RIMENTE', ée, *part. & adj.* versucht, probiert; geübt. Un homme *expérimenté*, ein wohl erfahrner Mann. Une chose *expérimentée*, eine bewährte Sache.
EXPERT, e, *adj.* versucht, geübt in etwas.
EXPERT, *s. m.* ein versuchter und erfahrner Mann.
EXPERTS, die besten und erfahrensten Meister in einer Kunst oder Wissenschaft.
EXPIABLE, *adj. c.* was auszusöhnen ist.
EXPIATION, *s. f.* das Ausstehen der Strafe; it. das Versöhnopfer; die Versöhnung, Genugthuung.
EXPIATOIRE, *adj. c.* sacrifice *expiatoire*, Söhnopfer.
EXPIER, *v. a.* versöhnen, die Sünden vertilgen, die verdiente Strafe ausstehen. *Expier* son crime par la mort, sein Verbrechen mit dem Tode büßen.
EXPILATION, *s. f.* (in der Rechtsgelehrsamkeit) das unrechtmäßige Zuschreißen eines Erbstückes.
EXPIRATION, *s. f.* das Ende, der Ausgang eines bestimmten Termins. L'*expiration*

EXP   EXP   535

ration d'une ferme, der Ablauf eines Pachts.

EXPIRATION, das Ausblasen der Seele, der letzte Athem; das Athmen, so oft der Athem ausgelassen wird.

EXPIRATION, (in der Chymie) das Ausrauchen, Verrauchen eines flüchtigen Dinges.

EXPIRER, *v. n.* aus seyn, vorbey seyn, als der Termin zu etwas, verstreichen. Le terme est *expiré*, das Ziel (die gesetzte Zeit) ist verlaufen.

EXPIRER, sterben; das Leben enden. *Expirer* de douleur, vor Traurigkeit sterben.

EXPLICABLE, *adj. c.* das da erklärt werden kan.

EXPLICATIF, ive, *adj.* das da erklärt wird, oder sich erklärt.

EXPLICATION, *s. f.* die Erklärung, Auslegung. Avoir une *explication* avec quelqu'un, einen über ausgestossene zweydeutige und anzügliche Worte sich besser erklären machen.

EXPLICITE', *adj. c.* (in den Schulen) klar, deutlich, durch die Worte angezeigt, (das Oppositum ist implicite.)

EXPLICITEMENT, *adv.* deutlich, ausdrücklich.

EXPLIQUER, *v. a.* erklären, deutlich machen, auslegen; deutlich ausdrücken. *Expliquer* une énigme, ein Räthsel deuten. *Expliquer* sa pensée, seine Meynung erklären.

s'EXPLIQUER, *v. r.* seine Gedanken deutlich vorbringen. Il s'*explique* bien, er redet wohl. S'*expliquer* rondement, seine Meynung rund heraus sagen.

EXPLOIT, *s. m.* eine grosse tapfere That; eine herrliche Verrichtung. Faire de grands *exploits*, grosse Thaten ausrichten.

EXPLOIT, (im Rechtshandel) Ladung, Vorladungsschein, Citation.

EXPLOIT, gerichtliche Pfändung.

EXPLOITABLE, *adj. c.* das da kan eingezogen und gerichtlich verkauft werden, daran man sich halten, oder das man zu Gelde machen kan.

EXPLOITANT, *s. m.* der gerichtliche Gewalt üben kan und darf.

EXPLOITER, *v. a.* vorladen, citiren.

EXPLOITER une forêt, einen Wald umhauen.

EXPLOITER une fille, Unzucht mit einem Mädchen treiben.

EXPLORATEUR, *s. m.* ein Ausspäher, der anderer Leute Geheimnisse, sonderlich der Kaufleute Correspondenz, ausforschen will.

EXPLOSION, *s. f.* die gewaltsame Austreibung einer Sache in der Natur durch die andere.

EXPOLITION, *s. f.* die zierliche Ausdrückung einer Redensart, durch einige andere, die eben das sagen.

EXPOSANT, e, *adj. & subst.* der seine Sache vor Gerichte wohl beweiset, und seine Unschuld darthut.

EXPOSANT, (in der Rechenkunst) eine Zahl, die als der Grund zur Verhältniß der andern angesehen wird, als 2 des Quadrats, 3 der Cubiczahlen.

EXPOSE', *s. m.* Vorstellung. On faux *exposé*, falsche ungegründete Vorstellung.

EXPOSER, *v. a.* auslegen, als Waaren; zeigen, darstellen, ausstellen. *Exposer* du blé en vente, Korn zu Kauf darstellen. *Exposer* au soleil, an die Sonne legen.

EXPOSER des espèces décriées, verrufene Münze ausgeben.

EXPOSER un enfant, ein Kind auf die Strasse hinlegen.

EXPOSER, vorstellen, erzehlen. J'ai *exposé* l'affaire comme elle s'est passée, ich habe die Sache erzehlet, wie sie wirklich vorgegangen ist.

EXPOSER, (im Bau) wenden, richten, anlegen. On *expose* les bibliothèques au soleil levant, man legt die Büchereyen gegen der Sonnen Aufgang an.

EXPOSER, auslegen, erklären.

s'EXPOSER, *v. r.* sich in Gefahr begeben. S'*exposer* au hazard d'être sujet ou de commander, es darauf wagen, entweder Knecht oder Herr zu werden. S'*exposer* à la risée de tout le monde, jedermann zum Gelächter werden.

Etre *exposé*, unterworfen, bloßgestellt seyn. Etre *exposé* à la honte & à l'infamie, den Leuten in den Mäulern herumgehen, und geschändet werden. Etre *exposé* au vent, au soleil, à la pluye, dem Winde, der Sonnenhitze, dem Regen, bloßgestellt seyn.

EXPOSITEUR, *s. m.* trice, *f.* de fausse monnoïe, der falsch Geld unter die Leute bringt.

EXPOSITION, *s. f.* öffentliche Darstellung oder Stellung, als an den Pranger.

EXPOSITION de monnoïe décriée, das Ausbringen der falschen Münze. L'*exposition* des fausses espèces est défendue, das Ausgeben falscher Münze ist verbotten.

EXPOSITION, (in der Römischen Kirche) das Ausstellen des Sacraments oder der Monstranz.

EXPOSITION d'un enfant, das Aussetzen, Hinwersen eines Kindes.

EXPOSITION, éclaircissement, eine Erklärung, Auslegung; Vortrag, Erzehlung einer Sache. *Exposition* de la doctrine chrétienne, Erklärung der christl. Lehre.

EXPOSITION, situation, das Liegen eines Gartens oder eines Hauses in der Sonne oder in dem Winde. Bonne *exposition* d'un palais, d'une ville, gute Anlage eines

nes Pallasts, einer Stadt. Arbre planté à une mauvaise *exposition*, Baum der in einer unrechten (unkommlichen) Gegend gesetzt ist.

EXPRE'S, sse, *adj.* ausdrücklich, sonderbar, besonder. Un ordre *exprès*, gemessener Befehl. Conclusion *expresse*, ein deutlicher Schluß. Des défenses *expresses*, ausdrückliches Verbot.

EXPRE'S, *s. m.* ein expresser Bote, der besonders abgeschickt wird.

EXPRE'S, *adv.* absonderlich, ausdrücklich, insonderheit, mit Fleiß. Tout *exprès*, mit Fleiß, mit Vorsatz.

EXPRESSEMENT, *adv.* ausdrücklich, sonderbarlich; mit Fleiß.

EXPRESSIF, ive, *adj.* das da wohl ausdrückt, nachdrücklich. Un mot *expressif*, ein kräftiges Wort.

EXPRESSION, *s. f.* Ausdrückung mit Worten; die Redensart, die Wahl der Worte, und verblümte Reden; ein Wort, das man braucht. Une *expression* vive, eine durchdringende Redensart.

EXPRESSION, die Vorstellung im Mahlen. Raphaël a excellé dans l'*expression*, Raphael war der größte Meister, in Gemählden etwas lebhaft und beweglich vorzustellen.

EXPRESSION, das Ausdrücken des Safts der Früchte, Kräuter rc.

EXPRIMABLE, *adj. c.* das mit Worten kan ausgedrückt, vorgestellet werden.

EXPRIMER, *v. a.* beschreiben, ausdrücken. *Exprimer* sa pensée, seine Gedanken an den Tag geben, mit Worten vorstellen.

EXPRIMER, (bey den Mahlern) mit Nachdruck vorstellen.

EXPRIMER, den Saft aus etwas drücken. *Exprimer* le jus des raisins, den Saft aus den Trauben drücken.

s'EXPRIMER, *v. r.* vorbringen, was man denkt.

EXPROVINCIAL, *s. m.* ein gewesener Provinzial eines Ordens.

EXPULSER, *v. a.* mit Gewalt austreiben, als eine Person aus einem Ort, ein Kind aus Mutterleibe rc. On l'a *expulsé* de sa terre, er ist von seinem Gute vertrieben worden. *Expulser* les humeurs, die Feuchtigkeiten abführen.

EXPULSIF, ive, *adj.* das da austreibt, abführend.

EXPULSION, *s. f.* die gewaltsame Austreibung einer Person aus einem Ort, oder eines Kindes aus der Mutter.

EXPULTRICE, *adj. f.* (in der Medicin) Vertu oder faculté *expultrice*, die austreibende Kraft einer Arzney.

EXQUIS, e, *adj.* auserlesen, sonderbar schön, vortreflich. Des paroles *exquises*, auserlesene Worte. Viandes *exquises*, ausgesuchte (köstliche, niedliche) Speisen.

EXTANT, e, *adj.* was da ist, das wirklich zugegen oder vorhanden ist. Meubles *extans*, (in Gerichten) vorhandene Mobilien oder Hausrath.

EXTASE, *s. f.* Entzückung.

EXTASIER, *v. a.* entzückt machen.

s'EXTASIER, *v. r.* entzückt werden; ausser sich selbst kommen.

EXTASIE', ée, *part. & adj.* entzückt.

EXTATIQUE, *adj. c.* das zum Entzücken gehört, entzückend. Un transport *extatique*; ravissement *extatique*, Entzückung; Freude des Gemüths, welche von Entzückung herkommt.

EXTATIQUE, *adj.* der oft Entzückung hat. Un homme *extatique*, ein Mensch der oft entzückt ist.

EXTENSEUR, *s. m.* eine ausdehnende, von sich streckende Nerve.

EXTENSIBLE, *adj. c.* das sich ausstrecken läßt.

EXTENSION, *s. f.* die Ausdehnung; das Erstrecken, oder Ausstrecken. *Extension* de membres, Ausstreckung der Glieder.

EXTENSION, der weitläuftige Verstand, den man zum Exempel einem Gesetze giebt; die Besserung oder Vermehrung eines Privilegii oder gegebenen Freyheit. Faire des *extensions* à un privilège, einen Freybrief weiter erstrecken, milde deuten.

EXTE'NUATION, *s. f.* Verringerung der Kräfte, Abnehmung des Leibes rc. das Geringmachen, Verkleinerung eines Dinges mit Worten.

EXTE'NUER, *v. a.* von Kräften bringen, schwächen, mager machen; gering, klein machen, mit Worten.

E'XTE'NUE', ée, *adj.* kraftlos, matt.

EXTE'RIEUR, e, *adj.* sichtbar, äusserlich. Les devoirs *extérieurs* de la religion, die äusserliche Pflichten des Gottesdienstes. Une marque *extérieure*, ein sichtbares Zeichen.

EXTE'RIEUR, *s. m.* das äussere Ansehen oder das Wesen eines Menschen. Un *extérieur* grave, eine ernsthafte Gebärdung.

EXTE'RIEUREMENT, *adv.* von aussen.

EXTERMINATEUR, *s. m. & adj.* ein Verstörer, Verderber.

EXTERMINATION, *s. f.* Verderbung, Verstörung.

EXTERMINER, *v. a.* verderben, austilgen, vertilgen; aus dem Lande jagen, ausrotten; verbannen, verweisen.

EXTERNE, *adj. c.* äusserlich, auswendig.

EXTERNE, *s. m.* einer der in die Schule geht, aber nicht mit zu den Alumnis gehört.

EXTINC-

EXTINCTION, *s. f.* das Auslöschen. L'*extinction* d'une chandèle, das Auslöschen eines Lichts. L'*extinction* d'un fer chaud, das Ablöschen eines glüenden Eisens.

EXTINCTION, Vernichtung; Vergehung. L'*extinction* de la chaleur naturelle, das Vergehen, Verlöschen, Aufhören der natürlichen Wärme.

EXTINCTION d'une famille, das Aussterben eines Hauses (Geschlechts).

EXTINCTION d'un crime, die völlige Nachlassung eines begangenen Fehlers.

EXTINCTION d'une rente, die Erlöschung eines Zinses durch Abzahlung des Capitals.

EXTIRPATEUR, *s. m.* der Ausrotter. *Extirpateur* des hérésies, ein Ausrotter der Ketzereyen.

EXTIRPATION, *s. f.* die Ausrottung.

EXTIRPER, *v. a.* ausrotten. *Extirper* les mauvaises herbes, das Unkraut vertilgen, ausreuten.

EXTORQUER, *v. a.* mit Gewalt herauspressen, herausbringen. *Extorquer* de l'argent de quelqu'un, Geld von einem erpressen; einem Geld abpressen. *Extorquer* une confession, ein Bekäntniß erzwingen.

EXTORSION, *s. f.* Erpressung, Gewaltthätigkeit.

EXTRA, *s. m.* ein ausserordentlicher Verhörtag in den Gerichten.

EXTRACTION, *s.f.* das Herüberziehen oder Distilliren eines Krauts; das Wasserbrennen.

l'EXTRACTION d'une pierre de la vessie, das Herausziehen eines Steins aus der Blase.

l'EXTRACTION des métaux, das Ausgraben der Metalle.

l'EXTRACTION, naissance d'une personne, das Herkommen, Geschlecht oder Stamm eines Menschen. Il est noble d'*extraction*, er ist adelicher Geburt.

l'EXTRACTION des racines, (in der Rechenkunst) das Herausziehen der Quadrat- oder Cubicwurzel.

EXTRADOS, *s. m.* (in der Baukunst) die äussere Runde eines Gewölbes.

EXTRADOSSE', ée, *adj.* Voute *extradossée*, ein Gewölbe, das aussen oder oben eben so sauber bearbeitet ist, als innen.

EXTRAIRE, *v. a.* (in der Schmelzkunst) ausziehen durch Distilliren; das Wasser oder Spiritum von etwas brennen.

EXTRAIRE le sel d'une herbe, das Beste aus einem Kraute ꝛc. herausziehen.

EXTRAIRE, aus einem Buche oder aus einer Schrift einen Auszug machen.

EXTRAIRE la racine d'un nombre, (in der Rechenkunst) die Wurzel einer Zahl ausziehen.

EXTRAIT, e, *adj. & part.* entsprossen, herstammend, vom Geschlechte.

EXTRAIT, *s. m.* (in der Apotheke) ein Extract oder herausgezogener Saft von einem Krautꝛc. *Extrait* d'absinte, Wermuthextract.

EXTRAIT, ein Auszug aus einer Schrift. Un *extrait* bâtistère, ein Auszug aus dem Taufregister.

EXTRAORDINAIRE, *adj. c.* ungemein, rar, sonderbar; besonder, absonderlich; ausserordentlich, ungewöhnlich. Ambassadeur *extraordinaire*, ein ausserordentlicher Abgesandter. Revenu casuel & *extraordinaire*, ein Einkommen, das nicht alle Jahr gewiß ist, eine unbeständige Einnahme. Juge *extraordinaire*, ein Commissarius oder Richter der besonders bestellt ist, eine Sache zu erörtern oder abzuthun. Procédure *extraordinaire*, (in Gerichten) wenn eine Sache als halbbrüchig angesehen wird.

EXTRAORDINAIRE, *s. m.* eine Zeitung, die ausser den ordentlichen und gewöhnlichen gedruckt wird; eine ausserordentliche Ausgabe, ausserordentlicher Aufwand; ein ausserordentliches Gericht bey Tisch; eine ausserordentliche That; eine ausserordentliche Begebenheit; it. der oberste Königl. Schatzmeister; der Oberkriegszahlmeister.

EXTRAORDINAIREMENT, *adv.* ungemein, sehr; (in Gerichten) als eine halbbrüchige Sache, als auf Leib und Leben.

EXTRATEMPORA, *s. m.* (in der Kirchenordnung) Päbstlicher Vergünstigungsschein, einen geistlichen Orden zu aller Zeit anzunehmen. Il a un *extratempora*, er kan einen geistlichen Orden annehmen wenn er will, denn er hat von dem Pabst einen Vergünstigungsschein.

EXTRAVAGAMMENT, *adv.* unbedachtsam, unbesonnener Weise, auf eine ungereimte Art.

EXTRAVAGANCE, *s. f.* eine ungereimte Weise, Unbesonnenheit, flatterichte Art, alberne Dinge, Narrheit. Dire des *extravagances*, närrische Reden führen. Faire des *extravagances*, ungereimte Dinge begehen.

EXTRAVAGANT, e, *adj.* alber, flatterricht, unbesonnen, abgeschmackt, seltsam, wunderlich.

EXTRAVAGANT, *s. m. e, s.* ein Hase, ein seltsamer, närrischer Kopf; Närrin. Le berger *extravagant*, der schwärmende Schäfer.

EXTRAVAGANTES, *s. f. plur.* ein Stück des

des Päbſtlichen oder Canoniſchen Rechts, gewiſſe Verordnungen auſſer dem völligen Werke dieſes Rechts.

EXTRAVAGUER, *v. n.* etwas ungereimtes ſagen oder thun.

EXTRAVASATION, *ſ. f.* eine Ergieſſung, z. E. des Bluts aus den Adern in einen andern Ort des Leibes.

s'EXTRAVASER, *v. r.* (im Gartenbau) als das Gummi von den Bäumen herausflieſſen; ſich aus einander begeben, als Gewächſe; it. als Blut, ſich aus den Adern in den Leib ergieſſen. *La gomme s'extravaſe à la partie rompuë*, das Gummi dringet heraus, wo der Baum angeſtoſſen iſt.

EXTRAVASÉ, ée, *part. & adj.* aus den ordentlichen Gängen heraus geronnen, als Blut im Leibe. *Du ſang extravaſé*, Blut, ſo ſich aus ſeinen Gefäſſen ergoſſen.

EXTRêME, *adj.* äuſſerſt, letzt; das zu viel oder zu wenig iſt, ſehr groß, im höchſten Grad; heftig, gewaltſam. *Plaiſir extrême*, überaus groſſe Luſt. *Douleur extrême*, heftiger Schmerz. *Danger extrême*, äuſſerſte Gefahr.

EXTRêMEMENT, *adv.* ſehr, über die Maſſen; ſehr viel, ungemein viel. *Extrêmement affligé*, zum höchſten betrübt. *Extrêmement honnête*, überaus höflich.

EXTRêME-ONCTION, oder EXTRêMONCTION, *ſ. f.* die letzte Oehlung.

EXTRéMITÉ, *ſ. f.* das Ende an einem Dinge, das Aeuſſerſte, die äuſſerſten Grenzen eines Orts. *A l'extrêmité de la terre*, am Ende der Erde. *Les extrêmités d'un bâton*, die Ende eines Stocks.

Paſſer d'une extrêmité à l'autre, von einem Ende zu dem andern fahren; von einem Dinge gerad auf das Widerſpiel fallen. *Il eſt réduit à la dernière extrêmité*, er iſt in die äuſſerſte Noth gerathen. *La choſe étoit en cette extrêmité*, die Sache war ſo weit gekommen. *Je n'y viendrai qu'à l'extrêmité*, ich werde dazu nicht kommen, ohne aus höchſter Noth. *Ils en ſont venus à de fâcheuſes extrêmités*, ſie ſind mit einander in verdrüßliche Händel verfallen. *Il eſt à l'extrêmité*, es iſt mit ihm auf das äuſſerſte kommen; er liegt in letzten Zügen. *A toute extrêmité*, wenn es auf das äuſſerſte kommen ſollte.

EXTRéMITÉS, *ſ. f. plur.* (in der Anatomie) die Arme und Beine.

EXTRINSE'QUE, *adj. c.* äuſſerlich, was ſich äuſſerlich ſehen läßt.

EXTRORD. *voies* EXTRAORD.

EXUBE'RANCE, *ſ. f.* (in Rechtshändeln) *par exubérance de droit*, zum Ueberfluß; über das, ſo zu Recht nöthig iſt.

EXULCE'RATIF, ive, *adj.* geſchwürend, Geſchwüre verurſachend.

EXULCE'RATION, *ſ. f.* das Schwären, Geſchwüren.

EXULCE'RER, *v. a.* ſchwärend machen, Geſchwüre verurſachen.

EXULTATION, *ſ. f.* (in geiſtlichen Sachen) eine groſſe Freude, eine innerliche freudige Bewegung; (in weltlichen Sachen) eine groſſe allgemeine und öffentliche Freude.

EXULTER, *v. n.* in geiſtlichen Dingen, eine groſſe Freude empfinden.

F.

F, *ſ. f.* der Buchſtabe F, (ſprich effe). *Mettre un f*, ein f einſetzen. *L'ſ double* (ff), das doppelte f (ff).

F, *ſ. f.* (bey dem Geigenmacher) die Einſchnidte oder Oefnungen in allerley Gattungen Geigen, welche die Form eines F haben.

FA, *ſ. m.* (in der Muſic) ein Fa, der vierte Clavis.

FABA purgatrix, *ſ. f.* Indianiſche Bohne, welche ſtark purgieret.

FABAGO, *ſ. m.* wild St. Johannesbrod.

FABIEN, *ſ. m.* ein Mannsname, Fabian.

FABLE, *ſ. m.* ein Gedicht, eine Fabel, ein Mährlein. *Les fables d'Eſope*, die Lehrgedichte des Eſopus. *Savoir l'hiſtoire & la ſable*, der Geſchichte und Gedichte kundig ſeyn. *Celà ſent la ſable*, dieſes ſtinkt nach einem Mährlein; nach einem Gedichte.

FABLE, ein Geſpräch, das man den Thieren oder lebloſen Dingen andichtet.

FABLE, die Materie, wovon man Verſe machen oder eine Comödie ſpielen will.

FABLE, die poetiſchen Fabeln überhaupt, die Gedichte der Alten, die fabelhafte Hiſtorie der Götter und erſten Menſchen.

FABLE, eine Unwahrheit, Lüge.

FABLE, ein Geſchwätz, Geplauder, eine Klatſcherey. *Etre la ſable du peuple*, in aller Leute Mäuler ſeyn. *Nous ſervons de ſable & de riſée à tout le monde*, wir werden bey aller Welt verhöhnet und verlachet.

FABLIAU, *ſ. m.* ein altes poetiſches Gedicht, (iſt alt).

FABRICANT, FABRICATEUR, *ſ. m.* der da etwas macht, ein Fabricant.

FABRICATEUR des monnoïes, Münzmeiſter, auch ein falſcher Münzer.

FABRICATEUR ſouverain, (in den Verſen) der Schöpfer aller Dinge.

FABRI-

FABRICATION, *s. f.* Verfertigung.
la FABRICATION de la monnoïe, das Münzen; item das Prägerlohn.
la FABRICATION d'une calomnie &c. das Schmieden oder Erdichten einer Verleumdung ꝛc.
FABRICIEN, FABRICIER, *s. m.* der das Bauwesen geistlicher Gebäude unter Händen hat.
FABRIQUE, *s. f.* eine Fabrique oder Ort, wo man etwas in Menge macht; auch die Arbeit selbst, so an einem Ort verfertiget wird. Ils sont d'une même *fabrique*, es ist keiner besser als der andere.
la FABRIQUE de la monnoïe, die Münze, wo man prägt.
la FABRIQUE des draps, das Verfertigen oder Wirken der Tücher.
FABRIQUE, der Ort, wo man Zeuge, Tücher, Bande, Strümpfe ꝛc. verfertigt. Draps de *fabrique* étrangère, ausländisch Tuch; von ausländischer Arbeit.
la FABRIQUE d'une église, das Erbauen oder Aufrichten einer Kirche, das Bauen; die Bauart; der Bau.
FABRIQUE, le bien temporel qui appartient à l'église, qui sert à son entretien & à ses réparations, das Geld, eine Kirche im Bau zu erhalten; die dazu verordneten Einkünfte, Gestifte.
FABRIQUE des vaisseaux, der Schiffbau. Vaisseau de *fabrique* françoise, ein Schiff, so in Frankreich gebauet worden.
FABRIQUER, *v. a.* verfertigen, machen. *Fabriquer* du drap, des chapeaux, des bas, Tuch, Hüte, Strümpfe verfertigen. *Fabriquer* de la monnoïe, münzen, Münze prägen.
FABRIQUER un vaisseau, ein Schiff bauen.
FABRIQUER un mensonge, eine Lüge erfinden, erdichten.
FABRIQUER un faux testament, ein falsches Testament aufsetzen, schreiben.
FABRIQUER une histoire, eine Historie erdichten, ersinnen.
FABULEUSEMENT, *adverb.* fabelhafter Weise.
FABULEUX, euse, *adj.* fabelhaft.
FABULEUX, *s. m.* Gedicht; Mährlein.
FAÇADE, *s. f.* das vorderste Theil eines Hauses.
FACE, *s. f.* das Angesicht, Antlitz; item Gegenwart, (sonderlich in ernsthafter Materie). Les bienheureux verront la *face* de Dieu, die Seligen werden GOttes Angesicht schauen. Les chérubins se voilent la *face* devant la majesté de Dieu, die Cherubim bedecken sich das Angesicht vor der Majestät GOttes. Si vous ne m'amenes pas vôtre petit frère Benjamin, vous ne verrés plus ma *face*, wenn ihr nicht euern kleinen Bruder Benjamin mitbringet, sollt ihr mein Angesicht nicht mehr sehen.

FACE, devant de bâtiment, das Vordertheil eines Gebäudes. La *face* de cette maison a trente piés, der Vorgiebel dieses Hauses hat dreyßig Fuß. Ma maison fait face sur le Rhône, die Vorderseite meines Hauses ist gegen die Rhone gerichtet.
FACE, (in der Baukunst) *face* d'un architrave, eine breite Leiste am Unterbalken.
la FACE d'un bastion, die Hauptseite eines Bollwerks.
FACE, Seite, Fläche. La *face* de la mer, das Obertheil (die Fläche) des Meers. Un cube a six *faces*, ein Würfel hat sechs Seiten.
FACE, Wendung, Stellung. Faire *face* à l'ennemi, sich gegen den Feind wenden. Attaquer en *face* & en flanc, von vorne und von der Seite angreifen. Faire volte-*face*, sich rechts oder links wenden.
FACE, Zustand, Beschaffenheit, Ansehen. Changer la *face* du gouvernement, die Regierungsart abändern. Changer la *face* des affaires, den Zustand der Sachen verändern. Les choses prennent une nouvelle *face*, die Sachen gewinnen ein neues Ansehen. Donner une *face* avantageuse à une chose, einer Sache ein gutes Ansehen geben; sie zu ihrem Vortheil vorstellen.
FACE à FACE, *adv.* von Angesicht zu Angesicht. De prime *face*, im ersten Anblick.
en FACE, von vornen; in Gegenwart; ins Gesicht.
Cheval de belle *face*, (auf der Reitschul) ein Pferd, das eine weisse Bläße hat.
FACE d'homme fait vertu, wo der Herr dabey ist, arbeitet das Volk besser.
FACE, FACE', *voïés* FASCE.
FACE'TIE, *s. f.* lustige Possen, lächerliche Worte, Händel, Scherz, (ist alt).
FACE'TIEUSEMENT, *adv.* lächerlicher Weise, scherzhaft.
FACE'TIEUX, euse, *adj.* lustig, lächerlich, scherzhaft, spashaft.
FACETTE, *s. f.* eine kleine Seite, ein Winkel eines geschnidtenen oder geschliffenen Dinges, als Edelgestein. Diamant taillé à facettes, ein Rautenstein, Demant, so rautenweise geschliffen.
FACETTER, *v. a.* Steine vieleckigt schleifen oder schneiden.
FÂCHER, *v. a.* erzürnen, verdrüssen. Tout le *fâche*, es ist ihm alles zuwider. Vos lettres l'ont fort *fâché*, euer Schreiben hat ihn höchlich beleidiget, vor den Kopf gestossen, sehr böse gemacht.
se FÂCHER, *v. r.* sich erzürnen, böse werden.

den. Vous savés que je me *fâche* aisément, ihr wisset wohl, daß ich mich leichtlich erzürne. S'il se *fâche* de celà, wenn er darüber böse wird.

FâCHERIE, *s. f.* Zorn, Verdruß, Unwille.

FâCHEUX, euse, *adj.* Accident *fâcheux*, verdrüßlicher Zufall. Un chemin *fâcheux*, ein mühsamer Weg. Vous êtes *fâcheux* en vôtre conversation, eure Gesellschaft ist verdrüßlich. Nous avons reçu de *fâcheuses* nouvelles, wir haben traurige Zeitungen bekommen.

FâCHEUX, *s. m.* beschwärlicher (verdrüßlicher) Mensch. C'est un *fâcheux*, un importun, dieses ist ein verdrüßlicher (ungestümer) Mensch.

Le monde est plein de *fâcheux*, es giebt allenthalben verdrüßliche Leute, die einem überlästig sind.

FâCHEUSE, *s. f.* verdrüßliches Weib.

FACIE', *voïés* FASCE'.

FACIENDAIRE, *s. m.* (bey einigen Ordenspersonen) derjenige, welcher wegen anderer Häuser ihres Ordens die Verrichtungen über sich hat.

FACIENDE, *s. f.* (vulg. im schlimmen Verstande) eine Rotte Lumpengesind; eine Gemeinschaft; Geschicklichkeit sich in lose Händel zu mengen.

FACILE, *adj. c.* leicht. Un stile *facile*, eine deutliche ungezwungene Schreibart. Une mère *facile*, eine gelinde Mutter. Une vertu *facile*, eine schwache ohnmächtige Tugend. Il est *facile* de dire, mais difficile de faire, es ist leicht zu sagen, aber schwer zu thun.

FACILEMENT, *adv.* leichtlich.

FACILITE', *s. f.* das, was leicht ist; die Leichte, das Leichtseyn; das ungezwungene Wesen; gelinde Art im Schreiben. Il a une *facilité* d'esprit admirable, er hat eine wundersame Fertigkeit des Geistes.

FACILITE', Gelindigkeit im Umgange, Freundlichkeit; Leichtgläubigkeit, Einfalt. Abuser de la *facilité* d'une personne, eines Willfährigkeit mißbrauchen.

FACILITER, *v. a.* leicht machen; bahnen, als den Weg zu etwas. *Faciliter* l'intelligence d'une chose, eine Sache leicht zu verstehen machen. *Faciliter* le passage, den Uebergang befördern, erleichtern.

FACIN. *voïés* FASCIN.

FAçON, *s. f.* die Art, die Weise, etwas zu arbeiten.

FAçON, das Arbeiten der Handwerksleute. Cet ouvrage a une belle *façon*, dieses Werk ist wohl eingerichtet.

FAçON, das Macherlohn. Je païerai la *façon*, ich will das Macherlohn bezahlen.

FAçON, die Arbeit, oder Erfindung eines Gelehrten. Ce sont des vers de ma *fa-*

çon, es sind Verse von meiner Arbeit, wie ich sie zu machen pflege.

FAçON, die Stellung, das Wesen, die Geberden eines Menschen; die Art und Weise etwas zu thun. Toutes les petites *façons* qu'a cette fille me déplaisent infiniment, dieses Mädgens ganze Art und ganzes Wesen gefällt mir nicht. Vos petites *façons* m'ont charmé, eure artige Manieren haben mich gewonnen; ganz eingenommen.

FAçON, mine, Ansehen, Bildung, Gestalt des Gesichts und ganzen Leibes. Il n'a ni mine ni *façon*, er hat gar kein Ansehen. Voilà un homme de bonne *façon*, dieses ist ein wohlgestalter, wohlgebildeter Mensch. Un homme de mauvaise *façon*, ein häßlicher, ungestalter Mensch. Un petit homme sans *façon*, ein kleiner unansehnlicher Mann.

FAçON, Complimenten, überflüßige Höflichkeit. Je ne fais point de *façon* avec vous, ich mache nicht viel Wesens mit euch; ich gehe aufrichtig mit euch um. A' quoi bon tant de *façons*? worzu dienet so viel Gepränges? Entre amis on vit sans *façon*, gute Freunde begehen sich ohne Ceremonien. Faire des *façons*, sich nöthigen lassen; gebeten seyn wollen.

FAçONS, die Oerter am Schiffe, wo es schmäler wird, oder spitziger zugeht.

Cette terre est labourée de ses trois *façons*, diß Feld ist dreymal gepflügt, zur Saat zugerichtet.

Donner trois *façons* à une vigne, einen Weinberg dreymal behacken.

de FAçON QUE, *conj.* so daß, (besser de sorte que).

en aucune FAçON, *adv.* auf keinerley Weise; keineswegs.

FAçONNER, *v. a.* geschicklich machen, artig verfertigen. Ruban *façonné*, gemodelt Band.

FAçONNER un arbre par le moïen de la taille, (im Gartenbau) einen Baum durch Beschneiden zu einer guten Gestalt erziehen.

FAçONNER, ziehen, in guten Sitten und Weisen üben. On se *façonne* à la cour, bey Hofe lernt man anständige Weisen.

FAçONNER les champs, das Feld pflügen.

FAçONNER la vigne, die Reben hacken.

FAçONNER, *v. n.* viel Complimenten, Wesens machen; zaudern, verziehen.

se FAçONNER, *v. r.* artig werden; sich nach oder zu etwas gewöhnen.

FAçONNIER, *s. m.* ein Zeugwirker, ein Meister oder Gesell dieses Handwerks.

FAçONNIER, e, *adj. & subst.* der zu viel Complimenten macht, überflüßig höflich.

FACTEUR, *s. m.* ein Factor, als der Kaufleute,

leute, der an andern Orten in ihrem Namen verkauft.

FACTEUR, der Botenmeister, ein Briefträger.

FACTEUR d'orgues, ein Orgelmacher.

FACTICE, adj. c. künstlich, durch Kunst nachgemacht.

FACTIEUX, euse, adj. & subst. rottierisch, aufrührisch.

FACTION, s. f. eine Rotte, die man wider den Staat macht; eine Partey, so sich wider die andere zusammen thut; eine zwistige Partey bey einer Wahl.

FACTION, Wacht eines Soldaten, Schildwache. Mettre en faction, auf Schildwache ausstellen. Etre en faction, auf der Schildwache stehen.

FACTIONNAIRE, s. m. ein Soldat, der wirklich seine Dienste thut; gemeiner Soldat, Kriegsknecht.

FACTISTE, s. m. ol. Comödienschreiber.

FACTORERIE, s. f. ein Kaufmannsgewölbe, wo man einen Factor hält, eine Factorey.

FACTOTON, oder FACTOTUM, s. m. ein Mensch, der sich in alle Händel mischt.

FACTOTON, (im Scherz) ein Mann, der in einem Hause oder bey einem Herrn sehr viel oder alles gilret, wohl angeschrieben ist. C'est le *factoton* dans cette maison, er gilret alles in diesem Hause; er ist sehr wohl angeschrieben.

FACTUM, s. m. umständliche Erzehlung, Ausführung oder Bericht wegen einer gewissen That oder Sache; Speciesfacti einer Rechtssache.

FACTURE, s. f. Factorsrechnung, über die verkaufte oder noch nicht verkaufte Güter.

FACTURE, die Rechnung, die ein Kaufmann dem andern schickt.

FACTURE, ein Pack Briefe, so die Kaufleute zur Nachricht ordentlich zusammen legen, und zusammen binden lassen.

FACTURE, Werkhaus, Werkstadt. *Facture* de draps, ein Lackenwerkhaus. *Facture* de chapeaux, eine Hutmacherey; ein Hüterwerkhaus.

FACULES, s. f. plur. Sonnenfackeln, die hellern Theile in dem Sonnencörper.

FACULTATIF, ive, adj. bref *facultatif*, ein Gewaltsbrief, eine Vollmacht, so der Pabst schriftlich giebt.

FACULTE', s. f. die Kraft, das Vermögen, die Macht. Les *facultés* de l'ame, die Kräfte der Seelen. Les *facultés* naturelles, das natürliche (angebohrne) Vermögen.

FACULTE' (im Rechtshandel) Gewalt, Befugniß. *Faculté* de rachat, Befugniß zum Wiederkauf.

FACULTE', (auf den Academien) die Gelehrten einer der vier Hauptwissenschaften, als der Weltweisheit, Gottesgelehrtheit, Rechtsgelehrsamkeit, und Arzneykunst.

FACULTE's, plur. das Vermögen, sämtliche Güter einer Privatperson.

FACULTE's, das Recht einer graduirten Person zu einer Pfründe.

FADAISE, s. f. Narrheit, abgeschmackte Possen, ungereimte Händel.

FADE, adj. c. abgeschmackt, alber, kraftlos. Un esprit *fade*, ein tummes Hirn; ein läppischer Mensch. Les *fades* plaisirs du monde, die abgeschmackten Lüste der Welt.

FADE, ungeschmackt, ekelhaft. Légume fade, ungeschmacktes Zugemüse, das weder gesalzen, noch geschmalzen, noch gewürzt ist.

FADE, das weder Ansehen noch Glanz hat. Une beauté *fade*, eine unangenehme Schönheit. Une couleur *fade*, eine matte (verschossene) Farbe.

FADEUR, s. f. das abgeschmackte Wesen; der elende Geschmack eines Dinges. La *fadeur* de sa conversation est insupportable, sein Umgang ist so abgeschmackt, daß es nicht zu ertragen.

FAËRIE, s. f. Wahrsagerey, Zauberpossen.

FAFAIR, ein Arabisches Kraut.

FAGALE, s. f. Japonesische Münze, welche nach einiger Meynung 10 Liv. nach anderer aber 12 Liv. 10 Sols französisch Geld ausmacht.

FAGARE, s. m. ein Indianisches Gewächs.

FAGOLES, s. f. kleine Bohnen.

FAGONIA, s. m. ein Kraut aus Candia.

FAGOT, s. m. ein Bund (Büschel) Holz oder Reißig (Welle). Conter des *fagots*, Dinge erzehlen, daran nicht viel liegt. Il sent le *fagot*, er hat ketzerische Meynungen, die nemlich das Feuer verdienen. Etre fait comme un *fagot*, sehr ungestalt aussehen. Prendre l'air d'un *fagot*, sich geschwind im Vorbeygehen ein wenig wärmen.

FAGOT, eine Baßpfeife, ein Fagot.

FAGOT, ein Schiff oder Haus, das zerlegt oder zusammen gelegt ist, daß man es bald wieder aufrichten kan.

FAGOTAGE, s. m. das Büschelbinden, Wellenmachen.

FAGOTEMENT, adv. ungeschickter Weise, häßlich.

FAGOTER, v. a. in Büschel binden; lüderlich, schlecht und unordentlich zusammen machen.

Qui vous a ainsi *fagotté*? wer hat euch so wunderlich angekleidet?

se FAGOTTER, v. r. spotten, Scherz treiben. Vous vous *fagottés* de moi, ihr spottet meiner; ihr wollt mich vexieren.

FAGOTTEUR, *s. m.* ein Holzbüschelbinder, ein Wellenmacher.

FAGOTTIN, *s. m.* ein Narr bey einem Marktschreyer.

FAGOUë, *s. f.* die Drüsen, oder das Drüsichte am Hals der Thiere; (von Menschen sagt man fagoüe d'homme).

FAGUENA, *s. m.* ein garstiger Gestank, Geruch, als vom Schweiße der Füsse und dergleichen. Sentir la *faguena*, übel riechen.

FAÏANC. *voyés* FAYANC.

FAILLES, (in Flandern) eine gewisse Gattung seidene Scherpe der Weiber.

FAILLIR, *v. a. & n.* fehlen, verfehlen, fehlschlagen; ermangeln. Le cœur commençoit à lui *faillir*, das Herz, der Muth begunte ihm zu entfallen. Il a *failli* son coup, er hat es nicht bewerkstelliget; es hat ihm fehlgeschlagen. Il a *failli* à arriver, er wäre ihm nahe nicht angekommen. La nouvelle de sa mort *faillit* à le faire mourir, die Zeitung von seinem Tode hätte ihm beynahe den Tod verursacht. Peu s'en *faut* que, es fehlt nicht viel so, beynahe, fast. Tant s'en *faut* que, so wenig, so gar nicht. A jour *failli*, bey angehender Nacht.

FAILLIR, bankerotiren, Bankerot werden oder machen. Ce marchand a *failli*, dieser Kaufmann kan (mit der Bezahlung) nicht zuhalten, hat fallirt. C'est une chose *faillie*, die Sache ist verlohren, hat fehlgeschlagen. Il est tout *failli*, er ist ganz entkräftet, von Kräften gekommen, krank; (in Wappen) sind es Balken, die gegen die Höhe gebrochen sind.

FAILLITE, *s. f. voyés* BANQUEROUTE.

FAIM, *s. f.* Hunger, Begierde, Verlangen. *Faim* canine, Hundshunger, Wolfshunger, Freßfieber. Mourir de *faim*, sehr arm seyn, verhungern. La *faim* chasse le loup hors du bois, Noth bricht Eisen.

FAIM_VALE, *s. f.* der Feifel, Freßsucht, eine unheilbare Krankheit der Pferde.

FAINE, *s. f.* die Frucht der Buchen, Bucheckern.

FAINE'ANT, e, *adj. & s.* ein fauler, träger Mensch, der nichts arbeiten will, ein Faullenzer.

FAINE'ANTER, *v. n.* faullenzen, tagdieben.

FAINE'ANTISE, *s. f.* Faullenzerey, Faulheit.

FAIRE, *v. a.* machen, thun ꝛc. Je *ferai* tant que j'en viendrai à bout, ich will alles anwenden, daß ich zum Zweck komme.

Il a *fait* avec moi, er hat es weg bey mir, ich will nichts mehr mit ihm zu thun haben.

On n'a jamais *fait* avec lui, man wird mit ihm nimmermehr fertig.

Avoir à *faire* à quelqu'un, mit einem zu schaffen bekommen.

Avoir à *faire* de quelqu'un, einen brauchen, nöthig haben.

Il *fait* à sa fantaisie, er lebt nach seinem Sinn, er macht alles nach seinem Kopfe.

Vous *ferés* de moi ce qu'il vous plaira, sie haben mir nach Belieben zu befehlen.

C'est un homme à tout faire, es ist ein Mensch, der sich alles unternimmt.

Ces lunettes *font* trop gros, diese Brille vergrößert zu stark.

Elle *fait* toute ma consolation, sie ist mein einiger Trost.

Il ne *fait* que d'arriver, er kommt allererst an; diesen Augenblick ist er gekommen.

FAIRE une loi, ein Gesetz geben.

FAIRE un conte, eine Erzehlung hersagen.

FAIRE bien de la bile, viel Galle durch den Stuhlgang auswerfen.

FAIRE la guerre, Krieg führen.

FAIRE des querelles, Händel anfangen.

FAIRE ses blés, sein Feld bestellen, bauen.

FAIRE la cuisine, die Küche bestellen.

FAIRE un enfant, ein Kind zeugen; ein Kind gebähren.

FAIRE un bâtiment, ein Gebäude aufführen.

FAIRE le beau, für schön angesehen seyn wollen.

FAIRE le fou, sich närrisch stellen.

FAIRE le médecin, einen Arzt abgeben.

FAIRE de quelque chose tout ce qu'on veut, mit einem Dinge umgehen, wie man will.

FAIRE la Saint-Martin, Martinifest begehen, (vulg. Martinigans verzehren).

FAIRE des troupes, Volk werben.

FAIRE sentinelle, Schildwache stehen.

FAIRE trop cher, gar zu theuer bieten und verkaufen wollen, überbieten. On *fait* de cette marchandise pour deux sous, man kan von dieser Waare um 2 Sols haben; man giebt davon nach Belieben, so viel man verlangt.

FAIRE l'amour, bey einer Weibsperson suchen anzukommen.

FAIRE des présens, Geschenke geben.

FAIRE des civilités, Höflichkeit erweisen, erzeigen, anthun.

FAIRE assaut, stürmen.

FAIRE feu, feuern.

FAIRE, (in der Seefahrt) *faire* le nord, *faire* le sud, gegen Norden, gegen Süden segeln. Faire voile, segeln. Faire force de voiles & de rames, die Segel und Ruder beysetzen. Faire du bois, ein Schiff mit Holz auf die Reise versehen. Faire de l'eau, ein Schiff mit Wasser versehen. *Faire* eau, Wasser schöpfen, leck seyn. Le vaisseau *fait* eau de tous cotés, das Schiff fängt an allen Orten Wasser.

FAIRE

FAIRE affaire avec quelqu'un, einen Handel oder Kauf mit einem treffen, schliessen.

FAIRE ses affaires, reich werden; it. seine Nothdurft verrichten.

FAIRE figure, sich sehen lassen, einen grossen Staat führen.

FAIRE fonds sur quelqu'un, sich auf einen verlassen.

FAIRE quelqu'un à quelque chose, einen zu etwas abrichten.

FAIRE les cartes, im Spielen, die Karte geben.

FAIRE des armes, fechten, auf dem Fechtboden.

FAIRE le bec, einen lehren, was er sagen soll.

FAIRE bon, gut vor etwas seyn, Bürge seyn; it. etwas gutthun.

FAIRE la comédie, ein Comödiant seyn.

FAIRE fête à quelqu'un, einem liebkosen.

FAIRE le bœuf, einen Ochsen schlachten, bey den Schlächtern.

FAIRE gras, Fleisch an Fasttagen essen.

FAIRE sa main, stehlen; in dem, was einem vertraut wird, untreu seyn.

FAIRE sa maison, FAIRE fortune, sich bereichern, sich empor heben, sein Glück machen.

On l'a fait mort, man hat ihn todt gesagt, vor todt ausgegeben.

FAIRE le poil, Haar abschneiden.

FAIRE la barbe, balbieren.

FAIRE l'office, Gottesdienst oder das Amt halten.

FAIRE ses Pâques, zum Abendmahl gehen.

FAIRE la planche, den Weg bahnen, die erste Hand an etwas legen.

FAIRE justice, einen vom Leben zum Tode bringen, richten, wie der Henker thut.

FAIRE tout uni, einem wie dem andern thun oder geben, keinen Unterschied machen.

FAIRE son paquet, davon gehen.

FAIRE gilles, die Flucht nehmen.

Allés vous faire paître, gehe zum Henker.

FAIRE queüe, etwas im Rest verbleiben, nicht gar bezahlen oder vollführen.

FAIRE des siennes, etwas närrisches nach seinem Kopfe oder Lust thun.

FAIRE la vie, sich lustig machen.

Il fait, als Impersonale, es ist; als: il fait chaud, es ist warm; il fait nuit, es ist Nacht; il fait beau voir celà, das läßt schön.

FAIRE FAIRE, machen lassen; befehlen, daß etwas gemacht wird. J'ai fait faire un habit, ich habe ein Kleid machen lassen.

se FAIRE, v. r. werden; gemacht werden; geschehen.

C'est un jeune homme qui se fait bien, es ist ein junger Mensch, so sich ausmustert.

se FAIRE de fête, sich in etwas mengen, und nicht dazu gerufen werden.

se FAIRE fort de venir à bout d'une affaire, sich eine Sache ganz gewiß auszuführen unterstehen, getrauen.

se FAIRE fort de quelqu'un, ganz gewiß glauben und sagen, daß ein anderer gutheissen werde, was man in seinem Namen thut.

se FAIRE des affaires, sich Händel zuziehen.

FAIT, e, part. & adj. gemacht, gethan, geschehen. C'est fait de lui, es ist mit ihm aus oder gethan. Un homme fait, ein erwachsener Mensch, der sich selber zu regieren weiß. Un homme bien fait, ein wohlgestalter Mensch. Cet homme est tout mal fait, dieser Mensch ist übel auf, steckt in übler Haut, ohne daß er's meynt. Il a la tête mal faite, er ist ein wenig närrisch, hat einen Sparren zu viel. C'est le père tout fait, er sieht seinem Vater ganz ähnlich. C'est un homme fait à sa manière, es ist ein eigensinniger Mensch, bleibt bey seinem Kopfe. Il est fait pour la guerre, er ist zum Krieg gebohren. Il est fait aux affaires, er ist in Staatssachen geübt, ein versuchter Staatsmann. Vent fait, ein beständiger Wind, der nicht ändert. Prix fait, bestimmter Preis.

FAISABLE, adj. c. das sich thun läßt, thunlich, möglich. Celà n'est pas faisable, das ist nicht thunlich; nicht wohl möglich zu thun.

FAISAN, FAISAND, s. m. ein Fasan.

FAISANCE, s. f. Frohndienst, Hofdienst; it. was ein Pachter über den ordentlichen Pacht verspricht, als einige Hüner, Butter rc.

FAISANDE, s. f. ein Fasanhun.

FAISANDEAU, s. m. ein junger Fasan.

FAISANDER, v. a. ein Fleisch alt und riechend werden lassen, daß es als ein Fasan schmeckt.

FAISANDERIE, s. f. das Fasanenhaus, der Fasangarten.

FAISANDIER, s. m. ein Fasanenwärter, Fasanenkrämer, Fasanenjäger.

FAISANNE, s. f. eine Fasanhenne.

FAISANNEAU, s. m. v. FAISANDEAU.

FAISANTE, voiés FAISANDE.

FAISCEAU, s. m. ein Büschel, ein Bündel; it. eine Sprosse oder Querstange in einer Wagenleiter.

Colonne en faisceau, eine Säule, welche an sich herum kleine Säulen hat.

FAISCEAUX, im plur. (bey den Römern) die Fasces, das Kennzeichen der Obrigkeit.

FAISELLE, ein Käsnäpflein, das unten Löcher hat.

FAISEUR,

FAISEUR, ſ. m. euſe, f. der oder die da macht, ein Macher oder Macherin.
FAISEUR de portraits, ein Portraitmahler.
FAISEUR d'inſtrumens de mathématique, ein Mathematicus, oder Mechanicus, der Inſtrumenten-macht.
FAISEUR d'inſtrumens de muſique, Geigenmacher, Lautenmacher.
FAISEUR de clavesſins, ein Clavicord-oder Inſtrumentenmacher.
FAISEUR de vers, (ſpottweis) ein Versmacher.
FAISEUR de balais, ein Beſenbinder.
FAISEUSE de coiffures, eine Putzmacherin, Haubenmacherin.
FAISSEAU, voiés FAISCEAU.
FAIT, e, part. v. FAIRE.
FAIT, ſ. m. die That; eine Geſchicht. Mettre en *fait*, poſer en *fait*, eine That behaupten. Queſtion de *fait*, die Frage, ob etwas wirklich geſchehen und wahr ſey.
FAIT, der Vortrag eines Redners oder Advocaten; die Sache ſelbſt. Etre für de ſon *fait*, ſeiner Sache gewiß ſeyn.
Ce n'eſt pas mon *fait*, es ſchickt ſich nicht vor mich, es iſt nicht meine Sache.
Maitre en *fait* d'armes, Fechtmeiſter.
Donner ou dire le *fait* à quelqu'un, ſich wegen eines Schimpfs oder Unrechts an einem rächen mit Scherzen oder Schlagen.
FAITS, im *plur*. groſſe Thaten, wichtige Verrichtungen.
FAITS juſtificatifs, Beweis der Unſchuld.
FAIT à FAIT que, nach dem Maaß, als.
au FAIT, zur Sache.
de FAIT, gewißlich, in der That, wirklich.
en FAIT de, betreffend; in, bey.
pour FAIT de, wegen, vor.
ſi FAIT, vulg. doch; ja.
tout-à-FAIT, ganz und gar.
FAITAGE, ſ. m. ein Sparrwerk; Dachwerk.
FAITAGE, das Bley, womit der Forſt eines Dachs bedeckt wird.
FAITARDISE, ſ. f. Faullenzerey; ſchändlicher Müßiggang, Tagdieberey.
FAITE, ſ. m. das Oberſte des Hauſes, der Giebel, Forſt; die Spitze eines Berges; der Gipfel eines Baums; der höchſte Grad. Déchoir du *faite* de ſa félicité, von dem Gipfel ſeiner Glückſeligkeit herabfallen; in Abfall ſeines vormals blühenden Glücks gerathen.
FAITIERE, ſ. f. ein Forſtziegel, ein hohler Ziegel.
FAITIE'RE, die Mittelſäule oder Stange eines Zeltes.
FAITISSIER, e, adj. (in Anjou) inländiſch, das in dem Lande gemacht wird, als Zeuge und Tücher.
FAIX, ſ. m. eine Laſt, Bürde, Schwere.

Le *faix* de la maiſon, die Laſt des Hauſes.
Il porte ſeul le *faix* des affaires, er trägt allein die Laſt der Geſchäfte; alles liegt ihm auf dem Halſe. Ce bâtiment a pris ſon *faix*, dieſer Bau hat ſich geſetzt.
FALAISE, ſ. f. Sandberg; Sandhügel am Uſer des Meers.
FALAISER, v. n. wird vom Meere geſagt, wenn das Waſſer gleich an das ſteile Uſer anſchlägt, und keinen Sand ſonſt am Rande hat.
FALBALA, ſ. m. gefältete und gebogene Streifen Zeug, die man um die Weiberröcke nähet, Falbeln.
FALCADE, ſ. f. (auf der Reitſchule) das Biegen der Hinterfüſſe eines Pferdes, wenn man es geſchwind ſtillhalten läßt.
FALCARDE, ſ. f. ein Waſſerhuhn.
FALCIDIE, ſ. f. (in der Rechtsgelehrtheit) die Freyheit von allen Legaten das vierte Theil zurück zu behalten, wenn der Teſtator der Erben Theil dadurch geſchwächt hat.
FALCONNER, ſ. f. des œufs à la *falconner*, eine Speiſe von zerrührten Eyerdottern, und hernach mit Zucker und Pommeranzen gemenget und wieder zu Kugeln auf dem Feuer gemacht, ſo groß als ein Eyerdotter.
FALCORDE, voiés FALCARDE.
FALLACE, ſ. f. (in der Logic) ein betrüglicher Schluß, ein falſches Argument, (iſt alt).
FALLACIEUSEMENT, adv. betrüglicher Weiſe, (iſt alt).
FALLACIEUX, euſe, adv. betrüglich, als ein Schluß in der Logic kan gemacht werden, (iſt alt).
FALLOIR, FALOIR, v. imp. (im Infinitivo nicht mehr gebräuchlich) müſſen, ſollen; il *faut*, man muß; il *faloit*, man müßte; il *falut*, man müſſe; il *faudra*, man wird müſſen; qu'il *faille*, man müſſe; *falu*, gemußt. Il me *faut* écrire, ich muß ſchreiben. Il te *faut* écrire, du mußt ſchreiben. Il *faut* qu'il écrive, er muß ſchreiben (und nicht il lui *faut* écrire, welches bedeutet, man muß ihm ſchreiben). Il *faut* qu'il, er muß. C'eſt un faire il faut, es iſt ein muß. Il *faut* peu, es braucht wenig, man braucht wenig. Peu s'en *faut*, es fehlt wenig.
FALOT, ſ. m. eine Laterne, ſo man an einem Stocke trägt; eine Leuchte in einem Hof oder weiten Platz.
FALOT, tte, adj. & ſubſt. vulg. ein Narr, ein lächerlicher Menſch, der ſich vor einen Narren halten läßt. Viſage *falot*, ein poßirlich Geſicht. Chanſon *falotte*, kurzweiliges Lied.
FALOTIER, ſ. m. ein Bedienter der vor die Laternen Sorge tragen muß.

FALOU-

FALOUQUE, v. FE'LOUQUE.

FALOURDE, s. f. ein grosses Bund Holz von runden Prügeln oder Stangen an zweyen Enden gebunden.

FALOUSE, s. f. ein Kraut, Hirschfutter.

FALQUER, v. a. (auf der Reitschule) wenn ein Pferd die Hinterbeine gebogen hält, wenn man es im Reiten an- oder aufhält.

FALQUET, s. m. eine Art kleiner Falken, ein Lerchenfalk.

FALSIFICATEUR, s. m. ein Verfälscher.

FALSIFICATION, s. f. Verfälschung.

FALSIFIER, v. a. verfälschen.

FAME, s. f. das Gerücht, (ist alt).

FAME'LIQUE, adj. c. hungerig. Estomac *famélique*, hungeriger Magen.

FAMEUX, euse, adj. berühmt. Un guerrier *fameux*, ein berühmter Kriegsmann. Un *fameux* cabaret, ein berufenes Wirthshaus.

se FAMILIARISER, v. r. sich gemein machen. Se *familiariser* une langue, sich eine Sprache gemein machen. Se *familiariser* avec une maladie, einer Krankheit gewohnt werden.

FAMILIARITE', s. f. Vertraulichkeit, Gemeinschaft. Il prend un peu trop de *familiarité*, er macht sich etwas gar zu gemein.

FAMILIER, e, adj. vertraut; gemein, bekannt; leicht, ungezwungen; gewohnt. Entretien *familier*, vertrauliches Gespräch. Je suis *familier* avec lui, ich bin mit ihm sehr gemein. Prendre des airs *familiers*, sich allzu grosser Gemeinschaft anmassen. Style *familier*, gemeine Schreibart, die nichts hohes hat. Esprit *familier*, ein dienstbarer Geist.

FAMILIER, s. m. ein vertrauter Freund.

FAMILIE'REMENT, adv. vertraulich; gemein; auf eine ungezwungene Art. Parler *familièrement*, vertraulich reden. Ecrire *familièrement*, nach der gemeinen (schlechten) Weise schreiben.

FAMILLE, s. f. das Haus, nemlich Mann, Weib, Kind, Gesinde ic. it. die nächsten Blutsverwandten. Avoir *famille*, Weib und Kinder haben. Souper en *famille*, eine Hausmahlzeit halten. Un père de *famille*, ein Hausvater. Etre d'une ancienne *famille*, aus einem alten Hause entsprossen seyn.

FAMILLE, (bey den Mönchen) das ganze Kloster; it. der ganze Orden eines Heiligen.

FAMILLE, (bey den Chymisten) die drey Reiche, das minerale, vegetabile und animale.

la FAMILLE roïale, die Kinder des Königs.

la sainte FAMILLE, (in Gemählden) JEsus, Maria, Joseph, St. Johannes.

Un mot & sa *famille*, ein Wort und alle die davon herkommen.

FAMINE, s. f. eine Hungersnoth, Hunger. Prendre une ville par *famine*, eine Stadt durch Hungersnoth bezwingen.

FAN, s. m. ein Junges vom Hirsche, ein Hirschkalb; item das Junge vom Elephanten.

FANAGE, s. m. die Blätter einer Blume.

FANAISON, s. f. die Heuernde, (der Heuet), die Arbeit so daran gewendet wird, das Heu so man bekömmt.

FANAL, s. m. eine Seelaterne, Feuer- oder Pechpfanne auf einem Thurn; die Leuchte auf einem Schiffe im Hintertheil.

le FANAL de hune, die Leuchte auf dem Mastkorbe, deren der Admiral drey, der Viceadmiral zwey, ein jedes Kriegsschiff eine führt.

Faire *fanal*, die Schifflaterne anzünden.

FANATIQUE, adj. c. fantastisch, träumerisch, schwärmerisch, der im Verstande verrückt ist; der sich göttliche Offenbarungen, Gesichte und Träume einbildet, oder sie von sich ausgiebt.

FANATISME, s. m. eingebildete Gesichte und göttliche Eingebungen.

Le *fanatisme* est pernicieux à la religion & à la société, die Schwärmerey ist der Religion und menschlichen Gesellschaft nachtheilig.

FANCHON, s. m. & f. ein Kindername.

FANE, s. f. das Blatwerk an einem Kraute, das mit ins Heu kömmt, wenn es abgehauen wird.

FANER, v. a. Heu machen, heuen.

FANER, verwelken lassen; welk machen, als die grosse Hitze das Gras und die Blumen. Le soleil *fane* les plantes, die Sonne macht die Gewächse welk.

se FANER, v. r. verwelken, als Blumen. Les feüilles de cet oranger commencent à se *faner*, die Blätter dieses Pomeranbaums beginnen zu welken.

se FANER, veralten, alt auszusehen anfangen, als Menschen. Une beauté *fanée*, eine abgefallene Schönheit. Il se *fane* visiblement, er nimmt sichtbarlich an Kräften ab.

FANEUR, s. m. FANEUSE, s. f. einer oder eine die Heu machet, Heumähder.

FANFAN, s. m. & f. Kind, (ein Wort, das die Väter bey dem Liebkosen der Kinder gebrauchen). Oui ma pauvre *fanfan*, ja mein liebes Kind.

FANFARE, s. f. das Getöne, so die Kriegsmusic, als Trommeln, Paucken, Pfeifen ic. macht; it. eine Prahlerey; lermende Lustbarkeit. Sonner des *fanfares*, in die Trompete stossen.

Faire *fanfare* de quelque chose, sich auf eine Sache viel einbilden, sich breit damit machen.

Z z z   FAN-

FANFARER, *v. n.* mit Soldatenmusic sich hören lassen.
FANFARON, nne, *adj. & s. m.* ein Prahler, Auffchneider; prahlerisch. *Fanfaron en éloquence,* der mit seiner Beredtsamkeit prahlt. *Fanfaron en amitié,* der grosse Freundschaft vorgiebt und nicht hält.
FANFARONNADE, FANFARONNERIE, *s. f.* Prahlerey, Auffchneiderey.
FANFRELUCHE, *s. f.* die Asche, so von verbrannten Blättern stäubt; lüderliche, verächtliche Dinge, Geschwätz.
FANGE, *s. f.* Koth; (figürlich) der Unflat der Sünder; it. niedrige Geburt, geringes Herkommen; ein niederträchtiges Gemüth; die Sprache des gemeinen Pöbels. *Ramper dans la fange,* in dem Kothe wühlen. *Il est né dans la fange,* er ist aus dem Kothe aufgekommen. *On a peine à se tirer de la fange,* man kan mit Mühe kaum durch den Koth steigen.
FANGEURS, *s. m.* Kothlache.
FANGEUX, euse, *adj.* kothig.
FANION, *s. m.* Bagagefahne, bey dem Troß einer Armee.
FANON, *s. m.* die Haut, die vornen an der Brust der Ochsen herunter hängt.
FANON, die Haare, welche die Pferde hinten unter dem Knie hinunter haben.
FANON, der Bart an beyden Seiten des Mauls des Wallfisches, wovon das Fischbein gemacht wird.
FANON, die Verkürzung eines Segelzipfels, wenn man den Wind nicht gar fassen will.
FANON, (in der Röm. Kirche) eine Zierath oder Binde, so die Geistlichen bey dem Meßlesen an der linken Hand tragen.
FANON, die zwey Ende so von einem Bischoffshute oder von der Kayserlichen Krone herab hangen.
FANON, (in Wappen) ein breit Band, so am rechten Arme herab hängt.
FANON, ein klein Fähnlein an einer Pique, dergleichen man in Prozessionen trägt; it. ein solches Fähnlein in den Wappen.
FANTACIN, *v.* FANTASSIN.
FANTAISIE, *s. f.* die Einbildungskraft, natürliche Einbildung. *Juger des choses selon sa fantaisie,* nach seiner Einbildung von Dingen urtheilen. *Cela est à ma fantaisie,* das ist nach meinem Sinn.
FANTAISIE de poëte, de peintre, poetischer Einfall, mahlerische Grillen. *Peindre de fantaisie,* aus eigener Einbildung mahlen.
FANTAISIE, Eigensinn, Einfall. *Avoir des fantaisies musquées,* eigene Einfälle haben.
FANTAISIER, FANTASIER, *v. a.* einen plagen, ihm verdrüßlich oder beschwerlich fallen. (ist alt.)

FANTASQUE, *adj. c. & s. m. & f.* fantastisch. *v.* BIZARRE.
FANTASQUEMENT, *adj.* närrisch, wunderlich, seltsamer Weise. *Il est fantasquement vêtu,* er ist seltsam gekleidet.
FANTASSIN, *s. m.* ein Hausknecht; Fußgänger; Soldat zu Fuß.
FANTASTIQUE, *adj. c. & s. m. & f.* eingebildet, das da nur so scheint, falsch. *Corps fantastique,* ein Gespenst, das da scheint einen Leib zu haben; it. einer der seiner Einbildung nachhänget oder seiner Neigung folgt.
FANTÔME, *s. m.* ein Bild, das man sich im Sinne vorstellt.
FANTÔME, ein Gespenst, ein Geist, der einem erscheint.
FANTÔME, etwas eingebildetes, eine Einbildung von etwas, das doch nicht ist. *Vôtre peur n'est qu'un fantôme,* eure Furcht bestehet nur in der Einbildung. *Courir après un fantôme de plaisir,* nach einer eingebildeten Lust streben. *Il n'est plus qu'un fantôme,* er ist so mager, daß er einem Schatten gleichet.
FAON, *v.* FAN.
FAONNER, *v. n.* ein Junges bekommen, wird von der Hirschkuh gesagt.
FAQUIN, *s. m.* e, *s.* ein geringer Mensch; ein Sackträger; ein verächtlicher nichtswerther Kerl.
FAQUIN, (auf der Reitschule) ein Mann von Holz, wider welchen man mit der Lanze rennet.
FAQUIN, *adj.* lumpisch; schändlich. *Un homme faquin,* ein lumpischer (schandbarer) Mensch, ein Lumpenhund.
FAQUINE, *s. f.* nichtswürdiges Weib.
FARAILLON, *s. m.* eine Seeleuchte, ein Thurn oder ander Gerüste, worauf die Seeleuchte steht.
FARAISON, *s. f.* (in der Glashütte) die erste Figur, die man dem Glase im Blasen giebt.
PARCE, *s. f.* die Fülle, die man in eine Gans, Daube, Huhn, und andere Speisen macht.
Mettre à la farce, füllen, eine Fülle von Eyern, Kräutern ꝛc. machen.
FARCE, (in der Comödie) Possenspiel, Hanswurstspossen, Fratzen, Nachspiel.
FARCE, etwas lächerliches, eine närrische That, darüber andere lachen.
FARCES, *v. n.* Possen reissen.
FARCEUR, *s. m.* ein Fratznarr; ein Pickelhering, Hanswurst.
FARCIN, *s. m.* eine Krankheit der Pferde und Ochsen, Beulen oder Geschwüre als Würste an den Adern.
FARCINEUX, euse, *adj.* das diese Krankheit hat.

FAR-

FARCIR, v. a. anfüllen, anschweppen. *Farcir* l'eſtomac de viande, den Magen mit Speiſe überfüllen, ſich ausſtopfen. *Farcir une poule*, eine Henne füllen.

FARCIR un diſcours d'injures, eine Rede mit Schmähworten füllen.

FARCI, e, adj. gefüllt, geſtopft. Une oïe *farcie*, eine gefüllte Gans.

FARCIS, ſ. m. gefüllte Eyer, Gefülltes von Eyern, oder ander Füllſel.

FARD, ſ. m. die Schminke. C'étoit une beauté ſans *fard*, es war eine natürliche Schönheit.

FARD, Gleißnerey, Falſchheit.
Un homme ſans *fard*, ein aufrichtiger Menſch.

Un ſtyle rempli de *fard*, eine mit falſchen Zierathen ausgeſchmückte Schreibart.

FARDAGE, ſ. m. Holzbündel, die man in den Schiffraum an ſtatt des Ballaſts oder unter denſelben legt.

FARDEAU, ſ. m. eine Bürde, Laſt, etwas Beſchwerliches, Beſchwerlichkeit. Me voilà délivré d'un grand *fardeau*, nun bin ich einer ſchweren Bürde los.

FARDEMENT, ſ. m. das Schminken; Verfälſchen.

FARDER, v. a. ſchminken; ausziehen.

FARDER des marchandiſes, den Waaren, die ſonſt nicht viel mehr werth ſind, einen Glanz machen, einen Schein geben, deſto eher einen damit zu betrügen.

Ce mur *farde*, dieſe Mauer ſinkt, kriegt Spalten.

FARDE', ée, part. & adj. geſchminkt. Un diſcours *fardé*, eine falſch-geſchminkte Rede. Une amitié *fardée*, verſtellte Freundſchaft. Acte *fardé*, eine ungültige Schrift in Rechtshändeln.

FARDEUR, ſ. m. der alte Waaren wieder zurichtet, ihnen einen Glanz macht. (iſt alt.)

FARE, ſ. m. v. FARAILLON.

FARE, ſ. f. (vor dieſem) ein Feyertag der Fiſcher gegen den May, daran ſie einen groſſen Fiſchzug thaten.

FARFADET, ſ. m. ein kleiner Geiſt oder ein kleines Geſpenſt, ein Kobolt; ein lüderlicher leichtſinniger Kerl.

FARFOUILLER, v. a. herum wühlen, etwas herum werfen, in Unordnung bringen; unordentlich durchſuchen; betaſten, befühlen.

FARGEAGE, ſ. m. (bey Landleuten, die einen Acker um die Helfte zu bauen übernehmen) die Ausdingung etlicher Maaß Getreide, den Schmiedelohn und Erhaltung des Pflugs und übrigen Ackergeſchirrs daraus zu beſorgen.

FARGOT, ſ. m. eine Balle Waar hundert und fünfzig Pfund ſchwer: (deren zwey machen die Ladung eines Maulthiers aus).

FARGUES, ſ. m. pl. (in der Seefahrt) Breter oder Dielen, den Schiffbord oder Rand zu erhöhen.

FARIBOLES, ſ. f. pl. Poſſen, Mährlein. Conter des *fariboles*, Mährlein erzehlen.

FARINE, ſ. f. Mehl. Pure *farine*, gebeutelt Mehl. Folle *farine*, Staubmehl, ſo in der Mühle zuſammen gekehret wird. Gens de même *farine*, gleiche Brüder.

FARINER, v. a. einen Fiſch, den man bakken will, im Mehl umwenden.

FARINET, ſ. m. ein Würfel, der nur eine Seite mit Augen hat; das Spiel mit ſechs dergleichen Würfeln.

FARINEUX, euſe, adj. mehlig, weiß von Mehl; von Geſchmack, Farbe oder Art, wie Mehl, als einiges Obſt.

FARINEUX, ſchuppicht, als gewiſſe Mähler auf der Haut, wovon dieſelbe rauch und mehligt ausſiehet. Une dartre *farineux*, eine weiſſe (ſchuppige) Flechte.

FARINIER, ſ. m. ein Mehlhändler.

FARINIERE, ſ. f. der Mehlkram oder Laden.

FARLATER, v. FRELATTER.

FARLOUSE, ſ. f. eine Feldlerche, Heidelerche.

FAROUCHE, adj. c. grimmig, wild. Une bête *farouche*, ein wildes (grimmiges) Thier. Vertu *farouche*, allzuſtrenge Tugend. Regard *farouche*, wilde oder verwirrte Blicke.

FAROUCHE, ſcheu, ſchüchtern; Menſchenſcheu. Un homme *farouche*, ein Menſch der die Geſellſchaft ſcheuet.

FASCE, ſ. f. (in der Baukunſt) das Frieß und die drey Bande oder Theile, ſo den Hauptquerbalken auf den Säulen machen.

FASCE, (in den Wappen) eine Binde, ein Balken.

FASCE', ée, adj. (in den Wappen) mit einem Balken oder mit einer Binde.

FASCH. v. FÂCH.

FASCICULE, ſ. m. ein Arm voll Kräuter.

FASCINAGE, ſ. m. das Reiſerbinden, das Büſchelbinden, Faſchinenmachen.

FASCINATION, ſ. f. Verblendung, Bezauberung.

FASCINE, ſ. f. ein Büſchel Reiſer, Aſtholz, Faſchine. Porter des *faſcines*, Reisbund zutragen. Aller à la *faſcine*, hingehen Faſchinen zu machen.

FASCINER, v. a. verblenden, bezaubern, betrügen.

FASCINER, Faſchinen binden, Reisgebünde machen.

FASE'OLE, *s. f.* eine Art kleiner bunter Bohnen, Phaselen, Schminkbohne.

FASIER, *v. n.* (in der Seefahrt) nicht ausgespannt, luck seyn, bald hinein, bald hinaus fallen, als ein Segel, das keinen Wind hat. Les voiles *fasient*, die Segel sind schlaff, flabbern hin und her.

FASQUIER, *s. m.* (auf den Schiffen) eine Art Kartätschen.

FASTE, *s. m.* Stolz, Hofart, Pracht; hochtrabende Art zu reden oder zu schreiben.
Un *faste* de Roi, ein königlicher Pracht. Un *faste* intolérable, ein unerträglicher Hochmuth.

FASTES, *s. m. plur.* der Römische Calender; it. Register, historische Ordnung.

FASTIDIEUX, euse, *adj.* verdrüßlich, beschwerlich, unbescheiden.

FASTUEUSEMENT, *adv.* stolzer Weise, hofärtig.

FASTUEUX, euse, *adj.* hofärtig, aufgeblasen, prächtig, stolz.

FAT, *s. m.* ein Narr, Thor, unvernünftiger Mensch.

FAT, e, *adj.* närrisch, läppisch.

FATAL, e, *adj.* von Gott verhängt, unvermeidlich; unglücklich; bisweilen auch glücklich. Jour *fatal*, der Sterbetag. L'heure *fatale*, das Sterbestündlein.

FATALEMENT, *adv.* aus Gottes Verhängniß; unglücklicher Weise.

FATALITÉ, *s. f.* unvermeidlich Unglück; Schicksal, göttliche Verhängniß. Ma *fatalité* inévitable, mein unvermeidliches Verhängniß. Il est de la *fatalité*, es ist also verhängt. Celà arriva par *fatalité*, das ist durch ein unvermeidliches Schicksal geschehen.

FATIDIQUE, *adj. c. & s. m. & f.* ein Wahrsager, Weissager; wahrsagend.

FATIGANT, FATIGUANT, e, *adj.* mühsam, verdrüßlich, ekelhaft beschwerlich.

FATIGUE, *s. f.* Mühe, Arbeit, sonderlich des Leibes; schwere Arbeit; Beschwerlichkeit. Etre fait à la *fatigue*, der Beschwerlichkeit gewohnt seyn.
Un habit de *fatigue*, ein Regenkleid, oder das man bey der Arbeit anlegt.

FATIGUER, *v. a.* müde machen; beschwerlich seyn; stark arbeiten. Le travail *fatigue*, die Arbeit macht müde. Il *fatigue* les gens du récit de ses vers, er ist den Leuten beschwerlich mit seinen Gedichten, die er ihnen vorsagt.

FATIGUER un arbre, einen Baum durch unterlassene Hinwegschneidung des unnützen Holzes verwildern lassen.

FATIGUER une terre, einen Acker gar nicht ruhen oder brach liegen lassen.

se FATIGUER, *v. r.* müde werden.

FATRAS, *s. m.* vor diesem eine Art Verse; jetzt allerhand Wunder unter einander von Sachen und Worten.

FATRASSER, *v. n.* mit lüderlichen geringen Dingen umgehen.

FATUITÉ, *s. f.* Thorheit, Unverständigkeit, Dummheit.

FAU, *s. m.* eine Buche. (besser un hêtre).

FAUBERT, *s. m.* (in der Seefahrt) ein Besen, oder alte Lumpen und ausgefaselte Stricke an einem Stiele, das Schiff damit abzukehren und abzuwischen.

FAUBERTER, *v. n.* (in der Seefahrt) mit einem solchen Besen abputzen, reinigen.

FAUBOURG, v. FAUXBOURG.

FAUCET, v. FAUSSET.

FAUCHAGE, *s. m.* das Abmähen des Grases, die Arbeit, so man daran wendet; die Zeit da man mähet.

FAUCHE, *s. f.* das Mähen; ein Tagwerk Wiesen, so viel einer in einem Tage abmähen kan.
Homme de *fauche*, ein Mähder.

FAUCHER, *v. a.* mähen; it. wenn ein Pferd mit einem Vorderfuße einen Schwung machen muß, und hinkt. Les prés sont *fauchés*, diß Jahr ist das Gras verdorben; sonst heißt es, die Wiesen sind abgemäht.

FAUCHET, *s. m.* eine Harke, ein Rechen.

FAUCHEUR, *s. m.* ein Mähder, Grasmäher.

FAUCHEUR, *s. m.* ein Habermann oder eine Zimmerspinne, mit langen Füssen.

FAUCHON, *s. m.* ein krummer Degen; ein krummes Messer der Fischer, als eine Sichel, damit sie das Gras im Grunde des Wassers abschneiden, wenn es die Netze aufhält.

FAUCILLE, *s. f.* eine Sichel.

FAUCILLE, (in der Anatomie) ein Stück von der dura matre, oder die Haut, welche die vordere Abtheilung des Hirns macht, weil sie die Figur einer Sichel hat.

FAUCILLON, *s. m.* ein krummes Gartenmesser, die Aeste von den Bäumen abzuschneiden.

FAUCON, *s. f.* ein Falke.

FAUCON, *s. m.* eine Falkaune, ein Stück Geschütz, so eine Kugel von 5 bis sechsthalb Pfund schießt.

FAUCONNEAU, *s. m.* ein Falkonet, ein Geschoß, so zwey bis dreypfündige Kugeln schießt.

FAUCONNERIE, *s. f.* die Falkenierkunst; die Wissenschaft mit Falken umzugehen, und sie abzurichten; das Beitzen mit Falken; it. der Ort, wo Falken und andere Raubvögel zur Jagd abgerichtet werden.

FAUCONNIER, *s. m.* ein Falkenier.
Monter à cheval en *fauconnier*, mit dem rechten Fuß zuerst aufs Pferd steigen.

FAU-

FAUCONNIE'RE, *s. s.* die Falkeniertasche, ein Reitquersack.
FAUDAGE, *s. m.* Faltung, Zusammenlegung.
FAUDAGE, das Zeichen so mit Seiden auf ein Stuck Zeug genähet wird.
FAUDER, *v. a.* une étoffe, einen Zeug falten; zusammen legen der Länge nach, da die zwey Enden auf einander liegen; item, den Zeug mit Seiden zeichnen.
FAUDET, *s. m.* ein hölzerner Rost, auf welchem die Tuchkratzer und Tuchscherer das gekratzte oder geschorene Tuch nach und nach fallen lassen.
FAVEUR, *s. s.* Gunst, Gewogenheit, Liebe, Freundschaft, Gnade; Höflichkeit, Beyfall; Wohlthat, Schutz, Beystand; ein Dienst, ein Gefalle; Ansehen bey Hofe, wenn einer bey dem Landsherrn in Gnaden stehet.
 Mois de *faveur*, die Monate, darinnen ein Patron einen unter den Competenten auswählen darf zu einer Pfründe, nemlich April und October.
 Jours de *faveurs*, die zehen Tage Nachsicht, welche den Kaufleuten rc. nach Verfliessung des Termins eines Wechselbriefs, noch erlaubt sind.
 Lettres de *faveur*, de recommendation, (in Rechtssachen) Briefe an eine obrigkeitliche Person.
la FAVEUR de la cause, wenn man wegen der Personen, so mit einander rechten, billig verfahren muß, als wegen Waisen, Wittwen rc.
les derniers FAVEURS, der letzte Grad der Liebe, den die Weibspersonen eingehen, die letzte Gunst.
prendre FAVEUR, (in dem Kaufhandel) im Preise aufschlagen. Cette marchandise prend *faveur*, diese Waare schlägt auf.
FAVEURS, kleine Geschenke, so das Frauenzimmer austheilet.
FAVEURS de Venus, die Franzosen, die Hurenkrankheit.
en FAVEUR de, *præp.* in Ansehen, in Betrachtung, wegen; zum Besten. Je resigne en *faveur* de mon frère, ich gebe mein Amt auf zu Gunsten meines Bruders.
à la FAVEUR de, *præp. adv.* vermittelst, durch Beyhülfe, durch. Se sauver à la *faveur* de la nuit, durch Hülfe der Nacht entkommen. S'approcher à la *faveur* des haies, hinter den Zäunen sich heran schleichen.
FAUFILER, (bey dem Schneider) anschlagen; anhesten, zu Faden schlagen.
FAUNALES, *s. s. pl.* ein Fest bey den Römern, dem Fauno zu Ehren.
FAUNE, *s. m.* ein Waldgott bey den Heiden.

FAVORABLE, *adj. c.* gnädig, günstig, geneigt. Accueil *favorable*, geneigte Begegnung, Bezeugung. Un vent *favorable*, ein guter bequemer Wind. Un cause *favorable*, ein Rechtshandel oder Materie, da der Richter sich gnädig erzeigen muß. Un coup *favorable*, eine Wunde, die nicht tödtlich, die wohl zu heilen ist.
FAVORABLEMENT, *adv.* geneigter Weise, geneigt; auf eine liebreiche Art, willig, mit Freuden; aus Liebe, zu Liebe, einem zum Besten. Recevoir *favorablement* une visite, einen Besuch freundlich empfangen oder annehmen.
FAVORI, ite, *adj. & subst.* das Schooskind, Liebling eines grossen Herrn, der Liebste am Hofe; der Liebste bey einem Frauenzimmer; das was man am liebsten hat, braucht, hält rc. Le bleu étoit sa couleur *favorite*, sie hielte viel auf blaue Farbe. C'est son mot *favori*, diß Wort hat er immer im Maule.
FAVORISER, *v. a.* gnädig seyn, Gunst erweisen; helfen, beystehen, auf eines Seite seyn. *Favoriser* une opinion, einer Meynung beystimmen.
FAVORISE', ée, *part. & adj.* begünstiget.
FAVORITE, *s. s.* ein Lustschloß des Römischen Kaysers in der Vorstadt zu Wien.
FAVORITE, *s. s.* die vor andern beliebt ist; in Gunsten stehet.
FAUS, *v.* FAUX.
FAUS-PERDRIEU, *s. m.* ein Rebhünerfalk.
FAUSSAIRE, *s. m.* ein Schriftverfälscher.
FAUSSE-ALLARME, *s. s.* blinder Lermen.
FAUSSE-ATTAQUE, *s. s.* blinder Angriff.
FAUSSE-BRAYE, *s. s.* eine Mauer oder Wall unter und an dem andern, ein Unterwall; item der Raum zwischen einem Haus oder Schloß und dem Graben, der Zwinger.
FAUSSE-CLE', *s. s.* ein Dietrich, Nachschlüssel.
FAUSSE-CôTE, *s. s.* eine kleine Ribbe von denen, so unter den grossen folgen.
FAUSSE-COUCHE, *s. s.* unglückliche Geburt, Mißkram, wenn eine Frau zu frühe ins Kindbette kommt.
FAUSSE-COUPE, *s. s.* (bey den Schreinern) Zusammenfügung, weder nach gleichen, noch nach länglichten Winkeln.
FAUSSE-DEMANDE, *s. s.* eine ungegründete Klage vor Gericht.
FAUSSE-E'QUERRE, *s. s.* ein Winkelmaaß, das man weiter auf-oder zumachen kan; it. ein Winkelmaaß, das keinen rechten Winkel macht.
FAUSSEMENT, *adv.* fälschlich.
FAUSSE-PORTE, *s. s.* Hinterthür, heimlicher Ausgang.

FAUSSE-PORTE, der Eingang in eine Stadt zu äusserst an der Vorstadt.
FAUSSE-POSITION, s. f. (in der Algebra) eine Rechnung, da man zwey Zahlen setzet, welche man will, und die dritte wahre, doch unbekannte, heraus bringet.
FAUSSER, v. a. nicht halten, brechen, als sein Wort, Eid ꝛc. Fausser sa foi, seine Treue brechen; treulos werden. Fausser sa parole, sein Wort nicht halten.
FAUSSER un jugement, ein richterliches Urtheil als widerrechtlich und partheylich anfechten.
FAUSSER compagnie, einen verlassen, den man versprochen hatte zu begleiten.
FAUSSER une clé, einen Schlüssel verdrehen.
FAUSSER une aiguille, eine Nadel krumm biegen.
FAUSSER la cuirasse, Beulen in den Küriß hauen oder schiessen; auch durchgehen, durch den Harnisch.
FAUSSER l'épée, den Degen krümmen, verderben.
FAUSSES-ARMES, s. f. plur. ein Wappen, worinnen etwas wider die Regeln der Wappenkunst lauffendes gesetzt ist, als Farbe auf Farbe u. d. gl.
FAUSSES-ENSEIGNES, s. f. plur. falsche Kennzeichen, womit man einen betrügt etwas zu thun, ohne daß man Befehl darzu gehabt hätte.
FAUSSES-FLEURS, s. f. plur. taube Blüten, die keine Früchte bringen, als von Kürbsen, Gurken ꝛc.
FAUSSES-LANCES, s.f. pl. (auf den Schiffen) Stücke von Holz und mit Metallblättlein überlegt, einem andern Schrecken damit zu machen.
FAUSSES-MANCHES, s. f. plur. kleine Ermel die man unter die andern thut, die Arme wärmer zu halten.
FAUSSET, s. m. falscher Discant, fistulirte Stimme; einer der fistulirt.
FAUSSET, ein kleiner Zapfe in einem Faß, etwas heraus zu lassen, ehe man es recht anfticht.
FAUSSETÉ, s. f. Falschheit, Lügen, falsche Dinge.
FAUSSETTE, s. f. ein Grübgen im Kinn, ein gespalten Kinn, (ist alt).
FAUSSURE, s. f. wo die Glocke sich anfängt zu krümmen und weiter zu werden.
FAUT, v. FAILLIR und FALOIR.
FAUTE, s. f. ein Fehler, eine Sünde; ein Uebersehen, Versehen, ein Irrthum. Faire des fautes, Fehler begehen. Vous êtes malheureux par vôtre faute, ihr seyd aus eigener Schuld unglücklich. Il n'y a personne qui soit sans faute, es ist niemand der ohne Gebrechen sey. Une faute d'impression, ein Druckfehler.
Faute de vivres, il faut décamper, man muß mit dem Lager aufbrechen aus Mangel der Lebensmittel.
Faute d'avoir examiné la chose, weil er die Sache nicht genugsam untersuchet.
Faute d'argent on n'est qu'un sot, ohne Geld gilt man nichts.
à FAUTE de &c. (in Rechtshändeln) im Fall man nicht sollte ꝛc.
par FAUTE, aus Mangel.
Ne vous en faites pas faute, laßt es nicht daran mangeln.
sans FAUTE, gewiß, unfehlbar; ohne Fehler.
FAUTEAU, s. m. ein grosser Baum, als der Alten ihre Sturmböcke, ein Gemäuer damit einzustossen, Mauerbrecher.
FAUTEüIL, s. m. ein grosser Lähnstuhl, Lähnsessel.
FAUTEUR, s. m. Gönner der einen heget, liebet. (meistens im schlimmen Verstande).
FAUTIF, ive, adj. sündlich, den Fehlern unterworfen; gebrechlich, mangelhaft, voll Fehler; voll Druckfehler. Une édition fautive, eine Auflage eines Buchs voller Fehler. Cette horloge est fautive, diß Uhrwerk gehet nicht recht.
Bois fautif, (im Bauen) ein Balken der nicht recht vierecktig, und etwa von dem äussern Theile eines Baums genommen ist, oder da sonst etwas dran abgeht.
FAUTRAGE, s. m. das Recht eines Herrn, sein Vieh auf der Unterthanen Wiesen gehen zu lassen, wenn er will, auch ehe sie gemäht werden.
FAUTRICE, s. f. eine Gönnerin, meistens in schlimmen Sachen.
FAUVE, adj. c. falb, fahl.
Bêtes fauves, roth Wildpret.
FAUVET, s. m. FAUVETTE, s. f. eine Grasmücke. Un dénicheur de fauvettes, ein glücklicher, listiger Aufwärter des Frauenzimmers.
FAUX, s. f. eine Sense.
FAUX, m. FAUSSE, f. adj. falsch, erdichtet, unwahr; verfälscht, unrecht, nicht recht; nachgemacht; tückisch, nicht aufrichtig; fälschlich vorgegeben; (in der Music) nicht recht klingend. Un faux prophète, ein falscher Prophet. Une fausse nouvelle, eine unwahre Zeitung. Un faux sceau, falsches Siegel. Faux poids, unrecht Gewicht. Faux or, verfälscht Gold. Un faux diamant, ein unächter Demant.
Fausse clé, ein Dietrich, falscher Schlüssel. Clé fausse, verdrehter Schlüssel.
Un faux pendard, einer der den Galgen verdient hat, ein ungehängter Galgenvogel.
FAUX, irrig, abweichend, verstellt. Esprit faux,

faux, ein Gemüth, das leicht abweicht. Pensée *fausse*, irriger Gedanke, der von dem rechten Sinn abweicht. Suivre de *fausses* lumières, übel unterrichtet seyn; irrigem Unterricht folgen. *Fausse* éloquence, falsche Wohlredenheit, die ohne Grund davor will angesehen seyn. *Fausse* dévotion, scheinbare Andacht; die den Schein, aber nicht das wahre Wesen hat. Un *faux* accord, eine falsche Stimmung. Une corde *fausse*, eine falsche Saite.

Porter à *faux*, nicht recht unterstützt seyn, einfallen wollen; sich schmiegen.

Accuser à *faux*, fälschlich anklagen.

Appeller en *faux*, sagen die Jäger von einem Hunde, der falsch anmeldet oder billt wo kein Wild mehr ist.

FAUX, *f. m.* Falschheit, Hinterlist; Betrug, ein Falsum.

le FAUX du corps, die Dünne oder Weiche in der Seite, die Lenden.

FAUX-ACACIA, *f. m.* Baumbohnen.

FAUX-ACCORD, *f. m.* Mißlaut, Mißklang, falscher Ton.

FAUX-BOIS, *f. m.* ein Ast an einem Baume, der am unrechten Orte herauswächst, ein Wasserschuß.

FAUX-BOND, *f. m.* falscher Sprung eines Ballens. La bale a fait un *faux-bond*, der Ball hat falsch geprellt.

Faire *faux-bond* à quelqu'un, einem sein gegebenes Wort nicht halten, oder den schuldigen Gegendienst nicht leisten.

Faire *faux-bond* à son honneur, seine Ehre an den Nagel hängen, etwas thun davon man Schimpf und Schande hat.

FAUX-BOURDON, *f. m.* ein musicalisches Stück, da alle Stimmen einerley Noten haben, und der Baß nur eine Octav drunter geht.

FAUX-BOURG, *f. m.* die Vorstadt.

FAUX-BRILLANT, *f. m.* ein falscher Edelstein; eine spitzfündige Rede oder Einfall, da sonst nichts gründliches dahinter ist.

FAUX-CÔTE', *f. m.* die schwächste Seite am Schiffe.

FAUX-DONNE' à entendre, *f. m.* das Einschwätzen eines Dinges, das sich doch anders verhält.

FAUXFILER, oder FAUFILER, *v. a.* mit weiten Stichen zusammen heften, zu Faden schlagen. Ils sont *faufilés* ensemble, sie stecken immer beysammen.

FAUX-FOURREAU, *f. m.* ein Leder oder Tuch, welches man über einen Degen oder Pistol macht, daß man es nicht verderbe.

FAUX-FRAIS, *f. m.* kleine Unkosten, die nicht mit in die Rechnung kommen.

FAUX-FUÏANT, *f. m.* ein verstohlner Weg, ein heimlicher Gang, Nebenweg, Fußsteig durch einen Wald; eine Außflucht.

FAUX-GERME, *f. m.* ein Abgänglein; ein unzeitig Kind, oder unzeitige Geburt.

FAUX-JOUR, *f. m.* ein falsch Licht, das durch ein enges Loch in einen Ort fällt.

FAUX-JOUR, die unrechte Stellung oder Aufhängung eines Gemähldes, in Ansehung des Lichts im Zimmer.

FAUX-MONNOYEUR, *f. m.* *euse, f.* falscher Münzer.

FAUX-NOBLE, *f. m.* einer der sich fälschlich für einen Edelmann ausgiebt.

FAUX-PAS, *f. m.* ein Fehltritt; ein Fehler.

FAUX-PLI, *f. m.* eine unrechte Falte oder Bug, den man in einem Zeug macht; it. eine üble Gewohnheit.

FAUX-SAUNAGE, *f. f.* das heimliche oder verbottene Einführen des Salzes.

FAUX-SAUNIER, *f. m.* einer der heimlich Salz verkauft.

FAUX-SEL, *f. m.* Salz, das nicht verzollt ist, das man heimlich verkauft.

FAUX-SEMBLANT, *f. m.* ein falscher, äusserlicher, betrüglicher Schein, Gleißnerey.

FAUX-TEINT, *f. m.* falsche Farbe.

FAUX-TON, *voiés* FAUX-ACCORD.

FAUX-VENDEUR, *f. m.* ein Betrüger, der etwas zweymal verkauft.

FAYANC. *v.* FAYENC.

FAYENCE, *f. f.* falscher Porcellan.

FAYENCIER, *f. m.* einer der mit solchen Porcellangeschirren oder Glas handelt, oder sie macht.

FE'AGE, *f. m.* ein Lehngut.

FE'AL, e, *adj.* getreu. Mon cher & *féal* ami, mein lieber ehrlicher Freund.

A' nos amés & *féaux*, unsern lieben Getreuen.

FE'AUTE', *f. f.* Treue, die ein Lehnsmann haben muß.

FE'BRICITANT, *f. m. & adj.* der das Fieber hat.

FE'BRIFUGE, *f. m. & adj.* eine Arzney wider das Fieber.

FE'BRILE, *adj. c.* fieberhaft. L'humeur *fébrile*, die fieberische Feuchtigkeit.

FEBVE, *voiés* FE'VE.

FE'CALE, *adj.* matière *fécale*, der Dreck, sonderlich von Menschen.

FE'CES, *f. f. plur.* (in der Chymie) die grobe und unreine Materie, welche von der reinen abgesondert wird.

FE'CIAUX, *f. m.* Herolden bey den alten Römern, welche den Krieg ankündigten.

FE'COND, e, *adj.* fruchtbar, als Leute und andere Dinge. Esprit *fécond*, ein reicher Geist an Gedanken und Einfällen.

FE'CONDITE', *f. f.* Fruchtbarkeit. La *fécondité* de la terre, des animaux, die Fruchtbarkeit des Erdbodens, der Thiere.

FE'CU-

FE'CULENT, e, adj. das viel Unreinigkeit bey sich hat. Sang féculent, ein dickes unreines Geblüt.

FE'CULES, s. f. plur. der dicke Satz einiger Kräuter oder Wurzelsäfte, der sich unten setzt, den man heraus nimmt und Arzneyen daraus macht.

FEDAGOSO-JACUA-ACANGA, ein sehr schönes Gewächs aus Brasilien.

FE'E, s. f. eine Zauberin, eine Hexe.

FE'EL, lle, adj. getreu, (ist alt).

FE'ER, v. a. bezaubern, (ist alt). Je vous fée & refée, ich bezaubere euch und helfe euch wieder.

FE'ERIE, s. f. Zauberey.

FEINDRE, v. a. & n. sich stellen, vorgeben; sich verstellen; dichten, erdichten, aussinnen, erfinden. Les poëtes doivent feindre vraisemblablement, die Poeten sollen dichten, das der Wahrheit ähnlich sey. Il feint d'être ami, er stellet sich als ein Freund. Savoir l'art de feindre, die Kunst der Verstellung wissen. Je n'ai pas feint de lui donner de l'argent, ich bin nicht angestanden, ihm Geld zu geben. Cheval qui feint, (auf der Reutschule) Pferd, das den Fuß zuckt, das nicht recht auftritt, weil es Schmerzen am Fuß hat. Il feint du pied droit, er hinkt mit dem rechten Fuß, er kan nicht recht auftreten.

FEINT, e, part. & adj. verstellt, falsch; erdichtet, ersonnen.

FEINE, voies FAINE.

FEINTE, s. f. Verstellung; List. User de feinte, Verstellung brauchen.

FEINTE, (auf dem Fechtboden) Finte, falscher Stoß, dadurch der Gegentheil verführt wird.

FEINTE, (in der Redekunst) vorgegebene Verschweigung deß, so man gleichwol saget.

FEINTE, das Elfenbein, womit die Claviere beleget sind.

FEINTISE, s. f. Verstellung.

FEINTURE, FITURE, s. f. die Figur oder Gestalt eines Dinges.

FEL, FELLE, adj. untreu, verrätherisch; grausam, barbarisch.

FE'LER, v. a. etwas gebrechliches anstossen, daß es Ritze oder Spalte bekommt oder zerspringt, zersprengen. L'eau chaude fêle le verre, von heissem Wasser springt das Glas.

se FE'LER, v. r. springen, zerspringen; einen Ritz oder Ritz bekommen. Un homme fêlé, ein alter gebrechlicher Mann. Avoir la tête fêlée, nicht wohl bey Sinnen seyn.

FE'LICITATION, s. f. Glückwünschung.

FE'LICITE', s. f. Glückseligkeit, Glück.

FE'LICITER, v. a. quelqu'un de quelque chose, einem wegen etwas Glück wünschen.

FE'LIN, s. m. ein Gewicht bey Goldschmieden und Münzmeistern, wiegt sieben und ein funfzehntel Gran.

FE'LIX, s. m. ein Mannsname.

FE'LOGNE, s. f. ein Kraut, Schwalbenwurz, Scheitkraut.

FE'LON, nne, adj. untreu, verrätherisch, meineidig, als ein ungetreuer Vasall oder Lehnsmann; it. grausam, gewaltthätig, grimmig, barbarisch, (ist alt).

FE'LONIE, s. f. die Untreu eines Lehenmannes, der Eidbruch desselben, wodurch er seines Lehen verlustig wird; it. Unbarmherzigkeit, Grausamkeit.

FE'LOUQUE, s. f. ein klein unbedecktes Seeschiff von sechs Rudern.

FE'LOURS, s. m. eine kleine Kupfermünze in Marocco.

FE'LûRE, s. f. ein Ritz, Spalt, Sprung in einem Glase oder andern Geschirr.

FE'MELLE, s. f. das Weiblein von den Thieren. La brebis est la fémelle du bélier, das Schaaf ist das Weiblein des Widders. Chanvre mâle, chanvre fémelle, männlicher und weiblicher Hanf. Une jolie fémelle, ein artiges Weibsstück.

FE'MELLES, im plur. (in der Seefahrt) die Ringe, worinne die Angeln des Steuerruders gehen; die Eisen, so darein gehen, heissen mâles.

FE'MININ, e, adj. weiblichen Geschlechts; weiblich; weibisch.

Vers féminins, weibliche Verse, so eine kurze Sylbe am Ende mehr haben als die männlichen.

FE'MINISER, v. a. (in der Grammatic) ein Wort, das ein masculinum ist, feminini generis machen.

FEMME, s. f. ein Weib, Weibsbild, Weibsperson; ein Eheweib; ein weibischer, zärtlicher, verzagter Mann. Prendre à femme, prendre femme, zum Weibe nehmen, heyrathen.

FEMME de chambre, eine Kammerfrau.

FEMME de charge, eine Haushälterin, Beschließerin.

sage-FEMME, voies SAGE-FEMME.

FEMME sage, eine kluge Frau.

Le diable bat sa femme, prov. wenn Regen und Sonnenschein sich zugleich zeigen.

FEMMELLETTE, s. f. im Spott, ein Weiblein; ein kleines Weib.

FE'MORALES, s. f. plur. Hosen der Mönche, so die Benedictiner sonderlich anlegen, wenn sie über Feld gehen.

FENAISON, s. f. die Heuerndte, Zeit des Heumachens.

FENDANT, s. m. ein Prahler, der den Leuten

tea die Köpfe zerſpalten will. Faire le *fendant*, prahlen, großſprechen.

FENDANT, ein Hieb, der ganz durchgeht.

FENDEUR, *ſ. m.* de bois, ein Holzhauer.

FENDEUR de naſeaux, ein Prahler, ein Eiſenfreſſer.

FENDRE, *v. a. & n.* ſpalten, zerſpalten; zerklöben; aufſchlitzen. *Fendre* du bois, Holz ſpalten. L'oiſeau *fend* l'air, der Vogel dringt durch die Luft. Un vaiſſeau *fend* les ondes, ein Schiff dringet durch das Waſſer. Un homme *fend* la preſſe, ein Menſch ſetzet durch das Gedränge. Les vaillans ſoldats *fendent* les eſcadrons ennemis, die tapfern Soldaten zertrennen die feindlichen Schwadronen.

FENDRE la tête à quelqu'un, einem den Kopf von einander hauen.

FENDRE la tête à quelqu'un, einem durch vieles Schreyen den Kopf wüſt machen.

Le cœur me *fend* de pitié, das Herz möchte mir aus Erbarmen zerſpringen.

La tête me *fend* de douleur, der Kopf möchte mir für Schmerzen zerſpringen.

Il a *fendu* le vent, er iſt als ein Schelm durchgegangen.

FENDRE les pieds, ol. einen Bedienten abſchaffen.

ſe FENDRE, *v. r.* zerſpringen, ſich ſpalten; aufſpringen; reiſſen.

FENDU, ë, *part. & adj.* geſpalten, geſchlitzt. Il a la bouche *fendüe* juſqu'aux oreilles, das Maul geht ihm bis an die Ohren. Des yeux bien *fendus*, groſſe Augen. Un homme bien *fendu*, ein Menſch, der lange Beine und Schenkel hat.

FENER, *voiés* FANER.

FENÊTRAGE, *ſ. m.* die Fenſter in einem Hauſe oder Gebäude, das Fenſterwerk.

FÉNÉTRANGE, *ſ. f.* Finſtringen, eine Graſſchaft an Lothringen, im Weſterreich.

FENÊTRE, *ſ. f.* ein Fenſter. Laiſſer une *fenêtre* dans un écrit, ein Fenſter (einen ledigen Raum) in einer Schrift laſſen.

FENÊTRES, (in der Anatomie) zwey Löcher inwendig im Ohr am Schlafbein.

FENIL, *ſ. m.* ein Heuboden, Heuſcheure.

FENISON, *voiés* FENAISON.

FENOüIL, FENOU, *ſ. m.* Fenchel, ein Kraut.

FENOüIL marin, Meerfenchel, Meerbacillen, ein Kraut.

FENOüIL de porc, Roßfenchel.

FENOüIL tortu, welſch Liebſtöckel.

FENOüILLET, *ſ. m.* eine Art Aepfel in Anjou, welche Fenchelgeſchmack haben.

FENOüILLETTE, *ſ. f.* Art abgezogenes Waſſer, ſo nach Fenchel ſchmeckt.

FENTE, *ſ. f.* ein Spalt, Ritz, Oefnung. La *fente* d'une chemiſe, der Schlitz an einem Hembde.

Bois de *fente*, Brennholz, Klafterholz.

FENTON, *ſ. m.* (bey den Schloſſern) ein Stücklein Eiſen zu Schlüſſeln.

FENTON, (in der Baukunſt) Klammer, das Geſims zu tragen.

FENTON, (bey den Maurern) das Holz, ſo ſie in die Mauer einlegen, wo ſie einen Kranz oder andere Vorſtechung davon machen wollen.

FENUGREC, *ſ. m.* Geißrauten, ein Kraut.

FEODAL, e, *adj.* was zu Lehen gehört. Seigneur *féodal*, Lehnsherr. Droit *féodal*, das Lehnrecht.

FEODALEMENT, *adv.* lehnsweiſe.

FER, *ſ. m.* das Eiſen. Un *fer* de cheval, ein Hufeiſen. Un *fer* d'aiguillette, die Pinne an einem Schnürſenkel. Un *fer* de pique, de lance, das Eiſen, (die Spitze) an einer Pike, Lanze. Il faut battre le *fer* quand il eſt chaud, *prov.* man muß das Eiſen ſchmieden, weil es heiß iſt.

Corps de *fer*, der alle Arbeit beſtreitet und überwindet.

Tête de *fer*, der im Studieren und Nachſinnen unermüdet iſt; it. ein halsſtarriger Kopf.

FER de girouëtte, (in der Seefahrt) der eiſerne Stab zu oberſt auf dem Maſtbaum, woran die kleine Flagge geſteckt wird.

FER d'amortiſſement, das Eiſen, welches zu oberſt auf einem zettenförmigen Dach ſtecket, darauf man Wetterhahnen, Knöpfe oder Blumentöpfe zu ſetzen pfleget.

FER à ſouder, Löthkolben.

FER blanc, überzinnt Eiſenblech.

fil de FER, Eiſendrat.

FER de ouvette, Eiſen, ſo die Dachrinne tragen.

FER à cheval (in dem Veſtungsbau) ein halber Mond, Verſchanzung.

FER de cheval, ein Kraut, Hufeiſenkraut. Manier le *fer*, vom Krieg Profeſſion machen. Battre le *fer*, ſich im Fechten exerciren; ſich in etwas üben.

Se battre à *fer* émoulu, ſich ſcharf, im Ernſt ſchlagen.

Mettre le *fer* au feu, ein Ding mit Ernſt angreifen.

Il a toûjours quelque *fer* qui loche, er hat immer über etwas zu klagen.

Je n'en donnerois pas un *fer* d'aiguillette, ich wollte nicht einen Birnſtiel darum geben.

FER, (in der Seefahrt) Galeerenanker. Demeurer ſur le *fer*, vor Anker liegen bleiben.

FERS, *ſ. m. plur.* eiſerne Bande, Feſſel. Etre aux *fers*, in Banden liegen. Charger quelqu'un de *fers*, einem die Feſſel anlegen.

L'amour me tient dans vos *fers*, ich bin in eurer Liebe gefangen; in euch verliebt.

FE'RAILL. *voies* FERRAILL.

FE'RANDINE, *s. f.* ein Zeug, von Seide oder Wolle.

FE'RANDILLIER, *s. m.* ein Zeugweber.

FERBLANTIER, *s. m.* Klempner, Klipper, Blechner, Blechschmied, Spengler.

FE'RET, *s. m.* (auf der Glashütte) Stück Eisen, damit das Glas formieret und ausgezieret wird.

FE'RET d'Espagne, Blutstein.

FE'RIAL, e, *adj.* was zum Feyertag gehöret. Jour *férial*, ein Festtag, Feyertag. Prières *fériales*, die Gebete, so man die Wochentage über auf den Knien thut, zur Adventszeit, in der Fasten ꝛc.

FE'RIE, *s. f.* (in der Kirchenordnung) Wochentag, Feyertag. Première, seconde *férie* de la semaine, der erste, zweyte Wochentag. *Férie* de l'ascension, das Fest der Himmelfahrt.

Les *féries* majeures, die drey letzten Tage der Charwoche, die zwey Tage nach Ostern und Pfingsten, die man feyert, und der andere Tag nach Rogate.

FE'RIES, *s. f. plur.* Zeit, da nicht Gericht gehalten wird.

FE'RIR, *v. a.* schlagen; verwunden. La campagne se passa sans coup *férir*, der Feldzug gieng vorbey, ohne daß es zu einem Treffen gekommen wäre; (das Verbum *férir* ist nur im Infinitivo und Composito gebräuchlich).

FE'RU, ë, *part.* verwundet.

FE'RU d'une personne, (im Scherz) verliebt in Jemand. Il est *féru* de cette femme, er hat sich in dieses Weib verliebt.

FERLER ou FRE'LER, *v. a.* das Segel zusammen thun und an die Segelstange längshin anbinden.

FERLET, *voies* E'TENDOIR.

FERLIN, *s. m.* ein Viertheil vom Denier, eine alte Münze.

FERLIN, ein in Engelland fabricirter wollener Zeug.

FERMAGE, *s. m.* das Pachtgeld, Mietgeld.

FERMAIL, *s. m.* (in Wappen) Hake, Haft oder Schnalle an einem Mantel oder Wehrgehäng.

FERMAILLER, *v. a.* (in der Wappenkunst) mit solchen Schnallen oder Haken etwas versehen.

FERMAILLET, mit Haken oder Haften versehen.

FERMÉ, *s. f.* Meyerey, Vorwerk.

FERME, Miethe, Pacht; Pachtgeld, Pachtkorn. Païer sa *ferme*, seine Pacht entrichten.

FERME, Pacht, Verpachtung. Les grandes *fermes* du Roi, die grossen Pachten der königlichen Einkünfte. Prendre à *ferme*, in Pacht nehmen; pachten. Donner à *ferme*, um Pacht austhun; verpachten.

FERME, *adj.* vest, beständig. Se tenir *ferme* sur ses piés, vest auf den Füssen stehen. Combattre de pié *ferme*, Stand halten; vesten Fuß halten. Chair *ferme*, vestes (hartes) Fleisch. Amitié *ferme*, beständige Freundschaft.

FERME; la terre *ferme*, das veste Land, entgegen gesetzt den Inseln. Voix *ferme*, eine Stimme, die nicht fällt, oder in einen andern Ton sinkt.

FERME, *adv.* vestiglich, beständiglich, kühnlich. Nier fort & *ferme*, stark und beständig läugnen. Fraper fort & *ferme*, hart anklopfen. Les ennemis firent *ferme*, die Feinde hielten vesten Fuß; hielten Stand.

FERME à FERME, *adv.* (auf der Reitschul) auf der Stelle; auf einer Stelle.

de FERME à FERME, *adv.* (auf der Reitschul) von der Stelle weg.

FERMEMENT, *adv.* beständig, standhaftig. Il a répondu *fermement*, er hat standhaftig geantwortet.

FERMENT, *s. m.* das, was etwas gähren macht, als Sauerteig im Brode.

FERMENTATION, *s. f.* das Gähren.

FERMENTER, *v. a. & n.* gähren machen, als der Sauerteig den Teig geben macht; gähren, als der Most oder das Geblüt.

se FERMENTER, *v. r.* gährend werden.

FERMER, *v. a. & n.* zuschliessen, zumachen. *Fermer* la fenétre, das Fenster zumachen, zuthun. *Fermer* la boutique, den Laden zuschliessen. *Fermer* la porte sur soi, die Thüre hinter sich zuschlagen. Une maison qui *ferme* bien, ein Haus, das wohl beschlossen ist. Un flacon qui *ferme* à vis, eine Flasche mit einer Schraube.

FERMER, zusperren, versperren; zugeschlossen werden, zugehen.

FERMER une ville de murailles, eine Stadt mit Mauren umgeben.

FERMER la porte aux mauvais conseils, bösem Rathe kein Gehör geben.

FERMER une lettre, einen Brief zusammen legen und zusiegeln.

FERMER le chemin à quelqu'un, einem hinderlich seyn.

FERMER les yeux à quelque chose, zu einer Sache stillschweigen.

FERMER l'oreille à la calomnie, die Verläumder nicht anhören.

FERMER la bouche, Stillschweigen auflegen; überzeugen, daß man nicht antworten kan.

FERMER le palais, die Gerichte einstellen; aufschlagen.

FER-

FER. FER.

FERMER les théatres, aufhören Comödien zu spielen für eine Zeit lang.
FERMER une étoffe, einen Zeug wohl schla̱gen.
FERMER boutique, die Handlung aufgeben. Les banqueroutes fréquentes *ferment les bourses*, bey so vielen Bankerotten findet man nicht leicht Geld zu entlehnen.
FERMER un compte, eine Rechnung schlies̱sen.
FERMER les classes, auf einige Zeit Schule zu halten aufhören.
FERMER la bouche à un Cardinal, wird von den neuerwählten Cardinälen gesagt, die noch keine Stimme haben, bis es der Pabst erlaubet.
FERMER une passade, mit dem Pferde zierlich im Reiten still halten.
se FERMER, v. r. zugehen, zuheilen, sich verschliessen. La plaie s'étant *fermée*, nachdem sich die Wunde geschlossen.
FERMETE', *s. f.* Festigkeit, Härte, als des Bodens oder anderer Dinge; Herzhaftigkeit, fester Muth; Beständigkeit; festes Vertrauen; Gewißheit. *Fermeté* de paroles, Beständigkeit der Zusage. Sa *fermeté* étonna ceux du parti contraire, seine Standhaftigkeit erschreckte den Gegentheil.
FERMETURE, *s. f.* das Schloß, womit man etwas vest zuschließt; die Schliessung; die Einfassung einer Thüre; eines Schiffes mit dem Bord; eines Gutes mit einer Mauer oder Zaun.
FERMEUR, *s. m.* eine Muskel am obern Augenliede, durch welche man das Aug zumacht.
FERMIER, *s. m.* e, *s.* ein Pachter, Pachtmann, Beständner eines Gutes um ein gewisses Geld.
FERMOIR, *s. m.* ein Gesperr, Schloß (Clausur) an einem Buche.
FERMOIR, ein scharfer Meissel bey den Bildschnitzern oder Schreinern.
FERMURE de sabords, das Bret zwischen zweyen Barthölzern, wo die Stückpforten eröfnet sind.
FERMURES, *s. f.* (in der Seefahrt) die Breter, welche paarweis zwischen die Barthölzer gelegt werden; (man nennet sie auch couples).
FERNAMBOUC, *s. m.* eine Gattung Bresilienholz, welches von Fernambouc komt.
FEROCE, *adj. c.* grimmig, wild, grausam. Une bête *féroce*, ein grimmiges Thier. Un esprit *féroce*, ein wildes, unbändiges Gemüth.
FEROCITE', *s. f.* Grimm, wilde Art, Grausamkeit.
FERONIA, *s. f.* Name einer Göttin der alten Römer.

FERRAGE, *s. m.* ein gewiß Geld von jedem Mark Silber und Gold, das diejenigen geniessen, so das Münzeisen anschaffen müssen.
FERRAILLE, *s. f.* alt Eisenwerk.
FERRAILLER, *v. n.* immer auf dem Fechtboden stecken, stets wollen die Rapier an einander schlagen.; zänkisch seyn, sich immer schlagen wollen, aber nicht scharf, sondern nur an des andern Degen klopfen.
FERRAILLEUR, *s. m.* der sich immer schlagen und duelliren will.
FERRAILLEUR, der mit altem Eisen handelt.
FERRAND. *votés* FE'RAND.
FERRANT, *adj. m. & s. m.* maréchal *ferrant*, ein Hufschmied.
FERRER, *v. a.* mit Eisen beschlagen. *Ferrer* un cheval, un lacet &c. ein Pferd, einen Nestel rc. beschlagen.
FERRER d'argent, mit Silber beschlagen. C'est une gueule *ferrée*, er kan einem genug vorplaudern.
C'est un avaleur de charettes *ferrées*, er ist ein Aufschneider, ein Prahler.
Il avaleroit des charettes *ferrées*, prov. er fräße wohl Kieselsteine.
E'toffe *ferrée*, mit gestampftem Bley bezeichnetes Stück Zeug.
Etre bien *ferré*, être *ferré* à glace, seine Sache wohl verstehen, worinne man angegriffen wird.
Il est difficile à *ferrer*, er läßt sich nicht viel sagen.
Chemins *ferrés*, die gepflasterten Wege und Strassen der Römer.
Un stile *ferré*, eine harte Schreibart.
De l'eau *ferrée*, Löschwasser.
Une gueule *ferrée*, ein harter Mund, der sehr heiße Speis und Trank einnehmen kan.
FERRER la mule, wird von dem Gesinde gesagt, das seine Herrschaft im Einkaufen bezwackt.
FERREMENS, *s. m. plur.* Werkzeuge von Eisen, so ein Handwerksmann zu seiner Arbeit braucht.
FERRERIE, *s. f.* grobe Eisenarbeit, die dem Schmiede zugehöret.
FERRET, *s. m.* Pinne an Senkeln; Nestelpinne; Steft.
FERRETIER, *s. m.* der Schmiedehammer zu den Hufeisen.
FERREUR, *s. m.* der da beschlägt.
FERREUSE d'aiguillettes, eine Frau, so die Nesteln mit Bleche beschlägt.
FERREUSE de mule, eine Magd, so ihre Herrschaft im Einkaufen betrügt, beschwänzt.
FERRIE'RE, *s. f.* Hufeisensack, den man mit auf die Reise nimmt.

Aaaa 2 FER-

FERRONNERIE, *s. f.* eine Eisenschmiede oder Eisengewölbe.
FERRONNIER, *s. m.* ein Eisenhändler.
FERRURE, *s. f.* Beschlag; Beschläge. *Ferrure* d'armoire, das Beschläge eines Schranks.
FERSE, *s. f.* (von den Segeln) cette voile a tant de *ferses*, & chaque *ferse* tant de cannes, dieses Segel hat so viel Breiten Segeltuches, und jede Breite so viel Ellen in die Länge.
FERTE', *s. f.* Bevestigung eines Orts, oder um einen Ort; eine Vestung, (ist alt, doch spricht man noch la *ferté*-Bernard, la *ferté*-Milon &c.)
FERTELLE, *s. f.* (in Flandern) ein Viertheil von einem Scheffel.
FERTILE, *adj. c.* fruchtbar. Un païs *fertile*, ein fruchtbares Land. Un esprit *fertile*, ein sinnreicher Geist, der reich an Einfällen und Erfindungen ist. Un sujet *fertile*, eine reiche Materie.
FERTILEMENT, *adv.* fruchtbarer Weise; häufig, reichlich.
FERTILISER, *v. r.* fruchtbar machen, trächtig machen.
FERTILITE', *s. f.* Fruchtbarkeit.
FE'RU, e, *part.* voiés FE'RIR.
FERVEMMENT, *adv.* brünstig, inbrünstiger Weise, eifrig.
FERVENT, e, *adj.* brünstig, eiferig, als Gebet, Liebe &c. Un zèle *fervent*, ein brünstiger Eifer.
FERVEUR, *s. f.* Eifer, Inbrünstigkeit, Hitze.
FE'RULE, *s. f.* Stecken, womit die Schulknaben gezüchtiget werden. Etre sous la *férule* de quelqu'un, noch unter eines Zucht seyn.
FE'RULE, Gertenkraut.
FESCE'NIEN, *adj. m.* des vers *Fescéniens*, (bey den Römern) Hochzeitlieder, Brautlieder.
FESLER, FESLURE, voiés FE'L.
FESSE, *s. f.* das Gesäße, die Arschbacken, Hinterbacken. Il n'y va que d'une *fesse*, vulg. er greift die Sache schläfrig an.
FESSE, (bey den Medicis) zwey kleine, runde harte Theile im Hirn, so an die Zirbeldrüse stossen.
FESSE, (bey den Korbmachern) das mittelste dicke Theil an etwas geflöchtenes. Faire la *fesse* d'un panier, einen Korb zu machen anfangen.
FESSE-CAHIER, *s. m.* ein Schreiber, der sein Brod mit Schreiben verdienet; der weitläufig schreibt.
FESSE-MATTHIEU, *s. m.* ein Geizhals, Wucherer, der Geld auf grosse Zinsen aus thut.
FESSE-PINTE, *s. m.* ein Säufer, ein guter Zechbruder.

FESSER, *v. a.* auf den Hintern schlagen; it. bald mit etwas fertig werden, als mit einem Frühstück, das man bald verzehrt.
FESSER le cahier, ums Geld schreiben.
FESSEUR, *s. m.* ein Arschpaucker, der gern den Kindern den Hintern gerbt, tellt. Ce pédant a la réputation d'être bon. *fesseur*, dieser Schulfuchs wird für einen fleißigen Arschpaucker gehalten.
FESSIER, *s. m.* ein dickes fettes Hintertheil.
FESSIER, die Muskeln an den Schenkeln, welches die grösten am Leibe sind.
FESSU, ë, *adj.* dickarschicht.
FEST, *s. m.* der Mittelfalt an dem Tuch. Les draps s'aunent par le *fest*, & les étofes par la lisière, die Tücher werden an dem Falt, die Zeuge aber an dem Ende gemessen.
FESTAGE, *s. m.* ein jährlicher Zins, welchen ein jedes Haus in gewissen Ländern der Herrschaft bezahlet.
FESTE, FESTER, voiés FÊTE.
FESTIN, *s. m.* eine grosse Mahlzeit, Gasterey, Banquet. Faire le *festin* de nóces, das Hochzeitmahl ausrichten.
FESTINER, *v. a. & n.* Gasterey halten, schmausen. *Festiner* les amis, seine Freunde zu Gaste haben.
FESTON, *s. m.* (in der Baukunst) eine Fruchtschnur.
FESTON, Blumenbusch; Straus.
FESTONS postiches, das grüne mit dazwischen gewundenem geschlagenem Goldblech, so man an die Kirchthüren an Festtagen macht.
FÊTAGE, v. FAÎTAGE.
FÊTARD, e, *adj.* unwissend, ungewohnt, unerfahren, (ist alt)
FÊTE, *s. f.* ein Fest, Feyertag, Freudentag; Freude, Vergnügen; Lustbarkeit so einem zu Ehren angestellet wird. Gasterey, Gastmahl; Liebkosung, Schmeicheley, Freundlichkeit.
FÊTE-Dieu, das Fronleichnamsfest.
FÊTE fêtée, FÊTE de commandement, ein gebottener Feyertag, daran niemand arbeiten darf.
FÊTE d'église, die Kirchweihe.
FÊTE double, ein doppelter Feyertag, daran man zweymal die Antiphonen zum Magnificat singt.
les FÊTES du palais, die Ferien im Parlement.
la FÊTE d'une personne, eines Namenstag. Payer la *fête*, seinen Namenstag begehen, und andere beschenken.
Faire *fête* à quelqu'un, einen wohl tractiren; wohl empfangen; Hofnung machen; Glück wünschen; schmeicheln, liebkosen.

Se faire de *fête*, meynen, man müsse zu etwas gebraucht werden, sich unberuffen in etwas mengen.

Il est à la *fête*, da ist er vergnügt, das ist seine Freude.

Troubler la *fête*, Unruhe anfangen, die Freude stören. Il est un véritable trouble-*fête*, er ist ein rechter Freudenstöhrer.

Il n'est pas tous les jours *fête*, *prov.* es ist nicht alle Tage Sonntag.

Il devine les *fêtes* quand elles sont venües, *prov.* was er weiß, das weiß schon jedermann.

Aux bonnes *fêtes* les bons coups, *prov.* je heiliger der Tag, je ärger der Teufel.

Il ne s'est jamais vû à telle *fête*, *prov.* es ist ihm sein Tage dergleichen nicht begegnet.

Il sera assés à tems de chommer la *fête*, quand elle sera venuë, *prov.* man muß sich vor der Zeit weder erfreuen noch betrüben.

FéTER, *v. a.* feyern, begehen, als ein Fest. *Fêter* un saint, eines Heiligen Festtag halten.

C'est un saint, qu'on ne *fête* point, es ist ein Mensch, der in keinem Ansehen oder Credit steht, an dem nicht viel gelegen ist.

FéTE, *voies* FAITE.

FéTIERE, *voies* FAITIERE.

FéTOYER, *v. a.* einen wohl tractiren, höflich empfangen, ihm Gasterey halten, (ist alt).

FETU, *s. m.* Splitter eines Strohhalms. Je n'en donnerois pas un *fêtu*, ich wollte nicht einen Strohhalm (Splitter) darum geben.

Tirer au court *fêtu*, es aufs äusserste oder auf das Glück in etwas ankommen lassen.

Rompre le *fêtu* avec quelqu'un, sich mit einem überwerfen.

FE'TU, (bey dem Henker) die eiserne Stange oder Keule, womit er denen die aufs Rad kommen, die Glieder entzweyschläget.

FE'TU en cul, ein Vogel unter dem Tropico, den die Schiffleute so nennen.

FE'TUS, *s. m.* (bey den Medicis) die Frucht in Mutterleibe.

FEU, *s. m.* das Feuer. Faire du *feu*, Feuer machen; anzünden. Etre en *feu*, brennen. Prendre l'air du *feu*, sich am Feuer wärmen. Mettre la *feu* à la maison, das Haus in Brand stecken. Faire des *feux* de joie, Freudenfeuer anzünden. Aller là nuit sans *feu*, bey Nacht ohne Licht gehen. Acheter un *feu*, ein Kamingeräth kaufen. Aller au *feu*, an das Tressen gehen.

C'est un *feu* de paille, *prov.* das wird bald überhin gehen; nicht lange währen. Mettre en *feu* une province, eine Landschaft in Unruhe setzen; aufwiegeln.

FEU actuel, (in der Heilkunst) ein glühendes Eisen.

FEU potentiel, (in der Heilkunst) der höllische Stein.

FEU, der Streichplatz eines Bollwerks. le FEU de l'enfer, das höllische Feuer.

Consumer à petit *feu*, bey gelindem Feuer, langsam verzehren.

FEU de digestion, die Hitze des Mistes bey den Chymicis.

FEU de rouë, ein Feuer, das rund um den Tiegel und immer näher hinzu gemacht wird.

FEU de suppression, wenn man auch oben auf den Tiegel Kohlen oder Feuer thut.

FEU olympique, Feuer das von Brennspiegeln kommt.

FEU gradué, (in der Chymie) Feuer, das man gradweise einem Dinge giebt.

FEU central, das innerliche Feuer, so die Metallen und Mineralien zeuget, der Archæus.

FEU d'artifice, Feuerwerk.

Armes à *feu*, Geschoß.

Mettre tout à *feu* & à sang, alles verbrennen und umbringen.

le FEU de la place, das Schiessen aus einem belagerten Ort; die Seite an der Bastey oder Courtine, wo man Feuer giebt.

Faire *feu*, Feuer geben.

le FEU grégeois, ein Feuerwerk, das im Wasser brennet.

FEU, (auf der Reutschule) rothes Haar, so manche Pferde auf der Nasen und an der Seite haben. Cheval qui a beaucoup de *feu*, ein hitziges Pferd.

Donner le *feu* à un cheval, (bey dem Schmied) den Schaden eines Pferds mit einem heissen Eisen brennen.

le FEU du ciel, der Blitz.

les FEUX de la nuit, (bey den Poeten) die Sterne.

FEU, (poetisch) Liebe; Liebesbrunst. Elle approuve mes *feux*, sie läßt sich meine Liebe gefallen.

FEU, Hitze, Geschwindigkeit des Geistes; Hurtigkeit. Il est tout de *feu*, er ist lauter Feuer; hat eine grosse Lebhaftigkeit. Mettre le *feu* sous le ventre à quelqu'un, *prov.* einen reitzen; aufmuntern; verhetzen.

J'en mettrois ma main au *feu*, *prov.* ich wollte mich darüber verbrennen lassen.

Le *feu* est à la marchandise, *prov.* die Waar geht reissend ab.

On y court comme au *feu*, *prov.* man lauft ihm häufig zu; man bringet sich darum.

Aaaa 3   le FEU

le Feu de la fièvre, die Hitze des Fiebers. Le poivre met la bouche en feu, der Pfeffer brennet in dem Munde.

Feu, (in der Seefahrt) Schiffslatern. Mettre des feux sur les vaisseaux, die Laternen aufstecken.

Feu, der Glanz, Schimmer der Edelgesteine. Diamant qui a beaucoup de feu, ein Demant, so einen schönen Glanz hat.

Feu follet, ein Irrwisch, Irrlicht.

Feu volage, eine Hitzblatter.

le Feu St. Antoine, das Rothlauf, die Rose, heilige Feuer.

Prendre feu, sich erzürnen. Jetter son feu, seinen Zorn auslassen.

Bourg de trois cens feux, ein Flecken von 300 Feuerstätten oder Häusern.

Il n'a ni feu ni lieu, er ist nirgends zu Haus.

Feu, ë, adj. der oder die Verstorbene, weiland; selig. Feu Monsieur N. der verstorbene Herr N. Feu mon oncle, mein seliger Vetter oder Oheim. Feu la Reine oder la feuë Reine, die letzt verstorbene Königin.

FEUDATAIRE, f. m. ein Lehnsmann.

FEUDISTE, f. m. ein Lehnsverständiger, oder ein Doctor der Rechten, der von Lehnssachen geschrieben hat.

FE'VE, f. f. eine Bohne. Roi de la feve, der Bohnenkönig (den man am drey Königstage in einer Compagnie zum Spaß wählt, da man eine Bohne in einen Kuchen bäckt, und jeder Person ein Stück davon vorsetzt, zu sehen wer dieselbe bekommt, und König wird); item, einer der sich was einbildet, und doch nichts gilt.

Il croit avoir trouvé la fève au gâteau, er meynet, er habe den Handel errathen.

Rendre des fèves pour des pois, prov. Böses mit Bösem vergelten.

Fe've épaisse, klein Wundkraut.

Fe've Indique, purgirende Bohnen.

Fe'ves de loup, Wolfsbohnen, Feigbohnen, Türkische Wicken.

Fe'ves de haricot, fèves de Rome, Schminkbohnen, welsche Bohnen.

Fe've, der Frosch, eine Krankheit der Pferde: eine Geschwulst in dem Maul der Pferde.

Germe de sève, das schwarze Flecklein, so die Pferde gegen das fünfte Jahr bekommen, und bis ins 7 oder 8te Jahr bleibt.

FE'VEROLE, f. f. kleine Bohnen.

FEüILLAGE, f. m. das Laubwerk, die Blätter eines Baums. Feüillage épais, dickes Laubwerk.

FEüILLAGE, (in der Baukunst) Laubwerk; Zierathen, wie Laubwerk gebildet.

FEüILLANS, f. m. plur. ein Mönchsorden von Barfüssern, mit weissen Kutten: haben sonst der Benedictiner und Bernhardiner Regel.

FEüILLANTINE, f. f. blätterweis gelegtes und gebackenes Butterbrod.

FEüILLANTINES, f. f. plur. weisse Bernhardiner-oder Barfüssernonnen.

FEüILLE, f. f. ein Blatt von Bäumen.

Feüille de fleur, ein Blumenblatt.

Feüille, ein Blatt Gold oder ander geschlagen Metall.

Feüille, ein Blatt oder Bogen Papier.

Feüille, ein Aufsatz oder Entwurf von etwas.

Feüille, ein Blatt an einer Spanischen Wand oder Schirme.

Feüille, das Blatt, das Breite an einem Gabel-oder Löffelstiel, worauf man das Wappen sticht.

Feüille, eine Zierath von Laubwerk an einem Geschirr.

Feüille, eine Folie unter einem falschen Edelstein.

Feüille, ein Schiefer oder breiter Splitter von einem beschädigten Knochen.

Feüille, junge Brut von Fischen, damit man die Teiche besetzt.

Feüille Orientale, Sennetblatt.

Feüille d'Inde, das Indianische Blatt, in den Apotheken sonst Indianisch Saamenkraut genannt.

Du vin de trois feüilles, dreyjähriger Wein.

Feüille de sauge, ein spitziges Grabscheit der Gärtner.

FEüILLE', ée, adj. (in Wappen) mit Blättern von anderer Farbe.

FEüLLE'E, f. f. (voïes FEüILLAGE). Danser sous la feüillée, unter einem Baume tanzen.

Feüille'e, Mayen, Laubhütten.

FEüILLE-MORTE, f. m. eine Art von gelber Farbe.

FEüILLERET, f. m. ein Leistenhobel.

FEüILLET, f. m. ein Blatt von einem Bogen Papier.

Feüillet, ein Blatt in einem Buche.

Feüillet, das blätterichte oder faltige Theil am Ochsenmagen, (sonst psautier).

FEüILLETAGE, f. m. der blätterichte Teig bey den Pastetenbeckern.

FEUILLETER, v. a. durchblättern, herumblättern. Feüilleter un livre, ein Buch durchblättern, obenhin durchlesen; it. in einem Buche nachschlagen.

Feüilleter la pâte, den Teig blätterich machen. Pâte bien feüilletée, wohl zugerichteter Butterteig.

FEUILLETE', ée, part. & adj. was blätterweis liegt.

FEUILLETTE, f. f. ein gewisses Weinmaaß in Frankreich, (sonderlich im Burgund) ein halber

halber Eimer, ein halb Orhooft; (zu Lion) ein Viertelsmaaß, Schoppe, halb Rösel

FEÜILLIE'RE, *s. f.* (im Steinbruch) Adern, welche sich an dessen Obertheile finden, und denselben bedecken.

FEUILLU, ë, *adj.* blätterig.

FEUILLURE, *s. f.* die Leisten an den Fenstern oder Thüren, die sich vest schliessen, wegen der Fugen, darein sie gehen.

FEULTREMENT, *s. m.* mangelhafte Schattirung in der Tapezereyseide.

FE'VRIER, *s. m.* der Hornung.

FEURRE, (Futter) *v.* FOARRE.

FEUTRAGE, *s. m.* das Stopfen; Ausstopfen.

FEUTRAGE, die Zubereitung der Scheerwolle, in den Tuchfabriken.

FEUTRAGE, (bey den Hutmachern) das Walken.

FEUTRE, *s. m.* Filz. Un vieux *feutre*, ein alter Filz; alter Hut.

FEUTRE, Scheerwolle, zum ausstopfen der Sattelküssen.

FEUTRER, *v. a.* einen Sessel mit Scheerwolle ausfüllen.

FEUTRER des laines, Scheerwolle zubereiten.

FEUTRER, (bey dem Hutmacher) Hüte walken; filzen.

FEUTRES, (in der Papiermühle) die Filze, worauf die frischgemachten Bögen gelegt werden.

FEUTRIER, *s. m.* (in den Tuchfabriken) der Arbeiter, welcher die Muster von denen vermengten Tüchern machet.

FEUTRIER, ein Filzwalker; Filzhändler.

FEUTRIE'RE, *s. f.* (bey dem Hutmacher) Stück Tuch zum reiben.

FI, *interj.* pfui. Fi! le vilain cochon, pfui! der garstigen groben Sau. Fi donc, arrétés vous! laß diß stehen, bleiben.

FIACRE, *s. m.* der Kutscher, so eine Miethkutsche führet.

FIACRE, eine schlechte Kutsche.

Le mal St. *Fiacre*, vulg. Feigwarzen.

FIAMETTE, *s. f.* Feuerfarbe.

FIANÇAILLES, *s. f. plur.* Verlöbniß.

FIANCE, *s. f.* Vertrauen, Zuversicht; (ist alt).

FIANCE', ée, *adj. & subst.* der Verlobte, die Verlobte; der Bräutigam, die Braut.

FIANCER, *v. a.* verloben; Verlöbniß halten. Il a *fiancé* sa fille, er hat seine Tochter verlobt; versprochen.

FIAT, *s. m.* Vertrauen. Il n'y a point de *fiat* à faire celà, man darf sich nicht wagen diß zu thun.

FIBRE, *s. f.* Gefäser, Faser oder Zäserlein an den Wurzeln der Kräuter.

FIBRE, Flechse, Sennader.

FIBREUX, euse, *adj.* fasicht, zäsericht, voll Fäserlein.

FIC, *s. f.* eine Feigwarze, schwammichtes Gewächs an Menschen und Thieren.

FICELLE, *s. f.* Bindfaden, Schnur.

FICELLE, (bey den Hutmachern) das Zeichen unten am Kopf des Huts, wo die Schnur herum gegangen ist.

FICELLER, *v. a.* mit Bindfaden binden.

FICELLIER, *s. m.* eine Bindfadenspuhle.

FICHANT, ante, *adj.* (in dem Vestungsbau) ligne de défense *fichante*, ein gegen des Feindes Bollwerk geführter Graben mit einer Brustwehr, von der man die Hauptseite des Bollwerks bestreichen kan.

FICHE, *s. f.* Beschläge einer Thüre oder eines Fensters.

FICHE, eine spitzige Kelle der Maurer.

FICHE, ein Strich, womit an dem Bretspiel die gewonnene Spiele gezeichnet werden.

FICHE, Spange; Häflein.

FICHER, *v. a.* hinein stecken, einstossen, einrammeln. *Ficher* le mortier, (bey den Mäurern) den Mörtel zwischen die Steine hinein streichen. *Ficher* un pieu dans la terre, einen Pfahl in die Erde einrammeln; einstossen.

FICHE', ée, *part. & adj.* (in Wappen) mit einer Spitze, spitzig.

Avoir les yeux *fichés* en terre, die Augen immer niedergeschlagen haben.

FICHET, *s. m.* ein kleiner Riemen von Papier, den man vor diesem durch einen Brief quer durchsteckte und hernach verpitschierte.

FICHEUR, *s. m.* der den Mörtel zwischen die Steinfugen thut, damit die Steine vest liegen.

FICHOIR, *s. m.* ein klein gespalten Hölzlein, womit die Bilderkrämer ihre Waaren an der Schnur vest machen, wenn sie dieselben aushängen.

FICHU, *s. m.* eine Art Halstücher der Weiber.

FICHU, ë, *adj.* vulg. lächerlich, närrisch. Un *fichu* visage, ein lächerliches Angesicht.

FICHUMENT, *adv.* vulg. lächerlich, alberer Weise.

FICHURE, *s. f.* eine Art dreyzinkigter Gabel der Fischer, sonst fouine.

FICTION, *s. f.* erdichtete Sache; Verstellung; eine Lüge, Fabel, Betrug; eine Erfindung. Une *fiction* ingénieuse, eine sinnreiche Erfindung.

FICTION, (in der Poesie) ein Gedicht.

FICTION, (in den Rechten) ein Vorgeben, da man den Fall setzt, als wenn es so und so wäre, da es doch nicht ist.

FIDEI-COMMIS, *s. m.* ein Vermächtniß oder

oder Erbtheil, das auf gewisse Personen wieder zurück fällt.

FIDEï-COMMISSAIRE, *s. m.* ein Erbe, dem etwas im Testament vermacht wird, das er zu gewisser Zeit wiedergeben muß.

FIDEJUSSEUR, *s. m.* ein Bürge der gut spricht für einen.

FIDEJUSSION, *s. f.* Bürgschaft, das Gutsprechen.

FIDELE, *adj. c.* getreu, wahrhaft; aufrichtig; gläubig. Histoire *fidèle*, wahrhafte Geschichtsbeschreibung. Mémoire fidèle, gut Gedächtniß. Portrait *fidèle*, ähnliches Bildniß.

FIDELE, rechtgläubig; der die wahre Religion bekennet. L'assemblée des *fidèles*, die Versammlung der Gläubigen.

FIDELEMENT, *adv.* getreulich.

FIDELITE', *s. f.* Treue, Aufrichtigkeit. Prêter serment de *fidélité*, den Eid der Treue leisten, die Treue schwören.

FIDELIUM, *s. m.* (in der Röm. Kirche) Gebett für die Verstorbenen.

FIEF, *s. m.* ein Lehngut. Franc-*fief*, ein frey adelich Lehn.

FIEF dominant, der Lehnsherr.

FIEF servent, der Lehnsmann.

FIEF de plein chevalier, ein Lehngut, davon man ein Ritterpferd halten muß.

FIEF noble, ein adelich Lehn, oder das ein Gericht hat.

FIEF cural, non noble, roturier, restreint oder abrégé, ein Bauernlehn, gering Lehn von einigem Land oder Wiesen 2c.

Relever un *fief*, ein Gut wieder zu Lehn nehmen oder empfangen.

arrière-FIEF, ein Afterlehn.

FIEF en l'air, ein Lehngut ohne Wohnhaus. Profit de *fief*, Lehngefälle.

Commise de *fief*, die Verläugnung eines Lehns, das man von einem zum Lehn hat.

FIEFAL, e, *adj.* was zum Lehn gehört.

FIEFFER, *v. a.* zu Lehn geben.

FIEFFE', ée, *part. & adj.* der etwas als Lehn bekommen hat, belehnt.

Un coquin *fieffé*, ein Schelm in Folio, im höchsten Grad.

FIEL, *s. m.* die Galle; Haß, Zorn; Bitterkeit; Verdruß. C'est un homme sans *fiel*, er ist ein Mensch der sich nicht erkühnet; der keinen Haß heget. Une satire pleine de *fiel*, eine bittere Schmähschrift.

FIEL de terre, Erdgalle, Tausendgüldenkraut; Fieberkraut.

FIEL de verre, Glasgalle, ein Schaum auf der Glasmaterie, ehe sie völlig zu Glas wird.

FIENTE, *s. f.* oder FIENT, *s. m.* Mist, Koth vom Vieh, von Pferde, Vögeln 2c.

FIENTER, *v. n.* misten, den Koth von sich gehen lassen, scheissen als Thiere und Vögel.

FIER, *v. a.* trauen, vertrauen.

se FIER, *v. r.* trauen, sich vertrauen; sich verlassen. Je me *fie* à vôtre parole, ich traue eurem Wort. Se *fier* en Dieu, auf GOtt vertrauen.

Fiés vous y, verlaßt euch nur darauf, ihr werdet übel ankommen.

se FIER, *v. r.* leicht brechen oder springen, als harte Steine.

FIER, e, *adj.* stolz, eitel, einbildisch, hofärtig; trotzig. Un regard *fier*, ein kühner Anblick. Une mine *fière*, eine freymüthige Geberde. Un cheval *fier*, ein muthig Pferd. Un lion *fier*, (in Wappen) ein Löwe mit borstigen Haaren. Une pierre *fière*, ein sehr harter Stein, bey den Bildhauern. Une figure *fière*, eine lebhaft vorgestellte Figur in Gemählden. Des touches *fières*, (im Mahlen) üble, grobe, nicht wohl vertriebene Züge. Il est *fier* de sa noblesse, er ist hochmüthig wegen seines Adels, pocht auf seinen Adel.

FIER, freymüthig, einbildisch, ernsthaft, kühn. Il a le cœurs trop *fier* pour demander, er ist zu einbildisch, daß er betteln sollte. Marcher d'un pas noble & *fier*, einen ansehnlichen und ernsthaften Gang haben.

FIEREBRAS, *s. m.* vulg. ein Prahlhans, der die Leute schrecken will.

FIEREMENT, *adv.* hofärtiger trotziger Weise.

FIERTE', *s. f.* Stolz, einbildisches Wesen, Hochmuth, Hofart; item in gutem Verstand, Großmuth; Ehrbegierde; Herzhaftigkeit; ernsthaftes Wesen; Zucht, Ernsthaftigkeit der Weibspersonen; grobe Züge im Mahlen; Muthigkeit eines Pferdes. La gloire donne de l'orgueil & de la *fierté*, die Ehre macht stolz und trotzig. La noble *fierté* des héros, der löblich erhabene Muth der Helden. Elle a une *fierté* pleine de charmes, sie hat eine angenehme Ernsthaftigkeit. Cheval qui a de la *fierté*, Pferd das muthig ist.

FIERTE', e, *adj.* (in Wappen) ein Wallfisch mit rothen Zähnen, Flossfedern und Schwanze. Une baleine *fiertée* d'argent, ein Wallfisch mit silbernen Zähnen.

FIERTE' de St. Romain, der Sarg des H. Romani, Erzbischofs zu Rouen.

FIEVRE, *s. f.* das Fieber. La fièvre tierce, das dreytägige Fieber. La *fièvre* quarte, das viertägige Fieber. La *fièvre* quotidienne, das alltägige Fieber. La *fièvre* chaude oder ardente, das hitzige Fieber.

Donner la *fièvre*, das Fieber verursachen;

chen; it. in grossen Schrecken und Zittern setzen.

Vos *fièvres* quartaines, oder la *fièvre* quartaine te serre, (ist ein böser Wunsch) und heißt: daß dich das viertägige Fieber ankomme. Tomber de *fièvre* en chaud mal, *prov.* aus dem Regen in den Bach fallen.

FIE'VRE de veau, ein kleines geringes Fieber.

FIE'VREUX, euse, *adj.* fieberhaft, fieberisch. Le melon est *fièvreux*, von Melonen kan man das Fieber haben.

FIE'VREUX, mit dem Fieber behaftet. Il est *fièvreux*, er hat das Fieber.

FIFRE, *s. m.* eine Querpfeife.

FIFRE, der Pfeifer bey einer Compagnie.

FIGALE, *s. f.* ein indianisches Schiff so nur in der Mitte einen Mast führet.

FIGEMENT, *s. m.* das Bestehen oder Dickwerden eines Safts oder des Geblüts.

FIGER, *v. a.* dick machen, gestehen oder gerinnen machen, als das Geblüt, warm Wachs ꝛc.

se FIGER, *v. r.* gerinnen, geliefern.

FIGIE-CAQUE, eine chinesische Frucht welche in grosser Menge nacher Siam geführt wird.

FIGUE, *s. f.* eine Feige. Faire la *figue* à quelqu'un, einen auslachen, einem die Feigen weisen.

Moitié *figue*, moitié raisin, *prov.* bald gezwungen, bald freywillig.

FIGUERIE, FIGUIERIE, *s. f.* ein Feigenbaumgarten.

FIGUIER, *s. m.* ein Feigenbaum.

FIGULE, *s. f.* (auf den Schiffen) ein kleines Tau, so zwischen den Haupttauen eines Masts in die Quer durchgezogen wird, daß man darauf als auf einer Leiter den Mastbaum besteigen könne.

FIGULINE, *s. f.* Töpferhandwerk.

FIGURATIF, ive, *adj.* (in geistlichen Dingen) das ein Vorbild ist, auf das Künftige; it. das da vorbildet, als ein Muster oder Model, ein Abriß.

FIGURATIVE, *s. f.* ein Buchstabe, woran man nach der Grammatic ein gewiß Tempus kennen kan, sonst Characteristica genannt.

FIGURATIVEMENT, *adv.* vorbildsweise, figürlich.

FIGURE, *s. f.* Bild, Abbildung. Une belle *figure*, ein schönes Bild.

FIGURE, (in der Sterndeutung) Vorstellung des Himmels, wie er bey der Geburt eines Menschen gewesen.

FIGURE, (in der Meßkunst) eine Figur, Fläche mit Linien umschlossen.

FIGURE, (in der Mahlerey) ein Menschenbild. Tableau rempli de *figures*, ein Gemähl von vielen Menschenbildern.

FIGURE, (in der Redekunst) verblümte Reden; item Abweichung eines Worts von den gemeinen Regeln.

FIGURE, (im Tanz) künstliches Wenden, Herumgehen.

FIGURE, Blumen-oder Bildwerk auf Sammet, Damast ꝛc.

FIGURE, (in der Rechenkunst,) die Ziffern. Il faut bien mettre les *figures* les unes sous les autres, man muß die Ziffern gerad unter einander setzen.

FIGURES, (in der Seefahrt) Strickleitern darauf man auf den Mastbaum steiget.

FIGURE, Vorbild. L'ancienne Jérusalem étoit la *figure* de l'Eglise, das alte Jerusalem war ein Vorbild der Kirche.

FIGURE, Gestalt, Ansehen. C'est une plaisante *figure* d'homme, der Mensch ist wunderbar gestaltet.

Faire *figure*, Staat machen, sich sehen lassen. Il fait une belle *figure* à la cour, er ist bey Hofe in vortreflichem Ansehen, er führet sich ansehnlich auf.

FIGUREMENT, *adv.* figürlicher Weise. Un mot pris *figurément*, ein Wort in verblümtem Verstande genommen.

FIGURER, *v. a.* bilden, zeichnen. *Figurer* du damas, du velours &c. Damast, Sammet geblümt weben.

FIGURER, *v. n.* wohl stehen. Ces deux tableaux *figurent* bien ensemble, diese zwey Gemählde stehen wohl zusammen, bey einander. Celà *figure* mal, das steht nicht wohl, läßt nicht gut.

FIGURER dans le monde, in Ansehen seyn in der Welt, sich in die Welt schicken.

se FIGURER, *v. r.* sich einbilden, sich vormachen, vorstellen im Sinn; glauben es werde etwas geschehen. Tu t'es *figuré* la chose tout autre qu'elle n'est, du hast dir die Sache ganz anders vorgestellt, als sie an sich selber ist. Je me *figure* de voir cette ville, ich bilde mir ein, ich sehe diese Stadt.

FIGURE', ée, *part. & adj.* mit Figuren, Bildungen, geziert, als Gemählde, Tapeten, Wappen ꝛc. Ruban *figuré*, gemodelt, geblümtes Band. Danse *figurée*, Tanz mit künstlichen Wendungen.

FIGURE', zierlich, verblümt, als eine Rede. Façon de parler *figurée*, eine uneigentliche Redensart.

FIL, *s. m.* Faden; Zwirn. Fil de lin, leinen Garn. *Fil* de laine, wüllen Garn. Un *fil* de soie, ein Faden Seide. Du *fil* d'or, Goldfaden, gesponnen Gold.

FIL de carret, ein Theil eines aufgedreheten Seils auf den Schiffen.

FIL d'argent, de fer, silberner, eiserner Drat.

FIL d'archal, dünner eiserner oder messingener Drat.

Bbbb FIL

FIL d'arraignée, ein Faden vom Gewebe einer Spinne.
FIL de perles, eine Schnur Perlen.
De droit *fil*, schnurgerad, gerade zu.
FIL de marbre, ein Absatz im Marmor, wo sich ein Stück Marmor theilen oder abschneiden läßt.
FIL de bois, das Holz in die Länge des Stamms, nicht nach der Quere durch.
Bois de *fil*, Holz das mehr der Länge als Breite nach zu etwas gebraucht wird.
Aller au *fil* de l'eau, dem Strom nach oder mitten im Fluß schiffen, mit dem Strom fahren.
le FIL d'épée, die Schärfe des Schwerdts.
Passer une garnison au *fil* de l'épée, eine Besatzung niedermachen, niederhauen.
Donner le *fil* à un couteau, ein Messer wetzen, scharf machen.
Donner le *fil*, ausziehen, ausputzen.
le FIL de nos jours, der Faden unsers Lebens.
le FIL d'un discours, die Ordnung und Zusammenhängung einer Rede.
Reprendre le *fil* de son discours, auf die vorige Rede wieder kommen.
Conter quelque chose de *fil* en aiguille, etwas deutlich erzehlen.
Donner bien du *fil* à retordre à quelqu'un, *prov.* einem viel zu schaffen geben, viel Verdruß erwecken.
FILACTERE, *v.* PHILACTERE.
FILADIERE, *s. f.* eine kleine Barke mit flachem Boden.
FILAGE, *s. m.* das Spinnen, als der Wolle, der Seide ꝛc.
FILAGRANE, *v.* FILIGRAMME.
FILAMENS, *s. m. pl.* zarte Fäserlein oder Fäden an Erbsen oder Bohnenschelfen ꝛc.
FILAMENTEUX, euse, adj. das viel Fasen hat, als Kräuter.
FILANDIERE, *s. f.* eine Spinnerin.
FILANDRES, *s. f. pl.* allerhand Gras und Moß, so sich unten an die Schiffe hängt.
FILANDRES, eine Krankheit der Falken, da sich das geronnene Blut fadenweis im Leibe setzt; oder Würmer, die sie inwendig haben.
FILANDRES, der Sommer, oder die kleinen Spinnweben, so im October in der Luft fliegen.
FILARDEUX, euse, adj; (bey den Maurern) voll Adern oder Fäden, als gewisse Steine.
FILARET, *s. m.* gewisse Gang und Gelänterhölzer auf den Galeeren.
FILASSE, *s. f.* gehechelter Flachs oder Hanf; gekämmte Wolle.
FILASSIER, *s. m.* der den Hanf das letzte mal hechelt.

FILASSIER, der mit gehecheltem Hanfe handelt.
FILATTIER, *s. m.* FILATTIERE, *s.* Wollenspinner zu leichten wollenen Zeugen.
FILATTIER, *s. m.* einer der mit rein gesponnener Wolle handelt.
FILATRICE, *s. f.* halbseiden Zeug.
FILATRICE, dicke Floretseide.
FILE, *s. f.* eine Reihe neben einander, an einander; (bey Soldaten) eine Reihe hintereinander. Doubler les *files*, die Reihen verdoppeln. Dédoubler les *files*, die Reihen wieder herstellen.
Chef de *file*, der vorderste Soldat an einer solchen Reihe.
Serre-*file*, der Hinterste an dieser Reihe.
Aller à la *file*, hintereinander gehen.
FILE à FILE, eine Reihe hinter der andern.
FILER, *v. a.* spinnen am Rocken oder mit dem Rad; it. als die Seidenwürmer, Spinnen, Raupen ꝛc. Allés-vous-en *filer* vôtre quenouille, bleibt bey euren Weiberhändeln oder Spinnwerken.
FILER, in die Länge ziehen, lang hinaus spielen.
FILER les manœuvres, die Seile auf den Schiffen etwas loßlassen, nachlassen; it. gar fahren und fallen lassen.
FILER de la bouchie, Wachsstöcke ziehen.
FILER du vin, Wein in den Keller lassen mit Seilen.
Ce vin *file*, der Wein ist dick (schwer) daß er einen Faden zieht.
FILER un peu d'argent, mit wenigem Gelde lange auskommen, sich lange damit behelfen.
FILER doux, gute Worte geben, gelinde Saiten aufziehen.
FILER sa corde, Dinge thun, dadurch man sich endlich an den Galgen bringet.
Il *file* le parfait amour, *prov.* er stellet sich in der Liebe gar blöde; gar furchtsam an. Les parques lui ont *filé* une belle vie, (poetisch) er ist glücklich.
FILER, *v. n.* nach der Reihe fortziehen. Faire *filer* les troupes, die Völker nacheinander ziehen lassen. Le bagage *filoit* derrière, der Troß kam hinter her gezogen.
FILET, *s. m.* Faden. *Filet* fin, feiner Faden.
FILET de pêcheur, ein Fischernetz.
FILET à cailles, ein Wachtelnetz. Tendre des *filets*, Netze stellen. Donner dans les *filets*, ins Netze fallen.
FILET, Goldfaden, gesponnen Gold.
FILET, ein Strichlein Goldes auf einem vergoldeten Buche. Pousser des *filets*, Goldstrichlein machen.
FILET, (in der Baukunst) Riemlein.
FILET,

FILET, (in der Wappenkunst) Hauptbinde.
FILET, (auf der Reitschul) ein klein schlecht Mundstück.
FILET de merlin, (auf den Schiffen) ein Kamm oder Seil, die Segel anzubinden.
FILET d'eau, Wasser das sehr dünn läuft, wie ein Faden.
FILET de vinaigre, ein klein wenig Eßig.
  Je n'ai qu'un *filet* de voix, ich habe nur noch ein wenig (eine schwache, eine gar leise) Stimme.
FILET de vie, ein wenig Leben, das einem Kranken noch übrig ist.
FILET, der Mürbbraten.
FILET de cerf, das Rückstück von einem Hirsch, inwendig längs dem Rückgrat hinab.
FILET de bœuf, ein Stück vom Ochsen, oben von der Leber an bis unten an den Hals am Rückgrat hin.
FILET de porc, das Stück vom Schweine, daran die Nieren sitzen.
  Etre au *filet*, am Tisch sitzen und nicht essen.
  Demeurer au *filet*, müßig stehen, nichts zu thun haben.
  Couper le *filet*, die Zunge lösen.
FILEUR, *s. m.* euse, *s.* ein Spinner, Spinnerin.
FILEUR de cordes d'instrumens de musique, Saitenspinner, Saitenmacher.
FILEUSE, *s. f.* Goldspinnerin.
FILEUX, *s. m.* ein Haken von Holz am Bord, woran man die Seite oder Tau des Schiffes vest machet.
FILIAL, e, *adj.* kindlich. Amour *filial*, kindliche Liebe.
FILIALE, *s. f.* eine geringe Kirche, die zu einer grossen gehört, ein Filial.
FILIALEMENT, *adv.* kindlicher Weise.
FILIATION, *s. f.* die Kindschaft, das Herkommen als eines Sohns vom Vater; oder als eines Filials von einer Hauptkirche.
FILIATION, ein Kloster, das von einem gewissen Orden gestiftet ist.
FILIE'RE, *s. f.* ein Eisen mit vielerley Löchern zum Dratziehen.
FILIE'RE, eine Schnur von etwa zehen Klaftern, einem Falken an den Fuß zu binden.
FILIE'RE, ein Zug, die Wachsstöcke zu ziehen, mit unterschiedenen Löchern.
FILIE'RE, ein Ritz oder Spalt, wodurch das Wasser in den Steinbrüchen zwischen die Steine sinkt.
FILIE'RE, ein hart stählern Stück, die Schrauben zu machen.
FILIGRAMME, FILIGRANE, *s. m.* (bey den Goldschmieden) Dratarbeit. [Das letzte Wort ist das üblichste].

FILIPENDULE, *s. f.* ein Kraut, rother Steinbrech.
FILLATRE, FILLASTRE, *s. m.* ein Stiefsohn, (ist alt).
FILLE, *s. f.* eine Tochter; ein Mägdlein; eine Jungfer. Elle est encore *fille*, sie ist noch ledig. Belle *fille*, ein schönes Mägdlein, schöne Jungfer.
petite-FILLE, Enklein, Sohns oder Tochterkind.
FILLE naturelle, natürliche (unächte) Tochter.
belle-FILLE, Stieftochter.
belle-FILLE, Schnur; des Sohns Weib.
FILLE de France, die Tochter eines Königs in Frankreich.
FILLE de boutique, eine Jungfer die im Laden sitzt.
FILLE, Kirche, so einer andern unterworfen ist; ein Filial. Cette église est *fille* d'une telle., diese Kirche ist eine Filial von iener.
FILLE en Jésus-Christ, Tochter in JEsu Christo: also nennt der Pabst die Königinnen, Fürstinnen, und Prinzeßinnen; it, ein Beichtvater seine Beichttochter.
FILLES, wenn ein Name eines Klosters oder Ordens dazu gesetzt wird, heißt es Nonnen. Une abbaïe de *filles*, ein Nonnenkloster.
FILLES d'honneur, oder FILLES de la Reine, Hoffräulein.
FILLES de chambre, Kammermädgen.
FILLE de joïe, eine Hure.
les FILLES de mémoire, die Musen.
les FILLES de l'enfer, die Furien.
ma FILLE! meine Tochter! eine freundliche Anrede an eine junge Weibsperson.
FILLETTE, *s. f.* ein junges oder kleines Mägdlein.
FILLEUL, *s. m.* e, *s.* ein Taufpatz; ein Knäblein oder Mägdlein, so man aus der Taufe gehoben hat.
FILLEULES, die Blumzwiebeln zum Versetzen.
FILOSELLE, *s. f.* eine Art dicker Floretseide.
FILOTIE'RES, *s. f. plur.* Fensterscheiben, welche eingefaßt sind, als ein Kirchenfenster.
FILOU, *s. m.* ein Spitzbub, Beutelschneider, Betrüger, Schelm.
FILOUTER, *v. a.* betrügen, bestehlen, heimlich berauben.
FILOUTERIE, *s. f.* Spitzbüberey, Beutelschneiderey, Betrügerey, Schelmerey.
FILS, *s. m.* ein Sohn.
beau-FILS, *voies* BEAU.
petit-FILS, Enkel, Sohns oder Tochterkind. Arriere-petit-*fils*, Urenkel.
FILS de France, ein Sohn des Königs in Frankreich.

FILS naturel, ein natürlicher oder unehlicher Sohn.

FILS du prémier lit, du second lit, der Sohn von der ersten, von der andern Ehe. mon FILS! mein Sohn! Venés-çà, mon *fils!* komme her, mein Sohn!

FILS en Jéſus-Chriſt, Sohn in JEſu Chriſto: ein Titel, den der Pabſt Königen, Fürſten und Prinzen giebt; desgleichen ein Beichtvater ſeinem Beichtkinde.

FILTRATION, *ſ. f.* das Filtriren oder Durchſeihen durch Papier u. d. g.

FILTRE, *ſ. m.* das Reinigen durch ein gedreht Tuch oder Leinwand, ſo mit einem Ende in dem Safte liegt, den man filtriren will, mit dem andern in das Geſchirr hängt, wohin das Reine laufen ſoll.

FILTRE, ein Fließpapier oder Tuch, wodurch man etwas durchſeiget.

FILTRE, *ſ. m.* Liebestrank.

FILTRER, *v. a.* filtriren, durch ein Papier oder Tuch laufen laſſen.

FILûRE, *ſ. f.* das Geſpinſt; der geſponnene Faden; (in Wappen) ein ſchmaler Saum um einen Schild. On connoit le drap à la *filûre*, man kennt das Tuch am Faden.

FIMPI, *ſ. m.* ein Baum, der auf einigen Americaniſchen Inſuln, auch in Madagaſcar, wächſt, und wovon der weißlichte Zimmet (canelle blanche) herkommt.

FIN, *ſ. f.* das Ende, das Aeuſſerſte; der Ausgang, Beſchluß; das Letzte; Beſchlieſſung, Endigung, Vollendung; der Tod; der Endzweck, die Abſicht, das Vorhaben; die Beweguräſache. Depuis le commencement juſqu'à la *fin*, von Anfang bis zum Ende. La *fin* de l'affaire, der Ausgang eines Geſchäfts. Sur la *fin* de ſes jours, um das Ende ſeines Lebens. Mettre *fin* à ſes travaux, ſeine Arbeit zur Endſchaft bringen. Cet ouvrage tire à ſa *fin*, diß Werk gehet zu Ende. Faire une bonne *fin*, ein ſchönes Ende nehmen. Faire oder mettre *fin* à quelque choſe, etwas endigen.

Les quatre *fins* de l'homme, die vier letzten Dinge. Il va oder il tend à ſes *fins*, er ſucht ſeinen Zweck zu erreichen.

FIN, Ziel, Grenze. Puiſſance ſans *fin*, unbeſchränkte Macht.

FINS, (in Rechtsſachen) das, was man gerichtlich ſucht, das Anhalten oder Anſuchen.

FINS de non-recevoir, das Anhalten, eines andern Schritten nicht anzunehmen.

à FIN que, auf daß.

à la FIN, endlich, zuletzt.

à cette FIN, zu dem Ende, darum, deswegen.

FIN, e, *adj.* fein; wahr, recht, unverfälſcht; giltig, gut; dünn; zart; klein; liſtig, verſchmitzt; ſcharfſinnig. Argent *fin*, fein Silber. Farine *fine*, fein Mehl. Les traits de viſage *fins*, eine zarte Bildung des Geſichts. Une taille *fine*, eine rahne Leibesgeſtalt. C'eſt un *fin* Normand, er iſt ein verſchmitzter Gaſt. Joüer au plus *fin*, einander zu überliſten trachten. Il a le nez *fin*, er kan ein Ding bald merken. Raillerie *fine*, ein ſinnreicher Scherz. Un eſprit *fin*, ein trefflicher Verſtand. De la plus *fine*, ſagt man höflich vom Stuhlgange. Il a joüé au *fin*, er hat den beſten Weg ergriffen.

FIN de voiles, ſagt man von einem Schiffe, das leicht ſegelt.

le FIN prémier, oder le FIN beau prémier, *vulg.* der allererſte.

Au *fin* bord de la rivière, *vulg.* hart am Uſer des Fluſſes.

Nous mourrons de *fine* famine, *vulg.* wir werden ganz gewiß verhungern.

Herbes *fines*, kleine wohlriechende Kräuter, als Thimian, Majoran u. d. gl.

FIN, *ſ. m.* das Beſte; das Hauptwerk; der Hauptumſtand; die Hauptabſicht. C'eſt le plus *fin* de la philoſophie, das iſt das Höchſte, ſo die Weltweisheit erſonnen. J'ai découvert le *fin* de cette politique, ich habe die geheime Abſicht dieſer Argliſtigkeit entdecket. Voilà le *fin* de l'affaire, daran liegt die ganze Sache.

FIN d'autruche, die beſten Pflaumfedern von dem Strauſſe.

Il fait le *fin* avec moi, er verhehlet ſich vor mir; hält ſeine Sache gegen mir verſchwiegen.

FINAGE, *ſ. m.* Gerichtsbarkeit, Gerichte, ſo weit die Gewalt eines Richters ſich erſtrecket.

FINAL, e, *adj.* endlich, letzt. L'impénitence *finale*, die beharrliche Unbußfertigkeit. Déclaration *finale*, ſchließliche Erklärung. La cauſe *finale*, der Hauptzweck, die Endurſache.

FINALEMENT, *adv.* zuletzt, endlich.

FINANCE, *ſ. f.* baar Geld; Geldeinnahm, Einkunft; das Geld, ſo einer bey gewiſſen Gelegenheiten erlegen muß; (im plur.) das baare Geld, ſo noch da in der Schatzkammer eines groſſen Herrn iſt, die Schatzkammer. Païer la *finance*, Anlage, Auflage, Schatzung bezahlen. Manier les *finances*, mit den herrſchaftlichen Einkünften zu ſchaffen haben, dabey bedient ſeyn.

FINANCES ordinaires, die Kammergefälle.

FINANCES extraordinaires, Steuren.

Le ſurintendant des *finances*, der Oberrentmeiſter oder Schatzmeiſter.

Rece-

Receveur général des *finances*, Ober=einnehmer.

Le bureau des *finances*, Rentkammer oder Gericht.

Chifre de *finances*, die grossen Römi=schen Zahlen.

FINANCER, *v. a.* in des Königs Schatz liefern oder zahlen.

FINANCIER, *s. m.* ein Einnehmer der herrschaftlichen Gelder, ein Rentbedienter.

FINANCIER, einer der die königlichen Ein=künfte gepachtet oder Geld darauf vorge=schossen hat.

FINASSER, *voiés* FINESSER.

FINEMENT, *adv.* klüglich, verständig, ar=tig, verschmitzt, geschicklich, sinnreich. Railler *finement*, sinnreich scherzen. Pro=céder *finement*, klüglich (behutsam) han=deln.

FINESSE, *s. f.* die Dünne, Zärtlichkeit; Zierlichkeit, Artigkeit; Klugheit, verstän=dig Wesen; Scharfsinnigkeit; Geheim=niß, Kunst; List, Kunstgriff, verschmitztes Wesen. Toutes ses *finesses* sont décou=vertes, alle seine Ränke sind offenbar.

FINESSE cousuë de fil blanc, eine tumme List, die man leicht merkt.

Vous y entendés *finesse*, ihr verstehet euch recht darauf.

FINESSER, *v. n.* betrüglich, listig umge=hen oder handeln.

FINET, *m.* FINETTE, *s. adj.* ein we=nig listig, ziemlich verschmitzt.

FINET, *s. m.* ein verschmitzter Gast; ein Schleicher.

FINETTE, *s. f.* eine Schleicherin; ver=schmitztes Weib.

FINIMENT, *s. m.* (bey der Mahlerey) Vollkommenheit, Ausmachung eines Ge=mähldes.

FINIR, *v. a. & n.* enden, vollenden; auf=hören, ein Ende haben; sterben, das Le=ben enden. *Finir* un discours, eine Re=de endigen. *Finir* un ouvrage, ein Werk zu Ende bringen. Ici *finit* l'histoire, hie hat die Geschicht ein Ende. Il *finit* glo=rieusement, er hat ein rühmliches Ende genommen.

Un être *fini*, ein unumschränktes Wesen.

Un nombre *fini*, eine gewisse Zahl.

FINISSEMENT, *s. m.* das Verfertigen, Vollenden.

FINITEUR, *s. m.* der Horizont, der Ge=sichtskreis; (auf dem Reitplatz) das En=de von den Schranken.

FINITO, *s. m.* die Schlußrechnung.

FIOLE, *s. f.* ein klein Fläschlein; Gläslein. Une *fiole* d'essence, ein Fläschlein mit wohlriechendem Oele, Essenz.

FIRMAMENT, *s. m.* das Firmament, die Veste des Himmels.

FISC, *s. m.* der Schatz, die Schatzkam=mer eines grossen Herrn, der Fiscus. Celà appartient au *fisc*, das ist dem Fisco verfallen, gehöret in die Strafgefälle.

FISCAL, e, *adj.* Fiscalisch, den Fiscum angehend oder dahin gehörig.

FISCAL, *s. m.* ein Fiscal, ein Aufseher zur Erhaltung des gemeinen Besten.

FISCALIN, ine, *adj.* dem Fisco gehörig.

FISCELLE, FISSELLE, *voiés* FICELLE.

FISQUE, *voiés* FISC.

FISSURE, *s. f.* ein Spalt in einem Bein, eine Zerspaltung.

FISTON, *s. m.* ein böser Mensch, ein Schelm.

FISTULE, *s. f.* ein offener, immer rinnen=der Leibesschade, eine Fistel.

FISTULE lacrimale, ein Geschwür am in=nern Augenwinkel, daraus leicht eine Fi=stel werden kan, ein Thränengeschwür.

FISTULE de l'anus, Fistel am Gesäß, am Hintertheil.

FISTULEUX, euse, *adj.* das sich als eine Fistel in einer Wunde formirt; it. was an Blättern oder Kräutern sich als eine Röhre formirt.

FIVATIER, *s. m.* (an einigen Orten) ein Unterthan eines Erbgerichts, der seinem Herrn Dienste, Zinse u. d. gl. schuldig ist.

FIXATION, *s. f.* die Bestimmung, Se=tzung eines gewissen Preises, oder einer gewissen Zeit. *Fixation* du prix des den=rées, Vestsetzung des Preises der Eß=waaren.

FIXATION, (bey den Chymisten) die Här=tung oder das Vestmachen des Quecksil=bers.

FIXE, *adj. c.* beständig, vest, unbeweglich, unveränderlich, gewiß, bestimmt. De=meure *fixe*, beständiger Aufenthalt. Re=gard *fixe*, starres Anschauen. Les étoi=les *fixes*, die bevestigten Sterne, die Standsterne, Firsterne. Un sel *fixe*, ein vestes oder liegend bleibendes Salz, das in der Hitze nicht in die Höhe ziehet.

FIXEMENT, *adv.* steif. Regarder *fixe=ment*, mit unverwandten Augen ansehen.

FIXER, *v. a.* vest machen, stehen oder still halten machen; bestimmen, vestsetzen. *Fixer* le mercure, das Quecksilber zum Stande bringen. *Fixer* les sels volatils, das flüchtige Salz zurück halten, bleibend machen. *Fixer* un prix, einen Preiß se=tzen, über welchen keiner schreiten darf. *Fixer* son esprit, sa langue, sein Ge=müth oder seine Zunge im Zaume halten. *Fixer* ses désirs, etwas gewisses erwäh=len, sich entschliessen.

se FIXER, *v. r.* sich zu etwas gewisses ent=schliessen, sich innen halten; it. sich vesti=gen, gerinnen. Je me *fixe* à celà, ich halte

halte mich dabey; bestehe darauf; bleibe dabey.

FIXE', ée, part. & adj. vest; stehend, stät, unbeweglich, vestgesetzt, bestimmt, ausgemacht. Mercure *fixé*, geronnen Quecksilber. Prix *fixé*, gesetzter Preis.

FIXION, s. f. die Figirung im Goldmachen, voies FIXATION.

FIXITE', s. f. (in der Chymie) die Beständigkeit, das Liegenbleiben eines Dinges, daß es nicht weg= oder in die Höhe fliegt.

FLAC, voies FLIC und FLASQUE.

FLACCON, voies FLACON.

FLACHE, s. f. das Runde vom Baume, das herab kommt, wenn was eckigtes daraus werden soll.

FLACHE, Bruch, Grube in dem Pflaster der Strassen, ausgefahrnes Wagengleis.

FLACHEUX, euse, adj. bois *flacheux*, Holz, das nicht recht eckigt beschlagen oder gezimmert ist.

FLACON, s. m. eine Flasche mit einer Schraube.

FLAGELLANS, s. m. plur. Geißler, eine gewisse Secte vor Alters.

FLAGELLATION, s. f. das Peitschen, sonderlich die Geisselung Christi.

FLAGELLER, v. n. peitschen, geisseln, nemlich wie Christus, oder die Märtyrer gepeitschet worden sind.

FLAGEOLET, s. m. ein Flaschenet, eine kleine Flöte oder Pfeife; item ein Orgelregister von dieser Art Pfeifen.

FLAGEOLEUR, s. m. einer der wohl auf dieser kleinen Flöte spielen kan, (ist nicht üblich).

FLAGORNER, v. n. vulg. andere falsch angeben, und sich damit einschmeicheln; item schmarotzen; it. spassen, Scherz und Possen treiben, (ist alt).

FLAGORNERIE, s. f. Schmeicheln durch heimliches Angeben anderer; Schmarotzerey.

FLAGORNEUR, s. m. einer der mit falschem Angeben anderer sich einschmeichelt; ein Ohrenbläser, Fuchsschwäntzer.

FLAGRANT, adj. m. en *flagrant* délit, auf frischer That.

FLAIR, s. m. die Spur, die ein Hund mit dem Geruche hat.

FLAIRER, v. a. (sprich fleurer) die Spur mit dem Geruche suchen; item an etwas riechen. *Flairer* une rose, an eine Rose riechen.

FLAIRER les écus de quelqu'un, Geld bey einem merken.

FLAIRER, v. n. einen Geruch von sich geben. *Flairer* comme baume, wohl riechen, als Balsam.

FLAIREUR, s. m. einer der etwas riecht; der etwas beriecht; der dem Geruche nachgeht.

FLAIREUR de cuisine, ein Schmarotzer.

FLAMAND, s. m. f. & adj. ein Flandrer, ein Niederländer, Flammändisch, Niederländisch. Porte *flammande*, eine Thüre mit eisernen Gittern.

le FLAMAND, die Niederländische Sprache. Il parle *flamand*, er redet Niederländisch.

FLAMBANT, e, adj. flammend, im Feuer stehend; it. flammicht, geflammt, in Wappen.

FLAMBART, s. m. eine Kohle, die noch nicht recht verkohlt oder ausgebrannt ist, und im Feuer Flammen giebt.

FLAMBART, eine Art Fett, welche die Tuch= und Zeugmacher verbotener Weise gebrauchen.

FLAMBE, s. f. die Flamme des Feuers vor diesem; jetzt eine Blume, Schwerdtlilie.

FLAMBEAU, s. m. eine Fackel; it. ein gewisser Leuchter mit einem dicken Wachslicht; (figürlich) Licht; Glantz; Feuer; Liebe; Eifer; Zorn; Unterweisung. Jouër aux *flambeaux*, bey vielen Lichtern spielen. Il a porté le *flambeau*, er hat dazu geholfen.

le FLAMBEAU de la doctrine, das Licht der Lehre.

le FLAMBEAU de la guerre, das Feuer des Kriegs.

FLAMBER, v. a. & n. Flammen von sich geben, hell brennen. Le feu *flambe*, das Feuer flackert.

FLAMBER un canard, eine Ente absengen.

FLAMBER un rôti, einen Braten mit brennendem Specke betriefen.

FLAMBER une lettre, einen Brief, so von angesteckten Orten kommt, über das Feuer halten.

FLAMBER une chemise, ein Hemd, das noch nicht gar trocken ist, über das Feuer halten.

FLAMBER une pièce de canon, ein Stück mit etwas Pulver vorher ausbrennen, ehe man es ladt.

FLAMBER un chapeau, einen Hut über ein helles Feuer halten, damit die längsten Haare daran versenget werden.

FLAMBER le cuir, Leder über die Flammen halten.

Une affaire *flambée*, ein verdorbener Handel.

FLAMBERGE, s. f. ein grosser Degen, ein Schwerdt, (ist alt). Mettre *flamberge* au vent, seinen grossen Degen ausziehen.

FLAMBOYANT, e, adj. flammend, hellleuchtend, glänzend, als ein Degen, oder feurig, als das Schwerdt des Cherubins. Une torche *flamboyante*, eine hellbrennende Fackel.

FLAM-

FLAMBOYER, *v. n.* Flammen außstoßen, brennen als Etna, glänzen als ein Degen in der Sonne. On voit *flamboyer* le mont Etna de loin, man siehet den Berg Etna von weitem brennen.

FLAMMAND, *f. m.* eine Art Reiger mit rothen Füssen und flammigen Federn.

FLAMME, *f. f.* eine Flamme, ein helles Feuer. La *flamme* se répandit dans toute la maison, die Flamme breitete sich über das ganze Haus.

FLAMME, (poetisch) Liebe, Liebesbrunst. Je sens une nouvelle *flamme*, ich empfinde eine neue Liebesbrunst.

FLAMME, (bey dem Schmiede) Laßeisen für die Pferde.

FLAMME, (bey der Seefahrt) ein Wimpel. Mettre en *flamme*, zur Unruhe oder Aufruhr bringen.

FLAMME'CHE, *f. f.* ein Funke, so aus einem Licht oder Feuer fähret; Loderasche.

FLAMMEROLE, *f. f.* ein Irrwisch, oder leuchtende Feuchtigkeit; Irrlicht.

FLAMMETTE, *f. f.* Schnäpper der Barbier.

FLAMMULA, *f. f.* Brennwurzel, ein Kraut, das Blasen zieht.

FLAN, *f. m.* ein Kuchen.

FLAN, (in der Münze) ein zugerichtetes Münzstück, worauf man hernach das Gepräg macht.

FLAN, *adv.* ein Wort, den Laut eines Schlags anzuzeigen, schwaps. *Flan!* en voilà un, da hast du eins.

FLANC, *f. m.* die Seite, vornemlich die Dünne oder Weiche in der Seite unter den Rippen an Menschen und Thieren; zuweilen heißt es auch der Mutterleib, die Mutter. Elle a un enfant dans ses *flancs*, sie hat ein Kind im Leibe. Les *flancs* d'un cheval, die Dünnung eines Pferds.

FLANC, (im Kriege) die Flanke oder Seite eines Regiments, einer Armee, eines jeden Haufen Volks. Prendre l'ennemi en *flanc*, den Feind von der Seite angreifen.

FLANC, (in dem Vestungsbau) die Streichlinie eines Bollwerks.

FLANCHE' ou FLANQUE', ée, *adj.* kreutzweis getheilt, als ein Andreaskreuz, wird von den Wappenschilden gesagt.

FLANCHET, *f. m.* ein Seitenstück von einem Stockfische oder Ochsen.

FLANCONNADE, *f. f.* ein Seitenstoß, ein Stoß in die Seite im Fechten.

FLANDRE, *f. f.* Flandern. Faire *flandre*, bankerot werden.

FLANDRIN, *f. m.* vulg. ein schimpflicher Name, den man magern Leuten giebt.

FLANELLE, *f. f.* ein warmer und doch leichter wüllener Zeug.

FLANET, *f. m.* eine Art kleiner Kuchen.

FLANQUER, *v. a.* von der Seite bestreichen.

FLANQUER, darlegen, darstellen. Il lui a *flanqué* celà par le nez, er hat ihm solches unter die Nase gerieben; frey in das Gesicht gesagt.

FLANQUER un coup à quelqu'un, einem einen Streich oder Stoß versetzen.

FLANQUE', ée, *part. & adj.* an den Seiten umgeben oder besetzt; in den Wappen ist es so viel als flanché.

FLAON, *f. m.* (in der Münze) *voyes* FLAN.

FLAQUE, *f. f.* ein Pfuhl, Sumpf, Morast.

FLAQUER, *v. a.* etwas mit Gewalt werfen, schlagen, oder giessen, daß es klatscht. *Flaquer* un verre de vin au nez de quelqu'un, einem ein Glas Wein ins Gesicht giessen.

FLAQUIERE, *f. f.* ein Stück des Geschirrs eines Maulesels.

FLASCON, *voyes* FLACON.

FLASQUE, *f. f.* Pulverflasche.

FLASQUE, *f. m.* das Theil der Lavette, worauf die Canonen liegen.

FLASQUE, *adj. & f. m. & f.* schlapp, welk, schwach, kraftlos, ohne Stärke in den Lenden.

FLASQUE, lendlos, faul, träg; ein fauler, lahmer Gesell.

FLATER, *v. a.* streicheln, schmeicheln. *Flater* les grands, grossen Herren schmeicheln. Un véritable ami ne *flate* point, ein wahrer Freund heuchelt nicht. Un portrait *flaté*, ein Bild, daran der Mahler geheuchelt, es schöner gemacht, als es seyn solle. Les mères *flatent* trop leurs enfans, die Mütter übersehen ihren Kindern allzu viel.

FLATER, liebkosen, ergötzen. Le plaisir *flate* les sens, die Lust ergötzet die Sinnen. Celà *flate* la vûe, das ist dem Gesichte sehr angenehm.

FLATER sa douleur, seinen Schmerz lindern mit rühmlichen Absichten.

FLATER son amour, sich in seiner Liebe mit Hoffnung speisen.

Il ne faut point *flater* le dé, man muß frey heraus reden.

FLATERIE, *f. f.* Schmeicheley, überflüßiges und ungeziemendes Lob.

FLATEUR, *f. m.* euse, *f. & adj.* ein Schmeichler; Schmeichlerin; schmeichelhaft.

FLATEUSEMENT, *adv.* schmeichlerisch.

FLATIN, *f. m.* eine Art kleiner Taschenmesser mit hörnern Heften.

FLATIR, *v. a.* die Münzsorten (Schienen) schlagen, hämmern.

FLATOIR, *f. m.* ein Hammer, der unten breit ist, etwas flach zu schlagen.

FLA-

FLÂTRER, *v. a.* brandmarken; it. so viel als Flâtrir.
ELÂTRIR, *v. a.* un chien, einem Hunde die Schlüssel St. Huberts auf die Stirne brennen, daß er nicht rasend werde, oder ihm nichts schade, wenn er von einem rasenden Hunde gebissen wird.
FLÂTRISSURE, FLÂTRURE, FLÂTURE, *s. f.* der Ort, wo sich ein Hase oder Wolf, der von den Hunden verfolget wird, auf den Bauch niederleget und verbirgt.
FLATTER, &c. *v.* FLATER.
FLATUEUX, euse, *adj.* zu Blähungen geneigt, als ein kalter Magen. Les pois sont *flatueux*, die Erbsen verursachen Blähung; machen Winde.
FLATUOSITE', *s. f.* FLATUS, *s. m.* Winde im Leibe, Blähungen.
FLAVET, *s. m.* eine Gattung Scharsche.
FLEAU, *s. m.* ein Dreschflegel.
FLEAU, ein Wagbalke an einer Wage.
FLEAU, Straf, Plage. La guerre, la famine & la peste sont les trois grands *fleaux*, der Krieg, der Hunger und die Pest sind die drey grosse Landplagen.
FLEAU, Gäbelein an den Weinreben.
FLEAU de poisson, Floßfeder der Fische.
FLEAUX, *s. m. pl.* Haken, womit die Thorflügel fest zugehalten werden.
FLEAUX, Haken an den Fensterflügeln.
FLÉCHE, *s. f.* ein Pfeil. Tirer une *flèche*, einen Pfeil abschiessen.
FLÈCHE, Stock, dergleichen der Landmesser bey dem Abstecken eines Feldes gebraucht.
ELÉCHE, ein Halbschwein, eine Speckseite.
FLÈCHE, (in der Seefahrt) der mittlere Theil an der Schiffsspitze.
FLÈCHE, (in der Meßkunst) ein abgeschnitten Stück des Durchschnidts eines Kreises.
FLÈCHE, der Langbaum; die Langwiede eines Wagens.
FLÈCHE, (auf der Reitbahne) Lanzenspitze.
FLÈCHE d'un clocher, Kirchthurmspitze.
Il ne sçait de quel bois faire *flèche*, er weiß sich nicht mehr zu nähren.
FLÉCHIR, *v. a. & n.* beugen, biegen. Ce bois ne *fléchit* point, dieses Holz bieget sich nicht. *Fléchir* les genoux, sich beugen.
FLÉCHIR, sich unterwerfen, nachgeben. Tout *fléchit* devant lui, alles muß ihm weichen, sich unterwerfen.
FLÉCHISSEMENT, *s. m.* das Beugen, als der Knie rc.
FLÉCHISSEUR, *s. m.* eine Muskel, die ein Glied biegen hilft.
FLEGM. *v.* PHLEGM.
FLESCH. *v.* FLÉCH.
FLESTR. *v.* FLE'TR.
FLET, *s. m.* ein Nachen, Fähre oder kleines Schiff, auf Flüssen etwas überzusetzen oder fortzubringen.
FLET, ein flacher Fisch, als eine Scholle.
FLE'TRIR, *v. a.* vertrocknen; den Glanz benehmen; verwelken machen; verderben, unscheinbar machen. Le trop grand chaud *flétrit* les fleurs, die grosse Hitze macht die Blumen welken.
FLE'TRIR, verunehren, schänden *Flétrir* la reputation de quelqu'un, eines guten Leumuth schänden; einem einen Schandfleck anhängen.
FLE'TRIR, brandmarken.
se FLE'TRIR, *v. r.* verwelken; vergehen. Cette fleur s'est *flétrie*, diese Blume ist verwelket. Sa beauté se *flétrit*, ihre Schönheit vergehet.
FLE'TRI, e, *part. & adj.* verwelkt; verdorben; geschändet.
FLE'TRISSURE, *s. f.* das Verwelken einer Blume.
FLE'TRISSURE, das Abschiessen oder Vergehen einer Farbe.
FLE'TRISSURE, der Abgang eines Dinges von seinem vorigen guten Stande.
FLE'TRISSURE, ein Schandfleck an der Ehre.
FLE'TRISSURE, Brandmahl auf der Stirn, Achsel, oder auf dem Rücken.
FLETTE, *s. f. v.* FLET.
FLEUR, *s. f.* eine Blume, die Blüte.
Etre en *fleur*, blühen. Les fèves sont en *fleur*, sagt man, wenn man einen einer Thorheit beschuldigen will.
FLEUR de la passion, die Passionsblume.
FLEUR en campane, oder en cloche, Glockenblume.
FLEUR de cuir, die Seite des Leders, wo die Haare gewesen sind.
FLEUR de lis, eine Lilie, Lilienblume.
FLEUR de lis, das königliche französische Wappen; item die französische Brandmarkung oder Brandmahl.
FLEUR, der Glanz aussen an der Schaale der frischen Pflaumen und Abricosen.
FLEUR, das Beste, das Auserlesenste, der Ausschuß, der Abhub von etwas.
FLEURS de Rhétorique, verblümte Reden, reducrische Worte.
FLEUR, (in der Schmelzkunst) Blume, gewisse Zubereitung der Arzneyen.
FLEUR de soufre, Schwefelblume.
FLEUR artificielle, durch Kunst gemachte Blume.
FLEURS de broderie, gesticktes, ausgenähtes Blumenwerk.
à FLEUR d'eau, dem obersten Wasser gleich, als ein Schiff das beladen ist, daß fast das Wasser oben darein geht.
à FLEUR de corde, daß es das Seil fast angerührt hätte; es wäre fast nichts daraus worden.

à FLEUR

à Fleur de terre, der Erde gleich.
les Fleurs d'un vaisseau, die unterſten Theile eines Schiffs, die unter dem Waſſer ſind.
la Fleur oder les Fleurs d'une femme, die monatliche Blume einer Weibsperſon.
Fleurs blanches, der weiſſe Fluß, eine Weiberkrankheit.
les Fleurs des minéraux, die flüchtigſten Theile der Bergarten, die ſich im Kolben oben anſetzen.
Fleur de farine, die Blume oder Kern vom Mehle, das feinſte Mehl, klar Mehl, Semmelmehl.
la Fleur de l'âge, die Blüthe des Alters.
la Fleur de la nobleſſe, der ausgeſuchte junge Adel.
Fleurs des ſaints, eine alte Sammlung von Lebensbeſchreibungen der Heiligen, eine Legende.
FLEURDELISE', m. ée, f. adj. (in Wappen) mit Lilien beſtreut, zugeſpitzt, geziert.
FLEURDELISER, v. a. mit Lilien bezieren.
Fleurdeliser, brandmarken, eine Lilie auf den Rücken brennen.
FLEURE'E, ſ. f. eine blaue Farbe, zum färben.
FLEURER, v. a. Geruch von ſich geben.
FLEURET, ſ. m. ein Rappier.
Fleuret, das Werrig oder Werg von der Seide, das um das rechte Geſpinſt herum iſt.
Fleuret, die Seide, die davon geſponnen wird, Floretſeide.
Fleuret, halbſeiden Band.
Fleuret, ein gewiſſer Schritt oder eine Art im Tanzen, ſonſt bourrée de basques genannt.
FLEURETIS, ſ. m. eine geringe Sache in einem Diſcours, da man doch meynt es ſey etwas ſpitzfündiges.
FLEURETTE, ſ. f. (in der Poeſie) Blümlein.
Fleurettes, (in der Redekunſt) verblümte Reden; verliebte Worte gegen das Frauenzimmer.
FLEURIR, v. n. blühen; im blühenden Zuſtande ſeyn, glücklich ſeyn; angeſehen ſeyn. La vigne a déjà *fleuri*, die Weinblüthe iſt ſchon vorbey. Tulipe *fleurie*, eine aufgeblühte Tulipan.
Fleurir, leben; bekannt ſeyn. Il *fleurit* vers le XII ſiècle, er lebte (war bekannt) im zwölften Jahrhundert. Péricles a *fleuri* en toutes ſortes de vertus, Pericles iſt in allen Arten der Tugenden berühmt geweſen.
Sa barbe commence à *fleurir*, der Bart beginnt ihm grau zu werden.
Un ſtile *fleuri*, ein zierlicher, redneriſcher Stylus.

Teint *fleuri*, rothe und lebhafte Farbe des Geſichts.
Fleuri, (in Wappen) voll Blumen, oder mit Blumen.
FLEURISME, ſ. m. die Luſt, ſo man hat, mit Blumen umzugehen. Donner dans le *fleuriſme*, ſich in die Blumengärtnerey verlieben.
FLEURISON, ſ. f. die Zeit, da jede Blume blüht.
FLEURISSANT, e, adj. blühend, als eine Blume oder Baum.
FLEURISTE, ſ. m. & f. ein Liebhaber der Blumengärtnerey; ein Blumengärtner.
FLEURON, ſ. m. eine kleine Blume.
Fleuron, ein Blumenzierath auf dem Bande eines Buchs.
Fleuron, ein Blumenſtock in der Druckerey, auf einem Blat das nicht gar voll iſt, ein Finalſtock.
Fleuron, ein Blumenzierath an Gebäuden, Säulen oder Geſchneide. Cette place eſt un des plus riches *fleurons* de la couronne, dieſer Ort iſt eines der koſtbarſten Kleinodien der Krone, es iſt dem Reiche viel daran gelegen.
FLEUSTE, FLEUTE, v. FLûTE.
FLEUVE, ſ. m. ein groſſer Fluß der in das Meer fließt. Tous les *fleuves* ſe déchargent dans la mer, alle Flüſſe ergieſſen ſich ins Meer.
Fleuve, (im verblümten Verſtande) Ueberfluß, groſſe Menge. Cet homme eſt un *fleuve* de paroles, dieſer Mann iſt ſehr beredt, ſpricht ſehr viel.
FLEXIBILITE', ſ. f. die Eigenſchaft, daß ein Ding kan gebogen werden, Biegſamkeit, Gelenkſamkeit.
FLEXIBLE, adj. c. das man biegen kan, biegſam; mitleidig. Il n'eſt pas *flexible* là-deſſus, er will ſich dißfalls gar nicht lenken laſſen. Une voix *flexible*, eine fertige Stimme.
FLEXION, ſ. f. das Biegen.
FLEZ, voiés FLET.
FLIBOT, ſ. m. ein klein Seeſchiff von 80 bis 100 Tonnen.
FLIBUTIER, FLIBUSTIER, ſ. m. ein Freybeuter.
FLIC & FLAC, FLIC-FLAC, adv. erfundene Worte, der Schläge und Maulſchellen Laut damit auszudrücken, pitſch-patſch.
FLICTE, ſ. f. eine Speckſeite.
FLIN, ſ. m. ein Donnerkeil (Wetterſtein) womit die Schwerdtfeger die Degen glänzend wetzen.
FLIQUE, v. FLICTE.
FLOC oder FLOCON, ſ. m. Flocke von Wolle, Schnee ꝛc. *Flocon* de laine, eine Flocke Wolle. La neige tombe par *flocons*, der Schnee fällt flockenweiſe.

FLONFLON, *adv.* ein Wort so zum Beschluß der Verse einiger Lieder angehängt wird, in welchen der Verstand nicht völlig ausgedruckt ist.

FLORAUX, *adj. m. plur.* jeux *floraux*, Spiele in Frankreich vor diesem: wer die besten Verse machen konnte, bekam einen Blumenkranz zum Lohn; zu Rom aber waren es Spiele, der Göttin Flora zu Ehren.

FLORE, *s. m.* (bey den Seefahrenden) die Bestreichung eines Schiffs mit Teer.

FLORE, *s. f.* eine Göttin der alten Römer.

FLORENCE, *s. f.* die Stadt Florenz.
Iris de *Florence*, Violwurz.

FLORANCE', ée, *adj.* v. FLEURDELISE'.

FLORENTIN, e, *adj. & s. m.* Florentisch; das Land um Florenz; item ein Florenzer.

FLORER, *v. a.* oder donner le *flore*, (bey den Schifffahrenden) ein Schiff mit Teer bestreichen.

FLORES, *s. m. plur.* faire *flores*, (im Scherze) sich mit etwas vor andern sehen lassen, sonderlich mit Geldaufwenden.

FLORETONNES, eine Gattung spanischer Wolle.

FLORIN, *s. m.* ein Gulden, ein Floren, (von 60 Kreuzern Reichs-oder 16 guten Groschen Sächsisch- und Brandenburgischen Geldes).

FLORIN de Rhin, Rheinischer Goldgulden.

FLORIR, *v. n.* in blühendem Zustande seyn; berühmt seyn. Les belles-lettres *florissoient* sous le règne d'Auguste, unter der Regierung Augusti blühete die zierliche Gelehrsamkeit.

FLORISSANT, e, *adj.* blühend, glücklich. Ville *florissante*, eine Stadt, die sich bey gutem Wohlstande befindet.
E'tat *florissant*, blühender Zustand.

FLOT, *s. m.* eine Welle des Wassers. Les *flots* se brisent contre les rochers, die Wellen brechen sich an den Felsen.

FLOT, die Fluth; Anlauf des Meers. Le *flot* est montant, oder il y a *flot*, es ist Fluth; das Meer kommt wieder oder steigt. Verser des larmes à grands *flots*, häufige Thränen vergießen.
Mettre un vaisseau à *flot*, ein Schiff hinlegen, wo es Wasser genug hat.
Ce vaisseau est à *flot*, diß Schiff hat Wassers genug.

FLOT, ein Wollenbüschel, so die Maulesel auf dem Kopfgestelle tragen.

FLOTTABLE, *adj.* rivière *flottable*, ein Fluß auf dem man Holz flößen kan.

FLOTTAGE, *s. m.* das Holzflößen.

FLOTTAISON, *s. f.* der Ort des Schiffs, wo das oberste des Wassers anfängt oder hinreicht.

FLOTTANT, e, *adj.* auf dem Wasser daher schwimmend.

FLOTTANT, zweifelnd, wankelmüthig, unbeständig, ungewiß. Un courage *flottant*, ein wankender Muth.

FLOTTE, *s. f.* eine Schiffsflotte, ein Haufen Schiffe. Equiper une *flotte*, eine Flotte ausrüsten. Aller de *flotte*, mit einer Compagnie Schiffe fahren. La *flotte* est arrivée, der Wechsel ist ankommen, das Geld ist da.

FLOTTE, ein grosser Haufe. Il est venu une *flotte* de gens me demander à souper, es sind viel Leute gekommen und haben Abends bey mir speisen wollen.

FLOTTE de soie, eine Strange Seiden.

FLOTTES, Holzflöße.

FLOTTER, *v. n.* auf dem Wasser daher schwimmen. Navire qui *flotte*, ein Schiff das treibt. Faire *flotter*, auf dem Wasser fortschaffen, flößen, als Holz. Bois *flotté*, Flößholz.
Un visage de bois *flotté*, ein garstig, übelgestaltes Angesicht.

FLOTTER, fliegen, als Fahnen, Federn, Haare, Kleider.

FLOTTER, ungewiß seyn, was man thun will, sich nicht entschliessen können, zweifeln.

FLOTTER entre la crainte & l'esperance, zwischen Furcht und Hoffnung schweben.

FLOU, *s. m.* der Name eines Heiligen, St. Flou.

FLOU, *adv.* peindre à *flou*, zart mahlen, die Farben wohl zerreiben.

FLOUëT, tte, *adj.* ein schwacher ungesunder Leib, flüßiger Natur. Damoiseau *floüet*, ein kränkliches Jungferknechtgen.

FLOUëTTE, *s. f.* (auf der See) eine Wetter- oder Windfahne.

FLOUR, *v.* FLEUR.

FLUCTUATION, *s. f.* eine Ergießung der Säfte, woraus ein Drücken und Geschwulst am Leibe entsteht.

FLUCTUëUX, euse, *adj.* das grosse Wellen hat, ungestüm ist; it. der sich nicht entschließen kan.

FLUëR, *v. n.* fliessen, als Flüsse oder Feuchtigkeiten des Leibes, offene Schäden u. d. gl. La mer *fluë* & *refluë*, das Meer hat Ebbe und Fluth.

FLUëT, *voyés* FLOUëT.

FLUIDE, *adj. c.* flüßig, als Luft, Wasser, Sand. L'eau est un corps *fluide*, das Wasser ist ein fliessendes Wesen.

FLUIDE, fliessend, als ungezwungene Reden, (coulant ist besser). Un discours *fluide*, eine fertig-ausgesprochene Rede.

FLUIDITE', *s. f.* Flüßigkeit, als wäßriger Dinge; it. der himmlischen Eigenschaft, der ungezwungenen Reden. La *fluidi-*

fluidité de l'eau, die Flüßigkeit des Waſſers. La *fluidité* du discours, die Fertigkeit im Reden.

FLUS oder FLUX, *ſ. m.* die Fluth oder das Anlaufen der See, nach der Ebbe; ein Fluß am Leibe, der einem fällt.

Flus & reflus, eigentlich Ebbe und Fluth im Meer; (uneigentlich) Unbeſtand oder Unruhe des Gemüths; Abwechſelung des Glücks und Unglücks.

Flus de larmes, ol. ein Thränenfluß.

Ma bourſe a le *flus*, das Geld währt nicht lange bey mir.

Flus de ventre, Durchlauf.

Flus de ſang, die rothe Ruhr.

Flus hépatique, der Leberfluß.

Flus menſtrual, die Zeit (monatlicher Fluß) der Weiber.

le Flus muliébre, der weiſſe Fluß einiger Weiber, eine Krankheit.

Flus de bouche, ein Speichelfluß, der von ſich ſelbſt kommt, oder durch Queckſilber bey der Speichelcur verurſacht wird. Donner ou exciter le *flus* de bouche, die Speichelcur mit einem vornehmen.

Il a un grand *flus* de bouche, er will immer ſchwätzen, und das Maul allein haben.

Flus, (im Kartenſpiele) ein Fluß, wenn eine Farbe ordentlich auf einander folgt; im Lomberſpiel, wenn man lauter Trümpfe in der Hand hat.

FLÛTE, *ſ. f.* eine Flöte; das Flötenregiſter in einer Orgel.

Emboucher la *flûte*, die Flöte anſetzen.

la Flûte de Pan oder de chaudronnier, eine Pfeife mit vielen Röhren neben einander.

Flûte à l'oignon, eine Rohrpfeife, die mir brummt, wenn man die Stimme hinein gehen läßt.

la Flûte allemande, d'allemand, ou traverſière, eine Quer- oder Soldatenpfeife.

Flûte douce, eine Art Flöten, ſo gar gelinde gehen.

Flûte, ein langes oder hohes und ſchmales Glas, ſo man an einigen Orten ein Paßglas nennt.

Flûte, ein länglichtes Schiff, in der Mitte mit einem weiten Bauche, Lebensmittel ins groſſe Schiff zu bringen.

Ce qui vient de la *flûte*, s'en va au tambour, *prov.* wie gewonnen, ſo zerronnen.

Il ſouvient toujours à Robin de ſes *flûtes*, *prov.* jedweder redet gern von ſeiner Profeßion.

Ils ne ſauroient accorder leurs *flûtes*, *prov.* ſie können ſich nicht wohl vertragen.

Il y a de l'ordure à ſa *flûte*, er hat einige Dinge, ſo wahr ſind, in ſeiner Anklage.

Avoir toûjours la *flûte* au derrière, ſich immer cliſtiren laſſen.

FLÛTER, *v. n. & a.* auf der Flöte ſpielen, (wird nur im Scherze gebraucht, ſonſt ſagt man: joüer de la *flûte*).

Il a *flûté* tout ſon bien, er hat all ſein Gut lüderlich durchgebracht.

Se faire *flûter* au derrière, ſich cliſtiren laſſen.

FLÛTEUR, *ſ. m.* der auf der Flöte ſpielt, (iſt nur im Scherzen gebräuchlich, ſonſt ſagt man: joueur de *flûte*).

FLUX, *voïés* FLUS.

FLUXION, *ſ. f.* ein Fluß am Leibe.

FOARRE, *ſ. m.* Futter vor das Vieh; it. Stroh von Korn und anderm Getreide, (iſt alt).

Faire gerbe de *foarre* à Dieu, die ſchlimmſten Garben zum Zehenden geben.

FOCILE, *ſ. m.* (in der Medicin) das Bein vom Ellbogen bis an die Hand; it. vom Knie bis an den Knorren.

FOERRE, *voïés* FOARRE.

FOETUS, *ſ. m.* (in der Anatomie) die Frucht im Leibe, bey Menſchen und Vieh.

FOI, *ſ. f.* der Glaube, Beyfall.

Foi, Zuverſicht, Vertrauen.

Foi, Religion zu der ſich einer bekennet.

Foi, Verſprechen, Wort, Verheiſſung, Verſicherung, Bezeugung.

Foi, Schwur, Eid; Lehnseid, Eid der Treue.

Foi, Treue, Aufrichtigkeit.

Foi, (in Wappen) zwey in einander gefügte Hände.

Ajouter *foi* à quelqu'un, einem glauben, trauen. Historien digne de *foi*, ein glaubhafter Geſchichtſchreiber. En *foi* de quoi nous avons ſigné, deſſen zur Urkund haben wir uns unterſchrieben. Donner la *foi*, treulich zuſagen. Recevoir la *foi*, zuſagen, empfangen. Garder ſa *foi*, ſein Wort halten; treu bleiben. Jurer ſa foi, jurer par ſa bonne *foi*, bey ſeiner Treue ſchwören.

Profeſſion de *foi*, Glaubensbekänntniß. Mourir pour la *foi*, um des Glaubens willen ſterben.

Faire *foi* de quelque choſe, Zeugniß von etwas geben, eine Sache bezeugen.

Ma *foi*, oder par ma *foi*, bey meiner Treue.

Foi d'honnête homme, *foi* d'homme d'honneur, *foi* d'homme de bien, als ein ehrlicher Mann; ſo wahr ich ehrlich bin.

Sur ſa *foi*, auf ſeine Parole, auf ſein Verſprechen, auf ſein Wort.

Un homme de *foi*, ein verpflichteter Mann.

Laiſſer quelqu'un ſur ſa bonne *foi*, einen

nen auf Treu und Glauben hingehen laſſen; einem alle Freyheit laſſen.

Il eſt fait à la bonne *foi*, er läßt ſich alles weiß machen.

En bonne *foi*, in Wahrheit, gewißlich.

De bonne *foi*, treulich, aufrichtig.

FOIBLAGE, *ſ. m.* die Schwächung des Werths der Münze, was eine Münze am Gewichte zu gering iſt.

FOIBLE, *adj. c.* ſchwach, ohne Kraft. Une ſanté *foible*, eine ſchwache Geſundheit. *Foible* de corps & d'eſprit, ſchwach am Leibe und Gemüthe. Une *foible* eſpérance, eine ſchlechte Hoffnung. Un *foible* vin, ein ſchwacher Wein. Argument *foible*, ſchlechter Beweisgrund.

FOIBLE, gering, zu leicht. Une pièce *foible*, eine leichte Münz.

FOIBLE, von ſchlechter Wichtigkeit; von ſchlechtem Nachdruck.

FOIBLE, wenig, von geringer Zahl; klein; unzulänglich. Une armée *foible*, eine geringe Armee.

FOIBLE, von ſchlechter Güte; von ſchlechter Einſicht.

FOIBLE, allerley Schwachheiten und Fehlern unterworfen.

FOIBLE, *ſ. m.* Schwäche, Schwachheit. Le *foible* d'une place, der Ort wo eine Veſtung am leichteſten zu erobern iſt. Chacun a ſon *foible*, ein jeder hat ſeine Fehler. Le *foible* de l'épée, die Schwäche des Degens im Fechten, nemlich gegen die Spitze zu.

FOIBLEMENT, *adv.* ſchwacher Weiſe, ſchwächlich, als ein ſchwacher Menſch.

FOIBLESSE, *ſ. f.* Schwachheit; Ohnmacht; Fehler. *Foibleſſe* du ſexe, die Gebrechlichkeit des weiblichen Geſchlechts. *Foibleſſe* d'eſprit, die Blödigkeit des Verſtands. Flater les *foibleſſes* des hommes, den Menſchen in ihren Gebrechen ſchmeicheln. Tomber en *foibleſſe*, in Ohnmacht fallen.

FOÏE, FOÏER, *v.* FOYE, FOYER.

FOIN, *ſ. m.* Heu.

Les *foins*, die Heuernde.

Chercher une aiguille dans une charretée de *foin*, etwas ſuchen, das ſchwer zu finden iſt.

Il a bien mis du *foin* dans ſes bottes, er hat ſeinen Beutel wohl geſpickt.

FOIN, *interj.* wenn einen etwas reuet oder ihm mißfällt.

Foin de moi, ich möchte mich anſpeyen.

Foin de vous, pfui, weg mit euch.

Foin de vôtre conſeil, o daß ihr mit eurem Rath, weiß nicht wo, geblieben wäret.

FOINE, *v.* FOUINE.

FOIRE, *ſ. f.* die Meſſe, der Markt; der auf dem Lande meiſtens zur Kirchweihzeit gehalten wird.

Donner la *foire* à quelqu'un, einem einen Markt oder Meſſe kaufen.

La *foire* eſt ſur le pont, es iſt hohe Zeit.

FOIRE, *ſ. f.* der dünne Leib, der Durchlauf.

FOIRER, *v. n.* einen dünnen Leib haben, den Durchlauf haben.

FOIREUX, euſe, *adj.* der einen dünnen Leib oder den Durchlauf hat.

FOIREUX, *ſ. m.* Scheißer.

FOIREUSE, *ſ. f.* Scheißerin.

Il eſt bon à vendre vache *foireuſe*, ſagt man von einem, der Scherz treibt und nicht dazu lacht.

FOIS, *ſ. f.* mal; daher entſtehen viele Adverbia, une *fois*, einmal.

Pluſieurs *fois*, oft.

Combien de *fois*, wie oft.

Une *fois* pour toutes, ein für allemal.

A` la *fois*, tout à la *fois*, auf einmal.

Autre *fois*, vor dieſem, ſonſt.

Quelque *fois*, (par *fois*) bisweilen.

Aucune *fois*, (iſt alt).

De *fois* à autre, ol. von einer Zeit zur andern, denn und wenn.

Mainte *fois*, ſouvente *fois*, mannigmal, oft, (iſt alt).

Toute *fois*, jedoch, nichts deſtoweniger, gleichwol.

Fois, *ſ. m.* vulg. (ol. faux oder faix, oder fort du corps) prendre quelqu'un par le *fois* du corps, oder à *fois* de corps, einen mitten am Leibe anfaſſen, aufheben.

FOISON, *ſ. f.* eine Menge, Ueberfluß, (iſt alt).

A` *foiſon*, in der Menge, häufig.

FOISONNER, *v. n.* en quelque choſe, einen Ueberfluß an etwas haben, fruchtbar ſeyn.

Cherté *foiſonne*, wenn es theuer iſt, hält man alles beſſer zu Rathe.

La rivière *foiſonne* en poiſſons, der Strom iſt fiſchreich.

FOL, *voïés* FOU.

FOLÂTRE, FOLASTRE, *adj. c. & ſ. m. & f.* poſſenhaft, ſcherzhaft, muthwillig, närriſch. Humeur *folâtre*, ein kurzweiliger Sinn, der närriſche Poſſen reißt.

FOLÂTRER, *v. n.* Muthwillen oder Kurzweile treiben, Poſſen machen.

FOLÂTRERIE, *ſ. f.* Muthwille, Poſſen.

FOLEMENT, *adv.* närriſch, thörlich; närriſcher Weiſe.

FOLICHON, *ſ. m.* Närrgen; Poſſenreißer.

FOLICHONNE, *ſ. f.* ein kleines muthwilliges Mägdlein.

FOLIE, *ſ. f.* Narrheit, Thorheit, Unverſtand; Unbeſonnenheit; Verwegenheit; allzu

allzu grosse Lust zu oder an etwas, übermäßige Neigung dazu; im plur. Possen, Scherz, Spaß, lustige und lächerliche Einfälle. Une *folie* achevée, eine vollkommene Narrheit. Les courtes *folies* font les meilleures, die kurzen Thorheiten sind die besten. On fait bien des *folies* en sa jeunesse, man begehet viel Thorheiten (Ueppigkeiten) in der Jugend. Une *folie* dite de bonne grace, ein artiger Scherz; eine artig vorgebrachte Thorheit. Ils se dirent cent agréables *folies* en se séparant, sie sagten einander hundert angenehme Thorheiten, als sie von einander schieden. Il l'a guéri de la *folie*, er hat ihm die Narrheit vertrieben, er hat ihn davon zurechte gebracht.

Folie d'Espagne, eine Art von Tänzen, da man allein tanzt. L'air des *folies* d'Espagne, die Melodey dieser Tänze.

Elle fait *folie* de son corps, sie läßt sich zur Unzucht brauchen.

FOLLET, *s. m.* die Vorderkeule oder die Vorderläufe von einem Hirschen, nach abgezogener Haut.

FOLIO, *s. m.* die Grösse eines Bogen Papiers ohne weiteres Zusammenbiegen. Un in *folio*, ein Buch in Folio.

Folio recto, die erste Seite des Bogens. Folio verso, die andere Seite des Blats, ist beydes in Rechtssachen im Gebrauch.

FOLIOT, *s. m.* (bey den Schlossern) ein Theil der Feder in einem Schlosse.

FOLLE-ENCHERE, *s. f.* (im Rechtshandel) Neukauf, wenn einer etwas im Ausruf gekauft, hernach nicht behalten will, und es aufs neue ausgeboten, aber nicht auf den vorigen Preis gebracht wird, das was er zu dessen Erfüllung zulegen muß. Vendre à la *folle-enchère* de quelqu'un, auf eines andern Gefahr verkaufen, so daß er den Preiß erfüllen muß, (v. ENCHE'RE).

FOLLES, *s. f. plur.* ein Garn mit grossen Maschen, womit die Fischer am Weltmeere die Rochen und andere platte Fische, wie auch Schildkröten, fangen.

FOLLET, tte, *adj.* der ein wenig närrisch ist; possenhaft, lustig.

Esprit *follet*, ein Poltergeist, Kobolt.

Poil *follet*, die ersten Haare am Bart, die Milchhaare.

FOLLETTE, *s. f.* Scheißmelte, ein Kraut.

FOLLICULE, *s. m.* das Gallbläslein; klein Blättergen.

FOMENTATION, *s. f.* ein feuchter Umschlag über ein Glied, daran man Schmerzen empfindet.

FOMENTER, *v. a.* einen Ueberschlag über ein schmerzhaftes Glied machen.

FOMENTER, einen Schmerzen in die Länge währen machen, an statt ihn zu heilen, als die betrügerischen Aerzte thun.

FOMENTER, etwas hegen, unterhalten, als Feindschaft, Uneinigkeit, Friede ic. *Fomenter* la sédition, den Aufruhr unterhalten.

FONCE'E, *s. f.* eine Schiefergrube, wo man den Schieferstein heraus gräbt.

FONCER, *v. a. & n.* einen Boden einsetzen. *Foncer* un tonneau, einen Boden in ein Faß machen.

FONCER sur l'ennemi, den Feind anfallen.

FONCER à l'appointement die nöthigen Unkosten herbey schaffen; einen mit Gelde versehen.

FONCER l'épée à la main sur quelqu'un, einen mit dem blossen Degen überfallen.

FONCER, die Schatzung bezahlen.

FONCE', ée, *part. & adj.* der viel liegende Güter hat; der in einer Wissenschaft wohl gegründet ist.

Couleur *foncée*, dunkele Farbe.

FONCET, *s. m.* eines der grösten Flußschiffe, so länger als das gröste Kriegsschiff ist.

FONCET, oder FOND sec, ein Blech, das die Schlosser über das Theil des Schlosses machen, worinne sich der Schlüssel herum drehet.

FONCIER, e, *adj.* was zu einem Gute, Grunde oder Boden gehört. Charge ou rente *foncière*, der Zins, den man jährlich von einem Gute geben muß.

Seigneur *foncier*, der Herr, dem der Grund und Boden gehört.

FONCIER, der in seiner Kunst oder Wissenschaft recht erfahren ist.

FONCIEREMENT, *adv.* aus dem Grunde, aus dem Fundamente. Examiner une matière *foncièrement*, eine Sache gründlich untersuchen. Il est brusque, mais il est *foncièrement* honnête homme, er ist etwas ungestüm, aber in dem Grunde ist er doch ein ehrlicher Mann.

FONCTION, *s. f.* Verrichtung; Amt, Schuldigkeit. Faire les *fonctions* de sa charge, sein Amt verrichten, würklich bedienen. Faire la *fonction* d'Ambassadeur, die Stelle eines Abgesandten vertreten.

FONCTION, ein Befehl, den man auszurichten hat.

les FONCTIONS de l'estomac, du foie &c. die Wirkung (Verrichtung) des Magens, der Leber ic.

FOND, *s. m.* der Grund oder Boden einer Tiefe, oder Geschirres. Le *fond* de la mer, die Tiefe des Meers. Le *fond* d'une rivière, d'un puits, die Tiefe eines Flusses, eines Brunnens. Le *fond* d'un panier, d'un plat, d'un pot, der Boden eines Korbs, einer Schüssel, eines Krugs.

FON

FOND, das Innerste; eine Niedrigkeit; ein Thal. Dieu connoît le *fond* du cœur de l'homme, GOtt kennet die innersten Gedanken des menschlichen Herzens. Je le dis du *fond* du cœur, ich sage es von Grunde meines Herzens. Ville bâtie, (située) dans un *fond*, eine in einem Thal gelegene (gebaute) Stadt.

FOND, ein Acker oder Landgut; der Boden, das Erdreich eines Feldes, einer Wiese, eines Garten. Il a mille écus en *fonds* de terre, er hat tausend Thaler werths an Landgütern. Il y a un bon *fond* de terre dans ce verger, in diesem Baumgarten ist ein guter Erdgrund, Boden, gute Erde. Il n'y a pas-là *fond* de terre pour de si grands arbres, dieses Land hat für so grosse Bäume nicht Erde genug. Cet enfant a un bon *fond* pour les lettres, dieser junge Mensch hat einen guten Kopf zum Studieren. Cet homme a un grand *fond* de science, dieses ist ein grundgelehrter Mann.

FOND, FONDS, capital d'un marchand, das Capital, ganze Vermögen eines Kaufmanns. Ce marchand a un grand *fond*, dieser Kaufmann hat ein grosses Capital an Gelde, Gütern. Faire un *fonds* d'argent, eine Summe Geldes aufbringen. Prêter de l'argent à *fonds* perdu, Geld also ausleihen, daß die Zinse das Capital (allenfalls) austragen. Il lui a vendu son *fonds*, er hat ihm seinen ganzen Kram verkauft. On ne peut faire aucun *fonds* sur sa parole, man kan sich auf seine Worte nicht verlassen. Faites *fonds* sur mille écus, macht eure Rechnung auf tausend Thaler, darauf verlaßt euch.

FOND de ciel, (bey den Sternsehern) der Punct, so einer Linie entgegen gesetzt ist, wo sie unter dem Horizont vom Meridiano durchschnitten wird.

Le *fond* d'une allée, das Ende von einem Garten, Spaziergang, also auch anderer Oerter, so in die Länge gehen.

FOND, das, worauf etwas anders gestellt, gesetzt, gemahlt, gewirkt ist ꝛc. der Grund. Un brocard à *fond* d'or, ein Zeug mit Blumen ins Gold gewirkt.

FOND de miroir, das Hintertheil des Spiegels.

Ce haut de chausses n'a pas assés de *fond*, diese Hosen sind nicht tief genug.

à FOND de cuve, *voiés* CUVE.

FOND sec, *voiés* FONCET.

Bâtir ou démolir de *fond* en comble, von Grunde auf bauen, oder zerstören.

Ruiné de *fond* en comble, durchaus oder ganz und gar verdorben.

le FOND d'ornement, der Grund, worauf oder worein man was zierlichs ausarbeitet.

FOND de cale, das niedrigste Theil im Schiffe, worein man die Kaufmannswaaren thut.

Couler à *fond*, zu Grunde gehen machen als ein Schiff, in den Grund bohren oder schiessen, versenken; it. versinken.

Donner *fond*, ankern.

le FOND d'une chaise, der Sitz eines Stuhls oder einer Kutsche.

le FOND du lit, der Himel an einem Bette.

du FOND du cœur, von Herzensgrund, aufrichtig.

à FOND, gründlich, völlig, recht.

au FOND, sonsten, im übrigen, in der That.

FOND, ein Vorrath, eine Menge, v. FONDS.

FONDAMENTAL, e, adj. was zum Grunde gehöret. Loix fondamentales, die Grundgesetze. Les pièces fondamentales d'un procès, die Hauptstücke einer Rechtssache. Pierre fondamentale, Grundstein.

FONDAMENTALEMENT, adverb. von Grunde aus, gründlich.

FONDANT, ante, adj. poire *fondante*, eine so saftige Birn, daß sie in dem Munde zergeht.

FONDANT, (in der Heilkunst) das anderes flüssig machet; schmelzet.

FONDATEUR, *s. m.* der da was stiftet, der Stifter. César est le *fondateur* de l'empire Romain, Cäsar ist der Urheber des Römischen Kayserthums.

FONDATION, *s. f.* der Grund, den man zu einem Bau leget. Travailler à faire la *fondation* d'un bâtiment, den Grund zu einem Bau legen.

FONDATION, die Tiefe, worein man den Grund leget. Depuis la *fondation* de cette ville, von Erbauung dieser Stadt.

FONDATION, die Erbauung oder Stiftung einer Stadt, eines Gesetzes oder Verordnung eines Dienstes in der Kirche. L'église de Nôtre-Dame a de bonnes *fondations*, unserer lieben Frauen Kirche hat reiche Stiftungen.

FONDATION, ein Capital zu einer milden Stiftung.

FONDATRICE, *s. f.* Stifterin eines milden Einkommens.

FONDE, *voiés* FRONDE.

FONDEMENT, *s. m.* der Grund eines Gebäudes und anderer Dinge. Jetter les *fondemens*, den Grund legen.

FONDEMENT, das Hintertheil, das Loch, worauf man sitzt. Avoir le *fondement* tout écorché, das Gesäß ganz durchgerieben haben.

FONDEMENT, Vertrauen, Zuversicht.

FONDEMENT, (figürlich) der Anfang zu etwas; ein Mittel; eine Ursache. La piété est le *fondement* de toutes les vertus, die Gottseligkeit ist der Anfang (Grund)

(Grund) aller Tugenden. Jetter les *fondemens* d'une intrigue, einen losen Handel anzetteln; den Anfang dazu machen. Ce n'est pas sans *fondement* que je dis celà, ich sage dieses nicht ohne Ursach (Grund). Celui qui fait *fondement* sur la faveur des hommes est souvent trompé, wer auf Menschen Gunst bauet (sich verläßt) wird oft betrogen.
Ce ne fut pas sans *fondement*, es war nicht ohne Grund.

FONDER, *v. a.* gründen; stiften; erbauen; aufrichten; einrichten; mit etwas beweisen, unterstützen.

Fonder son espérance en Dieu, seine Hoffnung auf GOtt setzen.

FONDER une ville, eine Stadt anlegen.
FONDER un empire, ein Reich aufrichten.
FONDER un hôpital, une messe, ein Armenhaus, eine Messe stiften.
FONDER la cuisine, die Küche versorgen.
Il est bien *fondé* en sa demande, er ist in seinem Suchen wohl gegründet.
Il se *fonde* en raisons, er gründet sich auf vernünftigen Beweis.
se FONDER, *v. r.* und être *fondé*, sich gründen; sich verlassen.

FONDERIE, *s. f.* eine Schmelzhütte, Schmelzofen; Schmelzkunst *c.*
FONDEUR, *s. m.* ein Giesser. *Fondeur* de lettres, de cloches, ein Schriftgiesser; ein Glockengiesser, Stückgiesser *c.*
FONDIQUE, *s. m.* ein Kaufmannsmagazin, ein groß Gewölbe zu den Waaren, die Niederlage.
FONDIS, *s. m.* ein Loch, das unten an einem Gebäu oder in einer Steingrube einsinkt.
FONDOIR, *s. m.* der Schmelzkessel oder der Ort, wo man das Inschlitt schmelzet oder zergehen läßet.
FONDRE, *v. a. & n.* schmelzen, fliessend machen; zerschmelzen; zergehen; sinken, einfallen; zunicht werden; faulen; mager werden; verderben, zu Grunde gehen.
Fondre de l'or, de l'argent, Gold, Silber schmelzen. Le soleil fait *fondre* la neige, die Sonne macht den Schnee schmelzen. Cet homme *fond* tous les jours, der Mensch vergeht, nimmt täglich ab. On a vû *fondre* les plus grands empires, man hat gesehen, wie die mächtigsten Reiche zergehen; zu nichte werden.
FONDRE, (in den Fabriquen) die Seiden oder Wollen von verschiedenen Farben künstlich mischen.
FONDRE, zu Gelde machen; umsetzen; verkaufen. *Fondre* des billets de banque, Bancozettel verkaufen.
FONDRE, (im Gartenbau) cette plante *fond*, dieses Gewächs gehet aus.

La terre *fondit* sous mes piés, die Erde sank unter meinen Füssen.
FONDRE en larmes, bitterlich weinen.
La tempête *fondit* sur nous, das Ungewitter kam uns über den Hals.
FONDRE sur quelqu'un, einen anfallen, über einen kommen, auf ihn los gehen.
Il faut *fondre* la cloche, man muß dem Werk ein Ende machen.
FONDRE une matière, eine Sache, wovon man handeln will, ins Geschicke bringen.
se FONDRE, *v. r.* zergehen, schmelzen.
FONDU, ë, *part. & adj.* geschmolzen; verdorben. C'est un homme *fondu*, er ist ein verdorbener Mann.
Le cheval *fondu*, ein Spiel der Kinder, da sie einander auf den Leib springen und reiten.
FONDRIE'RE, *s. f.* ein tief eingesunkenes Loch; sumpfigter Ort.
FONDRILLES, *s. f. plur.* kleine Unreinigkeit in flüßigen Sachen, der dicke Satz im Oele, Urin *c.*
FONDS, *s. m.* ein Gut auf dem Lande von Aeckern, Wiesen *c.* der Grund und Boden; ein zusammen gelegtes und zu gewissen Dingen bestimmtes Geld; ein Capital oder Summe Geldes, wovon man Zinse kriegt; die ganze Handlung und alle Waaren eines Kaufmanns, der Vorrath zu etwas, die Grösse und Menge eines Dinges. (*voiés* FOND).
Faire *fonds* sur quelque chose, sich auf etwas gewiß verlassen.
le FONDS & le très-*fonds*, der Grund und Boden, und was in demselben ist.
FONDS d'esprit, grosser Verstand.
FONDS de sagesse, die gröste Weisheit.
FONGUEUX, euse, *adj.* schwammicht.
FONSER, FONSET, FONSIER, *v.* FONC.
FONTAINE, *s. f.* eine Quelle; ein Springbrunn; auch bey öffentlichen Lustbarkeiten der Brunn, oder die Machine, dadurch man Wein und anderes Getränk springen läßt. Eau de *fontaine*, Springwasser.
FONTAINE, der Hahn zum Zapfen. Mettre la *fontaine* à un tonneau, den Hahn in ein Faß stecken.
FONTAINE de la tête, der Ort der Hirnschale, wo alle Näthe zusammen laufen; das Blat, der Ort, wo der Kopf bey den Kindern oben eine Zeitlang offen und weich ist.
FONTAINE-BLEAU, oder wie es eigentlich heißt, FONTAINE-BELLE-EAU, *s. f.* ein königlich Lustschloß zwölf Meilen von Paris.
FONTAINIER, *voiés* FONTENIER.
FONTANGE, *s. f.* (von einer Weibsperson dieses Namens in Frankreich) eine Masche

Masche-Band auf der Haube; und anderer erhöheter Kopfschmuck.

FONTE, *s. f.* das Zerschmelzen, das Schmelzen als des Schnees, der Metalle ꝛc. Canons de *fonte*, metallene Stücke. Fer de *fonte*, gegossen Eisen.

La *fonte* des monnoies est défenduë, das Einschmelzen (brechen) der Münzen ist verbotten. Canon de fer de *fonte*, eisern Stück. Canon de *fonte* verte, metallen Stück.

FONTE, ein gegossenes Metall oder Erzt.

FONTE des couleurs, das Mischen verschiedener gefärbter Wollen in den Tuchfabriquen.

FONTE, (in der Druckerey) Abguß einer wohlständigen Schrift. Une *fonte* de St. Augustin, ein Guß Mittel-Antiqua.

FONTEINE, *v.* FONTAINE.

FONTENIER, *s. m.* ein Wasserkünstler, Grottier; Röhren- oder Brunnenmeister.

FONTICULE, *s. m.* ein Fontanell.

FONTS, *s. m. pl. Fonts* batismaux oder de bâtême, der Taufstein.

Tenir un enfant sur les *fonts* de bâtême, ein Kind aus der Taufe heben.

FOR, *s. m.* Gericht, Richthaus, (ist alt.)

FOR l'Evêque, ein königliches Gefängniß zu Paris.

FORAGE, *s. m.* die Auflage auf den Weinschank, die ein Herr thun kan; das Umgeld, Tranksteuer, Weinaccis.

FORAIN, e, *adj. & s.* fremd; ausländisch. Marchand *forain*, ein ausländischer Kaufmann.

Traite *foraine*, das zwanzigste Theil, das man vom Werthe der Waaren, die ein- oder ausgehen, der Obrigkeit geben muß.

Alibi *forains*, kahle Entschuldigungen.

FORBAN, *s. m.* ein Seeräuber, Caper; eine Verbannung eines bösen Menschen.

FORBANNIR, *v. a.* verbannen, des Landes verweisen. (ist alt.)

FORBANNIE, *s. f.* BORBANNISSEMENT, *s. m.* Landsverweisung. (ist alt.)

FORBU, FORBURE, *v.* FOURBU.

FORÇAGE, *s. m.* wenn man die Münze zu sehr beschneidet.

FORCAT, *s. m.* ein Gabelholz auf den Schiffen, woran die Breter oder Dielen vest gemachet sind.

FORÇAT, *s. m.* ein Galeesclave; ein Ruderknecht. Travailler comme un *forçat*, schwere Arbeit thun.

FORCE, *s. f.* Kraft, Stärke; Macht; Vermögen; Tapferkeit; Nachdruck; Zwang; Gewalt, Gewaltthätigkeit; Noth, Nothwendigkeit. Resister avec *force*, tapfern Widerstand thun. Perdre ses *forces*, die Kräften verlieren. Emploier toutes ses *forces*, alle seine Macht (sein Vermögen) anwenden. Le feu a la *force* de fondre les métaux, das Feuer hat die Kraft die Metalle zu schmelzen. Les plantes sont dans leurs *forces* à la fin du printems, die Kräuter sind in ihrer Kraft um das Ende des Frühlings. Emporter une place de vive *force*, einen Ort durch gewaltsamen Angrif erobern. Extorquer une dette par *force*, sich mit Gewalt bezahlen machen.

FORCES, Kriegsvolk, Macht. *Forces* de terre & de mer, die Kriegsmacht, zu Lande und zu Wasser.

Ce tableau a beaucoup de *force*, diß Gemählde ist sehr erhaben gemahlt, deutlich erhöht.

à toute FORCE, mit aller Macht, durchaus.

faire FORCE de voiles, de rame, (in der Seefahrt) mit voller Gewalt fortsegeln, fortrudern.

Il m'est bien *force* de faire celà, vulg. ich muß das thun.

FORCE, *adj. indeclin.* viel. *Force* argent, viel Geld. *Force* gens, viel Leute.

à FORCE, *adv.* à *force* de boire, wegen starken Trinkens.

FORCEMENT, *adv.* gezwungener Weise.

FORCENANT, FORCENE', FORCENERIE, *v.* FORSEN.

FORCER, *v. a.* zwingen, nöthigen, à quelque chose, à faire quelque chose, und faire quelque chose, mit Gewalt überwinden, über den Haufen werfen, bezwingen; mit Gewalt öfnen, aufbrechen, mit Gewalt durchbrechen; Gewalt anthun, nothzüchtigen. La nécessité me *force* à celà, die Noth zwinget mich dazu.

FORCER une femme, ein Weib nothzüchtigen, mit Gewalt schänden.

FORCER une ville, eine Stadt mit Sturme einnehmen.

FORCER les retranchemens, die Verschanzungen übersteigen.

FORCER un bataillon, in ein Bataillon einbrechen, zertrennen.

FORCER une porte, eine Thür einsprengen.

FORCER un cerf, mit Hunden (ohne Garn) einen Hirsch fangen, durch die Parforcejagd.

FORCER un cheval, ein Pferd überreiten.

FORCER de voiles, de rame, mit aller Gewalt fortsegeln oder rudern.

FORCER une clé, einen Schlüssel verdrehen.

FORCER un passage, einen Spruch oder einige Worte verdrehen, einen andern Sinn geben.

FORCE', ée, *adj. & part.* gezwungen; aus Zwang gethan; mit Haaren herbey gezogen.

FORCES, *s. f. plur.* eine Scheere, wie eine Schaaf-

Schaafscheere, die keinen Nagel in der Mitte hat, sie sey klein oder groß.

FORCETTES, *s. f. plur.* kleine Scheere ohne Nagel.

FORCHETTE, *v.* FOURCHETTE.

FORCLORRE, *v. a.* ausschliessen, nicht mehr vor Gericht mit Schriften einkommen lassen, abweisen, präcludiren.

FORCLOS, e, *part. & adj.* ausgeschlossen, daß man vor Gericht nicht mehr den Proceß treiben darf, abgewiesen.

FORCLUSION, *s. f.* Abweisung vor Gericht; it. ein gerichtlicher Befehl, daß die eine streitende Partey sich mit ehestem verantworten und hernach schweigen soll.

FORER, *v. a.* bohren, ausbohren, als die Schlosser das Loch in dem Schlüssel, in einem Büchsenlaufe, Wasserröhre ꝛc.

FOREST, FORESTIER, *v.* FORêT.

FORêT, *s. m.* ein Zwickbohrer.

Forêt, ein Forst, ein Wald; das Bauholz oder das Holz an dem Dache eines Gebäudes; eine Mördergrube, finster Loch. Couper une *forêt*, einen Wald aushauen. Une *forêt* de haute futaie, ein Wald von hochstämmigen Bäumen. Jérusalem est devenuë une *forêt* de brigands, Jerusalem ist eine Mördergrube und Raubnest worden.

Maître des FORêTS, Forstmeister.

FORêTIER, Garde-FORêTS, *s. m.* Förster.

FORêTIER, e, *adj. & subst.* bey einigen Ordensleuten, ein Fremder.

Les villes *forêtières*, die vier Waldstädte am Rhein, nemlich Rheinfelden, Seckingen, Lauffenburg und Waldshut, zwischen Basel und Schafhausen, am Ende des Schwarzwaldes gelegen, daher sie den Namen haben.

FOREURE, *v.* FORURE.

FORFAIRE, *v. a. & n.* etwas sträfliches thun, einen Fehler begehen, als ein Richter wider das Recht, ein Vasall wider seinen Herrn; eine Weibsperson (à son honneur) wider ihre Ehre; um etwas kommen. *Forfaire* son fief, um sein Lehngut kommen. *Forfaire* corps & avoir, Leib und Gut verwirken. *Forfaire* l'amende, straffällig werden.

FORFAIT, *s. m.* eine böse That; Missethat; das Verkaufen gewisser Rechte und Freyheiten mit gewissen Bedingungen; das Austhun.

FORFAITURE, *s. f.* ein Verbrechen wider den Lehenherrn; it. eines Richters in seinem Amte.

FORFANTE, *s. m.* ein Böswicht, Schelm; ein Prahler, Aufschneider.

FORFANTERIE, *s. f.* böse Händel, Leichtfertigkeit, Schelmerey; Prahlerey.

FORGAGE, FORGAGEMENT, FORGAS, *s. m.* das Recht ein Unterpfand wieder einzulösen.

FORGAGER, *v. a.* auslösen, ein Pfand.

FORGE, *s. f.* der grosse Schmelzofen bey den Bergwerken; eine Schmiedte; die Eß bey allerley Schmiedten, die Werkstatt derselben, sonderlich der Hufschmiede.

FORGER, *v. a.* schmieden.

Forger, (bey dem Zinngiesser) hämmern, schlagen. Vaisselle bien *forgée*, wohl geschlagen Zinnenzeug.

Forger, ersinnen, erdenken. *Forger* des nouvelles, falsche Zeitungen erdenken.

Forger, (auf der Reitschule) cheval qui *forge*, Pferd, das in die Eisen hauet, in die vordere Eisen schlägt.

FORGERON, *s. m.* einer der das Eisen schmiedet, ein Schmiedeknecht; ein Hammerschmied.

FORGEUR, *s. m.* der etwas schmiedet, es sey Degen oder Messer oder Scheere ꝛc. der geschlagene oder getriebene Arbeit macht, von Zinn, Kupfer, Silber ꝛc.

Forgeur de nouvelles, der Zeitungen schmiedet, erdichtet.

FORHUëR, *v. a. & n.* den Hunden mit dem Jägerhorne ein Zeichen geben.

FORHUS, *s. m.* der Ruf mit dem Jägerhorne, das Zeichen, das man den Hunden giebt; item der Ort, wo man dieses Zeichen giebt; auch ein Stück Darm von einem Wildpret, das ein Jagdknecht an einem Stocke trägt, damit ihm die Hunde desto lieber folgen.

FORJET, *s. m.* eine Auslage; ein Erker an einem Gebäude.

se FORJETTER, *v. r.* vor dem andern Gebäude vorgehen, heraus ragen. Cette muraille se *forjette*, diese Mauer hänget oder neiget sich.

FORJETTURE, *s. f. v.* FORJET.

FORJUGER, *v. n.* unrecht urtheilen, unbilliges Urtheil sprechen.

FORJURER, *v. a.* verschwören, an andere überlassen, verlassen, was einem zugehöret. (ist alt.)

Forjurer le pais, aus dem Lande gehen.

Forjurer un héritage, sich einer Erbschaft begeben.

FORLANCER, *v. a.* ein Wild aus seinem Lager treiben. (ist alt.)

se FORLANCER, *v. r.* hervorschiessen, herausbringen. (ist alt.)

FORLIGNER, *v. n.* aus der Art und Geschlecht schlagen; in geringe Geschlechte beyrathen.

FORLONGE, *s. f.* (bey den Jägern) ce chien chasse de *forlonge*, dieser Hund kan das Wild von weitem spüren.

FORLONGER, *v. n.* se FORLONGER, *v. r.* wird von einem Wildpret gesagt, das sich immer

immer weit von dem Jagenden voraus begiebt. Cerf qui *forlonge*, Hirsch, der den Hunden weit vorläuft.

Se FORMALISER, *v. r. de quelque chose*, sich über etwas erzürnen, ereifern, mit zornigen Worten vernehmen lassen. Vôtre chagrin se *formalise* de tout, euer verdrüßlicher Sinn nimmt alles übel auf.

FORMALISTE, *adj. c. & s. m. & f.* der sich an die vorgeschriebenen Formeln bindet, nie davon abgehen will; ein Mensch der viel unnöthiges Gepränge macht oder verlanget.

FORMALITE', *s. f.* die vorgeschriebenen Rechtsformeln; it. gewisse Ceremonien, Umstände und Stücke, die man bey etwas in acht zu nehmen hat; (in der Scholastischen Philosophie) die Formalitas der Scotisten, welche sie entgegen setzen der Virtualität der Thomisten. Observer les *formalités* de justice, die in Rechten vorgeschriebene Weise beobachten. Garder les *formalités*, die üblichen Ceremonien in acht nehmen.

FORMARIAGE, *s. m.* eine unzuläßige Ehe; ungleiche Heyrath, (ist alt).

FORMAT, *s. m.* das Format eines Buchs. Le *format* de ce livre est très-commode, das Format dieses Buchs ist sehr bequem, kommlich.

FORMATION, *s. f.* die Bildung, Erlangung der natürlichen Eigenschaften. La *formation* du fétus, die Gestaltung der Leibesfrucht. La *formation* des métaux dans la terre, die Zeugung der Metalle in der Erden. La *formation* d'un verbe, die Herleitung der temporum eines Verbi in der Gramatic.

FORMATRICE, *adj. f.* vertu *formatrice*, Bildungskraft; oder die einem Ding das Wesen giebt, darinnen es von andern unterschieden ist.

FORME, *s. f.* Gestalt. Changer de *forme*, eine andere Gestalt annehmen. Avoir la *forme* d'un homme, eines Menschen Gestalt haben.

FORME, (bey dem Instrumentenmacher) Modell oder Muster.

FORME, (bey dem Hutmacher) eine Hutform. Mettre un chapeau sur la *forme*, einen Hut auf die Forme schlagen. Gâter la *forme* d'un chapeau, den Kopf des Huts verderben.

FORME, (bey dem Schuster) ein Laist.

FORME, (bey dem Stricker) ein Strumpfbrett, worüber die neuen Strümpfe gezogen werden.

FORME, (auf der Reutschule) der Leisten, eine Krankheit der Pferde, eine Härte, so sie zwischen dem Huf und dem Knorren bekommen.

FORME, gewöhnliche (ordentliche) Weise; Manier. La *forme* du gouvernement, die Regimentsform; Weise der Regierung. Recherche de mariage dans les *formes*, ziemliche Anwerbung. Sans *forme* de procés, ohne Beobachtung des gewöhnlichen Rechtsganges.

en FORME, wie eine gerichtliche Schrift seyn soll.

par FORME, als, eben als: par *forme* d'entretien, als in einem Gespräche.

dans les FORMES, wie es seyn soll, nach allen Regeln: als, sich schlagen; Doctor werden; eine Stadt einnehmen, nach allen Stücken, die dabey zu beobachten.

FORME, (in der Vernunftlehre) Kraft, Eigenschaft, Gestalt, so den Dingen ihr Wesen giebt. *Forme* substantielle, wesentliche Eigenschaft.

Un argument en *forme*, ein Syllogismus, der recht in der Ordnung steht.

FORME de vitre, ein ganzes Kirchfenster, und was dazu gehört.

FORME, das Lager eines Haasens oder Fuchsens. Prendre un lièvre en *forme*, einen Haasen im Lager fangen.

FORME, ein Stuhl im Chor, wo die Ordenspersonen sitzen, weil sie meistens ausgeschnitzet sind.

FORME, eine lange Bank, viel Leute darauf zu setzen, mit einer ausgefütterten Lähne.

FORME, (in der Druckerey) eine Form, so viel Buchstaben in die eiserne Rahme auf einmal eingeschlossen wird.

FORME, (bey dem Steinsetzer) der Platz so mit Sand beschüttet wird, worauf das steinerne Pflaster gelegt wird.

FORME, ein verbaut Zimmerwerf, darein Wasser kan gelassen werden, das neuerbaute Schiff von dem Stapel zu heben, und flott zu machen.

FORME'ES, *s. f. plur.* (bey den Jägern) der Koth des rothen Wildes.

FORMEL, lle, *adj.* das die Form giebt; förmlich; ausdrücklich, deutlich. La cause *formelle*, die eigentliche Ursach. Un écrit *formel*, eine ausdrückliche Verschreibung. Aveu *formel*, ausdrückliches Geständnuß.

FORMELLEMENT, *adv.* der Form nach, im Syllogismo, im Gegensatz dessen was materialiter verstanden wird; item, deutlich, ausdrücklich, ganz und gar. L'acte porte celà *formellement*, die Verschreibung besagt dieses ausdrücklich.

FORMER, *v. a.* bilden, die Gestalt geben machen, in der Gestalt als es seyn soll oder in einer andern. Dieu a formé l'homme à son image, GOtt hat den Menschen nach seinem Ebenbilde gestaltet. Il commence

mence à *former* les lettres, er fängt an, die Buchstaben nachzuschreiben.

FORMER une voix articulée, eine verständliche Stimme hören lassen. Les exhalaisons *forment* le tonnère, aus den Dünsten entstehet der Donner.

FORMER des vœux, Wünsche (Gelübde) thun.

FORMER un siège, eine Belagerung ordentlich einrichten, anfangen.

FORMER une armée, ein Kriegsheer aufrichten; it. einrichten.

FORMER les tems d'un verbe, die Tempora eines Verbi von einander herleiten.

FORMER quelqu'un à la vertu, einen zur Tugend anführen, gewöhnen.

FORMER son stile sur celui de Ciceron, sich in seiner Schreibart nach Cicerone richten.

FORMER des arbres, (im Gartenbau) Bäume ziehen, dem Wuchs nach.

FORMER des grands desseins, grosse Anschläge machen, fassen, führen.

se FORMER, *v. r.* gebildet werden, Gestalt bekommen; werden, entstehen, wachsen.

se FORMER sur de bons modelles, sich nach guten Mustern oder Exempeln richten, nach etwas einrichten.

FORME's, die Weiblein von Falken.

Lettres *formées*, offene Briefe, die man vor diesem den Geistlichen gab, die man zu andern Gemeinden schickte.

FORMERET, *s. m.* das scharfe Eck oben am Gewölbbogen, das aus allen vier Winkeln des Gewölbes in der Mitte als ein Creuz zusammen läuft.

FORMI, *s. m.* eine Krankheit der Falken an dem Schnabel.

FORMICA-LEO, *s. m.* ein Ameisenfresser, eine Art Würmer an sandigen Orten.

FORMIDABLE, *adj. c.* das zu fürchten ist, erschrecklich. Puissance *formidable*, eine erschröckliche Macht.

FORMIER, *s. m.* ein Form- oder Leistenschneider.

FORMORT, *s. m.* das Gut oder Recht, das einer durch des andern Tod bekommt, der weder verheyrathet noch Bürger gewesen ist, das was einem davon zustirbt.

FORMOTOURE, FORMOTURE, FORMOUTEURE, FROMETOURE, FROMETURE, *v.* FORMORT.

FORMÜER, *v. a.* machen, daß sich ein Falk nicht mauft, vermausen.

FORMULAIRE, *s. m.* eine Vorschrift oder vorgeschriebene Weise, wie man etwas reden, schwören, schreiben 2c. soll.

FORMULE, *s. f.* vorgeschriebene Art oder Weise, welche man halten und ihr nachgehen muß.

FORMULER, *v. a.* zeichnen; stämpeln.

Papier *formulé*, gestämpelt Papier.

FORMULISTE, *s. m.* der sich an die vorgeschriebenen Formeln hält.

FORNICATEUR, *s. m.* ein Hurer.

FORNICATION, *s. f.* Hurerey.

se FORPAISER oder se FORPAISSER, *v. r.* wenn sich ein Wildpret aus seiner Gegend begiebt, und in eine andere läuft.

FORPAITRE, FORPAISTRE, *v. n.* wenn ein Wildpret aus seiner ordentlichen Weide oder Feld geht, das es sonsten besuchet.

FORPASSER, *v. n.* aus den Grenzen schreiten.

FORS, *præp.* ausser, ausgenommen, (ist alt).

FORSENANT, e, *adject.* dauerhaft, der immer fortläuft, als wenn er unsinnig wäre, als ein Jagdhund, der nicht absetzt, (ist alt).

FORSENE', ée, *adj.* ausser sich, sinnlos, rasend.

Cheval *forsené*, (in den Wappen) ein Pferd das gleichsam kriecht.

FORSENERIE, *s. f.* Raserey, Tollheit.

FORT, e, *adj.* stark an Kräften; stark an Anzahl, zahlreich; it. stark, als Wein, geistreich; vest; dick; schwer; groß; stark riechend, übelriechend, als Butter; hart, anzüglich, als eine Redensart; tapfer, herzhaft; gelehrt, geübt, geschickt. Le plus *fort* l'emporte, der Stärkste gewinnt. Les ennemis sont *fort* en infanterie, die Feinde sind stark am Fußvolke. Une place *forte*, ein vester Ort. Du vin *fort*, starker Wein.

Le plus *fort* en est fait, das meiste ist schon verrichtet.

Mésure plus *forte*, grössere Maaß.

Préter son argent au dénier plus *fort*, grössern Wucher von seinem Gelde nehmen.

Un écu qui n'est pas assés *fort*, ein Thaler der sein Gewicht nicht hat.

Forte monnoie, schwer Geld, das mehr gilt als sonst insgemein, als ein schwerer Gulden 2c.

Esprit *fort*, ein Freydenker, Freygeist.

Fort en gueule, der ein loses Maul hat.

Fort en bouche, hartmäulig.

Etre *fort* en quelque science, eine Sache wohl verstehen.

Etre *fort* en amis, viel Freunde haben.

Etre *fort* en crédit, in grossem Ansehen stehen.

Une femme *forte*, ein Heldenweib.

Une repartie *forte*, eine herzhafte Antwort.

Une pièce de bœuf un peu *forte*, ein ziemlich stark (groß) Stück Rindfleisch.

Un bouillon *fort*, eine kräftige Brühe.

Une expression *forte*, eine nachdrückliche Redensart. Ce que vous dites est un peu *fort*, das ist etwas hart geredet.

Une plaisanterie *forte*, ein empfindlicher Scherz.

Du beure *fort*, ſtarke (garſtige) Butter.

Odeur *forte*, ein ſtarker (widerlicher, übler) Geruch.

A plus *forte* raiſon, um ſo viel mehr.

Tête *forte*, ein munterer Kopf, ein guter hurtiger Kopf.

Eau *forte* Scheidewaſſer.

Colle *forte*, Leim der gut hält.

Main *forte*, Beyſtand, etwas zu bewerkſtelligen.

Forte clameur, Geldbuſſe wegen verübten Frevels oder verurſachten Schadens.

FORT, *ſ. m.* das Stärkſte; die Stärke.

Dans le *fort* de la colère, in der erſten Hitze.

Dans le *fort* de l'hiver, im härteſten Winter; mitten im Winter.

Au *fort* de l'orage, im ſtärkſten Sturme.

le FORT de l'âge, das ſtärkſte, beſte Alter.

le FORT d'un bois, wo der Wald am dickſten iſt.

le FORT du couteau, der Meſſerrücken.

le FORT de l'épée, die Stärke des Degens, nach dem Gefäſſe zu. Parer du *fort* de l'épée, mit der Stärke ausnehmen.

le FORT d'une pique, die Mitte eines Spieſſes.

le FORT d'une boule, an einer Boßkugel der Ort, wo ſie ſchwerer als anderswo iſt.

Savoir le *fort* & le fin d'une affaire, von einer Sache gute Nachricht haben.

Travailler ſur le *fort*, die Münzen beſchneiden, die zu ſchwer ſind.

les FORTS de David, die Helden Davids.

les FORTS, ſind zu Paris gewiſſe Säckträger oder Ablader, die die Arbeit in dem Schiffhaven allein beſtreiten.

Il eſt dans ſon *fort*, das verſtehet er am beſten, darinnen kan er ſich am beſten wehren.

FORT, Schanz, Feldſchanz; Veſte.

FORT, (bey der Jägerey) Stand des Wildes.

FORT, *adv.* ſehr.

ſe faire FORT, *voïes* FAIRE.

FORT de virer, heißt auf den Schiffen ſo viel als: es iſt genug mit drehen oder heben, halt.

FORTEMENT, *adv.* ſtark, kräftig, tapferer Weiſe. Il eſt *fortement* prévenu, er iſt ſehr zuvor eingenommen.

FORTRESSE, *ſ. f.* eine Veſtung; ein veſtes Schloß. Une *fortreſſe* imprenable, eine unüberwindliche Veſtung.

FORTIFIANT, e, *adj.* ſtärkend, das Kräfte giebt.

FORTIFICATION, *ſ. f.* die Wiſſenſchaft, einen Ort zu beveſtigen; der Beveſtigungsbau; die Wälle, Schanzen oder Baſtionen um einen Platz; das Beveſtigen. Il entend la *fortification*, er verſtehet die Kriegsbaukunſt. La *fortification* eſt achevée, die Beveſtigung iſt vollendet. *Fortification* reguliere, eine gleichförmige Beveſtigung.

FORTIFIER, *v. a.* beveſten; beveſtigen. *Fortifier* une place, einen Ort beveſtigen.

FORTIFIER, ſtärken; ſtärker machen. *Fortifier* le corps, augmenter ſes forces, den Leib ſtärken, deſſelben Kräfte vermehren. *Fortifier* la voix, die Stimme erheben; ſtark machen. Le vin *fortifie*, der Wein ſtärket. Je l'ai *fortifié* dans ſa reſolution, ich habe ihn in ſeinem Vorhaben geſtärket.

FORTIFIER un tableau, (bey der Mahlerey) die Farben ſtärker auftragen; einem Bilde ſtärkere (höhere) Farben geben.

ſe FORTIFIER, *v. r.* ſtark werden; die vorigen Kräfte erlangen. Le mal ſe *fortifie* tous les jours, das Uebel wird täglich gröſſer; nimmt von Tag zu Tage zu. Se *fortifier* de troupes, ſich mit mehrern Völkern verſtärken; mit Volke verſtärken. Il s'eſt *fortifié* contre tout évenement, er hat ſich auf alles gefaßt gemacht.

FORTIN, *ſ. m.* eine kleine Schanze, ein Schänzlein.

FORTITRER, *v. n.* (wird von einem Wilde geſagt) das den Ort vermeidet, wo es friſche Hunde merkt, die man auf daſſelbe loslaſſen will.

FORTRAIRE, *v. a.* entwenden, als eines Haab, Güter ꝛc. übertreiben, als ein Pferd.

FORTRAIT, e, *part. & adj.* entwandt. Un cheval *fortrait*, ein übertriebenes Pferd, das mager wird.

FORTUIT, e, *adj.* unverſehen, unvermuthet, ungefehr ꝛc. Cas *fortuit*, ungefährlicher Zufall.

FORTUITEMENT, *adv.* ohngefehrer Weiſe, unverſehens.

FORTUNAL, *ſ. m.* Zufall auf dem Meere, ein Sturm ꝛc.

FORTUNE, *ſ. f.* das Glück, die Glücksgöttin.

FORTUNE, ein Glücksfall, ungefehrer Fall; eine Begebenheit, ſo einem zuſtoßt; gutes und günſtiges Glück.

FORTUNE, Glück bey dem Frauenzimmer.

FORTUNE, Unglück, Widerwärtigkeit; Gefahr ꝛc.

Faire *fortune*, zu einem Glücke gelangen, zu etwas kommen, ſein Glück machen.

Un homme de *fortune*, ein Menſch, der bloß durch das Glück erhoben worden.

Bonne *fortune*, (in Liebeshändeln) die letzte Freyheit, die einem eine Weibsperſon giebt; auch ein Frauenzimmer, ſo einem zu Willen wird.

Adorer la *fortune*, ſich bey den Leuten, die

die dem Glück im Schooße sitzen, einzuschmeicheln suchen.

Attacher un clou à la rouë de la *fortune*, sein Glück bevestigen; beständig machen.

Brusquer *fortune*, sein Glück suchen.

Se remettre à la *fortune*, sich dem Glücksfall ergeben.

Raconter ses *fortunes*, seine Begebenheiten erzehlen.

Courir *fortune*, in Gefahr gerathen.

FORTUNE de vent, ein Sturm auf der See.

FORTUNÉ, ée, *adj.* beglückt, glücklich. Les Isles *fortunées*, die Canarischen Inseln.

FORVÊTU, ë, *adj. & subst.* ein Verkleideter, ein schlechter Mensch, dem aber schöne Kleider angezogen worden sind, ihn für reich auszugeben.

FORVOYER, *voïes* FOURVOYER.

FORURE, *s. f.* das Loch im Schlüssel.

FOSSE, *s. f.* Grab, Todtengruft. Etre sur le bord de sa *fosse*, avoir un pié dans la *fosse*, auf der Grube gehen; mit einem Fuß im Grabe stehen.

Fosse, ein Loch, das der Gärtner gräbt, Bäume hinein zu pflanzen, oder Weinstöcke hinein zu legen.

Fosse, eine Lohgrube der Gerber.

Fosse, ein Graben; eine Grube.

Fosse, ein Loch oder Ort im Schiffe, Seile und andere Dinge hinein zu thun.

Fosse, (bey dem Zinngiesser) die Schmelzstelle; der Schmelzofen.

Fosse, (in der Münze) die Grube, in welcher der Münzer bey dem Druckwerk stehet. Basse-*fosse*, ein finsteres Gefängniß.

FOSSÉ, *s. m.* ein Stadtgraben und andere Graben.

FOSSETTE, *s. f.* ein Grüblein, ein klein Loch in der Erde zum Spiel der Kinder.

FOSSETTE, ein Grüblein in den Backen, wenn man lacht, oder im Kinn.

FOSSILE, *adj. c.* das aus der Erde graben wird, als Salz, Metalle ꝛc.

FOSSOYER, *v. a.* mit Gräben umgeben; umgraben; behacken, als einen Weinberg ꝛc.

FOSSOYEUR, *s. m.* ein Todtengräber.

FOTERNE, *s. f.* ein Kraut, eine Art Osterlucey.

FOU, *s. m.* FOLLE, *s. f. & adj.* Narr, Närrin; unvernünftig, thöricht, närrisch; muthwillig, possenhaft; tumm, leichtgläubig; närrisch verliebt.

Un chien *fou*, ein wütiger Hund.

Fou, ein Läufer oder Schütz im Schachspiel.

FOüACE, FOüACIER, *v.* FOüASS.

FOüAGE, *s. m.* Zins oder Steuer von jedem Feuerherde oder Hause; item, vom Recht des Brennholzes, das man in einem Walde hat.

FOüAILLE, *s. f.* das was man den Jagdhunden vom wilden Schweine giebt, das sie gefangen haben.

FOüAILLER, *v. a.* vulg. peitschen.

FOüASSE, *s. f.* ein Aschenkuchen.

FOüASSIER, *s. m.* der solche Aschenkuchen verkauft.

FOUBER, *s. m.* ein Schiffbesen, das ist, Cappen oder abgenützte Ende von Seilen unten an einen Stock gebunden, das Schiff zu reinigen.

FOUCADE, *voïes* FOUGADE.

FOUDRE, *s. m. & f.* ein Donnerkeil, Wetterstrahl. La *foudre* tomba sur un arbre, der Donner schlug in einen Baum.

Les Scipions ont été deux *foudres* de guerre, die beyden Scipionen sind zween ungemeine Kriegshelden gewesen.

On ne sait pas où tombera la *foudre*, man weiß noch nicht wo das Unglück eintreffen wird.

FOUDRE, Kirchenbann. Les *foudres* du Vatican, der päbstliche Bann.

FOUDRE, *s. m.* Fuder, ein grosses fudriges Weinfaß.

FOUDROÏANT, e, *adj.* donnernd; das alles mit Gewalt niederschlägt, als eine Bombe; grimmig; schrecklich; zornig, feurig, strahlend, blitzend, bey den Poeten. Bombe *foudroïante*, eine donnernde Feuerkugel. Des yeux *foudroïans*, vor Zorn brennende Augen.

FOUDROÏEMENT, *s. m.* das Erschlagen durchs Wetter.

FOUDROÏER, *v. a. & n.* mit Donnerkeilen oder durch das Wetter erschlagen; donnern und blitzen.

Foudroïer, beschiessen; mit dem schweren Geschütze zusetzen. *Foudroïer* une place, einen Ort heftig beschiessen.

Foudroïer, verdammen, strafen. Les conciles *foudroïent* l'hérésie, die Kirchenversamlungen verdammen die Ketzereyen.

Foudroïer, toben; schelten; rasen. Il tonne, il *foudroïe* de la chaire, er schilt und straft heftig von der Canzel.

FOüÉE, *s. f.* eine Jagd bey der Nacht, bey dem Schein des Feuers längs am Gehäge.

FOüëNE, *s. f.* eine Gabel mit vier oder fünf Spitzen an einem Stocke zum Fischen.

FOüERRE, leer Stroh. Faire barbe de *foüerre* ou de foirre à Dieu, *prov.* falsch Geld in den Klingelbeutel werfen.

FOüESNE, FAINE ou FAYNE, *s. f.* die Frucht des Buchbaums.

FOüET, *s. m.* eine Ruthe; das Hauen mit der Ruthe, der Staupbesen.

FOüET, eine Geissel, Peitsche. Il a bien fait claquer son *foüet*, er hat ehedessen auch wacker geklatscht, mitgemacht.

FOüET, die Vorschnur (Zwick) an der Peitsche.

FOüETTER, *v. a.* peitschen, schlagen; mit Ruthen streichen. Donner le *fouet* à un enfant, einem Kinde die Ruthe geben. Il a eu le *fouet*, er ist ausgestrichen worden.

FOüETTER, (bey den Buchbindern) ein Buch schnüren.

FOüETTER, umrühren, durch einander rühren und schlagen.
Le vent *fouette* cruëllement, der Wind zerreißt das Gesicht, macht es aufspringen.
Les canons *fouettent* dans la campagne, die Stücke bestreichen die Ebene, daß sich nichts darf sehen lassen.

FOüETTER le plâtre, den Mörtel mit einem Besen an die Mauer werfen, daß sie zur Zierde an gewissen Orten rauh bleibe.
Cû *fouetté*, ein Kind, so in der Schule Streiche bekommen hat.
Crême *fouettée*, Sachen, die guten Schein haben und doch nichts sind.
Tulipe *fouettée*, eine gestreifte Tulpe, roth auf weiß.

FOüETTEUR, *s. m.* euse, *f.* der oder die gerne peitscht.

FOUGADE, *s. f.* eine Art Minen, ein Werk zu sprengen.

FOUGASSE, *v.* FOUGADE & FOüASSE.

FOUGE, *s. f.* das, was ein Schwein mit dem Rüssel aufwirft.

FOUGER, *v. a.* aufwühlen, wie die wilden Schweine das Erdreich.

FOUGERAïE, ein Ort, wo viel Farrkraut ist und wächst.

FOUGERE, *s. f.* ol. Farrenkraut; item ein Glas von der Asche dieses Krauts gemacht.
Danser sur la *fougère*, auf dem Grase tanzen.

FOUGON, *s. m.* der Herd oder die Küche in einem Schiffe.

FOUGUE, *s. f.* Hitze, Eifer, jäher Zorn, rasendes Wesen an Menschen und an Vieh; Einfälle der Poeten. Etre en *fougue* contre quelqu'un, gegen jemand heftig erzörnet seyn; im Zorne entbrannt seyn. Cheval qui a trop de *fougue*, Pferd, so allzu flüchtig ist. La *fougue* de l'âge, die Hitze der Jugend.

FOUGUE, *s. m.* (auf den Schiffen) der Besaensmast oder der hinterste Mast und dessen Segelstange.

FOUGUEUX, euse, *adj.* hitzig, eiferig, feurigen Wesens; zornig, wild, übereilend. Un esprit *fougueux*, ein hitziger Kopf. Cheval *fougueux*, ein flüchtiges Pferd.

FOUïE, *s. m.* ein Bäumlein, dessen Blätter die Färber zum Schwarzfärben gebrauchen, Sumach, Färberbaum, auch Grubenbaum genannt.

FOüILLE, *s. f.* das Graben, Aufgraben, das Aufwühlen der Erde. Faire une *fouille*, einen Graben aufwerfen.

FOüILLE-MERDE, *s. m.* ein Roßkäfer, Dreckkäfer.

FOüILLE-MERDE, ein säuischer, unflätiger Scribent.

FOüILLER, *v. a. & n.* graben, die Erde aufwerfen. *Fouiller* les terres pour bâtir, den Grund zum Gebäu graben.

FOüILLER, wühlen, als Schweine und Maulwürfe herauswühlen aus der Erde.

FOüILLER, ausgraben, als Steine, Metalle.

FOüILLER, unterwühlen, untergraben; aushöhlen, vertiefen, als Bildschnitzer.

FOüILLER, aussuchen ein Haus, einen Dieb.

FOüILLER dans un coffre, in einem Kasten suchen.

FOüILLER dans les monumens de l'antiquité, in den Schriften der alten Zeit nachsuchen.

FOüILLER trop avant dans les mystères, den Geheimnissen gar zu weit nachforschen.

FOüILLER les tombeaux, les cendres des morts, die Todten nicht ruhen lassen, sie beschuldigen.

FOüILLOUX, *s. f.* ein Autor, so von der Jagd geschrieben hat.
Parler *fouilloux*, weidmännisch reden, die Redensarten der Jäger wissen.

FOüINE, *s. f.* ein Marder.

FOüINE, eine Heugabel.

FOüIR, *v. a. & n.* graben; umgraben. *Fouir* la terre, die Erde umgraben.

FOULE, *s. f.* eine Menge Volks, Gedränge. Le monde venoit en *foule* à Lyon, das Volk kam häufig nach Lyon. Je l'ai vû suivi d'une *foule* de laquais, ich habe ihn mit einer grossen Menge von Bedienten umgeben gesehen.

FOULE, ein Haufen Worte, Besuchungen. La *foule* des visites l'accable, die Menge der Besuchungen überhäufet ihn.

FOULE, das gemeine Volk, der Pöbel. Se tirer de la *foule*, sich von dem Pöbel unterscheiden, vor andern herfürthun.

FOULE, Unterdrückung, gewaltthätige Bedrängung.

FOULE, das Walken.

en FOULE, haufenweise.

à la FOULE, mit Haufen.

FOULE, *s. m.* der Mast am Hintertheile des Schiffes und seine Segelstange.

FOULEE, *s. f.* eine geringe Spur des Wildes im Grase, in den Blättern, im Sande etc.

FOULER, *v. a.* walken. *Fouler* du drap, des bas, des chapeaux, Tuch, Strümpfe, Hüte walken.

FOULER, treten, stampfen mit Füssen. *Fouler* des raisins, Trauben in der Kufe (in Tretgeschirre) treten. *Fouler* l'herbe, das Gras niedertreten.

FOULER, (auf der Reitschule) *fouler* un che-

cheval, ein Pferd abreiten, müde reiten.
Un nerf foulé, eine verstauchte Spannader.

FOULER une province, eine Landschaft ausmergeln, übermäßig beschweren.

FOULER, (im Gartenbau) dem Wurzelwerke den Herzstengel abbrechen, damit es in die Wurzel wachse.

FOULER aux pieds l'autorité des loix, die Gesetze unter die Füsse treten, verachten, freventlich übertreten.

FOULERIE, s. f. eine Walkmühle; eine Weinkelter, wo man den Wein tritt.

FOULEUR, s. m. ein Walker.

FOULOIR, s. m. der Ort, wo man die Waaren walket oder zurichtet (besser, fouloire); it. ein Sticklader (besser, refouloir).

FOULOIRE, s. f. die Werkstatt der Walker, wo Strümpfe ꝛc. zugerichtet werden; das Walkfaß; auch der Walktisch der Hutmacher.

FOULON, s. m. ein Tuchwalker.
Moulin à foulon, eine Tuchwalkmühle.

FOULQUE, s. m. ein schwarzes Wasserhuhn.

FOULURE, s. f. eine Verletzung durch Drücken mit dem Sattel. Cheval qui a une foulure, ein Pferd, das gedrückt ist.

FOULURE, daß abgebrochene Reißig, das der Hirsch im Laufe mit dem Bauche abbricht.

FOUR, s. m. ein Backofen. Pièces de four, Gebackenes, als Kuchen, Torten ꝛc. Ce pain a trop de four, das Brod ist zu hart gebacken.

Four & fruit, der Nachtisch bey der königlichen Tafel.

Faire un four, die Leute wieder müssen gehen lassen von der Comödie, weil man wegen geringer Anzahl derselben nicht hat spielen können.

Porter le pâté au four, wegen eines andern Missethat gestraft werden.

Ce n'est pas pour vous que le four chaufe, prov. diß ist nicht für euch gewidmet; es wird euch nicht an die Zähne brennen.

Four à chaux, à brique, à plâtre, de verrerie, ein Kalk- Ziegel- Gyps- Glasofen.

Four, der Ort, wo man zum Kriege gezwungene Leute aufhält.

FOURAGE, voiés FOURRAGE.

FOURBE, s. m. & adj. ein Betrüger, listiger Mensch; heimtückisch, falsch, verstellt. Esprit fourbe, ein schelmisches Gemüth.

FOURBE, s. f. Betrug. Faire une fourbe, einen Betrug (Schelmstück) begehen.

FOURBER, v. a. listig betrügen, tückisch hintergehen.

FOURBERIE, s. f. Betrüglichkeit, falsches Wesen, Hinterlist.

FOURBIR, v. a. fegen, reiben, poliren, sonderlich das Gewehr und Waffen.

FOURBIR une femme, mit einem Weibe zu schaffen haben.

FOURBISSEUR, s. m. Schwerdtfeger.

FOURBISSURE, s. f. das Schwerdtfegen, das Poliren.

FOURBU, ë, adj. cheval fourbu, ein Pferd das steif ist, und nicht wohl gehen kan, weil es in der Hitze gesoffen hat.

FOURBUR, s. m. wenn man die Jagdhunde wieder zusammen ruft mit Schreyen und Blasen.

FOURBURE, s. f. Rähe, eine Krankheit der Pferde, da sie vom Trinken in der Hitze steif worden sind.

FOURCAT, voiés FOURQUE.

FOURCELLE, s. f. die Brust, (ist alt).

FOURCHAGE, s. m. ol. eine Linie eines Geschlechts, ein Ast, wenn deren viele von einem Stamme da sind.

FOURCHE, s. f. eine Gabel, zum Heu, Mist ꝛc. Panser les chevaux à la fourche, die Pferde mit der Mistgabel schlagen, ihnen mehr Streiche als Haber geben.

Faire une chose à la fourche, etwas übel verrichten.

Etre traité à la fourche, übel, spöttisch tractiret werden.

FOURCHES oder FOURCHES patibulaires, Marksäule, Hegesäule; das Gericht, der Galgen.

FOURCHE-FIÈRE, s. f. Mistgabel.

FOURCHER, v. n. sich gabelweise theilen, sich spalten, oder sich sonst in zwey Theile sondern, als Aeste auf dem Baume, als Haare, die lang werden, als ein Weg, der sich scheidet. Branche qui fourche bien, ein Ast, der wohlgespaltene Zacken treibet.

Chemin qui fourche, Weg, der sich scheidet.

La langue lui a fourché, er hat sich verredet, ein unrechtes Wort gesagt.

Cette famille n'a point fourché, diß Geschlecht hat nur eine Linie behalten, hat sich nicht vermehret.

se FOURCHER, v. r. sich als eine Gabel enden.

Pié fourché oder pié fourchu, gespaltene Klauen; it. der Tribut, so auf solches Vieh gelegt ist.

FOURCHET, s. m. ein Geschwür zwischen zweyen Fingern.

FOURCHETTE, s. f. eine kleine Gabel, wie man zum Essen braucht.

FOURCHETTE, eine eiserne Küchengabel, das Fleisch aus den Töpfen zu langen.

FOURCHETTE, ein Gäbelein am Weinstock.

FOURCHETTE, ein mit einer eisernen Gabel oben beschlagener Stock, da man vor diesem die Musquete zum Schiessen darauf legte.

FOURCHETTE, die Eisen vornen am Ballester,

ster, worinnen die Coralle oder das durchbohrte Kügelein hängt, wodurch man zielt.

FOURCHETTE, das Leder bey den Handschuhmachern, das man zwischen die Finger längs hinauf setzt.

FOURCHETTE, der Ort, wo sich das Huf der Pferde hinten zu theilen scheinet.

FOURCHETTE, ein Bein am Geflügel auf der Brust, das als eine Gabel gestaltet ist.

FOURCHETTE, eine Hemmgabel, die man am Wagen hat, und bergauf niederläßt, daß der Wagen nicht zurück laufe.

FOURCHON, *s. m.* eine Gabelspitze oder Zacke. Fourchette à trois *fourchons*, eine Gabel mit drey Spitzen.

FOURCHON, (an einem Baume) der Ort, wo zwey Aeste heraus wachsen.

FOURCHU, ë, *adj.* gespalten, gabelweise getheilt. Chemin *fourchu*, ein Scheideweg. Le bâton *fourchu*, die Wünschelruthe. Menton *fourchu*, gespaltenes Kinn.

FOURCHURE, *s. f.* der Spalt, wo sich etwas theilt oder anfängt sich zu theilen. La *fourchure* des doigts, die Zertheilung der Finger.

FOURER, *voiés* FOURRER.

FOURGON, *s. m.* ein Marketender-Bagage- oder Proviantwagen.

FOURGON, eine Ofenkrücke der Becker; auch eine Ofengabel.

La pelle se moque du *fourgon*, ein Esel schilt den andern ein Langohr.

FOURGONNER, *v. n.* dans le feu, das Feuer schüren mit der Ofengabel.

FOURGONNER, alles untereinander werfen.

FOURMI, *s. f.* eine Ameise.

Il a mangé des œufs de *fourmi*, er läßt viel Winde streichen, farzt wie ein Esel.

Il a des œufs de *fourmi* sous les pieds, er kan an keinem Orte stille stehen.

FOURMILLEMENT, *s. m.* das Jucken in der Haut, als wenn Ameisen liefen.

FOURMILLER, *v. n.* wimmeln, häufig da seyn, als Ameisen, die auf ihrem Haufen herum laufen; jucken, als wenn Ameisen liefen. La France *fourmille* de braves gens, es wimmelt alles in Frankreich von braven Leuten. L'étang *fourmille* de poissons, der Teich wimmelt von Fischen.

FOURMILLIERE, *s. f.* ein Ameisenhaufe.

FOURNAGE, *s. m.* der Backerlohn; das Backofengeld; der Backofenzins.

FOURNAISE, *s. f.* (in biblischen Redensarten) ein Ofen. Les trois enfans dans la *fournaise*, die drey Männer im feurigen Ofen. Etre éprouvé comme l'or dans la *fournaise*, bewährt, geprüft, als Gold im Feuer oder im Ofen.

FOURNAISE, (bey dem Münzwesen) die Werkstatt, wo der Ambos ist, und man die Sorten zurichtet.

FOURNEAU, *s. m.* ein kleiner Ofen, als der Apotheker, der Goldschmiede; auch ein Ziegel- Kalch- und Töpferofen.

FOURNEAU de chymiste, ein Distillirofen.

FOURNEAU de forge, ein Schmelzofen bey den Eisenhämmern.

FOURNEAU de charbonnier, ein Kohlbrennerhaufe, das zusammen geschichtete Holz, das sie mit Erde bedecken, und Kohlen davon brennen.

FOURNEAU, (im Kriege) die Pulverkammer in der Mine.

FOURNE'E, *s. f.* ein Back- oder Brennofen voll. Il a pris un pain sur la *fournée*, ein Sprichwort von einem, der ein Mensch schwängert, bevor er mit ihr getrauet worden.

FOURNIER, *s. m.* e, *f.* ein Becker, sonderlich ein Zwangbecker.

FOURNIL, *s. m.* der Ort im Hause, wo der Backofen ist.

FOURNIMENT, *s. m.* eine Pulverflasche, ein Pulverhorn.

FOURNIR, *v. a. & n.* versehen, verschaffen, herschaffen, hergeben, gar voll machen, gar dazu thun was mangelt; vorbringen, anführen vor Gerichte was zur Vertheidigung gehört; gewachsen seyn, Genügen thun. *Fournir* quelqu'un de marchandise, einen mit Waaren versehen. La rivière *fournit* du poisson en abondance, der Strom giebt Fische in Menge. Il ne peut plus *fournir* au travail, er kan die Arbeit nicht länger bestreiten. Il a entrepris de *fournir* l'armée de vivres, er hat über sich genommen, die Armee mit Lebensmitteln zu versehen.

C'est un esprit, qui *fournit* à tout, er weiß auf alles Bescheid zu geben.

Je ne puis plus *fournir* à mes leçons, ich kan nicht mehr wohl Lectiones geben.

Un homme bien *fourni*, ein Mensch, der mit starken Leibesgliedern versehen ist.

Un cent de paille *fourni* de quatre au cent, 100 Bund Stroh und 4 darüber.

FOURNIR, (im Rechtshandel) eingeben, einbringen, einkommen. *Fournir* ses défenses, seine Verantwortung beybringen.

FOURNIR & faire valoir un fonds, ein Landgut bauen oder bessern.

FOURNIR bien sa carrière, seinen Lauf vollenden.

FOURNISSEMENT, *s. m.* das Versehen mit etwas, Anschaffung eines Dinges.

FOURNISSEUR, *s. m.* der etwas anschaft, einen mit etwas versiehet.

FOURNITURE, *s. f.* das Versehen mit etwas; der Vorrath, den man sich von etwas anschaft. Faire *fourniture* de bois, de beure &c. Vorrath von Holz, Butter ꝛc. anschaffen.

FOUR-

Fourniture, die Zugehörde, Zuthaten zu einem Kleide, als Barchent, Seide, Cameelhaar, Knöpfe ꝛc.
Fourniture, die Zwickel und andere kleine Bißgen Leder, so die Beutler brauchen, wenn sie Handschuhe machen.
Fourniture, ein Gemeng von allerley schmackhaften Kräutern, die man unter den Salat nimmt. Cette salade n'a pas asses de *fourniture*, dieser Salat ist nicht genug mit Kräutern versetzt.
Fourniture, ein Register in der Orgel von unterschiedlichen Reihen Pfeifen, die Mixtur genannt.
Fourniture, (bey den Weinhändlern in Paris) eine Partey Wein von 21 Ohmen; (bey den Kornhändlern) von 21 Scheffel.
FOURQUE, *s. f.* ein gabelförmiges Holz in den Schiffen, wo das Schiff anfängt enger eingezogen zu werden.
FOURRAGE, *s. m.* Stroh und rauh Futter für die Pferde.
Fourrage, Fütterung für die Pferde bey einer Armee. Aller au *fourrage*, Fütterung holen.
FOURRAGEMENT, *s. m.* (im Kriege) das Ausgehen aufs Futterholen, das Futtragiren.
FOURRAGER, *v. a.* verfüttern, auffüttern; auf das Futterholen ausgehen; alles aufzehren. *Fourrager* la campagne, das Land auszehren.
Fourrager, verderben, abfressen, als das Wild das Getreyd. Les cerfs *fourragent* les blés, die Hirsche thun im Getreyde Schaden.
FOURRAGEUR, *s. m.* einer der aufs Futterholen ausreitet. Surprendre les *fourrageurs*, die Futterknechte überfallen.
FOURREAU, *s. m.* eine Scheide, Ueberzug. *Fourreau* d'epée, Degenscheide.
Fourreau de pistolet, eine Pistolhalfter.
Fourreau de fusil, ein Futter oder Sack zu einer Büchse.
Fourreau de carosse, de robe d'enfant, ein Ueberzug oder Decke um eine Kutsche, über ein Kleid der Kinder, ein Ueberwurf.
Fourreau, die Haut um das Glied eines Hengstes.
Fourreau d'épi, Kappe, worinn die Aehr steckt, wenn sie schossen will. L'orge est en *fourreau*, die Gerste steht in Kappen.
Fourreau, ein Wickel, womit die Gürtler die Taschen der Gehenke ausstopfen.
Fourreau, die Scheide an einer Pferdeseele.
Il a couché dans son *fourreau*, oder il a couché comme l'epée du Roi dans son *fourreau*, er hat in seinen Kleidern geschlafen.
FOURRELIER, *s. m.* ein Futteralmacher, Huistermacher.

FOURRER, *v. a.* etwas als in ein Futteral hinein gehen machen, hinein stecken, hinein schieben, hinein stossen; verbergen, verstecken; hinein bringen; mit etwas füttern, als mit Pelzwerke. *Fourrer* sa main dans la poche, die Hand in den Schubsack stecken. *Fourrer* quelque chose dans la bouche, etwas in den Mund stecken. *Fourrer* son nez par-tout, die Nase in alles stecken. *Fourrer* un juste-au-corps de peaux de renard, einen Leibrock mit Fuchspelze füttern.
Fourrer une monnoie, eine geringhaltige Münze mit gutem Silber oder Golde überlegen oder überziehen, und die Leute betrügen.
se Fourrer, *v. r.* dans une compagnie, sich in eine Gesellschaft eindringen, einmengen. Se *fourrer* dans les affaires d'autrui, sich in fremde Händel mischen.
Une paix *fourrée*, ein verstellter Friede, der nicht lange dauert.
Un coup *fourré*, ein Streich, auf den man gleich wieder einen dagegen bekoṁt.
FOURRE', was aussen schöner und besser als innen ist; aussen hui, und innen pfui.
Lieux *fourrés*, die dicken Büsche, wo die wilden Schweine ihr Lager haben.
Langues *fourrées*, gefüllte Zungen, da die Haut mit allerley Gehacktem ausgefüllt ist.
Un innocent *fourré* de malice, ein Mensch, der aussen fromm scheint, und innen bös ist.
FOURREUR, *s. m.* ein Rauchhändler, Kürschner, *v.* PE'LE'TIER.
FOURRIER, *s. m.* ein Furier, Quartiermeister.
FOURRIERE, *s. f.* die Holzkammer in grosser Herren Schlössern.
FOURRURE, *s. f.* das pelzerne Unterfutter; ein gefütterter Pelzrock der Personen, die eine academische Würde annehmen.
Fourrure, (in der Wappenkunst) Grauwerk; Hermelin.
Fourrures, (in der Seefahrt) die alten zerfaserten Seile, womit man die neuen bewickelt, daß sie geschont werden.
FOURVOIEMENT, *s. m.* Verirrung.
FOURVOIER, *v. a.* von dem Wege abbringen, des rechten Weges verfehlen machen. (ist alt.)
se Fourvoier, *v. r.* sich verirren, sich vergehen.
FOURVOIE', ée, *part.* verirrt; der eine irrige Meynung hat.
FOUTEAU, *s. m.* eine Buche, die gerade aufschiesst.
FOYE, *s. m.* die Leber. Il a des chaleurs de *foye*, er hat Finnen im Gesichte; it. er erzürnt sich bald, er hat eine hitzige Leber.

FOYER, *s. m.* der Herd; ein Marmel-oder anderer Stein vor dem Herde.

FOYER, der Ort im Töpferofen, wo man die Kohlen hinthut.

FOYER, eine Nachtleuchte oder Seeleuchte.

FOYER, (in der Geometrie) die Centra einer Ellipsis, oder Parabelfläche.

FOYER, (in der Optic) wo viel radii zusammen kommen.

FOYER, (in der Medicin) der Ort, wo ein Fieber seinen Ursprung bekommt.

FOYER, das kleine Plätzlein, das ein Brennglas macht, wenn die Sonne dadurch etwas anzünden soll.

FOYES, *s. f. plur.* die Fährte oder Spur, wo ein Hirsch gegangen ist.

FRACAS, *s. m.* Zerschmetterung; Geprassel. Les bombes font un grand *fracas*, die Sprengkugeln richten grosse Zerstörung an.

FRACAS, Geräusch; Getöse. Le *fracas* des armes, das Getöse, (Gerassel) der Waffen. Faire de *fracas*, Händel, Unruhe anrichten.

FRACASSER, *v. a.* zerbrechen, zerschmettern, zertrümmern, zerscheitern.

FRACTION, *s. f.* das Brechen, als des Brods im Abendmahl.

FRACTION, (in der Rechenkunst) ein Bruch der Zahlen, gebrochene Zahl.

FRACTURE, *s. f.* ein Bruch; Riß. *Fracture* dans un mur, ein Riß in der Mauer. Il y a *fracture* à l'os, (in der Heilkunst) es ist ein Bruch an dem Beine, das Bein ist zerspalten.

FRAGILE, *adj. c.* zerbrechlich; gebrechlich, schwach, nicht stark; vergänglich, eitel; zärtlich; unbeständig. Le verre est *fragile*, das Glas ist zerbrechlich. Félicité *fragile*, zerbrechlicher (vergänglicher) Glücksstand.

FRAGILITE', *s. f.* Gebrechlichkeit, Zerbrechlichkeit; Schwachheit; Vergänglichkeit.

FRAGMENT, *s. m.* ein abgebrochen Stück; ein überbliebener Theil von einer Schrift. Les *fragmens* de Pétronius, die überbliebene Stücke des Petronius. *Fragmens* précieux, Stücke von Edelgesteinen.

FRAGMENT, (in der Römischen Kirche) die Brocken der gesegneten Hostie.

FRAI, oder FRAÏE, *s. m.* das Laichen der Fische; die Laichzeit; der Laich, als Fischlaich, Froschlaich, auch wenn er lebendig worden ist. *Frai* de carpe; *Frai* de grenoüille, Karpfenlaich; Froschlaich.

FRAI, das Abwetzen der Münzen, wenn das Gepräge verblichen, abgerieben durch vieles Ausgeben und Einnehmen. Le *frai* diminuë le poids des espèces, die Abnützung der Münzen verringert ihr Gewicht.

FRAICHEMENT, *adv.* frisch, neulich. Des nouvelles venuës tout *fraichement*, ganz neu eingelaufene Zeitungen. Etre assis *fraichement* à l'ombre, im kühlen Schatten sitzen.

FRAICHEUR, *s. f.* die Kühle der Luft, des Getränks, des Wassers rc. La *fraicheur* des roses, die frische Kraft der Rosen, die noch nicht welk worden. Nous nous promènerons le matin à la *fraicheur*, wir wollen des Morgens in der Kühle spazieren gehen.

FRAICHEUR, Gesundheit, Schönheit, Lebhaftigkeit. Cette femme a encore de la *fraicheur* pour son âge, diese Frau ist nach ihrem Alter noch schön, frisch und gesund.

Ce bâteau va en *fraicheur*, das Schiff gehet gerade (frisch) fort, mit gutem Winde.

FRAICHIR, *v. n.* anfangen stärker zu wehen, als der Wind auf der See. Le vent *fraichit*, der Wind kühlet.

FRAÏE, FRAÏEMENT, FRAÏER, FRAÏEUR, FRAÏOIR, FRAÏÜRE, *voies* FRAY.

FRAIS, FRAICHE, *adj.* frisch; kühl; neu; gesund; munter; lebhaft; noch ungesalzen. Un vent *frais*, ein kühler Wind. De l'eau *fraiche*, frisch Wasser. Oeufs *frais*, frische Eyer. La lettre est de *fraiche* datte, der Brief ist neu geschrieben. Une plaïe *fraiche*, eine frische Wunde, Avoir la mémoire *fraiche* d'une chose, eine Sache noch in frischem Gedächtnisse haben. Il fut renforcé par des bataillons *frais*, er ward durch frische Schaaren verstärket. Il est encore *frais* pour son âge, nach seinem Alter ist er noch frisch, (stark und gesund). Un teint *frais*, eine frische (lebhafte) Haut oder Farbe.

Vent *frais*, (in der Seefahrt) starker guter Wind vor die Schiffe.

Un cheval qui a la bouche *fraiche*, ein Pferd, das gesund ist und mit dem Munde schäumt.

FRAIS, *adv.* frisch; neulichst.

FRAIS, *s. m.* die kühle Luft.

FRAIS, *s. m. plur.* oder FRAIX, Unkosten, Ausgaben, Kosten; (im Ballhause) das Geld vor die Ballen, die man verliert; (in Processachen), die Unkosten, die einem hier und da draufgehen, ohne die gerichtliche gesetze Taxe. (Dépens aber sind die tarirten Unkosten vor jedes, was gerichtlich vorgeht).

Tous *frais* faits, nach abgezogenen Unkosten.

Il en sera pour les *frais*, er mag zusehen, wie er sein Geld wieder kriegt.

A' peu

FRA   FRA   587

A' peu de *frais*, daß es nicht viel koſtet.
A' moitié *frais*, daß ein jeder die Helfte der Unkoſten trägt.
Travailler ſur nouveaux *frais*, etwas aufs neue wieder anfangen, als wenn man es nie gethan hätte.
Se mettre en *frais*, ſich einmal angreifen, einige Unkoſten anwenden, das man ſonſt nicht thut.

FRAISCH. *v.* FRAICH.

FRAISE, *ſ. f.* Erdbeer.

FRAISE, (bey dem Schloſſer) ein erdbeerförmiger Bohrer.

FRAISE, ein Kragen, der vor dieſem an dem Saume ausgefaſet war; hernach ein gekräuſelter Kragen.

FRAISE de veau, ein Kälberkrös.

FRAISE, die kleinen dichten Blättlein an einander, an den Anemonen.

FRAISE, ſchief eingeſteckte Palliſade. Demi-lune fortifiée de *fraiſes*, ein halber Mond mit Sturmpfälen (Palliſaden) verſtärkt.

FRAISE, die Pfäle, ſo man um die Pfeiler einer Brücke herum ſchlägt.

FRAISE, der krauſe Ring unten an den Hirſchſtangen, die Roſe.

FRAISER, *v. a.* Pfäle oben in ein Schanzwerk einlegen, daß ſie mit den Spitzen heraus gehen, als Franzen an einem Kragen.

FRAISER, (im Exerciren) ein Troupp Fußgänger mit Piquenierern umgeben oder bedecken.

FRAISER, etwas kräuſeln, als einen Kragen.

FRAISER la pâte, (bey den Paſtetenbeckern) den Butterteig wohl durchwirken.

FRAISER, ein Loch auf einer Seite mit einem gewiſſen Eiſen weit machen, daß es auf der andern eng bleibe.

FRAISER, die Haut von Bohnen abmachen.

FRAISETTE, *ſ. f.* eine kleine und ſchmale Franze.

FRAISI, FRAISIER, *v.* FRAISIL.

FRAISIER, *ſ. m.* Erdbeerkraut oder Strauch.

FRAISIL, *ſ. m.* die Aſche von den Steinkohlen, ſo in dem Schmiedofen überbleibet.

FRAISOIR, eine Art Bohrer.

FRAISQUE, FRESQUE, *ſ. f.* (bey den Mahlern) eine Mahlerey mit Waſſerfarben auf Kalk; ein ſolch Gemählde.

FRAIX, FRAIZ, *v.* FRAIS, *ſ. m. plur.*

FRALATER, *v.* FRELATER.

FRAMBOISE, *ſ. f.* Himbeer, Brombeer, Hohlbeer.

FRAMBOISER, *v. a.* mit Himbeeren einmacken.

FRAMBOISIER, *ſ. m.* eine Himbeerſtaude.

FRANC, *m.* FRANCHE, *ſ. adj.* frey; redlich, aufrichtig; freywillig; recht. Un

franc Iſraëlite, ein rechter Iſraelit; trois jours *francs*, drey ganzer Tage.

FRANC du collier, ſagt man von einem Pferde, das ohngetrieben zieht; item von einem Freunde, der unerinnert einem beyſteht.

Botte *franche*, (im Fechten) ein Stoß der nicht hat parirt werden können.

Langue *franche*, oder langage *franc*, eine Sprache der Seefahrenden auf dem mittelländiſchen Meere, von aller Europäiſchen Länder Sprachen zuſammen geſezt.

Ligne *franche*, eine leere Linie im Schreiben, die man einem zu Ehren leer läßt.

Part *franche*, einer der nichts bey einem Dinge mit bezahlt, der frey ausgeht.

FRANC du quarreau, *v.* FRANC-QUARREAU.

FRANC, *ſ. m.* ein Franken, eine franzöſiſche Münze von 20 Sols, oder 24 Kreuzern Reichsgeld. (Ein Berner- oder Genferfranken aber thut 36 Kreuzer Reichsgeld.)

FRANC, (bey den Gärtnern) ein zahmer Baum, ein gepfropfter Stamm. Enter ſur le *franc*, auf einen zahmen Stamm pfropfen. Enter *franc* ſur *franc*, zahm auf zahm pfropfen.

FRANC, *adv.* frey, aufrichtig, unverholen; ganz und gar. Il ſauta le foſſé tout *franc*, er ſprang völlig über den Graben.

FRANC-ALLEU, *ſ. m.* ein freyes Erblehn, zinsfreyes Gut; auch wohl ein Gut, das von niemand zu Lehn geht.

FRANC-ARBITRE, *ſ. m.* der freye Wille.

FRANC-ARCHER, *ſ. m.* Freyſchütz, ein Bogenſchütz, der deswegen alle Freyheit im Lande genießt. C'eſt un *franc-archer* que cette femme, dieſe Frau iſt wie ein Soldat, ſie hat ein Herz wie ein Mann.

FRANC-BOURGEOIS, *ſ. m.* Freyburger.

FRANC-COMTOIS, *ſ. m.* FRANC-COMTOISE, *ſ.* einer oder eine aus der Franche-Comté.

FRANCE, *ſ. f.* Frankreich. Isle de *France*, eine Provinz in Frankreich, worinnen Paris die Hauptſtadt iſt.

de FRANC-E'TABLE, *adv.* s'aborder de *franc-étable*, wird von zweyen Schiffen geſagt, die mit ihrem Vordertheile an einander ſtoßen, und ſich anhängen.

FRANC-FIEF, *ſ. m.* ein Ritterlehn.

FRANCFORT, (ſur le Mayn), Frankfurt, (am Mayn) ein Käyſerliche freye Reichs- und Handelsſtadt.

FRANCFORT, (ſur l'Oder) Frankfurt (an der Oder) eine Churbrandenburgiſche Stadt.

FRANC-FUNIN, *ſ. m.* (auf den Schiffen) ein dick Seil, zum Canoneneinladen ꝛc.

FRANC-GAULOIS, *ſ. m.* ein altväteriſcher Kerl; ein aufrichtiger Mann, ein alter Deutſcher.

Eeee 2   FRANCHE-

FRANCHE-COMTE', *s. f.* die Grafschaft Burgund, sonderlich Hochburgund.
FRANCHE-LIPPE'E, *s. f.* freye Zeche, Schmaus.
FRANCHEMENT, *adv.* frey heraus, unverholen; frey, ohne Zins oder Auflage.
FRANCHIR, *v. a.* völlig hinüber springen, als über einen Graben; hinüber kommen, drüber reisen, als über das Gebirge; über die Grenzen gehen, die Grenzen überschreiten; Schwierigkeiten, Gefahr überwinden. *Franchir* les bornes de la pudeur, die Schranken der Ehrbarkeit (der Zucht) überschreiten; Scham und Zucht hintansetzen. *Franchir* une difficulté, einer Schwierigkeit abhelfen.
FRANCHIR le pas, oder le faut, sich endlich zu was entschliessen.
FRANCHIR le mot, das letzte Wort sagen, wobey es bleiben soll, mit einem Worte sagen, als im Markten oder Kaufen, was man geben will; it. endlich ein Wort heraus stossen, ausbrechen lassen.
FRANCHIR l'eau, das Wasser aus dem Schiffe pumpen.
FRANCHISE, *s. f.* Freyheit, in Entgegensetzung der Sclaverey; Befreyung von dem was andere thun müssen.
FRANCHISE, Aufrichtigkeit, Redlichkeit. Un cœur plein de *franchise*, ein aufrichtiges Herz.
FRANCHISE, Freystätte, ein Ort der Zuflucht, eine Freyung in einer Stadt.
Avec *franchise*, frey heraus, unverholen, aufrichtiger Weise.
la FRANCHISE des quartiers, Quartierfreyheit, vor diesem der Gesandten zu Rom. Les Ambassadeurs jouïssent de la *franchise* de leurs quartiers, die Gesandten geniessen der Befreyung ihrer Wohnungen.
FRANCHISE de pinceau, de burin, freye und ungezwungene Art zu mahlen oder in Kupfer zu stechen.
Gagner sa *franchise*, losgesprochen werden, als ein Lehrjung.
FRANCIN, *s. m.* reines Pergament.
FRANCISER, *v. a.* ein Wort zum französischen Worte machen.
FRANCISQUE, *s. f.* eine Art Streitärte oder Hellebarden bey den alten Franken.
FRANG-LEVAIN, *s. m.* Sauerteig.
FRANC-MAÇON, *s. m.* ein Freymäurer.
FRANÇOIS, *s. m.* e, *s.* ein Franzos, eine Französin.
FRANÇOIS, e, *adj.* Französisch.
FRANÇOIS, *s. m.* die Französische Sprache. Apprendre le *françois*, Französisch lernen. En bon *françois*, deutlich, frey heraus. Parler *françois* à quelqu'un, einem etwas frey heraus sagen.

FRANÇOIS, *s. m.* ein Mannsname.
FRANÇOISE, *s. f.* ein Weibername.
[NB. Obige zwey Worte werden gelesen wie sie geschrieben sind.]
à la FRANÇOISE, *adv.* auf Französisch.
FRANCOLIN, *s. m.* eine Art Berghüner auf den Alpen.
FRANCONIE, *s. f.* Franken; Frankenland.
FRANC-QUARREAU, *s. m.* ein viereckigter Platz oder Stein auf dem Boden, auf welchen man Geld oder sonst etwas im Spielen wirft, wer am nächsten dem Mittelpunct liegt, hat gewonnen.
FRANC-QUARTIER, *s. m.* das erste Feld auf einem Schilde in den Wappen.
FRANC-RE'AL, *s. f.* eine Art guter Winterbirn.
FRANC-SALE', *s. m.* Salzsteuerfreyheit, keine Auflage davon geben zu dürfen.
FRANC-TILLAC, *s. m.* der Schiffboden, so dem Wasser am nächsten ist.
FRANGE, *s. f.* Franzen.
FRANGER, *v. a.* mit Franzen besetzen.
FRANGE', ée, *part. & adj.* gefranzt.
FRANGIER oder FRANGER, *s. m.* ein Franzenmacher oder Krämer.
FRANGIPANE, *s. m.* perfumirte oder wohlriechende Felle zu Handschuhen.
FRANGOTTE, ou FARGOT, eine kleine Balle Waar.
FRANGULA, *s. f.* (ein Strauch) Hundsbeerstaude, Faulbaum, Zapfholz.
à la FRANQUETTE, *adv. vulg.* frey heraus, unverholen; aufrichtig, redlich.
FRAPARD, *s. m.* ein liderlicher Mönch.
FRAPE, *s. f.* das Gepräge auf der Münze.
FRAPE-MAIN, *s. m.* ein Kinderspiel, da eines die Hände auf den Rücken legt, und denjenigen errathen muß, der darein schlägt.
FRAPEMENT, *s. m.* de mains, das Händeklatschen, Zusammenschlagung der Hände.
FRAPER, *v. a. & n.* schlagen, stossen, klopfen, hauen. *Fraper* de la monnoïe, Münze prägen. *Fraper* à la porte, anklopfen, anpochen an der Thüre. *Fraper* du pied, mit dem Fusse auf die Erde stossen, vor Unwillen oder Zorn.
FRAPER les oreilles, vor Ohren kommen.
FRAPER les yeux, in die Augen fallen.
FRAPER le cœur, das Herz rühren. Cette raison lui a *frapé* l'esprit, dieser Beweis hat ihn überzeuget. Il est *frapé* de cette opinion, diese Meynung hat ihn ganz eingenommen. Il a été *frapé* d'étonnement, er ist erstaunt, er ist bestürzt worden.
Etre *frapé* de la peste, de la lèpre, die Pest, den Aussatz bekommen.
FRAPER d'anathème, in den Bann thun.
FRAPER à route, die Hunde auf der Jagd wieder auf die Spur bringen.

Ces

Ces deux personnes sont *frapées* à même coin, diese zwey Personen sind über einen Laisten geschlagen.

FRARAGE, *voiés* PARAGE.

FRASE, *voiés* FRAISE.

FRASQUE, *s. f.* faire une *frasque* à quelqu'un, einem einen Possen beweisen.

FRASSINELLE, *voiés* FRAXINELLE.

FRATER, *s. m.* (bey den Barbirern und Apothekern) Lehrjung oder Geselle.

FRATERNEL, lle, *adj.* brüderlich. L'amitié *fraternelle*, die brüderliche Freundschaft.

FRATERNELLEMENT, *adv.* als Brüder.

FRATERNISER, *v. n.* als Brüder mit einander umgehen, gute Vertraulichkeit mit einander haben.

FRATERNITÉ, *s. f.* Brüderschaft.

FRATRICIDE, *s. m.* ein Brudermörder.

FRATRICIDE, Brudermord.

FRAUDE, *s. f.* Betrug, Nachtheil, Hinterlist. Des *fraudes* pieuses, ein Betrug, der dem andern zum Besten dient. Il est mort en *fraude*, er ist in Schulden gestorben.

FRAUDER, *v. a.* betrügen, als die Schuldner ihre Gläubiger; hintergehen, verkürzen.

FRAUDER la gabelle, den Zoll verfahren; einer Sache betrüglicher Weise kein Genüge thun.

FRAUDULEUSEMENT, *adv.* betrüglicher Weise.

FRAUDULEUX, euse, *adject.* betrügerisch, gefährdet.

FRAULER, *v. a.* ein wenig anstreifen, als eine Kugel das Haar, ein Kleid an der Wand.

FRAXINELLE, *s. f.* ein Kraut, weisser Diptam, Aeschwurz.

FRAY, *s. m.* Laich von Fischen oder Fröschen, junge Brut von Fischen.

FRAYE, *s. f.* FRAYEMENT, *s. m.* die Laichzeit der Fische, der Strich.

FRAYER, *v. a. & n.* streifen an etwas, als eine Kugel an jemand, oder als ein Mensch mit dem Kleide an die Wand.

FRAYER, reiben, als ein Hirsch das Geweih an einem Baume.

FRAYER, (bey dem Schwerdtfeger) poliren.

FRAYER, sich an einander reiben und laichen, als die Fische in der Laichzeit.

FRAYER le chemin, den Weg bahnen; (figürlich) anweisen, den Weg zeigen, wie man zu etwas gelangen soll.

FRAYEUR, *s. f.* Furcht, Schrecken, Entsetzen.

FRAYOIR, *s. m.* der Ort, wo der Hirsch sein Geweih an die Bäume reibt.

FRAYURE, *s. f.* das Reiben des Hirsches an einem Baume.

FREDAINE oder FREDEINE, *s. f.* Geschwätz, Thorheit, albernes Wesen.

FREDERIC, *s. m.* Friedrich.

FREDON, *s. m.* (in der Music) eine zweymal geschwänzte Note.

FREDON, ein Triller, Tremulant, im Singen rc.

FREDON, eine Terz oder Quart im Kartenspiele, desgleichen 3 oder 4 Könige oder Bauern rc.

FREDONNER, *v. a. & n.* Triller oder Tremulanten schlagen im Musiciren; etwas absingen, Triller machen.

FREGATE, *s. f.* ein Schiff, so im Mittelländischen Meere mit Rudern geht, und kleiner als ein Brigantin, auf der grossen Weltsee aber ist es ein leichtes Kriegsschiff von 6 bis 25 Canonen.

FREGATE, eine grosse schwarze Mewe oder Seevögel.

FREGATÉ, *adj. m.* ein Schiff, so wie eine Fregatte gebauet ist.

FREGATON, *s. m.* eine Art Schiffe bey den Venetianern, das eckigt abgekürzt ist, und bey 10000 Centner führen kan.

FREIN, *s. m.* ein Zaum. La citadelle est un *frein* à la ville, die Burg hält die Stadt im Zaum (Zwang).

FREIN, Gemerk an der Windmühle, womit sie im Laufe gehemmet wird.

le FREIN de la langue, das Zungenband unter der Zunge.

Cacher son *frein*, seinen Verdruß verbergen.

Prendre le *frein* aux dens, *voiés* DENT.

Ronger son *frein*, in sich gehen, sich besinnen, seinen Unwillen verbeissen.

A vieille mule, *frein* doré, *prov.* ein schlecht Pferd muß desto besser Zeug und Geschirr haben; man sagt es auch von einem alten Weibe die sich noch putzt.

FREJUS, *s. m.* eine Stadt in Frankreich in Provence.

FRELATER, *v. a.* den Wein ablassen; ihn mischen, vulg. schmieren, fälschen. Vin *frélaté*, gemischter, verfälschter Wein.

FRÊLE, *adj. c.* gebrechlich, schwach; vergänglich. Le verre est *frêle*, das Glas ist zerbrechlich. La beauté est un *frêle* ornement, die Schönheit ist ein zerbrechlicher (vergänglicher) Schmuck.

FRELER, (in der Seefahrt) *freler* les voiles, die Segel einbinden.

FRELON, *s. m.* eine Hornisse, Horwispe.

FRELUCHE, *s. f.* ein kleiner Busch, eine Zierath, die man oben auf die Knöpfe oder auf andere Dinge macht. Boutons à *freluche*, gebüschelte Knöpfe.

FRELUCHE, Sommerflocken, so in der Luft ziehen.

FRELUQUET, *s. m.* ein eitler Mensch, ein Mensch

Menſch von einer gezwungenen Aufführung, ein Jungferknechtgen.

FREMETURE, *voiés* FORMORT.

FRE'MIR, *v. a.* kochen, ſieden, aufwallen. Cette eau commence à *frémir*, diß Waſſer wird bald ſieden, es fängt an zu ſtrudeln. La mer *frémit*, das Meer brauſet.

Fre'mir, erſchrecken, erzittern, erſchaudern. Je *frémis*, quand j'y penſe, ich erzittere, die Haut ſchauret mir, wenn ich daran gedenke.

FRE'MISSEMENT, *ſ. m.* der Schauer, den man in den Gliedern empfindet, wenn man das Fieber hat.

Fre'missement, das Brummen der Glocken nach dem Läuten.

Fre'missement, der Eifer und Bewegung im Gemüthe, der Unwille.

FRêNE, *ſ. m.* eine Eſche, Eſchenbaum.

FRE'NE'SIE, PHRE'NE'SIE, *ſ. f.* Unſinnigkeit, Beraubung der Sinnen, Raſerey; ein närriſcher Einfall, eine heftige Begierde nach etwas. Tomber en *frénéſie*, wahnwitzig werden.

FRE'NE'TIQUE, PHRE'NE'TIQUE, *adj. c. & ſubſt.* unſinnig, ſinnlos, raſend; heftig, hitzig, als eine Begierde, ſo man nach etwas trägt, wahnwitzig.

FRE'OüER, *ſ. m.* die Haut oder ein Stück davon, ſo der Hirſch von ſeinem Gehörne abreibt, wenn es ihm neu gewachſen iſt.

FRE'QUEMMENT, *adv.* oft, häufig.

FRE'QUENCE, *ſ. f.* eine Menge, ein Haufe, ſonderlich Zuhörer, u. d. gl.

FRE'QUENT, e, *adj.* das oft geſchieht, gemein, gewöhnlich, oftmalig; häufig. Celà eſt *fréquent*, dieſes iſt gemein, das begiebt ſich ſehr oft. Son pouls eſt *fréquent*, ſein Puls ſchlägt ſtark.

FRE'QUENTATIF, ive, *adj.* (in der Grammatic) ein Wort, das ein oftmal wiederholtes Thun bedeutet.

FRE'QUENTATION, *ſ. f.* der Umgang mit jemand. Je n'ai nulle *fréquentation* avec lui, ich gehe mit ihm gar nicht um. La *fréquentation* de l'Euchariſtie, das öftere Hinzugehen zu dem Tiſche des HErrn.

FRE'QUENTER, *v. a.* quelqu'un, mit einem umgehen, ihn fleißig beſuchen. *Fréquenter* les égliſes, die Kirchen oft beſuchen. *Fréquenter* des lieux ſuſpects, ſich an verdächtigen Orten fleißig finden laſſen. Il *fréquente* chés lui, er iſt oft bey ihm. Il *fréquente* le barreau, er beſuchet fleißig die Gerichtsſtuben.

FRE'RAGE, *ſ. m. ol.* Erbvereinigung, das Recht des andern Erbs zu ſeyn.

FRE'RE, *ſ. f.* Bruder. Freres germains, vollbürtige, leibliche Brüder. Frères conſanguins, Stiefbrüder, die einen Vater, aber nicht einerley Mutter haben. Frères uterins, Stiefbrüder, die eine Mutter, aber zweyerley Väter haben. Un *frère* naturel, ein unächter Bruder. Frères jumeaux, Zwillinge.

Fre'res de lait, Brüder, die einerley Amme geſäugt hat.

Bon *frère*, ein guter luſtiger Bruder.

Fre'res d'armes, Spießgeſellen, Leute die ſich verſchworen haben einander in allen Fällen beyzuſtehen.

Fre're lai oder laïque, ein Frater, Layenbruder; ein Knecht oder Diener der rechten Mönche.

Fre'res mineurs, Minnebrüder, eine Art Franciſcanermönche.

Fre'res de la charité, barmherzige Brüder, (ein Orden, ſo die Kranken bedienet).

Fre'res prêcheurs, Predigermönche, Dominicaner.

Fre're frapart, oder Fre're coupechou, Schmähworte, einen nichtswerthen Mönchen anzudeuten.

FRE'RIE, *voiés* FRAIRIE.

FRESAYE, *ſ. f.* ein Käutzlein, eine kleine Nachteule; der Sterbvogel, (Wickerlein).

FRESILLON, *ſ. m.* ein Strauch, Rainweide.

FRESL. FRESNE. *voiés* FRêL. FRêN.

FRESQUE, *voiés* FRAISQUE.

FRESSURE, *ſ. f.* das Eingeweide, als Lunge, Leber, Herz; das Geſchling. *Freſſure de veau*, Kälbergeſchling.

FRET, *ſ. m.* die Fracht der Fuhr- und Schiffleute; die Ladung eines Schiffs; die Miethung oder Verrachtung eines Schiffs.

FRETE, *ſ. f.* eiſerner Ring; Band. *Frete* de moïeu de roüe, Band um eine Nabe.

Fretes, *ſ. f. plur.* (in der Wappenkunſt) Gitterwerk.

FRETER, *voiés* FRETTER.

FRE'TILLANT, e, oder FRE'TILLARD, e, *adj.* der nicht ſtill ſeyn kan, ſich immer reibt und bewegt.

FRE'TILLE, *ſ. f.* klein zerrieben Stroh oder andere Dinge. Coucher ſur la *frétille*, auf dem Strohe ſchlafen.

FRE'TILLEMENT, *ſ. m.* das Bewegen, Hin und wieder reiben, Schlagen, Springen.

FRE'TILLER, *v. n.* ſich immer bewegen, rühren, als ein Fiſch im Waſſer; unruhig ſeyn, als Kinder, die nie ſtill ſind mit Händen oder Füſſen. La langue lui *frétille*, er will immer was zu ſchwatzen haben, ſein Maul ſteht nie ſtill.

FRE'TIN, *ſ. m.* das Abgeſchabte, Abgeriebene, von Kaufmannswaaren, der Pavel,

vel, die schlechtesten Waaren, so noch übrig sind.

FRE'TIN, die unnützen Aeste und Zweige an den Bäumen, so die Gärtner abschneiden.

FRE'TIN de bibliothèque, Ausschuß, ausgeworfene Bücher einer Bücherey.

FRE'TIN, ein Fisch, der nicht zum Essen taugt; kleine Brut der Fische im Teiche.

FRETTE', ée, adj. (in Wappen) eiserne Stangen, gitterweis gelegt, gegittert, gekrümmt oder gebogen.

FRETTEMENT, s. m. das Miethen oder Befrachten eines Schiffes.

FRETTER, v. a. ein Schiff miethen oder befrachten.

FRETTER, s. m. der Herr eines Schiffs, der es dem Kaufmanne giebt um gewissen Lohn, es mit Waaren zu beladen.

FREUX, FREUS, s. m. eine Art schwarze Krähen mit etwas weisses am Schnabel, die grossen Schaden an allerhand Getreide thun.

FRIABLE, adj. c. das sich leicht zerreiben läßt.

FRIAND, m. FRIANDE, f. adj. näschig, leckerig, lüstern; der gern was gutes isset. Objet *friand*, eine Sache, darnach man lüstern wird, die einen lüstern macht. Etre *friand* de quelque chose, genäschig, verliebt, begierig nach etwas seyn.

FRIAND, niedlich; wohlschmeckend. Un *friand* morceau, ein Leckerbißlein.

FRIAND de loüanges, lobesbegierig; lobgierig.

Un couteau *friand*, ein scharfes Messer.

FRIANDISE, s. f. Näscherey, Naschwerk; leckerhaftes Wesen, Lust nach Leckerbißen, oder nach Näscherey; das was einem wohl schmeckt; Liebe, Begierde nach Lob oder andern Dingen. Elle a le nez tourné à la *friandise*, sie macht ein verliebt Gesicht, sie löffelt gern.

FRIBUST, FRIBUT, voyés FLIBOT.

FRIBUSTIER, FRIBUTIER, v. FLIBUTIER.

FRIC-FRAC, adv. vulg. pufpaf.

FRICANDEAU, s. m. dünn geschnitten Kalbfleisch mit Kräutern und Fleischbrühe gekocht; oder Hammelfleisch in einem Tiegel zugerichtet ec.

FRICASSE'E, s. f. Fleisch in einer Pfanne mit Butter und Gewürze gekocht; it. Hüner oder anders so zugerichtet. *Fricassée* de poulets, eingeschnittene Hüner.

Battre la *fricassée*, die Soldaten mit einem starken Trommelschlag in Eil zusammen bringen.

Faire une *fricassée*, vulg. einen Mischmasch in einander mochen.

FRICASSER, v. a. vulg. ein Essen geschwind in einer Pfanne zurichten.

FRICASSER tout son bien, all sein Vermögen verzehren, verschmausen.

Celà est *fricassé*, das ist hin, ist nicht mehr zu bekommen.

FRICASSEUR, s. m. (im Spott) ein Küchenjunge, Bratenwender.

FRICHE, s. f. das man brach liegen läßt, als ein Feld, so man nicht bauet.

Terre en *friche*, vigne en *friche*, Feld oder Weinberg, den man brach liegen läßt, den man nicht bauet.

Laisser son esprit en *friche*, seinen guten Verstand verrosten lassen.

Je ne laisserai pas mon esprit en *friche*, ich werde meinen Verstand fleißig üben.

FRICTION, s. f. (in der Heilkunst) das Reiben bey Wunden und andern Curen.

FRICTION, (in der Chymie) das Rösten in einer Pfanne auf einem starken Feuer.

FRIGORIFIQUE, adj. c. erkältend, kühlend.

FRIGOTTER, v. a. wie ein Finke singen.

FRILLEUX, euse, adj. frostig, dem leicht ein Schauer über die Haut läuft; der keine Kälte ertragen kan.

FRIMAS, FRIMAT, s. m. der Reif.

Avaleur de *frimas*, vulg. einer der in allem Nebel und Reif auf der Strasse ist.

FRIME, s. f. vulg. Gestalt, Ansehen. Il en fait la *frime*, er sieht eben so aus, er stellt eben so etwas vor. Il a fait la *frime* de s'en aller, er hat sich gestellt, als wollte er weggehen. Faire la *frime* à quelqu'un, einem ein unfreundlich Gesicht oder üble Blicke geben.

FRIMOUILLE, FRIMOUSE, v. FRIME.

FRINGANT, e, adj. springend, lustig, tanzend; unruhig, munter; lebhaft. Cheval *fringant*, ein Pferd, das immer im Springen fort geht.

Elle est jeune & *fringante*, sie ist jung und allezeit lustig, lebendig.

FRINGOTER, v. n. singen und zwitzern als ein Vogel, mit der Stimme abbrechen.

FRINGUER, v. n. immer etwas thun, munter, unruhig, nie müßig oder still seyn, als Leute, Kinder, Pferde ec. Ils dansent & *fringuent* comme il faut, sie tanzen und hüpfen rechtschaffen.

FRINGUER, v. a. un verre, ein Glas ausschwenken.

FRIOLET, s. m. eine Art Birn zu Paris.

FRION, s. m. ein Pflugschar, ein klein Eisen, so neben am Scharbaume angemacht ist.

FRIPE-SAUCE, s. m. ein Schmarotzer.

FRIPER, FRIPPER, v. a. verderben, verkrippeln, abnützen. *Friper* un habit, ein Kleid abtragen, verbrauchen. *Friper* un livre, ein Buch abnützen.

FRIPER son bien, sein Vermögen lüderlich durchbringen.

FRI-

FRIPER un sermon, die Postillen reuten; Predigten ausschreiben.

FRIPER le pouce, lustig und guter Dinge seyn, sich wohl seyn lassen, sausen und schmausen.

FRIPER sa leçon, seine Lection in der Schule heimlich auslesen.

FRIPER ses classes, hinter die Schule gehen, aus der Schule verbotener Weise ausbleiben.

FRIPERIE, FRIPPERIE, *s. f.* die Trödeley oder der Handel mit alten Kleidern, die man wieder zurichtet, sie desto besser los zu werden; der Trödelmarkt, Kräme, wo alte Kleider zu verkaufen sind; alte abgenutzte Sachen, als Kleider und Hausrath.

Se jetter sur la *friperie* de quelqu'un, einem das Wammes ausklopfen, einem einen Schimpf beweisen, den Buckel voll schlagen.

FRIPEUR, FRIPPEUR, *s. m.* der die Kleider bald alt macht, verderbt, abnutzt.

FRIPIER, FRIPPIER, *s. m.* der alte Kleider kauft und wieder verkauft.

FRIPIER d'écrits, Schmierer, der andere Schriften ausschmieret.

FRIPIERE, *s. f.* Trödelfrau, (Käuflerin, Krümpelweib).

FRIPON, FRIPPON, *s. m.* Betrüger; Spitzbub; Windmacher; Schalk.

FRIPON, muthwilliger Knab.

FRIPON, *m.* FRIPONNE, *f. adj.* betrüglich; schalthaft; los.

FRIPONNE, *s. f.* Betrügerin, Windmacherin.

Petit *fripon*, petit *friponne*, so pflegen Verliebte einander im Scherze zu benennen.

Yeux *fripons*, (im Scherze) schelmische, verliebte Augen.

FRIPONNER, FRIPPONNER, *v. a.* abstehlen, abbetrügen, heimlich entwenden oder naschen; faullenzen, tagdieben.

FRIPONNER le cœur à quelqu'un, (im Scherze) einem das Herz stehlen. Ah friponne! vos beaux yeux ont *friponné* mon cœur, o Herzensdiebin! eure schöne Augen haben mir mein Herz geraubet.

FRIPONNERIE, FRIPPONNERIE, *s. f.* betrügliches Wesen, List, diebische Griffe.

FRIPONNES, *s. f. plur.* kleine runde tannerne Schachteln mit Quittengallert angefüllt: (die beste kommt von Orleans).

FRIQUET, *s. m.* ein Waldspatz, Kernbeisser, ein Vogel.

FRIQUET, eine kleine Schaufel, etwas, das man in der Pfanne bäckt, umzuwenden.

FRIQUET, ein Plauderer, ein Wäscher.

FRIRE, *v. a.* rösten, backen, als Küchlein, Eyer ꝛc.

Il a de quoi *frire*, er hat alles genug.

FRIT, e, *part.* geröstet, gebacken.

Cet homme est *frit*, es ist aus mit diesem Menschen.

Tout homme qui la voit est *frit*, wer sie nur siehet, um den ist es gethan.

Tout est *frit*, alles ist hin, verlohren.

FRISE, *s. f.* das Frieß, der Zierath unter dem Kranze und über dem Unterbalken an einem Gebäude.

FRISE, die Zierathen vornen am Schiffe.

FRISE, Frieß, eine Art groben Zeugs, der gleichsam oben gekräuselt und rauh ist.

FRISE, grobe starke Leinwand.

FRISE, *s. f.* Friesland.

Cheval de *frise*, ein Schlagbaum mit Spitzen, als ein Igel, Spanischer Reuter.

FRISER, *v. a.* kraus machen, rauh als einen frisirten Zeug.

FRISER, aufreiben, als die Wolle an einem Tuche.

FRISER, fälteln, als eine Serviette auf der Tafel.

FRISER, kräuseln, als die Haare. Choux *frisés*, krauser Kohl. Drap *frisé*, krauses Tuch. Cheveux *frisés*, aufgekräuset Haar.

FRISER, streifen, als eine geschossene Kugel etwas nahe berührt.

La bale lui a *frisé* l'épaule, die Kugel hat ihn an der Schulter gestreifet.

Le vent *frise* l'eau, der Wind macht, daß das Wasser kleine Wellen wirft, (wenn er nicht stark wehet).

Ce criminel a *frisé* la corde, dieser Gefangene wäre bey nahe gehenkt worden.

Ce discours *frise* le galimathias, diese Reden sind bey nahe ein lauteres tolles Geschwätz unter einander.

FRISER (bey den Buchdruckern) *v.* FRISSER.

FRISER les sabords, ein Stück Tuch vor die Ritzen im Schiffe machen, ohne sie auszustopfen, damit das Wasser nicht so hinein könne.

FRISOIR, *s. m.* ein Werkzeug der Schwerdtfeger, damit sie die Figuren ganz ausmachen.

FRISOIR, der Werkzeug, damit die Tücher aufgekratzet werden.

FRISON, *s. m.* eine Art Englische Rattin.

FRISON, krausgezwirnter Goldfaden.

FRISON, ein Maaß zu flüßigen Dingen, in der Normandie.

FRISON, nne, *subst. & adj.* ein Friesländer; Friesländisch.

FRISOTER, *v. a.* immerfort an den Haaren kräuseln.

FRISOTER, Tellertücher zierlich falten.

FRISQUE, *adj. c.* (im Scherze) munter, artig, (ist alt).

FRIS-

FRISQUETTE, *f. f.* (in der Buchdruckerey) das Rämlein an der Presse.

FRISQUETTE, (bey dem Spielkartenmacher) die durchbrochene Deckel, durch welche sie die verschiedene Farben auftragen, eine Patrone.

FRISSER, *v. n.* (in der Buchdruckerey) les lettres *frissent*, die Buchstaben stehen in der Forme nicht vest.

FRISSON, *f. m.* ein Schauer oder Zittern von Kälte.

FRISSONS de crainte, Zittern von Furcht.

FRISSONS, (in der Seefahrt) Gefässe zum Getränke.

FRISSONNEMENT, *f. m.* das Schauern von Kälte oder Furcht.

FRISSONNER, *v. n.* schauern, einen Schauer bekommen oder haben. *Frissonner* d'épouvante, für Schrecken zittern.

FRISURE, *f. f.* das Kräuseln. Cette perruque a la *frisure* bonne, diese Perüke hat eine gute Kräuse.

FRIT, *adv.* (im Billard) nous sommes *frit*, wir müssen wieder anfangen.

Faire *frit*, fehlen; zuletzt spielen müssen, das ander mal darauf, wenn man zuvor voran gespielt hat.

FRIT, *f. m.* (bey den Maurern) die Verdünnung einer Mauer in der Höhe. (man schreibt auch *fruit*).

FRIT, e, *part.* v. FRIRE.

FRITE, FRITTE, *f. f.* (bey den Glasmachern) die Materie, woraus das Glas geblasen wird, wenn sie verschäumt hat, und die Glasgalle weg ist.

FRITILLAIRE, *f. f.* Kibitzblume, Kibitzey.

FRITURE, *f. f.* das Fett, worinne etwas gebacken worden ist, Backschmalz ꝛc.

FRIVOLE, *adj. c.* nichtsnutzig, eitel, untauglich, lüderlich. Discours *frivoles*, eitele Reden. Excuse *frivole*, kahle Entschuldigung.

FROC, *f. m.* eine Mönchskutte; it. nur die Mönchskappe, so sie über den Kopf ziehen können. Prendre le *froc*, ins Kloster gehen. Quitter le *froc*, jetter le *froc* aux orties, aus dem Kloster springen.

FROID, e, *adj.* kalt; kaltsinnig; gleichgiltig; von keinem Nachdruck, kraftlos, kahl, abgeschmackt. Il m'a répondu avec un visage *froid*, er gab mir mit einem kaltsinnigen Gesichte zur Antwort. Les railleries étudiées sont ordinairement *froides*, die Scherze, darauf man sich bedacht hat, sind insgemein abgeschmackt, kalt. Faire le *froid*, sich kaltsinnig und gleichgiltig anstellen. Battre *froid*, faire *froid* à quelqu'un, einen kaltsinnig empfangen. De sang *froid*, ohne Eifer oder Zorn, mit aller Gelassenheit.

FROID, *f. m.* Kälte, Frost, Kaltsinnigkeit.

Il fait grand *froid*, es ist eine überaus grosse Kälte. Le *froid* s'augmente, die Kälte nimmt zu; es wird kälter. Le *froid* s'adoucit, die Kälte läßt nach; nimmt ab. Chasser le *froid*, die Kälte vertreiben.

a FROID, *adv.* kalt, ohne Feuer, ohne etwas heiß oder glüend zu machen. Teindre à *froid*, kalt färben. Battre à *froid*, kalt schmieden. Soufler le *froid* & le chaud, kalt und warm aus einem Munde blasen; zweyerley Reden führen.

FROIDEMENT, *adv.* kalt, als: être logé bien *froidement*, ein kalt Zimmer haben.

FROIDEMENT, kaltsinniger Weise, ohne bewegt zu werden, ohne Bestürzung. Il me dit *froidement*, er sagte kaltsinnig zu mir.

FROIDEUR, *f. f.* die Kälte des Winters, des Herzens, als: Unempfindlichkeit, Kaltsinnigkeit, erstorbenes, träges Wesen. D'où vient vôtre *froideur* pour moi? woher kömts, daß ihr mir so kaltsinnig begegnet?

FROIDIR, *v. a. & n.* kalt machen; kalt werden.

se FROIDIR, *v. r.* kalt werden.

[Quoique ces verbes soient dans le Dictionnaire de l'Academie, ils ne laissent pas que d'être hors d'usage; en leur place on dit: refroidir, & se refroidir.]

FROIDURE, *f. f.* die Kälte.

FROIDUREUX, euse, *adj.* frostig, die Kälte scheuend.

FROILON, *voies* FRE'LON.

FROISSEMENT, *f. m.* das Zerreiben, Zerstossen, Zerbrechen.

FROISSER, *v. a.* zerschmettern; zerknirschen. *Froisser* quelqu'un de coups de bâton, einen mürbe prügeln.

FROISSER un habit, ein Kleid abstossen.

FROISSER du linge, Leinwand, weisses Zeug zerkrüppeln, zerknüllen.

FROISSURE, *f. f.* das Zerstossen, Quätschen, Zerkrüppeln; Wirkung des Stosses.

FROMAGE, *f. m.* Käs. Fromage de Hollande, de Suisse &c. Holländischer, Schweizer ꝛc. Käs. Fromage affiné, Streichkäs. Entre la poire & le *fromage*, währender Zeit des Nachtisches.

FROMAGER, *f. m. e, f.* einer (eine) die Käse macht; ein Käsekrämer oder Krämerin.

FROMAGERIE, *f. f.* der Käsekorb; item, Ort wo man Käse trocknet oder verkaufet.

FROMENT, *f. m.* Weizen. Terres à *froment*, fettes, gutes Land.

FROMENT locar, Spelt, Dinkel.

FROMENTACE'E, *adj. c.* (nur im Fœm. gebräuchlich) une plante *fromentacée*, ein Kraut das wie Korn wächst, Halm und Aehren bekommt wie Rocken oder Gerste.

FROMENTAL, e, *adj.* terre *fromentale*, Weizenacker oder Land.

FROMENTE'E, *f. f.* Weizenmehl.

FROMETURE, *v.* FORMORT.
FRONCEMENT, *ſ. m.* das Runzeln.
FRONCER, *v. a.* runzeln, fälteln. *Froncer les soucis*, die Stirne runzeln. *Froncer le poignet d'une chemise*, den Ermel an einem Hembde falten.
FRONCIS, *ſ. m.* Falten an einem Rock.
FRONCLE, *ſ. m.* ein Geschwür oder Aiß, ſo ſpitzig zugeht.
FRONÇURE, *ſ. f.* das Fälteln.
FRONDE, *ſ. f.* eine Schleuder.
FRONDE, vor dieſem eine Partey, ſo ſich wider den Cardinal Mazarin zuſammen ſchlug.
FRONDER, *v. a. & n.* Steine ſchleudern, werfen, ſchmeiſſen.
FRONDER, ſchelten; mit Worten angreifen; anſtechen; höhnen; durchziehen.
Fronder un écrit, eine Schrift angreifen.
FRONDEUR, *ſ. m.* ein Schleuderer.
FRONDEUR, einer der vor dieſem die Partey wider den Mazarin in Frankreich hielt.
FRONDEUR, der ein Buch anſicht, cenſirt.
FRONT, *ſ. m.* die Stirn. *Un front ouvert*, eine offene Stirn.
FRONT *de poiſſon*, der Kopf eines Fiſches.
FRONT *de chien*, die Schnauze eines Hundes.
FRONT *d'airain*, der höchſte Grad der Unverſchämtheit.
FRONT, die äuſſere Seite, vordere Seite, das Vordertheil.
Faire front, das Geſicht weiſen, ſich ſo ſtellen, daß man das Geſicht weiſet. *La maiſon fait front ſur la place*, das Haus ſtehet mit der Vorderſeite nach dem Markte. *Une pierre faiſant front aux deux faces d'une muraille*, ein Eckſtein.
FRONT *de chauſſée*, die vordere, äuſſere Seite eines Dammes.
FRONT, (in der Kriegsübung) *faire front à l'ennemi*, ſich gegen den Feind ſtellen. *Attaquer (prendre) l'ennemi de front*, den Feind von vornen angreifen.
Avoir le front de dire une choſe, die Kühnheit etwas zu ſagen haben.
de FRONT, von vornen; gerade vorſich.
de FRONT, neben einander, wenn man durch etwas geht. *Trois caroſſes de front y peuvent entrer*, es können drey Kutſchen zugleich neben einander hinein fahren. *De quel front?* mit was für Unverſchämtheit? *De quel front oſés-vous ſoutenir cette fauſſeté?* wie ſeyd ihr ſo unverſchämt (kühn), dieſe Unwahrheit zu behaupten?
FRONT *à* FRONT, *adv.* gerade gegen einander.
FRONTAL, *ſ. m.* Stirn-oder Hauptbinde, einen Umſchlag auf der Stirne halten zu machen.

FRONTAL, ein Stirnraitel, ein Strick mit Knoten, welchen die Soldaten den Bauren um den Kopf legen, und hinten ſtark zuziehen, daß ſie bekennen müſſen, wo ſie das Geld haben.
FRONTEAU, *ſ. m. voïés* FRONTAL.
FRONTEAU, die Worte des Geſetzes, ſo ſich die Juden über die Stirne binden.
FRONTEAU, ein Stirnband der Weiber.
FRONTEAU, das Stirntuch der Trauer-Pferde; das Theil des Zaums, ſo den Pferden um den Kopf geht, woran das Gebiß hängt.
FRONTEAU, daß Geſicht oder Abſehen, ſo man vornen auf ein Stück macht, daß man damit zielen kan.
FRONTEAU *de mire*, ein Geſims auſſen an den Thüren oder Feyſtern; ein Geländer mit Stollen hinten und vornen, auf den groſſen Schiffen.
FRONTIE'RE, *ſ. f. & adj.* die Grenze eines Landes; Scheidung eines Landes von dem andern. *Une ville frontière*, eine Grenzſtadt.
FRONTIGNAN, *ſ. m.* Frontignac, Wein, ſo bey einer Stadt dieſes Namens in Languedoc wächſt.
FRONTISPICE, *ſ. m.* (in der Baukunſt) das Vordertheil eines Gebäudes, das am meiſten ins Geſichte fällt.
FRONTISPICE, der Titel eines Buchs auf dem vorderſten Blatte.
FRONTON, *ſ. m.* (an Gebäuden) ein Giebel über einer Thüre oder Fenſter; *it.* eine Fruchtſchnur.
FRONTON, das Wappen oder Zeichen eines Schiffs auſſen am Hintertheile, der Spiegel.
FROTTAGE, *ſ. m.* das Reiben, wenn man etwas abreibt.
FROTTEMENT, *ſ. m.* das Reiben zweyer Dinge an einander.
FROTTER, *v. a.* reiben; ſcheuren; beſtreichen; fegen. *Frotter une chambre*, eine Stube ſcheuren. *Frotter un archet de coloſane*, einen Bogen mit Fidelharz beſtreichen. *Se frotter le corps d'huile*, den Leib mit Oele beſtreichen. *Il a été frotté comme il faut*, er iſt rechtſchaffen geprügelt worden. *Une main frotte l'autre prov.* eine Hand waſcht die andere.
ſe FROTTER, *v. r.* *à quelqu'un*, *vulg.* ſich an einen reiben; ſich mit einem einlaſſen; mit ihm umgehen.
FROTTEUR, *ſ. m.* einer der etwas fegt, reibt, ein Feger, Scheurer.
FROTTEUSE, *ſ. f.* eine Fegerin, Scheurerin.
FROTTOIR, *ſ. m.* ein Tuch den Kopf abzureiben; *it.* die Kleider, die Hüte, das Scheermeſſer abzuwiſchen nach dem Barbieren.

bieren. *Frottoir* de chapelier, Hut-bürste. *Frottoir* de barbier, Wischtuch eines Balbierers.

FROTTON, *s. m.* (bey den Kartenmachern) ein Ballen von Tuch, das Papier auf dem Model damit zu bestreichen.

FRUCTIFIER, *v. n. & a.* Frucht bringen oder tragen, als Bäume rc. fruchtbar seyn. Arbre qui *fructifie* pour la première fois, Baum der zum ersten male trägt.

Dieu fera *fructifier* vôtre travail, GOtt wird eure Arbeit segnen.

FRUCTUEUSEMENT, *adv.* nützlich, mit Segen.

FRUCTUEUX, euse, *adj.* fruchtbar; nützlich.

FRUGAL, e, *adj.* mäßig, sparsam, nüchtern. Un repas *frugal*, eine Mahlzeit, da kein sündlicher Ueberfluß ist.

FRUGALEMENT, *adv.* nothdürftiger, nicht überflüßiger Weise, sparsamlich, mäßig.

FRUGALITE', *s. f.* Mäßigkeit im Essen und Trinken, Vergnüglichkeit, Nüchterkeit. Vivre dans une grande *frugalité*, sehr mäßig leben.

FRUIT, *s. m.* Frucht, Obst. Les *fruits* de la terre, die Feldfrüchte. *Fruit* à noïau, Steinobst. *Fruit* à pepin, Kernobst. *Fruit* noüé, die Frucht in der Blüthe, da man schon sehen kan, was daraus werden soll.

Se mettre à *fruit*, anfangen zu tragen. Cet arbre se met à *fruit*, der Baum fängt an zu tragen, wird tragbar.

Servir le *fruit*, das Obst auftragen.

On a servi le *fruit*, on en est au *fruit*, man hat den Nachtisch schon aufgetragen.

Four & *fruit*, der Nachtisch bey der königlichen Tafel.

FRUIT, Leibesfrucht. Béni soit le *fruit* de ton ventre, gesegnet sey die Frucht deines Leibes. Faire périr son *fruit*, das Kind abtreiben.

FRUIT, Nutz; Vortheil; Lohn. Quel *fruit* tirés vous de vos travaux? was für Nutzen habt ihr von eurer Arbeit.

FRUIT, Folge, Wirkung. Voilà les tristes *fruits* de la guerre, sehet da die betrübte Früchten (Folgen) des Kriegs.

FRUIT, (in der Baukunst) Böschung; Lehnung der Mauer. Donner du *fruit* à une muraille, eine Mauerlehn auffuhren, ihr ein wenig Lehnung geben.

FRUIT, *s. m. v.* FRIT.

Le contre-*fruit*, das Abnehmen von der Dicke, von innen her.

FRUITAGE, *s. m.* die Baumfrüchte, allerley Obst.

FRUITE', ée, *adj.* (in den Wappen) voll Früchte, die oben andere Farbe haben.

FRUITERIE, *s. f.* Obstkammer, Obstgewölbe oder Keller; die königlichen Bedienten, so wegen des Obstes auf die Tafel müssen besorgt seyn.

FRUITIER, e, *adj. & subst.* fruchtbar, tragend, als: un jardin *fruitier*, und *fruitier* allein, ein Obstgarten. Arbre *fruitier*, Obstbaum.

FRUITIER, *s. m.* ein Obsthändler, Obstkrämer.

FRUITIE'RE, *s. f.* eine Obstfrau, Obstverkäuferin.

FRUSTE, *adj. f.* vom Alter unkenntlich gemacht, daß man keine Schrift oder Bild mehr sehen kan. Une medaille *fruste*, eine abgeschliffene unkenntliche alte Münze.

FRUSTRATOIRE, *adj. c.* (in Rechtssachen) kraftlos, ohne Nachdruck. Cette chicane rend l'arrêt *frustratoire*, dieser Advocatenstreich machet das Urtheil kraftlos; vernichtet das Urtheil.

FRUSTRER, *v. a.* betrügen, als einen dem man schuldig ist; oder der seine Hoffnung auf uns setzt. *Frustrer* quelqu'un de son espérance, einen um seine Hoffnung bringen. *Frustrer* l'attente de quelqu'un, einem seine Erwartung fehlen lassen. *Frustrer* les soldats de leur païe, die Soldaten an ihrem Solde verkürzen, um ihren Sold bringen.

FUGALES, *s. f. plur.* Römische Feste, zum Andenken der Befreyung vom tyrannischen Königsregimente.

FUGITIF, ive, *adj.* landflüchtig, entlaufen; zum Entlaufen geneigt. Pièces *fugitives*, kleine Schriften und Bücher, die man im kurzen nicht mehr antrift.

FUGITIF, *s. m.* ein Flüchtling, entlaufener Knecht, Soldat.

FUGUE, *s. f.* (in der Music) eine Fuge, da die Stimmen einander folgen.

FUÏARD, *v.* FUYARD.

FUÏR, *v. a. & n.* fliehen, entlaufen; meiden; entgehen. *Fuïr* de peur, aus Furcht davon laufen. Le tems *fuit*, die Zeit lauft dahin. *Fuïr* le travail, die Arbeit meiden. *Fuïr* l'occasion, sich vor der Gelegenheit hüten.

FUÏR, (im Rechtshandel) Ausflüchte machen.

FUÏR, (in der Mahlerey) in die Ferne erscheinen. Cette partie *fuit* trop, dieses Stück erscheinet zu sehr in die Ferne.

FUITE, *s. f.* die Flucht; das Vermeiden, das Fliehen.

FUITE, (in Rechtssachen) Ausflucht, eitler Vorwand, nichtiges Einwenden.

FUITE, eine Spur, woran die Jäger sehen, daß ein Wild gelaufen ist.

FULIGINEUX, euse, *adj.* vapeur *fuligineuse*,

gineuse, ein Rauch oder Dampf, davon sich viel Ruß anhänget.

FULMINANT, e, *adj.* der gleichsam blitzt und donnert in seiner Rede; zornig erhitzet.

Un Prédicateur *fulminant* contre les vices, ein Prediger, der wider die Laster donnert, die Laster hart strafet.

L'or *fulminant*, das Aurum fulminans in der Chymie, welches in seiner Auflösung so zu Boden dringt oder schlägt, daß ein kupferner Löffel Löcher davon bekommt.

Poudre *fulminante*, ein Pulver, das wie das Aurum fulminans seine Wirkung unter sich thut.

FULMINATION, *s. f.* (in der Kirchenzucht). Verkündigung des Bannes.

FULMINATION, (in der Schmelzkunst) Abbrennung, Verpuffung.

FULMINER, *v. a.* (in der Kirchenzucht) den Bann verkündigen.

FULMINER, zürnen, schelten, schmählen. Il *fulmina* contre son valet, er schalt heftig auf seinen Diener.

FUMANT, e, *adj.* rauchend. Un tison *fumant*, ein rauchender Brand. Il est tout *fumant* de colère, er dämpfet für Zorn.

FUME'E, *s. f.* der Rauch, Dampf, Dunst; der Dunst vom Wein, ein Rausch; (figürlich) Eitelkeit; vergebliche Hoffnung; Zorn, hitziger Eifer, der einem aufsteigt. S'en aller en *fumée*, im Rauche aufgehen. La *fumée* de l'artillerie, der Rauch von dem Geschütze. La gloire des mortels n'est que *fumée*, die Ehre der Menschen ist nur ein Rauch. Il est rempli des *fumées* du vin, er ist berauscht, der Wein ist ihm in den Kopf gestiegen. Vendre de la *fumée*, mit Betrug umgehen; mehr Ansehen haben, als es in der That ist. Manger son pain à la *fumée*, prov. einer Lustbarkeit zusehen, ohne daß man daran Theil haben kann. Sentir la *fumée* de quelque chose, Wind von etwas bekommen.

FUME'ES, *s. f. plur.* der Koth, den das Rothwildpret fallen läßt.

FUMER, *v. n.* rauchen; Rauch von sich geben. Fumer de colère, im Zorne entbrannt seyn; heftig zörnen. *Fumer* du tabac, Tabak rauchen. *Fumer* une pipe, eine Pfeife rauchen. Faire *fumer* l'encens, mit Weyrauch räuchern.

FUMER, (im Landbau) misten; düngen. *Fumer* un champ, ein Feld düngen. *Fumer* un arbre, einen Baum bedüngen.

FUMET, *s. m.* ein lieblicher Geruch, als des Weins und anderer Getränke, oder einer Speise.

Vin qui a un *fumet* agréable, Wein der einen angenehmen Geruch hat.

FUMET, eine Brühe, so man in Frankreich an die Rebhüner macht.

FUMET, der Geschmack des Rebhünerfleisches nach der grünen Saat.

FUMETERRE, *s. f.* Erdrauch, ein Kraut.

FUMEUR, *s. m.* ein Tabakschmaucher.

FUMEUX, euse, *adj.* das Rauch oder starken Geruch von sich giebt; der bald zornig wird. Vin *fumeux*, starker Wein.

FUMIER, *s. m.* Mist; der Misthaufe. *Fumier* de vache, Kuhmist. *Fumier* de cheval, Pferdemist. Fosse à *fumier*, die Misthöhle, Mistgrube. Couche de *fumier*, ein Mistbeet. Je regarde les honneurs de ce monde comme de *fumier*, ich achte die weltliche Ehre wie Dreck.

FUMIGATION, *s. f.* das Räuchern; (in der Chymie) der Rauch, dadurch man etwas macht, als Bleyweiß durch den Rauch oder Dampf vom Essig, der das Bley zerfrißt.

FUMIGER, *v. a.* den Rauch von etwas auffangen, etwas daraus zu machen; durch Schärfe und beizende Dünste zerfressen.

FUNAMBULE, *s. m. & f.* ein Seiltänzer. (besser danseur de corde).

FUNE'BRE, *adj. c.* was zur Leichbegängniß gehöret; item traurig, düster, Furcht machend. Oraison *funèbre*, Leichpredigt. Pompe *funèbre*, Leichbegängniß, Leichgepränge.

Oiseau *funèbre*, Sterbvogel, Unglücksvogel.

FUNEFENDULE, *s. f.* etwas das wie ein Senkbley oder Bleywage perpendicular hängt.

FUNER, *v. a.* (in der Seefahrt) ein Schiff mit Seilen versehen.

FUNE'RAILLES, *s. f.* Leichbegängniß, Bestaltung zur Erde.

Mille *funérailles*, poët. tausend Leichen; tausend Todesfälle; tausendfacher Tod.

FUNE'RAIRE, *adj. c.* les frais *funéraires*, die Begräbniß- oder Leichunkosten.

Colonne *funéraire*, ein Grabstein oder Grabsäule der Alten, darein ihre Aschenkrüge gethan wurden.

FUNESTE, *adj. c.* unglücklich, Unglück verursachend, das Betrübniß stiftet, den Untergang nach sich ziehet. Jour *funeste*, unglücklicher Tag. Mort *funeste*, trauriger Tod.

FUNESTEMENT, *adv.* auf eine betrübte Weise, auf unglückliche Art.

FUNGUS, *s. m.* (in der Medicin) ein Gliederschwamm oder schwammichtes Gewächs.

FUNIN, *s. m.* (in der Seefahrt) das Tauoder Seilwerk auf den Schiffen.

FURET,

FURET, *f. m.* Iltis; Frett.
FURET, ein Instrument zum Fischen.
FURET, einer der alles auskundschaftet, alles wissen will; seine Nase in alles stecket.
FURET, eine Arzney, welche den ganzen Leib durchsuchet, wie z. Er. das Queckfilber ꝛc.
FURETER, *v. a. & n.* mit einem Iltis die Caninchen aus den Löchern jagen.
FURETER, alle Winkel und Oerter durchsuchen, wo man was schönes und rares weiß.
FURETEUR, *f. m.* einer der alles aussucht und ausforscht.
FUREUR, *f. f.* die Wut, das Wüten, Toben, Raserey, Unsinnigkeit. Etre en *fureur*, rasen. La *fureur* de la mer, das Toben des Meers. Une sainte *fureur*, ein heiliger Eifer.
FUREUR martiale, eine kriegerische Hitze.
FUREUR poëtique, poetischer Einfall.
FURIBOND, e, *adj.* rasend. Un air *furibond*, ein grimmiges Ansehen.
FURIE, *f. f.* Grimm, Eifer. Donner de *furie* sur l'ennemi, den Feind grimmig anfallen. La *furie* du combat, die Hitze des Gefechts.
FURIE, die Göttin des Grimmes, Höllengöttin, Furie.
FURIE, ein böses, zänkisches Weib.
FURIE, Atlas oder Taffet aus China mit seltsamen Figuren gemahlet; (sie werden auch in Europa nachgemachet).
FURIES, im plur. die Furien bey den Heyden.
FURIEUSEMENT, *adv.* hitziger Weise, heftig, grimmig, sehr grausam; ungemein, überaus, aus der massen. Se mettre *furieusement* en colère, sich überaus (sehr) erzürnen.
FURIEUX, euse, *adj. & f. m.* rasend, wütend, unsinnig. Un cheval *furieux*, ein hitzig Pferd. Une *furieuse* tempête, ein starkes Ungewitter. Il fait un *furieux* froid, es ist grimmig kalt. Il fait une *furieuse* dépense, er läßt aus der Weise (viel) aufgehen. Un *furieux* tendre, eine heftige Liebe.
FURIN, (in der Seefahrt) die Höhe oder rechte Tiefe der See, da man aus dem Haven hinein und fortsegeln kan. Il faut mener le vaisseau en *furin*, man muß das Schiff aus dem Haven ins hohe Meer treiben.
FURINAL, *f. f.* (bey den Römern) Feste der Göttin Furina zu Ehren.
FURLONG, *f. m.* ein Maaß in Engelland, damit man das Feld misset.
FURONCLE, *f. m.* ein zugespitztes Geschwür oder Riß.
FURTIF, ive, *adj.* heimlich, verborgen, verstohlen. *Furtives* amours, verstohlene Buhlschaft.

FURTIVEMENT, *adv.* heimlich, verstohlner, diebischer Weise.
FUSAIN, *f. m.* Spindelbaum, Spindelholz, Hahnenhütlein, ein Baum.
FUSAROLE, *f. f.* eine Zierath am Capital einiger Säulen, als runde eyerförmige Buckeln neben einander nach der Runde herum.
FUSEAU, *f. m.* eine Spindel zum Spinnen. Le *fuseau* des Parques, (in der Fabel) die Spindel der Lebensgöttinnen.
Avoir des jambes de *fuseau*, prov. sehr dünne Beine haben.
FUSEAU, Klöppel; Dintel.
FUSEAU, die Spille in der Mühl.
FUSEAUX de cabestan, (in der Seefahrt) Querhölzer an der Spille.
Tuïaux à *fuseau*, Spillflöten in den Orgeln.
FUSE'E, *f. f.* eine Spindel voll. Dévider une *fusée*, eine Spindel abhaspeln.
Ma *fusée* est achevée, prov. mein Leben geht zu Ende, es ist aus mit meinem Leben.
Démêler la *fusée*, ein Geheimniß entdecken.
FUSE'E, Raquete, Schwärmer.
FUSE'E de montre, Spindel in einer Sackuhr.
FUSE'E, (in der Wappenkunst) Wecke. D'argent à cinq *fusées* de gueule, fünf rothe Wecken in einem weissen Felde.
FUSE'E de tourne-broche, Strickwalze am Bratenwender.
FUSE'E d'aviron, Ruderband, welches das Ruder am Hinausfallen hindert.
FUSE'E de vindas ou de cabestan volant, (in der Seefahrt) Spillenhaspel.
FUSE'E, (auf der Reitschule) Oberbein, eine Krankheit der Pferde.
FUSE'E, *adj. f.* de la chaux *fusée*, Kalk, der von sich selbst zerfallen und nicht gelöschet worden ist.
FUSELE', ée, *adj.* (in Wappen) ein Schild der geschobene länglichte Rauten oder Wecken führt.
Colonne *fuselée*, eine Säule, so spindelförmig gemacht ist.
FUSELIER, *voiés* FUSILIER.
FUSIBLE, *adj. c.* das da kan zerschmelzet werden. Colonne *fusible*, eine gegossene Säule.
FUSIL, *f. m.* (sprich fusi) ein Feuerzeug, Feuer zu schlagen; der Stahl im Feuerzeug. Battre le *fusil*, feuerschlagen.
FUSIL, ein Flintenschloß.
FUSIL, eine Flinte.
Une pierre à *fusil*, ein Feuerstein, Flintenstein.
FUSILIER, *f. m.* ein Soldat zu Fuß, der eine Flinte führet.

Ffff 3   FUSI-

FUSILIER, *v. a.* einen Soldaten arquebuſiren, erſchieſſen.
FUSIN, *voiés* FUSAIN.
FUSION, *ſ. f.* ein Guß bey dem Schmelzen der Metalle; das Schmelzen.
  Le feu de *fuſion*, ein Reverberirfeuer.
  La *fuſion* de ſel, wenn man Scheidewaſſer aus dem Salze macht.
FUST. *voiés* FûT.
FUSTE, *ſ. f.* eine Art langer Schiffe mit niedrigem Bord, mit Segel und Ruder.
FUSTE', FûTE', ée, *adj.* (in Wappen) als ein Spieß, oder anders, das einen Schaft hat; it. wo ein Stamm des Baums ſeine eigene Farbe hat; it. vulg. liſtig, verſchmitzt.
FUSTEL, *ſ. m.* ein Baum, Fuſtel, gelb Holz, Färberbaum, wilder Oelbaum.
FUSTER, *ſ. m.* ein ſchüchtern gemachter Fiſch.
FUSTIGATION, *ſ. f.* das Peitſchen, Geiſſeln, Ausspeitſchen.
FUSTIGER, *v. a.* peitſchen, mit Ruthen ſtreichen, aushauen, den Staupbeſen geben.
FUSTOK, *ſ. m.* ein gelbes Färbholz aus den Antilliſchen Inſeln.
FûT, *ſ. m.* der Schaft an einem Geſchoſſe.
Fût, (in der Baukunſt) Säulenſtamm.
Fût de couteau, Schnidthobel des Buchbinders.
Fût de rabot, Schaft eines Hobels.
Fût de tambour, der Kaſten einer Trommel.
  Ce vin ſent le *fût*, der Wein ſchmeckt nach dem Faſſe.
FûTAILLE, *ſ. f.* ein Faß, worinne ſchon etwas geweſen iſt.
FûTAILLE montée, gebundene Fäſſer.
FûTAILLE en botte, Faßtauben, ſo noch nicht aufgeſetzt ſind.
FUTAILLERIE, Holz, ſo zu Fäſſern tauglich iſt.

FUTAILLES, Stückkugeltonnen; Pulvertonnen.
FUTAINE, *ſ. f.* Barchentzeug von Leinen und Baumwollen.
FUTAINIER, *ſ. m.* ein Barchentweber.
FûTAYE, *ſ. f.* ein Wald, da noch nicht Holz gefället worden iſt; ein Holz, da Stämme zum Bauen darinne ſtehen. Bois de haute *fûtaye*, ein hoher Wald; ein Wald von hohen Stämmen. *Fûtaye* baſſe & rabougrie, kurz und krumm gewachſen Holz.
FûTE', FûTER, *v.* FUSTE', FUSTER.
FUTE'E, *ſ. f.* ein Schreinerkitt oder Materie von Sägſpänen und Leim, womit ſie die Löcher im Holze zuſchmieren.
FUTILE, *adj. c.* nichtsnützend, untauglich.
FUTILITE', *ſ. f.* Untüchtigkeit, Schwachheit eines Beweiſes; eine lüderliche, geringe Sache.
FUTUR, e, *adj. m. & f.* künftig. La vie *future*, das zukünftige Leben. *Futur* epoux, *future* epouſe, zukünftiger Ehemann, zukünftiges Eheweib.
FUTUR, *ſ. m.* (in der Gramatic) das Tempus eines Verbi, ſo die künftige Zeit andeutet, das Futurum.
FUYANT, e, *ſ. m. & f.* ein Flüchtiger, Flüchtling.
FUYANT, *m.* FUYANTE, *f. adj.* (in der Mahlerey) verſchieſſend; ſich entfernend.
  Faux-*fuyant*, kahle Ausflucht, ſchlechte Entſchuldigung.
FUYARD, e, *adj. & ſubſt.* der gern davon läuft oder fliehet; ein Flüchtiger im Kriege.
  Pigeons *fuyards*, Feldtauben, die in keinen Schlag gehen, nur in den offenen Daubenhäuſern auf den Höfen niſten.
FUYE, *ſ. f.* ein Daubenſchlag.
FUZAIN, *voiés* FUSAIN.

G.

G, *ſ. m.* (ſprich Jé) der Buchſtabe G. Das G vor e und i lautet wie j, als gémir, génie, gibeciére, gigot, ſprich jémir, jénie, jibeciére, jigot. Das G vor a, o, u, behält ſeinen eigenen Laut, als gna, gne, gni, gno, gnu, wie nia, nie, ni, nio, niu; als agneau, digne, compagnon, campagne, lis anio, dini, companiong, campani. (die Ausſprache muß hier viva voce erlernt werden.)
GABAN, *ſ. m.* ein Regenmantel, Regenrock.
GABARE, *ſ. m.* ein Nachen, worauf man den Schlamm lädt, wenn die Waſſergräben in Holland geräumet werden.
GABARE, eine Art Barken, worauf man die Sachen eines groſſen Schiffs ein- und auslädt.

GABARI, *voiés* GABARIT.
GABARIER, *ſ. m.* ein Laſtträger, der die Waaren in das Schiff und aus demſelben trägt.
GABARIER, ein Schiffmann in einer Gabare.
GABARIT, *ſ. m.* ein Modell von einem Schiffe, das man bauen will, (welches mit ſeinen Balken in einander als ein Reſich ausſieht.)
GABATINE, *ſ. f.* (im Scherze) Betrug, Täuſcherey. Donneur de *gabatine*, Fuchsſchwänzer, Schmeichler, Betrüger.
  Donner de la *gabatine*, einem etwas vorſchwätzen ihn zu täuſchen, einem eine Naſe drehen.
GABELLAGE, *ſ. m.* die Zeit, da das Salz in der Scheune bleiben und trocknen muß.

Il y a du déchet pour le *gabellage*, das Salz trocknet ein, wenn es liegt.

GABELLE, *s. f.* der Salzzoll in Franckreich, oder der Salzhandel und Monopolium des Königs; it. das Haus, wo das Salz muß vom Könige gekauft werden, der Salzmarkt.

Païs de *gabelle*, ein Land oder Provinz, wo solche Salzscheunen aufgerichtet sind, denn einige haben sich frey gekauft.

Frauder la *gabelle*, die schuldigen Auflagen nicht bezahlen; it. sonst etwas nicht thun, das man thun sollte.

GABELLER, *v. a.* das Salz in die Scheunen zusammen aufschütten, da es zwey Jahre bleibet, ehe man es verkauft.

Du sel non *gabellé*, Salz das heimlich eingeführet wird.

GABELLEUR, *s. m.* einer der untersten Bedienten bey dem Salzwesen, der Acht geben muß, daß man mit dem Salze nicht heimlichen Unterschleif treibe.

GABER, *v. a.* ol. quelqu'un, und *se* GABER, *v. r.* de quelqu'un, Scherz mit einem treiben, ihn vexiren, Possen machen. Je me *gabe* de lui, ich frage nichts nach ihm.

GABES, moquerie, raillerie, Scheltwort, Spottwort.

GABET, *s. m.* (an einigen Orten) ein Wetterhahn oder Fahne.

GABIE, *s. f.* der Mastkorb.

GABIER, *s. m.* der Wächter auf dem Mastkorbe (Matros).

GABION, *s. m.* ein Schanzkorb.

GABIONNADE, *s. f.* die Bevestigung mit Schanzkörben.

GABIONNER, *v. a.* mit Schanzkörben bevestigen oder bedecken; it. auf allerley Weise vor dem feindlichen Geschoß verwahren.

GABLE, *s. f.* der Giebel, das Oberste eines Hauses.

GABORS, *s. m. plur.* (in der Seefahrt) die Breter oder Dielen, so aussen an das Schiff geschlagen werden.

GABRIEL, *s. m.* ein Mannsname.

GABRIELLE, *s. f.* ein Weibername.

GABURONS, *s. f. plur.* (in der Seefahrt) Stücke Holz, die man gegen einen Mast oder Stange auf den Schiffen setzt, damit sie desto vester stehen.

GÂCHE, *s. f.* (bey dem Schlosser) Schloßhake.

GÂCHE, (bey dem Pastetenbecker) Rührstock.

GÂCHE, Mörtelhaue, Mörtelschaufel.

GÂCHE, Ruder.

GÂCHE, eiserne Haken (Gabeln), in welchen bleyerne oder andere Röhren hängen.

GÂCHER, *v. a.* rudern.

GÂCHER, schlagen, einrühren. *Gâcher* de la chaux, Kalk schlagen.

GACHETTE, *s. f.* ein kleines Blech an einer Pfoste, zum Halten des Schlosses an der Thüre; Schließhaken.

GÂCHEUX, euse, *adj.* schleppicht, kothig, als ein Weg, da der Koth weich und spritzend ist.

GÂCHIERES, *s. f. pl.* ein Neubruch, ein neugemacht Feld, (ist alt).

GÂCHIS, *s. m.* ein Ort, wo man immer Wasser ausgießt, und ihn damit kothig macht; eine Pfütze von ungefehr verschüttetem Wasser.

GADELLE, *s. f.* Stachelbeer.

GADELLIER, *s. m.* Stachelbeerstrauch.

GADOUART, GADOUARD, *s. m.* ein Privetraumer, Secretfeger.

GADOUE, *s. f.* der Menschenmist, in den Secreten, den man ausräumen muß.

GAFFE, *s. f.* die größte Gattung Stockfisch.

GAFFE, eine Reuse oder Neusche, Fische zu fangen.

GAFFE, ein Bootshake.

GAFFER, *v. a.* etwas mit dieser Stange anhaken.

GAGATE, *s. f.* Bergwachs.

GAGE, *s. m.* ein Pfand, das man zur Versicherung giebt.

GAGE, Besoldung, Lohn. Il a de bons *gages*, er hat eine gute Besoldung.

Casser aux *gages*, absetzen von einem Amte; aus dem Dienste jagen.

GAGE, Pfand, Unterpfand. Ce sont des *gages* de vôtre amitié, dieses sind Versicherungen eurer Freundschaft. Prêter sur *gages*, auf Pfand ausleihen. Demeurer sur les *gages*, zum Pfande behalten werden; für die andern bezahlen, büssen müssen.

GAGE intermédiaire, das Geld, das ein Erbe von eines verstorbenen Officiers Besoldung noch jährlich hebet rc.

Les conseillers n'ont point de *gages*, Rathgeber kan man oft ungebeten bekommen.

GAGE de bataille, das Kampfrecht, die Entscheidung einer Streitigkeit durch einen Zweykampf, Cartel.

GAGEMENT, *s. m.* das Pfänden.

GAGE-MORT, oder MORT-GAGE, *s. m.* (in den Rechten) ein Pfand, davon der Gläubiger die Nutzung ziehen mag, ohne daß der Schuld etwas abgeht; auch ein Pfand, das gar keine Nutzungen abwirft, und folglich nichts von der Schuld tilgen kan; (in Lehenssachen) das Recht, das in einigen Lehengütern dem Vasallen zukommt, das Lehen ohne Begrüssung des Lehenherrn in seinem Testamente einem in gerad absteigender Linie, wem er will, zu vermachen.

GAGE-PLEGE, oder GAGE-PLEIGE, *s. m.* ein

ein Lehengericht, oder eine Versammlung aller Lehenleute eines Lehenherrn, so in gewissen Fällen durch den Lehenherrn zusammen beruffen wird.

Clameur de *gage-pleige*, ein Proceß, den einer vor einem solchen Lehengerichte anhängig macht.

GAGE-VIF, oder VIF-GAGE, *s. m.* (in Rechtssachen) ein Pfand, von dessen Nutzungen die Schuld nach und nach getilget wird.

GAGER, *v. a. & n.* Besoldung geben, besolden.

GAGER, wetten. *Gager* cent écus, um hundert Thaler wetten.

GAGER, (in Gerichten) den Zeugen bey einer namhaften Strafe auferlegen, das geforderte Zeugniß abzulegen.

GAGER, auspfänden.

GAGERIE, *s. f.* Pfändung, Wegnehmung einiger Sachen, sich bezahlt zu machen.

GAGEUR, *s. m.* einer der da wettet. Je suis un des *gageurs*, ich bin einer von denen, die gewettet haben.

GAGEURE, *s. f.* das Wetten, die Wette; it. das, warum gewettet wird. Voilà ma *gageure*, da ist meine Wette, das warum ich gewettet habe.

Soutenir la *gageure*, prov. bey deme, so man einmal unternommen hat, unbeweglich bleiben.

GAGIER, *s. m.* ein Dorfküster.

GAGISTE, *s. m.* der um Lohn dienet, als Knechte, Comödianten, Thorwärter und dergleichen.

GAGNAGE, *s. m.* die Viehweide oder besäet Feld, worauf sich das Vieh oder die Hirsche weiden. Le cerf fait sa nuit au *gagnage*, der Hirsch weidet bey Nacht; geht bey Nacht auf die Weyde.

GAGNAGES, *s. m. plur.* Früchte eines gebaueten Feldes.

GAGNANT, e, *adj. & subst.* ein Gewinner im Spiele oder sonst, der etwas gewinnet. Je suis des *gagnans*, ich bin von den Gewinnern.

GAGNE-DENIER, *s. m.* ein Sackträger, Lastträger, Taglöhner.

GAGNE-PAIN, *s. m.* das Werkzeug, womit man sein Brod erwirbt.

GAGNE-PETIT, *s. m.* ein Scheerschleifer.

GAGNER, *v. a. & n.* gewinnen, erwerben, erreichen, erlangen. On ne *gagne* rien à mentir, mit Lügen gewinnet man nichts. *Gagner* son procés, seine Rechtssache gewinnen. *Gagner* sa vie à chanter, à ravoder, sein Brod mit Singen, mit Flicken (Pletzen) verdienen.

GAGNER une fluxion sur la poitrine, einen Fluß auf die Brust kriegen.

Il *gagna* sur son ressentiment de par- donner à son ennemi, er hat über seine Empfindlichkeit so viel erhalten, daß er seinem Feinde vergeben.

GAGNER le pié de la muraille, bis an den Fuß der Mauer kommen.

Ils *gagnèrent* les vaisseaux à la nage, sie erreichten die Schiffe mit schwimmen.

GAGNER le gite, das Nachtlager erreichen.

GAGNER le dessus du vent, den Wind auf der See vor seinem Feinde zum Vortheile kriegen.

GAGNER les devans, einem in etwas zuvor kommen.

GAGNER païs, landflüchtig werden.

GAGNER tems, seine Zeit wohl anlegen, seine Arbeit hurtig thun, damit man Zeit übrig behalte.

GAGNER du tems, Zeit gewinnen, einen Aufschub erhalten, Frist bekommen.

Le feu *gagna* les maisons voisines, das Feuer ergriff die anstoffenden Häuser.

GAGNER un œillet, ein Auge kriegen, sagen die Gärtner von Gewächsen.

GAGNER bien son avoine, sein Essen wohl verdienen, wohl arbeiten.

GAGNER la gageure, seinen Zweck erreichen.

GAGNER le taillis oder la canipagne, la guérite, le haut, *gagner* au pied, sich aus dem Staube machen, davon laufen.

GAGNER la main, zuvorkommen, (als im Kartenspiele zuerst ausspielen dürfen).

GAGNER gros, viel gewinnen, (ironicè) verlieren.

Donner *gagné*, gewonnen geben.

Crier ville *gagnée*, sich des Vortheils oder Sieges rühmen.

GAGNEUR, *s. m.* einer der gewinnt, als Schlachten &c.

GAGUI, *s. f.* eine dicke aber doch schöne Weibesperson.

GAÏ, GAÏE, *adj.* lustig, frölich; munter, frisch; gesund, wohlauf.

Un poulain *gai*, (in Wappen) ein munter vorgestelltes Pferd, das keinen Sattel oder Zeug auf hat und ledig ist.

GAÏEMENT, GAÏETÉ, *voïés* GAYE.

GAIGN. *voïés* GAGN.

GAILLARD, e, *adj. & subst.* de corps & d'esprit, lustig, frölichen Gemüths, frisch, munter, von Leibe und Gemüthe; ein wenig zu frey, etwas unzüchtig, frech, geil, verliebt; ein lustiger Gesell.

GAILLARD, *s. m.* das Castel, erhabene Theil auf dem Schiffe. *Gaillard* d'arrière die Campanie; das Hintercastel. *Gaillard* d'avant, das Back; Vorcastel.

GAILLARDE, *s. f.* eine Art Tänze, da man bald nach der Länge, bald nach der Quere des Gemachs, bald mit Schleifen der Füsse auf der Erde, bald mit Capriolen tanzet.

GAILLARDE, lustige (lüderliche) Schwester.

GAIL-

GAILLARDELETTES, *s. f. plur.* eine Flagge, welche man auf das Segel des hintern oder des vordern Mastes steckt.

GAILLARDEMENT, *adv.* frölich, lustig, hurtiger Weise; kühnlich, verwegen.

GAILLARDET, *s. m.* die ausgekerbte oder zweyspitzige Flagge, so auf dem vordern oder Fockmast stecket.

GAILLARDISE, *s. f.* Munterkeit, lustiges Wesen, frölische Art; eine Freyheit, die man sich nimmt.

GAIMAUX, *s. m. plur.* Wiesen, die des Jahrs zweymal oder mehr gemähet werden können.

GAIN, *s. m.* Gewinn. Emporter *gain* de cause, die Sache erhalten. Je n'ai fait aucun *gain*, ich habe keinen Gewinn vor mich gebracht. Je vous donne *gain* de cause, ich spreche euch diese Sache zu.

GAINE, *s. f.* eine Scheide.

GAINE de flame, das zusammen genähte Ende vom Wimpel, worinn der Wimpelstock stecket.

GAINE de girouette ou de pavillon, ein Stück oder Band von Tuch, woran eine Fahne auf dem Schiffe oder eine Flagge vest gemachet wird, und wodurch die Bande gehen, womit man die Fahne oder Flagge an den Stock oder Stange bindet.

Qui frappera du couteau, mourra de la *gaine*, wer das Schwerdt nimmt, wird durchs Schwerdt umkommen.

GAINIER, *s. m.* ein Scheidenmacher, Futteralmacher.

GAINIER, ein Baum, wild Bockshörnlein, Judasbaum.

GAJOLER, *v. n.* schwatzen, plaudern, schmeicheln. (ist alt.)

GAIRIER, Brasilienpfeffer.

GAIVOTON, *s. m.* eine grosse Mewe, eine Art Seevögel.

GAL, *s. m.* (in einem Kinderspiele) der Ort, gegen welchen sie den Ballen werfen müssen. Gagner le *gal*, avoir le *gal*, gewinnen.

GALACTITE, *s. f.* der Milchstein, welcher, wenn er zerrieben wird, im Wasser als eine Milch wird.

GALACTOPHAGE, *s. c.* das von Milch lebet.

GALAMMENT, *adv.* artig, höflich, schön, manierlich, zierlicher Weise.

GALANGA, *s. m.* Galganwurz.

GALANT, *s. m.* Buhler, Freyer. Elle a son *galant* & son mari, sie hat einen Buhler und einen Mann. Un verd galant, ein munterer frischer Buhler, der wohl auffagen kan.

Les richesses ont bien des *galans*, der Reichthum hat viel Freyer.

GALANT, *m.* GALANTE, *f. adj.* höflich, manierlich, sinnreich, zierlich, angenehm, liebreich. Un *galant* homme, ein Mensch dem alles wohl anstehet, der allen Leuten gefällt. Un homme *galant*, ein wohlgestalter Mann, dem alles wohl anstehet, der dem Frauenzimmer zu gefallen suchet.

GALANT, (von Sachen) artig, schön, trefflich, nett, zierlich. Billet *galant*, ein höflicher Liebesbrief. Discours *galant*, artige Reden. Bracelet *galant*, ein zierliches Armband. Vers *galans*, sinnreiche Liebesreimen.

GALANTE, (von Weibern) dem Manne nicht recht getreu; it. ein loses Mädgen, muthwilliges Weibsstück.

GALANT, ein listiger, verschlagener Mensch, dem nicht wohl zu trauen ist; it. ein muthwilliger Pursch, ein loser Vogel.

GALANS, im plur. gewisse Maschen von Band, welche die Weiber zum Schmucke gebrauchten. (ist alt.)

GALANS, (bey den Zuckerbeckern) die Citronen-und Pomeranzenschelfen rundherum abgeschnidten.

GALANS, (auf den Schiffen) *v.* GALEBANS.

GALANTERIE, *s. f.* Höflichkeit, Artigkeit, liebreizendes Wesen; lustige Art. Faire une chose par *galanterie*, etwas in höflichem Scherze thun.

GALANTERIE, Liebeshändel; verliebter Umgang. Elle a eu bien des *galanteries*, sie hat manche Liebeshändel getrieben.

GALANTERIE, Geschenke; sinnreiches Scherz-oder Liebesgedicht, wie man dem Frauenzimmer schickt.

GALANTERIE, Venuskrankheit.

GALANTISER, *v. a.* das Frauenzimmer bedienen, (besser faire sa cour aux Dames).

se GALANTISER, *v. r.* (im Scherze) von sich selbst viel halten.

GALAXIE, *s. f.* (in der Astronomie) die Milchstrasse.

GALBANON, oder GALBANUM, *s. m.* Galban, Mutterharz, eine Art Gummi. Il donne du *galbanum*, er verspricht viel und hält wenig; er antwortet nicht recht auf das, was man ihn bittet.

GALBANONNER, *v. a.* die Fenster mit Kreide abreiben.

GALBE, *s. m.* (in der Baukunst) Rundung der Blätter an den Säulenknäufen.

GALE, *s. f.* die Krätze, Raude. Avoir la *gale*, die Krätze haben. Etre revêtu de *gale*, être damassé de *gale*, über und über räudig seyn.

GALE, der Krebs an den Bäumen.

noix de GALE, *s. f.* Gallapfel.

GALE'ACE, GALE'ASSE, *s. f.* eine Venetianische grösse Galee.

GALEBANS, *s. m. plur.* (in der Seefahrt)

zwey Seile auf den Schiffen, welche den Mast über dem Maſtkorbe veſt halten.

GALE'E, *ſ. f.* (bey den Buchdruckern) das Schiff oder Bret, worauf ſie die im Winkelhacken geſezten Zeilen zuſammen thun, und Columnen machen.

GALEFRE'TIER, GALFERTIER, GAUFRE'TIER, *ſ. m.* ein nichtswürdiger, untüchtiger Kerl, Böſewicht, Landläufer.

GALE'GA, Geiſrauten.

GALE'NIQUE, *adj.* Galeniſch. La methode *galénique*, die galeniſche Art zu curiren oder Arzney zu geben, die der alte Arzt Galenus gelehrt hat.

GALE'NISTE, *ſ. m.* einer, der es mit des Galeni Arzneylehre hält.

GALE'NISTE, oder GALE'NITES, im plur. eine Secte von Wiederdäufern von Galenus, einem Arzte in Amſterdam.

GALEOPSIS, *ſ. f.* Todneſſeln.

GALER, *v. a.* krazen, als einen Krägigen, einen kragen, da es ihm wohl thut. *Gales-*moi un peu derrière le dos, krazet mich ein wenig auf dem Rücken. Il ſe *gale* juſqu'à ſe faire ſaigner, er kratzet ſich bis aufs Blut.

GALE'RE, *ſ. f.* Galee, Ruderſchiff. *Galère* capitaineſſe, die Galee, worauf der Befehlshaber fährt; Hauptgalee.

Vogue la *galère*, prov. es ſey gewagt, es gehe drauf los.

GALE'RE, (bey dem Zimmermann und Tiſcher) groſſer Hobel; Schürfhobel.

GALE'RE, ein Wurm mit ſehr vielen Füſſen.

GALERIE, *ſ. f.* Luſtgang; langer Gang in einem Hauſe. Ce ſont ſes *galeries*, prov. er macht dieſen Weg ſehr oft.

GALERIE, der Gang im Ballhauſe.

GALERIE, (in der Kriegsbaukunſt) bedeckter Gang, ſo über den Graben eines belagerten Orts angeleget wird.

GALERIE de fond de cale, (in der Seefahrt) drey Schuhe breiter Gang unten im Schiffe, zum Ausbeſſern, wenn die Kugeln im Gefechte Löcher darein machen.

GALERIES, (in der Seefahrt) die Galderey, oder äuſſere Balken oder Gänge hinten am Schiffe.

GALERIES ſouterraines, unterirdiſche Gänge, Minengänge.

GALE'RIEN, *ſ. m.* ein Galeesclav; ein angeſchloſſener Ruderknecht.

GALERNE, *ſ. m.* (oder beſſer, le vent de *galerne*) Nordweſt auf der See.

GALET, *ſ. m.* ein im Waſſer abgeſchliffener glatter Kieſelſtein; an einigen Orten Wackelſtein genannt, womit man vor dieſem ſpielte. Le jeu de *galet*, die Tafel worauf man ſtatt dieſer Steine heut zu Tage mit eiſernen Kegeln ſpielt.

Diamant de *galet*, eine Art Criſtall, welches auf den Küſten von Normandie in den Kieſelſteinen gefunden wird.

GALETAS, *ſ. m.* das oberſte Stockwerk unter dem Dache, da die Wände um des Dachs willen nicht mehr gerade ſind. Chambre de *galetas*, eine Bodenkamer.

GALETTE, *ſ. f.* eine Art kleiner Kuchen; Zweyback; Schiffbrod.

GALETTE de cocon, eine Gattung Floretſeide.

GALEUX, euſe, *adj. & ſubſt.* krätzig, grindig, ſchäbig. Une brebis *galeuſe* gâte tout un troupeau,*prov.* ein räudig Schaaf macht ihrer viel; ſteckt die ganze Heerde an; oder ein böſer Bube verführt die andern. Qui ſe ſent *galeux* ſe grate, wer ſchäbig iſt, der kratze ſich; d. i. wer ſich getroffen findet, der beſſere ſich.

GALEUX, ein Baum der den Krebs hat.

GALIEN, *ſ. m.* der berühmte Arzt Galenus.

GALILE'E, *ſ. f.* Galiläa.

GALILE'EN, *ſ. m.* enne, *f.* ein Galiläer.

GALIMAFRE'E, *ſ. f.* ein Gericht oder Speiſe, von allerley übergebliebenem Eſſen zuſammen gemacht.

GALIMAFRE'E, eine Erzehlung, da alles unordentlich unter einander gebracht wird.

GALIMATIAS, *ſ. m.* ein verwirrter dunkeler Handel, oder ein undeutlich, unordentliches Geſchwätz.

GALION, *ſ. m.* ein groſſes Kriegsſchiff, das meiſtens die Kauffardeyſchiffe begleitet, wenn ſie in Indien in den Golfo von Mexico gehen.

GALIONISTES, *ſ. m. pl.* die Kaufleute, welche durch die Galions in Weſtindien handeln.

GALIOT, *ſ. m.* ein Seeräuber. (iſt alt.)

GALIOTTE, *ſ. f.* eine kleine leichte Galee. *Galiotte* à bombes, ein Bombardierſchiff.

GALIPOT, *ſ. m.* flieſſendes, weiſſes Harz aus den Bäumen.

Saint GALL, ville de Suiſſe, St. Gallen, eine Stadt in der Schweiz. L'Abbé de St. *Gall*, der Abt von St. Gallen, ein Fürſt des Röm. Reichs.

GALLES, *ſ. f.* eine Provinz in Engelland.

GALLICANE, *adj. f.* l'Egliſe *gallicane*, die franzöſiſche Kirche oder Geiſtlichkeit.

GALLICISME, *ſ. m.* eine Eigenſchaft, oder eigene Art der franzöſiſchen Sprache.

de GALLICO, *adv.* ungefehr, unverſehens, gleich auf der Stelle, unvermuthet.

GALLIOT, *ſ. m.* ein Kraut, Nelkenwurz, Benedictenwurz.

GALLINASSE, *ſ. f.* Name einer Art groſſer Raben in Mexico.

GALOCHE, *ſ. f.* Ueberſchuhe, die man über die andern anzieht.

Un menton de *galoche*, ein langes plattes Kinn, das weit heraus geht.

GALO-

GAL GAM GAN

GALOMAR, GALOMARD, *s. m.* ein jähriger Hecht.
GALON, *s. m.* ein breit Band oder Borte, eine Galone.
GALON, eine Art runder Schachteln bey den Gewürzkrämern.
GALON, ein gewisses Maaß von etwa zwey Kannen, sonderlich in der Normandie.
GALONNER, *v. a.* mit Galonen bezieren oder ausmachen; (vor diesem hatte das Frauenzimmer Gold in das Haar gewirkt, und das hieß *galonnée*).
GALOP, *s. m.* der Galop oder Lauf eines Pferdes.
  Il va le grand *galop* à l'hôpital, er bringt alles das Seine durch, er wird noch in grosse Armuth gerathen.
  Il s'en va le grand *galop*, er wird bald sterben.
GALOPADE, *s. f.* das Galopiren, das Laufen eines Pferdes.
GALOPER, *v. n. & a.* im Galop gehen, laufen; im Galop gehen lassen; einem nachjagen, verfolgen.
GALOPIN, *s. m.* ein Küchenjung; Beyläufer.
GALOPIN, Mäßlein Weins, so die Schüler zum Frühstücke bekommen. Boire son *galopin*, sein Glas Wein trinken; viel vom Trunke halten.
GALVARDINE, *s. f.* ein Regenkleid; (ist alt).
GALVAUDER, *v. a.* verfolgen, übel tractiren; ausschelten.
GAMACHES, *s. f. plur.* Ueberstrümpfe, Reutstrümpfe.
GAMAHE', *s. m.* eine Figur, die von Natur in einem Steine ist, als wenn sie hinein gemahlt oder gestochen wäre.
GAMBADE, *s. f.* ein Sprung, der von jungen muthwilligen Leuten geschieht.
  Païer en *gambades*, mit Scherz und Spott erzehlen; eines spotten.
GAMBADER, *v. a.* mit den Füssen nie still seyn, springen und tanzen.
GAMBAGE, *s. m.* eine Auflage auf die Brauhäuser.
GAMBES de hunes, *s. f. plur.* (in der Seefahrt) Seile, die den Obermast halten.
GAMBILLER, *v. n.* mit den Beinen klengeln rc. als junge Kinder.
GAMELLE, *s. f.* eine hölzerne tiefe Schüssel, woraus die Bootsleute essen; das Tractament der Leute, die auf dem Schiffe arbeiten.
GAMELO, Balsam von Copahu.
GAMME, GAME, *s. f.* das ut re mi fa sol la in der Music; (im Scherze) Wissenschaft, Verstand; it. Manier, Gebrauch.
  Chanter la *gamme* à quelqu'un, einem einen Filz, einen Verweis geben.
  Il est hors de *gamme*, er ist aus dem Texte gekommen, er weiß nicht wo er ist.

GANACHES, GANASSES, *s. f. plur.* die Kinnbacken eines Pferdes.
  Il est chargé de *ganaches*, er hat ein grosses Gesicht oder Maul; er ist tumm.
GANBISON, *s. m.* (in Frankreich) eine uralte Kleidertracht.
GANCE, *voïés* GANSE.
GAND, Gent, *voïés* GANT.
GANGLION, *s. m.* (in der Heilkunst) ein Ueberbein.
GANGRE'NE, *s. f.* der Krebs, eine um sich fressende Krankheit; (figürlich) ein einreissendes, überhand nehmendes, um sich greifendes Uebel, als: Unglück, Laster, Aufruhr, Ketzerey u. d. gl. (man spricht es aus als *cangrène*, schreibt es auch oft so).
se GANGRE'NER, *v. r.* den Krebs bekommen; zu einem Krebse werden; item, verderben, absterben, als manchmal ein Glied aus Mangel natürlicher Wärme.
  Une conscience *gangrénée*, ein besteckt Gewissen; ein gewissenloser Mensch.
GANGUES, *s. f. pl.* kleine Steinlein oder harte Theile, welche man von dem Antimonio, wenn es aus dem Bergwerke kommt, sondern muß.
GANIF, *voïés* CANIF.
GANIME'DE, *s. m.* Name eines Trojanischen Prinzen, den Jupiter entführt hat.
GANIME'DE, ein Knabe, der sich zur Unzucht gebrauchen läßt.
GANO, *adv.* (beym Lomberspiele) ein Wort wodurch man zu verstehen giebt, daß man in der Farbe, die gespielt worden ist, den König habe.
GANSE, *s. f.* eine Schnur am Kleide, so an statt des Knopflochs zum Einknöpfen dienet.
GANT, *s. m.* die Stadt Gent in Flandern.
GANT, ein Handschuh. *Gant* bourré, ein Fechterhandschuh, den man beym Contrafechten anzieht.
  Il n'en aura pas les *gans*, er wird kein Botenlohn bekommen, man weiß es schon.
  Elle a perdu ses *gans*, *prov.* sie ist keine Jungfer mehr. Il est souple comme un *gant*, er ist schmeidig, wie ein Handschuh.
GANT de nôtre Dame, unser L. Frauen Handschuh, ein Name unterschiedener Kräuter, als: Agley; it. Fingerhuth; item, Halskraut.
GANTELE'E, *s. f.* ein Kraut, Halskraut.
GANTELET, *s. m.* ein Panzerhandschuh.
  Prêter de *gantelet*, einen ausfordern zum Duell; it. die Ausforderung annehmen.
GANTELET, (bey den Buchbindern) ein Ermel, den sie anlegen, daß sie desto besser die Bücher schlagen können.
GANTER, *v. a. & n.* Handschuhe anlegen.
  Ces gans *gantent* bien, diese Handschuhe schicken sich wohl an die Hand.

se GAN-

se GANTER, *v. r.* die Handschuhe anthun.
GANTERIE, *s. f.* ein Handschuhladen oder Kram, Handschuhwaaren.
GANTES, (bey dem Bierbrauer) die Dielenstücker, welche man oben auf dem Borde des Kessels ringsherum legt, um den Wall aufzuhalten.
GANTIER, *s. m. e, f.* ein Handschuhmacher oder Kaufmann.
GANTIERE, (im Scherze) ein Frauenzimmer, so einem ein paar Handschuhe verehrt.
GANTOIS, e, *adj. & subst.* Gentisch, das Gebiet um Gent, einer von Gent.
GARANCE, *s. f.* Färberröthe, Krap oder Grap, eine Wurzel, wovon man rothe Farbe macht.
GARANCER, *v. a.* mit Krap färben.
GARANN. *voyés* GARENN.
GARANT, *s. m. e, f.* ein Bürge der für etwas gut spricht. J'en suis *garant*, ich bin gut davor. Etre *garant* d'une opinion, eine Meynung für wahr ausgeben.
GARANT, (auf den Schiffen) das Ende von einem Seile, das durch ein Werbel geht, oder sonst dient, vest zu halten.
GARANTI, *s. m.* derjenige, dem man für etwas gut ist.
GARANTIE, *s. f.* Bürgschaft, Gutsprechen; Gewähr; Schadloshaltung.
GARANTIR, *v. a.* Bürge seyn, gutsprechen, gewähren, vor alle Fehler oder Schaden gut seyn; schützen, verwahren, befreyen. *Garantir* un cheval de tous vices, ein Pferd vor allen Mängeln gewähren; für allen Mangel gut seyn. *Garantir* une province du pillage, eine Landschaft vor der Plünderung bewahren. *Garantir* une nouvelle, eine Zeitung für gewiß sagen.
se GARANTIR, *v. r.* sich vorsehen, sich hüten; sich befreyen, sich verwahren. Se *garantir* des voleurs, sich gegen die Räuber versichern; vor den Räubern bewahren.
GARAS, *s. m.* eine Art grobe baumwollene Leinwand, welche aus Surata kommt.
GARBE, *s. f.* Gestalt; Ansehen.
GARBIN, *s. m.* (in der Seefahrt) Südwestwind im mittelländischen Meere.
GARBON, *s. m.* der Hahn von den Rebhünern bey den Falkenierern.
GARÇAILLE, *s. f.* ein Haufe kleiner Kinder.
GARÇAILLER, *v. n.* mit unzüchtigen Leuten umgehen, alle Hurenwinkel auskriechen.
GARCE, *s. f.* eine Hure.
GARCETTES, im *plur.* (in der Seefahrt) dünne Stricke auf den Schiffen, womit man die Segel an die Stange bindet ꝛc. die man aus den alten Tauen oder Seilen macht.
GARÇON, *s. m.* ein Knabe; ein junger Gesell, lediger Mensch. Un bon *garçon*, ein guter Gesell; ein lustiger Bruder.
GARÇON, ein Handwerksgesell. *Garçon* tailleur, Schneiderbursch. *Garçon* maréchal, Schmiedeknecht.
GARÇON de cabaret, Hausknecht in einem Gasthofe.
GARÇON, ein Knecht; ein Diener; ein Junge; Kramdiener, Ladendiener.
GARÇON de la chambre, ein königlicher Kammerdiener.
GARÇON de bord, ein Schiffknecht.
Il se fait beau *garçon*, er hält übel Haus, er bringt das Seinige durch.
GARÇONNET, *s. m.* (im Scherze oder Schmeicheln) ein Knäblein.
GARÇONNIERE, *s. f.* ein Hurenbalg, ein Schleppsack, Bubenhure, Jungenhure.
GARDE, *s. f.* Verwahrung; Beschirmung. Donner une chose en *garde*, etwas in Verwahrung geben. La *garde* des filles est difficile, es ist schwer Jungfern hüten; die Bewahrung der Töchter ist schwer.
GARDE, eine Wache; Wacht, Schutz; Aufsicht, Acht, Hut; etwas das einen schützt. Faire *garde*, Wache halten. Monter la *garde*, die Wache aufführen. Un corps de *garde*, ein Wachthaus. *Garde* avancée, eine Vorwacht. Laisser des gens pour la *garde* de la ville, Leute zu Bewahrung der Stadt zurück lassen. Allés-vous-en à la *garde* de Dieu, gehet hin unter GOttes Schutz.
Mettre à la *garde* de quelqu'un, einem zu verwahren, zu bewachen geben.
Prendre *garde*, Acht geben. Etre en *garde*, se tenir sur ses *gardes*, sich in Acht nehmen.
Il n'a *garde* d'être si sçavant que l'autre, es fehlt weit, daß er so gelehrt als jener wäre.
Je n'ai *garde* de marquer au respect que je vous dois, ich will es an gebührender Ehrerbietung gegen euch nicht ermangeln lassen.
les GARDES Françoises, die Französische Leibwache.
GARDE, das Aufheben, Aufbehalten, Verwahrung. Vin de *garde*, ein Wein, der sich hält. N'être pas de *garde*, nicht können aufbehalten werden als Obst ꝛc. sich nicht halten.
une GARDE, (im Piquiren) eine Karte, mit welcher der König besetzt ist, bey welchem man das Daus nicht hat.
GARDE, eine Krankenwärterin und Kindbettwärterin, Vorgängerin, Wartfrau.
GARDE, ein Ring an der Schnellwaage.
GARDE, das Stichblat am Degen.
GARDE, (im Fechten) das Lager, die Figur oder Positur, die einer macht, seinem Gegenpart zu begegnen.

GARDE,

GAR   GAR   605

GARDE, (am wilden Schweine) der Sporen oder die kleine Klaue über der andern, neben am Fuß.

GARDES, (auf der Schiffahrt) die drey nächsten Sterne am Polo.

GARDE, (bey den Schlössern) das Eingericht im Schloß, welches hindert, daß nicht jeder Schlüssel aufsperren kan.

GARDE, *ſ. m.* ein Trabant, Hatschier, einer von der Leibwache; eine Wacht; ein Wächter.

le GARDE de la bibliothéque du Roi, der königliche Bibliothecarius.

GARDE de port, ein Bedienter, der bey Nacht die Aufsicht über den Haven hat.

GARDE de bois, *voïés* FORéTIER.

les Maitres & GARDES, sind bey den Zünften die Verordneten, so über die Ordnungen halten müssen, was bey den Handwerkern die Geschwornen sind.

juges-GARDES, Oberrichter im Münzwesen.

GARDES de Jupiter, (in der Astronomie) die Satellites oder Nebenläufer des Planeten Jupiters.

GARDE de sceaux, Siegelverwahrer.

GARDE & conservateur des privilèges de l'université, Protector der Universität.

GARDE-AU-MÂT, *ſ. m.* der Wächter im Mastkorbe.

GARDE-BONNET, *ſ. m.* eine leinene Haube, so man den Kindern über die gute anzieht, daß sie dieselbe nicht verderben.

GARDE-BOUTIQUE, *ſ. m.* ein Stück bey einem Kaufmann, das er nicht mehr verkaufen kan, und ihm lange liegen bleibt, Ladenhüter.

GARDE-CHASSE, *ſ. m.* ein Hegereuter, ein Wildmeister.

GARDE-CORPS, *ſ. m. plur.* ein sehr dickes Gewirk von Matten oder Stricken, welches man in einem Seetreffen am Borde aufspannt, die Soldaten zu decken.

GARDE-CÔTE, *ſ. m.* ein bewafnetes Wachtschiff wegen der Seeräuber, die Küsten und die Kauffardeyschiffe zu schützen, ein Küstenbewahrer; it. der Capitain, der ein solch Schiff commandirt.

GARDE-ENFANT, *voïés* GARDE-INFANT.

GARDE-FEU, *ſ. m.* ein eisern Gitter bey den Caminen, damit sich die Kinder nicht verbrennen.

GARDE-FEUX, im *plur.* (auf den Schiffen) die Büchsen, worein man die Ladung des Pulvers thut, so in eine Canone soll.

GARDE-FORÊTS, *voïés* FORéTIER.

GARDE-FOU, *ſ. m.* ein Geländer um etwas tiefes, daß man nicht hinein falle, als an Brücken, Brunnen, Gräben &c.

GARDE-INFANT, *ſ. m.* eine Wulst um den Leib wegen des Einschnürens, sonderlich der schwangern Weiber.

GARDE-MAGASIN, *ſ. m.* der Zeugmeister.

GARDE-MANGER, *ſ. m.* ein Küchenschrank, Speisekammer.

GARDE-MARTEAU, *ſ. m.* der Forstmeister, so den Hammer verwahrt, womit man das Holz zeichnet.

GARDE-MéNAGERIE, *ſ. m.* der so die fremden Thiere und Vögel in einem Schiffe warten und besorgen muß.

GARDE-MEUBLE, *ſ. m.* der das Geräthe des Königs unter Händen hat, das man nicht immer braucht; it. der Ort, wo solches verwahret wird.

GARDE-NAPE, *ſ. m.* ein Schüsselring von Weiden geflochten, item von Silber oder Zinn, das Tischtuch rein zu halten.

GARDE-NOBLE, *ſ. f.* (im Rechtshandel) Vormundschaft über adeliche Kinder.

GARDE-NOTE, *ſ. m.* ein Notarius, der die Contracte bekräftiget, die bey ihm gemacht sind.

GARDE-PERTUIS, *ſ. m.* ein Schiffmann, der auf den Flüssen an engen oder sonst gefährlichen Oertern den vorbey fahrenden Schiffen durchzuhelfen bestellt ist.

GARDER, *v. a.* bewahren; beschützen; vertheidigen; bewachen; hüten; behüten; behalten; aufheben; halten; erhalten. *Garder* son argent, sein Geld verwahren. *Garder* une ville, eine Stadt bewahren. *Garder* le troupeau, die Heerde hüten. *Garder* un prisonnier, einen Gefangenen hüten; bewahren. *Gardés, gardés* vous, seht euch vor, hütet euch, nehmt euch in Acht. Dieu vous *garde*, GOtt bewahre euch.

GARDER un malade, einen Kranken warten.

GARDER à vûë, immer im Gesichte behalten, nicht aus den Augen lassen.

GARDER un vaisseau, auf ein Schiff Achtung geben, damit es nicht entrinne.

GARDER long-tems une maladie, lange mit einer Krankheit zu thun haben.

GARDER le lit, oder la chambre, wegen Unpäßlichkeit das Bette oder Zimer hüten.

GARDER une médecine, eine Arzeney bey sich behalten, als ein Clistier &c. nicht gleich wieder von sich geben.

GARDER l'équité, la modération, Billigkeit, Mäßigkeit üben.

GARDER une poire pour la soif, etwas aufheben auf einen Nothfall.

Faire *garder* le mulet, einen lang warten lassen.

Il vous en a bien donné à *garder*, er hat euch etwas weiß gemacht.

Je lui *garde* bonne, ich habs hinter das Ohr geschrieben, ich will mich noch wohl einmal deswegen an ihm rächen. Elle va *garder* les poulets d'Inde, sie hat sich an einen armen Edelmann verheyrathet.

ſe GARse GARDER, *v. r.* ſich hüten, ſich vorſehen; ſich enthalten; (von Sachen) ſich halten, dauern, aufgehoben werden können.

GARDEROBE, *ſ. f.* eine Kleiderkammer, oder Kleiderſchrank.

GARDEROBE, eine kleine Kammer, ſo an eine gröſſere ſtößt.

GARDEROBE, ein Gemach, worinne groſſer Herren Kleider, und die Bedienten dazu, ſind, auch die Kleider ſelbſt, ſo da verwahrt werden.

GARDEROBE, das heimliche Gemach.

GARDEROBE, ein Fürtuch (Schürze) ſo die gemeinen Leute vorthun, die Kleider zu ſchonen.

GARDEROBE, ein Kraut, Gartencypreſſe, Cypreſſenkraut, weil es keine Würmer zu den Kleidern kommen läßt.

GARDE-RÔLE, *ſ. m.* ein Canzleybedienter, welcher die Einwendungen aufzeichnet, ſo bey denjenigen geſchehen, ſo ihre Dienſte verlaſſen, und doch andern noch viel ſchuldig ſind.

GARDE-SACS, *ſ. m.* ein Schreiber bey den Rathscollegien und dem Parlamente, bey dem man etwas niederlegt oder ihm zur Verwahrung giebt.

GARDE-VAISSELLE, *ſ. m.* Silberkämmerer, Silberdiener.

GARDEUR, *ſ. m.* euſe, *f.* ein Hirt. *Gardeur de cochons*, Schweinhirt.

GARDIEN, nne, *adj. & ſubſt.* der oder die etwas bewahrt; ein Sequeſter, der etwas ſtreitiges auf obrigkeitlichen Befehl bis zu Austrag der Sache in Beſitz nimmt.

GARDIENS du port, Bootsleute, die auf die Schiffe im Haven Achtung geben müſſen.

GARDIEN, (bey den Capucinern) der Pater Guardian, der Oberſte und Vornehmſte.

GARDIENNAT, *ſ. m.* die Zeit über, ſo lange einer Guardian iſt, meiſtens 3 Jahre.

GARDIENNERIE, *ſ. f.* die Kammer der Conſtabel oder Canonier auf dem Schiffe.

GARDON, *ſ. m.* ein kleiner Fiſch in den Flüſſen, eine Kreſſe oder Gründling. *Frais comme un gardon, prov.* geſund wie ein Fiſch.

GARE, *adj. & interj.* habt Acht, ſeht euch für, aus dem Wege, auf die Seite. *Gare le corps,* bewahrt den Leib. *Gare l'eau,* ſeht euch vor dem Waſſer für. *Gare le pot au noir*, ſagt man im Spiele der blinden Kuh, wenn man einen warnet, er ſoll ſich nicht anſtoſſen.

GARE, *ſ. f.* eine Bucht bey einem Strome, wo die Schiffe einander ausweichen oder vor dem Eiſe und andern Fällen ſicher ſeyn können.

GARENC. *voiés* GARANC.

GARENNE, *ſ. f.* ein verwahrter eingeſchloſſener Ort, Caninchen zu halten; ein Caninchenberg oder Garten, (einige ſprechen *garanne*, welches man nicht nachthun ſoll).

la GARENNE des ſots, der Narrenſpital, (im Scherze von einem Orte).

Celui-là eſt de garenne, wird geſagt, wenn einer etwas erzehlt, und man merkt, daß es nicht wahr iſt.

GARENNIER oder GARANNIER, *ſ. m.* ein Caninchenwärter, der die Aufſicht über den Caninchengarten hat.

GARENT. *voiés* GARANT.

GARER, *v. a.* anbinden, veſt machen, anlegen. *Garer un bâteau*, ein Schiff anbinden.

se GARER, *v. r.* vulg. auf die Seite gehen, ausweichen, ſich vorſehen oder bewahren durch Ausweichen.

GARGAMELLE, *ſ. f.* vulg. häßliches Weib mit einem langen Halſe, ſchimpfsweiſe.

GARGANTUA, *ſ. m.* ein erdichteter Name eines Rieſen; vulg. ein ungeheuer groſſer Mann.

GARGARISATION, *ſ. f.* GARGARISEMENT, *ſ. m.* das Gurgeln.

GARGARISER, *v. a.* gurgeln, mit Gurgelwaſſer den Hals ausſpülen.

GARGARISME, *ſ. m.* das Gurgeln.

GARGOTTAGE, *ſ. m.* ein Säugefräß, ſäuiſch zugerichtetes Eſſen.

GARGOTTE, *ſ. f.* eine Garküche, wo man ſchlecht zu eſſen bekommt.

GARGOTTER, *v. a.* an lüderlichen Orten eſſen und zechen; bey ſchlechten geringen oder lüderlichen Leuten eine elende Mahlzeit haben.

GARGOTTIER, *ſ. m.* e, *f.* ein Garkoch, Sudelkoch, der die Leute ſchlecht und unreinlich tractirt.

GARGOUCH. *v.* GARGOUSS.

GARGOÜILLE, *ſ. f.* ſteinerne Traufröhre von den Dächern.

GARGOÜILLE, der Ring an einem Mundſtücke.

GARGOÜILLER, *v. n.* in das Waſſer blaſen; ſchnadern.

GARGOÜILLIS, *ſ. m.* das Geräuſch des Waſſers, ſo aus einer Traufröhre fällt.

GARGOUSSE, *ſ. f.* ein Stückpatrone, eine papierne Rolle mit einer Ladung Pulver zu einem Stückſchuß.

GARGOUSSIERE, *ſ. f.* ein Sack, worein man die Gargouſſen oder Stückpatronen legt.

GARIPOT, *ſ. m.* ein harziger Baum; eine Art Fichten.

GARITES, *ſ. f. pl.* (in der Seefahrt) die rundlicht breiten Hölzer oben am Maſt, die dem Maſtkorbe unten ſeine Rundung geben.

GARNEMENT, *s. m.* lüderlicher Gesell; Lotterbube; Taugenichts.

GARNI, *s. m.* die kleinen Steine, so man zwischen die andern im Bauen steckt, die Löcher auszufüllen.

GARNIR, *v. a.* versehen, staffiren. *Garnir* une chambre, ein Gemach mit nöthigem Geräthe zum Gebrauch und Zierde versehen. *Garnir* une épée, einen Degen mit Gefäß und Scheide versehen. *Garnir* des gans, Handschuhe staffiren. *Garnir* des chaises, Stühle ausstopfen. *Garnir* une tapisserie, Tapeten füttern. *Garnir* des bas, Strümpfe belegen. *Garnir* une place de guerre, eine Vestung mit allem Vorrathe versehen.

GARNIR la main du Roi, (vor Gerichten) Caution stellen, ehe man wider den König, den Rechten nach, will einen Ausspruch haben.

GARNIR un drap, das Tuch aufkratzen.

GARNIR le four, Holz einstützen.

se GARNIR de bons habits, sich mit guten Kleidern versehen. *Se garnir* contre le froid, sich wider die Kälte verwahren.

GARNI, e, *part. & adj.* sagt man in den Wappen von einem Degen, dessen Heft von anderer Farbe ist.

Chambre *garnie*, ein Zimmer, so mit allem wohl versehen ist. Une étoffe bien *garnie* de soie, ein Zeug, der reich von Seide ist. Avoir la bourse bien *garnie*, einen wohl versehenen (gespickten) Beutel haben.

GARNISON, *s. f.* eine Besatzung.

GARNISON, der Ort der einem Regimente oder sonst einem Theile der Armee zur Besatzung oder zu Winterquartieren angewiesen ist.

GARNISON, (im Rechtshandel) eine Wache, Gerichtsdiener oder Leister, die man in ein Haus schickt, Schulden oder anders zu erpressen.

Pièce de *garnison*, (bey den Goldschmieden) etwas, das sie an ihrer Arbeit löten, als ein Fuß oder Handhebe an etwas.

GARNISSEUR, *s. m.* euse, *f.* ein Schmücker oder Staffirer, sonderlich der Hüte.

GARNITURE, *s. f.* die Ausrüstung, Ausstaffirung, Auszierung, Zugehör eines Kleides, Bettes, Zimmers, und anderer Sachen.

GARNITURE, Vorrath von Sachen die zusammen gehören.

GARNITURE, die Bänder und anderer Schmuck der Weiber um den Kopf.

GARNITURE de toilette de dame, das Geräthe, so auf einem Frauenzimmernachttisch gehört.

GARNITURE de baudrier, Schlangenringe, und anders an einem Wehrgehänge.

GARNITURE de cheminée, Porcellan, womit ein Camin besetzt oder verkleidet wird.

GARNITURE de comble, was zur Verfertigung des Dachs gehört, als Ziegel, Latten ꝛc.

GARNITURE, (in der Buchdruckerey) die Stege von allen Gattungen, welche zu einem Formate gebraucht werden.

GAROU, *adj. m.* loup garou, Wärwolf. Courir le *garou*, wüste Häuser frequentiren, besuchen.

GAROSMUM, *s. m.* Schaamkraut.

GAROüAGE, *s. m.* ein verdächtiger Ort oder Schlupfwinkel, da man sich schämt, des Tages hinein zu gehen; it. das nächtliche Herumlaufen lüderlicher Leute.

GARRER, *v. a.* (bey den Fischern) einen Nachen am Ufer anbinden.

GARROT, *s. m.* (auf der Reitschule) der Widerrist des Pferds. Bande de *garrot*, ein eisernes Band, das die Fuge des Sattelbogens zusammen hält. Il a été blessé sur le *garrot*, *prov.* er hat einen harten Stoß an seiner Reputation gelidten.

GARROT, Packstock; Knebel.

GARROTTER, *v. a.* stark zusammen ziehen und binden, zusammen räteln.

GARS, *s. m.* ein Junge. (ist alt.)

GARSAILLER, GARSON, *v.* GARÇ.

GARZETTE, *s. f.* ein weisser Reiger.

GAS, *s. m.* ist ein Wort, so Helmont in der Chymie gebraucht, und die ersten Principia und innerliches Wesen eines Dinges bedeuten soll.

GASCH. *v.* GACH.

GASCOGNE, *s. f.* das Land Gasconien in Frankreich.

GASCON, *s. m.* nne, *s.* ein Gasconier; it. ein Prahler; Schwätzer; Zänker.

GASCONISME, *s. m.* die Gasconische Mundart.

GASCONNADE, *s. f.* Prahlerey; eine Art, einen um etwas zu betrügen.

GASCONNER, *v. a. & n.* listig stehlen, heimlich wegnehmen.

GASE, GASON, &c. *v.* GAZ.

GASPARD, *s. m.* (*Gaspar* oder *Caspar*) ein Mannsname.

GASPILLER, *v. a.* sein Gut lüderlich durchbringen, verschwenden. Il a *gaspillé* son patrimoine, er hat sein Erbgut durchgebracht. Tout est *gaspillé* dans cette maison, in diesem Hause ist alles verderbt.

GASPILLEUR, *s. m.* euse, *f.* ein verschwenderischer Mann oder Weib.

GASTADOUR, *s. m.* ein Schanzgräber.

GASTEAU, &c. *v.* GÂT.

GASTON, *s. m.* ein Mannsname.

GASTRE/PIPLOïQUE, *adj. c.* eine Ader, so aus einigen Aesten bestehet, welche vom Magen und dem Netze kommet.

GASTRI-

GASTRILOQUE, *f. m. & f.* ein Mensch, aus dessen Leibe ein Geist zu antworten oder zu reden scheinet.

GASTRIQUE, *adj. c.* wird von einigen Adern gesagt, so von dem Magen komen.

GASTROLÂTRE, *adj. & f. m. & f.* ein Bauchdiener, ein wollüstiger Mensch, dessen Gott der Bauch ist.

GASTRORAPHIE, *f. f.* das Zusammennähen des Bauchs, der etwan verwundet ist.

GÂTEAU, *f. m.* ein Kuchen. *Gâteau* feüilleté, Butterkuchen. *Gâteau* vérolé, Käsekuchen, der außsieht als ob er über und über voller Blattern wäre.

Il avoit part au *gâteau*, er hatte auch Theil an diesem Handel.

GÂTEAU, (bey dem Bildhauer) Leim oder Wachs, so in die Formen gebraucht wird.

GÂTEAU, Honigwabe, Immenwabe.

GÂTE-MÉTIER, *f. m.* der andern das Handwerk verderbt, indem er gar zu wohlfeil arbeitet, ein Pfuscher, Stümpler.

GÂTE-PAPIER, *f. m.* (im Scherze) ein schlimmer Scribent, der nur das Papier verschmiert; it. ein säuischer Drucker, der unsauber druckt, ein Schmierteufel.

GÂTER, *v. a.* beflecken; zu Grunde richten; durchbringen als Geld, Zeit &c. zum Bösen verführen; in üblen Ruf bringen. *Gâter* un habit, ein Kleid beflecken, besudeln, beschmieren.

GÂTER, verderben; verwüsten; beschädigen. La grêle a *gâté* les blés, der Hagel hat die Saat beschädiget. La guerre a *gâté* le païs, der Krieg hat das Land verwüstet. Les mères *gâtent* les enfans, die Mütter verziehen ihre Kinder. Prenés garde de *gâter* cette affaire par la précipitation, sehet zu, daß ihr diese Sache durch Uebereilung nicht verderbet.

Gâter le métier, das Handwerk verderben, verstümpeln; unterm Preise arbeiten.

se GÂTER, *v. r.* verderben.

Un enfant *gâté*, ein verwöhnt Kind.

GÂTEUR, *f. m.* euse, *f.* der oder die verderbt, Verderber.

GATTE, (in der Seefahrt) Umfang von Bretern vorn im Schiffe, das durch die Ankergatte hineingeflossene Waßer aufzufangen.

GATTES, (in der Seefahrt) Breter in des Backbords und Oberlofs Ecke.

GAVACHE, *f. m.* ein Wort, womit die Spanier die Franzosen schimpfen, welche bey ihnen allerley geringe und schlechte Arbeiten verrichten, ein Lumpenhund.

GAUCHE, *adj. c.* link; übel gemacht, verdreht, schief. La main *gauche*, die linke Hand.

Un esprit *gauche*, ein närrischer Kopf, ein widerwärtiger Sinn. Une taille *gauche*, eine unrechte Leibesgestalt. Du bois *gauche*, krumm gewachsenes Holz.

GAUCHE, *f. f.* die Linke. A *gauche*, zur linken Hand, links. Il y avoit un marais sur la *gauche*, es war ein Morast zur Linken. Tourner à *gauche*, sich links (zur Linken) wenden. Prendre une chose à *gauche*, *prov.* eine Sache unrecht verstehen.

GAUCHER, e, *adj. & subst.* einer oder eine so links ist.

GAUCHIR, *v. n.* sich zur Linken wenden, abwenden. *Gauchir* un coup, ausweichen, entgehen, einem Streiche ausweichen. *Gauchir* aux difficultés, den Schwürigkeiten entgehen.

GAUCHIR, untreu (nicht aufrichtig) handeln; Winkelzüge suchen. Il *gauchit* en répondant, er wendet seine Antwort anderswohin, und suchet damit zu entwischen.

GAUCHIR, *v. a.* verderben, vom Guten abwenden. La conversation des méchans *gauchit* les bonnes dispositions, der Umgang mit losen Leuten verderbt die guten Neigungen.

GAUDE, *f. f.* Weide, Weidt, ein Kraut zum Gelbfärben.

GAUDE'AMUS, *f. m.* vulg. faire de grands *gaudeamus*, immer fressen und saufen, lustig leben.

GAUDER, *v. a.* gelbfärben mit Weidekraut.

GAUDERONNER, *v.* GODRONNER.

GAUDIR, *v. a. & n.* besitzen; geniessen. *Gaudir* le papat, seine Bequemlichkeit haben.

GAUDIVIS, *f. m.* eine Gattung Ostindische weisse baumwollene Leinwand.

GAUDRON, *v.* GOUDRON.

GAUFRE, *f. f.* Wispe, Honigfladen, Waben.

GAUFRE, eine Wafel; Eisenkuchen, (Gufer.)

GAUFRE, Wafeleisen. Cet homme est en *gaufre* oder entre deux *gaufres*, dieser Mensch ist auf beyden Seiten eingepreßt, in die Enge getrieben, sitzt enge, oder liegt zwischen zwey Personen in einem engen Bette.

GAUFRE au fromage, Käsekuche.

GAUFRER, *v. a.* Figuren auf einen Zeug mit einem warmen Eisen drücken.

GAUFREUR, *f. m.* einer der Figuren in den Zeug macht, darein schneidet, ritzet, drückt, brennet.

GAUFRIER, *f. m.* das Wafeleisen; ein doppelt Eisen als eine Zange.

GAUFRIER, Wafelbäcker.

GAUFRIER, Wafelhaus.

GAUFRURE, *f. f.* das Figurenmachen in einem Zeuge.

GAVION, *f. m.* die Kehle.

Il est

Il est si soul qu'il en a jusqu'au *gavion*, er ist plitz platz voll.

GAVITEAU, *s. m.* (bey den Schiffen) das Holz so über dem Anker im Wasser schwimmt.

GAVITEAU, ein auf dem Wasser schwimmendes Zeichen, wo Felsen oder eingeschlagene Pfäle unten im Wasser sind.

GAULE, *s. f.* das alte Gallien, nunmehr Frankreich.
Il a les armes du Roi des *Gaules* sur les épaules, er hat ein Brandmaal.

GAULE, eine Stange oder Pfal, womit man die Nüsse und das Obst abschlägt.

GAULE, eine Spießgerte; Spitzruthe.

GAULER, *v. a.* das Obst von den Bäumen abschlagen, mit einer Stange. Ce païs est *gaulé*, dieses Land wird diß Jahr nicht viel zu erndten haben.

GAULÉ, altväterisch.

GAULEUR, *s. m.* ein Feldmesser. (ist alt.)

GAULIS, *s. m.* ein Ast, den die Jäger zum Zeichen abbiegen, wenn sie tief ins Holz müssen.

GAULOIS, e, *s. m. & adj.* ein Gallier; ein Wale, Gallisch; it. auf alte Manier, altväterisch; die alte Gallische Sprache.

GAVON, *s. m.* (in der Seefahrt) eine kleine Kammer am Hintertheile des Schiffes.

GAVOTTE, *s. f.* eine Art lustiger Tänze.

GAUPE, *s. f.* eine ungestalte, garstige, unflätige, dicke Frau.

GAUSSER, *v. a.* vulg. vexiren, scherzen, Scherz treiben. *Gausser les gens*, die Leute vexiren.

se GAUSSER, *v. r.* vexiren. Il se *gausse* de vous, er will euch vexiren.

GAUSSERIE, *s. f.* Scherz; Possenreissen.

GAUSSEUR, *s. m.* euse, *s.* ein Possenreisser, der alle Leute durchzieht.

GAUTE, *s. f.* ein Maaß, dessen sich die Mohren auf den barbarischen Küsten bedienen.

GAUTIER, *s. m.* Walther, ein Mannsname.

GAUTIER-GARGUILLE, *s. m.* der Name eines bekannten Tänzers, wovon ein Sprichwort worden ist. C'est un franc *Gautier-Garguille*, er ist ein rechter Narr, Pickelhering, Hanswurst.

GAY, ein Hering, der weder Milch noch Rogen hat.

GAYAC, *s. m.* ein Indianisches Holz, Franzosenholz.

GAYAC, eine Gattung wohlriechendes Gummi aus Indien.

GAYEMENT, *s. m.* lustig, frölich.

GAYETÉ, *s. f.* lustiges Wesen, Frölichkeit, munterer lustiger Sinn. De *gayeté* de cœur, unbedachtsamer, muthwilliger Weise.

GAZE, *s. f.* ein dünner durchsichtiger Zeug oder Leinwand.

GAZE, eine kleine kupferne Münz in Persien.

GAZELLE, *s. f.* eine sogenannte Egyptische wilde Ziege.

GAZETTE, *s. f.* eine Zeitung.

GAZETTE, (im üblen Verstande) eine Lüge.

GAZETTE, ein Mann oder eine Frau, so allerley neue Zeitungen weißt. Elle est la *gazette* du quartier, sie trägt sich stets mit neuen Zeitungen.

GAZETTIER, *s. m.* ein Zeitungsschreiber.

GAZETTIER, eine Person, so die Zeitungen herum trägt, etwas zu gewinnen.

GAZETIERE, *s. f.* Zeitungsträgerin.

GAZIER, *s. m.* der mit dünner Leinwand handelt, oder dieselbe machet.

GAZON, *s. m.* ein Wasen, Rasen.

GAZONNEMENT, *s. m.* das Belegen mit Wasen, als bey Schantzen &c.

GAZONNER, *v. a.* mit Wasen belegen.

GAZOÜILLEMENT, *s. m.* das Geschrey, der Gesang der jungen Vögel.

GAZOÜILLEMENT, das Rauschen eines Bächleins oder Springbrunns.

GAZOÜILLER, *v. n.* schreyen, zwitschern, singen, als die jungen Vögel.

GAZOÜILLER, rauschen als ein kleiner Bach.

GAZOÜILLER, schwatzen, lallen, als ein kleines Kind.

GAZOÜILLES, *s. m.* v. GAZOÜILLEMENT.

GE'AI, *s. m.* ein Nußheher, Waldschreyer.

GE'AILOYE, *s. f.* ein Maaß von Wein in Frankreich.

GE'ANT, *s. m.* ein Riese; it. eine Person von ungemeiner Grösse.

GE'ANTE, *s. f.* eine Riesin.

GE'DEON, *s. m.* ein Mannsname.

GEINDRE, *v. n.* vulg. heimlich klagen, seufzen. (ist alt.)

GEINDRE, *s. m.* der Oberknecht, bey dem Becker.

GEINE, GEINER, v. GÊN.

GELASIN, *s. m.* das Löchlein oder Grüblein in den Backen, wenn man lacht.

GELASIN, e, *adj.* les dents *gelasines*, die Zähne, die man im Lachen sieht.

GELÉE, *s. f.* der Frost. Préserver de la *gelée*, vor dem Frost bewahren.

GELÉE blanche, der Rohreif.

GELÉE, Gallert. *Gelée* de poisson, Fischgallert. *Gelée* de groseilles, Johannesbeergallert.

GELER, *v. n. imp.* gefrieren, Frost verursachen. Il commence à *geler*, es beginnet zu frieren. On *gèle* ici, es ist hier nichts zu thun; man schaffet hie nichts.

GELER, *v. a.* erfrören; gefrieren machen; (figürlich) einen durch frostiges Bezeigen erstarrt und verwirrt machen. La bize *gèle*

gèle les rivières, der Nordwind macht, daß die Ströme gefrieren. Sa mine froide *gèle* tous ceux qui ont affaire à lui, seine kaltsinnige Geberde bestürzt alle, die mit ihm zu schaffen haben.

se Geler, *v. r.* erfrieren. La vigne s'est *gelée*, der Weinstock ist erfroren.

GELE', ée, *part. & adj.* gefroren.

GELEUR, *f. m.* les *geleurs* des vignes, die Tage, woran der Wein gern erfriert.

GELINE, *f. f.* (in einigen Provinzen) eine Henne.

GELINOTTE, *f. f.* ein jung fett Hünlein.

Gelinotte, eine Birkhenne; Fasanhenne.

GEMARE, *f. m.* der andere Theil des Babylonischen Talmuds, worinne die Satzungen der alten Rabbinen stehen.

GE'MEAU, *f. m.* Zwilling, (v. JUMEAU).

les Ge'meaux, die Zwillinge unter den Himmelszeichen.

les Ge'maux, vier Muskeln an den Schenkeln, und zwey an den Beinen, die einander ganz gleich sind.

GE'MELLES, *f. f. plur.* (auf den Schiffen) zwey Hölzer die man zusammen thut, die Mastbäume zu befestigen.

GE'MINI, *f. m.* die Zwillinge, ein Zeichen des Thierkreises.

GE'MIR, *v. n.* seufzen, wehklagen; girren, wie die Turteltauben.

GE'MISSANT, e, *adj.* seufzend. Une voix *gémissante*, eine seufzende Stimme.

GE'MISSEMENT, *f. m.* das Seufzen. Pousser des *gémissemens*, heftige Klagen führen.

GEMME; sel *gemme*, Salz, welches wie Stein gegraben wird.

GÊNANT, e, *adj.* verdrüßlich, beschwerlich; gezwungen.

GENCIVE, *f. f.* Zahnfleisch.

GENDARME, *f. m.* ein Kürassier.

Gendarmes, die Leibfahnen zu Pferde des Königs in Frankreich und der Königlichen Prinzen. J'ai servi dix ans dans les *gendarmes* du Roi, ich habe zehen Jahre unter der Leibcompagnie des Königs gedienet.

Gendarme, ein loses Weib. Sa femme est un vrai *gendarme*, sein Weib ist wie ein Soldat.

Gendarme, ein Fleck in dem Auge.

Gendarmes, Feuerfunken, die aus dem Feuer springen.

se GENDARMER, *v. r.* sich entrüsten, erzürnen.

GENDARMERIE, *f. f.* die Reuterey, so absonderlich zur königlichen Leibwache gehört.

GENDRE, *f. m.* ein Tochtermann, ein Eidam. Faire d'une fille deux *gendres*, zweyen Personen ein Ding versprechen.

GÊNE, *f. f.* die Folter, Marter; Pein.

Gêne, Mühe, beschwerliche Arbeit. Donner la *gêne* à son esprit, mühsam nachsinnen; alle seine Gedanken anspannen.

GE'NE'ALOGIE, *f. f.* Sippbaum, Geschlechtregister, Stammtafel, Stammbaum.

GE'NE'ALOGIQUE, *adj. c.* zur Geschlechtsbeschreibung gehörig. Arbre *généalogique*, Stammbaum. Table *généalogique*, Geschlechtregister.

GE'NE'ALOGISTE, *f. m.* der Geschlechtregister macht; der sich wohl darauf versteht.

GE'NE'QUIN, eine Art gesponnene Baumwolle.

GÊNER, *v. a.* foltern, martern.

Mon habit me *gêne*, mein Kleid ist mir zu eng, es drücket mich. Mes souliers me *gênent*, meine Schuhe drücken mich. On est fort *gêné* à cette table, man sitzet sehr gedrang an diesem Tische. Cet homme me *gêne* fort, dieser Mensch ist mir überaus beschwerlich. Tout est *gêné* en lui, es ist alles gezwungen an ihm.

se Gêner, *v. r.* sich zwingen, martern, quälen.

GE'NE'RAL, e, *adj.* allgemein, gemein. Il faut se conduire sagement, si on veut avoir l'estime *générale*, man muß sich klüglich aufführen, wenn man will in allgemeiner Hochachtung stehen. Il faut observer les maximes *générales* de la politique, man muß die allgemeinen Grundsätze der Politik in obacht nehmen.

en Ge'ne'ral, *adv.* überhaupt, durchgehends.

Ge'ne'ral, *f. m.* der Oberbefehlshaber einer Armee.

Ge'ne'ral, Obervorsteher eines geistlichen Ordens.

Receveur *général*, Obereinnehmer. Avocat *général*, Oberfiscal.

GE'NE'RALAT, *f. m.* das Oberbefehlshaberamt, die Generalstelle, es sey im Kriege oder in einem geistlichen Orden.

GE'NE'RALE, *f. f.* (bey den Trommelschlägern) ein Schlag, wodurch die ganze Infanterie ins Gewehr gebracht wird. Batre la *générale*, den Generalmarsch schlagen.

GE'NE'RALEMENT, *adv.* überhaupt, insgemein.

GE'NE'RALISSIME, *f. m.* der Generalissimus, der Oberbefehlshaber über andere Generalen.

Ge'ne'ralissime, *adj. c.* als: genre *généralissime*, des genus summum, das andere genera und species unter sich hat.

GE'NE'RALITE', *f. f.* alle, in Gegensatze einiger; alle insgemein; it. ein gewisses General-

Generalamt in Frankreich, derer 24 im Königreiche sind.

GE'NE'RATIF, ive, *adj.* was zur Zeugung gehört. Vertu *générative*, die Zeugungskraft.

GE'NE'RATION, *s. f.* die Zeugung; die Geburt; das Geschlecht.

GE'NE'RATION, ein Mannsalter oder gewisse Lebenszeit eines Menschen nach dem andern; auch die Menschen zusammen, so zu einer Zeit leben. Une *génération* passe, & l'autre vient, ein Geschlecht vergeht und das andere kömt auf.

GE'NE'REUSEMENT, *adv.* großmüthiger Weise.

GE'NE'REUX, euse, *adject.* großmüthig, edelmüthig; edel; tapfer; der freywillig grosse Hülfe thut. Un aimant *généreux*, ein starkziehender Magnet.

GE'NE'RIQUE, *adj. c.* was zum Geschlechte gehört. Différence *générique*, Geschlechtsunterschied.

GE'NE'ROSITE', *s. f.* Großmüthigkeit, Großmuth; Tapferkeit; edelmüthiger Beystand; ein edles Gemüth.

GE'NES, *s. f.* die Stadt Genua in Italien.

GE'NE'SE, *s. f.* das erste Buch Mosis.

GE'NEST, *v.* GE'NéT.

GENESTROLLE, *s. f.* eine Art Pfriemkraut zum Gelbfärben.

GENET, *s. m.* eine Art von kleinen Spanischen und Italiänischen Pferden.

GE'NéT, *s. m.* Pfriemkraut, Genster.

GE'NETHLIAQUE, *adj. c. & s. m.* ein Nativität= oder Planetensteller. Poëme *genethliaque*, ein Gedicht auf eines grossen Herrn Geburtstag.

GE'NETHLIOLOGIE, *s. f.* die Wissenschaft des Planetenstellens.

GE'NETIN, *s. m.* ein besonderer weisser Wein von Orleans; it. solche Weintrauben.

GENETTE, *s. f.* eine Bisemkatze in den Morgenländern; der Ritterorden von der Bisemkatze, der dergleichen Thiere Fell unten an der Ordenskette geführet haben.

GENETTE, ein Türkisches Pferdegebiß, das als ein Ring ist, und von einem Stück auf der Zunge liegt. Porter les jambes à la *genette*, mit gebogenen Knien und eingezogenen Füssen reiten, wie die Türken oder Ungarn rc.

GENE'VE, *s. f.* die Stadt Genf in der Schweiz. Lac de *Genève*, der Genfersee.

GE'NEVIEVE, *s. f.* die heilige Genovefa, Patronin der Stadt Paris.

GE'NEVOIS, *s. m.* e, *s.* ein Genfer.

GE'NEVRE, GE'NIE'VRE, *s. m.* ein Wachholderstrauch; die Wachholderbeeren; it. Wachholderbranntwein.

GE'NE'VRIER, *s. m.* eine Wachholderstaude.

GE'NIE, *s. m.* (bey den Alten) ein guter oder böser Geist, den sie bey jedem Menschen glaubten.

GE'NIE, (bey den Christen) der Schutzengel.

GE'NIE, der Geist, der Verstand eines Menschen; die natürliche Geschicklichkeit und Gabe zu etwas. Avoir un beau *génie*, eine vortrefliche Fähigkeit haben. C'est un petit *génie*, er ist ein armer Stümpler, der weder Verstand noch Fähigkeit hat.

GE'NIE, die Art und angebohrne Weise der Leute; die Neigung der Menschen.

GENIES, im Mahlen und bey dem Bildhauer sind es Kinder und kleiner Engelein Figuren, Tugenden und Affecten vorzustellen.

GE'NISSE, *s. f.* eine junge Kuh, so noch nicht zum Stiere gekommen ist.

GE'NITAL, e, *adj.* das zum Zeugen gehört. Les parties *génitales*, die Geburtsglieder.

GE'NITIF, *s. m.* (in der Grammatic) der andere Casus im Decliniren.

GE'NITOIRES, *s. m. plur.* die Testiculi oder Testes, vulg. Hoden.

GENITURE, *s. f.* (im Scherze) ein Kind; it. der Planet, der einem gestellt wird, die Figur, so einem ein Nativitätsteller macht.

GE'NOIS, *s. m.* e, *s. & adj.* ein Genueser, (Genuesisch).

GENOU, *s. m.* das Knie eines Menschen, auch eines Pferds und einiger andern Thiere. Comme il se sentit défaillir, il s'assit sur ses *genoux*, als er empfunden, daß ihm eine Ohnmacht zuzog, setzte er sich auf seine Knie. Plier (fléchir) les *genoux* devant quelqu'un, sich vor einem demüthigen.

à GENOUX, auf den Knien liegend.

GENOU, ein gebogen oder krummes Holz auf den Schiffen, da die Seitenbreter daran genagelt werden.

GENOU, die Kugel oder Fuge oben an dem Fusse der Astronomischen Tuborum und anderer Instrumente, dadurch man selbige hindrehen kan, wo man hin will.

GENOüILLE', ée, *adj.* Knoten oder Absätze, als ein Halm oder Rohr hat.

GENOüILLE'E, *s. f.* ein Schoß eines Halms von einem Knoten oder Absatz zum andern.

GENOüILLER, *s. m.* eine Zierath der Geistlichen in der Morgenländischen Kirche; ein gesticktes Crucifix, so ihnen an der rechten Seite vom Gürtel hinunter hängt.

GENOüILLET, *s. m.* ein Kraut, das am Stengel und Wurzel viele Knoten hat, Weißwurz.

GENOüILLEUX, euse, *adj.* plantes *genoüilleu-*

noüilleuſes, Kräuter, deren dicke Wurzel nicht in einer Dicke an einander, ſondern abſatzweiſe, doch als ein Knie am Schenkel, hangen.

GENOüILLE'RE, ſ.f. die Canone (Stulpe) am Stiefel oder das obere Theil, ſo das Knie verwahrt.

GENOüILLE'RE, ſ.f. der Harniſch, ſo das Knie bedeckt.

GENOüILLE'RE de gouteux, ein Pelzſtrumpf.

GENOüILLE'RE, (in Beveſtigungen) der untere Theil einer Batterie, ſo ungefehr eines Knies hoch iſt.

GENOüILLE'RE, (an dem Fuſſe mathematiſcher Inſtrumente) die Fuge, darein man einen Tubum und andere Inſtrumenten legt und veſt macht.

GENRE, ſ.m. (in der Logic) das Genus oder ein Begriff der vielen Sachen gemein iſt.

GENRE, (in der Grammatic) das Genus, das Geſchlecht der Nominum.

GENRE, (in der Redekunſt) die Art der Ausführung, die nach dem Innhalt der Rede und nach der Abſicht des Redners unterſchieden iſt.

GENRE, eine Gattung, ein Geſchlecht; eine Art oder Weiſe; ein Haupttheil oder Stück. Le *genre* humain, das menſchliche Geſchlecht.

GENRE, die Wiſſenſchaft, Kunſt und Profeſſion eines Menſchen.

GENS, ſ.m. & ſ. plur. Leute; Bediente; Angehörige. Nos *gens*, unſere Leute. Il y a *gens* & *gens*, es giebt allerhand Leute. Vous êtes de belles *gens*, ihr ſeyd Leute, vor denen ich mich nicht viel fürchte. Ce ſont de fines *gens*, das ſind verſchmitzte Leute. Il y a de certaines *gens* qui ſont bien ſots, es giebt gewiſſe Leute, die ſehr einfältig ſind.

les GENS de guerre, die Kriegsleute.

les GENS de l'égliſe, die Geiſtlichen.

GENS de lettres, gelehrte Leute.

GENS de robe, weltliche Gelehrte, ſonderlich Juriſten, die in Civilbedienungen ſtehen.

les GENS du Roi, die königlichen Fiſcale.

GENS de Cour, Hofleute.

GENS de village, Landleute.

GENS mariés, Eheleute; verheyrathete Leute.

GENS de ſac & de corde, Galgenſchwengel; Leute die es auf Galgen und Rad hinwagen.

Le droit des *gens*, das allgemeine Völkerrecht.

GENT, ſ.f. ein Volk, (iſt alt).

GENT, e, adj. artig.

GENTE, voies JANTE.

GENTE, ſ.f. eine Art kleiner weiſſer Gänſe.

GENTIANE, ſ.f. Enzian, ein Kraut.

GENTIL, ſ.m. & adj. ein Heyd; heydniſch. St. Paul étoit l'Apôtre des *gentils*, St. Paulus war der Heyden Apoſtel.

GENTIL, lle, adj. (vulg. und im Scherze) ſchön, artig, angenehm, (beſſer joli); it. wenn man etwas loben will und doch nicht gar zu ſehr; es heiſſt auch luſtig. C'eſt un *gentil* eſprit, es iſt noch ein ziemlicher artiger Kopf. Cette comédie eſt fort *gentille*, dieſe Comödie gehet noch wohl mit. Celà paſſe le *gentil*, das iſt vortreflich.

GENTILHOMME, ſ.m. ein Edelmann; it. ein Menſch der vornehm ausſieht.

GENTILHOMME ſervant, ein Edelmann, der Königen zu Tiſche dient; ein Hofjunker, den man ſchickt, einem fremden Prinzen oder Geſandten ein Compliment zu machen.

GENTILHOMME à lièvre, ein armer Landjunker, Dorfjunker.

GENTILHOMME de Beauce, ein armer bettelhafter Edelmann.

GENTILHOMMERIE, ſ.f. vulg. der Adel. Mettés un peu vôtre *gentilhommerie* à côté, ſetzet euern Adel ein wenig beyſeits.

GENTILHOMMIE'RE, ſ.f. vulg. ein klein adelich Haus auf dem Lande oder im Dorfe.

GENTILISME, ſ.m. das Heydenthum.

GENTILITE', ſ.f. die Heydenſchaft.

GENTILLATRE, ſ.m. ein geringer, ſchlechter Edelmann, der weder Staat noch Meriten hat.

GENTILLEMENT, voies GENTIMENT.

GENTILLESSE, ſ.f. vulg. Artigkeit, Zierlichkeit; etwas artiges; ein artiger Einfall. Une femme qui a beaucoup de *gentilleſſe*, ein artiges Weibsbild. Dire des *gentilleſſes*, artige Schwänke vorbringen.

GENTILLESSE, Poſſen, Kurzweil. Ce ſinge fait mille petites *gentilleſſes*, dieſer Affe macht tauſend luſtige Poſſen.

GENTILLESSE, artige, zierliche Dinge, artige Kleinigkeiten zum Zeitvertreib. Il a acheté mille petites *gentilleſſes* à la foire, er hat auf der Meſſe tauſend artige Kleinigkeiten eingekauft.

GENTIMENT, adv. vulg. artig.

Il boit *gentiment*, er trinkt ſtark, viel.

GE'NUFLEXION, ſ.f. das Kniebeugen.

GE'ODES, ſ.f. plur. eine Art hohler, runder roſtfarbiger Steine in Böhmen und Deutſchland, ſo gut vor die Augen ſind.

GE'ODE'SIE, ſ.f. die Meßkunſt der Feldflächen, das Feldmeſſen.

GE'OFROI, ſ.m. Gottfried, ein Mannsname.

GE'OGRAPHE, ſ.m. der die Erdbeſchreibung verſteht oder lehrt.

GE'OGRAPHIE, ſ.f. die Beſchreibung der Erde und deren Eintheilungen.

GE'OGRAPHIQUE, *adj. c.* geographisch, was zur Erdbeschreibung gehört.
GEOLAGE, *f. m.* das Geld, so man dem Kerkermeister vor das Gefangensetzen und Loßlassen geben muß, Schließgeld, Thurmlöse.
GEOLE, *f. f.* ein Gefängniß, Loch, Kerker, Stockhaus.
GEOLIER, *f. m. e, f.* Kerkermeister, Stockmeister, Thurmwärter.
GE'OMANCE, *f. f.* die Punctirkunst oder Fantasterey, das Weissagen aus gewissen Puncten, die man ohngefehr auf ein Papier macht.
GE'OMANCIEN, GE'OMENTIEN, *f. m.* ein Punctirer, Punctfantast.
GE'OMETRAL, e, *adj.* un plan *géométral*, ein bauverständiger Entwurf eines Gebäudes im Grundriß, der Grundriß.
GE'OMETRE, *f. m.* ein Feldmesser, der die Meßkunst versteht, ein Meßkünstler.
GE'OMETRIE, *f. f.* die Meßkunst.
GE'OMETRIQUE, *adj. c.* was zur Meßkunst gehört, geometrisch. Esprit *géometrique*, Fähigkeit, die Meßkunst zu erlernen.
GE'OMETRIQUEMENT, *adv.* geometrischer Weise, nach der Meßkunst.
GEORGE, *f. m.* ein Mannsname, Georg.
GEORGET, *f. m.* Jörglein.
GEORGETTE, *f. f.* ein Weibsname.
GE'ORGIQUES, *f. f. plur.* Die Georgica, als des Virgilii, die Schriften vom Feld- oder Landbau.
GE'RANCE, *f. f.* der Kran, die Maschine zum Schiff aus- oder einladen.
GE'RANION, *f. m.* Storchschnabel, eine Blume und Kraut.
GERBE, *f. f.* eine Garbe; ein Bündel Weiden. Lier en *gerbe*, in Garben binden, Assembler les *gerbes*, die Garben in Haufen legen.
GERBE d'eau, ein Wasserwerk oder Springbrunn, der eine Garbe vorstellt.
GERBE de feu, eine Menge Raketen, welche zugleich auffsteigen, und eine feurige Garbe vorstellen.
GERBE'E, *f. f.* eine Garbe, die kaum halb ausgedroschen ist, die man dem Viehe zum Futter giebt.
GERBER, *v. a.* die Frucht in Garben binden.
GERBER, (bey den Weinhäudlern) die Fässer im Keller über einander legen.
GERBIER, *f. m.* ein Haufe Garben.
GERBILLON, *f. m.* kleine Garbe.
GERCE, *f. f.* eine Schabe, Motte, ein Kleider- oder Bücherwurm.
GERCER, *v. a. & n.* spalten, Ritze machen, Ritze kriegen; Schrunden machen oder bekommen. Les levres *gercent* au froid, die Lippen reissen auf von der Kälte. Le chaud *gerce* le bois, die Hitze macht das Holz reissen.
se GERCER, *v. r.* zerspringen, sich spalten, als Metall, Holz, Kalk an der Wand von der Luft; Risse gewinnen.
GERCURE, *f. f.* ein Riß oder Ritz in der Haut, im Holz, im Metall oder Eisen. Ce bois n'a ni nœud ni *gerçure*, diß Holz hat weder Ast noch Ritz.
GE'RER, *v. a.* führen, verwalten. *Gérer* une tutèle, eine Vormundschaft verwalten.
GERFAUT, *f. m.* ein Gier- oder Geirfalke.
GERMAIN, e, *adj.* leiblich, als Schwester und Bruder oder Geschwistrichkinder. Il a le *germain* sur lui, er ist ihm um einen Grad näher verwandt.
GERMAINS, *f. m. pl.* die alten Deutschen.
GERMAIN, *f. m.* Herrmann, ein Mannsname.
GERMAINE, *f. f.* Hermannin, ein Weibsname.
GERMANDRE'E, *f. f.* Gamänderlein, klein Bathengel, ein Kraut.
GERMANDRE'E d'eau, Scordien, Lachenknoblauch, Wasserbathengel, ein Kraut.
GERMANIE, *f. f.* Deutschland, nach der alten Geographie.
GERME, *f. m.* ein Sproß, ein Keimlein.
le GERME d'un œuf, das was der Hahn zu dem Ey thut, damit ein Junges daraus wird.
faux-GERME, *f. m.* Afterbürde.
GERME de feve, (bey Pferden) das schwarze Zeichen, woran man ihr Alter sehen kan.
GERMER, *v. n.* keimen, sprossen. La parole de Dieu a *germé* dans son cœur, das Wort GOttes hat in seinem Herzen gefruchtet.
GERMINATION, *f. f.* das Keimen.
GE'ROFLE, *voiés* GIROFLE.
GE'RONDIF, *f. m.* das Gerundium in der Grammatic.
GE'RONTES, *f. m. plur.* die Rathsherren bey den Lacedämoniern vor Alters.
GERSE, *voiés* GERCE.
GERSEAU, *f. m.* (auf den Schiffen) ein Seil, daran eine Rolle hängt, etwas in die Höhe zu ziehen.
GERSE'E, *f. f.* eine Art Schminke in Italien, welche die Haut weiß und glänzend macht.
GERSER, GERSURE, *voiés* GERC.
GERVAIS, *f. m.* ein Mannsname.
GE'SIER, *f. m.* der Magen in dem Geflügelwerk.
GE'SINE, *f. f.* das Kindbett, (ist alt).
GE'SIR, *v. n.* liegen; davon kommt: il git, er liegt; ils *gisent*, sie liegen; il *gisoit*, er lag; ils *gisoient*, sie lagen; *gisant*, liegend. (weiter ist es nicht gebräuchlich).

GESNE,

GESNE, GESNER, voiés GÉNE.
GE'SOLE, s. f. (auf dem Schiffe) ein Gehäus zum Seecompaß, zum Lichte und zur Schiffsuhr.
GESSE, s. f. (v. COSSE, GOUSSE) Kichererbsen, Kichern.
Gesses sauvages, wilde Kichern; it. Erdnüsse.
GESTE, s. m. Geberde. Faire des gestes, Bewegung mit den Händen machen.
Gestes, s. nt. plur. die grossen Thaten. Chanter les gestes des dieux, die grossen Thaten der Götter besingen.
GESTICULATEUR, s. m. der zu viel Bewegungen des Leibes im Reden macht.
GESTICULATION, s. f. das Geberdenmachen im Reden.
GESTICULER, v. n. unanständige, gezwungene Geberden machen.
GESTION, s. f. die Verwaltung. Rendre compte de sa gestion, von seiner Verwaltung Rechenschaft geben.
GIAOUR, s. m. ein Schimpfname, den die Türken den Christen geben.
GIBBEUX, euse, adj. puckelicht, (ist alt).
GIBBOSITE', s. f. das Pucklichtseyn, pucklichter Rücken, (ist alt).
GIBECIE'RE, s. f. ein Beutel oder Tasche der Jäger oder Hirten; im Scherz auch der Geldbeutel.
Tours de gibecière, Taschenspielerkünste.
GIBELET, GIBLET, s. m. eine Art kleiner Bohrer.
Il a un coup de giblet, er hat einen Sparren zu viel, er ist ein wenig närrisch.
GIBELOT, s. m. (in der Seefahrt) Gabelholz, womit das Gallion an den Vorderstäben vest gemacht ist.
GIBET, s. m. der Galgen.
GIBIER, s. m. Vögel, die mit den Schlingen gefangen werden; allerley Wildpret, das man durch die Jagd fängt.
Gibier, allerhand böse Leute, denen die Gerichtsdiener (Stadtknechte) nachstellen.
Gibier, unzüchtige Weibspersonen, hinter welchen die Hurenjäger her sind.
Celà n'est pas du gibier de cet homme, damit hat dieser Mann nichts zu thun, das ist über sein Vermögen.
C'est mon gibier, damit kan ich umgehen.
GIBOULE'E, s. f. vulg. Schlag- oder Platzregen.
GIBOYER, v. n. dem Vogelfangen und dem Weidwerke nachgehen, aufs Schiessen gehen. Poudre à giboyer, Schießpulver, zartes Pulver. Arquebuse à giboyer, Pürschbüchse.
GIBOYEUR, s. m. ein Jäger oder Pursch, der was von Wildpret auf die Tafel zu bekommen sucht.
GIGANTESQUE, adj. c. riesenförmig.

GIGANTOMACHIE, s. f. der Streit der Riesen mit den Göttern unter den poetischen Gedichten.
GIGOT, s. m. eine Schöpskeule, ein Hammelsschlägel.
Gigot, Pferdsschenkel.
Gigot, (im Scherz) ein Schenkel oder Bein eines Menschen. Il chauffe ses gigots auprès du feu, er wärmet seine Schenkel bey dem Feuer. Etendre ses gigots, die Beine ausstrecken.
GIGOTE', ée, adj. mit guten Schenkeln versehen; (bey der Jägerey) chien bien gigoté, ein Hund, der gute Hinterläufe hat. Cheval bien gigoté, (auf der Reitschule) Pferd mit einem guten Creuze. Mal gigoté, mager von Schenkeln, ungestalt.
GIGOTER, v. n. mit denen Läufen zabeln; wird von dem Gewilde gesagt, wenn es getödet wird.
GIGUE, s. f. ein Schenkel oder Fuß.
Gigue, eine Weibsperson, die lustig und hurtig auf ihren Füssen ist; it. die lang und mager ist.
Gigue, (in der Music) eine Art von Tänzen, die lustig gehen.
GIGUER, v. n. hurtig als ein jung Mägdlein auf den Füssen seyn; tanzen, (ist alt).
GILBERT, s. m. ein Mannsname.
GILLA, s. m. eine Brecharzney von Vitriol.
GILLES, s. m. Egidius, ein Mannsname.
Une vis St. Gilles, eine Art künstlicher Schnecken- oder Wendeltreppen. Faire gilles, davon laufen.
Gilles le niais, ein Pickelhering.
Gilles, eine Art Fischgarn.
GILLETTE, s. f. Egidia, ein Weibsname.
Une reine Gillette, (im Spott) eine Frau die sich treflich heraus putzet, und doch von keinem Stande ist.
GILLONNE, s. f. (diminut. von Gillette) ein Weibername.
GIMBELETTE, s. f. ein Gebackenes, das rund, hart, trocken, und gemeiniglich wohlriechend ist.
GIMNOSOPHISTE, voiés GYMNOS.
GINDRE, voiés GEINDRE.
GINGEMBRE, s. m. Ingwer.
Gingembre sauvage, Zittwer.
GINGEOLE, s. f. Brustbeerlein.
GINGEOLIER, s. m. Brustbeerleinbaum.
GINGIDIUM, s. f. ein fremdes Kraut, so dem Stengel und Blumen nach dem Anis, den Blättern nach aber den Pastinacken gleicht.
GINGUER, v. n. (in einigen Provinzen) ausschlagen, als ein Pferd mit den Füssen.
GINGUET, s. m. ein schlechter, geringer Wein.
Habit ginguet, ein Kleid, das zu kurz und zu eng ist.

GIPON,

GIPON, *s. m.* ein Wisch oder Pinsel von Franzen, womit die Lederer und Schuster ihr Leder wichsen.
GIPON, ein kurzer Rock, (ist alt).
GIRAFE, *s. f.* ein wildes Thier in Africa.
GIRAFE, Futtertuch, von den Haaren des Girafa bereitet.
GIRANDE, *s. f.* eine Wasserkunst, welche Donner und Regen vorstellt.
GIRANDOLE, *s. f.* ein Rad, das im Feuerwerke herum läuft; ein Haufen Raketen, so zugleich im Feuerwerke steigen.
GIRANDOLE, ein Leuchter mit einigen Armen und mit Crystallen behängt.
GIRASOL, *s. m.* Art von Opalstein, aber härter und weisser als dieser.
GIRELLE, *s. f.* das obere Theil der Hafnerscheiben, darauf der Laim gedrehet wird.
GIROFLE, *s. m.* clou de *girofle*, Nägelein, Gewürznägtlein.
GIROFLE'E, *s. f.* Nägelein, Nelkenblume; it. der Stock, woran diese Blume wächst.
GIROFLIER, *s. m.* ein Nelkenstock.
GIRON, *s. m.* der (die) Schooß. Rentrer au *giron* de l'église, in den Schooß der Kirche wiederkehren; von einer irrigen zu der wahren Kirche sich wieder wenden.
GIRON, (in der Baukunst) Stufenbreite an den Treppen.
GIRON, (in der Wappenkunst) ein Ständer.
GIRONNER, *v. a.* (bey dem Kupferschmied) den Boden eines Kessels runden. (besser faire la quarre d'un chauderon).
GIRONNER, (bey dem Goldschmied) etwas in die Runde machen, runden.
GIRONNE', ée, *adj.* wird in der Wappenkunst von einem Schilde gesagt, der mit spitzigen Dreyecken besetzt ist, welche in der Mitte zusammen laufen; wenn derselbe acht solche Winkel hat, heißt er allein *gironné*, sonst muß man zu *gironné* die Zahl setzen.
Marches *gironnées*, Stufen an einer Treppe, so in die Runde gehen.
GIROÜETTE, *s. f.* eine Wetterfahne, ein Wetterhahn.
GIROÜETTE, eine Flagge auf dem Schiffe.
GIROÜETTE, ein leichtsinniger, veränderlicher Mensch.
GISANT ; e, *adj.* (v. GE'SIR).
Bois *gisant*, gefällt Holz, das nicht mehr auf dem Stamme steht.
GISANT, *s. m.* ein Holz oder Stange, die auf dem Wagen nach der Länge liegt, das Aufgeladene zu tragen.
GISEMENT, *s. m.* (in der Seefahrt) das Lager einer Seeküste oder das äusserliche Ansehen derselben.
GIT, *v. imp.* (v. GE'SIR) es oder er liegt, als wenn man vom Liegen im Grabe redet ; ci *gît*, hier liegt begraben.

C'est là que *gît* le lièvre, da liegt der Hund begraben, das ist das Hauptwerk.
Tout *gît* en celà, darauf beruht alles.
GITE, *s. m.* die Herberge, das Nachtlager auf Reisen in einer Herberge.
Droit de *gîte*, (vor diesem) eine allgemeine Schuldigkeit aller Städte, auch anderer geistlichen und weltlichen Stände in Frankreich, den König samt seiner Hofstatt, wenn er bey ihnen einkehrte, eine Nacht frey zu beherbergen.
GITE, das Schlafgeld. J'ai paié mon *gîte*, ich habe das Schlafgeld bezahlt.
GITE, (bey den Jägern) das Lager eines Hasen.
GITE, (bey dem Fleischer) Untertheil an dem Hinterviertel eines Ochsen.
GITE, der Bodenstein oder untere Mühlstein.
GITER, *v. n.* das Nachtlager halten oder nehmen.
GITER, (bey der Jägerey) lauren, verborgen liegen.
GIVRE, *s. f.* eine Schlange oder Otter, meistens in den Wappen.
GIVRE, *s. m.* der Reif, so im Winter dick an den Bäumen liegt, Rohreif.
GLACE, *s. f.* das Eis ; (figürlich) Kaltsinnigkeit. Cheval ferré à *glace*, ein scharf beschlagen Pferd. Boire à la *glace*, mit Eise angefrischt trinken.
Etre ferré à *glace*, prov. seiner Sache gewiß seyn ; auf allen Vieren beschlagen seyn.
Rompre la *glace*, prov. das Eis brechen ; der Anfänger einer Sache seyn.
Elle est pour moi toute de *glace*, (poetisch) sie ist ganz eiskalt gegen mir; sie ist mir ganz abgeneigt.
E'tain de *glace*, Bißmuth.
GLACE de miroir, die glatte Seite des Spiegels, Spiegelglas.
GLACE de carosse, Kutschenfenster.
GLACE, glänzender weisser Zucker, den man auf das Gebackens und Confect macht, Zuckerguß.
GLACER, *v. a. & n.* gefrieren, einfrieren; erstarren; gefrieren oder erstarren machen. Son serieux me *glace*, sein ernsthaftes Wesen machet mich erstarren.
GLACER des fruits, glänzenden Zucker mit Eyerweiß auf die eingemachten Früchten ıc. streichen; it. eingemachte Sachen mit Zucker einmachen, daß er sich ganz dick ansetzt.
GLACER en broderie, Gold oder Silber mit Seide schattiren.
GLACER une doublure, (bey den Schneidern) das Futter unter ein Kleid glatt anstechen.
GLACER, (bey den Schustern) wichsen, von Wachs glänzend machen. *Glacer* les souliers, die Schuhe mit Schuhwachs glätten.

se GLA-

se GLACER, *v. r.* gefrieren; erstarren.
GLACE', ée, *part. & adj.* kalt, gefroren.
   Eau *glacée*, gefroren Wasser.
GLACE', kaltsinnig, der keine Liebe oder Freundschaft hat. Son cœur est *glacé*, sein Herz weißt von keiner Liebe.
GLACE', das einen nicht beweget, darinn kein Leben ist, als eine Schrift rc.
GLACE', glatt, als Taffet. Tafetas *glacé*, Glanztaffet.
GLACE', glänzend, als Zucker. Confitures *glacées*, kandirte Früchte.
GLACEUX, euse, *adj.* trüb, wolkig, wird von Edelgesteinen gebraucht, die nicht durch und durch hell sind.
GLACIAL, e, *adj.* da immer alles gefroren ist, als in den äussersten mitternächtischen Ländern.
GLACIE'RE, *s. f.* eine Eisgrube.
GLACIS, *s. m.* ein allgemach abhängender Boden oder Gang in einem Garten.
GLACIS, (in der Kriegsbaukunst) die Abdachung der äussersten Brustwehre.
GLACIS, (bey dem Schneider) die Naht, womit das Unterfutter an den Ueberzug genähet wird.
GLAÇON, *s. m.* ein Eisscholle, Eiszapf, Stück Eis.
GLAÇON, Zierathen in den Grotten oder Wasserkünsten, die wie Eisschollen ausgehauen sind.
GLADIATEUR, *s. m.* ein Fechter, bey den Römern.
GLADIATEUR, ein zänkischer Mensch, der sich gleich mit allen schlagen will.
GLADIATEUR, (im Scherze) einer der immer Streitschriften macht.
   C'est un *gladiateur*, er ist ein Federfechter, ein Eisenfresser.
GLAÏEUL, *voiés* GLAYEUL.
GLAIRE, *s. f.* zähe, schleimige Materie, als der Urin derer, so den Stein kriegen wollen.
GLAIRE, das Fleisch der Schweine und Kälber, die noch gar zu jung sind.
GLAIRE, Fleisch das allzu weich gekocht ist.
GLAIRE, unreiffe Nüsse und dergleichen Obst, so allzu weich ist.
GLAIRE, das Weisse im Ey.
GLAIRE, Wasser oder ein heller Fleck, der sich in den unvollkommenen Demanten zeiget.
GLAIRER, *v. a.* (bey den Buchbindern) den Band mit etwas glänzendes bestreichen, als mit Leimwasser u. d. gl.
GLAIREUX, euse, *adj.* das voll zäher, leimzäher Materie ist.
GLAIS, *voiés* GLAS.
GLAISE, *s. f.* Laim oder Thon, wovon man Ziegel und anders machen kan, nachdem er mit Füssen getreten oder gekneret wird.

GLAISER, *v. a.* mit Thon oder Laime beschmieren oder bewerfen.
GLAIVE, *s. m.* ol. ein Degen, Messer, Schwerdt rc. (im Schreiben aber nur noch vor das Schwerdt gebräuchlich). Le *glaive* de justice, das Schwerdt der Gerechtigkeit. La puissance du *glaive*, das Recht oder Gerichtbarkeit über Tod und Leben. Le *glaive* spirituel, die geistliche Obrigkeit. Le *glaive* temporel, die weltliche Obrigkeit.
GLAND, *s. m.* Eichel; Ecker.
GLAND, der Kopf (Eichel) an dem männlichen Gliede.
GLAND, Ecker, Büschel von geknötetem Zwirn.
GLAND, eine Art hölzerne Zangen, deren die Strehlmacher sich bedienen.
GLAND de terre, Erdnüsse.
GLAND de mer, eine Art Meermuscheln in der Form einer Eichel.
GLANDE, *s. f.* eine Drüse.
GLANDE', ée, *adj.* mit Eicheln bemahlt, als in den Wappenschilden.
   Cheval *glandé*, Pferd das den Feibel (Feifel) hat.
GLANDE'E, *s. f.* die Eichelmast.
GLANDULE, *s. f.* ein Drüslein.
GLANDULEUX, euse, *adj.* drüsicht.
GLANE, *s. f.* ein Büschlein Aehren.
GLANE, eine Schnur Zwiebeln an einander.
GLANER, *v. a.* Aehren auflesen, nachstoppeln.
GLANER, (in verblümtem Verstande) nachholen, wo ein ander schon gearbeitet hat.
GLANER, noch einen kleinen Vortheil haben, von etwas, dabey andere reich worden sind.
GLANEUR, *s. m.* euse, *f.* ein Aehrenleser.
GLAPIER, *voiés* CLAPIER.
GLAPIR, *v. n.* als ein Fuchs gelfern, bellen.
GLAPIR, laut schreyen; aufschreyen. Elle *glapit* dès qu'on la touche, wenn man sie nur anrühret, so schreyet sie.
GLAPISSANT, e, *adj.* der da gelfert; der knarzend redet. Voix *glapissante*, laute Stimme.
GLAPISSEMENT, *s. m.* das Gelfern, Bellen, Belfern der Füchse oder kleinen Hunde; eine knarzige kleine Stimme.
GLARRE, *s. f.* (auf den Schiffen) ein Krug, worinnen frisches Wasser aufgehoben wird.
GLAS, *s. m.* das Zusammenschlagen mit den Glocken, wenn jemand verschieden ist, das Todtengeläut.
GLATERON, *voiés* GRATERON.
GLATIR, *v. n.* klatschen, als ein Hund auf der Jagd, wenn er hinter dem Wilde her ist, anschlagen, bellen.
GLAUCIUM, *s. m.* ein Kraut, gehörnter Mohn, Hörnermohn.

GLAU-

GLAUCOMA, *f. m.* ein Fell oder Verfinsterung der Augen.
GLAUX, *f. m.* Milchkraut, das den Weibern, so Kinder säugen, Milch bringt.
GLAYEUL, *f. m.* Schwerdtlilie.
GLEBE, *f. f.* ein Kloß Erde, darinne Metall ist; der Grund, bey welchem ein Unterthan bleiben muß, von dem er nicht weg kan.
GLENE, *f. f.* eine flache Höhle, worinne ein Bein geht oder sich am Leibe beweget.
GLETTE, *f. f.* Silberglätt, im Silberschmelzen in den Münzen.
GLETTERON, *f. m.* ein Kraut, Klettenkraut.
GLISSADE, *f. m.* das Ausglitschen der Füsse.
GLISSADE, das Niedersenken der Piquen im Soldatenexerciren, hinter oder vorsich.
GLISSANT, e, *adj.* schlipferig, glatt. C'est un pas bien *glissant*, es ist eine gefährliche Sache.
GLISSEMENT, *f. m.* (in der Physic) das schlipferige Weichen oder Abglitschen.
GLISSER, *v. n.* ausgleiten, ausglitschen mit den Füssen; auf dem Eise fortglitschen, fahren, mit den Schuhen oder Schlittschuhen.
GLISSER, entwischen, durchschlupfen.
GLISSER, abglitschen, gleiten.
GLISSER, *v. a.* hinein stecken, hurtig, unvermerkt etwas in was anders hinein thun; einschieben, einrücken einen Punct in eine Schrift. Il *glissa* sa main dans ma poche, er schob seine Hand unvermerkt in meinen Schiebsack. *Glisser* un mot dans le discours, ein Wort in der Rede laufen lassen.
GLISSER sur quelque chose, über ein Ding leichtsinnig hinfahren, obenhin berühren.
C'est à vous à *glisser*, die Reihe kommt jetzt an euch.
Laisser *glisser* une méprise, etwas versehen.
se GLISSER, *v. r.* sich einschleichen, in eigentlichem und uneigentlichem Verstande.
Le mal se *glisse* de plus en plus, das Uebel schleicht sich mehr und mehr ein.
GLISSOIRE, *f. f.* ein Ort auf dem Eise, den die Kinder glatt gemacht haben, darauf hinzufahren, eine Schlittenbahn, eine Glitsche.
GLOBE, *f. m.* ein runder kugelförmiger Cörper, eine Kugel; auch eine gläserne Kugel auf einem Fuß, die man auf Tresore, Camine rc. stellt. *Globe* céleste, die Himmelskugel, worauf man die Astronomie lernt. Les *globes* célestes, die himmlischen Cörper. *Globe* terrestre, die Erdkugel, worauf man die Geographie lernt.

GLOBE impérial, der Reichsapfel.
in GLOBO, *adv.* vulg. zusammen in einen Klumpen genommen.
GLOBULAIRE, *f. f.* ein Kraut, himmelblaue Maßlieben.
GLOBULE, *f. m.* kleine Kugel.
GLOBULEUX, euse, *adj.* kugelrund; aus kleinen Kugeln zusammen gesetzt.
GLOIRE, *f. f.* die Herrlichkeit GOttes; die Herrlichkeit des ewigen Lebens; auch eine Vorstellung derselben in Gemählden. Joüir de la *gloire* éternelle, der ewigen Herrlichkeit geniessen.
GLOIRE, das Gloria oder der letzte Vers an den Psalmen und theils Liedern, als: Ehr sey dem Vater und dem Sohn rc.
GLOIRE, Ehre, Ruhm; Stolz, Hochmuth. L'homme est un animal de *gloire*, der Mensch ist eine hoffärtige Creatur. Chercher de la *gloire*, nach Ruhme streben. Etre plein de *gloire*, hoch berühmt seyn. Une belle *gloire*, eine löbliche Ehrsucht. Une sotte *gloire*, ein eiteler Ruhm; eitele Einbildung. Faire *gloire* de quelque chose, sich eines Dinges rühmen, damit prahlen. Il fait *gloire* de bien servir son Prince, er sucht eine Ehre darinn, daß er seinem Fürsten rechtschaffen diene. Il est la *gloire* de son siècle, de sa maison, er ist zu seiner Zeit oder in seinem Hause berühmt worden, er hat sein Haus berühmt gemacht.
GLORIA IN EXCELSIS, *f. m.* der Englische Lobgesang, Ehre sey GOtt in der Höhe rc.
GLORIA PATRI, *f. m.* (*votés* GLOIRE, das Gloria); it. (im Scherze) ein Mensch der an allen Orten herum läuft, den man überall antrift.
GLORIEUSEMENT, *adverb.* herrlich, rühmlich, ruhmwürdiger Weise.
GLORIEUX, *m.* euse, *f. adject.* rühmlich. Action *glorieuse*, eine rühmliche That.
GLORIEUX, ruhmsüchtig; ruhmredig; hochmüthig. Elle à l'air *glorieux*, sie hat hochmüthige Gebärden.
GLORIEUX, *f. m.* ein Prahler; Stölzling; Einbilder.
GLORIEUX, das der himmlischen Herrlichkeit geniesset.
GLORIEUSE, *f. f.* ein einbildisches Weib.
GLORIFICATION, *f. f.* die Verklärung, als der Auserwählten, die Verherrlichung.
GLORIFIER, *v. a.* verklären, der ewigen Herrlichkeit theilhaftig machen; verherrlichen, loben, preisen, rühmen. Dieu *glorifiera* ses élus, GOtt wird seine Auserwählten herrlich machen. Tous les saints dans le ciel *glorifient* Dieu, alle Heiligen im Himmel preisen GOtt.
se GLORIFIER, *v. r.* de quelque chose, &

dans

dans quelque chose, sich eines Dinges rühmen.

GLOSE, s. f. eine Glosse, Erklärung, Auslegung über etwas; item, der Zusatz, den man zu einer Erzehlung macht. La glose d'Orléans, eine Erklärung, die undeutlicher ist als der Text, den sie erklären will.

Glose, eine Art Französischer Verse.

GLOSER, v. a. Glossen, Erklärungen machen. *Gloser* la bible, die Bibel erklären. *Gloser* une action, eine üble Auslegung über eine That machen, dieselbe tadeln; besprechen.

GLOSEUR, s. m. ein Tadler, der über alle Dinge etwas zu sagen hat.

GLOSSAIRE, s. m. ein Erklärungsbuch der undeutlichen, unbekannten Wörter.

GLOSSATEUR, s. m. ein Ausleger, der Glossen über etwas macht.

GLOSSER, voies GLOUSSER.

GLOSSOCOME, s. m. eine Wagenwinde. (v. CRIC).

Glossocome, ein Instrument der Wundärzte, die verrenkten und gebrochenen Glieder wieder einzurichten.

GLOSSOPETRE, s. f. ein Stein so als eine Zunge aussiehet.

GLOTTE, s. f. die Oefnung in der Luftröhre, wodurch die Stimme formiret wird; das Zäpflein in dem Halse.

GLOUGLOU, s. m. (im Scherze vom starken Trinken, da die grossen Schlücke dergleichen Ton in der Kehle machen) Gluckgluck.

GLOUSSEMENT, s. m. das Glucken der Hüner, wenn sie brüten wollen.

GLOUSSER, v. n. schreyen, glucken, als die Hüner, wenn sie brüten wollen.

Glousser, ächzen; krächzen; winseln, vor Schmerzen.

GLOUTERON, s. m. Klettenkraut.

GLOUTON, nne, adj. & subst. vielfräßig, ein Vielfraß.

GLOUTONNEMENT, adv. vielfräßiger Weise, geiziger Weise.

GLOUTONNIE, GLOUTONNERIE, s. f. die Vielfräßigkeit, das viele Fressen.

GLU, s. f. Vogelleim; item, Gummi.

Glu, Harz, so aus den Kirsch-und andern Bäumen fließt.

Glu, alles, wodurch man kan gelockt oder gefangen werden.

GLüANT, e, adj. zäh, leimig, pechig, klebend. Il a les mains *gluantes*, er nimmt gern Geschenk. La poix est *gluante*, das Pech ist kleberig. La pauvreté est une chose *gluante*, die Armuth ist eine anklebende Sache.

GLüAU, s. m. eine Leimruthe.

GLüER, v. a. mit Vogelleime bestreichen; item, klebend machen.

GLüEUX, m. GLüEUSE, f. kleberig; anklebend.

GLUTINATIF, s. m. was zusammen heilt.

GLUTINEUX, euse, adj. klebend, als Leim; zäh.

GLUY, s. m. Schaubstroh zum Dachdecken.

GLYPHE, s. m. eine Hohlkehle oder eckig gemachter Rinnenstreif zur Zierde im Bauen, (Einschnide).

GNAPHALIUM, s. m. Ruhrkraut.

GNIOLE, s. f. eine Matte oder Fleck, den die Kinder einander im Spielen in ihr Spielwerk machen.

GNOME, s. m. GNOMIDE, s. f. die Creaturen, so unter der Erde wohnen sollen, als Bergmänner etc.

GNOMON, s. m. das Eisen an einem Sonnenzeiger oder Uhr, das den Schatten giebt, die Stunden zu wissen.

Gnomon, (in der Sternkunst) der Zeiger auf dem kleinen Cirkel oben auf einer Erdkugel.

Gnomon, (in der Meßkunst) wenn man ein länglicht Viereck in der Geometrie in vier gleiche Theile theilt, und eines von den vier Theilen wegnimmt, so heissen die übrigen drey *Gnomon*.

GNOMONIQUE, adj. c. & s. f. die Wissenschaft Sonnenuhren zu machen.

GNOSTIQUES, s. m. plur. Ketzer in der ersten Kirche, so von Simone Mago aufkamen.

GOBE, s. f. etwas das die Schäfer einander aus Feindschaft auf die Weide legen, davon die Schaafe krank, oder wie sie meynen, verzaubert werden.

Gobe, ein Bissen, womit die Jäger den Füchsen und dergleichen Thieren vergeben.

GOBE', s. m. ein Leckerbißlein. Manger un bon *gobé*, einen guten Leckerbissen essen.

GOBELET, s. m. ein Becher zum Trinken; ein Becher der Taschenspieler.

Joüer des *gobelets*, aus der Tasche spielen. Un joüeur de gobelets, ein Taschenspieler.

Gobelet, eines der sieben Aemter des Königl. Hauses, Brod-und Weincredenzer.

Gobelet, an den Früchten ist es das Kelchlein oder Käpplein, als an den Eicheln, Haselnüssen etc.

Gobelet, der Kelch an etlichen Blumen.

GOBELIN, s. m. ein Gespenste, ein Poltergeist im Hause.

GOBELINS, s. m. plur. (zu Paris) eine Scharlach-und andere Färberey.

Gobelins, ein Königl. Manufacturhaus daselbst, (von einem Namens Gobelin, der es zuerst in den Gang gebracht hat, also genennet).

GOBELOTER, v. n. zechen; saufen.

GOBE-MOUCHE, s. f. eine Art kleiner Eidech-

dechsen in den Antillischen Inseln, welche die Fliegen behend zu fangen wissen.
GOBER, *v. n.* hinabschlucken. *Gober un œuf frais*, ein frisches Ey aussürfeln.
GOBER, leichtgläubig seyn, bald glauben. *Il a gobé le morceau*, er hat sich eins aufbinden lassen, er hat sich überreden lassen.
GOBERGE, *s. f.* eine Leiste, das Zusammengeleimte vest zu halten, bis es trocken worden ist.
GOBERGES, die Bettbreter unten in einem Bette.
GOBERGES, (bey dem Tischer) Stangen, dahin sie ihr Werkzeug stecken.
se GOBERGER, *v. r.* vulg. sich freuen, über etwas lachen, sich einen Puckel lachen.
GOBET, *s. m.* Hals; Kehle. *Prendre un homme au gobet*, einen bey der Kehle oder vornen auf der Brust bey dem Wams anfassen; gefangen nehmen.
GOBETER, *v. n.* (bey den Maurern) mit der Kelle Mörtel oder Gips auf eine Steinfuge werfen und mit der Hand drüber fahren, daß er sich recht hinein drücke.
GOBEUR, *s. m.* der begierig hinein schlucket.
GOBEUR, der leicht glaubet, sich was weiß machen läßt.
GOBEUR, ein Schiffmann auf dem Fluß Loire.
GOBIN, *s. m.* ein Pucklichter.
GODE, *s. f.* eine Art schneller Vögel auf dem Meer, schwarz und weiß, eine Mewe.
GODE, ein Maaß, welches fünf Viertel eines Pariserstabs hält.
GODEAU, *s. m.* Art Weinstöcke zu pflanzen, da das Rebholz nur bloß in die Erde gesteckt wird.
GODELUREAU, *s. m.* ein junger prahlender Mensch, ein Jungferknecht.
GODEMICHI, Instrument, welches unartige Weibspersonen gebrauchen ihre Geilheit zu vergnügen.
GODENOT, *s. m.* eine Puppe der Marktschreyer, womit sie dem Volk was vorspielen, ein Polionello, Marionette.
GODENOT, ein Pickelhering, der die Leute zu lachen macht.
GODENOT, ein garstiger übelgestalter Mensch.
GODENOT, alte oder kleine Götzenbilder.
GODET, *s. m.* ein Becher, eine tieffe Schüsfel oder sonst ein rund Geschirr ohne Fuß und Handhaben.
GODET, ein Eimer an einem Wasserrad, womit das Wasser in die Höhe geschöpft wird.
GODET, (bey den Mahlern) ein Farbentiegel.
GODET, die Röhre, wodurch die Giesser das Metall in den Model giessen.
GODET, die Oefnung, wodurch man den Mörtel unter einen Stein bringt.

GODET, der Knopf, worinn die Blüte oder Blume der Gewächse steckt.
GODET, ein aufgestülpter Hut. *Porter son chapeau en godet*, seinen Hut hinten aufgebogen tragen.
GODET de plomb, kleine Röhren, die man an die Rinnen thut, wenn sie keinen Ablauf haben.
GODIVEAU, *s. m.* eine Art Pasteten mit gehacktem Kalbfleische u. d. gl.
GODON, *s. m. & f.* Klaudchen, Klaudinchen.
GODRON, *s. m.* (in der Baukunst) ein Eyerleiste.
GODRON, eyerleistiges Bord an dem Silbergeschirre.
GODRON, runde Falten in dem weißen Zeuge. *Les godrons d'une manchette*, die runden (krausen) Falten eines Handblats.
GODRONNER, *v. a.* falten, einen Kragen in die Falten legen; auch irden Geschirr gefaltet machen.
GOËMON, *s. f.* Seegras, Wasserlinsen, ein Kraut.
GOËS oder GOUËT, *s. f.* eine Art grosser weisser Trauben, die dünnen Leib machen.
GOFFE, *adj. c.* grob von Gestalt und Verstand; item als eine grobe undeutliche Sprache.
GOFFEMENT, *adv.* grob, unartig, alber, abgeschmackt.
GOFFR. *v.* GAUFFR.
GOGAILLE, *s. f.* (im Scherze) ein Schmaus, dabey man schreyt und lermt. *Faire gogaille*, schmausen.
GOGO, *s. f.* Margretchen, ein Weibsname.
à GOGO, *adv.* (im Scherze) herrlich, köstlicher Weise; nach Wunsch. *Vivre à gogo*, herrlich und in Freuden leben.
GOGUE, *s. f.* ol. eine Fülle im Kochwerke.
GOGUELU, ë, *adj.* vulg. der reich ist und gute Tage hat, wodurch er frech und hochmüthig wird.
GOGUELU, *s. m.* lustiger Kumpe; Schmausbruder.
GOGUELUREAU, *v.* GODELUREAU.
GOGUENARD, e, *adj. & subst.* lustig, possenhaft, scherzhaft, ein Gauch.
GOGUENARDER, *v. n.* scherzen, Possen machen.
GOGUENARDERIE, *s. f.* Possen, Fratzen, lächerlich Zeug.
se GOGUER, *v. r.* vulg. sich freuen, lustig seyn.
GOGUES, *s. f. plur.* lustiges Wesen, Fröhlichkeit, Scherz, Possen. *Il est en ses gogues*, er ist bey der Lust, in gutem Laune.
GOGUETTE, *s. f.* lustige freye Mahlzeit; ein lustiger Sinn.
GOGUETTES, *s. f. plur.* Possen, Scherz; item

it. anzügliche Reden, Stichelworte, oder gar Scheltworte. Chanter *goguettes* à quelqu'un, einen schmähen, ausmachen. Conter *goguettes*, scherzhafte Reden treiben. Etre en *goguettes*, guter Dinge seyn.

GOI, *v.* GOY.

GOINFRE, *s. m. & adj.* ein Vielfraß, ein Verschwender; it. abgeschmackt, alber. Un repas *goinfre*, eine Mahlzeit ohne Zubereitung oder viele Umstände.

GOINFRER, *v. a. & n.* fressen, schmausen, verschwenden, verzehren, verprassen. Il a *goinfré* tout son bien, er hat sein Haab und Gut durchgebracht; durch die Gurgel gejagt.

GOINFRERIE, *s. f.* eine Fresserey, ein Schmaus, Verschwendung.

GOITRE, GOUëTRE, *s. m. & f.* ein Kropf am Halse, ein Gewächs.

GOITREUX, euse, *adj.* kröpficht.

GOLFE, GOLPHE, *s. m.* ein Meerbusen.

GOLIS, *v.* GAULIS.

GOMBETTE, *s. f.* ein Gesetz der Burgunder, welches seinen Namen von König Gondebaldo her hat.

GOMME, *s. f.* Gummi.

GOMME-GOUTTE, eine gelbe Farbe aus Siam, sonst gutta *gemou*, oder gutta *gamba*, von der Provinz Cambodia in Siam.

GOMME résine, Baumharz.

GOMME sénechal, eine Art arabisch Gummi.

GOMME turis oder turique, Arabisch Gummi.

GOMME vermiculée, Arabisch Gummi in der Figur kleiner Würmer.

GOMMé, m. ée, *s. adj.* mit Gummi angemacht. Eau *gommée*, Gummiwasser.

GOMMER, *v. a.* mit Gummi bestreichen. *Gommer* un ruban, ein Band gummiren. *Gommer* une couleur, eine Farbe mit Gummi mischen.

GOMMEUX, euse, *adj.* gummicht.

GOMMIER, *s. m.* ein Baum, der das fremde Gummi trägt oder giebt.

GOMPHOSE, *s. f.* (in der Anatomie) eine Fügung der Knochen, da einer in dem andern steckt.

GONAGRE, *s. f.* Kniegicht.

GOND, *s. m.* eine Thürangel, woran sich die Thür wendet, oder worinne sie gehet; der oberste Wirbel am Rückgrate, woran sich der Kopf dreht. Sortir des *gonds*, sich den Zorn übernehmen lassen. Mettre hors des *gonds*, in Unordnung bringen. Mettre quelqu'un hors des *gonds*, einen in den Harnisch jagen.

GONDEZEL, *s. m.* eine Mittelgattung gesponnener Baumwolle.

GONDOLE, *s. f.* ein Spazierschifflein zu Venedig.

GONDOLE, ein Trinkgeschirr, das einer Gondel gleicht.

GONDOLIER, *s. m.* der Schiffmann auf einer Gondel.

CONFANON, *s. m.* eine Kirchenfahne, die man in der Procession trägt.

GONFANON, (in der Wappenkunst) eine solche Fahne.

GONFANONNIER, *s. m.* der solche Kirchfahne trägt.

GONFLEMENT, *s. m.* Geschwulst.

GONFLER, *v. a.* geschwellen, auflaufen, aufblähen.

se GONFLER, *v. r.* sich aufblähen, sich viel einbilden.

GONFLé, ée, *part. & adj.* geschwollen, aufgeblasen, hofärtig, einbildisch.

GONIN, *adj. m.* listig. C'est un maître *gonin*, er ist ein verschmitzter Mensch. De tours de maitre *gonin*, listige Streiche.

GONNE, *s. f.* eine Tonne zu Bier oder anderm Getränke und nassen Dingen auf den Schiffen.

GONORRHEE, *s. f.* der Saamenfluß; Tripper.

GORAO, *s. m.* ein seidener Chinesischer Zeug.

GORD, *s. m.* Wasserpfähle für die Fischer.

GORD, das Netz, welches die Fischer an die Wasserpfähle vest machen, um die Fische einzuthun.

GORE, *s. f.* eine alte Schweinsmutter, eine alte Sau. (ist sehr alt.)

GORET, *s. m.* ein Ferkel, Spanferkel, (besser Cochon de lait).

GORET, ein Besen auf den Schiffen, die Schiffe unten, wo sie im Wasser gehen, zu reinigen.

GORET, der Altknecht bey den Schustern zu Paris.

GORETER, *v. a.* ein Schiff unten, wo es im Wasser geht, abkehren.

GORGE, *s. f.* die Gurgel, die Kehle. Avoir mal à la *gorge*, einen bösen Hals haben. Couper la *gorge* à quelqu'un, einem den Hals abschneiden, einen ermorden. Cette affaire me coupe la *gorge*, der Handel bringt mich um meine Wohlfahrt. Tenir le pié sur la *gorge*, einem im Zwange halten, mit Gewalt unterdrücken. Faire *gorge* chaude dans une compagnie, eine Schande einlegen in einer Gesellschaft. Rendre *gorge*, speyen, sich übergeben; (figürlich) das unrecht Erworbene wieder geben. Prendre un homme à la *gorge*, oder lui mettre le poignard sur la *gorge*, einem mit Gewalt etwas abzwingen. Arroser la *gorge*, (im Scherze) trinken. Rire à *gorge* déploïée, mit vollem Halse lachen. Ce ris ne passe pas le nœud de la *gorge*, er lacht, daß man es kaum hört.

Celà

Celà ne passera pas le nœud de la *gorge*, es soll verschwiegen bleiben; es soll nicht aus meinem Munde kommen.

Il ment cent pieds dans sa *gorge*, er leugt es in seinen Hals hinein.

Je lui ferai rentrer ces injures dans sa *gorge*, ich will ihn für diesen Schimpf wohl bezahlen.

GORGE, (bey den Aerzten) der Rachen oder das Maul inwendig, so weit man es sehen kan, wenn man es aufmacht.

GORGE, der Busen einer Weibsperson. Cacher sa *gorge*, den Busen bedecken. Une *gorge* bien taillée, eine feine erhabene Brust.

Avoir belle *gorge*, sagt man von Jagdhunden, die wohl bellen können.

GORGE, eine Kropftaube.

GORGE, der Kropf an einem Falken; item die Speise, die man ihm giebt. Enduirer & digérer sa *gorge*, sagt man vom Falken, wenn er gleich alles wieder von sich gehen läßt, und nichts verdauet; item von Menschen heißt es, etwas bald wieder durchbringen, das man bekommen hat.

GORGE, eine Hohlkehle im Bauwesen.

GORGE, der Eingang in ein Bastion oder Bollwerk.

GORGE, ein enger Paß in ein Land.

GORGE, der Hals oder der obere Theil an einem Geschirre.

GORGE, das weitere Theil unten am Camin.

GORGE, das Ausgeschnidtene an einem Barbierbecken.

GORGE, ein geschnitzt oder gedrechselt Holz, so die Bilderkrämer auf die ausgelegten Landkarten und Bilder legen, damit sie der Wind nicht wegwehe.

GORGE de pigeon, ein Gewirk, das zweyerley Farben hat, nachdem man es ansieht; it. eine besondere Art von Gebiß an den Pferdezäumen.

GORGE'E, *s. f.* ein Maulvoll; ein Bissen oder Schluck. Avaler une *gorgée* de boüillon, einen Mund voll Brühe zu sich nehmen.

se GORGER, *v. r.* sich dick anfressen, sich vollsaufen; (figürlich) etwas im Ueberflusse haben; sich bereichern. Se *gorger* de viande, sich mit Speisen überladen. Se *gorger* d'or & d'argent, geizen; Gold und Geld zusammen scharren.

GORGER, *v. a.* (bey den Schmieden) geschwellen machen.

GORGE', ée, *part. & adj.* angeschoppt; vollgefressen; geschwollen. Cheval qui a la jambe *gorgée*, Pferd das ein geschwollen Bein hat.

GORGE', (in der Wappenkunst) wenn der Hals einer Figur von anderer Farbe ist.

GORGE'RES, *s. f. plur.* (in der Seefahrt) krumme Hölzer, so die Spitze des Vordertheils des Schiffes am Wasser formiren.

GORGERET, *s. m.* ein hohles Instrument der Wundärzte, den Stein heraus zu ziehen.

GORGERETTE, *s. f.* ein Halstuch oder Kragen der Weiber, so sie vornen vormachen, den Hals zu decken.

GORGERIN, *s. m.* das Stück vom Harnisch, so den Hals deckt.

GORGERIN, eine Hohlkehle an den Dorischen Säulen in der Architectur oben am Capital.

GORGEROUGE, *s. f.* ein Rothkehlgen, Rothbrüstgen, kleiner Vogel.

GORGETTE, *v.* GORGERETTE.

GORGIAS, e, *adj.* ol. eine dicke ansehnliche Person.

GORNABLE, *s. m.* ein hölzerner Nagel zum Schiffsbau, der noch nicht zugeschnitzt ist.

GORNABLER, *v. a.* un vaisseau, die hölzernen Nägel in ein Schiff schlagen.

GORT, *v.* GORD.

GOSIER, *s. m.* der Schlund, die Gurgel, die Kehle. Grand *gosier*, ein Vielfraß. Il a le *gosier* pavé, es brennet ihn keine Speise in dem Halse.

GOSSE, *s. f.* (in der Seefahrt) ein eiserner Ring auf den Schiffen, der mit kleinen Stricken umwunden ist, damit sich die Seile, so durchgehen, nicht entzwey reiben.

GOTHIQUE, *adj. c.* Gothisch, in der Baukunst, Schrift, Mahlerey und Kupferstecherey. Architecture *Gothique*, Gothische Bauart.

GOTON, *s. f.* Margarethgen.

GOUDRAN, *s. m.* Pechkranz.

GOUDRON, GOUDRAN, *s. m.* Spanisch oder schwarz Pech mit Unschlitt und Werg, die Schifftritzen mit zu verstopfen; it. Teer.

GOUDRONNER, GOUDRANNER, *v. a.* ein Schiff mit Teer bestreichen; item die Seile oder Taue beteeren; bespicken.

GOUDRONNEUR, GOUGRANNEUR, *s. m.* (auf den Schiffen) einer der die Seile teert.

GOüËMON, GOüESMON, *s. m.* Seegras, ein Kraut.

GOUëT, *v.* GOëS.

GOUëTTRE, GOUëTTREUX, *v.* GOITRE.

GOUFRE, *s. m.* ein tiefes grundloses Loch im Wasser; ein Abgrund, tiefer Schlund.

GOUFRE, eine Tiefe die alles verschlingt. C'est un *goufre* d'argent, die Sache frißt Geld; kostet viel.

GOUFRE, etwas das viel Geld kostet.

GOUFRE, ein grosses Unglück. Se plonger dans un *goufre* de malheurs, sich in einen Abgrund des Unglücks stürzen.

GOUFRE, ein Schlemmer, Verprasser.

GOUGE, GOUJE, *s. f.* eine Soldatenhure.

Gouge, *s. f.* ein Hohlmeissel.
GOUJAT, *s. m.* ein Troßjunge.
Goujat, ein Handlanger der Maurer.
GOUÏNE, *s. f.* eine öffentliche Hure.
GOUJON, *s. m.* die Kresse, Gründling.
Goujon, eine eiserne Zwecke, bey den Handwerkern.
Goujon, ein Hohlmeissel. (*v.* Gouge.)
GOUJURE, *s. f.* (in der Seefahrt) die Kerben, die man in eine Werbel macht.
GOULÉE, *s. f.* vulg. ein grosses Maul voll, ein Schluck. Il ne feroit qu'une *goulée* de ce pâté, diese Pastete sollte er wohl auf einmal verschlucken.
GOULET, *s. m.* der Hals an einem Glase oder andern Geschirre; der Eingang in die Fischreuschen, das Loch dadurch die Fische in die Reuschen gehen.
GOULETTE, *s. f.* (bey den Wasserwerken) kleine hohle Streife oder Hohlkehlen, die man in die Platten von Marmor oder andern Steinen hauet, damit das Wasser desto besser ablaufen könne.
GOULIAFFRE, *adj. c. & subst.* ein Vielfraß.
GOULOT, *s. m.* der Hals einer Flasche oder andern dergleichen Geschirrs.
GOULOTE, *s. f.* (in der Baukunst) eine kleine Rinne, die einen in die Steine gehauen wird, an den grossen Gebäuden, damit das Wasser desto besser zusammen in das Loch laufe, wo es abfallen kan.
GOULU, e, *adj. & subst.* vielfräßig, Vielfraß.
Goulu, ein Thier das Vielfraß heißt, lebt auf dem Lande und im Wasser.
GOULUMENT, *adv.* geiziger, unersättlicher Weise.
GOUMENES, *s. f. pl.* (in der Seefahrt) Seile, ein Schiff anzubinden, daß es die Winde nicht wegtreiben.
GOUPIL, *s. m.* ein Fuchs. (ist alt.)
GOUPILLE, *s. f.* eine Zwecke, ein Stift, ein Nagel oder Schraube, womit eine Uhr zusammen geschraubet, oder ein Rohr an dem Schaffte bevestiget wird.
Goupille, das Leder vorn am Nagel, der vor dem Rad in der Achs des Wagens steckt.
GOUPILLER, *v. a.* eine Uhr mit Zwecken oder Schrauben an das Gehäuse bevestigen.
GOUPILLON, *s. m.* ein Sprengwedel bey dem Weyhwasser.
Goupillon, eine Kannenbürste, Kannenwischer, Gläser und Kannen auszuputzen.
GOUPILLONNER, *v. a.* ein Geschirr mit einer solchen Bürste reinigen.
GOURD, e, *adj.* steif, erstarrt, ungelenk. Avoir les mains *gourdes*, steife, starrende Hände haben. Il n'a pas les mains *gourdes*, er nimmt gern Geschenke; er greift

gerne zu. Il n'a pas les pieds *gourds*, er läuft gleich davon.
GOURDE, *s. f.* ein grosser Kürbis; item eine Kürbisflasche.
GOURDIN, *s. m.* ein dicker kurzer Stock oder Knüttel.
GOURDINER, *v. a.* vulg. einen mit einem kurzen Stock oder Knüttel abprügeln.
GOURDINIÈRE, *s. f.* Seil, so am Vordersegel der Galeeren hängt.
GOURGANDINE, *s. f.* eine Hure, Strassenhure.
Gourgandine, eine Art Schnürbrüste, die vornen offen sind, daß man das Hemd sehen kan.
GOURGANNES, *s. f. plur.* eine Art kleiner Wasserbohnen, die süß von Geschmacke sind.
GOURMADE, *s. f.* Faustschläge.
GOURMAND, e, *adj. & subst.* einer oder eine der geizig und unmäßig säuft und frißt; ein Vielfraß.
GOURMANDER, *v. a.* einen ausschelten, ihm mit harten Worten begegnen; zwingen, zähmen, als seine Begierden &c. Ce cheval *gourmande* son cavalier, diß Pferd wirft seinen Reuter ab.
GOURMANDISE, *s. f.* Unmäßigkeit im Essen und Trinken.
GOURME, *s. f.* die Unreinigkeit, so den jungen Pferden aus der Nase läuft. Jetter sa *gourme*, tropfen; die Drüse haben.
Gourme, der Eiter und Mässe, so den Kindern aus der Haut kommt und sie grindig macht. Jetter sa *gourme*, grindig werden in der Jugend. N'avoir pas encore jetté sa *gourme*, noch nicht trucken hinter den Ohren seyn; noch unversucht in der Welt seyn. Il sera sage quand il aura jetté sa *gourme*, er wird sittig seyn, wenn er wird ausgeraset haben.
GOURMER, *v. a.* mit Fäusten schlagen.
Gourmer un cheval, einem Pferde die Kinnkette anlegen.
se Gourmer, *v. r.* sich schlagen mit Fäusten. Ils se sont *gourmés* comme il faut, sie haben einander gute Püffe gegeben; einen Faustgang gehalten.
GOURMET, *s. m.* ette, *f.* der den Wein wohl zu kosten weiß; ein Weinkieser.
GOURMETTE, *s. f.* die Kinnkette am Zaume. Rompre sa *gourmette*, seinen Begierden den Zaum schiessen lassen, nachdem man eine Zeitlang zurücke gehalten.
Gourmette, *s. m.* ein Diener der Kaufleute, so auf ihre Waaren im Schiffe Acht giebt.
Gourmettes, (in der Seefahrt) Schiffknechte; Bediente die auf die Waaren in einem Schiffe, wie auch auf des Schiffes Reinigkeit Acht haben müssen.

GOURNABL. voies GORNABL.
GOUSSAUT, adj. ein Pferd von kurzen Lenden, aber dicken Hals und Schultern, ein Speckhals.
GOUSSE, f. f. die Hülse um einige Früchte, als Erbsen, Bohnen ꝛc.
Gousse d'ail, die Haut um den Knoblauch.
Gousse, (an den Jonischen Säulen) die Zierath am Capital, da allezeit 3 gleichsam aus einem Stamme wie Bohnenhülsen hervor gehen.
GOUSSET, f. m. Geldsack, verborgener Schiebsack, Ficke, so oben an dem Hosengürtel sitzet.
Gousset, Knagge, worauf ein Bret liegt.
Gousset, (in der Baukunst) Querrahme.
Gousset, (in der Wappenkunst) Gabel.
Gousset, das Quarder (die Lasche) an dem Hemd.
Gousset, die Höle unter dem Arme.
Sentir le gousset, übel riechen, nach dem Bocke riechen; bockenzen.
GOÛT, f. m. der Geschmack, die Schmäcke. Avoir le goût fin & délicat, einen scharfen und zarten Geschmack haben. Entrer en goût, Lust zu essen bekommen.
Goût, discernement, Verstand, Urtheil. Avoir le goût bon, guten Verstand und ein reines Urtheil von Dingen haben; sich auf die Dinge wohl verstehen. Attraper le bon goût, die rechte (beste) Weise einer Sache treffen. Trouver une chose à son goût, eine Sache nach seinem Sinne finden. Chacun a son goût, vulg. jedem Narren gefällt seine Kappe. Cela n'est pas au goût de tout le monde, das gefällt nicht jederman. Prendre goût aux études, zum Studieren Lust bekommen. Je ne suis pas de vôtre goût, ich halte es nicht mit euch. Un ouvrage de grand goût, (bey der Mahlerey) ein wohl ersonnenes und wohl ausgeführtes Werk.
Goût, Schmack, Geschmack. Goût agréable, angenehmer Geschmack. Le haut goût, starker Schmack; stark gewürzte Speise.
GOÛTANT. m. GOUTANTE, f. adj. was tropfenweise fällt, tröpfelnd.
GOÛTER, v. a. schmäcken, kosten, versuchen. Goûter le vin, den Wein kosten.
Goûter d'une chose, etwas versuchen, nur kurz genießen.
Goûter, Belieben tragen; sich gefallen lassen; genießen. Goûter un avis, sich einen Rath gefallen lassen. Goûter les bons mots, an sinnreichen Scherzreden Belieben tragen. Goûter les plaisirs, die Lust liebgewinnen; an den Wollüsten Gefallen haben. Goûter les douceurs de la vie, die Annehmlichkeiten des Lebens genießen.

Goûter ou Goûté, f. m. das Vesperbrod, Abendbrod.
GOUTE, f. f. ein Tropf. Une goute d'eau, ein Tropf Wasser. Boire une goute de vin, ein wenig Wein trinken. C'est une goute d'eau de la mer, das ist für nichts zu rechnen.
mère-Goute, der Vorlauf von dem Safte, den man aus etwas bringen will; die ersten Tropfen von distillirten oder gepreßten Sachen.
Goute, Zierathen als Tropfen, immer 6 und 6 an den Säulen oder unter dem Sims des Hauptbalkens über den Säulen, sonst auch larmes & campanes; it. ein gewisser subtiler Thau in Egypten.
Goute à Goute, tropfenweise.
On n'y trouve pas une goute de bon sens, es ist gar nichts kluges drinnen.
Ne voir goute, nicht einen Stich sehen.
N'entendre goute, nicht das geringste hören.
Goute, f. f. das Podagra, Zipperlein.
Goute sciatique, die Gicht in den Hüften.
Goute crampe, der Krampf.
Goute-rose, der Rothlauf im Gesichte.
Goute remontée, wenn das Podagra nicht mehr in die äusserliche Glieder, sondern auf die innern fällt, wofelbst es bald tödtlich ist.
Goute-sereine, der Stahr in den Augen.
GOUTELETTE, f. f. ein Tröpflein.
GOUTEUX, euse, adj. & subst. mit dem Podagra behaftet, Podagrämer.
GOUTIERE, f. f. eine Dachtraufe, eine Dachrinne.
Goutière, der Rand oben an einer Kutsche, daß der Regen abfliesse.
Goutière, die Rinnen oben auf dem Schiffe, wodurch das Wasser ablaufen kan.
Goutière, (bey den Buchbindern) hohler Theil des Schnittes, der einwärts am Buche gebogen wird, damit der Rücken heraus gehe.
Goutière, die Kerben oder hohlen Striche an den Stangen des Hirschgeweihes.
Goutières, (zu Orleans) Särge von weissem Wachs, so von gewissen Herren jährlich in eine Kirche allda geliefert werden.
GOUVERNAIL, f. m. das Steuerruder am Schiffe.
Gouvernail, die Regierung eines Landes.
Gouvernail, der Drat, ein Schnarrwerk an den Orgelpfeifen, der zum Stimmen derselben hilft.
GOUVERNANTE, f. f. des Gouverneurs Frau.
Gouvernante, eine Hofmeisterin grosser Herren Kinder.
Gouvernante, eine Haushälterin bey einem Witwer oder jungen Menschen.
GOU-

GOUVERNE, (bey den Kaufleuten) Bericht, Regul. Ce que vous m'avés écrit me servira de *gouverne*, was ihr mir geschrieben habt, wird mir zur Nachricht dienen.

GOUVERNEAU, *f. m.* (in der Papiermühle) der die Aufsicht über die Mühle hat.

GOUVERNEMENT, *f. m.* Regierung über eine Stadt oder Land. Avoir soin du *gouvernement*, vor die Regierung Sorge tragen.

GOUVERNEMENT, der Dienst des Gouverneurs, die Statthalterstelle. Le *gouvernement* des Païs-bas, die Statthalterschaft der Niederlande. Le Roi lui a donné le *gouvernement* de deux provinces, der König hat ihm die Verwaltung über zwey Provinzen gegeben.

GOUVERNEMENT, die Stadt oder das Land, worinnen einer Gouverneur ist.

GOUVERNER, *v. a.* regieren, verwalten, vorstehen. *Gouverner* une province, eine Landschaft regieren. *Gouverner* son bien, seinem Gute selbst vorstehen. Cette femme *gouverne* son mari, diese Frau regiert ihren Mann, hat die Hosen an.

GOUVERNER, (in der Seefahrt) das Schiff mit dem Steuer regieren.

GOUVERNER la barque, *prov.* eine Sache führen, regieren.

se GOUVERNER, *v. r.* sich aufführen. Se *gouverner* en honnête-homme, sich als einen ehrlichen Mann aufführen.

GOUVERNEUR, *f. m.* ein Regent oder Statthalter; ein Gubernator.

GOUVERNEUR, ein Hofmeister bey jungen Herren.

GOUVERNEUR, (auf den Schiffen) der Steuermann.

GOUVERNEUR de lions, einer der immer einerley Kleid trägt, wie die Löwenwärter.

GOUVERNEUR d'hôpital, der Armenpfleger.

GOUYAVIER, *f. m.* Name eines Baums in Ostindien.

GOY, *species interj.* kommt in den Flüchen vor, als *vertugoy, mortgoy*, &c.

GRAAL, *f. m.* ein Gefäß als eine Schüssel, so man zu Genua als ein Heiligthum weiset, dessen sich Christus beym Abendmahl soll bedienet haben.

GRABAT, *f. m.* ein Faulbette. Il est sur le *grabat*, (im Scherze) er ist bettlägerig.

GRABEAU, *f. m.* (bey den Apothekern) die Brocken oder das Abgefallene von ihren Waaren.

GRABUGE, *f. m.* Uneinigkeit, Zwistigkeit, Streit.

GRACE, *f. f.* Gnade, Begnadigung; Erlassung der Strafe. Faire une *grace* à quelqu'un, einem eine Gnade beweisen. Le Roi lui a donné sa *grace*, der König hat ihn begnadiget.

GRACE, (in der Gotteslehre) göttliche Hülfe; Mittel zur Seligkeit. *Grace* efficace, die kräftige Gnade. *Grace* prévenante, die zuvorkommende Gnade.

GRACE, Zierlichkeit. Les *graces* d'un discours, die Zierlichkeiten einer Rede.

GRACE, Gelaß, Art, Manier. Parler avec *grace*, mit Wohlstand und Anmuth reden. Il fait tout de mauvaise *grace*, er thut alles mit Uebelstand; auf eine unanständige Weise.

GRACES, Dank, Danksagung; it. das Gratias, das Gebett nach Tische.

GRACES à Dieu, GOtt sey Dank.

Vente à *graces*, wenn man einem etwas auf Wiederkauf verkauft.

Chevalier de *grace*, einer der seinen Adel nicht von so langer Zeit beweisen darf wie andere, und doch in den Maltheserorden genommen wird.

GRACES expectatives, Anwartung auf die nächste geistliche Pfründe, vom Pabst.

bonne GRACE, Artigkeit, Anmuth, gute Art; it. ein kleiner Vorhang zu den Häupten des Bettes. Danser de bonne *grace*, artig tanzen. Avoir bonne *grace*, manierlich seyn.

bonnes GRACES, im plur. heißt Gnade, Gunst, Wohlgewogenheit.

de GRACE, aus Gnaden, aus Mitleiden, aus Höflichkeit; it. Lieber, ich bitte.

GRACE, Ihr Gnaden. Sa *Grace*, ein Titel, den man den Bischöffen in Deutschland giebt, wie ihn auch die Herzoge und Parlamentsherren in Engelland haben.

GRACES, die Gratien, die Göttinnen der Anmuth.

GRACIABLE, *adj. c.* un crime *graciable*, ein Fehler oder Verbrechen, so da kan vergeben werden.

GRACIEUSEMENT, *adv.* freundlich, angenehmer Weise.

GRACIEUSER, *v. a.* (im Reden) freundlich, höflich empfangen, oder einem begegnen.

GRACIEUSETE', *f. f.* (meistens nur im Reden) Freundlichkeit, Höflichkeit; ein klein Geschenk; eine kleine Erkenntlichkeit.

GRACIEUX, euse, *adj.* gnädig; leutselig, freundlich, höflich; artig, anmuthig, angenehm. Reponse fort *gracieuse*, eine sehr höfliche Antwort. Visage *gracieux*, ein lieblich Gesicht.

GRACIEUX, (bey der Mahlerey) wohlanständig, wohlgebildet. Une figure qui a l'air fort *gracieux*, ein Bild, so eine sehr anständige Stellung hat. Une fleur *gracieuse*, eine liebliche Blume.

GRA-

GRACILITÉ, *s. f.* der klare Laut der Stimme, als der Weiber ꝛc.
GRADATION, *s. f.* das stufenweise Steigen in Bedienungen.
GRADATION, (in der Redekunst) Steigerung in einer Rede durch Beybringung immer wichtigern Beweises.
GRADATION, (in der Chymie) Erhöhung zu vollkommenerer Güte und Stande.
GRADATION, (im Mahlen) das Steigen der Farbe ins Licht, oder das stufenweise Aendern, im Schattiren.
par GRADATION, stufenweise.
GRADE, *s. m.* eine Ehrenstufe in Kirchendiensten und auf Universitäten.
GRADES, *s. m. pl.* Patent, so man wegen angenommenen Gradus erhält.
GRADIN, *s. f.* eine kleine Stufe, als etwa auf die Altäre gesetzt wird, immer eine Reihe Wachskerzen über die andern zu setzen.
GRADINS, im plur. eine Leiter in Bibliotheken, Buchläden ꝛc. die in der Höhe stehenden Bücher oder Waaren herunter zu langen.
GRADINS de jardin, Beete, oder stufenweise Erhöhungen eines Gartens.
GRADINE, *s. f.* eine Art Meissel, so stufenweise Streife macht.
GRADUATION, *s. f.* die Abtheilung in Grade.
GRADUÉ, *s. m.* eine graduirte Person in den Academischen Facultäten.
GRADUëL, lle, *adj.* nach Stufen eingerichtet, oder stufenweise fortgehend.
  Pseaumes *graduéls*, die 15 Stufenpsalmen, vom 120sten bis zum 134sten, so die Juden auf den 15 Stufen des Tempels sangen.
GRADUËL, *s. m.* (in der Röm. Kirche) ein gewisser Vers, den man nach der Epistel singt.
GRADUëR, *v. a.* (in der Geometrie) in die 360 Grade abzeichnen; in die Grade eintheilen.
GRADUëR, (auf Academien) einem einen Gradum in einer Facultät ertheilen. Se faire *graduër*, einen Gradum auf Universitäten annehmen.
GRADUÉ, ée, *part. & adj.* mit Graden bezeichnet; nach den Graden abgetheilt; mit einem academischen Gradu versehen.
  Feu *graduë̈*, (in der Chymie) ein Feuer, das gradweise verstärkt wird. Carte *graduée*, eine in Gradus abgetheilte Landtafel.
GRAFIGNER, *v. n.* vulg. kratzen, krallen als eine Katze.
GRAILLE, *s. f.* eine Krähe.
GRAILLEMENT, *s. m.* ein rauher Ton, heischeres und dunkeles Geschrey.
GRAILLER, *v. n.* ein heischeres Geschrey machen.

GRAILLER, (bey der Jägerey) auf eine gewisse Art in das Horn stossen, den Hunden zu rufen.
GRAILLON, *s. m.* das überbliebene von einer Mahlzeit; it. Lumpen.
GRAIN, *s. m.* ein Korn, ein Saam- oder Fruchtkörnlein, Getreid. Le bon *grain* est rarement sans yvraïe, das gute Korn ist selten ohne Unkraut. Battre les *grains*, Korn dreschen. Le *grain* est cher, das Getreide ist theuer.
GRAIN de grenade, ein Granatenkern.
GRAIN de sel, ein Körnlein Salz. Il n'y a pas un *grain* de sel dans cet ouvrage, es ist nichts kluges in diesem Buche.
GRAIN de chapelet, eine Coralle an dem Rosenkranze.
GRAIN de poudre à canon, ein Pulverkorn.
GRAIN, Gran, eines Gerstenkorns schwer. Il ne sçait *grain*, vulg. er weiß nicht das geringste. Il n'a pas un *grain* d'esprit, er hat nicht ein Fünklein Verstand. Il est léger d'un *grain*, er ist nicht recht klug, oder, er hat einen Sparren zu viel. Il est léger de deux *grains*, er ist verschnitten, ein Castrat.
les gros GRAINS, Winterfrucht, Wintergetreid. Un catholique à gros *grains*, ein Catholischer, der nicht viel Wesens von der Religion macht, nicht viel Andacht hat.
les menus GRAINS, oder les petits blés, Sommergetreid.
Poulets de *grain*, Stubenhüner, die man in der Stube groß füttert.
GRAIN d'orge, (im Messen) das zwölfte Theil eines Daumens breit, ein Gerstenkorn breit.
GRAIN d'orge, (bey den Buchdruckern) ein halber Schlag in den Noten.
GRAIN d'orge, ein Handwerkszeug der Schreiner, spitziger Meissel; it. ein Hohlhobel; ein hohler Streif, den der Hohlhobel macht.
GRAINS de marroquin, ou de chagrin, die kleinen erhabenen Theile am Corduan, oder im Chagrin und dergleichen Zeugen.
GRAIN de marbre, die Flecken im Marmel.
GRAIN d'acier, die Theile, so im Stahl klein, im Eisen aber gröber sind.
GRAIN de lèpre, die Pfinnen, (Finnen) an den Schweinen.
GRAINS de vérole, die Pocken und Gruben von den Pocken oder Kinderblattern.
Mettre un *grain* à un canon, das Zündloch eines Geschosses ausfüllen, und ein frisches durch das angefüllte machen.
GRAIN de vent, ein gäher Stoß vom Winde auf den Schiffen.
  Etre dans le *grain*, in dem Rohre sitzen, sich eine Pfeife schneiden, seinen Beutel spicken können.

Kkkk

GRAINE, *s. f.* Saamenkörnlein. *Graine* de choux, Kohlſaame. *Graine* d'oignons, Zwiebelſaame. *Graine* de raves, Rübeyſaame. *Graine* de melon, Melonenkern. Monter en *graine*, in Saamen ſchieſſen; zum Saamen ausſchieſſen.

GRAINE de vers en ſoïe, Saame (Eyer) von Seidenwürmen.

GRAINE d'Avignon, Buchsborn.

GRAINE d'écarlate, Alkermesförnlein.

Une méchante *graine*, eine ſchlimme Sache; ſchlimme Leute.

Cette fille monte en *graine*, die Jungfer wird mannbar.

GRAINE d'andouilles, ein Schwarm kleiner Kinder.

GRAINES, die kleinen häuſigen Buckel, ſo man im Bildhauen neben einander macht, zur Zierath eines Dinges, das nicht ſo glatt ſcheinen ſoll.

GRAINER, *v. a.* in den Saamen ſchieſſen, als ein Kraut.

GRAINE', ée, *part.* voll Körner, voll Saamen, als eine Aehre.

ſe GRAINER, anſchieſſen; ſich criſtalliſiren; wird von dem Salz an dem Meere geſagt.

GRAINETERIE, GRAINETIER, GRAINIER, *voïés* GRE'NIER.

GRAIRIE, *s. f.* ein Stück Wald, das man gemeinſchaftlich mit andern beſitzt.

GRAIRIE, (in Frankreich) ein gewiſſes Geld, das die Hölzer oder Wälder dem Könige geben müſſen.

GRAIS, *voïés* GRE'S.

GRAISSE, *s. f.* Fett, Fettigkeit, Schmier; Schmeer; (figürlich) das Beſte an etwas. La *graiſſe* engendre la bile, Fett macht Galle. La *graiſſe* de la terre, die Fettigkeit der Erde. Homme chargé de *graiſſe*, ſchmeervoller Menſch, der einen dicken fetten Bauch hat.

GRAISSE, Gewinnſt, Vortheil.

GRAISSER, *v. a.* ſchmieren, mit Fett oder anderer Schmiere. *Graiſſer* les rouës du chariot, die Wagenräder ſchmieren. *Graiſſés* les bottes d'un vilain, il dira qu'on les lui brûle, *prov.* ein Undankbarer weiß niemand Dank, wenn man ihm gleich etwas Gutes thut.

GRAISSER la patte d'un juge, einen Richter ſchmieren, beſtechen.

GRAISSER le marteau d'une porte, einen Thürhüter beſtechen oder ſchmieren.

GRAISSER les épaules à quelqu'un, einen abſchmieren, abprügeln.

GRAISSET, *s. m.* ein Laubfroſch.

GRAISSEUX, euſe, *adj.* voll Fett.

GRAMEN, *s. m.* Spaniſch Gras.

GRAMMAIRE, *s. f.* die Sprachkunſt, die Wiſſenſchaft der Grammatic.

GRAMMAIRIEN, *s. m.* einer der die Grammatic lehrt.

GRAMMATICAL, e, *adj.* grammaticaliſch, der Sprachkunſt gemäß.

GRAMMATICALEMENT, *adv.* auf grammaticaliſche Weiſe, nach der Grammatic.

GRAMMERCI, *voïés* GRAND-MERCI.

GRAND, e, *adj.* groß; übermäßig; anſehnlich; berühmt; heldenmüthig; vornehm; merkwürdig; nachdrücklich; wichtig; hochtrabend. Le *grand* Dieu, der groſſe GOtt. Un *grand* bonheur, ein groſſes Glück. Un *grand* travail, eine übermäßige Arbeit. Une *grande* ſomme d'argent, eine anſehnliche Summa Geld. Les *grands* philoſophes, die berühmte Weltweiſen. Un *grand* cœur, ein heldenmüthiges Gemüth.

Les *grands* jours, die hohen Gerichtstäge, da alle Sachen durch Oberrichter abgethan werden.

Le *grand* Turc oder le *grand* Seigneur, der Türkiſche Kayſer oder Großſultan.

Le *grand* Mogol, der Großmogol, Indoſtaniſcher Kayſer.

Le *grand* prêtre, der Hoheprieſter.
La *grande* meſſe, die hohe Meſſe.
La *grande* égliſe, die Domkirche.
Le *grand* monde, vornehme Leute.

GRAND, *s. m.* ein groſſer Herr. Les *Grands* d'Eſpagne, die Grands oder vornehmſten Herren in Spanien, die vor dem Könige ſich bedecken dorfen. Il veut trancher du *grand*, er will einen groſſen Herren agiren.

Mr. le *grand*, der erſte Bereuter beym Könige.

le GRAND, (im Stylo) eine hohe redneriſche Art.

Entrer tout de *grand* en quelque lieu, gerade und aufrecht in einen Ort hinein gehen, ohne ſich zu bücken, als ein Mann in ein Gemach; ein Fuß in einen Strumpf ꝛc.

En *grand*, in groſſem Formate.

GRANDAT, *s. m.* die Würde eines Grand in Spanien.

GRAND-CROIX, *s. m.* (bey dem Maltheſer und andern Ritterorden) ein Großcreuzer.

GRAND-DUC, *s. m.* ein Großherzog, Großfürſt.

GRANDELET, tte, ſchon etwas groß, aufgeſchoſſen, erwachſen.

GRANDEMENT, *adv.* ſehr.

GRANDESSE, *s. f. voïés* GRANDAT.

GRANDEUR, *s. f.* die Gröſſe; Höhe; Hoheit; Majeſtät; Macht; Würde; Anſehen; Reichthum; Wichtigkeit; Abſcheulichkeit.

Une *grandeur* bien proportionnée, eine wohlgemäßigte Gröſſe. Celà montre une
gran-

grandeur d'ame, das zeiget ein erhabenes Gemüth an. La *grandeur* de la Cour, die Herrlichkeit des Hofes. La *grandeur* du péché, die Abscheulichkeit der Sünde.
les GRANDEURS, die grossen Herren. Flater les *grandeurs* humaines, denen Hohen in der Welt schmeicheln.

Vôtre *Grandeur*, Eure Bischöfliche Gnaden.

GRANDIR, *v. n.* groß werden, in die Höhe wachsen, aufschiessen.

GRANDISSIME, *adj. c. superlativ.* (im Scherze) sehr groß.

GRAND-MAÎTRE, *s. m.* der Großmeister der Maltheserritter; der Hochmeister der Deutschenritter.

GRAND-MAÎTRE des cérémonies, der Oberceremonienmeister.

GRAND-MAÎTRE de l'artillerie, der Generalfeldzeugmeister.

GRAND-MAÎTRE de la garde-robe, der Oberaufseher über die Königliche Kleiderkammer.

GRAND-MAÎTRE de la maison du Roi, der Großmeister des Königlichen Hauses, der Königliche Großhofmarschall.

GRAND-MAÎTRE du collège, der Director eines Gymnasii oder einer hohen Schule.

GRAND-MAÎTRISE, *s. f.* das malthesische Großmeisterthum; das deutsche Hochmeisterthum.

GRAND-MERCI, *s. m.* ein grosser Dank, eine schöne Danksagung; (elliptice heißt es, grossen (schönen) Dank, ich sage Dank, ich danke, ich bedanke mich).

GRAND'-MERE, *s. f.* die Großmutter.
GRAND-PERE, *s. m.* der Großvater.
GRANGE, *s. f.* eine Scheune, Scheuer; ein Landgut.

GRANGEAGE, *s. m.* donner une terre à *grangeage*, einen Acker verpachten um die Helfte der Frucht.

GRANGER oder GRANGIER, *s. m.* ein Meyer, der den Getreidebau unter den Händen hat.

GRANIT, *s. m.* ein harter Stein, der Sandkörnlein von allerley Farben in sich hat.

GRANITELLE, *adj. c.* marbre *granitelle*, Marmor mit Puncten.

GRANULATION, *s. f.* das Körnen, wenn man die geschmolzenen Metalle, indem sie fliessen, ins Wasser gießt, da lauter kleine Körner daraus werden.

GRANULER, *v. a.* das im Schmelzen fliessende Metall in kalt Wasser allgemach giessen, und Körner daraus machen; körnen.

GRANULE', ée, *part. & adject.* gekörnt. Cuivre *granulé*, Körnkupfer oder Kupferkörner.

GRAPE, *s. m.* ein Krabbe, oder Art von Meerspinnen.

GRAPE, *s. f.* Traube. *Grape* de raisin, reife Traube. *Grape* de verjus, unreife Traube.

GRAPE de sureau, Holunderbeertraube.

GRAPE, (auf alten Münzen) die Weintraube, ein Zeichen der Freude, des Ueberflusses, und eines guten Weinlandes.

Mordre à la *grape*, prov. ein Gespräch beginnen, oder einem Gespräche zuhören, das einem wohlgefällt.

Mordre à la *grape*, anbeissen; sich fangen, betrügen, berücken lassen.

GRAPE de mer, ein Ungeziefer auf der See, so einer Weintraube gleich sieht.

GRAPE, maladie de cheval, (auf der Reitschule) eine Art Raud an den Füssen der Pferde.

GRAPHOÏDE, *adj. c.* (in der Anatomie) das als ein Griffel spitzig zugeht.

GRAPHOMETRE, *s. m.* ein mathematisches Werkzeug, als ein halber Circkel in 180 Grade getheilet, in der Mitte mit Compaß, die Flächen, Winkel und Höhen zu messen.

GRAPILLER, *v. a. & n.* im Weinberge nachlesen (etzeln).

GRAPILLER, kleine Sachen nachholen, so andere haben stehen lassen.

GRAPILLER, einen kleinen Vortheil bey etwas haben.

GRAPILLER, etwas geringes heimlich entwenden, unterschlagen, zurücke halten. Les domestiques aiment à *grapiller* quelque chose, das Gesinde macht gern Schwänzelpfennige.

GRAPILLEUR, *s. m.* euse, *s.* einer so Nachlese hält; der Schwänzelpfennige macht.

GRAPILLON, *s. m.* ein kleines Tränblein, oder ein Stück von einer Traube.

GRAPIN, *s. m.* ein Anker mit vier oder mehr Haken.

GRAPIN, Haken die man in ein Schiff wirft, es zu sich zu ziehen.

GRAPIN, die Haken, die an den Segelstangen und sonst an den Brandern angemacht werden, daß sie sich an die Schiffe hängen; it. allerley Haken etwas zurücke zu halten, oder an etwas vest zu machen.

GRAPIN, ein Fußhaken, zu Besteigung der Bäume und Felsen.

GRAPINS, die Mauk, Münk, eine Krankheit der Pferde.

GRAPINER, *v. a.* ein Schiff mit Haken bevestigen.

GRAPPE, &c. *voiés* GRAPE &c.

GRAS, sse, *adj.* fett, feißt. Etre gros & *gras*, dick und fett seyn. Figue *grasse*, trockne Feige. Un potage *gras*, eine fette Suppe. Une étoffe *grasse*, un drap *gras*, Zeug oder Tuch, welches nicht genug

K k k k 2   gewalket

gewaltet ist, und noch viel Fettigkeit in sich hat. Du fromage *gras*, fetter Käse.
Ce vin est devenu *gras*, der Wein ist schwer worden.

Terre *grasse*, Ton, Laim.

Les jours *gras*, le Mardi *gras*, die Tage oder der Dienstag, so vor der Fasten hergehen, die Fastnacht.

Faire *gras*, Fleisch essen, an Tagen da es verboten ist.

Un païs *gras*, ein fettes, reiches Land.
Une affaire *grasse*, ein guter Handel, wobey einer reich werden kan.

Avoir la langue *grasse*, schwere Zunge haben, oder unzüchtig reden.

Des mots *gras*, unzüchtige Worte.

Une pièce de charpente ou pierre trop *grasse*, ein gar zu dicker Balken oder Stein zum Bauen.

Angle *gras*, biais *gras*, (im Bauen) ein stumpfer Winkel, eine stumpfe Ecke.

Tuer le veau *gras*, einem eine Freudenmahlzeit zurichten.

Faire ses choux *gras* de quelque chose, sich über ein Ding ergötzen, es wohl gebrauchen; sich etwas zu Nutze machen, Vortheil davon ziehen.

Dormir la *grasse* matinée, lange in den Tag hinein schlafen.

GRAS, *s. m.* das Fett; fettes Fleisch, die Feißte. J'aime le *gras*, ich esse gern fett.
le GRAS de la jambe, die Wade.
GRAS de mer, ein Weg auf dem Meere.
GRAS-DOUBLE, *s. m.* ein Ochsenmagen.

Etre chargé de *gras-double*, fett von Leibe seyn.

GRAS-FONDU, *adj. m.* krank als ein fettes Pferd.

GRAS-FONDU, *s. m.* oder GRAS-FONDURE, *s. f.* eine Krankheit, so feißte Pferde bekommen, wenn man sie im Sommer übertreibt. Il mourra de *gras-fondu*, er wird noch vor Fett sterben, im Schmeere ersticken.

GRASSALE, *s. f.* (bey den Goldmachern) ein Napf.

GRASSEMENT, *adv.* reichlich, wohl.

GRASSET, tte, *adj.* etwas fett oder dick von Leibe.

GRASSETTE, *s. f.* Bergsanickel, ein Kraut.

GRASSEYEMENT, *s. m.* das Anstossen mit der Zunge im Reden, das falsche Aussprechen einiger Buchstaben, das Schnarren, das Lispeln.

GRASSEYER, *v. n.* einige Buchstaben übel aussprechen, mit der Zunge anstossen, schnarren, lispeln.

GRASSOUILLET, tte, *adj.* fettlich, etwas fett; weichlich anzugreifen.

GRAT, *s. m.* ein Ort, wo die Hüner immer nach Würmern scharren.

Envoïer quelqu'un au *grat*, einen nicht haben wollen, fortjagen, (ist nur unter Bauren gebräuchlich).

GRATEAU, *s. m.* ein Werkzeug von Stahl, damit man dasjenige zubereitet, so vergoldet werden soll.

GRATEBOESSE, *s. f.* Kratzbürste.

GRATEBOESSER, *v. a.* mit der Kratzbürste reiben.

GRATECû, *s. m.* Hagebutte; Hambutte.
Il n'y a point de si belle rose qu'elle ne devienne *gratecû*, prov. die größte Schönheit wird endlich ungestalt.

GRATELLE, *s. f.* die Krätze, das Jucken der Haut.

GRATELLEUX, euse, *adj.* krätzig, beissig, räudig.

GRATER, *voïes* GRATTER.

GRATERON, *s. m.* Klebkraut, Bettlerläuse.

GRATICULER, *v. n.* mit Linien beziehen, als mit Vierecken, daß es eine Gestalt eines Roosses bekommt, damit man etwas desto bequemer abcopiren oder ins kleine bringen könne.

GRATIENNE, *s. f.* flächserne Leinwand, so in Bretagne gemacht wird.

GRATIFICATION, *s. f.* ein Geschenk, eine Gabe, Wohlthat, Gnade. Il est riche des *gratifications* du Roi, er ist reich von den Beschenkungen des Königs.

GRATIFIER, *v. a.* begnadigen, Gunst, Gewogenheit erzeigen, beschenken.

GRATIN, *s. m.* die Scharre, das Angehängte im Topfe von einigen Speisen.

GRATIOLE, *s. f.* ein Kraut, Gottesgnade genannt.

GRATIS, *adv. & s. m.* umsonst; das Umsonstgeben. Il dit celà *gratis*, er beweiset nicht, was er sagt.

GRATITUDE, *s. f.* die Dankbarkeit.

GRATTELLE, *voïes* GRATELLE.

GRATTER, *v. a.* kratzen.

Allés vous *gratter* le cû au soleil, hier ist für euch nichts zu thun.

GRATTER, scharren. Les poules *grattent* la terre, die Hüner scharren in der Erde.

J'aimerois mieux *gratter* la terre avec les ongles, ich wollte lieber weiß nicht was (alles) thun.

GRATTER, (bey dem Schneider) aufkratzen. *Gratter* une rentraiture, eine gestopfte Naht aufkratzen.

GRATTER, (bey dem Kupferschmiede) befeilen, mit der Feile glätten.

GRATTER un vaisseau, das alte Harz von einem Schiffe abschaben.

GRATTER un livre, (bey dem Buchbinder) den Rucken eines Buchs kratzen, damit der Leim besser hinein dringe.

GRATTER

GRATTER à la porte, ſachte an die Thüre klopfen.

GRATTER quelqu'un par où il lui demange, einem nach dem Maule reden, ihm ſagen, was er gern höret, ihm ſchmeicheln.

GRATTER le parchemin, immer ſchreiben.

Il ſent ſon vieux gratté, er thut nichts ohngeſchlagen.

GRATTERON, GRATTIN, voïés GRATERON, GRATIN.

GRATTOIR, ſ. m. ein Kratz- oder dreyeckigtes Planiereiſen der Goldſchmiede oder Kupferſtecher; it. Bergkratze.

GRATUIT, e, adj. unverdient, freywillig; it. ungegründet. Don gratuit, eine freywillige Verehrung, Geſchenk.

GRATUÏTÉ, ſ. f. unverdiente Gnade, Liebe.

GRATUÏTEMENT, adv. umſonſt, ohne Verdienſt, aus Gnaden, ohne Abſehen auf Nutzen.

GRAU, ſ. m. der Mund oder Ausfluß eines Stroms in die See, (iſt an den Seeküſten von Languedoc ſonderlich gebräuchlich).

GRAVAS, ſ. m. (bey den Maurern) der Schutt oder Miſt von zerfallenem und zerſtörtem Gipswerke.

GRAVE, adj. c. ſchwer; ernſthaft; ernſtlich; bedachtſam. Un péché grave, eine ſchwere Sünde. Une mine grave, ein ehrbares Anſehen. Discours grave, eine ernſthafte Rede. Grave comme un Eſpagnol, gravitätiſch wie ein Spanier.

GRAVE, anſehnlich; wichtig. Un homme grave, ein anſehnlicher Mann. Une matière grave, eine wichtige Sache.

GRAVE, (in der Singkunſt) tief; grob. Un ſon grave, ein tiefer (grober) Ton.

GRAVE, (in der Sprachkunſt) accent grave, der fallende oder Dunkellaut einer Sylbe.

GRAVE, ſ. f. voïés GRÈVE.

Vin de grave, ein Wein aus Frankreich, bey Bourdeaux, von einem Orte dieſes Namens, ſchwarzrother Farbe.

GRAVELÉE, ſ. f. dürr gebrannte Weinhefen, ſo die Färber gebrauchen.

GRAVELEUX, euſe, adj. ſandig, als Erde; ſteinig, als Kreide, Birnen. Une terre graveleuſe, ein ſteiniger Acker.

GRAVELEUX, mit dem Lendengrieſe behaftet.

GRAVELINES, ſ. f. Grewelingen, eine Seeſtadt in Flandern.

GRAVELLE, ſ. f. Lendengries, Blaſenſtein.

GRAVELÜRE, ſ. f. garſtige Rede.

GRAVEMENT, adv. mit Nachdruck, ernſthafter Weiſe.

GRAVER, v. a. graben, ſtechen. Graver en bois, in Holz ſchneiden. Graver une planche, eine Kupferplatte ſtechen. Graver un cachet, ein Siegel (Petſchaft) graben. Eſope a gravé ſon nom dans le temple de la mémoire, Eſopus hat ein rühmliches Andenken hinterlaſſen; er hat ſich einen unſterblichen Namen gemacht.

GRAVER dans le cœur, ins Herz prägen. Celà eſt gravé dans mon cœur, das iſt in mein Herz gegraben, liegt mir ſtets im Sinne.

GRAVER à l'eau forte, radiren.

GRAVER en creux, hohl ausgraben, einwärts ausſchneiden.

GRAVER en boſſe, erhaben ſchneiden.

Nez gravé, eine pockengrübige Naſe, ein blattermaſiges Geſicht, ſpottsweiſe.

GRAVEUR, ſ. m. en cuivre, au burin, Kupferſtecher.

GRAVEUR de cachets, Siegelgräber, Petſchierſtecher.

GRAVEUR en bois, ein Holzſchneider, Formſchneider.

GRAVIER, ſ. m. grober Sand, als an dem Waſſer, oder im Grunde zu ſeyn pflegt.

GRAVIER, Gries, ſo mit dem Harne abgehet.

GRAVIR, v. n. klettern, klimmen, als auf einen Baum.

GRAVITÉ, ſ. f. die Schwere; Ernſthaftigkeit, Bedachtſamkeit; Nachdruck; Tiefe eines Tons in der Muſic.

Centre de gravité, der Punct oder die Linie, worinne ein ſchwerer Körper ruht, und auſſer welchem er immer wankt und fällt.

GRAVOIS, voïés GRAVAS.

GRAVÜRE, ſ. f. das Siegelgraben, Steinſchneiden, Holzſchneiden, Kupferſtechen ꝛc.

GRAVÜRE, (bey den Schuſtern) der Schnidt in der Sohle, wo der Schuhdrat hinein genehet wird.

GRÉ, ſ. m. freyer Wille, Gefallen, Belieben; Dankbarkeit, Erkenntlichkeit. De bon gré, oder de ſon plein gré, ungezwungen, mit gutem Herzen, freywillig. Bongré, mal-gré, es mag einem lieb oder leyd ſeyn. Vendre de gré à gré, verkaufen, in was für Preis es einem beliebt. Etre au gré de quelqu'un, einem gefallen, nach eines Belieben ſeyn. Au gré des vents, wo der Wind einen hintreibt. Prendre la mort en gré, den Tod willig über ſich nehmen. Se ſçavoir bon gré de quelque choſe, an ſich und ſeinem Thun ſelbſt Gefallen tragen. Sçavoir mauvais gré à quelqu'un, einem ſchlechten Dank wiſſen.

GREC, GRECQUE, adj. & ſubſt. Griechiſch; it. ein Griech, eine Griechin. Vent grec, Nordweſtwind. Ygrec, das Ypſilon im Alphabet. Il eſt grec dans cette ſcience, er verſtehet dieſe Wiſſenſchaft aus dem Grunde.

le GREC, das Griechiſche, die Griechiſche Spra-

Sprache. Passés, c'est du *grec*, nur weiter, das verstehet man nicht.

à la GRE'QUE, auf Griechisch, nach Griechischer Weise. *Ce n'est pas un grand Grec*, er ist kein grosser Meister, er verstehet seine Sache nicht zum besten.

GRECS, (in der H. Schrift) die Heyden; (in der Baukunst) die Dorische, Jonische und Corinthische Art.

GRE'CE, *s. f.* Griechenland.

GRECQUE, GRECQUER, *v.* GRE'Q.

GREDIN, *subst. m.* ein Bettler, ein armer geringer Mensch; ein geiziger, filziger Kerl.

GREDINE, *s. f.* Bettlerin.

GREDINERIE, *s. f.* Kargheit, Filzigkeit.

GREFFE, *s. m.* Canzleyregistratur; Archiv; Stadtschreiberamt.

GREFFE, *s. f.* ein Pfropfreis.

GREFFE, gepfropfter Stamm.

GREFFER, *v. a.* pfropfen, impfen, belzen.

GREFFIER, *s. m.* Registrator, Canzellist, Schreiber, Stadtschreiber, Gerichtschreiber.

GREFFOIR, *s. m.* ein Belzmesser, Pfropfeisen.

GRE'GE, *s. f.* die Seide, so aussen um das gesponnene Gehäus des Seidenwurms ist.

GRE'GE, ein eiserner Strehl, damit der Hanffsaamen abgemachet wird.

GRE'GEOIS, *adj. m.* feu *grégeois*, eine Art Feuerwerk, so im Wasser brennete, und nur mit Essig gelöschet werden konnte; Griechisches Feuer.

GRE'GOIRE, *s. m.* ein Mannsname.

GRE'GORIE, *s. f.* ein Weibername.

GRE'GORIEN, nne, *adj.* calendrier *grégorien*, der Gregorianische Calender.

GRE'GUE, *s. f.* eine Art kleiner und kurzer Hosen, welche sonderlich die Pagen lang getragen haben, Spanische Hosen, (wird nur im Scherze noch gebraucht). *Il en a dans la grégue*, es ist ihm ein Possen begegnet. *Tirés vos grégues*, packt euch weg von hier, fort mit euch. *Il y a laissé ses grégues*, es hat ihn seinen Hals gekostet.

GRE'GUER, *v. a.* vulg. in die Ficke stecken.

GREIGNEUR, *adj. & s. m.* ein vornehmer Herr; it. grösser, besser. *Greigneur droit*, ein besseres Recht, (ist alt).

GREILLE, *s. m.* eine Art klar lautender Trompeten.

GREIN, *voiés* GRAIN.

GRêLE, *adj. c.* schmal, dünn. *Un cou grêle*, ein rahner Hals. *Les boïaux grêles*, das kleine Gedärme. *Une voix grêle*, eine zärtliche Stimme.

GRêLE, *s. f.* der Hagel, Schlosen; ein Gerstenkorn am Auge; it. was sonst dick und mit Haufen kommt, als Schläge, Kugeln, so geschossen werden. 2c. *Ils décharge-*

rent sur eux une grêle de flèches, sie haben einen ganzen Hagel von Pfeilen auf sie geschossen. *Les païsans d'alentour firent tomber sur eux une grêle de pierres*, die umliegenden Bauren haben einen Hagel von Steinen auf sie geworfen. *Il a reçu une grêle de coups de bâton*, er ist wacker abgeprügelt worden. *La grêle est tombée sur mon jardin*, das Unglück hat mich betroffen.

GRêLER, *v. imp.* Il *grêle*, es hagelt, es schloset.

GRêLER, *v. a.* mit dem Hagel verderben. *Il grêle fort gros*, es fällt grosser Hagel, grosse Schlosen. *La grêle a gâté nos vignes*, der Hagel hat unsere Weinberge ganz zerschlagen.

GRêLER un prédicateur, einen Prediger seiner Zuhörer berauben.

GRêLER sur le persil, seine Macht an geringen Leuten ausüben, die einem weit nicht gewachsen sind.

GRêLé, ée, *part. & adj.* mit dem Hagel oder sonst mit etwas verderbt. *Visage grêlé*, ein pockengrübiges, blattermasiges Gesicht. *Il a l'air d'un grêlé*, er sieht blutarm aus.

GRêLé, (in Wappen und Fahnen) mit Perlen besetzt.

GRêLET, *s. m.* ein Mauerhammer, dessen Spitze vornen eine Kerbe hat.

GRêLIN, *s. m.* (in der Seefahrt) das kleinste Tau auf den Schiffen.

GRêLON, *s. m.* ein Stücklein oder Stein des Hagels, eine Schlose. *Il est tombé des grêlons de la grosseur d'un œuf*, es sind Hagelsteine gefallen eines Eyes groß.

GRELOT, *s. m.* eine Schelle. *Attacher le grelot*, prov. die Schelle anhängen; zuerst etwas gefährliches angreifen.

Trembler de grelot, vulg. mit den Zähnen klappern.

GRELOTTER, *v. n.* vulg. klappern mit den Zähnen.

GRELOüE', *s. m.* ein Wachssieb.

GRELOüER, *v. a.* la cire, das Wachs sieben oder körnen.

GRE'MENT, *s. m.* die Schiffsrüstung.

GRE'MIAL, *s. m.* (in der Römischen Kirche) ein Schurz den der Bischoff vorbindet, wenn er das Amt hält.

GRE'MIL, *s. m.* ein Kraut, Steinsaamen, Meerhirse, Perlhirse, Manngras; Schwabengras.

GRE'NADE, *s. f.* ein Granatapfel; item Granatenblüte; eine Granate im Kriege. *Grénade à main*, Handgranate. *Jetter des grénades*, Granaten werfen.

GRE'NADE de mer, ein steinig Gewächs an den Felsen in der See, so einer Granate gleicht.

GRE'-

GRE'NADE, eine Art Leinwand, so zu Caen gemacht wird.
GRE'NADE, die beste Nähseide.
GRE'NADE, *s. f.* ein Reich in Spanien.
GRE'NADIER, *s. m.* ein Granatenbaum.
GRE'NADIER, ein Granadier.
GRE'NADIE'RE, *s. f.* die Granatentasche der Granadierer.
GRE'NADILLE, *s. f.* ein Gewächs aus America, Paßionsblume.
GRE'NADILLE, eine Gattung rothes Ebenholz.
GRE'NAILLE, *s. f.* Metall zu kleinen Körnern gemacht, indem man es aus dem Schmelztiegel ins kalte Wasser gegossen hat. Argent en *grénaille*, gekörnt Silber. De la cire en *grénaille*, geschabt Wachs zum Bleichen.
GRE'NAT, *s. m.* ein Granatstein.
GRE'NAUT, *s. m.* eine Art Fische mit dicken Köpfen.
GRéNE, GRéNER, *v.* GRAINE.
GRéNETERIE, *s. f.* der Handel mit allerley Saamen; der Kornhandel.
GRéNETIER, *s. m.* e, *s. f.* ein Kornhändler; item, einer der allerley Getreide und andere Saamen in kleinen Maaßen verkauft; ein Mehl-und Kleyenkrämer.
GRéNETIER, der Kästner oder Getreidverwalter in einem Kloster.
GRéNETIER, ein Salzfactor, der das Salz ausmessen läßt, und Rechnung darüber führt.
GRéNETIS, *s. m.* die körnergleiche Zierath am Rande einer Münze. Les Loüisd'or ont un *grénetis*, die Louisd'or haben einen krausen Rand.
GRéNETIS, ein Werkzeug womit man dergleichen Zierath macht.
GRE'NIER, *s. m.* der Boden, Oestrich, oben unter dem Dache eines Hauses; ein Speicher, Kornboden oder Haus. Portes cela au *grénier*, tragt das auf den Boden. Tous mes *gréniers* sont pleins, alle meine Kornböden sind voll.
GRE'NIER à sel, Salzspeicher.
GRE'NIER, ein Ort, ein Strich Landes, da viel Getreide wächst, und von dar aus andere Länder damit versorgt werden. La Sicile est le *grénier* de l'Italie, Sicilien ist der Kornspeicher Italiens; d. i. aus Sicilien muß Italien mit Korne versorgt werden.
GRE'NIER, (bey den Grützleuten und Saamenhändlern) der Schrank, darinne sie ihr Gesäme verwahren.
Embarquer en *grénier*, (in der Seefahrt) etwas nur wie Getreide ins Schiff schutten, ohneingesackt.
C'est du blé en *grénier*, zu dieser Waare finden sich immer Kaufleute.

Il va du *grénier* à la cave, er ist bald sehr gut, sehr bös oder zornig; oder von einer Extremität zur andern.
C'est un *grénier* à coups de poing, man schlägt und bläuet ihn immer.
GRE'NIER, ein Kornhändler, Grützhändler, Grieser.
GRE'NIE'RE, *s. f.* eine Kornhändlerin, Grützhändlerin, Grieserin.
GRENOIR, *s. m.* (bey der Artillerie) ein Pulversieb.
GRENOüILLE, *s. f.* ein Frosch.
GRENOüILLE de mer, Meerkrott, Fischerkrott; Meerteufel.
GRENOüILLE, schlechter Poet.
GRENOüILLE, (in der Heilkunst) Geschwulst am Zungenbändgen.
GRENOüILLE, Haspe; Angel.
GRENOüILLER, *v. n.* vulg. immer in den Wirthshäusern herum fahren, saufen, zechen. Il ne fait que *grenoüiller*, er ist immer zu Weine oder zu Biere.
GRENOüILLE'RE, *s. f.* eine Froschlache.
GRENOüILLET, *s. m.* ein Fröschlein.
GRENOüILLETTE, *s. f.* eine Pflanz-oder Gartenranunkel.
GRENU, ë, *adj.* voll Körner, als eine Aehre.
GRENU, zu kleinen Körnern gemacht, als Schießpulver.
GRENU, mit kleinen Höhen und Körnern gemacht, als Corduan, Chagrin und ander Leder, das nicht glatt ist.
Huile *grenuë*, körniges Baumöl, so kleine Körner als die Feigen hat, und vor das beste gehalten wird.
GRE'QUE, *s. f.* eine kleine Säge der Buchbinder, womit sie hinten auf den Büchern etwas einwärts sägen, damit man außen die dicken Schnüre, woran die Blätter geheftet sind, nicht so stark sehe.
GRE'QUER, *v. a.* hinten in ein Buch eine Tiefe sägen, die Schnur hinein zu legen, woran die Blätter geheftet werden.
GRE'S, GRAIS, *s. m.* ein Stein, der hart und grau ist, aber sich leichtlich spaltet, und zu Pulver machen läßt. Vaisseau de *grés*, ein irden Geschirr, sehr hart gebrannt.
GRE'S, GRAIS, ein Sandstein.
GRE'S, die zwey obern Hauzähne eines wilden Schweins.
GRE'SIL, *s. m.* Graupen, kleiner Hagel; ein Mehlthau der die Gewächse verbrennt, und fleckig macht, wo er hinfällt; ein anderer kleiner Regen.
GRE'sil, (bey den Kaufleuten) zersprungene und klein-zerstückte Gläser, die oft zu Pulver zerdrückt werden; auch mit Fleiß gepülvertes Glas.
GRE'SILLEMENT, *s. m.* das Zusammenschrumpeln des Pergaments rc.

GRE'-

GRE'SILLER, *v. n.* rieseln, stäuben, gleichsam von subtilen Tröpflein, graupeln.

GRE'SILLE', ée, *adj.* verdorben als ein Blat vom Mehlthau; zerbröckelt, in kleine Stücke zerfallen oder gebrochen.

se GRE'SILLER, *v. r.* zusammenschrumpeln, als Pergament ꝛc. vom Feuer.

GRE'SILLON, *v.* GRILLON.

GRE'SILLONNER, *v. a.* schreyen als eine Grille.

GRE'SOIR, *s. m.* Kresel oder Eisen, womit die Glaser das Glas abkürzen.

GRE'SOIR, (bey den Goldschmieden) eine Schachtel, da der Demantsand oder Pulver darinne liegt.

GRESSE, GRESSER, *v.* GRAISSE.

GRESSERIE, *s. f.* gewisse Steine oder Sandsteine.

GRESSERIE, Geschirr aus diesen Steinen gemacht, auch der Ort, wo man diese Steine findet.

GRE'VE, *s. f.* der Sand am Ufer.

GRE'VE, ein Platz zu Paris am Ufer, wo man die Missethäter am Leben straft.

GRE'VE, das Schienbein.

GRE'VER, *v. a. & n.* beschweren, unrecht thun, überlästig seyn. (ist alt.) Il lui *grève* fort, es ist ihm eine grosse Last, er beschweret sich, es thut ihm im Herzen weh. (ist sehr alt.)

GRE'VE', *m.* GRE'VE'E, *f. adj.* gebrochen, gerissen.

GRE'VÜRE, *s. f.* ein Bruch, Leibesschaden.

GREZ, *v.* GRE'S.

GRIBANE, *s. f.* eine Art von Schiffen zu 30 bis 60 Tonnen.

GRIBLETTE, *s. f.* ein Stück frisch Schweinenfleisch auf dem Rooste gebraten.

GRIBOüILLETTE, *s. f.* vulg. ein Spiel der Kinder, da sie etwas unter die andern werfen, wer es zuerst bekömmt, der hat es.

GRIDELIN, *s. m.* oder GRIS de lin, *v.* GRIS.

GRIF'CHE, *adj. c.* sprenklicht, bunt gesprengt. Ortie *griéche*, bunte Nessel. Pie *griéche*, Buntspecht; (figürlich) eine Weibsperson, die stets beisset.

GRIEF, éve, *adj.* schwerlich, gefährlich, schmerzlich, als Krankheit, Verbrechen, Sünde: Sous de *griéves* peines, bey schwerer Strafe.

GRIEF, *s. m.* (im Rechtshandel) Beschwerden, so ein Appellant anzuführen hat. Donner ses *griefs*, mit seinen Beschwerden einkommen.

GRIE'VEMENT, *adv.* schwerlich. Punir *griévement*, hart strafen. *Griévement* malade, schwerlich krank.

GRIE'VETE', *s. f.* La *griéveté* du péché, die Grösse der Sünde.

GRIFFADE, *s. f.* ein Griff, den einem ein Vogel mit scharfen Klauen giebt; Klauenhieb; Riß.

GRIFFADE, ein Eingrif oder Raub geiziger Leute.

GRIFFE, *s. f.* eine scharfe Klaue eines Thiers oder Vogels, damit es etwas anfaßt.

GRIFFE, die Hand eines Menschen, wenn er sie andern zum Schaden braucht.

GRIFFE, (bey den Zinngiessern) ein Haken, woran sie das Zinn probiren.

GRIFFER, *v. a.* mit Klauen ergreifen, verwunden.

GRIFFON, *s. m.* der Vogel Greif; auch eine Art grosser Habichte oder Geyer, welche dem Adler gleichen.

GRIFFON, ein Greif in den Wappen.

GRIFFON, eine Art Hunde.

GRIFFON, eine Feile der Dratzieher.

GRIFFONNAGE, *s. m.* schlechte unleßliche Schreibart, die aussicht als wenn es die Hüner gekratzt hätten.

GRIFFONNEMENT, *s. m.* schlechter Entwurf eines Gemähldes, Gebäudes ꝛc.

GRIFFONNER, *v. a.* übel schreiben oder mahlen.

GRIGNON, *s. m.* vulg. die Rinde, (Kruste) am Brod, welche vernaschte Leute gern essen. Coupés-moi un *grignon* de pain, schneidet mir eine Kruste Brods.

GRIGNON, (in der Seefahrt) zerstückter Zwieback.

GRIGNOTER, *v. a. & n.* vulg. ein Rindlein Brod gleichsam nagen; ein wenig essen oder kauen.

GRIGOU, *s. m.* ein Bettler, der alle Leute um Allmosen anschreyt; Knauser.

GRIL, *s. m.* ein Roost.

GRILLADE, *s. f.* ein Roostbraten.

GRILLANT, e, *adj.* glatt, schlüpferig. Il fait fort *grillant*, es ist sehr glatt.

GRILLE, *s. f.* ein Gitter, weil es als ein Roost aussieht.

GRILLE de feu, Feuerroost.

GRILLE de tripot, ein gewiß Loch in dem Ballhause.

GRILLE en chancélerie, des Königs Handzeichen.

GRILLE à dorer, ein Feuerroost darauf man das legt, so im Feuer verguldet wird.

GRILLE, eine sehr gute Gattung spanischer Wolle.

GRILLES, (in der Wappenkunst) Roostreiffe.

GRILLER, *v. a. & n.* auf dem Rooste braten. Je n'ai été qu'un peu *grillé* dans cet incendie, ich habe mich bey dieser Feuersbrunst nur ein wenig verbrennt.

GRILLER, mit Gittern vermachen; vulg. glitschen.

Je

Je *grille* d'impatience, vulg. ich möchte bersten vor Ungedult.
se GRILLER, *v. r.* sich am Feuer brennen.
GRILLET, *s. m.* eine Grille, Heime, Feldgrille; kleine Schälle oder Rolle, die man den Hunden, Falken ꝛc. anhängt.
GRILLET, (in der Wappenkunst) Schällen oder Glöckgen an den Halsbändern oder Füssen der Raubvögeln.
GRILLETTE, *s. f.* (in den Wappen) ein Vogel oder Falke mit einer Schälle am Fusse, die eine andere Farbe hat.
GRILLON, *s. m.* eine Grille.
GRILLONS, *s. m. plur.* die Schnüre der Scharfrichter, womit sie die Missethäter auf der Folter schnüren, Daumenstöcke.
GRILLOT, *s. f.* voïés GRILLET.
GRILLOTALPA, *s. m.* ein Schrotwurm, Reitwurm; Erdkrebs.
GRIMACE, *s. f.* Verstellung der Geberden und des Gesichtes. Il fait des *grimaces* en parlant, er verzeucht (verstellet) das Gesicht unter dem Reden. Les *grimaces* des hipocrites, die Verstellungen (angenommene Geberden) der Heuchler. Tout ce qu'il fait n'est que *grimaces*, alles was er thut, sind nur angemaßte Verstellungen; er meynet es nicht so, wie er sich stellet. Faire la *grimace* à quelqu'un, einem seinen Unwillen zu verstehen geben, mit dem Gesichte und kaltsinnigem Bewillkommen; von Stiefeln, Schuhen und Kleidern sagt man es vulg. wenn sie übel gemacht sind. Ce soulier, cette botte, fait une *grimace*, der Schuh, der Stiefel, wird runzlig.
GRIMACER, *v. n.* das Gesichte verstellen; von Schuhen und Kleidern heißt es übel zugeschnitten und gemacht seyn.
GRIMACIER, e, *adj. & subst.* einer der das Gesicht verstellet, als Heuchler, staatische falsche Leute thun.
GRIMAUD, *s. m.* (ein Schimpfwort) ein A B C-Junge; it. Schulfuchs, Pedant.
GRIMAUDER, *v. n.* das A b c lehren, im Schulstaube liegen.
GRIME, *s. m. & f.* ein kleiner Schüler in den untersten Classen, ein Schuljunge, Schulmädgen.
GRIMELIN, *s. m.* e, *f.* ein kleiner A b c-schüler; einer der mit seinem Kaufhandel nicht viel gewinnt; oder der nur um Pfennige spielt, (ist alt)
GRIMELINAGE, *s. m.* ein Spiel um gering Geld; geringer Gewinn.
GRIMELINER, *v. n. & a.* um Pfennige spielen; kleinen Profit suchen.
GRIMOIRE, *s. m.* ein Zauberbuch, die Geister zu beschwören. Lire dans le *grimoire*, in einem Zauberbuche lesen; einen Zaubersegen sprechen.

GRIMOIRE, eine dunkele, verwirrte Schrift, Rede oder Sprache. Quel *grimoire* est celà? was ist das vor eine dunkele (unverständliche) Rede?
GRIMPER, *v. a.* klettern, klimmen, kriechen, steigen. Il *grimpe* comme un chat, er klettert wie eine Katze. *Grimper* sur le haut de la montagne, auf die Höhe des Berges steigen.
Donner du *grimpant* au vin, dem Wein Schärfe, Feuer geben.
GRIMPEREAU, *s. m.* ein kleiner Vogel, ein Baumhacker, Baumkletterer oder Baumläufer.
GRIMPE-MUR, *s. m.* ein Mauerspecht.
GRIMPEUR, *s. m.* einer der wohl klettern (steigen) kan; ein Kletterer; Steiger.
GRINCEMENT de dents, *s. m.* das Knirschen der Zähne.
GRINCER, *v. a.* knirschen mit den Zähnen. Il *grinca* les dents, jura, gronda, er biß die Zähne, fluchte, schalt.
GRINGOLE', ée, *adj.* (in Wapen) wenn ein Creuz an den Enden als eine Schlange gestaltet ist. Croix *gringolée*, doppeltes Schlangencreuz.
GRINGOTTER, *v. a. & n.* zwitschern, singen, als die kleinen Singvögel thun.
GRINGOTTER un couplet de chansons, (im Scherze) ein Liedlein hersingen.
GRINGUENAUDE, *s. f.* eine kleine Unreinigkeit, die sich hier oder da aus dem Leibe begiebt, und kleben bleibt.
GRINON, *voïés* CRINON.
GRIOTTE, *s. f.* geröstete und hernach gemahlene Gerste, Gerstengrütze.
GRIOTTE, *voïés* AGRIOTTE.
GRIOTTIER, *s. m.* voïés AGRIOTTIER.
GRIP, *s. m.* ein Raubschiff.
GRIPAUME, *voïés* AGRIPAUME.
GRIPE, *s. f.* eine unmäßige Begierde.
se GRIPELER, *v. r.* kraus und uneben werden, (wird von seidenen Zeugen gesagt).
GRIPER, *v. a.* heimlich stehlen, erwischen; it. greifen, anpacken, als die Häscher die Spitzbuben.
GRIPESOU, *s. m.* (im Scherze) ein armer Mäckler, der einem andern die Renten einnimmt, und etwas für seine Mühe davon bekommt.
GRIS, e, *adj. & subst.* grau; die graue Farbe. Manteau *gris*, ein grauer Mantel. Cheveux *gris*, graues Haar. Il est *gris*, er hat graue Haare.
GRIS minime, dunkelgrau.
GRIS de rat, de souris Mausfarb.
GRIS pommelé, (von Pferden) Apfelgrau, Apfelschimmel.
GRIS de lin, eine hellblaue Farbe, die sehr ins Weisse fällt, flachsblutfärbig.

GRIS cendré, Aſchfarb.
GRIS de perle, Perlfarb.
　Ambre gris, Umbra; Amber.
　Papier gris, Fließpapier, Löſchpapier.
　Du vin gris, ſchieler Wein.
　Petit gris, ein Pelzfutter von Caninchen, Hamſtern, Eichhörnern ꝛc.
　Verd de gris, Grünſpan.
　Un tems gris, kalt oder froſtig Wetter.
　Faire griſe mine à quelqu'un, le regarder gris, einen kaltſinnig (übel) empfangen.
　Il eſt gris, er hat einen kleinen Rauſch.
　De nuit tous chats ſont gris, prov. bey Nacht ſind alle Kühe ſchwarz.
GRISAILLE, ſ. f. eine Mahlerey von ſchwarz und weiß.
GRISAILLER, v. a. grau anſtreichen.
GRISÂTRE, adj. c. graulich.
GRISET, ſ. m. ein junger Stieglitz, Diſtelfinke, der ſeine Farben noch nicht hat.
GRISETTE, ſ. f. grauer wollener Zeug, vor geringe Leute.
GRISETTE, ein Mägdlein geringen Standes.
GRISETTE, eine Art kleiner Mückenvogel, die man Witwerlein heißt.
GRISON, ſ. m. der graue Haare hat.
GRISON, ein Eſel.
GRISON, ein Laquai, der keine Liberey trägt.
GRISON, eine Art Feldſteine zum Bauen.
GRISON, ſ. m. nne, f. & adj. ein Graubündter; Graubündtiſch. Terre des Griſons, das Graubündterland.
GRISON, nne, adj. was grau iſt. Cheval griſon, Grauſchimmel.
GRISONNER, v. n. grau werden.
GRIVE, ſ. f. Droſſel, ein Vogel. Petite grive, Weißdroſſel oder Droſchel.
GRIVE commune, Roth- oder Weindroſſel. groſſe GRIVE, Miſtler, Ziemer, Schnarre.
GRIVE qui vit de graine de genévre, Krammetsvogel.
　Il eſt ſaoul comme une grive, er hat ſich dick angefreſſen oder ſehr beſoffen.
GRIVELE'E, ſ. f. das Geld, ſo das Geſinde im Kaufen und Verkaufen der Herrſchaft heimlich abſtiehlt.
GRIVELER, v. a. heimlich Geld abſtehlen, abzwacken.
GRIVELE', ée, adj. geſprengt, wie ein Krammetsvogel.
GRIVELERIE, ſ. f. das Beſtehlen, heimliches Abzwacken, Schwänzelpfennige machen.
GRIVELEUR, ſ. m. euſe, f. einer der die Herrſchaft heimlich beſtiehlt.
GRIVOIS, ſ. m. vulg. ein gemeiner Kerl.
GRIVOISE, ſ. f. eine Tabackrappiere.
GRIVOISE, eine gemeine unzüchtige Dirne, die gern mitmacht.
GRIVOISER, v. a. & n. Schnupftaback auf dem Eiſen reiben.

GROBIS, ſ. m. ein dicker Herr, (iſt alt). Romina-grobis, eine dicke Hauskatze.
GROGNE, ſ. f. das Brummen, der Widerwill, den man über etwas mit Murren beweiſet.
GROGNEMENT, ſ. m. das Grunzen der Schweine.
GROGNER, v. n. grunzen, als Schweine; murren, als ungedultige, unwillige Menſchen.
GROGNEUR, euſe, ſubſt. & adj. einer der murret und brummet über etwas.
GROIN, ſ. m. Rüſſel, Saurüſſel. Manger d'un groin de pourceau, von einem Saurüſſel eſſen. Se cacher le groin, ſein Geſicht verſtecken. Donner ſur le groin à quelqu'un, einem auf das Maul ſchlagen.
GROISON, ſ. m. Pergamenterkreide.
GROISEILL. voiés GROSEIL.
GROLE, ſ. f. ein Heher, eine Dohle.
GROMMELER, v. n. brummen, murren, unwillig ſeyn. Il grommèle entre ſes dents, er murmelt zwiſchen den Zähnen.
GROMMELEUX, v. GRUMELEUX.
GRONDE, ſ. f. v. TROMPE.
GRONDEMENT, ſ. m. das Murren; das Brummeln, als des Donners.
GRONDER, v. a. & n. ausſchelten; heimlich murren. Gronder quelqu'un, einen ſchelten, balgen.
　Le tonnére gronde, der Donner ſchallet, tönet
GRONDERIE, ſ. f. das Murren, Brummen über etwas.
GRONDEUR, ſ. m. euſe, f. ein murriſcher Menſch.
GRONDEUR, ſ. m. Name eines Fiſches der in den kleinen Flüſſen der Americaniſchen Inſeln gefunden wird.
GROS, ſſe, adj. dick, groß, grob; ſtark; reich; anſehnlich; mächtig; heftig; übermäßig. Un gros garçon, ein dicker Kerl. Une femme groſſe, eine ſchwangere Frau. Une groſſe femme, eine dicke fette Frau. Un gros livre, ein dickes (ſtarkes) Buch. Du gros drap, grobes Tuch. De groſſes joües, dicke Backen. Une groſſe voix, eine grobe Stimme. Du gros vin, ſchwarer Wein. De la groſſe viande, ſtarke Speiſe.
　La cour eſt groſſe, der Hof iſt jetzt ſtark.
　Avoir le cœur gros, voll Grimm und Zorn ſeyn.
　Avoir de groſſes paroles avec quelqu'un, anfangen zu zanken, Worte zu wechſeln.
　Joüer gros jeu, um viel Geld ſpielen.
　Contract à la groſſe avanture, ein Contract bey der Handlung zur See, überhaupt auf den Leib der Contrahirenden, auf das Schiff und Ladung. Donner de l'argent

l'argent à la *grosse* avanture, groſſen Zinß von einer Summe nehmen, weil groſſe Gefahr dabey iſt, ſie zu verlieren.

GROS-AVANTURIER, der ſein Geld in den Schiffhandel waget.

GROS-BEC, ein Kernbeiſſer, ein Vogel.

GROS-BOIS, groß Scheitholz.

GROS-BON, eine Gattung Papier.

GROS-CANON, grob Geſchütz, Batterieſtück.

GROS CANON, grobe Canon Antiqua.

GROS DOUBLE CANON, (in der Buchdruckerey) grobe Canon, Verſalſchrift.

GROS-CENS, Zinß den man überhaupt von allem Felde giebt.

GROS DOS, ein reicher Kautz, ein wohlhabender Mann, der zahlen kan. Faire le *gros dos*, hoffärtig, ſtolz, aufgeblaſen ſeyn.

GROS LOT, das gröſte Los in einem Glücks-topf.

GROS-LOURDAUT, ein groſſer Tölpel, Lümel.

GROS MOT, ein unzüchtig Wort.

GROS PENDARD, ein Haupt- oder Erzſchelm.

GROSSES LETTRES, groſſe Buchſtaben, grobe Schrift.

GROSSE-DÎME, der groſſe Zehenden.

GROSSE-VE'ROLE, die Franzoſen, Hurenfrankheit.

Toucher la *groſſe* corde, den rechten Hauptpunct berühren.

Je ſuis *gros* de vous voir, *vulg.* ich trage groß Verlangen euch zu ſehen.

GROS, *ſ. m.* das Gröſte, Meiſte oder Vornehmſte von etwas. Le *gros* de l'armée, der gröſte Haufe des Heers. Un *gros* de cavalerie, eine groſſe Zahl zu Pferde. Le *gros* d'un ouvrage, der Hauptinhalt eines Buchs. Le *gros* des affaires, das Vornehmſte, ſo bey einem Handel zu bedenken iſt. Le *gros* du monde, der meiſte Theil der Leute.

le GROS d'une Chanoinie, die Einkünfte eines Domherrn vom Stifte, ohne die Accidenzen.

le GROS d'une cure, was ein Dorfpfarrer oder Layenprieſter ſeinem Vicario zur Einkunft läßt.

Cet arbre, cette poutre a tant de pieds de *gros*, dieſer Baum, dieſer Balke, iſt ſo viel Schuh dick.

Se tenir au *gros* de l'arbre, ſich auf die ſicherſte Seite halten.

GROS, eine Auflage auf den im Ganzen verkauften Wein, der achte Theil des Kaufſchillings; ingleichen der 20ſte Pfennig.

GROS, ein Drachma, der achte Theil von der Unze, ein Quintlein; it. eine Münze.

GROS, ein Groſchen; vor alters aber, in Frankreich eine Münze von 18 Deniers.

GROS de Lorraine, ein Lothringiſcher Groſchen, deren 7 ſo viel als 2 Meißniſche Groſchen thun.

Un livre de *gros*, (in den Niederlanden) 3 Rheiniſche Gulden oder 2 Rthlr.

GROS de Naples, GROS de Tours, eine Art ſeidener Zeuge von grob erhöhten Faden.

en GROS, überhaupt, ohne Umſtände.

Marchand en *gros*, ein Kaufmann der mit ganzen Ballen, groſſen Stücken und Summen handelt.

Tout en *gros*, in allen, alle zuſamen gerechnet, wird meiſtens mit Verachtung geſetzt.

GROS, *adv.* gagner *gros*, coucher *gros*, viel gewinnen.

GROSEILLE, GROSELLE, *ſ. f.* Kränſelbeer, Johannisbeer.

GROSEILLER, GROSELIER, *ſ. m.* Johannisbeerſtrauch.

GROSSE, *ſ. f.* eine gerichtliche Schrift mit groſſen Buchſtaben; it. ein Brief auf Pergament, als Kaufbriefe u. d. gl.

une GROSSE, (im Handel) 12 Dutzend, als Knöpfe, Kugeln u. d. gl.

GROSSESSE, *ſ. f.* das Schwangerſeyn, die Schwangerſchaft.

GROSSEUR, *ſ. f.* die Dicke, Gröſſe, Stärke, als einer Säule u. d. gl.

Prendre la *groſſeur* de quelqu'un, (bey den Schneidern) das Maaß zu einem Kleide nehmen.

Etre en *groſſeur*, (im Gartenbau) ausgewachſen haben, als Obſt, das ſeine rechte Gröſſe hat.

GROSSIER, *adj. m.* marchand *groſſier*, ein Groſſirer, der im Groſſen handelt, mit ganzen Ballen ꝛc. it. ein Uhrmacher, der nur groſſe Uhren macht.

GROSSIER, e, *adj.* grob; dick; ungeſchickt.

GROSSIEREMENT, *adv.* ungeſchickter, grober Weiſe.

GROSSIERETE', *ſ. f.* Grobheit; unflätige Reden.

GROSSIR, *v. n.* dick werden, in die Dicke wachſen; groß werden; anwachſen.

GROSSIR, *v. a.* vermehren; groß machen; groß vorſtellen, als eine Brille oder Fernglas, das was man dadurch anſiehet. Les lunettes *groſſiſſent* les objets, die Brillen vergröſſern was dadurch geſehen wird. La renommée *groſſit* les choſes, der gemeine Ruf macht die Dinge gröſſer.

ſe GROSSIR, *v. r.* ſich groß machen, aufblaſen, ſtolz ſeyn.

GROSSISSEMENT, *ſ. m.* Vergröſſerung.

GROSSOïER, *v. a.* rein mit groſſen Buchſtaben ſchreiben; ausfertigen, mundiren. *Groſſoïer* un contract de vente, einen Kaufbrief ſauber abſchreiben.

GROTESQUE, *adj. c.* närriſch, ungeſtalt gemahlt oder geſtochen; wunderlich, ungewöhnlich. Un homme *grotesque*, ein poſſierlicher Menſch. Viſage *grotesque*, ein lächerliches ungeſtaltes Geſicht.

GROTESQUEMENT, adv. lächerlicher, ungestalter Weise.
GROTESQUES, s. m. plur. die wunderlichen, ungestalten Gesichter und Zeichnungen der Mahler; it. ungereimte Einfälle; lächerliche Possen.
GROTTE, s. f. eine Höhle in einem Berge oder Felsen.
GROTTE, eine Capelle unter der Erde.
GROTTE, ein Gebäude zu einer Wasserkunst, innen mit Muscheln und Steinen.
GROüETEUX, euse, adj. steinig. Fond chaud & groueteux, ein warmer und steiniger Boden.
GROüILLANT, e, adj. vulg. das als Würmer sich unter einander rühret und beweget. Ce gueux est tout grouillant de poux, dieser Bettler wimmelt von Läusen.
GROüILLER, v. a. & n. vulg. bewegen, rühren, als ein Glied; berühren, anrühren; krappeln, grabeln; wimmeln, als Würmer u. d. gl. Je ne saurois grouiller la tête, ich kan den Kopf nicht regen. Ne grouillés pas celà, berühret das nicht; reget es nicht. Ils sont si étroitement logés, qu'ils ne sauroient se grouiller, sie wohnen so enge, daß sie sich kaum regen können. Tout en grouille, es wimmelt alles davon. La tête lui grouille, er zittert mit dem Kopfe. Il grouille de vermine, er ist voller Läuse.
se GROüILLER, v. r. sich bewegen, regen.
GROüIN, voiés GROIN.
GROUP, s. m. ein Paket Geld, so versandt werden soll.
GROUPADE, s. f. (auf der Reitschule) Sprung eines Pferds.
GROUPE, s. f. (bey Mahlern und Bildhauern) ein Haufe Figuren auf einem Platze beysammen, die einige Gleichheit mit einander haben; gekuppelte Statuen. Une groupe de figures, eine Stellung von Menschenbildern. Une groupe de fruits, eine Stellung von Früchten. Celà fait groupe avec cet autre, dieses ist mit jenem in eine Bildung gestellet.
GROUPER, v. a. viel Figuren auf einen Klumpen gleichsam zusammen mahlen.
GROUPER des colonnes, zwey Säulen zusammen auf einen Fuß setzen.
GRü, s. m. alle Waldfrüchte, als Holzbirn, Eicheln, Buchen ic. (ist alt).
GRüAGE, s. m. v. GRURIE.
GRüAU, s. m. Gersten- Haber- und andere Grütze. Du pain de grüau, geschroten Brod. Gruau d'aveine, d'orge, Habergrütze, Gerstengrütze.
GRüAU, der Kran, ein Gerüst, die Lasten aufzuheben.
GRüAU, ein junger Kranich.
GRüE, s. f. ein Kranich; ein Wipgalgen; (bey dem Bauen) ein Kran. Il n'est pas si gruë que vous pensés, er ist nicht so tumm, wie ihr meynet. Un cou de grue, ein langer Hals. Le monde n'est pas grue, die Leute lassen sich nicht leicht betrügen. Faire le pié de grue, aufpassen; warten; aufwarten.
GRuË, ein Gestirn am Himmel gegen den Süderpol, der Kranich genannt.
GRuË de mer, ein Meerkranich, ein besonderer Seefisch.
GRuË, eine Fidel, Werkzeug daran die Missethäter zur Strafe geschlossen werden.
GRüERIE, voiés GRURIE.
GRUGER, v. a. essen; anbeissen. N'avés-vous pas de quoi gruger? habt ihr nichts weder zu beissen noch zu brechen?
GRUGER, zerreiben, zerstossen.
GRUGER, (bey dem Bildhauer) behauen; aus dem Rauhen bearbeitet.
GRüIER, GRUIÈRE, voiés GRUYER.
GRUIRIE, voiés GRURIE.
GRUME, s. f. die äusserliche Rinde oder Haut am Holze, das gefällt ist, und so unbehauen verkauft wird. Du bois de grume, rauhes unbehauenes Holz.
GRUMEAU, s. m. ein Klump, ein Stück von etwas das geronnen ist. Se mettre en grumeaux, zu Krumeln werden, gerinnen, als Milch, Blut ic.
GRUMEAU de lait, die harte Brust der frischen Wöchnerinnen, Kindbetterinnen.
GRUMEL, s. m. Haberblühte.
se GRUMELER, v. r. gerinnen, dick werden, als Milch.
GRUMELEUX, euse, adj. rauh, unbehackt, als Holz, das noch seine Rinde hat; geronnen als Milch; mehlig, als Obst. Bois grumeleux, spröde Holz. Mammelles dures & grumeleuses, harte Brüste, darinnen die Milch geronnen.
GRUON, s. m. ein junger Kranich. (voiés GRüAU).
GRURIE, s. f. das Amt eines Forst- oder Oberforstmeisters; das Untergericht im Forstwesen; eine Einnahme des Königs von den Waldungen in Frankreich.
GRUYER, s. m. ein Kranichfalk.
GRUYER, ein Forstmeister oder Oberforstmeister, der über die andern Förster die Aufsicht hat, auch ein Forsrichter.
GRUYER, der in einer Kunst wohl bewandert ist.
GRUYÈRE, s. f. eine Art Schweizerkäs, von dem Orte dieses Namens.
GRUYERIE, voiés GRURIE.
GUACATENE, s. f. Name eines Krauts in Neuspanien, so dem Bergpoley gleicht, aber keinen Geruch hat.
GUAHEUX, s. m. wilde Kuh.

GUAINUMU, *s. m.* eine Art grosser Taschenkrebse in Brasilien.

GUAIRO, *s. m.* ein Wort der Falkenier, das sie rufen, wenn die Rebhüner aufstehen, damit man den Vogel loslasse.

GUANABANE, *s. m.* (in Westindien) Flaschenbaum, dessen Frucht einer Melone gleicht.

GUANCO ou GUANACO, *s. m.* ein Thier in Westindien, von welchem auch Bezoarstein gezogen wird.

GUANIN, *s. m.* ein gewisses Metall in der Insul St. Domingue.

GUAO, *s. m.* Name eines Baums in Westindien, dessen Holz die Wanzen vertreibt.

GUARA, *s. m.* ein Vogel in Brasilien, so groß als ein Elster mit einem krummen Schnabel und hohen Beinen.

GUARAL, *s. m.* Africanische Spinne oder Tarantul.

GUARAQUIMIA, *s. m.* Brasilianischer Myrrhenstrauch, dessen Beeren die Würmer im Leibe vertreiben.

GUÉ, *s. m.* eine Fuhrt über einen Fluß. Passer une rivière à *gué*, durch einen Fluß setzen, waten. Il faut sonder le *gué*, man muß die Tiefe des Flusses oder Meers erforschen. Sonder le *gué*, einen Versuch thun, ob man mit seinem Vorhaben durchdringen werde.

GUÉABLE, *adj. c.* wenn ein Wasser kan durchwatet werden, wenn ein Fluß an einigen Orten so seicht ist, daß man drüber fahren kan. Une rivière *guéable*, ein Fluß, da man durchwaten kan.

GUÉDE, *s. f.* Waide, ein Kraut zum Blaufärben.

GUÉDER, *v. n.* mit Waide färben.

GUEDER, *v. a.* vulg. füttern, sättigen.

se GUEDER, *v. r.* sich satt und voll essen.

GUÉDRONS, *s. m.* Waidfärber.

GUÉER, *v. a.* durch die Fuhrt eines Flusses setzen.

GUÉER un cheval, ein Pferd schwemmen, in die Schwemme reiten.

GUÉER du linge, Wäsche spülen, auswaschen.

GUENILLE, *s. f.* ein alt zerrissen Kleid; alte Lumpen; geringer Plunder und Hausrath. Mon habit est en *guenilles*, mein Kleid ist ganz zerlumpt.

GUENILLON, *s. m.* ein alter Lumpe.

GUENIPE, *s. f.* eine garstige Betteldirne, Schandsack.

GUENON, *s. f.* eine Meerkatze; ein Affenweiblein.

GUENON, ein häßliches Weibsbild.

GUENUCHE, *s. f.* eine kleine Meerkatze.

GUENUCHE, ein häßliches Weiblein.

GUENUCHON, *s. m.* kleiner Affe.

GUÉPE, *s. f.* eine Wespe.

GUÉPIER, *s. m.* ein Specht, der Bienen und Wespen frißt.

GUÉPIN, *s. m. e, s. f.* (im Scherze) eine verschmitzte Person.

GUERDON, *s. m.* (im Scherze) Werth, Lohn.

GUERDONNER, *v. a.* belohnen. (ist alt.)

GUÈRE oder GUÈRES, *adv.* wenig, wird mit ne gesetzet, als: Elle n'est *guère* jolie, sie ist nicht gar schön. Elle ne la passe de *guères*, sie übertrifft sie nicht um gar viel. N'a-*guères*, neulich, kürzlich, unlängst.

GUERET, *s. m.* Brachfeld.

GUÉRIDON, *s. m.* ein Leuchterstuhl worauf man ein Licht mit seinem Leuchter setzen kan.

GUÉRIR, *v. a. & n.* heilen, gesund machen; gesund werden; (figürlich) befreyen; vertreiben; lindern. Le tems *guérira* ma douleur, die Zeit wird meinen Schmerzen lindern.

se GUÉRIR, *v. r.* gesund werden; sich curiren mit etwas, etwas brauchen davon man gesund wird.

se GUÉRIR de sa passion, sich die Liebe vergehen lassen.

GUÉRISON, *s. f.* das Gesundmachen, das Heilen, die Cur. Travailler à sa *guérison*, an seine Genesung Fleiß wenden.

GUÉRISON de l'esprit, Befriedigung des Gemüths; Verbesserung der Gemüthsfehlern.

GUÉRISSABLE, *adj. c.* der gesund macht, oder geheilet werden kan. Ce mal n'est pas *guérissable*, diese Krankheit ist unheilbar.

GUÉRITE, *s. f.* Wacht- oder Schilderhäuslein. Gagner la *guérite*, sich retten durch die Flucht, an einen sichern Ort kommen.

GUÉRITE, ein Thürmgen oder Altan zuoberst auf dem Dache eines Hauses.

GUÉRITE, Ort, wo man das Gestirn betrachten kan, ein Observatorium.

GUERLANDES, *s. f. pl.* gewisse Querbalken, so die Runde des Vordertheils des Schiffs machen und halten helfen.

GUERLIN, *s. m.* ein mittelmäßiges Seil auf den Schiffen, ein Schiff damit gegen das Land oder sonst fortzuziehen.

GUERPIR, *v. a.* verlassen, ein zinnbar Erbgut liegen lassen. (ist alt.)

GUERRE, *s. f.* Krieg; Uneinigkeit; Zank; Widerstand; Widerspruch; Lästerung; Verweis; auch eine natürliche Feindschaft zwischen einigen Thieren. Il feint d'être insensé pour ne point aller à la *guerre*, er stellet sich, als sey er nicht wohl bey Sinnen, damit er nicht in den Krieg ziehen dürfe. Déclarer la *guerre*, den Krieg

Krieg ankündigen. Entreprendre la *guerre* contre quelqu'un, wider jemand einen Krieg anfangen. Faire naître une *guerre*, einen Krieg erregen.

GUERRE civile, oder intestine, innerliche Unruhe, bürgerlicher Krieg; Uneinigkeit in einem Hause, oder zwischen Leuten von einerley Profeßion.

petite GUERRE, Streiffereyen, Parteygehen.

bonne GUERRE, heißt bisweilen ein blutiger verderblicher Krieg; bisweilen auch einer, der nicht so unmenschlich geführet wird.

place de GUERRE, der Ort, wo der Sitz des Krieges seyn soll oder ist.

nom de GUERRE, der Name, welchen man den Soldaten giebt, wenn man sie auf die Rolle schreibet; it. ein jeder verborgener Name, darunter man mit dem rechten versteckt seyn will.

Qui terre a, *guerre* a, *prov.* wer eigene Güter hat, hat immer Streit.

Faire la *guerre* au vice, die Laster strafen.

Faire la *guerre* à l'œil, genaue Achtung geben.

GUERRIER, e, *adj. & subst.* kriegerisch; Kriegsmann, Soldat, Held, Heldin. Un peuple *guerrier*, ein streitbares Volk. Chanter les faits *guerriers* des héros, die Kriegsthaten der Helden besingen.

GUERROYER, *v. n.* kriegen, (wird nur noch im Scherze gebraucht.)

GUERROYEUR, *s. m.* ein Krieger. (ist alt.)

GUESD. *v.* GUêD.

GUESP. *v.* GUêP.

GUESTR. *v.* GUêTR.

GUET, *s. m.* Hut, Wache, das Wachen oder Achtgeben. Etre au *guet*, auf der Hut stehen, Wache halten. Ce chien est de bon *guet*, dieser Hund ist sehr wachsam.

GUET, ein Wächter; die Wächter.

GUET, die Nachtwache, Schaarwache.

Mot du *guet*, die Parole, das Wort, so die Wache wissen muß. Dire le mot du *guet*, die Losung sagen. Donner le mot du *guet*, die Losung geben.

de GUET à pens, mit Fleiß, vorsetzlich. Un *guet* à pens, ein angelegter Handel. Avoir l'œil au *guet*, wachsam seyn.

GUET, die königliche Leibwache.

GUET, das Zeichen mit der Trompete, wenn des Abends alles zur Ruhe gehen soll.

GUêTRE, *s. f.* Strümpfe die keine Sohlen haben, und etwas über die Schuhe gehen, nur das bloße Bein zu decken; Stiefeletten.

Tirer ses *guêtres* d'une ville, sich aus einer Stadt begeben, ausziehen.

GUETTE, *s. f.* (bey den Zimmerleuten) eine Pfoste die von zwey andern gehalten wird, die einen Dreyangel über sich machen, Band.

GUETTER, *v. a.* vulg. lauern, Acht geben, warten auf einen. *Guetter* quelqu'un au passage, einem im Vorbeygehen aufpassen. Le chat *guette* la souris, die Katz lauert auf die Maus.

GUETTERON, GUTTERON, *s. m.* eine kleine Pfoste unter einem Fenster, die von zwey andern im Dreyangel gestützt wird.

GUETTEUR, *s. m.* ein Laurer, Mörder oder Straßenräuber, der auf dem Wege auf die Reisenden lauret.

GUEULE, *s. f.* der Rachen der wilden Thiere und einiger Fische. La *gueule* du lion, des Löwen Rachen. La *gueule* du loup, des Wolfs Rachen.

Ce chien chasse de *gueule*, (bey der Jägerey) der Hund schlägt an, wenn er die Fährt antrift.

Elle n'a plus que deux dents en *gueule*, sie hat nur noch zwey Zähne im Maule.

Il est apre à sa *gueule*, er frißt und sauft nicht für die lange Weile.

A' *gueule* bée, angelweit, sperrweit offen, als eine Thür, Fenster rc.

Etre fort en *gueule*, vulg. eine starke Stimme, ein frech Maul haben.

Il a la *gueule* morte, la *gueule* démise, vulg. das Maul ist ihm gestopft.

Il est venu la *gueule* enfarinée, vulg. er ist mit dem Vorsatze gekommen mit zu fressen, Theil an einem Gewinn zu haben.

Fête à *gueule*, (an einigen Orten) der Sonntag nach dem Gedächtnißtage des Schutzheiligen desselben Orts, als an welchem sich jedermann gütlich thut, und schmauset.

Donner sur la *gueule* à quelqu'un, vulg. einem auf das Maul schlagen.

GUEULE de four, ein Ofenloch.

GUEULE de pot, der Hals eines Topfs oder Krugs.

GUEULE droite, (im Bauen und Zierathen) etwas, das wie eine Rinne gemacht ist, als eine Kehle, Hohlkehle, Hohlziegel u. d. gl.

GUEULE renversée, wenn an etwas rinnenförmiges ein Theil als eine umgewandte Rinne vorstößt, wie auf den Hohlziegeldächern einer neben dem andern umgewandt ist, als Wellen.

GUEULE oder GUEULES, *s. m.* (in den Wappen) die rothe Farbe.

GUEULE'E, GOULE'E, *s. f.* unzüchtige Rede; grobe Worte.

GUEULE'E, Schand-und Schmähworte.

GUEULE'E, ein Maul voll.

GUEULER, *v. n.* unverschämt reden.

GUEUSAILLE, *s. f.* Bettelvolk, Lumpengesind.

GUEU-

GUEUSAILLER, *v. n.* betteln, dem Betteln nachhängen.

GUEUSANT, e, *adj. & subst.* ein Bettler.

GUEUSE, *s. f.* ein Gußeisen, ein grosses Stück von mehr als tausend Pfund, das in den Schmelzofen kommt.

GUEUSE, eine Gattung flandrischer Zeuge.

GUEUSE, eine Art Spitzen.

GUEUSE, eine allgemeine Hure.

GUEUSE, eine Bettlerin.

GUEUSER, *v. a. & n.* betteln; etwas erbetteln, zusammen betteln.

GUEUSERIE, *s. f.* Armuth, Betteley.

GUEUSETTE, *s. f.* ein kleines schlechtes Geschirr, darinnen die Schuster ihre schwarze oder rothe Farbe haben.

GUEUX, *s. m.* Bettler, Pracher, Bettelhund. *Gueux* fieffé, ein Bettler, der an einem gewissen Orte bleibet. *Gueux* de l'oltière, ein Bettler vor den Thüren. *Gueux* revêtu, ein Bettler, von armem Stande, der in kurzem reich worden.

GUEUX, *m.* GUEUSE, *f. adj.* arm, bettelarm. Il est *gueux* comme un peintre, comme un rat d'église, er ist überaus arm.

GUI, *s. m.* Mistel.

GUI, ein rundes Holz, woran das untere Theil des Segels auf einer Chalouppe oder andern kleinen Fahrzeug angemacht ist.

GUI, Veit, ein Mannsname.

GUIBERT, *s. m.* eine Gattung französische Leinwand.

GUIBRAI, *s. m.* fil de *Guibraï*, Dachten zu Wachslichtern.

GUICHE, *s. f.* ein Band an den Mönchskutten, sie damit zusammen zu binden.

GUICHET, *s. m.* eine kleine Thür bey einer grössern.

GUICHET, ein Thürlein an einer Stadt, an einem Thorweg, oder an einem Gefängniß.

GUICHET, eine Schrankthüre.

GUICHET, das Holz oder Rahm um einen Fensterflügel.

GUICHET, ein Fensterladen, den man inwendig vor die Fensterflügel macht.

GUICHET, das Fensterlein oder Thürlein am Beichtstuhl, dadurch der Geistliche die Beichte anhört.

GUICHET, eine kleine Oeffnung an etwas, die man zumachen kan.

GUICHETIER, *s. m. e, f.* ein Thürknecht bey den kleinen Thüren im Gefängniß; it. des Thürknechts Frau.

GUIDE, *s. m. & f.* ein Wegweiser, Führer. Le *guide* d'une compagnie d'infanterie, der Führer bey einer Soldatencompagnie zu Fuß. La *guide* des chemins, Wegweiser in einem Buche, so

den Weg und die Entlegenheit der Oerter anzeiget.

GUIDE, ein Leitseil der Kutscher.

GUIDE, Anweisung, Unterricht.

GUIDE, (in der Music) das erste Theil einer Fuge.

GUIDEAU, *s. m.* ein Fischergarn, das man an den Ausflüssen oder Munde der Flüssen an Pfälen aufstellet.

GUIDER, *v. a.* führen, anweisen; regieren, leiten, unterrichten, in geistlichen Dingen. *Guider* les troupes, das Kriegsvolk geleiten. *Guider* les chevaux, die Pferde lenken. Un maître *guide* ses disciples, ein Lehrmeister leitet seine Schüler.

GUIDON, *s. m.* eine Art Fahnen, der Gendarmen in Frankreich und vieler Reutercompagnien mit zwey Spitzen.

GUIDON, der Fahnjunker, Cornet, Reuterfähndrich, der diese Fahne trägt.

GUIDON, das Korn vornen auf dem Geschosse, worauf man siehet, wenn man zielet.

GUIDON, ein Buch, darinne man einen Unterricht zu etwas finden kan.

GUIDON, der Custos oder das Zeichen in der Music, das man am Ende der Linie macht, damit man wisse, wo man wieder anfangen oder fortfahren muß.

GUIFRE, *v.* GUIVRE.

GUIGNAR, GUIGNARD, *s. m.* eine Weindrossel, Schneevogel.

GUIGNAUX, *s. m. plur.* die Stücke Bauholz, die man zusammen macht, wo ein Camin durchgeführet werden soll.

GUIGNE, *s. f.* eine Art Kirschen, so süß und groß sind.

GUIGNER, *v. a. & n.* nach der Seite ansehen, schielen; immer das Auge auf etwas haben.

GUIGNIER, *s. m.* ein süsser Kirschbaum.

GUIGNOLE, *s. f.* ein Holz oder Latte daran man die kleinen Wagen in den Münzen hänget.

GUIGNON, *s. m. vulg.* ein ungefehres Unglück von dem man keine Ursache weiß, und bald diesem, bald jenem zuschreibet. Vous me portés *guignon*, ihr bringet mir Unglück.

GUILDINE ou GUILDE-VE, Zückerbrandwein aus Brasilien.

GUILE'E, *s. f.* ein Regen der geschwind kömmt und bald wieder aufhöret.

GUILLAUME, *s. m.* Wilhelm, ein Mannsname.

GUILLAUME, *s. m.* eine Art Hobel der Schreiner.

gras GUILLAUME, eine Art spanischen Tabaks.

gros GUILLAUME, ein grob hausgebacken Brod, Gesindebrod.

GUIL-

GUILLEDIN, *s. m.* (von Pferden) ein Wallach, Englischer Zelter.
GUILLEDOU, *s. m.* die Gilte, die Zechstube; (im Scherze) Hurhaus. Courir le *guilledou*, sich heimlich wegstehlen, zur verdächtigen Gesellschafft gehen; unordentlich leben; in die Hurhäuser gehen.
GUILLEMET oder GUIMET, *s. m.* (bey den Buchdruckern) Gänsauge oder Gänsfüsse ("").
GUILLEMETTE, *s. f.* ein Weibername, Wilhelmine.
GUILLEMIN, *s. m.* ein Wilhelminermönch.
GUILLEMINE, *s. f.* eine Wilhelminernonne.
GUILLEMITE, *s. m.* ein Wilhelmit, eine Art Augustinereremiten.
GUILLEMOT, *s. m.* ein Mittelbrachvogel, Bläßling.
GUILLER, *v. a.* betrügen. (ist alt.)
GUILLOCHIS, (im Bauen) eine Zierrath als Gitterwerk in einander geflochten; (im Gartenwerk) mit Buchsbaum besetzte Beete, die so gitterweis heraus kommen.
GUILLON, *s. m.* Betrügerey. (ist alt).
GUILLOT, *s. m.* eine Käsmade.
GUIMAUVE, *s. f.* ein Kraut, Ibisch, Heilwurz, weisse Pappel.
GUIMAUX, *s. m. pl.* Wiesen, die man jährlich zweymal mähen kan.
GUIMET, *v.* GUILLEMET.
GUIMBARDES, *s. f. plur.* eine Gattung Fuhrwägen.
GUIMPE, *s. f.* ein Tuch der Nonnen, das über die Brust gehet.
GUIMPER, *v. a. & n.* vulg. eine Nonne werden oder eine Nonne einkleiden.
GUINDAGE, *s. m.* das Aus-und Einladen auf den Schiffen; it. die Seile, so dazu dienen.
GUINDAL oder GUINDAS, *s. m.* eine Winde; ein Haspel, etwas schweres auf die Höhe zu winden.
GUINDANT, *s. m.* die Höhe eines Segels; it. die Breite des Wimpels oder Flagge.
GUINDEAU, *s. m.* der Haspel oder Gerüste, etwas auf die Höhe zu winden.
GUINDER, *v. a.* übersich winden, auf die Höhe ziehen. *Guinder* les voiles, die Segel aufziehen, aufhissen.
se GUINDER, *v. r.* sich auf die Höhe begeben; sich über andere hinaus haspeln, winden, und mühsam schwingen; als ein Falk in die Höhe steigen; hoch hinaus wollen, sich versteigen. Oiseau qui se *guinde* jusqu'aux nuës, ein Vogel so sich bis in die Wolken schwinget.
Cet homme est toûjours *guindé*, dieser Mann will immer über andere hinaus.
Un stile *guindé*, eine aufgeblasene, hochrabende Schreibart.

Un esprit *guindé*, ein hochtrabender Geist.
GUINDERESSE, *s. f.* ein Seil im Schiffe, etwas in die Höhe zu winden.
GUINDERIE, *s. f.* hochtrabende Art und Wesen.
GUINDRE, *s. m.* ein Rad die Seide zu zwirnen, oder zu drehen.
GUINEATUF-LONGE'E, *s. f.* Ostindischer Zeug, halb Seiden, halb Baumwolle.
GUINE'E, *s. f.* eine güldene Münze in Engeland, die ein Thaler mehr als ein Louisd'or gilt.
GUINE'E, eine Gattung weisse baumwollene Leinwand aus Ostindien.
GUINGANS, *s. m.* baumwollene Leinwand von Bengale.
GUINGOIS, *s. m.* Ungleichheit in etwas das nicht gerade ist.
de GUINGOIS, *adv.* winklicht, nicht gerade. Vôtre perruque va tout de *guingois*, euere Perrüke sitzt ganz überzwerch.
GUINGUETTE, *s. f.* vulg. ein kleines Häuslein das einer ausser der Stadt vor dem Thore hat; ein kleines Wirthshaus der Handwerksleute vor dem Thore, darein sie gehen, und an Feyertagen zechen.
GUION, *v.* GUI, ein Mannsname.
GUIONNAGE, *s. m.* das Geleite, auch das Geleitsgeld, so die Kaufleute zu Meßzeiten an einigen Orten bezahlen müssen.
GUIONNE, *s. f.* ein Weibername.
GUIORANT, e, *adj.* Avoir une voix *guiorante*, eine Ratzenstimme haben.
GUIPER, *v. a.* (bey den Bortenwirkern) einen Faden Seide über die gedrehete wirken.
GUIPOIR, *s. m.* Franzengewicht.
GUIPURE, *s. f.* Spitzen mit gedreheter Seide, die um einen andern Faden oder Schnur gewickelt sind; ein durchgezogener Faden in etwas.
GUIRLANDE, *s. f.* Blumenkranz.
GUIRLANDE, eine Florbinde, so die Weiber an theils Orten in der Trauer auf dem Kopfe tragen.
GUIRLANDE, Federbusch, so die Weiber vormals am Kopfe getragen.
GUIRLANDE, der Rand oder Zierath an der Trompete.
GUIRLANDES, (in der Baukunst) Fruchtbinden.
GUIRON, *v.* GIRON.
GUISE, *s. f.* Weise, Art. En *guise* de, als, wie, auf Art; nach der Weise. Chaque pais a sa *guise*, prov. ländlich, sittlich. Chacun vit à sa *guise*, jedermann lebt nach seiner Weise.
GUISPON, *s. m.* ein grosser Pinsel oder Bürste, den Boden eines Schiffs anzustreichen oder zu teeren.

GUI-

GUITARRE, GUITERRE, s. f. ein muſicaliſches Inſtrument, eine Cither, Zitter.
GUITERNE, s. f. Hölzer am Maſte, worauf die Segelſtange ſich am Maſte ſchließt.
GUITRAN, voïes GOUDRON.
GUIVRE, s. f. eine Schlange in den Wappen.
GULDEN, GOULDE, s. m. ein Gulden, (voïes FLORIN).
GULPES, s. m. plur. (in den Wappen) eine runde Figur von Purpurfarbe.
GUMENES oder GUMES, s. f. plur. (in der Seefahrt) alles Seilwerk in den Schiffen, abſonderlich die Ankerſeile an den Galeen; (in den Wappen) der Ring oder Seil an einem Anker.
GURAëS, s. m. gedruckte baumwollene Zeuge von Bengale.
GURLET, s. m. ein an der Spitze gekerbter Hammer der Mäurer.
GUSES, s. f. plur. (in den Wappen) eine runde Figur von rother Farbe.
GUSMAN, s. m. ein Mannsname.
GUSTATIF, ive, adj. Nerf guſtatif, die Nerve, ſo zum Geſchmacke hilft.
GUSTATION, s. f. das Schmäcken.
GUSTAVE, s. m. ein Mannsname.
GUTTE-GOMME, v. GOMME-GOUTTE.
GUTTERON, v. GUETTERON.

GUTTURAL, e, adj. lettre gutturale, Kehlbuchſtabe, ſo mit der Gurgel ausgeſprochen werden, deren die Hebräer einige haben.
GUY, GUYON, &c. v. GUI & GUÏON.
GYMNASIASTIQUE, adj. c. voïes GYMNIQUE.
GYMNASTIQUE, s. f. die Wiſſenſchaft der Leibesübungen.
GYMNIQUE, adj. c. was zur Leibesübung gehört.
GYMNOSOPHISTE, s. m. einer von den alten Indiſchen Weiſen.
GYNE'CE'E, s. m. (vor alters) ein abgeſonderter Ort im Hauſe, wo die Weiber waren.
GYNE'COCRATIE, s. f. das Regiment, ſo auch eine Königin haben kan.
GYNE'COCRATIQUE, adj. c. da auch Königinnen regieren können.
GYNGLIME, s. m. (in der Anatomie) die Fugen zweyer Beine, die ſich in einander bewegen.
GYP, s. m. Frauenglas, ein durchſichtiger Stein, woraus der beſte Gyps wird.
GYPSEUX, euſe, adj. Une goute gypſeuſe, ein Podagra, da ſich Beulen hervorthun, worinne harte Steine werden.

H.

H, s. f. (ſprich aſche) der Buchſtabe H. [Das H wird hart und deutlich ausgeſprochen in den eigentlichen Franzöſiſchen Worten, als harangue, la houlete; es wird aber verſchwiegen oder iſt ſtumm, in denen aus dem Latein abgeleiteten Worten, als l'homme, l'honneur &c].
HA, interj. ha! ey! ein Wort, ſo allerley Gemüthsbewegungen auszudrücken gebraucht wird; zu Paris nennet man die kleinen Gaſſen, welche keinen Ausgang haben, rües de ha ha, weil die Unwiſſenden, wenn ſie nicht weiter daſelbſt gehen können, insgemein aus Verwunderung Ha ha! ſagen.
  Ha! qu'elle eſt belle! ach! wie iſt ſie ſo ſchön. Ha, coquin! ey, du Lumpenhund! Schelm! Bärnhäuter!
HABASSIN, voïes ABYSSIN.
HABILE, adj. c. geſchickt, der mit allem wohl umgehen kan; der ſich wohl in die Welt ſchickt; verſtändig, abgerichtet, klug, erfahren, liſtig, hurtig, tüchtig, der da kan, fähig. Un habile ouvrier, ein hurtiger Arbeiter. Un habile maitre, ein geſchickter Meiſter. Habile à cacher ſes deſſeins, behend ſein Vorhaben zu verheelen. * Qui ne ſont pas habiles à ſucceder, die nicht Erben ſeyn können.

HABILEMENT, adv. klüglich, geſchickt; hurtiger Weiſe.
HABILETE', s. f. Fähigkeit; Geſchicklichkeit; Erfahrung; Klugheit. C'eſt une grande habileté que de ſavoir cacher ſon habileté, es iſt eine groſſe Kunſt, ſeine Kunſt zu verbergen wiſſen. Habileté à ſucceder, Tüchtigkeit zu erben; Erbfähigkeit.
HABILISSIME, adj. c. (in Geſprächen oder Briefen) ſehr geſchickt, ſehr klug und erfahren ꝛc.
HABILITER, v. a. tüchtig, geſchickt, fähig machen.
HABILLAGE, s. m. (bey den Köchen) die Arbeit, die ſie thun müſſen, als Geflügel recht zuzurichten mit ſpicken ꝛc. auch vorher mit rupfen, ausnehmen ꝛc. das Zurichten eines Vogels.
HABILLAGE, Schlachtung, Aushauung und Bereitung des Viehes zum Verkauf in der Metzge oder Fleiſchbank.
HABILLEMENT, s. m. die Kleidung. Habillement d'homme, eine Mannskleidung.
HABILLEMENT de tête, (beym Waffenſchmied) die Rüſtung des Kopfs, als Helm.
HABILLER, v. a. kleiden; Kleider machen; kleiden laſſen, ankleiden; in Kleidern vorſtellen, als die Mahler und Bildhauer ihre Bil-

www.ingramcontent.com/pod-product-compliance
Lightning Source LLC
Chambersburg PA
CBHW071149230426

43668CB00009B/890